3., vollständig überarbeitete Auflage

David Abram, Nick Edwards,
Mike Ford, Daniel Jacobs, Shafik Meghji,
Devdan Sen, Gavin Thomas

INDIEN
Der Norden

W0194121

STEFAN LOOSE
TRAVEL HANDBÜCHER

INDIEN Der Norden

1 Meherangarh Fort

Eindrucksvoll thront die Bergfestung
von Jodhpur über der Blauen Stadt
Rajasthans. S. 225

2 | Jaisalmer

Die gelben Sandsteinmauern erheben sich wie ein Bild aus Tausendundeiner Nacht aus der Wüste. S. 233

3 Wüste Thar

Kameltrekking ist eine romantische Gelegenheit, die sandige Wüste zu durchqueren. S. 240

4 Udaipur

Märchenhafte Paläste zwischen majestätischen grünen Hügeln und dem malerischen Pichola-See. S. 253

5 | Taj Mahal

Das gewaltige, zauberhafte Mausoleum für Mumtaz Mahal lässt kaum einen Besucher unberührt. S. 285

6 **Varanasi**

Täglich strömen Tausende Pilger zu den Ghats am heiligen Ganges. S. 318

7 Gangotri

Vom stimmungsvollen Dorf führt die
Wanderung zur Quelle des Ganges,
dem Herz des Hinduismus. S. 361

8 | **Orchha**

Architektonisches Juwel am Ufer des
Betwa. S. 409

9 Khajuraho

Wunderbar erhaltene, erotische Reliefs im Dschungel von Madhya Pradesh. S. 413

10 Dharamsala

Tibetisches Zentrum und Ausgangspunkt für Treks in den Hohen Himalaya. S. 469

11 Manali Leh Highway

Die zweithöchste Straße der Welt durchquert eine faszinierend schöne Mondwüste. S. 511

12 | Tikse

Das imposante Kloster ist von schneebedeckten Bergen und ladakhischen
Dörfern umgeben. S. 547

13 | Zanskar

Alte Wanderwege führen durch karge,
einsame Landschaft zu entlegenen
buddhistischen Klöstern. S. 563

14 **Amritsar**

Der Goldene Tempel ist das größte
Heiligtum der Sikhs. S. 575

15 Bollywood

Mumbai darf man nicht verlassen, ohne wenigstens einmal im Kino gewesen zu sein. S. 664

16 Höhlen von Ellora und Ajanta

Die in den Felsen gehauenen Höhlen bergen herausragende sakrale Kunstwerke. S. 691 und 697

17 Palolem

Dieser idyllische Strand in Goa lädt zum süßen Nichtstun ein. S. 779

18 **Kaziranga-Nationalpark**

Bei einem Elefantenritt im Morgengrauen sind neben Büffeln und Rotwild
mit etwas Glück auch Nashörner zu
sehen. S. 901

Inhalt

Mumbai 637

Goa 725

Maharashtra 677

Bihar und Jharkhand 847

Kolkata und Westbengalen 787

Sikkim 863

Anhang

Reiseziele und Routen

Die verschiedenartigen Regionen Nordindiens – vom schneebedeckten Himalaya über die Wanderdünen der Wüste Thar bis zu den Mangrovenwäldern Westbengalens – bilden zusammen einen einzigartigen kulturellen und religiösen Schmelztiegel. Hinduismus, Islam, Buddhismus, Jainismus, Sikhismus und Christentum: Sie alle sind hier zu Hause und haben Indien im Laufe der Jahrhunderte ihren Stempel aufgedrückt. Dass diese Wiege der Kultur mit ihren religiösen Zentren, prächtigen Baudenkmälern, farbenfrohen Festen und Basaren seit langem Menschen aus Ost und West anzieht, verwundert daher nicht. Weniger bekannt ist, dass es im Norden auch einige bedeutende Tierschutzgebiete gibt, in denen Tiger, Löwen, Antilopen, seltene Vogelarten und Elefanten leben. Die Region hält für jeden Besucher aber noch weit mehr Überraschungen bereit – Mysterien, die es zu entdecken gilt; Gegensätze, die verwirren oder aufwühlen; und exotische Ansichten, die bezaubern.

Reiseziele

Die Highlights des Nordens

Die meistbesuchte Gegend, die sowohl spektakuläre Baudenkmäler als auch die fruchtbaren Tiefebenen umfasst, ist das sogenannte Goldene Dreieck im Norden: die Kolonialhauptstadt **Delhi** (S. 127), die Heimstatt des Taj Mahal, **Agra** (S. 283), in Uttar Pradesh und die „rosarote Stadt" **Jaipur** (S. 173) in Rajasthan, dem mit seiner Wüstenlandschaft und den imposanten Festungen und Palästen von **Jaisalmer** (S. 233),

Jodhpur (S. 223), **Udaipur** (S. 253) und **Bundi** (S. 275) bei Reisenden beliebtesten Bundesstaat im Norden. Billigreisende lockt vor allem einer der wenigen Brahma-Pilgerorte **Pushkar** (S. 216), wo im Oktober / November der größte Kamelmarkt stattfindet.

Von Delhi fließt der heilige Ganges nach Osten durch eine der am dichtesten bevölkerten Regionen Indiens und durch die allerheiligste Hindu-Stadt **Varanasi** (S. 318), auch Benares genannt, an deren *ghats* (Badestellen) tagtäglich uralte Rituale vollzogen werden.

Viele Reisende lockt die Bergwelt von Nepal, meist nicht ahnend, dass der indische Teil des **Himalaya** genauso hervorragende Trekkingmöglichkeiten und eine traumhafte Landschaft bietet. Himachal Pradesh und die Provinz Ladakh, der Ostteil des Bundesstaates Jammu und Kashmir, mit ihrer geheimnisvollen Mondlandschaft haben sich zu begehrten Gebirgsreisezielen entwickelt. Ins übrige Kashmir trauen sich dagegen nur wenige Touristen (s. Kasten S. 522/523). Von **Leh** (S. 535) aus lassen sich nicht nur buddhistische Klosteranlagen wie jene von **Tikse** (S. 547) besuchen, sondern auch atemberaubend schöne Täler und Hochgebirgsseen. Treks führen in die abgeschiedene, baumlose Wildnis von **Zanskar** (S. 563). Richtung Süden führt die zweithöchste Straße der Welt in die Flitterwochenhauptstadt **Manali** (S. 493) im idyllischen **Kullu-Tal**. Sie ist zudem ein beliebtes Backpackerziel ebenso wie **Dharamsala** (S. 469), der Zufluchtsort des Dalai Lama und vieler Exiltibeter. An Himachal Pradesh grenzt der Punjab, der überwiegend von Sikhs bevölkert wird. Ihr spirituelles Zentrum ist der berühmte Goldene Tempel von **Amritsar**

Die indische Küche ist so bunt und vielfältig wie das Land selbst. Es gibt Dutzende regional unterschiedlicher kulinarischer Traditionen. Sie reichen von der klassischen Mughlai (Mogul)-Küche des Nordens bis zu den Kokos- und Chilihaltigen Speisen des Südens. Außerhalb Indiens ist die nordindische Küche am bekanntesten. Sie wird geprägt von Biryanis, Tandooris und köstlichen Soßen auf der Basis von Sahne und Joghurt. Dazu reicht man luftiges *naan*-Brot.

Das südindische Essen ist Lichtjahre von dem nordindischen entfernt. Im Süden bestimmen das vegetarische „meal" – ein Berg Reis auf einem Bananenblatt mit mehreren teils höllisch scharfen Currys – und die klassischen *masala dosa*, knusprige Reispfannkuchen mit und ohne würzige Kartoffelcurryfüllung, den Speisezettel. Darüber hinaus können Reisende eine ganze Reihe regionaler Küchen ausprobieren, z. B. die von Bengalen, Gujarat, Goa, Kashmir und die des Punjab, um nur einige der herausragenden zu nennen. Jede hat ihre ureigenen Gerichte, Gewürze und Zubereitungsarten. Näheres dazu s. S. 48.

(S. 575). In Uttarakhand, an der Grenze zu Nepal, erheben sich einige der höchsten Schneeberge Asiens. Für Hindus ist der Pilgerweg zur Quelle des heiligen Ganges besonders bedeutsam. Er wird bis hinauf nach **Gangotri** (S. 361) von Wallfahrtstempeln gesäumt. Ausländer pilgern meist nur bis **Rishikesh** (S. 353), in die Stadt der Yogis und Ashrams am Fuß des Himalaya.

In die Bergwelt des vom tibetischen Buddhismus geprägten **Sikkim** (S. 863), am anderen Ende der Gebirgskette, ist der internationale Trekkingtourismus bislang nur zögerlich bis **Pelling** (S. 881) vorgedrungen. Südlich grenzt Sikkim an den Nordostzipfel Bengalens. Durch das klassische Teeanbaugebiet windet sich eine alte Schmalspurbahn hinauf in die ehemalige Hill Station (Luftkurort) aus viktorianischer Zeit **Darjeeling** (S. 831), die größte Stadt in 2200 m Höhe. Am Rand des größten Deltas der Welt mit der fragilen Inselwelt der **Sunderbans** (S. 819) liegt die Metropole **Kolkata** (Kalkutta, S. 790), die erste Hauptstadt des britischen Raj.

Der durch eine Landenge mit dem restlichen Indien verbundene, kaum besuchte Nordosten wartet mit einer unglaublichen landschaftlichen und kulturellen Vielfalt auf. In einem der schönsten Tierschutzgebiete des Landes, dem **Kaziranga-Nationalpark** (S. 901), ist das seltene

Panzernashorn zu Hause, und auf der größten bewohnten Flussinsel der Welt **Majuli** (S. 903) im mächtigen Brahmaputra wird in zahlreichen kleinen Klöstern Vishnu gehuldigt.

Sozusagen auf der anderen Seite, im äußersten Nordwesten Indiens, liegt die Heimat von Mahatma Ghandi, Gujarat, deren Hauptstadt **Ahmedabad** (S. 589) alte Handelshäuser und eine gute Küche auszeichnen. Demgegenüber ist die an Pakistan grenzende **Kutch-Region** (S. 601) für ihre Kultur und Handwerkstradition berühmt.

Wer von hier die Küste südwärts entlang reist, erreicht **Mumbai** (Bombay, S. 637), eine heiße Stadt, in der die meisten internationalen Flüge landen. Wer eine Weile bleibt, erlebt die Realität des modernen Indiens, von den Entbehrungen der städtischen Slums bis zum Glitzer und Glamour der Bollywoodfilme.

Südlich von Mumbai bieten die von Palmen gesäumten, weißen Sandstände **Goas** (S. 725) Erholung vom indischen Reisestress. Viele erliegen hier ganz den Sinnesfreuden, die warmes Meerwasser, Sonnenschein und billige Drinks bieten.

Einige faszinierende Sehenswürdigkeiten liegen tief im Landesinneren: die Höhlentempel von **Ajanta** und **Ellora** (S. 697 und S. 691) in Maharashtra sowie die Tempel von **Khajuraho** (S. 413) und die Paläste von **Orchha** (S. 409) in Madhya Pradesh.

Unterwegs zu den Göttern

Für die meisten Inder ist die Anwesenheit des Göttlichen im Alltag eine unbestrittene Tatsache. Es gibt kaum eine Straße auf dem Subkontinent ohne eigenen Schrein oder Tempel. Auch zahlreiche Naturerscheinungen gelten als heilig, von einem bestimmten Baum im Dorf bis zu ganzen Bergen, Höhlen und Flüssen. Laut einer Schätzung besitzt das Land fast 2000 wichtige Tempel und andere Orte von spiritueller Bedeutung.

Die indische Tradition der **Wallfahrt** geht mindestens bis in die Zeit des *Mahabharata* zurück und ist bis heute quer durch alle gesellschaftliche Schichten populär. Die Bandbreite der Wallfahrer reicht von wandernden Hindu-Sadhus und Jain-Mönchen, die ihr Leben lang barfuß von Heiligtum zu Heiligtum ziehen und

sich ihr Essen unterwegs zusammenbetteln, bis zu modernen Pilgern, die in gecharterten Videobussen von einem Tempel zum nächsten flitzen und das im Schnellverfahren erworbene religiöse Verdienst mit Sightseeing und Shopping verbinden.

Hindus bezeichnen heilige Stätten mit dem Sanskrit-Wort *tirtha*. Es bedeutet wörtlich „Furt", im übertragenen Sinne aber auch einen spirituellen Übergangspunkt, an dem sich Erde und Himmel berühren, die Götter auf die Erde herabsteigen und Menschen sich aus dem Samsara (S. 114) lösen und zu den Göttern aufsteigen können. Der Akt der Wallfahrt wird *tirtha-yatra* genannt, das heißt *tirtha* besuchen, um das Göttliche zu finden, *darshan* zu erfahren und religiöse Verdienste zu erlangen.

Die Tradition des Wallfahrens ist auch bei den **Jain** sehr weit verbreitet. Man kann oft Jain-Mönche und -Nonnen sehen, die zu Fuß zwischen wichtigen Heiligtümern wie Sravanabelagola in Karnataka und den Jain-Tempeln in Rajasthan unterwegs sind.

Buddhisten besuchen die vier Orte, die am engsten mit Buddha assoziiert werden: Bodhgaya, Sarnath, Kushinagar und Lumbini (gleich hinter der Grenze in Nepal).

Für **Moslems** ist die wichtigste Pilgerfahrt die Hadsch nach Mekka. Wer nicht so weit kommt, kann das Manko durch sieben Pilgerfahrten zum Grab von Khwaja Muin-ud-din Chishti in Ajmer wettmachen.

Berühmte Pilgerorte im Norden
Varanasi (Uttar Pradesh)
Shivas heilige Stadt ist Indiens berühmtester Wallfahrtsort. Viele Inder kommen nach Varanasi, um hier zu sterben und sich einäschern zu lassen. S. 318

Haridwar (Uttarakhand)
Wörtlich die Tür (*dwar*) Gottes (*Hari*): der Ort, an dem der Ganges aus dem Himalaya in die Ebene hinabströmt, und einer der vier Veranstaltungsorte des Kumbh-Mela-Festes. S. 349

Allahabad (Uttar Pradesh)
Die Stadt am Zusammenfluss der beiden heiligsten Flüsse Indiens – Ganges und Yamuna – ist

Schauplatz der Maha Kumbh Mela, des größten religiösen Festes der Welt. S. 313

Shatrunjaya (Gujarat)

Die heiligste Pilgerstätte der Jain: Über 900 Tempel drängen sich auf dem Berg, auf dem der erste Jain-*tirthankara*, Adinath, Erleuchtung fand. S. 628

Bewegung für Körper und Geist

Yoga, Meditation und Ashrams

Indien, die Wiege des Yoga und Heimat der berühmtesten Meditationsschulen der Welt, bietet unzählige Gelegenheiten für spirituelle Erfahrungen, von Grundkursen in Yoga und Pranayama bis zu ausgedehnten Retreats. **Yoga** wird praktisch überall in Indien gelehrt. Darüber hinaus gibt es mehrere international bekannte Yogazentren, wo man sich zum Yogalehrer ausbilden lassen kann. **Meditation** wird ebenfalls im ganzen Land praktiziert, und besondere Kurse werden in Tempeln, Meditationszentren, Klöstern und Ashrams abgehalten. **Ashrams** sind Gemeinden, in denen Menschen zusammen leben, arbeiten und lernen, angetrieben von einem gemeinsamen (gewöhnlich spirituellen) Ziel.

Näheres zu Yoga- und Meditationskursen sowie Ashrams findet sich in den jeweiligen Ortskapiteln im Buch. Die beliebteren Zentren (S. 30/31, Kasten) müssen rechtzeitig gebucht werden.

Yoga

„Yoga" bedeutet wörtlich „vereinen" und hat das Ziel, dem Yoga Praktizierenden zu helfen, das individuelle Bewusstsein mit dem Göttlichen zu vereinen. Dies wird erreicht, indem das Selbst-Bewusstsein durch spirituelle, geistige und körperliche Übungen und Disziplin gefördert wird. **Hatha-Yoga**, die im Westen beliebteste Form, basiert auf Körperhaltungen, Asanas genannt, die nicht nur die Muskeln dehnen, an- und entspannen, sondern auch die inneren Organe massieren. Sie sind zwar unterschiedlich schwierig, aber wer kontinuierlich übt, wird bald positive Wirkungen spüren. Für Fortgeschrittene ist Hatha-Yoga allerdings lediglich der erste Schritt hin zu subtileren Stufen der Meditation, die beginnen,

sobald die Körperenergien durch Dehnen und Entspannen geweckt und sensibilisiert worden sind. Andere Formen von Yoga sind **Raja-Yoga**, das moralische Disziplin einschließt, und **Bhakti-Yoga**, das Yoga der Hingebung, das die Bindung an einen Guru oder Lehrer erfordert. **Jnana-Yoga**, das Yoga des Wissens, beruht auf den philosophischen Grundlagen des Hinduismus.´

Rishikesh in Nordindien (Uttarakhand) ist die Hauptstadt des Yoga. Hier gibt es eine ganze Reihe von Ashrams, die alle möglichen Kurse anbieten (Näheres s. S. 353). Die berühmtesten Lehrer des Landes sind allerdings weiter im Süden ansässig.

Iyengar-Yoga ist derzeit eine der angesagtesten Richtungen, benannt nach dem Begründer dieser Schule, B. K. S. Iyengar (ein Schüler des großen Yogalehrers Sri Tirumalai Krishnamacharya). Das Zentrum dieser Richtung, das **Ramamani Iyengar Memorial Yoga Institute**, befindet sich in Pune, Maharashtra, 🖥 www.bksiyengar. com. Iyengar Yoga hat sich bei der Behandlung verschiedener körperlicher und seelischer Beschwerden als erfolgreich erwiesen.

Meditation

Meditation wird oft nach einer Yoga-Sitzung praktiziert, wenn die Körperenergie erwacht ist. Sie ist ein wesentlicher Bestandteil hinduistischer wie buddhistischer Religionsausübung und wird als mächtigstes Werkzeug zum Verständnis der wahren Natur des Geistes und des Selbst begriffen – als ein bedeutender Schritt auf dem Weg zur Erleuchtung.

Vipassana-Meditation ist eine Technik, die ursprünglich von Buddha gelehrt wurde. Dabei lernen die Schüler, sich körperlicher Empfindungen und geistiger Vorgänge stärker bewusst zu werden. Die Kurse dauern mindestens zehn Tage und sind anstrengend – Aufstehen um 4 Uhr früh, zehn Stunden Meditation täglich, kein festes Essen nach 12 Uhr, Geschlechtertrennung und keine Gespräche (außer mit den Kursleitern). Für alle neuen Schüler sind die Kurse kostenlos, damit jeder die Chance hat, die Technik zu lernen und von ihr zu profitieren. Vipassana wird in über 25 Zentren in ganz Indien gelehrt, darunter in Bodhgaya (S. 856) und Jaipur (S. 173).

Indiens Eisenbahnen, die täglich Millionen von Pendlern, Pilgern, Tieren und Paketen von einem Ende des Subkontinents zum anderen befördern, werden oft als das größte Vermächtnis der Briten an ihre ehemalige Kolonie bezeichnet. Dabei hat sich das Eisenbahnnetz mit seinem hierarchisch geordneten Heer von Schalterangestellten, Köchen, Kulis, Trägern, Schaffnern, Bahnhofsvorstehern und -geistlichen längst zu einer urtypisch indischen Institution entwickelt.

Eisenbahnfahrten durch Indien – ob ganz spartanisch in der spottbilligen Holzklasse oder feudal mit gestärkten Baumwollaken und warmen Mahlzeiten in klimatisierten Wagen – gehören oft zu den denkwürdigsten Erlebnissen einer Indienreise. Schon die rund um die Uhr geöffneten Bahnhöfe sind ideale Orte, um das Alltagsleben zu beobachten: Hier tummeln sich zu jeder Tages- und Nachtzeit Hunderte von Menschen aus allen Schichten der Gesellschaft, die essen und schlafen, kaufen und verkaufen. Alles untermalt von einem der unvergesslichsten Klänge des Subkontinents: den monotonen Rufen des *chai-wallah*, der heißen, süßen Tee ausschenkt. Infos zum Bahnfahren s. S. 75.

Weltweit im Vormarsch ist die **tibetisch-buddhistische Meditation**. Der tibetische Buddhismus kennt eine ungeheure Vielfalt an Meditationspraktiken, darunter auch Vipassana, in Tibet *shiné* genannt. Mit seiner großen tibetischen Diaspora hat sich Indien inzwischen zu einem der wichtigsten Schulungszentren für tibetischen Buddhismus und tibetisch-buddhistische Medizin entwickelt. An oberster Stelle steht Dharamsala in Himachal Pradesh, die Zufluchtsstätte des Dalai Lama und der tibetischen Exilregierung. Interessenten können bei den dort lebenden tibetischen Mönchen und Nonnen Einzelunterricht nehmen. Ein weiteres großes tibetisches Zentrum ist Darjeeling in Westbengalen. Einzelheiten zum Kursangebot sind den entsprechenden Ortskapiteln im Buch zu entnehmen.

Wandern und Bergsteigen

Trekking ist in Indien zwar längst nicht so kommerzialisiert wie im benachbarten Nepal, aber in den Himalaya-Gebieten von Ladakh und Zanskar

Ashrams variieren in ihrer Größe von einem halben Dutzend Schülern bis zu mehreren tausend, und die Regeln sind sehr unterschiedlich. Während einige die Unterbringung im Ashram bieten, erfordern andere, dass man im nächstgelegenen Ort oder Dorf wohnt. Manche verlangen westliche Preise, andere ortsübliche, wieder andere gründen sich auf Spenden. Viele Ashrams haben ein festes Tagesprogramm, andere lassen mehr Raum zur eigenen Entfaltung und bieten nur Führung und Unterweisung, wenn man darum bittet. Außer den traditionellen Orten zum Erlernen von Yoga- und Meditationstechniken sind im Winter in den Küstenresorts von Goa Dutzende kleinerer Zentren geöffnet. In einigen lehren international bekannte Meister. Einige der wichtigsten Ashrams haben wir hier aufgeführt.

Ashiyana Tropical Retreat Centre, Junasa Waddo, Mandrem, Goa, 🖥 www.ashiyana-yoga-goa.com. Wer Yoga in absolut paradiesischer Umgebung machen möchte, kommt am besten hierher. Das Zentrum am Flussufer mit Blick aufs Meer hat Yoga, Massagen, Meditation und Unterricht in Satsang im Programm. Die Kursleiter sind ausnahmslos Lehrer von Weltruf, die ständig oder vorübergehend hier wohnen.

Die Unterbringung erfolgt in wunderschönen Baumhäusern, und im Tages- oder Wochenpreis ist die Teilnahme an Kursen inbegriffen.

Brahmani Centre, Grandpa's Inn, Anjuna, Goa, 🖥 www.brahmaniyoga.com. Bietet Yogakurse ohne Voranmeldung (überwiegend Ashtanga) und ein paar Schnupperkurse in anderen Techniken sowie Pranayama und *bhajan*-Gesänge. Die Lehrer sind erstklassig und veranstalten Kurse sowohl für Einsteiger als auch für Fortgeschrittene unterschiedlicher Stufen.

Divine Life Society, PO Shivanandanagar, Muni ki Reti, Rishikesh, District Tehri Garhwal, Uttarakhand, ✆ 0135-430040, 🖥 www.sivananda dlshq.org. Der ursprüngliche Ashram von Guru Sivananda; gut durchorganisiert, ziemlich institutionalisiert, mit mehreren Meditationsräumen und Kursen zu allen Themen und Spielarten des Yoga. Näheres s. Kasten S. 353.

Harmonic Healing & Eco Retreat Centre, Patenem, Goa, ✆ 9822/512814, 🖥 www.harmonic ingoa.com. International bekannte Lehrer geben Unterricht in Yoga, Pilates, Reiki, Energy-Balancing und Thai-Massage, außerdem Kurse in Bollywood-Tanz und klassischem indischem Gesang – und das alles vor der Kulisse eines der Traumstrände von Goa.

---

mit ihren über 5000 m hohen Bergpässen hat das Land zwei der spektakulärsten Reviere der Welt zu bieten. Nicht alle Wanderwege im Himalaya sind erfahrenen Wanderern vorbehalten. Relativ einfach zu bewältigende Kurzstrecken gibt es z. B. in den bewaldeten Gebirgsausläufern von Sikkim, und auch die ausgetretenen Pilgerpfade von Garhwal erfordern keine Spitzensportlerkondition.

Vor allem auf schwierigen, seltener begangenen Routen (wo es schwerwiegende Folgen haben kann, wenn man sich verirrt oder die Verpflegung zur Neige geht) ist es ratsam, einen ortskundigen Führer mitzunehmen, der sich auch als Koch betätigt. Träger (mit oder ohne Pony) machen die Tour weniger beschwerlich und können auf längeren Routen, wenn Proviant für eine Woche oder länger mitgenommen werden

muss, sogar unentbehrlich sein. In Orten, die als Ausgangspunkt für bestimmte Routen dienen, werden Touristen meistens von Männern angesprochen, die ihre Dienste anbieten. Dabei kann es schwierig werden, den üblichen Preis herauszufinden, und Feilschen gehört ohnehin zum Geschäft.

Wer keine Lust hat, seine Tour in Eigenregie zu planen, kann sich auch an einen Trekking-Veranstalter werden. Derartige Agenturen in Orten wie Manali, Leh, Darjeeling und Gangtok werden in den jeweiligen Regionalkapiteln detaillierter beschrieben.

Am besten auf Wanderer eingestellt ist der Bundesstaat Himachal Pradesh. Uttarakhand ist in Trekkerkreisen weniger bekannt, bietet aber zahlreiche Möglichkeiten, die ausgetretenen Pfade der Pilger zu verlassen, oder sich

International Society for Krishna Consciousness (ISKCON), 3c Albert Rd, Kolkata, ☏ 033-247 3757, Bhaktivedanta Swami Marg, Raman Reti, Vrindavan, ☏ 0565-442478, 🖳 www.iskcon.com. Große, gut gemanagte internationale Organisation mit Zentren in mehreren großen Städten in Indien und Übersee. Lehrt Bhakti-Yoga durch die Ausübung guter Taten, rechte Lebensführung und rezitierende Gesänge – im Grunde ein Programm für ein ganzes Leben, nicht nur für einen Schnellkurs.

Osho Commune International, 17 Koregaon Park, Pune, Maharashtra 411 001, ☏ 020/612 6655, 🖳 www.osho.com. Gegründet von dem enigmatischen Osho, der sich einer zahlenstarken Gemeinde westlicher und indischer Anhänger erfreut. Das „Meditation Resort" inmitten einer herrlichen Anlage bietet unterschiedliche Kurse in Selbsterfahrung, Heilmethoden und Meditation. Näheres s. S. 715.

Purple Valley Centre, Assagao, Goa, 🖳 www.yogagoa.com. Purple Valley hat Platz für bis zu 40 Übernachtungsgäste und besitzt eines der schönsten *yoga shalas* (Übungsgelände) in Indien. Zu den Lehrkräften zählen Nancy Gilgoff und Sharath Rangaswamy, Enkel des namhaften Ashtanga-Gurus Shri K. Pattabhi Jois.

Root Institute for Wisdom Culture, Bodhgaya, Bihar, ☏ 0631/400714, 🖳 www.rootinstitute.com. Veranstaltet regelmäßig von Oktober bis März 7–10-tägige Kurse zu tibetischen Buddhismus und Meditation und hat Einrichtungen für individuelle Retreats. Längere Aufenthalte sollten möglichst früh gebucht werden. Näheres s. S. 857.

Sivananda Yoga Vedanta Dhanwantari Ashram, der Hauptsitz ist in Kerala, es gibt aber u. a. eine Filiale in Uttarkashi, Uttarakhand, ☏ 01374/224 159, 🖳 www.sivananda.org. Ableger der Divine Life Society, ein Yoga-orientierter Ashram, wo Yogastellungen (Asanas), Atemtechniken (Pranayama) und Meditation gelehrt werden. Einzelheiten auf der Website.

Tushita Meditation Centre, McLeod Ganj, Dharamsala 176219, Himachal Pradesh, ☏ 01892/21866, 🖳 www.tushita.info. Veranstaltet verschiedene tibetische Meditationskurse. Ein 10-tägiger Kurs kostet ca. Rs3500. So früh wie möglich buchen!

Vipassana International Academy, rund 25 Zentren in ganz Indien. Führt eine Vielzahl von 3- bis 45-tägigen Kursen in Vipassana-Meditation durch. Näheres auf ihrer Website 🖳 www.dhamma.org.

---

diesen auf dem Weg zu den heiligen Stätten Badrinath, Gangotri, Joshimath und Kedarnath anzuschließen. Auch in den alten buddhistischen Königreichen **Ladakh** und **Zanskar** gibt es wunderbare Hochgebirgspfade verschiedener Länge, für die man 4–10 oder noch mehr Tage braucht. **Darjeeling**, am Ostende des Himalaya, eignet sich hervorragend als Ausgangsbasis für Abstecher in die Berge der Umgebung. Die größten Höhenunterschiede – von schwülheißen Flusstälern bis zum dritthöchsten Bergmassiv der Welt – weist das benachbarte **Sikkim** auf.

Eine gute **Ausrüstung** ist unabdingbar für einen Trek; sie sollte alles Notwendige umfassen, aber möglichst wenig wiegen. In manchen Orten, z. B. Leh und Darjeeling, wird Trekking-Ausrüstung vermietet, aber ansonsten muss alles gekauft oder von zu Hause mitgebracht werden. Vor dem Aufbruch sollte alles (z. B. Reißverschlüsse) auf Tauglichkeit hin überprüft werden. Die Kleidung sollte möglichst wenig wiegen und angesichts der zu erwartenden Temperaturunterschiede in Schichten getragen werden können.

Bergsteigen ist eine schwierigere Angelegenheit, die eine umfangreiche Planung und Organisation erfordert. Für Anfänger ist das Himalaya-Gebirge absolut ungeeignet. Die Mountaineering Institutes in Darjeeling, Uttarkashi und Dharamsala führen Bergsteigerkurse durch. Das Institut in **Uttarkashi** in Uttarakhand, 🖳 www.uttarkashi.nic.in/nim/courses.htm, ist bei Ausländern besonders beliebt. Hier erwerben die Teilnehmer Fertigkeiten im Fels- und Eisklettern sowie Fachwissen über Expe-

Indiens heilige Landschaft

Indiens religiöse Stätten werden in Kategorien unterteilt, von denen die meisten nur bestimmte Regionen umfassen. An der Spitze der spirituellen Rangordnung liegen die **Sieben Heiligen Städte** oder *Sapta Puri* (Ayodhya, Mathura, Haridwar, Varanasi, Kanchipuram, Ujjain und Dwarka), die nach hinduistischem Glauben jedem, der in ihren Grenzen stirbt, *moksha* garantieren, und die **Vier Göttersitze** oder *Char Dham* (Rameshwaram, Puri, Dwarka und Badrinath) an den vier „Kompassspitzen" des Landes (nicht zu verwechseln mit den „kleinen" *Char Dham*: Badrinath, Kedarnath, Gangotri und Yamunotri in Uttarakhand).

Außerdem hat jede Hauptgottheit (mit Ausnahme des in Indien unbedeutenden Brahma) ihre spezielle Pilgerroute mit eigenen Heiligtümern. **Shiva** ist mit drei großen Tempelgruppen vertreten: zwölf *jyotri-linga*-Tempeln, fünf *bhuti-linga*-Tempeln und 68 *svayambhu-linga*-Tempeln. Ebenso gibt es ausgedehnte Tempelrundreisen zu Ehren von **Mahadevi** und **Vishnu** sowie in Südindien regionale Heiligtümer, die **Murugan** geweiht sind. Dazu kommen Heiligtümer, die mit den **Planeten** assoziiert werden (die *Nava Graha Sthalas*), und Orte in der **Natur** von spiritueller Bedeutung wie die vier Schauplätze des **Kumbh-Mela-Festes** (Allahabad, Haridwar, Ujjain und Nasik).

ditionen für einen Bruchteil der Kosten, die in westlichen Ländern üblich sind. Der vierwöchige Bergsteiger-Grundkurs wird von Veteranen der indischen Armee ausgerichtet, die auf dem Siachen-Gletscher stationiert waren, und kann daher äußerst anstrengend sein.

Eine **Bergsteigererlaubnis** muss mindestens sechs Monate im Voraus bei der Indian Mountaineering Federation, Anand Niketan, Benito Juarez Rd, New Delhi 110021, ☎ 011/2411 1211, ▭ www.indmount.org, beantragt werden. Die **Gipfelgebühren** betragen je nach Höhenlage US$1500 bis US$4000, und jeder Expeditionstrupp muss von einem IMF-geprüften Bergführer begleitet werden. Die IMF kann auch eine Liste indischer Bergsteigerclubs zur Verfügung

stellen; wer Kontakt mit einem dieser Clubs aufnimmt, lernt einheimische Bergsteiger kennen und erhält Permits für die Erstürmung ansonsten unzugänglicher Gipfel.

Rafting

Auf den Flüssen Chenab und Beas in **Himachal Pradesh**, Rangit und Teesta in **Sikkim**, Zanskar und Indus in **Ladakh** sowie dem Ganges in **Uttarakhand** kann man nicht nur hervorragende Wildwasserfahrten unternehmen, sondern auch eine wunderbare Landschaft kennenlernen. Einige der größten Rafting-Zentren sind Kullu, Manali, Leh, Gangtok und Rishikesh. Die Gebühren beginnen bei rund Rs750 pro Tag inkl. Verpflegung, aber ein Preisvergleich bei mehreren Anbietern lohnt sich. Näheres in den jeweiligen Regionalkapiteln.

Höhlenwandern

Von allen indischen Bundesstaaten bietet **Meghalaya** die besten Möglichkeiten zum Höhlenwandern. Die drei Hauptgegenden sind das östliche Khasi-Gebirge, die südlichen Garo-Berge und die Jaintia-Berge (wo sich das längste Höhlensystem auf dem asiatischen Festland befindet: die 21,4 km lange Krem Kotsati-Umlawan-Höhle). Näheres s. S. 906.

Tauchen und Schnorcheln

PADI-zertifizierte Tauchschulen gibt es in einer Handvoll Resorts in **Goa**, z. B. in Palolem (S. 779). In den Gewässern vor der Küste Goas ist die Sicht schlecht, aber die Mitarbeiter der Tauchschulen fahren mit ihren Kunden nach Süden zu einer Insel vor der Küste des benachbarten Karnataka, wo die Bedingungen zum Tauchen perfekt sind.

Qualifizierte Taucher sollten ihren gültigen Tauchschein und/oder ihr Logbuch mitnehmen. Wer keinen absolvierten Tauchgang innerhalb der letzten zwölf Monate nachweisen kann, muss unter Umständen eine kurze Prüfung ablegen, die um Rs350 (US$8) kostet.

Kameltrekking

Wer die Wüste stilvoll erkunden will, nimmt dafür ein Wüstenschiff. Das einhöckerige arabische Kamel, auch Dromedar genannt, ist in den Wüstenregionen Rajasthans weit verbreitet und hervorragend ans Terrain angepasst. Seine langen, doppelten Wimpern halten den Sand aus den Augen, und die Nüstern kann es schließen. Die breiten, weichen Füße mit Hufen sind das ideale Fortbewegungsmittel im Sand. Auf einem Kamel reitet man weicher als auf einem Pferd, denn das Kamel bewegt seine beiden linken und rechten Beine, anders als ein Pferd, nacheinander. Normalerweise sind Kamele brav und gutmütig, aber im Frühjahr meldet sich beim männlichen Tier der Fortpflanzungstrieb. Dann wird es störrisch, kann ausschlagen und beißen, und wenn es wütend wird, spuckt es den hochgewürgten Mageninhalt aus.

Kameltreks lassen sich in **Jaisalmer** (S. 233) und **Bikaner** (S. 245) organisieren. Manche bleiben auf den ausgetretenen Pfaden und führen zu den allseits bekannten touristischen Sehenswürdigkeiten. Bei anderen dagegen geht es tief in die Wüste, damit die Teilnehmer ein Gefühl für die Einsamkeit und Weltabgeschiedenheit bekommen. Gewöhnlich umfasst ein Kameltrek zwei Tage im Sattel und eine Nacht in einem Wüstencamp, aber es sind auch längere oder kürzere Ausflüge im Angebot.

Ausflüge in die Tierwelt

Man kann davon ausgehen, dass man am Rande von Ortschaften und Dörfern auf einige der unter „Fauna" (S. 92) beschriebenen Tierarten stößt. Aber ein Ausflug in das eine oder andere Naturreservat bietet die beste Chance, Tiere in freier Wildbahn zu beobachten. Die größeren, leichter zugänglichen Tierreservate verfügen über eine passable Infrastruktur, und Besucher werden im Geländewagen, Minibus, Bus oder manchmal auch im Boot herumgefahren. Man sollte aber nicht erwarten, mit diesen von der Parkverwaltung organisierten Standardbeförderungsmitteln viel zu sehen zu bekommen. Die meisten selteneren Tiere halten sich von Gruppen lautstarker Ausflügler weise fern. Wenn möglich, sollte man versuchen, **Wanderungen** mit einem zuverlässigen, anerkannten Guide zu organisieren. Bevor man dafür Geld ausgibt, sollte man einen Blick in die Empfehlungsbücher werfen.

Beurteilungen der angebotenen Unterkünfte finden sich bei der Beschreibung der Parks zusammen mit einer Wegbeschreibung.

Der beliebte **Kaziranga-Nationalpark** (S. 901) im Nordosten Indiens ist berühmt für seine Panzernashörner, die aber leider immer noch von Wilderern bedroht sind; ☽ Nov–Anfang April. Ebenfalls im Nordosten beherbergt der abgelegene, kaum entwickelte **Namdapha-Nationalpark** (S. 916) an der Grenze zu Myanmar Tiger, Nebelparder, Schneeleoparden, Elefanten, Kleine Pandas (Katzenbären), Hirsche und den endemischen Hulock-Gibbon; ☽ Okt–April.

Das beliebteste Vogelschutzgebiet Indiens ist der **Keoladeo-Nationalpark** (S. 204) bei Bharatpur in Rajasthan; ☽ ganzjährig.

Wer Tiger in freier Wildbahn sehen möchte, sucht am besten den **Ranthambore-Nationalpark** (S. 208) in Rajasthan auf; ☽ Okt–Juni. Mit etwas Glück lassen sich Tiger im **Kanha-Nationalpark** (S. 427; ☽ 1. Nov bis zum Beginn der Monsunzeit Ende Juni) und mit größerer Wahrscheinlichkeit – auch vom Elefantenrücken aus – im **Bandhavgarh-Nationalpark** (S. 430;

Websites zur Tierwelt Indiens

🖳 **www.savethetigerfund.org**
Alles, was man jemals über Tiger wissen wollte – und noch mehr.

🖳 **www.webindia123.com/wildlife/index.htm**
Reportagen, Safariberichte und Nachrichten über die indische Tierwelt.

🖳 **www.camacdonald.com/birding/ asiaindia.htm**
Die besten Orte zur Vogelbeobachtung, Informationsquellen im Netz und in gedruckter Form, mit zahlreichen schönen Bildern und Berichten über Erkundungstouren von Vogelfreunden.

🖳 **www.wpsi-india.org**
Website der Wildlife Protection Society of India, die sich dem Kampf gegen die Wilderei verschrieben hat.

🖳 **www.wwfindia.org**
Homepage des indischen World Wildlife Fund, der sich dem Tier- und Umweltschutz auf dem Subkontinent widmet.

Nov–Ende Juni), entdecken. Diese Parks in Madhya Pradesh beherbergen ebenso wie das **Corbett-Tigerreservat** in Uttarakhand (S. 371; 15. Nov–15. Juni) nicht nur Tiger, sondern auch andere Tiere, darunter Rotwild, Elefanten, Affen und Vögel. Im **Sunderbans Tiger Reserve** (S. 820) hat der Tiger sich an die feuchte Inselwelt angepasst und legt weite Strecken schwimmend zurück. Den Park erkundet man per Boot; beste Zeit: Winter und Frühjahr.

Noch seltener als der Tiger ist der Asiatische Löwe. Er kommt in Indien in freier Wildbahn nur noch im Gir Forest in Gujarat vor, wo er im **Gir-Nationalpark** (S. 619) mit viel Glück zu sehen ist; Mitte Okt oder Nov–Mitte Juni.

Reiserouten

Jede der folgenden Routen ist gut mit öffentlichen Verkehrsmitteln zu schaffen. Natürlich können die Routen nach Belieben ergänzt, miteinander kombiniert oder auch in umgekehrter Richtung gefahren werden.

Durch Rajasthan

■ 2–3 Wochen

Diese Rundreise gehört – nicht zuletzt aufgrund der sehr guten Infrastruktur – zu den beliebtesten Touren in Nordindien. Als Kurzreise wird sie unter dem Namen Goldenes Dreieck auch von Reisebüros angeboten, berührt dann aber nur Delhi, Agra, Fatehpur Sikri und Jaipur.

Die Reise beginnt in **Delhi** (S. 127) mit der Fahrt nach **Agra** (2 Std. mit der Bahn) zum wohl berühmtesten Bauwerk der Welt, dem Taj Mahal (S. 285). Mit genügend Zeit kann man über **Gwalior** mit seiner eindrucksvollen Festung (S. 403) nach Jhansi reisen (gute Zugverbindungen, 3 Std.) und von dort mit dem Bus (5 Std.) zu den für ihre erotischen Darstellungen bekannten Tempeln von **Khajuraho** (S. 413).

Von Jhansi sind nur 15 km bis zur kleinen, abseits der Hauptreiserouten liegenden Palastanlage von **Orchha** (S. 409). Nach Agra zurückgekehrt, steht als Nächstes die verlassene Stadt

Fatehpur Sikri (S. 300) auf dem Plan (1 Std. Busfahrt). Auf keinen Fall versäumen sollte man den nahe gelegenen, von der Unesco zum Welterbe erklärten Vogelpark von **Bharatpur** (ca. 1 Std. Busfahrt, S. 204). Von hier gelangt man in etwa 5 Std. mit dem Bus nach **Jaipur** (S. 173) mit seiner ganz in Rosa gehaltenen, noch vollständig von Mauern umschlossenen Altstadt.

Vor den Toren der Stadt liegt im Norden die relativ wenig besuchte Region **Shekhawati** (S. 190) mit bunt bemalten, ehemaligen Kaufmannshäusern, den Havelis. Man kann die einzelnen Orte (Dundlod, Mandawa u. a.) mit lokalen Bussen erreichen, am einfachsten jedoch mit dem Mietwagen (mit Fahrer) auf einer etwa zweitägigen Rundreise ab Jaipur.

Als nächster Stopp von Jaipur aus entlang der Hauptbahnlinie empfiehlt sich **Ajmer** (S. 211), eines der Zentren des Islam in Nordindien (ca. 2 Std. mit der Bahn). Von hier ist es nur ein Katzensprung (45 Busminuten) nach **Pushkar** (S. 216), berühmt nicht nur für den Kamelmarkt im November: Die autofreie Ortschaft um einen heiligen See ist eines der beliebtesten Ziele der Backpacker in Indien überhaupt.

Von Pushkar aus gibt es Busverbindungen mit **Udaipur** (ca. 8 Std., S. 253), der vielleicht schönsten Stadt Rajasthans mit ihren schwimmenden Palästen im Pichola-See und herrlichen Tempeln in der Umgebung wie Ranakpur und Nagda.

Das nächste Ziel, **Mt. Abu** (S. 266), liegt 1200 m hoch in den Bergen und ist ebenfalls für seine Tempel, aber auch für das im Sommer erträgliche Klima einen Abstecher wert (ca. 5 Std. mit dem Bus). Von hier aus, genauer genommen von Abu Road unterhalb des Bergs, ist **Jodhpur** (S. 223) mit seinem mächtigen Meherangar-Fort leicht mit der Bahn zu erreichen (5 Std.). Die lebendige Stadt ist überdies Ausgangspunkt für einen Besuch der in der Wüste liegenden pittoresken Festungsstadt **Jaisalmer** (Nachtzug 6 Std. oder Bus 5 1/2 Std.), ohne Zweifel einer der Höhepunkte dieser Rundreise (S. 233).

Mit dem Bus oder der 2007 eröffneten Bahnlinie (8 Std.) gelangt man durch die Wüste Thar nach **Bikaner** (S. 245), das ebenfalls von einer Festung beherrscht wird. Mutige können den in der Nähe gelegenen Rattentempel von **Deshnok** (S. 252) besuchen.

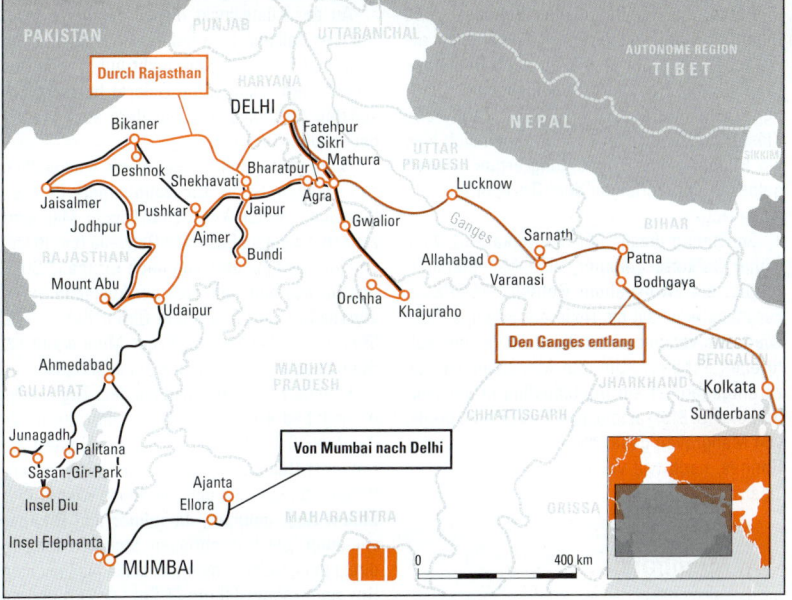

In etwa 10 Std. erreicht man mit der Bahn von hier wieder das Ausgangsziel Delhi, kann aber auch nach Jaipur fahren (11 Std.) und von dort zu neuen Entdeckungstouren starten, z. B. nach **Bundi** (S. 275), einer nach wie vor verschlafenen, von einem Palast überragten Kleinstadt mit viel Atmosphäre (5 Std. mit dem Bus).

Den Ganges entlang

■ Rund 2 Wochen

Der Weg durch den Norden Indiens Richtung Osten führt den Ganges entlang, den wichtigsten Strom des Subkontinents. Viele der historisch bedeutsamen Orte sind heute zu Megastädten herangewachsen und lohnen einen Besuch, zumal die Achse Delhi–Kolkata verkehrsmäßig sehr gut erschlossen ist.

Zunächst einmal geht es aber in Richtung **Agra** (S. 283), denn wer möchte schon das Taj Mahal auslassen? Wer wenig Zeit hat, kann von hier mit dem Zug direkt nach Varanasi fahren (12 Std.). Lohnender aber ist es, von Agra aus über Gwalior und Jhansi nach **Khajuraho** zu reisen (s. Tour 1) und von dort mit dem Bus nach Satna (5 Std.), wo man in einen Zug nach Varanasi (9 Std.) steigen kann. Wenn man lieber ohne Umwege mit der Bahn von Agra nach Varanasi reist, geht die Fahrt über **Lucknow** (S. 307). Sehenswert sind die zahlreichen über die Stadt verteilten islamischen Bauten, insbesondere das Mausoleum Bara Imambara und die Freitagsmoschee.

Etwa fünf Fahrstunden weiter östlich folgt **Allahabad** (S. 313) am Zusammenfluss von Ganges und Yamuna, bekannt für seine Wallfahrten, die Melas, zu denen sich Hunderttausende gläubiger Hindus am Ufer zusammenfinden.

Noch lohnender ist **Varanasi** (S. 318), auch Benares genannt, die sicherlich heiligste Stadt Indiens (ca. 3 Std.). Unzählige Tempel und Badetreppen *(ghats)* säumen das Ufer des Ganges. Eine Bootsfahrt zu Sonnenaufgang sollte sich niemand entgehen lassen.

Nur 8 km entfernt liegt **Sarnath** (S. 333), eine der heiligen Stätten des Buddhismus. Hier hat Buddha im Gazellenhain seine erste Predigt gehalten.

Patna, die Hauptstadt des Bundesstaates Bihar (ca. 5 Std. von Varanasi), ist vor allem als Zwischenstopp auf dem Weg nach **Bodhgaya** (S. 856), der Hochburg buddhistischer Glaubens, von Interesse (ca. 5 Std.). Zahlreiche Klöster buddhistischer Länder haben sich hier, wo Buddha seine Erleuchtung erfuhr, niedergelassen und verleihen dem Ort eine tief religiöse Note.

Endstation dieser Tour ist **Kolkata** (S. 790), früher Kalkutta genannt, eine Millionenmetropole, die zwiespältige Gefühle hinterlässt. Für manche ist sie die Hölle auf Erden, andere wiederum verzaubert sie durch ihr reiches kulturelles Schaffen. Um den Menschenmassen zu entgehen, ist ein Bootsausflug in die **Sunderbans** (S. 819) ratsam, das über 200 km breite, von Mangroven gesäumte Mündungsdelta des Ganges, nach wie vor Heimat einer größeren Tigerpopulation.

Von Mumbai nach Delhi

■ 4–6 Wochen

Ausgangspunkt dieser Tour ist **Mumbai** (S. 637), die Wirtschaftsmetropole am Arabischen Meer und in der Filmwelt nicht erst seit dem oscarprämierten Film *Slumdog Millionaire* als Bollywood berühmt und berüchtigt. In unmittelbarer Nähe liegen auf der **Insel Elephanta** (S. 653) dem Gott Shiva geweihte Felstempel aus dem 5.–8. Jh.

Erheblich weiter entfernt, den „Umweg" aber allemal wert, sind die ebenfalls aus dem Fels geschlagenen Tempelanlagen von **Ellora** (S. 691) und **Ajanta** (S. 697), die zu den großartigsten Beispielen frühbuddhistischer Kunst auf dem Subkontinent zählen. Ausgangspunkt für ihren Besuch ist die Stadt **Aurangabad** (ca. 8 Std. mit Bus oder Bahn von Mumbai).

Von Mumbai aus geht es weiter nach Gujarat. Die islamisch geprägte Hauptstadt dieses Bundesstaates, **Ahmedabad** (ca. 7 Std. mit der Bahn, S. 589), kann mit einigen sehenswerten Moscheen aufwarten. Von hier aus führt der Weg nach Süden zur Kleinstadt **Palitana** (5 Std. von Ahmedabad), an deren Rand der den Jain heilige Berg von Shatrunjaya mit Hunderten von Tempeln liegt (S. 628).

An der Küste lockt die vorgelagerte Insel **Diu** (von Palitana 1 1/2 Std. bis Bhavnagar, dann noch mal 5 Std., S. 620), nicht nur wegen des preiswerten Alkohols (in Gujarat herrscht ansonsten Alkoholverbot!), sondern auch wegen der schönen Strände.

Nicht weit entfernt, aber etwas umständlich zu erreichen, ist der **Gir-Nationalpark** (S. 619), Heimat der letzten Asiatischen Löwen. Man fährt zunächst mit dem Bus nach Delwada (ca. 10 km) und von dort mit dem Zug nach Gir (ca. 3 Std.). Von Gir aus empfiehlt sich ein Abstecher nach **Junagadh** (S. 613) mit dem Girnar-Berg – wie Shatrunjaya Ziel der Jain-Pilger. Mehr als 10 000 Stufen führen zum Heiligtum auf dem Gipfel.

In etwa 7 Std. kann man mit dem Zug wieder Ahmedabad erreichen und von dort die Reise Richtung Delhi fortsetzen. An der Route liegt zunächst **Udaipur** (s. Tour 1, ca. 9 Std. mit der Bahn). Von hier aus geht die Reise weiter über **Mount Abu**, **Jodhpur**, **Jaisalmer** und **Bikaner** wie unter Tour 1 beschrieben. Statt nun den Zug direkt nach Delhi zu nehmen, sollte man mit dem Bus nach **Ajmer** fahren (7 Std., S. 211) und im bezaubernden **Pushkar** (45 Min., S. 216) eine Ruhepause einlegen, um die Fahrt dann Richtung **Jaipur** (3 1/2 Std., S. 173) fortzusetzen. Mit genug Zeit lassen sich von dort noch Abstecher ins Shekhavati-Gebiet und nach Bundi einplanen, ehe man über Bharatpur und Fatehpur Sikri **Agra** (S. 283) ansteuert.

Von hier aus ist das Endziel **Delhi** (S. 127) in 2–3 Stunden erreicht, wobei sich die Fahrt noch in Mathura, dem Zentrum der Krishna-Verehrung, unterbrechen lässt.

Den Himalaya entlang

Die nordöstliche Grenze Indiens wird fast in ihrer gesamten Länge von der Kette des Himalaya gebildet, unterbrochen nur von Nepal und Bhutan, wodurch sich die Route in zwei Abschnitte teilt, einen westlichen und einen östlichen. Ihr zu folgen, gehört zu den schönsten Reiseerlebnissen, die Indien zu bieten hat. Zu beachten sind allerdings die klimatischen Bedingungen. Während der Monsunzeit (Juni–Sep) empfangen die Berge sintflutartige Niederschläge, und im

Winter sind die Hochtäler nicht mehr erreichbar. Dann aber ist die beste Zeit zum Besuch Ladakhs, das im Regenschatten des Himalaya liegt und zwischen Mitte Juni und Anfang Oktober auf dem Landweg erreichbar ist.

Die westliche Route

■ 4 Wochen (mit Ladakh 6–8 Wochen)

Ausgangspunkt der westlichen Tour ist die noch im Tiefland liegende Stadt **Amritsar** (S. 575) nahe der pakistanischen Grenze mit ihrem einzigartigen Goldenen Tempel der Sikh-Gemeinde. In gemäßigten Höhen folgt die kurvenreiche Straße nun den Himalaya-Ausläufern und berührt die Hill Stations, die ehemaligen Luftkurorte der Engländer, zunächst **Dalhousie** (ca. 7 Std., S. 480), gefolgt von **Dharamsala** (ca. 6 Std.,

S. 469), das als Exil des Dalai Lama große Anziehungskraft auch für westliche Reisende besitzt. In Mandi, etwa 100 km weiter, zweigt eine Straße nach **Manali** (ca. 10 Std. von Dharamsala, S. 493) ins bezaubernde Kullu-Tal ab.

Von hier führt eine 475 km lange Straße, die im Sommer (Juni–Sep) regelmäßig auch von Bussen in 2 Tagen befahren wird, über mehrere 5000 m hohe Pässe nach **Leh** (S. 535), der 3500 m hoch gelegenen Hauptstadt Ladakhs. Sie ist der geeignete Ausgangspunkt für mehrere kürzere und längere Ausflüge. In einer Tagestour erreicht man die südöstlich liegenden Klöster **Shey** (S. 547), **Tikse** (S. 557) und **Hemis** (S. 550), wo im Juli ein prächtiges Klosterfest stattfindet.

Wendet man sich von Leh nach Nordwesten, trifft man auf die Klöster **Likkir** (S. 557), **Alchi** (S. 557), Rhizong und das großartig gelegene **Lamayuru** (S. 559). Von Leh aus hat man auch die Gelegenheit, über den höchsten Straßenpass der Welt (5600 m) einen Abstecher ins benachbarte **Nubra-Tal** (S. 552) zu unternehmen. Besonders abenteuerlustige Wanderfreunde können die abgelegene, schneereiche und baumlose Provinz **Zanskar** (S. 563) besuchen, die von Kargil aus auf holperiger Straße in rund 10 Std. erreichbar ist.

Verlässt man die Route Manali–Leh bereits nach dem ersten Pass (Rohtang La), gelangt man auf einer Piste ins noch sehr ursprüngliche Tal von **Spiti** (S. 507) mit zahlreichen sehenswerten Klöstern, darunter das für seine Wandmalereien berühmte **Tabo** (S. 510; Busverbindungen von Manali). Die Straße führt weiter in einem großen Bogen an der Grenze Tibets entlang durch das düstere Kinnaur-Tal und weiter nach **Shimla**, das man auch ohne den Umweg über das Spiti-Tal direkt von Dharamsala oder Manali erreichen kann (jeweils 10 Std. mit dem Bus). Diese ehemalige Sommerresidenz der Briten ist heute bei Indern ausgesprochen beliebt.

Den Abschluss in der Kette der Hill Stations bilden **Dehra Dun** (ca. 10 Std. südöstlich von Shimla; S. 343) und das über 2000 m hoch gelegene **Mussoorie** (ca. 2 Std. von Dehra Dun; S. 345), von wo aus man bereits einen großartigen Blick auf die Sechs- und Siebentausender der Himalaya-Hauptkette werfen kann.

Wer in der richtigen Jahreszeit – am besten kurz vor (Mai) oder unmittelbar nach (September) dem Monsun – unterwegs ist, kann über die heilige Stadt **Haridwar** (ab Dehra Dun 1 1/4 Std., S. 349), wo der Ganges aus den Bergen in die Ebene tritt, und **Rishikesh** (30 Min.; S. 353), Zentrum der Meditation, nach **Gangotri** (S. 361, Bus bis Uttarkashi 7 Std.; dann Sammeljeep oder Bus 3 1/2 Std.) fahren, und von dort zu Fuß bis zu den Quellen des heiligen Stroms in über 4000 m Höhe vordringen.

Die östliche Route

- 2–3 Wochen (bei Trekkingtouren entsprechend länger)

Für den Besuch des östlichen Teils der Himalaya-Kette bietet sich **Kolkata** (S. 790) als Ausgangspunkt an. Wichtigstes Ziel ist **Darjeeling** (S. 831), berühmt für seine hervorragenden Tees. Man kann die Stadt gemächlich mit dem Toy Train, einer historischen, unter Denkmalschutz stehenden Schmalspurbahn (ca. 8 Std., mit dem Bus wesentlich schneller) von New Jaipalguri aus erreichen (ca. 8 Std. mit der Bahn von Kolkata). Darjeeling ist auch ein geeigneter Ausgangspunkt für **Trekkingtouren** zum Kanchenjunga (8598 m), dem dritthöchsten Berg der Welt.

Von Darjeeling geht es nordwärts in den Bundesstaat Sikkim. Man kann direkt mit dem Jeep-Taxi über Kalimpong nach **Gangtok** (S. 867) fahren (ca. 4 Std.). In der Stadt lassen sich verschiedene gute Trekkingtouren organisieren. Außerdem kann man von hier aus einige der vielen Klöster Sikkims besuchen, darunter **Rumtek** (S. 876), ein Zentrum der tibetischen Schwarzhut-Schule, und **Pemayangtse** (S. 881) hoch über dem Fluss Rangit.

Die Himalayas setzen sich noch weiter Richtung Osten fort, sind hier aus politischen Gründen teilweise aber nur mit Sondergenehmigung zu bereisen, insbesondere die sich nach Süden hin anschließenden so genannten **Northeastern Hill States**. Sie sind dank ihrer Völkervielfalt und der teilweise großartigen Landschaften ein lohnendes Ziel. Einige sind für Touristen völlig geschlossen, andere nur mit einem teuren Permit oder im Rahmen einer Gruppenreise zugänglich. Einigermaßen problemlos kann man den **Kaziranga-Park** (S. 901) zu Füßen der Himalaya-Ausläufer im Bundesstaat Assam besuchen, in dem die bedrohten Panzernashörner ein geschütztes, aber dennoch von Wilderern bedrohtes Refugium haben. Man sollte sich zuvor über die aktuelle Sicherheitslage in Assam informieren. Zunächst geht es von **New Jaipalguri** nach **Guwahati** (S. 892), der Hauptstadt Assams (am einfachsten mit dem Kanchenjunga Express). Von Guwahati erreicht man den Park in ca. 6 Std. mit dem Bus.

Klima und Reisezeit

Bei der Planung einer Indienreise ist es wichtig, die sehr unterschiedlichen klimatischen Bedingungen zu berücksichtigen. Das Wetter auf dem Subkontinent wird in erster Linie von der Regenzeit, dem **Monsun**, bestimmt. Die Regenfälle setzen Ende Mai an der Küste von Kerala im Südwesten der indischen Halbinsel ein und ziehen während der folgenden anderthalb Monate in nordöstlicher Richtung über das Land. In der Regenzeit wird die Hitze durch ergiebige, in mehr oder weniger regelmäßigen Abständen niedergehende Wolkenbrüche gemildert. Ab und zu dringen Sonnenstrahlen durch die Wolkendecke, doch insgesamt herrscht eine drückend hohe Luftfeuchtigkeit. Insbesondere in den Dschungelregionen im Nordwesten und im bengalischen Tiefland kann es in dieser Zeit zu verheerenden **Überschwemmungen** kommen, und am Fuße des Himalaya sind **Erdrutsche** keine Seltenheit.

Anfang, Mitte September ist der Norden überwiegend regenfrei, aber es vergehen noch weitere zwei Monate, bis auch über dem südlichen Dekkan und Kerala alle Wolken abgezogen sind. Im Dezember schließlich ist der Himmel über dem Subkontinent überwiegend klar, und die Temperaturen sind relativ erträglich.

Wenn es langsam Frühling wird, heizt sich das Zentrum des Landes erneut auf, und gegen Ende März liegen die Durchschnittstemperaturen im Gangesdelta und auf dem Dekkan-Plateau bei 33 °C. Am heißesten wird es im Mai und Anfang Juni.

Die **beste Reisezeit** für den überwiegenden Teil des Landes ist daher die kühle, trockene Jahreszeit zwischen November und März. In Delhi, Agra, Varanasi, Rajasthan und Madhya Pradesh herrscht dann ein sehr angenehmes Klima. Von Ende März an kann ein Abstecher in das Himalaya-Gebiet in Erwägung gezogen werden; die **beste Trekking-Zeit** ist im August und September, wenn der übrige Subkontinent im Regen versinkt.

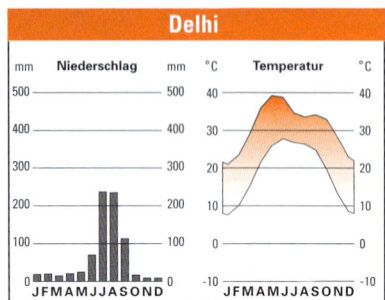

Delhi

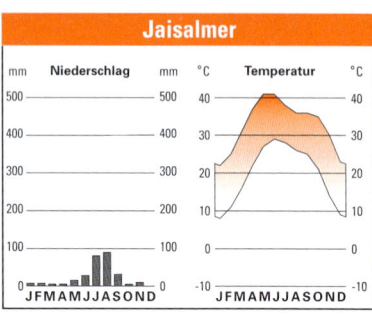

Jaisalmer

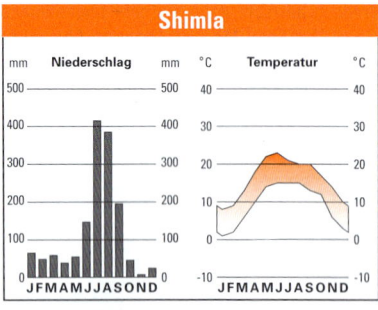

Shimla

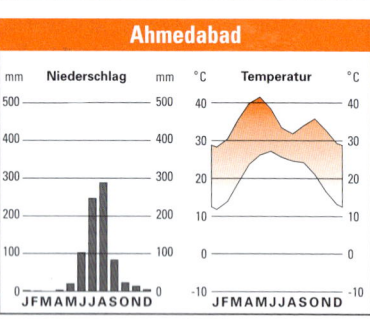

Ahmedabad

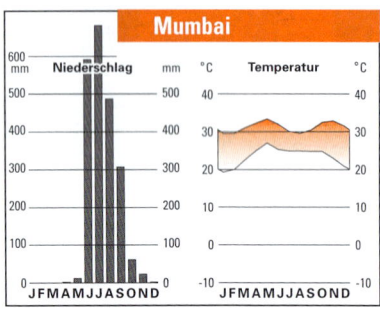

Mumbai

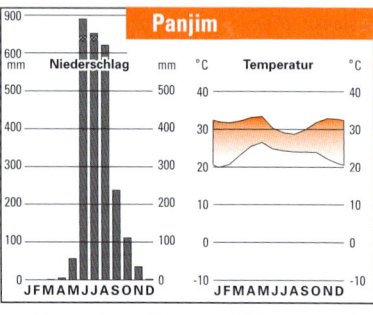

Panjim

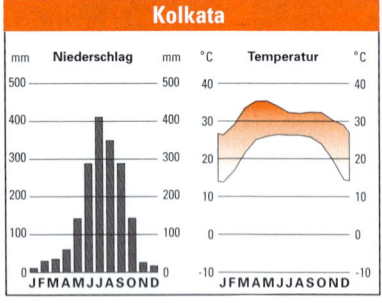

Kolkata

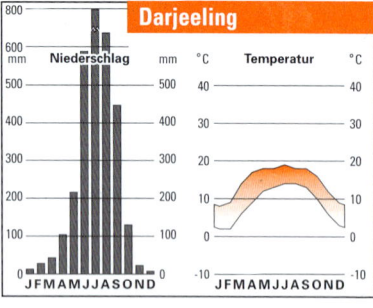

Darjeeling

Reisekosten

Für westliche Besucher ist Indien immer noch eines der billigsten Reiseländer der Welt. Selbst mit einem geringen Budget kommt man oft sehr weit. Für sein Geld bekommt man fast immer etwas Anständiges, egal ob man sehr sparsam oder eher luxuriös reist.

Das zu veranschlagende **Tagesbudget** hängt natürlich davon ab, wo man hinfährt, wo man absteigt, wie man herumreist, was man isst und einkauft. Außerhalb der Ferienorte von Goa reichen schon ungefähr Rs750 (US$17) pro Tag zum Überleben, wenn man in lokalen *dhabas* isst und nicht viel umherreist. Die meisten Rucksackreisenden geben heutzutage aber mindestens das Doppelte aus. Rs2000 pro Tag reichen für ein relativ komfortables Hotel der mittleren Preisklasse, Mahlzeiten in kleineren Restaurants, Rikscha- oder Taxifahrten und Eintrittsgelder für Sehenswürdigkeiten. Wer ein Budget von ca. Rs5000 (US$110) pro Tag zur Verfügung hat, kann in noblen Hotels absteigen, in vornehmen Restaurants speisen, im Zug in der 1. Klasse sitzen und sich für die Fahrt von A nach B Autos mit Fahrer leisten. Wenn es von allem nur das Beste sein soll, kann man eine Menge Geld loswerden, zumal zahlreiche Hotels US$500 pro Nacht und manchmal noch weit mehr verlangen.

Allerdings gibt es immer noch sehr preiswerte **Budgetunterkünfte**. Ein billiges DZ kostet normalerweise ab Rs400 (US$9) pro Nacht, ein einfaches vegetarisches Essen in einem durchschnittlichen Restaurant in der Regel nicht mehr als Rs100. **Reisen** über lange Entfernungen erfreuen durch ein phänomenal gutes Preis-Leistungs-Verhältnis, solange man sich an staatliche Busse und die normale 2. Klasse der nicht klima-

tisierten Züge hält. Es wird aber schnell teurer, wenn man sich z. B. für die AC-Klasse in einem Intercity entscheidet. So liegt beispielsweise der Preis für die 200 km lange Strecke von Delhi nach Agra irgendwo zwischen Rs78 (US$1,75)

Was kostet wie viel?

(Wechselkurs: 1 € = Rs65)

Getränke

1 l Wasser	ab 0,20 €
1 kl. Flasche Coca Cola	ab 0,20 €
1 Flasche Bier (0,65 l)	ab 1,50 €
1 Tasse Tee	ab 0,10 €

Mahlzeiten

Einheimisches Frühstück	ab 0,50 €
Einheimisches Mittagessen	ab 0,50 €
Abendessen a) einfach	ab 0,50 €
b) teuer	um 10 €

Unterkunft

Billigunterkunft DZ mit Gemein-schaftsbad	ab 4 €
Mittelklassehotel DZ mit Privatbad	7–10 €
Gehobener Standard DZ	ab 30 €
Luxusklasse	ab 100 €

Unterwegs

Fernbus, 100 km	ab 1,50 €
Kleiner Mietwagen / Tag, inkl. Fahrer	40 €
Motor-Riksha	ab 0,50 €
1 l Diesel/Normal/CNG (Flüssiggas)	0,45/0,65–0,70/0,39 €
Leihfahrrad pro Tag	0,40–2,50 €

Sonstiges

Eintritt große Museen	4,50 €
1 Std. Internet (Mumbai)	ab 0,30 €
Ferngespräch nach Deutschland / Min.	ab 0,10 €
Ortsgespräch	0,05 €
Handygespräch landesweit / Min.	ab 0,10 €

in der 2. Klasse ohne Reservierung und bis zu Rs755 (US$17) in der 1. Klasse mit AC.

Es macht auch einen Unterschied, wo man sich aufhält: **Mumbai** ist insgesamt ein teures Pflaster, besonders was Unterkünfte angeht, und auch in **Delhi** liegen die Preise erheblich höher als in den meisten anderen Teilen des Landes. Am anderen Ende der Preisskala ist die Konkurrenz groß, was die Unkosten in den Touristenzentren von **Rajasthan** niedrig hält. In der tiefsten Provinz – und fern von anderen Touristen – kann es spottbillig sein. Dafür ist das Angebot natürlich sehr begrenzt.

Einige Individualreisende haben ihre helle Freude daran, sich als leidenschaftliche **Pfennigfuchser** zu betätigen, was Inder eher abstoßend finden (sie haben eine ungefähre Vorstellung davon, wie viel ein Europäer verdient). Man sollte, wo angebracht, feilschen, aber niemandem ein paar hart erarbeitete Rupien missgönnen, sondern bedenken, wie viel man für die gleiche Leistung zu Hause zahlen müsste und wie viel wertvoller das Geld für diese Person als für einen selbst ist. Selbst wenn man bei jeder Rikschafahrt den Höchstpreis zahlt, wird es die Ausgaben für die Reise nur minimal erhöhen. Andererseits sollte man nicht übertrieben viel für etwas zahlen, dessen üblichen Preis man kennt. Gedankenlose Verschwendung kann vor allem in abgeschiedenen Gebieten, die von unverhältnismäßig vielen Touristen aufgesucht werden, zur Inflation beitragen und damit selbst Grundnahrungsmittel und Dienstleistungen für die Einheimischen unerschwinglich machen.

Wir geben ungefähre **Preise zur Orientierung** an. Dennoch sollte man sich nicht schon zu Beginn einer langen Reise strikt vornehmen, dass das mitgebrachte Geld eine bestimmte Anzahl von Wochen oder Monaten reichen muss. Es ist zwar möglich, tagelang sehr wenig auszugeben, aber wer sich über einen längeren Zeitraum nicht angemessen ernährt und ausruht, tut sich keinen Gefallen und verliert den Spaß am Reisen.

Für Ausländer liegen die **Eintrittspreise** zu Museen und historischen Sehenswürdigkeiten in Indien höher als für Einheimische (siehe Kasten unten), darüber hinaus zahlen sie in exklusiven Hotels und für Flugtickets mehr und in Dollar.

ASI-Eintrittsgebühren

Der **Archeological Survey of India** (ASI), der viele von Indiens renommiertesten Denkmälern verwaltet, hat in allen seinen Sehenswürdigkeiten ein zweigleisiges Eintrittspreissystem eingeführt, bei dem ausländische Besucher, inklusive nicht im Land lebende Inder, mehr (manchmal viel mehr) bezahlen müssen als indische Bürger.

Traveltipps von A bis Z

Anreise

Da die meisten Landrouten nach Indien durch krisenanfällige Gebiete führen oder an geschlossenen Grenzübergängen enden (der Weg über Nepal ausgenommen), reist die Mehrzahl der Touristen mit dem Flugzeug an. Direktflüge aus Europa führen in der Regel nach Delhi oder Mumbai, aber auch Kolkata wird angeflogen. Die reine Flugzeit von Deutschland beträgt etwa acht Stunden. Tickets kosten zwischen 550 und 2000 €. Wer Geld sparen möchte, sollte einen Flug mit Umsteigen wählen: Es gibt mehrere Flüge über europäische Städte oder die Golfstaaten. In jedem Fall sollte man sich vor dem Kauf eines Tickets umhören, denn die Preise unterscheiden sich mitunter erheblich.

Lufthansa, 🖳 www.lufthansa.de, fliegt 2x täglich von Frankfurt und München nach **Delhi** und **Mumbai** sowie 3x wöchentlich ab Frankfurt direkt nach **Kolkata**. Air India, 🖳 www.airindia.com, fliegt täglich von Frankfurt nach Mumbai. British Airways, 🖳 www.britishairways.com, startet jeden Tag von London nach Delhi und Mumbai, Air France, 🖳 www.airfrance.de, täglich von Paris und Austrian Airlines, 🖳 www.austrianairlines.co.at, fünfmal wöchentlich von Wien.

Die Direktflüge mit Condor, 🖳 www.condor.de, von München nach **Goa** (nur in der Hochsaison) sind teuer.

In der Regel ist die Gültigkeit von Billigtickets auf ein Jahr begrenzt. Für die Umbuchung des Rückflugs werden mindestens 150 € fällig. Dennoch sollte man keine *open date tickets* kaufen, da zu manchen Zeiten Flüge von und nach Indien Monate im Voraus ausgebucht sind.

Botschaften und Konsulate

Indische Vertretungen im Ausland

Deutschland
Tiergartenstr. 17, 10785 Berlin,
📞 030/257950, 📠 25795102,
✉ dcm@indianembassy.de,
🖳 www.indianembassy.de,
🕐 Mo–Fr 9–13, 13.30–17.30.
Generalkonsulate:
Friedrich-Ebert-Anlage 26, 60325 Frankfurt,
📞 069/1530050, 📠 554125,
✉ consulgeneral@cgifrankfurt.de,
🖳 www.cgifrankfurt.de.
Graumannsweg 57, 20487 Hamburg,
📞 040/338036, 📠 323757, ✉ cgihh@aol.com.
Widenmayerstr. 15, 80538 München,
📞 089/2102390, 📠 21023970,
✉ cgimun02@W-online.de.

Nepal
c/o Indian Visa Service Centre (IVSC),
296 Kapurdhara Marg, Kathmandu,
📞 01/400 1516, 🖳 www.indianembassy.org.np.

Österreich
Kärntner Ring 2, 1015 Wien,
📞 01/5058666, -69, 📠 5059219,
✉ indemb@eoivien.vienna.at,
🖳 www.indianembassy.at.
Konsulat:
Opernring 1, 1010 Wien,
📞 01/5850795, 📠 5850805.

Schweiz
Kirchenfeldstr. 28, 3005 Bern 6,
📞 031/3511110, 📠 3511557,
✉ india@spectraweb.ch,
🖳 www.indembassybern.ch.
Konsulate:
Rue du Valais 9, 1202 Genève,
📞 022/9068686, 📠 9068696.
Sonnenbergstrasse 50, 8032 Zürich,
📞 043/3443214, 📠 3443211,
✉ jhmakwana@makwana.com.

Diplomatische Vertretungen in Indien

Deutschland
6/50-G Shanti Path, Chanakyapuri,
New Delhi 110021,
📞 011/44199199, 📠 26873117,
✉ info@new-delhi.diplo.de,

Der Klimawandel ist vielleicht das dringlichste Thema, mit dem wir uns in Zukunft befassen müssen. Wer reist, erzeugt auch CO_2: Der Flugverkehr trägt mit einem Anteil von bis zu 10 % zur globalen Erwärmung bei. Wir sehen das Reisen dennoch als Bereicherung: Es verbindet Menschen und Kulturen und kann einen wichtigen Beitrag für die wirtschaftliche Entwicklung eines Landes leisten. Reisen bringt aber auch eine Verantwortung mit sich. Dazu gehört darüber nachzudenken, wie oft wir fliegen und was wir tun können, um die Umweltschäden auszugleichen, die wir mit unseren Reisen verursachen.

Wir können insgesamt weniger reisen – oder weniger fliegen und länger bleiben, den Zug nehmen (wenn es einen gibt), Nachtflüge meiden (da sie mehr Schaden verursachen). Und wir können einen Beitrag an ein Ausgleichsprogramm wie 🖥 **www.atmosfair.de** leisten. Dabei ermittelt ein Emissionsrechner, wie viel CO_2 der Flug produziert und was es kostet, eine vergleichbare Menge Klimagase einzusparen. Mit dem Betrag werden Projekte in Entwicklungsländern unterstützt, die den Ausstoß von Klimagasen verringern helfen.

nachdenken • klimabewusst reisen

🖥 www.new-delhi.diplo.de.
Postanschrift: Embassy of the Federal Republic of Germany, P.O. Box 613, New Delhi 110001, Indien.
Generalkonsulate:
Hoechst House, 10th floor, Nariman Point, 193 Backbay Reclamation, Mumbai 400 021, ✆ 022/22832422, ✆ 22025493, ✉ info@mumbai.diplo.de, 🖥 www.mumbai.diplo.de.
1 Hastings Park Rd, Alipore, Kolkata, ✆ 033/24791141, ✆ 24793028, ✉ gerconsu@vsnl.com, 🖥 www.kalkutta.diplo.de.

Österreich
EP-13, Chandragupta Marg, Chanakyapuri, New Delhi 110021, ✆ 011/24192700, ✆ 26889170, ✉ new-delhi-ob@bmaa.gv.at, 🖥 www.aussenministerium.at/newdelhi.
Konsulate (ohne Passbefugnis):
26 Maker Chambers VI, Nariman Point, Mumbai 400021, ✆ 022/22874758, ✉ tamara_valladares@jasubhai.com.
Salgaocar House, Dr. F. Louis Gomes Rd, Vasco da Gama, Goa 403 802, ✆ 0832/2513816, ✉ auscom@sancharnet.in.

Industry House, 12th Floor, 10 Carnac St, Kolkata 700017, ✆ 033/22835660, ✉ ausconkol@manjushreeinfotech.com.

Schweiz
Nyaya Marg, Chanakyapuri, New Delhi 110021, ✆ 011/26878372, ✆ 26870652, ✉ ndh.visa@eda.admin.ch, vertretung@ndh.rep.admin.ch, 🖥 www.eda.admin.ch/newdelhi.
Generalkonsulat:
102 Maker Chambers IV, 10th Floor, 222 Jamnalal Bajaj Marg, Nariman Point, Mumbai 400021, ✆ 022/228845-63 bis -65, ✆ 228845-66, ✉ vertretung@mum.rep.admin.ch, 🖥 www.eda.admin.ch/mumbai.

Einkaufen

In Indien findet man so viele schöne Souvenirs, dass man oft nicht weiß, was man zuerst kaufen soll. Auch ist vieles hier wesentlich günstiger als zu Hause (etwa maßgeschneiderte Kleidung). Also: Das Gepäck wird bestimmt schwerer – es sei denn, man schickt etwas per Post nach Hause.

Wo einkaufen?

In Indien wimmelt es von aufdringlichen **Straßenhändlern** (meist Kinder). Wer kein Interesse hat, sollte das deutlich zeigen. Manchmal aber bieten die Verkäufer vernünftige Souvenirs unter Ladenpreis an oder lassen mit sich handeln. Praktisch alle Landesregierungen betreiben **Kunsthandwerksläden** *(emporia)*. Die meisten haben Filialen in Großstädten wie Delhi, Mumbai und Kolkata. In diesen drei Städten gibt es auch **Central Cottage Industries Emporiums**. Die Waren in diesen Läden sind in der Regel von guter Qualität, dafür sind die (festen) Preise etwas hoch. Ein Besuch lohnt auch, um sich ein Bild davon zu machen, welche Art von Kunsthandwerk erhältlich ist und wie viel es in etwa kostet.

Handeln

Außer beim Kauf von Essen, Haushaltswaren und Zigaretten wird fast immer erwartet, dass man um den Preis feilscht. Wie, das ist vor allem eine Frage des Stils. Feste Regeln gibt es nicht. Der Preis, den ein Händler am Anfang nennt, hat nicht viel zu sagen. Manche Leute raten, etwa ein Drittel dieser Summe zu zahlen, aber auch das ist nur eine Daumenregel. Wer zu wenig bietet, wird vielleicht aus dem Laden geschoben, weil er einen „beleidigenden" Preis geboten hat. Das ist Teil des Spiels. Wenn man am nächsten Tag wiederkommt, wird man wie ein alter Freund begrüßt. Hat man einen Preis geboten, ist man verpflichtet, ihn zu zahlen. Also niemals um etwas feilschen, das man nicht haben will, oder eine Summe nennen, die man nicht zu zahlen bereit ist.

Manchmal halten Rikscha-*wallahs* und Taxifahrer unaufgefordert bei Geschäften, die ihnen eine Provision für die Vermittlung potenzieller Käufer bezahlen. In Städten wie Jaipur und Agra einigen sich Touristen und Fahrer manchmal sogar darauf, bei fünf Geschäften anzuhalten und sich die Provision zu teilen. Schließlich kosten die Fahrtunterbrechungen beide Seiten Zeit. Wer von einem Schlepper oder Fahrer in einen Laden gelotst wird und dort etwas kauft, bezahlt einen Preis, der etwa 50 % über dem normalen liegt. Wer sich nicht auf derlei Spielchen einlassen möchte, sollte darauf bestehen, sofort ans Ziel gebracht zu werden. Ein gutes Geschäft lässt sich nur ohne ungebetene Begleitung machen.

Was einkaufen?

Kein anderes Land produziert eine so große Auswahl an Kunst und Kunsthandwerk wie Indien. Jeder Landesteil hat seine speziellen Produkte – in Rajasthan sind es Textilien, in Kashmir Teppiche. Aber auch viele andere schöne Sachen warten nur darauf, gekauft zu werden. Und das zu unschlagbar günstigen Preisen.

Gemälde

Die meisten tibetischen **Thangkas** (buddhistische Gemälde auf Seidenbrokat) sind moderne Massenware, auch wenn der Verkäufer etwas anderes behauptet. Aber selbst aus der billigsten Version spricht noch der komplexe buddhistische Symbolismus dieser Kunstform. Man findet *thangkas* im Norden, wo es tibetische Gemeinden gibt. **Miniaturen**, auf Baumwolle, Seide oder Papier gemalt, haben eine lange Tradition in Rajasthan. Sie werden dort in fast jedem Touristenzentrum verkauft. Manche sind sehr erlesen und kostspielig.

Am anderen Ende der Preisskala gibt es aber auch ursprünglich aus dem süd-indischen Kerala stammenden Malereien auf Baumblättern. Sie sind superbillig und oft in Form von Grußkarten zu haben, die man postwendend nach Hause schicken kann.

Metallarbeiten

Es gibt wunderschöne Tabletts, Teller, Aschenbecher, Tassen und Schüsseln aus **Messing und Kupfer**. Im Norden, vor allem in Rajasthan, sind Einlegearbeiten aus Emaille *(meenakari)* weit verbreitet. Toll sind auch **Bidri**-Arbeiten aus Karnataka, eine Rotgusslegierung, die mit feinen Mustern in Messing oder Silber eingelegt und dann mit Salmiaksalz geschwärzt wird, sodass nur die Einlegearbeit glänzt. Besonders gearbeitet sind Bidri-Schmuckkästchen, -Geschirr und -Wasserpfeifen aus Karnataka und Andhra Pradesh. Besonders im Süden werden immer noch **Bronzestatuen** hinduistischer Götter gegossen. Dabei wird zunächst ein Modell aus Bie-

Geschäfte in Indien haben Mo–Sa von 9.30–18 Uhr geöffnet. Die meisten großen Läden halten sich an diese Zeiten, während die Öffnungszeiten kleinerer Geschäfte von Ort zu Ort und Religion zu Religion variieren, aber meist länger sind.

Die staatlichen Tourist Offices haben Mo–Fr von 9.30–17, Sa von 9.30–13 Uhr geöffnet und jeden 3. (manchmal auch jeden 2.) Sa im Monat geschlossen. Die Tourist Offices der Bundesstaaten haben in der Regel Mo–Fr von 10–17 Uhr geöffnet.

nenwachs geformt, dann mit Ton verkleidet und schließlich gebrannt. Das Wachs schmilzt und hinterlässt eine Tonform mit Hohlraum. In diesen wird flüssiges Metall gegossen. Nach dem Erkalten wird die Tonform zerschlagen und das Gussteil bearbeitet.

Teppiche

Kashmir-Teppiche zählen zu den strapazierfähigsten der Welt. Mit etwas Vorsicht und Sachverstand lässt sich in Indien für relativ wenig Geld ein kostbares Stück kaufen (wer nicht aufpasst, kann auch arg übers Ohr gehauen werden). Ein echter Kashmir-Teppich trägt auf der Rückseite ein Etikett, das den Herkunftsort Kashmir nennt sowie Angaben zum Material (Wolle, Seide oder „silk touch" – Wolle mit etwas Baumwolle und Seide, um dem Teppich etwas Glanz zu verleihen). Es ist wichtig, das Teppichgeschäft sehr sorgfältig auszuwählen. Wer sicher gehen will, dass das gute Stück auch wirklich sein Ziel erreicht, nimmt es am besten im Gepäck mit oder bringt es eigenhändig zur Post.

Dhurries (Web- oder Kelim-Teppiche), traditionellerweise aus reiner Wolle, entstammen einer älteren Kunsthandwerkstradition und sind billiger. Sie werden hauptsächlich in Uttar Pradesh hergestellt, aber auch in Rajasthan, Gujarat, im Punjab und in Andhra Pradesh. **Tibetische Teppiche** sind in Gebieten mit einem hohen tibetischen Bevölkerungsanteil erhältlich, etwa in Himachal Pradesh.

Lederwaren

Lederwaren können sehr preiswert und gut gearbeitet sein, werden aber natürlich normalerweise nicht aus Rindsleder gemacht. Rajasthanische **Slipper** *(mojadi)* aus Kamelleder sind recht bequem, doch **Sandalen** *(chappals)* – und darunter besonders die Slipper-ähnlichen *kolhapuri* aus Maharashtra – müssen vor dem Tragen aufgeweicht werden (es müsste reichen, sie eine Minute lang in Wasser zu tauchen). Spitze *jootis*, populär in der Umgebung von Delhi und im Punjab, müssen ebenfalls erst mal eingetragen werden. **Gürtel** und **Taschen** aus Büffelleder lassen sich – verglichen mit den im Westen für Rindsleder üblichen Preisen – ebenfalls günstig erstehen. Elegantere Geschäfte bieten eine gute Auswahl an hochwertigen und bezahlbaren Lederwaren, von Portemonnaies bis zu Handtaschen.

Kleidung und Stoffe

Indien ist schon seit den Zeiten lange vor der Kolonisierung für seine Textilien bekannt, und insbesondere Gandhi warb für die Unabhängigkeit bei der Textilienherstellung als Mittel zur Befreiung von der Ausbeutung durch die Kolonialherren. Was er im Sinn hatte, war der einfache weiße hausgesponnene Stoff namens *khadi*, der indienweit in den staatlichen Geschäften *(Khadi Gramodyog)* verkauft wird. Die Färbe- und Druckmethoden reichen von der Abknüpftechnik *(bandhani)* aus Rajasthan bis zu von Hand oder im Siebdruckverfahren gemusterten Kaliko/Kattun-Baumwoll- und Seidenstoffen (abgeleitet von der Stadt Calicut – jetzt Kozhikode – in Kerala).

Saris für den Alltagsgebrauch werden meist aus Baumwolle hergestellt. Für besondere Anlässe wird **Seide** verwendet. Seide aus Varanasi ist zwar weltberühmt, doch die beste indische Seide kommt heutzutage aus Südindien: aus Kanchipuram und Madurai in Tamil Nadu, berühmt für ihre leuchtend bunten Saris, und aus Mysore in Karnataka, wo die Seide einen ganz eigenen, besonderen Glanz aufweist. Die mit zahlreichen winzigen Spiegeln bestickten Kleiderstoffe aus Rajasthan sind kostbar und wunderschön, aber längst nicht die einzigen kunstvoll verzierten Textilien, die in Indien hergestellt werden. Der herrliche bengalische **Seidenbrokat** namens *baluchari* wird mit Szenen aus der indischen Mythologie verziert. Außerdem gibt es **Ikat-** und **Batikstoffe** aus Orissa, Madhya Pradesh und Gujarat. Bedruckte **Bettlaken** machen sich auch als Wandschmuck sehr gut, ebenso die im Punjab üblichen *phulkari* (ursprünglich Hochzeitslaken) und Lunghis aus dem Süden (sowohl Laken als auch Kleidungsstück).

Aber jede Region hat ihre eigenen Stoffe und Macharten – die Auswahl ist unbegrenzt. Zu den bei Touristen beliebten Kleidungsstücken zählen warme tibetische **Pullover** aus Darjeeling und der *salwar kameez,* die elegante Kombination aus **Pluderhose** und langem **Oberteil** – ursprünglich aus dem Punjab stammend und von Frauen aus dem Westen leichter zu tragen als ein Sari.

Elektrizität

Die Stromspannung in Indien beträgt 220 V 50 Hz Wechselstrom. Es gibt aber auch Gleichstrom, deshalb checken, bevor man den Stecker hineinsteckt. Die meisten Steckdosen haben drei runde Buchsen und nehmen europäische Stecker mit zwei runden Kontaktstiften an. Stromausfälle und Stromschwankungen sind keine Seltenheit; beim Gebrauch von empfindlichen Geräten wie Laptops sollten daher konstante Spannungsstabilisatoren eingesetzt werden.

Essen und Trinken

Die indische Küche gilt als eine der besten der Welt, allerdings unterscheidet sich die südindische stark von der nordindischen. Typisch für **nordindisches Essen** (das normalerweise die Karten indischer Restaurants im Ausland prägt) sind reichhaltige Fleisch- und Gemüsegerichte in einer sämigen Soße auf der Basis von Tomaten, Zwiebeln und Joghurt, begleitet von fluffigem Brot. **Südindisches Essen** ist dagegen fast ausschließlich vegetarisch, mit Chili- und Kokosnussgeschmack und viel Reis, oft in Form eines der verschiedenen südindischen Pfannkuchen wie *dosa, iddli* und *uttapam.*

Besonders für **Vegetarier** ist indisches Essen ein Traum: Einige der leckersten Gerichte des Subkontinents sind fleischlos, und selbst überzeugte Fleischesser werden mit Begeisterung köstliche Linsen- und Gemüse-Currys verdrücken. Die meisten religiösen Hindus und die große Mehrheit der Menschen im tiefen Süden essen weder Fleisch noch Fisch. Einige orthodoxe Brahmanen und Jains verzehren weder Zwiebeln noch Knoblauch, da diese angeblich niedere Instinkte wecken. Jains sind noch strenger und meiden auch Tomaten, die sie an Blut erinnern. Veganismus ist hingegen nicht verbreitet, daher müssen **Veganer** wachsam sein, denn Milchprodukte sind in allen möglichen Gerichten enthalten. Viele Restaurants weisen darauf hin, ob sie vegetarisch kochen oder nicht und wir erwähnen das ebenfalls in unseren Restaurantangaben. Man sieht auch Werbung für rein vegetarische Küche *(pure veg),* was bedeutet, dass weder Eier noch Alkohol serviert werden.

Als Fleischesser sollte man in Indien vorsichtig sein: Selbst wenn es **Fleisch** gibt, kann die Qualität zu wünschen übrig lassen, vor allem in den größeren Städten. Die Portionen sind ohnehin klein – besonders in den billigeren Lokalen, wo es dem Essen nur etwas Aroma verleihen soll. Zu beachten ist, dass es sich bei „mutton" (Hammelfleisch) in Wirklichkeit um Ziegenfleisch handelt. Hindus essen selbstverständlich kein Rindfleisch und Moslems kein Schweinefleisch, deshalb findet man beides nur in einigen wenigen christlichen Enklaven, wie den Strandgebieten von Goa, und in tibetischen Gemeinden.

Hinweise:
Zum Trinkwasser in Indien s. S. 64.
Ein Glossar mit Begriffen rund ums Essen in Indien findet sich auf den Seiten 930–932.

Restaurants

Es gibt im Wesentlichen drei Arten von Lokalen: schlichte, billige **Cafés** *(dhabas, bhojanalayas* oder *udipis* genannt), indische **Restaurants**, die auf etwas betuchtere Inder ausgerichtet sind, und **Touristenrestaurants**. *Dhabas* und *bhojanalayas* servieren einfache, aber oft gute Küche.

Viele indische Gerichte sind fleischlos – für Vegetarier ein Traum.

Das Angebot besteht aus Gemüse-Curry, *dhal* (eine Art sämige Linsensuppe), Reis oder – vor allem im Norden – indischem Brot und manchmal Fleisch. *Dhabas* liegen oft am Rand von Schnellstraßen und verköstigen traditionell Lastwagenfahrer. *Bhojanalayas* sind einfache Lokale in Nord- und Zentral-Indien, die sich meist in der Umgebung von Bahnhöfen und Busbahnhöfen befinden. Sie kochen in der Regel vegetarisch, besonders die, die als „Vaishno" ausgeschildert sind. Sowohl *dhabas* als auch *bhojanalayas* können extrem schäbig sein. Anders verhält es sich häufig mit den sogenannten *udipi*-Restaurants, dem Äquivalent in Südindien: Diese Lokale bieten billige und köstliche Snacks wie *masala dosa, iddli, vada* und Reisgerichte an, die stets frisch zubereitet sind.

Viele indische **Restaurants**, ob vegetarisch oder nicht, richten sich an indische Geschäftsleute und Familien aus der Mittelschicht. Hier bekommt man zuverlässig gutes Essen zu günstigen Preisen. Die teureren indischen Restaurants, wie die der 5-Sterne-Hotels, sind für lokale Verhältnisse teuer, bieten dafür aber die seltene Gelegenheit, klassische indische Küche von Top-Qualität zu probieren – und das zu einem weit niedrigeren Preis als zu Hause.

Touristenrestaurants richten sich vor allem an Ausländer mit weniger abenteuerlustigem Gaumen oder Heimweh. Hier gibt es Pfannkuchen, Gebäck, Omelettes, Pommes, Müsli, Obstsalat und ein paar Currys. Sie sind meistens relativ teuer und es ist eher Glückssache, ob das Essen schmeckt oder nicht – indische Spaghetti Bolognaise, Enchiladas und Chicken chow mein können ziemlich eigenartig ausfallen. In größeren Städten ist auch Fastfood zu haben, darunter Burger (normalerweise mit Huhn oder Lamm) und Pizza.

Irreführenderweise bezeichnen sich viele Lokale, in denen traditionelles Essen serviert wird, als Hotels, obwohl sie keine Unterkünfte anbieten. Dies ist besonders häufig im Süden Indiens der Fall, wo oft für „Hotels" geworben wird, bei denen es sich aber nur um ein Mittagslokal handelt.

Indisches Essen

Was im Westen gemeinhin **Curry** heißt, umfasst eine Vielzahl von Gerichten mit einer jeweils anderen *masala* oder Gewürzmischung. Currypulver gibt es in Indien nicht – am nächsten kommt ihm die nördliche *garam masala* („scharfe Mischung"), eine Kombination aus **Gewürzen**, die dem Essen zugefügt wird, wenn es schon fast fertig ist. Zu den häufig verwendeten Gewürzen gehören Pfeffer, Kardamom, Gewürznelken, Zimt, Chili, Kurkuma, Knoblauch, Ingwer, Koriander (sowohl Blatt als auch Samen), Kreuzkümmel und Safran. Manche (besonders Kardamom und Gewürznelken) werden unzermahlen benutzt – also aufpassen und nicht draufbeißen.

Chili ist ein weiterer unverzichtbarer Bestandteil, aber die weit verbreitete Meinung, dass indisches Essen durchweg höllisch scharf sei, hat mit der Wirklichkeit nichts zu tun. Vor allem nordindisches Essen ist normalerweise sehr mild gewürzt und oft noch milder als in indischen Restaurants im Ausland. Südindische Gerichte können dagegen schärfer ausfallen. Wer nichts Scharfes mag, hält sich an milde Gerichte wie *korma* und *biriyani*, wobei Fleisch oder Gemüse mit Reis zusammen gekocht wird. Inder mildern den Effekt von Chili oft durch Chutneys, *dahi* (reinen Joghurt) oder *raita* (Joghurt mit Pfefferminzblättern und Gurken oder anderen Kräutern und Gemüsesorten) ab. Bier ist nach scharfem Chiligenuss zum Nachspülen am besten; die wichtigsten Öle, die das Brennen verursachen, lösen sich nämlich in Alkohol, nicht aber in Wasser auf. **Vegetarische Currys** werden normalerweise (auch auf englischen Speisekarten) unter den Hindi-Bezeichnungen ihrer wichtigsten Zutaten wie *paneer* (Käse), *alu* (Kartoffeln), *chana* (Kichererbsen) oder *muttar* (Erbsen) aufgeführt. Bei **Fleisch-Currys** findet man oft nähere Angaben, etwa *korma* (mit Joghurtsoße, mild) oder *dopiaza* (mit Zwiebeln, mittelscharf), aus denen die verwendete *masala*-Mischung oder die Zubereitungsart ersichtlich ist.

Nordindische Küche

Die nordindische Küche wurde stark von den verschiedenen moslemischen Invasoren aus Zentralasien und Persien beeinflusst. Sie bereicherten die Küche um viele der beliebtesten Gerichte und Beilagen, wie das *biriyani* oder das *naan,* und sorgten dafür, dass im Norden mehr Fleisch gegessen wird als im Süden. Eine typisch nordindische Mischung aus einheimischen und zentralasiatischen Einflüssen ist die

sogenannte **Mughlai-Küche**, die während der Mogul-Dynastie entstand. Sie ist überwiegend mild und nicht-vegetarisch. Beliebte Zutaten sind Sahne, Mandeln, Sultaninen und Safran – berühmtestes Beispiel ist die klassische *korma*-Soße.

Die andere weit verbreitete Zubereitungsart im Norden ist **Tandoori**. Der Name bezieht sich auf den Lehmofen *(tandoor)*, in dem das Essen gebacken wird. Im Falle von *Tandoori chicken* wird das Hähnchen vor dem Garen in einer Mischung aus Joghurt, Kräutern und Gewürzen mariniert. Kleine Fleischstücke ohne Knochen, die auf dieselbe Art mariniert und gebacken werden, heißen *tikka;* sie werden möglicherweise in einer mäßig scharfen *masala (tikka masala)*, in einer mit Mandeln *(pasanda)* angereicherten, oder aber in einer sämigen Buttersoße *(murg makhani* oder *butter chicken)* gereicht. Auch Brote, wie *naan* und *roti,* werden im *tandoor* gebacken.

Ein Hauptgericht – ob Curry, Kebab oder Tandoori-Gericht ohne *masala* – wird normalerweise mit *dhal* (Linsen) und Brot serviert (*chapatti* oder *naan*). Reis gilt in Nordindien als Extrabeilage und muss gesondert bestellt werden. In vielen Restaurants gibt es auch **Tagesmenüs**, *thalis* genannt. Sie bestehen aus verschiedenen kleinen Gerichten, darunter einige Currys, ein Chutney und eine Süßspeise, die auf einem Tablett aus rostfreiem Stahl auf den Tisch kommen. In der Mitte befinden sich ein Brot und normalerweise eine Portion Reis. In vielen Lokalen gehen Kellner herum und füllen das Tablett solange auf, bis der Gast abwinkt.

In der nordindischen Küche gibt es verschiedene **Brote**. *Chapatti* ist eigentlich der Oberbegriff, bezieht sich aber meist auf die einfachste, flache Sorte, für gewöhnlich aus Weizenmehl. Auch der Name *roti* steht für mehrere Sorten: Ein *roti* kann genau dasselbe sein wie ein *chapatti,* bezeichnet aber oft ein dickeres, im Tandoor gebackenes Brot. *Naan* ist ein dickes, fluffiges Brot, das auf jeden Fall im Tandoor gebacken wurde. Es wird besonders gern in nicht-vegetarischen Restaurants gereicht, weil es ausgezeichnet zu Fleischgerichten passt. Es gibt auch frittierte Brote: beim *paratha* (oder *parantha*) wird der Teig vor dem Frittieren mehrmals

ausgerollt, mit *ghee* bestrichen, zusammenge-
faltet und wieder ausgerollt, und oft mit etwas
gefüllt, zum Beispiel mit Kartoffeln *(alu paratha)*.
Letzteres wird gern zum Frühstück gegessen.
Puris sind kleine, luftig frittierte Teigbällchen.
Ein *papadam* ist eine knusprige Waffel, die aus
Linsenmehl gemacht und normalerweise als Vor-
speise gereicht wird.

Die **regionalen Unterschiede** innerhalb der
nordindischen Küche sind enorm: Bengalen lieben Fisch und kochen abgesehen von köstlichen
mangsho-Currys (Fleisch) auch Gemüsegerichte.
Die Essgewohnheiten der Tibeter und Bhotias
aus dem Himalaya sind dagegen sehr einfach,
mit *thukpa* (Fleischsuppe), *momo* (Fleischknö-
del) und einem salzigen Tee, der entweder mit
ranziger Yakbutter (sofern erhältlich) oder normaler Butter zubereitet wird. Im Punjab und in
großen Teilen Nordindiens wird meist *dhal* und
Gemüse gegessen, zusammen mit *roti* (Brot).
Reis ist hier nicht so beliebt wie in Bengalen.
Das überwiegend vegetarische Essen in Gujarat wird oft mit etwas Zucker gekocht. Einige
traditionelle Gerichte werden nur zu bestimmten
Jahreszeiten gegessen, im Punjab und in anderen Teilen Nordindiens etwa *makki ki roti* (frittiertes Maisbrot) mit *sarson ka sag* (Senfblättern).
Baingan bharta (pürierte Auberginen) verzehrt
man üblicherweise mit ungewürztem Joghurt
und Brot. In der guten moslemischen Küche
des Nordens gibt es zu deftigen Fleisch- und
Hühnergerichten oft hauchdünnes *rumali roti*
(„Taschentuchbrot").

Südindische Küche

Das südindische Essen unterscheidet sich him-
melweit von dem im Norden. So werden z. B.
vollkommen andere **Gewürze** verwendet, darunter Kokosnuss, Tamarinde, Curryblätter und verschiedene getrocknete rote und frische grüne
Chilis. Außerdem beherrscht **Reis** alles: Er wird
nicht nur in seiner natürlichen Form gegessen,
sondern auch als *iddli* (gedämpfter Reiskuchen),
dosa (Pfannkuchen aus fermentiertem Reis- und
Linsenbohnenmehl) und *masala dosa* (mit einer
würzigen Kartoffelfüllung). Die sättigenden *na-
ans, parathas, rotis* und anderen Brote, die ein
wichtiger Bestandteil des nordindischen Speise-
plans sind, findet man in der südindischen

Küche für gewöhnlich nicht, abgesehen von den
fluffigen kleinen *puri*. **Fleisch** wird vergleichsweise wenig gegessen, ist aber Bestandteil der
keralischen und goanischen Küche.

Weit verbreitet in Südindien sind **Tagesmenüs**, schlicht „meals" genannt. In der Regel besteht ein solches Tagesgericht aus einem Berg
Reis, umgeben von diversen Gemüse-Currys,
sambar dhal, Chutney und Joghurt. Dazu gibt es
meistens *puris* und *rasam*, eine dünne, scharfe,
pfeffrige Suppe. „Meals" werden üblicherweise auf einem Metallteller oder *thali* (auch in
Nordindien gebräuchlich) mit einer Vertiefung
für jede Beilage serviert, manchmal aber auch
auf einem Bananenblatt. In den meisten traditionellen Restaurants kann man essen, so viel
man möchte, und Kellner gehen mit Schüsseln
für den „Nachschlag" herum. Vor allem im Süden gehört es zum guten Ton, mit den Fingern zu
essen – in billigen Lokalen kann es sein, dass es
überhaupt kein Essbesteck gibt. Man sollte stets
nur mit der rechten Hand essen, da die Linke als
unrein gilt, und sich zuvor die Hände waschen.
Zum Essen nur die Fingerspitzen benutzen, damit
das Essen nicht auf dem Handteller landet!

Snacks

In Indien gibt es zahllose Snacks. *Chana puri,*
ein Kichererbsen-Curry mit *puri* (oder einem
anderen Brot wie einem *kulcha*) zum Stippen,
sehr beliebt im Norden, lässt sich nur im Sitzen
verzehren. Das südindische Gegenstück ist *iddli
sambar* – eine Linsen-Gemüse-Soße mit Reiskuchen zum Tunken. Zum **Fingerfood**, das auf
der Straße angeboten wird, gehören *bhel puris*
(eine Mumbai-Spezialität aus einer Mischung
aus Puffreis, frittierten Reisnudeln, Kartoffeln
und knusprigen *puri* mit Tamarindensoße), *pani
puris* (die gleichen *puris* in pfeffrig-scharfe Soße
getaucht – nur etwas für Abgehärtete), *bhajis*
(frittierter Gemüsekuchen in Kichererbsenmehl),
samosas (Fleisch oder Gemüse in einer gebratenen Teigtasche) und *pakoras* (Gemüse oder
Kartoffel, in Kichererbsenmehl gewendet und
frittiert). Im Süden werden überall *vada* angeboten, gut gewürzte frittierte Linsenküchlein, die
aussehen wie Doughnuts.

Kebabs sind im Norden und um Hyderabad
verbreitet, vor allem *shish kebab*, Lammhack-

fleisch, das auf einem Spieß gegrillt wird, aber auch *shami kebab,* kleine, in Öl gebratene Lammhackbällchen. Kebab in *kathi,* also in einem in der Pfanne gebackenen Brot, ist ein Snack, der in Kolkata erfunden wurde, inzwischen aber auch in anderen Städten erhältlich ist. Für alle Snacks von der Straße gilt, dass sie Keime anziehen, wenn sie lange herumliegen – also darauf achten, dass das Essen frisch zubereitet wurde. Mit besonderer Vorsicht sind Snacks zu genießen, die mit Wasser (z. B. *pani puris*) oder mehrfach wieder verwendetem Speiseöl zubereitet werden. Es ist ratsam, sich langsam an indische Verhältnisse zu gewöhnen, bevor man Snacks von der Straße isst.

In Indien herrscht kein Mangel an würzigen **Nüssen** und **Kernen**, die oft als *channa chur* bezeichnet werden. Geröstete Jackfruit-Kerne werden manchmal als pikanter Snack verkauft, sind aber eher mild. Äußerst günstig bekommt man Cashewnüsse. Erdnüsse, auch als „monkey nuts" oder *mumfuli* bekannt, werden meist geröstet und ungeschält angeboten.

Paan

Für manchen ist es vielleicht beruhigend zu wissen, dass das rote Zeug, das die Leute überall auf der Straße ausspucken, kein Blut ist, sondern ein Saft, der durch das Kauen von *paan* produziert wird. *Paan* fördert die Verdauung (wird folglich gewöhnlich nach den Mahlzeiten konsumiert) und wirkt überdies leicht stimulierend. Am weitesten verbreitet und von durchschlagendster Wirkung ist *paan* im Nordosten. Ein *paan* besteht aus gehackten Nüssen (die immer als Betelnüssen bezeichnet werden; es handelt sich um die Nuss der Arekapalme, die auch Betelnusspalme heißt); sie werden in ein Blatt (das wiederum vom Betelpfeffer stammt) gewickelt.

Hinzu kommen Zutaten wie *katha* (eine rote Paste), *chuna* (weißer Löschkalk), *mitha masala* (eine Mischung süßer Gewürze, die auch hinuntergeschluckt werden kann) und *zarda* (Kautabak, der auf keinen Fall verschluckt werden darf, vor allem nicht, wenn er mit *chuna* kombiniert wird). Das so entstandene dreieckige Päckchen wird in die Wange gestopft und langsam gekaut, und im Falle von *chuna* und *zarda*

paans wird der Saft im Gehen ausgespuckt. Auf den Geschmack von paan kommt man erst mit der Zeit. Anfänger sollten die süße und harmlose *mitha*-Variante versuchen, die ohne Probleme hinuntergeschluckt werden kann – und möglichst dabei bleiben.

Andere Küchen

Chinesisches Essen ist in den großen Städten weit verbreitet. Es wird meist von indischen Köchen zubereitet und ist nicht eben authentisch, außer in den wenigen indischen Städten mit einer großen chinesischen Gemeinde, vor allem Kolkata. Dort kann man ausgezeichnet chinesisch essen. Landesweit bieten Touristenrestaurants und Backpackercafés eine ganz ordentliche Auswahl an **westlichen Gerichten** an – von einfachen kleinen Bäckereien, wo Kuchen und Sandwiches verkauft werden, bis zu schicken Restaurants, in denen auf kerzenbeleuchteten Terrassen italienische Gourmetküche kredenzt wird. Westliches Essen ist aber oft relativ teuer, und die Qualität ist nicht immer gewährleistet. Delhi und Mumbai warten außerdem mit einer Auswahl von Tex-Mex-, thailändischer, japanischer, italienischer und französischer Küche auf, oftmals aber nur in den Restaurants der Luxushotels. Zusätzlich zu diesen Lokalen gibt es auch internationale **Fastfood-Ketten** wie Pizza Hut, Domino's, KFC und McDonald's mit sehr niedrigen Preisen.

Süßigkeiten

Die meisten Inder sind echte Süßschnäbel. Indische Süßigkeiten, die meist aus Milch zubereitet werden, können extrem süß sein. Von der festeren Sorte ist **barfi**, eine Art Fondant, der aus eingekochter und kondensierter Milch zubereitet wird. Man bekommt *barfi* in verschiedenen Geschmacksrichtungen und Farben, von schlichtem, cremigem Weiß bis zu hellgrüner *pista* (Pistazie), oft mit Blattsilber bedeckt (das man isst). Zu den vielen anderen Süßspeisen, die aus eingekochter Milch zubereitet werden, zählen das weniger klumpige, runde *penda* und die dünnen, rautenförmigen *kaju katli,* außerdem feuchtes *sandesh* und das härtere *paira* – beide vor allem in Bengalen sehr beliebt. Das knusprigere *mesur* wird aus Kichererbsen hergestellt. Zu den zahlreichen Arten von gallertartiger **halwa** – ganz anders als die nahöstliche Variante – gehört die gehaltvolle *gajar ka halwa* aus Karotten und Sahne.

Zu den weicheren und klebrigeren Süßigkeiten zählen **jalebis,** die orangefarbenen, von Sirup triefenden Röhrchen in den Schaufenstern der Süßwarenläden. Sie werden aus frittierter Melasse hergestellt und sind so unbekömmlich, wie sie aussehen. **Gulab jamuns,** frittierte, in Sirup getauchte lockere Teigbällchen sind auch nicht viel gesünder. Sowohl im Norden als auch im Süden verbreitet ist **ladoo:** Bällchen aus Grieß, Rosinen und Zucker. Eine Spezialität unter den bengalischen Süßigkeiten, die weithin als die besten gelten, ist **rasgulla,** in Sirup schwimmende, mit Rosenwasser durchsetzte Käsebällchen. **Ras malai,** in Nordindien verbreitet, ist ganz ähnlich, nur wird statt Sirup Sahne verwendet. Ein im Süden beliebtes Dessert ist *payasam* – ein Reis- oder Fadennudelpudding mit Kardamom, Safran und Nüssen; zu größeren Festen werden spezielle Versionen zubereitet.

Indische **Schokolade** wird zunehmend besser, und auch Cadbury's- und Amul-Riegel sind überall erhältlich. Aber keine der einheimischen Imitationen schweizerischer oder belgischer Schokolade ist die Ausgabe wert. Die besten der großen Hersteller von **Speiseeis,** deren uniformierte Verkäufer Eiswägelchen durch die Straßen schieben, sind Kwality (jetzt im Besitz von und angeboten als Wall's), Vadilal's, Gaylord und Dollops. Sie haben viele, in der Regel leicht erkennbare Nachahmer. Manche kennen keinerlei hygienische Bedenken – deshalb Wassereis meiden. Eisdielen fabrizieren kunstvolle Gebilde, unter denen vor allem Eisbecher mit Früchten sehr beliebt sind; Connaught Circus in Delhi hat eine recht gute Auswahl. Eine Kostprobe wert ist **kulfi,** eine gefrorene Süßigkeit mit Pistazien-, Mango- und Kardamom-Geschmack, die indische Antwort auf Eiscreme. *Bhang kulfi,* zum Holi-Fest beliebt, enthält eine Prise Cannabis und hat eine interessante Wirkung, ist aber mit Vorsicht zu genießen.

Obst

Welches Obst erhältlich ist, hängt von der Region und der Jahreszeit ab, aber es gibt immer eine gute Auswahl. Man sollte möglichst jedes Obst, auch Äpfel, schälen oder 30 Minuten lang in eine starke Jod- oder Kaliumpermanganat-Lösung tauchen. Straßenverkäufer bieten oft mundgerecht geschnittenes Obst an, das sie mit Salz oder *masala* bestreuen. Man sollte aber nichts kaufen, was so aussieht, als hätte es schon eine Weile herumgelegen. **Mangos** sind fast immer im Angebot, doch nicht alle sind süß genug, um ganz frisch gegessen zu werden – manche werden für Pickles oder Currys verwendet. **Bananen** unterschiedlicher Sorten gibt es das ganze Jahr über zu kaufen. **Orangen** und **Mandarinen** sind leicht zu finden, ebenso **Honigmelonen** und Durst löschende **Wassermelonen.** In Nordindien unterscheidet sich das Ernteobst nicht allzu sehr von dem in Europa. Je nach Jahreszeit gibt es dort Erdbeeren, Aprikosen und sogar Äpfel, die aber ziemlich weich sind. Von den weniger bekannten Früchten ist die **Chiku** erwähnenswert. Sie sieht aus wie eine Kiwi und schmeckt ein bisschen nach Birne. Ein kulinarisches Glossar befindet sich im Anhang, S. 930.

Getränke

Tee, Kaffee und Softdrinks

In Indien scheint sich manchmal alles um **Tee** *(chai)* zu drehen; er wird in Darjeeling, Assam und den Nilgiri Hills angebaut und von *chai-wallahs* an fast jeder Ecke verkauft. Normalerweise wird indischer Tee zubereitet, indem man zerriebene Teeblätter, Milch und Wasser in einem Topf aufkocht, die Mischung in eine Tasse oder ein Glas mit viel Zucker gießt und dann zum Abkühlen von einer Tasse in die andere kippt. Oft wird Ingwer und/oder Kardamom hinzugefügt. Wer aufpasst, kann verhindern, dass zu viel Zucker hineingetan wird. Manchmal, vor allem in Touristenorten, bekommt man vielleicht ein Kännchen Tee europäischen Stils *("tray" tea)* – gewöhnlich ein Teebeutel in lauwarmem Wasser.

Pulverkaffee erfreut sich zunehmender Beliebtheit und ist stellenweise verbreiteter als

Tee, besonders im Süden. In Nordindien ist fast nur Pulverkaffee erhältlich, aber immer mehr Cafés und Restaurants schaffen sich jetzt ordentliche Kaffeemaschinen an. Zumindest in den Großstädten hat die Kaffeekultur Einzug gehalten, und in Delhi und Mumbai finden sich eine Reihe von angesagten Coffeeshops, in denen richtiger Cappuccino und Espresso serviert wird. Einer der besten Orte, um eine anständige Tasse südindischen Kaffees zu bekommen, ist die Kette India Coffee House, die in jeder südlichen und auch in der einen oder anderen nördlichen Stadt vertreten ist.

Softdrinks sind allgegenwärtig: Coca-Cola und Pepsi sind erst in den frühen 1990er-Jahren nach Indien zurückgekehrt, nachdem sie 17 Jahre lang verbannt waren. Inzwischen haben sie größtenteils ihre alten indischen Konkurrenten wie Campa Cola und Thums Up verdrängt, aber die lecker nach Limonen schmeckende Limca (soll Gerüchten zufolge zwielichtige Verbindungen zu italienischen Firmen unterhalten und Zusätze enthalten, die dort verboten sind) ist noch auf dem Markt. Alle enthalten eine Menge Zucker und nicht viel mehr: Indische Softdrink-Unternehmen haben sogar schon mit dem Slogan „Absolut keine natürlichen Zutaten!" geworben. Keines dieser Getränke wird lange den Durst löschen.

Empfehlenswerter ist **Wasser** in behandelter, gekochter oder abgefüllter Form (Hinweise s. S. 64). Des Weiteren gibt es Trinkpäckchen von Frooti, Jumpin, Réal und ähnlichen Fruchtsaftherstellern in den Geschmacksrichtungen Mango, Guave, Apfel und Limone. Wenn die Packung alt und nicht mehr einwandfrei aussieht, sollte man sie besser nicht anrühren, da sie möglicherweise wiederverwertet wurde. Auf den Bahnsteigen größerer Bahnhöfe befindet sich meistens ein Stand, der Himachal-Apfelsaft verkauft. Noch besser ist die Milch der **grünen Kokosnüsse**. Diese werden in den Küstenregionen vor allem im Süden von Straßenverkäufern angeboten, die die Kokosnuss mit einer Machete „köpfen" und einen Strohhalm für die Flüssigkeit dazu reichen (danach löffelt man das Fleisch aus). An manchen Straßenständen gibt es auch frisch gepressten **Zuckerrohrsaft** zu kaufen. Er schmeckt köstlich und ist gar nicht so süß, wie man annehmen möchte. Aber gesund ist er natürlich auch nicht.

Indiens tollstes kaltes Getränk, **Lassi**, wird aus geschlagenem Joghurt gemacht und entweder mit Salz, Zucker oder Obst getrunken. Die Qualität reicht von köstlich bis zu fade und wässerig. Verkauft wird es quasi in jedem Café, Restaurant und Imbiss. Frisch zubereitete Milchshakes sind ebenfalls verbreitet; man bekommt sie an Ständen mit Mixern. Diese verkaufen auch Fruchtsaft, der gewöhnlich aus Obst, Wasser und Zucker (oder Salz) besteht. Auch Straßenverkäufer, die **Obstsäfte** in nicht eben hygienischen Verhältnissen feilbieten, neigen dazu, dem Saft Salz und *garam masala* beizufügen! Bei allen mit Wasser zubereiteten Getränken sollte darauf geachtet werden, wo das Wasser herstammt. Und es gilt: keine Eiswürfel.

Alkoholische Getränke

Das einst in Indien weit verbreitete **Alkoholverbot** ist heute nur noch in Gujarat und in einigen der Hill Stations im Nordosten wirklich in Kraft. Die meisten Inder trinken Alkohol, um so schnell wie möglich betrunken zu werden. Diese Neigung hat schreckliche Auswirkungen auf das Familienleben, vor allem unter den Arbeitern und Bauern. Deshalb haben Politiker auf der Jagd nach Stimmen immer mal wieder auf die Alkoholverbotskarte gesetzt. Jedoch entgehen dem Staat dadurch natürlich Steuereinnahmen, und die Trinkgewohnheiten scheint dies auch nicht verändert zu haben.

In „trockenen" Bundesstaaten können sich Alkohol-Nischen zu ausgesprochenen Säufertreffs entwickeln. Gute Beispiele sind Daman und Diu in Gujarat. Eine **Alkohol-Sondererlaubnis** *(liquor permit)* – kostenlos bei indischen Botschaften, Konsulaten und Fremdenverkehrsämtern im Ausland und bei Tourist Offices in Delhi, Mumbai und Kolkata und sogar bei der Ankunft an internationalen Flughäfen zu beantragen – verschafft Reisenden die Möglichkeit, bestimmte Einschränkungen in Gujarat zu umgehen.

Bier ist fast überall erhältlich, für indische Verhältnisse allerdings teuer. Die Preise unterscheiden sich von Bundesstaat zu Bundesstaat, aber man muss mit etwa Rs75–125 für eine 650-ml-Flasche rechnen. Kingfisher, King's

Black Label und Fosters sind die Marktführer. Daneben gibt es viele weitere. Alle Lagerbiere (die meist chemische Zusätze wie Glyzerin enthalten) sind in der Regel nicht schlecht, wenn man sie kühl bekommt.

Eine billigere und oft gut schmeckende Alternative zu Bier in Goa ist **Palmwein** *(toddy)*, der in Bengalen aus der Dattelpalme gewonnen wird und dort *taddy* heißt. Frisch gezapft ist der Palmsaft süß und alkoholfrei, er fermentiert aber innerhalb von zwölf Stunden. Die tibetischstämmigen Bhotia im Himalaya trinken *chang*, ein Hirsebier, und eines der ausgefallensten Getränke überhaupt: *tumba*. Dafür wird fermentierte Hirse in ein Bambusfläschchen gegeben, mit heißem Wasser übergossen und durch ein dünnes Bambusrohr aufgesaugt.

Spirituosen kursieren meist als „Indian Made Foreign Liquor" (IMFL), wenngleich die vor kurzem zugelassene ausländische Alkoholindustrie rasch expandiert. Manche Scotch-Sorten wie Seagram's Hundred Pipers werden inzwischen in Indien abgefüllt und stehen hoch im Kurs. Smirnoff-Wodka und weitere bekannte Marken sind ebenfalls erhältlich. Manche indischen Whiskeysorten sind nicht übel und vergleichsweise erschwinglich. Gin und Brandy können ziemlich herb sein, während indischer Rum süß und eigenartig schmeckt. In Acht nehmen sollte man sich vor illegal gebranntem *Arak,* der oftmals Methanol und andere Gifte enthält. Lizenzierter, einheimischer Schnaps, der in verschiedenen Bundesstaaten unter Namen wie *bangla* verkauft wird, ist gewöhnungsbedürftig.

Leider lässt die Qualität indischen **Weins** – trotz der Anstrengungen von einigen Pionier-Winzereien wie Grovers (nahe Bengaluru) – immer noch zu wünschen übrig. Die Importweine, die in schicken Restaurants und Luxushotels kredenzt werden, sind sündhaft teuer.

Feste und Feiertage

Praktisch jeder Tempel in jedem Ort oder Dorf des Landes feiert sein eigenes Fest. Zu den größten und aufwendigsten in Nordindien zählen das im Juni oder Juli abgehaltene Hemis in Ladakh, die Kamelmesse in Pushkar im November, Dussehra in Kullu und natürlich die Kumbh Mela, die in Allahabad, Haridwar, Nasik und Ujjain begangen wird. Die meisten sind religiöser Natur, aber Ausgelassenheit ist eher angesagt als Feierlichkeit, und Zuschauer sind in der Regel willkommen. Wer das Glück hat, ein lokales Fest mitzuerleben, für den könnte es sich als das Highlight der Indien-Reise entpuppen. In den Regionalkapiteln werden die wichtigsten lokalen Feste genannt, für die wichtigsten nationalen und regionalen Feierlichkeiten s. Kasten S. 56/57.

Feste der Hindus, Sikhs, Buddhisten und Jains richten sich nach dem **indischen Mondkalender**, weshalb die Termine sich von Jahr zu Jahr verschieben. Im Mondkalender wird alle zwei oder drei Jahre ein zusätzlicher Monat eingeschoben, damit der Kalender in Übereinstimmung mit den Jahreszeiten bleibt. Moslemische Feste richten sich nach dem **islamischen Kalender**, dessen Jahr kürzer ist und deshalb gegenüber dem gregorianischen Kalender jährlich elf Tage „verliert".

Wer Glück hat, kommt in Indien in den Genuss, zu einer **Hochzeit** eingeladen zu werden. Obwohl offiziell verboten, zahlt die Familie der Braut normalerweise eine hohe Mitgift an den Bräutigam, die Ursache von Streitigkeiten sein kann. Arme Familien sehen sich oft gezwungen, jahrelang zu sparen, um ihre Töchter verheiraten zu können.

Fotografieren

In den meisten Fotogeschäften lassen sich **Digitalfotos** herunterladen und auf CD brennen. **Filme** sind zu durchschnittlichen westlichen Preisen fast überall in Indien zu bekommen – das Datum auf der Schachtel beachten (es werden allerdings auch oft alte Filme in neuer Verpackung verkauft). Es ist selten ein Problem, Filme entwickeln zu lassen, allerdings ist die Qualität der Bilder nicht immer so gut wie vielleicht zu Hause. **Diafilme** bekommt man in den großen Städten, spezielle Marken sind hingegen kaum erhältlich.

Indien hat vier nationale Feiertage: Tag der Republik (26.1.), Tag der Unabhängigkeit (15.8.), Gandhis Geburtstag (2.10.) und Weihnachten (25.12.). Zusätzlich hat jeder Bundesstaat auch eigene gesetzliche Feiertage. Die meisten Geschäfte schließen außerdem an den großen Feiertagen ihrer Religion. Da die meisten aufgeführten Feste hinduistisch sind, haben wir in Klammern die Monatsnamen des hinduistischen Kalenders angegeben.

Abkürzungen:
B = buddhistisch
C = christlich
H = hinduistisch
J = jainistisch
M = moslemisch
N = nicht religiös
P = Parsi
S = Sikh

Jan–Feb (Magha–Phalguna)

H **Ganga Sagar**: Aus dem ganzen Land strömen Pilger nach Sagar Dwip an der Mündung des Hooghly, 150 km südlich von Kolkata, um während Makar Sankranti zu baden.

H **Vasant Panchami** (5. Magha): Eintägiges Frühlingsfest zu Ehren von Saraswati, der Göttin der Gelehrsamkeit. Man lässt Drachen steigen, trägt gelbe Saris und lässt die Schulbücher und Stifte der Schüler von der Göttin segnen.

N **Tag der Republik** (Republic Day, 26. Jan): In Delhi findet eine Militärparade statt, gefolgt von der „Beating the Retreat"-Zeremonie vor dem Präsidentenpalast in Delhi am 29. Jan.

N **Elephanta Music and Dance Festival** in Mumbai.

Feb–März (Phalguna)

B **Losar** (1. Phalguna): Tibetisches Neujahrsfest in tibetischen Gemeinden und unter Buddhisten im Himalaya, vor allem in Dharamsala (HP).

H **Shivratri** (10. Phalguna): Jahrestag von Shivas *tandav* (Schöpfungs-) Tanz und sein Hochzeitstag. Beliebtes Familienfest, aber auch ein Sadhu-Fest der Pilgerfahrt und des Fastens, vor allem in wichtigen Shiva-Tempeln.

H **Holi** (15. Phalguna): Das Wasserfest, wird während Dol Purnima (Vollmond) abgehalten, um den Frühlingsanfang zu feiern. Es ist besonders in Nordindien beliebt; man muss damit rechnen, mit Wasser, Farbe, farbigem Pulver und anderen Gemischen torpediert zu werden; manchen daraus resultierenden Flecken ist mit keinem Waschmittel beizukommen, daher an diesem Tag die Sonntagskleider im Koffer lassen!

N **Khajuraho Dance Festival** (Madhya Pradesh). Vor der Kulisse der berühmten erotischen Tempelskulpturen treten die besten Tänzer und Tänzerinnen des Landes auf.

März–April (Chaitra)

H **Gangaur** (3. Chaitra): Rajasthani-Fest (wird auch in Bengalen und Orissa begangen) zu Ehren von Parvati; mit Tänzen und Gesängen.

H **Ramanavami** (9. Chaitra): Ramas (Held des Ramayana) Geburtstag wird mit Lesungen des Epos und Vorträgen über Ramas Leben und Lehren begangen.

C **Ostern**: Feier der Wiederauferstehung Jesu. Karfreitag wird besonders gefeiert.

P **Pateti**: Parsisches Neujahr, auch als Nav Roz bekannt; gefeiert wird die Schöpfung des Feuers. Festessen, Gottesdienste und Geschenkaustausch.

P **Khorvad Sal** (eine Woche nach Pateti): Geburtstag von Zarathustra (alias Zoroaster). Wird in den Parsi-Feuertempeln und mit Festessen in der Familie gefeiert.

April–Mai (Vaisakha)

HS **Baisakhi** (1. Vaisakha): Für Hindus ist es das Neujahr des Sonnenjahres, das mit Musik und Tanz in ausgelassener Fröhlichkeit begrüßt wird. Für die Sikhs ist es der Jahrestag der von Guru Gobind Singh begründeten Khalsa (der Sikh-Bruderschaft); im Anschluss an Lesungen aus den Granth Sahib-Schriften finden Prozessionen statt.

- **J Mahavir Jayanti** (13. Vaisakha): Geburtstag von Mahavira, dem Begründer des Jainismus. Das bedeutendste Jain-Fest des Jahres wird besonders in Rajasthan und Gujarat mit Besuchen heiliger Jain-Stätten und Geschenken begangen.
- **B Buddha Jayanti** (16. Vaisakha): Buddhas Geburtstag. Am gleichen Tag gelangte er auch zur Erleuchtung und ins Nirvana. Wird besonders intensiv in Sarnath (UP) und Bodhgaya (Bihar) gefeiert.

Mai–Juni (Jyaishtha)

- **H Ganga Dussehra** (10. Jyaishtha): Mit einem Badefest wird das Herabsteigen der Göttin des Ganges auf die Erde gefeiert.

Juni–Juli (Ashadha)

- **H Teej** (3. Ashadha): Fest zu Ehren von Parvati, mit dem der Monsun begrüßt wird (besonders in Rajasthan).
- **B Hemis Festival**, Leh (Ladakh): Spektakuläres, irgendwann zwischen Ende Juni und Mitte Juli abgehaltenes Fest, bei dem *chaam* (Lama-Tänze) vorgeführt werden, die den Sieg des Buddhismus über das Böse versinnbildlichen.

Juli–Aug (Shravana)

- **H Naag Panchami** (3. Shravana): Schlangenfest zu Ehren der *naga*-Schlangengötter. Wird vor allem in Rajasthan und Maharashtra gefeiert.
- **H Raksha Bandhan/Narial Purnima** (16. Shravana): Fest zu Ehren des Meeresgottes Varuna. Brüder und Schwestern tauschen Geschenke aus, die Schwester bindet eine *rakhi* genannte Schnur um das Handgelenk ihres Bruders. Brahmanen tauschen nach einem Fastentag die heilige Schnur, die sie tragen, aus.

- **N Tag der Unabhängigkeit** (15. Aug): Indiens größte weltliche Feier, zum Jahrestag der Unabhängigkeit von Großbritannien.

Aug–Sep (Bhadraparda)

- **H Ganesh Chaturthi** (4. Bhadraparda): Ganesh gewidmetes Fest, wird vor allem in Maharashtra gefeiert. In Mumbai werden in riesigen Prozessionen Abbilder des Gottes zum Meer getragen und versenkt.
- **H Janmashtami** (23. Bhadraparda): Krishnas Geburtstag, ein Anlass zum Schlemmen und Feiern, vor allem in Vaishnava-Zentren wie Agra, Mathura und Vrindaban (alle in UP) und Mumbai.

Sep–Okt (Ashvina)

- **H Dussehra** (1.–10. Ashvina): 10-tägiges Fest (i. A. 2 öffentliche Feiertage), steht in Verbindung mit dem Triumph über Dämonen, besonders Ramas Sieg über Ravana im Ramayana und Durgas über den büffelhäuptigen Mahishasura (wird besonders aufwendig in Westbengalen gefeiert, wo es Durga Puja heißt). Dussehra-Feiern beinhalten Vorführungen des Ram Lila (Leben Ramas). Mit am erlebenswertesten in Ahmedabad (Gujarat) und Kullu (Himachal Pradesh). Durga Puja ist am interessantesten in Kolkata und dort Anlass für den Austausch von Geschenken.
- **N Mahatma Gandhis Geburtstag** (2. Okt): Feierliches Gedenken an den Gründer des unabhängigen Indien.

Okt–Nov (Kartika)

- **H Diwali** (Deepavali) (15. Kartika): Das Lichterfest und größte Fest Indiens feiert Ramas und Sitas im Ramayana beschriebene Rückkehr. Zu den Feierlichkeiten gehört das Anzünden von Öllampen und Knallern, zudem werden Süßigkeiten und Geschenke verteilt. Diwali überschneidet sich mit Kali Puja, das vor allem in Bengalen in den Tempeln begangen wird, die der grausamen Göttin Kali geweiht sind, oft von rituellen Ziegenopfern begleitet.

J **Jain-Neujahr** (15. Kartika): Fällt mit Diwali zusammen, sodass Jains gleichzeitig mit Hindus feiern.

S **Nanak Jayanti** (16. Kartika): Der Geburtstag von Guru Nanak wird mit Gebeten und Prozessionen begangen, insbesondere in Amritsar und dem übrigen Punjab sowie in Patna (Bihar).

Nov–Dez (Margashirsha oder Agrahayana)

H **Sonepur Mela**, Sonepur (Bihar): die größte Viehausstellung der Welt.

N **Pushkar** (Rajasthan): Kamelmarkt. Anlässlich des riesigen Viehmarkts am Rand der Thar-Wüste werfen sich die Kameltreiber ordentlich in Schale.

Dez–Jan (Pausa)

CN **Weihnachten** (25. Dez): Das Fest ist besonders in den christlichen Regionen von Goa und in großen Städten beliebt.

N **Posh Mela** (27. Dez), Shantiniketan nahe Kolkata: Ein für ausgezeichnete *baul*-Musik bekanntes Festival.

Bewegliche Feste

H **Kumbh Mela**: Großes, alle drei Jahre in einer der vier heiligen Städte Nasik (Maharashtra), Ujjain (MP), Haridwar (UP) oder Allahabad/Prayag (UP) abgehaltenes Fest. Die Maha Kumbh Mela oder „Große" Kumbh Mela, die größte religiöse Zusammenkunft in Indien, wird alle 12 Jahre in Allahabad veranstaltet; das nächste Fest soll dort 2013 stattfinden. (27. Jan. bis 25. Feb.; Hauptbadetag: 10. Feb.).

M **Ramadan**: Der Beginn des Monats, in dem Moslems von Sonnenauf- bis Sonnenuntergang nicht essen, trinken und rauchen dürfen und sexuell abstinent sein sollten. Ungefähre künftige Daten: 20. Juli bis 18. Aug 2012, 9. Juli bis 7. Aug 2013.

M **Id ul-Fitr**: Feier zum Ende des Ramadan. Das Datum richtet sich danach, wann der Neumond gesichtet wird, deshalb lässt es sich nicht genau vorhersagen. Ungefähre Daten (sie können sich um einen oder zwei Tage verschieben): 19. Aug 2012 und 8. Aug 2013.

Es ist verboten, strategisch wichtige Objekte wie Flughäfen, Militäranlagen, aber auch Brücken, Bahnhöfe und Autobahnen zu fotografieren. Wer Menschen ablichten möchte, sollte um Erlaubnis fragen, obwohl wahrscheinlich ist, dass sie freiwillig fürs Foto posieren.

Frauen unterwegs

Indien ist kein Land, das allein reisenden Frauen große Steine in den Weg legt. Dennoch ist es ratsam, sich ein etwas dickes Fell zuzulegen. Indische Straßen werden fast ausnahmslos von Männern dominiert, woran man sich vielleicht erst einmal etwas gewöhnen muss, vor allem an das ständige Angestarrtwerden und die „anerkennenden" Pfiffe. Meist reicht es, die Blicke zu ignorieren und schnell weiterzugehen. Die meisten Mitreisenden in Zügen und Bussen sind Männer, die unter Umständen höchst **unwillkommene Gespräche** über Sex, Scheidung und die lockeren Beziehungen im Westen beginnen. Das lässt sich zwar meist nicht verhindern, aber wenn eine Touristin zu große Begeisterung für derartige Diskussionen bekundet, könnte der Eine oder Andere auf die Idee kommen, sie habe eine lockere Einstellung gegenüber Sex, und die Situation könnte bedrohlich werden. Das kann nerven und lässt sich bis zu einem gewissen Grad vermeiden, indem man sich an öffentlichen Orten zu anderen Frauen gesellt.

Die Begleitung eines männlichen Travellers macht einen Riesenunterschied. In diesem Fall kann eine Frau davon ausgehen, dass indische Männer sich an ihn wenden (den sie natürlich für den Ehemann halten – was von Vorteil sein kann). Mit der Zeit lernt frau, eine Situation richtig einzuschätzen. Manchmal erregt eine allein herumspazierende Frau so viel Aufmerksamkeit, dass es vielleicht besser ist, an einer Stelle zu verharren, bis die Verehrerschar das Weite gesucht hat.

Es ist am besten, in der Öffentlichkeit keine (für indische Verhältnisse) **gewagte Kleidung** zu tragen – ein *salwar kameez* (langes Hemd und Pluderhose) oder schlabberige Kleider und Hosen sind ideal – und weder zu rauchen noch Alkohol zu trinken. Auf eine **unerwünschte Berührung** mit einem Abwehrschlag zu reagieren ist völlig in Ordnung. Es lenkt auch die Aufmerksamkeit anderer auf die Situation, sodass vielleicht jemand hilft oder sich zumindest mit dem Übeltäter befasst – ein Mann, der die gesellschaftlichen Regeln missachtet, stößt in jedem Fall auf Missbilligung. Sich im Kino einen Bollywood-Schinken anzuschauen macht Spaß und gehört zu einer Indienreise quasi dazu. Besonders in billigen Kinos ist eine solche Unternehmung allerdings selten stressfrei. Am besten gehen Frauen in ein besseres Kino oder zumindest mit einer Gruppe von Leuten und sitzen auf der Galerie, wo es etwas teurer und das Publikum erheblich gesitteter ist.

Sexuelle Übergriffe auf Touristinnen sind zwar sehr selten, aber die Zahl gemeldeter Vergewaltigungen nimmt zu. Zu den Vorsichtsmaßnahmen gehören: Nachts einsame, schwach beleuchtete Straßen und Wege meiden; hat man am Tage einen vertrauenswürdigen Rikschaoder Taxifahrer gefunden, sollte man ihn für die Abendfahrten behalten und nach Möglichkeit jemanden finden, der einen zum Hotel begleitet. Während Inderinnen sich noch immer scheuen, eine Vergewaltigung anzuzeigen – sie wird als Schande für Täter und Opfer betrachtet –, sollten Europäerinnen nie zögern, die Straftat der Polizei zu melden und vor der Weiterreise andere Touristen sowie Einheimische darüber zu informieren, in der Hoffnung, dass Druck seitens der Gemeinde den Täter vielleicht ans Licht und schließlich vor Gericht bringt.

Allein reisende Frauen machen aber in Indien auch durchaus **positive neue Erfahrungen**. Zum Beispiel nehmen Busfahrer und -schaffner von Fernbussen sie nicht selten unter ihre Fittiche, und bei vielen Gelegenheiten stoßen sie auf besondere Freundlichkeit. Frauen sind in einigen Privathäusern willkommener als westliche Männer und lernen am Lehmofen der Familie vielleicht die Feinheiten der indischen Küche kennen. Auf Busbahnhöfen und Bahnhöfen werden Frauen oft bevorzugt behandelt, denn sie können sich in einer separaten „ladies' queue" anstellen. Auch gibt es oft einen Wartesaal nur für Frauen, und in Nachtzügen geschlossene Frauenabteile, die eine Oase der Ruhe darstellen – sofern sie nicht mit lauten Kindern gefüllt sind. In **Hotels** sollte man nach „Gucklöchern" in der Tür (und in den Gemeinschaftsbädern) Ausschau halten und beim Umziehen oder Schlafengehen die Vorhänge zuziehen. Und nicht vergessen, **Tampons** von zu Hause mitzubringen, da sie außerhalb der indischen Städte nur schwer zu bekommen sind.

Geld

Indiens Landeswährung ist die **Rupie**, meist „Rs" abgekürzt, die sich in 100 Paise unterteilt. Es gibt fast nur Papiergeld, und zwar im Wert von 5, 10, 20, 50, 100, 500 und 1000 Rupien. Münzen gibt es zu 1, 2 und 5 Rupien, und gelegentlich sieht man eine 25- oder 50-Paise-Münze, jedoch werden diese langsam aus dem Verkehr gezogen. Da die Ein- oder Ausfuhr von Rupien offiziell verboten ist (obwohl sie in fast jeder Wechselstube im Ausland erhältlich sind), ist es besser, erst bei der Ankunft Geld zu wechseln.

Banknoten, vor allem mit niedrigerem Nennwert, können sehr mitgenommen aussehen. Nicht akzeptieren sollte man Geldscheine, die eingerissen sind, denn niemand wird sie einem wieder abnehmen. Man kann sie jedoch bei der Reserve Bank of India und in größeren Filialen anderer großer Banken eintauschen. Man sollte sie aber nicht Bettlern geben, da diese nichts damit anfangen können – es wäre eine Beleidigung.

Große Scheine können ein Problem darstellen, da die wenigsten Leute über Wechselgeld verfügen. Viele Inder können es sich nicht leisten, viel Geld herumliegen zu haben. Auch von Ladenbesitzern und Rikschafahrern kann man nicht unbedingt erwarten, dass sie große Scheine wechseln können (und wenn sie Wechselgeld haben, rücken sie es ebenso ungern heraus wie der Fahrgast selbst). Wenn man ein paar Lebensmittel mit einem 100-Rupien-Schein bezahlt, kann es passieren, dass man warten muss, bis der Laufbursche von seiner Runde durch den Ort auf der Suche nach Wechselgeld wieder zurückkehrt. Größere Scheine sind allerdings leichter zu verstauen; sie können in Hotels oder Banken in kleinere umgetauscht werden. Achtung: Der 500-Rupien-Schein ist dem 100-Rupien-Schein täuschend ähnlich.

Geldautomaten, Kreditkarten und Reiseschecks

Am leichtesten kommt man mit der Kreditkarte und EC-Karte an Geld. Alle namhaften Banken in den größeren Orten und Städten haben **Geldautomaten**. Allerdings berechnet der heimische Kartenaussteller wahrscheinlich eine Gebühr fürs Abheben und die indische Bank schlägt auch noch etwas drauf (normalerweise um Rs25). Die Kreditkarteninstitute und teils auch die Geldautomaten selbst verfügen über einen Höchstauszahlungsbetrag pro Tag, der gewöhnlich bei Rs10 000–20 000 liegt. Wenn man noch der Ankunft in Indien zum ersten Mal Geld an einem Automaten abheben will, kann es passieren, dass die Transaktion verweigert wird – dies ist eine normale Sicherheitsvorkehrung, mit der Betrügereien unterbunden werden sollen. Man muss dann die Hotline der Bank oder des Kreditkarteninstituts anrufen und die Sperre aufheben lassen. Am besten jedoch sagt man schon vor der Abreise bei der Heimatbank Bescheid.

Kreditkarten werden in teuren Hotels und Restaurants, einigen Geschäften und bei Fluggesellschaften akzeptiert, sonst aber so gut wie nirgendwo. Am bekanntesten sind American Express, MasterCard und Visa. Da die Karte leicht verloren gehen oder gestohlen werden kann, ist es sinnvoll, immer ein bisschen Bargeld als Reserve und im Verlustfall die Telefonnummer für die Kartensperre dabeizuhaben. Man sollte sich den Eingang der Verlustmeldung mit Datum und Uhrzeit bestätigen lassen, da ab diesem Moment die Verantwortung für einen etwaigen finanziellen Verlust beim Kreditkarteninstitut liegt.

Reiseschecks (Travellers Cheques) sind gegen eine geringe Provision bei manchen Banken noch erhältlich. Beim Einlösen wird noch einmal eine kleine Gebühr fällig. Reisesschecks haben den Vorteil, dass sie bei Verlust oder Diebstahl im nächsten Vertragsbüro ersetzt werden. Wichtig ist, dass die Kaufabrechnung an einer anderen Stelle aufbewahrt wird als die Schecks, und eine Aufstellung aller bereits eingelösten Schecks vorliegt. Nicht alle Banken akzeptieren Reisesschecks, und wenn, dann meist bekannte Namen wie Thomas Cook und American Express.

Visa und American Express bieten außerdem **Prepaid-Karten**, die man zu Hause mit einem Guthaben aufladen und dann unterwegs an Geldautomaten wie eine EC-Karte nutzen kann – im Prinzip also Reisesschecks in Plastik.

Banken und Wechselstuben

Bei regulären **Banken**, vor allem staatlichen wie der State Bank of India (SBI), Geld zu wechseln kann zeitraubend sein, da man Formulare ausfüllen und an verschiedenen Schaltern anstehen muss. Deshalb: am besten immer gleich eine größere Summe wechseln. Bei Privatunternehmen wie Thomas Cook oder American Express hat man diese bürokratischen Probleme nicht. In größeren Städten und Touristenzentren gibt es gewöhnlich mehrere lizenzierte **Wechselstuben** *(forex bureaux),* deren Kurse meist nicht so günstig sind wie die der Banken. Dafür kann man dort wesentlich unkomplizierter Geld tauschen.

Außerhalb der regulären Öffnungszeiten der Banken (Mo–Fr 10–14 oder 16, Sa 10–12 Uhr) wechseln große **Hotels** möglicherweise Geld, normalerweise zu schlechten Kursen. Wechselstuben sind länger geöffnet als Banken. Am Flughafen von Mumbai befinden sich rund um die Uhr geöffnete Banken.

US-Dollars sind am einfachsten einzutauschen, an zweiter Stelle rangieren Euro und britische Pfund. In Touristengebieten und großen Städten werden auch Schweizer Franken problemlos eingetauscht. Wer mit mehr als US$10 000 oder der entsprechenden Summe in

Notrufnummer	
Für alle Karten	☏ 0049/116 116

Wechselkurse			
1 €	= 67 Rs	100 Rs	= 1,50 €
1 sFr	= 55 Rs	100 Rs	= 1,83 sFr
1 US$	= 49 Rs	100 Rs	= 2,05 US$
Aktuelle Wechselkurse s. 🖳 www.oanda.com			

einer anderen Währung nach Indien einreist, muss eine Devisenerklärung ausfüllen.

Wechselquittungen *(encashment certificates)* sollte man aufbewahren. Sie werden verlangt, wenn man vor Verlassen des Landes übrig gebliebene Rupien zurücktauschen möchte und wenn man mit Rupien Flugtickets kauft oder an Ausländerschaltern Zugfahrkarten reserviert. Die State Bank of India erhebt mittlerweile eine Gebühr für Steuerbefreiungsformulare.

Trinkgeld und Bakschisch

Als vermeintlich wohlhabender Besucher wird von einem natürlich erwartet, dass man großzügig **Trinkgelder** gibt. Im Vertrauen auf großzügige Trinkgelder während der Reisesaison akzeptieren die schlecht bezahlten Angestellten in Hotels und Restaurants oft eine schlechtere Bezahlung als ihnen eigentlich zusteht. 10 % Trinkgeld sind üblich, wenn der Service gut war – mehr, wenn das Servicepersonal sich auf die eine oder andere Weise besondere Mühe gegeben hat.

Taxi- und Motor-Rikscha-Fahrer erwarten eigentlich kein Trinkgeld, es sei denn, sie haben für die Fahrgäste extra einen Halt eingelegt oder einen Umweg gemacht. Was am Ende einer längeren Tour dem Fahrer als Trinkgeld zusteht, ist allerdings eine schwierigere Frage, besonders wenn man schon Rs150–200 als Tagesspesen für den Fahrer sowie die Mahlzeiten bezahlt hat. Die einfache Antwort ist, dass man so viel Trinkgeld geben soll, wie man meint, dass der Fahrer verdient hat, und was man sich leisten kann. Fahrer, die für Reiseveranstalter unterwegs sind, sind noch mehr als Hotel- und Restaurantbedienstete auf Trinkgelder angewiesen, um über die Nebensaison zu kommen – viele bekommen nur Rs200–300 am Tag, weil ihre Arbeitgeber wissen, dass die ausländischen Besucher viel Trinkgeld geben.

Das Geben von **Almosen** (Bakschisch) ist in ganz Indien alltäglich; Menschen mit Behinderungen und Verstümmelungen sammeln sich oft in den Stadtzentren und beliebten Urlaubsorten, wo sie sich mit Betteln durchschlagen. In solchen Fällen genügt es gewöhnlich, Rs5–10 zu geben. Ein anderer Fall sind Kinder, die Geld, Stifte, Süßigkeiten oder Ähnliches verlangen: Wer ihrem Betteln nachgibt, ermutigt sie nur, auch andere zu belästigen.

Gepäck

Die meisten Dinge sind auch problemlos in Indien zu finden, noch dazu billiger als zu Hause. Generell sollte der Rucksack nicht zu schwer werden.

Gepäckaufbewahrung

Die meisten Bahnhöfe in Indien verfügen über eine Gepäckaufbewahrung (*cloakrooms* oder *parcel offices*). Sie sind sehr praktisch, wenn man einen Ort besichtigen und noch am selben Tag weiterreisen möchte. Theoretisch muss man ein aktuelles Zugticket oder einen Indrail Pass vorweisen, um Gepäck zu lagern, aber danach wird nicht immer gefragt. Es kann allerdings sein, dass die Annahme verweigert wird, wenn das Gepäck nicht abzuschließen ist. Verliert man den Gepäckschein, gibt es Schwierigkeiten. Bei der Abgabe des Gepäcks sollte man sich vergewissern, dass die Gepäckaufbewahrung geöffnet ist, wenn man es wieder abholen möchte. Die **Standardgebühr** beträgt Rs10 für 24 Std.

Wäsche waschen

In Indien geht niemand in die Wäscherei. Wenn Inder ihre Wäsche nicht selbst waschen, geben sie sie einem **dhobi**. In jedem Ort gibt es entweder einen *dhobi* in der Unterkunft oder in deren Nähe. Der *dhobi* bringt die schmutzige Wäsche zu einem *dhobi ghat,* einem öffentlichen Kleiderwaschbereich (z. B. ein Flussufer), wo sie einem altmodischen Prozess unterzogen wird: Sie wird getrennt, eingeseift und ordentlich in die Mangel genommen, um den Dreck herauszuschlagen. Anschließend wird sie zum Trocknen in die Sonne gehängt und später zu Bügelschuppen getragen, wo jedes Teil mit messerscharfen Bügelfalten versehen und dank geheimnisvoller, versteckter Zeichen seinem rechtmäßigen Besitzer zugeordnet wird. Der *dhobi* bringt die Kleidung absolut makellos zurück, allerdings macht die raue Behandlung die Wäsche kaputt: Knöpfe gehen verloren, und der Stoff scheuert durch. Wer seine maßgeschneiderten Designerklamotten lieber nicht der Gnade eines *dhobi* aussetzt, findet in großen Städten auch **chemische Reinigungen**.

Gesundheit

Die medizinische Vorbereitung auf die Reise sollte früh beginnen. Aktuelle Informationen erhält man von einem Reisemediziner, den Landesimpf-

---

Reisemedizin im Internet

Wer sich vor dem Besuch beim Reisemediziner schon mal über die Gesundheitsrisiken in Indien kundig machen möchte, findet auf den folgenden Websites Informationen:
Auswärtiges Amt
⌨ www.auswaertiges-amt.de
Robert-Koch-Institut
⌨ www.rki.de
Centrum für Reisemedizin
⌨ www.crm.de
Deutsche Gesellschaft für Tropenmedizin
⌨ www.dtg.org
Dt. Ges. für Reise- und Touristik-Medizin
⌨ www.drtm-online.de
Die Reisemedizin
⌨ www.die-reisemedizin.de
Reisemedizinische Beratung Freiburg
⌨ www.tropenmedizin.de
Tropeninstitut Hamburg
⌨ www.gesundes-reisen.de
Fit for Travel
⌨ www.fit-for-travel.de

---

anstalten und den Universitätsinstituten für Tropenmedizin. Ein Überblick über mögliche Risiken findet sich auf S. 946.

Impfungen

Gesetzlich sind für Indien keine Impfungen vorgeschrieben, aber es gibt Empfehlungen. Tropeninstitute raten neben den üblichen Vorsorgeimpfungen (**Tetanus**, **Diphtherie**, **Polio**) zu einer Impfung gegen **Hepatitis A**, einer **Malariaprophylaxe** und bei längeren Reisen während der Trockenzeit (Nov–Mai) eine Schutzimpfung gegen **Meningitis**.

Impfungen gegen Mumps, Masern, Tbc und Röteln sind für jeden zu empfehlen, der nicht als Kind dagegen geimpft wurde. Krankheiten, für die man keine Impfung benötigt, sind: Pocken (jetzt in Indien praktisch ausgerottet), Cholera (weil die Impfung kaum schützt) und Gelbfieber (nur erforderlich für Afrika).

Tropenmedizinische Institute
Deutschland
Berlin Spandauer Damm 130, Haus 10, 14050,
☎ 030/301166
Dresden Friedrichstr. 39, 01067,
☎ 0351/4803801
Düsseldorf Moorenstr. 5, 40225,
☎ 0211/8117031
Göttingen Werner-von-Siemens-Str. 10, 37077,
☎ 0551/307500
Hamburg Bernhard-Nocht-Str. 74, 20359,
☎ 040/428180
Heidelberg Im Neuenheimer Feld 324, 69120,
☎ 06221/562905
Leipzig Philipp-Rosenthal-Str. 27, 04129,
☎ 0341/9894505
München Leopoldstr. 5, 80802,
☎ 089/21803517
Rostock Ernst-Heydemann-Str. 6, 18057,
☎ 0381/4940
Tübingen Keplerstr. 15, 72074,
☎ 07071/2982365
Ulm Robert-Koch-Str. 8, 89081,
☎ 0731/5024427
Würzburg Salvatorstr. 7, 97074,
☎ 0931/7912825

Österreich
Wien Zimmermanngasse 1a, 1090,
☎ 01/4038343

Schweiz
Basel Socinstr. 57, 4051
☎ 061/2848111. Telefonische Auskunft vom
Band unter ☎ 0900/573010 (1,49 sFr./Min.)

Tipps für die Reise

Es kursieren zahlreiche Schauergeschichten
über schlimme Krankheiten, die man sich auf
einer Indienreise einfangen kann. In Wahrheit
sind schwere Erkrankungen eher die Ausnahme
als die Regel. Der Standard der **Hygiene** und der
sanitären Anlagen hat sich in den vergangenen
zehn Jahren erheblich verbessert. Trotzdem ist
es natürlich wichtig, die Abwehrkräfte zu stärken und sich der Risiken durch unbehandeltes
Wasser, Moskitostiche und offene Wunden bewusst zu sein. Was das **Essen** anbelangt, so ist
besondere Vorsicht bei vorgekochten, wieder
aufgewärmten Gerichten geboten. Das, was in
Gegenwart des Gastes gekocht, gebraten oder
gegrillt (und damit entkeimt) wird, ist in der Regel unbedenklich. Allerdings können Seafood
und Fleisch manchmal nicht einwandfrei sein,
wenn sie nicht frisch sind.
Verderbliche Lebensmittel, die einige Zeit un-
gekühlt draußen gelegen haben oder während

Ayurvedische Medizin

Ayurveda, ein 5000 Jahre altes, ganzheitliches
medizinisches System, wird in Indien vielerorts
praktiziert. Ayurvedische Ärzte und Kliniken in
größeren Städten behandeln auch Ausländer,
und manche Apotheken haben sich auf die
Herstellung ayurvedischer Mittel spezialisiert,
darunter auch Toilettenartikel wie Seifen, Sham-
poos und Zahnpasta. Das Wort *ayurveda* stammt
aus dem Sanskrit und bedeutet „**Wissen von der
Verlängerung des Lebens**". Die Lehre geht von
der grundsätzlichen Gleichheit von Selbst und
Natur aus. Insofern ist Ayurveda ein Verwandter
der Wissenschaft des Yoga, die aus derselben
Periode der vedischen Philosophie stammt. Er
legt großen Wert auf die Harmonie von Geist,
Körper und Seele und sieht hinter vielen Krankheiten psychosomatische Ursachen. Anders als
die allopathische Medizin des Westens, die darauf basiert, herauszufinden, wo das Leiden liegt,
und es dann zu vernichten, betrachtet Ayurveda den ganzen Patienten: Krankheit wird als
Symptom für ein Ungleichgewicht angesehen,
deshalb wird dieses Ungleichgewicht behandelt,
nicht die Krankheit.
Die ayurvedische Theorie besagt, dass der Körper von drei *doshas* (Kräften) kontrolliert wird,
die sich ihrerseits aus den fünf Grundelementen
Raum, Feuer, Wasser, Erde und Luft zusammen-
setzen. Beim gesunden Körper befinden sich alle drei Kräfte im für den jeweiligen Typ richtigen
Verhältnis zueinander. Um ein Ungleichgewicht
zu diagnostizieren, fragt der ayurvedische Arzt
(vaid) nicht nur nach den körperlichen Beschwerden, sondern auch nach dem familiären
Hintergrund, alltäglichen Gewohnheiten und
emotionellen Zügen.
Ungleichgewichte werden typischerweise
mit Kräuterheilmitteln behandelt, die darauf
abzielen, jene der drei Kräfte, die gestört ist, zu
verändern. Für gewöhnlich gehört dazu auch die
Anwendung von Ölen oder die Einnahme eigens
zubereiteter Heilmittel. Die **ayurvedischen Mittel**
werden nach traditionellen Rezepten aus einheimischen Pflanzen hergestellt und sind daher billiger als Markenprodukte oder importierte Medikamente. Eine traditionelle, streng vegetarische
Diät wird ebenfalls für langfristige Heilerfolge
empfohlen. Außerdem verschreibt der Arzt möglicherweise verschiedene Yoga-Reinigungsme-
thoden, damit der Körper Abfallprodukte los wird.
Für Uneingeweihte klingen diese Techniken eher
unangenehm – etwa das stückweise Schlucken
eines langen Stoffstreifens, den man anschließend wieder herauszieht, um Schleim aus dem
Magen zu entfernen. Ayurvedische **Massagen**
mit Kräuterölen, die Linderung für eine Vielzahl
von Beschwerden bringen sollen, werden u. a. in
Jamnagar, Gujarat angeboten.

eines Stromausfalls in einem Kühlschrank gelagert wurden, sind auf jeden Fall verdächtig. Kein rohes, ungeschältes Obst und Gemüse essen, auch keinen Salat, bei dem man nicht sicher ist, dass er in entkeimtem Wasser gewaschen wurde. Wenn Obstverkäufer am Strand die geschälte Frucht angefasst haben, sollte man die Ananas- oder Melonenstücke vor dem Essen mit keimfreiem Wasser übergießen. Von großer Bedeutung ist auch die **persönliche Hygiene** (häufig die Hände waschen, vor allem vor dem Essen). Alle Wunden müssen sauber gehalten, zum Schutz vor einer Infektion mit Jod oder einem Antiseptikum (am besten mit einem Spray) behandelt und bedeckt werden. Ratschläge, wie man sich am besten vor **Moskitostichen** schützt, stehen unter Malaria (S. 949). Wer dennoch gestochen wird, sollte versuchen, sich nicht zu kratzen. Das fällt zwar schwer, aber andernfalls kann es zu einer Infektion und tropischen Geschwüren kommen. Tiger-Balsam und auch getrocknete Seife können den Juckreiz lindern.

Medizinische Hilfe vor Ort

Bei kleineren gesundheitlichen Problemen können **Apotheken** weiterhelfen. Die meisten indischen Ärzte sprechen Englisch, und viele Hotels stellen einen Arzt. Die Grundmedikamente werden nach den Standards von Indian Pharmacopoea (IP) hergestellt. Die meisten sind ohne Rezept erhältlich – auf das Verfallsdatum achten! Der Standard der **Krankenhäuser** ist unterschiedlich. Private Kliniken und Missionskrankenhäuser sind oft besser als staatliche, verfügen aber mitunter nicht über die gleichen Einrichtungen. Krankenhäuser in Großstädten, darunter Universitätskliniken, sind recht gut; Städte wie Delhi und Mumbai bieten eine erstklassige medizinische Versorgung, die allerdings recht kostspielig ist.

Viele Krankenhäuser verlangen von den Patienten (selbst in Notfällen), dass sie das notwendige Material wie Medikamente, Gipsverbände und Impfstoffe selbst kaufen und für Röntgenaufnahmen zahlen, bevor die Ärzte mit der Behandlung beginnen. Allerdings liegen die Kosten für Privatbehandlungen hier erheblich niedriger als im Westen (unbedingt alle Originaldokumente und Quittungen aufbewahren, um ggf. die Unkosten von der Versicherung zu Hause zurückzufordern). Demgegenüber nehmen staatliche Krankenhäuser alle chirurgischen Eingriffe und Nachbehandlungen kostenlos vor, und in den meisten anderen staatlichen medizinischen Einrichtungen sind die Kosten in der Regel so niedrig, dass die Ausgaben für einfache Behandlungen geringer sind als jene für die Auslandskrankenversicherung.

Man ist im Krankenhaus auf die Hilfe eines Freundes angewiesen oder muss eine Abmachung mit einer der Reinigungskräfte treffen, denn normalerweise haben sich Verwandte um

Was ist mit dem Wasser?

Was vielen Indienreisenden Kopfschmerzen bereitet, ist die Frage, ob man das Wasser trinken kann. Und die Antwort lautet „Nein!", auch wenn man viele Inder bedenkenlos Leitungswasser trinken sieht. Erheblich sicherer ist in Flaschen **abgefülltes Wasser**, das fast überall erhältlich ist. Es scheint auf den ersten Blick die einfachste und günstigste Lösung zu sein, hat aber auch einen großen Nachteil: den Plastikmüll. Man muss sich nur die vielen Flaschen vorstellen, die man pro Tag konsumiert, und diese millionenmal multiplizieren. Das Ergebnis sind riesige Berge an nicht abbaubarem Deponiemüll, die Jahr für Jahr allein von Touristen produziert werden.

Die beste Lösung unter den Gesichtspunkten Gesundheit und Umwelt besteht darin, das Wasser selbst zu sterilisieren. Die chemische **Entkeimung** mit Chlortabletten ist sehr effektiv, schnell und preiswert, wobei sich der unangenehme Nachgeschmack mit neutralisierenden Tabletten oder Zitronensaft vermeiden lässt.

Als Alternative kann man sich auch einen **Reinigungsfilter** mit chemischer Entkeimung zulegen, um auch kleinste Viren abzutöten. Immer mehr kompakte und leichte Modelle sind an Ständen und in großen Apotheken erhältlich, wobei sich Schwangere und Menschen mit Schilddrüsenproblemen vergewissern sollten, dass kein Jod als Entkeimungsmittel verwendet wird.

Basisausstattung

- [ ] **Verbandzeug** (Heftpflaster, Leukoplast, Blasenpflaster, Mullbinden, elastische Binde, sterile Kompressen, Verbandpäckchen, Dreieckstuch, Pinzette)
- [ ] **sterile Einmalspritzen und -kanülen** in verschiedenen Größen (mit ärztlicher Bestätigung, dass sie medizinisch notwendig sind, damit man nicht für einen Fixer gehalten wird)
- [ ] **Fieberthermometer**
- [ ] **Kondome**
- [ ] **Lärmstopp** (gegen Lärmbelästigung)
- [ ] **Beipackzettel**

Malaria-Prophylaxe

- [ ] **Chloroquin** (z. B. Resochin*, nur für gefährdete Gebiete)
- [ ] **Paludrine*** (zusätzlich zu Chloroquin, nur für gefährdete Gebiete)
- [ ] **Lariam*** oder **Malarone*** zur Standby-Therapie
- [ ] **Mückenschutz**

Schmerzen und Fieber

- [ ] keine acetylsalicylsäurehaltigen Medikamente, **Benuron, Dolormin**
- [ ] **Buscopan** (gegen starke und krampfartige Schmerzen)
- [ ] **Antibiotika*** gegen bakterielle Infektionen (in Absprache mit dem Arzt)

Magen- und Darmerkrankungen

- [ ] **Imodium akut** (gegen Durchfall, v. a. vor längeren Fahrten)
- [ ] **Elotrans** (zur Rückführung von Mineralien; Kinder: Oralpädon Pulver)
- [ ] **Dulcolax Dragees**, Laxoberal Tropfen (gegen Verstopfung)
- [ ] **Talcid, Riopan** (gegen Sodbrennen)

Erkrankungen der Haut

- [ ] **Desinfektionsmittel** (Betaisodona Lösung, Hansamed Spray, Kodan Tinktur)
- [ ] **Tyrosur Gel, Nebacetin Salbe RP** (bei infizierten oder infektionsgefährdeten Wunden)
- [ ] **Soventol Gel, Azaron Stift, Fenistil Tropfen** (bei Juckreiz nach Insektenstichen oder allergischen Erkrankungen)
- [ ] **Soventol Hydrocortison Creme, Ebenol Creme** (bei starkem Juckreiz oder stärkerer Entzündung)
- [ ] **Cortison- und antibiotikahaltige Salbe** gegen Bläschenbildung nach Quallenkontakt
- [ ] **Wund- & Heilsalbe** (Bepanthen)
- [ ] **Fungizid ratio, Canesten** (bei Pilzinfektionen)
- [ ] **Berberil, Yxin** (Augentropfen bei Bindehautentzündungen)

Erkältungskrankheiten

- [ ] **Olynth Nasenspray, Nasivin**
- [ ] **Dorithricin, Dolo Dobendan** (bei Halsschmerzen)
- [ ] **Silomat** (Hustenstiller)
- [ ] **Acc akut, Mucosolvan, Gelomyrtol** (zum Schleimlösen)

Kreislauf

- [ ] **Korodin, Effortil** (kreislaufanregend)

Reisekrankheit

- [ ] **Superpep-Kaugummis, Vomex**

Sonnenschutz mit UVA- und UVB-Filter

- [ ] **Ladival** Milch bzw. Gel, **Ilrido** ultra Milch
- [ ] **Sonnenschutzstift** für die Lippen

Bitte bei den Medikamenten Gegenanzeigen und Wechselwirkungen beachten und sich vom Arzt oder Apotheker beraten lassen. (* rezeptpflichtig in Deutschland).

den Patienten zu kümmern, ihn zu waschen und ihm Essen zu geben. Vorsicht ist in Touristenorten wie Agra geboten, denn Berichten zufolge werden Reisende dort mitunter von dubiosen Ärzten über Gebühr zur Kasse gebeten und sogar absichtlich krank gemacht (S. 298). Adressen der ausländischen Vertretungen (die im Notfall Rat geben) und von Kliniken und Krankenhäusern finden sich unter den praktischen Tipps der jeweiligen Städte.

Informationen

Fremdenverkehrsämter

Die wichtigste Tourismus-Website für Indien ist ⌨ www.incredibleindia.org. Die indische Regierung unterhält außerdem eine Reihe von Fremdenverkehrsämtern im Ausland, die zahlreiche Broschüren bereithalten. In Indien selbst betreiben sowohl die Bundesstaaten als auch die Kommunen **Touristeninformationen**, die Reisehinweise geben und viel Material vorrätig haben, von Stadtplänen bis zu Hochglanzbroschüren. Das indische Ministerium für Tourismus, ⌨ www.incredibleindia.org, dessen Hauptbüros sich in New Delhi, 88 Janpath, und in Mumbai gegenüber dem Bahnhof Churchgate befinden, unterhält in den meisten regionalen Hauptstädten eigene Informationsbüros. Diese operieren jedoch unabhängig von den bundesstaatlichen Infoschaltern, den **State Tourism Development Corporations**, die im Allgemeinen unter ihren Initialen bekannt sind (RTDC in Rajasthan, MTDC in Maharashtra usw.) und eine große Bandbreite an Serviceleistungen anbieten, darunter geführte Touren, Autovermietung und eigene Hotels.

Für zusätzliche Verwirrung sorgt, dass die Tourismusbehörde der indischen Regierung ein eigenes Unternehmen gegründet hat. Die **ITDC** (India Tourism Development Corporation) ist verantwortlich für die Ashok-Hotelkette und bietet einen Tour- und Reiseservice, der oft mit dem der bundesstaatlichen Stellen konkurriert. Indien-Informationen jeglicher Art sind im **Internet** zu finden – die besten Webseiten sind an den relevanten Stellen im Buch angegeben. Eine besonders gute allgemeine ist ⌨ www.india mike.com, ein beliebtes Travelforum, das der indophile Mike Szewczyk von seinem Wohnzimmer in New Jersey aus organisiert. Hier finden sich Chat Rooms, Bulletin Boards, Fotoarchive und Reiseberichte von Mitgliedern.

Indisches Fremdenverkehrsamt

India Tourism Frankfurt
Baseler Str. 48, 60329 Frankfurt ,
✆ 069/242949-0, 📠 069/242949-77,
✉ info@india-tourism.de,
⌨ www.india-tourism.de.

Landkarten und Stadtpläne

Im Land selbst gute Karten über Indien zu bekommen ist schwierig. Die Regierung verbietet – obwohl das Land vollständig von Google erfasst ist – den Verkauf detaillierter Karten von Grenzregionen, wozu die gesamte Küstenlinie zählt. Es ist daher sinnvoll, eine Übersichtskarte von zu Hause mitzubringen. In Zusammenarbeit mit dem World Mapping Project veröffentlicht der britische Reiseverlag **Rough Guides** eine sehr klare und aktuelle Karte von Indien (1:1 290 000). Die übersichtlich gestaltete und auf reißfestem, wasserbeständigem Plastikpapier gedruckte Karte wurde von den Autoren dieses Buches in der Praxis getestet.

Nelles deckt mit regionalen Karten im Maßstab 1:1 500 000 Teile des Landes ab. Diese Karten sind hervorragend, das komplette Set kostet jedoch ein Vermögen. Auf ihrem Himalaya-Faltplan sind die Straßen und einige Details eingezeichnet, für Trekkingtouren ist diese Karte jedoch nicht ausreichend. **Ttk**, eine Firma mit Sitz in Chennai, publiziert einfache Karten zu den Bundesstaaten, die in Indien fast überall erhältlich sind. Sie sind schlecht gezeichnet, aber immerhin lassen sich aus ihnen die Entfernungen zwischen zwei Orten entnehmen.

Bei der Planung von Bahnreisen ist die Karte von Indian Railways auf der Rückseite ihrer Broschüre *Trains at a Glance* (S. 76) hilfreich. Wer **Stadtpläne** in einem größeren Maßstab als jenem benötigt, den die Pläne in diesem Buch haben, bekommt sie manchmal von den Tourist Offices. Erheblich besser sind jedoch die auf Google Maps kostenlos veröffentlichten Karten, die man sich zu Hause oder unterwegs einfach ausdrucken kann. Eicher bietet A-Z-Stadtatlanten (nur Delhi, Mumbai, Kolkata, Chennai und Bengaluru), die in Indien produziert und in allen guten Buchhandlungen verkauft werden. Die in den 1960er-Jahren vom US Army Map Service produzierten **Trekking-Karten** im Maßstab 1:250 000 sind topografisch immer noch korrekt, weisen aber natürlich die seither gebauten Straßen nicht auf. Auf diesen Landkarten basieren die meisten anderen im Handel erhältlichen, und für die meisten Himalaya-Regionen sind sie immer noch die besten Karten.

Die Leomann Maps (Maßstab 1:200 000) zu den Himalaya-Regionen im Nordwesten helfen bei der Planung und allgemeinen Orientierung, taugen aber kaum als zuverlässige Wanderkarten, da sie keine Höhenlinien aufweisen. Die für Himalaya-Trekker in Uttarakhand vom Survey of India im Maßstab 1:250 000 publizierten Karten sind sehr vereinfachte Versionen ihrer weitaus detailgetreueren, für militärische Zwecke gedachten Pläne, an die kein Normalsterblicher herankommt.

Internet und E-Mail

In allen großen Städten und Touristenzentren gibt es jetzt mindestens ein paar, wenn nicht gar Dutzende öffentliche Internet- und E-Mail-Einrichtungen, in der Regel Internetcafés, aber auch viele Hotels und Gästehäuser bieten diesen Service. Die Gebühr liegt typischerweise zwischen Rs20 und Rs60 pro Std. Leider sind die Verbindungen in vielen Lokalen noch ziemlich schlecht, mit uralten Computern und langsamen, unzuverlässigen Leitungen, sodass es schwierig ist, umfangreichere Webseiten herunterzuladen oder Online-Transaktionen (wie die Reservierung einer Bahnfahrkarte) zu tätigen.

Kinder

Inder sind Kindern gegenüber sehr tolerant, deshalb kann man sie praktisch überall hin mitnehmen. Und Kinder helfen oft, das Eis zwischen Fremden zu brechen. Die **Anreise** per Flugzeug ist immer beschwerlich, muss aber nicht zum Stress werden. Am lästigsten sind die Wartezeiten auf den Flughäfen. Diese lassen sich allerdings sehr gut nutzen, um sich und die Kinder in den überall vorhandenen Wasch- oder Mutter- und-Kind-Räumen in Ruhe zu waschen, die Zähne zu putzen und die Kleidung zu wechseln, was in den beengten Flugzeugtoiletten nur mit Mühe zu bewerkstelligen ist.

Der Komfort im Flugzeug selbst variiert je nach Fluggesellschaft. Die renommierten bieten

	Nicht vergessen
☐	**Reisepass** (Kinder jeglichen Alters brauchen für Indien einen eigenen)
☐	**Impfpass**
☐	**SOS-Anhänger** mit allen wichtigen Daten
☐	**Kleidung** – möglichst strapazierfähige, leichte Sachen
☐	**Wegwerfwindeln**
☐	**Babynahrung**
☐	**Fläschchen** für Säuglinge
☐	**MP3-Player**
☐	**Spiele** und **Bücher**
☐	**Fotos** von wichtigen Daheimgebliebenen gegen Heimweh
☐	**Kuscheltier** (muss gehütet werden wie ein Augapfel, denn ein verloren gegangener Liebling kann allen den Rest der Reise verderben – reiseerprobte Kinder beugen vor, indem sie nur das zweitliebste Kuscheltier mitnehmen)
☐	**Sonnencreme** mit hohem Lichtschutzfaktor
☐	**Kopfbedeckung**

„schwebende" Kinderbettchen für Säuglinge, Kinder-Menüs, die vor denen für Erwachsene ausgegeben werden, damit man den Kindern beim Essen behilflich sein kann. Meist gibt es Spiele, Bastelmaterial oder Ähnliches. Es kann aber passieren, dass es weder Milch noch eine Möglichkeit, sie zu erwärmen, gibt, von Babynahrung ganz zu schweigen. Besonders mit einem Kind unter 2 Jahren, das noch keinen Anspruch auf einen Sitzplatz hat, sollte nur eine der großen Fluggesellschaften in Betracht gezogen werden. Der Service ist ungleich besser, und Erwachsene mit Kindern werden beim Aus- und Einsteigen bevorzugt behandelt, was bei Billiganbietern nicht unbedingt üblich ist. In jedem Fall empfiehlt sich eine Ausrüstung mit Windeln, Babynahrung und Wechselwäsche wie für eine Dreitagereise, um für einen unvorhergesehenen Aufenthalt gewappnet zu sein.

Man sollte das Kind vor der Reise gründlich untersuchen lassen und darauf achten, dass es alle erforderlichen **Impfungen** – einschließlich gegen Kinderkrankheiten – besitzt. Vor allem Kleinkinder müssen besonders vor Sonne, unsauberem Trinkwasser und Hitze geschützt werden, und das ungewohnte Essen kann – auch für ältere Kinder – ein Problem darstellen. Durchfall, der für Erwachsene nur lästig ist, kann bei Kindern lebensgefährlich sein: Eine Elektrolytlösung (S. 947) ist dann sehr wichtig. Unbedingt erforderlich ist auch, dass das Kind über die Gefahren der Tollwut Bescheid weiß und sich von Tieren fern hält. Evtl. ist eine Tollwutimpfung ratsam. Hinweise zur Malariaprophylaxe S. 949.

Wer mit einem **Baby** reist, findet Windeln in den meisten größeren Städten zu ähnlichen Preisen wie im Westen. Es ist jedoch ratsam, eine Extra-Packung für Notfälle mitzunehmen. Wird das Baby nicht gestillt, gehört Trockenmilch ins Gepäck; es gibt sie zwar überall in Indien, aber sie schmeckt dort u. U. anders. Für den Notfall sollte man auch ein paar Päckchen Trocken-Babynahrung im Gepäck haben, die in heißem, abgekochtem Wasser aufgelöst werden kann – zu bekommen in jedem Café oder bei einem *chai-wallah*.

Für Touren, Wanderungen und Spaziergänge sind Babyrückentragen ideal; es gibt sie mittlerweile auch mit integriertem Moskitonetz. Es sollte nur so viel Gepäck wie unbedingt nötig mitgenommen werden. Wenn das Kind noch klein ist, sollte man auch einen zusammenklappbaren Buggy einpacken, vor allem, weil es darin schlafen kann, solange die Erwachsenen mit Essen etc. beschäftigt sind. Kinder unter zwei Jahren zahlen im Flugzeug 10 % (ohne Anspruch auf einen Sitzplatz) und Kinder unter 12 Jahren 50 % des Erwachsenentarifs.

Medien

Indien produziert für seine gut über eine Milliarde Einwohner mit einer Alphabetisierungsrate von knapp unter 70 % sage und schreibe 4700 Tageszeitungen in über 300 Sprachen und weitere 39 000 Zeitschriften. Es gibt eine große Zahl von **englischsprachigen Tageszeitungen**. Die bekanntesten nationalen sind *Times of India, The Hindu, The Deccan Chronicle, The Hindustan Times, The Telegraph, The Economic Times* und *New Indian Express* (in der Regel am regierungskritischsten). *Asian Age*, die gleichzeitig in

Nachrichten online

www.guardian.co.uk/world/india
Hochwertige Beiträge zeichnen diesen „Special Report"-Teil der preisgekrönten Webseite des Guardian, die auch Links zu ihrem Archiv mit indischen Artikeln und ein exzellentes Dossier zu Kashmir bietet. Zugang kostenlos.

indiatoday.digitaltoday.in
Die Homepage des meistverkauften indischen Nachrichtenmagazins.

www.samachar.com
Eine der besten Nachrichtenseiten, enthält Schlagzeilen und Links zu führenden indischen Zeitungen.

www.tehelka.com
Alternatives Nachrichtenmagazin, berühmt-berüchtigt für die Aufdeckung von Korruptionsskandalen in der Regierung.

timesofindia.indiatimes.com
www.hinduonline.com
www.hindustantimes.com
www.deccanherald.com
Die Websites einiger der wichtigsten indischen Tageszeitungen haben ausführliche landespolitische Teile.

Indien, London und New York erscheint, ist eine konservative Boulevardzeitung. Alle großen indischen Zeitungen haben **Websites** (s. Kasten), wobei die der *Times of India,* der *Hindustan Times* und der *The Hindu* die aktuellsten und ausführlichsten Nachrichten liefern.

Die indische Presse ist die freieste Asiens. Die Regierung wird oft unverblümt angegriffen. Dennoch sind die meisten Zeitungen, wie im Westen auch, Teil des politischen Establishments und drucken kaum etwas, was den „nationalen Konsens" in Gefahr bringen könnte. Es gibt auch eine Reihe von **Nachrichtenmagazinen**. Die lesenswertesten sind das unabhängige *India Today* und das von *The Hindu* herausgegebene *Frontline*. Filmfan- und -klatschblätter sind sehr beliebt (*Screen* und *Filmfare* sind die besten).

Ausländische Veröffentlichungen wie die *International Herald Tribune, Time, Newsweek* und *The Economist* sind in den großen Städten erhältlich (die meisten Zeitungen haben aber auch Internet-Seiten, wo die Tagesausgabe kostenlos gelesen werden kann). **Deutsche Zeitungen und Zeitschriften** findet man in den Goethe-Instituten und Goethe-Zentren, 🖥 www.goethe.de/ins/in/lp/deindex.htm (Adressen siehe in den Ortskapiteln). Die **Deutsche Welle** ist in Indien auf verschiedenen Frequenzen, vor allem in den Abendstunden, über Kurzwelle zu empfangen. Aktuellen Frequenzen unter 🖥 www.dwelle.de. Von lokalen Sendern und in vielen Hotels werden Teile der DW-Hörfunk- und Fernsehprogramme per Satellit ausgestrahlt.

Die staatliche **Fernsehgesellschaft** Doordarshan, die anspruchsvolle Programme sendet, muss mit dem plötzlichen Massenzugang zu **Kabel- und Satelliten-TV** konkurrieren und verliert seitdem zunehmend an Boden. Der Hauptanbieter auf Englisch ist Rupert Murdochs Star TV, zu dem der BBC World Service und Zee TV, das einen Mix von Hindu-Klatschgeschichten, Film-, Nachrichten- und Musikprogrammen bietet, gehören. Weitere Sender sind CNN, National Geographic, MTV, der Discovery Channel, der ungemein populäre Channel V, der von spärlich bekleideten Models aus Mumbai und DJs moderiert wird, und eine wachsende Zahl annehmbarer Spielfilmkanäle wie Star Movies, HBO und AXN.

Post

Post kann zwischen sechs Tagen und drei Wochen von oder nach Indien unterwegs sein, je nachdem, wo man sich aufhält und wohin die Post gehen soll. Im Durchschnitt braucht sie zehn Tage.

Die meisten **Postämter** haben Mo–Fr von 10–17 und Sa von 10–12 Uhr geöffnet, aber die Hauptpostämter in den großen Städten haben längere **Öffnungszeiten** (gewöhnlich Mo–Sa 9.30–13 und 14–17.30 Uhr). Briefmarken (normalerweise nicht selbstklebend) sind nicht teuer: Aerogramme und Postkarten kosten, egal wohin, immer das Gleiche. Am besten lässt man die Post vor den eigenen Augen abstempeln.

Ein **Paket** von Indien aus zu verschicken ist sehr aufwendig: Zunächst muss man es zu einem Schneider bringen, damit er es in billigen Baumwollstoff hüllt, zusammennäht und mit Wachs versiegelt. Als Nächstes bringt man das Paket zum Postamt, füllt die erforderliche Zollerklärung aus, klebt sie auf, kauft die Briefmarken und lässt sie abstempeln. Dann ist das Paket versandfertig. Auf dem Seeweg ist das Porto unglaublich billig, und das Paket ist durchschnittlich drei Monate unterwegs – es kann aber auch nur halb so lange oder aber viermal so lange dauern. Es ist eine gute Möglichkeit, Übergepäck und Souvenirs loszuwerden, doch man sollte auf diesem Weg nichts Zerbrechliches versenden.

Reisende mit Behinderungen

Behinderungen sind in Indien weit verbreitet. Viele sind die Folge von Krankheiten, die im Westen heilbar wären, wie etwa der Graue Star, aber auf dem Subkontinent zu lebenslanger Behinderung führen, weil die Betroffenen sich keine medizinische Behandlung leisten können. Behinderte haben kaum Chancen, die bestmögliche medizinische Versorgung zu erhalten. Meist haben sie nur die Wahl, von der Familie versorgt zu werden oder auf der Straße um Almosen zu betteln.

Für behinderte Reisende hat das sowohl Vor- als auch Nachteile, denn einerseits reagieren Inder auf Behinderungen nicht mit derselben Verlegenheit wie manche Westler. Andererseits findet man so gut wie nie einen Rollstuhl neuerer Technik oder eine Behindertentoilette, und die Straßen sind voller Hindernisse, die ein Blinder oder ein Rollstuhlfahrer allein kaum bewältigen kann. Der Bordstein ist oft hoch, das Pflaster uneben und von Müll übersät, und Rampen gibt es nicht, dafür Schlaglöcher und offene Abwasserkanäle. Manche der teureren Hotels besitzen Rampen für Gepäck und Lieferungen, die sich manchmal auch für Rollstühle eignen.

Jedoch ist im Behindertengesetz von 1995 festgelegt, dass allen Personen der Zugang zu öffentlichen Gebäuden möglich sein soll, und das wird zuweilen sogar umgesetzt. Ein Besuch des auf einen Rollstuhl angewiesenen Astrophysikers Stephen Hawking in Delhi führte dazu, dass an mehreren Sehenswürdigkeiten der Stadt wie dem Red Fort, dem Qutub Minar und dem Jantar Mantar auf einmal Rampen auftauchten. Nach einem Gerichtsprozess im Jahr 1997 wurden die meisten größeren Flughäfen Indiens zudem rollstuhlfahrerfreundlicher gestaltet. Gehbehinderte werden mit den vielen vollgestellten, holprigen Gehwegen und steilen Treppen in Indien zu kämpfen haben. Ein weiteres Problem sind die vielen Menschen, die einem etwas verkaufen wollen (und die nur schwer abwimmeln kann, wer z. B. an Krücken geht). Das viele Anstehen und die Hitze kosten viel Energie, daher kann ein leichter Klappstuhl von unschätzbarem Wert sein.

Inder sind aber in der Regel sehr hilfsbereit, wenn jemand etwa nicht allein in den Bus einsteigen kann oder nicht die Treppe hochkommt. Taxis und Rikschas sind preiswert und flexibel, und einem behinderten Fahrgast, der eines für den ganzen Tag mietet, hilft der Fahrer bestimmt beim Ein- und Aussteigen. Wer einen Führer einstellt, kann ebenfalls damit rechnen, dass dieser bei Treppen und Hindernissen hilft. Völlige Unabhängigkeit ist ein Ding der Unmöglichkeit, doch in Begleitung eines nicht behinderten Reisepartners ist eine Indienreise durchaus machbar. In Delhi bietet **Timeless India**, ☎ 011/2617 4205 oder 6, ⌨ www.timelessexcursions.com, spezielle Touren für Rollstuhlfahrer. Es gibt auch einige Pauschalreiseveranstalter, die sich speziell an Behinderte wenden. In jedem Fall ist es aber wichtig, vor der Buchung mit dem Veranstalter genau abzuklären, welche Bedürfnisse man hat. Außerdem sollte man sicher gehen, dass ein Versicherungsschutz besteht.

Informationen über die Situation von Behinderten in Indien finden sich auf der Website des **Disability India Network**, ⌨ www.disabilityindia. org. Nähere Informationen über Behindertenreisen bekommt man über die unten stehenden Organisationen. Eine gute **Suchmaschine** für Menschen mit Handicap ist ⌨ www.metareha. de. Ebenfalls hilfreich: die amerikanische **Datenbank** ⌨ www.access-able.com.

Nationale Koordinationsstelle Tourismus für Alle (NatKo)
Kirchfeldstr. 149, 40215 Düsseldorf
☎ 0211/3368001, 🖷 3368760
✉ info@natko.de, ⌨ www.natko.de

Mobility International Schweiz (MIS)
Froburgstrasse 4, 4600 Olten
☎ 062/2068835, 🖷 2068839
✉ info@mis-ch.ch, ⌨ www.mis-ch.ch

Schwule und Lesben

Homosexualität wird in Indien eigentlich nicht akzeptiert, aber im Juli 2009 fällte der High Court ein wegweisendes Urteil, in dem das viktorianische Verbot von einvernehmlichem gleichgeschlechtlichem Sex zwischen Erwachsenen als verfassungswidrig erklärt wurde, sodass Homosexualität nunmehr legal ist. Jedoch sitzen die Vorurteile nach wie vor tief, besonders in konservativen Gebieten wie Rajasthan.

Für Lesben wird es eher schwierig sein, mit Gleichgesinnten in Kontakt zu kommen. Selbst die indische Frauenbewegung (Indian Women's Movement) behandelt lesbische Liebe nicht als ein Thema, für das es sich einzusetzen gilt. Die einzigen öffentlichen Vertreter einer versteckten Szene sind die unten aufgeführten Organisationen in Delhi. Männliche Homosexualität beschränkt sich inzwischen nicht mehr nur auf die Alternativszene von Schauspielern und Künstlern und wird in der Oberschicht zunehmend akzeptiert.

Jedoch ist Mumbai weiterhin ein wichtiges Schwulenzentrum als Delhi oder das traditionalistische Rajasthan. Nach dem Urteil des Obersten Gerichts gibt es jetzt aber in mehreren Clubs in Delhi Schwulenabende, und *Time Out Delhi* listet Veranstaltungen für Schwule und Lesben auf.

Eine besondere Gruppe von Indern, denen man vielleicht begegnet, sind die *hijras*, die wie Transvestiten aussehen und als „drittes Geschlecht" zwischen Frauen und Männern akzeptiert werden. Echte *hijras* werden mit weder vollständig weiblichen noch vollständig

Schwul-lesbische Kontaktadressen

**Campaign for Lesbian Rights
(CALERI)/Shakhi**
PO Box 3526, Lajpat Nagar, New Delhi 110065,
✉ caleri@hotmail.com
Ein Kollektiv, das sich für die Rechte der
Lesben einsetzt.

Gay Delhi
Wöchentliche Treffen für schwule Männer
in Delhi. Wer Infos wünscht, schickt eine
leere Mail an ✉ gaydelhi-subscribe@yahoo.
groups.com.

Humsafar Trust
🖥 www.humsafar.org
Eigentlich eingerichtet, um für Safer Sex unter
Schwulen zu werben, aber auf der Webseite
finden sich auch zahlreiche Links und aktuelle
Infos.

Indian Dost
🖥 www.indiandost.com/delhigay.php
Delhi-Seite einer Website für schwule Männer
in Indien.

**International Gay and Lesbian Human
Rights Commission**
🖥 www.iglhrc.org

Aktuelle Infos über die Lage von Gays auf der
ganzen Welt, darunter regelmäßige Berichte
über Indien.

Purple Dragon
Lobby des Tarntawan Place Hotel,
119/5-10 Suriwong Rd, Bangkok 10500, Thailand,
📞 00662/238 3227, 🖥 www.purpledrag.com
In Thailand ansässiger gayfreundlicher Anbieter von Touren nach Delhi und ins „Goldene
Dreieck" mit Abstechern nach Ranthambore
und Udaipur.

Sangini
PO Box 7532, Vasant Kunj, New Delhi 110070,
🖥 www.sanginii.org
Infos, Hilfe und Kontakte, auch eine Helpline:
📞 011/5567 6450, Di 12–15 und Fr 18–20 Uhr.

Timeless India
215–217 Somdutt Chamber-II,
9 Bhikaji Cama Place, New Delhi 110066,
📞 011/2617 4205 oder 6,
🖥 www.timelessexcursions.com
Tourveranstalter, der eine Rundfahrt durch
Rajasthan mit Übernachtung in schwulen-
freundlichen Heritage-Hotels anbietet.

---

männlichen Genitalien geboren. Andere sind Eunuchen, die sich kastrieren lassen, um zu *hijras*
zu werden, da sie Transsexuelle sind (körperlich
männlich, aber psychisch weiblich). Die *hijras*
leben in ihren eigenen „Familien" am Rand der
indischen Gesellschaft. Bei Hochzeiten gilt ihre
Anwesenheit als glücksverheißend, und sie bekommen ein bisschen Geld, um zu erscheinen.
Im Allgemeinen jedoch haben sie eine niedrige
soziale Stellung inne, werden in vielerlei Hinsicht diskriminiert und leben vom Betteln und
von der Prostitution.

Sicherheit

Trotz der erdrückenden Armut und der Kluft zwischen Arm und Reich ist Indien alles in allem ein
sicheres Reiseland. Touristen sind jedoch eine
beliebte Zielscheibe von Dieben (unter denen

sich möglicherweise auch einige Traveller befinden). Vorsicht ist an bevölkerten Orten wie Bussen oder Zügen angebracht, wo **Taschendiebe**
leichtes Spiel haben – an manchen gehört das
Aufschlitzen von Taschen fast schon zum Alltag.
Nicht selten werden Neuankömmlinge auch
mit Juckpulver eine Weile außer Gefecht gesetzt. Und natürlich darf man keine Wertsachen
unbeaufsichtigt am Strand lassen, wenn man
schwimmen geht. Rucksäcke in Schlafsaalun-
terkünften sind ebenfalls begehrte Beute. Dasselbe gilt für Gepäck auf dem Dach von Bussen.
Selbst **Affen** müssen hier erwähnt werden – es
ist nicht ungewöhnlich, dass sie Dinge aus Hotelzimmern mit geöffneten Fenstern stehlen oder
sogar nichts ahnenden Spaziergängern Taschen
von der Schulter reißen.

Budgettraveller tun gut daran, ein **Vorhängeschloss** dabeizuhaben – geeignet zum Abschließen der Zimmertüren in billigen Hotels. Zusammen mit einer längeren Kette kann man damit

das Gepäck auch an Sitze oder Gepäckhalter in Zügen ketten. Wertsachen auf Busfahrten oder Flügen nicht im Gepäck verstauen, sondern immer bei sich tragen! Befindet sich das Gepäck auf dem Dach eines Busses, sollte man sich vergewissern, dass es gut gesichert ist. Die Zeit kurz vor dem Aussteigen ist in Zügen und Bussen die günstigste Zeit für Diebe. Deshalb muss man dann besonders gut auf seine Sachen und auf Ablenkungsmanöver achten; Gepäck auch nie in die Nähe offener Fenster stellen! Nicht vergessen: Beliebte Touristenstrecken sind auch beliebte Diebesstrecken! In seltenen Fällen werden Ausländer mit Drogen betäubt und anschließend ausgeraubt. Es ist daher ratsam, von Mitreisenden oder Zufallsbekanntschaften angebotene **Lebensmittel und Getränke höflich abzulehnen**. Es sei denn, man konnte sich selbst davon überzeugen, dass diese sich unbeschadet das Gleiche einverleibten.

Trotz allem sollte man nicht überängstlich werden, sondern immer ruhig bleiben und dem gesunden Menschenverstand vertrauen. Die Kriminalitätsrate in Indien ist weitaus niedriger als in westlichen Ländern. Gewaltverbrechen gegen Touristen sind extrem selten. Die wenigsten Menschen, die sich einem auf der Straße nähern, hegen böse Absichten. Die meisten wollen etwas verkaufen (auch wenn das nicht immer sofort klar ist), ihr Englisch ausprobieren, eine ausländische Frau kennen lernen, eine europäische Anschrift in ihrem Adressbuch ste-

Drogen

Indien ist ein Zentrum für den Anbau von **Cannabis** und in weniger großem Umfang von **Opium**, und Derivate dieser Drogen sind leicht zu bekommen. *Charas* (Haschisch) wird überall im Himalaya angebaut. Der Konsum von Cannabis wird von ehrbaren Indern missbilligt – wenn einer in einem Film eine *chillum* raucht, handelt es sich mit Sicherheit um den Bösewicht. Sadhus hingegen ist es gesetzlich erlaubt, *ganja* (Marihuana) als Teil ihrer religiösen Hingabe an Shiva, der dessen narkotische Wirkung ursprünglich entdeckt haben soll, zu rauchen.

Bhang (ein Mittel, das aus Marihuanablättern zubereitet wird und angeblich manchmal halluzinogene Beigaben wie Stechapfel enthält) ist legal und überall in *bhang shops* erhältlich. Es wird benutzt, um Süßigkeiten und Getränke wie das für seine Stärke berüchtigte *bhang lassi* zuzubereiten, das schon so manchen unvorsichtigen Touristen umgehauen hat. *Bhang shops* verkaufen oft auch *ganja*, minderwertiges *charas* und Opium *(chandu)*, hauptsächlich aus Rajasthan und Madhya Pradesh. Auch die Opiumderivate Morphium und Heroin sind relativ leicht erhältlich. „Brown sugar", der Touristen nicht selten auf der Straße angeboten wird, ist drittklassiges **Heroin**. In den Städten steigt unter der armen Bevölkerung die Zahl der Drogensüchtigen bedrohlich an. Varanasi gilt inzwischen als die Stadt mit dem größten Heroinproblem. Der Konsum anderer, illegaler Drogen wie LSD, Ecstasy und Kokain beschränkt sich weitgehend auf Touristen in Partyorten wie Goa. Alle genannten Drogen mit Ausnahme von *bhang* werden vom indischen Gesetzgeber scharf überwacht. Wer mit weniger als 5 g Cannabis erwischt wird und nachweisen kann, dass es für den eigenen Konsum bestimmt war, bekommt eine Haftstrafe von maximal sechs Monaten, aber es dauert manchmal Jahre, bis der Fall vor Gericht verhandelt wird (zwei Jahre sind die Regel, acht Jahre schon vorgekommen). **Polizeirazzien** sind besonders in den folgenden Orten und Transportmitteln gang und gäbe: in Manali, im Kullu-Tal und in Almora sowie in Bussen, die von diesen Orten nach Delhi fahren, vor allem zur Erntezeit; in Bussen und Zügen, die bestimmte Bundesstaatsgrenzen überqueren, besonders jene zwischen Gujarat und Maharashtra; an den Stränden von Goa. „Gleich eine Strafe zahlen" wird eventuell bei der Festnahme akzeptiert – es bedeutet allerdings wahrscheinlich, dass man alles vorhandene Geld abgeben muss. Sitzt man aber erst einmal auf der Wache ein, ist kaum noch etwas zu retten. Eine kleine Zahl der in indischen Gefängnissen Schmachtenden sind wegen Drogenbesitzes einsitzende Ausländer.

hen haben oder ein Foto mit einem Ausländer machen.

Wer sich irgendwie bedroht fühlt, sollte unverzüglich Hilfe suchen. Deutlich erkennbare Schalter der **Touristenpolizei** *(tourism police)* befinden sich in Hauptbahnhöfen, vor allem in ausgesprochenen Touristenzentren – dort ist die Touristenpolizei auch am zentralen Busbahnhof vertreten. Auch vor den Toren manch vielbesuchter Sehenswürdigkeit findet sich mitunter ein gut gekennzeichneter Stand der Touristenschützer.

Vorsicht vor **Kreditkartenbetrügereien**; eine Kreditkarte kann dazu benutzt werden, Duplikate anzufertigen, so dass dann Beträge für fiktive Transaktionen vom Konto abgebucht werden. Deshalb sollte man darauf bestehen, dass die Karte vor den eigenen Augen durchgezogen wird und sie keinen Augenblick unbeaufsichtigt in fremden Händen lassen. Es ist ratsam, etwa 200 Euro getrennt vom Rest der Reisekasse aufzubewahren, zusammen mit der Quittung für Reiseschecks, der Versicherungs- und Telefonnummer für evtl. Forderungen und eine Kopie der Reisepassseiten, die die persönlichen Angaben und das Indienvisum enthalten. Das ist eine große Hilfe, falls man alle Wertsachen verliert.

Wenn es zum Schlimmsten kommt und man ausgeraubt wird, sollte man zunächst so schnell wie möglich die örtliche **Polizei** informieren. Es ist höchst unwahrscheinlich, dass sie die gestohlenen Sachen wieder auftreibt, aber man braucht ihren Bericht, um später die Reiseversicherung in Anspruch nehmen zu können. Man sollte sich adrett anziehen und auf eine zähe Verhandlung gefasst sein – vor allem Stadtpolizisten sind meist von den vielen Reisescheck- und Versicherungsbetrügereien schon abgestumpft.

Der **Verlust des Reisepasses** bereitet echt Ärger, bedeutet aber nicht unbedingt das Ende der Reise. Man meldet den Verlust unverzüglich der Polizei, die daraufhin die immens wichtige Bescheinigung über eine Strafanzeige *(complaint form)* ausstellt, die man braucht, um herumzureisen und in Hotels einzuchecken und um irgendwelche Ausgaben für die Beschaffung neuer Papiere später bei der Versicherung geltend zu machen. Mit der *complaint form* kann man aber kein Geld und keine Reiseschecks wechseln. Wer pleite ist, bittet am besten den

Hotelmanager um ein Darlehen (das Personal wird den Pass beim Einchecken gesehen haben, und die Nummer wird im Fremdenbuch stehen). Als Nächstes ruft man die Botschaft oder das nächste Konsulat in Indien an (S. 44).

Normalerweise muss man Pässe persönlich beantragen und abholen, aber wenn man festsitzt, ist es gewöhnlich möglich, die erforderlichen Formulare per Post zugeschickt zu bekommen. Zur Abholung muss man allerdings selbst zur Botschaft oder zum Konsulat gehen. „Behelfspässe" sind der billigste Ersatz, aber in der Regel sind sie nur für die wenigen Tage der Rückreise gültig. Wer nicht sicher ist, wann er Indien verlässt, muss den kostspieligeren „vollwertigen Pass" beschaffen. Dieser kann nur von den Botschaften in Delhi und größeren Konsulaten in Mumbai ausgestellt werden, nicht von jenen in Kolkata oder Panjim.

Sport

Kaum jemand assoziiert mit Indien sofort Sport. Doch **Cricket**, Hockey und Fußball haben hier alle ihren angestammten Platz. Cricket ist mit Abstand am beliebtesten und ein schönes Beispiel dafür, wie etwas Urenglisches zu etwas Urindischem wurde. **Pferderennen** können unterhaltsam sein, besonders wenn man Tumult und Aufregung mag. Am begehrtesten ist die Pferderennbahn von Kolkata, die oft mehr als 50 000 Besucher anlockt. Weitere Rennbahnen gibt es im ganzen Land, überwiegend in großen Städten wie Mumbai, Delhi und Pune. Lokalzeitungen und jedes Stadtmagazin geben bekannt, wann Pferderennen stattfinden.

Ein weiterer (hauptsächlicher) Zuschauersport ist **Polo**, das ursprünglich aus dem nördlichen Kashmir stammt, sich aber von den Briten übernommen zu einem der Symbole des Raj entwickelte. Die Prinzen von Rajasthan galten in den 30er-, 40er- und 50er-Jahren als die besten Polospieler der Welt. Heute spielt in erster Linie die Armee Polo. Der beste Ort, um einen Wettkampf zu sehen, ist der Delhi Gymkhana im Winter. Weitgehend in seiner ursprünglichen Form wird Polo noch in Ladakh auf kleinen Bergponys gespielt; das Anfang September in Leh abgehaltene Ladakh Festival ist eine Möglichkeit, das Spiel in seiner traditionellen Form zu verfolgen.

Nach Jahren der Flaute feiert **Hockey**, das Indien regelmäßig olympische Medaillen beschert hatte, ein Comeback. Die große Ausbeute an Medaillen hatte in den 1960ern ein Ende, als der internationale Hockey Kunstrasen einführte, der für Indien ein ungewohnter Boden war (und immer noch ist). Dennoch ist Hockey nach wie vor sehr beliebt, vor allem in Schulen und Colleges.

Volleyball ist ein in ganz Indien, besonders aber in den Badeorten in Goa beliebter Volkssport. **Fußball** ist ähnlich populär, vor allem zur nationalen Meisterschaft. Die besten Mannschaften sind in Kolkata ansässig und umfassen drei legendäre Vereine: Mohan Bagan, East Bengal und Mohamadan Sporting, von denen jeder seine begeisterten Fans hat. Im Unterschied zu den meisten anderen beschäftigen diese Teams professionelle Spieler, darunter sogar ausländische, die überwiegend aus Afrika kommen.

Tennis ist in Indien schon immer ein Sport der Mittel- und Oberklasse gewesen und erfreut sich in dem Maße, in dem diese Klasse sich ausdehnt, zunehmender Beliebtheit. Das Land kann mit ein oder zwei Weltklassespielern aufwarten, z. B. dem Duo Bhupati und Paes, die im Männerdoppel 1999 für kurze Zeit den ersten Platz auf der Weltrangliste einnahmen. Die glamouröse junge Tennisspielerin Sania Mirza schaffte es als erster indischer Tennisprofi unter die ersten 50 der Weltrangliste und ist derzeit genauso populär im Land wie die Cricketstars.

Auch der **Motorsport** erfreut sich wachsender Beliebtheit, seit Kingfisher-Tycoon Vijay Malias Rennstall Force India in der Formel 1 mitmischt. **Golf** ist äußerst beliebt – wiederum in der Mittelklasse – und in Indien relativ preiswert. Der zweitälteste Golfplatz der Welt befindet sich in Kolkata und einer der am höchsten gelegenen bei Shimla.

Kabadi, ein Spiel, bei dem zwei Mannschaften à sieben Spieler versuchen, die Gegner auf einem eingegrenzten Spielfeld unter unaufhörlichen „kabadikabadikabadi"-Rufen zu „fangen", ist ein traditionelles indisches Freizeitvergnügen. Es ist zwar bislang ein Amateursport, wird aber sehr ernst genommen und in bundesstaat-

lichen und nationalen Meisterschaften ausgetragen. Inzwischen ist Kabadi sogar Teil der Asian Games.

Indisches Ringen, auch *kushti* genannt, ist der Lieblingssport der Anhänger des Affengottes Hanuman. Die als *pahalwaans,* das heißt „starke Männer", bezeichneten Ringkämpfer kann man zum Beispiel an den *ghats* von Varanasi oder Kolkata frühmorgens beim Training beobachten.

Telefon

Seit der Handy-Revolution sind STD/ISD-Telefonläden rar geworden und inzwischen so selten, dass man sich nicht mehr darauf verlassen kann, einen zu finden. Außerdem ist das Telefonieren von einem dieser Läden teurer als das Telefonieren mit dem Handy – wenn man eine indische SIM-Karte hat. Daher nehmen fast alle Reisenden heutzutage ihr Handy mit und kaufen für die Zeit in Indien eine **indische SIM-Karte**. Das geht schnell und ist nicht teuer – obwohl die Regierung nach den Anschlägen von Mumbai 2008 gedroht hat, die Kontrollen über die Nutzung indischer Karten durch Ausländer zu verschärfen, was vielleicht die Antragsprozedur etwas komplizierter macht. SIM-Karten sind in den meisten Handy-Läden und Niederlassungen der Netzbetreiber erhältlich. Zur Zeit der Recherche musste man nur eine Kopie des Reisepasses (Fotoseite Visum) mitbringen, ein Formular ausfüllen und eine Anschlussgebühr in Höhe von (je nach Händler und Netz) Rs25–250 zahlen.

Die Netzabdeckung ist von Bundesstaat zu Bundesstaat unterschiedlich; am besten sind die großen nationalen Netzbetreiber wie Vodaphone, Airtel und Idea. Sobald das Telefon freigeschaltet ist, zahlt man für ein Grundguthaben. Das Guthaben kann dann bei Bedarf wieder aufgefüllt werden, und zwar um Rs10–1000, wobei der gesamte Betrag jedoch nur dann fürs Telefonieren gutgeschrieben wird, wenn man bestimmte Beträge zahlt (bei Vodaphone z. B. Rs222). Das Telefonieren nach Europa kostet aus den meisten indischen Handy-Netzen Rs2–3 pro Minute. Außerdem sollte man beim Kartenkauf die „Nicht stören"-Option aktivieren lassen („do not disturb"), sonst wird man mit Werbeanrufen und Werbe-SMS des Netzbetreibers zugemüllt.

Indische Handynummern sind zehnstellig und beginnen mit einer 8 bzw. – häufiger – mit einer 9. Wer von außerhalb des Staates, in dem das Mobiltelefon angemeldet wurde, anruft (aber nicht vom Ausland aus), muss davor noch eine Null wählen.

Transport

Die Verkehrsverbindungen zwischen den Städten sind in Indien vielleicht nicht die schnellsten oder bequemsten, aber sie sind billig, reichen in fast jeden Winkel und lassen einem oft die Wahl zwischen Zug und Bus, manchmal Flugzeug und seltener sogar dem Schiff. Der Nahverkehr ist sogar noch vielfältiger, und reicht etwa in Kolkata von Rikschas, die noch von barfüßigen Männern gezogen werden, bis zu einem hypermodernen U-Bahnnetz. Egal ob man den Land- oder Schienenweg, öffentliche oder private Verkehrsmittel bevorzugt – Indien bietet die Chance, einige echte Klassiker auszuprobieren: Schmalspurbahnen, Dampflokomotiven, Ambassador-Wagen und Enfield-Bullet-Motorräder. Manche Leute kommen sogar nur ihretwegen nach Indien!

Eisenbahn

Eine Bahnfahrt zählt zu den klassischen Erfahrungen einer Indienreise. Das **Schienennetz** überzieht fast das ganze Land. Nur einige wenige Gebiete wie die gebirgigen Regionen von Sikkim, Ladakh, Uttarakhand und der Großteil von Himachal Pradesh lassen nicht sich mit der Bahn erreichen. Auch wenn das Bahnsystem chaotisch erscheint: Es funktioniert und zwar in der Regel besser als erwartet. Natürlich haben die Züge

oft Verspätung, manchmal um Stunden, aber sie fahren. Und wenn der Zug, auf den man gewartet hat, in den Bahnhof rollt, wird sich die Reservierung, die man am anderen Ende des Landes einige Wochen zuvor getätigt hat, auf der an den Waggon geklebten Liste finden. Bedenken sollte man, dass die Fahrten nicht selten zwölf Stunden oder länger dauern und man mit einem Nachtzug Hotelkosten spart. Wer nachts fährt, sollte aber stets sein Gepäck am Bett anschließen. Zu diesem Zweck befindet sich normalerweise unter der unteren Liege ein Kettenschloss.

In Indien gibt es drei grundsätzliche Arten von Passagierzügen. Touristen benutzen am ehesten **Fernzüge** ("Express" oder "Mail" genannt) und die flinkeren klimatisierten **Schnellzüge** ("super-fast" genannt), darunter die verschiedenen Rajdhani Express Trains, die Delhi mit Städten im ganzen Land verbinden, und die Shatabdi Express Trains. Letztere verkehren tagsüber zwischen größeren Städten, die nicht weiter als acht Fahrstunden voneinander entfernt liegen. Daneben gibt es auch furchtbar langsame **Regionalzüge** ("Passenger"), die überall halten, und die man nur für abgelegene Ziele braucht. Zusätzlich zu diesen Zugtypen sind auch noch ein paar reine Touristenbahnen und andere Spezialzüge im Einsatz, etwa der berühmte *Palace on Wheels* und die Schmalspurbahn nach Darjeeling (Näheres dazu S. 842).

Bahnklassen

Indian Railways unterscheidet zwischen nicht weniger als **sieben Klassen** von Passagierzügen. Die verschiedenen Züge haben unterschiedliche Waggons, allerdings hat man auf den Hauptstrecken meist nur die Wahl zwischen vier Arten. Die einfachste und billigste Klasse, in der die meisten Inder reisen, ist die **2. Klasse ohne Reservierung** (oder "second seating"). Diese Klasse hat sehr einfache Waggons mit harten Holzbänken und kann tagsüber unglaublich voll werden – auf einer kurzen Strecke am Tag lässt sich das aushalten. Für längere Strecken und Nachtfahrten eignet sie sich nicht. Immerhin sind die Tickets so billig, dass die Fahrt praktisch nichts kostet.

Angenehmer und nur um die Hälfte teurer ist die Fahrt im **2.-Klasse-Schlafwagen** ("sleeper class"). Hier gibt es offene Abteile mit sechs gepolsterten Liegen, die sich tagsüber in Sitze verwandeln lassen. Die Plätze müssen reserviert werden, auch für Tagesfahrten, deshalb sind diese Züge nicht so hoffnungslos überfüllt wie die in der 2. Klasse ohne Reservierung. Trotzdem ist meist ziemlich viel los dank der Verkäufer, Musikanten, Bettler und Putzleute, die durch jedes Abteil kommen. Für Nachtfahrten ist diese Klasse aber okay. Die Züge der **1. Klasse** haben bequeme, wenn auch etwas mitgenommene, nicht klimatisierte Abteile mit zwei bis vier Betten. Allerdings soll diese Klasse abgeschafft werden und kommt nur noch in wenigen Zügen vor.

Die anderen vier Klassen haben alle AC (es gibt sie ausschließlich in Fern- und Schnellzügen). Klimatisierte **Waggons mit Sesseln** (oft als „CC" bezeichnet für *chair car*) findet man eigentlich nur in Schnellzügen. Die bequemen, verstellbaren Sitze sind nur für Tagesfahrten geeignet, da sie sich nicht in Liegen verwandeln lassen. Normalerweise sind sie in Nachtzügen auch gar nicht vorhanden. Die Shatabdi-Expresszüge bestehen ausschließlich aus CC-Waggons (klimatisierten *ordinary chair cars* und, zum doppelten Preis, klimatisierten *executive chair cars*).

Es gibt drei Klassen klimatisierter Schlafwagen: Die billigste, die **3. Klasse AC**, hat offene Abteile mit Dreierliegen – im Grunde dasselbe wie der Schlafwagen 2. Klasse, aber mit Klimaanlage. Etwas mehr Platz bietet die weit verbreitete **2. Klasse AC**, die über vier Pritschen verfügt. Am komfortabelsten ist die **1. Klasse AC** mit Privat-abteilen für 2 oder 4 Personen, Teppichboden und relativ präsentablen Bädern – allerdings kann eine Fahrkarte fast so viel kosten wie ein Flugticket.

In den meisten AC-Zügen wird das Bettzeug ohne Aufpreis gestellt. Und im Fahrpreis der Rajdhani- und Shatabdi-Züge sind Trinkwasser, Snacks und einfache Mahlzeiten enthalten. **Frauenabteile** *(ladies' compartments)* gibt es in allen Nachtzügen. Sie sind meist eng, aber Touristinnen bieten sie Zuflucht vor unerwünschten Männerblicken. Außerdem sind sie eine gute Gelegenheit, mit Inderinnen ins Gespräch zu kommen. Manche Bahnhöfe haben auch Warte-säle nur für Frauen.

Fahrpläne und Tickets

Fahrpläne, Preise und freie Plätze lassen sich im Internet auf der etwas schwerfälligen Website von Indian Railways checken, 🖳 www.indianrail.gov.in, oder auch auf der klarer strukturierten privaten Seite 🖳 www.cleartrip.com. Ansonsten enthält aber auch *Trains at a Glance* (Rs30), das von Indian Railways herausgegeben und zweimal jährlich aktualisiert wird, die Fahrpläne aller Fern- und Schnellzüge. Es ist auch online unter 🖳 www.indianrailways.gov.in/tag/index.htm einzusehen. Die Broschüre ist an den Informationsschaltern und Zeitungsständen aller Hauptbahnhöfe erhältlich.

Alle **Fahrpreise** werden genau nach der Strecke berechnet. In *Trains at a Glance* ist eine Tabelle mit Preisen pro Kilometer abgedruckt, außerdem sind die Entfernungen der Bahnhöfe entlang den Routen angegeben. Man kann den Grundfahrpreis also selbst ausrechnen.

Reservierungen

Es ist wichtig, Zugfahrten im Voraus zu planen, da die Nachfrage es oft unmöglich macht, am geplanten Abfahrtstag noch ein Ticket für eine längere Strecke zu bekommen (wenngleich das neue Tatkal-Quotensystem die Sache ein wenig einfacher macht). Traveller mit wenig Zeit kaufen die Fahrkarten für die Weiterreise gleich nach der Ankunft, um nicht noch einmal zum Bahnhof marschieren zu müssen. In den meisten großen Bahnhöfen werden auch Tickets für Fahrten verkauft, die in einem anderen Ort beginnen.

Auf der offiziellen Buchungs-Website von Indian Railways, 🖳 www.irctc.co.in, kann man Bahnfahrkarten **online reservieren**. Die Seite ist jedoch nur während der indischen Büroöffnungszeiten zugänglich und oft umständlich zu benutzen. Eine zuverlässigere Alternative ist die private Seite 🖳 www.cleartrip.com, die eine Gebühr von Rs100 pro Ticket erhebt; bezahlt werden kann mit den gängigen Kreditkarten. Es werden Reservierungen bis zu 90 Tage im Voraus und bis vier Stunden vor Abfahrt des Zuges angenommen. Cleartrip.com verkauft auch Tatkal-Tickets, die – für einen Aufschlag von Rs75–150 – Zugang zu einer speziellen Spätbucher-Quote geben. Ist die Fahrt gebucht, kann man sein elektronisches Ticket ausdrucken (oder mehrere, für diverse

Fahrten). Beim Einsteigen ist das Ticket zusammen mit dem Reisepass vorzuzeigen.

Wer direkt am Bahnhof ein **Ticket reservieren** möchte, muss zuerst im Buchungsbüro ein kleines Formular ausfüllen: Name, Alter und Geschlecht, vorgesehenes Reisedatum und gewünschter Zug (unter Angabe des Zugnamens und der Zugnummer, die normalerweise deutlich sichtbar in der Reservierungshalle des Bahnhofs angeschrieben stehen). In den meisten Bahnhöfen werden die Reservierungen per Computer erledigt, und man erfährt sofort, ob Plätze frei sind oder nicht.

Die **Reservierungsbüros** der großen Bahnhöfe sind in der Regel Mo–Sa 8–20 und So 8–14 Uhr geöffnet. In größeren Städten haben die Hauptbahnhöfe spezielle **Touristenabteilungen** mit hilfsbereitem, Englisch sprechendem Personal eingerichtet, um die Warteschlangen für Ausländer zu verkürzen. Anderswo kann der Kauf eines Tickets längere Wartezeiten bedeuten. Frauen können sie oft umgehen, indem sie einfach an die Spitze der Schlange gehen und dort eine eigene „ladies' queue" aufmachen. Einige Bahnhöfe haben ein Wartenummernsystem, sodass man sich einen Tee holen kann, bis die gezogene Nummer aufgerufen wird. Eine gute Idee ist es auch, den Ticketkauf einfach von jemand anderem erledigen zu lassen. Viele Reisebüros bieten diesen Service gegen eine annehmbare Gebühr (meistens um Rs30–50). Oder man fragt in der Unterkunft, ob jemand behilflich sein kann.

Sind für den gewünschten Zug keine Plätze mehr vorhanden, hat man verschiedene Möglichkeiten: Zum einen werden einige Sitzplätze und Betten für Touristen zurückgehalten – beim Touristenschalter in der Buchungshalle oder beim Stationsvorsteher nach der **„tourist quota"** fragen! Diese Plätze sind gewöhnlich nur in den großen oder den Ausgangsbahnhöfen erhältlich. Klappt es damit nicht, gibt es noch andere spezielle Quoten, wie eine für „Notfälle" *(emergencies)*, die erst am Abfahrtstag bekannt gegeben werden und möglicherweise ungenutzt bleiben. Eine weitere Alternative mit Zuschlag ist das sogenannte **Tatkal-Ticket**. Unter diesem Programm wird eine Quote von 10 % der Plätze in den meisten Zügen zurückbehalten, die online und in allen Büros mit Computersystem gebucht werden können. Die Tickets werden zwei Tage vor Abfahrt des Zuges ab 8 Uhr ausgestellt, mit einem Zuschlag von Rs75–150, je nach gebuchter Klasse.

RAC-Tickets („Reservation Against Cancellation") verschaffen ein Vorrecht auf einen Schlafwagenplatz, falls einer storniert wird. Mit einem RAC-Ticket darf man in den Zug steigen und einen Sitzplatz besetzen, bis der Schaffner einem einen Liegewagenplatz zuweist. Die ungünstigste Variante ist ein Wartelisten-Ticket (zu erkennen an dem Buchstaben „W" vor der Passagiernummer), mit dem man zwar in den Zug darf (ausgenommen Shatabdi- und Rajdhani-Züge), aber nicht in den reservierten Bereich. In diesem Fall sucht man so schnell wie möglich den Schaffner auf. Man kann ihn vielleicht überreden, einen freien Platz (so vorhanden) für einen zu finden. Es ist auch möglich ohne Platzreservierung zu reisen, aber wenn der Zug voll ist – was auf den Hauptstrecken immer der Fall ist –, ist dies sehr ungemütlich. Ansonsten besteht, vor allem im Ausgangsbahnhof, als letzter Ausweg noch die Möglichkeit, einen Bahnbediensteten mit etwas Bakschisch dazu zu bewegen, einem einen nicht reservierten Platz (oder gar einen Platz auf der Gepäckablage) zu „reservieren"; manchmal fungieren auch die Gepäckträger als Mittelsmänner. Wer möchte, kann

Die indische Eisenbahn in Zahlen

Mit einem Schienennetz von 63 327 km Länge hat Indien das zweitlängste Eisenbahnnetz der Welt. 8000 Lokomotiven sorgen täglich für den Transport von etwa 22 Millionen Fahrgästen. Mit rund 1,6 Millionen Beschäftigten ist die indische Eisenbahn der größte Arbeitgeber der Erde. Leider gibt es ein paar Zahlen, auf die das indische Verkehrsministerium weniger stolz sein kann: Jährlich passieren nämlich 400 bis 500 **Unfälle** (mit 700–800 Todesopfern). Damit gilt die indische Eisenbahn weltweit als die gefährlichste. Zugreisende können sich aber trösten: Es ist wesentlich sicherer, die Bahn als den Bus zu nehmen, denn laut offizieller Statistik sterben auf den Straßen des Landes jeden Tag durchschnittlich 233 Menschen (85 000 im Jahr).

Indrail-Pässe

Indrail-Pässe, die Ausländer und im Ausland lebende Inder kaufen können, beinhalten alle Fahrt- und Reservierungskosten für einen Zeitraum von einem halben bis zu 90 Tagen, sind jedoch wesentlich teurer, als wenn man die Tickets einzeln kauft. Der Pass ist für das Herumreisen im gesamten Land ausgelegt. Wer also nur zwischen Delhi, Agra und den Städten Rajasthans unterwegs ist, für den lohnt sich der Pass auf jeden Fall nicht. Dafür erspart er einem das Schlangestehen und ermöglicht es, problemlos und kostenfrei Reservierungen zu tätigen oder zu stornieren.

Ein Railpass verschafft einem aber auch leichter einen Sitzplatz oder ein Bett in einem „vollen" Zug. So haben Passinhaber ein Vorrecht auf „tourist quota"-Plätze. Indrail-Pässe sind in Indien gegen US-Dollar an den Touristenschaltern der Hauptbahnhöfe erhältlich, im Ausland manchmal bei Niederlassungen von Air India. Ein 7-Tages-Pass kostet in der 2. Klasse US$80, in der 1. Klasse US$135 und in der AC-Klasse US$270. Eine vollständige Preisliste und ein Verzeichnis der Agenturen von Indian Railways im Ausland findet sich unter 🖳 www.indianrail.gov.in/international_Tourist.html.

auch selbst versuchen sich einen Platz zu erkämpfen, aber die Chancen dafür sind nicht gut. Auf kürzeren Strecken oder auf Nebenstrecken lässt es sich auch ohne Reservierung reisen.

Luxus-Touristenzüge

Nach dem Vorbild des Orientexpress bietet Indian Railways zu exorbitanten Preisen Pauschalreisen in luxuriösen Touristenzügen an. Das Aushängeschild ist der **Palace on Wheels**, 🖳 www.palaceonwheels.net, ein mit allen Annehmlichkeiten versehenes Märchen aus Tausendundeiner Nacht. Die achttägige Fahrt durch Rajasthan (1x wöchentl. von Sep–April) kostet alles inklusive ab US$2350 p. P. für die gesamte Strecke. Außerhalb der Saison (Sep und April) gibt's Preisnachlass. Der Luxuszug ist oft auf Monate hinaus ausgebucht – also frühzeitig reservieren.

Der Palace on Wheels hat sich als dermaßen begehrt erwiesen, dass eine Reihe weiterer Nostalgiezüge in Betrieb genommen wurden, darunter der **Royal Rajasthan on Wheels**, 🖳 www.royalpalaceonwheels.com, und der billigere **Heritage on Wheels**, 🖳 www.palace onwheels.net/new/heritage.htm. Alle drei Züge können gebucht werden über die Rajasthan Tourism Development Corporation, ☎ 011/2338-1884, 🖳 www.rajasthantourism.gov.in, sowie über 🖳 www.palaceonwheels.net und 🖳 www.indiarailtours.com.

Der Zug **Deccan Queen**, 🖳 www.deccan-odyssey-india.com, erschließt die Highlights Maharashtras.

Flüge

Wegen der großen Entfernungen innerhalb des Landes gerät man leicht in Versuchung, das Flugzeug zu nehmen, ungeachtet der damit verbundenen Kosten. Ein Flugzeug braucht für die Strecke Delhi–Mumbai nur 2 Std., die Bahn dagegen 16 Std. Verspätungen und Ausfälle können den Zeitvorteil zwar relativieren (vor allem auf Kurzstrecken), aber wer wenig Zeit hat und trotzdem große Entfernungen zurücklegen möchte, kann das nur mit dem Flugzeug. Außerdem sind in den letzten Jahren etliche private Fluggesellschaften auf dem indischen Markt aufgetaucht, so dass jetzt mehr Flugzeuge auf mehr Strecken verkehren als je zuvor.

Einen Flug bucht man am einfachsten über die Webseiten der Fluglinien. Größere Fluggesellschaften unterhalten in den größeren Städten und an den Flughäfen, die sie anfliegen, offizielle Vertretungen; diese sind jeweils im Buch genannt. Kinder unter zwölf Jahren zahlen die Hälfte, Kinder unter zwei Jahren (je eines pro Erwachsenem) 10 % des vollen Preises.

Fluggesellschaften

Air India, 🖳 www.airindia.com
Air India Express, 🖳 www.airindiaexpress.in
Go Air, 🖳 www.goair.in
IndiGo Airlines, 🖳 book.goindigo.in
Jet Airways/JetLite, 🖳 www.jetairways.com
Kingfisher Airlines, 🖳 www.flykingfisher.com

Paramount Airways, 🖳 www.paramount
airways.com
Sahara Airways, 🖳 www.saharaairlines.co.in
SpiceJet, 🖳 www.spicejet.com

Busse

Züge sind zwar das Haupttransportmittel in Indien und oft komfortabler als Busse, aber es gibt Orte, in die gar keine Züge fahren (wie in die meisten Täler des Himalaya) oder die auf dem Schienenweg nur mühsam zu erreichen sind (wie der Großteil von Rajasthan). Busse fahren fast überall hin und verkehren häufiger als Züge (allerdings fast immer tagsüber). Wer den Bus nimmt, spart sich für gewöhnlich auch die umständliche Ticketreservierung. Die Busse unterscheiden sich ganz erheblich in Preis und Ausstattung. Die staatlichen sind ziemlich heruntergekommen und bis zum Dach mit Menschen, Kleinvieh und Gepäck gefüllt. Sie decken aber die meisten Strecken ab, sowohl lange als auch kurze. Auf viel befahrenen Routen zwischen großen Städten und Urlaubsorten gibt es in der Regel zusätzlich private Busunternehmen, die mehr Beinfreiheit, getönte Fensterscheiben und verstellbare Sitze bieten. Kleinere private Busgesellschaften sind aber manchmal nur halblegal und im Falle einer Panne völlig hilflos.

Einen Hinweis auf den Grad an Komfort gibt die Bezeichnung des Busses. „**Ordinary**" haben meist kaum gepolsterte, nicht verstellbare Sitze. „**Deluxe**" oder „**Luxury**" sind ziemlich austauschbare Begriffe. Manchmal steht „Deluxe" für einen Bus, der sein Verfallsdatum längst überschritten hat. Der eine oder andere Bus wird auch als ein „2 by 2" angepriesen, was bedeutet, dass es sich um einen Luxusbus mit jeweils nur zwei Sitzen beiderseits des Ganges handelt. Auf staatliche Busse bezogen, bedeuten diese Bezeichnungen jedoch nicht unbedingt einen Unterschied zu den „Ordinary"-Bussen. Private Busse dieses Namens sollten allerdings einen weicheren, verstellbaren Sitz haben. Man kann das bei der Buchung herausfinden und sollte auch fragen, ob der Bus über eine Musikanlage und einen Videorekorder verfügt – wenn ja, ist an Schlaf nicht zu denken. Auf den hinteren Plätzen

spürt man übrigens schlechte Straßen stärker. Aus Sicherheitsgründen sollte man möglichst im mittleren Bereich des Busses sitzen.

Das **Gepäck** wird bei privaten Bussen im Bodenraum verstaut – gegen eine „Sicherheitsgebühr" von Rs10–20. In staatlichen kann man es in der Regel in eine Ecke des Busses stopfen, wo es nicht stört, allerdings wird man manchmal gebeten, es auf das Dach zu packen. Dann sollte man sich vergewissern, dass es gesichert ist (am besten schließt man es selbst an oder schaut zu, wie es befestigt wird) und nicht in Gefahr ist, total zusammengequetscht zu werden. Ein kleines Bakschisch für denjenigen, der es oben für einen verstaut, ist angebracht.

Ein **Busticket** ist leichter zu besorgen als ein Zugticket, auch wenn es in großen Busbahnhöfen manchmal mehr als 20 Schalter gibt, von denen jeder für eine andere Strecke zuständig ist. Beim Kauf des Tickets erfährt man das Kennzeichen des Busses und bekommt manchmal eine Platznummer. Wie in Bahnhöfen auch können Frauen eine separate, schnellere ‚ladies' queue' bilden. In einen normalen staatlichen Bus darf man auch ohne Fahrkarte steigen, und in Busbahnhöfen außerhalb der großen Städte kann man gewöhnlich ohnehin erst im Bus zahlen. Express- und private Busse können meist und sollten auch reserviert werden, und es empfiehlt sich, vorher genau zu klären, wo der Bus abfährt. Man kann notfalls auch bei privaten Unternehmen erst im Bus zahlen, aber die Aussichten auf einen Sitzplatz sind dann geringer.

Schiffe

Abgesehen von Flussfähren verkehren innerhalb Indiens nur wenige Schiffe. Von Kolkata fahren Schiffe zu den Andamanen. Nur auf dem Wasserweg erreichbar sind die Sunderbans im Ganges-Delta südlich von Kolkata.

Autos

Es ist weitaus üblicher, dass Touristen in Indien herumgefahren werden, als dass sie selbst fahren. Autovermietungen stellen in der Regel **Au-**

tos mit **Chauffeur**. Diese lassen sich über alle Touristeninformationen und Autovermietungen arrangieren. Auch Taxis, die vor Hotels oder an Taxiständen warten, können tageweise gemietet werden. Das kostet etwa Rs1500 pro Tag, gewöhnlich mit 200 Freikilometern; zusätzliche Kilometer schlagen mit etwa Rs6–7 pro km zu Buche. Auf längeren Fahrten schläft der Fahrer im Auto, wofür seine Firma vielleicht zusätzlich Rs150–200 verlangt. Außerdem sollte der Fahrer ein Trinkgeld von Rs150–175 erhalten.

Viele Reisende verfallen dem Charme des typisch indischen Autos, des **Hindustan Ambassador Mark IV**, der dem Design des alten britischen Morris Oxford nachempfunden ist. Leider sind die Fahrzeuge mit ihrer katastrophalen Federung und den rückenunfreundlichen Sitzen äußerst unbequem. Besonders in den älteren Modellen muss man sich auf anstrengende Fahrten gefasst machen – das Armaturenbrett wird furchtbar heiß, und vorne drohen Ausdünstungen die Reisenden zu ersticken. Sehr viel besser ist man mit einem modernen 3- oder 5-Türer bedient – die Autovermietungen informieren über das Angebot. Mit Klimaanlage wird das Ganze natürlich erheblich teurer. Bei größeren Fahrzeugen wie Geländewagen sind im Tagessatz von Rs1500 gewöhnlich nur die ersten 80 km enthalten, die zusätzlichen Kilometer werden dann recht teuer.

Eine Reihe internationaler Firmen bietet Fahrzeuge für **Selbstfahrer**. Aber wer nicht über ausgedehnte Erfahrungen im Fahren auf den berüchtigt gefährlichen Straßen des Landes hat, sollte das Autolenken lieber einem Experten überlassen. Wer selbst fährt, muss immer auf das Unerwartete gefasst sein. Besonders in den Städten herrscht Verkehrschaos: Fahrzeuge scheren ohne Warnung ein und aus; Fußgänger, Radfahrer und Kühe bewegen sich sorglos mitten auf der Straße. Auf dem Land sind die Straßen eng, oft stark reparaturbedürftig und voll von überladenen Tata-Lastern, die niemandem ausweichen. Auch Ochsenkarren oder Ziegenherden können die gesamte Straße blockieren. Sehr gefährlich sind Nachtfahrten – Radfahrer und Ochsenkarren haben nur seltenst Licht. Wenn man einen Unfall hat, ist es besser, den Schauplatz schnell zu verlassen und den Scha-

den sofort der Polizei zu melden, denn im Nu kann sich ein Mob ansammeln, vor allem wenn Fußgänger oder Kühe beteiligt sind.

Für den **Import eines Autos oder Motorrads** nach Indien benötigt man ein *carnet de passage*, ein Dokument, das sicherstellen soll, dass man das Fahrzeug nicht illegal verkauft. Man bekommt es von ausländischen Automobilclubs wie dem ADAC. Es lohnt sich, ein paar Ersatzteile mitzubringen, da ausländische in Indien manchmal schwer zu finden sind. Allerdings gibt es fast überall Imitationen minderer Qualität.

Motorräder

Indienrundreisen mit dem Motorrad sind nichts für Leute mit schwachen Nerven. Abgesehen von den furchtbaren Straßenverhältnissen und den daraus folgenden Strapazen, kann es auch schon eine echte Herausforderung sein, ein Motorrad zu fahren, mit dem man nicht vertraut ist. Der **Kauf eines Motorrads** in Indien ist nur etwas für Abenteuerlustige. Wer hinter einem alten Klassiker her ist, für den ist die Enfield Bullet (350er- oder 500er-Modell) das Richtige. Je neuer das Modell, desto weniger Flair hat es. Wer hingegen mehr Wert auf einen niedrigen Preis und praktischen Nutzen legt, sollte ein kleineres Modell wählen. Etwa ein Bajaj, das nach verlässlichen alten japanischen Vorlagen in Indien gebaut wird.

In Delhi ist das Viertel Karol Bagh mittlerweile als Zentrum für Motorradläden und -verleiher bekannt. Natürlich muss man um den Preis feilschen – ein Motorrad in passablem Zustand kann man etwa für die Hälfte bis Zweidrittel des ursprünglichen Preises bekommen. Wer geschickt im Handeln ist, kann es am Ende der Reise zu einem ähnlichen Preis wieder verkaufen – vielleicht an einen anderen Ausländer, indem man in Hotels und Restaurants dafür wirbt. Ein gewisser bürokratischer Aufwand lässt sich bei der Besitzübertragung eines Fahrzeugs nicht umgehen, aber Werkstätten können einem in der Regel einen Makler („auto consultant") vermitteln, der einem gegen eine geringe Gebühr (um Rs1000–2000) hilft, einen Käufer oder Verkäufer zu finden, und den nötigen Papierkram erledigt.

Motorräder können in vielen touristischen Orten geliehen werden, und es kann durchaus Spaß machen, damit vor Ort herumzufahren. Der Zustand der Motorräder ist allerdings sehr unterschiedlich. Auf jeden Fall ist, wenn man sich nicht wirklich auskennt, das **Mieten** die bessere Lösung als das Kaufen. Der Verleiher eines Motorrads hat ein größeres Interesse daran, dass die Maschine läuft, als ein Verkäufer. Beim Mieten sollte man sich trotzdem vergewissern, dass Kette und Ritzel okay sind, dass die Maschine startet und gut läuft und dass die Bremsen und Lichter funktionieren (Fahrten bei Dunkelheit sind allerdings generell nicht zu empfehlen). Tiefergehende mechanische Kenntnisse sind unnötig, da es in jeder Stadt eine Werkstatt gibt, die sich bestens mit Enfields auskennt.

Eine empfehlenswerte Firma in Delhi, sowohl für den Kauf als auch für das Leihen eines Motorrads, ist **Bulletwallas**, 🖳 www.bulletwallas.com, 7 Arakashan Rd, Multani Dhanda, im Viertel Paharganj. Das von Australiern geführte Unternehmen ist auf Enfields spezialisiert und verkauft neue, gebrauchte und nach Kundenwunsch umgebaute Maschinen, ausgestattet nur mit den besten Ersatzteilen.

Wer Indien möglichst stressfrei mit einem Motorrad erkunden möchte, kann sich einer organisierten **Motorradtour** anschließen. Diese führen durch ausgesuchte Gegenden mit möglichst wenig Verkehr und traumhafter Landschaft im Himalaya und in Rajasthan. Anbieter sind **Blazing Trails**, 📞 0044/1293/533338, 🖳 www.blazingtrailstours.com, Indien, Goa, 📞 0832/226 8467, 🖳 www.classic-bike-india.de, **Himalayan Roadrunners**, USA, 📞 001/802/7386500, 🖳 www.ridehigh.com, und **Live India**, 🖳 www.liveindia.co.uk.

Fahrräder

In vielerlei Hinsicht ist ein Fahrrad das ideale Transportmittel, denn es bietet völlige Unabhängigkeit und Kontakt zu Einheimischen. Man kann draußen campen, es gibt aber fast in jedem Dorf auch eine billige Unterkunft (das Fahrrad mit aufs Zimmer nehmen!). Wer müde wird, kann das Rad auch als Gepäckstück auf den Bus laden oder im Zug transportieren. Um ein **Fahrrad von zu Hause** mitzubringen, braucht man keine besonderen Papiere, aber indische Ersatzteile und Zubehör unterscheiden sich in Größe und Norm, so dass man eventuell improvisieren muss. Deshalb sollte man die wichtigsten Ersatzteile, Werkzeuge und eine Luftpumpe dabeihaben.

Der **Kauf eines Fahrrads** in Indien ist supereinfach. In den meisten Städten gibt es Fahrradläden und sogar ganze Fahrradmärkte. Der Vorteil eines einheimischen Rades ist, dass Ersatzteile leicht zu bekommen sind. Außerdem zieht es keine Menschenmenge an, wenn man es abstellt. Der Nachteil ist, dass die indischen Räder meist schwerer sind als ausländische und nicht dem neuesten Stand der Technik entsprechen. In größeren Städten werden zunehmend auch Mountainbikes angeboten, aber deren Kauf lohnt nicht, da die Qualität zu wünschen übrig lässt. Ein Fahrrad wieder zu verkaufen dürfte kein Problem sein: Man wird zwar kein Bombengeschäft machen, kann es aber vielleicht privat oder an einen Fahrradverleih verkaufen.

Leihfahrräder sind in den meisten Städten zu finden. In der Regel sind sie nur für den örtlichen Gebrauch bestimmt: Das ist eine gute Möglichkeit, um herauszufinden, ob die eigenen Beine und der Hintern ein indisches Rad aushalten, bevor man sich eines anschafft. Die Kosten liegen bei Rs25–150 pro Tag; als Sicherheit muss man manchmal eine Kaution oder den Pass hinterlegen.

Der **International Bicycle Fund** in den USA, 📞 206/7670848, 🖳 www.ibike.org, veröffentlicht Informationen, gibt Ratschläge zu Fahrradreisen rund um den Globus und hat eine nützliche Webseite. **Cycling Federation of India**, C-5A/262, DDA Flats, Janak Puri, New Delhi 110058, 📞 011/255 3006, 🖳 www.cyclingfederationofindia.org, ist der wichtigste Radsportverband in Indien.

Nahverkehr

In den Städten stehen verschiedene öffentliche Verkehrsmittel zur Verfügung. **Stadtbusse** können unglaublich voll werden, deshalb Vorsicht vor Taschendieben und Grabschern. Das Gleiche gilt für **Vorortzüge** in Mumbai. In Delhi oder Kolkata erwartet Besucher eine angenehme Überraschung: die einzigen U-Bahnen Indiens. Sie sind sauber und funktionieren einwandfrei.

Man kann auch **Taxis** nehmen. Meist sind es ziemlich klapperige Ambassadors (in großen Städten schwarz und gelb) und Maruti-Transporter. Manchmal ist der Fahrer bereit, den Zähler einzuschalten. Theoretisch kann man die Polizei rufen, wenn er es nicht tut, aber der übliche Kompromiss besteht darin, vor dem Einstieg einen Fahrpreis auszuhandeln. Natürlich ist es von Vorteil zu wissen, wie viel die Strecke in etwa kosten sollte, allerdings sollten die Angaben in diesem oder in anderen Büchern nur als ganz grobe Richtlinie genommen werden. An Orten wie Hauptbahnhöfen findet man vielleicht Leute, die sich ein Taxi ins Zentrum mit einem teilen. Viele Bahnhöfe und die meisten Flughäfen betreiben Taxistände mit Vorauszahlungssystem, das heißt man zahlt vor Abfahrt eine feste Summe. Es gibt auch teurere vorausbezahlte Limousinen.

Die **Motor-Riksha**, das Indien-typischste aller Fahrzeuge (gemeinhin einfach „auto" genannt), besteht aus der vorderen Hälfte eines Motorrollers mit ein paar Sitzen hinten. Motor-Rikshas sind billiger als Taxis, wendiger im Verkehr und gewöhnlich mit einem Zähler ausgestattet (allerdings muss man den Preis oft trotzdem vorher aushandeln, denn nur wenige Fahrer sind bereit, ihn tatsächlich einzuschalten). Sie sind etwas instabil und die Fahrer oft ziemlich leichtsinnig. Aber das gehört zum Vergnügen einer Motor-Riksha-Fahrt dazu. In größeren Touristenzentren bedrängen Riksha-wallahs Touristen sehr, und ist man erst einmal eingestiegen, kann es passieren, dass sie an mehreren Läden Halt machen, bevor sie zum gewünschten Ziel fahren. Außerdem hindert auch eine Einigung über den Preis vor der Fahrt den Riksha-wallah nicht unbedingt daran, unterwegs oder am Ziel eine neuerliche Diskussion um den Fahrpreis zu entfachen. In der Regel ist es besser, selbst eine Riksha anzuhalten, anstatt eine aufgedrängte zu nehmen, und die vor teuren Hotels wartenden zu meiden.

In einigen Städten gibt es auch eine größere Variante von Motor-Rikshas, **Tempos** oder

Vikrams genannt, mit sechs bis acht Sitzen hinten, die gewöhnlich feste Strecken zu Einheitspreisen abfahren. Hier und da stößt man auch auf Pferdekutschen, so genannte **Tongas**. Diese von unterernährten Pferden gezogenen Gefährte sind bei Touristen am unbeliebtesten. Noch langsamer und billiger sind **Fahrrad-Rikschas**. Ausländischen Touristen ist oft nicht wohl dabei, sie zu benutzen, denn außer in großen Touristenzentren sind die Fahrrad-Rikschafahrer meist ausgemergelte, auf der Straße lebende Männer, die einen erbärmlichen Lohn für ihre Mühsal bekommen. Andererseits: Nimmt man sie nicht in Anspruch, geht es ihnen noch schlechter. Von Ausländern verlangen die Rikschafahrer natürlich zunächst vergleichsweise erheblich überhöhte Preise – man muss dann selbst entscheiden, ob es sich lohnt, um diese für ausländische Besucher niedrigen Beträge zu feilschen.

Wer eine Reihe von Orten in der Umgebung sehen möchte, sollte erwägen, ein Taxi oder eine Motor-Rikscha für den Tag zu mieten. Am besten sucht man einen einigermaßen gut Englisch sprechenden Fahrer und handelt mit ihm vorher einen Preis aus. Es ist wahrscheinlich billiger, als man vermutet, denn der Fahrer wird sich unweigerlich als Führer betätigen und als Quelle lokalen Wissens erweisen – ein Trinkgeld ist angebracht.

Übernachtung

Das ganze Jahr über bereisen mehr Inder als ausländische Touristen das Land – auf Urlaubs-, Pilger- oder Geschäftsreise. Entsprechend riesig ist die Zahl der Hotels und Gästehäuser. Alles in allem bieten die Unterkünfte, wie so vieles in Indien, ein gutes Preis-Leistungs-Verhältnis. Die Preise für Luxusherbergen mit westlichem Komfort und Service liegen vor allem in Großstädten auf internationalem Niveau.

Budgethotels

Obwohl die Zimmerpreise in Indien allgemein steigen, gibt es immer noch viele preiswerte **Hotels** und **Hostels**, die auf Rucksacktouristen und weniger wohlhabende Inder ausgerichtet sind. Die meisten verlangen Rs300–400 für ein Doppelzimmer, außerhalb der großen Städte und Touristenzentren vielleicht auch weniger als Rs200. Am billigsten ist normalerweise ein Schlafsaalbett in einer Jugendherberge oder einem Hotel. Manchmal ist schon eines für lächerliche Rs100 zu bekommen. Noch günstiger sind Gästebetten in religiösen Einrichtungen und Pilgerherbergen, sogenannten **Dharamshalas** (S. 85).

Budgetunterkünfte reichen von schmuddeligen Bruchbuden bis zu gemütlichen Gästehäusern und sind natürlich billiger, je weiter man sich von den ausgetretenen Touristenpfaden entfernt. Am teuersten sind sie in Delhi, Mumbai und Goa, wo die Preise mindestens doppelt so hoch liegen wie für gleichwertige Unterkünfte in den meisten anderen Städten. Die billigsten Zimmer haben normalerweise wackelige Betten und durchgelegene Matratzen, auf der untersten Stufe auch nur Gemeinschaftsduschen und -WCs und kaltes Wasser, aber zunehmend mehr Unterkünfte bieten Zimmer mit Bad (in Indien „attached rooms" genannt) und Warmwasser, entweder aus dem Wasserhahn oder in einem Eimer. Es ist jedoch auf jeden Fall ratsam, den Zustand der Bäder und Toiletten zu kontrollieren, bevor man eincheckt. Auch nach Bettwanzen und Moskitos sollte man Ausschau halten – Blutflecken um das Bett herum und an den Wänden sind verräterisch.

Wenn ein **Taxi- oder Rikschafahrer** behauptet, die vom Fahrgast genannte Unterkunft sei voll, geschlossen oder umgezogen, wird er wahrscheinlich ein Hotel ansteuern, von dem er eine Provision kassiert (die nicht selten auf die spätere Rechnung aufgeschlagen wird). In vielen Touristenzentren agieren gewerbsmäßige Schlepper. Sie können nerven, aber manchmal lohnt es, etwas mehr zu zahlen, vor allem wenn man nachts alleine irgendwo ankommt.

Mittelklassehotels

Selbst wer auf einen gewissen Komfort nicht verzichten mag, braucht dafür kein Vermögen auszugeben. Ein großes, sauberes Zimmer mit frisch bezogenen Betten und sauberem Bad mit fließend Warm- und Kaltwasser kann schon für Rs500 zu haben sein. Extras, die den Preis in die Höhe treiben können, sind Gemeindesteuern, TV, Moskitonetze, Balkon und vor allem Klimaanlage. Letztere (in Indien „a/c" abgekürzt) bietet nicht zwangsläufig den Nutzen, den man sich davon verspricht – in manchen Hotels zahlt man das Doppelte für eine Klimaanlage, die so verstaubt, schwerfällig und laut ist, dass man lieber darauf verzichten möchte. Manche bieten auch *air-coolers* anstelle von AC – sie können ebenfalls laut sein und sind nicht so effektiv wie eine ordentliche Klimaanlage, aber immer noch erheblich besser als ein Ventilator. Die sind eh nur in trockeneren Landstrichen anzutreffen, da sie in Gegenden mit hoher Luftfeuchtigkeit wie an der südindischen Küste und dem Golf von Bengalen nicht funktionieren. Darüber hinaus haben viele Mittelklassehotels ein Restaurant und bieten Zimmerservice.

Die meisten Landesregierungen betreiben eigene Hotelketten. Meist sind sie ihr Geld wert, sie sind jedoch erheblich schlechter geführt als vergleichbare Unterkünfte im privaten Sektor. In diesem Buch haben wir den staatlichen Unterkünfte das Kürzel des staatlichen Betreibers vorangestellt – zum Beispiel MPTDC Palace (für Madhya Pradesh Tourist Development Corporation). Reservierungen für staatliche Hotels können über staatliche Touristeninformationen im ganzen Land erfolgen.

Luxushotels

Der Boom des letzten Jahrzehnts hat ganz Indien eine Vielzahl neuer Luxushotels beschert. Diese fallen grob in zwei Kategorien. In den Stadtzentren finden sich schicke Hotels im westlichen Stil mit Klimaanlagen und eleganter Einrichtung, vor allem für Geschäftsreisende. Da hier eine hohe Konkurrenz herrscht, haben diese Hotels ein gutes Preis-Leistungs-Verhältnis, besonders in der gehobenen Mittelklasse. Die noblen 5-Sterne-Ketten wie Taj, die wichtigste Hotelkette Indiens, verlangen Preise auf internationalem Niveau, da die meisten ihrer Gäste über üppige Spesenkonten verfügen oder aber mit einer Reisegruppe unterwegs sind. Viele Tophotels bieten übrigens erhebliche **Preisnachlässe** bei einer Online-Buchung.

Bei ausländischen Touristen wesentlich beliebter sind die indischen **Heritage-Hotels**, die in den vergangenen Jahren im ganzen Land zahlreich entstanden sind. Rajasthan wies den Weg: Alte Festungen, Paläste, Jagdhäuser, Havelis und ehemalige Jagdcamps wurden zu teuren Unterkünften für Reisende umgebaut. Hier können die Gäste jede Menge Kolonialatmosphäre schnuppern und das alte Indien „erleben" – Pagen mit Turban und vorsintflutliche Automobile eingeschlossen. Andere Bundesstaaten folgten schnell, sodass Reisende heute beispielsweise in Goa in prächtigen portugiesischen *palaços* nächtigen können. In einigen Tierschutzgebieten

gibt es erstklassige Unterkünfte in ehemaligen Jagd-Lodges, Zeltcamps und Baumhäusern. Die besten Heritage-Unterkünfte sind in den entsprechenden Kapiteln besprochen.

Sonstige Unterkünfte

Viele Bahnhöfe bieten sogenannte **Retiring Rooms**, in denen Passagiere schlafen können: schlichte Privatzimmer mit Bett und Bad (in manchen Bahnhöfen gibt es auch Schlafsäle). Diese Zimmer sind vor allem dann praktisch, wenn man früh morgens einen Zug erwischen muss. Normalerweise gehören sie zu den billigsten Unterkünften überhaupt, können aber auch laut sein. *Retiring Rooms* können nicht reserviert werden – also einfach hingehen und fragen, ob ein Zimmer frei ist.

Die Touristenbüros in Rajasthan und Mumbai haben sogenannte *paying guest-* oder *home-stay-*Programme eingerichtet, die Besuchern die Möglichkeit bieten, gegen Bezahlung bei einer **Gastfamilie** zu wohnen. Die internationale Organisation SERVAS vermittelt ebenfalls indische Gastfamilien. Weitere Infos unter 🖥 www.servas.org.

Camping ist gewöhnlich nur in den Naturschutzgebieten möglich, in denen das Forest Department Besuchern umweltfreundliche Zeltunterkünfte bietet, und in Urlaubsorten am Meer, in denen der Neubau von Häusern durch Küstenschutzmaßnahmen eingeschränkt ist. Außer an den Wanderwegen ist es unüblich, auf dem Land einfach ein Zelt aufzustellen.

YMCAs und **YWCAs** finden sich nur in großen Städten. Sie sind gepflegter und kostspieliger als Mittelklassehotels. In der Regel sind sie das Geld wert, aber oft ausgebucht und manche nehmen nur Männer oder nur Frauen auf.

Offizielle und nicht offizielle **Jugendherbergen**, einige davon unter staatlichem Management, liegen planlos über das Land verstreut. Mit einem JH-Ausweis bekommt man einen Preisnachlass, aber auch Besucher ohne Ausweis werden selten abgewiesen. Für gewöhnlich schließen sie tagsüber nicht. Die Preise entsprechen denen der billigsten Hotels. Auch einige religiöse Einrichtungen, besonders die *gurud-*

Preiskategorien

Die Preiskategorien beziehen sich auf ein **Doppelzimmer**. Bei Schlafsälen geben wir den Preis pro Bett in Rupien an. Die meisten Mittelklasse- und alle Luxushotels berechnen eine Luxussteuer von 10–15 % und eine Gemeindesteuer von 5 %. Die Steuern sind in unseren Kategorien berücksichtigt. In vielen Orten unterliegen die Preise saisonalen Schwankungen; die Unterkünfte nehmen höhere Preise oder lassen nicht mit sich handeln, wenn die Nachfrage groß ist. Das betrifft die Hill Stations im Sommer (April–Juli), Rajasthan und Goa im Winter, vor allem um Weihnachten und Neujahr. Wo angebracht, weisen wir in den Übernachtungskapiteln auf derartige Preisschwankungen hin. Die Preiskategorien beziehen sich auf die Hauptsaison, jedoch nicht – wie etwa in Rajasthan oder Goa – auf die 10 bis 15 Tage lange Hochsaison um Weihnachten und Neujahr.

❶ bis Rs300
❷ bis Rs500
❸ bis Rs700
❹ bis Rs1200
❺ bis Rs2000
❻ bis Rs3000
❼ bis Rs4500
❽ bis Rs7000
❾ über Rs7000

Checkout-Zeit ist in den teureren Hotels 12 Uhr mittags. Man sollte sich aber gleich bei der Ankunft danach erkundigen, denn viele erwarten, dass man das Zimmer bereits um 8 Uhr morgens verlässt. In den meisten Unterkünften der unteren bis mittleren Preisklasse gilt ein 24-Stunden-System, das heißt, man muss zur gleichen Uhrzeit, zu der man das Zimmer belegt hat, wieder auschecken. Manche Unterkünfte gestatten noch nach der offiziellen Checkout-Zeit die Nutzung ihrer Einrichtungen, manchmal gegen eine geringe Gebühr, während einige wenige nicht einmal das Gepäck aufbewahren, sofern man nicht für eine weitere Nacht bezahlt. Leider besitzen nicht alle Hotels **Einzelzimmer**. Daher ist die Reise oft teurer, wenn man allein unterwegs ist. In Hotels, die keine Einzelzimmer haben, kann man aber manchmal einen kleinen Preisnachlass erzielen. Zimmer mit drei oder vier Betten sind hingegen keine Seltenheit – sie sind für Familien und kleine Gruppen sehr preiswert.

In billigen Hotels und Jugendherbergen braucht man keine **Extragebühren** auf der Rechnung zu befürchten. Aber je höher die Hotelklasse (US$200–300), desto wahrscheinlicher ist es, dass Steuern und Servicegebühren sich in die Rechnung einschleichen. Manchmal erhöhen sie den ursprünglichen Preis bis um ein Drittel. Die **Servicegebühr** beträgt meist 10 %, die **Steuern** werden von den Landesregierungen festgelegt und variieren von Staat zu Staat. Wie viele andere Dinge in Indien, lässt sich der Zimmerpreis durchaus **verhandeln**. Wenn er zu hoch erscheint oder alle Hotels in der Stadt leer sind, kann man feilschen. Vielleicht erreicht man nichts. Aber wer nicht wagt, der nicht gewinnt.

waras der Sikhs, bieten Pilgern und Besuchern Unterkunft und nehmen eventuell auch Touristen auf. Oft wird eine Spende erwartet – willkommen ist sie immer. Einige der größeren Institutionen verlangen einen minimalen Festbetrag.

Pilgerstätten, vor allem die, die weit von anderen Unterkünften entfernt liegen, verfügen meist auch über **Dharamshalas** (Pilgerherbergen). Sie sind sehr billig und sehr einfach und fast immer mit einfachen Gemeinschaftsbädern ausgestattet. Einige bieten aber auch Zimmer mit Bad. *Dharamshalas* bieten ebenso wie *gurudwaras* Unterkunft gegen eine Spende oder einen winzigen Unkostenbeitrag, der manchmal nicht höher als Rs20 ausfällt.

Jugendherbergswerke

DJH Service GmbH
Bismarckstr. 8, 32754 Detmold,
☎ 05231/74010, 🖷 740149,
✉ service@djh.de,
🖥 www.jugendherberge.de.
Junge Hotels Austria
Helferstorferstr. 4, 1010 Wien,
☎ 01/5331833, 🖷 533183385,
✉ office@jungehotels.at,
🖥 www.jungehotels.at.

Schweizer Jugendherbergen
Schaffhauserstr. 14, 8042 Zürich,
☎ 044/3601414, 🖷 3601460,
✉ bookingoffice@youthhostel.ch,
🖥 www.youthhostel.ch.

Verhaltenstipps

Kulturelle Unterschiede betreffen alle möglichen Kleinigkeiten. Auch wenn Ausländern gegenüber gewöhnlich Nachsicht geübt wird, brauchen Besucher, die mit den indischen Gepflogenheiten nicht vertraut sind, dennoch ein paar Hinweise, um niemanden zu beleidigen oder sich nicht zu blamieren. Wer unsicher ist, sollte einfach darauf achten, wie sich die Inder benehmen.

Essen und die Rechte-Hand-Regel

Am häufigsten tritt man beim Essen ins Fettnäpfchen. Gegessen wird normalerweise mit den Fingern, was einige Übung erfordert. Von ausländischen Reisenden wird das aber nicht immer erwartet. Die oberste Regel lautet: **Nur mit den Fingern der rechten Hand essen!** In Indien wie in ganz Asien wird die linke Hand zum Poabwischen, Füßewaschen und für andere weniger appetitliche Aufgaben gebraucht (man zieht auch die Schuhe mit der linken Hand an und aus). Die rechte Hand wird zum Essen, Händeschütteln usw. benutzt.

Wie streng der Einzelne das sieht, ist unterschiedlich. Brahmanen (die am oberen Ende der Hierarchie stehen und eine der beiden „rechtshändigen Kasten" sind) und Südländer sind im Allgemeinen am rigorosesten. Während man eine Tasse oder ein anderes Utensil auch in der linken Hand halten darf und es normalerweise kein Drama ist, wenn man die linke Hand dazu benutzt, ein Stück vom *chapatti* abzureißen, sollte man damit nicht essen, Essen weiterreichen oder sich den Mund abwischen. Am besten hält man sie außer Sichtweite unter dem Tisch. Diese Regel geht über das Essen hinaus. Man darf niemandem etwas mit der linken Hand reichen oder damit auf jemanden zeigen. Im Allgemeinen sollte man auch Dinge nur mit der rechten Hand entgegennehmen – obwohl es ein Zeichen von Respekt ist, dazu beide Hände zu benutzen.

Die andere Regel, die man beim Essen und Trinken beachten sollte, besagt, dass die Lippen nicht das Essen von anderen berühren dürfen – *jhuta* (besudeltes Essen) ist absolut tabu. Deshalb zum Beispiel nicht vom *chapatti* abbeißen und es dann weiterreichen. Wenn man mit anderen gemeinsam aus einer Tasse oder Flasche trinkt, sollte man eine Berührung mit den Lippen meiden und stattdessen das Getränk in den Mund gießen. Dieser Brauch schützt im Übrigen auch vor Krankheiten wie Hepatitis. Es ist üblich, sich vor und nach dem Essen die Hände zu waschen.

Religiöse Stätten

Religion wird in Indien sehr ernst genommen. Es ist daher wichtig, religiösen Gebäuden, Schreinen, Bildern und Betenden immer den gebührenden Respekt zu zollen. Vor dem Betreten eines Tempels oder einer **Moschee** zieht man die Schuhe aus und lässt sie vor dem Eingang stehen (Socken sind in Ordnung und schützen die Füße vor den brennend heißen Steinen). Manche Tempel – vor allem die der Jains – erlauben nicht, dass man Lederwaren an oder mit sich trägt und verbieten menstruierenden Frauen den Zutritt.

In eine Moschee wird man als Nicht-Moslem normalerweise zu den Gebetszeiten nicht eingelassen, und Frauen ist der Zutritt manchmal generell untersagt. In einem Hindu-Tempel darf man das innere Heiligtum meist nicht betreten; und einen buddhistischen Stupa oder ein buddhistisches Monument sollte man immer im Uhrzeigersinn umschreiten (mit dem Stupa zur Rechten). Hindus sind sehr abergläubisch, was das Fotografieren von Götterbildern und im Inneren von Tempeln anbelangt; im Zweifelsfall lieber darauf verzichten. Von Beerdigungen oder Verbrennungen sollte man generell keine Fotos machen.

Trauerfeiern sind sehr private Angelegenheiten und sollten nicht gestört werden. Bei hinduistischen Beisetzungen wird der Leichnam gewöhnlich schon wenige Stunden nach dem Tod von in weiße Tücher gehüllten Verwandten (Weiß ist die Farbe der Trauer) zum Verbrennungsort getragen. Der älteste Sohn, dem die Aufgabe obliegt, den Scheiterhaufen anzuzünden, muss beim Tod eines Elternteils seinen Kopf kahl rasieren und Weiß tragen. Wer in Varanasi oder an einem anderen Ort eine Leichenverbrennung sieht, sollte sich diskret im Hintergrund halten und auf gar keinen Fall den Fotoapparat zücken.

Kleidung

Inder haben über angemessene Kleidung sehr konservative Vorstellungen. Von **Frauen** wird erwartet, dass sie sich sittsam kleiden und Beine und Schultern bedecken. Hosen sind akzeptabel, aber Shorts und Miniröcke sind für viele anstößig. **Männer** sollten nicht mit freiem Oberkörper herumlaufen und außer in den großen Strandresorts möglichst keine Shorts tragen (Zeichen für eine niedere Kaste). Diese Regeln gelten erst recht in Tempeln und Moscheen. Wer einen *dargah* (Sufi-Schrein) oder einen Sikh-*gurudwara* betritt, muss den Kopf mit einer Mütze oder einem Tuch bedecken; Besucherinnen sind angehalten, Arme und Beine bedeckt zu halten. Doch auch von Männern wird erwartet, dass sie keine nackten Beine zeigen. Nicht selten werden Kopfbedeckungen (und manchmal auch Tücher, um die Extremitäten zu bedecken) für Besucher kostenlos ausgeliehen.

Der Anblick von Jains im Adamskostüm oder *naga sadhus* sollte nicht zu der Annahme verleiten, **FKK** würde in Indien gebilligt. Sonnenbaden mit nacktem Oberkörper ist in Goa zwar nicht ungewöhnlich (wenn auch eigentlich verboten), aber bei den Einheimischen stößt dies mit Sicherheit nicht auf Zustimmung. Die meisten Inder verstehen nur schwer, weshalb reiche Leute aus dem Westen in zerlumpten Kleidern herumrennen oder die niedrigsten Schichten der indischen Gesellschaft nachahmen, die liebend gern etwas Anständiges zum Anziehen hätten. Eine gepflegte Garderobe verbessert den Eindruck, den man auf die Einheimischen macht, und verringert für Frauen außerdem die Gefahr sexueller Belästigungen.

Weitere Fettnäpfchen

Küsse und Umarmungen werden in Indien als sexuelle Handlungen angesehen, die in der Öffentlichkeit nichts zu suchen haben. In konservativeren Gegenden (also außerhalb der vom Westen beeinflussten Viertel der großen Städte) sollten Pärchen nicht einmal Händchen halten, obwohl man manchmal Männer Hand in Hand sieht, was ein Zeichen von „Brüderlichkeit" ist.

Auf die **Füße** achten! Beim Betreten eines Privathauses zieht man normalerweise die Schuhe aus (dem Beispiel des Gastgebers folgen), und beim Sitzen sollte man vermeiden, dass die Fußsohlen auf jemanden zeigen. Eine versehentliche Berührung mit dem Fuß erfordert immer eine Entschuldigung.

Das **indische Englisch** kann sehr förmlich sein. Inder sprechen einen nicht selten mit „Sir" oder „Madam", vielleicht sogar mit „Good Lady" oder „Kind Sir" an. Deshalb erscheint ihnen das

Englisch der Touristen unter Umständen als unhöflich. Besonders Fluchen erregt Anstoß, und der Gebrauch des F- oder S-Wortes wird Inder wahrscheinlich schockieren.

Persönliche Kontakte

Menschen aus der westlichen Welt genießen in Indien einen zwiespältigen Status. In gewisser Hinsicht repräsentiert der Besucher den reichen Sahib, dessen Kultur die Welt beherrscht. Insofern halten einen manche Inder für „besser" als sich selbst. Andererseits ist man als Nicht-Hindu ein Ausgestoßener und befleckt mit seiner

Toiletten

Westliche Toiletten sind in Indien mittlerweile verbreitet, es gibt aber immer noch einige traditionelle Hocktoiletten – im Grunde einfach ein Loch im Boden. Papier, wenn verwendet, wird meist in einen Eimer neben dem Klo geworfen, nicht in die Toilette. Inder benutzen einen Krug Wasser und ihre linke Hand anstelle von Klopapier, eine Methode, die man früher oder später vielleicht ebenfalls bevorzugt. Wer **Toilettenpapier** bevorzugt, sollte stets einen Vorrat dabeihaben. In manchen Unterkünften wird Papier gestellt, aber längst nicht in allen. Es ist auch ratsam, sich damit einzudecken, bevor man die Touristenpfade verlässt, denn es wird nicht überall verkauft. Besonders schwierig stellt sich die Situation für Frauen dar, denn vor allem auf Bus- und Autoreisen finden sie höchst selten zumutbare sanitäre Einrichtungen am Straßenrand vor. Die Toiletten in den klimatisierten Eisenbahnwaggons sind dagegen meistens einigermaßen sauber, ebenso jene in Restaurants der mittleren und oberen Preisklasse. Die meisten Hotels in Touristengebieten, selbst die billigsten, verfügen über WC, wie sie auch im Westen üblich sind. Eine jüngste Errungenschaft stellen die Tourist Toilets bei allen auf dem üblichen Sightseeing-Plan stehenden historischen Stätten dar. Die Benutzung kostet Rs5. Dafür werden saubere Sitzklos, Toilettenpapier, Wasser und Spiegel geboten.

Anwesenheit theoretisch einen orthodoxen Hindu oder einen Angehörigen der hohen Kasten. Angehörigen jedweder Religion sind überdies die Moralvorstellungen und Normen spiritueller wie körperlicher Reinheit des Westens suspekt. Als Traveller trifft man ständig auf Leute, die mit einem ins **Gespräch** kommen möchten. Da Englisch nicht ihre Muttersprache ist, wissen sie vielleicht nicht, wie man im Westen für gewöhnlich eine Unterhaltung beginnt, deshalb kann ihre Einleitung etwas abrupt und zugleich sehr förmlich wirken. „Excuse me good gentleman, what is your mother country?" ist eine typische erste Frage. Es ist auch die erste einer ganzen Reihe von **Fragen**, die indische Männer alle aus dem gleichen Lehrbuch auswendig gelernt zu haben scheinen, um westliche Touristen kennen zu lernen. Manche Fragen mögen zunächst etwas befremden – „What is your qualification?" (Was für eine Ausbildung haben Sie?), „Are you in service?" (Haben Sie eine Arbeitsstelle?). Andere fragen nach westlichen Gepflogenheiten oder dem Grund der Reise, aber vor allem interessieren die Familie und die Arbeit.

Man mag es merkwürdig und sogar aufdringlich finden, dass völlig Unbekannte so etwas wissen wollen, aber in Indien sind diese **Themen** unter Fremden Bestandteil höflicher Konversation und helfen dabei, die gesellschaftliche Stellung des Gegenübers zu bestimmen. Familie, Arbeit und Einkommen gelten in Indien nicht als Privatangelegenheit, weshalb es völlig in Ordnung ist, Leute danach zu fragen. Neugierig zu sein ist in Indien im Gegensatz zum Westen keine negative Eigenschaft. Dinge, die der Inder wahrscheinlich merkwürdig finden, sind: Atheist zu sein (man könnte sich für die Reise eine Religion zulegen), allein zu reisen, die Familie allein zu lassen, um nach Indien zu fahren, ein unverheiratetes Paar zu sein (die Leute denken zu lassen, dass man bald zu heiraten beabsichtigt, kann das Leben erleichtern), in der 2. Klasse zu reisen oder in billigen Hotels abzusteigen, obwohl man als Tourist doch relativ reich ist. Wahrscheinlich wird man immer wieder verschiedenen Leuten die gleichen Dinge erklären müssen. Andererseits kann man selbst auch unbegrenzt Fragen über Indien stellen. Englisch sprechende Inder, besonders Angehörige der Mittelschicht, sind in der Regel äußerst gut informiert und gebildet und wissen bestens über das Weltgeschehen Bescheid.

Versicherungen

Auslandskrankenversicherung

Eine Auslandskrankenversicherung mit Rücktransport gehört auf jeden Fall ins Gepäck. Die meisten Versicherer zahlen einen Rücktransport allerdings nur, wenn er „medizinisch notwendig" ist. Bei einigen genügt es, wenn der behandelnde Arzt den Transport in die Heimat für sinnvoll hält. Weitere Einschränkungen gibt es bei Zahnbehandlungen (nur Notfallbehandlung) und chronischen Krankheiten (Bedingungen durchlesen). Im Krankheitsfall muss der Kranke Geld vorstrecken, denn die Kosten werden meist von den Versicherungen erst später erstattet. Manche internationalen Krankenhäuser können bei ernsten Erkrankungen und teuren Behandlungen direkt mit der Versicherung abrechnen. Ist die **Rechnung** später bei der Versicherung einzureichen, sollte sie folgende Angaben enthalten:

- Name, Vorname, Geburtsdatum, Behandlungsort und -datum
- Diagnose
- erbrachte Leistungen in detaillierter Aufstellung (Beratung, Untersuchungen, Behandlungen, Medikamente, Injektionen, Laborkosten, Krankenhausaufenthalt)
- Unterschrift des behandelnden Arztes
- Stempel

Kurze **Einzelversicherungen** werden ab einem Preis von 8,50 € p. P. oder 17 € ab Eintrittsalter 60 angeboten, **Jahresversicherungen** ab etwa 6–10 € pro Jahr, allerdings decken die meisten nur Reisen von jeweils bis zu 42 Tagen, manche acht Wochen, ab. Zu den Anbietern gehören ADAC, Debeka, DKV, Europäische, HUK-Coburg, HanseMerkur, Signal Iduna, Universa und Victoria. Bei **Langzeitreisen** muss ein etwas teurerer Schutz in Anspruch genommen werden. Für Frauen empfiehlt sich die TAS (Assekuranz), mit monatlich gestaffelten Tarifen. Auch die ISA (International Service Assekuranz) bietet Tarife für Langzeitreisende. Diese sind recht günstig. Für Studenten bis 35 Jahre gibt es Rabatt. Sowohl die TAS als auch die ISA können vom Ausland aus verlängert werden. Informationen unter 🖳 www.isa-office.de.

Reisegepäckversicherung

Viele Versicherungen bieten die Absicherung des Verlustes von Gepäck an, oft als Teil eines Pakets. Die Bedingungen sind immer sehr eng gefasst. Die Stiftung Warentest rät von einer Gepäckversicherung ab, da sich die Versicherer meist auf die Unachtsamkeit des Reisenden berufen und nicht zahlen. Bei vielen Versicherungen ist etwa das Gepäck in unbewacht abgestellten Autos zu keinem Zeitpunkt versichert. Kameras oder Fotoapparate dürfen wegen möglicher Mopedräuber nicht über die Schulter gehängt werden, sondern müssen am Körper befestigt sein. Ohnehin sind diese Geräte oft nur bis zu einer bestimmten Höhe oder einem bestimmten Prozentsatz des Neuwertes versichert. Auch Schmuck unterliegt Einschränkungen, Bargeld ist nie versichert. Wer eine wertvolle Fotoausrüstung mitnimmt, kann eine Zusatzversicherung abschließen.

Tritt ein Schadensfall ein, muss der Verlust sofort bei der Polizei gemeldet werden. Eine zuvor angefertigte **Checkliste**, auf der alle Gegenstände und ihr Wert eingetragen sind, ist dabei hilfreich. Alles, was nicht ausreichend versichert ist, sollte im Handgepäck transportiert werden. Eine Reisegepäckversicherung mit einer Deckung in Höhe von etwa 2000 € kostet für 24 Tage etwa 30 €, ein Jahresvertrag 60–70 €.

Reiserücktrittskosten-versicherung

Bei einer Pauschalreise ist manchmal eine Reiserücktrittskostenversicherung im Preis inbegriffen (nachfragen). Wer individuell plant, muss sich selbst darum kümmern. Einige Reisebüros bieten Versicherungen an oder vermitteln den Abschluss. Viele Reiserücktrittskostenversi-

cherungen müssen kurz nach der Buchung abgeschlossen werden (in der Regel bis 14 Tage danach). Auch bei Krankheit oder Tod eines Familienmitglieds oder Reisepartners ersetzt die Versicherung die Stornokosten der Reise. Eine Reiseunfähigkeit wegen Krankheit muss ärztlich nachgewiesen werden. Die Kosten der Versicherung liegen meist bei 23–90 € pro Person.

Visa

Deutsche, Schweizer und Österreicher benötigen für die Einreise nach Indien ein Visum. Seit Juni 2011 kann es nur noch online beantragt werden unter 🖳 www.indianvisaonline.gov.in/visa. Wer geschäftlich oder zu Studienzwecken nach Indien fährt, muss ein Geschäfts-/Studentenvisum beantragen, ansonsten genügt ein **Touristenvisum**. Es ist ab Ausstellungsdatum (*nicht* ab dem Einreisetag) **sechs Monate gültig**, berechtigt zur mehrfachen Einreise, ist nicht verlängerbar und kostet für Deutsche/Österreicher/Schweizer derzeit 52 €/50(€)/80 sFr. Deutsche und schweizerische Staatsbürger haben auch die Möglichkeit, für 82 €/120 sFr ein Touristenvisum zu bekommen, das bis zu einem Jahr Gültigkeit besitzt. Laut einer neuen Verfügung von 2009 müssen zwischen zwei Indien-Besuchen mit einem Touristenvisum mindestens zwei Monate liegen, außer unter besonderen Umständen und mit vorheriger offizieller Genehmigung. Darüber, inwieweit diese Regelung auch angewendet wird, gibt es unterschiedliche Angaben.

In Deutschland, Österreich und der Schweiz werden Visa inzwischen nicht mehr von den Botschaften und Konsulaten erteilt, sondern von damit beauftragten privaten Dienstleistern; dies sind: **Indo-German Consultancy Services,** 🖳 www.igcsvisa.de, für die Konsulate Hamburg und Frankfurt; **Cox & Kings**, 🖳 www.in.de. coxandkings.com, für Berlin und München; **BLS International Visa Services**, 🖳 www.bls indiavisa-austria.com, für Österreich; und **VFS Global**, 🖳 in.vfsglobal.ch, für die Schweiz. Auf den Webseiten der Firmen ist zu erfahren, wie der Visaantrag zu stellen ist. Zusätzlich zur Visumsgebühr fallen noch Bearbeitungsgebühren zwischen 12 und 23 € an. Auf jeden Fall sollte für die Bearbeitung des Antrags genügend Zeit eingeplant werden.

Die **Verlängerung** eines Touristenvisums ist in Indien nicht mehr möglich, obwohl in bestimmten Fällen manchmal eine Ausnahme gemacht wird. Außerdem müssen zwischen zwei Besuchen in Indien mindestens zwei Monate liegen, sodass es also nicht mehr möglich ist, kurz in ein Nachbarland zu fahren und dann nach ein paar Tagen mit einem neuen Visum wieder einzureisen.

Zeitverschiebung

Indien hat eine einzige Zeitzone, und zwar das ganze Jahr über: MEZ + 4 1/2 Std., zur Sommerzeit + 3 1/2 Std. In Indien wird die Zeit als IST (Indian Standard Time) gemessen, was Spötter mit „Indian stretchable time" übersetzen.

Zoll

Jede Person über 17 Jahren darf 1 US Quart Spirituosen (0,95 l – aber niemand wird wegen 5 ml mehr Probleme bekommen) oder eine Flasche Wein plus 250 ml Spirituosen einführen; außerdem 200 Zigaretten oder 50 Zigarren oder 250 g Tabak.

Eventuell wird man aufgefordert, alle Wertsachen in das Formular *Tourist Baggage Re-export Form* einzutragen, damit man sie ohne Schwierigkeiten wieder mit nach Hause nehmen kann, und eine Devisenerklärung auszufüllen, sofern man mehr als US$10 000 oder die entsprechende Summe in einer anderen Währung einführt.

Land und Leute

Die Republik Indien mit Hauptstadt New Delhi hat gemeinsame Landesgrenzen mit Afghanistan, China, Nepal und Bhutan im Norden, Bangladesch und Myanmar (ehemals Birma) im Osten sowie Pakistan im Westen. Das siebtgrößte Land der Welt erstreckt sich über eine Fläche von über 3 Millionen Quadratkilometern und wird in der Bevölkerungsstatistik mit 1,1 Milliarden Einwohnern nur von China übertroffen. 80 % der Bevölkerung sind Hindus, 13 % Moslems, außerdem gibt es Millionen von Christen, Sikhs, Buddhisten und Jain. Es werden 22 Hauptsprachen sowie über 1000 Regionalsprachen und Dialekte gesprochen. 40 % der Bevölkerung sprechen als Muttersprache Hindi; Englisch ist weit verbreitet.

Das Kastensystem, ein integraler Bestandteil des hinduistischen Glaubens, durchdringt alle Bereiche des öffentlichen Lebens und wirkt sich auch auf Angehörige anderer Religionsgemeinschaften aus. Dieses hierarchisch gegliederte Sozialsystem wird besonders in ländlichen Gegenden streng beachtet und kann vorschreiben, wo ein Mensch wohnt und welchen Beruf er ausübt. Die Alphabetisierungsrate der Gesamtbevölkerung beträgt 61 %. Diejenige der Männer liegt bei 73 %, die der Frauen bei 48 %.

Fauna

In der Vielfalt der Lebensräume Indiens spiegelt sich zugleich der Artenreichtum des Landes. Es wurden rund 65 000 Tierarten nachgewiesen, darunter 1200 Vogelarten und 340 Säugetierarten. Indien ist zudem das einzige Land der Welt, in dem sowohl wilde Löwen als auch wilde Tiger leben. Im Norden des Landes, in den tiefer gelegenen Teilen des Himalaya, streifen Bären und Hirschziegenantilopen durch üppige Zedern- und Rhododendrenwälder, während der geheimnisvolle Schneeleopard und der Yak in den hohen Bergregionen leben. In der flachen Gangesebene schaffen das warme Klima, die Wälder sowie viele Flüsse und Seen ideale Lebensräume für zahlreiche Vogelarten. Der Ganges fließt im Herzen Indiens durch Wälder, die zusammen mit zahlreichen Seen und Flüssen die Heimat einer großen Vogelvielfalt bilden. Die Sunderban-Mangrovensümpfe im Osten sind berühmt sind für ihren Bestand an schwimmenden Tigern (sehr ungewöhnlich).

In den Wüsten Rajasthans leben sowohl wilde als auch domestizierte Kamele. Hier im Westen bietet das trockene Klima auch die besten Umweltbedingungen für den Axishirsch und den berühmten Gujarat-Löwen.

Säugetiere

Der **Asiatische Elefant**, untersetzter und mit wesentlich kleineren Ohren versehen als sein afrikanischer Verwandter, wird vielerorts im Lande als Lasttier eingesetzt. Schon seit 3000 Jahren werden Elefanten in Indien gezähmt und zu Arbeitszwecken eingesetzt, aber es leben auch noch viele Elefanten in freier Wildbahn. Ein anderer Dickhäuter, das schwerfällige einhörnige **Indische Panzernashorn**, hat in äußerst gefährdeten Beständen im Nordosten des Landes bis in die Gegenwart überlebt. Im Manas Wildlife Sanctuary sowie im Kaziranga-Nationalpark in Assam stehen rund 1100 Tiere unter Schutz. Die Zahl der indischen **Tiger**, die in freier Wildbahn leben, hat drastisch abgenommen, dennoch bestehen reelle Chancen, einem der königlichen Tiere in einem Nationalpark zu begegnen – zumindest noch in den nächsten Jahren.

Anderen Großkatzen ist es noch schlechter ergangen. Der **Asiatische Löwe** (auch: Gujarat-Löwe oder Persischer Löwe, S. 619, Kasten), lebt heute nur noch in einem einzigen kleinen Rückzugsgebiet in Gujarat. Der grau und schwarz gefleckte **Schneeleopard** *(Uncia uncia)* der Himalaya-Region ist inzwischen so selten geworden, dass er schon fast legendenhaften Charakter besitzt. Nur der in den Ebenen siedelnde **Leopard** ist noch so weit verbreitet, dass Begegnungen in bewaldeten Gebieten in der Nähe menschlicher Siedlungen, wo er auf Haustiere lauert, nichts Außergewöhnliches sind.

Teilweise noch weit verbreitet sind die Beutetiere der Großkatzen, zu denen Rotwildarten und Antilopen gehören. Die größte Rotwildart ist der überwiegend einzelgängerisch lebende **Sambarhirsch** *(Cervus unicolor)*. Kleiner und geselliger ist der **Axishirsch** (*Axis axis*, auch: Chi-

Der indische Tiger – kurz vor dem Aussterben?

Wenige Tiere üben eine solche Faszination auf den Menschen aus wie der Tiger. Noch bis Anfang des 20. Jhs. durchstreiften bis zu 100 000 Tiger den Subkontinent, obwohl die Tigerjagd seit langem der „Sport der Könige" war.

Es waren jedoch die schießwütigen Briten, die die **Tigerjagd** zum Exzess trieben. In den Jahren nach der Unabhängigkeit brachte die demografische Entwicklung den indischen Tiger dem Aussterben gefährlich nahe. Da die Bevölkerung in ländlichen Bezirken wuchs, wurden mehr und mehr Wälder für den Ackerbau abgeholzt – wodurch große Fleischfresser ihrer Hauptnahrungsquelle und der Deckung, die sie zum Jagen brauchen, beraubt wurden. Gezwungen, als Alternative Vieh zu reißen, gerieten die Tiger in direkten Konflikt mit dem Menschen. Manche Tiere wurden aus schierer Verzweiflung sogar zum Menschenfresser und griffen Siedlungen an. Die **Wilderei** hat einen noch höheren Tribut gefordert. Auf dem Schwarzmarkt sind schon immer hohe Preise für tote Tiere – ein Tigerfell kann in China US$12 500 einbringen – und für verschiedene Körperteile, die magische Kräfte oder medizinische Wirkung haben sollen, gezahlt worden. Bis 1973, als das ambitionierte „Projekt Tiger" aus der Taufe gehoben wurde, waren die Zahlen auf unter 2000 gesunken. Nun wurden neun ursprüngliche Waldgebiete als Tigerreservate ausgewiesen. Die Nachfrage nach Tigerprodukten ließ jedoch nicht nach, sodass die Wilderer weiter ihrem Geschäft nachgehen, unterstützt von organisierten Schmugglerbanden. Unglaublich, aber wahr: Im Jahr 2005 wurde festgestellt, dass die gesamte „geschützte" Großkatzenpopulation des Sariska Tiger Reserve auf mysteriöse Art und Weise verschwunden war. Dahinter steckten höchstwahrscheinlich Wilderer.

Gut organisierte Guerilla-Gruppen operieren praktisch ungestraft in abgelegenen Nationalparks, wo wenige unzureichend bewaffnete und schlecht bezahlte Ranger allenfalls symbolischen Widerstand leisten. Die Offiziellen vom „Projekt Tiger" geben verständlicherweise nur ungern zu, dass immer weniger Tiger gesichtet

werden, damit der lukrative Fremdenverkehr nicht gefährdet wird, doch in Wirklichkeit ist die Prognose sehr düster. Obwohl es inzwischen 23 Projekt-Tiger-Reservate gibt, wird die Zahl der Tiger ständig kleiner.

Offizielle Statistiken geben optimistisch eine landesweite **Population** von 3000–3500 an. Unabhängige Untersuchungen sind dagegen pessimistischer: Bei einer Bestandsaufnahme im Jahr 2008 wurden nur 1411 Tiger gezählt, gegenüber 3642 bei der letzten großen Erhebung 2002. Schätzungen zufolge fällt in Indien jeden Tag ein Tiger Wilderern zum Opfer. Die pessimistischsten Experten behaupten sogar, dass Indiens exotischstes Tier bei der gegenwärtigen Vernichtungsrate schon innerhalb höchstens eines Jahrzehnts in der freien Wildbahn ausgestorben sein könnte.

tal). Zu den anderen Rotwildarten gehören der selten zu sichtende **Indische Muntjak** *(Muntiacus muntjak)*, der sich bevorzugt im Gebirge bewegt, und der **Schweinshirsch.** Indiens kleinste Rotwildart ist mit kaum 30 cm Körpergröße der nachtaktive **Fleckenkantschil** *(Tragulus memina).* Zur Familie der **Antilopen** zählen die Nilgau-Antilope, die gefährdete Hirschziegenantilope sowie die im Wald lebende einzigartige Vierhornantilope *(Chausingha),* die ihren Namen ihren zwei Hornpaaren verdankt.

Zu den Affen mit dem größten Verbreitungsgebiet gehören der streitsüchtige **Rhesusmakake** (auch: Indischer Rhesusaffe), der durch sein rotes Hinterteil auffällt, sowie der schwarzgesichtige **Hanuman-Langur** (auch: Hulman), die beide nicht selten auf Tempelgelände anzutreffen sind. Der **Assam-Makake** und der **Schweinsaffe** bevorzugen als Lebensraum die Berge des Nordens. Scheu und in freier Wildbahn selten anzutreffen ist der struppige **Lippenbär** *(Melursus ursinus),* dem man jedoch häufig in der Nähe touristischer Stätten begegnet, wo gefangene Tiere zum Tanzen gezwungen werden. Außerdem leben in Indien **Schwarz- und Braunbären.**

Häufig anzutreffen sind die Aas fressende **Streifenhyäne** und der sich von Schädlingen ernährende **Bengalfuchs.** Der in den Wüsten lebende **Pallipeswolf** *(Canis Lupus pallipes)* ist von der Ausrottung bedroht. Der **Wilde Wasserbüffel** ist genetisch sehr eng mit dem gewöhnlichen Hauswasserbüffel verwandt. Zu den exotischeren Mitgliedern der Rinderfamilie gehören der im Bergland heimische **Gaur** *(Bos gaurus,* Indisches Wildrind), der über 2 m Schulterhöhe erreichen kann, sowie der erstaunlich gewandte **Yak** (auch: Grunzochse), der nur in großen Höhen vorkommt.

Reptilien

Zu Indiens 238 Schlangenarten (darunter 50 giftige) gehören so unterschiedliche Arten wie die nur 10 cm lange Gewöhnliche Blindschlange *(Ramphotyphlops bramina),* die Nester bauende Königskobra *(Naja* bzw. *Ophiophagus hannah)* und die meterlange Python. Zu den **Giftschlangen** zählen die Indische Brillenschlange *(Naja naja),* die gelb-braune Kettenviper *(Viperi russe-*

li), die kleine Bungar oder Krait *(Bungarus caeruleus)* und die Sandrasselotter oder Efa *(Echis carinatus).*

Weit verbreitet sind **Eidechsen** und **Warane.** In nahezu jedem Hotelzimmer tummeln sich Geckos, die den Raum von lästigen Insekten befreien. In ganz Indien sind die farbenprächtige Gartenagame und Sita-Agame anzutreffen. **Krokodile** sind auf dem gesamten Subkontinent weit verbreitet.

Vögel

Man muss kein Ornithologe sein, um an Indiens Vogelwelt mit einer spektakulären Vielzahl an heimischen Arten Gefallen zu finden. Dank seiner geografischen Lage zieht Indien auch viele Zugvögel aus den kälteren Ländern an, die hier überwintern. Drei Arten von **Eisvögeln** sind häufig in den Reisfeldern und Feuchtgebieten der Küstenebene zu sichten, wo sie sich von kleinen Fischen und Kaulquappen ernähren. Andere verbreitete Vögel sind die grasgrünen, blauen und gelben **Bienenfresser** *(Merops),* der eindrucksvolle **Pirol** *(Oriolus oriolus)* und die strahlend blaue **Hinduracke** *(Coracius bengalensis).* **Wiedehopfe** *(Upupa epops),* erkennbar an ihrer eleganten schwarzweißen Haube, streichen ebenfalls über Felder und Dörfer, ebenso wie mehrere Arten von **Bülbüls**, **Drosseln** und **Drongos.**

In der Umgebung von Reisfeldern und Teichen wimmelt es von Wasservögeln. Am häufigsten anzutreffen ist der schneeweiße **Kuhreiher** *(Bubulcus ibis),* den man oft auf dem Rücken von Kühen und Büffeln sitzen sieht. Ausschau halten sollte man auch nach dem grau-braunen **Paddyreiher** *(Ardeola grayii),* Indiens häufigster Reiherart. Er hebt sich durch seine hellgrünen Beine, die gefleckte Brust und kauernde Haltung hervor.

Greifvögel wie der **Brahminenweih** *(Haliastur indus)* und der **Schwarzmilan** *(Milvus migrans)* sind um kleinere Ortschaften und Fischerdörfer herum häufig zu sehen, wo sie mit Scharen von krächzenden **Glanzkrähen** *(Corvus splendens)* und **Dohlen** *(Corvus monedula)* um Speisereste wetteifern. Rosaköpfige **Königsgeier** *(Sarcogyps clavus)* und der **Bengalengeier** *(Gyps bengalensis),* der eine weiße Krause um seinen kahlen

Land und Leute

Hals und Kopf hat, zeigen sich immer dann, wenn es Kadaver auszunehmen gibt.

Zu Indiens zahllosen Waldvögeln gehört auch eine Art, die jeder Vogelfreund zu erspähen hofft, der **Nashornvogel**, dessen riesiger gelber Schnabel einen langen, gebogenen Hornaufsatz trägt.

Geschichte

Die Geschichte Indiens ist so komplex und turbulent, wie von einem derart riesigen, dicht bevölkerten und multikulturellen Land nicht anders zu erwarten. Indien ist Heimat einer der frühesten Zivilisationen und Geburtsort von vier Weltreligionen, außerdem hat es mehr Dynastien, Herrscher und Königreiche hervorgebracht, als selbst der gründlichste Historiker nachverfolgen und aufzählen kann. Grob gesagt, lässt sich die Geschichte Indiens in zwei Teile aufspalten: die Geschichte des arischen Nordens, entscheidend geprägt durch aufeinander folgende Wellen von Eindringlingen aus Zentralasien, und die viel eigenständigere Geschichte des dravidischen Südens.

Die Industal-Kultur

Die frühesten menschlichen Spuren auf dem indischen Subkontinent führen zurück in die Alt-, Mittel- und Jungsteinzeit (400 000–200 000 v. Chr.). Damals wurde das Land zum ersten Mal von halbnomadischen **Jägern und Sammlern** besiedelt. In den nächsten vier Jahrtausenden entwickelten sich im Industal dörfliche Siedlungen, in denen die Einwohner Kupfer und Bronze zu verarbeiten begannen, Tiere domestizierten, die Töpferei entwickelten und Handel mit ihren Nachbarn aufnahmen. Gegen 2500 v. Chr. hatten die Dorfsiedlungen im Industal begonnen, sich zu einer der frühesten Zivilisationen der Menschheit zu entwickeln – ungefähr gleichzeitig mit der der Sumerer und der alten Ägypter. Diese erste große Kultur des Subkontinents, Industal-Kultur oder Harappa-Kultur genannt, breitete sich über einen beträchtlichen Teil des heutigen Südpakistan und die Peripherie Westindiens aus.

Vieles von dem, was wir über diese Zivilisation wissen, stammt aus den Überresten zweier großer Städte am Indus: **Harappa** im Norden und **Mohenjo Daro** im Süden (beide im heutigen Pakistan). Die beiden im Schachbrettmuster angelegten Städte besaßen große, aus gleichförmigen Backsteinen erbaute Häuser, ein ausgeklügeltes, geschütztes Bewässerungssystem (die erste urbane Sanitäranlage der Welt) und gewaltige Kornspeicher. Da an beiden Orten keine königlichen Paläste, wohl aber eine große Anzahl religiöser Figurinen gefunden wurden, liegt die Vermutung nahe, dass es sich bei der Industal-Kultur um einen theokratischen Staat von Priestern, Kaufleuten und Bauern handelte. Die Industal-Kultur war erstaunlich langlebig: Sie hielt sich tausend Jahre. Ihr plötzlicher Untergang um 1700 v. Chr. geht wahrscheinlich auf eine Reihe heftiger Überschwemmungen zurück.

Das vedische Zeitalter (1500–600 v. Chr.)

Die schriftlich dokumentierte indische Geschichte beginnt mit der Invasion indo-europäischer und arischer Stämme, die mit Streitwagen anrückten und der Industalkultur den Todesstoß versetzten. Mit der Ankunft der Arier begann das sogenannte vedische Zeitalter, benannt nach den frühesten literarischen Texten Indiens, den **Veden** (S. 113). Die **Arier** gehörten zu den verschiedenen Nomadenstämmen, die sich aus den weiten Steppen Zentralasiens aufmachten, um Raubzüge durch Europa, den Nahen Osten und den indischen Subkontinent zu unternehmen und diese Gebiete schließlich zu kolonisieren. Die arische Kultur war der Industal-Kultur diametral entgegengesetzt. Als die Arier erstmals auf den Subkontinent vordrangen, waren sie noch halbnomadische Jäger und Hirten. Während sie sich weiter Richtung Osten nach Indien ausbreiteten, übernahmen sie nach und nach die Methoden des Feldbaus der von ihnen unterworfenen Völker.

Die in den Veden festgehaltenen arischen Hymnen beschreiben die für jene Epoche typischen Konflikte zwischen den arischen Volksstämmen, zeugen aber auch von einer unterschwelligen Solidarität miteinander, die gegen die Ureinwohner gerichtet war. Letztere wurden von den Ariern „Dasa" genannt. Dieses Wort stand ursprünglich für „Feinde", doch mit der Zeit wurde es zur Bezeichnung für „Untergebene" – Menschen, die auf dem sich ständig ausdehnenden Land der Arier lebten und von ihnen kolonisiert wurden.

Als die Arier sich in Nachbarschaft zu den dunkelhäutigen Ureinwohnern niederließen, begannen sie die Bedeutung „reinen Blutes" zu glorifizieren und verschärften ihre Klassenunterscheidung zwischen ranghohem Adel und einfachen Stammesangehörigen, um diese auszugrenzen. Zur selben Zeit erhoben die Priester aufgrund ihrer Kenntnisse der Religion und der heiligen Rituale Anspruch auf besondere Privilegien. Die arische Gesellschaft hatte sich in **vier Klassen** oder *varna* (wörtlich „Farbe") gespalten: Priester (Brahmanen), Krieger (Kshatriya), Bauern (Vaishya) und Diener (Shudra), eine Teilung, die noch bis zum heutigen Tag besteht. Die ersten drei machten die Haupt-Gesellschaftsschichten innerhalb der arischen Stämme aus, während die Dasa und andere nicht-arische Personen zu Shudra wurden, die den drei oberen Schichten zu dienen hatten.

In dieser Zeit entstanden viele der wichtigsten religiösen Texte und Epen, darunter die Sama-, Yajur- und Atharva-Veden, die Brahmanas und die Upanishaden (S. 114), und auch das **Mahabharata** und das **Ramayana** (S. 113) sollen sich auf jene Epoche beziehen. In der spätvedischen Periode zwischen 1000 und 600 v. Chr. verschob sich das Zentrum der arischen Macht langsam vom Punjab ostwärts ins Doab, die Region zwischen Ganges und Yamuna.

Um 600 v. Chr. waren im Norden Indiens mindestens sechzehn Republiken und Monarchien entstanden, die unter dem Namen **Mahajanapadas** zusammengefasst werden. Das Konzept des Königtums nach göttlicher Vorsehung machten die Monarchien zu starren Gebilden, während die Republiken Raum für die Entwicklung unorthodoxer Sichtweisen boten. Die Begründer der neuen Religionen **Buddhismus** und **Jainismus** wurden in solchen kleinen Republiken geboren. Die Konsolidierung der *mahajanapada* basierte auf dem Wachstum einer stabilen Agrarge-

sellschaft und der steigenden Bedeutung des Handels, die zur Einrichtung eines Münzwesens und zur Entwicklung der Brahmi-Schrift führten, aus der die heutigen Schriftsysteme Indiens, Sri Lankas, Tibets, Javas und Myanmars hervorgegangen sind.

Der steigende Wohlstand aber gab Anlass zu Konflikten, und im 5. Jh. v. Chr. hatten sich die verstreuten Kleinstaaten im nördlichen Indien zu fünf großen Königreichen zusammengefunden: Magadha, Kashi, Koshala, Vatsa und die Republik Vrijji. Schließlich erkämpfte **Magadha** unter Bimbisara (543–491 v. Chr.) die Oberherrschaft. Laut Überlieferung war Magadha auch ein persönlicher Freund und Gönner des fast gleichaltrigen Buddha. Bimbisaras Sohn und Nachfolger **Ajatashatru** (491–461 v. Chr.) verlegte die Hauptstadt Magadhas nach Pataliputra (Vorgänger des heutigen Patna) und vernichtete bzw. unterwarf die anderen Königreiche im Gangestal.

Mitte des 4. Jhs. v. Chr. usurpierte die Dynastie der **Nanda** den Thron von Magadha. Mahapadma Nanda eroberte Kalinga (Orissa und den nördlichen Küstenstreifen von Andhra Pradesh) und gewann die Kontrolle über Teile des Dekkans. Nach seinem Tode brachen Kämpfe um die Thronfolge aus, gleichzeitig ereigneten sich entscheidende Dinge im Nordwesten; in dieser Zeit wurde das erste indische Großreich geboren.

Das Reich der Maurya (320–184 v. Chr.)

Der wachsende Wohlstand Nordindiens zog langsam das Interesse ehrgeiziger zentralasiatischer Herrscher auf sich – etwas, das sich im Laufe der folgenden tausend Jahre in der indischen Geschichte regelmäßig wiederholen sollte. Dareios I., der dritte archämenidische Großkönig von Persien, hatte schon gegen 520 v. Chr. das Königreich Gandhara (im heutigen Nord-Pakistan und Ost-Afghanistan) erobert. Sehr viel bedeutsamer jedoch war die spätere Invasion von **Alexander dem Großen**, der den letzten Achämeniden Dareios III. schlug, 326 v. Chr. den Indus überquerte und dann den Punjab überrannte. Er hielt sich nur zwei Jahre in Indien auf, und obwohl er Garnisonen hinterließ und Satrapien (Provinzen) gründete, waren diese Gebiete nach seinem Tod im Jahre 323 nicht zu halten. **Chandragupta Maurya**, der Herrscher von Magadha, der um 320 v. Chr. die letzte Nanda-Dynastie von Magadha gestürzt hatte, nutzte das politische Vakuum im Anschluss an Alexanders kurze Einmischung zu seinem eigenen Vorteil.

Chandragupta soll Alexander den Großen getroffen und sich womöglich von dessen Eroberungszügen inspirieren haben lassen. Jedenfalls radierte sein 500 000 Mann starkes Heer die griechischen Garnisonen im Nordwesten aus und annektierte alles Land östlich des Indus.

Ungefähr ab 297 v. Chr. dehnte Chandraguptas Sohn Bindusara das Reich bis nach Mysore im Süden aus, bevor um 269 v. Chr. sein Sohn **Ashoka** die Thronfolge antrat. In den ersten acht Jahren seiner Herrschaft kümmerte er sich kompromisslos um die Absicherung seiner Macht, doch dann – offenbar zutiefst erschüttert angesichts des entsetzlichen Massakers, das während seiner Eroberungen angerichtet worden war – trat er urplötzlich zum Buddhismus über und bekannte sich zur Gewaltlosigkeit und zum **Gesetz der Rechtschaffenheit** (dharma).

Ashokas Hinwendung zum Buddhismus änderte jedoch nichts an seinem kaiserlichen Pragmatismus. So festigte er die Herrschaft über die eroberten Gebiete mit militärischer Macht, und am Ende seiner Herrschaft erstreckte sich sein Reich von Assam bis Afghanistan und von Kashmir bis Mysore. Nur die drei dravidischen Königreiche Chola, Chera und Pandya am südlichsten Zipfel des Subkontinents waren noch unabhängig. Nach Ashokas Tod im Jahre 232 v. Chr. begann das Reich zu zerfallen. 184 v. Chr. wurde der letzte Maurya-Herrscher Brihadratha von einem seiner Generäle ermordet. Dies bedeutete das Ende der fast 140 Jahre dauernden Maurya-Herrschaft.

Das Zeitalter der Invasionen (184 v. Chr.–320 n. Chr.)

Die 500 Jahre im Anschluss an den Zusammenbruch der Maurya-Herrschaft waren die ereignisreichsten in der Geschichte des Subkontinents. Sie sind geprägt von politischer Zerrissenheit und einer erneuten, scheinbar endlosen Welle von Invasionen aus dem Nordwesten. Diese Epoche wird manchmal als das „Finstere Zeitalter" Indiens bezeichnet. Doch obwohl eine Zentralmacht fehlte, war es auch ein Zeitalter ökonomischer und kultureller Blüte. Die ersten Invasoren waren die baktrischen **Griechen** von Gandhara, Bewohner des riesigen, von Alexander dem Großen eroberten Territoriums, das unter seinem Nachfolger Seleucus Teil des Seleukiden-Reichs geworden war. Um 180 v. Chr. verkündeten die baktrischen Griechen ihre Unabhängigkeit vom Seleukiden-Reich und kamen kurz darauf zurück nach Indien, um sich einige kleine Grafschaften zu sichern. Sie besetzten den Punjab und dehnten ihre Kontrolle bis nach Mathura in Uttar Pradesh aus.

Die griechische Vorherrschaft in Baktrien war jedoch schnell durch Neuankömmlinge aus Mittelasien bedroht. Massive Vorstöße zentralasiatischer Nomaden namens **Yüe-Chi** hatten die Abwanderung der Skythen (indisch: Shaka) aus dem Schwarzmeer- und Aralseegebiet bewirkt, die ihrerseits die Parther (Pahlavas) aus dem Iran verdrängten. Diese wiederum entrissen den Griechen die Macht über Baktrien. Daraufhin verwalteten die Griechen ihre indischen Territorien von einer neuen Hauptstadt (Kabul) aus. Die genauen Einzelheiten dieser verschiedenen Völkerwanderungen sind bis heute ungeklärt, und vielleicht handelte es sich eher um Migrationen als um Invasionen. Wie dem auch sei – sowohl die Yüe-Chi als auch die **Shaka** wanderten langsam weiter Richtung Indien, wo sie schließlich im 1. Jh. n. Chr. ankamen. Die Ersten waren die Shaka; sie siedelten sich bis zur Ankunft der Kuschan im Nordwesten Indiens an. Die **Kuschan**, eine Untergruppe der Yüe-Chi, vertrieben dann im 1. Jh. n. Chr. die Shaka weiter nach Gujarat und Malwa (bei Ujjain).

Trotz des Niedergangs der Maurya-Dynastie und der Ausbreitung einander bekämpfender Königreiche war die Zeit zwischen 200 v. Chr. und 300 n. Chr. eine Periode des wirtschaftlichen Wohlstands und der kulturellen Entwicklung auf nie zuvor erreichtem Niveau. In ganz Indien entwickelten sich urbane Zentren, und der Außenhandel führte zu Lande und zu Wasser zur Erschließung von Verkehrswegen zu anderen

Weltteilen: Arabien und Südostasien auf dem Seeweg, China und das Mittelmeer über die **Seidenstraße** auf dem Landweg.

Der Aufstieg des Südens

In der Zwischenzeit ließ das erste große Königreich des südlichen Indiens seine Muskeln spielen. Zwischen dem 2. Jh. v. Chr. und dem 2. Jh. n. Chr. drang die Andhra- oder Satavahana-Dynastie, die ihren Ursprung in der Region zwischen den Flüssen Godavari und Krishna (dem heutigen Andhra Pradesh und Maharastra) hatte, nach und nach in einen Großteil von Süd- und Zentralindien vor und errichtete die Hauptstädte **Paithan** am Godavari und **Amaravati** am Krishna. Die Dynastie bestand bis Mitte des 3. Jhs.; dann verleibten rivalisierende Dynastien sich die Territorien ein, darunter die Pallava (S. 99), die die Kontrolle über das Gebiet von Andhra Pradesh übernahmen.

Weiter südlich hatten sich drei Königreiche praktisch völlig unabhängig vom nördlichen Indien entwickelt: die **Chera** an der Malabarküste im Westen, die **Pandya** im zentralen Südzipfel der Halbinsel und die **Chola** an der Ostküste von Coromandel – was zusammen einen großen Teil des heutigen Tamil Nadu und Kerala ausmachte. Ihre Gesellschaften waren in Gruppen unterteilt, die sich dadurch unterschieden, ob sie in den Bergen, Ebenen, Wäldern, Wüsten oder an der Küste lebten, und weniger durch Klasse oder *varna*, allerdings genossen die Brahmanen einen besonders hohen Status. Landwirtschaft, Viehzucht und Fischfang waren die Haupteinnahmequellen, aber der Gewürz-, Gold- und Edelsteinhandel mit Rom und südostasien brachte der Region zusätzlichen Wohlstand.

Ab Mitte des 1. Jhs. v. Chr. gab es allerdings verstärkt Auseinandersetzungen zwischen den drei Staaten. Geschwächt durch endlose Scharmützel wurden sie angreifbar. Zu Beginn des 4. Jhs. n. Chr. überrannten die **Pallava** die Chola-Hauptstadt Kanchipuram, und gegen 325 n. Chr. gehörte ihnen Tamil Nadu. Die Pallava hielten bis ins 9. Jh. n. Chr. eine Vormachtstellung im Süden und waren damit eine der am längsten regierenden Dynastien in der indischen Geschichte.

Die Gupta (320–650)

Im 4. Jh. n. Chr. entwickelte sich im Norden ein zweites großes indisches Reich, das der Gupta. Die Parallelen mit dem frühen Maurya-Reich sind verblüffend: Beide wurden im Jahr 320 (v. Chr. bzw. n. Chr.) von einem König namens Chandragupta (der Name des späteren Königs wird allerdings meistens in zwei Worten geschrieben: Chandra Gupta) gegründet, und beide entstanden aus dem berühmten alten Königreich Magadha. **Chandra Gupta** (reg. 320–335 n. Chr.) scheint der Herrscher eines kleinen Fürstentums innerhalb des alten Magadha-Königreichs gewesen zu sein, der durch Einheirat in das berühmte Geschlecht der Licchavi zu umfangreichen neuen Territorien gekommen war. Der Licchavi-Clan war 600 Jahre zuvor einer der größten Feinde der Maurya gewesen.

Chandra Gupta war nun also Herrscher eines mächtigen Königreichs in der Gangesebene, das die wichtige Ost-West-Handelsroute kontrollierte. Sein Sohn und Nachfolger **Samudra Gupta** (reg. 335–376) dehnte die Grenzen seines Reichs vom Punjab bis nach Assam aus. Das Reich erreichte seine größte Ausdehnung unter Samudras Nachfolger **Chandra Gupta II.** (reg. 376–415), der die Shaka in Gujarat unterwarf. Er vereinte den ganzen Norden Indiens, mit Ausnahme des Nordwestens. Die Ära dieser drei Gupta-Herrscher gilt, zusammen mit der nachfolgenden Herrschaft von Harsha Vardhana (606–647) aus Kanauj (s. u.), als das Klassische Zeitalter der indischen Geschichte, eine Zeit kultureller und künstlerischer Blüte, religiösen Eifers und politischer Stabilität.

Die weltliche **Sanskrit-Literatur** erreichte in den Werken des größten indischen Poeten und Dramatikers **Kalidasa** ihren Höhepunkt, der Mitglied des Hofstaats von Chandra Gupta II. war. Die berühmten Höhlenmalereien von **Ajanta** und **Ellora** inspirierten buddhistische Künstler in ganz Asien. In der **Bildhauerei** verkörpern die Buddhabildnisse von Sarnath und Mathura den schlichten heiteren Stil des Klassizismus. In der Gupta-Epoche entstand auch ein neuer Baustil des **Hindutempels**, der zur klassischen indischen Architekturform wurde. Die Ära der Gupta brachte nicht zuletzt große Denker hervor.

Es entstanden sechs Systeme der **Philosophie**, die ihre Stimmen gegen den Buddhismus und Jainismus erhoben. Eines dieser Denksysteme, **Vedanta**, ist bis zum heutigen Tage in Indien die Basis aller philosophischen Studien geblieben. Die Gupta vollzogen vedische Opferhandlungen, um ihre Herrschaft zu legitimieren und förderten populäre Glaubensformen des Hinduismus, wie z. B. die Bhakti-Bewegung und die Verehrung von Vishnu-, Shiva- und Shakti-Abbildern in Tempeln, die in jener Epoche zunehmend mehr Gläubige anzogen. Doch auch der Buddhismus breitete sich frei aus; Tausende Mönche lebten in Mathura und Hunderte in der Hauptstadt Pataliputra selbst.

Während der langen Regierungszeit von **Kumara Gupta** (reg. 415–455), dem Nachfolger von Chandra Gupta II., ging es im Gupta-Reich relativ friedlich zu, aber um die Zeit, als **Skanda Gupta** (reg. 455–467) den Thron bestieg, wurde das westliche Indien wieder einmal von Invasionen aus Zentralasien bedroht, diesmal von den **Hunnen**, einem Nomadenvolk zentralasiatischen Ursprungs, das sich schon in Baktrien niedergelassen hatte. Skanda konnte die Angriffe der Hunnen zurückschlagen, doch nach seinem Tod führte die Lahmlegung des zentralasiatischen Handels durch die Feinde im Norden zur ernsthaften Destabilisierung des Reiches.

Ende des 5. Jhs. hatten die Hunnen den Punjab unter ihre Kontrolle gebracht, und weitere Eroberungsfeldzüge im 6. Jh. bedeuteten den endgültigen Todesstoß für das Gupta-Reich, von dem um 550 nichts mehr übrig war. Nach dem Sturz der Gupta-Dynastie zerfiel Nordindien erneut in rivalisierende Königreiche, doch als **Harsha Vardhana** im Jahre 606 den Thron bestieg, hatten die Pushpabhuti von Shanvishvara (Thanesar, nördlich von Delhi) bereits die Vorherrschaft in der Region erlangt. Harsha regierte 41 Jahre lang über ein Reich, das sich von Gujarat bis Bengalen erstreckte und den Punjab, Kashmir und Nepal umfasste. Im Zuge von Eroberungsfeldzügen im Osten verlegte er seine Hauptstadt nach **Kanauj** (nordwestlich von heutigen Kanpur in Uttar Pradesh). Als Harsha 647 ohne Thronerbe starb, zerfiel Nordindien einmal mehr in eigenständige Königreiche.

Königreiche in Zentral- und Südindien (500–1250)

In Zentral- und Südindien ereignete sich unterdessen Bedeutsames. Die Geschichte jener Periode wird von drei wichtigen Königreichen diktiert: den **Pallava**, die im 4. Jh. die Satavahana aus der Andhra-Region vertrieben und Kanchipuram zu ihrer Hauptstadt gemacht hatten; den **Pandya** von Madurai, die im 6. Jh. ihr eigenes regionales Königreich errichtet hatten, und den **Chalukya** von Vatapi (Badami in Karnataka), die in der Mitte des 6. Jhs. bis in den Dekkan vorgedrungen waren. Alle drei Reiche bekriegten sich immer wieder, aber ihre militärische Stärke war so ausgewogen, dass keines definitiv die Oberhand gewinnen konnte.

Die Chalukya wurden schließlich 753 von Dantidurga besiegt, dem Begründer des **Rashtrakuta**-Königreichs, dessen Herrscher ebenfalls ihr Glück im Norden versuchten und sich kurzzeitig der Stadt Kanauj bemächtigten. Die Pallava überlebten ihre Erzfeinde um knapp hundert Jahre, bevor sie sich einem gemeinsamen Angriff der Pandya und Chola geschlagen geben mussten. Die **Chola** stellten eine neue Macht in Tamil Nadu dar. Sie eroberten im 9. Jh. die Thanjavur-Region und vertrieben 907 die Pandya aus Madurai, ehe sie in der Mitte des 10. Jhs. von den Rashtrakuta besiegt wurden, die ihrerseits im Jahr 973 den wiederauferstandenen Chalukya weichen mussten.

Nutznießer des ganzen Hin und Her waren die Chola, denen es im 11. und 12. Jh. gelang, verlorene Territorien zurückzugewinnen und sich weiter auszubreiten. Die großen Chola-Könige **Rajaraja I.** (985–1014) und **Rajendra I.** (1014–1044) unternahmen eine Reihe von Feldzügen gegen die Chera, Pandya und Chalukya, und gegen Ende des 11. Jhs. hatte die Chola im Süden das Sagen, jedoch hatten die ständigen Eroberungszüge ihre Reserven erschöpft. Die Ironie der Geschichte wollte, dass ihr Sieg über die Chalukya den Grundstein für ihren eigenen Untergang legte. Ehemalige Chalukya-Fürsten wie die **Yadava** von Devagiri im nördlichen Dekkan und die **Hoysala** aus der Gegend des heutigen Mysore, errichteten ihre eigenen Königreiche. Letztere griffen die Chola von Westen her an, während die

Pandya von Süden her eine Offensive starteten. Um das 13. Jh. herum waren die Pandya an die Stelle der Chola getreten und bildeten die größte Macht in Südindien. Und die Yadava und Hoysala kontrollierten bis zur Ankunft der Delhi-Sultane im 14. Jh. den Dekkan.

Trotz konstanter politischer und militärischer Konflikte war jene Epoche in vielerlei Hinsicht das Klassische Zeitalter des Südens. Den Aufstieg der Chola begleitete die Herauskristallisierung der Tamil-Kultur, und die religiösen, künstlerischen und institutionellen Muster jener Periode dominierten die Kultur des Südens und beeinflussten die Entwicklungen in anderen Teilen des Subkontinents. Auf dem Gebiet der Religion zum Beispiel hatten sowohl die großen Philosophen Shankara und Ramanuja als auch die tamilischen und maharashtranischen Heiligen entscheidenden Einfluss auf den Hinduismus in Nordindien.

Königreiche in Nordindien (650–1250)

Nordindien erlebte nach Harshas Tod ein Jahrhundert der Wirren, in dem verschiedene Reiche um die Kontrolle des Gangestals stritten. Als Hauptrivalen kristallisierten sich schließlich die **Pratihara**-Gurjara aus dem westlichen Indien sowie die **Pala** aus Bihar und Bengalen heraus, sie wurden aber ihrerseits von den **Rashtrakuta** vom Dekkan bedrängt, die 916 vorübergehend Kanauj einnahmen. Der bittere Kampf um Kanauj nagte an den finanziellen Mitteln der drei konkurrierenden Mächte und führte letztendlich zu ihrem fast gleichzeitigen Zusammenbruch. Derweil erlangten im 12. Jh. benachbarte feudale Königreiche wie Nepal, Kamarupa (Assam), Kashmir und Orissa politische Unabhängigkeit und Einheit.

Im Westen tauchten inzwischen die berühmten **Rajputen** als ein neues Element innerhalb der indischen Gesellschaft auf. Ihr Ursprung ist nach wie vor Gegenstand aller möglichen Spekulationen. Aber wahrscheinlich stammten sie von den verschiedenen Invasoren ab, die zwischen dem 3. und 6. Jh. nach Indien kamen, darunter die Pratihara-Gurjara, die Hunnen und Shaka und vielleicht auch noch andere. Woher auch immer sie stammten, sie verschafften sich

beeindruckende Hindu-Genealogien und erlangten den Kshatriya-Status. Bereits im 10. Jh. hatten die wichtigsten Rajputen-Clans wie die Chauhan von Ajmer, die Guhila von Chittaurgarh, die Chandella von Bundelkhand und die Tomara von Haryana (die 1060 das heutige Delhi gründeten) alle ihre eigenen kleinen Königreiche auf einem Gebiet errichtet, das das heutige Rajasthan, Gujarat, Madhya Pradesh und andere Teile des Nordens umfasste.

Die verschiedenen Rajputen-Clans befehdeten einander unablässig und unterschätzten deshalb die Bedeutung eines neuen Machtfaktors, der sich Anfang des 11. Jhs. in die nordindische Politik einmischte. Der türkische Clanführer **Mahmud von Ghazni** (971–1030), der im afghanischen Ghazni das mächtige Ghaznaviden-Reich gegründet hatte, unternahm zwischen 1000 und 1027 insgesamt siebzehn Raubzüge nach Indien. Dabei wurden u. a. Mathura, Kanauj und Somnath geplündert. Fast zwei Jahrhunderte später lagen die mächtigen Rajputen-Clans Nordindiens immer noch im Krieg miteinander. Da trat **Muhammad von Ghor** (1162–1206) in Mahmuds Fußstapfen, indem er Ende des 12. Jhs. den Punjab eroberte und anschließend seine Aufmerksamkeit auf die reichen Landstriche im Osten richtete. Der legendäre Erbe der Chauhan von Ajmer, **Prithviraj III.**, zimmerte eine Allianz zusammen, die den türkischstämmigen Kriegsherrn 1191 in **Tarain** (nördlich von Delhi) in seine Schranken verwies, doch schon im folgenden Jahr rückte Muhammad mit einer stärkeren Streitmacht erneut an. Er besiegte die Rajputen, ließ Prithviraja hinrichten und betraute vor der Heimkehr seine Generäle mit weiteren Eroberungsfeldzügen.

Die Delhi-Sultanate (1206–1526)

Als Muhammad von Ghor im Jahre 1206 ermordet wurde und das Reich rasch zu zerfallen begann, fiel die Macht unversehens dem türkischen General und ehemaligen Sklaven **Qutb-ud-Din-Aiback** zu. Er wurde zum autonomen Herrscher über die indischen Territorien und zum Begründer der sogenannten „**Sklavendynastie**". Sie war der Grundstein der sogenannten Delhi-Sultanate, die bis ins frühe 16. Jh. die stärkste politische Kraft Nordindiens werden sollten. Die Sultanate stellten einen wichtigen Meilenstein in der indischen Geschichte dar. Plötzlich war der Islam, nicht mehr der Hinduismus, die Religion der Herrscher des Landes, und anstelle von Kanauj oder Pataliputra wurde Delhi die wichtigste Stadt im Norden.

Aibacks Schwiegersohn **Iltutmish** (1211–36) hatte, als er starb, das Territorium des Sultanats vom Sind bis nach Bengalen ausgedehnt. Doch nun folgte eine chaotische Zeit, mit fünf verschiedenen Herrschern in nur sechs Jahren. Erst als **Ghiyas-ud-Din Balban** 1246 die Staatsgeschäfte in die Hand nahm, stabilisierte sich die Lage wieder – und dies trotz wiederholter Drohungen von Seiten schon wieder neuer Eindringlinge, der **Mongolen**, die seit ungefähr 1220 Raubzüge ins westliche Indien unternommen hatten und unermüdlich die Grenzen der Sultanate angriffen.

Auf Ghiyas-ud-Dins Tod im Jahr 1287 folgte die unvermeidliche Periode der Nachfolgewirren, die erst 1290 ihr Ende fand, als Aibacks Sklavendynastie durch die **Khalji-Dynastie** ersetzt wurde. Die Khalji-Familie war unter Muhammad von Ghor nach Indien gekommen und hatte sich anschließend ein eigenes moslemisches Fürstentum in Bengalen und Bihar erobert. Der erste Khalji-Sultan, der nicht mehr ganz junge Feroz Shah I., wurde schon bald von **Ala-ud-Din Khalji** (1296–1315) beseitigt, einem der unbeugsamsten aller indischen Herrscher. Als harter Mann in harten Zeiten sah sich Alaud-Din sofort mit einer Reihe weiterer Mongolen-Angriffe konfrontiert. Delhi wurde zweimal belagert und die Umgebung geplündert, bevor die Angreifer eine handfeste Niederlage erlitten, die ihnen der neue Sultan 1300 beibrachte. Danach ließen sie ihn in Frieden. Nachdem er mit den Mongolen aufgeräumt hatte, unternahm Ala-ud-Din zwischen 1299 und 1311 mehrere Feldzüge, um Gujarat und Rajasthan zu erobern, bevor er seine Aufmerksamkeit auf den Dekkan und den Süden richtete. Im Grunde ging es ihm dabei aber mehr darum, Tribute zu erheben und die Staatskasse aufzubessern, als darum, ein stabiles Großreich aufzubauen.

Für frische Impulse sorgte ab 1320 die **Tughluq-Dynastie**. Unter **Mohammed bin Tughluq** (1325–51) erreichte das Sultanat seine weiteste Ausdehnung – fast so groß wie das Herrschaftsgebiet Ashokas. Allerdings provozierten die heftigen Steuern, die er seinen Untertanen auferlegte, um seine Feldzüge zu finanzieren, mehrere Aufstände. Das neue Hindu-Königreich **Vijayanagar** nutzte die Schwäche des Sultanats aus, um seinen Einfluss von seiner Hauptstadt bei Hampi aus zu erweitern. **Firoz Shah Tughluq** (1351–88) konnte den Untergang des Sultanats durch seine relativ milde Regentschaft vorübergehend aufhalten. Es wurde nach seinem Tod im Jahre 1388 jedoch wegen familiärer Thronfolgestreitigkeiten und durch einen Angriff des zentralasiatischen Despoten **Timur** (auch: Tamerlan), der 1398 Delhi eroberte, weiter geschwächt. Gegen Ende des 14. Jhs. war das Delhi-Sultanat endgültig nur noch eines von mehreren miteinander wetteifernden moslemischen Reichen in Nordindien.

Das völlig geschwächte Sultanat wurde nun von dem aus Afghanistan stammenden **Khizr Khan** (1414–21) unterworfen, dessen **Sayyiden-Dynastie** bis 1444 herrschte, und dann von den Lodi übernommen. Unter der rührigen Herrschaft der Lodi erlebte das Sultanat einen bescheidenen Aufschwung, besonders unter **Sikandar Lodi** (1489–1517), der Jaunpur und Bihar annektierte. Doch seinem Nachfolger Ibrahim gelang es nicht, Differenzen mit den afghanischen Lehnsgebieten zu regeln. Eines von ihnen wandte sich mit der Bitte um Schutz an **Babur**, den Herrscher von Kabul, der daraufhin Ibrahims Lodi-Dynastie 1526 mit dem Sieg in der Schlacht von Panipat endgültig stürzte.

Das frühe Mogulreich (1526–1605)

Für **Babur** – den Begründer der ruhmreichsten Dynastie Indiens, der Moguln – schien die Herrschaft über Indien eine Art Zufallsprodukt gewesen zu sein. Babur, ein Nachkomme von Timur und entfernter Verwandter von Dschingis Khan, wurde im heutigen Usbekistan geboren und verbrachte den größten Teil seines Lebens in Afghanistan, wo er die Macht über Kabul ergriff. Er war schon relativ alt, als er von der militärischen Schwäche der Lodi erfuhr und beschloss, Indien anzugreifen. Seinen kampferprobten Streitkräften war es ein Leichtes, 1526 den letzten Delhi-Sultan Ibrahim Lodi in der Schlacht von Panipat zu besiegen. Dadurch erlangte er die Kontrolle über Delhi und Agra, doch seine Position konsolidierte sich erst, nachdem seine Truppen 1527 in der Schlacht von Kanwaha ein sehr viel stärkeres Rajputen-Heer unter dem Kommando von Rana Sanga von Mewar geschlagen hatten, und anschließend auch noch die alliierten Streitkräfte von afghanischen Clanführern. Kurz darauf zwang ihn seine schwindende Gesundheit zum Rückzug nach Lahore, wo er 1530 starb.

Sein Sohn und Nachfolger **Humayun** hingegen war ein launischer Mensch, der sich ständig zwischen Phasen von Geschäftigkeit und Trägheit bewegte. Er unterwarf Malwa und Gujarat, doch nur um sie wieder zu verlieren, weil er sich in Agra „dem Vergnügen hingab". Bald stellte sich der afghanischstämmige **Sher Shah Suri** (auch Sher Khan oder Sher Khan Sur genannt) aus Süd-Bihar an die Spitze der afghanischen Opposition, und nach zwei schweren Niederlagen musste Humayun 1539 in Persien um Asyl bitten. Sher Shah, ein klügerer Politiker als der hitzköpfige Humayun, zwang später mehrere Rajputen-Reiche in die Knie, kam aber schon 1545 bei der Belagerung von Kalinjarums Leben.

Der Nachfolger von Sher Shah war sein Sohn **Islam Shah Sur**, doch als dieser 1553 verstarb, herrschte in den Sur-Territorien das Chaos, denn es gab drei verschiedene Thronanwärter. Humayun beschloss, dass dies der richtige Moment zur Rückkehr wäre, und führte seine Truppen zurück nach Indien. Im Jahr 1555 vernichtete sein Heer bei Sirhund im Punjab das von Sikander Sur, dem mächtigsten der drei Anwärter, und marschierte anschließend praktisch ungehindert in Delhi ein. Ein Jahr später starb Humayun nach einem Sturz in der Festung Purana Qila in Delhi und hinterließ die Thronnachfolge seinem 13-jährigen Sohn **Akbar**. Dieser hatte das Glück, dass ihm als Leibwache und Reichsverweser Humayuns erfahrener General Bairam Khan zur Seite stand, der ihn durch die schwierigen Anfangsjahre seiner Regierung führte.

Bairam besiegte 1556 in der zweiten Schlacht von Panipat zunächst den aufständischen Hindu-General Hemu, eroberte Gwalior und Jaunpur zurück und übergab Akbar 1560 ein konsolidiertes nordindisches Reich. Akbars erste eigene Militäraktionen richteten sich gegen die **Rajputen**. Binnen eines Jahrzehnts hatte er mittels einer klugen Mischung aus Diplomatie und Druck alle rajputischen Herrschaftsgebiete außer Mewar (Udaipur) unterworfen. Damit aber nicht genug: 1576 hatte er die reichste Provinz, Bengalen, unter seine Kontrolle gebracht, und am Ende seiner Regentschaft im Jahre 1605 herrschte er über ein riesiges Gebiet vom Golf von Bengalen bis nach Kandahar in Afghanistan.

1565 hatte Akbar die kleine, von Sikander Lodi in Agra erbaute Festung abreißen und durch das wunderbare neue Agra Fort ersetzen lassen, dem Herzstück einer wiederbelebten Stadt, die künftig Delhi den Rang als wichtigstes Zentrum der Mogul-Macht streitig machen sollte. Das reichte ihm aber nicht aus: Anfang der 1570er-Jahre begann er mit dem Bau einer völlig neuen Stadt, der bemerkenswerten, aber kurzlebigen Stadt Fatehpur Sikri, die eine Weile Hauptstadt des Reichs war. Akbar war nicht nur ein erfolgreicher General, sondern auch ein kluger Politiker und Administrator. Er bezog nicht nur hinduistische Landbesitzer und Adlige in das politische Leben ein, sondern betrieb mit dem Ziel, seine Machtbasis auszuweiten, auch eine bewusste Politik der **religiösen Toleranz**. Insbesondere schaffte er die verhasste Kopfsteuer für Nicht-Moslems *(jizya)* und die Wegegelder für hinduistische Pilgerfahrten ab.

Die späteren Moguln (1605–1761)

Die Regierungszeit von **Jahangir** (1605–27) war eine Zeit wirtschaftlicher und territorialer Expansion und höchster Entfaltung von Kunst und Architektur. Jahangir war eine widersprüchliche Persönlichkeit: ein Alkoholiker und Sadist, aber auch ein feinsinniger Kunstkenner. Außerdem war er ein fähiger Feldherr, der es schaffte, die Grenzen des ohnehin schon beträchtlich großen Reichs, das Akbar ihm hinterlassen hatte, noch zu erweitern. Jahangirs Sohn **Shah Jahan** kam 1628 an die Macht, nachdem er sich während der Regierungszeit seines Vaters als hervorragender

Feldherr ausgezeichnet hatte. Trotz seiner ausgeprägten militärischen Fähigkeiten wird Shah Jahan der Nachwelt aber wahrscheinlich als vielleicht größter Förderer der Architektur aller Zeiten in Erinnerung bleiben. 1648 verlegte er die Mogul-Hauptstadt von Agra zurück nach Delhi und feierte dies mit dem Bau der neuen Stadt Shahjahanabad (heute besser als Old Delhi bekannt). Sein bemerkenswertestes Zeugnis hinterließ er jedoch in Agra: die unzähligen Verzierungen an der Stadtfeste und vor allem das **Taj Mahal**.

Während der Regierungszeit von Shah Jahan hielt eine neue Macht Einzug in die indische Geschichte: die Marathen, eine Militärmacht aus Zentralindien. Die Marathen, eine Gruppe militanter Hindus aus Maharashtra, hatten unter ihrem fähigen Führer Shivaji ein eigenes Königreich aufgebaut und richteten bald ihr Augenmerk auf das Gebiet weiter nördlich. Shah Jahan reagierte auf die Bedrohung durch die Marathen, indem er seinen dritten Sohn, den ambitionierten jungen Aurangzeb, in den Dekkan schickte, um die Mogul-Interessen in der Region zu vertreten. Aber seine militärischen Erfolge wurden regelmäßig von Shah Jahans ältestem Sohn und bevorzugten Erben Dara Shikoh unterminiert, der darin eine Bedrohung seiner eigenen Stellung sah. Der sich abzeichnende Bruderkrieg brach aus, als Shah Jahan 1658 plötzlich schwer erkrankte. Er erholte sich wieder, doch Aurangzeb hatte sich inzwischen mit Dara Shikoh entzweit und dessen Armee nach mehreren Gefechten zerschlagen. Die dreißigjährige Herrschaft des kränkelnden Shah Jahan endete schmählich: Aurangzeb kerkerte ihn im Fort von Agra ein, wo er die letzten Lebensjahre bis zu seinem Tod 1666 verbrachte.

Aurangzeb besaß zwar nicht das Charisma eines Babur oder Akbar, doch hatte er eine eigene Ausstrahlung und erwies sich als standhafter und fähiger Administrator, der sein zunehmend unsteter werdendes Reich bis zu seinem Tod im Alter von 88 Jahren nicht aus der Hand gab. Im Gegensatz zum Luxusleben der anderen Mogulherrscher pflegte er einen frommen und dogmatisierten Lebensstil. Sein religiöser Dogmatismus entfremdete ihn jedoch mit der Zeit von der Hindu-Gemeinde, mit deren Führern Akbar früher so sorgfältig Freundschaft gepflegt hatte. Wieder wurden Hindu-Tempel entweiht und die *jizya*-Steuern für Nicht-Moslems wieder eingeführt.

Die hauptsächliche Bedrohung des Mogulreiches in dieser Epoche ging vom Marathen-Herrscher **Shivaji** aus, der ein überschaubares und gut organisiertes Königreich im westlichen Indien aufgebaut hatte. Die benachbarten moslemischen Königreiche Bijapur und Golconda hatten sich mit ihm verbündet. Unterdessen wurde **Guru Tegh Bahadur**, das Oberhaupt der wichtigen neuen Sikh-Religion, im Jahr 1675 hingerichtet, weil er nicht zum Islam übertreten wollte. Sein Sohn Guru Gobind formte aus der religiösen Gemeinschaft eine militante Gruppe, die zunehmende Macht im Punjab gewann. Konflikte gab es auch mit den Rajputen: 1678 kam es zum Krieg und in dessen Folge zur Abkehr der meisten seiner Rajputen-Verbündeten vom Mogulreich.

Doch Aurangzebs Aufmerksamkeit galt immer mehr dem Süden. 1681 machte er sich an die Expansion des Reiches und verlagerte seine Basis in den Dekkan, wo er in seinen noch sehr zahlreichen restlichen Lebensjahren ein wachsames Auge auf die unterworfenen Reiche Bijapur und Golconda hielt und die zunehmend rebellischen Marathen in Schach zu halten versuchte. 1689 gelang es ihm, Shivajis Sohn gefangen zu nehmen und zu exekutieren, und gegen 1698 hatten die Moguln fast die gesamte Halbinsel besetzt. Aurangzebs Sohn **Bahadur Shah** trat 1707 die Thronfolge an, regierte aber nur fünf Jahre. Sein Tod im Jahre 1712 war der Anfang vom Ende der Moguln, denn in der Folge zerfiel ihr Reich. In den 1720er-Jahren waren die Herrscher von Hyderabad, Avadh (Lucknow) und Bengalen faktisch unabhängig. 1738 riss Maratha die reiche Provinz Malwa an sich. Überall rebellierten hinduistische Landbesitzer. **Nadir Shah** von Persien versetzte dem Ansehen des Mogulreichs einen empfindlichen Schlag, als er nach Indien eindrang, die Mogularmee besiegte und 1739 Delhi brandschatzte.

Die East India Company (1600–1857)

Indiens Handelspotenzial hatte schon seit 1498, als **Vasco da Gama** an der Malabarküste (Kerala) landete, in Europa Interesse geweckt.

Im nächsten Jahrhundert hatten Portugiesen, Holländer, Engländer, Franzosen und Dänen Handelsniederlassungen an Indiens Küsten gegründet, die Textilien, Zucker und Indigo in die Heimat exportierten. Die britischen Interessen in Indien fanden ihren Ausdruck in der Gründung der **East India Company**, die 1600 von Queen Elizabeth I. ihre Konzession erhielt. Die Vertreter der Gesellschaft kamen 1608 in Surat in Gujarat an und richteten in kurzer Zeit 27 Handelsposten im ganzen Land ein, u. a. Fort George und Fort William (die späteren Städte Madras und Kalkutta) sowie die junge Siedlung Bombay.

Es war im Süden, wo die europäischen Handelsinitiativen zuerst eine politische Bedeutung erlangten, nach dem Ausbruch des Österreichischen Erbfolgekriegs im Jahr 1740. Die bewaffneten Auseinandersetzungen zwischen französischen und englischen Handelskompanien entlang der südindischen Küste wuchsen sich bald zu einem kleinen Krieg über die Nachfolge des Nizam von Hyderabad aus. Die sporadischen Kampfhandlungen dauerten bis zum Ende des Siebenjährigen Krieges in Europa und dem Vertrag von Paris im Jahr 1763 an, der den französischen Ambitionen in Indien ein Ende bereitete. Inzwischen war durch die Niederlage, die Robert Clive 1757 dem rebellischen jungen Nawab von Bengalen in Plassey beigebracht hatte, die Macht der Briten gestärkt worden, und 1765 erkannte der Mogulherrscher die Company rechtlich an, indem er ihr die Steuerhoheit über Bengalen, Bihar und Orissa verlieh.

Während der nächsten dreißig Jahre begnügten sich die Briten in Indien damit, weitere Handelswege zu erschließen und indische Offensiven gegen ihre drei wichtigsten Niederlassungen in Kalkutta, Bombay und Madras abzuwehren, doch am Ende des 18. Jhs. führten die Niederlage von **Tipu Sultan** von Mysore, dem am besten organisierten und resolutesten Feind der Kompanie, und die Unterwerfung des Nizam von Hyderabad zur Annektierung großer Gebiete. Nahezu alle anderen indischen Herrscher erkannten bis 1805 die **britische Oberherrschaft** an. Eine lange Reihe von Konflikten zwischen den Briten und Marathen (die sogenannten drei „Marathenkriege", 1774–1818) führte schließlich dazu, dass die Marathen aufhörten, eine

ernstzunehmende militärische Bedrohung darzustellen.

Nachdem sie die Marathen ausgeschaltet hatten, schlossen die Briten eine Reihe von Verträgen mit den Herrschern von Rajasthan und mit den meisten anderen noch übrig gebliebenen indischen Königreichen, den sogenannten „Prinzenstaaten", von Hyderabad im Süden bis Kashmir im Norden. Diese Verträge garantierten den verschiedenen Königreichen eine relative Autonomie und militärischen Schutz im Gegenzug für ihre Loyalität zur britischen Krone und bestimmter politischer, merkantiler und finanzieller Zugeständnisse. Die krisengeschüttelte Stadt Delhi, die traditionelle Hauptstadt Nordindiens, hatte weniger Glück, denn die Briten erkoren die aufblühende neue Stadt Kalkutta zu ihrer Hauptstadt. Erst 1911 gewann Delhi den Status als wichtigste Stadt des Nordens zurück.

Der Aufstand von 1857

Durch die unaufhörlichen Konflikte im vorangegangenen Jahrhundert stand die neue britische Kolonie vor dem gesellschaftlichen und wirtschaftlichen Zusammenbruch. Die kontroverse „Doctrine of Lapse", unter der autonome Staaten allmählich annektiert wurden, sorgte weithin für Unzufriedenheit. Überdies interpretierte man die von der Company ab 1835 unternommenen Anstrengungen zur Verbreitung europäischer Literatur und Wissenschaft (wobei Englisch das Persische als offizielle Amtssprache ersetzte), die Unterdrückung lokaler Bräuche wie *sati* und Kinderhochzeit sowie den Einsatz indischer Truppen in Übersee (dabei wurden die Kastenschranken aufgehoben) zunehmend als Teil eines verschleierten britischen Versuchs, die religiösen und kulturellen moslemischen und hinduistischen Traditionen zu beseitigen.

Was schließlich das Fass zum Überlaufen brachte und einen Generalaufstand der indischen Armee auslöste, war die Ausrüstung der Truppen mit neuen Enfield-Gewehren, deren Patronen mit Kuh- und Schweinefett (das für Hindus wie Moslems unrein ist) eingeschmiert waren. Die daraus resultierende Revolte von 1857 (von den Briten traditionell als die „Indische Meuterei" oder „Sepoy-Rebellion" und von indischen Historikern als der „Erste Unabhängigkeitskrieg" bezeichnet), begann mit einer Rebellion indischer Truppen *(sepoys)* in **Meerut** am 10. Mai 1857. Am nächsten Tag fiel Delhi. Die Revolte ergriff schnell Besitz von einem Großteil Zentral-Nordindiens, wo die Aufständischen Lucknow und Kanpur einnahmen. Die Briten hatten mit diesem Aufstand nicht gerechnet, übernahmen aber schrittweise wieder die Kontrolle. Delhi und Kanpur wurden im September zurückerobert, und der Fall von **Lucknow** im März 1858 besiegelte das Scheitern der Revolution.

Raj und indischer Nationalismus (1857–1947)

Der Aufstand hatte jedoch weitreichende Konsequenzen für die weitere Herrschaft der Briten auf dem Subkontinent. Die Regierungsbefugnisse der East India Company wurden abgeschafft, und noch im selben Jahr übernahm die britische Krone die direkte Verwaltung über Indien. Ab sofort wurde Britisch-Indien nicht mehr als Handelsbasis betrachtet, sondern als ein dem britischen Empire zugehöriges Königreich, **Raj**, ein Begriff, der im Laufe der Zeit die Herrschaft der britischen Vizekönige über den indischen Subkontinent bezeichnete.

Als britische Kolonie gewann Indien einen neuen Stellenwert in der Weltwirtschaft. Im Handel profitierte das Land von der britischen Entwicklung des Eisenbahnnetzes, und indische Geschäftsleute begannen in diverse Fertigungsindustrien zu investieren. In erster Linie stützte Indien die britische Wirtschaft jedoch als billige Rohstoffquelle und Absatzmarkt für Fertigprodukte, während die eigene Wirtschaft und Landwirtschaft unterentwickelt blieben. Die höheren Verwaltungsebenen wurden von britischen Beamten dominiert, deren Maßnahmen indischen Interessen und kulturellen Traditionen oft zuwiderliefen. Öffentliche Demonstrationen zwangen die Briten 1885 schließlich, ihren Segen zur Gründung der Partei **National Congress** (normalerweise schlicht „Congress" genannt) zu geben, und schon 1905 hatte sich die Kongresspartei die Selbstregierung zum politischen Ziel

gemacht. Bedenken gegen die vorwiegend von Hindus dominierte Kongresspartei führten 1906 zur Gründung der **Islamischen Liga Indiens**, die fortan als Repräsentantin der moslemischen Bevölkerung fungierte.

1909 ebneten die Morley-Minto-Reformen den Weg für indische politische Teilhabe auf Provinzebene und eine separate moslemische Vertretung. 1911 wurde die Hauptstadt nach **Delhi** zurückverlegt und zur Feier dieses Ereignisses eine weitere Regierungsstadt gegründet, das sogenannte „New" Delhi (die Stadt wurde aber erst 1931 fertiggestellt). Ein paar Jahre später gaben die Briten mit der Königlichen Proklamation von 1917 die Zusage auf eine allmähliche Hinführung zur Eigenverwaltung. Zwei Jahre später wurde mit den Montagu-Chelmsford-Reformen der Versuch unternommen, diese Erklärung umzusetzen. Nun nahm ein in England ausgebildeter Rechtsanwalt, **Mohandas Karamchand Gandhi**, besser bekannt als Mahatma („Große Seele"), die Dinge in die Hand. Er vertrat eine politische Philosophie, deren Grundpfeiler die Gewaltlosigkeit und das Eintreten für die Unberührbaren, die er in „Kinder Gottes" (Harijan) umbenannte, waren. Gandhi fing an, indienweite eintägige Streiks und Protestmärsche zu organisieren, gegen die die Regierung mit brutaler Gewalt vorging. Der verheerendste Vorfall ereignete sich in **Amritsar**, wo Truppen unter General Dyer 1919 eine Demonstration im Jallianwalla Bagh sprengten, indem sie in die unbewaffnete Menge schossen; 379 Menschen wurden getötet und 1200 verletzt.

1928 forderte die Kongresspartei die uneingeschränkte Unabhängigkeit Indiens. Die Regierung bot Gespräche an, doch der radikalere Flügel der Kongresspartei war unter der Führung des jungen **Jawaharlal Nehru** in Konfrontationsstimmung. Gandhi dagegen brach zu einem Fußmarsch („Salzmarsch") von über 400 km Länge auf, der ihn von seinem Ashram in Sabarmati nach Dandi in Gujarat führte, um illegal (ohne Steuern zu zahlen) Salz zu gewinnen – ein symbolischer Angriff auf die besonders verhasste britische Salzsteuer. Seine Demonstration des **gewaltfreien zivilen Ungehorsams** *(satyagraha)* hinterließ einen derart tiefen Eindruck im Volk, dass bis zum Ende des Jahres Protestmärsche und Streiks an der Tagesordnung waren, die Massenverhaftungen zur Folge hatten. Dies wiederum führte 1935 zum **Government of India Act** (Gesetz über die Regierungsform Indiens), das jedoch keine ausreichende Grundlage für die uneingeschränkte Unabhängigkeit bot. Die Kongresspartei begegnete den britischen Vorschlägen mit Argwohn und lehnte trotz Gandhis Fürsprache die Forderungen der Moslems nach einer eigenen politischen Vertretung ab.

Mohammed Ali Jinnah, der 1935 an die Spitze der Islamischen Liga getreten war, befürwortete anfangs die moslemisch-hinduistische Kooperation, verzweifelte jedoch letztendlich an der Haltung der Kongresspartei. Die Liga forderte daher 1940 in einer Resolution offiziell die Schaffung eines unabhängigen Pakistan. Die Fronten zwischen Regierung, Kongresspartei und Islamischer Liga weichten auch im Zweiten Weltkrieg nicht auf, obwohl 1942 die zunehmend auf indische Truppen angewiesenen Briten versprachen, Indien nach dem Krieg in die Unabhängigkeit zu entlassen. Mahatma Gandhi formulierte den Slogan *Quit India* („Briten, verlasst Indien") und kündigte eine neue Welle des zivilen Ungehorsams an. Derweil propagierte Jinnah seine „Theorie der zwei Nationen" und sicherte sich durch eine rhetorische Kampagne gegen eine „Hinduisierung" die Unterstützung der moslemischen Öffentlichkeit. In einer Welle terroristischer Anschläge im ganzen Land wurden 1000 Menschen getötet und 60 000 Verdächtige verhaftet. Erst nach Kriegsende akzeptierte London, dass die uneingeschränkte Unabhängigkeit Indiens nicht länger aufgeschoben werden konnte.

Die britische Suche nach einer Lösung, ein vereintes Indien in die Unabhängigkeit zu entlassen und zugleich die Ängste der Moslems auszuräumen, war angesichts der auf beiden Seiten verhärteten Fronten leider zum Scheitern verurteilt. Ganz allmählich setzte sich die Einsicht durch, dass die **Teilung** – die sogenannte „Partition" – Indiens in zwei separate Staaten, einen moslemischen und einen hinduistischen, unvermeidbar war. Das britische Kabinett ernannte **Lord Mountbatten** zum Vizekönig und betraute ihn mit den Vorbereitungen für die Machtübergabe. Am 15. August 1947 erfolgte die Teilung des Subkontinents. Damit war der Staat Pakis-

tan geboren. Die neuen Grenzen durchschnitten Bengalen und den Punjab. Langjährig benachbarte Sikhs, Moslems und Hindus wurden über Nacht zu Feinden. Es setzte eine Völkerwanderung ein, in deren Rahmen 5 Millionen Hindus und Sikhs aus Pakistan und eine ähnlich hohe Zahl Moslems aus Indien flohen. Rund 500 000 Menschen kamen in den Unruhen ums Leben. Mahatma Gandhi, der sich dem Ziel verschrieben hatte, der Gewalt nach der Teilung ein Ende zu setzen, wurde im Januar 1948 wegen seiner liberalen religiösen Haltung von einem hinduistischen Extremisten erschossen.

Indien unter Nehru (1947–1964)

Jawaharlal Nehru, Indiens erster und am längsten amtierender Ministerpräsident, war in seiner 17-jährigen Amtszeit ein dynamischer und äußerst beliebter Staatsführer. Er legte die Grundlagen für eine demokratische, säkulare Nation, die er durch die ersten Phasen seiner agrarischen und industriellen Entwicklung führte. Da allen volljährigen Staatsbürgern das Wahlrecht zugesprochen wurde, war Indien mit 173 Mio. Stimmberechtigten bei der Wahl von 1951 die **größte Demokratie der Welt**. Trotz der Unabhängigkeit Indiens gab es noch das Problem der 562 „Prinzenstaaten", die nicht weniger als zwei Fünftel der Gesamtfläche des Landes ausmachten und gemäß den weiterhin gültigen Verträgen mit den Briten verwaltungstechnisch nach wie vor autonom waren. Zu dem Zeitpunkt, als Indien unabhängig wurde, mussten sich noch mehrere Herrscher solcher Staaten entscheiden, ob sie sich Indien oder Pakistan anschließen wollten.

Nehrus fähiger Vize-Premierminister **Sardar Vallabhai Patel** wurde mit der Aufgabe betraut, die Herrscher der widerstrebenden Fürstenterritorien dazu zu bewegen, sich dem neuen Indien anzuschließen. So leistete etwa der moslemische Nizam von **Hyderabad** Widerstand, obwohl die Mehrheit seiner Bevölkerung hinduistisch war, und ließ sich erst durch eine Invasion indischer Truppen überzeugen. Einige Teile des Subkontinents behielten ihre Unabhängigkeit länger. Die französischen Enklaven Pondicherry und Chandernagar wurden erst in den 1950er-Jahren aufgenommen. Die Portugiesen weigerten sich, **Goa** abzutreten, bis Nehru 1961 schließlich die Armee schickte, um es zu annektieren.

Das schwerste Erbe der Teilung wurde jedoch dem Himalaya-Staat **Kashmir** aufgebürdet. Zum Zeitpunkt der Unabhängigkeit hatte der kashmirische Hindu-Maharadscha Hari Singh noch nicht entschieden, zu welchem der beiden neuen Länder er gehören wollte. Jinnah ging natürlich davon aus, dass Kashmir sich Pakistan anschließen würde, da drei Viertel seiner Bewohner Moslems waren. Nehru dagegen war entschlossen, Kashmir Indien zuzuschlagen. Der Maharadscha kam zu keinem Entschluss. Im Oktober 1947 überschlugen sich plötzlich die Ereignisse, als unvermittelt islamische Partisanen aus pakistanischen Stammesgebieten im Kashmir-Tal auftauchten, um den Maharadscha dazu zu bewegen, Pakistan beizutreten. Hari Singh befürchtete, dass er abgesetzt werden sollte, und beschloss auf der Stelle, sich stattdessen Indien anzuschließen. Kurz darauf wurden indische Truppen ins Tal eingeflogen und begannen gegen die moslemischen Eindringlinge zu kämpfen. Obwohl es nie eine offizielle Kriegserklärung gab und keine regulären Pakistani-Militäreinheiten beteiligt waren, werden diese Kampfhandlungen normalerweise als der Erste Indo-Pakistanische Krieg bezeichnet. Als die Uno 1948 einen Waffenstillstand erreichte, hatten sich die pakistanischen Invasoren ein beträchtliches Stück kashmirischen Territoriums gesichert, das bis heute von Pakistan einbehalten wird.

Nehrus Ideal einer asiatischen Einheit und seine Außenpolitik der blockfreien friedlichen Koexistenz wurden immer wieder durch die Aggression **Chinas** bedroht. Dessen Invasion in Tibet im Jahr 1950 brachte die Chinesen direkt an die indische Grenze (und eine Flut von Flüchtlingen nach Indien selbst, darunter 1959 der Dalai Lama). 1962 überrannten chinesische Truppen die indischen Grenzposten und marschierten auf Assam zu. Diese „Invasion" (auch wenn es sich eher um eine Machtdemonstration handelte) endete nach kurzer Zeit. Aber die beschämende Unfähigkeit der indischen Armee, die Eindringlinge aufzuhalten, führte dazu, dass Nehru umgehend einen Verteidigungspakt mit den USA schloss – offiziell ist Indien jedoch auch heute

noch blockfrei. China verleibte sich kleine indische Landstücke in Kashmir und Assam ein, die es bis heute nicht zurückgegeben hat.

Indira Gandhi (1966–1984)

Land und Leute

Die gesamte Nation betrauerte 1964 den Tod des beliebten Ministerpräsidenten, der nicht mehr Zeuge der Wiederherstellung von Indiens militärischem Prestige im **Zweiten Indo-Pakistanischen Krieg** von 1965 wurde. Der pakistanische Präsident General Ayub Khan provozierte eine Reihe von Scharmützeln in umstrittenen Gebieten von Gujarat – vielleicht, um die Reaktion des neuen indischen Premiers Lal Bahadur Shastri zu testen – und unternahm anschließend Versuche, Kashmir zu infiltrieren und einen pro-pakistanischen Aufstand zu provozieren. In Kashmir und weiter südlich kam es zu Kriegshandlungen. Die indische Armee drängte die pakistanischen Streitkräfte bis auf 5 km an das faktisch wehrlose Lahore zurück, bevor ein Waffenstillstand vereinbart wurde und beide Seiten sich hinter ihre alten Grenzlinien zurückzogen. Lal Bahadur Shastri starb kurz darauf, im Januar 1966, und nun etablierte sich Nehrus Tochter Indira Gandhi als neues Oberhaupt der Kongresspartei.

Die 49-jährige Indira oder „Mrs. Gandhi", wie sie oft genannt wird (es besteht keine Verwandtschaft mit dem Mahatma; sie erhielt ihren Nachnamen durch die Ehe mit einem Parsen namens Feroze Gandhi, der 1960 starb), wurde ursprünglich von den Kongressparteibonzen ausgesucht, weil sie sie für ein populäres, aber leicht manipulierbares Aushängeschild hielten. Doch Indira Gandhi hatte andere Pläne. Sie machte sich sofort daran, ihre eigene Machtposition zu sichern, und führte – nachdem ihr Mandat bei den Neuwahlen von 1971 konsolidiert worden war – die Kongresspartei auf einen populistischen, sozialistischen Weg. Sie nationalisierte die Banken, schaffte die Privatschatullen der früheren Maharadschas ab und brachte neue Gesetzesvorlagen zu Firmenprofiten und Erträgen aus Grundbesitz ein.

Zu der Zeit erlebte Indien ein erhebliches industrielles Wachstum und hatte zudem gerade im Rahmen der **Grünen Revolution** durch Einführung hochwertiger Getreidesorten spektakuläre Erfolge in der Landwirtschaft erzielt. Indira Gandhi musste sich mit der zunehmend chaotischen Situation in **Ostpakistan** (dem heutigen Bangladesch) befassen, das 1971 seine Unabhängigkeit von (West-) Pakistan erklärt hatte. Pakistanische Truppen waren entsandt worden, um die Ostpakistani zur Raison zu rufen. Das löste eine Massenflucht nach Indien aus. Indira Gandhi wartete klug ab, bis sie die moralische Unterstützung der internationalen Gemeinschaft hinter sich wusste, und gab am 4. Dezember den Befehl zum gleichzeitigen Angriff auf West- und Ostpakistan. Am 15. Dezember kapitulierten die pakistanischen Streitkräfte in Bangladesch.

An der Heimatfront war Indira Gandhi weniger erfolgreich. Nachdem gewaltige Unruhen den Agrar- und Industriesektor erschüttert hatten und in der Kongresspartei Proteste gegen Inflation und Korruption laut geworden waren, verkündete Gandhi am 26. Juni 1975 den **Notstand**, der alle Bürgerrechte außer Kraft setzte und die Stimmen der echten oder eingebildeten Opposition durch rund 20 000 Inhaftierungen und eine strikte Pressezensur verstummen ließ. Der „Notstand" dauerte achtzehn Monate. Indira Gandhi befahl in dieser Zeit die Zwangssterilisation von Männern und die rücksichtslose Beseitigung von Slums in Delhi und anderswo. Nachdem sie im Januar 1977 schließlich den Notstand aufhob und ihre politischen Gegner auf freien Fuß setzte, erlitt sie im März eine empfindliche Wahlniederlage. Die nachrückende Janata-Koalition unter **Morarji Desai** zerbrach allerdings innerhalb von zwei Jahren. Schon im Januar 1980 rückte Indira Gandhi wieder an die Spitze der Nation.

Vier Jahre später beging Indira Gandhi den zweiten großen Fehler ihrer Karriere, der ihr fatales Ende nach sich zog: Anfang 1984 verschanzte sich eine Rebellengruppe im **Goldenen Tempel von Amritsar**, organisierte von dort eine Kampagne der Gewalt und forderte für die Gemeinschaft der **Sikh** eine unabhängige Nation Khalistan. Im Juni 1984 schickte Indira Gandhi ihre Panzer los, doch eine zweitägige Schlacht entweihte den heiligsten Schrein der Sikhs und brachte Khalistans erste Märtyrer hervor. Im Oktober desselben Jahres wurde Indira Gandhi aus Rache von ihren langjährigen Sikh-Leibwächtern in ihrem Haus in Delhi umgebracht. Daraufhin ereigneten sich überall in der Stadt massive Ausschreitungen, bei denen aufgebrachte Hindu-Gruppen in ganz Delhi systematisch Sikhs ermordeten – laut einiger Berichte stöberten sie ihre Opfer mit Hilfe von Wahllisten auf, die ihnen von den Politikern der Kongresspartei zur Verfügung gestellt wurden.

Gesellschaftliche Konflikte (1984–1995)

Nach Indira Gandhis Tod war es an ihrem einzigen noch lebenden Sohn **Rajiv Gandhi** (einem ehemaligen Piloten), die Führung der Kongresspartei zu übernehmen. Sein Ruf als „Saubermann", noch verstärkt durch die Gaskatastrophe von Bhopal nur zwei Wochen vor den Wahlen, sicherte ihm schnell die Sympathie des Volkes. Die Opposition formierte sich in der Folgezeit unter Führung von **V. P. Singh**. Dessen Janata-Partei konnte in den Dezemberwahlen 1989 zwar keine Mehrheit erringen, doch gelang es ihm, mit Unterstützung der von **L. K. Advani** angeführten radikal-hinduistischen **Bharatiya Janata-Partei (BJP)** eine Koalitionsregierung zu bilden.

Singh sah sich umgehend mit Problemen im Punjab und in Kashmir konfrontiert, es war allerdings ein noch emotionaler besetztes Ereignis, das seine Regierung in weniger als einem Jahr zum Scheitern brachte: Advanis populistische BJP forderte, die von Babur errichtete Babri-Moschee in **Ayodhya** solle durch einen Hindutempel ersetzt werden, da die Moschee an der Geburtsstätte Ramas, des vergöttlichten Helden aus dem Ramayana, stehe. Advani brach im Oktober 1990 nach Ayodhya auf, wo er in Begleitung von Tausenden seiner Anhänger durch die Straßen zog und die Absicht kundtat, die Moschee zerstören zu wollen. Als Singh daraufhin Advani verhaften ließ, führte der unvermeidbare Austritt der BJP aus der Regierungskoalition zum Misstrauensvotum. Es wurden Neuwahlen ausgerufen; kurz darauf wurde Rajiv Gandhi im Mai 1991 bei einer Wahlkampagne in Tamil Nadu von den Tamil Tigers aus Rache für Indiens militärischen Widerstand gegen ihren „Freiheits-kampf" in Sri Lanka ermordet.

P. V. Narasimha Rao übernahm es, die Kongresspartei durch den Wahlkampf zu steuern und bildete eine neue Koalitionsregierung, die sofort ein weitreichendes Programm ökonomischer Liberalisierung in Angriff nahm, Handelsbarrieren abschaffte und zum ersten Mal in der Geschichte Indiens multinationalen Konzernen wie Coca-Cola, Pepsi und KFC Zugang zum indischen Markt gewährte. Advani wurde Oppositionsführer und erhielt wachsende Zustimmung im Volk für den Neubau des Rama-Tempels in Ayodhya. Im Dezember 1992 eskalierte die Situation in Ayodhya schließlich, als Extremisten die fanatische Menge dazu aufstachelten, die Moschee niederzureißen. Die **Zerstörung der Babri-Moschee** zog in vielen Landesteilen (besonders in Bombay und Gujarat) gewalttätige Ausschreitungen gegen moslemische Familien und Geschäfte nach sich. Ein paar Monate später fegte eine Welle von **Bombenattentaten** durch Bombay, bei denen 260 Menschen getötet und einige der wichtigsten kommerziellen Gebäude der Stadt zerstört wurden. Niemand erklärte sich dafür verantwortlich, aber es wurde angenommen, dass die Attentate auf das Konto islamischer Gruppen gingen, als Vergeltung für Gewalttaten von Hindus gegen Moslems.

Einmal mehr führte die allgemeine Verunsicherung zu einer Stärkung der fundamentalistischen Hinduparteien des rechten Flügels. Die BJP machte sich Machtkämpfe innerhalb der Kongresspartei zunutze, um regionale Stützpunkte zurückzugewinnen. Ihr neues Motto lautete **Swadeshi** – eine Kampagne gegen das **wirtschaftliche Liberalisierungsprogramm** der Kongresspartei und insbesondere gegen die Aktivitäten neu auf dem Markt erscheinender Unternehmen wie Coca-Cola, Pepsi und KFC.

Der Aufstieg der BJP (1996–1999)

Aus den allgemeinen Wahlen im Mai 1996 ging die BJP als stärkste Kraft hervor, doch gelang es ihr nicht, eine Mehrheitsregierung auf die Beine zu stellen. Zwei Wochen später wurde

sie von der hastig zusammengewürfelten Koalitionspartei Unified Front (UF) ausgebootet. Die UF hielt sich bis zu den Wahlen im März 1998, aus denen die **BJP** als stärkste Macht einer neuen konservativen Koalitionsregierung unter **Atal Bihari Vajpayee** hervorging. Diesmal blieb die Partei dreizehn Monate lang im Amt – eine enorme Steigerung im Vergleich zu den dreizehn Tagen ihrer vorherigen Regierungsperiode. Eine der ersten Amtshandlungen der BJP, die lauthals Veränderungen und die Restauration des indischen Nationalstolzes versprochen hatte, war die Durchführung von fünf unterirdischen **Atomtests** im Mai 1998, die Pakistan provozierten und es in derselben Weise antworten ließen. Weltweit wurden Proteste laut, und beide Nationen wurden unter Federführung der USA mit finanziellen **Sanktionen** belegt.

Die andauernden Spannungen in Kashmir trugen wenig zur Beruhigung der Gemüter im In- und Ausland bei. Im Mai 1999 schlichen sich mindestens 800 von Pakistan unterstützte Mudschaheddin über die Waffenstillstandslinie oberhalb der Srinagar-Leh-Straße bei **Kargil** und besetzten indisches Territorium. Indien verlegte Tausende Soldaten in das Gebiet, und innerhalb weniger Tage standen die beiden Länder am Rand eines offenen Konfliktes. Ein Kriegsausbruch wurde schließlich verhindert, und bis Juli 1999 eroberten indische Truppen das an die Mudschaheddin verlorene Terrain wieder zurück. Kurz darauf tat sich die unter **Sonia Gandhi**, der in Italien geborenen Witwe des früheren Ministerpräsidenten Rajiv Gandhi, erstarkte Kongresspartei mit Jayalalithas AIADMK zusammen, um die BJP-Regierung zu stürzen.

Das neue Jahrtausend

Indiens politische Probleme wurden vorübergehend von mehreren **Naturkatastrophen** in den Hintergrund gedrängt. In den ariden Zonen Rajasthans und Gujarats blieb nach einem ungewöhnlich heißen Mai im Jahr 2000 zum dritten Mal in Folge der Monsun aus, was arme Bauernfamilien zu Zehntausenden aus ihren angestammten Gebieten vertrieb, um nach Nahrung und Wasser zu suchen. Noch schlimmeres

Unheil brach über Millionen Gujaratis herein, als am Morgen des 26. Januar 2001 – dem indischen Tag der Republik – ein gewaltiges **Erdbeben** mit der Stärke 7,9 auf der Richterskala weite Gebiete des Nordwestens von Gujarat zerstörte. In Delhi erhöhten mittlerweile mehrere **Korruptionsskandale** den Druck auf die von der BJP geführte Koalition. Vajpayees Partei musste sich erneut heftige Kritik gefallen lassen, als sie weitere Zugeständnisse an ihre regionalistischen Koalitionspartner machte und der Premierminister die Gründung der **drei neuen Bundesstaaten** Jharkhand, Chhattisgarh und Uttaranchal (inzwischen in Uttarakhand umbenannt) ankündigte – abgelegene Regionen, die aus Bihar, Madhya Pradesh und Uttar Pradesh ausgegliedert wurden.

In Südindien ereignete sich unterdessen um die Jahrtausendwende die **Hightech-Revolution**, in deren Mittelpunkt die Städte Bangalore und Hyderabad stehen. Den Anfang hatte Bangalore in den frühen 1980er-Jahren gemacht; Mitte der 90er spielte es bereits eine tragende Rolle auf dem internationalen Softwaremarkt. An der Wende zum neuen Jahrtausend wurde ihm jedoch die Vormachtstellung durch den noch spektakuläreren Boom von Hyderabad (das schnell den Spitznamen „Cyberabad" bekam) abspenstig gemacht, das dank massiver staatlicher Vergünstigungen führende internationale Hersteller anzog, darunter Microsoft und Dell. Die arme bäuerliche Bevölkerung Südindiens sah allerdings wenig von diesem neuen Wohlstand, der den Graben zwischen Arm und Reich – von Kommentatoren jetzt ironisch als „digital divide" bezeichnet – noch vertiefte.

Ende 2001 rückten die **indisch-pakistanischen Beziehungen** und der **Kashmir-Konflikt** erneut in den Blickpunkt, und für Indien sollte eine der brisantesten Perioden seiner jüngeren Geschichte beginnen. Im Oktober sprengten islamistische **Selbstmordattentäter** mit Autobomben das Regionalparlament von Srinagar in die Luft. Im Dezember stürmten bewaffnete islamische Kommandos das indische Parlamentsgebäude in New Delhi und töteten mehrere Polizisten, bevor sie selbst erschossen wurden. Natürlich ging man in Indien von einer Beteiligung Pakistans aus. Anfang 2002 griff in **Godhra** im Bundesstaat Gujarat ein moslemischer Mob

einen mit aus Ayodhya zurückkehrenden Hindu-Pilgern besetzten Zug an. 38 Menschen wurden getötet und 74 verletzt. Diese Zahlen verblassten allerdings angesichts der nachfolgenden Vergeltungstaten, bei denen etwa 2000 Menschen (größtenteils Moslems) den Tod fanden.

Nur einen Monat nach den Ereignissen von Godhra wurden die anti-moslemischen Tendenzen in Indien erneut angeheizt, als ein islamistisches Selbstmordkommando mit einem gestohlenen Reisebus die indische Kaserne **Kaluchak** bei **Jammu** angriff. Nur vier Monate nach dem Angriff auf das Parlament in Delhi und direkt nach einem weiteren Versprechen Pakistans, härter gegen jenseits der Grenze operierende Extremisten vorzugehen, rief dieser Anschlag erneut große Entrüstung in Delhi hervor. Vajpayee beugte sich den Falken auf dem rechten Flügel seiner Partei und befahl einen massiven Truppenaufmarsch an der pakistanischen Grenze. Etwa eine Million Soldaten sollen sich auf beiden Seiten gegenübergestanden haben, doch auch diesmal gelang es der US-Diplomatie, die Krise zu entschärfen, und die Armeen wurden wieder abgezogen.

2003 legte der Archeological Survey of India seinen lang erwarteten **Ayodhya-Bericht** vor. Es kam alles andere als überraschend, dass die „Expertenkommission" des ASI (ernannt von der rechten BJP-Regierung) zu dem Schluss kam, es lägen Beweise für die Existenz eines ehemaligen Tempels vor, was mit einer stillschweigenden Rechtfertigung für die Zerstörung der Moschee gleichzusetzen war. Da die Herrschenden wenig unternahmen, um die Spannungen nach dem Godhra-Vorfall zu entschärfen, brachen alte Wunden wieder auf; und als am 25. August 2003 (dem Tag nach der Veröffentlichung des Ayodhya-Abschlussberichts) zwei **Bomben** in der Innenstadt von Mumbai explodierten, wurde das sofort mit dem Streit um die Babri Masjid in Zusammenhang gebracht.

Die Rückkehr der Kongresspartei

Da Indien trotz anhaltender sektiererischer Probleme einen nie da gewesenen Boom zu verzeichnen hatte, versuchte Premierminister

Vajpayee mit seiner von der BJP geführten Koalition Kapital aus der positiven Stimmung im Land zu schlagen, indem er für den Mai 2004 **vorgezogene Wahlen** ansetzte. Doch anstatt des erwarteten Ausbaus der Mehrheit für Vajpayee und seine Regierung kam es zu einer politischen Wende, die zu den spektakulärsten der jüngeren Geschichte zählt: Die Kongresspartei erhielt beim Urnengang überraschend die meisten Stimmen, und Sonia Gandhi wurde folgerichtig mit der Bildung einer neuen Regierung beauftragt. Doch zur Verblüffung aller verzichtete Gandhi auf den Posten der Premierministerin und kündigte stattdessen ihren Rücktritt an. Schließlich sprang der 71-jährige ehemalige Finanzminister **Manmohan Singh** in die Bresche und stellte sich als Premierminister zur Verfügung. Singh ist der erste Sikh an der Spitze einer indischen Regierung.

Als Urheber der wichtigen **Wirtschaftsreformen** in den frühen 1990ern schien Singh der perfekte Kandidat, um Indiens fortschreitendes ökonomisches und technologisches Wachstum zu managen. Im April 2007 zündete das Land seine erste kommerzielle Weltraumrakete, und im Mai verkündete die Regierung die höchsten Wirtschaftswachstumsraten (beachtliche 9,4 %) seit 20 Jahren. Indiens technologische und ökonomische Verwandlung schreitet fort. Inzwischen ist das Land der größte Exporteur von Software nach den USA, mit einer Verkaufszahl von rund 1 Mrd. Dollar im Jahr. Der Löwenanteil wird in den südindischen Städten Bangalore und Hyderabad erwirtschaftet, in denen sich auch zahllose internationale Callcenter niedergelassen haben.

Auf die arme ländliche Bevölkerung hat diese spektakuläre Entwicklung aber kaum Auswirkungen. Im Versuch, die Kluft zwischen der immer reicher werdenden Mittelklasse und der restlichen Landesbevölkerung zu verringern, verabschiedete Singhs Koalitionsregierung im Februar 2006 das bislang umfangreichste Programm zur Schaffung von Arbeitsplätzen auf dem Lande, mit dem Ziel, rund 60 Millionen Familien aus der Armut zu holen. Auch hinsichtlich der nuklearen Drohung ist ein Fortschritt zu verzeichnen, da mit den USA und Pakistan **Nuklearverträge** unterzeichnet wurden.

Das Land leidet weiterhin unter **terroristischen Anschlägen**, darunter viele von militanten Islamisten aus Pakistan, die den Friedensprozess in Kashmir untergraben oder die Angriffe von Hindu-Mobs auf indische Moslems rächen sollen. Im Oktober 2005 und September 2008 töteten Bomben in Delhi fast 100 Menschen, und im Februar 2007 kosteten Bombenexplosionen in einem Zug auf dem Weg von New Delhi nach Lahore 68 Passagiere (überwiegend Pakistani) das Leben. Selbst das ansonsten so friedvolle Jaipur wurde im Mai 2008 vom Terrorismus heimgesucht, als in der „Rosaroten Stadt" an mehreren belebten Stellen sieben Bomben explodierten und 63 Menschen getötet wurden.

Am stärksten hatte jedoch Mumbai unter dem Terrorismus zu leiden. Im Juli 2006 explodierten in sieben Pendlerzügen fast gleichzeitig Bomben, die über 200 Tote forderten. Im November 2008 (s. S. 109) brachten die schrecklichen zeitgleichen Anschläge mehrerer Attentäter aus Pakistan die Stadt zumindest vorübergehend zum Stillstand. Die Bilder vom brennenden Taj-Hotel und vom mit Blutspritzern übersäten Bahnhof CST gingen um die Welt und lösten weltweit Mitgefühl und Zorn aus, aber auch Fragen nach der Sicherheitslage in Indien und der wirtschaftlichen Zukunft des Landes.

Ausblick

Trotz all dieser Rückschläge fuhr die von der Kongresspartei angeführte Koalition bei den **Wahlen 2009** einen erdrutschartigen Sieg ein, und Manmohan Singh wurde als erster amtierender Ministerpräsident seit Nehru nach fünfjähriger Amtszeit direkt wiedergewählt. Trotz der Anwürfe seitens der Opposition haben sich Singhs ruhiger und skandalfreier Politikstil und seine Hinwendung zu den wirtschaftlichen Grundlagenfragen, der Linderung der Armut und der Verbesserung der Beziehungen zu Pakistan im Land als populär erwiesen – von den großspurigen Versprechen tatenloser Politiker hatte man in Indien genug.

In vielerlei Hinsicht bildet Singhs wirtschaftsfreundliche, aber auch sozial verantwortungsbewusste Politik die perfekte Grundlage für die Entwicklung des Landes in den kommenden Jahrzehnten. Viele Inder erfreuen sich eines wachsenden Wohlstands, während die **Wirtschaft** des Landes, die in den vergangenen zehn Jahren um durchschnittlich 10 % gewachsen ist, dank der zunehmend gut ausgebildeten Arbeitskräfte und rapide ansteigenden ausländischen Investitionen weiterhin boomt. Somit könnte sich Indien bald zu einer der globalen Wirtschaftsmächte des 21. Jhs. entwickeln. Einschätzungen von Goldman Sachs zufolge überholt Indien bis 2015 Frankreich, Deutschland und das ehemalige koloniale Mutterland Großbritannien und wird bis 2035 zur drittgrößten Wirtschaftsmacht der Erde hinter den USA und China aufsteigen.

Doch es bleiben auch gewaltige **Herausforderungen**. Die offensichtlichste ist dabei, dass trotz der spektakulären Entwicklung Indiens Millionen Inder nach wie vor in tiefster Armut leben; gleichzeitig nähert sich die veraltete Infrastruktur des Landes unter der Last der rapiden Entwicklung immer mehr dem Zusammenbruch. Ein weiteres Moment der Unsicherheit sind die stets brisanten Beziehungen zu Pakistan; dazu kommt noch die Bedrohung durch den hauseigenen Hindu-Fundamentalismus und den islamistischen Terror aus dem Ausland. Gleichzeitig stellen verschiedene militante regionale Separatistenbewegungen die Zentralmacht in Delhi und auch die Staatsmacht in den betroffenen Bundesstaaten selbst in Frage – von islamistischen Gotteskriegern in Kashmir über eingeborene Aufständische in den Bergstaaten des Nordostens bis zu den neomarxistischen Naxaliten, die weiterhin in den verarmten Staaten Chhattisgarh, Orissa, Bihar und Jharkhand im Osten des Landes vielerorts das normale Leben zum Erliegen bringen.

Doch Indien verändert sich derzeit mit atemberaubender Geschwindigkeit. Ob und wie schnell es sich seine ihm gebührende Rolle auf der Weltbühne erobern kann, hängt davon ab, ob das Land den wirtschaftlichen Aufschwung für sich nutzen und gleichzeitig die Ambitionen der Mittelschicht und die grundlegenden Bedürfnisse der Armen am Rande der Gesellschaft befriedigen kann.

Religionen

Vier von fünf Indern sind Hindus, und der hinduistische Glaube durchdringt jeden Bereich des Lebens, von den selbstverständlichen Dingen des Alltags bis hin zur Politik. Nach den Hindus stellen die Moslems die größte religiöse Gruppe; sie sind seit dem 12. Jh. ein integraler Bestandteil der indischen Gesellschaft. Die jüngere Religion der Sikhs wurde als Reaktion auf die Kastengesetze und den Ritualismus des Hinduismus gegründet und hat heute Millionen von Anhängern. Der sehr viel ältere Jainismus erfreut sich ebenfalls einer nicht unerheblichen Anhängerschaft, und dazu gibt es noch die kleineren Religionsgemeinschaften der Buddhisten, Christen und Zoroastrer oder Parsen, die ihren Ursprung im Iran haben.

Hinduismus

Der Hinduismus ist das Ergebnis einer mehrere tausend Jahre langen Evolution und Assimilation. Er umfasst hunderte von Göttern und Göttinnen, Glaubensvorstellungen und -praktiken sowie die verschiedensten Bräuche und Philosophien. Manche werden nur in zwei oder drei Dörfern befolgt, andere sind auf dem gesamten Subkontinent verbreitet. Hindus nennen ihren Glauben und ihre religiösen Bräuche *dharma*, was natürliche wie moralische Gesetze umfasst, die einen Weg vorgeben, ein Leben in Harmonie mit der natürlichen Ordnung bei gleichzeitiger Erreichung persönlicher Ziele und Erfüllen der Anforderungen der Gesellschaft zu führen.

Das vedische Zeitalter

Die Ursprünge des Hinduismus gehen auf die Ankunft der Arier zurück (s. S. 95). Die Arier glaubten an Götter, die mit den Elementen in Zusammenhang stehen, darunter **Agni**, der Gott des Feuers, **Surya**, der Sonnengott, und **Indra**, der Hauptgott. Die meisten dieser Gottheiten verloren in späterer Zeit an Bedeutung, doch Indra wird noch immer als der Vater aller Götter betrachtet. Surya wurde bis ins Mittelalter weithin verehrt. Die arischen Glaubensvorstellungen wurden erstmalig in vier Büchern festgehalten,

Das **Mahabharata**, achtmal so umfangreich wie die Ilias und Odyssee zusammen, wurde um 400 n. Chr. geschrieben und berichtet von einer sich befehdenden Kshatriya-Familie im nördlichen Indien (Bharata) im 4. Jahrtausend v. Chr. Die Hauptfigur ist **Arjuna**, der mit seinen vier Brüdern den **Pandava-Clan** vertritt, Verteidiger der Rechtschaffenheit und ausgezeichnete Kämpfer. Die Pandavas werden von ihren Vettern, den bösen Kauravas, unter dem Anführer Duryodhana, dem ältesten Sohn von Dhrtarashtra, Herrscher des Kuru-Königreiches, gehasst. Als **Dhrtarashtra** sein Königreich den Pandavas übergibt, sind die Kauravas alles andere als erfreut. Über die daraus resultierende Schlacht zwischen den Pandavas und den Kauravas wird im 6. Buch berichtet, der berühmten Bhagavad Gita.

Krishna greift als Arjunas Wagenlenker in die Schlacht ein. Arjuna befindet sich in einem Dilemma, da er das Töten seiner eigenen Verwandten im Streben nach einem rechtmäßigen Königreich nicht zu rechtfertigen vermag. Krishna tröstet ihn, indem er ihn daran erinnert, dass seine Hauptaufgabe die eines Kriegers ist, und überzeugt Arjuna, dass er durch die Erfüllung seines Dharma nicht nur Gesetz und Ordnung hütet, indem er das Königreich aus den Händen unrechtmäßiger Herrscher befreit, sondern im Geist der Hingabe auch den Göttern dient, und garantiert ihm so die ewige Vereinigung mit dem Göttlichen in dem seligen Zustand von Moksha. Die Pandavas gewinnen schließlich die Schlacht, und Yudhishtra, einer der fünf Pandava-Brüder, wird zum König gekrönt. Später erbt Arjunas Enkel **Pariksit** den Thron und die Pandavas ziehen zum Berg Meru, dem mythischen Zentrum des Universums und Aufenthaltsort der Götter, wo Arjuna den ihm von Krishna verheißenen Moksha findet.

Das Epos **Ramayana** erzählt die Geschichte von **Rama**, der siebten von Vishnus acht Inkarnationen. Rama war der älteste von vier Söhnen, die Dasaratha, dem König von Ayodhya, von seinen drei Frauen geboren wurden, und der Thronfolger. Als Rama gekrönt werden soll, sorgt Dasarathas eifersüchtige dritte Frau Kaikeyi dafür, dass an seiner Stelle ihr eigener Sohn Bharata gekrönt und Rama für 14 Jahre in die Wälder verbannt wird. Rama akzeptiert in einem beispielhaften Beweis von Kindesgehorsam den Thronverlust und verlässt die Stadt zusammen mit seiner Frau **Sita** und seinem Bruder **Laksmana**. Eines Tages erspäht Suparnakhi, die Schwester des Dämonen **Ravana**, Rama in den Wäldern und verliebt sich in ihn. Als tugendhafter Ehemann weist Rama sie zurück und Laksmana schneidet ihr zur Strafe Nase und Ohren ab.

Daraufhin lässt Ravana Sita entführen und zu einem von Ravanas Palästen auf der Insel Lanka bringen. Entschlossen, Sita zu finden, nimmt Rama die Hilfe **Hanumans**, des Affenkönigs, in Anspruch. Die beiden stellen ein Heer zusammen und bereiten sich auf den Angriff vor. Nach harten Kämpfen ist Sita gerettet und mit dem siegreichen Rama wieder vereint. Auf der langen Reise zurück nach Ayodhya kommen Zweifel an Sitas Ehre auf. Um ihre Unschuld zu beweisen, bittet sie Laksmana, einen Scheiterhaufen zu errichten. Während sie die Flammen durchschreitet, betet sie zu **Agni**, dem Feuergott. Agni führt sie durch das Feuer zu einem entzückten Rama. Sie ziehen in Ayodhya ein, geleitet von den Lichtern, die die Bevölkerung für sie ausgelegt hat. Dieses erleuchtete Nachhausekommen wird seitdem als Lichterfest Diwali gefeiert. Das Epos endet damit, dass Ramas jüngerer Bruder auf den Thron verzichtet und zulässt, dass Rama als rechtmäßiger König gekrönt wird.

den **Veden** (nach dem Sanskrit-Wort *veda*, d. h. „Wissen"). Die Veden wurden jahrhundertelang mündlich überliefert und schließlich zwischen 1000 v. Chr. und 500 n. Chr. in Sanskrit niedergeschrieben. Die wichtigste der vier Veden, die **Rig Veda**, enthält mehr als tausend Hymnen für

unterschiedliche Gottheiten. In den anderen drei (Yajur Veda, Sama Veda und Atharva Veda) stehen weitere Gebete, Lieder und Instruktionen für die Durchführung komplexer Opferrituale, die während der Frühzeit der vedischen Religion üblich waren.

Auf die Veden folgten weitere religiöse Texte, darunter die **Brahmana**, eine Reihe von Kommentaren zu den Veden mit Anweisungen für die Priester (Brahmanen), und die noch wichtigeren **Upanishaden**, die in wunderschönen Versen die mystische Erfahrung der Einheit der Seele *(atman)* mit Brahma, dem Schöpfer des Universums, beschreiben. Diese Einheit wird am besten durch Askese, Abkehr von weltlichen Dingen und Meditation erreicht. In den *Upanishaden* wurde das Konzept von **Samsara**, einem Zyklus von Tod und Wiedergeburt, der durch Leiden gekennzeichnet ist und sich durch Verlangen fortsetzt, und **Moksha**, der Befreiung von Samsara, fest verankert. Diese beiden grundlegenden Aspekte der hinduistischen Weltanschauung werden heute von nahezu allen Hindus akzeptiert, zusammen mit dem Glauben an **Karma**, der Überzeugung, dass die gegenwärtige Stellung eines Menschen in der Gesellschaft die Folge seiner Handlungen in diesem und in früheren Leben ist.

Die hinduistische Gesellschaftsstruktur

Die Vielschichtigkeit der hinduistischen Gesellschaft geht auf die **Dharma Sutra** zurück, eine weitere Reihe von Schriften, die ungefähr zur gleichen Zeit wie die späteren Veden niedergeschrieben wurden. Sie legten vier hierarchische Klassen oder **Varna** (von *varna*, d. h. „Farbe", vielleicht ein Hinweis auf den äußerlichen Unterschied zwischen den hellhäutigen Ariern und den dunkelhäutigen indigenen Draviden) fest. Jeder Varna waren bestimmte religiöse und gesellschaftliche Pflichten zugeordnet. Als höchste Gesellschaftsschicht galten die **Arier**.

Götter und Göttinnen des Hinduismus

Vishnu: Vishnu hat vier Arme, die ein Muschelhorn, eine Wurfscheibe, eine Lotusblüte und eine Keule halten, und eine blaue Hautfarbe. Er wird oft mit einer Schlange und mit seinem Halb-Mensch-halb-Adler-Vahana (Fahrzeug) Garuda abgebildet. Die Vaishnavas, die oft an zwei vertikalen, mit Paste gezogenen Strichen auf ihrer Stirn zu erkennen sind, sehen Vishnu als obersten Gott an und glauben, dass er sich neunmal auf der Erde gezeigt habe.

Die wichtigsten Avatars (Inkarnationen) sind **Rama** (S. 113) und **Krishna**, der Held der Bhagavad Gita. Der Krishna-Kult entwickelte sich schließlich zur **Bhakti-Bewegung**, die die fromme Gottesliebe ohne Vermittlung durch brahmanische Priester als Mittel zur Erlangung von Moksha betrachtet und in gefühlvollen Liedern, in denen das Streben nach der Vereinigung mit dem Göttlichen besungen wird, zum Ausdruck kommt. Krishna wird auf verschiedene Weise dargestellt: Am verbreitetsten ist er als der verspielte Kuhhirte, der mit Hirtenmädchen *(gopi)* tanzt und sie verführt, jeder vortäuschend, sie sei seine einzige Geliebte. Wie Vishnu ist Krishna von blauer Farbe und wird oft tanzend und Flöte spielend abgebildet.

Shiva: Der Shaivismus, der Shiva-Kult, wurzelt ebenfalls in Bhakti. Er verlangt vom Gläubigen auf der Suche nach der göttlichen Vereinigung selbstlose Liebe, doch ist Shiva nie in menschlicher Gestalt auf der Erde erschienen. Er hat viele verschiedene Formen, z. B. als Nataraja, Herr des Tanzes, Mahadev, Großer Gott, und Maheshvar, Göttlicher Herr, Quelle allen Wissens. Obwohl er auch in mehreren Furcht erregenden Formen erscheint, geht seine Rolle über die des Zerstörers hinaus, und er wird als der Ursprung des gesamten Universums verehrt. Shiva wird oft mit vier oder mehr Gesichtern, einem Dreizack in der Hand, Schlangen um den Körper und einem dritten Auge auf der Stirn gezeigt. In Tempeln wird er mit dem Lingam (Phallussymbol) identifiziert, der in der das weibliche Geschlecht repräsentierenden *yoni* ruht. Sowohl in Form einer Statue als auch eines Lingam wird Shiva von dem Stier Nandi und oft von einer Gefährtin begleitet, die ebenfalls verschiedene Formen annimmt und als die Schöpfungskraft *shakti*, die ihm Macht verleiht, betrachtet wird. Shiva wird in ganz Indien verehrt. In Gestalt des schrecklichen **Bhairav** verehren ihn insbesondere die shaivitischen Asketen. Sie lehnen familiäre und

---

Die Varnas sind in absteigender Rangfolge: **Brahmanen** (Priester und Lehrer), **Kshatriyas** (Herrscher und Krieger), **Vaishyas** (Händler und Landwirte) und **Shudras** (Diener). Die ersten drei Klassen, als die „Zweimalgeborenen" bekannt, kennzeichnet eine heilige Schnur, die von der Initiation an getragen wird. Ihnen sind die religiösen Texte und Rituale ohne Einschränkung zugänglich. Außerhalb der Kastengesellschaft stehen als **„Unberührbare"** klassifizierte Gruppen, deren berufliche Tätigkeiten sie mit Schmutz oder mit dem Tod in Berührung bringen (z. B. Leichenbestatter, Gerber und Straßenreiniger). Obwohl die Diskriminierung der Unberührbaren inzwischen – z. T. dank Gandhis Kampagnen – strafbar ist, ist die unterste Schicht der Gesellschaft keineswegs verschwunden.

Innerhalb der vier Varnas wird der soziale Status eines Menschen in der Hindu-Gesellschaft durch die sogenannte **Jati** näher definiert, d. h. jedes Individuum wird nach seiner familiären Abstammung und Berufstätigkeit klassifiziert (ein Vaishya kann z. B. Schmuckverkäufer, Tuchhändler, Kuhhirte oder Bauer sein). Die Jati legt einem Hindu Einschränkungen in allen Aspekten des Lebens auf, von der Nahrungsaufnahme über religiöse Pflichten und Kontakte zu anderen Kasten bis zur Wahl des Ehepartners. Es gibt fast 3000 Jatis; die Abgrenzungen und Beschränkungen, die sie erzwingen, bildeten immer wieder den Mittelpunkt von Reformbewegungen und eine Zielscheibe für Kritiker.

Ein Hindu hat drei Ziele im Leben: die Pflichten gegenüber der Gesellschaft und Religion zu erfüllen (**Dharma**), hinsichtlich Arbeit und Verhalten dem richtigen Pfad zu folgen (**Karma**) und zu materiellem Wohlstand (**Artha**) zu gelangen. Diese Ziele sind mit den vier traditionellen Le-

Kastenbindungen ab und greifen auf extreme meditative und yogische Praktiken zurück.

Ganesh: Der rundliche, lächelnde, elefantenköpfige Ganesh ist der erste Sohn von Shiva und Parvati. Er wird vor jeder Unternehmung (außer Bestattungen) angerufen. Er sitzt auf einem Lotusthron, und sein Bild wird oft über Tempeleingängen, in Geschäften und Häusern aufgestellt. In seinen vier Armen hält er eine Muschel, einen Diskus, eine Schale Süßigkeiten (oder eine Keule) und eine Wasserlilie. Er wird stets von seinem Reittier, einer Ratte, begleitet. Ganesh wird von vielen als der Gott des Wissens, des Erfolgs, des Wohlstands und Friedens angesehen.

Durga: Durga, die schrecklichste der weiblichen Gottheiten, ist ein Aspekt von Shivas Gefährtin Parvati (auch als Uma bekannt), die sich nur durch Schönheit und Treue auszeichnet. Unter Durgas vielen Formen – jede eine Furcht erregende Göttin, begierig darauf, Dämonen zu töten – sind Chamunda, Kali und Muktakeshi, aber in all ihren Erscheinungen ist sie Mahadevi (Große Göttin). Statuen zeigen sie mit zehn Armen, den Kopf eines Dämonen, einen Speer und andere Waffen tragend; sie trampelt auf Dämonen herum oder tanzt auf Shivas Körper.

Lakshmi: Die hübsche Göttin Lakshmi, Gefährtin Vishnus, wird meist auf einer Lotusblüte sitzend oder stehend dargestellt und manchmal auch Padma (Lotus) genannt. Sie verkörpert Schönheit und Anmut und ist die Göttin des Glücks und Reichtums. Sie erscheint neben jedem *avatar* von Vishnu in verschiedener Form. Die wichtigsten Formen sind Sita, die Frau von Rama, und Radha, Krishnas bevorzugtes *gopi*. In vielen Tempeln wird sie in der Form von Lakshmi Narayan als weiblich-männliche Einheit mit Vishnu gezeigt.

Hanuman: Indiens großer Affengott, Hanuman, taucht im **Ramayana** als Ramas wichtigster Verbündeter im Kampf gegen den Dämonenkönig von Lanka auf. Hanuman, als ein Riesenaffe mit einer Keule in der Hand dargestellt, wird als Ramas und Sitas größter Anhänger angesehen. Affen finden als seine Vertreter in Tempeln in ganz Indien Schutz.

Saraswati: Die schönste Hindu-Göttin – mit ihrem makellosen, milchigen Teint – und Frau von Brahma sitzt oder steht auf einer Wasserlilie oder einem Pfau und spielt die Laute, Sitar oder Vina. Sie wird als Göttin der Musik, Kreativität und des Wissens verehrt.

bensabschnitten verbunden. Den ersten durchlebt man als Kind und Schüler, indem man mit Hingabe von den Eltern und dem Guru lernt. Als Nächstes kommt der Abschnitt als Hausvorstand, der für die Familie sorgen und Kinder großziehen soll. Hat er/sie dies vollbracht, steht es ihr oder ihm frei, im Zölibat zu leben, sich in den Wald zur Meditation zurückzuziehen und schließlich auf jeglichen Besitz zu verzichten, um ein heimatloser Asket zu werden, in der Hoffnung, so das höchste Ziel, **Moksha**, zu erreichen.

Einige wenige Hindus folgen diesem Lebensideal und erreichen das letzte Stadium als in safranfarbene Tücher gekleidete **Sadhus**, die um Essen bettelnd durch Indien wandern und sich in abgeschiedene Höhlen, Wälder und auf Hügel zur Meditation zurückziehen. Sie sind in den meisten indischen Städten kein ungewöhnlicher Anblick. Viele halten sich über längere Zeiträume in bestimmten Tempeln auf. Nicht alle haben zuvor eine Familie gegründet: Manche wählen diesen Lebensweg schon in jungen Jahren als ein *chella,* Schüler eines älteren Sadhu.

Die wichtigsten Gottheiten

Neben den Veden und Upanishaden sind die wichtigsten religiösen Hindutexte die **Purana**, lange, mythologische Geschichten, die sich um die vedischen Götter drehen, sowie die beiden größten Epen des Hinduismus: das **Mahabharata** und das **Ramayana** (s. Kasten S. 113), von denen angenommen wird, dass sie im 1. Jh. n. Chr. fertiggestellt, später aber bei zahlreichen Gelegenheiten und in verschiedenen Regionalsprachen neu erzählt, modifiziert und ausgeschmückt wurden. Die Puranas und die beiden Epen halfen bei der Herausbildung der bis heute bestehenden Grundfesten des hinduistischen Glaubens, basierend auf einem Triumvirat von Gottheiten.

Brahma, dem ursprünglichen arischen Obergott oder „Schöpfer", wurden zwei Götter zur Seite gestellt, die bei der Entwicklung des hinduistischen Weltbildes zunehmende Bedeutung erlangt hatten: Vishnu, „der Erhalter", galt als die Kraft, die für das kosmische Gleichgewicht verantwortlich war, sobald dieses von zerstörerischen Kräften bedroht war. Er erschien in neun Inkarnationen auf der Erde, in verschiedenen Tier- und Menschengestalten, oder Avataren,

um die Mächte des Bösen und des Chaos zu bekämpfen. Seine berühmtesten Erscheinungsformen sind die von Rama (dem Gott-Helden, dessen Taten im Ramayana beschrieben werden) und Krishna (der im Mahabharata auftaucht). Shiva, „der Zerstörer" (eine Weiterentwicklung des arischen Gottes Rudra, der in den Veden eine untergeordnete Rolle spielt), bekam die Aufgabe, das Universum in periodischen Intervallen zu vernichten und wieder aufzubauen. Seine Kräfte sind aber nicht nur destruktiv. Shiva wird in zahllosen Erscheinungsformen und mit verschiedenen Attributen verehrt (s. Kasten S. 114).

Diese drei höchsten Götter werden oft als Trinität, *trimurti,* dargestellt, doch mit der Zeit verlor Brahma an Bedeutung, während Shiva und Vishnu die Lieblingsgottheiten wurden. Der berühmte Brahma-Tempel von Pushkar ist heute einer der wenigen in Indien, die Vishnu, diesem ehrwürdigen, aber ziemlich esoterischen Gott, geweiht ist.

In ganz Indien werden bis heute noch weitere Gottheiten verehrt, die in der Mythologie der *Purana* zu Leben erwachten. Sie werden als menschliche oder halbmenschliche Gestalt dargestellt und von einem Reittier („Fahrzeug") begleitet. Flussgöttinnen, Ahnen, Wächter über bestimmte Orte und Beschützer vor Krankheiten und Naturkatastrophen sind ebenso wichtig für das Dorfleben wie die Hauptgötter.

Religiöse Bräuche

In den meisten hinduistischen Wohnungen wird täglich einer selbst ausgewählten Gottheit gehuldigt. Außerhalb der eigenen vier Wände finden Kulthandlungen in Tempeln statt. Sie bestehen aus **Puja** – manchmal ein einfaches Gebet, häufiger jedoch ein komplexer Vorgang, bei dem das Götterbild umschritten wird, ihm Blumen, Reis, Zucker und Räucherstäbchen geopfert werden und es mit Wasser, Milch oder einer Sandelholzmasse gesalbt wird (meist führt ein Tempelpriester dies für den Gläubigen aus). Das Ziel der Puja-Zeremonie ist **Darshan** – Gott zu erblicken – und so seinen oder ihren Segen zu bekommen. Die Gläubigen verlassen den Tempel stets mit *prasad,* d. h. mit einem Schälchen Essen oder mit Blumen aus dem Heiligtum.

Tempelzeremonien werden von Priestern durchgeführt, die dem Götterbild in täglichen

Ritualen dienen, mit denen der Gott symbolisch geweckt, gebadet, gefüttert und gekleidet wird, und sie bereiten ihn am Ende jedes Tages für die Nacht vor. In vielen Dörfern sind *devatas* (Dorfgottheiten) gewidmete Schreine wichtiger als Tempel, da diese Götter das Dorf schützen. Es herrschen strenge Regeln hinsichtlich **Reinheit** und Verunreinigung; die offensichtlichsten darunter verlangen von Hindus hoher Kasten, den Kontakt zu Angehörigen von möglicherweise verunreinigenden niedrigeren Kasten gering zu halten. Das wichtigste Mittel der Reinigung ist Wasser. Es wird zur Waschung vor dem Gebet benutzt und in allen Flüssen verehrt, besonders im Ganga (Ganges). Ghats, bis ins Wasser führende Stufen, finden sich in allen Orten, die an einem Fluss oder See liegen. Hier wird gebadet, Kleidung gewaschen, und hier werden auch religiöse Rituale durchgeführt. Indien ist reich an **Pilgerstätten**, die von Gläubigen besucht werden, die Darshan und religiöses Verdienst erlangen wollen. Näheres zur Wallfahrt s. S. 27, Reiseziele und Routen.

Islam

Moslems – etwa 13 % der Bevölkerung – bilden in fast jeder Stadt und jedem Dorf eine bedeutende Minderheit. Der Glaube an einen einzigen Gott, Allah, die Verurteilung der Götzenanbetung, die Einhaltung strenger Diätvorschriften und das Feiern spezieller Feste heben Moslems von ihren hinduistischen Nachbarn ab, mit denen sie seit Jahrhunderten – nicht immer friedlich – zusammenleben. Die ersten Moslems, die sich in Indien niederließen, waren Händler, die im 7. Jh. an der südwestlichen Küste landeten. Weitaus bedeutender war die Invasion Nordindiens, zunächst unter dem Türken **Mahmud von Ghazni** (S. 100). Weitere zentralasiatische Raubzüge folgten im 12. Jh. und führten zur Kolonisierung von Teilen Indiens, und Moslems etablierten sich in Delhi als Sultane.

Viele der Moslems heirateten Hindus, Buddhisten und Jain, sodass die Gemeinde sich ausdehnte. Ein weiterer Wachstumsfaktor war die missionarische Arbeit von **Sufis**, die göttliche Erkenntnis durch Meditation und mystische Erfahrungen versprachen. Ihr Einsatz von Musik (insbesondere *qawwali*-Gesängen) und Tanz, der von orthodoxen Moslems abgelehnt wird, gefiel den Hindus, für die *kirtan* (Singen) eine wichtige Rolle in der Religionsausübung spielte. Moslems sind dazu aufgefordert, fünfmal täglich zu beten. Sie können dies zu Hause oder in einer **Moschee** tun – Letztere füllt sich jeden Freitag zum gemeinschaftlichen Mittagsgebet. (Nur die Drusen in Mumbai halten ihr Gemeinschaftsgebet am Donnerstag ab.)

Ein viel diskutiertes Thema ist die **Stellung der Frau** im Islam. Es ist üblich, dass Frauen verschleiert sind. In streng orthodoxen Gemeinden tragen die meisten eine *burqa*, gewöhnlich schwarz, die sie von Kopf bis Fuß verhüllt. In größeren Städten bedecken viele Frauen hingegen ihr Haar nicht. Wie andere Inderinnen auch sind die moslemischen Frauen den Männern im öffentlichen Leben nicht gleichgestellt. Im Haus hingegen üben sie großen Einfluss aus. Zur Hochzeit bekommen Frauen von ihrem Mann eine „Morgengabe" als finanzielle Absicherung und als Zeichen des ihr entgegengebrachten Respekts. Anders als allgemein angenommen ist die Polygamie nicht weit verbreitet. Sie kommt zwar vor (Mohammed selbst hatte mehrere Ehefrauen), viele Moslems bevorzugen jedoch die Monogamie und mehrere Sekten heben sie sogar als Pflicht der Moslems hervor.

Buddhismus

Der Buddhismus entstand auf dem indischen Subkontinent. Er entwickelte sich aus dem – und als Reaktion auf den – Hinduismus, mit dem er viele Anschauungen teilt. Eine Zeitlang war er die dominierende Religion des Landes, doch ungefähr vom 4. Jh. n. Chr. an wurde er langsam vom neu erstandenen Hinduismus verdrängt (dieser machte sich auf clevere Art und Weise Buddha zu eigen, indem er ihn als eine Inkarnation von Vishnu präsentierte). Bald darauf erreichte der Islam den Subkontinent und bereitete dem Buddhismus mehr oder weniger ein Ende. Heute sind die Buddhisten nur noch eine winzige religiöse Minderheit; abgesehen von den zahlreichen tibetischen Flüchtlingscamps in Nordindien weisen lediglich Ladakh und Sikkim noch eine nennenswerte buddhistische Prägung auf.

Der Begründer des Buddhismus, **Siddhartha Gautama**, bekannt als **Buddha** („der Erweckte"), wurde um 566 v. Chr. als Sohn einer wohlhabenden Kshatriya-Familie in Lumbini, nördlich der Ganges-Ebene im heutigen Nepal, geboren. Als Prinz in Luxus aufgewachsen, heiratete er in jungen Jahren, entsagte aber mit dreißig dem Familienleben. Unzufrieden mit den Erklärungen, die die religiösen Gurus für das Leiden auf der Welt boten, und davon überzeugt, dass Askese nicht zu spiritueller Erkenntnis führt, verbrachte Siddhartha Jahre damit, durch das alte Königreich *(janapada)* von Magadha zu wandern und zu meditieren. Seine Erleuchtung soll unter einem Bodhi-Baum in **Bodhgaya** (Bihar) gekommen sein. Bald darauf hielt er in **Sarnath** nahe Varanasi, heute eine wichtige Pilgerstätte, seine erste Predigt. Den Rest seines Lebens verbrachte er damit zu lehren, indem er **Dharma**, die wahre Natur der Welt, des Menschen und der spirituellen Erkenntnis darlegte. Vor seinem Tod (ca. 486 v. Chr.) in Kushinagara (Uttar Pradesh) gründete er den **Sangha**, eine Gemeinschaft von Mönchen und Nonnen, die seine Lehre weiterführten.

Buddhas Weltanschauung griff die hinduistischen Vorstellungen von Samsara, Karma und Moksha auf, das die Buddhisten **Nirvana** (wörtlich: „kein Wind" oder „Verlöschen") nennen. Der wichtigste Gedanke, den Buddha darlegte, besagt, dass alle Dinge unabwendbar der **Vergänglichkeit** unterliegen und es aufgrund des Zusammenhangs aller Dinge **kein Selbst**, kein dauerhaftes Ego gibt; des Menschen Ego ist das größte Hindernis auf seinem Weg zur Erleuchtung.

Tibetischer Buddhismus

Der Buddhismus wurde im 7. Jh. in Tibet eingeführt, wo er sich bis zu einem gewissen Grade mit dem einheimischen **Bön-Kult** verband. Der überwiegend in Ladakh und Teilen von Himachal Pradesh und Sikkim praktizierte tibetische Buddhismus verehrt den historischen Buddha zusammen mit anderen Buddhas der Vergangenheit und Zukunft. Er erfordert die Durchführung komplizierter Rituale. Besonderer Wert wird auch den Lehrern *(lama)* und wiedergeborenen Lehrern *(tulku)* beigemessen.

Der **Dalai Lama**, das Oberhaupt des tibetischen Buddhismus, ist der 14. in einer Reihe von wiedergeborenen Bodhisattvas, der Vertreter von Avalokitesvara (dem Bodhisattva des Mitleids) und der Anführer der Exiltibeter, deren Hauptsitz sich in **Dharamsala** befindet. Da sich über 100 000 tibetische **Flüchtlinge** in Indien aufhalten, darunter der Dalai Lama und die tibetische Exilregierung, ist der tibetische Buddhismus die blühendste und zugänglichste buddhistische Schulrichtung in Indien. In tibetischen Buddhisten-Gemeinden ist es üblich, Gebetsfahnen aufzuhängen, Gebetsmühlen zu drehen und Steine, in die Mantras (mystische Silben) gemeißelt sind, in Flüssen auszusetzen, damit das Wort Buddhas mit dem Wind und Wasser in alle Erdteile gelangt.

Jainismus

Obwohl die Jain heute in Indien nur eine relativ kleine Minderheit ausmachen – weniger als 1 % der Bevölkerung –, waren sie mindestens 2500 Jahre lang äußerst einflussreich. Ein großer Teil der Jain lebt in Gujarat, doch sind Jain vorwiegend als Händler und Kaufleute in ganz Indien tätig. Ähnlichkeiten zum Hinduismus, die gemeinsame Achtung vor der Natur und das Bekenntnis zur Gewaltlosigkeit haben dazu geführt, dass viele Jain zum Hinduismus übergetreten sind; es besteht jedoch keine Feindseligkeit zwischen den beiden Religionsgemeinschaften.

Die an das Gebot des **Ahimsa** („Nicht-Verletzen") gebundenen Jain folgen einer strengen Disziplin, um zu vermeiden, den **Jiva** („Seelen"), die Menschen, Tieren, Pflanzen, Wasser, Feuer und Luft innewohnen, zu schaden. Die Jain glauben, dass jede Jiva rein und in der Lage ist, die Befreiung von der Existenz in diesem Universum zu erlangen. Allerdings sind die Jiva dem Karma unterworfen, einer Art feiner Materie, die sich an die Seele heftet, aus dem Handeln geboren wird und die die Jiva an die körperliche Existenz bindet. Für die meisten orthodoxen Jain besteht die einzige Möglichkeit, das Karma von der Jiva zu lösen, darin, dem Weg der Askese und Meditation zu folgen und Leidenschaften, Bindungen und unreine Handlungen abzulehnen.

Die Jain-Lehre basiert auf den Lehren von **Mahavira** („Großer Held"), dem letzten einer Reihe von 24 **Tirthankara** („Furtbereiter"), die alle 300 Millionen Jahre auf der Erde erscheinen sollen. Mahavira (ca. 599–527 v. Chr.) wurde als Vardhamana Jnatrputra nahe dem heutigen Patna in eine Kshatriya-Familie geboren. Wie sein Fast-Zeitgenosse Buddha entsagte er mit 30 Jahren dem Familienleben und verbrachte Jahre als Wanderasket, um die Bindung an weltliche Werte zu überwinden. Mahaviras Lehren wurden nach seinem Tod niedergeschrieben, und der Jainismus blühte in ganz Indien. Wenig später kam es jedoch zu einer Spaltung. Die **Digambara** („luftgekleidet") auf der einen Seite glaubten, dass Nacktheit wesentlich zur Weltentsagung gehörte und dass Frauen unfähig seien, die Befreiung vom weltlichen Dasein zu erreichen. Die **Svetambara** („weiß gekleidet") hingegen sahen vom Extrem der Nacktheit ab, integrierten Nonnen in Mönchsgemeinschaften und erkannten sogar einen weiblichen Tirthankara an.

Heutzutage beten die beiden Sekten in verschiedenen Tempeln, die Zahl der nackten Digambara ist jedoch minimal. Viele Svetambara-Mönche und -Nonnen tragen einen Mundschutz, um keine Insekten einzuatmen, und haben einen „Fliegen-Besen" dabei, den sie manchmal gebrauchen, um den Weg vor sich zu fegen; keiner benutzt öffentliche Verkehrsmittel, und oft verbringen sie Tage oder Wochen damit, barfuß zu einer Pilgerstätte zu wandern.

Sikhismus

Der Sikhismus, Indiens jüngste Religion, bleibt im Punjab vorherrschend, auch wenn seine Anhänger sich in ganz Nordindien verbreitet haben. Der Gründer der Bewegung war **Guru Nanak** (1469–1539). Er wurde als Sohn einer orthodoxen hinduistischen Kshatriya-Familie in der Nähe von Lahore geboren. Er war einer von vielen Dichterphilosophen des 16. Jhs., die Kulte begründeten, wobei sie sowohl Elemente aus dem Hinduismus als auch dem Islam entlehnten.

Nanak verkündete: „Gott ist weder Hindu noch Moslem, und der Weg, dem ich folge, ist Gottes Weg". Er betrachtete die vielen Gottheiten einfach als verschiedene Namen für einen allerhöchsten Gott und forderte seine Anhänger auf, den religiösen Schwerpunkt vom Ritual auf die Meditation zu verlegen. Ebenso wie die Hindus glaubte Nanak an einen Kreislauf von Tod und Wiedergeburt (Samsara), aber er behauptete, dass die Erlösung (Moksha) von allen Frauen und Männern in diesem Leben erreichbar sei, unabhängig von ihrer Kastenzugehörigkeit, und dass die religiöse Praxis in den Alltag integriert werden sollte und sollte.

Nach dem Tod Guru Nanaks 1539 führte **Guru Angad** die Gemeinde der Sikh („Jünger"), **Sikh Panth** genannt, an. Er schrieb seine eigenen sowie die Hymnen Nanaks in einem neuen Werk namens **Gurumukhi** nieder, das heute die Vorlage des geschriebenen Punjabi ist. Nach Guru Angads Tod 1552 leiteten nacheinander acht Gurus die Sikh Panth und machten aus dem Sikhismus mit der Zeit eine mächtige, unabhängige religiöse Bewegung. Guru Ram Das (1552–74) gründete die heilige Stadt **Amritsar**. Sein Nachfolger **Guru Arjan Dev** sammelte die Hymnen der Gurus in dem Buch *Adi Granth* und errichtete den Goldenen Tempel in Amritsar als dessen Aufbewahrungsort. Er wurde zum ersten Märtyrer des Sikhismus, als Jahangir ihn hinrichten ließ. Im gesamten Verlauf ihrer Geschichte mussten die Sikh für ihren Glauben kämpfen, besonders unter den Moguln. Als Guru Teg Bahadur 1675 von Aurangzeb enthauptet wurde, begann die Ära seines Sohnes und Nachfolgers **Guru Gobind Singh**, der die gesamte Bewegung revolutionierte. Er war der letzte Führer und bestimmte maßgeblich das Gesicht der heutigen Sikh-Gemeinde. 1699 gründete er die **Khalsa-Bruderschaft**. Ihren Mitgliedern sind der Konsum von Tabak, *halal*-Fleisch sowie sexuelle Beziehungen mit Moslems untersagt, und es wird von ihnen die Annahme der **fünf Ks** gefordert: *kangha* (Kamm), *kirpan* (Schwert), *kara* (Stahlarmband), *kachcha* (kurze Hosen) und *kesh* (ungeschorenes Haar).

Dank Letzterem sind Sikh-Männer normalerweise sofort an ihren langen Bärten und Turbanen zu erkennen. Guru Gobind Singh ersetzte die traditionellen Kastennamen durch Singh („Löwe" – allerdings ist dieser Name nicht den Sikh vorbehalten, sondern auch ein gebräuchlicher Hindu-Nachname) für Männer und Kaur („Prinzessin") für Frauen. Forderungen nach einem eigenen Sikh-Staat – **Khalistan** – und Kämpfe im 18. Jh. sowie im Anschluss an Indiens Unabhängigkeit haben die Sikh in den Ruf militärischer Aktivisten gebracht. Aufgrund ihrer Tapferkeit und kriegerischen Tradition stellen sie auch heute noch einen beträchtlichen Teil der indischen Armeeangehörigen. Dennoch gilt unter ihnen der Tod im Kampf für die religiöse Freiheit zwar als Weg zur Erlösung, die Gewaltanwendung wird offiziell aber nur unterstützt, wenn andere Methoden versagt haben.

Christentum

Der **Apostel Thomas** soll 54 n. Chr. in Kerala eingetroffen sein. Im Volksglauben ist die Kirchengemeinde des heiligen Thomas die älteste christliche Gemeinde der Welt. Der Überlieferung zufolge starb der heilige Thomas am 21. Dezember 72 n. Chr. in **Mylapore** bei Madras den Märtyrertod. Das Grab ist seitdem ein wichtiger Wallfahrtsort, weshalb die Portugiesen Ende des 19. Jhs. an dieser Stelle die gotische San Thome-Kathedrale errichteten. Da das Christentum offiziell kein Kastendenken kennt, kann es für Menschen, die den sozialen Aufstieg suchen, attraktiv sein – von den zwei Millionen Christen im heutigen Indien sind die meisten Adivasi (Stammesangehörige) und Dalit (Unberührbare).

Auch das Christentum wurde in Indien vom Hinduismus beeinflusst. In vielen Kirchen sieht man Gläubige, die als Opfergabe den hinduistischen *arati*-Teller mit Kokosnüssen, Süßigkeiten und Reis darbringen, und die Frauen tragen einen *tilak*-Punkt auf der Stirn. Ebenso wie Hindus und Moslems die Pilgerfahrt für einen integralen Bestandteil der Lebensreise halten, besuchen indische Christen gern Kirchen, in denen eine Reliquie aufbewahrt wird. Dass bestimmte Traditionen von den Religionsgemeinschaften geteilt werden, zeigt sich auch zur Weihnachtszeit: Dann sind die bunt bemalten Papiersterne und kleinen Darstellungen von Christi Geburt, die in ganz Indien an Häusern, Schulen, Geschäften und Kirchen leuchten und blinken, nicht zu übersehen.

Zoroastrismus

Die Wahrscheinlichkeit, dass westliche Besucher auf Parsen treffen – oder diese erkennen – ist äußerst gering, denn sie haben keine eigene Kleiderordnung und nur wenige Gotteshäuser. Die meisten von ihnen leben in Mumbai, wo sie als **Parsi** (Parsen, von „Perser") bekannt sind und vor allem im Handel, dem Bildungswesen und der Politik aktiv sind. Die Zahl der Parsen (etwa 90 000) nimmt rapide ab, was auf eine sinkende Geburtenrate und Verschmelzung mit anderen Glaubensgemeinschaften zurückzuführen ist.

Der Religionsstifter **Zarathustra** (Zoroaster), der im 6. oder 7. Jh. v. Chr. in Persien lebte, war der erste Prophet, der eine dualistische Philosophie auf der Grundlage der gegensätzlichen Kräfte von Gut und Böse entwickelte. Ihm zufolge liegt der absolute, ganzheitlich gute und weise Gott, **Ahura Mazda**, zusammen mit seinem heiligen Geist und den sechs in der Erde, dem Wasser, dem Himmel, in Tieren, Pflanzen und dem Feuer anwesenden Emanationen ständig im Streit mit einer bösen Macht, **Angra Mainyu**, die von **Daevas**, bösen Geistern, unterstützt wird.

Sprachen

In Indien werden nicht weniger als 22 verfassungsmäßig anerkannte Hauptsprachen gesprochen. Daneben gibt es noch zahlreiche Sprachen kleinerer Bevölkerungsgruppen und über tausend Dialekte. Als Indien nach der Unabhängigkeit neu strukturiert wurde, zog man die Bundesstaatsgrenzen größtenteils nach linguistischen Regionen. Die Hauptsprachen im Norden (einschließlich jener im abgelegenen Osten und Westen) sind ausnahmslos indo-arisch, gehören also der östlichsten Untergruppe der indo-europäischen Sprachfamilie an, die ihren Ursprung

Jahrtausende vor der Zeitenwende irgendwo zwischen Europa und Zentralasien haben soll und sich auffächerte, als damalige Stämme in alle Himmelsrichtungen aufbrachen.

Die älteste erhaltene Sprache des Subkontinents ist **Sanskrit**, zusammen mit Latein und Griechisch eine der drei „großen Schwestern", auf deren Grundlage Philologen das Modell der proto-indoeuropäischen Sprache erstellt haben. Sanskrit wurde im frühen 2. Jahrtausend v. Chr. gesprochen, jedoch erst viel später niedergeschrieben. Alle heiligen Texte des Hinduismus sind in Sanskrit verfasst, das bis 1000 n. Chr. die Sprache der gebildeten Schicht blieb. Im Laufe der Jahrhunderte entwickelte es sich zu den modernen Sprachen des heutigen Nordindiens: Hindi, Urdu, Bengali, Gujarati, Marathi, Kashmiri, Punjabi und Oriya.

Hindi ist die vorherrschende Sprache im Norden, und die hauptsächlich gesprochene Sprache in den Staaten Uttar Pradesh, Madhya Pradesh, Rajasthan, Haryana, Bihar und Himachal Pradesh. Außerdem ist es die Zweitsprache in anderen Staaten. Hindi ist eng verwandt mit **Urdu**, der Hauptsprache Pakistans. Sowohl Hindi als auch Urdu entwickelten sich während der Festigung der moslemischen Herrschaft Anfang des zweiten Jahrtausends nebeneinander in den Märkten und Heerlagern von Delhi (der Begriff Urdu ist vom türkischen Wort für „Lager" abgeleitet). Während das Hindi später eine Hinwendung zu den sanskritischen Wurzeln erlebte und sich der klassischen **Devanagari-Schrift** bediente, verband sich das Urdu kulturell mit dem Islam und benutzte die persisch-arabische Schrift. Das Vokabular beider Sprachen ist von den jeweiligen kulturellen und religiösen Beziehungen geprägt. Vom Devanagari wurden u. a. die Schriften des Punjabi, Bengali und Gujarati abgeleitet, was durch diverse Ähnlichkeiten deutlich zum Ausdruck kommt.

Weitere wichtige, in Nordindien gesprochene Sprachen sind u. a. Bengali (West-Bengalen und Tripura), Nepali (West-Bengalen und Sikkim), Gujarati (Gujarat), Punjabi (Punjab, Delhi), Kashmiri und Dogri (Kashmir), Assamesisch und Bodo (Assam), Oriya (Orissa) und Maithili (Bihar).

Nachdem Indien unabhängig geworden war, beschloss die Regierung in Delhi, Hindi zur **Amtssprache** des neu gegründeten Landes zu machen. So wurde in allen Schulen Hindi gelehrt, und heute beherrscht über die Hälfte der indischen Bevölkerung diese Sprache mehr oder weniger perfekt. In bestimmten Regionen

Indisches Englisch

Das indische Englisch entwickelte seine Charakteristika, die sich bis heute erhalten haben, während der Zeit des Raj, der britischen Kolonialherrschaft. Viele indische Begriffe fanden Eingang ins Englische (und Deutsche!) – z. B. Veranda, Bungalow, Sandale, Pyjama (im indischen Kontext eine Hose, kein Schlafanzug), Shampoo, Turban, Kaste, Chili oder Yoga. Indienreisende werden sich schnell an andere Wörter gewöhnen, die außerhalb des Subkontinents weniger verbreitet sind, z. B. *dacoit, dhoti, panchayat, lakh* und *crore,* um nur einige wenige zu nennen.

Die eigentümlichen Intonationsmuster sind, ebenso wie die manchmal verwirrende Sprechgeschwindigkeit, auf Einflüsse einheimischer indischer Sprachen zurückzuführen. Auch die Artikulation einiger Vokale – z. B. die fehlende Unterscheidung zwischen langem und kurzem o-Laut („cot" und „caught" werden gleich ausgesprochen) – und die retroflexe Aussprache der Konsonanten „d", „t" und „r" (die Zungenspitze berührt dabei den weichen Gaumen) basieren auf lokalen indischen Sprachgewohnheiten. Der vielleicht charmanteste Aspekt des indischen Englisch liegt in seinem Beharrungsvermögen: Ausdrücke und Redewendungen, die in Großbritannien als sehr altmodisch gelten, werden in Indien weiterhin benutzt. So wird man nicht selten mit „Good sir" angesprochen, oder man wird gefragt: „May I know your good name?" Auch die Zeitungssprache bedient sich solch blumiger Ausdrücke, weshalb die Schlagzeilen der weit verbreiteten englischsprachigen Zeitungen auf den nüchternen Briten manchmal unfreiwillig komisch wirken.

aber rührte sich permanent starker **Widerstand gegen die Einführung des Hindi**, besonders im tamilisch dominierten dravidischen Süden, und die große Mehrheit der südlich des Dekkan-Plateaus beheimateten Inder ist dieser Sprache kaum oder gar nicht mächtig. Hier tritt **Englisch**, die Sprache der ehemaligen Kolonisten, als wichtiges Kommunikationsmittel in Erscheinung. Angesichts der Sprachenvielfalt Indiens ist es nicht weiter verwunderlich, dass es nach wie vor die *lingua franca* vieler Inder ist (s. Kasten S. 121). Nicht selten unterhalten sich Inder aus verschiedenen Landesteilen auf Englisch, und Reisende können sich nicht nur mit Studenten und Geschäftsleuten, sondern oft auch mit *chaiwallahs* und Schuhputzern erstaunlich gut auf Englisch verständigen.

Musik

Indien besitzt eine überwältigende Vielfalt heimischer Musiktraditionen, von den archaischen Ritualgesängen der Hindus bis zu den modernen Kreationen der Filmmusik. Bei uns kennt man am ehesten die klassische nordindische Musik mit schwirrender Tanpura-Begleitung und komplexen Tabla-Rhythmen, die zu den unverwechselbaren Musikklängen der Welt gehört. Dazu kommen eine Fülle verschiedenartiger Volksmusik und Bollywoods unerschöpfliches Reservoir an Filmmusik.

Klassische indische Musik: *raga* und *tala*

Die Melodiestruktur der klassischen indischen Musik basiert auf dem *raga* (vom Sanskrit-Wort für „Farbe"). Vereinfacht gesagt ist ein *raga* so etwas Ähnliches wie eine Tonleiter oder Tonart, die vorgibt, welche Töne in einem Stück verwendet werden können. Zugleich ist jedem *raga* eine bestimmte musikalische und emotionale Stimmung zugeordnet. Der *raga* gibt einen festen Rahmen für das Musikstück vor. Herausragende Musiker der indischen Klassik zeichnen sich durch ihr fantasievolles Improvisationsvermögen innerhalb dieser strengen Grenzen aus.

Das *tala* wiederum gibt die rhythmische Struktur eines Musikstücks vor. Ein *tala* ist ein Zyklus aus einer bestimmten Anzahl von Schlägen, die sich durch eine Kombination aus rhythmischem Muster und Klangfarbe definieren. Es gibt Hunderte von *tala*. Am gebräuchlichsten ist das *tala* mit 16 Schlägen (vier „Takte" zu je vier Schlägen).Die Darbietung eines *raga* folgt einem festen Muster. Sie beginnt mit dem *alap*, einer langsamen, getragenen Einleitung im freien Rhythmus, die den gewählten *raga* charakterisiert und seine Töne nacheinander vorstellt. Nach dem *alap* wird der *raga* in den Abschnitten *jor*, *jhala* und *gat* (das ist der Hauptteil) weiterentwickelt. Hier kommen dann auch Schlaginstrumente – normalerweise Tabla oder (in Südindien) Mridangam – zum Einsatz. Solist und Schlagzeuger wechseln zwischen Improvisation und feststehenden „Kompositions"-Elementen.

Klassische Vokalmusik

Dhrupad ist die älteste und strengste Form der klassischen nordindischen Musik. Eine Dhrupad-Darbietung besteht aus einer langen Einleitung *(alap)*, in der der Sänger eine Abfolge von Silben (nach einem Mantra) vokalisiert, gefolgt von einem viel kürzeren, schnelleren Gesangsabschnitt zur Begleitung der Pakhawaj. Im 18. Jh. setzte sich anstelle des strengen Dhrupad der viel extravagantere **Khyal** – der „Belcanto der indischen Musik" – durch, der den Sängern mehr Gelegenheit gibt, ihre Virtuosität zu demonstrieren. Er wird üblicherweise von Tabla und Harmonium sowie einem Streichinstrument wie Sarangi oder Geige begleitet, das die Gesangsmelodie spiegelt.

Thumri sind im Grunde aus der weiblichen Perspektive verfasste Liebeslieder, gesungen in *Braj Basha*, einem literarischen Dialekt des Hindi. Begleitet wird ein Thumri stets von der Tabla, unterstützt durch Tanpura, Sarangi oder Surmandal und mitunter auch Geige oder Harmonium. Eine noch ausgeprägtere Liedform hat der **Ghazal** – sozusagen das Urdu-Pendant zum Thumri. Er wurde von persischen Moslems nach

Eine große Auswahl besonders nordindischer klassischer Musik ist auf CD erhältlich, darunter Aufnahmen mit den führenden Virtuosen des Landes der letzten 50 Jahre.

Der vielleicht bekannteste Musiker klassischer indischer Musik ist der Sitar-Spieler **Ravi Shankar** (geb.1920), der zahllose Solos aufgenommen und außerdem oft mit anderen Künstlern wie Ali Akbar Khan (s. u.) und Yehudi Menuhin zusammengearbeitet hat. Andere legendäre Sitar-Spieler waren **Nikhil Banerjee** (1931–1986) und **Vilayat Khan** (1928–2004); interessant sind außerdem Aufnahmen von **Imrat Khan** (geb. 1935, der jüngere Bruder von Vilayat Khan), dem unbestrittenen Meister der seelenvollen Surbahar (Basssitar).

Ähnlich viele Aufnahmen wie von Ravi Shankar gibt es vom weltweit verehrten Sarod-Virtuosen **Ali Akbar Khan** (1922–2009). Eine Ohrenweide für an indischer Musik Interessierte ist außerdem die stimmungsvolle Musik von **Hariprasad Chaurasia** (geb. 1938), Indiens führendem Meister der Bansuri (Bambusflöte). Weniger bekannt, aber nicht minder hörenswert, sind **Sultan Khan** (geb. 1940) und **Ram Narayan** (geb. 1927), zwei der bedeutendsten Interpreten der Sarangi. Interessant sind außerdem die Aufnahmen des renommierten Shehnai-Virtuosen **Bismillah Khan** (1916–2006) – wenn auch der Klang des Instruments etwas gewöhnungsbedürftig ist. Auf vielen herausragenden Aufnahmen ist auch **Alla Rakha** (1919–2000) vertreten, vielleicht der beste Tabla-Spieler der letzten Jahre.

Zum Hineinhören in die karnatische Musik bieten sich die vielen Aufnahmen des Geigenvirtuosen **L. Subramanian** an oder auch die erheblich selteneren Aufnahmen von **Sundaram Balachander** (1927–1990), einem der bedeutendsten Interpreten der ausdrucksstarken Vina im 20. Jh.

Indien eingeführt und war von Haus aus eher eine Gedicht- als eine Musikform.

Die karnatische Musik

Die klassische südindische Musik, auch karnatische Musik genannt, ist mit der stärker moslemisch beeinflussten Hindustani-Musik eng verwandt, unterscheidet sich aber in vielen Details von ihr. Für das westliche Ohr klingt die karnatische Musik geradliniger und dynamischer – frei von vielen Beschränkungen, die die nordindische Musik prägen. Zentrales Element der südindischen Musik ist der Gesang; selbst reine Instrumentaldarbietungen basieren auf Liedformen. Die Texte sind mehrheitlich religiös, und Konzerte finden häufig in Tempeln statt.

Indische Volksmusik

Es gibt viele Arten indischer Volksmusik *(Lok Sangeet);* zu den wichtigsten regionalen Stilen gehören die aus Rajasthan, dem Punjab und Bengalen. In **Rajasthan** gehört Musik zu Hochzeiten und Theaterdarbietungen, Marktveranstaltungen und Volksfesten. Es gibt eine ganze Kaste von Berufsmusikern und verschiedene Saiteninstrumente von kraftvollem Klang wie Kamayacha und Ravanhata, die zur Begleitung des Gesangs dienen.

Die bekannteste bengalische Musik ist die der **Baul**. Diese umherwandernden Mystiker und Musiker bringen ihre spezielle Mischung aus Sufi- und Hindu-Bhakti-Glauben vor allem durch Gesang zum Ausdruck, meist begleitet von der Ektara, einem einsaitigen Borduninstrument.

Der **Punjab** wird vor allem mit dem **Bhangra** assoziiert: Der Volkstanz, der traditionell bei Erntedankfesten zur Begleitung von Dhol- und Dholki-Trommeln, Ektara und Tumbi (einer Art einsaitiger Gitarre) getanzt wurde, ist seit den 1980er-Jahren zum internationalen Pop-Phänomen avanciert – in seiner herkömmlichen Form wie auch als Element moderner Dance-, House- und Hiphop-Kreationen, mit denen sich vor allem asiatische Musiker in Großbritannien hervortun.

Das bekannteste indische Instrument ist die **Si-tar**. Die sechs oder sieben Hauptsaiten werden mit einem Plektrum gespielt. Zusätzlich gibt es 11–19 frei mitschwingende Resonanzsaiten. Durch ihre Krümmung des Halses kann der Spieler die Tonhöhe einer Saite verändern, indem er sie seitwärts über den Bund zieht, um so die für die indische Musik so typischen Glissandi zu erzeugen.

Die **Surbahar** ist eine Art Basssitar und wird auf dieselbe Weise gespielt.

Die **Sarod** ist kleiner als die Sitar und hat zwei Resonanzkörper, die durch ein Metallgriffbrett und zehn Metallsaiten, die mit einem Stückchen Kokosnussschale gezupft werden, miteinander verbunden sind. Dazu gibt es 15 Resonanzsaiten, die unterhalb der Hauptsaiten mitschwingen.

Die **Sarangi** ist eine bundlose Kurzhalsfiedel mit sehr breitem Griffbrett und drei oder vier Melodiesaiten aus Darm und bis zu 40 metallenen Resonanzsaiten. Manche behaupten, sie sei das schwierigste Musikinstrument der Welt. Ihr umfangreiches Spektrum unterschiedlicher Klangfarben hat große Ähnlichkeit mit der menschlichen Stimme, weshalb die Sarangi oft als Begleitinstrument zum Gesang eingesetzt wird.

Als **Bansuri** werden verschiedene Flötentypen aus Bambus *(banse)* bezeichnet. Dabei kann es sich um Längsflöten, aber auch um Querflöten handeln. Die **Shehnai**, mit der traditionell bei Hochzeiten aufgespielt wird, ist ein oboenähnliches Instrument mit Doppel-Rohrblatt und bis zu neun Fingerlöchern.

Tabla nennt man ein Paar kleine Trommeln, die auf Tonika, Dominante oder Subdominante des *raga* gestimmt werden und mit Handflächen und Fingerspitzen geschlagen eine unglaubliche Klangvielfalt hervorbringen.

Ein noch älterer Trommeltyp ist die fast 1 m lange **Pakhawaj**. Sie wurde traditionell aus Ton gefertigt, besteht aber heute meist aus Holz. Ihre beiden Enden sind mit Haut bespannt; diese beiden „Felle" werden auf verschieden hohe Töne gestimmt.

Zu den Instrumenten in der **karnatischen Musik** (S. 123) zählen die **Vina**, die der Sitar ähnelt, aber keine Resonanzsaiten hat, die **Mridangam**, eine Doppelmembrantrommel, und die große **Nadaswaram** (oder *nagaswaram*), eine Art 1 m lange Oboe, die vor allem bei Tempelzeremonien zum Einsatz kommt. Die **Geige** – für die indische Musik leicht abgeändert – wird ebenfalls vielseitig verwendet.

Der **Tanpura** ist ein bescheidenes, aber unentbehrliches Instrument der indischen Musik – eine Art bundlose Laute mit vier bis fünf Metallsaiten. Er liefert den unverkennbaren schwirrenden Begleitton der klassischen indischen Musik. Traditionell spielt ein fortgeschrittener Schüler des Hauptinterpreten den Tanpura, was als besonders ehrenvolle Aufgabe gilt.

Filmi-Musik

Die indische Popmusik kann nicht losgelöst von der gigantischen Filmindustrie des Landes betrachtet werden. Musik spielt eine zentrale Rolle in allen Bollywood-Produktionen (s. S. 125), und bis in die 1990er-Jahre hinein bestand die indische Popmusik praktisch nur aus „Filmi"-Musik. Das Auffälligste an den Filmi-Songs ist ihre unglaubliche Bandbreite. Anfangs bediente sich die Filmmusik meist bei der indischen Volksmusik und Klassik, doch ab den 1960er-Jahren bezogen Bollywood-Komponisten wie der berühmte **R. D. Burman** eine ungeheure Vielfalt musikalischer Einflüsse in ihr Werk ein, von Bigband-Rock'n'Roll bis zu den Techno- und Elektronik-Kreationen des innovativen **A. R. Rahman**. Die Filmi-Songs werden von unsichtbaren Sängerinnen und Sängern gesungen, während die Filmstars nur die Lippen zum Playback bewegen.

Viele dieser Gesangstalente sind inzwischen selbst zu Starruhm gelangt, so die legendäre **Asha Bhosle** und ihre Schwester **Lata Mangeshkar** oder auch die Sänger **Kishore Kumar** und **Mohammed Rafi**.

Film

Indien verfügt über eine gewaltige Filmindustrie. Das Land produziert mehr Filme als jedes andere auf der Welt (rund 1200 im Jahr), und die Tatsache, dass es immer noch viele indische Haushalte ohne Fernseher gibt, garantiert ein zahlenstarkes, begeistertes Kinopublikum. Den traditionellen indischen Film, eine melodramatische Mischung aus Musiksequenzen mit altmodischer Choreografie, Gesang, bei dem die Mundbewegungen nicht mit dem Ton übereinstimmen, Mord und Totschlag und durchnässten Saris gibt es zwar auch heute noch, aber die modernen indischen Filme haben diese Stereotypen weitestgehend über Bord geworfen und können sich hinsichtlich Schauspielkunst, Drehbüchern und Produktionsqualität ohne weiteres mit Filmen messen, die im Westen gedreht werden.

Bollywood

Obwohl manchmal für sämtliche Filme indischer Machart benutzt, steht der Name Bollywood streng genommen nur für Hindi-sprachige, in Mumbai gedrehte Leinwandstreifen. In den dortigen Studios werden jährlich rund 900 Filme produziert. Es gibt zwar zahlreiche andere regionale Filmzentren in Indien, an erster Stelle die riesige Tamil-sprachige, in Chennai beheimatete Filmindustrie („Kollywood" genannt), aber im Grunde kommen nur die Bollywoodfilme landesweit – und weltweit – beim Publikum richtig gut an. Sie werden Schätzungen zufolge von 3,6 Milliarden Menschen rund um den Globus gesehen – Hollywoodfilme von 2,5 Milliarden.

Musik und Masalas

Bollywoodfilme funktionieren traditionell nach dem sogenannten **Masalarezept** (dem Hinduwort für eine Gewürzmischung), d. h. einer bunten Mischung aus romantischen Verstrickungen, spannungsgeladener Action und beschwingter Komödie. Die Hauptpersonen sind für oft korrupte Politiker, hinterhältige Schurken und unsterblich Verliebte. Auch **Musik** spielt in den meisten Bollywoodfilmen eine wichtige Rolle, und es kommen darin zahlreiche Gesangseinlagen (oder *filmi*, s. S. 124) und Tanzszenen vor – der Erfolg vieler Filme steht und fällt in erster Linie mit der Qualität der musikalischen Einlagen.

In den letzten Jahren hat sich die traditionelle Bollywood-Masala-Formel aber stark verändert, oft hin zum Mainstream-Hollywood-Modell. Es erscheinen aber auch immer häufiger mutigere Filme, die sich mit den neu entstehenden Gesellschaftsschichten in Indien beschäftigen, z. B. verwestlichten städtischen Jugendlichen und in Übersee lebenden Indern. Auch wird zu-

In Bollywood-Filmen dürfen Tanz- und Gesangseinlagen nicht fehlen.

Devdas (1955) Klassische Bollywoodgeschichte über eine tragische Liebe. In der Hauptrolle der großartige Dilip Kumar als unglücklich Liebender Devdas.

Dil Chahta Hai (dt. „Das Herz wählt", 2001) Stilvoller und avantgardistischer Film, der das (Liebes-)Leben der neuen, gut betuchten indischen städtischen Elite zum Thema hat.

Dilwale Dulhania Le Jayenge (dt. „Wer zuerst kommt, kriegt die Braut", 1995) Einer der größten Bollywoodhits aller Zeiten: eine bewegende, in London angesiedelte Liebeskomödie und einer der ersten Bollywoodfilme, die im Ausland spielen.

Lagaan (2001) Herzergreifendes Drama aus der Raj-Ära. Einige arme Dörfler versuchen, die britischen Gutsherren im Cricketspiel zu schlagen. Wenn sie gewinnen, werden ihnen Steuern erlassen, die sie wegen des Ernteausfalls nicht leisten konnten.

Mother India (1957) Klassische Geschichte aus dem bäuerlichen Indien. Zeigt auf dramatische Weise das Elend und die Anstrengungen einer indischen Mutter, die in einem verarmten Dorf der Gnade des ausbeuterischen Geldverleihers und ihres eigenen Sohnes, der ein Bandit geworden ist, ausgeliefert ist.

Mr India (1987) Origineller Actionfilm: Mr. India (Anil Kapoor) bekämpft den Erzschurken Mogambo.

Mughal-e-Azam (1960) Spektakulärer Historienstreifen. Die Dreharbeiten zu Mughal-e-Azam dauerten neun Jahre, und der Film ist bis heute die eindrucksvollste Beschreibung von Kabale und Liebe am Hof des Großmoguls Akbar.

Munna Bhai M.B.B.S. (dt. Munna Bhai M.B.B.S. – Lachen macht gesund, 2003) Beschwingte Komödie, in deren Mittelpunkt der liebenswerte „böse Junge" Sanjay Dutt als schelmischer Mumbai-Gangster Munna Bhai steht. Der zweite Teil, Lage Raho Munna Bhai (2006), war ebenfalls ein großer Erfolg.

Salaam Bombay! (1988) Berührender Film über das Leben von Straßenkindern in Mumbai.

Sholay (1975) Wird als bester Bollywoodfilm aller Zeiten gehandelt. Die Hauptrolle in dieser bewegenden Geschichte einander bekriegender Outlaws spielt Amitabh Bachchan.

---

nehmend freizügiger mit dem Thema Sexualität umgegangen – obwohl das berühmte Tabu bezüglich Kuss-Szenen auf der Leinwand nach wie vor meistens eingehalten wird.

Who's who in Bollywood

Bollywoods berühmteste Schauspieler genießen in Indien einen göttergleichen Status – nur die besten Cricketspieler des Landes können es mit ihnen hinsichtlich ihrer Anziehungskraft auf die Massen aufnehmen. Die Bilder der wichtigsten Stars sind überall zu finden, in Zeitungen und Zeitschriften, auf Werbe- und Filmplakaten sowie in zahllosen anzüglichen Musikvideos und kitschigen Fernsehwerbespots.

Ganz oben stehen der weißbärtige **Amitabh Bachchan**, Bollywoods graue Eminenz, und sein Konkurrent **Shahrukh Khan**, der schmachtende Held unzähliger romantischer Filmhits. Andere führende männliche Stars sind der Draufgänger-typ **Sanjay Dutt** und jüngere Schmachtbolzen wie **Aamir Khan**, **John Abraham**, **Hrithik Roshan** und der böse Bube **Salman Khan**. Wie in dieser aufs Image versessenen Branche zu erwarten, sind die weiblichen Stars jünger als ihre männlichen Kollegen, und ihr Ruhm ist von kürzerer Dauer, wenn auch heutige Starlets wie **Katrina Kaif**, **Kareena Kapoor** und **Preity Zinta** sich immer häufiger auf anspruchsvollere und weniger glamouröse Rollen einlassen, um sich als ernst zu nehmende Schauspielerinnen zu beweisen.

Insgesamt sind es jedoch eher die Eskapaden und romantischen Verwicklungen abseits der Leinwand, die die meiste Aufmerksamkeit erregen und die Klatschspalten füllen, genauso wie die Auftritte des beliebtesten Starschauspielerpaares **Abhishek Bachchan** (Sohn des legendären Amitabh Bachchan) und seiner Frau **Aishwarya Rai**, selbst führende Bollywood-Schauspielerin und ehemalige Miss World.

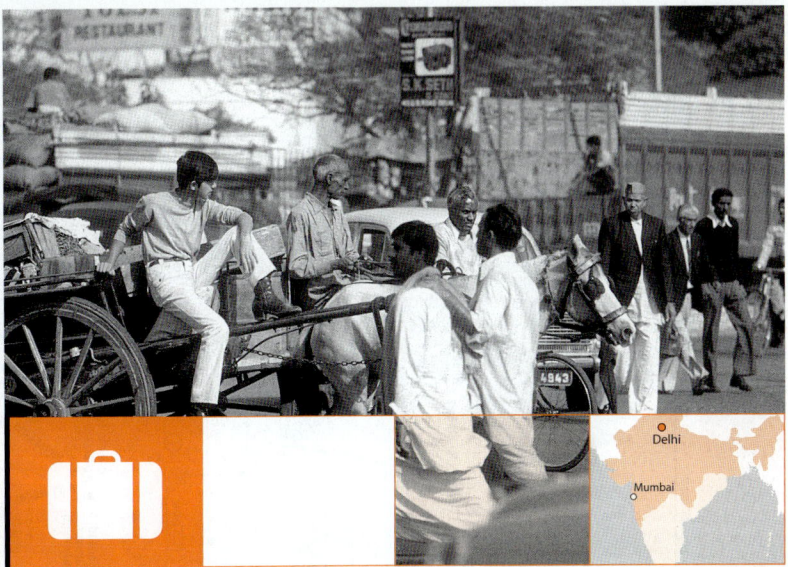

Delhi

Stefan Loose Traveltipps

Rajpath Die breite Promenade ist das Herzstück von Lutyens' New Delhi und der Inbegriff der britischen Kolonialherrschaft. S. 130

National Museum Das schönste Museum des Landes bewahrt indische Kultur aus mehr als 5000 Jahren. S. 134

Rotes Fort Die beeindruckende Festungsanlage aus rotem Sandstein ist ein Erbe der pompösen Mogul-Architektur. S. 136

Jama Masjid Von den Minaretten der riesigen Moschee Shah Jahans bietet sich ein guter Ausblick über das alte und neue Delhi. S. 139

Humayun-Mausoleum Die herrliche Gartenanlage dieses eleganten Vorläufers des Taj Mahal aus rotem Sandstein ist ein willkommener Zufluchtsort vor der Hitze. S. 141

Hazrat Nizam-ud-Din Dargah Der Sufi-Schrein liegt in einem moslemischen Viertel, in dem jeden Donnerstag hypnotische *qawwali*-Musik erklingt. S. 142

Qutb Minar-Komplex Aus den Ruinen der ersten Stadt Delhis aus dem 13. Jh. ragt der Siegesturm Qutb Minar empor. S. 146

Delhi

0   2 km

N

Anand Vihar ISBT

Noida, ②

Akshardham-Tempel

Blue Line

YAMUNA BANK

AKSHARDHAM

WELCOME

SEELAM PUR

SHASTRI PARK

Red Line

GRAND TRUNK ROAD (NH-24)

Flagstaff Tower

Northern Ridge

tibetische Kolonie Majnu ka Tilla, Hotels (2 km)

s. Detailplan Old Delhi S. 137

Maharana Pratap ISBT

Haupt-post Old Delhi

MAHATMA GANDHI ROAD

SHAM NATH MARG

KASHMERE GATE

Old Delhi Station

Fatehpuri-Moschee

CIVIL LINES

CIVIL LINES

TIS HAZARI

PULBANGASH

QUTUB RD

RANI JHANSI ROAD

CHANDNI CHOWK

CHAWRI BAZAR

Red Fort

MAHATMA GANDHI MARG

Jama Masjid

Aimeri Gate

NEW DELHI

Vir Bhumi
Shakti Sthal
Raj Ghat

Firoz Shah Kotla & Ashoka-Säule

Shankar's International Doll Museum

Foreigners Registration Office

PRAGATI MAIDAN

MANDI HOUSE

Pragati Maidan

VIKAS MARG

INDRA-PRASTHA

MAHATMA GANDHI

BHAIRON MARG

Zoo

6

Delhi Gate

5

Nepalesische Botschaft

BARAKHAMBA ROAD

CONNAUGHT PLACE

India Gate

Bikaner House

Violet Line

MATHURA ROAD

FIROZ SHAH ROAD

CENTRAL SECRETARIAT

KARTA

PATEL CHOWK

Yellow Line

JANPATH

RAJPATH

SANSAD MARG

SANSAD MARG

Rashtrapati Bhawan

Sansad Bhawan (Parlament)

UDYOG BHAWAN

KAUTILYA

WILLINGDON

Central Ridge

Buddha Jayanti Park

s. Detailplan New Delhi S. 131

Mahavir Jayanti Park

UPPER RIDGE ROAD

OLD DELHI

PAHARGANJ

s. Detailplan Paharganj S. 135

JHANDEWALAN

D B GUPTA ROAD

PANCHKUIAN MARG

RK ASHRAM MARG

Main Bazar

New Delhi

Connaught Place

s. Detailplan Connaught Place S. 132

Patel

MANDIR MARG

UPPER RIDGE ROAD

PRATAP NAGAR

KAROL BAGH

Karol Bagh Market

FAIZ ROAD

PUSA ROAD

KAROL BAGH

NEW PUSA ROAD

Lakshmi Narayan Mandir

SHANKAR ROAD

8

GURU GOBIND SINGH MARG

Sarai Rohilla Station

RAJENDRA NAGAR

PATEL NAGAR

SHADIPUR

SATGURU RAM SINGH MARG

PATEL ROAD

NAJAFGARH ROAD

ROHTAK ROAD

Green Line

INDER LOK

SHASTRI NAGAR

Red Line

ASHOK PARK MAIN

PUNJABI BAGH EAST

KIRTI NAGAR

MOTI NAGAR

RAMESH NAGAR

NARAINA ROAD

SHIVAJI PARK

MADIPUR

PASCHIM VIHAR EAST

PASCHIM VIHAR WEST

RING RD

Blue Line

1

RAJOURI GARDEN

TODAPUR ROAD

MAHATMA

Sulabh Museum of Toilets (2 km)

7

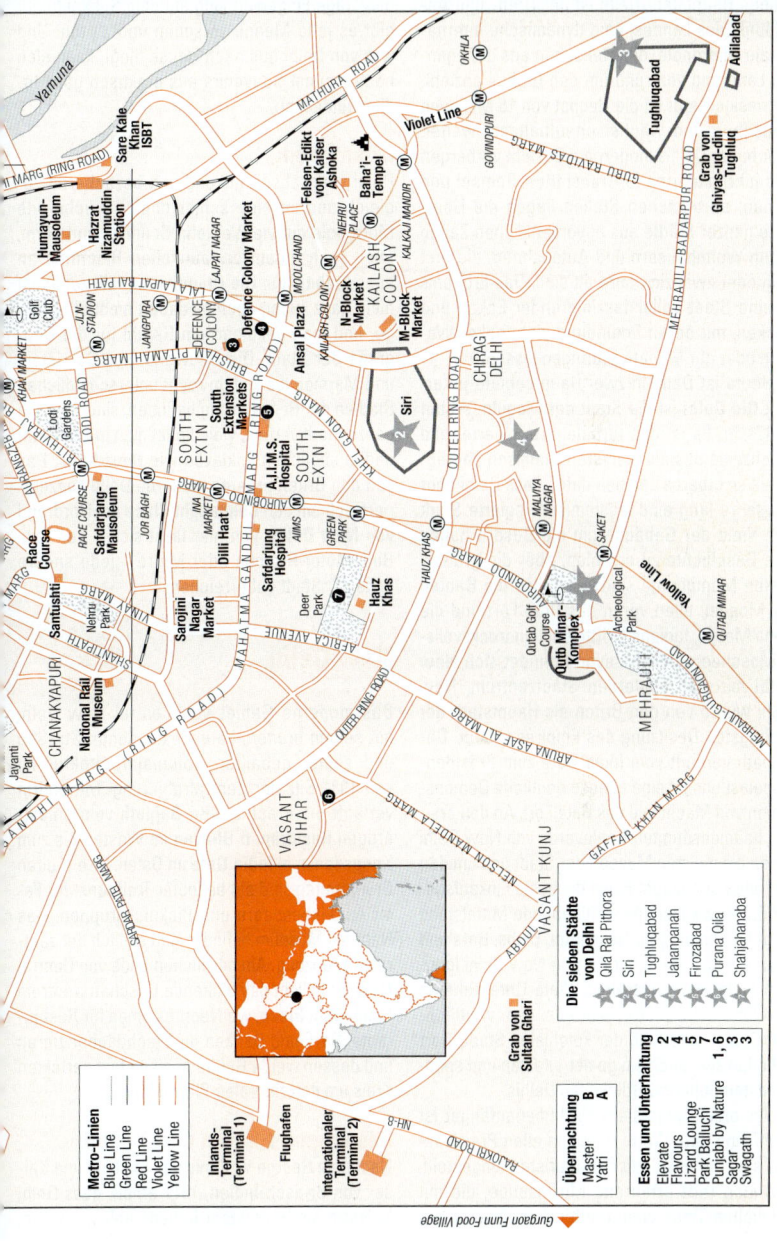

Yamuna

Sare Kale Khan ISBT

Humayun-Mausoleum

Hazrat Nizamuddin Station

MATHURA ROAD

Felsen-Edikt von Kaiser Ashoka

Baha'i-Tempel

Violet Line

OKHLA

Tughluqabad

Adilabad

Suraj Kund

Grab von Ghiyas-ud-din Tughluq

GURU RAVIDAS MARG

GOVINDPURI

MEHRAULI–BADARPUR ROAD

Golf Club

Lodi Gardens

Defence Colony Market

NEHRU PLACE

KALKAJI MANDIR

KAILASH COLONY

MOOLCHAND

N-Block Market

M-Block Market

Ansal Plaza

KAILASH COLONY

CHIRAG DELHI

LAJPAT NAGAR

DEFENCE COLONY

Siri

South Extension Markets

LAJPAT RAI PATH

JANGPURA

JN-STADION

KHAN MARKET

SUBRAMANIAM BHARTI MARG

A.I.I.M.S. Hospital

SOUTH EXTN I

SOUTH EXTN II

OUTER RING ROAD

AUROBINDO MARG

LALA LAJPAT RAI PATH

ARANGZEB RD.

PRITHVIRAJ RD.

LODI ROAD

JOR BAGH

RACE COURSE

JOR BAGH

INA

INA MARKET

AIIMS

GREEN PARK

MALVIYA NAGAR

SAKET

KHEL GAON MARG

Race Course

Safdarjang-Mausoleum

National Rail Museum

Santushti

Nehru Park

Dilli Haat

Sarojini Nagar Market

Safdarjang Hospital

Deer Park

HAUZ KHAS

Hauz Khas

Qutab Golf Course

Archeological Park

Qutb Minar-Komplex

QUTAB MINAR

Yellow Line

MEHRAULI-GURGAON ROAD

MEHRAULI

CHANAKYAPURI

SHANTIPATH

VINAY MARG

Jayanti Park

SARDAR PATEL MARG

MAHATMA GANDHI MARG (RING ROAD)

AFRICA AVENUE

AURBINDO MARG

VASANT VIHAR

VASANT KUNJ

NELSON MANDELA MARG

ARUNA ASAF ALI MARG

GAFFAR KHAN MARG

ABDUL GAFFAR KHAN MARG

Grab von Sultan Ghari

Metro-Linien
Blue Line	
Green Line	
Red Line	
Violet Line	
Yellow Line	

Inlands-Terminal (Terminal 1)

Flughafen

Internationaler Terminal (Terminal 2)

NH-8

RAJOKRI ROAD

Die sieben Städte von Delhi
☆	Qila Rai Pithora
☆☆	Siri
☆☆	Tughluqabad
☆☆	Jahanpanah
☆☆	Firozabad
☆☆	Purana Qila
☆☆	Shahjahanaba

Übernachtung
Master	B
Yatri	A

Essen und Unterhaltung
Elevate	2
Flavours	4
Lizard Lounge	5
Park Balluchi	7
Punjabi by Nature	1, 6
Sagar	3
Swagath	3

Gurgaon Funn Food Village

Indiens Hauptstadt Delhi ist der Dreh- und An- gelpunkt des Landes, eine dynamische interna- tionale Metropole, die Menschen aus dem gan- zen Land und von rund um den Globus anzieht. Die riesige Stadt ist die Heimat von 15 Millionen Menschen und wächst unaufhaltsam weiter. Aber hinter Delhis modernem Gesicht verbergen sich jahrhundertealte Grabstätten, Tempel und Ruinen; an manchen Stellen liegen die Über- reste ganzer Städte aus unvordenklichen Zeiten neben Wohnhäusern und Autobahnen, die erst zehn oder zwanzig Jahre alt sind. Das Ergebnis ist eine Stadt voller faszinierender Ecken und Flecken, mit deren Erkundung sich locker Wo- chen oder gar Monate zubringen lassen.

Heute ist Delhi in zwei Hauptgebiete unter- teilt. **Old Delhi** ist die Stadt der Moguln, erbaut im 17. Jh. Es ist das turbulenteste Viertel und gleichzeitig das am stärksten islamisch gepräg- te, ein sichtbares Zeichen dafür, dass Delhi über 700 Jahre lang eine moslemisch regierte Stadt war. Viele der Gebäude um die Basare haben eine Geschichte zu erzählen, aber die großar- tigsten Monumente sind zweifellos die Bauten der Moguln, allen voran das Rote Fort und die Jama Masjid, Indiens größte und eindrucksvolls- te Moschee. Südlich davon befindet sich **New Delhi** mit dem modernen Stadtzentrum. New Delhi wurde von den Briten als Hauptstadt der wichtigsten Besitzung des Empires erbaut. Der Rajpath verläuft vom India Gate zum Präsiden- tenpalast und ist eine ebenso deutliche Demons- tration von Macht wie das Rote Fort. An den brei- ten, baumgesäumten Boulevards von New Delhi liegen die meisten Museen der Stadt und um den zentralen Connaught Place die beste Einkaufsge- gend. Der wachsende wohlhabende Mittelstand sorgt für immer mehr Geschäfte, Clubs, Bars und Restaurants, für die der Platz in New Delhi lang- sam nicht mehr ausreicht. Viele Unternehmen weichen nach South Delhi aus, dem weitläufi- gen Gebiet unterhalb der kolonialen Stadt. Dort befinden sich auch einige der ältesten und span- nendsten Sehenswürdigkeiten Delhis.

Als erste Anlaufstelle für Indienanfänger ist Delhi eine gute Wahl. Hotels in allen Preisklas- sen sind auf ausländische Touristen eingestellt, und man trifft erfahrene Mitreisende, die mit nützlichen Tipps weiterhelfen können. Für ein paar Tage Eingewöhnung auf dem Subkontinent gibt es jede Menge zu sehen und zu tun. Und wer von Delhi aus nach Hause fliegt, kann sich noch mal mit Souvenirs aus praktisch ganz In- dien eindecken.

Orientierung

Delhi wirkt abschreckend und bezaubernd zu- gleich und ist eine schier endlos wuchernde Metropole mit viel Verkehr, Schmutz und Lärm, aber auch einem erstaunlichen Reichtum an alter Architektur. Die Orientierung fällt zunächst nicht ganz leicht, doch es dauert nicht allzu lan- ge, und man bekommt ein Gefühl für die Geo- grafie der Stadt. Die Bauwerke aus Sandstein und Marmor, die sich in recht unterschiedlichen Stadien der Renovierung befinden, sind über die ganze Stadt verteilt, viele findet man in **Old Delhi** und in südlichen Enklaven wie **Hauz Khas**. Das von den Briten erbaute moderne Delhi konzent- riert sich um den **Connaught Place** am Nordrand von **New Delhi**. Von hier lässt sich – per Taxi, Bus, Motor-Rikscha oder Metro – jede andere Ecke der Stadt gut erreichen.

New Delhi

Das moderne Gebiet von Central New Delhi mit seinen breiten, baumbestandenen Straßen und seiner geballten Kolonialarchitektur ist seit 1931 Sitz der Zentralregierung. Mittendrin verläuft die Prachtstraße **Rajpath** vom palast- artigen **Rashtrapati Bhavan** im Westen bis zum Kriegsdenkmal **India Gate** im Osten. Ihre breiten Grünstreifen sind ein beliebter Treffpunkt für Fa- milien, Liebespaare und Picknickgruppen. Das National Museum befindet sich südlich der zent- ralen Kreuzung. Am nördlichen Ende von Central New Delhi liegt das blühende Geschäftszentrum **Connaught Place**, wo Neonreklamen für Restau- rants, Bars und Banken die Flachdächer zieren und dessen weiße Gebäude einen fast perfekten Kreis um den zentralen Platz bilden.

Rashtrapati Bhavan und Rajpath

Nachdem George V., König von England und Kai- ser von Britisch-Indien, 1911 erließ, dass Delhi Kalkutta als Hauptstadt Indiens ablösen sollte,

New Delhi

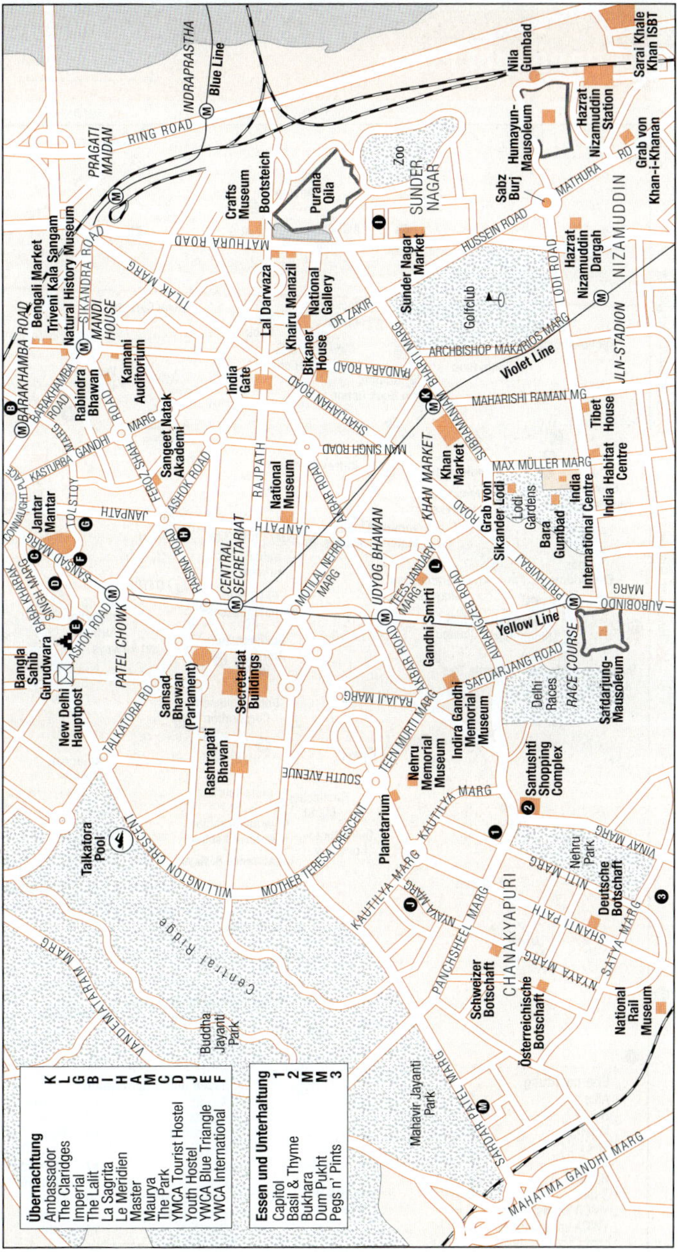

Übernachtung

Ambassador	K
The Claridges	L
Imperial	G
The Lalit	B
La Sagrita	I
Le Meridien	H
Master	A
Maurya	C
The Park	D
YWCA Tourist Hostel	J
Youth Hostel	E
YWCA Blue Triangle	F
YWCA International	

Essen und Unterhaltung

Capitol	1
Basil & Thyme	2
Bukhara	M
Dum Pukht	M
Pegs n Pints	3

N

0 — 1 km

Map labels: INDRAPRASTHA, Blue Line, PRAGATI MAIDAN, RING ROAD, Crafts Museum, Bootsteich, Purana Qila, Zoo, SUNDER NAGAR, Nila Gumbad, Humayun-Mausoleum, Hazrat Nizamuddin Station, Grab von Khan-i-Khanan, Sarai Khale Khan ISBT, Sabz Burj, MATHURA RD, NIZAMUDDIN, Bengali Market, Triveni Kala Sangam, Natural History Museum, MADRSI HOUSE, MANDI HOUSE, MATHURA ROAD, TILAK MARG, Sunder Nagar Market, HUSSEIN ROAD, Hazrat Nizamuddin Dargah, LODI ROAD, Rabindra Bhawan, Kamani Auditorium, India Gate, Lal Darwaza, Khairu Manazil, National Gallery, Bikaner House, DR ZAKIR HUSSAIN, Golfclub, ARCHBISHOP MAKARIOS MARG, Violet Line, JLN-STADION, Sangeet Natak Akademi, RAJPATH, National Museum, JANPATH, MAIN SINGH ROAD, SHAHJAHAN ROAD, MAHARISHI RAMAN MG, Khan Market, MAX MÜLLER MARG, Grab von Sikander Lodi, Bara Gumbad, Lodi Gardens, Tibet House, India International Centre, India Habitat Centre, Jantar Mantar, ASHOK ROAD, FEROZ SHAH ROAD, KASTURBA GANDHI MARG, BARAKHAMBA ROAD, KAUTILYA, TOLSTOY, BARAKHAMBA RD, BABA KHARAK SINGH MARG, SANSAD MARG, RAISINA ROAD, RAJENDRA PRASAD ROAD, CENTRAL SECRETARIAT, MOTILAL NEHRU MARG, UDYOG BHAWAN, KRISHNA MENON MARG, Gandhi Smriti, AURANGZEB ROAD, Yellow Line, AURBINDO MARG, Bangla Sahib Gurudwara, New Delhi Hauptpost, ASHOK ROAD, PATEL CHOWK, BANGLA SAHIB ROAD, Sansad Bhawan (Parlament), Secretariat Buildings, Rashtrapati Bhawan, TALKATORA RD, Talkatora Pool, SOUTH AVENUE, Planetarium, Indira Gandhi Memorial Museum, Nehru Memorial Museum, Santushti Shopping Complex, Delhi Races, RACE COURSE, Safdarjang-Mausoleum, SAFDARJANG ROAD, RAJAJI MARG, TEEN MURTI MARG, KAUTILYA MARG, Nehru Park, CHANAKYAPURI, Deutsche Botschaft, NITI MARG, SHANTI PATH, NYAYA MARG, SATYA MARG, National Rail Museum, Schweizer Botschaft, Österreichische Botschaft, PANCHSHEEL MARG, SARDAR PATEL MARG, Mahavir Jayanti Park, Buddha Jayanti Park, Central Ridge, VANDEMATARAM MARG, WILLINGTON CRESCENT, MOTHER TERESA CRESCENT, AVENUE MARG, MAHATMA GANDHI MARG

Connaught Place

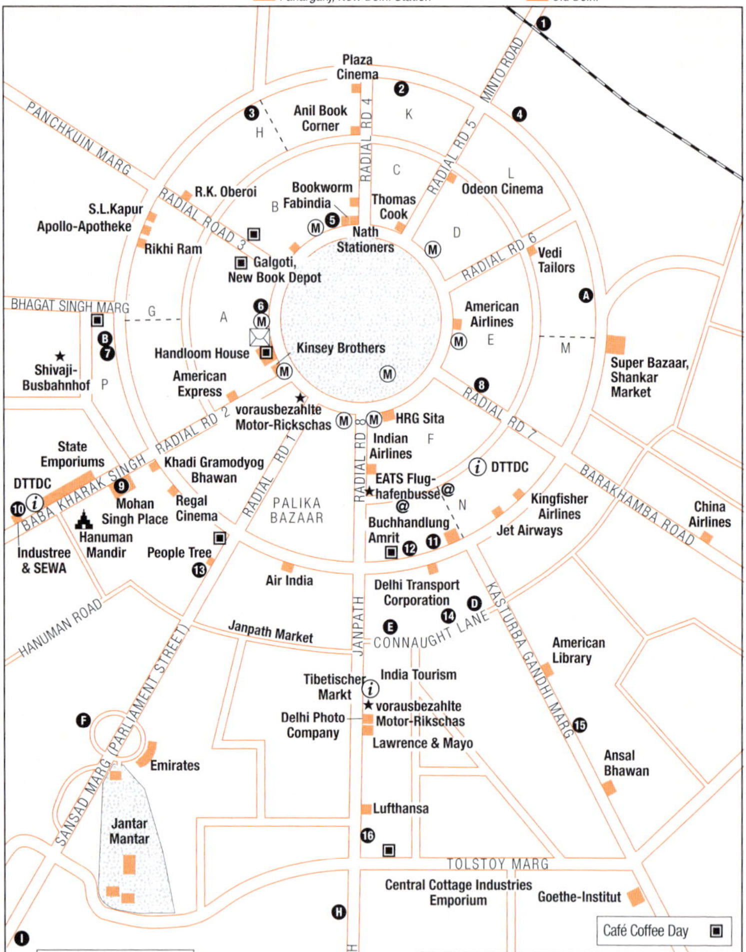

N 0 — 100 m

Paharganj, New Delhi Station — Old Delhi

Lakshmi Narayan Mandir

PANCHKUIN MARG

Plaza Cinema ❷

Anil Book Corner ❸

R.K. Oberoi

RADIAL RD 4

RADIAL RD 5

MINTO ROAD

❶ ❹

K

Bookworm
Fabindia

Thomas Cook

Odeon Cinema

L

C

S.L.Kapur
Apollo-Apotheke

RADIAL ROAD 3

B

Nath Stationers

❺ M

D

RADIAL RD 6

Rikhi Ram

Galgoti,
New Book Depot

Vedi Tailors

M

BHAGAT SINGH MARG

G

A

❻ M

Kinsey Brothers

American Airlines

❼ B

Handloom House

M

E

M

Ⓐ

Shivaji-Busbahnhof

American Express

M

M

Super Bazaar,
Shankar Market

P

vorausbezahlte
Motor-Rickschas ★

M M

HRG Sita

RADIAL RD 7

M

❽

Hauptpost, Gurudwara

State Emporiums

Khadi Gramodyog Bhawan

Indian Airlines

EATS Flug-
hafenbusse ★

F

ⓘ DTTDC

BARAKHAMBA ROAD

DTTDC

❿ ⓘ

RADIAL RD 2

RADIAL RD 1

PALIKA BAZAAR

@

N

Kingfisher Airlines

Swiss Airlines

Mohan Singh Place

Regal Cinema

Buchhandlung Amrit

Jet Airways

China Airlines

Hanuman Mandir

People Tree ⓭

❷ ⓫

Ⓒ

Industree & SEWA

Air India

Delhi Transport Corporation

American Library

HANUMAN ROAD

Janpath Market

JANPATH

Ⓔ CONNAUGHT LANE

⓮

KASTUBBA GANDHI MARG

Ⓕ

Tibetischer Markt ⓘ

India Tourism

vorausbezahlte
Motor-Rikschas ★

⓯

SANSAD MARG (PARLIAMENT STREET)

Delhi Photo Company

Lawrence & Mayo

Ansal Bhawan

Emirates

Jantar Mantar

Lufthansa

⓰

TOLSTOY MARG

Ⓖ

Central Cottage Industries Emporium

Goethe-Institut

Ⓗ

Café Coffee Day ◼

Ⓘ

JANPATH

Janpath Hotel ⓱

wurde der englische Architekt **Edwin Lutyens** damit beauftragt, das neue Regierungsviertel zu planen. Rashtrapati Bhavan, die offizielle Residenz des indischen Präsidenten und eines der größten und prächtigsten Raj-Bauwerke, wurde zwischen 1921 und 1929 von Lutyens und Sir Herbert Baker errichtet. Trotz seiner klassischen Säulen, der indischen Filigranarbeiten sowie seiner Kuppeln und *chattris* im Mogul-Stil trägt das gesamte Gebäude eine unverkennbar englische Handschrift. Vom India Gate im Osten hat man den besten Blick auf seine majestätischen Proportionen – zumindest bei klarer Sicht. Während die Zimmer in dem Gebäude rein privaten Zwecken dienen, werden die **Gärten** an der Westseite des Rashtrapati Bhavan jedes Jahr im Februar zwei Wochen lang für die Allgemeinheit geöffnet, Eintritt frei. Sie sind ganz wie die klassischen Vergnügungsparks der Moguln angelegt.

Direkt vor dem Rashtrapati Bhavan liegt der Vijay Chowk, Ausgangspunkt der breiten und schnurgeraden, von Parks und Brunnen gesäumten Prachtstraße **Rajpath**. Alljährlich finden hier die Feierlichkeiten zum Republic Day (26. Januar) statt.

Im Osten endet der Rajpath am **India Gate**, das 1921 von Lutyens entworfen wurde. Der hohe Bogen, der dem Arc de Triomphe in Paris stark ähnelt, erinnert an die 90 000 indischen Soldaten, die im Ersten Weltkrieg für die Briten ihr Leben ließen.

Connaught Place

Dreh- und Angelpunkt von New Delhi ist der Connaught Place (oder kurz „CP"), benannt nach einem Mitglied des englischen Königshauses. Drei Ringstraßen werden von acht strahlenförmig abgehenden Straßen gekreuzt und in die Blöcke A–N unterteilt. Die Bezeichnung Connaught Place bezog sich ursprünglich auf die innere Ringstraße (inzwischen umbenannt in Rajiv Chowk, nach Rajiv Gandhi), die äußere hieß Connaught Circus (mittlerweile Indira Chowk, nach Rajivs Mutter). Connaught Place wimmelt von Restaurants, Bars, Geschäften, Kinos, Banken und Fluggesellschaften (es gibt ein gutes Verzeichnis unter 🖳 www.connaughtplacemall.com).

Jantar Mantar

Südlich vom Connaught Place befindet sich in der Sansad Marg die Sternwarte Jantar Mantar, die erste von fünf Open-air-Observatorien und Vorgängerin der größeren in Jaipur (S. 177), die der Raja von Jaipur, Jai Singh II., errichten

Besucher willkommen

Südwestlich des Connaught Place nahe dem New Delhi General Post Office (GPO) an der Ashoka Road erhebt sich der riesige weiße Marmorbau des **Bangla Sahib Gurudwara**, Delhis größten Sikh-Tempels. Seine goldene, zwiebelförmige Kuppel ist schon von weitem sichtbar. Der Tempel wurde 1664 anlässlich eines Delhibesuchs des achten Sikh-Gurus Hare Krishan erbaut und steht Besuchern offen; die Schuhe müssen im Informationszentrum deponiert werden. Hier kann man sich auch einen kostenlosen Guide besorgen. Zugang aber nur mit Kopfbedeckung und „ordentlicher" Kleidung.

Der gesamte Komplex wird von den Klängen religiöser Musik erfüllt (Priester singen, spielen Harmonium und Tabla), und jedermann ist eingeladen, dreimal täglich an den einfachen Mahlzeiten, bestehend aus *dhal* und *chapatis*, teilzunehmen.

Der **Lakshmi Narayan Mandir** nordwestlich der Hauptpost und direkt westlich des Connaught Place in der Mandir Marg ist ein großer, moderner Tempel, der ebenfalls Besuchern zugänglich ist. Er hat weiße, cremefarbene und rote Ziegelkuppeln und wurde von der wohlhabenden Kaufmannsfamilie Birla gestiftet (daher wird er auch Birla Mandir genannt). Der Hauptschrein des Tempels ist Lakshmi, der Göttin des Wohlstands (rechts) und ihrem Gemahl Narayana, alias Vishnu, dem Bewahrer des Lebens (links, mit einer Muschel in der Hand) gewidmet. Hinten sind in einem winzigen, mit farbigen Steinen und Spiegeln geschmückten Raum, der Krishna gewidmet ist, religiöse Gesänge zu hören. An den Wänden hängen Zitate aus Hindu-Schriften; viele auf Englisch. ⏰ tgl. 4–13.30 und 14.30–21 Uhr. Kameras, Schuhe und Handys müssen am Eingang abgegeben werden.

ließ. Seit ihrem Bau 1725 hat sich die Sternwarte kaum verändert: Riesige rote und weiße Steingebilde stehen schräg zwischen Palmen und Blumenbeeten – anhand ihres Schattenwurfs bestimmten die Menschen früher mit bewundernswerter Genauigkeit die Zeit, Sonnen- und Mondkalender sowie astrologische Bewegungen. ⊙ tgl. von Sonnenauf- bis Sonnenuntergang, Eintritt Rs100.

Paharganj

Paharganj, nördlich des Connaught Place und unmittelbar westlich der New Delhi Railway Station mit dem **Main Bazaar** im Zentrum des Viertels gelegen, ist für viele Budgetreisende die erste Begegnung mit dem Subkontinent. Hier finden sich unzählige billige Hotels, Restaurants, Cafés und *dhabas,* hinzu kommt ein geschäftiger Obst- und Gemüsemarkt auf halbem Weg den Main Bazaar hinunter. Das Viertel ist ein Mekka für Schnäppchenjäger auf der Suche nach flippiger Kleidung, Taschen und duftenden Ölen.

Paharganj hat aber auch eine Schattenseite: die Straßenkinder. Die meisten sind aus schwierigen Elternhäusern weggelaufen, oft hunderte von Kilometern entfernt, schlafen auf der Straße und schnüffeln Klebstoff, um ihren Schmerz zu betäuben. Ein lokales Hilfsprojekt hat den **Salaam Baalak Trust**, ⌨ www.salaambaalak trust.com, ins Leben gerufen und organisiert Rundgänge durch Paharganj. Die Stadtführer sind ehemalige Straßenkinder. Die Touren dauern zwei Stunden, beginnen normalerweise um 10 Uhr und kosten Rs200. Reservierung unter ☎ 09873/130383 oder ✉ sbttour@yahoo.com. Aus den Erträgen werden Unterkünfte, Schulbildung und medizinische Hilfe für die Straßenkinder finanziert.

National Museum

Das National Museum, 11 Janpath, ⌨ www. nationalmuseumindia.gov.in, direkt südlich des Rajpath, vermittelt einen guten Überblick über Kultur und Geschichte Indiens. In der Eintrittsgebühr für Ausländer ist eine Audiotour enthalten, dafür muss ein Pass, Führerschein, eine Kreditkarte oder Rs2000 (bzw. US$40/40 €) als Sicherheit hinterlegt werden. Im Schnellver-

fahren lässt sich das Museum in zwei Stunden besichtigen, aber wer wirklich etwas davon haben will, sollte sich mindestens einen halben Tag Zeit nehmen.

Die bedeutendsten Stücke befinden sich im Erdgeschoss; Ausgangspunkt der Besichtigung ist Saal 4, der sich mit der **Harappa-Kultur** beschäftigt. Die **Gandhara-Skulpturen** in Saal 6 weisen einen deutlichen griechisch-römischen Einfluss auf. In Saal 9 stehen ein paar sehr schöne Bronzen. Besondere Beachtung verdienen die aus der **Chola-Periode** (Südindien, 9.–13. Jh.) sowie eine aus dem 15. Jh. stammende Devi-Statue aus Vijanaraya in Südindien (links an der Wand). Saal 12 ist den **Moguln** vorbehalten, insbesondere ihren Miniaturmalereien. Bei näherer Betrachtung lassen sich zwei Bilder zu einem Thema ausmachen, das in diesem Kontext überrascht – die Geburt Christi.

Es lohnt sich, einen Abstecher ins Obergeschoss zu den **Textilien** zu machen, und im 2. Stock gibt es eine hervorragende Sammlung von **Musikinstrumenten**. Auf dem Weg nach draußen sollte man noch dem riesigen Tempelwagen aus Tamil Nadu einem Blick gönnen, einem beeindruckenden Stück Holzschnitzerei in einer Glasvitrine gleich beim südlichen Eintrittstor. ⊙ Di–So 10–17 Uhr; Eintritt Rs300, Fotoerlaubnis Rs300.

Gedenkmuseen

Das **Nehru Memorial Museum**, ⌨ www.nehru memorial.com, in der Teen Murti Marg ist im einstigen Wohnhaus von Indiens erstem Ministerpräsidenten Jawaharlal Nehru untergebracht. Eine seiner Passionen war die Astronomie, auf dem Gelände steht ein Planetarium, ⌨ nehru planetarium.org (Rs2; 40-minütige Astronomie-Shows auf Englisch Di–So 11.30 und 15 Uhr, Rs15). ⊙ Di–So 9–17.30 Uhr, Eintritt frei.

Trotz ihrer drastischen Maßnahmen während der Zeit des Notstands 1975–77 (S. 108) erinnern sich viele Menschen an Nehrus Tochter Indira Gandhi immer noch mit Respekt und Zuneigung. Das **Indira Gandhi Memorial Museum**, 1 Safdarjang Rd, ist in dem Haus untergebracht, wo sie 1984 von ihren Sikh-Bodyguards ermordet wurde. Zu den Ausstellungsstücken zählt ihr chemisch konservierter, blutbefleckter Sari. Eine

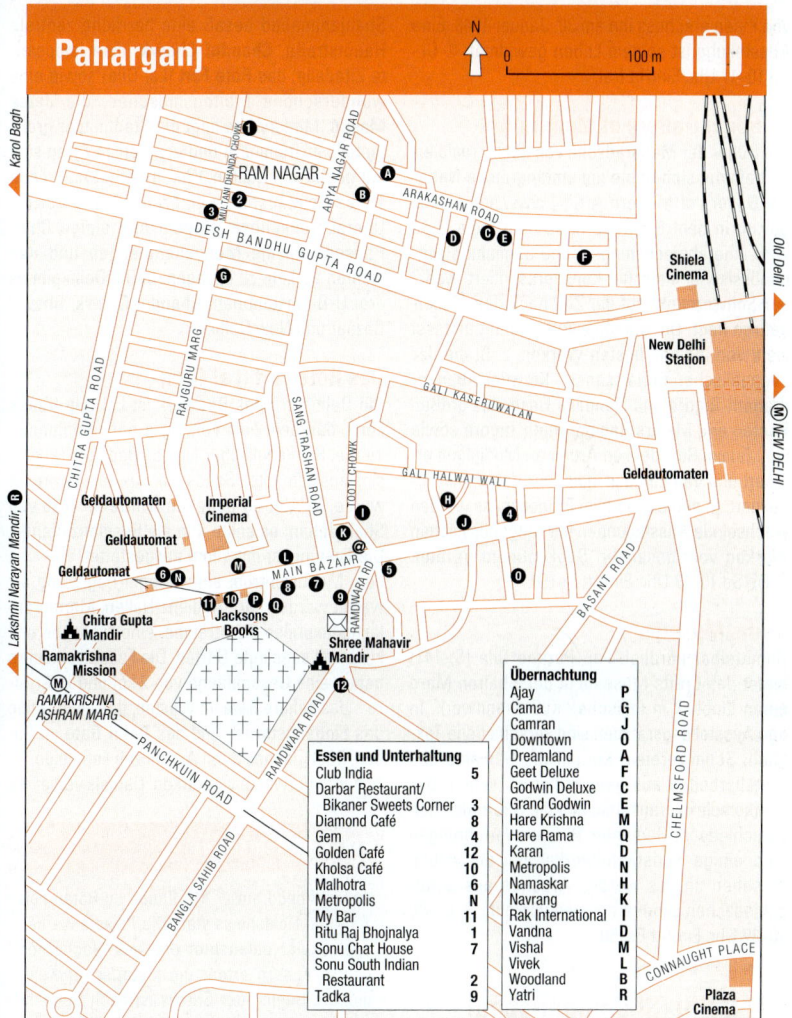

Karol Bagh

RAM NAGAR

ARYA NAGAR ROAD
MULTANI DHANDA CHOWK
Arakashan Road

DESH BANDHU GUPTA ROAD

CHITRA GUPTA ROAD
RAJGURU MARG
SANG TRASHAN ROAD

GALI KASERUWALAN

Shiela Cinema

Old Delhi

New Delhi Station

M NEW DELHI

GALI HALWAI WALI

Geldautomaten

Geldautomaten
Imperial Cinema
JOGTI CHOWK
MAIN BAZAAR
RAMDWARA RD
Geldautomat
Geldautomat
Chitra Gupta Mandir
Jacksons Books
Shree Mahavir Mandir
Ramakrishna Mission
RAMAKRISHNA ASHRAM MARG
PANCHKUIN ROAD
RAMDWARA ROAD
BANGLA SAHIB ROAD
BASANT ROAD
CHELMSFORD ROAD
CONNAUGHT PLACE
Plaza Cinema

Lakshmi Narayan Mandir

Essen und Unterhaltung

Club India	5
Darbar Restaurant/ Bikaner Sweets Corner	3
Diamond Café	8
Gem	4
Golden Café	12
Kholsa Café	10
Malhotra	6
Metropolis	N
My Bar	11
Ritu Raj Bhojnalya	1
Sonu Chat House	7
Sonu South Indian Restaurant	2
Tadka	9

Übernachtung

Ajay	P
Cama	G
Camran	J
Downtown	O
Dreamland	A
Geet Deluxe	F
Godwin Deluxe	C
Grand Godwin	E
Hare Krishna	M
Hare Rama	Q
Karan	D
Metropolis	N
Namaskar	H
Navrang	K
Rak International	I
Vandna	D
Vishal	M
Vivek	L
Woodland	B
Yatri	R

Abteilung befasst sich mit ihrem Sohn Rajiv und zeigt ebenfalls die Kleidung, die er trug, als auch er ermordet wurde: 1991 wurde er von tamilischen Separatisten aus Sri Lanka umgebracht. Di–So 9.30–16.45 Uhr, Eintritt frei.

Noch tragischer als die Todesumstände von Rajiv und Indira war die Ermordung des „Vaters der Nation", Mahatma Gandhi, der denselben Familiennamen trug, aber nicht mit ihnen verwandt war. Das **Gandhi Smriti**, 5 Tees January Marg, ist das Haus, in dem Gandhi seine letzten Tage verlebte. Er war nach Delhi gekommen, um beschwichtigend auf die Ausschreitungen einzuwirken, die die Landesteilung begleiteten. Die Hindu-Extremisten hassten ihn, weil er sich schützend vor die Moslems stellte, und einer von ihnen erschoss ihn am 30. Januar 1948. Eine Ausstellung ist seinem Leben gewidmet. ☉ Di–So 10–17 Uhr, Eintritt frei.

National Gallery of Modern Art

Wo früher der Maharadscha von Jaipur residierte, befindet sich heute die umfangreiche National Gallery of Modern Art, 🖳 www.ngmaindia.gov.in. In dem Gebäude nahe dem India Gate wird eine abwechslungsreiche Sammlung zeitgenössischer indischer Kunst präsentiert, wobei der Schwerpunkt auf der Zeit nach den 1930er-Jahren liegt. Die ständige Ausstellung umfasst viele von Indiens besten Werken, z. B. die der „bengalischen Renaissance"-Künstler Abanendranath Tagore und Nandalal Bose, des großen Poeten und Malers Rabindranath Tagore sowie von Jamini Roy, dessen Arbeit an Modigliani erinnert und den Einfluss indischer Volkskunst reflektiert. In den Galerien im Erdgeschoss werden wechselnde Ausstellungen mit zeitgenössischen Werken vom gesamten Subkontinent gezeigt. ☉ Di–So 10–17 Uhr, Eintritt Rs150.

Crafts Museum

Unmittelbar nördlich von Purana Qila (S. 141) bietet das Crafts Museum in der Bhairon Marg einen Einblick in indisches Kunsthandwerk. In den Ausstellungsräumen sind verschiedene Textilien, Schnitzereien, Keramiken, Gemälde und Metallarbeiten aus ganz Indien zu sehen. Der Dorfkomplex veranschaulicht die Bautraditionen verschiedener Regionen. Bei den Vorführungen sind einige Kunsthandwerker bei der Arbeit zu sehen und es werden Arbeiten aus unterschiedlichen Landesregionen verkauft. ☉ Di–So 10–17 Uhr, Eintritt Rs150.

Old Delhi (Shahjahanabad)

Das im 17. Jh. von dem Mogul-Herrscher Shah Jahan erbaute Shahjahanabad ist eigentlich nicht Delhis ältester Stadtteil. Trotzdem wird es gemeinhin Old Delhi genannt. Mit dem Bau der Stadt wurde 1638 begonnen, und innerhalb von elf Jahren war sie im Grunde fertig gestellt und von einer Stadtmauer mit 14 Haupttoren und einer Länge von mehr als 8 km umschlossen.

Shahjahanabad besaß eine herrliche zentrale Hauptstraße, **Chandni Chowk**, eine imposante Zitadelle, das **Rote Fort** (Lal Qila) sowie eine wunderschöne Freitagsmoschee, die **Jama Masjid**. Mittlerweile liegt die Stadtmauer größtenteils in Trümmern und von den 14 Toren sind nur noch vier erhalten. Wer in das faszinierende Treiben eintauchen will, braucht eine Portion Unerschrockenheit, Geduld und einige Chai-Pausen, um die Menschenmengen und den dichten Verkehr zu ertragen. In Old Delhi gibt es drei U-Bahnstationen: Chandni Chowk, Chawri Bazaar und New Delhi.

Das Rote Fort (Lal Qila)

Old Delhis größtes Bauwerk ist Lal Qila (Rotes Fort), das dem Fort von Agra nachempfunden wurde. Sein englischer Name „Red Fort" erklärt sich aus dem roten Sandstein, aus dem es erbaut wurde. In Auftrag gegeben wurde es 1638 von Shah Jahan; es sollte ihm als Residenz dienen. Die Festung ist mit allem ausgestattet, was von dem Machtzentrum einer Mogul-Regierung erwartet werden darf: Audienz-Hallen, Marmorpaläste, luxuriöse Privaträume, eine Moschee und kunstvoll angelegte Gärten. Die Festungsmauern haben eine Gesamtlänge von 2 km und zwei Tore – das **Lahore Gate** im Westen, das gleichzeitig das Eingangstor ist, und das **Delhi Gate** im Süden. Shah Jahans Sohn Aurangzeb ließ beide Tore durch Vorwerke verstärken. Damals verlief die

Ton- und Lichtshows

Jeden Abend außer Mo finden im Roten Fort Ton- und Lichtshows statt: Die Paläste werden spektakulär beleuchtet und aus blechernen Lautsprechern ertönt ein historischer Kommentar. Beginn der Shows ist nach Sonnenuntergang, sie dauern eine Stunde (Shows auf Englisch: Feb–April und Sep–Okt 20.30 Uhr, Mai–Aug 21 Uhr, Nov–Jan 19.30 Uhr; Eintritt wochentags Rs60, am Wochenende und an Feiertagen Rs80; ✆ 011/2327 4580). Die Moskitos sind so lästig, dass zur abendlichen Grundausstattung unbedingt ein Insektenschutzmittel gehört. Im Sommer können die Shows durch den heftigen Monsunregen behindert werden.

Delhi

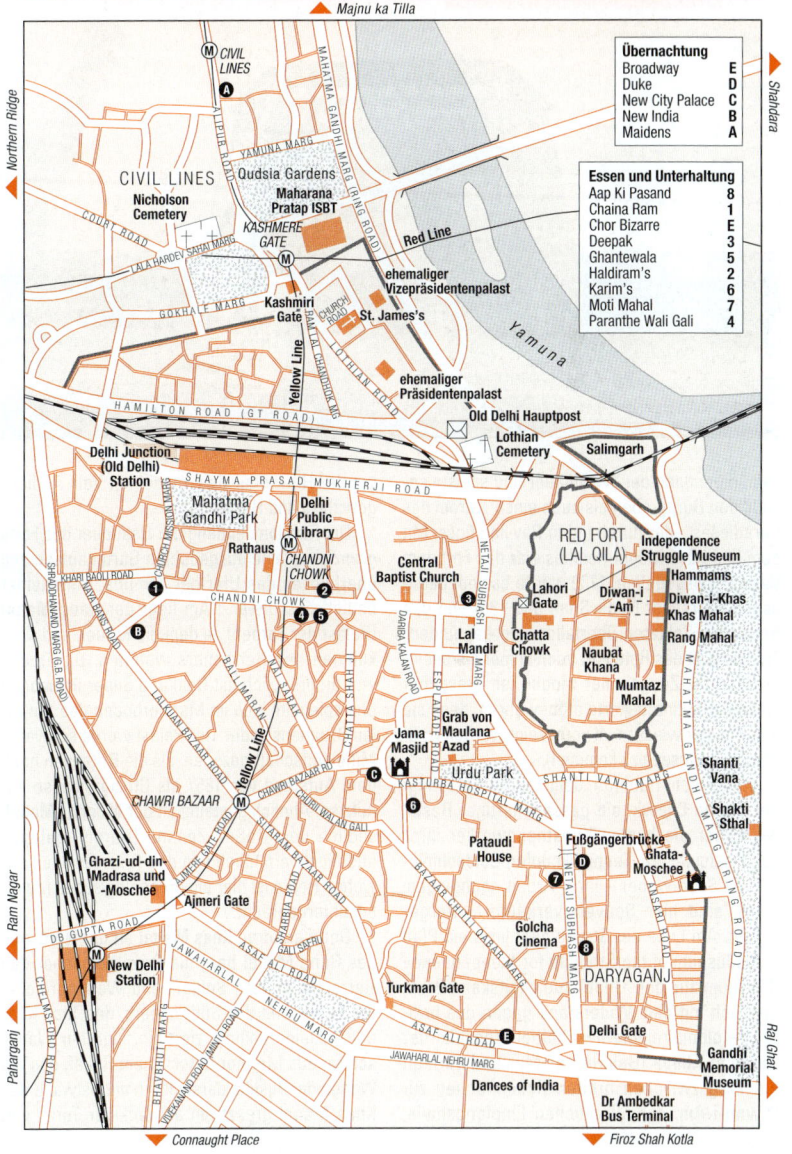

Old Delhi

N
0   1 km

Majnu ka Tilla

Shahdara

Übernachtung
Broadway   E
Duke   D
New City Palace   C
New India   B
Maidens   A

Essen und Unterhaltung
Aap Ki Pasand   8
Chaina Ram   1
Chor Bizarre   3
Deepak   3
Ghantewala   5
Haldiram's   2
Karim's   6
Moti Mahal   7
Paranthe Wali Gali 4

CIVIL LINES

Northern Ridge

M CIVIL LINES
A

YAMUNA MARG

Qudsia Gardens

Maharana Pratap ISBT

Nicholson Cemetery

COURT ROAD

LALA HARDEV SAHAI MARG

KASHMERE GATE

Red Line

M

ehemaliger Vizepräsidentenpalast

GOKHALE MARG

Kashmiri Gate

St. James's

Yellow Line

MAHATMA GANDHI MARG (RING ROAD)

CHURCH MISSION RD

LOTHIAN ROAD

QUTAB CHANDNI RD

ehemaliger Präsidentenpalast

Yamuna

HAMILTON ROAD (GT ROAD)

Old Delhi Hauptpost

Lothian Cemetery

Salimgarh

Delhi Junction (Old Delhi) Station

SHAYMA PRASAD MUKHERJI ROAD

Mahatma Gandhi Park

KHARI BAOLI ROAD

Delhi Public Library

Rathaus

M CHANDNI CHOWK

Central Baptist Church

RED FORT (LAL QILA)

Independence Struggle Museum

Hammams

1

CHANDNI CHOWK

2

3

Lahori Gate

Diwan-i-Am

Diwan-i-Khas

SHRADHANAND MARG (G.B. ROAD)

NYAY BING MARG

B

4 5

Lal Mandir

Chatta Chowk

Khas Mahal

Rang Mahal

LALQUAN BAZAAR ROAD

BALLIMARAN

DARIBA KALAN ROAD

ESPLANADE ROAD

NAI SARAK

Naubat Khana

Mumtaz Mahal

Grab von Maulana Azad

Jama Masjid

C

Urdu Park

SHANTI VANA MARG

Shanti Vana

CHAWRI BAZAAR

M

CHAWRI BAZAAR RD

CHURI WALAN GALI

KASTURBA HOSPITAL MARG

6

Shakti Sthal

NETAJI SUBHASH MARG

Ghazi-ud-din Madrasa und -Moschee

Ajmeri Gate

SITARAM BAZAAR ROAD

HAUZ QAZI

GALI SABZU

Pataudi House

7

Fußgängerbrücke

D

Ghata-Moschee

Ram Nagar

DB GUPTA ROAD

AJMERI GATE ROAD

ASAF ALI ROAD

Golcha Cinema

8

BAZAAR CHITLI QABAR MARG

DARYAGANJ

ANSARI ROAD

M New Delhi Station

JAWAHARLAL

NEHRU MARG

Turkman Gate

Delhi Gate

Paharganj

CHELMSFORD ROAD

BHAVBHUTI MARG

VIVEKANAND MARG

ASAF ALI ROAD

JAWAHARLAL NEHRU MARG

E

Gandhi Memorial Museum

Raj Ghat

Dances of India

Dr Ambedkar Bus Terminal

Connaught Place

Firoz Shah Kotla

Die Jama Masjid in Old Delhi ist die größte Moschee ganz Indiens.

Yamuna entlang der Westmauer und speiste sowohl den Burggraben als auch einen „Strom des Paradieses", der durch jeden Pavillon floss. Mit dem Ende des Mogul-Reiches war das Fort dem Verfall preisgegeben. 1739 wurde es vom persischen Herrscher Nadir Shah und 1857 von den britischen Soldaten überfallen und geplündert. Trotzdem ist das Rote Fort noch immer ein beeindruckendes Zeugnis der Mogul-Zeit. Besucher sollten ihre Eintrittskarte aufbewahren, denn sie muss immer wieder mal vorgezeigt werden (z. B. um in die Museen zu kommen).

Hinter dem Haupttor, dem Lahore Gate, liegt der **Chatta Chowk**, ein passagenartiger Basar, wo früher die besten Kunsthandwerker ihrer Zunft – Juweliere, Teppichknüpfer, Goldschmiede und Silberweber – ihrer Arbeit nachgingen, heute sind hier Souvenirverkäufer untergebracht. Am Ende der Straße geht links ein Pfad zum Museum of the Struggle for Independence (Museum für den Unabhängigkeitskampf) ab, das sich mit dem Widerstand gegen das britische Kolonialregime beschäftigt. Jenseits der **Naubhat Khana** (Galerie der Musiker) verläuft ein Weg zwischen breiten Rasenflächen zur **Diwan-i-Am**, der öffentlichen Empfangshalle,

wo der Herrscher dem gemeinen Volk Audienz gewährte und Hof hielt.

Die Pavillons entlang der Ostmauer des Forts grenzen an eine ausgedehnte Gartenanlage und überblicken das Ufer der Yamuna. Unmittelbar östlich des Diwan-i-Am liegt der **Rang Mahal** (Palast der Farben), in dem die Frauen und Konkubinen des Herrschers wohnten. Die Decke war ursprünglich mit Gold und Silber überzogen und spiegelte sich im Marmorboden des zentralen Brunnens wider. Der Palast wurde schwer in Mitleidenschaft gezogen, als die Briten ihn nach dem Aufstand von 1857 als Offiziersmesse benutzten. Ähnlich gestaltet ist der **Mumtaz Mahal**, südlich des großen Zenana (Harem) gelegen und einst vermutlich von den Prinzessinnen bewohnt. Heute ist hier ein archäologisches Museum untergebracht.

Der marmorne **Khas Mahal** an der Nordseite des Rang Mahal barg die Privatgemächer des Herrschers: Bet-, Schlaf- und Wohnbereiche. Die Nordwand des Südzimmers, des Tosh Khana (Ankleidezimmer), ziert ein filigraner Wandschirm aus Marmor unter einem Relief, das die Waage der Justitia darstellt. An die Ostwand des Khas Mahal grenzt ein achteckiger Turm, von dem aus sich der Herrscher täglich der Menschenmenge zeigte.

Der große **Diwan-i-Khas** (private Audienzhalle) nördlich des Khas Mahal ist das prächtigste Gebäude der gesamten Anlage. Die mächtigen Säulen im Innern des marmornen Pavillons sind mit exquisiten Einlegearbeiten aus Halbedelsteinen geschmückt. An der Nord- und Südwand lässt sich noch immer die Inschrift eines auf Persisch verfassten Reims entziffern, die Shah Jahans Premierminister zugeschrieben wird: „Gibt es auf Erden hier ein Paradies, so ist es dies, oh ist es dies, oh ist es dies." Es handelt sich nicht nur um ein Lobgedicht, sondern das Verspaar bezieht sich auf die Gärten der Festung und den Koran, der den Himmel als Garten beschreibt.

Etwas weiter nördlich befindet sich der **Hammam** (Bäder). Die Einlassungen im Marmorboden sind mit wunderbaren Edelsteinen verziert. Durch die Buntglasfenster wird alles in ein zauberhaftes Licht getaucht. Im westlichen Zimmer befanden sich die heißen Bäder, die östlichen Räume schmückten Brunnen mit Rosenwasser; sie wurden als Ankleidezimmer genutzt. Neben dem Hammam steht die gefällige **Moti Masjid**, oder Pearl Mosque. Die „Perlenmoschee" mit ihren drei Kuppeln ließ Aurangzeb 1659 anbauen. Leider ist sie derzeit für die Öffentlichkeit geschlossen. ☉ Di–So von Sonnenauf- bis Sonnenuntergang, Museen 10–17 Uhr, Eintritt Rs250.

Jama Masjid

Die rot-weiße Jama Masjid, ein herrliches Beispiel für Mogul-Pomp, ist die größte Moschee Indiens. Im Innenhof finden bis zu 25 000 Gläubige Platz. Der Entwurf stammt von Shah Jahan selbst, erbaut wurde die Moschee zwischen 1644 und 1656 von rund 5000 Arbeitern. Das ursprünglich Masjid-i-Jahanuma genannte Gotteshaus („Moschee, die einen Blick auf die Welt gewährt") steht auf dem Bho Jhala, einem der beiden Hügel von Shahjahanabad, und bietet einen Blick auf das Rote Fort und die bevölkerten Straßen von Old Delhi. Breite, rote Treppen aus Sandstein führen zu den Eingangstoren auf der Ost-, Nord- und Südseite, wo Besucher ihre Schuhe ausziehen müssen. ☉ 8 Uhr bis eine halbe Stunde vor Sonnenuntergang, im Sommer

ab 7 Uhr, nachmittags für 30 Min. zum Gebet geschlossen; Eintritt frei; Fotoerlaubnis Rs200, Shorts, kurze Röcke und ärmellose Oberteile sind tabu.

Im Innenhof wird der Blick sofort auf die drei zwiebelförmigen Kuppeln aus Marmor gelenkt, welche die **Hauptgebetshalle** auf der Westseite (in Richtung Mekka) krönen. Angrenzend verläuft eine Reihe hoher, spitz zulaufender Bögen, unter denen sich der *mihrab* befindet, eine Nische, die anzeigt, in welche Richtung die Gebete gesprochen werden müssen. Das Wasserbecken an der Mitte des Hofes dient rituellen Waschungen. An jeder Ecke des Hofes strebt ein schlankes, von einer Marmorkuppel gekröntes Minarett gen Himmel. Es lohnt sich, den **Turm** südlich des Hauptheiligtums zu besteigen (Eintritt Rs100, Frauen haben nur in männlicher Begleitung Zutritt), um den Ausblick über Delhi zu genießen. In der nordöstlichen Ecke beherbergt ein weißer Schrein Reliquien des Propheten Mohammed, darunter seine Sandalen, ein Barthaar und sein „Fußabdruck", der auf wundersame Weise in eine Marmorplatte geprägt ist.

Chandni Chowk

Der Chandni Chowk, die Hauptstraße von Old Delhi, war einst ein reizender baumgesäumter Kanal, an dem sich Basare entlangzogen, die zu den opulentesten in ganz Asien gehörten. Nach 1857 schütteten die Briten den Kanal zu und asphaltierten ihn. 2007 erließen die Behörden ein Verbot von Fahrrad-Rikschas auf der Straße zwischen 8 und 20 Uhr; sie wurden durch grüne Minibusse (Rs5) ersetzt. Jedoch wurde gegen das Verbot Widerspruch eingelegt, und vielleicht wird es nicht Bestand haben. Jedoch ist die beste Art der Erkundung der Straße ohnehin zu Fuß. Unterwegs sollte man Ausschau nach nummerierten Schildern halten, die auf geschichtsträchtige Gebäude hinweisen, deren historische Bedeutung, besonders während des Aufstands von 1857, auf Tafeln erläutert wird.

Der **Lal Mandir** am östlichen Ende des Chandni Chowk, gegenüber vom Roten Fort, ist zwar nicht so reich verziert wie die Jain-Tempel in Rajasthan (S. 235), wartet aber mit feinen Steinmetzarbeiten sowie vergoldeten Malereien in den Vorräumen des Hauptschreins auf. Vor dem Betreten des Tempels muss man am Eingangskiosk seine Schuhe und alle Gegenstände aus Leder zurücklassen. ⏰ tgl. 5.30–11.30 und 18–21.30 Uhr. Das angeschlossene **Vogelkrankenhaus** setzt das Jain-Prinzip, wonach alles Leben heilig ist, in die Praxis um. Hier werden verletzte Vögel gepflegt, und jede Art besitzt eine eigene „Krankenstation". Die Spatzenstation bevölkern vor allem Opfer von Ventilatoren, mit denen die Spatzen oft kollidieren. ⏰ tgl. 7–21 Uhr, Eintritt frei, Spenden werden dankbar angenommen.

Raj Ghat

Als Shah Jahan 1638 seine Stadt gründete, grenzten deren östliche Ausläufer an den Fluss Yamuna, an dessen Ufern man eine Reihe von Treppen *(ghats)* eingebaut hat. Raj Ghat, östlich des Delhi Gate – eigentlich mehr ein Park als eine Treppe – ist die Stelle, wo Mahatma Gandhi 1948, einen Tag nach seiner Ermordung, eingeäschert wurde. Auf der *samadhi* (Urnengrabstätte) von Mahatma, einem niedrigen schwarzen Sockel, sind seine angeblichen letzten Worte eingraviert: „Hai Ram" („O Gott"). Jeden Freitag um 17 Uhr sowie an seinem Geburtstag (2. Oktober) und seinem Todestag (30. Januar) werden hier für ihn Gebete gesprochen. ⏰ tgl. April–Sep 5–19.30, Okt–März 5.30–19 Uhr, Eintritt frei.

In dem kleinen **Gandhi Memorial Museum** gegenüber der Raj Ghat sind einige Fotografien und Schriftstücke von Ghandi ausgestellt. Samstags um 16 Uhr läuft ein einstündiger Film (auf Englisch) über sein politisches und privates Leben. ⏰ tgl. außer Mo 9.30–17.30 Uhr, Eintritt frei.

Nördlich des Raj Ghat befinden sich an den Stellen, wo Jawaharlal Nehru (in Shanti Vana), seine Tochter Indira Gandhi (in Shakti Sthal) und sein Enkel Rajiv Gandhi (in Vir Bhumi) eingeäschert wurden, weitere Gedenkstätten.

Firoz Shah Kotla

Angeblich ließ Firoz Shah, Sultan von Delhi von 1351 bis 1388, eine ganze neue Stadt (die fünfte in Delhi) erbauen – Firozabad, gegründet 1354. Heute sind jedoch nur noch wenige Spuren davon zu sehen, was wahrscheinlich ohnehin nie mehr war als ein Vorort der eigentlichen Stadt. Noch erhalten ist aber der befestigte Palast **Firoz Shah Kotla**, heute eine verfallene Ruine mit Ziergärten, 1500 m südlich des Delhi Gate. Das auffälligste Element der Anlage ist die **Ashoka-Säule** aus poliertem Sandstein aus dem 3. Jh. v. Chr., die von Ambala per Floß auf der Yamuna hierher transportiert wurde. Einen guten Blick auf die Säule hat, wer die Anlage durch ein Tor auf der Westseite betritt und dann in der Nordostecke eine Treppe hinaufgeht. Von hier bietet sich dann auch ein Ausblick auf die benachbarte Moschee und einen Stufenbrunnen *(baoli)* sowie auf die Rasenflächen, die die Anlage so angenehm wirken lassen. ⏰ Di–So Sonnenauf- bis Sonnenuntergang, Eintritt Rs100.

Nördlich des Roten Forts

Vom Roten Fort führt die Netaji Subhash Marg Richtung Norden unter einer Eisenbahnbrücke hindurch zum GPO von Old Delhi. Kurz vor dem Postamt liegt auf der Ostseite der Straße der **Lothian Cemetery**, die Begräbnisstätte für Bedienstete der East India Company von 1808 bis kurz nach dem Aufstand von 1857. Der sehr vernachlässigte Friedhof wurde zur Zeit der Recherche wieder in Ordnung gebracht. Vor dem Postamt stehen in der Mitte der Straße die Überreste des Magazins der East India Company, das heute als inoffizielle öffentliche Bedürfnisanstalt herhalten muss – also Vorsicht bei der Erkundung. Auf einer anderen Verkehrsinsel ein Stückchen weiter nördlich befindet sich ein weiterer Teil des Magazins mit einer Gedenktafel.

Weiter nördlich liegt an der Lothian Road ein weiteres Erbe aus den Tagen der Ostindienkompanie, nämlich die alte **Residency**, heute das Archäologische Institut der Guru Gobind Singh Indraprastha University. Ein paar hundert Meter weiter erhebt sich die schöne cremefarbene und weiße Barockfassade der **St. James's Church**, die 1836 von James Skinner in Auftrag gegeben wurde. Er war der Sohn eines schottischen Bediensteten der Ostindien-Kompanie und einer Rajputen-Prinzessin. Wegen seiner gemischten Abstammung und der zunehmend rassistischen Einstellung der Briten wurde Skinner lange ein angemessener Posten in der Armee der East India Company verweigert. Doch angesichts der militärischen Erfolge seiner unabhängigen kleinen Truppe wurde er schließlich zum Oberstleutnant ernannt. Skinner starb 1842 und liegt vor dem Altar begraben. ⏱ tgl. 8.30–13 und 14–17 Uhr und außerdem, wenn man den Hausmeister auftreiben kann.

Durch das doppelbögige **Kashmiri Gate** auf der Westseite der Lothian Road nur 300 m nördlich der Kirche verließ der Mogul-Hof Delhi jeden Sommer auf dem Weg ins kühle Kashmir-Tal. Nördlich davon befindet sich der Busbahnhof Maharana Pratap ISBT, und dahinter liegen auf der anderen Seite der geschäftigen Lala Hardev Sahai Marg die friedvollen **Qudsia Gardens**, ein verblassendes Andenken an die prächtigen Lustgärten, die Königin Qudsia, die Lieblingsmätresse von Muhammad Shah und Mutter von Ahmed Shah, um die Mitte des 18. Jhs. anlegen ließ.

South Delhi

Viele der frühen Siedlungen von Delhi, darunter die erste Stadt Qila Rai Pithora (um Qutb Minar), findet man nicht in Old, sondern in South Delhi, dem Gebiet südlich von Lutyens' sorgfältig geplanten Boulevards. Hier hat die rasch wachsende Stadt schon einige alte Dörfer geschluckt. Und da im Zentrum der Platz immer knapper wird, werden neue Läden und Restaurants gern in den Wohnvierteln South Delhis eröffnet.

Purana Qila

Östlich des India Gate, an der geschäftigen Mathura Road, liegt die majestätische Festung Purana Qila (Altes Fort). Es heißt, das Fort sei an der Stelle erbaut worden, wo sich die Pandava-Stadt **Indraprastha** aus dem Epos *Mahabharata* befand. Was als sechste Stadt Delhis gilt, wurde von dem zweiten Mogul-Herrscher Humayun als **Din-Panah** erbaut und von Sher Shah Suri, der ihn 1540 ablöste, in **Shergarh** umbenannt. Purana Qila wird von den Bussen Nr. 453, 454, 457 und 458 bedient, die von der Haltestelle Nr. 2 bei der New Delhi Station (Ausgang Ajmeri Gate) abfahren.

Im Innern der Festung sind noch zwei wichtige Gebäude erhalten geblieben. Die **Qila-i-Kuhna Masjid** gilt als eines der prächtigsten

Bauwerke von Sher Shah. Sie wurde 1541 im afghanischen Stil errichtet und hat fünf elegante Sandsteinbögen, die mit weißem und schwarzem Marmor verziert sind. Die geometrischen Muster und geschnitzten arabischen Schriftzeichen rund um den Haupteingang sprechen von einem weitaus höheren Grad an handwerklicher Kunstfertigkeit als alles andere, was davor in Delhi zu sehen war. Früher waren die Stuckverzierungen an den Gebäuden aus Gips, aber hier sind sie in Stein gehauen. Das zweite bedeutende Gebäude, der achteckige Turm **Sher Mandal**, ebenfalls aus rotem Sandstein, diente Sher Shah als Observatorium und Bibliothek. In diesem Turm fand der Mogul-Herrscher Humayun (1520–56) auf tragische Weise den Tod, als er dem Ruf des Muezzin folgend zum Gebet eilte und die steile Treppe hinunterstürzte. ⏱ tgl. Sonnenauf- bis Sonnenuntergang, Eintritt Rs100.

Humayun-Mausoleum

In der Nähe des mittelalterlichen moslemischen Zentrums von Nizamuddin und 2 km von Purana Qila, steht an der Kreuzung Lodi Road / Mathura Road das Mausoleum von Humayun. Es ist eine Haltestelle von der New Delhi Railway Station entfernt. Aussteigen an der Hazrat Nizamuddin Railway Station, von wo es 500 m zu der Stätte sind. Leicht erreichbar per Bus (Nr. 181 und 414 von der Chelmsford Road bei der New Delhi Station, Nr. 893, 894 und 966 von der Kasturba Gandhi Marg beim Connaught Place) oder mit einer vorausbezahlten Motor-Riksha ab Connaught Place (Rs60). Die beste Zeit zum Fotografieren ist der Spätnachmittag.

Delhis erstes Mogul-Mausoleum wurde als letzte Ruhestätte für den zweiten Mogul-Herrscher Humayun erbaut. Haji Begum, Humayuns Witwe und Mutter von Akbar, hielt ein wachsames Auge auf die Arbeiten und schlug sogar vor Ort ihr Lager auf. Sie wurde neben ihrem Gatten beerdigt. Später wurden auf dem Gelände weitere Moguln beigesetzt. Das Grab gehört aufgrund des eleganten persischen Stils zu den prächtigsten historischen Bauwerken Delhis. Aus rotem Sandstein erbaut und mit schwarzen und weißen Marmorintarsien verziert, steht es mitten in einem *charbagh* (in Viertelsegmente unterteilten

Das Humayun-Mausoleum ist ein weiteres Beispiel für den prunkvollen Stil der Mogul-Architektur.

Garten) auf einem weithin sichtbaren Podium mit Blick auf die Yamuna. Das achteckige Monument wird von einer doppelten Kuppel gekrönt, die 38 m hoch aufragt.

In einem weiteren beeindruckenden, viereckigen Mausoleum mit einer doppelten Kuppel und zwei mit Koranschriften verzierten Gräbern soll Humayuns Barbier bestattet sein. Er galt als wichtiger Mann, denn er genoss das Vertrauen des Herrschers und durfte ihm sein Rasiermesser an die Kehle setzen. In der Nähe, aber außerhalb des Geländes (wer einen näheren Blick darauf werfen will, muss also darum herum gehen), erhebt sich **Nila Gumbad** („blaue Kuppel"), eine achteckige Grabstätte mit einer blau gekachelten Kuppel. Sie soll von einem Adligen Akbars erbaut worden sein, um einen treuen Diener zu ehren, aber vielleicht stammt sie auch aus der Zeit vor dem Humayun-Mausoleum. ⊙ tgl. Sonnenauf- bis Sonnenuntergang, Eintritt Rs250.

Nizamuddin

Gegenüber dem Humayun-Mausoleum, jenseits der Mathura Road, liegt umgeben von Hauptverkehrsachsen und vornehmen Vierteln das *mahalla* (Dorf) Nizamuddin. Hier verläuft das Leben in ganz gemächlichen Bahnen; es gibt keinen Verkehr, sondern alte Moscheen und Grabstätten, und das unterscheidet sich dermaßen von der Stadt ringsum, dass der Besuch einer Zeitreise in die Vergangenheit gleicht. Im Zentrum des Gassengewirrs mit Geschäften und Marktständen liegt einer der bedeutendsten Schreine des Sufismus, der **Hazrat Nizam-ud-Din Dargah**, der Gläubige von nah und fern anzieht.

Der marmorne *dargah* ist die Grabstätte von Scheich Nizam-ud-Din Aulia (1236–1325), dem 4. Heiligen des Chishtiya Sufi-Ordens (begründet von Khwaja Muin-ud-Din Chishti von Ajmer; S. 211). Zum eigentlichen Grab im Inneren des Heiligtums haben Frauen keinen Zutritt. Scheich Nizam-ud-Dins Schüler, der Dichter und Chronist **Amir Khusrau** – der offiziell als erster Urdu-Poet und Gründer der *khyal* gilt, der bekanntesten Form klassischer nordindischer Musik – liegt in einem roten Sandsteingrab vor dem Mausoleum seines Lehrers begraben. Religiöse Gesänge und Musik spielen bei den Chishtiyas, ebenso wie bei mehreren Sufi-Orden, eine wichtige Rolle, und abends (besonders donnerstags und an Festtagen) kommen *qawwals* (Barden) zusammen, um gemeinsam zu singen.

Das älteste Bauwerk des Geländes, die rote Sandstein-Moschee **Jamat Khana Masjid**, liegt westlich der Grabstätte. Ihr Bau wurde 1325 von Khizr Khan, dem Sohn des Khalji-Sultans Ala-ud-Din, in Auftrag gegeben. Neben Amir Khusraus Mausoleum befindet sich das von marmornen Wandschirmen umgebene **Grab von Prinzessin Jahanara**, der Lieblingstochter Shah Jahans. Gemäß dem Wunsch der Prinzessin bedeckt nichts als Gras ihr Grab. Unmittelbar östlich des *dargah*-Geländes steht das elegante, auf 64 Säulen ruhende, aus weißem Marmor erbaute **Chausath Khamba**. Das Mausoleum wurde für die Familie eines Mogul-Politikers erbaut, der Gouverneur von Gujarat gewesen war. Entsprechend trägt es in seiner niedrigen, breiten Bauweise und mit den eleganten Marmorschirmen unverkennbare Gujarati-Einflüsse. Das Mausoleumsgelände ist normalerweise abgeschlossen, aber meistens ist der Wächter irgendwo in der Nähe und schließt auf, wenn jemand Interesse bekundet.

Lodi Gardens

Der gepflegte Lodi-Park, 2 km westlich von Nizamuddin an der Lodi Road, ist Teil eines Gürtels von Natur- und Baudenkmälern aus dem 15. und 16. Jh. Eine Fahrt in der Motor-Riksha vom Connaught Place zum Park kostet Rs40. Die Anlage liegt heute inmitten von Golfplätzen, großen Bungalows und exklusiven Wohnanlagen. Im Park ist besonders am frühen Morgen und Abend viel los, wenn die Fitness-Enthusiasten zum Walken oder Laufen hierher kommen. Innerhalb des Parks liegt auch der **National Bonsai Park**. Am besten besucht man die Anlage bei Sonnenuntergang, dann ist das Licht am schönsten, und die Grabstätten sind beleuchtet.

Nahe beim Parkzentrum befindet sich die beeindruckende **Bara Gumbad** („große Kuppel"), eine quadratisch angelegte Grabstätte aus dem späten 15. Jh. Eine ähnliche Grabstätte 50 m weiter nördlich, **Shish Gumbad** („verglaste Kuppel"), zeigt noch immer Reste der blauen Ziegel, die großzügig für die Friese unterhalb des Gesims und oberhalb des Eingangs verwendet wurden. Die Stuckarbeiten im Innern zieren wieder kunstvolle Koraninschriften. 300 m südwestlich der Bara Gumbad liegt das achteckige **Grab von Muhammad Shah** (reg. 1434–45) aus der Sayyiden-Dynastie. 300 m nördlich und eingeschlossen von hohen Mauern ruht **Sikandar**

Lodi (reg. 1489–1517). In der nordwestlichen Ecke des Parks stößt man auf Athpula („acht Pfeiler"), eine verzierte Brücke aus dem 16. Jh. ⏱ tgl. 5–20 Uhr, Eintritt frei.

Safdarjang-Mausoleum

Das Grab von Safdarjang, dem Mogul-Vizekönig von Avadh unter Muhammad Shah (1719–48), steht an der Kreuzung Lodi Road / Aurobindo Marg, 5 km südwestlich vom Connaught Place. Zu erreichen vom Ajmeri Gate oder Connaught Place (Kasturba Gandhi Marg), oder vom Connaught Place mit einer vorausbezahlten Motor-Riksha (Rs50). Der doppelgeschossige, mit Marmorintarsien verzierte Bau aus rotem Sandstein erhebt sich auf einer Plattform mit Blick auf den benachbarten Delhi Flying Club. Das Grab – das letzte von Indiens großen Gartengräbern der Moguln – wurde zwischen 1753 und 1774 errichtet, nach der blutigen Invasion und Plünderung der Stadt durch Nadir Shah. Zu dieser Zeit war das Reich nur noch ein Schatten seiner selbst und viele der vormals großartigen Gebäude der Hauptstadt waren nurmehr Ruinen. Mit seiner wuchtigen Kuppel und einem mit allerlei Verzierungen und verschnörkeltem Stuck völlig überladenen Inneren ist das Mausoleum Stein gewordener Ausdruck der Dekadenz, die die Endphase der Mogul-Herrschaft kennzeichnete. ⏱ tgl. Sonnenauf- bis Sonnenuntergang, Eintritt Rs100.

Hauz Khas

Das wohlhabende Vorortviertel Hauz Khas inmitten von Parks und Wald 4 km südlich des Safdarjang-Mausoleums, ist typisch für South Delhi. Es ist nämlich eine durch und durch moderne Gegend, in der es aber auch noch Zeugnisse aus dem alten Indien gibt. Den modernen Teil bildet das Dorf Hauz Khas, ein Einkaufsviertel mit schicken Boutiquen und edlen Restaurants. Hier gibt es außerdem einen entzückenden Wildpark und einen Rosengarten. Für Besucher am interessantesten sind aber neben den guten Einkaufsmöglichkeiten (s. S. 157) vor allem die Ruinen eines künstlich angelegten Wasserbeckens vom 14. Jh. am Westrand des Dorfes.

Sultan Ala-ud-Din Khalji ließ das Becken 1304 anlegen, um seine Zitadelle in Siri, der zweiten Stadt Delhis, mit Wasser zu versorgen;

Delhi

nach ihm trägt es den Namen **Hauz-i-Alai**. Ein halbes Jahrhundert später wurde das Becken unter Firoz Shah erweitert, der außerdem am nördlichen Ende ein zweistöckiges Seminargebäude und eine Moschee errichten ließ. Unter den anonymen Gräbern, die über die gesamte Anlage verstreut liegen, befindet sich auch das von Firoz Shah selbst, direkt am Südende des Teichs. Die hohen Mauern, die Kuppel und das mit einer steinernen Balustrade versehene Tor sind schöne Beispiele für die harmonische Vermischung hinduistisch-indischer und islamischer Architektur.

Siri selbst lag ein paar Kilometer östlich von Hauz Khas, und die Überreste der Befestigungen sind von der Khel Gaon Marg aus zu sehen. Einen großen Teil des Geländes nehmen heute Grünflächen ein, sodass ein Besuch hier recht angenehm ist. Ein anderer Teil wurde für die Asienspiele 1982 mit einem Sportlerdorf zugebaut.

Baha'i-Tempel

Der Baha'i-Tempel, eine Ikone moderner Architektur, wird oft mit der Oper von Sydney verglichen. Während jene von Apfelsinenspalten inspiriert wurde, gleicht der Baha'i-Tempel einer sich öffnenden Lotusknospe und wird daher auch **Lotustempel** genannt. 27 überdimensionale Blütenblätter aus weißem Marmor symbolisieren die neun spirituellen Pfade der Baha'i-Glaubensphilosophie; in jeder der durch ein Blütenblatt geformten Nischen befindet sich ein Auszug aus den heiligen Baha'i-Schriften. Der Tempel inmitten einer großen Grünanlage zeigt sich bei Sonnenuntergang von seiner faszinierendsten Seite. ◷ Mo–Sa April–Sep 9–19, Okt–März 9.30–17.30 Uhr. Es kann sein, dass man gebeten wird, kurz draußen zu warten, um die Andachten nicht zu stören, die jeweils zur vollen Stunde von 9–12 und 15–17 Uhr abgehalten werden.

Geschichte

Im Laufe der Jahrhunderte sollen auf dem heutigen Stadtgebiet sieben Städte gegründet worden sein, mit dem von den Briten erbauten New Delhi als achte Stadt. Tatsächlich konzentrierte sich Delhi in seiner Entwicklungsgeschichte auf drei hauptsächliche Gebiete: Lal Kot und dessen nordöstliche Ausläufer, wo die Stadt im Mittelalter überwiegend angesiedelt war; Old Delhi, die von Shah Jahan im 17. Jh. gegründete Stadt der Moguln; und New Delhi, von den Briten gerade rechtzeitig erbaut, um die Hauptstadt des unabhängigen Indiens zu werden.

Zeittafel

ca. 1450 v. Chr. Die Pandavas, die Helden des Hindu-Epos Mahabharata, haben ihre Hauptstadt in Indraprastha bei Purana Qila.

1060 n. Chr. Die Tomars, ein Rajputen-Clan, gründen Lal Kot, das als die erste der sieben Städte Delhis gilt.

1180 Die Tomars werden von einem rivalisierenden Rajputen-Clan, den Chauhans, vertrieben, die die Stadt in Qila Lal Pithora umbenennen.

1191 Qila Lal Pithora fällt an Muhammad von Ghor, einen afghanischen Moslem.

1206 Muhammad von Ghors General Qutb-ud-Din Aibak ernennt sich zu einem unabhängigen Herrscher und gründet das Sultanat Delhi.

1211–36 Sultan Iltutmish macht Delhi zur Hauptstadt eines Gebietes, das sich vom Punjab bis nach Bengalen erstreckt.

1290 Der aus Zentralasien stammende Khalji-Clan gelangt an die Macht und übernimmt das Sultanat.

1303 Unter Sultan Ala-ud-Din Khalji entsteht Siri, Delhis zweite Stadt.

1321 Ghiyas-ud-Din Tughluq gründet die Tughluq-Dynastie sowie Tughluqabad, Delhis dritte Stadt.

1326 Sultan Muhammad Tughluq gründet als Erweiterung von Lal Kot und Verbindungsstück zu Siri die vierte Stadt, Jahanpanah.

1354 Als sich das Sultanat langsam dem Zerfall nähert, gründet Sultan Firoz Shah die fünfte Stadt in Firozabad.

1398 Timur Lenk (Tamerlan) nimmt Delhi ein und begründet die Dynastie der Sayyiden.

1444 Die Sayyiden werden von Buhul Lodi vertrieben, dessen Familie das Sultanat übernimmt.

1526 Die erste Schlacht von Panipat: Der Mogulherrscher Babur besiegt Sultan Ibrahim Lodi und

Die Fahrt mit einer vorausbezahlten Motor-Rikscha vom Connaught Place hierher kostet Rs80, man kann aber auch Bus Nr. 440 vom Bahnhof New Delhi (Gate 1) nehmen oder vom Connaught Place (Scindia House) zur Outer Ring Road beim Kalkaji-Busdepot, das eine kurze Fußstrecke vom Tempel entfernt ist. Ebenfalls in der Nähe befindet sich die Metrostation Kalkaji Mandir an der violetten Linie.

Felsen-Edikt von Kaiser Ashoka

Nordwestlich des Baha'i Temple, gleich bei der Raja Dhirsain Marg, befindet sich das Edikt von Ashoka, eine zehnzeilige Inschrift in der alten Brahmi-Schrift auf einem Felsblock. Den Stein, der inzwischen überdacht in einem eigenen Minipark steht, benutzten die Kinder der Nachbarschaft bis 1966 als Rutsche. Dann entdeckten die Anwohner die alte Inschrift, die unter dem Maurya-Kaiser Ashoka dem Großen im 3. Jh.

v. Chr. üblich war und beweist, dass ganz in der Nähe eine bedeutende Niederlassung gewesen sein muss. Die Inschrift besagt, dass des Kaisers Bemühungen um die Verbreitung der buddhistischen Lehre die Menschen den Göttern näher gebracht habe.

Tughluqabad

15 km südöstlich vom Connaught Place an der Straße von Mehrauli nach Badarpur (der Eingang befindet sich 1 km östlich der Kreuzung mit der Guru Ravidas Marg), erhebt sich auf einem Felsvorsprung die verfallene Festungsanlage der dritten Stadt von Delhi, Tughluqabad. Sie entstand während der kurzen Regentschaft von Ghiyas-ud-Din Tughluq (1320–24) und wurde nach dem Tod des Königs wieder aufgegeben, vermutlich wegen Wassermangels. Der interessanteste Teil ist die von hohen Mauern umgebene Zitadelle im Südwesten der Anlage, von der

besiegelt das Schicksal des Sultanats von Delhi.
1541 Baburs Sohn Humayun verliert Delhi an Sher Shah Suri, den Erbauer der sechsten Stadt, Purana Qila.
1544 Humayun erobert Delhi zurück, stirbt aber im folgenden Jahr.
1565 Humayuns Sohn Akbar verlegt die Hauptstadt des Mogulreiches nach Agra.
1638 Akbars Enkel Shah Jahan zieht wieder zurück nach Delhi und erbaut die siebte Stadt, Shahjahanabad (Old Delhi).
1739 Als die Macht der Moguln bröckelt, plündert der persische Herrscher Nadir Shah die Stadt und tötet etwa 15 000 Bewohner.
1784 Die Marathen (S. 680) nehmen Delhi ein und machen den Herrscher zu ihrem Vasallen.
1803 In der Schlacht von Delhi besiegen die Truppen der britischen East India Company die Marathen; die Company ist jetzt die eigentliche Machthaberin.
1857 Beim Sepoy-Aufstand unterstützt Delhi die Rebellen, aber die Briten erobern die Stadt blutig zurück, setzen die Moguln ab und verweisen die moslemischen Bewohner Delhis für zwei Jahre der Stadt.

1911 Als sich der Widerstand gegen die Kolonialherrschaft in Kalkutta verstärkt, machen die Briten Delhi zur neuen indischen Hauptstadt.
1931 New Delhi wird offiziell zur Hauptstadt Britisch-Indiens erhoben.
1947 Die Briten übergeben die Macht an die erste demokratisch gewählte Regierung; viele Moslems werden von Hindu-Mobs aus der Stadt vertrieben, derweil strömen Hindus und Sikhs aus dem Punjab und Bengalen in die Stadt.
1957 Zur Koordinierung der Stadtentwicklung wird die Delhi Development Authority (DDA) gegründet.
1975–77 Staatsnotstand unter Indira Gandhi: Moslemische Slumbewohner werden zwangsweise aus Old Delhi vertrieben.
1984 Nach der Ermordung Indira Gandhis brechen Unruhen aus, die sich vor allem gegen die Sikhs der Stadt richten.
1992 Delhi wird zum Capital Territory (CT) mit eigener Verwaltung, jedoch nicht vollständiger Souveränität; bei den CT-Wahlen gewinnt die BJP.
1998 Die Kongresspartei gewinnt die Macht im CT von der BJP und hat sie seitdem inne.

heute nurmehr ein langer unterirdischer Gang, die Überreste mehrerer Hallen sowie ein Turm zu sehen sind. Vom einstigen Palast im Westen ist kaum noch etwas übrig, aber das Schachbrettmuster der Straßen ist noch zu erkennen.

Das südlichste der 13 Tore geht auf einen Dammweg hinaus, der von der heutigen Straße durchbrochen ist und die Festung mit dem Grab von Ghiyas-ud-Din Tughluq verbindet. Das außergewöhnliche Mausoleum mit seiner Marmorkuppel thront hinter einem mächtigen roten Sandsteintor auf einem hohen Sockel. Zu den hier bestatteten Toten gehören Ghiyas-ud-Din, seine Ehefrau, ihr Sohn Muhammad Shah II. und sogar Ghiyas-ud-Dins Lieblingshund. Blickt man von hier gen Südosten, so erkennt man auf einem Hügel die Ruinen des von Muhammad Shah II. erbauten Forts Adilabad (Eintritt frei), das weitestgehend im selben Stil wie die Festung des Vaters konstruiert wurde. ⏲ tgl. Sonnenaufgang bis -untergang, Eintritt Rs100.

Nach Tughluqabad fahren die Busse Nr. 34, 525 und 717 auf der Mehrauli–Badarpur Road von Lado Sarai unweit des Qutb Minar, und Nr. 430 vom Kalkaji in der Nähe des Baha'i-Tempel. Vom Connaught Place gelangt man am leichtesten mit einer vorausbezahlten Motor-Riksha hin (rund Rs115). Die Metrostation Tughluqabad an der violetten Linie befindet sich 1 km östlich der Stätte.

Qutb Minar-Komplex

Die ersten Bauwerke des moslemischen Indiens, heute bekannt unter der Bezeichnung Qutb Minar-Komplex, befinden sich auf einem gepflegten Gelände 13 km südlich vom Connaught Place, abgehend von der Aurobindo Marg. Es lässt sich leicht erreichen: per Bus Nr. 505 vom Connaught Place (Scindia House) bzw. mit einer vorausbezahlten Motor-Riksha vom Connaught Place (Rs85). Die Metrostation Qutab Minar ist 500 m südlich des Komplexes; noch näher liegt die Station Saket. Erbaut wurden diese Bauwerke auf den Trümmern von Lal Kot, der „ersten Stadt von Delhi", die im 11. Jh. von den Tomar-Rajputen gegründet wurde. Heute findet sich hier eines von Delhis berühmtesten Wahrzeichen: der spitz zulaufende, rote Sandsteinturm Qutb Minar. Inmitten von Ruinen strebt er knapp über 72 m hoch in den Himmel und ist mit herrlichen Ornamenten und Koranversen verziert. In früheren Zeiten galt der Turm als eines der „Wunder des Orients", das auf der Rangliste gleich nach dem Taj Mahal kam. Der Historiker John Keay hingegen gab den Kommentar ab, der Turm habe unglücklicherweise eine starke Ähnlichkeit mit einem Fabrikschornstein.

Das **Minarett** wurde 1202 als Siegesturm von Qutb-ud-Din Aibak errichtet. Man feierte damit den Beginn der moslemischen Vorherrschaft über Delhi und weite Teile des Subkontinents. Für Qutb-ud-Din, der vier Jahre nach seiner Machtergreifung starb, markierte das Bauwerk die östlichste Grenze des islamischen Glaubens und warf den Schatten Gottes über Ost und West. Zugleich diente der Turm als Minarett, von dem der Muezzin die Gläubigen zum Gebet rief. Qutb-ud-Dins kurzer Regierungszeit wird nur das erste Stockwerk zugeschrieben, die anderen vier gehen auf seinen Nachfolger Iltutmish zurück. Firoz Shah ließ das oberste Stockwerk 1369 mit Marmor restaurieren.

An dem Turm angrenzend befinden sich die Ruinen von Indiens erster Moschee, **Quwwat-ul-Islam** („die Macht des Islam"). Sie wurde im Auftrag von Qutb-ud-Din aus den Überresten von 27 Hindu- und Jaintempeln und unter Mitarbeit von hinduistischen Steinmetzen erbaut. Ihr Einfluss kommt in der traditionellen Kragtechnik zum Ausdruck, in der Architrave, Konsolen und Pfeiler die vorherrschenden Elemente sind. Treppen führen zu einem beeindruckenden Innenhof, der von Säulengängen flankiert wird. Die Säulen stammen eindeutig von einem Hindu-Tempel und wurden den strengen islamischen Gesetzen, die jegliche figürliche Darstellung verbieten, angepasst. Von den Gesichtern der eingehauenen, dekorativen Figuren ist nichts mehr zu erkennen. Besonders schön verzierte Bögen sind von der einstigen Gebetshalle erhalten geblieben. Die Westfassade der Moschee (in Richtung Mekka) schmücken kunstvolle Reliefs, die die Kalligraphie des Korans mit dem Motiv der einstigen Lotusblüte verbinden. Iltutmish, im 13. Jh. Sultan von Delhi, und seine Nachfolger erweiterten die Moschee. Sie vergrößerten die Gebetshalle und die Säulengänge und führten geometrische Muster, Kalligraphie, glasierte Ziegel und Stützbogen ein.

Der Khalji-Sultan Ala-ud-Din ließ die Moschee nach Norden hin erweitern und wollte einen Turm bauen, der noch höher als der Qutb Minar sein sollte, aber sein Alai Minar gedieh nie über das erste Stockwerk hinaus. Es steht immer noch und gilt als Symbol für die Sinnlosigkeit eitlen Strebens. Ala-ud-Din gab auch das **Alai Darwaza** in Auftrag, ein elegantes, mausoleumartiges Tor mit steinernen Fenstergittern neben dem Qutb Minar. Einen Kontrast zu der überwiegend islamischen Gestaltung bietet die **Eisensäule** auf dem Gelände von Qutb-ud-Dins ursprünglicher Moschee, deren Sanskrit-Inschriften aus der Gupta-Zeit (4. Jh.) darauf hindeuten, dass sie zu Ehren von König Chandragupta II. (375–415) aufgestellt wurde. Oben auf der Säule soll einst ein Bildnis des hinduistischen Vogelgottes Garuda geprangt haben. Dass sie gegen Rost resistent ist gab Metallurgen ein Rätsel auf. Offenbar wirkte der enthaltene Phosphor als chemischer Katalysator, so dass sich eine schützende Verbindung aus Eisen, Sauerstoff und Wasserstoff um das Metall gelegt hat. Alles weist darauf hin, dass der Pfeiler von den Tomars hierher geschafft wurde, aber man weiß nicht, von woher. ⊙ tgl. Sonnenauf- bis Sonnenuntergang, Eintritt Rs250.

Das Gebiet südlich vom Qutb Minar-Komplex, auf dem sich Überbleibsel aus allen möglichen historischen Perioden befinden, wurde zu einem **archäologischen Park** erklärt, ⊙ tgl. Sonnenauf- bis Sonnenuntergang, Eintritt frei.

Akshardham-Tempel

Am Ostufer der Yamuna, zu erreichen über die Nizamuddin Bridge (blaue Linie der Metro oder Rs70 mit einer vorausbezahlten Motor-Rikscha vom Connaught Place), liegt der opulente Akshardham-Tempel. Der 2005 von der in Gujarat beheimateten Shri Swaminarayan-Sekte erbaute Tempel ist ein faszinierendes Kunstwerk mit wundervollen Schnitzereien, die unter Verwendung alter Techniken hergestellt wurden. Kameras, Handys, Spiegel und sämtliche Elektroniksachen, auch USB-Sticks, sind verboten und müssen draußen in der Garderobe bleiben. Besuchern in Shorts oder Röcken, die oberhalb des Knies enden, ist der Zutritt verwehrt.

Rings um den Haupt-Schrein verläuft ein rosarotes Sandsteinrelief (im Uhrzeigersinn herumgehen), das Elefanten zeigt; wilde, gezähmte und mythische. Das zentrale Objekt der Verehrung ist eine 3 m hohe goldene Statue des Sektengründers Bhagwan Shri Swaminarayan. Dahinter befinden sich Gemälde mit Szenen aus seinem Leben und auch einige persönliche Dinge, darunter seine Sandalen und sogar abgeschnittene Haare und Fingernägel. Die vier Nebenschreine sind Hindu-Gottheiten gewidmet. ⊙ Di–So April–Sep 10–19, Okt–März 9–18 Uhr, Eintritt frei; ⌨ www.akshardham.com.

Übernachtung

Delhi bietet eine immense Vielfalt an Übernachtungsmöglichkeiten, von spottbilligen Unterkünften bis zu extravaganten internationalen Hotels. Reservierungen für gehobene Hotels können an den Schaltern der Touristeninformation in den Flughäfen oder Bahnhöfen vorgenommen werden; Budgetreisende müssen sich selbst eine Unterkunft besorgen. Schleppern und Motor-Rikscha- und Taxifahrern, die behaupten, dass das gewünschte Hotel ausgebucht ist, sollte man keinen Glauben schenken und außerdem die von ihnen empfohlenen Unterkünfte in Karol Bagh (S. 165) meiden.

Connaught Place und Central New Delhi

Karte „Connaught Place" S. 132
Wer direkt am Connaught Place absteigen möchte, zahlt einen Aufschlag für die Lage. Weiter südlich auf und um den **Janpath** sowie entlang der **Sansad Marg** gibt es Luxushotels und solche, die hauptsächlich auf Geschäftsleute und Touristengruppen ausgerichtet sind, darunter einige sehr gute. Die meisten haben Nobelrestaurants und Pools – manche verlangen von ausländischen Gästen, in fremder Währung zu zahlen. Von den billigen Travellerherbergen, die sich in den Gassen am nördlichen Ende der Janpath drängten, konnten sich nur noch ein paar halten; sie sind oft voll, man muss also frühzeitig reservieren.
Alka, P-16/90, Connaught Place, ✆ 011/2334 4000, ⌨ www.hotelalka.com. Wirbt mit dem Spruch: „The best alternative to luxury," aber

Dachterrasse und Familienanschluss

Master, R-500 New Rajendra Nagar, ☎ 011/ 2874 1089, 🖥 www.master-guesthouse.com. S. auch Karte „Delhi" S. 128/129. Nettes, entspanntes Gästehaus mit einer ruhigen Dachterrasse am Rand des Grüngürtels: In dem kleinen Familienbetrieb wohnt man komfortabel und sicher. 4 AC-Zimmer, jeweils 2 teilen sich ein Bad. Nur 10 Minuten Motor-Rikschafahrt vom Connaught Place (oder Bus Nr. 910 vom Shivaji Terminal hinter Block P) und nicht weit von der U-Bahnstation Karol Bagh. Vegetarisches Essen erhältlich, kostenloses WLAN, Frühstück im Preis inbegriffen. Reservieren. ❻

die Zimmer, obwohl mit AC und Teppichboden, sind recht bescheiden – die billigeren haben nicht einmal Fenster. Spiegel sollen den Eindruck von mehr Raum erwecken – die Angestellten dagegen bringen nicht einmal ein Lächeln zustande, um den Eindruck von Freundlichkeit zu erwecken. Pluspunkte sind das veg. Restaurant und eine Dependance im Block M für den Fall, dass das Haupthaus ausgebucht ist. ❽

Bright, M-85, Connaught Place, ☎ 011/4151 7766, ✉ hotelbright@hotmail.com. 2010 renoviertes Hotel im Stadtzentrum mit unterschiedlichen Zimmern, manche mit Bad. Das Blue, eine Treppe höher, ☎ 011/2341 6666, ✉ hotelbluedelhi@hotmail.com, erfreut sich einer Terrasse ist eine gute Ausweichmöglichkeit. ❹ – ❺

Imperial, Janpath, in der Nähe von Connaught Place, ☎ 011/2334 1234, 🖥 www.theimperial india.com. S. auch Karte „New Delhi" S. 131. Luxushotel (DZ ab US$525) im Art-déco-Stil, erbaut 1933, in einer großen Gartenanlage mit Palmen; mehrere ausgezeichnete Restaurants. ❾

Le Meridien Windsor Place, Raisina Rd, ☎ 011/2371 0101, 🖥 www.lemeridien.com/ newdelhi. S. Karte „New Delhi" S. 131. Futuristisches 5-Sterne-Hotel mit großen, komfortablen Zimmern (DZ ab US$374) und gläsernen Aufzügen. Die Hotelanlage verfügt über einen Pool, Fitnessclub sowie eine

Reihe von Restaurants und Bars. Das ganze Haus ist mit Rollstuhlrampen versehen, ein Zimmer ist rollstuhlgerecht eingerichtet. ❾

Ringo, 17 Scindia House, Connaught Lane, ☎ 011/2331 0605, ✉ ringo_guest_house@yahoo. co.in. Alte und zu Recht beliebte Backpacker-Unterkunft; einfache, akzeptable EZ und DZ, einige mit Bad; zentrale Terrasse. ❶ – ❷

Sunny, 152 Scindia House, Connaught Lane, ☎ 011/2331 2909, ✉ sunnyguesthouse1234@ hotmail.com. Ebenfalls eine ehemalige Dorm-Unterkunft, bietet jetzt billige, aber handtuchgroße EZ und DZ, manche mit Bad; Warmwasser nach 20 Minuten Voranmeldung. ❶

The Lalit, abseits von Barakhamba Rd und Tolstoy Marg, südöstlich des Connaught Place, ☎ 011/4444 7777, 🖥 www.thelalit.com. S. auch Karte „New Delhi" S. 131. Ehemaliges Intercontinental, umgebaut in ein stilvolles, modernes Hotel mit kühlen, eleganten Zimmern und einer geräumigen, mit eindrucksvollen Kunstwerken geschmückten Lobby. Wenn viel los ist, kosten DZ ab Rs12 000, ansonsten ist es billiger. ❾

The Park, 15 Sansad Marg, ☎ 011/2374 3000 oder 1800/117 275, 🖥 www.theparkhotels.com. S. auch Karte „New Delhi" S. 131. Schicker geht's kaum noch, von der super-coolen Lobby bis zu den ultra-modernen Zimmern mit LCD-TV. Top-Service, entspannte Atmosphäre, sämtliche Annehmlichkeiten vorhanden, darunter eine Bar, ein gutes Restaurant und ein Pool. Fünf Sterne mit dem gewissen Extra. DZ ab US$282. ❾

YMCA Tourist Hostel, Jai Singh Marg, südwestlich vom Connaught Place, ☎ 011/ 2336 1915, 🖥 www.newdelhiymca.org. S. auch Karte „New Delhi" S. 131. Etwas sterile Unterkunft mit guten Restaurants, großem Pool (nur April–Okt) und einladenden Gärten. Große, einfache Zimmer mit Bad und AC. Preis inkl. Frühstück und Abendessen. Rollstuhlfahrerfreundlich. ❼

YWCA Blue Triangle, Ashok Rd, südwestlich vom Connaught Place, ☎ 011/2336 0133, 🖥 www.ywcaofdelhi.org. S. Karte „New Delhi" S. 131. Die Zimmer (sowohl für Frauen als auch Männer) sind hübsch, groß und mit geräumigen Bädern ausgestattet. Die ganze Anlage ist sauber und ruhig und hat Rasenflächen zum Relaxen. Frühstück inkl. **❺**

YWCA International, 10 Sansad Marg, südwestlich vom Connaught Place, ☎ 011/2336 1561, 🖳 www.ywcaindia.org. S. auch Karte „New Delhi" S. 131. Saubere und luftige Zimmer mit AC und Bad, aber nicht so hübsch wie das Blue Triangle (dafür billiger). Tagesgerichte *(set meals)* im hauseigenen Restaurant. Frauen haben Vorrang, aber Männer können auch bleiben. Preise inkl. Frühstück. **❺**–**❽**

Paharganj

Karte „Paharganj" S. 135

Das Viertel Paharganj erstreckt sich westlich der New Delhi Railway Station und liegt nördlich vom Connaught Place 10 Min. zu Fuß entfernt. Paharganj ist *das* Backpackerviertel und bekannt für seine große Anzahl an Hotels der unteren und mittleren Preisklasse. Einige sind gemütlich und bieten wirklich viel fürs Geld, andere bieten sehr wenig für wenig Geld, in den meisten geht es hoch her mit Türen-knallen und Geschrei bis zum frühen Morgen (besonders wenn die Fenster zum Gang gehen). Wer also Ruhe braucht, sollte seine Unterkunft mit Bedacht wählen. Manche Hotels in dieser Gegend funktionieren nach dem 24-Std.-Checkoutsystem, d. h., es wird zur gleichen Uhrzeit ausgecheckt, zu der man eingecheckt hat.

Ajay, 5084-A Main Bazaar, ☎ 011/2358 3125. Gut geführte Unterkunft, versteckt in einer Gasse; Marmordekor und saubere Zimmer, einige mit AC, die meisten mit Bad und TV, aber einige ohne Fenster. Billardtische, Internet-Zugang, eine durchgehend geöffnete Bäckerei und daneben eine Cafeteria für Frühstück oder Snacks. 24-Std.-Checkout. **❷**

Camran, 1116 Main Bazaar, ☎ 011/3297 4474, ✉ subhashthakur@yahoo.com. Kleine heruntergekommene Unterkunft in einem Teil einer Moschee aus der späten Mogul-Ära; besitzt einen gewissen Charme und eine Dachterrasse mit Panoramablick. Die billigsten EZ haben Schuhkartonformat, einige davon eigenes Bad. Warmwasserduschen gibt es nur in den Gemeinschaftsbädern, ansonsten Wasser aus Eimern. Auch Schlafsaalbetten für Rs100. **❷**

Downtown, 4583 Main Bazaar, ☎ 011/4154 1529, ✉ ltctravel@rediffmail.com. Die freundliche Unterkunft unweit des Main Bazaar ist hell und luftig und recht preiswert, doch es lohnt sich, nach einem Zimmer mit Fenster nach draußen zu fragen. Schlafsaal vorhanden (Rs100). Minuspunkte gibt's für den obligatorischen Checkout um 11 Uhr. **❶**

Hare Krishna, 1572–1573 Main Bazaar, ☎ 011/4154 1341. Saubere Zimmer, die besten sind geräumig, die meisten haben Bad (Warmwasser), aber die in den unteren Stockwerken können ganz schön laut sein. 24-Std.-Checkout. Nettes Café-Restaurant auf der Dachterrasse. **❷**

Hare Rama, T-298, am Main Bazaar, ☎ 011/3536 1301 oder 2, 🖳 www.hareramaguesthouse.com. Annehmbar saubere Zimmer mit Bad hat dieses gut besuchte, preisgünstige Hotel in einer Gasse, die vom Main Bazaar abgeht. Die Betten sind jedoch hart, und die Warmwasserversorgung ist eher unzuverlässig. 24-Std.-Checkout. **❷**

Metropolis, 1634 Main Bazaar, ☎ 011/2358 5766, 🖳 www.metropolistravels.com. Das teuerste und komfortabelste Hotel im Main Bazaar ist sein Geld nicht ganz wert. Ein paar DZ haben große Fenster und Badewanne; andere sind fensterlos. Alle besitzen AC, TV und Kühlschrank. Es gibt ein gutes Restaurant plus Bar und Sitzgelegenheiten unten oder auf der Dachterrasse. **❹**–**❺**

Namaskar, 917 Chandiwalan, Main Bazaar, ☎ 011/2358 2233, ✉ namaskarhotel@yahoo.com. Beliebtes Hotel in Familienbesitz: unterschiedliche Zimmer mit Bad, manche mit AC, aber von den billigeren besitzen nicht alle warme Duschen oder Fenster nach draußen. Die Mitarbeiter sind sehr hilfsbereit, nur versuchen sie manchmal mit zu viel Nachdruck, ihre Touren zu verkaufen. **❶**–**❷**

Navrang, Tooti Chowk, 820 Main Bazaar, ☎ 9818/243027. Hat mehr von einer schlichten Absteige in der Provinz als von einem städtischen Hotel mitten in Delhi, ist aber sehr freundlich und für den Preis völlig okay. Manche Zimmer haben ein Bad, jedoch kein fließend Warmwasser (für Rs20 wird ein Eimer voll gebracht). **❶**

Rak International, Tooti Chowk, 820 Main Bazaar, ☎ 011/2356 2478, 🖳 www.hotelrak international.com. Eine der bewährtesten Unterkünfte in Paharganj, an einem kleinen Platz abseits vom Main Bazaar. Große Zimmer mit AC, TV, Kühlschrank und Warmwasser. Gutes Preis-Leistungs-Verhältnis und hübsche Dachterrasse, der aber ein frischer Anstrich nicht schaden könnte. ❸

Vishal, 1575/80 Main Bazaar, ☎ 011/2356 2123, ✉ vishalhotel@hotmail.com. Billige, einfache Zimmer ohne sowie teurere, bessere und größere mit Bad; gutes Restaurant. Bevor man sich für ein Zimmer entscheidet, unbedingt die Laken begutachten. ❷

Vivek, 1534–1550 Main Bazaar, ☎ 011/4154 1436, 🖳 www.vivekhotel.com. Sehr beliebtes Hotel mit durchgehend geöffnetem Restaurant auf einer Dachterrasse. Durchschnittliche Zimmer, die meisten mit Bad und Warmwasser, z. T. mit AC, Zimmerservice. Die besten Zimmer haben Fenster zur Straße hinaus. ❷

Yatri, 3/4 Jhansi Rd, nahe Punchkuin Rd beim Delhi Heart and Lung Institute, ☎ 011/2362 5563, 🖳 www.yatrihouse.com. S. Karte S. 128/129. Das zwischen Wohnhäusern versteckte Gästehaus, 10 Fußmin. von Paharganj, fühlt sich an wie eine Privatunterkunft. Saubere, ruhige Zimmer mit Bad, Warmwasser, TV und ein kleiner Garten, wo man frühstücken oder einfach nur gemütlich sitzen kann. Allerdings ist der Preis ziemlich saftig. Muss lange im Voraus reserviert werden. ❼

Ram Nagar

Karte „Paharganj" S. 135

In Ram Nagar, nördlich von Paharganj, 5 Min. zu Fuß von der New Delhi Railway Station und nahe der Überführung Desh Bandhu Gupta Road, befinden sich zahlreiche Hotels und ein paar Restaurants. Die Unterkünfte kosten meist etwas mehr als in Paharganj, dafür sind die Zimmer in aller Regel besser.

Cama, 3037 Chowk Chuna Mandi, Rajguru Marg, ☎ 011/2358 0245, ✉ hotelcama@ yahoo.com. Das preiswerteste Hotel an dieser Straße zwischen Paharganj und Ram Nagar. Alle Zimmer mit Bad und warmem Wasser. ❷

Geet Deluxe, 8570 Arakashan Rd, ☎ 011/ 2361 6140 bis 43. Eine Stufe besser als die anderen Mittelklasseunterkünfte in dieser Ecke. Gut gemanagt, mit netten Extras und einem gewissen Charme. Saubere Zimmer in ordentlicher Größe, alle mit TV und entweder AC oder *air-cooler*. ❹

Grand Godwin, 8502/41 Arakashan Rd, ☎ 011/2354 6891 bis 8, 🖳 www.godwinhotels. com. Die billigsten Zimmer sind nur Semi-deluxe (im Erdgeschoss; etwas kleiner als die übrigen), aber alle sind gut ausgestattet und gepflegt. Es gibt auch Super-deluxe-Zimmer und sogar Suiten sowie ein Restaurant. Frühstücksbuffet inkl. Weitere Deluxe-Zimmer findet man im vor Kurzem renovierten Godwin Deluxe nebenan. ❺–❼

Vandna und **Karan**, 47 Arakashan Rd, ☎ 011/2362 8821 und 3. Zwei nebeneinander liegende und gemeinschaftlich geführte Hotels. Das Karan hat kleinere, einfachere Zimmer, das Vandna ein kleines bisschen größere, derzeit aber zum gleichen Preis. Alle Zimmer in beiden Häusern mit Warmwasser, TV und recht harten Matratzen. ❷–❸

Woodland, 8235/6 Multani Danda, Arakashan Rd, ☎ 011/5154 1304 bis 7, 🖳 www.hotel woodland.com. Das beliebte Hotel bietet große Zimmer mit AC oder kleinere ohne AC für weniger Geld. Billigere Zimmer hat das Schwesterhotel **Dreamland** gegenüber. ❸–❺

Old Delhi

Karte „Old Delhi" S. 137

Nur wenige Touristen übernachten in Old Delhi: zu laut, zu voll, zu schmutzig, nicht so zentral wie Connaught Place und die Hotels eher auf indische Besucher eingestellt. Von den Hotels rund um den Bahnhof Old Delhi kann man nur abraten. Am Rand des Viertels gibt es aber einige Empfehlungen der oberen Kategorie und um die Jama Masjid anständige Budgethotels. Und von allen Stadtvierteln ist dies natürlich das bunteste.

Broadway, 4/15A Asaf Ali Rd, ☎ 011/4366 3600, ✉ broadway@oldworldhospitality.com. Am südlichen Rand von Old Delhi, nahe dem Delhi Gate gelegenes Hotel der mittleren Kategorie;

Kolonialer Luxus

Maidens, 7 Sham Nath Marg, Civil Lines; Metro Civil Lines, ☎ 011/2397 5464, 🖥 www.maidenshotel.com. Ein Fall für das Extra-Verwöhn-Budget: stilvolles Luxushotel in einem herrschaftlichen Kolonialbau; ruhig und erholsam. Komfortable Zimmer im Kolonialstil, große Bäder, schöner Garten, Pool und gutes Restaurant. DZ ab US$269. ❾

exzellentes Restaurant mit Spezialitäten aus Kashmir und 2 Bars. Etwas klein geratene Zimmer, die aber sauber und ordentlich ausgestattet sind, einige bieten Blick auf die Jama Masjid. Man kann Touren durch Old Delhi buchen. ❼–❽

Duke, 8 Netaji Subhash Marg, ☎ 011/2327 1501, ✉ dukehotel08@gmail.com. Verschiedene einigermaßen gemütliche Zimmer oberhalb der betriebsamen Netaji Subhash Marg im Osten von Old Delhi. Praktisch gelegen für das Rote Fort und die Jama Masjid. ❸–❹

New City Palace, 726 Jama Masjid Motor Market, ☎ 011/2327 9548, ✉ newcitypalace@hotmail.com. Sauberes, preiswertes Hotel hinter der Jama Masjid. Warme Duschen, die besten Zimmer mit AC und Blick auf die Moschee, die billigeren teilweise ohne Fenster nach außen. 24-Std.-Checkout. ❷–❸

New India, 172 Katra Bariyan, ☎ 011/2395 5117, ✉ subhashkathuria@hotmail.com. Freundliches, auf nette Art rustikales Hotel mit Zimmern um einen hellen Innenhof herum, die meisten davon ohne eigenes Bad. Die Zimmer nach vorn zur Straße hinaus teilen sich eine Veranda. 24-Std.-Checkout. ❷

South Delhi

Karte „New Delhi" S. 131

Die meisten Übernachtungsmöglichkeiten **südlich vom Connaught Place** gehören zur Luxuskategorie, aber es gibt auch ein paar Gästehäuser in Sunder Nagar, die üblichen Mittelklassehotels inmitten von Wohngebieten und eine moderne Jugendherberge ganz in der Nähe des exklusiven Diplomatenviertels Chanakyapuri.

Ambassador, Sujan Singh Park, Seitenstraße der Subramaniam Bharti Marg, ☎ 011/2463 2600, 🖥 www.tajhotels.com. Unauffällig, gut geführt und stilvoll. Die freundliche Unterkunft besitzt große Zimmer mit riesigen Bädern (DZ ab US$304) und gute Restaurants. Wer hier wohnt, darf den Pool und das Fitnesscenter vom Hotel Taj Mahal gratis mitbenutzen. ❾

The Claridges, 12 Aurangzeb Rd, ☎ 011/3955 5000, 🖥 www.claridges.com. Eines der ältesten und prächtigsten Etablissements von Delhi (DZ ab US$455) im Stil der 1930er-Jahre. Vier Restaurants, Wodkabar und Pool. ❾

La Sagrita, 14 Sunder Nagar, ☎ 011/2435 9541, 🖥 www.lasagrita.com. Kleines Gästehaus, versteckt in einer ruhigen Seitenstraße und gegenüber von einem kleinen Park in einer exklusiven Gegend weit weg vom Lärm Central Delhis; gemütliche und hübsch eingerichtete Zimmer mit Bad, Teppich und AC. Es gibt auch einen kleinen Garten. ❼

Maurya, Sardar Patel Marg, Chanakyapuri, ☎ 011/2611 2233, 🖥 www.itcwelcomgroup.in. Supernobles Hotel am Rand von Chanakyapuri, gegenüber dem Ridge Forest, mit Luxuszimmern und einer der besten Küchen Delhis (s. S. 155). Hier steigen regelmäßig Staatsoberhäupter ab, Bill Clinton hat z. B. im Maurya genächtigt. Die offiziellen Preise beginnen bei Rs19 311, aber oft gibt es Sonderpreise. ❾

Youth Hostel, 5 Nyaya Marg, Seitenstraße der Kautilya Marg, Chanakyapuri, ☎ 011/2611 6285, 🖥 www.yhaindia.org. Ultramoderner, ökologisch orientierter Bau außerhalb des hektischen Zentrums. Vorzeigestück und Verwaltungssitz des indischen Jugendherbergsverbandes. Dorms (AC Rs350, ohne AC Rs150), EZ und DZ mit und ohne AC. Um hier zu übernachten (max. 7 Tage), muss man Mitglied sein oder die Mitgliedschaft vor Ort erwerben (Rs250). Frühstück inkl. ❷–❹

Majnu Ka Tilla

Wer dem Trubel entfliehen oder mal was Anderes als indische Kultur und Küche erleben möchte, findet in der tibetischen Kolonie in Majnu Ka Tilla ein paar Kilometer nördlich von Old Delhi einige Hotels: Für relativ wenig Geld bekommt man hier blitzsaubere Zimmer, die viel hübscher sind als die zum gleichen Preis in Paharganj. Es ist ein relativ ruhiger Bezirk mit tibetischem Essen, Internetcafés und Banken, aber etwas ab vom Schuss (zum Connaught Place geht's in 15 Min. für Rs80 per Motor-Riksha, zur Metrostation Vidhan Sabha für Rs20 per Riksha). Rechtzeitig buchen, denn die Hotels sind oft voll. Alles spielt sich entlang der Hauptstraße ab, daher findet man sich schnell zurecht.

Lhasa House, 16 New Camp, gleich östlich der Hauptstraße, ☎ 011/2393 9777, ✉ lhasahouse@ rediffmail.com. Die Zimmer sind ein bisschen kleiner und einfacher als im Wongdhen House nebenan, aber alle haben Bad, TV und Ventilator. Die billigsten Zimmer liegen im obersten Stock. ❶–❷

White House, 44 New Camp, ☎ 011/2381 3644, ✉ whitehouse02@yahoo.com. In der Haupt-straße des tibetischen Viertels, 100 m nördlich der anderen beiden hier erwähnten Hotels. Die Zimmer sind ziemlich groß, mit Bad und TV, und gut in Schuss, aber die Matratzen sind ein bisschen hart. ❷

Wongdhen House, 15-A New Camp, gleich östlich der Haupt-Action neben dem Lhasa House, ☎ 011/6415 5330, ✉ wongdhenhouse@ hotmail.com. Das freundliche Gästehaus hat unterschiedliche Zimmer, manche mit Bad, einige mit Blick auf die Yamuna. Es gibt eine Dachterrasse und ein gutes Restaurant. ❷–❹

Essen

Die meisten Restaurants schließen gegen 23 Uhr, nur die mit einer Bar bleiben bis Mitternacht geöffnet. Wer danach noch Hunger hat, hat mehrere Möglichkeiten: eines der Restaurants in den Top-Hotels, die durchgehend geöffneten Coffeeshops im Le Meridien, The Park oder The Claridges aufsuchen, in einem der rund um die Uhr geöffneten Dachterrassen-Cafés von Paharganj einen Snack zu sich nehmen oder zum Pandara Road-Markt gehen (🕐 bis 1.30 Uhr). Auch am Bahnhof Old Delhi finden sich einige rund um die Uhr geöffnete Lokale, und die Erfrischungshalle in der Nähe des Buchungsbüros für Ausländer in der New Delhi Station hat ebenfalls 24 Std. geöffnet.

Connaught Place

Karte „Connaught Place" S. 132
Am Connaught Place („CP") überwiegen schicke Restaurants und Fastfood-Läden im westlichen Stil, aber es gibt auch ein paar nette, preiswerte Esslokale. Eine gute Adresse für süße Sachen und Snacks ist der Bengali Market in der Tansen Marg, abseits der Barakhamba Road.

Anand, Connaught Lane, drei Haustüren vom Sunny Guest House. Gute, billige Gerichte, darunter leckere *biriyanis*. Nicht veg. Gerichte Rs93 *(thali* Rs94 veg., Rs114 nicht veg.).

Barista, N-16 Connaught Place. Beliebte Coffeebar und die erste einer inzwischen landes-weiten Kette, die laut Eigenwerbung den besten Espresso in India braut, dazu gibt's Kuchen und Muffins. Die Konkurrenzkette **Café Coffee Day** hat zahlreiche Filialen am CP (fast in jedem Block).

Bikanervala, 1st Floor, Rajiv Gandhi Bhawan, zwischen den beiden State Emporium-Gebäuden, Baba Kharak Singh Marg. Glänzend sauberes Restaurant im Kantinenstil mit Snacks, Gerichten (*thalis* Rs125–140), Süßigkeiten und *namkeens*.

Fire, Park Hotel, 15 Sansad Marg, ☎ 011/2374 3000, Anschluss 1827. Tolles, aber teures modernes Restaurant, dessen zeitgenössische indische Küche starken europäischen Einfluss aufweist. Das Angebot richtet sich nach der Jahreszeit: im Sommer leichter, im Winter deftiger. Abends kosten nicht veg. Haupt-gerichte Rs775–1150, Mittagsangebote Rs1200 veg., Rs1500 nicht veg. Reservierung ratsam.

India Coffee House, 2nd Floor, Mohan Singh Place Shopping Complex, Baba Kharak Singh

Curry-Klassiker

Kake Da Hotel, 74 Municipal Market, Outer Ring, Connaught Place. Eine Institution, be-rühmt für geradlinige, aber zuverlässig gute Punjabi-Currys, meist fleischhaltig, z. B. *butter chicken* oder *sag meat (palak mutton)* für rund Rs100. Klein und eng, auch Take-away. (Die Bezeichnung „Hotel" hat nichts mit Unterkunft zu tun.)

Marg. Einfaches Café mit großer Dachterrasse, Teil einer vorwiegend südindischen Kette, hat Filterkaffee und Espresso, Snacks und einfache Mahlzeiten (*thalis* Rs40). Bunt gemischtes Tagespublikum.

Kwality, 7 Regal Building, Sansad Marg. Wurde ursprünglich im Zweiten Weltkrieg zur Verpflegung von amerikanischen GIs eingerichtet. Eines der besseren Mittelklasselokale am CP (nicht veg. Hauptgerichte Rs225–325), mit Spiegeln und Kronleuchtern elegant eingerichtet (man hat aber auch schon mal eine Maus über den Fußboden huschen sehen). Eine gute Wahl sind z. B. *chicken tikka* mit grünen Bohnen und *mutton shahi kurma*.

Parikrama, Kasturba Gandhi Marg, ℡ 011/ 2372 1616. Ausgefallene und teure indische (hauptsächlich Tandoori*) und chinesische Küche in Drehrestaurant mit herrlicher Aussicht über Delhi; eine Umdrehung dauert 90 Min. Hauptgerichte Rs220–650. Zu den Spezialitäten zählen *murg pasandey parikrama* (Hühnerbrust, gefüllt mit gehacktem Hühnchenfleisch und Nüssen, in Cashewnuss-Soße) und *murg tikka parikrama* (*chicken tikka* in scharfer Cashewnussmarinade). Reservierung empfohlen.

Q'BA, E-42/3 Connaught Place. Cool und stylish: schickes Bar-Restaurant auf zwei Etagen und zwei Terrassen mit Blick auf CP. Die Karte bietet einen Mix aus indisch, italienisch und thailändisch: Pizza, Pasta, grünes und rotes Curry sowie Spezialgerichte wie *Q'BA raan* (Lamm vom Holzkohlengrill mit Kräutern) und *sarsun wali machi tikka* (Tandoori-Fischstücke in einer Senfmarinade). Hauptgerichte Rs350–700.

Sagar Ratna, K-15 Connaught Place. Die CP-Filiale des berühmten Restaurants Defence Colony hat köstliche *vadas, dosas* und ein südindisches veg. *thali* (Rs130). Hauptgerichte Rs80–120.

Saravana Bhavan, P-15 Connaught Place und 46 Janpath. Hervorragende, preiswerte südindische Snacks und Gerichte, darunter *thalis* (Rs117) und schnelle Mittagsgerichte (Rs80), aber auch die üblichen *dosas, iddlis* und *uttapams*. Ein *mini tiffin* (Rs80) besteht aus einer Kostprobe von allem.

Spice Route, Hotel Imperial, Janpath. Wunderschönes Restaurant, vielleicht etwas teuer (nicht veg. Hauptgerichte Rs650–775, Seafood Rs1150–1850), spezialisiert auf scharfe südostasiatische und Kerala-Küche. Wer in der CP-Gegend gut speisen möchte, ist hier an einer der besten Adressen.

Veda, H-27 Connaught Place, ℡ 011/4151 3535. CPs schickstes Restaurant, legt viel Nachdruck auf „Ambiente" (schummriges Licht, viel Rot und Schwarz) und lässt sich das bezahlen – wobei das Essen wirklich nicht schlecht ist. Hauptgerichte wie Peshawari-Kebabs und *malai fish tikka* für Rs400–800; gemischter Tandoori-Teller Rs755, veg. Rs355.

Zen, B-25 Connaught Place. Hervorragende chinesische und einige thailändische und japanische Gerichte in relaxtem traditionellem Ambiente, außerdem von 15 bis 19 Uhr ein paar westliche Snacks. Breite Auswahl an Weinen, Spirituosen und Bieren. Nicht veg. Hauptgerichte zumeist Rs285–300 (Garnelen Rs400–600).

Paharganj und Ram Nagar
Karte „Paharganj" S. 135
In Delhi gibt es so gute Restaurants, dass es eine Schande wäre, in Paharganj zu essen, selbst wenn man hier abgestiegen ist. Die meisten Restaurants im Main Bazaar sind auf ängstliche ausländische Geschmacksknospen eingestellt und servieren schlechte „westliche" Kost und lasche Currys. Die meisten Cafés haben Frühstück mit Toast, Porridge, Müsli und Omelett, aber auch *paratha*. In Ram Nagar ist das Essen authentischer. Wer sich für eine der *dhabas* gegenüber der New Delhi Station entscheidet – besonders für eine mit Kundenfängern vor der Tür – und die in Hindi verfasste Preisliste nicht lesen kann, sollte unbedingt vor dem Bestellen nach dem Preis fragen, sonst wird mit ziemlicher Sicherheit zu viel berechnet.

Club India, 4797 Main Bazaar. Restaurant im 1. Stock und auf dem Dach mit bestem Ausblick auf das Zentrum von Paharganj. Das übliche Traveller-Frühstück plus israelische, japanische, tibetische und sogar Tandoori-Gerichte – mit Musik. Nicht veg. Hauptgerichte Rs60–150, *thalis* und gemischte Teller Rs100–175.

Darbar Restaurant und **Bikaner Sweets Corner**, 9002 Multani Dhanda Chowk, bei der Desh Bandhu Gupta Rd, ✆ 011/2351 6666. Im 1. St. ein schlichtes veg. Restaurant mit moderaten Preisen: leckere *thalis* (Rs50–106) und Punjabi-Currys (Rs70–105); auch Take-away und Lieferservice ab Rs100 im Umkreis von 1 km. Im Erdgeschoss ein Süßigkeitenparadies mit allerhand buntem bengalischem und rajasthanischem Konfekt, plus *namkeens* und Herzhafteres.

Diamond Café, 5069 Main Bazaar. Backpacker-Café mit jeder Menge Frühstück (Rs60–80), nicht veg. Hauptgerichten (Rs70–150), Obst-salaten, Pfannkuchen und einigen indischen Gerichten.

Das **Kholsa Cafe**, ein Stück weiter die Straße runter, Hausnr. 5024, ist ganz ähnlich, aber ein bisschen billiger.

Golden Café, 1 Nehru Bazaar, Ramdwara Rd, gegenüber Sri Mahavir Mandir. Billig und freundlich; chinesisches, europäisches und koreanisches Essen; Hauptgerichte für Rs60–135.

Malhotra, Laksmi Narain Rd. Eines der besseren Restaurants in Paharganj, passables indisches (Tandoori und Mughlai) Essen zu moderaten Preisen (Rs130–225 für nicht veg. Gerichte). Speisesäle im Untergeschoss und einen Stock höher mit AC. Zwei Häuser weiter eine veg. südindische Filiale.

Metropolis, 1634 Main Bazaar, im Erdgeschoss des gleichnamigen Hotels. Das gemütliche AC-Restaurant ist Paharganjs teuerstes Lokal, in dem man ein komplettes Frühstück, gute Currys, Tandoori-Spezialitäten sowie westliche Gerichte und Bier, Schnäpse, Cocktails und nicht alkoholische „Mocktails" bekommt. Hauptgerichte Rs250–350, veg. Rs125–200.

Ritu Raj Bhojnalya, Arakashan Rd, unterhalb vom Delhi Continental Hotel. Billige und beliebte *dhaba;* leckeres indisches Frühstück, einfache veg. Currys und südindische Snacks (Rs20–50).

Sonu Chat House, 5046 Main Bazaar. Versorgt die Backpacker-Kundschaft mit Nudeln, Suppe, Samosas, Currys und sogar *masala dosa*. Frühstück Rs60–80, nicht veg. Hauptgerichte Rs65–120. Beliebt, billig und sauber.

Sonu South Indian Restaurant, 8849/2 Multani Dhanda Chowk, unweit Desh Bandhu Gupta Rd, Ram Nagar. Einfache südindische Sachen *(masala dosa, iddlis, vadas* usw.) für wenig Geld (Rs35–65 pro Teller oder Rs60–80 für ein *thali)*.

Tadka, 4986 Ramdwara Rd (Nehru Bazaar), ✆ 011/3291 5216. Hat das beste Essen in Paharganj: ein sauberes, helles, modernes kleines Restaurant mit preiswerten indischen veg. Gerichten (Hauptgerichte Rs65–75, *thalis* Rs85–100). Lieferservice an jede Adresse im Umkreis von 2 km.

Old Delhi

Karte „Old Delhi" S. 137

In den bevölkerten Straßen von Old Delhi befinden sich zahlreiche einfache Imbissstuben, die sehr gute, höllisch scharfe indische Gerichte für gerade mal Rs20 auf den Tisch bringen. Daneben hat der Stadtteil auch ein paar teurere Restaurants, die ganz genauso gut sind wie die noblen Lokale in South Delhi. Und die süßen Sachen und Snacks von Old Delhi sind unübertroffen.

Aap ki Pasand, 15 Netaji Subhash Marg, 🖳 www.aapkipasandtea.com. Tee gibt's an jeder Straßenecke, richtig guten auf jeden Fall in diesem edlen Teesalon: Für Rs50 kommt erstklassiger Darjeeling, Assam oder Nilgiri in die Tasse. Der Tee kann auch abgepackt gekauft werden.

Chaina Ram, 6499 Fatehpuri Chowk, neben der Fatehpuri-Moschee. Der kleine Laden, der 1901 in Karachi eröffnet wurde und 1947 umziehen musste, genießt einen prima Ruf für seine Süßwaren nach Sindhi-Art. Die köstliche, duftende Karachi-Halwa mit Mandeln und Pistazien ist die beste der Stadt.

Chor Bizarre, Hotel Broadway, 4/15 Asaf Ali Rd. Ausgezeichnete indische Küche; darunter auch eine gute Auswahl an Kashmir-Gerichten. Schräges Inventar mit Himmelbett und einer aus einem 1927er-Fiat umfunktionierten Anrichte. Nicht veg Hauptgerichte Rs325–495. Spezialität des Hauses ist eine gemischte Kashmir-Platte *(tarami)*.

Deepak, Chandni Chowk. Eine *dhaba* in dem Bazaar gegenüber dem Jain-Tempel.

Kebabs und Currys

Karim's, Gali Kababian. Altbewährter Delhi-Favorit in einer Passage an einer Gasse, die gegenüber dem Südtor der Jama Masjid abgeht. Vier Lokale mit gemeinsamer Küche bieten die beste Auswahl an Fleischgerichten in der alten Stadt: köstliche frische Kebabs, warmes Brot und tolle Mughlai-Currys. Hauptgerichte Rs110–385, auch halbe Portionen.

Preiswerte südindische Snacks (*iddli sambar, dosas, uttapams* für Rs22–65) und *thalis* (Rs38–40).
Ghantewala, 1862-A Chandni Chowk. Diese renommierte, 1790 eröffnete Confiserie versorgte die letzten Mogul-Herrscher mit süßem Naschzeug; ihr *ladoo* war schon im 19. Jh. berühmt und die Cashew-Leckereien sind himmlisch. Die Spezialität ist aber eine nussige Süßigkeit namens *sohan halwa*.
Haldiram's, 1454 Chandni Chowk. Sehr saubere, preiswerte Snackbar und Takeaway; Süßigkeiten und Samosas im Untergeschoss, Getränke und Snacks (Rs36–50) einen Stock höher, z. B. hervorragende *puris*, Lassis, *kulfis* und *thalis* (Rs140). Wer noch nie einen probiert hat, sollte *raj kachori* bestellen (Rs46), eine knusprige Teigtasche, gefüllt mit Kichererbsen-curry und Joghurt.
Moti Mahal, 3704 Netaji Subhash Marg. Beliebt vor allem wegen der Tandoori-Hühnchen. Das Restaurant mittlerer Preisklasse ist ein weiterer Favorit der Einheimischen – eines der ersten Punjabi-Restaurants der Stadt. Es hat Tische drinnen und in einem großen Innenhof. Hauptgerichte Rs160–265. Die Spezialität des Hauses *murg musallam* (mit Hackfleisch, Niercheen und Ei gefülltes Hühnchen) kostet Rs270.
Paranthe Wali Gali, in einer Seitengasse der Chandni Chowk, gegenüber der Central Bank in diese kleine Gasse einbiegen, die hinter das Gebäude mit dem Kanwarji Raj Kumar Sweet Shop (auch sehr gut) führt. Hier gibt es *parathas*, gefüllt mit allen erdenklichen Zutaten von *paneer* und *gobi* bis *muttar* und *mooli*, die mit einer kleinen Auswahl an Currys für Rs30–45 gereicht werden. Die drei *paratha-wallahs* in

der Gasse sind alle gut, aber den besten Ruf hat der erste, Pandit Babu Ram.

South Delhi
Karte „Delhi" S. 128/129
Die verschiedenen Bezirke des riesigen Gebiets von South Delhi haben ein riesiges Essensangebot und zu den meisten schicken Shoppingzentren (Hauz Khas, Defence Colony, Ansal Plaza usw.) gehören mehrere gute Restaurants. Im Dilli Haat, dem Touristenmarkt in Safdarjang, stehen 25 Essenstände zur Wahl, die Gerichte aus fast allen Regionen Indiens anbieten. Die Restaurants und Snackbars im Pandara Road Market, gleich südlich vom India Gate, haben bis 1.30 Uhr geöffnet.
Basil & Thyme, Santushti-Shoppingkomplex. S. Karte „New Delhi" S. 131. Bistroähnliches mediterranes Lokal mit Gerichten wie Shitake-Crêpes und Spargel-Rukola-Risotto sowie Desserts, darunter Obstkäsekuchen oder Tiramisu, Hauptgerichte Rs355–525. Schließt leider schon um 18 Uhr; So Ruhetag.
Bukhara, Maurya Hotel, Sardar Patel Marg, Chanakyapuri, ✆ 011/2611 2233. S. Karte „New Delhi" S. 131. Delhis Top-Restaurant, Spezialität sind Tandoori-Kebabs (Rs1550), die auf der Zunge zergehen. Die Speisekarte ist kurz, aber erlesen, und durch eine Glasscheibe

Nordindisch für Feinschmecker

Punjabi by Nature, Priya Cinema Complex, Basant Lok, Vasant Vihar, ✆ 011/4151 6666. Die erste fantastische Punjab- und nordindische Küche genießt unter den Feinschmeckern Delhis einen ausgezeichneten Ruf. Das *fish tikka* à la Amritsar ist köstlich und die Tandoori-Garnelen sind ein Traum, aber wer was ganz Besonderes kosten möchte, bestellt *raan-e-Punjab* (Lammkeule, Rs725). Die meisten Hauptgerichte kosten Rs425–575 – und sind das Geld definitiv wert. Ziemlich weit von der Innenstadt entfernt (Rs120 mit einer vorausbezahlten Motor-Riksha vom CP). Inzwischen hat eine leichter erreichbare Filiale aufgemacht: 3. Stock, City Square Mall, Raja Garden, ✆ 011/4222 5656 oder 5757, beim U-Bahnhof Rajaouri Garden.

kann man den Köchen bei der Arbeit zusehen. Auch im Maurya ist das **Dum Pukht** (nur abends geöffnet), das auf die Schmorgerichte der *dum*-Küche von Avadh (Uttar Pradesh) spezialisiert ist. Gerichte von der Speisekarte und Menüs sind für Rs2400–3000 zu haben.

Flavours, C-52 Defence Colony. Eines der allerbesten italienischen Lokale Delhis, auf dessen Speisekarte u. a. Risotto und Tiramisu stehen. Pizza, Pasta und andere Hauptgerichte kosten Rs335–500.

Park Balluchi, Deer Park, Hauz Khas, ☎ 011/2685 9369, 🖥 www.parkballuchi.com. Kebabs und Gerichte aus Belutschistan (veg. Rs205–295, nicht veg. Rs360–450) in einem hübschen Waldlokal. Spezialität des Hauses ist das auf einem brennenden Schwert servierte *murg potli kebab*.

Sagar, 18 Defence Colony Market. Köstliches, günstiges südindisches veg. Essen mit *vadas, iddlis, ravas* und *dosas* (Rs60–85), plus hervorragende *thalis* (Rs130). Besitzt inzwischen auch ein nordindisches Restaurant ein paar Häuser weiter in der Hausnr. 24 und Filialen in der ganzen Stadt, aber das Original ist immer noch am besten.

Swagath, 14 Defence Colony Market. Nicht veg. Ableger des Sagar ein paar Türen weiter. Die indischen und chinesischen Fleischgerichte auf der Karte sollte man zugunsten der Meeresfrüchte-Gerichte im Mangalore-Stil ignorieren – das *Swagath Special* (mit Chili und Tamarinde), *gassi* (mit Kokosmilchsoße) und *sawantwadi* (mit grüner Masala) sind alle toll und kosten Rs295–305 mit *pomfret* oder Rs335–605 mit Garnelen.

Unterhaltung

Delhis Nachtleben ist ordentlich in Bewegung, und immer mehr Pubs und Nachtclubs schießen aus dem Boden. Unter der Woche sind die Lounges und Dancebars die beste Anlaufstelle, aber am Wochenende ist in den Clubs am meisten los. Der junge Jetset vergnügt sich gern in den Diskos der Luxushotels. Viele erlauben keinen „stag entry" (Männer ohne Begleitung) und sind damit für Frauen sehr viel angenehmer, aber wer ein Mann und allein ist, hat Pech. Die einzige Ausnahme ist Elevate – Delhis Club für

Partyprofis. Der Eintritt liegt bei Rs500–2000 pro Paar, je nach Club und Wochentag. Am Rajpath und India Gate treffen sich jeden Abend massenhaft Leute zum Schlendern und Eisessen. Frauen ohne Begleitung müssen sich hier jedoch auf Belästigungen einstellen.

In allen Fünf-Sterne-Hotels gibt es schicke und teure Bars, viele mit Tanzflächen. Loungebars mit chilliger Musik sind sehr beliebt; ein paar gute befinden sich in den südlichen Vororten. Alkohol darf in Delhi erst ab 25 getrunken werden.

Bars

Blues, N-17 Connaught Place. S. Karte S. 132. Todschicke Bar und Restaurant mit einer kunterbunten Auswahl an lauter Musik (Do ist Rocknight). Die Barkeeper sind durch die Bank Profis, was das Mixen extravaganter Cocktails angeht. Happy Hour 16–20 Uhr, danach Rs300 Mindestverzehr; kein Zutritt für Männer ohne weibliche Begleitung.

Cibo, Janpath Hotel, Janpath. S. Karte „Connaught Place" S. 132. Indische Version mediterranen Ambientes: Essbereich draußen mit vergoldeten Statuen und italienischem Essen, drinnen Bar mit goldenen Kaminen. Haarscharf am Kitsch vorbei.

Gem, 1050 Main Bazar, Paharganj. S. Karte S. 135. Praktisch für Leute, die in Paharganj übernachten und für ein Bier keine langen Wege zurücklegen wollen. Frauen ohne Männerbegleitung werden sich hier allerdings nicht wohlfühlen. Wer in Paharganj einen zahmeren Ort für eine Drink sucht, kann ins Metropolis Hotel (S. 149) gehen.

Lizard Lounge, E-5, 1st Floor, South Extension II. S. Karte „Delhi" S. 128/129. Loungemusik (was sonst?) und Wasserpfeifen (21 Geschmacksrichtungen) gehören zur Grundausstattung dieser bewährten, aber immer noch angesagten Loungebar mit Mittelmeer- und Orient-Küche.

My Bar, 5136 Main Bazar, Paharganj. S. Karte S. 135. Gute Bar, in der es auch Essen gibt, jedoch kommen die meisten Gäste wegen des billigen Biers (Rs84).

Pegs n' Pints, Forte Grand Complex, Chanakya Lane, hinter Akbar Bhawan, Chanakyapuri, ☎ 011/2687 8320. S. Karte „Delhi" S. 128/129.

Schmuddelige, günstige Bar mit Musik (hauptsächlich Hip-Hop) und beeindruckender Weinkarte. Bemerkenswert vor allem wegen des dienstäglichen Gay-Abends.

Rodeo, A-12, Connaught Place. S. Karte S. 132. Bar im Stil eines Wildwest-Saloons mit guter Stimmung, großer Auswahl an Drinks und mexikanischen Snacks.

Splash, Minto Rd (Vivekananda Marg), gleich nördlich der Eisenbahnbrücke. S. Karte „Connaught Place" S. 132. Ziemlich zivilisierte Bar nur einen Steinwurf vom Connaught Place, in der Essen und Bier zu annehmbaren Preisen zu haben sind.

Clubs

Capitol, Ashok Hotel, 50-B Chanakyapuri, ✆ 011/2687 9802. S. Karte S. 131. Edlerer Club mit unverblümt kommerzieller *filmi-* und Popmusik. ⏰ Mi und Do bis 2, Fr und Sa bis 4 Uhr.

Elevate, 6. Stock, Center Stage Mall, Sector 18, Noida, ✆ 0120/436 4611, 🖥 www.elevateindia.com. S. Karte „Delhi" S. 128/129. Der auf der anderen Seite des Flusses gelegene Club ist der größte und angesagteste der Stadt. Er hat drei Etagen (Tanzfläche, Chill-out und VIP) und Dachterrasse. Indische und internationale DJs legen je nach Wochentag Bhangra, *filmi*, Hip-Hop, Trance oder Techno auf (freitags Techno und Trance). ⏰ Mi–Sa bis 3.30 Uhr.

Kinos

Bollywood-Filme laufen z. B. im **Regal**, ✆ 011/2336 1583, Connaught Place, im **Imperial**, Rajguru Marg, Paharganj, ✆ 011/2252 8253, und im **Shiela**, ✆ 011/2367 2100, Desh Bandhu Gupta Road, in der Nähe der New Delhi Railway Station. Karten kosten Rs25–80. Die beiden Kinos **Odeon**, ✆ 011/4151 7899, und **Plaza**, ✆ 011/4151 3787, am Connaught Place, sind schicker und beliebter.

Darüber hinaus veranstalten viele der Kulturzentren hin und wieder internationale Filmfestivals. Hindi-Filme mit englischen Untertiteln kauft man am besten auf DVD.

Tanz und Theater

Dances of India, Parsi Anjuman Hall, Bahadur Shah Zafar Marg, nahe Delhi Gate, ✆ 2623 4689.

S. Karte „Old Delhi" S. 137. Exzellente Tanz-Vorführungen. Jeden Abend werden 6–7 Tänze aus verschiedenen Regionen Indiens vorgestellt, wie Bharatnatyam, Kathakali, Bhawai und die graziösen Tänze des nordöstlichsten Staates Manipur. ⏰ tgl. 18.45 Uhr.

India Habitat Centre, Lodi Rd, ✆ 011/2468 2001 bis 5, 🖥 www.indiahabitat.org. S. Karte „New Delhi" S. 131. Tanz-, Musik- und Theateraufführungen sowie Diskussionen und Ausstellungen.

Kamani Auditorium, 1 Copernicus Marg, ✆ 011/4350 3351 oder 2, 🖥 www.kamaniauditorium.org. S. Karte „New Delhi" S. 131. Aufführungen von Bharatnatyam (klassischer indischer Tanz) und anderen Tänzen.

Sangeet Natak Akademi, Rabindra Bhavan, 35 Feroz Shah Rd, ✆ 011/2338 7246 bis 8, 🖥 www.sangeetnatak.com. S. Karte „New Delhi" S. 131. Delhis wichtigster Veranstaltungsort der darstellenden Künste.

Triveni Kala Sangam, 205 Tansen Marg, direkt südlich des Bengali Market, ✆ 011/2371 8833. S. Karte „New Delhi" S. 131. Tanzaufführungen und Kunstausstellungen.

Einkaufen

Klassischerweise geht man zum Shoppen in das Viertel um den **Connaught Place** (dort insbesondere der unterirdische Palika Bazaar) und zum **Chandni Chowk**, doch auch einige der neueren Bezirke entwickeln sich zu beliebten Einkaufsgegenden. Der beste Ort um Preise und Qualität von traditionellem Kunsthandwerk zu vergleichen, sind die **State Emporiums** in der Baba Kharak Singh Marg.

Im Unterschied zu den Märkten in Old Delhi akzeptieren die meisten Geschäfte in New Delhi Kreditkarten. Vorsicht vor Schleppern, die Touristen in falsche „government shops" locken, um Provision zu kassieren. In allen Basaren und auf Straßenmärkten wird **gefeilscht**.

Bücher

Rund um den **Connaught Place** sind zahlreiche gute Buchläden angesiedelt, darunter sind **Amrit**, N-21, **Galgotia & Sons**, B-17, **New Book Depot** und **Rajiv Book House**, 30 Palika Bazaar.

Secondhandbücher hat z. B. **Jacksons**, 5106 Paharganj Main Bazaar, gegenüber dem Vishal Hotel, außerdem ein namenloser Bücherstand um die Ecke beim Kino Imperial in der Rajguru Marg und **Anil Book Corner**, beim Plaza Cinema am Connaught Place; sonntags auch auf dem Daryaganj Market beim Delhi Gate in Old Delhi.

Kunst, Antiquitäten, Kunsthandwerk und Schmuck

Die erste Anlaufstelle, auch um sich über die Preise zu informieren, sind die **Government Emporiums** in der Baba Kharak Singh Marg. Billigen Schmuck, verzierte Kästchen und Sandelholz-Schnitzereien gibt es in **Paharganj** und auf dem **Tibetan Market** an der Janpath. Teurere Kunst, Antiquitäten – für die Ausfuhr von allem, das mehr als 100 Jahre alt ist, benötigt man eine Genehmigung – und Schmuck werden auf dem **Sunder Nagar Market** (s. Karte S. 131) angeboten.

Central Cottage Industries Emporium, Jawahar Vyapar Bhawan, Janpath, gegenüber dem Imperial Hotel, ☎ 011/2332 0439, 🖥 www.cottageemporium.in. Gut besuchter, mehrstöckiger Komplex unter staatlicher Leitung mit Kunsthandwerk, Teppichen, Lederwaren und nachgemachten Miniaturen zu festen (wenngleich teilweise hohen) Preisen. Das Schmucksortiment reicht von traditionellem Knöchelschmuck aus Silber über Edelsteine bis hin zu Modeschmuck.

Cottage of Arts and Jewels, 50 Hauz Khas Village. Interessante, exzentrische Mischung aus Schmuck, Raritäten und Gegenständen aus Pappmaché. Die besten Stücke aus der Sammlung von Mrs. Jain, darunter Miniaturen und Edelsteine, befinden sich allerdings nicht in der Auslage: Man muss danach fragen.

Neemrana Shop, 22-B Khan Market, ☎ 011/2462 0262. Unter Leitung der bekannten Hotelgruppe gleichen Namens. Elegante Kundschaft, große Auswahl an Kleidung sowie einige Antiquitäten und Kunstobjekte.

Plutus, 10 Hauz Khas Village, ☎ 011/2653 6898, 🖥 www.plutusexports.com. Geschmackvoller Laden, der Repliken von Antiquitäten,

Bronzestatuen sowie Silber- und Goldschmuck im Angebot hat.

Ethnic Silver, zwei Türen weiter in Nr. 9A, bietet eine nette Auswahl an Schmuck und Silbergegenständen.

Musikinstrumente und CDs

Lahore Music House, Netaji Subhash Marg, Old Delhi, neben dem Restaurant Moti Mahal, ☎ 011/2327 1305, 🖥 www.lmhindia.com. Alteingesessener Musikinstrumentenbauer, der für die hohe Qualität seiner nordindischen Instrumente bekannt ist.

Rikhi Ram, G-8, Outer Circle, Connaught Place, ☎ 011/2332 7685, 🖥 www.rikhiram.com. Einst die Sitar-Bauer für Kunden wie Ravi Shankar und noch immer mit einer exklusiven Aura umgeben. Sehr interessante Sammlung selbst entworfener Musikinstrumente.

Shielma, 11 und 27 Palika Bazar, Connaught Place, ☎ 011/2332 2900. CDs mit klassischer, Volks- und Filmmusik sowie DVDs von Filmen auf Hindi und Englisch.

Stoffe und Kleidung

Delhis **Textilienläden** verkaufen Stoffe und Kleidung – von hochwertiger Seide, handgesponnenen Baumwollstoffen, Saris, Schals und Halstüchern aus Kashmir, traditionellen Kurta (weite, über einer Baumwollhose getragene Hemden) und Saris bis hin zu bunten Batik-Shirts und anderen Hippieklamotten ist alles zu haben. T-Shirts und Batikkleidung finden sich in Paharganj oder auf dem Tibetan Market. Billige westliche Kleidung gibt's im Export-surplus Market in Sarojini Nagar (s. Karte „Delhi" S. 128/129). Die Straßenstände

Anzüge nach Maß

Vedi Tailors, M-60 Connaught Place, ☎ 011/2341 6901. Seit 1926 (ursprünglich in Rangoon) fertigt dieser Herrenschneider Maßanzüge für Rs8000–30 000, je nach Schnitt und Material. Für einen kleinen Aufpreis kann man das gute Stück 24 Std. später abholen, normalerweise dauert es eine Woche. S.L. Kapur in G-7 hat einen ähnlich guten Ruf.

Delhi

hinter dem Tibetan Market, in den Seiten-straßen der Janpath, verkaufen üppig bestickte und mit kleinen Spiegeln verzierte Decken aus Rajasthan und Gujarat. Nach den wunder-schönen Seiden- und Baumwollstoffen sucht man am besten in einem der Government Emporiums in der Baba Kharak Singh Marg.
Anokhi, 5 und 6 Santushti-Shoppingkomplex, ✆ 011/2688 3076, 🖥 www.anokhi.com. Kleidung aus anschmiegsamer Baumwolle und Rohseide, Teppiche und Gardinen. Besonders bekannt für seine im Handdruckverfahren hergestellten, bunten Baumwollstoffe, die traditionelle und moderne Muster vereinen. Weitere Filialen: 32 Khan Market und 16 N-Block Market.
Fabindia, 5, 7 und 14, N-Block Market, Greater Kailash, ✆ 011/4669 3724, 🖥 www.fabindia.com. Erstreckt sich über mehrere Läden im Markt und bietet Einrichtungsgegenstände (Teppiche, Gardinen etc.), schicke Baumwollbekleidung für Männer, Frauen und Kinder sowie schöne bedruckte Baumwollstoffe aus allen möglichen indischen Dörfern, außerdem Bio-Gewürze, Maniok und Pickles. Filialen überall in der Stadt, darunter im Khan Market (zentrale Halle, über den Nummern 20 und 21) und B-28 und N-5 Connaught Place.
Handloom House, 3rd Floor, Rajiv Gandhi Bhawan, zwischen den beiden State Emporium-Gebäuden, Baba Kharak Singh Marg, ✆ 011/2334 1984. Staatliches Geschäft mit stapelweise Ballen aus handgewebten Baumwoll- und Seidenstoffen, auch Baumwoll- und Leinen-hemden sowie Seidensaris.
Harsiba, 5 Rajiv Gandhi Bhawan, zwischen den beiden State Emporium-Gebäuden, Baba Kharak Singh Marg, ✆ 011/3948 9374. In diesem als Kooperative geführten Geschäft werden hübsche Bekleidung, Accessoires und Einrichtungsgegenstände verkauft, zumeist in Heimarbeit hergestellt von Kleinunter-nehmerinnen.
Khadi Gramodyog Bhawan, 24 Regal Building, Sansad Marg, Ecke Connaught Place, ✆ 011/2336 0902, 🖥 www.kvic.org.in. Staatlicher, toller Laden für robuste, aber leichte Reisekleidung; außerdem traditionelle indische Sachen auf Bestellung, z. B. *salwar kameez* (Pluderhose und Hemd), wollene Westen, Schals und Mützen

sowie Wandteppiche, Stoffe, Tischdecken, Weihrauch und Karten. Passable Preise.
People Tree, 8 Regal Building, Sansad Marg, Connaught Place, ✆ 011/2334 0699, 🖥 www.peopletreeonline.com. Interessante Auswahl alternativer Designs, mit Schwerpunkt auf T-Shirts, ethnischer Bekleidung und Schmuck.
Shaw Brothers, D-47 Ground Floor, Defence Colony, ✆ 011/2469 0364, 🖥 www.shaw-brothers.com. Edlerer Laden für Schulter-tücher, Teppiche, Pashmina-Schals und Seide. Weiterer Laden: 8 Palika Bazar, Connaught Place, ✆ 011/2332 9080.

Verschiedenes

Indian Art Collection, 1 Hauz Khas Village. Hier gibt's vor allem alte Bollywood-Filmplakate, zumeist für Rs1000–5000. Sie sind gerahmt erhältlich, einfacher lassen sie sich jedoch gerollt in einer Posterrolle transportieren.
Indian Popular Art ein paar Türen weiter (Nr. 5) verkauft ebenfalls Filmplakate.
Jain Super Store, 172 Palika Bazaar, Connaught Place, ✆ 011/2332 1031, 🖥 www.jainperfumers.com. Ätherische Öle, natürliche Parfüme und die Düfte des Hauses sowie Räucherstäbchen, Duftkerzen und Duftspender.
Mother Earth (Industree), 8 Rajiv Gandhi Bhawan, zwischen den beiden State Emporium-Gebäuden, Baba Kharak Singh Marg, 🖥 www.industreecrafts.com. Heller, bunter Laden mit ebensolchen Designerartikeln, darunter Matten, Jalousien, Kästen und Taschen aus natürlichen Materialien wie Jute, Schilfrohr und Rattan. Sie werden von Kleinerzeugern zumeist in Heimarbeit angefertigt und von einer Fair-Trade-NGO verkauft.
Nath Stationers (The Card Shop), B-38 Connaught Place. Das kleine Geschäft hat eine große Auswahl an Grußkarten mit indischer Kunst und indischen Designs.

Sonstiges

Apotheken
Praktisch jeder Markt hat eine Apotheke.
Apollo, G-8 Connaught Place und an der New Delhi Station (Ginger Hotel), hat 24 Std. geöffnet.

Autovermietungen

Für Stadtrundfahrten und Ausflüge in die Umgebung bietet sich ein **Auto mit Fahrer** an. Besonders preisgünstig wird dies für Gruppen von drei bis vier Personen. Viele Budgethotels vermitteln Autos und Fahrer; ebenso die **DTTDC** (Auskünfte rund um die Uhr über das Transportbüro in der Aurobindo Marg, Höhe Kidwai Nagar West, beim Dilli Haat, ✆ 011/2467 4153) sowie die Stände am südlichen Ende des Tibetan Market am Janpath. Bei der DTTDC muss man mit Rs1495 (inkl. 120 Freikilometern; mit AC teurer) pro Tag (8 Std.) innerhalb Delhis rechnen. Außerdem gibt's den **Kumar Tourist Taxi Service**, K-14 Connaught Place, ✆ 011/2341 5390. Autofahren in Delhi kann gefährlich sein; sich selbst ans Steuer zu setzen ist deshalb nicht ratsam.

Avis, D-4 Shubam Gardens, Nähe Hari Bhawan, Ram Mandir Marg, Vasant Kunj, ✆ 011/6568 0664 oder 0627, ✉ crsdelhi@avis.co.in.

Budget, Lemon Tree Hotel, East Delhi Mall, Kaushambi, Ghazaibad, ✆ 0120/442 3202.

Europcar, Suite 105, 1st Floor, Indra Prakash Building, 21 Barakhamba Rd, ✆ 011/4166 7760, ✉ reservation.del@europcar.co.in.

Hertz, c/o Carzonrent, Khasra Nr.78, Dagar Farm House (gegenüber BP-Tankstelle), Bijwasan, ✆ 011/4184 1212, ✉ reserve@carzonrent.com (auch in Dwarka, Nähe Flughafen und Metro-station Dwarka Sector 12, F-3 Building 1, Malik Plaza, Plot Nr. 2, Pocket 6, Sector 12, Dwarka, ✆ 011/4553 5501/2, ✉ dwarka@carzonrent.com.

Botschaften und Konsulate

Vor einem Besuch sollte man sich telefonisch nach den Öffnungszeiten erkundigen.

Bangladesh, EP-39, D Radha Krishan Marg, Chanakyapuri, ✆ 011/2412 1389.

Deutschland, 6/50-G Shanti Path, Chanakyapuri, New Delhi 110021, ✆ 011/44199 199, ✉ info@new-delhi.diplo.de, ⌨ www.new-delhi.diplo.de. No. 6/50G, Shanti Path, Chanakyapuri, New Delhi 110021.
Postanschrift: Embassy of the Federal Republic of Germany, P.O. Box 613, New Delhi 110001, Indien.

Myanmar, 3/50-F Nyaya Marg, Chanakyapuri, ✆ 011/2467 8822.

Nepal, Barakhamba Rd, am Mandi House Chowk, südöstlich vom Connaught Place, ✆ 011/2332 7361.

Österreich, Ep-13, Chandragupta Marg, Chanakyapuri, New Delhi 110021, ✆ 011/2419 2700, ✉ new-delhi-ob@bmeia.gv.at, ⌨ aussenministerium.at/newdelhi.

Schweiz, Nyaya Marg, Chanakyapuri, New Delhi 110021, ✆ 011/2687 8372, ✦ 687 3093, ✉ vertretung@ndh.rep.admin.ch.
Botschaft der Schweiz, Embassy of Switzerland, Nyaya Marg, Chanakyapuri, New Delhi 110021, Postanschrift: Embassy of Switzerland, P.O. Box 392, New Delhi 110001, India.

Sri Lanka, 27 Kautilya Marg, Chanakyapuri, ✆ 011/2301 0201 bis 3.

Thailand, 56-N Nyaya Marg, Chanakyapuri, ✆ 011/2611 8103 oder 4.

Fotogeschäfte

Delhi Photo Company, 78 Janpath.

Kinsey Brothers, 2-A Connaught Place, unterhalb der Büros von *India Today*.

Geld

Der Geldwechsel ist relativ einfach, da es viele **Geldautomaten** gibt, die Visa- und Mastercard annehmen. Man findet sie in fast jedem Block am Connaught Place, in Metro-Bahnhöfen und entlang dem Chandni Chowk und der Asaf Ali Road in Old Delhi.

Ein Geldautomat der HFDC Bank steht gegen-über vom Metropolis Hotel am Paharganj Main Bazaar und weitere gibt's an der Rajguru Marg unterhalb vom Roxy Hotel.

Geldtausch ist auch möglich im Büro von **DTTDC**, N-36 Connaught Place, auch in den zahlreichen autorisierten Wechselstuben am Connaught Place und in Paharganj sowie in allen größeren Hotels.

Thomas Cook, C-33 Connaught Place, 1. Stock, ✆ 011/6627 1971; ⏰ Mo–Fr 9.30–18, Sa 10–17.30 Uhr. Filialen in der Post am Connaught Place und im Hotel Janpath.

American Express wird vertreten durch die Standard Chartered Bank, A-1 Connaught Place, ✆ 011/4365 4027, ⏰ Mo–Fr 9–18, Sa 9–16 Uhr. Überweisungen können bei allen Agenturen von **Western Union** vorgenommen werden, darunter einige Postämter. Die am günstigsten gelegenen sind die GPOs in Old Delhi und New Delhi, aber wer sich Geld auf ein Postamt überweisen lässt, muss den Namen korrekt angeben (siehe „Post"). Western Union-Agenturen sind u. a. auch die Punjab and Sind Bank, M-14 Connaught Place, und die Bank of Baroda, B-3 und M-9 Connaught Place. Agenturen für **Moneygram** sind alle Filialen von Thomas Cook (z. B. in C-33 Connaught Place) sowie die Central Bank of India, z. B. 1763 Chuna Mandi, nahe Paharganj, und 70 Janpath, nahe Connaught Place.

Gepäckaufbewahrung
Die Gepäckaufbewahrung in den Bahn-höfen kostet Rs10–15 pro Tag. Die meisten Hotels in Paharganj bieten ebenfalls Gepäck-aufbewahrung.

Informationen
Touristenbüros gibt es am internationalen und nationalen Flughafen sowie in den Zug- und Busbahnhöfen. **India Tourism**, 88 Janpath, südlich vom Connaught Place, ☎ 011/2332 0005 oder 8, ◷ Mo–Fr 9–18, Sa 9–14 Uhr, bietet gute Infos zu historischen Sehenswürdigkeiten,

Stadtrundfahrten, Shopping und kulturellen Veranstaltungen. Außerdem sind hier kosten-lose Stadtpläne erhältlich.
DTTDC (Delhi Tourism and Transport Development Corporation), ☎ 011/2336 5358, 🖥 delhitourism.nic.in, hat ein Büro im Coffee House, 1 Annexe, Emporium Complex, Baba Kharak Singh Marg, gegenüber Hanuman Mandir, ◷ tgl. 7–21 Uhr, ein weiteres am N-36 Connaught Place, ☎ 011/4152 3073, ◷ tgl. 10–17 Uhr, sowie weitere in den beiden Flug-hafenterminals. Vorsicht: Das DTTDC-Büro am Connaught Place wird viel von Schleppern belagert, die Reisenden andere, ähnlich aussehende Reisebüros schmackhaft machen wollen; siehe Kasten unten.
Ausstellungen und Veranstaltungen sind der Lokalpresse wie dem Wochenblatt **Delhi Diary**, den Blättern **Delhi City** und **Time Out Delhi** (erscheinen beide vierzehntäglich) und dem **First City** (erscheint 1x monatlich) zu entnehmen. Alle werden in Buchläden und an Straßenkiosken verkauft. *Delhi Diary* liegt manchmal auch kostenlos in großen Hotels oder im GOI Touristenbüro aus.
Informationen im **Internet** bieten außer der DTTDC-Website die Delhi-Seiten von India

Reisebüros und Veranstalter

Die **Rajasthan Tourism Development Corpora-tion**, Bikaner House, Pandara Rd, ☎ 011/2338 3837 oder 6069, organisiert Pauschaltouren, dar-unter Safaris und Fahrten mit den Zügen Palace on Wheels und Heritage on Wheels.
Die **Delhi Tourism and Transport Development Corporation** (DTTDC), N-36, Bombay Life Buil-ding, Middle Circle, Connaught Place, ☎ 011/5152 3073. Tagesausflüge nach Agra (Rs950) und 3-tägige „Golden Triangle"-Exkursionen nach Agra, Ajmer, Bharatpur und Jaipur (Rs4200).
Ashok Travels, Janpath Hotel, Janpath, ☎ 011/2334 9062, ✉ travel@attindiatourism.com. Das Unternehmen der India Tourism Development Corporation verkauft Ausflüge und Flugtickets.
Bewährte Reisebüros, die auf **Flugtickets** (Inland und international) spezialisiert sind: **HRG Sita**, F-12 Connaught Place, ☎ 011/2462 2152;

Travel Corporation of India, 5th Floor, New Delhi House, 27 Barakhamba Rd, ☎ 011/2341 6082 bis 5; 🖥 www.tcindia.com;
Aa Bee Travel, in der Lobby des Hare Rama Guest House, ☎ 011/2356 2171 oder 2117, ✉ aabee@mail.com, in T-298 abseits des Main Bazaar, Paharganj, ist eine zuverlässige Adresse für preisgünstige Flug- und Privatbustickets.
Student Travel Information Centre, G-55 Connaught Place, ☎ 011/4620 6600, 🖥 www. statravel.co.in. Ausstellung und Verlängerung des internationalen Studentenausweises **ISIC**.
Auf keinen Fall sollte man Flüge oder Touren bei einem Veranstalter buchen, der Schlepper einsetzt. Und erst recht nicht bei einem Reise-büro, das sich als offizielle Touristeninformation ausgibt.

for You, 🖳 www.indfy.com/delhi.html
(auf „Places to see in Delhi" klicken), und die
Tourismus-Seiten der Stadtverwaltung von
Delhi, 🖳 delhigovt.nic.in/page.asp.
Veranstaltungshinweise stehen auf 🖳 delhi.
clickindia.com und 🖳 www.delhilive.com.

Internet

Verlässliche Adressen sind u. a.:
Sunrise, N-9/II Connaught Place (Rs35 pro Std.),
Shivam, 651 Tooti Chowk, gleich beim
Main Bazaar, Paharganj (Rs20 pro Std.) und
Kesri, 5111 Main Bazaar, Paharganj (nahe
Kholsa Café, Rs20 pro Std.).

Medizinische Hilfe

**All India Institute of Medical Sciences
(AIIMS)**, Ansari Nagar, Aurobindo Marg,
📞 011/2658 8500; 24-Std.-Notaufnahme.
Ebenso im **Lok Nayak Jai Prakash Hospital**,
Jawaharlal Nehru Marg, Old Delhi, 📞 011/
2323 6000, nahe Delhi Gate.
East West Medical Centre, B-28 Greater Kailash
Part I, 📞 011/2924 3701 bis 3, 🖳 www.eastwest
rescue.com. Eine von mehreren Privatkliniken,
genauso wie das **Indraprastha Apollo Hospital**,
Sarita Vihar, Delhi–Mathura Rd, 📞 011/2692
5801, 🖳 www.apollohospdelhi.com.
Dr Ram Manohar Lohia Hospital, Baba Kharak
Singh Marg, 📞 011/2334 8200, 🖳 rmlh.nic.in;
staatliches Krankenhaus.
Ein Verzeichnis von Krankenhäusern und
Ärzten hat die Website der US-Botschaft,
🖳 newdelhi.usembassy.gov/medical_
information2.html.

Motorräder

Im Viertel **Karol Bagh** gibt es viele gute Händler,
die neue und gebrauchte Enfield-Motorräder
verkaufen. Zuverlässig ist **Inder Motors**,
1744-A/55 Basement, Hardhyan Singh Nalwala
St, Abdul Aziz Rd, 📞 011/2875 0869, 🖳 www.
lallisingh.com, zwei Blocks östlich der Ajmal
Khan Rd, dann rechts beim *chowki*, dann die
3. Gasse links; ⊙ Mo geschlossen.
Auch **Ess Aar Motors**, 1-E/13 Jhandewalan
Extension, zwischen Karol Bagh und Paharganj,
📞 011/2367 8836, hat sich bewährt.

Optiker

Lawrence & Mayo, 76 Janpath; **R.K. Oberoi**,
14-H Connaught Place.

Polizei

📞 100 (nationale Nummer). Wer die Hilfe der
Polizei benötigt, wendet sich am besten an
die Hotelrezeption oder an das **Government
of India Tourist Office**, die einen an die
entsprechende Stelle vermitteln; Delhi hat
eine eigene Touristen-Polizei.

Post

Einen *poste-restante*-Service gibt es bei der
Hauptpost (**GPO** oder **Gole PO**) an der Kreuzung
Baba Kharak Singh Marg und Ashoka Rd,
⊙ Mo–Sa 9–17 Uhr, Briefmarkenverkauf
Mo–Sa 9–20 Uhr. Zur Abholung muss man
seinen Pass mitbringen und checkt am besten
auch gleich die Liste eingegangener Pakete.
Briefe an dieses Postamt müssen folgender-
maßen adressiert sein: Poste Restante,
New Delhi GPO, Gole Dakhana, Delhi 110001.
Briefe mit der Aufschrift „Poste Restante, Delhi"
landen im GPO von Old Delhi, nördlich der
Bahnlinie in der Lothian Road (Briefe hierher
sollten vollständig mit „Old Delhi GPO, Lothian
Rd, Delhi 110006" adressiert sein). Günstig
gelegen ist die Postfiliale in A-6 Connaught
Place, ⊙ Mo–Sa 10–17.45 Uhr.

Telefon

Way2Talk, 1126 Main Bazaar, Paharganj,
bietet günstige internationale VoIP-Telefonate
(Rs7 pro Min. nach Deutschland, Österreich
und in die Schweiz); die ersten zehn Sekunden
sind umsonst.

Visaverlängerungen und Permits

Wer sein Visum verlängern lassen möchte,
muss zuerst zum **Ministry of Home Affairs**,
Foreigners' Division, Jaisalmer House,
26 Man Singh Rd, ⊙ Mo–Fr 10–12 Uhr.
Soll der Indien-Aufenthalt länger als 6 Monate
dauern, ist die Anlaufstelle das **Foreigner's
Regional Registration Office** (FRRO),
East Block 8, Level 2, Sector 1, Ramakrishna
Puram, ⊙ Mo–Fr 9.30–13.30 und 14–16 Uhr;

011/2671 1443. Die Formulare können unter ⌨ www.immigrationindia.nic.in herunter-geladen werden.

Wer länger als 120 Tage in Indien ist, muss vor der Ausreise ein Steuerbefreiungsformular ausfüllen. Erhältlich bei der Foreign Section, Income Tax Office, Central Revenue Building, Indraprastha Estate, ✆ 011/2337 9171, App. 1650, ⏰ Mo–Fr 10–13 und 14–17 Uhr. Geldumtausch- und Geldautomatenbelege mitnehmen!

Nahverkehr

Trotz des U-Bahnnetzes ist das öffentliche Verkehrsnetz angesichts der Bevölkerungs-zahl und Ausdehnung der Stadt unzureichend, und das Verkehrschaos wird noch durch eine wachsende Anzahl von stolzen Autobesitzern vergrößert. Kühe wurden aus der Delhier Innenstadt größtenteils verbannt, nicht aber aus den traditionelleren Bezirken. Um die Luft-verschmutzung zu vermindern, wurden Busse, Taxis und Motor-Rikschas von Benzin und Diesel auf Biogas *(compressed natural gas, CNG)* umgerüstet, aber in den meisten inner-städtischen Hauptverkehrsstraßen hängen trotzdem noch Abgaswolken.

Metro

Delhis U-Bahn wurde Ende 2002 eröffnet. Die Bauarbeiten werden sich in mehreren Phasen bis zum Jahr 2021 erstrecken. Es gibt fünf Linien (rot, gelb, blau, grün und violett), die alle noch verlängert werden sollen; dazu kommt noch die Flughafenlinie (orange). Aktuelle Infos bei den Tourist Offices (S. 161) oder im Internet unter ⌨ www.delhimetrorail. com. Zurzeit kostet der billigste Fahrschein Rs8, die längste Fahrt vom Zentrum aus Rs23. Die Metro hat Rollstuhlrampen, und in jedem U-Bahnhof sollte eigentlich ein Geldautomat stehen. Kinder unter einer Größe von 90 cm und in Begleitung eines Erwachsenen fahren kostenlos. Fotografieren in der Metro ist verboten. Offiziell darf man eigentlich auch keine Gepäckstücke transportieren, die schwerer als 15 kg oder größer als 60 x 45 x 25 cm sind.

Busse

Da Fahrrad- und Motor-Rikschas so zahlreich vorhanden und überdies billig sind, werden sich wohl nur besonders hartgesottene Touristen mit Delhis verwirrendem Bussystem auseinandersetzen und sich in die überfüllten Busse zwängen wollen. Die Busrouten finden sich unter ⌨ delhigovt.nic.in/dtcbusroute/dtc/Find_Route/getroute.asp, aber auf der Liste der Bushaltestellen stehen nicht immer die Orts-namen, die Touristen geläufig sind (die Halte-stellen am Connaught Place z. B. werden individuell als „Regal Cinema", „Super Bazaar" usw. angegeben). Fahrkarten kosten ab Rs10–20.

Motor- und Fahrrad-Rikschas

Motor-Rikschas („autos") sind das effizienteste Transportmittel in Delhi. Am Connaught Place und einigen Bahnhöfen gibt es Festpreis-Ticketschalter, an denen man offiziell abge-segnete Fahrpreise zahlt, aber normalerweise vereinbart man einen Fahrpreis, bevor man einsteigt. Die Fahrpreise für Ausländer hängen stark vom Verhandlungsgeschick des Kunden ab. Als Richtschnur gilt: Für eine Fahrt vom Connaught Place nach Old Delhi sollte man mit Rs50 rechnen.

Fahrrad-Rikschas sind rund um den Connaught Place sowie in Teilen von New Delhi nicht zugelassen, aber praktisch für kurze Wege in Außenbezirken und in Paharganj. In Old Delhi kommt man damit außerdem schneller voran als mit einem motorisierten Fahrzeug. Der Fahrpreis beträgt ungefähr die Hälfte von dem für Motor-Rikschas.

Taxis

Delhis Taxis (weiß oder gelb und schwarz) verlangen etwa 50 % mehr als eine Motor-Rikscha. Die Fahrer warten an Taxiständen, wo man Buchungen vornehmen und die Preise aushandeln kann. Wer an der Straße ein Taxi heranwinkt, muss sich auf ein ziemliches Geschachere einstellen. Zwischen 23 und 5 Uhr wird ein Zuschlag von etwa 25 % erhoben. Funktaxiunternehmen wie **Mega Cabs**, ✆ 011/4141 4141, ⌨ www.megacabs.com,

Das **DTTDC Tourist Office** (S. 161), organisiert tgl. außer Montag Touren in AC-Bussen durch New Delhi (9–13.30 Uhr; Rs150) und Old Delhi (14.15–17.45 Uhr; Rs150), plus eine Ganztagstour durch beide (9–17.45 Uhr; Rs250). Alle beginnen draußen vor dem DTTDC-Büro gegenüber dem Hanuman-Tempel an der Baba Kharak Singh Marg. Hier ist auch die Abfahrtsstelle der DTTDC-Tour „Delhi by Evening" (nach Bedarf, Di–So; Rs150), bei der u. a. die Sound and Light-Show beim Roten Fort besucht wird, und ein Tagesausflug nach Agra (Mi, Sa und So; Abfahrt 7 Uhr, Rückkehr 22 Uhr; Rs950).

Die **Delhi Transport Corporation**, 🖥 www.dtc. nic.in, 📞 011/2331 7445, unternimmt Tagestouren ab New Delhi Rail Station um 9.15 Uhr, Scindia House am Connaught Place (Ecke Janpath) um 9.30 Uhr oder vom Roten Fort um 9.45 Uhr (Rs100).

Alle 5-Sterne-Hotels bieten ihre eigenen Touren von Haustür zu Haustür, und viele Hotels in Paharganj und Umgebung, z. B. Namaskar und Metropolis, können Stadtrundfahrten mit dem Taxi für Rs600–800 organisieren – sehr preisgünstig für eine Gruppe von drei bis vier Personen.

und **Quick Cabs**, 📞 011/4533 3333, 🖥 quick cabs.in, haben einen rund um die Uhr funktionierenden Taxiruf für Fahrzeuge mit Taxametern, verlangen aber ein wenig mehr als die anderen Taxis.

Transport

Delhi ist mit dem wichtigsten internationalen Flughafen des Landes, vier Fernbahnhöfen und drei Überlandbusbahnhöfen Indiens Dreh- und Angelpunkt für Reisen von und nach Übersee sowie für Ziele in Nordindien.

Busse

Am ehesten wird man den Bus für Strecken in gebirgige Regionen der benachbarten Bundesstaaten nutzen, in die keine Züge fahren, auf kürzeren Strecken kann der Bus außerdem teilweise schneller sein als der

Zug. Bei längeren Distanzen besteht normalerweise die Wahl zwischen den klapprigen staatlichen und den komfortableren Bussen privater Anbieter – die manche Leute jedoch für gefährlicher halten, weil sie schneller und oft auch bei Nacht fahren.

Die **staatlichen Busse** sammeln sich am **Maharana Pratap Inter-State Bus Terminal** (ISBT), 📞 011/2386 8836, in Old Delhi. Von hier benötigen Motor-Rikschas nach New Delhi oder Paharganj rund 15 Min. (um Rs60 plus Rs5 pro Gepäckstück), Fahrrad-Rikschas doppelt solange (und kosten um Rs40). Am Busbahnhof gibt es einen Schalter mit Tickets für Motor-Rikschas (Rs60 vom Connaught Place) und außerdem eine Metrostation (Kashmere Gate). Wer von hier abfährt, sollte mindestens 1 Std. vorher eintreffen, um in Ruhe den richtigen der etwa 30 Schalter zu finden und sein Ticket zu kaufen. Am besten lässt man sich sowohl die Nummer des Abfahrtssteigs als auch des Fahrzeugschilds geben, damit man auch wirklich in den richtigen Bus steigt.

Private Busse aus allen Teilen Indiens halten vor der New Delhi Railway Station; manche lassen ihre Passagiere auch am Connaught Place aussteigen. Einige Busse aus Uttar Pradesh und Uttarakhand haben ihre Endhaltestelle am Anand Vihar ISBT, auf der anderen Seite der Yamuna Richtung Ghaziabad in Ost-Delhi, wo es ebenfalls einen Schalter mit Tickets für **Motor-Rikschas** gibt (Rs75 zum Connaught Place, plus Rs5 pro Gepäckstück). Von hier fahren die Buslinien 73 und 85 zum Connaught Place, außerdem die Metro – allerdings darf man offiziell keine großen Gepäckstücke mitnehmen. Busse aus Agra und einige aus Rajasthan setzen ihre Fahrgäste manchmal auch am Sarai Kale Khan ISBT beim Bahnhof Hazrat Nizamuddin ab (über die Fußgängerbrücke geht es zu den Motor-Rikschas). Busse aus Jaipur, Ajmer, Jodhpur und Udaipur halten vielleicht am Bikaner House in der Nähe des India Gate, Rs40 vom Connaught Place per Motor-Rikscha.

Private **Luxus-Busse** fahren gewöhnlich in der Nähe der Ramakrishna Mission am Ende des Main Bazaar in Paharganj ab, einige holen ihre Fahrgäste auch von Hotels ab. Zu den beliebtesten Buszielen zählen Kullu, Manali und Dharamsala, die nicht mit dem Zug zu erreichen sind, sowie Pushkar und die Hill Stations in Uttarakhand. Tickets kann man einen oder zwei Tage im Voraus bei den Agenturen in Paharganj und am Connaught Place kaufen.

Die einzige **internationale** Busverbindung führt nach Lahore in Pakistan. Abfahrt am **Dr Ambedkar Bus Terminal** in der Jawaharlal Nehru Marg unweit vom Delhi Gate tgl. außer So um 6 Uhr. ☎ 011/2331 8180; 🖥 www.dtc.nic. in/lahorebus.htm.

Eisenbahn

Delhi hat zwei Hauptbahnhöfe. Die **New Delhi Station** befindet sich am östlichen Ende des Paharganj Main Bazaar, in Spaziernähe von vielen der Budgethotels in dieser Ecke. Sie hat zwei Ausgänge: Der Ausgang Paharganj führt zum Connaught Place und in den Süden der Stadt, der Ausgang Ajmeri Gate nach Old Delhi. Fahrrad-Rikschas arbeiten sich durch den geschäftigen Hauptbasar in Richtung Connaught Place, dürfen den Platz selbst – nur 800 m weiter – aber nicht befahren. Motor-Rikschas

Delhis Schlepper und ihre Tricks

Für Indienneulinge kann Delhi anstrengend sein, vor allem wegen der Massen von Schleppern, die sich einem an die Fersen heften. Einer ihrer (buchstäblich) schmutzigen Tricks ist es, Dreck auf die Schuhe von Touristen zu schmieren und dann die Reinigung der Schuhe anzubieten – gegen Bezahlung. Taxifahrer und Schlepper behaupten gern, dass das **Hotel**, das man gewählt hat, ausgebucht oder geschlossen sei, und bringen den Fahrgast dann zu einer Unterkunft, die ihnen Provision zahlt. Manche bieten sogar an, sich selbst per Telefon von der Wahrheit der Aussage zu überzeugen. Sie wählen eine Telefonnummer und die „Rezeption" bestätigt dann die Story oder behauptet, niemals eine Reservierung erhalten zu haben.

Um das Risiko, in eine derartige Falle zu tappen, zu verringern, notiert man sich am besten ganz demonstrativ das Kennzeichen des Taxis und besteht darauf, ohne Zwischenstopp zu dem gewählten Hotel gefahren zu werden. Bei einer Fahrt nach Paharganj wird der Taxifahrer mit großer Wahrscheinlichkeit versuchen, die Touristen zu einem Hotel *seiner* Wahl zu fahren. Um jede Auseinandersetzung zu vermeiden, kann man sich an der New Delhi Railway Station absetzen lassen und von dort zu Fuß zum Hotel gehen.

Eine weitere Falle sind falsche „Türsteher", die behaupten, dass das Hotel ausgebucht sei – dies sollte man sich drinnen von der Rezeption bestätigen lassen! Selbst wenn diese Behauptung stimmt, sollte man niemals dem Schlepper zu einem von ihm empfohlenen Hotel folgen. Probleme dieser Art lassen sich vermeiden, indem man ein Zimmer reserviert. Viele Hotels holen Gäste vom Ankunftsort ab. Vor allem in der **New Delhi Station** kann man davon ausgehen, dass jeder (selbst Uniformierte), der dort Touristen seine Hilfe anbietet, etwas anderes im Schilde führt. Die meisten versuchen Touristen zu selbst ernannten „**Tourist Offices**" gegenüber dem Paharganj-Eingang zu bringen, wo man für Fahrkarten weit überhöhte Preise bezahlt. Auch die gern erzählte Geschichte, die Buchungshalle für Ausländer *(foreigners' booking hall)* sei geschlossen, ist frei erfunden. Am Connaught Place und entlang der Janpath wimmelt es von unechten „Tourist Information Offices", zu denen Schlepper Reisende umzuleiten versuchen. Generell hält man sich besser von allen Reisebüros fern, die sich als Touristeninformation verkaufen. Zur Erinnerung: India Tourism befindet sich in der 88 Janpath und die DTTDC am N-36, Middle Circle – in dieser Gegend sind zahlreiche Schlepper unterwegs, und es gibt massenhaft gleich aussehende Reisebüros.

Zudem sollte man immer im Hinterkopf behalten, dass Taxi-, Rikscha- und Mietwagenchauffeure eine Provision bekommen, wenn sie bestimmten Geschäften Kunden heranschaffen. Letztlich wird dieses Geld natürlich dem ahnungslosen Touristen berechnet, der sich zu einem Kauf hat hinreißen lassen. Man sollte ein **Taxi** oder eine **Motor-Rikscha** immer selbst anheuern, statt sich ansprechen zu lassen.

zum Connaught Place kosten ab Rs20 oder Rs40 zum Chandni Chowk in Old Delhi – der Preis sollte vor dem Einsteigen ausgehandelt werden. Von der **Old Delhi Station**, westlich des Roten Forts, bestehen ebenfalls gute Verbindungen mit Taxis, Motor- und Fahrrad-Rikschas in die Stadt; es gibt einen Schalter mit Festpreis-

Tickets für Motor-Rikschas – Rs50 zum Connaught Place, plus Rs5 pro Gepäckstück. Auf beiden Bahnhöfen sind Diebstähle an der Tagesordnung: das Gepäck darf keine Sekunde aus den Augen gelassen werden. Es gibt auch U-Bahnstationen, mit großem Gepäck darf man allerdings nicht in die Metro.

Empfohlene Zugverbindungen ab Delhi

Hier auf einen Blick die schnellsten und/oder bequemsten Verbindungen. Sofern nicht anders vermerkt, sind diese Züge täglich im Einsatz.

Zielort	Name	Nummer	Von	Abfahrt	Fahrtzeit
Agra	Shatabdi Express*	12002	ND	06.15 Uhr	2 Std.
	Taj Express	12280	HN	07.20 Uhr	3 Std.
	Mangala Express	12618	HN	09.20 Uhr	3 Std.
	Kerala Express	12626	ND	11.30 Uhr	3 Std.
Ahmedabad	Ashram Express	12916	OD	15.20 Uhr	16 1/2 Std.
	Rajdhani Express	12958	ND	19.55 Uhr	13 1/2 Std.
Ajmer	Shatabdi Express*	12015	ND	06.05 Uhr	6 1/2 Std.
	Ahmedabad Mail	19106	OD	22.25 Uhr	8 1/4 Std.
Chandigarh	Shatabdi Express*	12011	ND	07.40 Uhr	3 1/2 Std.
	Paschim Express	22925	ND	11.15 Uhr	4 1/2 Std. (Zugteilung in Ambala)
	Shatabdi Express*	12005	ND	17.15 Uhr	3 1/2 Std.
Chennai	Tamil Nadu Express	12622	ND	22.30 Uhr	32 3/4 Std.
	GT Express	12616	HN	18.40 Uhr	35 1/2 Std.
Haridwar	Shatabdi Express*	12017	ND	06.50 Uhr	4 1/2 Std.
	Haridwar Mail	19105	OD	05.30 Uhr	6 3/4 Std.
Jaipur	Shatabdi Express*	12015	ND	06.05 Uhr	4 3/4 Std.
	Rajdhani Express*	12958	ND	19.55 Uhr	4 1/2 Std.
	Ashram Express	12916	OD	15.20 Uhr	5 Std.
Jhansi	Shatabdi Express*	12002	ND	06.15 Uhr	4 1/2 Std.
Kolkata	Kolkata Rajdhani*	12302/12306	ND	17.00 Uhr	17 Std. (Fr 19 3/4 Std.)
	Sealdah Rajdhani*	12314	ND	16.30 Uhr	17 3/4 Std.
	Howrah–Poorva Express	12304	ND	16.25 Uhr	24 1/2 Std. (Mi, Do, Sa, So)
	Kalka Mail	12312	OD	07.00 Uhr	24 1/2 Std.
Mumbai	Rajdhani Express*	12952	ND	16.30 Uhr	16 Std.
Udaipur	Mewar Express	12963	HN	19.05 Uhr	12 1/4 Std.
Varanasi	Shiv Ganga Express	12560	ND	18.45 Uhr	12 3/4 Std.
Vasco da Gama	Goa Express	12780	HN	15.05 Uhr	39 1/2 Std.

OD Old Delhi; **ND** New Delhi; **HN** Hazrat Nizamuddin; **SR** Sarai Rohilla
* nur mit AC

Die anderen Fernbahnhöfe sind **Hazrat Nizamuddin**, südöstlich der Innenstadt. Hier fahren die Züge nach Agra (außer dem Shatabdi Express) ab. Vom **Sarai Rohilla**, westlich der Old Delhi Station, fahren einige Züge nach Rajasthan. Am Hazrat Nizamuddin gibt es einen Schalter mit Festpreis-Tickets für Motor-Rikschas; die Fahrt zum Connaught Place kostet Rs60 (plus Rs5 pro Gepäckstück), vom Sarai Rohilla etwas weniger. Allerdings nehmen die Rikschafahrer die vorausbezahlten Tickets am Bahnhof Hazrat Nizamuddin nur dann an, wenn man Rs20–30 extra zahlt. Manchmal verkehren auch Nahverkehrszüge nach New Delhi, aber diese sind normalerweise voll bis unters Dach, und eine Fahrkarte zu kaufen kann stressig sein.

Im 1. Stock der Hauptabfahrtshalle der New Delhi Station gibt es speziell für ausländische Touristen ein **Reservierungsbüro**, ⏱ Mo–Sa 8–20, So 8–14 Uhr. Hier bekommt man Tipps für die besten Zugverbindungen und kann einen Sitzplatz oder ein Bett im Schlafwagen für alle Züge (auch die, die von anderen Bahnhöfen abfahren) reservieren lassen. **Allein reisende Frauen** sollten nach einem Bett im Frauenschlafwagen in der 2. Klasse fragen. Normalerweise bekommt man ohne weiteres einen Sitzplatz oder ein Bett im Schlafwagen. Ausländer müssen für die Buchung ihren Pass vorzeigen. Das Ticket ist in Fremd-währung oder in Rupien (dann aber unter Umständen nur in Verbindung mit einem Beleg über einen offiziellen Geldwechsel) zu zahlen.

Die Ratschläge Fremder, ein Ticket woanders zu kaufen, sollte man ignorieren. Es lohnt nicht, sich den Warteschlangen vor dem allgemeinen Reservierungsgebäude in der gleichen Straße auszusetzen. Auch Behauptungen, das Tourist Booking Office sei umgezogen oder geschlossen, sollte man keinen Glauben schenken. Weiteres zum Thema Schlepper und ihre Tricks S. 165.

Flüge

Der Indira Gandhi International Airport (kurz IGI) liegt 20 km südwestlich des Zentrums. Inlandsflüge von Go Air, Indigo und Spicejet starten und landen am Terminal 1, alle anderen sowie internationale Flüge am neuen Terminal 3. Ein kostenloser DIAL-Shuttlebus pendelt alle 10 Minuten zwischen internationalem und nationalem Terminal. Internationale Flugauskunft ☎ 011/2560 2999, Flugauskunft Inland ☎ 011/2566 2275, 🖥 www.newdelhiairport.in. Obwohl das Netz an Inlandflügen ständig ausgebaut wird, empfiehlt es sich, so früh wie möglich zu buchen. Vor allem vor Feiertagen (wie z. B. Diwali) ist die Nachfrage sehr groß. Wer noch kein **Ticket** für den Weiterflug von Indien hat, findet leicht eins, außer zwischen Dezember und März, wenn es auf die Schnelle problematisch werden kann. Tickets sind zwar direkt bei den Fluggesellschaften erhältlich (Adressen s. S. 168), aber Zeit und Wege sparender ist es, bei einem Reisebüro (S. 161) zu buchen. Und nicht vergessen: Einige Fluggesellschaften verlangen, dass der Flug eine Woche bis 72 Stunden vor Abflug rückbestätigt wird.

Im Flughafen gibt es mehrere **Geldautomaten**, und auch in den Zweigstellen der Punjab National Bank und von Thomas Cook in der Ankunftshalle besteht rund um die Uhr die Möglichkeit zum Geldwechsel (Kleingeld für Taxi- und Rikschafahrten geben lassen). Wer eine Unterkunft sucht, kann sich ebenfalls rund um die Uhr an die offiziellen **Informationsschalter** von Indian Tourism (ITDC) oder Delhi Tourism and Transport Development Corporation (DTTDC) wenden, die Listen empfehlenswerter Hotels ausliegen haben und Reservierungen vornehmen können.

Transport vom Flughafen

Die einfachste Transportmöglichkeit vom internationalen Flughafen ins Zentrum ist per **Taxi**. Taxis bieten sich ganz besonders dann als Transportmittel an, wenn man spät am Abend ankommt. In dem abgegrenzten Gebiet vor der Ankunftshalle befinden sich Vorverkaufsschalter *(prepaid kiosk)* für die Taxis; eine Fahrt ins Zentrum kostet etwa Rs250 (zwischen 23 und 5 Uhr wird ein Aufschlag von 25 % erhoben). Die Preise sind von Schalter zu Schalter unterschiedlich, es lohnt sich also, bei mehreren nachzufragen. Allerdings kann es passieren, dass selbst diese Taxifahrer ihre

Delhi

Fahrgäste davon zu überzeugen versuchen, dass sie unbedingt in einem anderen als dem von ihnen angegebenen Hotel übernachten sollten.

Es gibt aber auch einen **Bus** (Rs50, 40 Min.), der halbstündlich zum Connaught Place, zur New Delhi Station (Ajmeri Gate) und zum Maharana Pratap Interstate Bus Terminal (ISBT) in Old Delhi fährt. Tickets gibt's an den Schaltern der Delhi Transport Corporation (DTC) in der Ankunftshalle.

Die **Motor-Rikschas** an der Abflughalle sind zwar billiger als Taxis (Rs150–180), aber zugleich die gefährlichste und unzuverlässigste Transportform, insbesondere bei Nacht. Viele Hotels, darunter auch einige der Budgethotels in Paharganj, bieten einen **Abholservice** vom Flughafen an. Dies ist der bequemste Transport in ein Hotel. Die Preise sind aber sehr unterschiedlich. Sie beginnen bei ungefähr Rs250, betragen jedoch oft das Doppelte oder mehr. Seit einer Weile verkehrt zwischen Flughafen und New Delhi auch der **Airport Express**, 🖥 www.delhiairportexpress.com. Mit dieser U-Bahn gelangen Reisende in nur 18 Minuten in die Stadt. Der Express fährt alle 15 Minuten von 5 bis 23 Uhr. Die einfache Fahrt kostet Rs100.

Transport zum Flughafen

Die meisten Touristen, die einen Nachtflug gebucht haben, reservieren über ihr Hotel ein **Taxi** zum Flughafen (rund Rs250, 30–60 Min.). Ansonsten fahren jede halbe Stunde **Busse** vom Maharana Pratap ISBT über New Delhi Station, Gate 2 (Ausgang Ajmer Gate), und Connaught Place (Scindia House) (Rs50). Zwischen 5.30 und 23.30 Uhr verkehrt ab der New Delhi Station zudem der **Airport Express** (s. o.).

Fluggesellschaften

Air France, zu erreichen über KLM.

Air India, 2nd Floor, Tower 1, Jeevan Bharati Building, 124 Connaught Circus bei Sansad Marg, ✆ 011/2373 1225.

Asiana Airlines, 2 Ansal Bhawan, Erdgeschoss, 16 Kasturba Gandhi Marg, ✆ 011/2331 5631.

British Airways, DLF Plaza Tower, DLF Qutab Enclave, Gurgaon, Haryana, ✆ 95124/412 0747 von Delhi oder ✆ 0124/412 0747 von außerhalb, oder ✆ 1800/102 3592.

Indian Airlines, zu erreichen über Air India.

IndiGo, Level 1, Tower C, Global Business Park, Mehrauli–Guragon Rd, Gurgaon, ✆ 1800/180 3838 oder 0124/435 2500.

Jet Airways, N-40 Connaught Place, ✆ 011/4132 3247.

Kingfisher, N-42 Connaught Place, ✆ 1800/180 0101.

KLM, Terminal 2, ✆ 011/2335 7747.

Lufthansa, 56 Janpath, ✆ 011/2372 4200.

SpiceJet, 319 Udyog Vihar, Phase IV, Gurgaon, ✆ 1800/180 3333.

Singapore Airlines, Unit 514 A und B, Time Tower, MG Road, Gurgaon, Haryana, ✆ 0124/431 0999.

Rajasthan

Stefan Loose Traveltipps

Keoladeo-Nationalpark, Bharatpur
Das herrliche Naturschutzgebiet mit seinen Seen und Sümpfen wird jeden Winter nicht nur von Scharen seltener Vögel, sondern auch von unzähligen Vogelbeobachtern aus Asien und Europa aufgesucht. S. 205

Ranthambore-Nationalpark Das Tierschutzgebiet ist dank seiner keineswegs scheuen Großkatzen einer der besten Orte der Welt, um Tiger in freier Wildbahn zu sehen. S. 208

Savitri-Tempel, Pushkar Den schönsten Ausblick auf den berühmten See und die weiß getünchte heilige Stadt hat man bei Sonnenuntergang. S. 222

1 Meherangarh Fort, Jodhpur Die spektakuläre Bergfestung gewährt großartige Ausblicke auf die blaue Altstadt. S. 225

2 Jaisalmer Die honigfarbenen Mauern einer der schönsten Festungen Indiens schützen enge Gassen voller Sandstein-Havelis und Tempel. S. 233

3 Kameltrekking Auf dem Kamelrücken lassen sich kurzweilige Ausritte durch die Wüste Thar unternehmen. S. 240

4 Udaipur Ein Märchen aus Seen, schwimmenden Palästen und verschwenderischer Rajputen-Architektur. S. 253

Der Bundesstaat Rajasthan entstand nach der Teilung aus 22 feudalen Fürstentümern, die zur britischen Kolonialzeit **Rajputana** („Land der Könige") hießen. Er erstreckt sich von Mount Abu im Südwesten unweit der Grenze zu Gujarat bis in die Nähe der Ruinen des antiken Delhi im Nordosten. Die riesige **Wüste Thar** im Westen des Bundesstaates ist von wandernden Sanddünen geprägt. Rajasthans extravagante **Paläste**, mächtige **Festungen** und kunstfertig verzierte **Tempel** bilden eine der größten Ansammlungen architektonischer Denkmäler in Indien. Die exotischen Bauwerke aber sind bei weitem nicht das einzige Erbe aus der wehrhaften Geschichte der Region. In erster Linie sind es das erhaltene Traditionsbewusstsein und der Stolz auf die Vergangenheit, die Rajasthan zu einem verlockenden Reiseziel für auswärtige Besucher machen. Prachtvoll gezwirbelte Schnurrbärte, schwere silberne Fußspangen, mächtige rote, gelbe oder orangefarbene Turbane, plissierte Schleier und Saris mit Spiegelintarsien mögen Zeichen für die Zugehörigkeit zu einer bestimmten Kaste sein, doch für die meisten Außenstehenden sind sie einfach der Inbegriff indischer Exotik.

Nach Farben unterscheiden sich auch Rajasthans bedeutendste Touristenstädte. **Jaipur**, die quirlige Hauptstadt des Bundesstaates, trägt wegen der rötlichen Farbe ihrer reich verzierten Fassaden und Paläste den schmückenden Beinamen „Rosarote Stadt". **Jodhpur**, die „Blaue Stadt", konzentriert sich um Indiens imposanteste Bergfestung, die auf eine labyrinthartige Altstadt mit zahllosen himmelblau gestrichenen kubischen Häusern hinabblickt. Weiter im Westen erreicht man inmitten der faszinierenden Wüste die „Goldene Stadt" **Jaisalmer** mit Mauern aus Sandstein. Das weiter südlich gelegene **Udaipur** trägt offiziell noch keinen farblichen Prägestempel, doch oft ist von der „Weißen Stadt" die Rede, da die Paläste und Havelis weiß getüncht sind.

Die Straßenverbindung zwischen diesen vier Städten hat sich zu einer der meistbefahrenen Touristenstrecke Indiens entwickelt, aber es ist leicht, zu Zielen abseits der Hauptrouten auszuweichen. In der Wüstenregion **Shekhawati** nordwestlich von Jaipur gibt es zahlreiche stimmungsvolle Marktstädtchen und reich bemalte

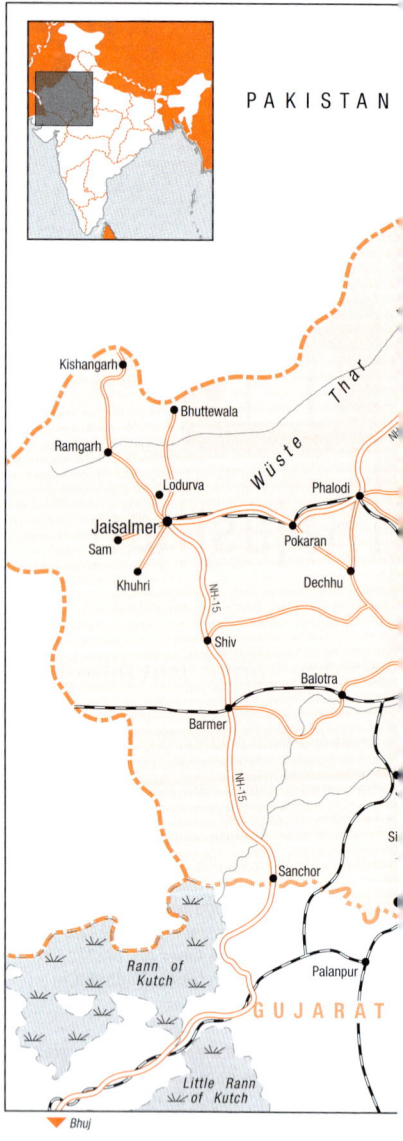

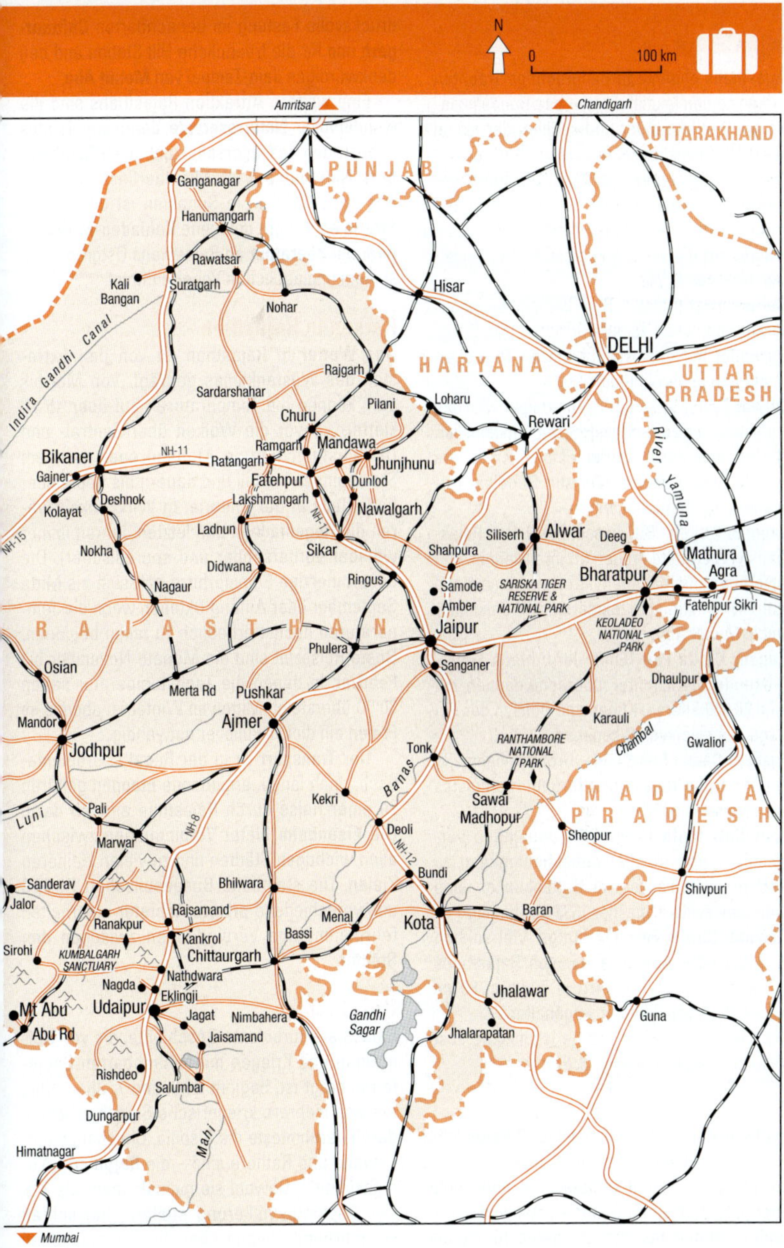

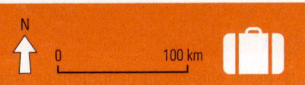

N

0 ——— 100 km

Amritsar ▲   ▲ Chandigarh

UTTARAKHAND

PUNJAB

Ganganagar

Hanumangarh

Rawatsar

Kali Bangan   Suratgarh

Nohar   Hisar

DELHI

HARYANA

Rajgarh   Loharu

Sardarshahar   Pilani

Churu   Rewari

Bikaner   NH-11   Ramgarh   Mandawa

Gajner   Ratangarh   Jhunjhunu

Deshnok   Fatehpur   Dunlod

Kolayat   Lakshmangarh

Nokha   Ladnun   Nawalgarh

Didwana   Sikar   Siliserh   Alwar   Deeg

Nagaur   Shahpura

Ringus   Samode   SARISKA TIGER RESERVE & NATIONAL PARK

Osian   Amber   Jaipur   Bharatpur

Mandor   Merta Rd   Pushkar   Phulera   Sanganer   KEOLADEO NATIONAL PARK   Fatehpur Sikri

Jodhpur   Ajmer   Dhaulpur

R A J A S T H A N

Pali   Kekri   Tonk   Karauli   Gwalior

Marwar   NH-8   RANTHAMBORE NATIONAL PARK

Sanderav   Deoli   Sawai Madhopur   M A D H Y A

Jalor   Bhilwara   NH-12   Sheopur   P R A D E S H

Ranakpur   Rajsamand   Bundi

Sirohi   KUMBALGARH SANCTUARY   Kankrol   Menal   Kota   Baran   Shivpuri

Chittaurgarh   Bassi

Nagda   Nathdwara

Mt Abu   Eklingji   Jagat   Jhalawar   Guna

Abu Rd   Udaipur   Nimbahera   Gandhi Sagar   Jhalarapatan

Rishdeo   Jaisamand

Dungarpur   Salumbar

Himatnagar

Indira Gandhi Canal

NH-15

NH-11

Luni

Banas

Chambal

River Yamuna

Mathura

Agra

Kanpur

Mumbai ▼

Mahi

Rajasthans ohnehin farbenprächtige Trachten wirken zu den lokalen Festen des Bundesstaates noch aufregender und schillernder als im Alltag. Die meisten Feste sind an den traditionellen Mondkalender geknüpft. Die Touristeninformationen klären über die genauen Daten großer Feste oder Veranstaltungen auf.

Wüstenfest (Feb) – Zweitägiges Fest in Jaisalmer. Näheres S. 242.

Elefantenfest (März) – Bunt bemalte Elefanten paradieren durch Jaipurs Straßen. Das Ereignis endet mit dem spektakulären Tauziehen „Elefanten gegen Mahouts".

Mewar-Fest (März–April) – In Udaipur wird das Frühlings- und Farbenfest Holi mit traditionellen Tänzen, dem Entzünden eines heiligen Feuers und der Musik des berühmten Dudelsackorchesters der Stadt begangen.

Gangaur (April) – Bei diesem Fest beten Rajasthans verheiratete Frauen für ihre Männer, und unverheiratete Mädchen bitten um einen guten Ehepartner. Am spektakulärsten in Jaisalmer und in Mount Abu.

Nagaur Cattle Fair (Ende Jan/Anfang Feb) – Tausende Viehzüchter überschwemmen mit rund 70 000 Stieren, Kühen und Ochsen den Ort Nagaur, südlich von Bikaner.

Pushkar Camel Fair (Nov) – Größter Viehmarkt der Welt und Rajasthans farbenprächtigstes Fest. Näheres S. 221.

Rani Sati Mela (Aug) – In Jhunjhunu versammeln sich riesige Menschenmengen zu Gebeten und Tänzen im Gedenken an eine Kaufmannswitwe, die hier 1595 *sati* beging.

Tilwara Cattle Fair (14-tägige Viehauktion im März oder April) – Einer von Rajasthans größten Viehmärkten wird in Tilwara, 93 km südwestlich von Jodhpur, abgehalten.

Urs Mela (Okt) – Das größte islamische Fest Indiens in Ajmer. Näheres S. 211.

Havelis, und auch die Wüstenstadt **Bikaner** lohnt wegen ihrer schönen Festung, Havelis und des einzigartigen „Ratten-Tempels" im nahe gelegenen Deshnok einen Besuch. Dasselbe gilt für **Bundi** im Süden des Bundesstaates, für die ein-

drucksvolle Festung im benachbarten **Chittaurgarh** und für die freundliche Hill Station und den denkwürdigen Jain-Tempel von **Mount Abu**.

Eine weitere Attraktion Rajasthans sind die wundervollen **Naturreservate**, deren populärstes unbestritten das Tigerschutzgebiet im **Ranthambore-Nationalpark** ist. Mit Überfluss gesegnet und unübertroffen in Südasien ist der an der Straße nach Agra gelegene **Keoladeo-Nationalpark** bei **Bharatpur** an Rajasthans Ostgrenze mit seinem unglaublichen Vogelreichtum.

Reisen in Rajasthan

Das **Wetter** in Rajasthan ist von den Extremen des Wüstenklimas geprägt. Von Mai bis Juni können die Temperaturen auf über 45 °C klettern, bevor die Wolken über Zentral- und Ostrajasthan heftige Monsunregen bringen. Sie beginnen im Juli und dauern bis September (jedenfalls in der Theorie; in Wirklichkeit waren die Regenfälle in den letzten Jahren immer weniger vorhersehbar und sporadischer). Die unbarmherzige Sommerhitze hält sich bis Mitte September oder Anfang Oktober, wenn die Temperaturen nachts erheblich zu fallen beginnen. Beste Reisezeit sind die Monate November bis Februar, in denen die Tagestemperatur selten 30 °C übersteigt. Mitten im Winter ist abends im Freien ein dicker Pullover notwendig.

Der **Transport** ist in der Regel unproblematisch, doch lange, ermüdende Etappen gehören zu einer Reise durch Rajasthan einfach dazu. Die **Eisenbahn** bietet Verbindungen zwischen allen wichtigen Städten und zu vielen kleineren Zielen. Die staatliche Busgesellschaft **RSTDC** und verschiedene **private Anbieter** unterhalten fahrplanmäßige Verbindungen zwischen den Städten.

Geschichte

Rajasthans turbulente Geschichte, die von Hofintrigen und Kriegen mit benachbarten Gebieten geprägt ist, beginnt im 6. und 7. Jh. n. Chr., als sich mehrere kriegerische Sippen erhoben, deren berühmteste die Sisodia, Chauhan, Kachchwaha und Rathore sind – die **Rajputen** („Königssöhne"). Obwohl sie niemals mehr als 8 % der Gesamtbevölkerung stellten, herrschten sie jahrhundertelang über die verschiedenen

Fürstentümer von **Rajputana**. Durch ihren Ehrenkodex und die weit verbreitete Überzeugung, dass sich ihre Herkunft auf Sonne und Mond zurückführe, erhoben sie sich über die restliche Gesellschaft.

Die kriegerische Tradition der Rajputen, die aus endlosen Sippenkonflikten und Familienfehden entstand, ließ sie unerschrocken und vehement gegen die Invasion der Moslems aufbegehren. **Mahmud von Ghazni** – der 1024 als erster moslemischer Herrscher seine Truppen gegen Rajasthan ins Feld führte –, konnte zwar den erbitterten Widerstand der Chauhan-Rajputen von Ajmer brechen, doch erst der Erfolg des zweiten großen Ansturms unter Muhammad von Ghor (1192) legte den Grundstein für die Gründung des Delhi-Sultanats. In den folgenden 350 Jahren gerieten weite Gebiete Zentral-, Ost- und Westindiens unter die Kontrolle der Sultane, doch trotz aller Anstrengungen gelang es den Moslems nicht, Rajputana zu unterwerfen.

Muhammads Nachfolger wurden 1483 durch Babur, den Begründer der Moguldynastie, aus Delhi vertrieben. Sein Enkel **Akbar**, der 1556 den Thron bestieg, war sich bewusst, dass er gegen die Rajputen mit Gewalt nichts ausrichten konnte, und so wählte er den Weg friedlicher Verhandlungen und heiratete eine Prinzessin der Kachchwaha-Familie aus Amber, Rani Jodha Bai. Als Folge dieser Eheschließung fanden Rajputen Zugang zum Mogulhof, was tief greifende Auswirkungen auf Kunst und Architektur hatte: Bis zum heutigen Tage zeigt sich der Mogul-Einfluss unverkennbar an Palästen, Moscheen, Lustgärten und Tempeln im gesamten Bundesstaat.

Als ab 1658 nach der gewaltsamen Machtübernahme durch **Aurangzeb** der Niedergang des Mogulreichs einsetzte, begann auch die Macht der Rajputen zu zerfallen. Aurangzeb verbündete sich mit den aufstrebenden Marathen, die rajputische Ländereien plünderten und selbst mächtigen Fürstentümern enorme Summen an Schutzgeldern abnötigten. Schließlich wandten sich die Rajputen an die größten Gegenspieler der Marathen, die **Briten**, um Hilfe und schlossen mit ihnen Bündnisverträge. Obwohl die Macht der Briten ständig wuchs, wurde der königliche Status der Rajputen nie in Abrede gestellt, und die Beziehungen verliefen insgesamt weitestgehend freundlich.

Der landesweite Ruf nach **Unabhängigkeit** in den Jahren vor 1947 erwies sich jedoch letztendlich als stärker als die rajputische Loyalität. Mit dem Ende der britischen Herrschaft über Indien blickten die Rajputen einer ungewissen Zukunft entgegen, doch dank der Überzeugungsarbeit der neuen indischen Regierung schlossen sich die lokalen Herrscher einer nach dem anderen der Indischen Union an. Im Jahre 1949 wurden die 22 rajputischen Fürstentümer zum Bundesstaat Rajasthan zusammengeschlossen.

Rajasthan gehört nach wie vor zu Indiens ärmsten und konservativsten Regionen, wenn auch die Bemühungen um die Hebung des Bildungsniveaus und des Lebensstandards langsam Früchte zu tragen beginnen. Seit 1991 hat sich die Alphabetisierungsrate der Bevölkerung verdreifacht, womit Rajasthan weit vor allen anderen Bundesstaaten liegt, und es wurden mehrere Universitäten gegründet. Neue Industrien zogen Nutzen aus der stark verbesserten Stromversorgung, die jetzt in den meisten Dörfern vorhanden ist, und ausgeklügelte Bewässerungsmethoden förderten den Nutzpflanzenanbau in dieser trockenen Region. Doch die fortwährende Dürre stellt ein akutes Problem dar und ist auf lange Sicht gesehen die größte Bedrohung für das Wohlergehen der Bevölkerung.

Jaipur und Umgebung

Jaipur

Jaipur, ein extravagantes Schaustück der rajasthanischen Architektur, gehört als dritter Eckpfeiler von Indiens „Goldenem Dreieck" längst zu den gängigen Besichtigungsprogrammen im Norden Indiens. Im Herzen Jaipurs liegt die „Rosarote Stadt", das nordöstliche ummauerte Altstadtviertel, dessen planmäßig angelegter **Basar** zu den lebendigsten Handelsplätzen in ganz Asien zählt. Zum traditionellen Kunsthandwerk gehören vor allem Textilien und Schmuck. Trotz aller Farbenpracht aber mindern der starke Verkehr, die Menschenmassen und übereifrige

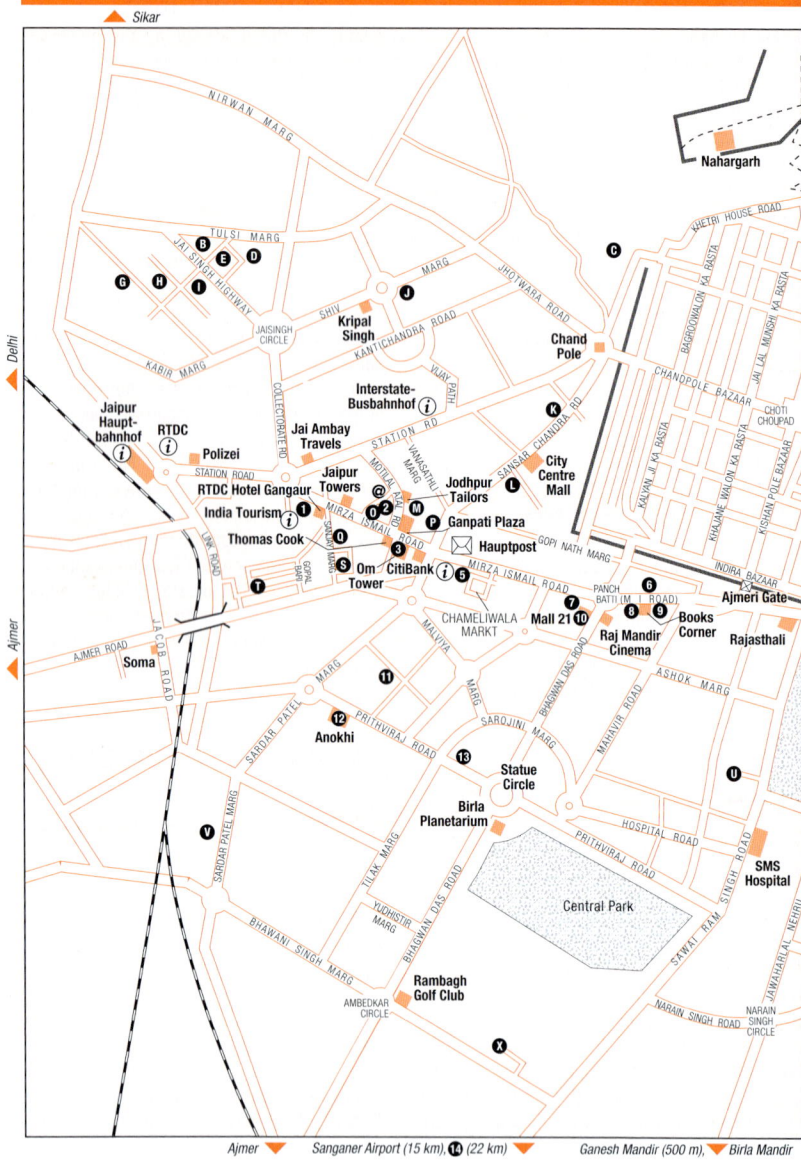

Sikar

Nahargarh

TULSI MARG
NIRWAN MARG

JAI SINGH HIGHWAY

B
E D
G H I
J

KRIPAL SINGH

SHIV MARG

JAISINGH CIRCLE

KABIR MARG

KANTICHANDRA ROAD

JHOTWARA ROAD

WHETRI HOUSE ROAD

C

Chand Pole

CHANDPOLE BAZAAR

Delhi

Jaipur Hauptbahnhof

RTDC

Polizei

Interstate-Busbahnhof

Jai Ambay Travels

RTDC Hotel Gangaur

India Tourism

Jaipur Towers

Thomas Cook

STATION ROAD

STATION ROAD

COLLECTORATE RD

VIJAY PATH

SANSAR CHANDRA RD

K

Jodhpur Tailors

L

City Centre Mall

@ 2 M
Ganpati Plaza
1
Q 4
Om Tower
S
CitiBank 5
3 P Hauptpost

Mall 21 10
7
6
8 9

Ajmer

Soma

CHAMELIWALA MARKT

MALVIYA

SARDAR PATEL MARG

JACOB ROAD

AJMER ROAD

Raj Mandir Cinema

Books Corner

Ajmeri Gate

Rajasthali

11

12
Anokhi

PRITHVIRAJ ROAD

SAROJINI MARG

BHAGWAN DAS ROAD

MAHAVIR ROAD

ASHOK MARG

U

13

Statue Circle

Birla Planetarium

TILAK MARG

YUDHISTIR MARG

BHAWANI SINGH MARG

BHAGWAN DAS ROAD

PRITHVIRAJ ROAD

HOSPITAL ROAD

SAWAI RAM SINGH ROAD

JAMWAHARLAL NEHRU

SMS Hospital

Central Park

V

Rambagh Golf Club

AMBEDKAR CIRCLE

X

NARAIN SINGH ROAD

NARAIN SINGH CIRCLE

Ajmer

Sanganer Airport (15 km), 14 (22 km)

Ganesh Mandir (500 m), Birla Mandir

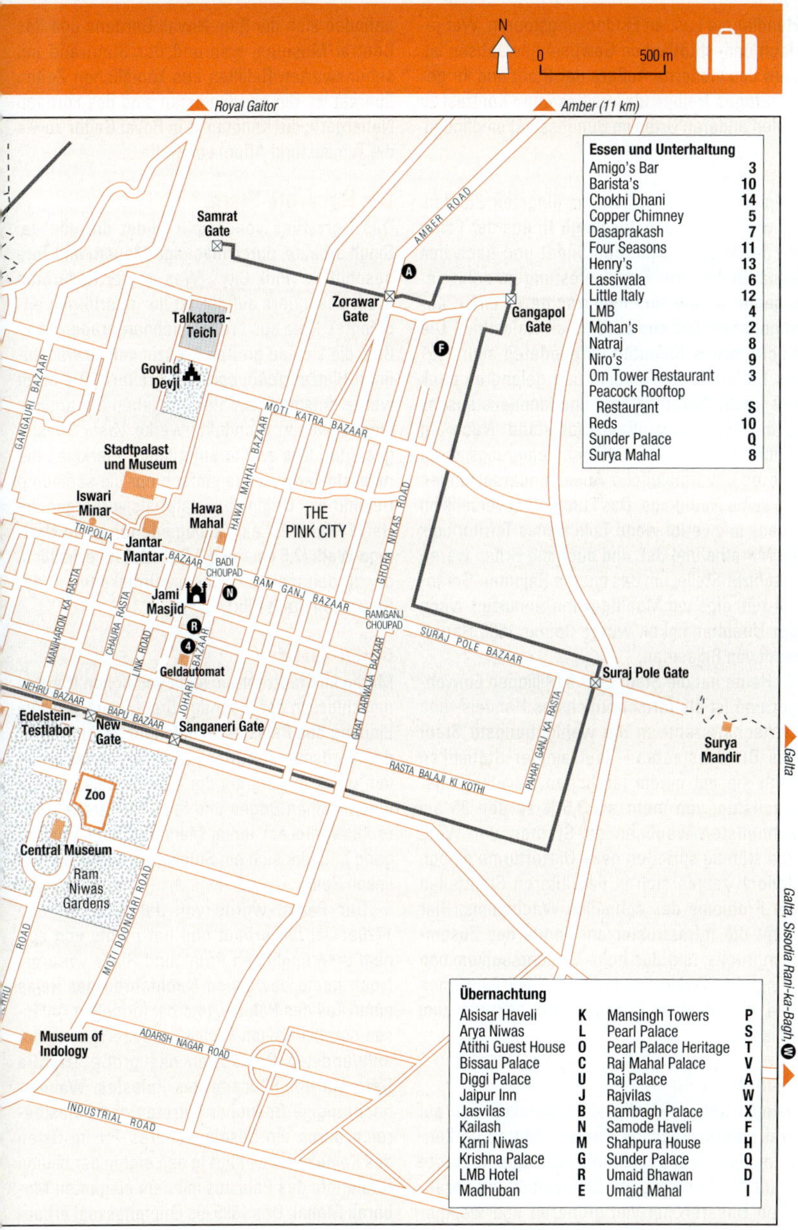

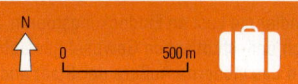

▲ Royal Gaitor   ▲ Amber (11 km)

Rajasthan

AMBER ROAD

Samrat Gate ⊠

Ⓐ

Zorawar Gate

Talkatora-Teich

⊠ Gangapol Gate

Ⓕ

Govind Devji

MOTI KATRA BAZAAR

GANGAURI BAZAAR

Stadtpalast und Museum

JAWA MAHAL BAZAAR

THE PINK CITY

Iswari Minar

Hawa Mahal

GHORA NIKAS ROAD

TRIPOLIA

Jantar Mantar

BAZAAR

BADI CHOUPAD

RAM GANJ BAZAAR

MANHARDIN KA RASTA

CHAURA RASTA

Jami Masjid

Ⓝ

RAMGANJ CHOUPAD

SURAJ POLE BAZAAR

Ⓡ

KISHAN POL BAZAAR

JOHARI BAZAAR

Ⓐ

Geldautomat

GAT DARWAJA BAZAAR

PAHAR GANJ KA RASTA

Suraj Pole Gate

NEHRU BAZAAR

BAPU BAZAAR

Edelstein-Testlabor

New Gate

Sanganeri Gate ⊠

Surya Mandir

Galta

RASTA BALAJI KI KOTHI

Zoo

Central Museum

Ram Niwas Gardens

MOTI DOONGRI ROAD

Galta, Sisodia Rani-ka-Bagh Ⓦ

Museum of Indology

ADARSH NAGAR ROAD

INDUSTRIAL ROAD

Essen und Unterhaltung

Amigo's Bar	3
Barista's	10
Chokhi Dhani	14
Copper Chimney	5
Dasaprakash	7
Four Seasons	11
Henry's	13
Lassiwala	6
Little Italy	12
LMB	4
Mohan's	2
Natraj	8
Niro's	9
Om Tower Restaurant	3
Peacock Rooftop Restaurant	S
Reds	10
Sunder Palace	Q
Surya Mahal	8

Übernachtung

Alsisar Haveli	K	Mansingh Towers	P
Arya Niwas	L	Pearl Palace	S
Atithi Guest House	O	Pearl Palace Heritage	T
Bissau Palace	C	Raj Mahal Palace	V
Diggi Palace	U	Raj Palace	A
Jaipur Inn	J	Rajvilas	W
Jasvilas	B	Rambagh Palace	X
Kailash	N	Samode Haveli	F
Karni Niwas	M	Shahpura House	H
Krishna Palace	G	Sunder Palace	Q
LMB Hotel	R	Umaid Bhawan	D
Madhuban	E	Umaid Mahal	I

Händler die Lust an Entdeckungstouren. Wer jedoch dem städtischen Gewusel gewachsen ist, wird das moderne Äußere der Stadt und ihr geschäftiges Treiben als interessanten Kontrast zu vielen anderen Orten im Bundesstaat empfinden.

Geschichte

Jaipur gehört zu Rajasthans jüngsten Städten. Es wurde 1727 von **Jai Singh II.** aus der Familie der Kachchwaha gegründet und nach ihm benannt. Von der Familienfestung im nahe gelegenen Amber aus beherrschte er einen ansehnlichen Teil des nördlichen Rajasthan. Die Kachchwaha-Rajputen verbündeten sich 1561 als Erste mit den Moguln und gelangten dank des freien Waren-, Kunst- und Ideenaustauschs in der Folge zu großem Wohlstand. Nach Jai Singhs 43 äußerst fruchtbaren Regierungsjahren gab es unvermeidliche Auseinandersetzungen um seine Nachfolge. Das Fürstentum versank im Chaos und verlor weite Teile seines Territoriums an Maratha und Jat, und auch die Briten waren rasch zur Stelle, um das interne Rajputen-Gerangel zum eigenen Machtgewinn zu nutzen. Nach der Unabhängigkeit wurde Jaipur 1956 Hauptstadt von Rajasthan.

Heute hat die Stadt über 3 Millionen Einwohner und ist als fortschrittlichstes Handels- und Wirtschaftszentrum die wohlhabendste Stadt des Bundesstaates – laut einiger Statistiken zählt sie mit einem jährlichen Bevölkerungswachstum von mehr als 3,5 % zu den 25 am schnellsten wachsenden Städten der Welt, und ständig sprießen neue Glitzertürme empor. Jedoch zeigen sich in den älteren Stadtteilen die Probleme des schnellen Wachstums: Hier steht die Infrastruktur am Rande des Zusammenbruchs, und das hohe Verkehrsaufkommen bringt den Verkehr während der morgendlichen und abendlichen Rushhour oft beinahe zum Erliegen.

Orientierung

Jaipurs Sehenswürdigkeiten verteilen sich auf drei unterschiedliche Gebiete. Mitten im Zentrum liegt die geschichtsträchtige Rosarote Stadt mit dem schönen Stadtpalast und unzähligen Basaren. Im viel grüneren und weniger hektischen Viertel südlich der Rosaroten Stadt

befinden sich die Ram Niwas Gardens und das Central Museum, während der Stadtrand mit sehenswerten Relikten aus königlichen Zeiten übersät ist; die berühmtesten sind das Fort von Nahargarh, die Kenotaphe in Royal Gaitor sowie die Tempel (und Affen) von Galta.

Die Rosarote Stadt

Das Herzstück von Jaipur bildet die von Jai Singh erbaute, durch mächtige Mauern und Tore geschützte „Pink City". Was an der Rosaroten Stadt besonders auffällt, ist ihr gitterförmig angelegtes Netz aus breiten, schnurgeraden Straßen, die sich an großen Kreuzungen zu weitläufigen Plätzen *(choupad*s) verbreitern. Die Stadt wurde entsprechend den Vorgaben der antiken hinduistischen Architekturwerke *Vastu Shastra* gestaltet. Das zweite auffallende Merkmal, die **rosarote Farbe**, sollte einfach nur die schlechte Qualität des Originalbaumaterials verbergen. Im Hawa Mahal ist ein Audioguide für einen **Heritage Walk** (2,5 km, rund 2 Std., Rs110) erhältlich, der zu den meisten Sehenswürdigkeiten in der Rosaroten Stadt führt.

Der Stadtpalast

Mitten im Stadtzentrum steht von hohen Mauern umschlossen der prächtige Stadtpalast. Um zum Eingang des Palastes zu gelangen, geht man an der Nordseite des Tripolia Bazaar, etwas westlich der Kreuzung mit der Chaura Rasta, durch einen kleinen Bogen und folgt der Straße nach rechts vorbei am Jantar Mantar (S. 177). Der Eingang befindet sich ein Stückchen weiter auf der linken Seite.

Der Palast wurde von Jai Singh in den 1720er-Jahren erbaut und hat nichts von seinem ursprünglichen Prunk und Glanz verloren. Noch heute bewohnen Nachfahren der Rajas einen Teil des Palasts, und bei formellen Anlässen durchschreiten Familienangehörige in einer aufwendigen Prozession das große **Tripolia Gate** auf der Südseite des Palastes. Weniger hochrangige Besucher betreten den Palastbereich durch ein bescheideneres Tor im Osten des Komplexes. Es führt in den ersten der beiden Haupthöfe des Palastes mit dem eleganten **Mubarak Mahal**. Das 1899 als Empfangssaal erbaute Gebäude beherbergt heute ein **Textilmuseum** mit einigen der kostbaren Stoffe, die einst einen Teil der Garderobe der Maharadschas bildeten. Auf der Nordseite des Hofes umfasst die **Waffenkammer** wohl die beste Sammlung dieser Art in Rajasthan, eine riesige Ansammlung von tödlichen, aber oft auch kunstvoll verzierten Waffen.

Hinter dem Mubarak Mahal führt ein von zwei schönen Steinelefanten flankiertes Tor in den zweiten, lachsrot gestrichenen Haupthof des Palastkomplexes. In seiner Mitte steht die erhöhte **Diwan-i-Khas** (private Audienzhalle). In dieser an den Seiten offenen Halle, deren Dach auf Marmorsäulen ruht, trafen der Maharadscha und seine Berater alle wichtigen Staatsentscheidungen. In der Halle stehen zwei silberne Gefäße *(gangajali)*, die als größte per Hand hergestellte Silberobjekte der Welt ins *Guinness-Buch der Rekorde* aufgenommen wurden. Beide Gefäße sind über 1,50 m hoch und haben ein Fassungsvermögen von 8182 Litern. Bevor Madho Singh II. 1901 nach England reiste, um der Krönungszeremonie von König Edward VII. beizuwohnen, ließ er die Gefäße mit Gangeswasser füllen und mitnehmen, da er großes Misstrauen gegen das westliche Wasser hegte.

Auf der anderen (westlichen) Seite des Hofes führt ein schmaler Korridor zum **Pritam Niwas Chowk**, dem sogenannten „Pfauenhof", der mit vier wunderbar bemalten Toren geschmückt ist, die die vier Jahreszeiten repräsentieren. Von diesem Hof aus bietet sich die beste Aussicht auf die gewaltige gelbe Residenz der fürstlichen Familie, **Chandra Mahal** (kein Publikumsverkehr), deren siebenstöckige Fassade mit zahlreichen Balkonen und Fenstern geschmückt ist. Auf dem obersten Pavillon weht, wenn er anwesend ist, die Fahne des Maharadschas.

An der östlichen Seite des Hofs, am Fuß des großen Glockenturms, befindet sich die reich verzierte **Sabha Niwas** (öffentliche Audienzhalle oder **Diwan-i-Am**). In der Mitte des leeren Raumes stehen zwei Throne und an den Wänden hängen Porträts früherer Maharadschas. Dahinter liegt der kleine **Diwan-i-Am-Hof** mit einer Sammlung alter Kutschen. ◷ tgl. 9.30–17.45 Uhr, letzter Einlass 17 Uhr, Eintritt Rs300 inkl. Audioguide, Videoerlaubnis Rs200; das Ticket ist auch für das Jaigarh Fort in Amber gültig, wenn es innerhalb von 24 Stunden benutzt wird.

Jantar Mantar

Unmittelbar südlich des Stadtpalasts steht auf einem großen, umschlossenen und mit Gras bewachsenen Gelände das bemerkenswerte Jantar Mantar: 18 riesige astronomische Messgeräte aus Stein, die zwischen 1728 und 1734 im Auftrag von Jai Singh konstruiert wurden. Viele von ihnen hatte er selbst ausgeklügelt. Das Jantar Mantar ist eines von fünf gleichnamigen Observatorien, die der Sternenliebhaber Jai Singh in Nordindien errichten ließ (darunter auch das berühmte in Delhi, s. S. 133).

Es lohnt sich, die Dienste eines **Führers** (Rs150) in Anspruch zu nehmen, der die komplizierten Instrumente erklären kann. Sie sind so gebaut, dass Schatten auf markierte Oberflächen fallen, wodurch sich Position und Bewegung von Sternen und Planeten bestimmen lassen, die Zeit ablesen lässt und sogar Voraussagen über die Intensität des Monsuns getroffen werden können.

Die vielleicht eindrucksvollste Konstruktion des Observatoriums ist die 27 m hohe Sonnenuhr **Samrat Yantra**, mit der die Zeit bis auf zwei Sekunden genau abgelesen werden kann. Besonders originell ist das Messinstrument **Jaiprakash Yantra**, das sich aus zwei in den Boden eingelassenen Halbkugeln zusammensetzt. Beide bestehen jeweils aus sechs gekrümmten, mit Messlinien versehenen Marmorelementen, auf die ein genau im Zentrum der Anlage hängender Ring mit seinem Schattenwurf den Tag, die Zeit und das Tierkreiszeichen anzeigt. Dieses Instrument ist von großer Bedeutung für die Bestimmung Glück verheißender Tage für Hochzeiten. ◷ tgl. 9–17 Uhr, letzter Einlass 16.30 Uhr, Eintritt Rs100, Audioguide Rs150.

Hawa Mahal

Jaipurs berühmtestes Wahrzeichen, der Hawa Mahal („Palast der Winde"), erhebt sich östlich des Stadtpalastes, wo er im Lichtschein der aufgehenden Sonne in zartem Rot-Orange erglüht. Er wurde 1799 gebaut, damit die Hofdamen unbeobachtet die Straßenprozessionen sehen konnten. Die fünfstöckige Fassade besitzt Hunderte kunstfertig vergitterte Fenster und Balkone und lässt das Gebäude wesentlich größer erscheinen, als es in Wirklichkeit ist. Um in den Palast zu gelangen, ist es erforderlich, fünf Minuten um die Rückseite des Bauwerks herumzugehen, die Gasse entlang, die vom Tripolia Bazaar nach Norden führt. Im Inneren kann man zu den vergitterten Nischen an der Rückwand hochsteigen, von denen aus die Hofdamen früher auf das Treiben hinabschauten. Auch heute noch bietet sich von hier aus eine wunderbare Aussicht auf Jaipur. ☉ tgl. 9–17 Uhr, letzter Einlass 16.30 Uhr, Eintritt Rs50, Audioguide Rs110, Führung Rs100.

Restliche Rosarote Stadt

Nördlich des Stadtpalastes befindet sich der **Govind Devji**, der Familientempel der Maharadschas von Jaipur. Der Tempel ist Krishna in seiner Inkarnation als Govinda geweiht. Der Hauptschrein birgt ein Bildnis Govindas, das 1735 aus Vrindavan (bei Agra) hierher gebracht wurde. Govinda ist die Schutzgottheit der Herrscher von Jaipur. Etwas westlich des Stadtpalasts erhebt sich die schlanke **Iswari Minar Swarg Suli** oder **Isar Lat** („In den Himmel stechendes Minarett"), erbaut vom Sohn und Thronfolger Jai Singhs II., Iswari Singh. Anlass war ein nicht sehr bedeutsamer Sieg über eine kombinierte Streitmacht von Marathen und Rajputen 1747. Von oben bietet sich eine toller Aussicht auf die Rosarote Stadt und ihr Labyrinth aus Gassen zwischen den Hauptstraßen. Zum Minarett gelangt man vom Tripolia Bazaar durch den Bogen, der zum Stadtpalast führt, geht dann aber nach links weg vom Palast. Dann sieht man das Minarett vor sich stehen. ☉ tgl. 9–16.30 Uhr, Eintritt Rs10.

Südlich der Rosaroten Stadt

Unmittelbar südlich der Rosaroten Stadt führt die Straße hinter dem New Gate durch die üppig grünen **Ram Niwas Gardens**, benannt nach ihrem Auftraggeber, Maharadscha Ram Singh (1835–1880). Das Kernstück des Parks bildet die **Albert Hall**, die 1867 in einer abenteuerlichen Mischung aus venezianischem und Mogul-Stil erbaut wurde – unten italienisch, oben indisch. In diesem Bauwerk ist das kürzlich renovierte städtische **Central Museum** untergebracht. Der Großteil der Sammlung beschäftigt sich mit regionalen und indischen Themen. Es gibt beispielsweise schöne Töpferwaren aus Jaipur,

Hindu-Statuen und Mogul- sowie Rajasthani-Miniaturgemälde. Dazu verschiedenste Artefakte aus der ganzen Welt, von ägyptischen Antiquitäten bis zu Schmuckkacheln aus Stoke-on-Trent, mit Abstechern nach Japan, Burma und Persien. ☉ tgl. außer Mo 9–17.30 Uhr, letzter Einlass 17 Uhr, Eintritt Rs100, Audioguide Rs110.

Weiter südlich liegt abseits der Jawaharlal Nehru Road das **Museum of Indology** mit einem Sammelsurium an Kuriositäten, untergebracht in einem Vororthaus des inzwischen verstorbenen Acharya Vyakul. Zu den Ausstellungsstücken zählen eine auf ein Reiskorn gemalte Indienkarte, auf ein Haar und eine Glasperle geschriebene Briefe und haufenweise Trödel. ☉ tgl. 8–16 Uhr, Eintritt Rs20 inkl. Führung, ein Trinkgeld wird erwartet.

Sehenswürdigkeiten außerhalb der Stadt

In den felsigen Hügeln im Norden und Osten von Jaipur gibt es eine Reihe von spektakulär gelegenen Festungen und Tempeln. Alle sind über steile Pfade von der Stadt aus erreichbar. Weniger Sportliche nehmen die längeren Straßen, die hinter den Bergen herum führen.

Nahargarh

Am Rande eines Höhenzugs nördlich von Jaipur thront die „Tigerfestung" Nahargarh, ☉ 24 Std., Eintritt frei. Singh II. ließ das Bauwerk 1734 errichten. Hauptgrund für den Abstecher ist jedoch die wunderbare Aussicht auf Jaipur. Die Festungsmauern ziehen sich fast 1 km weit am Abhang hin, aber die einzige Sehenswürdigkeit im Inneren sind die Palastwohnungen (☉ tgl. 9.30–17.30 Uhr, Eintritt Rs30), die Madho Singh II. zwischen 1883 und 1892 in der alten Festung einbauen ließ – ein Liebesnest, in dem er einige seiner Lieblingskonkubinen unterbrachte, in respektvoller Entfernung von den missbilligenden Blicken seiner Höflinge und seiner vier offiziellen Gemahlinnen.

Fahrzeuge erreichen die Festung nur über eine Straße, die von der Amber Road abzweigt. Die Entfernung von Jaipur beträgt 15 km. Einfacher ist es, den steilen Pfad zum Fort zu nehmen, der von der Nordseite der Innenstadt hoch führt. Der Aufstieg dauert 15–20 Minuten, aber der Ausgangspunkt des Wegs ist schwierig zu finden, deshalb ist es nicht verkehrt, sich von einer Rikscha hinbringen zu lassen. Es ist nicht ratsam, am späten Nachmittag noch hinauf oder in der Dunkelheit zurück zu gehen – das Fort ist ein Treffpunkt krimineller Jugendlicher und anderer zwielichtiger Typen, und selbst tagsüber kann die Atmosphäre ein bisschen beklemmend sein. Im Palastkomplex sind ein paar Cafés angesiedelt.

Royal Gaitor

Der am Nordrand der Innenstadt gelegene, ummauerte Begräbniskomplex Royal Gaitor (☉ tgl. 9–16.30 Uhr; Eintritt frei, Fotoerlaubnis Rs10, Video Rs20) ist Sitz der stattlichen Marmormausoleen *(chhatris)* von Jaipurs Herrscherfamilie. Er besteht aus zwei Haupthöfen, in denen sich imposante Denkmäler drängen. Der erste (und modernere) Hof wird von dem grandiosen, aus dem 20. Jh. stammenden **Kenotaphen von Madho Singh II.** (gest. 1922) beherrscht. Seine vier Gattinnen und schätzungsweise 50 Konkubinen schenkten ihm insgesamt „ungefähr 125" Kinder.

Die alles überragende Grabstätte im zweiten, älteren Hof ist das **Grab von Jai Singh II.** (gest. 1743), dem Gründer von Jaipur und ersten Herrscher, der in Gaitor begraben wurde. In der Nähe befinden sich die Grabstätten von Ram Singh II. (gest. 1880), Madho Singh I. (gest. 1768), Pratap Singh (gest. 1803) und Jagat Singh (gest. 1819). Auf dem Hügelkamm oberhalb von Gaitor (und von dort über einen steilen Pfad erreichbar) steht der **Ganesh Mandir**, der zweite der beiden wichtigsten Ganesh-Tempel der Stadt – ein mächtiges Bauwerk, unschwer an der riesigen Swastika zu erkennen, die eine der äußeren Seitenwände ziert.

Der „Affenpalast" von Galta

Pittoresk in ein schroffes Tal 3 km östlich von Jaipur gebettet, liegen die 250 Jahre alten Tempel von Galta. Die Stätte verdankt ihren heiligen Status zum größten Teil einer Süßwasserquelle, die unablässig durch die Felsen des ansonsten trockenen Tals sickert und zwei Becken mit Wasser füllt. Die faulig riechenden Becken sind inzwischen die Domäne von mehr als 5000 Makaken, die Galta den Spitznamen „Affen-Palast"

eingebracht haben. ☉ tgl. von Sonnenaufgang bis -untergang; Eintritt frei, Fotoerlaubnis Rs50, Video Rs150.

Per Fahrzeug lässt sich Galta erreichen, indem man rund 10 km auf der Straße um die Hügel östlich von Jaipur zurücklegt. Man kommt auch in 20 Minuten zu Fuß hinauf: auf dem steilen Pfad, der hinter dem Suraj Pol in der Ostecke der Rosaroten Stadt zum Surya Mandir hochführt.

Übernachtung

Jaipur hat eine große Bandbreite an Unterkünften, überwiegend westlich vom Stadtzentrum, an (oder unweit) der MI Road und im schicken Vorort Bani Park. Überall sollte man vorab buchen, was besonders für die Zeit des Elefantenfestes (erste Märzhälfte) gilt. Fast alle aufgeführten Unterkünfte bieten kostenlose Abholung vom Bahnhof bzw. Busbahnhof, und alle haben Internetzugang und oft auch WLAN.

Untere Preisklasse

Atithi Guest House, 1 Park House Scheme, nahe MI Rd, ☎ 0141/237 8679, ✉ atithijaipur@hotmail.com. Alteingesessenes Gästehaus und nach wie vor eine der hübscheren Budgetunterkünfte der Stadt. Einladende gekachelte Zimmer (Ventilator und AC) und nette Dachterrasse. Ein schickes neues Restaurant mit veg. indischer Küche und ein Coffeeshop sollte bei Erscheinen des Buchs geöffnet haben. ❸–❹

Jaipur Inn, Shiv Marg, Bani Park, ☎ 0141/220 1121, 🖳 www.jaipurinn.com. Zuverlässige, auf angenehme Weise altmodische Billigunterkunft. Komfortable und gut ausgestattete Zimmer mit TV und AC (optional). Jeden Abend Buffet auf der luftigen Dachterrasse. ❹, mit AC ❺

Kailash, Johari Bazaar, ☎ 0141/257 7372. Eine der wenigen Budgetunterkünfte in der Rosaroten Stadt selbst. Die Zimmer sind ein wenig schäbig und klein, aber sehr gemütlich – und diejenigen zum Johari Bazaar hinaus sind laut. Unschlagbar zentrale Lage. ❸

Karni Niwas, C-5 Motilal Atal Rd (hinter dem Hotel Neelam), ☎ 0141/236 5433, 🖳 www.hotelkarniniwas.com. Eine der ältesten Billigunterkünfte von Jaipur, mit gemütlichen Zimmern mit AC oder *air-cooler* im altmodischen

Pearl Palace, Hari Kishan Somani Marg, Hathroi Fort, ☏ 0141/237 3700, 🖥 www.hotelpearlpalace.com. Eines der besten Gästehäuser in Rajasthan. Moderne, geräumige, makellose und sehr preiswerte Zimmer mit *air-cooler* oder AC, manche ohne eigenes Bad, geschmückt mit wunderschönem regionalem Kunsthandwerk. Die gut ausgebildeten Mitarbeiter kümmern sich ausgezeichnet um die Gäste, zudem gibt's eine praktische, rund um die Uhr zugängliche Geldwechselmöglichkeit, Internetzugang und Fahrkartenverkauf sowie ein ausgezeichnetes Dachrestaurant (S. 183). Reservierung empfohlen. ❷–❹

Hauptgebäude oder im neueren Nebengebäude. Außerdem Sitzgelegenheiten auf Balkonen mit Aussicht auf ein Gärtchen. ❸–❹

Krishna Palace, E-26 Durga Marg, Bani Park, ☏ 0141/220 1395, 🖥 www.krishnapalace.com. Diese freundliche, familiengeführte Budgetunterkunft in einem recht stattlichen Haveli-ähnlichen Gebäude hat verschiedene helle und behagliche Zimmer mit Ventilator und AC, alle im traditionellen Stil Rajasthans dekoriert. ❸, AC ❺

Pearl Palace Heritage, 54 Gopal Bari, Lane No. 2, Ajmer Rd, ☏ 0141/237 5242, 🖥 www.pearlpalaceheritage.com. Attraktives neues Schwesterhotel des hervorragenden Pearl Palace im gehobeneren Kulturerbestil. Jedes der geräumigen AC-Zimmer steht unter einem bestimmten Motto (Jaisalmer, kolonial, Shekhawati usw.) und wartet mit traditionellen Holztüren, Kunstwerken und Artefakten auf. Die Flure des 1. Stocks sind mit einer tollen Serie von Steinmetzarbeiten verziert – ein kleines Museum. Angesichts des Gebotenen sind die Preise wirklich äußerst günstig. ❹–❺

Sunder Palace, Sanjay Marg, Hathroi Fort, Ajmer Rd, ☏ 0141/236 0878, 🖥 www.sunderpalace.com. Eine der besten Budgetherbergen der Stadt. Die sauberen, modernen und schön eingerichteten Zimmer (Ventilator und AC) sind supergünstig; es gibt ein Restaurant im Garten und eins auf dem Dach (S. 183). Die beiden

freundlichen Brüder, die das Hotel leiten, wechseln Geld, nehmen Buchungen vor und erledigen auch sonst alles Mögliche. Reservierung empfohlen. ❷–❹

Mittlere Preisklasse

Arya Niwas, Sansar Chandra Rd, ☏ 0141/237 2456, 🖥 www.aryaniwas.com. Bewährtes altes Hotel um zwei kleine Höfe und vorne mit einer hübschen Rasenfläche und einer großen Veranda. Die Zimmer – zumeist kürzlich renoviert – sind gemütlich und nett eingerichtet und haben außer ein paar Einzelzimmern mit *air-cooler* alle AC. Beliebt bei Reisegruppen. ❺

Bissau Palace, Khetri House Rd, ☏ 0141/230 4371, 🖥 www.bissaupalace.com. Das in einem etwas heruntergekommenen Stadtviertel versteckte, attraktive Heritage-Hotel ist nicht so nobel wie manches andere, besitzt aber viel Atmosphäre aus längst vergangenen Zeiten, besonders die alte Bibliothek und der Sheesh Mahal. Recht großer Pool und Ayurveda-Raum. Im oberen Preisnachlass. ❺–❻

Diggi Palace, SMS Hospital Rd, ☏ 0141/237 3091, 🖥 www.hoteldiggipalace.com. Eines der ansprechendsten Heritage-Hotels der Stadt in einem stimmungsvollen alten Kaufmannshaus inmitten riesiger Gärten in praktischer zentraler Lage. Die Zimmer sind sehr unterschiedlich, die billigeren mit Ventilator recht gesichtslos. Schöner sind die teureren Zimmer im traditionellen Stil im Hauptgebäude, noch schöner die stilvollen modernen „Premium"-Zimmer im neuen Nebengebäude. ❺–❽

LMB Hotel, Johari Bazaar, ☏ 0141/256 5844, 🖥 www.hotellmb.com. Passables Mittelklassehotel neben dem bekannten Restaurant LMB und mitten drin im Gewusel der Rosaroten Stadt. Die billigeren „Executive"-Zimmer sind sauber und gemütlich; die teureren Royal Deluxe-Zimmer heben sich nicht davon ab, außer vielleicht durch einige spektakulär geschmacklose Möbel. Die lauten Zimmer zum Johari Bazaar hinaus meiden! ❻–❼

Madhuban, D-237 Behari Marg, Bani Park, ☏ 0141/220 0033, 🖥 www.madhuban.net. Weniger umwerfend als die anderen Heritage-Hotels (hat mehr von einer überwucherten Vorstadtvilla als von einem Palast), aber preisgünstiger als die meisten. Attraktiv eingerichtete Zimmer – einige der billigeren sind allerdings recht klein – und viele nette rajasthanische Schmuckelemente sowie ein schöner Garten und ein kleiner Pool. ❺–❻

Umaid Bhawan, D1-2A, abseits der Bank Rd, Bani Park, ✆ 0141/220 6426 oder 231 6184, 🖥 www.umaidbhawan.com. Ein Heritage-Hotel mit verschwenderischen Schmuckelementen, darunter Wandgemälde, antike Holzmöbel und andere typische Rajasthani-Stücke. Die Zimmer (alle mit AC) sind groß und kühl; Pool, im Sommer Preisnachlässe. ❺–❻

Umaid Mahal, C-20/B-2 Bihari Marg, Bani Park, ✆ 0141/220 1952, 🖥 www.umaidmahal.com. Extravagant im Heritage-Stil ausgestattetes modernes Hotel, praktisch gänzlich mit traditionellen bunten Wandgemälden ausgemalt. Die großzügig geschnittenen Zimmer haben AC und hübsche auf Alt getrimmte Holzmöbel. Netter Pool und Bar. Auf der Website gibt's manchmal Rabatte. ❺–❻

Obere Preisklasse

Alsisar Haveli, Sansar Chandra Rd, ✆ 0141/236 8290, 🖥 www.alsisar.com. Eine überraschend schicke Enklave in einem schäbigen Teil der Stadt, untergebracht in einem großen, geschmackvoll modernisierten, 100 Jahre alten Haveli. Nicht unbedingt das Heritage-Hotel mit der meisten Atmosphäre, aber angenehm und gut geführt, und der Pool gehört zu den schönsten der Stadt. ❼–❽

Jasvilas, C-9, Sawai Jai Singh Highway, Bani Park, ✆ 0141/220 4638, 🖥 www.jasvilas.com. Einladendes familiengeführtes Gästehaus in grazilem altem Anwesen in einem Vorort, mit großzügigen und gemütlichen AC-Zimmern, einem hübschen kleinen Pool und schönem ummauertem Garten. Das benachbarte **Meghniwas** in der anderen Hälfte desselben Gebäudes ist ähnlich, aber nicht ganz so schön. ❼–❽

Mansingh Towers, Sansar Chandra Rd, ✆ 0141/237 8771, 🖥 www.mansinghhotels.com. Modernes Hotel in einem schönen Gebäude aus rotem Sandstein mit anmutigem Rajputen-Dekor und gemütlichen, wenn auch gesichtslosen Zimmern in zentraler Lage. Die Gäste können den Pool, Fitnessclub und Wellnessbereich des benachbarten Hotel Mansingh mitbenutzen. Ab etwa US$215. ❾

Raj Mahal Palace, Sardar Patel Marg, ✆ 0141/510 5665, 🖥 www.royalfamilyjaipur.com. Der elegante ehemalige Palast von Jai Singhs Lieblingsfrau verströmt die inzwischen verstaubte Atmosphäre glanzvoller Zeiten. Nobler Speisesaal, holzvertäfelte Bibliothek und großzügige Rasenflächen, außerdem ein mittelgroßer Pool. Die großen, altmodischen Zimmer (alle mit AC) sind jedoch recht düster und haben schon bessere Tage gesehen. ❽

Raj Palace, Zorawar Gate, Amer Rd, ✆ 0141/263 4077, 🖥 www.rajpalace.com. Eine der angesagtesten Adressen in Jaipur, regelmäßig frequentiert von Bollywood-Stars und arabischen Scheichs. Unschlagbar zentrale Lage am Rand der Rosaroten Stadt und ultraromantisches Ambiente – ein wunderbares altes Kaufmannshaus von 1727. Schöner kleiner Pool und üppiger Wellnessbereich. Zimmer ab etwa US$500. ❾

Rajvilas, Goner Rd, 7 km vom Stadtzentrum, ✆ 0141/268 0101, 🖥 www.oberoihotels.com. Die märchenhafte, gepflegte Hotelanlage besteht aus einem wunderschönen Pseudo-Rajasthani-Fort, umgeben von Teichen und Pavillons. Die Unterbringung erfolgt entweder in prächtigen Zimmern (US$750) oder in Luxuszelten (US$870) mit AC. Es sind sämtliche Einrichtungen vorhanden, die man bei diesen

Wunderbares Haveli

Samode Haveli, Gangapole, ✆ 0141/263 2370, 🖥 www.samode.com. Wunderbares altes Haveli am nordöstlichen Rand der Rosaroten Stadt, rund um einen idyllischen Hof gebaut und mit dem schönsten Pool der Stadt. Die Zimmer (um US$320) sind sehr unterschiedlich: Manche sind funktional, modern und ziemlich charakterlos; andere sind reine Museumsstücke, und wieder andere sind ein bisschen von beidem – bevor man sich entscheidet, sollte man sich mehrere zeigen lassen. Im Sommer (Mai–Sep) sehr preiswert, dann gibt es Preisnachlässe von bis zu 40 %. ❾

Preisen erwarten darf, darunter auch ein herrliches Spa. ❾
Rambagh Palace, Bhawani Singh Marg, ✆ 0141/221 1919, 🖥 www.tajhotels.com. Das unbestritten beste Palasthotel Jaipurs, wenn nicht ganz Indiens. Weitläufiger Komplex in einem knapp 200 000 m² großen, schönen Garten, traumhafte Zimmer mit Rajasthani-Kunsthandwerk, Reproduktionen antiker Möbel und sämtlichen Annehmlichkeiten. Zu den Einrichtungen der Anlage zählen mehrere erstklassige Restaurants und Bars (S. 183), Pools drinnen und draußen (nur für Gäste) und ein Jiva-Spa. Auch wenn man sich kein Zimmer leisten kann, lohnt sich ein Besuch, um bei ausgezeichneter Sitar-Musik einen Nach-mittagstee (um Rs1200 für 2 Pers.) zu trinken. Besonders im Sommer werden auf der Website Preisnachlässe angeboten. DZ ab US$950. ❾
Shahpura House, Devi Marg, Bani Park, ✆ 0141/220 3392, 🖥 www.shahpurahouse.com. Charaktervolles, aber erschwingliches Heritage-Hotel mit erlesenen Wandgemälden überall und architektonische Rajasthani-Finessen. Alle Zimmer haben AC, Minibar und Badewanne und sind mit schönen alten Holz-möbeln eingerichtet. Kleiner Pool vorhanden. ❼–❽

Essen

Jaipur hat die beste Auswahl an hervor-ragenden veg. wie nicht veg. Restaurants von ganz Rajasthan, doch die Preise sind höher als anderswo.
Barista's, Bhagwan Das Rd, gegenüber vom Kino Raj Mandir. Filiale der beliebten indischen Cafékette: guter Espresso, Cappuccino und Latte aus frisch gemahlenen Bohnen.
Chokhi Dhani, 22 km südlich von Jaipur an der Tonk Rd, ✆ 0141/277 0554. Der Rajasthani-Themenpark mit Restaurant zieht Mengen betuchter Jaipuris an, v. a. am Wochenende, wenn hier der Bär tanzt. Im Eintrittspreis von Rs300 sind ein Abendessen sowie die Benutzung zahlreicher Attraktionen enthalten (bei vielen wird aber ein Trinkgeld erwartet) – Elefantenritte, Tanzdarbietungen, Puppenspiel und eine Zaubershow, um nur einige zu nennen. Ist das Vergnügen ausgekostet, geht's in das

Restaurant mit Lehmwänden, wo man einen Sitzplatz auf dem Boden und authentisches (leider ziemlich salziges) dörfliches Rajasthani-*thali* bekommt, das nichts mit dem gemein hat, was in Jaipurs Restaurants serviert wird, und mit vielen köstlichen Dorfspezialitäten daherkommt. Alles ein bisschen kitschig, aber lustig. Eine Motor-Rikscha kostet hin und zurück Rs300–350. ⏱ Mo–Sa 18–23, So ab 11 Uhr.
Copper Chimney, MI Rd. Schickes Restaurant mit Glasfront und einer guten Auswahl an nordindischen Standardgerichten (manchmal mit ein bisschen zu viel Öl und Gewürzen), außerdem regionale Spezialitäten wie *laal maans* (ein süßes Rajasthani-Hammelgericht) und *gatta* (Kichererbsenklößchen) sowie ein paar chinesische und europäische Speisen. Hauptgerichte Rs85–205. Schanklizenz.
Dasaprakash, MI Rd. Unprätentiöses AC-Restaurant, hat verschiedene leckere klassische südindische veg. Gerichte – *iddlis, vadas, uttapams, upuma, thalis* und nicht weniger als 17 Arten von *dosa* –, dazu viele bunte Eisbecher. Hauptgerichte Rs90–150.
Four Seasons, Bhagat Singh Marg. Das vielleicht beste veg. Restaurant der Stadt hat hervorragende *dosas* und *uttapams,* außerdem eine Großauswahl an nordindischen Currys und ein paar chinesische Speisen. Eventuell muss man ein bisschen auf einen Tisch warten, besonders später am Abend, wenn die Einheimischen kommen. Kein Alkohol.
Lassiwala, 312 MI Rd. Berühmt für aus-gezeichnete Lassis, die in traditionellen Stil in Tonkrügen serviert werden. Seine Beliebtheit hat dazu geführt, dass sich zwei Konkurrenten gleich rechts (von vorn aus gesehen) davon angesiedelt haben – auf die richtige Haus-nummer achten! ⏱ bis zum frühen Nachmittag.
Little Italy, KK Square Mall, Prithviraj Rd. Schickes modernes Restaurant mit passablen – wenn auch nicht unbedingt authentischen – Pizza-, Pasta-, Risotto- und Fleischgerichten sowie einigen mexikanischen (!) Snacks. Ordentliche Auswahl an indischen Weinen. Hauptgerichte ab Rs300.
LMB, Johari Bazaar. Das einzige echte Restaurant in der Rosaroten Stadt. Das Essen (Hauptgerichte ab Rs120) ist aber leider nichts

Schlemmen wie im Märchen

Peacock Rooftop Restaurant, im Hotel Pearl Palace, Hari Kishan Somani Marg, Hathroi Fort. Das schönste Dachrestaurant der Stadt mit origineller Ausstattung wie niedlichen Metallstühlen und einer interessanten Pfauen-Überdachung, besonders hübsch abends. Umfangreiche Speisekarte mit schön zubereiteten veg. und nicht veg. indischen Gerichten, ein paar chinesischen Speisen, westlichen Snacks und Pizza, dazu kaltes Bier. Hauptgerichte Rs60–260.

Besonderes und außerdem übermäßig scharf gewürzt, um den fehlenden Geschmack auszugleichen. Vielleicht hält man sich besser an die Süßspeisentheke draußen. Dort gibt's ein berühmtes *paneer ghewar* und heiße *tikkis* in würziger Mango-Sauce.
Mohan's, Motilal Atal Rd, gegenüber vom Hotel Neelam. Gemütliches, schlichtes kleines veg. Restaurant, dank des guten und sehr preiswerten Essens eine Lieblingsadresse der Einheimischen; fast alle Gerichte unter Rs50.
Natraj, MI Rd. Etabliertes, rein veg. Restaurant mit vielen nordindischen Standardgerichten sowie *thalis, dosas* und sündhaft leckeren süßen Sachen in der Vitrine neben der Tür. Hauptgerichte Rs70–175.
Niro's, MI Rd. Hat mit das beste nicht veg. Essen in Jaipur, darunter Rajasthani-Spezialitäten wie *sula* (Lamm), *lal maans* (Hammel) und *gatta,* überdies viele verschiedene Tandooris und andere Fleisch- und veg. Currys, plus westliche und chinesische Speisen. Hauptgerichte Rs155–300. Alkoholausschank.
Om Tower Restaurant, Om Tower, MI Rd. Rajasthans erstes rotierendes Restaurant, im 14. Stock des Om Tower. Hauptattraktion ist natürlich die atemberaubende Aussicht, die Gerichte (nur veg.) sind ganz annehmbar, jedoch etwas überteuert (Hauptgerichte um Rs150–350). Kein Alkohol.
Rambagh Palace, Bhawani Singh Marg, ☏ 0141/221 1919, 🖥 www.tajhotels.com. In Jaipurs nobelstem Hotel gibt es zwei bemerkenswerte Restaurants: Im schon fast witzig überkandidelten klassizistischen Speisesaal des Swarna Mahal serviert man hervorragende indische Küche, im etwas weniger pompösen Rajput Room indische, europäische und chinesische Gerichte. Hauptgerichte in beiden ab etwa Rs850. Reservierung dringend zu empfehlen.
Reds, 5th Floor, Mall 21. Stilvolles modernes Restaurant mit Bar, roten und schwarzen Sofas und schönem Ausblick auf das Kino Raj Mandir gegenüber. Gute Auswahl an vorwiegend nordindischen Gerichten (veg. und nicht veg.), oder man kommt einfach nur auf einen Drink. Hauptgerichte Rs225–595.
Sunder Palace, im Hotel Sunder Palace, Sanjay Marg, Hathroi Fort, Ajmer Rd. Luftiges, blumengeschmücktes Dachrestaurant eines beliebten Gästehauses, spezialisiert auf köstliche veg. indische Küche zu sehr günstigen Preisen. Hauptgerichte Rs50–85. Alkoholausschank.
Surya Mahal, MI Road. Nettes kleines modernes veg. Restaurant mit südindischen Gerichten wie köstlichen *dosas, uttapams, iddlis, vadas* und *thalis*. Außerdem gutes Angebot an nordindischen veg. Currys sowie einige Rajasthani-Spezialitäten wie *kadi pakora* und *gatta masala.* Obendrein noch Pasta, Pizza und chinesische Gerichte. Hauptgerichte Rs70–175.

Unterhaltung

Amigo's Bar, im 9. Stock des Om Tower, MI Rd. Hat eine prima Aussicht auf die Stadt, eine ordentliche Getränkekarte (ein paar Cocktails inkl.) und passable TexMex-Snacks. Im nahen Reds (s. o.) ist die Ausstattung edler und das Essen besser, und man hat einen schönen Ausblick aufs Kino Raj Mandir.
Henry's, im Hotel Park Prime, Prithviraj Rd. Nette Kneipe im Stil eines englischen Pubs mit Eichentheke und Sport-Andenken. Dasselbe Hotel wartet außerdem mit einer hübschen Dachbar mit kleinem Pool und Stadtblick auf – besonders schön abends.
Ein denkwürdiges Trinkambiente bietet der Rambagh Palace: Hier hat man die Wahl zwischen der schicken Kolonialbar **Polo** und der lockereren Loungebar **Steam** (🕐 nur abends, Di geschl.) in den Waggons einer alten Dampfeisenbahn.

Rajasthan

Sieht man im Ausland indische Kunsthandwerksgegenstände oder Kleidungsstücke, so ist es nicht unwahrscheinlich, dass sie in Jaipur eingekauft wurden. Für den Durchschnittstouristen ist es nicht einfach, die besten Waren zu finden, doch in ganz Indien gibt es keinen besseren Einkaufsort für Souvenirs – vielleicht mit Ausnahme von Delhi. Gemäß Maharadscha Jai Singhs ursprünglicher Stadteinteilung sind die einzelnen Straßenzüge jeweils bestimmten Waren vorbehalten.

Stoffe und Kleidungsstücke, darunter Jaipurs berühmte Handdrucke und im Abbindeverfahren hergestellte Batiken namens *bandhani*, kauft man am besten im Bapu Bazaar im Süden der Rosaroten Stadt, der seit kurzer Zeit Fußgängerzone ist. Am gegenüberliegenden Ende der Stadt bieten in der Amber Road unmittelbar hinter dem Zorawar Gate zahlreiche „Emporien" prachtvolle Patchwork-Wandbehänge und Stickereien an. Da im Rahmen des organisierten Tourismus vorwiegend wohlhabende Touristen zu diesen Geschäften gefahren werden, muss man hartnäckig um angemessene Preise feilschen.

Die berühmten blauen **Keramikwaren** der Stadt, unter anderem Vasen im alten persischen Stil, Kacheln, Teller und Kerzenhalter, findet man in den Läden entlang der Amber Road oder in der Werkstatt des verstorbenen Kripal Singh (s. u.).

Anokhi, 2nd Floor, KK Square Mall, Prithviraj Rd, 🖵 www.anokhi.com. Die beste Adresse zum Einkauf qualitativ hochwertiger indischer Abendkleidung, *salwar kameez* und Hemden. Das Angebot umfasst außerdem hübsche Bettüberwürfe, Tischdecken und Kissenbezüge. ⏱ tgl. 9.30–20 Uhr.

Jodhpur Tailors, Motilal Atal Rd (hinter dem Hotel Neelam). Eine der besten Schneidereien der Stadt, wo kein Geringerer als der Maharadscha höchstselbst einkauft. Handgenähte Anzüge kosten ab Rs7500, man kann aber auch ein Hemd (ab Rs700), eine Hose (Rs1200) oder *jodhpurs* (Rs1400) kaufen. ⏱ Mo–Sa 10.30–21.30, So 14–18 Uhr.

Kripal Kumbh, Shiv Marg, nahe dem Jaipur Inn. Die ehemalige Werkstatt und gleichzeitig Wohnung von Jaipurs berühmtestem Töpfer, dem verstorbenen Kripal Singh, steht voller attraktiver und erschwinglicher Stücke aus traditioneller blau-weißer Jaipuri-Keramik. Die Werkstatt gibt an, die einzige in Jaipur zu sein, die völlig bleifreie Keramik produziert, in die auch heiße Speisen gegeben werden können. ⏱ tgl. 10–19 Uhr.

Schmuck und Edelsteine in Jaipur

Die beiden besten Orte zum Kauf von Silberschmuck sind der **Johari Bazaar** (die breite Straße in der Rosaroten Stadt, die vom Sanganeri Gate nach Norden verläuft) und der **Chameliwala Market**, unweit der MI Road im Gässchengewirr hinter dem Restaurant Copper Chimney. Letzterer hat auch die beste Edelstein-Auswahl, doch ist Vorsicht vor aalglatten betrügerischen Händlern geboten, die im örtlichen Jargon *lapkar* heißen. Es handelt sich gewöhnlich um junge Männer, die schicke Kleidung tragen und ausgezeichnet Englisch sprechen. Sie versuchen den Kunden einzureden, dass sie die in Jaipur gekauften Edelsteine im Heimatland mit hohem Profit weiterverkaufen können. Das ist natürlich Unsinn, doch so manchem geht erst ein Licht auf, wenn er sich Tausende Meilen entfernt mit einer Handvoll wertloser „Edelsteine" aus Glas über die mysteriösen Einträge auf der Kreditkartenrechnung wundert. Wer Schmuck oder Edelsteine in Jaipur mit Kreditkarte bezahlt, sollte Letztere niemals außer Sichtweite lassen und sich nie dazu überreden lassen, die Kreditkartenquittung als Sicherheit zurückzulassen.

Beim **Gem and Jewellery Export Promotion Council**, 2nd Floor, Rajasthan Chamber Bhavan, M Rd, nahe Ajmeri Gate, gibt es ein staatlich gefördertes Testlabor für Edelsteine, in dem man Edelsteine auf ihre Echtheit prüfen lassen kann. Das kostet pro Stein Rs605; das Ergebnis erhält man dann am nächsten Arbeitstag. Wer es noch am selben Tag benötigt (dazu muss der Stein bis 14 Uhr abgegeben werden), zahlt Rs935. ⏱ Mo–Fr und 1. sowie 3. Sa des Monats 10–16 Uhr.

Rajasthali, MI Rd, direkt südlich vom Ajmer Gate. In dem großen, staatlichen Kaufhaus lässt sich sehr gut ein Überblick über die Bandbreite an Kunsthandwerk und die zu erwartenden Preise gewinnen – allerdings finden sich in den Basaren der Rosaroten Stadt vielleicht ähnliche Stücke zu günstigeren Preisen. ⊙ Mo–Sa 11–19.30 Uhr.

Soma, 5 Jacob Rd, 🖥 www.somashop.com. Ähnliches Angebot wie Anokhi (allerdings keine Herrenbekleidung), aber ein bisschen billiger. ⊙ Mo–Sa 10–20, So 10–18 Uhr.

Sonstiges

Bücher
Bookwise, im Mall 21, gegenüber vom Kino Raj Mandir, hat eine hervorragende Auswahl an englischen Titeln, auch zu indischen Themen.
Books Corner, ganz in der Nähe in der MI Road (zwei Häuser westlich vom Restaurant Niro's), kleiner Laden mit einer passablen Auswahl an Büchern zum Thema Indien.

Fotoausrüstung
Sentosa Colour Lab, Ganpati Plaza, (zur MI Rd hin), ⊙ Mo–Sa 10–20 Uhr, und Goyal Colour Lab, neben Lassiwala, in der MI Rd, guter Service rund um die Digitalfotografie.

Geld
In der Stadt, besonders entlang der MI Road, finden sich zahlreiche Geldautomaten. Es gibt auch viele private Wechselstuben, die ungefähr dieselben Kurse einräumen wie die Banken, z. B. Thomas Cook, mit zwei Filialen in der MI Road: im Erdgeschoss des Jaipur Tower und gegenüber vom Ganpati Plaza, in denen es Bargeldvorschuss auf Kreditkarten gibt. ⊙ beide Mo–Sa 9.30–17.30 Uhr. Viele der ab S. 179 gelisteten Gästehäuser und Hotels wechseln Geld (manchmal zu schlechtem Kurs); im Pearl Palace Hotel gibt es einen 24 Std. geöffneten Geldwechselschalter.

Informationen
Die RTDC unterhält Informationsbüros am Bahnsteig 1 im Bahnhof, ✆ 0141/231 5714, ⊙ tgl. 7–22 Uhr, gegenüber der Hauptpost an der MI Road, ✆ 0141/237 5466, ⊙ tgl. 8–20 Uhr, und am Bussteig 3 des staatlichen Busbahnhofs, ⊙ 9.30–17 Uhr. In jedem dieser Büros können RTDC-Touren (S. 186) gebucht werden.
Ein India Tourism Office, ✆ 0141/237 2200, befindet sich im Hotel Khasa Kothi. Es hat zahlreiche Broschüren und landesweite Infos auf Lager. ⊙ Mo–Fr 9–18, Sa 9–13.30 Uhr. Hinweise auf aktuelle Veranstaltungen findet man im Monatsmagazin Jaipur City Guide (Rs40), erhältlich in manchen Hotels, Buchläden und an Zeitungskiosken.

Internet
Alle auf S. 179–182 aufgeführten Gästehäuser und Hotels bieten Internetzugang und zunehmend auch WLAN, doch wer in seiner Unterkunft (oder in einem anderen Gästehaus) keinen Zugang bekommt, kann es im Internet-café iWay (Rs30 pro Std.) gegenüber vom Atithi Guest House probieren, ⊙ tgl. 9–23 Uhr.

Kinos
Wer nur ein einziges Mal in ein indisches Kino gehen möchte, sollte sich für das Raj Mandir in der Bhagwan Das Road (Seitenstraße der MI Road) mit seiner wunderschönen Art-déco-Lobby und 1500 Sitzplätzen entscheiden. Die meisten Filme werden 4x tgl. gezeigt (normalerweise um 12.30, 15.30, 18.30 und 21.30 Uhr). Karten (Rs60/80) mindestens eine Stunde vorab besorgen, da die Schlangen immer lang sind.

Meditation
Dhamma Thali Vipassana Centre, ✆ 0141/268 0220, 🖥 www.dhamma.org. Das inmitten einer schönen Landschaft an der Straße nach Galta gelegene Zentrum ist eines von 50 weltweit, in denen Vipassana-Meditation praktiziert wird. Die Kurse (3–45 Tage; Programm s. Website) sind kostenlos, aber eine Spende wird erwartet.

Medizinische Hilfe
Das beste Krankenhaus für Notfälle ist das regierungseigene SMS Hospital, Sawai Ram Singh Rd, ✆ 0141/256 0291; normalerweise ist die Behandlung für Ausländer kostenlos. Das beste private Krankenhaus ist das Santokba Durlabhji Memorial Hospital (SDMH), Bhawani Singh Marg, ✆ 0141/256 6251.

Polizei

Zentrale in der Station Rd gegenüber vom Bahnhof, ℡ 0141/220 6324.

Post

Schalter für postlagernde Sendungen (*poste restante)* im **Hauptpostamt** in der MI Rd, ⊕ Mo–Sa 10–18 Uhr. Päckchen und Einschreiben werden in der Sortierstelle hinter den Hauptschaltern ausgehändigt. Aufzugebende Pakete und Päckchen muss man vor dem Haupteingang einnähen lassen, ⊕ Mo–Sa 10–16 Uhr. Am besten bringt man selbst einen Karton mit. Bevor man sie zumacht, sollte man Pakete im Zollbüro im 1. Stock prüfen lassen, dies verkürzt die Zustellzeit um etwa zehn Tage.

Das **DHL**-Büro der Stadt ist in G-8, C Scheme, Vinobha Marg, ℡ 0141/236 1159. Einen DHL-Schalter gibt es außerdem in der Standard Chartered Bank auf der Südseite der MI Road etwas westlich von Panch Batti. Der Betreiber des Pearl Palace Hotel ist ebenfalls ein registrierter DHL-Agent.

Reisebüros

Am einfachsten ist es normalerweise, im Hotel oder Gästehaus etwas arrangieren zu lassen. Zwei zuverlässige Alternativen sind **Rajasthan Travel Service**, im Erdgeschoss des Ganpati Plaza an der MI Road, ℡ 0141/238 9408, 🖥 www.rajasthantravelservice.com, und **Travel-Care** (s. Fluggesellschaften, S. 188).

Schwimmen

Der hübscheste, auch Nicht-Hausgästen geöffnete **Hotelpool** in Jaipur ist derzeit der des Alsisar Haveli (Rs200 pro Std.). Billiger sind die Pools der folgenden Hotels: Shahpura House (kostenlos, wenn man im Hotel isst), Umaid Bhawan (Rs150 pro 3 Std.), Madhuban (Rs100) und Raj Mahal (Rs170).

Stadtrundfahrten

Auf sehr preiswerte, aber auch sehr gehetzte Art und Weise lernt man Jaipurs wichtigste Sehenswürdigkeiten mit einer der beiden Stadtrundfahrten der **RTDC** kennen (5-stündige Halbtagstour Rs150; 9-stündige Ganztagstour Rs200;

Eintrittsgebühren nicht inkl.), bei denen die meisten Sehenswürdigkeiten abgehakt werden. RTDC bietet auch eine „Pink City by Night"-Tour inkl. Dinner im Nahargarh Fort im Angebot (18.30–22.30 Uhr; Rs250). Buchungen in jeder der o. g. RTDC-Filialen oder über das Hotel Gangaur der RTDC in der MI Road. Abfahrt ist ebenfalls bei den Filialen.

Yoga

Rajasthan Swasth Yoga Parishad, New Police Academy Rd, ℡ 0141/239 7330; **Rajasthan Yoga Centre**, 2 km nördlich vom Bani Park in Shastri Nagar; **Madhavanand Ashram**, ℡ 0141/220 0317, im Bani Park.

Nahverkehr

Jaipur ist sehr weitläufig. Zwar lässt sich die Rosarote Stadt (trotz der Menschenmengen) zu Fuß erkunden, doch braucht man eventuell ein Transportmittel, um vom Hotel aus überhaupt erst einmal hinzugelangen. Die morgendlichen und abendlichen Stoßzeiten sollte man besser meiden, besonders in der Rosaroten Stadt. In der ganzen Stadt wimmelt es von **Motor-Rikschas**. Es gibt auch **Fahrrad-Rikschas**, doch die brauchen in dem Gewimmel oft sehr lang bis zum Ziel. **Vorausbezahlte Motor-Rikschas** kann man an den rund um die Uhr geöffneten Schaltern vor dem Bahnhof und dem Busbahnhof buchen. Hier sind die Preise erheblich niedriger als auf der Straße (z. B. Rs380/Rs212 für einen ganzen/halben Tag, oder nur Rs84 für die einfache Fahrt nach Amber).

Ein **Auto mit Fahrer** lässt sich in den meisten Unterkünften oder in jeder RTDC-Filiale organisieren. Die Preise liegen bei ungefähr Rs900–1000 pro Tag.

Transport

Jaipur ist Rajasthans wichtigster Verkehrsknotenpunkt mit täglichen Flug-, Bus- und Zugverbindungen zu den meisten großen Städten Indiens. Relativ nahe Ziele wie Agra, Bharatpur, Ajmer (für Pushkar) und die Shekhawati-Städte erreicht man am besten per Bus; eine Ausnahme bildet Sawai Madhopur, das Sprungbrett für den Ranthambore-Nationalpark, das man am bequemsten mit dem Zug erreicht.

Busse

Die **staatlichen RSRTC-Busse** aus ganz Rajasthan und weiter entfernten Gebieten verkehren vom Interstate Bus Terminal („Sindhi Camp") in der Station Rd. Ankommende Busse aus Delhi und Agra fahren am südlichen Rand der Stadt entlang, wo sie kurz am Verkehrsknotenpunkt Narain Singh Circle halten. Dort verkünden Rikschafahrer lauthals, oft mit Unterstützung der Busfahrer, es sei die Endstation („bus going to yard") – was nicht stimmt; es ist nur eine Masche, Reisende in ihre Rikscha zu locken und zu Unterkünften zu fahren, von denen sie Provisionen beziehen.

Für schnellere, jedoch seltener verkehrende Deluxe-Busse der Gold Line („Volvo") und Silver Line auf Langstrecken werden Sitzplätze garantiert. Anfragen nach Deluxe-Bussen unter ☏ 0141/220 4445; Reservierungen bis zu 24 Std. im Voraus unter ☏ 0141/220 5790.

Für andere Busse spricht man einfacher persönlich an den Buchungsschaltern des Busbahnhofs vor (Ziele stehen draußen an den Kabinen). Eigener Bereich für Deluxe-Busse am Bahnsteig 3 (🕐 24 Std.). Nach PUSHKAR fährt tgl. um 13 Uhr ein RTDC-Bus; eine andere Möglichkeit besteht darin, mit einem der regulären Busse nach Ajmer zu fahren und dort umzusteigen oder aber einen privaten Bus zu nehmen.

Privatbusse bedienen ebenfalls ein weites Netz an Zielen, oft in komfortablen modernen Reisebussen, dafür sind sie jedoch häufig überfüllt und halten unterwegs vielleicht unfahrplanmäßig, um weitere Fahrgäste aufzunehmen. Tickets bei den Agenten in der Station Road.

Eine zuverlässige Gesellschaft für Direktbusse nach Pushkar ist **Jai Ambay Travels** in der Station Road, nahe der Kreuzung mit der

Empfohlene Zugverbindungen ab Jaipur

Zielort	Name	Abfahrt	Ankunft
Abu Road	Aravali Express 19708	09.00 Uhr (tgl.)	17.00 Uhr
	Sealdah Express 12988	15.00 Uhr (tgl.)	19.30 Uhr
	Marudhar Express 14864/14854/14866	15.20/15.25 Uhr (tgl.)	21.00 Uhr
Ajmer	Shatabdi Express 12015	10.35 Uhr (tgl.)	12.40 Uhr
	Aravali Express 19708	09.00 Uhr (tgl.)	11.15 Uhr
Alwar	Jammu Tawi Express 12413	16.30 Uhr (tgl.)	18.38 Uhr
	Shatabdi Express12016	17.50 Uhr (tgl.)	19.30 Uhr
Bikaner	Bikaner Intercity 12468	15.00 Uhr (tgl.)	21.40 Uhr
Chittaurgarh	Udaipur Express 12965	22.20 Uhr (tgl.)	03.50 Uhr
Delhi	Jaisalmer Express 4060	05.00 Uhr (tgl.)	11.05 Uhr
	Shatabdi Express 12016	17.45 Uhr (tgl.)	22.40 Uhr
Jaisalmer	Delhi-Jaisalmer Express 14659	23.45 Uhr (tgl.)	11.00 Uhr
Jodhpur	Marudhar Express 14853/14863/14865	11.30 Uhr (tgl.)	17.00 Uhr
	Ranthambore Express 12465	17.00 Uhr (tgl.)	22.00 Uhr
	Delhi-Jaisalmer Express 14659	23.45 Uhr (tgl.)	05.05 Uhr
Kota	Intercity Express 12466	10.55 Uhr (tgl.)	14.45 Uhr
	Mumbai Superfast 12956	14.10 Uhr (tgl.)	17.25 Uhr
Sawai	Madhopur Intercity Express 12466	10.55 Uhr (tgl.)	13.15 Uhr
	Mumbai Superfast 12956	14.10 Uhr (tgl.)	16.00 Uhr
	(für den Ranthambore National Park)		
Udaipur	Udaipur Express 12965	22.20 Uhr (tgl.)	06.10 Uhr
Varanasi	Marudhar Express 14854/14864/14866	15.20/15.25 Uhr (tgl.)	10.30/08.35/ 09.30 Uhr

MI Road, ☎ 0141/220 5177, deren komfortable Deluxe-Busse um 9.30 Uhr abfahren. Tickets bis unmittelbar vor der Abfahrt, doch sicherer ist es, sie vorab zu kaufen (telefonische Reservierung möglich).

Dasselbe Unternehmen verkauft Fahrkarten für Busse nach AGRA (stdl., 5 1/2 Std.), AJMER (6x tgl., 2 1/2 Std.), BARATHPUR (stdl., 4 1/2 Std.), BIKANER (5x tgl., 6 Std.), BUNDI (2x tgl., 4 Std.), CHITTAURGARH (1x tgl., 6 Std.), JAISALMER (1x nachts, 12 Std.), JODHPUR (3x tgl., inkl. Nachtbus um 22.30 Uhr, 6–7 Std.), KOTA (2x tgl., 5 Std.), NAWALGARH (stdl., 3 Std.) und UDAIPUR (2x nachts, 9 Std.).

Eisenbahn

Jaipurs **Hauptbahnhof** liegt 1,5 km westlich der Rosaroten Stadt. Fahrkarten mindestens einen Tag vorher in der computerisierten Reservierungshalle direkt am Hauptbahnhof, ☎ 0141/220 1401, ⏰ Mo–Sa 8–20, So 8–14 Uhr, reservieren. Es gibt einen speziellen Schalter für „Foreign Tourist and Freedom Fighter".

Flüge

Jaipurs moderner **Sanganer Airport** liegt 15 km südlich des Zentrums. Es fahren Flughafenbusse in die Stadt; eine Rikscha kostet etwa Rs200, ein Taxi Rs330–400.

Der Flughafen wird derzeit von folgenden Gesellschaften angeflogen: Air-India Express (IX), Air India Regional (CD), GoAir (G8), Indian Airlines (IC), IndiGo (6E), Jet Airways (9W), Kingfisher (IT) und SpiceJet (SG).

Es gibt Flugverbindungen nach: Ahmedabad (6E, SG), Bengaluru (Bangalore; G8, 6E, IT, SG), Chandigarh (IT), Chennai (6E, SG), DELHI (IX, CD, IC, 9W, IT), Goa (SG), Guwahati (6E), Hyderabad (6E, SG), Indore (G8), Jammu und Sriniagar (IT), Kolkata (Kalkutta; IX, 6E, SG), Mumbai (IC, G8, 6E, 9W, SG, IT) und Udaipur (IX, 9W, IT).

Fluggesellschaften

In den Jaipur Towers an der MI Rd befinden sich Dutzende Büros von Airlineagenten, von denen aber längst nicht alle vertrauenswürdig sind. Die empfehlenswerteste Adresse ist **Travel-Care** im Erdgeschoss des rechten Gebäudeteils, ☎ 0141/237 1832, 🖥 www.travel careindia.com, das die Vertretung von fast jeder einheimischen und den meisten großen internationalen Fluglinien hat, darunter Air India, BA, Air France, KLM, Lufthansa, Thai Airways, Singapore Airlines und Gulf Air. ⏰ 24 Std.

Amber

Die 11 km nördlich von Jaipur hoch oben auf einem mächtigen Felsen thronende Festung Amber (oder Amer), gesichert durch natürliche Bergketten, hohe Schutzwälle und hintereinander angeordnete Tore, war von 1037 bis 1727, als Jai Singh seine neue Stadt Jaipur gründete, die Hauptstadt der Kachchwaha-Rajputen. Ambers Palastgebäude sind weniger beeindruckend als die von Jaipur, doch die Lage ist atemberaubend.

Der Palastbereich

Vom Dorf führt der Pfad hoch zum **Suraj Pol** („Sonnentor") und dem großen Hof **Jaleb Chowk** am Eingang zum Hauptpalastkomplex. Hier befindet sich der Kartenverkaufsschalter, wo auch die offiziellen Guides warten, die Führungen für rund Rs200 anbieten. Der **Shri Sila Devi-Tempel** in der linken Ecke des Hofs ist Sila geweiht, einer Erscheinungsform der Göttin Kali. Die Statue von Sila Devi im Inneren des Tempels gehört zu den meistverehrten in Jaipur, ⏰ 12–16 Uhr geschlossen.

Neben dem Shri Sila Devi-Tempel geht es auf steilen Stufen zum **Singh Pol** („Löwentor") hinauf, dem Eingang zum Hauptpalast. Architektonisch präsentiert er sich als typisches rajasthanisches Bauwerk, doch es ist klar ersichtlich, dass auch Mogul-Konzepte die Gestaltung beeinflusst haben. Zum Beispiel ist die Auskleidung der Wände mit Spiegelmosaiken ein typisches Merkmal der Mogul-Architektur. Hinter dem Singh Pol öffnet sich der erste der drei Hauptplätze des Palasts. Dort steht die 1639 erbaute **Diwan-i-Am** (öffentliche Audienzhalle). Der an den Seiten offene Pavillon weist deutliche bauliche Übereinstimmungen mit den Mogul-Audienzhallen in Delhi und Agra auf.

Schräg gegenüber bietet das mit vorzüglichen Malereien versehene **Ganesh Pol** Zugang

Ein erfrischendes Bad im Maota-See vor dem Hintergrund der Festung von Amber

zu einem zweiten Hof, dessen rechte Seite ein Garten mit Miniaturspringbrunnen einnimmt. Dahinter liegen die Säle des **Sukh Mahal**. Seine Marmorzimmer wurden durch Wasser gekühlt, das durch kleine Öffnungen in den Wänden herabfloss – eine frühe und sehr effiziente Klimaanlage. An der gegenüberliegenden Hofseite beherbergt der wunderschöne **Sheesh Mahal** die einstigen privaten Gemächer des Maharadscha und seiner Frau. Spiegel- und Buntglasscherben bilden ein kompliziertes Mosaik, das die Innen- und Außenwände sowie die Decken der Räume vollständig überzieht. Am Hofende hinter dem Sheesh Mahal führt ein schmales Treppenhaus zu dem kleinen Innenraum **Jas Mandir** hoch, den ähnliche Mosaiken zieren. Durch kunstvoll gestaltete Marmortrennwände wird er vor grellem Sonnenlicht geschützt.

An der Rückseite des Sheesh Mahal geht es durch einen schmalen Korridor in einen weiteren großen Innenhof im Zentrum des **Palastes von Man Singh I.**, den ältesten Teil der Palastanlage. Verglichen mit den späteren Bauten sind diese hier ausgesprochen schlicht, müssen ursprünglich aber kostbar verziert und möbliert gewesen sein. Der von Säulen getragene Bereich im Zentrum des Hofs *(baradari)* war einst der Treffpunkt der Maharanis, die durch wallende Vorhänge vor Männerblicken geschützt waren. ⏱ tgl. 8–18 Uhr, Eintritt Rs150, Audioguide Rs150.

Am unteren Ende des Wegs zum Palast befindet sich eine kleine **Touristeninformation**, ⏱ tgl. 8–16 Uhr; von hier aus sind es 15–20 Min. zu Fuß hoch zum Palast. Man kann auch einen Jeep nehmen (Rs200 hin und zurück, inkl. 1 Std. Wartezeit) oder auf dem Rücken eines Elefanten hochreiten (Rs570 für 1 oder 2 Pers.).

Jaigarh

Das mächtige Amber Fort (Jaigarh) wurde im Jahre 1600 gebaut. Es ragt stolz auf dem Bergrücken hinter dem Amber-Palast auf und bietet unglaubliche Ausblicke über die Berge und Ebenen. Da die Kachchwahas in freundschaftlichen Beziehungen zu den Moguln standen, erlebte die Festung keine nennenswerten Schlachten. Im Mittelpunkt der Festung wurde ein kleines **Museum** eingerichtet. Es zeigt eine Sammlung alter Landkarten und Fotos sowie ein paar Kanonen von 1588. Keine davon kann sich aber mit der mächtigen Jaivana-Kanone messen, der größten ihrer Art in Asien, die majestätisch auf dem höchsten Punkt der Festung thront, fünf Minuten zu Fuß vom Museum entfernt. Um sie abzufeuern, bräuchte man 100 kg Schießpulver. Angeblich hat sie eine Reichweite von 35 km – genau weiß man es aber nicht, da sie niemals zum Einsatz kam. ⊙ tgl. 9–17 Uhr, Eintritt Rs75.

Die meisten Besucher wandern vom Amber-Palast zum Fort hinauf, ein steiler, 15- bis 20-minütiger Anstieg. Der Pfad zur Festung beginnt direkt unterhalb vom Palasteingang und zweigt in der Nähe des oberen Endes der Zickzackstraße ab (derjenigen, die von den Elefanten benutzt wird; nicht vom Fußpfad). Wer mit dem Pkw oder Jeep herkommen möchte, muss der wesentlich längeren Straße folgen, die sowohl nach Jaigarh als auch Nahargarh führt. Jeeps für die Hin- und Rückfahrt zur Festung werden im Dorf Amber vermietet (Rs400, inkl. 2 Std. Wartezeit).

Der Ort Amber

Der stimmungsvolle, aber nur wenig besuchte Ort Amber unterhalb des Palastes birgt jede Menge Zeugnisse der Kachchwaha-Herrschaft. Eine der auffälligsten Sehenswürdigkeiten der Gegend ist der ungewöhnliche **Jagat Shiromani-Tempel**, erbaut von Man Singh, nachdem sein Sohn und designierter Nachfolger in der Schlacht gefallen war. Der Tempel ist ein großes, überladenes Bauwerk mit einem großen *shikhara* und einer ungewöhnlich großen, zweistöckigen *mandapa* mit einem gebogenen Dach wie dem eines Mogul-Pavillons.

Im Ort ist zehn Gehminuten vom Fort außerdem das hervorragende **Anokhi Museum of Hand Printing**, Kheri Gate, 🖳 www.anokhimuseum. com, ansässig. Das Museum in einem schönen alten Haveli zeigt eine interessante Sammlung von handbedruckten Stoffen und Kleidungsstücken. Zudem werden Druck- und Schnitzvorführungen geboten. ⊙ Di–Sa 10.30–17, So 11–16.30 Uhr, Mai–Mitte Juli geschl.; Eintritt Rs30, Fotoerlaubnis Rs50, Video Rs150.

Transport

Vor dem Hawa Mahal in JAIPUR fahren öffentliche Linienbusse ab (alle 5–10 Min.; 20–30 Min.), die in Amber in der Hauptstraße unterhalb der Palastanlage halten. Eine Motor-Riksha kostet hin und zurück etwa Rs250 inkl. 2 Std. Wartezeit. Es ist ratsam, frühmorgens herzukommen, noch vor den Busladungen an Reisegruppen.

Samode

Versteckt in den Aravalli-Hügeln liegt 42 km nordwestlich von Jaipur das Dorf Samode, dessen Schmuckstück ein tadellos restaurierter **Palast** (eigentlich ein Haveli) aus dem 18. Jh. ist. Der Palast ist inzwischen ein preisgekröntes Heritage-Hotel, das **Samode Palace**, ✆ 01423/240014, 🖳 www.samode.com; ab US$300, ⊙, von Mai–Sep gibt es einen Preisnachlass von 30 %. Das Hotel wartet mit romantischen Zimmern voller Wandmalereien und stilvoller Antiquitäten auf. Wer kein Hotelgast ist, zahlt für den Besuch stolze Rs500 (drinnen gegen Speisen und Getränke einzutauschen). Vom Palast führen 300 Stufen zu einer **Festung** hinauf, von der sich schöne Ausblicke auf die Umgebung eröffnen.

Sanganer

16 km südlich von Jaipur liegt Sanganer, das lebendigste Zentrum der Region für **handgefertigte Textilien** und der beste Ort, traditionell arbeitenden Blockdruckern bei der Arbeit zuzuschauen. Es gibt einige größere Fabriken, doch die meisten Drucke entstehen in Heimarbeit. Zu den Sehenswürdigkeiten der Stadt gehören verfallene Paläste und mehrere elegante Jain-Tempel, darunter der **Shri Digamber-Tempel** in der Nähe des Tirpolia Gate. Staatliche Busse und Minibusse nach Sanganer fahren in Jaipur vom Chand Pol über die Ajmer Road (alle 15 Min.); vom Ajmeri Gate fährt der staatliche Bus 201.

Nördlich von Jaipur: Shekhawati

Nördlich von Jaipur wird das Land immer trockener und unwirtlicher; Bauernhöfe und Felder machen langsam Platz für hügelige Halbwüste, gespickt mit *khejri*-Bäumen und einsamen, von Umzäunungen aus Dorngestrüpp umgebenen Häusern. Heute ist diese unter dem Namen Shekhawati bekannte Region eher abgeschieden. Aber früher verliefen hier bedeutende Karawanenwege, die Delhi und Sind (im heutigen Pakistan) mit der Küste von Gujarat verbanden, bevor sich die Route durch die Wüste Thar durch den Aufstieg von Bombay und Kalkutta Richtung Süden und Osten verlagerte. Die kaufmännischen Marwari und die Landbesitzer der *thakur*-Kaste in Shekhawati wurden durch Handel und Wegezölle reich und bauten im Wettstreit miteinander stolze, prunkvoll dekorierte **Havelis**, die auch heute noch die Straßen der staubigen kleinen Städte der Region säumen.

Die vielen Herrenhäuser, Paläste und Kenotaphen sind innen und außen mit äußerst kunstvollen bunten **Wandmalereien** übersät. Angesichts des Reichtums an traditioneller Kunst und der unmittelbaren Nähe der Region zu Jaipur ist es verblüffend, dass ein Großteil der Shekhawati-Region immer noch mehr oder weniger abseits der Touristenpfade liegt. Die Region ist noch am einfachsten auf der Straße zu bereisen. Die Hauptorte sind durch immer überfüllte Nahverkehrsbusse miteinander verbunden. Zwischen den Städten und Dörfern verkehren außerdem Jeeps, die so viele Fahrgäste mitnehmen wie nur irgend möglich. Die Bahnverbindungen sind hoffnungslos langsam, unzuverlässig und unpraktisch.

Nawalgarh

Im Zentrum der Region Shekhawati, umgeben von Wüste und *khejri*-Gestrüpp, liegt das Marktstädtchen Nawalgarh – zusammen mit dem nahe gelegenen Mandawa der angenehmste Ausgangspunkt für eine Erkundung der Region.

Die Stadt

Ausgangspunkt einer Besichtigung von Nawalgarh ist das prächtige Anandi Lal Poddar Haveli an der Ostseite der Stadt, in dem jetzt das **Dr. Ramnath A. Poddar** Haveli Museum, 🖳 www. poddarhavelimuseum.org, untergebracht ist. Es wurde 1920 erbaut und dient heute gleichzeitig als Schule. Es ist eines der wenigen Havelis in Shekhawati, deren alte Pracht wiederhergestellt wurde, und darf sich der lebendigsten Wandgemälde der Stadt rühmen. Dazu zählt die

Die Havelis der Shekhawati-Region

Einige Havelis, besonders in Nawalgarh, sind inzwischen restauriert und in Museen verwandelt worden. Die meisten jedoch befinden sich in einem malerischen Stadium des Verfalls. Manche sind immer noch bewohnt, andere dagegen wurden aufgegeben und stehen leer, abgesehen von einem einsamen *chowkidar* (Hausmeister/-wächter). In manchen Havelis sind Besucher gegen ein kleines Trinkgeld (Rs20–30) willkommen, in anderen nicht. Wer sich nicht sicher ist, steckt den Kopf durch die Eingangstür und fragt nach. Aber nicht vergessen, dass es sich um Privatwohnungen handelt, in die man nicht einfach ohne Erlaubnis hinein marschiert.

Darstellung eines Stierkopfes, der sich in einen Elefantenkopf verwandelt, wenn der Betrachter von links nach rechts geht. In dem Haveli sind auch einige ganz nette Ausstellungsstücke zu verschiedenen Aspekten des Lebens der Rajasthani zu sehen. ☉ tgl. 8–19 Uhr, Eintritt Rs100, Fotoerlaubnis Rs30, Video Rs50.

Ein kurzes Stück weiter nördlich liegt das schöne **Moraka Haveli**, das Wandgemälde schmücken, auf denen Shiva, Parvati, Krishna und Jesus zu sehen sind. ☉ tgl. 8–19 Uhr, Eintritt Rs50. Direkt gegenüber vom Moraka Haveli befindet sich der eindrucksvolle, aus der Mitte des 18. Jhs. stammende **Krishna Mandir** mit seinen zierlichen *chhatris*. Rund 200 m östlich vom Moraka Haveli sind im nicht restaurierten, 150 Jahre alten **Bhagton ki Choti Haveli** (keine festen Öffnungszeiten, Eintritt Rs40) ungewöhnliche Wandgemälde zu sehen, darunter ein Engel im europäisch-christlichen Stil und Queen Victoria (über den Bögen rechts von der Haupttür). Ein Bild auf der linken Seite zeigt sieben Frauen in der Gestalt eines Elefanten. Auf anderen Gemälden sind Rad fahrende Europäer, ein Dampfer und eine Eisenbahn dargestellt.

Das Fort und die östlichen Havelis

Das **Fort** (Bala Qila) im Herzen der Stadt jedoch wird beinahe von einer Ansammlung moderner Gebäude erdrückt. Diese umgeben einen zentra

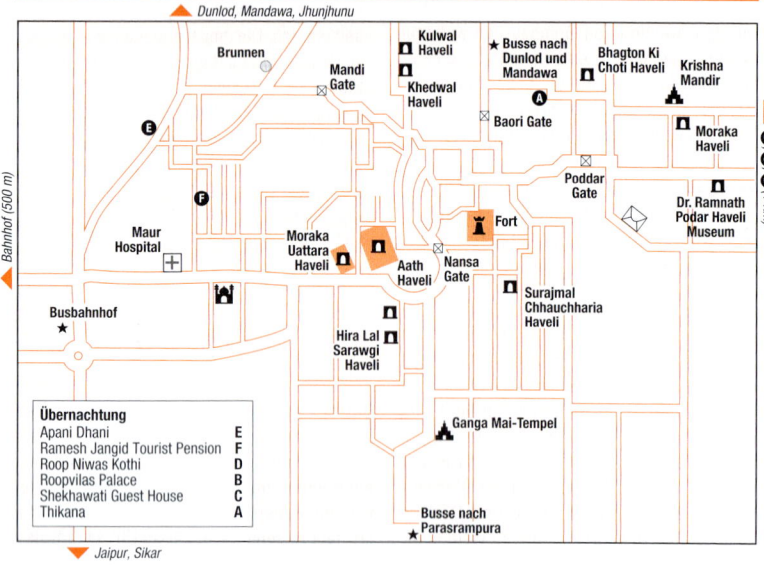

Nawalgarh

N — 0 500 m

Dunlod, Mandawa, Jhunjhunu

Brunnen
Kulwal Haveli
★ Busse nach Dunlod und Mandawa
Bhagton Ki Choti Haveli
Krishna Mandir
Mandi Gate
Khedwal Haveli
Baori Gate
Moraka Haveli
E
Poddar Gate
F
Maur Hospital
Moraka Uattara Haveli
Aath Haveli
Nansa Gate
Fort
Dr. Ramnath Podar Haveli Museum
Busbahnhof ★
Hira Lal Sarawgi Haveli
Surajmal Chhauchharia Haveli

Rajasthan

Bahnhof (500 m)

B C D (1 km)

Übernachtung
Apani Dhani	E
Ramesh Jangid Tourist Pension	F
Roop Niwas Kothi	D
Roopvilas Palace	B
Shekhawati Guest House	C
Thikana	A

Ganga Mai-Tempel

Busse nach Parasrampura ★

Jaipur, Sikar

len Hof, in dem jetzt der farbenfrohe städtische Gemüsemarkt untergebracht ist. Das baufällige Haus in der äußersten linken Ecke des Hofs (bei der Bank of Baroda) enthält den großartigen Spiegelsaal **Sheesh Mahal**, der früher einmal als Ankleidezimmer der Maharani von Nawalgarh diente und zu dessen Deckenmalereien ein Plan von Nawalgarh und Jaipur gehört. Wer ihn besichtigen möchte, muss die üblichen Rs10–20 Bakschisch hinlegen; wenn niemand anwesend ist, wendet man sich an die Süßwarenfabrik auf der gegenüberliegenden Hofseite.

Wer nach Westen durchs **Nansa Gate** (verwirrenderweise als „Rambilas Podar Memorial Gate" ausgeschildert) geht und der darum herum führenden Straße folgt, gelangt zum sogenannten **Aath Haveli** („Acht Havelis", erbaut von acht Brüdern, allerdings wurden nur sechs fertiggestellt), einem Komplex von verschwenderisch verzierten Villen, die Wandgemälde mit dem typischen Mischmasch aus alt und modern aufweisen. Das unlängst renovierte **Moraka**

Uattara Haveli gegenüber verfügt ebenfalls über ein reich bemaltes Äußeres und einen ebensolchen Männerhof; Elefanten und Pferde sind von üppig sprießenden Blumenmustern umgeben, ⊙ tgl. 8–18 Uhr, Eintritt Rs50. Ganz in der Nähe ist das **Hira Lal Sarawgi Haveli**, dessen Fassaden drei große Autos und eine Brücke schmücken.

Weitere Havelis liegen in den Straßen südlich und südwestlich des Nansa Gate, darunter das **Surajmal Chhauchharia Haveli**. Zwei kleine Wandbilder zeigen Europäer im Heißluftballon, wobei der Maler bezüglich der Funktionsweise seine Fantasie spielen ließ: Die beiden Passagiere blasen durch kleine Pfeifen in den Ballon, um ihm Auftrieb zu geben.

Übernachtung und Essen

In Nawalgarh findet sich eine überraschend gute Auswahl an Unterkünften, von denen einige auch gutes veg. Bio-Essen aus der eigenen Küche bieten.

Ramesh Jangid Tourist Pension. Am westlichen Stadtrand, gleich nördlich vom Maur Hospital, ☏ 01594/224060, 💻 www.touristpension.com. Gemütliches Gästehaus mit einfachen, aber einwandfreien, preiswerten Zimmern im einladenden Wohnhaus einer brahmanischen Familie. Die teureren Zimmer haben solarerwärmtes Wasser und schöne Wandgemälde. Zudem ausgezeichnetes, rein vegetarisches Essen, Internet, Jeeptouren, Batik-, Koch- und Hindi-Kurse. ❷–❸

Roop Niwas Kothi, 1 km östlich der Innenstadt, ☏ 01594/222008, 💻 www.roopniwaskothi.com. Dieses verschachtelte koloniale Herrenhaus mit altmodischen Zimmern ist bei Busreisegruppen beliebt. Es verströmt eine gewisse verblichene Eleganz und viel historisches Flair – und das zu einem recht bescheidenen Preis. ❼

Roopvilas Palace, 1 km östlich der Innenstadt, neben dem Roop Niwas Kothi, ☏ 01594/224321, 💻 www.roopvilas.com. Anmutiges Heritage-Hotel in einem königlichen Palast aus dem 19. Jh. und in modernen Nebengebäuden auf weitläufigem und schön gepflegtem Gelände. Unterschiedliche Zimmer und Suiten sowie 3 Luxus-Zelte mit AC, außerdem Pool und Zentrum für Ayurveda-Massagen. ❼, Zelte ❽

Vorbildlich

Apani Dhani, am nordwestlichen Stadtrand, ☏ 01594/222239, 💻 www.apanidhani.com. Das hübsche kleine Öko-Resort besteht aus einer Ansammlung einladender, nachgebauter Rajasthani-Dorfhütten mit Lehmwänden und ist ein vorbildliches Beispiel für nachhaltigen regionalen Tourismus. Ein Teil der Gewinne wird an Umwelt- und Bildungsprojekte abgeführt, und einige ortsansässige Handwerker verdienen sich ihren Lebensunterhalt durch die Mitarbeit am interessanten Angebot an kunsthandwerklichen und kulturellen Aktivitäten des Resorts. Die Zimmer (besonders die in der ein wenig teureren *superior category)* besitzen eine Menge rustikalen Charme, außerdem gibt es ausgezeichnete Biokost – serviert im Garten –, Aktivitäten wie Batik- und Kochkurse sowie Touren. Reservierung erforderlich. ❹

Shekhawati Guest House, 1 km östlich der Innenstadt, 200 m südlich vom Roop Niwas Kothi, ☏ 01594/224658, 💻 www.shekhawatiguesthouse. com. Nettes, von der freundlichen Kalpana Singh geführtes Guesthouse. Unterbringung entweder in den hübschen und sauberen, jedoch eher dunklen Zimmern mit *air-cooler* im Haupthaus oder in den teureren Gartenhäuschen (mit Ventilator). Das ausgezeichnete Essen (veg. und nicht veg.) wird aus frischen, organischen Zutaten bereitet, und Gäste können kostenlos kochen lernen. Außerdem werden Touren arrangiert. ❸, Cottages ❹

Thikana (vor Ort auch bekannt als Vishnu Basotia's), 100 m westlich des Bhagton ki Haveli, ☏ 9414/082791, 💻 www.heritagethikana. com. Nettes familiengeführtes Hotel mitten in der Stadt mit schön eingerichteten Zimmern und herrlicher Aussicht von der Terrasse im Obergeschoss. Allerdings verdient das etwas schäbige moderne Gebäude nicht die Bezeichnung „Heritage Hotel", die es sich selbst verliehen hat. ❹

Touren

Für Ausflüge in die Umgebung kann man einen der billigen, überfüllten Jeeps nehmen, die von Dorf zu Dorf fahren. Alternativ lässt sich über **Apani Dhani** oder bei der **Ramesh Jangid Tourist Pension** ein Fahrzeug mieten. Die Besitzer dieser beiden Gästehäuser organisieren auch sozial verträgliche Touren durch Shekhawati, darunter Jeeptouren in die nahe gelegenen Städte und zu anderen interessanten Orten (Rs1500–2000). Außerdem Stadtspaziergänge durch Nawalgarh (Rs350 p. P.) und Touren im Kamelkarren (Rs1200 pro Tag). **Babloo Sharma** im Moraka Haveli, ☏ 9828/191232, (Vorsicht vor den Nachahmern in der Straße davor) arrangiert ebenfalls und zu ähnlichen Preisen Rundgänge und Autotouren sowie Reitexkursionen (Rs600 pro Std.). Das Hotel **Roop Niwas Kothi** organisiert kurze Ausflüge auf dem Rücken von Kamelen (Rs500 pro Std.) oder reinrassigen Marwari-Pferden (Rs600 pro Std.) und führt darüber hinaus längere Pferde- und Kamelsafaris durch – Näheres unter 💻 www.royalriding holidays.com.

Fahrräder kann man im Apani Dhani und in der Ramesh Jangid Tourist Pension mieten (Rs50 pro Tag).

Busse

Nawalgarhs **Bus- und Jeepstation** liegt rund 1,5 km westlich der Stadt, um Rs50–70 mit der Motor-Rikscha von den Hotels und Gästehäusern. Nach JAIPUR fahren vom Busbahnhof RSRTC-Busse alle 15 Min. (3 1/2 Std.) und ein Deluxe-Bus um 8 Uhr. Es verkehren auch einige Privatbusse, die ihre Passagiere aber 5 km außerhalb der Innenstadt von Jaipur absetzen. Es gibt außerdem Busverbindungen nach Jhunjhunu (alle 15–30 Min., 1 Std.), FATEHPUR (1–2x stdl., 1 1/4 Std.) und BIKANER (stdl., 3 1/2 Std.). Morgens fahren einige Direktbusse nach DELHI (8 Std.). Busse nach Dundlod (alle 30 Min., 20 Min.) und MANDAWA (alle 30 Min., 45 Min.) fahren von der Bushaltestelle gleich hinter dem Baori Gate am nördlichen Ortsrand ab. Orte in der Umgebung werden außerdem von Jeeps angesteuert; sie fahren ab, wenn sie voll sind.

Eisenbahn

Der **Bahnhof** liegt 1 km westlich des Busbahnhofs. Die Strecke zwischen Nawalgarh und **Delhi** wird gerade von Schmal- auf Breitspur umgerüstet, sodass keine durchgehenden Züge verkehren; es ist daher einfacher, den Bus zu nehmen. Es verkehren mehrere Züge nach **Jaipur**, aber auch hier sind Busse schneller und zuverlässiger.

Dundlod und Parasrampura

Das nächste Ziel für Tagesausflüge von Nawalgarh ist das nur 7 km nördlich gelegene **Dundlod**, das eine alte Festung und mehrere große Havelis besitzt. Das alte **Fort** (Eintritt Rs20) ist wegen des schönen alten Diwan-i-Khana voller alter europäischer Möbel einen kurzen Besuch wert. Die Festung beherbergt außerdem das Luxushotel **Dundlod Fort**, ☎ 01594/252519 oder 0141/211275, 🖳 www.dundlod.com, 🟠. Die Zimmer sind ein bisschen schäbig und überteuert,

es lassen sich hier aber gute Touren (3–12 Tage) hoch zu Ross in die Umgebung arrangieren.

Im Dorf selbst stehen einige interessante Havelis, darunter das liebevoll restaurierte **Seth Arjun Das Goenka Haveli** von 1870, das drinnen mit zahlreichen detaillierten Wandbildern zu verschiedenen religiösen Themen verziert ist; ⏱ tgl. 8–19 Uhr, Eintritt Rs40. Ganz in der Nähe befindet sich das zierliche **Chhatri des Ram Dutt Goenka** aus dem Jahr 1888, dessen Kuppel mit kraftvollen Friesen verziert ist.

Eine größere Zahl bemalter Gebäude verteilt sich über den abgelegenen Weiler **Parasrampura**, 20 km südöstlich von Nawalgarh. Busse fahren ungefähr jede halbe Stunde. Zu den Sehenswürdigkeiten gehören der **Gopinath-Tempel** aus dem Jahre 1742, dessen Wandmalereien die Höllenstrafen (ein verbreitetes Thema im 18. Jh.) und Bilder des örtlichen Rajputen-Herrschers Sardul Singh mit seinen fünf Söhnen zeigen. Manche Malereien sind unvollendet, weil die Künstler zur Ausschmückung des **Chhatri von Rajul Singh** abgezogen wurden, der im selben Jahr starb. Zwölf Säulen tragen die große Kuppel seines erlesenen Mausoleums, die mit Wandmalereien ausgestattet ist, die ebenfalls Höllenmotive und Sardul Singh mit seinen Söhnen zeigen. Parasrampuras bescheidenes **Fort** liegt am Westufer des trockenen Flussbettes.

Jhunjhunu

Jhunjhunu ist eine geschäftige, ziemlich unscheinbare Stadt, hat sich aber einen interessanten zentralen Basar und einige schön verzierte Havelis bewahrt. Die meisten Touristen besuchen Jhunjhunu im Rahmen eines Tagesausflugs von den nahe gelegenen Städten Nawalgarh oder Mandawa aus, doch wer bleiben möchte, hat die Wahl unter ein paar guten Unterkünften.

Die Stadt

In den Gässchen hinter dem Hauptbasar verbirgt sich das eindrucksvollste Gebäude von Jhunjhunu, das **Khetri Mahal**, Baujahr 1760 (Eintritt Rs20). Der zu den Seiten hin offene Sandsteinpalast mit seinen Bögen im islamischen Baustil kann sich durchaus mit den wunderbaren indo-islamischen Bauten von Fatehpur Sikri messen. Das leer stehende Gebäude wirkt viel zu elegant für die bescheidenen Straßen im Zentrum von Jhunjhunu. Eine überdachte Rampe führt zum Dach hoch, wo sich weite Ausblicke über die Stadt und hinüber zu den massiven Mauern des Badalgarh Fort (derzeit für Besucher geschlossen) oben auf einem Hügel bieten.

Östlich vom Khetri Mahal erstreckt sich Jhunjhunus Hauptbasar, mit dem **Futala Market** im Mittelpunkt, ein faszinierendes (und hoffnungslos verwirrendes) Gewirr aus Gassen voller winziger, wunderbar altmodischer Kaufmannsläden. Am Nordrand des Basars, beiderseits des kleinen Platzes Chabutra Chowk, stehen sich die beiden **Modi Havelis** gegenüber, jedes natürlich mit Wandgemälden geschmückt – das sehenswertere ist das auf der Ostseite des *chowk,* das über eine majestätische, 3 m hohe Auffahrt betreten wird.

Jhunjhunus spektakulärste Havelis sind rund um den unmittelbar östlich des Hauptbasars gelegenen Nehru Bazaar angesiedelt. Wer sich nach Osten wendet, erreicht zuerst das herrliche **Kaniram Narsinghdas Tibrewala Haveli** aus dem Jahr 1883, in dem einige hervorragende Gemälde zu sehen sind (der Eingang befindet sich hinter dem Haus). Weiter östlich am Nehru Bazaar entlang liegt das **Mohanlal Ishwardas Modi Haveli** mit seinen lustigen, naiven Portrait-Wandgemälden. Der bezaubernde kleine **Bihari-Tempel** gleich nördlich davon besitzt einige der ältesten Wandmalereien der Region. Sie wurden 1776 mit schwarzen und braunen Pigmentfarben aus Gemüse gemalt und zeigen u. a. im Hauptgewölbe die Szene aus dem *Ramayana,* in der Hanumans Affenarmee gegen die Streitkräfte des vielköpfigen Dämonenkönigs Ravana antritt.

Sehenswürdigkeiten in der Umgebung

Westlich des Khetri Mahal, am Fuß des felsigen Nehara Pahar, liegt die malerische Grabstätte *(dargah)* von **Kamaruddin Shah**. Dazu gehören eine Moschee und eine Madrasa, die um einen schönen Hof mit einigen Original-Wandgemälden herum gebaut sind. In der Mitte des Hofes befindet sich der verzierte Dargah des Sufi-Heiligen Kamaruddin Shah.

Nördlich der Innenstadt befindet sich einer der eindrucksvollsten Stufenbrunnen der Region, der **Mertani Baori**. Weiter östlich liegt der außergewöhnliche **Rani Sati Mandir**, der an den Feuertod einer Kaufmannsfrau erinnert, die 1595 *sati* beging. Der Tempel gilt nach Tirupati in Andhra Pradesh als landesweit reichster seiner Art (dasselbe wird allerdings auch vom Nathdwara-Tempel behauptet, S. 263), denn alljährlich spenden ihm Hunderttausende Pilger mehrere Millionen Rupien. Seine enorme Popularität gibt Zeugnis von der großen Ehrfurcht, die man **Satis** – Frauen, die rituellen Selbstmord begehen, indem sie sich zusammen mit der Leiche ihres Mannes verbrennen lassen – in diesem Bundesstaat entgegenbringt.

Übernachtung und Essen

Nachstehend die besten der dünn gesäten **Unterkünfte** von Jhunjhunu. Gute **Restaurants** sucht man vergeblich, weshalb man mit ziemlicher Sicherheit im Hotel essen wird.
Fresco Palace, Paramveer Path, abseits der Station Rd, ✆ 01592/395233, 🖳 www.frescopalace.com. Nettes modernes Hotel mit angenehmen Zimmern (alle mit AC) und einem gemütlichen Gartenrestaurant. Das Hotel **Shekhawati Heritage** nebenan ist billiger, aber nicht so ansprechend. ❻
Jamuna Resort, Delhi–Sikar Rd, ✆ 01592/232871, 🖳 www.shivshekhawati.com.
Das malerische Feriendorf am Ostrand der Stadt besteht aus einer Ansammlung von strohgedeckten Ferienhäuschen (mit AC) auf einem weitläufigen Grundstück mit Pool (Rs50 für Besucher) und Gartenrestaurant. Die teuren Zimmer sind mit erlesenen Kunstwerken dekoriert. Es werden indische Koch- und Kunstkurse sowie kostenlose Yoga-Stunden veranstaltet. Auch ein guter Ort zum Arrangieren von Touren. ❹–❻
Sangam, Paramveer Path, gegenüber vom staatlichen Busbahnhof, ✆ 01592/232544. Billigherberge mit großen, aber kahlen und ein bisschen schäbigen Zimmern – man sollte sich eines geben lassen, das nicht an der lauten Hauptstraße liegt. ❷–❸

Shiv Shekhawati, Khemi Shakti Rd, nahe Muni Ashram, ☎ 01592/232651 oder 512695, 🖥 www. shivshekhawati.com. Gepflegtes, modernes Hotel mit geräumigen, sauberen Zimmern (mit AC und TV), Restaurant und Internetzugang. ❷–❹

Nahverkehr

Es kann ermüdend sein, die recht ausgedehnte Stadt zu Fuß zu erkunden. Jedoch sind viele der Straßen in der Altstadt für Autos zu eng. **Rikschas** fungieren als Taxis und nehmen so viele Passagiere wie möglich mit.

Laxmi Jangid, der Besitzer vom Jamuna Resort (S. 195), bietet Tagestouren durch Shekhawati per Pkw oder Jeep für Rs2000 und kürzere Kameltouren (2 Std.; Rs600 p. P.).

Transport

Busse

Der **staatliche Busbahnhof** befindet sich südlich der Stadtmitte. Es fahren Busse nach Nawalgarh (alle 30 Min., 1 Std.) und in alle anderen Shekhawati-Städte sowie nach Bikaner (stdl., 5 1/2 Std.), Jaipur (alle 30 Min., 4–4 1/2 Std.) und DELHI (stdl., 7 1/2 Std.). Busse nach Mandawa (alle 30 Min., 45–60 Min.) halten kurz am Mandawa Circle, unweit vom RTDC Tourist Bungalow.

Die Station der **Privatbusse** befindet sich östlich des Hauptbasars. Zwischen beiden Abfahrtspunkten verkehren Tempos und motorisierte Sammelrikschas via Gandhi Chowk.

Eisenbahn

Die Zugverbindungen sind derzeit wegen der Umrüstung der Bahnstrecke recht unzuverlässig – schneller und verlässlicher sind daher Busse.

Mandawa

Aus einer flachen Landschaft ohne nennenswerte Konturen erhebt sich auf halbem Wege zwischen Jhunjhunu und Fatehpur das 1755 von den Shekhawat gegründete Städtchen Mandawa, das inzwischen einer der touristischsten Orte der Shekhawati-Region ist. Die Souvenirverkäufer, Schlepper und selbst ernannten Führer können allerdings kaum von der Schönheit der Bauwerke ablenken. Geführte Touren beginnen normalerweise mit dem **Naveti Haveli** (jetzt State Bank of Bikaner & Jaipur) am Hauptbasar. Wer sich durch das Metalltor links von der Bank windet (keine Eintrittsgebühr), kann einen Blick auf Mandawas witzigste Wandmalereien werfen, darunter die Darstellung eines Vogelmenschen, der zu fliegen versucht, eines telefonierenden Mannes und eines Muskelprotzes, der ein Auto hinter sich her zieht.

Zehn Minuten zu Fuß westlich von hier befinden sich ein paar interessante Gebäude im Umkreis des **Nand Lal Murmuria Haveli**. Die Wandgemälde hier datieren aus den 1930er-Jahren und zeigen u. a. verschiedene Ansichten von Venedig, Nehru auf dem Rücken eines Pferdes und den legendären Marathen-Krieger Shivaji. Das verblichene **Goenka Double Haveli** eine Tür weiter (nicht zu verwechseln mit einem der anderen Goenka Havelis in der Nähe) ist eines der größten und elegantesten Havelis in Mandawa, mit zwei separaten Eingängen und kunstvollen Bildern von Elefanten und Pferden auf der Fassade. Im gegenüberliegenden **Thakurji-Tempel** gibt es ein schauriges Wandgemälde. Es zeigt Soldaten, die vor Kanonenmündungen gespannt und in die Luft geschossen werden – eine beliebte britische Exekutionsmethode für Sepoys während des Aufstands von 1857.

Das **Gulab Rai Wadia Haveli**, südlich vom Hauptbasar, gehört zu den schönsten der Stadt. Besonders interessant ist die nach Süden weisende Außenwand. Dort befinden sich (sittsam kleine) Gemälde, auf denen u. a. eine Kamasutra-ähnliche Szene in einem Zugabteil dargestellt ist. Ins Innere des Haveli gelangt man über eine elegante Rampe, und über der kunstvoll geschnitzten Tür, die in den Zenana (Harem) führt, sind Verzierungen aus belgischem Glas eingelassen. Unmittelbar südlich davon steht das fast ebenso exquisite **Laxmi Narain Ladia Haveli**. Den hiesigen Zenana zieren naive Abbildungen eines Flugzeugs und eines Dampfschiffs, außerdem eine von Pferden gezogene Kanone und ein Tiger, der einen Zentaur angreift. Rund 100 m weiter südlich befindet sich das ungewöhnlich große **Chokhani Double Haveli** (Rs20). Es be-

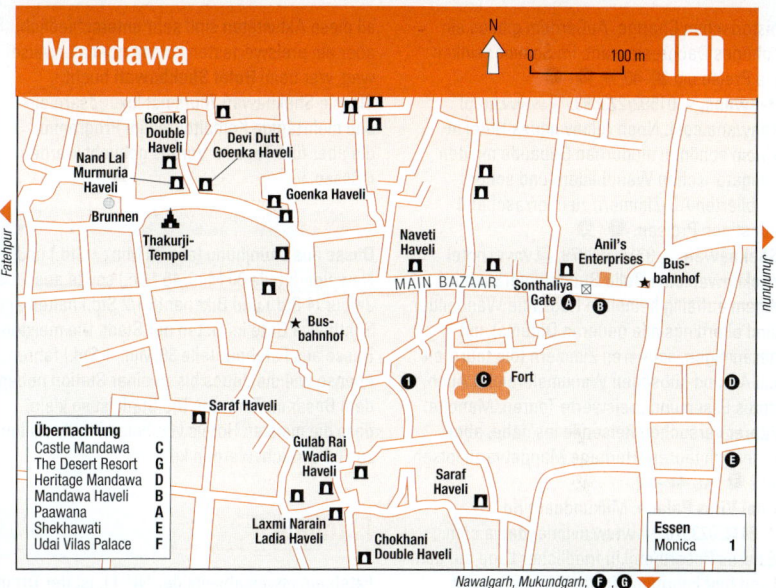

Übernachtung
Castle Mandawa   C
The Desert Resort   G
Heritage Mandawa   D
Mandawa Haveli   B
Paawana   A
Shekhawati   E
Udai Vilas Palace   F

Essen
Monica   1

Nawalgarh, Mukundgarh, ⓕ, ⓖ ▼

steht aus zwei getrennten Flügeln, die für zwei Brüder erbaut wurden. Besondere Beachtung verdienen die sich einander gegenüberstehenden unglücklich dreinschauenden britischen Soldaten und der *chillum* rauchende Sadhu in der Mitte der Fassade.

Übernachtung und Essen

Mandawa verfügt über eine gute Auswahl an Hotels in allen Preislagen. Die meisten Hotels und Gästehäuser servieren Mahlzeiten. Wer auswärts essen möchte, kann sich ins Dachrestaurant **Monica** begeben (den Schildern von der Zugangsstraße zum Fort folgen); hier gibt es wohl das beste Essen der Stadt: schön zubereitete veg. und nicht veg. nordindische Standardgerichte (Hauptgerichte Rs90–250), dazu kühles Bier und freundlichen, aber dezenten Service.

Castle Mandawa, ☎ 01592/223124, 🖥 www.castlemandawa.com. Mandawas nobelste Herberge in der alten Stadtfestung mit einem reizvollen Gebäudemischmasch rings um einen sandigen Hof. Jedes Zimmer ist anders, deshalb sollte man sich mehrere anschauen, auch weil die Preise vergleichsweise hoch sind. Wellnessbereich, Fitnessraum, Pool (nur für Gäste) und ausgedehnte Grünflächen. ⓻–⓼

The Desert Resort, Mukandgarh Rd, 1,5 km von Mandawa, ☎ 01592/223151, 🖥 www.mandawa hotels.com. Das am Stadtrand gelegene, angenehm rustikale kleine Resort besteht aus Lehmhütten im traditionellen Rajasthani-Dorfstil inmitten einer friedlichen Landschaft. Gemütliche Zimmer und hübsch eingerichtete, aber ein bisschen dunkle Cottages (alle mit AC). Pool vorhanden. Zimmer ⓻, Cottages ⓼

Heritage Mandawa, ☎ 01592/223742, 🖥 www. hotelheritagemandawa.com. Bunt bemalte Villa aus dem späten 19. Jh. mit AC-Zimmern unterschiedlicher Qualität. Einige sind gemütlich im historischen Stil eingerichtet (die Standardzimmer sind allerdings recht klein), andere mit bunten Wandgemälden ausgestattet. ⓹–⓻

Mandawa Haveli, ☎ 01592/223088, 🖥 http://hotelmandawa.free.fr. Bei Weitem das Heritage-Hotel mit dem meisten Flair in Mandawa, in einem schmucken alten Haveli mit Original-Wandgemälden. Die Zimmer (alle AC) und besonders die Suiten haben jede Menge historischen Charme. Außerdem gibt es ein schönes Dachrestaurant. Im Sommer sinken die Preise um 20–40 %. **❻–❼**

Paawana, ☎ 01592/223663, 🖥 www.hotel paawana.com. Noch relativ neues Hotel in einem schönen modernen Gebäude mit den obligatorischen Wandbildern und schön möblierten AC-Zimmern zu überraschend günstigen Preisen. **❸–❹**

Shekhawati, ☎ 9314/698079, 🖥 www.hotel shekhawati.com. Tolle Budgetunterkunft in einem auffällig bemalten Haus (die Wandbilder sind allerdings alle neueren Datums), mit geräumigen, sauberen Zimmern (die teureren mit AC und hübschen Wandmalereien). Auch gutes Essen und preiswerte Touren. Manche Fahrer versuchen Reisende ins nahe, aber erheblich teurere Heritage Mandawa zu lotsen. **❶–❸**, AC **❹–❺**

Udai Vilas Palace, Mukundgarh Rd, ☎ 9414/023378, 🖥 www.uvpmandawa.com. Edleres Resorthotel in friedlicher Lage auf dem Land fünf Fahrminuten von Mandawa, auf gut 1 ha großem Gelände mit faszinierenden Ausblicken auf die Wüste und schicken modernen Zimmern. Ayurvedisches Spa im Kerala-Stil, Fitnessraum, Pool. **❼**

Sonstiges

Geld und Internet
Anil's Enterprises, gegenüber vom Hotel Mandawa Haveli, am Hauptbasar, wechselt Bargeld und Reiseschecks. Außerdem Internetzugang für Rs50 pro Std. ⏱ 24 Std. Ansonsten bieten gewöhnlich die Hotels Internetzugang sowie verschiedene Läden am Hauptbasar.

Touren
Eine Führung zu den Havelis von Mandawa lässt sich übers Hotel arrangieren, oder man wendet sich an **Classic Shekhawati Tours**, ☎ 01592/223144, ✉ classicshekhamnd@yahoo. co.in, beim Eingang zur Festung (Rs250–350 für einen 2–3-stündigen Spaziergang). Die meisten Gästehäuser und Hotels können auch Touren in die Wüste arrangieren, entweder per Jeep, auf dem Rücken eines Pferdes oder Kamels oder in von Kamelen gezogenen Wagen. Die verlangten Preise für

all diese Aktivitäten sind sehr unterschiedlich, aber am preiswertesten kommt normalerweise weg, wer beim **Hotel Shekhawati** bucht. Classic Shekhawati Tours hat luxuriösere ein- und mehrtägige Kameltouren im Programm, die aber fünf Tage im Voraus gebucht werden müssen.

Transport

Busse aus Jhunjhunu (alle 30 Min., 1 Std.) und Nawalgarh (alle 30 Min., 45 Min.) sowie aus Jaipur (4 Std.) und Bikaner (3 1/2 Std.) halten am Sonthaliya Gate im Osten der Stadt. Die meisten Busse aus Fatehpur (alle 30 Min., 1 Std.) fahren ebenso wie die Jeeps bis zu einer Station neben dem Basar im Zentrum. Die Stadt ist so klein, dass die meisten Hotels von beiden Haltestellen zu Fuß erreicht werden können.

Fatehpur

Fatehpur, etwas abseits der NH-11, ist der Ort in Shekhawati, der dem 116 km westlich gelegenen Bikaner am nächsten liegt – ein praktischer Zwischenstopp für Reisende, die die Nordroute durch die Wüste Thar nehmen. Der Ort selbst ist recht heruntergekommen, birgt aber mehrere reich bemalte Häuser. Das wichtigste ist das **Nadine Le Prince Haveli** von 1802, das von der französischen Künstlerin Nadine Le Prince, die das Haveli 1998 kaufte, in den prächtigen Originalzustand zurückversetzt wurde. Einige ortsansässige Kenner beklagen die Art und Weise, in der das Haveli restauriert wurde (großflächige Neubemalung mit Wandbildern statt Reinigung und Bewahrung der existierenden Werke), aber der Gesamteindruck ist zweifellos eindrucksvoll. Das Haus ist eines der wenigen in Shekhawati, in dem man einen echten Eindruck davon erhält, wie diese opulenten Anwesen ursprünglich aussahen. ⏱ tgl. 8–19 Uhr, Eintritt Rs100.

Ganz in der Nähe des Nadine Le Prince Haveli erhebt sich über der Hauptstraße Richtung Norden das eindrucksvolle **Jagannath Singania Haveli** (für Besucher geschlossen). Die meisten Außenmalereien sind verblichen; die besten befinden sich an der Westfassade des kleinen Gebäudes hinter dem Haus. Darunter sind Bilder von Krishna und Radha eingerahmt von Elefanten und Abbildungen einiger Europäer mit prächtigen Bärten und Gewehren. Das **Geori Shankar Haveli** weiter südlich (neben dem außergewöhnlich guten Stand für Armbänder) ist das Gegenstück zum Nadine Le Prince Haveli. Es ist verfallen, aber sehr stimmungsvoll und wird immer noch von einigen armen Familien bewohnt.

Das moderne **RTDC Hotel Haveli**, abseits des NH-11, ✆ 01571/230293, ist das einzige echte Hotel am Ort. Die großen und hellen Zimmer (einige mit AC) machen allerdings die launischen sanitären Einrichtungen und den allgemeinen vernachlässigten Eindruck nicht wett. ❹–❺

Fatehpur hat zwei **Busbahnhöfe**, nicht weit voneinander im Ortszentrum an der Nord-Süd-Hauptstraße von Sikar nach Churu. Vom südlicheren der beiden fahren staatliche Busse nach JAIPUR (alle 30 Min., 3 1/2 Std.), RAMGARH (stdl., 30 Min.), BIKANER (14x tgl., 3 1/2–4 Std.) und DELHI (5x tgl., 6 Std.). Private Busse fahren vom nördlicher gelegenen Busbahnhof am Basar nach MANDAWA (alle 30 Min., 45 Min.), JHUNJHUNU (alle 30 Min., 1 Std.), MAHANSAR (4x tgl., 45 Min.) und RAMGARH (stdl., 30 Min.). Bei der Ankunft in Fatehpur setzen viele Busse ihre Fahrgäste an der Kreuzung mit der NH-11 ab, etwa 1 km südlich der Stadt.

Mahansar, Ramgarh und Lakshmangarh

Einige der faszinierendsten Wandbilder und Hindu-Monumente der Region liegen verstreut in drei kleinen Orten im hohen Norden und im Westen von Shekhawati, Mahansar, Ramgarh und Lakshmangarh. Nur in Mahansar gibt es Unterkünfte, die anderen beiden Orte sind im Rahmen von Tagesausflügen von Fatehpur, Mandawa oder Nawalgarh aus zu erreichen, entweder mit dem eigenen Fahrzeug oder – erheblich langsamer – mit Jeeps und gelegentlich Bussen.

Mahansar

Das in einem Meer aus Gebüsch und Treibsand weit ab vom Schuss gelegene und somit recht schlecht zugängliche Mahansar birgt einige nur selten besuchte Monumente und eignet sich recht gut, um in friedvoller Umgebung ein oder zwei Tage auszuspannen. Es gibt zwei Gründe für eine Fahrt nach Mahansar: Der erste ist eine Übernachtung im urigen **Narayan Niwas Castle**, ✆ 01595/264322, 🖥 www.mehansar castle.com, ❹–❺. Das von der Fürstenfamilie von Mahansar geführte, etwas baufällige Haus von 1768 verfügt über 14 Zimmer unterschiedlicher Qualität, darunter zwei bemerkenswert eingerichtete historische Zimmer (Nr. 1 und 5) und einige billigere, aber immer noch sehr stimmungsvolle Standard-Doppelzimmer mit mehr Flair als Komfort.

Der zweite Grund für die Fahrt nach Nahansar ist das atemberaubende **Sona ki Dukan Haveli** („Goldladen-Haveli") in der Dorfmitte. Die Wandbilder in der Eingangshalle sind die schönsten in Shekhawati: Sie stellen die Abenteuer von Rama, die Inkarnationen von Vishnu und das Leben Krishnas dar, alles wunderbar detailreich gemalt und üppig mit Goldblatt verziert – daher der Name des Havelis. 🕒 keine festen Öffnungszeiten, in den Geschäften nach dem Schlüssel fragen; Eintritt Rs100. In der Nähe steht der **Raghunath Mandir** mit bunten blumigen Wandgemälden und guten Ausblicken über den Ort vom Dach.

Ramgarh und Lakshmangarh

Ramgarh, 20 km nördlich von Fatehpur, wurde 1791 gegründet und von unzufriedenen Mitgliedern der reichen Kaufmannsfamilie Poddar als Statussymbol ausgebaut. Es wurde alles getan, damit der Ort das nahe Churu, das sie nach einem Streit über Steuern verlassen hatten, in den Schatten stellen würde. Und sie hatten Erfolg: Ramgarh ist einer der schönsten – und am wenigsten besuchten – Orte in Shekhawati und besitzt neben den üblichen schönen Havelis auch eine außergewöhnliche Ansammlung sakraler Baukunst.

Vom Busbahnhof auf der Westseite des Orts gelangt man über eine von zwei Straßen Richtung Osten ins Zentrum. Nach etwa fünf Minuten sind die **Havelis der Familie Poddar** erreicht, eine fantastische Ansammlung von Kaufmannshäusern. Sie sind reich verziert u. a. mit Szenen aus Volkserzählungen aus der Gegend und einem häufig wiederkehrenden Motiv, drei an den Mäulern zusammengewachsenen Fischen, das nur in Ramgarh auftaucht. Gleich dahinter liegt der Hauptplatz des Ortes mit den verfallenden Überresten weiterer üppig bemalter Havelis. Wer hier links und durch das Churu-Tor geht, gelangt zu zahlreichen außergewöhnlich üppig verzierten Tempeln und Gedenk-*chhatris*. Sie wurden von mehreren Mitgliedern des Poddar-Clans errichtet und ihre Dächer schmückt ein Sammelsurium von Kuppeln und Arkaden. Besucher, die mit einem Führer unterwegs sind – ansonsten ist es so gut wie unmöglich, ihn zu finden – sollten sich noch den nahen **Shanicharji Mandir** zeigen lassen, einen Saturn geweihten Minitempel voller Spiegel.

Der kleine Ort **Lakshmangarh**, 20 km südlich von Fatehpur, ist ein weiterer typischer, aber ebenfalls nur selten besuchter Ort in Shekhawati. Das symmetrische Straßenraster – von der Rosaroten Stadt in Jaipur inspiriert – birgt Dutzende reicht bemalter Havelis in unterschiedlich weit fortgeschrittenem Stadium malerischen Verfalls. Über allem thront auf einem Felsen im Westen des Orts das **Fort** aus dem 19. Jh., das für Besucher geschlossen ist. Man kann aber den steilen Weg zum Eingang hoch gehen und genießt dann schöne Ausblicke über die Stadt. Von hier oben ist auch links das große **Char Chowk Haveli** („Vier-Höfe-Haveli") zu sehen, das schönste im Ort und eines der größten in Shekhawati.

Östlich von Jaipur

Die von den bewaldeten Hängen der Aravalli-Hügel durchsetzten Gebiete östlich von Jaipur weisen eine interessante Mischung aus historischen Städten und Naturschutzgebieten auf. Die befestigte Stadt **Alwar** im Nordosten ist Ausgangspunkt für Exkursionen zum **Sariska-Tigerreservat und -Nationalpark**. Weiter östlich liegen die ehemalige Prinzenstadt **Bharatpur** sowie Indiens

schönstes Vogelschutzgebiet, der **Keoladeo-Nationalpark**. Der **Ranthambore-Nationalpark** in einer idyllischen Landschaft südöstlich von Jaipur bietet die besten Chancen, in Indien einen Tiger in freier Wildbahn zu beobachten.

Alwar

Alwar liegt rund 140 km nordöstlich von Jaipur an der Strecke Richtung Delhi in einem Tal zu Füßen einer der mächtigsten und eindrucksvollsten Festungen Ost-Rajasthans, deren massive Mauern sich über einen hohen und schroffen Grat nach Nordwesten ziehen. Reisende nutzen Alwar in erster Linie als Tor zum Sariska-Nationalpark. Doch auch die Stadt selbst hat einige Sehenswürdigkeiten zu bieten, darunter den eleganten Stadtpalast und eine Reihe farbenprächtiger Basare. Alwars größte Attraktion ist der weitläufige, malerische Stadtpalast **Vinai Vilas Mahal**. Die zahlreichen, üppig verzierten Palastgebäude mit ihren endlosen Reihen von Balkonen sind leider etwas im Verfall begriffen. Heute dienen die unzähligen Räume als Verwaltungsbüros, und auf dem Hof vor dem Palast haben Dutzende von Schreibern und Rechtsanwälten ihr Lager aufgeschlagen. Das altmodische **Museum** im Obergeschoss des Stadtpalastes präsentiert eine umfassende Sammlung von Waffen und Miniaturen, dazu höfische Memorabilien wie Musikinstrumente und ausgestopfte Tiere. ⊙ Di–So 10–17 Uhr; Eintritt Rs10.

Wer die Stufen am linken Rand der Hauptfassade hochgeht, kommt zu dem großen Teich, eingerahmt von *ghats,* Pavillons und einer Terrasse mit dem zierlichen **Moosi Maharani Chhatri**. Es wurde zum Gedenken an Bhaktawar Singhs Geliebte errichtet, die ihrem Leben auf seinem Verbrennungshaufen ein Ende setzte. Hoch über Alwar thront die Festung **Bala Qila**, deren gut erhaltene Mauern sich dramatisch über die bewaldeten Hügel erstrecken. Im Fort selbst gibt es nicht viel zu sehen – abgesehen von einem Tempel und ein paar alten Kanonen, aber es ist ein gutes Ziel für einen angenehmen Spaziergang, mit tollen Ausblicken und einer frischen Brise. Zu Fuß braucht man von der Stadt bis zum äußersten Tor der Festung hin und zu-

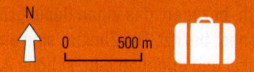
Rajasthan

Deeg, Bharatpur, Agra

Bala Qila (3 km)

Übernachtung

Alwar Hotel	B
Aravali	C
Imperial, Ankur, Ashoka & Atlantic	A

Teich
Moosi Maharani Chhatri
Stadtpalast
Jagannath-Tempel
Tripolia Gate
Uhr-turm
Ashok Cinema
Shiva-Tempel
HOPE CIRCUS
HDFC (Geldautomat)
Bus-bahnhof
St. Andrew's Church
Gopal Cinema
Company Bagh
State Bank of Bikaner & Jaipur
AMBEDKAR CIRCLE
BHAGAT SINGH CIRCLE
JAI MARG
HOSPITAL CIRCLE
COMPANY BAGH ROAD
NANGLI CIRCLE
Bahnhof
NEHRU MARG
VINAY MARG
MANU MARG
MOTI DOONGRI

Essen

Dawat	B
Hotel New Tourist	3
Inderlok	4
Prem Pavitra Bhojanalya	1
Thali House	2

Sariska-Tigerreservat, Siliserh-Palast

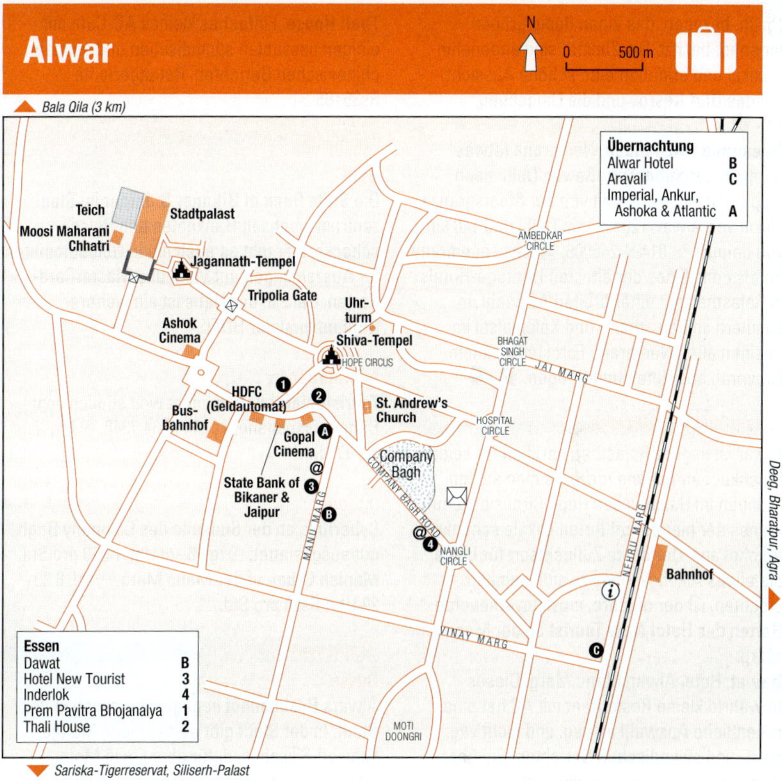

rück ungefähr zwei Stunden; rund doppelt so lang, um den höchsten Punkt der Anlage zu erreichen. Wer den Fußmarsch scheut, muss sich im Hotel oder Tourismusbüro ein Taxi besorgen lassen – für eine Fahrradriksha ist die Straße viel zu steil.

Übernachtung

Alwar Hotel, 26 Manu Marg, ℡ 0144/270 0012, ⌨ www.alwarhotel.com. Das schmucke kleine Mittelklassehotel ist fraglos die netteste Unterkunft in Alwar. Es hat hübsche, geräumige AC-Zimmer und einen gepflegten Garten. Ein weiterer Bonus ist das hauseigene Restaurant Dawat (S. 202). ❺

Ankur, **Ashoka**, **Atlantic** und **Imperial**, vier an einer Ecke der Manu Marg, 5 Gehminuten vom

Busbahnhof nebeneinander gelegene und kaum voneinander zu unterscheidende Hotels, die einfache, aber billige, ausreichend saubere Zimmer mit Ventilator und AC bieten; es gibt immer genügend freie Betten. ❷–❹

Aravali, gleich südlich vom Bahnhof in der Nehru Marg, ℡ 0144/233 2883. Die einzige echte Budgetalternative zur Ankur-Hotelgruppe. Hat definitiv schon bessere Tage gesehen, und die unterschiedlichen Zimmer (Ventilator, *air-cooler* oder AC) sind alle ziemlich abgerissen, wenn auch einigermaßen sauber. Bar, Internet und Pool (nur für Hausgäste) im Sommer. ❸–❻

Hill Fort Kesroli, ℡ 01468/289352, ⌨ www. neemranahotels.com. 12 km östlich von Alwar, ist Indiens ältestes Heritage Hotel. Es hat ein originalgetreu restauriertes Fort aus dem

15. Jh. bezogen, das einen üppig grünen Innenhof besitzt. Die Zimmer sind angenehm rustikal und erlauben eine schöne Aussicht auf das Dorf Kesroli und die Umgebung. ⑥–⑦

Neemrana Fort-Palace, Neemrana (etwas nördlich der Schnellstraße von Delhi nach Jaipur (NH-8), nicht weit von der Staatsgrenze, 75 km von Alwar, 120 km von Delhi und 140 km von Jaipur), ✆ 01494/246006, 🖥 www.neemrana hotels.com. Eines der ältesten Heritage-Hotels in Rajasthan mit einer breiten Auswahl an Zimmern im Rajasthani- und Kolonialstil im riesigen alten Neemrana Fort (1464), einem Labyrinth aus Höfen und Gängen. ⑦–⑨

Essen und Unterhaltung

Alwar ist in ganz Rajasthan berühmt für seine Milchkuchen *(palang torh),* die man an den Ständen im Umkreis des Hope Circus bekommt. Keines der hier aufgeführten Lokale schenkt Alkohol aus. Der beste Zufluchtsort für Leute, die etwas Alkoholisches zu sich nehmen möchten, ist der düstere, moskitoverseuchte Garten des **Hotel New Tourist** an der Manu Marg.

Dawat, Hotel Alwar, Manu Marg. Dieses bewährte kleine Restaurant mit AC hat eine ordentliche Auswahl an veg. und nicht veg. nord- und südindischen Gerichten und überdurchschnittlich gutes chinesisches Essen. Hauptgerichte Rs40–140.

Inderlok, Company Bagh Rd, nahe Nangli Circle. Gemütliches klimat. veg. Restaurant, beliebt bei Einheimischen. Serviert gute nord- und südindische Standardgerichte sowie ein paar chinesische Speisen. Hauptgerichte Rs80–125.

Prem Pavitra Bhojanalya. In diesem heimeligen kleinen Lokal wird das beste Essen der Stadt aufgetischt. Auf der sehr knappen Speisekarte stehen einfache nordindische Speisen zu sehr niedrigen Preisen (alle Hauptgerichte unter Rs50). Der Eingang ist leicht zu übersehen: Schräg gegenüber der State Bank of Jaipur & Bikaner führt eine Straße an einer Bharat Petroleum-Tankstelle vorbei nach oben. Nach ungefähr 50 m ist das Restaurant erreicht, es liegt auf der linken Straßenseite.

Thali House. Einfaches kleines AC-Café mit einigen passablen südindischen und ein paar chinesischen Gerichten. Hauptgerichte Rs35–65.

Sonstiges
Geld

Die **State Bank of Bikaner & Jaipur** im Stadtzentrum wechselt Banknoten und Reiseschecks; hier gibt es auch einen Geldautomaten für Auszahlungen auf Visa- und MasterCard-Karten. Ganz in der Nähe ist ein weiterer **Geldautomat** der HDFC.

Informationen

Touristeninformation, nicht weit südlich vom Bahnhofsausgang, ✆ 0144/234 7348. ⊕ Mo–Fr 10–17 Uhr.

Internet

Cyberlink, an der Südseite des Company Bagh, gut ausgestattet, ⊕ tgl. 8–20 Uhr; Rs20 pro Std. **Manish Cyber**, in der Manu Marg, ⊕ tgl. 8.30–22 Uhr; Rs20 pro Std.

Transport
Busse

Alwars **Busbahnhof** liegt günstig mitten in der Stadt. In der Stadt gibt es zwar jede Menge Fahrrad-Rikschas, dafür aber kaum Motor-Rikschas – am besten versucht man es am Bahnhof.
Nach BHARATPUR via Deeg (alle 15 Min., 4 Std.), DELHI (alle 30 Min., 5 Std.), JAIPUR (stdl., 4 Std.) und SARISKA (alle 30 Min., 1–1 1/2 Std.).

Eisenbahn

Der **Bahnhof** liegt rund 1,5 km östlich der Innenstadt. Züge fahren nach Delhi, Jaipur, Jodhpur, Ajmer und Ahmedabad (aber nicht nach Bharatpur). Die beste Verbindung nach JAIPUR bietet der Ajmer Shatabdi (Nr. 12015; tgl., Abfahrt 8.41 Uhr, Ankunft. 10.30 Uhr). Zwei der schnelleren Züge nach DELHI sind der Jaisalmer–Delhi Express (Nr. 14660; tgl.; Abfahrt. 7.13 Uhr, Ankunft 11.10 Uhr) und der Ajmer Shatabdi (Nr. 12016; tgl.; Abfahrt 19.32 Uhr, Ankunft 22.40 Uhr).

Sariska-Tigerreservat

Alwar ist der Ausgangspunkt für Ausflüge zum 35 km südwestlich gelegenen Sariska-Tigerreservat und -Nationalpark, das ehemalige Jagdrevier eines Maharadschas, das seit 1979 dem Projekt Tiger unterstellt ist. Das Sariska-Reservat, bislang immer im Schatten des berühmteren Ranthambore-Nationalparks stehend, sorgte im Jahr 2005 für negative Schlagzeilen, als entdeckt wurde, dass sein Bestand an Tigern, der zwei Jahre zuvor noch auf 28 Tiere geschätzt wurde, von Wilderern nahezu ausgerottet worden war – einer der größten Umweltskandale Indiens. 2008 wurden wieder Tiger in Sariska angesiedelt, und zwar ein Männchen und zwei Weibchen aus Ranthambore, und in naher Zukunft sollen zwei weitere Tiger folgen.

Ein positiver Effekt der Affäre ist, dass die Anzahl der Besucher des Reservats signifikant zurückgegangen ist, sodass die echten Naturliebhaber im Sariska-Reservat die Ruhe vorfinden, die der Ranthambore-Nationalpark mit seiner hektischen Betriebsamkeit schon seit geraumer Zeit vermissen lässt. Das 881 km² große Reservat ist die Heimat zahlreicher wilder Tiere, darunter Nilgai-Antilopen, Sambar- und Axishirsche, Wildschweine, Mungos, Affen, Pfauen und viele andere Vogelarten. Im Park gibt es auch einige geschichtsträchtige Ruinen, darunter das alte **Kankwari Fort**, wo der Mogulherrscher Aurangzeb seinen Bruder und Thronrivalen, Dara Shikoh, einsperren ließ, sowie einen beliebten **Hanuman-Tempel**. Samstags und dienstags ist im Park richtig viel los, denn dann werden Tempelbesucher kostenlos eingelassen. ☉ Okt–Feb tgl. 7–15.30, März–Juni tgl. 6–16 Uhr, Juli–Sep geschlossen; Eintritt Rs200 p. P. plus Rs125 pro Fahrzeug und Rs200 für einen obligatorischen Guide; wer eine Videokamera mitbringt, zahlt Rs200 extra.

Übernachtung

In der Nähe des Reservats befinden sich mehrere Unterkünfte, die jedoch alle ziemlich überteuert sind.

Alwar Bagh, 20 km von Sariska (und 16 km von Alwar) an der Straße von Sariska nach Alwar, ✆ 0294/241 2081, 🖥 www.alwarbagh.com. Große, gemütliche AC-Zimmer in einer Reihe hübscher zitronengelber Gebäude in weitläufiger Gartenanlage und ein guter Pool. Viel besseres Preis-Leistungs-Verhältnis als bei den Unterkünften, die näher am Park liegen. ❻

RTDC Hotel Tiger Den, ✆ 0144/284 1342. Attraktive, aber ziemlich überteuerte Unterkunft direkt am Parkeingang. Geräumige, altmodische Zimmer mit Ventilator oder AC und ein hübscher Garten. Der Service lässt jedoch mitunter sehr zu wünschen übrig. ❺–❻

Sariska Palace, ein paar Fahrminuten weiter vom Parkeingang die Hauptstraße entlang, ✆ 0114/651 5651, 🖥 www.thesariskapalace.in. Die ehemalige Maharadscha-Residenz besitzt viel Atmosphäre, doch die Zimmer im Hauptgebäude sind angesichts des Preises enttäuschend und die in den verschiedenen modernen Anbauten auf dem Gelände klein und langweilig. Pool und große, gepflegte Rasenflächen. ❽

Sariska Tiger Heaven, abseits der Hauptstraße 5 km vor dem Parkeingang auf der Richtung Jaipur gelegenen Seite (ausgeschildert als „Sariska Tiger Haven"), ✆ 9114 652248. In friedvoller ländlicher Umgebung und mit gepflegter Anlage und Pool. Jedoch sind die Cottages angesichts des hohen Preises überraschend schäbig, und das Restaurant ist nichts weiter als ein Betonbunker. ❽

Touren

Jeeps können am Eingang gemietet werden und kosten für eine 3-stündige Parkrundfahrt Rs900, für die längere Fahrt (4–5 Std.) zum Kankwari Fort Rs1400 und Rs2700 für einen ganzen Tag. Man kann auch sein eigenes Fahrzeug mit in den Park nehmen, darf aber die Schotterstraßen nicht verlassen.

Transport

Sariska liegt an der Hauptstraße von Jaipur nach ALWAR. **Busse** zwischen den beiden Städten (alle 30 Min., 1 Std. Fahrt von Alwar) halten auf Wunsch kurz am Hotel Sariska Palace, 5 Gehminuten vom Park entfernt. Eventuell lässt sich über ein Hotel in Alwar ein **Taxi** organisieren (um Rs1000); auf der Rückfahrt kann man dann noch in Siliserh vorbeischauen.

Rajasthan

Siliserh Palace

Der Siliserh Palace 15 km südlich von Alwar lässt sich mit einem eigenen Transportmittel gut auf dem Weg von oder nach Sariska besuchen – eine öffentliche Verkehrsverbindung gibt es nicht. Maharadscha Vijay Singh ließ den Palast 1845 errichten, um eine schöne „Bürgerliche", eine gewisse Sheela, zu gewinnen, die ihn nur heiraten wollte, wenn sie in Sichtweite der bescheidenen Behausung ihrer Familie wohnen könnte. Der weiß getünchte Palast selbst ist eher uninteressant, aber die Lage am Rand eines 10 km² großen Sees inmitten von dschungelbewachsenen Bergen ist sehr idyllisch. Der Palast beherbergt das enttäuschend schäbige RTDC **Lake Palace Hotel**, ✆ 0144/288 6322, ❺–❻. Hier kann man alles in allem gut einen Nachmittag vertrödeln und etwa ein Paddel- oder Motorboot für eine Rundfahrt auf dem See ausleihen.

Deeg

In der etwa 30 km nordwestlich von Bharatpur gelegenen staubigen kleinen Marktstadt Deeg steht einer der opulentesten Paläste im östlichen Rajasthan. Die faszinierende Mischung aus Stilen der Mogul- und Hindu-Architektur wurde im Auftrag der örtlichen Jat-Dynastie um die Mitte des 18. Jhs. erbaut. Zum weitläufigen Komplex gehören einige wunderschön gestaltete Gebäude inmitten großer Gärten im *charbagh*-Stil, in denen über 30 Springbrunnen stehen – leider sind die Wasserkanäle ausgetrocknet, und die Brunnen werden nur zu örtlichen Festlichkeiten angestellt. ☉ tgl. außer Fr 9.30–17.30 Uhr, Eintritt Rs100.

Nach Betreten des Palastes steht direkt vor einem das erste und größte der verschiedenen Gebäude, das **Gopal Bhawan**. Die geräumige und üppig ausgestattete Halle diente Surajmal ursprünglich als Sommerresidenz. Dahinter liegt der erste der beiden Stautanke des Palastes, der **Gopal Sagar**. Auf der anderen Seite der Gärten befindet sich das schmuckvolle **Kesav Bhawan** („Monsun-Palast"), ein mit schönen Steinmetzarbeiten versehener offener Pavillon,

umgeben von einem tiefen Wasserkanal mit Hunderten kleiner Fontänen. Dieses ungewöhnliche Bauwerk sollte die kühle Atmosphäre der Regenzeit nachstellen. Aus Leitungen auf dem Dach floß Wasser, um einen Monsunregen zu imitieren, und weiteres Wasser wurde an Metallkugeln vorbeigeleitet, die dann ein Geräusch wie Donner erzeugten. Gleich dahinter ist der zweite **Stautank** des Palastes; seine Treppen sind gewöhnlich mit der Wäsche von Ortsbewohnern bedeckt. Darüber erheben sich die hohen Mauern der riesigen Festung des Orts.

Deeg ist per **Bus** von ALWAR (alle 15 Min., 3 Std.) und BHARATPUR (alle 15 Min., 1 Std.) aus zu erreichen. Der Ort kann leicht als Tagestour von Bharatpur aus besucht werden oder auf dem Weg von Bharatpur nach Alwar. Unterkünfte gibt es hier nicht.

Bharatpur und der Keoladeo-Nationalpark

Die befestigte Stadt **Bharatpur** liegt nur einen Steinwurf von der Grenze zu Uttar Pradesh entfernt. Bis zu Akbars verlassener Hauptstadt Fatehpur Sikri sind es knapp 18 km. Die Erkundung macht Spaß, denn Märkte, Paläste und Tempel sorgen für Abwechslung. Der Hauptgrund für einen Aufenthalt aber ist Indiens berühmtestes Vogelschutzgebiet, der nur wenig südlich der Stadt gelegene **Keoladeo-Nationalpark**.

Bharatpur

Die Gründung von Bharatpur geht auf den Jat-Herrscher Surajmal zurück, der 1732 im Herzen der Stadt das nahezu uneinnehmbare **Lohagarh Fort** bauen ließ. Der 11 km langen dicken Schutzmauer und dem gewaltigen Wassergraben konnten Zeit und Neuerungen kaum etwas anhaben. Die meisten Besucher betreten die Festung von Süden her, aber es lohnt sich, bis zum mächtigen **Ashtdhatu-Tor** zu gehen. Es erhielt seinen Namen („Acht Metalle") nach den offenbar acht verschiedenen Arten von Metall, die zum Bau seiner extrem widerstandsfähigen Türen verwendet wurden. Das Fort besitzt drei Paläste in unterschiedlichen Stadien des Ver-

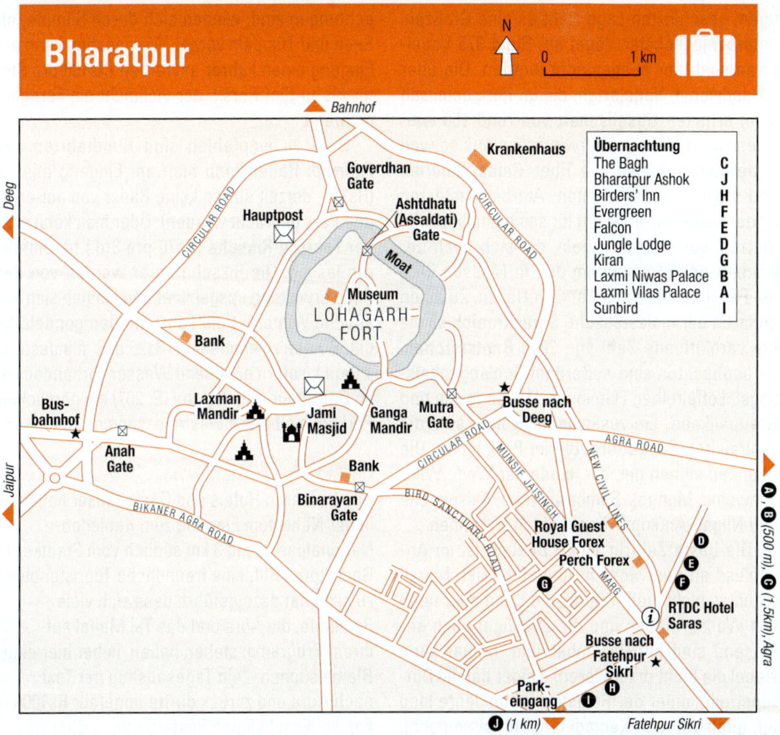

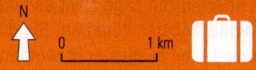

Bahnhof

Krankenhaus

Goverdhan
Gate

Ashtdhatu
(Assaldati)
Gate

Hauptpost

Deeg

CIRCULAR ROAD

Moat

Museum

LOHAGARH
FORT

Bank

Bus-
bahnhof

Laxman
Mandir

Jami
Masjid

Ganga
Mandir

Mutra
Gate

Busse nach
Deeg

AGRA ROAD

Anah
Gate

Jaipur

BIKANER AGRA ROAD

Bank

Binarayan
Gate

BIRD SANCTUARY ROAD

CIRCULAR ROAD

MUNSI JAISINGH

NEW CIVIL LINES

A, B (500 m) G (1,5km) Agra

Royal Guest
House Forex

Perch Forex

MARG

G

RTDC Hotel
Saras

Busse nach
Fatehpur
Sikri

Park-
eingang

J (1 km)

Fatehpur Sikri

Übernachtung

The Bagh	C
Bharatpur Ashok	J
Birders' Inn	H
Evergreen	F
Falcon	E
Jungle Lodge	D
Kiran	G
Laxmi Niwas Palace	B
Laxmi Vilas Palace	A
Sunbird	I

falls, die zwischen 1730 und 1850 unter den Jats erbaut wurden.

Der am besten erhaltene ist der große, orangefarbene **Kamra Khas Mahal** an der Westseite der Festung, in dem das halbwegs unterhaltsame städtische **Museum** untergebracht ist. Es beherbergt eine Reihe kunstvoll geschnitzter Skulpturen, ein erlesenes kleines, marmorverkleidetes Hammam (Dampfbad) und außerdem die üblichen fürstlichen Besitztümer wie Miniaturen, Waffen usw. ⏲ tgl. außer Fr 10–16.30 Uhr; Rs3, Fotoerlaubnis Rs10, Video Rs20.

Wer am Museumsausgang nach links abbiegt und der schmalen Straße folgt, die um die Ecke des Palastes herum nach oben führt, gelangt zur luftigen **Jawahar Burj**. Auf dieser kleinen, erhöhten Plattform stehen vier kunstvoll verzierte Pavillons und ein ungewöhnliches Eisentor, auf dem der Familienstammbaum der

Maharadschas von Bharatpur eingraviert ist. Das eigentliche Highlight aber ist die wunderbare Aussicht. Unmittelbar südlich des Forts liegt der sehenswerte **Ganga Mandir**, ein großer Hindu-Tempel. Er ist der Schutzgöttin von Indiens heiligstem Fluss geweiht. Das kunstvoll gestaltete Sandsteingebäude gleicht jedoch mehr einem französischen Schlösschen als einem indischen Tempel. Dahinter schlängeln sich Gassen Richtung Südwesten durch Bharatpurs malerisches Basarviertel zur ehrfurchtgebietenden **Jama Masjid**, die hoch über dem Straßengewimmel thront.

Keoladeo-Nationalpark

Der Keoladeo-Nationalpark ist das namhafteste Vogelschutzgebiet Indiens. Dank seiner ausgedehnten Feuchtgebiete (die sich inzwischen allerdings stark reduziert haben) und der günstigen, geschützten Lage zieht es eine Großzahl unterschiedlichster Vögel an. Rund 375 Vogelarten sind hier ausgemacht worden. Die über 200 indischen Vogelarten, die im Park heimisch sind, erhalten Gesellschaft von rund 150 weiteren Arten, die zur Überwinterung aus so weit entfernten Gebieten wie Tibet, China, Siberien und sogar Europa kommen. Am berühmtesten ist der Keoladeo vielleicht für seine unglaubliche Vielzahl von Wasservögeln, die sich nach der Ankunft des Monsuns im Juli in Massen über die Feuchtgebiete des Parks verteilen. Zu ihnen gehören der majestätische **Saruskranich** sowie die verblüffende Zahl von 2000 **Buntstörchen**. Zu beobachten sind außerdem Schlangenhalsvögel, Löffelreiher, Flamingos, Weiße Ibisse und Graupelikane. Ein zusätzlicher Bonus sind die zahlreichen **Säugetiere**, die im Park leben. Die Chancen stehen gut, am Rande der Wege Wildschweine, Mungos, Sambarhirsche, Axishirsche und Nilgau-Antilopen beobachten zu können.

Die beste Zeit für einen Besuch ist im Anschluss an den Monsun (ungefähr Okt–März), wenn es nicht mehr regnet, die Seen aber noch viel Wasser haben und die Zugvögel noch anwesend sind (im Dezember und Januar kann Nebel die Sicht erschweren). Leider hat die Dürreperiode, unter der Rajasthan zehn Jahre lang litt, auch vor dem Keoladeo nicht haltgemacht, sodass die Seen im Park auf einen Bruchteil ihrer früheren Größe geschrumpft sind. Folglich ist auch die Zahl der im Park lebenden Wasservögel erheblich zurückgegangen. Dank eines Plans zur künstlichen Bewässerung hat sich die Situation inzwischen vielleicht verbessert. Aber selbst ein Keoladeo mit wenig Wasser ist immer noch ein ausgesprochen lohnendes Besuchsziel.

Praktische Hinweise zum Parkbesuch

Der **Eingang** zum Nationalpark liegt rund 4 km südlich vom Bahnhof von Bharatpur; ☉ Park tgl. April–Sep 6–18, Okt–März 6.30–17 Uhr; Rs200, Videoerlaubnis Rs200. Am Parkeingang ist eine kostenlose **Karte** erhältlich, und ein neues **Informationszentrum** steht im Park in der Nähe vom ersten Checkpoint. Nur eine einzige Straße führt durch das Schutzgebiet, doch zahlreiche Pfade, die glänzende Verstecke für Vogelbeob-

achtungen sind, winden sich durch Sümpfe, an Seen und Tümpeln vorbei. Wer möchte, kann am Eingang einen **Führer** anwerben (Rs100 pro Std. für bis zu fünf Pers.), der vielleicht ein Fernglas mitbringt.

Sehr zu empfehlen sind Rundfahrten per **Fahrrad**; Räder kann man am Eingang mieten (Rs25 – derzeit dürfen keine Räder von außen in den Park gebracht werden). Oder man kann sich per **Fahrrad-Rikscha** (Rs70 pro Std.) herumfahren lassen. Die Rikschafahrer werden von der Parkverwaltung ausgebildet und kennen sich gut aus. Im Winter ist die Fahrt mit den gondelartigen **Booten** zu empfehlen (Rs25 p. P., mindestens 4 Pers.), sofern genügend Wasser vorhanden ist. Im Bahratpur Ashok Hotel (S. 207) am nördlichen Parkende gibt es etwas zu essen und zu trinken.

Übernachtung und Essen

Alle besseren Hotels und Gästehäuser liegen in der Nähe vom Eingang zum Keoladeo-Nationalpark, rund 3 km südlich vom Stadtkern. Bharatpurs Ruf, eine freundliche Touristenoase zu sein, hat dazu geführt, dass sich viele Reisende, die Agra und das Taj Mahal auf ihrem Programm stehen haben, lieber hier eine Bleibe suchen – ein Tagesausflug per Taxi nach Agra und zurück dürfte ungefähr Rs1000 kosten. Es gibt keine Restaurants in Bharatpur; die meisten Reisenden essen in ihrer Unterkunft.

Untere Preisklasse

Evergreen, ✆ 05644/225917. Eine der billigsten Unterkünfte in Bharatpur. Einfache, aber saubere Zimmer mit Ventilator und Bad (in manchen Zimmern Warmwasser nur in Eimern). ❶

Falcon, ✆ 05644/225306, ✉ falconguest_house@hotmail.com. 100 m nordöstlich von der Touristeninformation. Modernes Gästehaus mit bequemen Zimmern (Ventilator, *air-cooler*, AC) und einem kleinen Restaurant im Garten, das gutes Essen hat. Internet. ❷–❹

Jungle Lodge, ✆ 05644/225622, 🖳 www.jungle lodge.dk. Besitzt unterschiedliche, saubere und geräumige moderne Zimmer (Ventilator, *air-cooler*, AC) mit Blick auf einen Blumengarten. Freundlich und gut geführt von einem kundigen

Naturfreund. Mit seinem hübschen kleinen Terrassenrestaurant und dem abendlichen Kaminfeuer (im Winter) ein Ort zum Wohlfühlen; es gibt Fahrräder und Ferngläser zu mieten. Internet. **❶ – ❷**

Kiran, ☏ 05644/223845, ⌨ www.kiranguest house.com. Von zwei ausgesprochen freundlichen und hilfsbereiten Brüdern geführt. Saubere, einladende Zimmer mit Ventilator, *air-cooler* oder AC zu unschlagbaren Preisen. Kostenloses Abholen/Absetzen vom/am Bahnhof oder Busbahnhof; Fernglasverleih (Rs50). **❶ – ❸**

Mittlere und obere Preisklasse

The Bagh, Agra Rd, 1 km hinter Laxmi Vilas Palace, ☏ 05644/228333, ⌨ www.thebagh.com. Das schicke, idyllische Hotel besteht aus einer Ansammlung niedriger, pinkfarbener Gebäude in einer Gartenanlage, in der mehr als 50 Vogelarten leben. Die Zimmer sind kühl, geräumig und geschmackvoll möbliert; großer Pool und Wellnessbereich. Ab US$180. **❾**

Bahratpur Ashok (ehemals Bharatpur Forest Lodge), 1 km im Park, ☏ 05644/222760. Das verschlafene Hotel in schöner Waldumgebung (für jede hier verbrachte Nacht muss die tgl. Parkeintrittsgebühr bezahlt werden) hat geräumige, bequeme, altmodische Zimmer mit Balkon und von dort Blick auf das Schutzgebiet, einen netten Garten und ein passables Restaurant. Relativ teuer, aber die Lage ist einzigartig. **❼**

Laxmi Niwas Palace, Agra Rd, ☏ 05644/223522, ⌨ www.laxminiwas.com. Schickes, relativ neues Hotel im traditionellen Rajasthani-Stil direkt neben dem Laxmi Vilas Palace – ein

---

Nicht nur für Vogelfreunde

Birders' Inn, ☏ 05644/227346, ⌨ www.birders inn.com. Dies ist das einladendste Plätzchen der Stadt und meist mit Hobby-Ornithologen belegt, die abends im gemütlichen, strohgedeckten Restaurant ihre Checklisten vergleichen. Die Zimmer (alle AC) sind groß, gepflegt und ausgesprochen preisgünstig. Internetzugang vorhanden. **❺**

---

bisschen komfortabler als der ältere Nachbar, hat aber bei Weitem weniger Flair. **❽**

Laxmi Vilas Palace, Agra Rd, ☏ 05644/223523, ⌨ www.laxmivilas.com. Früherer Prinzenpalast mit großem Grundstück östlich der Stadt. Ein bisschen kitschig, aber fraglos romantisch; charmante, erschwingliche AC-Zimmer mit Himmelbett. **❽**

Sunbird, ☏ 05644/225701, ⌨ www.hotelsunbird. com. Attraktives Hotel der mittleren Preisklasse und eine prima Alternative, falls das benachbarte Birders' Inn ausgebucht ist. Verschiedene moderne, sehr gut ausgestattete Zimmer mit Ventilator oder AC, dazu ein paar traditionelle Rajasthani-Cottages im weitläufigen Garten. **❺**

Sonstiges
Geld und Internet

The Perch und **Royal Guest House Forex**, beide in New Civil Lines, in der Nähe der Touristeninformation, wechseln Bargeld und Reiseschecks, bieten Internetzugang (Rs30 pro Std.) und arrangieren Taxis. Bei The Perch gibt's auch Bargeld auf Kreditkarten. ⏱ beide bis gegen 22, 23 Uhr.

Informationen

Die **Touristeninformation**, ☏ 05644/222542, ⌨ www.bharatpur.nic.in, befindet sich an der Kreuzung nahe dem Parkeingang, wo die Busse aus Fatehpur Sikri eintreffen. ⏱ Mo–Sa 9.30–18 Uhr.

Transport
Busse

Bharatpurs **Busbahnhof** befindet sich im Westen der Stadt. Wer von Fatehpur Sikri her kommt, sollte schon vorher aussteigen, an der Kreuzung im Osten der Stadt nahe den Parktoren, da die Gästehäuser von dort besser (und ohne Rikshafahrt) zu erreichen sind – Ausschau nach dem unübersehbaren staatlichen Rajasthan-Touristenbüro direkt an der Kreuzung oder dem großen RTDC Hotel Saras gegenüber halten!

Busse fahren nach AGRA (stdl, 1 1/2–2 Std.), DELHI (alle 30 Min.–1 Std., 5 Std.), FATEHPUR SIKRI (alle 30 Min.–1 Std., 30–45 Min.), JAIPUR (alle 30 Min., 4 Std.).

Eisenbahn

Der **Bahnhof** liegt 2 km nordwestlich der Innenstadt, an der Hauptstrecke Delhi–Mumbai. Der Transport zum/vom Keoladeo-Nationalpark und den Unterkünften nahe beim Park kostet Rs40–50. Es gibt drei oder vier Verbindungen tgl. nach AGRA FORT (darunter der Howrah Superfast Nr. 12308; tgl.; Abfahrt 4.52 Uhr, Ankunft 6.15 Uhr; und der Sealdah Express Nr. 12988; tgl.; Abfahrt 17.33 Uhr, Ankunft 19.30 Uhr), sieben Züge nach SAWAI MADHOPUR (am besten sind der Golden Temple Mail Nr. 12904; tgl.; Abfahrt 10.45 Uhr, Ankunft 13.03 Uhr; und der Kota Jan Shatabdi Nr. 12060; tgl.; Abfahrt 15.50 Uhr, Ankunft 18.02 Uhr – beide fahren weiter nach KOTA, Ankunft 14.25 Uhr bzw. 19.40 Uhr), und vier Verbindungen nach JAIPUR (der beste ist der Marudhar Express Nr. 14853/14863/14865; Abfahrt 7.15 Uhr, Ankunft 11.15 Uhr).

Ranthambore-Nationalpark

Eine Garantie auf Tigersichtungen gibt es in keinem indischen Naturreservat, doch nirgends stehen die Chancen so gut wie im Ranthambore-Nationalpark, 🖳 www.ranthamborenationalpark.com. Der Park ist relativ klein, und die dortigen Tiger stören sich auffallend wenig an Menschen, jagen im hellen Tageslicht und zeigen auch wenig Scheu vor Kameras und Jeepladungen voller Touristen. Die Gelassenheit der Großkatzen kombiniert mit der Nähe des Parks zum „Goldenen Dreieck" Delhi–Agra–Jaipur ist der Grund, weshalb so viele Reisende den Weg nach Ranthambore finden.

Der Ranthambore-Nationalpark ist eines der beliebtesten Reservate Indiens und empfängt über 80 000 Besucher im Jahr. In den kühlen Wintermonaten, besonders um Diwali und Neujahr herum, treten sich die Leute fast gegenseitig auf die Füße, so voll wird es. In den Sommermonaten, von April bis Juni, ist es viel ruhiger, aber natürlich sehr heiß. Derzeit leben ungefähr 35 ausgewachsene Tiger im Park, außerdem zahlreiche Axishirsche, Nilgauantilopen, Schakale, Panther und Dschungelkatzen sowie unzählige Vogelarten. Das Kerngebiet des Parks

wurde kürzlich um drei neue **Pufferzonen** erweitert, um mehr Platz für die wachsende Anzahl an Tigern zu schaffen. In diesen Gebieten dürfen Besucher ihr Fahrzeug verlassen und umhergehen (was im Hauptgebiet nicht erlaubt ist), allerdings ist es hier schwieriger, einen Tiger zu Gesicht zu bekommen.

Selbst ohne die wilden Tiere wäre das Gebiet einen Besuch wert, denn Ranthambores Landschaften bestechen durch ihre Schönheit. Durch eines der letzten Buschlandgebiete Indiens von ansehnlicher Größe fließen mehrere Flüsse, deren Eindämmung zur Bildung von **Seen** führte. Unversehens erblickt man in der Landschaft zierliche Pavillons und verfallene, von Kletterpflanzen umrankte Rajputen-Paläste, die besonders bei Sonnenaufgang und in den frühen Morgenstunden eine unwirkliche, entrückte Atmosphäre schaffen, zumal sich die auf einer schroffen Klippe stehenden Ruinen des **Chauhan-Forts** aus dem 10. Jh. über das Walddach erheben – eine Szenerie wie aus Rudyard Kiplings *Dschungelbuch*. Das Fort gehört zu den besten Plätzen für eine Vogelpirsch. Dort oben befindet sich auch ein **Ganesha-Tempel**; Menschen aus dem ganzen Land schicken dem Gott mit dem Elefantenkopf Einladungen zu ihrer Hochzeit.

Achtung: Das Kerngebiet des Ranthambore ist alljährlich vom 1. Juli bis 30. September geschlossen, die Pufferzonen sind ganzjährig zugänglich. Die **beste Reisezeit** sind die trockenen Monate Okt–März), in denen die größeren Tiere wegen Wasserknappheit zu den Seeufern kommen, während sie in der Monsun- und unmittelbaren Nachmonsunzeit tiefer in den Wäldern bleiben. Weitere Informationen sind der ausgezeichneten Broschüre *The Ultimate Ranthambore Guide* zu entnehmen, die für Rs250 in örtlichen Souvenirläden verkauft wird.

Praktische Hinweise zum Parkbesuch

Die Eintrittsbestimmungen scheinen sich alle paar Jahre zu ändern, es ist also möglich, dass die hier gegebenen Informationen schon bald nicht mehr stimmen. Zurzeit wird die Zahl der in den Park eingelassenen Fahrzeuge streng kontrolliert. Während der Öffnungszeit am Vormittag und Nachmittag werden jeweils maximal rund 15 **Jeeps** mit sechs Plätzen (auch „Gypsys" genannt) und 25 **Canters** (offene Lastwagen mit 20 Sitzen) zugelassen. Natürlich bevorzugen die meisten Besucher die viel kleineren und ruhigeren Jeeps, aber die Nachfrage übersteigt normalerweise das Angebot, und zahlreiche Touristen müssen sich mit einem Platz auf einem Canter begnügen.

Die Chance, einen Tiger zu sehen, ist bei beiden Fahrzeugtypen gleich; ein Jeep vermittelt einfach nur ein besseres Safari-Gefühl. Safaris werden tgl. vor- und nachmittags durchgeführt und dauern rund drei Stunden. Die morgendlichen **Abfahrtszeiten** hängen davon ab, wann die Sonne aufgeht, also zwischen 6.30 und 7 Uhr. Nachmittags geht es zwischen 14.30 und 15 Uhr los. Es ist ratsam, mehrere Schichten Kleidung übereinander zu tragen: morgens kann es überraschend kalt sein.

Offiziell kostet ein Platz in einem Canter Rs555 und in einem Jeep Rs600 (beide Preise schließen die Park-Eintrittsgebühr ein). Eine Videoerlaubnis kostet Rs200. Wer einen Sitzplatz buchen möchte, tut das am besten online unter 🖳 www.rajasthanwildlife.in. Die Alternative besteht darin, sich unter die chaotische und manchmal aggressive Ansammlung von Schleppern im **Ranthambhore Tiger Reserve Tourist Centre** beim Hotel Tiger Safari zu mischen, rund 7 km vom Park entfernt an der Ranthambore Road, wo Karten für am gleichen Tag stattfindende Touren verkauft werden. ⏱ Ticketbüro tgl. 5.30–6.30 und 12.30–13.30 Uhr. Es ist aber sehr schwierig, dort einen Platz in einem Jeep zu ergattern.

Viel einfacher ist es, einen Platz in einem Jeep oder Canter über ein Hotel **reservieren** zu lassen – am besten bucht man den Platz gleich bei der Zimmerbuchung mit. Das kostet eine zusätzliche Gebühr, die zwischen mindestens Rs50/100 für einen über ein billigeres Hotel gebuchten Canter/Jeep-Platz und bis zu Rs2000 für einen über ein Luxushotel gebuchten Jeep-Platz liegen kann. In der Praxis ist ein Platz im Canter normalerweise für rund Rs600 zu haben, während die Preisspanne für einen Jeep-Platz sehr groß ist (von Rs700 bis Rs1200 und mehr).

Wer einen Tag im Voraus bucht, müsste eigentlich problemlos einen Platz in einem Canter bekommen (außer vielleicht an den Freitagen und Sonntagen zwischen dem 1. Okt und 15. April, wenn fünf bis acht Canters für die Passagiere des *Palace on Wheels* und des *Royal Rajasthan on Wheels* reserviert sind). Wer die Fahrt in einem Jeep machen möchte, sollte am besten eine Weile im Voraus reservieren, kann aber Glück haben, vor allem von ungefähr April bis Juni, wenn die Besucherzahlen merklich nachlassen. Ganz schlecht stehen die Chancen um Diwali, Neujahr und andere öffentliche Feiertage.

Übernachtung und Essen

Die meisten der zahlreichen Hotels und Gästehäuser der Gegend befinden sich an der 14 km langen Straße zwischen Sawai Madhopur und dem Nationalpark; manche der besseren werden unter 🖳 www.hotelsranthambhore.com vorgestellt. Die Zimmerpreise liegen in Ranthambore erheblich über dem Durchschnitt, und echte Budgetunterkünfte gibt es so gut wie gar nicht. Feilschen ist überall empfohlen. Die günstigste Verpflegungsmöglichkeit stellt das Gartenrestaurant des Hotels Tiger Safari dar. Wer sich etwas gönnen möchte, begibt sich in die Sawai Madhopur Lodge (Mittags- und Abendbuffet für Rs550/650) oder das bezaubernde Vanyavilas (Abendessen ab etwa Rs1500).

Untere und mittlere Preisklasse
Aditiya Resort, Ranthambore Rd, 3 km nördlich der Stadt, ☎ 9414/728468. Die billigste Unterkunft in Ranthambore: 6 einfache, aber saubere, moderne Zimmer (davon 2 sehr billige mit Gemeinschaftsbad und 2 mit AC) in kleinem privatem Wohnhaus. ❶–❹
Ankur Resort, Ranthambore Rd, 2 km außerhalb der Stadt, ☎ 07462/220792, 🖳 www.hotelankurresort.com. Viele verschiedene Zimmer, von gesichtslosen billigen mit Ventilator im kargen, unpersönlichen Hauptgebäude bis zu schickeren und sehr viel freundlicheren Cottages im Garten dahinter, von denen allerdings einige stark überteuert sind. Kleiner Pool (Besucher Rs150) und passables Restaurant. ❸–❻
Hammir Wildlife Resort, Ranthambore Rd, 7 km außerhalb der Stadt, ☎ 9414/446566, 🖳 www.nivalink.com/hammir. Begehrt bei indischen Touristen und eine der Unterkünfte

Rajasthan

mit realistischeren Preisen (das Preis-Leistungs-Verhältnis der Zimmer ist allerdings wesentlich besser als das der Garten-Cottages). Pool (Besucher Rs100) und Geldwechselservice. ⑤–⑥

Raj Palace Resort, Ranthambore Rd, 2 km außerhalb der Stadt, ✆ 07462/224793, 🖳 www.rajpalaceranthambhore.com. Eines der preiswertesten Hotels in Ranthambore. Geräumige und saubere moderne Zimmer mit AC im Hauptgebäude sowie ein paar etwas gemütlichere Cottages mit AC hinten im Garten; Pool (Besucher Rs200 pro Std.). ❸–❹

Tiger Safari, Ranthambore Rd, 2,5 km außerhalb der Stadt, ✆ 07462/221137, 🖳 www.tigersafari resort.com. Das beste von Ranthambores billigeren Hotels. Hilfsbereite Mitarbeiter, gut möblierte Zimmer (fast alle mit AC) und geräumige Cottages im Garten hinter dem Haupthaus. Internet, Pool (auch für Besucher kostenlos), kostenloser Transport vom/zum Bahnhof und ein nettes Gartenrestaurant. ❹–❺

Obere Preisklasse

Khem Villas, ✆ 07462/252099, 🖳 www.khem villas.com. Hübsches kleines Öko-Resort inmitten einer 4 ha großen gepflegten Wildnis mit zahlreichen Vögeln sowie anderen Tieren. Es gibt Zimmer, Luxuszelte und stilvolle kleine Häuschen, dazu Biokost aus eigenem Anbau und interessante Exkursionen. Ab rund US$200 mit Vollpension. ❾

Nahargarh, 2 km südlich vom Parkeingang, Khilchipur Village, Ranthambore Rd, ✆ 07462/252281, 🖳 www.alsisar.com. Im Stil eines alten Rajputen-Palastes erbautes Hotel. Verschwenderisch ausgestattete Zimmer; großer Pool. ❽–❾

RTDC Castle Jhoomar Baori, auf einer Anhöhe 7 km außerhalb der Stadt, ✆ 07462/220495, 🖳 www.hotelsranthambhore.com. Frühere königliche Jagdlodge in großartiger Lage im Park, mit wunderbarer Aussicht von der Dachterrasse über Waldgebiete und Hänge. Große AC-Zimmer mit viel Atmosphäre, aber ein bisschen verwohnt. ❼

Sawai Madhopur Lodge, Ranthambore Rd, 1,5 km außerhalb der Stadt, ✆ 07462/220541, 🖳 www.tajhotels.com. Stilvolle Jagdlodge

aus den 1930er-Jahren, luxuriöses Heritage Hotel mit jeder Menge Charme, üppig grünem Garten und reizenden Zimmern im Kolonialstil (ab ungefähr US$330 mit VP – es lohnt sich, ein bisschen mehr für eins der stilvolleren Luxus-Zimmer zu bezahlen). Pool (Besucher Rs400) und attraktives Restaurant. ❾

Vanyavilas, Ranthambore Rd, ca. 7 km außerhalb der Stadt, ✆ 07462/223999, 🖳 www.oberoihotels.com. Wunderbar stilvolles (und kostspieliges) Dschungelresort. Das Herzstück der Anlage ist ein verschwenderisch verziertes Gebäude nach Art eines königlichen Jagdschlosses. Die Gäste werden in wunderschön eingerichteten Zelten mit AC und Holzfußboden auf dem Gelände untergebracht. Zimmer ab US$850. ❾

Sonstiges

Geld

Geldwechsel ist in vielen Hotels und in der **State Bank of Bikaner & Jaipur** in Sawai Madhopur möglich.

Informationen

Die **Touristeninformation** im Bahnhof, ✆ 07462/220808, ist sehr hilfreich und händigt kostenlose Stadtpläne aus. ◷ Mo–Sa 10–17 Uhr.

Internet

An der Hauptstraße bieten kurz vor dem Hotel Ankur einige Läden Internetzugang, darunter das Geschäft **Tiger Track** (Rs50 pro Std.).

Transport

Zum Ranthambore-Nationalpark gelangt man über das Städtchen Sawai Madhopur. Hier halten die Züge der Hauptstrecke Mumbai–Delhi, daher ist der Nationalpark von Bharatpur, Agra, Jaipur, Delhi und Kota aus leicht erreichbar. Der Bahnhof liegt mitten in der Stadt, in der Nähe des Busbahnhofs. In Ranthambore gibt es so gut wie keine Rikschas, folglich muss der Transport vom/zum Bahnhof oder Busbahnhof über das Hotel arrangiert werden.

Busse

Die ehemals schrecklichen Straßen in der Umgebung von Ranthambore werden nach und nach ausgebessert, deshalb ist eine Busfahrt inzwischen nicht mehr so langsam und unbequem wie früher, dennoch ist für die meisten Ziele die Bahn zu bevorzugen. Es bestehen Verbindungen nach Jaipur (6x tgl., 4–5 Std.), Bundi (3x tgl., 4–5 Std.) und Ajmer (1x tgl., 8 Std.). Die Busse fahren an einer der beiden dicht beieinander liegenden Haltestellen mitten in Sawai Madhopur ab. Wer die Stadt verlässt, sollte sich beim Transport zum Bus vergewissern, dass es auch die richtige Haltestelle ist.

Eisenbahn

Sawai Madhopur liegt an der Haupteisenbahnlinie zwischen Delhi und Mumbai und ist bequem per Bahn zu erreichen. Täglich fahren Züge nach JAIPUR (4, 10.10, 10.45 und 14.40 Uhr, 2 1/4 Std.–2 3/4 Std.); BHARATPUR (7.10 und 12.35 Uhr, 2 1/4–2 1/2 Std.); JODHPUR (14.40 Uhr, 8 Std.), KOTA (13.08, 13.30, 16.10, 18.05 und 19.40 Uhr, 1 1/4–1 1/2 Std.), DELHI (6.33, 7.10, 0.35 und 1.08 Uhr, 4 1/2–6 Std.) und MUMBAI (13.08, 16.10, 20.37 und 22.05 Uhr, Fahrzeit 16–17 Std.). Die günstigste Verbindung nach Bundi ist per Bahn nach Kota und von dort mit dem Bus, oder gleich mit einem Direktbus (s. „Busse").

Zentral-Rajasthan

Ajmer

Der Nag Pahar („Schlangenberg"), ein steiler, schroffer Höhenzug der Aravalli-Kette westlich von Jaipur, bildet einen malerischen Hintergrund für Ajmer, die Heimat des berühmten Sufi-Heiligen **Khwaja Muin-ud-Din Chishti**, Begründer des Chishti Sufi-Ordens. Bis zum heutigen Tag gehört sein Grabmal, die **Dargah Khwaja Sahib**, zu den heiligsten moslemischen Wallfahrtsorten der Welt. Besonders zu Muharram (dem islamischen Neujahr), an Eid und am Geburtstag des Heiligen, **Urs Mela** (s. Kasten), strömen unzählige Pilger und Derwische herbei, denn nach islamischem Glauben kommen sieben Besuche in Ajmer einer Wallfahrt nach Mekka gleich. Für Hindu-Pilger und ausländische Reisende ist Ajmer in erster

Die Urs Mela

Die Urs Mela, die am 6. Tag des islamischen Monats Rajab (ungefähr 27. Mai 2012 und 16. Mai 2013) abgehalten wird, ist eine Feier zu Ehren des aus Ajmer stammenden Sufi-Heiligen Khwaja Muin-ud-Din Chishti am Jahrestag seines Todes und eines der wichtigsten religiösen Feste Rajasthans. Dann strömen Wallfahrer in die Stadt, um den Heiligen mit *qawwali* (Sufi-Gesängen) zu ehren. Im Dargah wird in riesigen Schüsseln *kheer* (Reispudding) gekocht und an die Besucher verteilt. Nachts finden religiöse Zusammenkünfte, sogenannte *mehfils*, statt. Es ist eigentlich nur ein Fest für Gläubige, aber in der Stadt herrscht dann eine festliche Stimmung, denn schon eine Woche vorher füllt sich Ajmer mit Pilgern vom ganzen Subkontinent und aus anderen Teilen der Welt.

Linie das Sprungbrett für einen Abstecher nach Pushkar, das nach einer 20-minütigen Busfahrt erreicht ist. Es stellt aber umgekehrt auch ein lohnendes Ziel für einen Tagesausflug von Pushkar dar. Als eine Bastion des Islam ist es im von Hindus dominierten Rajasthan einzigartig.

Geschichte

Der lokale Rajputen-Führer Ajay Pal Chauhan errichtete die Festung bei Ajmer im 10. Jh. Die **Chauhans** übernahmen mit der Zeit die Oberhoheit im östlichen Rajasthan, wurden aber 1193 von Muhammad von Ghor (S. 100) besiegt. Die Delhi-Sultane ließen die Chauhans als Tributpflichtige weiter regieren, aber 1365, als Delhi seine regionale Machtposition verlor, fiel Ajmer an das Königreich **Mewar** (Udaipur). Im 16. Jh. wurde die Stadt zum Zankapfel zwischen Mewar und dem benachbarten Königreich **Marwar** (Jodhpur). Die Marwaris bemächtigten sich 1532 der Stadt, aber nur 27 Jahre später marschierten Akbars Streitkräfte ein. Für die moslemischen **Moguln** war Ajmer von besonderer Bedeutung, da sich hier der Khwaja Muin-ud-Din Chishti Dargah befand. Die Moguln herrschten mehr als 200 Jahre in Ajmer, doch als ihr Reich zu zerfallen begann, liebäugelten die Rajputen-Königreiche der Nachbarschaft erneut mit der

Rajasthan

Herrschaft über die Stadt. 1770 wurde diese schließlich von den Marathen übernommen, die sie 1818 für 50 000 Rupien an die East India Company verkauften.

So kam es, dass der überwiegende, von Hindus beherrschte Teil Rajasthans während des Raj seine innere Unabhängigkeit bewahrte, Ajmer jedoch eine kleine, von den Briten regierte moslemische Enklave blieb und sich erst wieder mit Jodhpur und Udaipur, seinen ehemaligen Oberherrschern, vereinigte, als es 1956 Rajasthan angegliedert wurde.

Die Stadt

Die schmalen Gassen, die sich durch die Basare rings um den **Dargah Khwaja Sahib** ziehen, haben fast mittelalterlichen Charakter. Reihenweise bieten Stände als Opfergaben dienende Rosenblätter, grüne Seidenbahnen mit Goldbordüre, Holzperlenschnüre und Gebetsteppiche an. Die Hauptportale der Altstadt bezaubern durch ihre eleganten Torbögen im Mogulstil, und das zerbröckelnde Fort **Taragarh**, über Jahrhunderte Indiens wichtigste strategische Festung, schaut auf Kuppeln und Moscheeminarette hinab.

Dargah Khwaja Sahib

Der Dargah Khwaja Sahib oder Dargah Sharif, 🖥 www.wdargahajmer.com, mit dem Grab des hochverehrten Sufi-Heiligen Khwaja Muin-ud-Din Chishti ist der bedeutendste moslemische Wallfahrtsort Indiens und zieht täglich Tausende von Pilgern an. Der im 13. Jh. gegründete Dargah wurde unter diversen moslemischen Herrschern mit architektonischen Elementen ihrer jeweiligen Epoche versehen – insbesondere unter den drei großen Mogulkaisern Jahangir, Shah Jahan und Akbar, der zum Dargah kam, um für einen männlichen Thronfolger zu beten, und eine Moschee stiftete, als sein Wunsch in Erfüllung ging. ⊙ tgl. 5–24 Uhr.

Nach Betreten des Dargah durch das **Nizam Gate** wird der Besucher in der Regel von streng aussehenden jungen Männern aufgehalten, die sich als „offizielle Führer" ausgeben, in Wirklichkeit aber *khadim* sind: Männer mit ererbtem Priesteramt, die Pilger gegen Spendengelder durch die notwendigen Rituale im Dargah führen. Ihre Dienste sind nicht obligatorisch, auch

wenn sie vielleicht das Gegenteil behaupten. Gleich hinter dem Nizam Gate befindet sich ein kleinerer Durchgang, das vom Mogulherrscher Shah Jahan in Auftrag gegebene **Shajahani Gate**. Es führt in einen Hof, wo auf der rechten Seite eine kleine Treppe zur **Akbari Masjid** (Moschee Akbars) hoch führt. Die Moschee wurde vom dankbaren Herrscher Akbar nach der Geburt seines Sohnes Salim (dem späteren Herrscher Jahangir) gestiftet.

Gleich hinter dem Shajahani Gate steht ein drittes Tor, das imposante, blaugrüne **Darwaza**. Dahinter stehen zwei riesige **Kessel** auf Plattformen. Pilger werfen Geld hinein, das an die Armen verteilt wird. Der Kessel rechts, der größere, wurde 1567 von Akbar gestiftet; der andere war ein Geschenk von Jahangir, im Anschluss an seine Thronbesteigung im Jahr 1605. Hinter den *khanas* liegt ein Hof mit einem Mausoleum, das aus Marmor erbaute **Mazar Sharif**, in dem sich das Grab von Khwaja Sahib befindet. In dem Hof werden abends *qawwali* gesungen (ab etwa einer Stunde vor Sonnenuntergang bis 21 Uhr), begleitet von Harmonium- und Trommelmusik, die die Teilnehmer in einen tranceartigen Zustand versetzt. Das Grab innen (⊙ Fr–Mi 15–16 und Do 14.30–15.30 Uhr geschlossen) ist von einem silbernen Zaun umgeben und wird von einer großen vergoldeten Kuppel gekrönt. Die Besucher werden gesegnet, leicht mit Pfauenfedern gestrichen und erhalten kurz – gegen eine angemessene Spende – Gelegenheit zur Berührung des Tuchs auf dem Grab.

Islamische Monumente

Die wenig beachtete **Adhai-din-ka-Jhonpra** („Zweieinhalb-Tage-Hütte") ist das älteste erhaltene Bauwerk der Stadt und eines der besten Beispiele mittelalterlicher Architektur in ganz Rajasthan. Das Bauwerk wurde 660 als Jain-Tempel errichtet und 1153 in eine hinduistische Lehranstalt verwandelt. Vierzig Jahre später wurde es von Muhammad von Ghor zerstört, der es jedoch später als Moschee wieder aufbauen ließ. Der Überlieferung zufolge soll ihr Name auf die Geschwindigkeit des Wiederaufbaus hinweisen, der tatsächlich jedoch 15 Jahre dauerte und unter Verwendung von Materialien aus geplünderten Hindu- und Jain-Tempeln erfolgte.

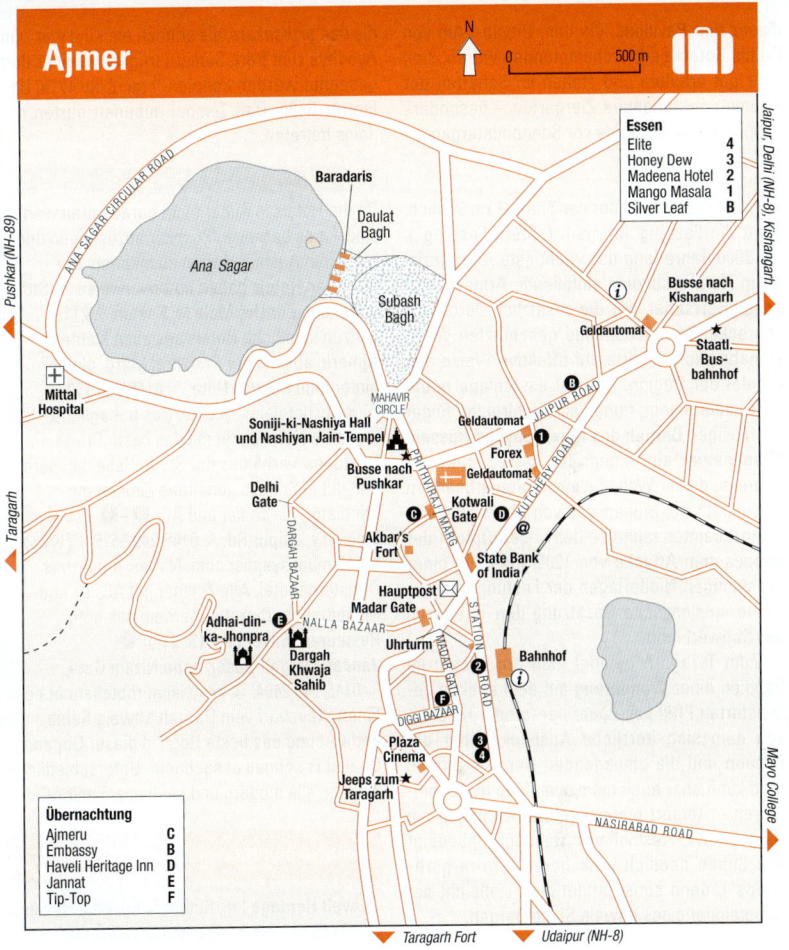

Baradaris

Daulat
Bagh

Ana Sagar

Subash
Bagh

ANA SAGAR CIRCULAR ROAD

Pushkar (MH-89)

Mittal
Hospital

Taragarh

MAHAVIR
CIRCLE

Soniji-ki-Nashiya Hall
und Nashiyan Jain-Tempel

Delhi
Gate

DARGAH BAZAAR

PANCHKOTI MARG

Busse nach
Pushkar

Akbar's
Fort

Hauptpost
Madar Gate

Adhai-din-
ka-Jhonpra

Dargah
Khwaja
Sahib

NALLA BAZAAR

Uhrturm

MADAR GATE

DIGGI BAZAAR

STATION ROAD

Plaza
Cinema

Jeeps zum
Taragarh

Geldautomat

Forex
Geldautomat

Kotwali
Gate

State Bank
of India

Essen

Elite	4
Honey Dew	3
Madeena Hotel	2
Mango Masala	1
Silver Leaf	B

Busse nach
Kishangarh

Geldautomat

Staatl.
Bus-
bahnhof

JAIPUR ROAD

KUTCHERY ROAD

B

1

D

Bahnhof

3
4

2

NASIRABAD ROAD

Jaipur, Delhi (NH-8), Kishangarh

Rajasthan

Mayo College

Taragarh Fort   Udaipur (NH-8)

Übernachtung

Ajmeru	C
Embassy	B
Haveli Heritage Inn	D
Jannat	E
Tip-Top	F

Der Name stammt in Wahrheit von einem Fakir-Fest, das im 18. Jh. hier regelmäßig abgehalten wurde; eine *jhonpra* (Hütte) war die Unterkunft eines Fakir (Sufi-Bettelheiliger). Hindu-Motive mit verblichenen Gesichtern sind an Säulen und Decken noch deutlich zu erkennen. Das schönste Merkmal der Moschee aber sind die kalligraphischen Bänder mit Koraninschriften an den sieben Kragbögen der Fassade.

Ein jüngeres islamisches Erbe ist das kleine, aber hübsche Fort von Akbar, das einen recht-eckigen Pavillon aus goldfarbenem Sandstein umschließt, der von Akbar und seinem Sohn Jahangir genutzt wurde. Heute beherbergt er ein kleines **Museum**, das vorwiegend Hindu- und Jain-Statuen präsentiert. ⏰ Di–So 9.45–17 Uhr, Eintritt Rs10.

Der künstliche See **Ana Sagar** nordwestlich der Stadt wurde im 12. Jh. angelegt. Einen Abstecher wert ist der See wegen der **Baradaris** genannten, eleganten weißen Marmorpavillons, die Shah Jahan am Ostufer errichten ließ. Vier dieser fünf Pavillons, die dem Diwan-i-Am von Delhis Rotem Fort nachempfunden waren, sind sehr gut erhalten und stehen im Schatten der Bäume von Jahangirs Ziergarten – besonders schön rund eine Stunde vor Sonnenuntergang.

Taragarh Fort

Auf dem Grat hoch über der Stadt, 3 km südlich, steht die Festung Taragarh („Stern-Festung"), die 2000 Jahre lang das wichtigste Angriffsziel für in Nordwestindien einfallende Armeen war. Jeder Herrscher, der die zusätzlich durch abschreckende Steilabhänge geschützten Wälle einnahm, kontrollierte auf effektive Weise den Handel der Region. Obwohl die Anlage heute in Trümmern liegt, finden sich zahlreiche Pilger am hiesigen **Dargah des Miran Sayeed Hussein Khangsawar** ein, einem der gewiss seltenen Schreine dieser Welt, die einem Steuerbeamten gewidmet sind. Muhammad von Ghors höchster Finanzbeamter zählte zu den vielen Opfern der rajputischen Attacke von 1202, als nach einer der wenigen Niederlagen der Festung ihre gesamte moslemische Besatzung den Tod durch das Schwert fand.

Zum Taragarh gelangt man am besten im Rahmen einer **Wanderung** auf dem antiken gepflasterten Pfad von Ajmer her (rund 1 1/2 Std.), von dem sich herrliche Ausblicke über die Ebenen und die umliegenden Berge eröffnen. Man kann aber auch mit einem **Jeep** (Rs50) hinfahren – Abfahrt hinter dem Plaza Cinema am Diggi Chowk, westlich vom Bahnhof. Unbedingt alle Silben deutlich artikulieren („Ta-ra-garh-Jeeps"), denn sonst landet man vielleicht am Haupteingang des Khwaja Sahib Dargah.

Soniji-ki-Nashiya

Zu Ajmers bizarrsten Sehenswürdigkeiten gehört der Spiegelsaal Soniji-ki-Nashiya neben dem Jain-Tempel. Wegen der Farbe des Sandsteins wird er auch „Roter Tempel" genannt. Die in den 1820er-Jahren im Auftrag eines Diamantenmagnaten aus Ajmer errichtete Halle erinnert an das Leben des Rishabha (auch Adinath), des ersten *tirthankara* der Jains. Der das Auge blendende Saal, der eine Tonne Gold enthält, zeigt wie ein riesiges plastisches Schaubild eine gewaltige Prozession von Soldaten und Elefanten,

die den *tirthankara,* als er noch ein Kind war, von Ayodhya zum Berg Sumeru trugen, damit er dort gesegnet werden konnte. ⏱ tgl. 8.30–17.30 Uhr, Eintritt Rs20. Den Tempel nebenan dürfen nur Jains betreten.

Übernachtung

Da die Hotels in Ajmer nicht gerade preiswert sind, ist es besser, in Pushkar abzusteigen und nur einen Ausflug hierher zu machen. Die billigeren Hotels haben normalerweise 24-Std.-Checkout. Zur Urs Mela (s. Kasten S. 211) platzen sämtliche Hotels aus allen Nähten. **Ajmeru**, abseits der Prithviraj Marg, gleich hinter dem Kotwali Gate, ✆ 0145/243 1103, 🖥 www.hotelajmeru.com. Das behagliche moderne Hotel bietet mit das beste Preis-Leistungs-Verhältnis der Stadt. Helle, saubere und gut in Schuss gehaltene Zimmer mit Ventilator, *air-cooler* und AC. ❸–❹ **Embassy**, Jaipur Rd, ✆ 0145/242 5519, 🖥 www. hotelembassyajmer.com. Nettes, modernes Dreisternehotel. Alle Zimmer mit AC, TV und Minibar; beherbergt außerdem das gute Restaurant Silver Leaf (S. 215). ❺ **Jannat**, Dargah Basar, nahe Nizam Gate, ✆ 0145/243 2494, 🖥 www.ajmerhoteljannat.com. Einen Steinwurf vom Dargah Khwaja Sahib entfernt und das beste Hotel in dieser Gegend. Do und Fr schnell ausgebucht. Unterschiedliche Zimmer, alle modern und sauber, z. T. mit AC.

Historie und Hausmannskost

Haveli Heritage Inn, Kutchery Rd, Phul Nawas, ✆ 0145/262 1607, 🖥 www.haveliheritageinn. com. In einem alten Haus aus den 1870er-Jahren, das einst als Hauptquartier der Kongresspartei diente – sowohl Nehru als auch Ghandi haben sich hier aufgehalten. Hört sich großartiger an, als es eigentlich ist: Es handelt sich eher um eine Pension als um ein altes Haveli. Die eigentliche Attraktion sind die friedliche Atmosphäre und die gastfreundliche Familie, die das Hotel führt. Die Zimmer (*air-cooler* und AC) sind hell, geräumig und hübsch möbliert, außerdem gibt es köstliche Hausmannskost. ❸–❺

Rajasthan

Auch gutes Restaurant und freundlicher Service. ❹–❺

Tip-Top, Cinema Rd, unweit des Diggi Basar, ✆ 0145/510 0241. Das beste Hotel im Umkreis des Busbahnhofs. Für Ajmer-Verhältnisse preiswert; gemütliche Zimmer mit oder ohne AC, alle mit Bad. ❷–❹

Essen

In keinem der nachstehend genannten Restaurants wird Alkohol ausgeschenkt; wer etwas Alkoholisches möchte, muss einen Bottle Shop suchen oder es über den Zimmerservice im Hotel probieren.

Elite, Station Rd. Zuverlässiges veg. Restaurant, serviert bezahlbare Currys und *thalis* (Rs50–90), dazu ein paar veg. chinesische, westliche und südindische Gerichte. Das Essen wird entweder im Speisesaal oder an einem Tisch im Garten serviert. Das ein paar Häuser weiter nördlich gelegene Restaurant **Honey Dew** ist ganz ähnlich.

Madeena Hotel, Station Rd. Moslemisches Lokal, in dem sehr leckere nicht veg. Mogul-Currys zubereitet werden, meistens mit „mutton" (d. h. Ziegenfleisch), in großen oder kleinen Portionen (Rs40–80) mit frisch gebackenem Brot aus dem Tandoor. Auch Hühnchen-, Eier- und veg. Gerichte.

Mango Masala, Sardar Patel Marg. Das angesagte Lokal hat Pizza, Snacks, veg. Burger, Salate, Mixgetränke, aber auch veg. Tagesgerichte und *thalis* sowie viele *paneer*-Currys. Hauptgerichte Rs60–145.

Silver Leaf Embassy Hotel, Jaipur Rd. Ruhiges veg. Restaurant mit einer großen Auswahl an Currys (die meisten um Rs70–120) sowie einer Reihe chinesischer und westlicher Gerichte, Snacks und Frühstücksgedecke.

Sonstiges

Geld

Es gibt Geldautomaten der **State Bank of India** gegenüber von der Hauptpost in der Prithviraj Marg und bei der Touristeninformation, einen Automaten der **Bank of Baroda** zwischen den Restaurants Elite und Honey Dew sowie **ICICI**- und **HDFC**-Geldautomaten an beiden Enden der Sardar Patel Marg (die Straße, in der

sich das Restaurant Mango Masala befindet).
UAE Money Exchange, 10 Sardar Patel Marg, wechselt Bargeld und Reiseschecks, ◷ Mo–Sa 9–13.30 und 14–19 Uhr.

Gepäckaufbewahrung

Eine 24 Std. geöffnete Gepäckaufbewahrung befindet sich direkt gegenüber der Touristeninformation im Bahnhof.

Informationen

RTDC-Touristeninformationen gibt es in der Nähe der Haltestelle der staatlichen Busse neben dem RTDC Hotel Khadim, ✆ 0145/262 7426, ◷ Mo–Sa 10–17 Uhr; und am Bahnhof, gleich hinter dem kleineren, südlich gelegenen Eingang; kein Telefon, ◷ tgl. 9–17 Uhr.

Internet

Satguru, 61 Kutchery Rd, nahe Haveli Heritage Inn; Rs20 pro Std., ◷ tgl. 9–22 Uhr; und 10 Sardar Patel Marg, Rs20 pro Std., ◷ tgl. 11–21 Uhr.

Transport

Busse

Der **staatliche Busbahnhof** mit Verbindungen zu zahlreichen Zielen liegt an der Jaipur Road, ✆ 0145/242 9398, rund 2 km nordöstlich der Innenstadt. Zwischen beiden verkehren Motor-Rikschas für rund Rs40. Busse nach PUSHKAR (30 Min.) fahren hier bis gegen 21 Uhr ungefähr viertelstündlich ab. Die meisten Reisenden besuchen Ajmer als Tagesausflug von Pushkar aus. Allerdings fahren die zwischen Pushkar und Ajmer verkehrenden Busse nicht mehr durchs Zentrum von Ajmer, sodass man vom Busbahnhof entweder eine Riksha nehmen oder zu Fuß in die Stadt laufen muss und später wieder zurück. Sitzplätze in **Privatbussen** – oft mit Anschlussverbindungen von Pushkar – kann man bei den Reisebüros in der Kutchery Road, Richtung Prithviraj Marg, reservieren.

Eisenbahn

Ajmers **Bahnhof**, ✆ 0145/243 2535, befindet sich mitten im Stadtzentrum. Ajmer liegt an der Eisenbahnlinie Delhi–Ahmedabad. Im 1. Stock

Folgende Züge sind die schnellsten und/oder zeitlich günstigsten zu bestimmten Städten.

Ziel	Name	Nr.	Abfahrt	Ankunft
Abu Road	Ahmedabad Mail	19106	06.50 Uhr (tgl.)	11.45 Uhr
	Aravali Express	19708	11.25 Uhr (tgl.)	17.00 Uhr
Agra	Sealdah Express	12988	12.45 Uhr (tgl.)	19.30 Uhr
Alwar	Ajmer Shatabdi	12016	15.50 Uhr (tgl.)	19.30 Uhr
	Jammu Tawi Express	12413	14.15 Uhr (tgl.)	18.38 Uhr
Chittaurgarh	Udaipur Express	12992	16.15 Uhr (tgl.)	19.15 Uhr
	Ratlam Express	19654	13.25 Uhr (tgl.)	17.05 Uhr
Jaipur	Ajmer Shatabdi	12016	15.50 Uhr (tgl.)	17.45 Uhr
	Jaipur Express	19655	06.55 Uhr (tgl.)	09.25 Uhr
	Aravali Express	19707	16.23 Uhr (tgl.)	18.45 Uhr
Jodhpur	Fast Passenger Train	54802	14.30 Uhr (tgl.)	19.30 Uhr
New Delhi	Ajmer Shatabdi	12016	15.50 Uhr (tgl.)	22.40 Uhr
	Rajdhani Express	12957	00.55 Uhr (tgl.)	07.25 Uhr
Udaipur	Udaipur Express	12992	16.15 Uhr (tgl.)	21.30 Uhr

des Südflügels des Bahnhofs gibt es eine computerisierte Reservierungshalle. Man muss früh dort sein, um langes Anstehen zu vermeiden. Gegen einen geringen Aufpreis besorgen auch Reisebüros die Fahrkarten.

Pushkar

Nach der Überlieferung wurde das 15 km nordwestlich von Ajmer gelegene Pushkar geboren, als der Schöpfergott Brahma eine Lotusblüte *(pushpa),* die er in seinen Händen *(kar)* hielt, fallen ließ. An den drei Stellen, wo die Lotusblätter zu Boden fielen, entsprang wundersamerweise mitten in der Wüste Wasser, das drei kleine blaue Seen bildete. Daraufhin berief Brahma am Ufer des größten Sees eine Versammlung von 900 000 himmlischen Wesen ein – das gesamte hinduistische Pantheon. Der von weiß getünchten Tempeln und Badeghats umgebene See ist heute eine von Indiens heiligsten Stätten.

Da das Seewasser während der Glück verheißenden Vollmondphase im Okt/Nov (Jahrestag des Göttertreffens) die Seele von sämtlichen Befleckungen reinigen soll, strömen an diesen Tagen unzählige Pilger aus dem gesamten Land zusammen. Überdies nehmen die rajasthanischen Landbewohner das religiöse Fest zum Anlass, ihr Zuchtvieh nach Pushkar zum größten **Kamelmarkt** *(unt mela)* der Welt zu treiben, bei dem über 150 000 Händler, Schaulustige und Touristen die Dünen westlich des Sees belagern.

Tempel

In Pushkar und der näheren Umgebung gibt es über 500 Tempel. Manche, beispielsweise der prächtige **Vishnu Mandir**, dürfen ausschließlich von Hindus betreten werden. Die Hauptkammer von Pushkars wichtigstem Tempel **Brahmaji Mandir**, einem der wenigen Brahma geweihten Tempel Indiens, beherbergt eine viergesichtige Brahma-Statue. Die erhöht auf einer Terrasse im Zentrum des Hofes stehende Kammer wird auf drei Seiten von kleineren Nebenschreinen umringt, von deren Flachdächern der Blick westwärts über die Wüste zum auf einem nahen Hügel gelegenen **Savitri Mandir** wandert.

Der einstündige Aufstieg zum Gipfel dieses Hügels, den man am besten abends unternimmt, um zum Sonnenuntergang oben zu sein, wird durch unvergleichliche Ausblicke auf die ringsum von Wüste umgebene Stadt belohnt. Der Tempel an sich ist modern, aber die Statue von Savitri soll aus dem 7. Jh. stammen. Auch vom **Gayitri-Tempel** (Pap Mochini Mandir) auf einem Hügel im Osten der Stadt, bietet sich ein herrlicher Blick, vor allem bei Sonnenaufgang.

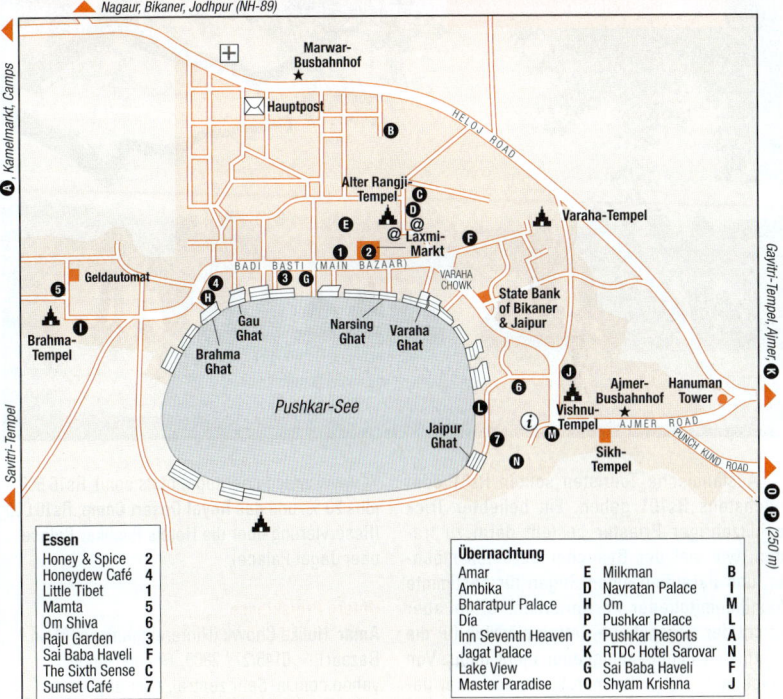

▲ Nagaur, Bikaner, Jodhpur (NH-89)

◄ Kamelmarkt, Camps

Rajasthan

Gaytri-Tempel, Ajmer ►

Savitri-Tempel ◄

Marwar-Busbahnhof ★

Hauptpost ✉

Alter Rangji-Tempel

@ Laxmi-Markt

Varaha-Tempel

BADI BASTI (MAIN BAZAAR)

VARAHA CHOWK

State Bank of Bikaner & Jaipur

Geldautomat

Brahma-Tempel

Gau Ghat

Narsing Ghat

Varaha Ghat

Brahma Ghat

Pushkar-See

Jaipur Ghat

Ajmer-Busbahnhof ★

Hanuman Tower

Vishnu-Tempel

Sikh-Tempel

PUNCH KUND ROAD

AJMER ROAD

HELOJ ROAD

O P (250 m) ►

Essen

Honey & Spice	2
Honeydew Café	4
Little Tibet	1
Mamta	5
Om Shiva	6
Raju Garden	3
Sai Baba Haveli	F
The Sixth Sense	C
Sunset Café	7

Übernachtung

Amar	E	Milkman	B
Ambika	D	Navratan Palace	I
Bharatpur Palace	H	Om	M
Dia	P	Pushkar Palace	L
Inn Seventh Heaven	C	Pushkar Resorts	A
Jagat Palace	K	RTDC Hotel Sarovar	N
Lake View	G	Sai Baba Haveli	F
Master Paradise	O	Shyam Krishna	J

Der See und die Ghats

Der Pushkar-See wird von 52 *ghats* (Treppen) gesäumt – eine für jeden rajasthanischen Maharadscha, der sich vor Ort ein eigenes Ferienhaus bauen ließ. Die zuweilen als Main Ghat bezeichnete **Gau Ghat** ist die Stätte, an der die Asche Mahatma Gandhis, Jawaharlal Nehrus und Shri Lal Bahadur Shastris in den See gestreut wurde. An der **Brahma Ghat** soll Brahma selbst ein Opferritual vollzogen haben, und an der größeren **Varaha Ghat** in der Nähe des Marktplatzes soll Vishnu in Form der dritten seiner neun irdischen Inkarnationen erschienen sein, nämlich als *varaha* (Wildschwein). An allen *ghats* müssen Besucher aus Gründen des Respekts in angemessener Entfernung zum See die Schuhe ablegen und sollten weder rauchen noch fotografieren.

Brahmanische Priester halten sowohl Inder als auch westliche Touristen dazu an, am See die **Pushkar Puja** zu vollziehen. Dazu gehören die wiederkehrende Rezitation von Gebetsformeln, das Ausstreuen von Rosenblättern in den See und nicht zuletzt eine Spende. Als sichtbares Zeichen für die Ableistung der *puja* nimmt ein Tempeldiener ein rotes Tempel-Band, das er dem Wallfahrer ums Handgelenk bindet. Dieser „Pushkar-Pass" stellt sicher, dass man nicht länger von aufdringlichen Priestern angesprochen wird, sondern ungehindert an den *ghats* entlang spazieren kann.

Am Pushkar-See soll der Schöpfergott Brahma einst alle hinduistischen Gottheiten versammelt haben.

Ausländische Touristen sollten Rs51 oder höchstens Rs101 geben. Ein beliebter Trick schlitzohriger Priester besteht darin zu fragen, wie viel der Besucher bezahlen möchte, und daraufhin einen Segen für bestimmte Familienmitglieder zu sprechen. Dann aber reicht der angegebene Betrag plötzlich für die restlichen Familienmitglieder nicht mehr. Von solchen Tricks sollte man sich aber nicht dazu verleiten lassen, einen überhöhten Preis zu bezahlen.

Übernachtung

Die Preise steigen zum **Kamelmarkt** bis auf das Fünffache an. Für diese Zeit sollte man Zimmer so weit wie möglich im Voraus buchen. Aber wer früh morgens ankommt und ein wenig sucht, müsste auch zur Zeit des Marktes selbst noch ein Zimmer finden. Die RTDC richtet für den Kamelmarkt in der Nähe des Festgeländes mehrere Zeltlager ein, in denen man die Wahl zwischen Mehrbettunterkünften (Rs400), Luxuszelten ❾ oder Hütten mit Du/WC ❹ hat – Infos in der Touristeninformation oder auf 🖥 www.rajasthantourism.gov.in. Zusätzliche Luxuszelte bieten das **Royal Camp** (Reservierung über WelcomHeritage, 📞 0291/257 2321,

🖥 www.welcomheritagehotels.com), Rs16 500 plus 20 %, und das **Royal Desert Camp**, Rs10 000 (Reservierung über die Hotels Pushkar Palace oder Jagat Palace).

Untere Preisklasse

Amar, Holika Chowk (Hintereingang am Main Bazaar), 📞 0145/277 2809, ✉ amar-hotel@ yahoo.com.in. Sehr zentral, aber angenehm ruhig, mit Zimmern rund um einen großen Garten. Die Zimmer (mit Ventilator, *air-cooler* oder AC) sind allerdings enttäuschend schäbig. ❶–❹

Ambika, gegenüber dem Old Rangji Temple, 📞 0145/277 3154. Mitten im Getümmel, mit einfachen, aber billigen und sauberen weiß getünchten Zimmern, alle mit Bad, einige mit Blick auf die Straße darunter – gutes Ambiente, wenn auch etwas laut. Recht günstig während des Kamel-markts. ❶

Bharatpur Palace, Main Bazaar, 📞 0145/277 2320, ✉ bharatpurpalace_pushkar@yahoo. co.in. Ein bisschen einfach und fürs Gebotene zu teuer, aber in wundervoller Lage direkt am See. Aus einigen Zimmern Blick auf die *ghats*. Ein paar Zimmer haben AC, die billigeren Gemeinschaftsbad. ❶–❹

Lake View, Main Bazaar, ☎ 0145/277 2106, 🖥 www.lakeviewpushkar.com. Einfache, etwas überteuerte Zimmer, einige ohne Bad, teurere mit AC. Traumhafte Aussicht über den See von der Terrasse und vom Dachterrassen-Restaurant – das Essen ist allerdings nichts Besonderes. ❶–❹

Milkman, Maili Mohalla, ☎ 0145/277 3452. Kleines Hotel in Familienbesitz, versteckt in einer Nebenstraße gelegen. Gemütliche, gepflegte Zimmer (Ventilator, *air-cooler* oder AC; z. T. mit Gemeinschaftsbad), hübsches Dachgartencafé und Terrasse. Guter Deal. ❶–❸

Navratan Palace, nahe dem Brahma-Tempel, ☎ 0145/277 2145, 🖥 www. hotelspushkar.net/ hotel_navaratan_palace_pushkar.htm. Eher für indische Gäste gedacht. Modernes Hotel mit tadellosen Zimmern (z. T. mit AC), gepflegten Grünanlagen und einem der besten Pools der Stadt (Besucher Rs50). Ausgezeichnetes Preis-Leistungs-Verhältnis. ❷–❸

Om, Ajmer Rd, ☎ 0145/277 2672, 🖥 www. hotelompushkar.co.cc. Angenehm ruhiges Hotel mit einer großen Auswahl unterschiedlicher, recht preisgünstiger Zimmer mit Bad (Ventilator, *air-cooler* oder AC), Garten und nettem kleinem Pool. Günstig während des Kamelmarkts. ❶–❸

Sai Baba Haveli, abseits Varaha Chowk, ☎ 0145/510 5161, ✉ lola_singh_modiano@ hotmail.com. Von einem französisch-indischen Paar geführt. Unterschiedliche Zimmer mit Ventilator und Bad in einem reizenden alten Haus mit einem gemütlichen Innenhof. Hat auch ein gutes Restaurant (S. 220). ❷–❸

Shyam Krishna Guest House, Main Bazaar, Nähe Vishnu-Tempel, ☎ 0145/277 2461. Attraktives, ruhiges Gästehaus mit unterschiedlichen Zimmern (z. T. mit Gemeinschaftsbad) rund um einen Garten, auf einem schönen ehemaligen Tempelgelände. Hervorragendes Preis-Leistungs-Verhältnis, besonders während der Kamelmesse. ❶–❷

Mittlere und obere Preisklasse

Día, neben dem Masters Paradise Resort, Panch Kund Rd, ☎ 0145/277 2585, 🖥 www.inn-seventh-heaven.com. Kleines, vom Eigentümer des Inn Seventh Heaven eröffnetes

Gästehaus mit nur 4 schön möblierten Zimmern in ruhiger Lage am Ortsrand, rund 500 m vom Ajmer-Busbahnhof. ❺

Jagat Palace, Ajmer Rd, ☎ 0145/277 2953, 🖥 www.hotelpushkarpalace.com. Gut gemanagtes Luxushotel in etwas ungünstiger Lage am Stadtrand. Teilweise aus Mauerresten eines alten Forts erbaut, mit Wandmalereien und stilvoller Ausschmückung. Herrliche Aussicht, riesiger Pool, Sauna, Whirlpool und Garten. ❼

Master Paradise, Punch Kund Rd, ☎ 0145/ 277 3933, 🖥 www.masterparadise.com. Makellos sauberes, gepflegtes 3-Sterne-Hotel in ruhiger Lage etwas außerhalb, mit hübschem Garten, Pool, Dampfbad und Jacuzzi. ❺–❻

Pushkar Palace, ☎ 0145/277 3001, 🖥 www. hotelpushkarpalace.com. In einem malerischen ehemaligen Maharadscha-Palast mit Blick auf den See. Die gesamte Anlage mit ihren altmodischen Zimmern (die meisten mit Seeblick) und einem hübschen Hofgarten besitzt eine Menge Charme. Die Preise sind allerdings nicht gesalzen – und während des Kamelmarkts exorbitant. Zimmer ab ❽

Pushkar Resorts, Motisar Rd, Ganehara, ☎ 011/2649 4531, 🖥 www.sewara.com. Modernes Resort, ungünstige Lage, 5 km weit draußen in der Wüste. 40 schicke AC-Chalets inmitten von Gärten und ein nierenförmiger Pool. Das hauseigene Restaurant ist weit und breit das einzige, das Fleisch und Alkohol hat. Vorabbuchung empfohlen. ❻–❼

RTDC Hotel Sarovar, ☎ 0145/277 2040, 🖥 http://rtdc.in/sarover.htm. Staatlich geführtes Hotel, ein bisschen unpersönlich, aber in

> ### Die Mischung macht's
>
> **Inn Seventh Heaven**, Chhoti Basti, ☎ 0145/510 5455, 🖥 www.inn-seventh-heaven.com. Schönes Hotel in einem eleganten alten Haveli. Eine gelungene Mischung aus traditionellen und zeitgenössischen Stilen, mit von Weinblättern umrankten Balkonen rund um einen weitläufigen Hof und einer Reihe liebevoll möblierter Zimmer. Ausgezeichnetes Preis-Leistungs-Verhältnis. ❷–❺

Rajasthan

hübscher Lage am See. Schöner Garten und Pool, geräumige, auf angenehme Art altmodische Zimmer (*air-cooler* oder AC; die billigsten mit Gemeinschaftsbad). ❸–❺

Essen

Da Pushkar dem Schöpfergott Brahma geweiht ist, sind alle Speisen innerhalb der Stadtgrenzen streng vegetarisch: Fleisch, Eier und Alkohol sind verpönt. Die süße Spezialität von Pushkar ist *malpua,* im Grunde ein in Sirup gebackenes *chapatti*. Es wird in „sweetshops" überall in der Stadt sowie in der Halwai Gali, der Straße direkt gegenüber der Gau Ghat, verkauft.

Honey & Spice, Laxmi Market, Main Bazaar. Etwas fantasievoller als die durchschnittlichen Backpacker-Cafés von Pushkar. Kleine, aber feine Speisekarte mit leckeren veg. Vollwert-Gerichten (Rs40–75), außerdem Säfte, Lassis und Spezialtees. Gutes Frühstück. Schließt um 19 Uhr.

Honeydew Café, Main Bazaar, nahe dem Hotel Bharatpur Palace. Winziges Lokal aus der Hippie-Ära. Tischt immer noch ordentliches Frühstück auf, vor allem für Liebhaber von Filterkaffee, und auch die Pasta (Rs40–70) ist nicht schlecht.

Little Tibet, Payal Guest House, Main Bazaar. Das schöne Gartenrestaurant unter einem riesigen Baum hat recht gute tibetische und indische Küche sowie die übliche Mischung aus pseudo-italienischen, -israelischen und -mexikanischen Touristengerichten. Dazu gibt's die unvermeidliche Chillout-Musik und einen noch relaxteren Service. Hauptgerichte Rs50–170.

Mamta, nahe dem Brahma-Tempel. Die kulinarische Anlaufstelle vieler indischer Pushkar-Besucher, denn hier werden die besten veg. Currys (Rs60) der Stadt zubereitet. Was auf den Tisch kommt, hängt davon ab, welches Gemüse gerade Erntezeit hat, aber die Auswahl ist immer gut.

Om Shiva, in der Gasse, die vom Main Bazaar zum Pushkar Palace führt. Das beste der verschiedenen Buffet-Angebote in Pushkar, angesichts des Preises von Rs70 ein fantastisches Schnäppchen. Vorsicht: Es gibt Nachahmer mit ähnlichem Namen!

Saisonale Frische

The Sixth Sense, im obersten Geschoss des Inn Seventh Heaven. Stilvolles Café-Restaurant, einladende Alternative zu den etwas schäbigen Backpacker-Cafés von Pushkar, mit kleinem, aber sorgfältig ausgewähltem Angebot an indischen und italienischen Gerichten aus frischen saisonalen Zutaten, dazu Snacks, frische Säfte und Frühstück. Hauptgerichte Rs40–120.

Raju Garden, Main Bazaar. Überdurchschnittlich gutes indisches, chinesisches und westliches Essen in wunderbarer Lage am See. Besonders berühmt für seine veg. *shepherd's pie* und Backkartoffeln, serviert aber auch eine ordentliche Auswahl an veg. Currys. Hauptgerichte Rs40–80.

Sai Baba Haveli, abseits Varaha Chowk. Hat die üblichen veg. Currys (Rs50–80), tolle Pasta und die beste Pizza (Rs60–110) in Pushkar (der Tandoor dient gleichzeitig als Pizzaofen). Es gibt Tische vorm Haus und im Garten, wo es sich angenehmer sitzt. Samstags um 20 Uhr werden Rajasthani-Tänze aufgeführt, dann gibt es ein ausgezeichnetes Buffet für Rs150.

Sunset Café, am Ostufer des Sees in der Nähe des Pushkar Palace. Ein idealer Platz zum Genießen des legendären Sonnenuntergangs über dem See, dann meist voll. Hat eine beachtliche Auswahl an Säften, Lassis und Shakes sowie die üblichen italienischen, mexikanischen, tibetischen und chinesischen Gerichte. Hauptgerichte Rs50–120.

Sonstiges

Einkaufen

Auch wenn Pushkar kein eigentliches Kunsthandwerkszentrum ist, lassen sich hier gute Souvenirs einkaufen, und die Geschäfte liegen nahe beieinander im Main Bazaar. Abgesehen von Hippie-Klamotten, T-Shirts und Silberschmuck werden auch Rajasthani-Textilien, Räucherstäbchen usw. angeboten. Neue und gebrauchte Bücher gibt es in einigen Läden im Main Bazaar, gleich südlich des Varaha Chowk.

Fahrradverleih

Malakar Bicycle Shop, beim Ajmer-Busbahnhof (das pinkfarbene Geschäft ohne Schild neben EKTA Travels), vermietet einfache Fahrräder für Rs25 pro 24 Std.

Geld

Sehr praktisch ist der **Geldautomat** der State Bank of Bikaner & Jaipur in der Nähe des Brahma-Tempels. Bargeld oder Reiseschecks tauschen Dutzende von Wechselstuben am Main Bazaar ein. Zwei bewährte Adressen sind das Büro von **Thomas Cook** gegenüber vom Gästehaus Shyam Krishna, ◷ Mo–Sa 9.30–18.30 Uhr, und **Mantri Forex** am Main Bazaar ein paar Türen östlich des Laxmi Market, beim Café Honey & Spice, ◷ tgl. 9–20 Uhr. Beide tätigen auch Barauszahlungen auf Visa- und MasterCard-Karten.

Informationen

Die **Touristeninformation**, ✆ 0145/277 2040, befindet sich in günstiger Lage gleich im Haupteingangsbereich des RTDC-Hotels Sarovar, ◷ tgl. 10–17 Uhr, während des Kamelmarkts 24 Std.

Internet

Die zahlreichen kleinen, über die Stadt verteilten Internetlokale verlangen ungefähr Rs30 pro Std. – darunter das gut ausgestattete **New Cyber Space** in der Straße in der Nähe des Old Rangji-Tempels und **KK Internet**, gegenüber.

Kamelsafaris

Zahlreiche Veranstalter in der Stadt bieten kurze Kamelritte sowie Kamelsafaris (auch mit Übernachtung) in die Wüste rings um Pushkar an. **EKTA Travels** (S. 222) bietet Kamelritte für rund Rs130 pro Std.

Medizinische Hilfe

Government Hospital, gegenüber der Hauptpost in der Nähe des Marwar-Busbahnhofs, ✆ 0145/277 2029.

Motorradverleih

Gleich östlich des Ajmer-Busbahnhofs gibt es mehrere Verleiher von Motorrollern und Motorrädern (rund Rs100–200 pro Tag).

Polizei

Neben der Hauptpost, ✆ 0145/277 2046.

Kartika Purnima und der Kamelmarkt von Pushkar

Das ganze Jahr über kommen Hindus nach Pushkar, um in dem heiligen See zu baden, doch nur am Vollmondtag *(purnima)* des Monats Kartika (meistens im November) wäscht ein Tauchbad die Gläubigen von allen Sünden rein: An den fünf Tagen vor und zum Vollmond selbst finden sich Tausende Gläubige ein, die am Seeufer und im Brahma-Tempel die vorgeschriebenen Rituale vollziehen. Zur selben Zeit findet westlich der Stadt ein großer, einwöchiger **Kamelmarkt** statt, zu dem sich Herdenbesitzer aus ganz Rajasthan zusammenfinden, um Handel zu treiben, ihre Tiere vorzuführen oder an Wettrennen teilnehmen zu lassen.

Nachdem die Ernte sicher eingebracht und das überzählige Vieh verkauft worden ist, haben die Landbewohner in diesen kurzen Tagen endlich einmal ein wenig Geld übrig, um sich zu amüsieren, was eine unbeschwerte und heitere Stimmung schafft, die auf anderen Tiermärkten Rajasthans gewöhnlich nicht zu spüren ist. Hier finden auch Kamelrennen, Bartwettbewerbe und ein beliebter Jahrmarkt mit einer auffälligen Reihe großer Riesenräder statt. Wenn man die Kamele und traditionellen Trachten der Einheimischen sehen möchte, empfiehlt es sich, an den ersten zwei oder drei Tagen des Marktfestes zu kommen; am Ende der Festwoche sind die meisten Tiere verkauft, und die meisten Händler haben sich bereits auf den Heimweg gemacht. Gut ist auch der Tag vor dem offiziellen Beginn des Marktes: Dann sind schon fast alle Händler und Tiere da, aber noch relativ wenige Touristen.

Termine der nächsten Kamelmärkte: 2.–10. Nov 2011, 20.–28. Nov 2012 und 9.–17. Nov 2013.

Post

Hauptpost, im Norden der Stadt in der Nähe des Marwar-Busbahnhofs, ⏱ Mo–Sa 9–17 Uhr.

Reisebüros

EKTA Travels hat die Vertretung von Indian Railway in Pushkar und kann gegen eine Gebühr von Rs40 Fahrkarten für die Abfahrt von jedem Bahnhof in Indien besorgen sowie Flugtickets buchen, stornieren oder rück-bestätigen. Büros am Marwar-Busbahnhof, ✆ 0145/277 2131, und am Ajmer-Busbahnhof, ✆ 0145/277 2888.

Tanz

Das **Colleena Shakhti Dance Center**, 🖥 www.colleenashakti.com, im alten Rangji-Tempel, veranstaltet Intensivkurse im Odissi-Tanz, einem klassischen Tanzstil aus Orissa, sowie Kurzunterricht in verschiedenen anderen Stilen.

Wäschereien

Chhotu, unweit des Varaha Chowk. Wer die Wäsche früh herbringt, kann sie noch am selben Tag wieder abholen. ⏱ tgl. 7–20.30 Uhr.

Yoga und Meditation

Der erfahrene Yoga-Lehrer Yogesh Yogi leitet intensive Yoga- und Meditationskurse (3–30 Tage) im ruhigen Pushkar Yoga Garden, Vamdev Rd, gegenüber vom Ajmer Bus Stand, hinter dem Sikh-*gurudwara*, ✆ 9828/279835, 🖥 www.pushkaryoga.org.

Transport

Pushkar besitzt keinen Bahnhof. Die meisten Langstreckenreisen müssen über Ajmer erfolgen, selbst per Bus. Empfehlenswerte Zugverbindungen von Ajmer s. S. 215.

Busse

Der **Ajmer-Busbahnhof** im Osten der Stadt wird von Regionalbussen aus Ajmer bedient,

Brahma, Savitri und Gayitri

Obwohl **Brahma**, der Schöpfer, zusammen mit Vishnu, dem Bewahrer, und Shiva, dem Zerstörer, zum Triumvirat der wichtigsten Hindu-Gottheiten gehört, ist seine Bedeutung seit der vedischen Ära geschwunden. Die Geschichte, die hinter dem Brahmaji-Tempel in Pushkar steht, bietet eine Erklärung dafür und unterstreicht zugleich die Bedeutung der beiden hiesigen, nach Brahmas Gemahlinnen Savitri und Gayitri benannten Tempel.

Laut dieser Geschichte wollte Brahma eine Flussgöttin namens **Savitri** heiraten, und zwar anlässlich eines Opferrituals, genannt *yagna,* das zu einem ganz bestimmten, astrologisch günstigen Zeitpunkt zelebriert werden musste. Aber Savitri war so sehr damit beschäftigt, sich für die Zeremonie hübsch zu machen, dass sie nicht rechtzeitig erschien. Da der Schöpfergott aber ohne Frau das *yagna* nicht im Glück verheißenden Moment vollziehen konnte, musste er sich eine andere Gemahlin suchen. Die einzige unverheiratete Frau, die man finden konnte, war ein Hirtenmädchen namens **Gayitri** aus der Kas-

te der unberührbaren Gujar. Die Götter unterzogen sie einem Reinigungsritual, indem sie sie „durch den Mund einer Kuh" schickten *(gaya* bedeutet „Kuh", *tri* heißt „hat durchschritten"). Als das Ritual begonnen hatte, traf plötzlich Savitri ein, die darüber, dass Brahma eine andere Frau geheiratet hatte, so erzürnt war, dass sie ihn mit dem Fluch belegte, fortan einzig und allein in Pushkar Verehrung genießen zu dürfen. Außerdem verkündete sie, dass die Angehörigen der Gujar-Kaste nach dem Tode nur noch dann Erlösung finden würden, wenn ihre Asche im Pushkar-See verstreut würde – ein Glaube, der bis heute Bestand hat. Danach zog sie sich auf den höchsten Berg über der Stadt zurück. Um Savitri zu besänftigen, wurde ausgemacht, dass sie ihren eigenen Tempel dort oben bekommen sollte, Gayitri dagegen auf dem niedrigeren, gegenüberliegenden Berg am Ostufer des Sees, und dass Savitri immer vor Gayitri die Ehre erwiesen werden sollte. Und genau so machen es die Pilger bis heute: Zuerst wird der Tempel von Savitri besucht, dann der von Gayitri.

während Anreisende von ferneren Zielen wie Delhi, Jaipur, Jodhpur und Bikaner (die meisten dieser Busse halten unterwegs in Ajmer) am **Marwar-Busbahnhof** im Norden der Stadt eintreffen. Da in Pushkar nur sehr wenige Fahrrad-Rikschas und keine Motor-Rikschas zur Verfügung stehen, muss man wahrscheinlich zu Fuß zum Hotel gehen. Staatliche und private Intercity-Busse fahren vom **Marwar-Busbahnhof**, ✆ 0145/242 9398, nach BIKANER (9x tgl., 6 1/2 Std.), BUNDI (2x tgl., 5 Std.), DELHI (5x tgl., darunter 3 Nachtbusse mit Liegesitzen, 10–11 Std.), JAIPUR (8x tgl., 3 1/2 Std.), JAISALMER (2 Nachtbusse, 9 Std.), JODHPUR (1x tgl. plus 1 Nachtbus, 5 Std.). Nach UDAIPUR muss man in Ajmer umsteigen.

Nach AJMER (30 Min.) fahren jede Viertelstunde Busse vom Ajmer-Busbahnhof. Weitere Abfahrten von Ajmer s. S. 215. Von dort gibt es auch Anschlussbusse, aber es kommt oft vor, dass Leute, die eine Fahrkarte in einem Reisebüro in Pushkar gekauft haben, feststellen müssen, dass ihre Sitzplätze doppelt belegt wurden, wenn sie in Ajmer in den entsprechenden Bus steigen. Daher sollte man möglichst erst mal nur bis Ajmer fahren und dort die Weiterreise buchen. Vor allem Sitzplätze nach Delhi sind oft Tage im Voraus ausgebucht.

Jodhpur

Über Jodhpur, nach der Farbe seiner Altstadthäuser „blaue Stadt" genannt, wacht die mächtige Festung Meherangarh Fort, die spektakulärste Zitadelle in Rajasthan. Jodhpur war einst die bedeutendste Stadt von Marwar, Rajputanas größtem Fürstentum. Heute hat die Stadt rund eine Million Einwohner. Die meisten Touristen bleiben nur kurz in Jodhpur, um das Fort zu besichtigen; jedoch lohnt die Stadt auch durchaus einen längeren Aufenthalt. Wenn man sich durch das blaue Labyrinth der Altstadt treiben lässt, steht man unversehens vor moslemischen Färbern, Marionettenbauern und traditionellen Gewürzmärkten, und vor allem zum Sonnenuntergang ist Jodhpurs berühmte kubische Dachlandschaft ein Traum für Fotografen.

Geschichte

Die Entstehung des Königreichs Marwar geht auf das Jahr 1381 zurück, als Rao Chanda, Oberhaupt des Rajputenclans der Rathore, die Festung von Mandor (S. 231) überfiel und deren Herrscher, die Parihars, vertrieb. 1459 verlegte **Rao Jodha** die Hauptstadt Marwars vom wenige Kilometer entfernten ungeschützten **Mandore** an einen Ort, über dem ein massiver schroffer Felsen thronte, und benannte die neue Hauptstadt nach sich selbst. Das hoch gelegene Fort mit den mächtigen Befestigungsmauern erwies sich als nahezu unverwundbar, und schon bald sammelte die Stadt großen Reichtum durch den Handel an. Die Moguln schielten mit gierigen Blicken nach Jodhpur, doch da sie rasch erkannten, dass schlechte Aussichten auf eine Übernahme bestanden, entschlossen sie sich zu Friedensverhandlungen und untermauerten die neuen freundschaftlichen Bande 1561 durch die Verheiratung der Schwester des Marwar-Herrschers Udai Singh mit Akbar dem Großen.

Das 18. Jh. erlebte trotz der gemeinsamen Front gegen die Moguln viele blutige Schlachten zwischen Marwar, Mewar (Udaipur) und Jaipur. Gegen Ende des Jahrhunderts sah **Maharadscha Man Singh** sich von dem expandierenden Marathen-Reich im Süden bedroht und wandte sich schließlich 1818 hilfesuchend an die Briten. Der Vertrag, den er mit ihnen schloss – nicht unähnlich dem alten Arrangement von Marwar mit den Moguln –, sicherte dem Königreich seine innere Unabhängigkeit, es musste jedoch einen jährlichen Tribut an die East India Company entrichten. An die letzten Maharadscha vor der Unabhängigkeit, **Umaid Singh**, erinnert der mächtige Palast Umaid Bhawan. 1930 einigte der Maharadscha sich mit den Briten darauf, Marwar in ein unabhängiges Indien einzugliedern. Trotz des Verlustes ihres fürstlichen Status haben seine Erben einen großen Teil ihrer Reichtümer behalten und genießen überdies in Jodhpur nicht nur eine Menge Einfluss, sondern auch echten Respekt.

Orientierung

Die meisten Panoramen von Jodhpur werden vom mächtigen **Meherangarh Fort** beherrscht, das auf seinem riesigen Sandsteinsockel über der Stadt thront. Darunter kauern sich die Häu-

Rajasthan

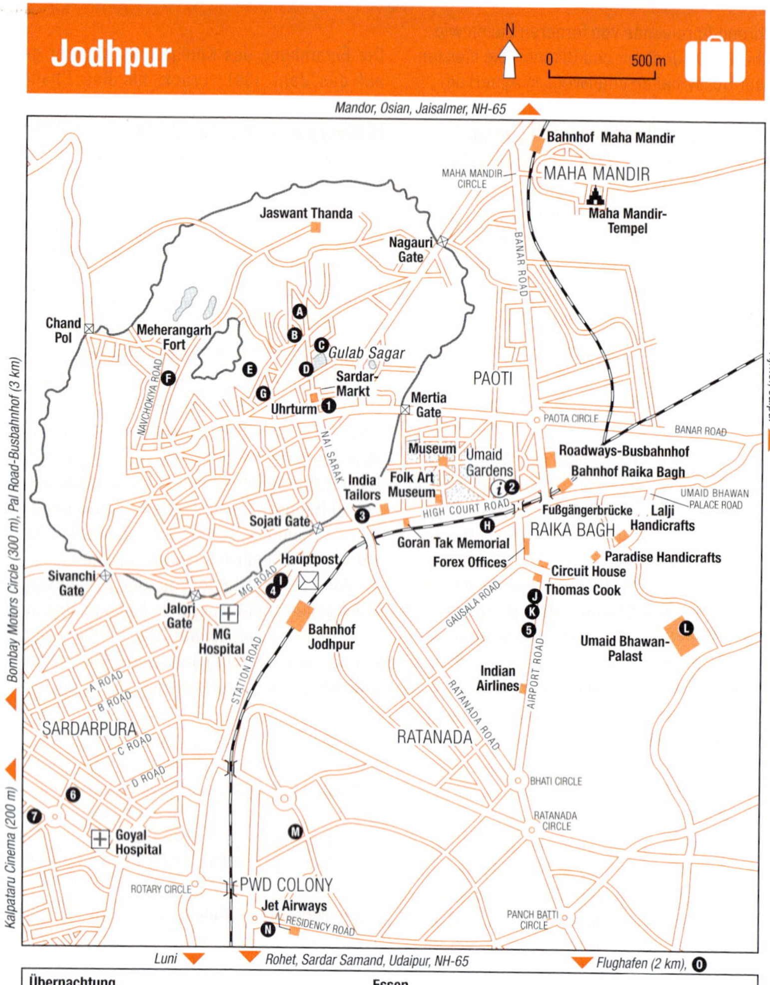

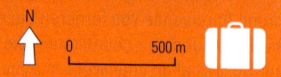
Rajasthan

Bombay Motors Circle (300 m), Pal Road-Busbahnhof (3 km)

Kalpataru Cinema (200 m)

Mandor, Osian, Jaisalmer, NH-65

Bahnhof   Maha Mandir

MAHA MANDIR CIRCLE

MAHA MANDIR

Maha Mandir-Tempel

Jaswant Thanda

Nagauri Gate

BANAR ROAD

Chand Pol

Meherangarh Fort

Ⓐ

Ⓑ

Ⓒ Gulab Sagar

Ⓔ

Ⓓ

Sardar-Markt

PAOTI

Ajmer, Jaipur

Ⓕ

Ⓖ

Uhrturm Ⓘ

Mertia Gate

PAOTA CIRCLE

BANAR ROAD

NAVCHOKIYA ROAD

Museum

Umaid Gardens

Roadways-Busbahnhof

Bahnhof Raika Bagh

UMAID BHAWAN PALACE ROAD

NAI SARAK

India Tailors

Folk Art Museum

ⓘ Ⓞ

Fußgängerbrücke

Lalji Handicrafts

Sojati Gate

Ⓗ

HIGH COURT ROAD

RAIKA BAGH

Ⓗ

Goran Tak Memorial

Paradise Handicrafts

Sivanchi Gate

Hauptpost

Forex Offices

Circuit House

MG ROAD

Ⓘ Ⓓ

✉

Ⓙ Ⓚ

Thomas Cook

Ⓛ

Jalori Gate

Ⓞ

MG Hospital

Bahnhof Jodhpur

Ⓞ

CAUSALA ROAD

Umaid Bhawan-Palast

STATION ROAD

A ROAD

B ROAD

SARDARPURA

C ROAD

D ROAD

Indian Airlines

RATANADA

AIRPORT ROAD

RATANADA ROAD

BHATI CIRCLE

Ⓖ

RATANADA CIRCLE

Ⓖ

Goyal Hospital

Ⓜ

ROTARY CIRCLE

PWD COLONY

PANCH BATTI CIRCLE

Jet Airways

Ⓝ RESIDENCY ROAD

Luni

Rohet, Sardar Samand, Udaipur, NH-65

Flughafen (2 km), Ⓞ

Übernachtung		Essen			
Ajit Bhawan	K	Inn Season	M	Café Coffee Day	7
Cosy	F	Krishna Prakash	B	Café Sheesh Mahal	D	Midtown	4
Durag Niwas	H	Pal Haveli	D	Chirmi Bar	2	Mishri Lal	1
Govind	I	Ranbanka	J	Fort View	I	On the Rocks	L 5
Hotel Haveli	C	Shahi	E	Gypsy	6	The Pillars	L 3
Haveli Inn Pal	D	Taj Hari Mahal	N	J-Bar	K	Pokar Sweets	L
Hill View	A	Umaid Bhawan Palace	L	Jodhpur Sweets	6	Trophy Bar	L
Indrashan	O	Yogi's	G	Marwar	N	Umaid Bhawan Palace	L

ser der ummauerten **Altstadt** wie auf einem ku-
bistischen Gemälde, zumeist blau getüncht, was
der Stadt ihr einzigartiges Aussehen verleiht.
Der blaue Anstrich war ursprünglich das Kennzeichen von Wohnungen hochkastiger Brahmanen und geht darauf zurück, dass der weißen
Kalktünche Indigo beigemischt wurde, was als
Schutz der Gebäude gegen Insekten und Son-

neneinstrahlung im Sommer gedacht war. Die auffällige Farbe wurde zum Markenzeichen der Stadt, und heute gibt es sogar eine blau getünchte Moschee an der Straße vom Jalori Gate westlich des Forts.

Die **Basare** der Stadt, in denen die jeweiligen Branchen ihnen zugeordnete Bezirke haben, erstrecken sich von dem 1910 erbauten Sardar-Markt mit seinem hohen Uhrturm – einem ausgezeichneten Orientierungspunkt – in alle Richtungen. Die meisten Befestigungsanlagen auf der Südseite der Altstadt sind abgerissen worden, sodass die beiden Stadttore **Jalori Gate** und **Sojati Gate** heute einen ziemlich traurigen Anblick bieten.

Meherangarh Fort

Das Meherangarh Fort ist mit seiner überwältigenden Größe und Präsenz einer der denkwürdigsten Bauten in ganz Indien – ein uneinnehmbares Bollwerk mit noch aufschießenden, fensterlosen Mauern, die direkt aus dem gewaltigen Felssockel herauszuwachsen scheinen. Der Aufstieg von der Altstadt zum Fort ist ziemlich steil, aber man erreicht das Fort auch per Taxi oder Motor-Riksha über die Zufahrtsstraße vom Nagauri Gate her. Die großartige Audio-Tour dauert rund zwei Stunden. Man betritt die Festung durch das **Jai Pol** (oder Jey Pol), das erste von sieben Verteidigungstoren des Forts. Das sechste der sieben Tore, das **Loha Pol**, weist eine scharfe Biegung und noch schärfere Eisennägel auf, um das Eindringen von Kriegselefanten zu verhindern. An der Torwand prangen die Handabdrücke der Witwen des Maharadschas Man Singh. In Befolgung des rajputischen Ehrenkodexes starben sie 1843 auf dem Verbrennungshaufen ihres Ehemannes – die letzte Massen-*sati* von Frauen eines Marwari-Maharadscha.

Hinter dem letzten Tor, dem **Suraj Pol**, liegt der Krönungshof (Shangar Chowk), in dem die Maharadschas an einem speziellen Marmorthron gekrönt werden. Vom Hof aus nach oben bietet sich eine gute Sicht auf die fantastischen *jali* (durchbrochenes Steinwerk), die nahezu

alle Sandsteinwände überziehen. Die auf den Hof hinausgehenden Wohnräume wurden in ein **Museum** verwandelt, wo silberne *howdahs* (Elefantensättel), Sänften und Waffen zu sehen sind. Eine Treppe höher befinden sich ein paar wertvolle Miniaturen aus der Marwari-Schule. Der am reichsten geschmückte Raum ist der **Phool Mahal** (Blumenpalast) von 1724 mit seinen Buntglasfenstern und der blattgoldverzierten Decke. Hier ließen sich die Maharadschas Musik oder Gedichte vortragen oder Tänze vorführen. Maharadscha Takhat Singh hingegen bevorzugte seine eigene, im 19. Jh. errichtete Wohnung **Takhat Vilas**, von deren Decke riesige Weihnachtskugeln hängen.

Im **Jhanki Mahal** (Palast der Königin) sind die Wiegen früherer Herrscher ausgestellt, und im **Moti Mahal** (Perlenpalast) fanden die Ratssitzungen statt. Die fünf Alkoven in der Wand gegenüber vom Eingang sind in Wirklichkeit versteckte Balkone, von denen aus die Frauen der Maharadschas heimlich das Geschehen verfolgen konnten. Hinter dem Moti Mahal befindet sich der **Zenana**, der Frauenbereich. Von hier geht es zum Tempel der Chamunda hinab, dem ältesten Tempel der Stadt. Er ist der Schutzgöttin Jodhpurs gewidmet, einer Inkarnation von Durga. ⏰ tgl. 9–17.30 Uhr; Eintritt Rs300 inkl. Audio-Tour bei Hinterlegung eines Ausweises, einer Kreditkarte oder einer Kaution, Videoerlaubnis Rs200; Aufzugbenutzung Rs20; Guide Rs150; 🖵 www.mehrangarh.org.

Jaswant Thanda

Vom Fort führt eine Straße 500 m Richtung Norden zum mit Säulen versehenen Marmorbau Jaswant Thanda, der Gedenkstätte für den populären Herrscher Jaswant Singh II. (1878–95), der Jodhpur von Banditen säuberte, Bewässerungssysteme anlegen ließ und die Wirtschaft ankurbelte. Auf demselben Gelände befinden sich Kenotaphe von Mitgliedern der königlichen Familie, die nach Jaswant verstorben sind. An vor ihm Verstorbene erinnern *chhatri* in Mandor (S. 231). Die Gedenkstätte bietet die besten Perspektiven, um das Fort zu fotografieren, das stolz auf dem Meherangarh-Plateau in die Höhe ragt. ⏰ tgl. 9–17 Uhr, Eintritt Rs20, Fotoerlaubnis Rs25, Video Rs50.

Umaid Bhawan

Am südöstlichen Horizont bestimmt die kolossale Silhouette des Umaid Bhawan-Palastes das Stadtbild. Das Gebäude im indo-sarazenischen Stil wurde 1929 von Maharadscha Umaid Singh in Auftrag gegeben, um der hungernden Bevölkerung in Zeiten von Dürre und Not Arbeit und damit Einkünfte zu verschaffen. Dreitausend Arbeiter benötigten sechzehn Jahre, um den Palast zu erbauen, der über neun Millionen Rupien kostete. Die ursprünglich in London bestellten Möbel und andere Einrichtungsgegenstände für die 374 Zimmer fielen während des Krieges einem U-Boot-Angriff zum Opfer; daraufhin erhielt der Palast durch den polnischen Kriegsflüchtling Stephen Norblin seine fantastische Art-déco-Ausstattung.

Der gegenwärtige Maharadscha Gaj Singh bewohnt nur ein Drittel des Palastes und hat andere Bereiche an ein Luxushotel übertragen (S. 228). Im Palast gibt es auch ein ziemlich langweiliges **Museum**, das die üblichen königlichen Kuriositäten präsentiert; ⏱ tgl. 9–17.30 Uhr. Weitaus interessanter ist der Palast selbst. Wer schon einmal hier ist, sollte einen Blick ins Hotel werfen, um die Möbel und Ausstattung im originalen Art-déco-Stil, die typisch rajasthanischen Goldverzierungen und die ausladenden Treppenaufgänge zu bewundern. Wer sich nicht hier einquartiert hat, aber dennoch das Innere des Palastes sehen möchte, muss mindestens Rs3000 in der Bar oder in den Restaurants des Hotels hinblättern (S. 228).

Übernachtung

Jodhpur hat viele Unterkünfte aller Kategorien, doch einige Motorriksch-*wallahs* versuchen auf jede nur erdenkliche Art, Fahrgäste in ein Hotel zu bringen, das ihnen eine Provision bezahlt. Manche Unterkünfte bieten kostenlose Abholung; eine andere Möglichkeit besteht darin, sich in die Nähe der gewünschten Unterkunft bringen zu lassen und dann zu Fuß zu gehen.

Untere Preisklasse

Cosy, Bhram Puri, Chuna ki Choki, Navchokiya, ☎ 0291/261 2066, 🖥 www.cosyguesthouse.com. Freundliches kleines Gästehaus in einem hübschen, blau getünchten Haus tief versteckt

Altbewährt und gut

Govind, Station Rd, ☎ 0291/262 2758, 🖥 www.govindhotel.com. Bewährter Travellerfavorit mit hellen, sauberen Zimmern (einige mit AC, im Sommer alle mit *air-cooler*), einem sauberen Dorm (Rs110), prima Dachrestaurant mit WLAN und sehr hilfsbereitem Management. Außerdem Internetcafé und Reiseagenturen (S. 230); in praktischer Nähe zum Bahnhof. ❷–❹

im Gassengewirr im Westen der Altstadt – es ist schwer zu finden, daher sollte man sich abholen lassen. Die Zimmer (mit Ventilator, *air-cooler* oder AC, einige ohne eigenes Bad) sind einfach, aber sauber und gemütlich. Von der Dachterrasse bieten sich erstklassige Ausblicke aufs Fort. ❶–❹

Durag Niwas, 1 Old Public Park, Raika Bagh, ☎ 0291/251 2385, 🖥 www.durag-niwas.com. Sehr freundlich und gut gemanagt, mit gemütlichen Zimmern mit *air-cooler* oder AC an einem friedvollen Hof. Unterhalb auch verschiedene Programme zur Unterstützung benachteiligter Frauen (die Hälfte der Gäste sind zumeist freiwillige Helfer). Gay-freundlich. ❶–❹

Hill View, Old City, an der Straße zum Fort, rund 200 m hinter dem Hotel Krishna Prakash – siehe unten. Geselliges Gästehaus, geführt vom Hotelier Zafran (jetzt örtlicher Politiker der Kongresspartei) und seiner Familie. Die Zimmer haben alle ein Bad und sind einfach, aber sehr billig. Außerdem genießt man eine herrliche Aussicht über die Stadt. ❶–❷

Hotel Haveli, Old City, zu erreichen vom Nordausgang des Sardar Market, links, dann die erste rechts, dann noch einmal rechts vorbei am Gästehaus Ganpati, ☎ 0291/261 4615, 🖥 www.hotelhaveli.net. Eines der ältesten und höchsten Havelis im Sardar Bazaar. Es hat verschiedenste Zimmer, von einfachen, billigen mit Ventilator bis zu viel schickeren mit AC, Fenstersitzen und traditioneller Einrichtung. Tolle Ausblicke vom Dachrestaurant. ❷–❺

Yogi's, Old City (rund 50 m die Straße vor dem Hotel Krishna Prakash lang), ☎ 0291/264 3436,

□ www.yogiguesthouse.com. Das beste der unzähligen Gästehäuser direkt nördlich vom Sardar Bazaar, mit hübschem blauem Dekor, sauberen, gemütlichen Zimmern, zumeist mit AC, und hervorragender Aussicht auf das Fort vom Dachrestaurant aus. ❶–❹

Mittlere Preisklasse

Haveli Inn Pal, in der Nähe des Gulab Sagar Lake (durch das nördliche Tor des Sardar-Marktes hinausgehen, dann nach rechts und an der ersten Abzweigung nach links abbiegen), ✆ 0291/261 2519, □ www.haveliinnpal.com. Die ansprechende Mittelklasseunterkunft im Herz der Altstadt hat große, gut ausgestattete Zimmern mit AC, manche mit Blick auf Fort oder See, in einem Haveli aus dem 18. Jh. ❺–❻

Indrashan, 593 High Court Colony, 3 km südlich der Stadt, ✆ 0291/244 0665, □ www.rajputana discovery.com. Acht supergemütliche Zimmer bei einer Familie. Veranstaltet hervorragende Kochkurse, die von Hobbyköchen aus der ganzen Welt besucht werden. Nach telefonischer Voranmeldung können auch Besucher, die nicht hier abgestiegen sind, zum Abendessen kommen (Rs425). ❺

Inn Season, PWD Rd, ✆ 0291/261 6400, □ www.innseason.in. Stilvolles Boutiquehotel, dessen Art-déco-Zimmer und insbesondere die Suiten die Liebe des Besitzers zu Oldtimern spiegeln. Nachteil: Während der Heiratszeit (ungefähr Okt–März) ist es laut, denn gleich nebenan befindet sich ein Hochzeitsgelände. Vorbuchen. ❺–❻

Krishna Prakash, Nayabas (den Sardar Market durch das Nordtor verlassen, nach links und die erste rechts und dann geradeaus gehen, das Hotel ist dann nach 150 m auf der linken Seite), ✆ 9829/241547, □ www.kpheritage.com. Ein Heritage-Hotel in einem alten Haveli direkt unterhalb der Festungsmauern. Das Gebäude an sich ist nicht überwältigend, aber die Zimmer (alle mit AC) sind hübsch möbliert und erschwinglich. Der Pool ist jedoch eine Katastrophe. ❹–❺

Pal Haveli, nahe dem Gulab Sagar-See, ✆ 0291/ 329 3328, □ www.palhaveli.com. Stimmungsvolles Heritage-Hotel im Herzen der Altstadt mit schön eingerichteten Zimmern und viel historischem Flair. Die Standardzimmer („Royal Heritage") sind einigermaßen erschwinglich; die „historischen" Zimmer sind nur geringfügig schöner, aber doppelt so teuer. ❼–❾

Shahi, Gandhi St, City Police District, unweit des Katla-Basars gegenüber vom Narsingh-Tempel, ✆ 0291/262 3802, □ www.shahiguesthouse.com. Gastfreundliches, von einer Familie geführtes Gästehaus, untergebracht in einem 350 Jahre alten Haveli tief im Labyrinth der Gassen unterhalb der südwestlichen Festungsmauer und mit atemberaubender Aussicht vom Dach. Die 6 Zimmer (AC optional) haben jede Menge Atmosphäre, Wandgemälde und Nippes. Schwer zu finden, man sollte sich also abholen lassen. ❹–❺

Obere Preisklasse

Ajit Bhawan, Airport Rd, ✆ 0291/251 1410, □ www.ajitbhawan.com. Resort im Stil eines Dorfes mit kleinen runden Häuschen oder konventionelleren Zimmern und entspannter Atmosphäre; Swimming Pool mit Wasserfall, strohgedecktes Garten-Restaurant, Wellness-Center. Zimmerpreise ab US$210. ❾

Bal Samand Lake Palace, 8 km nördlich von Jodhpur, ✆ 0291/257 2321, □ www.welcom heritagehotels.com. Eines der attraktivsten Heritage-Hotels im ganzen Bundesstaat, ein umgestalteter Sommerpalast des Maharadschas am Seeufer. Die zehn schönen „Palastsuiten" im Hauptgebäude sind groß, luftig und exquisit möbliert. Ab etwa US$380. ❾

Jhalamand Garh, Jhalamand, 7 km südlich von Jodhpur, ✆ 0291/272 0481, □ www.heritagehotel sindia.com. Im eleganten, aus dem 18. Jh. stammenden Palast der *thakurs* (Barone) des Dorfs Jhalamand. Die Verpflegung besteht aus traditionellen Gerichten der Rajputen, und jeden Abend gibt es um ein Lagerfeuer herum Tanzdarbietungen einer Kalbeliya-Truppe. ❽

Ranbanka, Airport Rd, ✆ 0291/251 2800, □ www.ranbankahotels.com. Im selben Palast wie das Ajit Bhawan, authentischer (die Zimmer befinden sich tatsächlich innerhalb des Palastes), aber im Allgemeinen nicht so ansprechend. Die Zimmer sind ziemlich gesichtslos und der Service lückenhaft. Ein großes

Plus sind jedoch die weitläufigen Gartenanlagen und der recht große Pool (Besucher Rs700). ❽

Taj Hari Mahal, 5 Residency Rd, 1 km südlich der Stadt, 🖥 www.tajhotels.com, ☏ 0291/243 9700. 5-Sterne-Taj-Hotel mit eleganter traditioneller Einrichtung, zwei guten Restaurants, darunter das Marwar, Wellnessbereich und großem Pool sowie geräumigen und schön eingerichteten Zimmern. Ab US$300. ❾

Umaid Bhawan Palace, ☏ 0291/251 0101, 🖥 www.tajhotels.com. Das Lieblingsprojekt des Maharadschas von Jodhpur gehört zu den besten Hotels der Welt und zählt viele Prominente zu seinen Gästen. Allerdings scheinen sich manche in den überdimensionalen Suiten, prächtigen Salons und dunklen, mit Marmor getäfelten Korridoren etwas verloren zu fühlen und beklagen sich über die unbehagliche Atmosphäre. Ab US$950. ❾

Essen

Jodhpurs Restaurants haben für jeden Geschmack und Geldbeutel etwas zu bieten. Zu den örtlichen Spezialitäten gehören *mirchi bada,* eine große, mit Kartoffeln und Masala gefüllte Chilischote in einem Teigmantel, die in schwimmendem Fett gebacken wird.

Der genialste Ort für einen Drink ist die **Trophy Bar** des Hotels Umaid Bhawan Palace – wenn man sich den Mindestverzehr von Rs3000 leisten kann. Als Alternative gibt es die schöne **J-Bar** im Hotel Ajit Bhawan, mit bequemen Sesseln, cooler Einrichtung und verschiedensten Getränken für den Bruchteil des Preises. Andere Möglichkeiten sind die

Vielseitig und freundlich

Midtown, in einer Nebenstraße der Station Rd, gegenüber vom Bahnhof. Hell, sauber und freundlich. Hier kommen köstliche, rein veg. Currys, südindische Gerichte, Gujarati- und Rajasthani-*thalis* und andere Rajasthani-Spezialitäten auf den Tisch, außerdem Pizza und chinesische Gerichte. Hauptgerichte Rs70–150. Alkoholausschank.

langweilige, aber ruhige **Chirmi Bar** im RTDC-Hotel Goomar neben der Touristeninformation, die mit einem netten Garten aufwartet, oder die recht schmuddeligen, überwiegend von Männern besuchten Kneipen in der Umgebung des Restaurants Midtown im Station Road.

Fort View, Govind Hotel, Station Rd. Eine Spur besser als die üblichen Touristenrestaurants. Gute, veg. Currys und *thalis* zu angemessenen Preisen (Rs45–120), regionale Spezialitäten wie *gulab jamun* (nicht die bengalische Süßspeise, sondern ein köstliches Rajasthani-Gericht, das mit *mawa* zubereitet wird), außerdem leckeres Frühstück inkl. echtem Kaffee. WLAN. Gut geeignet, um die Zeit bis zur Bus- oder Zugabfahrt zu verbringen (Gepäckaufbewahrung möglich). Alkoholausschank.

Gypsy, C Rd, Sardarpura. Im Erdgeschoss befindet sich ein gewöhnlicher Imbiss, der indische Snacks und Eiscreme verkauft. Eine Treppe höher gibt's ein gemütliches Restaurant, wo nur ein einziges Gericht zubereitet wird: köstliche veg. *thalis* (Rs125) bis zum Abwinken.

Marwar, im Hotel Taj Hari Mahal, ☏ 0291/243 9700. Kostspielig, aber das beste Lokal der Stadt, um traditionelle Marwari-Küche zu probieren, z. B. *Jodhpuri mas* (würziges Hammelgericht). Hauptgerichte Rs210–400.

On the Rocks, neben dem Hotel Ajit Bhawan, Airport Rd, ☏ 0291/230 2701. Nobleres Gartenrestaurant, spezialisiert auf Kebabs und Tandoor-Speisen. Langsamer Service und nicht gerade herausragendes Buffet, aber abends sehr vergnüglich und feierlich; zum Mittagessen kommen meist Reisegruppen. Vegetarische Hauptgerichte Rs70–120, nicht veg. Rs120–300.

Cafe Sheesh Mahal, Sardar Bazaar (nach Verlassen des Sardar Bazaar durch das Nordtor rechts, das Café ist dann an der Ecke kurz vor dem Eingang zum Hotel Pal Haveli). Überraschend schickes kleines AC-Café mit gutem Kaffee und Tee, dazu Snacks, Sandwiches und leichte Gerichte sowie Unterhaltung in Form von Ausblicken auf die Straße unten.

Umaid Bhawan Palace, ☏ 0291/251 0101, 🖥 www.tajhotels.com. Im opulenten Umaid Bhawan Palace gibt es mehrere Ess- und Trink-Etablissements, jedoch muss man auf jeden Fall mindestens Rs3000 berappen, zahlbar am

Eingang – so hat man dann Gelegenheit, sich im üppigen Art-déco-Palast umzusehen. Für die Restaurants ist übrigens eine Tischreservierung zu empfehlen. Das Verandacafé **The Pillars** bietet schöne Ausblicke über die Palastgärten und tagsüber leichte Gerichte und eignet sich außerdem schön für einen Drink am frühen Abend. Ansonsten bietet sich Durstigen auch die **Trophy Bar** an. Vollständige Mahlzeiten aus verschiedenen Landesküchen (Festpreismenüs um Rs4000) gibt es im Restaurant **Risala** in einem verschwenderisch dekorierten, altmodisch europäischen Speisesaal sowie abends im The Pillars.

Wie in den meisten indischen Bundesstaaten gibt es auch in Rajasthan einige ethnische Gruppen – die sogenannten *tribals* –, die außerhalb des gesellschaftlichen Mainstreams existieren. Viele von ihnen sind Nomaden und werden oft als *gypsies* („Zigeuner") bezeichnet – die europäischen Sinti und Roma sollen von diesen Volksgruppen in Rajasthan abstammen. Die bekannteste Gruppe sind die **Kalbeliya**, die man größtenteils in Pushkar findet. Die Kalbeliya haben herausgefunden, wie man Schlangen beschwört, und sie tanzten und sangen einst für die Maharadschas, so wie sie es heute für die Touristen machen. Jedoch existieren sie am Rand der Gesellschaft und leiden unter denselben Vorurteilen wie ihre europäischen Brüder und Schwestern.

Die **Bhopa** sind grünäugige Nomaden, die früher als Unterhalter der Maharadschas arbeiteten, und auch heute schlagen sie sich noch als umherziehende Dichter und Geschichtenerzähler durch. Besonders, wenn jemand krank ist, werden sie eingeladen, mit ihren Liedern zur Heilung der Krankheit beizutragen.

In der Umgebung von Jodhpur unternehmen viele Reisende Ausflüge ins Umland zu den **Bishnoi** (S. 231), mehr einer religiösen als einer rein ethnischen Gruppe, deren naturverehrende Auffassungen besonders bei den Hippies des Westens Anklang fanden. Ganz in ihrer Nähe, aber mit einem völlig anderen Lebensstil, existieren die **Bhil**, hervorragende Jäger, die sich als Soldaten in den Armeen der Rajputen verdingten. Sie haben ihre eigene Religion und Sprache, und ihre Tänze sind sehr populär geworden, besonders zum Holi-Fest.

Sonstiges

Bücher
Sarvodaya Bookstall, gegenüber vom Raj Ranchodji-Tempel, in derselben Nebenstraße der Station Rd, in der sich auch das Restaurant Midtown befindet.
Krishna Book Depot, im Obergeschoss von Krishna Art and Export im Sardar-Markt, unmittelbar östlich des Nordtors.

Feste
Jodhpurs jährliches, zweitägiges **Marwar Festival** findet bei Vollmond im Hindu-Monat Ashvina statt (10.–11. Okt 2011, 28.–29. Okt 2012, 17.–18. Okt 2013, 7.–8. Okt 2014). Es handelt sich um ein Kulturfestival, bei dem überwiegend Musik und Tanz vorgeführt werden.

Geld
Geldautomaten in der 151 und 157 Nai Sarak; in der MG Rd 100 m östlich vom Sojati Gate; in der kleinen Straße, die gegenüber dem Sojati Gate von der MG Rd abgeht; in der Station Rd nahe beim Govind Hotel und neben der Touristeninformation. **Wechselstuben** finden sich nördlich des Uhrturms im Sardar-Markt und in der Hanwant Vihar gleich nördlich vom Circuit House (es gibt auch ein Thomas Cook-Büro in der Airport Rd).

Informationen
Die **Touristeninformation** befindet sich neben dem RTDC Goomar Hotel in der High Court Rd, ☎ 0291/254 5083, ⏱ Mo–Fr 9.30–18 Uhr.

Die beiden Websites 🖳 www.jodhpur.nic.in und 🖳 www.maharajajodhpur.com stecken voller interessanter Hintergrundinformationen über die Stadt.

Internet
Internetzugang (normalerweise Rs30–40 pro Std.) wird vielerorts angeboten. Günstig gelegene Lokale sind z. B. das Internetbüro im

Govind Hotel in der Station Rd, ⏱ tgl. 24 Std., Rs40 pro Std., und **Sify i-Way**, gegenüber dem Nordtor des Sardar-Markts, Rs40 pro Std., ⏱ tgl. 9–23 Uhr.

Medizinische Hilfe
Das beste private Krankenhaus ist das **Goyal** in der Residency Rd, Sindhi Colony, 2 km südlich der Stadt, ☎ 0291/243 2144.

Motorradverleih
Jodhpur Travels, Station Rd (ein paar Türen südlich vom Hotel Govind), vermietet Motorräder und Mopeds für Rs300–1000 pro Tag.

Polizei
☎ 0291/265 0777. Beim Uhrturm im Sardar-Markt gibt es einen Kiosk der Touristenpolizei.

Post
Hauptpost, Station Rd, gegenüber dem Govind Hotel. Briefmarken werden in dem Raum hinter dem Eingang auf der rechten Seite verkauft, ⏱ Mo–Sa 9–17, So 11–16 Uhr. Poste restante und Paketpost befinden sich hinter dem linken Eingang, ⏱ Mo–Fr 9–13 und 14–15, Sa 9–13 Uhr.

Reisebüros
Das Hotel **Govind** (S. 226) kann Buchungen für Züge, Busse und Flüge vornehmen (Bearbeitungsgebühr Rs40–50) und Leihwagen (Rs1200–1700 pro Tag) vermitteln.

Transport
In Jodhpur laufen Rajasthans Haupt-Touristenrouten zusammen: Richtung Nordosten nach Pushkar, Jaipur und Delhi, Richtung Süden nach Udaipur und Ahmedabad sowie Richtung Westen nach Jaisalmer. Busse sind meist schneller als Züge.

Busse
Private Busse halten zumeist am Kalpataru Cinema, 4 km südwestlich der Stadt. Abfahrt der meisten privaten Busse ist vom Busbahnhof an der Pal Road, 4 km westlich des Zentrums (um Rs40 mit der Motor-Rikscha), einige fahren auch vom Kalpataru Cinema (Rs30 mit der Motor-Rikscha). Private Busse nach Jaisalmer fahren in der Nähe, bei Bombay Motors Circle, am Westende der Sardarpura, ab; eine Motor-Rikscha hierher kostet Rs50. Fahrscheine für private Busse lassen sich in den meisten Reisebüros und in

Empfohlene Zugverbindungen ab Jodhpur

Alle genannten Züge fahren täglich. Wichtig: Es gibt keine Direktverbindung nach Udaipur oder Chittaurgarh – zu diesen Zielen nimmt man besser den Bus.

Ziel	Name	Nr.	Abfahrt	Ankunft
Abu Road	Ahmedabad Express	19224	05.55 Uhr	10.37 Uhr
	Ranakpur Express	14707	14.45 Uhr	19.57 Uhr
Agra	Howrah Superfast	12308	20.30 Uhr	06.15 Uhr
Ajmer	Fast Passenger Train	54801	07.00 Uhr	12.55 Uhr
Alwar	Jaisalmer–Delhi Express	14660	23.20 Uhr	07.11 Uhr
Bikaner	Ranakpur Express	14708	10.05 Uhr	15.35 Uhr
	Barmer-Kalka Express	14888	10.30 Uhr	16.25 Uhr
Delhi	Mandor Express	12462	20.00 Uhr	06.25 Uhr
	Jaisalmer-Delhi Express	14660	23.20 Uhr	11.10 Uhr
Jaipur	Jaipur Intercity Express	12466	05.55 Uhr	10.45 Uhr
	Marudhar Express	14854/14864/14866	09.50 Uhr	15.25 Uhr
Jaisalmer	Delhi-Jaisalmer Express	14659	05.05 Uhr	11.00 Uhr
	Jaisalmer Express	14810	23.45 Uhr	05.30 Uhr
Sawai Madhopur	Intercity Express	12466	05.55 Uhr	13.15 Uhr

Rajasthan

vielen Hotels (gegen eine Gebühr von Rs50) reservieren. **Staatliche Busse** fahren am Roadways-Busbahnhof (Raika Bagh) ab, am östlichen Stadtrand – man sollte etwa eine Stunde vor der Abfahrtszeit da sein, um ein Ticket zu kaufen. Informationen über aktuelle Abfahrtszeiten kann man vom Hotel oder Gästehaus telefonisch erfragen lassen: ✆ 0291/254 4686 oder 0291/254 4989.

Eisenbahn

Jodhpurs **Hauptbahnhof** liegt in der Station Road, 300 m südlich vom Sojati Gate. Gleich nördlich vom Bahnhof, hinter der Hauptpost, befindet sich ein computerisiertes Reservierungsbüro, ⊙ Mo–Sa 8–20 Uhr, So 8–14 Uhr. Zahlende Gäste des Restaurant Fort View im Govind Hotel (S. 226) dürfen ihr Gepäck kostenlos abstellen und die Toiletten benutzen, während sie auf den Zug warten. Empfohlene Verbindungen s. Kasten S. 230. 1x wöchentl. fährt der Thar Express nach KARACHI in Pakistan (Sa um 23.30 Uhr; 24 Std.).

Flüge

Eine vorausbezahlte Motor-Rikscha vom 4 km südlich gelegenen **Flughafen** in die Stadt kostet Rs100, Taxis verlangen Rs250–300. Es gibt Flugverbindungen nach DELHI, JAIPUR, MUMBAI und UDAIPUR.

Fluggesellschaften
Indian Airlines, East Patel Nagar, Airport Rd, ✆ 0291/251 0758; **Jet Airways**, Osho Apartments, Residency Rd, ✆ 0291/510 3333.

Die Umgebung von Jodhpur

Mandor

Rund 9 km nördlich von Jodhpur liegt das verschlafene Dorf Mandor, einstige Hauptstadt von Marwar, mit einer fabelhaften Ansammlung fürstlicher **Kenotaphe**, errichtet im Andenken an die früheren Herrscher des Fürstenstaates. Vom 6. Jh. bis 1381 war Mandor Hauptstadt der Parihar-Rajputen, dann wurden sie durch Rao Chauhan vom Clan der Rathore verdrängt. Und obwohl die Hauptstadt 1459 nach Jodhpur ver-

legt wurde, errichtete man die Gedenkkenotaphe *(dewal)* der Herrscher von Marwar weiterhin in Mandor. Die Grabmäler aus dunkelrotem Sandstein nahmen mit der wachsenden Macht der Rathore an Größe und Pracht zu. Der größte erinnert an Ajit Singh und wurde 1724 erbaut. Seine sechs Ehefrauen sowie Geliebten, Konkubinen, Dienerinnen und Gesellschaftsdamen – insgesamt 84 Frauen – begingen *sati.*

Am Ende der Parkanlage, hinter den *chhatris,* steht der achteckige **Ek Thamba Mahal** („Ein-Säulen-Palast"), ein dreistöckiges Gebäude, das zu Beginn des 18. Jhs. erbaut wurde, damit die Damen des Hofes öffentliche Veranstaltungen beobachten konnten, ohne ihre *purdah* zu brechen. Dahinter befindet sich ein kleines **Museum**, mit ein paar langweiligen Skulpturen und Gemälden, ⊙ tgl. außer Fr 10–16 Uhr, Eintritt Rs5. Viel interessanter sind die umfangreichen Überreste des **Mandor Forts**. Zu der einstigen Zitadelle der Parihar und später der Rathore-Rajputen führen hinter dem Museum Stufen hinauf.

Mandor ist mit den Minibussen Nr. 1, 5 und 7 ab dem Sojati Gate zu erreichen. Wer in Mandor übernachten möchte, kann sich im angenehm ländlichen kleinen **Mandore Guest House** einquartieren, unweit der Parkanlage in der Dadawari Lane, ✆ 0291/254 5210, 🖳 www.mandore. com; ❺. Es ist eigentlich eher ein Mini-Resort als ein Gästehaus; für die Unterbringung stehen unterschiedliche Zimmer mit *air-cooler* und AC sowie (ziemlich dunkle) runde Hütten in einem Garten mit Bäumen bereit.

Die Bishnoi-Dörfer

Die Umgebung von Jodhpur kann im Rahmen von organisierten „Village Safaris" erkundet werden. Diese bringen kleine Touristengruppen ins ländliche Rajasthan und halten gewöhnlich in vier oder fünf Dörfern der Bishnoi. Dort kann man traditionelle Speisen probieren, Opium-Tee trinken und beim Spinnen oder Teppichknüpfen zuschauen. Die Bishnoi – eher eine Religionsgemeinschaft als eine ethnische Gruppe im herkömmlichen Sinn – gehören zu den frühesten Baumschützern der Welt. Ihr Ursprung geht auf eine Dürrezeit im Jahr 1485 zurück. Ein Guru namens **Jambeshwar Bhagavan** hatte herausgefunden, dass die Trockenheit in erster Linie durch die Abholzung der Wälder hervorgerufen worden war, und stellte daraufhin 29 Regeln für ein Leben in Harmonie mit der Natur und Umwelt auf. Seine Anhänger heißen Bishnoi, nach dem Marwari-Wort für 29. Abgesehen von der Forderung nach striktem Vegetariertum verboten Jambeshwars Regeln das Töten von Tieren und das Fällen von lebenden Bäumen.

1730 begannen Arbeiter, die der Maharadscha von Marwar geschickt hatte, im Dorf **Khejadali** *khejri*-Bäume zu fällen, um daraus Kalkstein für einen Palast zu brennen. Der *khejri*-Baum war den Bishnoi besonders heilig. Eine Frau mit Namen Amrita Devi legte daher ihre Arme um einen Baum und erklärte, dass sie ihr erst den Kopf abschneiden müssten, bevor sie den Baum fällen könnten. Der Aufseher der Arbeiter ließ sie enthaupten, woraufhin ihre drei Töchter dem Beispiel der Mutter folgten; auch sie wurden geköpft. Nun kamen Bishnoi aus der ganzen Region zusammen, um die Bäume zu verteidigen – 363 von ihnen kamen dabei ums Leben. Als die Nachrichten den Maharadscha erreichten, ließ er das Fällen einstellen und verbot den Holzeinschlag und Jagen auf Bishnoi-Territorium. Heute steht an der Stelle, wo das alles passierte, ein kleiner Tempel, und auf dem Gelände wachsen zum Gedenken an die Märtyrer 363 *khejri*-Bäume.

Es ist zwar möglich, per Bus nach Khejadali zu gelangen, aber dort findet sich kaum jemand, der Englisch spricht, und es ist viel besser, sich einer **Tour** anzuschließen, die auch noch andere Dörfer besucht. Die meisten halten zum Mittagessen in Khejadali. Darauf folgt normalerweise eine Opium-Zeremonie, bei der Opium-Tee aufgegossen und anschließend aus einer Handfläche getrunken wird. Streng genommen ist das gesetzeswidrig, aber bei diesem traditionellen Opiumgebrauch drücken die Behörden beide Augen zu, obwohl Opiumabhängigkeit im ländlichen Rajasthan tatsächlich ein Problem darstellt.

Gute und preiswerte Touren in die Bishnoi-Dörfer werden von mehreren Gästehäusern in Jodhpur veranstaltet, darunter vom Govind Hotel, Durag Niwas und Yogi's Guest House. Die Preise beginnen bei etwa Rs600 p. P. (in größeren Gruppen billiger).

Osian

Rajasthans größte Gruppe früher Jain- und Hindutempel liegt 64 km nördlich von Jodhpur vor den Toren der Kleinstadt Osian (oder Osiyan). Die Tempel stammen aus dem 8. bis 12. Jh., als Osian ein regionales Handelszentrum war. Der Herrscher der Stadt und die Bevölkerung konvertierten anscheinend im 11. Jh. zum Jainismus, und der Ort ist immer noch ein wichtiges Jain-Pilgerzentrum. Den Mittelpunkt der Stadt bildet der imposante **Sachiya Mata-Tempel** aus dem 12. Jh., der von seiner erhöhten Position auf einem Hügel ganz Osian überschaut. Der Hauptschrein auf dem Gipfel ist Sachiya (einer Inkarnation Durgas) geweiht. Er weist ungewöhnliche, bunte Glasverzierungen und zahlreiche dekorative Steinmetzarbeiten auf.

Nur fünf Minuten zu Fuß vom Sachiya Mata-Tempel entfernt liegt das schönste Bauwerk von Osian, der **Mahavira Jain-Tempel** (Rs5, Fotoerlaubnis Rs40, Video Rs100; kein Leder im Innenbereich, kein Zutritt während der Menstruation). Der Tempel wurde im 8. Jh. erbaut, im 10. Jh. renoviert und vor nicht allzu langer Zeit restauriert. Zwanzig Säulen mit kunstfertigen Bildhauerarbeiten tragen den Hauptvorbau. In der Nähe liegen drei kleinere Tempel: zwei Surya-Tempel und der ungewöhnliche Peeplaj-Tempel, sowie ein beeindruckender **Stufenbrunnen** aus der Pratihara-Epoche (8./9. Jh.).

Direkt südlich der Bushaltestelle befindet sich die älteste Tempelgruppe mit Bauwerken für **Vishnu** und **Harihara**, die ebenfalls auf die Pratihara-Epoche zurückgehen. An allen drei Tempeln sind zahlreiche dekorative Steinmetzarbeiten erhalten. Staatliche Busse aus Jodhpur (alle 30–60 Min., 1 1/2 Std.) setzen Passagiere an der Bushaltestelle an der Hauptstraße unmittelbar südlich der Stadt ab. Die meisten Besucher übernachten im sehr einfachen, aber freundlichen **Priest Bhanu Sarma Guesthouse**, ✆ 9414/440479, ❷, gegenüber vom Mahavira-Tempel. Es wird von dem (Hindu-) Priester geführt, der sich um den (Jain-) Tempel kümmert, Auskünfte gibt und auch Touren zu Bishnoi-Dörfern vermittelt.

Eine Alternative für Reisende mit gut gefülltem Geldbeutel ist das luxuriöse **Camel Camp Osian**; Buchungen via India Safari Club in Jodhpur, ☎ 0291/243 7023, 🖥 www.camelcamposian. com, **⑨**, ab etwa US$260. Das Camp hat mit Teppichen ausgelegte Zelte und einen Pool. **Kamelsafaris** können auch über das Hotel Govind und das Gästehaus Cosy in Jodhpur arrangiert werden; die Preise beginnen bei etwa Rs1000 p. P. und Tag (mind. 2 Pers.).

Der Westen Rajasthans

Jaisalmer

Im weltfernen westlichen Zipfel Rajasthans liegt die Wüstenstadt *par excellence* – Jaisalmer, dessen golden sandfarbene Befestigungswälle sich wie ein Bild aus Tausendundeiner Nacht aus der Wüste Thar erheben. Eine zügellose Vermarktung setzt dieser romantischen Vision zwar einen Dämpfer auf, doch trotzdem übertrifft die Zahl der Dorfbewohner, die knallrote und orangefarbene gewaltige Turbane tragen, die Zahl der ausländischen Besucher noch immer bei Weitem, und die erlesene Sandsteinarchitektur der „Goldenen Stadt" sucht in ganz Indien ihresgleichen.

Rawal Jaisal vom Clan der Bhati gründete die Stadt 1156 als Ersatz für seine schwieriger zu verteidigende Hauptstadt Lodurva. Ständig kam es zu kriegerischen Auseinandersetzungen mit den Sultanen von Delhi. 1298 endete eine 7-jährige Belagerung der Festung durch die Streitkräfte von **Ala-ud-Din Khalji** (S. 101) damit, dass die Männer der Stadt in den Tod hinaus ritten und die Frauen *johar* (freiwilliger Heldentod) beginnen. Doch bald übernahmen die Bhati wieder die Herrschaft. 1326 wurde die Stadt erneut von den Heeren des Sultanats belagert, und wieder endete es tragisch mit *johar,* aber dank Gharsi Bhatis Verhandlungsgeschick wurde sein Königreich ein Vasallenstaat von Delhi, und auch danach blieb es in den Händen der Bhati.

1570 verheiratete der Herrscher von Jaisalmer eine seiner Töchter mit Akbars Sohn und festigte so die Allianz zwischen Jaisalmer und dem Mogulreich. Dank seiner Lage an der Überlandroute zwischen Delhi und Zentralasien wurde es zu einem wichtigen Umschlagplatz für Güter wie Seide, Opium und Gewürze, und die Stadt gelangte zu beträchtlichem Wohlstand. Doch mit dem Aufstieg von Bombay und Surat als große Hafenstädte ging der Überlandhandel zurück und damit auch der Reichtum Jaisalmers. Der Todesstoß kam mit der Teilung Indiens, als Jaisalmers lebenswichtige Ver-

---

Die Legende von der Entstehung der Wüste Thar

Der Überlieferung zufolge ist die Entstehung der Wüste Thar Rama, dem Helden des Ramayana, zu verdanken.

Rama, eine irdische Inkarnation des Gottes Vishnu, muss seine Frau Sita aus den Klauen des Dämonen Ravana retten, der sie auf der Insel Sri Lanka gefangen hält. Um zu der Insel zu gelangen, lädt Rama seinen Bogen mit einem Zauberpfeil, der den Ozean trocken legt, aber der Meeresgott Sagara beschwört ihn, nicht zu schießen, und bietet ihm freies Geleit an. „Nun", sagt Rama, „mein Bogen ist jetzt gespannt, und der Pfeil muss abgeschossen werden, wohin soll ich zielen?" „Im Norden gibt es ein Meer", antwortet Sagara, „wo Übeltäter mein Wasser

trinken und mir weh tun; schieß dorthin, und du tust mir einen Gefallen." Also zielt Rama und schießt, legt so das Meer trocken, das Sagara beschrieben hatte, und schafft die Wüste Marwar („Land der Toten"). Aber Rama gewährt dem neuen Land eine spezielle Gunst: Zwar ist es Wüste, aber voller süßer Kräuter und dafür geeignet, Rinder zu halten.

Tatsächlich scheint sich die Legende auf einen wahren Kern zu gründen: Wie Fossilienfunde gezeigt haben, war die Thar im Jura (vor 206– 144 Mio. Jahren) wirklich von Wasser bedeckt. Sandsteinplatten weisen oft wellenförmige Muster auf, was darauf hinweist, dass sie einst den Teil des Meeresbodens bildeten.

Rajasthan

Jaisalmer

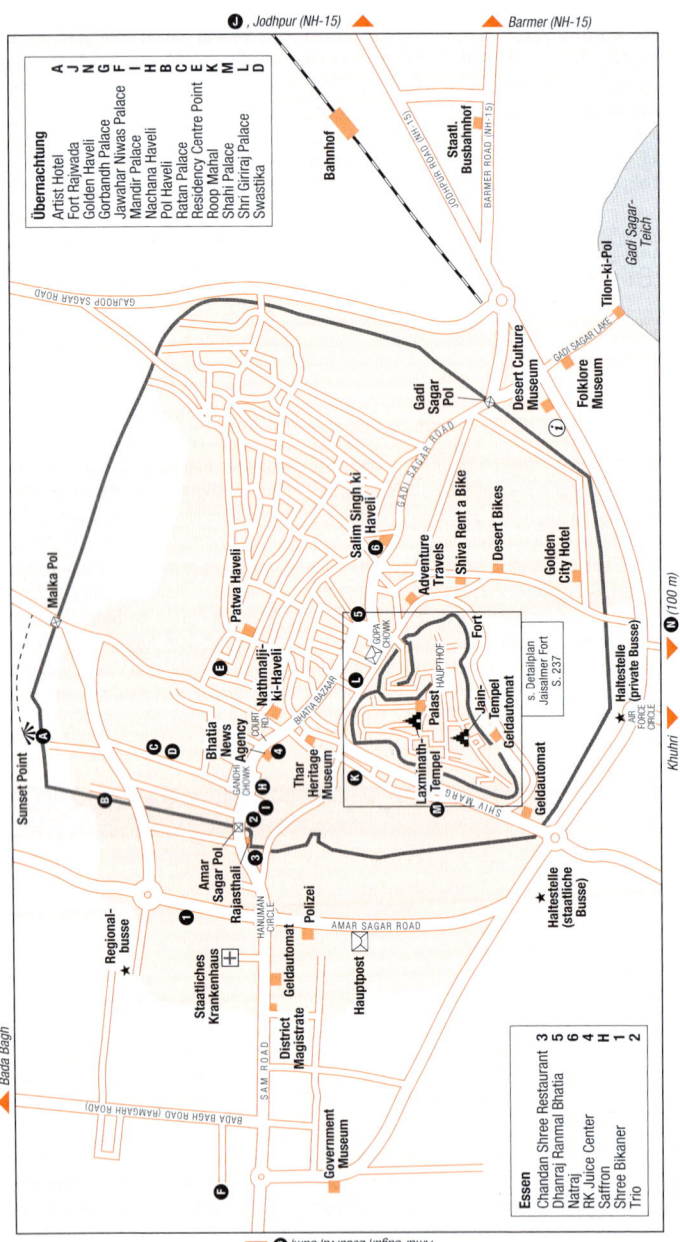

Übernachtung

Artist Hotel	A
Fort Rajwada	J
Golden Haveli	N
Gorbandh Palace	G
Jawahar Niwas Palace	F
Mandir Palace	I
Nachana Haveli	B
Pol Haveli	O
Ratan Palace	C
Residency Centre Point	E
Roop Mahal	K
Shahi Palace	M
Shri Giriraj Palace	L
Swastika	D

Essen

Chandan Shree Restaurant	3
Dhanraj Ranmal Bhatia	5
Natraj	6
RK Juice Center	4
Saffron	H
Shree Bikaner	1
Trio	2

s. Detailplan
Jaisalmer Fort
S. 237

0   250 m

sorgungsroute von der neuen, hoch explosiven pakistanischen Grenze gekappt wurde. Die geografische Lage aber verschaffte Jaisalmer eine neue strategische Bedeutung während der indo-pakistanischen Kriege von 1965 und 1971. Heute ist die Stadt ein wichtiger **militärischer Vorposten**, über dessen Befestigungswällen immer wieder das Getöse von Kampfjets zu hören ist.

Jaisalmer Fort

Alle Teile des Forts von Jaisalmer sind aus weichem gelbem jurassischem Sandstein erbaut. Die dicken Mauern der Festung mit ihren halbrunden Bastionen fallen fast 100 m zur darunter liegenden Stadt ab; drinnen säumen kunstvoll gemeißelte Sandsteinfassaden die verschlungenen schmalen Gassen. 2000 Menschen leben innerhalb der Festung, von denen 70 % Brahmanen und die restlichen 30 % überwiegend Angehörige der Rajputen-Kaste sind. Zum Hauptplatz der Festung hinauf windet sich eine abschnittsweise von vier gewaltigen Toren unterbrochene Pflasterstraße – oben auf den Festungsmauern liegen große runde Steine, die im Falle eines Angriffs auf die feindliche Armee hinab geworfen werden konnten. Im Haupt-*chowk* haben sich im 14. und 15. Jh. entsetzliche Szenen von *johar* abgespielt. Wenn ihre Männer auf dem Schlachtfeld besiegt wurden, zogen die Frauen des Palastes für sich und ihre Kinder den Tod der Entehrung vor. Dann ließen sie im Hof einen großen Scheiterhaufen anzünden und warfen sich von den Mauern des Palastes hinunter.

Den Platz beherrscht der alte **Maharawal-Palast**, der ins **Fort Palace Museum** verwandelt wurde. Seine fünfstöckige Fassade mit Balkonen und Fenstern gehört zu den prachtvollsten Steinmetzarbeiten Jaisalmers. Links vom Palasteingang steht der große, reich verzierte Marmorthron, von dem aus der Herrscher (in Jaisalmer Maharawal, nicht Maharadscha genannt) zu den Truppen sprach. Das Museum wirft ein interessantes Schlaglicht auf das Leben der Jaisalmer-Herrscher im Laufe der Jahrhunderte. Von der Dachterrasse eröffnet sich ein unschlagbarer Blick über die Stadt und darüber hinaus. ☼ Okt–März tgl. 9–18, April–Sep tgl. 8–18 Uhr, Eintritt Rs250 inkl. Audioguide, Video Rs150.

Hindu- und Jain-Tempel

Im Fort gibt es diverse Hindu-Tempel, darunter den altehrwürdigen **Laxminath-Tempel** von 1494, der Laxmi geweiht ist. Aber keiner ist so eindrucksvoll wie der Komplex aus sieben **Jain-Tempeln**. Sie wurden zwischen dem 12. und 15. Jh. aus jurassischem Sandstein errichtet und bestechen durch ihre gelben und weißen Marmorschreine. Wände, Decken und Säulen sind mit wundervollen bildhauerischen Motiven verziert, und schmale Korridore und Treppengänge verbinden die Tempel miteinander. Zwei der sieben Tempel sind zwischen 8 und 12 Uhr geöffnet; die anderen fünf nur von 11 bis 12 Uhr, dann wird es sehr voll. Deshalb ist es am besten, die ersten beiden Tempel vor 11 Uhr zu besichtigen, und später zurückzukommen, um die übrigen zu sehen. Rs30, Fotoerlaubnis Rs70, Video Rs120, Handy-Fotoerlaubnis Rs30.

Die Havelis

Jaisalmers Straßen werden von zahllosen honigfarbenen Fassaden gesäumt, die mit Gitterwerk und floralen Mustern verziert sind, doch die eigentlichen Prunkstücke der Stadt sind die Havelis, die im 18. und 19. Jh. von reichen Kaufleuten in Auftrag gegeben wurden. Das gleich nördlich der Bhatia Bazaar gelegene **Nathmalji-ki-Haveli** (die Gasse zwischen dem Ajanta Photo Studio und Dev Handicrafts nehmen) wurde 1885 für den Premierminister Jaisalmers errichtet, und zwar von zwei Steinmetz-Brüdern, von denen der eine die linke, der andere die rechte Hälfte baute; das Resultat sind zwei leicht unterschiedliche Seiten.

Das größere und noch prächtiger verzierte **Patwa Haveli** im Norden der Stadt wurde in der ersten Hälfte des 19. Jhs. von den fünf Brüdern einer Jain-Familie errichtet, die mit Brokat und Opium handelte. Die auffälligsten Merkmale des Bauwerks aber sind die üppig skulpturierten *jharokha*, die vorkragenden Balkone. Das Haveli (☼ tgl. 8–18.30 Uhr, Eintritt Rs20) ist in fünf Bereiche aufgeteilt; zwei sind nicht für Besucher zugänglich, zwei sind in ihrem Originalzustand erhalten und als staatliche Museen zugänglich (☼ tgl. 10–17 Uhr; Kombiticket Rs50). Ein Bereich wurde zum **Kothari Patwa Haveli Museum** (☼ tgl. 10–17 Uhr, Eintritt Rs120, Fotoerlaubnis

Rs30) umgebaut und birgt verschiedenste traditionelle Artefakte und an den Wänden Nachahmungen von Spiegelschmuck, sodass zu erahnen ist, wie das Haveli ursprünglich aussah.

Das dritte von Jaisalmers berühmtem Haveli-Trio, das kleine **Salim Singh ki Haveli**, steht im Ostteil der Stadt und ist dank seines vorkragenden Dachbalkons, der das Gebäude seltsam „kopflastig" macht, auf den ersten Blick zu erkennen. Das Obergeschoss ist am besten vom Dach des Restaurants Natraj aus zu bewundern. ⊙ tgl. Sommer 8–19, Winter 8–18 Uhr, Eintritt Rs20, Fotoerlaubnis Rs20.

Außer diesen Havelis können auch Abschnitte des **Mandir Palace**, inzwischen teilweise in ein Heritage Hotel (S. 238) umgewandelt, besichtigt werden. Sein herausragendstes Merkmal, der elegante **Badal Vilas-Turm**, lässt sich aber am besten von Westen, außerhalb vom Amar Sagar Pol, bewundern. ⊙ tgl. 10–17 Uhr; Rs20.

Gadi Sagar Tank und Museen

Südlich der Stadt führt ein eindrucksvoller dreifacher Torweg zum Wasserbecken **Gadi Sagar**, das einst Jaisalmers einzige Wasserquelle war. Es ist ein friedlicher Ort, flankiert von Sandstein-*ghats* und Tempeln, mit Blick hinaus in die Wüste. Besucher können Boote mieten. Das nette kleine **Folklore Museum** in der Nähe des Haupteingangs zum Wasserbecken zeigt Kunsthandwerk, Textilien und Gegenstände, die mit dem

---

Konsum von Opium zu tun haben. ⊙ tgl. 8–18 Uhr, Eintritt Rs20, Fotoerlaubnis Rs20. Eine ähnliche Auswahl an einheimischen Artefakten, darunter Musikinstrumente und seltene Manuskripte, präsentiert das **Desert Culture Museum**, ein Stückchen weiter die Straße lang, neben der Touristeninformation. ⊙ tgl. 10–17 Uhr, Eintritt Rs20. Das kleine **Thar Heritage Museum** im Stadtzentrum beherbergt die persönliche Sammlung des einheimischen Historikers L. N. Khatri. Er ist vielleicht gerade zugegen, um zu erklären, was es mit einigen der Stücke aus dem Sammelsurium örtlicher Artefakte auf sich hat, darunter Baumfossilien, alte *chillums,* Kamelschmuck und alte Musikinstrumente. ⊙ tgl. 9–21 Uhr, Eintritt Rs40.

Übernachtung

Jaisalmer hat eine Vielzahl von Unterkünften in allen Preisklassen, und dank der starken Konkurrenz sind die Preise recht niedrig. Man hat die Wahl zwischen den alten Häusern im sehr stimmungsvollen Fort selbst und den neueren Unterkünften außerhalb des Forts, viele davon in traditionellem Sandstein gebaut und mit schönen Blicken auf die Festung. Die meisten Unterkünfte bieten kostenlose Abholung von Bus und Bahn, und die meisten verfügen auch über Internetzugang. Nahezu alle Hotels veranstalten Kamelsafaris, die sich in Qualität und Preis stark unterscheiden.

Im Fort

Desert, ☏ 02992/250602, 🖥 www.deserthotel. com. Freundliches kleines Gästehaus mit billigeren Zimmern (EZ z. T. mit Gemeinschaftsbad) im Untergeschoss und helleren Zimmern im Obergeschoss, teilweise mit Blick aufs Fort. ❶–❷

Desert Haveli, ☏ 02992/251555, ✉ desertguesthouse@hotmail.com. Einfache Budgetadresse. Unterschiedlich große Zimmer mit Bad und Steinwänden zu sehr günstigen Preisen. ❶

Moti Palace, ☏ 02992/254693, ✉ kailash_bissa@yahoo.co.uk. Freundliche Billigunterkunft mit herrlichem Blick auf das Haupttor; hat eine Reihe preisgünstiger Zimmer (alle mit Bad und im Sommer mit *air-cooler*). ❶–❹

Paradise, ☏ 02992/252674, 🖥 www.paradiseonfort.com. Pittoreskes altes Haveli mit

---

Außergewöhnlich

Shahi Palace, unweit der Shiv Marg, ☏ 02992/255920, 🖥 www.shahipalacehotel. com, s. auch Karte „Jaisalmer Fort" S. 237. Tolles, versteckt gelegenes kleines Hotel direkt südlich des Forts in einem stilvollen, modernen Sandsteingebäude mit umwerfender Aussicht vom Dachgartenrestaurant und makellosen Zimmern. Der einzige Nachteil ist, dass die billigeren Zimmer ein bisschen klein ausfallen – es lohnt sich, etwas mehr Geld für eines der ausgezeichneten größeren AC-Zimmer hinzulegen. Dieselbe Familie managt auch das **Oasis Haveli** und das **Star Haveli**, beide in der Nähe und etwas günstiger. ❷–❺

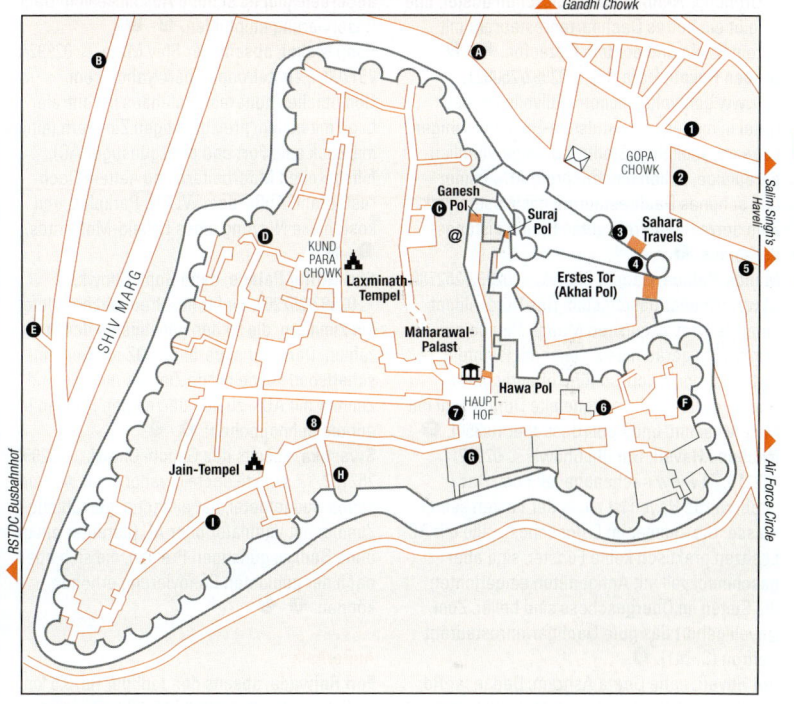

▲ Gandhi Chowk

Rajasthan

Übernachtung				
Desert	D			
Desert Haveli	H	Shahi Palace	E	
Moti Palace	C	Shri Giriraj Palace	A	
Paradise	G	Suraj	I	
Roop Mahal	B	Surja	F	

Essen und Trinken:			
8 July	7	Krishna's Boulangerie	8
Bhang Shop	3	Little Italy	4
Dhanraj Ranmal Bhatia	1	Little Tibet	6
Joshi's German Bakery	2	Monica	5

grünem Hof und einer großen Bandbreite an Zimmern, von billigen im Untergeschoss mit Gemeinschaftsbad bis zu liebevoll ausgestalteten im Obergeschoss mit AC. ❶–❺
Suraj, ☎ 02992/251623, 🖥 www.hotelsuraj jaisalmer.webs.com. Sehr stimmungsvolles Haveli von 1526. Es ist eine der schönsten Unterkünfte im Fort, jedoch vergleichsweise teuer. Das Suraj hat alte Zimmer mit Charakter und Ventilator und einen faszinierenden Ausblick vom Dach auf die Jain-Tempel. ❹–❺

Surja, ☎ 9414 761394, 🖥 www.surjahotel.com. Eine Reihe schlichter Zimmer mit Ventilator und Bad – die teureren mit schönem Ausblick – und einer Dachterrasse mit einem der besten Panoramen der Stadt. ❶–❸

In der Stadt
Artist Hotel, Manganyar Colony, ☎ 02992/252082, 🖥 www.artisthotel.info. Von einem Österreicher als Kooperative für Mitglieder der Manganyar-Kaste (Minnesänger,

Spielmänner) geführt, die hier fast jeden Abend auftreten. Die recht rustikalen Zimmer mit Steinwänden und Ventilator oder *air-cooler* sind in Ordnung, wenn auch ein bisschen düster, und es gibt ein nettes Dachgartenrestaurant mit gutem Essen und echtem Pizzaofen. ❷–❸
Golden Haveli, Bera Rd, ✆ 02992/250821, 🖥 www.goldenhaveli.com. Stilvolles neues Hotel in modernem Sandstein-Haveli in ruhiger Lage am südlichen Stadtrand. Ungewöhnlich geräumige, schön eingerichtete AC-Zimmer und schönes Dachrestaurant mit Wüstenblick. Zum derzeitigen Preis gutes Preis-Leistungs-Verhältnis. ❺
Mandir Palace, Gandhi Chowk, ✆ 02992/252788, 🖥 www.mandirpalace.com. Das Hotel nimmt einen Teil des exquisiten Mandir Palace ein. Angenehm geräumige Zimmer mit leichtem historischem Touch, schöne öffentliche Bereiche, darunter die schöne alte Durbar Hall mit Mini-Museum, und Pool (Besucher Rs350). ❽
Nachana Haveli, Gandhi Chowk, ✆ 02992/252110, 🖥 www.nachanahaveli.com. Das altehrwürde Haveli ist eines der besten seiner Klasse. Die Zimmer im Erdgeschoss (alle mit AC) besitzen praktisch keine Fenster, sind aber geschmackvoll mit Antiquitäten eingerichtet; die Suiten im Obergeschoss sind heller. Zum Haveli gehört das gute Dachgartenrestaurant Saffron (S. 241). ❻
Pol Haveli, nahe Geeta Ashram, Dedansar Rd, ✆ 02992/250131, 🖥 www.hotelpolhaveli.com. Attraktives neues Gästehaus in stilvollem kleinem Sandsteingebäude. Saubere und gemütliche Zimmer mit Ventilator oder AC und reizende Dachterrasse zum Entspannen mit Blick aufs Fort. ❶–❺
Ratan Palace, Seitenstraße des Gandhi Chowk, ✆ 02992/252757, ✉ hotelrenuka@rediffmail.com. Eine der besten Billigunterkünfte in diesem Stadtteil, freundlicher Besitzer. Altmodische, aber sehr saubere Zimmer, die billigeren ohne eigenes Bad, die teureren mit AC. Veranstaltet gute Kameltreks (S. 240) und hat auch noch etwas größere und teurere Zimmer (Rs350–750) im **Renuka** in derselben Straße. ❶–❸
Residency Centre Point, Khumbara Para, ✆ 9414/760421, ✉ residency_guesthouse@ yahoo.com. Kleines, von einer Familie geführtes

Gästehaus in einer Gasse in der Nähe des Patwa Haveli und Nathmalji-ki-Haveli. Die Zimmer (2 mit AC) sind bequem und preiswert, außerdem gibt es schöne Ausblicke vom Dach. Reservierung empfohlen. ❷–❸
Roop Mahal, abseits der Shiv Marg, ✆ 02992/251700, ✉ hotelroopmahal@yahoo.com. Gemütliches neueres Gästehaus in zentraler Lage mit hellen, preisgünstigen Zimmern (einige mit Blick aufs Fort und preisgünstiger AC), hilfsbereiten Mitarbeitern und nettem Dachrestaurant. Außerdem WLAN, Parkplatz und kostenlose Nutzung eines Enfield-Motorrads. ❶–❸
Shri Giriraj Palace, nahe Gopa Chowk, ✆ 02992/252268. Einfaches, freundliches Hotel mit Zimmern, die zu den günstigsten der Stadt zählen. Darunter superbillige DZ mit Gemeinschaftsbad sowie billige Zimmer mit Bad und Zimmer mit AC – zu den derzeitigen Preisen ein echtes Schnäppchen! ❶–❷
Swastika, abseits des Gandhi Chowk, ✆ 02992/252152, ✉ swastikahotel@yahoo.com. Altmodisches Budgethotel, hat einfache, gemütliche Zimmer mit Ventilator oder AC (darunter einige ohne Bad) zu günstigen Preisen, die sich aber nach der geplanten Renovierung erhöhen können. ❶–❸

Außerhalb

Fort Rajwada, abseits der Jodhpur Rd, 3,5 km östlich der Stadt, ✆ 02992/253233, 🖥 www. fortrajwada.com. Eines der besten der neuen Resorthotels am Stadtrand. Besitzt alle Einrichtungen eines 5-Sterne-Hotels (Pool, Bar, gutes Restaurant, toller Coffeeshop). April–Sep 25 % Rabatt. ❽
Gorbandh Palace, Sam Rd, 2 km westlich der Stadt, ✆ 02992/253801, 🖥 www.eternalmewar.in. Nobles Resorthotel etwas außerhalb, zählt nicht zu den stimmungsvollsten Unterkünften in Jaisalmer, ist aber gut geführt und sehr komfortabel. Schickes Restaurant und Bar, Pool und Ayurveda-Wellnessbereich. ❽
Jawahar Niwas Palace, 1 Bada Bagh Rd, ✆ 02992/252208 oder 288. Königliches Gästehaus aus dem späten 19. Jh. mit Sandstein-Türmchen, großen, hübschen Zimmern und einem guten Pool (Rs250 für Besucher). ❼–❽

Rajasthan

Die auf einem Untergrund aus weichem Ton, Sand und Sandstein errichteten Fundamente des Jaisalmer Fort sind durch den vor allem dem Tourismus zu verdankenden steigenden **Wasserverbrauch** einem immer stärkeren Verschleiß ausgesetzt. Zum Höhepunkt der Touristensaison werden rund 120 l Wasser pro Kopf in das Gebiet gepumpt. Der größte Teil des daraus resultierenden Schmutzwassers fließt durch ein vollkommen unzureichendes Abwassersystem und sickert nahezu ungehindert in den Erdboden, wodurch die Fundamente der Stadt unterhöhlt werden. Das Ergebnis ist desaströs: 1998 starben sechs Menschen, als eine Stützmauer unterhalb der Zitadelle einstürzte, und fünf weitere Bastionen sind 2000 und 2001 zusammengebrochen. Jaisalmer gehört heute zu den 100 „Most Endangered Sites" des World Monument Fund.

Inzwischen wurde eine **internationale Kampagne** namens Jaisalmer in Jeopardy („Jaisalmer in Gefahr", JiJ), ⌨ www.jaisalmer-in-jeopardy. org, ausgerufen, um weitere Reparaturen an der Festung durchführen zu können. **JiJ** leistet u. a. Hilfe bei der Verbesserung des Abwassersystems, ist dabei aber zum größten Teil auf Spenden angewiesen – Näheres dazu auf der Website. Trotz der bisher erfolgten Reparaturen ist die Stadtverwaltung zum Teil immer noch der Ansicht, dass die Festung am ehesten gerettet werden kann, indem man die 2000 dort lebenden Menschen evakuiert und das gesamte Abwassersystem von Grund auf erneuert, ein Unternehmen, das viel Geld und Zeit kostet und bei den Besitzern der Gästehäuser, die von den Einnahmen aus dem Tourismus abhängig sind, auf wenig Begeisterung stößt.

Angesichts dieser Problemlage plädieren einige Leute (und auch Reisebuchautoren) dafür, dass Reisende nicht auf dem Fort **übernachten** sollten, um die bröckelnden Fundamente nicht noch mehr zu gefährden. Leider hat das den Nebeneffekt, dass dadurch viele der einheimischen Betreiber von Unterkünften, die hier zum Teil seit Jahrzehnten ansässig und nicht für die Situation verantwortlich sind, ihres Lebensunterhalts beraubt werden. Daher führen wir in diesem Buch weiter einige Unterkünfte im Fort auf. Diese sind allesamt lange hier ansässig, versuchen, das Fort möglichst wenig zu schädigen, und befinden sich in größtenteils unveränderten Originalgebäuden. Dagegen haben wir keine der modernen, als Hotels neu erbauten Unterkünfte aufgeführt. Wer im Fort übernachtet, sollte seinen Teil zur Erhaltung beitragen und möglichst wenig Wasser verbrauchen.

Rajasthan

Kamelsafaris

Nur wenige Reisende, die den weiten Weg nach Jaisalmer zurücklegen, verzichten auf ein Kameltrekking und damit auf die unwiderstehlich romantische Gelegenheit, die öde sandige Weite zu durchqueren und unter einem der prächtigsten Sternenhimmel dieser Erde zu nächtigen. Sieht man über gelegentliche Sandstürme, wund gescheuerte Pobacken und ungeniert rollende Kamelfürze hinweg, so kann man die Safaris nur als Vergnügen bezeichnen. Normale Treks haben eine **Dauer** von nur ein bis vier Tagen und kosten Rs600–1500 pro Nacht. Höhepunkt einer Safari ist die unter dem Sternenhimmel verbrachte Nacht, und somit scheint es für die meisten Reisenden ausreichend, wenn man nachmittags um 15 Uhr aufbricht und am nächsten Tag gegen Mittag zurückkommt. Unglücklicherweise ist die Höhe des Preises kein Maßstab für die Qualität des gebotenen Service. Es lohnt sich also, zuerst andere Reisende nach ihren Erfahrungen zu fragen und **Angebote** zu vergleichen. Unten sind ein paar verlässliche Veranstalter aufgelistet, doch die Liste ist längst nicht komplett. Man sollte unbedingt darauf achten, dass genügend Decken mitgeführt werden (es kann nachts sehr kalt werden), ein Lagerfeuer angezündet und nur mit Mineralwasser gekocht wird. Man sollte sich auch vergewissern, dass der Veranstalter unterwegs alle anfallenden Abfälle verbrennt oder wieder mit zurücknimmt, auch Plastikflaschen.

Routen

Die meisten Safaris von Jaisalmer führten traditionell zu den verschiedenen Dörfern westlich von Jaisalmer, typischerweise nach Amar Sagar, Bada Bagh, Lodurva, Sam und Kuldara (S. 244). Einige Veranstalter sind hier nach wie vor unterwegs, jedoch erhält man wegen der zunehmenden Erschließung und der Massen anderer Touristen (besonders um Sam) kein echtes Gefühl für die Wüste mehr. Die besseren Veranstalter suchen stets nach neuen und unverdorbenen Gegenden für ihre Exkursionen. Das bedeutet, dass man von Jaisalmer erst einmal 50 bis 60 km hinausfährt, was sich aber durchaus lohnt, um dann mehr Ruhe zu haben. Auch längere, d. h. sieben bis zehn Tage lange Safaris nach Pokaran, Barmer und Bikaner können gebucht werden, aber diese stellen schon eine gewisse Herausforderung dar.

Grundsätzlich sollte man keine **Buchungen** vornehmen, bevor man in Jaisalmer angekommen ist. In den Zügen und Bussen von Jodhpur versuchen Schlepper, Touristen zu ködern, doch bieten sie meist nur fragwürdige Dienste an. Als Gegenleistung für eine Safaribuchung werben sie mit unglaublich billigen Zimmern, doch die schwarzen Bretter der Gästehäuser sind voll mit Geschichten von Reisenden, die zutiefst bedauern, sich darauf eingelassen zu haben. Als Faustregel gilt: Um jedes Unternehmen, das Schlepper zum Kundenfang einsetzt – das gilt auch für Hotels –, einen großen Bogen machen!

Empfehlenswerte Veranstalter

Adventure Travel, nicht weit südlich vom First Fort Gate, ☎ 9414/149176, 🖥 www.adventurecamels. com, feiert 2011 sein 25-jähriges Bestehen und wird von Touristen am meisten gelobt: Es werden abgelegene Gegenden besucht, zur Ausrüstung gehören richtige Matratzen und Bettlaken, und die Preise sind niedrig.

Sahara Travels, am Gopa Chowk gelegen, ☎ 02992/252609, 🖥 www.mrdesertemeritus.com. Etwas billiger, jedoch nicht minder zuverlässig und geleitet vom unverkennbaren „Mr. Desert", einem ehemaliger Lkw-Fahrer, Fotomodell und Filmstar.

Unter den Hotels, die Kamelsafaris organisieren, genießt das **Shahi Palace** einen verdientermaßen guten Ruf; es garantiert mehr oder weniger, dass man keine anderen Safarigruppen sieht. Das freundliche **Hotel Renuka** bietet zu Preisen, die zu den günstigsten in der Stadt gehören, verlässlich gute Safaris.

Essen

Jaisalmers Touristenrestaurants, normalerweise auf einem Dach mit Aussicht auf das Fort angesiedelt, servieren neben indischen Gerichten auch die üblichen Touristenspeisen. In den meisten wird auch Bier verkauft. Im Nachana Haveli am Gandhi Chowk sollte inzwischen eine Bar in den alten Stallungen eröffnet haben. Sofern nicht anders angegeben, sind alle genannten Lokale auf der Jaisalmer-Karte S. 234 eingezeichnet.

Restaurants

8 July, Main Chowk, im Fort, s. Karte S. 237. Empfehlenswert wegen des privilegierten Blicks von der Terrasse auf das lebhafte Treiben auf dem Haupthof, weniger der Küche wegen. Hat aber eine gute Auswahl an Smoothies, Lassis und Säften sowie indische, italienische, chinesische und mexikanische Hauptgerichte (Rs70–95). Ein schöner Ort zum Frühstücken.

Chandan Shree Restaurant, direkt westlich vom Amar Sagar Pol. Beliebtes Lokal mit preiswerten veg. Currys (Rs25–90) und *thalis* (Rs60–140) sowie Rajasthani-Spezialitäten.

Little Italy, hinter dem ersten Festungstor, s. Fort-Karte S. 237. Das italienische Restaurant hat leckere Pastagerichte (Rs120–180) in großen Portionen zu angemessenen Preisen (die Pizza gibt sich alle Mühe, authentisch zu sein, schafft es aber nicht). Schöne Terrasse direkt gegenüber der Festung – besonders reizend abends.

Little Tibet, im Fort, s. Karte S. 237. Travellercafé unter Leitung von freundlichen jungen Tibetern. Serviert alle üblichen indischen und chinesischen Gerichte plus Mexikanisches, Pasta und tibetisches Essen. Auch ein nettes Plätzchen zum Frühstücken. Hauptgerichte Rs60–95.

Monica, in der Nähe des ersten Festungstors, s. Fort-Karte S. 237. Rajasthani- und Tandoori-Gerichte zu moderaten Preisen, außerdem köstliche veg. und andere rajasthanische *thalis* (Rs145/210). Hauptgerichte Rs65–145.

Natraj, gegenüber vom Salim Singh Haveli. Freundliches, nicht veg. Dachgartenrestaurant, berühmt für mild gewürzte *Mughlai chicken*,

malai kofta und andere indische Speisen. Hauptgerichte Rs85–190. Alkoholausschank.

Saffron, Nachana Haveli, Gandhi Chowk, ✆ 02992/251910. Etwas nobleres Restaurant mit erlesenen Tandoori- und Mughlai-Speisen, veg. indischen sowie italienischen und chinesischen Gerichten (Hauptgerichte Rs60–170) und abends Livemusik.

Shree Bikaner, nördlich vom Hanuman Circle. Schnörkelloses veg. Restaurant; Punjabi-Currys (Rs45–100), verschiedene rajasthanische, gujaratische und bengalische *thalis* (Rs80–125) und wundervolles *dal bati churma* (traditionelles Rajasthani-Gericht aus gebackenen Weizenmehlbällchen mit *dhal* und süßer *churma*-Sauce; Rs125), das so lange nachgefüllt wird, bis der Gast satt ist.

Trio, Gandhi Chowk, ✆ 02992/252733. Berühmt für seine hervorragenden Tandoori- und Maghlai-Fleischgerichte (Hauptgerichte Rs145–280), außerdem einige Rajasthani-Spezialitäten sowie eine annehmbare Auswahl an veg. Gerichten. Die besten Tische mit Blick auf den Mandir Palace und die Zitadelle sollte man frühzeitig reservieren lassen.

Getränke und Snacks

Bhang Shop, Gopa Chowk, s. Fort-Karte S. 237. Eine der besten Adressen des Landes für *bhang*-Liebhaber (Vorsicht: verträgt nicht jeder, s. S. 72). Hier gibt's eine Karte mit lauter verschiedenen *bhang*-Getränken und -Süßigkeiten und die Wahl unter mehreren Stärkegraden.

Dhanraj Ranmal Bhatia, Court Rd. Wunderbar saftige Süßigkeiten auf Milchbasis wie *ladoo* und *barfi* plus tolle Samosas und *mirchi badas*. Wird alles vorne im Laden hergestellt, man kann also zuschauen.

Joshi's German Bakery, Gopa Chowk, s. Fort-Karte S. 247. Verkauft köstliche frisch gebackene Kuchen, Torten, Croissants und Gebäck, besonders am Morgen. Dazu gibt's leider nur Pulverkaffee.

Krishna's Boulangerie, im Fort, nahe den Jain-Tempeln, s. Fort-Karte S. 237. Günstig gelegen für eine Atempause während der Besichtigung. Prima Kaffee, kleine Snacks, Pizza und Pasta. Auch gut fürs Frühstück.

Rajasthan

RK Juice Center, Bhatia Bazaar. Herrliche frisch gepresste Säfte aus dem Obst und Gemüse, was gerade zur Verfügung steht, z. B. Orange, Granatapfel, Banane, Karotte und Ingwer. Ohne Hinzufügung von Eis und Leitungswasser, das jedoch zum Ausspülen des Entsafters verwendet wird.

Einkaufen

Jaisalmer ist einer der besten Orte in Indien, um Souvenirs zu kaufen. Die Preise sind zwar vergleichsweise hoch, und die Händler feilschen zäh, aber die Auswahl ist hervorragend. Quasi das gesamte Fort ist inzwischen ein riesiger Souvenir-Basar, Dutzende weitere Läden gibt es am Bhatia Bazaar. In Jaisalmer lassen sich besonders gut Textilien, Stoffe und Leder (darunter Taschen und Schuhe aus Kamelleder) sowie billige Hippiemode einkaufen.

Rajasthali, das offizielle staatliche rajasthanische Kunsthandwerkskaufhaus außerhalb vom Amar Sagar Pol, ist ziemlich langweilig und lieblos eingerichtet und hat nicht immer die allerbeste Qualität, aber immerhin kann man sich hier einen guten Preisüberblick verschaffen.

Sonstiges

Bücher

Bhatia News Agency, Court Rd, nicht weit vom Ghandi Chowk. Außerdem zahlreiche Bücherstände im Fort.

Fahrradverleih

Narayan Cycles, in der Straße direkt gegenüber dem Hotel Nachana Haveli (100 m links hoch, bis zur Straßenbiegung), vermietet Fahrräder für Rs5 pro Std.

Feste

Jaisalmers **Wüstenfest** findet drei Tage lang bei Vollmond im Mondmonat Magha statt (5.–7. Feb 2012, 23.–25. Feb 2013). Im Gegensatz zu vielen anderen Festen der Region ist dies kein Viehmarkt, sondern eher ein vergnügliches Kulturfestival mit Volkstänzen, Wettbewerben im Turbanbinden, Kamelrennen und Kunstgewerbemärkten. Die wichtigsten Veranstaltun-

gen finden auf dem Dedansar Polo Ground statt. Um diese Zeit sind die Hotels meistens ausgebucht, verlangen aber normalerweise keine höheren Preise. Das aktuelle Programm müsste unter 🖳 www.jaisalmer.nic.in zu finden sein.

Geld

Ein **Geldautomat** befindet sich direkt im Amar Sagar Pol, ein weiterer gleich gegenüber dem Tor draußen, einer beim Büro des District Magistrate in der Sam Road und ein paar am Südrand des Forts. Am Ghandi Chowk gibt es mehrere **Wechselstuben**. Das zuverlässige Reisebüro Adventure Travel (S. 240) wechselt Geld und Reiseschecks.

Informationen

Die **RTDC-Touristeninformation**, 📞 02992/252406, südöstlich der Stadt in der Nähe des Gadi Sagar Pol, ist wenig hilfreich, und die Veranstalter, die von den Mitarbeitern „empfohlen" werden, müssen für dieses Privileg bezahlen. 🕐 Mo–Sa 10–17 Uhr. Online lohnt sich ein Blick auf 🖳 www.jaisalmer. org.uk und 🖳 www.jaisalmer.nic.in.

Internet

Internetzugang wird vielerorts angeboten, ist aber meist langsam. Die **Chai Bar** im Fort, nicht weit vom Ganesh Gate, hat noch die besten Terminals (Rs50 pro Std. inkl. Getränk). In der Nähe, langsamer, aber billiger (Rs30 pro Std.): **Joshi Cyber Café** in Joshi's German Bakery.

Medizinische Hilfe

Dr. S. K. Dube, 📞 02992/251560, spricht gut Englisch; berechnet Rs500 pro Konsultation. Das **staatliche Krankenhaus** befindet sich in der Sam Road westlich vom Hanuman Circle, 📞 02992/252495, besser ist jedoch das kleine, private **Maheshwari Hospital**, 📞 02992/250024, abseits der Sam Road gegenüber dem Gericht und dem Büro vom District Magistrate.

Polizei

Etwas südlich des Hanuman Circle an der Amar Sagar Rd, 📞 02992/252233. Inzwischen sollte

Rajasthan

auch ein neues Büro der Touristenpolizei an der Sam Road eröffnet haben.

Post

Die **Hauptpost** mit *poste restante* liegt in der Amar Sagar Rd, 200 m südlich vom Hanuman Circle, ⊙ Mo–Sa 9–15.30 Uhr. Ein kleineres Postamt befindet sich gegenüber der Festungsmauer hinter dem Gopa Chowk, ⊙ Mo–Sa 10–17 Uhr.

Reisebüros

Adventure Travel (S. 240) besorgt gegen eine geringe Gebühr Bus-, Bahn- und Flugtickets und bucht Unterkünfte.

Nahverkehr

Die **Regionalbusse** nach Lodurva, Khuhri und Sam fahren an der Haltestelle nordöstlich vom Hanuman Circle ab, allerdings soll diese Haltestelle an einen anderen Ort weiter draußen, an der Hauptstraße nördlich vom Hanuman Circle, verlegt werden – den aktuellen Stand der Dinge bitte in der Unterkunft erfragen.

Transport

Busse

Die meisten **staatlichen Busse**, ✆ 02992/251541, fahren vom Busbahnhof im Osten der Stadt an der Barmer Road. Busse mit frühmorgendlicher Abfahrtszeit benutzen die praktischer gelegene Haltestelle am Südende der Amar Sagar Road – beim Ticketkauf auf den Abfahrtsort achten! Die **privaten Busse** fahren am Air Force Circle ab. Tickets für die privaten Busse verkauft jedes der zahlreichen Reisebüros der Stadt – z. B. Swagat Travels oder Hanuman Travels, unmittelbar nördlich vom Hanuman Circle, oder Adventure Travels (S. 240). **Nahverkehrsbusse** nach LODURVA, KHUHRI und SAM fahren von der Haltestelle nördlich des Hanuman Circle.

Eisenbahn

Jaisalmers **Bahnhof** liegt 2 km östlich der Stadt an der Straße nach Jodhpur; eine Motor-Rikschafahrt aus der Stadt kostet rund Rs40. In den Nachtzügen kann es übrigens sehr kalt werden – im Winter sinken die Temperaturen manchmal bis fast auf den Gefrierpunkt.

Reisende ohne Reservierung können sich in Ruhe unter den hochgehaltenen Hotelschildern am Parkplatz umschauen. Die meisten Unterkünfte bieten kostenlosen Transfer; ansonsten zahlt man für eine Motor-Rikschafahrt in die Stadt Rs30.

Zug Nr. 14660, der Jaisalmer–Delhi Express, fährt tgl. um 17.15 Uhr ab und hält in POKARAN (18.43 Uhr), PHALODI (20.04 Uhr), OSIAN (21.07Uhr), JODHPUR (22.40 Uhr), JAIPUR (4.50 Uhr), ALWAR (7.11 Uhr) und DELHI (11.10 Uhr). Der Nachtzug Nr. 14809, der Jaisalmer–Jodhpur Express, fährt um 23.30 Uhr ab und erreicht JODHPUR um 5.15 Uhr. Um nach BIKANER zu gelangen, muss man in Jodhpur umsteigen, es fahren dort Züge um 10.05 Uhr, 10.30 Uhr, 13.40 Uhr und 20.15 Uhr. Fahrzeit rund 6 Std.

Flüge

Jaisalmers **Flughafen** liegt 14 km westlich der Stadt an der Khuri Road. Es bestehen Flugverbindungen über JAIPUR nach DELHI und über UDAIPUR nach MUMBAI.

Die Umgebung von Jaisalmer

In der kargen Sandöde rings um Jaisalmer trifft man unversehens auf Bauwerke, die aus einer Zeit stammen, in der noch belebte Karawanenstraßen durch dieses Gebiet führten. Hin und wieder rumpelt ein Linienbus über die staubigen Pisten, und auch mit einem übers Hotel gemieteten Jeep lassen sich die wichtigsten Sehenswürdigkeiten erkunden.

Bada Bagh, Amar Sagar und Lodurva

In der fruchtbaren Gegend von **Bada Bagh**, 6 km nördlich von Jaisalmer, stehen zusammengedrängt auf einem Hügel und umgeben von modernen Windrädern zahlreiche Kenotaphe zum Gedenken an frühere Jaisalmer-Herrscher. ⊙ tgl. Sonnenauf- bis Sonnenuntergang, Eintritt Rs50, Fotoerlaubnis Rs20, Video Rs50. Aus der sich zu ihren Füßen ausbreitenden grünen Oase stammt das meiste Obst und Gemüse der Region. Sieben Kilometer nordwestlich von Jaisalmer liegt an einem großen, künstlich angelegten

See (der in der Trockenzeit leer ist) die friedliche Kleinstadt **Amar Sagar**. Hier stehen der aus dem 18. Jh. stammende Amar Singh-Palast und drei Jain-Tempel (Eintritt Rs10, Fotoerlaubnis Rs50), darunter der Adeshwar Nath-Tempel, der 1928 im Auftrag eines Mitglieds derselben Familie errichtet wurde, die das Patwa Haveli in Jaisalmer erbauen ließ.

Lodurva, die ehemalige Hauptstadt der Bhati-Rajputen, liegt 10 km nordwestlich von Amar Sagar. Die Bhatis herrschten hier vom 8. bis ins 12. Jh., bis Lodurva von Muhammad von Ghor geplündert wurde. Danach verlegten die Bhati ihre Hauptstadt nach Jaisalmer. Heute sind nur noch ein paar Jain-Tempel, die im 17. Jh. wiederaufgebaut wurden, erhalten. Den Parshvanath geweihten Haupttempel ziert ein kunstvoll geschnitzter, 8 m hoher *toran* (Bogengang), der sich gleich hinter dem Eingang zum Hauptgelände befindet und vielleicht der erlesenste seiner Art in Rajasthan ist. Beachtung verdienen auch die detaillierten Steinmetzarbeiten an den Außenwänden. ◷ tgl. 7–20 Uhr, Eintritt Rs30, Fotoerlaubnis Rs70, Video Rs120.

Täglich fahren drei oder vier **Busse** von Jaisalmer nach Lodurva, aber bequemer ist die Fahrt mit einer Motor-Rikscha oder einem **Taxi** (Rs250/400 hin und zurück, inkl. Halt in Amar Sagar und Bada Bagh). Oder man fährt mit dem Fahrrad.

Kuldara, Sam und Khuhri

Südlich der Straße nach Sam, rund 25 km westlich von Jaisalmer, liegt das Geisterdorf **Kuldara**. Es war eines von 84 Dörfern, die aus unerfindlichen Gründen alle gleichzeitig eines Nachts im Jahr 1825 von der brahmanischen Paliwal-Gemeinde, die hier seit dem 13. Jh. ansässig war, verlassen wurden. Von dem Fleiß und der Ordnungsliebe der Paliwals zeugen ihre Wohnhäuser, jedes mit Wohn- und Schlafzimmern, Gästezimmer, Küche und Ställen sowie einer Stelle, um ein Kamel anzubinden. Besucher können einen Spaziergang zum Tempel im Dorfkern machen und die Atmosphäre auf sich wirken lassen. ◷ tgl. Sonnenauf- bis Sonnenuntergang, Eintritt Rs50, Fahrzeuge Rs100.

Die gewaltigen Wanderdünen 40 km westlich von Jaisalmer heißen **Sam**, obwohl dies streng genommen der Name eines weiter westlich gelegenen kleinen Dorfes ist. Leider ist die einst ursprüngliche Wüstenlandschaft hier inzwischen unter endlosen Zeltcamps verschwunden, da jeden Tag etwa 5000 Touristen hierher strömen, um den Sonnenuntergang anzuschauen und sich zu vergnügen. Nur wer in die Wüste Thar gekommen ist, um sich Menschenmassen, psychotische Kameltourenschlepper und haufenweise im Wind wirbelndem Plastik anschauen möchte, wird sich hier wie im siebten Himmel fühlen. Man kann hier in einem der zahlreiche Zeltlager übernachten, aber das ist nicht zu empfehlen.

Ein erheblich netterer Ort, um den Sonnenuntergang hinter den Dünen zu genießen, ist das Dorf **Khuhri**, 42 km südlich von Jaisalmer. Viele Kamelsafaris beginnen hier oder legen ihre Ankunft zeitlich so, dass die Teilnehmer die farbenfroh gekleideten Frauen zu Gesicht bekommen, die immer zu einer bestimmten Zeit an den nach Kasten getrennten Brunnen Wasser holen, das sie in großen Krügen auf dem Kopf tragen. Das Dorf hat einen gewissen Charme: Viele Häuser sind noch aus Lehm gebaut und mit Stroh gedeckt, und die Außenwände sind mit weißen Malereien verziert. Leider ist durch die touristische Erschließung schon ein Großteil des traditionellen Charakters des Dorfes verloren gegangen. So gut wie jedes Gebäude scheint mittlerweile als Gästehaus zu fungieren, und auf jedem verfügbaren Stück Land sprießen hässliche neue Betonbauten und Reklameschilder aus dem Boden, vervollständigt durch die übliche Flut an Plastik- und anderem Müll.

Vier **Busse** fahren täglich vom Regionalbusbahnhof in Jaisalmer nach Khuhri (um 10.30, 13.30, 15 und 17.30 Uhr). Man kann auch einen Jeep (Rs500 hin und zurück) oder ein Taxi (Rs250 hin und zurück) nehmen. Trotz der vielen Gästehäuser im Dorf und der Zeltlager drum herum sind die Übernachtungspreise ziemlich hoch. Die beste **Übernachtungsmöglichkeit** ist vielleicht das sehr einfache, aber extrem ruhige Badal House, kein Telefon, ❷ mit VP. Es handelt sich um eine Unterkunft mit Familienanschluss, gut geeignet, um ein paar Tage auszuspannen und das Dorfleben kennenzulernen. Die Betreiber können auch Kamelsafaris organisieren.

Pokaran

Rund 110 km östlich von Jaisalmer an der Straßen- und Bahnschienenkreuzung zwischen Jodhpur, Bikaner und dem Westen liegt die Kleinstadt Pokaran. Sie machte im Mai 1998 internationale Schlagzeilen, als Indien 20 km nordwestlich der Stadt drei unterirdische Nukleartests durchführte und damit seinen Beitritt zum Verein der Atommächte erklärte. Trotz dieses ungebetenen Auftritts auf der Weltbühne ist Pokaran immer noch eine Art Außenposten der Zivilisation, allerdings mit einer ausgezeichneten Unterkunft in seinem **Fort** aus dem 16. Jh., ✆ 02994/222274, 💻 www.fortpokaran.com, **❼** – **❽**, einem wundervollen alten Sandsteingebäude – besonders authentisch, da nur teilweise restauriert.

Phalodi und Keechen

Highway und Eisenbahntrasse verlaufen östlich von Jaisalmer parallel durch die Wüste, bis sie sich auf nahezu halber Strecke zwischen Jaisalmer und Bikaner in der kleinen Ortschaft **Phalodi** trennen. Die kleine Salzgewinnungskolonie ist der Ausgangspunkt für eines der schönsten Naturerlebnisse in ganz Rajasthan. Das rund 6 km östlich von Phalodi gelegene Dorf **Keechen** ist die zeitweilige Wahlheimat einer 4000 Tiere zählenden Schar **Jungfernkraniche**, die jeden Winter von ihren Brutstätten in Zentralasien herkommen. Die Einheimischen ermutigen die im lokalen Jargon *kurja* heißenden Vögel zur Rückkehr, indem sie zweimal täglich eigens für die Tiere gespendetes Futter ausstreuen – eine Sitte, die seit mindestens 150 Jahren gepflegt wird. Zu den Fütterungszeiten (5–7 und 5–18 Uhr) findet sich die riesige Vogelschar auf einem umzäunten Areal vor dem Dorf ein, wo man die Tiere aus der Nähe sehen kann.

Von Phalodi gelangt man am besten mit dem Fahrrad nach Keechen (Verleih an einem der Stände in der Nähe des Busbahnhofs) – eine angenehme Fahrt auf meist flachem Gelände über gut befestigte Straßen. Man kann aber auch eine Motor-Riksha (Rs100) oder ein Taxi (Rs200) nehmen (vor dem Bahnhof warten stets Ambassador-Taxis). Die beste Budgetunterkunft ist das **Hotel Chetnya Palace**, ✆ 02925/223945, **❷** – **❸**, neben der Haltestelle der Busse nach Jaisalmer. Die andere Unterkunft ist das **Lal Niwas**, ✆ 02925/223813, 💻 www.lalniwas.com, **❻** – **❼**, ein 300 Jahre altes Haveli aus rotem Sandstein, das in ein schlichtes Heritage-Hotel verwandelt wurde. Die mit AC ausgestatteten Zimmer sind nicht mehr ganz taufrisch, aber es gibt einen Pool.

Wer nur einige Stunden bleiben will, sollte vor dem Abstecher nach Keechen die Abfahrtszeiten überprüfen, denn die Verkehrsverbindungen sind nicht ganz zuverlässig. Rein theoretisch fahren fast stündlich **Busse** nach Jaisalmer und Bikaner. **Züge** nach Jaisalmer fahren um 7.29 Uhr und 9.55 Uhr; nach Jodhpur um 19.27 Uhr und nach Bikaner (Lalgarh Junction) um 14.20 Uhr.

Bikaner

Die geschäftige Handelsstadt Bikaner hat nicht die Anziehungskraft seiner Nachbarn Jaisalmer, Jodhpur oder Jaipur, besitzt jedoch ein sehenswertes Fort und eine Altstadt mit zahlreichen Havelis. Ganz in der Nähe befinden sich eine staatliche Kamelzuchtfarm und der außergewöhnliche Rattentempel von Deshnok. Bikaners Hauptsehenswürdigkeit ist das Junagarh Fort, aber Besucher sollten sich auch Zeit für einen Spaziergang durch die Altstadt mit ihren originellen Havelis aus dem frühen 20. Jh. nehmen.

Junagarh Fort

Bikaners Junagarh Fort ist auf den ersten Blick weniger imposant als Rajasthans andere mächtige Befestigungsanlagen, denn es liegt ebenerdig und wird nur von hohen Mauern und einem breiten Graben geschützt, doch sein verschwenderisch verziertes Inneres kann sich mit allen anderen messen. Das Fort wurde zwischen 1587 und 1593 erbaut und von späteren Herrschern immer wieder erweitert und verschönert. Im Eintrittspreis ist eine einstündige, obligatorische Führung inbegriffen, aber es ist leicht, sich von den anderen abzusetzen und auf eigene Faust herumzuwandern. Beim Zugang zur Festung sind im Mauerwerk nahe dem zweiten Tor **Daulat Pol** Handabdrücke zu sehen, die an den freiwilligen Opfertod *(sati)* hoheitlicher

Frauen erinnern, deren Männer in der Schlacht gefallen waren.

Der sich zum Haupthof öffnende **Karan Mahal**, der mit Blattgoldgemälden verziert ist, wurde im 17. Jh. zur Erinnerung an einen Sieg über den Mogulkaiser Aurangzeb errichtet. Der **Anup Mahal** (Diwan-i-Khas) ist der edelste Raum im Palast, mit wunderbaren roten und goldenen Malereien und einem von Glas und Spiegeln eingerahmten Satin-Thron. Der riesige Teppich wurde von Insassen des Gefängnisses von Bikaner geknüpft. Nach so viel verschwenderischer Pracht erscheint der Mitte des 19. Jhs. für Maharadscha Sardar Singh (1851–72) erbaute **Badal Mahal** ("Wolkenpalast") angenehm schlicht. In einem Saal im Obergeschoss sind mit Nägeln beschlagene Betten, Schwertblätter und Speerspitzen zu sehen, mit denen die Sadhus ihre Schmerzunempfindlichkeit demonstrierten. Auf der anderen Seite der Terrasse, im kunstvoll ausgemalten Gaj Mandar, stehen das Einzelbett des Maharadschas und das bequemere Doppelbett der Maharani.

Der aus dem 20. Jh. stammende **Ganga Niwas**, der unter Maharadscha Ganga Singh (1887–1943) errichtet wurde, lässt sich entweder über einen langen, verschlungenen Korridor vom Gaj Mandar aus oder, schneller, vom Vikram Vilas-Hof erreichen. Den Mittelpunkt dieses Teils des Palasts bildet der riesige **Diwan-i-Am**. Hier steht ein Flugzeug aus dem Ersten Weltkrieg, ein Geschenk der Briten an die Streitkräfte von Bikaner. Daneben befindet sich das aus dem 20. Jh. stammende Büro von Ganga Singh, dann folgen weitere Räume voller Gewehre und Schwerter. ⏱ tgl. 10–17.30 Uhr, letzter Einlass 16.30 Uhr, Eintritt Rs150, Fotoerlaubnis Rs30, Video Rs100, Kombiticket inkl. Eintritt, Fotoerlaubnis und Audioguide Rs250.

Innerhalb der Festung befindet sich auch das **Prachina Museum**, 🖳 www.prachina-museum. com. Seine hübsche Sammlung (darunter Geschirr und Spazierstöcke) zeigt den zunehmenden europäischen Einfluss auf die Lebensweise in Rajasthan zu Beginn des 20. Jhs. Ein ganzer Salon von ca. 1900 wurde nachgestellt, und außerdem sind interessante rajasthanische Textilien zu sehen. ⏱ tgl. 9–18 Uhr, Eintritt Rs50, Fotoerlaubnis Rs20, Video Rs70.

Die Altstadt

Bikaners labyrinthartige Altstadt ist für ihren Reichtum an ungewöhnlichen Havelis berühmt, die eine äußerst gewagte Mischung aus einheimischer Sandsteinarchitektur, Jugendstil und der Backsteinarchitektur britischer Städte darstellen. Es ist schwierig, sich in der Stadt zurechtzufinden, aber sich hin und wieder zu verlaufen, gehört zu einem Besuch einfach mit dazu. Nachdem man die Altstadt durch das **Kote Gate** betreten hat, wandert man links (Süden) die Jail Road entlang. Nach 300 m, direkt hinter dem Tor zu einem Hindu-Tempel, gelangt man rechts ab zur City Kotwali (der Polizeiwache der Altstadt) und dann auf dieser Straße weiter zu den drei bezaubernden **Rampuriya Havelis**. Sie wurden in den 1920er-Jahren von drei Brüdern einer Jain-Kaufmannsfamilie in Auftrag gegeben und weisen Reliefs mit Abbildungen berühmter Personen auf, darunter Maharadscha Ganga Singh, Queen Mary und Krishna.

Spaziert man vor dem dritten Rampuriya Haveli nach links, vorbei am verbarrikadierten **Golchha Haveli** von 1918 und mehr oder weniger weiter geradeaus den Windungen der Straße nach rechts folgend, erreicht man nach 100 m eine Straße voller Eisenwarenhändler. Hier geht es rechts ab und 300 m weiter bis zu einem kleinen Platz, dem **Rangari Chowk** mit einem adretten weißen Hindu-Tempel. An der rechten Seite des Tempels vorbei kommt man zum **Kothrion ka Chowk**, gesäumt von hübschen Havelis.

Folgt man der Straße nach links, vorbei am **Kothari Building** (rechts) mit fünf wunderbar extravaganten Jugendstil-Balkonen, trifft man auf den kleinen **Daga Sitya Chowk**. An einem Haus linker Hand sind noch verblichene Wandgemälde von Dampfeisenbahnen zu sehen. Das **Diamond House**, rechts, wird nach oben hin breiter. Jetzt geht man zurück bis kurz vor den Kothrion ka Chowk und biegt dann nach links ab zum **Punan Chand Haveli**, das eine wunderbar geschnitzte Fassade mit Blumenmustern besitzt. Wer nun wieder zurück Richtung Kothrion ka Chowk geht und sich bei der ersten Straße nach links wendet, gelangt zum großen, von eleganten Havelis umgebenen **Daddho ka Chowk**.

Man überquert den Platz bis zu dem Punkt, wo die Straße an einer T-förmigen Kreuzung

Bikaner

N
0 — 250 m

Ganganagar, Amritsar (NH-15)

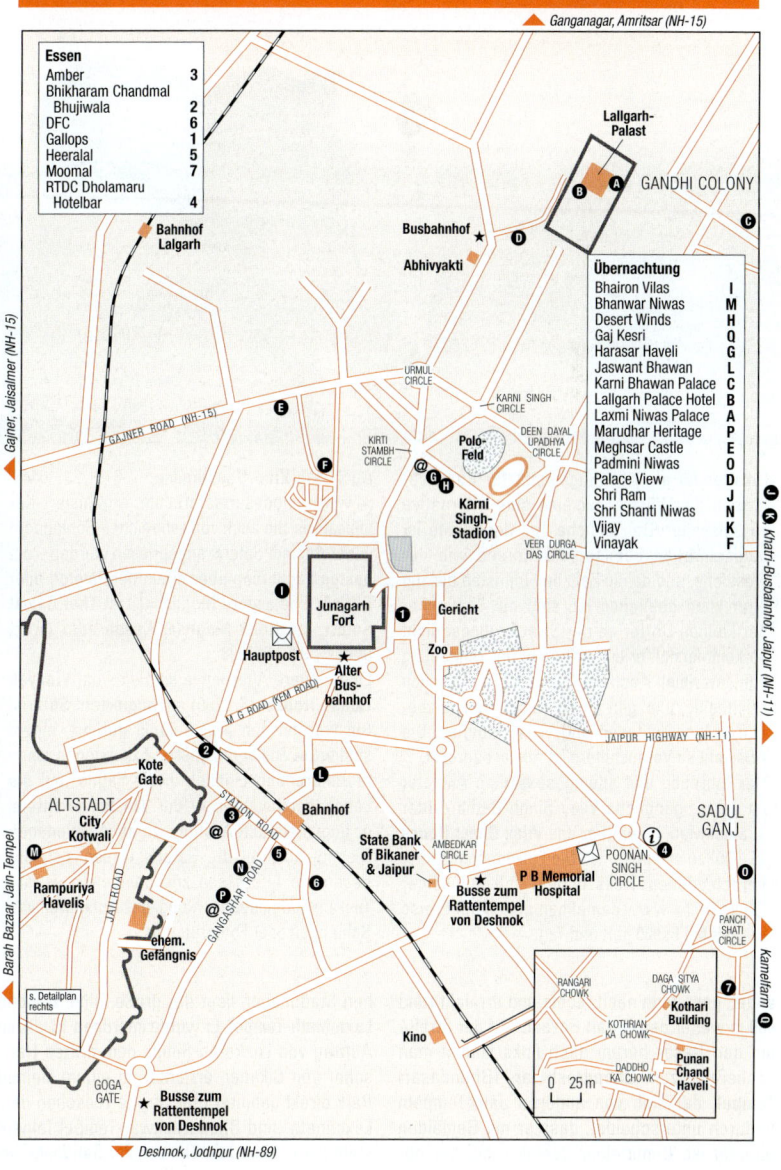

Essen

Amber	3
Bhikharam Chandmal Bhujiwala	2
DFC	6
Gallops	1
Heeralal	5
Moomal	7
RTDC Dholamaru Hotelbar	4

Lallgarh-Palast

GANDHI COLONY

Bahnhof Lalgarh

Busbahnhof

Abhivyakti

Übernachtung

Bhairon Vilas	I
Bhanwar Niwas	M
Desert Winds	H
Gaj Kesri	Q
Harasar Haveli	G
Jaswant Bhawan	L
Karni Bhawan Palace	C
Lallgarh Palace Hotel	B
Laxmi Niwas Palace	A
Marudhar Heritage	P
Meghsar Castle	E
Padmini Niwas	O
Palace View	D
Shri Ram	J
Shri Shanti Niwas	N
Vijay	K
Vinayak	F

URMUL CIRCLE

KARNI SINGH CIRCLE

KIRTI STAMBH CIRCLE

DEEN DAYAL UPADHYA CIRCLE

Polo-Feld

Karni Singh-Stadion

VEER DURGA-DAS CIRCLE

GAJNER ROAD (NH-15)

Junagarh Fort

Gericht

Zoo

Hauptpost

Alter Bus-bahnhof

M.G. ROAD (KEM ROAD)

Kote Gate

ALTSTADT
City Kotwali

STATION ROAD

Bahnhof

Rampuriya Havelis

ehem. Gefängnis

s. Detailplan rechts

State Bank of Bikaner & Jaipur

AMBEDKAR CIRCLE

Busse zum Rattentempel von Deshnok

P B Memorial Hospital

POONAN SINGH CIRCLE

SADUL GANJ

PANCH SHATI CIRCLE

JAIPUR HIGHWAY (NH-11)

GANGASHAR ROAD

JAIL ROAD

GOGA GATE

Busse zum Rattentempel von Deshnok

Kino

RANGARI CHOWK

DAGA SITYA CHOWK

Kothari Building

KOTHRIAN KA CHOWK

DADDHO KA CHOWK

Punan Chand Haveli

0 — 25 m

Deshnok, Jodhpur (NH-89)

Gajner, Jaisalmer (NH-15)

Barah Bazaar, Jain-Tempel

Khatri-Busbahnhof, Jaipur (NH-11)

Kamelfarm

Rajasthan

Bikaner ist als Ausgangspunkt für Kamelsafaris in die Wüste Thar eine gute Alternative zu Jaisalmer. Der östliche Teil der Wüste ist landschaftlich ebenso faszinierend wie der westliche, und da die Zahl der Touristen bislang eher klein geblieben ist, sind die Einwohner der kleinen Dörfer an der Strecke längst nicht so kommerziell orientiert wie in der Umgebung von Jaisalmer. Auch die Tierwelt ist erstaunlich reichhaltig, u. a. gibt es zahlreiche Schwarzböcke, Nilgai-Antilopen und Wüstenfüchse. Die Auswahl an Veranstaltern ist relativ begrenzt.

Der führende und alteingesessenste Anbieter ist der umgängliche Vijay Singh Rathore (der „Camel Man"), der über das **Vijay Guest House** (S. 250) zu erreichen ist. Die Einzelheiten seiner verschiedenen Treks finden sich auf seiner Website 🖵 www.camelman.com; die Preise starten bei Rs900 p. P. und Tag.

Auch das **Vino Guesthouse**, ✆ 0151/227 0445, 🖵 www.vinodesertsafari.com, organisiert Kamelsafaris, die auch von zahlreichen Schleppern in der Altstadt Safaris angepriesen werden – am besten bucht man aber direkt per Telefon oder E-Mail. Eine andere Möglichkeit ist **Thar Camel Safari**, c/o Hotel Meghsar Castle oder direkt unter ✆ 9351 206093.

Eine weitere Alternative sind die vom **Vinayak Guest House** (S. 250) arrangierten Safaris. Sie werden von Jitu Solanki geführt, einem studierten Zoologen, dessen Exkursionen einen faszinierenden Einblick in die Fauna und die Lebensbedingungen in der Wüste vermitteln; er begleitet auch Ausflüge zu abgeschiedenen Bishnoi-Dörfern. Die Safaris lassen sich auf bestimmte Interessen zuschneiden, z. B. auf Tier- und Vogelbeobachtung, das Aufspüren von Schlangen oder Fotografieren.

endet, geht dann nach rechts und erreicht rund 400 m weiter den Barah Bazaar. Auf der Straße um den Basar herum nach links kommt man schließlich zum **Bhandreshwar**- (Bhandasar) **Tempel**, der sich von anderen Jain-Tempeln dadurch unterscheidet, dass er mit Gemälden übersät ist. Unmittelbar dahinter, bei der hohen Stadtmauer, liegt der große, hinduistische **Laxminath-Tempel**. Er wurde im frühen 16. Jh. im Auftrag von Lunkaran Singh, dem dritten Herrscher von Bikaner, errichtet. In einem kleinen Park direkt dahinter (der Straße zwischen dem Laxminath- und Bhandreshwar-Tempel folgen) steht ein zweiter Jain-Tempel, der **Sandeshwar**-

(Neminath) **Tempel** von 1536, ebenfalls reich, aber zurückhaltender in dunklen Grün- und Rottönen bemalt.

Lallgarh-Palast und Shri Sadul Museum

Der mächtige **Lallgarh-Palast** aus rotem Sandstein im Norden der Stadt ist das Zuhause der Fürstenfamilie von Bikaner, doch heute dienen Teile des Bauwerks als Hotel. Der Palast wurde unter der Herrschaft von Ganga Singh errichtet, der ab 1902 dort lebte. Trotz einiger sehr feiner Steinmetzarbeiten kann er dem Vergleich mit anderen rajasthanischen Palästen nicht standhalten. Das **Shri Sadul Museum** beherbergt eine umfangreiche Sammlung alter Fotografien von Besuchen diverser Vizekönige und von königlichen Prozessionen; ⏲ Mo–Sa 10–17 Uhr, Eintritt Rs40, Fotoerlaubnis Rs50, Video Rs100.

Übernachtung

Bikaner verfügt über eine überraschend große Auswahl an Hotels. Die Billighotels in der Station Road sind allerdings unzumutbar und am besten zu meiden.

Untere und mittlere Preisklasse

Bhairon Vilas, neben dem Junagarh Fort, ✆ 0151/254 4751, 🖳 hotelbhaironvilas.tripod. com. Stilvolles Heritage Hotel in einem alten, fürstlichen Haveli, mit Familien-Erbstücken und Antiquitäten eingerichtet und von einem hübschen Garten umgeben. Die Zimmer (alle mit AC) sind unterschiedlich: Es lohnt sich, ein bisschen mehr für eins der teureren auszugeben, die geräumiger sind und mehr historisches Flair verströmen. ❹–❺

Desert Winds, beim Kirti Stambh Circle, ✆ 0151/254 2202, 🖳 www.hoteldesertwinds.in. Mittelgroßes Hotel mit sauberen, komfortablen Zimmern (alle mit AC) und einem ordentlichen veg. Restaurant. Eine etwas einfachere Alternative zum ganz ähnlichen Harasar Haveli nebenan, nur ohne die Tourgruppen. ❹–❺

Harasar Haveli, beim Kirti Stambh Circle, ✆ 0151/220 9891, 🖳 www.harasar.com. Kein Haveli, sondern ein mittelgroßes, modernes Hotel mit hellen, bequemen und blitzsauberen

Zimmern (die teureren mit AC und TV). Dachgarten- und Terrassenrestaurants, die annehmbares veg. und nicht veg. Essen servieren. Beliebt bei Reisegruppen. Mit Ventilator ❷, mit AC ❹–❺

Jaswant Bhawan, Alakhsagar Rd (im Bahnhof den Hinterausgang nehmen), ✆ 0151/254 8848, 🖳 www.hoteljaswantbhawan.com. Gemütliches Hotel in einem netten alten Haus ganz in der Nähe des Bahnhofs. Angesichts der Lage erstaunlich ruhige, komfortable Zimmer mit Ventilator, *air-cooler* oder AC. ❹

Marudhar Heritage, Gangashahar Rd, ✆ 0151/252 2524, ✉ hmheritage2000@yahoo. co.in. Freundliches, ruhiges Hotel in der Nähe vom Bahnhof. Unterschiedliche saubere Zimmer, teils mit *air-cooler*, teils mit AC, alle mit Bad. Kostenlose Abholung. ❷–❹

Meghsar Castle, 9 Gajner Rd, 300 m westlich des Urmul Circle, ✆ 0151/252 7315, 🖳 www. hotelmeghsarcastle.com. Billiges Standardhotel – und nicht etwa ein Schloss – mit gemütlichen, wenn auch leicht schäbigen Zimmern mit *air-cooler* oder AC. Hilfsbereiter Betreiber. Am besten nimmt man ein Zimmer abseits der Hauptstraße. ❷–❹

Padmini Niwas, 148 Sadul Ganj, abseits der Jaipur Rd, 1,5 km östlich der Innenstadt, ✆ 0151/252 2794, ✉ padmini_hotel@rediffmail. com. Ein bisschen abgelegen, aber ruhig und preiswert. Geräumige, saubere Zimmer (z. T. mit AC) und hübscher kleiner Pool. ❸–❹

Palace View, Lallgarh Palace Campus, ✆ 0151/254 3625, ✉ hotelpalaceview@gmail. com. Einladendes Gästehaus in ruhiger Lage. Angenehme, reizend altmodische Zimmer (teils mit AC), gemütlicher kleiner Speiseraum und Aussicht auf den Lallgarh-Palast. ❹

Shri Ram, Sadul Ganj, 1,5 km östlich des Stadtzentrums, ✆ 0151/252 2651, 🖳 www.hotel shriram.com. Freundliches Hotel in einem Vorort. Die teureren Zimmer sind geräumig und sehr gemütlich eingerichtet, die billigeren etwas beengt. Auch Dorms mit 5 Betten (Rs200). ❸–❺

Shri Shanti Niwas, Gangashahar Rd, ✆ 0151/252 4231. Die sauberste der superbilligen Unterkünfte in der Nähe des Bahnhofs, jedoch kann es sein, dass Nicht-Inder nicht gerne

Rajasthan

aufgenommen werden. Unter den Zimmern gibt es auch ein paar sehr billige EZ (Rs80) mit Gemeinschaftsbad. Die DZ haben alle Bad. 24-Std.-Checkout. ❶–❸

Vijay, gegenüber der Sophia School, 5 km östlich des Zentrums am Jaipur Highway, ☎ 0151/223 1244, 🖥 www.camelman.com. Geselliger Familienbetrieb mit geräumigen und sehr gemütlichen Zimmern (einige mit wahlweise AC) zu sehr günstigen Preisen. Es gibt auch einen Platz zum Zelten sowie einen hübschen Garten und kostenlosen Fahrradverleih. ❷–❹

Vinayak, Old Ginani, ☎ 9414/430 948. Einladendes kleines Gästehaus. Wird von einer Familie geführt und hat einfache, aber sehr billige DZ mit Bad (nicht alle mit fließendem warmem Wasser). Kostenloser Kochunterricht, Motorradverleih (Rs200 pro Tag). Gut zum Buchen von Kamelsafaris (S. 248). ❶

Obere Preisklasse

Bhanwar Niwas, Altstadt, ☎ 0151/220 1043, 🖥 www. bhanwarniwas.com. Bikaners protzigstes Haveli, Ende der 1920er-Jahre für einen Textilmagnaten errichtet. Oldtimer im Foyer, ungemein kitschige Zimmer und hübsches Fin-de-siècle-Restaurant. ❽

Gaj Kesri, Bypass Rd, ☎ 0151/240 0372, 🖥 www. gajkesri.com. Prächtiger Palast im Heritage-Stil aus rotem Sandstein, 15 Autominuten von der Stadtmitte in der Nähe der Kamelzuchtstation. Schöne öffentliche Bereiche und gut ausgestattete Zimmer. ❽

Karni Bhawan Palace, Gandhi Colony, 1 km östlich vom Lallgarh-Palast, ☎ 0151/252 4701 bis 5 oder 1800/180 2933 oder 2944, 🖥 www. hrhindia.com. Das Äußere macht nicht viel her, aber das Innere ist stilvoll, mit wunderschönen (wenn auch überteuerten) Art-déco-Suiten im Hauptgebäude. Dagegen kann man die Standardzimmer im Anbau getrost vergessen. Im Sommer 40 % Rabatt. ❼–❽

Laxmi Niwas Palace, Lallgarh-Palast, ☎ 0151/ 220 2777, 🖥 www.laxminiwaspalace.com. Das bessere und ruhigere der zwei luxuriösen Hotels im Lallgarh-Palast; geräumige Zimmer mit alten englischen Möbeln. Die Zimmer im benachbarten **Lallgarh Palace Hotel** sind etwas

günstiger und weniger beeindruckend, haben aber immer noch jede Menge Kolonialambiente. ❽

Essen

Restaurants sind in Bikaner Mangelware, deshalb speisen die meisten Besucher der Stadt in ihrem Hotel. Wer etwas Alkoholisches trinken möchte, kann die **Bar** des RTDC Dholamaru Hotel am Pooran Singh Circle o der die teurere im Hotel Lallgarh Palace aufsuchen.

Bikaner ist berühmt für seine **Süßigkeiten**, z. B. *kaju katli,* mit Cashewnüssen gemacht, und *tirangi,* ein dreifarbiges Konfekt, das aus Cashews, Mandeln und Pistazien hergestellt wird.

Amber, Station Rd. Einfach, aber sauber und ein beliebter Treffpunkt westlicher Touristen. Hat eine breite Auswahl an indischen veg. Standardgerichten und ein paar Snacks. Die meisten Hauptgerichte kosten Rs50–70.

Bhikharam Chandmal Bhujiawala, abseits der Station Rd an der Straße zum Kote Gate (das englische Schild ist sehr klein und leicht zu übersehen). Hervorragender Süßwarenladen, berühmt für seine ausgezeichneten bengalischen und rajasthanischen Süßigkeiten, hat aber auch eine ansehnliche Auswahl an leckeren kleinen Gerichten.

DFC (Dwarika Food Cuisine), Station Rd, bei der Silver Square Mall. Sauberes, freundliches Restaurant, bietet eine lange Liste veg. Hauptgerichte (die meisten Rs60–80), *thalis* (Rs60–110) und sogar *train tiffins* (Proviantpakete für Rs90).

Gallops, Court Rd. Das angenehme, aber deutlich überteuerte Restaurant gegenüber vom Fort lebt gut von den hier vorbeikommenden Tourbussen. Das Essen ist aber trotzdem nicht schlecht: Es gibt nordindische veg. und nicht veg. Standardgerichte plus ein paar örtliche Spezialitäten, alles in großzügigen Portionen. Zur Mittagszeit ist es normalerweise voll mit Reisegruppen, abends meistens ruhiger und netter. Hauptgerichte Rs175–450. Alkohollizenz.

Heeralal, gegenüber vom Bahnhof. Sauberes, großes veg. Restaurant mit nord- und südindischer Küche, darunter einem guten

Rajasthani-*thali* (Rs125) und anderen regionalen Spezialitäten. Hauptgerichte Rs100–140.
Moomal, Panch Shati Circle. Restaurant mit weißen Tischdecken, beliebt bei begüterten Einheimischen. Serviert köstliches südindisches veg. Essen – schon für das Moomal Special mit Cashewnüssen und Kirschen lohnt sich die Reise nach Bikaner. Hauptgerichte Rs100–180.

Einkaufen

Bikaner ist berühmt für hervorragende Lackwaren und Kunsthandwerk sowie für seine handgewebten wollenen *pattu* (eine Art Umhang/Decke). Der beste Ort, um Letztere einzukaufen, ist der Kunstgewerbeladen **Abhivyakti**, Ganganar Rd, nahe dem Busbahnhof (⏱ So nachmittags geschl.). Der Geschäftsführer kann auch Besuche in Dörfern arrangieren, wo man Frauen beim Weben zusehen kann.
Vichitra Arts, im Bhairon Vilas, verkauft alte fürstliche Gewänder und Miniaturen.

Sonstiges
Fahrradverleih

Einige Buden gleich südlich vom Hauptpostamt, gegenüber der Südwestecke des Forts, vermieten einfache Räder für Rs4 pro Std.

Geld

Geldautomaten befinden sich direkt gegenüber vom Bahnhof, außerdem 100 m weiter südlich, in der Station Rd schräg gegenüber der Straße vom Kote Gate und zwischen dem RTDC Hotel Dhola Maru und Panch Shati Circle.
Thomas Cook, im Eingang zur Festung, wechselt ebenfalls Bargeld und Reiseschecks; ⏱ Mo–Sa 9–18 Uhr.

Informationen

Die hilfreiche **Touristeninformation** ist im RTDC Dholamaru Hotel am Pooran Singh Circle untergebracht, ✆ 0151/222 6701, ⏱ tgl. 10–17 Uhr. Weitere nützliche Infos unter 🖥 www.realbikaner.com.

Internet

Internetzugang ist in vielen Lokalen für rund Rs30–40 pro Std. zu haben, aber die Verbindung ist meist langsam. Es gibt zahlreiche Internetlokale in der Umgebung des Kirti Stambh Circle, außerdem **New Horizons**, hinter dem Amber Restaurant in der Station Road, und **Cyber World** (nur Rs10 pro Std.), unmittelbar südlich vom Hotel Marudhar Heritage.

Medizinische Hilfe
PB Memorial Hospital, beim Ambedkar Circle, ✆ 0151/222 6334.

Polizei
Station Rd, ✆ 0151/252 2225.

Post
Hauptpost, unmittelbar westlich vom Fort, ⏱ Mo–Fr 10–15, Sa 10–13 Uhr.

Touren
Jitu Solanki (s. Kasten S. 248), ein staatlich lizenzierter **Guide**, kann Stadtführungen durch Bikaner organisieren (Rs200). Vijay Singh Rathore im Vijay Guest House bietet eine vergnügliche **Tagestour** nach Gajner, Kolayat, Deshnok und zur Kamelfarm für Rs2000.

Transport
Busse

RSTRC-Busse fahren am größten **Busbahnhof** nördlich des Zentrums in der Nähe vom Lallgarh-Palast ab, ✆ 0151/252 3800.
Privatbusse werden von einer Hand voll Gesellschaften betrieben, von denen die meisten ein Büro am alten Busbahnhof neben dem Fort besitzen – einfach so lange herumfragen, bis man den günstigsten Bus gefunden hat. Die meisten privaten Busse fahren bei diesen Büros ab, jedoch sollte man sich beim Ticketkauf vergewissern. Es gibt nämlich auch einen neuen privaten Busbahnhof 5 km nördlich der Stadt via Ganganagar Road, jedoch wurde er zuletzt nur von wenigen Betreibern genutzt. Die bequemsten Fernbusse betreiben Chandra Travels, Sharma Travels und Milan Travels. Die meisten Gästehäuser sollten Bustickets buchen können. Busse in die Region **Shekhawati** fahren vom Khatri Bus Stand etwa 3,5 km östlich der Stadt an der Schnellstraße nach Jaipur.

Empfohlene Zugverbindungen ab Bikaner

Es gibt keine Direktverbindungen nach **Ajmer** – viel einfacher fährt man mit dem Bus dorthin.

Ziel	Name	Nr.	Abfahrt	Ankunft
Abu Road	Ranakpur Express	14707	09.30 Uhr (tgl.)	19.57 Uhr
	Ahmedabad Express	19224	00.40 Uhr (tgl.)	10.37 Uhr
Agra	Howrah Superfast	22308	18.45 Uhr (tgl.)	06.15 Uhr
Delhi	Assam Express*	15610	19.45 Uhr (tgl.)	07.20 Uhr
Jaipur	Jaipur Intercity	12467	06.15 Uhr (tgl.)	12.55 Uhr
	Kota Special	09733	22.12 Uhr (tgl.)	05.15 Uhr
Jaisalmer**	Ranakpur Express	14707	09.30 Uhr (tgl.)	14.15 Uhr (Raika Bagh)
	Jaisamer Express	14810	23.52 (Raika Bagh tgl.)	05.30
Jodhpur	Ranakpur Express	14707	09.30 Uhr (tgl.)	14.35 Uhr
	Barmer Express*	14887	10.21 Uhr (tgl.)	15.55 Uhr
	Ahmedabad Express	19224	00.40 (tgl.)	05.35 Uhr

* ab Lalgarh Junction
** Jaisalmer ist nur durch Umsteigen in Raika Bagh oder Jodphur zu erreichen.

Eisenbahn

Der **Bahnhof** liegt zentral in der Station Road, gleich östlich der Altstadt. (Achtung: Einige Züge halten am **Bahnhof Lalgarh Junction**, in der Nordwestecke der Stadt). Eine Fahrt durch die Stadt vom staatlichen Busbahnhof zum Bahnhof dürfte ungefähr Rs30 kosten.

Die Umgebung von Bikaner

In der Wüste 10 km südlich der Stadt liegt die angeblich größte **Kamelzuchtfarm** Asiens, das National Research Centre on Camels. Die Hin- und Rückfahrt mit einer Motor-Rikscha kostet inklusive Wartezeit um Rs120. Bikaners Kamele gelten seit jeher als besonders robust, und das Kamelcorps war im Ersten Weltkrieg ein gefürchteter Verbündeter der Engländer. Inzwischen haben allerdings motorisierte Fahrzeuge das „Wüstenschiff" als Transportmittel weitgehend verdrängt.

Am besten schließt man sich einer Tour an und versucht, um 15.30–16 Uhr hier zu sein, wenn 300 Staub aufwirbelnde Kamele aus der Wüste zu ihrer täglichen Fütterung herangaloppieren. Zur Zeit der Recherche war ein neues Museum in Bau. In einem Laden werden alle möglichen Produkte auf der Basis von Kamel-milch verkauft, z. B. Lassis und *kulfi*. ⏰ tgl. 15–18 Uhr, Eintritt Rs20, Fotoerlaubnis Rs20, Kamelritt Rs20, Führung Rs100.

Der 30 km südlich von Bikaner gelegene **Karni Mata-Tempel** in **Deshnok** ist eine der ausgefallensten Sehenswürdigkeiten Indiens. Der Besucher, der das Eingangstor aus italienischem Marmor durchschritten hat, sieht plötzlich überall Ratten herumlaufen, *kabas* genannt. Diese werden von den Gläubigen als wiedergeborene Seelen betrachtet, die vor dem Zorn des Totengottes Yama bewahrt blieben.

Der Schrein ist der historischen Gestalt Karniji geweiht. Der rustikale innere Schrein aus unbearbeitetem Gestein und dem Holz des heiligen *jal*-Baumes, in dem das gelbe Marmorbildnis (*pratima*) der Karniji steht, wird von einem wesentlich größeren Marmorgebäude umschlossen. Pilger bringen Essen mit, das die Nagetiere im Hauptschrein verspeisen. Es gilt als glücksbringend, die Überreste aufzuessen, nachdem die *kabas* daran geknabbert haben.

Ein gutes Omen ist es auch, wenn eine Ratte über jemandes Füße rennt (ein Weilchen stillstehen – am besten in der Nähe von etwas Essbarem). Wer hingegen (auch nur versehentlich) auf eines der Tiere tritt, muss das Goldmodell einer Ratte spenden, um die Gottheit zu besänftigen.

Die Schuhe müssen am Tor ausgezogen werden, d. h. die Besucher spazieren barfuß oder in Socken zwischen den Rattenkötteln herum. ☉ tgl. 6–22 Uhr, Eintritt frei, Fotoerlaubnis Rs20, Video Rs50; 💻 www.karnimata.com.

Busse von Bikaner nach Deshnok (45 Min.) fahren rund alle 15 Minuten vom Hauptbusbahnhof ab und halten an der Ostseite des Ambedkar Circle in der Nähe des PB Memorial Hospital sowie gleich südlich vom Goga Gate Circle in der Nähe der Südostecke der Altstadt. Es verkehren auch **Züge** (Fahrzeit 1 Std.); Abfahrt um 9.45 Uhr und 10.45 Uhr, Rückfahrt von Deshnok um 14.54 und 15.25 Uhr.

Der Süden Rajasthans

 **HIGHLIGHT**

Udaipur

Mit ihrer Lage am Ufer des malerischen Pichola-Sees und der majestätischen Kulisse grüner Hügel, den weiß gestrichenen Havelis und spitzen *shikhara*-Tempeltürmen, die von den fein verzierten Balkonen und Kuppeln des Stadtpalastes überragt werden, ist Udaipur eine der romantischsten Städte Indiens. Doch ganz so ungetrübt ist die Idylle der Stadt nicht. Die unsensible Bebauung des Seeufers, der höllische Verkehr und die Massen von Touristen sorgen dafür, dass die Stadt keineswegs unberührt ist. Trotzdem bleibt Udaipur ein äußerst lohnendes Reiseziel, und obwohl sich die meisten seiner Sehenswürdigkeiten in ein paar Tagen besichtigen lassen, bleiben viele Leute mindestens eine Woche, um die Stadt und ihre wunderschöne Umgebung zu erkunden.

Geschichte

Für indische Verhältnisse ist Udaipur eine relativ junge Stadt. Sie wurde Mitte des 16. Jhs. von **Udai Singh II.** aus der Familie der Sisodia gegründet, den Herrschern des Staates **Mewar**, der einen Großteil des heutigen Süd-Rajasthan ausmachte. Die Sisodias gelten traditionell als

Die Ratten von Deshnok

Die Mitglieder der Musikerkaste der Charans glauben, dass Inkarnationen der Göttin Durga von Zeit zu Zeit unter ihnen auftauchen. Eine solche war Karni Mata, 1387 in einem Dorf bei Phalodi geboren. Sie vollbrachte Wunderwerke wie das Auffinden von Wasservorräten im Erdboden und die Wiedererweckung von Toten und wurde schließlich zur mächtigsten Kultführerin der Region. Der Überlieferung zufolge kam eine von Karni Matas Anhängerinnen zu ihr, weil ihr Sohn schwer krank war. Aber als die beiden dann zu ihm kamen, war er schon tot. Karni Mata ging sodann zu Yama, dem Gott der Unterwelt, um den Sohn zurückzuholen, aber Yama weigerte sich, ihn herauszugeben. Da sie wusste, dass von allen Lebewesen auf der Erde nur die Ratten dem Zugriff Yamas entzogen waren, beschloss Karni Mata, dass in der Zukunft alle Charans als Ratten wiedergeboren werden und somit vor Yama geschützt sein sollten. Diese heiligen Ratten *(kabas)* bevölkern den Tempel von Deshnok.

die beständigste aller Rajputen-Dynastien. Der gegenwärtige Herrscher ist der 76. einer ununterbrochenen Abfolge von Mewar-Fürsten, was das Haus Mewar zur vielleicht ältesten bestehenden Dynastie der Welt macht. Der Staat Mewar wurde im Jahre 568 von **Guhil**, dem ersten Sisodia-Maharana, gegründet. Seine Nachfolger richteten ihre Hauptstadt zunächst in **Nagda** ein und dann im mächtigen Fort Chittaurgarh (Näheres s. S. 271), von wo aus sie die Macht über einen großen Teil des heutigen Süd-Rajasthan ergriffen.

Als **Udai Singh II.** 1537 die Thronfolge in Mewar antrat, zeichnete sich jedoch bereits das Ende Chittaurgarhs ab. Udai begann Ausschau nach einem geeigneten Standort für eine neue Stadt zu halten, die Udaipur heißen sollte. Schließlich wählte er das sumpfige Gebiet am Pichola-See, das zu allen Seiten von Ausläufern des Aravalli-Gebirges geschützt war. Der Mogulherrscher Akbar nahm 1568 nach einer langen Belagerung Chittaurgarh ein, aber um diese Zeit hatte sich Udai schon fest in seiner neuen Hauptstadt eingerichtet, wo er ungestört bis zu seinem

Udaipur

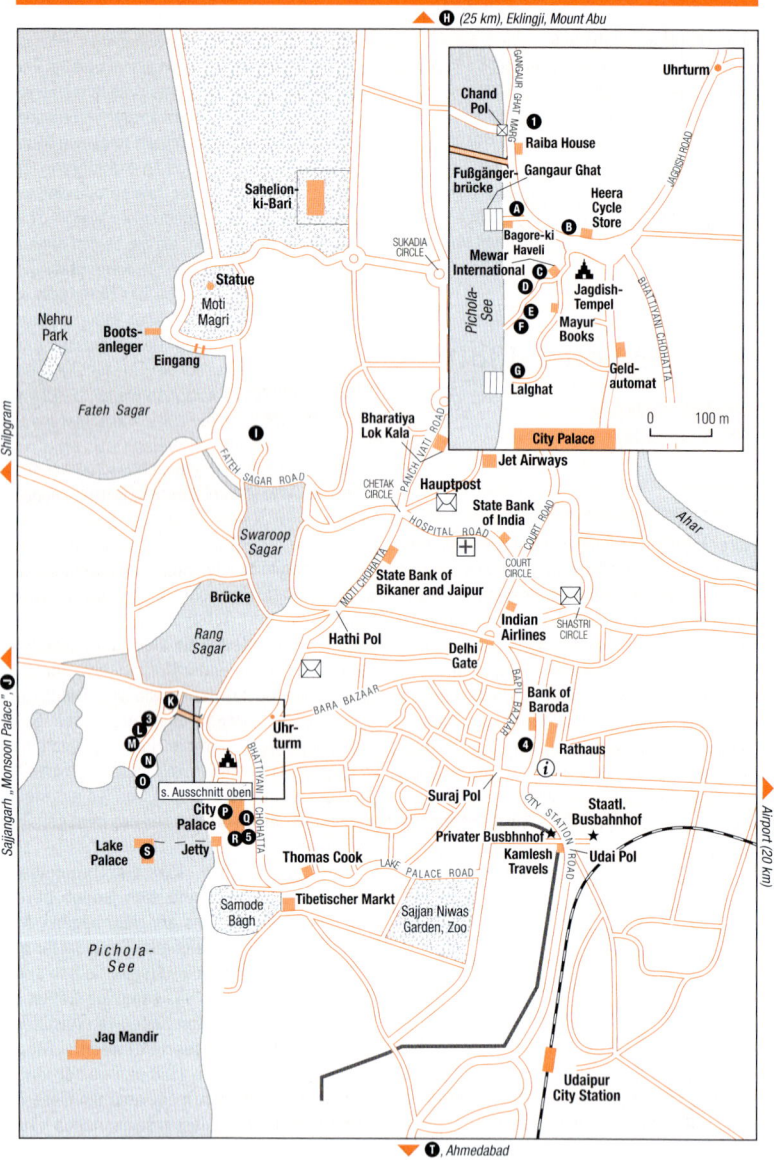

▲ **H** (25 km), Eklingji, Mount Abu

Uhrturm

Chand Pol

1 Raiba House

Fußgänger-brücke | Gangaur Ghat

Sahelion-ki-Bari

A | Heera Cycle Store

Bagore-ki Haveli **B**

Mewar International

C

Pichola-See

D | Jagdish-Tempel

E | Mayur Books

F

Geld-automat

G | Lalghat

0   100 m

City Palace

Statue

Moti Magri

Nehru Park

Boots-anleger

Eingang

Fateh Sagar

Bharatiya Lok Kala

Jet Airways

I

SUKADIA CIRCLE

Hauptpost

CHETAK CIRCLE

State Bank of India

Swaroop Sagar

HOSPITAL ROAD

State Bank of Bikaner and Jaipur

COURT CIRCLE

Brücke

Rang Sagar

Hathi Pol

MOTI CHOHATTA

Indian Airlines

SHASTRI CIRCLE

Delhi Gate

BARA BAZAAR

Bank of Baroda

J

K

3

L

M

Uhr-turm

N

O

s. Ausschnitt oben

Rathaus

4

i

Suraj Pol

Staatl. Busbahnhof

City Palace

P **Q**

R **5**

Privater Busbhnhof ★

★ Udai Pol

Lake Palace

S

Jetty

Thomas Cook

Kamlesh Travels

Udai Pol

LAKE PALACE ROAD

Samode Bagh

Tibetischer Markt

Sajjan Niwas Garden, Zoo

Pichola-See

Jag Mandir

Udaipur City Station

▼ **T**, Ahmedabad

N
0 ── 500 m

Übernachtung		Essen	
Amet Haveli	O	Ambrai	O
Devi Garh	H	The Gallery	P
Dream Heaven	K	Jagat Niwas	F
Fateh Prakash Palace	P	Kankwara Haveli	F
Gangaur Palace	A	Natraj	4
Jagat Niwas	F	Queen Café	3
Jaiwana Haveli	E	Savage Garden	1
Kankarwa Haveli	F	The Whistling Teal	5
Kumbha Palace	Q		
Lake Corner Soni	G		
Lake Palace	S		
Lake Pichola Hotel	N		
Lalghat Guest House	D		
Laxmi Vilas Palace	I		
Mewar Haveli	C		
Panorama	L		
Shikarbadi	T		
Shiv Niwas	R		
Udai Kothi	M		
Udai Niwas	B		
Udaivilas	J		

Bauten des Stadtpalastes, die Havelis, *ghats*, Tempeltürme und unzähligen anderen Gebäude, die sein Ostufer säumen – das Gesamtgebilde lässt sich am besten bei einer Bootsfahrt auf dem See würdigen. Die beiden Insel-Paläste gehören zu den berühmtesten Wahrzeichen von Udaipur. Der **Jag Niwas**, das heutige Lake Palace Hotel, wurde in einer Mischung aus Rajputen- und Mogul-Architektur unter der Regentschaft Jagat Singhs (1628–52) als Sommerpalast errichtet. Seit dem Anschlag in Mumbai im Jahr 2008 können Besucher das Hotel nicht mehr besichtigen.

Den **Jag Mandir** auf der weiter südlich gelegenen Insel umgibt ein großer, von steinernen Elefanten bewachter Garten. Das Hauptgebäude hier ist das **Gol Mahal**, unter dessen Kuppeldach eine kleine Ausstellung zur Geschichte der Insel zu sehen ist. In seiner Jugend war Shah Jahan einmal hier zu Besuch, und offenbar beeindruckte ihn das Gebäude so sehr, dass er es als eines der Modelle für seinen Taj Mahal benutzte; die Ähnlichkeit ist jedoch nur mit Mühe auszumachen.

Bootsrundfahrten beginnen an der Anlegestelle am Südende des Palastgeländes. Man hat die Wahl zwischen einer schnellen, 30-minütigen Rundfahrt (Rs200) mit oder ohne Landgang am Jag Mandir (Rs300). Beide starten jeweils zur vollen Stunde zwischen 10 und 18 Uhr. Im Boot sollte man auf der dem Palast zugewandten Seite sitzen (Fahrtrichtung erfragen; gewöhnlich entgegen dem Uhrzeigersinn). Es werden hier auch Boote für individuelle Rundfahrten vermietet (Platz für bis zu 7 Pers., Kostenpunkt Rs3000). Eine andere Möglichkeit besteht darin, eines der Tret- oder Motorboote auszuleihen, die am Ufer zwischen den Havelis Jaiwana und Kankarwa angeboten werden (2-Sitzer Rs125 pro 30 Min., Motorboote ab Rs700 pro 30 Min.). Eine Seerundfahrt zum Sonnenuntergang kostet Rs200 p. P.

Das Palastmuseum

Udaipurs faszinierender Stadtpalast aus weichem gelbem Stein steht auf einem Felsvorsprung am Nordostufer des Pichola-Sees. Auf einem fensterlosen Fundament erheben sich mehrere Etagen mit reich verzierten Balkonen

Tod 1572 schaltete und waltete. Sein Sohn, der heldenhafte **Pratap Singh**, verbrachte den größten Teil seiner Regentschaft damit, hartnäckig die Freiheit seines Königreichs gegen das übermächtige Heer der Moguln zu verteidigen.

Nach Akbars Tod kehrte endlich Frieden ein – bis Mewar sich 1736 dem ersten einer Reihe von Angriffen der **Marathen** gegenübersah, die die Stadt nach und nach in den Ruin trieben und erst aufhörten, als die Marathen im frühen 18. Jh. von den Briten vertrieben wurden. Daraufhin verbündeten sich die Sisodias mit den Briten und behielten ihre Unabhängigkeit bis 1947, als der berühmte alte Staat Mewar schließlich in der neu gegründeten Nation Indien aufging.

Orientierung

Die ursprüngliche Siedlung Udaipur erstreckte sich um den großen **Stadtpalast** am Ostufer des Pichola-Sees. Unmittelbar im Norden des Palastes beginnt das Gassengewirr der **Altstadt**. Nördlich davon liegt der zweite große See von Udaipur, der **Fateh Sagar**.

Der Pichola-See

Udaipurs idyllischer Pichola-See bildet einen wunderbaren Rahmen für die majestätischen

Eintritt zum Stadtpalast

Es ist wichtig zu wissen, dass in bestimmten Bereichen des Stadtpalastes, darunter die Hotels Fateh Prakash Palace und Shiv Niwas, die Durbar Hall, Crystal Gallery und an der Anlegestelle der Boote, die über den Pichola-See und hinüber zum Hotel Lake Palace fahren, Rs25 für eine Eintrittskarte zum Stadtpalast-Komplex fällig werden. Wer nur das Palastmuseum oder den Hof besichtigt oder aber in einem der genannten Hotels wohnt, braucht diese Karte nicht zu kaufen.

sowie zierliche Türme. Insgesamt elf *mahal* (Paläste), die aufeinander folgende Maharanas in den drei Jahrhunderten nach Udaipurs Gründung im Jahre 1559 errichten ließen, bilden den größten hoheitlichen Baukomplex von ganz Rajasthan. Teile des Palastes sind heute ein **Museum**, ◷ tgl. 9.30–16.30 Uhr, Eintritt Rs50, Fotoerlaubnis Rs200, Video Rs200, Audioguide Rs250, Guides Rs150 für bis zu 5 Pers.

Enge Passagen mit niedrigen Decken verbinden die einzelnen *mahal* und Höfe miteinander und erfüllen gleichzeitig den Zweck, ein überraschendes Eindringen bewaffneter Feinde zu verhindern. Für heutige Besucher ist der Weg aber deutlich ausgeschildert. Der Eingang zum Museum befindet sich auf der gegenüberliegenden Seite des Moti Chowk (einen Blick lohnt die große, tragbare Tigerfalle in der Mitte des Hofs). Die drei großen Pfaue *(mor)* in den Mauern des **Mor Chowk** aus dem 17. Jh., die Sajjan Singh 200 Jahre nach der Palastgründung anbringen ließ, bestehen aus jeweils 5000 grün, golden und blau schillernden Glasteilen. Die von Säulen getragenen Wohnräume gegenüber vom Mor Chowk sind mit Szenen aus dem Leben Krishnas geschmückt. Korridore führen in den vollkommen mit Spiegelmosaiken verzierten Raum **Kanch-ki-Burj** und zum „Mondhof" **Chandra Chowk**, der einen eigenen Garten auf einem Hügel im Herzen des Palastes umschließt.

Weitere Korridore führen zu den Frauengemächern des **Zenana Mahal**, die mit ihren Alkoven, Balkonen, bunten Fenstern, gekachelten Wänden und gefliesten Böden die prächtigsten Räume des gesamten Palastes sind. Der mit Miniaturen gefüllte Wohnbereich **Krishna Vilas** erinnert an eine udaipurische Prinzessin aus dem 19. Jh., die sich vergiftete, um dem Dilemma zu entkommen, einen Ehemann aus den rivalisierenden Häusern von Jodhpur oder Jaipur erwählen zu müssen.

Der restliche Palastkomplex

Das kleine **Government Museum** gegenüber dem Eingang zum City Palace Museum ist vor allem interessant wegen der eindrucksvollen Skulpturengalerie mit Stücken aus Kumbalgarh, darunter erstklassige Arbeiten aus schwarzem Marmor. ◷ tgl. 10–16.30 Uhr, Eintritt Rs10; zuletzt zwecks Renovierung geschlossen. In vielerlei Hinsicht sehenswerter – und auf jeden Fall sehr viel stimmungsvoller – ist die riesige **Durbar Hall** im Fateh Prakash Palace, dem Gebäude direkt hinter dem Hauptgebäude des Stadtpalastes, in dem sich jetzt das Hotel Fateh Prakash Palace befindet. In diesem gewaltigen, wunderbar altmodischen Ballsaal aus edwardianischer Zeit fanden Staatsbankette, Empfänge und Ähnliches statt, und er hat sich jede Menge historisches Flair bewahrt, mit riesigen Kronleuchtern, knarrenden alten Möbeln und verstaubten Porträts.

Man kann hier im Rahmen eines Besuchs des Cafés The Gallery (S. 260) Tee trinken. In einer benachbarten Galerie befindet sich die exzentrische **Crystal Gallery** mit einer Sammlung edlen britischen Kristallglases, das Sajjan Singh in den 1880er-Jahren bestellt hatte. Dazu gehören unendlich kitschige Kristallglasstühle, -tische und -lampen und sogar eine Wasserpfeife und ein Bett aus Glas. Der hohe Eintrittspreis schreckt etwas ab, inbegriffen sind allerdings ein Audioguide und ein Getränk im Café The Gallery. ◷ tgl. 9–18.30 Uhr, Eintritt Rs525.

Jagdish-Tempel und Bagore-ki-Haveli

Der unmittelbar nördlich des Stadtpalastes an einer Kreuzung stehende **Jagdish-Tempel** ist das Zentrum beständiger Aktivitäten. Der Tempel wurde 1652 errichtet und ist Jagannath, einer Erscheinungsform Vishnus, geweiht. Die Außenwände und der sich hoch aufschwingende *shikhara*-Turm sind über und über mit Vishnu-Darstellungen, Szenen aus dem Leben Krishnas und tanzenden *apsaras* (Nymphen) verziert. Die geräumige Mandapa führt ins zentrale Heiligtum, in dem ein mit Blumen überschüttetes schwarzes Jagannath-Bildnis sitzt, während draußen vor dem Tempel ein kleiner erhöhter Schrein einen bronzenen Garuda beherbergt, das Reittier Vishnus. Zu beiden Seiten des Haupttempels stehen kleinere Schreine für Shiva und Hanuman.

Nördlich vom Tempel führt eine Gasse zur **Gangaur Ghat** und dem **Bagore-ki-Haveli**, einem restaurierten Haveli aus dem Jahre 1751 mit 138 Zimmern. Es beherbergt heute ein sehenswertes **Museum**, in dem Antiquitäten, Musikinstrumente und eine Galerie für moderne Kunst untergebracht sind. ⊙ tgl. 10–17 Uhr, Eintritt Rs25, Fotoerlaubnis Rs10, Video Rs50. Jeden Abend um 19 Uhr finden traditionelle Musik- und Tanzvorführungen statt.

Bharatiya Lok Kala

Etwas nördlich vom Chetak Circle in der Neustadt beherbergt das alte Museum **Bharatiya Lok Kala** eine einigermaßen interessante Sammlung an Ausstellungsstücken zur Volkskultur von Rajasthan und dem restlichen Indien, darunter bunte Masken, Puppen und Musikinstrumente. ⊙ tgl. 9–18 Uhr, Eintritt Rs35, Kamera Rs10, Video Rs50. Den ganzen Tag über finden nach Bedarf kurze unterhaltsame **Puppentheater-Aufführungen** statt (Trinkgeld wird erwartet) – die Puppenspieler warten gewöhnlich schon kurz hinter dem Eingang, um Besucher ins Puppentheater abzuschleppen. Eine einstündige Vorführung mit Musik, Tanz und Puppen findet tgl. um 18 Uhr statt, Eintritt Rs50, Fotoerlaubnis Rs10, Video Rs50.

Sahelion-ki-Bari

Nordöstlich des Moti Magri erstreckt sich der Garten **Sahelion-ki-Bari**, der „Garten der Ehrendamen", den Sangram Singh (1710–34) zur sommerlichen Erbauung der Damen des königlichen Hofes anlegen ließ. Die Brunnen wurden allerdings erst unter Fateh Singh (1884–1930) installiert. Im Zentrum des Gartens befindet sich ein friedvoller Hof mit einem großen Teich und formellen Gärten, an deren Ende vier Elefanten den auffälligsten Brunnen in Udaipur umstehen –

eine fantasievolle Schöpfung, die ein wenig wie ein großer bunter Kuchenständer aussieht. ⊙ tgl. 8–19 Uhr, Eintritt Rs5.

Shilpgram

Rund 5 km westlich der Stadt liegt das viel besuchte ländliche Kunsthandwerkszentrum Shilpgram. Das Dorf wurde zur Förderung und Bewahrung von traditioneller Architektur, Musik und Kunsthandwerk der Volksgruppen des westlichen Indiens errichtet und zeigt Ausstellungen über die verschiedenen Lebensstile und Sitten der indischen Landbevölkerung. Ungefähr 30 im traditionellen Stil verschiedener Staaten nachgebaute Häuser und Hütten wurden hier zusammengestellt. Sobald sich Besucher nähern, treten zwischen den Häusern Musiker und Tänzer auf – Trinkgeld wird erwartet. Man kann außerdem Leuten beim Weben, Töpfern und Sticken zusehen. Die meisten der hier verkauften Kunsthandwerkserzeugnisse sind jedoch bestenfalls drittklassig.

Trotz der lobenswerten Absicht hinter dem Ganzen empfinden viele Touristen die Atmosphäre als gekünstelt und die Musikanten usw. als unangenehm aufdringlich. Dennoch lohnt sich der Abstecher, und sei es nur wegen der landschaftlich reizvollen Fahrt auf der Straße um den Fateh Sagar herum, am besten per Fahrrad. Die Hin- und Rückfahrt mit einer Motor-Riksha kostet ungefähr Rs150 inkl. Wartezeit. ⊙ tgl. 11–19 Uhr, Eintritt Rs30, Fotoerlaubnis Rs25, Video Rs50.

Sajjangarh

Hoch auf einem Berg 5 km westlich der Stadt steht der „Monsunpalast" Sajjangarh, mit dessen Bau 1883 im Auftrag des Maharana Sajjan Singh begonnen wurde. Das Sommerhaus sollte ein neunstöckiges Observatorium bekommen, von dem aus die königliche Familie auf die vorbeiziehenden Monsunwolken hätte herunterschauen können. Der vorzeitige Tod des Maharana nur ein Jahr später bereitete dem geplanten Observatorium leider ein Ende. Der Palast selbst wurde zwar von Singhs Nachfolger Maharana Fateh Singh fertiggestellt, aber es stellte sich heraus, dass es unmöglich war, Wasser hinaufzupumpen. Deshalb wurde der ganze Ort bald darauf aufgegeben.

Rajasthan

Heute bietet das große, ziemlich schmucklose Gebäude einen etwas traurigen Anblick, aber die Aussicht über Udaipur, mehr als 300 m weiter unten, ist schlichtweg märchenhaft. Die Fahrt nach oben mit einer Rikscha oder einem Taxi (rund Rs300 hin und zurück) dauert gute 15 Minuten. Die Steigung ist per Fahrrad nur schwer zu bewältigen, aber manche Leute versuchen es trotzdem. Da der Monsunpalast im Sajjangarh Wildlife Sanctuary liegt, muss am Fuß des Hügels Eintritt (Rs80, plus Rs25 pro Rikscha oder Rs65 pro Auto) bezahlt werden. ⏱ tgl. ab 8 Uhr, letzter Einlass um 17.30 Uhr, aber die Rückfahrt kann auch noch nach Sonnenuntergang angetreten werden.

Übernachtung

Die meisten Unterkünfte liegen am Ostufer des Pichola-Sees. Allerdings entstehen immer mehr Hotels am weitaus ruhigeren nordwestlichen Seeufer, gleich hinter der Brücke beim Chand Pol.

Östlich vom Pichola-See

Fateh Prakash Palace, Stadtpalast, ✆ 0294/252 8016, 🖥 www.hrhindia.com. Hat die beste Lage der Stadt, mitten im Zentrum des Stadtpalast-Komplexes, und entsprechende Preise. Die meisten Zimmer (US$365) besitzen fantastische Ausblicke auf den See, aber manche sind ziemlich klein und charakterlos und ihren Preis nicht wert. ❾

Gangaur Palace, ✆ Gangaur Ghat Marg, ✆ 0294/242 2303, 🖥 www.ashokahaveli.com. Beliebtes Budgethotel in einem malerischen traditionellen Haveli. Hat Zimmer unterschiedlicher Standards (Ventilator und AC), darunter

Tolles Budgethotel

Panorama, Chand Pol, ✆ 0294/243 1027, ✉ krishna2311@rediffmail.com. Sehr effizient geführt. Billige, gemütliche und ausgesprochen preiswerte Zimmer (manche mit Fernblick auf den See; ein paar mit AC). Hat auch ein nettes Dachgartenrestaurant mit herrlicher Aussicht auf den See und überdurchschnittlich guter Küche. Reservieren. ❶–❹

einige mit Seeblick, aber die Preise für die schöneren Zimmer fallen ein bisschen zu hoch aus – vielleicht lassen sie sich herunterhandeln. Bietet u. a. Malkurse und eine deutsche Bäckerei. ❷–❺

Jagat Niwas, 23-25 Lalghat, ✆ 0294/242 2860, 🖥 www.indianheritagehotels.com. Schön restauriertes Haveli aus dem 17. Jh. direkt am See. Komfortable AC-Zimmer (z. T. mit Seeblick) und ein gutes Restaurant (S. 260), aber weder so ruhig noch mit so gutem Preis-Leistungs-Verhältnis wie die nahe gelegenen Havelis Kankarwa und Jaiwana. ❺–❼

Kumbha Palace, 104 Bhatiyani Chohatta, ✆ 0294/242 2702, 🖥 www.indianheritagehotels. com. Freundliches, angenehm ruhiges Hotel mit holländischem Besitzer, versteckt unterhalb der östlichen Mauern des Stadtpalastes. Einfache, aber saubere Zimmer (ein paar mit AC). ❷–❹

Lake Corner Soni Paying Guest House, Lalghat, ✆ 0294/252 5712. Dieses einfache kleine Gästehaus, geführt von einem charmanten älteren Paar, bietet einige der billigsten Zimmer in Udaipur. Die Zimmer (z. T. mit Gemeinschaftsbad) sind einfach, aber sauber und ruhig, und von der Dachterrasse sowie von einigen Zimmern eröffnet sich ein schöner Seeblick. ❶

Lalghat Guest House, Lalghat, ✆ 0294/252 5301, ✉ lalghat@hotmail.com. Eines der ältesten Gästehäuser in Udaipur, in traumhafter Uferlage und mit günstigen Preisen. Unterschiedliche Zimmer (alle mit Bad, z. T. mit AC und einige mit Seeblick) sowie ein überdurchschnittlicher 10-Personen-Dorm (Rs100 p. P.). ❶–❹

Mewar Haveli, 34–35 Lalghat, ✆ 0294/252 1140, 🖥 www.mewarhaveli.com. Gut geführtes, modernes Mittelklassehotel in sehr zentraler Lage. Die Zimmer (manche mit AC und Seeblick) sind kitschig, aber gemütlich, und vom attraktiven Dachgartenrestaurant ist – ebenso wie von den Zimmern – der See zu sehen. ❹–❺

Shiv Niwas, City Palace, ✆ 0294/252 8016, 🖥 www.hrhindia.com. Dieses luxuriöse Heritage Hotel lässt sich seine wunderbare Lage innerhalb des Palastkomplexes gut bezahlen. Es verfügt über gepflegte Gemeinschaftsanlagen, einen bezaubernden Pool (Besucher Rs300) und einen neuen Wellness-

Hier stimmen Preis und Leistung

Jaiwana Haveli, 14 Lalghat, ✆ 0294/241 1103, 🖳 jaiwanahaveli.com. Preisgünstige Haveli-Unterkunft am See mit einwandfreien, modernen Zimmern; manche haben AC und die teuren herrlichen Seeblick, ebenso wie das empfehlenswerte Dachgartenrestaurant. **❺**

bereich. Die Standard („Palace") -Zimmer sind angesichts des Preises von Rs12 960 enttäuschend klein und gewöhnlich; die Suiten (ab etwa US$585) dagegen sind erheblich reizvoller, mit viel Atmosphäre und märchenhaftem Seeblick. Im Sommer 20 % Preisnachlass. **❾**

Udai Niwas, Gangaur Ghat Marg, ✆ 0294/241 4303, 🖳 www.hoteludainiwas.com. Modernes Hochhaushotel mit einer Reihe hübscher Zimmer in verschiedenen Preislagen (die teureren mit AC). Allerdings sorgt die in unregelmäßigen Abständen per Lautsprecher übertragene Musik aus dem nahe gelegenen Jagdish-Tempel dafür, dass man hier nicht gerade ungestört ist. **❷–❺**

Nordwestlich vom Pichola-See

Amet Haveli, Chand Pol, ✆ 0294/243 4009, ✉ amethaveli@sify.com. Das elegante alte weiße Haveli liegt auf einem der besten Ufergrundstücke der Stadt. Alle Zimmer sind liebevoll mit traditionellen Gegenständen geschmückt und haben AC, TV und Seeblick. Wer etwas mehr Geld ausgibt, kann sich in einer der wunderschönen Suiten mit großen Fenstern, die direkt aufs Wasser hinausgehen, einquartieren. Beherbergt auch das ausgezeichnete Restaurant Ambrai (S. 260). **❼**

Dream Heaven, Chand Pol, ✆ 0294/243 1038, ✉ deep_rg@yahoo.co.uk. Zu Recht beliebt, daher vorausbuchen. Hat eine ansehnliche Auswahl an sauberen, billigen und ihren Preis werten Zimmern. Manche bieten Seeblick, genau wie das Dachterrassen-Restaurant. **❶–❹**

Lake Pichola Hotel, Chand Pol, ✆ 0294/243 1197, 🖳 www.lakepicholahotel.com. Einen Schönheitswettbewerb würde dieses alteingesessene

Hotel nicht gewinnen, aber die Lage am See und die Aussicht auf den Stadtpalast sind fast perfekt und die Preise erschwinglich. Die Standardzimmer ohne Ausblick sind ihr Geld allerdings nicht wert. Alle Zimmer mit AC und TV. **❻**

Udai Kothi, Chand Pol, ✆ 0294/243 2810, 🖳 www.udaikothi.com. Makelloses, modernes Hotel im traditionellen Stil, mit verspielten architektonischen Details. Alle Zimmer haben TV und AC; Pool (Besucher Rs300) und hübscher Garten. **❼–❾**

Außerhalb des Stadtzentrums

Laxmi Vilas Palace, abseits der Fateh Sagar Rd, ✆ 0294/252 9711, 🖳 www.thelalit.com. Erhöht gelegenes Luxushotel in einem Haus aus dem 19. Jh. mit Blick auf den Fateh Sagar. Verfügt über alle erdenklichen Annehmlichkeiten, gut ausgestattete Zimmer und einen großen Pool, lässt allerdings ein bisschen die Atmosphäre vermissen, die in den ähnlich kostspieligen Hotels im Stadtpalast herrscht. DZ ab US$470. **❾**

Udaivilas, ✆ 0294/243 3300, 🖳 www.oberoi hotels.com. Udaipurs märchenhaftestes Hotel nimmt ein ausgedehntes Palastgelände ein, mit Unmengen von Marmor und einem Pool, der wie ein Schlossgraben rund um das Hauptgebäude angelegt ist. Zu jeder Suite gehört ein eigener Pool und privater Butler, und das Spa ist schlichtweg paradiesisch. DZ in der Hauptsaison ab US$878. **❾**

Für Romantiker

Lake Palace, Lake Pichola, ✆ 0294/252 8800, 🖳 www.tajhotels.com. Eines der berühmtesten und romantischsten Hotels Indiens. Es schwimmt in märchenhafter Isolation auf seiner eigenen Insel inmitten des Pichola-Sees. Die Unterbringung erfolgt in Zimmern und Suiten, die von rundum luxuriös bis zu märchenhaft opulent reichen. Zu den Annehmlichkeiten zählen ein Spa, Pool, Butlerservice und Miet-Limousinen. Der Normalpreis für ein Standardzimmer liegt bei Rs5115, aber auf der Webseite finden sich Sonderangebote. **❺**

Umgebung von Udaipur

Devi Garh, Delwara Village, 25 km nördlich von Udaipur, ℡ 02953/289211, 🖥 www.deviresorts. com. Versteckt in den Aravalli-Bergen, 40 Auto-minuten nördlich von Udaipur gelegenes Luxushotel, untergebracht im zauberhaften Devi Garh-Palast aus dem 17. Jh., der auf sehr gelungene Art prunkvolle traditionelle Rajasthani-Eleganz mit zeitgenössischem Stil vereinigt. Verfügt u. a. über ein wunderbares Spa und einen spektakulären Pool. Nur Suiten, ab US$607 in der Hauptsaison. ❾

Shikarbadi, Goverdhan Vilas, 5 km südlich von Udaipur an der NH-8, ℡ 0294/258 3201, 🖥 www. hrhindia.com. Ehemaliges königliches Jagdhaus mit eigenem Pool, See, Rotwildpark und Gestüt. Weniger großtuerisch (und erheblich billiger) als die Paläste in der Stadt. Die Suiten im Block aus den 1930er-Jahren sind stilvoller als die neueren Zimmer mit AC. Zimmer US$145, Suiten US$170. ❽

Essen und Unterhaltung

Im Bagore-ki-Haveli (S. 256) finden jeden Abend Tanzvorführungen statt, und in Shilpgram (S. 257) treten oft Künstler von außerhalb auf. Einstündige Darbietungen traditioneller Volks-tänze aus Rajasthan finden Mo–Sa um 19 Uhr im Meera Kala Mandir, Meera Bhawan, Sector 11, an der Ahmedabad Road, statt. Eintritt Rs60; Karten reservieren unter ℡ 0294/258 3176. Viele von Udaipurs Backpacker-Cafés zeigen übrigens allabendlich (normalerweise um 19 Uhr) kostenlos den James-Bond-Film *Octopussy,* der teilweise in Udaipur gedreht wurde.

Restaurants und Cafés

Ambrai, Amet Haveli Hotel, Chand Pol. Eines der wenigen Restaurants am See, dessen Küche der einmaligen Lage gegenüber vom Stadtpalast gerecht wird. Das Angebot umfasst eine große Auswahl an nordindischen veg. und nicht veg. Gerichten (darunter erstklassige Tandooris) sowie ein paar chinesische und europäische Speisen. Man kann aber auch einfach für einen Drink herkommen und dabei den Sonnen-untergang über dem See genießen. Nicht veg. Hauptgerichte Rs165–210.

The Gallery, im Inneren des Hotels Fateh Prakash Palace verborgen (der halbe Spaß besteht schon darin, es überhaupt ausfindig zu machen). Die renommierteste Adresse in Udaipur für einen klassischen englischen Nachmittagstee (tgl. 15–18 Uhr), der entweder auf der sonnigen Terrasse oder in der prächtigen Durbar Hall (S. 256) serviert wird. Es gibt aber auch ganz normalen Tee oder Kaffee.

Jagat Niwas, im gleichnamigen Hotel, 23–25 Lalghat. Beliebtes Restaurant mit leckeren nordindischen Standardgerichten (nicht veg. Hauptgerichte Rs170–235), schönem Seeblick von seinen bequemen Sitzgelegenheiten am Fenster und dezenter Live-Sitar-Musik.

Natraj, New Bapu Bazaar, hinter dem Ashok Cinema, Town Hall Rd. Seit weit über 20 Jahren Udaipurs beste *thali*-Küche, doch abseits der Touristenpfade. Sehr schwer zu finden (vom Suraj Pol Richtung Norden den Bapu Bazaar hinauf, nach 30 m rechts, dann links, dann ist es nach 20 m auf der rechten Seite). Hat mit Abstand das beste billige Essen der Stadt – nur Rs60 für unbegrenzte Portionen veg. Currys, Suppen, *dhal* und *chapattis*.

Queen Café, Chand Pol. Dieses gemütliche und schlichte kleine Café stellt eine erfrischende Alternative zu Udaipurs Touristenrestaurants dar. Es bietet echtes indisches veg. Essen an, so wie es in den Küchen indischer Familien zubereitet wird, z. B. Currys mit Banane, Mango, Kürbis und Kokosmilch. Dazu superbillig: Die meisten Hauptgerichte kosten Rs55–60.

Savage Garden, Chand Pol. Stilvolles Restaurant in einem alten Haveli mit ansprechender, mo-derner Einrichtung. Die sorgfältig ausgewählten Gerichte auf der kleinen, gourmethaft ange-hauchten Karte kommen überwiegend aus dem Nahen Osten und Europa. Pasta Rs150–180, Hauptgerichte Rs160–550.

The Whistling Teal, im Hotel Raj Palace, 103 Bhatïyani Chohatta. Attraktives Gartenrestau-rant unter einem Zeltdach, hat leckere nord-indische und rajasthanische veg. und sonstige Gerichte ab Rs125 (veg.) und Rs225 (nicht veg.) – etwas teurer als der Durchschnitt, aber das Geld wert. Hat auch eine ordentliche Auswahl an *shishas* mit Tabak mit Fruchtgeschmack (Rs250) und einwandfreien Kaffee.

Bücher

Mewar International, Lalghat, hinter dem Jagdish-Tempel, neue und Secondhand-bücher.

Mayur Book Paradise, an einem anderen Abzweig derselben kleinen Seitenstraße, ist besonders gut für Secondhandbücher. Nicht schlecht ist **OK**, ein paar Türen weiter. Alle drei kaufen oder tauschen zuweilen gebrauchte Bücher.

Einkaufen

Udaipur ist eine der besten Shoppingadressen in Rajasthan, denn hier gibt es wunderschönes Kunsthandwerk aus der Gegend und aus anderen Bundesstaaten. Die Spezialität der Stadt ist die **Miniaturmalerei**: Zahlreiche Geschäfte verkaufen traditionelle Miniaturen im Mewari-Stil auf Papier und Seide. Udaipur ist auch berühmt für seinen **Silberschmuck** – entsprechende Läden finden sich in der Jagdish Street, im Bara Bazaar und Moti Chohatta, im Umkreis des Uhrturms.

Fahrrad- und Mopedverleih

Heera Cycle Store, 86 Gangaur Ghat Marg, beim Jagdish-Tempel, ☏ 0294/513 0625, vermietet einfache Fahrräder für Rs50 pro Tag und Mountainbikes für Rs100 pro Tag, Mopeds (Rs200 pro Tag), Vespas (Rs350 pro Tag) und Enfields (Rs450 pro Tag). Pass mitnehmen sowie Bargeld (keine Rupien) als Pfand. ⏲ tgl. 7.30–21 Uhr.

Fotoausrüstung

Mewar International, an der Lalghat hinter dem Jagdish-Tempel, brennt CDs und DVDs, verkauft Speicherkarten und kann Fotos von den meisten Digitalkamera-Fabrikaten herunterladen; bietet auch Backup und Fotowiederherstellung *(photo recovery)* von defekten Speicherkarten.

Geld

Geldautomaten gibt es überall in der Neustadt, außerdem besonders praktische, 24 Std. zugängliche, in der zum Stadtpalast führenden Straße. Zahlreiche Möglichkeiten zum Geldwechseln finden sich rund um den Jagdish-Tempel.

Mewar International, am Lalghat, tauscht Cash und alle Arten von Reiseschecks und gibt außerdem Bargeld auf Visa und MasterCard, ⏲ tgl. 9–23 Uhr.

Thomas Cook, Lake Palace Rd, wechselt Bargeld und Reiseschecks. ⏲ Mo–Sa 9–18 Uhr.

Informationen

Die **Touristeninformation**, ☏ 0294/241 1535, befindet sich im Fateh Memorial an der Airport Road in Suraj Pol im Osten der Stadt. ⏲ Mo–Sa 10–17 Uhr. Informationsschalter gibt es auch am Flughafen und am Bahnhof.

Internet

In der Umgebung von Lalghat und Gangaur Ghat gibt es Dutzende von Internetlokalen. Der zurzeit übliche Preis liegt bei Rs30 pro Std. Zwei der am besten ausgestatteten sind **Mewar International**, an der Lalghat in der Nähe des Jagdish-Tempels, und das **Cybercafé** im Erdgeschoss des Hotels Udai Niwas.

Kochkurse

Gut sind z. B. die im **Panorama Guest House** (S. 258; Rs500 für 3 Std.) und, etwas teurer, im gemütlichen kleinen **Queen Café** (S. 270; Rs900 für 3 Std.).

Medizinische Hilfe

Aravalli Hospital (privat), 332 Ambamata Rd, ☏ 0294/243 0222.

Musik

Sitar- und Tabla-Unterricht bietet der enthusiastische Rajesh Prajapat, Kontakt via **Prem Musical Instrument Shop** gegenüber vom Hotel Gangaur Palace, ☏ 0294/243 0599. Er berechnet Rs350 für 90 Min. Er kann auch Flötenunterricht bei seinem Bruder organisieren.

Post

Pakete verschickt man am besten von der **Hauptpost** am Chetak Circle, ⏲ Mo–Sa 10–16 Uhr.

Rajasthan

Reisebüros und Touren

Touren nach Ranakpur, Kumbalgarh, Nathdwara und Eklingji sowie Mietwagen mit Fahrer (normalerweise um Rs1200 pro Tag für bis zu 300 km) bieten einige der zahlreichen Reisebüros in der Innenstadt an. Fast jedes Geschäft und Gästehaus rund um den Jagdish-Tempel scheint Bus- und Bahnfahrkarten zu verkaufen. Zu den zuverlässigen Agenturen gehören **Mewar International**, an der Lalghat hinter dem Jagdish-Tempel; **Gangaur Tour 'n' Travels**, ganz in der Nähe an der Gangaur Ghat Marg; und das Reisebüro im **Hotel Udai Niwas**.

Yoga

Ashtanga Yoga Ashram („Raiba House"), Chand Pol, ✆ 0294/252 4872. Veranstaltet tgl. um 8.30 Uhr 90-minütige Hatha-Yoga-Kurse für alle Stufen. Kostenlos, aber Spenden sind willkommen – sie gehen an einen lokalen Tierschutzverein. Auch Einzelunterricht möglich.

Nahverkehr

Das gängige Transportmittel in der Stadt sind **Motor-Rikschas**; man kann aber auch ein Fahrrad mieten (s. o.). **Regionalbusse** zu Orten wie Nagda, Eklingji, Nathdwara und Kankroli fahren tagsüber in regelmäßigen Abständen am RSTRC-Busbahnhof ab.

Transport

Busse

Staatliche Busse nutzen den RSTRC-Hauptbusbahnhof im Osten der Innenstadt, am Udai Pol (Riksha von der Stadtpalastgegend Rs32).

Private Busse fahren von der anderen Seite der Town Hall Road ab. Sie sind für längere und (besonders) Übernachtfahrten die bessere Wahl – die meisten Nachtbusse haben Liegesitze, und es gibt *sleeper*-Busse mit AC nach Mumbai, Delhi und Jaipur. Am einfachsten ist es, Tickets für private Busse von einem der zahlreichen Reisebüros in der Stadt buchen zu lassen (normalerweise gegen die geringe Gebühr von rund Rs20). Wer das lieber selbst erledigen möchte, muss eine Reservierung bei einem der Büros der Gesellschaften rings um das Udai Pol vornehmen – als zuverlässig hat sich **Kamlesh Travels** erwiesen, ✆ 0294/248 5823.

Eisenbahn

Züge halten am Bahnhof **Udaipur City Station** südöstlich des Stadtzentrums. Die Bahnverbindungen von Udaipur aus sind erstaunlich dürftig; die nachstehend gelisteten sind darunter noch die besten. Es ist wichtig zu wissen, dass es **keine Direktverbindung** nach Jaipur und Jodhpur (in Kota umsteigen) oder Mumbai (in Ahmedabad umsteigen) gibt. Wer sich den Abstecher zum Bahnhof zwecks Fahrkartenreservierung ersparen möchte, kann sich an eines der Reisebüros (s. o.) wenden (Bearbeitungsgebühr Rs50–75 – so viel würde man auch für die Motor-Riksha zum und vom Bahnhof zahlen).

Flüge

Der **Dabok Airport**, ✆ 0294/265 5453, liegt 20 km östlich von Udaipur. Taxis vom Flughafen

Empfohlene Zugverbindungen ab Udaipur

Ziel	Name	Nr.	Abfahrt	Ankunft
Ahmedabad	Ahmedabad Fast Passenger	52927	09.35 Uhr (tgl.)	21.05 Uhr
	Ahmedabad Express	19943	19.25 Uhr (tgl.)	04.25 Uhr
Ajmer	Ajmer Express	12991	06.15 Uhr (tgl.)	11.40 Uhr
Bundi	Mewar Express	12964	18.15 Uhr (tgl.)	22.40 Uhr
Chittaurgarh	Mewar Express	12964	18.15 Uhr (tgl.)	20.30 Uhr
Delhi (HN)	Mewar Express	2964	18.15 Uhr (tgl.)	06.30 Uhr
Kota	Mewar Express	12964	18.15 Uhr (tgl.)	23.40 Uhr
Sawai Madhopur	Mewar Express	12964	18.15 Uhr (tgl.)	01.06 Uhr

Rajasthan

in die Stadt kosten rund Rs300. Es gibt Flugverbindungen von und nach DELHI, JAIPUR, JODHPUR und MUMBAI.

Fluggesellschaften
Indian Airlines, Sahelion-ki-Bari Rd,
☎ 0294/241 0999,
Jet Airways, am Flughafen, ☎ 0294/265 6288,
Kingfisher Airlines, Chetak Circle,
☎ 0294/510 2468.

Die Umgebung von Udaipur

Nördlich der Stadt befinden sich die bedeutenden Tempel von Nagda, Eklingji, Nathdwara und Kankroli, und im Nordwesten, an der Strecke nach Jodhpur, liegen die herrlichen Jain-Tempel von Ranakpur und die weitläufige Festungsanlage Kumbalgarh. Es fahren zwar Busse, doch mit einem Auto oder Motorrad lässt sich Zeit sparen.

Nagda und Eklingji

An einem See 20 km nordöstlich von Udaipur stehen nur wenige Kilometer vor Eklingji die verfallenen Überreste der antiken Mewar-Hauptstadt **Nagda**, die auf das Jahr 626 zurückgehen. Busse aus Udaipur, die auf der Hauptstraße nach Eklingji verkehren, setzen Passagiere am Abzweig nach Nagda ab, neben einem kleinen Fahrradladen (Verleih Rs5 pro Std.). Nagda liegt 5 km weiter an dieser Landstraße. Die meisten Gebäude hier wurden entweder von mogulischen Eiferern zerstört oder versanken im See, dessen Pegel über die Jahrhunderte hinweg auf natürliche Weise stieg.

Erhalten geblieben ist nur ein majestätisches Paar von Vishnu-Tempeln aus dem 10. Jh., das den Namen **Saas-Bahu** trägt: „Schwiegermutter" und „Schwiegertochter". Der eindrucksvollere Schwiegermuttertempel hat seinen *shikhara* (Turm) verloren, sich aber im Inneren einen verblüffenden Skulpturenreichtum bewahrt. In der Mandapa kennzeichnen vier Säulen mit Bildnissen der Gottheiten Brahma, Vishnu, Shiva und Surya, denen Neuvermählte huldigen müssen, den Heiratsbereich.

Zurück an der Hauptstraße gibt es zwei Möglichkeiten, nach **Eklingji** zu gelangen: Entweder folgt man einfach weiter der Straße oder man lässt sich im Fahrradladen den Pfad zeigen, der hinter den alten Schutzwällen bergab führt. Der Gott Eklingji, eine Erscheinungsform Shivas, war seit dem 8. Jh. die Schutzgottheit der Herrscher von Mewar. Noch heute besucht der Maharana von Udaipur jeden Montagabend den Komplex mit seinen 108 Tempeln. (In ganz Indien ist der Montag der heilige Tag Shivas.) Der milchigweiße Haupttempel aus Marmor mit einer von Steinelefanten bewachten zweistöckigen Mandapa beherbergt einen schwarzen Marmor-Lingam mit vier Gesichtern. Am Hauptbusbahnhof von Udaipur fahren regelmäßig **Busse** nach Eklingji ab, die Passagiere in der Nähe des Tempelkomplexes aussteigen lassen. ◷ tgl. 10.30–13.30 und 17–19.30 Uhr.

Nathdwara

Der Nath (d. h. Krishna, der beliebtesten Inkarnation Vishnus) geweihte Tempel in Nathdwara – dem „Tor zu Gott" – soll einer der reichsten Tempel Indiens sein und kann an großen religiösen Feiertagen unglaublich voll werden. Der Tempel geht auf das 17. Jh. zurück, als ein mit einem Bildnis von Krishna beladener Wagen 26 km nördlich von Eklingji im Matsch stecken blieb. Die Statue befand sich auf dem Weg von Mathura nach Udaipur, denn man wollte sie vor der ansonsten sicheren Zerstörung durch Aurangzeb retten. Ihre Träger deuteten das Vorkommnis als göttliches Zeichen, dort, wo sie aufgehalten wurden, den neuen **Shri Nathji-Tempel** zu errichten.

Der Tempel liegt rund 1 km südlich der Bushaltestelle des Ortes, umgeben von einem faszinierenden Gewirr schmaler Gassen, wo in den Vitrinen der Geschäfte Räucherstäbchen, Gebetsschnüre, Duftstoffe und kleine Krishna-Statuen ausgestellt sind. Der Tempel öffnet achtmal täglich seine Tore für Gläubige anlässlich von Zeremonien, mit denen das Bildnis geweckt, gewaschen, angekleidet, gespeist und zu Bett gebracht wird. Nähere Beachtung verdienen die strahlenden *pichwai*-Malereien im Haupttheiligtum, die mit kräftigen Gemüsepigmentfarben auf handgesponnenes Tuch gemalt sind.

Ranakpur

Der **Jain-Tempelbereich** in Ranakpur, 90 km nördlich von Udaipur, ist der größte seiner Art in ganz Indien. Die Marmorskulpturen der vier Tempel können sich durchaus mit denen der berühmteren Dilwara-Schreine in Mount Abu (S. 266) messen. Die Tempel liegen in einem schönen, bewaldeten Tal tief in den Aravallis verborgen, einem Gelände, das Rana Kumbha, der hinduistische Herrscher von Mewar, im 15. Jh. der Jain-Gemeinde schenkte.

Die Tempel

Der **Haupttempel** wurde 1439 erbaut; seine Maße folgen strengen Regeln, in denen die Zahlen 4 und 72 (das Alter, in dem der Gründer des Jainismus, Mahavira, Nirwana erlangte) die Hauptrolle spielen. Der Tempel, dessen verschiedene Bereiche bis zu vier Stockwerke hoch sind, steht auf einer Plattform, die 72 x 72 m misst, und wird von 1440 (20 x 72) Säulen getragen, die einzigartig skulpturiert sind. Im Inneren stehen 72 verzierte Schreine, die zum Teil oktogonal sind. Das Bildnis der Hauptgottheit im zentralen Heiligtum stellt Adinath, den ersten *tirthankara*, mit vier Gesichtern dar. An den Wänden zeigen Friese Darstellungen aus dem Leben der *tirthankaras*, und aus den Stützbalken zwischen Pfeilern und Decke wurden Musiker und Tanzgruppen modelliert. ⊙ tgl. 12–17 Uhr; Eintritt frei, Fotoerlaubnis (auch für Fotohandys) Rs50, Video Rs100.

In der Nähe stehen zwischen Bäumen drei kleinere Tempel. Der eindrucksvollste ist der **Parshwanath-Tempel**, rund 100 m vom Haupttempel entfernt. Er besitzt einen kleinen, kunstvoll geschnitzten Schrein. 100 m weiter liegt der schlichtere **Neminath-Tempel**. Nicht weit von hier (ein kurzes Stück zu Fuß über den Parkplatz) befindet sich ein moderner **Hindutempel** für Surya.

Übernachtung und Essen

Gegen eine Spende von Rs10 kann man zusammen mit den Pilgern im Tempelbereich übernachten; der Komfort beschränkt sich auf eine Matratze auf kaltem Zementfußboden. Von dieser Möglichkeit abgesehen, sind die Unterkünfte im Dorf relativ kostspielig.

Sämtliche Restaurants befinden sich in den Hotels und Gästehäusern.

Aranyawas, 11 km von Ranakpur an der Straße nach Kumbalgarh, ✆ 02956/239029, 🖥 www.aranyawas.com. Kleine Dschungel-Lodge mit rustikal-eleganten Zimmern und Cottages. Alle bieten Ausblick auf eine Wasserstelle, zu der manchmal auch Leoparden kommen – ein idealer Ort zum Ausspannen in totaler Abgeschiedenheit. Frühstück inkl. ❼

Fateh Bagh, 4 km südlich der Tempel, ✆ 02934/286186, 🖥 www.hrhindia.com. Ranakpurs luxuriöseste Unterkunft, ein 200 Jahre alter Palast, der ursprünglich 50 km entfernt stand und hier wieder aufgebaut wurde. Die Zimmer sind komfortabel und stilvoll. Pool, Spa und Ayurveda-Zentrum. Zimmer ab ca. US$148. ❽

Maharani Bagh Orchard, 3,5 km südlich der Tempel, ✆ 02934/285105, 🖥 www.jodhana heritage.com. Unprätentiöses Resort mit geschmackvoll möblierten Zimmern (alle mit AC) in Cottages aus rotem Backstein rings um Ziergärten. Pool vorhanden. ❽

Ranakpur Hill Resort, (T) km südlich der Tempel, ✆ 02934/286411, 🖥 www.ranakpurhillresort. com. Pinkfarbenes kleines Resort mit Zimmern (*air-cooler* und AC) unterschiedlichen Standards und einigen weniger einladenden Zelten (nur Okt–März). Recht großer Pool, kleines Ayurveda-Zentrum und halbtägige Ausritte. Zimmer ❺ – ❻, Zelte ❻

Shivika Lake Hotel, 2 km südlich der Tempel, ✆ 02934/285078 oder 9929/918419, 🖥 www.shivikalakehotel.com. Die einzige preiswerte Option in Ranakpur, obgleich die billigeren Zimmer angesichts des Preises enttäuschend einfach ausfallen; die teureren (z. T. mit AC) sind schon eher ihr Geld wert. Trekkingtouren (Rs350 p. P.) und Jeepsafaris (Rs650 p. P.) auf Wunsch. ❸ – ❹

Transport

Linienbusse von Udaipur (6x tgl.) benötigen für die holprige Strecke nach Ranakpur 3 Std., außerdem fahren Busse von JODHPUR (6x tgl.; 4–5 Std.) über die Marktstadt Falna (der nächste Bahnhof) am NH-14 hierher. Es gibt auch 2 Busse tgl. nach Abu Road (5–6 Std.).

Rajasthan

Die Busse halten direkt vor den Jain-Tempeln, 2–4 km von den Hotels entfernt. Wer Glück hat, findet an der Haltestelle eine Motor-Rikscha oder einen Jeep vor; wenn nicht, bleibt nichts anderes übrig, als im Hotel anzurufen und um Abholung zu bitten oder (schlimmstenfalls) zu Fuß zu gehen.

Ranakpur kann auch im Rahmen eines **Tagesausflugs** von Udaipur aus besucht werden, entweder allein oder in Verbindung mit dem nahe gelegenen KUMBALGARH; die Autofahrt hin und zurück dürfte etwa Rs1200 kosten. Wenn Kumbalgarh ebenfalls auf dem Reiseplan steht, empfiehlt sich eine Wanderung zwischen beiden Orten, die durch einen schönen, unverdorbenen Teil der Aravallis führt. Da Kumbalgarh oben auf der Höhe liegt, ist die Wanderung von dort hinab nach Ranakpur die leichtere Alternative, doch alle (oben aufgelisteten) Hotels vermitteln auch Führer für den 6-stündigen Aufstieg in entgegengesetzter Richtung.

Kumbalgarh

Die abgelegene Bergfestung Kumbalgarh, 80 km nördlich von Udaipur, ist die wehrhafteste von 32 Anlagen, die Rana Kumbha von Chittaurgarh im 15. Jh. errichten ließ. Die von mächtigen Wällen und Bastionen geschützte Festung wurde nur einmal erfolgreich gestürmt, als ein von Akbar geführtes Heer den Wassernachschub der Sisodia-Rajputen vergiftete. Abgesehen von den eindrucksvollen Befestigungsanlagen und den antiken Bauwerken, die sie umschließen, gehört die idyllische Landschaft der Aravallis zu den guten Gründen für einen Besuch. Das eindrucksvollste Panorama bietet sich vom ziemlich schlichten **Kumbalgarh-Palast** aus, dem höchsten Punkt der Festung. Von hier schweift der Blick über zahlreiche Jain- und Hindutempel, die sich am Haupttor drängen und über die Hänge weiter unten verstreut sind. Die ältesten von ihnen sollen aus dem 2. Jh. stammen. Im Osten sind die **Grabstätten** des großen Rana Kumbha und seines Enkels Prithviraj zu sehen. ⊙ tgl. 8–17.30 Uhr; Eintritt Rs100.

Auf einer Länge von 36 km ziehen sich zinnenbewehrte Befestigungsmauern um den Hügel, und es ist möglich, innerhalb von zwei Tagen bequem an ihnen entlangzuwandern und ungefähr auf halber Strecke die Nacht im Freien zu verbringen. Ein Führer ist nicht notwendig, wohl aber genügend Essen und Wasser. Westlich vom Fort sieht man tief unten die Wälder des **Kumbalgarh Wildlife Sanctuary**, eines Schutzgebiets für Wölfe und Leoparden, das man mit einem Führer leicht in vier bis fünf Stunden bis nach Ranakpur durchwandern kann. Eintritt Rs80, Fotoerlaubnis Rs200. Ausländer benötigen ein Permit, das vom District Forest Officer im 7 km entfernten **Kelwara** ausgestellt wird. Das Permit kann auch von einem der örtlichen Führer besorgt werden, die man über die (unten aufgelisteten) Hotels, über Geschäfte am Ort oder das Café gleich hinter den Toren des Forts kontaktieren kann, und die Rs600–1000 für die Wanderung verlangen (Rs1500 inkl. Eintritt für eine Fahrt im Jeep).

Übernachtung

In Kumbalgarh gibt es keine Billigunterkünfte.
Aodhi, 1 km unterhalb der Festung, ☏ 02954/242341, ⌨ www.eternalmewar.in. Ruhiges und freundliches Heritage-Hotel mit stilvoll möblierten Zimmern. Großer Pool und Jeepsafaris zu Dörfern der Umgebung (2 Std., Rs1550). ❽
Club Mahindra Fort Kumbalgarh, 5 km auf der Straße nach Kelwara, ☏ 02954/242171, ⌨ www.thekumbhalcastle.com. Schickes, modernes Hotel mit grandioser Aussicht von der Gartenterrasse und vom Pool. ❽
Kumbhal Castle, 1 km unterhalb der Festung, ☏ 02954/242171, ⌨ www.thekumbhalcastle.com. Angenehmes, modernes Hotel mit großen Zimmern und Pool; Jeep- und Pkw-Vermietung kann organisiert werden. ❺–❻

Transport

Kumbalgarh und Ranakpur lassen sich gut innerhalb eines (ziemlich langen) Tagesausflugs per **Taxi** von UDAIPUR besuchen (rund Rs1200 hin und zurück für bis 4 Pers.). Es verkehren außerdem **Jeeps** vom Chetak Circle nach KELWARA, 7 km weiter die Straße lang; von dort aus müsste es möglich sein, einen Jeep oder eine Rikscha nach Kumbalgarh aufzutreiben.

Mount Abu

Als einziger echter Höhenkurort Rajasthans, der sich über die Grenzen eines bewaldeten Beckens hinaus erstreckt, ist Mount Abu (1220 m; 30 000 Einwohner) vor allem bei Hochzeitsreisenden beliebt, die zur winterlichen Heiratssaison (November bis März) in Scharen aus dem benachbarten Gujarat eintreffen. Der kommerzialisierte Ferienort spricht zwar in erster Linie indische Mittelstandsurlauber an, doch wissen auch ausländische Touristen die frische, kühle Luft und die schönen Ausblicke zu schätzen. Die Stadt spielt auch eine wichtige Rolle in der Rajputengeschichte, denn hier fand im 8. Jh. die berühmte Feuerzeremonie *yagna agnikund* statt, der mythologische Ursprung aller Rajputen. Zu beachten ist, dass sich in der Hochsaison von

---

Wandern auf dem Mount Abu

Unten am Markt ist kaum etwas von der märchenhaften Landschaft rund um die Stadt zu erahnen, doch nach nur wenigen Minuten Aufstieg über schmale Pfade ins zerklüftete Gestein und Unterholz, welches das Plateau zu allen Seiten umringt, wird deutlich, warum die Gegend schon über Jahrhunderte hinweg Weise, Heilige und Pilger angezogen hat. Leider ist das Wandern auf eigene Faust nicht zu empfehlen, denn es ist schon zu Überfällen und sogar Mord gekommen – die Touristenpolizei schickt jeden zurück, der sich allein auf den Weg macht. Es besteht auch die Gefahr, Bären und Leoparden zu begegnen.

Zwei zuverlässige ortsansässige Guides sind **Lalit Kanojia** im Hotel Shri Ganesh, der jeden Morgen 5-stündige Treks anführt (Rs100 p. P.), und **Mahendra Dan**, besser bekannt als „Charles", 🖥 www.mount-abu-treks.blogspot. com, der verschiedene halbtägige (Rs380) und ganztägige (Rs610) Wanderungen mit Schwerpunkt auf Dorfleben, Tierbeobachtung und regionalen Heilpflanzen leitet und auch Camping-Ausflüge anbietet. Er ist über das Hotel Lake Palace oder unter ✆ 9414/154854 bzw. ✉ mahendradan@yahoomail.co.in zu erreichen.

April–Juni und um fast alle wichtige Feiertage herum (vor allem um Diwali im November) die Bevölkerungszahl vervielfacht, die Zimmerpreise ins Unendliche steigen und es mit der Ruhe dann vorbei ist.

Stadtzentrum

Im Stadtzentrum liegt der **Nakki-See**, an dem man sich nachmittags trifft, um auf Ponys zu reiten und Tretboot zu fahren. Der beliebteste von mehreren Aussichtspunkten am Stadtrand ist der **Sunset Point** – angesichts der Flitterwöchner und Straßenverkäufer aber auch der unromantischste. Spektakuläre Ausblicke auf die Ebene bieten sich jedoch zu jeder Tageszeit von den ruhigeren Aussichtspunkten **Honeymoon Point** (oder „Ganesh Point" in Anspielung auf den benachbarten Tempel) und **Anadhra Point** (besonders ab 16 Uhr). Meiden sollte man jedoch die Klippenpfade zwischen dem Sunset und dem Honeymoon Point, weil hier schon Touristen überfallen worden sind.

Das **Brahma Kumaris Museum**, zwischen dem Polofeld und dem See, ist den spirituellen Idealen der Brahma Kumaris („Kinder Brahmas") gewidmet, deren Hauptquartier sich in der Nähe befindet. Die Brahma Kumaris predigen, dass alle Religionen ein und dasselbe Ziel verfolgen, es aber unterschiedlich benennen. Nachdem man das „Tor zum Paradies" durchschritten hat, wird man von verrückten lebensgroßen Puppen begrüßt, darunter blauen Ungeheuern mit langen Messern. Die Figuren versinnbildlichen Habgier, Sexbesessenheit und andere Manifestationen des „Eisernen Zeitalters", von denen die Sektenführer die Menschen zu befreien versprechen. Das Ganze hört sich wirklich sehr sektenhaft an, und viele Einheimische versuchen, Ausländer vor den Fängen der Sekte zu bewahren. ⊙ tgl. 8–20 Uhr, Eintritt frei.

Die Dilwara-Tempel

Die Dilwara-Tempel, 3 km nordöstlich von Mount Abu, gehören zu den schönsten Jain-Schreinen in Indien. Alle Tempel sind aus reinem Marmor errichtet und mit einer skulpturellen Ornamentik versehen, die an Feinheit ihresgleichen sucht. Die Tempel dürfen nur im Rahmen einer Führung besichtigt werden – Be-

Mount Abu

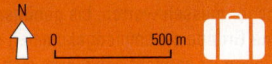

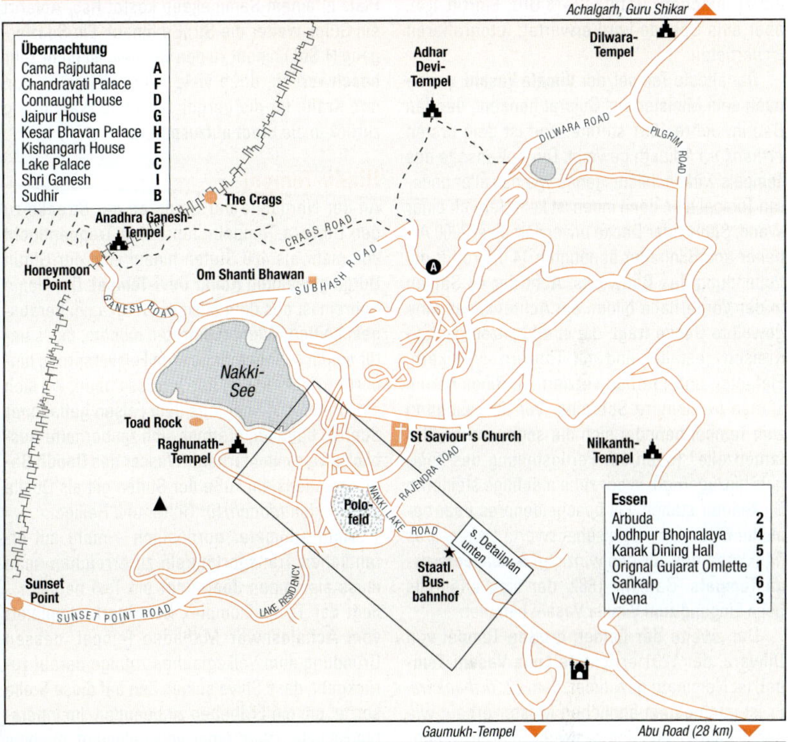

N 0   500 m

Achalgarh, Guru Shikar

Dilwara-Tempel

Adhar Devi-Tempel

Übernachtung

Cama Rajputana	A
Chandravati Palace	F
Connaught House	D
Jaipur House	G
Kesar Bhavan Palace	H
Kishangarh House	E
Lake Palace	C
Shri Ganesh	I
Sudhir	B

The Crags

DILWARA ROAD

PILGRIM ROAD

Anadhra Ganesh-Tempel

CRAGS ROAD

Om Shanti Bhawan

SUBHASH ROAD

Honeymoon Point

GANESH ROAD

Om Shanti Bhawan

Ⓐ

Nakki-See

Toad Rock

St Saviour's Church

Nilkanth-Tempel

Raghunath-Tempel

RAJENDRA ROAD

Polo-feld

NAKKI LAKE ROAD

Essen

Arbuda	2
Jodhpur Bhojnalaya	4
Kanak Dining Hall	5
Orignal Gujarat Omlette	1
Sankalp	6
Veena	3

Sunset Point

LAKE RESIDENCY

SUNSET POINT ROAD

s. Detailplan unten

Staatl. Bus-bahnhof

Gaumukh-Tempel ▽

Abu Road (28 km) ▽

Rajasthan

Dadta Sea World

Ⓒ

Union Bank of India

@

MARKT

Charter-Jeeps nach Dilwara

Ⓑ

Ⓓ

Ⓔ

Sammeljeeps nach Dilwara

RAJENDRA ROAD

Ⓕ

❶ Gujarat Travels

NAKKI LAKE ROAD

Geldautomat

NAKKI LAKE ROAD

Buchungsbüro der Bahn

Boote

Busbahnhof (private Busse)

❷

Polo-feld

NAKKI LAKE ROAD

❸❹ ★ Taxis

Gujarat Travels

ℹ

★ Jeeps nach Abu Road

Brahma Kumaris Museum

❻❺ Geldautomat

Staatl. Busbahnhof

Ponyvermietung

Ⓖ

Ⓘ

Ⓗ

Nakki Lake Road und Umgebung

N 0   100 m

sucher müssen warten, bis genügend Leute für eine Gruppe zusammengekommen sind –, aber drinnen ist es nicht schwierig, sich selbstständig zu machen. ☉ tgl. 12–18 Uhr, Eintritt frei, aber eine Spende wird erwartet; fotografieren ist verboten.

Der älteste Tempel, der **Vimala Vasahi**, wurde nach dem Minister aus Gujarat benannt, der den Bau im Jahre 1031 stiftete, und ist dem ersten *tirthankara* Adinath geweiht. Die Außenseite des Tempels wirkt schlicht, genau wie das aller anderen Tempel hier, doch innen ist kein Bereich einer Wand, Säule oder Decke unverziert. Fast 2000 Arbeiter und Bildhauer benötigten 14 Jahre für die Vollendung des Bauwerks. Acht der 48 Säulen in der Vorderhalle bilden ein Achteck, das eine gewölbte Decke trägt, die in elf konzentrischen Kreisen gestaltet und mit Tänzern, Musikern, Elefanten und Pferden verziert ist. Rings herum stehen 57 kleinere Schreine. Vor dem Eingang zum Tempel befindet sich die sogenannte „Elefantenzelle" (nach der Fertigstellung des Tempels hinzugefügt), in der zehn mächtige steinerne Dickhäuter stehen. Ein bescheideneres Paar bemalter Elefanten sowie sehenswerte *tirthankaras* flankieren das Tor des winzigen **Mahaveerswami-Tempels**, Baujahr 1582, der sich ebenfalls beim Eingang zum Vimala Vasahi befindet.

Der zweite der beiden großen Tempel von Dilwara, der 1231 errichtete **Luna Vasahi-Tempel**, ist Neminath gewidmet, dem 22. *tirthankara.* Er ist nach einem ähnlichen Muster erbaut wie der Vimala Vasahi: Ein zentraler Schrein, umgeben von einer langen Reihe kleinerer Schreine (hier sind es nur 48). Die Steinmetzarbeiten sind noch detailreicher, insbesondere in der Kuppel über der Eingangshalle. Die übrigen zwei Tempel, beide aus dem 15. Jh., sind weniger spektakulär. Im **Bimasah Pittalhar-Tempel** steht eine riesige vergoldete Statue des ersten *tirthankara,* Adinath. Sie wurde 1468 in den Tempel gebracht, ist über 2,40 m hoch und wiegt rund 4,5 Tonnen. Der große, dreistöckige **Khartar Vasahi-Tempel** (in der Nähe des Eingangs zum Tempelgelände) wurde 1458 erbaut und ist Parshvanath geweiht. Der Tempel wird von einem hohen grauen Steinturm gekrönt und besitzt ein paar feine Skulpturen, ist jedoch insgesamt nur ein schwacher Abklatsch der früher erbauten Tempel.

Charter-Jeeps nach Dilwara (Rs50 einfach, Rs150 hin und zurück) fahren an der Kreuzung am nördlichen Ende des Polo-Platzes ab. Platz in einem Sammeljeep kostet Rs5, Abfahrt ein Stück weiter die Straße hinauf. Ein Spaziergang (1 Std.) hinauf zu den Tempeln ist nicht sehr beschwerlich, doch viele Leute ziehen es vor, ihre Kräfte für die bergab führende Wanderung zurück in die Stadt aufzusparen.

Hindu-Tempel

An der Nordseite der Stadt, an der Strecke zu den Dilwara-Tempeln, führt eine Treppenflucht von mehr als 400 Stufen hinauf zum der Göttin Durga geweihten **Adhar Devi-Tempel**. Der kleine Schrein ist aus dem felsigen Bergkamm herausgeschnitten. Wer ihn betreten möchte, muss unter einem sehr tiefhängenden Felsvorsprung hindurch kriechen. Von der Terrasse oben, wo sich ein weiterer kleiner, aus dem Felsen gehauener Schrein befindet, eröffnen sich zauberhafte Ausblicke. Das milchfarbene Wasser des **Doodh Baori-Brunnens** am Fuße der Stufen gilt als Quelle purer Milch *(doodh)* für Götter und Heilige.

Acht Kilometer nordöstlich – nicht mit öffentlichen Transportmitteln zu erreichen, man muss also einen Jeep oder ein Taxi nehmen – liegt der Tempelkomplex **Achalgarh**, dominiert vom Achaleshwar Mahadeo-Tempel, dessen Gründung dem Volksglauben zufolge darauf zurückgeht, dass Shiva seinen Zeh auf diese Stelle setzte, um ein Erdbeben zu beenden. Im innersten Heiligtum wird einer *yoni* gehuldigt, die eine Öffnung besitzt, die angeblich bis hinab in die Unterwelt reicht.

Der **Jamadagni Ashram** in der Nähe ist der Ort des *yagna agnikund,* wo der Weise Vashishtha das Feuerritual überwachte, aus dem die vier Rajputenclans (die Parmars, Parihars, Solankis und Chauhans) hervorgingen. 7 km südlich des Marktes steht der von Touristen verhältnismäßig wenig besuchte **Gaumukh-Tempel**, der über 750 steil nach oben führende Stufen zu erreichen ist. Der kleine Teich auf dem Tempelgelände – der selbst in Zeiten der Dürre mit Wasser gefüllt ist – soll Wasser aus dem heiligen Sarawati-Ganges enthalten. Auch dieser Tempel ist nicht mit öffentlichen Verkehrsmitteln zu erreichen.

Zu Mount Abus wichtigen hinduistischen Pilgerstätten gehört der Tempel **Atri Rishi** in **Guru Shikar**, 15 km nordöstlich der Stadt, der auf dem höchsten Punkt Rajasthans (1772 m) steht. Schöne Ausblicke auf die Umgebung eröffnen sich nicht erst oben am Tempel selbst, sondern schon unten an den Treppenstufen, wo kalte Getränke angeboten werden. Da keine öffentlichen Transportmittel hierher fahren, muss ein Jeep gemietet werden (rund Rs400).

Kanak Dining Hall, Nakki Lake Rd. Freundliches Lokal, serviert die besten Gujarati-*thalis* der Stadt – eine ausgezeichnete Zusammenstellung zurückhaltend gewürzter vegetarischer Köstlichkeiten für sehr günstige Rs90 p. P. Viel Hunger mitbringen – der Nachschlag ist unbegrenzt. Auch ein Punjabi-*thali* (Rs100) sowie ein paar vegetarische Gerichte.

Übernachtung

Aufgrund des steten Stroms von Pilgern und Hochzeitsreisenden stehen in Mount Abu zahlreiche Unterkünfte zur Verfügung. Viele Hotels bieten für frisch Vermählte luxuriöse „couple rooms" an. In den meisten Unterkünften ist der Checkout schon um 9 Uhr. In der Hauptsaison (April–Juni und November–Dezember) schnellen die Preise in die Höhe. Die teuerste Zeit sind die Tage um Diwali (Oktober oder November). Die angegebenen Preiskategorien gelten für die Hochsaison.

Cama Rajputana, Adhar Devi Rd, ✆ 02974/238205, 🖳 www.camahotelsindia.com. Attraktive Hotelanlage in einem sorgfältig restaurierten ehemaligen Kolonialgebäude mit weitläufigem Garten. Die Zimmer (alle mit AC) sind kühl und geräumig. U. a. Fitnessraum, Massagen und großer Pool (nur für Hausgäste). Beliebt bei Reisegruppen. DZ ab US$400. ❾

Chandravati Palace, 9 Janta Colony, ✆ 02974/238219. Ausgezeichnetes, sehr preiswertes kleines Gästehaus in einer ruhigen Seitenstraße

Einfach, aber gut

Shri Ganesh, südwestlich vom Polo-Feld, nahe Sophia High School, ✆ 02974/237292, ✉ lalit_ganesh@yahoo.co.in. Mit Abstand das beste Budgethotel der Stadt und das einzige, das auf ausländische Rucksackreisende ausgerichtet ist. Hat viele einfache, saubere Zimmer (z. T. mit Bad, z. T. mit sehr harten Betten) sowie Schlafsaalbetten (Rs60–100 p. P.). Indische Kochkurse (Rs200), geführte Wanderungen, Jeeptouren (S. 271), zuverlässiger Internetanschluss, kostenlose Abholung vom Busbahnhof. ❶–❷

der Nakki Lake Rd. Die kleinen, makellos sauberen Zimmer sind hell, haben große Balkone und Blick auf die Berge. ❶

Connaught House, Rajendra Rd, ✆ 02974/238560, 🖳 www.jodhanaheritage.com. Mount Abus eindrucksvollste Unterkunft, untergebracht in einer Ferienresidenz aus der britischen Kolonialzeit inmitten eines Gartens voller Blumen mit weiten Ausblicken. Die Zimmer (alle mit AC) im alten Haus sind wunderbar erhalten und mit Gegenständen aus der Kolonialzeit eingerichtet; jene im modernen Block am Hang darüber haben sehr viel weniger Atmosphäre. ❼

Jaipur House, südlich vom See, ✆ 02974/235176, 🖳 www.royalfamilyjaipur.com. Dieser elegante alte Sommerpalast auf einem Hügel über der Stadt vermietet geschmackvoll eingerichtete Suiten, die zu den besten Unterbringungsmöglichkeiten der Stadt zählen. Die Deluxe-Zimmer dagegen, in einem hässlichen modernen Block auf halber Höhe der Zufahrt, sind langweilig und überteuert. ❻

Kesar Bhavan Palace, Sunset Rd, ✆ 02974/238647, 🖳 www.kesarpalace.com. Eher ein funktionales, modernes Hotel als der versprochene „Palast", aber die Zimmer (z. T. mit AC) sind erfreulich geräumig und sonnig und bieten von ihren großen Veranden Blick über die Baumkronen. Die Zimmer im neuen Anbau (gleiche Preise) sind dunkler und weniger einladend. ❻–❼

Kishangarh House, Rajendra Rd, ✆ 02974/238092, 🖳 www.royalkishangarh.com. Nicht so spektakulär wie das benachbarte Connaught House, aber trotzdem mit einem gewissen kolonialen Charme. Unterbringung in hübsch möblierten Zimmern (die meisten mit AC) im alten Gebäude oder in billigeren, aber ziemlich langweiligen „Cottage" -Zimmern in einem Neubau. ❻–❼

Lake Palace, Nakki Lake Rd, ☎ 02974/237154, 🖥 www.savshantihotels.com. Eines der besten Mittelklassehotels im Ort in reizvoller Lage mit Blick auf den Nakki-See. Guter Service und gepflegte, moderne Zimmer (alle mit AC, die teureren mit Seeblick und Balkon). ❺–❻

Sudhir, gegenüber Connaught House, Rajendra Rd, ☎ 02974/235120, ✉ hotelsudhir@gmail.com. Modernes Hotel mit hellen, geräumigen Zimmern: die der Kategorie Semi-deluxe sind ziemlich kahl, die der Deluxe-Klasse erheblich hübscher. ❻–❼

Essen

Mount Abus Besucher entstammen vorwiegend dem Gujarat-Mittelstand und sind hinsichtlich des Essens recht wählerisch. Die zahlreichen Restaurants an der Nakki Rd haben sich mit hoher Qualität und niedrigen Preisen darauf eingestellt. Fleisch gibt es in Mount Abu kaum, allenfalls im Basar, wo sich zwei nicht veg. Punjabi-Restaurants befinden.

Arbuda, Nakki Lake Rd. Sehr gut besuchtes Lokal mit beachtlicher veg. Speisekarte, die Pizza, Burger und Sandwiches, aber auch chinesische und indische Gerichte (Hauptgerichte Rs50–80) sowie gute frische Obstsäfte umfasst. Schnelle, freundliche Bedienung und eine luftige Terrasse.

Orignal Gujarat Omlette, Nakki Lake Rd. Der kleine Stand gegenüber der Nordspitze des Polo-Feldes hat Omelett-Sandwiches für Rs30.

Jodhpur Bhojnalaya, Nakki Lake Rd. Das beste Lokal der Stadt mit unverfälschter veg. Rajasthani-Küche, zu empfehlen für alle, die *ghee* und Gewürze mögen. Tipp: *dhal bati churma* (gebackene Weizenmehlklöße mit *dhal* und süßer *churma*-Sauce, Rs90). Hat außerdem aber auch die übliche lange Liste veg. indischer Gerichte.

Sankalp, Nakki Lake Rd. Filiale einer südindischen Kette mit dem üblichen Angebot (*iddlis, dosas, uttapams* usw.) in gemütlicher, moderner Umgebung, dazu Spezialitäten wie veg. *pulao* (Rs80) oder Tomaten-*masala uthappa* (Rs100) Wer richtig zuschlagen möchte, bestellt die 30 cm lange *dosa* (Rs500).

Veena, Nakki Lake Rd, offener Sitzbereich an der Hauptstraße. So kitschig wie Mount Abu nur sein kann (grelles Licht und aktuelle *filmi*-Hits), aber unschlagbares Fast Food und abends auf der Terrasse oft ein wärmendes Kaminfeuer. Lecker sind das *pao bhaji* (Rs50–70) und *dosas* (Rs50–85), die einem auf der Zunge zergehen.

Sonstiges
Geld

Die beste Adresse für das Wechseln von Reiseschecks ist die **Union Bank of India**, im Basar beim Postamt versteckt. Vor der Touristen-

Empfohlene Zugverbindungen ab Abu Road

Die nachstehend genannten Züge sind die schnellsten und/oder praktischsten.

Ziel	Name	Nr.	Abfahrt	Ankunft
Ahmedabad	Ahmedabad Express	19224	10.57 Uhr (tgl.)	15.00 Uhr
	Ahmedabad Mail	19106	11.55 Uhr (tgl.)	16.55 Uhr
Ajmer	Aravali Express	19707	10.02 Uhr (tgl.)	16.13 Uhr
	Haridwar Mail	19105	14.51 Uhr (tgl.)	20.25 Uhr
Delhi	Rajdhani Express	12957	20.54 Uhr (tgl.)	07.25 Uhr
	Ashram Express	12915	22.05 Uhr (tgl.)	10.10 Uhr
Jaipur	Aravali Express	19707	10.02 Uhr (tgl.)	18.45 Uhr
	Haridwar Mail	19105	14.51 Uhr (tgl.)	23.00 Uhr
Jodhpur	Jammu Tawi Express	19223	15.22 Uhr (tgl.)	20.00 Uhr
Mumbai	Aravali Express	19708	17.10 Uhr (tgl.)	06.45 Uhr
	Surya Nagri Express	12479	23.38 Uhr (tgl.)	11.45 Uhr

information gibt es einen **Geldautomaten** der State Bank of India; zwei weitere befinden sich zwischen der Touristeninformation und dem Poloplatz.

Informationen
Die **Touristeninformation** liegt gegenüber vom Hauptbusbahnhof, ☉ Mo–Sa 10–13.30 und 14–17 Uhr. Online-Informationen unter 🖳 www.mountabu.com.

Internet
Internetzugang hat z. B. das **Yani-Ya Cyber Zone** unmittelbar südlich der Post und das **Shree Krishna Cybercafe** in der Gasse gleich hinter dem Yani-Ya (beide Rs30 pro Std.).

Post
Die **Hauptpost** befindet sich an der Kreuzung nordwestlich des Poloplatzes.

Touren
Das Guesthouse **Shri Ganesh** veranstaltet Jeeptouren (Halbtagesausflug Rs400 für das Fahrzeug) zu Orten wie Achalgarh und Guru Shikar.

Nahverkehr
Busse nach Abu Road fahren stdl. bis 21 Uhr. **Jeeps** fahren gegenüber dem Busbahnhof los, sobald sie voll sind. Auch **Taxis** stehen zur Verfügung (Abfahrt an der Kreuzung im Südosten des Polo-Feldes, rund Rs250 pro Wagen).

Transport
Mount Abu ist nur auf dem Straßenweg zu erreichen. Der am nächsten gelegene Bahnhof ist ABU ROAD, von dort fahren Busse in 45 Min. nach Mount Abu hoch. Der Zugang nach Mount Abu kostet eine Gebühr von Rs10 (plus Rs10 pro Pkw oder Jeep).

Busse
Staatliche Busse fahren am staatlichen Busbahnhof in der Nakki Lake Road ab. **Private Busse** werden von verschiedenen Gesellschaften unterhalten, die Büros entlang der Nakki Lake Road, westlich des staatlichen Busbahnhofs, haben (ein bewährtes Unternehmen ist Gujarat Travels).
Private Busse fahren nach AJMER (1x nachts; 7 Std.), AHMEDABAD (3x tgl.; 6 Std.), JAIPUR (1x nachts; 11 Std.), JODHPUR (1x tgl.; 6 Std.), UDAIPUR (3x tgl.; 5 Std.).

Eisenbahn
Ein computerisiertes Buchungsbüro befindet sich im Obergeschoss der Touristeninformation. ☉ tgl. 8–14 Uhr. Busse nach **Abu Road**, dem am nächsten gelegenen Bahnhof, fahren in Mount Abu stdl. bis 21 Uhr ab; Jeeps fahren neben dem Busbahnhof ab, sobald sie voll sind, und wer mit dem Taxi fahren möchte, kann eines für Rs300 an der Ecke beim Restaurant Jodhpur Bhojnalaya nehmen.

Chittaurgarh

Von allen rajputischen Hauptstädten war das 115 km nordöstlich von Udaipur gelegene Chittaurgarh (auch Chittor) die stärkste Bastion des hinduistischen Widerstands gegen die moslemischen Invasoren. Im Laufe der Jahrhunderte entschieden sich die Bewohnerinnen der Festung dreimal für den rituellen Massenselbstmord *jauhar*. Noch immer schwebt ein Hauch von Schwermut über der honigfarbenen alten Zitadelle. Nur Jodhpurs Meherangarh Fort ist ein ähnlich eindrucksvolles Symbol für rajputische Ritterlichkeit und Wehrhaftigkeit. Manche Besucher kommen im Rahmen eines Tagesausflugs oder auf einen Abstecher auf dem Weg zwischen Bundi und Udaipur hierher, doch eine Übernachtung bietet die Gelegenheit, das Fort eingehender zu erkunden.

Geschichte
Die genaue Entstehungszeit der Festung von Chittor liegt im Dunkeln, geht aber wahrscheinlich auf das 7. Jh. zurück. 734 wurde sie von Bappa Rawal, dem Begründer der Mewar-Dynastie, eingenommen und blieb für die nächsten 834 Jahre, abgesehen von ein paar kurzen Unterbrechungen, die Hauptstadt des Mewar-Reichs. Doch trotz seiner majestätischen Lage und imposanten Erscheinung war Chittor keineswegs

uneinnehmbar. Im Laufe der Jahrhunderte wurde die Stadt dreimal geplündert: von Ala-ud-Din-Khalji (1303), Sultan Bahadur Shah (1535) und Akbar (1568). Der letzte dieser Überfälle bewegte den damaligen Herrscher von Mewar, Udai Singh, dazu, seine Hauptstadt an einen abgeschiedeneren und leichter zu verteidigenden Ort zu verlegen: nach Udaipur. 1616 wurde Chittaurgarh zwar den Rajputen zurückgegeben, aber inzwischen hatte sich die königliche Mewar-Familie längst in Udaipur niedergelassen und kam nie wieder zurück. Heute leben in der Festung, die einmal Heimat von vielen Tausenden war, nicht mehr als ein paar hundert Menschen.

Das Fort

Die gesamte Festung ist 5 km lang und 1 km breit, und es lässt sich leicht ein ganzer Tag damit zubringen, die unzähligen Ruinen zu erforschen. Die meisten Besucher begnügen sich jedoch mit einigen Stunden. Man kann eine Motor-Riksha (Rs200 für rund 3 Std.) bis zum Eingang des Forts nehmen und dann in der Festung herumwandern oder aber (vielleicht schöner) in dem Geschäft an der von der Kreuzung vor dem Bahnhof nach Westen führenden Straße ein Fahrrad leihen. Der Anstieg zum Fort ist steil, doch oben sind die Wege überwiegend eben. ⊙ tgl. 7–18 Uhr, Eintritt Rs100, plus Rs5 pro Riksha.

Der Aufstieg zum Fort, das von massiven Bastionen geschützt wird, beginnt am **Padan Pol** im Osten der Stadt und führt über Kurven bergauf durch weitere sechs Tore. Die Wohnhäuser der wenigen Menschen, die noch das Fort bewohnen, stehen in der Nähe des letzten Tores **Rama Pol**, wo man Eintritt bezahlt. Nach dem Betreten der Festung erreicht man zuerst den langsam verfallenden **Palast des Rana Kumbha** (reg. 1433–68) aus dem 15. Jh., der von dem Herrscher errichtet wurde, der Mewar zu seiner größten Blüte brachte. Das Hauptgebäude erhebt sich immer noch fünf Stockwerke hoch, aber es ist schwierig, aus dem Durcheinander von halbverfallenen Mauern und Türmen schlau zu werden. Gegenüber vom Palast befindet sich der kunstvoll verzierte **Shingara Chauri Mandir** aus dem 15. Jh., ein kleiner, aber zauberhaft ausgestalteter Jain-Tempel, der dem 16. *tirthankara* Shantinath geweiht ist.

Der benachbarte moderne **Fateh Prakash-Palast**, ein großes, schmuckloses Gebäude, wurde in den 1920er-Jahren für den Maharana erbaut und beherbergt heute ein kleines **Archäologisches Museum**, in dem eine schöne Sammlung von Jain- und Hindu-Skulpturen zu sehen ist, die an verschiedenen Orten in der Umgebung der Festung vor dem Verfall gerettet wurden; ⊙ tgl. außer Fr 10–17 Uhr, Eintritt Rs10. Rund 200 m weiter steht der imposante **Kumbha Shyama-Tempel**, der von Rana Kumbha erbaut (und nach ihm benannt) wurde. In einem eigenen Pavillon vor dem Schrein befindet sich eine schwarze Statue von Garuda, und ein Bildnis von Varaha, Vishnus Inkarnation als Eber, ziert eine Nische an der Rückseite. In der Nähe steht ein ummauerter zweiter Schrein. Er ist **Meerabai** geweiht, einer Prinzessin und Poetin aus Jodhpur, die für ihre Krishna-Verehrung bekannt war.

Der Vijay Stambh und Umgebung

Die Hauptstraße innerhalb der Festung führt zum zentralen **Vijay Stambh**, dem „Siegesturm", den Rana Kumbha zur Erinnerung an seinen Sieg von 1440 über den moslemischen Sultan Mehmud Khilji von Malwa errichten ließ. Mit seinen neun Stockwerken erreicht er eine Höhe von 36 m, und seine Wände sind üppig mit mythologischen Szenen und Bildnissen aus allen indischen Religionen verziert, und auch arabische Inschriften zur Lobpreisung Allahs fehlen nicht. Der Aufstieg bis zur Spitze erfolgt über eine dunkle schmale Treppe (Eintritt frei).

Das Gelände um den Vijay Stambh ist übersät mit einer großen Zahl weiterer Bauten, darunter zwei monumentale Eingangstore und einige malerische Tempel. Einer davon ist der wunderbare **Samiddhesvara-Tempel**, dessen Schrein ein Bildnis der *trimurti* beherbergt, das dreiköpfige Abbild von Shiva, Brahma und Vishnu in einem. Ein Pfad führt von hier hinab zum großen Wasserbecken **Gaumukh Kund**, das von einem unterirdischen Wasserlauf gespeist wird, der sich durch die bildhauerisch gestalteten Münder *(mukh)* von Kühen *(gau)* ins Becken ergießt. Hier eröffnen sich herrliche Blicke auf die Ebene.

Weiter südlich liegen der **Kalika Mata-Tempel** und der **Palast der Padmini**, deren ziemlich kahle Bauten eine Reihe hübscher kleiner Gär-

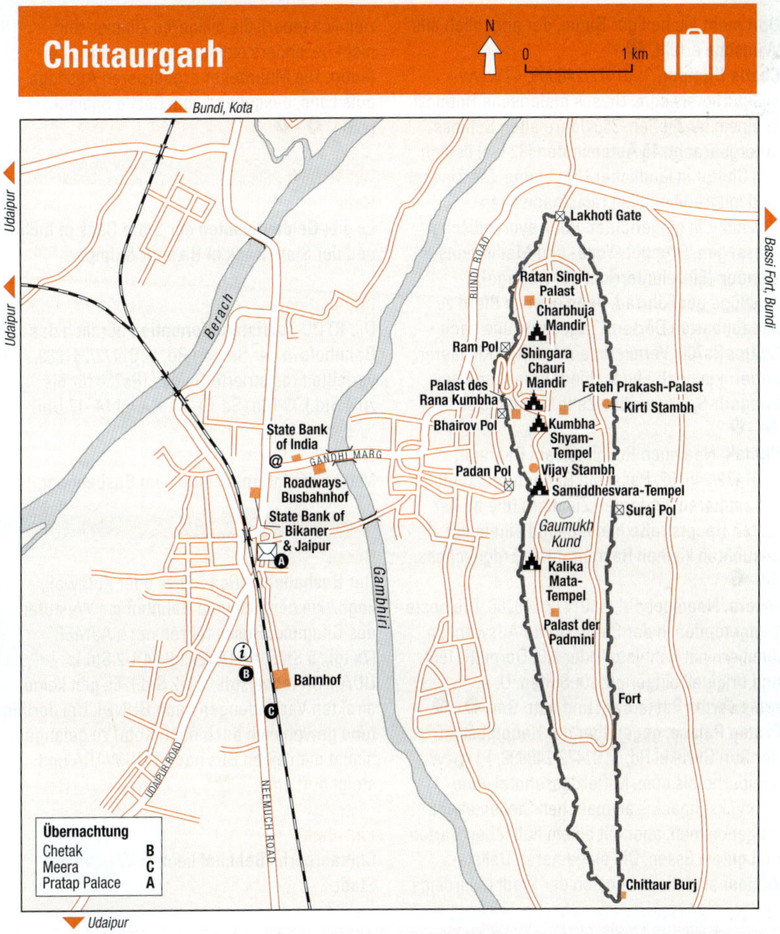

Rajasthan

Map labels:

▲ Bundi, Kota

◄ Udaipur
◄ Udaipur

Berach

Bassi Fort, Bundi ►

⊠ Lakhoti Gate

Ratan Singh-
Palast
Charbhuja
Mandir

Ram Pol ⊠

Shingara
Chauri
Mandir

Palast des
Rana Kumbha

Bhairov Pol

Fateh Prakash-Palast

Kirti Stambh

Kumbha Shyam-
Tempel

Padan Pol ⊠   Vijay Stambh

State Bank
of India
@   GANDHI MARG

Samiddhesvara-Tempel

Roadways-
Busbahnhof

⊠ Suraj Pol

Gaumukh
Kund

State Bank of
Bikaner
& Jaipur

Ⓐ

Gambhiri

Kalika
Mata-
Tempel

Palast der
Padmini

ⓘ
Ⓑ

Bahnhof

Ⓒ

Fort

IDGAH ROAD

NEEMUCH ROAD

Chittaur Burj

Übernachtung

Chetak	B
Meera	C
Pratap Palace	A

▼ Udaipur

ten umschließen, die an einem Turm mit Blick auf einen kleinen See enden. Die Straße führt nach Süden zu der Stelle, an der einst Verräter in den Tod gestürzt wurden, und anschließend über den östlichen Kamm mit herrlicher Aussicht nach Norden zurück zum **Suraj Pol**. Mehrere Tempel säumen die Strecke, doch das eindrucksvollste Bauwerk ist **Kirti Stambh**, das Vorbild für den Siegesturm. Digambaras errichteten diesen kleineren „Ruhmesturm" als Monument für den ersten *tirthankara* Adinath, dessen Bildnis auf allen sechs Stockwerken präsent ist.

Übernachtung und Essen

Die Unterkünfte in Chittor sind relativ kostspielig; die einzigen wirklich billigen sind die etwas zwielichtigen Hotels um den Bahnhof und in der Stadtmitte. Die meisten Besucher essen in ihrer Unterkunft, aber in der Innenstadt und am Bahnhof finden sich auch bescheidene *dhabas*. **Bassi Fort Palace**, Bassi, 24 km östlich von Chittaurgarh, ✆ 01472/225321, 🖥 www.bassi fortpalace.com. Attraktives Heritage Hotel im prunkvollen Palast von Bassi, mit 16 komfortablen Zimmern auf einem weitläufigen Gelände.

Dort steht ein heiliger Baum, der angeblich alle Wünsche erfüllt. ❻

Castle Bijaipur, ✆ 01472/240099, 🖥 www. bijaipurhotels.com. Dieses malerische Hotel ist in einem herrlichen, 350 Jahre alten Schloss untergebracht, 45 Autominuten (32 km) östlich von Chittor in ländlicher Umgebung. Die Zimmer sind mit traditionellen rajasthanischen Holzmöbeln eingerichtet. Pool, ayurvedische Massagen, Gruppen-Yoga- und Meditationsstunden (Einzelunterricht auf Anfrage); Ausflüge per Fahrrad, Jeep oder zu Pferd zu benachbarten Dörfern. Tagesausflüge nach Chittor Rs700. Vermietet auch einige Kilometer entfernt in noch abgeschiedenerer Lage am Pangarh-See luxuriöse Zelte. Frühstück inkl. ❼–❾

Chetak, Neemuch Rd, gleich am Bahnhof, ✆ 01472/245192. Passable Budgetunterkunft mit sauberen modernen Zimmern (die an der lauten Hauptstraße meiden) und einem gut besuchten kleinen Restaurant im Erdgeschoss. ❸–❹

Meera, Neemuch Rd, ✆ 01472/240266. Die beste Budgetoption in der Stadt. Breite Auswahl an Zimmern mit Ventilator oder AC, Dorm (Rs150) und originell eingerichtete Suiten. U. a. preiswertes Restaurant und gute Bar. ❷–❹

Pratap Palace, gegenüber der Hauptpost an der Shri Gurukul Rd, ✆ 01472/240099, 🖥 www. bijaipurhotels.com. Mittelklassehotel ohne Schnickschnack – an manchen Stellen etwas mitgenommen, aber mit einem hübschen Garten und gutem Essen. Die eleganteren Deluxe-Zimmer sind die schönsten der Stadt (allerdings

ziemlich teuer); die billigeren Zimmer sind nicht besonders einladend und zudem überteuert. Die Mitarbeiter organisieren Ausflüge aufs Land, ausgehend vom Castle Bijaipur (s. o.). ❹–❼

Sonstiges

Geld

Es gibt **Geldautomaten** der State Bank of India und der State Bank of Bikaner & Jaipur.

Informationen

Die **RTDC-Touristeninformation** nördlich des Bahnhofs in der Station Rd, ✆ 01472/241089, vermittelt registrierte Guides (Rs230 für bis zu 4 Std.). ⊕ Mo–Sa 10–13.30 und 14–17 Uhr.

Internet

Megavista Internet, nahe dem Busbahnhof.

Transport

Busse

Der **Busbahnhof** (Roadways oder Kothwali) liegt 2 km nördlich vom Bahnhof am Westufer des Ghambiri. Busse fahren nach AJMER (7x tgl.; 5 Std.), KOTA (2x tgl., 4 1/2 Std.), UDAIPUR (etwa stdl.; 2 1/2 Std.). Es gibt keine direkten Verbindungen nach BUNDI. Um dorthin (und gewöhnlich auch nach Kota) zu gelangen, nimmt man einen Bus nach BHILWARA und steigt dort um.

Eisenbahn

Chittaurgarhs **Bahnhof** liegt im Westen der Stadt.

Empfohlene Zugverbindungen ab Chittaurgarh

Ort	Name	Nr.	Abfahrt (tgl.)	Ankunft
Ajmer	Udaipur–Ajmer Express	12991	08.42 Uhr	11.40 Uhr
	Ratlam–Ajmer Express	19653	10.10 Uhr	13.55 Uhr
Bundi	City Link Express	29019	14.55 Uhr	17.33 Uhr
	Mewar Express	12964	20.50 Uhr	22.40 Uhr
Delhi (HN)	Mewar Express	12964	20.50 Uhr	06.30 Uhr
Jaipur	Gwalior Superfast	12966	00.35 Uhr	06.00 Uhr
Kota	Nimach–Kota Express	29019	14.55 Uhr	18.50 Uhr
Udaipur	Mewar Express	12963	05.05 Uhr	07.20 Uhr
	Ajmer–Udaipur Express	12992	19.35 Uhr	21.30 Uhr

Rajasthan

Bundi

Die ummauerte Stadt Bundi, 37 km nördlich von Kota, liegt im Norden des früheren Territoriums von Hadaoti und wird im Norden, Osten und Westen von der Vindhya-Bergkette geschützt. Hier befand sich die Hauptstadt der Hadachauhans, doch obwohl der Ort bereits im Jahre 1241 gegründet wurde, war er nie mehr als ein bescheidenes Marktzentrum und ist bis zum heutigen Tag relativ unberührt von modernen Entwicklungen geblieben. Schon der **Palast** lohnt dank seiner spektakulären Wandgemälde die Reise nach Bundi und macht zusammen mit der gut erhaltenen **Altstadt** voller verwitterter Havelis eines der reizvollsten Ziele im südlichen Rajasthan aus – eine Tatsache, die sich auch bei ausländischen Touristen herumgesprochen hat.

Der Palast

Der im 16. und 17. Jh. in authentischem Rajputen-Stil errichtete Palast war einer der wenigen fürstlichen Wohnsitze Rajasthans, die ohne Mogul-Einfluss erbaut wurden. Angesichts der häufigen Erweiterungen, die über die Jahre erfolgten, ist die Erscheinung des Bauwerks erstaunlich homogen. ⏲ tgl. 8–18 Uhr, Eintritt Rs60, Fotoerlaubnis Rs50, Video Rs100. Ein extrem kenntnisreicher Führer ist Keshav Bhati, ☎ 9414/394241, ✉ bharat_bhati@yahoo.com. Er berechnet um Rs250 für eine Führung durch den gesamten Palast und bietet auch Touren zu nahe gelegenen Felsmalereien und nach Kota an.

Ein kurzer steiler Pfad windet sich zum Haupttor **Hathi Pol** hinauf, das von Elefantenstatuen flankiert wird. Dahinter liegt der Haupthof des Palastes. Rechter Hand führen Stufen zur Ratan Daulat hoch, der **Diwan-i-Am** (öffentliche Audienzhalle) aus dem 17. Jh., eine offene Terrasse, die den Haupthof überschaut und auf der ein einfacher Marmorthron steht. Über eine Treppe am hinteren Ende der Ratan Daulat geht es zum Hof **Chhatra Mahal** hoch. Durch den säulenbestandenen türkisfarbenen Pavillon an der Südseite des Hofs und den dahinter liegenden Raum gelangt man zum kleinen Vorzimmer (oder „Ankleidezimmer"), das vollständig mit Wandmalereien aus den 1780er-Jahren bedeckt und mit Gold- und Silberblättchen verziert ist. Die gegenüberliegende Seite des Hofs flankiert ein Pavillon mit Säulen, die auf den Rücken schwarzer Elefanten ruhen. An seiner Rückseite befindet sich eine gut erhaltene alte Hocktoilette, die wahrscheinlich die beste Aussicht von allen öffentlichen Toiletten Rajasthans bietet.

Vom Chhatra Mahal führen schmale Stufen zu einem noch kleineren Hof hoch, der vom spektakulären **Phool Mahal** gesäumt wird. Dieser wurde 1607 erbaut, aber die Wandgemälde – darunter eine lange Prozession von Soldaten in europäischen Uniformen und im Kamelkorps – stammen aus den 1860er-Jahren. Über weitere Treppenstufen geht es hoch zum **Badal Mahal** („Wolkenpalast"), von dem oft gesagt wird, dass er die prächtigsten Gemälde im ganzen südlichen Rajasthan enthalte. Ein farbenfroher Kreis von Krishnas und Radhas tanzt um den höchsten Teil des Gewölbes herum; die angrenzenden Wandgemälde zeigen Krishna, der von Ganesh zu seiner Hochzeit gefahren wird, und den aus Sri Lanka nach Ayodhya zurückkehrenden Rama.

Weitere faszinierende Malereien sind im **Chittra Shala** gleich oberhalb des Palastes zu sehen, ⏲ Sonnenaufgang–Sonnenuntergang; Eintritt frei. Im Innern führen Stufen in der hinteren linken Ecke des Gartens zu einem kleinen, höher gelegenen Hof. Er ist mit Wandgemälden verziert, die in ungewöhnlichen changierenden Farbtönen von Türkis, Blau und Schwarz gehalten ist. Die meisten zeigen Szenen aus dem Leben Krishnas. Die überwältigendste Aussicht über Bundi, den Palast und die Landschaft ringsherum hat man oberhalb des Chittra Sala von der von Affen bevölkerten **Festung Taragarh** aus. Der dafür erforderliche 20-minütige Anstieg ist aber steil.

Die restliche Stadt

Mitten in der Stadt steht das noch relativ neue **Maharao Raja Bahadur Singh Museum**. Es zeigt eine Sammlung von höchst schmeichelhaften Porträts sämtlicher Maharadschas von Bundi. Außerdem gibt es eine Galerie mit ausgestopften Tigern und anderen traurigen Tieren. Das Eintrittsgeld ist anderweitig besser angelegt. ⏲ April–Sep tgl. 9–13 und 14–18, Okt–März tgl. 9–13 und 14–17 Uhr, Eintritt Rs50, Fotoerlaubnis Rs50.

In der Südhälfte der Stadt befindet sich der sehr viel sehenswertere **Raniji-ki-Baori** (keine festen Öffnungszeiten), einer der spektakulärsten Stufenbrunnen Rajasthans. Der 1699 errichtete Brunnen ist über eine von mehreren Ebenen unterbrochene und mit prächtigen Säulen geschmückte Treppenflucht zu erreichen. Besondere Beachtung auf dem Weg hinab verdienen die herausragenden Steinmetzarbeiten an den Seitenwänden, die Vishnus zehn Inkarnationen zeigen.

Nordöstlich von Bundi, am Südufer des Wasserbeckens Jait Sagar, steht das schöne, aber ziemlich vernachlässigte **Sukh Mahal** – Rao Raja Vishnu Singhs Sommerpalast, wo Rudyard Kipling (der einige Monate lang die Gastfreundschaft des Raja genoss) *Kim* und Teile des *Dschungelbuchs* schrieb. Das Gebäude ist für Besucher geschlossen, aber man kann zu beiden Seiten des Palasts ein Stückchen am Ufer entlangspazieren. Rund 1,5 km weiter am See stehen im **Shar Bagh** 60 im Verfall begriffene Kenotaphe. Wenn die Tür verriegelt ist, kann man in der Hütte des *chowkidar* nach dem Schlüssel fragen; sie liegt rund 100 m nördlich der Kenotaphe, jenseits der Hauptstraße gleich hinter dem Eingangstor links. Die Hin- und Rückfahrt per Motor-Riksha von der Stadt zum Sukh Mahal kostet ungefähr Rs80 und zum Shar Bagh Rs120.

Wohnen mit Stil

Bundi Haveli, ✆ 0747/244 6716, 🖥 www.hotelbundihaveli.com. Traditionelles, liebevoll modernisiertes Haveli mit wunderschön möblierten Zimmern (die meisten mit AC), einem empfehlenswerten Restaurant, Internetzugang und Geldwechsel. Ausgezeichnetes Preis-Leistungs-Verhältnis. ➍–➎

Haveli Braj Bhushanjee, ✆ 0747/244 2322, 🖥 www.kiplingsbundi.com. 150 Jahre altes Haveli mit viel Atmosphäre; Original-Wandgemälde, Antiquitäten und Kunstgewerbe, die praktisch sämtliche Flächen zieren. Auch die Zimmer (z. T. mit AC und TV) sind bezaubernd und überdies hervorragend in Schuss. ➍–➐

Die meisten Unterkünfte in Bundi sind umgestaltete alte Havelis mit sehr unterschiedlicher Ausstattung und Preisen. Die meisten Besucher essen in ihrem Hotel. Wer zum Essen ausgehen möchte, bekommt im Dachrestaurant des **Bundi Haveli** schmackhafte veg. und nicht veg indische Speisen (nicht veg. Hauptgerichte Rs175–260) und echten Kaffee in stilvollem Ambiente. Von der Terrasse des **Royal Retreat** hat man eine schöne Aussicht auf die Stadt.

Haveli Elephant Stable, ✆ 9928/154064, ✉ elephantstable_guesthouse@hotmail.com. Unterkunft in den ehemaligen Elefantenställen des Palastes; hübsch und sehr ruhig unterhalb der Festungsmauern gelegen. Die Zimmer sind schlicht, aber bei dem Preis und in dieser Lage kann man sich darüber wirklich nicht beschweren. ➊–➋

Haveli Katkoun, ✆ 0747/244 4311, 🖥 www.havelikatkoun.free.fr. Früheres Budgetgästehaus, inzwischen renoviert mit Marmorböden und verschiedenen geräumigen, schicken modernen Zimmern, die besten davon mit AC und Blick auf den Palast. ➌–➎

Haveli Riya, ✆ 0747/244 4211. Freundliches Gästehaus in Familienbesitz mit einer Auswahl an Zimmern zu sehr günstigen Preisen. Einige sind etwas einfach, aber alle adrett und sauber, und zudem gibt´s ein nettes kleines Dachcafé. ➊–➋

Kasera Paradise, ✆ 0747/244 4679, 🖥 www.kaseraparadise.com. Das einladende Gästehaus in einer stillen Gasse direkt hinter dem Braj Bhushanjee ist in einem originalgetreu restaurierten Haveli aus dem 16. Jh. untergebracht. Die Zimmer zu unterschiedlichen Preisen sind alle hübsch eingerichtet und mit traditionellen Wandgemälden verziert. ➋–➎ Eine noch etwas größere Bandbreite an Zimmern vermietet derselbe Besitzer im **Kasera Heritage** auf der gegenüberliegenden Straßenseite. ➋–➏

Lake View, ✆ 0747/244 2326, ✉ lakeviewbundi_@yahoo.com. Schäbiges Gästehaus in einem alten Haveli am See. Nicht gerade das sauberste Haus am Ort, aber dafür billig und

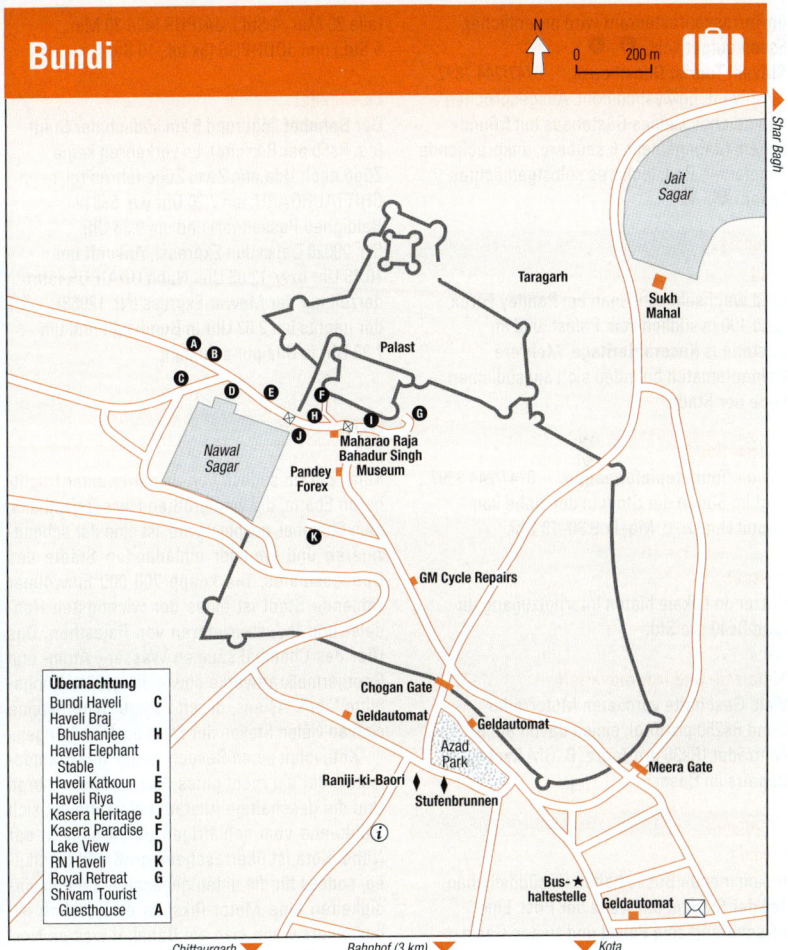

N

0   200 m

Shar Bagh

Jait Sagar

Taragarh

Sukh Mahal

Palast

Ⓐ Ⓑ
Ⓒ Ⓓ Ⓔ Ⓕ
Ⓗ Ⓘ Ⓖ
Ⓙ

Maharao Raja
Bahadur Singh
Museum

Nawal
Sagar

Pandey
Forex

Ⓚ

GM Cycle Repairs

Chogan Gate

Geldautomat
Geldautomat

Azad
Park

Raniji-ki-Baori

Stufenbrunnen

Meera Gate

Bus-★
haltestelle   Geldautomat

Chittaurgarh ▽   *Bahnhof (3 km)* ▽   ▽ *Kota*

Übernachtung

Bundi Haveli	**C**
Haveli Braj	
Bhushanjee	**H**
Haveli Elephant	
Stable	**I**
Haveli Katkoun	**E**
Haveli Riya	**B**
Kasera Heritage	**J**
Kasera Paradise	**F**
Lake View	**D**
RN Haveli	**K**
Royal Retreat	**G**
Shivam Tourist	
Guesthouse	**A**

mit einer netten, auf den Nawal Sagar hinausgehenden Terrasse. Die Gartenzimmer sind
ziemlich kahl; die teureren im Haveli selbst
besitzen verblichene alte Wandgemälde und
Seeblick. ❶–❷
RN Haveli, ☏ 0747/512 0098, ✉ rnhavelibundi@
yahoo.co.in. Freundliches, heimeliges und zu
Recht beliebtes von Frauen geführtes Gästehaus in 200 Jahre altem Haveli. Die Zimmer sind

einfach, aber okay, und die hausgemachten
Mahlzeiten sind hervorragend. ❶
Royal Retreat, ☏ 0747/244 4426, ✉ royalretreat
bundi@yahoo.com. Nur vier komfortable Zimmer
(alle mit *air-cooler*) im tiefer gelegenen Teil
der Palastanlage. Sehr friedvoll – allerdings
kann man sich hier nach Einbruch der Dunkelheit ein bisschen verlassen fühlen, vor allem
wenn die anderen Zimmer unbewohnt sind.

Im Terrassenrestaurant wird ordentliches Essen aufgetischt. ❸–❹
Shivam Tourist Guesthouse, ☏ 0747/244 7892, ✉ shivam_pg@yahoo.com. Ausgesprochen gemütliches kleines Gästehaus mit freundlichem Management. 6 saubere, ansprechende Zimmer mit Bad; leckeres selbstgemachtes Essen. ❶–❹

Rajasthan

Sonstiges

Geld
Geld wechseln kann man bei **Pandey Forex**, rund 100 m südlich vom Palast, und im Gästehaus **Kasera Heritage**. Mehrere **Geldautomaten** befinden sich am südlichen Ende der Stadt.

Informationen
Bundis **Touristeninformation**, ☏ 0747/244 3697, liegt im Süden der Stadt in der Nähe vom Circuit House. ⊕ Mo–Fr 9.30–18 Uhr.

Internet
Dutzende Lokale bieten Internetzugang für rund Rs40 pro Std.

Motorrad- und Fahrradverleih
Viele Geschäfte vermieten Motorräder (rund Rs250 pro Tag), einige davon auch Fahrräder (Rs30 pro Tag, z. B. GM **Cycle Repairs** im Basar).

Transport

Busse
Ankommende Busse halten im südöstlichen Teil der Stadt in der Nähe der Post. Eine Rikschafahrt zum Palast und zu den Gästehäusern kostet von dort aus ca. Rs30. Es gibt keine direkten Busse nach CHITTAURGARH, jedoch viele nach Bhilwara und von dort nach Chittor.
Busse verkehren 4x tgl. nach UDAIPUR (7–8 Std.) sowie SAWAI MADHOPUR (4 1/2 Std.) im Norden (Ausgangspunkt für den Ranthambore-Nationalpark); Sawai Madhopur lässt sich auch erreichen, indem man einen Bus nach Kota (alle 30 Min., 3/4–1 Std.) und dort einen Zug nimmt. Busse sind auch das günstigste Verkehrsmittel nach AJMER

(alle 20 Min., 4 Std.), JAIPUR (alle 20 Min., 5 Std.) und JODHPUR (5x tgl., 10 Std.).

Eisenbahn
Der **Bahnhof** liegt rund 5 km südlich der Stadt (ca. Rs50 per Rikscha). Es verkehren keine Züge nach Udaipur. Zwei Züge fahren tgl. nach CHITTAURGARH: um 7.20 Uhr (Nr. 59812 Haldighati Passenger) und um 9.38 Uhr (Nr. 29020 Dehradun Express), Ankunft um 10.45 Uhr bzw. 12.05 Uhr. Nach UDAIPUR fährt derzeit nur der Mewar Express (Nr. 12963), der nachts um 2.02 Uhr in Bundi hält und um 7.20 Uhr in Udaipur ankommt.

Kota

Kota, 230 km südlich von Jaipur in einer fruchtbaren Ebene, die vom größten Fluss Rajasthans, dem Chambal, gespeist wird, ist eine der schmutzigeren und weniger einladenden Städte des Bundesstaates. Die knapp 700 000 Einwohner zählende Stadt ist eines der wichtigsten Handels- und Industriezentren von Rajasthan. Das Ufer des Chambal säumen Wasser-, Atom- und Geothermalkraftwerke sowie die größte Düngemittelfabrik Asiens, deren riesige Schornsteine sich an vielen Stellen der Stadt ins Bild drängen.

Kota lohnt einen Besuch wegen des Stadtpalastes, der ein recht gutes Museum beherbergt. Und die geschäftige Altstadt unterscheidet sich wohltuend vom schläfrigen Bundi ganz in der Nähe. Kota ist überraschend groß und weitläufig, sodass für die unten genannten Sehenswürdigkeiten eine Motor-Riksha erforderlich ist, besonders wenn man am Bahnhof weit im Norden der Stadt ankommt. Vom Busbahnhof aus ist es ein recht weiter, aber machbarer Fußweg durch den quirligen Hauptmarkt zum Stadtpalast.

Der Stadtpalast
Im südlichen Teil des Zentrums steht etwa 2 km vom Busbahnhof entfernt der Stadtpalast, eine gut erhaltene Ansammlung von blauen und rosafarbenen fürstlichen Residenzen. Mit dem Bau wurde 1625 begonnen, und es wurde sporadisch bis ins frühe 20. Jh. weitergebaut. Im Palast befindet sich das hervorragende **Maharao Madho**

Singh Museum. Der erste Raum ist mit Luxusgegenständen des Maharadschas gefüllt. Schräg gegenüber liegt auf der anderen Seite des Hofes das **Raj Mahal**, erbaut von Rao Madho Singh (reg. 1625–49) und reich ausgeschmückt mit Gemälden und Spiegeln; dies war die öffentliche Audienzhalle des Herrschers. Vom Raj Mahal führt ein Gang zu einer Abfolge von Räumen, darunter eine Waffenkammer und eine kleine Kunstgalerie sowie eine deprimierende Tiergalerie mit den mottenzerfressenen Überresten diverser Leoparden und Tiger. ⊙ tgl. außer an Feiertagen 10–16.30 Uhr, Kombiticket für Museum und Palast Rs100, Fotoerlaubnis Rs50, Video Rs100.

Nach dem Verlassen des Museums geht es über eine Treppe am Raj Mahl vorbei hinauf zu einigen schön bemalten Palastgebäuden. Drei Stockwerke weiter oben befindet sich das **Barah Mahal**. Hier ist ein Raum mit Dutzenden von quadratischen Miniaturen geschmückt, die wie Fliesen an der Wand befestigt sind und verschiedene religiöse und moderne Szenen zeigen, von Krishna, wie er den Berg Goverdhan anhebt, bis zu exotisch anmutenden europäischen Damen und Herren.

Die übrige Stadt

Kishore Sagar, ein 1346 künstlich angelegter See, bietet eine willkommene Abwechslung zur grauen Industrieszenerie der Stadt. Der rot-weiße Palast in der Mitte des Sees, der **Jag Mandir**, wurde 1346 von Prinz Dher Deh von Bundi in Auftrag gegeben. Das angestaubte **Government Museum** (⊙ tgl. 10–17 Uhr, Eintritt Rs10) auf der Nordseite des Sees dient einer exzellenten Sammlung an Steinmetzarbeiten aus der Gegend als trauriges Zuhause. Beschriftung in Hindi, wenn überhaupt. Ein paar Kilometer südlich der Festung sonnen sich unweit vom Fluss manchmal Krokodile und Gaviale in einem seichten Wassertümpel in den **Chambal Gardens**, Eintritt Rs5. Von hier starten kurze Bootstouren (Rs30) auf dem vor Krokodilen wimmelnden Chambal.

Die Hotels von Kota sind überwiegend auf Geschäftsreisende ausgerichtet. Wer es sich nicht leisten kann, in einem der genannten Hotels zu übernachten, nächtigt besser in Bundi.

Das moderne veg. Restaurant **Venue** im Hotel Navrang bietet zahlreiche nordindische Gerichte (Hauptgerichte Rs50–80) sowie dosas, Pizzas und chinesische Speisen.

Brijraj Bhawan, Civil Lines, ✆ 0744/245 0529, ⌨ www.indianheritagehotels.com. Ein idyllischer Zufluchtsort im Herzen des lauten Kota, ein schönes altes Herrenhaus aus der Kolonialzeit in friedlicher Lage am Fluss. Echt viktorianisch eingerichtete, sehr gepflegte und sehr komfortable Zimmer. ❼

Navrang, Station Rd, ✆ 0744/232 3294. Das netteste der billigen Hotels der Stadt besitzt eine Mischung aus einfachen Zimmern mit *aircooler* und schöner eingerichteten AC-Zimmern, alle mit TV. Das benachbarte Phul Plaza ist auch in Ordnung, aber nicht ganz so ansprechend. ❸–❹

Sukhdham Kothi, Civil Lines, ✆ 0744/232 0081, ⌨ www.sukhdhamkothi.com. Gästehaus mit sehr viel Flair in 100 Jahre altem steinernem Herrenhaus inmitten eines großen Gartens. Gemütliche und stimmungsvolle Zimmer mit alten Holzmöbeln und verschiedenem Schnickschnack aus dem 19. Jh. ❻

Umed Bhawan Palace, Station Rd, Khelri Phatak, ✆ 0744/232 5262, ⌨ www.welcomheritagehotels. com. Schickes Hotel in der großen, aber recht hässlichen ehemaligen fürstlichen Residenz. Viel Komfort (und nicht wenig Plüsch) zu einem vernünftigen Preis. ❼

Geld

Reiseschecks wechselt man am besten in der unpraktisch im Süden der Stadt gelegenen State Bank of Bikaner & Jaipur. Geldautomaten finden sich um die Kreuzung beim Hotel Navrang herum.

Informationen

Das Tourist Office, ✆ 0744/232 7695, ist im RTDC Chambal Hotel nördlich des Kishor Sagar. ⊙ Mo–Fr 9–17 Uhr.

Der Bahnhof von Kota liegt im Norden der Stadt, ein paar Kilometer vom zentralen Busbahnhof an der Bundi Road (in der Nähe des

Rajasthan

Empfohlene Zugverbindungen ab Kota

Ort	Name	Nr.	Abfahrt	Ankunft
Agra Fort	Avadh Express	19037	14.50 Uhr (Di, Mi, Fr, So)	21.50 Uhr
	Haldighati Passenger	59811	21.00 Uhr (tgl.)	06.00 Uhr
Bundi	Dehra Dun Express	29020	09.00 Uhr (tgl.)	09.36 Uhr
Chittaurgarh	Dehra Dun Express	29020	09.00 Uhr (tgl.)	12.05 Uhr
Delhi (Hazrat	Kota Jan Shatabdi	12059	05.55 Uhr (tgl.)	12.30 Uhr
Nizamuddin)	Golden Temple Mail	12903	11.15 Uhr (tgl.)	18.30 Uhr
	Mewar Express	12964	23.55 Uhr (tgl.)	06.30 Uhr
Jaipur	Dayodaya Express	12181	07.55 Uhr (tgl.)	11.40 Uhr
	Jaipur Express	12955	08.50 Uhr (tgl.)	12.50 Uhr
	Ranthambore Express	12465	12.30 Uhr (tgl.)	16.45 Uhr
Mumbai (Central)	Jaipur–Mumbai SF	12956	17.35 Uhr (tgl.)	07.50 Uhr
Sawai Madhopur	Dayodaya Express	12181	07.55 Uhr (tgl.)	09.50 Uhr
(für Ranthambore-	Golden Temple Mail	12903	11.15 Uhr (tgl.)	12.30 Uhr
Nationalpark)	Ranthambore Express	12465	12.30 Uhr (tgl.)	14.25 Uhr
	Dehra Dun Express	19019	19.30 Uhr (tgl.)	21.10 Uhr

Nayapura Circle) entfernt. Von Letzterem fahren regelmäßig Busse nach BUNDI (alle 30 Min., 45–60 Min.), AJMER (alle 30 Min., 6 Std.), CHITTOR (5x tgl., 4 1/2 Std.), JAIPUR (alle 30 Min., 6 Std.) und UDAIPUR (7x tgl., 6 Std.). Kota verfügt auch über gute Zugverbindungen.

Uttar Pradesh

Stefan Loose Traveltipps

5 **Taj Mahal**   Das schönste Gebäude der Welt, ein Glanzstück der Mogul-Architektur, wird einfach allen Erwartungen gerecht. S. 285

Akbar-Mausoleum, Sikandra   Die großartige Mogul-Grabstätte inmitten von Ziergärten sieht noch genauso aus wie auf alten Miniaturen dargestellt. S. 292

Fatehpur Sikri   Die prachtvolle, lange verlassene Palastanlage steht auf einer kargen Anhöhe nahe der Grenze zu Rajasthan. S. 300

6 **Varanasi**   Eine Bootsfahrt auf dem Ganges, während über der ältesten und heiligsten Stadt Indiens die Sonne aufgeht, ist ein unvergessliches Erlebnis. S. 318

Sarnath   Den Ort, an dem Buddha seine erste Predigt hielt, kennzeichnen eindrucksvolle Ruinen. S. 333

UTTAR PRADESH

N

0   100 km

CHINA
(AUTONOME REGION TIBET)

Sundar Nagar

Solan

Chandigarh

UTTARAKHAND

HIMALAYAS

Nanda Devi
(7817 m)

Dehra Dun

Rishikesh

Saharanpur

RAJAJI NP

CORBETT NP

Almora

Ramnagar

Kathgodam

Meerut

Moradabad

Rampur

Ghaziabad

Garhmuktheshwar

Pilibhit

DELHI

Bareilly

Yamuna

Ganges

DUDHWA NP

NEPAL

Pokhara

Aligarh

Shanjahanpur

Vrindavan

UTTAR PRADESH

Bahraich

Lumbini

Sonauli

Mathura

Misrikh

Sitapur

Sravasti

Sikandra

Fatengarh

Naimisharanya

Gonda

Piprahwa

Firozabad

Kannauj

Lucknow

Nawabganj

Ayodhya

Basti

NH-28

Agra

Fatehpur Sikri

Bithur

Faizabad

Gorakhpur

Kushinagar

UR

NH-2

Kanpur

NH-28

Ghaghara

Chambal

Bhognipur

NH-25

Ganges

Bela

Jaunpur

Banda

Allahabad

Sarnath

Jhansi

Mahoba

Kausambi

Varanasi

BIHAR

Orchha

Chitrakut

Mirzapur

Mughal Sarai

BUNDELKHAND

Kalinjar

Chunar

Ajaigarh

NH-27

Deogarh

Khajuraho

Panna

Satna

NH-7

Rewa

MADHYA PRADESH

VINDHYAN BERGE

CHHATTISGARH

JHARKHAND

Uttar Pradesh, „der nördliche Bundesstaat" – früher United Provinces genannt, aber stets UP abgekürzt – ist das Herzland des Hinduismus. Die Geschichte dieses Bundesstaates, der sich über eine weite Gangesebene erstreckt, hat praktisch die des ganzen Landes beeinflusst, und seine Tempel und Baudenkmäler – buddhistische, hinduistische und moslemische – zählen zu den eindrucksvollsten des Subkontinents.

Das an Delhi grenzende westliche UP lag immer nahe am indischen Machtzentrum. In seiner bedeutendsten Stadt, Agra, die einst Hauptstadt des Mogulreichs war, steht das Taj Mahal, nicht weit entfernt von der verlassenen Mogul-Stadt Fatehpur Sikri.

Große Teile im Zentrum von UP mit den fruchtbaren Schwemmebenen von Doab gehörten einst zum Königreich **Avadh**. Es war das letzte Reich unabhängiger Moslemherrschaft in Nordindien, ehe die Briten es übernahmen. Damit schürten sie den Groll, der zum Aufstand von 1857 führte, in dem die Hauptstadt Lucknow (heute Bundeshauptstadt von UP) eine wichtige Rolle spielte. **Bundelkhand** – das Gebiet nördlich der zerklüfteten Vindhya-Berge, die sich im Nordosten von Madhya Pradesh erstrecken – war Teil eines Königreichs, das die Chandella-Rajputen im 9. Jh. schufen. Zu diesem Reich gehörte auch Khajuraho in Madhya Pradesh (s. S. 413). Ein günstiger Ausgangspunkt für Reisen dorthin ist Jhansi, ein weiteres Zentrum des Aufstands von 1857. Im östlichen UP liegt die heiligste Stadt des Hinduismus, Varanasi, ein Ort des Übergangs *(tirtha),* wo der Tod die Seelen zur endgültigen Erlösung befördert. Die seit dem Altertum heilige Stadt wurde auch von Mahavira aufgesucht, dem Begründer des Jainismus, genauso wie vom Buddha, der seine erste Predigt im nahen Sarnath hielt.

UP war früher einmal ein blühendes Zentrum islamischer Rechtsprechung und Kultur, doch während der blutigen Jahre im Anschluss an die Unabhängigkeit ergriffen zahlreiche Moslems die Flucht. Heute beträgt der Anteil der moslemischen Bevölkerung nur noch 16 %. Als Herzland des sogenannten „Cow Belts" wurde UP einige Zeit von der sektiererischen Hindu-Partei BJP beherrscht. Der Bundesstaat steht in dem unerfreulichen Ruf, Kernpunkt heftiger kommunaler Spannungen zu sein, besonders seit der Zerstörung der Babri-Moschee in **Ayodhya** östlich von Lucknow, nahe Faizabad, 1992 (s. S. 109). In jüngerer Zeit wurde die Politik durch zwei weitgehend regionale Linksparteien bestimmt, die sozialistische Samajwadi Party (SP) und die Bahujan Samaj Party (BSP).

Dank des nicht übermäßig luxuriösen, aber effizienten **Verkehrsnetzes** staatlicher Busse sowie der ausgezeichneten Bahnverbindungen lässt sich UP (mit Ausnahme von Bundelkhand im Süden) recht gut bereisen. Die wichtigsten Touristenziele Agra und Varanasi sind schon seit Jahrhunderten auf Besucher und Pilger eingestellt und verfügen über alle erforderlichen Einrichtungen für Reisende. UP Tourism, 🖳 www.up-tourism.com, hat Büros in den meisten größeren Städten.

Agra

Agra – unter den Moguln die Metropole ganz Indiens und Stadt des Taj Mahal – gehört zusammen mit Delhi, 204 km nordwestlich, und Jaipur in Rajasthan zum „Goldenen Dreieck", liegt also auf der beliebtesten Indien-Reiseroute. Allerdings kann Agra selbst für erfahrene Indienbesucher ein hartes Pflaster darstellen. Smog ist in der Stadt die Regel; an so manchem Morgen ist die Sonne hinter den Abgaswolken kaum zu erkennen. Touristen müssen darüber hinaus bei den weltberühmten Sehenswürdigkeiten auf Menschenmassen, hohe Eintrittspreise und selbst für asiatische Verhältnisse penetrant hartnäckige Schlepper und Rikscha-*wallahs* gefasst sein.

Durch all das sollte man sich aber nicht abschrecken lassen. Es ist zwar möglich, Agra von Delhi aus einen Tagesbesuch abzustatten, doch schon allein das Taj verdient sehr viel mehr Zeit – ein Kurzbesuch wird den zwischen Sonnenauf- und Sonnenuntergang kontinuierlich wechselnden Facetten des Bauwerks nicht gerecht. Und die weiteren Sehenswürdigkeiten der Stadt sowie Fatehpur Sikri können mehrere Tage füllen.

Geschichte

Über die vorislamische Geschichte Agras ist wenig bekannt. Eine Chronik von 1080 n. Chr. berichtet von einer wehrhaften Festung mit einer blühenden Stadt in strategisch günstiger Lage an der Kreuzung zweier wichtiger Handelsstraßen. Dennoch blieb Agra ein eher unbedeutender Verwaltungsort, bis der Sultan von Delhi, **Sikandar Lodi**, 1504 seinen Hauptsitz hierher verlegte, um sein Reich besser unter Kontrolle zu haben. Die Ruinen der prächtigen Sultanatsstadt sind noch am Ostufer der Yamuna zu sehen.

Nachdem **Babur**, der Begründer des Mogulreiches, den letzten Lodi-Sultan, Ibrahim Lodi, 1526 bei Panipat geschlagen hatte, entsandte er seinen Sohn **Humayun** mit dem Auftrag, Agra einzunehmen. Zum Dank für die großzügige Behandlung, die Humayun ihnen zukommen ließ, schenkte die Familie des Raja von Gwalior dem Mogul Schmuck und kostbare Edelsteine – darunter den legendären **Koh-i-noor-Diamanten**, der heute zu den englischen Kronjuwelen gehört.

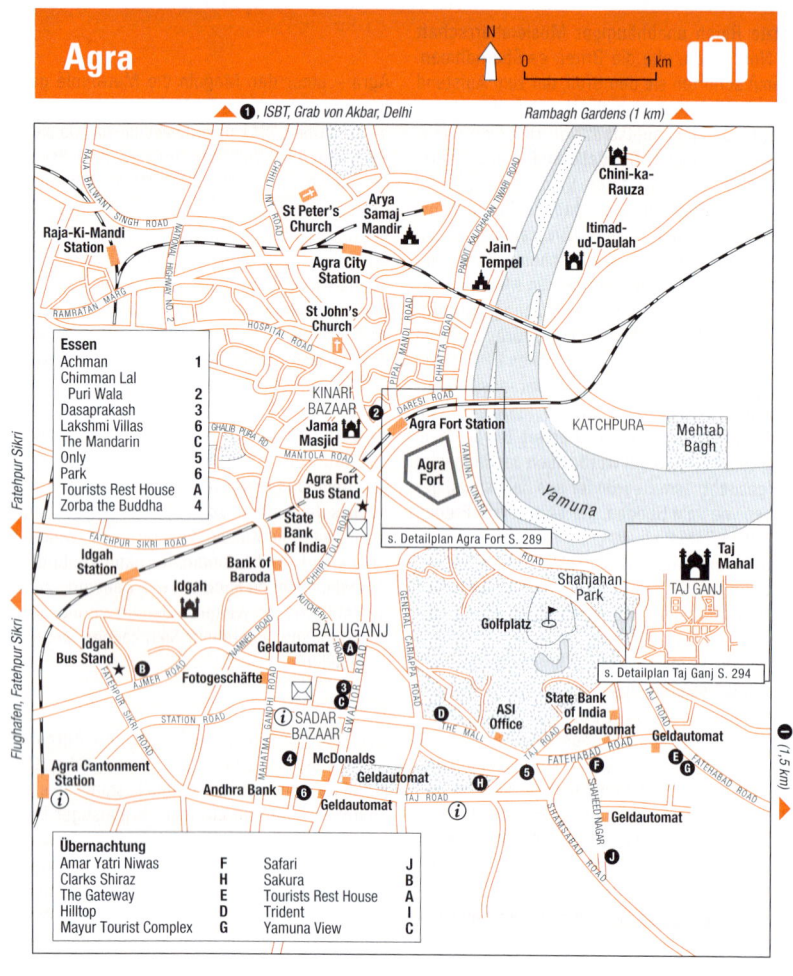

Agra

❶, ISBT, Grab von Akbar, Delhi   Rambagh Gardens (1 km)

Chini-ka-Rauza

St Peter's Church

Arya Samaj Mandir

Itimad-ud-Daulah

Raja-Ki-Mandi Station

Agra City Station

Jain-Tempel

St John's Church

Essen

Achman	1
Chimman Lal Puri Wala	2
Dasaprakash	3
Lakshmi Villas	6
The Mandarin	C
Only	5
Park	6
Tourists Rest House	A
Zorba the Buddha	4

KINARI BAZAAR

Jama Masjid

Agra Fort Station

KATCHPURA

Mehtab Bagh

Agra Fort

Agra Fort Bus Stand

s. Detailplan Agra Fort S. 289

Yamuna

State Bank of India

Idgah Station

Bank of Baroda

Idgah

Shahjahan Park

Taj Mahal

TAJ GANJ

Golfplatz

s. Detailplan Taj Ganj S. 294

Idgah Bus Stand

BALUGANJ

Geldautomat

Fotogeschäfte

SADAR BAZAAR

ASI Office

State Bank of India

Geldautomat

Geldautomat

Agra Cantonment Station

McDonalds

Geldautomat

Andhra Bank

Geldautomat

Geldautomat

❶ (1,5 km)

Übernachtung

Amar Yatri Niwas	F	Safari	J
Clarks Shiraz	H	Sakura	B
The Gateway	E	Tourists Rest House	A
Hilltop	D	Trident	I
Mayur Tourist Complex	G	Yamuna View	C

Fatehpur Sikri   Flughafen, Fatehpur Sikri

Uttar Pradesh

Seine Glanzzeit erlebte Agra unter der Herrschaft von Humayuns Sohn **Akbar dem Großen** (1556–1605), der das Agra Fort erbauen ließ. Über ein Jahrhundert lang behauptete die Stadt ihre Stellung als Hauptstadt des Reiches, und selbst als **Shah Jahan**, Akbars Enkel, Delhi – Shahjahanabad, heute Old Delhi – zur Hauptstadt machte, blieb sein Herz in Agra. Zwar blühte das Reich auch noch unter seinem Nachfolger **Aurangzeb** (1658–1707), doch dessen Intoleranz gegenüber Nichtmoslems schürte Unmut. In der Folge wur-

de Agra nacheinander von den Jaten, den Marathen und schließlich den Briten besetzt.

Nach dem Aufstand von 1857 musste die Stadt ihre Position als Sitz der Nordwestprovinzregierung und des Obersten Gerichtshofs an Allahabad abtreten und ihre Macht schwand. Doch Agras Schätze der Mogulzeit garantierten, dass die Stadt nicht in der Bedeutungslosigkeit versank, und heute ist sie ein wohlhabendes Industrie- und Handelszentrum sowie ein begehrtes Touristenziel.

Orientierung

Agra ist riesengroß und unübersichtlich. Es hat kein wirkliches Zentrum, sondern besteht aus mehreren eigenständigen Basarvierteln in einem amorphen Häusermeer, das weit über 20 km² bedeckt. Die meisten der bedeutenden Baudenkmäler aus der Mogulzeit – darunter das Taj Mahal – liegen an den Ufern der Yamuna, am östlichen Stadtrand. Im Gassengewirr von **Taj Ganj** beim Taj Mahal findet man die meisten Billighotels und Backpacker-Cafés.

Rund 2 km westlich, jenseits des grünen Viertels **Cantonment**, liegt **Sadar Bazaar**. Es ist mit Taj Ganj durch die Fatehabad Road verbunden, an der viele der besseren Hotels sowie zahlreiche Restaurants und Geschäfte mit Kunsthandwerk liegen. Nordwestlich von Taj Ganj steht das **Agra Fort** und jenseits davon erstreckt sich **Kinari Bazaar**, das dritte der großen Geschäftsviertel von Agra rings um die gewaltige Jama Masjid.

5 HIGHLIGHT

Taj Mahal

Das Taj Mahal, das der Poet Rabindranath Tagore als „eine Träne im Antlitz der Ewigkeit" bezeichnete, ist zweifellos Ausdruck höchster Mogul-Baukunst. Nicht einmal die Massen von Touristen können dem Zauber des Grabmals etwas anhaben, denn angesichts des riesigen Mausoleums werden sie zu kleinen, herumwuselnden Ameisen. Am allerschönsten ist das Taj jedoch in der relativen Stille der frühen Morgenstunden, in Nebelschwaden eingehüllt und in ein sanftes rötliches Licht getaucht. Wenn Schatten auf die Marmorflächen fällt oder sich die Sonne darin spiegelt, wechseln sie die Farbe, von Grau und Gelb über Hellbeige bis zu blendendem Weiß. Dieses Farbenspiel ist keineswegs unbeabsichtigt, sondern soll die Gegenwart Allahs symbolisieren, der niemals figürlich dargestellt wird.

Das Taj Mahal, mit Blick auf die Yamuna, steht am Nordende eines ausgedehnten, von Mauern umgebenen Gartens. Die Anlage repräsentiert, einem islamischen Prinzip folgend, das Paradies, doch handelt es sich in erster Linie um das Denkmal einer großen Liebe. **Shah Jahan** ließ es als Grabmal für seine Lieblingsfrau, Arjumund Bann Begum, besser bekannt unter ihrem offiziellen Palasttitel **Mumtaz Mahal** („Erwählte des Palastes") erbauen, die 1631 kurz nach der Geburt ihres 14. Kindes starb. Die große Kinderzahl beweist bereits, wie wichtig sie dem Herrscher war, dem doch so viele Frauen und Konkubinen zur Verfügung standen. Er war von ihrem Tod erschüttert und errichtete ihr ein Denkmal, wie es die Welt noch nicht gesehen hatte.

Sein Name „Taj Mahal" ist nur eine Abkürzung für Mumtaz Mahal. Die Arbeiten an dem Mausoleum begannen 1632 und dauerten bis 1653. Ungefähr 20 000 Arbeitskräfte aus ganz Asien waren daran beteiligt. Der Marmor wurde bei Makrana nahe Ajmer in Rajasthan gebrochen, und die Halbedelsteine – Onyxe, Amethyste, Lapislazuli, Türkise, Jade, Kristalle, Korallen und Perlmutt – stammen aus Persien, Russland, Afghanistan, Tibet, China und dem Indischen Ozean. Shah Jahans Sohn Aurangzeb ließ seinen Vater im Agra Fort einsperren und übernahm selbst die Macht. Shah Jahan starb schließlich im Januar 1666 und wurde im Taj an der Seite seiner Lieblingsfrau begraben.

Die Anlage

Süd-, Ost- und Westeingang führen alle auf den **Vorhof** Chowk-i-Jilo Khana. Der **Haupteingang**, ein monumentales, von zierlichen Kuppeln gekröntes und mit Koranversen und Blumen-Intarsien verziertes Tor, befindet sich am Nordrand des Chowk-i-Jilo Khana, gibt aber den Blick auf das Taj dahinter nicht frei. Hat man das Tor durchschritten, fällt der Blick auf das Marmorgrab am Ende des weitläufigen *charbagh* (wörtlich „vier Gärten"), einer von (meist trockenen) Kanälen in vier Segmente unterteilten **Grünanlage**. Sie erinnert an die islamische Vorstellung von den Paradiesgärten, wo Flüsse mit Wasser, Milch, Wein und Honig fließen. Die von Babur aus Zentralasien eingeführten *charbaghs* waren das gesamte Mogulzeit hindurch beliebt.

Während andere Mausoleen der Mogulzeit – etwa jenes von Akbar (S. 292) und von Humayun (S. 283) – im Zentrum der Anlage stehen, befindet sich das Taj an dessen nördlichem Ende am Fluss. Das **Museum** in der Westmauer

Uttar Pradesh

Obwohl dem Taj Mahal eine scheinbar unerschütterliche Ruhe und überirdische Entrücktheit anhaftet, sieht sich das berühmteste Bauwerk Indiens einer sehr realen Bedrohung ausgesetzt. Verursacher sind die von Verkehr und Industrie verursachte Luftverschmutzung und die Millionen von Menschen, die das Taj jedes Jahr besichtigen. Wind und Regen trotzt Marmor mehr oder weniger problemlos, aber gegen das Schwefeldioxid, das in dem staubigen Dunst enthalten ist, der das Monument einhüllt, hat der Stein keine natürliche Widerstandskräfte. Manchmal ist der Smog so dicht, dass das Taj vom Fort aus nicht zu sehen ist. Das Schwefeldioxid mischt sich mit der Feuchtigkeit aus der Luft und setzt sich als Schwefelsäure auf der Oberfläche des Bauwerks ab, sodass der glatte weiße Marmor gelb und schuppig wird und sich ein Pilz bildet, den die Experten „Marmorkrebs" nennen.

Die Hauptquellen der Luftverschmutzung sind der ununterbrochene Strom von Fahrzeugen auf den Fernstraßen rund um Agra und die 1700 Fabriken in und um die Stadt – die chemischen Abgase aus ihren Schornsteinen überschreiten die empfohlenen Grenzwerte bei Weitem. Trotz Gesetzen, die die Installation von Vorrichtungen zur Kontrolle des Schadstoffausstoßes fordern, trotz der Verbannung von allen benzin- und dieselbetriebenen Fahrzeugen aus einem Umkreis von 500 m rund um das Taj und trotz der Einrichtung einer 10 400 km² großen Zone rund um das Monument, in dem keine neuen Industrieanlagen gebaut werden dürfen, ist der Anteil an Schadstoffen in der Luft weiter angestiegen – viele machen hierfür die Dieselgeneratoren der nahen Hotels verantwortlich –, und trotz Verbots sind neue Fabriken entstanden.

Bis zu einem gewissen Grad stellen Säuberungsarbeiten am Taj eine Lösung des Problems dar, aber die dabei eingesetzten Chemikalien werden auf lange Sicht auch den Marmor angreifen – die Guides leuchten mit ihren Taschenlampen zuweilen auf „gereinigte" Stellen, um zu zeigen, wie der Marmor seine durchscheinende Qualität eingebüßt hat. Die Behörden haben mit der Einrichtung einer Umweltmessstation reagiert, um die Konzentration von N_2O und SO_2 in der Luft zu überwachen. Aber 2007 berichtete ein parlamentarischer Ausschuss, dass außer den säurehaltigen Gasen auch der Feinstaub in der Luft das Taj langsam gelb werden lässt. Der Ausschuss empfahl die Behandlung mit einer korrosionssicheren Tonpackung (so etwas wie eine gebäudegroße Gesichtspackung), um die Ablagerungen vom Marmor zu entfernen. Von Zeit zu Zeit tauchen Berichte auf, die besagen, dass die vier Minarette des Taj Mahal sich neigen und Gefahr laufen umzukippen. Glücklicherweise handelt es sich hierbei um falschen Alarm: Die Minarette wurden absichtlich so gebaut, dass sie sich leicht nach außen neigen. Das soll verhindern, dass sie sich vom Boden aus betrachtet nach innen zu neigen scheinen. Keine Angst: Ungeachtet der Schräge sind die Minarette sehr stabil.

des geschlossenen Bezirks zeigt sehr kostbare Miniaturen, zwei Marmorsäulen, die vermutlich aus dem Fort stammen, Porträts von Herrschern der Mogulzeit sowie Pläne des Taj Mahal und Beispiele von Stein-Intarsien. ☉ tgl. außer Fr 8–17 Uhr, manchmal aber ohne erkennbaren Grund geschlossen; Rs5.

Jenseits der Gärten führen Stufen zur quadratischen Marmorplattform hinauf, auf der sich das **Mausoleum** erhebt. An jeder Ecke ragt ein hohes und nach oben schlanker werdendes Minarett empor. Westlich des Grabmals steht eine **Moschee** aus rotem Sandstein und östlich eine nachgebaute *jawab*. Sie diente zur Vollendung der architektonischen Symmetrie. Als Moschee kann sie jedenfalls nicht dienen, da sie von Mekka weg weist. Das Grabmal selbst ist weitgehend quadratisch, mit Spitzbogen an den Seiten und überwölbt von einer mächtigen, 55 m hohen Zentralkuppel. Ihre Höhe wird noch durch eine fast 17 m hohe Messingspitze unterstrichen. Die ganze Erhabenheit des Bauwerks und die Details der mit Halbedelsteinen verzierten Gravuren lassen sich erst aus nächster

Das Taj Mahal – ein überwältigendes Beispiel höchster Mogul-Baukunst

Nähe erkennen. Arabische Inschriften, in denen die Herrlichkeit des Paradieses gerühmt wird, schmücken die Torbögen.

An der Südseite des Grabmals befindet sich der Haupteingang zur **Grabkammer**: Der hohe, achteckige Raum ist in ein fahles Licht getaucht. Ein mit Edelsteinen verziertes Marmorgitter, so fein, dass es fast durchsichtig wirkt, schützt die Grabmale von Mumtaz Mahal und Shah Jahan. Das zentrale Grab ist in einer Linie mit dem Eingang und der entfernten Pforte zum Chowk-i-Jilo Khana angeordnet. Nur das dicht daneben liegende Grabmal von Shah Jahan durchbricht die perfekte Symmetrie. Die 99 Namen Allahs zieren die Abdeckung von Mumtaz' Grab, während in jene von Shah Jahans Grab ein Behälter für Schreibutensilien eingelassen ist, das Wahrzeichen eines männlichen Herrschers. In Übereinstimmung mit der Mogul-Tradition sind diese Ehrengräber leer; die echten Gräber liegen in der Krypta darunter.

Besichtigungshinweise

⏱ tgl. außer Fr 6–19 Uhr; Eintritt Rs750 inkl. Museum. Zwar ist die **Eintrittsgebühr** zur berühmtesten Sehenswürdigkeit Indiens für Ausländer recht hoch (Rs250 gehen an den Archaeological Survey of India (ASI), Rs500 sind lokale Steuern), doch wenn sie dann vor dem Gebäude stehen, bereuen nur wenige Besucher die Investition. Das Ticket ist den ganzen Tag lang gültig, jedoch nur für einen Besuch. Die Schlangen an den Kassen sind am längsten am Westtor, am kürzesten am Südtor. Am Osttor ist die Kasse einen halben Kilometer die Straße hinunter zum Kunstgewerbedorf Shilpgram verlegt worden.

Es gilt zu beachten, dass keine Lebensmittel mitgenommen werden dürfen (drinnen gibt es auch keine zu kaufen), kein Handy und kein Reiseführer. Diese Gegenstände können in Schließfächern an den Eingängen deponiert werden. Ausländer erhalten kostenlos eine Flasche Wasser und Überzieher für die Schuhe. Die Eintrittskarte erspart beim Besuch einiger anderer Sehenswürdigkeiten am gleichen Tag die Steuer – Rs50 beim Agra Fort, Rs10 bei Sikandra, Itimad-ud-Daulah und Fatehpur Sikri. Das Taj kann außerdem in **Vollmondnächten** sowie jeweils zwei Tage davor und danach besucht werden

(außer freitags und während des Ramadan). Pro Abend werden nur 400 Besucher eingelassen, und zwar zwischen 20 Uhr und Mitternacht jeweils in Gruppen zu 50 Personen. Tickets (Rs750) müssen am Vortag beim ASI-Büro, 22 The Mall, ✆ 0562/222 7261, ⏱ Mo–Sa 10–18 Uhr, erworben werden. Falls eine Abendbesichtigung abgesagt wird, bekommt man den Eintritt erstattet.

Kostenlos betrachten lässt sich das Taj vom Dach eines Hotels in Taj Ganj oder von einem kleinen Krishna-Tempel am Fluss auf der Ostseite des Geländes. Hier kann man auch kleine Bootsfahrten (Rs100–1000 je nach Einschätzung der Fahrgäste durch die Bootsleute) unternehmen, um das Taj vom Fluss aus zu bewundern. Noch besser ist es, sich zum Mehtab Bagh am anderen Ufer der Yamuna zu begeben. Dort bietet sich ein atemberaubender Blick auf das Taj, vor allem bei Sonnenaufgang. Dorthin gelangt man über die Brücke nördlich des Agra Fort; am Ufer biegt man nach rechts auf die Straße ab, die nach Katchpura führt.

Im Dorf verwandelt sich die Straße in einen Holperpfad, der bei einem kleinen Dalit-Schrein am Fluss endet, direkt gegenüber dem Taj und gleich beim Eingang zum **Mehtab-Garten** (⏱ tgl. von Sonnenaufgang bis -untergang, Eintritt Rs100). Man sieht das Taj vom Flussufer außerhalb des Gartens genauso gut wie von den mit Flutlichtanlagen versehenen Fußwegen innerhalb. Leider ist es nicht mehr möglich, per Boot den Garten beim Taj von der anderen Seite des Flusses zu erreichen.

Agra Fort

An einer Biegung der Yamuna, 2 km nordwestlich des Taj Mahal, ragen die hohen Festungswälle aus rotem Sandstein des Agra Fort empor. Akbar ließ diese majestätische Anlage, erbaut zwischen 1565 und 1573 in Form eines Halbmonds, auf den Überresten einer früheren Rajputen-Befestigung errichten. Die „Rote Festung" diente über Generationen hinweg als Sitz und Machtzentrum des Mogulreichs. Unter Akbar entstanden die Mauern und Tore, unter seinem Enkel Shah Jahan die meisten der Hauptgebäude und unter Aurangzeb die Schutzwälle.

Nur eines der riesigen Tore ist derzeit für Besucher geöffnet, das **Amar Singh Pol**. Der

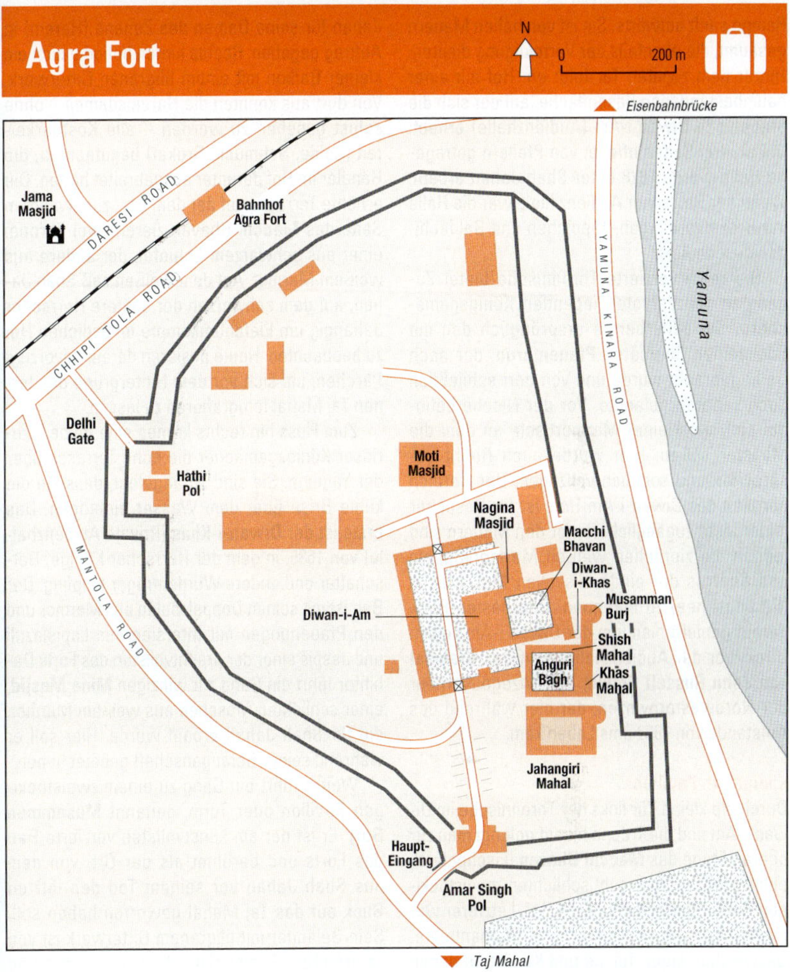

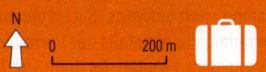

N

0 ——— 200 m

▲ Eisenbahnbrücke

Jama
Masjid

DARESI ROAD

Bahnhof
Agra Fort

CHHIPI TOLA ROAD

YAMUNA KINARA ROAD

Yamuna

Uttar Pradesh

Delhi
Gate

Hathi
Pol

MANTOLA ROAD

Moti
Masjid

Nagina
Masjid

Macchi
Bhavan

Diwan-
i-Khas

Diwan-i-Am

Musamman
Burj

Shish
Mahal

Anguri
Bagh

Khàs
Mahal

Jahangiri
Mahal

Haupt-
Eingang

Amar Singh
Pol

▼ Taj Mahal

ursprüngliche, wesentlich pompösere Haupteingang aber war der im Westen über **Delhi Gate**
und **Hathi Pol** oder „Elefantentor", heute flankiert von zwei Türmen, früher aber von kolossalen Steinelefanten bewacht, die Aurangzeb 1668
zerstören ließ. Viele Teile der Festung dürfen
nicht betreten werden und sind hier daher auch
nicht beschrieben. ⏰ Sonnenauf- bis Sonnenuntergang; Eintritt Rs300, Rs50 Ermäßigung mit
Taj-Ticket vom selben Tag. Achtung: Innerhalb

des Forts werden keine Getränke verkauft. Wer
nicht an den Wasserhähnen anstehen will, sollte
Wasser mitnehmen.

Diwan-i-Am

Das Fort betritt man durch das Amar Singh
Pol. Es besteht aus drei im rechten Winkel zu-
einander angeordneten Toren, um potenzielle
Angreifer zu verwirren und keinen Platz für
Rammböcke etc. zu lassen. Dahinter steigt eine

Rampe sanft aufwärts. Sie ist von hohen Mauern gesäumt, die ebenfalls der Verteidigung dienten. Hinter dem zweiten Tor folgt ein Hof mit einer baumbestandenen Rasenfläche, auf der sich die prachtvolle Diwan-i-Am (Audienzhalle) erhebt. Die an drei Seiten offene, von Pfeilern getragene Halle wurde 1628 unter Shah Jahan erbaut. Wenn der Herrscher Audienz hielt, war die Halle mit Brokatvorhängen, Teppichen und Baldachinen geschmückt.

Die reich verzierte Thronnische bietet Zugang zu den dahinter liegenden Königsgemächern. Sie beherbergte ursprünglich den mit Edelsteinen übersäten **Pfauenthron**, der nach Delhi gebracht wurde und von dort schließlich nach Teheran gelangte. Vor der Nische befindet sich ein kleiner Marmortisch, an dem die Minister saßen. Hier wurde auch Recht gesprochen und sogleich vollzogen. Der Bereich nördlich des Diwan-i-Am-Hofs ist für Besucher leider nicht zugänglich. Hinter den Mauern sind jedoch die zierlichen weißen Marmorkuppeln und Chattris der eindrucksvollen Moti Masjid (Perlmoschee) zu erkennen. Den besten Blick darauf genießt man von der Diwan-i-Am selbst. Direkt vor der Audienzhalle steht das **Grabmal von John Russell Colvin**, dem Vizegouverneur der Nordwestprovinzen, der hier während des Aufstands von 1857 ums Leben kam.

Königliche Pavillons

Durch die kleine Tür links der Thronnische im Diwan-i-Am und die Treppe hinauf gelangt man zur oberen Etage des **Macchi Bhavan** (Fischpalast), eines großen, aber recht schlichten, zweistöckigen Baus über einem weiten Hof. Letzterer war einst voller Springbrunnen und Blumenbeete. Dazwischen lagen Teiche und Kanäle, in denen der Herrscher und sein Hofstaat angelten. Doch der Maharadscha von Bharatpur ließ später einen Teil der Marmorverzierungen in seinen Palast von Deeg schaffen. Und William Bentinck (1828–35 Generalgouverneur) versteigerte weitere Mosaiken und Gitterwerke des Palasts.

Im Norden des Hofs (beim Betreten links) führt eine kleine Tür zur kostbaren **Nagina Masjid** (Juwelen-Moschee), die ganz aus Marmor besteht. Der Bau mit drei Kuppeln, den man über einen Marmorhof erreicht, wurde von Shah Jahan für seine Damen des Zenana (Harem) in Auftrag gegeben. Rechts hinten befindet sich ein kleiner Balkon mit einem filigranen Gitterwerk. Von dort aus konnten die Haremsdamen – ohne selbst gesehen zu werden – alle Kostbarkeiten (Seide, Schmuck, Brokat) begutachten, die Händler im Hof darunter ausgebreitet hatten. Die erhöhte Terrasse auf der dem Ufer zugewandten Seite des Macchi Bhavan zieren zwei Throne: einer aus schwarzem Schiefer, der andere aus weißem Marmor. Auf dem weißen saß Shah Jahan, auf dem schwarzen der spätere Herrscher Jahangir, um Elefantenkämpfe im östlichen Hof zu beobachten. Heute posieren darauf bevorzugt Pärchen, um sich vor dem Hintergrund des fernen Taj Mahal fotografieren zu lassen.

Zum Fluss hin rechts krönen eine Reihe luxuriöser Königsgemächer die hohe Terrasse über der Yamuna. Sie sind so angelegt, dass sie die kühle Brise über dem Wasser einfangen. Das erste ist der **Diwan-i-Khas** (Private Audienzhalle) von 1635, in dem der Herrscher Könige, Botschafter und andere Würdenträger empfing. Der Bau ist mit seinen Doppelsäulen aus Marmor und den Pfauenbogen mit Intarsien aus Lapislazuli und Jaspis einer der prachtvollsten des Forts. Dahinter führt ein Gang zur winzigen **Mina Masjid**, einer schlichten Moschee aus weißem Marmor, die für Shah Jahan erbaut wurde. Hier soll er während seiner Gefangenschaft gebetet haben.

Weiter führt ein Gang zu einem zweistöckigen Pavillon oder Turm, genannt **Musamman Burj**. Er ist der am kunstvollsten verzierte Bau des Forts und berühmt als der Ort, von dem aus Shah Jahan vor seinem Tod den letzten Blick auf das Taj Mahal geworfen haben soll. Sein Geländer mit filigranem Gitterwerk ist von zahlreichen Schmucknischen durchsetzt und fast lückenlos von kostbaren Einlegearbeiten bedeckt. Vor dem Turm liegt ein Hof mit achteckigen Marmorplatten. In dessen Mitte befindet sich ein Spielfeld, auf dem der Kaiser – wie schon sein Vater in Fatehpur Sikri – Pachisi (eine Art Mensch-ärgere-dich-nicht) mit Tänzerinnen als Spielfiguren spielte.

Jenseits des Musamman Burj erstreckt sich ein weiterer großer Hof, der **Anguri Bagh** (Traubengarten), ein *charbagh* in Miniaturausgabe. An seiner Ostseite liegt der Marmorbau des **Khas Mahal** (Privatpalast), vermutlich einst Ankleidezimmer oder Schlafgemach des Herrschers. Er wird von zwei sogenannten **Goldenen Pavillons** flankiert, deren geschwungene Dächer an die Reetdächer der Dorfhäuser in Bengalen erinnern. Vor dem Khas Mahal führen Treppen hinunter zur nordöstlichen Ecke des Anguri Bagh und zum **Shish Mahal** (Glaspalast). Dort badeten die Damen der Königsfamilie im weichen Licht der Lampen, das die Spiegelmosaiken an Wänden und Decke reflektierten. Leider ist das Gebäude derzeit nicht zugänglich, sodass man nur einen Blick durch die Fenster werfen kann.

Das Jahangiri Mahal

Südlich des Khas Mahal erhebt sich der gewaltige Jahangiri Mahal (Jahangirs Palast). Der Name ist allerdings irreführend, da der Palast tatsächlich für Jahangirs Vater errichtet wurde. Vermutlich diente er auch nicht als Königspalast, sondern als Harem. Im Gegensatz zur reinen Mogul-Architektur der umliegenden Bauwerke zeigt dieser wuchtige Sandsteinbau eine Mischung aus hinduistischen Elementen, traditionellem Mogulstil und islamischen Motiven.

Vom zentralen Hof führt ein Torweg durch das Hauptportal in den Palast. Seine eindrucksvolle Fassade zeigt eine typische Mischung von indischen und Mogul-Motiven: islamische Spitzbögen und Einlegemosaiken, kombiniert mit hinduistisch geprägten Dachüberhängen, die auf reich verzierten Konsolen ruhen. Direkt vor dem Palast befindet sich **Jahangirs Hauz** (Jahangirs Becken), eine riesige Wanne, die 1611 aus einem einzigen Porphyrblock gehauen wurde, mit persischen Inschriften und Stufen außen und innen. Sie wurde für das kaiserliche Bad mit Rosenwasser gefüllt. Es heißt, Jahangir habe sie sogar auf seinen Reisen durch das ganze Reich mitführen lassen, was allerdings angesichts ihrer Maße und ihres Gewichts wenig glaubhaft scheint.

Jami Masjid und Basare

Gegenüber vom Fort erhebt sich hinter dem Bahnhof die Hauptmoschee der Stadt, die hoch aufragende **Jami Masjid** (Freitagsmoschee) von 1648. Sie war ursprünglich durch einen langen Hof mit dem Haupttor der Festung (Delhi Gate) verbunden. Doch die Briten bauten zwischen beiden eine Bahnlinie, sodass die Moschee plötzlich im Niemandsland jenseits der Schienen stand. Sie wird von drei großen Sandsteinkuppeln mit charakteristischen Zickzackbändern aus Marmor gekrönt. Fünf mächtige Bögen führen in die Hauptgebetshalle, die meisterhafte Einlegearbeiten mit abstrakten Blumenmustern zieren.

Den Mihrab im Inneren umgeben kunstvoll verschnörkelte, schwarz eingelegte Inschriften mit Texten aus dem Koran, wie sie auch den Hauptgang zieren. Rings um die Moschee erstreckt sich der belebte, aber angenehm stressfreie **Kinari Bazaar**, ein faszinierendes Gewirr von Gassen voller Läden und Stände, in dem man jedoch wegen der zahllosen Menschen, Roller, Rikschas und Kühe nur langsam vorankommt. Gegenüber der Nordostecke stehen *petha-wallahs,* Straßenhändler, die Agras berühmteste Süßigkeit verkaufen (s. S. 295).

Itimad-ud-Daulah

Am Ostufer der Yamuna, 3 km nördlich des Agra Fort, erhebt sich das prachtvolle Grabmal von Mirza Ghiyas Beg, dem Wesir (Erster Minister) und Schwiegervater von Kaiser Jahangir, der ihm den Titel Itimad-ud-Daulah („Säule des Staates") verlieh. Unter den Riksha-*wallahs* von Agra ist das Grab als „Baby Taj" bekannt. Es ist zwar kleiner und nicht ganz so harmonisch proportioniert wie das berühmtere Taj Mahal, kann aber als dessen Vorläufer gelten, da es das erste Bauwerk im Agra der Mogulzeit war, das ganz mit Marmor verkleidet und mit reichen Einlegearbeiten an den Fassaden verziert wurde.

Wie üblich befindet sich das Grab im Zentrum eines *charbagh*-Gartens, den man allerdings von Osten und nicht wie sonst von Süden betritt – vermutlich um die Lage am Ufer der Yamuna zu betonen. Auch dieses Stilelement wurde beim Taj Mahal wieder aufgegriffen. Auf dem Dach befindet sich anstelle der üblichen Kuppel ein etwas zu klein geratener Pavillon mit untersetzten Minaretten an den vier Ecken. Doch diese kleinen Unvollkommenheiten werden überstrahlt von den prachtvollen Einlegearbei-

Das Grabmal Itimad-ud-Daulah gilt als Vorläufer des Taj Mahal.

ten, die praktisch den gesamten Bau bedecken – eine unfassbare Flut geometrischer und floraler Muster in gedämpften Rot-, Orange-, Braun- und Grautönen. Elegante Einlegearbeiten mit typisch persischen Motiven wie Weinkrügen, Bäumen und Geißblattranken zieren auch die vier Eingangsbögen. Die Innenwände bedecken leider stark abgeblätterte und schlecht restaurierte Ornamente mit weiteren Gefäßen, Blumen und Zypressen. ⊙ tgl. von Sonnenauf- bis Sonnenuntergang, Eintritt Rs110.

Chini-ka-Rauza

Rund 1 km nördlich des Itmad-ud-Daulah liegt das Chini-ka-Rauza, das zwischen 1628 und 1639 als Mausoleum für Afzal Khan erbaut wurde. Dieser persische Dichter aus Shiraz war einer von Shah Jahans Ministern. Der Herkunft von Afzal Khan entsprechend, ist das Grab ganz im persischen Stil gehalten und das einzige Bauwerk dieser Art in Agra. Wiederum 1 km nördlich des Chini-ka-Rauza erstrecken sich mitten im staubigen Norden von Agra die **Rambagh-Gärten**. Sie sind eines der letzten erhaltenen Zeugnisse in Indien, die noch von Babur stammen, dem Gründer der Mogul-Dynastie. Sie wurden 1526 nach dem persischen *charbagh*-Muster an-

gelegt und zum Vorbild für alle späteren Mogul-Gärten auf dem indischen Subkontinent. Heute gibt es allerdings nicht mehr viel zu sehen. ⊙ tgl. von Sonnenauf- bis Sonnenuntergang; Eintritt Rs110.

Akbars Mausoleum: Sikandra

Angesichts der Bedeutung, die prachtvolle Grabmäler in der Mogulzeit besaßen, überrascht es nicht, dass das Mausoleum des berühmtesten Mogulherrschers zugleich eines der stolzesten Bauwerke seiner Zeit war. Es befindet sich an der Hauptstraße nach Mathura bei der Ortschaft Sikandra, 10 km nordwestlich von Agra. Rikschas kosten hin und zurück mindestens Rs120. Man kann aber auch vom Busbahnhof Agra Fort einen Bus in Richtung Mathura nehmen. Den Komplex betritt man durch das gigantische **Buland Darwaza** (Großes Tor), das von vier Minaretten überragt wird und mit Marmor und farbigen Kacheln in geometrischen Mustern verkleidet ist. Letztere tragen die aus dem Koran stammende Inschrift: „Dies ist der Garten Eden, tritt ein und lebe ewiglich." Dahinter erstrecken sich weitläufige, parkartige Gärten, die von erhöhten Sandsteinstegen in vier gleiche Quadrate geteilt werden, wie es für die *charbagh*-Gärten der Mogulzeit typisch ist. Auf den Wegen sieht man Languren, und durch das hohe Gras streifen Hirsche – genau wie auf den Miniaturen aus der Mogulzeit, als das Grabmal gebaut wurde. All das verleiht dem Ort eine wundervoll friedliche Atmosphäre.

Das eigentliche Mausoleum, im Zentrum des *charbagh* und direkt vor dem Buland Darwaza, ist eines der ungewöhnlichsten Bauwerke aus dem Agra der Mogulzeit. Seine quadratische Basis wird nicht wie sonst von einer Kuppel überwölbt, sondern von einem dreistöckigen, offenen Sandsteinbau, den ein wuchtig wirkender Marmorpavillon krönt. Dieses Durcheinander der Stile ist vermutlich Jahangir zuzuschreiben, der während der Bauzeit Änderungen im Plan des Mausoleums anordnete. Akbar selbst hatte keine fertigen Pläne hinterlassen. Gemessen an anderen Mogulbauten Indiens ist das Grabmal architektonisch misslungen. Es hat aber dennoch seinen eigenen, sonderbaren Reiz, und die Einlegearbeiten am unteren Stockwerk sind zum großen Teil meisterhaft.

Ein hohes Marmorportal in der Südfassade gibt den Blick frei auf ein kunstvolles Gitterwerk. Dahinter verbirgt sich eine kleine Vorhalle, die mit meerblauen Fresken und Koransprüchen bemalt ist. Von hier aus geht es über eine Rampe in die große, schlicht gehaltene Gruft hinab, die nur durch eine Öffnung in der Decke beleuchtet wird. In ihrer Mitte befindet sich Akbars Grab, verziert mit der Federschachtel, dem Symbol der männlichen Herrscher, die auch am Grab von Shah Jahan im Taj Mahal zu sehen ist. ☉ tgl. von Sonnenauf- bis Sonnenuntergang; Eintritt Rs110. 1 km nördlich von Sikandra liegt etwas abseits der Straße das weit bescheidenere **Grab von Mariam**, das Mausoleum von Akbars Frau und Jahangirs Mutter Mariam Zamani. ☉ tgl. von Sonnenauf- bis Sonnenuntergang, Eintritt Rs100.

Übernachtung

Die meisten Budgetreisenden steigen in **Taj Ganj** ab, dem Gewirr schmaler Gassen unmittelbar südlich des Taj. Die dortigen Gästehäuser sind zwar zum Teil sehr einfach, aber mit ihrem herrlichen Ausblick vom Dach, ihren gemütlichen Cafés und günstigen Preisen oft eine sehr gute Wahl. Modernere und teurere Unterkünfte säumen die **Fatehabad Road**, südwestlich von Taj Ganj. Die grünere Gegend vom **Cantonment** und das angrenzende **Sadar Bazaar** bieten Zimmer in jeder Preiskategorie sowie eine günstige Lage.

Taj Ganj

Die nachstehend aufgeführten Hotels und Gästehäuser befinden sich in der Nähe des Taj Mahal; s. Karte S. 294.

Kamal, Chowk Kagzi, ✆ 0562/233 0126, ✉ hotel kamal@hotmail.com. Mitten im Zentrum des Geschehens von Taj Ganj; gepflegte Zimmer (die billigsten ohne warme Dusche) und tolle Aussicht vom Dachrestaurant. ❷–❹

Shah Jahan, Chowk Kagzi, ✆ 0562/320 0240, ✉ shahjahan_hotel@hotmail.com. Sieht auf den ersten Blick etwas düster aus, doch die Zimmer sind sauber und haben alle warme Duschen; Dachrestaurant und Internetzugang unten. ❷–❹

Shanti Lodge, Chowk Kagzi, ✆ 0562/233 1973, ✉ shantilodge2000@yahoo.co.in. Zu Recht beliebte Backpacker-Herberge mit herrlichem Blick auf das Taj vom Dachrestaurant. Die Zimmer, darunter einige der billigsten der Stadt, sind sehr verschieden; die im neuen Anbau sind größer und besser. Gute Deals für Einzelbelegung. ❶–❸

Sheela, East Gate, ✆ 0562/233 1973, 🖥 www. hotelsheelaagra.com. Große, saubere Zimmer mit Ventilator, *air-cooler* oder AC rund um einen hübschen, kleinen Garten, die billigsten

Luxus pur

Amarvilas, East Gate, ✆ 0562/223 1515, 🖥 www. oberoihotels.com, mit Abstand das schönste (und teuerste) Hotel in Agra. Ein wahres Kunstwerk in einer gelungenen Mischung aus maurischem und Mogul-Stil rings um einen prachtvollen Garten, der besonders abends zauberhaft ist. Die meisten Zimmer haben Blick aufs Taj Mahal. Das Hotel hat einen großen Pool, idyllische Terrassengärten, zwei noble Restaurants und eine sehr hippe Bar. Zimmer ab US$709. ❾

Uttar Pradesh

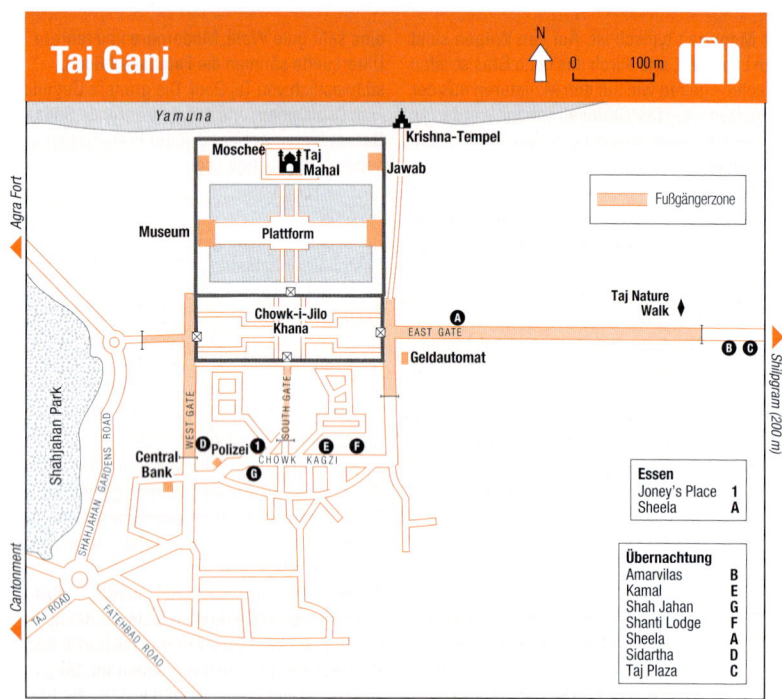

Taj Ganj

N
0   100 m

Yamuna

Agra Fort

Moschee — Taj Mahal

Krishna-Tempel

Jawab

Museum

Plattform

Fußgängerzone

Chowk-i-Jilo Khana

EAST GATE

Taj Nature Walk

A

B C

Shligram (200 m)

Geldautomat

WEST GATE

SOUTH GATE

Shahjahan Park

SHAHJAHAN GARDENS ROAD

Central Bank

D Polizei ❶

CHOWK KAGZI

G

E F

Cantonment

TAJ ROAD

FATEHBAD ROAD

Uttar Pradesh

Essen
Joney's Place   1
Sheela   A

Übernachtung
Amarvilas   B
Kamal   E
Shah Jahan   G
Shanti Lodge   F
Sheela   A
Sidartha   D
Taj Plaza   C

---

haben warmes Wasser nur in Eimern; nettes Personal und gutes Restaurant. ❷–❹

Sidhartha, West Gate, ✆ 0562/233 0901, 🖥 www.hotelsidhartha.com. Größere und bessere Zimmer als die anderen Billighotels in Taj Ganj, die billigsten jedoch ohne fließendes Warmwasser; Restaurant in einem grünen Innenhof mit Mauerresten aus der Mogulzeit. ❷–❹

Taj Plaza, East Gate, ✆ 0562/223 2515, 🖥 www.hoteltajplaza.com. Das kleine, moderne Hotel ist eine etwas teurere Alternative zu den nahen Gästehäusern von Taj Ganj. Es besitzt saubere, helle Zimmer mit AC und Kabel-TV. Die kostspieligeren sind erheblich überteuert, haben aber einen schönen Blick aufs Taj. ❹–❼

Cantonment und Sadar Bazaar
Siehe Karte Agra, S. 284.

Clarks Shiraz, 54 Taj Rd, ✆ 0562/222 6121, 🖥 www.hotelclarksshiraz.com. Großes 5-Sternehotel in angenehmer Lage mit kleinen,

aber netten Zimmern, die teureren mit Blick auf das weit entfernte Taj. Drei Restaurants, zwei Bars, Swimming Pool und Fitnessraum. Zimmer ab Rs6300, die teuersten kosten um US$140. ❽–❾

Hilltop, 21 The Mall, ✆ 0562/222 6836, ✉ hotel hilltopagra@yahoo.com. Etwas schäbige Unterkunft inmitten netter Anlage mit Pfauen und Papageien. Die billigeren Zimmer sind eher klein, die nobleren jedoch recht preisgünstig. Es gibt ein paar sehr einfache, zellenartige EZ ohne Bad für nur Rs120, und für Rs150 kann man zelten. ❸–❹

Sakura, nahe dem Idgah-Busbahnhof, ✆ 0562/242 0169, 🖥 www.hotelsakuraagra. com. Gepflegtes und empfehlenswertes Guesthouse im Westteil der Stadt. Die Zimmer (alle mit Luftkühlern) sind groß, hell und schön ausgestattet; der hilfsbereite Besitzer ist eine Fundgrube für Infos über die Region. Einziger Nachteil ist die Lage: nicht schlecht für den

Idgah-Busbahnhof und den Bahnhof Cantonment, aber etwas weit von allem Übrigen. ❷–❹

Yamuna View, 6-B The Mall, ✆ 0562/246 2989, 🖥 www.hotelyamunaviewagra.com. Zentral gelegenes, aber recht durchschnittliches 5-Sterne-Hotel; noble, wenn auch etwas abgenutzte Zimmer; Pool, Bar und zwei gute Restaurants, darunter das todschicke Mandarin (S. 296). DZ ab US$105. ❾

Fatehabad Road und Umgebung

Siehe Karte Agra S. 284.

Amar Yatri Niwas, Fatehabad Rd, ✆ 0562/223 3030, 🖥 www.amaryatriniwas.com. Empfehlenswertes Mittelklasse-Hotel mit gepflegten Zimmern (die billigen sind klein, aber komfortabel) und internationalem Restaurant. ❺–❻

The Gateway, Fatehabad Rd, ✆ 0562/660 2000, 🖥 www.tajhotels.com/gateway. Der kastenförmige, kleine Bau sieht von außen nicht nach viel aus, ist aber sehr geschmackvoll ausgestattet; die in freundlichem Orange-Weiß gestalteten Zimmer (einige mit Blick auf das ferne Taj) gehören zu den attraktivsten der Stadt. Lobby etc. sind luxuriös und es gibt die übliche 5-Sterne-Ausstattung; DZ offiziell ab US$209, aber gewöhnlich billiger. ❾

Mayur Tourist Complex, Fatehabad Rd, ✆ 0562/233 2302, ✉ mayur268@rediffmail.com. Schmuddelige Häuschen mit Bad im Pagodenstil um einen großen Garten (meist ruhig, aber von Nov–Jan viele Hochzeiten); Restaurant

Das Original

Tourists Rest House, Kutchery Rd, Baluganj, ✆ 0562/246 3961, ✉ dontworrychickencurry@hotmail.com. Eines der besten Billighotels der Stadt mit hellen Zimmern (alle außer den allerbilligsten mit fließend Wasser) um einem ruhigen, grünen Innenhof; Telefonzelle, WLAN, Generator und kostenlose Abholung von Bus und Bahnhof, wenn man sich einen Tag vorher meldet. Vorsicht: Riksha-Fahrer bringen einen gern zu anderen Hotels mit ähnlichem Namen. ❶–❸

mit multikultureller Speisekarte, schmuddelige Bar, Pool. Auch Camping ist möglich für Rs600 p. P. ❺–❻

Safari, Shaheed Nagar, Shamsabad Rd, ✆ 0562/248 0106, ✉ hotelsafari@hotmail.com. Freundliches, entspanntes Hotel im Süden der Stadt. Zimmer (mit Ventilator, *air-cooler* oder AC) sind recht alt, aber sauber und sehr gepflegt; vom Dachcafé Blick aufs Taj. Etwas abgelegen, aber sonst zu empfehlen. ❷–❸

Trident, Tajnagri, Fatehabad Rd, ✆ 0562/233 2400, 🖥 www.tridenthotels.com. Ruhiges 5-Sterne-Hotel mit freundlichen Zimmern (zwei sind behindertengerecht) in flachen Bauten um einen weitläufigen Garten mit großem Pool und internationalem Restaurant. DZ ab US$221 (Normalpreis). ❾

Essen

Agra ist berühmt für seine traditionelle, von Persien beeinflusste Mogul-Küche. Sie ist geprägt von gehaltvollen Soßen auf Sahne- und Joghurtbasis, Nan- und Tandoori-Brot, das im Erdofen gebacken wird, Pulao-Reisgerichten und süßen Milchspeisen wie *kheer*. Mogul-Spezialitäten werden in vielen besseren Restaurants der Stadt serviert. Die meisten davon liegen in der Gegend von Sadar Bazaar und in der Fatehabad Road. In **Taj Ganj** gibt es zahllose sehr schlichte, kleine Traveller-Cafés, allerdings mit zweifelhafter Hygiene, meist fantasieloser Küche und langsamer Bedienung. Das große Plus dieses Viertels sind seine Dachcafés, von denen viele tagsüber und in Vollmondnächten einen herrlichen Blick auf das Taj Mahal bieten – den besten hat man von den Gästehäusern Kamal und Shanti Lodge. Zu den **Spezialitäten** von Agra gehört *petha* (eine Süßspeise aus geriebenem Kürbis). Am besten ist jene von Panchi, die man vielerorts in Agra bekommt, besonders in den *petha*-Läden des Kinari Bazaar, nordöstlich der Jami Masjid (jenseits des Cafés Chimman Lal Puri Wala). Probieren sollte man auch *ghazak* (ein steinhartes Konfekt mit Nüssen) und *dalmoth* (eine knusprige Mischung mit schwarzen Linsen).
Die Restaurants der Stadt – selbst die namhafteren – sind leider nicht immun gegen

den grassierenden Missbrauch von **Kreditkarten** (s. S. 60). Am besten ist es, gar nicht mit
der Karte zu bezahlen (außer in den 5-Sterne-
Lokalen) oder zumindest die gesamte Prozedur
sorgfältig im Auge zu behalten. Außer dem
Sheela und Joney's Place, die sich auf der Karte
von Taj Ganj (S. 294) befinden, sind alle unten
aufgeführten Lokale auf der Agra-Karte (S. 284)
eingezeichnet.

Achman, Agra–Delhi Highway (NH-2), Dayal
Bagh, 5 km außerhalb beim Baghwan Cinema.
Wird unter Insidern vor allem für sein *navratan
korma* (mild gewürzte Mischung aus Nüssen,
Trockenobst und *paneer*), *malai kofta* und
Kichererbsen-Masala gelobt, außerdem für
sein exzellentes, gefülltes Nan. Weitab der
Touristenpfade im Norden der Stadt gelegen,
aber ideal zum Abendessen auf dem Rückweg
von Sikandra (etwa auf halber Strecke).
Ansonsten zu erreichen per Sammel-Motor-
Riksha vom Busbahnhof Agra Fort oder
Gwalior Road. Hauptgerichte Rs95–145.

Chimman Lal Puri Wala, gegenüber der
Nordostmauer der Jami Masjid. Seit fünf
Generationen eine Institution in Agra; kleines
Café-Restaurant, sieht von außen eher schäbig
aus, serviert aber z. B. köstliche *puri-thalis*
für nur Rs30. Ideale Anlaufstelle nach der
Besichtigung der Jami Masjid.

Dasaprakash, Meher Theatre Complex,
1 Gwalior Rd, nahe dem Tourists Rest House.
Filiale des berühmten Restaurants in Chennai,
kleine Auswahl hervorragender südindischer
Gerichte und Großauswahl an Eiscremes;
Hauptgerichte meist Rs80–150, *thalis* Rs100–210.

Joney's Place, Chowk Kagzi, Taj Ganj.
Das älteste und beste der Traveller-Cafés in
Taj Ganj besteht seit 1978 und öffnet bereits
um 5 Uhr. Das indische Frühstück (*puris*,
Kichererbsen-Curry, *jalebi* und Tee) ist recht
gut. Außerdem gibt es Spaghetti, Makkaroni,
veg. und nicht veg. Currys und gelegentlich
sogar Hummus und Falafel. Hauptgerichte
Rs30–70.

Lakshmi Villas, 50-A, Sadar Bazaar. Schlichtes,
aber zu Recht beliebtes südindisches Café im
Herzen von Sadar Bazaar; bietet die typische
iddli-dosa-uttapam-Karte plus einige *thalis* –
eine gute und deutlich billigere Alternative zum

Dasaprakash. Die meisten Gerichte kosten
nur Rs55–80, *thalis* Rs88.

The Mandarin, Yamuna View Hotel. Eins der
besten nicht indischen Restaurants der Stadt;
das ziemlich schicke chinesische Lokal bietet
eine willkommene Abwechslung zu Mogul-
Currys und *masala dosas*. Die recht umfangreiche Karte umfasst eine gute Auswahl an
köstlich zubereiteten (wenngleich teuren)
Gerichten wie gebratenes Gemüse in Mandel-
soße und Hühnchen in Chili und Honig. Nicht
veg. Hauptgerichte Rs330–400 (Meeresfrüchte
Rs400–575).

Only, The Mall, Ecke Taj Rd. Eines der
beliebtesten nordindischen Restaurants der
Stadt, normalerweise voll mit einheimischen
Familien und Touristengruppen; bekannt für
seine gut zubereiteten Tandoori- und Mogul-
Gerichte, bietet aber auch eine große Auswahl
an nordindischen veg. und anderen Standardgerichten sowie ein paar chinesische und
europäische Speisen; abends hat man die Wahl
zwischen einem Tisch im klimatisierten Speisesaal und Sitzplätzen in einem angenehmen
Innenhof; nicht veg. Hauptgerichte Rs140–295.

Park Restaurant, Taj Rd, Sadar Bazaar. Seit
Langem bei Einheimischen und Touristen
gleichermaßen beliebtes, einfaches Restaurant
mit AC und einem ausgezeichneten Angebot
an klassischen Mogul-Hühnchengerichten,
Tandooris und veg. wie anderen Currys mit
köstlichem Nan-Brot, außerdem eine kleine
Auswahl von europäischen und chinesischen
Spezialitäten. Hauptgerichte zumeist Rs90–
185. Die Spezialität des Hauses ist der *banno*-
Kebab mit Hähnchenstücken in scharfer
Cashew-Paste (Rs200).

Sheela, East Gate, Taj Ganj. Das zuverlässigste
und angenehmste Lokal in der Nähe des Taj
mit schmalem Gästeraum und Tischen im
schattigen Garten. Gute Auswahl an einfachen
indischen Gerichten sowie Drinks und Snacks.
Die Obst-Lassis sind schon mehr ein Nachtisch
als ein Getränk. Nicht veg. Hauptgerichte
Rs90–250.

Tourists Rest House, Baluganj. Stimmungsvolles Gartenlokal mit kleiner Auswahl an
Frühstücksgedecken, indischen veg. Gerichten,
insbesondere *vegetable kofta*. Preiswert und

beliebt bei Rucksackreisenden. Hauptgerichte Rs35–80.

Zorba the Buddha, E-19, Shopping Arcade, Sadar Bazaar. Das nett gestaltete kleine Lokal ist ganz auf ausländische Touristen ausgerichtet, obwohl auch Inder hier essen. Auf der Karte stehen neben veg. indischen Gerichten auch ausgefallene Spezialitäten wie „Hawaiian Spree" (Gemüse und Ananas in Ananas-Soße) oder „Fiesta" (Gemüse in Tomaten-Cashew-Soße) für Rs90–150, die gewöhnlich lecker zubereitet und hübsch präsentiert werden. Festpreismenü Rs350 (plus Steuer). ☺ Juni geschl.

Einkaufen

Agra ist bekannt für seine mit Blumenmotiven verzierten und mit Halbedelsteinen eingelegten Tischplatten, Vasen und Tabletts aus Marmor. Außerdem kann man hier ausgezeichnet Lederwaren einkaufen, ebenso Teppiche und **Dhurries** (derbe Baumwollstoffe als Bodenbelag) sowie traditionelle Stickereien.

In der Stadt gibt es mehrere große Kaufhäuser, z. B. **Cottage Industries Exposition** in der Fatehabad Rd, das gut ausgestattet, aber viel zu teuer ist. In solche Läden werden Touristen üblicherweise von Provisionsjägern gelotst. Die Geschäfte in den großen Hotels sind auch nicht billig, aber Qualität und Service sind dort meistens besser. Einer von mehreren staatlichen Läden beim Taj ist z. B. **UP's Gangotri** (feste Preise). In der Nähe des East Gate liegt **Shilpgram**, ein „Künstlerdorf" mit Kunst- und Kunstgewerbegegenständen aus ganz Indien. Manchmal finden hier auch Livemusik- und Tanzvorstellungen statt.

Ein Einkaufsbummel durch The Mall, die MG Rd und Munro Rd, den Kinari Bazaar bei der St. John's Church, Sadar Bazaar und Taj Mahal-Komplex macht viel Spaß, aber man sollte schon wissen, was man sucht, und darauf gefasst sein, zu handeln. Sachen zu kaufen und nach Hause schicken zu lassen, ist nicht ratsam. Besondere Vorsicht ist beim Bezahlen mit Kreditkarte geboten: Die Karte nie aus den Augen lassen und darauf achten, dass sämtliche Angaben korrekt und vollständig sind. In Agra hat es zahlreiche Fälle schweren **Kreditkartenbetrugs** gegeben. Die Hauptdienststelle der städtischen Polizei führt eine Liste all jener Gewerbebetriebe, gegen die eine Anzeige vorliegt. Nicht vergessen: Wer mit der **Rikscha** oder dem **Taxi** bei einem Geschäft vorfährt, zahlt zum normalen Preis noch die Provision für den Fahrer mit dazu. Will man zu einem bestimmten Geschäft, sollte man sich in der Nähe absetzen lassen und zu Fuß hingehen.

Sonstiges

Fotoausrüstung

Zahlreiche Geschäfte an der MG Road, eine Straße nördlich von The Mall, können digitale Bilder laden und auf CD brennen oder ausdrucken. Ebenso das **Moonlight Studio**, West Gate, Ecke Chowk Kagzi, Taj Ganj.

Geld

Es gibt zwei **Geldautomaten** am Bahnhof Cantonment sowie einige weitere an verschiedenen Orten der Stadt (s. Karte S. 284 und 294).

State Bank of India, gleich südlich der Taj Rd in Cantonment, wechselt keine Amex-Reiseschecks. Geldwechsel auch bei der **Allahabad Bank** im Hotel Clarks Shiraz.

Es gibt mehrere private Wechselstuben in Taj Ganj, in der Tourist Complex Area sowie in der Umgebung der Hotels Amar Yatri Niwas und Mansingh Palace, z. B. **Varun Forex** gegenüber dem Amar Yatri Niwas an der Fatehabad Rd.

Informationen

Agra hat zwei Touristeninformationen: **India Tourism**, 191 The Mall, ✆ 0562/222 6368, ☺ Mo–Fr 9–17, Sa 9–14 Uhr, und **UP Tourism**, 64 Taj Rd, ✆ 0562/222 6378; ☺ Mo–Sa 10–17 Uhr. Außerdem gibt es einen **Informationsschalter** im Bahnhof Cantonment, ✆ 0562/242 1204, ☺ tgl. 24 Std.

Internet

Internetzugang bieten zahlreiche Lokale in Agra, besonders in Taj Ganj. Die Preise liegen um Rs30 pro Std. Viele Hotels und Gästehäuser haben ihren eigenen Internetzugang.

Medizinische Hilfe

Nachstehend drei saubere und vertrauens-
würdige Privatkliniken mit Englisch
sprechenden Ärzten.
SR Hospital, Namner Cross Roads,
☎ 562/242 1362,
GG Nursing Home, 106/2 Sanjay Place,
☎ 0562/285 3952,
Pushpanjali, Delhi Gate, ☎ 0562/252 7566-8.
Das **District Hospital**, MG Rd, Chipitola,
☎ 0562/236 3043, leistet kostenlose medizinische
Hilfe und ist vielleicht für kleinere Verletzungen
vorzuziehen.
Meiden sollte man auf jeden Fall Hinterhof-
kliniken, selbst wenn sie vom Hotelmanager
empfohlen werden. Wer an Symptomen einer
Lebensmittelvergiftung leidet, sollte auf keinen
Fall Kliniken oder Ärzte aufsuchen, die von
jemandem in dem betreffenden Restaurant
angepriesen werden.

Polizei

Polizeiwachen gibt es an der Chowk Kagzi in
Taj Ganj, ☎ 0562/233 1015, und an der Mahatma
Gandhi Road in Sadar Bazaar, etwas südlich
der Kreuzung mit der Fatehpur Sikri Rd,
☎ 0562/222 6561.
Mittlerweile verfügt Agra über eine eigene
Touristenpolizei, die Reisende vor Verbrechen
schützen soll. Sie ist zu erreichen über
UP Tourism oder unter ☎ 9454/402764.

Post

Hauptpost in The Mall, in der Nähe des Büros
von India Tourism.

Schwimmen

Die Hotelpools sind meist den Gästen
vorbehalten, doch einige akzeptieren gegen
Eintritt auch Tagesbesucher. Derzeit z. B.
Yamuna View (Rs350), **Clarks Shiraz** (Rs500)
sowie das **Amar** (Rs300) beim Amar Yatri Niwas
und der **Mansingh Palace** (Rs400).

Touren

UP Tourism organisiert (tgl. außer Fr) eine
Rundtour durch Agra mit festen Haltepunkten,
zugeschnitten auf Tagesausflügler von Delhi.
Sie beginnt um 9.45 Uhr beim Büro von India

Tourism und hält um 10.20 Uhr am Bahnhof
Agra Cantonment, passend für den Taj Express
von Delhi (Ankunft 10.07 Uhr). Die ganztägige
Tour kostet Rs1700 inkl. aller Gebühren für
Eintritt und Führungen. Sie umfasst eine Stipp-
visite beim Taj Mahal, Agra Fort und in Fatehpur
Sikri und endet gegen 18 Uhr, rechtzeitig für
den Taj Express zurück nach Delhi (Abfahrt
18.55 Uhr). Man kann aber auch nur nachmittags an der Besichtigung von Fatehpur Sikri
(Rs550) teilnehmen. Reservierungen sind sowohl
über UP Tourism als auch über India Tourism
möglich.

Nahverkehr

Agras Sehenswürdigkeiten liegen zu weit
auseinander, um sie zu Fuß zu erkunden.
Egal wo man übernachtet, man wird in jedem
Fall einige Zeit in Rikschas oder Taxis zubringen.
Von einem Stadtteil in den andern zu gelangen,
kann sehr zeitraubend sein. Besonders
problematisch ist die Überquerung der Yamuna,
da beide Brücken im Zentrum extrem überlastet
und vernachlässigt sind.
Fahrrad-Rikschas, mit denen sich einige der
ärmsten Bewohner der Stadt ihren Lebensunterhalt verdienen, eignen sich für kürzere
Strecken. Für längere Strecken sind sie jedoch
nervtötend langsam. Lästig sind ihre Fahrer,
die Passanten überall hinterherrennen –
Fußgänger, die auf der rechten Straßenseite
unterwegs sind, lassen sich allerdings schwerer
erwischen.
Motor-Rikschas sind schneller und die Preise
(inkl. Wartezeit) günstig, wenn man feilscht.
Üblicherweise kostet es ab Taj Ganj: Rs40–50
nach Sadar Bazaar, Rs50–70 zum Bahnhof Agra
Cantonment und Rs30–40 zum Fort.
Taxis empfehlen sich für längere Fahrten, etwa
nach Sikandra oder Fatehpur Sikri. Den Preis
vor Beginn der Fahrt aushandeln. Es gibt Taxistände an den Bahnhöfen, und das Hotel kann
ein Taxi rufen. In jedem Fall muss bei Rikschas
und Taxis um den Fahrpreis erbittert gefeilscht
werden, denn angesichts der Massen „frischer"
Touristen verlangen die Fahrer unverschämt
hohe Preise. Wird ein überhöhter Preis verlangt,
ist es am besten, einfach weiterzugehen. Dann
kommen die Fahrer einem meist hinterher und

nennen realistischere Preise. Viele Rikscha- und Taxifahrer halten auch bei allen möglichen Geschäften, um eine Provision zu ergattern – die im Endeffekt der Käufer/Passagier bezahlt. Besonders wenn ein absurd niedriger Fahrpreis angeboten wird, sind Einkaufsläden das eigentliche Ziel.

Zwischen dem Fort und dem Westtor des Taj Mahal verkehrt ein billiger und umweltfreundlicher **Elektrobus** (Rs5); allerdings kann es 20–30 Min. dauern, ehe einer kommt.

Für Ausländer, die mit dem Verkehrschaos und den schlechten Straßen nicht vertraut sind, ist **Radfahren** stressig und gefährlich.

Ein kleiner Bereich zu beiden Seiten des Taj Mahal ist für Kraftfahrzeuge gesperrt, um das Bauwerk vor Luftverschmutzung zu bewahren. Die Straßen in diesem Bereich sind angenehm ruhig, aber wer dort sein Hotel hat, muss ein kurzes Stück zu Fuß gehen.

Transport

Busse

Agra hat drei Busbahnhöfe; der Agra Fort Bus Stand wird aber inzwischen nur noch von Lokalbussen angefahren. Der **Idgah Bus Stand**, nahe dem Bahnhof Cantonment im Südwesten der Stadt, bietet Verbindungen nach FATEHPUR SIKRI (alle 30 Min., 1–1 1/2 Std.), DELHI (alle 10 Min., 5–6 Std.), Madhya Pradesh und Rajasthan. Für Ziele in Rajasthan jenseits von JAIPUR nimmt man den Bus nach Jaipur (alle 30 Min., 5–6 Std.) und steigt dort um (eine Ausnahme bildet AJMER, das man 4x tgl. in 10 Std. direkt erreicht). Luxus- und AC-Busse nach Jaipur fahren am Hof vor dem Hotel Shakpura, nahe dem Busbahnhof, ab. Die Fahrt nach Khajuraho (Abfahrt 5 Uhr, 12 Std.) ist recht anstrengend – bequemer ist es, den Zug zu nehmen oder zumindest mit dem Zug bis Jhansi (3 Std.) zu fahren und dort in einen Bus umzusteigen (5 Std.).

Vom relativ neuen **Interstate Bus Terminal (ISBT)**, 12 km nördlich der Stadt in Transport Nagar, an der Fernstraße von Delhi nach Agra, fahren Busse zu Zielen in UP wie LUCKNOW (stdl., 9 1/2 Std.) und VARANASI (2x tgl.; 14 Std.) sowie nach HARIDWAR (3x tgl., 10 Std.), RISHIKESH (3x tgl., 12 Std.) und DEHRA DUN

(5x tgl., 13 Std.). Eine Motor-Rikscha zwischen Busbahnhof und Zentrum kostet etwa Rs70.

Hotels und Reiseagenturen reservieren Plätze für **Busse privater Unternehmen** nach Delhi, Gwalior, Khajuraho, Lucknow und Nainital.

Wenn Busse nach Agra bereits in den Vororten (etwa 6 km vom Busbahnhof Idgah) halten, um Einheimische aussteigen zu lassen, kommen oft Rikscha-Fahrer (manchmal in Absprache mit den Busfahrern) und behaupten, dies sei die Endstation, an der alle aussteigen müssten. Doch solange noch andere Passagiere im Bus sind, sollte man bis Idgah sitzen bleiben.

Eine Busfahrt, insbesondere auf der Grand Trunk Road Richtung Delhi und auf dem NH-11 nach Jaipur, ist sehr viel nervenaufreibender als eine Bahnfahrt auf derselben Strecke, denn es passieren erschreckend viele Verkehrsunfälle.

Eisenbahn

Agra besitzt sechs Bahnhöfe; für Touristen sind davon aber nur zwei interessant. Der meistfrequentierte ist der **Agra Cantonment (Cantt)** im Südwesten mit Verbindungen nach Delhi, Gwalior, Jhansi und Zielorten weiter südlich. Er verfügt über einen Touristeninformationsschalter und liegt in der Nähe der meisten Hotels. Züge aus Rajasthan halten unweit der Jami Masjid am Bahnhof **Agra Fort** (einige auch im Bahnhof Agra Cantt). Agra Cantt liegt günstiger für die Hotels um Sadar Bazaar; der Bahnhof Agra Fort befindet sich etwas näher bei Taj Ganj. Beide sind recht weit von den Hotels an der Fatehabad Road entfernt.

Am Bahnhof Agra Cantonment gibt es einen Schalter für vorausbezahlte **Motor-Rikschas und Taxis** (Rs52/85 zu jedem Ort in der Stadt). Manche Fahrer versuchen Touristen vorher abzufangen, um höhere Preise oder eine Provision zu kassieren. Fahrrad-Rikschas warten im Vorhof, brauchen aber lange, falls man zur Fatehabad Road oder nach Taj Ganj will. Wie üblich versuchen Rikscha- und Taxifahrer eine Provision zu verdienen, indem sie ihre Fahrgäste zu bestimmten Hotels bringen. Sie behaupten dann vielleicht (fälschlich),

Uttar Pradesh

das Hotel, zu dem der Fahrgast will, sei geschlossen.

Bahnfahrkarten, vor allem in die Hauptstadt, sollten so früh wie möglich in den Bahnhöfen Agra Cantonment oder Agra Fort gekauft werden. Beide verfügen über Reservierungscomputer und separate Touristenschalter. Die Züge nach DELHI fahren vom Bahnhof Cantonment ab. Der schnellste und teuerste Zug nach New Delhi ist der voll klimatisierte Shatabdi Express Nr. 12001 (Abfahrt 20.30 Uhr tgl., 2 Std.); eine Alternative ist der Taj Express Nr. 12279 nach HAZRAT NIZAMUDDIN (tgl. 18.55 Uhr; 3 Std.). In der entgegengesetzten Richtung fährt der Shatabdi Express Nr. 12002 (Abfahrt 8.17 Uhr tgl.) nach GWALIOR (1 1/4 Std.) und weiter nach JHANSI (2 1/2 Std.), von wo Busse nach Khajuraho fahren. Nach KHAJURAHO fährt außerdem täglich außer mittwochs der Sampark Kranti Express Nr. 12448, Abfahrt ab Agra Cantonment um 23.20 Uhr, Ankunft in Khajuraho um 6.35 Uhr. Dieser Zug wird in Mahoba um 5.08 Uhr geteilt. Ein praktischer aber relativ langsamer Frühzug nach NEW DELHI ist der Intercity Express Nr. 14211 (Abfahrt 6 Uhr; 4 1/4 Std.); der schnellste Mittagszug ist der Kerala Express Nr. 12625 (Abfahrt 10.28 Uhr; 3 1/4 Std.). Nach JAIPUR verkehren u. a. der Gwalior–Udaipur Super Express Nr. 12965 vom Bahnhof Cantonment (Abfahrt 17.40 Uhr, Ankunft 22.20 Uhr) und der Marudhar Express Nr. 14853/14863/14865 von Agra Fort (Abfahrt 6.15 Uhr, Ankunft 11.15 Uhr). Mit dem Marudhar Express kommt man auch nach JODHPUR (Ankunft 17 Uhr), oder man reist über Nacht mit dem Howrah–Jodhpur Express Nr. 12307 (Abfahrt 20.10 Uhr, Ankunft 6 Uhr am nächsten Morgen); einige Wagen werden in Merta Road abgekoppelt, mit Ziel BIKANER (Ankunft 8 Uhr). Nach KOLKATA verkehrt der Ajmer–Sealdah Express Nr. 12988 ab Agra Fort (Abfahrt 19.50 Uhr, Ankunft in Sealdah 15.55 Uhr am nächsten Tag. Nach LUCKNOW fährt als Nachtzug tgl. der Avadh Express Nr. 19037/19039 von Agra Fort (Abfahrt 21.25 Uhr, Ankunft 6.25 Uhr am nächsten Morgen). Die beste Verbindung nach VARANASI ist der Nachtzug Marudhar Express

Nr. 14854/14864/14866 (tgl. 21.20 Uhr ab Agra Fort, Ankunft 10.30 Uhr. Nach Goa fährt der Goa Express Nr. 12780 ab Agra Cantonment um 17.50 Uhr und erreicht VASCO 36 3/4 Std. später (um 6.30 Uhr); die beiden Nachtverbindungen nach CHENNAI (der GT Express Nr. 12616 um 21.50 Uhr und der Tamil Nadu Express Nr. 12622 um 1.10 Uhr) sind schneller; der 12622 braucht nur 30 Std.

Flüge

Der Flughafen **Kheria**, ✆ 0562/240 0569, liegt 7 km südwestlich der Stadt. Abhängig von der Jahreszeit gibt es Flüge mit Kingfisher nach DELHI. Aber wenn man den Zeitaufwand fürs Einchecken und die Fahrt zwischen Flughafen und Stadtzentrum bedenkt, geht es mit dem Zug genauso schnell und obendrein erheblich billiger.

Fluggesellschaften
Indian Airlines, Hotel Clarks Shiraz, ✆ 0562/222 6821;
Jet, Hotel Clarks Shiraz, ✆ 0562/222 6527.

Fatehpur Sikri

Die Geisterstadt Fatehpur Sikri, ehemalige Reichshauptstadt des Großmoguls Akbar, liegt auf einem Felsenhügel 40 km südwestlich von Agra. Sie wurde zwischen 1569 und 1585 erbaut. Anlass war die Begeisterung des Moguls für den islamischen Heiligen Sheikh Salim Chishti. Es mag aber auch eine Rolle gespielt haben, dass Akbar die Menschenmassen satt hatte und eine neue Hauptstadt schaffen wollte, die seine Macht zum Ausdruck bringen sollte. Die Verschmelzung hinduistischer und islamischer Traditionen in der Architektur der Stadt sagt viel über die religiöse und kulturelle Toleranz unter Akbars Herrschaft.

Die Vorherrschaft von Fatehpur Sikri unter den Städten des Mogulreichs war jedoch nur von kurzer Dauer. Nach 1585 diente es nie wieder als Residenz eines Mogulherrschers. Die Gründe für die Aufgabe der Stadt sind bis heute unklar. Die bisherige Theorie, dass die Wasserversorgung für die wachsende Bevölkerung

Obwohl Akbar in erster Linie wegen seiner liberalen Haltung in Sachen Religion bekannt ist, war er hinsichtlich seiner Einstellung gegenüber Frauen ein typischer Mogul: Er sammelte Frauen wie ein Philatelist Briefmarken. Zu seiner Glanzzeit umfasste der königliche Harem in Fatehpur Sikri etwa 5000 Frauen, die von einer Vielzahl von Eunuchen bewacht wurden. Die Türen des Harems waren für Außenstehende verschlossen, aber durch die Sandsteinmauern drangen Gerüchte, und mehrere bekannte Reisende wurden in die Harems der Großmoguln hineingeschmuggelt und hinterließen der Nachwelt oft reißerische Beschreibungen des Privatlebens der Herrscher.

Die Größe von Akbars Harem wuchs proportional mit der Ausdehnung seines Reiches. Mit jeder neuen Eroberung erhielt er von den besiegten Herrschern und Edelleuten deren schönste Töchter, die zusammen mit ihren Zofen im luxuriösen Zenana des Moguls untergebracht wurden. Insgesamt soll der Großmogul 300 **Ehefrauen** gehabt haben; ihre Zahl wuchs durch den konstanten Zustrom an **Konkubinen** (kaniz), **Tänzerinnen** (kanchni) und **Sklavinnen** (bandis), die auf Märkten in ganz Asien eingekauft wurden. Vom öffentlichen Blick durch reich verzierte durchbrochene Steinfenster (jali) verborgen waren Frauen aus allen Gegenden des Mogulreiches sowie Afghaninnen, Türkinnen, Perserinnen, Araberinnen, Tibeterinnen, Russinnen und Abessinierinnen und sogar eine Portugiesin, allesamt als Geschenke oder Tributzahlungen an Akbar gesandt. Die **Eunuchen**, die über den Harem wachten, waren ähnlich vielfältiger Herkunft. Einige waren Hermaphroditen, andere waren zwangsweise kastriert worden, entweder zur Strafe nach der Niederlage auf dem Schlachtfeld oder nachdem sie von ihren Vätern zur Begleichung einer alten Steuerlast gestiftet worden waren – eine weit verbreitete Sitte zu jener Zeit. Akbar soll jede Menge persischen Wein, araq (einen Zuckerrohrschnaps), bhang und Opium konsumiert haben. Die üppigen Tanzvorführungen im Harem und die sexuellen Begegnungen im höchsten Pavillon des Panch Mahal und im Haremsbezirk selbst sind wohl durch diese Substanzen angefacht worden. Mit der Zeit rief Akbars Hedonismus die **Kritik** seiner höchsten Kleriker hervor, der Ulema. Im Koran ist die Zahl der Ehefrauen, die ein Mann haben kann, ausdrücklich auf vier beschränkt. Aber in einem Vers wird auch eine niedrigere Stufe der Ehe, bekannt als muta, eingeräumt – mehr ein informeller Pakt als eine Ehe, der auch mit Nichtmosleminnen eingegangen werden konnte. Akbars Missbrauch dieses lange für überholt erachteten Gesetzes wurde von seinem sunnitischen Hauptpriester während ihrer religiösen Dispute scharf kritisiert.

Darüber, wie das **Leben der Frauen** in Akbars Harem wirklich aussah, kann nur spekuliert werden. Bekannt ist aber, dass Alkohol- und Drogenmissbrauch weit verbreitet waren und einige Haremsfrauen ihr Leben aufs Spiel setzten, indem sie Affären mit männlichen Geliebten hatten, die als Ärzte oder stark verschleiert eingeschmuggelt wurden. Die Vorstellung, dass der Harem ein goldener Käfig war, dessen Insassen ihr Leben mit süßem Nichtstun und Tändeleien verbrachten, ist größtenteils unzutreffend. Einige Haremsdamen waren selbst sehr wohlhabend und übten am Hof großen Einfluss aus. Jahangirs Frau Nur Jahan herrschte während der letzten fünf Jahre der Amtszeit ihres schwächelnden Ehemannes vom Harem aus über das Reich; ihre Schwiegermutter besaß ein Schiff, mit dem sie zwischen Surat und dem Roten Meer Handel betrieb, eine Tradition, die von Shah Jahans Tochter fortgeführt wurde, die durch ihre geschäftlichen Unternehmungen zu immensem Reichtum kam.

Auch wegen des Geldes, das den Haremsdamen zur Verfügung stand, und ihres Einflusses kam es im Harem oft zu Eifersüchteleien, und unter den Tausenden von Pflegemüttern, Tanten, Verwandten des Herrschers und allen seinen Frauen, den Nebenfrauen, Geliebten, Musikerinnen, Tänzerinnen, Amazonen und Sklavinnen für Ruhe und Ordnung zu sorgen, war eine umfassende Aufgabe. Akbars Hofchronist meinte dazu trocken: „Die Verwaltung eines Königreiches ist demgegenüber ein echtes Vergnügen, denn im Harem hat die Intrige ihre wahre Heimat."

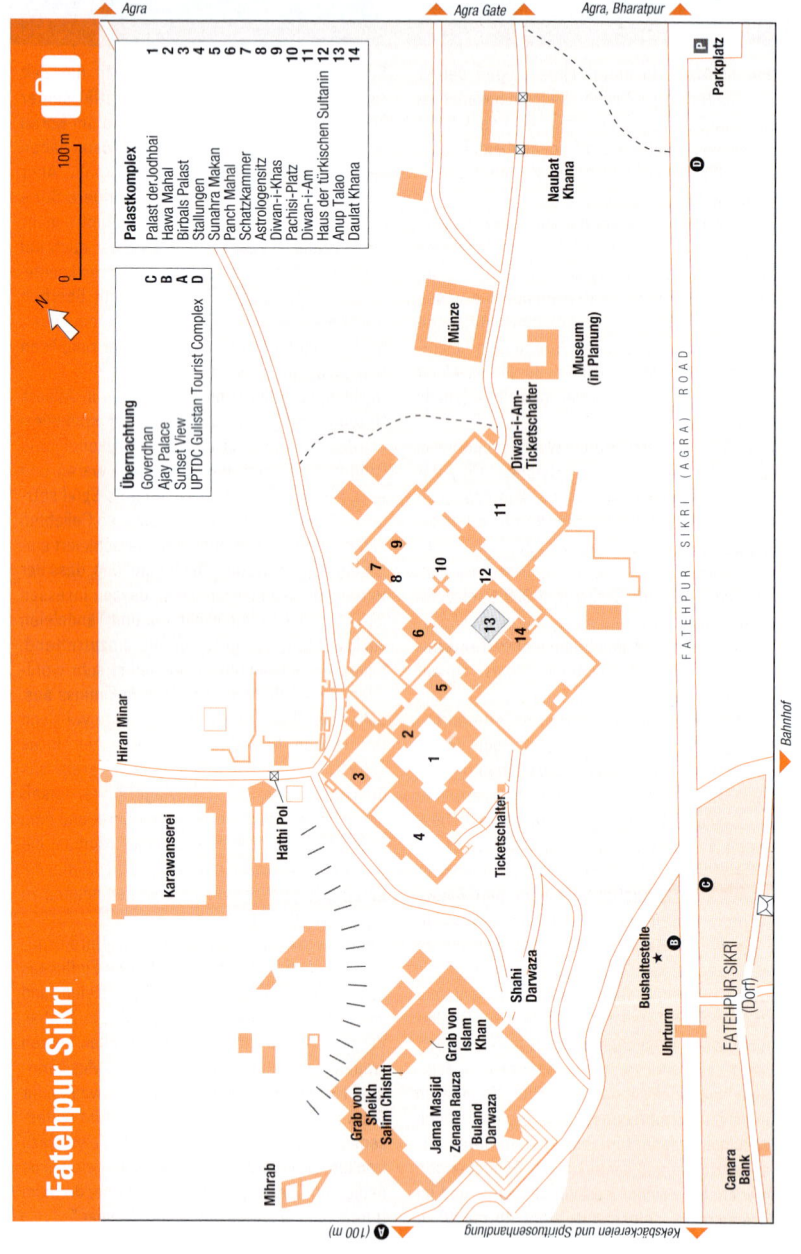

Fatehpur Sikri

Uttar Pradesh

N

0   100 m

Übernachtung
Goverdhan   C
Ajay Palace   B
Sunset View   A
UPTDC Gulistan Tourist Complex   D

Palastkomplex
Palast der Jodhbai   1
Hawa Mahal   2
Birbals Palast   3
Stallungen   4
Sunahra Makan   5
Panch Mahal   6
Schatzkammer   7
Astrologensitz   8
Diwan-i-Khas   9
Pachisi-Platz   10
Diwan-i-Am   11
Haus der türkischen Sultanin 12
Anup Talao   13
Daulat Khana   14

Agra

Agra Gate

Agra, Bharatpur

Parkplatz

Naubat Khana

Münze

Museum (in Planung)

Diwan-i-Am-Ticketschalter

FATEHPUR SIKRI (AGRA) ROAD

Hiran Minar

Karawanserei

Hathi Pol

Ticketschalter

Shahi Darwaza

Grab von Sheikh Salim Chishti

Grab von Islam Khan

Jama Masjid
Zenana Rauza
Buland Darwaza

Bushaltestelle

Uhrturm

FATEHPUR SIKRI (Dorf)

Canara Bank

Mihrab

Bahnhof

Keksbäckereien und Spirituosenhandlung

(100 m)

nicht ausreichte, scheint zweifelhaft. Selbst nachdem die Stadt verlassen war, hatte der nordwestlich von ihr gelegene See noch einen Umfang von 20 km und lieferte gutes Trinkwasser. Wahrscheinlicher ist, dass die wechselnde militärische Lage den Ausschlag gab. Kurz nach Einweihung der neuen Hauptstadt wurde das Reich durch Unruhen im Punjab bedroht. Um die Gefahr zu bannen, verlegte Akbar seine Residenz in das strategisch günstiger gelegene Lahore. Dort blieb er gezwungenermaßen mehr als ein Jahrzehnt – und im Anschluss daran entschied er sich aus unerfindlichen Gründen dafür, nach Agra statt nach Fatehpur Sikri zurückzukehren.

Der Palast

Akbar verwarf die hinduistische Tradition, Städte nach den Himmelsrichtungen zu orientieren, und passte seine neue Hauptstadt lieber dem Gelände an. Daher weisen die Hauptachsen, die Stadtmauern und viele der wichtigsten Gebäude nach Südwesten oder Nordosten. Die Moschee und die meisten privaten Wohnhäuser folgen jedoch nicht dieser Ausrichtung, sondern blicken gemäß islamischer Tradition in westliche Richtung gen Mekka. Der Palast erhebt sich auf dem höchsten Punkt des Bergrückens. Er hat zwei Eingänge. Einzelreisende benutzen meist den an der Westseite beim Palast der Jodhabai, Tourgruppen den an der Ostseite beim Diwan-i-Am. Offiziell zugelassene Führer findet man beim Reservierungsbüro für Rs50–100. Innerhalb der Anlage darf man nicht picknicken und es werden keine Getränke verkauft (Wasser mitnehmen). ⏱ tgl. Sonnenauf- bis Sonnenuntergang, Eintritt Rs260, Video Rs25.

Diwan-i-Am

Als Ausgangspunkt für die Besichtigung bietet sich der Diwan-i-Am an, wo wichtige Festlichkeiten stattfanden und Petitionen eingereicht werden konnten. Im Gegensatz zu den verzierten Säulenbauten des Diwan-i-Am der Forts in Agra und Delhi ist dies im Grunde ein großer Hof, umgeben von einem Säulengang im hinduistischen Stil. Er wird nur von einem kleinen, von *jali*-Gittern flankierten Pavillon unterbrochen, in dem der Kaiser zu sitzen pflegte. Die Position der Plattform zwang seine Untertanen dazu, sich dem Herrscher in unterwürfiger Haltung von der Seite zu nähern.

Diwan-i-Khas

Eine Pforte an der Nordwestecke des Diwan-i-Am führt ins Innere des *mardana* (Männerbezirk): eine große Einfriedung mit einer eindrucksvollen Mischung verschiedenster Bauten. An ihrem jenseitigen (nördlichen) Ende erhebt sich der hohe **Diwan-i-Khas** (Private Audienzhalle), gekrönt von vier *chhatris* und geschmückt mit reich verzierten Konsolen, Dachvorsprüngen und Bögen, die für die Architektur von Fatehpur Sikri typisch sind. Das Innere besteht aus einer einzigen, hohen Halle (nicht zwei Stockwerke, wie man von außen meint) mit einer kunstvoll verzierten Säule im Zentrum, die als „Thronsäule" bekannt ist. Sie trägt einen kanzelartigen Thron, von dem vier Brücken ausgehen. Auf diesem Thron pflegte der Kaiser zu sitzen und mit Vertretern verschiedener Religionen zu diskutieren, in der Hoffnung, die Religionen Indiens in einer Synthese vereinen zu können. Diese Bestrebung unterstreicht die Säule mit ihren Motiven aus Hinduismus, Buddhismus, Islam und Christentum.

Neben dem Diwan-i-Khas befindet sich die aus drei Räumen bestehende **Schatzkammer**. Ihre Tragsäulen zieren mythische Seeungeheuer als Wächter der Schätze der Tiefe. Sie wird auch Ankh Michauli genannt, nach dem gleichnamigen Versteckspiel, das hier angeblich gespielt wurde. Tatsächlich sind beide Namen frei erfunden und der Bau hat vermutlich einst verschiedenen Zwecken gedient. Daran angefügt ist der sogenannte **Astrologensitz**, ein kleiner Pavillon, den prachtvolle Jain-Bildwerke schmücken. Im Zentrum des Hofs, zwischen dem Diwan-i-Khas und den Gebäuden auf der gegenüberliegenden (südlichen) Seite des Komplexes, befindet sich der **Pachisi-Platz**, ein riesiges steinernes Spielfeld für *pachisi* (ähnlich Mensch-ärgere-dich-nicht). Akbar soll ein fanatischer Spieler gewesen und Sklavenmädchen als lebende Spielfiguren eingesetzt haben.

Haus der türkischen Sultanin

Schräg gegenüber des *pachisi*-Feldes steht das Haus der türkischen Sultanin (auch **Anup Talao-**

Pavillon genannt). Der Name rührt daher, dass man gern glaubt, es sei der Palast einer von Akbars Lieblingsfrauen, der Sultanin Ruqayya Begum. Das scheint jedoch eher unwahrscheinlich, da das Gebäude inmitten der Männerwohnungen steht. Vermutlich haben Führer im 19. Jh. sich den Namen ausgedacht, um die Fantasie früher Touristen anzuregen. Vermutlich handelt es sich eher um einen Vergnügungspavillon. Üppige geometrische und florale Muster sowie einige teils beschädigte Tierskulpturen schmücken seine Steinwände. Südlich davon liegt der **Anup Talao** („Makelloser Teich"), ein hübscher kleiner Teich, unterteilt von vier Dämmen, die zu einer kleinen „Insel" in der Mitte führen.

Daulat Khana und Panch Mahal

Auf der anderen Seite des Gartens, mit Blick auf das Haus der türkischen Sultanin, liegt Akbars einstiger Privatpalast, der **Daulat Khana** („Ort des Glücks"). Die mit Nischen versehenen Räume im Erdgeschoss beherbergten die Bibliothek des Kaisers. Hier ließ er sich etwas aus seinen rund 50 000 Manuskripten vorlesen (er selbst war Analphabet). Hinter der Bibliothek befindet sich das kaiserliche Schlafgemach, das **Khwabgah** („Haus der Träume"), in dessen Mitte ein riesiges Bett steht. Nordwestlich davon erhebt sich eines der berühmtesten Bauwerke von Fatehpur Sikri, der **Panch Mahal** oder fünfstöckige Palast. Er kennzeichnet den Beginn des Zenana (Frauenbereich), die die gesamte Westseite des Palastkomplexes einnimmt. Der Bau verjüngt sich zu einer einzigen Turmkammer hin und wird von 176 unterschiedlichen Säulen getragen; das Erdgeschoss weist 84 Pfeiler auf – eine bedeutungsvolle Zahl in der Hindu-Astrologie. Zwischen den Säulen befand sich früher Gitterwerk, sodass die Damen sehen konnten, was darunter im Hof des *mardana* vor sich ging, ohne selbst gesehen zu werden.

Frauengemächer

Direkt hinter dem Panch Mahal war ein Hofgarten dem Zenana (Harem) vorbehalten. Hier beginnt der abgeschlossene Frauenbereich des Hofes. Im angrenzenden **Sunahra Makan** soll die Mutter des Kaisers, Mariam Makani, oder aber

eine von Akbars Frauen gelebt haben. Ihn zieren verblassende Wandmalereien, Zeilen eines Gedichts von Abu'l Fazl, das auf blauen Bändern rund um die Decke verläuft, und kleine Reliefs an dem Dachträgern. Den Haremskomplex beherrscht der **Palast der Jodhabai**, der Hauptharem. Die Residenz einiger der ranghöchsten Gemahlinnen des Kaisers ist ein imposanter Bau und der großartigste und größte der ganzen Stadt. Er ist den Rajputen-Palästen von Gwalior und Orchha nachgebildet.

An der Nordseite des Palasts befindet sich der **Hawa Mahal** („Palast der Winde"), ein kleiner Turm mit durchbrochenem Mauerwerk und einer kunstvoll gestalteten Kammer, der dazu diente, die Abendbrise einzufangen. Ein erhöhter und überdachter Fußweg, gesäumt von fünf großen *chhatris*, führt von hier zu der Stelle, an der sich einst ein See befand. Nordwestlich des Jodhabai-Palasts steht ein dritter Frauenpalast, der als **Birbals Palast** bekannt ist. Doch auch hier dürfte der Name irreführend sein, denn Birbal, einer von Akbars bevorzugten Höflingen, wäre als Mann mitten im Harem sicher höchst unwillkommen gewesen. Vermutlich war es eher die Residenz von zwei ranghohen Frauen Akbars.

Jama Masjid

Im Südwesten des Palastkomplexes steht die Jama Masjid oder Dargah-Moschee (☉ tgl. Sonnenauf- bis Sonnenuntergang) mit dem Dorf Fatehpur Sikri zu ihren Füßen. Sie ist eine der schönsten Moscheen Indiens, doch leider wimmelt es dort von selbsternannten „Führern" (Rs20 pro Führung), die es praktisch unmöglich machen, den Bau in Ruhe zu genießen. Die Moschee war vermutlich bereits 1571 vollendet, noch ehe die Arbeit am Palast begann – ein Beleg für die religiöse Bedeutung, die der ganze Ort für Akbar besaß. Diese rührte von seiner Verbindung zu dem Sufi-Heiligen Sheikh Salim Chishti her, der hier bestattet wurde. Er spielte eine maßgebliche Rolle bei der Gründung von Fatehpur Sikri, denn er hatte dem Kaiser die Geburt eines Sohnes prophezeit. Zu Ehren des Weisen wurde schließlich die Hauptstadt Fatehpur Sikri erbaut.

Das **Buland Darwaza** („Große Pforte"), ein gewaltiges Tor mit einer eindrucksvollen Treppe,

Uttar Pradesh

ist um 1576 zur Erinnerung an Akbars Feldzug in Gujarat angefügt worden. Die zahlreichen Hufeisen, die hier in die Türen geschlagen sind, stammen aus dem frühen 20. Jh. und sind ein seltsames Zeugnis britischen Aberglaubens an diesem islamisch geprägten Ort. Das Tor führt zu einem riesigen Hof, der weit größer ist als bei jeder früheren Moschee Indiens. Die Gebetshalle links (westlich) ist das Herzstück der Moschee. Ins Auge sticht vor allem das kostbare **Grabmal von Sheikh Salim Chishti**, direkt vor einem, wenn man den Hof betritt. Ursprünglich wurde es weitgehend aus rotem Sandstein errichtet und erst später mit Marmor verkleidet. Das prachtvolle Gitterwerk – ein Bauelement, das vermutlich aus Gujarat stammte und später charakteristisch für die Mogulbauweise wurde – ist ungewöhnlich fein gearbeitet, und die Dachvorsprünge ruhen auf eindrucksvollen Konsolen mit Schlangenmustern.

Übernachtung und Essen

Ajay Palace, Agra Rd, ☎ 05613/282950. Einfaches Hotel im Dorf; recht kleine, aber sehr saubere Zimmer (warmes Wasser nur in Eimern) sowie eine nette Dachterrasse. ❶
Goverdhan, Buland Gate Rd, östlich der Bushaltestelle, ☎ 05613/282643, 🖳 www.hotelfatehpursikriviews.com. Gute Auswahl gepflegter Zimmer rund um einen Rasen. Hat gutes Essen, das mit gefiltertem oder Mineralwasser zubereitet wird; freundlicher und hilfsbereiter Betreiber. ❶–❹
UPTDC Gulistan Tourist Complex, Agra Rd, 1 km östlich vom Dorf, ☎ 05613/282490. Moderner Flachbau aus rotem Sandstein, der eher wie eine Schule aussieht. Bietet passable, zweckmäßige Zimmer, Restaurant, Billardzimmer und kleine Bar. ❸–❹
Sunset View, 100 m westlich der Jama Masjid, ☎ 05613/283129. Backpacker-Gästehaus mit einfachen, aber sauberen Zimmern und herrlichem Blick auf die Moschee und die Landschaft dahinter. ❶
Wer nicht im eigenen Hotel isst, kann das Goverdhan oder das Restaurant im Hotel Ajay Palace probieren. Die leckeren **Kekse** von Fatehpur Sikri sollte man sich nicht entgehen

lassen – sie werden in den Bäckereien entlang der Gasse zwischen dem Basar und der Jama Masjid abends frisch aus dem Ofen verkauft.

Geld

Die **Canara Bank** verfügt über einen Geldautomaten, und das Hotel **Goverdhan** tauscht Bargeld (Dollar, Pfund und Euros).

Nahverkehr

Im Dorf selbst verkehren **Tongas** und **Motor-Rikschas**, aber die meisten Leute gehen zu Fuß.

Transport
Busse und Sammeljeeps
Busse fahren entweder von der umlagerten Haltestelle im Zentrum des Dorfs oder von der Haltestelle an der Umgehungsstraße beim Agra Gate, rund 1,5 km vom Ort (etwa Rs10 per Tonga vom Dorf). Am schnellsten ist es gewöhnlich, einen Bus vom Agra Gate zu nehmen, besonders wenn man nach JAIPUR (alle 30 Min., 4 Std.) fahren möchte. Busse vom Busbahnhof im Ort fahren zum Idgah Bus Stand in AGRA (alle 30 Min., 1–1 1/2 Std.) und nach BHARATPUR (stdl., 30–45 Min.). Vom Dorf verkehren auch Sammeljeeps nach Agra (Rs25), aber sie sind immer ziemlich vollgestopft, der Fahrstil ist nicht sehr beruhigend, und sie sind oft in Unfälle verwickelt.

Eisenbahn
Es fahren tgl. 4 Züge von Fatehpur Sikri nach AGRA, außerdem Nachtzüge nach LUCKNOW und nach KOTA, BUNDI und CHITTAURGARH, und es gibt sogar einen (wenn auch zeitlich ungünstigen) Direktzug nach MUMBAI.
Am Bahnhof befindet sich ein computerisiertes Buchungsbüro.

Jhansi

Der Verkehrsknotenpunkt Jhansi liegt in einem seltsamen Ausläufer von UP, der südwärts nach Madhya Pradesh hineinragt. Trotz seines Forts hat der Ort nicht viel zu bieten. Die meisten nehmen hier nur den Zug nach **Khajuraho**, 175 km südöstlich in Madhya Pradesh. Wie Avadh (S. 307) war Jhansi ein unabhängiger Staat, bis die Briten es 1854 annektierten. Hier war daher die Unterstützung für den Aufstand von 1857 besonders groß, und Rani Lakshmibai, die Witwe des letzten Herrschers, wurde zur großen Heldin dieses Aufstands.

Wie viele ehemalige britische Städte besteht auch Jhansi aus zwei unterschiedlichen Teilen: den von Bäumen gesäumten, breiten Straßen, schattigen Gärten und Villen von **Cantonment** und **Civil Lines** im Westen und dem Gewirr der Gassen, Minarette und *shikharas* der **Altstadt** im Osten. Über allem thront das **Jhansi Fort**. Es wurde 1613 von einem der Orchha-Rajas, Bir Singh Joo Deo, erbaut und lohnt einen Besuch vor allem der Aussicht wegen. ☉ tgl. von Sonnenauf- bis Sonnenuntergang. Eintritt Rs100, Video Rs25. Im Fort findet jeden Abend eine **Sound-and-Light-Show** statt; auf Englisch April–Okt 19.30, Nov–März 18.30 Uhr, Rs250.

Zwei Minuten zu Fuß vom Kreisverkehr unterhalb der Festung liegt das **Rani Lakshmi Mahal**, der ehemalige Palast der Rani von Jhansi. Es handelt sich um eine kleine Villa im „Bundela-Stil", für den zahlreiche verzierte Balkone und Kuppeldächer kennzeichnend sind. Hier richteten britische Soldaten 1858 ein Blutbad an, indem sie sämtliche Bewohner mit Bajonetten durchbohrten (insgesamt ermordeten sie 5000 Menschen). Heute dient das Gebäude als Gedenkstätte und archäologisches Museum, und der hübsche Patio ist mit Fragmenten antiker Steinstatuen übersät. ☉ tgl. Sonnenauf- bis Sonnenuntergang. Eintritt Rs100, Fotografieren verboten.

Auf dem Gelände eines Priesterseminars im Cantonment, zwischen Hauptpost und Bahnhof, befindet sich eine der wichtigsten katholischen Wallfahrtsstätten Indiens, der **St. Jude's Shrine**. In den Grundmauern der schlichten, grau-weißen Kirche soll ein Knochen des Apostels Judas ruhen. An seinem Namenstag, dem 28. Oktober, bitten Tausende von Pilgern um seinen Beistand.

Übernachtung

Da Orchha ganz in der Nähe ist, übernachten nur Wenige in Jhansi. Die meisten Unterkünfte haben 24-Std.-Checkout.

Jhansi, Shastri Marg, gegenüber der Hauptpost, ✆ 0517/247 0360, ✉ jhansihotel@sancharnet.in. Ehemaliger Treff britischer *sahibs* mit einer einladenden, gut sortierten Kolonialzeit-Bar, einem Restaurant und einem kleinen Garten. ❹

Shrinath Palace, Station Rd im Distrikt Civil Lines, zwischen Bahnhof und Damru Cinema, ✆ 0510/244 5555. Modern und zweckmäßig, alle Zimmer mit AC und TV, jedoch haben nur die Deluxe-Zimmer Fenster. ❹–❺

Essen

Preiswertes Essen (frische *thalis* veg. Rs22, nicht veg. Rs27, außerdem Frühstück) gibt es in den **Railway Refreshment Rooms** im Bahnhof.

Let's Eat, Shastri Marg. Neues helles klimatisiertes Restaurant mit Snacks und Mahlzeiten, vor allem Gerichte mit Huhn. Nicht veg. Hauptgerichte Rs140–160.

Nav Bharat, Shastri Marg 200 m weiter, bietet veg. und andere *thalis*, *dosas*, Currys und Burger (nicht veg. Hauptgerichte Rs80–110; Di geschl.).

Sharma Sweets, Shastri Marg, neben dem Nav Bharat, verkauft leckere *mithai* (Süßigkeiten) – besonders köstlich ist das nussige *ladoo* aus Trockenfrüchten.

Sonstiges
Autovermietungen
Mietwagen organisieren die großen Hotels sowie die hilfsbereite Agentur **Baghel Travels**, ✆ 0510/244 1255, gegenüber vom Damru Cinema, an der belebten Kreuzung Elite Cross im Zentrum.

Geld
Es gibt zwei **Geldautomaten** beim Damru Cinema; die **State Bank of India** befindet sich 200 m weiter östlich in der Jhokan Bagh Rd.

Informationen
UP und MP Tourism haben Informationskiosks im Bahnhof auf Bahnsteig 1. Der Kiosk von UP, ☉ Mo–Sa 10–17 Uhr, 2. Sa des Monats geschlossen, ist nur mit einer Person besetzt und ab und zu für Pausen geschlossen.

Der von MP Tourism, ☏ 0517/244 2622, ⏰ Mo–Sa 9–17 Uhr, hat Infos zum Transport nach Khajuraho.

Das **UP Tourist Office** in der Stadt, im Hotel Veerangana, Shivpuri Rd, ☏ 0517/244 1267, bietet Informationen über Bundelkhand und die Strecke nach Khajuraho; ⏰ Mo–Sa 10–17 Uhr.

Transport

Busse und Tempos

Busse nach KHAJURAHO fahren vom Busbahnhof 3 km östlich ab. Private Busse (5x tgl., 4 1/2 Std., Rs98) sind schneller und bequemer als die staatlichen (5x tgl., 5 1/2 Std., Rs90). Sammel-Tempos nach ORCHHA (3/4 Std., Rs10) warten am Busbahnhof; eine vorausbezahlte Motor-Riksha vom Bahnhof in Jhansi kostet Rs225.

Weitere Busse nach AGRA (8x tgl., 5 1/2 Std.) und LUCKNOW (5x tgl., 8 Std.).

Eisenbahn

Züge halten am Bahnhof im Westen der Stadt, nahe dem Viertel Civil Lines. Es ist der günstigste Bahnhof für die Fahrt nach Khajuraho und Orchha.

Zusätzlich zum Sampark Kranti Express Nr. 12448 aus DELHI (tgl. außer mittwochs, Abfahrt in JHANSI um 2.25 Uhr, Ankunft in KHAJURAHO um 6.35 Uhr; der Zug wird in Mahoba um 5.08 Uhr geteilt) verkehrt noch die Regionalbahn Khajuraho Link Passenger Train Nr. 229 (Abfahrt in JHANSI tgl. 7.20 Uhr, Ankunft in KHAJURAHO um 12.10 Uhr).

Vor dem Bahnhof gibt es einen Schalter für vorausbezahlte Taxis; die Fahrt zum Fort kostet Rs40 (hin und zurück inkl. Wartezeit Rs175), zum Busbahnhof Rs45.

Lucknow

Die Bundesstaatshauptstadt Lucknow ist vor allem bekannt wegen der fünf Monate dauernden **Belagerung** der Residency im Jahr 1857. Weniger oft wird an die Grausamkeiten erinnert, die die Briten nach der Rückeroberung der Stadt verübten. Lucknow erlebte die letzten Tage moslemischer Herrschaft in Indien. Die Absetzung von Wajid Ali Shah, dem letzten *nawab* von Avadh, im Jahr 1856 war einer der entscheidenden Auslöser für den Aufstand des folgenden Jahres. **Avadh** (in der alten britischen Schreibweise Oudh) trennte sich Mitte des 18. Jhs. vom Mogulreich, nachdem sein *nawab* Safdarjang in Delhi sein Amt verloren hatte, weil er Schiit war. Mit dem Niedergang des Mogulreichs wurde Avadh das Zentrum islamischer Macht. Die letzten *nawabs* wurden zum Inbegriff von Dekadenz, doch unter ihrer Herrschaft blühten die Künste. Lucknow, die Hauptstadt von Avadh, zog Künstler in Scharen an. Kurtisanen wurden zu Dichterinnen, Sängerinnen und Tänzerinnen, und unter der Protektion des letzten *nawab* entstand hier die als *thumri* bekannte Liedform (s. S. 122). Außerdem war die Stadt ein bedeutendes Zentrum schiitischer Kultur und islamischer Rechtsprechung. An ihre Schule Farangi Mahal kamen Studenten aus ganz Zentralasien und China.

Unter dem Einfluss der schiitischen *nawabs* entstanden auch neue Formen der Religionsausübung – besonders bei den **Muharram-Prozessionen** zum Gedenken an das Martyrium von Mohammeds Enkel Hussein (dem zweiten schiitischen Imam) in Karbala im Irak. Sie entwickelten sich zu einer aufwendigen Feier, die bis heute zahlreiche indische Schiiten anlockt. Die meisten Baudenkmäler befinden sich am oder in der Nähe des Südufers des Gomti, eines von Pflanzen überwucherten Flusses, der bei Monsun anschwillt und dann von Fischerkanus wimmelt. In der Nähe der großen Brücke im Stadtkern liegt das moderne Geschäftsviertel **Hazratganj**. Zwischen Hazratganj und Charbagh befindet sich das alte Stadtviertel **Aminabad**, ein Gewirr aus belebten Straßen und faszinierenden Märkten.

Hussainabad

Im Westen der Stadt, in der Nähe der das „alte" Lucknow begrenzenden Hardinge Bridge, liegen die traurigen Überreste mehrerer von den *nawabs* von Avadh errichteter Bauten, darunter mehrere *imambara* („Häuser der Imame"), Grabbauten für Imame. Am sehenswertesten ist die Große oder **Bara Imambara** aus dem 18. Jh., die eine der größten Gewölbehallen der Welt aufweist – 50 m lang und 15 m hoch. Das Bauwerk erreicht man durch ein Tor, das früher äußerst prächtig gewesen sein muss, inzwischen jedoch dem Einsturz nahe ist. Von den Toren geht es durch zwei Innenhöfe zur eigentlichen Imambara.

Eine Treppe führt zu einem Gewirr aus Kammern, dem sogenannten *bhulbhulaiya* („Labyrinth") hoch. ☉ tgl. außer während Muharram Sonnenauf- bis Sonnenuntergang, Eintritt Rs300 (gilt auch für die Hussainabad Imambara und die Muhammad Ali Shah Art Gallery in der Taluqdar's Hall). An die Bara Imambara grenzt die auf zwei Plinthen erbaute **Asaf-ud-daula-Moschee**. Die von zwei Minaretten flankierte Moschee darf nur von Moslems betreten werden, kann jedoch von den westlich des Gebetshauses gelegenen Victoria Gardens aus betrachtet werden. ☉ tgl. außer Fr von Sonnenauf- bis Sonnenuntergang, Eintritt frei.

Die Hauptstraße westlich der Haupteingangstore überspannt der kolossale, im Verfall begriffene **Rumi Darwaza**, ein Triumphbogen nach dem Vorbild der Hohen Pforte in Istanbul. Stufen führen zu offenen Räumen mit Ausblick auf die Baudenkmäler von Hussainabad. Ein Stückchen weiter westlich befindet sich die **Hussainabad Imambara**, auch Chhota („kleine") Imambara oder Palast der Lichter genannt, denn wenn sie zu besonderen Anlässen geschmückt und illuminiert wird, gleicht sie einem Märchenschloss. In der Mitte der mit Minaretten, kleinen Zwiebeltürmen und Torbögen sowie einer Miniaturausgabe des Taj Mahal versehenen Anlage erhebt sich eine vergoldete Kuppel. Die Imambara wurde 1837 von Muhammad Ali Shah erbaut und beherbergt einen versilberten Thron sowie die Gräber hochrangiger Avadh-Persönlichkeiten. Westlich der Imambara, umgeben von Ruinen, stehen die beiden Minarette und die drei Kuppeln der **Jama Masjid** (kein Zutritt für Nichtmoslems), die nach dem Tod Muhammad Ali Shahs fertiggestellt wurde.

Hinter dem Hussainabad Tank, östlich der Hussainabad Imambara, ragt der 67 m hohe **Hussainabad Clocktower** empor, ein 1887 fertiggestelltes neugotisches Bauwerk mit der größten Uhr Indiens. In der Nähe dieses bizarren Monolithen befinden sich die **Taluqdar's Hall**,

erbaut von Muhammad Ali Shah für die Büros des Hussainabad Trust und die staubige **Picture Gallery**, auch bekannt als **Muhammad Ali Shah Art Gallery**. Die chronologisch angeordneten Porträts der *nawabs* zeigen deutlich den Niedergang ihrer Kultur, da die Abgebildeten immer korpulenter werden. Auf einem berühmten Bild ist der androgyn aussehende letzte *nawab*, Wajid Ali Shah (1847–56), mit einem tief ausgeschnittenen Oberteil abgebildet, das seine linke Brustwarze zeigt. ☉ wie Bara Imambara, Eintritt mit demselben Ticket.

The Residency

Die Ruinen der britischen Residenz liegen inmitten einer Parkanlage südöstlich der Hardinge Bridge. Sie wurde genauso belassen, wie sie aussah, nachdem die monatelange Belagerung am 17. November 1857 durch das Eingreifen von Sir Colin Campbell schließlich ein Ende fand. Ihr von einer Kanonenkugel zerschmetterter Turm wurde zum Wahrzeichen des Durchhaltevermögens der Briten in Indien. Während der Belagerung wurde jedes Gebäude des Komplexes zu Verteidigungszwecken genutzt. Die **Schatzkammer (Treasury)**, erreichbar durch das **Baillie Guard Gate**, diente als Waffenarsenal, die **Banqueting Hall**, gleich westlich davon, als Krankenstation und das weitläufige, einstöckige **Dr. Fayrer's House** zur Unterbringung der Frauen und Kinder.

In der Residenz befindet sich ein kleines **Museum**. Der Model Room im Erdgeschoss, der einzige Raum mit intaktem Dach, beherbergt ein großes Modell der Verteidigungsanlagen und der Residenz sowie eine interessante kleine Bildersammlung, darunter einige Zeichnungen, auf denen zu sehen ist, wie Einschusslöcher mit Billardtischen verbarrikadiert wurden. ☉ Museum: tgl. 9–17 Uhr; ☉ Residency: tgl. von Sonnenauf bis Sonnenuntergang, Eintritt Rs100, Video Rs25.

Hazratganj

Am Fluss, gegenüber dem Carlton Hotel in der Rana Pratap Marg, thront die riesige Kuppel der **Shah Najaf Imambara**, nach dem Mausoleum Alis im Irak benannt und am sehenswertesten während Muharram. In den staubigen Innenräumen liegt die versilberte Grabstätte

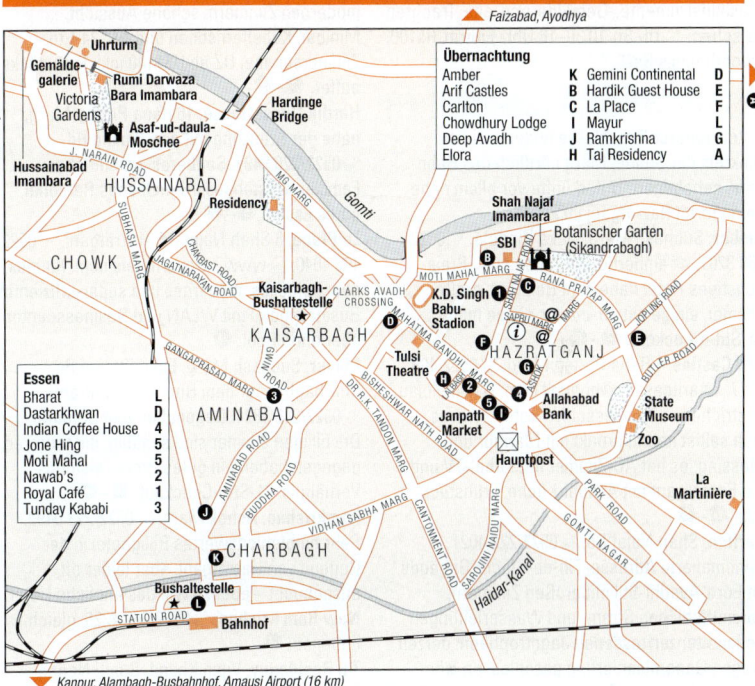

Lucknow

N
0   500 m

Faizabad, Ayodhya

Jama Masjid

Uhrturm
Gemälde-galerie
Rumi Darwaza
Bara Imambara
Victoria Gardens
Asaf-ud-daula-Moschee
Hardinge Bridge

J. NARAIN ROAD

Hussainabad Imambara
HUSSAINABAD
SUBHASH MARG
JAGATNARAYAN MARG
CHARBAST ROAD
Residency
MO MARG
Gomti

CHOWK

Kaisarbagh-Bushaltestelle
Clarks Avadh Crossing
MOTI MAHAL MARG

Shah Najaf Imambara
SBI
Botanischer Garten (Sikandrabagh)
RANA PRATAP MARG
SAPRU MARG
JOPLING ROAD

Übernachtung

Amber	K	Gemini Continental	D
Arif Castles	B	Hardik Guest House	E
Carlton	C	La Place	F
Chowdhury Lodge	I	Mayur	L
Deep Avadh	J	Ramkrishna	G
Elora	H	Taj Residency	A

K.D. Singh Babu-Stadion
KAISARBAGH
JAGATNARAYAN MARG
HEWATT ROAD
DANGAPRASAD MARG

HAZRATGANJ
BUTLER ROAD

Tulsi Theatre
AMINABAD
AMINABAD ROAD
BISHESHWAR NATH ROAD
DR R.K. TANDON MARG
MAHATMA GANDHI MARG

Janpath Market
Allahabad Bank
State Museum
Zoo

Essen

Bharat	L
Dastarkhwan	D
Indian Coffee House	4
Jone Hing	5
Moti Mahal	5
Nawab's	2
Royal Café	1
Tunday Kababi	3

BUDDHA ROAD
VIDHAN SABHA MARG
CANTONMENT ROAD
SAROJINI NAIDU MARG
Haider-Kanal

Hauptpost
La Martinière
PARK ROAD
GOMTI NAGAR

CHARBAGH
Bushaltestelle
STATION ROAD
Bahnhof

Kanpur, Alambagh-Busbahnhof, Amausi Airport (16 km)

---

des dekadenten, lasterhaften Ghazi-ud-Din-Haidar (Regierungszeit 1814–27), der zusammen mit drei seiner Ehefrauen begraben wurde. Die Imambara diente während des Sepoy-Aufstandes als Festung der Aufständischen. ⏰ tgl. außer Fr von Sonnenauf- bis Sonnenuntergang; Spende erwartet.

Am 16. November 1857 fand im angrenzenden Lustgarten **Sikandrabagh** die entscheidende Schlacht statt, die es den Briten ermöglichte, die Residenz zu befreien. Heute beherbergt Sikandrabagh das National Botanical Research Institute und den schönen **Botanischen Garten**, ⏰ Mo–Fr: April–Sep 5–20, Okt–März 6–8.30 Uhr; Eintritt Rs1.

Im Ostteil von Lucknow steht ein außergewöhnliches Gebäude, schon fast ein Symbol der Stadt – **La Martinière**, bis zum heutigen Tag eine exklusive Jungenschule in reinster Kolonialtradition. Erbaut wurde sie als Landsitz von General Claude Martin, einem französischen Soldaten und Abenteurer, der von den Briten in Puducherry gefangen genommen wurde. Später trat Martin in die East India Company ein, machte ein Vermögen mit Indigo und diente sowohl unter den Briten als auch unter den *nawabs* von Avadh.

In der Nähe des Zentrums von Hazratganj, auf einem mit Avadh-Ruinen übersäten Gelände, liegt der kleine **Zoo**, der gleichzeitig als Vergnügungspark dient. ⏰ Di–So 8–17 Uhr, Eintritt Di–Sa Rs20, So und Feiertage Rs25. Durch den ausgedehnten Park des Zoos erreicht man das **State Museum** mit seinen erlesenen Sandsteinskulpturen der Mathura-Schule aus der

Kushana- und Gupta-Periode (1.–6. Jh. n. Chr.). Außerdem gibt es Terrakotta-Gegenstände, eine ägyptische Mumie und in der Avadh Gallery Musikinstrumente, Gemälde und alte Trachten zu sehen. ⊙ Di–So 10.30–16 Uhr, Eintritt Rs100, Fotoerlaubnis Rs20.

Übernachtung

Hotels unterer Preisklasse finden sich im Umkreis des Subhaj Marg nördlich des Bahnhofs, gehobenere Unterkünfte vor allem nahe dem Viertel Hazratganj im Zentrum.

Amber, Subhash Marg, Naka Hindola, ☎ 0522/268 3201, ✉ amberhotel@yahoo.com. Preisgünstiges Hotel nahe dem Bahnhof; große Zimmer, einige mit *air-cooler,* einige mit AC. 24-Std.-Checkout. ❷–❹

Arif Castles, 4 Rana Pratap Marg, ☎ 0522/409 8777, ✉ arifcastles@hotmail.com. Das hellblau gestrichene „Businessclass Hotel", wie es sich selbst nennt, prunkt mit Marmor und Messing; es hat AC-Zimmer mit Kabel-TV und ein Restaurant mit Avadhi-Küche. Frühstück inkl. ❻–❽

Carlton, Shah Najaf Rd, ☎ 0522/222 4021. Renommierte Adresse, Fin-de-Siècle-Gebäude im Euro-Avadhi-Stil mit großen Zimmern, vorsintflutlichen Strom- und Wasserleitungen und mottenzerfressenen Jagdtrophäen; derzeit wegen Generalsanierung geschlossen, aber bald rundum neu. ❾

Chowdhury Lodge, 3 Vidhan Sabha Marg, ☎ 0522/227 3135. Etwas schmuddeliges Billighotel im Zentrum in einer Gasse nahe einer Tankstelle. Die DZ mit Bad (Warmwasser in Eimern) sind etwas teuer, doch das Hotel liegt sehr zentral und hat auch EZ ohne Bad für nur Rs150. ❶–❹

Deep Avadh, Aminabad Rd, Naka Hindola, ☎ 0522/268 4381-7, ✉ deepavadh@sify.com. Große Auswahl an guten Zimmern mit AC und 24-Std.-Zimmerservice. Zwei Restaurants, Bar und Reisebüro; in einem interessanten Viertel unweit des Bahnhofs, am Rand des Gewimmels von Aminabad. 24-Std.-Checkout. ❺–❼

Elora, 3 Lalbagh, ☎ 0522/221 1307. Freundliche, beliebte Unterkunft. Saubere Zimmer mit Kabelfernsehen, einige mit AC; 24-Std.-Zimmerservice, Restaurant. ❸–❺

Gemini Continental, 10 Rani Laximbai Marg, ☎ 0522/401 1111, ✉ www.geminicontinental.com. Zentrale gelegenes Hotel mit großen, modernen Zimmern: schöne Aussicht, Minibar, Kabelfernsehen und AC; 24-Std.-Zimmerservice. DZ ab US$140 inkl. Frühstücksbuffet. ❽–❾

Hardik Guest House, 16 Rana Pratap Marg, nahe der Kreuzung mit der Jopling Rd, ☎ 0522/220 9497. Sauberes, gemütliches Familien-Gästehaus; freundliches Personal, gutes Essen. ❺–❼

La Place, 6 Shah Najaf Rd, Hazratganj, ☎ 0522/400 4040, ✉ www.sarovarhotels.com. Kleines, aber schickes, modernes und super-effizientes Businesshotel mit WLAN und Businesscenter, aber ohne Pool. ❾

Mayur, Subhash Marg, Ecke Station Rd, Charbagh (über dem Bharat Restaurant), ☎ 0522/245 1824. Gegenüber vom Bahnhof. Die billigen Zimmer sind schäbig, die teureren dagegen haben ein gutes Preis-Leistungs-Verhältnis. 24-Std.-Checkout. ❶–❹

Ramkrishna, Ashok Marg, ☎ 0522/223 0499. Sehr empfehlenswertes Billighotel in der Gegend von Hazratganj, aber leider oft ausgebucht – ebenso wie das ähnliche Hotel **New Ram Krishna**, ☎ 0522/262 4225, gleich nebenan. ❷

Taj Residency, Vipin Khand, Gomti Nagar, ☎ 0522/239 3939, ✉ www.tajhotels.com. Elegantestes Hotel der Stadt, im Avadhi-Stil erbaut (DZ ab US$198); Pool und mehrere Restaurants, allerdings 3 km außerhalb. ❾

Essen

Leckere Gerichte aus der traditionellen Lucknavi-Küche – Mughlai-Gerichte und örtliche *dum pukht* (Dampftopf)-Spezialitäten, die nach der Bezeichnung für den Topf manchmal auch *handi* genannt werden – gibt es an **Essenständen** überall in der Stadt, z. B. im Shami Avadh Bazaar, unweit des K.D. Singh Babu-Stadions, im Chowk, in Aminabad und hinter dem Tulsi-Theater in Hazratganj.
Auf den Märkten bekommt man Lucknows beliebte Frühstücksspezialität *paya-khulcha,* eine scharfe Hammelfleischsuppe, serviert mit warmem Brot.

Gut und günstig

Tunday Kababi, Naaz Cinema Rd, gleich am Hauptmarkt von Aminabad. Dieses beliebte und günstige Lokal (das beste in der Straße) bietet authentische Avadhi-Küche. Tandoori-Huhn sowie Kebab mit Schaf- und (tatsächlich!) Rindfleisch werden draußen zubereitet und drinnen serviert; Hauptgerichte Rs30–75.

Bharat, Subhash Marg, Ecke Station Rd, Charbagh. Billiges Straßenlokal gegenüber dem Bahnhof. Gute *dosa* und Currys (veg. Rs30–80, andere Rs60–170).

Dastarkhwan, China Gate. Eines von mehreren Freiluft-Lokalen in einer kleinen Straße beim UP Press Club. Nicht veg. Mughlai-Gerichte wie Kebabs, *kormas* und Biriyanis. Hauptgerichte Rs45–130.

Indian Coffee House, Ashok Marg. Ehemaliger Treffpunkt der politischen Avantgarde von Lucknow. Inzwischen wiedergeboren als helles neues Café mit hervorragendem Filterkaffee sowie Kuchen, Shakes, Snacks und südindischen und chinesischen Gerichten (Hauptgerichte Rs35–80).

Jone Hing, MG Marg, Hazratganj. Chinesisches Restaurant mit süß-sauren Standardgerichten, Chopsuey, Chowmein und Spezialitäten wie Ingwer-Huhn oder Mandschurischer Fisch. Hauptgerichte mit Fleisch Rs100–130, mit Fisch Rs135.

Moti Mahal, MG Marg, Hazratganj. Der Süßwarenladen im vorderen Teil hat hervorragendes Sahnekonfekt, darunter auch zuckerfreies. Das Familienrestaurant im oberen Stock serviert leckere Gemüse-Currys (Rs65–120).

Nawab's, im Hotel Capoor's, MG Marg, Hazratganj. Gehobenes Restaurant, abends mit *qawwali*-Musik (außer Di). Top-Tipp sind Gerichte wie *murg nawabi*, ein mildes, sahniges Hühnergericht mit Cashew-Butter, und *tikka masala* mit Pilzen. Nicht veg. Hauptgerichte Rs140–290.

Royal Café, Shah Najaf Rd. Bei Einheimischen beliebt; hier gibt es nicht veg. Mogul-Gerichte für Rs130–205 und Biriyanis zu Rs130–170. Filiale beim Hotel Capoor's in der MG Marg.

Einkaufen

Chikan heißt eine alte, traditionelle Lucknavi-Stickerei: filigrane Bordüren mit Blumenmustern, die die Ränder von Saris und Halsausschnitte von *kurtas* säumen. Entsprechende Werkstätten gibt es im Chowk, der Marktgegend im alten Teil von Lucknow, und Geschäfte finden sich in Hazratganj (besonders im Janpath-Markt), Nazirabad und Aminabad. **Gangotri**, das bundesstaatliche Kaufhaus in der MG Marg in Hazratganj (einen Block westlich von Lalbagh), hat feste Preise, die etwas über denen der Marktstände liegen, dafür ist die Qualität gewährleistet und man braucht nicht zu feilschen.

Lucknow ist auch für *ittar* (oder *attar*) bekannt, konzentriertes **Parfüm**, das in kleinen Fläschchen verkauft wird – ein kostspieliges Vergnügen. Kleine Baumwollbällchen werden mit dem Parfüm getränkt und in die Ohrmuschel gesteckt. Musiker glauben, der Geruch schärfe ihre Sinne. Beliebte *ittar* sind *ambar* aus Amber, *khus* aus der Blüte einer Pflanze und *ghulab* aus Rosen. Ein etablierter Händler ist **Sugandhco**, D-4 Janpath Market, an der Südseite des Markts.

Sonstiges

Autovermietungen

Mietwagen verleihen z. B. **Hotel Clarks Avadh**, 8 MG Marg, Clarks Avadh Crossing, ✆ 0522/261 6500, und **UP Tours** im Hotel Gomti, ✆ 0522/261 2659.

Feste

Das **Lucknow Festival** im Feb. gewährt einen Einblick in das reiche musikalische und tänzerische Erbe der Stadt; Näheres bei UP Tourism.

Geld

Es gibt zahlreiche **Geldautomaten** in der ganzen Stadt, z. B. am Bahnhof, am Busbahnhof, in der MG Road und in der Shah Najaf Road. **Allahabad Bank**, Park Rd, Hazratganj, und **State Bank of India**, Moti Mahal Marg.

Informationen

UP Tourism Office im Hotel Gomti, 6 Sapru Marg, ✆ 0522/261 2659; ⊙ Mo–Sa 9–19 Uhr.

Internet

Meeting Point, Sapru Marg, nahe der Kreuzung mit der Ashok Marg, oder **UP Business Centre**, gegenüber (beide Rs20 pro Std.).

Reisebüros

Bus-, Bahn- und Flugtickets verkaufen z. B. **Thomas Cook**, 13-A Jopling Rd, ☎ 0522/400 2181, und **UP Tours**, Hotel Gomti, 6 Sapru Marg, ☎ 0522/261 2659.
Wer nach Uttarakhand reisen möchte, findet in Lucknow Büros von **GMVN**, 4-7-RF Khushnuma Complex, Bahadur Marg, ☎ 0522/220 7844, und **kmVN**, 3. Stock, Sarang Menor, Shah Nzaf Rd, hinter dem Hotel Gomti, ☎ 0522/261 5866, die Touren nach Garhwal und Kumaon sowie Unterkünfte dort organisieren.

Touren

Gute Stadtrundfahrten (Rs550), die im Voraus bei **UP Tours** gebucht werden müssen, starten ab drei Teilnehmern tgl. vom Hotel Gomti um 9.30 Uhr und enden dort um 14.30 Uhr. Auch Abholung am Bahnhof (um 9 Uhr) und von verschiedenen Hotels. Guide und Eintrittsgebühren sind im Preis enthalten.

Nahverkehr

Mehrsitzige **Tempos** haben die Stadtbusse mehr oder weniger verdrängt und verkehren auf festen Strecken, z. B. zwischen Charbagh und der Hauptpost.

Transport
Busse

Die meisten Fernbusse verkehren vom Busbahnhof **Alambagh**, 3 km südwestlich des Bahnhofs (etwa Rs70 per Motor-Rikscha von Hazratganj, Rs5–8 in Sammel-Vikrams von Charbagh oder Ashoka Marg).
Einige Busse fahren vom zentraleren **Kaiserbagh Bus Stand** ab (Rs30 per Fahrrad-Rikscha von Hazratganj), und zwar nach DEHRA DUN (2x tgl., 10 1/2 Std.) und HARIDWAR (2x tgl., 10 Std.), außerdem einige der Busse nach GORAKHPUR (2x stdl., 8 Std.) und die meisten der Busse nach SONAULI (7x tgl., 12 Std.).

Eisenbahn

Der **Hauptbahnhof** mit vernetztem Reservierungsbüro liegt in Charbagh, 4 km südwestlich vom zentralen Viertel Hazratganj (Rs45 mit vorausbezahlter Motor-Rikscha).
Nach DELHI fährt z. B. der Shatabdi Express Nr. 12003, Abfahrt 15.35 Uhr, Ankunft in New Delhi 22.05 Uhr. Nachtzüge sind z. B. der Lucknow Mail Nr. 12229, Abfahrt 22.10 Uhr, Ankunft in New Delhi 6.50 Uhr, und der Kaifiyat Express Nr. 12225, Abfahrt 23.15 Uhr, Ankunft in Old Delhi 7 Uhr.
Der Marudhar Express Nr. 14863/14865/14853 nach AGRA fährt tgl. um 0.30 Uhr und erreicht Agra Fort um 5.55 Uhr; der Lucknow Express Nr. 12179 fährt ab Lucknow um 15.45 Uhr und ist um 21.35 Uhr in Agra Cantonment. Der Pushpak Express Nr. 12533 ist die beste Verbindung nach MUMBAI (tgl. 19.45 Uhr, Ankunft 20.05 Uhr). Die schnellste tägliche Verbindung nach KOLKATA ist der Amritsar–Howrah Mail Nr. 13006 (Abfahrt 10.50 Uhr, Ankunft 7.20 Uhr am nächsten Tag). Der Bareilly–Varanasi Express Nr. 14236 fährt um 23.15 Uhr nach VARANASI und kommt dort um 6.50 Uhr an. Am Tag verkehrt der Amritsar–Howrah Mail Nr. 13006 (Abfahrt 10.50 Uhr, Ankunft 16.40 Uhr). Der Doon Express Nr. 13009 um 18.30 Uhr bietet die beste Verbindung nach DEHRA DUN (Ankunft 7.10 Uhr). RAMNAGAR ist mit dem Dheradun Express Nr. 14265 zu erreichen (Ankunft 6.10 Uhr). Beide Züge halten in HARIDWAR, allerdings mitten in der Nacht. Ebenfalls nach Uttarakhand fährt der Bagh Express Nr. 13019 (Abfahrt 0.25 Uhr) und erreicht KATHGODAM (nach Nainital) um 9.30 Uhr. Der Chitrakoot Express Nr. 15009 um 17.30 Uhr erreicht SATNA nachts um 4.15 Uhr, zeitig genug, um einen Bus für die Weiterreise zu erwischen.
Nach **Nepal** fahren täglich Nachtzüge mit Ziel GORAKHPUR – von wo Busse zur Grenze bei Sonauli gehen und dann weitere Busse nach Kathmandu und Pokhara – u. a. der Amritsar–Katihar Express Nr. 5708 (Abfahrt 0.50 Uhr, Ankunft 5.50 Uhr) und der Kushinagar Express Nr. 11015 (Abfahrt 1.55 Uhr, Ankunft 7.25 Uhr). Es gibt auch Direktbusse nach Sonauli, was aber eine anstrengende 12-Stunden-Reise ist.

Aufgrund der Rauheit des Terrains und der fast unerträglichen Sommerhitze ist die Region Bundelkhand südlich von Lucknow an der Grenze zu Madhya Pradesh der am schwierigsten zu kontrollierende Teil des Bundesstaates. Auch heute noch sind in den verschlungenen Berglandschaften und Tälern berüchtigte Banden von Gesetzlosen zu Hause, die sogenannten Dacoits.

Viele haben es unter den Dorfbewohnern der Gegend zu Volkshelden gebracht, und sie verstecken sie vor der fast gleichermaßen brutalen Polizei. Die berühmteste Verbrecherin der letzten Jahre war **Phoolan Devi**, die „Bandit Queen", aus einem Dorf bei Behmai. Sie wurde von einer Dacoit-Bande gekidnappt, wurde die Geliebte des Bandenanführers und nahm seine Position ein, nachdem er getötet worden war. Am Ende stellte sie sich der Polizei, wurde 1994 frei gelassen und war sogar Parlamentsabgeordnete der sozialistischen Samajwadi Party, ehe sie 2001 ermordet wurde.

Flüge

Vom **Amausi Airport**, 16 km südlich an der Kanpur Rd, kostet eine Taxifahrt in die Innenstadt rund Rs500. Vom Bahnhof zum Flughafen kostet ein vorausbezahltes Taxi Rs210, eine vorausbezahlte Motor-Rikscha Rs95.
Indian Airlines und **Air India**, 9 Rani Laxmi Bai Marg (beim Gemini Continental Hotel),
✆ 0522/262 0927;
Jet Airways und **JetLite**, 6 Park Rd,
✆ 0522/223 9612.

Allahabad

Die Verwaltungs- und Industriestadt Allahabad, 135 km westlich von Varanasi und 227 km südöstlich von Lucknow, wird auch **Prayag** („Zusammenfluss") genannt, denn sie liegt an dem Punkt, an dem sich die Yamuna und der Ganges mit dem mythischen Fluss Saraswati (S. 115) vereinen. Der den Hindus heilige **Sangam** (bedeutet ebenfalls „Zusammenfluss") östlich der Stadt ist einer der wichtigsten Wallfahrtsorte Indiens. Während der *melas* (religiöse Feierlichkeiten) strömen zahllose Besucher nach Allahabad: Die **Magh Mela** findet jedes Jahr statt (Jan/Feb), die prächtige **Maha Kumbh Mela** hingegen nur alle zwölf Jahre (das nächste Mal in den Jahren 2013 und 2025).

Allahabad ist eine recht angenehme Stadt mit großen freien Flächen am Fluss und guten Einrichtungen, jedoch gibt es keine bedeutenderen Tempel und Monumente. Durch die Lage am Ende des fruchtbaren Doab, des „Zwei-Flüsse"-Tals zwischen Yamuna und Ganges, besaß die Stadt aber strategische Bedeutung. Das riesige, von Großmogul Akbar 1583 erbaute **Fort** wird auch heute noch vom indischen Militär genutzt. Ein weiterer Mogul, Jahangirs Sohn Khusrau, wurde hier von seinem Bruder Shah Jahan ermordet, der daraufhin die Herrschaft übernahm. Nach dem Aufstand von 1857 war Allahabad für kurze Zeit Machtzentrum, nachdem die Briten die Hauptstadt der Nordwestprovinzen von Agra hierher verlegt hatten. Im darauffolgenden Jahr fand in Allahabad die offizielle Übergabe der Macht von der East India Company an die britische Krone statt.

Die Eisenbahnschienen führen mitten durch das Zentrum und schneiden Allahabad in zwei Teile: Die chaotische **Altstadt** oder **Chowk** liegt südlich des Hauptbahnhofs und das wohlgeordnete Straßennetz von **Civil Lines** (das Wohngebiet der alten britischen Garnisonsstadt) nördlich davon. 1 km nördlich des Bahnhofs Allahabad Junction thront die gelb-rote Sandsteinmasse der neugotischen **All Saints' Cathedral** über den umliegenden Alleen. Die von Sir William Emerson, dem Architekten des Victoria Memorial in Kolkata, entworfene Kathedrale verfügt noch über einen großen Teil der Original-Buntglasfenster sowie über einen eindrucksvollen Altar mit Marmorintarsien.

Die Gedenktafeln in der Kirche gestatten einen Blick in die Tage der britischen Herrschaft in Indien, und das Strebewerk und die wasserspeienden Monster draußen vermitteln den Besuchern den Eindruck, sich in einer englischen Stadt zu befinden – die Palmen im Garten

Allahabad

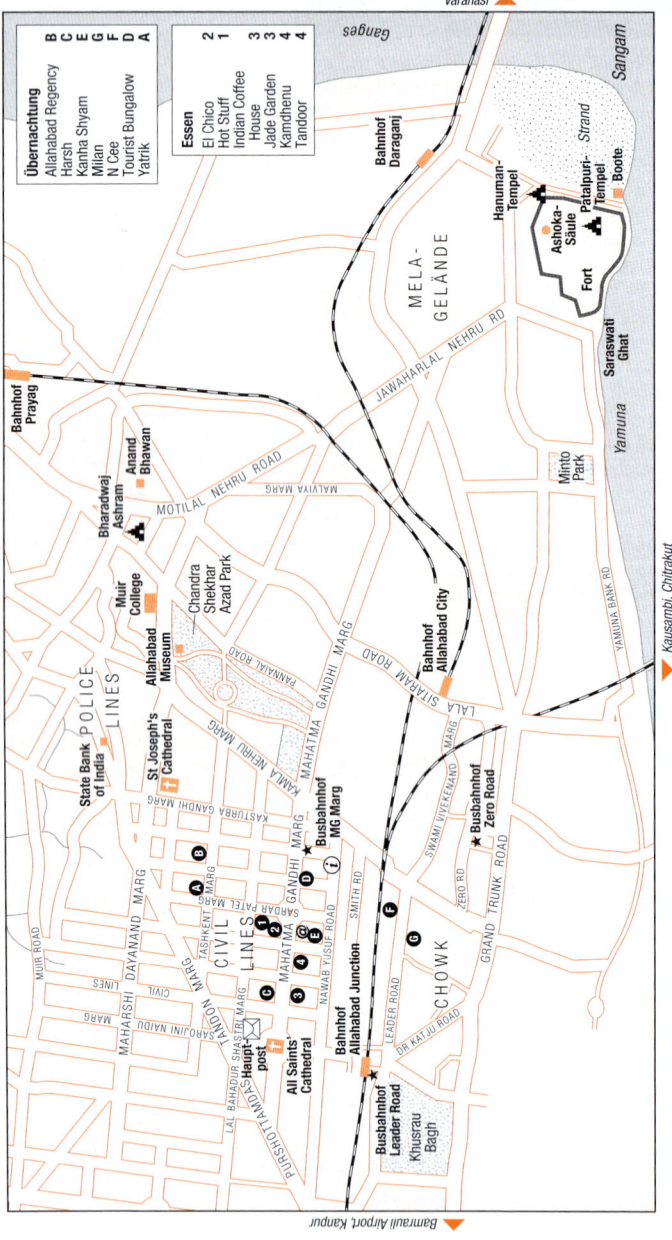

Übernachtung
Allahabad Regency B
Harsh C
Kanha Shyam E
Milan G
N Cee F
Tourist Bungalow D
Yatrik A

Essen
El Chico 2
Hot Stuff 1
Indian Coffee House 3
Jade Garden 4
Kamdhenu 4
Tandoor 4

machen diese Illusion aber schnell zunichte. Zu den Sonntagsgottesdiensten hier kommen immer noch sehr viele Gläubige, genauso wie zu den Messen in der auffälligen **St. Joseph's Roman Catholic Cathedral** ein Stück Richtung Nordosten.

Am Rande des hübschen **Chandra Shekhar Azad Park**, gleichfalls in Civil Lines, liegt das mit alten Skulpturen übersäte Gelände des **Allahabad Museums**. Die Ausstellungsstücke umfassen frühe Terrakotta-Gegenstände, Skulpturen aus dem 18. Jh., die in der buddhistischen Stätte Kausambi gefunden wurden, und eine wunderbare, aus dem 12. Jh. stammende Darstellung von Shiva und Parvati. Außerdem gibt es eine umfassende Galerie moderner indischer Werke, naive Malereien des russischen Künstlers Nicholas Roerich und Arbeiten des Tibetologen Lama Anagarika Govinda. In einer naturkundlichen Abteilung sind ausgestopfte Tiere zu sehen und in einer anderen Fotos und Dokumente aus der Zeit des Unabhängigkeitskampfes. ⏰ Di–So 10.30–16.45 Uhr, jeden So nach dem 2. Sa im Monat geschlossen; Eintritt Rs100.

Nördlich des Museums stehen die aus dem 19. Jh. stammenden Sandsteingebäude der **Allahabad University** und das gotische **Muir College**, Baujahr 1870, dessen 61 m hoher Turm zwischen blau gekachelten Kuppeln und eleganten Torbögen emporragt. Gleich hinter dem College, inmitten einer wunderbaren Anlage rund 1 km nordöstlich des Museums, befindet sich das **Anand Bhawan**. Das reich verzierte viktorianische Gebäude war das Elternhaus des ersten indischen Premierministers nach der Unabhängigkeit, Jawaharlal Nehru. Es wurde in ein Museum verwandelt. Schlangen von Besuchern spähen durch Glasscheiben in die prunkvollen Wohnräume und verschaffen sich einen Eindruck davon, wie gut es der „First Family" ging. Nehrus Tochter Indira Gandhi wurde hier geboren, und der mit der Familie nicht verwandte Mahatma Gandhi wohnte hier, wenn er die Stadt besuchte. ⏰ Di–So 9.30–17 Uhr (von 12.45–13.30 Uhr kein Kartenverkauf); Erdgeschoss: Eintritt frei, 1. Stock: Rs8.

Das längste Stück der Uferpromenade Allahabads liegt entlang der Yamuna, wo Frauen abends an der **Saraswati Ghat** *arati* (Lichtopfer) ausführen, indem sie kleine, *diya* genannte Öl-

Die Kumbh Mela

Traditionell gelten den Hindus Zusammenflüsse von Flüssen (Sangams) als glückverheißende Orte, und kein Zusammenfluss ist bedeutender als das Zusammentreffen von Yamuna und Ganges mit dem Fluss der Erkenntnis, der mythischen unterirdischen Saraswati, bei Allahabad. Der Überlieferung zufolge trug Vishnu einen *kumbha* (Topf) mit *amrita* (Nektar), als zwischen den Göttern ein Handgemenge ausbrach und vier Tropfen Nektar verschüttet wurden. Sie fielen an den vier *tirthas* Prayag, Haridwar, Nasik und Ujjain auf die Erde. Dieses Ereignis wird alle drei Jahre bei der Kumbh Mela gefeiert, die bei jeder *tirtha* abwechselnd stattfindet. Der Sangam von Allahabad ist als Tirtharaja bekannt, „König der *tirthas*", und die hiesige *mela*, die Maha Kumbh Mela (Große Kumbh Mela), ist die größte und heiligste von allen.

An der Maha Kumbh Mela, dem größten religiösen Fest Indiens, nahmen 2001 17 Millionen Pilger teil (die nächsten sind 2013 und 2025). Die riesigen Überschwemmungsebenen und Flussuferzonen am Zusammenfluss waren mit Zelten zugestellt, organisiert in fast militärischer Ordnung von der Regierung, den örtlichen Behörden und der Polizei. Die *mela* ist insbesondere dafür bekannt, dass sich hier eine außergewöhnliche Ansammlung religiöser Asketen einfindet – Sadhus und *mahants* –, die von ihren abgeschiedenen Zufluchtsorten in Wäldern, auf Bergen und in Höhlen weggelockt werden.

Nachdem die Astrologen die günstigste Badezeit *(kumbhayog)* errechnet haben, strömen zuerst scharenweise Naga Sadhus oder Naga Babas ins Wasser, die ihre nackten Körper mit Asche beschmieren und ihre Haare in Rastalocken tragen. Die Sadhus, die sich selbst als Glaubenswächter sehen, nähern sich dem Zusammenfluss zur vereinbarten Zeit mit all dem Pomp und der Prahlerei einer angreifenden Armee.

Während die Kumbh Mela nur alle drei Jahre und außerdem nicht immer in Allahabad stattfindet, gibt es noch ein kleineres jährliches Badefest, die Magh Mela, die immer im Monat Magha (Jan/Feb) stattfindet.

lämpchen flussabwärts treiben lassen. Östlich der Saraswati Ghat, in der Nähe des Sangam, befindet sich das **Fort** – am eindrucksvollsten präsentiert es sich von einem Boot aus betrachtet. Da die Festung noch zu Militärzwecken dient, dürfen Besucher nur das Gelände rund um den **Patalpuri**-**Tempel** betreten, das man durch eines der drei massiven Festungstore erreicht.

An einer *ghat* östlich der Festung fahren die Boote zum Sangam ab. Weiter landeinwärts, links des Sangam, am Fuße der Anlage, führt eine Straße an Ständen vorbei zum farbenfrohen **Hanuman**-**Tempel**. Ungewöhnlich ist, dass der Affengott im Tempelinnern nicht stehend, sondern liegend dargestellt wird; angeblich steigt während der jährlichen Überschwemmungen das Wasser so lange, bis es die Füße des Gottes berührt, und geht dann wieder zurück.

Übernachtung

Allahabad Regency, 16 Tashkent Marg, ☎ 0532/261 1110, 🖳 www.hotelallahabadregency.com. Kolonialhotel aus dem 19. Jh. mit komfortablen AC-Zimmern, gutem Gartenrestaurant, Sauna, Jacuzzi, Pool und Fitnessraum. ❼

Harsh, 118/116 MG Marg, ☎ 0532/242 7897. Der schäbige Kolonialbungalow hat große, abgewohnte Zimmer mit Bad; die nach vorne raus besitzen kleine Kamine und öffnen sich auf einen Rasen. Wurde zuletzt renoviert, sollte also mittlerweile besser aussehen. ❷

Ilawart Tourist Bungalow, 35 MG Marg, ☎ 0532/260 7440, ✉ rahiilawart@up-tourism.com. Die Zimmer im neuen Flügel unweit des Busbahnhofs auf ihren Lärmpegel hin testen – die mitgenommeneren im alten Block sind ruhiger. Es gibt auch einen Schlafsaal (Rs125), ein Restaurant mit langsamer Bedienung, aber guter Küche und eine beliebte Bar. Gemanagt von UP Tourism. ❹–❺

Kanha Shyam, Strachey Rd, Civil Lines, ☎ 0532/256 0123-32, 🖳 www.hotelkanhashyam.com. Nobles 4-Sternehotel mit ziemlich edlen Zimmern in Burgunderrot und mit dunklem Holz. Pool, Bar, Café (🕐 24 Std.) und Dachrestaurant. ❷–❹

Milan, 46 Leader Rd, ☎ 0532/240 3776 oder -7, 🖳 www.milanhotels.in. Etwas besser als die anderen Hotels südlich des Bahnhofs und eine gute Wahl in der mittleren Preislage. Die billigeren Zimmer sind etwas verwohnt und die Matratzen ziemlich hart, aber es gibt auch bessere AC-Zimmer. ❸–❹

N Cee, 108 Leader Rd, ☎ 0532/240 1166. Beliebtes Budgethotel südlich der Bahnschienen im betriebsamen Basarviertel. Kleine, aber billige Zimmer, freundliche Atmosphäre, oft voll. 24-Std.-Checkout. ❶–❷

Yatrik, 33 Sardar Patel Marg, ☎ 0532/226 0921-6, 🖳 www.hotelyatrik.com. Das beste der teureren Hotels, hat weniger Serviceangebote, aber mehr Ambiente als das Kanha Shyam. Einladender Garten mit Pool (April–Sep). 24-Std.-Checkout. ❻–❼

Essen

Die meisten besseren Cafés und Restaurants liegen in Civil Lines um die MG Marg. Am frühen Abend gibt es an den Essenständen in der MG Marg alle möglichen Leckerbissen.

Bootsfahrt zum Sangam

Rund 7 km von Civil Lines befindet sich der heilige Zusammenfluss, der Sangam. An der Stelle, wo sich der braune Ganges und die grünliche Yamuna vereinigen, drängen sich *pundas* (Priester) auf kleinen Plattformen, um *puja* durchzuführen und den Gläubigen bei der rituellen Reinigung im flachen Wasser behilflich zu sein. Die Strände und *ghats* sind mit den abgeschnittenen Haaren der Pilger bedeckt, die hier für ihre verstorbenen Eltern eine Trauerzeremonie durchführen, und Frauen verkaufen Häufchen aus leuchtend rotem und orangefarbenem *tilak*-Puder.

Boote, die Pilger und Touristen zum Sangam befördern, fahren an der *ghat* östlich des Forts ab. Der staatlich empfohlene Preis für die Überfahrt beträgt pro Person Rs30, doch die meisten Wallfahrer zahlen ungefähr Rs60, und manchmal werden bis zu Rs150 verlangt. Der offizielle Preis für eine ganze Bootsmiete liegt bei Rs150, kann aber bei den *melas* bis über Rs500 steigen.

El Chico, 24 MG Marg. Gutes, schickes Lokal; leckere indische, chinesische und auch westliche Gerichte; nicht veg. Hauptgerichte Rs185–300.

Hot Stuff, 21 Sardar Patel Marg. Der beliebte Treffpunkt der Stadtjugend serviert neben Burgern und chinesischen Gerichten auch Milchshakes und Eiscreme; Hauptgerichte Rs50–130.

Indian Coffee House, MG Marg, etwas von der Straße zurückversetzt. Allahabads Filiale dieser südindischen Kette bietet ausgezeichneten Filterkaffee und einfache Snacks (max. Rs35).

Jade Garden, 123–127 MG Marg. Kleines Gartenlokal, überwiegend chinesische Küche wie Chopsuey, Chowmein und Süßsaures sowie veg. und andere indische Gerichte (Hauptgerichte Rs90–175).

Kamdhenu, 37 MG Marg. Bekannter Süßwarenladen im schönen Gebäude des Theatre Palace aus dem 19. Jh. mit köstlichen örtlichen Spezialitäten.

Tandoor, 33 MG Marg. Etwas teureres, nicht veg. Restaurant und eines der besten für indische Küche mit allen Tandoori-Klassikern wie Huhn oder Fisch-Tikka, Kebab und Mogul-Currys. Nicht veg. Hauptgerichte kosten Rs85–195.

Sonstiges
Autovermietungen
Mietwagen vermitteln Reisebüros wie **Varuna**, Tulsiani Plaza, neben dem Hotel Harsh an der MG Marg, ☎ 0532/242 7287, ✉ varunatravels@ hotmail.com; die Preise liegen bei Rs650 pro Tag plus gefahrene Kilometer.

Geld
Es gibt mehrere **Geldautomaten** in der MG Marg; die **State Bank of India**, Kutchery Rd, Police Lines, liegt ungünstig.

Informationen
Tourist Information Office im Tourist Bungalow, 35 MG Marg, Civil Lines, ☎ 0532/260 1873. Sehr hilfsbereit, bietet nützliche Infos, vor allem während der *melas*, ⏱ Mo–Sa 10–17 Uhr, 2. Sa im Monat geschlossen.

Internet
Mehrere Internetläden im Maya Bazaar, neben dem Restaurant Tandoor, und **Angelica's Cyber Point**, gegenüber vom Hotel Sangam in einer Nebenstraße der MG Marg, berechnen Rs15–20 pro Std.

Post
Die **Hauptpost** (GPO oder HPO genannt) liegt an der Sarojini Naidu Marg, unweit der All Saints' Cathedral in Civil Lines.

Nahverkehr
Taxis findet man in der Umgebung der Allahabad Junction Station, doch die üblichsten Fortbewegungsmittel sind **Fahrrad- und Motor-Rikschas**; eine Fahrt zum Sangam von der großen Kreuzung in Civil Lines kostet etwa Rs35 (mit dem Fahrer einen Zeitpunkt für die Rückfahrt ausmachen).

Transport
Busse
Am Busbahnhof **Leader Road** halten die Busse aus westlich gelegenen Städten wie Agra, Lucknow, Kausambi und Delhi. Er liegt direkt vor den Südausgängen des Bahnhofs Allahabad Junction. Der Busbahnhof **Zero Road**, zuständig für die im Süden gelegenen Städte Mahoba, Satna und Chitrakut – Ausgangspunkte nach Khajuraho – befindet sich 1 km weiter südöstlich. Busse von überall her und vor allem aus Städten im Osten, darunter Varanasi, laufen den Busbahnhof **MG Marg** an, neben der Touristeninformation.

Eisenbahn
Allahabad besitzt vier Bahnhöfe, doch Expresszüge halten am Bahnhof **Allahabad Junction**. Die meisten Unterkünfte liegen ganz in der Nähe; beim Verlassen des Bahnhofsgebäudes darauf achten, den Ausgang zu nehmen, der zur angestrebten Hotelgegend führt.

Flüge
Der Bamrauli Airport liegt 18 km westlich der Stadt an der Straße nach Kanpur.
Indian Airlines, mit Büro am Flughafen, ☎ 0532/258 1370, fliegt nach Delhi.

Uttar Pradesh

Die Umgebung von Allahabad

Nur 63 km südlich von Allahabad liegen am Ufer der Yamuna die ausgedehnten Ruinen von **Kausambi**, einem bedeutenden buddhistischen Zentrum, in dem einst der Buddha selbst predigte. Die Stadt hatte ihre Blütezeit zwischen dem 8. Jh. v. Chr. und dem 6. Jh. n. Chr.; archäologische Funde legen eine noch frühere Besiedlung nahe. Der Überlieferung zufolge wurde die Stadt von Nachfahren der Pandavas gegründet, nachdem ihre Stadt Hastinapur durch Überschwemmungen zerstört worden war. Über den Feldern erheben sich ursprünglich mit Ziegelsteinen eingefasste Befestigungen aus Lehm, die eine unregelmäßige, etwa 6 km lange Umfriedung bilden, und es gibt auch noch Teile eines Wassergrabens.

Innerhalb des Komplexes haben Ausgrabungen eine befestigte Straße, Backsteinhäuser, Brunnen, Teiche und Abflüsse, ein Kloster und einen großen Stupa zu Tage gefördert sowie in der südöstlichen Ecke die Überreste eines Palastes. Das Einzige, was noch steht, ist eine beschädigte Sandsteinsäule, die Ashoka zugeschrieben wird – eine zweite Säule wurde von den Moguln versetzt und ziert heute die Tore des Forts von Allahabad. Mit dem eigenen Fahrzeug oder einem gemieteten Taxi (rund Rs1000) ist Kausambi ein einfacher Tagestrip von Allahabad. Ansonsten fahren auch Busse (Rs50) vom Busbahnhof Leader Road.

Allahabad ist außerdem eine gute Basis für Ausflüge in die entlegeneren Teile von **Bundelkhand** (S. 283) im Süden. Das weitläufige Pilgerdorf **Chitrakut** (auch **Sitapur** genannt) liegt 128 km Richtung Südwesten und ist leicht mit dem Zug oder Bus erreichbar. Von hier kann man auch gut nach Kalinjar und Khajuraho weiterfahren. Zusammen mit der Schwesterstadt **Karbi** 8 km östlich (von wo es Zugverbindungen nach Allahabad, Kolkata und Delhi gibt) ist Chitrakut ein wichtiges Wallfahrtszentrum der Vaishnavas. Die meisten religiösen und Freizeitaktivitäten konzentrieren sich am reizenden **Ramghat** im Zentrum, auf dem Boote mit blauen Matratzen und Kissen ein schönes Bild vor der Kulisse aus Ashrams und *ghats* auf beiden Seiten des schmalen, träge dahinfließenden Flusses abgeben.

Etwa 88 km südwestlich von Chitrakut blickt oberhalb der gleichnamigen Stadt die verlassene sternförmige Festung von **Kalinjar** von einem Felsenberg am Ende der zerklüfteten Vindhya-Berge auf das Ganges-Tal. Einen Großteil der Festung hat sich trockener, von Affen bevölkerter Buschwald zurückerobert. Die einst prächtigen Alleen sind nurmehr felsige Fußpfade, die sich um die wenigen verbleibenden zerfallenden, jedoch reich verzierten Gebäude winden. Kalinjar hat so gut wie keine touristischen Einrichtungen – die meisten Besucher kommen im Rahmen von Tagesausflügen von Chitrakut oder Allahabad. Oder sie steigen in Banda ab, das an den wichtigen Bahn- und Busrouten liegt; von Banda fahren Nahverkehrsbusse nach Kalinjar.

Vom Dorf Kalinjar geht es 3 km über steile Stufen hinauf zum Haupttor der Festung, **Alam Darwaza**. Am Südtor, dem **Panna Gate**, gibt es Felsritzungen, die sieben Hirsche zeigen – diese repräsentieren wie die sieben Tore der Festung die sieben damals bekannten Sterne. Unter dem **Bara Darwaza**, dem „Großen Tor", liegt die künstliche Höhle Sita Sej; hier befinden sich auf einer Steincouch aus dem 4. Jh. mit die ältesten Inschriften von Kalinjar. Von den kolossalen Befestigungen des Forts bieten sich weite Ausblicke über die Ganges-Ebene im Norden und die Vindhya-Berge im Süden.

6 **HIGHLIGHT**

Varanasi

Das Flussufer der Hindu-Stadt Varanasi in der Ganges-Ebene, auch **Banaras** oder **Benares** genannt, wird kilometerweit von steinernen *ghats* gesäumt, an denen tagtäglich Tausende Pilger und Anwohner ihre rituellen Waschungen durchführen. Das von Gläubigen **Kashi**, die Erleuchtete – die von Shiva gegründete Stadt des Lichtes – genannte Varanasi ist eine der ältesten ununterbrochen bewohnten Städte der Welt. Seit dem 6. Jh. v. Chr. steht sie im Mittelpunkt der hinduistischen Glaubenswelt und einer religiösen Geografie, die von der im Himalaya gelegenen Höhle Amarnath in Kashmir nach

Wie in Agra und Delhi wimmelt es in Varanasi von „Bauernfängern", und vor allem Neuankömmlinge müssen auf der Hut sein. Die meisten Hotels zahlen Kundenschleppern eine Provision von bis zu 80 % des Zimmerpreises (pro Übernachtung) – auf Rechnung des Gastes. Alle Englisch sprechenden Rikscha-Fahrer sind Schlepper und äußerst hartnäckig. Wer am Bahnhof Cantonment ankommt, sollte zuerst das hilfsbereite Tourist Office (S. 330) aufsuchen, das Hotel seiner Wahl anrufen und sich abholen lassen. Wer lieber in der Altstadt absteigen will, marschiert vom Bahnhof oder Busbahnhof weg bis zur Hauptstraße, sucht dort einen Fahrrad-rikscha-Fahrer, der kein Englisch kann, und gibt als Fahrziel Godaulia, 3 km südöstlich an – die Rikscha-Fahrt kostet Rs30. Rikschas kommen nicht durch die schmalen Gassen rings um den Vishwanatha-Tempel und sind im Zentrum von Godaulia nicht zugelassen. Auch in diesem Fall ist es ratsam, bei einem Hotel anzurufen und sich abholen zu lassen. Wer auf eigene Faust ein Hotel sucht, bekommt unweigerlich einen Begleiter, der dann im Hotel Provision verlangt. Von den Hotels in der Altstadt, die sich auf diesen Handel nicht einlassen, wird üblicherweise behauptet, sie seien „abgebrannt" oder „überschwemmt".

Kanniyakumari, der Südspitze Indiens, von Puri im Osten und Dwarka im Westen reicht.

Varanasi zählt zu den heiligsten aller *tirthas* und zieht seit jeher Wallfahrer, Sinnsuchende und Sannyasins an, darunter heilige Männer wie Buddha, Mahavira, Gründer des Jainismus, und der große hinduistische Reformer Shankara. Jeder, der in Varanasi stirbt, erlangt sofort *moksha*, d. h. Erlösung, und viele ältere Menschen kommen zum Sterben hierher.

Ghats

Die von Villen, Palästen und Tempeln aus dem 18. und 19. Jh. gesäumten Flussufer Varanasis sind mit einer Reihe steinerner Treppen versehen – den *ghats*. Jede der etwa 100 kleineren oder größeren *ghats* besitzt einen Lingam und nimmt in der religiösen Geografie der Stadt ihren speziellen Platz ein. Manche sind im Zerfall begriffen, andere dagegen genießen hohen Zulauf. Bei den Hindus gilt der Ganges als *amrita*, jenes Elixier, das den Lebenden Reinheit und den Toten Erlösung bringt. In Wirklichkeit ist der Fluss aber stark verunreinigt und ein Bad daher keinesfalls ratsam. Das Schlimmste sind die Schwermetalle, die zusammen mit den ungeklärten Abwässern aus den weiter flussaufwärts gelegenen Fabriken in den Ganges geleitet werden. Ob sterilisiertes Ganges-Wasser noch die Kraft hat, von Sünden zu reinigen, ist bei den Gläubigen umstritten. Derzeit überwiegt die Meinung, dass Abkochen zulässig ist, nicht jedoch eine chemische Behandlung.

Seit Jahrhunderten folgen Pilger ganz bestimmten Strecken unter Einbeziehung am Wege gelegener Tempel. Eine der populärsten ist **Panchatirthi Yatra**, zu der die *pancha* (fünf) *tirthi* (Übergänge) Asi, Dash, Manikarnaka, Panchganga und Adi Kesh gehören. Um das Wohlwollen der Götter zu erlangen, rezitiert der von einem *panda* (Priester) begleitete Gläubige fromme Formeln und vollzieht an jedem Streckenabschnitt ein Ritual. Touristen begnügen sich meist damit, eine Reihe von *ghats* im Rahmen einer Bootsfahrt oder Wanderung zu betrachten.

Die Preise für **Bootsfahrten** entlang der *ghats*, insbesondere der wichtigeren wie der Dashaswamedh, sind weit überhöht. Es gibt zwar einen Polizeiposten an der Dashaswamedh Ghat, doch Touristen erfahren von staatlicher Seite wenig Unterstützung und müssen auf zähes Feilschen gefasst sein. Es gibt von UP Tourism empfohlene Festpreise von Rs50 pro Std. für kleine Boote (1–4 Personen) und Rs75 für ein größeres Boot (5–10 Personen), aber daran hält sich keiner.

Von der Asi Ghat zur Kedara Ghat

Am Lehmufer der **Asi Ghat**, am Zusammenfluss von Asi und Ganges, baden die Pilger, bevor sie am großen Lingam unter einem *peepal*-Baum beten. Ein kleiner Marmortempel unweit der

Uttar Pradesh

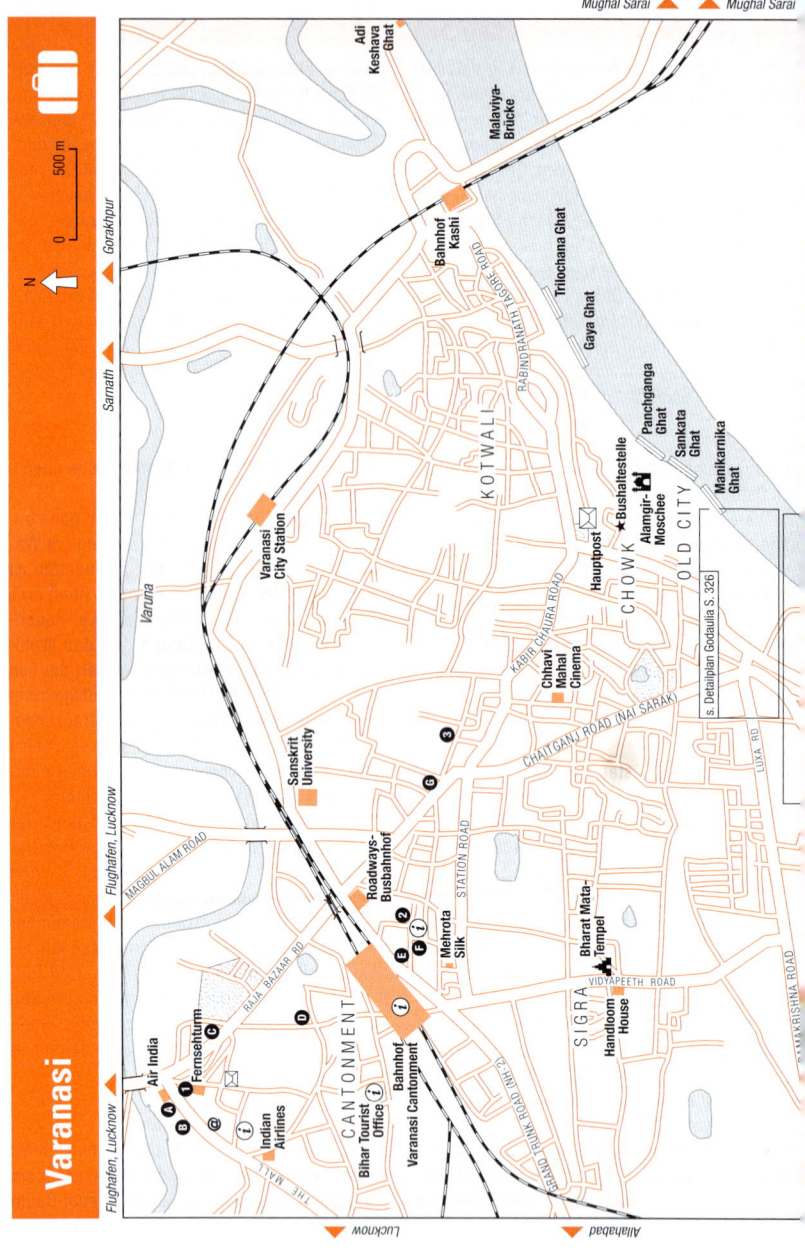

Varanasi

Uttar Pradesh

Mughal Sarai

Adi Keshava Ghat

Malaviya-Brücke

Bahnhof Kashi

Trilochana Ghat

Gaya Ghat

Panchganga Ghat

Sankata Ghat

Manikarnika Ghat

KOTWALL

Bushaltestelle

Hauptpost

Alamgir-Moschee

CHOWK

OLD CITY

Varanasi City Station

Kabir Chaura Road

Chhavi Mahal Cinema

s. Detailplan Godaulia S. 326

Chattganj Road (Nai Sarak)

Luxa Rd.

Sanskrit University

Station Road

Roadways-Busbahnhof

Mehrota Silk

Bharat Mata-Tempel

Vidyapeeth Road

Sigra

Handloom House

Makrishna Road

Masrul Alam Road

Raja Bazar Rd.

Air India

Fernsehturm

Indian Airlines

Bihar Tourist Office

Bahnhof Varanasi Cantonment

Cantonment

The Mall

Grand Trunk Road (NH-2)

Gorakhpur

Sarnath

Varuna

Flughafen, Lucknow

Flughafen, Lucknow

Lucknow

Allahabad

N

0   500 m

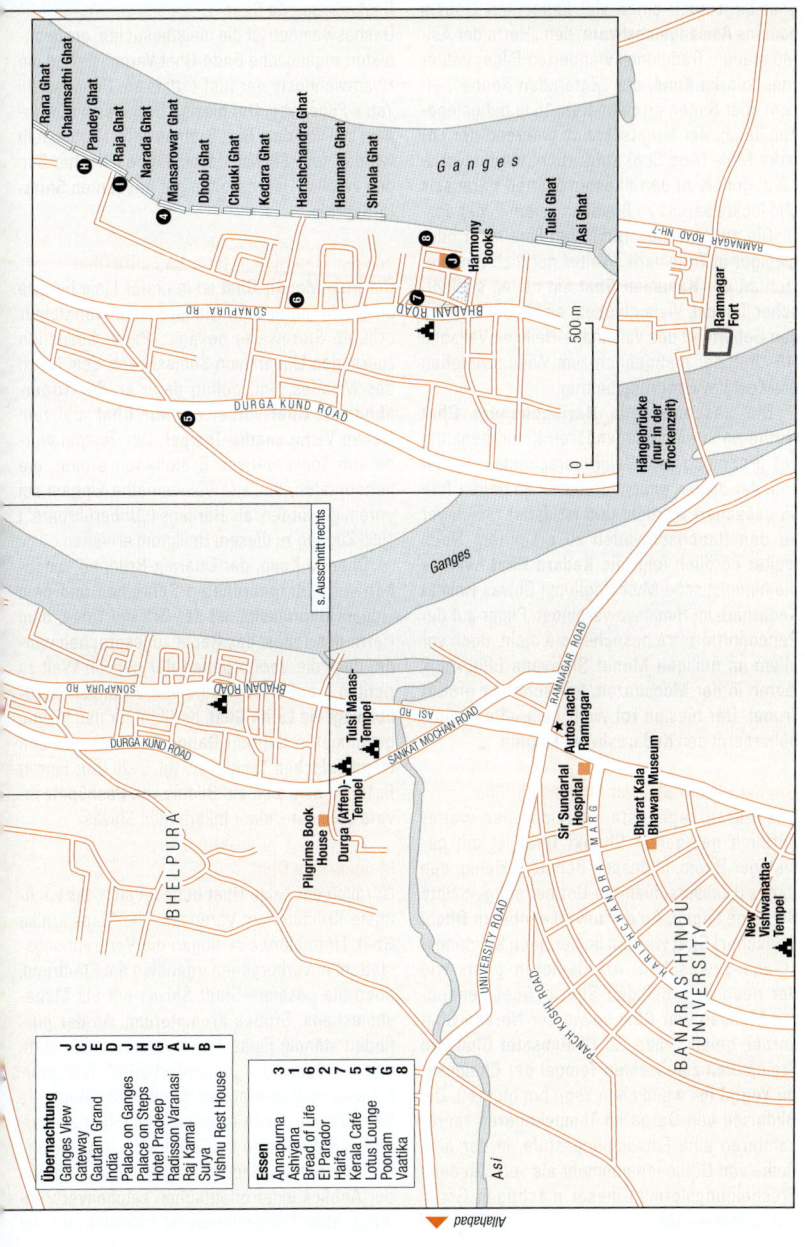

Übernachtung
Ganges View — J
Gateway — C
Gautam Grand — E
India — D
Palace on Ganges — J
Palace on Steps — H
Hotel Pradeep — G
Radisson Varanasi — A
Raj Kamal — F
Surya — B
Vishnu Rest House — I

Essen
Annapurna — 3
Ashiyana — 1
Bread of Life — 6
El Parador — 2
Haifa — 7
Kerala Café — 5
Lotus Lounge — 4
Poonam — G
Vaatika — 8

Rana Ghat
Chaumsathi Ghat
Pandey Ghat
Raja Ghat
Narada Ghat
Mansarowar Ghat
Dhobi Ghat
Chauki Ghat
Kedara Ghat
Harishchandra Ghat
Hanuman Ghat
Shivala Ghat
Tulsi Ghat
Asi Ghat

Ganges

Harmony Books

SONAPURA RD

BHADAINI ROAD

DURGA KUND ROAD

RAMNAGAR ROAD NH-7

Rannagar Fort

Hängebrücke (nur in der Trockenzeit)

500 m

0

s. Ausschnitt rechts

Ganges

SONAPURA RD

BHADAINI ROAD

DURGA KUND ROAD

Tulsi Manas-Tempel

ASI RD

SANKAT MOCHAN ROAD

RAMNAGAR ROAD

Autos nach Ramnagar

Sir Sundarlal Hospital

Bharat Kala Bhawan Museum

Pilgrims Book House

Durga (Affen)-Tempel

B H E L P U R A

UNIVERSITY ROAD

PANCH KOSHI ROAD

HARISHCHANDRA MARG

New Vishwanatha-Tempel

B A N A R A S   H I N D U   U N I V E R S I T Y

Asi

Allahabad

ghat birgt noch einen viel besuchten Lingam namens **Asisangameshvara**, den „Herrn der Asi-Mündung". Traditionell wanderten Pilger weiter zum **Lolarka Kund**, der „Zitternden Sonne", einem über Stufen erreichbaren, 15 m tief gelegenen Teich, der hauptsächlich während der Lolarka Mela (Aug/Sep) aufgesucht wird. Lolarka Kund gehört zu den ältesten Stätten Varanasis und lockte bereits zu Buddhas Zeiten Pilger an.

Die angrenzende **Tulsi Ghat** liegt mehr oder weniger in Trümmern. Weiter nördlich befindet sich an der **Hanuman Ghat** ein neuer, südindischer Tempel. Viele glauben, es handle sich um den Geburtsort des Vaishnava-Heiligen Vallabha (15. Jh.), der maßgeblich zum Wiederaufleben der Krishna-Verehrung beitrug.

Die anschließende **Harishchandra Ghat** wurde nach einem legendären König benannt, der großmütig sein Reich verschenkte. Sie ist eine der beiden *ghats* Varanasis, an denen Tote eingeäschert werden, und ist daher unschwer an den Rauchschwaden zu erkennen. Noch weiter nördlich folgt die **Kedara Ghat**, welche die hinduistische Mythologie mit Shivas Heimat Kedarnath im Himalaya verbindet. Pilger auf der Panchatirthi Yatra besuchen sie nicht, doch vor allem im heiligen Monat Shravana (Juli/Aug), mitten in der Monsunzeit, herrscht hier großer Trubel. Der hiesige rot-weiß gestreifte Tempel beherbergt den **Kedareshvara Lingam**.

Von der Chauki Ghat zur Chaumsathi Ghat

Das herausragendste Merkmal der weiter nördlich gelegenen **Chauki Ghat** ist ein gewaltiger Baum, in dessen Schatten kleine, den *nagas* (Wasserschlangen-Gottheiten) geweihte Schreine liegen. An der unverkennbaren **Dhobi** (Wäscher) **Ghat** werden immer noch Kleidungsstücke gewaschen. An kleineren *ghats* wie der nach dem heiligen See in Tibet benannten **Mansarowar Ghat** sowie der **Narada Ghat** vorbei, gelangt man zur **Chaumsathi Ghat**, wo Steinstufen zum kleinen Tempel der **Chaumsathi Yogini** (64 weibliche Yogi) hochführen. Die Bildnisse von Durga im Tempelinneren repräsentieren eine Entwicklungsstufe, in der eine Reihe von Göttinnen nunmehr als verschiedene Erscheinungsformen dieser mächtigen Göttin betrachtet wurde.

Dashaswamedh Ghat

Dashaswamedh ist die meistbesuchte, am leichtesten zugängliche Bade-Ghat Varanasis und die zweitwichtigste der fünf *tirthas* am Panchatirthi Yatra-Pilgerweg. Der hiesige Brahmeshvara Lingam soll von dem Gott Brahma selbst aufgestellt worden sein. Südlich davon birgt ein flacher Bau den zu allen Jahreszeiten gut besuchten **Shitala-Schrein**.

Von der Man Mandir Ghat zur Lalita Ghat

Die **Man Mandir Ghat** ist in erster Linie für ihre im 18. Jh. unter dem Maharadscha von Jaipur erbaute Sternwarte bekannt. Pilger besuchen zuerst den Lingam von Someshvara, dem Herrn des Mondes, und gehen dann an der **Tripurabhairavi Ghat** vorbei zur **Mir Ghat** und zum **Neuen Vishwanatha-Tempel**. Der Tempel wurde von konservativen Brahmanen erbaut, die behaupteten, der alte Vishwanatha-Lingam sei unrein geworden, als Harijans („Unberührbare") 1956 Zugang zu diesem Heiligtum erhielten.

Dharma Kupa, der Dharma-Brunnen, umgeben von untergeordneten Schreinen und dem Lingam **Dharmesha**, ist der Ort, wo Yama, dem Herrn des Todes, das Recht zugesprochen wurde, über die Verstorbenen der ganzen Welt zu richten – außer über jene von Varanasi. Nördlich liegt die **Lalita Ghat**, berühmt für den Vishnu gewidmeten Schrein **Ganga Keshava** und den **Nepalesischen Tempel** (⊙ tgl. 5–20 Uhr; Eintritt Rs10), in dem sich ein Bildnis von **Pashupateshvara** befindet – einer Inkarnation Shivas.

Manikarnika Ghat

Nördlich der Lalita Ghat befindet sich das wichtigste Krematorium Varanasis, die Manikarnika Ghat. Normalerweise liegen die Verbrennungsstätten im Verborgenen irgendwo am Stadtrand, doch die gesamte Stadt Shivas gilt als **Mahashamshana**, Großes Krematorium. An der *ghat* finden ständig Einäscherungszeremonien statt, und die **Doms**, die „unberührbaren" Totenwärter sind ununterbrochen damit beschäftigt, die Glücklichen, denen es erlaubt war, hier zu sterben, auf ihre Reise ins Totenreich zu schicken. Die meisten ausländischen Besucher fasziniert der Anblick einer öffentlichen Leichenverbrennung, aber Fotografieren ist natürlich absolut

An den *ghats* von Varanasi am heiligen Ganges führen tagtäglich Tausende Hindus ihre rituellen Waschungen durch.

tabu, und es sollte auch keine Kamera zu sehen sein, will man keinen Anstoß erregen.

Die Manikarnika Ghat liegt im Zentrum der fünf *tirthas* und symbolisiert sowohl Schöpfung als auch Zerstörung, was sich in dem heiligen Brunnen **Manikarnika Kund** ausdrückt. In der hinduistischen Mythologie gab es den Manikarnika Kund schon vor dem Ganges; sein Ursprung liegt tief im Himalaya. Vishnu grub den *kund* mit seinem Diskus und füllte ihn auf Geheiß Shivas mit dem Schweiß, den er bei der Schöpfung der Erde vergossen hatte. Als Shiva vor Begeisterung zitterte, fiel sein Ohrring in diesen Teich, der als Manikarnika – „juwelenbesetzter Ohrring" – die erste *tirtha* der Welt wurde. Jedes Jahr, nachdem der Flusspegel gesunken und der *kund* nur noch mit Schlamm gefüllt ist, wird er wieder neu ausgegraben. Die Umgebung wird gesäubert und mit farbenfrohen Darstellungen der hier verehrten Göttin **Manikarni Devi** bemalt.

Von der Panchganga Ghat zur Adi Keshava Ghat

Hinter der Lakshmanbala Ghat liegt eine der umstrittensten *ghats*, die **Panchganga Ghat**, die von der mächtigen **Alamgir-Moschee**, von den Anwohnern Beni Madhav-ka-Darera genannt, überragt wird. Die Moschee steht auf den Ruinen des **Bindu Madhava**, eines Vishnu-Tempels, dessen Anlage sich von der Panchganga bis zur Rama Ghat erstreckte, bevor er von Aurangzeb zerstört und durch die Moschee ersetzt wurde. Panchganga zeugt aber auch von freundschaftlicheren Beziehungen zwischen Hindus und Moslems, denn hier fand die Initiation des mittelalterlichen Sufi-Heiligen Kabir statt, Sohn eines moslemischen Webers, der von Hindus und Moslems gleichermaßen verehrt wird.

Die Altstadt

Im Herzen Varanasis, zwischen der Dashaswamedh Ghat und Godaulia im Süden und Westen und der Manikarnika Ghat im Norden, liegt die Altstadt (oder Vishwanatha Khanda), ein Labyrinth aus verwinkelten Gässchen, das zum Erkunden einlädt. In jeder Ecke taucht ein Tempel oder Lingam auf, und es herrscht ein buntes Treiben. Ein guter Orientierungspunkt für den wahrscheinlichen Fall, dass man sich verläuft, ist der Fluss. Über die Gasse **Vishwanatha Gali**

lässt sich der Tempelkomplex **Vishwanatha** oder **Visheshwara** erreichen, wegen seines vergoldeten Turms auch **Goldener Tempel** genannt.

Die hinter einer Mauer verborgene Anlage darf nur von Hindus betreten werden, alle anderen müssen sich mit einem Blick von umliegenden Gebäuden aus begnügen. Seine schlichten weißen Kuppeln überragen den **Jnana Vapi** („Weisheitsbrunnen"), umgeben von einer offenen, 1828 erbauten Bogenhalle, in dem Shiva nach der Fertigstellung des Vishwanatha seinen Lingam kühlte. Neben dem Tempel steht, von bewaffneten Polizisten gegen Überfälle hinduistischer Fanatiker geschützt, die **Jnana Vapi-Moschee**, auch die Große Moschee von Aurangzeb genannt.

Der **Annapurna Bhavani-Tempel** nahe dem Vishwanatha ist Shakti gewidmet, der göttlichen weiblichen Energie. Sie manifestiert sich in zahlreichen Erscheinungsformen, darunter die der grausamen Göttinnen Kali und Durga mit ihren Waffen und Girlanden aus Totenschädeln, doch hier zeigt sie sich als Nahrungsspenderin und trägt einen Kochtopf. In der Nähe befindet sich eine eindringliche Darstellung von **Shani** oder Saturn. Ein Stückchen weiter nördlich, auf der anderen Seite der Hauptstraße, befindet sich die im 13. Jh. auf den Trümmern eines noch früheren, unter den Sultanaten zerstörten Vishwanatha-Tempels erbaute **Razia-Moschee**.

Bharat Mata

Etwa 3 km nordwestlich von Godaulia steht außerhalb der Altstadt der moderne Tempel **Bharat Mata** („Mutter Indien"), der von Mahatma Gandhi eingeweiht wurde. Der Tempel ist insofern ungewöhnlich, als es hier eine riesige marmorne Reliefkarte des ganzen indischen Subkontinents und der tibetischen Hochebene gibt; Berge, Flüsse und die heiligen *thirtas* sind deutlich zu erkennen. Die Pilger umkreisen die Karte zunächst und betrachten sie anschließend in ihrer Gänze vom zweiten Stock aus. Der Tempel ist mit der Rikscha von Godaulia für etwa Rs30 zu erreichen.

Südlich der Altstadt

Der im 19. Jh. erbaute **Durga-Tempel** – bei Rucksackreisenden wegen seiner aggressiven Affen als Monkey Temple bekannt – liegt hinter Mauern verborgen 4 km südlich von Godaulia, nicht weit von der Asi Ghat entfernt. Seine Bauweise ist typisch nordindisch, mit einem aus fünf Stockwerken bestehenden, die Elemente symbolisierenden *shikhara* und kunstvoll verzierten Stützpfeilern. Der Tempel ist Durga geweiht, der Furcht einflößenden Erscheinungsform von Shivas Gefährtin Parvati und eine Verkörperung von *shakti*, der weiblichen Energie. Der gezinkte Pfahl im Hof wird bei Festen dazu verwendet, Opfertiere (Ziegen) zu enthaupten. Nichthindus dürfen zwar den Hof, nicht aber das Allerheiligste des Tempels betreten. Der Zugang zum angrenzenden **Tulsi Manas-Tempel** steht hingegen allen offen. Der Tempel wurde 1964 aus Marmor erbaut; seine Wände zieren Inschriften mit Versen von Goswami Tulsidas, dem Verfasser des *Ramcharitmanas*, Hindi-Äquivalent des in Sanskrit verfassten *Ramayana*. ⏱ tgl. 5–12 und 15.30–21 Uhr.

Das weiter südlich gelegene Museum **Bharat Kala Bhawan** zeigt eine faszinierende Sammlung von Miniaturen, Skulpturen, zeitgenössischer Kunst und Bronzen. In einer der Stadt Varanasi gewidmeten Abteilung sind archäologische Fundstücke von neueren Ausgrabungen an der Raj Ghat und alte Stadtskizzen zu sehen. Neben buddhistischen und hinduistischen Skulpturen gibt es auch Galerien mit Werken ausländischer Künstler, die von Indien inspiriert wurden, wie Nicholas Roerich und Alice Boner. Auch zahlreiche Arbeiten des bengalischen Künstlers Jamini Roy sind vertreten. ⏱ Mai und Juni Mo–Sa 7.30–13, Juli–April 10.30–16.30 Uhr; Eintritt Rs100, Fotoerlaubnis Rs50.

Das Bharat Kala Bhawan gehört zur Banaras Hindu University (BHU). Auf deren Campus steht außerdem der **New Vishwanatha-Tempel**, der an seinem hohen Turm aus weißem Marmor zu erkennen ist. Der Tempel verdankt seine Existenz Pandit Malaviya, dem Gründer der Universität und einem großen Anhänger einer egalitären und kastenlosen hinduistischen Renaissance. Erbauen ließen den Tempel die Birlas, eine wohlhabende Marwari-Industriellenfamilie. Obwohl der Tempel dem von Aurangzeb zerstörten Originaltempel nachempfunden sein soll, zeigt das Gebäude Charakteristiken einer neuen Mode der Tempelarchitektur, bei der Einflüsse aus verschiedenen Teilen Indiens mit einer kitschig-grellen Innenausstattung verschmelzen. Vor den Tempeltoren gibt es für die zahlreichen Besucher einen kleinen Markt mit Teesbuden, Blumenverkäufern und anderen Ständen. ⏱ tgl. 4–12 und 13–21 Uhr.

Ramnagar Fort

Das Ramnagar Fort, die Residenz des Maharadscha von Varanasi, ragt südlich der Asi Ghat auf der anderen Seite des Ganges empor. Der Anblick der Festungsanlage ist am späten Nachmittag besonders eindrucksvoll. Um ans jenseitige Flussufer zu gelangen, nimmt man die vom Universitätsgelände nach Südosten führende Straße und überquert dann eine Hängebrücke. Während des Monsuns wird die Brücke eingezogen und durch eine Fähre ersetzt. Das Innere der Festung zeugt vom Wohlstand und anhaltenden Einfluss des Maharadschas.

In dem staubigen, vernachlässigten **Museum** sind Erinnerungsstücke aus prunkvollen Zeiten zu sehen: Pferdekutschen, mit Gold und Silber verzierte *howdahs* (Elefantensänften), *hookahs* (Wasserpfeifen) und verblichene Seidenstoffe, eine Rüstung, eine Sammlung winziger Elfenbeinschnitzereien und Jagdtrophäen. Eine Abteilung auf der gegenüberliegenden Seite des Hofes dreht sich um die **Ram Lila**-Prozessionen und Feierlichkeiten, die während des Dussehra-Festes (Okt) abgehalten werden. Das Ram Lila von Varanasi, in dessen Verlauf überall in der Stadt Episoden aus dem Ramayana nachgespielt werden, ist besonders berühmt. Die drei Wochen andauernden Festakte werden vom Maharadscha finanziell kräftig unterstützt. ⏱ 10–17 Uhr, Eintritt Rs15.

Übernachtung

Die meisten besseren, teureren Hotels liegen an der Peripherie des Zentrums. Ein wirkliches Gefühl für die Stadt bekommt aber nur, wer in der Nähe der *ghats* und der Altstadt absteigt. Die besten Zimmer sind normalerweise die helleren im Obergeschoss mit Ausblick. UP Tourism vermittelt auch **Zimmer bei Gastfamilien** – Infos erteilt das Büro am Bahnhof. Die nachstehend unter Godaulia aufgeführten Hotels sind auf der

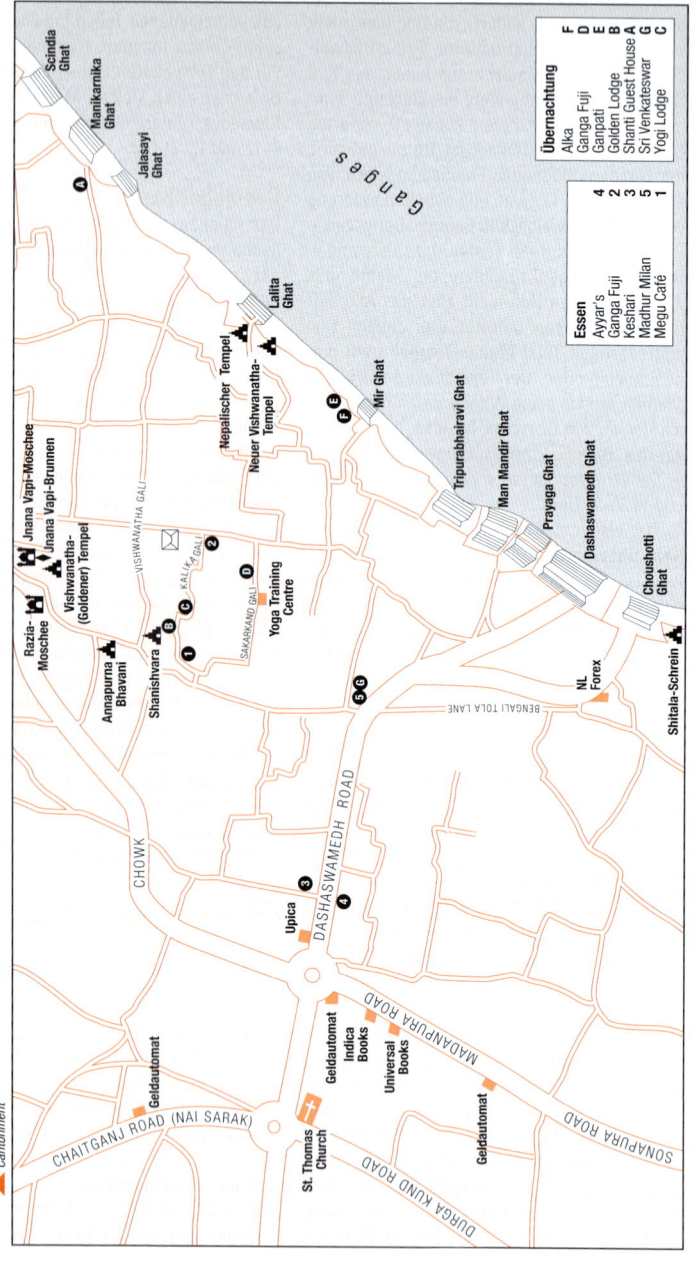

Godaulia

◄ Cantonment

Uttar Pradesh

N

0   100 m

Ganges

Scindia Ghat
Manikarnika Ghat
Jalasayi Ghat
Lalita Ghat
Mir Ghat
Tripurabhairawi Ghat
Man Mandir Ghat
Prayaga Ghat
Dashaswameth Ghat
Choushotti Ghat

Nepalischer Tempel
Neuer Vishwanatha-Tempel
Jnana Vapi-Moschee
Jnana Vapi-Brunnen
Vishwanatha-(Goldener) Tempel
Razia-Moschee
Annapurna Bhavani
Shanishvara
VISHWANATHA GALI
KALIKA GALI
SAKARKAND GALI
Yoga Training Centre

BENGALI TOLA LANE

NL Forex
Shitala-Schrein

DASHASWAMEDH ROAD

CHOWK

Upica

MADANPURA ROAD

SONAPURA ROAD

DURGA KUND ROAD

Geldautomat
Indica Books
Universal Books
Geldautomat

CHAITGANJ ROAD (NAI SARAK)
Geldautomat

St. Thomas Church

Essen
Ayyar's   4
Ganga Fuji   2
Keshari   3
Madhur Milan   5
Megu Café   1

Übernachtung
Alka   F
Ganga Fuji   D
Ganpati   E
Golden Lodge   B
Shanti Guest House   A
Sri Venkateswar   G
Yogi Lodge   C

www.stefan-loose.de/indien

Karte von Varanasi Godaulia eingezeichnet, s. S. 326; alle anderen erscheinen auf der großen Varanasi-Karte S. 320/321.

Godaulia

Alka, D-3/23 Mir Ghat, ✆ 0542/239 8445, 🖳 www.hotelalkavns.com. Empfehlenswertes Mittelklasse-Hotel am Fluss mit einer großen Auswahl an guten, gepflegten Zimmern, einer Terrasse und einem hübschen, kleinen Rasen mit Flussblick; oft mit Pauschalgruppen belegt. ❷–❺

Ganga Fuji, D-7/21 Sakarkand Gali, ✆ 0542/232 7333, 🖳 www.gangafujihome.com. Gut geführtes Familien-Gästehaus nahe dem Goldenen Tempel mit geschmackvoll eingerichteten Zimmern, z. T. mit AC, sauberem Bad und heißer Dusche; alles tadellos sauber trotz der Lage in einer schmutzigen Gasse. ❷–❺

Ganpati, D-3/24 Mir Ghat, ✆ 0542/239 0059, 🖳 www.ganpatiguesthouse.com. Zimmer mit Aussicht auf den Ganges, andere rund um einen Hof; Restaurant und Gemeinschaftsbalkon mit Flussblick. Ungünstig ist der Check-out bis spätestens 10 Uhr. ❷–❺

Golden Lodge, D-8/35 Kalika Gali, nahe Shanishvara, ✆ 0542/239 8788, ✉ golden varanasi@gmail.com. Freundliche Mitarbeiter, verschiedene Zimmer mit Bad (plus einige EZ ohne Bad), recht gutes Restaurant. Man sollte sich jedoch vergewissern, dass der vereinbarte Preis Steuern und Service beinhaltet, sonst wird bei der Abreise u. U. versucht, diese zusätzlich zu berechnen. ❶–❹

Shanti Guest House, Ck 8/129 Garwasi Tola, nahe Manikarnika Ghat, ✆ 0542/239 2568, ✉ varanasishanti@yahoo.com. Alter Traveller-treff in der Nähe der Verbrennungs-*ghats*. Großes Gebäude mit zahlreichen, meist sauberen Zimmern mit Du/WC. Könnte einen Neuanstrich vertragen, bietet aber die billigsten Schlafsaalbetten der Stadt (Rs50). Gut besuchtes Dachrestaurant mit überwältigendem Ausblick. ❶–❹

Sri Venkateswar, D-5/64 Dashaswamedh Rd, ✆ 0542/239 2357, ✉ venlodge@yahoo.com. Einfach, sauber, unweit der *ghats* und des Vishwanatha-Tempels. Große Zimmer, schöner

Trittbrettfahrer

Die **Yogi Lodge** (beim Vishwanatha-Tempel), das **Vishnu Rest House** (mit Flussblick) und das **Shanti Guest House** (unweit der Mani-karnika Ghat) sind drei der ältesten und be-währtesten Unterkünfte in der Altstadt. Doch leider wird ihnen rücksichtslos Konkurrenz gemacht: von anderen Hotels, die sich die gleichen Namen zulegen und Riksha-*wallahs* dafür entlohnen, dass sie ahnungslose Gäste „umleiten". So gibt es inzwischen vier weitere „Vishnu"-Trittbrettfahrer: Old Vishnu Lodge, Vishnu Guest House, Real Vishnu Guest House und New Vishnu Guest House. Verschiedene andere „Shanti"- und „Yogi"-Herbergen be-dienen sich derselben Praxis. In rechtlicher Hinsicht droht den Nachahmern kein Unge-mach, denn es gibt keinen Urheberschutz für so universell gebräuchliche indische Wörter wie „Yogi", „Vishnu" und „Shanti". Reisende sollten jedoch auf der Hut sein: Hotels, die Provision zahlen oder sich wie hier beschrie-ben Kundschaft zu erschleichen suchen, sind generell wenig vertrauenswürdig.

Innenhof, freundliche Mitarbeiter, 24-Std.-Checkout; Rauschmittel jeglicher Form verboten. ❷–❸

Yogi Lodge, D-8/29 Kalika Gali, ✆ 0542/239 2588, ✉ yogilodge@yahoo.com. Bewährte Traveller-Unterkunft mitten in der Altstadt; hervorragende Leitung, Safe. Makelloses Restaurant, saubere Zimmer und Schlafsäle (Rs65). ❶

Südlich von Godaulia, in Flussnähe

Ganges View, Asi Ghat, ✆ 0542/231 3218, 🖳 www.hotelgangesview.com. Herrliche Veranda mit Flussblick und angenehmes Ambiente, daher oft ausgebucht; kleine, aber geschmackvoll eingerichtete Zimmer; etwas teurere im oberen Stock mit besserer Aussicht. ❻–❼

Palace on Ganges, B-1/158 Asi Ghat, ✆ 0542/231 5050, 🖳 www.palaceonganges.com. Das einzige Luxushotel am Fluss; 22 individuell eingerichtete Zimmer mit AC, TV und Minibar; Dachterrassen-Restaurant, Tour-Buchung. ❼

Palace on Steps, D-21/11 Rana Ghat, ☎ 0542/
245 0970, ✉ palaceonsteps@gmail.com.
Ursprünglich zwei durch einen großen Banyan-
Baum getrennte Hotels, jetzt zu einem kombiniert, mit Zimmern von Budget bis AC. Alle
makellos sauber; die mit Ausblick auf die
ghats sind allerdings sehr teuer, und denselben
Blick genießt man auch von der Hotelterrasse.
❷–❼

Vishnu Rest House, D-24/17 Pandey Ghat,
☎ 0542/245 0206. Eine der nettesten Unterkünfte
am Fluss; Zimmer, Schlafsäle (Rs60), hübscher
Patio und Café mit Blick auf den Ganges; beliebt
und oft ausgebucht. Am besten über die *ghats*
erreichbar – südlich von der Dashaswamedh.
❶–❹

Cantonment und Stadtrand

Gateway, Nadesar Palace Grounds, Raja Bazaar
Rd, ☎ 0542/250 3001 bis 19, 🖥 www.thegate
wayhotels.com. Das vornehmste Hotel der Stadt
auf riesigem Gelände (zu erkunden im Buggy
oder bei einer Vogelbeobachtungstour) und mit
stattlichen Zimmern, edlen Restaurants, Pool,
Fitnesscenter und Yoga-Unterricht. DZ ab
Rs9450, Luxussuite US$315. ❾

Gautam Grand, Parade Kothi, ☎ 0542/220 8288,
🖥 www.hotelgautamgrand.com. Preisgünstiges
modernes Hotel in Bahnhofsnähe. Die Zimmer
(z. T. mit AC) sind nicht groß, aber recht gepflegt
und alle mit Balkon; 24-Std.-Zimmerservice,
Schlafsaal (Rs100) und freundliche Mitarbeiter.
❸–❹

India, 59 Patel Nagar, ☎ 0542/250 7593, 🖥 www.
hotelindiavns.com. Recht schickes 3-Sterne-
hotel; schöne, moderne Zimmer mit Bad, AC und
hellem Holz (selbst der Laminatboden ist gar
nicht so übel); Fitnesscenter, Dachgartenbar
und 4 Restaurants, darunter das ausgezeichnete
Palm Springs. ❻

Hotel Pradeep, Kabir Chaura Rd, Jagatganj,
☎ 0542/7231 oder 2, 🖥 www.hotelpradeep.com.
Gut ausgestattet, beliebt bei Pauschalgruppen,
in erreichbarer Nähe der *ghats*. Gutes
Restaurant (s. Poonam, S. 329). ❺–❻

Radisson Varanasi, The Mall, ☎ 0542/250 1515
oder 1800/1800 333, 🖥 www.radisson.com/
varanasi.in. Eines der empfehlenswertesten
Luxushotels der Stadt (DZ ab US$163); schöne,

gut ausgestattete, aber nicht sehr große
Zimmer, Pool, zwei Restaurants, Bar und Coffeeshop; üppiges Frühstücksbuffet inkl. ❾

Raj Kamal, Parade Kothi, ☎ 0542/220 8844.
Preiswerte, anspruchslose Zimmer in günstiger
Bahnhofsnähe, ganz in der Nähe des Tourist
Bungalow der UPTDC, aber oft voll. ❷

Surya, S-20/51, A5 The Mall, ☎ 0542/250 8465
oder 6, 🖥 www.hotelsuryavns.com.
Gut geführtes, komfortables Hotel um einen
schönen Garten mit akzeptablem Restaurant;
kleine, aber tadellose Zimmer mit modernem
Bad, viele mit Balkon. Internetservice, Tour-
Buchung, Geldwechsel und Pool (Tagesbesucher Rs200). Camping für Rs100 p. P.
❹–❺

Essen

Die meisten Cafés in der Altstadt servieren
nur Vegetarisches und keinen Alkohol. Im
Viertel Cantonment dagegen gelten weniger
strenge Vorschriften, und in einigen der
teureren Hotels gibt es sogar eine Bar. **Magen-
Darm-Erkrankungen** sind in Varanasi fast an
der Tagesordnung, daher sollten Besucher
nur Mineralwasser aus fest verschlossenen
Flaschen bzw. abgekochtes/gereinigtes
Wasser trinken und bei der Lebensmittel- und
Restaurantauswahl äußerst vorsichtig sein.
Im Vishnu Rest House an der Pandey Ghat
gibt es ausgezeichnete *thalis* und in der Yogi
Lodge die wahrscheinlich sauberste Küche
der Altstadt. Die nachstehend unter Godaulia
aufgeführten Lokale sind auf der Godaulia-
Karte auf S. 326 eingezeichnet, alle anderen
auf der großen Varanasi-Karte S. 320/321.

Godaulia

Ayyar's, Dashaswamedh Rd. An der Rückseite
einer Einkaufspassage gelegenes, kleines,
billiges Café. Südindische Küche (Rs16–32),
gute *masala dosas*, ausgezeichneter Filterkaffee und köstliche Milchshakes.

Ganga Fuji, D5/8 Kalika Gali, Dashaswamedh.
Nettes kleines Restaurant nahe dem
Vishwanatha-Tempel, bietet multikulturelle
Küche (veg. Hauptgerichte Rs50–100, andere
Rs80–200) und abends klassische indische
Livemusik ab 19.30 Uhr.

Keshari, D-14/8, Teri Neem, nahe Dashaswa-medh Rd. Bietet eine riesige Auswahl veg. Currys zu Rs45–100. Zu den Spezialitäten zählen Paneer-Tomaten und Pilz-Masala, aber auch sonst schmeckt alles gut.

Madhur Milan, Dashaswamedh Rd, gleich hinter der Vishwanatha Lane. Billiges und sehr beliebtes Café mit köstlichen *dosas,* Süßspeisen, *kachoris* und Samosas (man kann draußen zusehen, wie sie gebraten werden, und sie dann ganz frisch mitnehmen). Hauptgerichte Rs28–72, *thalis* Rs40–110.

Megu Café, D-8/1 Kalika Gali, an der Straße zur Golden Lodge und Yogi Lodge. Kleines Lokal eines japanisch-indischen Paars (am Eingang Schuhe ausziehen) mit einer kleinen Auswahl japanischer Köstlichkeiten wie veg. Sushi, Tempura und Ingwer-Hühnchen (Hauptgerichte Rs75–85). So geschl.

Andere Stadtteile

Annapurna, J-12/16A Ramkatora, ☎ 0542/220 0151, 🖥 www.sriannapurna.com. Strahlend sauberes Restaurant mit europäischer, indischer und chinesischer Vegetarierküche (Hauptgerichte Rs85–140, *thalis* Rs120–140, Snacks Rs85–110). Auch Lieferservice; auf zwei-stündige Vorbestellung auch Lieferung von *thalis* zu allen durch Varanasi fahrenden Zügen (Zugnamen und -nummer sowie Wagen- und Platznummer angeben).

Ashiyana, Major Singh Place, Lt. Rohan Marg, Cantonment. Chinesische und indische Gerichte, Snacks und Drinks, serviert in der AC-Lounge oder auf dem recht lauten Rasen; nicht veg. Hauptgerichte Rs75–150.

Bread of Life, B3/322 Sonapura Rd. Die Back-stube liefert dunkles Brot, süße Brötchen und Gebäck; das kleine, saubere Restaurant serviert westliche Gerichte (Hauptgerichte Rs70–120); der Erlös kommt einer gemeinnützigen Einrichtung zugute, aber die Bedienung ist langsam.

El Parador, Maldahia Rd. Bemerkenswertes Restaurant um die Ecke vom Tourist Bungalow; hervorragendes Essen, von mexikanisch über griechisch und französisch bis italienisch, in Bistro-Atmosphäre; die Pasta ist hausgemacht; Hauptgerichte Rs175–350.

Haifa, 1/108 Asi Rd. Lokal mit entspannter Atmo-sphäre und nahöstlicher Küche wie Hummus, frischem Pitta und Falafel sowie den üblichen indischen Gerichten. Hauptgerichte Rs60–110, Frühstück Rs60–90. Sehr zu empfehlen sind die „Middle Eastern Thalis" (eine Auswahl von Vorspeisen mit Pitta) zu Rs80.

Kerala Café, Durga Kund Rd, Bhelpura Thana. Sehr beliebtes südindisches Restaurant mit guten Snacks (*dosas, vadas, uttapams* etc. zu Rs16–32) und Zitronenreis, Tamarindenreis, Sambarreis oder Joghurtreis zu Rs40.

Lotus Lounge, 14/21 Manasarowar Ghat. Keine Lounge, sondern ein angenehmes Terrassen-restaurant über den *ghats* mit einer bunten Mischung internationaler Gerichte wie Chicken Satay, thailändischem Red Curry und Moussaka; außerdem Pasta und Salate; Hauptgerichte Rs75–180.

Poonam, Hotel Pradeep, Kabir Chaura Rd, Jagatganj. Gute Mughlai-Küche (nicht veg. Hauptgerichte Rs200–235) in angenehmem, klimatisiertem Ambiente.

Vaatika, Asi Ghat. Schattiges Terrassen-restaurant direkt an der *ghat,* gute Pizza (Rs70–120) und Pasta (Rs60–100), dazu köstliche, frisch gepresste Säfte und Salate (alles Gemüse wird mit Permanganat sterilisiert und das Wasser gefiltert und abgekocht).

Einkaufen

Angesichts der Schlepper und Riksha-Fahrer, die ganz wild darauf sind, Touristen gegen Provision in bestimmte Geschäfte zu lotsen, kann ein Einkaufsbummel in Varanasi zum

Maßgeschneidertes

Mehrotra Silk, 21/72 Englishia Lane, an der Station Rd nahe dem Bahnhof, ☎ 0542/220 0189, 🖥 www.mehotrasilk.in, ist sehr zu empfehlen. Man kann sich ein Hemd maßschneidern und ins Hotel liefern lassen oder fertige Schals, Umhänge oder Betttücher kaufen. Kunden können sich kostenlos vom Hotel oder Bahn-hof abholen lassen (Riksha-Fahrer bringen Touristen gerne zu Nachahmern, die Provision zahlen). Filiale: K4/8A Lalghat.

Horrortrip werden. Es gibt jedoch ein paar lohnende Geschäfte: z. B. im **Thatheri Bazaar** (Messinggegenstände) oder um die Jnana Vapi-Moschee und im **Tempelbasar** in der Vishwanatha Gali in Godaulia (Seidenbrokatstoffe und Schmuck).

Bundesstaatliche Kaufhäuser wie UP Handlooms in Lahurabir (B-21 Rathyatra Crossing) und Nichi Bagh (39/6 beim City Post Office) sowie das Handloom House in Sigra (D64/132K) verkaufen nur qualitativ hochwertige Waren zu festen Preisen.

Open Hand Café and Shop, B1/128-3 Dumraun Bagh, Colony Asi, nahe dem Haifa Restaurant und der Tiwari Lodge, 🖳 www.openhandonline. com, ist ein von der Gemeinde betriebenes Projekt. Es verkauft Bettwäsche, Kleider, Taschen sowie Karten und dient zugleich als Café, sodass man beim Einkauf nebenher Filterkaffee und Schokoladenkuchen genießen kann.

Am hartnäckigsten gefeilscht (und gern betrogen) wird um Gegenstände aus Seide. Die Straße **Qazi Sadullahpura**, in der Nähe des Chhavi Mahal Cinema, bildet die Schlagader eines moslemischen Viertels, das sich der Seidenproduktion verschrieben hat.

Upica, staatliches Kaufhaus, das Filialen in Godaulia sowie gegenüber dem Gateway Hotel unterhält.

Paraslakshmi Exports, D-61/16, Sidhgiribagh, ✆ 0542/241 1496, mit einem sehr großen Angebot an Seidenprodukten zu festen Preisen.

Sonstiges

Apotheken

Die **Singh Medical Pharmacy** befindet sich in der Nähe des Prakash Cinema, Lahurabir, 2 km nördlich von Godaulia, und hat lange geöffnet.

Bei jedem Krankenhaus gibt es in der Nähe auch eine rund um die Uhr geöffnete Apotheke.

Autovermietungen

Mietwagen um Rs2000–3000 pro Tag inkl. Fahrer bietet **UPTDC**, ✆ 0542/220 5845.

Bücher

Indica Books, D40/18 Madanpura Rd, Godaulia; man kann hier Pakete abschicken.

Universal Book Company, D40/60 Madanpura Rd.

Pilgrims Book House, B27/98-A-8, Nawabganj Road, Durga Kund, 🖳 www.pilgrimsbooks.com.

Harmony, B1/158 Asi Ghat.

Geld

In der ganzen Stadt gibt es zahlreiche **Geldautomaten** (z. B. am Godaulia-Kreisverkehr). Auch einige der Hotels wechseln Geld, ebenso **NL Forex** in der Dashaswamedh Rd und in der Straße gegenüber vom Hotel Gateway. Die **State Bank of India** beim Hotel Surya im Cantonment wechselt ebenfalls Bargeld und löst Reiseschecks ein, ◷ Mo–Fr 10–16, Sa 10–13 Uhr.

Informationen

Das **UP Tourism Office** befindet sich im Tourist Bungalow an der Parade Kothi, 500 m südwestlich vom Cantonment-Bahnhof, ✆ 0542/220 6638, ◷ Mo–Sa 10–17 Uhr (2. Sa im Monat geschl.), doch der Schalter im Cantonment-Bahnhof, ✆ 0542/250 6670, ◷ tgl. 7–19 Uhr, ist die eigentliche Infostelle – der dortige Chef, Uma Shankar, ist äußerst hilfsbereit und wird jetzt von der neuen Touristenpolizei (✆ wie oben) dabei unterstützt, die Touristen vor Verbrechen zu schützen.

Das heruntergekommene **Bihar Government Tourist Office**, 3. Stock, Hans Sarowar, Englishis Lane, Jawaharlal Nehru Market, Cantonment, ✆ 0542/222 3821, ist nützlich für Besucher, die ostwärts nach Bihar reisen.

Das **India Tourism Office** liegt bei The Mall an der Stranger Rd im Cantonment, weit von der Altstadt und den *ghats* entfernt. Es informiert in erster Linie über ganz Indien, doch die Angestellten helfen auch bei Hotelreservierungen in Varanasi. ◷ Mo–Fr 9–17.30, Sa 9–14 Uhr. Das Tourism Office unterhält auch einen Schalter am Flughafen, geöffnet bei ein- und ausgehenden Flügen.

Wer die *ghats* bei Sonnenaufgang oder das friedliche Sarnath erleben möchte, nimmt am besten Abstand von den geführten Touren und organisiert den Besuch auf eigene Faust. Wenn die Zeit sehr begrenzt ist, vermittelt das India Tourism-Büro offizielle **Fremdenführer** (Rs600 pro Tag für bis zu 5 Pers.; bei größeren Gruppen geringfügig mehr).

Die örtliche Stelle des **National Informatics Centre** hat auf ihrer Website 🖳 www.varanasi. nic.in einige interessante Info über Varanasi.

Internet

Eine Surfstunde in einem der Internetcafés in der Umgebung der Kachauri Lane und der Bengali Tola Lane in Godaulia kostet zumeist Rs20. Im Cantonment bezahlt man gewöhnlich Rs30 pro Std., im **Cyber Café**, Parade Kothi (vom Hotel Gautam Grand 50 m Richtung Bahnhof), jedoch nur Rs15 pro Std.

Medizinische Hilfe

Sir Sunderlal Hospital, Benares Hindu University, ✆ 0542/230 7565;
Shiv Prasad Gupta Hospital (staatlich), Kabir Chaura, ✆ 0542/221 4720-3;
Marwari Hospital, Godaulia, ✆ 0542/239 2611;
Ram Krishna Mission Hospital, Luxa, ✆ 0542/245 1727.

Motorradverleih

Gibt es in Jagatganj, nahe der Sanskrit University zu mieten. In dieser Ecke befinden sich auch zahlreiche auf Enfields spezialisierte Werkstätten.

Musik

International Music Ashram, D33/81 Kalishpura, Old City, ✆ 0542/245 2302, ✉ keshvaraonayak@hotmail.com, ist ein ausgezeichneter Ort, um ein paar Stunden Tabla- oder Sitarunterricht zu nehmen.

Post

Die **Hauptpost** befindet sich in der Altstadt an der Kabir Chaura Rd, nahe der Kotwali-Polizeizentrale am nördlichen Rand von Chowk. Das Postamt des Cantonment liegt in der Raja Bazaar Rd, nahe dem großen Fernsehmast. Weitere Filialen gibt es im Clarks Hotel an der

Mall im Cantonment, in der Dashaswamedh Rd nahe dem Fluss und in der Sakarkand Gali nahe dem Restaurant Ganga Fuji.

Reisebüros

Nova International, Shubhash Nagar, nahe Parade Kothi, ✆ 0542/220 8361; **Thomas Cook**, Sridas Foundation Building, 4 The Mall (beim Radisson), ✆ 0542/250 0589, 🖳 www.thomascook.in.

Yoga

Es gibt ein Yogainstitut in der Benares Hindu University, doch zentraler liegt das **Yoga Training Cente** (D5/15 Shakarkand Lane, bei der Mir Ghat, ✆ 9919/857895, 🖳 www.yogatrainingcentre.com, in Godaulia. Ein weiterer Anbieter ist **Yogi Rakesh Pandeep**, B-4/35 Hanuman Ghat, ✆ 09415/817882.

Nahverkehr

Das einfachste Mittel der Fortbewegung in Varanasi sind **Fahrrad-Rikschas**, die oft todesmutig Verkehrsstaus umgehen, indem sie einfach auf der falschen Straßenseite fahren; eine Fahrt von Godaulia zum Bahnhof Cantonment kostet etwa Rs30. **Motor-Rikschas** sind angesichts des Verkehrsaufkommens auf kurzen Strecken kaum schneller und sollten für die gleiche Strecke nicht mehr als Rs50 verlangen.

Transport

Busse

Die meisten ankommenden Busse halten ein paar hundert Meter östlich des Cantonment-Bahnhofs an der Hauptstraße (Grand Trunk Rd) und am Roadways-Busbahnhof. Die Busse aus Nepal werden hier von der Rikscha-Mafia in Empfang genommen (S. 319, Kasten Nepper und Schlepper).

Busse der **UPSRTC**, ✆ 0542/220 3476, fahren von 5.30 bis 20.30 Uhr stdl. vom Cantonment-Busbahnhof via GORAKHPUR (7 Std.) zur nepalesischen Grenze bei SONAULI (10 Std.). Es gibt auch gute, regelmäßige Verbindungen (alle 30 Min; 3 Std.) nach ALLAHABAD (besser als der Zug). Nach Bihar fahren hingegen nur noch wenige Busse (keine mehr nach Patna) und die Straßen sind schlecht, weshalb man besser den Zug nimmt.

Eisenbahn

Varanasi besitzt zwei Bahnhöfe: **Varanasi Cantonment** in der Stadt selbst und **Mughal Sarai**, 17 km östlich der Stadt. Der Bahnhof Cantonment liegt am günstigsten und verfügt über Kioske für vorausbezahlte Motor-Rikschas und Taxis. Doch je nachdem, wo man herkommt, kann es passieren, dass man am Mughal Sarai landet: Viele der Züge auf der Ost-West-Strecke zwischen Delhi und Kolkata halten hier statt in Varanasi. Am Bahnhof Mughal Sarai gibt es allerdings Retiring Rooms, und Nahverkehrs-busse sowie Taxis verkehren ständig in die Stadt (45 Min.).

Am Cantonment-Bahnhof gibt es ein **Reservierungsbüro für Ausländer**, ☎ 0542/234 3404, ☉ Mo–Sa 8–20, So 8–14 Uhr.

Die schnellste Verbindung nach AGRA und JAIPUR bietet der tägliche Howrah–Jodhpur Express Nr. 12307, der von Mughal Sarai um 9.55 Uhr abfährt und den Bahnhof Agra Fort um 19.50 Uhr, Jaipur um 0.05 Uhr und JODHPUR um 6 Uhr am nächsten Morgen erreicht. Es gibt aber auch täglich einen Nachtzug von Varanasi Cantonment, den Marudhar Express Nr. 14853/14863/14865 (Abfahrt je nach Wochentag zwischen 17.20 und 18.15 Uhr, Ankunft in Agra Fort 5.55 Uhr, Jaipur 11.15 Uhr, Jodhpur 17 Uhr).

Die günstigsten Züge nach DELHI fahren von Varanasi Cantonment, z. B. der Shiv Ganga Express Nr. 12559 (Abfahrt 19.15 Uhr, Ankunft in New Delhi um 7.40 Uhr); es gibt aber auch zwei Rajdhani-Expresszüge, die gegen 1 Uhr nachts durch Mughal Sarai fahren. Der beste Zug tagsüber, der Neelachal Express Nr. 12875 (Abfahrt 7.38 Uhr, Ankunft in New Delhi 21.40 Uhr) fährt nur Di, Fr und So.

Zu den günstigen Nachtzügen nach KOLKATA zählt der Howrah Mail Nr. 13006, der Varanasi um 16.55 Uhr verlässt und um 7.20 Uhr in Howrah einläuft. Schnellere Verbindungen gibt es ab Mughal Sarai (der Rajdhani Nr. 12302 um 1.55 Uhr braucht an den meisten Tagen nur 8 Std.).

Der Mahanagri Express Nr. 11094 ist der schnellste Zug nach MUMBAI (Abfahrt 11.25 Uhr, Ankunft in Mumbai CST um 14.15 Uhr am folgenden Tag).

Der günstigste Zug nach PATNA ist der Secunderabad–Patna Express Nr. 12791, der um 14.35 Uhr abfährt und Patna um 19.10 Uhr erreicht. Wer früher ankommen möchte: Der Magadh Express Nr. 12402 fährt um 8 Uhr ab Mughal Sarai und ist um 11.30 Uhr in Patna. Die beste Bahnverbindung nach GAYA bietet der Doon Express Nr. 13010, Abfahrt 16.15 Uhr, Ankunft 21.17 Uhr.

Nach DEHRA DUN in Uttarakhand ist der Doon Express Nr. 13009 (Abfahrt 10.35 Uhr, Ankunft um 7.10 Uhr am folgenden Tag) die beste Option. Der Dehra Dun Express Nr. 14265 (Abfahrt 8.30 Uhr) hat auch Kurswagen nach RAMNAGAR (Ankunft 6.10 Uhr am nächsten Morgen, abgekoppelt wird in Moradabad zwischen 23.45 Uhr mit Weiterfahrt um 4.20 Uhr). Für KHAJURAHO nimmt man den Zug nach Satna (als Nachtzug den 4x wöchentl. verkehrenden Lokmanyatilak Express Nr. 11062, Abfahrt Mo, Mi, Fr und So 23.20 Uhr, Ankunft 6.45 Uhr; tagsüber den Dadar Superfast Express Nr. 12168, Abfahrt 10.25 Uhr, Ankunft 15.50 Uhr); von Satna fahren Busse in 3 Std. nach Khajuraho.

Flüge

Ein vorausbezahltes Taxi vom **Babatpur Airport**, 22 km nordwestlich der Innenstadt, kostet Rs450, eine Motor-Rikscha verlangt für die gleiche Strecke Rs250. Für die Fahrt zwischen Altstadt und Flughafen muss man mindestens 90 Min. einplanen. Ein vorausbezahltes Taxi vom Bahnhof Cantonment zum Flughafen kostet Rs400, eine Motor-Rikscha Rs200 und Rs50–100 mehr von anderswo in der Stadt.

Fluggesellschaften

Air India und **Indian Airlines**, 52 Yadunath Marg, Cantonment, ☎ 0542/250 2547; **Jet Airways** und **JetLite**, 1. Stock, Krishnayatan Building, S-20/56 Kennedy Rd, abseits von The Mall, Cantonment, ☎ 0542/250 6444.

Sarnath

Sarnath, 10 km nördlich von Varanasi, ist ein buddhistischer Wallfahrtsort und ein beliebtes Tagesausflugsziel von Varanasi-Besuchern. Hier predigte Buddha 530 v. Chr., nur fünf Wochen nach seiner Erleuchtung, zum ersten Mal. Nach buddhistischem Glauben setzte er dadurch das **Rad der Lehre** (dharmachakra) in Bewegung. Während der Regenzeit, wenn Buddha und seine Anhänger sich von ihren Missionsreisen zu erholen suchten, zogen sie sich nach Sarnath zurück. Der Ort ist auch unter der Bezeichnung **Rishipatana**, Ort der Weisen (rishis), oder auch **Mrigadaya** (Hirschpark) bekannt.

Jahrhundertelang war Sarnath ein florierendes Zentrum buddhistischer Kunst und Lehre, insbesondere des **Hinayana-Buddhismus**. Im 7. Jh. zählte der chinesische Reisende Xuan Zhang hier dreißig Klöster, bewohnt von rund 3000 Mönchen und beschrieb die lebensgroße Messingstatue eines das Gesetzesrad drehenden Buddhas. Der indische Buddhismus bröckelte jedoch unter dem Ansturm der moslemischen Invasionen und dem Aufstieg des Hinduismus. Die buddhistische Siedlung von Sarnath löste sich infolge dieser religiösen und politischen Umwälzungen schließlich auf.

Mit Ausnahme des Dhamekh-Stupa bestand der größte Teil der Stätte fast 1000 Jahre lang nur aus Ruinen. Sarnath wurde mutwillig zerstört und geplündert, bis Alexander Cunningham, Leiter des Archeological Survey, 1834 die Stätte ausgraben ließ. Heute ist es erneut ein wichtiges buddhistisches Zentrum mit Gebäuden von Missionen aus der gesamten buddhistischen Welt.

Hauptanlage und Dhamekh-Stupa

Die Ausgrabungsarbeiten der Hauptstätte finden innerhalb eines gepflegten, von dem Dhamekh-Stupa überragten Parks statt. Wenn man die Anlage von Südwesten her betritt, sind direkt nördlich die Überreste des **Dharmarajika-Stupa** zu sehen. Er soll die Stelle markieren, an der Buddha seine erste Predigt hielt, und wurde wahrscheinlich im 3. Jh. v. Chr. unter Ashoka erbaut, jedoch noch sechs Mal erweitert. An den Dharmarajika-Stupa schließen die Ruinen des **Hauptschreins** an, wo Ashoka meditiert haben

soll. Westlich davon steht der untere Teil einer **Ashoka-Säule**. Auf dem Gelände befinden sich auch die Überreste von vier **Klöstern**, datiert aus dem 3. bis 12. Jh.; alle weisen einen von Klosterzellen umgebenen Zentralhof auf.

Das eindrucksvollste Bauwerk ist der **Dhamekh-Stupa**, auch **Dharma Chakra-Stupa** genannt, von dem ebenfalls behauptet wird, er stünde an dem Ort, an dem Buddha zum ersten Mal predigte. Sein zylinderförmiger Turm ist 33,5 m hoch und ruht auf einem Steinsockel, verziert mit Basreliefs aus Blattwerk und geometrischen Formen. Die acht Bogennischen in halber Höhe beherbergten vielleicht Buddha-Statuen. ⊙ tgl. Sonnenauf- bis -untergang; Eintritt Rs100, Video Rs25.

In einer eigenen Anlage außerhalb des Parks – und daher kostenlos zugänglich – steht der Jain-Tempel **Sri Digamber** (auch Shreyanshnath-Tempel), angeblich an der Stelle, an der Shreyanshnath, der elfte Jain-Furtbereiter, geboren wurde. Der 1824 erbaute Tempel birgt im Inneren ein großes Bildnis des Heiligen sowie schöne Fresken mit Szenen aus dem Leben von Mahavira, einem Zeitgenossen des Buddha und der Begründer der Jain-Religion.

Museum

Gegenüber den Eingangstoren zur Hauptanlage steht das im Stil eines vihara (Kloster) erbaute Museum, dessen kleine, aber erlesene Sammlung an buddhistischen und brahmanischen Antiquitäten überwiegend Skulpturen aus Chunar-Sandstein umfasst. Das renommierteste Ausstellungsstück ist das **Löwenkapitell**, das von der Ashoka-Säule stammt. Es wurde von Ashoka (273–232 v. Chr.) entworfen, dem berühmten Maurya-Kaiser, der sich zum Buddhismus bekehrte, und diente als Vorbild für das heutige indische Staatswappen: Vier Löwen bewachen die Kardinalpunkte einer runden Plattform.

Aus dem 1. und 2. Jh. n. Chr. stammen zwei lebensgroße Figuren stehender Bodhisattvas, und unter den zahlreichen Skulpturen aus dem 5. Jh. befindet sich die eines sitzenden Buddha mit dem Rad der Lehre. Unter späteren Werken, aus dem 10. bis 12. Jh., befindet sich eine ungewöhnlich fein ziselierte Darstellung des

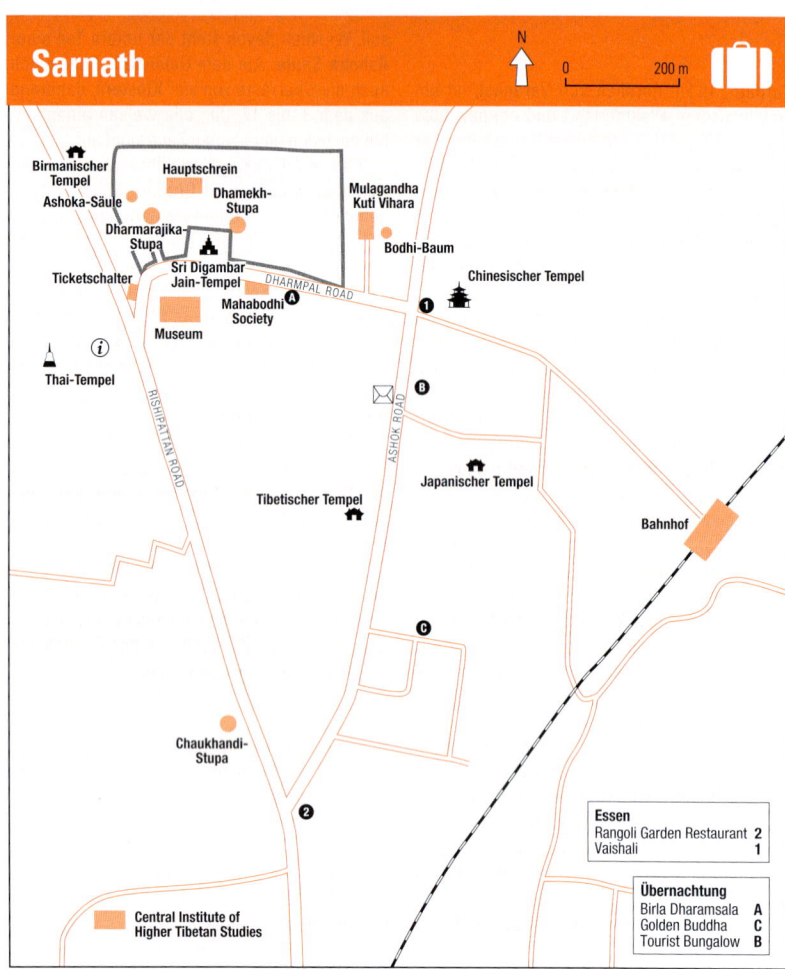

Sarnath

N
0   200 m

Uttar Pradesh

Birmanischer Tempel
Ashoka-Säule
Hauptschrein
Dhamekh-Stupa
Dharmarajika-Stupa
Ticketschalter
Sri Digambar Jain-Tempel
Mahabodhi Society
Museum
Thai-Tempel
Mulagandha Kuti Vihara
Bodhi-Baum
DHARMPAL ROAD
Chinesischer Tempel
ASHOK ROAD
Japanischer Tempel
Tibetischer Tempel
Bahnhof
Chaukhandi-Stupa
Central Institute of Higher Tibetan Studies
Varanasi

Essen
Rangoli Garden Restaurant 2
Vaishali 1

Übernachtung
Birla Dharamsala A
Golden Buddha C
Tourist Bungalow B

Bodhisattvas **Avalokiteshvara** mit einer Lotus-blüte und eine von **Lokeshvara** mit einer Schale. tgl. 8–17 Uhr; Eintritt Rs5 (Kartenkasse auf der anderen Straßenseite; Kameras und Handys in Schließfächern am Eingang deponieren).

Mulagandha Kuti Vihara und moderne Stätten

Nordöstlich des Dhamekh-Stupa steht das 1931 mit Spenden der internationalen buddhistischen Gemeinde erbaute **Mulagandha Kuti Vihara**. Das von der Mahabodhi Society geleitete Kloster ist einer der größten Anziehungspunkte Sarnaths, sowohl für Pilger als auch Touristen. Die Eingangshalle ziert eine riesige Glocke – ein Geschenk aus Japan – und das Innere eine vergoldete Reproduktion der berühmten, im Museum untergebrachten Buddha-Figur, umgeben von Wandfresken, auf denen Szenen aus seinem Leben dargestellt sind. Ein Stück weiter östlich steht Sarnaths **Bodhi-Baum**, ein Ableger des Baumes von Bodhgaya in Bihar, unter dem Buddha die Erleuchtung zuteil wurde.

Buddhistische Gemeinden aus anderen Teilen der Welt sind in Sarnath gut vertreten. Außer der alteingesessenen **Mahabodhi Society**, ℘ 0542/259 5955, bietet das **Central Institute of Higher Tibetan Studies**, ℘ 0542/258 5242, 🖥 www.smith.edu/cihts, außerhalb Richtung Varanasi, Zertifikatskurse in tibetischer Philosophie und der uralten Sprache Pali. In der Nähe des Postamts befindet sich der **Tibetische Tempel**, der eine Sammlung von *thangkas* (tibetisch-buddhistischen Gemälden) beherbergt. Der **Chinesische Tempel** liegt 200 m östlich der Haupteingänge und weiter nordwestlich der **Birmanische Tempel**. Hinter dem Tourist Bungalow befindet sich der **Japanische Tempel** unter Leitung der Mrigdayavana Mahavihara Society.

Übernachtung und Essen

Burmese Vihara, eines der gastfreundlichen Klöster, nordwestlich der Hauptstätte, bietet gegen eine Spende einfache Zimmer.
Birla Dharamsala, direkt vor den Toren der Mahabodhi Society. Sehr zentral, aber auch sehr einfach. ❶
Golden Buddha, ℘ 0542/236 9695, 🖥 www.goldenbuddhahotel.com, etwas außerhalb, 10 Min. zu Fuß südlich vom Japanischen Tempel. Die komfortabelste Unterkunft der Gegend besitzt schöne Zimmer und ein gutes Restaurant. ❹
Tourist Bungalow, südöstlich vom Park gelegen, ℘ 0542/259 5965, ✉ rahimrigdava@up-tourism.com, von UPTDC geleitet, bietet annehmbare Zimmer und einen Schlafsaal (Rs150). ❸–❹
Vaishali, oben an der Kreuzung beim Chinesischen Tempel. Südindische Snacks, veg. und nicht veg. Currys, chinesische Gerichte und sogar Pancakes (nicht veg. Hauptgerichte Rs70–140).
Das **Rangoli Garden Restaurant**, wenn man von Varanasi kommt, gleich an der Kreuzung jenseits des Chukhandi Stupa, ist beliebt für seine nord- und südindischen Gerichte (nicht veg. Hauptgerichte Rs100–185) und hat Tische im Freien.

Post

Die **Hauptpost** liegt direkt gegenüber vom Tourist Bungalow südöstlich des Parks.

Transport

Blaue **Busse** nach Sarnath fahren regelmäßig vor dem Cantonment-Bahnhof in VARANASI ab (Rs10), sind aber manchmal sehr voll. Eine vorausbezahlte **Motor-Rikscha** vom Cantonment-Bahnhof kostet um Rs80 einfach; manchmal verkehren auch Sammel-Rikschas (Rs20 p. P.). In Sarnath angekommen, kann man die Sehenswürdigkeiten bequem zu Fuß besuchen.

Gorakhpur

Gorakhpur, rund 230 km nördlich von Varanasi, ist bekannt als Station auf der Pilgerstrecke zwischen Kushinagar (dem Ort von Buddhas Erleuchtung) und Lumbini (seinem Geburtsort, der auf der anderen Seite der Grenze in Nepal liegt). Heute dient es in erster Linie als Durchreisestation nach Nepal. Die Stadt wurde nach dem shaivitischen Yogi **Gorakhnath** benannt und besitzt einen großen, ihm geweihten Ashram und Tempel. Die meisten Touristen und Wallfahrer halten sich hier so kurz wie möglich auf – dafür sorgen schon die Fliegen- und Moskitoschwärme.

Übernachtung und Essen

Gorakhpur Hotels reichen von schäbigen Budgetunterkünften in Bahnhofsnähe bis zu Mittelklassehäusern in Golghar, 1 km südwestlich, und Niyamachak, 1,5 km westlich. Billige *dhabas* findet man gegenüber vom Bahnhof. Ansonsten gibt es das beste Essen in den teureren Hotels und im Restaurant **Bobis** in Golghar (veg. Hauptgerichte Rs75–125, andere Rs80–140).
Fast alle unten aufgeführten Hotels haben 24-Std.-Checkout.
Bobina, Nepal Rd, Niyamachak, ℘ 0551/233 6663, 🖥 www.hotelbobina.com. Recht gute Mittelklasse-Unterkunft mit leicht verwohnten AC-Zimmern, ordentlichem Restaurant mit Bar und sogar einem Pool. ❹–❺

Uttar Pradesh

Clarks Inn Grand, Park Rd, bei Golghar, ✆ 0551/220 5015, 🖥 www.clarksinngrand.in. Das vornehmste Hotel der Stadt ist ein eher langweiliges, aber verlässliches Business-hotel mit großen Zimmern, Fitnesscenter und Pool. ❽

President, Golghar, ✆ 0551/233 7654, 🖥 www.hotelpresident.net.in. Mittelklassehotel mit verschiedenen vorzeigbaren AC-Zimmern und sogar einer Präsidentensuite. ❹–❺

Das **Marina**, ✆ 0551/233 7630, das sich mit dem President den Hof teilt, ist schmutziger und recht heruntergekommen, hat aber eine sehr billige EZ (Rs150–250).

Retiring Rooms, im Bahnhof. Preiswerte Zimmer mit und ohne AC sowie Schlafsaalbetten (Rs75). ❶–❷

Standard, Station Rd, bei der Statue von Maharana Pratap Singh, ✆ 0551/220 1439. Das sauberste unter den billigen Hotels gegenüber vom Bahnhof. Zimmer mit Bad, warmes Wasser gibt's hier allerdings nur im Eimer (Rs8). ❷

Sonstiges

Geld

Geldautomaten gibt es in Golghar (1 km süd-westlich des Bahnhofs) und direkt vor dem Bahnhof; die **State Bank of India**, Bank Rd, wechselt Reiseschecks.

Post

Die **Hauptpost** befindet sich in Golghar.

Nahverkehr

Das üblichste Verkehrsmittel in der Stadt sind **Fahrrad-Rikschas**, da nur wenige Hotels mehr als 2 km vom Bahnhof entfernt sind. Vor Schleppern und dem schlechten Service der Reisebüros gegenüber vom Bahnhof sollte man sich in Acht nehmen.

Transport

Busse

Es gibt drei Busbahnhöfe: Der **Railway Bus Stand** beim Bahnhof (150 m die Station Road entlang, zu erkennen an einem Reiterstandbild

Transport nach Nepal

Gorakhpur ist ein sehr günstiger Ausgangspunkt für die Weiterfahrt ins westliche Nepal, denn hier gibt es Verbindungen nach Pokhara und sogar nach Kathmandu.

Die **Direktbusse von oder nach Kathmandu und Pokhara** sind nicht besonders vorteilhaft – bes-ser nimmt man einen Bus nach Sonauli, geht zu Fuß über die Grenze und fährt dann auf der anderen Seite weiter.

Busse nach Sonauli (3 Std.) fahren am Railway Bus Stand von Gorakhpur zwischen 4.30 und 21 Uhr ab. Deluxe-Busse fahren direkt vor dem Bahnhofsgebäude los. Wer noch bei Tageslicht einen Anschlussbus nach Pokhara oder Kath-mandu (je 10 Std.) bekommen und die Land-schaft sehen möchte, muss früh aufstehen; es verkehren aber auch Nachtbusse. Private Busse verlassen Sonauli morgens zwischen 5 und 11 Uhr fast stündlich. Nach Kathmandu fahren die meisten Reisenden am liebsten mit dem Bus,

der in **Bhairawa**, 4 km weiter in Nepal, abfährt; das Reservierungsbüro befindet sich in Bhaira-wa in der Nähe des Yeti Hotel. **Jeeps** befahren die 24 km lange Strecke zwischen Bhairawa und Lumbini (Nepal). Wer eine Übernachtungs-pause einlegen möchte, kann im UPTDC-Hotel Niranjana (Rs300–650) in Sonauli absteigen, 1 km vor der Grenze. Es hat Zimmer mit AC und einen Schlafsaal (Rs100). Umfangreicher ist das Angebot jenseits der Grenze in Nepal. Beliebte Hotels in Bhairawa sind das Yeti und das Hima-layan Inn.

Visa für Nepal (für 1 Monat gültig) gibt es an der Grenze zum Preis von US$30. Auf der indischen Seite steht eine State Bank of India; die Geldwechsler auf der nepalesischen Seite tauschen auch Reiseschecks. Vorsicht: indische Rs500- und Rs1000-Scheine sind in Nepal illegal und können „konfisziert" werden; wer welche bei sich hat, kann sogar verhaftet werden.

von Maharana Pratap Singh) ist für Busse von der nepalesischen Grenze bei Sonauli und Kushinagar. Am **Kacheri-Busbahnhof**, 1 km südwestlich vom Bahnhof, halten Busse aus Allahabad, Lucknow und Varanasi. Der **Pedleyganj**, 2 km südöstlich vom Bahnhof, wird von einigen Bussen von/nach Varanasi genutzt.

Eisenbahn

Gorakhpur bietet tägliche Verbindungen mit dem Gorakdam Express Nr. 12555 um 16.35 Uhr nach LUCKNOW (Ankunft 21.40 Uhr) und NEW DELHI (Ankunft 5.45 Uhr) sowie mit dem Gorakhpur–Lokmanyatilak Express Nr. 15018 um 5.30 Uhr nach MUMBAI (Ankunft in Kalyan um 17.30 Uhr am nächsten Tag) via VARANASI (Ankunft 11.05 Uhr); eine weitere Verbindung nach Varanasi (6 Std.) bietet der Nachtzug Gorakhpur–Manduadih Nr. 55149 (mit Schlafwagen), der um 23.15 Uhr abfährt und um 6.15 Uhr ankommt.
Im Bahnhof gibt es angenehme *retiring rooms* (s. o.), ein einfaches Restaurant und eine **Tourist Information**, ⊙ theoretisch Mo–Sa 9–17 Uhr, aber meistens geschlossen.

Flüge

Der **Flughafen** liegt 7 km östlich von Gorakhpur Richtung Kushinagar. Er wird derzeit nur von JetLite angeflogen, mit Flügen von/nach Delhi. Taxis in die Stadt kosten Rs150.

Kushinagar

Das idyllisch gelegene Dorf Kushinagar, 53 km östlich von Gorakhpur, wird als Buddhas **Mahaparinirvana** verehrt, seine Todesstätte, wo er die endgültige Erlösung von dem Kreislauf aus Tod und Wiedergeburt erlangte. Zu Buddhas Lebzeiten war **Kushinara**, wie es damals hieß, ein kleines, von Wäldern umgebenes Königreich der Mallas. Der Ort geriet in Vergessenheit und wurde erst Ende des 19. Jhs. von Archäologen wiederentdeckt und ausgegraben – auf der Grundlage von Schriften chinesischer Pilger des 7. Jhs.

In einem schattigen Park mitten in Kushinagar steht der aus der Regierungszeit Kumaraguptas I. (413–455 n. Chr.) stammende **Mahaparinirvana-Tempel** (oder Nirvana-Stupa), der 1927 von birmanischen Buddhisten restauriert wurde. Im angrenzenden Tempel befindet sich die vergoldete Statue eines **ruhenden Buddha**. Der **Matha Kunwar-Schrein** an einer Kreuzung unmittelbar südwestlich birgt eine vergoldete Buddha-Statue aus blauem Schiefer. Er ist meist abgeschlossen (dann bleibt nur ein Blick durchs Fenster), aber manchmal schließt einem der Aufseher auch auf. Gleich um die Ecke ist ein „Bauddha Museum" mit einer mäßig interessanten Sammlung alter buddhistischer Skulpturen, die aber nicht alle antik sind; ⊙ Di–Sa und meist So 10.30–16.30 Uhr; Eintritt frei.

Rund 1,5 km südöstlich der Hauptanlage steht der verfallene **Ramabhar Stupa**, bei dem es sich wahrscheinlich um den ursprünglichen Mukutabandhana-Stupa handelt, der an der Stelle errichtet wurde, wo der Leichnam des Buddha eingeäschert wurde. Heute ist Kushinagar ein internationales buddhistisches Zentrum und beherbergt mehrere Klöster, die von Buddhisten aus Tibet, Birma, Thailand, Sri Lanka und Japan finanziert wurden. Der wunderbar schlichte **Japanische Tempel** besteht nur aus einem einzigen runden Raum mit einer herrlichen, goldenen Buddha-Statue. In starkem Kontrast dazu steht das erst kürzlich erbaute **Thai-Kloster**, eine große Anlage mit Tempeln und Schreinen im üppigen traditionellen Stil.

Übernachtung und Essen

Die meisten Tempel stellen gegen eine Spende (etwa Rs200 p. P.) Zimmer für Pilger bereit. Der chinesische **Linh Son-Tempel**,

Nicht nur zum Frühstück

Yama Café, nahe dem chinesischen Linh Son-Tempel, ist sauber und einladend und das einzige gute Restaurant im Ort; hausgemachte indische, tibetische und chinesische Gerichte (Hauptgerichte Rs25–55). Es öffnet um 8 Uhr zum Frühstück und schließt gegen 20 Uhr.

✆ 9936 132062, hat große, saubere Zimmer mit Bad und Warmwasser ❷. **Shree Birla**, gegenüber, ✆ 05564/ 273090, ist einfacher. ❷ **Pathik Niwas**, ✆ 05564/273046, ✉ rahipathik niwas@up-tourism.com. Der relativ teure staatliche Tourist Bungalow hat u. a. Zimmer mit AC, luxuriöse Cottages, „American Huts" genannt, und ein Restaurant. ❸ – ❺

Lotus Nikko, ✆ 05564/273025, 💻 www.lotusnikko hotels.com, neben dem Japanischen Tempel. 3-Sterne-Hotel mit AC-Zimmern und Geld-wechselschalter, aber oft von Reisegruppen ausgebucht. ❽

Essenstände an der Kasia-Kreuzung servieren preiswerte Snacks.

Sonstiges

Geld

Eine Wechselstube gibt es im **Yama Café**; auch im **Lotus Nikko Hotel** kann man Geld wechseln.

Informationen

UP Tourism unterhält ein Büro im Hotel Pathik Niwas, ⏰ Mo–Sa 10–17 Uhr.
Sowohl India Tourism als auch UP Tourism führen interessante Touren entlang des gesamten „Buddhist Circuit" von Uttar Pradesh durch; zu buchen entweder in Kushinagar oder bei UP Tourism in Delhi.

Touren

Das **Yama Café** organisiert einen Spaziergang von 13 km zu den umliegenden Dörfern und religiösen Stätten von 8–16 Uhr, Teilnahme-gebühr Rs750 p. P. inkl. Frühstück und Mittag-essen, Mindestteilnehmerzahl 5 Pers.

Transport

Von Kushinagar gibt es regelmäßige Busverbindungen nach GORAKHPUR (2 Std.).

Uttarakhand

Stefan Loose Traveltipps

Char Dham   Der Pilger-Rundgang um die vier Heiligtümer von Garhwal zeigt einen Querschnitt der eindrucksvollsten Landschaft des indischen Himalaya. S. 342

Haridwar   Die heilige Stadt am Ganges ist eine der vier Kultstätten des Kumbh Mela-Festes und auch zu anderen Zeiten ein faszinierender Ort, um Hindubräuche zu beobachten. S. 349

Rishikesh   Das Pilgerzentrum am Ufer des türkisfarbenen Ganges ist ein führendes Yoga- und Meditationszentrum. S. 353

7 Gangotri   Hoch in den Bergen zieht es die Pilger zur heiligen Quelle des Ganges. S. 361

Valley of the Flowers   Das abgeschiedene Tal, dessen saftige Wiesen der Traum aller Botaniker sind, wurde erst 1931 von Europäern entdeckt. S. 366

Curzon Trail   Eine zehntägige Wanderung über den Kuari-Pass bietet atemberaubende Ausblicke auf den Himalaya. S. 369

Corbett-Tigerreservat   Das in den 1930er-Jahren geschaffene Naturreservat ist vor allem wegen seiner (leider stark gefährdeten) Tiger berühmt. S. 371

Uttarakhand

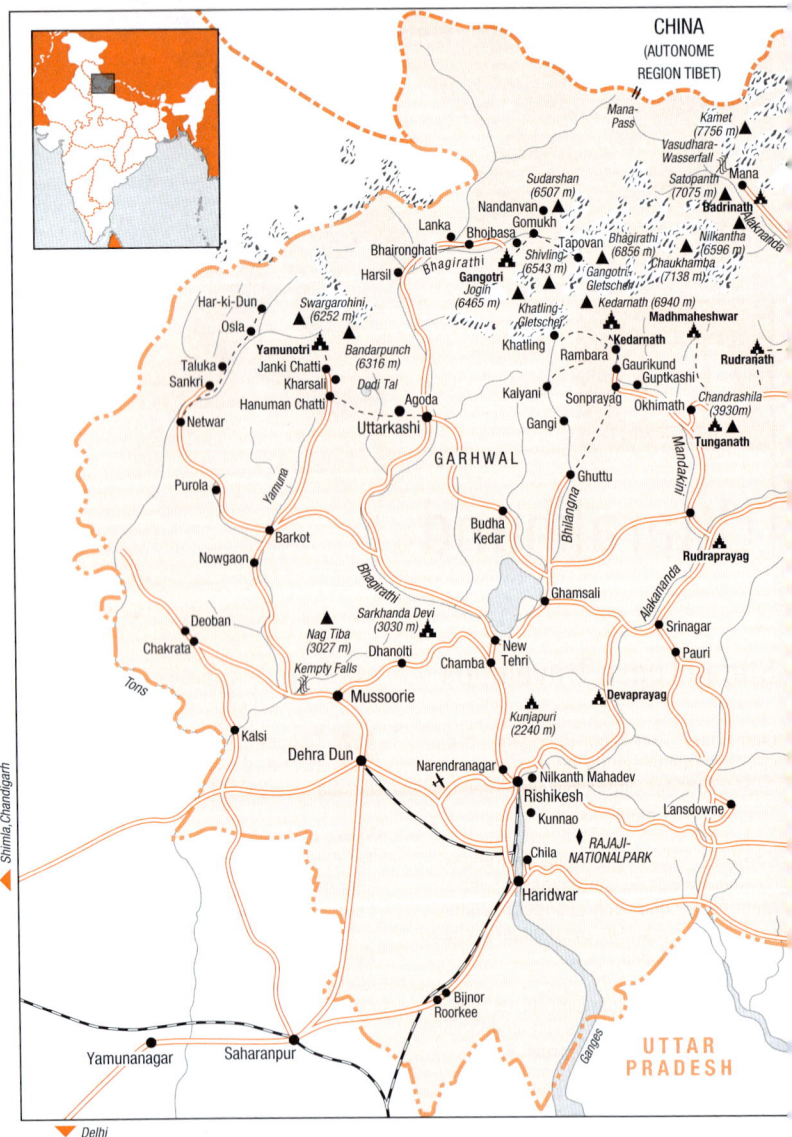

CHINA
(AUTONOME REGION TIBET)

Mana-Pass

Kamet
(7756 m)

Vasudhara-Wasserfall

Satopanth
(7075 m)

Mana

Badrinath

Sudarshan
(6507 m)

Nandanvan

Gomukh

Bhagirathi
(6856 m)

Nilkantha
(6596 m)

Lanka

Bhojbasa

Tapovan

Chaukhamba
(7138 m)

Bhaironghati

Bhagirathi

Shivling
(6543 m)

Gangotri
Gletscher

Harsil

Gangotri
Jogin
(6465 m)

Khatling-Gletscher

Kedarnath (6940 m)

Madhmaheshwar

Har-ki-Dun

Swargarohini
(6252 m)

Khatling

Kedarnath

Rudranath

Osla

Rambara

Gaurikund

Yamunotri

Bandarpunch
(6316 m)

Guptkashi

Chandrashila
(3930m)

Taluka

Janki Chatti

Kharsali

Dodi Tal

Kalyani

Sonprayag

Okhimath

Tunganath

Sankri

Hanuman Chatti

Agoda

Gangi

Netwar

Uttarkashi

G A R H W A L

Ghuttu

Mandakini

Purola

Yamuna

Bilangna

Rudraprayag

Barkot

Budha
Kedar

Nowgaon

Ghamsali

Alakananda

Deoban

Bhagirathi

Sarkhanda Devi
(3030 m)

Srinagar

Chakrata

Nag Tiba
(3027 m)

Dhanolti

New
Tehri

Pauri

Tons

Kempty Falls

Chamba

Mussoorie

Kunjapuri
(2240 m)

Devaprayag

Kalsi

Dehra Dun

Narendranagar

Nilkanth Mahadev

Rishikesh

Lansdowne

Shimla, Chandigarh

Kunnao

Chila

RAJAJI-NATIONALPARK

Haridwar

Bijnor

Roorkee

Ganges

U T T A R
P R A D E S H

Yamunanagar

Saharanpur

Delhi

Mount Kailash ▲

Niti-Pass

Lipu Lekh-Pass

Om Parvat
(6191 m) ▲

Johlingkang ●

Malari ●

Budhi ●

Api
(7132 m) ▲

Valley of Flowers ▲

Milam-
Gletscher

Milam ●

Raglam ●

Panchuli
(6904 m) ▲

Nilgiri
Parbat
(6474 m) ▲

Hathi
Parbat
(6727 m) ▲

Hemkund ▲

Dunagiri
(7066 m) ▲

Narayan Ashram ●

Ghangaria ●

Nanda Devi
(7816 m) ▲

Nanda Devi
East (7434 m) ▲

Lilam ●

Tawaghat ●

Pandukeshwar ●

Lata ●

Govind Ghat

Joshimath ●

Nanda Kot
(6861 m) ▲

Munsiyari ●

**NANDA DEVI
SANCTUARY**

Pindari-
Gletscher

Seilbahn

Auli

Tapovan ●

Kuari-Pass

Phurkia ●

Girgaon ●

Dharchula ●

Gorson
(3016 m) ●

Kalpeshwar ▲

Trisul
7120 m ▲

Dwali ●

**Chiplakot
Bugyal**

Pipalkota ●

Roop Kund

Khati ●

Tejam ●

Gopeshwar ●

Ramani ●

Loharkhet ●

Didihat ●

Askot ●

N E P A L

Nandaprayag ●

Ghat ●

Wan ●

**Bedni
Bugyal** ▲

Ghangaria

Thal ●

Pindar

Thurali ●

Debal ●

Chaukori ●

Berinag ●

Karanprayag ▲

Gwaldam ●

Badhangari

Baijnath ●

Bageshwar ●

Pithoragarh ●

Garur ●

Binsar
(2412 m) ▲

Jageshwar ▲

Kausani ●

Artola ●

Dwarahat ▲

K U M A O N

Almora ●

Champawat ●

Ranikhet ●

Naina Peak
(2611 m) ▲

Bhowali ●

Tanakpur ●

Nainital ●

Bhimtal ●

Banbassa ●

Kathgodam ●

Haldwani ●

Dhikala ●

Ramnagar ●

**CORBETT-
PARK**

Lalkuan ●

Pantnagar ✈

U T T A R A K H A N D

Ramganga

Kosi

Dhauliganga

CURZON TRAIL

Kali

Mahendrenagar ▶

▼ Delhi

▼ Lucknow

Nordöstlich von Delhi an der Grenze zu Nepal und Tibet erheben sich aus den fruchtbaren Ebenen am Fuß des Himalaya die Bergregionen **Garhwal** und **Kumaon**. Zusammen bilden sie den Bundesstaat Uttarakhand, der nach jahrelangen Unruhen erst im Jahr 2000 von der Tiefland-Region Uttar Pradesh abgetrennt wurde. Bis 2007 war er unter dem Namen Uttaranchal bekannt. Die Region weist ganz eigene Sprachen und Kulturen auf. Tiefe Flusstäler beheimaten faszinierende Mikro-Zivilisationen, in denen sich Hinduismus, Animismus und Buddhismus vermischen. Die schneebedeckten Gipfel dieser Gegend sind zwar nicht so hoch wie die weiter östlich gelegenen Giganten in Nepal oder dem Karakorum, zählen aber zu den schönsten Bergen des Mittleren Himalaya. Sie bilden eine fast durchgehende Bergkette, die im **Nanda Devi** gipfelt, dem mit 7816 m höchsten Berg Indiens.

Geschichte

Die ersten bekannten Bewohner von Garhwal und Kumaon waren die **Kuninda** im 2. Jh. v. Chr., die offenbar eng mit der zeitgenössischen indo-griechischen Zivilisation verbunden waren, eine frühe Form des Shivaismus praktizierten und mit Tibet Salzhandel trieben. Etwa im 4. Jh. n. Chr. unterlagen die Kuninda schließlich den **Gupta**, die im Gebirge aber keinen nachhaltigen Einfluss gewannen. Zwischen dem 7. und dem 14. Jh. beherrschten die shivaitischen **Katyuri** Gebiete von unterschiedlicher Größe. Ihr Hauptsitz war das Katyur Baijnath-Tal in Kumaon, wo ihre Steintempel noch heute zu sehen sind. Unter ihrer Herrschaft war **Jageshwar** ein bedeutendes Pilgerzentrum, und die brahmanische Kultur blühte. Ost-Kumaon erlebte unter den **Chandra** vom 13. bis zum 15. Jh. einen Aufschwung. In dieser Zeit nahmen Kunst und Bildung neue Formen an, und die **Garhwal-Schule der Malerei** entwickelte sich. Im 19. Jh. beendete die britische Annexion die westliche Expansion des Gurkha-Reiches.

Nach der Unabhängigkeit wurden Garhwal und Kumaon Teil von Uttar Pradesh, aber da die Regierung in Lucknow es versäumte, die Region zu fördern, wurden die **Forderungen nach einem unabhängigen Staat** schließlich immer lauter. Das separatistische Anliegen wurde von der BJP aufgegriffen, als diese im März 1998 an die Macht kam, und so wurde im November 2000 der neue Bundesstaat gegründet.

Die Gründung dieses neuen Staates ging alles andere als reibungslos vonstatten, denn zwischen Garhwal und Kumaon liegt eine tiefe kulturelle Kluft, und beide Regionen wollten die neue Hauptstadt in ihrem Landesteil haben. In Haridwar – kulturell gesehen Teil des Tieflands – gingen die Bauern auf die Straße und forderten, dass alles bleiben solle, wie es war. Die Kumaonis hingegen waren wütend, dass **Dehra Dun**, eine Stadt in Garhwal, zur Hauptstadt erklärt wurde. Die neue Regierung hat außerdem mit ernsthaften Umweltproblemen zu kämpfen. Durch die Abholzung geht urbares Land im Vorgebirge verloren, und in den höheren Regionen gehen infolge der globalen Erwärmung die Gletscher mit beängstigender Geschwindigkeit zurück – was weiter unten zu Wasserknappheit führt.

Garhwal

Als heiliges Land, in dem die mächtigen Flüsse Ganges und Yamuna entspringen, bildete Garhwal schon im 9. Jh. das Herz der Hindu-Identität. Damals integrierte der Reformer Shankara viele der alten Bergheiligtümer in den Hinduismus. Tief im Innern des Himalaya gründete er die vier wichtigsten *yatra*- (Wallfahrts-)Tempel, **Char Dham** genannt – **Badrinath**, **Kedarnath** sowie die weniger häufig besuchten **Gangotri** und **Yamunotri**. Jedes Jahr zwischen Mai und November, sobald der Schnee geschmolzen ist, dringen Ströme von Pilgern hoch in die Berge vor und passieren dabei **Rishikesh**, die Stadt der Yogis und Ashrams.

Mehr als ein Jahrtausend lang kamen die *yatri* (Pilger) zu Fuß. In den letzten Jahren jedoch hat sich das alljährliche Schauspiel verändert: Die Straßen, die das Militär während des Kriegs gegen China in den 1960er-Jahren sprengte, sind jetzt die Adern einer neuen, motorisierten Form von *yatra*. Insbesondere das östliche Garhwal wird immer wohlhabender, und das Gesellschaftsgefüge in den Bergen verändert sich rasant. Besucher, die das ursprüngliche Garhwal kennen lernen möchten, sollten daher zumindest einen Teil ihrer Zeit weitab der großen *yatra*-Routen verbringen. Daneben etabliert sich das Bergland zunehmend auch als Zentrum für **Abenteuersport**: Trekking, Wildwasserfahrten, Paragliding, Skifahren und Klettern.

Garhwal ist eine echte Herausforderung für jeden Reisenden: Lange und oft nervenaufreibende Bus- und Jeepfahrten sind an der Tagesordnung. Die Belohnung dafür sind spektakuläre Blicke auf schneebedeckte Gipfel zwischen bunt bemalten Garhwali-Dörfern in tiefen Tälern.

Alle Touristen-Bungalows werden von **Garhwal Mandal Vikas Nigam (GMVN)** betrieben. Die meisten ballen sich entlang der Pilgerrouten, doch das Netzwerk weitet sich zunehmend aus. Es gibt keinen einheitlichen Standard, aber die meisten Bungalows bieten eine Reihe von Einzel- und Mehrbettzimmern in unterschiedlichen Preislagen sowie ein Restaurant. GMVN organisiert auch Char Dham-**Touren** (oft überteuert und wenig lohnend) und bietet teure **Mietwagen** an. Der GMVN-Hauptsitz ist in Dehra Dun (s. unten), nützlicher ist allerdings das Büro in Delhi, ✆ 011/2335 0481. Zuständig für Abenteuersport-Pauschalangebote wie Skilaufen und Trekking ist das Büro in Rishikesh (s. S. 357).

Dehra Dun

Das im Jahr 2000 zur Hauptstadt von Uttarakhand gekrönte Dehra Dun liegt 255 km nördlich von Delhi in angenehmer Höhe von knapp 700 m, sodass es im Sommer nie zu heiß wird und im Winter selten schneit. Die Stadt befindet sich in der Mitte des 120 km langen **Doon Valley** *(dun* oder *doon* heißt wörtlich übersetzt „Tal"), das für seinen Basmati-Reis berühmt ist. Sie wird im Westen von der Yamuna und im Osten, bei Rishikesh, vom Ganges begrenzt. Nacheinander wurde sie von den Sikhs, den Moguln und den Gurkhas besetzt – doch am augenscheinlichsten ist der britische Einfluss.

Die meisten der lebendigen Märkte liegen rund um den alten viktorianischen **Uhrturm** oder in der Umgebung von Gandhi Road und Rajpur Road. 4 km weiter gelangt man zur riesigen, grünen Siedlung, wo der **Survey of India** beheimatet ist. Gegründet im Jahr 1767, war es sein

größtes Verdienst, die Höhe des Mount Everest zu ermitteln und ihn nach dem Vermesser und Offizier Sir George Everest zu benennen.

Anschließend überquert die Kaulagarh Road das Bett des nur in der Regenzeit Wasser führenden Bindal Rao und führt Richtung Nordwesten an der besten Privatschule von Dehra Dun, der **Doon School**, vorbei. Schließlich erreicht sie das ausgedehnte Gelände und schlossähnliche Gebäude des **Forest Research Institute**, das sich der Erhaltung der gefährdeten Wälder Indiens widmet. Ein großes und durchaus sehenswertes Museum zeigt Holzarten, Insekten, Möbel, Tierembryos und Ähnliches. ☉ Mo–Fr 9.30–17 Uhr, Rs15.

Übernachtung

In Dehra Dun gibt es zahlreiche Hotels mittlerer Preisklasse. Viele von ihnen reihen sich im nördlichen Teil der Rajpur Rd (Richtung Mussoorie) aneinander. Die wenigen billigen Übernachtungsmöglichkeiten befinden sich zwischen Bahnhof und Uhrturm – oder man steigt in den altmodischen *retiring rooms* des Bahnhofs ab.

Ashrey, 10 Tyagi Rd, ✆ 0135/262 3388. Südlich vom Princes Chowk, 3 Min. zu Fuß, in ruhiger, doch immer noch zentraler Lage; große, saubere und gut eingerichtete Zimmer zu angemessenen Preisen. ❹–❺

Great Value, 74-C Rajpur Rd, 2,5 km nördlich vom Uhrturm, ✆ 0135/274 4086, 🖳 www. greatvaluehotel.com. Großes, gut geführtes Hotel einer Kette (DZ ab US$45) mit vielen Annehmlichkeiten, u. a. einem schönen Garten, Bar und WLAN im Zimmer (Rs120 pro Std.). ❻–❽

Übernachten im Weißen Haus

White House, 15/7 Subhash Rd (auch: Lytton Rd), ✆ 0135/265 2765. Reizvolle alte Raj-Residenz nahe Astley Hall mit riesigen Veranden, hohen Decken, schweren Möbeln (recht harte Betten) und einer unzuverlässigen Wasserversorgung. Ein friedlicher Ort, um dem Zentrum von Dehra Dun zu entfliehen, und doch nur wenige Minuten zu Fuß davon entfernt. ❷

Madhuban, 97 Rajpur Rd, ✆ 0135/274 0066,
✉ hotelmadhuban@bsnl.in. Großes, imposantes
und exklusives Hotel mit beliebtem Restaurant,
Bar, Sauna und Fitnesscenter. Gilt als Dehra
Duns bestes und teuerstes Hotel (für die
Präsidentensuite sind schlappe Rs10 000
hinzulegen); im Comfort Inn-Anbau gibt es
aber auch billigere Zimmer. ❽–❾

Moti Mahal, 7 Rajpur Rd, ✆ 0135/265 1277,
✉ hotelmotimahal@rocketmail.com.
Die makellosen Zimmer mit AC in dem hellen,
modernen Hotel haben doppelt verglaste
Rauchglasfenster, die Lärm und Abgase
fernhalten. ❺

Victoria, 70 Gandhi Rd, ✆ 0135/262 3486.
Einfache Unterkunft in Bahnhofsnähe, die 1936
gegründet wurde. Alles andere als luxuriös
(warmes Wasser nur in Eimern), aber mit
seinem gewissen Boheme-Charme der
Superstar unter den echten Billighotels. ❶

Essen

Es gibt in Dehra Dun verschiedene empfehlenswerte Restaurants im mittleren Preisbereich
und eine Reihe passabler günstigerer Cafés an
der Gandhi Rd. Zu den besseren Espresso-Cafés
zählen das **Barista** beim Kumar Veg und das
Coffee Day, gegenüber vom Madhuban Hotel.
Kumar Sweets am Uhrturm ist der beliebteste
Süßwarenladen der Stadt.

Black Pepper, 3 Astley Hall, Rajpur Rd.
Das Höhlenambiente gefällt sowohl Familien
als auch jungen Leuten. Große Auswahl an
indischen und chinesischen Gerichten sowie
europäischer Küche, z. B. Steaks und Hühnchen
„Stroganoff" für Rs150–200.

Countdown Fast Food, Subhash Rd, hinter Astley
Hall, bietet Pizzas, Burger sowie indische und
chinesische Spezialitäten, auch vom Schwein.
Für Rs60–90 gibt's riesige Portionen.

Moti Mahal, 7 Rajpur Rd. Das Restaurant
im gleichnamigen rundum klimatisierten
Hotel tischt zahlreiche leckere Gerichte auf,
insbesondere Hühnchen und *paneer*. Zu den
Angeboten für Nichtvegetarier (Rs150–250)
zählen z. B. *chicken karahi, chicken muglai* und
der köstliche angelsächsisch-bangladesische
Beitrag zur indischen Küche: *chicken tikka
masala*.

Preiswertes für jeden Geschmack

Kumar Foods, 15B Rajpur Rd. Hervorragende
vegetarische und fleischhaltige Küche zu vernünftigen Preisen (Hauptgerichte Rs100–150)
in angenehmer Umgebung. Eine rein vegetarische Filiale liegt 40 m weiter nördlich.

Tirupati, 27B Rajpur Rd. Sauber und freundlich; multikulturelle Speisekarte mit Schwerpunkt auf südindischer Küche. Ein nordindisches *thali* kostet Rs115; für Rs90 gibt es
eine südindische Kombination aus *dosa, iddli*
und *vada.*

Yeti, 55-A Rajpur Rd. Interessante chinesische
und thailändische Gerichte, darunter Spezialitäten aus Sichuan. Nicht vegetarische Hauptgerichte kosten Rs75–150, Meeresfrüchte
Rs120–250.

Sonstiges
Bücher
Natraj, 17 Rajpur Rd. Hat eines der besten
Sortimente zum Thema Wildtiere in Indien.

Geld
Die **State Bank of India**, Convent Rd, wechselt
Reiseschecks; ebenso einige der staatlichen
Banken in der Rajpur Rd. Geldautomaten gibt
es an vielen Stellen in der Stadt; z. B. mehrere
um den Uhrturm.

Informationen
Drona Travels, im Hotel Drona-Komplex,
45 Gandhi Rd, ✆ 0135/265 3309, bietet den
gleichen Service wie GMVN (s. u.).
🕐 Mo–Sa 10–17 Uhr.

GMVN Head Office, 74/1 Rajpur Rd,
✆ 0135/ 274 6817, ✉ gmvn@sacharnet.in.
Gibt Informationen und Ratschläge zu
Trekkingtouren. Außerdem kann man GMVN-
Unterkünfte und Touren durch Garhwal
buchen sowie Autos mieten.

Internet
Dehra Dun ist der beste Ort in Uttarakhand,
um ins Internet zu gehen, denn entlang der
Hauptstraße gibt es zahlreiche Internetläden.

Post
Neben dem Uhrturm im Stadtzentrum.

Touren und Ausrüstung
Wer eine Trekking-Tour plant, ist mit **Adventure Tours**, 151 Araghar ✆ 0135/267 7769, ✉ garhwal trekking@rediffmail.com, gut beraten.
Die beste Adresse der ganzen Region zum Kauf von Wander- und Bergsteiger-Ausrüstung ist **Cliff Climbers**, 51–61 Bazaar, ✆ 0135/265 1235, 200 m südlich vom Clock Tower.

Busse
Der moderne **Interstate Bus Terminal (ISBT)** liegt 5 km südwestlich der Stadt an der Gandhi Rd. Er ist vom zentraler gelegenen Bahnhof und den Budgethotels in der Gandhi Road mit einer Motor-Rikscha für Rs60 zu erreichen oder per Sammel-Vikram Nr. 5 für Rs6.
Vom ISBT fahren in kurzen Abständen Busse ab, darunter ein Deluxe für Rs200 nach DELHI (7 Std.) sowie staatliche Busse zu größeren Städten in Uttarakhand und Shimla.

Eisenbahn
Der **Bahnhof** befindet sich an der Gandhi Rd. Die besten der täglichen Verbindungen nach DELHI sind der Nachtzug Mussoorie Express Nr. 14042 (Abfahrt 21.20 Uhr, Ankunft Sarai Rohilla 8.35 Uhr), nach New Delhi der klimatisierte Shatabdi Express Nr. 12018 (Abfahrt 17 Uhr, Ankunft 22.45 Uhr) oder der Janshatabdi Express Nr. 12056 (Abfahrt 5.10 Uhr, Ankunft 11.15 Uhr). Der Doon Express Nr. 13010 (Abfahrt 20.25 Uhr) ist die günstigste Verbindung nach LUCKNOW (Ankunft 8.20 Uhr) und VARANASI (Ankunft 16 Uhr) mit Weiterfahrt nach KOLKATA, Ankunft am übernächsten Tag um 7 Uhr. Der Ujjaini Express Nr. 14310 fährt nur Di und Mi nach AGRA (Abfahrt 6 Uhr, Ankunft 16.55 Uhr).

Mussoorie

Mussoorie, das sich über 15 km eines hohen, zerklüfteten Bergkamms erstreckt, ist die Delhi am nächsten gelegene Hill Station: Es liegt nur 278 km nördlich der Hauptstadt und 34 km nörd-
lich von Dehra Dun. In einer Höhe von 2000 m gewährt der Ort Besuchern, die aus dem Tiefland kommen, einen ersten Blick auf die schneebedeckten Himalaya-Gipfel des westlichen Garhwal sowie eine herrliche Aussicht auf das darunter gelegene Dehra Dun-Tal.

Heutzutage ist Mussoorie ein beliebtes Wochenendziel. Die meisten ausländischen Besucher kommen nach Mussoorie, um in der hervorragenden Landour Language School **Hindi** zu lernen. Aber die Stadt ist auch ein sehr guter Ausgangspunkt für **Trekkingtouren** nach Westen, in das Innere von Garhwal. Mussoories Bergpanorama mit dem langen Bandarpunch-Massiv (6316 m) und dem Swargarohini (6252 m) im Nordosten und der Gangotri-Gruppe im Osten mag nicht so spektakulär sein wie das einiger anderer Hill Stations, aber es bildet eine angenehme Kulisse für die belebte Urlaubsstadt.

Die Gipfel in der Ferne sieht man am besten von dem flachen **Gun Hill** aus, der sich wie ein Vulkan aus dem Zentrum Mussoories erhebt. Erklimmen lässt er sich entweder zu Fuß oder per Pony auf einem Reitweg, der sich von der Mall aus nach oben windet. Die Alternative ist eine an der Mall beginnende, 400 m lange Fahrt mit einer **Drahtseilbahn** (Rs55 hin und zurück). Doch auch ein gemütlicher Spaziergang oder Ritt auf der 3 km langen **Camel's Back Road** bietet einen schönen Bergblick. Die Straße durchquert den nördlichen Teil von Gun Hill und passiert den auffälligen Felsen Camel's Rock sowie einen alten britischen Friedhof (für Besucher geschlossen). Ein weiterer Aussichtspunkt – der höchste in der unmittelbaren Umgebung – ist **Childer's Lodge** 5 km östlich der Mall, oberhalb von Landour.

Am östlichen Ende der Mall, hinter dem **Kulri Bazaar**, windet sich die steile Straße 5 km weit durch den farbenfrohen Markt von **Landour**. Die Geschäfte hier sind überreiche Fundgruben für Raj-Relikte, Silberschmuck und Bücher. Oberhalb des Landour-Marktes befindet sich ein Platz mit vielen Cafés, in denen sich Traveller wie einheimische Intellektuelle treffen. Ganz in der Nähe lädt die hübsch bewaldete Region **Sister's Bazaar** zu wunderschönen Spaziergängen ein, z. B. zum **Haunted House**, einer verlassenen Villa aus der Raj-Ära, oder rund um die berühmte **Landour Language School** (s. unter Sonstiges).

Uttarakhand

Übernachtung

Mussoories Zimmerpreise variieren je nach eher vage definierter Saison: Nachsaison (Jan–März und Juli–Sep), Nebensaison (Weihnachten, April und die „Bengali-Saison" im Okt und Nov) und Hochsaison (Mai–Anfang Juli), während der sich die Preise teilweise vervierfachen und selbst spartanische Zimmer Rs1000 kosten können. Die Stadt leidet gelegentlich unter **Wasserknappheit**, was auch manche der billigeren Hotels betrifft. Checkout ist in Mussoorie um 10 Uhr.

Broadway, Camel's Back Rd, ✆ 0135/263 2243. Riesiges altes Gästehaus am Rande des Kulri-Basars, mit hübschen bunten Blumenkästen, einem schönen Ausblick und freundlicher Atmosphäre. Gutes Preis-Leistungs-Verhältnis für kleine Budgets und in der Saison das einzige Billighotel. ➊–➋

Carlton's Plaisance, Happy Valley Rd, ✆ 0135/263 2800, 💻 www.geocities.com/carltonhotels_india. Reizvolles altes Haus aus der Raj-Ära sowie ein moderner Anbau, beide mit vielen historischen Erinnerungsstücken. Schöner Garten. Idealer Ausgangspunkt für Kurzausflüge aus der Stadt. In der Saison zwei Wochen vorher reservieren. ➐–➑

Darpan, Landour Rd, nahe Picture Palace, Kulri, ✆ 0135/263 2483. Preiswert und sauber; heiße Dusche, Bergblick von einigen Zimmern und einem guten vegetarischen Gujarati-Restaurant. ➋–➍

Dev Dar Woods, Sister's Bazaar, ✆ 0135/263 2644, ✉ anilprakash56@yahoo.com. Altes, abgenutztes Hotel in abgeschiedener Lage. Wegen der Nähe zur Sprachschule ist es

Kolonialer Chic

Padmini Nivas, Library, ✆ 0135/263 1093, 💻 www.hotelpadmininivas.com. Unterhalb der Mall gelegen; mit schönem Rosengarten und Obstbäumen plus herrlichem Ausblick und schönen, hellen Zimmern meist mit Veranda. Es wurde um 1840 von einem britischen Offizier gegründet und diente später als Residenz für eine Gujarati-Königin (Padmini), daher der Name. ➎–➐

oft voll, daher empfiehlt sich eine frühzeitige Reservierung – dann wird man evtl. sogar vom Bus abgeholt. Frühstück inkl. ➌

Kasmanda Palace, The Mall, ✆ 0135/263 2424, 💻 www.welcomeheritagehotels.com. Ein kurzer, aber sehr steiler Anstieg führt zum Sommer-palast eines ehemaligen Maharadschas, der jetzt als historisches Hotel geöffnet ist. Komfortabel und ruhig mit herrlichem Garten. In der Saison einen Monat im Voraus buchen. ➐–➑

Neelam International, Kulri ✆ 0135/263 2195. Zentral gelegen und selbst in der Saison noch preisgünstig. Sieht etwas abgerissen aus, hat aber saubere und gemütliche Zimmer. ➋

Valley View, The Mall, ✆ 0135/263 2324. Freundliche, saubere Unterkunft über der Mall, mit Sonnenterrassen zum Doon Valley und einem guten Restaurant. ➋–➍

Essen

Cafés und Restaurants überall in der Mall bieten alles von Hotdogs bis zu chinesischen Spezialitäten; neben den unten genannten gibt es auch gute Restaurants in vielen der Hotels. Die Espresso-Ketten **Barista** und **Café Coffee Day** haben Filialen in der Stadt.

Clarks, The Mall, Kulri. Multikulturelles Restaurant, das eine gewisse historische Atmosphäre bewahrt hat. Nicht vegetarische indische und chinesische Küche. Haupt-gerichte Rs90–150.

Four Seasons, The Mall. Nicht so unterhaltsam wie das Tavern gegenüber, aber für die Einheimischen ist das überwiegend indische Essen das beste der Stadt; liefert kostenlos ins Hotel. Nicht vegetarische Hauptgerichte zu Rs100–200.

Golden, Landour Bazaar. Beliebtes, aber unauffälliges Lokal neben dem Uhrturm mit tibetischen, chinesischen und indischen Gerichten sowie Frühstück. Vegetarische Hauptgerichte Rs40–70, sonst Rs80–100.

Green, The Mall, Kulri. Zu recht beliebtes vegetarisches Restaurant mit Alkohollizenz; zu den Hauptessenszeiten muss man früh dran sein oder Schlange stehen. Serviert indische und chinesische Speisen. Hauptgerichte Rs80–100.

Uttarakhand

Mussoorie

N — 0 500 m

Übernachtung

Broadway	E
Carlton's Plaisance	A
Darpan	H
Dev Dar Woods	D
Kasmanda Palace	B
Neelam International	G
Padmini Nivas	C
Valley View	F

Tchechen Chöling Gompa, Har-ki-Dun, Yamunotri

Landour Language School, Sister's Bazaar

Tehri-Busbahnhof

Dehra Dun

Britischer Friedhof

GUN HILL

Camel's Rock

CAMEL'S BACK ROAD

Geldautomat

GANDHI CHOWK

Bücherei

LIBRARY

GMVN-Büro

Library-Busbahnhof

THE MALL

Axis Bank (Geldautomat)

KYNKAG LIBRARY RD

Seilbahn

State Bank of India (Geldautomat)

Geldautomat

KULRI

Picture Palace

Kulri Bazaar

Uhr-turm

LANDOUR ROAD

Kulri-Busbahnhof und Taxistand

Dehra Dun

Essen

Barista	2
Café Coffee Day	5
Clarks	10
Four Seasons	8
Golden	4
Green	7
Howard	3
Kalsang Friend's Corner	6
Tavern	9
Uphar	1

Howard, The Mall. Klapprig wirkendes Dreh-Restaurant (nicht vegetarische Hauptgerichte Rs65–180) mit 360°-Ausblick. Bäckerei und Coffeeshop im Erdgeschoss.

Prakash's Store, Sister's Bazaar. Eignet sich gut zum Einkaufen: hausgemachtes Brot, Marmelade, Erdnussbutter und Cheddar-Käse.

Tavern, The Mall. Das hippe Lokal nahe Picture Palace hat nicht gerade billige westliche, chinesische, indische und Thai-Gerichte, eine kleine Bar, samstags manchmal Livemusik und Tanz, Billard und Internetcafé im Obergeschoss. Nicht vegetarische Hauptgerichte Rs150–400.

Uphar, Gandhi Chowk. Sauberes und freundliches nord- und südindisches vegetarisches Restaurant mit Eisdiele; eines der besten Lokale in der Library-Gegend. Hauptgerichte Rs30–80.

Asiatisches Potpourri

Kalsang Friend's Corner, The Mall, beim Postamt. Herzhafte tibetische Küche (u. a. *momos*, *thukpas* und Schweinefleischgerichte) sowie chinesische, indische und ein paar thailändische Gerichte; alle lecker. Nicht vegetarische Hauptgerichte zu Rs55–130.

Die relativ leicht zu bewältigende, aber grandiose Wanderung von **Mussoorie** ins spärlich bevölkerte „Tal der Götter", **Har-ki-Dun**, dauert drei Tage (plus einen für die Busfahrt). Das Tal liegt in der Region **Fateh Parvat** im Nordwesten von Garhwal. Die Talwanderwege sind von Mitte April bis Mitte November passierbar, die Gebirgspässe jedoch nur von Mitte Juni bis Mitte September. Die Trekkingpfade sind alle in gutem Zustand und die Dorfbewohner weisen Wanderern mit Begeisterung den richtigen Weg, sofern erforderlich. Empfehlenswerte Karten für den Trail und die Region sind z. B. die von Leomann herausgegebene Karte – Blatt 8 behandelt Garhwal – und die *Ground Survey of India*-Landkarte für die Region. Die Karten sind in jedem größeren Fremdenverkehrsamt von Uttarakhand erhältlich. Im Tal, nicht jedoch weiter oben in den Bergen, gibt es zahlreiche Unterkünfte, und normalerweise kann man dort auch Lebensmittel kaufen. Die Gegend wird derzeit als Nationalpark erschlossen, daher fallen **Gebühren** an, sobald man den Wald-Checkpoint bei Netwar überschreitet: insgesamt Rs350 für die ersten drei Tage plus Rs175 für jeden weiteren Tag, außerdem eine tägliche Campinggebühr von Rs50–100.

Die Bäche und Flüsse des Har-ki-Dun entspringen in den Eis- und Schneefeldern des **Swargarohini** („Aufstieg zum Himmel", 6252 m) und des **Bandarpunch** („Affenschwanz", 6316 m). Die hier lebenden Menschen leiten ihren Stammbaum bis aufs *mahabharata* zurück; sie betrachten sich als Nachfahren von Duryodhana und seinen Brüdern. Ebenso wie die Pandavas des Epos praktizieren sie eine Art Vielmännerei und üben eigenartige religiöse Bräuche aus, zu denen auch Hexerei gehört. Beim „Gottesdienst" im Duryodhana-Tempel in Taluka beispielsweise wird die Gottheit mit Schuhen beworfen; in Pakola steht die Götterstatue mit dem Rücken zur Gemeinde. Die unverwechselbaren Hochgebirgshäuser der Region besitzen wunderschön geschnitzte Holztüren und -fenster

und die gemauerten Wände zieren aus Holz gefertigte Lamellen.

Die Wanderung ins Har-ki-Dun

An **Tag 1** nimmt man in Mussoorie am Library Bus Stand einen Bus Richtung Yamunotri (1x tgl., Abfahrt 10 Uhr) und steigt in Nowgaon (9 km vor Barkot, wo sich eine Straße nach Hanuman Chatti hochschraubt) in einen Bus oder Jeep nach **Purola** um. Von dort aus geht es weiter nach Netwar; möglicherweise muss man in Purola in ein anderes Fahrzeug umsteigen – insgesamt sind es 148 km. In Netwar steht zwischen Weizen- und Reisfeldern ein **PWD**-Bungalow mit Gästezimmern zur Verfügung. Hier oder im PWD-Büro in Purola wird auch die notwendige Erlaubnis fürs Übernachten in den Waldhütten weiter oben am Weg ausgestellt. In der Umgebung vom Busbahnhof finden sich einfache Esslokale.

Früh am nächsten Morgen – **Tag 2** – nimmt man den Bus nach **Sankri**, wo ebenfalls ein Bungalow steht. Von hier führt eine für Jeeps geeignete 12 km lange Straße durch Himalaya-Zedern- und Bergahornwälder-Wälder nach **Taluka** (1900 m). Dort steht wieder eine Hütte, in der auch einfache Mahlzeiten erhältlich sind. An **Tag 3** geht es bergab und am River Tons entlang durch ein herrliches Waldgebiet. Im Weiler Gangar kann man zwar eine Tasse Tee trinken, aber etwas zu essen gibt es erst wieder nach ganzen 11 km Fußmarsch in **Osla** (2259 m). Die Waldhütte, das GMVN-Hotel und die *dhaba*-Stände liegen alle am Hauptpfad an einer Stelle namens Seema, unterhalb von Osla. Ab hier muss die Verpflegung mitgeführt werden, also ordentlich Proviant einkaufen. Nach dem steilen, 14 km langen Anstieg von Osla ist an **Tag 4** schließlich der Campingplatz in **Har-ki-Dun** (3560 m) erreicht – eine hervorragende Ausgangsbasis zur Erkundung der *bugyals* (Hochgebirgswiesen) unterhalb des Swargarohini im Osten und des Jaundhar-Gletschers (3910 m) am Rand des Tals.

Uttarakhand

Autovermietungen und Touren

Kulwant Travels, am Kulri-Busbahnhof, ℰ 0135/263 2717. Bewährter Tourveranstalter und Autovermieter.

Das **GMVN Transport Office** neben dem Library-Busbahnhof, ℰ 0135/263 1281, hat Stadtführungen und Ausflüge im Angebot. ☉ Mo–Sa 10–17 Uhr.

Trek Himalaya Tourism, an der steilen Straße gegenüber von der Drahtseilbahn, ℰ 0135/ 263 0491, ⌨ www.trekhimalaya.com. Organisiert Trekkingtouren.

Geld

Die **State Bank of India** sowie die **Apex Bank** wechseln Geld und haben Geldautomaten. Zwei weitere Automaten gibt es an der Mall.

Informationen

Die **Touristeninformation** in der Mall bei der Drahtseilbahn, ℰ 0135/263 2863, gibt eine kleine Broschüre mit örtlichen Informationen aus. ☉ Mo–Sa 10–17 Uhr.

Internet

Internetzugang bieten **Visual Knot** in der Nähe vom Restaurant Green und das **Banares Cyber Café** gleich um die Ecke (beide Rs15 pro Std.).

Post

Am Kulri-Ende der Mall.

Sprachunterricht

Landour Language School, im Osten der Stadt, ℰ 0135/263 1487, ⌨ www.landourlanguage school.com. ☉ Mitte Feb–Mitte Dez.

Nahverkehr

An den Busbahnhöfen stehen Sammeltaxis und Autos bereit.

Transport

Da Mussoories 2 km lange Mall während der Tourismus-Saison für den Verkehr gesperrt ist, dienen ihre beiden Enden – der Library-Bezirk am westlichen und der Kulri-Bezirk am östlichen Ende – als Transportzentren. Die meisten

Fahrradrikschas fahren in Richtung Library-Bezirk; Träger bringen für höchstens Rs50 Gepäck zu den Hotels.

Das **Taxiunternehmen** gegenüber von Kulwant Travels (s. Autovermietungen) bietet u. a. Verbindungen nach Dehra Dun (Rs 400), Delhi (Rs 4000), Gangotri und Yamunotri (beide Rs5000).

Busse (Rs30) und Sammeltaxis (ca. Rs100) aus Dehra Dun (alle halbe Std.; 1 Std.), dem Tiefland und dem restlichen Garhwal kommen entweder am **Library-Busbahnhof** in Gandhi Chowkh oder am **Kulri-Busbahnhof** (auch Masonic-Lodge-Busbahnhof genannt) an.

Im kleineren **Tehri-Busbahnhof** östlich von Landour, 2 1/2 km von der Mall entfernt, laufen Busse aus Chamba (5x tgl., 2 1/2 Std.) ein (auf Fahrten zwischen Mussoorie und Uttarkashi muss man in Chamba umsteigen).

Haridwar

In Haridwar – dem „Tor *(dwar)* Gottes" *(Hari)* –, 214 km nordöstlich von Delhi, kommt der Ganges nach seinen letzten Stromschnellen hinter den Shivalik-Bergen zum Vorschein, um seine lange, langsame Reise quer durch Nordindien zum Golf von Bengalen anzutreten. Haridwar erstreckt sich über rund 3 km entlang eines schmalen Landstreifens zwischen den bewaldeten Hügeln im Westen und dem Fluss im Osten, und wird besonders von Hindus verehrt. Für sie kennzeichnet die **Har-ki-Pairi** (wörtlich: „Fußstapfen Gottes") **Ghat** genau die Stelle, an der der Fluss die Berge verlässt. Die Stadt ist ein Verkehrsknotenpunkt, sowohl für den Straßen- als auch für den Schienenverkehr: Sie verbindet die Ganges-Ebene mit den Bergen von Uttarakhand und deren heiligen *yatra-* (Pilger-)Stätten. Neben Nasik, Ujjain (S. 440) und Prayag in Allahabad (S. 313) ist Haridwar eine der vier heiligen *tirtha* oder „Flussübergänge", die den Mittelpunkt des gigantischen **Kumbh Mela-Festes** bilden. Alle zwölf Jahre (nächstes Mal 2022) kommen Tausende von Pilgern herbei, um in einem gottgewollten Moment im Fluss rund um Har-ki-Pairi zu baden.

Der **Ganges** wird im Norden von Haridwar durch eine Talsperre in zwei Wasserarme ge-

Uttarakhand

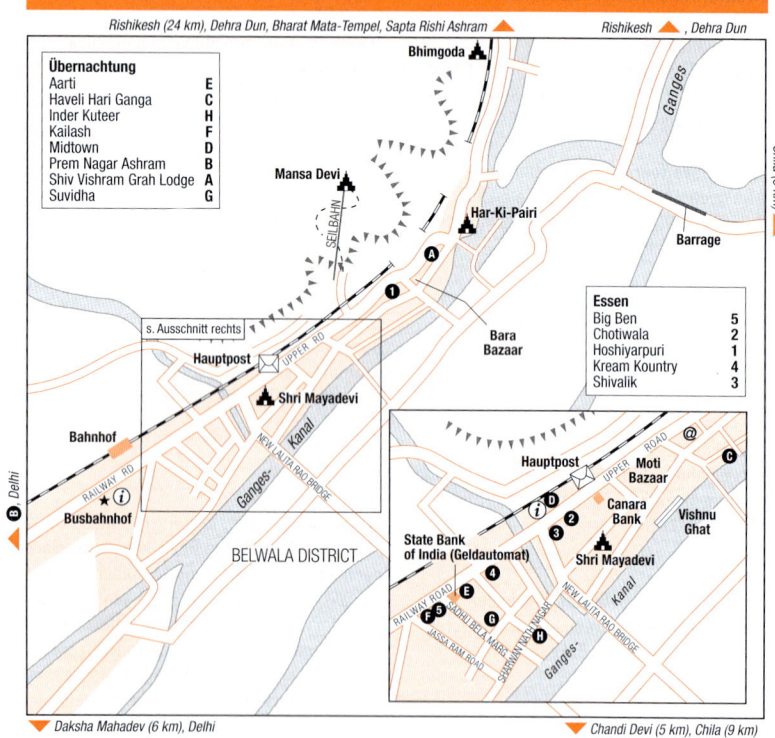

Haridwar

N
0 — 200 m

Rishikesh (24 km), Dehra Dun, Bharat Mata-Tempel, Sapta Rishi Ashram — Rishikesh, Dehra Dun

Ganges

Chila (8 km)

Übernachtung
Aarti	E
Haveli Hari Ganga	C
Inder Kuteer	H
Kailash	F
Midtown	D
Prem Nagar Ashram	B
Shiv Vishram Grah Lodge	A
Suvidha	G

Bhimgoda

Mansa Devi

Har-Ki-Pairi

Barrage

SEILBAHN

A

1

s. Ausschnitt rechts

Hauptpost — UPPER RD

Bara Bazaar

Essen
Big Ben	5
Chotiwala	2
Hoshiyarpuri	1
Kream Kountry	4
Shivalik	3

Shri Mayadevi

Ganges- Kanal

NEW LALITA RAO BRIDGE

Bahnhof

RAILWAY RD

Hauptpost — UPPER ROAD — Moti Bazaar — @

C

Canara Bank

Vishnu Ghat

Busbahnhof

i

D

State Bank of India (Geldautomat)

3

Shri Mayadevi

BELWALA DISTRICT

4

RAILWAY ROAD

E

NEW LALITA RAO BRIDGE

F **5**

JASSA RAM ROAD

SUBHASH NATH NAGAR

G

H

Ganges- Kanal

Delhi

Daksha Mahadev (6 km), Delhi

Chandi Devi (5 km), Chila (9 km)

teilt, die in südwestlicher Richtung durch die Stadt fließen. Zwischen beiden liegt ein langer, schmaler Landstreifen. Der natürliche Fluss liegt im Osten, der Kanal, an dem sich die *ghats* und Ashrams befinden, im Westen. Die wichtigsten *ghats* und die religiösen Aktivitäten konzentrieren sich rund um den **Har-ki-Pairi-Tempel**. Metallketten im Fluss sollen verhindern, dass die Badenden von der schnellen Strömung davongerissen werden.

Der **Uhrturm** gegenüber vom Har-ki-Pairi Ghat bietet eine hervorragende Aussicht auf das Geschehen. In der Dämmerung lockt die spektakuläre tägliche **Ganga Aarti-Zeremonie** – die Verehrung der Leben spendenden Göttin Ganga – Tausende auf die Inseln und Brücken.

Lichter schwimmen den Fluss hinunter und Priester schwingen zur Begleitung von Gongs und Musik Fackeln. Sobald sie geendet haben, füllt sich der Fluss mit Menschen, die nach Münzen suchen, die von den Gläubigen ins Wasser geworfen wurden.

Haridwars wimmelndes Netzwerk von **Märkten** ist eine Attraktion. Der **Bara Bazaar** im Nordosten der Stadt bietet gute Gelegenheit, einen *danda* (Bambusstab) für Treks in den Bergen zu kaufen.

Die Stände im farbenfrohen **Moti Bazaar** in der Jawalapur Road im Zentrum der Stadt verkaufen alles von Kleidung bis zu Gewürzen.

Auf einem Bergkamm hoch über Haridwar ragt der strahlend weiße *shikhara* des **Mansa**

Devi-Tempel über Stadt und Tal auf. Der Tempel ist mit einer **Drahtseilbahn** leicht zu erreichen; die Seilbahnstation liegt abseits der Upper Road in der Stadtmitte (☉ tgl. April–Okt 7.30–19 Uhr, Dez–März 8.30–17 Uhr, Rs48 hin und zurück). Allerdings ist der 1,5 km lange, steile Anstieg früh morgens auch ein lohnender Spaziergang. Keiner der Schreine und Tempel auf dem Gipfel ist architektonisch sonderlich interessant, aber dafür ist der Blick auf den Fluss sehr schön.

Übernachtung

Haridwar hat Übernachtungsmöglichkeiten für so ziemlich jedes Budget. Im Vergleich mit Rishikesh, 24 km nördlich, schneiden die hiesigen Unterkünfte jedoch nicht so gut ab. Die unten genannten Preiskategorien können nur Anhaltspunkte sein: Je nach Saison und Verhandlungsgeschick gibt es Preisnachlässe.
Aarti, Railway Rd, ✆ 01334/226365, 🖳 www.hardwarhotels.com. Renovierungsbedürftig, aber in der Nähe von Bahnhof und Busbahnhof, die teuersten Zimmer haben AC. Außerhalb der Saison gibt es Preisnachlass. ❸–❹
Haveli Hari, Ganga 21, Ramghat, ✆ 01334/265207, 🖳 www.havelihariganga.com. Schönes *haveli*, das 1917 von zwei Brüdern gegründet und jetzt zu einem reizvollen historischen Hotel umgebaut wurde. „Superior"-Zimmer für Ausländer ab US$132. ❽
Inder Kuteer Guest House, Sharwan Nath Nagar, ✆ 01334/226336. In Flussnähe; kleine Zimmer und harte Betten, Dachterrasse mit Aussicht, angenehme Atmosphäre und heißes Wasser in Eimern. Günstigste Unterkunft dieser Preisklasse. ❶–❸
Kailash, Railway Rd, ✆ 01334/227789. Zentral gelegenes Hotel mit verschiedenen Zimmern, alle entweder mit Ventilator oder AC; außerhalb der Saison bis zu 50 % Rabatt. ❸–❹
Midtown, in einer Gasse, die von der Upper Rd abzweigt, gegenüber vom Restaurant Chotiwallah, ✆ 01334/227507, ✉ hotelmidtown@gmail.com. Bietet das beste Preis-Leistungs-Verhältnis der mittleren Preisklasse, saubere Zimmer und freundliche Mitarbeiter. Die Zimmer nach vorn mit Balkon, die mit AC sind teuer. ❹–❼
Prem Nagar Ashram, Jawalapur Rd, 2 km westlich vom Bahnhof, ✆ 01334/266344,

🖳 www.manavdharam.org. Sehr ruhig und friedlich, wenn auch weit außerhalb (Rs5 per Sammel-Vikram). Das Personal ist nett und die Zimmer sind sauber und billig. ❶
Shiv Vishram Grah Lodge, Upper Rd, nahe Har-ki-Pairi, ✆ 01334/227618. Die billigen Zimmer sind luftgekühlt und recht groß, die besseren bieten TV und Blick auf den Parkplatz im Hof. Dorm Rs100; sehr zentrale Lage. ❸
Suvidha, Sharwan Nath Nagar, hinter dem Kino Chitra Talkies, ✆ 01334/227023. Bequem und luxuriös, in angenehmer Lage in Flussnähe, abseits des Trubels der Basare und Hauptstraßen; Zimmer mit und ohne AC. ❹–❺

Essen

Als heilige Stadt ist Haridwar rein vegetarisch und alkoholfrei.
Big Ben, Railway Rd. Hotel-Restaurant mit guter Auswahl an vegetarischen Currys (Rs65–100), Menüs (Rs125–150), Frühstücksgerichten (Rs100–140) und ein paar chinesischen und europäischen Spezialitäten wie Käsesteak und vegetarisches Steak (gemeint sind eher „Schnitzel").
Chotiwala, Upper Rd. Das 1937 eröffnetes Restaurant ist ein gemütliches Lokal mit gedämpfter Beleuchtung und guter indischer Küche (Hauptgerichte Rs45–85), Frühstück (Tee, Kaffee, Toast und dergleichen) sowie einigen südindischen und chinesischen Gerichten.
Hoshiyarpuri, Upper Rd. Sehr beliebtes *dhaba*-Lokal in der Nähe der Har-ki-Pairi Ghat. Gut besucht und freundlich mit köstlichem indischen Essen (besonders Punjabi) und chinesischen Hauptgerichten (Rs25–80) sowie leckerem *kheer* (sahniger Reispudding).
Shivalik, Railway Rd. Ein kleines Hotel-Restaurant. Mäßige Auswahl an chinesischen Gerichten und leckere südindische Snacks, u. a. *dosas*. Hauptgerichte Rs50–100, Frühstück und *thalis* jeweils Rs80–120.

Sonstiges

Geld

Bargeld wechselt die **State Bank of India**, Railway Rd, die auch den zentralsten Geldautomaten hat. Die **Canara Bank**, Railway Rd, wechselt Bargeld und Reiseschecks.

Sie hat ebenfalls einen Geldautomaten. An der Upper St gibt es zwei weitere Geldautomaten.

Informationen
Der Touristeninformationsschalter im Bahnhof ist nur bedingt hilfreich. Besser ist das **GMVN Tourist Office** in der Nähe der Lalita Rao Bridge, Upper Rd, ✆ 01334/224240. Eine weitere Möglichkeit bietet das **staatliche Fremdenverkehrsamt** im Rahi Motel, bei der Busstation an der Railway Rd, ✆ 01334/265304. ⏲ alle Mo–Sa 10–17 Uhr.

Internet
In der Upper St bietet **LPK Forex** ein Internetbüro.

Post
Es gibt eine **Post** in der Upper Rd.

Reisebüros
Konark Tourist Service, Jassa Ram Rd, ✆ 01334/227210, 🖥 www.konarktravels.com. Arrangiert Touren mit Bus und Auto innerhalb des Staates.

Transport
Bahnhof und Busbahnhof von Haridwar liegen sich südwestlich des Stadtzentrums auf beiden Seiten der Hauptverkehrsader gegenüber. Reisende auf dem Weg in die Berge sollten nach Rishikesh fahren und von dort weiterreisen.

Busse
Vom Busbahnhof fahren von 4–23 Uhr jede halbe Stunde Busse nach Delhi (6 Std.) und Rishikesh (1/2 Std.) sowie von 5–19.30 Uhr auch halbstündlich nach Dehra Dun (1 1/4 Std.).

Taxis
Der Taxiverband beim Bahnhof verlangt etwas höhere Preise als andere; ein Taxi nach DELHI kostet Rs2500, nach RISHIKESH Rs450 und nach CHILA Rs310.
Sammel-Vikrams nach Rishikesh fahren am Shivalik-Restaurant ab und bieten eine recht beengte Alternative für fast den gleichen Preis wie der Bus.

Eisenbahn
Zu den wichtigsten Zügen, die durch Haridwar kommen, zählen der Mussoorie Nachtexpress Nr. 14042 nach DELHI, Abfahrt in Haridwar um 23.10 Uhr, Ankunft in Delhi (Sarai Rohilla) 8.35 Uhr.
Der klimatisierte Janshatabdi Express Nr. 12056 (Abfahrt 6.22 Uhr) erreicht New Delhi um 11.15 Uhr. Nach AGRA fährt der Kalingautkal Express Nr. 18478 (tgl. 6 Uhr), Ankunft 15.50 Uhr. Der The Doon Express Nr. 13010 (Abfahrt 22.15 Uhr) ist die beste Verbindung nach LUCKNOW (Ankunft 8.20 Uhr), Varanasi (Ankunft 16 Uhr) und KOLKATA (Ankunft Howrah 6.55 Uhr am übernächsten Tag).
Angesichts der guten und häufigen Verbindungen auf dem Straßenweg sind die Züge, die auf der Zweigstrecke nach Rishikesh verkehren, keine besonders praktische Alternative.

Rajaji-Nationalpark und Umgebung

Unmittelbar östlich von Haridwar erstreckt sich der Rajaji-Nationalpark über rund 830 km^2 des Himalaya-Vorgebirges. Obwohl er nicht in gleichem Maße auf Touristen ausgerichtet ist wie das Corbett-Tigerreservat, ist er wunderschön. Er wird von ähnlich vielen Tieren bewohnt, insbesondere Elefanten, aber auch Antilopen, Leoparden und sogar einer seltenen Art Ameisenbär – allerdings nicht von Tigern.

Der Park hat acht Eingangstore, u. a. **Kunnao** in der Nähe von Rishikesh und den Haupteingang in **Chila** (S. 353), das von Haridwar aus 9 km auf der Straße Richtung Osten jenseits des Ganges liegt. Übernachtungsmöglichkeiten innerhalb des Parks gibt es in neun **Forest Rest Houses**, die über das **Rajaji National Park Office**, 5/1 Ansari Marg, Dehra Dun, ✆ 0135/262 1669, gebucht werden können. Es ist jedoch nicht unbedingt nötig, so tief ins Innere des Parks vorzudringen, um den Dschungel zu erleben. Man kann den Park auch von Chila oder Rishikesh aus besuchen oder über die Straße zwischen diesen beiden Städten, die parallel zum Kanal entlang der Grenze des riesigen Waldes verläuft.

Eintritt Rs350 für drei Tage, Rs150 für jeden weiteren Tag plus Rs100–500 pro Fahrzeug; Fotoerlaubnis Rs100; 🖳 www.rajajinational park.in.

Chila

Nach Chila kommt man von Haridwar aus am besten mit einem der Busse, die zwischen 7 und 14 Uhr stündlich vom GMOU-Büro am Busbahnhof abfahren. Man kann auch ein Taxi (ca. Rs300–350 einfach, Rs500–600 hin und zurück) nehmen oder sogar zu Fuß gehen – Chila ist von Haridwar aus bereits zu sehen, und wenn man eine Abkürzung von Har-ki-Pairi über die Flussbetten und eine Brücke nimmt, ist es nur ein 4 km langer Marsch Richtung Osten. Die Stadt selbst ist weder attraktiv noch interessant, aber ein guter Ausgangspunkt zum Erkunden des Parks, und der **Chila Beach**, der gelegentlich von großen

Weichschildkröten aufgesucht wird, liegt nur einen Waldspaziergang entfernt – dem Ganges 1 km flussaufwärts folgen! **Elefantenritte** von hier kosten rund Rs300 p. P. für zwei Stunden.

Unterkunft bietet der große GMVN Chila Tourist Bungalow, ☎ 0138/266678, mit einem überteuerten Schlafsaal (Rs190), Standard- und Luxuszimmern, Hütten und einem Campingplatz; kann auch über GMVN in Haridwar gebucht werden. ❹–❺

Rishikesh

Rishikesh liegt 238 km nordöstlich von Delhi und 24 km nördlich von Haridwar, an dem Punkt, wo die bewaldeten Berge von Garhwal sich abrupt aus dem tiefen Grund des Tals erheben und der Ganges ins Flachland stürzt.

Ashrams, Yoga und Meditation

Aufgrund eines andauernden Disputs mit der Regierung ist der wunderschön gelegene Ashram von **Maharishi Mahesh Yogi**, in dem die Beatles 1968 wohnten, zurzeit geschlossen. Er steht leer auf einer bewaldeten Klippe über dem Fluss. Auch den **Yoga Niketan Ashram** sollte man meiden, da von dort Diebstähle und Schlimmeres gemeldet wurden. Leider gibt es auch ziemlich viele Beschwerden über Diebstahl und Belästigung in anderen Ashrams. Es gibt jedoch zahlreiche angesehene und seriöse Ashrams in Rishikesh, die Yoga-Schüler aufnehmen und Kurse von unterschiedlicher Dauer – von einem Tag bis zu mehreren Monaten – und zu unterschiedlichen Preisen anbieten.

Ananda Spa, ☎ 01378/227500, 🖳 www.ananda spa.com. Kein Ashram, sondern ein Luxusresort am Rand von Rishikesh, das Yoga, Spa und ayurvedische Anwendungen bietet; Zimmer, Suiten und Villen zu US$530–1855 pro Nacht.
Parmarth Niketan Ashram, ☎ 0135/244 0077, 🖳 www.parmarth.com, organisiert in Zusammenarbeit mit Uttarakhand Tourism eine Yoga-Woche Ende Feb/Anfang März mit Unterkunft in verschiedenen Hotels in Rishikesh.

Phool Chatti Ashram, ☎ 0135/698 1303, 🖳 www. phoolchattiyoga.com. Der friedliche, meditative Ashram steht 5 km nördlich von Lakshmanjula mitten im Grünen. Hier werden einwöchige Kurse in Hatha- und Astanga-Yoga veranstaltet.
Shivananda Ashram, ☎ 0135/243 0040, 🖳 www. divinelifesociety.org. Große Institution mit Niederlassungen in der ganzen Welt; Betreiber ist die Divine Life Society. Der Ashram wurde vom 1963 verstorbenen Swami Shivananda gegründet. Es gibt eine gut ausgestattete Bibliothek, eine Waldhütte und ein karitatives Krankenhaus. Hier finden fortlaufend Meditations- und Yogakurse sowie weitere Aktivitäten statt. Um einen längerfristigen Aufenthalt zu vereinbaren, sollte man bereits zwei Monate vorher mit dem Sekretariat Kontakt aufnehmen (dem entsprechenden Link auf der Website folgen).
Ved Niketan Ashram, ☎ 0135/243 0279. Auf der anderen Flussseite, südlich von Swarg Ashram. Monatelange Yogakurse, geleitet von dem charismatischen Swamiji Dharmanandam, und tgl. Hatha-Yoga-Kurse 8–9.30 und 16–17.30 Uhr.
Yoga Study Centre, ☎ 0135/243 3837. Angesehene Schule für die *Iyengar*-Form des Hatha Yoga, 1 km südlich des Stadtzentrums in Ganga Vihar.

Uttarakhand

Hinweis

Die **Telefonvorwahl** für Rishikesh ist üblicherweise ☎ 0135; wenn man aber innerhalb eines Umkreises von 75 km anruft, muss man ☎ 95135 vorwählen.

Es ist das Zentrum für alle Sorten von New Age- und Hindu-Aktivitäten, und seine vielen Ashrams ziehen immer noch Anhänger aller möglichen seltsamen und wunderbaren Gurus an. Das große **Shivananda Ashram** ist als Yoga-Zentrum besonders bekannt. Darüber hinaus entwickelt sich Rishikesh zu einer Hochburg des Abenteuersports wie Wildwasserfahrten, Trekking und Bergsteigen.

Rishikesh hat einen oder zwei alte Schreine, war aber schon immer in erster Linie eine Wegstation für Sannyasins, Yogis und Reisende auf dem Weg in den Hohen Himalaya. Die bei weitem beste Zeit für einen Besuch ist der Winter oder Frühling, wenn die Bergtempel wegen des Schnees geschlossen sind. Ohne all das *yatra*-Remmidemmi kann man die friedliche Ruhe erahnen, die den ursprünglichen Reiz dieses Ortes ausmachte.

Verwirrenderweise bezieht sich der Name Rishikesh nicht nur auf die Stadt, sondern auf eine lose Ansammlung von fünf Orten zu beiden Seiten des Flusses: **Rishikesh** selbst, der kommerzielle Angelpunkt, die rasch wachsende Vorstadt **Muni-ki-Reti**, **Shivananda Nagar**, gleich nördlich der Stadt, die diversen Ashrams in **Swarg Ashram** auf der Ostseite des Flusses und die Ufertempel von **Lakshmanjhula**, noch etwas weiter nördlich.

Die meisten Pilger, die auf dem Weg zu den Himalaya-Heiligtümern, den Char Dham, durch Rishikesh kommen, pausieren für ein kurzes Bad und eine *puja* an der **Triveni Ghat** in der Nähe des Stadtzentrums. Der Fluss sieht während der *arati* (Abendandacht), wenn die *diya*-Lichter auf dem Wasser schwimmen, besonders eindrucksvoll aus. In der Nähe steht mit dem **Bharat Mandir** der älteste Tempel von Rishikesh. Das hiesige schwarze Steinbildnis von Vishnu soll im 9. Jh. von dem großen hinduistischen Erneuerer Shankara geweiht worden sein.

Der dichte Komplex aus Cafés, Geschäften und Ashrams gegenüber dem Shivananda Ashram wird **Swarg Ashram** genannt. Er erstreckt sich nach hinten bis auf die bewaldeten Hügel, wo immer noch Sadhus in Höhlen wohnen. Der Fluss kann an dieser Stelle entweder auf der Ramjhula-Brücke überquert werden oder mit **Fähren**, die je nach Nachfrage zwischen 8 und 19 Uhr verkehren (Rs5 einfach, Rs8 hin und zurück). Einer der auffälligsten Ashram-Tempel ist **Parmarth Niketan**, dessen großer Hof voller prächtig gekleideter Göttinnen- und Götterfiguren steht. Der **Gita Bhavan Ashram** daneben betreibt etwas weiter eine ayurvedische Apotheke (◷ Di–So 10–12 Uhr; die ersten drei Tage gibt es Medizin umsonst) und verkauft Bücher und *khadi*, handgewebte Stoffe.

Etwa 2 km nördlich von Swarg Ashram säumt ein Pfad das Ostufer des Flusses. An diesem Weg nach **Lakshmanjhula** liegen schöne, von großen Felsen geschützte Sandstrände. Ein Steg überquert den Fluss, der sich hier seine letzten Meter durch felsige Berglandschaft bahnt. Dies ist der reizvollste Teil von Rishikesh, obwohl hier der riesige, protzige **Kailashananda Ashram** steht.

Die schöne Landschaft und der türkisfarbene Fluss lassen sich am besten vom Devraj Coffee Corner am Westufer aus würdigen, wo Besucher ganze Tage verbringen, um den Affen beim Herumtollen auf der Brücke zuzusehen.

Übernachtung

Es gibt zahlreiche Hotels im Ortsteil Rishikesh, doch die Gegend ist laut und schmutzig. Ihr einziger Vorteil ist die Nähe zum Busbahnhof und den Dienstleistungsbetrieben. Die meisten

Spirituelles Wohnen

Omkarananda Gita Sadan, Lakshmanjhula Rd, Shivananda Nagar, ☎ 0135/243 6346, ✉ omka ra@vsnl.com. Das zauberhafte Gästehaus des gleichnamigen Ashram hat eine entspannte Atmosphäre, schlichte, aber geräumige und makellos saubere Zimmer, eine herrliche Aussicht auf den Fluss und sogar eine Suite für vier Personen. Aber man muss reservieren. ❹

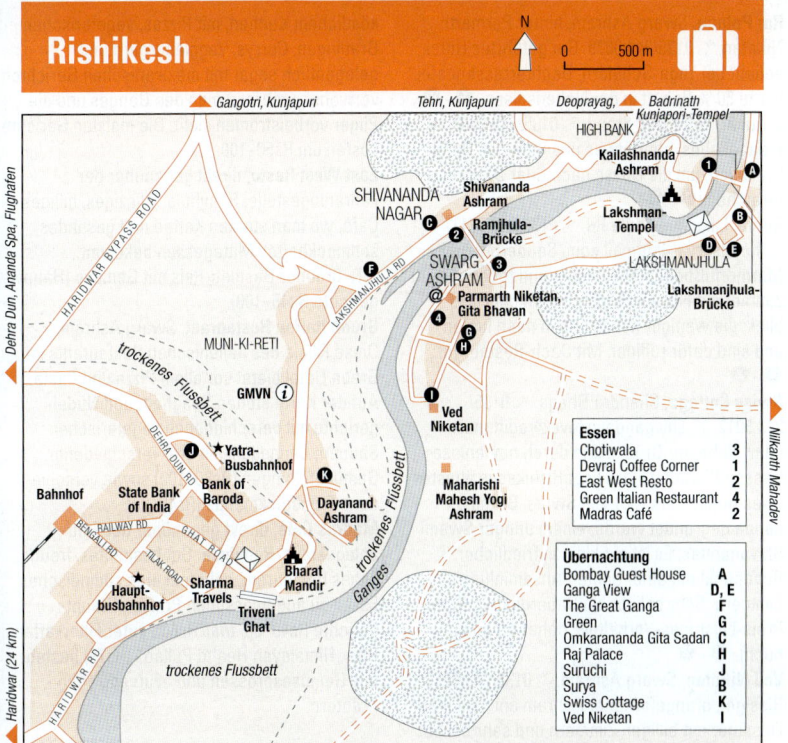

Rishikesh

N
0   500 m

Gangotri, Kunjapuri — Tehri, Kunjapuri — Deoprayag, Badrinath — Kunjapori-Tempel

HIGH BANK

Kailashnanda Ashram

SHIVANANDA NAGAR

Shivananda Ashram

Ramjhula-Brücke

Lakshman-Tempel

LAKSHMANJHULA

SWARG ASHRAM

Parmarth Niketan, Gita Bhavan

Lakshmanjhula-Brücke

MUNI-KI-RETI

trockenes Flussbett

GMVN

Ved Niketan

Yatra-Busbahnhof

Bank of Baroda

Dayanand Ashram

Maharishi Mahesh Yogi Ashram

Bahnhof

State Bank of India

Haupt-busbahnhof

Sharma Travels

Bharat Mandir

Triveni Ghat

Ganges

trockenes Flussbett

trockenes Flussbett

Dehra Dun, Ananda Spa, Flughafen

HARIDWAR BYPASS ROAD

DEHRA DUN RD

LAKSHMANJHULA RD

GHAT ROAD

RAILWAY RD

TILAK ROAD

BENGALI RD

HARIDWAR RD

Haridwar (24 km)

Nilkanth Mahadev

Essen

Chotiwala	3
Devraj Coffee Corner	1
East West Resto	2
Green Italian Restaurant	4
Madras Café	2

Übernachtung

Bombay Guest House	A
Ganga View	D, E
The Great Ganga	F
Green	G
Omkarananda Gita Sadan	C
Raj Palace	H
Suruchi	J
Surya	B
Swiss Cottage	K
Ved Niketan	I

New Age-Anhänger wohnen in Swarg Ashram oder am Ostufer des Flusses – fern des Lärms und nahe der Ashrams –, während Rucksack-reisende eher die billigen kleinen Gästehäuser von Lakshmanjhula ansteuern.

Bombay Guest House, Lakshmanjhula, ☎ 0135/325 0038. Schlichte Unterkunft mit Gemeinschaftsbad rund um einen grünen Hof. Beliebt bei Hippies und praktisch, um den unberührten oberen Teil dieses Flussabschnitts zu erkunden. ❶

Ganga View, Lakshmanjhula, ☎ 0135/244 0320. Ein guter Tipp unter den zahlreichen, sich ähnelnden kleinen Billighotels in dieser Gegend. Es hat schöne Zimmer (alle mit Bad und Warm-wasser) und liegt halbwegs ruhig und etwas abseits. Ein neuerer Ableger befindet sich 50 m flussabwärts. ❶

The Great Ganga, Lakshmanjhula Rd, Shivananda Nagar, ☎ 0135/244 2243, ⌨ www.thegreatganga.com. Es lohnt sich, die steile und recht düstere Gasse zu erklimmen, um dieses noblere Hotel zu erreichen. Die luftigen Zimmer haben Balkone zum Fluss hin und eine schöne Aussicht. Außerdem gibt es ein gutes Restaurant. Wer sich etwas wirklich Exklusives gönnen will, nimmt eine Suite für Rs7550. ❻

Green, Swarg Ashram, ☎ 0135/243 1242. Beliebtes kleines Traveller-Hotel hinter dem Gita Bhavan Ashram; alle Zimmer mit Bad (meist mit fließend Warmwasser); Dachterrasse und Restaurant, das zurückhaltend gewürzte indische und italienische Speisen serviert. Das Hotel **Green View** hinter dem Green ist etwas teurer, aber ebenfalls empfehlenswert. ❶–❹

Raj Palace, Swarg Ashram, hinter Parmarth Niketan, ☎ 0135/244 0079. Gut geführtes Hotel, beliebt bei Yoga-Schülern; Dachterrassencafé; bis zu 50 % Rabatt in der Nebensaison. ❶–❹

Suruchi, Yatra Bus Stand, ☎ 0135/243 2602. Freundliches, aber etwas ungepflegtes Hotel. Praktisch, um die Busse nach Char Dham zu erreichen. ❶–❷

Surya, Lakshmanjhula Rd, ☎ 0135/243 3211, ✉ hotelsurya@hotmail.com. Saubere DZ mit Marmorfußböden. Die besten und teuersten Zimmer mit Flussblick liegen vorn mit Flussblick; die weniger hellen liegen nach hinten und sind dafür ruhiger. Mit Dach-Restaurant. ❶–❷

Swiss Cottage, Chandra Bhaga, ☎ 0135/243 5012, ✉ shivgangamylove@rediff.mail.com. Nahe der Brücke und durch namenlose Gassen Richtung Fluss liegt Rishikeshs ältestes Guesthouse, das 1961 von Swami Brahmananda gegründet wurde, einem Jünger Swami Shivanandas. Es ist ein kleiner, friedlicher Ruhepunkt mit einer bunten Ansammlung von Zimmern. Sehr beliebt bei Dauergästen. Gutes Preis-Leistungs-Verhältnis, daher oft ausgebucht. ❶–❷

Ved Niketan, Swarg Ashram, ☎ 0135/243 0279. Riesiger, orangefarbener Ashram am östlichen Flussufer mit billigen Zimmern und sehr beliebt bei Reisenden mit kleinem Budget. ❶

Essen

In Rishikesh gibt es zahlreiche gute Restaurants und *dhabas*, viele mit schöner Aussicht auf den Fluss und auf Touristen ausgerichteten Speisekarten, allerdings alle rein vegetarisch.

Chotiwala, Swarg Ashram. Zwei benachbarte Restaurants mit demselben Namen wetteifern um Kunden. Der Service im näher am Fluss gelegenen Chotiwala ist etwas besser, außerdem hat er eine gemütliche Dachterrasse. Beide Restaurants sind groß, gut besucht und ab 7 Uhr morgens zum Frühstück geöffnet. Auf den umfangreichen Speisekarten (Hauptgerichte Rs40–100) stehen u. a. Eiscreme, Süßigkeiten und kalte Getränke.

Devraj Coffee Corner, Lakshmanjhula, gleich an der Brücke. Hier wird man mit Kaffee und köstlichem Kuchen, mit Pizzas, vegetarischen Bratlingen, Currys, Veggieburgern und gelegentlich sogar mit mexikanischen Gerichten verwöhnt, während man den Ganges und die Pilger vorbeiströmen sieht. Die meisten Gerichte kosten um Rs50–100.

East West Resto, direkt gegenüber der Fähranlegestelle, Ramjhula. Winziges, billiges Café, wo man starken Kaffee und gesundes, schmackhaftes Mittagessen bekommt, z. B. brauner Basmati-Reis mit Gemüse (Hauptgerichte Rs45–100).

Green Italian Restaurant, Swarg Ashram. Diese Filiale des italienischen Restaurants im Green Hotel bietet vor allem Pizza und Pasta. Auf der Karte stehen Spaghetti und Nudelgerichte mit verschiedenen vegetarischen Saucen, Cannelloni mit drei verschiedenen Gemüsefüllungen (Rs80–100) sowie verschiedene Frühstücksmenüs (Rs40–90).

Madras Café, direkt gegenüber der Fähranlegestelle, Ramjhula. Gut besuchtes, freundliches Restaurant, sehr leckeres südindisches Essen zu angemessenen Preisen (Hauptgerichte Rs40–90, *thali* Rs60), guter Filterkaffee. Das „Himalayan Health Pullao" (Rs75) besteht aus Gemüsesprossen und ayurvedischen Kräutern.

Sonstiges

Autovermietungen und Taxis

Zu den zuverlässigen Anbietern von Taxis und Mietwagen zählen **Ajay Travels** im Hotel Neelkanth, Haridwar Rd, ☎ 0135/243 0644, und **Mahayama Travels**, Urvasi Complex, Dehra Dun Rd, ☎ 0135/243 2968.

Geld

Es gibt mehrere Banken in der Stadt, u. a. die **Bank of Baroda**, 70 Dehra Dun Rd, und die **Apex Bank** ganz in der Nähe; beide mit Geldautomat. Weitere **Geldautomaten** findet man an der Haridwar Rd, Ecke Ghat Rd, an der Lakshmanjhula Rd beim GMVN Trekking-Büro und auf dem Ostufer nahe der Ramjhula Bridge. Auch einige Reiseagenturen in Lakshmanjhula wechseln Bargeld und Reiseschecks. ⏱ tgl. 9–21 Uhr.

Uttarakhand

Informationen und Touren

Das **Uttarakhand Tourist Office** und das **GMVN Yatra Office** an der Haridwar Bypass Rd bieten regionale Infos. Doch das Letztere beschränkt sich in der Praxis darauf, seine eigenen Touren zu verkaufen oder Buchungen für seine Lodges entgegenzunehmen.

Die GMNV-Abteilung für **Bergsteigen und Trekking**, Lakshmanjhula Rd, Muni-ki-Reti, ✆ 0135/243 0799, vermietet jedoch einfache Ausrüstung, vermittelt Führer und organisiert Skiausflüge nach Auli.

Das **GMVN** in Muni-ki-Reti organisiert Pauschaltouren (ein 4-Tages-Ausflug nach Badrinath mit Busfahrt, Unterkunft und Verpflegung kostet rund Rs5000) und teure Mietwagen.

Die meisten etablierten Flusscamps am Ganges oberhalb von Rishikesh sind von Ende Sep– Mitte Dez und von Mitte Feb–Ende April in Betrieb. Die **Rafting**-Exkursionen reichen von halbtägigen Trips bis zu längeren Camping-Expeditionen. Der Halbtages-Trip kostet um Rs800 p. P., die 3-tägige Tour Rs4500 alles inbegriffen. Leider gibt es immer mehr unzuverlässige Anbieter, sodass man etwas vorsichtig sein muss. Vertrauenswürdig ist die örtliche Firma **Red Chilli** an der Lakshmanjhula Rd in High Bank, ✆ 0135/243 4021, 🖳 www.redchilli adventure.com.

Internet

Es gibt zahlreiche Internetcafés; eines der besten ist **Blue Hill Travel and Cyber Café** im Ortsteil Swarg Ashram nahe dem Parmarth Niketan, das Rs20 pro Std. berechnet; das Reisebüro selbst hat aber einen schlechten Ruf.

Post

Die **Hauptpost** ist an der Ghat Rd. Filialen gibt es in Lakshmanjhula und nahe der beiden Enden der Ramjhula-Brücke.

Reisebüros

Wie in vielen anderen Gebirgsorten ist auch in Rishikesh mit den Touristenzahlen die Anzahl der schwarzen Schafe unter den Touranbietern und Reisebüros erheblich gestiegen.

Wer sich ihnen anvertraut, genießt keinerlei Versicherungsschutz. Daher sollte man im Hotel oder bei der Touristeninformation nach empfehlenswerten und seriösen Reiseveranstaltern fragen.

Nahverkehr

Fahrrad- und Motor-Rikschas sowie Sammel-Vikrams verbinden die wichtigsten Stadtteile miteinander; der Fahrpreis von Rishikesh nach LAKSHMANJHULA beträgt Rs30 (Rs6 im Sammel-Vikram). Es gibt auch Sammel-Vikrams nach HARIDWAR.

Transport

Jeeps

Jeden Morgen gegen 5 Uhr startet eine Flotte von Jeeps in die Berge, um die Zeitungen auszuliefern. Sie fahren an der Haridwar Rd vor Nagar Palika Parashad (unmittelbar südlich der Tilak Rd) ab und dienen auch als **Sammeltaxis**. Zumindest einige davon kann man auch reservieren, und zwar bei **Sharma Travels** (alias Kaushik Telecom), 86 Haridwar Rd, beim Akash Ganga Hotel, ✆ 0135/243 0364. Sie sind teurer als der Bus (z. B. Rs300 nach Joshimath), dafür aber viel schneller. Wenn man vorher reserviert und westlich des Flusses übernachtet, holen sie einen manchmal sogar vom Hotel ab.

Busse

Der Hauptbusbahnhof, **Main Bus Stand**, Bengali Rd, in der Nähe des Stadtzentrums, wird von staatlichen Bussen aus HARIDWAR (alle halbe Std., 1/2 Std.) und DEHRA DUN (alle halbe Std., 1 1/2 Std.) sowie von Bussen aus DELHI (6 1/2 Std.) angefahren.

Busse in Richtung der Garhwal-Berge, z. B. nach JANKI CHATTI (für Yamunotri, 4x tgl., 10 Std.), fahren während der Pilgersaison von April bis Oktober vom **Yatra-Busbahnhof**, auch bekannt als **Tehri-Busbahnhof**, abseits der Dehra Dun Rd ab.

Eisenbahn

Alle Züge von Rishikesh fahren nach HARIDWAR (6x tgl., 1/2 Std.), aber die Fahrt per

Uttarakhand

Bus oder Vikram ist bequemer. Der Passenger-Zug 54472 um 7 Uhr fährt sogar weiter bis Delhi. Er ist allerdings sehr langsam, sodass man besser den Bus nach Haridwar nimmt und dort in einen schnelleren Zug umsteigt.

Wanderungen in der Umgebung von Rishikesh

Vor einiger Zeit wurde eine neue Straße gebaut, die zum kleinen Shiva-Schrein im östlich von Rishikesh gelegenen Dörfchen **Nilkanth Mahadev** (Nilkantha) führt. Aber der ältere und kürzere Pilgerpfad existiert noch und bietet sich für einen Spaziergangs zum Schrein an. Der malerische Weg windet sich durch den Wald hinter dem Swarg Ashram hoch, vorbei am Ashram des Mahesh Yogi und überquert vor dem Abstieg nach Nilkantha einen Karrenpfad. Unterwegs begegnet man vielleicht wilden Tieren; vor Elefanten ist respektvolle Distanz geboten. Nilkantha befindet sich gerade im Umbruch, immer mehr Wallfahrer kommen auf der neuen Straße hierher, die eine breite Schneise durch den Wald geschlagen hat.

Wer Lust hat, kann auch nördlich von Lakshmanjhula den für Motorfahrzeuge geeigneten Schotterweg am Fluss entlang nehmen. Bevor er den wunderschönen Ashram **Phool Chatti** (5 km) erreicht, passiert er mehrere gute Strände. Der Ashram liegt an einer Biegung des Flusses zwischen riesigen Felsbrocken, einer genialen Stelle zum Schwimmen.

Sehr zu empfehlen ist überdies die 10 km lange Wanderung hoch über Lakshmanjhula zum kleinen weißen Shakti-Tempel von **Kunjapuri**. Er steht an der höchsten Stelle eines fast kreisrunden Hügels mit atemberaubender Aussicht auf den Himalaya im Norden und hinüber nach Haridwar im Süden. Man sollte versuchen, gleich bei Sonnenaufgang oben zu sein, denn später wird es dunstig. Eine weniger anstrengendere Alternative besteht darin, mit dem Bus nach Hindola Khal an der Straße nach Tehri zu nehmen und die restlichen 3 km zum Tempel zu Fuß zurückzulegen. Im gesamten Gebiet ist es dringend ratsam, nur zusammen mit einem Guide oder zu mehreren zu wandern, denn auf den Wegen ist es schon zu **Raubüberfällen** gekommen.

Wanderung nach Yamunotri

Der Tempel von Yamunotri (3291 m), 223 km nordöstlich von Rishikesh, schmiegt sich in eine tiefe Felsspalte im Schoß des Bandarpunch. Der Tempel markiert die Quelle der Yamuna – nach dem Ganges der zweitheiligste Fluss Indiens. Er ist der am wenigsten spektakulär gelegene, aber der hübscheste und ursprünglichste der vier *dhams* (Wallfahrtstempel) von Garhwal. Mit dem Ausbau der Straße ist auch die Anreise einfacher geworden (möglich nur zwischen Mitte April und Anfang November mit jährlichen Schwankungen). Vom Ende der Straße in **Janki Chatti** sind es nur noch 5 km. Der Weg folgt dem turbulenten, eisblauen Fluss durch reizvolle Landschaften mit schneebedeckten Gipfeln in der Ferne.

Janki Chatti und Umgebung

Das zauberhafte Dorf Janki Chatti liegt am Ende einer beliebten Straße und ist mit einem Bus von Dehra Dun, Mussoorie oder Rishikesh aus zu erreichen. Manche Verbindungen erfordern ein Umsteigen in **Barkot**, eine vierstündige Busfahrt von Mussoorie (Rs100) entfernt, wo es einen **GMVN Tourist Bungalow**, ℰ 01375/224236, ❷–❹, gibt, aber kaum etwas zu essen.

Jeeps und Busse (Rs40) brauchen ab Barkot weitere 2 1/2 Std. bis zur kleinen, an der Yamuna gelegenen Siedlung **Hanuman Chatti**, das einen ausgezeichneten **GMVN Tourist Bungalow**, ℰ 01375/233371, ❸–❹, der Zimmer mit Flussblick und einen komfortablen Schlafsaal (Rs190) bietet.

Eine neue Straße führt am Ortsrand über eine Brücke und windet sich weiter durch die Berge, bis sie nach 9 km Janki Chatti erreicht. Hier gibt es ein **GMVN Tourist Rest House**, ℰ 013752/235639, ❹, Dormbett Rs150–200, und eine **Travellers' Lodge** ❹. Das **Ganga Yamuna**, ℰ 01375/223301, ❷, und der **Arvind Ashram** ❶ liegen einträchtig am Rande des Haupt-Wanderwegs. Eine Reihe anständiger Restaurants bietet *thalis*, kalte Getränke und Snacks.

Während des Aufenthalts in Janki Chatti lohnt sich der Abstecher von 1 km über den Fluss ins traditionelle Garhwali-Dorf **Kharsali**, in dem die *pandas* (Priester der Pilger) von Yamunotri leben.

Uttarakhand

Inmitten der Gebäude mit ihren schön geschnitzten Holzbalken steht ein einzigartiger, dreistöckiger Shiva-Tempel zu Ehren von Someshwar, dem Gott des Mondes und des mythischen Rauschmittels Soma. Wer weiter nach **Gangotri** reisen möchte (eine Fahrt von 11 Std.), nimmt am besten den ersten Bus um 5.30 Uhr, wenngleich auch der zweite um 7 Uhr noch am selben Abend in Gangotri ankommen sollte. Die Busse fahren gewöhnlich an der Station Hanuman Chatti ab, doch manche halten auch bei Janki Chatti.

Yamunotri

Kurz hinter Janki Chatti wird der Weg sehr steil, aber dafür auch immer schöner und eindrucksvoller. In der Nähe des Flusses rund um drei siedend heiße Schwefelquellen steht der neue, architektonisch uninteressante **Yamunotri-Tempel**. Der größte Schrein ist Teil der oberen Quelle und wird als Ursprung des Flusses verehrt. Er enthält ein kleines silbernes Abbild der Göttin Yamuna. Sie ist die Tochter von Surya, der Sonne, und Sangya, dem Bewusstsein, und die Zwillingsschwester von Yama, dem Gott des Todes. Wer in ihrem Wasser badet, dem bleibt ein schmerzvolles Ende erspart, und Essen, das in dem Wasser gekocht wird, ist eine *prasad* (göttliche Opfergabe). Die meisten Pilger nehmen auch ein Bad bei den warmen Quellen, wo Becken für Männer und Frauen gebaut worden sind (Eintritt frei).

Wer in Yamunotri übernachten will, findet im **GMVN Tourist Bungalow** in der Nähe des Tempels einen einfachen Schlafsaal (Rs200). Die beste der Hand voll *dharamshalas* ist der **Ramananda Ashram** ❶, der einen schönen Panoramablick vom Berg oberhalb des Tempels bietet; der Besitzer ist der oberste Priester. Einfache Mahlzeiten lassen sich über die Ashrams und den Bungalow organisieren.

Genau genommen ist der Gletschersee **Saptarishi Kund** die Quelle der Yamuna. Ihn erreicht man nach einer anstrengenden 12 km langen Wanderung, die dem Fluss folgend geradewegs den Berg hinaufführt, bis der Weg vor Kalinda Parbat etwas weniger steil wird. Für diesen Trek sind mindestens ein Tag Akklimatisierung, angemessene Kleidung und Vorräte sowie ein Führer unerlässlich.

Uttarkashi

Uttarkashi, die größte Stadt im Inneren Garhwals, liegt im flachen, fruchtbaren Flusstal des Bhagirathi und dient den meisten Pilgern und Touristen als Zwischenstopp auf der langen Reise zwischen Rishikesh, 148 km weiter südlich, und Gangotri, 100 km weiter nordöstlich.

Uttarkashis gut bestückter **Markt** ist ideal zum Einkaufen von Vorräten für Wanderungen in die Berge. Darüber hinaus ist die Stadt ein guter Ort, um erfahrene Bergführer zu finden – die meisten sind Absolventen des hiesigen, hoch angesehenen **Nehru Institute of Mountaineering**, ☏ 01374/222123, ▣ www.nimindia.org. Die Preise liegen zurzeit bei etwa Rs250 für einen Träger und Rs400–500 für einen Führer. Einer der spezialisierten **Tour-Veranstalter** ist Mount Support, BD. Nautial Bhawan, Bhatwari Rd, ☏ 01374/222419, ✉ mountsupport@rediffmail.com, in der Hauptstraße; hier kann man auch Ausrüstung und Führer mieten.

Übernachtung und Essen

Bandhari, ☏ 01374/222203, an der Hauptstraße, hat Zimmer z. T. mit Warmwasser und TV. ❷–❸. Ein neuer Ableger desselben Hotels, ☏ 01374/222384, liegt 300 m die Straße hinauf auf der linken Seite, ist heller und sauberer und hat Balkone mit Blick über die Straße. ❷–❹
In den Gassen am Markt findet man das schlichte, aber gepflegte **Amba**, ☏ 01374/222150, ❶, und den **GMVN Tourist Bungalow**, ☏ 01374/ 222271, mit großen Zimmern und einem Schlafsaal (Rs190) um eine kleine Wiese. ❸–❺
In der Stadt isst man am besten im Restaurant des Bandhari Hotel, das Frühstück und einfache Gemüse-Currys zu Rs40–70 serviert.

Ideal für Trekker

Monal Tourist Home, ☏ 01374/222270, ▣ www.monaluttarkashi.com, rund 2 km vom Zentrum, bietet mit Abstand die besten Unterkünfte und das beste Essen. Wer anruft, wird vom Busbahnhof abgeholt; viele Trekking-Informationen. ❷–❹

Uttarakhand

Der relativ kurze **Dodi Tal-Wanderweg**, der die Regionen Gangotri und Yamunotri verbindet, ohne das Gletschergebiet zu berühren, ist einer der Ganzjahresklassiker von Garhwal. Die Wanderung ist nicht schwierig, aber die Dorfbewohner der Gegend bieten gern ihre Dienste als Träger oder Führer an. Wer die ausgetretenen Pfade verlassen und die Dörfer besuchen möchte, sollte dieses Angebot unbedingt annehmen. Wanderer müssen ein Zelt und so viel Lebensmittel wie möglich mitnehmen. Die besten Landkarten für diesen Trek sind die *Ground Survey map of Garhwal* und die Karte von Leomann (Blatt 7 der India Series), beide bei größeren Tourismusbüros in Uttarakhand erhältlich.

Die nachstehende Wegbeschreibung führt von Osten nach Westen. Ausgangspunkt ist **Uttarkashi** an der Strecke nach Gangotri, Endpunkt **Hanuman Chatti**, 14 km südlich von Yamunotri.

An **Tag Eins** nimmt man einen der drei täglich verkehrenden Busse oder einen der stündlich abfahrenden Jeeps von Uttarkashi via Gangotri nach **Kalyani** (1829 m). Der erste Jeep startet um 7 Uhr und braucht 1 Std. Von Kalyani steigt der Weg gemächlich auf 7 km Länge durch Felder und Wälder hoch nach **Agoda** (2286 m). Der dortige *Tourist Bungalow* am Dorfausgang ist zurzeit unbewohnbar, daher muss im eigenen Zelt übernachtet werden.

An **Tag Zwei** steigt der Pfad von Agoda am Ufer eines Flusses entlang und dann in Serpentinen stetig durch üppigen Nadelwald, unterwegs passiert er zwei *chai*-Buden. Nach 14 km und einer letzten Spitzkehre ist der **Dodi Tal** (3024 m) erreicht, ein See vor der Kulisse üppig bewaldeter Berge. In der Nähe der primitiven Waldhütte auf der Lichtung gibt es *chai*-Shops und Campingstellen.

Manchen Wanderern sind die ganzen 18 km vom Dodi Tal nach Shima an **Tag Drei** zu lang

und anstrengend. Sie ziehen es deshalb vor, die Strecke auf zwei Tage zu verteilen. Der gut erkennbare Pfad führt an dem Fluss entlang (und oft auch drüber), der den Dodi Tal speist. Der Weg ist stellenweise steil und erfordert einige Kletterpartien. Man darf nicht vom Weg abweichen und muss die Pfade ignorieren, die ihn kreuzen, bis man oberhalb der Baumgrenze herauskommt. Nach weiteren 1,5 km führt der Weg nach links zu einem kleinen Pass und dann im Zickzack hoch zum **Darwa Pass** (4130 m), ungefähr auf halber Strecke nach Shima. Dies ist der höchste Punkt des Treks, und es eröffnen sich grandiose Ausblicke auf die Srikanta Range. Wer für heute genug hat und einen Übernachtungsstopp einlegen möchte, findet am Ende eines linker Hand verlaufenden Pfades einen Campingplatz und Wasser. Die Hauptstrecke führt in ein Tal hinab und anschließend wieder steil nach oben. Auf der Anhöhe angekommen, sind es noch ungefähr vier Stunden bis **Shima**, wo man wieder die Baumgrenze erreicht. In Shima kann man in einer sehr einfachen Hütte übernachten, aber Verpflegung muss mitgebracht werden.

Der zauberhafte, 12 km lange Abstieg von Shima an **Tag Vier** beginnt mit einer sehr abschüssigen, 1,5 km langen Kraxelei an einem Flussufer entlang. Dann wird der Weg leichter begehbar und führt an einem Wald und *bugyal* vorbei, wo Schäferhütten stehen. Auf einem gut ausgetretenen, steinigen Pfad geht's nun unaufhaltsam bergab, durch zwei Dörfer und dann in Haarnadelkurven runter zum Hanuman Ganga River. Der Weg endet schließlich bei **Hanuman Chatti** (S. 358). Dort fahren Busse über Barkot nach Uttarkashi, Mussoorie und zu anderen Orten in Garhwal. Der Dodi Tal-Trek lässt sich prima mit Wanderungen in der Gegend von **Har-ki-Dun** und **Yamunotri** kombinieren; s. auch S. 358.

Sonstiges

Einen **Geldautomaten** gibt es zwei Häuser vom Bandhari-Hotel entfernt. Verteilt über die Stadt gibt es **Internet**, aber der Zugang ist teuer (Rs60 pro Std.).

Transport

Alle **Busse** von und nach Uttarkashi – von wo aus zwischen Mai und November regelmäßig Busse nach GANGOTRI (bis 14 Uhr) und RISHIKESH abfahren – halten zurzeit an der

Hauptstraße im Zentrum. Nach MUSSOORIE nimmt man einen Bus in Richtung Rishikesh und steigt in Chamba um.
Taxis findet man rund um den Markt. Ein Platz in einem **Sammeljeep** nach Gangotri kostet ungefähr Rs120 p. P.

Gangotri und Umgebung

Gangotri liegt in 3140 m Höhe inmitten hoher *deodar-* und Kiefernwälder am Kopf der Bhagirathi-Schlucht, 248 km nördlich von Rishikesh. Es ist der abgeschiedenste der vier *dhams* (Wallfahrtstempel) von Garhwal und von Anfang November bis Mitte April nicht zugänglich. Den Hindus gilt Gangotri als spirituelle Quelle des Ganges. Die physische Quelle ist die Eishöhle **Gomukh** auf dem Gangotri-Gletscher, 14 km taleinwärts. Hier beginnt der **Bhagirathi** seinen wilden Lauf durch eine Reihe riesiger Schluchten, wobei er tiefe Gräben in die Felsen schneidet und in Wasserbecken schäumt.

Von Uttarkashi fahren Busse, Taxis und Jeeps in kurzen Abständen nach Gangotri hinauf. Am angenehmsten ist die Fahrt im Sammeljeep (Rs120; 3 1/2 Std.). Die Busse machen nämlich viele Zwischenstopps und brauchen mehr als fünf Stunden. 10 km hinter dem Dorf Harsil, bei **Lanka**, durchquert die Straße die tiefe Bhagirathi-Schlucht über eine spektakuläre Brücke, die angeblich zu den höchsten der Welt zählt. Dies ist Militärgebiet – also keine Fotos machen! Beim Dörfchen **Bhaironghati**, 3 km weiter und 11 km vor Gangotri, kommt der Rudragaira aus seiner Schlucht zum Vorschein und mündet in den Bhagirathi. Ein kleiner Tempel steht inmitten hoch aufragender *deodar-*Wälder, und es gibt ein paar Teebuden sowie einen selten genutzten **GMVN Tourist Bungalow** ❸–❹.

Gangotri

Zwar wird der Blick auf die meisten schneebedeckten Gipfel durch die schroffen, kahlen Berge, die unmittelbar über Gangotri aufragen, versperrt, doch die Stadt selbst, die von Hindu-

Ashrams in Gangotri

Die meisten der sogenannten „Ashrams" von Gangotri sind in Wirklichkeit kommerziell betriebene Gästehäuser. Aber ein paar Sadhus vermieten Zimmer auf Spendenbasis an Gäste, die auf der Suche nach einem meditativen Rückzugsort sind. Der **Kailash Ashram** mit Blick auf den Zusammenfluss von Kedar Ganga und Bhagirathi ist zwar sehr schlicht, besitzt jedoch viel Flair. Geführt wird er (zusammen mit einer kleinen ayurvedischen Klinik) von dem liebenswürdigen Bhim Yogi, der gern Besucher für mehrere Tage und länger aufnimmt. Der **Nani Mata's Ashram** in der Nähe gehört einer australischen *mataji* (weiblicher Sadhu), die viele Jahre lang in Gangotri lebte und hier immer noch hoch angesehen ist.

Pilgern und ausländischen Wanderern bevölkert wird, verströmt den Duft des Hohen Himalaya. Ihr bescheidener **Tempel**, der gleich hinter einem kleinen Markt am rechten Ufer den Fluss überblickt, wurde Anfang des 18. Jhs. vom Gurkha-General Amar Singh Thapa erbaut. Das vergoldete Dach ziert ein *shikhara,* den vier kleinere Repliken umgeben. Der Tempel erinnert an die Legende, derzufolge König Bhagirath mit Bußübungen die Göttin Ganga auf die Erde lockte, damit sie sein Volk wieder zum Leben erwecke. Im Inneren des Tempels steht ein silbernes Bildnis der Göttin, während eine Steinplatte neben dem Tempel als **Bhagirath Shila** – Platz, an dem der König meditierte – verehrt wird. Stufen führen hinunter zur wichtigsten *ghat* am Fluss, wo die Gläubigen im eiskalten Wasser des Flusses baden, um sich von Sünden zu reinigen.

Auf der anderen Seite des Flusses führt eine lose Ansammlung von Ashrams und Gästehäusern im Schatten hoch emporragender Felsen und riesiger Bäume hinunter zur **Dev Ghat,** oberhalb der Mündung des Kedar Ganga. Nur ein kurzes Stück weiter, am eindrucksvollen, von einem Wasserfall gespeisten Teich **Gaurikund,** liegt der Anfang der 20 km langen Schlucht. Wunderschöne Waldwege führen durch dunkle *deodar-*Wälder und über eine Brücke am Rand

der Schlucht entlang zu einer wackeligen Seilbrücke, die einen fantastischen Blick auf den
wilden Strom darunter bietet.

Den **GMVN Tourist Bungalow**, ☎ 013772/
22221, mit Zimmern (❸–❺) und einem relativ günstigen Schlafsaal (Rs190) findet man,
wenn man von der Bushaltestelle aus die kleine
Fußgängerbrücke überquert. Neben der Auslegerbrücke liegt das große, populäre **Ganga
Niketan**, ☎ 013772/22219, ❷, mit Café, Geschäft
und Blick auf den Fluss. Das **Himalaya Sadan**
☎ 094129/23149, ❶, am Flussufer gegenüber
dem Tempel ist die einfache, freundliche Unterkunft mit fantastischer Aussicht über das Tal
auf die schneebedeckten Gipfel. Eine Reihe von
dhabas und Cafés auf beiden Seiten des Flusses
servieren *thalis,* gutes Frühstück und wohltuenden *chai.*

Gomukh und der Gangotri-Gletscher

Eine Treppe neben dem Tempel von Gangotri
führt zu einem Reitpfad, der sanft ansteigt und
fantastische Panoramablicke auf die Berge
um den Gangotri-Gletscher bietet – einen der
schönsten und am besten zugänglichen Gletscher des Mittleren Himalaya. Bedauernswer-
terweise weicht er jährlich um mehrere hundert
Meter zurück. Pro Tag dürfen nur 150 Touristen
den Weg begehen. Das Permit muss vorher
beim Divisional Forest Office in Uttarkashi erworben werden. Nach einer Strecke von 2 km
wird an einem Wald-Checkpoint der Rucksack
durchsucht und jeglicher potenzieller Plastikmüll konfisziert.

Wenn man sich der Oase **Chirbasa**, 7 km von
Gangotri, nähert, dominieren zauberhafte Fels-
vorsprünge und glasartige Felswände das Panorama. Den Höhepunkt bilden die Bergspitzen des
Bhagirathi 3 (6454 m) und Bhagirathi 1 (6856 m).
Von jetzt an klettert der Weg bis über die Baumgrenze und folgt dem breiter werdenden Tal bis
zu einer hohen Bergwüste. Gleich hinter Chirbasa kommt ein Steilhang; der schmale Pfad
ist hier in sehr schlechtem Zustand, und durch
Windstöße können Steine herabgefegt werden – daher ist größte Vorsicht geboten. Kurz
nachdem er einen Fluss überquert hat, umrundet
der Weg einen Felsvorsprung und eröffnet bei

Gomukh („Kuhschnauze") einen ersten Blick
auf die Gletscherzunge, die allgegenwärtigen
Bhagirathi-Gipfel und den riesigen, 23 km langen und bis zu 4 km breiten Gangotri-Gletscher.
Besucher dürfen sich dem Gletscher nur bis zu
einer Entfernung von 500 m nähern.

Darunter, auf dem Talboden, 5 km von Chirbasa, kauert das kalte, graue Dörfchen **Bhojbasa**
im Schatten des wunderschönen **Shivling Peak**
(6543 m) – hier verbringen die meisten Besucher
die Nacht, bevor sie ihren Weg nach Gomukh
und darüber hinaus fortsetzen. Wer weiter als
bis Gomukh wandern will, sollte hier Halt machen, um sich zu akklimatisieren. Im **GMVN
Tourist Bungalow** (kein Telefon) gibt es einen
Schlafsaal (Rs300), aber keine Zimmer. Abends
drängen sich die Gäste in dem netten kleinen
Café, das auch der richtige Anlaufpunkt ist, um
einen Bergführer für die Gletscherüberquerung
zu engagieren. Eine weitere Übernachtungsmöglichkeit bietet der **Lal Baba's Ashram** ❷
(kein Telefon), dessen Komfort sich auf Bettlaken und Matratzen auf dem Boden beschränkt,
dafür sind Mahlzeiten im Preis inbegriffen. Wer
ein eigenes Zelt hat, findet am Fluss einen guten
Campingplatz.

Nach einer Übernachtung in Bhojbasa sollte
man sich von der Kälte nicht abschrecken lassen und einen frühen Spaziergang nach Gomukh
machen, um den Sonnenaufgang zu beobachten.
Die schöne Wanderung ist 5 km lang.

Die Route nach Kedarnath

Kedarnath, 223 km nordöstlich von Rishikesh nahe der Quelle des Mandakini, liegt in atemberaubender Lage 3583 m hoch über dem Meeresspiegel und wird von steil abfallenden Gletschern
und riesigen Vorsprüngen aus Eis, Schnee und
Fels überragt. Kedarnath, die dritte der heiligen Char Dham-Stätten, ist der bedeutendste
Schrein des Himalaya.

Als eine Indiens zwölf *jyotrilinga* – Licht-
Lingams – zieht der Schrein in den Sommermonaten Scharen hinduistischer Pilger *(yatri)*
an, ist aber von Anfang November bis Anfang
April geschlossen. Die saftigen grünen Hänge,
die hübsch angelegten Bergterrassen und die

zahlreichen Apfelbaumgärten bieten eine erfrischende Abwechslung von den öden, felsigen Tälern des westlichen Garhwal. Darüber hinaus ist Kedarnath ein guter Ausgangspunkt für kurze Wanderungen zu den schönen Bergseen Vasuki Tal und Gandhi Sarovar.

Gaurikund

Gaurikund ist eine freundliche Kleinstadt oberhalb von Sonprayag, wo die Straße endet. Zurzeit ist sie der Ausgangspunkt für die Wanderung zum **Kedarnath-Tempel**, es gibt jedoch Pläne, die Straße bis nach Rambara auszubauen.

Direktbusse fahren die ganze Strecke von Gaurikund nach Rishikesh, aber die meisten Besucher kommen mit Nahverkehrsbussen oder Taxis vom größeren Busbahnhof in **Guptkashi**, 29 km weiter talwärts. Dieser wird von Rudraprayag, das auf der viel befahrenen Route Rishikesh–Joshimath–Badrinath 109 km weiter südlich liegt, sowie von Gopeshwar, 138 km südöstlich, aus angefahren.

Es gibt mehrere günstige *dharamshalas* und Hotels in Gaurikund selbst, u. a. die **Vijay Tourist Lodge**, ✆ 01364/269242, ❶, die in der Hauptstraße des Basars liegt und saubere, wenn auch einfache Zimmer hat. Das gegenüberliegende **Annapurna**, ✆ 01364/269209, ❷, bietet große DZ mit Teppich und sonnigen Balkons sowie Schlafsäle. Im **GMVN Tourist Bungalow**, ✆ 01364/269202, ❸–❺, gibt es teurere, aber gemütliche DZ, einen Schlafsaal (Rs200) und ein Restaurant, wo man Suppen und Salate bekommt.

Die Wanderroute von Gaurikund

Kedarnath ist ein dermaßen populärer Bestandteil der *yatra*-Route, dass der Pfad, der von Gaurikund aus bergauf führt, langsam seiner Vegetation beraubt wird – verbraucht als Brennstoff oder als Futter für die Ponys der wohlhabenderen Pilger. Ein Pferd für die Tour kann für Rs300 gemietet werden.

Der breite Reitweg von Gaurikund herauf ist von *chai*-Läden gesäumt. Er führt durch die sterbenden Bergwälder zum 7 km höher gelegenen Dorf **Rambara**, auf halber Strecke nach Kedarnath, das die Baumgrenze und den Beginn der alpinen Zone markiert. Hier finden sich viele Cafés und Rest Houses. Während der Weg steil

nach **Garur Chatti** emporsteigt, sieht man mehrere augenfällige Abkürzungen den Hang verunstalten. Erst etwa 1 km vor Kedarnath wird es ebenerdiger. Dann plötzlich, nach einer Kurve, steht man vor dem atemberaubenden Südhang des Kedarnath (6940 m) am Ende des Tals. Am Fuße des Berges liegt, in der Entfernung kaum auszumachen, die Tempelstadt.

Kedarnath und Wanderungen in der Umgebung

Kedarnath selbst ist nicht sehr attraktiv – und auf dem Höhepunkt der Pilgersaison (Mai, Juni und Sep) sogar fast unerträglich. Die Stadt ist sehr grau und besteht im Grunde nur aus einer 500 m langen Hauptstraße zwischen Tempel und Brücke, die von Resthouses und *dharamshalas*, Pilgergeschäften und Verwaltungsbüros gesäumt wird, doch kann man ihr leicht entfliehen, um die einzigartige Hochgebirgslandschaft zu erkunden.

Der imposante **Tempel** ist ein relativ simpel konstruiertes Stein-Bauwerk mit einer großen Mandapa, in der ein beeindruckendes Steinbildnis von Shivas Stier Nandi steht. Im inneren Heiligtum, das auch Nicht-Hindus zugänglich ist, sitzen *pandas* (die Priester der Pilger) um einen Felsen herum, bei dem es sich der Legende nach um Shivas Hintern handelt – er blieb hier zurück, als Shiva kopfüber in die Erde eintauchte.

Von der Hauptbrücke der Stadt führt ein Pfad über den Mandakini zur linken Seite des Tals und endet 4 km weiter am **Gletscher**. Der See daneben, **Chorabari Tal**, ist auch als **Gandhi Sarovar** bekannt, seit ein Teil von Mahatma Gandhis Asche hier verstreut wurde. Nur rund 800 m entfernt entspringt der Mandakini: Er sprudelt aus einem Loch in der Moräne. Der Boden ist hier extrem unsicher und sollte auf keinen Fall betreten werden. Man kann den Fluss auch auf einer kleinen Brücke hinter dem Tempel überqueren und die von Steinen übersäte Moräne hochklettern, um zum Hauptpfad zu gelangen.

Östlich der Stadt führt ein gut markierter Pfad diagonal den Hang hinauf zu den Gebetsflaggen, die über einem kleinen Schrein für **Bhairava**, die zornige Erscheinung von Shiva, wehen.

Übernachtung und Essen

GMVN Tourist Bungalow, ✆ 01364/263218.
Nahe der Innenstadt, hat große, anonyme DZ
und einen Schlafsaal (Rs200). ❸–❺
Bharat Seva Ashram, ✆ 01364/263213. Sauber
und bequem; ein großes, rotes Gebäude hinter
dem Tempel auf der linken Seite. ❷
Modi Bhavan (kein Tel.). Schön gelegener
Bungalow, hinter bzw. oberhalb des Tempels,
der große Zimmer mit Kitchenettes bietet. ❷
Das Essen in den **Cafés** in der Hauptstraße von
Kedarnath ist einfach, aber teuer, denn alle
Vorräte müssen auf Pferden aus dem Tal
hochgebracht werden.
Kedar Mishthan Bhandar ist das einzige, das
sich auf westlichen Geschmack eingestellt hat.
Tischt passable Salate und Kartoffelgerichte auf.
Die Kantine des Tempel-Komitees, **Shri
Badrinath Kedarnath Mandi Samiti**, hinter dem
Tempel, serviert Currys und *aloo paratha*.

Joshimath

Die weit verstreute Verwaltungsstadt Joshimath,
250 km nordöstlich von Rishikesh, schmiegt sich
an die Seite eines tiefen Tals und bietet eine faszinierende Aussicht: Hoch über ihr erheben sich
die schneebedeckten Gipfel, und wer nach unten blickt, sieht bei Vishnu Prayag, der Mündung
des Dhauli Ganga, die Straße in einer dunklen
Schlucht verschwinden. Nur wenige der aber-
tausend Pilger, die auf dem Weg nach Badrinath
hier vorbeikommen, bleiben eine Weile. Joshimath ist eng mit **Shankara**, dem Reformer des
9. Jhs. verbunden: Hier, unter einem Maulbeer-
baum, wurde er erleuchtet, bevor er **Jyotirmath**
gründete, eines der vier Pilgerzentren des Hinduismus in den vier Haupthimmels-richtungen.

Joshimath besteht aus einem oberen Basar
und, vom Main Square aus rund 1 km der Straße
nach Badrinath folgend, einem unteren Basar,
der die farbenfrohen Tempel **Narsingh**, **Navadur-
ga**, **Vasudev** und **Gauri Shankar** beherbergt.

Übernachtung und Essen

GMVN Tourist Rest House, ✆ 01389/222118,
am nördlichen Ende des oberen Basars eine
kurze Gasse hinauf. Finstere Unterkunft, u. a.

mit Schlafsaal (Rs200); auch ein Café, wo
einfache Mahlzeiten zu haben sind. ❸–❺
Der Neubau, ✆ 01389/222226, direkt oberhalb
des alten Gästehauses, zu erreichen über eine
Gasse gegenüber vom GMOU-Büro, ist wesentlich besser, aber dennoch nicht besonders
preisgünstig (Schlafsaal Rs200). ❹
Hotel Sriram, ✆ 01389/222332, neben dem
alten GMVN-Gästehaus; preiswerte Zimmer,
z. T. mit TV und Warmwasseranschluss. ❷
Dronagiri, weiter südlich des Zentrums,
✆ 01389/222254. Das komfortabelste Hotel
der Stadt, sehr schöne Aussicht, sauberes
Restaurant und Satelliten-TV. ❹–❺
Für Freunde guter Küche sind die Möglichkeiten
in Joshimath äußerst begrenzt; am besten sind
noch die Restaurants der Hotels Dronagiri und
Sriram. Das **Marwari** am Marktplatz ist ein gut
besuchtes und preisgünstiges vegetarisches
dhaba, und das **New Star**, am Upper Bazaar
nahe dem GMVN-Gästehaus und Sriram, öffnet
früh zum Frühstücken.

Sonstiges

Informationen

Tourist Office, ✆ 01389/222181, beim neuen
GMVN-Block. Erteilt auch Auskünfte zum 15 km
entfernten **Skigebiet** bei Auli. ⏲ Mo–Fr und
meist auch Sa 10–17 Uhr.

Internet

Internetzugang bieten **Eskimo Adventure
Company** und **KCE Uniyal Infotech** am Upper
Bazaar bei der Badrinath Jeep-Haltestelle.
Beide verlangen Rs50 pro Std.

Trekking

Eskimo Adventure Company, ✆ 01389/222864,
✉ aeskimoadventures@rediffmail.com, gegenüber vom Hotel Sriram, geleitet von zwei Absolventen des Nehru Institute of Mountaineering,
erteilt Ratschläge zu Trekking- sowie Skitouren
und organisiert Treks, Felsklettern, Skifahren
und Wildwasserfahrten inkl. Genehmigungen,
Führer und Ausrüstung.

Transport

Die meisten **Busse** und **Jeeps** halten im oberen
Basar.

Badrinath

Der meistbesuchte der vier Haupt-Pilgertempel von Garhwal ist Badrinath, „Gott der Beeren", 298 km nordöstlich von Rishikesh und nur 40 km von der Grenze zu Tibet entfernt. Im 9. Jh. von Shankara gegründet, ist der Tempel eine der heiligsten Stätten des Hinduismus. Er liegt unweit der Quelle des Alaknanda, dem Haupt-Zufluss des heiligen Ganges. Obwohl der Tempel vor einer fantastischen Kulisse liegt, tief unten in einem Tal am Fuße der steilen, schneebedeckten Pyramide des Nilkantha (6558 m), ist die Stadt, die um ihn herum gewachsen ist, grau, schmutzig und unattraktiv. Alle Fahrzeuge von Joshimath müssen in Konvois verkehren. Schranken im Abstand von jeweils 24 km kontrollieren den Verkehr in beiden Richtungen: Die erste Etappe ist die zwischen Joshimath und Pandukeshwar, die zweite von Pandukeshwar bis Badrinath. Täglich verlassen mehrere Konvois Joshimath; der erste um 6.30 Uhr und der letzte um 16.30 Uhr. Nachts ist die Straße gesperrt und Badrinath selbst bleibt von Mitte November bis Anfang April geschlossen.

Badrinath steht immer noch ein Brahmane aus Kerala vor – der Rawal, der gleichzeitig als oberster Priester für Kedarnath fungiert. Der Legende nach lagen die beiden Tempel einst so nahe beieinander, dass die Priester an einem Tag in beiden beten konnten. Der **Tempel** selbst, der auch als **Badri Narayan** bekannt ist, ist Vishnu geweiht, der einst im mythischen Badrivan („Wald der Beeren"), der früher die Berge von Uttarakhand bedeckte, Buße getan haben soll. Ungewöhnlicherweise ist der Tempel aus Holz. Jedes Jahr im Mai, wenn der Schnee geschmolzen ist und der Tempel für die Saison öffnet, wird die gesamte Fassade neu gestrichen. Aus der Entfernung erinnern seine hellen Farben, die einen markanten Kontrast zu den Betongebäuden, den verschneiten Gipfeln und dem tiefblauen Himmel bilden, an ein tibetisches *gompa*. Es gibt Debatten darüber, ob der Tempel früher ein buddhistischer Schrein war. Im Inneren, wo Fotografieren absolut tabu ist, sitzt das schwarze Steinbildnis von **Badri Vishal** wie ein Bodhisattva in der Lotusposition (Hindus betrachten Buddha als Inkarnation von Vishnu).

Der Standort am Westufer des turbulenten Alaknanda mag wegen seiner schwefelhaltigen heißen Quellen **Tapt Kund** auf der Böschung gleich unterhalb des Tempels, ausgewählt worden sein. Sie werden für rituelle Bäder benutzt. Unmittelbar südlich des Tempels steht immer noch das alte Dorf Badrinath, dessen traditionelle Steingebäude und kleiner Markt wie Relikte aus einer vergangenen Ära wirken. Die Hauptstraße nördlich von Badrinath führt in grenznahe und damit militärisch sensitive Gebiete, aber Besucher können in der Regel mit örtlichen Bussen und Taxis noch 4 km weiter fahren, wo am Ende der Straße das faszinierende Bhotia-Dorf **Mana** liegt (die aktuelle Situation sollte vorher geklärt werden).

Mana ist auch zu Fuß erreichbar (neben der Straße verläuft ein Pfad). Das Dorf selbst besteht aus einem Labyrinth kleiner Straßen und Gebäude, die buchstäblich übereinander gestapelt wurden. Seine Bewohner sind Bhotia, Buddhisten tibetischer Herkunft, die ursprünglich über den hohen Mana-Pass hinweg Handel trieben und jetzt Vieh und Ponys züchten und Yak-Fleisch sowie bunt gefärbte, handgemachte Teppiche verkaufen.

Vom Dorf führt ein Pfad über eine natürliche Felsenbrücke und das linksseitige Flussufer hinauf in Richtung des Berges Satopanth (7075 m) zum Fuß des beeindruckend hohen **Vasudhara-Wasserfalls**. Er wird als Quelle des Alaknanda betrachtet. Die Gehzeit beträgt nur 1 1/2 Std., aber es gibt keine Teestände an der Strecke.

Übernachtung und Essen

Badrinath hat unzählige spartanische und von Flöhen heimgesuchte Billighotels, die meisten liegen an der Hauptstraße.

GMVN Devlok, ☎ 01381/22212, hinter der Post, ist eine bessere Wahl; mit angenehmen Zimmern, Restaurant und vielen Informationen. **❺–❻**

Yatri Niwas hat 500 Schlafsaalbetten (Rs100), und das **Tourist Rest House** (kein Telefon) bietet gemütliche DZ mit Teppich. **❸–❹**

Hotel Narayan Palace, ☎ 01381/22380, ist nicht schlecht, aber angesichts abgetretener Teppiche und fehlender Heizung ist der Preis nicht ganz gerechtfertigt. **❺–❻**

Sarovar Portico, ✆ 01381/222267, 🖥 www.
sarovarhotels.com. Ganz neu und das luxuriöseste Hotel der Stadt. ❼–❽

Die besten **Cafés** und *chai*-Lokale findet man in
der alten, stimmungsvollen Gegend rund um den
Tempel, aber am kommerzielleren Ostufer gibt
es neben zahlreichen Durchschnitts-*dhabas*
auch ein paar anspruchsvollere, moderne
Restaurants mit Neonlicht wie **Laxmi** und **Saket**.

Der Verkehr zurück nach JOSHIMATH,
einschließlich der normalen Linienbusse,
bewegt sich im gleichen Konvoi-System fort wie
auf dem Weg hierher; der letzte Konvoi verlässt
Badrinath um 15.30 Uhr. Langstreckenbusse
fahren, mit einem Übernachtungsstopp, direkt
nach RISHIKESH und nach GAURIKUND bei
Kedarnath (14 Std.); Buchungen im Büro des
Busbahnhofs oberhalb der Stadt.

Hemkund und das Valley of the Flowers

Beim Dörfchen **Govind Ghat**, 28 km südlich von
Badrinath auf der Straße nach Joshimath (Busse halten hier auf Anfrage), beginnt ein bedeutender Pilgerpfad, der sich über 21 steile Kilometer zum **Hemkund-See** (4329 m) hinaufwindet.
Im heiligen Buch der Sikh, dem *Guru Granth
Sahib*, erinnert sich Govind Singh daran, wie er
an einem See meditierte, der von sieben hohen
Bergen umgeben war. Erst im 20. Jh. stellte sich
heraus, dass es sich bei dem See um Hemkund
handelte. Ein großer *gurudwara* (Sikh-Tempel)
und ein kleiner Schrein zu Ehren von Lakshmana, dem Bruder von Rama, Held des Ramayana,
stehen jetzt nebeneinander. Um den *deodar*-
Wald zu schützen, können Besucher jedoch
nicht mehr die Nacht hier verbringen.

Stattdessen dient der überwachsene Ort **Ghangaria**, 6 km unterhalb von Hemkund, Besuchern
als Basis für Tageswanderungen. Hier gibt es
mehrere *chai*-Läden, eine kleine Touristeninformation, *gurudwaras* und einfache Lodges.
Abgesehen vom **GMVN Tourist Bungalow** mit
Schlafsaalbetten zu Rs250, ❹–❺, ⏱ Mitte April–Anfang Nov, ist die beste darunter das Hotel

Prya, ✆ 01389/222595, ❷, das auch über ein
gutes Restaurant verfügt. Zum Govind Ghat gehört auch ein großer *gurudwara,* Bezahlung auf
Spendenbasis.

Ein anderer Weg biegt hinter Ghangaria links
ab und führt 5 km bergauf zu den Berg-*bugyals*
des Bhyundar-Tals – dem **Valley of the Flowers**, das auf einer Höhe von 3352 m beginnt. Es
wurde 1931 vom Visionär und Bergsteiger Frank
Smythe entdeckt, der es wegen der Unmengen
von wunderschönen, seltenen Pflanzen und Blumen „Tal der Blumen" taufte. Die Wiesen sind
gegen Ende der Monsun-Zeit, Anfang September, am schönsten. Auch sie haben unter den
Füßen der Besucherscharen gelitten, daher ist
Zelten hier ebenfalls verboten. Damit ist es unmöglich, das 10 km lange Tal vollständig zu erkunden – Wanderer müssen mit dem zufrieden
sein, was sie auf einer Tageswanderung von
Ghangaria aus zu sehen bekommen. Ausländer
müssen am Eingang zum Tal Rs350 Eintritt bezahlen (gültig für drei Tage).

Nanda Devi-Nationalpark

Östlich von Joshimath beherrschen die majestätischen Zwillingsgipfel von Nanda Devi – mit
7816 m der höchste Berg, der sich vollständig in
Indien befindet – einen großen Teil des nordöstlichen Garhwal und Kumaon.

Die Göttin, die dem Berg ihren Namen gab,
ist für alle, die in ihrem Schatten leben, die wichtigste Gottheit von allen – ein Fruchtbarkeits-
symbol, das auch als Erscheinung von Durga
gilt, der unbezwingbaren Form von Shakti. Umgeben von einem scheinbar undurchdringlichen
Ring von Bergen, galt der Nanda Devi lange Zeit
als unbezwingbar. Als den Bergsteigern Eric
Shipton und Bill Tilman 1934 schließlich der Aufstieg durch die schwierige Schlucht **Rishi Gorge**
gelang, sah man darin eine Befleckung des heiligen Bodens. Eine Serie von Katastrophen folgte:
Erst 1976 endete im Versuch von Willi Unsoeld
und seiner Tochter Nanda Devi in einer Tragödie:
Nanda Devi starb unterhalb des Gipfels, nach
dem sie benannt worden war.

Die wunderschöne Wildnis rund um den Berg
bildet jetzt das Schutzgebiet **Nanda Devi Sanc-**

Uttarakhand

tuary. Es liegt im Zentrum des 5860 km² großen Nanda Devi-Nationalparks, der im Oktober 2004 zum Unesco-Biosphärenreservat ernannt wurde. Seit 1982 ist das innere **Schutzgebiet** aus Umweltschutzgründen gesperrt. Nur eine begrenzte Zahl von Wanderern wird zwischen Mai und Oktober in den Nationalpark eingelassen und es gibt nur eine zugelassene Route. Sie führt vom Dorf **Lata** am Ende der Straße bis zum Dharansi-Pass, der einen fabelhaften Ausblick auf den Nanda Devi bietet.

Die **GMVN Mountaineering and Trekking Division** in Rishikesh, ✆ 0135/243 0799, organisiert neuntägige Treks für rund Rs25 000 p. P. alles inklusive. Die Gruppen haben nur drei bis fünf Teilnehmer. Weitere Informationen über Permits erteilt das Forestry Office in Joshimath (links vom Dronagiri Hotel zwei Treppen hinauf und dann rechts).

Kumaon

Die Shivaiten-Tempel von Kumaon werden weniger leidenschaftlich verehrt als ihre Pendants in Garhwal. Dafür gibt es hier deutlich weniger Touristenverkehr, die Dörfer bleiben weitgehend unverdorben und die Trekkingrouten leiden weniger unter Müll.

Kumaon Mandal Vikas Nigam, abgekürzt **KMVN**, 🖳 www.kmvn.gov.in, ist in Kumaon für den Tourismus zuständig und bietet einen ähnlich lückenhaften Service wie GMVN in Garhwal. Kumaons Stomversorgung ist unzuverlässig, Ausfälle gehören zur Tagesordnung. Ebenfalls wichtig zu wissen ist, dass Nainital (abgesehen von Geldautomaten) die einzige Möglichkeit bietet, Geld zu tauschen. Reiseschecks werden auch in Ranikhet und Almora eingelöst.

Nainital

Der spektakuläre, erdnussförmige Kratersee Nainital (*tal* heißt „See") liegt auf einer Höhe von 1938 m in einer Senke, 277 km nördlich von Delhi. Nach ihm wurde die größte Stadt

Kumaons benannt. Im Jahre 1841 durch einen reichen Zuckerhändler namens Barron für die Europäer entdeckt, wurde Nainital schnell zu einem beliebten Zufluchtsort, um der Sommerhitze des Tieflands zu entgehen, und ist bis heute eine der bedeutendsten Hill Stations Indiens geblieben. Das ganze Jahr über, aber ganz besonders zwischen März und Juli, bevölkern Horden von Touristen und Flitterwöchnern **The Mall**, die Promenade, die **Mallital** („Kopf des Sees"), den älteren, kolonialen Teil von Nainital am Nordende, mit **Tallital** („Fuß des Sees") verbindet.

Nainitals Lage in atemberaubender Sichtweite des Mittleren Himalaya – die Gipfel sind von Aussichtspunkten oberhalb des Zentrums zu sehen – macht die Stadt zu einer guten Basis für Erkundungstouren durch Kumaon. Wem der Kommerz der Stadt ein bisschen zu viel wird, kann jederzeit in die schöne Landschaft der Umgebung entfliehen – zu Seen wie dem **Sat Tal**, wo das Vorgebirge nach Süden hin steil zum Flachland abfällt, oder zu den bewaldeten Höhenzügen rund um **Kilbury**.

Der Großteil der Aktivitäten in Nainital spielt sich auf der 1,5 km langen **Mall** ab, die von Restaurants, Hotels und Souvenirgeschäften gesäumt wird. **Boote** können ab Rs85 pro Std. im Boat Club am Nordostufer des Sees in Mallital gemietet werden, die Preise steigen im Sommer jedoch bis auf Rs200 pro Std. Der Boat Club steht auf einer großen Ebene, „The Flats", die 1880 durch eine gewaltigen Erdrutsch entstand, der das Victoria Hotel mit 150 Personen unter sich begrub. Heute finden hier Sportveranstaltungen und ein **tibetischer Markt** statt.

Oberhalb der Stadt, vom Südende der Mall 1,5 km zu Fuß bergauf, liegt der exzellente **Hochgebirgszoo**, der Sibirische Tiger, Tibetische Wölfe, Leoparden und Himalaya-Bären beheimatet. 🕑 Di–So 10–16.30 Uhr, Eintritt Rs25, Fotoerlaubnis Rs25.

Eine Seilbahn (Sommer tgl. 7–19 Uhr, Winter tgl. 10–17 Uhr) verkehrt zwischen dem Restaurant Mayur auf der Mall zum **Snow View** (2270 m); das Ticket für Hin- und Rückfahrt (Rs100) gilt für einen einstündigen Aufenthalt oben. Die Alternative ist ein 2 km langer Fußmarsch auf einem von vielen steilen Wegen. Für Rs200 trägt einen ein Pony hier herauf. Auf dem Gipfel, der in der Hochsaison völlig überfüllt ist, gibt es eine Promenade, Cafés und einen Aussichtspunkt. Früh am Morgen hat man die besten Chancen, dass der Blick auf die schneebedeckten Gipfel frei ist.

Von hier aus führen weitere Wege zum 5 km entfernten **Naina Peak** (2611 m), einem der besten Aussichtspunkte der Gegend, und zum abgelegenen **China Peak**, dem felsigen Gipfel im Westen. Etwa auf halbem Weg von der Stadt zum Snow View liegt das wegen seiner vielen Gebetsflaggen kaum zu übersehende kleine tibetische *gompa* (Kloster) **Gadhan Kunkyop Ling**, das im traditionellen *gompa*-Stil umgebaut wurde. 3 km außerhalb der Stadt an der Straße nach Almora steht **Hanuman Garh**, ein Tempel voller Affen und herumalbernder, junger Priester – ein beliebter Ort, um den Sonnenuntergang zu beobachten.

Übernachtung

Als beliebtes Urlaubsziel bietet Nainital eine reiche Auswahl an Hotels. Es ist jedoch schwierig, in der Saison preisgünstige Unterkünfte zu finden. Zwischen März und Juli liegen die Zimmerpreise am höchsten und erreichen ihren absoluten Höhepunkt zwischen Mitte April und Mitte Juni. Die unten angegebenen Nebensaisonpreise sind jedoch wesentlich günstiger. Insgesamt sind Zimmer in Tallital billiger als in Mallital.

Ankur Plaza, Mallital, bei der Seilbahn-Station, ☎ 05942/235448, 🖳 www.hotelankurplaza.com. Während der Saison ist es zwar teuer, hat aber ein freundliches Management. Außerhalb der Saison eine der besten Billigunterkünfte mit günstigen Angeboten. Die Zimmer sind nett und die Plastikblumen beweisen Liebe zum Detail, wenn auch nicht unbedingt guten Geschmack. ❸

Ashok, Tallital, ☎ 05942/235721, ✉ ashok nainital@yahoo.co.in. Das zweckmäßig eingerichtete altmodische Hotel nur 100 m vom Busbahnhof entfernt hat kompakte Zimmer, die sich gut für einen Kurzaufenthalt eignen. ❷–❹

City Heart, am Rikschastand in Mallital, ☎ 05942/235228, 🖳 www.cityhearthotel.netfirms. com. In der Hauptsaison teuer, aber ansonsten akzeptabel. Es bietet den besten Seeblick der Stadt, besonders von den oberen Zimmern und vom Dachrestaurant. Der Geschäftsführer

ist Tierfotograf und Bassist in einer hiesigen Rockband. ❸–❺

Grand, The Mall, ☎ 05942/235406, 📠 237057. Eines der ältesten Häuser von Nainital – hier scheint die Zeit still zu stehen. Gute Lage, große Zimmer mit hoher Decke, einige schon etwas altersschwach; Nov–März geschl. ❻–❼

KMVN Tourist Bungalow, Tallital, ☎ 05942/ 235570. Lodge mit funktionalen Räumen und billigem Schlafsaal (Rs150) in ruhiger Gegend, nicht weit vom Busbahnhof. ❺–❼

The Naini Retreat, Ayarpatta Slopes, ☎ 05942/ 235105, 🖳 www.leisurehotels.in. In wunderschöner Lage hoch über dem See, mit einem ausgedehnten, sehr gepflegten Grundstück und einer großen Terrasse für Barbecues. Ein Zimmer mit Seeblick kostet Rs9000. ❽–❾

Youth Hostel, Mallital, ☎ 05942/236353. Jugendherberge mit 50 Betten (Rs50 für Mitglieder, sonst Rs80) an einem hübschen, abgeschiedenen Fleck 1,5 km oberhalb von Mallital, mit schönem Garten. In der Regel ist sie entweder menschenleer oder völlig überfüllt mit Schulkindern. Freundliches Personal und sehr gutes Preis-Leistungs-Verhältnis, allerdings ohne Generator.

Essen

Zum Essen bietet Nainital eine reiche Auswahl sowohl an Restaurants als auch an Touristen orientierten Fastfood-Läden entlang der Mall. Außerdem servieren die alltäglichen *dhabas* in den Basaren an beiden Enden der Stadt billiges und leckeres Fisch-Curry.

Café de Mall, The Mall. Eher ein Restaurant als ein Café, obwohl es auch so etwas wie Kaffee (instant) anbietet. Es hat eine Terrasse mit Seeblick. Serviert werden südindische Snacks, Pizzas und Pfannengerichte sowie *thalis* (Rs100–150). Nicht vegetarische Hauptgerichte kosten ab Rs135.

Embassy, The Mall, Mallital. Eins der besseren Restaurants von Nainital, mit holzgetäfeltem Inneren. Am leckersten sind die Tandoori-, chinesischen und tibetischen Gerichte, aber es gibt auch Pizzas (Rs75–115) und Gebratenes (Rs160–240).

Machan, The Mall, gleich westlich des Embassy. Gut geführtes Restaurant in einem

Die lange Route über den **Kuari-Pass** (4268 m) belohnt mit atemberaubenden Bergpanoramen. Sie ist als Curzon Trail bekannt, nach dem britischen Vizekönig, der Teile davon gewandert ist. Nach der Unabhängigkeit erhielt sie den offiziellen Namen Nehru Trail. Der 10-tägige Trek beginnt in **Gwaldam** an der Grenze zu Kumaon, oberhalb des Flusses Pindar, überquert die hohen Bergketten, ohne dabei die Grenze des ewigen Schnees zu überschreiten, und endet rund 150 km weiter nördlich an den heißen Quellen von **Tapovan** im Dhauli Ganga Valley bei Joshimath. Es gibt zahlreiche Alternativen und kürzere Pfade zum Pass, darunter eine 24 km lange Route ab Auli. Die ganze Route ist neben anderen Wanderungen auf der *Leomann*-Karte von Kumaon-Garhwal eingezeichnet (Blatt 8 in der Indien-Reihe). Die beste Zeit für die Treks ist zwischen Mai und Juni und von Mitte September bis November.

Der Trail über den Kuari-Pass ist ideal für Besucher, die keine Ausrüstung für die Besteigung von Gletschern haben: Er führt über Bergwiesen, überquert mehrere große Flüsse und streift das äußere Westende des Nanda Devi-Nationalparks. Die Wanderung belohnt mit großartigen Blicken auf den dreizackigen Trisul (7120 m), auf den Nanda Ghunti (6309 m) und den zahnförmigen Changabang (6864 m), während sich weit im Norden, an der Grenze zu Tibet, die unverwechselbare Pyramide von Kamet (7756 m) erhebt.

Camping-Ausrüstung ist auf jeden Fall erforderlich, vor allem auf dem Pass. In der Ortschaft Gwaldam an der Hauptstraße zwischen Karnaprayag und Almora sowie an unterschiedlichen Punkten auf dem Weg können auch Führer engagiert werden. Man besteigt entweder ein öffentliches Verkehrsmittel in Gwaldam (dort auch einige Unterkünfte) oder wandert durch den schönen Kiefernwald, überquert den Fluss Pindar und rastet 8 km in **Debal**, wo es ein Resthouse im Wald und eine Tourist Lodge gibt. Motorisierte Transportmittel bringen einen von Debal nach **Bagrigadh**, gleich unterhalb des hübschen Dörfchens **Lohajung**, das eine nette Tourist Lodge hat. Hier steht auch der Lohajung-Schrein: Eine verrostete, an einer Zypresse hängende Eisenglocke wird jedesmal geläutet, um die Ankunft der Wanderer dem *devta*, dem hier ansässigen Geist, mitzuteilen.

Dem Fluss Wan ab Debal 10 km weit folgend, führt der Weg schließlich zum großen Ort **Wan**, wo es mehrere Übernachtungsmöglichkeiten gibt, u. a. einen GMVN Tourist Bungalow (Schlafsaal Rs90) und ein Forest Resthouse. Das kleine Dorf **Sutol** liegt 14 km von Wan entfernt, zu erreichen über einen Weg durch hübschen Zypressen- und *deodar*-Wald. Von Sutol nach **Ramani** führt ein sanfter, 10 km langer Weg durch mehrere Dörfer. Hinter Ramani klettert ein steiler Pfad 4 km lang durch dichten Wald zum Pass von **Sem Kharak**, bevor er weitere 9 km bergab zum kleinen Dorf **Jhenjhenipati** führt. Von hier aus geht es über einen unebenen Pfad, vorbei am schönen **Gauna-See**, zum 12 km entfernten Ort **Panna**. Von Panna aus führt ein erbarmungslos steiler Trail 12 km bergauf zum **Kuari-Pass** (4298 m), der die Grenze zum Hohen Himalaya bildet und mit einer herrlichen Aussicht auf den Nanda Devi und den Trisul belohnt. Es ist mehr als empfehlenswert, den Kuari-Pass als Basis zu benutzen, um den Gipfel des **Pangerchuli** (5183 m) zu besteigen – 12 km hin und zurück. Von dort oben sieht man beinahe die gesamte Route und kann das wirklich atemberaubende Bergpanorama genießen. Obwohl man beim Aufstieg auf Schnee treffen kann, sind weder Bergsteigertechniken noch eine spezielle Ausrüstung erforderlich – außer einem guten Stock. Von Kuari aus führt ein mörderischer, in die Knie gehender Abstieg über 22 km direkt in den kleinen Ort **Tapovan**, der das Dhauli Ganga-Tal überblickt und einen von heißen Quellen gespeisten Teich hat. Von hier aus verkehren Busse ins 11 km entfernte Joshimath. Ein alternativer Abstieg vom Kuari-Pass ist die malerische und nicht ganz so furchtbar steile 24 km lange Route durch den Wald, die über Chitrakantha zum Skiort **Auli** führt.

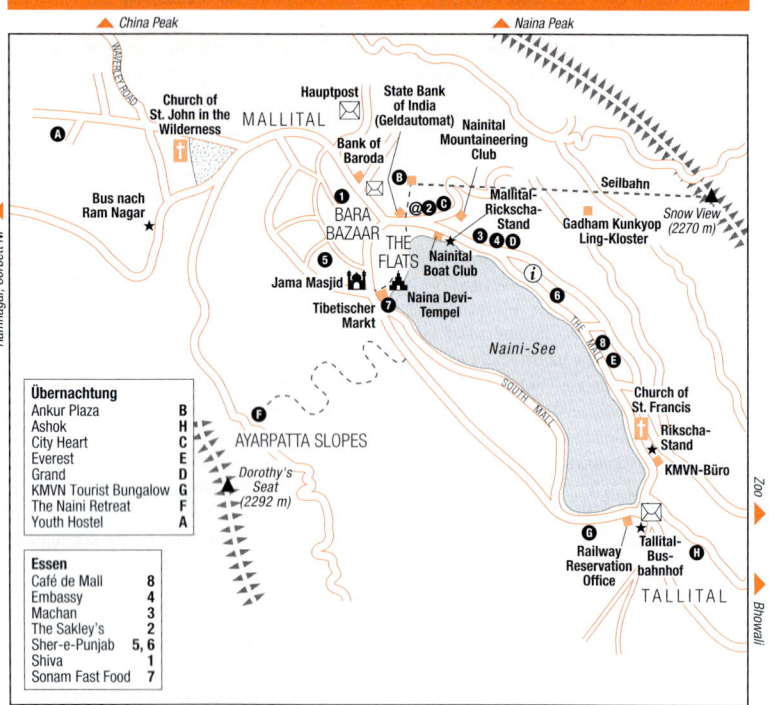

Nainital

N

0   500 m

▲ China Peak   ▲ Naina Peak

WAVERLY ROAD

Ramnagar, Corbett NP

A

Church of
St. John in the
Wilderness

Hauptpost ✉

State Bank
of India
(Geldautomat)

MALLITAL

Bank of
Baroda

Nainital
Mountaineering
Club

B

Bus nach
Ram Nagar ★

1
BARA
BAZAAR

@**2** **C**

5

Jama Masjid

Tibetischer
Markt

7

3 **4** **D**

Mallital-
Rickscha-
Stand

Seilbahn

Snow View
(2270 m)

Gadham Kunkyop
Ling-Kloster

THE
FLATS

Nainital
Boat Club

Naina Devi-
Tempel

Naini-See

ⓘ

6

SOUTH MALL

THE MALL

8

E

Church of
St. Francis

Rikscha-
★ Stand

KMVN-Büro

AYARPATTA SLOPES

*Dorothy's
Seat
(2292 m)*

Zoo

Bhowali

F

G
Railway
Reservation
Office

Tallital-
Bus-
bahnhof

H

TALLITAL

Übernachtung	
Ankur Plaza	B
Ashok	H
City Heart	C
Everest	E
Grand	D
KMVN Tourist Bungalow	G
The Naini Retreat	F
Youth Hostel	A

Essen	
Café de Mall	8
Embassy	4
Machan	3
The Sakley's	2
Sher-e-Punjab	5, 6
Shiva	1
Sonam Fast Food	7

Obergeschoss mit schickem „Bronzezeit-Dekor" und gutem Service; sehr gut zum Beobachten der Leute auf der darunter liegenden Promenade. Ausgezeichnete indische Küche und einige chinesische Gerichte (nicht vegetarische Hauptgerichte Rs85–290).

Sakley's, The Mall, Mallital. Recht nobles und teures internationales Restaurant (Hauptgerichte Rs175–375; u. a. Fischgerichte wie gedämpfter Fisch und scharfe Tigergarnelen. Aber man kann auch einfach Tee und Gebäck bestellen.

Sher-e-Punjab, The Mall. Gutes, nicht vegetarisches indisches Essen (Rs80–275), darunter Chicken *sagwala*, *karahi*, *handi* und natürlich Butterhühnchen. Eine zweite, größere Filiale in der Nähe des Bara Basars

ist genauso gut und sehr beliebt bei Einheimischen.

Shiva, Bara Basar, Mallital. Billiges, gutes und sehr populäres *dhaba* im Basar. Hier gibt es neben anderen vegetarischen Speisen auch leckere *paneer-* und Pilzgerichte (Rs40–90).

Sonam Fast Food, Tibetischer Markt, Mallital. Kleines Café an einer Marktgasse, das vegetarische *momos* (gedämpfte Klöße), Nudeln und *thukpa* (Suppe), alles für rund Rs30–40, verkauft. Kaum Sitzgelegenheiten.

Sonstiges

Autovermietungen

Autos vermieten neben Parvat Tours in Tallital (s. u.) mehrere Anbieter auf der Mall, z. B. **Hina Tours**, ☏ 05942/235860.

Geld

Auf der Mall und in Mallital gibt es eine Handvoll **Geldautomaten**. Die **State Bank of India** und die **Bank of Baroda** wechseln Geld und lösen Reiseschecks ein. Wer in die Berge reist, sollte das hier erledigen, denn weiter nördlich gibt es keine Bank mehr, die Bargeld wechselt.

Informationen

Bei **Parvat Tours** in Tallital auf der Mall, ✆ 05942/235656, das KMVN repräsentiert, kann man Touren buchen, Autos mieten und Übernachtungen in allen KMVN Lodges reservieren.

Das **Uttarakhand Tourism Office** befindet sich am Mallital-Ende der Mall, ✆ 05942/235337, ◷ Mo–Sa 10–17 Uhr. Bessere Informationen sind online unter 🖥 www.nainitaltourism.com zu finden.

Professionelle Ratschläge zum Trekking erteilt der **Nainital Mountaineering Club**, CRST Inter College Building, gegenüber vom City Heart Hotel, ✆ 05942/235119.

Internet

Am besten ist **Cyberia**, am Weg zur Seilbahn (Rs30 pro Std.).

Transport

Die meisten Jeeps und Busse kommen in Tallital an. Eine **Rikscha** von hier am See entlang die Mall hinauf bis Mallital, wo die meisten Hotels stehen, kostet Rs8. Die Busse von Ramnagar kommen meist an einer Station in Sukhatal, nördlich der Stadt, an. Von dort kostet das Taxi nach Mallital Rs50; ansonsten ist es ein langer Fußmarsch, der jedoch bergab führt.

Busse

Die meisten Busse fahren vom **Tallital Bus Stand** ab. Für einige Orte in Kumaon, z. B. Ranikhet und Almora, jeweils 3 Std., muss man einen der Busse (7–18 Uhr, alle 30 Min.) oder einen Sammel-Jeep nach **Bhowali** nehmen und von dort weiterfahren. Die Busse nach Ramnagar (3 Std.) fahren meist von einer Haltestelle in **Sukhatal**, westlich von Mallital, ab. Aber morgens starten auch zwei Busse von der Tallital-Station.

Eisenbahn

Das **Railway Reservation Office**, ✆ 05942/231010, befindet sich beim Bus Stand Tallital, ◷ Mo–Sa 9–12 und 14–17, So 9–14 Uhr. Der nächste Bahnhof ist der von **Kathgodam**, 3 Std. von Nainital, wohin Busse von Tallital (5–19 Uhr, alle 30 Min.) verkehren.

Von Kathgodam fahren z. B. der Raniket Express Nr. 15014 um 20.40 Uhr nach DELHI Sarai Rohilla (an 3.55 Uhr), der Dehra Dun Express Nr. 14119 um 19.45 Uhr nach HARIDWAR (an 2.30 Uhr) und DEHRA DUN (an 4.20 Uhr) und der Kathgodam–Howrah Express Nr. 13020 um 21.55 Uhr nach LUCKNOW (an 5.55 Uhr), GORAKPUR (an 12.20 Uhr) und KOLKATA (an in Howrah 12.40 Uhr am übernächsten Tag).

Corbett-Tigerreservat

Das Corbett-Tigerreservat bei **Ramnagar**, 250 km nordöstlich von Delhi und 63 km südwestlich von Nainital, 🖥 www.corbettnational park.com, ist eines der besten Wildreservate Indiens. 1936 von Jim Corbett, einem legendären Jäger von Menschen fressenden Tigern, Fotografen, Naturschützer und Schriftsteller, zunächst als Hailey-Nationalpark gegründet und später ihm zu Ehren umbenannt, war Corbett der erste Nationalpark Indiens und ist jetzt eines der letzten unberührten Gebiete des indischen Himalaya. Fast der gesamte 1288 km² große Park im Vorgebirge Kumaons ist von einer Pufferzone aus gemischten Laubbäumen und gigantischen *sal*-Wäldern umgeben, die einen undurchdringlichen Schutzschild für die hier lebenden Tiere bilden. Der Hauptteil des 520 km² großen Kerngebiets in seinem Inneren ist unzugänglich, und Safaris zu Fuß sind nur in den äußeren Wäldern erlaubt.

Corbett ist vor allem für seine Großkatzen berühmt – ganz besonders für **Tiger**: Hier wurde mit dem „Projekt Tiger" 1973 erstmals ein Tiger-Reservat eingerichtet. Allerdings sind die ungefähr 110 Tiger extrem menschenscheu. Es ist daher eher unwahrscheinlich, dass man einen zu Gesicht bekommt. Doch obwohl das Projekt anderswo Probleme bereitet und das Überleben

Safaris im Corbett-Tigerreservat

Safaris im Corbett-Tigerreservat werden morgens (ca. 6.30–9.30 Uhr) und nachmittags (13.30–17.30 Uhr) angeboten. Von Ramnagar aus sind halb- oder ganztägige Safaris in die Randgebiete des Parks möglich (um Jhirna oder Bijrani), doch wenn man den Kernbereich des Parks um Dhikala (am besten für Wildbeobachtungen) besuchen will, muss man eine Unterkunft reservieren. Das sollte man mindestens 30 Tage vorher durch das **Reception Centre** in Ramnagar, (T)/℡ 05947/251489, erledigen, ⏱ tgl. 6–8 und 10–16 Uhr. Dort bekommt man auch ein **Permit** (Rs450 für drei Tage und zwei Übernachtungen plus Rs200 für jeden weiteren Tag) und kann die Gebühren für Fahrzeug und Fahrer sowie den Führer bezahlen. Eine Liste des Zentrums informiert über alle Preise.

Jeeps sind die beste Art, sich innerhalb des Parks fortzubewegen; sie können nur in Ramnagar gemietet werden und kosten Rs1500 für bis zu fünf Personen. Girish im **Restaurant Govind**, ℡ 05947/251615, kann Jeeps organisieren. Weitere Anbieter findet man an der Busstation. Darauf achten, was alles im Preis inbegriffen ist (Treibstoff, Unterkunft für den Fahrer und eine festgelegte Zahl dreistündiger Touren sollten enthalten sein).

Alle Jeepsafaris müssen von einem **Führer** begleitet werden (Rs150 pro Tag), der mehr oder weniger kompetent ist und vom Reception Centre jedem Jeep nach einem Rotationssystem zugeteilt wird. Wer einen gut ausgebildeten Führer sucht, schickt einen Monat im Voraus ein Fax an ℡ 05947/251489.

Der Park ist (bis auf das Gebiet um Jhirna) vom 16. Juni bis zum 14. November geschlossen. In dieser Zeit lässt der Monsun den Fluss über die Ufer treten und blockiert die nicht sehr festen Straßen.

Wer all diese bürokratischen Hürden umgehen will, kann in einem Waldgebiet außerhalb des Parks auf Safari gehen – z. B. bei Sitabani. Auch das arrangiert Girish im Restaurant Govind. Außerdem kann man dann seinen Führer selbst wählen. Weitere Angaben zum Park auf 💻 www.corbettnationalpark.com.

der Tiger in Indien ernsthaft bedroht ist (s. Fauna, S. 93), vermittelt das Corbett zumindest den Eindruck, das Wohlergehen der Tiger über das anderer Wildtiere und der Touristen zu stellen. **Wilderei** kommt trotzdem vor. Allerdings sind davon in erster Linie die im Corbett lebenden 627 **Elefanten** betroffen. Sie lassen sich am besten rund um das malerische Dhikala Camp in der Nähe des Stausees beobachten, besonders im Frühling, wenn der Wasserspiegel sinkt und die Tiere mehr Bewegungsfreiheit haben. Im Stausee leben **Gaviale** (auch Ghariale), langschnäuzige, Fisch fressende Krokodile, Sumpfkrokodile sowie andere Reptilien. Es gibt zahlreiche Schakale, und abends rennen Wildschweine durch die Camps. Im Grasland rund um Dhikala leben Rotwildarten wie der **Axishirsch** (Chital), **Schweinshirsch** und der größere **Sambar**. Rhesusaffen und Languren, die beiden wichtigsten indischen **Affen**arten, kommen beide sehr häufig vor. Die hier lebende Vogelwelt reicht von Wasservögeln wie dem Graufischer bis hin zu **Raubvögeln**, z. B. Schlangenweihe und dem Graukopf-Seeadler.

Das nächstgelegene der verschiedenen **Eingangstore** zum Park ist das 1 km vom Zentrum Ramnagars gelegene **Amdanda Gate**, an der Straße zum 11 km entfernten **Bijrani Camp**, das eine gute Basis für Tagesausflüge ist. 18 km weiter bietet das **Dhangarhi Gate**, an der Straße nach Norden Richtung Ranikhet, Zugang zum nördlichen und nordwestlichen Teil des Parks, entlang des Ramganga-Flusstals, und zum Hauptcamp **Dhikala**.

Ramnagar

Die Marktstadt Ramnagar im reichen Landwirtschaftsgürtel des Terai, am südöstlichen Rand der großen Wälder, fungiert als Verwaltungszentrum für das Corbett-Tigerreservat. Das Reception Centre, wo man seine Besuchserlaubnis erhält, liegt 100 m nördlich vom Busbahnhof auf der anderen Straßenseite (s. Kasten).

Außer zum **Angeln** lädt die Gegend um Ramnagar jedoch nicht zu vielen Aktivitäten ein. Im 15 km weiter nördlich gelegenen Lohachaur am Fluss Kosi haben Angler die Chance, den legendären *mahseer* zu fangen, einen gewaltigen Flusskarpfen.

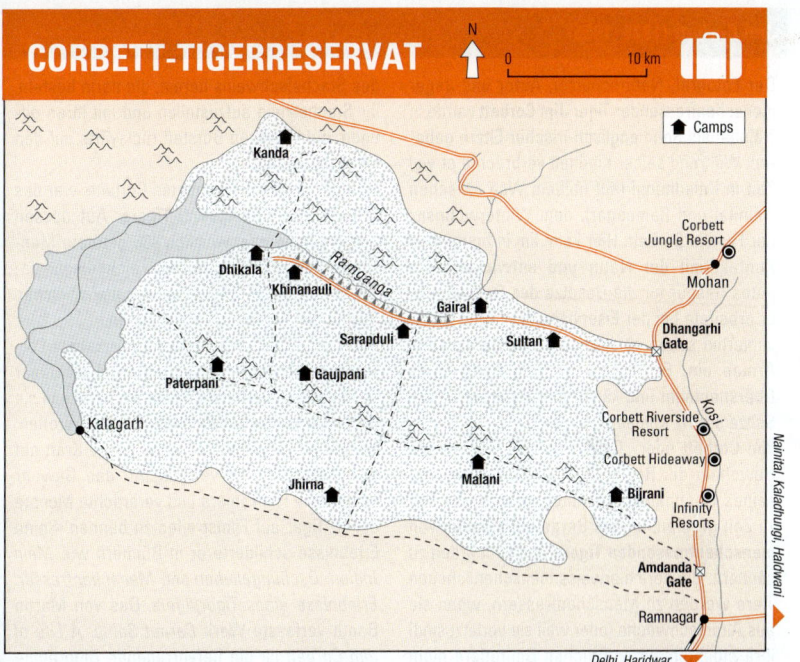

Kanda

Corbett Jungle Resort

Mohan

Dhikala

Khinanauli

Ramganga

Gairal

Dhangarhi Gate

Sarapduli

Sultan

Paterpani

Gaujpani

Corbett Riverside Resort

Kalagarh

Corbett Hideaway

Jhirna

Malani

Bijrani

Infinity Resorts

Amdanda Gate

Ramnagar

Delhi, Haridwar

Nainital, Kaladhungi, Haldwani

Uttarakhand

Kosi

Die Mehrheit der Touristen reist sofort nach Dhikala im Park weiter, doch auch Ramnagar bietet einige **Übernachtungsmöglichkeiten**. Die KMVN Tourist Lodge, ✆ 05947/251225, ❹–❺, neben dem Reception Centre bietet einen Schlafsaal (Rs150) und spartanische Doppelzimmer.

Rund 100 m südlich vom Busbahnhof steht das bescheidene Anand, ✆ 05947/254385, ❶. Es ist der Star unter den Billigherbergen und hat saubere Zimmer mit Bad und TV. Das tadellose **Corbett Kingdom**, 300 m weiter südlich an der Hauptstraße, ✆ 05947/251601, 🖥 www.corbettkingdom.com, ❼, ist das beste Hotel der Stadt.

Das Govind gegenüber vom Anand ist ein gutes nicht vegetarisches **Restaurant**. Am leckersten sind aber die vegetarischen Gerichte wie gefüllte Tomaten oder Paprika (Hauptgerichte Rs65–200). Das **Green Valley**, 200 m südlich des Govind, bietet gute Küche und Plätze im Freien (Hauptgerichte Rs60–180).

Mehrere **Geldautomaten** und **Internetcafés** (Rs40 pro Std.) gibt es an der Hauptstraße südlich vom Busbahnhof.

Von Ramnagar fahren **Busse** nach Delhi (alle 30 Min.; 8 Std.), Haridwar (9x tgl., 5 Std.), Dehra Dun (9x tgl., 6 1/2 Std.) und Nainital (4x tgl. direkt; 3 Std.).

Vom **Bahnhof** (1 km südlich der Stadt hinter dem Hotel Corbett Kingdom) fährt der Corbett Park Link Express Nr. 5014A um 21.45 Uhr nach Delhi Sarai Rohilla (an 5.30 Uhr). Für schnellere Züge nach Delhi oder Verbindungen zu anderen Orten umsteigen in Moradabad (7x tgl., 2 Std.).

Dhikala

Das Hauptcamp für Corbett-Expeditionen, Dhikala, 49 km nordwestlich von Ramnagar, liegt sehr schön, mit Blick auf den Ramganga-Stausee und die bewaldeten Berge dahinter. Da man nur auf dem Rücken eines Elefanten oder in einem Auto bzw. Jeep außerhalb der Grenzen des Camps

Der Fotograf, Naturschützer, Autor und Jäger menschenfressender Tiger **Jim Corbett** wurde in Nainital als Sohn englisch-irischer Eltern geboren. Während seiner Kindheit verbrachte er viel Zeit in Kaladhungi (auf halbem Weg zwischen Nainital und Ramnagar), dem Winterwohnsitz der Familie Corbett. Hier kam Jim in hautnahen Kontakt mit der Natur und entwickelte ein gutes Gespür für die Gesetze des Dschungels. Er arbeitete bei der Eisenbahn, trat aber 1917 – immerhin schon 40 Jahre alt – in die indische Armee ein. Er brachte es zum Rang eines Oberstleutnant und kämpfte in Flandern an der Spitze der 70. Kumaon Company.

Jim Corbett oder „Carpet Sahib", wie ihn die Bewohner der Region in einer Verballhornung seines Nachnamens nannten, wurde von Zeit zu Zeit gerufen, um die Berge bei Kumaon von **menschenfressenden Tigern** und Leoparden zu säubern. Die normalerweise menschenscheuen Tiere werden zu Menschenfressern, wenn sie aus Altersschwäche (oder weil sie verletzt sind) ihre eigentlichen natürlichen Beutetiere nicht mehr erjagen können. Viele der Tiere, die Corbett erledigte, wiesen Eiterwunden auf, die von tief in ihren Pfoten steckenden Stachelschweinstacheln stammten. Anscheinend fallen Tiger fast immer auf die simple Verteidigungsstrategie des Stachelschweins herein, die darin besteht, ihr Stachelkleid aufzustellen und mit ihren giftigen, aufgestellten Borsten rückwärts auf den Feind zuzugehen.

Eine der größten Heldentaten Corbetts war das Erlegen des **Champawat-Tigers**. Auf dessen Konto gingen nachweislich 436 getötete Menschen, und er schreckte sogar nicht einmal davor zurück, seine Opfer direkt aus menschlichen Siedlungen heraus zu verschleppen.

Mitte der 1930er-Jahre allerdings erkannte Corbett mit Schrecken, dass die Anzahl der Jäger im Himalaya überhand genommen hatte und sie dabei waren, die freilebenden Tiere auszurotten. Von da an verwandte er seine ganze Kraft auf den Tierschutz. Er vertauschte das Gewehr gegen eine Filmkamera und verbrachte Monate damit, Tiger auf Filmstreifen zu bannen. Seine Erlebnisse schilderte er in Büchern wie *Mein Indien*, *Dschungelleben* und *Menschenfresser: Erlebnisse eines Tigerjägers*. Das von Martin Booth verfasste Werk *Carpet Sahib: A Life of Jim Corbett* ist die hervorragende Biographie eines bemerkenswerten Mannes. Nach der Unabhängigkeit fühlte sich Jim Corbett in Indien nicht mehr wohl. Er zog nach Ostafrika, wo er bis zu seinem Tod im Alter von 80 Jahren für den Naturschutz kämpfte.

umherstreifen kann, erinnert die Atmosphäre ein wenig an ein Militärlager.

Die **Übernachtungsmöglichkeiten**, zu buchen im Reception Centre in Ramnagar, rangieren von den 24 recht unbequemen Etagenbetten der **Log Huts** (Rs200) bis zu etwas komfortableren Bungalows und Cabins für je zwei Personen, ❹–❻. Indisches und westliches **Essen** gibt es im vom KMVN geführten Restaurant Parvat, das auch einen Leseraum hat und Tierfilme (in Hindi) zeigt. Ähnlich gutes Essen gibt's deutlich billiger in dem *dhaba* am anderen Ende des Camps.

Normalerweise kann man schon vom **Aussichtsturm** neben einem Restaurant, 1 km vom Camp entfernt, viele Tiere und Vögel beobachten. Im savannenartigen Grasland *(chaur)*, das sich hinter dem Camp in Richtung Süden erstreckt, finden Chital, Sambar und mehrere andere Hirscharten Unterschlupf, und manchmal finden sich sogar Tiger auf der Suche nach Beute hier ein. Dieses Grasmeer kann man auf zweistündigen **Elefantenritten** vom Camp aus erkunden (Rs250 p. P.). Sie führen selten weit in den dahinterliegenden tiefen Dschungel hinein, aber man kann versuchen, den *mahout* (Elefantenführer) zu überzeugen, es doch zu tun.

Auf dem Weg vom Dhangarhi Gate nach Dhikala führt die Straße durch fantastischen Wald – wer ein eigenes Auto hat, sollte unbedingt am Aussichtspunkt **High Bank** Halt machen und versuchen, Krokodile oder sogar Elefanten am darunterliegenden Fluss zu erspähen.

Eine Reihe von Selbstversorger-Resorts ist rund um Corbett entstanden. Die Resorts bieten anspruchsvolle Übernachtungsmöglichkeiten – zu anspruchsvollen Preisen – sowie Expeditionen in den umgebenden Wald, auf denen man mit ein bisschen Glück ebenso viele Tiere sieht wie im Park und mehr Bewegungsfreiheit hat.

Corbett Hideaway, Garija, Ramnagar, ✆ 05947/284132 oder 011/4652 0000, 🖥 www.corbett hideaway.com. Luxuriöse, terrakottafarbene Hütten mit allem modernen Komfort in einem schönen Garten, auf einem Steilhang über dem Fluss; versucht vergeblich, rustikal zu wirken. Organisiert Safaris und die üblichen Touren. **❽–❾**

Corbett Jungle Resort, Kumeria Reserve Forest, Mohan, ✆ 05947/287820, 🖥 corbettjungleresort. net. Holzgetäfelte Steinhäuschen in einem üppigen Mango-Garten oberhalb des Kosi; 29 km nördlich von Ramnagar an der Straße Richtung Ranikhet, 9 km hinter dem Dhangarhi Gate. Elefantenritte in den Wald und Safaris in den eigentlichen Park; gute Preisnachlässe in der Nebensaison. **❼–❽**

Corbett Riverside Resort, Garija, Ramnagar, ✆ 05947/284125, 🖥 www.corbettriverside.com. In malerischer Lage 10 km nördlich von Ramnagar, mit Blick auf die baumbestandenen Felsen hinter dem Fluss Kosi. Die Suiten am Fluss (um Rs10 000) haben eine Veranda direkt über dem Ufer. **❽–❾**

Infinity Resorts, Garija, Ramnagar, ✆ 05947/251279, 🖥 www.infinityresorts.com. Das prunkvollste Resort von Corbett, überblickt den Kosi und die bewaldeten Hügel dahinter. Große, komfortable Zimmer (US$220–280), eine Bücherei, eine gut sortierte Bar und ein Swimming Pool. Zu den angebotenen Aktivitäten zählen Wanderungen mit einem zum Resort gehörenden Naturforscher, Dschungelritte, Angeln, Trekking und Filme. **❾**

Man kann auch in einem der folgenden **Forest Resthouses** übernachten: Sultan **❺**, Gairal **❺–❻** und Sarapduli **❻**. Sie sind alle von dichtem Wald umgeben und müssen im Reception Centre gebucht werden.

Ranikhet

Die kleine und ganz bewusst nur spärlich ausgebaute Hill Station **Ranikhet**, 50 km westlich von Almora, ist in erster Linie ein Militärverwaltungssitz, das Hauptquartier der Kumaon Rifles. Die neue Bebauung beschränkt sich auf die **Sadar Bazaar**-Gegend. Die Häuser des übrigen Städtchens überziehen den Berghang bis hoch zum Gipfel inmitten majestätischer Nadelbäume und schauen auf den Markt herab. Es gibt jede Menge herrlicher Waldwege, darunter mehrere Abkürzungen zwischen dem Basar und der Mall. Obwohl sich einige Offiziere als Großkatzenjäger versuchen, streifen in manchen entlegeneren Gebieten innerhalb der Stadtgrenzen immer noch Leoparden herum.

Ranikhets Mall – die Bezeichnung „Mall" ist etwas irreführend, denn es handelt sich um eine ruhige Straße mit wenigen Gebäuden, abgesehen von den Offiziersmessen – beginnt gleich oberhalb der Stadt und verläuft 3 km weit am bewaldeten Felsrand entlang. Über dem Narsingh Stadium Parade Ground, gleich am Anfang der Mall, sind in einer alten Kirche die Webstühle und Spinnräder der **KRC Shawl and Tweed Factory** untergebracht. Es ist erlaubt, den Webern bei ihrer faszinierenden Arbeit zuzusehen, die hohe Konzentration erfordert. ☉ Sommer Mo–Sa 9–19, So 10–17, Winter Mo–Sa 10–18, So 10–17 Uhr. Die Tweedstoffe im Fischgrät- und Hahnentrittmuster werden im Laden nebenan verkauft. Wer eine kleine Ahnung davon bekommen möchte, wie es beim indischen Militär zugeht, kann für Rs50 pro Tag dem **Ranikhet Club** beitreten, ✆ 05966/220611. Der steht Männern und Frauen offen und liegt 1 km die Mall hoch. Er hat eine nette Bar, ein Restaurant und ein Billardzimmer. Hier halten sich Herren mit tadellos gepflegten Schnurrbärten auf, die sich untereinander mit *chap* (Kerl, Bursche) anreden.

Uttarakhand

Übernachtung und Essen

Wenn man nur kurz in Ranikhet bleibt, sind die **Hotels** im quirligen Basar völlig ausreichend. Für einen längeren Aufenthalt eignet sich jedoch die Mall besser. Außerhalb der Saison gibt es in den meisten Unterkünften einen saftigen Rabatt (30–50 %).

Die Auswahl an **Esslokalen** ist recht begrenzt. Das beste Essen wird in den teureren Hotels zubereitet, aber in der Marktgegend gibt's auch ein paar anspruchslose Cafés und *dhabas*.

KMVN Tourist Bungalow, 500 m von der Mall (aus der Stadt kommend gleich hinter dem Hotel Meghdoot links oben am Hang), ✆ 05966/ 220893. Der einigermaßen gut in Schuss gehaltene Komplex aus Ferienbungalows und einem billigen Dorm (Rs150) liegt wunderschön zwischen Bäumen. ❹

Meghdoot, The Mall, 1,5 km von der Stadt, ✆ 05966/220475, ✉ hotelmeghdoot@yahoo. com. Ordentlich ausgestattete Suiten mit Balkonen voller Topfpflanzen und Blumen, fließend Warmwasser, Parkplatz und Roomservice. Außerdem ein gutes Restaurant mittlerer Preisklasse, wo diverse leckere *biriyani, pulao* und andere nicht vegetarische Gerichte zu haben sind (die meisten für Rs50–100). ❸–❺

Norton's, abseits der Mall (aus der Stadt kommend gleich hinter dem Hotel Meghdoot rechts), ✆ 05966/220377. Aus dem Rahmen fallendes, in Familienbesitz befindliches Hotel von 1880 mit einer Reihe unterschiedlicher

Kolonialflair im Überfluss

Chevron Rosemount, 1 km abseits der Mall (aus der Stadt kommend gleich hinter dem *Hotel Meghdoot* scharf links abbiegen), ✆ 05966/221391, 🖥 www.chevronhotels.com. Die geschmackvoll restaurierte Kolonialvilla Baujahr 1897 liegt mitten im Wald. Sie hat viel Teak- und anderes Holz, bezaubernde Zimmer, ein Restaurant und eine Anlage mit Tennis-, Krocket- und Badmintonplatz; vom Rasen aus sind schneebedeckte Gipfel zu erblicken. Zum Rosemount gehört auch ein Ferienhäuschen für 4 Pers. ❻–❽

Zimmer, Suiten und Cottages. Behaglich, aber etwas verschlissen; der freundliche Manager kann sich noch an die Raj-Ära erinnern. ❷–❹

Rajdeep, Bazaar, ✆ 05966/220017, 🖥 www. hotelrajdeep.com. Das Rajdeep ist das beste Budgethotel im Marktviertel und fast immer voll belegt. Es ist ein wenig laut, aber sauber und hat lange Veranden mit Blick auf die Schneegipfel. ❷–❹

Sonstiges

Geld

In der Stadt gibt es drei **Geldautomaten**. Die State Bank of India wechselt Reiseschecks, jedoch kein Bargeld. ⏲ Mo–Fr 10–16 Uhr.

Post

Das **Hauptpostamt** befindet sich an der Mall, nicht weit hinter dem Ranikhet Club.

Transport

Busse aus ganz Kumaon, darunter auch dem 84 km entfernten Endbahnhof Kathgodam, halten beim Basar an einem der beiden Busbahnhöfe. Vom kmOU-Busbahnhof an der Straße nach Haldwani fahren die Busse nach HALDWANI (7x tgl., 4 Std.) via BHOWALI und KATHGODAM ab. Nur ein Bus pro Tag fährt direkt nach NAINITAL, man kann aber nach Bhowali fahren und dort umsteigen; auf dieser Strecke verkehren auch viele Sammeljeeps. Der Roadways (Almora)-Busbahnhof, 500 m weiter, ist den Bussen und Sammeljeeps nach ALMORA (2 Std.) vorbehalten. Der **Taxistand** liegt direkt oberhalb vom kmOU-Busbahnhof, das **Bahnfahrkarten-Reservierungsbüro** über dem Almora-Busbahnhof, ⏲ Mo–Sa 9–12 und 14–17 Uhr.

Almora

Almora, 67 km nördlich von Nainital und auf einer angenehmen Höhe von 1646 m gelegen, wurde 1560 von der Chand-Dynastie gegründet und nacheinander von den Gurkhas und den Briten besetzt, ist bis heute eine wichtige Marktstadt und gilt als kulturelle Hauptstadt der Region.

Obwohl der Großteil von Almoras offiziellen Geschäften auf der **Mall** abgewickelt wird, ist das **Marktviertel**, oberhalb der Mall entlang des Bergrückens, wesentlich interessanter. Wer hier durch die gut sortierten Basare und die von kunstvoll geschnitzten Holzfassaden gesäumten Straßen streift, fühlt sich manchmal in eine weit zurückliegende Vergangenheit versetzt. Waren, die es sich zu kaufen lohnt, sind u. a. *khadi* (Stoffe aus handgesponnener Baumwolle) und fertige Kleidungsstücke aus dem Khadi Bhawan, gleich westlich des Boshi-Sen-Uhrturms, Schals von Panchachuli auf der Mall beim Hotel Shikhar sowie regionale Wollwaren von Kumaon Woollens, weiter westlich beim Hotel Himsagar. Die wichtigste Lokaltradition ist jedoch die Herstellung von *tamta,* Töpfen aus Kupfer, die anschließend versilbert werden. Man findet sie im belebten Lala Bazaar und in Chowk, am nordöstlichen Ende des Marktes.

Zum oberen Ende der Stadt hin, hinter Chowk, steht eine Gruppe von **Stein-Tempeln** aus der Chand-Periode. Der wichtigste, ein flacher, einstöckiger Bau, ist der Berggöttin **Nanda Devi** gewidmet. Typischer für die Tempelarchitektur von Kumaon sind jedoch die zwei größeren Shivaiten-Tempel aus bemaltem Stein mit ihren *amalaka* (Turmbekrönung in Form einer Frucht) und schirmartigen Holzdächern. Im September findet hier ein Volksfest zu Ehren von Nanda Devi statt.

Übernachtung

Die Übernachtungsmöglichkeiten in Almora selbst konzentrieren sich weitgehend auf die Mall. Man kann jedoch auch ins Leben der Einheimischen eintauchen und in der Region um Kasar Devi (von den Dorfbewohnern „Hippieland" genannt, per Sammel-Jeep für Rs20 ab Bharat-Tankstelle, gleich westlich des Hotel Shikhar, zu erreichen) für längere Zeit in einem der Dorfhäuser wohnen. Die *chai*-Läden informieren über solche Zimmer. Die nachstehend angegebenen Preise gehen in der Hauptsaison nach oben.

Bansal, Lala Bazaar, ☎ 05962/230864. Am Ende der steilen Gasse gegenüber Hotel Shikhar; einfache, saubere Zimmer mit Bad (heißes Wasser aus Eimern), großartige Aussicht von der Dachterrasse, sehr freundlicher Manager. Keine saisonbedingten Preisschwankungen. ❷

Deodar Holiday-Inn, The Mall, ☎ 05962/231295, 750 m westlich vom Busbahnhof. Hier wohnten Swami Vivekananda und sein Jünger Nivedita von 1890 bis 1898 – seit dieser Zeit scheint sich hier nicht viel verändert zu haben. Die Räume sind einfach, einige haben Warmwasser und TV, es gibt eine hübsche sonnige Terrasse, und der Innenhof, in dem nachts ein Lagerfeuer brennt, ist angenehm ruhig. Keine saisonbedingten Preisschwankungen. ❷–❹

Kailas, The Mall, oberhalb der Hauptpost, ☎ 05962/230624, ✉ jawaharlalshah@india.com. Es ist durchaus ernst gemeint, wenn Leute diesen baufälligen Steinhaufen als „einzigartiges Hotel" preisen. Einerseits ist es ein wahrer Müllplatz, andererseits ein reizvolles, altes Haus, inspiriert von Nek Chands Steingarten in Chandigarh (S. 571). Geleitet wird es vom charmanten, bejahrten Mr Shah, der seine Gäste gern mit Geschichten aus alten Zeiten unterhält. ❶–❷

Konark, The Mall, gleich östlich vom Busbahnhof, ☎ 05962/231217. Die Zimmer sind schlicht, aber sauber und preiswert, besonders mit Nebensaisonrabatt. Die größeren Zimmer oben besitzen Duschen, die billigeren unten nur Warmwasser im Eimer. ❸

Savoy, Police Line, oberhalb der Hauptpost, ☎ 05962/230329. Ruhiges Hotel, abseits des Lärms der Mall, aber trotzdem zentral gelegen, mit schönem Garten, Veranda und gutem Restaurant; große, etwas dunkle Zimmer, fließend Warmwasser oben, heißes Wasser in Eimern unten. ❸–❹

Shikhar, The Mall, ☎ 05962/230253, 🖥 www.hotelshikhar.in, 150 m nordöstlich vom Busbahnhof. Man sollte sich von der teuer wirkenden äußeren Erscheinung nicht abschrecken lassen: Das große Angebot umfasst auch einige Zimmer zu sehr günstigen Preisen, die meisten mit Balkon. Das freundliche Restaurant serviert gutes Frühstück. Generator, Internetcafé und keine saisonalen Preisschwankungen. ❶–❻

Uttarakhand

Essen

Viele Cafés und Restaurants säumen die Mall, besonders rund um den Basar. In der Region angebauter Kumaon-Reis und schwarze *dhal* sind besonders lecker. Die Küchenmitarbeiter in Hotels wie das Savoy können ein Festmahl aus Kumaoni-Speisen bereiten, wenn man es rechtzeitig vorher bestellt.

Chatpat Chicken Corner, The Mall, 300 m westlich vom Busbahnhof. In dem einfachen, hell beleuchteten Lokal gibt es knusprige Brathähnchen für weniger als Rs100.

City Heart, The Mall, bei der Gandhi-Statue. Versucht sich nicht ganz erfolglos an Pizza sowie südindischen, tibetischen und chinesischen Gerichten (Rs30–80), aber sie kommen eher wie Snacks daher, nicht wie ganze Mahlzeiten.

Glory, beim Hotel Shikhar, The Mall. Café-Restaurant mit multikultureller Küche; serviert sehr gute nordindische Küche (vegetarische Gerichte Rs40–70, nicht vegetarische Rs70–120) und gutes Frühstück.

New Dolma, Kasa Devi, 5 km westlich der Stadt. Von Tibetern geführtes Café, in schöner Lage mit Blick auf den Himalaya. *Momos*, *thukpa*-Reis und *chow mein* zu Rs30–60 pro Portion; außerdem Frühstück und Gästezimmer (Rs300).

New Soni, The Mall, nahe der Busstation. Ausgezeichnetes, von Sikhs geleitetes *dhaba*, das für seine Gerichte mit Huhn (ganze Portion Rs140, halbe Portion Rs70) und Lamm (Rs80) berühmt ist; manchmal sehr voll.

Sonstiges

Geld

Auf der Mall gibt es vier **Geldautomaten**. Die **State Bank of India** wechselt Reiseschecks (bevorzugt Amex), ⊙ Mo–Fr 10–13 Uhr. Die nächste Stadt, in der man Bargeld tauschen kann, ist Nainital.

Informationen

Uttarakhand Tourism betreibt eine **Touristeninformation** neben dem Savoy Hotel oberhalb des GPO, ✆ 05962/230180, ⊙ Mo–Sa 10–17 Uhr.

Internet

Auf der Mall gibt es viele Internetcafés (um Rs20 pro Std.), aber alle schließen gegen 20 Uhr.

Aktivitäten

Die besten Adressen, um sich über Miettaxis, Treks und andere Aktivitäten zu informieren oder Ausrüstung zu leihen und Führer zu verpflichten, sind **Discover Himalaya**, ✆ 05962/231470, ✉ discoverhimalaya@indiatimes.com, und **High Adventure**, ✆ 05962/232277, beide auf der Mall beim Hotel Kailas.

Transport

Ein Großteil des Zentrums, einschließlich des Marktviertels, ist für den Fahrzeugverkehr gesperrt. Die meisten Busse verkehren vom **Busbahnhof** an der Mall in der Mitte der Hauptstraße von Almora, in deren Nähe es auch einen Taxistand gibt. **Bustickets** für DEHRA DUN, HARIDWAR und DELHI werden in einem Büro 50 m östlich der Busstation – bei Deewan's Sweets einige Stufen hinunter – verkauft. Auch Lion Tours, in der Nähe von Deewan's, ✆ 05962/232922, fährt gelegentlich mit einem Luxusbus nach DELHI. Im KMVN-Hotel Holiday Home an der Mall, 1 km westlich des Zentrums, befindet sich ein Reservierungsbüro der **Bahn**, ⊙ Mo–Sa 9–12 und 14–17 Uhr.

Binsar und Jageshwar

Sowohl Binsar als auch Jageshwar sind von Almora aus leicht zu erreichen und können in einem Tagesausflug besucht werden (rund Rs500 für ein Taxi hin und zurück). Beide Orte sind jedoch so hübsch, dass sich auch eine Übernachtung lohnt. Der **Binsar**, in der Region auch als Jhandi Dhar (Berggipfel) bekannt, ist der abgelegene, von Wald bedeckte Berg, der sich 34 km nördlich von Almora zu einer beeindruckenden Höhe von 2412 m erhebt. Eine steile Straße führt von der Hauptstraße zwischen Almora und Bageshwar rund 11 km bergauf zu einer **KMVN-Touristenanlage** kurz vor dem Gipfel, ✆ 05962/280176 ❹–❺, die komfortable Zimmer bietet. Hier befand sich einst die Sommerhauptstadt der Chandras, der Könige Kumaons, aber davon ist heute außer dem steinernen Shiva-Tempel **Bineshwar**, 3 km unterhalb des Gipfels, nur noch wenig zu sehen. Die meisten Besucher kommen, um das 300 km weite Panorama der Himalaya-Gipfel am nördlichen Horizont zu bewundern, wo u. a. (von Westen nach Osten) Kedarnath, Chaukhamba, Trisul, Nandaghunti, Nanda Devi, Nandakot und Panchuli emporragen. Wessen Blick genug in die Ferne geschweift ist, kann ruhige Waldspaziergänge durch die Eichen- und Rhododendronwälder genießen. Der vor kurzem zum Naturreservat erklärte Binsar ist reich an alpiner Flora, Farnen, Bartflechten und Wildblumen.

Jageshwar, 34 km nordöstlich von Almora, ist das eigentliche Herz von Kumaon, ein Ort, wo Sprache und Sitten jeder Veränderung getrotzt zu haben scheinen. Von der Hauptstraße von Artola (mit dem Bus von Almora zu erreichen) schlängelt sich ein idyllischer kleiner Fluss zwischen dunklen Kiefern hindurch, bis er nach 3 km einen Komplex aus 124 altertümlichen Schreinen und Tempeln zu Füßen hoher und altehrwürdiger *deodar*-Bäume erreicht. Das Dorf Jageshwar konnte sich einen Großteil seines traditionellen Charmes erhalten: Mit Steinen gepflasterte Straßen führen vorbei an kunstvoll geschnitzten Holztüren und in Grün, Türkis und anderen leuchtenden Farben gestrichenen Fenstern.

Übernachtungsmöglichkeiten bieten der große, bequeme KMVN Tourist Bungalow, ✆ 05962/ 263028 ❹–❺, der auch einen Schlafsaal (Rs150) hat, und Tara Guesthouse, ✆ 05962/ 263068 ❶. Auch einfache *dhabas* gibt es überall in Jageshwar.

Reizvolle **Wanderungen** durch die Region sind u. a. der steile, 3 km lange Aufstieg durch schöne Kiefernwälder nach **Vriddha** oder **Briddh Jageshwar** (Alt-Jageshwar), einem kleinen Dorf mit einigen Steintempeln, von wo man einen weiten Panoramablick von den Bergen Garhwals bis zum Massiv in West-Nepal genießen kann. Von hier aus folgt ein Weg dem wellenförmigen Bergkamm bis ins 12 km entfernte Binsar, um beim Steintempel **Bineshwar** schließlich den Wald zu verlassen.

Kausani und Umgebung

Das Dorf Kausani, 52 km nordwestlich von Almora, erstreckt sich von Osten nach Westen über einen schmalen, kiefernbewachsenen Bergkamm und bietet einen spektakulären Panoramablick auf den Himalaya. Diese Reize haben den Ort zu einem beliebten Urlaubsziel werden lassen. Von Almora aus ist er mühelos in einem Tagesausflug zu erreichen, allerdings ist der Blick auf die Gipfel – Nanda Choti, Trisul, Nanda Devi und Panchol – während des Morgengrauens und der Abenddämmerung am eindrucksvollsten, weshalb es sich lohnt, über Nacht zu bleiben.

Außer neuen Hotels und Restaurants gibt es mehrere **Ashrams**, von denen eines 1929 Mahatma Gandhi beherbergte, der hier 30 Jahre vor dem Bau der Straße zu Fuß ankam. Die Gegend bietet eine große Auswahl an kurzen Tageswanderungen durch die Wälder und Täler rund um Kausani sowie auch an längeren Exkursionen zu den bedeutenden Pilgerstätten Baijnath und Bageshwar.

Übernachtung

Die angegebenen Preiskategorien gelten für die Nebensaison und können sich in der Hochsaison (15. Apr–15. Juni und 1. Okt–15. Nov) verdoppeln. Zimmer mit Aussicht sind wesentlich teurer als solche ohne.

Anashakti Ashram, oberhalb der Mall in der Snow View Rd, ✆ 05962/258028. Gäste, die bereit sind, sich an die Ashram-Regeln zu halten, z. B. an gemeinsamen Gebeten teilzunehmen und nicht zu rauchen, sind in Gandhis ehemaligem Ashram, der angenehm, aber spartanisch ist, willkommen. Auch wenn man nicht hier wohnt, lohnt sich ein Besuch der Gebetshalle, die nebenher als Gandhi-Museum (🕐 tgl. 8–18 Uhr) fungiert. Schöne Aussicht, aber kein Generator. ❶

Himalaya Mount View, 1 km nördlich der Stadt Richtung Baijnath, ✆ 05962/258080. Sehr ruhig und mit seinen schweren, eleganten Holzmöbeln und gefliesten Böden auch recht hübsch. Man spricht nur wenig Englisch. ❸–❺

Hotel Uttarakhand, ☎ 05962/258012. Vom Busbahnhof Richtung Norden einige Stufen hinauf. Auf ausländische Touristen spezialisierte Unterkunft, wo man Trekking-Informationen bekommt; saubere DZ und eine fantastische Terrasse mit Blick auf den Himalaya. Die Zimmer im 2. Stock mit Satelliten-TV und WC bieten das beste Preis-Leistungs-Verhältnis. ❸–❺

Krishna Mountview, ☎ 05962/258008, 🖥 www. kumaonindia.com. Großes Hotel neben dem Anashakti Ashram; komfortable Zimmer, herrlicher Garten, Fitnessraum, teures Restaurant und netter Manager; herrlicher Blick auf die Schneeberge. ❻–❽

Essen und Sonstiges

Ashoka, nicht weit vom Snow View Point, ist ein preiswertes Restaurant. Hier gibt es multikulturelle Gerichte (Rs40–70), inklusive lokaler Kumaoni-Spezialitäten und fantastischem *kheer*. Das **Hill Queen Café**, in der Nähe vom Snow View Point, verkauft Snacks und hat **Internet** (Rs30 pro Std.) sowie ein Teleskop, um die Berge und Sterne zu betrachten. In der **Uttarkhand Tourist Lodge** gibt es eine wunderbare Terrasse und importierte Köstlichkeiten wie Olivenöl und Parmesankäse (Hauptspeisen Rs60–140).

In der State Bank of India gibt es einen **Geldautomaten**.

Transport

Von Kausani bestehen **Bus**- und **Sammel-Jeep**-Verbindungen nach ALMORA.

Baijnath und Bageshwar

Baijnath liegt 20 km nordwestlich von Kausani. Die Straße, auf der Busse und Sammeljeeps verkehren, führt hinab in ein breites Tal und zu Steintempeln aus dem 11. Jh., die malerisch an einer Flussbiegung stehen. Früher war Baijnath eine wichtige Stadt der Katyur-Könige, die einen Großteil von Garhwal und Kumaon beherrschten; heute ist es eher so etwas wie ein Park. Ungewöhnlicherweise ist der Haupttempel Parvati geweiht, der Gefährtin von Shiva, und nicht Shiva selbst. Die 1,5 m hohe Statue der Göttin gehört zu den wenigen Bildnissen in der Tempelanlage, die einigermaßen unbeschadet die Jahrhunderte überstanden. Die einzigen **Versorgungseinrichtungen** hat das moderne KMVN-Tourist Rest House, ☎ 05963/250101, ❹–❺. Es besitzt große Zimmer mit Bad, ein Dorm (Rs100), einen Garten, atemberaubende Ausblicke auf den Trishul – und zwei armselige Cafés.

Bageshwar schmiegt sich in ein dunstiges Tal 90 km nördlich von Almora und ist eine der wichtigsten Wallfahrtsstätten von Kumaon. Die Ortschaft im fruchtbaren, idyllischen Tal des Gomti River hat einen Markt, auf dem man sich prima mit Proviant eindecken kann. Deshalb nutzen Wanderer Bageshwar gern als Ausgangspunkt für den Pindari-Trek. Die meisten Ausländer nächtigen in den Zimmern oder im Schlafsaal (Rs100) des großen, unansehnlichen KMVN Tourist Bungalow, ☎ 05963/220034 ❷–❸, 2 km südlich vom Busbahnhof hinter einer Brücke. Im Umkreis des Tempels gibt es aber auch ein paar spartanische *dharamshalas* und *dhabas*.

Madhya Pradesh und Chhattisgarh

Stefan Loose Traveltipps

Sanchi Der schön restaurierte, buddhistische Stupa-Komplex besitzt kunstvoll gestaltete Tore. S. 392

Pachmarhi Zentralindiens einzige Hill Station lädt zu Wanderungen auf einen heiligen Shiva-Gipfel und zu prähistorischer Felskunst ein. S. 399

8 Orchha Hier zeigt sich Madhya Pradesh von seiner exotischsten Seite – verfallene Gräber an Flüssen, reich verzierte Rajputen-Paläste und Scharen grüner Papageien. S. 409

9 Khajuraho Die mit unzähligen erotischen Skulpturen verzierten Tempel lagen jahrhundertelang im dichten Dschungel verborgen. S. 413

Nationalparks Kanha und Bandhavgarh Urtypisches Kipling-Land mit faszinierender Tierwelt und der Chance, Tiger in freier Natur zu sehen. S. 427 und 430

Mandu In der mittelalterlichen Festung vergnügte sich der Großmogul in seinem riesigen Harem, im Theater, in den Dampfbädern und Pavillons. S. 436

Das heiße und staubige Madhya Pradesh ist eine riesige Binnenregion aus Hügeln, die von Strauchwerk überwuchert werden, ausgedörrten Ebenen und einem Drittel der indischen Waldbestände. Madhya Pradesh erstreckt sich vom Oberlauf des mächtigen Flusses **Narmada** bis zu den Ausläufern der Westghats und bildet eine klimatische Übergangszone zwischen der Ganges-Tiefebene im Norden und dem hohen, trockenen **Dekkan-Plateau** im Süden.

Trotz zahlreicher Sehenswürdigkeiten – von antiken Tempeln über Bergfestungen bis hin zu einigen der besten Tigerreservate Indiens – verzeichnet Madhya Pradesh nur einen Bruchteil der Touristenzahlen, die sich auf Delhi, Agra, Varanasi und den Süden verteilen. Wer die Mühen der Reise durch einen touristisch weniger erschlossenen Bundesstaat nicht scheut, wird hier ein Juwel entdecken, das zahlreiche kulturelle Höhepunkte zu bieten hat und noch größtenteils frei von der anderswo üblichen Hektik ist.

Im Zentrum von Madhya Pradesh liegt seine Hauptstadt **Bhopal**. Die meisten Leute verbinden mit dem Namen auf Anhieb nur die Giftgaskatastrophe (s. Kasten S. 386). Die Stadt kann jedoch mit einem lebendigen moslemischen Erbe und ein paar spannenden Museen aufwarten. In der Nähe befindet sich **Sanchi**, eine der wichtigsten buddhistischen Stätten Indiens. In der Hill Station **Pachmarhi** mit ihren zahlreichen Wanderrouten und dem selten besuchten Satpura-Nationalpark dagegen liegt noch Raj-Flair in der Luft.

In der Großstadt **Gwalior** im Norden des Staates thront eine trutzige Festung. Von hier aus ist es nicht weit zum Rajput-Palast von **Datia**, den Familienmausoleen der Familie Scindia in **Shivpuri** und nach **Orchha**, wo die faszinierenden Ruinen der Hauptstadt der Bundella-Rajas stehen. Weiter östlich wartet die größte Attraktion Madhya Pradeshs: die majestätischen Sandsteintempel von **Khajuraho**, bekannt für ihr pikantes erotisches Schnitzwerk.

Jabalpur ist die größte Stadt im östlichen Madhya Pradesh. Sie sticht nicht durch historisch bedeutsame Stätten, sondern durch die Reservate **Kanha**, **Bandhavgarh** und **Pench** hervor. Diese Naturschutzgebiete gehören zu den letzten Rückzugsgebieten zahlreicher vom Aussterben bedrohter Tierarten, allen voran der

Tiger. Neben Orchha und Khajuraho sind diese Parks die einzigen Ecken von Madhya Pradesh, wo man Gefahr läuft, mehr als eine Handvoll (Mit-)Touristen zu treffen.

Im westlichen Madhya Pradesh ist **Indore** angesiedelt, eine moderne Industriestadt. Sie hat nicht viel Sehenswertes zu bieten, stellt aber eine prima Ausgangsbasis für Exkursionen dar. So zum Beispiel nach **Mandu**, der romantischen ehemaligen Hauptstadt der Malwa-Sultane, zu den Hindu-Wallfahrtszentren **Omkareshwar** und **Maheshwar** sowie in die heilige Stadt **Ujjain**, eine der Stätten der Kumbh Mela.

Geschichte

Die ältesten Zeugnisse menschlicher Besiedlung in Madhya Pradesh sind die 10 000 Jahre alten Malereien in den einsamen Hügeln von **Bhimbetka** in der Nähe von **Bhopal**. Die Ureinwohner schufen diese Felskunst auch noch während der Ausbreitung des Buddhismus unter dem Maurya-Kaiser Ashoka im 2. Jh. v. Chr. Das beeindruckendste Zeugnis dieser Ära ist das nahe gelegene **Sanchi**.

Ende des ersten Jahrtausends war Zentralindien in mehrere Königreiche unterteilt. Die Paramaras, deren Herrscher Raja Bhoj die Stadt Bhopal gründete, kontrollierten die südlichen und zentralen Gebiete, bekannt als **Malwa**, während die **Chandella**, auf die einige der herausragendsten Tempel des Subkontinents – insbesondere die von Khajuraho – zurückgehen, über den Norden herrschten. Ab dem 13. Jh. nahm der moslemische Einfluss allmählich zu, und gegen Mitte des 16. Jhs. stand die ganze Region unter **Mogulherrschaft**. Diese hinterließ deutliche Eindrücke in der Architektur und Kultur insbesondere von Mandu, Gwalior und Bhopal. Vor Ankunft der Briten im 17. Jh. hatten dann kurzzeitig die Marathen das Heft in der Hand.

Unter den **Briten** war Indiens Mitte zu den Zentralprovinzen („Central Provinces") zusammengefasst, die von Nagpur (heute in Maharashtra) und der Sommerhauptstadt Pachmarhi verwaltet wurden. Madhya Pradesh, kurz **MP**, entstand in seiner politischen Form erst nach der Unabhängigkeit, als die Zentralprovinzen mit mehreren kleinen Fürstentümern vereint wurden. Seitdem erwies sich der Staat, in

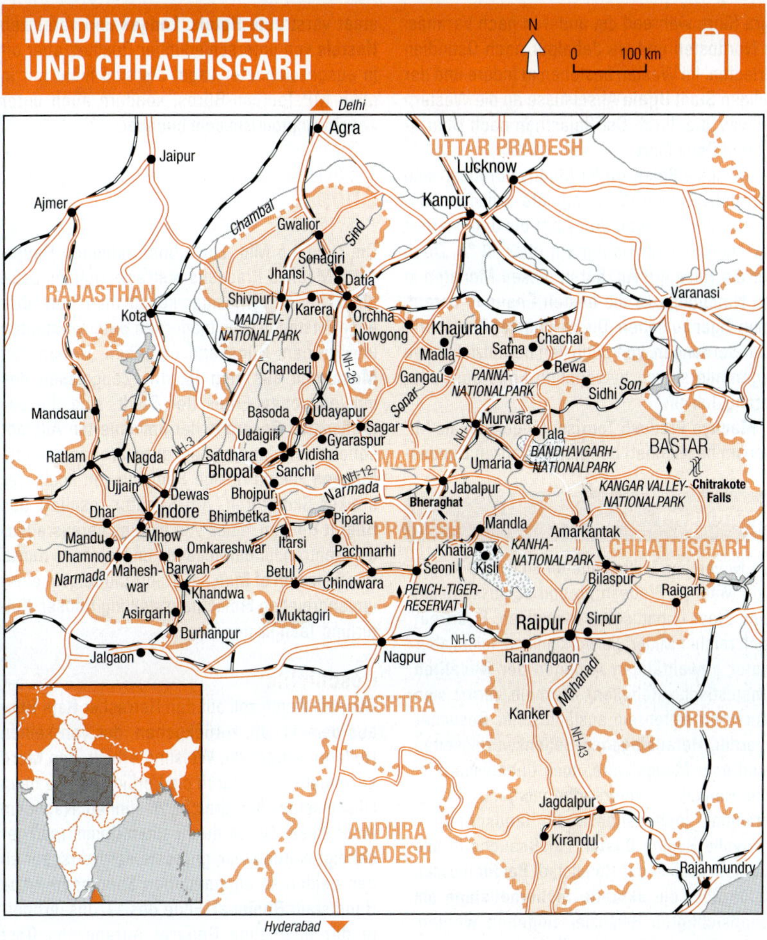

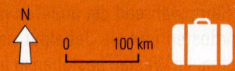

Map labels:

Delhi · Agra · Jaipur · UTTAR PRADESH · Lucknow · Ajmer · Kanpur · Chambal · Gwalior · Sind · Sonagiri · Jhansi · Datia · RAJASTHAN · Shivpuri · Karera · Orchha · Varanasi · Kota · MADHEV-NATIONALPARK · Nowgong · Khajuraho · Chachai · Chanderi · Madla · Satna · Rewa · NH-26 · Gangau · PANNA-NATIONALPARK · Sidhi · Son · Mandsaur · Basoda · Udayapur · Sagar · Murwara · Tala · BASTAR · Ratlam · Nagda · Satdhara · Udaigiri · Gyaraspur · Vidisha · MADHYA · Umaria · BANDHAVGARH-NATIONALPARK · NH-3 · Ujjain · Dewas · Bhopal · Sanchi · NH-12 · KANGAR VALLEY NATIONALPARK · Chitrakote Falls · Dhar · Indore · Bhojpur · Narmada · Jabalpur · Mandu · Mhow · Bhimbétka · Piparia · PRADESH · Mandla · Amarkantak · CHHATTISGARH · Dhamnod · Omkareshwar · Itarsi · Pachmarhi · Khatia · KANHA-NATIONALPARK · Narmada · Mahesh-war · Barwah · Betul · Seoni · Kisli · Bilaspur · Raigarh · Khandwa · Chindwara · PENCH-TIGER-RESERVAT · Asirgarh · Muktagiri · Raipur · Sirpur · Burhanpur · NH-6 · Jalgaon · Nagpur · Rajnandgaon · Kolkata · MAHARASHTRA · Kanker · Mahanadi · ORISSA · NH-43 · Jagdalpur · Kirandul · ANDHRA PRADESH · Rajahmundry · Hyderabad · Kathar · Bheraghat

(Side tab:) **Madhya Pradesh und Chhattisgarh**

---

dem über 90 % der vorwiegend ländlichen und Stammesbevölkerung Hindus sind, als stabiler als seine Nachbarstaaten Uttar Pradesh und Bihar. Wirtschaftlich hat sich diese Stabilität allerdings nicht ausgezahlt: Madhya Pradesh bleibt einer der ärmsten indischen Bundesstaaten, ungeachtet seiner florierenden Automobil-, Zement- und Sojabohnenindustrie. Die Regierung setzt auf Tourismusförderung, um die wirtschaftliche Situation des Bundesstaats zu verbessern.

Orientierung

Wer Madhya Pradesh ohne eigenes Fahrzeug bereist, muss sich auf anstrengende Fahrten in klapprigen Bussen einstellen, die überwiegend der staatlichen Transportgesellschaft MPSRTC gehören. Bei längeren Strecken ist stets die Eisenbahn die bessere Wahl. Die Central Railway, die wichtigste Bahnlinie zwischen Mumbai und Kolkata, führt quer durch den Bundesstaat und verzweigt sich in **Itarsi**, von wo eine Strecke nordwärts nach Bhopal, Jhansi, Gwalior und

Agra führt, während die anderen nach Varanasi im Nordosten und via Jabalpur nach Ostindien verlaufen. Im Westen bestehen in Indore und der heiligen Stadt **Ujjain** Anschlüsse an die Western Railway, die durch Ost-Rajasthan nach Bharatpur und Delhi führt.

Die beste **Reisezeit** für Madhya Pradesh sind die relativ kühlen Wintermonate zwischen November und Februar. Von April bis Juni klettert das Thermometer häufig auf über 40 °C. Doch wer die Hitze erträgt, hat in diesen Monaten in den Nationalparks die besten Chancen darauf, einen Tiger zu sehen. Die in jüngster Zeit spärlicher werdenden, von Südosten heraufziehenden Regenfälle setzen gewöhnlich Ende Juni oder Anfang Juli ein.

Madhya Pradesh Tourism (allgemein als MP Tourism bezeichnet) betreibt im ganzen Bundes-staat verstreute **Hotels**, **Lodges** und vereinzelt **Hostels** von unterschiedlicher Qualität, aber oft in ausgezeichneter Lage. Sie sind nicht nur in allen MP-Tourism-Büros, sondern auch unter ▢ www.mptourism.com buchbar.

Bhopal

Die rund 1,5 Mio. Einwohner zählende Hauptstadt Madhya Pradeshs erstreckt sich am östlichen Ufer eines riesigen künstlichen Sees, ihre enge Altstadt ist von modernen Betonvorstädten und grünem Hügelland umgeben. Neben den **Moscheen** aus dem 19. Jh., Zeugnissen des moslemischen Erbes der Stadt, sind die betriebsamen **Basare** in der ummauerten Altstadt sehenswert, und einige gute archäologische **Museen** zeigen riesige Sammlungen kostbarer antiker Skulpturen. Am Seeufer residiert das **Bharat Bhavan**, eines von Indiens herausragenden Zentren für darstellende und bildende Kunst. Das **Museum of Man** am Stadtrand zeigt in einer umfangreichen Freilichtausstellung Häuser, Kultur und Technik der Adivasi.

Geschichte

Bhopals Name soll auf den Herrscher **Raja Bhoj** aus dem 11. Jh. zurückgehen, der von seinen Hoflehrmeistern die Weisung erhielt, den Mord an seiner Mutter durch die Verbindung der neun Flüsse seines Königreichs zu sühnen. Nachdem einer dieser Flüsse durch einen Damm *(pal)* gebändigt worden war, gründete der Herrscher an den beiden so entstandenen Seen seine neue Hauptstadt **Bhojapal**. Ende des 17. Jhs. eroberte der ehemalige General Aurangzebs **Dost Mohammed Khan** den heute verlassenen Ort, um auf den Trümmern des Mogulreichs seinen eigenen Staat zu errichten. Seine moslemische Dynastie sollte zu einer der bedeutendsten Herrscherfamilien Zentralindiens werden, deren Angehörige unter Großbritanniens Vizekönigen zu den wenigen Auserwählten gehörten, die durch einen Salut mit 19 Schüssen geehrt wurden. Im 19. Jh. hatte Bhopal größtenteils weibliche Herrscher. Sie polierten die Stadt mit noblen Bauprojekten auf, darunter die drei **Moscheen** aus Sandstein, die noch heute das Stadtbild prägen.

Madhya Pradesh und Chhattisgarh

Chhattisgarh

Im November 2000 spalteten sich 16 Distrikte von Madhya Pradesh ab und schlossen sich zum Staat Chhattisgarh zusammen. Er erfreut sich reicher Mineralienvorkommen, leidet aber unter gewalttätigen Aktionen der **Naxaliten** (maoistische Rebellen). Deshalb verirrt sich auch nur selten ein ausländischer Besucher hierher. Herausragende Sehenswürdigkeiten sind eher Mangelware, doch Chhattisgarh ist die Heimat faszinierender indigener Volksstämme, insbesondere die landschaftlich reizvolle Region **Bastar**. Für Besuche in alle Gebiete südlich der Hauptstadt **Raipur** müssen Infos über die **aktuelle Sicherheitslage** am beabsichtigten Reiseziel eingeholt werden. Im südlichen Chhattisgarh kommt es immer wieder zu **gewaltsamen Zusammenstößen** zwischen Naxaliten-Guerrillagruppen und staatlich unterstützten Milizen; einige abgeschiedene Gegenden stehen praktisch ständig unter Kontrolle der Rebellen. Außerhalb der größeren Städte steht es um die öffentlichen Verkehrsmittel so schlecht, dass Reisenden fürs Fortkommen eigentlich nur ein Mietauto übrig bleibt. Nähere Informationen auf der Website des Chhattisgarh Tourism Board: ▢ www.chhattisgarhtourism.net.

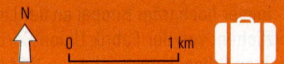

▲ *Raisen*

Bhojpur, Bhimbetka, Itarsi ▲

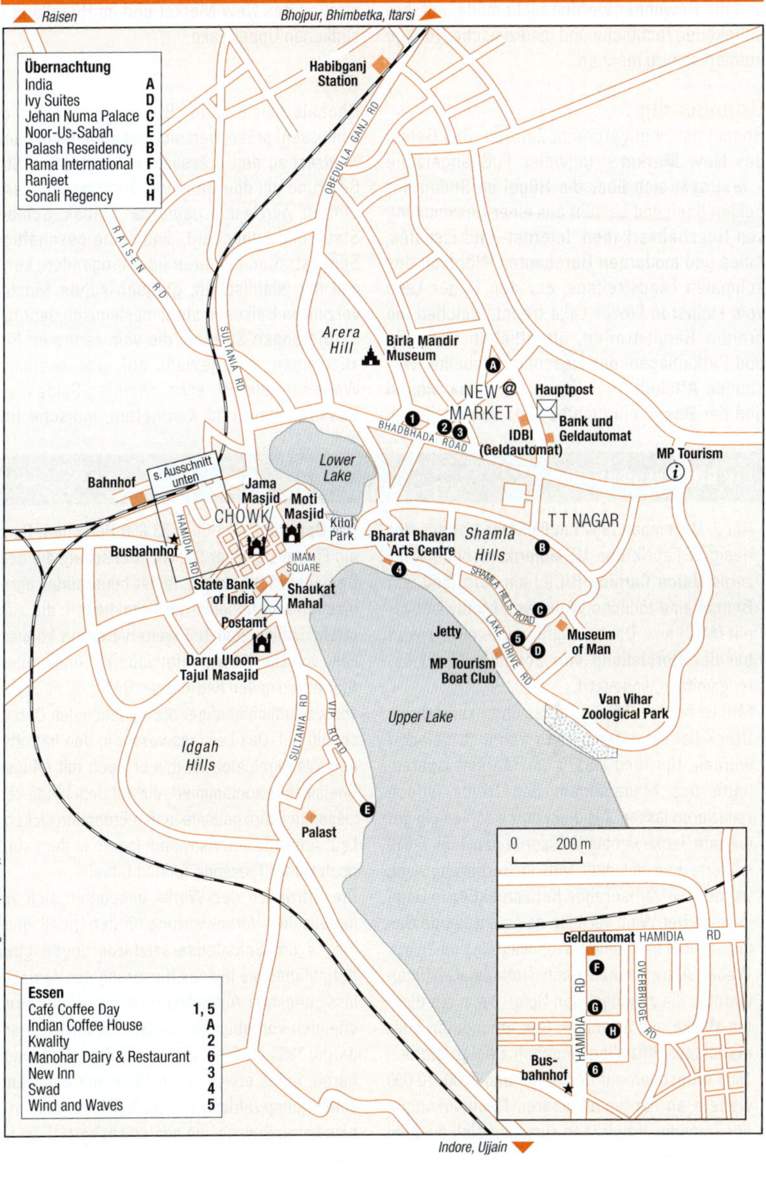

Übernachtung

India	A
Ivy Suites	D
Jehan Numa Palace	C
Noor-Us-Sabah	E
Palash Reseidency	B
Rama International	F
Ranjeet	G
Sonali Regency	H

Habibganj
Station

OBEDULLA GANJ RD

RATSEN RD

*Arera
Hill*

Birla Mandir
Museum

Ⓐ

NEW @
MARKET

Hauptpost

❶

❷ ❸

BHADBHADA ROAD

IDBI
(Geldautomat)

Bank und
Geldautomat

MP Tourism

ⓘ

SULTANIA RD

*Lower
Lake*

Bahnhof

s. Ausschnitt
unten

Jama
Masjid

Moti
Masjid

CHOWK

*Kilol
Park*

Bharat Bhavan
Arts Centre

*Shamla
Hills*

T T NAGAR

Ⓑ

SHAMLA HILLS ROAD

HAMIDIA ROAD

Busbahnhof

IMAM
SQUARE

❹

Ⓒ

State Bank
of India

Shaukat
Mahal

Jetty

LAKE DRIVE RD

Ⓓ

Museum
of Man

Postamt

Darul Uloom
Tajul Masajid

MP Tourism
Boat Club

Van Vihar
Zoological Park

*Idgah
Hills*

SULTANIA RD

VIP ROAD

Upper Lake

❺

Ⓔ

Palast

◀ *Sanchi, Delhi*

◀ *Flughafen (12 km), Delhi*

0   200 m

Geldautomat HAMIDIA   RD

Ⓕ

HAMIDIA RD

OVERBRIDGE RD

Ⓖ

Ⓖ   Ⓗ

Bus-
bahnhof

★

❻

Essen

Café Coffee Day	1, 5
Indian Coffee House	A
Kwality	2
Manohar Dairy & Restaurant	6
New Inn	3
Swad	4
Wind and Waves	5

Indore, Ujjain ▼

Madhya Pradesh und Chhattisgarh

Immer noch trägt Bhopal an der Last der entsetzlichen, von der Fabrik Union Carbide verursachten **Giftgaskatastrophe** von 1984 (s. Kasten), und die Bewohner werden nicht müde, auf ihre anhaltende rechtliche und medizinische Notlage aufmerksam zu machen.

Orientierung

Bhopal hat zwei getrennte Zentren. Das Gebiet des **New Market** – teilweise Fußgängerzone – erstreckt sich über die Hügel im Süden der beiden Seen und besteht aus einer Ansammlung von Geschäftsarkaden, Internet- und Eiscafés, Kinos und modernen Bürobauten. Nördlich des schmalen Landstreifens, der den Upper Lake vom kleineren Lower Lake trennt, weichen die breiten Hauptstraßen, öffentlichen Gebäude und Parkanlagen, der wesentlich geballter wirkenden **Altstadt**. Hier liegen die **Jama Masjid** und der **Basar**, ein dichtes Netz von Gässchen zwischen **Moti Masjid Square** und Hamidia Road dessen Mittelpunkt der **Chowk** bildet. Die **Kunstgalerien** und **Museen** liegen in den Seitenstraßen des New Market und im Hügelland am südlichen Upper Lake.

Chowk

Bhopals pulsierender Basar (So und Mo geschlossen) präsentiert sich als angenehm bunter Kontrast zu den grässlichen, verstopften Straßen rund um den Bahnhof. Berühmt für „*zarda*, *purdah*, *garda* und *namarda*" (Tabak, Schleier, Staub und Eunuchen), sind seine geschäftigen Seitenstraßen mit ihren überhängenden, kunstvoll mit islamischen, geometrischen Mustern verzierten Balkonen stark moslemisch geprägt.

Die engen Straßen, die vom zentralen Platz abzweigen, sind jeweils auf eine bestimmte Ware spezialisiert, etwa *chanderi*-Seidensaris, Basstrommeln und Klarinetten, indische Roh-

Die Giftgaskatastrophe

Am 3. Dezember 1984 um 0.05 Uhr trat aus der riesigen Fabrik des US-amerikanischen Konzerns **Union Carbide** (UCIL) am Nordrand von Bhopal eine tödliche Wolke von Methylisocyanat (MIC) aus. Die hochgiftige Chemikalie wird bei der Herstellung von Schädlingsbekämpfungsmitteln eingesetzt.

MIC ist hochreaktiv und muss unter konstantem Druck bei einer Temperatur von 0 °C gelagert werden. Um rund US$70 am Tag einzusparen, hatte das Management den Druck jedoch reduzieren lassen. Als dann durch schlampig gewartete, lecke Ventile Wasser in den Tank E-610 sickerte und mit dem MIC in Berührung kam, wurde eine verheerende **Kettenreaktion** in Gang gesetzt. Der Wind verteilte das austretende Gas in den dicht besiedelten Wohnvierteln und Slums. Weder Alarmsirenen noch Notfallmaßnahmen warnten die ahnungslosen Opfer, die in der dichten Wolke aus ätzendem Gas erblindeten oder erstickten. Offiziellen Angaben zufolge starben 1600 Menschen auf der Stelle und 7000–10 000 weitere an den unmittelbaren Nachwirkungen der Tragödie. Inzwischen summiert sich die Zahl der **Opfer** auf weit über 23 000 Personen. Rund ein Fünftel der über 500 000 Menschen, die dem Gas ausgesetzt waren, leidet heute unter chronischen und unheilbaren Krankheiten, die sich offensichtlich zum Teil weitervererben können. Fälle von Tbc, Krebs, Unfruchtbarkeit und grauem Star treten in den betroffenen Gebieten nach wie vor wesentlich häufiger als im nationalen Durchschnitt auf. Das Leitungswasser ist in den betroffenen Wohngebieten ist immer noch mit giftigen Chemikalien kontaminiert, die auf dem heute verlassenen Fabrikgelände in den Erdboden sickern. Laut Aussage von Aktivisten lagern in der Fabrik noch immer Tausende Tonnen Giftmüll.

Die Offiziellen des Werks bekannten sich zur moralischen Verantwortung für den Unfall, doch als es um Schadensersatzforderungen ging, bezichtigten sie Indiens Regierung der Vernachlässigung ihrer Aufsichtspflicht und der unzureichenden Vorgabe notwendiger Sicherheitsstandards. 1989 erklärte sich Union Carbide bereit, jedes erwachsene Opfer mit einer **Entschädigungszahlung** von Rs25 000 abzufinden – eine karge Summe, die noch nicht einmal die für

seide, Silberschmuck oder Bhopals berühmte perlenverzierte Handtaschen. Im Zentrum des Marktes erheben sich die roten Sandsteinmauern und gedrungenen Minarette der 1837 auf Veranlassung von Kudsia Begum errichteten Moschee **Jama Masjid**.

Vom Imam Square zur Tajul Masjid

Der Imam Square südwestlich des Chowk war einst Mittelpunkt des königlichen Bhopal. Heute ist der Platz wenig mehr als eine vom Ruhm der Vergangenheit zehrende Verkehrsinsel, die nur zu einem Blick auf die im Osten stehende **Moti Masjid** einlädt. Die 1860 von Kudsias Tochter Sikander Begum errichtete Perlen-Moschee („Pearl Mosque") ist eine verkleinerte und weniger beeindruckende Kopie von Shah Jahans Jama Masjid in Old Delhi, weit mehr für ihre schlanken Minarette mit goldenen Spitzen und Sandsteinkuppeln bemerkenswert als für ihre Größe.

Ein fünfminütiger Spaziergang führt vom Tor im Westen des Imam Square zu Bhopals eindrucksvollstem Bauwerk, der **Darul Uloom Tajul Masjid**, die mit ihren kolossalen pinkfarbenen Minaretten, die hoch über das Stadtbild hinausragen, ihren Beinamen „Mutter aller Moscheen" rechtfertigt. Die Bauarbeiten begannen unter dem Sultan Jehan Begum (1868–1901), dem achten Herrscher von Bhopal. Nach dem Tod ihres despotischen Ehemannes stiftete die verwitwete Königin der Stadt ein Postsystem, neue Schulen und den Anschluss an die Eisenbahn, doch die Projekte trieben den Staat an den Rand des Ruins, sodass die Tajul Masjid nie vollendet wurde.

Birla Mandir Museum

Östlich vom Lower Lake kann sich die Sammlung des Birla Mandir des Besitzes einiger der schönsten Steinskulpturen Madhya Pradeshs rühmen. Der ausländische Besucher erhält dort

medizinische Behandlungen aufgenommenen Kredite der ersten fünf Jahre abdeckte. Erst seit 2001 werden Patienten im Bhopal Memorial Hospital and Research Centre behandelt.

Obwohl den ehemaligen amerikanischen und indischen Bossen so schwerwiegende Tatbestände wie Körperverletzung mit Todesfolge zur Last gelegt wurden, versuchten Regierung und Werksverwaltung den ganzen Vorfall unter den Teppich zu kehren.

Es dauerte bis zum Juni 2010, ehe die Mühlen der Rechtsprechung langsam zu mahlen begannen und ein Gericht in Bhopal sieben ehemalige leitende Fabrikangestellte zu zweijährigen **Gefängnisstrafen** aufgrund von „fahrlässiger Tötung" verurteilte. Außerdem legte der Richter der ehemaligen indischen Geschäftsleitung von Union Carbide eine **Geldstrafe** von Rs500 000 auf. NGOs und indische Aktivisten bezeichneten diese Strafe als völlig unzureichend. Warren Anderson, der US-amerikanische Ex-Chef von Union Carbide, hat sich bis heute der Rechtsprechung entzogen. 2002 und erneut im März 2011 verlangte die indische Justiz die Auslieferung

Warrens, doch die US-Behörden weigern sich beharrlich, dem nachzukommen (Anderson hatte sich in die USA abgesetzt, nachdem er in Indien auf Kaution freigelassen worden war).

2005 leitete die Regierung auf anhaltenden Druck hin ein **Gerichtsverfahren** ein, um Geld von dem Unternehmen Dow Chemical zu erstreiten, das Union Carbide 2001 übernommen hat, aber alle weiteren Haftungsansprüche zurückweist. Bis zum heutigen Tag sind keine großen Fortschritte zu verzeichnen, während die Bürger von Bhopal weiterhin regelmäßig Protestveranstaltungen und Demonstrationen abhalten, um ihre Sache nicht in Vergessenheit geraten zu lassen.

Informationen über die Katastrophe und für potenzielle **freiwillige Helfer** gibt es bei Sambhavna Trust, Bafna Colony, Berasia Rd, Bhopal, 📞 0755/273 0914, 🖥 www.bhopal.org. Als eindringliche Lektüre zum Thema sind die Bücher *Fünf nach zwölf in Bhopal* von Dominique Lapierre und Javier Moro (Hamburg 2004) und das 2007 für den Booker Prize nominierte *Animal's People* von Indra Sinha zu empfehlen.

Madhya Pradesh und Chhattisgarh

nützliche Informationen, weil die Exponate in den Hauptgalerien mit englischen Erklärungen versehen sind. Das Museum befindet sich in einem allein stehenden Gebäude neben dem modernen Lakshmi Narayan-Tempel Birla Mandir, der vom Arera Hill den Lower Lake überschaut.

Abgesehen vom Museum ist auch der **Tempelgarten** mit Blick über die Stadt ein wunderschöner Ort, um den Sonnenuntergang zu betrachten. Die Ausstellung widmet sich Vishnu, den Muttergöttinnen und Shiva. In der **Vishnu**-Abteilung sind interessante Darstellungen der diversen und oft recht bizarr anmutenden Reinkarnationen des Gottes zu sehen. Im **Devi**-Saal nebenan steht das Gerippe Chamunda (die Göttin Durga in ihrer schrecklichsten Manifestation) inmitten von üppigen Jungfrauen und Fruchtbarkeitsfiguren. Der Shiva-Raum dagegen fällt rundum dezenter aus. Zum Abschluss des Besuchs lohnen noch die Nachbildungen der 3500 Jahre alten Gegenstände aus der Harappa-Kultur in den Vitrinen unter der Treppe einen Blick. ⏱ Di–So 10.30–17.30 Uhr, Eintritt Rs100.

Kunstzentrum Bharat Bhavan

Das Bharat Bhavan wurde 1982 als Teil eines umfassenden Regierungsprojekts zur Förderung der bildenden und darstellenden Kunst in indischen Landeshauptstädten eingerichtet. Die Initiative verlief nach dem Tod von Premierministerin Indira Gandhi im Sande. Doch das Bharat Bhavan hat sich inzwischen zum herausragendsten Kunstzentrum auf Bundesstaatsebene entwickelt.

Die Anlage aus Betonkuppeln und Ziegelmauerwerk beherbergt neben wechselnden Ausstellungen eine umfangreiche Sammlung mit Werken der modernen indischen Malerei und Skulptur. Eine Galerie des Bharat Bhavan ist ausschließlich der **Adivasi-Kunst** gewidmet – die Exponate wurden von Talentsuchern auf monatelangen Reisen durch abgelegene Gebiete zusammengetragen. Zu ihren berühmtesten Entdeckungen zählt der einem Gond-Stamm angehörende Maler **Jangarh Singh Shyam**. Viele seiner Werke sind hier zusammen mit einer bunten Sammlung von Masken, Terrakotten, Holzschnitzereien und rituellen Objekten ausgestellt. ⏱ Di–So Feb–Okt 14–20 Uhr, Nov–Jan 13–19 Uhr, Eintritt Rs10, freitags frei, Veranstaltungen Rs20–50.

Museum of Man

Die Geschichte von Indiens angestammten Minderheiten – Adivasi, wörtlich „ursprüngliche Bewohner" – klingt altbekannt: Von ihrem Land durch gewaltige Erschließungsprojekte oder ausbeuterische Geldverleiher vertrieben, erlebten sie eine schleichende Aushöhlung ihrer Kultur. Das Museum of Man oder **Rashtriya Manav Sangrahalaya** ist ein anerkennenswerter Versuch der Wiedergutmachung.

Auf dem 80 ha großen Areal auf einem Hügel mit Blick auf New Market auf der einen und über die weite Fläche des Upper Lake auf der anderen Seite kann der Nachbau eines Küstendorfs aus Kerala besichtigt sowie ein verschlungener Mythologie-Pfad begangen werden, auf dem jede Stammesgruppe ihre Interpretation der Schöpfung darstellt. In einer großen Ausstellungshalle sind alle wichtigen Alltags- und Ritualgegenstände der Adivasi zu sehen. Botanische Lehrpfade führen durch Unterholz und lichten Wald, es gibt ein Forschungszentrum, und im zentralen **Tribal Habitat** zeigt eine permanente Freilichtausstellung traditionelle Adivasi-Bauten.

Das Museum ist nur mit eigenem Fahrzeug oder per Motor-Rikscha zu erreichen. Am besten von vornherein einen angemessenen Pauschalpreis für Hin- und Rückfahrt einschließlich einer mindestens einstündigen Wartezeit aushandeln (um Rs150). ⏱ Di–So März–Aug 11–18.30 Uhr, Sep–Feb 10–17.30 Uhr, Eintritt Rs 10, Fahrzeug Rs10, Video-Erlaubnis Rs50.

Van Vihar Zoological Park

Ein Besuch im **Tierpark Van Vihar** lässt sich prima mit dem im Museum of Man gleich daneben verbinden – am besten sichert man sich die gleiche Motor-Rikscha für den ganzen Ausflug. Die Stars des Parks sind zwei **weiße Königstiger**, aber hier leben auch Gangesgaviale, Leoparden, Kragenbären und „gewöhnliche" Tiger. ⏱ tgl. März–Sep 8–17.30, Okt–Feb 6.30–17.30 Uhr, Eintritt Rs200, Fotoerlaubnis Rs40, Video Rs300. Eine Motor-Rikscha für den Transport durch den Park kostet Rs150 plus Rs20 Eintrittsgebühr für den Fahrer; ein Leihfahrrad ist für Rs10 zu haben.

Die 207 hier lebenden Vogelarten lassen sich besser und genauer bei einer Bootsfahrt beobachten. Die Boote fahren von der Anlegestelle einen halben Kilometer nordöstlich vom Parktor ab, ⊙ 9 Uhr–Sonnenuntergang; Tretboote kosten Rs30 pro 30 Min.

Übernachtung

Wer sich an Verkehrslärm und Abgasen nicht stört, findet in der geschäftigen Durchgangsstraße **Hamidia Road** die am günstigsten gelegenen Hotels. Wirklich billige Quartiere sind aber dünn gesät: Selbst die schäbigsten Absteigen erheben 10 % „Luxussteuer" (und oft auch noch einen Bedienungszuschlag). Die meisten Top-Hotels stehen in den Shamla Hills am Upper Lake, eine 15-minütige Fahrt vom Bahnhof entfernt.

Hotel India, New Market, ✆ 0755/255 4594. Das von der Kooperative Indian Coffee House gekonnt gemanagte Mittelklassehotel besitzt saubere, gut ausgestattete Zimmer mit Bad, TV und Telefon. Es ist sehr begehrt, daher frühzeitig reservieren. ❹–❺

Jehan Numa Palace, 157 Shamla Hills Rd, ✆ 0755/266 1100, 🖥 www.hoteljehanumapalace. com. Bhopals bestes historisches Hotel residiert in einem Palastbau rund um einen Innenhof mit von Bougainvillea überwucherten Säulengängen. Die luxuriösen Zimmer (Rs4300–7500) genügen hohen Ansprüchen, aber bei den billigeren wurde am Platz gespart. Im Haus gibt's drei fabelhafte Restaurants (Abendessen um Rs650 p. P.). ❼–❾

Noor-Us-Sabah, Palace Grounds, VIP Rd, ✆ 0755/522 3333, 🖥 www.noorussabah palace.com. Das „Morgenlicht" ist ein perfekt renovierter Begum-Palast aus den 1920er-Jahren auf einem Hügel am Upper Lake. Die

Sympathisches Quartier mit Seeblick

Ivy Suites, A. Nadir Colony, Shamla Hills, ✆ 0755/423 5508, 🖥 www.ivysuites.in. Ansprechendes Gästehaus mit angenehm lockerer Atmosphäre in einer gehobenen Wohnsiedlung. 10 geräumige, liebevoll mit Gemälden, Büchern und Pflanzen eingerichtete Zimmer; die im Obergeschoss haben efeuberankte Balkons und Blick auf den Upper Lake. Mahlzeiten im Preis enthalten. ❻–❼

Topservice zum kleinen Preis

Sonali Regency, von der Hamidia Rd zurückversetzt, ✆ 0755/274 0880, ✉ sonali@ mantrafreenet.com. Ruhiger als andere Hotels der Gegend. Für die eher klein geratenen Zimmer und ziemlich harten Betten entschädigen Marmor- oder Teppichböden, Fernseher und saubere Badezimmer. Das Hotel hebt sich mit netten Extras wie Gratis-Zeitungen, Internet, 24-Std.-Checkout und hervorragendem Service von der Konkurrenz ab. ❸–❹

feudalen Zimmer prunken mit eleganten Spiegeln, fürstlichem rotem Mobiliar und eigenen Balkons. Dazu gibt es einen Pool und ein gutes Restaurant. ❽–❾

Palash Residency, TT Nagar Rd, nahe New Market, ✆ 0755/255 3006, ✉ palash@mp tourism.com. Eine unerwartet stilvolle Unterkunft von MP Tourism. Die Zimmer sind schick und zur Ausstattung gehören Teebereiter/Kaffeemaschinen sowie Körbchen mit Toilettenartikeln. Dazu gibt es einen kleinen Garten. Frühstück ist im Preis inbegriffen, Reservierung ratsam. ❻

Rama International, Hamidia Rd, ✆ 0755/ 253 5542. Recht ruhiges, verschachteltes Hotel, von der Hauptstraße zurückversetzt. Einfache und saubere Zimmer mit Ventilator oder AC. ❸–❹

Ranjeet, Hamidia Rd, Ranjeet Hamidia Rd, ✆ 0755/274 0500, ✉ ranjeethotels@sancharnet. in. Die grünmarmorne Lobby verströmt den Charme einer Gruft, aber die Zimmer sind hell genug und das Frühstück gibt's gratis dazu. Möglichst ein Zimmer nach hinten nehmen; die nach vorn sind sehr laut. Checkout 24 Std. ❸–❹

Essen

Die **Restaurants** in Bhopals größeren Hotels servieren einheitliche multikulturelle Küche. Die **Cafés** gegenüber vom Busbahnhof tischen äußerst preiswerte *thali*-Gerichte und *subzi*, Reis und *dhal* auf. Zum Frühstück empfehlen sich die Lieblingsgerichte der Einheimischen: *poha* (gedämpfter Reiskuchen) und *katchori*

Madhya Pradesh und Chhattisgarh

(in Öl gebackener, mit Linsen gefüllter Snack).
In der Bhadada Road und am Lake View Drive
gibt es Filialen von Café Coffee Day.
Indian Coffee House, Hotel India, New Market.
Der einzige Schmuck des Lokals sind zwei alte
Kaffee-Werbeplakate. Mehr braucht es auch
gar nicht, denn der Filterkaffee (Rs10), die
südindischen Frühstücksangebote (Rs30–50),
Hauptgerichte (Rs50–145) und die Bedienung
durch weiß gekleidete Mitarbeiter sind
Spitzenklasse.
Kwality, New Market. Beliebte Filiale der
landesweiten Kette mit Tischen im Freien,
geschäftigem Kantinenbereich und einem
ruhigeren Speisesaal mit AC. Geboten wird
eine große Auswahl an Snacks wie *pani puri*,
Pizza sowie chinesische und indische
Hauptgerichte (Rs48–100).
Manohar Dairy & Restaurant, Hamidia Rd. Gut
besuchtes Lokal im Fastfood-Look, wo Kellner
in gelben Hemden *katchoris*, vegetarische
Bratlinge, Pizza, Gebäck und Eiscreme (Rs22–
85) auftragen. Zum Lokal gehört auch ein
Sweetshop.
New Inn, Bhadbhada Rd, New Market. Hinter
der Glasfront – mit ziemlich unpassender
gelb-grüner Drachendeko – lauern Wände in
schreiendem Gelb und Orange und braune
Ledermöbel. Zum Glück beweist man in der
Küche bei den sehr erschwinglichen Gerichten
(besonders erwähnenswert: die *sheesh*-Kebab-
spieße und Lammkoteletts) einen erheblich
besseren Geschmack (Hauptgerichte Rs23–90).
Swad, Bharat Bhavan Arts Centre. Zieht mit
seinen *samosas*, *pakoras* und leichten Gerichten
zu zivilen Preisen (Rs3–35) ein erfrischend
gemischtes Publikum aus Studenten, Künstlern
und Touristen an. Die Terrasse ist ein ideales
Fleckchen, um den Sonnenuntergang zu
beobachten (Mückenschutzmittel nicht
vergessen).
Wind and Waves, Lake Drive Rd. Die Speisekarte nach gängigem MP-Tourism-Muster
(indische, chinesische und ein paar westliche
Speisen) hält nur wenige Überraschungen
bereit. Aber die Seeuferlage in der Nähe der
Museen und des Bootsverleihs ist malerisch
und außerdem gibt es im Obergeschoss eine
Bar. (Hauptgerichte Rs75–195).

Bibliothek

Das **British Council** hat eine Bibliothek im
GTB-Komplex, Roshanpura Naka, New Market,
wo auch Nicht-Mitglieder in englischen
Zeitungen und Zeitschriften schmökern dürfen.
Zur Zeit der Recherche gab es allerdings
umstrittene Pläne, sie zu schließen. ☉ Di–Sa
11–19 Uhr.

Bücher

Variety Book House am oberen Ende der
Bhadbada Rd, New Market, und **Book's World**
gleich gegenüber.

Einkaufen

Der **Chowk** ist der beste Platz für Seide und
Silber; Basar ☉ Mo–Sa. In der New Market-
Gegend finden sich größere Geschäfte wie
das staatlich geleitete **Mrignayani** mit Kunsthandwerk, *salwar kameez*, Batiken, *dokra*-
Metallarbeiten, *khadi*-Kleidung, Tagesdecken
und Saris zu Festpreisen. Ein Ableger von
Mrignayani befindet sich in der Hamidia Rd.
In der Nähe der New Market-Filiale liegt das
staatlich geführte Geschäft **Tribes India**, wo
preisgebundene Adivasi-Waren zu haben sind.

Geld

Neben den Tophotels wechseln nur die
großen Banken in New Market Geld. Es gibt
zahlreiche Geldautomaten, z. B. bei der **State
Bank of India** neben dem GPO, bei der **ICICI-
Bank** gegenüber und bei der Tankstelle in der
Hamidia Rd.

Informationen

MP Tourism betreibt **Touristeninformationen**
in der Ankunftshalle des Bahnhofs (Ausgang
Gleis 1, ✆ 0755/274 6827, ☉ tgl. 8–20 Uhr), am
Flughafen (öffnet für ankommende Flüge) und
einen Reservierungsschalter im Palash
Residency, ✆ 0755/329 5040, ☉ tgl. 8–20 Uhr.
Das **Hauptbüro**, ✆ 0755/277 8383, 🖥 www.
mptourism.com, liegt ziemlich weitab vom
Schuss in Paryatan Bhawan, Bhadbhada Road,
2 km südlich von New Market, ☉ Mo–Sa
10–18 Uhr. Hier gibt es Tickets für Jet Airways
und Indian Airlines.

Internet

Einen Versuch lohnt das namenlose **Internetcafé** in der Nähe vom Hotel Ranjeet (Rs20 pro Std.) oder das **Hub** gegenüber der State Bank of India in New Market (Rs10 pro Std.).

Medizinische Hilfe

Hamidia Hospital, ✆ 0755/254 0222, Sultania Rd, zwischen Imam Square und Darul Uloom Tajul Masjid. Ganz hervorragend ist das kleine private **Hajela Hospital**, Sultania Rd, in Geetanjali, ✆ 0755/277 3392.

Post

Das **Hauptpostamt** liegt etwas von der Bhadbhada Rd zurückversetzt in New Market. Eine Nebenstelle befindet sich in der Sultania Rd nahe Darul Uloom Tajul Masjid.

Touren

MP Tourism bietet die **Bhopal-On-Wheels**-Stadtrundfahrt ab Palash Residency an, ⏱ (Di–So 11–15 Uhr, Rs60). Der **Boat Club** von MP Tourism veranstaltet Speedboat-Fahrten (Rs40 pro 5 Min.) auf dem Upper Lake.

Nahverkehr

Bhopals interessanteste Sehenswürdigkeiten liegen so weit voneinander entfernt, dass **Motor-Rikschas** das empfehlenswerteste Nahverkehrs-mittel sind. Vor allen besseren Hotels warten Taxis, Bestellungen tätigen MP Tourism. Taxis und Motor-Rikschas, die an einem Schalter im Voraus bezahlt werden, warten an einem eigenen Stand vor dem Bahnhof in der Hamidia Rd.

Transport

Busse

Der zentrale **Busbahnhof**, an dem die Busse aus Indore, Jabalpur, Pachmarhi, Sanchi und Ujjain eintreffen und abfahren, liegt zu Fuß zehn Minuten südwestlich vom Hauptbahnhof an der Hamidia Road.

Züge sind zwar meist schneller, es gibt aber auch günstige Busverbindungen, besonders nach INDORE, das mit einem der häufigen staatlichen Busse oder den schnelleren Expressbussen von MP Tourism (4 1/2 Std., Abfahrt am Palash Residency) erreichbar ist. Wer nach UJJAIN will, steigt in Dewas für die restlichen 37 km in einen Regionalbus um. Vom staatlichen Busbahnhof in der Hamidia Rd verkehren alle halbe Stunde Busse nach SANCHI (1 1/2 Std.). Außerdem starten hier Busse nach PACHMARHI (7x tgl., 6 1/2–7 1/2 Std.); am praktischsten sind die, die um 8.15 und 10.15 Uhr abfahren.

Eisenbahn

Der **Hauptbahnhof** liegt nahe dem Zentrum. Zu den Hotels gelangt man über den Ausgang an Gleis 4 oder 5, von wo man rasch die Ecke der geschäftigen Hamidia Rd erreicht. Von Süden eintreffende Züge halten meist kurz am weit außerhalb des Zentrums gelegenen Bahnhof **Habibganj Station** an – nur dann aussteigen, wenn man ein Hotel in den Shamla Hills oder in New Market beziehen will. Bhopal liegt an einer Hauptstrecke zwischen Delhi und Mumbai. Richtung **Norden** via JHANSI (für Orchha/Khajuraho), GWALIOR oder AGRA gibt es etwa 12 reguläre Verbindungen und den superschnellen Shatabdi Express Nr. 12001, der tgl. um 14.40 Uhr abfährt und um 22.30 Uhr in DELHI ankommt. Der einzige Zug, den man vermeiden sollte, ist der super-langsame Dadar-Amritsar-Express Nr. 11057. In die andere Richtung nach MUMBAI ist der Punjab Mail Nr. 12138 am besten (Abfahrt tgl. 17 Uhr, Ankunft 7.35 Uhr.). Nach JABALPUR fährt der Narmada Express Nr. 18233, Abfahrt 23.35 Uhr, Ankunft 6.30 Uhr. Ein anderer Zug nach Jabalpur ist der Shatabdi Express Nr. 12061 (AC), Abfahrt tgl. außer So 17.40 Uhr, Ankunft 22.55 Uhr., der von der Habibganj Station abfährt und auch in **Itarsi Junction**, 92 km südlich, hält, wo es Zug-verbindungen nach Kolkata und Varanasi gibt.

Flüge

Bhopals **Flughafen** liegt 12 km nördlich der Stadt. Fahrt ins/vom Zentrum mit Taxi (ungefähr Rs250) oder Motor-Riksha (um Rs150). Jet Airways und Indian Airlines fliegen tgl. nach DELHI, MUMBAI, HYDERABAD und INDORE.

Air India/Indian Airlines, Airlines House, Bhadbhada, TT Nagar Rd, ☎ 0755/255 0480. **Jet Airways**, Ranjit Towers, MP Nagar, ☎ 0755/276 0371.

Die Umgebung von Bhopal

Im Umkreis von zwei Stunden Fahrt befinden sich zahllose faszinierende alte Denkmäler. Nordöstlich von Bhopal stehen die aus dem 3. Jh. v. Chr. datierenden Stupas von Sanchi – ein leicht erreichbares Ziel für einen Tagesausflug. Mit seiner friedlichen Lage eignet sich Sanchi auch hervorragend als Ausgangspunkt für Besuche der *Stupas* von **Satdhara** oder einen Abstecher zu den Höhlen von **Udaigiri** und der Säule des Heliodorus im nahe gelegenen **Besnagar**. Nach Süden hin, Richtung Hoshangabad und Narmada-Tal, liegen die prähistorischen Höhlenmalereien von **Bhimbetka**, die man an einem Tag mit dem Bus besuchen kann.

Sanchi

Aus der Entfernung wirkt das glattseitige, halbkugelförmige Objekt, das 46 km nordöstlich von Bhopal oberhalb der Eisenbahntrasse auf einer Anhöhe in Sanchi erscheint, wie das surrealistische Bild einer umgestülpten Satellitenschüssel. In Wirklichkeit aber legt der gigantische Steinhügel Zeugnis von wesentlich früheren Kommunikationsversuchen mit dem Kosmos ab. Der **Große Stupa** ist nicht nur das prächtigste buddhistische Monument Indiens, sondern zugleich eines der ältesten religiösen Bauwerke des gesamten Subkontinents. Er überragt ein Areal mit Tempel- und Klosterruinen, die gemeinsam eine reichhaltige und ungebrochene Dokumentation der buddhistischen Kunst und Architektur darstellen, von der Ausbreitung des Glaubens in Zentralindien im 3. Jh. v. Chr. bis zu seiner Verdrängung durch das Wiederaufkeimen des Brahmanismus im Mittelalter.

Geschichte

Im Gegensatz zu anderen berühmten buddhistischen Zentren Ostindiens und Nepals steht Sanchi in keiner überlieferten Beziehung zum Buddha selbst. Es wurde erst zum Pilgerort, als der Maurya-Kaiser Ashoka, der eine Frau aus dem nahen **Besnagar** (S. 398) heiratete, Mitte des 3. Jhs. v. Chr. eine glatt geschliffene Steinsäule und einen Stupa aus Ziegeln und Mörtel errichten ließ. Unter den folgenden Dynastien wurde das Areal beständig vergrößert, doch nach dem Niedergang des Buddhismus fiel Sanchi dem Verfall und der Überwucherung anheim, bis General Taylor von der Bengalischen Kavallerie es 1818 wieder entdeckte.

In den folgenden Jahren fielen Schwärme von Amateurschatzsuchern über die Stätte her. Aber der Einzige, der mehr als nur Trümmer und Schutt fand, war der Forscher **Sir Alexander Cunningham**. 1851 förderte er zwei Reliquienbehälter aus Speckstein zutage. Sie enthielten Knochenfragmente und trugen die Namen zweier der bekanntesten Gefährten Buddhas: Sariputra und Maha-Mogalanasa. Für Historiker war das, „… als hätte man die Gräber von Petrus und Paulus entdeckt". Das jahrhundertelang vergessene Sanchi wurde plötzlich wieder zum buddhistischen **Pilgerziel**. Die Reliquienbehälter selbst werden einmal im Jahr, gegen Ende November, im srilankischen Tempel ausgestellt.

1912 war der Dschungel gerodet, die wichtigsten Stupas und Tempel wieder aufgebaut, Rasenflächen angelegt, Bäume gepflanzt, und ein Museum für die verbliebenen Skulpturen errichtet, die nicht nach Delhi oder London geschafft worden waren.

Die Stätte

Die Ruinen von Sanchi haben sich eine friedliche Ruhe bewahrt, die bereits die ersten frühen Bewohner unwiderstehlich angezogen haben wird. Die meisten Besucher verwenden nur wenige Stunden auf die Erkundung der Stätte, doch man könnte problemlos ganze Tage allein damit verbringen, sich in die Skulpturenvielfalt der vier wundervollen **Torana** (Eingangstore) zu versenken, die den Großen Stupa umgeben. Gepflasterte Pfade und Treppen führen um die auf dem Hügel stehende ummauerte Ruinenstätte. Entlang des Rundwegs geben Tafeln detaillierte Auskunft, und die Bäume spenden Schatten vor der zuweilen äußerst drückenden Hitze. ⏰ tgl.

8–18 Uhr, Eintritt Rs250, Video-Erlaubnis Rs25, Auto Rs10.

Die Eintrittskarten sind an einem Schalter vor dem **Museum** erhältlich. Von dort läuft man einen gewundenen Weg nach rechts und erreicht nach rund 10 Minuten den Haupteingang. Hier beginnt dann der Hauptweg, auf dem man am neuen srilankischen Buddhisten-Tempel entlang zum Großen Stupa gelangt.

Der Große Stupa

Stupa 1, der Große Stupa, erhebt sich am westlichen Rand des Plateaus. Ringsherum stehen einige der kunstvollsten und am besten erhaltenen antiken Skulpturen der gesamten Stätte. Fragmente des originalen Bauwerks aus dem 3. Jh. v. Chr., das wesentlich kleiner als die heutige Konstruktion war und von Ashoka errichtet wurde, liegen noch unter der dicken äußeren Schicht aus Kalkverputz verborgen. Die **Shunga** fügten den erhöhten Balkon für die Prozessionen und die beiden eleganten Treppen hinzu, die ausgehend von dem gepflasterten Pfad in sanftem Schwung den Stupa umlaufen. Auf sie gehen auch der scheinbar schwebende *chhattra* und die viereckige Umfriedung zurück, die den Erdwall nach oben hin abschließen. Die vier kunstvoll gearbeiteten Tore entstanden im 1. Jh. v. Chr. unter den **Satavahana**, lange vor den vier Ruhe verströmenden **Meditations-Buddhas**, die den Besucher an den Haupteingängen empfangen. Die aus dem örtlichen Sandstein gemeißelten Figuren wurden um das Jahr 450 in der Gupta-Epoche aufgestellt, als sich figurative Darstellungen des Buddha durchgesetzt hatten (anderswo in Sanchi wird Buddha symbolhaft in Form eines leeren Throns, eines Rades, eines Fußabdruckpaares und sogar eines Schirms verehrt).

Mit zunehmender Nähe zum Stupa rückt der außerordentliche Skulpturenreichtum der **Torana** immer stärker in den Mittelpunkt. Die gesamte Oberfläche, der acht Meter hoch aufragenden Pfeiler und der drei gekrümmten Querstreben, wimmelt nur so von zierlichen Darstellungen von Menschen, Halbgöttern, Göttern, Vögeln, Säugetieren und Glück verheißenden Symbolen. Daneben gibt es zahlreiche rein dekorative Felder und Darstellungen des Himmels, die die Gläubigen erinnern sollen, auf Erden ein verdienstvolles

Sanchi

N

0   300 m

Vidisha, Udaigiri-Höhlen

Übernachtung
Gateway Retreat   D
Krishna   B
Sri Lanka Mahabodhi
  Society Guest House   A
Tourist Cafeteria   C

Bahnhof
Bus-bahnhof
Polizei
Fahrrad-verleih
Primary Health Centre
Dhabas
Ticketschalter
Archäologisches Museum
Teich
Haupteingang
Stupa 2
Neuer sri-lankischer Tempel
Stupa 3
Vihara 45
Vihara 51
Tempel 40
Großer Stupa
Ashoka-Säule
Tempel 18
Tempel 17

BHOPAL–VIDISHA ROAD

MONUMENTS ROAD

Bhopal

Leben zu führen. Es empfiehlt sich, die Besichtigung am südlichen Torana zu beginnen und den Stupa im Uhrzeigersinn zu umrunden, wie es an buddhistischen Bauwerken vorgeschrieben ist.

Südlicher Torana

Der südliche Torana, der sich zur Zeremonientreppe hin öffnet, war der wichtigste Eingang zum Großen Stupa. Dies geht eindeutig aus dem in der Nähe stehenden Sockel von Ashokas originaler Steinsäule hervor. Im Laufe der Jahre wurden einige Felder mit den besten Skulpturen entfernt (und befinden sich jetzt im angeschlossenen Museum), doch die auf den Querstreben erhaltenen Felder sind in einem recht ordentlichen Zustand. Ein Fries am mittleren **Architrav** zeigt Ashoka beim Besuch eines Stupa in traditioneller Verehrungshaltung.

Auf der Rückseite ist Buddha in einer früheren Inkarnation dargestellt. Als **Chhaddanta Jataka** nimmt der Bodhisattva die Gestalt eines Elefanten an, der einem Elfenbeinjäger in absoluter Selbstlosigkeit hilft, seine eigenen (sechs) Stoßzähne abzusägen.

Westlicher Torana

Der westliche Torana stürzte im 19. Jh. ein, wurde jedoch fachkundig restauriert und weist einige der lebendigsten Skulpturen von Sanchi auf. Im Feld oben rechts hastet ein Affenheer über eine Brücke über den Ganges, die der Befehlshaber, ein Bodhisattva, mit seinem eigenen Körper bildet, damit es einem Soldatentrupp entkommen kann. Dem **Mahakapi Jataka** (eine buddhistische Legende) zufolge wurden die Truppen vom lokalen Herrscher ausgeschickt, um einen begehrten Mangobaum an sich zu reißen, von dem die Affen sich ernährten. Mit ein wenig Mühe entdeckt man auch die abschließende Szene, in welcher der Bodhisattva dem reuigen König unter einem Pipalbaum eine scharfe Rüge erteilt.

Auf dem linken Pfeiler zeigen mit Blickrichtung zum Stupa die ersten beiden Felder eine der am häufigsten dargestellten Episoden aus Buddhas Leben. In der **Versuchung durch Mara** ignoriert Buddha, der den Eid geleistet hat, bis zur Erleuchtung unter dem Bodhibaum zu bleiben, alle Versuche der bösen Dämonin Mara, ihn durch Gewaltandrohung oder durch ihre verführerischen Töchter von seinem Weg abzubringen.

Nördlicher Torana

Der von einem unvollständigen Rad des Gesetzes und zwei Dreizacken, die Buddhas Trinität symbolisieren, gekrönte nördliche Torana ist das künstlerisch wertvollste und am besten erhaltene der vier Tore. Die überreich auf seine beiden Pfeiler gezwängten Szenen zeigen u. a. den schwebenden Buddha bei einem Spaziergang und einen Affen, der ihm eine Schale Honig anbietet.

Zwischen beiden Säulen zeigt ein Flachrelief auf der untersten Querstrebe das **Vessantara Jataka** (ebenfalls eine buddhistische Legende), das von einem Bodhisattva-Prinzen erzählt, der von seinem Vater verbannt wurde, weil er einen magischen Elefanten weggab, der Regen herbeizaubern konnte. Einen besseren Blick auf den inneren, nach Süden ausgerichteten Teil der Tafeln hat man vom Balkon der erhöhten Stupa-Terrasse. Beachtung verdient das kleine Tableau ganz rechts, das die mühsam durch den Dschungel ziehende Königsfamilie zeigt.

Östlicher Torana

Die berühmteste Skulptur von Sanchi ist die zierlich gestaltete **salabhanjika** (Waldnymphe), die sich vom rechten Kapitell des östlichen Torana sinnlich in den Raum hinauslehnt. Die sinnliche Fruchtbarkeitsgöttin ist eine von mehreren Figuren, die einst den Gläubigen, die das Gelände des Großen Stupa betraten, Segen spendeten. Nur wenige von ihnen befinden sich noch an ihrem originalen Platz, die anderen sind heute in Museen in Los Angeles und London zu bewundern.

Die Felder auf der Innenseite der Säule zeigen unterhalb der *salabhanjika* Szenen aus Buddhas Leben, darunter auch die Empfängnis, bei der ein Bodhisattva in Form eines weißen Elefanten in den Leib seiner Mutter Maya eindringt. Die Vorderseite des mittleren Architravs nimmt die Geschichte Jahre später auf, als der junge Buddha in Form eines Pferdes **Abschied** vom elterlichen Palast nimmt, um fortan das Leben eines Wanderasketen zu führen. Auf der Rückseite sieht man den erleuchteten Buddha, nun symbolisiert durch einen leeren Thron.

Stupa 3 und Vihara 45

Von den Dutzenden anderen nummerierten Ruinen entlang der 400 m langen Ummauerung lohnen nur wenige eine ausgiebigere Erkundung. Der kleinere, schlichtere **Stupa 3** steht makellos restauriert unmittelbar nordöstlich von Stupa 1 und hat dem geringfügig älteren Bruder nur in einer Hinsicht etwas voraus: 1851 wurden tief in der Mitte des Erdhügels zwei kostbare Reliquienschreine entdeckt, die sterbliche Über-

Zu den frühesten Kultobjekten in Indien zählen als Stupas bekannte halbkugelförmige Hügel, die seit dem 6. Jh. v. Chr., als **Buddha** selbst den ersten Prototyp entwarf, für die buddhistische Andacht eine wichtige Rolle spielen. Von einem seiner Schüler nach einem Symbol gefragt, das helfen würde, seine Lehren nach seinem Tod zu verbreiten, nahm der Meister seine Almosenschüssel, seinen Lehrstock und einen Streifen Stoff – seine einzigen weltlichen Besitztümer – und bildete daraus die Form eines Stupa, indem er den Stoff als Grundlage, die umgedrehte Schüssel als Kuppel und den Stock als Turmspitze nahm.

Ursprünglich waren Stupas einfache Grabhügel, die **Reliquien** Buddhas und seiner Anhänger beherbergten. Als sich die Religion verbreitete, vermehrten sich die Grundkomponenten jedoch und erhielten eine symbolische Bedeutung. Die Hauptkuppel *(anda)* – die die Himmel und Erde miteinander verbindende „Weltenachse" darstellt – wurde größer, während die sie umgebende hölzerne Umzäunung *(vedika)* durch eine massive aus Stein ersetzt wurde. Hinzugefügt wurde eine erhöhte Terrasse *(medhi)*, zusammen mit zwei Treppen und vier Zeremonialeingängen, die mit Bedacht nach den Himmelsrichtungen ausgerichtet sind. Die krönende Spitze des Stupa entwickelte sich zu einem dreistufigen Schirm *(chhattra)*, der die Drei Kostbarkeiten des Buddhismus symbolisiert: Buddha, das kosmische Gesetz und die Mönchsgemeinschaft *(sangham)*.

Der *chhattra,* gewöhnlich von einem niedrigen quadratischen Steinkasten *(harmika)* umschlossen, bildete die Spitze der Achse, direkt über dem Reliquienschrein im Herzen des Stupa. Die Reliquienschreine, die von in Stoff gehüllten Knochenstücken bis zu schönen Kästchen aus Edelmetallen, Kristall und verziertem Stein reichten, waren die „Samen" und die sie schützenden Hügel das „Ei". Ausgrabungen der geschätzten 84 000 über den Subkontinent verstreuten Stupas haben gezeigt, dass die Innenräume manchmal auch als kunstvolle Mandalas angelegt wurden – symbolische Muster, die einen wohltuenden Einfluss auf den Stupa und alle, die ihn umschritten, ausübten. Das **Ritual der Umwandlung** *(pradakshina)*, das es dem Gläubigen ermöglichte, ein magisches Kräftefeld zu betreten und vom weltlichen ins göttliche Reich getragen zu werden, wurde stets im Uhrzeigersinn von Osten aus vollzogen, in Nachahmung der „Sonnenbewegung" (eigentlich der Erdumdrehung).

Von dem halben Dutzend oder mehr großen Stupa-Arealen, die im alten Indien verstreut lagen, ist nur **Sanchi** erhalten geblieben. Um jedoch ein aktives buddhistisches Zentrum zu sehen, muss man sich südwärts nach Sri Lanka, nordwärts zum Himalaya und zum tibetischen Plateau oder über den Golf von Bengalen nach Südostasien begeben, wo die Stupas heute noch als *dagoba, chorten* und *chedi* verehrt werden – als Horte der heiligen Energie.

Madhya Pradesh und Chhattisgarh

reste von zwei der engsten Schüler Buddhas enthielten. Einer der Schreine enthielt Knochenreste sowie Perlen, Kristalle, Amethyste, Lapislazulis und Gipsfragmente, und der Deckel trug den Anfangsbuchstaben des Heiligen Sariputra, dem sie zugeordnet werden.

Nachdem die Gegenstände im Londoner British Museum ausgestellt waren, werden sie nun im neuen buddhistischen Tempel außerhalb der Stupa-Ummauerung aufbewahrt und jedes Jahr gegen Ende November einen Tag lang für die Öffentlichkeit ausgestellt.

Von Stupa 3 führt der Weg durch ein Gewirr aus Säulen, kleinen Stupas und freigelegten Tempelfundamenten zu einem weitläufigen Bereich mit untereinander verbundenen Terrassen am **östlichen Rand** der Stätte. Das am besten erhaltene Kloster der gesamten Anlage, **Vihara 45**, stammt aus dem 9. oder 10. Jh. und weist den üblichen Grundriss mit einem zentralen Hof, um den die Zellen angeordnet sind, auf. Ursprünglich erhob sich ein kolossaler, reich verzierter Turm über das Gelände, doch er stürzte ein und ließ das innere Heiligtum nach oben hin offen.

Zu den kunstfertig gestalteten Figuren, die den Eingang des Heiligtums flankieren, gehören die Flussgottheiten Ganga und Yamuna. Im Inneren aber nimmt Buddha immer noch den höchsten Rang ein.

Die aus dem 10. Jh. stammende östliche **Begrenzungsmauer** ist der beste Ort, um Sanchis **Panorama** zu genießen. Im Nordosten erhebt sich ein mächtiger, jäh abfallender Felsen in Vidisha nahe der Stätte der antiken Stadt, welche die Geldmittel für die Klöster stiftete (Spuren des **Pilgerpfads** zwischen Besnagar und Sanchi sind unten am Berg noch erhalten). Im Süden des Berges erstreckt sich eine weite Fläche mit gut bewässerten Getreidefeldern bis hin zu den winkeligen Sandsteinkämmen des Steilhangs Raisen.

Südlicher Bereich

Im südlichen Bereich des ummauerten Bezirks stehen einige der interessantesten Tempel Sanchis. Die im Fundament von **Tempel 40** gefundenen verkohlten Holzreste beweisen, dass der heutige apsidiale buddhistische Tempel *(chaitya)* auf den Mauern eines älteren Baus errichtet wurde, der wahrscheinlich zeitgleich mit Stupa 1 zur Maurya-Zeit entstand. **Tempel 17** ist ein vorzügliches Beispiel der frühen Gupta-Architektur und Vorläufer des klassischen Hindu-Stils, der sich später in Orissa und Khajuraho entwickelte.

Vor dem Verlassen des ummauerten Bezirks lohnt ein kurzer Blick auf den Stumpf der **Ashoka-Säule** rechts vom südlichen Torana von Stupa 1. Der Maurya-Kaiser ließ in seinem ganzen Reich solche Säulen errichten, um heilige Stätten und Pilgerpfade zu kennzeichnen. Ursprünglich krönte das prachtvolle Löwenkapitell, das heute nebenan im Museum aufbewahrt wird, den fein geschliffenen Säulenschaft. Eine umlaufende Inschrift verkündet unten in Brahmi-Schrift Ashokas Edikte in Pali, der frühen buddhistischen Sprache und Vorläuferin des Sanskrits.

Der westliche Hang

Neben Stupa 1 führt eine Treppenflucht den westlichen Hang der Sanchi-Anhöhe hinab zum Dorf. Unterwegs gelangt man zu zwei beachtenswerten Bauten: Die unteren Teile der dicken Steinmauern von **Vihara 51** wurden sorgfältig restauriert, um den Grundriss der 22 Zellen um einen gepflasterten zentralen Hof zu veranschaulichen. Weiter unten steht **Stupa 2** aus dem 2. Jh. v. Chr. auf einem künstlichen Sockel. Seine Lage unterhalb des ummauerten Hauptbereichs lässt darauf schließen, dass er von geringerer Bedeutung als Stupa 1 und 3 war. Der Steinzaun hat nicht die Qualität der oberen Beispiele, doch die Lotusblüten und mythischen Tiere sind äußerst beachtenswert. Die Schlaufen, die von den Sätteln mancher Reiter herabbaumeln, dürften Hinweise auf die frühesten Steigbügel Indiens geben.

Archäologisches Museum

Sanchis kleines archäologisches Museum, das sich links von der Straße befindet, die auf die Anhöhe führt, beherbergt eine übersichtliche Sammlung von Skulpturen, Schmuck, Keramik, Waffen und Werkzeugen. Die eindrucksvollsten Stücke stehen in der **Haupthalle**, darunter das berühmte Löwenkapitell der Ashoka-Säule und zwei beschädigte *salabhanjika* von den Toren des Stupa 1. Beachtung verdienen außerdem die charakteristischen roten Mathura-Sandstein-Buddhas. ☉ tgl. außer Fr 10–17 Uhr, Eintritt Rs5.

Übernachtung

Gateway Retreat von MP Tourism, an der Hauptstraße Bhopal–Vidisha, ✆ 07482/266723. Die vornehmste Unterkunft in Sanchi bietet leicht überteuerte, weiß getünchte Zimmer mit Bad in einer gepflegten Anlage. Hier gibt es auch einen computergestützten Bahnkarten-Reservierungsservice und ein Meditationszentrum. Oft ausgebucht, deshalb rechtzeitig reservieren. ❺

Krishna, über der Jaiswal-Drogerie an der Hauptstraße Bhopal–Vidisha, ✆ 07482/266610. Der freundliche Familienbetrieb ist der beste Tipp für Traveller: saubere, gefliese Zimmer (die besten liegen nach hinten raus), traditionelle oder westliche Toiletten und Dachterrasse mit Blick auf die Stupas. ❷

Sri Lanka Mahabodhi Society Guest House, vor dem Bahnhof, ✆ 07482/266699. Die preis-

werte Unterkunft ist vor allem auf buddhistische Pilger ausgerichtet, aber auch Touristen sind herzlich willkommen. Zur Wahl stehen spartanische Zimmer mit Gemeinschaftsbad und Blick auf einen schattigen Garten oder komfortablere mit Bad. ❶ – ❸
Tourist Cafeteria von MP Tourism, an der Straße zum Museum, ✆ 07482/266743. Zwei einfache Vierbettzimmer mit Bad. ❸

Essen

Die **Tourist Cafeteria** von MP Tourism serviert einfallslose, aber ordentlich zubereitete Kost wie Suppen, Tandoori-Huhn, China-Küche oder Fish'n'Chips (Rs50–150) in einem lauschigen Garten. Das **Gateway Retreat** bietet genau dieselbe Speisekarte, ist aber fürs Abendessen die bessere Wahl, da sich hier auch Sanchis einzige Bar findet. Im Restaurant des **Krishna** werden Pfannkuchen, Sandwiches, Nudeln und indische Hauptgerichte (Rs30–80) serviert. Bei den *dhabas* und Essensständen am Busbahnhof gibt es preiswerte *thalis*. Eine leckere lokale Spezialität sind die sehr süßen *nariyal samosas* (Teigtaschen mit Kokosfüllung).

Sonstiges

Einkaufen
Sanchis winziger Basar besteht aus einer Handvoll hölzerner Buden rund um den Busbahnhof. Die niedrigen, weiß getünchten Häuser des eigentlichen Dorfs drängen sich auf der anderen Seite der Hauptstraße unterhalb des Stupa-Hügels.

Elektrizität
Da Stromausfälle in Sanchi an der Tagesordnung sind, gehört eine Taschenlampe ins Reisegepäck.

Fahrradverleih
Im Basar werden Fahrräder für ca. Rs40 pro Std. vermietet.

Informationen
Touristeninformationen gibt es bei den Mitarbeitern des **Gateway Retreat**.

Internet
Eine Internetbude (Rs40 pro Std.) findet sich im Basar beim Busbahnhof.

Transport

Busse
Vom Busbahnhof Hamidia Road fahren alle 30 Minuten Busse nach Sanchi ab. Die Fahrt dauert 1 1/2 Std. Wer zurück nach BHOPAL will, wartet gegenüber vom Gateway Retreat (S. 396), wo man vorbeifahrende Busse per Handzeichen anhalten kann.

Eisenbahn
Von BHOPAL nach Sanchi verkehren tgl. 4 Züge (erste Abfahrt 8 Uhr, 40 Min.). Der erste Zug von Sanchi zurück nach Bhopal fährt ebenfalls um 8 Uhr, braucht aber länger.
Der nächste größere Bahnhof befindet sich im 10 km nordöstlich gelegenen **Vidisha**, von wo es zahlreiche Busverbindungen nach Sanchi gibt. Von dort fahren täglich Züge nach MUMBAI und DELHI.

Satdhara

Am Abgrund einer gähnenden Schlucht in ansonsten sanftem Hügelland, 30 km nördlich von Bhopal, liegt der selten besuchte Ort Satdhara („sieben Flüsse"). Für echte Stupa-Liebhaber lohnt sich der Umweg unbedingt, allerdings ist dafür ein eigenes Fahrzeug erforderlich. Hier stehen 34 **Stupas** aus der Zeit des Maurya-Reichs im 3. Jh. v. Chr. und 14 Klöster; von dreien der Klöster sind noch umfangreiche Ruinen erhalten. Mehrere Stupas und zwei der **Klöster** wurden unter Verwendung der Originalmethoden und -materialien rekonstruiert. Andere Baudenkmäler befinden sich gerade in der Renovierungsphase.

Der imposanteste Stupa von allen ist der 13 m hohe **Stupa 1**, dessen Sockel ein *medhi* (breiter Rundweg) umgibt. Direkt dahinter erhebt sich die wuchtige, 3 m hohe Grundmauer von **Kloster 1**. Rechts daneben stehen zwei runde **Mühlen**, wo Ochsen im Kreis trotten und einen schweren Mahlstein bewegen, um Kalk, Sand und Kieselsteine zu Zement zu zermahlen – die gleiche Technik wie damals, als die Klöster erbaut wurden.

Vidisha

Die quirlige Marktstadt Vidisha liegt 56 km per Bahn oder Bus von Bhopal entfernt und lässt sich auch mit dem Bus vom nahe gelegenen Sanchi aus erreichen. Hauptgrund für einen Abstecher nach Vidisha ist, dass hier *tongas* zu den archäologischen Stätten von **Udaigiri** und **Besnagar** abfahren. Wer es nicht eilig hat, kann noch dem kleinen **Museum** hinter dem Bahnhof im Osten des Städtchens einen Besuch abstatten. Die meisten der Ausstellungsstücke sind Hindu-Artefakte aus dem 2. Jh. n. Chr., die in Besnagar ausgegraben wurden – z. B. der Kubera Yaksha, die 3 m hohe, schmerbäuchige männliche Fruchtbarkeitsstatue in der Eingangshalle, ⏱ Di–So 10–17 Uhr; Rs50, Fotoerlaubnis Rs50.

Udaigiri

Im nur 6 km westlich von Vidisha gelegenen Udaigiri gibt es mehrere Tempelruinen und Höhlen aus dem 5. Jh. Die Ausschmückungen vieler Höhlen in dem langen schmalen Sandsteinfelsen, der sich inmitten eines Flickenteppichs aus Weizenfeldern erhebt, gehen auf hinduistische und jainistische Bettelmönche zurück. Udaigiri lässt sich mit einer der **Pferdedroschken** *(tonga)* erreichen, die an Vidishas Busbahnhof warten (rund Rs50 hin und zurück), aber auch bequem mit dem **Fahrrad** von Vidisha aus (Radverleih in Geschäften unweit vom Basar von Vidisha) oder etwas anstrengender zu Fuß von Sanchi aus (1–2 Std.).

Hinter Vidisha führt nach Überquerung des Flusses Betwa eine Linksabbiegung zunächst auf eine hügelige, 2–3 km lange Allee, die kurz vor Erreichen der Bergflanke erneut einen scharfen Linksknick macht und auf das Dorf zuführt. Hier, am Fuß eines nahezu senkrechten Felsens, führt eine steile Treppe hinauf zu **Höhle 19**, an deren Eingang verwitterte Reliefs Götter und Dämonen

zeigen. Am nördlichen Rand des Hangs steht ein **jainistischer Höhlentempel**. Auf Anfrage öffnen die *chowkidar* Besuchern die Türen.

Prunkstück der Anlage ist ein 4 m hohes Bildnis des wildschweinköpfigen Varaha in **Höhle 5**. Vishnu nahm diese Gestalt an, um die Erdgöttin Prithvi aus dem schäumenden urzeitlichen Ozean zu retten. Varahas linker Fuß ruht auf einem Naga-König, den eine Haube aus dreizehn Kobraköpfen schützt, während zu beiden Seiten die Flussgöttinnen Ganga und Yamuna Wassergefäße halten. Im Hintergrund sind Brahma und der vedische Feuergott Agni zu sehen. Die dargestellte Szene gilt als Allegorie für die Eroberung Nordindiens durch Kaiser Chandra Gupta II.

Die Ruinen des antiken **Besnagar**, das bei den Einheimischen den Namen **Khambaba** trägt, liegen 5 km hinter der Abzweigung nach Udaigiri in einem kleinen Dorf an der Hauptstraße von bzw. nach Vidisha. Unter der Herrschaft der Maurya und Shunga im 3. und 1. Jh. v. Chr. überschaute hier eine blühende Provinzhauptstadt das Zusammenfließen von Bes und Betwa. Der spätere Kaiser Ashoka war dort Gouverneur und heiratete die Tochter eines örtlichen Geldverleihers. Nur ein paar Erdhügel und verstreute Steinmetzarbeiten sind übrig geblieben. Ein kleines Bauwerk jedoch, die **Säule des Heliodorus**, macht den Abstecher zu einer lohnenden Unternehmung. Die in einem umschlossenen Hof stehende 16-seitige Säule wurde 113 v. Chr. von einem baktrisch-griechischen Gesandten des Hofes aus der Gandhara-Hauptstadt Taxila (heute Pakistan) gestiftet, der im Laufe seines langen Aufenthalts hier ein Anhänger des örtlichen Vishnu-Kultes wurde. Der Krishnas Vater Vasudeva geweihte Schaft wurde ursprünglich durch eine Statue von Vishnus Reittier Garuda gekrönt.

Bhimbetka

Kurz nachdem der NH-12 von der Hauptstraße Bhopal–Hoshangabad, 45 km südöstlich von Bhopal, abzweigt, erscheint im Westen eine lange Reihe von Felsblöcken hoch oben auf einem von Gestrüpp überwucherten Kamm. Die dortigen Höhlen, Überhänge und Felsspalten, die sich über Jahrmillionen im weichen Sandstein bildeten, beherbergen eine der reichsten Sammlungen **prähistorischer Felskunst**. Das 1957 entdeckte Bhimbetka ist Ziel eines faszinierenden Tagesausflugs.

Öffentliche **Busse** (1 Std.) fahren vom Hamidia Road-Busbahnhof in Bhopal zur 7 km von Bhimbetka entfernten Kleinstadt Obaidullaganj, wo es mit einer Motor-Rikscha (rund Rs50) zu der Ausgrabungsstätte geht. Übernachten kann man in der MP-Tourism-Unterkunft **Highway Treat**, ✆ 07480/281558, ✉ bhimbetka@mptourism. com. ❹ Das Hotel liegt an der Hauptstraße, an der Abzweigung nach Bhimbetka, und hat drei schlichte Zimmer mit Bad sowie ein Restaurant.

Von den bislang auf einer Länge von 10 km nahezu tausend katalogisierten **Nischen** ist ungefähr die Hälfte mit Felsenzeichnungen versehen, die aus drei unterschiedlichen Epochen stammen. Die ältesten Malereien (rund 10 000 Jahre alt) sind grüne Konturzeichnungen menschlicher Figuren und große rote Tierbilder. Die fruchtbarere zweite Phase, die den größten Teil von Bhimbetkas Felskunst hervorbrachte, fällt in die „**Steinzeit**" zwischen 8000 und 5000 v. Chr. Ihre Felsbilder zeigen Jagdszenen mit wilden Tieren, Initiationsriten, Begräbnisse, Maskentänze, sportliche und kriegerische Aktivitäten, Schwangere und sogar ein Trinkgelage.

Bhimbetkas dritte und letzte Phase der Entstehung von Felsmalereien fand in einer vorgeschichtlichen Epoche statt; ihre stilisierten geometrischen Figuren ähneln in verblüffender Weise der Kunst, die noch heute von den Adivasi der Region hervorgebracht wird.

Vom Parkplatz auf der Anhöhe windet sich ein gepflasterter Pfad durch die Felsen mit den interessantesten und am leichtesten zugänglichen Malereien. Die *chowkidars* lassen sich für ein Trinkgeld als Führer anheuern. Besondere Beachtung verdienen die grünen paläolithischen Skizzen, die wundervollen mit Kreuzschraffierungen und komplexen geometrischen Mustern ausgemalten Tierfiguren sowie die wiederkehrenden Darstellungen eines Bullen, der eine menschliche Figur und eine Krabbe verfolgt. Vermutlich symbolisiert sie den Kampf zwischen den Helden dreier verschiedener Stämme. ☉ Sonnenauf- bis Sonnenuntergang, Eintritt Rs10.

Pachmarhi

Die **Mahadeo-Berge** gehörten zu den letzten Gebieten Zentralindiens, die von den Briten vermessen wurden. Sie wurden erst 1857 erforscht, als Captain J. Forsyth inmitten der Wildnis ein idyllisches Plateau in der Form einer Untertasse entdeckte, das mit riesigen Geröllblöcken und Wasserläufen durchsetzt war. Fünf Jahre später wurde eine Straße vom Bahnhof **Piparia** hinauf in die Berge gebaut, und Ende des Jahrhunderts war Pachmarhi bereits die Sommerhauptstadt der gesamten Zentralprovinzen, versehen mit Militärkrankenhaus, Kirchen, Clubhäusern, Pferderennbahn und Polofeld.

Abgesehen von der verblichenen Raj-Atmosphäre und den unzähligen Wandermöglichkeiten ist der Hauptgrund einer Reise nach Pachmarhi, hier im Wald umher zu streifen und nach **prähistorischer Felskunst** zu suchen. Alternativ bietet sich ein Besuch im **Satpura-Nationalpark** an, der Heimat einer Handvoll (gut versteckter) Tiger und Leoparden.

Beste **Reisezeit** für Pachmarhi sind die Monate zwischen Oktober und März. Dann bringt die kühle, klare Bergluft eine willkommene Erholung von der Hitze und dem Staub in tiefer gelegenen Gebieten. An langen Feiertagswochenenden treten sich in den beliebten Ecken die Besucher gegenseitig auf die Füße – also lieber einen anderen Termin wählen.

Praktische Wandertipps

Die **Stadt Pachmarhi**, mehr als 1000 m über dem Meeresspiegel, ist grün und entspannt, trotz der Militärsiedlung in ihrer Mitte. Sie hat sich eine typische Kolonialatmosphäre bewahrt, die noch durch elegante englische Villen und die Kirchturmspitzen verstärkt wird, die aus den tropischen Baumwipfeln hervorblitzen, als hätten sie sich verirrt. Abends schlendern Familien durch den Park oder halten ein Picknick ab, während Militärkapellen und Soldatentrupps im Stechschritt über die *maidans* marschieren.

Das Netz der **Waldwege** und **Pilgerpfade**, die zu den weit verstreuten archäologischen und religiösen Stätten des Plateaus führen, bietet exzellente Voraussetzungen für Wanderungen. Nur wenige Pfade sind auf Englisch ausgeschildert;

wer ausgedehntere Touren machen will als die unten beschriebenen, nimmt sich besser einen örtlichen Führer. Eine verlässliche Agentur ist **Satpura Adventure Club,** ✆ 07578/252165, geleitet von Vinay Sahu vom Hotel Saket, der *guides* für Rs150–200 p. P. und Tag organisiert. Die **Führer** sind Stammesangehörige, die sich hervorragend in der Gegend auskennen. Allerdings sprechen nicht alle Englisch. Der Veranstalter hat auch Parasailing (Rs350) im Programm und organisiert Klettertouren sowie Aufenthalte mit Übernachtung in nahe gelegenen Dörfern. Eine andere verlässliche Informationsquelle fürs Trekking und über die lokale Fauna und Flora ist **Kamal Dhoot** vom Hotel Kachnar, ✆ 07578/252547. Fremdenführer (Rs350 pro Tag) vermittelt auch die Bison Lodge (s. u.) Die meisten der längeren Wanderungen führen durch den Satpura-Nationalpark und erfordern daher ein **Permit** (s. u.).

Satpura-Nationalpark

Der 524 km² große Satpura-Nationalpark mit den imposanten, zerklüfteten Mahadeo-Bergen liegt rund 3 km südwestlich der Stadt und ist einen Besuch wert, um die hiesige Tierwelt zu sehen. Einen der wenigen Tiger oder Leoparden zu Gesicht zu bekommen, ist allerdings reine Glückssache. **Zugangsgenehmigungen** gibt es bei der Forestry Commission (◷ Mo–Sa 10–18 Uhr) in der Bison Lodge, fünf Minuten zu Fuß südlich vom Amaltas-Hotel. Die **Trekking-Permits** (Rs500; Guide Rs150; Video-Erlaubnis Rs350) und **Safari-Permits** (Rs2000 für ein Fahrzeug mit Platz für acht Passagiere, Rs1500 für eins mit Platz für fünf Passagiere; Walking-Safari Rs200; Guide Rs150; Video-Erlaubnis Rs350) gelten jeweils einen Tag lang. Dem Büro ist ein kleines **Museum** angeschlossen, das eine gute Einführung in die Flora und Fauna des Nationalparks bietet. ◷ Di–So 9–13 und 15–19 Uhr.

Wer das meiste aus dem Besuch im Satpura herausholen möchte und nicht knausern muss, sollte sich in der traumhaften **Forsyth Lodge** einmieten, ✆ 07575/21306, 🖥 www.forsythlodge. com, ➒ . Die im Dschungel nahe dem Dorf Sarangpur gegenüber vom Parkeingang Madai gelegene Anlage hat zwölf wunderschöne Cottages (Rs12 000 p. P.) und einen Pool. Im Preis enthalten sind Vollpension und Jeep- und Elefantensafaris.

Pachmarhi Hill und Jata Shankar-Höhle

Die folgenden beiden Kurzwanderungen können ohne Führer und Permit unternommen werden. Die erste ist ein 15-minütiger Aufstieg vom moslemischen Heiligtum im Stadtgebiet Babu Lines, 1 km südwestlich des Busbahnhofs, zum Gipfel des **Pachmarhi Hill,** der mit schönen Ausblicken auf die Stadt und zur anderen Seite auf das dicht bewaldete Tal **Jambu Dwip** belohnt wird. Die zweite, diesmal eine 30-minütige Wanderung, führt auf einem leicht ersichtlichen Weg vom Busbahnhof nördlich des Basars durch eine schmale Schlucht mit schroffen Steilwänden hinauf zur heiligen Höhle **Jata Shankar,** die zu den Wallfahrtsorten *(yatra)* des Shivratri Mela gehört.

Am Wege, nur ein kurzes Stück vom Pfad entfernt, liegt zwischen einigen anderen prähistorischen Höhlenwohnungen die **Harper's Cave,** deren Name von einer natürlich geformten, sitzenden Figur eines Harfe spielenden Mannes abgeleitet ist. Ein Stück weiter liegt dann die Jata Shankar-Höhle am Fuß einer langen steinernen Treppenflucht. Der Name der Grotte, dessen wörtliche Übersetzung „Shivas Haartracht" bedeutet, bezieht sich auf eine Steinformation, die einen natürlichen Felslingam auf dem Höhlenboden umschließt und der üppigen Rastalocken-Frisur der Gottheit ähneln soll.

Pandav Caves, Fairy Pool und Big Falls

Während eines zwei- oder dreistündigen Spaziergangs um den Ostausläufer des Plateaus herum lassen sich ein paar Sehenswürdigkeiten besichtigen. Zuerst geht man zu den **Pandav Caves** (40 Min.) hoch. Sie überziehen einen knubbligen Sandsteinhügel östlich der Straße zwischen der ATC-Kaserne (einem Trainingslager der Armee) und der Tankstelle. Der Hindu-Mythologie zufolge dienten diese fünf *(panch)* schlichten Zellen *(marhi)* den aus dem *Mahabharata* bekannten Pandava-Brüdern in der Zeit ihres 13-jährigen Exils als Unterkunft. Archäologen dagegen behaupten steif und fest, dass eine Gruppe buddhistischer Mönche die nackten Steinkammern und mit Säulen bestandenen Veranden um das 1. Jh. v. Chr. herum errichteten.

Vor den Höhlen kehrt man wieder auf die Straße zurück und wandert um die Rückseite des Hügels herum zum melancholischen **British Cemetery**. Hinter dem britischen Friedhof geht die Straße in eine sandige Karrenspur über, die an einem kleinen Parkplatz endet. Wer weiter zum Fairy Pool oder den Big Falls möchte, muss vorher ein Permit kaufen (s. o.). Vom Parkplatz führt ein abschüssiger Fußweg ungefähr 20 Minuten lang durch den Wald. Unten nimmt man den Abzweig nach rechts hinab zum **Apsara Vihar** oder „Märchenteich" – einer beliebten Bade- und Picknickstelle am Fuß eines kleinen Wasserfalls. Eine fünfminütige Klettertour über Felsblöcke flussabwärts führt zum 150 m hohen **Rajat Prapat** oder „Big Falls". Wenn man zurück zu der Weggabelung und auf dem Pfad weiter spaziert, steht man nach fünf Minuten an der Absperrung vor dem 105 m hohen Wasserfall. Auf eigene Faust geht es ab hier nicht mehr weiter. Nur mit einem ortskundigen Führer findet man den 2 km langen Weg zum tiefen, kalten Wasserbecken am Fuß des Wasserfalls.

Chauragarh

Der 23 km lange Aufstieg zum heiligen Gipfel Chauragarh (kein Permit erforderlich) am Südrand des Plateaus folgt dem Hauptpilgerpfad, den auch die Gläubigen während des Shivratri Mela abschreiten. Die ersten 8 km sind mit dem Fahrrad zu bewältigen. Vom Basar führt die Strecke südwärts am See vorbei zur Kreuzung vor dem **Hotel Amaltas**. Von dort führt die Straße zur **Mahadeo-Höhle**, vorbei an einem Aussichtspunkt über der engen Schlucht **Handi Kho**. Er befindet sich unmittelbar vor dem ersten starken Gefälle der Straße an der Abzweigung nach **Priyadarshini** oder „Forsyth's Point".

Der eigentliche **Wanderweg** beginnt unten im Tal, nachdem die Straße durch einige Haarnadelkurven an Höhe verloren hat. Vor dem Aufstieg führt ein kurzer Abstecher hinter dem modernen **Tempel** zur Mahadeo-Höhle, wo Pilger ein reinigendes Tauchbad im kühlen Quellwasser nehmen. Von dort führt ein anstrengender zweistündiger Aufstieg über uralte Pfade, auf denen sich zum Shivratri Mela Zehntausende von Pilgern drängen, auf den Gipfel des Berges, wo ein Tempel, den überaus mächtigen Chau-

ragarh-Lingam beherbergt. Die Aussicht von hier oben ist so atemberaubend, wie es dem Ort gebührt.

Zur Zeit der Feste *(melas),* über Weihnachten und Neujahr sowie in den Monaten **Mai/Juni** kann es schwierig sein, eine Unterkunft zu finden; zu diesen Zeiten rechtzeitig reservieren. Sonst lassen sich aber fast immer überall nennenswerte Rabatte aushandeln. Die Billigunterkünfte liegen im Basar, aber die meisten der komfortableren **MP-Tourism-Hotels** befinden sich in der Nähe von Tehsil. **Amaltas**, nahe Tehsil, 3 07578/252098, ✉ amaltas@mptourism.com. Dieses Hotel von MP Tourism ist in einem historischen britischen Gebäude untergebracht. Seine schlichten AC-Deluxe-Zimmer bestechen durch kleine Besonderheiten wie eine gewölbte Wand oder einen Marmorkamin (besonders nett ist das Zimmer Nr. 5). Die Standardzimmer im neueren Flügel sind längst nicht so hübsch. ❺ **Golf View**, Tehsil, mit Blick auf den Golfplatz, ✆ 07578/252115, 💻 www.welcomheritage hotels.com. Pachmarhis teuerste Herberge hat klassische Zimmer mit Mobiliar im Stil der 1920er-Jahre, Kamin, hohen Decken und modernen Extras wie Tee-/Kaffeebereiter und Whirlpools. Zur Anlage gehören penibel gepflegte Rasenflächen, Mangobäume und – etwas unerwartet – eine Aschenbahn. ❽ **Hotel Highlands**, Main Road, rund 600 m vom Busbahnhof entfernt, ✆ 07578/252099, ✉ highland@mptourism.com. Das erschwinglichste unter den MP-Tourism-Hotels bietet

Evelyn's Own, in Tehsil in der Nähe des Golf View, ✆ 07578/252056, ✉ evelynsown@gmail.com. Bungalow aus der Kolonialära mit gemütlichen Zimmern (von unterschiedlichem Niveau; am besten lässt man sich mehrere zeigen), Pool und Tennisplatz. Das ganz große Plus sind aber die Inhaber, Ex-Armeeoberst Bunny Rao und seine Frau Pramila, die mit Informationen jeder Art aushelfen. ❺–❼

Zimmer mit Bad und TV, Ventilator oder AC in weiß getünchten Cottages mit grünen Wellblechdächern. Sie sind zwar gut ausgestattet, könnten aber einen neuen Anstrich vertragen. ❹

Rock End Manor, nahe Tehsil, ✆ 07578/252079, ✉ rem@mptourism.com. Das MP-Tourism-Haus in einem vorzüglich restaurierten britischen Kolonialbungalow mit hochherrschaftlichem Flair ist mit seinen traditionell eingerichteten Zimmern (eigentlich schon fast Suiten) ein etabliertes Lieblingshotel der Prominenz. Von den Liegestühlen auf der Veranda hat man Aussicht auf das Bergpanorama und den Blumengarten. Vollpension inkl. ❽

Saket, Patel Marg, ✆ 07578/252165, ✉ hotel saket2003@yahoo.com. Im Herzen des Basars, 5 Min. vom Busbahnhof entfernt. Freundliche, saubere Zimmer mit TV, Bad (einige mit Hocktoiletten) und Glitzersternchen an der Decke. Die teureren sind größer und haben Badewanne, AC und einen kleinen Balkon. Warmwasser nur 7–9 Uhr. ❷ – ❸

Essen

In den billigen *dhaba* an der Hauptstraße gibt es üppig bemessene *thali*-Gerichte, doch die Hygiene lässt mancherorts zu wünschen übrig.

Chatora's, Misty Meadows Resort, am unteren Ende vom Basar, etwas abseits der Hauptstraße. Ein riesiger Fernsehbildschirm (auf dem normalerweise Cricket läuft) dominiert das Geschehen in dem vegetarischen Restaurant. Auf der Speisekarte stehen verschiedene nordindische Currys (Rs40–85) und *thalis*; wer richtig Hunger hat, sollte die „VIP"-Version für Rs150 nehmen.

Khalsa, im Hotel Khalsa in einer Nebenstraße am unteren Basar abseits der Hauptstraße. Von Sikhs betriebenes Restaurant mit gutem veg. und nicht veg. Punjabi-Essen (inkl. fluffiges Peshwari-*naan*) und nicht zu verachtendem Gujarati-*thali*. Den Speisesaal „schmücken" Deckenstützen aus unechten Baumstämmen und Weihnachtsbeleuchtung. Hauptgerichte Rs38–150.

Rock-End Manor, Hotel Rock-End Manor, ☎ 07578/252079. In allen Restaurants der MP-Tourism-Hotels gibt es solide, aber keineswegs

weltbewegende nordindische und chinesische Kost. Doch das Rock-End versprüht den Charme der Raj-Ära und hebt sich dadurch von den anderen ab – passend zum Ambiente bestellt man vielleicht am besten Fish`n`chips (Rs175). In der Hochsaison geht nichts ohne Tischreservierung.

South Indian Coffee House, gleich vor dem Busbahnhof. Dieses einfache Lokal eignet sich prima für ein südindisches Frühstück (leider nur mit Pulverkaffee) oder ein paar Stunden später für eine umfangreichere vegetarische Mahlzeit (Hauptgerichte Rs35–60), z. B. ein *biriyani* à la Hyderabad.

Sonstiges

Fahrradverleih

Läden im Basar vermieten ein paar Fahrräder (um Rs50 pro Tag). Ein Fahrradschloss mitnehmen und beim Wandern das Rad vorsichtshalber im Gebüsch verstecken.

Geld

Die **State Bank of India** hat einen Geldautomaten, aber keinen Geldwechselservice.

Informationen

Das Haupt-**Informationsbüro** von MP Tourism, ✆ 07578/252100, liegt neben dem Hotel Amaltas in der Nähe vom Truppenübungsplatz Tehsil am Ufer eines Lotusteichs, 5 Min. per Jeep oder Motor-Riksha südlich vom Busbahnhof. ⏰ Mo–Sa 10–18 Uhr. Es gibt auch einen kleinen **Infoschalter** am Busbahnhof, ✆ 07578/252029. ⏰ Mo–Fr 10–17 Uhr.

Internet

Bagri Internet Centre, gegenüber vom Khalsa Restaurant, berechnet Rs40 pro Std., aber die Verbindung ist sehr unzuverlässig.

Touren

In jedem der acht Hotels von MP Tourism kann man einen **Jeep mieten** (Rs1000–1500 pro Tag). **Sammel-Jeeps** fahren zu den Hauptsehenswürdigkeiten von Pachmarhi und wieder zurück; ein Sitzplatz kostet Rs100–200 für den ganzen Tag.

Madhya Pradesh und Chhattisgarh

Busse

Busse verbinden Pachmarhi mit BHOPAL
(7x tgl., 6 1/2–7 1/2 Std.), die um 18.30 und
20 Uhr fahren weiter bis INDORE (12–13 Std.).
Außerdem gibt es Verbindungen nach
CHHINDWARA (2x tgl., 4–5 Std.) mit Weiterfahrt nach NAGPUR. Inzwischen dürfte auch
der tägliche „luxury" AC-Bus von MP Tourism
nach Bhopal wieder im Einsatz sein.

Eisenbahn

Der nächste Bahnhof befindet sich 52 km nord-
östlich in **Piparia** und ist mit dem Bus in einer
Stunde zu erreichen (zahlreiche Verbindungen).
Piparia liegt an der Hauptstrecke Mumbai–
Howrah (via ALLAHABAD, VARANASI und
ITARSI). Wer aus Bhopal kommt, muss an der
Itarsi Junction in einen Bus (3 Std.) oder Zug
(mehrmals tgl., 1–2 Std.) nach Piparia umsteigen.
Der letzte Bus nach Pachmarhi fährt um
19.30 Uhr, aber Sammeltaxi-Jeeps (Rs40)
verkehren bis zum späten Abend. Das **Tourist
Motel** von MP Tourism, ☎ 07576/222299,
✉ pipariya@mptourism.com ➍, hinter dem
Bahnhof ist die einzige anständige Über-
nachtungsmöglichkeit in Piparia.

Gwalior

Gwalior, an der Eisenbahnlinie Delhi–Mumbai
gelegen, ist die größte Stadt im Norden Madhya
Pradeshs und Standort einer der spektakulärsten Bergfestungen Indiens. Die alte Sandstein-
Zitadelle mit Tempeln und Palästen blickt vom
Rand eines schroff abfallenden Tafelbergs auf
den Dunstschleier der Benzinabgase und geschäftige Straßenzüge hinab. Die andere Hauptsehenswürdigkeit der Stadt ist der extravagante
Jai-Vilas-Palast, der sich im Besitz der ansässigen Herrscherfamilie Scindia befindet. Ihr Einfluss ist überall in der Stadt spürbar – von den
Chhatri (Kenotaphen) nördlich des Jiyaji Chowk
bis hin zum ausgezeichneten Museum für klassische Musik **Sarod Ghar**.

Eine Reiseunterbrechung in Gwalior lohnt
sich insbesondere Ende November/Anfang
Dezember, wenn mit dem **Tansen Festival** auf
dem Gelände der alten **Mogulgräber** eins von
Indiens bedeutendsten klassischen Musikfestivals stattfindet.

Geschichte

Einer Inschrift zufolge, die in einem nicht mehr
existierenden Sonnentempel freigelegt wurde,
eroberten im 6. Jh. v. Chr. hunnische Eindringlinge aus dem Norden Gwalior. Die örtliche Legende aber schreibt die Grundsteinlegung des Forts
dem Kuchwaha-Prinzen **Suraj Sen** zu, der im
10. Jh. von dem Einsiedler **Gwalipa**, nach dem
die Stadt benannt ist, von Lepra geheilt wurde.
Die den Kuchwaha nachfolgende Parihar-Dy-
nastie wurde 1232 durch **Iltutmish** gestürzt.

Eine dritte Rajputen-Dynastie, die **Tomar**, eroberte Gwalior 1398 zurück und führte die Stadt
in ihr „goldenes Zeitalter". Unter **Man Singh**, der
1486 den *gadi* (Thron) der Tomar bestieg, erhielt
die Festung ihre herrlichen Paläste und stolzen
Befestigungen, die ihr den Beinamen „Perle
in der Halskette der Hindu-Burgen" eintrugen.
Scharmützel mit den Nachbarmächten belas-
teten die Rajputen-Herrschaft, bis die **Lodi** von
Delhi die Festung 1517 zum zweiten Mal belager-
ten und Man Singh getötet wurde. Danach stand
Gwalior unter der Herrschaft mehrerer moslemischer Oberherren, darunter Babur, Humayun,
Sher Shah und schließlich Akbar.

Nach dem Niedergang der Mogul-Herrschaft
wurde Gwalior 1754 zur Basis der **Scindia**, des
mächtigsten der vier Marathen-Clans. 26 Jahre
später eroberten britische Truppen das Fort. Innerhalb weniger Stunden befand sich die Zitadelle in ihrer Gewalt, und Gwalior wurde zu einem
britischen Lehnsgebiet, über das eine Abfolge
von Marionettenkönigen herrschte. Der berühmteste von ihnen, **Jayaji Rao Scindia**, wahrte im
Sepoy-Aufstand von 1857 die Loyalität zu den
Briten und wuchs rasch wieder in seine Rolle als
Gastgeber der opulentesten vizeköniglichen Gela-
ge, königlichen Besuche und Tigerjagden hinein,
welche die Zeit des Raj jemals erlebte. Auch nach
der Unabhängigkeit bewahrten die Scindia von
Gwalior aus ihren politischen Einfluss.

Das Fort

Gwaliors beeindruckendes Fort erstreckt sich
nördlich der modernen Stadt über einen 3 km

langen Tafelberg aus Sandstein. Die mächtigen Brustwehren und Türme umschließen sechs Paläste, drei Tempel, mehrere Wasserbecken und Zisternen sowie eine renommierte öffentliche Schule und einen Sikh-*gurudwara* (Tempel).

Zwei Routen winden sich nach oben. Von Westen führt ein befahrbarer Weg von der Gwalior Road durch die steile Schlucht des **Urwahi-Tals** zum **Urwahi Gate** hinauf, vorbei an mehreren aus dem Fels gehauenen Jain-Statuen. Das einfacher zu erreichende **Gwalior Gate** liegt im Nordosten des Felsmassivs.

Offizielle **Führer** (Rs250 für 3 Std.) warten am Urwahi Gate und beim Getränkeladen am Eingang des Palastkomplexes auf Kundschaft. Über die Geschichte des Forts informiert tgl. eine 45-minütige **Ton- und Lichtshow** im Man Mandir auf Englisch und Hindi (April–Sep 20.30, Okt–März 19.30 Uhr, Rs250). ⊙ tgl. Sonnenauf- bis Sonnenuntergang, Eintritt Rs100, Fotoerlaubnis Rs20, Video Rs25.

Nordöstlicher Zugang und Museum

Gleich hinter dem Gwalior Gate kommt man zum bescheidenen **Gujuri Mahal**, den Man Singh errichten ließ, um ein einfaches Bauernmädchen zu umwerben, das seine spätere Lieblings-Rani Mrignayani wurde. Der elegante Sandsteinpalast beherbergt heute Gwaliors **Archäologisches Museum**, dessen umfangreiche Ausstellung von Skulpturen, Inschriften und Malereien trotz der wenig informativen Beschriftungen einen Besuch wert ist. Zu den Höhepunkten gehören zwei Ashoka-Löwenkapitelle aus Vidisha in Galerie 2 und das erotische Flachrelief in Galerie 9. Das berühmteste Ausstellungsstück aber ist die kostbare **salabhanjika** – eine kleine weibliche Figurine, die in den Ruinen des Tempels in Gyaraspur gefunden und wegen ihrer sinnlichen Kurven und ihres erhabenen Gesichtsausdrucks oft „Indiens Mona Lisa" genannt wird. ⊙ Di–So 10–17 Uhr, Eintritt Rs100.

Man-Singh-Palast

Das **Hathiya Paur** („Elefantentor") mit seinen Zwillingstürmen und blauen Zierkacheln bildet den Zugang zum Man-Singh-Palast, den der Forscher Sir Alexander Cunningham im 19. Jh. zum „vortrefflichsten Beispiel der Hindu-Wohn-

architektur im nördlichen Indien" erklärt hatte. Er wurde zwischen 1486 und 1517 vom Tomar-Herrscher Man Singh erbaut und trägt wegen der Keramik-**Mosaike**, die seine Fassade zieren, auch den Namen Chit Mandir („geschmückter Palast"). Die am besten erhaltenen Kachelfragmente an der Südseite sind gut vom Erdwall, links des Hathiya Paur, aus zu sehen. Auf den üppigen Bändern in Türkis, Smaragdgrün und Gelb entdeckt man im reich verzierten Mauerwerk Tiger, Elefanten, Pfauen, Krokodile und Blumen.

Das Innere des vierstöckigen Palastes ist hingegen sehr karg ausgestattet. Es gibt allerdings ein paar Jali-Trennwände aus kunstvollem steinernem Gitterwerk, hinter denen die Frauen des Palastes saßen und von der anderen Seite aus Unterricht von Gwaliors besten Musiklehrern erhielten. Die runden Kammern in den unteren Etagen dienten als Kerker.

Teli-ka-Mandir und Suraj Kund

Der 30 m hohe Teli-ka-Mandir im Süden des Tafelberges stammt aus dem 8. Jh. und ist das älteste erhaltene Bauwerk der Anlage. Der mächtige rechteckige Turm hat ein in ungewöhnlicher Weise gewölbtes Bogendach, dessen Pipalblattform von den *chaitya*-Fenstern wesentlich älterer buddhistischer Felsenhöhlen abgeleitet ist. Nach dem indischen Aufstand von 1857 funktionierten die Briten den Vishnu-Tempel zu einer Sodafabrik um. Inzwischen sind langwierige Restaurationsarbeiten im Gange.

Abseits der Straße nördlich des Teli-ka-Mandir liegt am Kopf der Urwahi-Schlucht das 100 m lange Becken Suraj Kund, dessen Wasser angeblich im 10. Jh. den Herrscher Suraj Sen (später Suraj Pal) von der Lepra heilte.

Sasbahu Mandir und Sikh-Tempel

Die beiden Sasbahu Mandir-Tempel („Mutter und Schwiegertochter") überschauen die Stadt vom östlichen Rand des Tafelbergs, nahe bei einem unansehnlichen TV-Mast. Die dreistöckige Mandapa (Versammlungshalle) des größeren der beiden Tempel wird von vier reich verzierten Säulen getragen, während das kleinere Bauwerk durch eine seitlich offene Vorhalle und ein pyramidenförmiges Dach auffällt. Beide Tempel

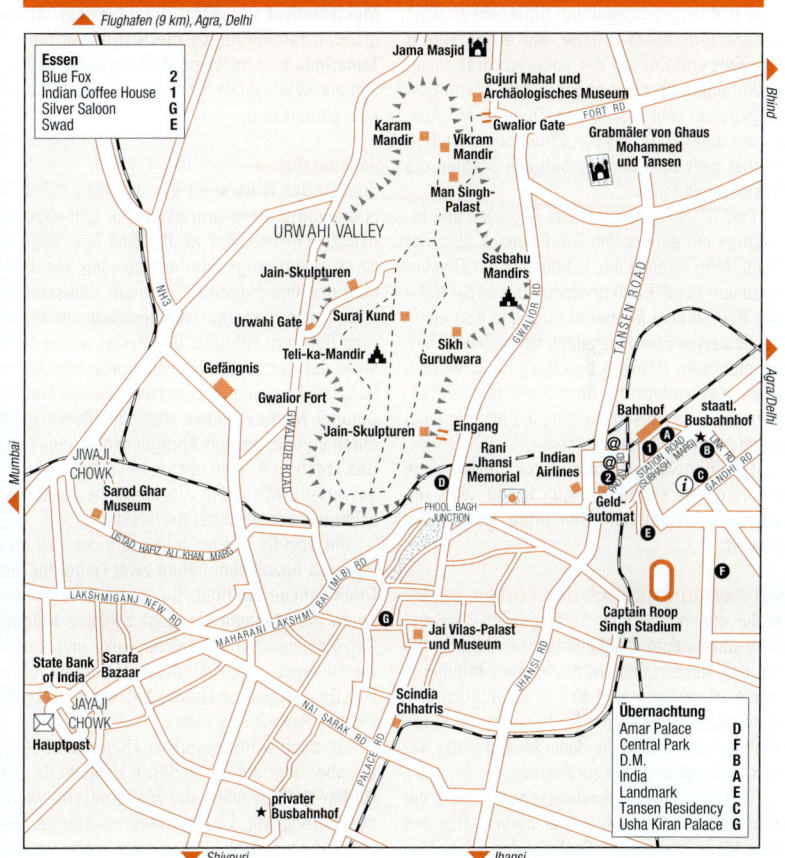

Flughafen (9 km), Agra, Delhi

Gwalior

N

0 — 500 m

Essen

Blue Fox	2
Indian Coffee House	1
Silver Saloon	G
Swad	E

Jama Masjid

Gujuri Mahal und
Archäologisches Museum

Karam
Mandir

Vikram
Mandir

Gwalior Gate

Grabmäler von Ghaus
Mohammed
und Tansen

Man Singh-
Palast

URWAHI VALLEY

Jain-Skulpturen

Sasbahu
Mandirs

Urwahi Gate

Suraj Kund

Teli-ka-Mandir

Sikh
Gurudwara

Gefängnis

Gwalior Fort

Jain-Skulpturen

Eingang

Rani
Jhansi
Memorial

Indian
Airlines

Bahnhof

staatl.
Busbahnhof

Geld-
automat

JIWAJI
CHOWK

Sarod Ghar
Museum

PHOOL BAGH
JUNCTION

Captain Roop
Singh Stadium

Jai Vilas-Palast
und Museum

State Bank
of India

Sarafa
Bazaar

JAYAJI
CHOWK

Hauptpost

Scindia
Chhatris

Übernachtung

Amar Palace	D
Central Park	F
D.M.	B
India	A
Landmark	E
Tansen Residency	C
Usha Kiran Palace	G

privater
★ Busbahnhof

Shivpuri

Jhansi

Mumbai

Bhind

Agra/Delhi

Madhya Pradesh und Chhattisgarh

stammen aus dem späten 11. Jh. und sind Vishnu geweiht. Der Weg führt dann weiter zum *gurud-wara* (Tempel) der Sikh-Gemeinde.

Jain-Skulpturen

In den schroffen Sandsteinklippen unterhalb des Forts befinden sich imposante aus dem Felsen gehauene Jain-Skulpturen. Die meisten Statuen, die zwischen dem 7. und 15. Jh. entstanden, sind große honigfarbene Bildnisse der 24 Lehrer und Erlöser des Jainismus – *tirthankara* (wörtlich

„Furt-Bereiter" oder „Furt-Macher"). Sie sind in ihren charakteristischen Posen dargestellt: stehend mit fest in die Hüften gestemmten Armen oder im Schneidersitz mit nach oben gerichteten Handflächen. Viele Statuen verloren 1527 beim Ansturm der ikonoklastischen Truppen des Großmoguls Babur ihre Gesichter und Genitalien.

Die größere der beiden Hauptgruppen säumt entlang der Hänge der **Urwahi**-Schlucht den südwestlichen Zugang zum Fort. Das größte Bildnis in der Nähe des Urwahi-Tor zeigt (neben mehreren kleineren Statuen) den auf einer Lotusblüte stehenden Adinath, 19 m hoch, mit ausgeprägten Brustwarzen, dicht gekräuseltem Haar und langen hängenden Ohrläppchen. Eine andere *tirthankara*-Gruppe, die etwas weiter vom Fort entfernt auf der anderen Straßenseite und oberhalb einer engen Schlucht steht, ist hingegen in sehr schlechtem Zustand. Mit Ausnahme eines Trios, das von einem zierlichen Baldachin geschützt wird, haben alle Statuen die Gesichter verloren.

Eine dritte Gruppe steht im Südosten des Tafelbergs auf einer schmalen Felsbank über der Stadt. Man erreicht sie, indem man der Gwalior Road von Phool Bagh nordwärts bis in die Nähe des **Rani Jhansi Memorial** folgt und dort einen gepflasterten Pfad einschlägt, der sich links hinter mehreren Häusern den Berg hinaufwindet. Auch hier stehen die (nummerierten) *tirthankaras* in tiefen Aussparungen, die aus der Felswand herausgehauen wurden.

Eine der wenigen nicht durch moslemische Eindringlinge entstellte Figur, **Nr. 10**, wird von Gwaliors kleiner Jain-Gemeinde als Schrein verehrt.

Altstadt und südlich des Forts

In den engen, staubigen Seitengassen von Gwaliors überwiegend moslemischer Altstadt, die um den Norden und Nordosten des Tafelbergs gruppiert ist, verbergen sich einige interessante islamische Monumente. Nicht weit vom Gujuri Mahal entfernt steht die **Jama Masjid** in der Nähe des Haupteingangs zur Festung.

Das berühmteste moslemische Bauwerk der Stadt aber steht 1 km weiter östlich. Das aus dem 16. Jh. stammende **Grabmal des Ghaus Mohammed**, eines afghanischen Prinzen, der Babur bei der Erstürmung des Forts half, ist ein schönes Beispiel der frühen Mogul-Architektur und ein beliebter lokaler Schrein. An den vier Ecken stehen elegante hexagonale Pavillons, und die große zentrale Kuppel enthält Reste von blau glasierten Kacheln. Die Wände des Grabmals sind mit erlesenen durchbrochenen Steinwänden ausgestattet.

Das zweite, kleinere Grab auf dem Gelände ist die Ruhestätte des berühmten mogulischen Sängers und Musikers **Tansen**, der zu den „Neun Juwelen" am Hofe von Großmogul Akbar gehörte. Jährlich treffen sich hier Musiker und Musikliebhaber aus ganz Indien zu Gwaliors **Musikfestival** (Nov/Dez). Dem hiesigen Aberglauben zufolge haben die Blätter der nahen **Tamarinde** eine heilsame Wirkung auf die Singstimme, was erklärt, dass die unteren Zweige kahl gerupft sind.

Jai Vilas-Palast

Südlich des Forts steht der Jai Vilas-Palast – eines von Indiens grandiosesten und exzentrischsten Relikten des 19. Jhs. Eine Besichtigung ist allerdings wegen der mangelnden Beschriftung und Information nicht so aufschlussreich, wie sie es sein könnte. **Fremdenführer** verlangen rund Rs50 pro Führung. Der Palast wurde 1875 unter der Herrschaft des Maharadschas Jayaji Rao Scindia errichtet. Er schickte seinen Freund Colonel Michael Filose auf eine Reise quer durch Europa, um dort Anregungen zu sammeln. Das Ergebnis ist eine abenteuerlich zusammengewürfelte Mischung aus dorischer, toskanischer und korinthischer Architektur.

Die Scindia, die noch immer einen Teil des Palastes bewohnen, haben zwei Flügel für die Öffentlichkeit geöffnet. Der erste davon dient heute als **Museum**. Es zeigt zahllose Mogul-Gemälde, persische Teppiche, Gold- und Silberwaren sowie antikes Mobiliar, das ursprünglich zum Besitzstand von Ludwig XVI. vor der Französischen Revolution gehörte.

Ein noch extravaganterer Flügel des Palastes aber liegt auf der anderen Hofseite. In der **Durbar-Halle** empfing der Maharadscha wichtige Ehrengäste. Eine ausladende Treppe aus belgischem Kristall führt von der Lobby zur riesigen Versammlungshalle im Obergeschoss, wo die größten **Kronleuchter** der Welt hängen. Angesichts des Gewichts von über 3,5 t pro Stück wurde die Tragfähigkeit der Decke zunächst mit acht an ihr in die Höhe gezogenen Elefanten getestet. Der in der Halle liegende Teppich wurde von Insassen des Gefängnisses von Gwalior gewebt, die zwölf Jahre zur Fertigstellung des 40 m langen Stückes benötigten. Er ist der längste handgefertigte Teppich Asiens. ⏱ tgl. außer Mo 10–17.30 Uhr, Eintritt Rs250, Fotoerlaubnis Rs30, Video Rs80.

Sarod Ghar Museum

Versteckt im Westen der Stadt (eine Motor-Rikscha nehmen) liegt das Sarod Ghar Musik-Museum in der Ustad Hafiz Ali Khan Marg, Jiwaji Ganj. Das Museum befindet sich in dem schönen angestammten Haus der Familie Bangash. Ihre Vorfahren waren afghanische Pferdehändler, die sich in Indien niederließen und eine Dynastie musikalischer Talente hervorbrachte, von denen vor allem **Ustad Hafiz Ali Khan** und sein Sohn **Ustad Amjad Ali Khan** Berühmtheit erlangten. Das Museum stellt Gwaliors reiches **musikalisches Erbe** vor – von Tansen, der am Hof des Großmoguls Akbar auftrat, bis zum von Gulam Ali Khan Bangash erfundenen Instrument **Sarod**. ⏲ Di–So 10–13 und 14–16 Uhr, 🖥 www.sarod.com.

Die Scindia Chhatris

Eine kurze Rikschafahrt vom Jayaji Chowk nach Osten führt zu zwei typisch pompösen Grabstätten der Familie Scindia. Die **Chhatris** auf einem Hof zwischen Mauern weisen wunderschöne Bildhauereien auf und sind kunstvoll mit Szenen vom Leben am Maratha-Königshof im 19. Jh. ausgemalt. Das umfangreichere der beiden Grabmäler wurde 1817 für Maharaja Jiyaji Rao Scindia erbaut. Seine größte Zierde ist das Außenmuster von ineinander verflochtenen Blumen. Das zweite *chhatri* ist eine kompaktere Version des ersteren. Es wurde 1843 für den gerade verstorbenen Maharaja Janakaji Scindia errichtet; Skulpturen und Schnitzereien erzählen vom aufreibenden Leben eines Königs.

Übernachtung

Die Budgethotels von Gwalior sind äußerst spartanisch. Die meisten mittelklassigen bis teuren Hotels erheben zusätzlich zum Übernachtungspreis noch jeweils 10 % „Luxussteuer" und Bedienungszuschlag.
Amar Palace, Phool Bagh Junction, ✆ 0751/232 5843. Die Zimmer fallen eher klein und überwiegend geräuschvoll aus, haben aber immerhin Marmorböden und Telefon. Es lohnt sich, ein wenig mehr Geld hinzulegen, denn dann gibt es auch einen kleinen Balkon – teils mit Blick aufs Fort – und AC. ❸–❹
Central Park, Stadtzentrum, in einer Seitenstraße der Gandhi Rd, ✆ 0751/223 2440,

🖥 www.thecentralpark.net. Die Zimmer in dem Business-Hotel haben schicke Bäder, bequeme Betten und WLAN. Frühstück ist im Preis mit drin. Leider sind die Preise nicht ganz gerechtfertigt, und auf den Service ist nicht immer Verlass. Dafür entschädigen jedoch das Restaurant, die Konditorei und der Pool. ❼
D.M., nahe dem staatlichen Busbahnhof, ✆ 0751/234 2083. Die Zimmer sind arg klein geraten, dafür aber sauber und ruhig; die billigeren haben nur Hockklos. Die vorsintflutlichen Fernsehgeräte liegen im Schrank an Ketten, falls jemand auf die Idee kommen sollte, sich eins unter den Nagel reißen zu wollen. Moskitos können zum Problem werden, deshalb ist es ratsam, ein Netz aufzuspannen. ❸–❹
India, Station Rd, ✆ 0751/234 1983. Beliebte, schlichte Unterkunft unter Leitung der Indian House-Kette. Die Zimmer sind sauber, gehen aber auf die laute Hauptstraße hinaus. Westliche Toiletten besitzen nur die Deluxe-Zimmer. ❷–❹
Landmark, Manik Vilas, ☎ 0751/401 1271, 🖥 www.hotellandmarkgwalior.com. Die Mittelklasse-Zimmer mit AC sind komfortabel, aber mit ihrer mattbraunen Ausstattung etwas deprimierend. Rund um die Uhr geöffneter Coffeeshop sowie Restaurant und Bar. ❼
Tansen Residency, 6A Gandhi Rd, ✆ 0751/234 0370, ✉ tansen@mptourism.com. Gut geführtes Hotel von MP Tourism in Bahnhofsnähe mit Gartenanlage und gut ausgestatteten, aber unterdimensionierten Zimmern. Ordentliches Restaurant und Bar. Sehr gefragt, also rechtzeitig reservieren. ❺
Usha Kiran Palace, Jayendraganj, Lakshar, ✆ 0751/232 3993, 🖥 www.tajhotels.com. Der romantische, 120 Jahre alte königliche Palast in einer 3,5 ha großen Parkanlage bietet charmante Zimmer (ab US$202) mit indischen Diwanen, Mobiliar im Stil der 1930er-Jahre und Seidenkissen. Außerdem im Angebot: Pool, Wellness-Bereich sowie Koch- und Yoga-Kurse. ❾

Essen

Gwaliors beste Restaurants befinden sich in den nobleren **Hotels**. Die erheblich einfacheren und billigeren *dhabas* dagegen sind in Bahnhofsnähe angesiedelt.

Schlemmen wie ein König

Silver Saloon, Usha Kiran Palace. Wer sich das Hotel nicht leisten kann, sollte sich vielleicht mit dem Besuch seines vorzüglichen Restaurants trösten: Indische, Muglai-, Marathi-, nepalesische und internationale Gourmetküche in stimmungsvollem Ambiente mit perfektem Service. Fürs Abendessen sind um die Rs350–750 einzukalkulieren. Zum krönenden Abschluss geht's in die hoteleigene Bada Bar auf einen Drink und eine Runde Billiard.

Blue Fox, Hotel Shelter, Padav Rd. Gemütliche Essnischen laden zum Verzehr der verführerisch angerichteten Hühnchen- oder Lamm-*kebabs* ein; besonders lecker ist *shashlik*. Wer Genuss ohne Reue sucht, bestellt heiße Schokolade (sie steht auf der Karte unter „health drinks"). (Hauptgerichte Rs60–150).
Indian Coffee House, Station Rd. Bescheidenes Esslokal, dessen Kellner weiße Turbane tragen und die Gäste zuverlässig mit Toast und Filterkaffee, südindischen *dosas* und sättigenden Komplettmahlzeiten versorgen (Rs35–140).
Swad, Hotel Landmark. Außer schmackhafter Nord- und Südindienküche bekommt man hier auch internationale „Hausmannskost" wie gebackene Bohnen auf Toast, Porridge (Haferbrei) und French Toast (Rs80–200).

Sonstiges

Geld
Die **State Bank of India** im Herzen des Basarviertels am Jayaji Chowk in der Nähe der Post wechselt Geld. Neben dem Hotel Shelter in der Padav Road und beim Touristeninformationsschalter im Bahnhof gibt es **Geldautomaten**.

Informationen
Das **Informationsbüro** von MP Tourism, ☏ 0751/223 4557), ⏱ tgl. 10–18 Uhr, befindet sich in der Tansen Residency in der Gandhi Road. U. a. bietet es täglich eine Busrundfahrt an (10–19 Uhr; Rs75). Außerdem gibt einen **MP-Tourism-Schalter** im Bahnhof auf Bahnsteig 1, ☏ 0751-407 0777, ⏱ tgl. 9–19 Uhr.

Internet
Es gibt mehrere Internetcafés in der Nähe vom Hotel Shelter, u. a. **Gwala's Cyber Zone** (Rs10 pro Std.) und **J. Cyber Zone** (Rs20 pro Std.).

Transport
Busse
Der **staatliche Busbahnhof** ist nur eine Straßenecke vom Hauptbahnhof entfernt. Staatliche **Busse** fahren von hier aus alle 30 Min. nach AGRA (3–3 1/2 Std.), DATIA (1 1/2–2 Std.), JHANSI (3 Std.) und SHIVPURI (2 1/2 Std.). Ungünstiger am Südwestrand der Stadt gelegen ist der **private Busbahnhof**.

Eisenbahn
Gwaliors **Bahnhof** liegt im Osten der Stadt, direkt um die Ecke vom staatlichen Busbahnhof. Die meisten ordentlichen Unterkünfte sind von hier bequem zu Fuß zu erreichen. Zu entfernteren Zielen im Westen fahren Motor-Rikschas über die belebte MLB (Maharani Lakshmi Bai) Rd. Wer mit leichtem Gepäck unterwegs ist, spart Geld durch Nutzung der billigen Tempo, die über die Station Rd pendeln. Der schnellste **Zug** nach DELHI ist der Shatabdi Express Nr. 12001 (tgl. 19.05 Uhr, 3 1/2 Std.) über AGRA (1 1/2 Std.). In entgegengesetzter Richtung fährt der Shatabdi Express Nr. 12002 (tgl. 9.38 Uhr) nach BHOPAL (4 1/2 Std.) via JHANSI (1 1/4 Std.).

Flüge
Der **Flughafen** liegt 9 km nördlich der Stadt. **Air India/Indian Airlines**, ☏ 0751/237 6820, fliegt 6x wöchentl. nach DELHI und JABALPUR.

Datia

Auf dem Höhepunkt des „goldenen Zeitalters" der Bundelas ließ Bir Singh Deo den selten besuchten majestätischen Palast von **Datia** erbauen. Er steht 30 km nordwestlich von Jhansi und ist eines der prachtvollsten Rajputen-Gebäude Indiens. Datia liegt an der Haupteisenbahnlinie Delhi–Mumbai und wird normalerweise in einem Tagesausflug von Jhansi oder vom 71 km weiter nordwestlich gelegenen Gwalior aus besucht. Von beiden Städten fahren halbstündlich Busse und täglich mehrere Züge hierher. Wer mit dem Bus aus Shivpuri kommt, 97 km weiter westlich, muss in Karera in einen anderen Bus umsteigen. Die **Busse** halten am Südrand der Innenstadt. Tongas und Fahrradrikschas bringen Passagiere von dem kleinen **Bahnhof**, der 2 km südwestlich von Datia liegt, ins Zentrum.

Im Norden der Stadt, auf einem Felsvorsprung, thront der **Nrsing Dev-Palast** und schaut auf das Gewirr weiß- und blau getünchter Ziegelhäuser hinab. Der halbe Spaß beim Besuch des labyrinthartigen Palastes besteht darin, von den stockfinsteren unterirdischen Gewölben einen Weg zur luftigen Wohnung der Rani im Obergeschoss zu finden. Die Kellerräume wurden in den harten Felsen gehauen, um während der heißen Jahreszeit als Ausweichquartiere zu dienen. Zwischen Souterrain und Dachgeschoss wimmelt es von sich kreuzenden Korridoren, Hängebrücken, Mauerwerk, an dem noch Überreste von Keramikfliesen kleben, Holzgittern und Bogengängen, Geheimgängen, Pavillons und Zimmerfluchten. In sich immer mehr verjüngenden Kreisen geht es nach oben, bis endlich die Treppen aufhören. Die Aussicht von den höheren Stockwerken ist atemberaubend. ⏱ tgl. Sonnenauf- bis Sonnenuntergang.

Shivpuri

Shivpuri, die ehemalige Sommerhauptstadt der Scindias, liegt 112 km südlich von Gwalior. Die größte Sehenswürdigkeit hier ist das **Madhav Rao Scindia Chhatri**, eine weiße, marmorne Synthese hinduistischer und islamischer Architekturstile mit Türmchen und Pavillons, ⏱ tgl. 8–12 und 15–20 Uhr, Eintritt Rs40, Fotoerlaubnis Rs10, Video Rs40. Es gibt auch noch verschiedene andere, weniger eindrucksvolle chhatris und stille Gärten mit viktorianischen Laternen und Zierbalustraden. Im **Madhav-Nationalpark** in der Nähe leben Rotwild, Leoparden, Lippenbären und Krokodile. Außerdem stehen dort ein Jagdhaus und ein Schlösschen aus der Zeit der Scindias. ⏱ tgl. von Sonnenaufgang bis 16.30 Uhr, Eintritt pro Fahrzeug Rs1500, Fotoerlaubnis Rs40, Video Rs300, Guide Rs150.

Das Tourist Village von MP Tourism ✆ 07492/223760, ✉ tvshivpuri@mptourism.com, ➎, hat

einladende, aber überteuerte **Zimmer** mit AC, einen Pool und ein Restaurant plus Bar. Die Mitarbeiter können Miet-Jeeps organisieren. Zwischen Shivpuri und Gwalior verkehrt auch ein **Zug** (4 Std.), aber mit den staatlichen **Bussen** (3 Std.) geht es schneller.

Orchha

Orchha, wörtlich „versteckter Ort", trägt seinen Namen zu Recht, auch wenn es inzwischen zu einem wichtigen Zwischenstopp für Touristen auf dem Weg nach Khajuraho geworden ist. Denn der Ort liegt 18 km südöstlich von Jhansi inmitten eines gestrüppreichen *dhak*-Waldgebietes. Die inzwischen aufgegebene mittelalterliche Stadt ist trotz ihres vernachlässigten Zustands noch immer ein architektonisches Juwel, wo mit Vogeldreck befleckte *shikhara*-Türme, verlassene Paläste, Haveli und mit Unkraut überzogene Sandstein-Kenotaphe die Ufer des ruhigen Flusses Betwa überragen. Das verschlafene Dorf am Fuß der exotischen Ruinen ist hervorragend geeignet, um sich nach den hektischen Städten des Nordens zu entspannen.

Geschichte

Nachdem die **Bundela** von mehreren Generationen von Delhi-Sultanen aus verschiedenen Hauptstädten in Zentralindien vertrieben worden waren, zogen sie sich Ende des 15. Jhs. in die alte Malwa-Festung von Orchha zurück. Unter Raja **Rudra Pratap** begannen die Arbeiten an Orchhas großartigen Befestigungsanlagen, Palästen und Tempeln, die bis zu seinem Tod (angeblich bei dem Versuch, eine Kuh aus den Fängen eines Tigers zu befreien) im Jahre 1531 fortgeführt wurden. In der Folgezeit hingen Orchhas Geschicke vom Wohlwollen der mächtigen Nachbarn ab, der **Moguln**. Nach einer verlorenen Schlacht gegen Akbar besiegelte der stolze und fromme **Madhukar Shah** um ein Haar das Todesurteil gegen seine Sippe, indem er mit einem roten *tilak* auf der Stirn am Hof des Großmoguls erschien – einem Zeichen, das dieser ausdrücklich verbo-

Madhya Pradesh und Chhattisgarh

ten hatte. Doch die wagemutige Geste trug ihm Akbars Respekt ein, und zwischen beiden entwickelte sich eine Freundschaft.

Die neue Allianz wurde in den folgenden Jahren durch Orchhas schillerndsten Herrscher **Bir Singh Deo** noch untermauert. Während seiner 22-jährigen Herrschaft errichtete er 52 Festungen und Paläste, zu denen die Zitadelle von **Jhansi**, der verschachtelte Nrsing Dev in **Datia** und zahlreiche Prachtbauten von Orchhas gehören.

1627 wurde er von Wegelagerern ermordet, als er sich gerade auf dem Rückweg aus dem Dekkan mit einer Kamel-Karawane und reicher Beute befand. Nach seinem Tod verschlechterten sich die Beziehungen zu den Moguln rapide. Schließlich sahen sich die Bundela gezwungen, aus Orchha ins relativ sichere **Tikamgarh** zu fliehen. Abgesehen vom Sheesh Mahal, heute ein Hotel, blieben die großartigen Bauwerke seitdem mehr oder weniger dem Verfall überlassen.

Die Monumente

Englisch sprechende **Führer** können am Haupteingang zum Fort für einen kurzen Rundgang durch die Festung angeheuert werden (etwa Rs200), oder in der Nähe des Hauptplatzes für eine Halbtagesbesichtigung von Orchha (Rs350). ⊙ tgl. 8–18 Uhr, Tagespass für alle Monumente Rs250, Fotoerlaubnis Rs25, Video Rs200. Jeden Abend gibt's eine **Ton- und Lichtshow** auf Englisch: ⊙ März–Okt 19.30 Uhr, Nov–Feb 18.30 Uhr; 1 Std., Eintritt Rs250, Kinder Rs150.

Raj Mahal und Rai Praveen Mahal

Das erste Bauwerk hinter Orchhas mittelalterlicher Granitbrücke ist die noch relativ gut erhaltene Ruine des Raj Mahal (unbeschränkt zugänglich). Am Ende der Brücke führt der Weg nach links zum Haupteingang und dann nach rechts zum Hotel Sheesh Mahal. Der zweite innere rechteckige Hof, den einst die Bundela-Ranis nutzten, ist der auffälligere von beiden. Er ist von opulenten herrschaftlichen Wohnquartieren, erhöhten Balkonen, ineinander verschachtelten, auf allen vier Seiten symmetrisch nach oben führenden Wandelgängen sowie Kuppelpavillons und Türmen geprägt. Die an das Viereck im Erdgeschoss angrenzenden Wohnbereiche gehörten den Lieblingsfrauen. Beim Rundgang sollte man auf die Reste von Spiegelintarsien und lebensnahen **Malereien** an den Wänden und Decken achten. Einige bemerkenswert gut erhaltene Friese zeigen Vishnu in verschiedenen exotischen Inkarnationen, Hof- und Jagdszenen sowie lebendige Feste.

Über einen Pfad, der vom Raj Mahal um die Nordseite des Hügels führt, gelangt man zu dem kleinen zweistöckigen Ziegelgebäude Rai Praveen Mahal, das Raja Indramani Mitte des 17. Jhs. für seine Konkubine errichten ließ. Die begabte Dichterin, Musikerin und Tänzerin Rai Praveen bezauberte den Großmogul Akbar, dem sie zum Geschenk gemacht wurde. Sie wurde aber schließlich nach Orchha zurückgeschickt, um dort ihren Lebensabend zu verbringen. Das Haus steht auf dem gut bewässerten Rasen des **Anand-Mahal-Gartens** (unbeschränkt zugänglich) und verfügt über eine Versammlungshalle im Erdgeschoss, in der die Musik- und Tanzdarbietungen stattfanden, ein Boudoir im Obergeschoss sowie kühle Räume im Untergeschoss.

Jahangir Mahal

Bir Singh Deo ließ Orchhas meistbewunderten Palast Jahangir Mahal im 17. Jh. als Willkommensgeschenk für einen offiziellen Besuch des Großmoguls errichten. Jahangir kam, um seinem alten Verbündeten das Schwert seines ärgsten Feindes Abdul Fazal zu überreichen, den Bir Singh einige Jahre zuvor hatte töten lassen. Die nach Osten gerichtete Hauptfassade hinter dem kunstvoll gestalteten Zeremonientor ist noch mit den türkisfarbenen Kacheln bedeckt. Zwei Elefanten aus Stein neben dem Treppenaufgang halten Glocken mit den Rüsseln, um die Ankunft des Rajas anzukündigen, und drei Etagen mit eleganten Hängebalkonen, Terrassen, Wohnbereichen und Zwiebeltürmen umschließen einen zentralen Hof. Doch wirkt dieser Palast durch seine zahllosen Fenster und die durchbrochenen Steinwände, die den Blick auf Orchhas exotisches, westliches Stadtbild freigeben, leichter als der Raj Mahal.

Sheesh Mahal

Der lange vor Orchhas Niedergang im frühen 8. Jh. errichtete „Spiegelsaal" Sheesh Mahal diente als exklusiver Landsitz des lokalen Rajas Udait Singh. Nach der Unabhängigkeit ging das Gebäude in den Staatsbesitz über und wurde zum Hotel umgestaltet. Der recht kompakt wirkende Palast steht zwischen Raj Mahal und Jahangir Mahal am hinteren Ende eines seitlich offenen Hofes. Nachdem der Palast weiß getüncht und die meisten persischen Teppiche und Antiquitäten fortgeschafft worden sind, ist wenig vom ehemaligen Glanz erhalten geblieben. Von den oberen Terrassen und Türmen jedoch hat man eine schöne Aussicht in die Umgebung.

Das Saket Museum von Ramayana Correlogram

Die kleine **Kunstgalerie**, 2 Min. zu Fuß südlich vom Raj Mahal, zeigt eine faszinierende Sammlung hinduistischer Volkskunst aus ganz Indien. Zu den Highlights zählen Mithila-Gemälde (die mit Farben auf der Grundlage von Kuhmilch gemalt wurden) aus Bihar und farbenfrohe Masken aus Orissa und Uttar Pradesh. ⏰ Di–So 10–17 Uhr.

Die Umgebung des Dorfes

In Dorfnähe stehen unterhalb der Anhöhe verschiedene andere interessante Monumente. Der **Ram Raja Mandir** befindet sich am Ende des kleinen Basars in einem kühlen, mit Marmor ausgekleideten Hof. Der Legende nach ließ Madhukar Shah das Bauwerk als Palast für seine Frau Rani Ganesha bauen. Zum Tempel wurde es, als die Herrscherin dort eine Rama-Statue aus ihrer Heimatstadt Ayodhya aufstellen ließ, die sich fortan nicht mehr von der Stelle bewegen ließ; die Statue steht heute noch da und ist eine beliebte Pilgerstätte.

Der ursprünglich für die Rama-Statue vorgesehene **Chatturbuj Mandir** mit seinen hoch über das Dorf aufragenden *shikhara*-Türmen wäre aber ebenfalls ein angemessener Aufenthaltsort für die Gottheit gewesen. Mit seinem kreuzförmigen Grundriss, der den vierarmigen Vishnu repräsentiert, den sieben Stockwerken und den weiten, von gewölbten Balkonen umgebenen Höfen verkörpert er den prunkvollen, von den Moguln beeinflussten Bundelkhand-Stil – mit rajputischen, persischen und europäischen Elementen. Die spärlichen Verzierungen und die großzügige Einbeziehung des Raums machen ihn zu einem eher ungewöhnlichen Hindu-Tempel – vielleicht sollte er Anhänger des **Bhakti**-Kults aufnehmen, bei dem eine größere Menschenmenge zur Andacht zusammenkommt als die sonst übliche kleine Gruppe von Priestern. Zwischen den Stockwerken führen schmale Treppen hinauf bis zum Dach, wo sich in den Nischen der verzierten *shikhara*-Spitze nistende Geier niedergelassen haben.

Gegenüber vom Ram Mandir führt ein Pfad durch den im Mogul-Stil angelegten Ziergarten **Phool Bagh** hinüber zum großen Pavillon **Hardaul ka Baithak**, in dem einst Bir Singh Deos zweiter Sohn Hardaul, ein Verbündeter Jahangirs und ein romantischer Ästhet, Hof hielt. Heute gehen Frischvermählte dort hin, um Hardauls Segen zu erbitten. Die hohen Türme, die sich wie zwei einsame Brückenpfeiler über den Garten erheben, sind sogenannte *dastgir* („Windfänger"): nach persischem Vorbild gebaute Kühltürme, die dem Nachbarpalast Palkhi Mahal kühle Luft zuführten. Sie sind vermutlich die einzigen erhaltenen ihrer Art in ganz Indien.

Mehr als nur ein Hauch von Melancholie liegt über den hellbraunen, mit Unkraut überwucherten Kuppeln und Türmen der 14 **Chhatris** am Fluss. Dies sind die Kenotaphe der ehemaligen Herrscher von Bundelkhand. Nördlich der *chhatris*, hinter einer Brücke, liegt das **Orchha Nature Reserve**. Hier kann man auf einem friedlichen Naturpfad in der Gesellschaft von Affen und Pfauen einen gemütlichen Spaziergang oder eine kleine Radtour unternehmen. ⏰ Sonnenauf- bis Sonnenuntergang, Rs150.

Lakshmi Narayan Mandir

Der einsame Lakshmi-Narayan-Tempel steht auf einem kleinen Hügel 1 km westlich des Dorfes Orchha am Ende eines gepflasterten Weges. Vom Platz hinter dem Ram Raja Mandir bietet ein gemütlicher 15-minütiger Spaziergang schöne Panoramen und am Ziel ausgezeichnete Malereien aus dem 17. und 19. Jh. Gegen ein kleines Trinkgeld führt der *chowkidar* Besucher durch die Galerien im Inneren des Tempels.

Übernachtung

Die beiden Basisorganisationen Sarthak und Friends of Orchha, ☎ 9993/385405, 🖥 www.orchha.org, vermitteln in Zusammenarbeit **Homestays** bei hiesigen Familien. ❸

Amar Mahal, Bypass Rd, 200 m südlich vom Markt, ☎ 07680/252102, 🖥 www.alsisar.com. Auf Mogulstil getrimmte Zimmer mit Bad, holzgeschnitzten Betten und kunstvoll bemalten Decken rings um eine Reihe ruhiger, miteinander verbundener Höfe. Pool, Restaurant und Mini-Spa (Anwendungen Rs500–2000) vervollständigen das Angebot. ❼

Betwa Retreat, abseits der Tikamgarh Rd, zehn Gehminuten südlich vom Markt, ☎ 07680/252618, ✉ betwa@mptourism.com. Die Lodge von MP Tourism besteht aus einer Reihe von ein wenig abgewohnten, aber geschmackvoll eingerichteten Cottages in Lachsrosa und komfortablen Zelten mit AC – alle mit TV, Kühlschrank und Marmorbad – in einer ruhigen Gartenanlage am Fluss. Zur Anlage gehören ein Restaurant, eine Bar und ein kleiner Pool. ❺

Bundelkhand Riverside, abseits der Jhansi Rd, 600 m nördlich vom Markt, ☎ 07680/252612, 🖥 www.bundelkhandriverside.com. Das ehemalige Jagdschlösschen des letzten Maharadschas von Orchha wurde 1895 in einer Verquickung aus traditioneller indischer und britischer Kolonialarchitektur erbaut. Es hat stilvoll eingerichtete, geräumige Zimmer mit Bad (die meisten mit Flussblick), ein Restaurant und einen Pool. ❼

Shri Mahant Guesthouse, am Markt, ☎ 07680/252715. Die altbewährte Backpacker-Herberge liegt mitten im Brennpunkt des Geschehens. Ziemlich winzige Zimmer, in der einfachsten Ausführung nur mit Hocktoiletten, aber für ein paar Rupien mehr gibt es schon einen Ventilator, TV und Sitztoilette. ❷–❹

Ganpati, Jhansi Rd, ☎ 07680/252765, 🖥 www.hotelganpati.in. Das einladende Hotel ist ein Familienbetrieb mit unterschiedlichen Zimmern. Sie gruppieren sich um einen kleinen Garten mit atemberaubender Aussicht auf die alte Festungsanlage. Alle Zimmer sind makellos sauber und verfügen über ein Bad; die teureren haben AC und manche (insbesondere Nr. 21) einen wunderbaren Ausblick. ❷–❹

Sheesh Mahal, Jehangir Mahal Rd, neben dem Raj Mahal, ☎ 07680/252624, ✉ smorchha@mptourism.com. Der einstige Landsitz des hiesigen Raja im Herzen des Forts ist heute ein stimmungsvolles Hotel. Es hat acht bezaubernde und dabei sehr preiswerte Zimmer mit AC und eine sehr persönliche Atmosphäre. Auf die Glücklichen, die sich eine romantische Nacht in der Maharadscha-Suite leisten können, warten Extras wie eine riesige Marmorbadewanne und das ultimative Örtchen mit Panoramablick. Reservierung ratsam. ❺–❽

Shri Mahant Hotel, Lakshmi Narayan Temple Rd, 200 m nordwestlich vom Markt, ☎ 07680/252341. Das entspannte Hotel unter gleichem Management wie das Shri Mahant Guesthouse hat riesige, in Pastellfarben gehaltene Zimmer mit einwandfreiem Bad (manche mit Wanne) und Balkon. Gegen Aufpreis gibt es auch AC und TV. Von der Dachterrasse eröffnet sich eine tolle Aussicht. ❸–❹

Die köstliche lokale **Spezialität** *kalakand* (Milchkuchen) gibt es bei den kleinen Buden gegenüber vom Shri Mahant Guesthouse zu kaufen.

Betwa Tarang, an der Straße zur Festungsbrücke. Die relativ teuren Pizzas mit Knusperboden und die Pastagerichte (Rs95–240) sind durchaus einen Versuch wert, auch wenn der Koch sich manchmal etwas zu viel vornimmt. Es liegt aber auch noch eine Extra-Speisekarte mit billigeren vegetarischen indischen Gerichten (Rs60–85) bereit.

Blue Sky, Jhansi Rd. In dem freundlichen Dachgartenrestaurant werden die Gäste mit vegetarischem indischen, chinesischen und koreanischen Essen (Hauptgerichte Rs50–80) verwöhnt und können dabei das Straßentreiben unten oder die Festung in der Ferne betrachten.

Jharokha, Hotel Sheesh Mahal. Wer schon nicht hier abgestiegen ist, kann wenigstens im säulengeschmückten Speisesaal das Flair auf sich wirken lassen. Das veg. und nicht veg. Essen, z. B. Hühnchen in Spinatsoße, schmeckt sehr lecker (Hauptgerichte Rs50–200). Abends ist Livemusik und Tanz angesagt.

Neeraj, im Markt. Der begehrte vegetarische *thali*-Imbiss hat den Standort gewechselt, aber das Essen ist so gut wie eh und je und reißt kein großes Loch ins Portemonnaie (Rs20–50). Ideal für alle, die die überall gleichen internationalen Speisekarten in Orchha satthaben.

Ram Raja, an der Straße zur Festungsbrücke. Gemütliches kleines Lokal mit großer Frühstückskarte (gilt den ganzen Tag lang), die Rösties, Toast mit Erdnussbutter, Filterkaffee und Eier in jeder erdenklichen Zubereitungform umfasst. Daneben gibt es auch einfache vegetarische indische Speisen und *momos* (tibetische Knödel). Hauptgerichte Rs20–60.

Sonstiges

Geld
Reiseschecks wechselt die **Canara Bank** am Hauptplatz. Ein **Geldautomat** der State Bank of India ist in der Tikamgarh Road, ein paar Minuten südlich des Markts, zu finden.

Fahrradverleih
AR Tours and Travel, Tikamgarh Rd, vermietet Fahrräder für ungefähr Rs50 pro Tag.

Informationen und Touren
Das **Informationsbüro** von MP Tourism, ✆ 07680/252624, befindet sich im Hotel Sheesh Mahal. Es veranstaltet u. a. Rafting-Touren auf dem Fluss (Rs1200 pro 90 Min., Rs3000 für 3 Std. inkl. Mittagessen). ⏲ tgl. 7–22 Uhr.

Internet
Es gibt mehrere Internetcafés im Ort. Das **Cyber Café** (Rs30 pro Std.) neben dem Restaurant Bhola bietet auch Telefonverbindungen über Skype an (Rs40 pro Std.).

Nahverkehr

Voll besetzte **Tempos und Busse** fahren regelmäßig vom Busbahnhof in Jhansi zur wichtigsten Kreuzung von Orchha. Fahrtzeit jeweils 20–40 Min., Rs10, Gepäck im Tempo zusätzlich Rs10. Eine **Motor-Riksha** vom Hauptbahnhof oder Busbahnhof Jhansi kostet Rs150–200, ein Taxi Rs350–400; abends ist beides teurer. Auf der Hauptstraße von **Khajuraho** kommend kann man sich an der Abzweigung nach Orchha absetzen lassen und die restlichen 7 km mit einem Tempo zurücklegen.

Transport

Busse
Wer nach KHAJURAHO weiterfahren will, sollte sich lieber nicht darauf verlassen, am Highway einen der schnelleren privaten Expressbusse (8x tgl., 4 1/2–6 Std.) anhalten zu können, da die Fahrzeuge meistens voll sind. Besser, man ist früh genug am Busbahnhof Jhansi und steigt schon ein, bevor sie losfahren. Von hier aus fahren auch staatliche Busse (3x tgl., 5–7 Std.) nach Khajuraho.

Taxis
Mit einem beim MP-Tourism-Informationsbüro gemieteten Taxi (Rs1800) lässt sich die Fahrzeit nach KHAJURAHO verkürzen.

9 HIGHLIGHT

Khajuraho

Die prachtvollen Hindu-Tempel von Khajuraho standen knapp ein Jahrtausend verlassen und verwahrlost da, bis man sie minutiös restaurierte. Jetzt sind sie Unesco-Kulturerbe und dürfen auf keiner Rundreise zu Indiens historischen Monumenten fehlen. Die Tempel, die v. a. für die zierliche Sinnlichkeit und unverblümte Erotik ihrer Skulpturen berühmt sind, entstanden zwischen dem 10. und 12. Jh. als größte architektonische Leistung der Chandella-Dynastie. Wiederholte Angriffe afghanischer Eroberer beschleunigten allerdings den Niedergang der Chandellas und schon kurz nach dem Bau der Tempel, zogen sie sich in sicherere Regionen zurück. Die Tempel wurden nach und nach aufgegeben und vom Dschungel überwuchert, bis im 16. Jh. nichts mehr von ihnen zu sehen war. Erst nach der Wiederentdeckung durch die Briten

1838 erhielten diese Meisterwerke die gebührende nationale und internationale Würdigung.

Obwohl Khajuraho auf den Landkarten des Subkontinents sehr zentral liegt – 400 km südöstlich von Agra und etwa dieselbe Entfernung ab Varanasi –, sind die Tempel noch heute so weit von den Hauptreiserouten entfernt wie zur Zeit ihrer Entstehung. Dieser Umstand ersparte ihnen zumindest die Verwüstungen durch Plünderer, Eroberer und religiöse Eiferer, die so viele andere alte Hindu-Stätten trafen. Immerhin durchschneidet inzwischen eine Eisenbahnlinie die ausgedehnte Schwemmlandebene, was heutzutage einen Besuch von Khajuraho erheblich vereinfacht.

Die hohe Kunstfertigkeit der **Tempel**, deren spektakulärste **Kandariya Mahadeva**, **Vishvanatha** und **Lakshmana** sich in der **Westgruppe** befinden, wurde erst durch den weichen rötlich braunen Sandstein möglich, der zu ihrem Bau verwendet wurde. In Anbetracht der Anfälligkeit des Gesteins gegen Witterungseinflüsse haben die Skulpturen den Lauf der Zeit bemerkenswert gut überstanden. Große Teile der feinen **Skulpturen** an den Tempelwänden sind in einem nahezu dreidimensional wirkenden Hochrelief gearbeitet, und pinkfarbene Maserungen im Gestein verleihen den Figuren fleischfarbene Tönungen. Die beeindruckende Geschicklichkeit der Künstler ist in jeder Arbeit ersichtlich. Friese mit einem Maß von nur 10 cm sind reich versehen mit naturalistischen Details wie Schmuck, Zierrat, Frisuren und sogar manikürten Fingernägeln.

Die Pracht der Tempel lässt die Existenz des **Dorfes Khajuraho** fast vergessen, wo eine Flut von Hotels und Souvenirläden entstanden ist. Doch wer ein oder zwei Nächte hierbleibt, lernt auch das beschauliche Dorfleben schätzen,

Vorsicht vor Abzocke

Von den lästigen Hotelschleppern abgesehen, müssen sich Besucher Khajurahos besonders vor Kindern in Acht nehmen, die ihnen unbedingt ihre Schule, ein Krankenhaus oder Dorf zeigen wollen – solche Besuche enden regelmäßig mit Geldforderungen.

besonders abends, wenn auf dem Markt und in den Freiluft-Restaurants eine äußerst gesellige Atmosphäre herrscht.

Das Dorf

Die Einrichtungen für Besucher konzentrieren sich in den verkehrsarmen Straßen des kleinen Dorfes Khajuraho. Unmittelbar am Eingang zur westlichen Tempelgruppe befindet sich der Hauptplatz, umgeben von Budgethotels, Cafés und Souvenirläden, in denen man sich auf aggressive Verkaufsmethoden einstellen muss. Das **Khandariya Art and Cultural Centre**, 1 km südlich des Zentrums, ist dagegen ein gehobenes Geschäft mit Waren zu Festpreisen. Hier werden auch tgl. Tanzaufführungen gezeigt (19 und 20 Uhr, Rs350). Auch im **Tourist Facilitation Centre** finden Vorstellungen traditioneller Tänze der Region statt, ⏲ tgl. 19 und 20.30 Uhr, Rs300.

Die bemerkenswerteste Skulptur des kleinen **Archäologischen Museums** an der Südseite des Hauptplatzes ist ein dickbäuchiger tanzender Ganesha; ⏲ tgl. außer Fr 10–17 Uhr, Eintritt Rs5. Das Museum soll irgendwann in neue Räumlichkeiten in der Nähe vom Lalit Temple View umziehen.

Das **Adivart State Museum of Tribal and Folk Art** im Chandella Cultural Complex hütet eine kleine, aber interessante Sammlung von Malereien, Skulpturen und anderer Kunst der vielen Stammesgruppen von Madhya Pradesh. ⏲ Mi–Mo 10–17 Uhr, Eintritt Rs50.

Khajuraho verwandelt sich während Phalguna (Feb/März) in ein betriebsames Zentrum, denn das Fest **Maha Shivratri** zieht Pilger aus der gesamten Region an, um Shivas Hochzeitstag zu feiern. Und das alljährliche **Khajuraho Festival of Dance** gehört zu Indiens wichtigsten Tanzereignissen. Da die genauen Termine des Festivals in der Regel spät bekannt gegeben werden, sollte man sich rechtzeitig bei der staatlichen Tourismusbehörde danach erkundigen.

Die Westgruppe

Die westliche Tempelgruppe, die wie eine gestrandete Schiffsflotte aus Stein zwischen makellosen Rasenflächen und mit Bougainvillea gesäumten Blumenbeeten liegt, ist Khajurahos größter Besuchermagnet.

Seit ihrer Wiederentdeckung im Februar 1838 fasziniert oder entrüstet Khajurahos ungenierte erotische Skulpturenpracht die Betrachter. Der junge britische Offizier der Bengal Engineers **T. S. Burt** war von seiner geplanten Route abgewichen und erreichte die von dichtem Dschungel überwucherten antiken Tempel. Die freimütige Darstellung von Oralsex, Masturbation, Sodomie und derlei Dingen mag unter den **Chandella** des 10. Jhs. nicht anstößig gewesen sein, doch sie entsprach, wie Burt erzählt, kaum den moralischen Vorstellungen von Queen Victorias aufrechten Offizieren:

„Ich fand ... sieben Hindu-Tempel, die von der künstlerischen Ausfertigung her wunderschön und meisterhaft gehauen waren, doch die Steinmetze hatten ihre Motive nur allzu häufig leidenschaftlicher gestaltet, als dazu irgendeine Notwendigkeit bestanden hätte. Tatsächlich waren so manche Skulpturen extrem unsittlich und Anstoß erregend..."

Burt fand an den Stufen des Vishvanatha-Tempels eine Inschrift, die es den Historikern ermöglichte, die Stätte den Chandella zuzuschreiben und ihre Entstehungsgeschichte zu rekonstruieren. Die erotischen Darstellungen lösen noch heute vehemente Kontroversen und Debatten unter Akademikern wie neugierigen Touristen aus. Die Aufgabe, eine schlüssige Erklärung für ihren Sinn und Zweck abzugeben, wird durch die Tatsache erschwert, dass selbst die Chandella die Tempel in ihrer Literatur kaum erwähnten, und auch der Name „Khajuraho" mag in die Irre führen, weil er sich möglicherweise nur auf das nahe Dorf bezieht.

Zu den Erklärungsansätzen für den sexuellen Bezug der Skulpturen gehörten Spekulationen über Verbindungen zu **tantrischen Kulten**, in denen sexuelle Handlungen zentrale Bedeutung in der Götterverehrung haben. Andere Stimmen vermuten, dass die Inspirationen auf das Kamasutra zurückgehen und als Leitfaden für die Liebe dienen, während wiederum andere Thesen anführen, dass die Skulpturen die Götter unterhalten, ihren Zorn zerstreuen und so die Tempel gegen Naturkatastrophen schützen sollten.

Die sechzehn großen Täfelungen, die an den nördlichen und südlichen Fassaden der drei Haupttempel – Kandariya Mahadeva, Lakshmana und Vishvanatha – die sexuelle Vereinigung zeigen, verbinden zugleich die männlichen und weiblichen Elemente der Tempel, Mandapa (Vorhalle) und *garbha griha* („Mutterschoß"). Vielleicht sind sie deshalb als eine Art visuelle Zweideutigkeit zu verstehen, die mit größter künstlerischer Freiheit ausgearbeitet wurde.

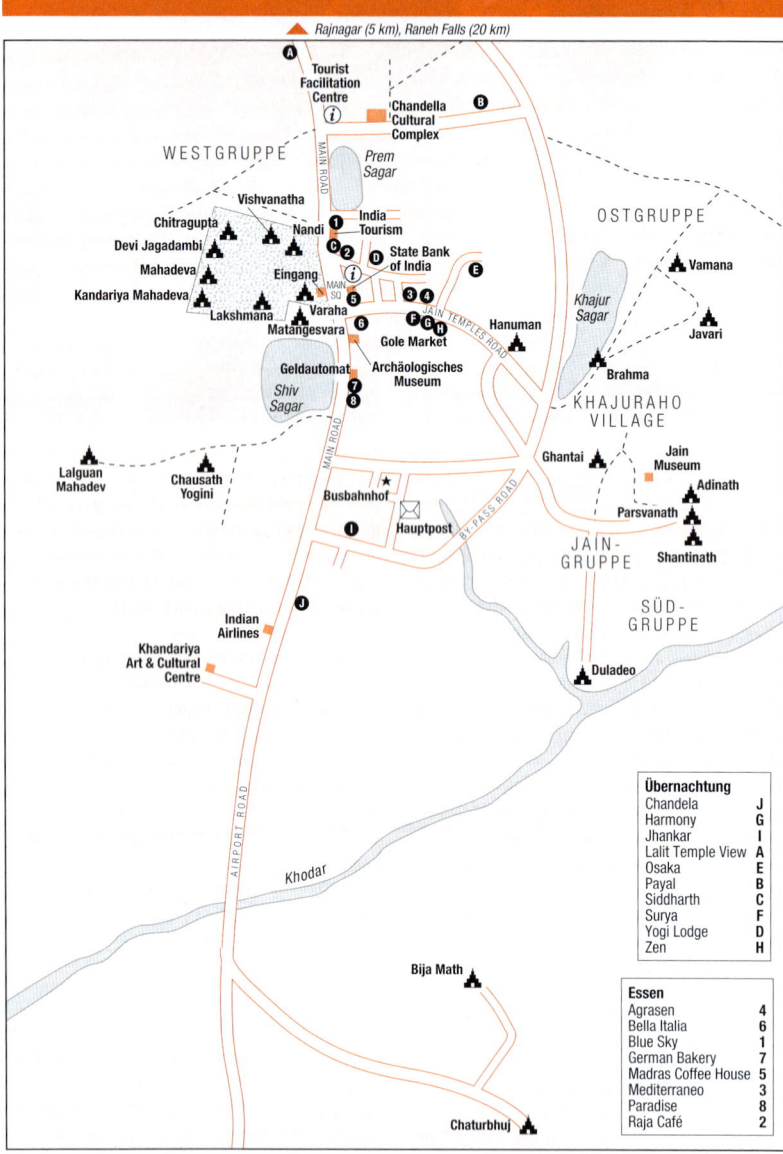

Khajuraho

N
0 — 500 m

Rajnagar (5 km), Raneh Falls (20 km)

A Tourist Facilitation Centre

Chandella Cultural Complex **B**

WESTGRUPPE

Prem Sagar

OSTGRUPPE

Vishvanatha

Chitragupta
Nandi

India Tourism **1**

Devi Jagadambi

2 C

D State Bank of India

Mahadeva

Eingang

5

3 4

E

Vamana

Kandariya Mahadeva

Lakshmana

Varaha

F G H

Hanuman

Khajur Sagar

Javari

Matangesvara

6

Gole Market

Brahma

Geldautomat

Shiv Sagar

Archäologisches Museum

7
8

KHAJURAHO VILLAGE

Lalguan Mahadev

Chausath Yogini

Busbahnhof

Hauptpost

Ghantai

Jain Museum

Adinath

Parsvanath

Shantinath

I

JAIN-GRUPPE

SÜD-GRUPPE

Indian Airlines **J**

Khandaria Art & Cultural Centre

Duladeo

AIRPORT ROAD

Khodar

Bija Math

Chaturbhuj

Flughafen (1 km), Jhansi, Panna National Park, Bahnhof (3 km)

Übernachtung

Chandela	J
Harmony	G
Jhankar	I
Lalit Temple View	A
Osaka	E
Payal	B
Siddharth	C
Surya	F
Yogi Lodge	D
Zen	H

Essen

Agrasen	4
Bella Italia	6
Blue Sky	1
German Bakery	7
Madras Coffee House	5
Mediterraneo	3
Paradise	8
Raja Café	2

Madhya Pradesh und Chhattisgarh

Mit Ausnahme des vor dem Hauptkomplex stehenden **Matangesvara** scheinen alle Tempel ihrer religiösen Bedeutung beraubt und nur zum Maha Shivratri-Fest (s. o.) erwachen sie zu neuem Leben. Besucher müssen vor dem Betreten der einzelnen Anlagen die Schuhe ausziehen. Informative **Audio-Führungen** durch die Westgruppe (Rs50 plus Rs500 Pfand) gibt es im Büro der Tempelanlage. ⊙ tgl. von Sonnenauf- bis Sonnenuntergang, Eintritt Rs250, Fotoerlaubnis Rs25. Jeden Abend findet eine exzellente **Ton- und Lichtshow** statt (50-minütige englische Version: ⊙ März–Okt 19.30 Uhr, Nov–Feb 18.30 Uhr, Rs300).

Varaha

Im Eingangsbereich steht dieser kleine offene Mandapa-Pavillon aus dem 10. oder 11. Jh., der ein großes, glatt geschliffenes Sandsteinbildnis von **Vishnu** als Wildschwein (Varaha) beherbergt. Auf seinen Körper sind in fein säuberlichen Reihen 674 Flachrelief-Figuren gemeißelt, die die wichtigsten Götter und Göttinnen des hinduistischen Pantheons repräsentieren. Als Herr über Erde, Wasser und Himmel sitzt das achtsame Wildschwein auf der Schlange Shesha begleitet von der Erdgöttin **Prithvi**, von der jedoch nur die Füße und eine Hand auf Varahas Nacken erhalten sind und die T. S. Burts Vermutung zufolge niemals schöner geschaffen wurde als hier. Über dem Bildnis schwebt der Lotushimmel in Reliefform.

Lakshmana

Hinter Varaha und dem gegenüber der Begrenzungsmauer stehenden Matangesvara führt der Weg zum reich verzierten Tempel Lakshmana. Er entstand etwa 950 n. Chr. und ist damit das älteste Bauwerk der Westgruppe. Er erhebt sich auf einem hohen Sockel, dessen Friese Prozessionen mit Pferden, Elefanten und Kamelen neben Soldaten, häuslichen Szenen, Musikern und Tänzern zeigen.

Während der Sockel die niedere menschliche Welt darstellt, knüpft der Tempel selbst den Kontakt zur himmlischen Sphäre. Zwei gemeißelte Gesimsstreifen zieren die Außenseite mit Göttern und Göttinnen, denen *apsaras* (himmlische Nymphen) zur Seite stehen, sowie Figuren

in komplizierten sexuellen Stellungen auf dem unteren Streifen und in den Vertiefungen.

Über der Mandapa (Vorhalle) und Veranda erheben sich aufeinander folgende, pyramidenartige Dächer zu einem kompakten Turm aus identischen, übereinander gesetzten Elementen. Kleine Veranden mit abfallenden Traufen springen oberhalb der Mandapa und des Korridors vor, die mit vorzüglich gestalteten Säulen, jede mit acht Figuren, ausgestattet wurden und in jeder Ecke der Terrasse von prächtigen Konsolen in Form von *apsaras* gestützt werden. Ins Heiligtum *(garbha griha)* führt ein Portal, dessen Türsturz Vishnus Gefährtin **Lakshmi** in Begleitung von **Brahma** und **Shiva** zeigt, während ein anderer Fries **Navagraha** (die neun Planeten) darstellt. Das Hauptbildnis im Inneren zeigt Vishnu in der Form des dreiköpfigen und vierarmigen Vaikuntha, der von seinen Inkarnationen als Wildschwein und Löwenmensch begleitet wird.

Kandariya Mahadeva

Der majestätische Kandariya Mahadeva steht zusammen mit anderen Tempeln auf einer Terrasse in der westlichen Ecke der Anlage. Er wurde zwischen 1025 und 1050 n. Chr. erbaut und ist das größte und imposanteste Bauwerk der Westgruppe. Als Gipfel der Perfektion des im Lakshmana und Vishvanatha begonnenen fünfstufigen Aufbaus, repräsentiert dieser Shiva-Tempel den Höhepunkt der Chandella-Kunst. Seine reich verzierten Dächer ragen in dramatische 31 m Höhe empor zum *shikhara*-Turm, der 84 kleinere Repliken beherbegt.

Kandariya Mahadeva ist vor allem wegen seiner außerordentlich lebhaften und provokativen **erotischen Darstellungen** beliebt, die seine drei Stufen schmücken und nahezu jede Fläche der Außenseite bedecken. Bewundernde Blicke erntet stets das besonders schön gestaltete Bildnis eines in *mithuna* (sexueller Vereinigung) verbundenen Paares, das zu beiden Seiten von Frauengestalten zur Sinnlichkeit ermutigt wird. Es gehört zu Khajurahos bekanntesten Motiven und scheint sich über die Natur hinwegzusetzen, denn die männliche Gestalt hängt kopfüber nach unten, und erst wenn man die Szene wie aus der Vogelperspektive betrachtet, machen die geschmeidig ineinander verschlungenen Glieder Sinn.

Ein kunstvoll aus einem Stein gearbeitetes Blumengewinde dient über dem Tempelportal als *torana*, zeremonielles Eingangstor für eine Hochzeitsprozession. Innen wie außen feiern üppig und feinsinnig gestaltete Götter, Göttinnen, Musiker und Nymphen den Anlass. Drinnen führt eine dunkle Passage zum Shivalingam. In den Nischen an der Außenseite befinden sich Bildnisse von **Ganesha**, **Virabhadra** und den **Sapta Matrika** („sieben Mütter"), die für das Einkleiden des Bräutigams Shiva verantwortlich sind.

Devi Jagadambi

Nördlich des Kandariya Mahadeva schließt sich auf derselben Terrasse der ältere Tempel Devi Jagadambi an. Er weist eine einfachere Struktur auf und hat keine versetzten Balkone an den Außenwänden. Die auffällige Vorhalle, des ursprünglich Vishnu geweihten, Bauwerks ist von einem kompakten Pyramidendach gekrönt. Drei *bhanda* („Gürtel") umschließen den *jangha* („Leib, Rumpf"), der mit feinen sinnlichen Steinmetzarbeiten versehen ist. Die erotischen Darstellungen des dritten *bhanda* gelten als die vollendetsten von Khajuraho. Überall erscheint Vishnu auf den Friesen, die auch geschmeidige Nymphen, Götter und Göttinnen (teils in liebender Umarmung) zeigen. Die Fachwelt vertritt unterschiedliche Meinungen zum Bildnis im Inneren des Heiligtums: Die einen halten es für eine stehende Parvati, die anderen für die schwarze Göttin Kali, die den Ortsnamen Jagadambi trägt.

Zwischen Kandariya Mahadeva und Devi Jagadambi beherbergen die Reste des Tempels **Mahadeva** einen meterhohen Löwen, den eine Gestalt mit undefinierbarem Geschlecht begleitet. Der meist stark stilisierte Löwe ist in Khajuraho ein stets wiederkehrendes Motiv. Hier richtet er sich über einem knienden Krieger mit gezogenem Schwert auf, möglicherweise ein Emblem der Macht der Chandella.

Chitragupta

Am Ende der Terrasse steht der restaurierte, wuchtige und stellenweise etwas unförmige Tempel Chitragupta, der seinem südlichen Nachbarn Devi Jagadambi ähnelt. Ungewöhn-

lich ist, dass er dem Sonnengott **Surya** geweiht wurde. Die schönen Darstellungen auf den Friesen zeigen Jagdszenen, Nymphen und Tanzmädchen nebst Prozessionen, und im Süden fällt das Bildnis eines besonders energischen Vishnu auf, das alle zehn Inkarnationen vereint. In der inneren Kammer sieht man den hitzigen Surya auf einem Wagen, der von sieben Pferden gezogen wird.

Der kleine, relativ unbedeutende Tempel vor dem Chitragupta ist ebenfalls rundum restauriert und heute **Parvati** geweiht. Ursprünglich mag es sich um einen Vishnu-Tempel gehandelt haben, wenngleich er ein interessantes Bildnis der auf einem Krokodil reitenden Göttin Ganga beinhaltet.

Vishvanatha

Der auf einer Ebene mit dem Lakshmana stehende Tempel Vishvanatha im Nordosten der Umfriedung ist der dritte der drei Hauptschreine der Westgruppe. Er kann präzise auf das Jahr 1002 n. Chr. datiert sowie der Herrschaft Dhangadevas zugeordnet werden. Der Vishvanatha war, im Gegensatz zu anderen Tempeln Khajurahos, in denen die residierenden Gottheiten wechselten, stets ein Shiva-Tempel. Dies belegt der offene Pavillon der Vorhalle vor dem Haupttheiligtum, wo ein riesiger, sitzender **Nandi** folgsam wartet. Die großen Tafeln zwischen den Balkonen zeigen auch hier *mithuna*, Paare in liebender Umarmung zwischen sinnlichen Nymphen.

Matangesvara

Die Schlichtheit des außerhalb der Tore stehenden Tempels Matangesvara weist ihn als eines der ältesten Bauwerke Khajurahos aus. Er entstand im frühen 10. Jh. und dient noch heute als Tempelstätte. Das runde Heiligtum hat mehrere tiefe Balkone. Wie eine Säule erhebt sich im Innern als zentrales Heiligtum ein Shivalingam auf einer als Sockel dienenden *yoni*, die Vulva – wiederkehrendes Symbol der Unität Shivas. Während des jährlichen Shivratri-Festes, der prachtvollen Hochzeit von Shiva und Parvati, wird der Schrein zum Mittelpunkt aufwendiger Aktivitäten: Zahlreiche Pilger zieht er an, hier ihre Zeremonien zu feiern, die tief in der Vergangenheit Khajurahos verankert sind.

Chausath Yogini

Südwestlich des Badebeckens Shiv Sagar stehen die Überreste des seltsamen Tempels Chausath Yogini – „Die 64 *yogini*". Das Bauwerk aus dem 9. Jh. besteht aus 35 kleinen Granitschreinen, die sich um ein Rechteck gruppieren. Ursprünglich gab es 64 solcher Schreine, in deren Mitte der Tempel der residierenden Göttin stand. In ganz Indien gibt es nur 14 weitere Tempelanlagen (alle im Norden), die jenen zornigen und blutrünstigen Begleiterinnen der wilden Göttin Kali geweiht sind. Rund 1 km westlich befinden sich die Ruinen des kleinen Tempels **Lalguan Mahadev**, der Shiva geweiht ist.

Die Ostgruppe

Die zwei getrennten Tempelbereiche, die Cunninghams Ostgruppe bilden, sind über die beiden Verzweigungen der vom Zentrum ostwärts führenden Straße zu erreichen: der eine besteht aus den dicht beieinander stehenden **Jaina-Tempeln**, der andere aus mehreren weiter nördlich stehenden Schreinen sowie den beiden größeren Tempeln Vamana und Javari, die beide aus dem späten 11. Jh. stammen. ☉ tgl. Sonnenaufgang bis -untergang, Eintritt frei.

Die Tempel im Nordteil

An der Nordseite der Jain Temples Rd steht ein modernerer Tempel, der eine zwei Meter hohe Statue des Affengottes **Hanuman** beherbergt. Sie ist vermutlich älter als sämtliche Tempel und Schreine Khajurahos. Von dort, wo der Weg am Dorfrand nach links zum Ostufer des trüben Wasserbeckens Khajur Sagar abzweigt, führt er zu den Ruinen eines Tempels mit nur einer Kammer, der irrtümlich als **Brahma**-Tempel bezeichnet wird. Es handelt sich um ein Shiva-Heiligtum, was deutlich am *chaturmukha*, dem „vierköpfigen" Shivalingam ersichtlich ist. Während die östliche und die westliche Front freundliche, gütige Züge tragen und die Nordseite die Milde von Shivas weiblicher Manifestation Uma zeigt, ist die grausame Südseite mit Darstellungen von Tod und Vernichtung überzogen.

Die staubige Straße führt weiter zum kleinen Tempel **Javari**. Das Bauwerk ist nicht so reich verziert wie andere Tempel, weist aber einige sehr schöne Skulpturen auf, von denen vor allem die Nymphen im klassischen Khajuraho-Stil Beachtung verdienen.

Der größte Tempel des Dorfes Khajuraho, **Vamana**, steht abgesondert in einem Gebiet 200 m weiter nördlich. Das etwas früher als der Javari, im bereits voll entwickelten Chandella-Stil, errichtete Bauwerk besitzt einen schlichten *shikhara*-Turm. Zu den Statuen gehören verführerische himmlische Nymphen, die zu zwei Bändern geformt den Tempelrumpf *(jangha)* umschließen. Ins Innere des Heiligtums, das Vishnus Inkarnation Vamana geweiht ist, führt ein prächtiges Portal. Richtung Jain-Gruppe führt der Weg an den Überresten des Tempels **Ghantai** aus dem späten 10. Jh. vorbei, dessen schöne Säulen mit Glocken *(ghantai)*, Blumengewinden und anderen Motiven verziert sind.

Die Jain-Gruppe

Der Tempel **Parsvanath**, der den ummauerten Bezirk der Jain-Gruppe dominiert, ist angesichts seines relativ einfachen Grundrisses wahrscheinlich älter als die Haupttempel Khajurahos. Vielleicht war er einst ein Hindu-Tempel, der später der sich ansiedelnden Jain-Gemeinde überlassen wurde. Auf jeden Fall ist Khajurahos lebenssprühende Skulpturenkunst auf den beiden horizontalen Bändern, welche die Mauern umlaufen, sehr gut repräsentiert. Das obere Band ist von hinduistischen Göttern in den bekannten innigen Darstellungen übersät. Zu den besten Arbeiten Khajurahos gehören hier ein Brahma mit Gemahlin, ein schöner Vishnu, ein seltenes Bildnis des Liebesgottes **Kama**, der seine Gesellin **Rati** umarmt, zwei anmutige weibliche Gestalten. Auf einem schmalen Streifen über den beiden Hauptbändern sind Girlanden tragende himmlische Musikanten *(gandharva)* dargestellt, die Zimbeln, Trommeln, Saiteninstrumente und Flöten spielen. Im Inneren, hinter einer reich verzierten Halle, ist ein schwarzer Monolith dem Jain-Heiligen Parsvanath geweiht, der erst 1860 an die Stelle eines anderen *tirthankara*, Adinath, trat.

Die Südgruppe

Khajurahos Südgruppe besteht aus drei weit auseinander liegenden Tempeln. Am nächsten zur Stadt liegt 1,5 km vom Stadtzentrum entfernt der **Duladeo**, zu dem ein staubiger Pfad südlich der Jain-Gruppe führt. Er entstand im frühen 12. Jh. und legt Zeugnis vom allmählichen Verfall der Tempelarchitektur in der späten Chandella-Epoche ab. Vor allem den Skulpturen fehlt die kennzeichnende Geschmeidigkeit des Khajuraho-Stils.

Jenseits des Flusses Khodar und südlich zweigt eine schmale Straße links von der Airport Rd ab, die zu dem unverhältnismäßig großen, sich nach oben verjüngenden Tempel **Chaturbhuj** führt. Das um 1100 entstandene Bauwerk hat eine gewisse Ähnlichkeit zum Javari-Tempel der Ostgruppe und ist ein Vorläufer des Duladeo, insgesamt jedoch schlichter als dieser und bar jeder Erotik. Im inneren Heiligtum steht eine beeindruckende Vishnu-Statue.

Der Weg zum dritten Tempel **Bija Math** führt zunächst zurück zur Häusergruppe vor dem Chaturburj und dann über einen staubigen Pfad rechts durch den kleinen Ort. Bis 1998 lag er unter einem verdächtig großen Erdhügel *(tela)* verborgen, bis bei einer Ausgrabung die fein gestaltete Plattform entdeckt wurde. Der Tempel selbst ist leider gänzlich verfallen. Nur einzelne, ehemals schmuckvolle Skulpturen liegen weit um die Stätte verstreut.

Übernachtung

Für Besucher, die aus anderen Teilen von Madhya Pradesh anreisen, können Khajurahos Touristenschlepper und das mit ihnen verbundene Provisionssystem ein ziemlicher Schock sein. Am besten nie mit Taxi- oder Motor-Riksha-Fahrern zusammen in die Hotels gehen und nachdrücklich darauf beharren, sich die Unterkunft selbst auszusuchen. Das riesige Hotelangebot sorgt für heftige Konkurrenz und hohe Unterbringungsstandards in allen Preiskategorien. Bei etwas Verhandlungsgeschick sind kräftige Preisnachlässe drin. Im Büro von India Tourism (S. 422) lassen sich **Homestays** in nahe gelegenen Dörfern arrangieren.

Chandela, an der Straße zum Flughafen, ✆ 07686/272355, 🖵 www.tajhotels.com. Elegante Cottages mit Bad in einer gepflegten, 4,5 ha großen Gartenanlage mit allen Annehmlichkeiten der Taj-Gruppe: Minigolf, Tennis, Krocket,

Fitnesscenter, Pool (für Nichtgäste Rs300), Café, Bar und zwei Restaurants. **❽**

Harmony, Jain Temples Rd, ✆ 07686/274135, 🖵 www.hotelharmonyonline.com. Das mediterrane Styling verleiht dem altbewährten Hotel ein angenehm großzügiges Flair. Es bietet eine Auswahl an luftigen, supersauberen Zimmern der unteren und mittleren Preisklasse, einen Hof voller Vögel und außerdem noch gutes Essen. **❸ – ❺**

Jhankar, By-Pass Rd, ✆ 07686/274063, ✉ jhankar@mptourism.com. Das propere, wenn auch etwas bejahrte MP-Tourism-Hotel in sicherer Entfernung vom Touristen- und Schlepper-Gewimmel rund um die westliche Tempelgruppe ist der Renner bei indischen Touristen. Die sauberen Zimmer mit AC schmücken Gemälde, auf denen die Tempel dargestellt sind. Frühstück inkl. **❺**

Osaka, abseits der Jain Temples Rd, ✆ 07686/272839, ✉ osaka4guest@ymail.com. Die ordentliche Budgetunterkunft hat eine Handvoll großer, aber ramponierter Zimmer mit Kachelfußboden und Bad. Die Zimmer fallen unterschiedlich aus, daher mehrere in Augenschein nehmen; manche besitzen sogar eine altersschwache Klimaanlage. Leider ist das Osaka keine moskitofreie Zone. **❶**

Payal, hinter den Feldern nordöstlich des Zentrums, ✆ 07686/274064, ✉ payal@mp tourism.com. Das stille, von MP Tourism verwaltete Hotel in einer hübschen Grünanlage besitzt einen Pool, der zum Abkühlen einlädt. Die Zimmer mit Miniveranden und Ventilator oder AC könnten zwar eine Generalüberholung vertragen, sind aber dennoch gemütlich. **❺**

Luxusoase mit Verwöhnprogramm

Lalit Temple View, Main Rd, ✆ 07686/272111, 🖵 www.thelalit.com. Der Toptipp, wenn Geld keine Rolle spielt. Die luxuriösen Zimmer (US$181–202) blicken entweder auf die Tempel oder den hübschen Pool und Grüppchen schattiger *mahua*-Bäume. Am tollsten ist aber das Wellness-Angebot, u. a. mit Ayurveda-, Thai- und Reflexzonen-Massage. **❾**

Siddharth, gegenüber der westlichen Tempelgruppe, ✆ 07686/274627, ✉ hotelsiddharth@rediffmail.com. Die freundlichen Mitarbeiter des Mittelklassehotels können nichts dafür, dass die Zimmer ziemlich mitgenommen sind. Aber immerhin besitzt das Deluxe-DZ mit AC eine herrliche Aussicht auf die Tempel und die indischen Gerichte des Restaurants gehören zum Besten, was vor Ort zu haben ist. ❹–❺

Surya, Jain Temples Rd, ✆ 07686/274144, 🖥 www.hotelsuryakhajuraho.com. Beliebtes, kompetent geführtes Hotel mit sauberen, gut ausgestatteten Zimmern verschiedener Preislagen, üppig grünem Garten, 24-Std.-Internetzugang, Büchertausch, Yoga- und Massage-Angebot und Restaurantbereich im Freien. ❸–❺

Yogi Lodge, in einer Sackgasse zwischen den Läden hinter dem Raja Café, ✆ 07686/274158, ✉ yogi_sharm@yahoo.com. Die superbilligen, recht sauberen Zimmer mit Bad verdienen zwar das Prädikat „spartanisch", aber ihr Preis ist unschlagbar, zumal Yoga und Meditation inklusive sind. ❶

Zen, Jain Temples Rd, ✆ 07686/274228, ✉ oshozen62@hotmail.com, 🖥 www.hotelzenkhajuraho.co.in. Mittelpunkt des Hotels ist der Zen-Garten mit Lotosteich und Streichelkaninchen. Die angemessen bepreisten Zimmer verfügen über Bad und TV, die teureren auch über AC. Im hoteleigenen italienischen Restaurant bekommt man sensationellen Schokoladenkuchen. ❸–❺

Essen

In Khajuraho herrscht kein Mangel an Restaurants; die Auswahl reicht von einfachen, preiswerten Lokalen bis zu teuren internationalen und italienischen Restaurants. Hotels wie Chandela und Lalit Temple View haben Restaurants der oberen Kategorie, die exquisite Küche zu angemessenen Preisen offerieren. Vorsicht: Viele Dachterrassen-Restaurants versprechen zum Essen zugleich Blick auf die abendlichen Ton- und Lichtshows, während in Wirklichkeit nur Lichtflackern und gedämpfte Sprachfetzen bis zu ihnen heraufdringen.

Mediterraner Schlemmertempel

Mediterraneo, Jain Temples Rd, ✆ 07686/272246. Echte Pizza mit dünnem Knusperboden aus dem Holzofen, handgemachte Pasta, selbst gebackenes Brot, umwerfender holländischer Apfelkuchen und unvergleichlicher Cappuccino machen das charmante Lokal zur besten kulinarischen Adresse der Stadt. Reservierung ratsam. Hauptgerichte Rs185–275.

Agrasen, Jain Temples Rd. Die Küche des Dachrestaurants produziert die typische Multikultikost (Hauptgerichte Rs40–120), jedoch mit etwas mehr Pfiff als üblich. Es gibt ein umfangreiches Frühstücksangebot, preiswerte *thalis* und Komplettmenus. Die Kokosnuss-Lassi ist zum Niederknien.

Bella Italia, Jain Temples Rd. Inzwischen in neuer Location mit einer von Kletterpflanzen umrankten Terrasse, ist das Bella Italia eine erschwinglichere Alternative zum Mediterraneo. Hier gibt's hausgemachte Knusperbodenpizza, Pasta und Crêpes (Hauptgerichte Rs125–215). Am frühen Abend versammeln sich in den Bäumen ringsum Hunderte von Papageien, die einen Riesenlärm veranstalten, bevor sie sich gegen 20 Uhr zur Ruhe begeben.

Blue Sky, Main Rd. Das Dachterrassen-Restaurant hat zwar etwas von einer Touristenfalle, bietet aber ein einmaliges Esserlebnis: einen Tisch im Baumhaus. Doch selbst nicht schwindelfreie Esser sind mit den *thalis*, chinesischen und westlichen Speisen nicht schlecht bedient. Und das Erfrischungsgetränk *jeevan rakshak ghol* (Mineralwasser, Limonensaft, Zucker und Salz) ist an heißen Tagen kaum zu toppen. Hauptgerichte Rs80–150.

German Bakery, Main Rd. Winziger Laden mit ein paar Plastikhockern, einem wackeligen Tischchen und verführerischem, selbst gebackenen Brötchen, Croissants, *pain au chocolat*, Brötchen, Kokosnussplätzchen und Kuchen – alle für etwa Rs5–50; dazu gibt es Filterkaffee. Abenteuerlustigere Esser können auch die Sandwiches mit nepalesischem Yakmilch-Käse probieren.

Madras Coffee House, Jain Temples Rd. Der schlichte Kantinenbetrieb ist bei Einheimischen und sparsamen Travellern angesagt und eignet sich prima für ein preiswertes südindisches Frühstück, bestehend aus *dosas*, *vadas* und *uttapams* (Rs30–70).

Paradise, Airport Rd. Die Dachterrassenbar plus Restaurant mit Aussicht auf den Shiv Sagar-See ist das ideale Plätzchen für einen Sundowner, z. B. einen Cocktail (Rs90–280), ein Kingfisher (Rs130), indischen Wein oder „Champagner" (Rs1200–1250 pro Flasche) sowie klassische Traveller-Leibspeisen wie *banana pancakes*.

Raja Café, Main Square. Ein boomender Laden für alles: neben offiziellen Führern, Internetzugang und Buchladen bietet das Raja auch Röstis, Gulasch und *southern fried chicken* sowie ausgezeichnete indische und chinesische Küche. Als Nachtisch empfiehlt sich die flambierte Banane – oder ein kaltes Bier. Hauptgerichte Rs60–100.

Sonstiges

Fahrradverleih
Viele Anbieter vermieten Fahrräder (Rs20–50 pro Tag), darunter Mohammad Bilal an der Jain Temples Road.

Geld
Geld wechselt die **State Bank of India** am zentralen Main Square. ☉ Mo–Fr 10.30–16.30, Sa 10.30–13.30 Uhr. Sie hat auch einen **Geldautomaten** gegenüber vom Shiv-Sagar. Ein Geldautomat der **Union Bank** befindet sich neben dem Raja Café (s. o.).

Informationen
Das **Informationsbüro** von India Tourism ist am Main Square, ✆ 07686/272347, ✉ goito.khr@gmail.com. ☉ Mo–Fr 9.30–18 Uhr.
Das Büro von **MP Tourism**, im Tourist Facilitation Centre, ✆ 07686/274051, kann Unterkünfte und Mietwagen vermitteln. ☉ Mo–Sa 10–5 Uhr, am 2. und 4. Sa des Monats geschlossen.

Internet
Internetzugang gibt es in den meisten Hotels und entlang der Jain Temples Road.

Polizei
Für den Fall ernsthafter Probleme betreibt die **Touristenpolizei** einen Kiosk an der Main Road.

Post
Ein Postamt befindet sich in der Nähe vom Busbahnhof.

Touren
Zu den empfohlenen und sehr erfahrenen **Führern**, die Besuchern Khajuraho näher bringen, gehören Ganga, Eigentümer des Hotels Harmony und Tantraexperte, außerdem Mr. D. S. Rajput, Mr. Mama und Mr. Chandel, die alle drei über das Raja Café zu kontaktieren sind, und Raghuvir Singh, der über das Tour-Aids-Büro (s. u.) zu erreichen ist, sowie Anurag Sukla, ✆ 9425/143963. Die behördlich festgelegten Honorare für Führer betragen Rs600 für 1–5 Pers. pro halben Tag und Rs750 für den ganzen Tag. Bei Führungen in anderen Sprachen als Hindi und Englisch wird ein Zuschlag von Rs225 halbtags, Rs350 ganztags fällig.

Nahverkehr
Khajuraho setzt sich aus mehreren Dörfern zusammen, die **kein öffentliches Verkehrsnetz** haben. Doch es gibt verschiedene Möglichkeiten: **Taxis** und **Mietwagen** sind am zentralen Main Square zu kriegen, über das Raja Café und bei den meisten Hotels. Ein Taxi nach Orchha kostet Rs2200–2500, nach Satna Rs1600–1800; Forderungen der Fahrer nach horrenden „road tolls" (Straßengebühren) geflissentlich ignorieren und vor Fahrtantritt einen festen Preis vereinbaren.

Fahrrad-Rikschas kosten für eine Rundfahrt zu allen Tempeln Rs100, **Motor-Rikschas** für den halben Tag Rs150 und für ganztägige Tempelrundfahrten Rs250.

Transport
Busse
Ungefähr 8x tgl. fahren private Busse ins 174 km weiter westlich gelegene JHANSI (4 1/2–6 Std.) – am schnellsten ist normalerweise der um 8 Uhr abfahrende. Außerdem verkehren dorthin

3x tgl. langsamere staatliche Busse (5–7 Std.). Es gibt regelmäßige Verbindungen nach GWALIOR (7–9 Std.), täglich Busse nach AGRA (8 Std.) und BHOPAL (12 Std.) und ab und zu nach VARANASI (14 Std.). Nach Varanasi gelangt man auch mit einem der 3x tgl. ins 125 km östlich gelegene SATNA (3 1/2 Std.) fahrenden Busse; in Satna in den Zug umsteigen (s. u.). Eine weitere Verbindung nach Varanasi bietet einer der mehrmals täglich verkehrenden Busse Richtung Norden nach MAHOBA (3 Std.), dort weiter per Bahn (s. u.).

Eisenbahn

SATNA (3 1/2 Std. per Bus, s. o.) liegt an der Bahnstrecke Mumbai–Varanasi–Kolkata. Von Satna geht es auch per Bahn nach GORAKHPUR, von dort fahren Busse zur nepalesischen Grenze. Der Kamayani Express Nr. 11071 fährt tgl. um 11.45 Uhr von Satna ab und erreicht VARANASI um 19.25 Uhr. Ebenfalls nach Varanasi geht es per Bus nach MAHOBA (s. o.) und weiter mit dem täglichen Bundelkhand Express Nr. 11107, Abfahrt um 1.05 Uhr (9 3/4 Std.).
Es fahren auch mehrere Züge von Satna nach JABALPUR; die beste Verbindung ist der Howrah-Mumbai Mail Nr. 12321 (Abfahrt tgl. 14.55 Uhr; 3 Std.).
Am Busbahnhof gibt es ein computergestütztes Buchungsbüro für Zugtickets (tgl. 9–12 und 14–16 Uhr), es soll allerdings zum Bahnhof umziehen.

Flüge

Air India/Indian Airlines, ✆ 07686/274035, Flughafen ✆ 07686/274036, Jet Airways, Flughafen, ✆ 07686/274407, und Kingfisher Airlines, 🖳 www.flykingfisher.com, fliegen tgl. über VARANASI (um Rs5500) nach DELHI (um Rs7500). Die Nachfrage ist hoch, daher rechtzeitig buchen.

Die Umgebung von Khajuraho

Rund 20 km nordwestlich von Khajuraho tosen die Raneh Falls durch eine Schlucht mit schwarzen und pinkfarbenen Basaltwänden. Auch wenn viele Leute etwas anderes behaupten: Ghariale (ein krokodilähnliches Reptil) sind hier außerhalb der Monsunmonate fast nie zu sehen. In der Monsunzeit ist der Wasserfall natürlich am spektakulärsten. ⊙ tgl. von Sonnenauf- bis Sonnenuntergang, Eintritt Rs150, Guide Rs40.

Laut offiziellen Zahlen lebten 2006 im Panna-Nationalpark, 37 km südlich von Khajuraho, 24 Tiger. Im Juli 2009 musste die Regierung von Madhya Pradesh jedoch eingestehen, dass kein einziger Tiger mehr am Leben war, und gab Wilderern die Schuld daran. 2011 streiften wieder drei aus anderen Parks umgesetzte Tiger durch den Panna. Aber wer mit größtmöglicher Sicherheit einen Tiger zu Gesicht zu bekommen möchte, ist in den Nationalparks Kanha, Bandhavgarh oder Pench an der besseren Adresse. Davon abgesehen hat der Panna jedoch sensationelle 200 Vogelarten sowie Lippenbären, Wölfe und Pythons zu bieten. ⊙ Nov–Ende Juni tgl. Sonnenauf- bis Sonnenuntergang, Eintritt Rs2180 pro Jeep/Safari, obligatorischer Führer Rs150.

Jabalpur und Umgebung

Nachdem sie endlose Weiten mit Weizenfeldern und Stammesdörfern durchzogen haben, erreichen sie die Straße und die Eisenbahngleise, die Kolkata mit Mumbai verbinden, die größte Stadt im Osten Madhya Pradeshs: Jabalpur. Die 330 km östlich von Bhopal gelegene Stadt ist in erster Linie als Ausgangspunkt für die Marmorfelsen am nahen Narmada-Fluss sowie für die Nationalparks und Tigerreservate Kanha und Bandhavgarh interessant, die beide etwa eine halbe Tagesreise entfernt im Osten liegen.

3 km westlich in Richtung Marble Rocks (S. 426) streift der Highway eine ausgedehnte Moräne aus großen Granitfelsen, auf der die Ruinen des Madan Mahal (Originalaussprache: M'den M'hel) stehen, den der Gond-Herrscher Madan Shah 1116 als Festung und Lustschloss anlegen ließ. Einen Kilometer weiter westlich kommt man an eine eindrucksvolle Brücke über den Narmada.

Mehrere Schreine am Ufer kennzeichnen Tilwara Ghat, eine der heiligen Stätten, an denen ein Teil der Asche Mahatma Gandhis ausgestreut wurde. Die Abzweigung nach rechts führt zu den Marble Rocks.

Übernachtung

Die meisten Unterkünfte Jabalpurs liegen in Busbahnhofsnähe. Achtung: Manche Hotels erheben zusätzliche „Luxussteuern" und „Bedienungszuschläge".

Kalchuri Residency, Residency Rd, ✆ 0761/ 267 8491, ✉ kalchuri@mptourism.com. Das freundliche MP-Tourism-Hotel, vom Bahnhof gleich um die Ecke, hat verwohnte, aber großzügig bemessene Zimmer mit AC und ein einladendes Restaurant mit Bar. ❺

Narmada Jacksons, Civil Lines, ✆ 0761/400 1122, 🖥 jacksons-hotel.net. Schmuckes, historisches Hotel mit modernen AC-Zimmern, verlockendem Pool, Ayurveda-Spa, Sauna und Restaurant. ❼–❽

Utsav, Russel Chowk, ✆ 0761/401 7269, 🖥 www.hotelutsav.com. Die Zimmer im Utsav sind ziemlich schäbig und dabei keineswegs preiswert. Aber immerhin haben sie Bad, TV und Telefon, was sie für eine Nacht erträglich macht. Das Hotel liegt an einer verkehrsreichen Straßenecke mitten im Stadtzentrum; also unbedingt Ohrstöpsel mitbringen. 24-Std.-Checkout. ❷–❹

Essen

Von den Restaurants der besseren Hotels abgesehen sind die Möglichkeiten zum Essengehen in Jabalpur beschränkt.

Indian Coffee House hat drei Filialen: im Basar-Viertel, gegenüber vom Jyoti-Kino und im Hotel India. Die Filiale im Hotel India kommt edel daher, mit schwarzen und roten Ledermöbeln, Glaswänden und einem (normalerweise

Fleischlos glücklich für wenig Geld

SSS (Satyam Shivam Sundaram), in der Nähe des Jyoti-Kinos, Naudra Bridge. Unaufdringliches, rein vegetarisches Lieblingslokal der Einheimischen mit hervorragenden *thalis* und *dhals* zu unschlagbaren Preisen (Rs28–50). Besonders zu empfehlen ist das Pilz-Curry.

Kompetente Kooperative

Hotel India, in der Nähe des Karamchand Chowk, ✆ 0761/248 0093, ✉ icwcsltdjbp@rediffmail.com. Die Kooperative, die auch die Restaurantkette Indian Coffee Houses betreibt, führt dieses Hotel mit der gleichen ruhigen Kompetenz. Die Zimmer sind gut ausgestattet und besitzen Bad, TV und Telefon; die teureren auch AC. 24-Std.-Checkout. ❹

trockenen) Brunnen, erstklassiger chinesischer Küche sowie süd- und nordindischen Hauptspeisen und Snacks (Rs28–140) plus Filterkaffee (Rs8). Die zwei anderen Ableger sind nicht so nobel, aber das Essen und die Bedienung sind genauso gut.

Kalchuri Residency, im gleichnamigen Hotel. Das altbekannte MP-Tourism-Angebot – die üblichen indischen und chinesischen Fleisch-, Fisch und vegetarischen Gerichte für Rs50–150 – ist nicht weiter aufregend, aber abends empfiehlt sich das Kalchuri als nettes Plätzchen für ein kaltes Bier.

Pangat, im Hotel Shikhar Palace, Russel Chowk. Orangefarbene Wände, Multicolor-Würfelleuchten – ein Glück, dass dieses klimatisierte Restaurant nur gedämpft beleuchtet ist. Die rein vegetarische indische und chinesische Kost ist aber solide (Hauptgerichte Rs45–90).

Sonstiges

Autovermietungen

Die besseren Hotels vermitteln Mietwagen für Tagesausflüge in die Umgebung von Jabalpur für rund Rs1400 pro Tag.

Geld

Vor dem Besuch der Nationalparks in Jabalpur Geld wechseln, da es in den Parks keine Möglichkeit dazu gibt. Die rund 1 km westlich vom Bahnhof gelegene **State Bank of India** und das Hotel **Rishi Regency** (⏱ 24 Std.) gegenüber wechseln Bargeld und Reiseschecks.

Informationen

Das **Informationsbüro** von MP Tourism in der Ankunftshalle des Bahnhofs, ✆ 0761/267 7690,

Madhya Pradesh und Chhattisgarh

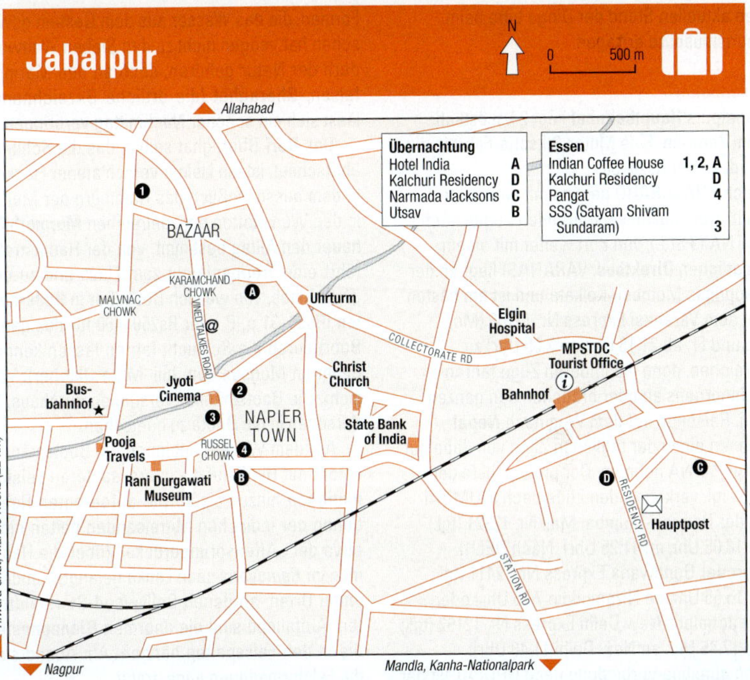

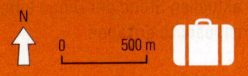

N

0   500 m

Allahabad

Übernachtung		Essen	
Hotel India	A	Indian Coffee House	1, 2, A
Kalchuri Residency	D	Kalchuri Residency	D
Narmada Jacksons	C	Pangat	4
Utsav	B	SSS (Satyam Shivam Sundaram)	3

BAZAAR

MALVNAC CHOWK

KARAMCHAND CHOWK

@

A

Uhrturm

COLLECTORATE RD

Elgin Hospital

MPSTDC Tourist Office
i

Christ Church

Bus-bahnhof ★

Jyoti Cinema

2

3

NAPIER TOWN

Bahnhof

Pooja Travels

RUSSEL CHOWK

4

State Bank of India

Rani Durgawati Museum

B

D

RESIDENCY RD

C

Hauptpost

Tilwara Ghat, Marble Rocks (22 km)

STATION RD

Nagpur

Mandla, Kanha-Nationalpark

Madhya Pradesh und Chhattisgarh

Flughafen

---

jabalpur@mptourism.com, veranstaltet **Bootsausflüge** auf dem Narmada River für Rs1500–Rs4000 p. P. ⏰ Mo–Sa 7–19, So 7–14 Uhr.

Internet
Internetzugang (allerdings in einem Privathaushalt) kostet Rs20 pro Std.

Post
5 Min. Fußweg vom Bahnhof Richtung Süden.

Touren
Pooja Travels, ✆ 0761/261 0118. Das seriöse Reisebüro vermietet Wagen (mit Fahrern); eine Tour nach Kanha kostet um die Rs2000.

Transport
Busse
Im Umkreis des chaotischen **Busbahnhofs** knapp südl. vom Basar und westl. der

Naudra-Brücke gibt es mehrere preiswerte Hotels.

Bei den meisten Reisenden steht nach dem Besuch von Jabalpur der KANHA-NATIONAL-PARK auf dem Programm. Dorthin, zum Haupteingangstor **Kisli**, fahren 3x tgl. staatliche Direktbusse (7, 11 und 12 Uhr, zurück um 6.30, 8.30 und 12.30 Uhr; 5–7 Std.) vom Zentralbusbahnhof; mit dem frühesten Bus geht es immer am schnellsten.

Busse nach MANDLA, auf halber Strecke zum Park, fahren jede halbe Stunde ab. BANDHAVGARH ist schwieriger zu erreichen: Man muss einen **Zug** (häufig; 1 1/2 Std.) oder Bus (stdl., 2 Std.) nach MURWARA (auch Katni genannt) nehmen, dann auf der Eastern Railway-Strecke nach UMARIA fahren und dort einen Regionalbus zum Parktor nehmen. MP Tourism beabsichtigt, regelmäßig verkehrende AC-Busse sowohl nach KANHA als auch BANDHAVGARH einzusetzen;

den aktuellen Stand der Dinge bitte beim Tourismusbüro erfragen.

Eisenbahn

Jabalpurs **Hauptbahnhof** liegt 2 km östlich vom Zentrum. Eine Motor-Riksha-Fahrt in die Stadt kostet Rs20–30.

Nach KHAJURAHO geht es mit einem von mehreren täglich verkehrenden Zügen nach SATNA (3 Std.), von dort weiter mit einem staatlichen **Direktbus**. VARANASI liegt an der Hauptlinie Mumbai–Kolkata und ist am besten mit dem Varanasi Express Nr. 12165 (Mo, Do und Fr; ab 21.15 Uhr, an 7.05 Uhr) zu erreichen, denn die anderen Züge fahren frühmorgens ab oder brauchen den ganzen Tag. Reisende auf dem Weg nach **Nepal** können einen der täglichen Züge von Jabalpur nach PATNA nehmen. Der praktischste der 5–6x tgl. verkehrenden Züge nach MUMBAI ist der Howrah-Mumbai Mail Nr. 12321 (tgl.; ab 18.05 Uhr, an 11.25 Uhr). Nach DELHI fährt der Gondwana Express Nr. 12411 (tgl.; ab 15.55 Uhr, an Nizamuddin 7.25 Uhr) oder der Jabalpur-New Delhi Express Nr. 12192 (tgl.; ab 17.45 Uhr, an New Delhi 11.40 Uhr). Eine günstige Verbindung nach BHOPAL ist der Vindhyachal Express Nr. 11271 (tgl.; ab 21 Uhr, an 9.25 Uhr).

Flüge

Der **Flughafen** liegt 21 km nordwestlich vom Bahnhof. Ein Taxi in die Stadt (bzw. zurück) kostet Rs500–600, eine Motor-Riksha Rs300. **Air India/Indian Airlines**, Flughafen ✆ 0761/290 4090, fliegt 6x wöchentl. nach DELHI und GWALIOR, **Kingfisher Airlines**, 🖥 www.flyking fisher.com, tgl. nach DELHI.

Marble Rocks

Westlich von Jabalpur verengt sich der Narmada plötzlich, stürzt über eine Reihe von dramatischen Wasserfällen und zwängt sich durch eine Passage aus milchig-weißem Marmor, bis er seinen Lauf schließlich durch den Dekkan fortsetzt. Die 30 m hohen Felsen und gerundeten

Formen, die das Wasser aus dem Gestein gewaschen hat, mögen nicht zu den Sieben Weltwundern der Natur gehören, doch an dem Marmorfelsen, **Bheraghat** (die örtliche Bezeichnung), lässt sich ein schöner Nachmittag verbringen.

Das **Dorf** Bheraghat selbst, das die Schlucht überschaut, ist ein kleiner verschlafener Flecken, in dem ausschließlich das Hämmern der Meißel in den Werkstätten der zahlreichen **Marmorbildhauer** den Alltag bestimmt. Von der Hauptstraße führt eine Treppenflucht zum Fluss und zu den *ghats* hinab, von wo sich Besucher in **Ruderbooten** (Rs20–31 p. P. oder Rs250–450 für das ganze Boot) durch die Schlucht fahren lassen können (nicht im Monsun von Juli–Mitte Oktober). Vorsicht: Die Bootsmänner versuchen durchaus, 25 Personen in die Boote zu quetschen.

Auf dem Wasser beginnen die Bootsmänner sofort, auf Hindi auf die interessanteren **Felsformationen** hinzuweisen. Die aufgeregten Reaktionen der indischen Mitreisenden gelten nicht etwa der „Affensprungbrücke" (über die Hanuman im *Ramayana* nach Lanka gelangt), sondern jenen Orten, an denen Bollywood-Stars auftraten. Auffallend sind die enormen **Bienennester**, die in den Felsspalten hängen. Am Abend sind die Felsformationen angestrahlt.

Bheraghat ist auch eine Art Wallfahrtsstätte. Von der Flussgabelung führen 107 Felsstufen zum **Mandapur-Tempel** aus dem 10. Jh. Berühmt sind die 64 fein gearbeiteten tantrischen Gottheiten, „Chausath Yogini", die der Rundbau beherbergt.

Weit hinter dem Tempel stürzt sich am Ende der Schlucht der Wasserfall **Dhuandhar** („Dunstkaskade") hinunter auf eine tiefere Ebene. Er wirkt besonders spektakulär, wenn er am Ende der Monsunzeit in Gischtschleier gehüllt ist.

Übernachtung und Essen

Motel Marble Rocks, an der Straße zu den Wasserfällen, ✆ 0761/283 0424, ✉ mmr@ mptourism.com. Angenehme MP-Tourism-Unterkunft in einem umgebauten Bungalow aus der Kolonialzeit mit Veranda, gepflegtem Rasen und Garten mit Liegestühlen und guter Aussicht. Zum Hotel gehört ein kleines **Restaurant** mit freundlicher, aber furchtbar langsamer Bedienung. ➍–➎

Hotel River View, ☎ 0761/290 5937,
🖳 www.marblerock-hotelriverview.com,
eine etwas billigere Alternative ganz in der
Nähe. Die Zimmer hier sind hübscher und vom
Garten hat man eine tolle Aussicht in die
Schlucht. Die Laken könnten allerdings
sauberer sein. Zum Hotel gehört auch ein
ordentliches vegetarisches Restaurant.
❸–❹

Transport

Von der Busbahnhof neben dem Museum in
Jabalpur kriechen **Tempo** (Rs15–20 im Schnecken-
tempo in 45 Min. nach Bheraghat. Eine **Motor-
Rikscha** kostet für Hin- und Rückfahrt rund
Rs350, ein Taxi ungefähr Rs650.

Von Jabalpur zum Kanha

Die knochenbrecherische Fahrt von Jabalpur
nach Kanha führt in einige der weltabgeschie-
densten ländlichen Regionen des östlichen Madhya Pradesh. Als Captain J. Forsyth und
Bengal Lancers Ende des 19. Jhs. auf dem Weg
ins unerforschte Landesinnere hier durchka-
men, bestand die Landschaft praktisch nur aus
Wald, in dem es von indischen Bisons, Rotwild
und Tigern wimmelte. Inzwischen sind die Angehörigen der hier lebenden Barga-Stämme
zu Bauern geworden. Abgesehen von ein paar
Fleckchen Wald, die sich an die Bergkämme
ringsum klammern, wurde alles abgeholzt. Der
Wald musste dem Ackerbau weichen oder diente der wachsenden Zahl von Landarbeitern und
ihren Familien als Feuerholz.

Die einzige größere Stadt entlang der Strecke nach Kanha ist **Mandla**. Es lohnt sich, hier
eine kurze Pause einzulegen und den heiligen
Zusammenfluss dreier Flüsse **Triveni Sangam**
am Stadtrand hinter dem Basar zu besichtigen.
Wer danach noch Kanha erreichen möchte,
muss beachten, dass der letzte Bus um 16.15 Uhr
abfährt. In die andere Richtung, nach Jabalpur,
fahren die Busse tagsüber alle 30 Min. ab. Die
State Bank of India wechselt nur Bargeld – die
nächste Möglichkeit zum Bargeldumtausch gibt
es erst wieder im Kanha.

Kanha-Nationalpark

Der Kanha-Nationalpark, für viele Indiens großartigstes Tierreservat, erstreckt sich über rund
940 km^2 mit Laubwäldern, Savannengrasland,
Hügeln und sanft mäandernden Flüssen. Er ist
die Heimat von Hunderten Vogelarten und Säugetieren, zu denen auch Tiger gehören. Tigersichtungen sind natürlich nicht garantiert, aber
selbst ein flüchtiger Blick auf eine der Großkatzen ist ein tolles Erlebnis. Und auch sonst ist der
Park mit seiner vielfältigen Tierwelt und der urtypischen Kipling'schen Landschaft ein wunderbarer Ort für einen mehrtägigen Aufenthalt.

Geschichte

Das Kerngebiet des Kanha-Tals wurde 1933
zum Tierreservat bestimmt. Zuvor befand sich
dort ein riesiges Jagdareal des Vizekönigs, das
ausschließlich hochrangigen britischen Armee-
offizieren und Staatsbeamten vorbehalten war,
die Trophäen für ihre kolonialen Bungalows
schießen wollten. Aber erst in den 1950er-
Jahren erklärte die indische Regierung Kanha
zum Nationalpark, nachdem ein besonders
unersättlicher Jäger auf einer einzigen Jagd
30 Tiger geschossen hatte. Kanha gehörte zu
den ersten Teilnehmern an Indira Gandhis **Project Tiger**, das zur Erholung der Bestände beigetragen hat. Die Forstverwaltung spricht von
ungefähr 78 Tigern, während Führer und Na-
turforscher eher von 35–40 ausgehen (bei den
meisten indischen Tigerreservaten dürfte eine
Halbierung der offiziellen Zahlen realistischer
sein). Im Rahmen eines langfristig angelegten
Projekts wurde der Park ausgeweitet, um eine
größere Pufferzone zu schaffen – ein Schritt,
der auf den Widerstand einiger Stämme traf, die
Nahrung und Feuerholz aus dem Wald beziehen.
Die Regierung hatte große Mühe, die Bedürfnisse der Einwohner mit denen des Naturschutzes
und Tourismus in Einklang zu bringen.

Die Herausforderungen bleiben trotz aller
Bemühungen groß: In den letzten Jahren ist die
Wilderei wieder zum Problem geworden; selbst
in der von Safaris besuchten „Touristenzone"
des Parks wurden Fallen entdeckt. Auch der illegale Holzeinschlag ist problematisch, die Puffer-

Madhya Pradesh und Chhattisgarh

zone wird immer weniger respektiert, und es gibt keine ernstlichen Bemühungen, den Bau neuer Hotels einzudämmen. Was Traveller zum Schutz der Tiger in Indien unternehmen können, steht auf der Website der **Organisation Travel Operators for Tigers**, 🖥 www.toftigers.org.

Im Park

Von den Haupttoren **Kisli** im Westen und dem 35 km entfernten **Mukki** im Süden führt ein Netz von befahrbaren Pisten quer durch die verschiedenen Geländeformen des Parks. Welche Tiere aus den offenen Jeeps zu sehen sind, hängt in erster Linie von der Gebietswahl des Führers ab. Kanha ist berühmt für seine weiten, wogenden Grasflächen, *maidan,* die sich an den Flusstälern entlangziehen und die bevorzugten Aufenthaltsorte von Rotwild sind. Zu den verschiedenen im Park lebenden Rotwildarten gehört der seltene **Barasingha-Zackenhirsch**, der in den 1960er-Jahren vor der Ausrottung bewahrt werden konnte. Die **chital** (Axishirsche), Hauptbeute der Tiger, versammeln sich besonders zur Brunftzeit Anfang Juli hier mehrere tausend Tiere.

Die **Forstgebiete**, die wie ein Teppich die Ausläufer der von Süden in die Kernzone hineinragenden Maikal Ridge überziehen, setzen sich neben Sal- und Teakbäumen auch aus feuchten Laubwäldern zusammen, die verblüffend stark an Nordeuropa erinnern. In Scharen turnen Languren durch das Laubdach, während unten die **Gaur**, die größten Wildrinder der Welt, im herabgefallenen Blattwerk stöbern. In höher gelegenen Parkgebieten lassen sich zuweilen Rothunde (auch Dholes oder Asiatische Wildhunde genannt), Stachelschweine, Pythons, Lippenbären, Wildschweine, Zwerghirsche oder scheue Sambarhirsche sehen. Sichtungen von **Leoparden** sind nicht auszuschließen, doch die scheuen Katzen halten sich im Allgemeinen von motorisierten Fahrzeugen fern.

Kanha ist außerdem die Heimat von exotischen **Vogelarten** wie indische Blauracken, Bienenfressern, Pirolen, Hainparadiesschnäppern, Silberreihern, seltenen **Nashornvögeln** sowie zahlreichen Eis- und Greifvögeln.

Die Jeepfahrer und Guides wissen, dass Khanhas **Tiger** die touristische Hauptattraktion sind und halten deshalb Ausschau nach Spuren auf den sandigen Pisten und horchen nach aufgeregten Alarmschreien naher Tiere. Die besten Chancen auf eine Tigersichtung bieten die „Tiger Shows" (Rs600): Wenn ein sitzender oder schlafender Tiger entdeckt wird, werden die Besucher aus ihren Jeeps auf bereitgehaltene Elefanten umgeladen, um sich der Großkatze zu nähern. Manchen Besuchern ist dieses Erlebnis allerdings ein bisschen zu künstlich.

Wer unbedingt einen leibhaftigen Tiger sehen will, sollte mindestens drei Übernachtungen einplanen und auf mindestens fünf Exkursionen vorbereitet sein. Die Großkatzen werden meist im tarnenden Bambusdickicht oder hohen Elefantengras an Flüssen oder Wasserlöchern entdeckt.

Der Kanha ist vom 1. November bis zum Beginn der Monsunzeit Ende Juni geöffnet. ⏱ tgl. im Winter 6.30–12 und 15–17.45 Uhr, im Sommer 5–11 und 16–19 Uhr, Eintritt Rs2180 pro Fahrzeug mit bis zu 7 Pers. pro Safari, obligatorischer Führer Rs150 pro Safari. In der Hauptsaison (Nov–Feb) können die Nächte und frühen Morgenstunden sehr kalt sein, Frost ist möglich, also warme Kleidung mitbringen. Während der Hitzeperiode (März–Juni) sinken die Besucherzahlen, doch die Zahl der Tigersichtungen steigt, da der Durst die Katzen hinaus zu den Wasserlöchern und Flüssen treibt.

Übernachtung und Essen

MP Tourism hat zwei Lodges in Kisli in stimmungsvoller Lage innerhalb des eigentlichen Parks und eine in der Nähe des Mukki-Tors. Die Privatangebote vor dem Westtor in und um Khatia reichen von billigen Lodges bis zu 5-Sterne-Resorts. Vor allem in der Nähe von Mukki werden vorwiegend Unterkünfte der Spitzenkategorie angeboten. Alle sollten mehrere Tage vor Ankunft (in der Hauptsaison bis zu drei Monate im Voraus) gebucht werden. Es lohnt sich aber immer, nach Preisnachlässen zu fragen.

Man muss sich unbedingt vom Busfahrer am richtigen Ort absetzen lassen, denn die Hotels in Khatia und an den Toren des Parks liegen an einer 6 km langen Straße verstreut, auf der tagsüber kaum Verkehr herrscht. Wer ohne eigenes Fahrzeug von Khatia zu den Hotels

Öko-Camp de luxe

Shergarh, Mukki, ✆ 07637/226215, 🖥 www.shergarh.com. Katie und Jehan Bhujwala führen dieses wunderbar gemütliche, umwelt- und sozialbewusste Camp mit sechs luxuriösen Zelten, jedes mit schickem Bad und eigener Veranda. Topservice und nette kleine Aufmerksamkeiten (wie Wärmflaschen für die Teilnehmer frühmorgendlicher Safaris) kreieren ein wunderbares Verwöhn-Ambiente. Der geniale Küchenchef verwendet Bioprodukte aus dem Camp-Garten, der zugleich ein Schmetterlingsparadies ist. Der kleine Teich zieht Eisvögel und Kormorane an (Jungle Plan-Paket für US$223 p. P.). ❾

von Mukki will, muss sich abholen lassen. Vermeiden sollte man einen Besuch rund um indische Feiertage wie Diwali und Holi – dann platzen die Hotels aus allen Nähten.

Baghira Log Huts, Kisli, ✆ 07649/277227, ✉ blh@mptourism.com. Die MP-Tourism-Lodge im Herzen des Parks vermietet geräumige Chalets mit Bad (DZ mit Vollpension Rs3890–4590). Nr. 1–8 bieten Blick auf eine Wiese, auf der mitunter Tiere grasen. Dazu gehört ein anständiges Restaurant mit Bar. ❼–❽

Tourist Hostel, Kisli, ✆ 07649/277310, ✉ thk@mptourism.com. Mit seinen 24 Schlafsaalbetten (Rs690, Vollpension) ist das ganz in der Nähe der Baghira Log Huts gelegene Hostel eine ausgezeichnete Alternative. ❸

Kanha Safari Lodge, Mukki, ✆ 07637/290715, ✉ ksl@mptourism.com. Die baumbestandene MP-Tourism-Anlage auf der ruhigeren Seite des Parks lockt mit Flussblick und picobello gepflegten Zimmern mit blau gekachelten Bädern, Ventilator oder AC, Wasserkessel und TV in Ferienbungalows (DZ mit Vollpension Rs2490–3190). Restaurant und Bar. ❻–❼

Kipling Camp, 4 km südlich von Khatia, ✆ 07649/277218, 🖥 www.kiplingcamp.com. Das „Camp" unter britischer Leitung in einsamer Waldlage verspricht ein rustikales Wohnerlebnis mit 5-Sterne-Komfort. Schöne Cottages (Jungle Plan-Paket US$360 für 2 Pers.) mit Holzbalken und eigener Veranda.

Zur Anlage gehören auch eine fantastische Bar voller Fotos und eine Bibliothek mit vielen Büchern. ❾

Krishna Jungle Resort, 4,5 km südlich von Khatia, ✆ 07649/277 207, 🖥 www.jungleresort.in. Altbewährter und zu Recht zeitlos beliebter Komplex mit Zimmern im Kolonialstil, Pool, göttlichem Essen sowie äußerst engagiertem und naturkundigem Manager. Reine Zimmerpreise; es gibt aber auch B&B- und Jungle Plan-Angebote. Inzwischen müsste sogar ein kleines Wellnesscenter seine Pforten geöffnet haben. ❼

Pug Mark Resort, Khatia, an einem gewundenen Weg 10 Gehminuten von der Hauptstraße, den Schildern folgen, ✆ 07649/277291, ✉ info@pugmarkresort.com. Fröhliche Zimmer in Türkis und Grün mit Ventilator oder AC in üppiger Gartenanlage rund um eine Lagerfeuerstelle. Das attraktive Restaurant steht auch Nichthotelgästen offen. ❹–❺

Singinawa, Mukki, ✆ 07636/200031, 🖥 www.singinawa.in. Die edle Lodge kombiniert „plastikfreies" Öko-Bewusstsein mit exklusivem Ambiente: stilvoll eingerichtete Cottages, einige davon rollstuhlgerecht, 22 ha Gelände mit vielfältiger Tierwelt, hübscher Pool und die faszinierende Gesellschaft von Naturfotograf und -filmemacher Nanda S.J.B. Rana und seiner Frau Latika, einer bekannten Naturkundlerin (Jungle Plan-Paket US$634 p. P.). ❾

Van Vihar, 500 m vom Khatia-Tor abseits der Hauptstraße, ✆ 07649/277241. Das erschwingliche Hotel ist in *shocking* Pink gehalten und hat unterschiedliche Zimmer, die sauberer sein könnten. Die billigsten haben Hockklos und sind ganz schön schäbig, aber die teureren bieten angemessenen Gegenwert fürs Geld. ❷–❹

Transport

Innerhalb des Parks

Wer kein Jungle Plan-Paket gebucht hat, in dem Unterkunft, Mahlzeiten und Safaris enthalten sind, muss zur Erkundung des Parks einen offenen **Jeep** – „Gypsy" genannt – mieten. Die Kosten liegen bei rund Rs1500 für eine Vormittagssafari und Rs1000 für eine Nachmittagssafari. Jeeps sind bei den meisten

Hotels, privaten Anbietern in Khatia oder an den Haupteingängen des Parks zu mieten. Am besten schließt man sich zu einer Gruppe zusammen und bestellt das Fahrzeug mindestens einen Tag im Voraus. In die Jeeps passen (zusätzlich zu Führern/Fahrer) vier Personen bequem hinein; notfalls lassen sich auch bis zu acht hineinquetschen. Angesichts des zunehmenden Besucheransturms auf Kanha – und Madhya Pradeshs andere Tigerreservate – ist in Zukunft mit Fahrzeugbeschränkungen zu rechnen. Es ist streng **verboten**, den Park zu Fuß zu betreten, denn die Tiger sind gefährlich.

Vom / zum Park

Der geradlinigste Weg nach Kanha führt via JABALPUR, von wo **Eisenbahnanschluss** in andere Regionen besteht. Reisende aus Orissa fahren auf der Linie Mumbai–Kolkata bis KATNI, um dort in einen der vielen Züge umzusteigen, die nach Süden unterwegs sind, z. B. in den Howrah-Mumbai Mail Nr. 2321 (tgl. 16.25 Uhr; 1 1/2 Std.) nach Jabalpur, dem Bahnhof, der dem Park am nächsten liegt. Die nächsten **Flughäfen** mit regelmäßigen Inlandsflügen befinden sich in Jabalpur und im 226 km entfernten Nagpur.
Von Jabalpur fahren täglich **Busse** um 7, 11 und 12 Uhr via MANDLA nach **Kisli** (5–7 Std.). Sie halten alle kurz an der Sperre in **Khatia** (4 km vor Kisli). Die Busse zurück nach Jabalpur verlassen Khatia um 6, 8 und 13.30 Uhr. Außerdem verkehrt 1x tgl. ein Bus nach NAGPUR (6 1/2 Std.).
Ein **Taxi** von Jabalpur zum Park dürfte pro Strecke Rs1900–2500 kosten.

Bandhavgarh-Nationalpark

Madhya Pradeshs zweiter Nationalpark Bandhavgarh liegt im gebirgigen Nordosten des Bundesstaates. Das Schutzgebiet hat von allen Reservaten Indiens die größte relative Dichte an **Tigern** und beherbergt faszinierende Ruinen. Die Anreise zum Bandhavgarh von Jabalpur (195 km) oder Khajuraho (237 km) ist lang, aber

die Anstrengung unbedingt wert – nicht nur der Tiger wegen. Es gibt nämlich auch eine faszinierende Vielfalt an Vögeln, die sich bequem von der Lodge aus betrachten lassen, denn alle Unterkünfte liegen in der Nähe der Parktore.

Geschichte

Obwohl Bandhavgarh zu Indiens jüngeren Nationalparks gehört, blickt es auf eine lange Geschichte zurück. Die Überlieferung führt den Bau des **Forts** auf einer Anhöhe in die Zeit des *Ramayana* (um 800 v. Chr.) zurück. Ausgrabungen in Höhlen unter dem Felsen förderten Inschriften zu Tage, die im 1. Jh. v. Chr. in Sandstein geritzt worden waren. Zu dieser Zeit wurde Bandhavgarh zur Basis von mehreren Dynastien, zu denen später auch die **Chandella** gehörten, auf die Khajurahos Tempel zurückgehen. Im 12. Jh. übernahmen die **Bhagel** die Macht über die Region, die bis heute in den Händen ihres direkten Nachfahren, des Maharadschas von Rewa, liegt. Der Hauptsitz der Dynastie wurde 1617 nach Rewa verlegt. Und als Bandhavgarh zum herrschaftlichen Jagdgelände wurde, eroberten sich Wald, Bambus und Grasland ihr Terrain zurück. 1968 beendete der derzeitige Maharadscha jedoch die Jagdtradition und übereignete das Gebiet dem Staat als Parkgelände. Seit die Kernzone 1986 um zwei Waldflächen erweitert wurde, hat der Nationalpark eine Fläche von 448 km².

Im Park

Obwohl sich im Süden flache grasige *maidan* erstrecken, ist der Bandhavgarh-Nationalpark überwiegend hügelig und zerklüftet. In den Tälern dominieren Salbäume, und in den höheren Bereichen spendet ein Mischwald der vielfältigen Vogelwelt Lebensraum. Das Hauptquartier des Parks befindet sich im kleinen Dorf **Tala**, nur einen Steinwurf vom nördlichen Haupttor entfernt. Der Ort ist durch eine 32 km lange Straße, die sich durch den schmalen Mittelteil des Parks zieht, mit Umaria im Südwesten verbunden.

Die meisten Jeepsafaris führen ins Kerngebiet, wo die Chancen auf die Sichtung eines der schätzungsweise 35–45 **Tiger** hoch sind. Zu den hier lebenden Rotwildarten gehören Gazellen, Muntjak (Bellhirsche), Nilgau-Antilopen und Axishirsche. Auch Lippenbären, Stachelschweine und Sambarhirsche leben im Wald verborgen, während sich Hyänen, Füchse und Schakale gelegentlich auch im offenen Gelände zeigen. Nur mit viel Glück erhascht man einen Blick auf einen Leoparden.

Ebenso lassen sich sehr exotische **Vögel** beobachten, darunter Bankivahuhn, Weißnackenspecht und Langschnabelgeier. Die vielleicht unterhaltsamste Möglichkeit, die Tierwelt zu beobachten, bietet ein **Elefantenritt** in der diesigen Morgendämmerung.

Die Ruinen des **Forts** krönen eine Anhöhe im Zentrum des Parks, 300 m über dem umgebenden Gelände. Seine Wälle bieten schöne Ausblicke und die mit Abstand besten Voraussetzungen für Vogelbeobachtungen im Park. Unterhalb des Forts gibt es kleine Tempel, aus dem Fels geschlagene Mönchsklausen und Soldatenunterkünfte sowie einen großen steinernen Vishnu, der auf einer Kobra ruht, zu sehen. Er datiert aus dem 10. Jh.

In der Gegend könnten Tiger herumstreifen, auch wenn sie sich wahrscheinlich eher in tiefer gelegenem Gelände aufhalten. Soweit bekannt, ist noch niemand hier einer dieser gestreiften Wildkatzen begegnet oder gar von einer verletzt worden, aber das Risiko besteht und sollte nicht auf die leichte Schulter genommen werden.

Die beste **Reisezeit** für Tierbeobachtungen sind die heißeren Monate zwischen März und Juni, wenn der Durst Tiger und andere Raubtiere zu den Wasserlöchern und den drei ganzjährig Wasser führenden Flüssen treibt; allerdings kann das heiße Klima um diese Zeit sehr strapaziös sein. Angenehmer sind Aufenthalte in der kalten Jahreszeit, die immer noch gute Bedingungen zur Wildbeobachtung bietet. ⏱ Nov–Ende Juni Sonnenauf- bis Sonnenuntergang, Rs2180 pro Jeep/Safari; obligatorischer Führer Rs150 pro Safari.

Für besonders Wissbegierige stehen in Tala einige sehr erfahrene **Naturkundler** zur Verfügung, die über das Hotel kontaktiert werden können. S. K. Tiwari vom **Skay's Camp**, ☎ 07653/265309, 🖳 www.skayscamp.com, ist ein Spezialist für Naturfotografie und weiß alles über Indiens Fauna und Flora.

Übernachtung und Essen

Die meisten Hotels Bandhavgarhs (alle in und um Tala) richten sich an betuchtere Reisende und offerieren Jungle Plan-Pakete inklusive Unterkunft, Verpflegung und zwei Jeepsafaris p. P. Es gibt jedoch auch eine Handvoll Budgetunterkünfte und Mittelklassehotels. Einzige Option zum Essen außerhalb der Hotels sind die preiswerten *dhaba* an Talas Hauptstraße.

Bandhavgarh Jungle Lodge, in Flussnähe, ☎ 07627/265317, 🖳 www.welcomheritagehotels.com. Rustikale (aber überaus anheimelnde) Lehmhütten mit Strohdächern, die schöne Gartenanlage und die engagierten Mitarbeiter verleihen dieser Lodge reichlich Charakter. Auf der Wiese nebenan ist oft äsendes Rotwild zu sehen. Jungle Plan-Paket US$439 für 2 Pers. ⑨

Tiger's Den Resort, Umaria Rd, ☎ 011/2704 9446, 🖳 www.tigerdenbandhavgarh.com. Die freundliche, kompetent geführte Lodge besteht aus einer Ansammlung hübsch eingerichteter Cottages mit Badewannen inmitten einer Gartenanlage voller Blumenbeete. Außerdem gibt es ein behagliches, holzvertäfeltes Esszimmer. Jungle Plan-Paket US$319 für 2 Pers. ⑨

Tiger Trails, 2,5 km hinter Tala; zu buchen über Indian Adventures, ☎ 022/2640 8742,

Baumhausidylle

Treehouse Hideaway, Ketkiya Village, ☎ 011/2588 9516, 🖳 www.treehousehideaway.com. Die fünf umwerfenden Baumhäuser aus örtlichen Baumaterialien, die sich nahtlos in den Dschungel einfügen, haben keinerlei Ähnlichkeit mit irgendwelchen Baumhütten aus Kindertagen, sondern kombinieren feudalen Komfort mit Abenteuerfeeling. Das Camp umfasst 8,5 ha Waldgelände mit einer Wasserstelle, die manchmal von Tigern besucht wird. Jungle-Plan-Paket US$425 für 2 Pers. ⑨

Madhya Pradesh und Chhattisgarh

💻 www.indianadventures.com. Die gemütlichen Cottages mit Ziegeldach und unverputzten Ziegelwänden gehören zu den Unterkünften mit dem besten Preis-Leistungs-Verhältnis in Tala. Das Freiluft-Esszimmer liegt an einem kleinen See, an dem sich zahlreiche Vögel tummeln Jungle Plan-Paket Rs5800 für 2 Pers. ❻

White Tiger Forest Lodge, Umaria Rd, neben der Sperre, ☎ 07653/265308, ✉ wtfl@mptourism.com. Große Anlage von MP Tourism mit schnuckligen Zimmern samt Ventilator und AC, die durch Stege verbunden sind. Bar und Restaurant. Zimmer Nr. 17–21 befinden sich in Bungalows mit großen Veranden zum Fluss, an dem unzählige Vögel – ganz selten auch Tiger – zu beobachten sind. Preise (DZ Rs2890–3890 inkl. Vollpension. ❻–❼

Transport

Innerhalb des Parks

Für Fahrten durch den Park stehen **Jeeps** bereit, die im Hauptquartier am Parktor (Rs1000–1500 pro Safari) oder über das Hotel gebucht werden können.

Vom / zum Park

Ohne eigenes Fahrzeug kann die Anreise problematisch sein. Die einfachste Option mit dem **Zug** besteht mit dem nächtlichen Narmada Express Nr. 8233 via Indore (17 Uhr), Bhopal (23.25 Uhr), Jabalpur (6.40 Uhr) nach UMARIA, der nächstgelegenen Bahnstation. Von hier fahren regelmäßig Sammeljeeps (Rs15) und Taxis (Rs300) nach Tala (1 Std.).
Der Weg von Khajuraho oder Varanasi führt über SATNA an der Hauptlinie, von wo Züge direkt nach Umaria fahren. Derzeit verkehren keine Busse zwischen Satna und Umaria. Beste Anreisemöglichkeit von DELHI ist der Utkal Express Nr. 8478, der Delhis Bahnhof Nizamuddin um 12.10 Uhr verlässt und über AGRA, GWALIOR und JHANSI nach Umaria fährt, Ankunft um 5.25 Uhr am nächsten Morgen. In Gegenrichtung fährt er um 20.46 Uhr von Umaria ab.
Die Fahrt mit einem **Taxi** von Khajuraho oder Jabalpur dauert rund 5 Std. und kostet mindestens Rs2500.

Pench-Tigerreservat

Im Pench Tiger Reserve leben ungefähr 20–25 Tiger, die relativ häufig gesichtet werden. Der 758 km^2 große Park mit überwiegend tropischem Mischwald ist daneben aber auch die Heimat von Leoparden, Schakalen, Rotwild und 250 verschiedenen Vogelarten. Hier herrscht längst nicht so viel Betrieb wie in den berühmteren Tigerreservaten. ⊙ Nov–Juli von Sonnenauf- bis Sonnenuntergang, Eintritt Rs2180 pro Jeep/Safari, obligatorischer Führer Rs150, Elefantenritt Rs600.

Täglich fahren Busse von Jabalpur (192 km, 4–5 Std.) und Nagpur (92 km, 2 1/2 Std.) nach Khawasa. Dort geht es mit einem Sammeljeep nach Turia, 2 km vom Haupteingangstor, wo sich die Hotels befinden. Eine andere Transportmöglichkeit wäre ein Taxi von Jabalpur (Rs2500–3000) oder Nagpur (rund Rs2000).

Übernachten kann man in Turia z. B. in dem von MP Tourism betriebenen Kipling's Court, ☎ 07695/232830, ✉ kcpench@mptourism.com, ❻–❼. Es hat Zimmer ohne Schnickschnack, aber mit AC und Ventilator sowie 10 ausgesprochen preiswerte Dormbetten (Rs700). Alle Preise verstehen sich inklusive Vollpension. Das Pench Jungle Camp, ☎ 07695/232817, 💻 www.wildlife-camp-india.com, ❻, besteht aus Luxuszelten mit Rattanmöbeln und Bad, ein paar reizenden Cottages sowie ein paar „ganz normalen" Hotelzimmern. Und natürlich gibt's einen Pool (Jungle- Plan-Paket Rs15 000 für 2 Pers.).

Indore

Indore, die wirtschaftliche Triebfeder des Bundesstaats und größte Stadt im westlichen Madhya Pradesh, ist riesig, modern und ingesamt eher langweilig. Wer jedoch auf der Reise ins 98 km südwestlich gelegene **Mandu** Zeit übrig hat, findet aber noch zwei lohnende Sehenswürdigkeiten.

Die am Zusammenfluss von Khan und Saraswati gelegene Stadt war jahrhundertelang eine Station an den Pilgerpfaden nach Omkareshwar und Ujjain. Im 18. Jh. stieg sie zur Hauptstadt der **Holkar**-Dynastie auf. Später übernahm Raos Schwiegertochter **Ahilya Bai** die Kontrolle

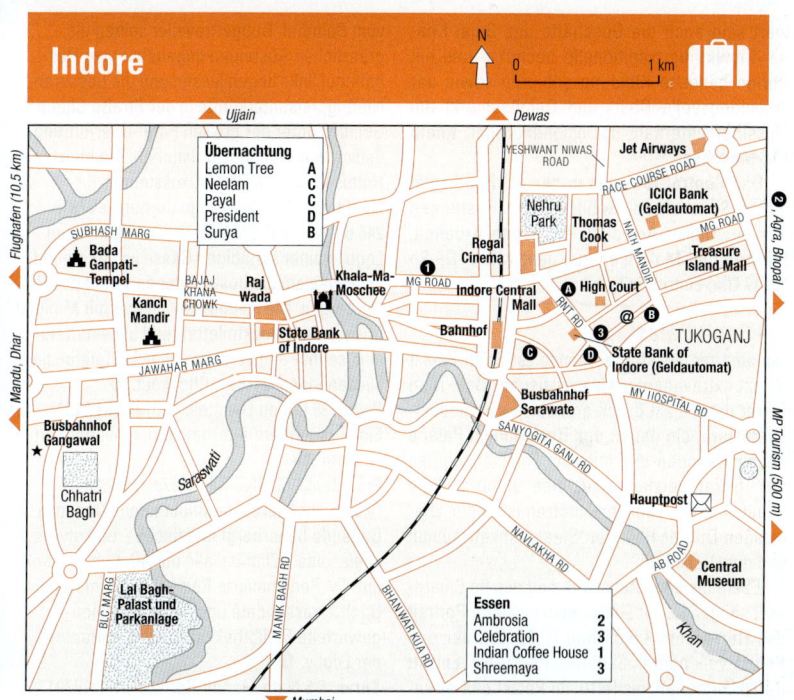

N

0 — 1 km

Übernachtung
Lemon Tree	A
Neelam	C
Payal	C
President	D
Surya	B

Essen
Ambrosia	2
Celebration	3
Indian Coffee House	1
Shreemaya	3

Ujjain · Dewas · YESHWANT NIWAS ROAD · Jet Airways · RACE COURSE ROAD · ICICI Bank (Geldautomat) · MG ROAD · Nehru Park · Thomas Cook · NATH MANDIR · Treasure Island Mall · Flughafen (10,5 km) · SUBHASH MARG · Bada Ganpati-Tempel · BAJAJ KHANA CHOWK · Raj Wada · Khala-Ma-Moschee · ❶ MG ROAD · Regal Cinema · Indore Central Mall · Ⓐ High Court · @ Ⓑ · TUKOGANJ · 2, Agra, Bhopal · Kanch Mandir · JAWAHAR MARG · Bahnhof · PALTT RD · Ⓒ · ❷ Ⓓ · State Bank of Indore (Geldautomat) · Mandu, Dhar · State Bank of Indore · Busbahnhof Sarawate · MY IIOSPITAL RD · Busbahnhof Gangawal · ★ · Saraswati · SANYOGITA GANJ RD · MP Tourism (500 m) · Chhatri Bagh · MANIK BAGH RD · Hauptpost · NAVLAKHA RD · BLC MARG · Lal Bagh-Palast und Parkanlage · BHANWAR KUA RD · AB ROAD · Central Museum · Khan · Mumbai

Madhya Pradesh und Chhattisgarh

über das Reich, das sich damals bis zum Ganges und Punjab erstreckte. Sie gründete die heutige Stadt Indore. Nach ihrem Tod im Jahre 1795 wurde das Reich von einer Abfolge blutiger Auseinandersetzungen erschüttert, die erst 1818 ein Ende fanden, als sich die Dynastie ein kleines, aber reiches Dominion (sich selbst regierender Staat innerhalb des Britischen Reiches und Commonwealth) mit Indore als Hauptstadt sicherte. Im 19. Jh. blühte die Stadt durch ihren Handel mit Baumwolle und Opium auf. Heute ist Indore das größte Geschäfts- und Wirtschaftszentrum der Region.

Die Stadt

Die meisten Sehenswürdigkeiten Indores liegen westlich der Eisenbahntrasse im und um den Basar. Die breiten Hauptverkehrsstraßen MG Road und Jawahar Marg bilden die nördliche und südliche Grenze dieses berstenden und chaotischen Viertels, in dessen Osten Saraswati und Khan zusammenfließen.

Indores Wahrzeichen ist der alte Holkar-Palast **Raj Wada**, der einen von Palmen gesäumten Platz im Herzen der Stadt überragt und einen siebenstöckigen Treppenaufstieg hat. Der Großteil des Palastes ist nach einem Brand 1984 zerstört worden. Erhalten geblieben sind nur die Fassade und ein Tempel.

Tief im Herzen des Basarviertels steht der jainistische **Kanch Mandir** („Spiegeltempel"), eines der exzentrischen religiösen Monumente der Stadt. Der Tempel einer für ihre Nüchternheit und Mäßigung bekannten Glaubensgemeinschaft überrascht durch sein Inneres, das über und über mit bunten **Glasmosaiken** ausgeschmückt ist. ◷ tgl. 10–17 Uhr. Fotografieren verboten (!).

Der **Sarafa Bazaar** gleich um die Ecke ist eine gute Adresse für Schmuck. Einen Besuch wert sind auch die Geschäfte des Bajaj Khana Chowk, die traditionelle bestickte und mit Perlen besetzte Kleidung anbieten sowie der stimmungsvolle Obst- und Gemüsemarkt am Flussufer unterhalb der limonengrünen **Khala Ma-Moschee**.

Das **Central Museum** in der AB Road zeigt außer Schwertern, Schilden und Rüstungen aus der Holkar-Ära auch Terrakotta-Arbeiten, Münzen und Malereien aus ganz MP. ☉ Di–So 10–17 Uhr, Eintritt Rs30.

Lal Bagh-Palast

Der am Ufer des Khan stehende Lal-Bagh-Palast ist ein extravaganter klassizistischer Bau. Man betritt den Palast durch grandiose schmiedeeiserne Tore, die denen des Buckingham Palace nachempfunden und mit dem Familienwappen der Holkar verziert sind. Eine umfangreiche Sammlung von Familienschätzen ist in der ehemaligen Durbar Hall, den Staatsbanketträumen und dem Ballsaal.

Ebenfalls beachtenswert sind das im Billardsaal hängende, mit Edelsteinen verzierte Portrait des Herrschers Tukoji Rao (1902–25), der den Palast vollendete. ☉ Di–So 10–17 Uhr, Eintritt Rs100, Fotoerlaubnis Rs10. Im Palast gibt es sogar ein **Planetarium**, Eintritt Rs5.

Die meisten Hotels in Indore sind auf Geschäftsreisende eingestellt und befinden sich in der wohlhabenden Vorstadt Tukoganj 1 km östlich vom Bahnhof. Budgettraveller sollten die grässlichen Absteigen gegenüber vom Busbahnhof links liegen lassen und die besseren Niedrigpreisunterkünfte in der Straße Chhoti Gwaltoli unter der großen Patel-Überführung, östlich vom Bahnhof, aufsuchen. Die meisten Hotels kassieren 10 % Luxussteuer.

Neelam, 33/2 Patel Bridge Corner, ✆ 0731/246 6001, ✆ 251 8774. Trotz der ungünstigen Lage in einer schäbigen Gasse ist das freundliche Neelam die beste unter den Backpacker-Herbergen. Die kompakten Zimmer mit Minibad (manche mit Hocktoilette) rund um einen Hof sind sauber und verfügen über TV, Telefon und Fliesenböden. 24-Std.-Checkout. ❷

Payal, 38 Chhoti Gwaltoli, ✆ 0731/504 5151. Eine brauchbare Alternative zum benachbarten Neelam. ❷

President, 163 RNT Rd, ✆ 0731/252 8866, 🖥 www.hotelpresidentindore.com. Das rosa Gebäude beherbergt identische – und etwas seelenlose – Zimmer, alle mit AC, Kühlschrank und TV. Renommierte Reiseagentur im Haus, Dachterrassencafé und eine zusammengewürfelte Bibliothek mit Trivialliteratur in der Lobby. ❻

Surya, 5/5 Nath Mandir Rd, ✆ 0731/2517701, 🖥 www.suryaindore.com. Die Zimmer des altbewährten Mittelklassehotels weisen zwar ein paar Alterserscheinungen auf, sind aber trotzdem immer noch sehr gemütlich, besonders die der *executive* Klasse. Der Service ist gut; das Tüpfelchen auf dem i ist das ausgezeichnete Multikulti-Restaurant mit Bar. ❺–❻

Lemon Tree, RNT Rd, ✆ 0731/442 3232, 🖥 www.lemontreehotels.com. Mit seinem zitronengelben Anstrich, hochkarätigem Service und den eleganten Zimmern mit Bad rund um ein weitläufiges, mit moderner Kunst ausgestaltetes Atrium ist das Lemon Tree der Superstar unter den Nobelherbergen von Indore. Es verfügt über ein Restaurant, ein Café, eine Sportsbar und ein Fitnesscenter. Die Zimmer weisen Wohlfühldetails wie Wasserkessel, ergonomische Stühle und orthopädische Matratzen auf. ❼–❽

Eine bekannte Spezialität von Indore ist das **Salzgebäck** namens *namkeens*. Im Einkaufszentrum Treasure Island in der MG Rd gibt es McDonalds, Pizza Hut und Baskin Robbins sowie einen Coffeeshop von Barista. Ein Café Coffee Day befindet sich in der Indore Central Mall in der RNT Rd.

Ambrosia, Hotel Fortune Landmark, Vijaynagar, 3 km nordöstlich der Innenstadt. Der vornehme Speisesaal würde in eine hochherrschaftliche Privatvilla passen, und entsprechend gediegen ist die umfangreiche Auswahl an indischen, chinesischen und internationalen Gerichten.

Shreemaya, Hotel Shreemaya, RNT Rd. Speisesaal in Pfirsichtönen mit geschwungener Art-déco-Decke, viel Mattglas und unwiderstehlich leckeres Essen. Dringend empfohlen: das großzügig bemessene *chicken biriyani, missi roti* und – falls noch Platz im Magen ist – Brownies und Eiscreme. Hauptgerichte Rs90–200.

Besonders zu empfehlen: *rogan josh* mit Hammel. Der Name des Restaurants – „Götternahrung" – ist zwar geprahlt, aber das Essen müsste den Ansprüchen der meisten Normal-sterblichen genügen. Hauptgerichte Rs100–300.

Celebration, RNT Rd, im Nebengebäude rechts vom Hotel Shreemaya. Die saubere Bäckerei mit Café ist bekannt für süße Leckereien wie kariesfördernde Schwarzwälderkirschtorte, Ananas- und Schokoladenkuchen (Rs35–50 pro Stück) und herzhafte Snacks wie *katchori* (Rs12–20).

Indian Coffee House, neben dem Rampura Building abseits der MG Rd. Kellner mit Turban und Kummerbund servieren südindische Frühstückszutaten, nordindische Speisen und guten Kaffee (Rs10). Ein ideales Plätzchen zur ausgiebigen Zeitungslektüre. Eine weitere Filiale befindet sich auf dem Commissioner's Office-Gelände hinter der MG Rd. Hauptgerichte Rs28–75.

Geld

Geldwechsel bei der **State Bank of Indore** gegenüber der Hauptstelle am Raj Wada. Ein Geldautomat der State Bank befindet sich in der RNT Road.
ICICI Bank, 576 MG Marg, und **Thomas Cook** in der Yeshwant Niwas Road, ☏ 0731/254 2525, ⊙ Mo–Sa 9.30–18 Uhr, sind effiziente Alternativen.

Informationen

Das **Informationsbüro** von MP Tourism liegt sehr ungünstig in der Agricultural College Rd im Osten der Stadt, ☏ 0731/249 9566. Es lohnt

nur einen Besuch, wenn man eine **Citytour** ⊙ tgl. 9–18 Uhr für Rs100 mitmachen oder einen AC-Expressbus nach Bhopal (s. u.) nehmen möchte. ⊙ Mo–Sa 10–17.30 Uhr.

Internet

Internetzugang hat **Rimzim** in der Silver Mall am Rand der RNT Road (Rs10 pro Std.).

Reisebüros

President Travels im Hotel President, 163 RNT Rd, ☏ 0731/253 3472, ist ein zuverlässiges Reisebüro.

Taxis für Tagesausflüge nach Mandu, Omkareshwar oder Maheshwar kosten Rs1100–1400.

Busse

Der **Hauptbusbahnhof** Sarawate, ☏ 0731/246 5688, liegt nur einen kurzen Fußmarsch südlich von Gleis 1 des Hauptbahnhofs, jenseits der Hochstraßen-Überführung. Andere Busse nutzen den 3 km hinaus Richtung Flughafen gelegenen Busbahnhof Gangawal, ☏ 0731/248 0688.
Täglich fahren zwei Direktbusse vom **Busbahnhof** Gangawal nach MANDU (3 1/2–4 Std.). Als Alternative kann man auch einen der zahlreichen Busse nach DHAR (2 Std.) nehmen, wo alle 30 Min. eine Busverbindung mit MANDU (1 1/2–2 Std.) besteht. 8x tgl. fahren „luxury" Busse von MP Tourism nach BHOPAL (4 1/2 Std., Rs220).

Eisenbahn

Züge halten am **Hauptbahnhof** im Stadtzentrum. Von Gleis 1 kommt man zu Fuß rasch zum südlich gelegenen Hauptbusbahnhof (unter der Überführung hindurch).
Zwei Breitspur-Strecken der **Western Railway** verbinden Indore mit Nordindien. Der schnellste Zug nach DELHI, der tgl. verkehrende Nizamuddin Express Nr. 12415 (ab 16.20 Uhr, an 5.40 Uhr), fährt nach Norden über UJJAIN, KOTA und BHARATPUR. Die andere Verbindung, der tgl. verkehrende

Madhya Pradesh und Chhattisgarh

Malwa Express Nr. 12919 (ab 12.25 Uhr, an 5 Uhr am nächsten Tag), fährt Richtung Osten nach BHOPAL, dann geht es Richtung Norden nach DELHI mit der Central Railway via JHANSI, GWALIOR und AGRA. Nach RAJASTHAN fährt tgl. der Ranthambore Express Nr. 12465, Abfahrt 6.20 Uhr, Ankunft in JAIPUR um 16.45 Uhr. Der tgl. um 16.50 Uhr abfahrende Narmada Express Nr. 18233 ist die beste Bahnverbindung nach JABALPUR (Ankunft 6.30 Uhr).

Flüge

Air India/Indian Airlines, ✆ 0731/243 1595, Flughafen ✆ 0731/262 0758, fliegt tgl. nach DELHI, BHOPAL und MUMBAI. Mit **Jet Airways**, ✆ 0731/262 0454, geht es regelmäßig nach MUMBAI, AHMEDABAD und NAGPUR. **Kingfisher Airlines**, 🖳 www.flykingfisher.com, fliegt nach MUMBAI, DELHI, AHMEDABAD, NAGPUR, PUNE und RAIPUR. Ein Taxi zum Flughafen kostet rund Rs200, eine Motor-Riksha um Rs100.

Mandu

Vor dem zerklüfteten Vindhya-Gebirge liegt 98 km südwestlich von Indore die mittelalterliche Geisterstadt Mandu. Sie ist eine der stimmungsvollsten Hinterlassenschaften Zentralindiens. Verfallene, elegante islamische Paläste, Moscheen und Mausoleen stehen neben mittelalterlichen Wasserbecken. Und zu ihren Füßen hinter den schroffen Schluchten erstreckt sich eine endlose ausgedörrte Ebene mit winzigen Dörfern gen Horizont.

Mandu ist in einem Tagesausflug von Indore aus zu erreichen, doch es lohnt sich, einige Nächte vor Ort einzuplanen. So bleibt genug Zeit, um die Ruinen zu erkunden und die denkwürdigen Sonnenuntergänge über dem Narmada-Tal zu genießen.

Geschichte

Archäologische Spuren lassen vermuten, dass die abgelegene Höhe um das 6. Jh. erstmals befestigt wurde und damals Mandapa Durga (Durgas Vorhalle) hieß, woraus der Name „Mandu" entstand. 400 Jahre später gewann die Stätte

strategische Bedeutung, als die mächtigen **Paramara** ihre Hauptstadt von Ujjain ins 35 km nördlich gelegene Dhar verlegten. Die naturgegebene Verteidigungsmöglichkeit des Plateaus reichte jedoch nicht aus, um die Attacken moslemischer Eindringlinge abzuwehren, und 1305 fiel die Festung schließlich an die Sultane von Delhi.

Als das Sultanat rund ein Jahrhundert später vollauf damit beschäftigt war, die Mongolen an seiner nördlichen Grenze abzuwehren, packte Malwas afghanischer Gouverneur **Dilawar Khan Ghuri** die Gelegenheit beim Schopf und gründete sein eigenes unabhängiges Reich. Als er nach vier Jahren verstarb, trat sein ehrgeiziger junger Sohn die Thronfolge an. Unter der schillernden 27-jährigen Herrschaft des **Hoshang Shah** stieg Mandu vom Sommersitz zur königlichen Hauptstadt auf und erhielt einige der herausragendsten islamischen Bauwerke Asiens.

Mandus goldenes Zeitalter setzte sich unter den **Khalji** fort, die 1436 die Ghuri-Dynastie ablösten. Nach einem weiteren Bauschub und mehreren Kriegen erlebte Mandu unter **Ghiyath Shah** (1469–1500) eine von Frieden und Wohlstand geprägte Periode. Er scharte einen Harem mit 15 000 Kurtisanen um sich, und seine Leibwache, die er im prachtvollen Jahaz Mahal einquartierte, bestand aus tausend Frauen. Der genusssüchtige Sultan wurde kurz nach seinem 80. Geburtstag von seinem Sohn und Nachfolger Nasir Shah vergiftet, der selbst zehn Jahre später verstarb. Die von Fehden und drohenden Rebellionen geschwächte Stadt wurde zur leichten Beute des militaristischen Sultans von Gujarat, der 1526 aufmarschierte. In den folgenden Jahrhunderten wechselte die Kontrolle über die Festung und rasch verfallenden Bauten zwischen mehreren unabhängigen Herrschern und den Großmoguln. Heute ist Mandu eine stille, abgelegene Stätte, die weit weniger Besucher hat, als sie verdient – abgesehen von den Wochenenden, wenn die Busse mit indischen Tagesausflüglern einfallen.

Die Bauwerke

Mandus Bauwerke gehen auf eine einzigartige Schule islamischer Architektur zurück, die hier und in der früheren Hauptstadt Dhar zwischen 1400 und 1516 blühte. Die für ihre elegante

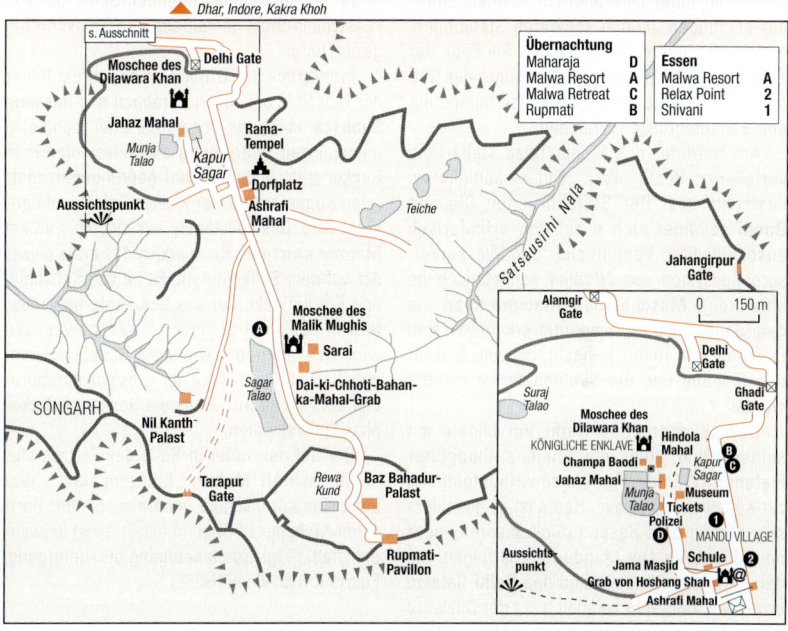

Mandu

Übernachtung

Maharaja	D
Malwa Resort	A
Malwa Retreat	C
Rupmati	B

Essen

Malwa Resort	A
Relax Point	2
Shivani	1

Schlichtheit berühmten Gebäude sollen beträchtlichen Einfluss auf die Mogul-Architekten gehabt haben, die das Taj Mahal entwarfen.

Mandus 23 km² großes rechteckiges Plateau wird durch die „tiefe Schlucht" **Kakra Khoh** von den Höhenzügen im Norden getrennt. Ein schmaler Damm bildet eine natürliche Brücke über die Schlucht. Über ihn führt die Straße an einigen Nebentoren vorbei zum heutigen Haupteingang des Forts neben dem originalen Delhi Gate.

Wer kein eigenes Fahrzeug hat, kann die Festung mit ihren weit verstreuten Bauten auch gut per **Fahrrad** erkunden. Ein Mietfahrrad kostet beim Malwa Resort Rs100 pro Tag – beim Ritik Bicycle Shop in der Nähe des Restaurants Shivani nur halb so viel. Eine weitere Alternative wäre es, eine **Motor-Rikscha** für den ganzen Tag zu mieten und damit eine komplette Sightseeingtour zu machen (um Rs200).

Die Königliche Enklave

Vom Dorfplatz führt ein Weg westwärts zur Königlichen Enklave. Gleich hinter dem Eingang befinden sich ein Buchladen und ein kleines **Museum** mit einer bescheidenen Steinskulpturen- und Tonscheibensammlung, ⏲ 9–17 Uhr. Die Enklave wird von Ghiyath Shahs majestätischem **Jahaz Mahal** („Schiffspalast") dominiert. Der Name rührt von seiner ungewöhnlichen Form und erhöhten Lage auf einem schmalen Landstreifen zwischen zwei großen Wasserbecken her. Eine Dachterrasse mit vier Kuppelpavillons überschaut das Becken **Munja Talao** im Westen und den rechteckigen, von Steinen gesäumten **Kapur Sagar** im Osten. Vom nördlichen Balkon hat man einen guten Ausblick auf die geometrischen Badebecken aus Sandstein.

Das nächste Gebäude entlang des Weges ist der „Schwingende Palast", **Hindola Mahal**, dessen Name auf seine markant abgeschrägten Mauern zurückgeht, die hin und her zu schwingen scheinen. Diese Konstruktion war rein funktionell, denn die Mauern dienten als Stütze der anmutigen, jedoch schweren Steinbögen, welche die innere Decke tragen. Am Ende der T-förmigen Versammlungshalle konnte der Sultan das obere Stockwerk über eine Rampe auf dem Elefantenrücken erreichen.

Am Nordufer des Munja Talao stehen die verfallenen Reste eines zweiten königlichen Lustschlosses. Der Stufenbrunnen **Champa Baodi** zeichnet sich durch ein erfinderisch ausgeklügeltes Ventilations- und Wasserversorgungssystem aus. Nördlich schließt sich die ehrwürdige **Moschee des Dilawara Khan** aus dem Jahre 1405 an. Eindeutig erkennbar sind Elemente aus Hindu-Tempeln, die zum Bau für den Eingang und die Säulenhalle verwendet wurden.

Das „Elefantentor" **Hathi Pol** bildete mit seinem Paar kolossaler, halb enthaupteter Elefanten-Wächterfiguren den Haupteingang zur Königlichen Enklave. Heute ist es geschlossen, und um zum Basar zurückzukehren, muss man dem Weg aus Mandu heraus folgen, um den Rand des Plateaus und das **Delhi Gate** zu erreichen. Ungefähr zeitgleich mit der Dilawara Khan-Moschee entstand diese große Bastion, die sich in fünf skulpturierten Bögen über dem Kopfsteinpflaster der Straße aufschwingt und die imposanteste von zwölf Wehranlagen ihrer Art entlang der 45 km langen Außenmauer der Festung ist. ◷ Sa–Do Sonnenaufgang bis -untergang, Eintritt Rs100, Video Rs25.

Die Dorfgruppe

Einige der am besten erhaltenen Bauwerke der Festung stehen in der Umgebung des Dorfes. Die Arbeiten an der großartigen roten Sandstein-Moschee **Jama Masjid** im Westen des Hauptplatzes begannen unter Hoshang Shah und wurden erst drei Generationen später abgeschlossen. Angeblich entstand das Bauwerk nach dem Vorbild der Großen Moschee von Damaskus. Es ruht auf einem gewaltigen erhöhten Sockel, der von Reihen winziger gewölbter Kammern durchzogen ist, die als Gästezimmer für Geistliche dienten. Hinter dem kunstvoll durchbrochenen Gitterwänden *(jali)* und Bändern aus blau glasierten Kacheln, die den Torweg zieren, öffnet sich der große Hof mit einer Gebetshalle auf der gegenüberliegenden Seite, die von kunstvoll in Stein gemeißelten Koraninschriften geziert wird.

Prunkstück der Gruppe ist das direkt hinter der Moschee befindliche **Grabmal des Hoshang Shah** (ca. 1440), das im Zentrum einer rechteckig ummauerten Umfriedung auf einem niedrigen Sockel steht und von einer gedrungenen zentralen Kuppel sowie vier kleinen Eckkuppeln gekrönt wird. Das vollständig aus milchig weißem Marmor errichtete Bauwerk ist das erste dieser Art auf dem Subkontinent. Es ist von Schimmel und Kot befleckt, der aus den Fledermausnestern in den Dachgesimsen herausgewaschen wird. Das Innere des Grabmals ist sehr schlicht gehalten, mit Ausnahme der kunstvoll durchbrochenen Fenster aus Stein, die Hoshangs Sarkophag Licht spenden.

Der auf der anderen Seite des Platzes stehende **Ashrafi Mahal**, „Münzenpalast", war einst eine Koranschule *(madrasa)*, die der Herrscher Muhammad Shah in ein Grabmal umwandeln ließ. ◷ tgl. Sonnenaufgang bis -untergang, Eintritt Rs100, Video Rs25.

Die Umgebung des Sagar Talao

Südlich der Dorfgruppe, Richtung Rewa Kund-Gruppe, stehen auf den Feldern östlich des Sees Sagar Talao weitere Monumente, deren ältestes die aus dem frühen 15. Jh. stammende **Moschee des Malik Mughis** ist. Auch hier wurde zu ihrem Bau antikes hinduistisches Mauerwerk verwendet. Beachtung verdienen die türkisen Kacheln und schönen islamischen Kalligrafien über dem Haupteingang. Das Gebäude mit hohen Mauern gegenüber war eine Karawanserei, in der Kaufleute mit ihren Kamelherden eine Rast auf den langen Wanderungen quer durch den Subkontinent einlegten.

Nur ein kurzes Stück in Richtung Süden erhebt sich das oktagonale Grab **Dai-ki-Chhoti Bahan-ka-Mahal** auf einem erhöhten Sockel über die umliegenden Felder. Noch sind große Streifen aus blauen Keramikkacheln erhalten, die einst fast alle der schönen afghanischen Kuppeln Mandus schmückten.

Rewa Kund-Gruppe

Die Straße zur Rewa Kund-Gruppe führt am morastigen Ufer eines Sees vorbei, wo mitunter Wasserbüffelherden grasen, und verläuft weiter durch einige Bhil-Dörfer zum Südrand des Plateaus. Stattliche alte Affenbrotbäume säumen den Weg. Rewa Kund selbst ist ein altes steinernes Becken, dessen Wasser Heilkräfte haben soll; es liegt 6 km südlich vom Hauptdorf. Das Wasser wurde früher in die Zisterne des nahen **Baz Bahadur-Palastes** gepumpt. Bahadur, der letzte unabhängige Malwa-Herrscher, zog sich nach Mandu zurück, um Musik zu studieren, nachdem er in einer Schlacht gegen Rani Durgavati verloren hatte.

Angeblich verliebte er sich in eine hinduistische Sängerin namens Rupmati, die er mit einem wunderschönen Palast zu seinem Wohnort hier oben lockte. Das Paar heiratete, wurde jedoch nicht glücklich. Denn als Akbar von Rupmatis Schönheit erfuhr, schickte er eine Armee nach Mandu, um sie zu entführen und nebenbei die längst begehrte Festung zu unterwerfen. Bahadur konnte fliehen, doch seine Braut blieb im Palast und vergiftete sich, um den Angreifern nicht in die Hände zu fallen.

Der romantische **Rupmati-Pavillon**, den Bahadur für seine künftige Braut errichten ließ, steht noch hoch auf dem Felsen über dem Rewa Kund. Unter seiner Terrasse fällt das Plateau schroff in das Narmada-Tal ab. Die Aussicht ist besonders bei Sonnenuntergang an einem klaren Tag atemberaubend. ⏱ tgl. Sonnenaufgang bis -untergang, Eintritt Rs100, Video Rs25.

Übernachtung

Das Übernachtungsangebot ist sehr begrenzt, schließlich ist Mandu in erster Linie ein Tagesausflugsziel. Und was geboten wird, ist nicht gerade umwerfend.

Hotel Rupmati, am Nordende des Plateaus in der Nähe der Talsperre Nagar Panchayat, ☎ 07292/263270. Roter Teppichboden, pinkfarbene Wände und braune Bettüberwürfe verunzieren die übetueurten Zimmer mit Bad. Zum Glück haben sie aber auch einen Fernseher, mit dessen Hilfe man sich vom Dekor ablenken lassen kann. Außerdem gibt es eine Gemeinschaftsveranda mit Blick auf die Schlucht sowie ein ordentliches Restaurant. Das Hotel liegt 1 km vom Busbahnhof entfernt. Wer hier absteigen möchte, sollte sich daher unterwegs absetzen lassen. ❹

Malwa Retreat, unmittelbar südlich vom Hotel Rupati, ☎ 07292/263221, ✉ mretreatm@ mptourism.com. Die Zimmer in diesem MP-Tourism-Hotel sind sauber und kompakt, teilweise mit Blick auf die Schlucht. Einige haben allerdings Flecken von Wasserschäden an den Wänden. ❺

Maharaja, an der Straße zur Royal Enclave, ☎ 07292/263288. Die zweite der drei MP-Tourism-Unterkünfte ist ziemlich abgetakelt und nur als Ausweichmöglichkeit für den Notfall erwägenswert. ❷

Maharaja, 2 km südlich vom Hauptplatz, ☎ 07292/263235, ✉ mresortm@mptourism.com. Ebenfalls ein Hotel von MP Tourism, aber mit Abstand die Topwahl am Ort. Es besteht aus zwei Cottages mit Ventilator und AC, beide besitzen eine Veranda mit Seeblick. Ein Cottage hat sogar getrennte Wohn- und Schlafzimmer und Kühlschrank. Zum Maharaja gehören ein gutes Restaurant und eine Bar. ❺

Essen

Das **Freiluft-Restaurant** im Fort tischt indische vegetarische Küche zu zivilen Preisen auf und gehört zu den ansprechendsten Adressen. Das Hotel **Shivani** auf halber Strecke zwischen Platz und Talsperre Nagar Panchayat serviert eine Auswahl an nord- und südindischen Gerichten (Rs20–50), darunter leckeres Gujarati *thali*. Am Platz selbst offeriert **Relax Point** Tee, Snacks und *thalis* mit unbegrenztem Nachschlag. Fleisch und *paneer* sollte man überall meiden, denn wegen der häufigen Stromausfälle haben auch Lokale mit Kühlschrank Probleme, leicht verderbliche Lebensmittel frisch zu halten.

Sonstiges

Geld

Geldwechsel ist nicht möglich, die nächste Bank befindet sich in Indore.

Internet

Vinayak an der Main Rd bietet eine quälend langsame Internetverbindung.

Madhya Pradesh und Chhattisgarh

Ein chaotisches Postamt gibt es an der Main Rd.

Private Anbieter schicken tgl. einige **Busse** von Indore nach Mandu (3 1/2–4 Std.), doch ist es oft schneller, den Bus von Indore nach DHAR zu nehmen und dort in einen der halbstündig verkehrenden Busse (1 1/4 Std.) umzusteigen.

Taxis von Indore nach Mandu kosten Rs1250 hin und zurück plus Rs250 für die Wartezeit über Nacht.

Ujjain

Ujjain, 55 km nördlich von Indore an den Ufern des heiligen Flusses Shirpa gelegen, ist eine von Indiens sieben heiligsten Städten. Wie in Haridwar, Nasik und Prayag findet hier alle zwölf Jahre Indiens größte religiöse Versammlung statt: die **Kumbh Mela**. In den vergangenen Jahren zogen rund 30 Mio. Pilger hierher zum Bad. Zu anderen Zeiten ist Ujjain ein geeigneter Ort, Pilgern und Einheimischen bei ihren täglichen Verrichtungen zuzusehen. In der Nähe der Tempel zeigt sich der moderne Hinduismus von seiner kitschigsten Seite: Überall werden zeremonielle Utensilien in den grellsten Farben sowie Blumengirlanden aus Plastik angeboten. An den *ghats* schlagen Frauen nasse Saris trocken, während Kinder im Wasser plantschen und *pujari* zwischen den Schreinen am Fluss ihren rituellen Aufgaben nachgehen. Die sich hinter den *ghats* erhebenden Tempel wirken in der Dämmerung majestätisch, und die klingenden Glocken und der Duft von Weihrauch verleihen der Stätte eine zeitlose Atmosphäre.

Geschichte

Ausgrabungen nördlich von Ujjain förderten Spuren menschlicher Besiedlung aus dem 8. Jh. v. Chr. zu Tage. Der hinduistischen Mythologie zufolge änderte Shiva einst den alten Namen Avantika in **Ujjaiyini** („der mit Stolz erobert"), um seinen Sieg über den Dämonenkönig Tripuri herauszustellen. Im 4. und 5. Jh. regierte von

dort Chandra Gupta II., der sich als Förderer der Künste hervortat.

1234 wurde Ujjain von Iltutmish erobert, und Delhis Sklavendynastie ließ die meisten Tempel niederreißen. Später herrschten über die Malwa-Hauptstadt die Sultane von Mandu, die Moguln und **Raja Jai Singh** aus Jaipur, der das Observatorium Vedha Shala entwarf – Ujjain liegt auf dem ersten hinduistischen Längenmeridian. Im frühen 18. Jh. setzte Ujjains Niedergang ein, der nur von einer 60-jährigen Renaissance zwischen der Ankunft der Scindia 1750 und ihrem Umzug nach Gwalior unterbrochen wurde. Heute konzentriert sich der Hauptteil der industriellen Aktivitäten der Region auf das nahe Indore. Ujjains Einwohner verdienen ihren Lebensunterhalt auf traditionellere Art.

Orientierung

Die Western Railway verläuft mitten durchs **Stadtzentrum** und unterteilt die Stadt in die weitläufige wohlhabende Vorstadt im Süden und die interessanteren lebendigen Straßen im Nordwesten des Bahnhofs. Neben der üblichen Tempelroute locken in Ujjain vor allem der **Basar** und das Observatorium Vedha Shala Besucher an.

Mahakaleshwar Mandir und Harsiddhi Mandir

Ujjains bedeutendste Sehenswürdigkeit, der Tempel Mahakaleshwar Mandir, bildet den Auftakt einer Stadtbesichtigung. Der riesige safranfarben getünchte Turm des Heiligtums wurde von den Scindias im 19. Jh. als Ersatz für den ursprünglichen, 1234 von Iltutmish zerstörten Turm errichtet. Er ragt hoch über einen Bereich mit Marmorhöfen, Wasserbecken und Springbrunnen auf, um die Präsenz eines der mächtigsten Shivalingam Indiens zu verkünden.

Der in einer klaustrophobisch engen, unterirdischen Kammer gehütete Lingam gehört zu Indiens zwölf *jyotrilingam* („Lingam des Lichts"), deren Energie *(shakti)* aus ihnen selbst hervorgeht und nicht durch um sie herum vollzogene Rituale entsteht. Er gilt vor allem bei den Anhängern des Tantrismus aufgrund seiner Ausrichtung nach Süden als besonders potent.

Vom Mahakaleshwar Mandir führt der Weg westlich den Hügel hinab und am Becken Rudra

Sagar vorbei zum Harsiddhi Mandir, den die hinduistische Mythologie als den Ort ausweist, an dem Parvatis Ellbogen auf die Erde stürzte, als Shiva ihren brennenden Leib vom Sati-Scheiterhaufen forttrug.

Gopal Mandir

Der im Nordosten des **Chattri Chowk**, einem chaotischen Marktplatz im Herzen des Basars, stehende pittoreske Gopal Mandir wurde im frühen 19. Jh. von einer Scindia-Rani errichtet. Mit seiner Mischung aus einer Mogul-Kuppel, den maurischen Bögen und dem hinduistischen Turm ist der Tempel ein schönes Beispiel der späten Maratha-Architektur. Die mit Silber beschlagenen inneren Portale wurden von Mahaji Scindia hergebracht, der sie aus Lahore rettete, wohin moslemische Plünderer sie verschleppt hatten. Die mit Marmor, Silber und Perlmutt verzierte zentrale Kammer enthält Statuen der hier residierenden Gottheit Gopal (Krishna) und seiner Eltern Shiva und Parvati.

Observatorium Vedha Shala

Ujjain ist der Geburtsort von Indiens mathematischer Astronomie und seit Ashokas Zeiten ein Forschungszentrum für den Lauf der Sterne und Planeten. Später fixierten hinduistische Astronomen hier den **ersten Längenmeridian** und den Wendekreis des Krebses. Aus diesem Grund wählte Raja Jai Singh aus Jaipur, Gouverneur von Malwa unter dem Mogul-Herrscher Mohammad Shah, den Ort zur Stätte einer seiner surrealistisch anmutenden Freiluft-Sternwarten.

Das 1725 erbaute Observatorium Vedha Shala steht 1 km südwestlich vom Bahnhof am Fluss Shirpa. Die Anlage ist kleiner als die berühmten Jantar Mantar in Delhi und Jaipur, doch sie ist in einem guten Zustand. Hervorzuheben sind ihre sehr kenntnisreichen Führer (kostenlos, aber ein Trinkgeld wird erwartet) und informativen Beschilderungen. Örtliche Astronomen benutzen noch immer die fünf Instrumente, um Ephemeriden – astronomische Tabellen, die den Stand der Planeten vorherbestimmen – aufzuzeichnen, die man vor Ort kaufen kann. Eine Motor-Rikscha vom Stadtzentrum hier heraus kostet um die Rs40. ☉ tgl. von Sonnenauf- bis Sonnenuntergang, Eintritt Rs5.

Übernachtung

Die Hotels in Ujjain sind alles andere als überwältigend, deshalb erscheint die „Luxussteuer" von 10–15 % wie ein schlechter Scherz. Checkout ist – soweit nicht anders angegeben – lästigerweise schon um 9 Uhr. Bei längeren Besuchen kann man in einem **Ashram** wohnen, z. B. im **Shri Ram Mandir** (kein Telefon) in der Nähe von Rudra Sagar ❶

Atlas, Station Rd (Subhash Marg), Indore Gate, ✆ 0734/256 0473. Die Werbung mit „deluxe"-Zimmern ist wild übertrieben, dafür sind die Zimmer mit einigermaßen sauberen Bädern allerdings recht erschwinglich, zumal die freundliche Hotelleitung sich auf Preisverhandlungen einlässt. Checkout um 9 Uhr. ❸–❹

Avantika, von der Lal Bahadur Shastri Marg zurückversetzt, ✆ 0734/251 1398, ✉ avantika@mptourism.com. Das auch Yatri Niwas genannte, etwas anstaltsmäßige MP-Tourism-Hotel liegt 2 km außerhalb der Stadt. Das beste Angebot für Budgettraveller ist der unterteilte Schlafsaal (Rs90) mit bequemen Betten und sauberen Laken; die Doppelzimmer sind nett, aber übereuert. Gutes Restaurant. Checkout um 12 Uhr. ❹

Rama Krishna, Station Rd (Subhash Marg), gegenüber vom Bahnhof, ✆ 0734-255 3017. Einen Tick besser als die übrigen Absteigen in Bahnhofsnähe; die großen, verwohnten Zimmer haben immerhin Bad mit fast durchgehend Warmwasser und sind einigermaßen sauber – was man vom Bettzeug nicht sagen kann. Der Eingang ist leicht zu übersehen; auf das große „RK"-Emblem auf dem Dach achten. Checkout um 9 Uhr. ❸

Maurisches Ambiente

Shipra Residency, University Rd, ✆ 0734/255 1495, ✉ shipra@mptourism.com. Die MP-Tourism-Herberge bietet richtig hübsche Zimmer mit Bad und reizenden gesteppten Bettdecken rund um einen friedlichen, weiß gefliesten Innenhof mit ausgeprägtem maurischem Flair. Preise inkl. Frühstück im Preis enthalten, Restaurant, Bar und Checkout um 12 Uhr – was will man mehr? ❺

Ujjain

N
0 — 500 m

Übernachtung

Atlas	B
Avantika	D
Rama Krishna	A
Shipra Residency	C

Essen

Angan	3
Indian Coffee House	2
Nauratan	C
Zharokha	1

Chausath Yogini-Tempel

Kalideh Mahal, Siddavath, Bhartrihar-Höhlen

VEER DURGADAS MARG

CHANDRASHEKHAR AZAD MARG

PATEL MARG

LALA LAJPAT RAI MARG

Govardhan Sagar

Ksheer Sagar

ARYA SAMAJ MARG

ASHOK MARG

SANTA RAJA MARG

KALIDAS MARG

TATA TOPE MARG

VIKRAM MARG

DHANWANTRI MARG

GDC RD

Bank of Baroda
(Geldautomat)
Hauptpost

Madhav-
Uhrturm

UNIVERSITY ROAD

DEVAS ROAD

BHAKTIAWAR GANJ

Geldautomat

D · P.D.V. Busbahnhof

Busbahnhof
Dewas

Bahnhof

STATION ROAD (RISHISHI MARG)

LAMI SAI MARG

TILAK MARG

MAHAKALESHWAR MARG

KIMKAMAN MARG

Scindia-Statue

GOPAL MANDIR MARG

CHATTRI
CHOWK

B A Z A A R

Gopal
Mandir

Khwara Shakeb
Ki Masjid

AHILYA BAI MARG

BHAGAT SINGH MARG

Fußgängerbrücke

Harsiddhi Mandir

Rudra Sagar

HARSIDDHI MARG

Shri Ram
Mandir

Mahakaleshwar
Mandir

Ram
Ghat

Shipra

JAI SINGH PURA MARG

Observatorium Vedha Shala

Bhopal, Dewas, ▶ Right Way Computers (200 m)

2
3
6

A
B

Bank of Baroda (Geldautomat)

In Ujjain herrscht ein eklatanter Mangel an vernünftigen Esslokalen. Eine Ansammlung von Imbiss-Ständen befindet sich östlich des Uhrenturms, genau wie bei den billigen *dhaba* gegenüber vom Bahnhof sollte man sich auch hier immer an die Buden mit den meisten Kunden halten.

Angan, Hotel Ashray, Dewas Rd. Bietet außer den üblichen *tandoori*-Spezialitäten und chinesischen Gerichten auch ein paar Überraschungen wie Fischstäbchen mit Remoulade. Extrem schleppende Bedienung, aber das kalte Bier hilft, die Wartezeit zu vertreiben. Hauptgerichte Rs50–100.

Indian Coffee House, Durga Plaza, Dewas Rd. Bescheidenes Lokal mit südindischem Frühstück, *thali* zum Mittagessen und Abendgerichten zu moderaten Preisen (Hauptgerichte Rs30–120). Außerdem gibt's hier ordentlichen Kaffee.

Nauratan, Hotel Shipra Residency. Typisches MP-Tourism-Angebot: vegetarische indische, Mogul-, *tandoori*- und China-Küche und ein paar westliche Sachen wie Fish'n'chips (Rs50–150). Ungezwungenes Ambiente, dazu Ujjains größte Auswahl an alkoholischen Getränken.

Zharokha, Hotel Grand Tower. Abwechslungsreiche Speisekarte voller nordindischer Standardgerichte mit äußerst üppigen Saucen; dazu die obligatorischen chinesischen Gerichte (Rs50–120).

Geld
Der nächste Ort zum Geldwechseln ist Indore. Geldautomaten gibt es bei der **IDIBI Bank**, University Rd, und der **State Bank of India**, Dewas Rd, in der Nähe des Uhrenturms.

Informationen
Das **Informationsbüro** von MP Tourism befindet sich im Bahnhof, ✆ 0734/256 1544. ⏲ Mo–Sa 10–17 Uhr.

Internet
Internetzugang (Rs20 pro Std.) gibt es bei **Right Way Computers**, Dewas Rd.

Da sich die Stadt über ein weites Gebiet erstreckt, sind Motor-Rikschas oder **Fahrräder** (Verleih gegenüber vom Dewas-Busbahnhof) die gängigsten Nahverkehrsmittel. Bei der **Taxi**vermittlung hilft das MP-Tourism-Büro im Bahnhof (s. o.).

Busse
Der Busbahnhof **Dewas** mit Verbindungen nach Gwalior, Agra, Rajasthan und Bhopal liegt direkt nordöstlich des Bahnhofs. Vom 2 km südlich der Stadt gelegenen **PDV-Busbahnhof**, neben dem MP-Tourism-Hotel Avantika, fahren Busse nach INDORE (alle 30 Min.; 2 Std.) und MANDU ab.

Eisenbahn
Die Züge der Western Railway rollen am Bahnhof im Stadtzentrum ein. Es gibt regelmäßige Intercity-Verbindungen nach Indore und Bhopal.

Maheshwar

Maheshwar liegt mit Blick auf das Nordufer des mächtigen Flusses Narmada, 91 km südwestlich von Indore. Früher befand sich hier **Mahishmati**, die Hauptstadt von König Kartvirajun, die sowohl im *Mahabharata* als auch *Ramayana* erwähnt wird. Im 18. Jh. ließ Maharani **Ahilya Bai** einen Palast und mehrere Tempel errichten und verhalf der Stadt damit zu neuer Lebensenergie. Heute ist Maheshwar eine wichtige Etappe auf dem hinduistischen Narmada-Pilgerrundgang, liegt aber fernab der touristischen Trampelpfade.

Bei den **ghats** am Wasser unterhalb des alten Sandsteinpalasts bietet sich ein Schauspiel, wie es für Indien nicht typischer sein könnte. Gruppen von *yatris* führen ihre zeremoniellen Waschungen durch und Sadhus sitzen Gebete murmelnd unter Sonnenschutz-Bastmatten. Die beste Aussicht auf das Treiben bietet der Balkon des **Ahilya Bai Mandir** aus dem 18. Jh. Man erreicht ihn über eine Treppe am Fuß des Palasts hinter dem Mandir.

Unter einem Dach mit dem Maharadscha

Ahilya Fort, ☎ 011/4155 1575, 🖥 www.ahilya fort.com, ist ein Heritagehotel und wird vom Sohn des letzten Maharadscha von Indore geleitet. Die Festung aus dem 16. Jh. besitzt märchenhaft schöne Zimmer (ab US$400 inkl. VP) mit Steinwänden und Möbeln aus der Kolonialzeit. Die Gäste erwartet ein Pool, ein bezaubernder Garten und vorzügliches Essen. ❾

Im Palast und auf der Festungsanlage weiter oben an der Treppe befinden sich die Werkstätten der Rewa Society. Sie wurden vor 250 Jahren von der Maharani ins Leben gerufen, um die lokale Tuchweberei zu fördern. Die **Saris** von Maheshwar sind für ihre unverwechselbaren Muster und hohe Qualität bekannt; die Werkstätten können besucht werden, ⊙ Mo–Fr 10–17 Uhr. Nachkommen der alten Herrscherfamilie bewohnen immer noch Teile des Gebäudes. Allerdings wurde in zwei Räumen am Eingangshof ein kleines, sehr mäßig interessantes Museum eingerichtet.

Übernachtung und Essen

Aakash Deep Rest House, im Stadtzentrum, ☎ 07283/273326. Das einladende Hotel rechter Hand vom Festungs-Parkplatz hat arg mitgenommene Zimmer mit Bad. ❶
Narmada Retreat, ☎ 07283/273455, ✉ aheshwar@mptourism.com. Das Hotel von MP Tourism liegt 1 km außerhalb der Stadt am Fluss. Es besitzt gemütliche Zimmer in Cottages, komfortable Zelte mit AC und ein hübsches Restaurant – aber man darf auf keinen Fall das Mückenschutzmittel vergessen. ❺
Esslokale sind Mangelware. Die beste Option ist das *Cottage Garden*, leider einen ganzen Kilometer von der Festung entfernt, neben dem *Hotel Kumal* an der Hauptstraße.

Transport

Alle nach Maheshwar führenden Straßen sind in verheerendem Zustand. Wer im Auto unterwegs ist, sollte sich also auf ein mühsames

Vorankommen einstellen – die Fahrt von Mandu her kann bis zu 4 Std. dauern, und von Indore sind es mindestens 3 Std. **Busse** fahren nach DHAR (alle 20–30 Min.; 2 Std.) und ziemlich oft nach INDORE (3 1/2 Std.) mit Umsteigen in der Marktstadt Dhamnod, 76 km südwestlich von Indore am NH-3. Der nächste **Bahnhof** befindet sich in Barwaha, 39 km westlich von Maheshwar.

Omkareshwar

Östlich der Flussüberquerung in Barwaha lenkt der Narmada seinen Lauf zunächst nach Süden, schwenkt im weiten Bogen zurück nach Norden und fließt dann um einen 2 km langen, keilförmigen Sandsteinfelsen. Von oben hat die Insel zwischen den tiefen Schluchten eine erstaunliche Ähnlichkeit mit dem „Om"-Symbol. Diese Tatsache und die Präsenz eines hoch verehrten Shivalingam an der jäh abfallenden Südseite der Insel haben das 77 km südlich von Indore gelegene Omkareshwar zu einer der heiligsten Hindu-Stätten Zentralindiens gemacht.

Seit jeher strömen Pilgerscharen zum *darshan* und zu einem heiligen Bad im Fluss hierher. In den letzten Jahren hat sich der Ort jedoch aufgrund seiner Abgeschiedenheit und der vergeistigten Stimmung auch zu einem Lieblingsziel ausländischer Kiffer entwickelt. Dessen ungeachtet und auch trotz des unglückseligen Omkareshwar-Damms, dessen Bau für die Umsetzung vieler tausend Menschen aus den nahe gelegenen Dörfern verantwortlich ist, hat sich Omkareshwar eine authentische religiöse Atmosphäre bewahrt.

Vom Busbahnhof am Dorfende führt Omkareshwars einzige Straße 400 m bergauf zu einem schäbigen Platz, wo sich die meisten *dharamshala* und Teestuben befinden und an einigen Ständen *puja*-Utensilien verkauft werden. Auf die Insel gelangt man entweder über die hohe betonierte Fußgängerbrücke oder mit einem der flachen Fährboote, die zwischen den *ghats* hin und her fahren.

Der auffällige weiße *shikhara*-Turm des **Shri Omkar Mandhata Mandir** ist eine relativ junge

Madhya Pradesh und Chhattisgarh

Ergänzung im dichten Gewirr der Gebäude im Süden der Insel. Erst die kunstfertig gestalteten Säulen der unteren Versammlungshalle bezeugen das beträchtliche Alter des Tempels. Die Mythen, die sich um die Gottheit in dem niedrigen Sanktuarium ranken, gehen bis ins 2. Jh. v. Chr. zurück. Der hiesige **jyotrilingam** („Lingam des Lichts") soll den Hindus zufolge nach einem Kampf zwischen Brahma, Vishnu und Shiva spontan aus dem Erdboden gewachsen sein.

Rund um die Insel

Traditionellerweise beginnt die *parikrama* (Umrundung) von Omkareshwar bei den *ghat*s unter dem Shri Mandhata und führt dann im Uhrzeigersinn um die Insel herum. Der Fußmarsch dauert mindestens zwei Stunden, also viel Wasser mitnehmen.

Der erste Wegabschnitt besteht aus einem gemütlichen, halbstündigen Spaziergang von der Fußgängerbrücke zur mit Kieselsteinen übersäten Westecke der Insel. Dort gibt es eine kleine *chai*-Bude und zwei nicht weiter bedeutsame Schreine. Der **Triveni Sangam** oder „Zusammenfluss dreier Flüsse" ist ein hervorragender Badeplatz an der Stelle, wo sich der Narmada gabelt, während er sich mit dem Kaveri-Fluss vereinigt. Von hier steigt der Pfad über den weißen Sandstreifen des Nordufers hoch zu einem Plateau. Dort stehen die Ruinen des **Gaudi Somnath-Tempels**, umgeben von zahlreichen Statuen auf Betonsockeln. Das Gotteshaus beherbergt einen kolossalen *shivalingam*, bewacht von einem ebenfalls riesigen Nandi-Stier. Von hier kann man auf steilen Stufen ins Dorf hinabsteigen oder weiter nach Osten zu der alten befestigten Stadt wandern, die früher die Insel krönte, bevor sie im Mittelalter von Moslems in Schutt und Asche gelegt wurde. Zwischen den Trümmern liegen zahlreiche Überreste von Tempelskulpturen, darunter ein paar schön geschnitzte Götter und Göttinnen, die jetzt ganzen Lemurenfamilien als Schattenspender dienen.

Nachdem der Pfad den Rand einer Schlucht erklommen hat, führt er unter dem großen, reich verzierten **Surajkund-Tor** hindurch. Das Tor flankieren 3 m hohe Statuen von Arjun und Bheema, zwei der berühmten Pandava-Brüder. Fünf Minuten weiter Richtung Süden steht der **Siddhesvara-Tempel** aus dem 10. Jh. auf einer Plattform mit Blick über den Fluss. Seinen mächtigen Sockel zieren sich aufbäumende Elefanten und über dem Südtor sind kunstvoll geschnitzte *apsaras*, d. h. himmlische Nymphen, angebracht.

Es gibt zwei verschiedene Strecken zurück ins Dorf. Die eine führt über die Hochebene und dann steil nach unten, an einer weiteren Tempelruine und dem **Maharaja**-Palast vorbei, zum Shri Mandhata-Tempel. Die andere verläuft über viele Treppenstufen hinab zum Flussufer und dann an einer Reihe von Sadhus-Höhlen vorbei zu den Haupt-*ghat*s.

Übernachtung

Omkareshwar bietet einiges an Unterkünften. Asketen können in den billigen **Dharamshala** (Rs50–100) im Dorf auf dem Festland die Pilgerkultur aus erster Hand erleben. Deren Zimmer sind allerdings meist fensterlose Zellen, und die sanitären Anlagen beschränken sich auf Gemeinschaftstoiletten und eine Wasserzapfstelle im Hof. Das **Jat Samaj**, rechts der Brücke am Fluss, gehört zu den besten *dharamshala* (nach der Figur auf dem Pferderücken auf dem Dach Ausschau halten). Weitere *dharamshala* sind **Ahilya Bai** hinter dem Vishnu-Tempel an der Straße zum Mamaleshwar-Tempel und den *ghats* oder sein Nachbar **Tirole Kunbi Patel**.

Wer sich nicht auf ein *dharamshala* einlassen will, hat einige Alternativen:

Ganesh Guest House, in der Nähe vom Tirole Kunbi Patel, ☏ 07280/271370. Die Zimmer sind ausgesprochen spartanisch, doch das Haus an sich hat eine coole Travelleratmosphäre und schöne Aussicht. Es nimmt nur ausländische Touristen auf. ❶

Hotel Geeta Shree, in der Nähe des Hauptmarktes, ☏ 07280/271560. Nicht jedes der Zimmer mit Bad und westlichen Toiletten besitzt Fenster nach draußen. ❸

Narmada Resort, 2 km vor dem Busbahnhof, ☏ 07280/271455, ✉ omkareshwar@mptourism. com. Das Hotel von MP Tourism ist die glamouröseste Unterkunft am Ort. Die Zimmer sind schlicht, aber mit Bad und Ventilator oder AC ausgestattet. Zum Resort gehört ein überdurchschnittlich gutes Restaurant. **④–⑤**

Länger verweilende Besucher und Pilger kochen ihre Mahlzeiten in der Regel auf den Öfen im **Dharamshala** oder essen für wenig Geld im Basar, wo auch einige Lebensmittel verkauft werden. Gute Alternativen sind das Gartenrestaurant **Third Eye** des Ganesh Guest House, dessen vegetarisches Speisenangebot (Hauptgerichte Rs50–120) Pizza, Pasta, einige israelische und indische Gerichte, Pfannkuchen sowie ausgezeichnete tibetische *momo*s (Knödel) und *thukpa*s (Suppen) umfasst.

Geld

Die **State Bank of India** an der Hauptstraße hat einen Geldautomaten.

Post

Kleines Postamt mit verlässlichem Posterestante-Service an der Hauptstraße.

Busse

Busse verbinden Omkareshwar mit INDORE (3–4 Std.) und MAHESHWAR (2–3 Std.).

Eisenbahn

Der nächste Bahnhof liegt an der Omkareshwar Road, wo nur Bummelzüge halten. Den nächstgelegenen Bahnhof an einer Hauptstrecke hat Barwaha am Nordufer des Narmada River.

Himachal Pradesh

Stefan Loose Traveltipps

Der Toy Train nach Shimla Durch traumhafte Berglandschaften rattert die „Spielzeugeisenbahn" in die Sommerresidenz der Raj-Ära. S. 453

10 Dharamsala In die einstige Sommerresidenz und Heimat des Dalai Lama kommt man zum Innehalten, Meditieren und Wandern. S. 469

Naggar Das stille Städtchen mit dem weiten Blick über das Kullu-Tal ist ein herrlicher Ort, um die Seele baumeln zu lassen. S. 491

Manali Die „Flitterwochenhauptstadt" lädt Reisende auf dem Weg nach Ladakh zum Genießen des majestätischen Himalaya-Panoramas ein. S. 493

Spiti-Tal Winzige tibetische Dörfer und herrliche weiße *gompas* sprenkeln die grandiose Mondlandschaft von Spiti. S. 507

11 Von Manali nach Leh Die zweithöchste Straße der Welt bahnt sich ihren Weg durch eine faszinierende Wüste. S. 511

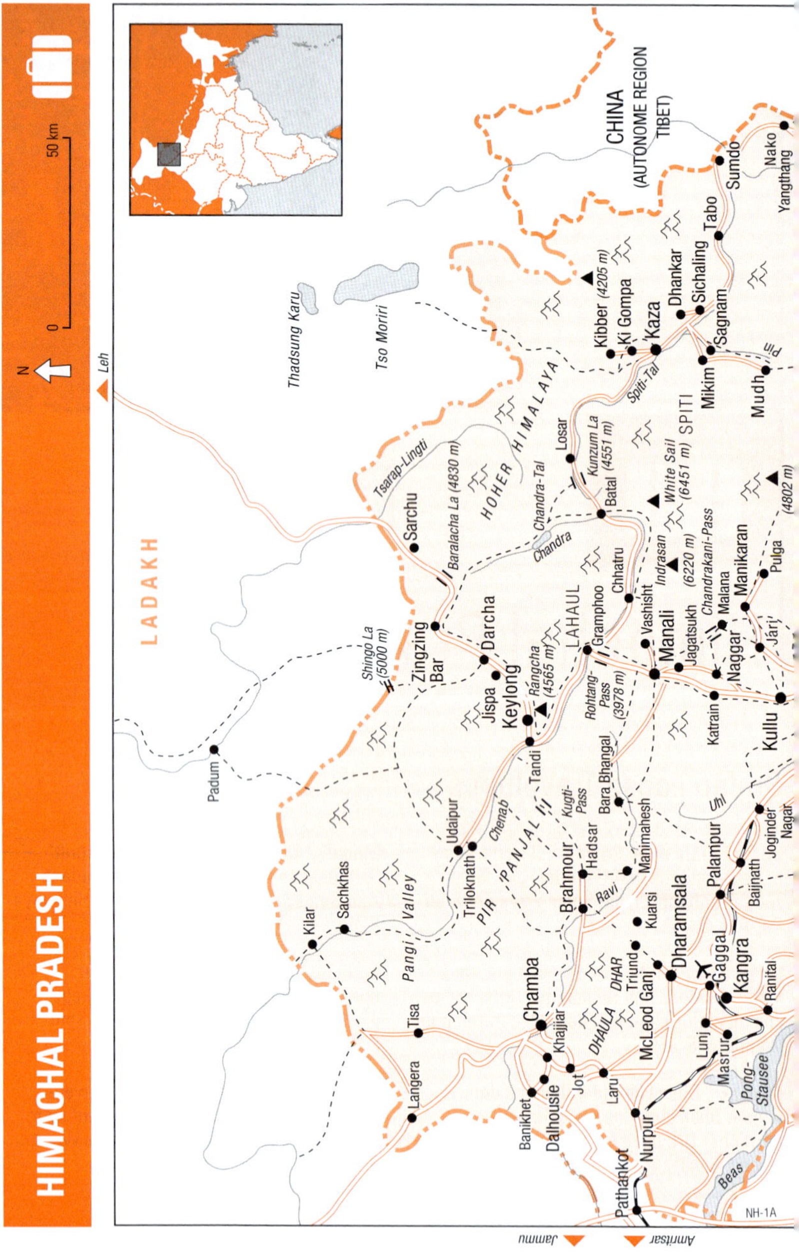

HIMACHAL PRADESH

N
50 km
0

Leh

CHINA
(AUTONOME REGION
TIBET)

Sumdo
Nako
Yangthang

Thadsung Karu

Tso Moriri

Kibber (4205 m)
Ki Gompa
Kaza
Dhankar
Sichaling
Tabo
Sagnam
Mikim
Mudh
Pin
SPITI

LADAKH

Tsarap-Lingti

Losar
Kunzum La (4551 m)
Batal
White Sail (6451 m)
Chandra-Tal
HOHER HIMALAYA

Baralacha La (4830 m)
Sarchu

Chandra
Chhatru
Indrasan (6220 m)
(4802 m)
Pulga
Chandrakani-Pass

Padum

Shingo La (5000 m)

Zingzing Bar
Darcha
Jispa
Keylong
Rangcha (4565 m)
LAHAUL
Gramphoo
Vashisht
Manali
Jagatsukh
Malana
Naggar
Manikaran
Jari

Gemur

Tandi
Rohtang-Pass (3978 m)
Bara Bhangal
Katrain
Kullu

Udaipur
Chenab
Kugti-Pass
Hadsar
Uhl

PANJAL / PIR PANJAL

Triloknath
Brahmour
Ravi
Manimahesh
Palampur
Joginder Nagar
Baijnath

Kilar
Sachkhas
Kuarsi
Dharamsala

Pangi Valley

Tisa
Khajjiar
DHAR DHAULA
Triund
McLeod Ganj
Gaggal
Kangra
Ranital

Chamba
Jot
Luni
Masrur
Pong-Stausee

Langera
Banikhet
Dalhousie
Laru
Nurpur
Beas

Pathankot
NH-1A

Amritsar
Jammu

www.stefan-loose.de/indien

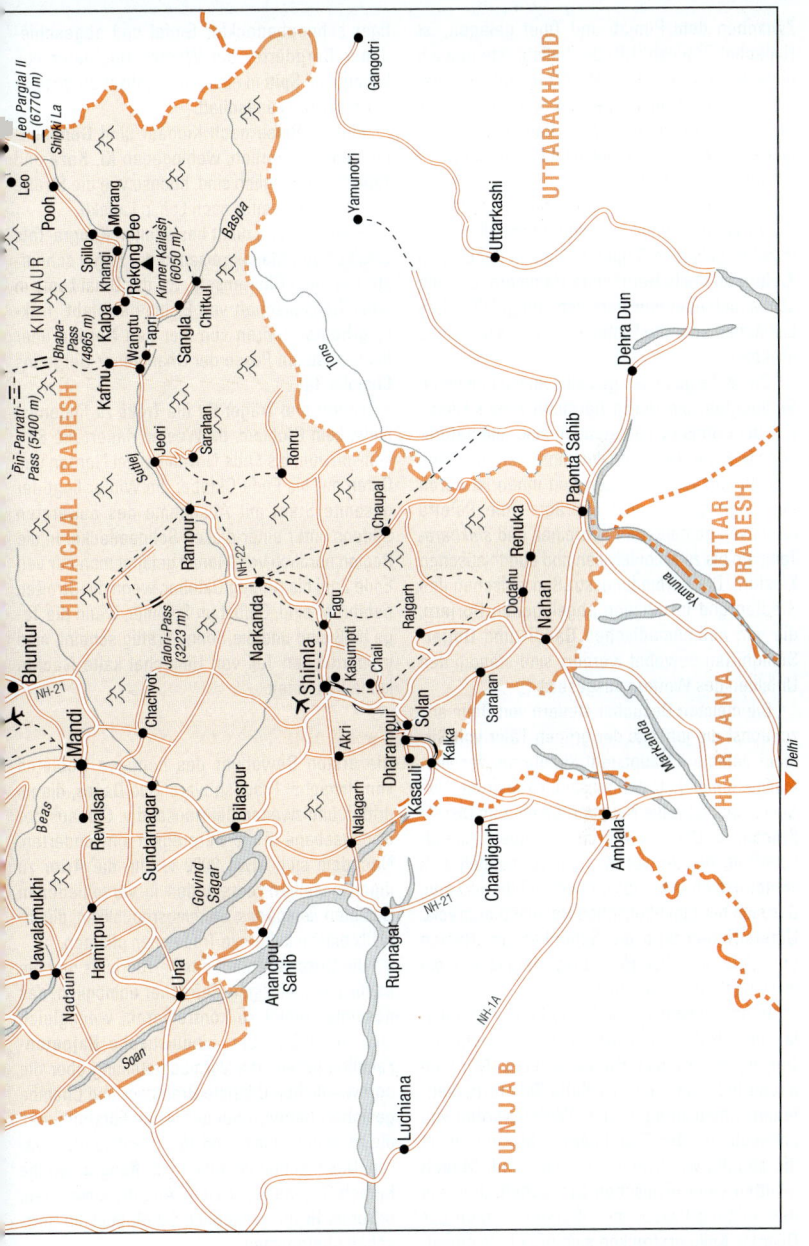

Leo Pargial II (6770 m)

Shipki La

Leo

Pooh

KINNAUR

Spillo

Morang

Khangi

Kalpa

Rekong Peo

Kinner Kailash (6050 m)

Wangtu

Tapri

Sangla

Chitkul

Baspa

Bhaba-Pass (4865 m)

Kafnu

HIMACHAL PRADESH

Pin-Parvati-Pass (5400 m)

Jeori

Sarahan

Rohru

Sutlej

Gangotri

UTTARAKHAND

Yamunotri

Uttarkashi

Dehra Dun

Tons

Chaupal

Paonta Sahib

Rampur

NH-22

Jalori-Pass (3223 m)

Narkanda

Fagu

Shimla

Kasumpti

Chail

Rajgarh

Dodahu

Renuka

Nahan

Yamuna

UTTAR PRADESH

Bhuntur

NH-21

Chachyot

Akri

Dharampur

Solan

Sarahan

Markanda

HARYANA

Mandi

Beas

Rewalsar

Sundarnagar

Bilaspur

Govind Sagar

Nalagarh

Kasauli

Kalka

Chandigarh

Ambala

Delhi

Jawalamukhi

Hamirpur

Una

Nadaun

Anandpur Sahib

Rupnagar

NH-21

Soan

NH-1A

PUNJAB

Ludhiana

Himachal Pradesh

Zwischen dem Punjab und Tibet gelegen, ist Himachal Pradesh (HP) der beliebteste und am einfachsten zugängliche Bergstaat Indiens – geprägt von den Höhenzügen der Shivalik-Kette im Süden, den Gebirgsketten Pir Panjal und Dhauladhar im Nordwesten und dem Hohen Himalaya im Norden und Osten.

Das Tiefland mit Obstplantagen, subtropischen Wäldern und Maisfeldern geht allmählich in höher gelegene Regionen über, in denen sich Kiefern an steile Berghänge klammern, bis sich schließlich über Felsmassiven und gefährlichen Eisflächen schroffe Gipfel in bis zu 6000 m Höhe erheben.

Diese Berge bilden gemeinsam mit den tiefen Schluchten, die durch herabstürzende Flüsse aus dem Himalaya entstanden sind, die natürlichen Grenzen zwischen den einzelnen Distrikten des Bundesstaates. Jeder von ihnen ist durch eine eigene Baukunst geprägt – die Palette reicht von gemeißelten Schreinen und *shikhara*-Tempeln bis zu Kolonialvillen und buddhistischen Klöstern. Die Verbindungsstraßen zwischen den Städten und unzähligen abgelegenen Dörfern, die von halbnomadischen **Gaddi**- und **Gujjar**-Schafhirten bewohnt werden, sind ständig den Unbilden des Wetters ausgesetzt.

Die meisten Besucher steuern von Delhi aus zunächst die jenseits der grünen Täler von **Sirmaur** gelegene Hauptstadt **Shimla** an, der ehemalige Sommersitz der britischen Regierung. Von Shimla aus führt die Hauptstraße bis zum Distrikt **Kinnaur** im Osten. Die grüne Hochgebirgslandschaft im Westen von Kinnaur verwandelt sich weiter östlich in karges und unfruchtbares Land, das sich bis zum tibetischen Hochland erstreckt. Unterstrichen wird die Schönheit der Region durch die zierlichen Holzhäuser, Tempel und die im Wind flatternden Gebetsfahnen.

In nordwestlicher Richtung führt von Shimla eine Straße nach **Mandi**, einem wichtigen Durchgangsort des Bundesstaates. Nördlich davon befindet sich das **Kullu-Tal**: Terrassenfelder, Obstplantagen und Wälder werden von schneebedeckten Gipfeln bewacht. Zentrum ist die ständig wachsende Touristenstadt **Manali** inmitten einer idyllischen Landschaft. Jenseits des Rohtang-Passes im äußersten Norden des Distrikts Kullu erstrecken sich unterhalb gewal-

tiger schneebedeckter Gipfel und abgeschiedener Bergdörfer die Wüsten-Hochtäler von **Lahaul** und **Spiti** in einer von tibetischen *gompas* durchsetzten Landschaft.

Für die Reise nach Kinnaur sind **Genehmigungen** erforderlich, wohingegen **Ki**, **Kaza** und **Tabo** frei zugänglich sind, ebenso wie die Straße durch Lahaul weiter nach Leh in Ladakh.

Besucher des dicht besiedelten **Kangra-Tals** westlich von Manali reisen in der Regel schnurstracks nach **Dharamsala**, wo der Dalai Lama in einer Gemeinschaft von Exiltibetern lebt. Trekking-Routen führen von hier gen Norden über die tückischen Pässe der Dhauladhar-Berge ins **Chamba-Tal**.

Führer und Träger für die **Treks** zu finden ist meist kein Problem. Im Westen dauert die Saison von Juni bis Ende November, im Norden und Osten nur bis Ende Oktober. Im Winter liegt der gesamte Staat mit Ausnahme des äußersten Südens unter einer dicken Schneedecke. In die Region nördlich von Manali gelangt man nur von Ende Juni bis Anfang Oktober, wenn die Straßen befahrbar sind. Selbst im Sommer, wenn die Tage heiß sind und die Sonne kräftig scheint, sind im nördlichen Teil von Himachal kalte Nächte keine Seltenheit.

Geschichte

Die ersten Bewohner des heutigen Gebietes von Himachal Pradesh waren die **Dasas**, die im dritten und zweiten Jahrtausend v. Chr. aus der Gangesebene in die Bergregion einwanderten. Nachdem sich etwa 2000 v. Chr. die **Arier** zu ihnen gesellten, entstanden in verschiedenen Gebieten *janapadas,* Stammesrepubliken, die jeweils eigene kulturelle Traditionen pflegten.

Die Beschaffenheit des Territoriums machte es für einen einzigen Herrscher unmöglich, das gesamte Gebiet zu kontrollieren, wenngleich sich bis 550 n. Chr. hinduistische **Rajputen**-Familien bereits die Vormachtstellung über die nordwestlichen Distrikte Brahmour und Chamba gesichert hatten, zwei der vielen Fürstentümer, die zwischen dem 6. und 16. Jh. entstanden waren. Das mächtigste davon war **Kangra**, wo die Katoch-Rajputen zahlreiche Angriffe abwehrten, bevor im 16. Jh. schließlich die Moguln die Herrschaft übernahmen.

Ausländer, die zwischen Sumdo in Spiti und Morang in Kinnaur unterwegs sind – wo die Straße ein Stück durch das westliche Tibet führt – benötigen **Inner Line Permits**, die zur Erkundung der Grenzgebiete berechtigen. Offiziell sind nur über ein Reisebüro organisierte Reisen in Gruppen von mindestens vier Personen erlaubt. In der Praxis wird diese Bestimmung aber durchweg ignoriert – in manchen Orten muss man allerdings Mitglied einer Gruppe sein, um ein Permit beantragen zu können.

Inner Line Permits gelten sieben Tage und sind in Shimla, Manali, Kullu, Rampur, Kaza und Rekong Peo erhältlich. Individualreisende stellen den Antrag am besten in Rekong Peo (S. 473) in Kinnaur oder in Kaza (S. 517) in Spiti; dort kann man die erforderlichen Behördengänge selbst erledigen und bekommt die Genehmigung normalerweise kostenlos innerhalb einer oder zwei Stunden. In Shimla, Manali, Kullu und Rampur bestehen die Beamten gewöhnlich auf Einhaltung der o. g. Vorschrift, und der Reiseveranstalter verlangt eine Gebühr von Rs150 p. P. Es ist grundsätzlich ratsam, drei Fotos und Kopien von Pass und Visum mitzubringen. Einige Beamte machen sie allerdings lieber selbst. Obwohl man sie kaum benötigen wird, sollte man mindestens vier Kopien von der Genehmigung anfertigen, für den Fall, dass an den Kontrollposten entlang der Strecke eine Kopie einbehalten wird.

Bei Reisen durch Sperrgebiete keinesfalls Fotos von militärischen Einrichtungen oder sensiblen Orten wie z. B. Brücken machen. Hält man sich an den Hauptweg, sollte es eigentlich keine Schwierigkeiten geben.

Während des Mittelalters nahmen die Täler **Lahaul** und **Spiti** eine Sonderrolle ein. Sie wurden nicht von Rajputen, sondern von den **Jos** beherrscht, die ihre Bräuche und Architektur aus Tibet mitbrachten. Nachdem sie eine Zeit lang Ladakh unterworfen waren, wurden Lahaul und Spiti später von den Rajas von **Kullu** beherrscht, einem zentralen Fürstentum, das im 17. Jh. seine Blütezeit erreichte. Weiter südlich war die Gegend um **Shimla** und **Sirmaur** in über dreißig unabhängig regierte *thakurais* aufgeteilt. Gegen Ende des 17. Jhs. stellte die wieder erstarkte **Sikh**-Gemeinde mit Sitz in **Paonta Sahib** (Sirmaur) neben den Moguln eine zusätzliche Bedrohung dar. Im 18. Jh. hielten die Sikhs unter **Maharadscha Ranjit Singh** bereits Stützpunkte in großen Teilen des westlichen Himachal und verfügten über enorme Macht in Kullu und Spiti.

Im Kampf gegen die Ausbreitung der Sikh gewann Amar Singh Tapur, der Führer der **Gurkha**-Armee, in den südlichen Shimla-Bergstaaten an Macht. Die *thakurai*-Oberhäupter baten die **Briten** um Hilfe und zwangen die letzten Gurkha 1815 zurück nach Nepal. Erwartungsgemäß ergriffen die Briten die Macht im Süden und drängten so die Sikh in den **Ersten Britischen Sikh-Krieg**. Mit der Unterzeichnung eines Abkommens 1846 annektierten die Briten überwiegende Teile des Südens und Westens des Staates und erklärten Shimla 1864 zum Sommersitz der Regierung.

Nach Erlangung der Unabhängigkeit wurden die an den heutigen Punjab grenzenden Gebiete zusammengefasst und Himachal Pradesh („Himalaya-Provinzen") genannt. 1956 wurde HP als Unionsterritorium anerkannt und zehn Jahre später zum Bundesstaat erklärt, mit Shimla als Hauptstadt.

Trotz der politischen Einheit ist Himachal Pradesh kulturell sehr vielfältig. Mehr als 90 % der **Bevölkerung** lebt außerhalb der großen Städte und viele Regionen sind während der langen Wintermonate nach wie vor total isoliert. Die verschiedenen Distrikte von Himachal sind durch unterschiedliche Bräuche, Architektur, Kleidung und landwirtschaftliche Methoden geprägt. Und obwohl der Hinduismus überwiegt, sind auch Sikh, Moslems und Christen zahlenmäßig stark vertreten. Darüber hinaus werden Lahaul, Spiti und Kinnaur schon seit dem 10. Jh. von tibetischen Buddhisten bewohnt. Das erklärt vielleicht, weshalb in HP herkömmlicherweise die recht weltoffene Congress Party die meisten Anhänger verbucht. In den letzten Jahren hat allerdings die BJP in der Regierung das Sagen.

Himachal Pradesh

Shimla und Umgebung

Shimla, die Hauptstadt von Himachal Pradesh, ist die größte und bekannteste Hill Station Indiens. Hier siedelte Rudyard Kipling den Großteil seines Kolonialklassikers *Kim* an. Während die Stadt bei indischen Familien und Hochzeitsreisenden sehr beliebt ist, lässt ihre wenig einladende Größe westliche Touristen eher selten verweilen. Dabei ist sie nicht nur der perfekte Zwischenstopp auf dem Weg ins Kullu-Tal, sondern auch ein geeigneter Ausgangspunkt für Ausflüge in die entlegenen Gebiete von Spiti.

Nordöstlich von Shimla liegt vor einer prachtvollen Kulisse imposanter Himalaya-Gipfel **Sarahan** mit dem berühmten Bhimakali-Tempel, das in einer Zwei- bzw. Dreitagetour von Shimla aus oder auf der Reise nach Kinnaur zu erreichen ist.

Shimla

Egal ob man über die Straße oder per Zug von Süden her anreist – das letzte Stück des Anstiegs nach Shimla erscheint endlos. Tief eingebettet ins Vorgebirge des Himalaya, ist die Hill Station über einen kurvenreichen Weg zu erreichen, der sich von den Ebenen bei Kalka fast 100 km lang durch tief eingeschnittene Flusstäler, Kiefernwälder und Berghänge windet. Es ist unschwer zu erraten, warum die Briten diesen unzugänglichen Ort als ihre Sommerresidenz auswählten. In einer Höhe von 2159 m ist der mondsichelförmige Gebirgskamm, über den sich die Stadt verteilt, das ganze Jahr hindurch mit kühler Luft und einem herrlichen Panorama gesegnet.

Benannt nach seiner Schutzgöttin Shamla Devi (einer Erscheinungsform von Kali), wurde das winzige Dorf, das hier lag, 1817 von einer Gruppe britischer Landvermesser „entdeckt". Ihre begeisterten Berichte über die Schönheit und das Klima drangen nach und nach bis in die Hauptstadt des britisch-indischen Reiches, Kalkutta, vor und binnen zweier Jahrzehnte wurde die Siedlung zum schicksten Sommerurlaubsort des Subkontinents. 1864 schließlich erhielt der alljährliche Umzug einen offiziellen Hintergrund, nachdem Shimla – inzwischen eine elegante Stadt mit herrschaftlichen Wohnhäusern, Kirchen und Cricketplätzen geworden – zum offiziellen Sommersitz der Kolonialregierung erklärt wurde. Mit der Fertigstellung der **Eisenbahnstrecke Kalka–Shimla** im Jahre 1903 war Shimla nur noch zwei Tage Zugfahrt von Delhi entfernt. Und sein Aufstieg setzte sich auch nach der Erlangung der Unabhängigkeit fort, besonders seit es 1966 zur Hauptstadt von Himachal Pradesh wurde.

Noch heute ist Shimla ein bedeutender Urlaubsort, der vor allem Neureiche aus dem Punjab und aus Delhi anzieht, die vor Einsetzen des Monsuns im Mai/Juni und dann wieder im September/Oktober zu Tausenden hier einfallen. Sein verblasster kolonialer Charme lockt auch ausländische Touristen auf den Spuren des Raj an. Die *burra-* und *memsahibs* sind zwar weitergezogen, doch Shimla bewahrt sich sein deutlich **britisches Flair**: Echte indische Gentlemen, in Tweed gekleidet, schlendern Pfeife rauchend die Mall entlang und Kinder in Schuluniformen flitzen an den Ladenfronten im Tudorstil und Häusern mit Namen wie Braeside vorbei. Man wähnt sich beinahe in England – wären da nicht die frechen Affenhorden und der Blick auf die dicht gedrängten Wellblechdächer des **Basars** von Shimla gleich unterhalb des Bergrückens.

Die beste **Reisezeit** sind die Monate Oktober und November, bevor in Himachal der Winter Einzug hält. Dann sind die Tage noch warm und trocken und der Himmel in den frühen Morgenstunden klar. Von Dezember bis Ende Februar gibt es meist starken Schneefall und die Temperaturen schwanken um bzw. fallen unter null Grad. Das Klima im Frühling ist ausgesprochen wechselhaft: Heftige warme Winde aus den Ebenen wechseln sich mit eisigen Regenschauern von den Bergen ab. Während der ersten Hochsaison (Mitte April bis Ende Juni) können Unterkünfte knapp und kostspielig sein, in der zweiten Hochsaison von Mitte September bis Mitte November ist dies weniger der Fall. An Wochenenden und Feiertagen, insbesondere zu Weihnachten und Neujahr, ist mit größeren Besucherscharen zu rechnen. Zu jeder Jahreszeit sollten genügend warme Sachen im Gepäck sein, denn die Nächte können unerwartet kalt werden.

Himachal Pradesh

Das Zentrum

Obwohl sich Shimla und seine Satellitenbezirke über mindestens fünf Berghänge verteilen, ist das Zentrum überschaubar; es befindet sich um den weiten, **The Ridge** genannten Platz, von dem aus die sanften Hügel der Vorgebirge und am Horizont die zerklüfteten schneeweißen Gipfel des Pir Panjal und des Hohen Himalaya zu sehen sind. Die Gegend ist eine Art Wasserscheide. Der Volksmund sagt, dass alles Sickerwasser von der Nordseite ins Arabische Meer fließt, das von der Südseite in den Golf von Bengalen. Die viktorianisch-gotische Turmspitze von **Christ Church** ist der hervorstechendste Punkt Shimlas. Die bunten Glasfenster waren die erlesensten von ganz Britisch-Indien und stellen (von links nach rechts) Glaube, Hoffnung, Barmherzigkeit, Stärke, Geduld und Demut dar. Am anderen Ende von The Ridge liegt **Scandal Point**, der Mittelpunkt des berühmten Nachmittagstreffs von Shimla, wo die Menschen zusammenkommen und den neuesten Klatsch austauschen.

Vom Ridge zieht sich ein Gewirr kleiner Straßen stufenförmig und jeweils durch Steintreppen miteinander verbunden hügelabwärts, und um den südlichen Fuß des Hügels windet sich **The Mall**, die meistbesuchte Fußgängerzone. Flankiert von einer langen Reihe unverkennbar britischer Fachwerkhäuser, war die Haupteinkaufsmeile von Shimla bis zum Ersten Weltkrieg für alle „Eingeborenen", ausgenommen die Mitglieder des Königshauses und das Rikschapersonal, strengstens verboten. Heute sind Rikschas, ob mit Muskelkraft oder anders angetrieben, verboten und nichtindische Gesichter kaum zu entdecken. Das durch und durch kolonialzeitliche **Gaiety Theatre** wurde 2008 renoviert. Hier finden regelmäßig Vorstellungen statt.

Folgt man einer der vielen von der Mall herabführenden Gassen, taucht man in ein Labyrinth verschlungener Seitenwege ein. Im **Basar** von Shimla herrscht reges Treiben – wackelige Buden, hell erleuchtete Verkaufsstände und Minarette, die bis zum Rande der Cart Road reichen. Außer dass man hier authentische Souvenirs erwerben kann, ist dies auch einer der wenigen Orte der Stadt mit Himalaya-Flair: Neben den bunten Kopfbedeckungen aus Kullu *(topi)* tauchen auch fremde Gesichter aus Lahaul, Kinnaur und Tibet in der Menge auf.

Das State Museum

Das Museum des Staates Himachal Pradesh liegt etwa 1,5 km Fußmarsch vom Zentrum entfernt, doch der Weg lohnt sich. Im Erdgeschoss der eleganten Kolonialvilla sind vor allem Tempelskulpturen ausgestellt, daneben gibt es eine Galerie mit herrlichen **Pahari-Miniaturen** – Beispielen der letzten großen Hindu-Kunstform, die in Nordindien ihre Blütezeit hatte, bevor im frühen 19. Jh. der Einfluss der westlichen Kultur einsetzte. Ihren Ursprung hat die Pahari-Schule

Der „Toy Train" des Vizekönigs

Bis zum Bau der Eisenbahnstrecke Kalka–Shimla war Shimla nur auf der so genannten **Cart Road** erreichbar – einer langsamen und kurvenreichen Strecke, ausgetreten von den vielen duldsamen Trägern und von Pferden gezogenen Tongas. Als die 96 km lange Eisenbahnlinie 1903 fertig war, hatte man zwischen Shimla und der Endstation Kalka (26 km nordöstlich von Chandigarh) 103 Tunnel, 24 Brücken und 18 Bahnhöfe gebaut. Heute sind die Busse vielleicht schneller, eine Reise mit dem „Toy Train" aber ist unvergesslich – besonders wenn man erster Klasse in einem der **Wagen mit Panoramafenstern** reist. Gezogen von einer winzigen Diesellok rattert man gemächlich durch bezaubernde Landschaften, bis man nach 5 1/2–7 Stunden in Shimla eintrifft. Entlang der Strecke tauschen die Zugbegleiter mit dem Personal auf den Bahnsteigen kleine Lederbeutel aus. Die Beutel, die sie zurückbekommen, enthalten kleine Messingscheiben, die von den Lokführern in spezielle Maschinen eingelegt werden, um so durch Signale auf ihre Ankunft aufmerksam zu machen. Das von jeher zuverlässig arbeitende „Neal's Token System" garantiert, dass entgegengesetzt fahrende Züge auf den eingleisigen Abschnitten niemals aufeinander treffen. Informationen zu Fahrplänen und Fahrscheinbuchungen s. S. 458.

Shimla

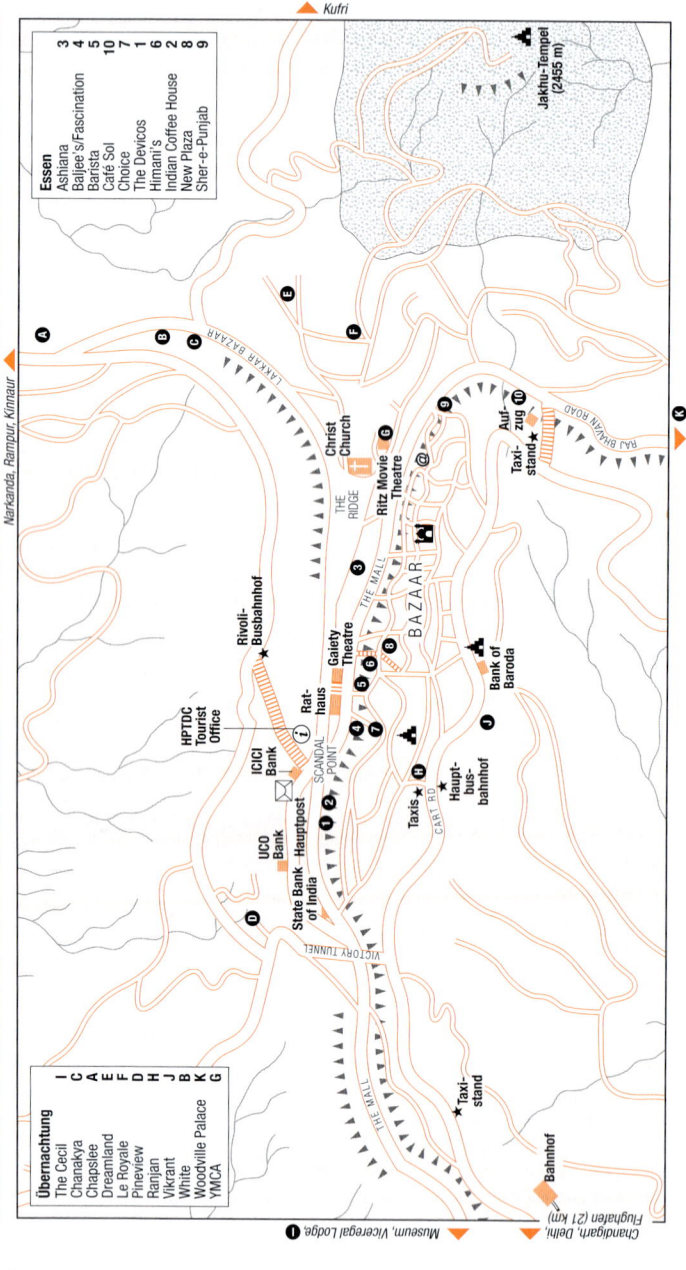

Übernachtung

The Cecil	I
Chanakya	C
Chapslee	A
Dreamland	E
Le Royale	F
Pineview	D
Ranjan	H
Vikrant	J
White	B
Woodville Palace	K
YMCA	G

Essen

Ashiana	3
Baljee's/Fascination	4
Barista	5
Café Sol	10
Choice	7
The Devicos	1
Himani's	6
Indian Coffee House	2
New Plaza	8
Sher-e-Punjab	9

Kufri

Jakhu-Tempel
(2455 m)

N

0   200 m

Narkanda, Rampur, Kinnaur

LAKKAR BAZAAR

Christ
Church

THE RIDGE

Ritz Movie
Theatre

Auf-
zug

Taxi-
stand

RAJ BHAVAN ROAD

THE MALL

B A Z A A R

Bank of
Baroda

Gaiety
Theatre

Rivoli-
Busbahnhof

HPTDC
Tourist
Office

Rat-
haus

ICICI
Bank

SCANDAL POINT

CART RD

Taxis

Haupt-
bus-
bahnhof

UCO
Bank

State Bank
of India

Hauptpost

VICTORY TUNNEL

THE MALL

Taxi-
stand

Bahnhof

Chandigarh, Delhi,
Flughafen (21 km)

Museum, Viceregal Lodge

in der Mogul-Malerei. Sie ist durch Szenen aus Hindu-Epen inspiriert worden und für ihre feinsinnige Darstellung romantischer Liebe berühmt.

Unter den **Gemälden** sind Dutzende Miniaturen aus der Mogulzeit und aus Rajasthan sowie ein paar schöne Aquarelle zu bewundern. Sie wurden von den Nachkommen der Mogul- und Pahari-Meister für die souvenirhungrigen Kolonialherren hergestellt und zeigen Fakire, umherziehende Sadhus und Bettler, die direkt aus den Geschichten von Kipling entsprungen scheinen. Ein Zimmer ist Mahatma Gandhi gewidmet; es zeigt Fotos von seiner Zeit in Shimla und ein paar amüsante Karikaturen über seine politische Beziehung zu den Briten. ⊙ Di–So 10–13 und 14–17 Uhr, am zweiten Samstag im Monat geschlossen, Eintritt Rs50, Kamera Rs50. Man gelangt hierher, indem man auf der Mall bergabwärts am Postamt vorbeigeht. An der ersten Kreuzung hinter dem Hotel Classic nach rechts und an der zweiten nach links abbiegen, wo ein Schild den Weg weist.

Viceregal Lodge und Prospect Hill

Shimlas einziges und höchst eindrucksvolles Monument aus der Kolonialzeit ist die alte **Viceregal Lodge**, die bis in die 40er-Jahre der Sommersitz der britischen Regierung war und heute das Institute of Advanced Studies beherbergt. Sie ist in 15 Gehminuten vom Museum aus in westlicher Richtung zu erreichen. ⊙ tgl. 9–17 Uhr; Rs50; Führungen alle 30 Min. außer zwischen 13 und 14 Uhr.

Nirgendwo ist Shimla britischer als hier. Das prächtige Anwesen im elisabethanischen Stil mit einem Löwen und einem Einhorn über dem Eingangsportal ist umgeben von gepflegten Rasenflächen, Blumenbeeten und Kiefern. Im pompösen Innern sind nur einige Bereiche des Erdgeschosses der Öffentlichkeit zugänglich: eine gewaltige mit Teakholz verkleidete Eingangshalle, eine beeindruckende Bibliothek (einst der Ballsaal) und das Gästezimmer. Der Konferenzraum mit Fotos von Nehru, Jinnah und Gandhi war im Vorfeld der Unabhängigkeit ein Ort wichtiger Entscheidungen. Auf der Steinterrasse an der Rückseite des Gebäudes zeigt eine Tafel die Profile und Namen der in der Ferne sichtbaren Gipfel.

Der frühmorgendliche Aufstieg zum **Jakhu Temple** („Affentempel") gehört in Shimla schon fast zur Tradition. Vom Berggipfel (2455 m), auf dem der Tempel steht, eröffnet sich eine atemberaubende Aussicht in den Himalaya – am spektakulärsten präsentiert sie sich morgens, bevor sie im weiteren Tagesverlauf von Wolken getrübt wird.

Der erbarmungslos steile Anstieg dauert zu Fuß 20–40 Min., es gibt aber auch Reitpferde zu mieten. Der Weg beginnt gleich links von der Christ Church; während der Hauptreisezeit braucht man sich bloß in die Völkerwanderung einzureihen.

Nach der anstrengenden Hochkraxelei erweist sich der Tempel dann eher als Enttäuschung. Es handelt sich um ein mit Lichterketten und Lametta überladenes Bauwerk aus roten und gelben Ziegelsteinen. Die Gläubigen sind davon überzeugt, dass sich im Inneren die Fußabdrücke von **Hanuman** befinden. Die Überlieferung zufolge ruhte sich der von den Hindus wegen seiner Körperkraft und Treue verehrte Affengott am Jakhu aus, nachdem er im Himalaya Heilkräuter für Ramas verletzten Bruder Lakshmana gesammelt hatte.

Vorsicht ist vor den Herden zudringlicher Affen beim Tempel geboten. Generationen von Pilgern und Touristen haben sie so verwöhnt, dass sie sich zu einer echten Landplage entwickelt haben. Also Tasche oder Rucksack gut festhalten und keine Lebensmittel auspacken.

Der Besuch der Lodge lässt sich wunderbar mit einem Abstecher zum beliebten Picknickplatz **Prospect Hill** (2176 m) verbinden. Durch die Wälder westlich der Villa gelangt man zu der verkehrsreichen Kreuzung Boileauganj, von der aus ein Asphaltweg steil bergauf zu dem kleinen Schrein **Kamana Devi** führt. Vom Gipfel bietet sich ein wunderschöner Blick.

Übernachtung

Im Mai und Juni sind die Übernachtungspreise besonders hoch und ohne Reservierung geht überhaupt nichts. Zu anderen Zeiten lässt sich

Himachal Pradesh

möglicherweise ein bis zu 50 %iger Preisnachlass aushandeln.

The Cecil, The Mall, ☎ 0177/280 4848,
🖳 www.oberoihotels.com. Gebäude aus der
Raj-Ära, 1939 von der Oberoi Group gekauft
und saniert, viel Luxus, aber wenig Charakter.
An seine Vergangenheit erinnert eigentlich
nur die Fassade. Zimmer kosten ab Rs14 000,
Suiten satte Rs30 000. ❾

Chanakya, Lakkar Bazaar, ☎ 0177/265 4465.
Gemütlich, sauber und zentral. Die billigeren
Zimmer sind kleiner, aber das Preis-Leistungs-
Verhältnis stimmt, und in der Nebensaison
sinken die Preise spürbar. ❸

Chapslee, Lakkar Bazaar, ☎ 0177/280 2542,
🖳 www.chapslee.com. Schönes altes Herrenhaus am Stadtrand, umgeben von Gärten und
voller Antiquitäten. Fünf Luxussuiten, ein EZ,
Bibliothek, (Karten)Spielzimmer, Tennisplatz
und Krocketrasen. Buchung erforderlich.
Halbpension Rs12 500–15 500. ❾

Le Royale, Jakhoo Rd, ☎ 0177/265 1002,
✉ le_royale@hotmail.com. Das Hotel hoch
über dem Ridge hat umwerfende Ausblicke in
alle Richtungen und unterschiedliche, luxuriöse
Zimmer, die alle geschmackvoll möbliert sind.
❺–❼

Pineview, Mythe Estate, am entlegenen
Ende des Victory-Tunnels, ☎ 0177/265 8604,
✉ pineviewshimla@gmail.com. Die Unterkunft
in schöner Lage auf einer Apfelplantage besitzt
ein breites Angebot an gut ausgestatteten
Zimmern mit Bad. ❹–❺

Ranjan, gleich oberhalb des alten Haupt-
Busbahnhofs, ☎ 0177/265 2818. Das große,
weiße Gebäude, Baujahr 1907, ist nicht mehr

Sauber und günstig

Dreamland, The Ridge, ☎ 0177/280 6897,
🖳 www.hoteldreamlandshimla.com, oberhalb
der Kirche. In der Nebensaison sehr preiswert.
Lauter saubere Zimmer mit warmer Dusche
und Star-TV. Die billigeren haben Hocktoiletten,
die teureren einen fantastischen Blick auf den
Himalaya. Außerdem gibt es ein angenehmes
Restaurant im Obergeschoss sowie Internetzugang. ❷–❹

ganz taufrisch, aber o.k. Die Zimmer mit Bad
sind groß und schlicht, einige mit Original-
einrichtung. Sonniger Balkon. ❸

Vikrant, Cart Rd, Bahnhofsnähe, ☎ 0177/
265 3602. Praktisch bei später Ankunft und
früher Abreise. Großes Hotel mit sauberen DZ
und einigen EZ. Die billigeren mit Gemeinschaftsbad und Warmwasser aus dem Eimer.
Auch ein Dorm vorhanden (Rs250). ❹

White, Lakkar Bazaar, ☎ 0177/265 5276,
🖳 www.hotelwhiteshimla.com. Gut geführtes
Hotel; helle Zimmer mit Sicht auf den Himalaya.
Könnte manchmal sauberer sein. Ausgezeichnete Deluxe-Suite (Rs1700). Das ganze Jahr
über Festpreise. ❻

Woodville Palace, Raj Bhavan Rd, ☎ 0177/
262 3919, 🖳 www.woodvillepalacehotel.com.
20 Min. zu Fuß südlich der Christ Church.
Mit riesigen Zimmern, Stilmöbeln, Grünflächen
und einem Badmintonplatz. Im oberen Bereich
leben noch heute Mitglieder der ehemaligen
Königsfamilie Shimlas. Das Glanzstück ist die
Royal Suite für Rs11 000. ❽–❾

YMCA, The Ridge, ☎ 0177/265 0021, ✉ ymca
shimla@yahoo.co.in. Über die Treppe links vom
Kino Ritz erreichbar. Große Zimmer, 7 davon
mit Bad. Speisesaal, Sonnenterrasse, Star-TV,
Snookertische, Fitnessräume, Tischtennis und
Internetcafé. Frühstück inkl., Nebensaisonpreise verhandelbar. ❷–❹

Essen

Nur wenige Restaurants in Shimla haben
sich etwas koloniales Ambiente bewahrt und
das kulinarische Niveau ist meist niedrig. Da
hier vorwiegend indische Touristen verköstigt
werden, liegt der Schwerpunkt auf reichhaltiger,
scharfer, nicht vegetarischer Kost. Abgesehen
von den Spitzenhotels und den nachstehend
aufgeführten Lokalen gibt es in mehreren
Fastfood-Restaurants an der Mall südindische,
chinesische und Mughlai-Snacks, während
Schleckermäuler in den vielen **Bäckereien
und Eisdielen** bestens bedient werden. Wirklich
preiswerte und sättigende Mahlzeiten sind
geröstete Kartoffelpastetchen *(tikki)* oder
Kichererbsencurry mit Puris *(channa batura)*,
die man in den **Snackbars** entlang der Stufen
gegenüber dem Gaiety Theatre bekommt.

Baljee's, 26 The Mall. Kulinarisches und gesellschaftliches Wahrzeichen von Shimla. Besonders abends sind die Snacks, Süßigkeiten und das Eis in diesem Café sehr gefragt; Alkohol wird nicht ausgeschenkt. Das schicke Restaurant **Fascination** im oberen Stock serviert indische und chinesische Gerichte um Rs120–200, aber auch Würstchen, Eier und Pommes für Rs80.

Ansonsten gibt es auf dem Basar billige *dhabas*.

Ashiana, The Ridge. Restaurant der HPTDC in einem umgebauten Musikpavillon mit vorwiegend nicht vegetarischer indischer Küche inkl. Chicken-*makhanwalla*, Pizza und chinesischen Gerichten. Hauptgerichte um Rs100.

Barista, The Mall. Kaffeebar nach westlichem Vorbild mit ausgezeichneten Lattes, Muffins, Brownies und flotter Bedienung; vergleichsweise preisgünstig.

Café Sol, The Mall, Modernes Dachrestaurant und Café des Combemere Hotel. Günstige italienische und thailändische Speisen ab Rs180–500 sowie indische Standardgerichte und köstliche Backwaren.

Choice, Middle Bazaar. Winziges, nüchternes chinesisches Restaurant, umfangreiche Speisekarte, preiswerte und köstliche Gerichte.

Devicos, The Mall. Gut besuchter Fastfood-Laden im westlichen Stil mit südindischen Snacks, vegetarischen Burgern und Shakes. Fast alles unter Rs100. Eine Etage tiefer ist ein weiteres Restaurant und oben eine schicke Bar.

Himani's, 48 The Mall. Schicke Videospielhalle im Erdgeschoss, lebhafter Barbetrieb (fast nur Männer) im 1. Stock sowie ein Familienrestaurant und Billardzimmer eine Etage höher. Auf der Speisekarte stehen *tandoori chicken* (große Portion Rs190) und südindische Küche.

Indian Coffee House, The Mall. Betagtes Café mit Kolonialcharakter, für ein Coffee House übliches Angebot an Snacks und höflicher Service. Die Besucher sind überwiegend männlich.

New Plaza, 60/1 Middle Bazaar, die Treppe neben Himani's hinunter. Beliebtes Familienrestaurant. Preiswerte Speisen, darunter auch leckere Fleisch-*sizzler* für Rs130.

Sher-e-Punjab, Upper Bazaar. Bestes der *dhabas* gleich unterhalb der Mall. Große Portionen pikanter Bohnen, Kichererbsen und *dhal* für Rs40–60.

Das **Tourist Office** der HPTDC (s. „Informationen".) organisiert **Sightseeing-Touren** rings um Shimla (z. B. Narkanda) und gibt Tipps zu Wanderungen im Umland. Wer sich in entlegenere und schwierigere Regionen wie Kinnaur und Spiti vorwagen möchte, sollte sich bei den vielen Trekkingagenturen an der Mall informieren. Empfohlene Veranstalter S. 458.

Apotheken

Indu Medical, The Mall, ☉ 9–20 Uhr.

Bücher

Maria Brothers, teures Antiquariat auf der Mall, alte Karten und Radierungen sowie eine begrenzte Auswahl neuer Bücher.

Asia Bookhouse und **Minerva**, ebenfalls auf der Mall, verkaufen Taschenbücher.

Geld

An der Mall gibt es ein halbes Dutzend Geldautomaten von **Citibank**, **UCO Bank** und **ICICI**. Reiseschecks können nur bei SBI eingelöst werden. Bargeld wechseln auch andere Banken und Wechselstuben. Auszahlungen auf Visa-Karte bei der **Bank of Baroda** an der Cart Rd.

Genehmigungen

Inner Line Permits werden beim **Additional District Magistrate's Office**, ✆ 0177/265 7005, im 1. Stock des modernen Rathauses ausgestellt, eine Straße unterhalb der Mall, gegenüber von Sheel SJ Jewellers. ☉ Mo–Sa 10–17 Uhr, am 2. Sa im Monat geschlossen.

Informationen

Das wichtigste HPTDC-**Tourist Office**, ✆ 0177/ 265 2561, 🖥 www.hptdc.gov.in, befindet sich

Himachal Pradesh

auf der Mall nahe Scandal Point.
🕐 Hauptsaison tgl. 9–20, sonst 9–18 Uhr.

Internet
Internetzugang gibt es im **Dreamland Hotel**
und mehreren Internetbüros entlang der Mall,
die Rs20 pro Std. verlangen.

Medizinische Hilfe
Indira Gandhi Medical College Hospital,
📞 0177/280 3073.
Deen Dayal Hospital, nahe dem ISBT-
Busbahnhof, 📞 0177/265 4071.

Post
GPO, mit Poste-restante-Schalter,
nahe Scandal Point auf der Mall.
🕐 Mo–Sa 10–18 Uhr.

Reisebüros
Zu den zuverlässigen Anbietern gehören
Band Box, 9 The Mall, nahe Scandal Point,
📞 0177/265 8157, ✉ bboxhv@satyam.net.in,
spezialisiert auf maßgeschneiderte Reise-
routen, und **Great Himalayan Travels**,
📞 0177/265 8934, 🖥 www.ghtravels.com.
YMCA, 📞 0177/280 4085, und **Silver Dreams**
im Dreamland, 📞 0177-280 6897, 🖥 www.
blueskiestrekking.com, organisieren ebenfalls
Treks und Safaris.

Nahverkehr

Egal wo man in Shimla ankommt, man wird
immer von Trägern umlagert. Der größte Teil
der Stadt besteht aus Fußgängerzonen und
steilen Anstiegen, also wird so mancher über
etwas Hilfe beim Tragen des Gepäcks froh sein.
Man sollte aber bedenken, dass die meisten
Träger gleichzeitig als Schlepper für die Unterkünfte fungieren und dafür Provision kassieren,
wodurch die Kosten für die Unterkunft steigen.
Zu den teureren Hotels am Stadtrand kommt
man am besten mit **Taxis**. Der größte Taxistand
Vishal Himachal Taxi Union, 📞 0177/265 7645,
befindet sich 1 km östlich des Busbahnhofs
am Fuße des Aufzugs (Rs7 pro Fahrt), der das
östliche Ende der Cart Rd mit der Mall verbindet.
Die dortige Fahrpreisliste gilt für die Hochsaison, zu anderen Zeiten kann man Preisnachlässe aushandeln. Ein zentralerer Taxistand
befindet sich gleich oberhalb des Haupt-
Busbahnhofs an der **Cart Rd**.

Transport
Busse
Seit Anfang 2011 bedienen alle Überlandbusse den neuen **Haupt-Busbahnhof** an der
Umgehungsstraße. Reisende nach MANALI
oder DELHI können zwischen folgenden Bussen
wählen: Luxury mit AC, Deluxe ohne AC oder
den staatlichen Klapperkästen. Für Erstere
sollten die Fahrkarten einen Tag im Voraus bei
den Reisebüros an der Mall gebucht werden,
Tickets für die staatlichen Busse können
draußen vor dem HPTDC Tourist Office nahe
Scandal Point (🕐 Mo–Sa 10–16.30 Uhr) oder
an den Schaltern des Busbahnhofs reserviert
werden. Nach CHANDIGARH fahren die Busse
so häufig, dass keine Reservierung nötig ist.

Busse nach:
CHANDIGARH (alle 15 Min., 4 Std.),
DELHI (stdl., 10 Std.),
DHARAMSALA (4x tgl., 10 Std.),
KULLU (8x tgl., 7–8 Std.),
MANALI (8x tgl., 8–9 Std.),
MANDI (8x tgl., 5 Std.),
RAMPUR (stdl., 6 Std.),
REKONG PEO (6x tgl., 9–10 Std.),
SARAHAN (2x tgl., 7–8 Std.).

Eisenbahn
Shimlas **Bahnhof** befindet sich 20 Min. Fußweg
südwestlich des Busbahnhofs. Mit dem
Toy Train gelangt man von hier nach KALKA,
wo man in die große Breitspureisenbahn nach
CHANDIGARH und DELHI umsteigen kann.
Wer den Zug um 10.30 Uhr nimmt, kann in Kalka
entweder in den Himalayan Queen Nr. 14096
(Abfahrt 16.50 Uhr) oder in den schnelleren
Shatabdi Express Nr. 12012 (Abfahrt 17.45 Uhr)
umsteigen. Beide erreichen Delhi gegen
22 Uhr. Weitere Abfahrtszeiten des Toy Train:
8.30, 14.25, 16.15, 17.40 und 18.15 Uhr; rund
5 Std. Fahrt bis Kalka, häufig jedoch länger.
Reservierungen für die Weiterreise von Kalka
sind auf dem Bahnhof von Shimla möglich,
📞 0177/265 2915, Auskunft 📞 131.

Himachal Pradesh

Flüge

Der **Flughafen** von Shimla liegt 21 km südöstlich der Stadt bei Jubarhati an der Straße
nach Mandi. Kleinflugzeuge von DELHI nach
Shimla unterhält Kingfisher (1x tgl.; 1 1/4 Std.);
die Preise schwanken je nach Nachfrage
erheblich. Tickets sind bei verschiedenen
Agenturen an der Mall erhältlich.
Indian Airlines, Kingfisher und **Jagson Airlines**,
c/o Ambassador Travels, The Mall,
☎ 0177/265 8014.

Südlich von Shimla

An der Grenze zu Uttarakhand liegt **Paonta Sa-
hib**, dessen gepflasterte Straßen hellgelbe, eng
zusammengeduckte Häuser säumen. In dem
Städtchen steht ein hoch verehrter Schrein zu
Ehren des 10. Sikh-Lehrers **Guru Gobind Singh**,
der in den späten 1680er-Jahren hier lebte. Von
Paonta Sahib aus gibt es gute Busverbindungen
für Fahrten zwischen Shimla und Zielorten wie
Mussoorie, Dehra Dun, Haridwar und Rishikesh.
Wer eine Nacht oder länger hier bleiben möch-
te, kann im HPTDC-Hotel Yamuna am Ufer der
Yamuna absteigen, ☎ 01704/222341 ❸–❻. Es

Wohlfühl-Luxusherberge

Das im 18. Jh. erbaute **Nalagarh Fort**, ☎ 01795/
223179, ✉ fortresort@satyam.net.in, wurde
umgebaut und ins wahrscheinlich allerschöns-
te Hotel von Himachal Pradesh verwandelt.
Wer es sich irgendwie leisten kann, sollte
auf der Fahrt zwischen Delhi und Kullu hier
einen Aufenthalt einlegen. Die romantische
Herberge ist 60 km von Chandigarh entfernt
und liegt 12 km abseits der Hauptstraße
Chandigarh–Mandi. Die Unterbringung erfolgt
in makellos gepflegten Suiten, die mit antiken
Möbeln ausgestattet sind. Von der stilvollen
Loungebar schweift der Blick über ein terras-
siertes Gelände mit Tennisplatz, Krocketrasen
und Swimming Pool, außerdem steht eine
Ayurveda-Klinik zur Verfügung, wo man sich
massieren lassen kann. Reservierung erforderlich. ❽

besitzt einladende Zimmer, ein Restaurant und
eine Bar.

Das zwischen Nadelwäldern eingebettete,
beschauliche Kleinstädtchen **Kasauli** mit seinem Hauch Raj-Architektur, 77 km südwestlich
von Shimla, sieht nur wenige westliche Touristen. Trotzdem eignet es sich prima für einen
Zwischenstopp auf der Reise nach oder von
Delhi. Ein Netz holpriger Pflastersteinsträßchen
führt kreuz und quer am Rand von Berghängen
voller Wälder und Blumenwiesen vorbei. Auf
ihnen lassen sich gemütliche Spaziergänge unternehmen, beispielsweise ins nahe Sanawar.
Der am nächsten gelegene Bahnhof befindet
sich in **Dharampur**, das an der Eisenbahnlinie
Kalka–Shimla liegt. Von Dharampur fahren Busse die 11 km hoch nach Kasauli; es verkehren
aber auch Direktbusse zwischen Kasauli und
Shimla. Von Kasauli schlängelt sich ein leicht
begehbarer und landschaftlich reizvoller 12 km
langer Wanderweg durch Wälder nach **Kalka**,
dem Kopfbahnhof der **Toy Train** nach Shimla.
Abgesehen von den billigeren Unterkünften,
dessen Spitzenreiter das Gian, ☎ 01792/272244
❷–❸, in der Post Office Road ist, besitzen
die meisten **Hotels** in Kasauli Zimmer mit hoher
Decke, Kamin, Teppichboden und Balkon – ganz
im Stil des Raj eben. Eine gute Wahl an der Lower Mall ist das bewährte, staatliche HPTDC
Ros Common, ☎ 01792/272005 ❻–❼. Von den
größeren Hotels mit Restaurant einmal abgesehen, beschränken sich die Möglichkeiten zum
Essen gehen auf ganz gewöhnliche *dhabas*.

Nordöstlich von Shimla

Nach einer dreistündigen (65 km) Busfahrt von
Shimla nach Nordosten ist **Narkanda** (2725 m)
erreicht. Das schroffe Bergstädtchen bietet
sich als Erholungsstopp vor der halsbrecheri-
schen sechsstündigen Fahrt nach Sarahan an.
Narkanda, eine ehemalige Karawanserei an der
Strecke zwischen Hindustan und Tibet, ist die
Versorgungsstelle und wichtigster Handelsum-
schlagplatz der zahlreichen Bauern, die auf weit
verstreut liegenden Gehöften in der Region Äpfel
und Kartoffel anbauen. Ein paar hübsche Wanderwege durchziehen die Zedernwälder ringsum

und es bieten sich grandiose **Ausblicke** in den Himalaya. 7 km östlich von Narkanda thront auf dem **Hatu Peak** (3143 m) ein einsamer **Durga-Tempel** und blickt auf den kurvenreichen Sutlej-Fluss in der Tiefe und Bergketten mit weißen Mützen im Norden und Osten hinaus.

Zum **Übernachten** steht z. B. das ruhig gelegene HPTDC-Hotel Hatu, ℘ 01782/242430 ❹–❺, zur Verfügung. Es punktet mit geräumigen, gut ausgestatteten Zimmern, toller Aussicht vom Rasen ringsum und einem Restaurant. Dann gibt es noch das Mahamaya Palace, ℘ 01782/242448 ❸, das ganz annehmbare Zimmer mit Bad und ein Restaurant bietet. Im New Himalayan Dhaba direkt gegenüber wird einfaches, aber leckeres vegetarisches Essen aufgetischt.

Rampur

Hat die Straße erst einmal den Pass bei Narkanda überwunden, schlängelt sie sich unaufhaltsam hinab ins Sutlej-Tal Richtung Rampur, einem wichtigen Verkehrsknotenpunkt 132 km nordöstlich von Shimla. Die ehemalige Hauptstadt des Fürstentums Bhushar präsentiert sich heute als eine abweisende, freudlose Ansammlung von Zementhäusern im Klammergriff einer finsteren Felsmauer. In einem kleinen buddhistischen **Gompa** an der Hauptstraße gegenüber vom Busbahnhof sind eine riesige Gebetsmühle aus Metall und ein Felsblock untergebracht, auf dem angeblich eine Million mal das Mantra „Om Mane Padme Hum" eingeritzt ist.

Von Rampur bestehen **Busverbindungen** nach Rekong Peo und von dort weiter bis nach Kaza in Spiti. **Inner Line Permits** für Kinnaur gibt es im Büro des Sub-Divisional Magistrate gegenüber der Feuerwehr an der Hauptstraße; unbürokratischer lassen sie sich allerdings in Rekong Peo (S. 463) besorgen. Am Fuß der Treppe, die zum Busbahnhof führt, stehen das **Amar Jyoti**, ℘ 01782/233185 ❶, und das um winzige Nuancen noblere **Bhagwati**, ℘ 01782/233117 ❶–❸. Sie sind ganz brauchbar, aber das Tophotel ist das HPTDC-**Bushehar Regency**, ℘ 01782/234103 ❹–❺, am Stadtrand Richtung Shimla. Das beste **Essen** hat das Restaurant des Bhagwati. Im Café Sutluj, 200 m westlich der Stadt, wiegen die Klimaanlage, eine Bar und eine fantastische Terrasse mit Flussblick das fehlende Ambiente auf.

Sarahan

Das abgelegene Sarahan, einstige Sommerhauptstadt der Bhushar Rajas, thront auf einem in 2000 m Höhe gelegenen Bergrücken oberhalb des Flusses Sutlej. Vor einem atemberaubenden

Blutopfer in Sarahan

Die Gottheit Bhimakali, eine hiesige Erscheinungsform der dunkelgesichtigen und blutdürstigen Hindu-Göttin Kali (Durga), verband man jahrhundertelang mit **Menschenopfern**. Bevor die Briten dem Ritual im 19. Jh. ein Ende setzten, wurde hier alle zehn Jahre ein Mann getötet und der *devi* als Opfer dargeboten. In einer komplizierten Zeremonie wurde die Zunge der Göttin mit seinem frischen Blut benetzt, damit sie es trinken konnte. Anschließend wurde sein Körper in einen tiefen Brunnen auf dem Tempelgelände geworfen. Wenn kein Opfer gefunden werden konnte, so sagt man, ertönte ein furchtbares Gebrüll aus den Tiefen des Erdlochs, das mittlerweile verschlossen ist.

Die Tradition des Blutopfers wird in Sarahan bis zum heutigen Tage aufrechterhalten, wenn auch in etwas abgemilderter Form. Während des alljährlichen **Astami**-Festes, zwei Tage vor dem Höhepunkt der **Dussehra**-Feierlichkeiten, wird die reinste Menagerie von Tieren geschlachtet, darunter ein Wasserbüffelkalb, ein Schaf, eine Ziege, ein Fisch, ein Huhn, ein Krebs und sogar eine Spinne. Das blutige Spektakel zieht große Massen an und ist eine Alternative zur Dussehra-Prozession in Kullu, die etwa zur selben Zeit Mitte Oktober stattfindet.

Hintergrund beherbergt das Dorf eine der exotischsten Sehenswürdigkeiten des nordwestlichen Himalaya – den **Bhimakali-Tempel**. Mit seinen beiden mehrstufigen Türmen, den elegant geschwungenen Schieferdächern und den golden glänzenden Turmspitzen ist er der erhabenste der frühen Holztempel des Sutlej-Tals – eines Gebietes, das für die Errichtung seiner Heiligtümer auf Holzplattformen bekannt ist. Obwohl das Bauwerk zum großen Teil aus dem frühen 20. Jh. stammt, nimmt man an, dass einige Teile über 800 Jahre alt sind.

Zwei kunstvoll verzierte Metalltüren führen in einen großen Innenhof, in dem sich ein kleiner steinerner **Shiva-Schrein** befindet. Nachdem man zu einem weiteren kleinen Hof hinaufgestiegen ist, passiert man die nächste goldene, ebenfalls mit mythischen Szenen reich verzierte Tür. Dahinter befinden sich im Innersten der Anlage die beiden **Türme des Heiligtums**. In dem rechten sind Musikinstrumente, Fahnen und zeremonielle Waffen aufbewahrt. Eine Auswahl ist in dem kleinen „Museum" in der Ecke des Hofes ausgestellt. Nicht-Hindus, die auf die Spitze des anderen, moderneren Turmes (fotografieren verboten) steigen möchten, um sich die Gottheit mit dem strahlend goldenen Gesicht anzusehen, müssen eine safrangelbe Kopfbedeckung tragen. Bhimakali selbst wird – mit Blumengirlanden geschmückt – in einem Schrein im Obergeschoss aufbewahrt.

Übernachtung und Essen

Srikhand, ✆ 01782/274234. Das HPTDC-Hotel ist ein Betonklotz, aber mit schönem Garten und einem Restaurant, auf dessen hübscher Terrasse gute vegetarische Gerichte serviert werden. Außerdem ein Schlafsaal (Rs100). ➍ – ➎

Temple Guest House, ✆ 01782/274248, im Innenhof des Bhimakali, hat mehr Atmosphäre. Angenehme Zimmer und Schlafsaal im Erdgeschoss (Rs75). ➊ – ➋

Hotel Trehan's, ✆ 01782/274205, ✉ hotel-trehan47@rediffmail.com, bietet geräumige Zimmer mit Bad und TV. ➋ – ➌

Wenn die Tempelküchen einmal nicht ihre billigen und leckeren Mahlzeiten produzieren, sollte man es in den *dhabas* außerhalb versuchen, z. B. im **Dev Bhumi**.

Transport

Die Busse von SHIMLA nach SANGLA und REKONG PEO fahren durch das Städtchen JEORI, von wo aus täglich mehrere Busse und Taxis die 17 km nach Sarahan hoch keuchen. Außerdem gibt es eine direkte Busverbindung von RAMPUR. Passionierte Wanderer bevorzugen vielleicht einen Spaziergang entlang des gut ausgetretenen Maultierpfads von Jeori nach Sarahan.

Kinnaur

Vor 1992 war das weltabgeschiedene Kinnaur, eine gebirgige Pufferzone zwischen den Gebirgsausläufern bei Shimla und der wilden Westecke des chinesisch besetzten Tibet, für Touristen jeder Art gesperrt. Inzwischen dürfen Besucher durch die „**Restricted Area**" und weiter nach Spiti, Lahaul und ins Kullu-Tal reisen, benötigen dafür aber immer noch eine Genehmigung (s. S. 451). Andere Gebiete von Kinnaur dagegen, insbesondere das **Baspa-Tal** und das heilige Massiv des **Kinner-Kailash**, das vom Bergdorf **Kalpa** aus zu sehen ist, sind frei zugänglich.

Kinnaur, das beiderseits des mächtigen Stroms Sutlej liegt und sich die Südhänge des Mount Kailash hochzieht, war Jahrhunderte lang eine wichtige Trans-Himalaya-Passage. Hier kamen die Händler durch, die auf der **Hindustan-Tibet-Karawanenroute** zwischen China und der Punjabi-Ebene unterwegs waren. Einige Straßenstücke werden bis heute von Dorfbewohnern und Wanderern genutzt. Die allermeisten Fahrzeuge auf dem Weg nach Osten Richtung Grenze nehmen inzwischen jedoch den neueren NH-22. Dieser schlägt kurz vor dem Anstieg zum nach wie vor gesperrten Shipki La-Pass auf der chinesischen Seite einen Bogen nordwärts nach Spiti.

Im gut bewässerten, überwiegend von Hindus bewohnten Westen der Region reicht die landschaftliche Bandbreite von subtropisch bis fast alpin: Dörfer mit schiefergedeckten Holzhäusern, umgeben von terrassenförmigen Maisfeldern und Obstgärten, ducken sich unter Nadelwälder und hoch aufragende blaugraue Berggipfel. Weiter

Kinnaur ist kreuz und quer von einsamen Gebirgspfaden durchzogen. Sie bieten Trekking-möglichkeiten, die von gemütlichen Wanderungen bis zu abenteuerlichen Klettertouren über Hochgebirgspässe reichen. Die Routen im **Sutlej-Tal**, wo es zahlreiche staatliche Rasthäuser und Dörfer gibt, lassen sich ohne Lastenträger bewältigen. Aber abseits der Hauptstraße muss alles Notwendige mitgeführt werden. **Träger** kann man für gewöhnlich in Rampur, Rekong Peo und im Baspa-Tal anheuern – außer zu Herbstbeginn (Sep/Okt), denn dann sind sie alle bei der Apfelernte.

Der Kinner-Kailash-Rundweg

Die fünf- bis siebentägige *parikrama* (Umrundung) des majestätischen Kinner-Kailash-Massivs, ein geheiligter Pilgerweg, ist eine unvergessliche Trekkingtour, für die kein Inner Line Permit erforderlich ist. Der Rundweg beginnt im Dorf **Morang** am linken Ufer des Sutlej, per Bus aus Tapri oder Rekong Peo erreichbar. Von hier aus führt ein Schotterpfad, den Jeeps bewältigen können, Richtung Südosten nach **Thangi**, dem Ausgangs- und Endpunkt der Tour. Der Pfad geht weiter durch Rahtak und über den **Charang La**-Pass (5266 m) nach **Chitkul** im Baspa-Tal. Nun folgt der Trail dem Fluss hinab ins bezaubernde Dorf **Sangla**, wo sich zwei wunderschöne Tageswanderungen anbieten: eine zum **Kamru-Fort** außerhalb des Dorfs, die andere ein Steilanstieg zum **Shivaling La**-Pass mit märchenhafter Aussicht auf den Raldang (5499 m), den südlichsten Gipfel des Kinner-Kailash-Massivs. Der letzte Abschnitt des Rundwegs verläuft durch das untere Baspa-Tal via Shang und Brua nach **Karcham**, oberhalb der Hauptverkehrsstraße NH-22. Die beste Zeit für die Kinner-Kailash-*parikrama* ist zwischen Juli und Oktober; im August sind am meisten einheimische Pilger unterwegs.

Kafnu nach Kaza, via Pin-Tal

Diese sehr schwierige, aber atemberaubend schöne Route über den Himalaya, via Kalang Setal-Gletscher und Shakarof La-Pass, führt nach Spiti und ins Pin-Tal und unterliegt keinen Beschränkungen. Diesen Trail, der extrem steil, schneebedeckt und stellenweise schwer begehbar ist, sollte man auf keinen Fall ohne Lastentiere, Träger, angemessene Ausrüstung und zuverlässigen Führer in Angriff nehmen. Richtig ernst wird's ab dem Dorf Kafnu, das durch ein Teersträßchen mit Wangtu an der Hauptstraße verbunden ist. Weiter geht es über Mulling, Phustirang (3750 m) und über den **Bhaba-Pass** (4865 m) – eine echte Herausforderung – durch Schneefelder, dann kommt der Abstieg ins wunderschöne, weltabgeschiedene Pin-Tal. Von hier kann man noch weiter wandern oder ein Fahrzeug nach Kaza (S. 507) nehmen. Es könnte sein, dass bald weitere Abschnitte dieser Route asphaltiert werden, denn das immer wieder aufgeschobene Straßenbauprojekt Wangtu–Mudh macht zögerliche Fortschritte.

Chitkul nach Har-ki-Dun

Der zehntägige Trek nach **Garhwal** (S. 342) führt am Rand der Inner Line vorbei, und es kann zu Einschränkungen der Wanderfreiheit kommen. Die Route beginnt in **Chitkul**, überquert den Baspa-Fluss nach Doaria, erklimmt dann die Wand eines Seitentals und folgt einer Moräne hoch zum Zupika Gad. Ein steiler Anstieg – dessen letzter Abschnitt einer Gletscherspalte folgt – bringt den Wanderer schließlich zum **Borsu-Pass** (5300 m). Hinter dem Pass passiert man ein sehr abschüssiges Schnee- und Geröllfeld, das einige Rutschpartien erfordert. Ein paar Tage später ist das idyllische Tal Har-ki-Dun in Garhwal erreicht. Der Trek ist nur mit Führer machbar.

Die alte Hindustan–Tibet-Straße von Kalpa ins Rupa-Tal

Eine weitere überlegenswerte Route ist die relativ einfache fünftägige Wanderstrecke, die bei **Kalpa** beginnt und der alten Hindustan–Tibet-Straße folgt. Sie führt durch die weit abgelegenen Weiler des Hochlands von Kinnaur (Permits erforderlich) an Shi Asu vorbei ins Rupa-Tal. Unterwegs eröffnen sich traumhafte Ausblicke und die Dorfbewohner sind ausgesprochen gastfreundlich. Die stellenweise ausbesserungsbedürftige Straße ist auch toll zum Mountainbikefahren.

östlich, wo der Monsun kaum noch hinkommt, wird die Gegend unfruchtbarer und von allen Seiten schauen drohend Gletscher herab.

Im 10. Jh. brachten die Könige von Guge, die das heutige südwestliche Tibet regierten, den **Buddhismus** nach Kinnaur. Als **Rinchen Sangpo** (958–1055), der „Große Übersetzer", auf dessen Ruhmeskonto die „Zweite Verbreitung" des Glaubens in Guge geht, hier durchkam, hinterließ er mehrere Klöster. Außerdem begründete er eine Hinwendung zu einer reinen Lehre des Buddhismus, die sich hier schon fast 1000 Jahre lang hält. Im 16. Jh., nachdem Guge in Dutzende unbedeutende Lehensgüter zerfallen war, übernahmen die **Bhushar-Könige** das Szepter in Kinnaur. Sie blieben während der gesamten Zeit des britischen Raj an der Macht. Damals diente die Region als eines der Schlachtfelder, auf denen der Spionagekrieg zwischen Agenten der chinesischen, russischen und britischen Imperien ausgetragen wurde – das „Great Game", wie es mitreißend in den Romanen von Rudyard Kipling beschrieben ist.

Rekong Peo

Östlich von Jeori schraubt sich die Straße hoch oben über dem Sutlej in immer weltabgeschieder Terrain empor. Auf Hängebrücken geht es über gähnende Schluchten, und winzige Dörfer mit Holzhäusern und dem unvermeidlichen, von einer Pagode gekrönten Tempel klammern sich an die Berghänge. Bei der Brücke von **Wangtu**, dem Ausgangspunkt des Kinnaur–Pin-Tal–Kaza-Treks (s. Kasten), beschreibt die Hauptstraße einen Bogen hin zum Nordufer des Flusses neben dem gewaltigen Wasserkraftwerk Karcham Dam. Hinter dem Dorf **Tapri** zweigt nach rechts ein Sträßchen Richtung **Sangla** im Baspa-Tal ab.

Die Hauptstraße dagegen führt weiter bis **Rekong Peo**, dem Verwaltungszentrum von Kinnaur. Seine Ansammlung von Zementhäusern und Regierungsgebäuden rings um einen kleinen *maidan* verleihen ihm das Flair eines zu Geld gekommenen Wildwest-Städtchens. Doch Rekong Peo hat immerhin einen halbwegs interessanten **Basar** vorzuweisen. Wer hier anhält, will entweder Trekkingproviant kaufen, den

Wanderweg nach Kalpa nehmen oder sich im Büro des District Commissioner ein Inner Line **Permit** (s. S. 451) besorgen. In Wirklichkeit wird das aber im unweit davon entfernten Tourist Info Centre erledigt, ✆ 01786/222857. Es befindet sich in dem offenen Innenhof unterhalb der Basar-Bushaltestelle, ⏱ Mo–Sa 10–17 Uhr. Die Angestellten dort verlangen Rs150, aber dafür schießen sie das erforderliche Passbild und machen auch die Passkopien selber.

(s. S. 451)

Übernachtung und Essen

Eine Übernachtungsmöglichkeit mit wirklich gutem Preis-Leistungs-Verhältnis sucht man hier vergebens.

Hotel City Heart, rund 1 km die Straße zur Haupt-Busbahnhof hoch, ✆ 9418/018615. Das noch relativ neue Hotel besitzt makellose, geräumige DZ mit Bad – die teureren haben die schönere Aussicht. ❸–❹

Hotel Fairyland, an der Straße hinter dem Cafeteria Roof, ✆ 01786/222477. Die Zimmer in dem pinkfarbenen Hotel sind schmucklos, aber sauber und mit Bad. Außerdem bieten sie einen wunderbaren Ausblick über den Markt zum Kinner-Kailash. ❷–❸

Hotel Mehfil, oberhalb vom Markt, ✆ 01786/223600. Eine ganz brauchbare Alternative. ❷ Die Optionen zum Essen gehen in Peo beschränken sich im Grunde auf die **Cafeteria Roof**, 100 m östlich vom unteren Busbahnhof. Hier gibt's Sizzlers, Pizza und zwei typische Kinnauri-Gerichte. Beim *dhaba* **Punjabi** im Basar bekommt man billiges Lamm, Hühnchen und Vegetarisches.

Sonstiges

Geld
Bargeld spuckt der **SBI-Geldautomat** im Basar aus.

Internet
Internetzugang hat **Network**, 100 m hinter dem Haupt-Busbahnhof.

Transport
Obwohl Rekong Peo weitab vom Schuss liegt, wird es von verhältnismäßig vielen **Bussen** bedient. Aus- und Einstieg ist an der Kurve im

großen Basar, bevor die Busse auf der Straße Richtung Kalpa die 2 km den Berg hoch zum **Haupt-Busbahnhof** keuchen. Mehrmals täglich fahren Busse nach SHIMLA und frühmorgens geht einer direkt nach MANDI. Direktbusse gibt es auch nach CHANDIGARH, DELHI und ins nahe gelegene SANGLA. 2x tgl. fährt ein Bus nach POOH und morgens einer nach KAZA. An der Hauptstraße in der Talsenke, 6 km unterhalb von Rekong Peo, kann man auch noch andere Busse anhalten.

Kalpa (Chini)

Das knapp 250 km nordöstlich von Shimla und 9 km auf der kurvigen Straße von Rekong Peo entfernt gelegene **Kalpa** ist per Fahrzeug auf dem Straßenweg oder zu Fuß auf verschiedenen steilen Pfaden zu erreichen. Dank seiner romantischen engen Gassen und der spektakulären Lage auf einem Felsvorsprung hoch über dem rechten Ufer des Sutlej ist es ein traumhaftes Wanderziel. Das alte tibetische *gompa* in Kalpa wurde von Rinchen Zangpo gegründet; daneben gibt es auch noch einen kleinen Shiva-Tempel. Über dem Dorf und 4500 m über dem Talboden thront das majestätische Massiv des **Kinner-Kailash**. Der höchste Berg ist der Jorkaden (6473 m) in der Mitte. Danach kommt der heilige Gipfel des Kinner-Kailash (6050 m) im Norden, und das Schlusslicht bildet die Nadelspitze des Raldang (5499 m) im Süden. Am Talhang sind noch Überreste der Hindustan–Tibet-Karawanenroute auszumachen.

Übernachtung und Essen

Kalpa ist wesentlich attraktiver zum Übernachten als Rekong Peo. Allerdings muss man vielleicht eine Weile herumlaufen, bis ein passendes Zimmer gefunden ist.
Blue Lotus Guest House, direkt in Kalpa, ☎ 0178/226001. In dem Betonklotz 100 m hinter dem unteren Busbahnhof hängen die Zimmerpreise von der jeweiligen Aussicht ab. ❷–❹
HPTDC-Kinner Kailash Cottage, an der oberen Straße, ☎ 01786/226159. Die Anlage besteht aus einer Reihe unterschiedlicher DZ, größeren Chalets und einem nur im Sommer geöffneten Campingplatz. ❺–❻

Kinner Villa, an der oberen Straße, ☎ 01786/226006, ✉ kinnervilla@rediffmail.com. Dies ist das stilvollste Hotel der Gegend. Es hat schicke, hübsch möblierte Zimmer, tadellose Badezimmer und einen grünen Rasen. ❹–❻
Rakpa Regency, an der oberen Straße, ☎ 01786/245285. Das freundliche Hotel steht auf einem gepflegten Gelände und die Zimmer nach vorn heraus erfreuen sich einer umwerfenden Aussicht vom eigenen Balkon. ❸–❺
Die **Restaurants** im Blue Lotus und im Hotel Shivalik am oberen Dorfrand haben die größte Speiseauswahl. Ansonsten gibt es nur noch ein paar kärgliche *dhabas*.

Transport

Bis 18 Uhr verkehren Busse und Taxis ungefähr im Halbstundentakt zwischen Kalpa und Rekong Peo. Nützliche Verbindungen sind z. B. die Busse nach SHIMLA (tgl. 6.30, 11.30 und 14.30 Uhr) sowie jener nach SANGLA und CHITKUL (tgl. 8.30 Uhr).

Das Baspa-Tal

Zwischen den Gipfeln des Kinner-Kailash im Norden und den hohen Zacken der Garhwal-Bergkette im Süden fließt der 70 km lange **Baspa** durch die wilde Gebirgslandschaft entlang der indisch-tibetischen Grenze. Bis vor Kurzem zählte diese Gegend zu den schönsten und abgeschiedensten von Kinnaur. Inzwischen dominiert ein gewaltiges, unansehnliches Wasserkraftwerk das tiefer gelegene Tal unterhalb von Sangla – die Landschaft hinter Sangla ist aber noch unberührt. Der Norden des Tals ist für Touristen gesperrt, doch sie finden in den Seitentälern genügend Wandermöglichkeiten.

Sangla, die größte Niederlassung im Tal, wird täglich von Bussen aus Shimla, Rampur, Rekong Peo und Tapri angefahren. Die Ortschaft ist ein ausgezeichneter Ausgangspunkt für einen Abstecher ins nahe gelegene Dörfchen **Kamru**, 25 Min. zu Fuß oberhalb von Sangla. Hier säumen Steinhäuser mit Holzdächern ein Gewirr aus verschlungenen Gassen und es gibt sogar eine aus Holz und Stein erbaute **Festung**

mit einem Satteldach. Tibetische Gebetsfahnen flattern im Wind, und die Bewohner halten an buddhistischen Begräbnisriten fest, obwohl die meisten inzwischen Hindus sind und kein Tibetisch mehr lesen können. Der Zugang zum Allerheiligsten des **Tempels** unterhalb vom Fort ist Besuchern verwehrt – es sei denn, sie spendieren eine Opferziege.

Im September und Oktober ist Sangla ein beliebtes Ziel von Urlaubern aus Bengalen. Die Hotelsituation bessert sich von Jahr zu Jahr; die meisten der empfehlenswerteren **Unterkünfte** befinden sich an der nach Sangla hineinführenden Straße. Eine gute Wahl ist das Monal Regency, ✆ 01786/242922 ❷–❹, 500 m vor der Stadt. Es hat hübsche Zimmer und einen gepflegten Rasen vor dem Haus. An der nächsten Straßenbiegung führt ein kurzer Pfad zum freundlichen Sangla Resorts, ✆ 01786/242401 ❷. Hier gibt es saubere DZ, einen Schlafsaal (Rs70) und ein gutes Restaurant. Gleich unterhalb der Hauptstraße liegen nebeneinander das Highland Guest House, ✆ 01786/242285 ❶, und das Himalaya Home, ✆ 01786/242256 ❶. Beide bieten schmucklose, aber saubere Zimmer. **Essen** kann man in Hotelrestaurants und diversen kleinen Cafés im Ortszentrum. Im Sonam, dem mittleren von drei benachbarten Lokalen mitten im Haupt-Basar, gibt's ordentliche tibetische und chinesische Küche. Innerhalb des Basars befinden sich auch ein Net Café und eine Billardhalle.

Täglich befahren zwei **Busse** die mit jedem Kilometer atemberaubendere Strecke durchs Baspa-Tal nach Chitkul. Allerdings ist auf den Fahrplan wenig Verlass und manchmal fällt ein Bus ganz aus. Dann bleibt nichts anderes übrig, als einen Jeep anzuhalten oder zu mieten (Rs500). Am Flussufer, 8 km hinter Sangla, liegt das traumhafte Banjara Camp, ✆ 01786/242536, 🖳 www.banjaracamps.com ❼, mit Luxuszelten, tadellosem Service und Vollpension. Im ländlich stillen **Rakcham**, 14 km und 40 Busminuten von Sangla entfernt, bietet das Rupin River View Guest House, ✆ 01786/244225 ❷, einladende holzvertäfelte Zimmer mit Gemeinschaftsbad und Warmwasser. Die Angestellten besorgen auf Wunsch auch **Träger** und **Guides** für Treks wie die strapaziöse Dreitageswanderung nach Thangi am Kinner-Kailash-Rundweg.

Auf einer Anhöhe mit spektakulärer Aussicht aufs Tal, 25 km von Sangla entfernt, befindet sich **Chitkul**. Ab hier geht es für Besucher nicht mehr weiter, für sie ist jetzt der höchste Punkt des Tals erreicht: Ein Tor und ein Checkpoint am Dorfausgang markieren den Anfang der streng bewachten Inner Line. Das helle, freundliche Amar Guesthouse ❶, ein wackliges Holzhaus im Oberdorf westlich der Festung, ist klösterlich ausgestattet, aber gemütlicher als das blaue Thakur Guesthouse, ✆ 01786/244320 ❶–❸, Dorm Rs75, unten an der Bushaltestelle. Das Thakur hat ein paar Zimmer mit Bad und sagenhafte Ausblicke; hier bekommt man auch Trekkingtipps. Im Restaurant Great Himalayan im Obergeschoss, schräg gegenüber vom Thakur, wird gut gekocht, aber mit der Bedienung hapert es gewaltig. Vom Dorf aus ist oben am Berg eine Fährte erkennbar, die sich zu einem mächtigen Bergsattel unterhalb vom **Charang La-Pass** hochschraubt – die Route des Kinner-Kailash-Pilgerrundgangs (s. S. 462).

Upper Kinnaur

Ab dem öden Weiler **Spillo** sind für Upper Kinnaur, der gottverlassenen Region östlich von Kalpa, Inner Line Permits erforderlich. Die erste größere Siedlung am Weg ist die Kleinstadt **Pooh**. Mehrere Stunden Jeepfahrt von Rekong Peo und einen Tagesmarsch von der Grenze entfernt, klebt sie 4 km oberhalb der Hauptverkehrsstraße am Berg. Alte Inschriften besagen, dass Pooh im 11. Jh. ein wichtiges Handelszentrum war und in den Einflussbereich des tibetischen Königreichs Guge geriet, als der Große Übersetzer Rinchen Zangpo die Gegend bereiste. Der hiesige Tempel ist Sakyamuni geweiht. Hölzerne Pfeiler stützen die hohe Decke und um den Altar führt ein Rundweg herum. Das Om Guest House, ✆ 01785/232601 ❷–❹, hat ordentliche Zimmer, zwei Dorms (Rs125) und ein gutes Restaurant.

Hinter Pooh wendet sich die Straße nach Norden. Den schlammigen Sutlej überquert sie das letzte Mal bei **Khab**, wo er auf das türkisfarbene Wasser des Spiti trifft. Im Nordosten thront der höchste Gipfel von Kinnaur, der **Leo Pargial II** (6770 m). Fast senkrecht erhebt sich die 4000 m hohe Wand, welche die Grenze mit Tibet markiert und am **Shipki La-Pass** (5569 m) auf die alte Verbindungsstraße zwischen Indien und Tibet herabschaut. Die NH-22 führt weiter nach Norden durch die Wüstenei des Hanglang-Tals, vergleichbar mit bestimmten Gegenden von Ladakh.

Nako, das größte Dorf im Tal, umgibt hoch über dem Fluss auf 3640 m Höhe einen kleinen, künstlich angelegten **See**. Es liegt jetzt an der neuen Hauptverbindungsstraße Rekong Peo–Kaza, die bergan umgeleitet wurde, um den berüchtigten **Malling Slide** zu umgehen. Leider kommt es bei schlechtem Wetter immer noch zu Erdrutschen, die die Straße blockieren, ebenso wie auf vielen anderen Abschnitten der Kinnaur–Spiti-Rundstraße. In der Nordwestecke des Dorfs steht der **Nako Chokhor**-Komplex aus dem 11. Jh., der Rinchen Zangpo zugeschrieben wird. Er müsste dringend restauriert werden, aber seine erlesenen Wandgemälde im Inneren können sich mit den von Alchi (S. 557) messen. Das schönste Gebäude von allen ist die den Tathagatas oder Transzendenten Buddhas geweihte Serkhang oder „Goldene Halle". Der Eintrittspreis von Rs50 ist im Zelt des Youth Club am Hang über dem Busbahnhof zu entrichten.

Nako besitzt ein paar einfache **Übernachtungsmöglichkeiten**. Die beste der drei Unterkünfte beim Busbahnhof ist das Reo Purguil, ✆ 01785/236339 ❷–❹, dessen Zimmer alle über Bad und Balkon verfügen. Das Galaxy Guest House, ✆ 01785/263617 ❶, hat schlichte Zimmer mit Bad. Recht ordentliche Zimmer finden sich auch unten am See im Lake View Guest House, ✆ 01785/236041 ❷–❸. Zum **Essen** geht man am besten ins Reo Purguil, aber es gibt auch zwei gute tibetische *dhabas*. Täglich fahren mindestens ein Bus und zahlreiche **Jeeps** über Tabo und Rekong Peo nach Kaza.

Der Nordwesten

Von Shimla aus schlängelt sich die Hauptstraße gen Nordwesten zu der am Fluss gelegenen Marktstadt **Mandi**, einem wichtigen Kreuzungspunkt zwischen dem Kullu-Tal und den Bergen im Nordwesten. Die sanft ansteigenden Vorgebirge auf dieser Seite des Bundesstaates sind zwar wärmer und leichter zugänglich als die östlichen Gebiete von Himachal, dafür aber auch weniger spektakulär und bedeutend niedriger. Tourismus gibt es kaum, wenn man von **Dharamsala** absieht, der britischen Hill Station und heutigen Tibeter-Siedlung, Heimat des Dalai Lama. Bestens geeignet ist Dharamsala als Ausgangspunkt für Treks über die rasch ansteigende Dhauladhar-Bergkette zum Chamba-Tal, wo man in **Brahmour** und **Chamba** Hindutempel von einzigartiger Bauart bewundern kann. Südlich von Chamba befindet sich außerdem die verblassende Hill Station **Dalhousie**, die sich einen gewissen Charme aus der Raj-Ära bewahrt hat. In den Sommermonaten kommen indische Touristen scharenweise hierher.

Der nachstehend beschriebene Streckenabschnitt folgt dem Fluss Beas und der NH-21 auf ihrer kurvenreichen Strecke von Mandi nach Dharamsala, vorbei an einer Reihe verträumter Bergstädtchen und -dörfer. Die meisten Reisenden legen die sechsstündige Fahrt nach Dharamsala mit einem der neun täglich verkehrenden **Busse** in einem Rutsch zurück. Wer aber mehr Zeit zur Verfügung hat, kann im heiligen **Rewalsar**, vor den Toren von Mandi, einen Stopp einlegen, oder im **Kangra**-Tal in **Joginder Nagar** oder **Baijnath** anhalten, um die Schmalspureisenbahn zu nehmen, die durch Felder und lichte Wälder nach **Kangra** zuckelt, nur eine Stunde von Dharamsala entfernt.

Mandi

Die Stadt Mandi liegt an der Kreuzung zweier Hauptverkehrsstraßen, 158 km nördlich von Shimla. Sie wurde beiderseits des Beas erbaut, und ihre *ghats* am Flussufer sind mit Steintempeln gesprenkelt, in denen Sadhus und Pilger ihre Gebete abhalten. Früher war Mandi ein wichtiger Handelsposten für die nach Süden reisenden Ladakhis – *mandi* bedeutet Markt. Die Stadt knistert immer noch vor wirtschaftlicher Betriebsamkeit, in deren Mittelpunkt heutzutage der schmucke **Indira Market** beim großen Platz im Stadtzentrum steht. Auf dem **Tarna Hill** über der Stadt thronen mehrere Tempel im Naggari-Stil des 16. Jhs. Den Gipfel krönt der Haupttempel. Er ist Kali geweiht und mit gruseligen Gemälden der grausamen, mit Blut beschmierten und von Totenschädeln übersäten Muttergöttin verziert.

Beim Indira Market findet sich fast alles, was Reisende brauchen: Fastfood-Lokale, **Internet-cafés** und am Nordrand das ans Computernetz angeschlossene Bahnfahrkarten-Büro *(railway ticketing office)*.

Übernachtung und Essen

Die meisten der zahlreichen **Hotels** sind in der Gegend vom Indira Market angesiedelt.
Raj Mahal, oberhalb vom Stadtplatz, ☎ 01905/222401. Die idyllischste Unterkunft von Mandi ist dieser verwinkelte, mit Möbeln aus der Raj-Ära eingerichtete Palast in einer weitläufigen, schattigen Grünanlage. Das Hotel verfügt über ein gutes Restaurant und eine stilvolle Gentlemen's Bar. ❸
Shiva, am Stadtplatz, ☎ 01905/224211. Besitzt weniger Flair als das Evening Plaza in der Nähe, ist aber billiger. ❷
Evening Plaza, am Stadtplatz, ☎ 01905/225123, ✉ malhotralalji@hotmail.com. Das Hotel ist etwas größer als die meisten anderen und hat unterschiedliche Zimmer, manche mit AC.
❷–❹
Im staatlichen **Café Shiraz**, am Rand des Stadtplatzes, kann man südindische Snacks verzehren und **Bustickets** reservieren.

Geld

Sowohl die **Bank of Baroda** als auch die **Overseas India Bank** wechseln Bargeld und Reiseschecks, am einfachsten geht es aber im **Evening Plaza**. Außerdem gibt es in Mandi zwei Geldautomaten.

Transport

Der turbulente **Busbahnhof** liegt eine kurze Taxifahrt jenseits des Flusses am Ostufer und hat ein **Café**, wo köstliches vegetarisches Essen zubereitet wird. Ungefähr im Halbstundentakt fahren Busse nach REWALSAR, KULLU, MANALI und DHARAMSALA sowie stündlich nach SHIMLA, eventuell mit Umsteigen in BILASPUR. Es fahren auch Busse zu noch weiter entfernten Zielorten.

Rewalsar

Wer sich für den Buddhismus interessiert – und sei es auch nur ein wenig –, sollte den 24 km langen Umweg auf sich nehmen, der südöstlich von Mandi nach Rewalsar führt. Hier stehen drei tibetische Klöster (Nyingma, Drikung Kagyu und Drukpa Kagyu) und bilden ein hochrangiges Wallfahrtszentrum. In Rewalsar stehen aber auch noch Sikh- und Hindu-Tempel, und zusammen ziehen sie einen ständigen Strom von Pilgern und Touristen an. Die Gläubigen vollführen eine komplette *chora* um den kleinen heiligen See herum und über schmale Gassen voller Schreine und Ständen mit tibetischen Kinkerlitzchen, bevor sie sich unter den Gebetsfahnen auf der Wiese am Seeufer niederlassen.

Padmasambhava soll in den Bergen rund um den See zahlreiche Hand- und Fußabdrücke in Felsen und Höhlen hinterlassen haben. Steile Pfade ziehen sich vom See hoch zu **Höhlen**, die heute als weltferne Meditationsretreats genutzt werden. Das stimmungsvollste und von den Gläubigen am meisten verehrte der drei Klöster am See ist das **Tso-Pema Ogyen Heruka Gompa**, unterhalb der Touristenunterkunft. Hier steht der Baum, den der Dalai Lama während seiner Indienreise 1957 anlässlich des 2500. Geburtstags von Buddha gepflanzt hat, zwei Jahre vor seinem Exil aus Tibet. Das große, aber viel neuere **Drukpa Kagyu Zigar Gompa** erhebt sich eindrucksvoll über dem See und beherrscht praktisch die ganze „Skyline" von Rewalsar.

Für die **Hindus** gilt Rewalsar als Heimstatt des Weisen Lomas, für den der See angelegt und mit Wasser aus dem Ganges und der Yamuna gefüllt wurde. Drei nicht besonders große Tempel, die Krishna, Lomas und Shiva geweiht sind, spiegeln zusammen mit der Statue eines Nandi-Stiers und Ufer-*ghats* Rewalsars Beziehung zum Hinduismus wider. Das **gurudwara** am Westufer ist das Ziel von Sikh-Pilgern, die in den Fußstapfen von Guru Gobind Singh wandeln möchten, der 1702 hierher kam; es ist einer der ganz wenigen Orte in Himachal Pradesh, die an Gobind Singh erinnern. Nach Süden hin liegt ein kleines **Naturschutzgebiet** für Rotwild und Kragenbären.

Das HPTDC-Tourist Inn, ☎ 01905/240252 ❶–❹, ein kleines Stückchen vom Nordufer entfernt, hat gut ausgestattete Zimmer mit warmen Duschen sowie einen kleinen Schlafsaal (Rs100) im älteren Gebäude. Besucher, die länger bleiben möchten, entscheiden sich vielleicht eher für die nette **Klosterunterkunft** im Nyingma Gompa, ☎ 01905/280226 ❶, oder das ein wenig komfortablere Drukpa Kagyu Gompa, ☎ 01905/280210 ❶–❷. Auch Privatleute vermieten gern ein Gästezimmer; entsprechende Auskunft gibt's im Restaurant Zigar Tibetan Food Corner. Zum **Essen** gehen stehen diverse kleine, aber einwandfreie tibetische Restaurants in Seenähe zur Verfügung. Das Angebot besteht aus *thukpa*, *momos* und Nudeln. In den *dhabas* an der Hauptstraße dagegen wird nordindische Küche serviert.

Joginder Nagar und Baijnath

Joginder Nagar, 63 km nordwestlich von Mandi, ist ein unscheinbares Dörfchen. Es besteht aus nicht viel mehr als zwei von Holzhäusern gesäumten Straßen und einem betriebsamen Busbahnhof. Hauptgrund für einen Stopp in Joginder Nagar ist, dass sich hier der östliche Endbahnhof der Kangra-Tal-**Eisenbahn** (Toy Train; s. Kasten) nach Kangra und Pathankot befindet. Busbahnhof und Bahnhof liegen nur 500 m voneinander entfernt.

Am Ostrand des Dorfs steht das hübsche HPTDC-**Hotel Uhl**, ☎ 01908/222002 ❹–❺; die Angestellten informieren über Möglichkeiten zum Paragliding in **Bir**, 15 km weiter westlich.

Das rund 30 km nordwestlich von Joginder Nagar gelegene **Baijnath** eignet sich möglicherweise besser zum Einsteigen in den Toy Train. Dort fahren die Züge nämlich öfter ab und außerdem kann man auch noch den **Baidyanath Shiva-Tempel** besichtigen. Er weist einige wunderbare Schnitzarbeiten auf und soll 804 erbaut worden sein.

Kangra und Umgebung

Obwohl die meisten Reisenden auf dem Weg ins 18 km weiter nördlich gelegene Dharamsala **Kangra** links liegen lassen, lohnt der Ort den kleinen Umweg. Busse aus dem ganzen Kangra-Tal und von weiter weg laufen den Busbahnhof 1 km nördlich vom Ortszentrum an, wo in kurzen Abständen Busse nach Dharamsala abfahren. Kangra kann auch von Pathankot und von Joginder Nagar mit der täglich verkehrenden **Schmalspureisenbahn** (s. Kasten) erreicht werden.

Das verfallene, überwucherte **Fort** von Kangra wurde 1905 bei einem Erdbeben beschädigt. Jetzt wird es von kreischenden grünen Papageien bewohnt, die durch ein paar schmucklose, immer

---

Die Kangra-Tal-Eisenbahn

In Indien sind fünf der weltweit rund 20 alten „Spielzeugeisenbahnen" oder Schmalspur-Gebirgseisenbahnen unterwegs. Drei dieser Toy Trains verkehren im Himalaya und zwei davon in Himachal Pradesh. Am berühmtesten ist die Strecke Kalka–Shimla (s. S. 453), aber auch die wenig bekannte 163 km lange **Kangra Valley Railway** ist ein Wunderwerk der Ingenieurskunst. Im Unterschied zur Kalka-Strecke mit ihren 103 Tunnels und Haarnadelkurven bevorzugten die Erbauer dieser Bahnlinie Brücken – 950 Stück an der Zahl. Viele von ihnen gelten bis heute als technische Meisterleistung. Sie erlauben den Passagieren auf dem ganzen Weg

von Pathankot nach Joginder Nagar eine freie Aussicht. Mit der Bahn kommt man zwar langsamer voran als auf der Straße, aber landschaftlich ist die Fahrt ungleich schöner, besonders der Abschnitt zwischen Kangra und Mangwal.

Sechs Züge pro Tag fahren in **Pathankot** zwischen 2.20 und 16.10 Uhr ab, vier davon enden bereits in **Baijnath** (6 1/2–7 Std.), die anderen beiden verkehren bis nach **Joginder Nagar** (10 Std.). In entgegengesetzter Richtung fahren die Züge in Joginder Nagar um 7.20 und 12.20 Uhr ab, die anderen vier in Baijnath zwischen 4.15 und 17.35 Uhr. Jeder dieser Züge kommt durch Kangra.

noch von Priestern betreute Tempel schwirren. Hohe Tore, die teilweise von den Briten gebaut wurden, überspannen den Kopfsteinpflasterweg zu den verwaisten Befestigungsmauern. Anfahrt: auf der Straße Richtung Jawalamukhi 3 km weit nach Süden, dann direkt vor der Brücke auf die 1 km lange Zufahrtsstraße abbiegen. ⏲ tgl. Sonnenauf- bis Sonnenuntergang, Eintritt Rs100.

Zu den **Unterkünften** an der Straße zwischen dem Busbahnhof und der Stadt gehören das bescheidene Hotel Preet, ✆ 01892/265260 **❶**, dessen beste Zimmer im ersten Stock an einer niedlichen kleinen Terrasse liegen, und das sauberere Hotel Yatrika, ✆ 01892/262258 **❷ – ❹**, dessen Deluxe-Zimmer über AC verfügen. Das lärmgeplagte Raj, gegenüber vom Busbahnhof, taugt nicht zum Übernachten, hat aber ein gutes **Restaurant** mit Bar.

Das Dörfchen **Masrur**, 35 km südwestlich von Kangra, ist die einzige Ortschaft im Himalaya, in der es **Hindu-Felsentempel** ähnlich derer von Ellora in Maharashtra (S. 691) gibt. Sie sind zwar längst nicht so faszinierend, aber immerhin 15 an der Zahl. Die Ram, Lakshman und Sita geweihten Tempel wurden im 9. und 10. Jh. aus dem Berg gehauen. Wer sie besichtigen möchte, nimmt einen **Bus** Richtung Pir Bindu, steigt im Dörfchen Nagrota Suriyan aus und geht dann zu Fuß die 1,5 km hoch zu den Tempeln. ⏲ tgl. Sonnenauf- bis Sonnenuntergang, Eintritt Rs100.

Ein schlichter, weiß getünchter Tempel im ansonsten nicht weiter erwähnenswerten Städtchen **Jawalamukhi**, 35 km südlich von Kangra, beherbergt einen der wichtigsten Hinduschreine Nordindiens. In dem von einer mächtigen Goldspitze gekrönten Heiligtum brennt eine natürliche blaue Gasflamme, die direkt aus der Erde kommt und als eine Manifestation der Feuergöttin Jawalamukhi verehrt wird. Hier halten zahlreiche **Busse** (1 Std.) aus Kangra und es gibt auch Direktverbindungen ins 53 km weiter nördlich gelegene Dharamsala. Die zwei besten **Hotels** sind das noble HPTDC-Hotel Jwalaji, ✆ 01970/222280 **❹ – ❻**, am Ortsrand, und das Mata Vaishno Devi Hotel, ✆ 01970/222135 **❸ – ❹**, 250 m nördlich vom Busbahnhof. Eine klösterlich bescheidene Zelle im Geeta Bhawan Ashram, ✆ 01970/222242 **❶**, strapaziert das Portemonnaie allerdings wesentlich weniger.

Dharamsala und McLeod Ganj

Dharamsala oder, genauer gesagt, dessen oberer Stadtteil **McLeod Ganj** ist eines der reizvollsten Reiseziele von Himachal Pradesh. Die Stadt, Heimat des Dalai Lama und der tibetischen Exilregierung sowie Ausgangspunkt für herrliche Treks in den Hohen Himalaya, erstreckt sich über die bewaldeten Bergkämme unterhalb der kargen Felsen der Dhauladhar-Kette und besteht aus zwei unterschiedlichen, durch eine 10 km lange Haarnadelkurvenstraße voneinander getrennten Stadtteilen mit einem Höhenunterschied von fast 1000 m. Ursprünglich ein britischer Sommerort, hat sich McLeod Ganj durch den Zustrom **tibetischer Flüchtlinge** inzwischen gewandelt. Der tibetische Einfluss ist seither sehr stark. Zu den Errungenschaften der Tibeter zählen Tempel, Schulen, Mönchs- und Nonnenklöster, Meditationszentren sowie die umfangreiche Bibliothek der tibetischen Geschichte und Religion.

McLeod Ganj ist nicht nur Ziel für die Massen in- und ausländischer Touristen, sondern auch Pilgerstätte für Buddhisten und Interessierte aus der ganzen Welt. Viele Menschen kommen nach Indien, allein um diesen Ort zu besuchen, und seine entspannte und freundliche Atmosphäre lässt einen nicht so leicht wieder los.

Trotz heftigen Schneetreibens und niedriger **Temperaturen** zwischen Dezember und März empfängt McLeod Ganj seine Besucher das ganze Jahr über. Die Sommer bringen sintflutartige Regenfälle – schließlich ist dies der Ort mit der zweithöchsten Niederschlagsmenge Indiens. Die Tagestemperaturen mögen hoch sein, für die kühlen Nächte aber braucht man immer warme Kleidung.

Dharamsala

Warum die meisten Besucher das eigentliche Dharamsala, eine ungeordnete Ansammlung von Geschäften, Behörden und Häusern, umgehen, liegt auf der Hand. Von Interesse ist hier höchstens das **Museum of Kangra Art** mit seiner Sammlung von Kangra-Miniaturen und ein

Der Dalai Lama ist sehr gefragt: Tibetische Flüchtlinge kommen zu ihm, um Segen und Kraft zu erbitten, Mönche und Nonnen aus ganz Indien und Nepal suchen bei ihm nach spiritueller Führung, und eine ständig wachsende Anzahl von Menschen aus der westlichen Welt kommt nach Dharamsala in der Hoffnung auf einen Moment seiner Aufmerksamkeit. Vor 20 Jahren mag es noch möglich gewesen sein, Seine Heiligkeit persönlich zu treffen, heute jedoch müssen sich Besucher mit einer seiner **öffentlichen Audienzen** begnügen. Dann begrüßt er mehrere hundert Menschen und schüttelt ihnen die Hand. Die Audienzen werden alle paar Wochen abgehalten, sofern Seine Heiligkeit in der Stadt ist, jedoch nach keinem festen Plan. Auskünfte darüber, wann die nächste stattfindet, erteilt das **Branch Security Office**, ✆ 01892/221560, in McLeod Ganj (oberhalb des Welfare Office in der Bhagsu Road); allerdings weiß man es dort auch erst wenige Tage vorher. Interessierte müssen sich im Office registrieren lassen, erforderlich dafür sind der Pass und mehrere Passfotos;

mit Wartezeiten ist zu rechnen. Näheres (Ort, Zeit, Thema) zu den **Public Teachings** (öffentlichen Vorlesungen) seiner Heiligkeit sind unter 🖳 www.tibet.net zu erfahren.

Privataudienzen sind nur wenigen Auserwählten vorbehalten und können nur arrangiert werden, wenn mindestens vier Monate im Voraus darum gebeten worden ist. Beim Sekretär des Dalai Lama gehen täglich Hunderte solcher Briefe ein, und jeder Fall wird gesondert beurteilt. Spirituelle Fragen werden an einen hiesigen Lama weitergeleitet, der zu speziellen Punkten Rat geben kann, Fragen zu tibetischen Themen können meist auch von den Sekretären und Gemeindeoberhäuptern beantwortet werden. Der **17. Karmapa Lama** hält inzwischen tgl. um 14 Uhr im Gyuto-Kloster, 2 km vom Norbulingka Institute (S. 474), eine Audienz ab. Vorsichtshalber vorher anrufen, um sicherzugehen, dass er auch wirklich anwesend sein wird, ✆ 01892/236637, und zwecks Registrierung 15 Min. vor Beginn am Sicherheitsschalter erscheinen.

---

paar zeitgenössischen Kunstwerken, 🕐 Di–So 10–17 Uhr, Rs50. Der kürzeste Weg nach McLeod Ganj ist ein steiler, 3 km langer Pfad, der hinter dem Gemüsemarkt beginnt und an der Tibetan Library und dem Tibetan Secretariat vorbeiführt.

McLeod Ganj

Die stetig wachsende Siedlung McLeod Ganj erstreckt sich entlang eines mit Kiefern bewachsenen Bergrückens mit Blick auf das Tal und die senkrecht aufragenden Wände der Dhauladhar-Gebirgskette dahinter. Außer dem Namen, den sie seit ihrer Gründung als Hill Station 1848 dem Vizegouverneur des Punjab, David McLeod, zu verdanken hat, gibt es kaum noch Spuren der britischen Besatzung. Als zentraler Punkt von McLeod Ganj, an dem sich zwei mit Schlaglöchern übersäte Straßen kreuzen, gilt der buddhistische **Tempel**, der von roten und goldenen Gebetsmühlen umgeben ist. Die wackeligen Gebäude der Stadt sind mit Gebetsfah-

nen geschmückt. Heute wohnen hier weitaus weniger Inder als Tibeter, denn für diese ist McLeod Ganj nicht nur ein Zufluchtsort, sondern auch die Heimat ihres geistlichen Oberhauptes, des Dalai Lama, und Sitz der tibetischen Exilregierung.

In McLeod Ganj findet man sich ganz gut zurecht. Die Straße von der Unterstadt führt zu einem kleinen Platz am nördlichen Stadtrand, der als Busbahnhof dient. Von hier aus führen die Straßen nach Süden zur Residenz des Dalai Lama und zur Library of Tibetan Works and Archives, nach Norden in das Dorf Dharamkot, zum Tushita Retreat Meditation Centre und zum Tibetan Children's Village am Dal Lake, und nach Osten schließlich in das Dörfchen Bhagsu.

Der Sitz des Dalai Lama und das Tibet-Museum

Im Jahre 1960 suchte der Dalai Lama vorübergehend Zuflucht in McLeod Ganj. Heute, nach rund 50 Jahren, ist er immer noch hier, und das Areal am südlichen Stadtrand ist zum Sitz der

Dal-See TCV

Triund, Indrahar-Pass

s. Detailplan McLeod Ganj S. 472

St. John in the Wilderness

Dharamkot

Lower Dharamkot

McLEOD GANJ

Bhagsu

FORSYTH GANJ

CANTONMENT ROAD

BUSSTRECKE NACH MCLEOD GANJ

Tsug Lagkhang

Namgyal-Kloster

Sitz des Dalai Lama

STELE STRASSE NACH MCLEOD GANJ

Tibetan Library & Secretariat

❶
❷

Bank und Geldautomat

KOTWALI BAZAAR

@

Ⓐ

DHARAMSALA

Taxi-stand

Museum of Kangra Art

Haupt-Busbahnhof

Krankenhaus

✉ Hauptpost

Übernachtung
HPTDC Dhauladhar   **A**

Essen
City Heart   **1**
Potala   **2**

Kangra, Pathankot, Chandigarh   Palampur, Norbulingka

Himachal Pradesh

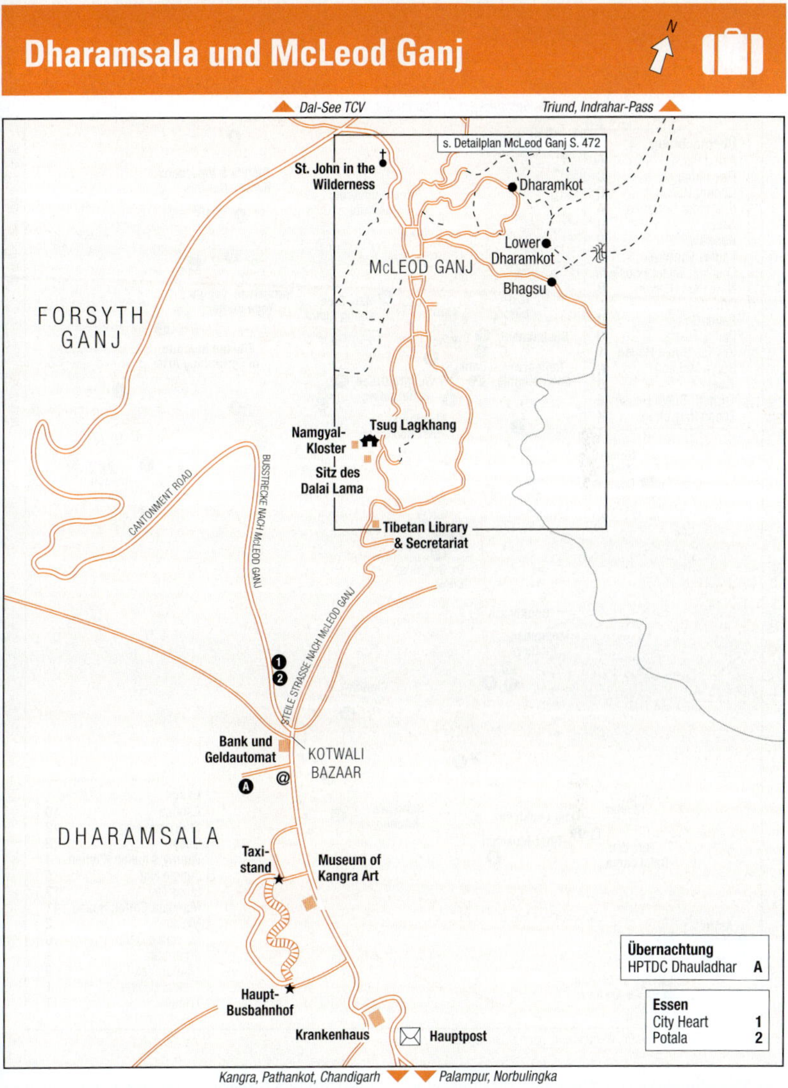

tibetischen Exilregierung geworden. Der von ihm genutzte Bereich ist eher bescheiden; der größte Teil des von einer hohen Mauer umgebenen Komplexes wird von Regierungsbüros eingenommen. Außerhalb der Anlage steht der bedeutendste buddhistische Tempel von Dharamsala, **Tsug Lakhang**, in dem Bilder von Sakyamuni (dem historischen Buddha), Padmasambhava (der den Buddhismus nach Tibet brachte) und Avalokitesvara (dem Bodhisattva

McLeod Ganj

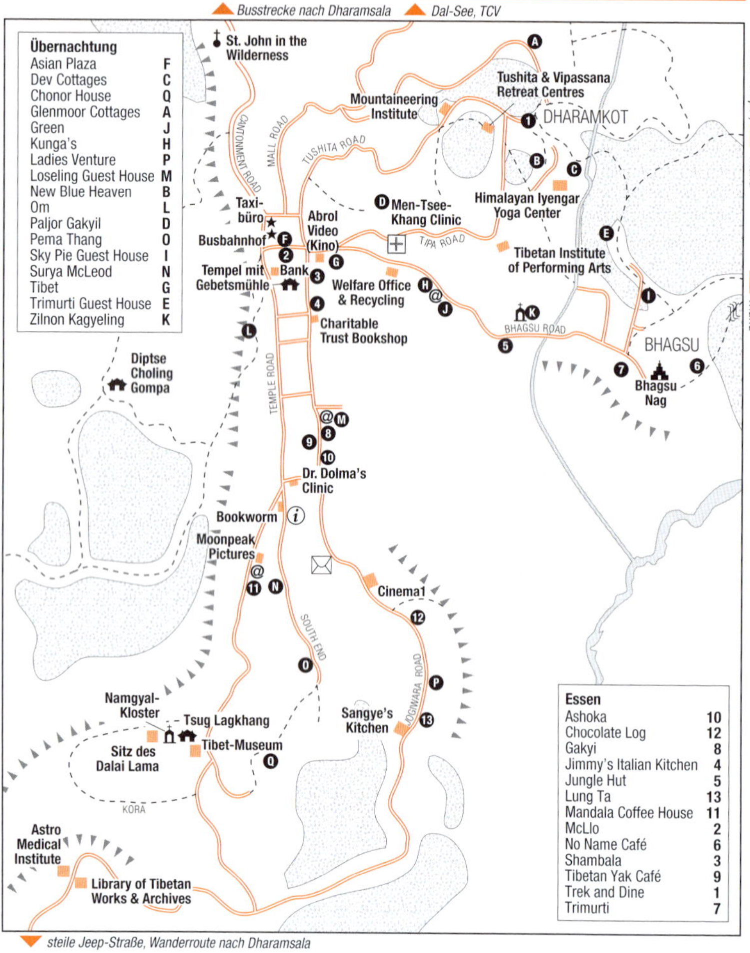

Busstrecke nach Dharamsala Dal-See, TCV

Himachal Pradesh

Dharamsala

Galu-Tempel

Triund

Triund

Übernachtung

Asian Plaza	F
Dev Cottages	C
Chonor House	Q
Glenmoor Cottages	A
Green	J
Kunga's	H
Ladies Venture	P
Loseling Guest House	M
New Blue Heaven	B
Om	L
Paljor Gakyil	D
Pema Thang	O
Sky Pie Guest House	I
Surya McLeod	N
Tibet	G
Trimurti Guest House	E
Zilnon Kagyeling	K

St. John in the Wilderness

Tushita & Vipassana Retreat Centres

DHARAMKOT

Mountaineering Institute

CANTONMENT ROAD

MALL ROAD

TUSHITA ROAD

Men-Tsee-Khang Clinic

Himalayan Iyengar Yoga Center

Taxi-büro

Abrol Video (Kino)

Busbahnhof

TIPA ROAD

Tibetan Institute of Performing Arts

Tempel mit Gebetsmühle

Bank

Welfare Office & Recycling

BHAGSU ROAD

BHAGSU

Charitable Trust Bookshop

Diptse Choling Gompa

Bhagsu Nag

TEMPLE ROAD

Dr. Dolma's Clinic

Bookworm

Moonpeak Pictures

Cinema1

SOUTH END

JOGIWARA ROAD

Namgyal-Kloster

Tsug Lagkhang

Sangye's Kitchen

Sitz des Dalai Lama

Tibet-Museum

KORA

Astro Medical Institute

Library of Tibetan Works & Archives

Essen

Ashoka	10
Chocolate Log	12
Gakyi	8
Jimmy's Italian Kitchen	4
Jungle Hut	5
Lung Ta	13
Mandala Coffee House	11
McLlo	2
No Name Café	6
Shambala	3
Tibetan Yak Café	9
Trek and Dine	1
Trimurti	7

steile Jeep-Straße, Wanderroute nach Dharamsala

der Barmherzigkeit) aufbewahrt werden, allesamt in Meditationshaltung und von den Gaben ihrer Anhänger umringt. Nach der Huldigung des Buddha im Innern umschreiten die Anhänger im Rahmen einer so genannten *kora* den Tempelkomplex (im Uhrzeigersinn, ausgehend vom Anfang des Wegs unterhalb der Mönchsquar-

tiere), drehen Gebetsmühlen und senden so ihre Gebete in alle Richtungen aus. Jeden Nachmittag halten die Mönche aus dem nahe gelegenen **Kloster Namgyal** im Hof gegenüber vom Tempel hitzige, aber disziplinierte Diskussionen ab. In dem kleinen Namgyal Café bekommt man gutes Essen und Snacks.

Das **Tibet-Museum** neben dem Kloster veranschaulicht den Leidensweg des tibetischen Volkes seit der Besetzung Tibets durch China (1959). Mittels Fotos und Videoclips wird Besuchern im Rahmen eines Rundgangs in Eigenregie gezeigt, wie tibetische Freiheitskämpfer mit Unterstützung der CIA bis in die 70er-Jahre hinein einen unmöglich zu gewinnenden Partisanenkrieg gegen die Chinesen führten. In der Halle im Obergeschoss befinden sich die Lebensläufe der Museumskuratoren – ausnahmslos Flüchtlinge und ehemalige politische Gefangene – und eine Gedenkstätte für die 1,2 Mio. Tibeter, die während des Konflikts ums Leben kamen.
🕐 Di–So 9–17 Uhr

Library of Tibetan Works and Archives

Die Bibliothek tibetischer Werke, ✆ 01892/222467, beherbergt eine der weltweit umfangreichsten Sammlungen tibetischer heiliger Texte und Gebete, Bücher über sämtliche Tibet betreffende Belange, Material zur indischen Kultur und Architektur sowie ein großes Archiv historischer Fotografien. Sie ist im Tibetan Central Administration Complex am Südrand von McLeod Ganj untergebracht und mit leuchtenden tibetischen Motiven verziert. Werktags werden hier **Kurse** in tibetischer Sprache und Philosophie abgehalten (s. S. 477, Aktivitäten). In dem kleinen **Museum** (Rs10) in der ersten Etage der Bibliothek sind buddhistische Statuen, kunstvoll geformte Bronzefiguren und Mandalas ausgestellt.

Ein Informationszentrum im **Tibetan Secretariat** neben dem Eingang zum Komplex liefert neuste Informationen über die tibetische Gemeinde in Tibet und der ganzen Welt. In dem kleinen **Astro Medical Institute** (🕐 tgl. 9–13 und 14–17 Uhr; Eintritt frei) stellen Mönche Diagnosen, indem sie Augen, Puls und Urin untersuchen. Verschrieben werden Pillen aus Kräutern, Edelsteinen und manchmal auch Tierprodukten, die in besonders günstigen Mondphasen zusammengestellt worden sind. Hier kann man auch sein Horoskop erstellen lassen.

Tibetan Institute of Performing Arts

Das Tibetische Institut der Darstellenden Künste, wurde 1959 gegründet, um die tibetische Identität im Exil zu bewahren. Etwa 150 Menschen leben auf diesem Campus in den Wäldern oberhalb von McLeod Ganj mit Blick auf Bhagsu, darunter Künstler, Lehrer, und Musiker. Die TIPA-Truppe führt traditionelle Lhamo-Opern auf und lässt das internationale Publikum an dem reichen kulturellen Erbe Tibets teilhaben. Informationen zu bevorstehenden Veranstaltungen und Tourneen sind im Büro erhältlich.
✆ 01892/221478, 🖳 www.tibetanarts.org, 🕐 Mo–Sa 9–12 und 13–17 Uhr, am 2. und 4. Samstag im Monat geschlossen.

Nördlich und östlich von McLeod Ganj

In nördlicher Richtung führt eine Nebenstraße vom Busbahnhof in McLeod Ganj zum **Mountaineering Institute**, wo Mr. Saini Interessierte mit Büchern und Karten über die Dhauladhar-Berge versorgt und Trekking-Touren organisiert. ✆ 01892/221787, 🕐 Mo–Sa 10–13.30 und 14–17 Uhr, am 2. Samstag im Monat geschlossen. Ein Stück weiter die Straße entlang gelangt man zu zwei wunderschön inmitten von Wäldern gelegenen buddhistischen Zentren: Das Tibetan Buddhist Centre **Tushita** wurde 1972 von Lama Thubten Zopa Rinpoche gegründet. Gleich um die Ecke steht das **Dhamma Sikhara**, ein Theravada Vipassana-Zentrum (Kurse s. S. 478, Meditation). Von hier führt die Straße weiter zur kleinen Siedlung Dharamkot, dem Ausgangspunkt für Wanderungen nach **Triund** (2975 m) und Treks über die hohen Pässe zum Chamba-Tal.

Ein Pfad führt durch die bewaldeten Hänge von Dharamkot aus hinab zum kleinen, trüben **Dal-See**, Schauplatz eines Viehmarkts und des Shaiviten-Festes im September. Er liegt hinter dem ausgedehnten Komplex des **Tibetan Children's Village** (TCV), das etwa 2000 Kindern eine schulische und handwerkliche Ausbildung gewährt. Viele der Kinder sind Waisen oder wurden von ihren nach Tibet zurückgekehrten Eltern hier in sichere Obhut gegeben.

Die Bhagsu Road erstreckt sich vom Hauptplatz von McLeod Ganj 2 km am Hang entlang gen Osten, bis sie das Dorf **Bhagsu** mit einem alten Shiva-Tempel erreicht. Hier hat sich in den letzten Jahren mit dem Bau mehrerer v. a. auf indische Touristen ausgerichteter Hotels einiges verändert, in Tempelnähe gibt es ein paar Cafés.

Hinter dem Tempel windet sich ein Pfad durch das mit Felsblöcken übersäte Ufer eines kleinen Flusses hoch zu einem **Wasserfall**. Das dort befindliche Shiva Café bietet Essen, Tee und einmal pro Woche einen die ganze Nacht dauernden Rave. Wer Tabla spielen lernen möchte, wendet sich an Ashoka im Trimurti Guest House (S. 475), er ist Leiter der **Trimurti International Music School**.

Vorsicht: In den letzten Jahren sind mehrere Frauen auf dem Weg zwischen Bhagsu und McLeod Ganj **überfallen** worden. Diesen Weg also keinesfalls allein gehen.

Südlich von McLeod Ganj: Das Norbulingka Institute

8 km (30 Min.) von Dharamsala, nahe dem Dorf Sidpur, befindet sich das **Norbulingka Institute**, ✆ 01892/246 402, 🖥 www.norbulingka.org, das sich sich der Bewahrung der tibetischen Literatur und Kunst verschrieben hat. ⏱ Mo–Sa 8–17 Uhr. Die 1985 im tibetischen Stil errichteten Institutsgebäude liegen inmitten eines friedlichen japanischen Gartens und konzentrieren sich um den zweistöckigen **Deden Tsuglakhang-Tempel**, dessen obere Galerie 1173 Buddhabildnisse sowie Fresken der 14 Dalai Lamas beherbergt. Die vergoldete Kupferstatue von Sakyamuni in der Halle zu ebener Erde ist die größte ihrer Art außerhalb von Tibet. Im **Losel Doll Museum** auf dem Tempelgelände sind farbenfrohe Dioramen mit Puppen in traditionellen Kostümen zu sehen. Zum **Übernachten** steht das Norling Guest House im Garten bereit, ✆ 01892/246406 ❻–❼. Es ist sauber und nett eingerichtet. Auch wer nicht dort absteigt, kann im OG die 50 Zeichnungen be-

Traditionell tibetisch

Chonor House, nahe Thekchen Choeling Gompa, South End, ✆ 01892/221006, 🖥 www. norbulingka.org. Gehört zum Norbulingka Institute for Tibetan Culture; von Künstlern gestaltete Zimmer in einer Mischung aus traditioneller tibetischer Einrichtung und modernem Komfort. Ausgezeichnetes Restaurant mit Tischen im Freien. Sämtliche Einnahmen kommen dem Institut zugute. ❻

trachten, auf denen der Lebensweg des 14. Dalai Lama festgehalten ist.

Übernachtung

Fast alle Besucher übernachten in **McLeod Ganj**. Für eine Übernachtung in **Dharamsala**, wo es nur ein einziges ordentliches Hotel gibt, spricht eigentlich nichts. Richtig knapp werden Betten während Losar, der tibetischen Neujahrsfeierlichkeiten (Feb/März). In den kleinen Ortschaften **Bhagsu** und **Dharamkot** gibt es Gästezimmer in Privathäusern und einer steigenden Zahl von Hotels, die auf indische Touristen und Hippie-Traveller ausgerichtet sind.

In den Zimmern der **Tibetan Library** kommen ein paar Studenten unter, die hier Kurse belegen. Anhänger des Buddhismus finden immer einen Platz in einem **Kloster**.

McLeod Ganj

Asian Plaza, Main Chowk, ✆ 01892/220685, 🖥 www.asianplazahotel.com. Schickes, neues Zentrumshotel mit liebevoll eingerichteten Zimmern und riesigen Suiten. Im Dachrestaurant gibt es Standardgerichte aus der indischen, chinesischen und europäischen Küche. ❻

Glenmoor Cottages, oberhalb der Mall Rd, ✆ 01892/221010, 🖥 www.glenmoorcottages. com. Fünf luxuriöse Ferienhäuser mit eindrucksvoller Holzvertäfelung und weniger kostspielige Zimmer im Hauptgebäude auf einem malerischen Waldstück etwa 1 km oberhalb des großen Basars. ❼–❽

Green, Bhagsu Rd, ✆ 01892/221200, 🖥 www. greenhotel.biz. Breite Auswahl an komfortablen Zimmern, mit Talblick; gutes Restaurant und angrenzendes Internetcafé. Verdientermaßen beliebt. ❶–❷

Ladies Venture, Jogiwara Rd, ✆ 01892/221559, ✉ shantiazad@yahoo.co.in, hinterm Chocolate Log. Gut ausgestattete Zimmer unterschiedlicher Größe in einem freundlichen, von Tibetern geführten Hotel. Ruhige Umgebung, Garten und kleines Café, Schlafsaalbetten Rs80. Das ganze Jahr über feste Preise. ❶–❷

Loseling Guest House, abseits der Jogiwara Rd, ✆ 01892/221087. Bescheidene Kloster-Unter-

Himachal Pradesh

kunft, einfach und gut geführt mit schöner Aussicht von einer Dachterrasse. Die oberen Zimmer sind die besten, aber meist schnell vergeben. Unterbringung im 3-Bett-Dorm nur Rs60; das ganze Jahr über Festpreise. ❶
Om, nahe Busbahnhof, ☏ 01892/221322. Einfache, ruhige und überaus freundliche Lodge am Westrand der Stadt. Unterschiedliche Zimmer, die billigsten mit asiatischer Gemeinschaftstoilette und Gemeinschaftsdusche (Warmwasser). Auf der oberen Terrasse und im gemütlichen Restaurant treffen sich Traveller gern zum Sonnenuntergang. ❶
Paljor Gakyil, TIPA Rd, ☏ 01892/221443, ✉ ngapal@yahoo.com. Gepflegte Lodge, Zimmer mit und ohne Teppich, Schlafsaalbetten (Rs50), toller Blick über McLeod Ganj. Zugang: Die Treppe zwischen den Gästehäusern Seven Hills und Kalsang hoch. ❶
Pema Thang, South End, ☏ 01892/221871, 🖥 www.pemathang.net. Das am besten geführte Hotel im South End. Alle Zimmer mit Heizung, TV und Warmwasserdusche, die mit schöner Aussicht kosten mehr. Beliebt bei gut betuchten Besuchern aus dem Westen, die sich für den Buddhismus interessieren. ❹
Surya McLeod, South End, ☏ 01892/221418, 🖥 www.suryamcleod.com. Eher unattraktives, großes Hotel mit einigen geräumigen Zimmern mit Glasfront und Blick nach Westen über die Ebenen; auf Geschäftsreisende und einheimische Touristen ausgerichtet. ❻
Tibet, Bhagsu Rd, ☏ 01892/221587, ✉ htdshala@sancharnet.in. Ausgezeichnetes Hotel mit dem Spitzenrestaurant Snow Lion. Das beste Preis-Leistungs-Verhältnis bieten die Zimmer im Erdgeschoss mit Blick aufs Tal. Gut besucht, zentral gelegen. Ganzjährig Festpreise. ❸–❹
Zilnon Kagyeling Monastery, Bhagsu Rd, ☏ 01892/220581. Einfache, spottbillige EZ und DZ mit Gemeinschaftsbad in einem aktiven *gompa*. Der Mönch bewohnt Zimmer Nr. 50. Tolles Café. ❶

Bhagsu

Sky Pie Guest House, an der Linkskurve kurz vor dem Tempel, ☏ 01892/220497, ✉ denisraaz8@gmail.com. Ansprechende und belebte Unter-

Gut versorgt

Kunga's, Bhagsu Rd, ☏ 01892/221180, ✉ ten hin_dhonyo@yahoo.co.in. Sauber, zentral gelegen, mit vielfältiger Zimmerauswahl und einem tollen Sonnendeck. Die größeren Zimmer sind geräumig und hell mit großem Balkon. Der Besitzer Tenzin tut alles für seine Gäste und betreibt eines der besten Restaurants im Ort. ❶–❷

kunft mit Standardzimmern der unteren Preisklasse, z. T. mit Gemeinschaftsbad. ❶–❸
Trimurti Guest House, im oberen Teil von Bhagsu, in Richtung Dharamkot, ☏ 01892/ 221364, 🖥 www.trimurtimusic.com. Einige Zimmer in einer ruhigen Familienpension mit Rasen und einem farbenprächtigen Schrein. Der Besitzer leitet eine kleine Musikschule, s. S. 474. ❷–❸

Dharamkot

Dev Cottages, in der Hauptstraße unterhalb der Teestube, ☏ 01892/221558. Geräumige, neue Häuschen, gut ausgestattet und mit tollem Talblick. ❹–❺
New Blue Heaven, abseits der Hauptstraße unterhalb der Teestube, ☏ 01892/221005, ✉ sandeep74gill@yahoo.co.in. Zweistöckige Familienpension mit Terrasse und Garten. Die Zimmer sind einfach, aber alle mit Bad. ❶–❷

Dharamsala

City Heart, abseits des Kotwali Bazaar, ☏ 01892/223761. Passable Zimmer mit Aussicht, eingezwängt zwischen einem gut besuchten Lokal mit Bierbar und einer „Party Hall". ❸
HPTDC Dhauladhar, abseits des Kotwali Bazaar, nahe der Bank, ☏ 01892/224926, ✉ dharamshala @hptdc.in. Hat Anstalts-charakter, aber geräumige Zimmer mit Bad, ständig Warmwasser und Balkon mit Blick über die Ebenen im Süden. Gutes Essen im Restaurant zu mittleren Preisen, Bar, Gartenterrasse. ❺–❻

Essen

McLeod Ganj gehört zu den Orten, in denen das Plaudern und Philosophieren in den

Himachal Pradesh

Nettes Café

Jimmy's Italian Kitchen, Jogiwara Rd. Gemütliches Café; im Angebot sind gute Salate, Backkartoffeln, Milchkaffee und selbst gemachte Desserts. Die meisten Gerichte kosten Rs100–150. 30 m weiter in Richtung Tempel gibt es im oberen Stock eine Filiale mit Livemusik am Mi und Sa.

Restaurants als Lieblingsbeschäftigung gilt. Neben chinesischen Eiernudeln, *chow mein* und gebratenem Allerlei werden tibetische Gerichte wie *thukpa* und *momos* serviert. Frisch gebackenes tibetisches Brot und Kuchen sind fast überall erhältlich, außerdem gibt es Omelettes, Pommes, Toast, vegetarische Burger und viele israelische Gerichte. Wer tibetisch kochen lernen möchte, kann in Sangye's Kitchen beim Postamt in der Jogiwara Rd an einem **Kochkurs** (So–Fr 11–13 und 17–19 Uhr; Rs150) teilnehmen. Über einen Mangel an Imbissen kann man sich in Dharamsala wirklich nicht beschweren, die Auswahl der Geschmacksrichtungen ist allerdings begrenzt. Die beste Bandbreite an indischen und westlichen Gerichten bietet das **City Heart**. Das **Potala** ist ein kleines, sauberes tibetisches Café mit schlichtem Speisenangebot. In Dharamkot eignet sich das **Trek and Dine**, zehn Fußminuten oberhalb der Teestube an der Kreuzung, gut zur Verköstigung mit Pizza oder Pies. In Bhagsu gibt es das preisgünstige **Trimurti** neben dem Tempel (nicht im gleichnamigen Guesthouse), ein ausgezeichnetes vegetarisches indisches Café mit Dachterrasse. Im Café **No Name** auf halbem Weg zum Wasserfall bekommt man einfache Snacks.

Ashoka, Jogiwara Rd. In zwei Räumen und auf einer schmucklosen Dachterrasse werden riesige Portionen leckeres und auf Wunsch scharfes indisches Essen für Rs100–200 serviert. Tipp: *karai chicken*.

Chocolate Log, Jogiwara Rd. Vorzügliche Kuchen, Pasteten und Trüffel; auch Pikantes wie Spinatpizza. Man kann drinnen essen oder es sich im gepflegten Garten auf Liegestühlen bequem machen. Rs50–100. ⏲ Di geschl.

Gakyi, Jogiwara Rd. Schlicht und gemütlich, mit guten tibetischen und westlichen vegetarischen Gerichten, zudem das beste Früchtemüsli der Stadt und tibetisches Brot. Alle Gerichte unter Rs100.

Jungle Hut, Bhagsu Rd. Von der Bambus-„Hütte" oben am Hang eröffnen sich die besten Ausblicke weit und und breit. Die Speisekarte reicht von westlichem Frühstück bis zu indischer und chinesischer Standardkost; Hauptgerichte für rund Rs100.

Lung Ta, Jogiwara Rd. Japanisches vegetarisches Lokal mit tgl. wechselndem Menü, darunter meist Misosuppe, Sushi, Gemüsetempura und Tofusteak; Hauptgerichte rund Rs100. Der Gewinn kommt ehemaligen tibetischen politischen Gefangenen zugute. Im heimeligen, eine Tür weiter gelegenen koreanischen Restaurant **Dokebi Nara** werden brutzelnde Speisen im Gusseisentopf aufgetischt.

Mandala Coffee House, Temple Rd. Ein cooles Plätzchen zum Chillen bei Soulfood wie Kuchen (Rs30–50) und anständigem Kaffee. Verfügt auch über WLAN.

McLlo, Central Square. Riesiges neonbeleuchtetes Ungetüm mit Blick auf die Bushaltestelle. Große Auswahl guter westlicher Speisen (ab Rs100), außerdem gibt es eine echte Baskin-Robbins-Eisdiele und im 2. Stock eine Bar, die am frühen Abend ganz annehmbar ist, später aber sehr laut und unangenehm werden kann.

Shambala, Jogiwara Rd. Eines der besten Lokale, das tibetische und chinesische vegetarische und andere Speisen sowie Fischspecials für rund Rs100 zu bieten hat.

Tibet Yak Cafe, Jogiwara Rd. Kleines und einfaches Restaurant, bei Einheimischen beliebt, gute tibetische Küche für Rs40–60.

Einkaufen

Die Stände und kleinen Läden entlang der Hauptstraßen bieten tibetischen Schnickschnack, preiswerte warme Kleidung, Räucherwerk, Gebetsglocken, Teppiche und Bücher an. Der große **Kunsthandwerksladen** in der

Himachal Pradesh

Jogiwara Rd verkauft *thangkas* in allen Größen und Gebetsfahnen. Für ca. Rs600 plus Stoffpreis kann man sich hier *bakkus* (tibetisches Frauengewand) nähen lassen. Der **Green Shop** in der Bhagsu Rd verkauft handbemalte T-Shirts, Umweltliteratur und gefiltertes, abgekochtes Wasser für Rs5.

Aktivitäten

In McLeod Ganj kann man eine Vielzahl von Kursen belegen, darunter Tibetisch, Hindi, Yoga, Tabla, Tai Chi sowie indisch-vegetarische und tibetische Kochkunst. Weitere Angaben unter 🖳 www.mcllo.com (s. S. 479).

Tibetischer Buddhismus

An den meisten Wochentagen gibt es in der **Library of Tibetan Works and Archives** von 11 bis 12 Uhr kostenlosen Unterricht zum Dharma. Außerdem erteilt die Bibliothek Philosophieunterricht und dreimonatige Kurse in tibetischer Sprache (Beginn März, Juni, Sep). Beim Secretary for Tibetan Studies melden, 📞 01892/222467.

Trekking ab Dharamsala

Dharamsala zählt zu den beliebtesten Ausgangspunkten für Treks über die felsigen Kämme der **Dhauladhar-Gebirgskette**, die aus dem Kangra-Tal steil bis auf 4600 m ansteigt. Die Wege führen durch Wälder mit Himalaya-Zedern, Kiefern, Eichen und Rhododendren, über Bäche und Flüsse und winden sich Schwindel erregend an Klippenrändern entlang, wobei sie gelegentlich an einem Wasserfall oder Gletscher vorbeikommen.

Wer sich hier nicht sehr gut auskennt, braucht unbedingt einen Führer, denn die Wege sind steil und die Gedenksteine zeugen von denen, die es nicht überlebt haben. Das **Mountaineering Institute** in der Dharamkot Road (S. 473) hilft bei der Suche nach Führern und Trägern und stellt Karten zur Verfügung. Es gibt zwar am Weg auch primitive Hütten und Höhlen, aber die beste Variante ist ein Zelt.

Die beste **Jahreszeit** zum Trekking hier sind die Monate September bis November, wenn die heftigste Zeit der Monsune vorüber ist und die Temperaturen noch nicht zu niedrig sind. Bergsteigen im Winter sollten sich nur erfahrene Kletterer vornehmen, die mit Eispickel und Steigeisen vertraut sind.

Von Dharamsala nach Chamba über den Indrahar-Pass

Die teilweise sehr anstrengende Route von Dharamsala zum Chamba-Tal über den Indrahar-Pass (4350 m) wird am häufigsten gewählt und von den meisten Trekkern in etwa fünf Tagen bewältigt. Der erste Abschnitt von Dharamkot aus führt 9 km durch dichte Wälder und steiles felsiges Gelände bis zu einem grasbewachsenen Plateau bei **Triund**. Von hier geht der Weg bergan bis nach **Laqa Got**, es folgt ein stark ansteigender Abschnitt hoch zum **Indrahar-Pass**, wo sich bei schönem Wetter phänomenale Aussichten eröffnen – im Süden über das Tiefland und im Norden über die verschneiten Gipfel des Pir Panjal und des Hohen Himalaya. Auch der Abstieg ist zum Teil beschwerlich und führt über die Gaddi-Dörfer Kuarsi und Channauta bis zur Hauptstraße, wo sich die Gelegenheit bietet, sich nach Brahmour oder Chamba mitnehmen zu lassen.

Alternative Routen von Dharamsala nach Chamba

Mehrere andere Routen führen über die Dhauladhar-Berge, darunter eine über den **Toral Pass** (4575 m), die 10 km von Dharamsala bei **Tang Narwana** (1150 m) beginnt, Die schwierigste Strecke nach Norden ist der 5- bis 6-tägige Trek über den **Bhimghasutri Pass** (4580 m), der teilweise fast senkrecht ansteigt und über schroffe Felsen und gefährliche Schluchten führt. Eine wesentlich einfachere, 4- bis 5-tägige Wanderung von Dharamsala überwindet den **Bleni Pass** (3710 m) in den sanfteren Bergen im Nordwesten; dabei schlängelt er sich über alpine Weiden und durch Wälder und überquert ein paar Bäche, bevor er **Dunali** an der Straße nach Chamba erreicht.

Himachal Pradesh

Himachal Pradesh

▲ Chamba

Dunali ●

Brahmour ●

Macchetar ●

Ravi

Bleni-Pass
(3710 m)

Gag-Pass
(4243 m)

Kuarsi ●

Channauta ● Kuthehar

Barabhangal, Manali

Minkiani-Pass
(4250 m)

Bhimghasutri-
Pass
(4580 m)

Illaqa
Got ●

Indrahar-Pass
(4350 m)

Toral-Pass
(4575 m)

Lahesh
Cave

Kundli-Pass
(4550 m)

Dharamkot ●

Triund ●

Guntu Got ●

● Bhagsu
McLeod Ganj

Dharamsala ●

Jogindernagar

● Norbulingka

Tang
● Narwana

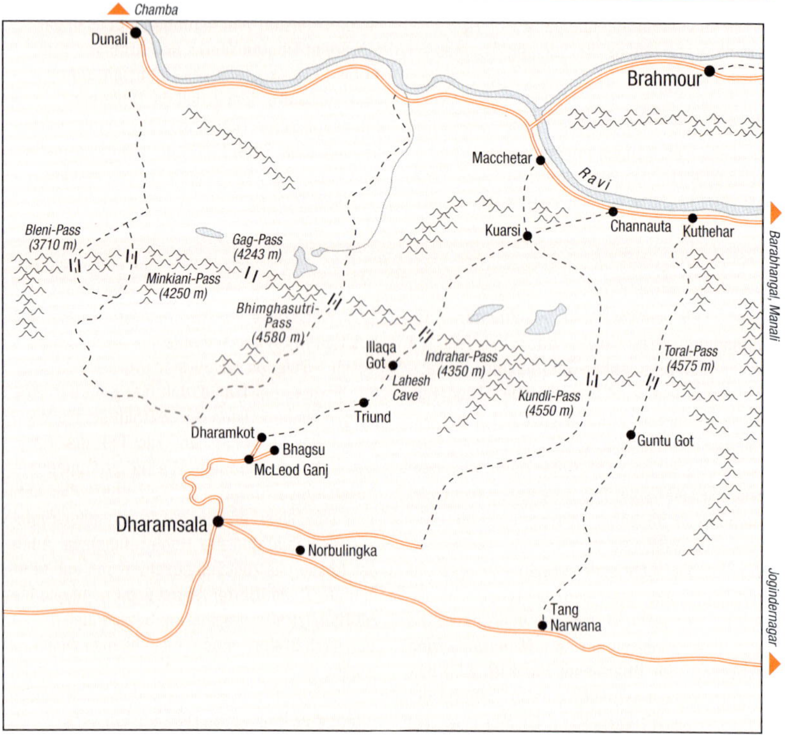

Meditation und Yoga

Kurse zur tibetischen buddhistischen Meditation werden im **Tushita Meditation Centre** in Dharamkot, ✆ 01892/221866, 🖥 www.tushita.info, angeboten. Die Kurse umfassen 8–10-tägige Meditationseinheiten und intensive 3-monatige Retreats (Vajrasattva) im Sommer. Übernachten kann man in einfachen Zimmern und Schlafsälen, außerdem gibt es eine ausgezeichnete Bibliothek. Rechtzeitig buchen! ⊙ Mo–Sa 9.30–11.30 und 13–16.30 Uhr.

Das **Vipassana Centre**, gleich neben Tushita, folgt eher den Lehren des Theravada-Buddhismus. Hier erlernt man in 10-tägigen Kursen die stille Meditation. Persönliche Anmeldung

Mo–Sa 16–17 Uhr, ansonsten ✆ 01892/221309, 🖥 www.sikhara.dhamma.org.

Yoga, Himalayan Iyengar Yoga Centre in Dharamkot, 🖥 www.hiyogacentre.com, bietet 5-tägige Hatha-Yoga-Kurse. Beginn jeweils am Donnerstag.

Sonstiges

Bücher

Im **Tibetan Bookshop and Information Office** lässt es sich wunderbar in Büchern zum tibetischen Buddhismus stöbern, genau wie im **Charitable Trust Shop**, beide in der Jogiwara Rd auf dem großen Basar in McLeod Ganj. Gegenüber dem Tourismusbüro im South End befindet sich der kleine Laden **Bookworm**, dessen umfangreiches Angebot neben Secondhandbüchern vor allem Literatur zum Buddhismus umfasst.

Geld

Punjab National Bank in McLeod Ganj nahe Busbahnhof, ⊙ Mo–Fr 10–14, Sa 10–12 Uhr, wechselt Reiseschecks und Bargeld, ebenso die obere Filiale der **State Bank of India** in Dharamsala; beide mit Geldautomat. In McLeod Ganj gibt es mehrere autorisierte private Wechselstuben, wie **Thomas Cook** und **LKP Forex** in der Temple Rd, die Bargeld auf Kreditkarten geben.

Informationen

McLeod Ganjs **Tourist Office**, am South End gegenüber von Bookworm, hält ein paar Informationen zu Unterkünften und Verkehrsmitteln bereit, ⊙ Mo–Fr 10–17, Sa 10–14 Uhr. Eine gute Quelle für allgemeine Infos, aktuelle Veranstaltungen und Szeneadressen ist 🖳 www.mcllo.com.

Internet

In McLeod Ganj gibt es viele Internetcafés, vor allem in der Bhagsu Rd und Jogiwara Rd, außerdem in Hotels wie dem Green. Die meisten berechnen Rs20 pro Std.

Medizinische Hilfe

Das **Tibetan Delek Hospital**, ✆ 01892/222053, oberhalb des Astro Medical Institutes, ist eines der besten Krankenhäuser im Bundesstaat und beschäftigt auch westliche Ärzte.

Post und Telefon

Das Postamt von McLeod Ganj in der Jogiwara Rd hat einen Poste-restante-Schalter, wo Briefe bis zu einem Monat lang aufbewahrt werden. Post, die nicht an McLeod Ganj, Upper Dharamsala, adressiert ist, landet in der Hauptpost (GPO) in der Unterstadt.

Reisebüros

Bei **Himachal Travels**, Jogiwara Rd, ✆ 01892/221428, kann man örtliche und private Busse sowie Züge aus Pathankot und Inlandsflüge

buchen sowie internationale Flüge bestätigen bzw. umbuchen lassen. Taxibuchungen für Reisen inner- und außerhalb von Himachal Pradesh sowie Informationen über Treks.
Ways Tours & Travels, Temple Rd, ✆ 01892/221910, gut organisiertes Reisebüro, das internationale Flüge, individuell zugeschnittene Touren innerhalb Indiens und Geldwechsel anbietet.
Yeti Trekking, an der Straße zum Mountaineering Institute, ✆ 01892/221032, veranstaltet Trekkingtouren und verleiht jede Menge Ausrüstungsgegenstände.

Tibetische Siedlung

Anfragen zur tibetischen Siedlung bitte telefonisch an das **Welfare Office** in der Bhagsu Rd in McLeod Ganj oder direkt an das **Reception Centre** unterhalb des Postamts richten, wo Kleiderspenden, Bücher und Decken für Neuankömmlinge aus Tibet immer dankbar angenommen werden. Wertvolle Informationen bekommt man auch im **Tibetan Bookshop and Information Office** in der Jogiwara Rd.

Nahverkehr

Zwischen Dharamsala und McLeod Ganj verkehren ab 7.45 Uhr zahlreiche **Busse** (40 Min.). Ein **Sammeltaxi** (Rs10) ist jedoch bedeutend schneller. Sowohl in McLeod Ganj als auch in Dharamsala gibt es ausgewiesene Festpreise. Ein **Taxi** von McLeod Ganj nach Dharamsala kostet Rs130. **Motor-Rikschas** verkehren häufig zwischen dem McLeod Ganj-Busbahnhof und Bhagsu (Rs30) sowie dem *chai shop* in Dharamkot (Rs50).

Transport

Busse

Staatliche Busse aus Shimla, Manali, Mandi, Pathankot, Kangra und Delhi halten am Haupt-Busbahnhof im Südteil der Unterstadt, einige wenige private und Deluxe-Busse aus Delhi und Manali fahren weiter nach McLeod Ganj.
Die HRTC betreibt zahlreiche Busse vom Haupt-Busbahnhof zu verschiedenen Reisezielen in Himachal Pradesh und darüber hinaus; u. a.

halbstündlich verkehrende Flughafenbusse der Gesellschaft Gaggal.

3x tgl. fahren Busse nach MANALI (6, 8 und 20 Uhr; 10 Std.) und 2x tgl. nach DELHI (18 und 19 Uhr; 15–16 Std.) via CHANDIGARH, bei erhöhter Nachfrage werden weitere eingesetzt. 2x tgl. fahren staatliche Busse nach DALHOUSIE (8 und 12 Uhr; 6–7 Std.) und 4x tgl. nach SHIMLA (10 Std.). Viele Touristen bevorzugen private „Deluxe"-Busse, die bei Anbietern in McLeod Ganj (s. S. 479) gebucht werden können. Vor allem die neuen Schlafbusse nach Delhi (Rs700) sind gefragt. Busse nach PATHANKOT (3 Std.), wo Zuganbindung besteht, fahren alle 30 Min. ab.

Flüge
Der **Flughafen** von Dharamsala liegt 11 km südlich bei Gaggal. Kingfisher fliegt 1x tgl. nach DELHI. Ein Oneway-Ticket ist schon ab Rs1200 zu haben, aber weil Flüge oft wegen schlechten Wetters storniert werden, ist es ratsam, einen Zeitpuffer einzubauen, wenn man einen internationalen Flug erreichen muss.

Dalhousie

Dalhousie verdankt seinen Namen Lord Dalhousie, dem Generalgouverneur des Punjab (1849–56), der aufgrund des angenehmen Klimas hier ein Sanatorium errichten ließ. Zu Beginn des 20. Jhs. bot der Ort eine beliebte Alternative zum überfüllten und teuren Shimla. Eine Reihe von Tibetern hat sich nach der chinesischen Invasion in Tibet 1959 hier niedergelassen. Heute gilt Dalhousie als beliebter Sommerurlaubsort für Erholungssuchende aus dem Punjab, während westliche Touristen nur selten kommen und höchstens ein bis zwei Tage verweilen.

Die Stadt erstreckt sich über eine Reihe von Bergen, durch die sich die Straßen schlängeln, die die beiden Kernbereiche, die Chowks, miteinander verbinden. Der **Gandhi Chowk** ist mit seinen Restaurants und dem Postamt der belebtere Teil. Von hier aus verlaufen die Mall und Garam Sarak abwärts und führen in einer Biegung 2 km weiter zum **Subhash Chowk** am obe-

ren Ende des vornehmlich moslemischen Sadar Bazaar. Nördlich von hier markieren die Bushaltestelle und das Informationsbüro die wichtigste Ausfallstraße.

Übernachtung und Essen
Viele der Hotels bieten in der Nebensaison enorme Preisnachlässe.

Silverton, oberhalb des Circuit House, The Mall, ☎ 01899/240674, ▢ www.heritagehotels.com/silverton, altes Herrenhaus mit großen Zimmern und gepflegten Rasenflächen inmitten eines privaten Waldgebietes. ❹–❼

Aroma-N-Claires, südlich des Subhash Chowk in der Court Rd, ☎ 01899/242199, ✆ 242639, stimmungsvoller, etwas überladener 30er-Jahre-Bau mit einer Bibliothek und begrünten Innenhöfen. ❹–❺

Hotel Crags, 500 m auf einem Trampelpfad vom Subhash Chowk entfernt, in der Garam Sarak Rd, ☎ 01899/242124, ist ein ruhiges, außergewöhnlich freundlich geführtes Hotel mit großer Terrasse, leckerer Verpflegung und wunderschöner Aussicht ins Tiefland. ❷–❹

Jugendherberge, ☎ 01899/242189, ✉ yh_dalhousie@rediffmail.com. Von der Bushaltestelle aus 5 Gehminuten hinter den *dhabas*. Schlafsaalbetten (Rs60) und DZ. ❶

Neben den Hotelrestaurants und verstreuten *dhabas* findet man die **Food Junction** am Busbahnhof, **Kwality's** am Gandhi Chowk und **Moti Mahal** sowie **Sher-e-Punjab** im Subhash Chowk.

Sonstiges
Geld
Die **State Bank of India** an der Bushaltestelle bietet Geldwechsel und einen Geldautomaten.

Informationen
Tourist Information Office, ☎ 01899/242136, 50 m von der Bushaltestelle entfernt, gibt Auskünfte bzgl. Verkehrsverbindungen; ⏰ Mo–Sa 10–17 Uhr.

Internet
Eva's Cyber Café, am tibetischen Lhasa-Markt oberhalb des Busbahnhofs, bietet Internetzugang.

Die meisten Besucher kommen mit dem Bus aus dem 80 km südwestlich im Punjab gelegenen PATHANKOT (stdl., 3 Std.) oder dem 47 km östlich gelegenen CHAMBA (2 1/4 Std.) nach Dalhousie; die Fahrt durch die Vorgebirge des Himalaya von DHARAMSALA (2x tgl., 6–7 Std.) und SHIMLA (Flughafen; 1x tgl., 14–15 Std.) führt über Nurpur.

Die meisten Transportmittel nach CHAMBA (2 1/4 Std.) nehmen den Weg über Banikhet, aber es gibt auch vier Busse via KHAJJIAR (1 Std.). 1x tgl. verkehrt auch ein Bus nach AMRITSAR (6 Std.).

Vom Busbahnhof führt ein steiler Weg hoch zur Mall; wer nicht laufen möchte, kann eines der Maruti-Taxis nehmen (Rs50), die auf der Strecke verkehren.

Khajjiar

Auf dem Weg nach Osten Richtung Chamba führt die Straße durch Zedernwald zur Wiese von Khajjiar hinab. Hier überblickt der kleine Tempel von **Khajjinag** aus dem 12. Jh. eine sanft gewellte Grünfläche mit einem Teich in der Mitte. Indische Touristen unternehmen gern einen Tagesausflug von Dalhousie nach Khajjiar, um sich im Ponywagen herumkutschieren zu lassen. Wer über Nacht bleiben möchte, kann im Shining Star Resort absteigen, ☎ 01899/236336, 🖥 www.shiningstarkhajjiar.com ❺, einem eleganten Hotel mit einwandfreiem Restaurant und herrlicher Aussicht. Hinter Khajjiar verläuft die Straße über kahle, terrassierte Berghänge hinunter nach Chamba. Prince Travels, am Busbahnhof in Dalhousie, betreibt einen **Ausflugsbus** nach Khajjiar und Chamba. Abfahrt ist um 10 Uhr, zurück nach Dalhousie geht es um 18.30 Uhr. Darüber hinaus fahren täglich vier Busse über Khajjiar nach Chamba.

Chamba

Von allen Seiten durch hohe Berge geschützt, wurde Chamba ein ganzes Jahrtausend lang von den königlichen Nachkommen des Raja Sahil Varma regiert, der es im Jahre 920 n. Chr. gegründet und nach seiner Tochter Champavati benannt hatte. Anders als die weiter südlich gelegenen Staaten von Himachal war es formal niemals der Mogulherrschaft unterstellt. Durch die Abgeschiedenheit hatte die dort ansässige Hindukultur Bestand, bis 1870 die ersten Straßen nach Dalhousie gebaut wurden. Mit der Entstehung des Staates Himachal Pradesh 1948 wurde Chamba Hauptstadt des gleichnamigen Distrikts. Heute kommen nur wenige Besucher her, um die einzigartigen Tempel zu besichtigen.

Die große Grünfläche *chaugan*, die für Sportveranstaltungen, Abendspaziergänge und Feierlichkeiten genutzt wird, bestimmt das Zentrum der Stadt, über dem der **Rang Mahal** thront, der heute als Regierungsgebäude dienende Palast. Das am Südrand des *chaugan* gelegene **Bhuri Singh Museum** beherbergt eine ganz passable Sammlung von einheimischer Kunst und Kunsthandwerksgegenständen. Kangra-Miniaturen aus dem 18. und 19. Jh. stellen das Leben bei Hofe, amouröse Begegnungen sowie Männer und Frauen beim Rauchen kunstvoll gearbeiteter *hookahs* dar und sind bedeutend gewagter als ihre von der Mogul-Malerei inspirierten Entsprechungen aus Rajasthan. Das beste Stück des Museums ist sein kleiner Vorrat an *rumals*, gestickten Bildern mit Szenen aus Volksmythen, die seit dem 10. Jh. von Frauen gefertigt werden. Heute halten nur noch wenige Frauen an dieser Tradition fest, aber Ansätze zur Wiederbelebung dieser Kunst gibt es im Webzentrum im alten Palast. ⏱ Di–So 10–17 Uhr, Eintritt frei.

Die Tempel

Der Tempel-Komplex **Lakshmi Narayan** hinter dem Dogra Bazaar westlich des *chaugan* ist in einem Stil erbaut worden, der ausschließlich in Chamba und Brahmour anzutreffen ist. Drei seiner sechs erdbraunen Tempel sind Vishnu geweiht und drei Shiva, alle mit aufwendig geschnitzten Außenfassaden, eigenwillig geformten *shikharas*, überhängenden Vordächern aus Holz und goldenen Dachverzierungen, die 1678 hinzugefügt wurden – trotz Aurangzebs Befehl zur Zerstörung sämtlicher Hindutempel in den Bergstaaten. In den Mauernischen sieht man Bilder von Gottheiten, doch viele sind auch leer.

Himachal Pradesh

Einige Statuen wurden bei dem Erdbeben 1905 zerstört, andere später geraubt.

Beim Betreten der Anlage trifft man zuerst auf den größten und ältesten Tempel aus dem 10. Jh., der eine Marmorstatue von Lakshmi Narayan birgt. Die drallen Jungfrauen an den Seiten des Eingangs zum Altarraum tragen je ein Gefäß mit Wasser und repräsentieren die Göttinnen Ganga und Yamuna. Im Innenraum stellt ein Fries Szenen aus dem *Mahabharata* und dem *Ramayana* dar. Die Shiva geweihten Tempel befinden sich im dritten Hof. Wenn die Augen sich an das gedämpfte Licht im Inneren des Heiligtums gewöhnt haben, sind die soliden Messingbilder von Shiva, Parvati und Nandi mit Intarsien aus Silber und Kupfer aus den nahe gelegenen Minen zu erkennen. Außerhalb des Tempelkomplexes fertigen **Kupferschmiede** Trompeten für zeremonielle Anlässe und *hookahs* aus Messing an.

Unter den übrigen Tempeln von Chamba ist der **Chamunda Devi-Tempel** aus dem 10. Jh. der faszinierendste. Er thront hoch über der Stadt im Norden – der Aufstieg über die steilen Treppen beginnt in der Nähe der Bushaltestelle und dauert etwa eine halbe Stunde. Der komplett aus

Himachal Pradesh

Treks in der Umgebung von Chamba und Brahmour

Die beliebtesten Wanderungen von Chamba aus führen Richtung Süden über die **Dhauladhar-Gebirgskette** via Minkiani- oder Indrahar-Pass nach Dharamsala. Die notwendige **Ausrüstung** kann in Chamba und Brahmour gemietet werden, wo sich auch Träger und **Führer** anheuern lassen. Mani Mahesh Travels in Chamba, ✆ 01899/222507, organisiert Treks und stellt das notwendige Zubehör bereit.

Treks durchs Pangi-Tal nach Lahaul

Nur wenigen Trekking-Touristen gelingt es, in das spektakuläre, fast unzugängliche Pangi-Tal zwischen der Gebirgskette des Hohen Himalaya im Norden und der Äußeren Himalaya-Kette im Süden vorzudringen. Einige der Gipfel hier sind noch niemals bezwungen worden, und Pfade führen weiter nach Kashmir, Lahaul und Zanskar. Für den **Trek von Traila nach Lahaul** (90 km nördlich von Chamba) braucht man neun bis zehn Tage. Er führt über Satraundhi (3500 m) und den Sach-Pass nach Killar, Sach Khas und zur Endstation Purthi, wo man den Bus über Tindi nach **Udaipur** nehmen kann. Von dort fahren Busse nach Keylong (Hauptstadt von Lahaul) mit Anschluss nach Norden bis Leh und nach Süden über den Rohtang-Pass nach Manali.

Treks von Brahmour

Trekkingrouten führen von **Brahmour** (2130 m) nach Norden über die Gebirgskette Pir Panjal.

Dabei müssen Pässe überquert werden, die fast das ganze Jahr über schneebedeckt sind. Die schwierige, sechs- bis siebentägige Wanderung über den **Kalichho-Pass** (4990 m), „Die Heimstatt von Kali", endet im Dorf **Triloknath**, dessen uralter Tempel für den dreigesichtigen Shiva sowohl Hindus als auch Buddhisten heilig ist. Von hier fahren Busse nach Udaipur und weiter nach Keylong und Manali.

Eine weitere herausfordernde fünf- bis sechstägige Strecke überquert den **Kugti-Pass** (5040 m). Von **Hadsar**, eine Busstunde von Brahmour entfernt, folgt der Pfad dem Fluss Budhil 12 km weit bis **Kugti** und schlängelt sich dann hoch zur **Kuddi Got**, einer riesigen Blumenwiese (4000 m). Der nächste Abschnitt, der über den Pass führt, erfordert für die extrem anstrengende sechsstündige Klettertour Steigeisen und Eispickel. Nachdem man sich oben am Anblick der hoch aufragenden Gipfel Lahaul und Zanskar sattgesehen hat, geht's bergab zu einem Gletscherfeld bei **Khardu** und weiter nach Raape, 7 km von **Shansha** entfernt, wo eine Straße nach Udaipur und Keylong führt.

Schließlich kann man auch eine herrliche dreitägige Wanderung zum heiligen See **Manimahesh** (4183 m) unternehmen; Ausgangs- und Endpunkt ist Hadsar. Über dem See ragt das Ehrfurcht gebietende, von ewigem Eis und Schnee bedeckte Manimahesh Kailash-Massiv empor.

Holz erbaute und mit Hunderten schwerer Messingglocken geschmückte Tempel bietet einen wunderschönen Blick auf die Ravi-Schlucht. In seinem Innern wird ein Furcht einflößendes Bild der blutdürstigen Göttin Chamunda aufbewahrt.

In der Stadt südlich des *chaugan* nahe dem Postamt befindet sich der kleine, reich verzierte **Harirai-Tempel** aus dem 11. Jh. mit einem Messingabbild von Vaikuntha, der dreiköpfigen Erscheinung von Vishnu.

Übernachtung und Essen

In der Umgebung des Busbahnhofs im Norden der Stadt gibt es mehrere Lodges, von denen die etwas schäbige **Chamunda View**, unterhalb der Haltestelle, 01899/224067, die beste ist. ❶

Das **Hotel Iravati** der HPTDC, ✆ 01899/222671, an der nächstgelegenen Ecke des *chaugan* hat komfortable Zimmer mit Teppich und Bad. ❹–❺

Sein billigerer Anbau **Champak**, ✆ 01899/222774, hat ganz annehmbare DZ und einen Schlafsaal (Rs100). ❷

Das moderne **City Heart**, am anderen Ende des *chaugan*, ✆ 01899/225930, 🖥 www.hotelcityheartchamba.com, ist das beste Hotel der Stadt. ❺–❻

Das beste Essen bekommt man im **Khaatir** im City Heart. Zwei ordentliche Alternativen dazu sind das **Rishi** im Dogra Bazaar und das **Park View** in der Museum Rd. Die hiesige Spezialität *madhra*, eine nahrhafte, ölige und leicht bittere Mischung aus Bohnen und Quark, sollte man sich nicht entgehen lassen.

Sonstiges

Geld

Die **Punjab National Bank** in der Hospital Rd kann zwar kein Geld wechseln, gibt aber Bargeld auf American Express-Reiseschecks.

Informationen

Das ein wenig triste **Tourist Office**, ✆ 01899/224002, gehört zum Iravati-Komplex. 🕐 Mo–Sa 10–17 Uhr.

Internet

Internetzugang bietet **Mani Mahesh Travels**.

Chambas alljährliches viertägiges **Suhi Mata Festival** Anfang April wird zu Ehren der Rani Sunena, Gattin des Raja Sahil Verma aus dem 10. Jh., abgehalten. Die Legende besagt, dass sich das Wasser eines Stroms in der Nähe von Chamba weigerte, durch den Kanal zu fließen, der es in die Stadt leiten sollte. Daraufhin eröffneten Brahmanen aus der Region dem Raja Verma, dass er entweder seinen Sohn oder seine Frau opfern müsse, um Abhilfe zu schaffen. Die selbstlose Königin nahm das Los auf sich. Sie wurde bei lebendigem Leib am Kanaleingang begraben, und das Wasser begann zu fließen. Bei dem Fest sind nur Frauen und Kinder zugelassen. Zuerst tanzen sie auf dem *chaugan*, später ziehen sie in einer Prozession mit dem Bildnis von Champavati (Rani Sunenas Tochter, nach der die Stadt benannt ist) und Bannern mit dem Sonnenemblem des Clans zum Suhi Mata-Tempel in den Bergen hinter der Stadt nach.

Auch **Minjar**, ein einwöchiges Gesangs- und Tanzfest Anfang August zur Feier der Maisernte, ist ein Fest, das es nur in Chamba gibt. Seinen Höhepunkt erreicht es am letzten Tag der Festwoche. Dann veranstalten die Einheimischen, Gaddis und Gujjars, in traditionelle Gewänder gehüllt einen turbulenten Umzug, der sich vom Palast aus zum Flussufer hinabschlängelt, wo Maisbüschel ins Wasser geworfen werden. Vor der Unabhängigkeit war es üblich, einen Büffel in den Fluss zu treiben. Ertrank er, galt das als ein gutes Omen. Rettete er sich aber schwimmend ans andere Ufer, war im Laufe des Jahres noch Unheil zu erwarten.

Transport

Von Chamba fährt tgl. ein Bus nach DHARAMSALA (21.30 Uhr; 8–9 Std.) und zwei nach SHIMLA (4 und 17 Uhr; 15–16 Std.). Halbstündlich geht ein Bus nach BANIKHET, stdl. nach PATHANKOT (5 Std.) und 1x tgl. nach AMRITSAR (11 Uhr; 8 Std.).

Brahmour

Brahmour ist ein auf allen Seiten von hohen Schneegipfeln umgebenes Kleinstädtchen mit Giebeldachhäusern, Apfelbäumen und kleinen Maisfeldern. Die **Tempel**, deren geschwungene *shikharas* den großen, säuberlich asphaltierten zentralen Stadtplatz dominieren, sind sehenswerter und besser erhalten als ihre Nachbarn in Chamba. Die Tempeltüren werden nur morgens und abends zur *puja* aufgeschlossen. Bei der Gelegenheit lässt sich ein Blick auf die wuchtigen Bronzestatuen von Ganesh, Shiva und Parvati werfen. Sie stehen hier schon unverändert seit dem 7. und 8. Jh., als Brahmour die Hauptstadt der gesamten Bergregion ringsum war.

Zur Wallfahrt *(yatra)* im September sind alle Unterkünfte ausgebucht, aber sonst ist es kein Problem, in einem der Handvoll Gästehäuser ein **Zimmer** zu bekommen. Die beste Wahl sind das Divya Cottage, ✆ 01090/275033 ❷ – vielleicht die empfehlenswerteste Herberge in Brahmour – und das Shanti Guesthouse, ✆ 01090/225018 ❶, ganz in ihrer Nähe. Bezüglich **Essen** ist die Auswahl gering; das Restaurant Chourasi ist einen Hauch besser als die Essenstände an der Hauptstraße zwischen Busbahnhof und Stadtplatz. Beim gut organisierten Mountaineering Institute gibt es **Trekkinginfos** für die Umgebung und einen Ausrüstungsverleih, und die Angestellten besorgen auch zuverlässige Guides und Träger.

Das Kullu-Tal

Das majestätische Kullu-Tal liegt eingebettet zwischen dem Pir Panjal im Norden, der Parvati-Kette im Osten und der Barabhangal-Kette im Westen. Hier zeigt sich Himachal von seiner idyllischsten Seite: tosende Flüsse, bezaubernde Bergdörfer, Obstgärten und terrassenförmige Felder, dichte Kiefernwälder und schneebedeckte Gebirgskämme.

In alten Hindu-Schriften als **Kulanthapitha** oder das „Ende der bewohnbaren Welt" erwähnt, erstreckt sich das Kullu-Tal von der Mündung der steilen und engen **Larji-Schlucht** in der Nähe von Mandi über 80 km nördlich bis zum Fuße des **Rohtang-Passes**, dem Tor nach Lahaul und Ladakh. Jahrhundertelang bildete das Tal einen wichtigen Handelskorridor zwischen Zentralasien und der Gangesebene, und die regionalen Herrscher, die zunächst in **Jagatsukh** und später in **Naggar** und Sultanpur, dem heutigen **Kullu**, ihren Sitz hatten, konnten aus dem Durchgangsverkehr beachtliche Profite ziehen. Durch dieses Handelsmonopol wurde das Kullu-Tal jedoch auch zum begehrten Ziel für Invasoren, und so mussten sich die Rajas von Kullu im 18. und 19. Jh. der Angriffe des Raja von Kangra und der Sikh erwehren, bis ihr Land schließlich 1847 von den Briten annektiert wurde.

In den darauf folgenden Jahren kamen britische Familien aus Shimla über den Jalori-Pass und nutzten das Hochgebirgsklima des Tals zum Anbau von **Äpfeln**, der neben dem **Cannabis**-Anbau die Hauptstütze der heutigen Landwirtschaft darstellt. Die erste Straße, 1927 zunächst für den Obstexport gebaut, bedeutete das Ende der Ruhe und Abgeschiedenheit, weshalb viele Siedler ihre Sachen packten und die Gegend verließen – schon lange vor Erlangung der Unabhängigkeit. In den 1950er- und 60er-Jahren nahm die Einwohnerzahl aufgrund des Zustroms **tibetischer Flüchtlinge** wieder zu.

Trotz der Veränderungen durch die Straßen, die Zuwanderung und den erst kürzlich aufgekommenen Massentourismus hat sich die Lebensweise des Kullu-Tals in unzähligen Dörfern aus Holz und Stein erhalten. Die *pahari* („Bergbewohner") genannten Einheimischen – hochkastige Thakurs mit Grundbesitz und ihre (niederkastigen) abgabepflichtigen Gutspächter – tragen wie eh und je die unverwechselbaren Kullu-typischen Kopfbedeckungen *(topi)*. Die Frauen tragen bunte Kopftücher und mit Silbernadeln und -ketten befestigte *puttoos*. Bei einem Ausflug zu den saftigen Wiesen oberhalb der Baumgrenze begegnet man auch nomadischen Gaddi-Schafhirten.

Die meisten Touristen fahren nach der zermürbenden Reise von Leh oder Delhi gleich weiter nach **Manali**, wo es neben einer Riesenauswahl an Hotels und Restaurants eine entspannte Atmosphäre und für jeden Geschmack etwas zu tun gibt. Nach wie vor ein beliebter Hippietreff,

KULLU-TAL

N

0   10 km

Leh, Lahaul

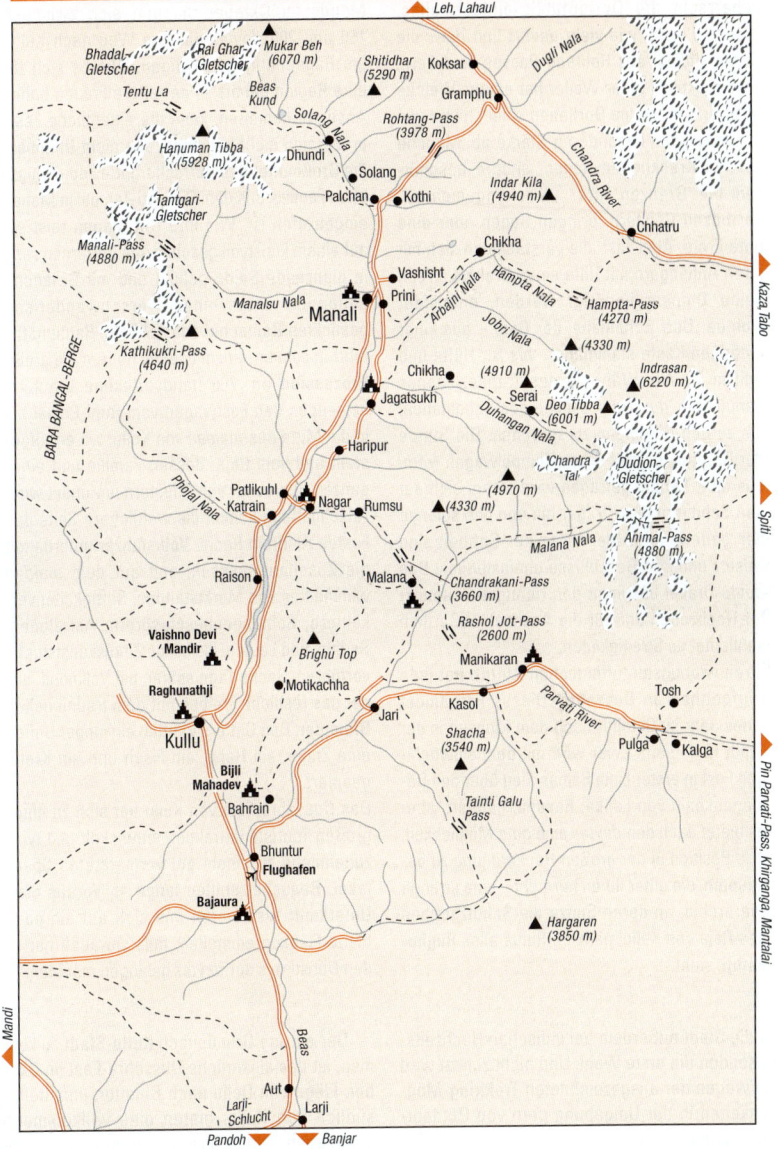

Bhadal-Gletscher
Rai Ghar-Gletscher
Mukar Beh (6070 m)
Shitidhar (5290 m)
Koksar
Gramphu
Dugli Nala

Tentu La
Beas Kund
Solang Nala
Rohtang-Pass (3978 m)
Chandra River

Hanuman Tibba (5928 m)
Dhundi
Solang
Palchan
Kothi
Indar Kila (4940 m)
Chhatru

Tantgari-Gletscher
Manali-Pass (4880 m)
Chikha
Vashisht
Prini
Arbaiti Nala
Hampta Nala
Hampta-Pass (4270 m)

Manalsu Nala
Manali
Jobri Nala
(4330 m)

Kathikukri-Pass (4640 m)
Chikha
(4910 m)
Serai
Deo Tibba (6001 m)
Indrasan (6220 m)

Jagatsukh
Duhangan Nala

Haripur
Chandra Tal
Dudion-Gletscher

Patlikuhl
Katrain
Nagar
Rumsu
(4970 m)
(4330 m)

Pholaj Nala
Malana Nala
Animal-Pass (4880 m)

Raison
Malana
Chandrakani-Pass (3660 m)

Vaishno Devi Mandir
Brighu Top
Rashol Jot-Pass (2600 m)
Manikaran
Tosh

Raghunathji
Motikachha
Kasol
Parvati River

Kullu
Jari
Shacha (3540 m)
Pulga
Kalga

Bijli Mahadev
Bahrain
Tainti Galu Pass

Bhuntur
Flughafen

Bajaura
Hargaren (3850 m)

BARA BANGAL-BERGE

Himachal Pradesh

Kaza, Tabo

Spiti

Pin Parvati-Pass, Khirganga, Mantalai

Mandi

Beas

Aut
Larji
Larji-Schlucht

Pandoh   Banjar

www.stefan-loose.de/indien

Das Kullu-Tal   485

Himachal Pradesh

In der Region Kullu, oft **„Tal der Götter"** genannt, beherrscht die Dorfgottheit einfach alles. Niemand weiß, wie viele *devtas* und *devis* die Berge südlich des Rohtang-Passes bevölkern, aber praktisch jeder Weiler hat eine/n. Welche Rolle er oder sie im Dorfleben spielt, hängt von der jeweiligen besonderen Stärke ab. Manche können Krankheiten heilen, andere beschützen die Grenzen ihrer „Kirchengemeinde" vor bösen Geistern, bringen Regen oder eine gute Ernte. Aber fast alle verständigen sich mit ihren Anhängern mit Hilfe eines **Orakels**. Wenn seine Dienste benötigt werden, entkleidet sich der Dorf-Schamane, der **Gaur** – aus einer niedrigen Kaste stammend – bis zur Hüfte und fällt in Trance. Während des Trancezustands benutzt der *devta* die Stimme des Schamanen, um zu den Gläubigen zu sprechen. Die Statue der Gottheit, die auf einem Tempelwagen *(rath)* aus dem Tempel getragen wird, wiegt sich auf den Schultern ihrer Träger hin und her, solange der *gaur* spricht. Die Worte der Gottheit sind Gesetz und ihre Beschlüsse unumstößlich. Das *devta*-Orakel bestimmt den richtigen Zeitpunkt für Hochzeiten und für die Aussaat, außerdem schlichtet es Streitigkeiten.

Ihren wichtigsten öffentlichen Auftritt hat jede Dorfgottheit an **Dussehra**. Dieses Fest findet jedes Jahr im Oktober nach dem Monsun in der Stadt Kullu statt. Zwar wird mit dem einwöchigen Fest in erster Linie Ramas Sieg über den Dämonenkönig von Lanka, Ravana, gefeiert, aber es bietet auch den *devtas* eine gute Möglichkeit, ihre Position in der großen Hackordnung zu behaupten, die unter ihnen herrscht – eine strenge Hierarchie, an deren Spitze die Schutzgottheit des Raja von Kullu, nämlich Rama alias **Raghunathji**, steht.

Am 10. Tag des Neumonds oder „weißen" Monds im Oktober machen sich zwischen 150 und 200 *devtas* auf den Weg nach Kullu, um Raghunathji zu huldigen. Wie es sich für eine Region gehört, in der ältere Frauen hohes Ansehen genießen, kann die eigentliche Festprozession nicht beginnen, ehe nicht **Hadimba**, die Großmutter des Herrschergottes der königlichen Familie, aus dem Dunghri-Tempel in Manali eingetroffen ist. Wie ihre Untertanen reist sie auf einem kunstvoll geschnitzten hölzernen *rath*, in glänzende Seide gehüllt und mit Girlanden behangen unter einem verschwenderisch bestickten Baldachin oder *chhatri*. Raghunathji führt in seinem *rath* mit sechs Rädern die große **Prozession** an. 200 handverlesene Gläubige schleppen den Festwagen vom Rupi-Palast bis in die Mitte des *maidan* von Kullu, wo er aufgestellt und vom Raja, dessen Familie und einer ganzen Heerschar von Priestern umrundet wird. Anschließend kommt die weltlichere Seite des Festes zu ihrem Recht. **Volkstänzer** unterhalten die Zuschauermassen, und auf dem *maidan* wimmelt es von Marktständen, Süßigkeitenverkäufern, Schlangenbeschwörern, Astrologen, Sadhus und Leuten, die billige Zirkuskunststücke vorführen. Sechs Tage später, bei Vollmond, endet das festliche Treiben mit dem traditionellen **Blutopfer:** Den Göttern werden ein junger Büffel, eine Ziege, ein Hahn, ein Fisch und ein Krebs geopfert.

Das Dussehra-Fest von Kullu hat sich zu einer großen Touristenattraktion entwickelt und wird zunehmend zu einem gut vermarkteten Spektakel. Besucher sollten lange im Voraus eine Unterkunft reservieren und sich auf ein paar blaue Flecken einstellen, falls sie auch nur in den Dunstkreis der *devtas* gelangen möchten.

---

ist die Stadt außerdem bei indischen Hochzeitsreisenden die erste Wahl. Und nicht zuletzt wird sie wegen der ausgezeichneten **Trekking**-Möglichkeiten in der Umgebung gern von Outdoor-Enthusiasten besucht.

Der einzige Grund, nach **Kullu-Stadt** zu kommen, ist das alljährliche Dussehra-Fest im Oktober. **Flüge** von Delhi nach Bhuntur, unmittelbar südlich von Kullu, bieten eine willkommene, wenn auch wetterabhängige Alternative zu den langen nächtlichen Busfahrten. Weiter nördlich bieten das Schloss, die antiken Tempel und netten Gästehäuser von **Naggar** eine angenehme Abwechslung zum Betonstadtbild des modernen Manali, ebenso die heiligen heißen Quellen von **Manikaran** im fantastischen **Parvati-Tal**.

Kullu

Kullu, das seit Mitte des 17. Jhs. die Hauptstadt des Tals war, wurde nach Erlangung der Unabhängigkeit zum Sitz der Distriktverwaltung. Obwohl es das Handelszentrum und der wichtigste **Verkehrsknotenpunkt** der Region ist, spielt es als Touristenzentrum nur eine untergeordnete Rolle neben dem 40 km nördlich gelegenen Manali. Kullu ist laut, verschmutzt und meilenweit entfernt von den ruhigen Dörfchen hoch oben in den umgebenden Bergen. Auch eine neue Umgehungsstraße, die einen Teil des Verkehrs vom Zentrum wegführt, brachte wenig Erleichterung. Kullu ist ein günstiger Ort, um ein Verkehrsmittel für die Weiterfahrt ins Parvati-Tal zu nehmen, und im Umkreis der Stadt findet man einige **Tempel**, von denen sich wunderschöne Ausblicke aufs Tal eröffnen. Im Oktober, wenn die Talbewohner herbeiströmen, um **Dussehra** zu feiern, erhält die Stadt ein völlig anderes Gesicht.

Die Tempel

Der berühmteste Tempel von Kullu, **Raghunathji Mandir**, beherbergt eine heilige Statue von Raghunathji, einer Erscheinungsform von Rama, die Mitte des 17. Jhs. von Raja Jagat Singh nach Kullu gebracht wurde. Der Tempel liegt hinter dem **Rupi-Palast** der Rajas von Kullu oberhalb der Bushaltestelle versteckt. Spaziert man etwa eine halbe Stunde weiter aufwärts, führt der gepflasterte Weg vorbei am Städtchen Sultanpur bis zu einem hohen Kamm, von dem sich ein grandioser Blick über den Beas-Fluss bis zu den schneebedeckten Gipfeln im Osten bietet. Der kleine Höhlentempel **Vaishno Devi Mandir**, der ein Abbild der Göttin Kali (Durga) beherbergt, liegt anstrengende 3 km weiter entfernt.

Ein weiterer bedeutender Tempel, der **Bijli Mahadev Mandir**, befindet sich 8 km südöstlich der Stadt auf dem Steilhang über dem heiligen Zusammenfluss des Beas und des Parvati. Man nähert sich dem Tempel über die Hängebrücke von Akhara Bazaar nach Tapu und läuft einen gut ausgetretenen Pfad nach Süden entlang des Beas. Bijli Mahadev ist für seinen außergewöhnlichen **Lingam** berühmt. Blitzschläge, die über den 20 m hohen Mast mit einem Dreizack an der Spitze in das Heiligtum geleitet werden, sollen die Ikone in regelmäßigen Abständen zerstören, die sich später dann mit Hilfe der Bittgebete des hiesigen *pujari* wie durch ein Wunder wiederherstellt. Vom Tempel bietet sich ein wunderbares Panorama des Parvati- und Kullu-Tals sowie der höchsten Berge von Himachal. Wer über Nacht bleiben möchte, findet eine einfache **Unterkunft** mit Kaltwasser und ohne Toiletten im Rasthaus des Tempels (Spende erbeten). Am folgenden Tag kann man ins Parvati-Tal hinabwandern.

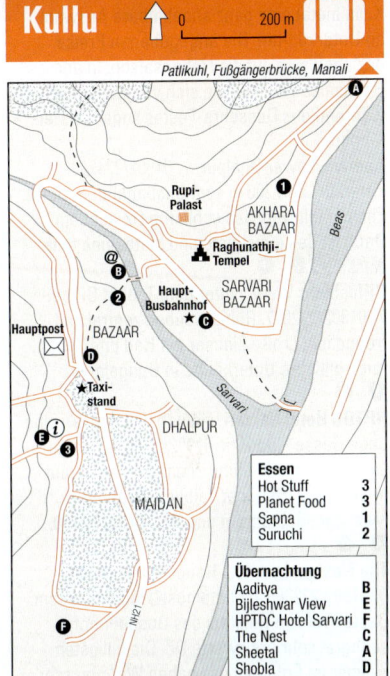

Kullu

Patlikuhl, Fußgängerbrücke, Manali

Rupi-Palast
AKHARA BAZAAR
Raghunathji-Tempel
Haupt-Busbahnhof
SARVARI BAZAAR
Hauptpost
BAZAAR
Taxi-stand
DHALPUR
MAIDAN

Beas
Sarvari
NH21

Essen	
Hot Stuff	3
Planet Food	3
Sapna	1
Suruchi	2

Übernachtung	
Aaditya	B
Bijleshwar View	E
HPTDC Hotel Sarvari	F
The Nest	C
Sheetal	A
Shobla	D

Bhuntur Airport (10 km), Parvati-Tal, Mandi

Übernachtung und Essen

Kullu bietet eine ganz annehmbare Auswahl an Unterkünften. Die angegebenen Preise beziehen sich auf die Nebensaison. In der Hochsaison können sie sich verdoppeln und während des Dussehra-Festes sogar vervierfachen.

Aaditya, Lower Dhalpur, ✆ 01902/224263. Zentrale Lage 200 m vom Busbahnhof entfernt. Zimmer mit Bad; das schlichte DZ auf dem Dach ist das günstigste und bietet eine tolle Aussicht. ❷–❹

Bijleshwar View, hinter dem Tourist Office, ✆ 01902/222677. Ruhig, sauber, zentral und freundlich; große Zimmer mit Bad und Kamin, auch billigere Unterkünfte in Bungalows. ❷–❸

HPTDC Hotel Sarvari, südlich des *maidan* eine enge Gasse hinauf, ✆ 01902/222471. Ruhige Lage, unterschiedliche Zimmer im alten und neuen Trakt. Schöner Talblick, Ayurveda-Massage, Restaurant und Bar. Dorm Rs100. ❹–❻

The Nest, neben dem Haupt-Busbahnhof, ✆ 01902/222685, ✉ hotelnest@rediffmail.com. Beste Wahl im Umkreis des Busbahnhofs; saubere, sehr preiswerte DZ. Die billigsten Zimmer im Erdgeschoss haben Warmwasser aus Eimern; zwei der etwas teureren Zimmer im Obergeschoss besitzen ein eigenes Bad. Keine saisonal bedingten Preisänderungen. ❶–❷

Sheetal, Akhara Bazaar, ✆ 01902/224548. Nettes kleines Gästehaus, Zimmer mit Blick über den Fluss. Sehr gutes Preis-Leistungs-Verhältnis. ❷

Shobla, Dhalpur, ✆ 01902/222800. Das Tophotel von Kullu wurde kürzlich umfassend renoviert. Große Zimmer, gutes Restaurant mit gemischtem Speiseangebot und Rasenflächen zum Ausspannen. ❹–❼

Die besten Lokale, abgesehen von den Hotelrestaurants, sind **Planet Food** und **Hot Stuff**, zwei Restaurants mit ähnlichen Preisen auf ihren gemischten Speisekarten, unweit des Tourismusbüros. **Sapna**, ein preiswerter Süßwarenladen im Akhara Bazaar, serviert auch südindische Gerichte, ebenso **Suruchi** an der Stadtseite der Fußgängerbrücke.

Sonstiges

Informationen

Das **Tourist Office** der HPTDC, ✆ 01902/222349, liegt an der Westseite des Dhalpur Maidan. ⏲ tgl. 10–18, April–Juni bis 20 Uhr.

Im **District Commissioner's Office**, ✆ 01902/222727, kann man Inner Line Permits (S. 502) für Sperrgebiete in Spiti und dem oberen Kinnaur beantragen. ⏲ Mo–Sa 10–17 Uhr, am 2. Sa im Monat geschlossen.

Internet

Das am günstigsten gelegene Internetcafé befindet sich neben dem Hotel Aaditya.

Transport

Busse

Alle Fernbusse halten am **Haupt-Busbahnhof** am Sarvari Bazaar am Nordufer des Sarvari River, der von Westen durch die Stadt fließt. Örtliche Busse Richtung Norden halten auch am oberen Ende des Dhalpur, unweit der meisten Hotels und Restaurants. Im **Tourist Office** kann man Tickets für die Deluxe-Busse der HPTDC nach DELHI, SHIMLA und CHANDIGARH buchen.

Reisende nach NAGGAR nehmen einen der vielen Busse Richtung Manali, die auf der Hauptstraße in Richtung Norden an der Westseite des Tals entlangfahren, und steigen in Patlikuhl aus. Von dort nimmt man für die restlichen 6 km ein Sammeltaxi oder einen örtlichen Bus. Es gibt auch direkte Busverbindungen über Naggar nach MANALI. Diese Verbindung (etwa stdl.) ist langsamer, aber landschaftlich sehr viel reizvoller.

Flüge

Flüge nach Kullu von Delhi und Shimla landen in Bhuntur, 30 Min. Busfahrt südlich von Kullu. Taxis zum Flughafen (Rs200) sollten im **Union Office**, ✆ 01902/222322, in der Nähe des Tourist Office gebucht werden. Für Flüge mit Indian Airlines, Kingfisher und MDLR ist **Ambassador Travels**, ✆ 01902/225286, im LAC-Building gegenüber dem Dhalpur Maidan zuständig. Jagsons ist die günstigere Wahl und berechnet für den einfachen Flug knapp US$100.

Das Parvati-Tal

Gigantische Berggipfel umgeben das längste Nebental des Kullu-Tals – das Parvati-Tal, das sich von den Gletschern und Schneefeldern an der Grenze zu Spiti westwärts bis zum Beas bei Bhuntar windet. Inmitten grüner Terrassen und uralter Kiefernwälder schmiegen sich malerische Dörfer an die Hänge. Zwar wurde die Landschaft um **Jari** durch das unschöne **Malana-Wasserkraftwerk** schwer in Mitleidenschaft gezogen, doch geben sich die Verantwortlichen alle Mühe, die Stelle zumindest zu kaschieren. Das Tal zieht eine seltsam anmutende Mischung von Besuchern an, bestehend aus westlichen Hippies (darunter zahlreiche Israelis) und Sikh-Pilgern auf dem Weg zum *gurudwara* in **Manikaran**, 32 km nordöstlich des Zusammenflusses von Beas und Parvati. Diese uralte religiöse Stätte, die sowohl Hindus als auch Sikhs heilig ist, liegt auf dem Grunde einer düsteren Schlucht und ist berühmt für ihre **heißen Quellen**, die aus dem steinigen Boden hervorsprudeln.

Um die Landschaft am Parvati in ihrer märchenhaften Schönheit richtig genießen zu können, muss man **wandern**. Zwei beliebte Routen bahnen sich ihren Weg talaufwärts: Die eine führt vom faszinierenden Bergdorf **Malana** (s. Kasten S. 497) nach Norden über den Chandrakhani-Pass nach Naggar. Die andere folgt dem Lauf des Parvati gen Osten nach **Khirganga**, einer weiteren heiligen heißen Quelle und einem beliebten Aufenthaltsort für Sadhus. Von dort geht der Weg weiter nach **Mantalai** mit seinem Shiva-Schrein und weiter über den eindrucksvollen Pin-Parvati-Pass in 5400 m Höhe bis nach **Spiti**. Dieses nicht zu unterschätzende Schneefeld wird von Gletscherspalten durchzogen und seine Überquerung nimmt mehrere Stunden in Anspruch. Ein Führer ist absolut unverzichtbar (s. Kasten).

Jari, Mateura und Kasol

Die Ortschaft **Jari**, 15 km von Bhuntur entfernt, erstreckt sich beiderseits der Hauptstraße und am Südhang des Parvati-Tals. Sie blickt hinüber ins steile Manala-Tal im Norden und auf die schneebestäubten Spitzen der Baranagh-Kette

am östlichen Horizont. Ebenso wie viele ihrer Artgenossen beherbergt die armselige Siedlung eine kleine Durchgangspopulation bekiffter Westler, die sich vom erstklassigen *charas* angezogen fühlen. Zwei einfache, freundliche **Unterkünfte** sind das Dharma Guest House, ✆ 01902/276059 ❶, am Hang über dem Busbahnhof, und das sauberere Om Shiva, ✆ 01902/276202 ❶–❷, am Dorfeingang links. Das beste Essen gibt es im Restaurant Deepak am Busbahnhof. Wer eine Abkürzung nach **Malana** (s. Kasten) nehmen möchte, kann ein Fahrzeug hoch zum Wasserkraftwerk Malana mieten, von dort sind es nur noch 4 km Fußweg bis ins Dorf.

Knapp zehn Minuten zu Fuß vom Busbahnhof liegt oben am Hang das unberührte Dörfchen **Mateura** mit atemberaubender Aussicht auf die Parvati Range. In Mateura steht der kleine, aber bedeutsame Kali Anagha-Tempel. Das Vil-

Verschwunden im Parvati-Tal

Innerhalb eines guten Jahrzehnts sind im Parvati-Tal mindestens 20 Reisende auf mysteriöse Weise spurlos verschwunden. Die meisten sind nie wieder aufgetaucht; so auch der Israeli, dessen Fall im Juli 2009 durch die Presse ging. Es gibt verschiedene Theorien zur Erklärung, von drogenbedingten Unfällen auf den tückischen Bergpfaden über Angriffe von Bären und Wölfen bis hin zu Machenschaften der zahlreichen Cannabispflanzer der Gegend. Sogar von der Teilnahme der Verschwundenen an geheimen Kulten hoch oben in den Bergen war die Rede.

Es weist jedoch alles auf Raubüberfälle aus purer Habgier hin, wobei die wilden Wasser des Parvati wohl zur Beseitigung der Leichen dienten. Alleinreisende sollten den Rat beherzigen und **Treks durch die Berge nur mit anerkannten Führern** unternehmen. Alleingänge sind tunlichst zu unterlassen – nicht einmal die relativ einfache Route über den Chandrakhani-Pass zwischen Naggar und Malana und die unkomplizierte Strecke zu den heißen Quellen bei Khirganga. Es gibt mehrere Trekkingagenturen in Kullu und Manali, die seriöse Führer vermitteln können.

lage Guest House, ☎ 01902/276070 ❷, ist ein traditionelles Haus mit Holzbalkon. Es liegt in einem wunderschönen Garten, hat makellose Zimmer mit Satelliten-TV und ist das ganze Jahr über gut besucht. Von der Dachterrasse des benachbarten Rooftop Restaurant & Guest House, ☎ 01902/275434 ❶, lässt sich das ganze Dorf überblicken.

Hinter Jari schlängelt sich die Straße hinab ins Tal des reißenden, grau-grünen Parvati. Sie erreicht ihn bei **Kasol**, einem malerischen, von Wald umgebenen Dorf, durch das ein Gebirgsfluss rauscht. Es liegt nur 4,5 km von Manikaran entfernt, ein gemütlicher Spaziergang auf einem Waldweg. Kasol ist bei Insidern zu Berühmtheit gelangt – hier hat sich eine große Gemeinde *charas*-rauchender Traveller angesiedelt, zumeist Israelis, was dem Ort bei den Einheimischen den Spitznamen „Klein-Israel" eingetragen hat. Auch der eine oder andere Wanderer auf dem Weg zum oder vom Rashol Jot-Pass (2440 m) kommt hier durch. Diese harte Tagesklettertour, die an der Nordwand des Tals hochführt, stellt eine Alternativstrecke nach Malana und zur Chandrakhani-Route ins Kullu-Tal dar. Bei Swagtam Tourism in Kasol kann man **Geld wechseln** und bekommt gegen 3 % Gebühr auch Bargeld auf Kreditkarte.

Das **Übernachtungsangebot** reicht von spartanischen Zimmern in Dorfhäusern und schlichten Herbergen bis zu Hotels wie dem Deep Forest, ☎ 01902/273048 ❷, oben am Berg direkt hinter der Brücke, oder dem nobleren Hotel Sandhya Kasol, ☎ 01902/273745 ❸–❺. Es liegt 300 m außerhalb vom Dorf, besitzt gut ausgestattete Zimmer, und in der Nebensaison gehen die Preise um bis zu 70 % runter. Das beste Preis-Leistungs-Verhältnis bietet das zweistöckige Alpine Guest House, ☎ 01902/273710, 🖳 www. alpineguesthouse.net ❷–❸. Es steht auf einem baumbestandenen Grundstück am Fluss und hat geräumige Zimmer.

In Kasol gibt es viele billige **Travellercafés**. Das große Plus des Moondance Restaurant and Bakery in der Nähe der Brücke ist seine Lage, es blickt nämlich direkt auf den schmucken Sasi Palace am anderen Ufer. Im Dorf, an der Bhuntur zugewandten Seite, werden im Little Italy Spaghetti und andere westliche Gerichte gekocht

und auf der gut besuchten Terrasse serviert. Und im Tushar Tea Stall lassen Sadhus und westliche Hippies *charas* herumgehen.

Manikaran und Umgebung

Die unweit von Kasol aus dem felsigen Flussufer aufsteigenden Dampfwolken kündigen die Hauptattraktion des Parvati-Tals an. In der Hindu-Mythologie ist Manikaran als der Ort benannt, wo der Schlangenkönig Shesha die Ohrringe *(manikara)* von Parvati stahl, während sie und ihr Gemahl Shiva im Fluss badeten. Als die Schlange von den Göttern ins Kreuzverhör genommen wurde, prustete sie wütend die Ohrringe aus ihrer Nase heraus. Seither kommt hier heißes Wasser aus der Erde. Verehrt wird der Ort auch von den Sikh, die über der Quelle ein riesiges *gurudwara* aus Beton errichtet haben.

Manikaran liegt am Grund einer gewaltigen, steil abfallenden Schlucht und ist ein feuchter, dunkler und beengter Ort, an dem man nicht unbedingt mehr als eine Nacht verbringen möchte. Das Leben spielt sich hauptsächlich um die Quellen herum ab, die man auf der Straße von der Fußgängerbrücke aus durch das Dorf erreicht. Unterwegs sollte man den kunstvoll gemeißelten **Rama-Tempel** gleich hinter dem Hauptplatz beachten und die Pfannen mit Reis und *dhal*, die in den dampfenden Becken auf den Wegen kochen. Unten am **Shiva-Schrein** neben dem Fluss sitzen halbnackte **Sadhus** im siedenden Wasser und rauchen Chillums. Die Sikh-Pilger unterdessen gehen zum nahe gelegenen **Gurudwara**, wo sie ein kurzes, reinigendes Bad in dem unterirdischen Becken nehmen und ein Dampfbad in den heißen Höhlen, bevor sie sich oben versammeln, um den musikalischen Rezitationen aus dem heiligen Buch der Sikh, *Guru Granth Sahib,* zu lauschen. Bei einem Besuch sind Arme, Beine und Kopf zu bedecken, Tabakkonsum ist im gesamten Komplex verboten.

Außer im Mai und Juni, wenn Urlauber aus dem Punjab nach Manikaran strömen, gibt es genügend preiswerte Unterkünfte. Die meisten der hier aufgelisteten Hotels verfügen über Whirlpools, allerdings verursacht der Dampf unangenehme Feuchtigkeit und Stockflecken in vielen der Räume.

Hotel Shivalik, ☎ 01902/273817, an der Hauptstraße bei der Abzweigung zum Busbahnhof, hat große Zimmer, TV und Balkone mit Flussblick. ❷–❹

Country Charm, am Busbahnhof, ☎ 01902/273703, ist ein ziemlich mitgenommenes Hotel mit kitschigen Zimmern und einem heißen Becken. Überwiegend von Einheimischen besucht. ❸

Jenseits der Fußgängerbrücke liegen zahlreiche billige Gästehäuser und begehrte, oft überfüllte Tempel-Dorms. Das beste der Gästehäuser ist das **Fateh Guest House**, ☎ 01902/273767, dessen Zimmer alle über warme Duschen und TV verfügen. ❶

Sharma Guest House, ☎ 01902/273742, am entlegenen Ende des Basars, ist die bessere der beiden Unterkünfte beim *gurudwara*. Allerdings hat es nur Gemeinschaftsbäder. ❶

Manikaran ist streng vegetarisch. Das beste Restaurant ist **Holy Palace**, in der Hauptstraße zwischen dem Rama-Tempel und dem *gurudwara*. Das gute *dhaba* **Veerda Janta** in einer Ecke des Busbahnhofs hat leckeres, gut gewürztes indisches Essen. Für *chai* und Snacks ist das **Sharma Sweets**, nahe dem Rama-Tempel, zu empfehlen.

Transport

Mindestens 1x stdl. verkehren **Busse** von BHUNTUR nach Manikaran (1 1/2 Std.). Der letzte Bus zurück nach KULLU über Bhuntur fährt gegen 18 Uhr. Es ist auch möglich, ein Maruti-**Taxi** zu mieten.

Naggar

Das landschaftlich reizvollste und am einfachsten zugängliche Gebirgsdorf zwischen Kullu und Manali ist das 6 km von der Hauptkreuzung bei Patlikuhl entfernte Naggar, das sich über grüne, terrassenförmig ansteigende Hänge erstreckt. Einst war diese Ansammlung von Häusern um ein altes Schloss die Hauptstadt der Region, ehe die einheimischen Rajas Mitte des 19. Jhs. ihre Zelte abbrachen und nach Kullu zogen. Etwa 100 Jahre später kamen dann die ersten europäischen Siedler.

Die antiken Tempel des Dorfes, seine ruhige Lage und entspannte Atmosphäre laden zum Verweilen ein. Auf zahlreichen Bergpfaden, die zu entlegeneren Ortschaften hochführen, lassen sich herrliche Wanderungen unternehmen.

Naggars Sehenswürdigkeiten und Unterkünfte befinden sich ein gutes Stück oberhalb des kleinen Basars, wo die Busse ankommen. Wer über ein eigenes Fahrzeug verfügt, kann bis zur Roerich-Galerie am oberen Ende des Ortes hochfahren.

Das Schloss

Seit es um 1700 von Raja Sidh Singh errichtet wurde, hat das zentrale Schloss von Naggar auf seinem Steilhang als Palast, koloniales Herrenhaus, Gerichtsgebäude und Schule gedient. Heute ist es ein vom Staat Himachal betriebenes Hotel, doch auch Nicht-Gäste können sich hier für Rs15 umsehen und die Aussicht von den Balkonen genießen. Im traditionellen, „erdbebensicheren" *pahari*-Stil aus Zedernholz und Stein erbaut, verfügt das Castle über einen zentralen Innenhof, einen kleinen Schrein sowie einen Kunsthandwerksladen im Erdgeschoss. Die gestaltlose Gottheit des **Jagti Patt-Tempels**, eine mit Rosenblättern und Rupien-Noten bestreute dreieckige Felsplatte, soll aus ihrer Heimat auf dem Gipfel des Deo Tibba von einem Schwarm wilder Bienen – die getarnten *devtas* des Tals – hierher getragen worden sein.

Die Nicholas Roerich-Galerie

Am oberen Rand des Dorfes thront die **Nicholas Roerich-Galerie**, 🖥 www.roerichtrust.org, mit einer Ausstellung von Gemälden und Fotografien zum Andenken an ihren früheren Besitzer, den russischen Künstler, Schriftsteller, Philosophen, Archäologen, Forscher und Mystiker. Roerichs stimmungsvolle Landschaftsmalereien und esoterischen Philosophien – eine geheimnisvolle Mischung aus östlichem Mystizismus und humanistischem Idealismus des Fin de Siècle – inspirierten zu Beginn des 20. Jhs. eine kultähnliche Anhängerschaft in Frankreich und den Vereinigten Staaten. Die Spenden seiner Verehrer versetzten Roerich in die Lage, seiner großen

Leidenschaft nachzugehen: den Himalaya zu bereisen. 1929 setzte er sich in Naggar zur Ruhe, wo er 18 Jahre später starb. ⏱ Di–So: Mai–Aug 10–13 und 13.30–18 Uhr; Sep–März 10–13 und 13.30–17 Uhr, Eintritt Rs30, Fotoerlaubnis Rs25, Video Rs60.

Folgt man dem Weg oberhalb der Straße weiter aufwärts durch den Wald, so gelangt man nach etwa 100 m zum **Urusvati-Himalayan Folk Art Museum** (Eintrittskarte auch hier gültig). Das Museum wurde 1928 von Roerichs Frau gegründet und stellt eine Sammlung einheimischer Volkskunst und Gebräuche aus, daneben Gemälde von Roerich, einige Werke seiner russischen Anhänger und russische Volkskunst.

Die Tempel

Der größte und charakteristischste unter Naggars alten Hindu-Tempeln und -Schreinen ist der im Pagodenstil ganz aus Holz erbaute **Tripuri Sundri** in einer kleinen Anlage am oberen Ende des Dorfes, gleich unterhalb der Straße zur Roerich-Galerie. Ebenso wie der Dunghri-Tempel in Manali krönt ihn ein dreistufiges Dach, wobei das oberste rund ist. Sein *devta* steht im Mittelpunkt des alljährlichen *mela* (Mitte Mai), wenn die Gottheiten aus den umliegenden Dörfern in einem Umzug hergebracht werden, um ihm die Ehre zu erweisen.

Zehn Gehminuten bergan – die Steintreppen hinauf, die von der Straße nach rechts führen – liegt eine Lichtung, von wo aus der alte **Murlidhar** (Krishna) **Mandir** aus Stein auf Naggar herabschaut und sich eine bildschöne Aussicht über das Tal bis zu den verschneiten Gipfeln von Solang und zum Rohtang-Pass bietet. Das Heiligtum wurde auf den Ruinen der uralten Stadt Thawa erbaut und liegt in einem großen Innenhof. Nicht-Hindus ist der Zutritt strengstens verboten.

Schließlich sollte man in der Nähe der Bushaltestelle am unteren Teil des Dorfes einen Blick auf die kunstvoll gemeißelten Stein*shi-kharas* des **Gaurishankar Mandir** werfen. Dieser Shiva-Tempel, der zu den ältesten seiner Art hier im Tal gehört, steht in einem gepflasterten Hof unterhalb des Schlosses. Besucher sollten vor dem Betreten die Schuhe ausziehen.

Himachal Pradesh

Übernachtung

Alliance Guest House, zwischen Dorf und Roerich-Galerie, ✆ 01902/248263, ✉ voyage alliance@yahoo.co.in. Beliebtes Gästehaus mit einfachen, sauberen Zimmern, einer Ferienwohnung für Selbstversorger (Rs1500), einer kleinen Leihbücherei und freundlicher Familienatmosphäre. ❶–❸

Chanderlok Guest House, im angrenzenden Dorf Chanalti direkt unterhalb von Naggar, ✆ 01902/ 248213. Einfaches Gästehaus in ruhiger Lage. Zimmer mit Bad und ein koreanisches Restaurant. ❶–❷

HPTDC Hotel Castle, ✆ 01902/248316, reizvolles Haus mit gut ausgestatteten DZ mit Bad (teils mit herrlicher Aussicht von den weitläufigen Holzbalkons) und Schlafsaalbetten (Rs100). Rechtzeitige Buchung bei einem HPTDC Tourist Office sichert eines der teureren Zimmer im Westflügel. ❺–❼

Karbo Shin Guesthouse, Ghourdor Village, ✆ 01902/248342, ✉ awhitecloud46@hotmail. com. Gästehaus mit holländischem Besitzer, 4 Zimmern, einem Gemeinschaftsbad mit Dusche und Warmwasser, ausgezeichneter Verpflegung und herrlichen Ausblicken. Hier werden auch längere und kürzere Treks organisiert. Zu erreichen auf der Waldstraße von Naggar zum Bijli Mahadev-Tempel; das Guesthouse liegt am Fuß des von der Straße her ausgewiesenen Pfades (10–15 Min.). ❶

Sheetal Hotel, ✆ 01902/248250, ✉ sheetal_ hotel_naggar@yahoo.com, besser als das nahegelegene Castle: bietet preiswertere Zimmer mit vergleichbarem Standard, hat Balkone, ein Dachrestaurant und deutlich

Gemütliche Bleibe

Poonam Mountain Lodge, unterhalb des Schlosses, ✆ 01902/248248, 🖥 www.poonam lodge.com. Gemütliche DZ, drei davon mit Kamin für Aufenthalt im Winter, Internetzugang, hübsche Freiterrasse und ein gutes vegetarisches Restaurant mit lokalen Spezialitäten wie rotem Reis. Außerordentlich freundlicher und kenntnisreicher Besitzer. ❶–❷

reduzierte Nebensaisonpreise. Betreibt
auch noch ein paar Cottages in der Nähe.
❷ – ❹

Das touristische Zentrum von Himachal Pradesh
ist Manali am Eingang des Kullu-Tals, 108 km
nördlich von Mandi. Obwohl es im Herzen der
höchsten Gebirgskette der Region liegt, ist es
vom Tiefland aus über die Straße leicht erreichbar. Von Delhi dauert die Anreise 16 Stunden per
Bus oder eine Flugstunde und eine kurze Fahrt
auf der Straße – und schon blickt der Besucher
von der Hotelveranda über die Apfelgärten und
dichten Kiefernwälder auf die Schneefelder von
Solang Nala, die nur einen verlockenden Steinwurf entfernt in nördlicher Richtung glitzern. Sie
bringen Manali zunehmend mehr Popularität bei
den einheimischen Touristen (5 Mio. pro Jahr)
und die bunte Mischung aus Flitterwöchnern,
Urlaubern, Hippies, Trekking-Touristen und
Händlern wird immer größer.

Das Manali, das in den 70er-Jahren die Tra-
vellerszene anzog, gibt es nicht mehr, obwohl
die majestätische Berglandschaft, die Thermalquellen und das hochwertige *charas* nichts von
ihrem Reiz verloren haben. **Old Manali** hat sich
etwas von seinem Flair bewahrt und das Dorf
Vashisht auf der anderen Seite des Tals, in dem
immer mehr Gästehäuser und Cafés eröffnen,
ist ein beliebter Ort zum Ausspannen geworden. Für jene, die sich in die Berge vorwagen
wollen, ist Manali eine ideale **Trekking-Basis**
sowohl für kurze Touren als auch für schwierige
Expeditionen; unzählige Agenturen können bei
der Zusammenstellung der nötigen Ausrüstung
behilflich sein. Die ruhigen Hotels am Rande
von Manali und Dutzende geselliger Cafés und
Restaurants um den **Basar** mit gutem Angebot
eignen sich wunderbar zur Erholung von den
Härten der Bergtouren. Mehr Informationen zu
Treks um Manali und im Kullu-Tal auf S. 496/497.

Essen

Im Restaurant **Ragini Hotel Rooftop** neben dem
Sheetal Guest House wird gutes Essen serviert,
inkl. gegrillter Forelle. Forelle gibt's auch im
Zenith Café, kurz vor der Roerich Gallery.
Die traumhafte Aussicht hält, was der Name
verspricht, und auch das tibetische Essen ist
top. Das **La Purezza** im Dorf hat hervorragende
italienische Küche und Forellen-Spezialitäten.
Sie werden entweder in einem Kellerraum oder
auf der wesentlich ansprechenderen Dachterrasse serviert.

Touren

Wer an Trekking in der Umgebung von Naggar
interessiert ist, sollte unbedingt einen Fremdenführer anheuern, insbesondere für die Überquerung des Chandrakani-Passes nach Malana
(S. 497). **Himalayan Mountain Treks**, in der
Poonam Mountain Lodge (s. Kasten), stellt
Ausrüstung zur Verfügung, vermittelt Träger
und Führer und kann Jeep-Touren nach Lahaul
und Spiti organisieren. Es ist nicht schwierig,
auch ohne Vermittlung einheimische Führer zu
finden, aber man sollte sich dann unbedingt
vergewissern, dass sie seriös sind.

Transport

Naggar liegt genau in der Mitte (je 21 km entfernt) zwischen KULLU und MANALI und wird
von Bussen aus beiden Richtungen angefahren.
Die Direktverbindungen, über die Ostseite des
Tals sind langsamer (von Manali oder Kullu je
1 1/2 Std.), aber landschaftlich reizvoller und
unkomplizierter als die häufigeren Verbindungen
auf dem großen Highway gegenüber auf der
Westseite. Letztere machen in PATLIKUHL
(6 km von Naggar) Halt, von wo aus Taxis,
Motor-Rikschas und stündlich verkehrende
Busse den Beas überqueren und nach Naggar
hoch fahren. Wer bei Tageslicht ankommt und
kein schweres Gepäck hat, kann von Patlikuhl
aus auch zu Fuß auf dem alten Maultierpfad
entlangwandern (mindestens 1 Std.).

Die Stadt

Die am Busbahnhof beginnende Hauptstraße
The Mall ist, anders als ihre Namensvetterin
in Shimla, laut und von geschäftigem Treiben
erfüllt. Hier finden sich vor dem Busbahnhof
mehrere Märkte, Reisebüros, Hotels und Restaurants. Es ist ein wunderbarer Ort, um das
Treiben zu beobachten – Einheimische mit tra-

ditionellen Kopfbedeckungen, tibetische Frauen in makellosen, regenbogenfarbig gestreiften Schürzen, Träger aus Nepal, buddhistische Mönche, in wollene *gonchas* gehüllte Zanskaris, indische Touristen auf Souvenirjagd und westliche Besucher.

Manalis Zeiten als authentischer *pahari*-Basar waren vorbei, als die Tata-Trucks an die Stelle der Maultierkarawanen traten, aber zum Einkaufen von Souvenirs ist es immer noch bestens geeignet. Wollsachen sind hier die absoluten Favoriten, besonders die leuchtend gemusterten **Wolltücher**, für die das Kullu-Tal berühmt ist. Echte handgewebte Tücher aus reiner Wolle mit gestickten Borten fangen bei etwa Rs500 an, jene aus feinster Pashmina-Wolle kosten dagegen mehrere tausend Rupien. Also erst einmal umsehen und die Festpreise im Fabrikverkauf checken, um einen Überblick über das Angebot zu bekommen. Das von der Regierung unterstützte Unternehmen **Bhutico** in der Mall gegenüber dem Tourist Office, der **Bodh Shawl Factory Shop** neben der Mall südlich des Busbahnhofs und **The Great Hadimba Shop & Factory** neben dem Manu-Tempel in Old Manali sind zu empfehlen. Auch das NSC (New Shopping Centre) in der Nähe vom Busbahnhof hat ein gutes Sortiment.

Ansonsten gibt es auf dem **Basar** jede Menge Stände mit handgewebten Waren und topis aus Kullu. Die leuchtend bunten Exemplare mit den hochgeschlagenen Krempen und goldenen Kordeln sind typisch für das Tal, aber es gibt auch einfarbig grüne mit Samt an der Vorderseite, die vor allem bei den Kinnauri beliebt sind.

Zu den weiteren Spezialitäten von Manali gehören **tibetisches Kunsthandwerk** wie Gebetsmühlen, Amulette, *dorjees* (Donnerkeile), Masken und Musikinstrumente. Nur wenige der als Antiquitäten angebotenen Sachen sind echt, aber es braucht einen Fachmann, um die Fälschungen zu erkennen. Dasselbe gilt für **Schmuck** aus Silber mit Intarsien aus Türkisen und Korallen, der auf jeden Fall schön und relativ preiswert ist.

Der Hadimba-Tempel

15 Gehminuten nordwestlich des Basars steht auf einer großen steinernen Plattform der **Hadimba-Tempel**, Manalis ältester Schrein und

Sitz von Hadimba (auch „Hirma Devi"), der Gemahlin von Bhima. In Zeiten des Unglücks betet man zu Hadimba, die als Inkarnation von Kali gilt und auch eine Schlüsselrolle beim Dussehra-Fest spielt. Hadimba soll den Vorfahren der Rajas von Kullu das gleichnamige Königreich übergeben haben, und so blickt die Familie noch heute voller Verehrung und Zuneigung auf die „Großmutter".

Der riesige dreistöckige Pagodentempel aus Holz, oben mit purpurnen Wimpeln, Kugel und Dreizack (Shivas *trishula*) aus Messing geschmückt, stammt aus dem Jahre 1553 und ist eine Kopie früherer Tempel, die immer wieder von Waldbränden zerstört wurden. Seine Fassade ist mit herrlichen Holzschnitzereien von Elefanten, Krokodilen und Volksgottheiten verziert.

In den düsteren Schrein gelangt man durch eine Tür, über der Steinbockhörner angebracht sind. Der Innenraum wird durch mehrere große Felsblöcke beherrscht, von denen einer den Stein schützt, auf dem bei bedeutenden Ritualen Ziegen und Büffel geopfert werden. Durch das Loch in dessen Mitte, das man für den Fußabdruck von Vishnu hält, rinnt das Blut zu Hadimbas Mund.

Für das Wohl und die Unterhaltung der Besucher sorgen Getränke- und Souvenirstände sowie Anbieter von Yak-Ausritten. Im nahe gelegenen **Kullu Cultural Museum** (Rs10) sind detaillierte Modelle der im Tal befindlichen Tempel ausgestellt. Die meisten Agenturen unternehmen auch Jeep-Safaris in entlegene Regionen wie Spiti.

Old Manali

Das Dorf, von dem die heutige Stadt ihren Namen hat, liegt 2 km nördlich der Mall, auf der anderen Seite des Manalsu Nala. Die meisten Häuser von Old Manali sind im alten *pahari*-Stil erbaut und verfügen über schwere Steindächer und hölzerne Balkons, an denen Kräuter und Tabak trocknen. Im Gegensatz zu seinem wuseligen Ableger hat sich der Ort ein beschauliches, traditionelles Ambiente bewahrt – zumindest außerhalb der Saison. Im Sommer jedoch düsen Traveller auf röhrenden Enfields durch die Gassen, aus den Gästehäusern dröhnt Trancemusik, und in den Cafés kann man vor lauter *chillum*-Rauch kaum die Hand vor Augen sehen. Und im

N

1, **2**, **A**, Manu Mandir

Rohtang-Pass, Keylong, Leh

OLD MANALI

@ D

C

3

E

F **4**

5

7 6
@

10

Manalsu Nala

Club House

L

LOG HUT ROAD

12

M

@

OLD MANALI ROAD

N

0

14

P

Wald

Hadimba-Tempel

Zedern-
wald

Gärten

ROHTANG ROAD

VASHISHT

G

8 Tempel und
Wasserbecken

9 **H**

11

K **@**

J

HPTDC
Bäder-
komplex

13

Himachal Pradesh

0

15

HPTDC **i**

16

MISSION RD

17

S

R

Hauptpost **18**

T

@

MODEL TOWN RD

MODEL TOWN

Busbahnhof

Taxi-
stand

THE MALL

NAGAR ROAD

Beas

Gadhan
Thekchhokling
gompa

U

GOMPA RD

State Bank of India, Kullu

Aleo, Nagar, Jagatsukh, Mountaineering Institute

Essen

Bella Vista	12
Big Fish	9
Café Amigos	15
Chopsticks	18
Drifters	2
Freedom Café	11
Green Forest Café	14
Johnson's Café	Q
Lazy Dog	5
Manu Café	1
Mayur	17
Moondance	7
Mountain View Café	3
People	6
Phuntsok Café	13
Rainbow Café	8
River Music Café	10
Shiva Café	4
Vaishno Pangi Dhaba	16
World Peace Café	I

Übernachtung

Amrit	K
Arohi	G
Ashok Mayur	F
Bhrigu Hotel	K
Dharma	J
Dragon	D
Hadimbaway	O
HPTDC Log Huts	L
Jamuna	U
Johnson Lodge	Q
Kalptaru	H
Laxmi Guest House	C
Lhasa	S
Mount View	T
Negi's Hotel Mayflower	P
Rajhans	N
Retreat Cottages	M
Rockaway Cottage	B
Snow View	R
Surabhi	I
Tiger Eye	A
Veer	E

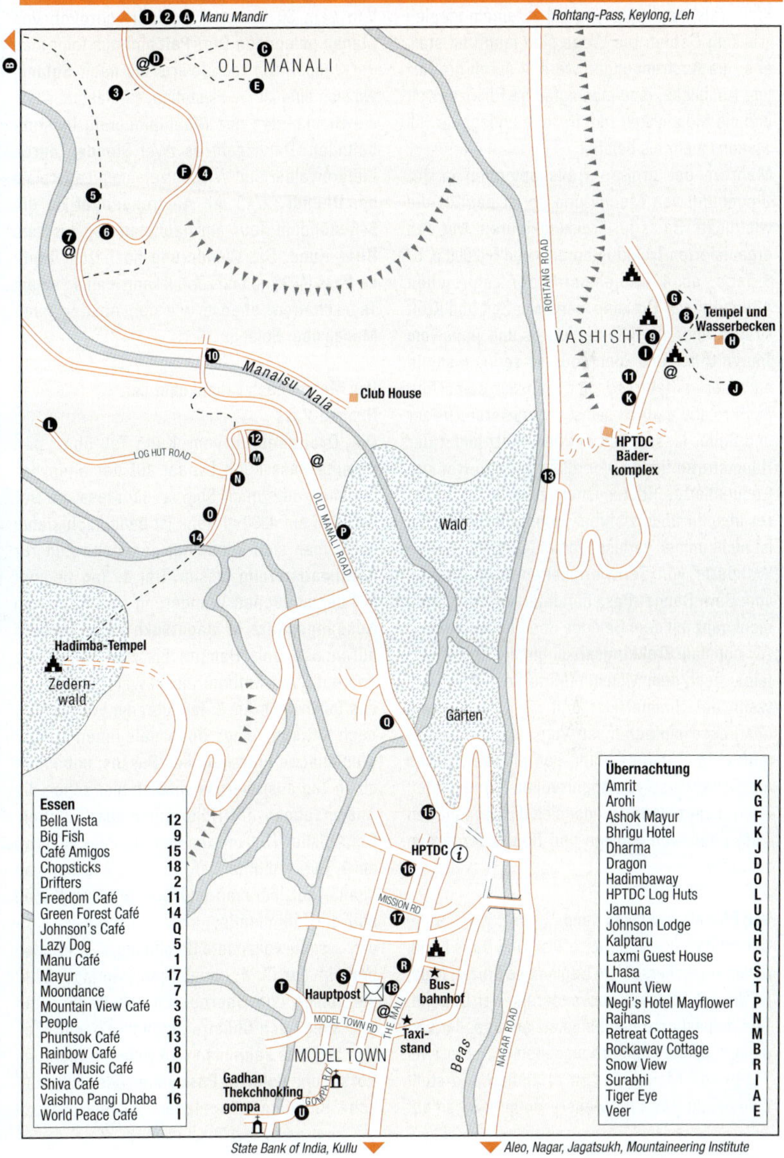

Die spektakuläre Hochgebirgslandschaft des Kullu-Tals macht die Gegend zu einem idealen Trekking-Gebiet. Die Wege sind lang und steil, aber die Anstrengungen werden durch großartige Ausblicke, eine mannigfaltige Pflanzenwelt und die Möglichkeit zum Besuch entlegener Hill Stations mehr als belohnt.

Mehrere der großen Trails beginnen in der Umgebung von Manali und so ist der Ort die wichtigste Basis für Trekking-Touren. Mit den **organisierten Trekkingtouren** (rund Rs2000 p. P./ 3 Tage, ab 4 Teilnehmern) der zahlreichen Agenturen vor Ort kann man zwar Zeit und Kraft sparen, aber mit Hilfe der Karten und Tipps vom Tourist Office und vom Mountaineering Institute am unteren Stadtrand kann man sich seine Tour auch relativ einfach selbst organisieren. Träger und Reiter lassen sich auf dem Platz hinter der Hauptstraße finden. Vor allem auf den weniger frequentierten Routen ist ein zuverlässiger **Führer** absolut unverzichtbar, denn auf die **Karten** ist nicht immer Verlass. Verschiedentlich haben Wanderer von Schwierigkeiten beim Abstieg vom Bara Bangal-Pass berichtet, wo die Karten nicht ganz mit dem Gelände übereinstimmten.

Als optimale **Trekkingsaison** gilt die Zeit unmittelbar nach dem Monsun (Mitte Sep–Ende Okt), wenn der Himmel klar und die Überquerung der Pässe einfacher ist. Von Juni bis August läuft man ständig Gefahr, von plötzlichen und möglicherweise verhängnisvollen Schneefällen überrascht zu werden oder sich die sagenhaften Aussichten von Wolken und Regen verderben zu lassen.

Von Manali zum Beas Kund

Der relative unkomplizierte Trek zum Beas Kund, einem Gletschersee am Beginn des Solang Nala, ist die beliebteste Kurzwanderung der Gegend. Der vielbesuchte Campingplatz am See, der von einigen Fünftausendern umgeben ist, ist in zwei Tagen von Manali aus zu erreichen und stellt eine ideale Basis für weitere Wanderungen auf die umliegenden Gebirgskämme und Pässe dar. Von dem 30 Minuten Busfahrt nördlich von Manali gelegenen Dorf **Palchan** aus folgt man der Jeepstraße talaufwärts bis nach **Solang**, wo sich eine kleine Skistation, ein Rasthaus und die Blockhütten des Mountaineering Institute befinden. Dann geht es zwei Stunden durch Kiefernwälder und Wiesen zu einem Lagerplatz bei **Dhundi** (2743 m). Anstrengender ist die 5–6-stündige Tour am nächsten Tag bis zum **Beas Kund**. Die Wanderung hoch zum **Tentu La-Pass** (4996 m) und zurück kann man an einem Tag schaffen, ebenso wie den Abstieg nach Manali über Solang.

Von Manali nach Lahaul über den Hampta-Pass

Die Dreitagetour vom Kullu-Tal über den Hampta-Pass nach Lahaul auf der alten Karawanenroute nach Spiti ist ein Klassiker. Der Aufstieg auf 4330 m Höhe ist beachtlich; dabei sollte man sich unbedingt genügend Zeit zur **Akklimatisierung** lassen. Der **1. Tag** beginnt mit der einfachen Wanderung (4–5 Std.) vom Ausgangspunkt in Jagatsukh oder **Hampta** durch das Dorf Hampta bis zum Lagerplatz oberhalb von **Sethen**, die bewaldeten Hänge des Tals hinauf. Am **2. Tag** führt der Weg (5 Std.) nach **CHikha**, einer hoch gelegenen Gaddi-Weidefläche unterhalb des Passes; unbedingt einen Tag ausruhen, wenn sich hier schon die Auswirkungen der Höhe bemerkbar machen. Der Aufstieg (700 m) zum **Hampta-Pass** (4330 m) am **3. Tag** ist mörderisch, aber die Aussicht von oben – auf Indrasan und Deo Tibba im Süden und die Mondlandschaft von Lahaul im Norden – ist die vollendete Belohnung. 6–7 Stunden braucht man für das unablässige Springen über die Felsen und Überqueren von Bächen auf dem Weg nach **Chhatru** unten im Chandra-Tal. Von hier aus kann man gen Osten in Richtung Koksar und **Rohtang-Pass** gehen oder die westliche Richtung einschlagen und am größten

Gletscher der Welt, dem **Bara Shigri**, vorbei bis nach **Batal** wandern.

Von Naggar nach Malana über den Chandrakhani-Pass und weiter

Die Tour vom 21 km südlich von Manali gelegenen Naggar aus nach Jari im Parvati-Tal ist der Inbegriff des Trekkings im Kullu-Tal, denn er führt durch traumhafte Landschaften und faszinierende Dörfer. Die Rundwanderung ist in drei Tagen zu schaffen, allerdings ist ein Aufenthalt in **Malana** mit Erkundung seiner Umgebung sehr verlockend.

Ein **Führer** ist aus mehreren Gründen unbedingt erforderlich: Zum einen führt die erste Etappe der Wanderung durch ein Gewirr von Weidepfaden, und zum anderen sollte man die kulturelle Sensibilität von Malana berücksichtigen und mit den hiesigen Bräuchen vertraut sein. Hinzu kommt, dass in den letzten Jahren mehrere Menschen im Parvati-Tal unter mysteriösen Umständen verschwunden sind (S. 489). Der Abstieg in das Parvati-Tal ist zu steil für Packpferde, aber in Naggar werden über die Gästehäuser Träger vermittelt, z. B. bei Himalayan Mountain Treks in der Poonam Mountain Lodge (s. S. 492).

Der Weg führt durch das Dorf Rumsu und schlängelt sich dann weiter durch wunderschöne, uralte Wälder zu einem Stück Weideland gleich oberhalb der Baumgrenze, das einen idealen Lagerplatz darstellt. Von hier führt ein 4 km langer Anstieg zum **Chandrakhani-Pass** (3660 m), mit herrlichem Ausblick nach Westen in das obere Kullu-Tal und nach Norden zu den Ghalpo Mountains von Lahaul eröffnen. Manche ziehen es vor, den Fuß des Passes am ersten Tag zu erreichen und vor dem letzten Aufstieg noch einmal zu rasten.

Die Bewohner von **Malana**, an einem Steilhang 7 km unterhalb des Passes, sind für ihre kühle Zurückhaltung und strengen Traditionen bekannt und wehren sich mit aller Kraft gegen Pläne, wonach eine Teerstraße bis zu ihrem Dorf gebaut werden soll. Zwar hält man sich nicht mehr so streng an die Vorstellung von der **Kasten-Verunreinigung** wie früher, aber ein paar grundsätzliche „**Regeln**" sind in Malana unbedingt einzuhalten: das Dorf respektvoll und still betreten; sich niemals abseits der Wege aufhalten; sich vom Tempel fernhalten; und vor allem nichts und niemanden berühren, besonders keine Kinder oder Häuser. Macht man doch mal einen groben kulturellen Schnitzer, so wird Schadensersatz gefordert: normalerweise in Form einer Zahlung von Rs1000 für ein Lamm oder eine junge Ziege als Opfergabe an den Dorfgott **Jamlu**, einen der mächtigsten Götter des Kullu-Tals. Sein **Tempel** darf nur von hochkastigen Hindus betreten werden und ist mit anschaulichen Schnitzereien verziert, die u. a. Soldaten abbilden: Die Dorfbewohner sagen von sich, sie seien die letzten verbliebenen Abkömmlinge der Armee Alexanders des Großen.

Beliebte **Unterkünfte** sind z. B. das Renuka Guesthouse ❶, das über Warmwasser verfügt, und das Himalaya Guesthouse ❶, das unter der Leitung des ehemaligen Dorfoberhauptes steht. Der Eigentümer des Santu Ram's ❶ ist ein Experte, was die Wanderwege der Umgebung betrifft. Alle Gästehäuser bieten einfache Mahlzeiten. Der offizielle Lagerplatz liegt 100 m jenseits des Dorfbrunnens.

Die **letzte Etappe** des Treks führt die steilen, mit Gestrüpp bewachsenen Kalksteinhänge des Malana *nala* hinab zur Sohle des Parvati-Tals – über einen 12 km langen Steilhang, der teilweise durch eine kurvige Straße erschlossen ist. Für den weiteren Weg vom Dörfchen **Rashol** stehen drei Routen zur Wahl: nach Osten am rechten Ufer flussaufwärts nach **Manikaran**, der Südwestroute folgend zum heiligen **Bijli Mahadev Mandir** oder über die verbliebenen 3 km nach **Jari** hoch, von wo regelmäßig Busse nach Bhuntur, Kullu und Manali verkehren.

Gefolge der Touristen kommen die Kashmiris, Rajasthani-Schneider und andere Geschäftstüchtige, die noch einen Reibach machen wollen, bevor sie im Herbst nach Goa zurückkehren.

Nach Old Manali gelangt man, wenn man auf der Old Manali Road die nördliche Richtung einschlägt, sich an der Straßengabelung rechts hält und weiter bis zu der Eisenbrücke läuft, die über den Fluss führt.

Ein ordentlicher Fußmarsch führt ins eigentliche Dorf, das sich auf der Spitze eines steil abfallenden Felsvorsprungs auf einem ebenen Gelände über das *nala* drängt. Es wird auch **Manaligarh** genannt, nach seiner alten Zitadelle – einem mittlerweile verfallenen Fort, das von einem Flickenteppich aus terrassierten Maisfeldern und dunkelgrünen Obstgärten umgeben ist. Manali selbst gilt als sicher, doch den Weg nach Old Manali sollten Frauen im Dunkeln lieber nicht alleine gehen, denn hier hat es in den vergangenen Jahren mehrere Vergewaltigungsversuche gegeben.

Die Gompas

In Manali leben die meisten **tibetischen Flüchtlinge** des Kullu-Tals, daher die Gebetsfahnen, die an den Zufahrtsstraßen zur Stadt im Wind flattern, und die beiden Klöster am südlichen Stadtrand.

Mit glänzend goldenen Ornamenten gekrönt, ist das unverwechselbare gelbe Wellblech-Pagodendach des **Gadhan Thekchhokling Gompa** ein auffallender Farbklecks inmitten des tibetischen Viertels. Das Kloster wurde 1969 erbaut und wird durch Spenden aus der hiesigen Gemeinde und den Verkauf handgewebter Teppiche aus der Tempelwerkstatt unterhalten. Wenn sie sich nicht um den Laden kümmern, drängen sich die jungen Mönche im Innenhof und spielen *cholo* – ein tibetisches Würfelspiel mit viel Geschrei und dem Aufknallen von *tsampa*-Holzbechern auf ledernen Untersetzern. Neben dem Haupteingang listet eine Ehrentafel die Namen der Tibeter, die bei den politischen Demonstrationen in China der späten 80er-Jahre ums Leben kamen.

Das kleinere und modernere der beiden Klöster ist näher am Basar in einem Garten, der im Spätsommer mit Sonnenblumen übersät ist. Sein

wichtigstes Heiligtum wird von Dutzenden nackter Glühbirnen beleuchtet und von duftendem tibetischem Weihrauch erfüllt. Es beherbergt einen gewaltigen goldgesichtigen Buddha, den man am besten von dem kleinen Raum im ersten Stock aus betrachten kann.

Übernachtung

In Manali gibt es im Wesentlichen drei Übernachtungsbezirke. Budget-Unterkünfte für längere Aufenthalte konzentrieren sich in **Old Manali**, wo improvisierte, familienbetriebene Gästehäuser sowie eine Hand voll nicht ganz so einladender, moderner Hotels inmitten der Obstgärten auf Besucher warten. Viele sind zwar von einer *charas*-bedingten Trägheit geprägt, aber die Ruhe und die Gärten mit Aussicht lohnen den 2 km langen Fußmarsch (oder die Motor-Rikscha-Fahrt für Rs40) von New Manali.

Die meisten der reizvollen, klassischen Hotels von Manali liegen in den nördlichen und westlichen Vororten, auf halbem Weg **zwischen Old Manali und der Mall**. Wenig attraktiv, aber in günstiger Lage versteckt sich in der Stadt hinter der Mall eine Ansammlung einförmiger Mittelklassehotels, die sich **Model Town** nennt.

Während der **Hochsaison** (April–Juni und Sep–Okt) schießen die Zimmerpreise in Manali in die Höhe. Außerhalb dieser Zeit sind bei den teureren Hotels Preisnachlässe von 50 % auf die ausgewiesenen Preise an der Tagesordnung. Die wenigen Hotels, die auch im **Winter** geöffnet sind, werden dann hauptsächlich von Skifahrern bewohnt. Die folgenden Preisangaben gelten für die Nebensaison.

Old Manali

Ashok Mayur, ☎ 01902/252868, ✉ anurishi72@yahoo.com. Kleines, schlichtes (fast schäbiges) und freundliches Gästehaus gegenüber dem Café Shiva mit morgens sonnenüberfluteten Balkons. ❶–❷

Dragon, ☎ 01902/252790, 🖥 www.dragontreks.com. Neueres Hotel mit wenig attraktivem Äußeren, aber komfortablen und geräumigen Zimmern mit Bad, Warmwasser und Balkon.

Im Obergeschoss gibt es ein paar hübsche 2-Zimmer-Apartments mit Holzfußboden für Rs800–1500. Außerdem Internetcafé und Reisebüro. ❷

Laxmi Guest House, ☎ 01902/253569. Nette, kleine Unterkunft mit wackligen Holzmöbeln und Gemeinschaftsbad. Highlights sind der tolle Talblick und ein kleiner Garten. Auch in der Hauptsaison günstig. ❶

Rockway Cottage, 500 m entlang dem Weg, der vom Mahalsu Café wegführt, ☎ 01902/253428. Idyllische Umgebung. Angenehme Zimmer, einige mit Holzofen. Gutes Essen im Gartencafé oberhalb des Flusses. Lohnt die Anstrengung, aber Taschenlampe mitbringen. ❶–❹

Veer, ☎ 01902/252410, ✉ sesramthakur@ hotmail.com. Schlichte Unterkunft mit herrlichem Talblick aus einem grünen Garten mit gemeinschaftlicher Essecke. Zimmer z. T. mit Bad, einige mit TV und AC. ❶–❷

Nördliche und westliche Randbezirke

Hadimbaway, Log Huts Area, ☎ 01902/251552, 🖥 hotelhadimbaway.com. Die preiswerteste der vielen Unterkünfte in dieser ruhigen, kleinen Enklave nahe dem Hadimba-Tempel. Die Zimmer im oberen Stock sind günstiger. ❷

HPTDC Log Huts, überschaut den Manalsu Nala, ☎ 01902/253225, ✉ manali@hptdc.in. Im Wald gelegene Ferienhäuser aus Holz; komfortabel, aber übeteuert, mit einem oder zwei DZ, Küchen und Annehmlichkeiten wie Star-TV. ❽

Negi's Hotel Mayflower, Old Manali Rd, ☎ 01902/252104, 🖥 www.mayflowermanali.com. Eines der angenehmsten Hotels von Manali. Große, moderne Zimmer, die im traditionellen Stil gestaltet sind und Blick auf Kiefernwald

Jede Menge Stil

Johnson Lodge, Old Manali Rd, ☎ 01902/ 253023, 🖥 www.johnsonslodge.com. Altes Kolonialgebäude, große Zimmer mit Aussicht auf den Garten. Die Zimmer im Untergeschoss mit Teppichboden sind teurer, verfügen aber über Holzöfen für kalte Winternächte. ❻

Rundum einladend

Tiger Eye, in einer kleinen Dorfgasse verborgen, aber gut ausgeschildert, ☎ 01902/252718, ✉ tigereyeindia@yahoo.com. Ruhiges Familiengästehaus, geführt von einem sympathischen indisch-holländischen Paar. Makellos saubere Zimmer mit Balkon und toller Aussicht. Sie sind ihren Preis wirklich wert. ❶–❷

bieten. Auf dem Vorderbalkon kann man sich in der Nachmittagssonne aalen. Ganzjahrespreise. ❻

Rajans, nahe Old Manali Rd, ☎ 01902/252209, ✉ hotelrajhans@gmail.com. Stilvoller, neuer Ziegelbau mit vier Stockwerken. Alle Zimmer mit Bad und TV, die luxuriöseren in den oberen Stockwerken außerdem mit tollem Talblick. ❸–❻

Retreat Cottages, Log Hut Rd, ☎ 01902/252042, ✉ tibetemporium@hotmail.com. Makellose und geräumige Einheiten mit drei oder vier Schlafzimmern (Rs7000), Bad und Kochgelegenheit in einem geschmackvoll gestalteten Bau. Empfehlenswert für Gruppen von 6–8 Pers. Auf Wunsch auch Verpflegung. ❼–❾

Model Town

Yamuna, Gompa Rd, ☎ 01902/252506. Altmodisches Hotel mit sauberen und relativ großen Zimmern. Günstigere wird man in Model Town kaum finden. ❶

Lhasa, nahe Model Town Rd, ☎ 01902/252134. Eine der angenehmeren und preiswerteren Unterkünfte der Gegend. Die Einrichtung ist nicht mehr die neueste, aber alle Zimmer haben Bad und TV. ❷

Mount View, abgelegenes Ende der Model Town Rd, ☎ 01902/252465. Ansprechendes, von Efeu bewachsenes Gebäude in einer ruhigeren Ecke von Model Town. Geräumige DZ und eine Dachterrasse mit fantastischem Ausblick. ❶–❹

Snow View, The Mall, ☎ 01902/253084, 🖥 www.hotelsnowviewmanali.com. Großes, zweckmäßig eingerichtetes Hotel mit gut ausgestatteten, geräumigen Zimmern. ❹

Himachal Pradesh

Die vielen unterschiedlichen **Restaurants** von Manali sind Ausdruck der bunten Mischung seiner Bewohner: Tibetische *thukpa*-Läden stehen dicht neben südindischen Coffeshops, Gujarat-typischen *thali*-Bars und von Nepalesen geführten Konditoreien. Tatsächlich bieten die meisten Speisekarten jedoch eine ähnliche Mischung aus chinesischen und westlichen sowie nordindischen Gerichten und viele servieren ein travellerfreundliches **Frühstück** mit Eiern, Porridge, Pfannkuchen, Toast und Marmelade.

Der starke Wettbewerb und die vielen einheimischen Touris und internationalen Backpacker halten die Preise niedrig. Die meisten Restaurants verlangen für ein Hauptgericht (sofern nicht anders angegeben) Rs60–120. Essen zu Tiefstpreisen bekommt man in den *dhabas* gegenüber der Bushaltestelle. Gehaltvolles, Energie spendendes **Trekkingfood** haben die Lebensmittelgeschäfte und am Ort und die Bäckereien im Basar auf Lager. In der staatlich gesponsorten Kooperative beim Tempel auf der Mall gibt es ganze Säcke voller Nüsse und Trockenobst sowie Pötte mit echtem Bienenhonig – die Preise sind nicht verhandelbar. Einen legendären Ruf genießt die relaxte, von Briten betriebene **Alchemy Bar**, 5 km weiter in Jagatsukh (Rs60 per Motor-Riksha). Hier erwartet die Gäste nicht nur gesundheitsbewusste westliche Küche, sondern auch so erfreuliche Annehmlichkeiten wie Sofas, Filme, Worldmusic und ein Billardtisch.

The Mall und Umgebung

Bella Vista, Log Hut Rd. Das hippe Lokal gleich hinter der Brücke aus Richtung Old Manali verwöhnt die Kundschaft mit dem besten italienischen Essen, das in der Region zu haben ist (rund Rs200).

Café Amigos, The Mall. Holztische, buntes Tongeschirr, coole Musik und eine Riesenauswahl an Kuchen und Gebäck, aber auch Hauptgerichte.

Chopsticks, The Mall. Sehr beliebtes, tibetisch geführtes Restaurant in angenehmer Atmosphäre und mit abwechslungsreichem Angebot. Filterkaffee, Müsli, Obst und Quark.

Indische Küche, schönes Ambiente

Mayur, Mission Rd, gleich neben der Mall. Spannendes und umfangreiches indisches Angebot mit Gerichten aus allen Ecken des Subkontinents – sehr zu empfehlen ist das exzellente *jalfrezi*. Kerzen, Servietten und klassische indische Musik sorgen für angenehmes Ambiente.

Green Forest Café, abseits der Log Hut Rd. Kleines indisches Esslokal, serviert für Rs40–60 die besten *momos* in Manali.

Johnson's Café, Teil der Johnson Lodge. Ausgezeichnetes Café mit Gartentischen, bietet u. a. Bier, frische Forelle und Karamellpudding. Manche Speisen kosten über Rs200, sind ihren Preis aber wert.

Vaishno Pangi Dhaba, nahe der Mall. Eines der besten Billiglokale mit *dosas* und anderen nord- und südindischen Snacks für ca. Rs40.

Old Manali

Drifters, cooles neues Hotelrestaurant im Erdgeschoss mit niedrigen Tischen und Sitzkissen sowie einer Terrasse. Abgesehen von gebratener Forelle mit Beilagen für Rs250 sind auch schlichtere indische, chinesische und westliche Gerichte zu haben.

Lazy Dog, beliebtes koreanisches Restaurant mit Flussblick, geschmackvoll eingerichtet und eine prima Location für Leute, die etwas für laute westliche Musik übrig haben. Lecker: die Reisplatte „Kadimba" (Rs180).

Manu Café, typisches Haus mit kleinem Café, neben dem üblichen Angebot für Touristen beste einheimische Spezialitäten. Fast alle vegetarischen Gerichte für Rs50 oder weniger.

Moondance, beliebtes Gartencafé und Treffpunkt oberhalb des Flusses mit bunt gemixter Speisekarte inkl. mexikanischer und italienischer Küche.

Mountain View Café, abseits der meisten Gästehäuser, mit weitem Ausblick auf die umliegenden Berge. Einfache, aber abwechslungsreiche Speisen; in der Hochsaison oder bei großer Nachfrage rund um die Uhr geöffnet.

People, kleine russische Eckkneipe; die Besucher bekommt Papier und Buntstifte zum Malen überreicht. Spezialitäten wie *sirniki* und *droniki* sorgen für ein wenig kulinarische Abwechslung. Außerdem gibt's hier das beste westliche Frühstück weit und breit.

River Music Café, lässiges Lokal an der Brücke mit Tischen draußen und Sitzkissen auf dem Boden drinnen. Das übliche Angebot und gute Musikanlage.

Shiva Café, gesellige Terrasse, an den meisten Abenden offenes Feuer sowie chinesische, indische und Pasta-Gerichte, beliebt bei Budget-Travellern.

Geld

Geldwechsel ist in der **State Bank of India** in der Hauptstraße 250 m südlich der Mall möglich. Einige autorisierte private Wechselstuben bieten diesen Service ebenfalls an, verlangen aber höhere Gebühren. In der Mall gibt es außerdem zwei **Geldautomaten** der SBI und einen der UCO Bank.

Informationen

In der Nähe des Busbahnhofs liegt das freundliche **Tourist Office**, ☎ 01902/252175, ⏰ in der Hauptsaison tgl. 8 – 20 Uhr, sonst

Touren und Aktivitäten um Manali

Der **Taxi Operators' Union Kiosk** von Manali, ☎ 01902/252450, befindet sich am oberen Ende der Stadt, oberhalb des Tourist Office. Die Taxis fahren zu Festpreisen, die während der Nebensaison verhandelbar sind. Sofern die Wetter- und Straßenverhältnisse es zulassen, organisiert die **HPTDC** täglich Bustouren zum **Rohtang-Pass** (10–17 Uhr, Rs250) und Tagestrips nach **Manikaran** im Parvati-Tal (9–18.30 Uhr, Rs275). Tickets können im Voraus am Transportschalter von HPTDC gekauft werden.

Angesichts der wilden Wasser, die während der Frühlingsschmelze das Kullu-Tal herunterdonnern, ist die **Rafting**-Szene von Manali überraschend begrenzt. Rafting-Trips auf dem Beas-Fluss werden zwischen Ende Mai und Anfang Juli angeboten, wenn der Wasserstand am höchsten ist. Die Tour beginnt in Piridi (oberhalb von Bhuntur) und führt rund 16 km flussabwärts bis Jhiri. Im Preis (rund Rs1200) sollten Verpflegung, Helme, Schwimmwesten und Rückfahrt enthalten sein, also genau überprüfen, wofür man zahlt, denn einige Veranstalter kümmern sich nicht um die Rückfahrt.

Zum **Skifahren** im Solang-Tal sind die Monate Januar bis April am besten geeignet, der Hang ist allerdings nicht viel größer als ein Fußballfeld. Derzeit ist in Zusammenarbeit mit der finnischen Regierung ein neues Skizentrum auf dem Rohtang-Pass geplant. Weitere Aktivitäten im Solang-Tal sind **Paragliding**, **Kitesurfing** (beides Rs600–2500) und **Hubschrauberflüge** (Rs1750 p. P.).

Eine der besten Arten zur Erkundung von Kullu ist **Mountainbiking**, möglich von Mitte Juni bis Mitte Oktober. Der empfehlenswerteste Mountainbike-Guide vor Ort ist Raju Sharma, ☎ 09816/056934, 🖥 www.magicmountainadventures.com, der ein Leihrad besorgen kann (Rs300 pro Tag für ein europäisches Mountainbike, Rs500 mit Raju als Führer) und Routenvorschläge für die Umgebung von Manali sowie für Expeditionen hoch nach Leh parat hat. Beliebte Strecken sind z. B. die Abfahrt von Rohtang, der Waldpfad zum Bijli Mahadev-Tempel und die Landstraße nach Naggar. Plant man eine Trekking- oder Rafting-Tour, sollte man sich genau umsehen und Preise und Angebote vergleichen; viele **Agenturen** haben einen zweifelhaften Ruf und nehmen für Busfahrscheine nach Delhi, Chandigarh und Leh einen Aufschlag. Zu den anerkannten, seriösen Anbietern gehören Rup Negi von Himalayan Adventurers (sehr erfahren), ☎ 01902/253050, gegenüber dem Tourist Office, und Himanshu Sharma von Himalayan Journeys, ☎ 01902/252365, 🖥 www.himalayanjourneysindia.com, neben dem Café Amigos. Sie organisieren Pauschalangebote zum Trekking, Bergsteigen, Rafting und Skifahren in Solang. Der zuverlässigste Veranstalter in Old Manali ist Tiger Eye Adventure, ☎ 01902/252718. Mehrere Reisebüros bieten auch **Jeepsafaris** in abgeschiedene Regionen wie Spiti an.

Himachal Pradesh

10–13.30 und 14–17 Uhr. Reservierungen für die staatlich betriebenen Hotels nimmt man in den zwei Türen weiter unten befindlichen Büros der **HPTDC**, ✆ 01902-253531, vor.

Inner Line Permits
Die meisten Leute beantragen die Genehmigung in Kaza (S. 508) oder auf der Süd-Nord-Route in Rekong Peo. Wer sie in Manali erwerben will, muss sich an ein registriertes Reisebüro wenden. Benötigt werden drei Fotos und eine Passkopie sowie Angaben zum Visum.

Internet
In der Mall und in Old Manali gibt es zahlreiche Internetcafés mit Breitbandverbindung.

Post
Das Hauptpostamt abseits der Model Town Rd hat einen zuverlässigen Schalter für postlagernde Sendungen. ⏰ Mo–Sa 9–13 und 13.30–17 Uhr.

Taxis
Der Kiosk von Manalis **Taxi Operators' Union**, ✆ 01902/252450, liegt gleich neben dem Tourist Office. Die Taxis haben feste Preise, die jedoch außerhalb der Saison verhandelbar sind.

Transport
Die meisten aus Delhi kommenden Privatbusse halten an der Bushaltestelle 100 m südlich der State Bank of India am unteren Stadtrand; die staatlichen Busse halten am Busbahnhof von Manali in der Mitte der Mall, nicht weit vom Tourist Office.

Manali verfügt über gute **Busverbindungen** in andere Orte in Himachal Pradesh und die großen Städte im Tiefland. Die HPSRTC unterhält Luxury-, Deluxe- und Normalbusse, für die man die Tickets am Busbahnhof bucht. Im Sommer übersteigt die Nachfrage das Angebot, vor allem für die schnelleren Verbindungen, also so früh wie möglich buchen. Die zahlreichen Reisebüros der Stadt verkaufen auch Fahrscheine für private Deluxe-Busse nach DELHI (8x tgl., 16–17 Std.), SHIMLA (8x tgl., 8–9 Std.) und DHARAMSALA (3x tgl., 10 Std.). Es verkehren auch Busse über den Rohtang La nach KAZA (2x tgl., 11–12 Std.), der Hauptstadt von Spiti, von wo man via Kinnaur weiter nach Shimla reisen kann. Will man sich jedoch

Weiterfahrt nach Leh

Täglich fahren acht **Busse** über den Rohtang-Pass nach KEYLONG, in die Hauptstadt von Lahaul. Die Buchung der Weiterreise von Keylong nach LEH kann allerdings schwierig werden, da die Busse dort fast immer schon voll ankommen, also möglichst vorher einen Platz buchen. Deshalb nehmen die meisten Reisenden für die 485 km nach Leh einen Direktbus – eine anstrengende, aber unvergessliche Zweitagestour mit Übernachtung im Zelt. Der Super-Deluxe-Bus der HPTDC (Reservierung im HPTDC-Büro in der Mall) fährt alle zwei Tage und kostet Rs1800 inkl. Unterbringung und zwei Mahlzeiten in der Zeltkolonie in Keylong. Ansonsten bleiben nur die klapprigen Busse der HPSRTC und deren Äquivalente von J&K, die weniger als Rs600 für eine Fahrkarte verlangen.

Es ist nicht schwierig, einen Einzelplatz in einem **Jeep oder Maruti Gypsy Taxi** zu buchen, mit denen man am bequemsten von Manali nach Ladakh gelangt. Die Fahrpreise beginnen bei etwa Rs1200. Etwas teurer wird es in der ersten Reihe und zur Hauptsaison im Frühsommer. Mit einer Fahrzeit von 17–19 Stunden ist dies der schnellste Weg nach Ladakh. Abfahrt ist allerdings um 2 Uhr nachts, was bedeutet, dass man von der herrlichen Landschaft am Anfang und Ende der Fahrt leider gar nichts mitbekommt. Außerdem gibt es regelmäßig Beschwerden über die Fahrer, die nicht selten übermüdet sind und in scharfen Kurven sowie auf den langen, ungeteerten Abschnitten unnötige Risiken eingehen.
Näheres zur Strecke Manali–Leh s. S.521.

jenseits von Sumdo bewegen, sind Genehmigungen erforderlich.

Fahrscheinverkauf bei **Harrisons Travels**, ℡ 01902/253519, **Monal Himalayan Travels**, ℡ 01902/254215, **Swagtam**, ℡ 01902/253990, sowie **Valleycon**, ℡ 01902/253776, am Busbahnhof und im Restaurant Mayur.

Vashisht

Das beständig wachsende Dorf Vashisht 3 km nördlich von Manali ist eine ungeordnete Ansammlung traditioneller Holzhäuser und moderner Betonklötze, dazwischen gepflasterte Höfe und schmale, unbefestigte Wege. Es ist berühmt für seinen Talblick und heiße Schwefelquellen. Vor allem aber ist der Ort ein Treffpunkt der Budget-Traveller-Szene mit vielen Gästehäusern und Cafés. Nur hin und wieder wird die ruhige und traditionelle Atmosphäre durch Partys in den Wäldern oder bei Schlechtwetter in einem Hotel unterbrochen.

Von Manali nach Vashisht gelangt man auf der Straße oder über einen Fußweg, der von der Hauptstraße abgeht und am **HPTDC-Bäderkomplex** vorbeiführt, der seit Jahren aufgrund von Streitigkeiten zwischen dem Dorf und der Regierung von Himachal Pradesh geschlossen ist. In der Zwischenzeit ist ein heißes Bad nur in den Becken des alten Tempels von Vashisht (kostenlos) möglich, wo es ohnehin viel stimmungsvoller ist. Es gibt getrennte Bereiche für Männer und Frauen, in denen eine bunte Mischung von Hindu-Pilgern, westlichen Hippies, halbnackten Sadhus und Kindergruppen anzutreffen ist.

Vashisht hat zwei alte **Tempel** aus Stein, die sich oberhalb des Hauptplatzes gegenüberstehen und dem hiesigen Schutzheiligen Vashista, dem Guru von Raghunathji, geweiht sind. Der kleinere von ihnen verfügt über einen teilweise überdachten Hof und ist mit kunstvoll gearbeiteten Holzschnitzereien verziert. Auch die im Inneren des Schreins über die Jahre durch Öllampen und *dhoop*-Rauch geschwärzten Schnitzereien sollte man nicht verpassen. Wer mehr unternehmen möchte, begibt sich ins **Himalayan Extreme Centre**, ℡ 09816/174164, 🖥 www.himalayan-extreme-center.com, an der Straße ins Dorf, wo Snowboarding, Kitesurfing und Felsklettern organisiert werden.

Übernachtung

In Vashisht findet man massenweise Budget-**Gästehäuser**, vornehmlich alte Holzhäuser mit breiten Veranden und ungestörtem Blick auf das Tal. Wer mit primitiven sanitären Einrichtungen, schmuddeligen Betten und dem Geruch von Dope leben kann, hat eine große Auswahl – außer in der Hochsaison (Mai–Juni und Sep–Okt), wenn selbst ein Plätzchen auf dem Boden kostbar ist. Am Stadtrand bieten ein paar größere Hotels gute Qualität in komfortablen Zimmern. Zur Lage der folgenden Unterkünfte s. Karte Manali und Vashisht auf S. 495.

Amrit, hinter dem Tempel, ℡ 01902/254209. Türkisfarbenes Holzhaus mit einfacher Ausstattung, z. B. Gemeinschaftsbäder mit Warmwasser aus dem Eimer. Schmuddelig, aber reizvoll, wackelige Balkons mit hübscher Aussicht. ❶

Arohi, direkt oberhalb vom Bhrigu, ℡ 01902/254421. Makellose Zimmer mit Kabel-TV, Intercom und Balkon mit Flussblick. Der Besitzer spricht ausgezeichnet Englisch und gewährt bis zu 50 % Preisnachlass außerhalb der Saison. ❷–❹

Bhrigu Hotel, an der Hauptstraße ins Dorf, ℡ 01902/253414. Großes Hotel, dessen Zimmer auf der Westseite alle über Bad und Balkone mit toller Aussicht verfügen. ❷–❸

Kalptaru, mit Blick auf Tempelbecken, ℡ 01902/253443. Dichter kommt man an die Bäder nicht heran – mit superpreiswerten Zimmern, alle mit Bad u. Warmwasser aus Eimern. Kleiner Garten und Veranda mit Blick auf das Geschehen. ❶

Surabhi, in der Mitte der Hauptstraße, ℡ 01902/252796, 🖥 www.surabhihotel.com. Gut belüftete,

Zimmer mit Aussicht

Dharma, 5 Min. Fußweg entlang der Gasse hinter den Tempeln, ℡ 01902/252354. Mit neuem Anbau. Toller Ausblick aus den meisten Zimmern und von der Marmor-Terrasse mit Hollywoodschaukeln. Kleiner Swimming Pool, gespeist von Wasser aus den heißen Quellen. ❸

große und saubere Zimmer im oberen Stock, alle mit Talblick. Die billigeren Erdgeschoss-zimmer sind kühler und dunkler. ❷–❹

Die vielen **Cafés** des Backpackerparadieses Vashisht bieten typische Traveller-Kost inkl. gebratenem Reis, Nudeln, Omelettes, Pfann-kuchen und *lassis*, alles zu Durchschnitts-preisen. Außerdem sorgen die Bäckereien für Vollkornbrot, Apfelkuchen und verschiedene Süßigkeiten. Die meisten Cafés sind beliebte Treffs, einige haben Terrassen mit Aussicht, große Unterschiede sind nicht auszumachen.
Big Fish, an der Hauptstraße, gegenüber der Tempel. In dem Restaurant im Obergeschoss werden Forellen für rund Rs200 und andere Traveller-Lieblingsspeisen serviert.
Freedom Café, in der Hauptstraße hinter dem Bhrigu Hotel. Sitzkissen auf dem Fußboden sowie grasbewachsene Veranda mit schöner Aussicht; mexikanische, tibetische und italienische Küche.
Phuntsok Café, an der tiefer gelegenen Straße am Fluss gelegenes Freiluftcafé, wo köstliches, nahrhaftes tibetisches Essen serviert wird. Eines der besten Lokale von Vashisht.
Rainbow Café, nahe dem Kalptaru Hotel mit Ausblick von der Terrasse auf die Tempel-becken und travellerfreundlichen Angeboten wie Pfannkuchen, Pasta und Frühlingsrollen.
World Peace Café, in der Hauptstraße ober-halb des Surabhi Hotels. Die Küche (indisch und westlich) ist eher durchschnittlich, dafür wird hier ein sehr guter türkischer Kaffee serviert und auch sonst einiges geboten: Filmvorführungen, Brettspiele und regelmäßige Liveauftritte. Außerdem gibt es eine Dach-terrasse.

Lahaul und Spiti

Es gibt nicht viele Orte auf der Welt, die eine so spektakuläre Veränderung der Landschaft markieren wie der **Rohtang-Pass**. Auf der einen Seite der Beginn des fruchtbaren Kullu-Tals und auf der anderen der überwältigende Blick auf karge, schokoladenbraune Berge, Gletscher und Schneefelder, die im strahlenden Licht glitzern und nur tief unten im Tal hie und da von Pflan-zen unterbrochen werden. Der größte Distrikt von Himachal, Lahaul und Spiti, ist nach seinen beiden Teilgebieten benannt, die trotz ihrer vie-len geografischen und kulturellen Parallelen voneinander getrennte und grundverschiedene Regionen darstellen.

Lahaul

Lahaul, manchmal auch Chandra-Bhaga-Tal genannt, ist das Gebiet, das den Hohen Himala-ya von der Pir Panjal-Gebirgskette trennt. Sein größter Fluss Chandra entspringt tief in den kar-gen Einöden unterhalb des **Baralacha-Passes**. Er fließt zuerst nach Süden und dann nach Westen, bis er sich bei Tandi mit dem Fluss Bhaga vereint. Der aus dem Zusammenfluss entstehende Che-nab verlässt hier Himachal in nördlicher Richtung und fließt bis nach Kishtwar in Kashmir.

Da Lahaul mehr von den Regenfällen ab-bekommt, die der Monsun von Süden her über den Rohtang-Pass führt, ist das **Klima** in Lahaul erheblich weniger trocken als in Ladakh und Zanskar. Deshalb fällt auf den Haupt-Straßen-pässen von Rohtang La und Baralacha La sehr viel früher Schnee als auf den höheren Pässen weiter im Norden. So kommt es, dass zwischen Ende Oktober und Ende März der Schnee den Weg über die Pässe versperrt und die Region vom Rest der Welt abschneidet. Trotzdem erar-beitet die Bevölkerung, die sich aus Buddhisten und Hindus zusammensetzt, eines der höchsten Pro-Kopf-Einkommen des ganzen Subkontinents. Mit dem Schmelzwasser der Gletscher, das über uralte Bewässerungskanäle geleitet wird, schaf-fen es die Bauern aus Lahaul, auf ihren sorg-fältig angelegten Terrassen Rekordernten von Saatkartoffeln einzufahren. Außerdem ist die Gegend der einzige Lieferant von Hopfen an die indischen Brauereien und erntet nebenher un-geheure Mengen von Wildkräutern zur Herstel-lung von Parfüm und Arzneimitteln. Große Teile der Verkaufsgewinne werden für prachtvollen Schmuck, vor allem Staubperlenketten und Sil-berschnallen mit Intarsien aus Korallen und Türkisen ausgegeben, die von den Frauen über den knöchellangen, roten oder braunen Wollkleidern getragen werden.

Die traditionellen Trachten und der Buddhismus von Lahaul sind ein Erbe des tibetischen Einflusses, der die Region von Osten her durchdrang. Staatliche **Busse** verkehren von Manali durch die Täler von Chandra und Bhaga hinauf nach **Keylong** und **Darcha** ab etwa Ende Juni, wenn der Rohtang-Pass befahrbar ist, bis Ende Oktober, wenn es wieder schneit. Sind Plätze frei, kann man auch mit Bussen nach Leh durch Lahaul reisen.

Die Jeeps und sogar die staatlichen Busse, die auf dem Weg von Ladakh herunter Richtung Osten nach Spiti statt Manali fahren, verlassen beim Dörfchen **Grampoo** die Teerstraße. Sie nehmen die spektakuläre, aber holprige 80 km lange Strecke über den verschneiten 4550 m hohen Kunzum La nach **Losar** (S. 507) am Beginn des Spiti-Tals.

Keylong

Die größte Ortschaft von Lahaul liegt 114 km nördlich von Manali. Sie ist Sitz der Distriktverwaltung und die letzte größere Siedlung auf der langen Reise nach Ladakh. Das Städtchen selbst ist uninteressant, liegt aber inmitten einer zauberhaften Landschaft. An einem Tag kann man den Aufstieg zu drei buddhistischen **Klöstern** schaffen. Ein paar **Geschäfte** auf dem belebten kleinen Markt verkaufen Trekking-Ausrüstung, für den Fall, dass man auf dem Weg nach Zanskar ist.

Für die Buddhisten von Lahaul besitzt die Umrundung des heiligen **Rangcha Mountain** (4565 m), der über dem Zusammenfluss von Bhaga und Chandra wacht, besondere Bedeutung. Diese **Rangcha Parikrama** genannte Umwanderung im Uhrzeigersinn kann man in einer langen, anstrengenden Tagestour von Keylong aus auf einem viel genutzten Weg durch märchenhafte Landschaften schaffen, wobei man außerdem am großen **Khardung Gompa** vorbeikommt.

Eine holprige, aber befahrbare Straße führt zum Khardung Gompa (10 km), doch näher an Keylong und auf derselben Seite des Tals weit oben am Hang befinden sich zwei ruhige und pittoreske Gompas: das **Shasher Gompa** (3 km) und das **Gungshal Gompa** (5 km).

Übernachtung und Essen

Hotels findet man in Keylong an der Hauptstraße oberhalb der Stadt und entlang der Mall, die unterhalb der Fernverkehrsstraße durch

Im einsamen Spiti-Tal an der Grenze zu Tibet gibt es nur vereinzelt ein Dorf oder Lamakloster.

Einige Abschnitte der alten Handelsrouten nach Ladakh und Tibet sind inzwischen asphaltiert, doch der größte Teil dieser spektakulären, weltabgeschiedenen Region ist nach wie vor nur zu Fuß erreichbar. Auf den Pfaden herrscht in der Hochsaison inzwischen viel Betrieb, aber sie sind lang, hart und durchziehen schwindelnde Höhen. Deshalb müssen Wanderer alles Notwendige mitbringen und auf jeden Fall auch einen Führer anheuern. Packpferde und Proviant bekommt man am einfachsten in **Manali** oder – wenn man es sich leisten kann, ein paar Tage zu warten – in **Keylong** und **Darcha** (Lahaul) sowie in **Kaza** (Spiti). Auf vielen Strecken ist ein gutes Seil für Flussüberquerungen äußerst nützlich, besonders im Sommer, wenn der Wasserstand am höchsten ist.

Die **beste Trekkingzeit** ist von Juli bis Anfang September. Dann erstrahlt der Himmel hier in wolkenlosem Blau, während im Kullu-Tal der Monsunregen niedergeht. Schon ab Ende September kann es zu Schneefall kommen, daher verzichten viele Besucher dann auf längere Expeditionen. Unabhängig von der Jahreszeit sollte man genügend Zeit einplanen, um seinen Körper an die große **Höhe** anzupassen, bevor man einen der großen Pässe in Angriff nimmt: Jedes Jahr sterben in der Region einige Menschen an AMS (Acute Mountain Sickness; s. S. 948).

Lahaul: Von Darcha nach Padum via Shingo La-Pass

Der beliebteste Trek ist der von Darcha über den Shingo La-Pass (5000 m) nach Padum in Zanskar. Der Weg führt durch Kargyak, das am höchsten gelegene Dorf in Zanskar, und durch das Tal des Kargyak hinab zu seiner Mündung in den Tsarap bei Purne. Hier gibt es ein kleines Café, einen Laden und einen Campingplatz. Purne ist auch ein guter Ausgangspunkt für einen Abstecher zum *gompa* Phuktal, einer der größten Sehenswürdigkeiten von Zanskar. In der Hochsaison (Juli und August) tauchen in Abständen entlang des gut ausgetretenen Pfades durchs Tsarap-Tal nach Padum *chai*-Buden und Zeltlager auf. Das bedeutet, dass von hier an auf Führer und Ponys verzichtet werden kann. Am Anfang und

Ende der Saison darf man jedoch nicht damit rechnen, unterwegs etwas zu essen und einen nächtlichen Unterschlupf zu finden.

Lahaul: Von Batal zum Baralacha-Pass

Die zweite, sehr beliebte Trekkingroute in Lahaul folgt dem Fluss Chandra nach Norden bis zu seinem Ursprung am **Baralacha-Pass** (4920 m) und stellt eine gute Verlängerung der auf S. 496 beschriebenen Hampta-Passwanderung dar. Man kann aber auch in Manali einen Bus Richtung Kaza bis zum Beginn des Weges bei **Batal** (3960 m) im Schatten des **Kunzum La** (4551 m) nehmen. Zum traumhaft schönen, milchig-blauen **Chandratal** („Mond")-See sind es von Batal aus sieben unerbittliche Stunden Aufstieg. Aber dann eröffnen sich atemberaubende Ausblicke nach Süden auf den längsten Gletscher der Welt, den **Bara Shigri**, und die schroffe Nordwand des **White Sail**-Massivs (6451 m). Der nächste Campingplatz befindet sich beim Sturzbach **Tokping Yongma**. Mehrere Stunden weiter oben erreicht man den **Tokpo Yongma**, den zweiten der beiden großen Sturzbäche – frühmorgens lässt er sich am einfachsten überqueren. Von hier aus geht es stetig bergan bis zum **Baralacha-Pass**. Dahinter kann man entweder über den Phirtse La weiter nach Zanskar wandern oder ein Fahrzeug (möglichst im Voraus arrangiert) hinab nach Keylong und Manali oder weiter nach Leh nehmen.

Spiti: Von Kaza via Pin-Tal nach Manikaran oder Wangtu

Einer der besten Treks in **Spiti** führt das **Pin-Tal** hinauf. Die Strecke am Fluss Pin entlang, an einer Reihe traditioneller Siedlungen und Klöster vorbei, ist inzwischen bis Mudh, rund 40 km südlich von Kaza, befahrbar. In den nächsten Jahren soll sie ganz bis nach Wangtu asphaltiert werden. Bislang gabelt sich der Weg aber hinter Mudh in zwei Fußpfade: Der nördliche führt über den Pin-Parvati Pass (5400 m) nach **Manikaran** im Parvati-Tal (S. 490), der südliche via Bhaba-Pass (4865 m) nach Wangtu in **Kinnaur**. Der letzte Abschnitt nach Wangtu ist auch schon den Straßenbauern zum Opfern gefallen, deshalb kann man auch einfach Anhalter spielen.

Himachal Pradesh

den Basar führt. Abgesehen von den schäbigen Absteigen am Busbahnhof gibt es das **Tashi Deleg**, ✆ 01900/222450, an der Mall. Es hat saubere und komfortable Zimmer mit Warmwasser-Dusche. ❷–❹

Gyespa, an der Mall, ✆ 01900/222207; hat ebenfalls Zimmer mit Warmwasser-Dusche, auch Schlafsaal (Rs50). Kleiner *chorten* im Garten. ❷

Lamayuru, weiter unten an der Mall, ✆ 01900/222202; nur 4 Zimmer – angenehm und sauber mit Warmwasser-Dusche –, und das beste Restaurant der Stadt. ❷

HPTDC Chander Bhaga, zurück auf der Hauptstraße, 1 km in Richtung Darcha, ✆ 01900/222393; einfach und überteuert, aber annehmbar. Schlafsaalbett Rs150. ❺–❼

Zu den Unterkünften um die Bushaltestelle zählt das **Nordaling**, ✆ 01900/222294. Helle Zimmer mit Bad und TV. ❸

Alle diese Hotels bieten einen fantastischen Ausblick auf das Khardung Gompa.

Neben den *dhabas* wie dem **Friends** servieren die Restaurants der o. g. Hotels das beste Essen.

Sonstiges

Geld

Keine offizielle Möglichkeiten, doch das **Tashi Deleg** wechselt Geld, allerdings zu ungünstigen Kursen.

Post

Das Postamt liegt in der Hauptstraße ein Stück hinter dem Busbahnhof.

Transport

Von Keylong verkehren tgl. 8 Busse nach MANALI, der erste um 5.30 Uhr und der letzte um 13.30 Uhr, und (im Sommer) auch private Busse in sämtliche Orte nördlich des großen Highway. Zu beachten ist, dass die Weiterreise nach LEH während der Hochsaison (Juli und August) schwierig werden kann, da die meisten Busse schon bei ihrer Ankunft hier voll besetzt sind. So kommt es nicht selten vor, dass Reisende per Anhalter mit einem der Trucks mitfahren müssen, die bei den *dhabas* am Straßenrand oberhalb des Städtchens halten.

Spiti

Von seinem Quellgebiet unterhalb des **Kunzum La-Passes** strömt der Fluss Spiti 130 km in südöstlicher Richtung bis kurz vor die Grenze zu Tibet, wo er sich mit dem Sutlej vereint. Das Tal ist von mächtigen Gipfeln umgeben, liegt in durchschnittlich 4500 m Höhe und ist damit eine der höchstgelegenen und abgeschiedensten bewohnten Regionen der Erde – eine trostlose, öde Gegend, in der es neben vereinzelten winzigen Dörfern aus Holz und Lehm nur ein paar einsame Lamaklöster gibt.

Bis 1992 war Spitibnv für ausländische Touristen vollständig gesperrt. Heute fällt nur noch seine äußerste südöstliche Ecke in die **Inner Line** – damit ist das obere Spiti einschließlich der Distriktverwaltung **Kaza** von Nordwesten her über Lahaul frei zugänglich. Wer unbedingt die gesamte Rundstrecke durch das eingeschränkt zugängliche Gebiet nach oder von Kinnaur bereisen möchte, benötigt eine **Genehmigung**. Letzte Haltestelle vor Erreichen der nicht frei zugänglichen Zone ist das berühmte **Tabo Gompa**, das einige der ältesten und erlesensten buddhistischen Kunstwerke der Welt beherbergt.

Im Sommer, sobald Rohtang La und Kunzum La (4550 m) schneefrei sind, verkehren täglich morgens zwei Busse von Manali nach Spiti. In Manali kann man auch **Jeeps** mieten (bei der HPTDC oder einem anderen Reisebüro). Per Trekking erreicht man das Gebiet vom Kullu-Tal aus oder in südlicher Richtung von Baralacha La. Von Grampoo führt eine ungeteerte Holperpiste 80 km weit nach Losar. Mit dem Ausblick auf die Schlucht, Wasserfälle und schneebedeckte Gipfel und nicht zuletzt aufgrund der haarsträubenden Überquerung des Kunzum La bietet die Fahrt einen grandiosen Vorgeschmack auf Spiti. Bald hinter dem Pass führt die Piste durch das weitläufige Dorf **Losar** (4113 m), wo die Polizei einen Kontrollposten unterhält. Übernachten kann man in zwei einfachen Gästehäusern: dem Sam Song ❶–❷ und dem Serchu ❶. Ab hier wird aus der Piste bis Kaza eine Straße.

Kaza und Umgebung

Kaza, der Verwaltungssitz von Spiti, liegt 76 km südöstlich des Kunzum-Passes und 201 km von

Manali entfernt, überblickt das Nordufer des Flusses Spiti und ist als wichtigster Markt der Region der ideale Ausgangspunkt für eine Reihe von Zwei- bzw. Dreitagewanderungen zu Klöstern und abgelegenen Dörfern wie Kibber. Die Gebühren für Träger und Ponytreiber unterscheiden sich kaum von denen in Kullu. Von hier aus kann man auch nach Dhankar (32 km) und weiter nach Tabo (43 km) wandern.

Wer weiter nach Kinnaur möchte, kann ein kostenloses **Inner Line Permit** im Büro des Additional Deputy Commissioner im neuen Teil der Stadt bekommen. Erforderlich dafür sind zwei Passfotos und Kopien der entsprechenden Seiten im Pass, außerdem ein Polizeistempel, erhältlich bei der Polizeidienststelle unten am Hang, vom DC-Büro Richtung Fluss.

Übernachtung und Essen

Die rund 30 einfachen **Unterkünfte** verteilen sich gleichmäßig über das alte und neue Stadtviertel, zwischen denen ein (normalerweise trockenes) Flussbett verläuft.

Banjara Retreat, Richtung Fluss, New Kaza, ✆ 01906/222236. Eines der besseren Hotels, mit 12 bequemen Doppelzimmern und einem guten Restaurant. ❸

Khangasar Hotel, Old Kaza, ✆ 01906/222276. Die schlichte Herberge besitzt große, hübsche Zimmer mit Bad und TV. ❷

Phuntsok Palbar, nahe Flussbett, New Kaza, ✆ 01906/222360. Die preiswerteste Unterkunft vor Ort mit absolut sauberen Zimmern und Warmwasser-Eimerduschen verfügt außerdem über ein warmes Gemeinschaftszimmer, einen sonnigen Hof und kostenlose Gepäckaufbewahrung. ❶

Sakya's Abode, Hauptstraße, New Kaza, ✆ 01906/222254, ✉ sakya_abode@yahoo.com. Das einladende Haus besitzt vergleichsweise noble Zimmer und einen billigen Schlafsaal (Rs100). ❸

Zangchuk Guest House, nahe Flussbett, Old Kaza, ✆ 01906/222510. Die Zimmer und Einrichtungen sind ausgesprochen „puristisch", aber von der ruhigen Terrasse entfaltet sich eine wunderbare Aussicht. ❶

Die meisten Besucher essen in den Hotelrestaurants oder in den Touristencafés. Von Letzteren schießen immer mehr aus dem Boden, vor allem in der Altstadt: Auf dem Hauptplatz befinden sich z. B. das **Sachen Kunga Nyingpo** mit leckeren Gerichten aus verschiedenen Küchen, darunter der tibetischen, und die **German Bakery**, deren Name für sich spricht. Die beste Anlaufstelle für herzhafte Hausmannskost ist das **Hesty Testy**, und bei **Mahabudha** im Obergeschoss gibt's ganz ordentliches indisches und chinesisches Essen.

Sonstiges

Internet

Auf dem Hauptplatz gibt es einen Internetladen, der aber keine festen Öffnungszeiten hat.

Reiseveranstalter

Ecosphere, ✆ 01906/222652, 🖳 www.spiti ecosphere.com, informiert über Trekkingmöglichkeiten sowie die einheimische Tierwelt und führt Ökoprojekte durch.

Spiti Holiday Adventure, ✆ 01906/222711, 🖳 www.spitiholidayadventure.com, ist ein bewährtes Reisebüro, wo man auch **Geld** wechseln kann.

Transport

2x tgl. (um 9 und 14 Uhr) fährt ein **Bus** nach TABO (2 Std.) und dann weiter bis ins entfernte REKONG PEO in Kinnaur. Ein einziger Bus macht sich auf den Weg nach MUDH im Pin-Tal (2 1/2 Std.), er kehrt am nächsten Morgen wieder zurück. Nach KIBBER fährt 1x tgl. um 17.30 Uhr ein Bus, Rückfahrt am nächsten Morgen um 8 Uhr. Die Abfahrtszeiten der Busse für diese Ziele doppelt und dreifach checken – sie ändern sich ständig.

Es ist eine gute Idee, in Spiti – wo die Straßen gefährlich und die öffentlichen Verkehrsmittel unzuverlässig sind – einen **Jeep** zu mieten. Anbieter warten in der Nähe der Bushaltestelle; ungefähre Kosten: Rs1800 ins PIN-TAL und zurück, Rs1500 nach TABO, oder Rs720 nach KIBBER via Ki. Die Straße jenseits von Sumdo, die zur Inner Line gehört, wurde erneuert. In der Gegend kommt es aber immer wieder zu **Erdrutschen**, daher sollte man sich unbedingt nach dem aktuellen Straßenzustand erkundigen.

Ki Gompa

Vor dem Hintergrund schneebedeckter Berge klammert sich das Ki Gompa an die steilen Hänge eines dem Wind ausgesetzten, kegelförmigen Hügels. Der Ort ist ein Bilderbuchbeispiel für tibetische Architektur und bietet eines der exotischsten Spektakel von ganz Himachal. Im 16. Jh. gegründet, ist Ki das größte **Kloster** im Spiti-Tal mit einer wachsenden Gemeinschaft von Mönchen, dessen Rinpoche, Lo Chien Tulkhu aus Shalkar nahe Sumdo, die derzeitige Inkarnation des „großen Übersetzers" Rinchen Sangpo sein soll. Ein Labyrinth von dunklen Gängen und Holztreppen verbindet den Gebets- mit dem Versammlungssaal, in dem eine Sammlung alter *thangkas*, Waffen, Musikinstrumente, Manuskripte und religiöser Bilder aufbewahrt wird (Fotografieren untersagt). Nach einem Erdbeben im Jahr 1975 sind viele der Räume neu gestaltet worden, und im Jahr 2000 wurde eine vom Dalai Lama gestiftete Gebetshalle hinzugefügt. Zum Neumond gegen Ende Juni / Anfang Juli richtet Ki ein großes Fest aus, mit dem die „Verbrennung des Dämons" gefeiert wird. Nach den *chaam*-Tänzen folgt eine Prozession, die sich ihren Weg hinab zum rituellen Platz unterhalb des Klosters bahnt, wo eine große Butterskulptur angezündet wird.

Das Dorf Ki liegt 12 km nordwestlich von Kaza an der Straße nach Kibber. Vom Ort führt ein steiler, 1 km langer Aufstieg zum Klostertor. Den schönsten Anblick der prachtvollen Südseite des Gompa genießt, wer den 17.30-Uhr-Bus von Kaza nach Kibber nimmt, in Ki Village aussteigt und das letzte Stück zum Kloster zu Fuß geht. Ansonsten macht aber auch der 8-Uhr-Bus aus Kibber auf seiner Strecke hinunter nach Kaza einen kleinen Umweg und hält beim Kloster. In Ki gibt es beschränkte Übernachtungsmöglichkeiten: Besucher können für Rs300 (inkl. Verpflegung) im Kloster, ☎ 9418/626613, absteigen oder auch im gastfreundlichen Tashi Khangsar Guesthouse, ☎ 019006/226277 ❶, hinter der ersten Straßenbiegung, gekennzeichnet mit einem grünen Schild.

Kibber

Kibber (4205 m) gehört zu den höchstgelegenen Siedlungen der Welt, die über Straßenanbindung und Elektrizität verfügt. Die Jeep-Pisten, Satellitenschüsseln, das etwas abseits gelegene, mit einem Blechdach geschmückte Regierungsgebäude und die etwa 100 in der Gegend verstreuten alten Spiti-Häuser bieten einen eigentümlichen Anblick. Im Sommer von grünen Gerstenfeldern umgeben, befindet sich Kibber auch am Anfang eines Trails, der sich seinen Weg in nördlicher Richtung durch die Berge bahnt und über den hohen, eisbedeckten **Parang-Pass** (5600 m) nach Ladakh führt. Bevor man Straßen in das Spiti-Tal gebaut hatte, führten die Einheimischen ihre Pferde und Yaks hier entlang, um auf dem Basar in Leh Geschäfte zu machen. Ein paar Trekking-Veranstalter (s. S. 501) mit Sitz in Manali bieten einen 17-tägigen Trek von hier zum See **Tso Moriri** in Ladakh an (S. 551).

Wer den 17.30-Uhr-**Bus** von Kaza nach Kibber (1 Std.) nimmt, muss über Nacht bleiben. Man kann aber auch einen **Jeep** mieten, eine Mitfahrgelegenheit bei einer Reisegruppe ergattern oder sich auf Schusters Rappen verlassen und die 16 km auf Pfaden bewältigen, gegen Ende geht es allerdings fast nur noch bergauf. Dank seiner fantastischen Lage ist es toll, in Kibber zu übernachten, und so mancher Besucher bleibt länger als geplant in einem der einfachen und travellerfreundlichen **Gästehäuser**, alle mit Gemeinschaftsbad und Warmwasser in Eimern. Das Norling, ☎ 01906/200091 ❶-❷, und das Rainbow, ☎ 01906/200316 ❶, liegen nebeneinander gegenüber der Schule am Dorfeingang. Das Norling sowie dessen Restaurant sind dem Nachbarbetrieb etwas überlegen. Das weiter im Dorf gelegene Serkong, ☎ 01906/200156 ❶, hat nur Gemeinschaftsbäder, dafür aber eine hübsche Dachterrasse.

Dhankar und das Pin-Tal

Nach rund einem Drittel der Strecke zwischen Kaza und Tabo zweigt in der Nähe des Zusammenflusses von Pin und Spiti eine Schotterstraße Richtung Osten ab. Nach 8,5 km erreicht sie das Dorf **Dhankar** (3890 m). Das **Dhankar Gompa** auf dem höchsten Punkt im Rücken des Dorfes ist für seine brillanten Wandgemälde berühmt. Sie entstanden wahrscheinlich im 17. Jh. und erzählen das Leben von Buddha. Manche Bilder sind zerstört worden, aber die, die Buddhas Geburt, Wiedergeburt sowie sein Leben in Kapilavastu und seine Abkehr vom Weltlichen darstellen, sind spektakulär. Vom *gompa* eröffnet sich eine umwerfende Aussicht in die Tiefe auf die Stelle, wo sich der große Spiti und sein Zufluss Pin vereinigen. Dhankar liegt an keiner Busstrecke, deshalb muss man sich entweder eine Fahrgelegenheit besorgen (ein Taxi von **Sichaling** auf der Hauptstraße her kostet Rs160) oder zu Fuß gehen – die Abkürzung beginnt am Wetterhäuschen an der Hauptstraße unter dem *gompa*, 3 km vor Sichaling. Besucher dürfen gegen eine Spende im Kloster übernachten, sollten aber eigene Bettwäsche mitbringen – die Bettwanzen von Dhankar kennen keine Gnade. Ein klein wenig mehr Komfort bietet der Homestay Tenzin, ✆ 9459/270036 ❷ einschließlich Verpflegung, am Berghang über dem Kloster in der Nähe des Old Fort.

Das Pin-Tal

Eine halbe Stunde östlich von Kaza überspannt bei Attargu eine Brücke den Spiti und markiert den Beginn des 16 km langen Anstiegs durchs **Pin-Tal** nach **Gulling**. Über Gulling thront das bedeutende Nyingma-*gompa* Gungri, das aus dem 8. oder 9. Jh. datieren soll. Hier gibt es ein schlichtes Hotel namens Himalaya ❶, zwei Cafés, in denen *thukpa* und *momos* serviert werden, und einen Campingplatz. Das winzige **Mikim** liegt 3 km hinter Gulling am Zusammenfluss von Pin und Parahio. Die unwesentlich größere Ortschaft **Sagnam** auf der anderen Seite des Flusses besitzt ein paar einfache Unterkünfte, darunter ein PWD Resthouse ❶, das Norzang Guesthouse ❶ und das Shambala Guesthouse, ✆ 01906/224221 ❶.

Hinter Sagnam wird die Straße zusehends schlechter, aber mit einem Fahrzeug schafft man es noch weitere 14 km bis **Mudh**. Das bezaubernde Minidörfchen thront über einem atemberaubend schönen Tal, an dessen Rand sich der pyramidenförmige Tordang Mountain erhebt. Diverse **Guesthouses** warten auf durchziehende Wanderer, deren Zahl immer weiter steigt. Allerdings sind die Herbergen äußerst schlicht ausgestattet, und bislang gibt es in allen nur Gemeinschaftsduschen und -toiletten. Am nettesten ist das Dawa ❶ mit großem Schlafsaal (Rs50). Im Hauptgebäude wird Essen serviert, und auch

ein neuer Flügel ist im Bau, der Zimmer mit Bad verspricht. Ebenfalls empfehlenswert sind das freundliche Himalayan Pin Parvati Guest House ❶ und das Tara Guest House, ✆ 9418/441453 ❶. Einmal am Tag verkehrt ein überfüllter **Bus** zwischen Kaza und Mudh, der oft Verspätung hat. Am besten fragt man die Einheimischen nach der voraussichtlichen Abfahrtszeit.

Tabo

Einer der Hauptgründe, die mühsamen Straßen von Spiti in Angriff zu nehmen, ist ein Besuch des **Tabo Gompa** 43 km östlich von Kaza. Die aus Holz und Lehm erbauten Häuschen, die sich an das steile Norduter des Flusses Spiti schmiegen, wirken zunächst unscheinbar, doch beherbergen sie mit ihren bunten Wandgemälden und Skulpturen aus Stuck einige der weltweit bedeutendsten antiken Kunstschätze des Buddhismus: das Verbindungsglied zwischen den Höhlenmalereien von Ajanta (S. 697) und der opulenteren tantrischen Kunst, die etwa fünf Jahrhunderte später in Tibet zu voller Blüte gelangte. Laut einer Inschrift in seiner Hauptversammlungshalle wurde das Kloster 996 n. Chr. errichtet, als Rinchen Zangpo den Dharma über den nordwestlichen Himalaya verbreitete. Außer den 158 buddhistischen Texten in Sanskrit, die er persönlich transkribierte, hatte der „große Übersetzer" auch ein Gefolge von Handwerkern aus Kashmir bei sich, die die Tempel schmücken sollten. Die einzig verbliebenen Beispiele ihrer außergewöhnlichen Arbeit findet man hier in Tabo, in Alchi in Ladakh sowie in den *gompas* von Toling und Tsaparang im chinesisch besetzten westlichen Tibet.

Umgeben von einer Mauer aus Ziegeln und Schlamm, befinden sich im **Chogskhar** („heilige Enklave") von Tabo acht Tempel und 24 Tschörten (Stupas). Der größte und älteste Bau der Gruppe, **Sug La-khang**, steht gegenüber dem Haupteingang. Gegen Ende des 10. Jhs. wurde die „Halle der Erleuchteten Götter" errichtet. Sie ist als dreidimensionales Mandala konzipiert, dessen Struktur und kunstvoll verziertes Inneres das mystische Modell des Universums mitsamt Gottheiten symbolisiert. Es gibt drei verschiedene Ebenen mit Darstellungen: Die Gemälde auf der unteren Ebene zeigen Episoden aus dem Leben Buddhas und seiner vorherigen Inkarnationen;

darüber stellen Stuckarbeiten Götter und Göttinnen dar, und ganz oben in der Halle sind meditierende Buddhas und Bodhisattvas zu sehen. Wer die Wandmalereien eingehend betrachten möchte, sollte eine Taschenlampe mitbringen.

Die anderen Tempel stammen aus dem 15. und 18. Jh. Ihr Inneres veranschaulicht die Entwicklung der buddhistischen Ikonographie von ihren frühen indischen Ursprüngen bis zur chinesisch beeinflussten Opulenz des mittelalterlichen tibetischen Tantrismus, der heute in noch farbenprächtigerer Form in modernen Klöstern vorherrscht. Im neuen Gompa, das 1983 durch den Dalai Lama eröffnet wurde, wohnen rund 50 Mönche und ein paar *chomos* (Nonnen), von denen einige bei einem *geshe* (Lehrer) aus Osttibet Unterricht in traditioneller Maltechnik nehmen. Besucher sind zur tgl. um 6.30 Uhr stattfindenden *puja* willkommen. Überdies lohnt sich ein Abstecher zu den **Höhlen** jenseits der Hauptstraße; eine der Höhlen beherbergt weitere Wandmalereien, doch wer sie sehen möchte, muss vom Gompa-Wärter eingelassen werden.

Übernachtung und Essen

Das freundliche und stimmungsvolle **Millenium Monastic Guest House**, ✆ 01906/223333, in Tabo, vor den Haupttoren des Klosters. Schlafsaalbetten (Rs50) sowie einfache Zimmer mit oder ohne Bad. ❶
Tashi Khangsar Hotel, hinter dem Kloster beim Fluss, ✆ 01906/233346. Einladendes Hotel mit einfachen, preiswerten Zimmern mit Bad und einem schönen Garten. ❷
Durchaus in Ordnung sind auch das **Panma Guest House**, ✆ 9459/270055 ❶–❸ und das **Maitreya Guest House**, ✆ 9418/981957 ❶–❷.
Das Restaurant **Millennium Monastery** und das **Zion Café** im Panma bieten einfache tibetische und indische Gerichte. Im üppig grünen Hof des **Café Kunzon Top** gibt es ausgezeichnetes Frühstück und den „höchsten Cappuccino der Welt".

Transport

Zwei **Busse** fahren tgl. nach KAZA, der um 4 Uhr abfahrende geht sogar bis nach MANALI. In der Gegenrichtung kommt gegen 11 Uhr ein Bus durch, der die Strecke zwischen Kaza und REKONG PEO in Kinnaur bedient.

Von Manali nach Leh

Seit ihrer Freigabe für ausländische Touristen 1989 hat die berühmte Straße von Manali nach Leh die alte Route Srinagar–Kargil als beliebteste Verbindung nach Ladakh abgelöst. Jeden Sommer setzt sich ein Strom von Fahrzeugen im Kullu-Tal in Bewegung, um die zweithöchste Straße der Welt, die bei Tanglang La die Schwindel erregende Höhe von 5328 m erreicht, zu bewältigen. Die Straße, deren Oberflächen-

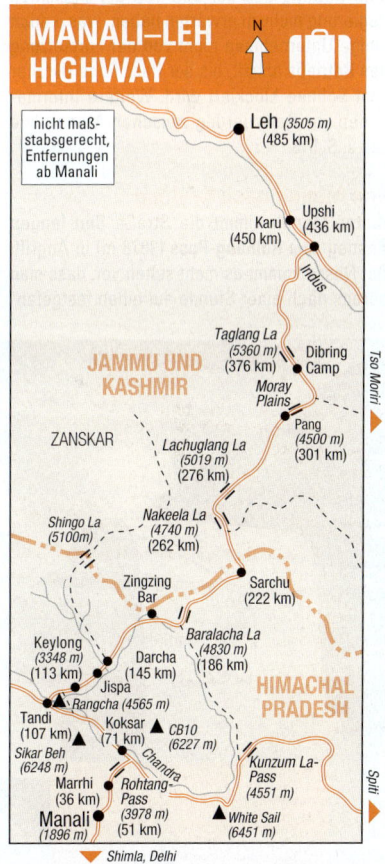

MANALI–LEH HIGHWAY

nicht maßstabsgerecht, Entfernungen ab Manali

Leh (3505 m) (485 km)

Upshi (436 km)

Karu (450 km)

Taglang La (5360 m) (376 km)

Dibring Camp

JAMMU UND KASHMIR

Moray Plains

ZANSKAR

Lachuglang La (5019 m) (276 km)

Pang (4500 m) (301 km)

Shingo La (5100 m)

Nakeela La (4740 m) (262 km)

Zingzing Bar

Sarchu (222 km)

Keylong (3348 m) (113 km)

Baralacha La (4830 m) (186 km)

Darcha (145 km)

Jispa

Rangcha (4565 m)

HIMACHAL PRADESH

Tandi (107 km)

Koksar (71 km)

CB10 (6227 m)

Sikar Beh (6248 m)

Kunzum La-Pass (4551 m)

Marrhi (36 km)

Rohtang Pass (3978 m)

Manali (1896 m)

(51 km)

White Sail (6451 m)

Shimla, Delhi

beschaffenheit große Unterschiede aufweist – von recht glattem Asphalt über Schlaglöcher verschiedenster Größe bis zu unbefestigten Abschnitten –, durchquert eine unheimliche, faszinierend schöne Mondwüste.

Je nach Straßenzustand und Fahrzeug braucht man für die 485 km 17 bis 30 Stunden reine Fahrzeit. Alle Busfahrer halten bei einem der spartanischen **Zeltlager** an der Route, wo man eine kurze und kalte Nacht verbringt. Die Zeltlager sind allerdings nach dem 15. September, wenn die Straße offiziell gesperrt wird, selten zu finden. In der Praxis bedeutet die Sperrung, dass vom Schnee Eingeschlossene eine Rettung aus der Luft von der indischen Regierung nicht zu erwarten haben, was jedoch einige Unternehmen nicht von der Fortsetzung des Betriebs abhält, bis der Pass Ende Oktober vom Schnee blockiert wird. Weitere Informationen zur Beförderung zwischen Manali und Leh s. S. 513.

Von Manali nach Keylong

Hinter Manali nimmt die Straße den langen Anstieg zum **Rohtang-Pass** (3978 m) in Angriff. Bei Nässe kommt es nicht selten vor, dass man bereits nach einer Stunde auf einen festgefah-

renen LKW trifft, der die Straße blockiert. In solchen Fällen sind unplanmäßige Wartezeiten von bis zu vier Stunden nicht ungewöhnlich. Die Busse halten zum Frühstück (oder Brunch) 17 km vor dem Pass an einer Reihe behelfsmäßiger *dhabas* in Marhi (3360 m). Obwohl der Rohtang für Himalaya-Verhältnisse gar nicht so hoch liegt, gehört er zu den tückischsten Pässen der Region.

Alle Jahre wieder werden Einheimische und Touristen gleichermaßen von unerwarteten Wetterwechseln überrascht; daher der Name Rohtang, der wörtlich etwa „ein Haufen von Leichen" bedeutet.

Vom Rohtang führt die Straße wieder abwärts zur Sohle des **Chandra-Tals** und erreicht schließlich den Fluss bei **Koksar**, nicht viel mehr als eine Ansammlung von *chai*-Ständen und ein **Kontrollposten**, an dem Angaben aus dem Reisepass verlangt werden – einer von mehreren solcher Stopps auf dem Weg nach Leh.

Die nun folgenden Stunden werden zu den unvergesslichsten der ganzen Fahrt gehören. Am besten sitzt man auf der linken Busseite. Der Weg führt über die nördlichen Hänge des Tals durch die ersten buddhistischen Siedlungen, die von hoch aufragenden Gipfeln und hängen-

Himachal Pradesh

Die Straße von Manali nach Leh ist die beliebteste Verbindung nach Ladakh.

Bei **Fahrradfahrern** gilt die Strecke Manali–Leh als eine der schwierigsten der Welt. Jeden Sommer brechen bis zu 300 waghalsige Radler auf, um die 500 km lange Strecke zu bezwingen. Zwar sind die **Steigungen** selten so, dass man schieben muss, aber der zweitägige Anstieg, die holprigen Pfade über die **Pässe** und vor allem die Höhe erfordern Wachsamkeit und etwas Vorbereitung. Ein voll beladenes Rad 50 km lang ununterbrochen den Berg hochzu-treten, und zwar bis auf weit über 5000 m, mag ein verwegenes Unterfangen sein. Aber die Anstrengung wird fürstlich belohnt, vor allem wenn man eine eigene Zeltausrüstung dabei hat und nicht auf die lauten, schmuddligen Fallschirmspringercamps angewiesen ist. **Wichtig** sind wind- und wasserfeste Kleidung, eine warme Fleecejacke, eine Sonnenbrille, eine Kopfbedeckung und ein ordentlicher Vorrat an High-Energy-Snacks wie die Erd-nusskrokantriegel, die es in den Basaren zu kaufen gibt. Ein Wasserfilter bringt zusätzliche Unabhängigkeit, denn pro Tag müssen mindes-tens 3 l Wasser getrunken werden. Man sollte

sich vergewissern, dass das Rad eine leicht zu betätigende Gangschaltung für die Strampelei hoch zu den Pässen hat (bei den meisten MTBs der Fall), ebenso wie möglichst neue Bremsbe-läge sowie gut befestigte und verschlossene Gepäcktaschen für die anschließenden langen Abfahrten. Die Kleidung sollte aus saugfestem, schnell trocknendem Material bestehen, damit man sich auf den zugigen Pässen in den ver-schwitzten Klamotten nicht verkühlt.

Die meisten Leute starten in Manali (1900 m) und benötigen acht bis zehn Tage bis Leh (3500 m). Für eine Abfahrt in Leh spricht aber, dass die Möglichkeit besteht, sich vorher zu aklimatisie-ren, und die Fahrt weniger Anstiege beinhaltet, jedoch nicht weniger faszinierend ist. Darüber, dass man selbst oder das Rad unterwegs viel-leicht schlapp macht, braucht man sich keine allzu großen Sorgen zu machen – im Notfall findet sich immer eine Mitfahrgelegenheit. Wer nicht auf eigene Faust losradeln möchte, findet auf S. 501. Adressen von Mountainbike-Tourveranstaltern in Manali. Weitere Infos unter 🖥 www.himalayabike.com.

den Gletschern eingerahmt sind, nach Keylong (S. 505). Die HPTDC-Super-Deluxe-Busse und einige andere Linien legen hier einen Übernach-tungsstopp ein, um den größten Teil der Strecke am folgenden Tag hinter sich zu bringen.

Von Keylong nach Sarchu

Hinter Keylong weitet sich das Bhaga-Tal, doch an seinen kahlen Hängen finden sich nur ver-einzelte Dörfer. In **Darcha**, einer einsamen An-sammlung von Steinhütten und schäbigen Zelt-lagern sowie einem weiteren Checkpoint, ist die Landschaft immer noch ziemlich grün.

Sämtliche Busse halten hier, damit sich die Fahrgäste von den *dhabas* am Wegrand eine heiße Schüssel tibetischer *thukpa* holen kön-nen. Viel mehr kann man in Darcha auch nicht unternehmen, obwohl am Ortsrand der Shingo La Trailhead liegt, Ausgangspunkt der wich-tigsten Trekkingroute Richtung Norden nach Zanskar.

Wenn man nicht in einem Bus sitzt, der von Manali nach Leh durchfährt, ist ein Zwischen-stopp in **Jispa** (7 km südlich) zu empfehlen, einem netten kleinen Dorf mit genügend Zelt-möglichkeiten am Fluss sowie dem teuren Hotel Jispa, 📞 01900/233203 ❺. Das Hotel bietet auch Dormbetten für Rs200.

Von Darcha schlängelt sich die frisch ge-teerte Straße in nordöstlicher Richtung zum Pass **Baralacha La**. Manche Busse halten über Nacht auf der anderen Seite in **Sarchu**, wo im ziemlich schlichten Tent Camp der HPTDC ❸ dampfender Reis, *dhal* und Gemüse gereicht werden, ebenso wie in einigen ähnlich preis-werten *dhabas* in der Nähe. Es gibt noch ein paar teurere Camps an der Straße, die bis zu Rs800 p. P. inkl. Verpflegung verlangen. Zu be-achten ist, dass Sarchu 2500 m höher als Ma-nali liegt und Reisenden, die direkt von dort kommen, der Höhenunterschied zu schaffen machen könnte.

Von Sarchu zum Taglang La

In Sarchu endet die Saison am 15. September. Dann drängen die Busse, die nicht in Keylong Station gemacht haben, in Richtung Norden über den **Lachuglang La** (5019 m), den zweithöchsten Pass am Highway, zum Zeltcamp in **Pang** (4500 m), das länger geöffnet ist. Das bedeutet aber leider auch, dass die Fahrt durch einen der aufregendsten Abschnitte der Route, eine fantastische Schlucht, im Dunkeln stattfindet. Nördlich von Pang beginnt die Straße ihren Anstieg zum vierten und letzten Pass, dem **Taglang La**, dem allerhöchsten Punkt der Straße von Manali nach Leh auf atemberaubenden 5328 m. Die Fahrer halten hier mal kurz an, damit die Reisenden das Gebetsrad drehen und sich für ein Foto neben dem Höhenschild und einem kleinen Schrein aufstellen können. Ist der Himmel klar genug, erblickt man weit im Norden, jenseits des bunten Gewirrs der Gebetsfahnen von Ladakh, die Karakorum-Gebirgskette am Horizont.

Von Taglang La nach Leh

Dreißig Kilometer hinter dem Pass liegt **Rumtse**, das erste Ladakhi-Dorf. Hier gibt es zwei spartanische Gästehäuser/*dhabas* ❶. Sie stehen gegenüber von einem Laden, wo haltbare Snacks verkauft werden. Nur ein Stück weiter die Straße entlang befindet sich in **Gya**, dem nächsten Dorf, ein Krankenhaus (mit Sauerstoffzelt). Gleich dahinter, unterhalb der Baumgrenze, hat in **Lato** während der Saison ein besonders hübscher Campingplatz geöffnet. Außerdem gibt's ein schlichtes Hotel ❶. In **Upshi** erreicht die Straße das spektakuläre Indus-Tal und folgt dem Flusslauf des **Indus**, vorbei an Armeecamps und alten Klöstern. Kurz vor **Choglamsar** nimmt das Verkehrsaufkommen zu, während man die letzten staubigen Kilometer nach **Leh** (S. 535) – vorbei am höchstgelegenen Golfplatz der Welt – durch die modernen Vororte bis zu den Verkaufsständen von Lehs Hauptbasar bewältigt.

Jammu und Kashmir

Stefan Loose Traveltipps

Kashmir-Tal Das üppig-grüne Tal zieht mit seinen Trekkingzentren wie Pahalgam und Gulmarg inzwischen wieder Besucher an. S. 521

Dal-See Sich auf einem kashmirischen Hausboot entspannen, umgeben von Seerosen, Eisvögeln und einer atemberaubenden Gebirgskette – unvergesslich. S. 524

Leh Mittelalterliche Straßen, ein Palast im tibetischen Stil und Basare vor der Kulisse schneebedeckter Gipfel. S. 535

12 Tikse Neben Lamayuru und Hemis die eindrucksvollste Klosteranlage im indischen Teil des Himalaya. S. 547

Tso Moriri Seltene Zugvögel bevölkern den von verschneiten Bergwüsten umgebenen Hochgebirgssee. S. 551

Nubra Valley Sanddünen, Trampeltiere und Ausblicke auf das mächtige Karakorum-Gebirge erwarten Besucher am Ende der höchsten befahrbaren Straße der Welt. S. 552

Alchi Hinter den schlichten Mauern dieses uralten Klosters verbergen sich wundervolle Wandmalereien und Stuckbilder. S. 557

13 Zanskar Die von hohen Himalaya-Gipfeln umgebene Wildnis ist im Winter nur über den zugefrorenen Fluss erreichbar. S. 563

JAMMU UND KASHMIR

VON PAKISTAN
KONTROLLIERTER TEIL
KASHMIRS

Waffenstillstandslinie

DAH-HANOO-

Kargil

Indus

Bandipur

Wular-See

Dras

*Zoji La
(3529 m)*

Mulbekh

Sonamarg

SURU-

*Kanji La
(5255 m)*

Gulmarg

Srinagar

Aru

Panikhar

TAL

Rangdum

Pahalgam

Nun
(7133 m)

Kun
(7086 m)

ZANSKAR

Anantnag

Pensi
La

P I R   P A N J A L

*Darung Drung-
Gletscher*

**Jawahar-
Tunnel**

R A N G E

Katra

Jammu

**HIMACHAL
PRADESH**

PUNJAB

Pathankot

PAKISTAN

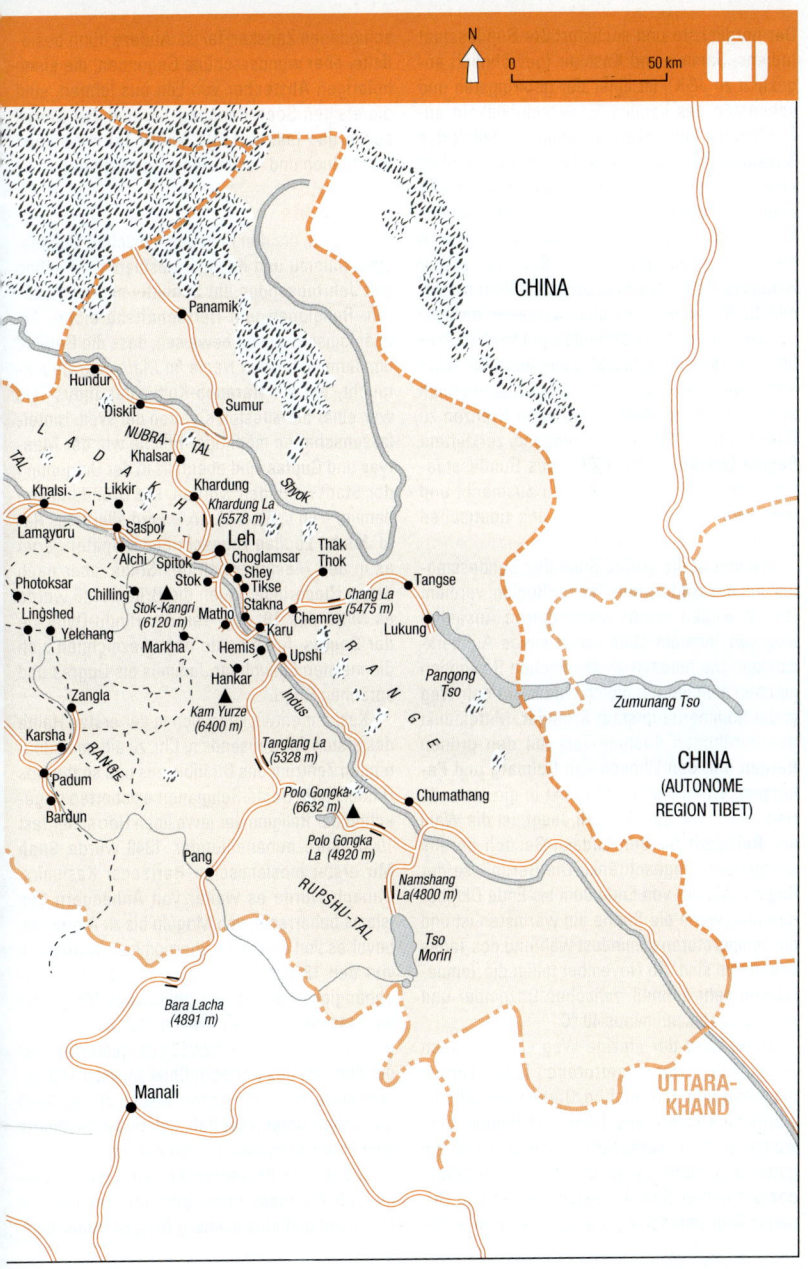

Der nördlichste und sechstgrößte Bundesstaat Indiens, Jammu und Kashmir (gewöhnlich abgekürzt zu J&K), ist einer der gebirgigsten und schönsten des Landes. Er versinnbildlicht außerdem die kulturelle und religiöse Vielfalt des Subkontinents, denn er zerfällt in drei deutlich unterscheidbare Regionen. Das südwestliche Ende des Staates ist das Gebiet um die Winterhauptstadt **Jammu** mit Hindu-Mehrheit. Nördlich hiervon liegt auf der anderen Seite der ersten Himalaya-Kette das fast ausschließlich moslemische **Kashmir**. Es ist gleichermaßen berücktigt wegen der fortwährenden politischen Probleme (s. Kasten S. 522/523) wie auch für seine anmutige Schönheit. Im Nordosten schließlich erstreckt sich an den umstrittenen Grenzen zu Pakistan und China die abgelegene, zerklüftete Region **Ladakh**, die fast 70 % des Bundesstaates in seinen De-facto-Grenzen ausmacht und überwiegend von Anhängern des tibetischen Buddhismus bewohnt wird.

Jammu ist die größte Stadt des Bundesstaates und das traditionelle Tor zur Region, verdient jedoch wegen seiner wunderbaren Ansammlung von Tempeln auch selbst einige Aufmerksamkeit. Die meisten ausländischen Reisenden machen sich jedoch gleich weiter auf den Weg in die Sommerhauptstadt **Srinagar**, Mittelpunkt des berühmten Kashmir-Tals mit den grünen Bergen und den Wiesen von **Gulmarg** und **Pahalgam**. Wenn man nicht direkt in die reizende Hauptstadt von Ladakh, **Leh**, fliegt, ist die Wahl der **Reisezeit** für den Ladakh-Besuch bereits weitgehend eingeschränkt: Die Bergpässe der Region sind nur von Ende Juni bis Ende Oktober geöffnet, wenn die Sonne am wärmsten ist und die Temperaturen zumindest während des Tages angenehm sind. Ab November fallen die Temperaturen sehr schnell, zwischen Dezember und Februar oft bis auf minus 40 °C.

Dann führt der einzige Weg von und nach Zanskar über den zugefrorenen Fluss. Leh ist umgeben von zahlreichen Dörfern mit altehrwürdigen Klöstern wie **Tikse** und **Hemis**, oder, weiter westlich, **Lamayuru**. Letzterer Ort ist ein guter Zwischenstopp auf dem Weg nach **Kargil**, das auf halber Strecke zwischen Leh und Srinagar liegt und der Ausgangspunkt zum abge-schiedenen Zanskar-Tal ist. Andere dünn besiedelte, aber wunderschöne Gegenden, die einen holprigen Abstecher von Leh aus lohnen, sind die eisigen Seen **Pangong Tso** und **Tso Moriri** sowie das fast surreale **Nubra-Tal** mit seinen Sanddünen und herumziehenden Kamelen.

Geschichte

Die Region, die den heutigen indischen Bundesstaat Jammu und Kashmir ausmacht, ist schon seit Jahrtausenden ein Schnittpunkt der Kulturen, Religionen und Herrschaftsbereiche. Archäologische Funde beweisen, dass die Gegend um Jammu, dessen Name im *Mahabharata* auftaucht, Teil der **Harappa**-Kultur des Indus-Tals war, einer der ältesten Kulturen der Welt. Hinterlassenschaften mächtiger Reiche wie der **Mauryas** und **Guptas** sind ebenfalls in der Umgebung der Stadt gefunden worden. Die Gründung von Jammu – im späten 14. Jh. – wird allerdings **Raja Jambu Lochan** zugeschrieben. Später geriet es in den Machtbereich der **Sikhs**, aber nach deren Niederlage gegen die Briten 1846 wurde es Mitte des 19. Jhs. Teil der Hindu-Dynastie der **Dogras**. Auch heute noch bezeichnen sich die meisten Einwohner Jammus als Dogras und sprechen Dogri.

Kashmir entwickelte sich in der ersten Hälfte des ersten Jahrtausends n. Chr. zu einem bedeutenden Zentrum des Buddhismus und später des Hinduismus. Beide Religionen existierten ungeachtet der Religion der jeweiligen Herrscher fast 1000 Jahre nebeneinander. 1349 wurde **Shah Mir** erster moslemischer Herrscher Kashmirs. Danach wurde es weiter von Anhängern des Islams beherrscht, von Moguln bis zu Afghanen, bevor es von den Sikhs übernommen wurde und von den 1840er-Jahren bis zur indischen Unabhängigkeit denselben politischen Weg ging wie Jammu. Die Probleme in der Region sind genauer im Kasten S. 522/523 dargestellt. Unter der Führung des jüngsten Chief Minister (Ministerpräsidenten) aller Zeiten, des im Januar 2009 gewählten **Omar Abdullah**, sehen die Kashmiris wieder hoffnungsvoller in die Zukunft.

Die ersten Bewohner Ladakhs waren vermutlich Nomadenhirten aus dem tibetischen Hochland und eine kleinere Gruppe früher buddhistischer Flüchtlinge aus Nordindien, die Mon. Im 4. oder 5. Jh. kamen die indo-arischen **Dard** hinzu, die die Bewässerung und die sesshaft betriebene Landwirtschaft mitbrachten. Das erste unabhängige Königreich in der Region wurde im 9. Jh. von dem abtrünnigen Adligen Nyima Gon gegründet, mehr oder weniger gleichzeitig mit der Verbreitung des **Buddhismus** durch Wandermönche wie Padmasambhava (alias „Guru Rinpoche"). Später folgte die sogenannte Zweite Ausbreitung. Einer der wichtigsten Missionare dabei war der „Große Übersetzer" **Rinchen Sangpo**. Etwa im 14. Jh. durchlebte Ladakh ein finsteres Zeitalter und wurde dann unter **Tashi Namgyal** (reg. 1555–70) wieder vereint. Er gründete eine neue Hauptstadt in Leh und ließ dort einen Palast bauen. Schließlich musste sich Ladakh den mächtigeren Moguln unterwerfen: Aurangzeb verlangte höhere Abgaben, befahl den Bau einer Moschee in Leh und zwang den König von Ladakh, zum Islam zu konvertieren.

Die Handelsbeziehungen zu Tibet wurden im 18. Jh. wieder aufgenommen, aber Ladakh erreichte nie wieder seinen vorherigen Status. Geplagt von Stammesfehden und Attentaten sank das Königreich seinem endgültigen Abstieg entgegen und war leichte Beute für den **Dogra**-General Zorawar Singh, der es 1834 für den Maharadscha von Kashmir annektierte. Im Jahr 1948, nach dem ersten der drei indisch-pakistanischen Kriege in der Region, wurde Ladakh Teil des Staates Jammu und Kashmir im unabhängigen Indien. Gelegentlich flammen die Konflikte um die umstrittenen Grenzen wieder auf (s. Kasten S. 522/523). Bedenkt man dabei die Nähe zu China – ein weiterer Erzfeind, der sich 1962 einen großen Teil von Ladakh einverleibte –, wird deutlich, warum dies die sensibelste Grenzregion Indiens ist.

Hinzu kommt ein hohes Maß an inneren Spannungen. Nach der jahrelangen Unzufriedenheit der Ladakhis mit der in Srinagar ansässigen Staatsregierung wurde im September 1995 schließlich der **Ladakh Autonomous Hill Development Council** (LAHDC) eingesetzt. Seither wird Ladakh – zumindest theoretisch – auch von Ladakh aus regiert. Eine Gruppe buddhistischer und islamistischer Parteien Ladakhs gründete 2002 die **Ladakh Union Territory Front**, mit dem Ziel der Abspaltung Ladakhs von Jammu und Kashmir und der Anerkennung als Unionsterritorium von Seiten Delhis. Trotz der Erfolge dieser Partei bei regionalen Wahlen hat die von der Kongresspartei geführte Regierung des Bundesstaates alle Versuche abgewehrt, Ladakh als Union Territory zu etablieren.

Kashmir

Schon lange bevor Kashmir in dem gleichnamigen Song der Band Led Zeppelin verewigt wurde, hatte es sich bei Reisenden aus dem Westen einen legendären Ruf erworben, angefangen von Offizieren des britischen Raj bis zu den ersten asienreisenden Hippies in den 1960er-Jahren. Kein Trip zum Indischen Subkontinent war vollständig ohne einen Zwischenstopp auf den berühmten Hausbooten der Hauptstadt **Srinagar** (s. Kasten S. 528) im Herzen des idyllischen Kashmir-Tals. Die Hauptstadt des Bundesstaats, **Jammu**, ist eine pulsierende Stadt mit einer imposanten Festung und vielen Tempeln.

Ende der 1980er-Jahre boomte der Tourismus und hatte die Landwirtschaft als wichtigste Erwerbsquelle der Region überholt. Mit dem Ausbruch des Kashmir-Konflikts 1989 (s. Kasten S. 522/523) kam dies jedoch quasi über Nacht zum Stillstand. Erst in den letzten Jahren hat sich die Lage wieder so weit stabilisiert, dass der Besucherstrom allmählich breiter wird, wenn auch die Zahlen noch weit unter denen der 1980er-Jahre liegen und die Zahl der indischen die der ausländischen Besucher noch weit übertrifft. Die meisten Reisenden begnügen sich mit einer Visite in **Srinagar**. Doch auch die Orte **Gulmarg** und **Pahalgam**, beide in erstklassigen Trekkingrevieren, gelten jetzt als sicher, genauso wie der hübsche Ort **Sonamarg** an der Straße nach Kargil. Jedoch sollte man sich vor einer Reise nach Kashmir auf jeden Fall über die aktuelle Sicherheitslage informieren; Näheres s. Kasten S. 522/523.

Jammu

Jammu, wegen der vielen Schreine in der Stadt auch „Stadt der Tempel" genannt, ist auf jeden Fall einen ganztägigen Aufenthalt auf dem Weg nach Kashmir wert (bis zur Fertigstellung der Bahnstrecke nach Srinagar ist Jammu der Kashmir am nächsten gelegene Bahnhof). Der wichtigste Tempel der Stadt ist der **Ragunath-Tempel**; bedeutender ist allerdings der **Vaishno Devi** bei Katra, etwa 60 km weiter nördlich. Die Stadt wartet außerdem mit dem beeindruckenden **Bahu Fort** auf, das auf einem Hügel oberhalb des Tawi thront, und außerdem gibt es noch die prächtigen Gärten **Baja-u-Bahu**. Das wichtigste Museum der Stadt ist das nicht sonderlich fesselnde Kunstmuseum **Amar Mahal**.

Wer Zeit für nur einen der vielen Tempel in Jammu hat, sollte den lebendigen **Ragunath** besichtigen, etwa zehn Gehminuten durch die Geschäftsgassen östlich des Busbahnhofs entfernt. Nach Absolvierung der strengen Sicherheitschecks gelangt man in einen großen Hof, der von zahlreichen *shikharas* und zwei Gärten umgeben ist. Inmitten der Anlage befindet sich ein Innenhof mit dem Haupttheiligtum des Lord Ragunath, einer Inkarnation Vishnus, und seiner zwei Gefährtinnen, über die in der Nähe ein in ein orangefarbenes Gewand gekleideter Hanuman wacht. ⊙ tgl. 6–11.30 und 18–21.30 Uhr.

Die zweite Hauptsehenswürdigkeit ist das **Bahu Fort** auf einer hohen Klippe am Südufer des Flusses Tawi, etwa 3 km südöstlich des Zentrums. Innerhalb der soliden, gedrungenen Befestigungen liegen säuberlich manikürte Rasenflächen. Hauptanziehungspunkt für Hindus ist jedoch der kleine **Mata Kali-Tempel** im Festungskomplex. ⊙ tgl. 9–21 Uhr, Eintritt frei. Neben dem Fort sind im fischförmigen, metallenen **Aquarium Awareness Centre** alle möglichen Fische zu sehen, ⊙ tgl. 9–21 Uhr, Eintritt Rs20. Unterhalb der Festung erstrecken sich die terrassenförmig angelegten **Baja-u-Bahu Gardens** mit liebevoll gepflegten Blumenbeeten und Zierteichen, die Affen als Badebecken dienen, ⊙ tgl. Sommer 8–22, Winter 9–21 Uhr, Eintritt Rs10.

Ein paar Kilometer nordöstlich des Busbahnhofs befindet sich in einem umgebauten Palast an der Srinagar Road das **Amar Mahal Museum**, im Grunde ein Kunstmuseum mit ein paar fürstlichen Erinnerungsstücken. Die Porträts und Miniaturen stammen zumeist aus dem frühen 20. Jh. ⊙ tgl. 9–12.50 und 14–17.50 Uhr, im Winter bis 16 Uhr, Eintritt Rs45.

Übernachtung

Ein Zimmer zu finden ist generell kein Problem, jedoch gibt es im mittleren und gehobenen Segment recht wenig Auswahl. Die meisten Budgetunterkünfte befinden sich an der Straße Gumat Bazaar und um den Busbahnhof herum. **Diamond**, Gumat Bazaar, ✆ 0191/257 7792. Zahlreiche annehmbare Zimmer unterschiedlicher Größe. Das Diamond hat die meisten Gästen aus dem westlichen Ausland, aber nicht dem besten Preis-Leistungs-Verhältnis. ❶–❷

Nagima, Gumat Bazaar, ✆ 0191/256 6008. Sehr saubere, von Sikhs geführte Unterkunft mit nur 10 Zimmern, einige davon mit AC. ❸–❹

Savera, gegenüber vom Ragunath-Tempel, ✆ 0191/254 9936. Budgetunterkunft mit sehr viel besserem Preis-Leistungs-Verhältnis als die meisten Hotels am Busbahnhof und am Gumat Bazaar und mit größeren Zimmern. ❶–❸

Tourist Reception Centre, Dak Bungalow, Vir Marg, ✆ 0191/257 9554. Mehrere ziemlich langweilige staatliche Gebäude mit unterschiedlichen Zimmern, teils mit AC, und ein paar Suiten. ❷–❺

Vivek, gleich südlich vom Busbahnhof, ✆ 0191/254 7545. Hotel mit zentral gesteuerter AC, gemütlichen Zimmern und einer schicken Lobby. Das hauseigene Restaurant ist allerdings nicht der Rede wert. ❺

Essen

Jammu ist zwar kein Gourmetparadies, aber es gibt zahlreiche billige Imbisslokale und vegetarische *dhabas*. Wer Fleisch und ein gemütlicheres Ambiente möchte, sollte eines der Hotelrestaurants aufsuchen.

Falak, KC Residency, Vir Marg. Dieses Drehrestaurant oben im Hotel bietet gute indische und internationale Küche. Hauptgerichte zumeist ab Rs200.

JKTDC Café, Baja-u-Bahu Gardens. Einfaches Café am unteren Ende der Gärten, gut für eine

Tasse Tee oder einen einfachen Imbiss wie eine Samosa.

Mehfil, Hotel Samrat, Gumat Bazaar. In dem ruhigen Hotelrestaurant gibt es ganz ordentliche veg. und nicht veg. indische und chinesische Gerichte für rund Rs100.

Mughal Darbar, Vir Marg. Eine der besten Adressen für einen Vorgeschmack auf die kashmirische Küche, darunter die berühmten, kräftig gewürzten Hammelgerichte (Rs120–160).

Regal, gegenüber vom Ragunath-Tempel. Beliebtes Restaurant mit schmackhaftem veg. Essen für die vielen Pilger.

Sonstiges

Geld

Der praktischste **Geldautomat** ist der von der HFDC Bank am Busbahnhof. Bei der **J&K Bank**, Shalimar Rd, kann man Bargeld umtauschen und Reiseschecks einlösen.

Informationen

Das **Tourist Reception Centre**, ✆ 0191/254 4527, ⌨ www.jktourism.org, ist in der Vir Marg (Residency Rd), die etwa zehn Fußminuten nördlich vom Busbahnhof gegenüber vom Ragunath-Tempel beginnt. Hier gibt's hilfsbereite Mitarbeiter und eine recht gute Karte des Bundesstaats sowie der beiden größten Städte.

Transport

Busse und Sammeljeeps

Der **Hauptbusbahnhof**, etwas nördlich vom Fluss inmitten der Altstadt, ist Anlaufstelle vieler Stadtbusse. Zwischen 5 und 8 Uhr fahren von hier zahlreiche Busse nach SRINAGAR (11–12 Std., Rs250). Daneben gibt es Verbindungen z. B. nach PATHANKOT, AMRITSAR und DELHI. Wer später fahren möchte, muss einen der Sammeljeeps (9–10 Std., Rs450) nehmen. **JKTDC-Busse** fahren in der Nähe des Tourist Office an der Vir Marg (Residency Rd) ab.

Eisenbahn

Züge aus ganz Indien, u. a. die der längsten Bahnverbindung des Landes, des wöchentlichen dreitägigen Zugmarathons von Kanyakumari, halten am **Bahnhof** 4 km südlich des Zentrums. Es kommen tgl. mindestens 7 Züge aus DELHI an;

der schnellste ist der All Jat Express Nr. 12413 (tgl., Abfahrt 22.25 Uhr, Ankunft 8.05 Uhr). Nach Delhi fährt z. B. der Jammu All Express Nr. 12414 (tgl. Abfahrt 18.15 Uhr, Ankunft in Delhi 4 Uhr).

Flüge

Der **Flughafen** von Jammu, ✆ 0191/243 7843, liegt 8 km südwestlich der Stadt. Air India und Jet fliegen mehrmals tgl. nach DELHI und SRINAGAR.

Die Umgebung von Jammu

Obwohl sich die meisten ausländischen Besucher schnurstracks ins Kashmir-Tal begeben, gibt es in der Nähe der Straße nach Srinagar ein paar Orte, die einen Stopp durchaus lohnen. Die Straße nach Srinagar ist wie zu erwarten mit militaristischen Parolen geschmückt. Etwa 30 km nördlich von Jammu führt eine Nebenstraße zur kleinen Stadt **Katra**, Ausgangspunkt für die 12 km lange Wanderung zum **Vaishno Devi-Tempel**. Der Höhlenschrein, eines der bedeutendsten Wallfahrtsziele der Region, lässt sich nur durch einen knöcheltiefen Bach erreichen. Um *darshan* vor dem Bildnis der Göttin, einer dreifachen Inkarnation der weiblichen *shakti*, zu erfahren, muss das kühle Wasser durchwatet werden.

Katra selbst ist auch ganz nett. Es fahren regelmäßig Busse und Jeeps aus Jammu hierher. Es gibt einfache Unterkünfte; eine der besten davon ist der JKTDC Tourist Bungalow, ✆ 0191/254 9065, ❷–❹. 70 km weiter, wo die Kiefern den Laubwald abzulösen beginnen, führt die Hauptstraße an **Patnitop** vorbei, einem Ferienort im alpinen Stil. Er ist besonders bei Indern aus dem Tiefland beliebt, weil er schöne Ausblicke und frische Luft bietet und einfach zu erreichen ist.

Das Kashmir-Tal

Der Kontrast zwischen den heißen, staubigen Ebenen um Jammu und dem kühlen grünen Gürtel des Kashmir-Tals könnte nicht größer sein. Neben dem geographischen Unterschied, bedingt durch einen Höhenunterschied von

Jammu und Kashmir

Der wichtigste Grund für die bittere Feindschaft zwischen Indien und Pakistan ist der Himalayastaat Kashmir. Die Wurzeln des Konflikts gehen auf die Unabhängigkeit zurück, als der regierende hinduistische Maharadscha Hari Singh den Anschluss seines Territoriums an Indien statt an Pakistan beschloss. Seither hat das geopolitische Tauziehen um den Staat die Beziehungen zwischen den beiden Ländern schwer belastet.

Der Konflikt in Kashmir hat zwei Erscheinungsformen: erstens die einer **militärischen Konfrontation** zwischen der pakistanischen und indischen Armee entlang der De-facto-Grenze (mit Kriegen 1947, 1965 und 1999) und zweitens die von **Gewalttätigkeiten und Bürgerkrieg** seit 1989, einer Zeit, in der sowohl kashmirische als auch ausländische moslemische Kämpfer zahlreiche indische militärische und zivile Ziele innerhalb Kashmirs angriffen, was zu gleichermaßen blutigen Vergeltungsmaßnahmen von Seiten der indischen Sicherheitskräfte führte. Dieser Konflikt hat bislang schätzungsweise 70 000 Menschenleben gefordert.

Die Ursprünge des Problems

Nach dem Ende der Auseinandersetzungen im Jahr 1948 forderten die Vereinten Nationen Indien auf, eine Volksabstimmung abzuhalten, damit die Bewohner Kashmirs selbst über ihre politische Zukunft entscheiden könnten. **Indien** weigerte sich aber standhaft, dieser Forderung nachzukommen. Die Waffenstillstandslinie, die sogenannte **Line of Control**, wurde zur eigentlichen Grenze zwischen Indien und Pakistan. Jenes Drittel Kashmirs, das unter pakistanischer Kontrolle ist, wird von den Befürwortern einer Unabhängigkeit von Indien als **Azad (Freies) Kashmir** bezeichnet.

Während eines Konflikts im Jahr 1962 (S. 107) verlor Indien ein weiteres Stück kashmirischen Territoriums an China, danach kam es 1965 zu einer Wiederholung der kriegerischen Auseinandersetzungen mit Pakistan im **Zweiten Indo-Pakistanischen Krieg** (S. 107). Auch diesmal stand Kashmir im Mittelpunkt, doch bei Kriegsende kehrten beide Seiten auf ihre ursprüngliche Position zurück. Die 1972 unterzeichnete **Vereinbarung von Simla** verpflichtete beide Seiten zum gegenseitigen Gewaltverzicht, der Respektierung der Demarkationslinie und der De-facto-Grenze zwischen den beiden Staaten.

Aufstand und Bürgerkrieg

Die unterschwellige Unzufriedenheit der Kashmiri mit der indischen Regierung und der politischen Einmischung Delhis in der Region, die eigentlich für ihren Anschluss an Indien völlige Autonomie erhalten sollte, verwandelte sich gegen 1989 in **bewaffneten Widerstand**. Als Ursache dafür wird häufig das Eintreffen von Mudschaheddin im Kashmir-Tal angeführt, die erfolgreich gegen die Russen in Afghanistan gekämpft hatten. Den Ausschlag aber gab vielmehr das Massaker an rund hundert unbewaffneten Demonstranten im Jahr 1990, die auf der **Gawakadal-Brücke** in der Hauptstadt Srinagar von indischen Sicherheitskräften unter Beschuss genommen wurden.

Ein Jahr später herrschte Gewalt, und **Menschenrechtsverletzungen** waren an der Tagesordnung, sowohl im Kashmir-Tal als auch weiter südlich, in der Umgebung von Jammu. Nächtliche Ausgangssperren wurden Routine, Tausende Verdächtige sahen sich ohne Verhandlung inhaftiert, und zahllose Anschuldigungen sprechen von Folterungen, systematischen Vergewaltigungen kashmirischer Frauen durch

1000 m, gibt es auch gewaltige kulturelle und religiöse Unterschiede. Während das gesamte Gebiet um Jammu vorwiegend hinduistisch ist, sind das Kashmir-Tal und seine Hauptstadt **Srinagar** deutlich moslemisch geprägt. Daher rührt der berühmt-berüchtigte Konflikt (s. Kasten).

Der erste Eindruck vom Kashmir-Tal – egal ob man sich ihm durch den Jawahar-Tunnel, der die Berge aus Richtung Süden und Jammu durchschneidet, oder über den Pass Zoji La vom östlich gelegenen Kargil nähert – ist der eines üppigen ländlichen Paradieses vor einer Ku-

indische Armeeangehörige, dem Verschwinden unzähliger Jungen und Männer sowie massenhaften Hinrichtungen. Der Konflikt dauerte die gesamten 1990er-Jahre an. Die ehemals blühende Tourismusindustrie der Region brach völlig zusammen, als die extremistische moslemische Gruppe Al-Faran 1995 fünf Touristen, die in der Nähe von Pahalgam wanderten, entführte und mindestens einen von ihnen enthauptete – die anderen wurden nie gefunden.

Da beide Länder inzwischen Nuklearstaaten sind, ist Kashmir einer der gefährlichsten geopolitischen Brennpunkte der Welt geworden. Im Mai 1999 schlichen sich mindestens 800 von Pakistan unterstützte Mudschaheddin über die Waffenstillstandslinie oberhalb der Srinagar-Leh-Straße bei **Kargil** und besetzten indisches Territorium. Zwar fielen auf beiden Seiten Hunderte Soldaten, aber schließlich beugte sich Pakistan dem internationalen Druck und zog seine Truppen zurück, ein Kriegsausbruch wurde verhindert.

Anfang 2003 konnte erneut ein offener Kriegsausbruch gerade noch verhindert werden, indem der US-Abgesandte Colin Powell starken Druck auf beide Seiten ausübte. In Kashmir wurden alteingesessene **Organisationen** wie die Jammu and Kashmir Liberation Front und die All Party Hurriyat Conference, die traditionell einen säkularen und nationalistischen Standpunkt vertraten, zunehmend von militanten islamischen und pro-pakistanischen Gruppierungen wie Lashkar-e-Toiba und Jaish-e-Mohammad ins Abseits gedrängt.

Weg zum Frieden?

Die ersten Anzeichen einer echten **Annäherung** gab es im Mai 2003, als Premierminister Vajpayee den indischen Willen zum Frieden bekundete und die Freilassung von Hunderten von Pakistani ankündigte, die seit dem Kargil-Krieg in indischen Gefängnissen festgehalten wurden. Pakistans Premierminister Mir Zafarullah Khan Jamali reagierte mit der Ankündigung, dass Pakistan die Handelsbeziehungen, Reisemöglichkeiten und sportliche Begegnungen erleichtern würde. 2004 und 2005 führten die indische und pakistanische Regierung auch zum ersten Mal Gespräche mit den kashmirischen Separatisten der Hurriyat Conference und erarbeiteten einen Friedensfahrplan für den Fortschritt der Region. Eine weitere Runde indo-pakistanischer Gespräche folgte auf die Ernennung von Manmohan Singh zu Indiens neuem Premierminister. Daraus resultierten kleine, ermutigende Zeichen eines Fortschritts. Als Symbol dafür stand die im April 2005 erfolgte Einrichtung einer 14-tägigen **Busverbindung** zwischen Srinagar und Muzaffarabad im von Pakistan kontrollierten Kashmir. Eine weitere Entspannung war nach dem verheerenden **Erdbeben** im pakistanischen Kashmir im Oktober 2005 zu beobachten, bei dem rund 73 000 Menschen in Pakistan und weitere 1400 im indischen Kashmir ums Leben kamen: Die Line of Control wurde geöffnet, um die Rettungsarbeiten zu beschleunigen.

Derzeit werden verschiedene langfristige Lösungen der Kashmir-Frage diskutiert. Indien hat vorgeschlagen, aus der Demarkationslinie eine permanente Grenzlinie zu machen. Pakistan könnte vielleicht sogar bereit sein, sämtliche Ansprüche auf Kashmir fallenzulassen, falls Indien den Kashmiri irgendeine Form von Selbstregierung zugesteht. Kashmirs Zukunft sieht jetzt erfreulicher aus als in den vergangenen Jahrzehnten. Doch besteht ständig die Gefahr, dass ein einziger Vorfall eine neue Welle der Gewalt auslösen könnte.

---

lisse majestätischer Bergriesen. Die Gipfel der mächtigen **Pir Pinjal**-Kette tragen sogar das ganze Jahr über außer im Hochsommer eine Schneekrone. Sattgrüne Mais- und Weizenfelder bilden zusammen mit Obstgärten und Nussbaumhainen, vor allem Walnuss und Mandeln, einen natürlichen Flickenteppich. Die Felder sind meistens von hohen Pappeln und Weiden gesäumt, daher sieht man bei der Fahrt in die Stadt sehr viele Läden, die hochwertige Cricketschläger verkaufen. Schwerindustrie sucht man hier bisher vergebens.

Beste Reisezeit

Obwohl das Klima nicht so rau ist wie im benachbarten Ladakh und die Straße von Jammu von der Armee offen gehalten wird, gibt es in den Wintermonaten Temperaturen von weit unter null und jede Menge Schnee. Wer zwischen November und März nach Kashmir kommt, braucht sehr warme Kleidung – die Einheimischen tragen ein dickes Wollgewand, den *pheran*. Da ein Großteil des Kashmir-Tals sowie Srinagar selbst unter 2000 m Höhe liegen, kann es im Hochsommer wiederum überraschend heiß werden, teils über 35 °C. Die besten Reisezeiten sind daher das späte Frühjahr und der Frühherbst, besonders für Trekking-Touren. Im Frühjahr überziehen sich die Wiesen mit einem Meer von Blumen, der Herbst lockt mit warmen goldenen Tagen, kühleren Nächten und den ersten Anzeichen der Laubfärbung.

Srinagar

Jammu und Kashmir

Srinagar, die Sommerhauptstadt des Bundesstaates Jammu und Kashmir, ist tief in der Tradition verankert. Auf drei Seiten eingerahmt von majestätischen Bergen weist sie eine der atemberaubendsten Lagen Indiens auf. Leider machte die Stadt mit fast einer Million Einwohnern in jüngster Zeit allzu oft Schlagzeilen wegen gewalttätiger Auseinandersetzungen. Bei Reisenden ist sie aber in erster Linie berühmt für die **Hausboote** auf dem **Dal-See**, dem **Nageen-See** und auf dem mittleren Abschnitt des **Jhelum**, eines Nebenflusses des Indus. Aber die Stadt verfügt noch über weitere Sehenswürdigkeiten, die nach einer langen Zeit der Sperre nun auch wieder für Besucher geöffnet sind. Die wichtigsten Attraktionen sind zwei bedeutende Moscheen: die **Jami Masjid** tief im Herzen der malerischen **Altstadt** und die am See gelegene **Hazratbal-Moschee**. Eine weitere wichtige Stätte für Moslems ist der Schrein des Sufis **Makhdoom Sahib** auf halbem Weg hinauf zum nicht zugänglichen Fort.

Wie das restliche Kashmir ist auch Srinagar überwiegend moslemisch. Besonders nach dem Beginn ernsthafter Auseinandersetzungen im Jahr 1990 ist das so, als fast alle hinduistischen Pandits vertrieben wurden. Dabei war die Region jahrhundertelang für ihre religiöse Toleranz berühmt gewesen, wo die Anhänger aller größeren Religionen des Ostens friedlich zusammenlebten. Der wichtigste Hindu-Tempel ist der **Shankaracharya Mandir** auf einem Hügel oberhalb des Dal-Sees. Neben den religiösen Sehenswürdigkeiten gibt es noch das faszinierende **Sri Pratap Singh Museum** und die Lustgärten der Moguln um den See herum, z. B. den **Shalimar Bagh** und den **Nishat Bagh**.

Seen und Gärten

Schon dank seiner Himalaya-Kulisse wäre Srinagar ein Besuchermagnet – die stillen Seen und prächtigen Gärten aber machen die Stadt erst unwiderstehlich. Das Stadtgebiet wird von mehreren großen Gewässern in seine verschiedenen Stadtteile zerteilt. Am größten ist der **Dal-See** mit einer Fläche von etwa 21 km². Normalerweise präsentiert sich die Seeoberfläche so glatt wie ein Spiegel, und da sich die umliegenden Gipfel in dem grünblauen Wasser spiegeln, bietet der See ein unglaublich pittoreskes Bild. Abgesehen von den Hausbooten an seinem südlichen Ende in der Nähe des Stadtzentrums ist der See auch berühmt für seine **schwimmenden Gärten** sowie für den **schwimmenden Blumen- und Gemüsemarkt**, den man am besten früh morgens besucht. Die nahe gelegene Insel **Nehru Park** verfügt über Pontons zum Schwimmen (Rs50 pro Std.) und sogar über Wasserski-Einrichtungen (Rs600 inkl. Einweisung). Am besten erkundet man den See mit einer *shikara* (s. Kasten S. 528). Je nach Verhandlungsgeschick kosten sie um die Rs100 Leihgebühr pro Stunde.

Das Ufer des Dal-Sees säumen üppige Ziergärten, ein Erbe der Mogulzeit des 17. Jhs. Am schönsten präsentiert sich diese Ansammlung von Brunnen, terrassierten Rasenflächen und Blumenbeeten im **Nishat Bagh** auf halber Höhe des Ostufers (◔ tgl. 6–19 Uhr, Eintritt Rs5) und im **Shalimar Bagh**, ein Stückchen von der Nordostecke des Sees entfernt. Am nördlichen Ende des Westufers erhebt sich die **Hazratbal-Moschee**, deren riesige weiße Kuppel über einem großen Innenhof thront. Die Moschee gilt als heiligste Stätte Kashmirs: Im einfachen, aber gewaltigen Inneren beherbergt sie ein einzelnes

Haar des Propheten Mohammed, das vor Jahrhunderten aus Medina hierher gebracht worden sein soll. Hier fanden auf dem Höhepunkt des Aufstandes heftige Kämpfe statt; heute ist es wieder ein friedvoller Ort, an dem neben den vielen Gläubigen auch Besucher willkommen sind. Zwischen der Landzunge hinter der Hazratbal-Moschee und der Altstadt erstreckt sich der viel kleinere **Nageen-See**, an dem es keine besonderen Sehenswürdigkeiten gibt. Gerade deshalb ist er friedlicher und bei Hausbootgästen beliebt.

Die Altstadt

Die typisch kashmirischen Holzhäuser mit reich verzierten Balustraden und Fenster- und Türrahmen, die schon die älteren Teile der Stadt um das Dal Gate herum sprenkeln, sind im Straßenlabyrinth der **Altstadt** allgegenwärtig. Dieses faszinierende Gebiet, bis vor ein paar Jahren

noch strengstens tabu, ist mittlerweile für Besucher wieder sicher. Ein Taxi vom Dal Gate kostet Rs250, eine Motor-Riksha etwa Rs120. Wichtigster Bezugspunkt des Viertels ist die **Jama Masjid**, die größte Moschee Srinagars. Sie wurde zwischen 1398 und 1402 von Sikander But-Shikoh mit den markanten pagodenähnlichen hölzernen Minaretten, die es so nur in Kashmir gibt, erbaut. Jedoch wurde das Bauwerk wiederholt durch Brände zerstört und wieder aufgebaut, zuletzt 1961.

Ein paar Kilometer südöstlich steht die kleine quadratische **Rozabal-Moschee** mit einer einfachen achteckigen Kuppel. Hier soll sich das Grabmal Jesu befinden – behaupten zumindest die Anhänger der These, dass Jesus in Wahrheit bis ins hohe Alter lebte und in Kashmir starb, Thema des Buches *Jesus lebte in Indien* von Holger Kersten.

Sicherheitsprobleme und Betrügereien in Kashmir

Obwohl die Lage in Kashmir heute ruhiger ist als in den letzten rund 25 Jahren führt kein Weg daran vorbei, sich vor der Reise mit Hilfe verlässlicher Medien über die Sicherheitslage zu informieren – eine gute einheimische Quelle ist ▣ www.kashmirtimes.com. Seit 1995 sind keine Touristen mehr das Ziel von Anschlägen gewesen (s. Kasten S. 522/523). Aber wenn wieder Unruhen ausbrechen, muss man mit einer äußerst starken Militärpräsenz rechnen. Dann besteht die Gefahr, dass man in die Schusslinie gerät oder von einem Terroranschlag getroffen wird. Jedoch sollte man sich nicht unbedingt von staatlichen Sicherheitshinweisen abschrecken lassen, da die auswärtigen Ämter zumeist extrem vorsichtig sind – Kashmir stand selbst in ruhigsten Zeiten immer auf der Liste der No-go-Areas. In Jammu und im Kashmir-Tal selbst wird Sicherheit groß geschrieben. Die meisten touristischen Sehenswürdigkeiten wie Tempel, Moscheen, Museen und Festungen werden streng bewacht. Normalerweise dürfen keine Taschen und elektronische Geräte mit hineingenommen werden. Wenn man sie abliefert, bekommt man eine Marke, aber wer wertvolle Dinge wie Kameras oder Handys lieber nicht

abgeben möchte, sollte sie im Hotel einschließen. Die Flughäfen von Jammu und Srinagar verfügen noch einmal über extra Sicherheitsvorkehrungen. Fluggäste dürfen das Terminal erst innerhalb einer bestimmten Frist vor Abflug betreten, gewöhnlich zwei Stunden oder weniger. Manchmal darf kein Handgepäck mit an Bord genommen werden; am besten erkundigt man sich im Voraus danach.

Ein anderes Problem stellen die verschiedenen Betrugsversuche skrupelloser Kashmiris an arglosen Touristen dar, besonders im Paharganj- Viertel in Delhi sowie in Jammu. Bei allen Sicherheitsratschlägen fremder Leute bezüglich Kashmir ist Vorsicht geboten. Einige sprechen Ausländer an und beteuern, dass sie ohne Guide nicht sicher wären – und versuchen dann, ihnen eine Tour für Hunderte oder gar Tausend Dollar aufzudrängen. Diese Typen sollte man unbedingt meiden, genauso wie Agenten, die Reisenden Zimmer auf Hausbooten andrehen wollen. Im besten Fall zahlt man nur einfach zu viel für die Katze im Sack (z. B. für ein Zimmer, das man noch gar nicht gesehen hat), im schlimmsten Fall wird man wirklich böse abgezockt. Hinweise zu Hausbooten s. Kasten S. 528.

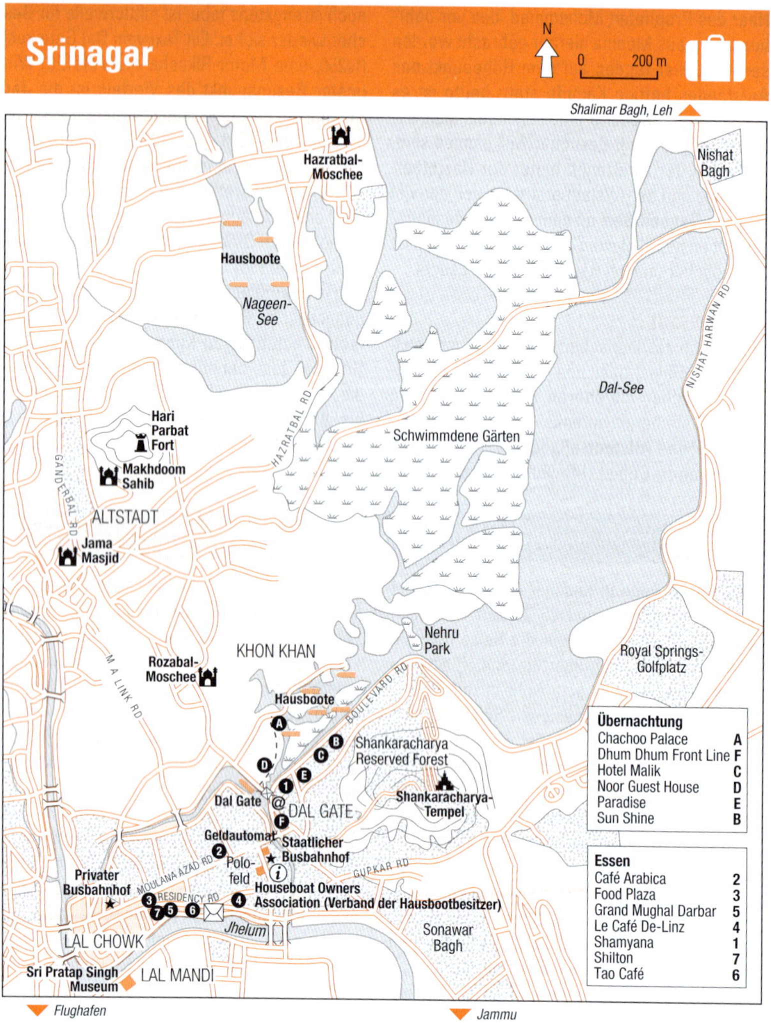

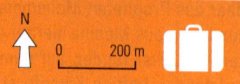

Shalimar Bagh, Leh ▲

Jammu und Kashmir

Nishat Bagh

Hazratbal-Moschee

Hausboote

Nageen-See

Dal-See

NISHAT HARWAN RD

Hari Parbat Fort

Makhdoom Sahib

ALTSTADT

Schwimmdene Gärten

HAZRATBAL RD

GANDERBAL RD

Jama Masjid

Rozabal-Moschee

KHON KHAN

Nehru Park

Royal Springs-Golfplatz

M A LINK RD

Hausboote

BOULEVARD RD

Shankaracharya Reserved Forest

Ⓐ
Ⓓ Ⓑ
Ⓒ
Ⓔ
Ⓕ

Dal Gate

@ DAL GATE

Shankaracharya-Tempel

Geldautomat

Staatlicher Busbahnhof

Polo-feld

RESIDENCY RD

MOULANA AZAD RD

Privater Busbahnhof

Houseboat Owners Association (Verband der Hausbootbesitzer)

GUPKAR RD

Ⓖ

Ⓘ

Ⓒ②
Ⓒ④

Ⓒ③⑦⑤⑥

Jhelum

Sonawar Bagh

LAL CHOWK

Sri Pratap Singh Museum

LAL MANDI

Gulmarg ◀

▼ Flughafen

▼ Jammu

Übernachtung	
Chachoo Palace	A
Dhum Dhum Front Line	F
Hotel Malik	C
Noor Guest House	D
Paradise	E
Sun Shine	B

Essen	
Café Arabica	2
Food Plaza	3
Grand Mughal Darbar	5
Le Café De-Linz	4
Shamyana	1
Shilton	7
Tao Café	6

Eine weitere viel besuchte religiöse Stätte ist der Schrein des Sufi-Heiligen **Makhdoom Sahib** am nördlichen Rand der Altstadt, auf halber Strecke hinauf zum Fort Hari Parbat auf dem gleichnamigen Hügel. Während die Festung von der Armee vereinnahmt wird und somit nicht zugänglich ist, ist der Schrein zugänglich, zumindest für Männer. Von den Stufen in der Nähe bieten sich schöne Ausblicke auf den Nageen-See und darüber hinaus.

Andere Gegenden

Das quirlige Zentrum von Srinagar um die beiden Hauptstraßen Residency Road und MA Road herum ist nicht sonderlich ansprechend. Interessanter ist der Basarbereich **Lal Chowk** am westlichen Ende der beiden Straßen. Da sich aber so viele kashmirische Händler in andere Teile Indiens abgesetzt haben, darf hier nicht auf bessere Preise für Souvenirs wie Pashmina-Schals oder Teppiche als anderswo gehofft werden, und insgesamt sollte man hier beim Kauf solcher Dinge Vorsicht walten lassen.

Das hervorragende **Sri Pratap Singh Museum**, 🖳 www.spsmuseum.org, befindet sich im Lal Mandi, Richtung Süden auf der anderen Seite des Jhelum vom Lal Chowk. Der ehemalige Maharadscha-Palast beherbergt eine riesige Sammlung mit z. B. archäologischen Fundstücken wie Tonfliesen und buddhistischen Tafeln. Außerdem sind ornamentale Kunst von Emailgeschirr bis zu Pappmaschee, Stoffe, Manuskripte und Miniatur-Malereien ausgestellt. ⊙ Di–So 10–16 Uhr, Eintritt Rs50.

Der wichtigste Hindu-Tempel der Stadt, der **Shankaracharya Mandir**, liegt auf der Kuppe des gleichnamigen Hügels etwa eine halbe Stunde zu Fuß südlich des Boulevards. In architektonischer Hinsicht ist der Tempel nichts Besonderes, und die Sicherheitsvorkehrungen sind hier extrem streng, aber die Ausblicke über die Stadt und die Seen hinweg auf die Berge dahinter sind atemberaubend.

Übernachtung

Bei Kashmir denken viele Besucher hinsichtlich der Übernachtung zuallererst an Hausboote (s. Kasten S. 528), und es stehen tatsächlich jede Menge zur Auswahl. Allerdings gibt es auch einige recht gute Hotels auf festem Boden. Auf vielen Wohnbooten werden Zimmer nur inkl. Vollpension vermietet; die unten angegebenen Preise beziehen sich – wo nicht anders angegeben – auf die reine Zimmermiete. Meistens kann man Ermäßigungen aushandeln, selbst in der Hochsaison, falls nicht so viel los ist.

Hotels

Dhum Dhum Front Line, Dal Gate, ☏ 0194/245 0779. Bei Backpackern beliebte Unterkunft in günstiger Lage zu den Transportmitteln und zur Stadt, jedoch ziemlich laut. Akzeptable Zimmer. ❷

Charmantes Haus am See

Chachoo Palace, New Rd, Khon Khan, Dal-See, ☏ 9906/523796. Dieses urige hölzerne Hotel mit einem Rasen am See vermittelt den Charme eines Hausboots, jedoch mit leichterem Zugang. Die gemütlichen Zimmer mit Bad verfügen über TV, und die freundlichen Betreiber sorgen auf Wunsch auch für Verpflegung. ❶

Hotel Malik, Dal-See, ☏ 0194/247 3672, ✉ mas_inc786@yahoo.com. Standardhotel am See mit ordentlichen, gut ausgestatteten, jedoch etwas überteuerten Zimmern. ❻
Noor Guest House, Abi-Buchara, Dal-See, ☏ 0194/245 0872. Nette farbenfrohe Unterkunft mit großer Lounge vorne und reizendem Garten. Gutes Preis-Leistungs-Verhältnis. ❷–❸
Paradise Boulevard, Dal-See, ☏ 0194/250 0663, 🖳 www.hotelparadisesgr.org. Mehrere Gebäude mit recht noblen Zimmern in unterschiedlicher Größe. Am See gelegen und daher mit günstigerem Preis-Leistungs-Verhältnis als die Konkurrenz im mittleren Preissegment. ❺
Sun Shine, Dal-See, ☏ 0194/247 2469, 🖳 www.hotelsunshinesgr.com. Das sonnengelbe moderne Hotel zählt zu den besten in seiner Preisklasse. Schicke Zimmer, mit Seeblick teurer. Café auf dem Dach. ❻–❼

Hausboote

Dunhill Khon Khan, Dal-See, ☏ 9622/946264. Von der Straße aus zugängliches, sehr günstiges einfaches 2-Zimmer-Boot, geführt von einem Mutter-Tochter-Team. Zwei Mahlzeiten kosten Rs400 pro Tag extra. ❶
Kashmir View, Dal-See, ☏ 9906/722897. Besonders schön ist hier der Speiseraum,

Erschwingliches Luxus-Hausboot

Bendemeer Khon Khan, Dal-See, ☏ 0194/247 5418. Dieses wunderschön verzierte Luxusboot ist von der Straße aus zugänglich und bietet professionellen Service und ein hervorragendes Preis-Leistungs-Verhältnis. ❺

in dem man Gerichte von der Karte bestellen kann. Die Zimmer im angeschlossenen Ponton-Hotel kosten Rs300. Kostenlose Nutzung eines *dunghy,* eines kanuähnlichen Holzboots, zum Herumpaddeln. ❹

Lakeview, Ostseite des Nageen-Sees, ☎ 9906/532015. Eine Gruppe von 8 Hausbooten unter gemeinsamer Leitung – die Rezeption befindet sich in einem nahe gelegenen Haus. Gut in Schuss und gutes Preis-Leistungs-Verhältnis. ❹

Mughal Sheraton, Dal-See, ☎ 9906/864924, ✉ mughalsheraton@yahoo.co.in. Das größte von 4 Schwesterbooten hat geräumige, luxuriöse Zimmer. 3 Mahlzeiten für 2 Pers. kosten Rs1000 extra pro Tag. ❻

New Bulbul, Dal-See, ☎ 9906/476085. Kleines Boot in angenehm offener Lage und mit heimeliger Atmosphäre. Besonders preisgünstig, wenn man sich für VP entscheidet. ❸

Royal Pleasure, Nageen-See, ☎ 0194/242 4675, ✉ royaljeweller@rediffmail.com.

Das Wiegenlied sanft wogender Wellen

Was ist romantischer, als auf einem Hausboot mit kunstvoll von Hand geschnitzten Möbeln und Verzierungen die Seele baumeln zu lassen, den Eisvögeln dabei zuzusehen, wie sie sich zwischen Seerosen ihr Abendessen ertauchen, oder sich in den Anblick des Mondes, der sich im dunklen Wasser spiegelt, zu vertiefen? Die schwimmenden Hotels mit einem bis vier Zimmern gibt es schon seit Generationen. Viele stammen aus den Hochzeiten des britischen Raj, als viktorianische Familien hier die gesamte heiße Jahreszeit verbrachten. Boote nutzten sie, um die Gesetze zu umgehen, denen zufolge ihnen der Besitz von Grund und Boden verboten war.

In Srinagar gibt es an den Ufern des Dal- und des Nageen-Sees sowie am Fluss Jhelum nicht weniger als 1200 **Hausboote**. Und das sind nur die offiziell angemeldeten Boote. Daher ist das Angebot auf den ersten Blick völlig unüberschaubar. Wichtig ist vor allem, sich in Srinagar (oder in der Nachbarschaft) nicht auf Schlepper einzulassen, die Besucher mit möglichen Versprechungen zu locken versuchen. Einige Anbieter sind berüchtigt für schlechten Service und Abzockerei – besonders sollten alle, die irgendwie mit dem Namen Baktoo verbunden sind, gemieden werden wie die Pest. Eine Möglichkeit ist, den Aufenthalt über die **Houseboat Owners Association**, ☎ 0194/245 0326, 🖥 www.houseboatowners.org, zu organisieren. Ihr Büro befindet sich gegenüber vom Tourist Reception Centre an der Residency Road. Hier gibt es eine klare Preisliste mit den verschiedenen

Hausboot-Kategorien von „Deluxe Class" (Rs4500 für ein DZ mit VP) bis zur „D Class" (Rs1100 für dasselbe). Der Verband hilft auch bei der Aushandlung kleiner Ermäßigungen zu ruhigeren Zeiten wie im Spätsommer und in der Nebensaison.

Die beste Art und Weise, ein Hausboot zu finden, ist jedoch, sich in der ersten Nacht in einem Hotel in der Stadt einzuquartieren und dann eine *shikara* zu mieten, ein buntes **Wassertaxi** mit flachem Boden, das mit einem herzförmigen Paddel manövriert wird. Damit geht's auf Erkundungstour. So kann man bei verschiedenen Booten halten und Preise, Einrichtungen und Lage vergleichen. Wer sich ein Boot ausgesucht hat, sollte klären, was im Preis wirklich enthalten ist (Anzahl der Mahlzeiten, Getränke und ob eine tägliche *shikara*-Fahrt zum Ufer inbegriffen ist). Man sollte auch klarmachen, dass man nicht von auf dem Wasser verkehrenden Händlern belästigt werden will und dass die Qualität des Service nicht nachlassen darf, wenn man diese abweist.

Einige Hausboote auf der entfernten Seite des Dal-Sees und die meisten Boote auf dem Nageen-See sind per Straße oder Fußpfad zu erreichen. Die Boote auf dem Nageen-See sind im Allgemeinen etwas billiger. Übrigens ist die Existenz der gesamten Hausbootszene möglicherweise dadurch bedroht, dass die Bootsbesitzer von amtlicher Seite zum Einbau teurer Abwasseraufbereitungsgeräte gezwungen werden sollen, um eine weitere Verunreinigung des Wassers zu verhindern.

Neues, aber auf traditionelle Art verziertes Boot. Sehr freundlich. Die Betreiber bieten außerdem Trekking-Touren an. 2 Mahlzeiten inkl. ❹

Sea Palace, Dal-See, ☎ 9906/722914. Kleine Gruppe von unterschiedlich großen Booten. Ungewöhnlich ist, dass einige Boote über Badewannen verfügen. 2 Mahlzeiten kosten Rs500 pro Gästepaar und Tag. ❹

Veena Palace, Dal-See, ☎ 9797/056134, ✉ findous123@yahoo.co.in. Freundliche und extrem preisgünstige Unterkunft auf einem Seerosenteich. Mahlzeiten für 2 Pers. kosten Rs500 (veg.) bzw. Rs600 (nicht veg.) pro Tag. ❶

Essen

Die kashmirische Küche ist unter dem Namen *wazwan* bekannt und sehr fleischlastig. Das bekannteste Gericht ist *roghan josh,* stark gewürztes Hammelfleisch in Tomatensauce. In den Gerichten kommt oft Safran zum Einsatz, der hier angebaut wird und daher nicht so teuer ist wie anderswo. Kashmir ist außerdem für den grünen *kahwa*-Tee bekannt, der süß und ohne Milch, aber gewöhnlich mit Kardamom oder Mandel gewürzt getrunken wird. Ein Alternativgetränk, der salzige Schwarztee *nonn,* ist eher gewöhnungsbedürftig. In mehreren Lokalen wird auch Alkohol ausgeschenkt, ein Zeichen dafür, dass Srinagar keine Hochburg islamischer Militanz ist. Die meisten unabhängigen Restaurants befinden sich an der Residency Road.

Café Arabica, Hotel Broadway, Moulana Azad Rd. Im angesagtesten Lokal der Stadt serviert man einem vorwiegend jungen Publikum Kaffee und Snacks. Im Hotel gibt es auch eine Bar.

Food Plaza, Residency Rd. Hell und luftig, spezialisiert auf Seafood wie Fisch aus den Seen und Garnelen. Außerdem chinesische und kashmirische Gerichte, z. B. Kebabs. Hauptgerichte Rs80–160.

Grand Mughal Darbar, Residency Rd. Überwiegend Tandoori- und *wazwan*-Speisen und einige Fischgerichte. Außerdem gibt's hier eine Bäckerei. Gerichte Rs50–130.

Le Café De-Linz, Residency Rd. Das Restaurant in einem einzigartigen, aber recht heruntergekommenen Rundbau hat eine große Auswahl an indischen und einigen chinesischen Gerichten, zumeist unter Rs100.

Shamyana, Boulevard, Dal-See. Nettes Gartenrestaurant am See mit indischer, chinesischer, europäischer und sogar etwas mexikanischer Küche abends; tagsüber hat auch die Bäckerei im Haus geöffnet. Hauptgerichte Rs150–250.

Shilton, Residency Rd. Neben den indischen und chinesischen Standardgerichten gibt es in diesem beliebten Restaurant auch ganz gute Steaks und örtliche Spezialitäten für etwa Rs80–150.

Im Rosengarten speisen

Tao Café, Residency Rd. Im charmantesten Restaurant der Stadt können die Gäste an Tischen in einem wunderschönen Rosengarten speisen. Es gibt eine große Auswahl an Klassikern aus Indien, China und Tibet für Rs100–200.

Sonstiges

Geld

An der Residency Road gibt es einige **Geldautomaten**. Geld tauschen auch die Filialen der **J&K Bank** in der MA Road und am Boulevard.

Informationen

Das **Tourist Reception Centre**, ☎ 0194/245 2691, 🖥 www.jktourism.org, befindet sich direkt neben dem Busbahnhof für staatliche Busse an der Residency Road und hat angeblich rund um die Uhr geöffnet. Außer einer nützlichen Karte und ein paar Hochglanzbroschüren ist hier aber nicht viel zu holen. Vorsicht vor den Schleppen, die hier und an anderen Touristenorten herumhängen und Reisenden Hausboote, geführte Touren und „billige" Teppiche aufschwatzen wollen.

Internet

Es gibt einige Internetläden, z. B. **Skybiz** auf der Stadtseite des Dal Gate und **Nida Tours & Travel** am Uferpfad auf der anderen Seite des Dal Gate.

Jammu und Kashmir

Post

Die **Hauptpost** befindet sich in der Nähe der Residency Road.

Reisebüros

Nida Tours & Travel, ☎ 0194/250 1684, ✉ nida tours@yahoo.com. Hier kann man Tickets buchen, Trekking-Touren arrangieren lassen und/oder nützliche Informationen zu beidem einholen, genauso wie **Kashmir Valley Travels**, ebenfalls beim Dal Gate, ☎ 0194/210 7527. Näheres zum Trekking s. Kasten.

Transport
Busse und Sammeljeeps

Bis zur Fertigstellung der Bahnstrecke nach Jammu (angepeilt ist 2012), lässt sich Srinagar auf dem Landweg nur mit dem **Bus** oder **Jeep** erreichen. Staatliche Busse und Jeeps halten an der Residency Road, ein paar Gehminuten südlich vom Dal Gate; der Busbahnhof für private Busse liegt rund 1 km weiter westlich. Es gibt häufige Busverbindungen nach JAMMU (10x tgl., 11–12 Std.), KARGIL (6–8x tgl., 10–11 Std.) und LEH (4–6x tgl., 2 Tage). Auf denselben Strecken verkehren zu flexibleren Abfahrtszeiten Jeeps; diese sind rund 50 % teurer, aber auch erheblich schneller als die Busse.

Flüge

Der **Flughafen** von Srinagar, ☎ 0194/243 0334, liegt 14 km südlich des Zentrums. Ein Taxi in die Stadt kostet stolze Rs400, eine Motor-Riksha etwa die Hälfte. Jet Airways und Air India bieten Füge nach DELHI (8–10x tgl., 1 1/2–2 1/2 Std.), zum Teil über Jammu. Air India fliegt 1x wöchentl. nach LEH (Mi; 1 Std.).

Gulmarg

Etwa 56 km westlich von Srinagar liegt auf einer Höhe von rund 2700 m Gulmarg („Blumenwiese") Der hübsche Erholungsort für Städter ist jedoch in erster Linie auf den indischen Markt ausgerichtet, daher kann es hier sehr voll werden. Außerdem ist der Ort sehr weitläufig und verfügt über kein echtes Zentrum. Die Wiese selbst ist 1 km breit und über 3 km lang und bietet viel Platz

für Picknicks, Ponyreiten und sogar einen der höchstgelegenen Golfplätze der Welt. Von den umliegenden Kiefernhängen eröffnen sich Ausblicke auf den 8126 m hohen **Nanga Parbat** im Norden im von Pakistan kontrollierten Baltistan.

Wer nicht so gut zu Fuß ist, kann einen dieser Hänge für Rs300–800 (je nachdem, wie weit man hochfährt) mit der Seilbahn hinauffahren. Im Winter dient die Gondelbahn zur Beförderung von Skifahrern. Die **Skipisten** von Gulmarg werden nicht übermäßig viel genutzt, haben aber tollen Pulverschnee. Ausrüstung (US$7–20) und Skilehrer (US$38) gibt es im angeblich kleinsten Skigeschäft der Welt, Kashmir Alpine, ☎ 0195/425 4638, 🖥 www.kashmiralpine.com. In den wärmeren Monaten organisiert der Besitzer des Ladens Trekking-Expeditionen. Ein weiterer guter Anbieter ist das britisch geführte Unternehmen Mountain Tracks, 🖥 ski-gulmarg.co.uk.

Übernachtung und Essen
Die Unterkünfte liegen weit auseinander und sind relativ teuer.
Gulmarg Sahara, ☎ 0195/425 4505, 🖥 www.hotelgulmargsahara.com. Neben der Wiese, eine der bescheideneren Unterkünfte, im Chalet-Stil. ❺
Hilltop, bei der Talstation der Seilbahn, ☎ 0195/425 4477, 🖥 www.hilltophotelgulmarg.com. Das höher gelegene und schickere Hilltop bietet üppig ausgestattete Zimmer und Suiten. ❽ Die einzigen Verpflegungsmöglichkeiten abgesehen von den Hotelrestaurants, sind die Straßen-*dhabas* zwischen dem Busbahnhof und der Seilbahn-Talstation.

Transport
Außer mit den nicht immer und auch nicht immer pünktlich verkehrenden Bussen kommt man von SRINAGAR am besten mit einem Sammeljeep (Rs60) oder einem für einen Tagesausflug gemieteten Fahrzeug (Rs1300) nach Gulmarg.

Pahalgam

Pahalgam, der wichtigste Trekkingort in Kashmir (s. Kasten S. 544/545), liegt etwa 100 km östlich von Srinagar in atemberaubender Lage im tief

Jammu und Kashmir

Obwohl Kashmir ein erstklassiges Trekking-Revier ist, machen sich wegen der Sicherheitsbedenken der letzten Jahrzehnte vergleichsweise wenige ausländische Besucher auf den Weg in die Berge. Die einst boomende Branche ist jedoch langsam wieder auf dem Weg nach oben, und seit 1995 hat es keine Vorfälle mit ausländischen Touristen mehr gegeben (s. Kasten S. 522/523). Angesichts des schwierigen Terrains und der heiklen politischen Situation ist es jedoch ratsam, zumindest mit einem einheimischen Guide aufzubrechen. Trekking-Agenturen in Srinagar (S.534) und einige im Text erwähnte Hotels bieten vollständig organisierte Trekking-Touren mit Ponys, Trägern und der nötigen Ausrüstung. Hauptbasis für Trekking-Touren ist nach wie vor Pahalgam. Die Touren variieren hinsichtlich Länge und Schwierigkeitsgrad von einer zweitägigen Rundtour im Lidder-Tal bis zur einwöchigen Wanderung nach Panikhar im Suru-Tal in Ladakh (S. 563). Gute Wanderungen sind auch von Sonamarg möglich, dem letzten größeren Ort in Kashmir vor dem Zoji La-Pass. Im Hochsommer ist es sehr heiß und daher zum Wandern eher unangenehm. Am besten sind das späte Frühjahr und der Frühherbst. Die nützlichste Karte ist das Sheet 1 in der India Himalaya-Reihe von Leomann. Allgemeine Hinweise zum Trekking s. S. 544/545.

Zur Amarnath-Höhle

Auf der meistbegangenen Trekkingroute in Kashmir tummeln sich im Juli/August um Vollmond herum Tausende von Pilgern, die auf dem Weg zum natürlichen Eis-Lingam in der Amarnath-Höhle auf 3962 m Höhe sind. Die Wanderung von Pahalgam dauert gewöhnlich vier Tage und umfasst Übernachtungen in Chandanwari (2900 m), Sheshnag (3720 m) und Panchtarni (3933 m). Auf der letzten Etappe wird der Mahagunas-Pass überquert. Nach dem Besuch der Höhle kann man entweder auf demselben Weg zurückgehen oder den direkteren Abstieg nach Baltal wählen, 8 km östlich von Sonamarg an der Straße von Srinagar nach Leh.

Zum Kolahoi-Gletscher

Die Fünftageswanderung von Pahalgam zum majestätischen, aber leider schmelzenden Kolahoi-Gletscher (3400 m) kann um einen Tag verkürzt werden, indem man zum ersten Übernachtungsstopp im malerischen Aru (2414 m) einen Jeep nimmt. Am nächsten Tag geht es hinauf über Bergwiesen und durch Bäche nach Lidderwat (3049 m). Danach kommt eine sanftere Etappe nach Satlanjan (3150 m), sodass man noch genug Energiereserven hat für den steilen Anstieg zum Gletscher und den Abstieg am folgenden Tag zurück nach Lidderwat. Von hier geht es am fünften Tag zurück hinunter nach Aru oder Pahalgam.

Von Sonamarg nach Wangat

Diese beliebte Route führt durch schöne Berglandschaften und vorbei an einer Reihe von hübschen Bergseen, in denen man mit einer entsprechenden Erlaubnis (erhältlich bei Agenturen in Srinagar) auch angeln darf. Vom ersten Stopp in Nichnai (3620 m) bieten sich Ausblicke auf den Thajiwas-Gletscher. Am nächsten Tag geht es dann auf einer hügeligen Strecke nach Kishanar (3819 m), am dritten Tag verläuft der Weg über den 4191 m hohen Bazkal Gali-Pass und vorbei am Gadsar-See hinunter nach Dubta Pani (3280 m), wo man übernachtet. Am nächsten Tag geht es an den sieben unterschiedlich hoch gelegenen Satsar-Seen vorbei zum größten Gewässer der Region, dem Gangabal-See (3507 m). Hier wird noch einmal gezeltet, bevor es auf der letzten Etappe hinunter nach Wangat geht; dort fahren Busse und Jeeps nach Srinagar.

eingeschnittenen Lidder-Tal. Seine kiefernbestandene Wände ragen schroff beiderseits des kalten, reißenden Flusses empor. Der größte Teil des Städtchens auf 2139 m Höhe ist auf der etwas flacheren Ostseite des Flusses und den umliegenden Hängen angesiedelt. Main Market, die Hauptstraße des modernen Ortsbereichs, verläuft parallel zum Fluss; dort befinden sich

Günstig und gut

Beach Resort, am Fluss, ✆ 9797/292332, ✉ mehrajganai2001@gmail.com. Die beste der Budgetunterkünfte hat gemütliche Zimmer unterschiedlicher Größe und die freundlichen Betreiber organisieren Trekking-Touren. ❶–❹

die meisten Einrichtungen. Das hübscher anzusehende **alte Dorf** mit seinen Blumenbeeten und Formschnitthecken liegt 1,5 km nördlich hinter dem Pushwan Park. Es gibt keine besonderen Sehenswürdigkeiten, doch überall sind eifrige Pony-Führer auf der Suche nach Kunden, die sich gegen amtlich festgesetzte Preise (zurzeit Rs200 pro Std.) zu verschiedenen landschaftlich schönen Stellen bringen lassen möchten.

Übernachtung und Essen

Die zahlreichen Unterkünfte sind nur an wichtigen Feiertagen gefüllt. Die besten Budgetunterkünfte finden sich im alten Dorf. **Pahalgam Hotel**, ✆ 01936/243252, 🖥 www.pahalgamhotel.com. Das beste Hotel am Ort ist diese Luxusherberge auf einem riesigen Anwesen zwischen Main Market und Fluss. In der Hochsaison kosten die geräumigen Zimmer in den im alpinen Stil gehaltenen Gebäuden über Rs7000 (US$160). ❾

Paradise, Main Market, ✆ 01936/243368. Schicke Mittelklasse-Unterkunft. ❺

Das beste Hotelrestaurant ist **The Trout Beat** im Pahalgam Hotel; hier gibt's fachkundig zubereitete Forellen und andere nicht veg. Gerichte. Zu den einfacheren Lokalen an der Straße Main Market zählen **Purnima Gujrati** (*dosas* und andere veg. Snacks) und **Dana Pani** (sättigende vegetarische Punjabi-Gerichte).

Informationen

Das **Tourist Reception Centre**, Main Market, ✆ 01936/243224, hat in der Hauptsaison vermeintlich rund um die Uhr geöffnet.

Transport

Auf die Busverbindungen von SRINAGAR nach Pahalgam ist nicht unbedingt Verlass. Jedoch ist es kein Problem, einen Bus oder

ein Sammeltaxi (Rs60) nach ANANTNAG (vor Ort als Islamabad bekannt) zu bekommen und dort einen Anschlussbus zu finden.

Sonamarg

Der dritte Ort im ländlichen Kashmir, in den die ausländischen Besucher zurückkehren, ist das 84 km nordöstlich von Srinagar am Fluss Sindh gelegene Sonamarg. Das Städtchen ist von Kiefern-, Tannen- und Buchenwäldern und hoch aufragenden Gipfeln umgeben und eignet sich schön zur Unterbrechung der Fahrt nach Kargil oder Leh. Hier zeigen sich auch die Frühjahrs- und Frühsommerblumen von ihrer besten Seite. Der **Thajiwas-Gletscher** ist nur 4 km entfernt – eine einfache Wanderung. Der einzige Nachteil an Sonamarg ist, dass es an der wichtigen Straße zwischen Srinagar und Leh liegt und daher eine starke Militärpräsenz aufweist.

Übernachtung und Essen

An der Hauptstraße und in ihrer Nähe gibt es eine recht gute Auswahl an Unterkünften, darunter in einem robusten Backsteingebäude das Hotel **Glacier Heights**, ✆ 0194/241 9224, ❹, und die zuverlässigen **JKTDC Tourist Huts**, ✆ 0194/241 7208, ❷–❺.

Außer dem **J&K Tourist Café** bietet auch das **Restaurant Lolabi** eine Standardauswahl an indischen und chinesischen Gerichten.

Transport

Da Sonamarg direkt an der Hauptstraße nach Ladakh liegt, verkehren von SRINAGAR zahlreiche Busse hierher, besonders morgens. Die meisten Fahrzeuge, die weiter gen Osten fahren, sind aber leider schon voll.

Ladakh

Die kulturell und verwaltungstechnisch eigenständige Region Ladakh (La-Dags, das „Land der hohen Bergpässe"), oft als „Klein-Tibet" oder das „letzte Shangri-La" beschrieben, ist eine der letz-

Umweltschäden sind in Ladakh zu einem immens wichtigen Thema geworden. Obwohl Plastiktüten in Leh verboten wurden, weil sie die lebenswichtigen Flusssysteme, von denen der Staat so sehr abhängt, verstopfen, benutzen Ladenbesitzer sie immer noch. Mineralwasserflaschen aus **Plastik** stellen ein besonderes Problem dar. Besucher sollten also entweder eigene Wasserfilter mitbringen (S. 64) oder ihre Plastikflaschen in einem Guesthouse mit gefiltertem Wasser oder in der **Dzomsa Laundry** beim Hauptbasar in Leh füllen lassen. In der Dzomsa Laundry gibt es nicht nur sauberes Trinkwasser und köstliche Säfte, sondern auch einen ungeheuer lobenswerten ökologischen Waschservice mit biologisch abbaubaren Waschmitteln in sicherer Entfernung zu den Wohngebieten. Die Wäscherei ist eine Kooperative von Menschen vom Land mit eingeschränkten Lese- und Schreibfertigkeiten.

Eine Handvoll dürftig ausgestatteter Hilfsorganisationen bemüht sich um den Schutz der bedrohten Umwelt und das Überleben der uralten Kultur Ladakhs. Dazu gehört die **LEDeG (Ladakh Ecological Development Group)**, 🖳 www.ledeg.org, eine ortsansässige Nicht-Regierungs-Organisation, die sich der Bekämpfung der negativen Auswirkungen einer Erschließung der Region nach westlichem Muster verschrieben hat. Sie fordert wirtschaftliche Unabhängigkeit und Respekt für die traditionelle Kultur. Das Hauptquartier der Organisation ist das Ecology Centre, ✆ 01982/253221, fünf Minuten Fußweg nördlich vom Basar, ◷ Mo–Sa 10–16.30 Uhr. Hier gibt es eine kleine Bibliothek und ein Kunsthandwerksgeschäft, das in der Region hergestellte Kleidung, *thangkas*, T-Shirts, Bücher und Postkarten verkauft.

Helena Norberg-Hodge, die schwedische Gründerin der LEDeG, steht auch hinter der Website der „International Society for Ecology and Culture" (ISEC), 🖳 www.isec.org.uk, die sich für die Verwirklichung nachhaltiger Lebensbedingungen in „Entwicklungs-" und „entwickelten" Ländern einsetzt. In Ladakh beschäftigt die ISEC Freiwillige im Rahmen des sogenannten **Farm Project**, das einheimische Bauern bei der Aufrechterhaltung ihrer traditionellen Anbaumethoden unterstützt. In enger Zusammenarbeit mit dem Farm Project steht die in Chubi (nördlich des Zentrums von Leh) beheimatete Kooperative **Women's Alliance of Ladakh** (WAL), ✆ 01982/250293, ✉ womenallianceleh@yahoo.com, ◷ Mo–Sa 10–17 Uhr, die sich für die Förderung traditioneller Ladakhi-Kultur einsetzt. Eine ihrer bemerkenswerteren Errungenschaften war die Durchsetzung eines Verbots von Plastiktüten in Leh im Jahr 1998. Heute hat die Allianz über 5000 Mitglieder in 100 Dörfern. Die beste Zeit für einen Besuch sind die von den Organisationen veranstalteten **Feste** mit Volkstänzen, Ständen für einheimische Erzeugnisse und Kunsthandwerk sowie Ausstellungen farbenfroher traditioneller Trachten. Es werden auch **Filme** gezeigt, darunter **Ancient Futures: Learning from Ladakh** von Norberg-Hodge (Vorführung um 15 Uhr), mit spannenden Einblicken in die ladakhische Kultur und die enormen Umwälzungen in den letzten 30 Jahren – auch in Buchform erhältlich. Um 11 Uhr stehen außerdem jeweils verschiedene Filme auf dem Programm, und im Anschluss ist ein Mittagessen für Rs45 erhältlich. Manchmal, wenn sie im Juli oder August in der Stadt ist, hält Norberg-Hodge im Zentrum Vorträge.

Eine weitere Organisation ist **LEHO (Ladakh Environment and Health Organization)**, die sich vor allem für die richtige Nutzung der Land- und Wasserressourcen und eine nachhaltige Viehzucht einsetzt. Büro und Ausstellungsräume der Organisation befinden sich im 1. Stock des Himalaya Complex, unter dem Restaurant Amdo, Main Bazaar, ✆ 01982/253691, ✉ sultanaleho@yahoo.com, ◷ Mo–Sa 10–17 Uhr.

ten Enklaven des **Mahayana-Buddhismus**. Die seit fast tausend Jahren in Ladakh vorherrschende Religion wird heute in ihrem Mutterland Tibet von den Chinesen brutal unterdrückt. Außer nahe der Übergangszone zu Kashmir sind die äußerlichen Symbole des Buddhismus überall zu sehen: Bunte Gebetsfahnen flattern auf den Hausdächern, während glänzende Gebetsmühlen und

Teile Ladakhs sind für den normalen Touristen immer noch unzugänglich. Seitdem die Spannungen im indisch-chinesischen Grenzgebiet abgenommen haben, wurden jedoch weite Teile dieses außergewöhnlichen Landes zugänglich, das einst hinter dem politischen Vorhang der „Inner Line" verborgen lag. Vor allem drei Regionen sind heute bei Travellern beliebt: das nördlich von Leh an die Karakorum-Bergkette grenzende **Nubra-Tal**, die Gegend um den **Pangong Tso**, den See östlich von Leh, und die Region **Rupshu** mit dem See **Tso Moriri** südöstlich von Leh. Sowohl indische als auch ausländische Besucher benötigen eine **Genehmigung** (Permit), um in diese Gebiete einreisen zu können. Offiziell wird sie nur für Gruppen von mindestens vier Personen in Begleitung eines Führers von einem der örtlichen **Tourveranstalter** ausgestellt. In der Praxis jedoch vergeben Reisebüros aber auch ohne Probleme Permits an Individualreisende, wobei einfach drei imaginäre Begleiter (in der Regel Leute, die zur gleichen Zeit einen Antrag stellen) auf den Schein eingetragen werden, um die Statistik zu frisieren. Solange Name und Reisepassnummer auf dem Permit stehen, ist es den Wächtern an den Kontrollpunkten relativ gleichgültig, aus wie vielen Personen die Gruppe besteht.

Die Genehmigungen werden zwar vom **District Magistrate's Office** in **Leh** ausgestellt, sind derzeit allerdings nur über einen der zahlreichen Tourveranstalter (S. 543) in Leh erhältlich. Diese erheben eine **Gebühr** – normalerweise rund Rs50–100 p. P. Da einige der betreffenden Regionen (z. B. Pangong Tso) nur schwer mit öffentlichen Verkehrsmitteln erreichbar sind, nehmen die meisten Besucher ohnehin die Dienste eines Tourenveranstalters in Anspruch. In diesem Fall ist die Genehmigung meistens schon im Gesamtpaket enthalten. Benötigt werden zwei Fotokopien der relevanten Seiten aus Reisepass und Visum. Wer den Antrag morgens stellt, erhält die Genehmigung in der Regel noch am selben Tag. Sie ist normalerweise für maximal sieben Tage gültig. Es empfiehlt sich, mindestens fünf Kopien zu machen, denn die Kontrollpunkte behalten oft gerne eine Kopie, wenn man sich dort anmeldet. Mitunter ist auch das Original vorzuzeigen. Bei organisierten Gruppenreisen kümmert sich der Fahrer um alles und die Teilnehmer haben mit ihrem Permit meist gar nichts zu tun.

weiß getünchte Tschörten (das regionale Äquivalent des Stupas, s. S. 538) die Eingänge selbst der kleinsten Siedlungen säumen.

Noch eindrucksvoller und geheimnisvoller sind die mittelalterlichen **Klöster** von Ladakh. Meist auf felsigen Berggipfeln erbaut, sind *gompas* sowohl die Hüter uralten Wissens als auch lebendige religiöse Zentren. Ihre düsteren Gebetshallen und reich verzierten Schreine beherbergen bemerkenswerte Kunstschätze: gigantische Buddhas aus Messing, *thangkas*, Bibliotheken mit antiken tibetischen Manuskripten, bizarre Musikinstrumente und Wandgemälde voller grimmig dreinschauender, tantrischer Gottheiten. Dies ist die abgelegenste und am dünnsten besiedelte Region des indischen Subkontinents, eine Hochgebirgswüste zwischen Karakorum und Himalaya, kreuz und quer von unzähligen steilen Gipfeln und Bergkämmen durchzogen.

Die größte Ansammlung von Klöstern findet man im **Indus-Tal** nahe bei **Leh**, der Hauptstadt der Region. Umgeben von erhabenen Landschaften und übersät von Hotels, Gästehäusern und Restaurants ist diese stimmungsvolle kleine Stadt – einst Zwischenstation an der alten Seidenstraße – der Ankunftsort der meisten Besucher Ladakhs und ein guter Ausgangspunkt für Erkundungstouren. Nördlich von Leh, jenseits des **Khardung La**, des höchsten befahrbaren Gebirgspasses der Welt, liegt das **Nubra-Tal**, dessen Sanddünen mit den hoch aufragenden Felszacken der Karakorum-Gebirgskette kontrastieren. Es ist auch möglich, die Wildnis rund um den See **Tso Moriri** in **Rupshu**, südöstlich von Leh, zu besuchen, und von den Ufern des

Jammu und Kashmir

Pangong Tso, im äußersten Osten von Ladakh, einen Blick auf das ferne Tibet zu werfen. Für diese Gebiete benötigen Besucher jedoch eine Genehmigung (S. 534).

Westlich von Leh, hinter den windumtosten Pässen **Fatu La** und **Namika La**, sind immer weniger buddhistische Gebetsfahnen zu sehen, je weiter man sich dem vorwiegend moslemischen Distrikt **Kargil** nähert. Die zweitgrößte Stadt Ladakhs liegt am Ende des atemberaubend schönen **Suru-Tals** und auf halbem Wege von bzw. nach Srinagar. In Kargil steigt man aus, um **Zanskar** zu erkunden – die große Wildnis im äußersten Süden des Staates, die die Grenze zu Lahaul in Himachal Pradesh bildet. Weitab vom Einflussbereich des Monsuns schneit es in Ladakh nur selten, vor allem in den Tälern, und noch seltener fällt Regen (nur gut 100 mm pro Jahr). Dem dünnen, sandigen Boden, der acht Monate im Jahr steinhart gefroren ist und den die restlichen vier Monate eine gleißende Sonne versengt, können die Einheimischen nur das Allernötigste abringen. In den letzten Jahren hat die globale Erwärmung trockene Winter mit noch weniger Schnee gebracht. Der daraus folgende Mangel an Schmelzwasser erschwert die für den traditionellen Ackerbau unerlässliche Bewässerung und schürt die Angst vor Dürren.

Transport

Zwei große „Highways" verbinden Ladakh mit dem restlichen Indien: die legendäre Srinagar–Leh-Route und die Straße, die vom knapp 500 km weiter südlich gelegenen **Manali** (S. 493) hochführt. Die beiden Highways sowie die unbefestigte Straße zwischen Kargil und Padum in **Zanskar** verbinden auch die meisten größeren Orte Ladakhs mit der Hauptstadt.

Die **Busverbindungen** entlang des großen Indus-Tal-Highways sind gut, die Busse verkehren häufig und zuverlässig. Dies gilt jedoch umso weniger, je weiter man sich von Leh entfernt. Wer einen Tagesausflug in abgelegenere Täler und Dörfer plant, sollte sein Geld lieber in eine Fahrt mit einem **Jeep-Taxi** investieren – ein Gypsy oder ein Tata Sumo findet man sowohl in Kargil als auch in Leh. Die alternative und traditionellere Weise, sich in der Region fortzubewegen, ist natürlich zu Fuß.

Leh

Wer zum ersten Mal über die staubige, steinige Straße vom Boden des Indus-Tals her nach Leh kommt, kann sich gut vorstellen, wie die umherziehenden Trans-Himalaya-Kaufleute sich gefühlt haben müssen, wenn sie auf den alten Karawanenrouten von Yarkhand und Tibet endlich hierher gelangten: eine Mischung aus der Erleichterung darüber, die Berge unversehrt überquert zu haben, und der Vorfreude auf einen erholsamen Aufenthalt in einer der bezauberndsten Städte Zentralasiens. Die Hauptstadt von Ladakh liegt in einem kleinen Nebental, das im Norden bis an schneebedeckte Gipfel reicht, und Richtung Süden blickt sie auf das majestätische **Stok-Kangri-Massiv** (6120 m).

Leh erstreckt sich zu Füßen eines zerfallenen Palastes im tibetischen Baustil – ein Labyrinth aus Lehmziegeln und Beton, das auf einer Seite von Wüste und auf der anderen von fruchtbarem, bewässertem Ackerland umrahmt wird. Leh wurde erst im 17. Jh. zur Hauptstadt der Region, als Sengge Namgyal seinen Hof von Shey, 15 km südöstlich, hierher verlegte. Er wollte dem Beginn des Korridors zwischen Khardung La und Karakorum nach China näher sein. Der Umzug zahlte sich aus: Innerhalb nur einer Generation erblühte die Stadt zu einem der wichtigsten Märkte an der Seidenstraße.

Lehs Wohlstand war vor allem den sunnitischen Händlern zu verdanken, deren Nachkommen in der Altstadt von Leh, dem **Old Quarter** leben. Lehs Blüte fand ein abruptes Ende, als in den 50er-Jahren die chinesische Grenze geschlossen wurde. Erst nach den indisch-pakistanischen Kriegen von 1965 und 1971, als Indien den schon vergessenen strategischen Wert der Hauptstadt wieder entdeckte, wendete sich das Schicksal der Stadt zum Guten. Heute sind die *jawans* (Soldaten) in ihren khakifarbenen Uniformen mit ihren Familien aus den nahe gelegenen Militär- und Luftstützpunkten die wirtschaftliche Hauptstütze der Stadt, wenn im Winter nur noch wenige ausländische Besucher – für die die Region 1974 geöffnet wurde – hierher kommen. Seit der Öffnung für den **Tourismus** ist Leh auf die doppelte Größe angewachsen und hat nicht mehr viel mit dem verschlafenen Himalaya-

Jammu und Kashmir

Höhenkrankheit

Da Leh 3505 m über dem Meeresspiegel liegt, leiden manche Besucher, vor allem diejenigen, die mit dem Flugzeug aus Delhi ankommen, zunächst an leichter Höhenkrankheit. Am besten lassen sich die Symptome (anhaltende Kopfschmerzen, Schwindelgefühl, Schlaflosigkeit, Appetitlosigkeit und Kurzatmigkeit) vermeiden, indem man sich nach der Ankunft mindestens 48 Stunden lang ausruht. Weiterhin ist zu empfehlen, drei bis vier Liter Wasser pro Tag zu trinken, auf Alkohol zu verzichten und sich nicht zu überanstrengen. Weitere Infos s. S. 948.

Städtchen der frühen 1970er-Jahre gemein. Die Lebensmittelläden und traditionellen Bekleidungsgeschäfte an der Hauptstraße wurden inzwischen größtenteils von kashmirischen Kunsthandwerksläden, Internetcafés und tibetischen Restaurants verdrängt.

Orientierung

Da der **Palast** als mächtiger Koloss die Stadt im Norden überragt, ist es praktisch unmöglich, in Leh die Orientierung zu verlieren. Der breite Basar verläuft von Norden nach Süden durch das Herz der Stadt und trennt die verwinkelte **Altstadt** und den nahe gelegenen Poloplatz von den grüneren, großzügigeren Wohnbereichen **Karzoo** und **Suki** im Westen. **Fort Road**, die zweite große Straße, zweigt von der Hauptstraße gen Westen ab und führt dann bergab, vorbei am Taxistand, Hotels, Restaurants und Shops weiter in Richtung des Air India-Büros am Südrand der Stadt.

Basar und Altstadt

Nachdem sie sich in einem Hotel oder einem der Gästehäuser eingemietet haben, verbringen die meisten Besucher ihren ersten Tag in Leh damit, die Atmosphäre des Basars in sich aufzunehmen. Vor etwa 80 Jahren war dieser geschäftige Boulevard der meistbesuchte Markt zwischen Yarkhand und Kashmir. Händler aus Srinagar und dem Punjab versammelten sich hier, um Pashmina-Wolle von den Nomadenhirten aus Westtibet und Rohseide, die mit Trampeltieren über die Karakorums transportiert worden war,

zu kaufen oder zu tauschen. Auch heute, obwohl die Straße von kitschigen Antiquitäten- und Kunsthandwerksläden übersät ist, ist die typische zentralasiatische Atmosphäre hier noch deutlich zu spüren. Selbst wer nicht seine Trekkingvorräte aufstocken will, sollte in den noch vorhandenen **Provision Stores** an der Straße stöbern, wo rosa- und türkisfarbene sowie weinrote Kummerbunde in den Fenstern hängen.

Wer vom Basar genug gesehen hat, kann vorbei an der neuen, grün-weißen **Jama Masjid** ans obere Ende der Straße laufen und von dort einer der Gassen in die **Old Town** folgen. Außer einem Elektrokabel und einem Betonweg hier und da scheint sich nicht das Geringste verändert zu haben – vor allem nicht die Wasserleitungen: ein Labyrinth aus Flachdachhäusern, bröckelnden Tschörten und Mani-Mauern (S. 538, Kasten), das Ende des 16. Jhs. angelegt wurde. Ein Ort, der auf jeden Fall einen Besuch lohnt, ist der **Chamba-Tempel**. Er ist schwierig zu finden: Am besten fragt man in der zweiten Ladenreihe links hinter dem großen Bogen nach dem *gonyer*, der den Schlüssel hat und Besuchern den Weg zeigt. Der einräumige Schrein zwischen baufälligen Villen beherbergt ein riesiges Bildnis von Maitreya, dem künftigen Buddha, und einige wunderschöne, alte Wandmalereien.

Der Palast

Auf einem schroffen Granitfelsen sitzend überragt der verlassene **Palast** majestätisch die Stadt. Von hier aus regierte Sengge Namgyal im 16. Jh. sein Reich. Der Palast ist eine bescheidenere Version des Potala in Lhasa und ein Paradebeispiel für die mittelalterliche Architektur Tibets, mit gigantischen, schrägen Säulenwänden und vorspringenden Holzbalkonen, die hoch über den umliegenden Häusern hängen. Seit die Ladakher Königsfamilie den Palast in den 40er-Jahren des 20. Jhs. verließ, hat der Schaden, den die kashmirischen Kanonen aus dem 19. Jh. angerichtet haben, große Teile zum Einsturz gebracht. ⊙ tgl. Sonnenauf- bis -untergang, Rs100.

Namgyal Tsemo Gompa

Sobald man sich an die Höhe gewöhnt hat, ist eine frühmorgendliche Wanderung zum **Namgyal Tsemo Gompa**, dem Kloster auf dem Schie-

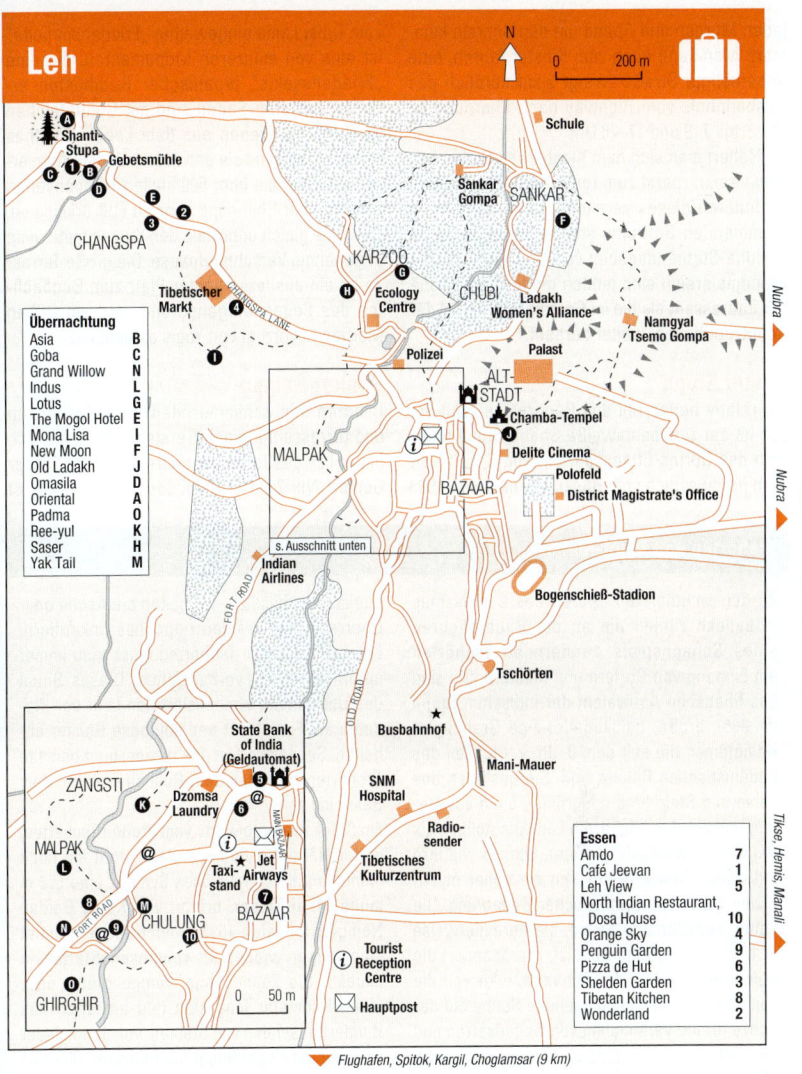

N

0   200 m

Schule

A Shanti-Stupa
Gebetsmühle
C B
D
CHANGSPA
E
3
2

Sankar
Gompa
SANKAR
F

KARZOO

Tibetischer
Markt
CHANGSPA LANE
4

H
Ecology
Centre

CHUBI
Ladakh
Women's Alliance

Namgyal
Tsemo Gompa

Nubra

Übernachtung

Asia	B
Goba	C
Grand Willow	N
Indus	L
Lotus	G
The Mogol Hotel	E
Mona Lisa	I
New Moon	F
Old Ladakh	J
Omasila	D
Oriental	A
Padma	O
Ree-yul	K
Saser	H
Yak Tail	M

I

Polizei

Palast

ALT-
STADT

Chamba-Tempel
J

MALPAK

Delite Cinema

Polofeld
District Magistrate's Office

BAZAAR

s. Ausschnitt unten

Indian
Airlines

FORT ROAD

Bogenschieß-Stadion

Nubra

Tschörten

Tikse, Hemis, Manali

State Bank
of India
(Geldautomat)

ZANGSTI

K
Dzomsa
Laundry

MALPAK

L

Busbahnhof

SNM
Hospital

Mani-Mauer

Radio-
sender

Taxi-
stand
Jet
Airways

BAZAAR

CHULUNG

8
N
9
M
FORT ROAD
10

GHIRGHIR

Tibetisches
Kulturzentrum

Tourist
Reception
Centre

Hauptpost

0   50 m

Essen

Amdo	7
Café Jeevan	1
Leh View	5
North Indian Restaurant, Dosa House	10
Orange Sky	4
Penguin Garden	9
Pizza de Hut	6
Shelden Garden	3
Tibetan Kitchen	8
Wonderland	2

Flughafen, Spitok, Kargil, Choglamsar (9 km)

Jammu und Kashmir

ferfelsen oberhalb des Palasts von Leh, eine
wunderschöne, wenn auch anstrengende Art,
den Tag zu beginnen. Zwei Wege führen hinauf
zum „**Peak of Victory**", dem Siegesberg, dessen
beide Gipfel durch lange Reihen farbenfroher
Gebetsfahnen verbunden sind.

Der erste und meistbegangene Pfad verläuft
von der Palaststraße aus im Zickzack an der
Südseite des Berges hinauf, während ein zweiter durch das Dorf **Chubi** den etwas weniger
steilen Nordhang hochführt. Dies ist die Route,
die der Lama vom Sankar Gompa nimmt, der sich

jeden Morgen und Abend um den Schrein kümmert. Man kann auch zum Kloster fahren, eine unbefestigte Straße zweigt 2 km nördlich des Busbahnhofs vom Highway nach Khardung La ab. ☉ tgl. 7–9 und 17–20 Uhr.

Nähert man sich dem Kloster von Süden her, kommt man zuerst zum roten **Maitreya-Tempel**. Im Inneren dieses vermutlich aus dem 14. Jh. stammenden Schreins steht eine gigantische Buddha-Statue umgeben von Bodhisattvas. Die Wandmalereien sind jedoch modern und weniger interessant als die im **Gonkhang** (Tempel der Schutzgottheiten) weiter bergauf.

Shanti Stupa

Ein relativ neuer Teil des Panoramas rund um Leh ist der zahnpastaweiße Shanti Stupa oberhalb des Dorfes Changspa, entlang der Straße 3 km nordwestlich vom Basar. Die im Jahre 1983

vom Dalai Lama eingeweihte „Friedenspagode" ist eins von mehreren Monumenten, die eine „Friedenssekte" japanischer Buddhisten errichtet hat. Ihre Seiten sind mit Goldtäfelchen verziert, die Szenen aus dem Leben Buddhas zeigen. Man kann sie entweder mit dem Auto erreichen oder die über 500 steilen Treppenstufen am Ende der Changspa Lane zu Fuß erklimmen. Das Café gleich unterhalb des Stupas bietet eine angenehme Verschnaufpause. Die große Terrasse ist ein ausgezeichneter Platz zum Beobachten des Sonnenaufgangs und wird am frühen Morgen bevorzugt von Yogis aufgesucht.

Sankar Gompa

Inmitten von schimmernden Pappelwäldchen und terrassenförmigen Gerstenfeldern, die sich hinter Leh das Tal hinauf erstrecken, liegt Sankar Gompa. Nur 2 km nördlich des Stadtzentrums ist

Jammu und Kashmir

Tschörten und Mani-Mauern

Zu den sichtbarsten Spuren des Buddhismus in Ladakh zählen die an die Bauernfiguren eines Schachspiels erinnernden **Tschörten** am Eingang von Dörfern und Klöstern. Sie sind das tibetische Äquivalent der indischen Stupa (S. 395): große, halbkugelförmige Grabhügel-Heiligtümer, die seit dem 3. Jh. v. Chr. Teil des buddhistischen Rituals sind. Sie bestehen aus Lehm und Stein (und neuerdings auch aus Beton) und wurden häufig von Ladakhs Adligen als Akt der Frömmigkeit errichtet. Ebenso wie ihre indischen Pendants stecken sie voller mystischer Kräfte und symbolischer Bedeutung: Die lange, kegelförmige Spitze, die normalerweise in 13 Abschnitte unterteilt ist, repräsentiert die Reise der Seele ins Nirwana, während die von einer Mondsichel umgebene Sonne auf der Spitze für die Vereinigung von Gegensätzen und die Einheit von Existenz und Universum steht. Manche enthalten heilige Manuskripte, die, ebenso wie die Tschörten selbst, im Laufe der Zeit verwittern und verfallen – als Widerspiegelung der zentralen buddhistischen Idee der ständigen Veränderung der Welt. Diejenigen, die in Klöstern bewahrt werden – sie bestehen meist aus solidem Silber und sind mit Halb-

edelsteinen besetzt – enthalten die Asche oder Überreste der heiligen rinpoches (inkarnierte Lamas). An einem Tschörten muss man immer im Uhrzeigersinn vorbei gehen: Dieses Ritual des Umrundens symbolisiert den Lauf der Planeten am Firmament und soll böse Geister abhalten. Sehenswert ist das riesige, bunt bemalte Tschörten zwischen dem Busbahnhof und dem Basar in Leh.

Ein Stück weiter talwärts vom großen Tschörten, in der Nähe des Radiosenders, steht ein noch monumentaleres religiöses Symbol: eine 500 m lange **Mani-Mauer**, erbaut von König Deldan Namgyal im Jahre 1635. Solche Mauern findet man immer wieder an religiösen Stätten in Ladakh. Sie können nur wenige Meter oder einen Kilometer lang sein und bestehen aus Hunderttausenden von Steinen, von denen jeder einzelne mit einem Gebet oder heiligen Mantras beschrieben ist – normalerweise mit dem Bittgebet Om Mani Padme Hum: „Juwel im Lotus". Es bedarf wohl keiner Erwähnung, dass solche Steine auf keinen Fall entfernt werden dürfen und dass Besucher dem Impuls widerstehen sollten, auf die Mauern zu klettern, um Fotos zu machen.

es eins der am leichtesten zugänglichen Klöster in Zentral-Ladakh. Die Öffnungszeiten für Touristen sind relativ beschränkt, ⏱ tgl. 7–18 Uhr, Eintritt Rs30. Man erreicht es entweder mit dem Auto oder zu Fuß, am Antelope Guesthouse links und dann rechts auf den Betonweg entlang des Flusses. Nach einem etwa 15-minütigen Fußmarsch erscheint Sankar, umgeben von sonnengebleichten Tschörten und einer hohen Lehmmauer. Man kann aber auch über die Felder hinter dem ständig wachsenden Touristengebiet von Karzoo gehen.

Das Kloster, ein kleines „Sub"-Gompa von Spitok, in dem zwanzig Mönche leben, ist die offizielle Residenz des **Kushok Bakula**, des ladakhischen Oberhaupts der Gelugpa-Schule. Über der Dukhang (Hauptgebetshalle) steht die wichtigste Gottheit dieses Gompa: Tara in ihrer triumphierenden, 1000-armigen Form als Dukkar oder „Herrin des weißen Schirms". Sie dominiert einen hellen, luftigen Raum mit dem Schrein, dessen Wände mit einem tibetischen Kalender sowie einer Tafel mit den z. T. ausgesprochen geheimnisvollen Mönchsregeln bemalt sind. Eine weitere Treppe führt zur Kloster-**Bücherei** und schließlich zu einer Dachterrasse, von der aus man einen wunderschönen Blick auf die Nordseite des Namgyal Tsemo und das Tal im Süden hat.

Übernachtung

In Leh wimmelt es von Übernachtungsmöglichkeiten, von denen viele – dank strenger Vorschriften – angenehm sauber, ordentlich und ausgesprochen preiswert sind. Die meisten der billigen Gästehäuser der Stadt sind makellos weiß getüncht, traditionelle Häuser am grünen Stadtrand – vor allem in der Gegend von **Changspa** im Westen und **Karzoo** im Norden. Einfache DZ ohne Bad sind selbst in der Hochsaison schon ab Rs150 zu haben; ab Rs300 mit Bad. Für ein bisschen mehr Geld findet man oft schon ein sonniges „Glaszimmer" mit Panoramablick. Die Zimmer der wachsenden Anzahl von **Mittel- und Oberklassehotels** bieten ein eigenes Bad und fließend heißes Wasser. Die unten angegebenen Preiskategorien beziehen sich auf die Hochsaison; außerhalb der Saison können sie um bis zu

Zimmer mit Aussicht

Oriental, unterhalb des Shanti Stupa, Changspa Lane, Changspa, ✆ 01982/253153, 🖥 www. oriental-ladakh.com. Angenehmes und äußerst beliebtes Gästehaus mit makellos sauberen Zimmern (jetzt meist mit eigenem Bad), solarbeheiztem Wasser, fantastischer Aussicht, hausgemachtem Essen und einem wirklich warmem Empfang selbst im Winter; im Sommer reservieren. ❶–❹

60 % fallen. **Privatzimmer** in Dörfern außerhalb kosten einschließlich Abendessen und Frühstück Rs400 p. P. (Rs600 pro Paar). 10 % dieser Summe kommen der Dorfentwicklung zugute. Dieses Programm läuft derzeit in der Gegend zwischen Likkir und Temisgang, sowie zwischen Stok und Chilling. Weitere Informationen erteilt **Snow Leopard Trails**, ✆ 01982/252188, im Hotel Kanglhachhen bei der Fort Road.
Asia, Changspa Lane, ✆ 01982/253403, ✉ ladakhasia@yahoo.co.in. Großes Gästehaus am Fluss mit einem funkelnagelneuen Trakt. Gesellige Dachterrasse mit Café, Yoga, Meditation, Reiki und Pranic Healing. ❷–❹
Goba, an einer Nebengasse der Changspa Lane, ✆ 01982/253670. Gepflegtes traditionelles Haus mit makellosen Zimmern (die im Neubau haben ein eigenes Bad) und hübschem Garten sowie Blick auf den Shanti Stupa. ❶–❷
Grand Willow, Fort Rd, ✆ 01982/251835, 🖥 www.hotelgrandwillow.net. Geräumige Zimmer mit Kabel-TV und bunten Vorhängen und Kissen. Wunderschön verzierte Holzbalkone mit Bergblick. ❼
Indus, Malpak, nahe Fort Rd, ✆ 01982/ 252502, ✉ masters_adv@yahoo.co.in. Billige EZ und wenige DZ, alle mit eigenem Bad, solarbeheiztes Wasser. Zentral gelegen, familiäre Atmosphäre; im Winter geöffnet. ❶–❸
Lotus, Upper Karzoo, ✆ 01982/250265, ✉ ri_wangtrek@gmail.com. Dank der lockeren Mitarbeiter und der Lage im Grünen eine entspannende und gastfreundliche Unterkunft im traditionellen Stil, wenngleich die Zimmer

anderer Hotels besser sind. Die teureren Zimmer bieten Ausblick auf die Berge. ❼

The Mogol Hotel, Changspa Lane, ☎ 01982/253439, 🖥 www.hotelmogol.com. Schickes neues Hotel mit freundlichen Angestellten und großen, freundlich eingerichteten Zimmern, die Hälfte davon mit TV. ❼

Mona Lisa, an einem Pfad, der von der Changspa Lane abzweigt, ☎ 01982/252456, ✉ riggs_pisces@yahoo.co.in. Geführt von Mönchen, die sich liebevoll um den Gemüsegarten kümmern. Einfache Zimmer mit und ohne Bad, Frühstück erhältlich. ❶–❸

New Moon, Sankar Rd, Chubi, ☎ 01982/250296, ✉ angchok@india.com. Neues Haus in traditionellem Stil mit großen Zimmern und günstiger Lage unterhalb des Namgyal Tsemo Gompa. ❹

Old Ladakh, Altstadt, ☎ 01982/252951, ✉ oldladakh@rediff.com. Ladakhs allererstes Gästehaus. Gemütlich und zentral gelegen, bietet eine Reihe von unterschiedlichen Zimmern. Das kitschige „Deluxe"-Zimmer (pinkfarbene Kissen und tibetische Teppiche) ist ein echter Knüller. Die Preise für Trekking-Touren sollte man allerdings kritisch prüfen. Falls ausgebucht, kann man es im Tak in derselben Gasse versuchen. ❶–❸

Omasila, Changspa Lane, ☎ 01982/252119, 🖥 www.hotelomasila.com. Nettes, gastfreundliches Hotel mit 35 Zimmern, darunter fünf Suiten und sechs Zimmer mit Zentralheizung. Die große Terrasse bietet einen weiten Blick auf die Berge, und im reizenden Speisesaal werden ausgezeichnete Mahlzeiten mit Gemüse aus dem eigenen Garten serviert; ⏰ ganzjährig geöffnet. ❼

Padma, Ghirghir, neben Fort Rd, ☎ 01982/252630, 🖥 www.padmaladakh.net. Das Hotel besteht aus zwei Teilen: einem traditionellen alten Gebäude mit blitzsauberen Zimmern, Gemeinschaftsbad, schöner Küche, Garten und Bergblick sowie einem modernen Anbau mit komfortablen DZ mit Privatbad und Restaurant auf der Dachterrasse. ❸–❻

Ree-yul, Zangsti, an einer Gasse, die von der Fort Rd abzweigt, ☎ 01982/252911, ✉ limbijal@rediffmail.com. Versteckt in einer ruhigen Ecke

des Zentrums, mit hübschem Hof und wunderbaren Holzschnitzarbeiten. Gesellige Unterkunft mit sauberen Zimmern mit Bad, teils mit TV. ❶–❷

Saser, Karzoo, den Weg vom Ecology Centre nach oben, ☎ 01982/250162, ✉ namy_z@yahoo.com. Modernes Hotel, das erfolgreich Elemente traditioneller Architektur mit einem schönen Garten und komfortablen Zimmern mit Bad kombiniert; außerhalb der Saison ein Schnäppchen. ❷–❸

Yak Tail, Fort Rd, ☎ 01982/252118. Großes zentral gelegenes Hotel mit 30 luxuriösen Zimmern, alle mit Kabel-TV, rings um einen Hof. ❸–❻

Da sich Lehs blühende Restaurant- und Cafészene fest in den Händen der Flüchtlingsgemeinde befindet, ist **tibetisches Essen** allgegenwärtig. Außerdem findet man viele auf Touristen abgestimmte chinesische und europäische Speisen. **Bier** ist in den meisten Touristenrestaurants von Leh erhältlich, während das einheimische Gerstengebräu **chang** schon schwieriger zu finden ist.

Amdo, Main Bazaar. Beliebtes tibetisches Restaurant mit frisch zubereiteten Speisen, die ausgezeichnet sind, aber manchmal eine Stunde auf sich warten lassen; Hauptgerichte Rs50–80. Die Filiale gegenüber bekommt Morgensonne und serviert herzhaften *tsampa*-Porridge.

Café Jeevan, Changspa Lane, modernes Sikh-Restaurant mit unterschiedlichen vegetarischen Spezialitäten um Rs60–100. Sowohl der Speiseraum unten als auch die teils geschlossene Dachterrasse sind schön gestaltet.

Tibetan Kitchen, in einer Seitengasse der Fort Rd. Viele, sowohl Einheimische als auch Touristen, halten es für das beste tibetische Restaurant der Stadt. Köstliche *thukpas* mit Lammfleisch für Rs70, die *momos* für Rs120 sind etwas teuer.

Jammu und Kashmir

Leh View, Main Bazaar. Bester Panoramablick der Stadt aber eine entnervend langsame Bedienung, so dass man besser auf einen Drink kommt als zum Essen.

North Indian Restaurant & Dosa House, südlich der Fort Rd gelegen. Die Küche produziert Typisches von beiden Enden des Subkontinents sowie einige westliche Gerichte. Und auf jeden Fall die besten *masala dosas* in der Stadt (Rs40).

Orange Sky, Changspa Lane. Restaurant in einem Innenhof unter französischer Leitung, mit Bergblicken und überdachtem Chillout-Bereich. Gute europäische Gerichte wie Lasagne ab Rs200.

Penguin Garden, Old Rd nahe Fort Rd. Im grünen Garten gibt es Snacks von der German Bakery und Mahlzeiten (Rs80–150). Schöner Ort für ein Bier.

Pizza de Hut, Main Bazaar, fast gegenüber von SBI. Frühstück oder ein Bier am Abend und großartiges Dachrestaurant mit Terrasse. Die gemischte Speisekarte beinhaltet Holzofenpizza und Tandoori-Gerichte (Rs100–150). Besser als **La Terrasse** nebenan.

Shelden Garden, Changspa Lane. Spezialitäten sind köstliches Grillfleisch und Fisch um Rs150, serviert in einem netten Hof oder in einem Zelt, in dem jeden Abend eine DVD gezeigt wird.

Wonderland, Changspa Lane. Tolles Dachterrassenrestaurant mit gemütlicher Kissenecke und ungewöhnlich aufmerksamem Service. Gute Auswahl an indischen, chinesischen, tibetischen und europäischen Hauptgerichten für Rs80–120.

Einkaufen

Zwischen Juni und September wird Leh von fast genauso vielen Händlern aus Tibet und Kashmir überschwemmt wie von souvenirhungrigen Touristen. Der größte Teil der Waren in ihren für den Sommer eingerichteten Läden und Ständen stammt nicht aus der Region: Pappmaché-Schüsseln, Schals und Teppiche aus Srinagar, Schmuck und Miniaturen aus Jaipur und „Himalaya"-Kunsthandwerk, darunter *thangkas*, hergestellt in Nepal und von tibetischen Flüchtlingen in Old Delhi. Die Preise sind eher hoch, also muss man handeln, und auf keinen Fall sollte man auf clever getürkte „Antiquitäten" hereinfallen. Ein großer Teil des angebotenen „Silbers" ist in Wahrheit billiges Weißmetall.

Kuriositäten aus Tibet und Ladakh machen den größten Teil des Sortiments in den Läden von Leh aus, auch wenn sie zumeist von Kashmiris betrieben werden. Der **Ladakh Art Palace** abseits des Hauptbasars ist eines der wenigen von Einheimischen betriebenen Souvenirgeschäfte und eignet sich gut zum Stöbern.

Wenn Geld keine Rolle spielt, kann man sich einen **perak** leisten, einen langen, mit Türkisen besetzten Kopfschmuck aus Ladakh, der ab Rs5000 kostet. **Türkis** wird per *tolah* verkauft (acht *tolahs* sind 1 kg), und Qualität und Alter bestimmen den Preis. Händler findet man auf der Hauptstraße; eine Alternative ist der stimmungsvoll altmodische Laden **Potala** in der Nowshara Lane, die bei der Jama Masjid von der Hauptstraße abzweigt. Der benachbarte Laden, **Himalayan Art**, befindet sich genauso wie Potala in einheimischem Besitz und bietet eine große Auswahl von Andenken, von Steinen bis zu *thangkas*.

Authentische Souvenirs aus Ladakh verkaufen die Haushaltswarengeschäfte im Hauptbasar. Zum Stöbern lädt z. B. der Laden von Konchok Lobzang ein, ein paar Türen nördlich des Buchladens Lehling. Hier gibt es selbst gefertigtes Kunsthandwerk im Ladakh-Stil, darunter wunderbar mit Schnitzereien verzierte Tische und *thangkas*.

Die vom Basar Richtung Altstadt abzweigenden Gassen sind mit winzigen Läden von Näherinnen gesäumt, die Maßanfertigungen einheimischer **Kleidungsstücke** herstellen, z. B. schicke Zylinderhüte *(tibi)*, handgefärbte *gonchas*, Rohseiden-Kummerbunde, gebatikte Espadrilles *(pabbu)* und Bhutan-Hemden. Schals aus Yakwolle kosten Rs750–950.

Jammu und Kashmir

Die meisten buddhistischen Feste in Ladakh, bei denen maskierte Mönche in Klosterhöfen chaam-Tanztheaterstücke aufführen, finden im Januar und Februar statt, wenn die Straßen der Region im Schnee versinken. Für die Einheimischen lindern diese Feste die Eintönigkeit des Winters, aber für Außenstehende bedeutet es, dass nur wenige je die Möglichkeit haben, diese bunten und faszinierenden Spektakel mitzuerleben. In letzter Zeit sind einige der größeren Klöster dem Beispiel von Hemis gefolgt und haben ihre jährlichen Feste in den Sommer verlegt, um Touristen anzulocken. Die Touristeninformation in Leh gibt eine Broschüre mit dem Titel Ladakh heraus, in dem die Veranstaltungen der kommenden Jahre verzeichnet sind.

Zu den Klöstern, die ihre chaam-Tanzfeste im Winter oder Frühjahr abhalten, zählen Matho (Mitte Feb–Mitte März), Spitok (Mitte Jan), Tikse (Ende Okt–Mitte Nov) und Diskit in Nubra (Mitte Feb–Anfang März). Ein anderes wichtiges Fest in Ladakh ist Losar (das tibetische und ladakhi-sche Neujahr), das zwischen Mitte Dezember und Anfang Januar stattfindet.

Sommerfeste
Hemis Tsechu: 29.–30. Juni 2012; 18.–19. Juni 2013.
Karsha Gustor, Zanskar: 15.–16. Juli 2012; 6.–7. Juli 2013.
Thak Thok Tsechu: 28.–29. Juli 2012; 18.–19. Juli 2013.
Sani Nasjal, Zanskar: 1.–2. August 2012; 21.–22. Juli 2013.
Phyang Tsedup: 16.–17. Juli 2012; 6.–7. Juli 2013.
Festival of Ladakh: 1.–15. September. Diese beliebte, von J&K Tourism gesponserte zweiwöchige Veranstaltung, die vor allem in Leh stattfindet, dient der Verlängerung der Touristensaison. Zu den Highlights gehören Wettbewerbe im Bogenschießen, Polospiele, Trampeltiere aus Nubra und traditionelle Tänze aus Ladakh, das Ganze begleitet von langatmigen Reden.

Erhältlich sind diese Dinge z. B. im **Lonpo Shop** an der Gasse, die gegenüber vom Restaurant Amdo abzweigt, oder rechts um die Ecke in den Läden **Namgail Dorje** und **Tsereng Yangskit**. Die Kunstgewerbeläden der im Kasten auf S. 533 erwähnten Organisationen sind weitere Quellen für traditionelle Kleidung von guter Qualität, darunter handgestrickte Wollpullover, Schals, Hüte und Socken. Die meiste Wolle aus Ladakh wird im Kashmir-Tal verarbeitet, und nur wenige der **Pashmina-Schals**, die in den Geschäften an der Fort Road angeboten werden, sind echt.

Sonstiges

Apotheken

Het Ram Vinay Kumar, am oberen Ende des Basars gelegen, verkauft allopathische Pillen und Tropfen wie auch Batterien und Tampons.
LSTM Amchi Clinic, Changspa Lane. Führt tibetische Medizin. Das Personal spricht Englisch und verlangt Rs50 für eine Beratung unter Einsatz traditioneller Diagnosemethoden. ⊙ tgl. Juli–Sep 8–20, Okt–Juni 10–16 Uhr.

Bücher

Die hervorragende Bibliothek des **Ecology Centre** (Mo–Sa 10–16 Uhr) hat Bücher zu fast jedem Thema wie Landwirtschaft und Zen-Buddhismus sowie Zeitschriften und stapelweise Artikel über Ladakh und Entwicklungsthemen. Wer sich mit dem Buddhismus beschäftigt, sollte einen Blick in die Büchersammlung des **Chokhang Vihara Monastery** (gegenüber der State Bank of India) werfen und das südlich der Stadt gelegene **Tibetische Kulturzentrum** aufsuchen. Zwei der besten Buchhandlungen sind der **Ladakh Bookshop** im 1. Stock unter dem Leh View Restaurant im Hauptbasar und **Book Lovers Retreat** an der Changspa Lane. Beide haben eine gute Auswahl an Literatur, Nachschlagewerken und

Souvenirbüchern. Gebrauchte Taschenbücher verkauft oder tauscht **Parkash Stationers**, gegenüber vom Gemüsemarkt. **Fairdeal Stationers**, nahe der Jami Masjid, Main Bazaar, hat viele Zeitungen.

Fahrradverleih

Luna Ladakh Travel, Zangsti Rd (50 m von der Dzomsa Laundry), vermietet Mountainbikes für Rs250 pro Tag.

Geld

Die **J&K Bank**, 1. Stock, Himalaya Shopping Complex, Main Bazaar, und die **State Bank of India** auf dem Hauptmarktplatz wechseln Geld und haben Geldautomaten. Ein weiterer Geldautomat befindet sich bei der **Punjab National Bank**.

Private lizenzierte **Wechselstuben** gibt es in vielen Hotels und Reisebüros rund um Fort Road und Changspa Lane.

Informationen

J&K Tourist Reception Centre, ✆ 01982/252094, 🖳 www.jktourism.org, 3 km entfernt vom Basar in der Flughafenstraße, liegt sehr weit außerhalb der Stadt und lohnt einen Besuch kaum, ◷ Mo–Sa 10–16 Uhr.
Tourist Information Centre, Fort Rd im Basar, ✆ 01982/253462, etwas hilfreicher.
◷ die meiste Zeit des Jahres 10–16 Uhr.

Internet

Seit es fast überall Satellitenanschluss gibt, schießen die Breitband-Internetcafés in der Gegend von Main Bazaar, Fort Road und Changspa Lane wie Pilze aus dem Boden. Preise gewöhnlich Rs1,50 pro Min.

Massagen

Indian Vedyashala an der Changspa Lane, ✆ 9906/999502, bietet ayurvedische Massagen um Rs500–1000.

Meditation, Yoga und alternative Therapien

Mahabodhi Society, Changspa, ✆ 01982/253689, veranstaltet in der Hochsaison kleine Kurse mit Schwerpunkt Vipassana. Ihre große Niederlassung in Devachan bei Choglamsar,

3 km südlich von Leh, ✆ 01982/244155, 🖳 www.mahabodhi-ladakh.org, umfasst auch ein Meditationszentrum mit Kursen von 3–7 Tagen.

Das **Asia Guesthouse** in der Changspa Lane beherbergt ein von Deutschen betriebenes Vajrayana-Meditations- und Heilzentrum. Auf zahlreichen Plakaten und mit Prospekten wird für Kurse und Sitzungen in Yoga, Reiki, Shiatsu und anderen alternativen Therapien geworben.

Medizinische Hilfe

Das überlastete, schlecht ausgestattete **SNM Hospital**, ✆ 01982/252014, liegt 1 km südlich des Zentrums in der Hauptstraße. Wer dringend einen Arzt benötigt, sollte dies über die teureren Hotels veranlassen.
PT Alamdar Chemist & Clinic, am unteren Ende des Basars, ✆ 01982/252587, hat morgens ab 9 Uhr eine gute englische Sprechstunde.

Motorrradverleih

Es gibt mittlerweile eine ganze Reihe von Motorradvermietungen, die für ab Rs600 pro Tag eine Enfield verleihen. Man sollte sich die Bikes jedoch vorher sehr genau ansehen. Die bei weitem zuverlässigste Agentur ist **Enntrax Tours**, ein paar Häuser hinter dem Khangri Hotel, ✆ 01982/250603. Ein Moped kostet dort Rs400 für 24 Std.

Polizei

✆ 01982/252018 oder 252200, Vermittlung ✆ 100.

Post

Die **Hauptpost** ist im Hauptbasar, ◷ Mo–Sa 10–13 und 14–17 Uhr. Pakete gibt man beim GPO außerhalb der Stadt an der Straße zum Flughafen auf. ◷ Mo–Sa 10–16.30 Uhr. Der unzuverlässige *poste restante*-Schalter liegt auf der Rückseite. Man kann sich Briefe auch zum Tourist Information Centre in der Fort Rd schicken lassen.

Touren

Es folgt eine Aufstellung der zuverlässigsten und empfohlenen Trekking- und Jeep-Safari-

Veranstalter. Einige bieten auch Rafting auf dem Indus an.
Dreamland Trek & Tours, Fort Rd, ℡ 01982/250784, 🖥 www.dreamladakh.com.
Footprints, Fort Rd, ℡ 01982/251799, 🖥 www.footprintsindia.com.
Mountain Trails, 2 Hemis Complex, Zangsti Rd, ℡ 01982/254855.

Yama Adventures, Changspa Lane, ℡ 01982/250833, 🖥 www.yamatreks.com.
Einen persönlicheren Service bieten kleinere Agenturen wie z. B. **Oriental Travels** im Oriental Guest House, Changspa, ℡ 01982/253153.

Wäschereien
Dzomsa Laundry (s. Kasten S. 533).

Trekking in Ladakh und Zanskar

Die alten Wanderwege, die kreuz und quer durch Ladakh und Zanskar führen, zählen zu den eindrucksvollsten Routen im gesamten Himalaya-Gebiet. Sie verbinden entlegene buddhistische Dörfer mit Klöstern, die windgebeutelte Gebetsfahnen zieren und die im Winter hinter den hohen Pässen von der Außenwelt abgeschnitten sind. Fast alle diese Wanderwege sind lang, hart und befinden sich in großer Höhe – aber sie sind nie langweilig. Die **beste Zeit** für Trekking ist von Juni bis September. Ob man alle notwendigen Vorbereitungen selbst trifft oder eine Agentur dafür bezahlt, das zu übernehmen: **Leh** (S. 535) ist der beste Ort für die Planung einer Wanderung.
Auf eigene Faust zu wandern gestaltet sich relativ unkompliziert, sofern man den Wanderführer *Trekking in Ladakh* (s. u.) im Gepäck hat und sich nicht scheut zu feilschen und die Logistik selbst zu übernehmen. **Ponys** und **Guides** findet man in dem tibetischen Flüchtlingscamp in **Choglamsar**, 3 km südlich von Leh. Die Preise liegen bei ca. Rs300 pro Tag für ein Pferd bzw. Rs200 für ein Maultier – zwei Personen zahlen demnach z. B. für einen Trek durch das Markha-Tal ca. US$30 für eine ganze Woche. Eine **Pauschaltour** bei einem Trekking-Veranstalter in Leh kostet rund US$50 pro Tag und sogar mehr, wenn die Gruppe aus weniger als vier Personen besteht.
Mietausrüstung, z. B. hochwertige Zelte, Schlafsäcke, Isomatten und Daunenjacken, kann man entweder über die Veranstalter beziehen oder bei Läden wie der **Frontier Adventure Company** gegenüber vom Taxistand in der Fort Rd, ℡ 01982/253011, oder bei **Spiritual Trek**, Changspa Lane, ℡ 01982/251701, ✉ spiritualtrek@yahoo.com) bekommen. Beide Läden fungieren auch als Trekking-Veranstalter, d. h. sie stellen

Führer, Träger, Transport und Essen. Die Preise liegen bei ca. Rs100–150 pro Tag für ein Zelt, Rs80–100 für einen Schlafsack und Rs40–50 für einen Gaskocher. Wer sich an die Besteigung des Stok-Kangri machen will, sollte noch einmal Rs50 für einen Eispickel drauflegen. Wer auf eigene Faust loszieht, kann sich auch indische Ausrüstung im Basar besorgen und anschließend wieder verkaufen.
Besucher sollten so weit wie möglich dazu beitragen, die Kultur und Ökologie der Region intakt zu halten und sich möglichst **selbst versorgen**, vor allem was Nahrung und Brennstoffe angeht. Unterwegs Vorräte zu kaufen, belastet das auf Selbstversorgung angelegte System unnötig und fördert zudem die Verbreitung von hässlichen „Tea Shops" (oft in den Händen von Ortsfremden) am Wegesrand. Immer Kerosin verbrennen, niemals die rare, wertvolle Ressource Holz verwenden. Abfall nicht unterwegs zurücklassen, sondern einpacken und mitnehmen, ganz gleich wie weit man von der nächsten Stadt entfernt ist. Plastik sollte man zum Recyceln ins Ecology Centre in Leh bringen. Fäkalien immer vergraben und benutztes Toilettenpapier verbrennen. Und: Die Steinhütten am Wegesrand nicht als Toiletten benutzen – die Schäfer suchen hier bei Stürmen Unterschlupf. Weitere Einzelheiten zu Umweltfragen in Ladakh s. S. 533.
Ein ausgezeichnetes **Buch** mit allem Wissenswerten für eine Expedition in der Region ist der von Trailblazer herausgegebene Wanderführer *Trekking in Ladakh* von Charlie Loram, in den Buchhandlungen von Leh erhältlich.

Das Markha-Tal: Das wunderschöne Tal verläuft parallel zum Indus auf der Südseite des

Der **Taxistand**, 📞 01982/253039 (tgl. 6–19 Uhr), liegt fast genau gegenüber dem Tourist Information Center. Jeder Fahrer hat eine Liste mit festen Fahrpreisen zu allen erdenklichen Zielen in Ladakh inkl. Wartezeiten, Eintrittspreisen und Gebühren für Nachtfahrten. Diese Preise gelten nur in der Hochsaison, außerhalb

dieser sind Preisnachlässe von bis zu 40 % möglich.
Da die Saison so kurz ist, sind die Preise hoch. Die Fahrer nehmen rund Rs80 nach Changspa, Rs650 nach Tikse (hin und zurück), Rs1300 nach Hemis (hin und zurück) und Rs5200 nach Pangong Lake, mit einem Zuschlag von Rs1000 bei Übernachtung.

schneebedeckten Stok-Kangri-Massivs, das von Leh aus zu sehen ist. Der gewundene Pfad führt durch das Tal über kultivierten Boden, hügelige Hochland-Wiesen und oftmals verschneite Pässe – so ermöglicht er Wanderern den Aufenthalt in einer Region ohne Straßen, ohne dafür wochenlang durch die Wildnis wandern zu müssen. Folglich ist er zu einer der meistgenutzten Routen in Ladakh geworden. Man sollte diesen Trek auf keinen Fall ohne angemessene, regen- und kältefeste Kleidung unternehmen: Schneestieben werden selbst im August über die höheren Lagen des Markha-Tals geweht. Der Rundgang dauert 6–8 Tage und verläuft in der Regel gegen den Uhrzeigersinn, beginnend im Dorf **Spitok** (S. 555), 10 km südlich von Leh. Der spektakulärere Weg über **Stok** (S. 548) gewährt unübertreffliche Blicke über das Indus-Tal bis zu den Bergketten von Ladakh und dem Karakorum. Allerdings führt er schon am zweiten Tag über den steilen **Stok La** (4848 m) und sollte daher nur von Wanderern gewählt werden, die sich bereits gut an die Höhe gewöhnt haben.

Von Likkir nach Temisgang: Die befahrbare Straße entlang der alten Karawanen-Route durch die Berge zwischen Likkir und Temisgang bietet sich für eine leichte, zweitägige Wanderung an. Man kommt an den drei großen Klöstern Likkir, Rhizong und Temisgang sowie einer Reihe idyllischer Dörfer vorbei. Die Tour gibt einen hervorragenden Vorgeschmack auf das Wandern in Ladakh und eignet sich perfekt, um sich zu akklimatisieren, wenn man längere und anspruchsvollere Routen plant. Ponys und Führer für den Trek lassen sich auf gut Glück in Likkir oder Temisgang arrangieren, in beiden

Orten gibt es kleine Gästehaus und tägliche Busverbindungen nach Leh.

Von Lamayuru nach Alchi: Obwohl sie gemessen an ladakhischen Standards kurz ist, zählt die fünftägige Wanderung von **Lamayuru** nach **Alchi** zu den härtesten in der Region. Sie führt über hohe Pässe, durch eine Reihe von entlegenen Tälern und vorbei an einigen alten *gompas*. Sie bietet dabei fantastische Panoramablicke auf die Wildnis im Süden des Indus-Tals. Es ist sehr schwierig, sich auf dieser Strecke zurechtzufinden, Wanderer benötigen also unbedingt einen erfahrenen Führer, Ponys und ausreichend Vorräte für den Fall, dass sie sich verirren.

Von Padum nach Lamayuru: Der Trek über die schroffe Zanskar-Bergkette von Padum nach Lamayuru auf dem Highway Srinagar–Leh wird üblicherweise in zehn bis zwölf Tagen zurückgelegt und ist eine äußerst beliebte, aber sehr anspruchsvolle Langstreckenroute. Er sollte keinesfalls der erste Trekkingversuch sein und erfordert gebührende Vorbereitungen, Ponys und einen Führer.

Der Stok-Kangri: Der von Leh aus gut sichtbare Stok-Kangri (6120 m) steht in dem Ruf, der einfachste Sechstausender der Welt zu sein. Mehrere Veranstalter in Leh werben für fünftägige **Kletterexpeditionen** mit dem Ort Stok als Ausgangspunkt und einem technisch anspruchslosen Aufstieg für ca. US$45 p. P. bei einer 4er-Gruppe. Wer das Buch „Trekking in Ladakh" dabei hat, kann diese Tour auch allein in Angriff nehmen, wobei ausreichend Verpflegung für drei bis vier Tage mitzuführen ist.

Jammu und Kashmir

Busse und Geländewagen

Staatliche und private **Busse** fahren den staubigen Busbahnhof der Stadt an, der 15 Min. zu Fuß bzw. eine kurze Taxifahrt (Rs50) entfernt südlich vom Basar und von vielen Hotels gelegen ist. Busse aus Manali fahren bis zur Fort Rd in der Nähe des Hotel Dreamland. Der Landweg nach MANALI in Himachal Pradesh ist offiziell bis zum 15. Sep offen; dann stellen die HPTDC-Busse ihren Dienst ein, einige **Privatbusse** befahren die Straße jedoch noch bis Anfang Oktober, ebenso Gypsy-**Geländewagen** und Sumos. Eine detaillierte Beschreibung der in Manali beginnenden 485 km langen Route findet sich auf S. 496/497. Tickets für die jeden zweiten Tag verkehrenden HPTDC-„Super-Deluxe"-Busse (Rs1800 inkl. einer Übernachtung und Mahlzeit in Keylong) können in deren Büro im oberen Stockwerk in der Fort Rd gebucht werden, ✆ 9697/376404, ⏰ tgl. 10–20 Uhr.

Nicht einmal halb so teuer sind die klapprigen Busse der **staatlichen Transportunternehmen** HPSRTC und J&KSRTC, die einen Tag vor Abfahrt beim Busbahnhof im Ort gebucht werden können.

Mehrere Büros an der Fort Road verkaufen Tickets für Privatbusse nach Manali für Rs900–1000. Sie können auch ein Sumo- oder Gypsy-4WD-Taxi nach Manali für Rs1200–1800 pro Person arrangieren. Das ist die mit Abstand komfortabelste Lösung, und wer dazu bereit ist, um 2 Uhr nachts zu starten, kommt meist noch am gleichen Tag in Manali an. Allerdings verpasst man dann einen Teil der spektakulären Landschaft und die Fahrer sollen oft wie die Berserker fahren.

J&KSRTC-Busse nach SRINAGAR (2 Tage, Rs560–700) verkehren von Mitte Juni bis Ende Oktober. Sie legen einen Übernachtungsstopp in Kargil ein, bevor sie sich den kargen Pass Zoji La (3540 m) hinaufquälen, um dann steil in das sagenumwobene Tal von Kashmir hinabzufahren.

Flüge

Ein Taxi vom **Flughafen** Leh, 5 km südwestlich der Stadt auf dem Highway nach Srinagar, bringt Fahrgäste für einen Festpreis von Rs150 zum Basar oder für Rs165 nach Changspa, wo sich viele Hotels befinden.

Im Sommer gibt es bei gutem Wetter tgl. Flüge von Air India, Jet Airways und Kingfisher nach DELHI (1 1/2 Std.). Air India fliegt außerdem nach JAMMU (Fr und So, 1 Std.) und SRINAGAR (Mi). Während des restlichen Jahres sind die Flugverbindungen weniger häufig und zuverlässig.

Tickets können beim Büro von **Air India / Tushita Travels** in der Fort Rd, nicht weit von der Moschee, ✆ 01982/250999, 🖥 www.jetairways. com, gebucht und rückbestätigt werden. Kingfisher-Tickets müssen wie üblich über ein Reisebüro gebucht werden. Im Sommer gibt es einfache Tickets nach Delhi von rund Rs5000 bei Kingfisher bis zu über Rs10 000 bei den anderen Anbietern zu Spitzenzeiten.

Die Niederlassung von **Jet Airways** befindet sich nicht weit von der Moschee im Hauptbasar, 🖥 www.jetairways.com, ✆ 01982/250999, ⏰ Mo–Sa 10–17, So 10–15 Uhr.

Südöstlich von Leh

Südöstlich von Leh wird das Indus-Tal zu einem weiten, fruchtbaren Flussbecken. Imposante buddhistische Monumente säumen die Ränder der Talebene. Zu den berühmtesten zählen **Shey** mit seiner Palastruine und dem gigantischen Messingbuddha sowie das großartige Kloster **Tikse**. Beide liegen in Sichtweite der Straße und werden von den regulären Bussen angefahren. Mit Ausnahme des **Stok-Palastes**, der Heimat der Königin von Ladakh, sind die Sehenswürdigkeiten auf der gegenüberliegenden, südlichen Seite des Indus mit der Hauptstraße lediglich durch eine selten benutzte und nur teilweise asphaltierte Straße verbunden und mit öffentlichen Verkehrsmitteln schwierig zu erreichen.

Das **Matho Gompa**, südlich von Stok, ist für seine winterlichen Orakelfestivals berühmter als für seine Kunstschätze, lohnt aber dennoch einen Besuch, allein schon wegen des fantastischen Ausblicks von der Dachterrasse. Noch weiter südlich kann man bis **Hemis** weiterfahren, dem reichsten Kloster von Ladakh und Schauplatz eines der wenigen religiösen Feste, die im Sommer stattfinden.

Wer anderen Touristen in Leh bei seinem Tagesausflug entgehen will, sollte das unglaublich schöne Nebental auf der Hemis gegenüber liegenden Flussseite mit den Klöstern **Chemrey** und **Thak Thok** besuchen. Letzteres wurde um eine legendäre Meditationshöhle herum gebaut. Östlich von Thak Tok überquert die Straße den Chang La und biegt nach Osten zu dem hoch gelegenen Bergsee **Pangong Tso**, der größtenteils in Tibet liegt. Wesentlich entspannender und einladender ist die riesige Wildnis von **Rupshu**, die an den Ufern des **Tso Moriri** im tiefen Süden zu Wanderungen einlädt. Für alle diese Gebiete sind Genehmigungen erforderlich. Weitere Informationen hierzu s. S. 534.

Shey

Die ehemalige Hauptstadt von Ladakh, Shey, liegt 15 km südöstlich von Leh und ist heute praktisch verlassen, nachdem die königliche Familie Mitte des 19. Jhs. von den Dogras vertrieben wurde. Geblieben sind nur ein halb verfallener Palast, ein kleines Kloster und eine Fülle von Tschörten, rund um einen Felsausläufer gedrängt, der in das fruchtbare Indus-Tal hineinragt. Die Ruinen stehen oberhalb des Highways und sind mit Minibussen erreichbar, die sehr häufig zwischen dem Busbahnhof in Leh und Tikse hin- und herkehren. Vom Kloster Tikse aus kann man auch zu Fuß nach Shey laufen: Ein gewundener Pfad führt durch eines der größten Tschörten-Felder von Ladakh, vorbei an Hunderten von weiß getünchten Schreinen in den verschiedensten Größen, die über eine surreale Wüstenlandschaft verstreut liegen.

Der **Palast**, eine kleinere und verfallenere Ausgabe des Palastes in Leh, steht am Rande der Schlucht unterhalb einer alten Festung. Gekrönt von einer goldenen Tschörten-Spitze, ist sein ganzer Stolz der riesige, metallene Shakyamuni Buddha in den Tempelruinen, ⏱ tgl. 6–9 Uhr, Eintritt Rs30. Er wurde 1633 hier aufgestellt und enthält angeblich einen Schatz aus Edelsteinen, Mandalas und starke Zauberkräfte.

Aus einer bemalten Vorkammer tritt man ein und blickt auf die riesigen Füße der Buddhastatue mit den nach oben weisenden Sohlen. Von der umlaufenden Galerie im Obergeschoss lässt sich der gigantische Buddha in besserem Licht betrachten. Jahrhundertelang durch den dicken Ruß aus den Gebetslampen konserviert, gehören die mit Gold getönten Wandgemälde zu den kostbarsten Malereien im Tal.

Übernachtung und Essen

Besthang Hotel, wenige Minuten zu Fuß die Gasse hinter dem Straßenrestaurant Shilkar hinunter, ✆ 01982/252792, umgebautes, traditionelles Ladakhi-Haus mit Fremdenzimmern mit Bad, schönem Garten und einfacher Küche. ❷

Shilkhar Restaurant. Das einzige Restaurant in Shey bietet eine gemischte Karte mit indischen und westlichen Speisen.

Transport

Busse kommen in beiden Richtungen bis etwa 18 Uhr alle 30–60 Min. vorbei. Die Fahrt von/nach LEH dauert 30 Min.

12 **HIGHLIGHT**

Tikse

Das meistfotografierte und architektonisch eindrucksvollste Kloster in Ladakh befindet sich in Tikse, 19 km südöstlich von Leh. Es wurde im 15. Jh. gegründet, und seine weiß getünchten Tschörten und quaderförmigen Mönchsquartiere erstrecken sich über einen zerklüfteten Felsvorsprung. Gekrönt wird das Ganze von einem imposanten, ockerfarbenen und roten Tempelkomplex, dessen strahlende goldene Kreuzblumen in jede Richtung meilenweit zu sehen sind. Die Wiedergeburt Tikses als Touristenattraktion hat zwei Seiten: Einerseits stören die konstanten Besucherströme im Sommer die Ruhe, die die Mönche zum Meditieren benötigen, andererseits haben die dadurch erzielten Gewinne umfangreiche Renovierungs- und Ausbauarbeiten ermöglicht, u. a. den Bau des **Maitreya-Tempels**, gleich oberhalb des Haupthofs. Der im Jahre 1980 durch den Dalai Lama geweihte Schrein wurde um eine gigantische, 14 m hohe Buddhastatue mit goldenem Gesicht gebaut. Der Buddha sitzt nicht, wie sonst üblich, auf einem Thron, sondern im Lotussitz.

Die leuchtenden Gemälde an der Wand dahinter wurden von Mönchen des Lingshet Gompa in Zanskar angefertigt und zeigen Szenen aus Maitreyas Leben. Für die meisten ausländischen Besucher ist jedoch der Blick von der **Dachterrasse** der Höhepunkt ihres Ausflugs nach Tikse. Ein Flickenteppich aus Gerstenfeldern erstreckt sich über das Tal, zu dessen Seiten sich kahle, schneebedeckte Berge und eine Reihe von Klöstern, Palästen und ladakhischen Dörfern erheben. Wer das beeindruckende Panorama genießen möchte – untermalt vom archaischen Klang der tibetischen Hörner, die zur *puja* um 7 Uhr auf dem Dach geblasen werden – muss hier übernachten oder in aller Frühe mit einem Jeep aus Leh anreisen.

Übernachtung und Essen

Zimmer gibt es hinter dem Klosterrestaurant, ☏ 01982/267005. Sie sind groß und sauber, haben aber kein eigenes Bad. ❷
Chamba Hotel, ☏ 01982/267005, bietet ordentliche Zimmer mit Bad zu überhöhten Preisen

und hat ein gutes Gartenrestaurant mit abwechslungsreichen Speisen von tibetischem Essen bis zu Pfannkuchen sowie ein Buffet zu Rs250; ☉ April–Sep. ❺

Transport

Eine asphaltierte Straße führt von der Hauptstraße den Westhang des Berges hinauf zum kleinen Parkplatz des Klosters. Bei der Ankunft mit dem Minibus aus LEH (alle 30 Min. ab dem städtischen Busbahnhof) überquert man den Platz unterhalb des *gompa* und folgt dem Fußweg durch die unteren Gebäude hindurch zum Haupteingang, wo Mönche Eintrittskarten verkaufen (Rs30). Der letzte **Bus** zurück nach Leh fährt um 18 Uhr.

Stok

Gleich hinter dem tibetischen Flüchtlingscamp in **Choglamsar**, am Fuß einer enorm großen Geröllmoräne, steht im Schatten eines störenden Fernsehturms der elegante **Palast Stok**. Von dort streift der Blick über terrassierte Gerstenfelder, die mit weiß getünchten Bauernhäusern durchsetzt sind.

Anfang des 19. Jhs. vom letzten Herrscher oberhalb von Ladakh erbaut, ist Stok die offi-

In Tikse steht das eindrucksvollste Kloster Ladakhs.

zielle Residenz der königlichen Familie von Ladakh, seit sie vor 200 Jahren aus Leh und Shey
verdrängt wurde. Die derzeitige Gyalmo oder
„Königin" und ehemalige Parlamentsabgeordnete Deskit Angmo lebt während des Sommers
immer noch hier, hat jedoch einen Flügel ihres
77-Zimmer-Palastes in ein kleines **Museum** verwandelt.

Die faszinierende Sammlung, die hier zu sehen ist, umfasst einige der wertvollsten Erbstü-
cke der königlichen Familie, darunter exquisite
thangkas aus dem 16. Jh., die mit Farben aus
zerstoßenen Rubinen, Smaragden und Saphiren
verziert wurden. Die *pièces de résistance* sind
jedoch die *peraks* der Gyalmo. Dieser uralte
Kopfschmuck – wahrscheinlich ursprünglich aus
Tibet stammend – ist mit lupenreinen Türkisen,
geschliffenen Korallen, Lapislazulis und Nuggets
aus purem Gold besetzt und wird zu wichtigen
Anlässen auch heute noch getragen. ☉ tgl.
8–18 Uhr, Eintritt Rs30.

Das **Stok Gompa** liegt einen 20-minütigen
Spazierweg durch das Tal entfernt und hat eine
interessante Sammlung von Tanztheater-Mas-
ken und einige grell-moderne Wandgemälde
von Lamas aus dem Lingshet gompa in Zanskar.
Dieselben Künstler haben die Maitreya-Statue
in Tikse (S. 547) geschaffen. ☉ Sonnenauf- bis
-untergang, Eintritt Rs30.

Hotel Highland, ✆ 01982/242005, ✉ tangdul@
yahoo.co.in. Palastartiges, zweistöckiges
Haus, aus dessen hübsch möblierten
Apartmentzimmern man einen sehr schönen
Ausblick hat. ➐
Hotel Skittsal, ca. 2 km die Straße hinunter
Richtung Leh, ✆ 01982/242049, 🖥 www.skittsal.
com. Imposantes Hotel mit Panoramablick
über das Indus-Tal. ➋–➎
Beide Hotels schließen Anfang September,
im Gegensatz zum kleinen einfachen
Kalden Guest House am Fuße des Palastes,
✆ 01982/242057. ➊

Busse von LEH nach Stok (40 Min.) fahren um
8, 14, und 16 Uhr ab. Der letzte Bus zurück nach
Leh geht um 17 Uhr.

Matho

Das 27 km südlich von Leh gelegene Matho zieht
sich über einen Geländesporn an der Öffnung
eines idyllischen Seitentals, das tief ins Herz des
Stok-Kangri-Massivs hineinführt. Obwohl der Ort
genauso interessant und landschaftlich schön
gelegen ist wie die Nachbarorte, kommen nur
vergleichsweise wenige Reisende hierher. Das
örtliche Kloster ist die einzige Niederlassung der
Sakyapa-Sekte in Ladakh, die im 13. Jh. in Tibet
politische Macht ausübte. Da Matho relativ weit
von der Hauptfernstraße entfernt liegt, fahren
nicht allzu viele Busse hierher: Von Leh verkehren
tgl. Busse um 7.30, 14 und 16.30 Uhr, zurück geht's
um 7.30, 16 und 16.30 Uhr. Mit dem eigenen Fahrzeug bildet Matho eine praktische Zwischenstation auf der wenig befahrenen Straße zwischen
Stok und Hemis auf der linken Seite des Tals.

Trotz seiner Sammlung von 400 Jahre alten
thangkas ist das Kloster vor allem für sein **Ora-
kelfest**, Matho Nagran, bekannt, das am 25. und
26. Tag des zweiten tibetischen Monats (Feb/
März) stattfindet. Alle drei Jahre werden aus
den etwa 60 hier residierenden Mönchen per
Los zwei Orakel, die *rongzan*, bestimmt. Vor dem
großen Fest fasten und meditieren die beiden
Auserwählten, um für den Augenblick gewappnet zu sein, wenn der Geist der Gottheit in sie
einkehrt. Unter den Augen der zahlreichen hin-
gerissenen Zuschauer vollführen sie dann alle
möglichen todesmutigen Aktivitäten; so springen
sie z. B. mit verbundenen Augen auf den hohen
Brüstungen des Klosters herum, während sie
kesselweise *chang* schlürfen, und schlagen sich
selbst mit rasiermesserscharfen Säbeln, ohne
blutende Wunden zu verursachen. Im Klosterhof
werden bunte *chaam*-Tänze dargeboten, und
schließlich gibt es noch eine Frage-und-Ant-
wort-Session, bei der die *rongzan*, noch immer
unter dem Einfluss der Gottheit, Prophezeiungen
für das kommende Jahr aussprechen.

Die Kostüme und Masken, die die Mönche
während der Feierlichkeiten tragen, sind in
Mathos kleinem **Museum** zu bewundern, das
versteckt hinter dem Du-khang liegt. Männer
dürfen auch den unheimlichen **Gon-khang** auf
dem Dach besichtigen, wo die Waffen und die
rituelle Kleidung der Orakel aufbewahrt werden.

Jammu und Kashmir

Der Boden des winzigen Tempels liegt unter einer dicken Schicht Gerste, die die Dorfbewohner als Erntegabe hierher gebracht haben.

Hemis

Dank seines berühmten Festes – eines der wenigen, die im Sommer stattfinden, wenn die Pässe geöffnet sind – hat das 45 km südöstlich von Leh gelegene Hemis mehr Besucher zu verzeichnen als alle anderen Klöster in Ladakh. Jedes Jahr Mitte Juli gesellen sich Hunderte Ausländer zu den großen Massen Einheimischer, die anlässlich des farbenfrohen, zweitägigen Festzugs in ihren feinsten traditionellen Gewändern hierher strömen. Zu anderen Zeiten kann das weitläufige, stimmungsvolle Kloster aus dem 17. Jh. (◷ tgl. 8–18 Uhr; Eintritt Rs30) jedoch enttäuschend ruhig sein. Obwohl Hemis zu den führenden Institutionen der Region zählt, leben hier außerhalb der Saison nur sehr wenige Mönche und Novizen.

Der Haupteingang des Klosters führt in einen großen Hof, wo während des Festes die **chaam**-Tänze aufgeführt werden. Begleitet von Zymbal-Schlägen, Trommelwirbeln und gelegentlichen Stößen aus den Tempelhörnern, findet das Fest seinen Höhepunkt am zweiten Tag in der wilden Zerstückelung einer Puppe – ein Akt, der die Zerstörung des menschlichen Egos und somit den Triumph des Buddhismus über die Ignoranz und das Böse symbolisiert.

Nur alle zwölf Jahre findet während des Hemis-Festes auch das rituelle Entrollen eines riesigen *thangka* statt. Es ist der ganze Stolz des Klosters und bedeckt ausgerollt die gesamte Fassade des Gebäudes. Die Hände der Frauen, die es gestickt haben, werden jetzt als heilige Relikte verehrt. Das mit Perlen und Edelsteinen verzierte Prunkstück war zuletzt im Jahr 2004 zu sehen. In der Ecke des Hofes gibt es ein **Museum**, doch die bescheidene Sammlung von *thangkas*, Masken und Musikinstrumenten rechtfertigt den hohen Eintrittspreis kaum. ◷ 8–18 Uhr, Eintritt Rs100.

Übernachtung und Essen

Wer in Hemis übernachtet, hat die Möglichkeit, der *puja* um 7 Uhr beizuwohnen. Inzwischen gibt es auch eine größere Auswahl einfacher Zimmer mit Bad. Zelten kann man umsonst im nahe gelegenen Dorf Chomoling oder für Rs100 beim Hemis Restaurant, ✆ 01982/249072, unterhalb des *gompa*, das von jungen Mönchen geleitet wird. Dort gibt es auch einige sehr einfache Zimmer. ❶

Das neuere **Hemis Spiritual Retreat,** ✆ 01982/249011, hat etwas bessere Zimmer und serviert im Garten **Mahlzeiten**. ❶ Sowohl das **Hemis Restaurant** als auch das **Parachute Restaurant** in Chomoling bieten einfache Gerichte. Das Letztgenannte ist billiger, hat diverse Pancakes und dient als nützlicher Zwischenstopp für Wanderer auf dem Weg zum Markha-Tal.

Transport

Mit dem Auto ist Hemis bequem in einem Tagesausflug von Leh zu erreichen. Busse verkehren nur während des Festes häufig, ansonsten 2x tgl. ab Leh: um 9.30 Uhr (zurück um 12 Uhr) und um 16 Uhr (zurück erst am nächsten Tag um 7 Uhr). Aber es fahren auch 10 Minibusse pro Tag (letzte Rückfahrt um 18 Uhr).

Chemrey

Das wie ein Schwalbennest an den Flanken eines kegelförmigen Schieferberges klebende prachtvolle Kloster Chemrey wird wegen seiner Lage nur von wenigen Besuchern aufgesucht – es liegt in dem Seitental, das sich von Karu, südlich von Hemis, zum Pass Chang La Richtung Pangong zieht. Wer kein eigenes Fahrzeug hat, muss damit rechnen, einiges zu Fuß gehen zu müssen, um hierher zu gelangen. Wenn einen der Bus von Leh nach Thak Thok an der Hauptstraße abgesetzt hat, sind es noch etwa 50 Minuten zu Fuß auf einem Feldweg hinunter zum Fluss und dann hinauf zum Kloster.

In dem 1664 im Gedenken an König Sengge Namgyal gegründeten Kloster leben nur noch etwa 20 Drugpa-Mönche und ihre Novizen. Der Haupt-**Du-khang**, der auf der unteren Ebene vom Hof abzweigt, wartet mit einem schönen silbernen Tschörten und einigen alten tibetischen Texten auf, deren kleine Blätter mit goldener und silberner Kaligraphie verziert sind. Oben im restaurierten **Guru-La-khang** gibt es eine große

Messingstatue von Padmasambhava. Das neue Museum im obersten Geschoss beherbergt Statuen, *thangkas*, Schriftrollen und verschiedenste Utensilien. Eintritt Rs50 inkl. Museum.

Thak Thok

Ein paar Kilometer von Chemrey das Tal hinauf befindet sich oberhalb des Dorfes **Sakti** das Kloster Thak Thok (es wird „Tak-Tak" gesprochen und bedeutet „Felsendach"). Zum Kloster gehört eine Höhle, in der Padmasambhava, einer der Begründer des tibetischen Buddhismus, während seiner epischen Reise nach Tibet im 8. Jh. meditiert haben soll. Die mysteriöse Grotte, im Laufe der Jahre durch den Ruß von klebrigen Butterlampen und Weihrauch geschwärzt, wird heutzutage allerdings durch die moderneren Flügel des Klosters etwas in den Schatten gestellt. Neben einigen spektakulären Wandbildern aus dem 20. Jh. beherbergt der **Urgyan Photan Du-khang** eine Sammlung bunter Kerzenskulpturen aus Yakbutter, die vom Oberhaupt der Mönche angefertigt wurden. Modernste buddhistische Ikonographie findet man ganz oben im Dorf Thak Thok. Hier stößt man in einem nagelneuen Tempel auf große glänzende Buddhas mit Seidengewändern, umgeben von kitschig-grellen modernen Wandbildern.

Außer während des jährlichen **Festes** ist das Dorf Sakti ein ruhiges Plätzchen und bietet schöne Ausblicke Richtung Süden auf die schneebedeckten Berge hinter Hemis. Eine Übernachtungsmöglichkeit ist der J&K Tourist Bungalow ❷ an der Straße direkt unterhalb des Klosters. Am Fluss gibt es außerdem jede Menge ideale Plätze zum Zelten, jedoch sollte man wie immer zuerst um Erlaubnis fragen. Vier Minibusse fahren tgl. von Leh nach Sakti (um 8, 8.30, 14.30 und 15.30 Uhr); letzte Rückfahrt nach Leh ist um 15.30 Uhr.

Pangong Tso

Der Pangong Tso, 154 km südöstlich von Leh, ist einer der größten Salzwasserseen Asiens – ein 134 km langer Schlauch, der sich von Ladakh Richtung Osten nach Tibet hineinzieht. Nur ein Viertel des Sees befindet sich in Indien, und die indische Armee, die im Krieg mit China 1962 an den Ufern des Sees schwere Verluste hinnehmen musste, wacht argwöhnisch über ihre Seite der Grenze. Bis zur Mitte der 1990er-Jahre war der See für Touristen tabu, und auch heute noch benötigen Reisende eine Genehmigung für eine Fahrt hierher (s. Kasten S. 534). Der auf 4267 m Höhe gelegene See, mit dem dramatischen, gletscherbedeckten Pangong-Gebirge im Süden und dem Changchenmo-Gebirge, das sich im tiefen grünblauen Wasser spiegelt, im Norden, ist an der breitesten Stelle nur 8 km breit und ermöglicht einen verlockenden Blick auf Tibet in der Ferne. Jedoch ist diese Gegend wegen der bitteren Winde, die über das brackige Wasser pfeifen, eine der kältesten in Ladakh.

Der einzige Bus aus Leh (Abfahrt Sonntag 6 Uhr) setzt Besucher im Dorf **Spangmik** ab und fährt dann weiter zum Sperrgebiet an der Grenze; Rückfahrt nach Leh ist Montag 7 Uhr. In Spangmik gibt es einfache Übernachtungs- und Verpflegungsmöglichkeiten, z. B. das Diskit Guest House (kein Telefon; ❶) und ein weit überteuertes Zeltcamp. Besser ist das Padma, ✆ 9419/819078, ✉ tonybuddhist@yahoo. co.in ❺, an der Stelle, wo die Straße den See erreicht; hier sind die Mahlzeiten im Preis fürs Zimmer oder Zelt inbegriffen. Die meisten Touristen kommen im Rahmen einer zweitägigen **Jeep-Safari** ab Leh hierher (ab Rs6100 für bis zu 5 Pers.). Unterwegs bieten sich dabei die Klöster Chemrey und Thak Thok für eine Unterbrechung der Fahrt an.

Tso Moriri

Der See Tso Moriri, 210 km südöstlich von Leh, ist berühmt für die großen Herden *kiang* (wilde Esel), die an seinen Ufern grasen. Er liegt in der dünn besiedelten Region **Rupshu**, für die eine Reisegenehmigung erforderlich ist (s. S. 534, Kasten). Der 20 km lange See liegt in einem breiten Tal zu Füßen der höchsten Gipfel von Ladakh: dem **Lungser Kangri** (6666 m) und dem **Chanmser Kangri** (6622 m). Neben den *kiang* leben hier auch Schwärme wandernder *nangpa*

(Streifengänse). Nur ab und zu durchbrechen große Herden Pashmina-Ziegen und die Lager der Nomadenhirten die Einsamkeit. **Korzok**, an den Ufern des Sees auf 4595 m Höhe gelegen und die einzige größere Ansiedlung dieser Gegend, ist ein freundlicher Ort mit einem kleinen Kloster. Um das empfindliche Ökosystem vor dem Zustrom der Touristen zu schützen, verbietet ein neues Gesetz den Bau von Wohnhäusern im Umkreis von 700 m um den See herum. Besucher sollten ihre eigenen Vorräte mitbringen und all ihren Müll wieder mitnehmen.

Die freien Flächen um den Tso Moriri eignen sich sehr gut zum **Wandern**, u. a. auf der relativ einfachen, 40 km langen, dreitägigen Route rund um den See – man sollte jedoch akklimatisiert sein. Ein anderer Wanderweg, der sich zunehmender Beliebtheit erfreut, führt von Rumtse bei Upshi über Tso Kar nach Tso Moriri. Manche Trekking-Agenturen in Manali und Leh bieten auch anspruchsvollere Routen an, z. B. den alten Handelsweg, der **Spiti** mit Tso Moriri und Leh via Kibber verbindet. Vierergruppen zahlen für den Trek ab US$45 pro Tag und Person. Dieser Preis schließt in der Regel Transport, Verpflegung und Zelte ein.

Übernachtung

Übernachtungsmöglichkeiten bieten einige Homestays in der Gegend, nach denen man sich möglicherweise vor Ort erkundigen muss.
Lake View, in unmittelbarer Nähe des Busbahnhofs von Korzok. Das ist eine von Betreibern aus Delhi geleitete, recht heruntergekommene Unterkunft. ❺
Ähnlich überteuert ist das Zeltlager, wo ein Bett saftige Rs1000 kostet.

Transport

Aus Leh fahren drei Busse zum Tso Moriri, und zwar am 10., 20. und 30. jedes Monats um 6 Uhr, Rückfahrt am Folgetag. Die meisten Reisenden kommen mit einer Jeep-Safari zum Tso Moriri, die ab ca. Rs7700 für zwei Tage kostet.
Die Jeep-Safaris folgen normalerweise einer Rundstrecke über Upshi und die Mahe-Brücke nach Korzok. Die Tour führt weiter zum Highway zwischen Manali und Leh, vorbei am Tso Kar Lake und durch den kleinen Ort Thukse.

Nördlich von Leh: das Nubra-Tal

Bis 1994 war das Gebiet nördlich von Leh nicht für Reisende zugänglich. Seit dem 19. Jh. waren keine Außenstehenden mehr hierher gekommen. Heute kann das atemberaubende Nubra-Tal, das sich jenseits der höchsten befahrbaren Straße der Welt, die über den Pass **Khardung La** (5602 m) führt, erstreckt, mit einer sieben Tage gültigen **Genehmigung** (S. 534) besucht werden. Damit hat man genügend Zeit zur Erkundung des rauen Terrains und für ein oder zwei Wanderungen zu Klöstern. Der Gebirgsrücken des Tals wird im Osten vom Fluss Nubra und im Westen vom Fluss Shyok eingeschlossen, die inmitten silbergrauer Sanddünen und Felsbrockenfelder zusammentreffen. Richtung Norden und Osten bildet der mächtige Karakorum die indische Grenze zu China und Pakistan. Unten im Tal ist es relativ mild; jedoch sind **Sandstürme** über den breiten Flussbetten keine Seltenheit.

Bevor die Region von Leh aus verwaltet wurde, regierten die alten Könige von Nubra von einem Palast in **Charasa** aus. Er stand auf

Transport im Nubra-Tal

Ab Leh fahren **Busse** über Sumur nach Panamik (Di und Do 6 Uhr, 7–8 Std.) und über Diskit nach Hundur (Di, Do und Sa 6 Uhr, 6–7 Std.). Diese Busse kehren jeweils am nächsten Tag nach Leh zurück; die Rückfahrt sollte sofort nach der Ankunft reserviert werden. Alternativ dazu können am Taxistand in Leh und bei den Tourenveranstaltern (s. S. 543) **Jeeps** für bis zu 5 Pers. gemietet werden. Eine 3-Tages-Tour inkl. Diskit und Panamik kostet etwa Rs6800 für Jeep mit Fahrer. Im Tal selbst kann man auch versuchen zu trampen, jedoch sollte man das nicht als Alleinreisender tun. Die wenigen **Taxis** in Diskit verlangen rund Rs1000 für eine eintägige Erkundungstour durch das Tal. Trips nach Sumur und Panamik kosten extra. Zwischen Diskit und Panamik verkehren tgl. **Busse**: Abfahrt in Panamik um 7 Uhr, Rückfahrt von Diskit um 16 Uhr.

einem einsamen Hügel gegenüber von Sumur, wo das wichtigste Kloster des Tals angesiedelt ist. Weiter den Nubra-Fluss hinauf befinden sich der warmen Quellen von **Panamil**, die einst fußlahmen Händlern Linderung boten und auch heute nach einem langen Tag im Bus eine wunderbare Erfrischung darstellen. Über **Diskit** am benachbarten Shyok thront ein Kloster; 7 km weiter liegt **Hundur**, das für seine eigenartigen zweihöckrigen baktrischen Hochlandkamele bekannt ist.

Von der Straße Richtung Norden nach Nubra – eine steile und holprige Straße, die Bussen und Lkws jede Menge Gestöhn entlockt – ist Leh noch etwa drei Stunden lang sichtbar. Dann geht es über den Pass Khardung La und von dort sanfter hinunter in Richtung der fernen Berge des Karakorum. Wegen ihrer strategischen Bedeutung als militärischer Transportweg zum „höchsten Schlachtfeld der Welt" im umstrittenen Grenzgebiet am Siachen-Gletscher wird die Straße nach Nubra das ganze Jahr über offen gehalten, jedoch können die Fahrbedingungen zu jeder Jahreszeit tückisch sein.

Sumur

Das jenseits des Zusammenflusses von Shyok und Nubra gelegene Sumur ist eine verschlafene Oase, die sich über eine weite Fläche ausbreitet. Hier ist das einflussreichste Kloster des Tals ansässig, **Samstem Ling**, ein netter 40-minütiger Spaziergang hinter dem Dorf. In dem 1841 erbauten Kloster leben knapp 100 Gelug-pa-Mönche aller Altersstufen. Wer zum Morgen- oder Abendgebet hier sein will, muss in Sumur übernachten. Die meisten Gästehäuser liegen an der sandigen Gasse, die an der Gebetsmühle von der Bushaltestelle wegführt.

Übernachtung

AO Guesthouse, am nächsten bei der Hauptstraße, ✆ 01980/223506. Hat einfache DZ, davon 6 mit eigenem Bad, einen Garten, ein vegetarisches Café und Campingmöglichkeiten (Rs50). ❶–❷
K-Sar Guest House, 500 m weiter die Gasse hinunter, ✆ 01980/223574. Gepflegte Zimmer mit

Bad. Camping in den geräumigen Zelten des Gästehauses Rs300, in eigenem Zelt Rs100. ❷
Saser Guest House, 500 m weiter die Gasse hinunter, ✆ 01980/223584. Zimmer mit und ohne Bad, Camping Rs100. ❶–❷
Silk Route Cottages, ✆ 9990 094107, 🖥 www. hotelmogol.com, in schöner Lage oben im Dorf. Die nobelste Unterkünfte der Gegend besitzt geräumige Bambushütten. ❻

Panamik

Eine Busstunde (22 km) von Sumur entfernt liegt Panamik (auch Pinchimik genannt), ein staubiger Weiler unterhalb des spitzen Gipfels des Charouk Dongchen. Dies ist der nördlichste für Touristen zugängliche Ort in Indien. Das eigentliche Dorf befindet sich 1 km hinter den etwas enttäuschenden **heißen Quellen**. Der saphirfarbene Fluss Nubra ist hier zu breiten Läufen verwildert und macht einen seichten und zahmen Eindruck, aber das täuscht: Man sollte sich auf jeden Fall an die Ratschläge der Einheimischen halten und nicht versuchen, den Fluss zu durchqueren, da dabei schon mehrere Reisende verunglückt sind.

Die Hauptattraktion hier ist das Kloster **Ensa**, ein Tüpfel an der Bergflanke auf der anderen Flussseite. Der Fußweg dorthin (3 Std. pro Strecke) führt durch das Dorf und hinter dem riesigen Felsbrockenfeld 3 km flussaufwärts über eine Brücke. Dann geht es mehrere Kilometer lang auf einer breiten Jeeppiste oberhalb des Flusses entlang. Obwohl das Kloster gewöhnlich verschlossen ist, ist der Ausblick von der Reihe zerfallender Tschörten in der Nähe auf jeden Fall den Aufstieg wert. Falls einer der wenigen Mönche anwesend ist, die manchmal eine Weile hier leben, wird man jedoch ins Kloster gebeten. Wer dieses Glück hat, kann sich die alten Wandbilder in den Tempeln anschauen sowie den Fußabdruck von Tsong-kha-pa, den er hier auf seinem Weg von Tibet nach Indien im 14. Jh. zurückgelassen haben soll.

Die nicht gerade berauschenden Übernachtungsmöglichkeiten in Panamik sind das Hot Spring Guesthouse ❷ gleich hinter den heißen Quellen und das nicht ausgeschilderte Bangka Guesthouse ❷ 600 m weiter.

Diskit und Hundur

Diskit wirkt bei erster Betrachtung ziemlich öde, verfügt jedoch über eine recht ansprechende Altstadt. Ihre altehrwürdigen, mit Balkonen versehenen Häuser stehen vor dem Abzweig ins Zentrum unterhalb der Hauptstraße. Busse halten an der Gebetsmühle an der Hauptstraße von Diskit, wo die Straße durch das alte Viertel zum Basar hinabführt, und dann noch einmal an der neuen Straße zum Basar; danach fahren sie weiter nach Hundur. Wer die Gästehäuser ansteuern möchte, steigt beim ersten Halt aus. Die Hauptstraße klettert vorbei an der relativ neuen 30 m hohen Buddha-Statue den Berg oberhalb der Stadt hinauf zum malerischen, 1420 erbauten **Kloster** von Diskit.

Wer zu Fuß ist, folgt der langen *mani*-Mauer, die auf der anderen Seite der Straße weitergeht, und nimmt dann den Pfad, der sich vom Ende der Mauer zum Kloster hinaufwindet – ein steiler, etwa 30-minütiger Spaziergang. Die Klostertreppen führen an den Mönchsquartieren vorbei zum ersten von mehreren Tempeln (Rs30). Einer örtlichen Legende zufolge wurde in der Nähe ein mongolischer Dämon, ein erklärter Feind des Buddhismus, getötet, aber sein lebloser Körper kehrte immer wieder zum Kloster zurück. Was angeblich sein faltiger Kopf und seine Hände sind, wird nun von einer dickbäuchigen Schutzgottheit im unheimlichen **Gon-khang** in den Händen gehalten.

Der höher gelegene kleine **Lachung-Tempel** ist der älteste Tempel hier. Eine riesige Tsongkha-pa-Statue mit einem gelben Gelug-pa-Hut sieht sich vom Ruß geschwärzten Wandbildern gegenüber. Im Herz des Klosters zeigt im **Du-khang** ein bemerkenswertes Wandbild im Kuppelgewölbe der Halle das tibetische Kloster Tashilhunpo, wo der Panchen Lama eine lange Reihe von sich auf Kamelen, Pferden und Karren nähernden Besuchern empfängt. Die Tempel **Kangyu Lang** (Bücherraum) und **Tsangyu Lang** dienen als Aufbewahrungsorte Hunderter mongolischer und tibetischer Texte.

Hundur, ein winziges Dorf in einem bewaldeten Tal jenseits einiger eindrucksvoller Sanddünen 7 km nördlich, ist in diesem Teil des Nubra-Tals der Endpunkt für Reisende. Das Hauptkloster liegt gleich unterhalb der Hauptstraße in der Nähe der Brücke am Ende der Straße. Weiter unten befindet sich auf der anderen Seite des Baches ein knarrendes, mit Spinnweben gefülltes altes Herrenhaus, das einst der örtlichen Zimskhang-Königsfamilie gehörte. Der Schlüsselinhaber im Goba Guesthouse sperrt es gelegentlich auf. Das Dorf ist für seine Trampeltiere (oder Baktrischen Kamele) bekannt, eine Hinterlassenschaft aus den Tagen der alten Handelsroute über den Karakorum. Auf die Tiere stößt man, sobald man sich in die Dünen aufmacht. **Kamelritte** werden ab etwa Rs150 für eine kurze Runde durch den Sand angeboten.

Übernachtung

Diskit wartet mit zahlreichen gemütlichen Gästehäusern auf. In Hundur dagegen muss sich eine Guesthouseszene erst noch etablieren. In allen aufgeführten Unterkünften gibt es Verpflegung, zumindest einfache. Das einzige erwähnenswerte eigenständige **Restaurant** ist das Sangam View im Zentrum von Diskit.

Diskit

Olthang, nicht weit von der Gebetsmühle an der Hauptstraße, ☏ 01980/220025. Verschiedene Zimmer mit Bad sowie Camping (Rs300). Abends gibt's im Speisesaal, der auch als Bar dient, Gerichte mit Gemüse aus dem eigenen Garten (rund Rs50). ❷–❹

Sunrise, ☏ 01980/220011. An einer *mani*-Mauer rechts der Straße, die von der Gebetsmühle wegführt. Einfache Herberge mit billigen Betten, Gemeinschaftsbad und nettem Garten. ❶

Thachung, ☏ 01980/220 002. An einer Gasse hinter der zweiten Gebetsmühle des Dorfes gelegen. Schöne sonnige Zimmer und saubere Bäder. ❷

Supergünstig

Hotel Sangam, beim Dorfzentrum, Diskit, ☏ 01980/220404. Das Sangam ist die gepflegteste Unterkunft der Gegend. Sie hat Zimmer mit und ohne Bad und ein ausgezeichnetes Preis-Leistungs-Verhältnis. ❶–❸

Hundur

Goba, 400 m unterhalb des Klosters an der Straße, ☎ 01980/221083. Freundliche, urige und ruhige Unterkunft mit sonnigem Hof und zahllosen Blumen. ❶–❸
Semba, an der Straße nach Diskit, ☎ 01980/221348. Kleines Gästehaus mit nur 3 Zimmern mit Gemeinschaftsbad und der Dorfbar. ❶
Snow Leopard, an der Hauptstraße hinten im Dorf ausgeschildert, ☎ 01980/221097. Abgeschiedenes Gästehaus in schönem Gemüsegarten mit toller Aussicht und einigen Zimmern mit Bad. ❶–❹

Westlich von Leh

Von den vielen über die Straße erreichbaren Klöstern westlich von Leh liegen nur zwei nahe genug an der Hauptstadt, um in bequemen Tagesausflügen besucht zu werden: **Spitok**, an einem Hang am Ende der Fluglandebahn, und **Phyang**, eines der malerischsten Dörfer von Ladakh. Die anderen wie **Likkir**, **Rhizong** und **Alchi**, einem Tempelkomplex mit wunderbar erhaltenen Wandmalereien aus dem 11. Jh., werden normalerweise auf dem Weg von oder nach **Kargil** besucht. Die 231 km lange Reise, die über mehrere Pässe und durch atemberaubend schöne Landschaften führt, lässt sich in einer einzigen, achtstündigen Fahrt zurücklegen (per Jeep etwas weniger). Es lohnt sich, hier mindestens ein paar Tage zu verbringen und kurze Streifzüge in die Seitentäler des Indus zu unternehmen, wo idyllische Siedlungen und Klöster zwischen Gerstenfeldern und hohen Bergen ruhen.

Eines der großen Wahrzeichen auf der ehemaligen Karawanen-Route ist das Kloster **Lamayuru**. Nach einer beklemmenden Anzahl von Haarnadelkurven, in denen sich die Straße aus dem Indus-Tal zum **Fotu La** hinaufwindet, liegt Lamayuru nur noch eine kurzen Fußweg durch eine Art Mondlandschaft entfernt, am Beginn der Haupt-Trekkingroute nach Süden in Richtung Padum in Zanskar. Weiter westlich und jenseits des spektakulären Passes **Namika La** liegt **Mulbekh**, das letzte buddhistische Dorf. Ab hier weichen dann die Klöster den Moscheen mit Zwiebeldächern und die *gonchas* den fließenden *salwar kameezes*.

Auf der schmalen und mit scharfen Kurven gespickten Bergstraße von Leh nach Kargil wird im Durchschnitt ein Verkehrsunfall pro Tag registriert. Am häufigsten betroffen sind Tata Trucks, und manchmal benötigen die Rettungsfahrzeuge aus Leh oder Kargil mehrere Stunden für die Anfahrt und Räumung der Fahrbahn. Im Sommer ist der **Verkehr** auf dem Highway problemlos; dann verkehren auch die klapprigen staatlichen und privaten Busse auf der Strecke. Es kann jedoch schwierig werden, zu den abgelegeneren Orten zu gelangen. Einige Reisende behelfen sich, indem sie für eine Fahrt in einem der zahllosen Lastwagen bezahlen oder per Anhalter auf einen Militärkonvoi aufspringen. Mit einer Gruppe bei einem Tourveranstalter in Leh einen **Jeep** zu mieten (s. S. 543) ist zwar relativ teuer, aber auch sicherer, spart Zeit und verschafft leichteren Zugang in die Seitentäler.

Spitok

Spitok, am Ende der Fluglandebahn, bietet sich für einen Halbtagesausflug von Leh an, denn der Ort liegt nur 10 km entfernt auf der Nordseite des Indus-Tals. Hierher gelangt man mit dem Taxi (um Rs100) oder einem der **Busse**, die auf dem Srinagar-Highway in Richtung Westen fahren. Das malerische, aus dem 15. Jh. stammende **Kloster** erstreckt sich über einen steilen Hang hinunter bis zu einer Gruppe von Bauernhäusern und gut bewässerten Feldern. Man erreicht es von Norden über die Straße oder von Süden über einen Fußweg durch das Dorf Spitok, von dessen großen Dachterrassen aus man die ganze Gegend überblicken kann. Der Hauptkomplex ist weniger interessant als die **Kapelle Palden Lumo** auf einem Bergkamm oberhalb.

Die Soldaten aus den nahe gelegenen Kasernen der indischen Armee verehren die Tempelgottheit als Kali Mata, während die Schlüsselverwalter den Besuchern versichern, dass die schwarzgesichtige, blutdürstige Hindu-Göttin des Todes und der Zerstörung in Wirklichkeit

Von Ende Juni bis Ende August, wenn die Wasserstände hoch sind, bieten verschiedene Reiseveranstalter in Leh Rafting-Touren auf dem Indus. Im Vergleich zu den Routen in Nepal sind die Strecken hier eher zahm. Aber in einem 12-sitzigen Schlauchboot den Fluss hinabzutreiben ist eine sehr vergnügliche Art und Weise, die zerklüftetsten und schönsten Abschnitte des Indus-Tals kennen zu lernen. Zwei Flussabschnitte werden befahren: von Spitok zum Zusammenfluss von Indus und Zanskar bei Nimmu (3 Std.) und von Nimmu bis zum alten Tempelkomplex von Alchi (2 1/2 Std.). Erfahrene Rafter können außerdem die schwierigere Strecke zwischen Alchi und Khalsi ausprobieren, mit einem 1 km langen Abschnitt voller Stromschnellen bei Nurla. Der schönste aller Trips ist die jährlich stattfindende Mehrtages-Expedition den Zanskar zum Indus hinab, da er auch die spektakuläre Anfahrt über die Straße nach Padum umfasst.

Mehrere Abenteuertouren-Veranstalter in Leh bieten Wildwasser-Rafting und Paddeln auf dem Indus. Die Ausflüge sollten mindestens einen Tag im Voraus gebucht werden. Einer der besten Anbieter ist Splash Adventure Tours, Changspa Lane, ☎ 01982/251042, 🖳 www.kayakindia. com; die Preise beginnen bei etwa Rs1400 für Tagestouren. Bei der Buchung sollte man sich vergewissern, dass Hin- und Rücktransport zum bzw. vom Fluss, der Jacken- und Helmverleih sowie Mahlzeiten im Preis inbegriffen sind und dass ein wasserdichter Behälter für Wertsachen vorhanden ist.

Yidam Dorje Jigjet ist. Bunte Lampen beleuchten die Kammer voller Spinngewebe, in der mehrere verschleierte Schutzgottheiten stehen, deren Furcht einflößende Gesichter nur einmal im Jahr gezeigt werden. Wer eine Taschenlampe hat, kann einen Blick auf die 600 Jahre alten Gemälde an der hinteren Wand der Kapelle werfen. Sie werden zum Teil von unheimlichen *chaam*-Masken verdeckt, die bei im Winter stattfindenden Festen hervorgeholt werden.

Phyang

Das **Kloster Phyang** 17 km westlich von Leh thront über dem Ende eines einsamen Seitentals, das sich von der Straße nach Srinagar zur Ladakh-Kette hin verjüngt. Von Leh fahren tgl. acht **Busse** zum Kloster; wer den Bus zurück verpasst, geht einfach die geteerte Zufahrtsstraße zur Hauptstraße (30 Min.) zurück und hält ein Fahrzeug Richtung Leh an. Im Kloster wohnen rund 50 Mönche, aber es gibt nur wenig bemerkenswerte alte Wandbilder, da die meisten vor einiger Zeit bunt übermalt wurden. Die einzigen Schätze sind eine kleine Sammlung von Bronze-arbeiten des 14. Jhs. aus Kashmir im modernen Guru Padmasambhava-Tempel und die drei Silber-Tschörten im hellen und luftigen **Du-khang**, von denen einer mit einem siebenäugigen **Dzi-Stein** verziert ist. Der Edelstein soll viel Glück bringen. Er wurde vom ehemaligen Oberhaupt der Mönche, dessen Asche in dem Tschörten bewahrt wird, aus Tibet nach Phyang gebracht.

Um die Ecke befinden sich im düster-stimmungsvollen **Gon-khang** (Eintritt Rs30) des Klosters eine Furcht erregende verschleierte Schutzgottheit und eine erstaunliche Sammlung von Waffen und Rüstungen, die während der Mongolen-Einfälle des 14. Jhs. als Beute abfielen. Von den mit Spinnweben überzogenen Dachbalken baumeln mehrere Paare Yakhörner. Es soll sich um 900 Jahre alte Relikte des Bön-Glaubens handeln.

Das jährliche **Klosterfest**, Phyang Tsedup, findet im Sommer (zwischen Mitte Juli und Anfang August) zur Reisesaison statt und ist nach dem Fest in Hemis (S. 542) das zweitgrößte in Ladakh. Zu den Festakten gehören die charakteristischen *chaam*-Maskentänze und den Höhepunkt bildet das feierliche Ausrollen eines riesigen 10 m langen Seidenbrokat-*thangka*.

Likkir

Fünf Kilometer nördlich der Hauptverbindungsstraße zwischen Leh und Srinagar, kurz vor dem kleinen Ort Saspol, liegt das große, wohlhabende Kloster Likkir. Hier leben rund 100 Mönche. Es ist vor allem für seine 23 m hohe, gelbe Statue des zukünftigen Buddhas berühmt, die freundlich über die Terrassenfelder blickt. Das Dorf Likkir ist ein angenehmer Kontrast zum turbulenten Leh und bietet auch eine kleine, aber ausreichende Auswahl an Unterkünften an. Zusammen mit der absoluten Ruhe in der Umgebung zieht es viele Reisende an, die hier ein paar Tage bleiben. Das vom Dorf aus 3 km talaufwärts gelegene Kloster wurde im 18. Jh. umfassend renoviert, doch heute deuten nur noch wenige Zeichen auf die lange religiöse Tradition dieser Stätte hin. Es liegt oberhalb des Ausgangspunkts für die beliebte zweitägige Wanderung über Rhizong nach Temisgang, die einen vergleichsweise einfachen Einstieg in das Wandern in Ladakh bietet.

Übernachtung und Essen

Einfache Zimmer gibt es im Kloster selbst und in der benachbarten Mönchsschule. Beide bitten um eine Spende.
Gaph-Chow, ☏ 01982/252748, im unteren Teil des Dorfes. Angenehm und gut organisiert: einfache, aber bequeme Zimmer mit Bad. In dem hübschen Gemüsegarten kann man auch zelten, außerdem gibt es Internetanschluss, ein Gartencafé und traditionelle ladakhische Mahlzeiten. ❷
Norboo Spon, an der Straße zum Kloster. Der Besitzer erteilt seinen Gästen Unterricht in Holzschnitzerei und *thangka*-Malerei. Außerdem gibt er gute Ratschläge für Wanderungen anhand eines maßstabgetreuen Modells der Route von Likkir nach Temisgang in seinem Garten. Unterkunft mit Vollpension. ❸

Transport

Der direkte Minibus aus LEH (Abfahrt 16 Uhr, Rückfahrt 7 Uhr am nächsten Morgen, 3 Std.) fährt am Dorf vorbei und 3 km weiter durch das Tal bis zum Kloster. Sonst kann man sich von einem beliebigen Fahrzeug Richtung Westen mitnehmen und an der Abzweigung von der Straße nach Kargil absetzen lassen. Von dort führt eine baumlose Straße ins 1 km entfernte Dorf, von wo man mit einem Taxi zum Kloster fahren kann.

Alchi

Wenn man auf dem nahe gelegenen Highway Srinagar–Leh daran vorbeifährt, ahnt man nicht, dass der faszinierende, weinrote Geröllhang bei **Saspol** 3 km jenseits des Indus eine der bedeutendsten historischen Stätten Asiens verbirgt. Die niedrige Pagode *Chosk-hor* (religiöse Enklave) in Alchi liegt 70 km westlich von Leh am Fuße eines spektakulären, weinroten Geröllbergs. Sie beheimatet eine außergewöhnliche Fülle uralter Wandgemälde und Holzskulpturen, die in den fünf winzigen Lehmtempeln auf wundersame Weise neun Jahrhunderte überlebt haben. Die ältesten Wandmalereien von Alchi gelten als die am besten erhaltenen Beispiele eines Stils, der während der zweiten Verbreitung des Buddhismus im 10. und 11. Jh. (s. S. 117) in Kashmir dominierte. Nicht einmal eine Hand voll Klöster, die während dieser Zeit gegründet wurden, haben die moslemischen Plünderungen des 14. Jhs. überlebt. Alchi ist von diesen das eindrucksvollste, das am leichtesten zugängliche und das einzige, für dessen Besuch man keine Genehmigung benötigt.

Die Legende berichtet, dass Rinchen Sangpo, der „Große Übersetzer", auf dem Weg nach Chiling hier seinen Wanderstock in den Boden steckte, um auf dem Rückweg festzustellen, dass eine Pappel daraus gewachsen war – das verheißungsvolle Zeichen veranlasste ihn, an dieser Stelle einen Tempel zu errichten. Ein mit einem Schild versehener Baum in der Nähe des Eingangs zum *Chos-khor* erinnert an diese Begebenheit. Der Komplex selbst besteht aus fünf separaten Tempeln, diversen Wohngebäuden und einer verstreuten Ansammlung großer Tschörten. Allesamt sind sie umgeben von einer Mauer aus Lehm und Stein. Am besten konzentriert man sich auf die zwei ältesten Gebäude, den **Du-khang** und den **Sumtsek**, beide in der

Mitte der Einfriedung. Der die *Chos-khor* verwaltende Lama verkauft **Eintrittskarten** (Rs30) und öffnet Besuchern gern die Tür zu diesen beiden Gebäuden, aber nicht so gern zu den drei weniger wichtigen Schreinen.

Du-khang

Eine Inschrift besagt, dass der älteste Bau in Alchi, der Du-khang, Ende des 11. Jhs. errichtet wurde. Sein Herzstück ist ein Bildnis von Vairocana (der „Glanz Buddhas"), umrahmt von den vier großen Buddha-Manifestationen. Sie tauchen überall auf den Tempelwänden von Alchi und immer in ihren typischen Farben auf – Akshobya („Unerschütterlich", blau), Ratnasambhava („Geborenes Juwel", gelb), Amitabha („Unendlicher Glanz", rot) und Amoghasiddhi („Unfehlbarer Erfolg", grün). Die anderen Wände sind mit sechs kunstvollen Mandalas verziert und von aufwendigen Friesen durchsetzt.

Sumtsek

Links vom Du-khang markiert der Sumtsek den Höhepunkt der frühmittelalterlichen Kunst der indischen Buddhisten. Die Holzschnitzereien und Gemälde, die von leuchtenden Rot- und Blautönen dominiert werden, sind heute noch ebenso frisch und kraftvoll wie vor 900 Jahren, als der flache, dreistöckige Bau errichtet wurde. Im Mittelpunkt des Schreins steht eine gigantische Statue **Maitreyas**, des zukünftigen Buddha. Sie ist so groß, dass ihr Kopf weit in den zweiten Stock hineinragt. Neben ihr stehen zwei ebenso große **Bodhisattvas**, deren Köpfe freundlich durch Öffnungen in der Decke blicken. Jede dieser Stuckstatuen trägt eine enge *dhoti* (Robe), die mit unterschiedlichen, haarfein detaillierten Motiven verziert ist: Die Robe von Avalokiteshvara (der Bodhisattva des Mitgefühls, auf der linken Seite) ist verziert mit Bildern von Pilgerstätten, Höfen, Palästen und Stupas in präislamischem Stil, während jene von Maitreya Episoden aus dem Leben des Gautama Buddha erzählt.

Die *dhoti* von Manjushri (der Zerstörer der Falschheit, auf der rechten Seite) zeigt die 84 Tantra-Meister, die Mahasiddhas, die inmitten von ausdrucksstarken Karomustern komplizierte Yoga-Positionen einnehmen. Unter den hervorragenden **Wandgemälden**, von denen manche im 16. Jh. ausgebessert worden sind, befindet sich auch die berühmte sechsarmige, grüne Göttin Prajnaparamita, die „Perfektion der Weisheit". Erstaunlicherweise fügen sich dieses und die zahlreichen anderen Bilder, die das Innere des Sumtsek bedecken, zu einem harmonischen Ganzen zusammen, wenn man sie von der Mitte des Schreins aus betrachtet.

Das Angebot von Gästehäusern in Alchi wächst ständig:
Lotsava, ✆ 01982/227129, unterhalb des auf Gruppen ausgerichteten Alchi Resorts, wenn man sich dem Taxistand nähert. Es ist angenehme und einfache Unterkunft mit gutem Ausblick. Die Wirtin serviert ein sättigendes Frühstück und Abendessen in ihrem kleinen Garten, wenn man ihr rechtzeitig Bescheid sagt. ❶–❷
Potala, ✆ 9419 178747, ✉ angchok1@rediffmail.com. Passables Hotel wie das *gompa*. ❸
Samdupling, ✆ 01982/221704, 100 m oberhalb des Taxistands gelegen, einfach hinter dem Potala Guesthouse dem Fluss folgen. Eine Unterbringungsmöglichkeit der gehobenen Klasse. ❽
Zimskhang, ✆ 01982/227086, ✉ zimskhang@yahoo.com, zu beiden Seiten der zum Kloster führenden Gasse. Zur Rechten ein modernes Hotel, zur Linken ein billigeres Gästehaus mit hübschem Garten. ❷–❺
Das einzige **Restaurant**, abgesehen von zwei billigen *dhabas* beim Taxistand, ist die **Golden Oriole German Bakery** gleich oberhalb des *gompa* gelegen, wo man die übliche Kombination westlicher und indischer Gerichte bekommt. Wer richtig großen Hunger hat, kann das vegetarische Buffet im **Zimskhang** probieren.

Eine Alternative zum Taxi für die Anfahrt aus LEH ist der private Bus (Abfahrt 8 und 16 Uhr). Er benötigt rund 3 Std. für die 70 km lange Strecke und fährt um 15.45 Uhr bzw. am nächsten Morgen um 7 Uhr zurück. Sonst kann man auch jedes Fahrzeug in Richtung Kargil nehmen und bei der eisernen Gitterbrücke westlich von Saspol aussteigen, über den Fluss gehen und die letzten 6 km zu Fuß zurücklegen.

Lamayuru

Wenn man Ladakh unter einer Sehenswürdigkeit subsumieren müsste, so wäre es das Lamayuru Gompa, 130 km westlich von Leh. Umrandet von einer Mondlandschaft aus geröllbedeckten Bergen steht das weiß getünchte mittelalterliche **Kloster** oberhalb eines baufälligen Grüppchens von Lehmziegelhäusern auf der Spitze eines fast vertikalen, bizarr zerklüfteten Steilhangs. Das Kloster ist eines der großen Wahrzeichen der alten Seidenstraße und zählt zu den 108 (eine spirituell bedeutsame Zahl) Klöstern, die Rinchen Sangpo im 10. und 11. Jh. gründete. Sein schroffer Standort soll Milarepa während seiner religiösen Odyssee über den Himalaya Schutz geboten haben, und vermutlich war er lange bevor der Buddhismus aufkam ein heiliger Ort, an dem die Menschen in dieser Region noch der schamanistischen Bön-Religion folgen.

Heute sind nur noch dreißig Mönche aus dem Brigungpa-Zweig der Kargyu-pa-Schule übrig geblieben – vor rund 100 Jahren waren es noch 400. Kunstschätze hat das Lamayuru nur wenige zu bieten. Die meisten Besucher machen jedoch Halt an diesem Abschnitt der Straße von Srinagar nach Leh, weil sie das Kloster vom Tal aus fotografieren oder zum Pass Prikiti La wandern möchten, dem Zugang nach Zanskar.

Der steile Fußweg vom Highway oberhalb des Ortes führt zum nahe gelegenen Haupteingang des Klosters, wo man in den meisten Fällen den Mönch findet, der die Eintrittskarten (Rs30) verkauft und den Besuchern die Tür zum **Dukhang** aufschließt. Die neu renovierte Gebetshalle von Lamayuru beherbergt wenig Bemerkenswertes außer einer **Höhle**, in der Milarepas Lehrer Naropa meditiert haben soll, sowie eine Sammlung farbenfroher Skulpturen aus Yak-Butter. Wenn man Glück hat, wird man durch den Irrgarten enger Gassen unterhalb des Klos-

ters zu einer winzigen **Kapelle** geführt. Die stark beschädigten Wandmalereien mit Mandalas und den Tathagata Buddhas stammen aus der gleichen Zeit wie jene in Alchi (S. 557).

Wie bei Muttern

Dragon Guest House, ✆ 01982/224510, ✉ 252414. Einladendes Familienhotel mit einer Reihe unterschiedlicher Zimmer inkl. einem begehrten „Glaszimmer" und einem netten Gartenrestaurant, in dem das beste Essen von Lamayuru serviert wird. ❶–❸

Übernachtung und Essen

Niranjana Hotel, ✆ 01982/224555, das vierstöckige Hotel im Kloster-Stil beherrscht die Silhouette am Gompa-Eingang. Die 20 schlichten Zimmer mit Betonfußboden haben Gemeinschaftsbäder mit fließend Warmwasser und bieten schöne Ausblicke auf die Täler der Umgebung. ❸

Transport

Lamayuru ist sowohl von Leh als auch von Kargil (107 km westlich) zu weit entfernt, um es in einem Tagesausflug besuchen zu können. Wer hier nicht auf einer Fahrt mit einem Jeep vorbeikommt, muss die Nacht in Lamayuru verbringen.

Der täglich zwischen Leh und Kargil in beide Richtungen verkehrende **Bus** fährt in beiden Städten um 5.30 Uhr ab und passiert Lamayuru zwischen 9 und 10 Uhr. Er hält bei den Tee-Ständen im Zentrum. Bis zum frühen Nachmittag kommen auch einige private Busse durch den Ort. Wer **wandern** möchte und auf der Suche nach zuverlässigen Guides und Ponys ist, kann im Dragon Guest House nachfragen. Oder man arrangiert sie im Voraus bei ihrer Niederlassung in Leh, ✆ 01982/253164.

Mulbekh

Westlich von Lamayuru erklimmt die Hauptstraße zunächst die Spitze des **Fotu La** (4091 m), des höchsten Passes zwischen Leh und Srinagar,

und dann den **Namika La** („Himmelssäule",
3760 m), so genannt wegen der zerklüfteten Fels-
nadel, die im Süden aufragt. Nachdem sie den
windumtosten Berggrat überquert hat, fällt die
Straße durch eine spektakuläre Landschaft aus
zerfallenen, öden Felsen und steinigen Schluchten zum Dorf Mulbekh ab. Die letzte größere
buddhistische Siedlung an der Straße vor den
moslemischen Purki-Ortschaften rund um Kargil
verteilt sich an den Ufern des Flusses Wakha,
das von Pappeln und Gärten voller Walnuss- und
Aprikosenbäume gesäumt wird.

Wahrscheinlich wäre Mulbekh heute nichts
weiter als ein verschlafenes Dörfchen, wenn
nicht endlose Konvois aus Trucks und Touris-
tenbussen hier durchfahren würden, solange,
wie die Pässe geöffnet sind. Wenn die Besucher überhaupt halt machen, bleiben sie normalerweise gerade mal lange genug, um in
der Straßen-*dhaba* einen Chai zu trinken und
einen kurzen Blick auf die sieben Meter hohe
Maitreya-Statue („Chamba" auf Tibetisch) zu
werfen, die in einen gigantischen Felsblock
in der Nähe gemeißelt wurde. Der genaue Ursprung des wohlgeformten zukünftigen Buddhas mit den vier Armen ist nicht bekannt, aber
eine Inschrift besagt, dass er zwischen dem 7.
und 8. Jh. geschaffen wurde – also lange bevor
der Buddhismus in Tibet wirklich Fuß gefasst
hatte. Das einräumige Kloster (Rs10) vor der
Statue ist mit besonders schönen Wandmalereien verziert und dem 1000-armigen Chenrezig
(Avalokitesvara) gewidmet.

Übernachtung und Essen

Die Übernachtungsmöglichkeiten in Mulbekh
selbst beschränken sich denn auch auf ein
paar schäbige Zimmer über einfachen
Gaststätten wie dem **Paradise**, ✆ 01985/270010,
❶, und dem **Tsomo Riri**, ✆ 01985/270013, ❶,
an der Hauptstraße gegenüber der
Chamba-Statue. Tagsüber werden hier *thukpa,
dhal,* Reis, *momos* und Buttertee serviert,
später verwandeln sich beide in billige
Spelunken. Das **Maitreya Guest House**,
✆ 01985/270035, 1 km westlich an der
Hauptstraße, bietet komfortablere Zimmer
mit Bad. ❸

Kargil

Obwohl die Umgebung von Kargil unglaublich
schön ist, verbringen die meisten Besucher
nicht mehr als ein paar Stunden in der Hauptstadt der auch als auch „**Klein Baltistan**" bezeichneten Region. Am Zusammenfluss von Suru
und Drass gelegen, erscheint Kargil zunächst als
eine ungeordnete Ansammlung von Wellblechdächern. Als Zwischenstopp auf halber Strecke
zwischen Leh und Srinagar füllen sich die schäbigen Hotels abends mit matten Busreisenden,
die um 4 Uhr wieder aufstehen, um noch vor Ta-
gesanbruch weiterzufahren. Das Stadtgebiet erstreckt sich zwar mehrere Kilometer entlang des
Flusses und die Ufer hinauf, doch das Zentrum
um den Hauptbasar, der sich in einem Bogen
nach Norden hinzieht, ist sehr kompakt und kann
zu Fuß erkundet werden.

Kargil selbst bietet nur wenige ausgemachte
Sehenswürdigkeiten, ist aber ein stimmungsvoller Ort, um hier einen oder mehrere Tage zu
verbringen und auf einen Bus nach Zanskar zu
warten. Alte Männer mit Wollmützen und Bärten und geschniegelte Jugendliche bevölkern
die Straßen mit ihren altmodischen Geschäften,
die säckeweise Getreide, Gewürze und Büchsen
mit geklärter Butter anbieten. Tibeter verkaufen
Panasonic-Elektronikartikel, während die Flei-
scher abgetrennte Ziegenköpfe auf verstaubten
Holzbrettern präsentierten. Die Atmosphäre der
Stadt mutet eher pakistanisch als indisch an,
die (fast ausschließlich männlichen) Gesichter
und das Essen erinnern an Kashmir und Zentralasien. Frauen aus dem Westen sollten Arme und
Beine bedeckt halten. Wer als Frau allein durch
die Straßen spaziert, muss sich auf kichernde
Teenager und neugierige Blicke älterer Männer
einstellen.

Die meisten der 8000 Einwohner von Kargil
sind Purki und strenge **Moslems**. Anders als die
Sunniten in Kashmir sind die Purki jedoch orthodoxe **Schiiten**. Das erklärt nicht nur die allgegenwärtigen Fotos des Ayatollah, sondern auch
die auffällige Abwesenheit von Frauen auf dem
Basar. Hin und wieder trifft man auch auf einen Agha mit schwarzem Turban; die geistigen
Führer von Kargil haben ein Verbot gemischt-

geschlechtlicher gesellschaftlicher Aktivitäten (z. B. Tanzen) durchgesetzt und fahren auch heute noch auf Pilgerreisen zu heiligen Stätten im Iran.

Die Purki sind die Nachkommen von Siedlern und moslemischen Händlern aus Kashmir und Yarkhand. Sie sprechen den **Purig**-Dialekt, eine Mischung aus Ladakhi und Balti. Und wäre die Region während des indisch-pakistanischen Krieges 1948 nicht so waghalsig durch Indien wiedererobert worden, wäre Kargil heute tatsächlich ein Teil von Baltistan, der Region jenseits der Waffenstillstandslinie, der die Stadt so ähnelt.

Die Stadt liegt so nah an der Grenze und den pakistanischen Stellungen, dass sie im Krieg 1999 (s. S. 109) von Indien als logistisches Zentrum genutzt und wiederholt von pakistanischer Artillerie unter Beschuss genommen wurde. Abgesehen von einigen wenigen zerstörten Gebäuden kam Kargil jedoch relativ glimpflich davon, denn die Militärbasen und der Flugplatz liegen außerhalb der Stadt. Nach weiteren Konflikten im Sommer 2002 ist der Sturm spürbar abgeflaut, und dank der Fortsetzung des Kashmir-Dialogs zwischen Indien und Pakistan, steigen die Touristenzahlen wieder an.

Übernachtung

Der Kashmir-Konflikt hat die Touristenzahlen stark zusammenschrumpfen lassen. Die Hälfte aller Hotels musste dicht machen, darunter fast alle preiswerteren Absteigen. Billigunterkünfte sind daher sehr knapp und im Juli und August, wenn die meisten Besucher kommen, explodieren die Zimmerpreise förmlich. Unten sind die Preise für die Hochsaison angegeben, zu anderen Zeiten lässt sich normalerweise ein Rabatt aushandeln.

Crown, in der Nähe der Haltestelle der staatlichen Busse. Großes, altes Budgethotel, das schon bessere Tage gesehen hat, aber tatsächlich immer noch Rucksacktouristen anlockt. Manche Zimmer haben ein eigenes Bad, und es gibt einen superbilligen Schlafsaal (Rs50). Fließend Wasser auf Wunsch. ❶

Greenland, an der Gasse, die zur Haltestelle der staatlichen Busse führt, ✆ 01985/232324.

Das alte Gebäude ist ziemlich grässlich, das neue ist besser, aber zu teuer. Akzeptabel als letzte Möglichkeit. ❸–❺

J&K Tourist Bungalow Unit No. 1, 5 Min. zu Fuß von der Kreuzung oberhalb des Busbahnhofs, ✆ 01985/232721. Saubere Zimmer, saubere Laken, friedliche Atmosphäre und ein kleiner Speisesaal. Mit Abstand das beste Budgethotel der Stadt. Man muss aber bei einem der J&K Büros reservieren. Die **Unit No. 2** im Tourist Office Komplex ist schäbiger, bietet aber Ausblicke auf den Fluss. ❶

Siachen, an einer Straße hinab zum Taxistand, ✆ 01985/233055, ✉ hotel_siachen_kargil@ rediffmail.com. Groß, komfortabel und eines der besten Hotels in der Stadtmitte. Zimmer mit Bad, einige billigere im 1. Stock und ein gutes Restaurant. ❻

Hotel Tourist Marjina, an der Gasse, die zur Haltestelle der staatlichen Busse führt, ✆ 01985/232578. Ein bisschen besser als Tiefstniveau, mit annehmbaren Zimmern mit Bad in zwei Gebäuden. Die Zimmer im Obergeschoss sind geräumiger als die anderen. ❷

Essen

Abgesehen von den teureren Hotels wie dem Siachen beschränken sich die Essensmöglichkeiten in Kargil mehr oder weniger auf die kleinen, auf Touristen ausgerichteten **Straßencafés** sowie *dhabas* im und um den Hauptbasar. Zum Frühstück sind alle Restaurants geschlossen, doch das Essen an den **Straßenständen** ist teilweise auch sehr lecker. Dort gibt es *chai, chapattis,* Omeletts und warmes Kashmir-Brot mit Butter. Später am Tag wird scharfer Schischkebab für nur Rs10 serviert.

Karan Singh Punjabi Janata, am südlichen Ende des Hauptbasars. Eins der besseren

Tibetische Leckereien

Tibetan Food Restaurant, Main Bazaar. Alle Lieblingsgerichte wie *momo* und *thukpa* um Rs40–60. Nettes Lokal im oberen Stock mit sehr authentischer Atmosphäre.

dhabas der Stadt: scharfe indische Speisen mit viel Reis. Für Rs 50 kann man hier gut essen.

Las Vegas, in der Gasse vom Taxistand zum Main Bazaar. Eines der hygienischeren Lokale mit nicht-vegetarischen indischen, kashmirischen und chinesischen Gerichten für Rs80–100.

Rubby, am Südende des Main Bazaar. Beliebtes Restaurant, das regionale Spezialitäten serviert, u. a. *yakhani* (in Joghurt gekochtes Fleisch) und *gustaba* (Fleischbällchen), die beide nur für Gaumen zu empfehlen sind, die sich schon gut an die mittelasiatische Küche gewöhnt haben. Die meisten Gerichte kosten deutlich unter Rs50.

Zojila Bakery, Main Bazaar. Guter Anlaufpunkt für einen Morgentee oder für Brot und Kekse. Eines der wenigen Lokale, wo man gemütlich im Sitzen frühstücken kann.

Geld
Die einzige Geldwechselmöglichkeit ist der **Geldautomat** der State Bank of India im Basar.

Informationen
J&K Tourist Reception Centre, im Ostteil der Stadt an der Flussseite des Taxistands, ☏ 01985/232721. Unzuverlässig. ☉ Mo–Sa 10–16 Uhr.

Internet
Kargil hat mehrere Örtlichkeiten mit Internetzugang (Rs80 pro Std.). Die beste Adresse befindet sich beim Hotel Tourist Marjina.

Transport

Die staatlichen **Busse** aus Leh, Srinagar und Padum kommen am Fluss 150 m unterhalb der Mitte des Basars an. Busse privater Unternehmen, Minibusse und Jeeps halten an der größeren Haltestelle weiter südlich gleich unterhalb des Basars.

Busse nach MULBEKH fahren tgl. um 15, 15.30 und 16 Uhr ab. Morgens kann man mit etwas Dusel auch einen Matador-Minibus erwischen.

Die staatlichen Busse nach PADUM in Zanskar verkehren sehr unzuverlässig – es gibt keine festen Fahrpläne – und sind oft schon voll, wenn sie aus Leh in Kargil vorbeikommen. Wer nicht allein unterwegs ist und sich nicht scheut, per Anhalter zu fahren, kann einen Bus nach PANIKHAR nehmen (alle 1–2 Std. bis 14 Uhr) und sich dort am Kontrollposten hinstellen. Einfacher ist es natürlich, ein Taxi zu mieten; die einfache Fahrt nach Padum kostet Rs9000 (Rs1800 p. P.). Nach LEH fahren täglich zwischen 3 und 5 Uhr mehrere Busse (Rs200), doch schneller und einfacher ist es, einen Tag vorher ein Ticket für einen der Tata Sumos (Rs500–600) zu buchen, die ebenfalls früh am Morgen abfahren.

Das Suru-Tal

Das Suru-Tal trennt zwei der atemberaubendsten Bergketten der Welt voneinander. Es erstreckt sich südlich von Kargil bis zum kargen Pensi La – dem Hauptzugang nach Zanskar. Die erste Teilstrecke, die gewöhnlich vor Sonnenaufgang mit dem Bus zurückgelegt wird, führt durch die weiten Niederungen des fruchtbaren Tals, wo sich zahlreiche moslemische Dörfer um die Metallkuppeln ihrer Moscheen drängen. Im weiteren Verlauf der Fahrt Richtung Süden tauchen am Horizont die unberührten, weißen Eisfelder und der Doppelgipfel des **Nun-Kun** (7077 m) auf. Dieses majestätische Bergmassiv dominiert die Landschaft während der gesamten Fahrt bis nach Zanskar, nur bei **Panikhar** verschwindet es kurz hinter den steilen Talwänden.

Kurz hinter Panikhar windet sich der Suru in Richtung Osten um den Fuß des Nun-Kun, nur einen Steinwurf von dem großartigen **Gletscher Parkachik Gangri** entfernt. Nachdem die Straße ein scheinbar endloses, zu beiden Seiten von nackten Felswänden umschlossenes Geröllfeld durchquert hat, führt sie weiter durch sumpfiges Gelände, umgeben von schneebedeckten Gipfeln und fast senkrecht aufragenden Bergwänden, die verschiedene Gesteinsschichten erkennen lassen. **Juldo**, eine winzige Siedlung, auf deren Hausdächern sich Essensvorräte stapeln und Gebetsfahnen flattern, markiert den Beginn des buddhistischen **Suru**.

Der Anstieg zum Pass des **Rangdum Gompa**, jenseits des flachen Flussbeckens von Juldo, ist atemberaubend. Ein funkelnder 6000-Meter-Gipfel nach dem anderen erscheint über einer Reihe von Nebentälern, viele von ihnen sind durchsetzt von riesigen Fels- und Eisfurchen. Den Höhepunkt der Fahrt bildet die Abfahrt vom **Pensi La** (4401 m): Die Straße windet sich in Schwindel erregenden Serpentinen hinab und gibt den Blick auf den kolossalen, S-förmigen **Darung Drung-Gletscher** frei, dessen milchiggrünes Schmelzwasser sich nach Südosten in das darunter sichtbare Stot-Tal ergießt.

Panikhar

Drei Busstunden südlich von Kargil liegt Panikhar. Es ist zwar keineswegs der größte Ort im Suru-Tal, bietet sich aber an, um die lange Reise nach Padum zu unterbrechen. Vor der Kashmir-Krise fungierte es als kleineres Trekkingzentrum am Ausgangspunkt des Trails Lonvilad Gali–Pahalgum. Heute zieht es trotz der verbesserten politischen Lage selbst in der Hochsaison weit weniger Touristen an.Der Hauptgrund, hier Halt zu machen, ist um zum nahe gelegenen **Parkachik La** zu wandern und den Panoramablick auf die von Gletschern geschliffene Nordwand der imposanten **Nun-Kun-Massivs** zu bestaunen. Der **Weg** zum Pass beginnt jenseits der Suru, den man 30 Minuten südlich des gleichnamigen Ortes auf einer Hängebrücke überquert.

Es mag von Panikhar aus unkompliziert aussehen, aber die vier Stunden hinauf zum Bergrücken und wieder zurück sind vor allem in Gipfelnähe hart. Dies gilt besonders für Besucher, die nicht an die Höhe gewöhnt sind. Aber auch erfahrene Trekker werden sich von dem Anblick, der sie nach der Ankunft auf dem Gipfel erwartet, beeindruckt zeigen: Der Nun „schwebt" 3500 m über dem Talboden, von seinem umwölkten, pyramidenförmigen Gipfel weht ständig Schnee herab und riesige Gletscher zerfurchen

seine Hänge. Links und rechts von ihm ragen seine Geschwister in die Höhe: der mehrgipflige Kun und der Sattelberg Barmal.

Übernachtung

Es gibt in Panikhar nur zwei Übernachtungsmöglichkeiten. Das **Kayoul**, gleich gegenüber der Bushaltestelle, ✆ 9469/192810, ✉ saki_muna@yahoo.com, hat ein paar sehr einfache Zimmer. ❶ Ein bisschen mehr Komfort finden Besucher im bescheidenen **J&K Tourist Bungalow**, 100 m die Straße hinunter auf der linken Seite, ✆ 01985/259137. Hier gibt es außerdem einfache vegetarische Mahlzeiten – die einzige Verpflegungsmöglichkeit im Dorf. ❶

Transport

Wer eine Mitfahrgelegenheit nach Padum sucht, sollte die 5 km zurück zum Kontrollpunkt an der Hauptstraße gehen und dort sein Glück versuchen – je früher am Tag, desto besser.

13 HIGHLIGHT

Zanskar

Die von hohen Himalaya-Gipfeln umschlossene Region Zanskar, wörtlich „Land des weißen Kupfers", übt bereits seit Jahrzehnten eine geradezu paradiesische Anziehungskraft auf Ladakh-Besucher aus. Die unglaubliche Abgeschiedenheit, das extreme Klima und die große Entfernung von den wichtigen Himalaya-Handelsrouten haben dafür gesorgt, dass Zanskar – im Gegensatz zum weiter nördlich gelegenen Indus-Tal – kaum unter den Einfluss von Erneuerung und Veränderung geraten konnte. Der jährliche Trekking-Strom und eine von Motorfahrzeugen befahrbare Straße haben das Tempo der Entwicklung sicherlich beschleunigt, doch abseits der größten Ansiedlung, **Padum**, hat sich der Alltag der Zanskaris kaum verändert, seit der weise Padmasambhava im 8. Jh. diese Gegend bereiste.

Den Kern der Region bildet ein Y-förmiges Gletschertalsystem, dessen Wasser in drei Hauptflüsse abfließt: Der **Stot** (oder Doda) fließt mit dem **Tsarap** (oder Lingit) zusammen und heißt im weiteren Verlauf nach Norden **Zanskar**. Da das Tal auf der Leeseite der Himalaya-Wasserscheide liegt, gibt es hier viel mehr Schnee als in Zentral-Ladakh. Selbst die niedrigsten Pässe sind sieben bis acht Monate im Jahr gesperrt, und die Temperaturen können in der Mitte des Winters auf beißende minus 40 °C sinken. Rund vierzehntausend Menschen leben in diesem öden, baumlosen Terrain – eine der kältesten bewohnten Regionen auf unserem Planeten –, die Hälfte des Jahres eingemummelt in ihren rauchgefüllten, weiß getünchten Katen, auf deren Dächern sich die Nahrung für den ganzen Winter stapelt.

Bis Ende der 1970er-Jahre musste alles, was die erfindungsreichen Zanskaris nicht selbst produzieren konnten (u. a. Bauholz für ihre Häuser) über die 4000–5000 m hohen Pässe in die Region transportiert werden. Im Winter konnten die benötigten Waren sogar nur von Nimmu, wo Indus und Zanskar zusammenfließen, über das gefrorene Eis des Zanskar getragen werden – eine 10- bis 12-tägige Tour hin und zurück, die heute die schnellste Route von Padum zur Straße Srinagar–Leh ist. Schließlich wurde 1980 ein befahrbarer Feldweg den Suru hinunter und über Pensi La ins Stot-Tal frei gesprengt. Von Erdrutschen und heftigen Schneestürmen einmal abgesehen – auf dem Pensi La kann selbst im August Schnee liegen –, kann die holprige Reise von Kargil nach Padum jetzt in nur zehn Stunden zurückgelegt werden.

Die meisten Besucher kommen nach Zanskar, um zu **wandern**. Zahlreiche Wege winden sich von Padum in Richtung Norden nach Zentral-Ladakh, in Richtung Westen nach Kishtwar und in Richtung Süden ins benachbarte Lahaul – allesamt lange und anstrengende Wanderrouten (S. 544/545, Kasten). Nur eine Hand voll der weit verstreuten Klöster und Siedlungen in Zanskar liegt nahe genug an der Straße. Der Rest von ihnen ist versteckt in abgeschiedenen Tälern und erst nach tage- oder gar wochenlangen Fußmärschen zu erreichen. Die verbesserte Kommunikation, als Konsequenz aus dem Bau der Straße, könnte sich als zweischneidiges Schwert für Zanskar entpuppen. Zwar hat sie zweifellos einen gewissen Wohlstand nach Padum gebracht, jedoch zwingt sie dem Rest des Tals bedeutende Veränderungen auf. Am deutlichsten sichtbar wird dies an der drastischen Zunahme des Touristenverkehrs, dessen Langzeitfolgen für die zerbrechliche Ökologie und die traditionelle Kultur der Region noch gar nicht abzuschätzen sind. Zumindest hat der Anstieg des Tourismus den Einheimischen bisher wenig finanzielle Vorteile gebracht, denn das Geld der Trekkinggruppen kassieren die Agenturen in Leh, Manali, Srinagar und selbst in Delhi.

Die Zanskaris sind es leid, ihre Region immer hinter Kargil anstehen zu sehen. Sie fordern schon seit Jahren mehr Autonomie für ihre Region, d. h. die Kontrolle über die Bautätigkeit. Außerdem nehmen die Sorgen der Buddhisten angesichts der Misswirtschaft der Staatsregierung und gelegentlicher Konflikte mit ihren islamischen Nachbarn zu. Mittlerweile gibt es auch etwas Hilfe von außen: Eine sehr gute Initiative ist die niederländische **Stichting Zanskar Scholen**, 🖃 www.zanskarscholen.com, eine Stiftung, die einige der mittellosen Staats- und Klosterschulen ausstattet.

Padum

Nach einer unvergesslichen Wanderung oder Busfahrt ist Padum, 240 km südlich von Kargil, ein bisschen enttäuschend. Anstelle eines malerischen Zanskari-Dorfes, das man erwarten könnte, entpuppt sich die Verwaltungszentrale und Verkehrsachse als eine zusammenhanglose Ansammlung aus den typischen Betonquadern, verölten Lkw-Parkplätzen und Regierungsgebäuden mit Blechdächern. Der einzige Reiz des Ortes liegt in seiner herrlichen Umgebung: An der südlichsten Spitze eines weiten, fruchtbaren Flussbeckens überragt Padum ein flaches, karomusterartiges Ackerland, das an drei Seiten von riesigen Geröllwänden und schneebedeckten Bergen umgeben ist.

Dank seiner Lage am Knotenpunkt mehrerer Langstreckenwanderwege dient Padum als wichtiges **Trekkingzentrum** und ist der einzige

Ort in Zanskar, an dem der Tourismus bisher nennenswert Einzug gehalten hat. Während der kurzen Sommersaison sieht man beinahe ebenso viele wettergegerbte westliche Reisende über seine sandigen Straßen laufen wie Buddhisten und Sunniten. Dennoch beschränken sich die touristischen Einrichtungen nach wie vor auf eine winzige Touristeninformation und eine kleine, aber wachsende Zahl von Geschäften, Restaurants und Gästehäusern. Und es gibt in Padum nicht viel zu sehen, während man darauf wartet, dass die Blasen an den Füßen verheilen. Die einzig erwähnenswerte Sehenswürdigkeit ist das kleine **Tagrimo Gompa**, 15 Gehminuten westlich der Stadt.

Übernachtung

Die Übernachtungsmöglichkeiten in Padum werden ständig besser.
Chamling Kailash, nördliches Ende des Main Bazaar, ☏ 9469 457379, ✉ lobel@sancharnet.in. Die beste Budgetunterkunft, mit gemütlichen Zimmern mit Bad, im buddhistischen Stil eingerichtet und um einen Hof gruppiert. ❷–❸
Hotel Ibex, Main Bazaar, ☏ 01983/245012. Gute Standard-Lodge rund um einen netten Hof. ❸
J&K Tourist Complex, am nördlichen Ende des Main Bazaar, ☏ 01983/245017. Die einfache, aber gemütliche staatliche Lodge hat ordentliche DZ mit Bad sowie Schlafsaalbetten und Zeltstellplätzen (jeweils Rs50). ❶
Marq, 200 m westlich des Main Bazaar, ☏ 01983/245021, 🖳 www.marqinnzanskar.com. Die nobelste Unterkunft am Ort besitzt helle, geräumige Zimmer mit Bad und tollem Ausblick. ❹
Mont Blanc, südliches Ende des Main Bazaar, ☏ 01983/245183. Freundliche Unterkunft unter französischer Leitung mit einfachen Zimmern; Zeltplatz Rs50. ❷–❸

Essen

Gegen Ende der Trekkingsaison wird Verpflegung in Padum zum Problem. Etwa Mitte Oktober gehen die Waren, die importiert werden müssen – nahezu alles außer Gerstenmehl und Yak-Butter – zur Neige, und selbst ein frisches Ei kann dann als Festessen betrachtet werden.

Zu den besten saisonalen Lokalen für tibetische und chinesische Speisen zählen neben den Restaurants der Gästehäuser das **Lhasa** und das **Gyaskit**; das **Shahi Darbar UP Restaurent** (sic) ist ein gutes, günstiges indisches *dhaba*.

Sonstiges
Informationen
J&K Tourist Office, ☏ 01983/245017. Als allgemeine Informationsquelle geeignet, vermietet aber keine Trekking-Ausrüstung. ⏲ Mo–Sa 10–16 Uhr.

Internet
Es gibt zwei Internetcafés, doch die Verbindungen sind launisch und langsam.

Post
Bisher gibt es in Padum keine Möglichkeit, Geld zu wechseln, aber vom **Postamt** kann man immerhin Briefe abschicken.

Touren
Einfache **Trekkingausrüstungen** werden in den kleinen Geschäften in der Basarstraße verkauft. Die Preise sind deutlich höher als anderswo. Es lohnt sich also, alles Notwendige aus Kargil mitzubringen. Die meisten Wanderer mieten **Ponys** bei der Touristeninformation oder bei den Gästehaus-Besitzern oder bei **Zanskar Trek**, ☏ 01983/245053, wo auch Führer (Rs500–1000 pro Tag) vermittelt werden. Für ein Pony sind Rs300 pro Tag zu veranschlagen. Die Preise schwanken je nach Jahreszeit, denn Anfang September werden die Ponys während der Ernte zum Transport von Getreide eingesetzt. Wer Schwierigkeiten hat, einen Pferde-*wallah* in Padum zu finden, hat bessere Aussichten in einem der Nachbardörfer, z. B. in Pipiting (30 Min. zu Fuß über die Felder in Richtung Norden).

Transport
Wer es geschafft hat, einen **Bus** nach Padum zu finden, steigt am besten in der Nähe der meisten Gästehäuser aus, an der Hauptstraße gleich südlich des J&K Tourist Office. Aufgrund der kurzen Saison und des eingeschränkten Fremdenverkehrs ist es teuer, in

Padum ein Taxi zu mieten (über das Büro der Padum Taxi Union): Eine Fahrt nach Karsha und zurück kostet mindestens Rs1200.

Die Umgebung von Padum

Öffentliche Verkehrsmittel im Zanskar-Tal sind so gut wie unberechenbar, aber mittwochs und freitags fährt ein Bus von Padum nach Zangla (morgens hin und am Nachmittag zurück). Ansonsten bleibt nichts anderes übrig, als sich mit den maßlos übertriebenen Preisen der Taxi-Union in Padum abzufinden. Wer gut zu Fuß ist, kann auch über die Felder zum **Karsha Gompa** wandern, dem größten Gelug-pa-Kloster von Zanskar und lohnenswertesten Ziel in der näheren Umgebung. Die Gruppe weiß getünchter Lehmquader an den felsigen Hängen des Bergs nördlich von Padum wurde zwischen dem 10. und 14. Jh. erbaut. Die eindrucksvollsten Ge-

betshallen sind der kürzlich renovierte Du-khang und Gonkhang am oberen Ende des Komplexes. Das kleine Chukshok-jal, das abseits des Klosters unter einer Festungsruine am Rande eines Kanals liegt, beheimatet Karshas älteste Wandgemälde. Sie stammen aus der gleichen Zeit wie die in Alchi (S. 557).

Der schnellste Fußweg nach Karsha führt von Padum aus Richtung Norden zur Seilbrücke über den Stot, unmittelbar unterhalb des Klosters. Man sollte früh morgens aufbrechen, denn die heftigen, eiskalten Stürme, die nachmittags vom Süden her über den Hohen Himalaya fegen, verwandeln die 90-minütige Wanderung über das offene Flussbecken in einen Härtetest. Es ist wesentlich netter, in Karsha zu übernachten, als in Padum. Einige Dorfbewohner vermieten **Zimmer** an Touristen. Empfehlenswert sind Thuktan Thardots wundervolles „Glaszimmer", ❶, in Sharling Ward gleich unterhalb des Klosters und das schlichte Lobzang Guesthouse, ❶.

Haryana und Punjab

Stefan Loose Traveltipps

Rock Garden, Chandigarh Der bizarre Skulpturengarten, den ein einheimischer Exzentriker scheinbar planlos aus Abfall zusammengestellt hat, bildet einen eigentümlichen Kontrast zur ordentlichen Stadt. S. 571

14 **Goldener Tempel, Amritsar** Im spirituellen Zentrum der Sikhs erklingen den ganzen Tag über bis in die Nacht hinein *kirtan* (religiöse Gesänge). S. 575

Das Gebiet der wohlhabenden Staaten Haryana und Punjab erstreckt sich über die fruchtbaren Flussniederungen von Delhi. Dieses ehemals von den Briten verwaltete „Fünfstromland" wird von den fünf großen Nebenflüssen des **Indus** durchquert. Mit Erlangung der Unabhängigkeit wurde der Punjab zwischen Pakistan und Indien aufgeteilt. Daraufhin setzte ein von entsetzlichen Massakern begleiteter Exodus ein: Die indischen Moslems flohen in westlicher Richtung nach Pakistan und die Sikhs und Hindus gen Osten. 1966 gab Indira Gandhi dem Druck der Sikhs nach, ordnete die Punjab Hills Himachal Pradesh zu und teilte die Ebene auf: in den vorwiegend von Sikhs bevölkerten Punjab und in Haryana, das zu 96 % von Hindus bewohnt wird. Regierungssitz für beide Staaten wurde die neu erbaute Hauptstadt Chandigarh.

Für Touristen gibt es in diesen beiden Bundesstaaten nicht viel Interessantes zu sehen – mit Ausnahme des Goldenen Tempels in **Amritsar** und des skurrilen Rock Garden in **Chandigarh**. Für die **Wirtschaft** des Landes hingegen ist die als „Brotkorb Indiens" bekannte Region von großer Bedeutung. Die Bauern produzieren nahezu ein Viertel des indischen Weizens und ein Drittel der Milch und Molkereierzeugnisse. Nicht zuletzt durch die Geldsendungen von Millionen ausgewanderter Inder aus Großbritannien, den USA und Kanada beträgt das Pro-Kopf-Einkommen des Staates fast das Doppelte des nationalen Durchschnitts. Die Region wird von Reisenden meist nur auf dem Weg nach Himachal Pradesh oder zur indisch-pakistanischen Grenze bei **Wagha** durchfahren. Den Goldenen Tempel in Amritsar und das städtebauliche Experiment von Le Corbusier, Chandigarh, sollte man sich jedoch nicht entgehen lassen.

Geschichte

Punjabs erste Siedlung, heute als **Harappa**-Zivilisation bekannt, geht bis ins 3. Jahrtausend v. Chr. zurück und wurde um 1700 v. Chr. von den Ariern überfallen. Im 3. Jh. v. Chr. wurde das Gebiet von den Maurya erobert. Zu einer Vielzahl weiterer Gefechte kam es, als verschiedene eindringende Mogulnheere auf ihrem Weg vom Khyber-Pass nach Delhi hier vorbeizogen. Darunter war auch Babur, der Ibrahim Lodi 1526 in der **Schlacht von Panipat** besiegte. Unterdessen begann sich weiter nördlich unter der Führung von Guru Nanak (1469–1539) der **Sikhismus** zu entwickeln. Die Vision des Gurus von einer egalitären Gesellschaft ohne Kasten, die sich auf den Glauben an eine einzige gestaltlose Gottheit gründete, fand bei Hindus und Moslems gleichermaßen Zustimmung. Die Versuche des Großmoguls Aurangzeb zur Ausmerzung des Sikh-Glaubens führten auf lange Sicht eher zu dessen Stärkung. Sie veranlassten den militaristischen und streitbaren zehnten **Guru Gobind Singh**, eine neue Strenggläubigkeit in Form von **Khalsa** („Gemeinschaft der Reinen") und die fünf Ks einzuführen (s. S. 119).

Nachdem sie im 17. Jh. mehrfach afghanische Invasionen überstanden hatte, füllte die Sikh-Nation das Machtvakuum, das beim Zusammenbruch der Mogulherrschaft entstanden war. Erst in den 1840er-Jahren, nach zwei blutigen Kriegen gegen die Briten, war die Khalsa-Armee geschlagen. Danach spielten die Sikhs jedoch eine entscheidende Rolle im Raj und halfen bei der Niederschlagung des Aufstandes von 1857. Das Verhältnis wurde erst durch das **Massaker auf dem Jallianwalla Bagh** 1919 zerstört, als Hunderte friedlicher Demonstranten von britischen Soldaten niedergemetzelt wurden. Damit wurde der Weg frei für den aufkommenden Radikalismus. Nach der Unabhängigkeit und Teilung beruhigte sich die Lage so weit, dass der neue Staat auf seinen gewaltigen landwirtschaftlichen Erträgen einen neuen Wohlstand aufbauen konnte. Unterdessen begannen militante Sikhs, die Schaffung eines eigenständigen Punjabi-sprachigen Staates „Khalistan" zu fordern. 1966 einigte man sich auf einen Kompromiss. Die Hindu-Provinz Haryana und der von einer Sikh-Mehrheit bewohnte Punjab wurden nominell geteilt.

Mit dem Aufkommen einer von **Sant Jarnail Singh Bhindranwale** angeführten ultra-radikalen Separatistenbewegung wurden die ohnehin schon instabilen Verhältnisse durch ein noch unheilvolleres Element gefährdet. Bhindranwale und seine Anhänger führten im Punjab eine barbarische Kampagne religiösen Terrors, die 1984 mit der Besetzung von Amritsars Goldenem Tempel ihren Höhepunkt erreichte. Indira Gandhis brutale Antwort, die **Operation Blue Star**

N
0   50 km

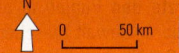

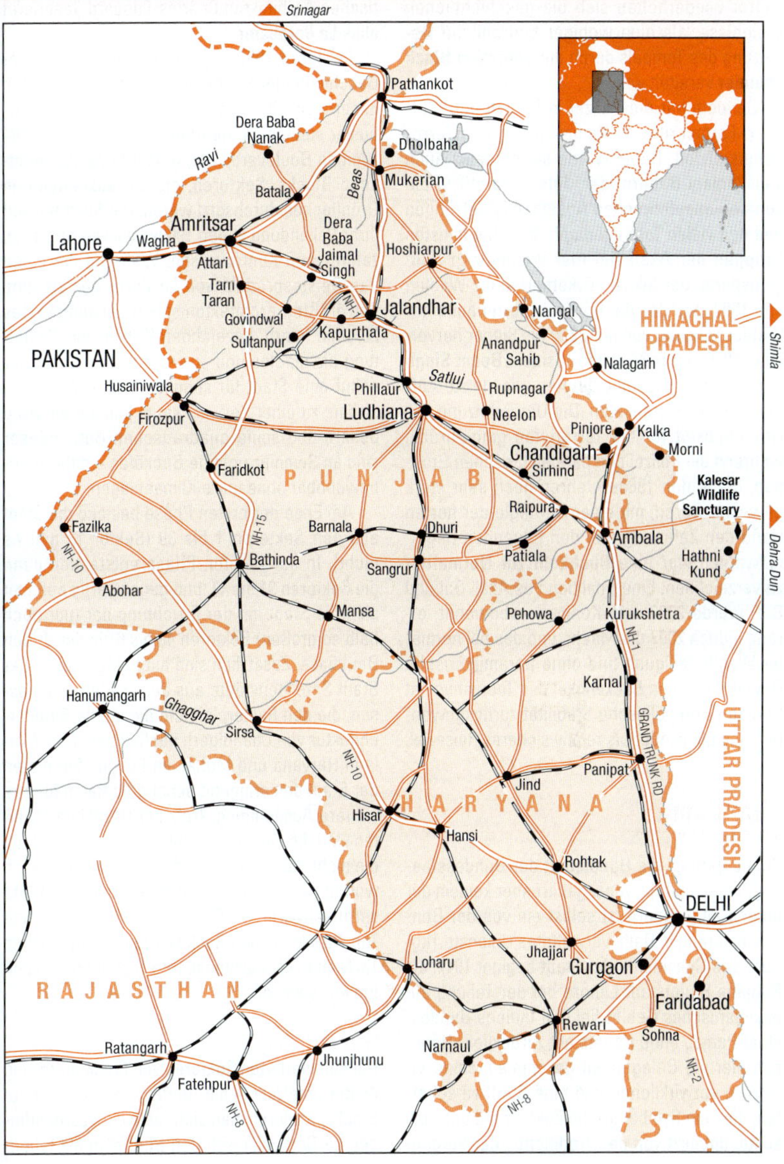

(S. 576), stürzte den Punjab in eine weitere Phase furchtbarer Gewalt zwischen den unterschiedlichen Bevölkerungsgruppen. Vier Jahre später wiederholten sich die geschichtlichen Ereignisse, als eine weniger bedrohliche Besetzung des Tempels durch die **Operation Black Thunder** vereitelt wurde.

Seitdem hat die Polizei in Punjab beträchtliche Fortschritte im Kampf gegen den Terrorismus erzielt. Dabei wurde sie erstmals auch von Punjabi-Bauern, den **Jats**, unterstützt, die von den unaufhörlichen Auseinandersetzungen und den vielen Toten genug hatten. Die meisten Gruppen der Akali Dal (der wichtigsten Religionspartei der Sikhs) boykottierten die Wahlen von 1992, aus der die Kongresspartei bei einer Wahlbeteiligung von nur 22 % als Sieger hervorging. 1995 wurde Ministerpräsident **Beant Singh** durch eine Autobombe getötet – das letzte Aufbäumen der Extremisten. Die Unterstützung der Öffentlichkeit für die Terroristen ging zurück, während die Polizei den paramilitärischen Gruppen, die in den 1980er-Jahren noch sehr stark gewesen waren, mit einer Strategie der harten Hand den Zahn zog. Bei den folgenden Regionalwahlen war eine **Rückkehr zur Normalität** zu verzeichnen. Eine Koalition aus Akali Dal und BJP wurde 2002 vom Kongress abgelehnt, errang jedoch 2007 die Macht, und das bei normaler Wahlbeteiligung und ohne paramilitärische Gewalt. Aus dem Blickwinkel des Tourismus hat Punjab seine politische Stabilität zurückgewonnen und gilt wieder als relativ sicheres Reiseziel.

Chandigarh

Chandigarh ist die Hauptstadt der Bundesstaaten Punjab und Haryana, gehört aber keinem der beiden an, sondern ist selbst ein von der Bundesregierung in Delhi verwaltetes Unionsterritorium. Die Geschichte der Stadt beginnt 1947, als Punjabs Hauptstadt Lahore bei der Teilung auf pakistanisches Gebiet fiel und Indiens Bundesstaat Punjab ohne Hauptstadt zurückließ. Nehru sah hier die Gelegenheit gekommen, seine Vision zu verwirklichen und eine Stadt zu schaffen, die „ein Symbol für die Zukunft Indiens sein sollte, unbeirrt von den Traditionen der Vergangenheit [und] Ausdruck des Glaubens der Nation an die Zukunft". Der Auftrag für ihre Gestaltung ging an den umstrittenen französisch-schweizerischen Architekten Charles-Edouard Jeanneret alias **Le Corbusier**.

Im Jahre 1952 begann man mit dem in der Geschichte der Städteplanung bahnbrechenden Experiment Chandigarh. Die Pläne von Le Corbusier stellten ein geordnetes Raster von großzügigen Boulevards dar, geteilt in 29 übersichtliche Blocks, **Sektoren**, die mit ausgedehnten Grünflächen durchsetzt waren. Die Stadt bot seit ihrer Vollendung in den 1960er-Jahren Anlass zu zahlreichen Kontroversen. Während die einen das Geistesprodukt von Le Corbusier als eine der größten architektonischen Leistungen des 20. Jhs. feiern, bezeichnen Kritiker die Gestaltung als maßlos und „unindisch". Le Corbusier schuf eine Stadt für schnelle, große Verkehrsströme zu einer Zeit, als kaum jemand ein Auto besaß, und seine quadratischen Betonhäuser sind im Sommer richtige Backöfen – nahezu unbewohnbar ohne teure Klimaanlagen.

Am Ende der ersten Phase bestand die Stadt aus den Sektoren 1 bis 30 (Sektor 13 gibt es nicht). In der zweiten Phase entstanden dann die Sektoren 31 bis 47, und gegenwärtig befindet sich die Stadt mit der Errichtung der (nur noch halb so großen) Sektoren 48 bis 61 in der dritten Bauphase. Zusätzlich sind auf beiden Seiten der Stadt Satellitenstädte aus dem Boden geschossen, die den Rasterplan und die sterile Betonarchitektur von Chandigarh nachahmen: Panchkula in Haryana und Mohali im Punjab. Sie bieten der Stadt den dringend benötigten Raum für ihre weitere Ausdehnung. Trotz der Unzulänglichkeiten sind die Einwohner stolz auf ihre Hauptstadt, die nicht nur sauberer und grüner, sondern auch wohlhabender ist als andere indische Städte vergleichbarer Größe. Zudem besitzt sie eine Top-Attraktion, den **Rock Garden**, der (nach dem Taj Mahal) die meistbesuchte Touristenattraktion Indiens sein soll.

Orientierung

Die nummerierten **Sektoren** von Chandigarh sind weiter unterteilt in mit Buchstaben bezeichnete Blocks, wodurch man sich relativ gut zurechtfindet. Le Corbusier sah den Stadtplan als lebenden Organismus mit dem imposanten **Capital Complex** im Norden als „Kopf", dem Einkaufskomplex **Sektor 17** als „Herz", den weiträumigen Grünflächen als „Lunge" und dem Straßennetz als „Kreislauf".

Die Museen

Die großen Museen von Chandigarh liegen im als Leisure Valley bekannten Grüngürtel der Stadt – in Sektor 10 gelegen – und sind Teil des kulturellen Komplexes, zu dem auch der benachbarte Rose Garden und das Open-Air-Theater gehören. Hier werden hin und wieder kostenlose Konzerte aufgeführt. Das **Government Museum & Art Gallery** zeigt eine beträchtliche und informativ zusammengestellte Sammlung aus Textilien, Harappa-Artefakten, Miniaturen und indischer Gegenwartskunst, darunter fünf Originale von Roerich und zwei stimmungsvolle Aquarelle von A. N. Tagore. Am faszinierendsten sind aber wohl die uralten Skulpturen, allen voran die Buddhas aus Gandhara – ein Erbe aus der Zeit der Herrschaft Alexanders des Großen. ⏰ Di–So 10–16.30 Uhr.

Nebenan steht das kleine, aber passend modernistische **City Museum** (Architekturmuseum). In einem Betonpavillon, der auf einem Entwurf von Le Corbusier basiert, illustriert es anhand von Modellen und Fotos die Planung und den Bau von Chandigarh. ⏰ Di–So 10–17 Uhr. Das **Natural History Museum** zeigt ausgestopfte Tiere, versteinerte Mammutknochen und Dioramen früher Menschen. ⏰ Di–So 10–16.45 Uhr. Im Ticketpreis von Rs10 ist der Eintritt für alle drei Museen enthalten; Fotoerlaubnis Rs5.

Der Capital Complex

Aufgrund strenger Sicherheitsvorkehrungen nach dem Attentat auf den ehemaligen Ministerpräsidenten von Punjab, Beant Singh, der 1995 vor dem Versammlungsgebäude von nationalistischen Sikh-Hardlinern getötet wurde, benötigt man für eine Besichtigung des Capital Complex in Sektor 1 ein Genehmigungsschreiben, das im Tourist Office am Busbahnhof ISBT (S. 575) ausgestellt wird. Das imposanteste Bauwerk des Komplexes ist das elfgeschossige **Secretariat**, das höchste Gebäude von Chandigarh, in dem Ministerialeinrichtungen für Haryana und Punjab untergebracht sind und dessen Dachgarten

eine schöne Aussicht auf die Stadt bietet. Die Ähnlichkeit der gleich nördlich gelegenen **Legislative Assembly** oder Vidhan Sabha (Sitz der gesetzgebenden Versammlungen beider Bundesstaaten) mit einem Kraftwerk ist kein Zufall: Le Corbusier hatte sich hier angeblich von den Kühltürmen inspirieren lassen, die er in Ahmedabad gesehen hatte.

Gegenüber dem Secretariat steht der (ebenfalls für beide Bundesstaaten zuständige) Gerichtshof **High Court**, angeblich mit Elementen des Buland Darwaza in Fatehpur Sikri, dessen Innenräume riesige wollene Wandteppiche zieren. Weiter nördlich befindet sich das schwarze, 13 m hohe **Open Hand Monument**, das Wahrzeichen der Stadt Chandigarh. Trotz seiner unglaublichen 45 Tonnen dreht es sich auf Kugellagern wie eine Wetterfahne und steht für „post-koloniale Harmonie und Frieden".

Der Rock Garden

Der Rock Garden in der Nähe des Capital Complex bildet ein surreales Fantasieland aus Scherben, Leuchtstoffröhren, Gefäßen, Kieselsteinen, zerbrochenen Armreifen und allem möglichen urbanen und industriellen Müll. Die Freiluftausstellung ist das Lebenswerk von **Nek Chand**, einem pensionierten Straßeninspektor des Public Works Department. Inspiriert von einem ständig wiederkehrenden Kindheitstraum, begann er 1965 heimlich mit dem Aufbau. Es sollte ursprünglich nur ein kleiner Garten werden, aber als er 1973 entdeckt wurde, nahm er – zum allgemeinen Erstaunen – bereits eine Fläche von 5 ha ein.

Trotz seiner illegalen Existenz, würdigte der Stadtrat den Park als großes künstlerisches Werk und stellte Chand zur Weiterführung seiner Arbeit die nötigen finanziellen Mittel und 50 Helfer zur Verfügung. 1976 öffnete der inzwischen 10 ha große Garten mit mehreren Tausend Skulpturen seine Tore für die Öffentlichkeit. ⏰ April–Sep tgl. 9–19, Okt–März tgl. 9–18 Uhr, Eintritt Rs10.

Übernachtung

Wegen der Schwindel erregenden Immobilienpreise in Chandigarh ist die Übernachtung hier teuer. Das gilt besonders für die untere Qualitätskategorie, die nur wenig Auswahl bietet.

Haryana und Punjab

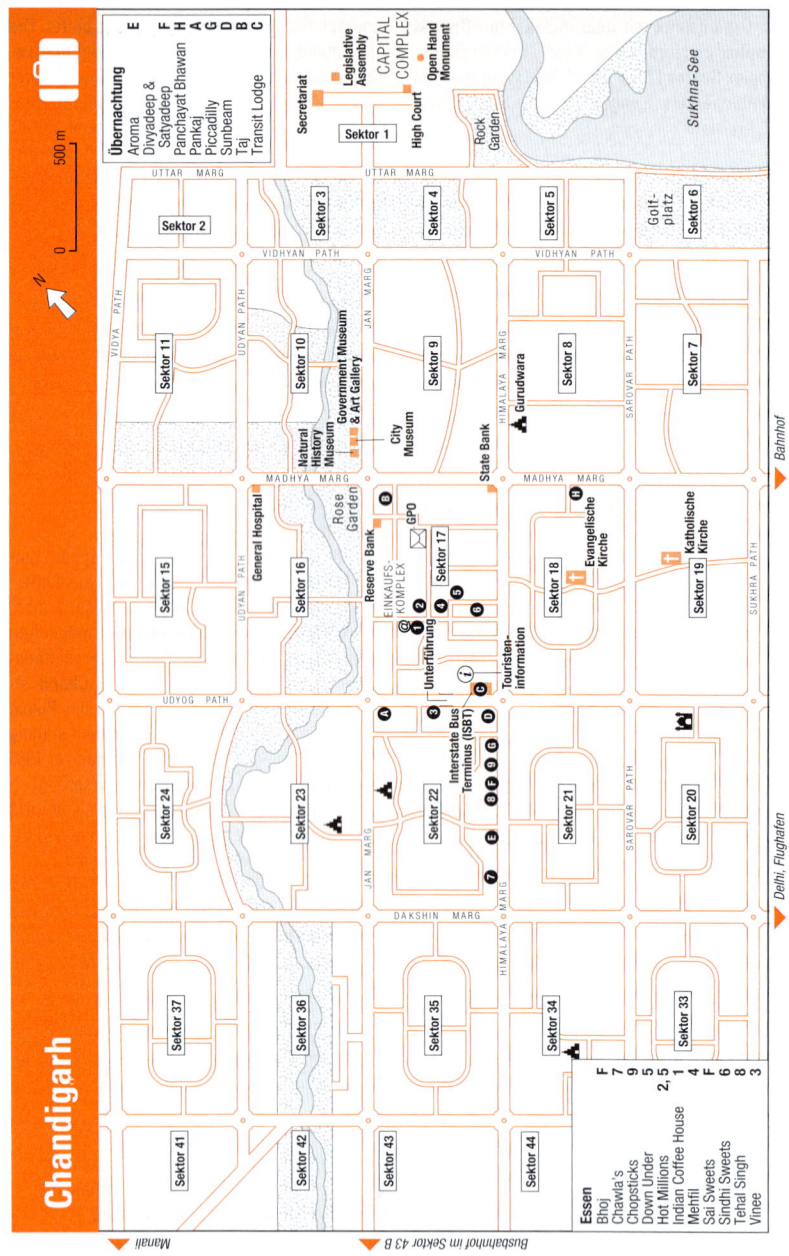

Aroma, Himalaya Marg, Sektor 22-C, ✆ 0172/ 270 00-47, -48, ⌨ www.hotelaroma.com. Die Einfahrt zu diesem attraktiven Hotel mit mehreren Bars und Restaurants wird von einem alten Austin flankiert. Die Zimmer selbst enttäuschen jedoch mit ihren Laminatfußböden und abgenutzten Wänden. Dennoch eine vernünftige Alternative, falls das Sunbeam's ausgebucht ist. Frühstück inkl. ❻

Divyadeep, Himalaya Marg, 1090–1 Sektor 22-B, ✆ 0172/270 1169. Angenehmes Budgethotel, von Anhängern Sai Babas geführt. Die Zimmer mit AC und fließend Warmwasser sind recht ordentlich, und es gibt eine große Dachterrasse, auf der allerdings kein Alkohol ausgeschenkt wird. Eine Ausweichmöglichkeit bei voller Belegung bietet das benachbarte (und preislich ähnliche) **Satyadeep**, 1102-03 Sektor 22-B, ✆ 0172/270 3103, unter gleicher Leitung. ❹

Panchayat Bhawan, Madhya Marg, Sektor 18, ✆ 0172/270 07-91, -92, ✉ pbhutchd@yahoo.co. in. Die billigste Unterkunft der Stadt erinnert an eine Jugendherberge, ist aber gepflegt. Große, saubere Zimmer, manche mit AC. ❶–❸

Pankaj, Udyog Path, Sektor 22-A, ✆ 0172/270 9891, ⌨ www.chandigarh-hotelpankaj.com. Pieksaubere AC-Zimmer mit schicker Dusche. In der Kategorie „regular" allerdings nur im obersten Stock mit Fenstern; die größeren und besseren Deluxe oder Super-Deluxe-Zimmer bieten nicht nur alle Ausblick, sondern auch einen abgetrennten Sitzbereich. ❹–❻

Hotel Piccadily, Himalaya Marg, Sektor 22-B, ✆ 0172/270 75-71, -72, ⌨ www.thepiccadily.com. Recht feudale Unterkunft mit dicken Teppichen auf Fluren und Zimmern. Zentrale AC, Nobel-restaurant, Bar und Café. Frühstück inkl. ❼–❾

Moderne Eleganz

Taj, Chandigarh Block 9, Sektor 17-A, ✆ 0172/661 3000, ⌨ www.tajhotels.com. Chandigarhs bei weitem vornehmstes Hotel. Der geschmackvolle Bau mit minimalistisch-moderner Einrichtung in kühlen, hellen Farben erinnert an eine elegantere und schönere Version der Wohnblocks von Le Corbusier. DZ ab US$233. ❾

Sunbeam, Udyog Path, Sektor 22-B, gegenüber dem ISBT, ✆ 0172/270 81-00 bis -07, ⌨ www. hotelsunbeam.com. Hotel der gehobenen Klasse. Schickes Marmorfoyer und komfortable Zimmer, denen die Nachbargebäude allerdings viel Licht wegnehmen. ❻

Transit Lodge, im ISBT, Sektor 17, ✆ 0172 /464 4485. Billige und heitere Unterkunft mitten im Busbahnhof. Etwas anstaltsähnlich, aber saubere Zimmer mit Bad und Warmwasser. Preise inkl. Frühstück und Abendessen, Dorm-Bett Rs175. ❹

Essen

Über einen Mangel an Lokalen und Imbiss-ständen kann man sich in Chandighar wahrlich nicht beschweren. Wie überall im Punjab ist auch hier Hähnchen die beliebteste Mahlzeit und wird auf vielerlei Art zubereitet.

Sai Sweets, unter dem Hotel Satyadeep in Sektor 22-B, und **Sindhi Sweets**, 110 Sektor 17-B gehören zu den besten Süßwarenläden der Stadt. Sai Sweets bietet außerdem aus-gezeichnetes *chana bhutura* – wie *chana puri*, nur größer.

Bhoj, Hotel Divyadeep, Nr. 1090–1, Sektor 22-B. Erstklassiges veg. Lokal, das von Anhängern Sai Babas geführt wird und ausschließlich *thalis* serviert (Rs90 und Rs120).

Chawla's, Himalaya Marg, Sektor 22-C. Kleines Tandoori-Restaurant, berühmt für sein köstliches Cream Chicken (ganzes Hähnchen Rs300, aber die halbe Portion für Rs170 ist mehr als ausreichend).

Chopsticks, nicht weit vom Hotel Piccadily, Himalaya Marg, Sektor 22. Vernünftiges chinesisches Restaurant mit Hauptmahl-zeiten für Rs85–140, darunter auch einige Schweinefleischgerichte (Meeresfrüchte sind teurer).

Hot Millions, 76-79 Sektor 17-D (Obergeschoss). Filiale einer erfolgreichen Fastfood-Kette, bietet alles von *dosas* bis Pizza. Gute Salatbar und Buffet am Mittag und Abend (veg. Rs260, nicht veg. Rs298). Zum **Hot Millions 2** im Sektor 17-C nahe Mehfil gehört der beliebte Pub **Down Under**.

Indian Coffee House, Sektor 17-E. Billigkette mit begrenztem Angebot inkl. *dosas,* Sandwiches und gutem Kaffee. Alle Gerichte unter Rs36.

Mehfil, SCO 183–5, Sektor 17-C. Domäne der Schickeria von Chandigarh, der Ort, um die schmackhafte Mughlai- und Punjab-Küche in klimatisierter Atmosphäre zu genießen. Nicht veg. Hauptgerichte für Rs210–300. Im gegen-überliegenden **Baskin-Robbins** gibt es Eis zum Dessert.

Tehal Singh, Himalaya Marg, 1116–7 Sektor 22-B. Sehr beliebtes Tandoori-Restaurant (Hauptgerichte Rs80–170). Gleich nebenan sorgt **Singh's Chicken** für Konkurrenz.

Vinee, Udyog Path, Sektor 22-B, gegenüber vom Busbahnhof. Spezialität dieses Budget-restaurants sind *karahi*-Gerichte (Huhn oder *paneer*), bei deren Zubereitung die Gäste durch eine Glasscheibe zuschauen können. Nicht veg. Gerichte Rs75–135.

Einkaufen

In dem Einkaufskomplex in 27 Sektor 17 betreiben einige Bundesstaaten Warenhäuser mit Kunsthandwerksartikeln, so auch der Punjab, dessen **Phulkari Store** (Sektor 17-B) eine große Auswahl an bestickten Seiden-waren, Holzarbeiten und traditionellen spitzen Punjab-Schuhen bereithält. Qualitativ hoch-wertige handgewebte Produkte bekommt man gegenüber im **UP-Emporium** (139–41 Sektor 17-C) Hat beste handbedruckte Baumwolltextilien, vor allem *salwar kameez*.

Sonstiges

Apotheken

Apollo Pharmacy, 1617 Sektor 34-A, ✆ 0172/260 4386, ◷ 24 Std.

Bücher

Capital Book Depot, 3 Sektor 17-E, und **English Bookshop**, 30 Sektor 17-E.

Geld

Um den Bank Square am nordwestlichen Rand von Sektor 17 liegen einige Banken, die Geld wechseln, darunter **UCO Bank**, **Punjab National Bank** und **State Bank of India**. Auch Geld-automaten sind keine Mangelware. Es gibt u. a. einen am Bahnhof und zwei am Busbahnhof.

Gepäckaufbewahrung

Im Busbahnhof, ◷ 24 Std., 12.30–13 und 20.30–21 Uhr geschl,, Rs4 pro Tag.

Informationen

Touristinformation, am Busbahnhof ISBT, ✆ 0172/270 0054, ▭ www.chandigarhtourism. gov.in. Das hilfsbereite und freundliche Personal stellt Genehmigungen für einen Besuch des Capital Complex aus (s. S. 571). ◷ tgl. 9.30–17.30 Uhr.

Der **Tour and Travel Wing**, CITCO (Chandigarh Industry and Tourism Development Corporation), ✆ 0172/270 7267, ▭ www.citcochandigarh.com, befindet sich im selben Büro. ◷ tgl. 8–19 Uhr. Das **Büro für Himachal Pradesh**, ✆ 0172/270 3839, neben dem Tourist Office, hilft bei Buchungen von Touren der HP Tourist Develop-ment Corporation und Bussen mit Reisezielen in HP, wie z. B. Manali und Shimla. ◷ Mo–Sa 10–18 Uhr.

Punjab Tourism, 3 Sektor 38-A, ✆ 0172/269 9140.

Haryana Tourism, 17–19 Sektor 17-B, ✆ 0172/270 2955.

Internet

e-net, Sektor 17-E, oberhalb des Indian Coffee House, Rs25 pro Std.

Medizinische Hilfe

General Hospital, Sektor 16, ✆ 0172/276 82-01, -02. Das Krankenhaus ist aber nicht so gut wie das **PGI** in Sektor 12, ✆ 0172/274 6018.

Polizei

✆ 1090.

Nahverkehr

Chandigarh ist zu groß, um zu Fuß erkundet zu werden. Dafür stehen viele **Fahrrad- und Motor-Rikschas** in den Straßen bereit. Fahrrad-Rikschas sind billiger, für die Fahrer sind die weiten Strecken zum nördlichen Stadtrand oder zum Bahnhof jedoch harte Arbeit, man sollte also viel Zeit einplanen. Der größte **Taxi**-Stand, ✆ 0172/270 4621, 24 Std. Bereitschaft, ist neben dem Vorauszahlungsschalter für Motor-

Haryana und Punjab

Rikschas in der nördlichen Ecke des Busbahnhofs ISBT.

CITCO am ISBT organisiert Halb- und Ganztagestouren durch die Stadt und Umgebung und betreibt zudem **Halbtages-Touren** (Rs50) in einem **Sightseeing-Bus**, der zum Museum mit Kunstgalerie und zum Rock Garden fährt. Bei mindestens 20 Teilnehmern wird eine Ganztagestour (Rs75) angeboten, die auch den Capital Complex einschließt.

Am Flughafen, am Bahnhof und am ISTB gibt es Vorauszahlungsschalter für Motor-Rikschas mit Festpreisen. Mit Vorauszahlungsticket kostet eine Fahrt vom Flughafen zum Busbahnhof Rs83 (ein Taxi kostet ca. Rs200). Vom Bahnhof zum Busbahnhof Festtarif Rs51, vom Busbahnhof zum Rock Garden Rs29. Der ISBT hat außerdem einen Schalter zur Reservierung von Bahntickets. ◐ Mo–Sa 8–14 und 14.15–20, So 8–14 Uhr.

Transport

Chandigarh ist ein wichtiger Knotenpunkt auf dem Weg nach **Shimla**. Dorthin kommt man am schnellsten mit dem Bus von Sektor 43 (alle 10 Min., 4–4 1/2 Std.). Langsamer, aber sympathischer ist die Reise mit dem „Toy Train" von **Kalka**, 26 km in nordöstlicher Richtung, das häufige Zug- und Busverbindungen nach Chandigarh unterhält. Die 75 km lange Reise von Kalka nach Shimla durch reizvolle Landschaften dauert etwa 5 Std. (Abfahrt 4, 5.15, 6 und 12.10 Uhr). Abfahrtszeiten Shimla–Kalka s. u.

Busse

Der **Interstate Bus Terminus (ISBT)** befindet sich in Sektor 17. Busse aus dem Punjab und Himachal Pradesh nutzen z. T. den Busbahnhof in Sektor 43, der – über den regelmäßig verkehrenden Stadtbus Nr. 18 – an den ISBT angeschlossen ist. **Tickets** können vorab an den Schaltern im Erdgeschoss gebucht oder im Bus gekauft werden.

Eisenbahn

Vom **Bahnhof** gibt es Direktverbindungen nach DELHI (8x tgl., 3 Std. 17 Min.–5 1/4 Std.), JODHPUR (1x tgl.; Nr. 14887, Abfahrt 22.25 Uhr, Ankunft 15.55 Uhr), MUMBAI (1x tgl.;

Nr. 22926, Abfahrt 11.20 Uhr, Ankunft 15.15 Uhr nächster Tag) und KOLKATA (1x tgl.; Nr. 12312, Abfahrt 1.10 Uhr, Ankunft 7.30 Uhr nächster Tag).

Der superschnelle **Shatabdi Express** mit AC fährt nach NEW DELHI (Nr. 12006 und Nr. 12012, Abfahrt 6.53 Uhr, Ankunft 10.25 Uhr, und Abfahrt 18.23 Uhr, Ankunft 21.55 Uhr). Ein Fahrschein 2. Kl. kostet Rs435 und ist damit 4x so teuer wie der Bus, aber der Zug ist wesentlich komfortabler und fast doppelt so schnell.

Weitere nützliche, tgl. verkehrende Züge sind der Himalayan Queen Nr. 14096 (Abfahrt 17.30 Uhr, Ankunft Delhi Rohilla 22.40 Uhr) und der Kalka–Jodhpur Express Nr. 14887 (Abfahrt 22.25 Uhr, Ankunft JODHPUR 15.55 Uhr am nächsten Tag).

Flüge

Der **Flughafen** von Chandigarh liegt 11 km südlich des Stadtzentrums (Anfahrt vom ISBT per vorausbezahlter Motor-Rikscha Rs100, per Taxi Rs250). Von hier gehen Flüge nach Delhi, Mumbai und Goa.

Fluggesellschaften

Air India, 162–4 Sektor 34-A, ✆ 0172/262 4941,
Indian Airlines, c/o Air India,
Jet, Flughafen, ✆ 0172/500 1395,
Bajaj Travels, 96–7 Sektor 17-C, ✆ 0172/270 8677.

14 HIGHLIGHT

Amritsar

Amritsar, heilige Stadt der Sikhs, ist die größte Stadt des Punjab: laut, schmutzig und hoffnungslos verstopft. Der einzige strahlende Lichtblick ist der legendäre Goldene Tempel, dessen Kuppeln sich über die überfüllten Straßen erheben. Für Reisende nach Pakistan ist Amritsar ein wichtiger Zwischenstopp auf dem Weg zum 29 km westlich gelegenen Grenzort Wagha (s. Kasten S. 582).

Geschichte

Amritsar wurde 1577 von dem vierten Sikh-Guru **Ram Das** an einem für seine Heilkräfte gerühmten See gegründet. Das Land wurde den Sikhs vom Mogul-Herrscher Akbar auf ewig übertragen. Als Kaufleute hierher kamen, um sich die strategisch günstige Lage an der Seidenstraße zunutze zu machen, wurde die Stadt schnell größer und bekam unter dem Sohn und Nachfolger von Ram Das **Guru Arjan Dev** einen prächtigen neuen Tempel. 1761 von den Afghanen geplündert, wurde das Heiligtum von dem bedeutendsten weltlichen Führer der Sikhs **Maharajah Ranjit Singh** wieder aufgebaut, der auch das beim Bau verwendete Gold stiftete.

Das 20. Jh. sollte durch entsetzliche **Massaker** für Amritsar zu einem der dunkelsten Kapitel seiner Geschichte werden. Das erste ereignete sich 1919, als Tausende unbewaffneter Zivilisten bei einer Demonstration auf dem **Jallianwalla Bagh** (S. 568) ohne Vorwarnung von britischen Truppen niedergeschossen wurden – diese Gräueltat gab den Anstoß zu Gandhis Non-Cooperation Movement. Auch nach dem Zusammenbruch des Raj musste Amritsar einige der schlimmsten Blutbäder in der Geschichte des Subkontinents über sich ergehen lassen. In den 1980er-Jahren besetzten schwer bewaffnete Fundamentalisten unter dem kriegerischen Prediger **Sant Jarnail Singh Bhindranwale** den Akal Takht, ein Gebäude im Golden Temple Complex, das traditionell als Sitz der religiösen Sikh-Führung diente. Anfang Juni 1984 wurde der Belagerung ein Ende gemacht, als Premierministerin Indira Gandhi die **Operation Blue Star** anordnete. Bei diesem unverhältnismäßig brutalen Angriff auf den Tempel kamen neben Bhindranwale und 200 seiner Soldaten weitere 2000 Menschen ums Leben, unter ihnen viele Pilger.

Weithin als totale Katastrophe geächtet, führte die Operation Blue Star nur vier Monate später direkt zur Ermordung von Indira Gandhi durch ihre Sikh-Leibwächter und provozierte die schlimmsten Unruhen in der Stadt seit der Teilung (Partition). Die Kongress-Regierung schien allerdings wenig aus ihren Fehlern gelernt zu haben, denn 1987 verletzte Indira Ghandis Sohn Rajiv Gandhi eine mit der wichtigsten Religionspartei der Sikhs, der Akali Dal, getroffene Vereinbarung, die die Separatisten veranlasste, mit einer erneuten Besetzung des Tempels Vergeltung zu üben. Diesmal zeigte die Armee allerdings mehr Zurückhaltung und überließ die **Operation Black Thunder** den Polizeikräften des Punjab. Da weder die Ausrüstung noch die Motivation der Fundamentalisten mit der von Bhindranwales Märtyrern vergleichbar war, entschlossen sie sich schließlich zur Kapitulation.

Orientierung

Der Goldene Tempel befindet sich im Herzen der **Altstadt**, einem Labyrinth aus engen Gassen und Basaren. Achtzehn befestigte **Tore**, von denen nur das Lohgarh Gate (im Norden) ein Original ist, liegen an der Straße mit dem passenden Namen **Circular Road**. Um die Altstadt herum führt die Eisenbahnlinie, die eine scharfe Trennung zwischen dem Basar und dem etwas weitläufigeren, von den Briten erbauten Stadtviertel bildet.

Der Goldene Tempel

Der Faszination des strahlenden Goldenen Tempels von Amritsar, dem allen Menschen offen stehenden spirituellen Zentrum des Sikh-Glaubens, können sich selbst Besucher ohne religiösen Hintergrund nicht entziehen. Im späten 16. Jh. von Guru **Arjan Dev** erbaut, erhebt sich der prachtvoll vergoldete Tempel, der **Harmandir**, aus der Mitte eines künstlich angelegten rechteckigen Sees und ist durch einen schmalen

Goldene Regeln

Der Zutritt zum Goldenen Tempel ist Besuchern sämtlicher Nationalitäten und Religionen gestattet, vorausgesetzt sie respektieren ein paar Grundregeln, deren Einhaltung von patrouillierenden Posten kontrolliert wird. Zum einen sind Tabak, Alkohol und Drogen jeglicher Art verboten. Außerdem muss man vor dem Eintreten die Schuhe an den kostenlosen Garderoben abgeben, den Kopf bedecken (Baumwollschals gibt es vor dem Haupteingang, oder man trägt einen Kullu-Hut) und sich die Füße in dem Becken unterhalb der Stufen waschen. In der Umgebung des Beckens ist **Fotografieren** erlaubt, im Innern des Heiligtums nicht.

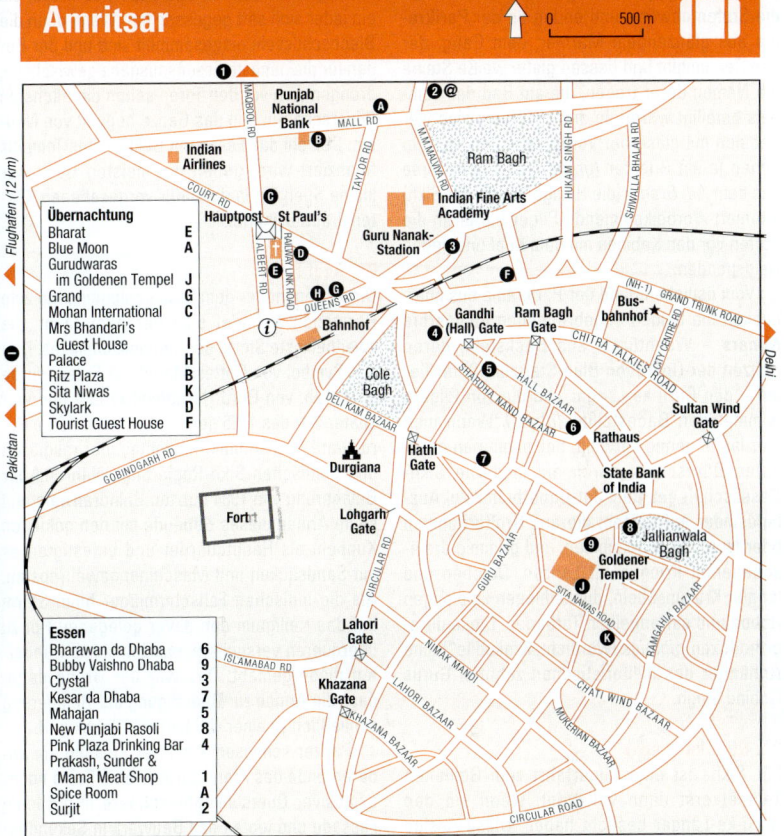

Punjab National Bank

Indian Airlines

Ram Bagh

Indian Fine Arts Academy

Guru Nanak-Stadion

Hauptpost   St Paul's

Bahnhof

Gandhi (Hall) Gate

Ram Bagh Gate

Bus-bahnhof

Cole Bagh

Durgiana

Hathi Gate

Rathaus

Sultan Wind Gate

Lohgarh Gate

Fort

State Bank of India

Jallianwala Bagh

Goldener Tempel

Lahori Gate

Khazana Gate

Übernachtung

Bharat	E
Blue Moon	A
Gurudwaras im Goldenen Tempel	J
Grand	G
Mohan International	C
Mrs Bhandari's Guest House	I
Palace	H
Ritz Plaza	B
Sita Niwas	K
Skylark	D
Tourist Guest House	F

Essen

Bharawan da Dhaba	6
Bubby Vaishno Dhaba	9
Crystal	3
Kesar da Dhaba	7
Mahajan	5
New Punjabi Rasoli	8
Pink Plaza Drinking Bar	4
Prakash, Sunder & Mama Meat Shop	1
Spice Room	A
Surjit	2

Flughafen (12 km)

Pakistan

Delhi

Haryana und Punjab

Damm mit dem ihn umgebenden weißen Marmorkomplex verbunden. Jeder Sikh versucht wenigstens einmal im Leben eine Pilgerfahrt hierher zu unternehmen, um den erhabenen musikalischen Rezitationen *(shabad kirtan)* aus dem *Adi Granth* zu lauschen und in dem reinigenden Wasser des Tempelsees **Amrit Sarovar** (etwa „See der Unsterblichkeit") zu baden.

Die beste Zeit für einen Besuch des Tempels ist der frühe Morgen, wenn die ersten Sonnenstrahlen auf den goldenen Kuppeln funkeln und sich im Wasser des Amrit Sarovar spiegeln. In der Sonnenuntergangs- und Abendstimmung kann man sich herrlich auf die wunderschöne Musik einlassen, die im Harmandir erklingt. Das Informationsbüro, ⏰ tgl. 7–20 Uhr, rechts am Haupteingang organisiert Führungen, informiert über Unterbringungsmöglichkeiten in der Anlage und hat Bücher und Broschüren über den Tempel und den Sikh-Glauben im Angebot.

Die Parikrama

Der nördliche Haupteingang zum Tempel führt unter einem viktorianischen **Uhrturm** hindurch zu einer Treppe, von wo man den ersten flüchtigen Blick auf den Harmandir werfen kann, wie er auf der spiegelglatten Oberfläche des Amrit Sarovar zu treiben scheint. Als Erinnerung an die Gott entgegenzubringende Demut führen die Stufen abwärts und enden an der **Parikrama** aus glänzendem Marmor, dem Gang, der den See umgibt und dessen glatte weiße Steine die Namen derer tragen, die am Bau des Tempels beteiligt waren. In die Parikrama sind vier Kabinen mit gläserner Vorderseite integriert, in denen je ein Priester *(granthi)* sitzt, der Verse aus dem *Adi Granth* (die Heilige Schrift der Sikh) intoniert. Vorbeikommende Pilger berühren die Stufen vor den Kabinen mit dem Kopf und geben Geldspenden.

Vom östlichen Rand der Parikrama aus überblicken die beiden abgebrochenen **Ramgarhia Minars** – Wachtürme aus Backstein, deren Spitzen der Operation Blue Star zum Opfer fielen – den Guru-ka-Langar und die von Pilgern wimmelnden Badestellen *(ghats)*. Wenn man hier lange genug verweilt, bekommt man einen guten Querschnitt durch die moderne Sikh-Gesellschaft geboten: Jat-Bauernfamilien, Auslandsinder auf Reisen, die aus Großbritannien oder Nordamerika kommen, und grimmig dreinschauende Krieger mit Lanzen, Dolchen und langen Krummsäbeln, dunkelblauen knielangen Roben und safrangelben Turbanen. Diese ultraorthodoxen *nihangs* (wörtlich „Krokodile") sind Anhänger des militaristischen zehnten Gurus Gobind Singh.

Der Guru-ka-Langar

Für Sikhs ist eine Pilgerfahrt zum Goldenen Tempel erst dann vollendet, wenn sie den Guru-ka-Langar besucht haben. Diese riesige Gemeinschaftskantine mit Blick auf den östlichen Eingang zum Tempelkomplex bietet allen Ankommenden **freie Speisen**. Hinter den freien Mahlzeiten für jedermann steht die Absicht, eine der zentralen Lehren des Sikh-Glaubens zu untermauern: das Gleichheitsprinzip, mit dem der dritte Guru **Amar Das** im 16. Jh. das Kastensystem abschaffen wollte. Etwa 10 000 *chapatti* und *dhal*-Gerichte werden hier jeden Tag mit der den Sikhs eigenen Tüchtigkeit angerichtet.

Von der Betriebsamkeit kann man sich selbst überzeugen, indem man sich in die Schlangen einreiht, die sich draußen vor der Halle (24 Std. geöffnet) bilden. Die Mahlzeit beginnt erst, nachdem das Tischgebet von einem Freiwilligen gesungen worden ist, und dauert so lange, bis ein jeder sich satt gegessen hat. Wenn dann die Blechschüsseln eingesammelt sind und der Boden für die nächste Essensausgabe gewischt ist, drängen sich vor den Toren schon die nächsten Pilgerscharen, und das Ganze beginnt von Neuem. Obwohl das Essen mit Geldern des Tempels finanziert wird, geben die meisten Besucher kleine Spenden in die dafür vorgesehenen Kästen draußen im Hof.

Der Akal Takht

Direkt gegenüber dem Zeremonieneingang zum Harmandir befindet sich der Akal Takht, die zweitheiligste Stätte des Tempelkomplexes. Dieses Symbol von Gottes Macht auf Erden wurde im 17. Jh. von Guru Hargobind erbaut und war später Sitz des 1925 gegründeten Shiromani Gurudwara Parbandhak Committee, der religiösen und politischen Sikh-Regierung. Während der Belagerung von 1984 nutzten Bhindranwale und seine Armee dieses Gebäude mit den goldenen Kuppeln als Hauptquartier und befestigten es mit Sandsäcken und Maschinengewehrposten. Als die indischen Fallschirmjäger beim Sturm auf das Heiligtum den davor gelegenen Hof zu überqueren versuchten, wurden sie zu Hunderten niedergemäht: Das war der Grund dafür, dass die Armee zur Beendigung der Belagerung schließlich zu einer viel härteren Taktik griff.

Panzer schossen aus ihrer Stellung am anderen Ende des Amrit Sarovar eine Salve hochexplosiver Quetschkopfgeschosse in die feine Fassade und legten das Bauwerk in Sekundenschnelle in Schutt und Asche. Nichts an dieser ganzen Operation hat die Gefühle der Sikhs so sehr verletzt wie die Zerstörung des Akal Takht. Das Heiligtum wurde weitgehend wiederaufgebaut und sieht heute fast genauso aus wie vor dem 6. Juni 1984. Jeden Abend wird das *Adi Granth* in einem Palankin aus Gold und Silber aus dem Harmandir in das mit kunstvoll gearbeiteten Intarsien geschmückte Erdgeschoss des Gebäudes gebracht.

Der Jubi Tree

Der knorrige alte Jubi-Baum nahe dem Haupteingang wurde vor etwa 450 Jahren von dem ersten Hohepriester des Goldenen Tempels **Babba Bud-**

dhaya gepflanzt und soll Wunderkräfte besitzen. So hängen Frauen, die sich einen Sohn wünschen, Stoffstreifen an die Zweige. Traditionell werden in seinem Schatten Vereinbarungen über Eheschließungen ausgehandelt, die Glück bringen sollen – ein Brauch, den die moderne Tempelverwaltung missbilligend zur Kenntnis nimmt.

Der Harmandir

Einst von einem Guru mit „einem Schiff auf dem Ozean der Unwissenheit" verglichen, wurde der dreistöckige Harmandir („Goldener Tempel Gottes") von Arjan Dev als Herberge für das **Adi Granth** erbaut, das er aus den Lehren sämtlicher Sikh-Gurus zusammenstellte und das den Mittelpunkt des Sikh-Glaubens darstellt. Der Tempel hat vier Türen, die darauf hinweisen, dass er Menschen aller Glaubensrichtungen und aller vier Varna (Hauptkasten) der Hindu-Gesellschaft offen steht. Die große Kuppel und das Dach, die mit 100 kg Blattgold bedeckt sind, haben die Form einer umgekehrten Lotusblüte und symbolisieren die Sorge der Sikhs um weltliche wie spirituelle Belange.

Dem langen Steg **Guru's Bridge**, der von der Westseite des Amrit Sarovar zum Tempel führt, nähert man sich über einen prunkvoll verzierten Bogengang, den **Darshani Deorh**. Während man auf das Allerheiligste zugeht, sollte man sich auf keinen Fall die fantastischen Marmor-Einlegearbeiten im Mogul-Stil und die schönen vergoldeten Blumenmuster über den Türen und Fenstern entgehen lassen. Das Innere des Tempels – mit noch mehr Gold und Silber verziert, mit Elfenbeinmosaiken und kunstvoll geschnitzten Holzpaneelen geschmückt – wird von dem riesigen *Adi Granth* beherrscht, das auf einem prächtigen Thron unter einem mit Edelsteinen besetzten seidenen Baldachin ruht.

Guru Gobind Singh, der das *Adi Granth* überarbeitet hatte, verkündete vor seinem Tode 1708, dass er der letzte lebende Guru sei und das Buch sein Nachfolger würde – daher diese vollständige Bezeichnung *Guru Granth Sahib*. Während die Andächtigen vorbeiziehen, intonieren von Sängern und Musikern begleitete *granthi* ununterbrochen Verse aus der Schrift, die über Lautsprecher in den ganzen Komplex übertragen werden. Das *Shri Akhand Path* genannte ununterbrochene Verlesen des gesamten *Adi Granth* erfolgt in Schichten zu je drei Stunden und dauert insgesamt etwa 48 Stunden.

Übernachtung

Die unzähligen Hotels von Amritsar sind in der ganzen Stadt verteilt. Die meisten bewegen sich in der mittleren Preisklasse und darüber, Budgetunterkünfte sind dünn gesät. Eine Alternative bieten die *niwas* des Goldenen Tempels (s. Kasten S. 580).

Bharat, an der Bahnlinie, Link Rd, ✆ 0183/222 7536, ✉ bharat_hotel@yahoo.com. Annehmbares Hotel, günstig in Bahnhofsnähe gelegen. Unterschiedlich große Zimmer, alle mit Bad (die besten mit Warmwasserdusche, die billigsten mit Warmwasser in Eimern). Eventuelle Forderungen nach Bezahlung von frei erfundenen „Extrasteuern" beim Checkout einfach ignorieren. ❷–❸

Blue Moon, The Mall, ✆ 0183/222 0759, ✉ hotel bluemoon@gmail.com. Freundlich, hilfsbereit, besseres Preis-Leistungs-Verhältnis als in manch einem teureren Hotel. Nettes Restaurant auch für Tagesgäste. ❺–❻

Grand, Queens Rd, gegenüber vom Bahnhof, ✆ 0183/256 2977, 🖳 www.hotelgrand.in. Sauber und ordentlich, gemütlich und zentral. Die Zimmer sind um einen schönen Garten im Innenhof gruppiert, allerdings gehen alle Fenster nach innen. Die angrenzende Bar ist mit Hollywood-Postern dekoriert. ❺–❻

Mohan International, Albert Rd, ✆ 0183/222 78-01, -02 bis -08, 🖳 www.mohan internationalhotel.com. Eins der Nobelhotels von Amritsar, jedoch überteuert – allerdings mit AC, Zimmerservice, 24 Std. geöffnetem Café und Pool. Wird in der Saison (Nov–März) gern für Hochzeitsempfänge genutzt, die sehr farbenprächtig, aber auch sehr laut sind. Inkl. Frühstück. ❼–❽

Mrs Bhandari's Guest House, 10 Cantonment, ✆ 0183/222 8509, 🖳 www.bhandari_guesthouse. tripod.com. Herrlich altmodische Zimmer mit Kaminen und Badewannen in einem Kolonialhaus mit Rasenflächen, Gärten und kleinem Pool. 3-Gänge-Menüs nach britischer Art, aber nicht ganz billig. Zelten für Rs170 p. P. möglich. Das besonders bei Pauschalreisenden beliebte

Übernachtung im Goldenen Tempel

Die authentischsten Unterkünfte in Amritsar sind zweifellos die fünf *niwas* oder Pilgerhostels, die vom Verwaltungskomitee des Goldenen Tempels betrieben werden. In diesen eigentlich für Sikh-Pilger gedachten wohltätigen Einrichtungen sind auch ausländische Touristen willkommen, die gegen eine Schutzgebühr maximal drei Nächte bleiben können.

Guru Arjan Dev Niwas, das erste Gebäude auf dem Weg zu den an der Ostseite des Tempels liegenden Unterkünften. Hier befindet sich die Rezeption für alle *niwas*. Es gibt einfache, aber geräumige Zimmer.

Guru Hargobind Niwas, das komfortabelste unter den fünf *niwas*, hat ordentliche Zimmer bei ausgezeichnetem Preis-Leistungs-Verhältnis.

Sri Guru Nanak Niwas ist das Gebäude, in dem sich Bhindranwale und seine Männer vor der Erstürmung des Goldenen Tempels 1984 verschanzt hatten.

Zu den Schattenseiten der Übernachtung in den *niwas* gehört – neben der teilweise spartanischen Ausstattung (*charpai* und Gemeinschaftswaschbecken im zentralen Innenhof sind die Norm) – das mit unangenehmen Geräuschen verbundene, allgemein übliche Ausspucken am frühen Morgen. Auch die Sicherheit kann zum Problem werden. Es ist ratsam, im Voraus zu buchen, da Zimmer und Betten fast immer belegt sind.

Hotel ist aus Amritsar nicht mehr wegzudenken. **❺**

Palace, gegenüber vom Bahnhof, Queens Rd, ✆ 0183/256 5111. Die Unterkunft hat schon glanzvollere Tage gesehen, ist aber günstig gelegen und preiswert. Die besseren Zimmer haben Warmwasser aus der Leitung, die billigeren Warmwasser aus Eimern. **❶** – **❷**

Ritz Plaza, 45 Mall Rd, ✆ 0183/256 2836, ▭ www.ritzhotel.in. Unaufdringliches, aber recht nobles Hotel, das allerdings sehr unterschiedliche Kritiken bekommen hat. Zentrale AC, geräumige Zimmer und entspannte Atmosphäre. Rasenflächen, Pool, Lounge-Bar, 24 Stunden geöffnetes Café und Restaurant mit internationaler Küche. Behindertenfreundlich mit einem rollstuhlgerecht eingerichteten Zimmer. **❽**

Sita Niwas, 61 Sita Nawas Rd, ✆ 0183/254 3092, ✆ 254 1898. Beliebte Budgetunterkunft mit gutem Preis-Leistungs-Verhältnis in der Nähe vom Guru Ram Das Niwas und Goldenen Tempel, mit unterschiedlichen Zimmern, meist mit Bad. In den billigeren gibt es meist kein Warmwasser. **❷**

Skylark, 79 Railway Links Rd, ✆ 0183/265 2053. Eine der besseren Unterkünfte in der Straße gegenüber vom Bahnhof. Riesige, etwas schäbige Zimmer, bequeme Betten und Warmwasser rund um die Uhr (außer bei Stromausfall). **❷** – **❹**

Tourist Guest House, Hide Market, nahe Bhandari Bridge, Grand Trunk Rd, ✆ 0183/ 255 3830, ▭ bubblesgoolry@yahoo.com. Die seit den Hippie-Zeiten bei Budgettravellern beliebte Unterkunft bietet eine große Auswahl an Zimmern. Die billigsten sind eher schmuddelig und haben Gemeinschaftsbad, die mit eigenem Bad und Warmwasser sind recht hübsch und trotzdem preiswert. Ignorieren sollte man die auf Provision erpichten Riksha-*wallahs*, die gern fabulieren, dass es ausgebucht ist. **❶** – **❷**

Wer günstig essen möchte, sollte die einfachen vegetarischen *dhabas* in der Gegend um den Goldenen Tempel und den Busbahnhof ausprobieren, in denen preiswerte und leckere *puris* und *chana dhal* angeboten werden. Zu den hiesigen Spezialitäten gehören Amritsari-Fisch – in würziger Panade gebratene Flussfisch-Filets von Scholle (schmackhafter) oder *singara* (günstiger) – sowie *dal pinni* und *matthi*, aus Linsen hergestellte Süßspeisen, die man beispielsweise im Mahajan auf dem Hall Bazaar bekommt.

Bharawan da Dhaba, nahe City Hall. Eines der besten *dhabas* in Amritsar, mittlerweile ein vollwertiges Restaurant, hat einfache und preiswerte, gute veg. Currys (Rs40–85).

Bubby Vaishno Dhaba, 201 Gantagar Market, gegenüber dem Haupteingang zum Golden Temple. Günstig gelegen für veg. Currys

(Rs40–80), *thalis* (Rs50–80) und Frühstück in Form von *parathas* oder *puris*, dazu einige südindische Gerichte.

Crystal, Crystal Chowk. Eines der beliebtesten Restaurants mittlerer Preisklasse mit indischen, chinesischen und westlichen Gerichten (nicht veg. Hauptgerichte Rs200–240) in angenehmer Umgebung, die auch in Fastfood-Buden auf der Straße angeboten werden.

Kesar da Dhaba, Passion Chowk, zwischen Golden Temple und Durgiana Temple. Das seit 1916 bestehende Restaurant bietet eine begrenzte Speisekarte mit einfachen veg. Currys (Rs30–80). Es liegt gut versteckt in einer Seitenstraße – nach dem Weg fragen, oder eine Motor-Riksha nehmen.

New Punjabi Rasoi, unweit Jallianwalla Bagh. Indische veg. Gerichte, einige chinesische und internationale Spezialitäten zu vernünftigen Preisen (Rs65–100). Die meisten heimischen Speisen werden mit indischem Käse serviert (*paneer tomato* ist zu empfehlen), es gibt aber auch eine köstliche Pilz-*tikka masala*.

Pink Plaza Drinking Bar, 1 Pink Plaza Market, außerhalb Ghandi (Hall) Gate. Das *dhaba* sieht auf den ersten Blick unhygienisch aus, aber das Essen wird vor den Augen der Gäste zubereitet. Der Fisch nach Amritsar-Art (Rs250 pro kg) ist saftig und das Tandoori-Hühnchen lecker (Rs60 pro Portion). Der Name ist ein wenig irreführend, denn wer zum Essen etwas Alkoholisches trinken möchte, muss es im Liquor Store gegenüber kaufen und kann es dann in hier im Lokal zu sich nehmen.

Prakash Meat Shop, **Sunder Meat Shop** und **Mama Meat Shop**, Maqbool Rd, 500 m nördlich der Mall Rd. Dieses *dhabas*-Trio ist eine lokale Institution und serviert, für Rs100 pro Portion, würziges Schafs-*tikka* oder (für die experimentierfreudigere Kundschaft) Hirncurry auf *tawas* (Kuchenblechen).

Spice Room, Blue Moon Hotel, Mall Rd. Hier gibt es hauptsächlich scharf gewürzte chinesische Gerichte. Hauptgerichte Rs195–295.

Surjit, GT 3-4 Nehru Plaza, Lawrence Rd. Das hübsche Restaurant hat ausgezeichnete Punjabi-Gerichte, z. B. Sahne-/Butter-Hühnchen und Fisch à la Amritsar, aber auch nicht veg. Gerichte für Rs150–300.

Tablas (Handtrommeln) und andere **Musik-instrumente** bekommt man in den Läden um den Goldenen Tempel, wo man außerdem preiswerte **Kassetten** und **CDs** mit den schön klingenden *kirtan* bekommt, die in dem Heiligtum zu hören sind. Andere beliebte Souvenirs sind die traditionellen **Punjab-Lederslipper**; sie werden an den Ständen östlich des Haupteingangs zum Tempel angeboten.

Geld

Geldautomaten gibt es überall in der Stadt, u. a. fünf vor dem Bahnhof, einen am Busbahnhof und mehrere auf dem Jallianwalla Bagh. Gegenüber dem Bahnhof an der Railway Link Rd gibt es einige Devisenhändler, die z. T. pakistanische Rupien tauschen.

Gepäckaufbewahrung

Für kurze Zeit in den *gurudwaras* des Goldenen Tempels möglich, sonst bei der Gepäckaufbewahrung im Bahnhof oder Busbahnhof.

Informationen

PTDC Tourist Office, am Westausgang vom Bahnhof in der Queens Rd, ☎ 0183/240 2452. Freundliche und hilfsbereite Mitarbeiter, ◷ Mo–Sa 9–17 Uhr. Im Grand Hotel gibt es ebenfalls gute Informationen.

Internet

Es gibt ein paar Internetcafés im Nehru Plaza, Lawrence Rd, z. B. **Cyber World**, GF 55 (Rs20 pro Std.)

Medizinische Hilfe

Die besten Krankenhäuser der Stadt ist das **Kakkar Hospital**, Green Avenue, ☎ 0183/250 6015. Außerdem gibt es noch das **Munilal Chopra Hospital**, 361 Mall Rd, ☎ 0183/222 2072.

Schwimmen

Die Hotels **Mohan International** und **Ritz Plaza** erlauben die uneingeschränkte Nutzung ihrer Pools (Tagesgäste Rs110–300).

Haryana und Punjab

Wer weiter nach Pakistan möchte, nimmt ein Taxi, einen Mietwagen oder einen der häufigen Busse nach **Attari**, von wo es nur noch 2 km bis zur Grenze bei Wagha sind. Zwischen Attari und **Wagha** verkehren Rikschas. Die Grenze nach Pakistan kann nur zu Fuß passiert werden – mit allen Formalitäten kann das bis zu zwei Stunden dauern. Wer sich lediglich das bunte Treiben an der Grenze ansehen möchte, kann ein Taxi (Rs400) oder eine Motor-Rikscha (Rs200) für die Hin- und Rückfahrt mieten. Zwar fährt auch ein Zug über die Grenze nach Lahore im pakistanischen Teil des Punjab, aber der Betrieb hängt von der politischen Lage ab. Momentan kann man wahrscheinlich nur in Delhi, nicht in Amritsar, zusteigen.

Nahverkehr

Amritsar ist eigentlich zu groß und labyrinthartig für eine Erkundung zu Fuß. Wenn man quer durch die Stadt will oder in Eile ist, empfiehlt sich eine **Motor-Rikscha**. Ansonsten kommt man mit **Fahrrad-Rikschas** am besten durch die engen und überfüllten Straßen der Altstadt.

Transport

Amritsar ist ein Hauptknotenpunkt für Verkehrsverbindungen Richtung Nordosten nach Kashmir, Richtung Südosten nach Delhi und Chandigarh (Hauptausgangspunkt nach Shimla und Zentral-HP) und Richtung Westen zur pakistanischen Grenze bei Wagha.

Busse

Der chaotische **Busbahnhof** befindet sich an der Grand Trunk Rd (NH-1) nördlich der Altstadt. Privatbusse, einschließlich der AC-Busse, fahren am Bahnhof oder an der Straße nördlich von Gandhi (Hall) Gate ab. Unternehmen vor dem Ghandi (Hall) Gate und in der Queens Rd betreiben klimatisierte und Deluxe-Busse nach DELHI (8 Std.) und CHANDIGARH (4–5 Std.). Nach PATHANKOT (alle 10 Min.; 3 Std.) und zu anderen Reisezielen in HP fahren nur staatliche Busse. Delhi ist vielen für eine Busreise zu weit entfernt (475 km), darum nehmen die meisten Reisenden den Zug.

Eisenbahn

Der **Bahnhof** liegt günstig im Zentrum, nördlich der Altstadt. Die besten Züge nach DELHI sind die „superfast" Amritsar–New Delhi Shatabdis mit klimatisierten Salonwagen – Nr. 12014 (tgl. 5 Uhr, Ankunft 11.15 Uhr in New Delhi) und Nr. 12030/12032 (Abfahrt tgl. 16.55 Uhr, Ankunft 23.05 Uhr). Wer lieber nachts fährt, nimmt den Golden Temple Mail Nr. 12904 (Abfahrt tgl. 21.25, Ankunft 7.05 Uhr in Nizamuddin), der weiterfährt bis MUMBAI (Ankunft 5.35 Uhr am Folgetag). Weitere Züge sind der 1x tgl. verkehrende Amritsar–Howrah Express Nr. 13050 (Abfahrt 18.10 Uhr) über VARANASI (Ankunft 18.55 Uhr am Folgetag) nach KOLKATA (Ankunft Howrah 15.45 Uhr am nächsten Tag) und der 2x wöchentl. abfahrende Amritsar–Jaipur Express: Nr. 19782 (Fr und So um 17.50 Uhr) ist etwas schneller als Nr. 19772 (Di und Do 14.30 Uhr) – beide kommen um 7.30 Uhr in JAIPUR an.

Flüge

Der **Flughafen** liegt 12 km nordwestlich der Stadt. Air India, Kingfisher und Jet fliegen von hier nach DELHI. Taxis (Rs300) und Motor-Rikschas (Rs150) fahren ins Zentrum.

Fluggesellschaften

Air India, MK International Hotel, Ranjit Ave, ☎ 0183/250 81-22, -33,
Indian Airlines, 39-A Court Rd, ☎ 0183/221 33-92, -93,
Jet, Flughafen, ☎ 0183/250 8003.

Gujarat

Stefan Loose Traveltipps

Ahmedabad Eine fantastische indisch-islamische Architektur, bunte Basare und Mahatma Gandhis Sabarmati Ashram. S. 589

Sonnentempel in Modhera Der schöne Tempel aus dem 11. Jh. in beschaulichen Gartenanlagen ist das herausragendste Beispiel der Solanki-Architektur. S. 599

Kutch Kunsthandwerk, Textilkunst und Kultur verschiedener Volksgruppen blühen nach wie vor in dieser unwirtlichen und entlegenen Region. S. 601

Dwarka Indiens westlichste heilige Stadt ist der Überlieferung zufolge die Hauptstadt Krishnas. S. 611

Gir-Nationalpark Dieses Waldreservat ist der letzte verbleibende Lebensraum des seltenen Asiatischen Löwen. S. 619

Diu Westindiens schönstes Strandparadies mit charmanter Kolonialarchitektur im portugiesischen Stil. S. 620

Tempel von Palitana Der heilige Berg Shatrunjaya ist mit wunderbar geschnitzten Marmortempeln übersät und bietet atemberaubende Aussichten. S. 628

Champaner Zu den Attraktionen dieser uralten moslemischen Stadt zählen eine Solanki-Festung sowie mehrere Jain-Tempel. S. 633

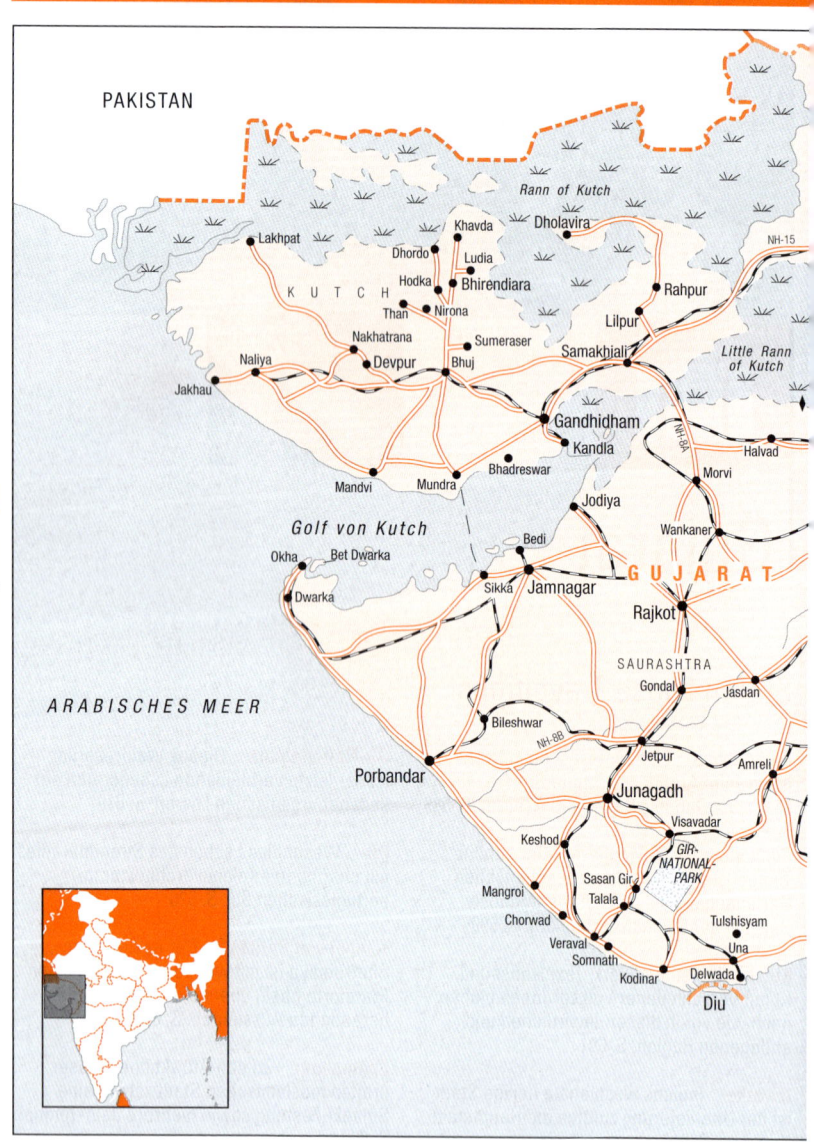

PAKISTAN

Rann of Kutch

Lakhpat
Khavda
Dholavira
NH-15

Dhordo
Ludia
Bhirendiara
Rahpur

K U T C H
Hodka
Nirona
Lilpur

Than
Little Rann of Kutch

Nakhatrana
Sumeraser
Samakhiali

Naliya
Devpur
Bhuj

Jakhau

Gandhidham

Kandla
Halvad

Mandvi
Mundra
Bhadreswar
Morvi

Jodiya
Wankaner

Golf von Kutch
Bedi

Okha
Bet Dwarka
Sikka
G U J A R A T

Dwarka
Jamnagar

Rajkot

SAURASHTRA

Gondal
Jasdan

ARABISCHES MEER
Bileshwar
NH-8B

Jetpur

Porbandar
Amreli

Junagadh

Visavadar

Keshod
GIR-NATIONAL-PARK

Sasan Gir
Tulshisyam

Mangroi
Talala
Una

Chorwad
Delwada

Veraval
Somnath
Diu

Kodinar

▲ Jaisalmer   ▲ Jaipur, Udaipur

RAJASTHAN

Mt Abu

Tharad

Deesa   Ambaji

Bhabhar   Palanpur

                    Taranga
Patan   Khadbrahma
        Siddhpur   Idar
Radhanpur   Dungarpur

Sami   Modhera   Banswara

        Mehsana

              Himatnagar
Dasada   Modasa
        Kalol
Bajana   Sabarmati
LITTLE RANN   Viramgam
WILD ASS·
SANCTUARY   Adalaj Vav
                  Gandhinagar   Mahi
Dhrangadhra   Sarkhej Ahmedabad

        Wadhwan   Nadiad
Surendranagar   Dakor   Godhra   Dohad
        Bogodra   Dholka
Sayla Limbdi Lothal   Anand Champaner
                                Halol   ▶ Indore
Bhadar   Dhandhuka   Cambay
        VELAVADAR·   Vadodara
        NATIONAL·   Bodeli   **MADHYA**
        PARK   Kavi   **PRADESH**
Gadhada   Dabhoi
    Velabhipur   Narmada
        Bhavnagar   Dahej   Rajpipla
            Talisa   Suklatirth
Palitana   Alang Bharuch
Shatrunjaya Talaja   Ankleshwar
                        Tapti
Mahuva   Golf von   Vyara
        Cambay   Surat
                Navsari
            Bilimora
                Valsad
                Pardi   **MAHARASHTRA**
        Daman
        Vapi Silvassa
            DADRA &
            NAGAR HAVELI
        ▼ Mumbai

NH-8   NH-8A   Vatrak   Gujarat

Der Bundesstaat Gujarat bildet die am weitesten nach Westen ragende Landmasse Indiens. Im Norden wird Gujarat von den brütend heißen Wüsten Pakistans und Rajasthans erhitzt, während im Süden die sanfte Brise des Arabischen Meeres für Abkühlung sorgt. Die topografische Vielfalt dieser Region – bewaldetes Bergland und fruchtbare Ebenen im Osten, riesige Marschlandflächen mit dem Salzsumpfgebiet des Rann of Kutch im Westen und eine felsige Küstenlinie – wird allenfalls noch von der Verschiedenartigkeit ihrer politischen und kulturellen Landschaften übertroffen. Als Heimat unterschiedlicher religiöser Bevölkerungsgruppen (Hindus, Jain, Moslems und Christen) sowie verschiedener Stämme und Nomadenvölker hat Gujarat dem Besucher auch ein vielfältiges Mosaik aus religiösen Stätten zu bieten, wobei den Hindu- und Jain-Tempeln zum Teil eine bedeutende Rolle in den hinduistischen Überlieferungen zukommt.

Gujarat ist die Heimat von **Mahatma Gandhi**. Gandhi wurde in Porbandar geboren und lebte viele Jahre in Ahmedabad. Die Gujaratis haben sein Credo der Unabhängigkeit verinnerlicht, und wenn es um die wirtschaftliche Leistungskraft geht, ist der Bundesstaat in sämtlichen Statistiken immer oben mit dabei, und viele Gujaratis haben sich als Auswanderer in allen Teilen der Welt eine neue Existenz aufgebaut. Der Wohlstand der Region geht bis ins 3. Jahrtausend v. Chr. zurück, als die **Harappas** mit Muschelschmuck und Stoffen zu handeln begannen. Bis heute ist die von den Jains dominierte Textilindustrie eine wichtige Einkommensquelle für den Staat. Gujarat ist Indiens am stärksten industrialisierter Staat und besitzt eine der größten Ölraffinerien des Subkontinents und ist ein bedeutendes Zentrum der Zement-, Chemie- und Pharma-Industrie. In Alang befindet sich eine lukrative Schiffsabwrackungsanlage. Kandla ist einer der **größten Häfen** Westindiens und ein Großteil des Diamantschliffs und der Diamantpolitur Indiens wird in den Zentren Surat, Ahmedabad und Bhavnagar vorgenommen. Im ländlichen Raum ist Armut jedoch nach wie vor ein ernstes Problem, und die Entwicklung in Gesundheitswesen und Bildung kann mit dem wirtschaftlichen Wachstum nicht mithalten.

An Ghandis wichtigstes Anliegen – politische Veränderung durch gewaltfreie Mittel zu erreichen – hat sich Gujarat nicht immer gehalten. Die Spannungen zwischen Moslems und Hindus entluden sich in zyklischer Regelmäßigkeit bei **gewalttätigen Auseinandersetzungen**. 2002 kam es zu den blutigsten Krawallen seit der Teilung, bei denen rund 2000 Menschen starben. Kurz zuvor gab es im Januar 2001 ein verheerendes Erdbeben bei Kutch. Diese Ereignisse verschlimmerten die ohnehin schwierige Lage eines Staates, der unter ernsthafter **Wasserknappheit** und **Dürre** zu leiden hat. Ungeachtet dessen hat Gujarat seinen Besuchern sehr viel zu bieten – und das ohne die aufdringliche Behandlung, die Touristen im berühmteren nördlichen Nachbarstaat Rajasthan häufig zuteil wird. Neben imposanten Tempelstädten, Festungen und Palästen locken in Gujarat auch kleine Gemeinden, die einzigartiges Kunsthandwerk herstellen und deren Lebensweise von den globalen Trends kaum berührt scheint.

Die architektonische Vielfalt des Staates spiegelt den Einfluss seiner vielen unterschiedlichen Herrscher wider: Buddhistische Mauryas, hinduistische Könige und natürlich moslemische Herrscher. **Ahmedabad**, bis 1970 Hauptstadt von Gujarat und ein guter Ausgangspunkt für eine Tour durch den Bundesstaat, beherbergt die ersten Moscheen im ungewöhnlichen indo-islamischen Baustil. Nördlich von hier liegen die alte Hauptstadt **Patan** und der Solanki-Sonnentempel in **Modhera**, und südlich befindet sich die Harappa-Fundstätte in **Lothal**. Die größtenteils karge Region **Kutch** im Nordwesten wurde von den ausländischen Invasoren, die in Gujarat einfielen, übergangen. Daher konnte sie sich eine einzigartige Kultur bewahren, in der immer noch Handwerke praktiziert werden, die woanders längst vergessen sind.

Das Herz von Gujarat ist die Kathiawar-Halbinsel, auch als **Saurashtra** bekannt. Überall zeugen Tempel, Moscheen und Paläste von den Jahrhunderten, in denen Buddhisten, Hindus und Moslems die Region beherrschten. Zu den Höhepunkten zählen die fantastischen Jain-Tempel auf den Hügeln von **Shatrunjaya** bei Bhavnagar und dem **Mount Girnar** bei Junagadh. Der Tempel in **Somnath**, so heißt es, hat den Anbe-

Gujarat

ginn der Zeit miterlebt, ebenso wie der Tempel von **Dwarka** am Ort der alten Hauptstadt Krishnas. In **Junagadh** liegen Felsen mit 2000 Jahre alten Inschriften aus der Herrschaftszeit Ashokas direkt neben verschwenderisch verzierten Mausoleen und viktorianischen Palästen im gotischen Stil. Darüber hinaus bietet sich die Halbinsel hervorragend zur **Tierbeobachtung** an: Im **Gir-Nationalparks** leben Asiatische Löwen, im **Velavadar-Nationalpark** Hirschziegenantilopen und im **Little Rann Sanctuary** der Indische Halbesel (Khur). Durch einen schmalen Streifen des Arabischen Meeres von der Südküste getrennt, lockt die Insel **Diu** (zum Union Territory und nicht zum Bundesstaat gehörig) mit herrlichen Stränden, Palmenhainen und weiß getünchten portugiesischen Kirchen.

Dank der guten Straßen und des umfangreichen Schienennetzes ist die **Fortbewegung** innerhalb des Staats problemlos. Nur die Kommunikationsbarrieren können das Reisen ziemlich erschweren, denn es gibt z. B. kaum Fahrpläne auf Englisch. Außerhalb der Großstädte ist es nahezu unmöglich, ein Luxus-Hotel zu finden, doch mehrere heimische Maharadschas und Nawabs haben ihre Häuser zu **Heritage-Hotels** umfunktioniert. Das **Essen** hier ist vorwiegend vegetarisch. Besonders berühmt sind die regionalen *thalis*, die sich durch ihre Größe und Süße auszeichnen. In Gujarat herrscht **Alkoholverbot**, aber die größeren Hotels stellen einwöchige Ausnahmegenehmigungen für Touristen aus. Man sollte sich unbedingt von schwarz gebranntem Alkohol fernhalten – im Juli 2009 sind in Ahmedabad 136 Menschen daran gestorben. In den Union-Territory-Enklaven Daman und Diu ist der Alkoholkonsum legal.

Geschichte

Die ersten bekannten Siedler im heutigen Gujarat waren die **Harappas**, die um 2500 v. Chr. aus dem Pandschab hierher kamen. Trotz ihres handwerklichen Geschicks und ihrer guten Handelsbeziehungen zu Afrikanern, Arabern, Persern und Europäern begann um 1900 v. Chr. der Niedergang ihrer Zivilisation, was vor allem auf verheerende Überflutungen zurückzuführen war. Die politische Geschichte Gujarats beginnt mit dem mächtigen, von Chandragupta gegründeten **Maurya-Reich** und dessen Hauptstadt Junagadh. Unter Ashoka erreichte diese Ära ihre Blütezeit, nach seinem Tod im Jahre 226 v. Chr. schwand die Macht der Mauryas allmählich. Letzter bedeutender Herrscher war Ashokas Enkel Samprati, ein Jain, der an *tirthas* (Pilgerstätten) wie Girnar und Palitana grandiose Tempel errichten ließ.

Im 11. und 12. Jh. fiel Saurashtra schließlich in die Hände der **Solanki** (oder Chalukyan)-Dynastie. Es folgte ein goldenes Zeitalter, in dem die Herrscher prachtvolle Hindu- und Jain-**Tempel** und **Stufenbrunnen** erbauen ließen. Viele dieser Bauwerke erlitten 1027 während der moslemischen Beutezüge des Mahmud von Ghazni großen Schaden, doch erst mit der Eroberung von Khalji 1299 konnten die Moslems endgültig die Macht an sich reißen. Acht Jahre später formulierte Muzaffar Shah die Unabhängigkeitserklärung und gründete das **Sultanat Gujarat**, welches bis zur Eroberung durch den Mogul-Herrscher Akbar im 16. Jh. überdauerte. Dies war die Zeit, in der die Baustile der Moslems, Jains und Hindus miteinander verschmolzen und beeindruckende indo-islamische Moscheen und Grabmäler hervorbrachten. Auch wenn die jüngsten religiös motivierten Gewalttaten, besonders in Ahmedabad, auf anderes hinzudeuten scheinen, so haben Islam, Hinduismus oder Jainismus jahrhundertelang Seite an Seite überlebt.

Im 16. Jh. wandten sich die **Portugiesen**, die zu dieser Zeit bereits in Goa ansässig waren, Gujarat zu. Daman wurde 1531 erobert, vier Jahre später folgte Diu. Festungen und typisch europäische Städte entstanden. Sogar gegen die arabischen und moslemischen Angriffe konnten sich die neuen Herrscher behaupten, doch um 1960 mussten sie sich Indien anschließen. 1613 errichtete die **Britische Ostindienkompanie** ihr Hauptquartier in Surat und gründete bald darauf die erste Fabrik, die den Grundstein für eine prosperierende Textilindustrie darstellen sollte. Als 1818 die Ära der britischen Staatshoheit begann, unterzeichneten Generalgouverneure Verträge mit rund 200 Fürstentümern und Kleinstaaten in Saurashtra. Die britische Herrschaft führte Maschinen ein, um den Aufbau einer Textilindustrie zu fördern. Die Region kam damit zwar zu erheb-

Als die BJP bei den Wahlen im Dezember 2002 mit ihrem erdrutschartigen Sieg ganz Indien schockte, benötigten die Analysten nur ein einziges Wort zur Erklärung des Ergebnisses: **Godhra**. Die Stadt war lediglich ein unbekanntes Eisenbahndepot, bis am 27. Februar 2002 ein moslemischer Mob mehrere Eisenbahnwaggons in Brand setzte. In ihnen kamen 59 Hindu-Pilger, die sich auf der Rückfahrt vom umstrittenen Tempel in Ayodhya befanden, ums Leben. Das Ereignis löste in ganz Gujarat gewaltige **Unruhen** aus. Moslemische Viertel wurden in Brand gesteckt und mit Schwertern und Stöcken bewaffnete Hindus randalierten, plünderten und vergewaltigten, während die Polizei in vielen Fällen nur tatenlos zugeschaut haben soll. Nach offiziellen Angaben wurden in den Wochen nach dem Zwischenfall von Godhra über 1000 Menschen getötet, Menschenrechtsorganisationen schätzen die tatsächliche Zahl auf über 2000. Die meisten Opfer waren Moslems, Tausende weitere Menschen zogen in Flüchtlingslager, weil sie aus Angst nicht in ihre eigenen Häuser zurückkehren wollten.

Die Spirale der Gewalt fand auch ihr politisches Echo, als der Kongress die Regierung beschuldigte, nicht genug für die Sicherheit der moslemischen Bürger zu tun. **Narendra Modi**, seines Zeichens BJP-Ministerpräsident („Chief Minister") von Gujarat, musste sich wegen seiner passiven Haltung angesichts der fortschreitenden Gewalt und seiner mangelnden Unterstützung für die Überlebenden den Beinamen „Moslem Killer" gefallen lassen. Wenige Tage nachdem die Nichregierungsorganisation Human Rights Watch der Regierung von Gujarat vorgeworfen hatte, direkt an der Tötung von mehreren Hundert Moslems beteiligt gewesen zu sein und eine groß angelegte **Vertuschungsaktion** bei den Ausschreitungen organisiert zu haben, rang sich das Parlament zu einer Verurteilung des Vorgehens der BJP-Regierung durch. Nach einer 16-stündigen Marathondebatte entschuldigte sich Premierminister Atal Bihari Vajpayee schließlich für die Versäumnisse der Regierung und sagte eine Wiedergutmachung in Höhe von 31 Millionen US-Dollar zu.

Vor den anstehenden **Wahlen** im Bundestaat intensivierte Modi seine *Hindutva*-Rhetorik und trat vehement dafür ein, ein weiteres Godhra zu verhindern, indem er offenkundig versuchte, inmitten der ethnischen Spannungen so viele Hindu-Stimmen wie möglich zu gewinnen. Doch erst mit dem Wahlergebnis vom 12. Dezember 2002, als er überraschend einen erdrutschartigen Sieg landete, wurde bestätigt, welchen Kultstatus er inzwischen bei breiten Bevölkerungsschichten Gujarats erlangt hatte. Bei den Nationalwahlen 2004 gelangte jedoch eine von der Kongresspartei geführte Regierung ans Ruder. Die BJP wurde erneut stärkste politische Kraft in Gujarat, doch die Wahlen waren hart umkämpft. Nach Protesten gegen die passive Haltung und Voreingenommenheit der Behörden bei den Ausschreitungen fällte der oberste indische Gerichtshof die Entscheidung, die Fälle der von den Ereignissen betroffenen Familien zu deren Sicherheit an Gerichte in anderen Bundesstaaten zu überstellen und ordnete die Bildung einer **Untersuchungskommission** an. In Bezug auf den Eisenbahnbrand in Godhra führten die Ermittlungen bislang allerdings noch zu keinem abschließenden Ergebnis.

Während der Wahlen im Oktober 2007 veröffentlichte das angesehene Magazin *Tehelka* **geheimes Filmmaterial**, das die Beteiligung hoher Gujarati Hindu-Politiker, vor allem Mitglieder der BJP, an den Aufständen thematisierte. Gegen Modi wurde der Vorwurf erhoben, er habe die Gewalttaten gefördert, die Polizei angewiesen, sich auf die Seite der hinduistischen Aufrührer zu schlagen und diese vor dem Gesetz in Schutz genommen. Bislang gab es keinerlei Aufklärungsversuche – weder auf juristischer noch auf politischer Ebene – und im Dezember 2007 wurde Modi sogar wiedergewählt. Er wurde anschließend als neuer Premierminister gehandelt, aber zur Zeit der Recherchen schien seine Beliebtheit wieder abzunehmen. Wer einen aussagekräftigen Bericht über die Zeit nach den Ausschreitungen von Godhra lesen möchte, sollte sich das Buch *Scarred: Experiments With Violence In Gujarat* von Dionne Bunsha besorgen.

lichem Wohlstand, auf der anderen Seite wurden aber viele Handwerker aus dem Geschäft gedrängt. Für sie machte sich insbesondere der in Gujarat geborene **Mahatma Gandhi** stark. Nach der Teilung schwappte eine gewaltige, von heftigen Kämpfen begleitete Migrationswelle über das Grenzgebiet; Hindus aus Sind strömten nach Gujarat und Moslems aus Gujarat nach Pakistan.

Sprachenkonflikte (viele Demonstranten forderten eine Anpassung der Staatsgrenzen an die sprachlichen Grenzen, so wie es im Süden geschehen war) führten 1960 zu einer Teilung des Staates Bombay und zur Gründung von Gujarat. Die portugiesischen Enklaven wurden von der indischen Regierung 1961 zwangsannektiert. Nach der Unabhängigkeit zeigte sich Gujarat generell als treuer Kongress-Anhänger, bis die Fundamentalisten der BJP 1991 die Kontrolle im Staat übernahmen. Die Ausschreitungen von 2002 haben ein altes Kapitel der Auseinandersetzungen zwischen Moslems und Hindus wieder aufgeschlagen (s. Kasten). Die neun Jahre andauernden Spannungen sind nicht ohne Auswirkungen geblieben; viele Wohnviertel sind nach Glaubensrichtung geteilt, und die Moslems werden zurückgedrängt und diskriminiert.

Ahmedabad

Mit seinen Fabriken, Moscheen, Tempeln und Wolkenkratzern erstreckt sich die Großstadt Ahmedabad (alias Amdavad) als wirtschaftliches Zentrum von Gujarat entlang dem Sabarmati, rund 90 km bevor dieser in den Golf von Cambay mündet. Die mit 5 Mio. Einwohnern größte Stadt des Bundesstaates leidet an entsetzlicher Umweltverschmutzung und ist wegen ihrer unglaublich verstopften Straßen und der Ausbrüche ethnisch motivierter Gewalt berüchtigt. Die Mischung aus Mittelalter und Moderne macht die Stadt allerdings auch zu einem besonderen Ort. Ein Bummel durch die Basare und *pols* (Wohnbezirke) der geschäftigen **Altstadt** ist bereits ein Erlebnis für sich. Darüber hinaus fasziniert die Stadt durch ihre Vielfalt architektonischer Stile, die sich in über 50 Moscheen, Grabmälern, Hindu- und Jain-Tempeln und groß-

artigen Stufenbrunnen *(vavs)* niederschlagen. Das **Calico Museum of Textiles** ist eines der besten Textilmuseen der Welt, und Gandhis **Sabarmati Ashram** ist ein Muss für jeden, der sich für den Mahatma interessiert.

Besonders bei Spaziergängen in der Altstadt ist es ratsam, Mund und Nase mit einem Tuch zu bedecken, um so wenig **Kohlenmonoxid** wie möglich einzuatmen. 2002 wurde ein umstrittenes **Kanalprojekt** umgesetzt, in dessen Rahmen nun Wasser aus dem Fluss Narmanda in den Sabarmati geleitet wird, der vorher außerhalb des Monsuns völlig trocken lag. Diese Maßnahme sorgte für eine etwas frischere Atmosphäre in der Stadt, bis man hier frei durchatmen kann ist es jedoch noch ein weiter Weg. Mitte Januar findet hier das weltweit größte **Drachen-Festival** statt.

Geschichte

Als **Ahmed Shah** 1411 das Sultanat Gujarat erbte, verlegte er seine Hauptstadt von Patan nach Asawal, eine kleine Siedlung am Ostufer des Sabarmati. Die Stadt wuchs schnell, da Kunsthandwerker und Händler zur Ansiedlung ermuntert wurden. Unter ihren Händen entstanden prächtige Moscheen, die darauf ausgerichtet waren, die Überlegenheit der Moslems zu demonstrieren. Sie dienten als Vorreiter des neuen **indo-islamischen Architekturstils**. 1572 wurde Ahmedabad in das Mogul-Reich eingegliedert und galt als schönste Stadt Indiens. Sie profitierte vom blühenden Textilhandel, aber schließlich führten zwei verheerende Hungersnöte und politische Instabilität zum allmählichen Niedergang der Stadt.

Erst als die Briten 1817 die Steuern senkten und dadurch die Kaufleute zur Rückkehr bewegten, die während der Marathen-Herrschaft abgewandert waren, kam wieder Leben in die Stadt. Der Opiumhandel blühte und die modernen technischen Gerätschaften verhalfen Ahmedabad zu einem Wiederaufstieg als Textilzentrum. In der Zeit vor der Unabhängigkeit, als **Mahatma Gandhi** mit der Wiederbelebung der bescheidenen Textilproduktion beschäftigt war, avancierte das „Manchester des Ostens" zu einem bedeutenden Sitz politischer Macht und zu einer Brutstätte religiöser Spannungen. In

Gujarat

den vergangenen Jahren haben die fortwährenden **Ausschreitungen**, insbesondere eine Reihe brutaler Zusammenstöße zwischen Hindus und Moslems, Ahmedabads Ansehen besudelt.

Orientierung

Das historische Herz von Ahmedabad ist die **Altstadt**, eine Region von rund 3 km² am Ostufer des Flusses, die von den Hauptdurchgangsstraßen Relief Road (auch als Tilak Road bekannt) und Mahatma Gandhi (MG) Road durchschnitten wird und im Norden an das **Delhi Gate** grenzt. Der beste Ausgangspunkt für einen Stadtrundgang ist Lal Darwaja mit den gedrungenen Gebäuden der **Bhadra**-Zitadelle, **Moscheen** und Grabstätten der moslemischen Herrscher, geschäftigen Basaren und natürlich den *pols* – Labyrinthe aus hohen Holz-Havelis und engen Sackgassen, in denen noch immer Menschen der gleichen Kaste oder der gleichen Berufsgruppe auf einem Fleck leben.

Bhadra, Moschee Sidi Sayyid und Umgebung

Die massive, befestigte Zitadelle **Bhadra** wurde 1411 als erstes moslemisches Bauwerk von Ahmedabad errichtet und präsentiert sich im Vergleich zu späteren, ähnlichen Monumenten relativ schlicht. Heute befinden sich Büros in den Räumen des Palastes. Ein Großteil des Gebäudes ist leider nicht zugänglich, doch über eine Wendeltreppe gleich hinter dem Hauptteingang kann man auf das Dach klettern. Vor der Zitadelle liegt die in fröhlichem Grün und Weiß angemalte **Moschee Alif Shah**. Weiter östlich, hinter dem Fleischmarkt im **Khas Bazaar**, erhebt sich das **Teen Darwaja**, ein dreiflügeliges Tor, das während der Herrschaft von Ahmed Shah erbaut wurde und einst in den Außenhof der königlichen Zitadelle führte. Ein Trio spitzer Gewölbebögen mit islamischen Inschriften und detailreichen Reliefs überspannt die belebte Straße.

Die **Moschee Sidi Sayyid** (Baujahr 1573) steht mitten auf einem verkehrsreichen Platz östlich der Nehru Bridge steht. Ihre Berühmtheit verdankt sie hauptsächlich den zehn prachtvollen *jalis* (Steingittern) – am eindrucksvollsten sind die beiden halbkreisförmigen an der Westwand, die herrliche Blumenmotive besitzen. Sie wurden aus gelbem Stein gemeißelt. Die Steinmetzarbeiten im Innern zeigen Helden und Tiere aus populären Hindu-Mythen, eine Folge des Einflusses der Hindu- und Jain-Künstler auf die islamische Tradition, bei der die Darstellung von Lebewesen üblicherweise nicht gestattet war. Frauen haben keinen Zutritt zur Moschee, aber der umliegende Garten gewährt einen guten Blick auf die *jalis*.

Moschee Ahmed Shah

Die kleine und schlichte Moschee Ahmed Shah südwestlich von Bhadra, nahe den Victoria Gardens, diente einst als privater Andachtsraum für Mitglieder des Königshauses. Bei ihrem Bau benutzte man Teile eines alten Hindu-Tempels (möglicherweise aus dem Jahre 1250), was die unzusammenhängenden Sanskrit-Inschriften auf einigen der Säulen im Sanktuarium erklärt. Der Zenana (Harem) liegt versteckt hinter Steingittern über dem Sanktuarium in der Nordwestecke.

Jami Masjid

Ein kurzer Spaziergang vom Teen Darwaja über die MG Road führt zur spektakulären Jama Masjid. Das Gebäude steht heute noch so da, wie es im Jahre 1424 vollendet wurde – mit Ausnahme zweier Minarette, die 1957 bei einem Erdbeben in sich zusammenfielen. Täglich wälzt sich ein Besucherstrom in die Moschee, wobei der Gottesdienst am Freitag den Höhepunkt darstellt und Tausende von Gläubigen anzieht. Die 260 eleganten Säulen, auf denen das Kuppeldach der Gebetshalle *(qibla)* ruht, sind über und über mit eindeutig hinduistischen Steinmetzarbeiten verziert, während die große, schwarze Steintafel in Nähe des Hauptbogens der Sockel eines Jain-Bildnisses sein soll, das als Ausdruck der moslemischen Überlegenheit umgedreht und vergraben wurde.

Manek Chowk

Östlich der Jama Masjid befindet sich der **Schmuck- und Textilmarkt** Manek Chowk mit Kunsthandwerkern, die zwischen frisch gefärbten und geschneiderten Stoffen ihrer Arbeit nachgehen. Hier geht es zu wie in einem Bienenstock. Unmittelbar vor dem Osteingang der

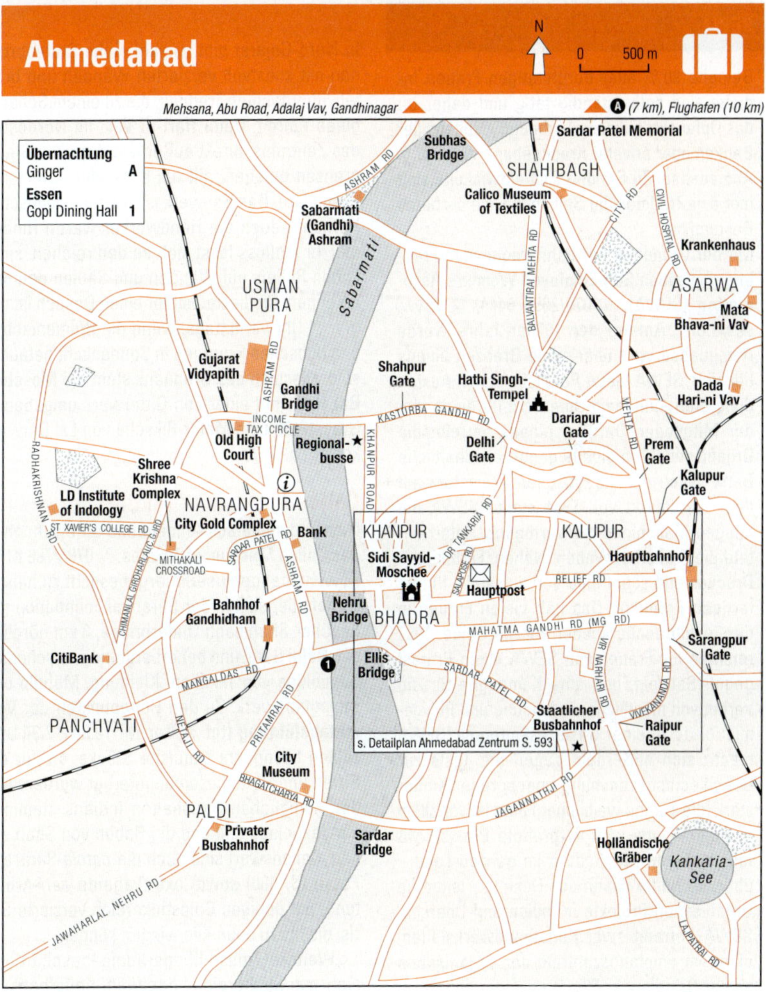

Ahmedabad

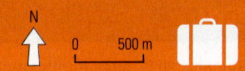

Mehsana, Abu Road, Adalaj Vav, Gandhinagar ▲   ▲ **Ⓐ** (7 km), Flughafen (10 km)

Übernachtung
Ginger   **A**

Essen
Gopi Dining Hall   **1**

Sardar Patel Memorial

Subhas Bridge

SHAHIBAGH

Calico Museum of Textiles

Sabarmati (Gandhi) Ashram

Krankenhaus

USMAN PURA

Sabarmati

ASARWA

Mata Bhava-ni Vav

Gujarat Vidyapith

Gandhi Bridge

Shahpur Gate

Hathi Singh-Tempel

Dada Hari-ni Vav

Old High Court

Regional-busse ★

Dariapur Gate

Prem Gate

Shree Krishna Complex

Delhi Gate

Kalupur Gate

LD Institute of Indology

City Gold Complex

NAVRANGPURA

Bank

KHANPUR

KALUPUR

Sidi Sayyid-Moschee

Hauptbahnhof

Bahnhof Gandhidham

Nehru Bridge

Hauptpost

BHADRA

CitiBank

Ellis Bridge

Sarangpur Gate

PANCHVATI

Staatlicher Busbahnhof

Raipur Gate

s. Detailplan Ahmedabad Zentrum S. 593 ★

City Museum

PALDI

Privater Busbahnhof

Sardar Bridge

Holländische Gräber

Kankaria-See

Shreyas Folk Art Museum ▲

Gujarat

Moschee erhebt sich die viereckige **Grabstätte von Ahmed Shah I.**, deren rundum laufende Veranden auf Säulen ruhen. Die Hauptkammer (kein Zutritt für Frauen) beherbergt die Gräber des 1442 verstorbenen Ahmed Shahs, seines Sohnes und seines Enkels. Mitten im Marktbereich, umgeben von den farbenprächtigen Ständen der Färber, liegt das Mausoleum von Ahmed Shas Frauen, **Rani-ka-Hazira**. Sein Grundriss ist identisch mit der Grabstätte von Shah und die Säulen-Veranden zeugen deutlich vom Einfluss hinduistischer Baukunst.

Schwingende Minarette

Südwestlich des Bahnhofs, gegenüber Sarangpur Gate, sind die **Minarette von Sidi Bashir** die einzigen Überbleibsel einer Moschee, die den Namen eines Lieblingssklaven von Ahmed Shah

Beinahe 90 % aller berufstätigen Frauen Indiens sind selbstständig tätig und daher oft das Opfer skrupelloser Ausbeutung seitens der Banken oder privater Kreditgeber – nicht so in Ahmedabad. Zu Gandhis Zeit entwickelte sich hier eine Tradition der Selbsthilfe, die bis heute Bestand hat.

Mit der Gründung der bahnbrechenden Frauenorganisation **Self-Employed Women's Association** (SEWA), ☎ 079/2550 6444, 🖥 www.sewa.org, Anfang der 1970er-Jahre wurde Ahmedabad weit über seine Grenzen hinaus bekannt. SEWA bietet Rechtsbeistand, Ausbildung, Betreuung und Unterricht für die Kinder der Mitglieder. Darüber hinaus betreibt die Organisation ihre eigene genossenschaftliche Bank. Nach dem drastischen Preissturz auf dem Textilmarkt von 1984 stellte SEWA die nötigen Maschinen zur Verfügung, unterrichtete die Frauen in Weben, Nähen, Färben und Drucken und schuf eine Verkaufsstelle für die fertigen Produkte. Das half vielen Frauen in der Textilbranche wieder auf die Beine. 1987 reichten die Frauen von SEWA einen Protest gegen Sati ein, und eine Kampagne für ein Verbot von mündlicher Scheidung und Polygamie führte zu einer Gesetzesänderung. SEWA macht sich außerdem gegen die Tests zur Geschlechtsbestimmung ungeborener Kinder stark (die Tötung weiblicher Föten ist vor allem in Gujarat eine weit verbreitete Praxis). Mit fast 1 Million Mitgliedern im ganzen Land – über die Hälfte davon aus Gujarat – leitet die Organisation Projekte in Indien und Übersee. SEWA betreibt zwei Kunsthandwerksläden, einen im Empfangszentrum der Organisation an der Ostseite der Ellis Bridge, der andere im Banascraft Chandan Complex in der C.G. Road. ☉ beide Mo–Sa 10–20, So 10–18.30 Uhr.

Dada Hari-ni Vav

In Nord-Gujarat gibt es zahlreiche Stufenbrunnen mit kunstvoll verzierten Wänden und breiten, überdachten Treppen, die zu einem Schacht hinab führen. **Dada Hari-ni Vav**, im Nordosten des Zentrums, direkt außerhalb der alten Stadtgrenzen gelegen, gilt als eines der schönsten Exemplare. Das Bauwerk ist zwar moslemischer Herkunft, doch die Handwerker waren Hindus und ihr Einfluss lässt sich an den reichen, sinnlichen Reliefs an Wänden und Säulen deutlich erkennen. Die beste Zeit für einen Besuch ist gegen 11 Uhr vormittags, wenn die Blumenmotive und hübschen Figurinen in Sonnenlicht getaucht sind. Westlich des Brunnens steht die **Moschee Bai Harir** mit einer von Gitterwerk umgebenen Grabstätte. Eine Motor-Riksha von Lal Darwaja kostet ca. Rs60.

Calico Museum of Textiles

Niemand sollte aus Ahmedabad abreisen, ohne das Calico Museum of Textiles, ☎ 079/2786 8172, 🖥 www.calicomuseum.org, besucht zu haben. Es befindet sich in der Sarabhai Foundation gegenüber Shahibagh Underbridge, 3 km nördlich des Delhi Gate, und beherbergt Indiens schönste Sammlung von Textilien, Kleidung, Möbeln und Kunsthandwerk. Zu den Höhepunkten der **Vormittagsführung** (tgl. außer Mi 10.30–12.30 Uhr) zählen besonders exquisite Stücke, die für die Briten und Portugiesen angefertigt wurden. Aus den königlichen Haushalten Indiens stammen ein besticktes Zelt und die Roben von Shah Jahan. Sehenswert sind auch die *patola*-Saris aus Patan (S. 600) sowie extravagante *zari*-Arbeiten – mit üppigen Goldstickereien verzierte Saris, die bis zu neun Kilo wiegen können.

Weitere Ausstellungsräume beschäftigen sich mit Stickereien, *bandhani*-Knüpfbatiken, Textilien für den Export nach Übersee und Wollschals aus Kashmir und Chamba. Auf dem Programm der **Nachmittagsführung** (tgl. außer Mi 14.45–16.45 Uhr) stehen Ausstellungsräume mit *pichwais* und anderen Tempelgemälden und -dekorationen, darunter auch Jain-Statuen in nachgebauten Haveli-Tempeln, jahrhundertealte Manuskripte und auf Palmblätter gemalte Mandalas. Unbedingt rechtzeitig aufkreuzen, da die Führungen schnell ausgebucht sind und

trägt. Die Türme erreichen eine Höhe von 21 m und gelten als bestes existierendes Beispiel für die „Schwingenden Minarette" (erbaut auf einem Fundament flexiblen Sandsteins, vermutlich um sie vor Erdbeben zu schützen), die einst ein fester Bestandteil der Skyline von Ahmedabad waren.

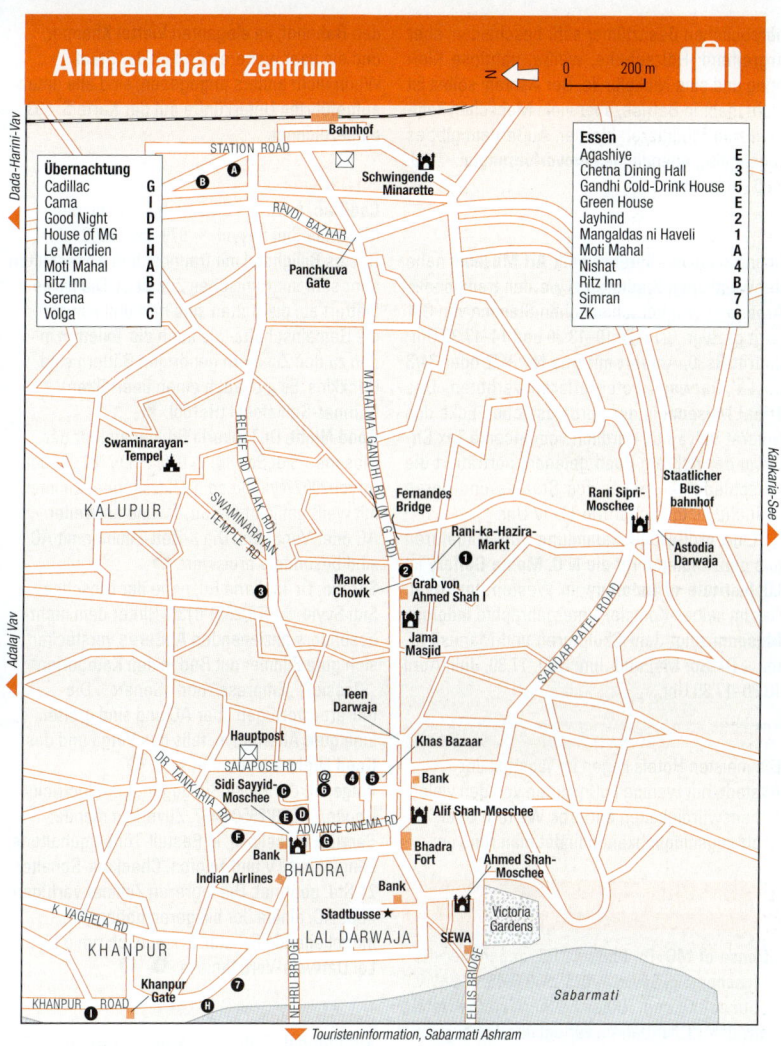

Bahnhof

STATION ROAD

Schwingende Minarette

RAVDI BAZAAR

Übernachtung

Cadillac	G
Cama	I
Good Night	D
House of MG	E
Le Meridien	H
Moti Mahal	A
Ritz Inn	B
Serena	F
Volga	C

Essen

Agashiye	E
Chetna Dining Hall	3
Gandhi Cold-Drink House	5
Green House	E
Jayhind	2
Mangaldas ni Haveli	1
Moti Mahal	A
Nishat	4
Ritz Inn	B
Simran	7
ZK	6

Panchkuva Gate

MAHATMA GANDHI RD (M. G. RD)

Swaminarayan-Tempel

RELIEF RD (TILAK RD)

SWAMINARAYAN TEMPLE RD

KALUPUR

Fernandes Bridge

Rani-ka-Hazira-Markt

Rani Sipri-Moschee

Staatlicher Bus-bahnhof

Astodia Darwaja

Manek Chowk

Grab von Ahmed Shah I

Jama Masjid

SARDAR PATEL ROAD

Teen Darwaja

Hauptpost

DR. TANKARIA RD

SALAPOSE RD

Khas Bazaar

Bank

Sidi Sayyid-Moschee

Alif Shah-Moschee

ADVANCE CINEMA RD

Bank

Bhadra Fort

Ahmed Shah-Moschee

Indian Airlines

BHADRA

Bank

K. VAGHELA RD

Stadtbusse ★

SEWA

Victoria Gardens

KHANPUR

LAL DARWAJA

KHANPUR ROAD

Khanpur Gate

NEHRUBRIDGE

ELLIS BRIDGE

Sabarmati

Kankaria-See

Gujarat

Dada–Harini-Vav

Adalaj Vav

Touristeninformation, Sabarmati Ashram

die Besichtigung auf eigene Faust nicht möglich ist. Anfahrt mit Bus Nr. 101 oder 105. Eine Motor-Rikscha kostet Rs50.

Sabarmati (Gandhi) Ashram

Am nördlichen Ende der Ashram Road steht der Sabarmati Ashram, ☎ 079/2755 7277, 🖥 www.

gandhiashram.org, wo der Mahatma von 1917 bis 1930 lebte und Versammlungen mit Webern und Harijans abhielt. Gandhis Ziel war es, ihnen zu neuer Sicherheit zu verhelfen und die manuelle Textilverarbeitung in Ahmedabad wieder einzuführen. In Übereinstimmung mit seinem Lebensstil präsentiert sich die Kollektion seiner persönlichen Besitztümer sehr bescheiden, aber ergreifend: Holzschuhe, weiße, nahtlose Kleidung und eine Nickelbrille. Der Ashram selbst ist nicht mehr in Betrieb, aber viele Menschen kommen zum Meditieren hierher. Außerdem gibt es regelmäßig abendliche **Filmvorführungen**. ⏰ tgl. 8.30–18.30 Uhr.

Weitere Museen

Im informativen **Shreyas Folk Art Museum** nahe der westlichen Stadtgrenze werden traditionelle Arbeiten der unterschiedlichen Stämme von Gujarat gezeigt. ⏰ Fr–Di 10–13.30 und 14–17.30 Uhr; Eintritt Rs90, Anfahrt mit Bus Nr. 34/2 oder 34/3 ab Lal Darwaja, Fotografieren verboten. Das **Tribal Museum** in der nordwestlichen Ecke des Gujarat Vidyapith, nördlich vom Income Tax Circle in der Ashram Road gelegen, porträtiert die verschiedenen Völker des Staates und deren Bräuche. ⏰ tgl. außer Mo 11–17 Uhr.

Eine großartige Sammlung von Miniaturen aus ganz Indien birgt die **N.C. Mehta Gallery** im **LD Institute of Indology** im Westen der Stadt. Das im selben Komplex untergebrachte **Indology Museum** zeigt Jain-Skulpturen und Manuskripte. ⏰ Di–So: Mai und Juni 8.30–17.30, Juli–April 10.30–17.30 Uhr.

Übernachtung

Die meisten Hotels liegen im Westteil der Altstadt, nur wenige Fußminuten von den vielen Sehenswürdigkeiten entfernt. Weitere Übernachtungsmöglichkeiten findet man rund um

Wunderbares Boutiquehotel

House of MG, Dr Tankaria Rd, gegenüber der Moschee Sidi Syyid, ☏ 079/2550 6946, 🖵 www. houseofmg.com. Dieses altehrwürdige Hotel aus den 1920er-Jahren verfügt über geräumige, individuell eingerichtete Zimmer (ab US$130), von denen die meisten mit Himmelbetten ausgestattet sind. In den Innenhöfen stehen alte Möbel, antike Fotografien schmücken die Wände, und die Suiten (US$235–275) haben witzige Extras wie Popcornmaschinen. Zwei ausgezeichnete Restaurants und ein Hallenbad machen das Ganze komplett. ❽–❾

den Bahnhof, im eleganten Viertel Khanpur, und ein paar weitere nördlich der Stadt. Wenn nicht anders angegeben, sind alle unten aufgeführten Unterkünfte auf der Karte S. 593 eingezeichnet.

Lal Darwaja

Cadillac, Advance Cinema Rd, unweit der Moschee Sidi Sayyid, ☏ 079/2550 7558. Bestes Billighotel mit freundlichen Angestellten, aber sehr spartanischen Zimmern: Die Farbe blättert ab, die Betten sind hart und sowohl die Gemeinschafts- als auch die Toiletten in den zu den Zimmern gehörigen Bädern sind Hockklos. Es gibt auch einen überfüllten Männer-Schlafsaal (Rs100). ❷

Good Night, Dr Tankaria Rd, gegenüber der Moschee Sidi Sayyid, ☏ 079/2550 7181, ✉ hotel foryou2002@yahoo.com. Blitzsaubere Zimmer mit weiß gefliestem Bad, TV und entweder AC oder Ventilator. Die 3-Bett-Zimmer mit AC sind besonders preiswert. ❸

Serena, Dr Tankaria Rd, nahe der Moschee Sidi Syyid, ☏ 079/2551 0136. Hinter dem nicht besonders anziehenden Äußeren verstecken sich gute Zimmer mit Bad in den Kategorien „Klassic", „Empress" und „Senate". Die teureren verfügen über AC und sind größer. Eine gute Alternative, falls das **Volga** und das **Good Night** ausgebucht sind. ❹

Volga, an der Relief Rd, gegenüber Electricity House, ☏ 079/2550 9497. Zuvorkommender Service, makellose, in Pastell-Tönen gehaltene, Zimmer mit TV und Telefon. Checkout-Schalter 24 Std. geöffnet. Die teureren Zimmer verfügen über AC, einige der billigeren haben nur innenliegende Fenster. Erstaunlich ruhig für Lal Darwaja-Verhältnisse. ❹–❺

Um den Bahnhof

Moti Mahal, Station Rd, Kapasia Bazaar, ☏ 079/212 1881. Sehr gut geführtes, sauberes Hotel; Zimmer mit Bad und TV. ❹

Ritz Inn, Station Rd, Kapasia Bazaar, ☏ 079/ 2212 3842. Empfehlenswertes 3-Sternehotel mit Jugendstil-Verzierungen und geschmeidigem Service. Die ansprechenden Zimmer haben ein schwarz-weiß gehaltenes Bad, TV und Schreibtisch. ❻–❼

Khanpur

Cama, Khanpur Rd, ☎ 079/2550 1234, 🖳 www.camahotelsindia.com. Die großen Zimmer (ab US$150) mit Blick auf den Sabarmati sind etwas abgewohnt, die teureren verfügen über Badewanne und Teppich. Der gepflegte Garten, der geschwungene Pool, ein Toprestaurant und ein 24 Std. geöffnetes Café sind dafür jedoch eine angemessene Entschädigung. Checkout um 9 Uhr. ❾

Le Meridien, Khanpur Rd, ☎ 079/2550 5505, 🖳 www.starwoodhotels.com. Service und Standard entsprechen den Erwartungen an diese internationale Kette. Ausgezeichnetes Restaurant, Hallenbad und Fitnessraum. Die Zimmer (US$150–300) sind mit Holzfußböden und Ledermöbeln ausgestattet. Die mit Aussicht auf den Fluss blicken auch auf einen Slum, was die Gäste während ihres Aufenthalts zum Nachdenken anregen könnte. ❾

Im Norden

Ginger, Drive-In Rd, hinter der Himalaya Mall, 7 km nördlich vom Stadtzentrum (s. Karte S. 591), ☎ 079/6666 3333, 🖳 www.gingerhotels.com. Das Hotel gehört zur Kette der gleichförmigen Tata Group und verfügt über Zimmer mit AC, Kaffeemaschine und Kühlschrank. Professioneller Service und moderne Annehmlichkeiten wie WLAN und Selbst-Check-in. Die Lage ist aber nur zum Flughafen günstig. ❻–❼

Essen

Die beliebtesten Restaurants von Ahmedabad konzentrieren sich um die Relief Rd, die Salapose Rd und in Badhra. Im Khas Bazaar gibt es gute Imbiss-Stände. Wer nur einen Kurzaufenthalt in Gujarat einlegt, sollte keinesfalls versäumen die köstlichen *thalis* zu probieren.

Chetna Dining Hall, Relief Rd. Hinter dem düsteren Eingang verbirgt sich ein beliebtes veg. Restaurant mit hervorragenden und preiswerten südindischen *dosas, vadas* und *uttapams* (Rs21–40).

Gandhi Cold Drink House, Khas Bazaar. Ein winziges Lokal mit Plastikstühlen im Außenbereich und einer Reihe erfrischender

Große Klasse

Agashiye, House of MG. Eines der besten Restaurants im Bundesstaat mit Dachterrasse, Bodenkissen und einer offenen Küche. Die Preise sind gesalzen (Mittagessen Rs325–425; Abendessen Rs345–495), aber die großartigen *thalis* aus Gujarat (und die manchmal auf der Speisekarte stehenden internationalen Gerichte) sind Spitzenklasse. Hier werden auch Kochbücher verkauft, und Kochkurse sind in Vorbereitung.

Milchmixgetränke und Eisbecher (um Rs15), darunter der indonesisch inspirierte „Royal Faluda", den es nur in Ahmedabad gibt, und ein Toffee-Lassi.

Gopi Dining Hall, Pritamrai Rd (s. Karte S. 591), ☎ 079/2657 6388. Das einladende Restaurant auf der Westseite der Ellis Bridge hat Gujarat- und Kathiawadi-*thalis* zu unschlagbaren Preisen (Rs65–85). Sehr beliebt, also reservieren oder Schlange stehen.

Green House, House of MG. Ähnlich reizvoll wie das Agashiye, aber deutlich günstiger (Hauptgerichte um die Rs125). Hier genießt man Snacks, leichte Mahlzeiten, Sorbets, Frozen Yoghurt und Eiscreme (unbedingt die Sorten Safran oder Sternanis probieren) auf Holzbänken unter einem efeubewachsenen Pavillon.

Jayhind, Manek Chowk. Dieser seit 1948 betriebene Laden ist mit die beste Wahl, um die süßen Köstlichkeiten zu probieren, für die Ahmedabads berühmt ist; *halwa* mit Trockenfrüchten und *kaju pista roll* (Rs5–30).

Mangaldas ni Haveli, Lakha Patel ni Pol. Unter Leitung des House of MG. Mischung

Thalis-Paradies

Nishat, Khas Bazaar. Das Restaurant mit dem riesigen, blinkenden Neonschild ist kaum zu verfehlen. Berühmt für nicht veg. *thalis* mit Hühnchen-*tikka*, Lammcurry und Biryani. Betriebsamer Speisesaal im Erdgeschoss und ruhiges, etwas teureres AC-Lokal im Obergeschoss. Hauptgerichte Rs50–100.

Gujarat

aus Dachterrassencafé, Handwerksmuseum und Laden in einem wunderschön restaurierten, 200 Jahre alten Haveli. Ein veg. *thali* kostet Rs125. Das Haus ist schwer zu finden, deshalb beim House of MG nach dem Weg fragen oder eine Motor-Rikscha nehmen. ⊕ tgl. 18.30–23 Uhr.

Moti Mahal, im Moti Mahal Hotel. Nicht veg. Restaurant und Süßspeisentempel, berühmt für hervorragende Biryanis (Rs30–80) und erfrischend salziges Lassi mit Kreuzkümmel.

Ritz Inn, Ritz Inn Hotel. Friedvolles Hotelrestaurant mit Buntglasfenstern, Kronleuchtern und einem ausgezeichneten vegetarischen Angebot indischer und chinesischer Speisen (Rs65–90).

Simran, Khanpur Rd. Restaurant mit AC in günstiger Lage für die Gäste der großen Hotels in der Nähe. Eine gute Auswahl an *tawa jhinga* (Krabbencurry), Hammel-Kebab, *shahi raan* (Tandoori-Lammhaxe) und Fischcurrys (Rs60–180).

ZK, Relief Rd. Romantisch beleuchtetes Restaurant. Einrichtung in Rosa und Kastanienbraun mit einem altmodischen Aquarium. Das Durchblättern der umfangreichen Speisekarte (über 200 Gerichte) macht richtig Appetit; besonders zu empfehlen sind die Tandoori-Gerichte (Rs70–90).

Sonstiges

Bücher

Crossword, im Shree Krishna Complex, nahe der Mithakali-Kreuzung; **People's Book House**, in der Relief Rd, 200m östlich der Salapose Rd; **Art Book Centre**, gleich an der Mangaldas Rd, 350 m östlich der Ellis Bridge.

Fotoausrüstung

One Hour Photo, Ashram Rd, an der Nordwestecke des Income Tax Circle.

Geld

US-Dollar sowie Reiseschecks wechseln d ie **Bank of India** im Khas Bazaar, die **Central Bank of India**, gegenüber der Moschee Sidi Sayyid, und die **State Bank of India**, gegenüber dem Busbahnhof Lal Darwaja. ⊕ alle Mo–Fr 11–15, Sa 11–13 Uhr.

Eine Filiale von **Thomas Cook** befindet sich in der Sakar III. Nr. 208, nahe Ashram Rd und dem alten Gerichtshof, ✆ 079/2550 5312. Filiale von **CITIBank**: B/201 Fairdeal House, C.G. Rd, nahe Swastik Four Rd, Narampura. **Geldautomaten** finden sich überall.

Informationen

Obwohl sich die touristischen Attraktionen vornehmlich am Ostufer des Sabarmati abspielen, liegt das größte **Tourist Office** jenseits des Flusses im HK House, nahe Ashram Rd, 1 km nördlich der Nehru Bridge, ✆ 079/2658 9172, 🖥 www.gujarattourism.com, ⊕ Mo–Sa 10.30–13.30 und 14–18 Uhr, jeden 2. und 4. Sa im Monat geschl.

Internet

Relief Cyber Café, gegenüber dem Relief Road Cinema, Rs15 pro Std. **Wizard Online**, 50 m in einer Gasse unmittelbar nördlich des Income Tax Circle, an der Westseite der Ashram Rd, Rs15 pro Std.

Kinos

City Gold Cinema, nahe dem Tourist Office in der Ashram Rd, ✆ 079/2658 7782. Modernes Multiplex-Kino, das die Filme auf Englisch und Hindi zeigt.

Medizinische Hilfe

VS General, Ellis Bridge, ✆ 079/2657 7621; großes staatliches Krankenhaus. **Akhandanand Ayurvedic**, Akhandanand Rd, ✆ 079/2550 7796; für traditionelle Behandlungen.

Post

Hauptpost, Salapose Rd, ⊕ Mo–Sa 10–20, So 10–16 Uhr.

Touren

Stadtrundfahrten beginnen am Busbahnhof Lal Darwaja (9–13 und 13.30–17.30 Uhr; Rs75; ✆ 079/2550 7739. House of MG veranstaltet einen **Heritage-Nightwalk** (tgl. 10 Uhr, 1 Std., Rs50), durch einige der ältesten Gegenden der Stadt sowie selbstgeführte **Audio-Touren** (tgl. 8–17 Uhr, Rs100).

Taxis und **Motor-Rikschas** (mit Taxameter)
stehen überall bereit. Im Oktober 2009 wurde
das **Bus Rapid Transit System** eingeführt,
das die Fortbewegung in der Stadt schneller
und einfacher macht.

Transport

Busse

Vom **staatlichen Busbahnhof** werden
hauptsächlich Nahziele angesteuert, darunter
GANDHINAGAR (alle 15 Min., 1 Std.), DHOLKA
(nach Lothal, alle 30 Min., 1 1/2 Std.), MEHSANA
(alle 10 Min., 2 Std.) und DHRANGADHRA (alle
30 Min., 3 Std.), aber auch Rajasthan,
Maharashtra und Madhya Pradesh.
Zahlreiche **Privatbusse** von Busfirmen, die
in Paldi, westlich der Sardar Bridge ansässig
sind, fahren nach BHAVNAGAR (4–5 Std.),
RAJKOT (5–6 Std.), BHUJ (8–9 Std.) und
MUMBAI (14 Std.).

Eisenbahn

Die meisten Züge fahren vom **Hauptbahnhof**
ab, aber auch der Gandhigram-Bahnhof bedient
Zielorte in ganz Saurashtra, einschließlich einer
Verbindung nach Delwada (Ausgangspunkt
für Diu).
An beiden Bahnhöfen gibt es elektronische
Reservierungsbüros, ⊙ Mo–Sa 8–20,
So 8–14 Uhr.

Als wichtige Station der Linie Delhi–Mumbai
halten viele Züge in Ahmedabad. Die Stadt ist
auch Ausgangspunkt für fast alle Ziele innerhalb
Gujarats sowie in nördlicher Richtung für
Mount Abu, Jodhpur und Udaipur in Rajasthan.

Flüge

Der **internationale Flughafen** von Ahmedabad,
℡ 079/286 9266, liegt 10 km nördlich der Stadt.
Ins Zentrum gelangt man mit Taxis (Rs250–300
am Vorauszahlungsschalter), Motor-Rikschas
(Rs150) oder der Buslinie Nr. 101, die bis
zum Busbahnhof Lal Darwaja in der Altstadt
fährt, wo sich auch die meisten Hotels
befinden.
Es gibt täglich Flüge nach BANGALORE,
CHENNAI, DELHI, GOA, INDORE, JAIPUR und
MUMBAI. Wöchentlich fliegen Flugzeuge nach
HYDERABAD. Ahmedabad gewinnt auch als
internationaler Flughafen an Bedeutung. Hier
starten Flüge nach New York, Paris, London,
Shanghai, Bangkok und zu diversen Zielen im
Mittleren Osten.

Nationale Fluggesellschaften
Air Deccan, am Flughafen, ℡ 079/3092 5213;
Air Sahara, am Flughafen, ℡ 079/2285 8002,
ansonsten 2285 8003 oder 5545 5969;
Indian Airlines, an der Straße zwischen
Moschee Sidi Sayyid und Nehru Bridge,
℡ 079/2658 5382;

Nützliche Züge von Ahmedabad

Zielort	Name des Zuges	Nr.	Ab	Reisedauer
Bhavnagar	Bhavnagar Express	12971	05.45 Uhr	5 1/2 Std.
Bhuj	Nagari Express	19115	23.59 Uhr	7 1/2 Std.
Delhi	Ashram Express	12915	18.30 Uhr	15 1/2 Std.
Dwarka	Saurashtra Mail	19005	05.15 Uhr	10 Std.
Jamnagar	Saurashtra	19005	05.15 Uhr	7 Std.
Jodhpur	Ranakpur Express	14708	00.25 Uhr	9 1/2 Std.
Mumbai	Shatabdi Express	12010	14.30 Uhr	7 Std.
	Gujarat Mail	12902	22.00 Uhr	8 3/4 Std.
Porbandar	Saurashtra Express	19215	20.05 Uhr	8 Std.
Udaipur	Mewar Fast Passenger	52928	07.10 Uhr	10 1/2 Std.

Alle Züge fahren tgl., mit Ausnahme des Shatabdi Express 2010 (Mo–Sa). Mehrere zuverlässige IATA-
Reisebüros in der Ashram Rd und C.G. Rd übernehmen die Buchung.

Gujarat

Bevor sich im 4. Jh. v. Chr. die Maurya-Dynastie durchsetzen konnte, galt die Industal-Kultur als größtes Reich Indiens. Hoch entwickelte Siedlungen aus dem Jahre 2500 v. Chr. wurden erstmalig 1924 an den Ufern des Indus im heutigen Sind (Pakistan) an einem Ort namens **Mohenjo Daro** entdeckt. 1946 enthüllten weitere Ausgrabungen die Stadt **Harappa** aus der gleichen Zeit. In ihrer Blütezeit breitete sich diese großartige Kultur von der heutigen Grenze zwischen dem Iran und Afghanistan bis nach Kashmir, Delhi und Süd-Gujarat aus. Die Industal-Kultur überdauerte bis 1900 v. Chr., als sie von schweren Überschwemmungen zerstört wurde.

Die Industal-Kultur stand unter einer bemerkenswerten, zentralistisch organisierten Führung und gilt als sehr gebildet und wohlhabend. Alle Städte sahen nahezu identisch aus und besaßen komplexe Drainageanlagen. **Lothal**, nahe dem Golf von Cambay in Süd-Gujarat, war ein bedeutender Hafen. Obwohl vieles dieser komplexen Gesellschaft immer noch im Dunkeln liegt, konnten frappierende Ähnlichkeiten zwischen der Industal-Kultur und dem heutigen Indien hergestellt werden. Wie bei den Hindus wurde einer Muttergöttin gehuldigt, und es gibt Hinweise auf phallische Kulte, die bei den Shaiviten nach wie vor praktiziert werden.

Jet Airways, Ashram Rd, gegenüber Gujarat Vidyapith, ☎ 079/2754 3304;
Kingfisher Airlines, am Flughafen, ☎ 01800/233 3131.

Internationale Fluggesellschaften
Air India, nahe Ashram Rd und Gerichtshof, ☎ 079/2658 5622;
Air France, Paduban House, nahe der Ellis Bridge-Stadthalle, ☎ 079/2644 6886;
Alitalia und **Kenya Airways**, hinter dem Kino City Gold nahe der Ashram Rd, ☎ 079/2658 5077;
British Airways, Centre Point Building, Panchwati Circle, C.G. Rd, ☎ 079/2656 5957;
Cathay Pacific, Ratnanabh Complex, gegenüber Gujarat Vidyapith, ☎ 079/2754 5421;
KLM, Shefali Centre, Paldi, ☎ 079/2657 7677;
Malaysia Airlines, C.G. Rd, nahe Ellis Bridge, ☎ 079/5561 3355;
Singapore Airlines, S.P. Nagar Rd, an der C.G. Rd, ☎ 079/5525 9933.

Die Umgebung von Ahmedabad

Klassische Tagesausflüge von Ahmedabad führen Richtung Norden nach **Adalaj**, wo es einen eindrucksvollen Stufenbrunnen zu besichtigen gibt, und weiter nach **Gandhinagar** mit seinem außergewöhnlichen religiösen Komplex Swaminarayan. Südwestlich des Stadtzentrums bieten der See, die Pavillons und Mausoleen von **Sarkhej** einen stillen Zufluchtsort von der hektischen Metropole. Weiter im Süden befindet sich die alte Harappa-Ausgrabungsstätte **Lothal**.

Adalaj Vav

Einer der spektakulärsten Stufenbrunnen von Gujarat, Adalaj Vav, liegt in liebevoll gepflegten Gärten an der Route nach Gandhinagar, 19 km nördlich von Ahmedabad (von der Bushaltestelle muss man noch etwa 1 km zu Fuß gehen). Für einen Besuch des 1498 erbauten und heute stillgelegten Monuments, eignet sich am besten die Zeit zwischen 11 und 12 Uhr, wenn das Sonnenlicht bis auf den Grund des achteckigen, fünf Stockwerke tiefen Brunnenschachts fällt. Über eine Reihe von Plattformen, die mit Treppen verbunden sind und auf Säulen ruhen, gelangt man in die kühle Tiefe des Brunnens. Seine Wände, Säulen, Gesimse und Nischen sind bedeckt mit fantastischen, teilweise erotischen Skulpturen von tanzenden Jungfrauen, Musikern und Tieren. ⏰ tgl. 8–18 Uhr.

Sarkhej

Knapp 10 km südwestlich von Ahmedabad (Bus Nr. 31 ab Lal Darwaja) bietet Sarkhej einen künstlichen See mit einem Komplex sehr schöner Bauten. An der Südwestseite des Sees steht das größte Mausoleum Gujarats, die Grabstätte des als Heiligen verehrten Sheikh Ahmed Khat-

Gujarat

tu, 1445 verstorbener Mentor von Ahmed Shah. Das größte Mausoleum in Gujarat wurde 1446 von Ahmed Shas Nachfolger Mohammed Shah erbaut. Ein späterer Sultan, der 1511 verstorbene Mohammed Beghada, fügte der Stätte Paläste, einen Harem und einen riesigen See hinzu – und auch seine eigene Grabstätte. Sarkhej entwickelte sich zu einem Rückzugsort für die Sultane von Gujarat und besitzt immer noch Charme.

Lothal

Die größte und bedeutendste Ausgrabungsstätte der **Harappa-Kultur** ist Lothal (oder Indus Valley; s. Kasten S. 598), nahe der Mündung des Sabarmati. Sie liegt nur rund 100 km südlich von Ahmedabad und ist per Bus (in Dholka umsteigen) oder Zug (3 Std.) leicht zu erreichen. Grundmauern, Sockel, bröckelnde Wände und gepflasterte Böden sind die einzigen Überbleibsel der blühenden Seehandels-Gemeinde, die hier zwischen 2400 und 1900 v. Chr. lebte, bis eine Flut ihre Siedlung fast gänzlich zerstörte. Bei einem Spaziergang um den **zentralen Grabhügel** stößt man auf die alten Straßen, die an den Häusern der Minister vorbei und durch die Akropolis führen. Die Unterstadt umfasste einst einen Basar, Werkstätten sowie ein Wohngebiet. ⏲ tgl. von Sonnenauf- bis Sonnenuntergang.

In Lothal wurden auch Hinweise auf eine noch ältere Zivilisation gefunden, nämlich auf die Red-Ware-Kultur der Glimmerperiode, die möglicherweise schon im 4. Jahrtausend v. Chr. existierte. Stücke aus dieser Zeit sowie von der Industal-Kultur sind im sehr interessanten **Museum** ausgestellt. ⏲ tgl. außer Fr 10–17 Uhr, Eintritt Rs2.

Nord-Gujarat

Der Distrikt Mehsana, nördlich von Gandhinagar, war zwischen dem 11. und 13. Jh. der erste Herrschaftssitz der Solanki. Ein paar Überreste ihrer alten Hauptstadt – darunter der außergewöhnliche **Rani-ki-Vav** – sind in **Anhilawada Patan** zu finden. Die Stätte liegt direkt vor den Toren des modernen **Patan**, wo Gujarats letzte *patola*-Weber leben. Von **Mehsana** aus, einer Stadt im Zentrum der Provinz, bietet sich ein Ausflug zum alten Sonnentempel in **Modhera** an. Der Jain-Tempel in den Bergen von **Taranga** ist von Mehsana oder von Ahmedabad gut zu erreichen.

Mehsana

Die 100 km nördlich von Ahmedabad gelegene Stadt Mehsana ist eines der größten Zentren der Milchindustrie in ganz Asien. Die einzige Sehenswürdigkeit der schmutzigen und weitläufigen Stadt ist der alte **Rajmahal-Palast**. Mehsana bietet sich für eine Übernachtung an, wenn Ziele im Norden Gujarats auf dem Reiseplan stehen. In der Nähe vom Restaurant Navjivan gibt es drei **Banken**.

Übernachtung und Essen

Die Budgetunterkünfte der Stadt zählen zu den schlechtesten in Gujarat.
A-One Guesthouse, in Bahnhofsnähe, ☎ 02762/ 251394. Noch das kleinste Übel in dieser Gegend. ❶
Savera Guesthouse, rund 3 km vom Bahnhof am Highway Ahmedabad–Palanpur, ☎ 02762/ 256710. Die beste Herberge der Stadt bietet recht saubere, geräumige DZ (teils AC). Wer aus Modhera anreist, kommt auf der anderen Seite der Stadt an und nennt am besten einem Riksha-Fahrer das Fahrtziel „Highway". ❸–❹
Navjivan, gegenüber Savera Guesthouse. Rein veg. Restaurant.

Transport

Das schnellere Transportmittel sind i. d. R. **Busse**, zu deren Zielen Städte in Rajasthan und Gujarat einschließlich Bhuj gehören.
Züge verbinden Mehsana mit AHMEDABAD (2–3 Std.), ABU ROAD (2 Std. 10 Min., 3 Std.), AJMER (6 1/2 Std., 7 Std.), JODHPUR (7 Std.) und PATAN (2 Std.).

Modhera

Wer nur eine Stadt im Norden Gujarats besucht, sollte sich für Modhera entscheiden. Der hiesige **Sonnentempel** aus dem 11. Jh. gilt als bestes

Gujarat

Beispiel der Solanki-Architektur im ganzen Staat und hat Erdbeben und den moslemischen Bildersturm weitgehend unbeschadet überstanden. Die Solanki-Könige wurden klar von Jain-Traditionen beeinflusst: Die sandbraunen Wände und Säulen werden von Göttern und ihren Gefährten, Tieren, kurvenreichen Mädchen und komplexen Friesen geziert.

In der Mandapa, der säulengestützten Eingangshalle, repräsentieren zwölf *adityas* in Wandnischen die Verwandlung der Sonne über das Jahr hinweg. Die eng mit der Sonne verbundenen *adityas* sind die Söhne von *Aditi*, Göttin der Unendlichkeit und der Unsterblichkeit. Entsprechend der indischen Tradition ist der Sonnentempel von Modhera so positioniert, dass die Bildnisse im Allerheiligsten – die ansonsten in schummrigem Zwielicht liegen – bei den Äquinoktien von der aufsteigenden Sonne beleuchtet werden. ⏱ tgl. 8–18 Uhr, Eintritt Rs200.

Per Bus benötigt man von Modhera rund 40 Minuten nach Mehsana und zwei bis drei Stunden nach Ahmedabad. Wer aus Ahmedabad anreist, kann sich an der Kreuzung am Mehsana Highway absetzen lassen und hier in einen der stündlichen Busse zum Tempel umsteigen, ohne erst in die Stadt hinein zu fahren. Die Rückfahrt mit dem **Taxi** kostet Rs350. Von Modhera besteht übrigens auch eine Busverbindung nach Patan. Es gibt keine Übernachtungsmöglichkeiten in der Stadt, aber die staatliche Toran Cafeteria auf dem Tempelgelände verkauft Snacks. Im Januar findet in Modhera ein **Tanzfestival** statt.

Patan und Anhilawada Patan

Patan, rund 40 km nordwestlich von Mehsana, besitzt nur wenige Sehenswürdigkeiten, aber im Stadtteil **Salvivad** kann man den komplizierten Webevorgang der seidenen *patola*-Saris beobachten, früher das bevorzugte Kleidungsstück von Königinnen und Aristokratinnen und ein bedeutender Exportartikel Gujarats, der heute nur noch von einer einzigen Großfamilie hergestellt wird. Jeder Sari (Verkaufspreis Rs50 000–75 000) erfordert für seine Herstellung vier bis sechs Monate Arbeit. Zwischen Mehsana und Patan verkehren regelmäßig **Busse** (1 1/4 Std.).

Patan liegt nur 2 km, und doch Welten von Gujarats alter Hauptstadt, **Anhilawada Patan** entfernt, die zwischen dem 8. und 12. Jh. von mehreren Rajputen-Dynastien beherrscht wurde, ehe es die Moguln annektierten. Der Nie-

Der Sonnentempel von Modhera ist ein schönes Beispiel für die Solanki-Architektur.

dergang von Anhilawada Patan nahm seinen Lauf, als Ahmed Schah 1411 die Hauptstadt nach Ahmedabad verlegte. Heute sind nur noch die Befestigungsanlagen erhalten und der fantastische **Rani-ki-Vav**, Gujarats eindrucksvollster Stufenbrunnen. Er wurde 1050 für die Solanki-Königin Udaimati erbaut und in den 1980er-Jahren umfassend restauriert. Dabei wurden die verschwenderischen Verzierungen des Originals so weit wie möglich nachempfunden. ⏲ tgl. 8–18 Uhr, Eintritt Rs100. Der Rani-ki-Vav ist vom Stadtzentrum aus per Rikscha zu erreichen (Rs30–40).

In der Nähe des Kohinoor Cinema befindet sich das **Hotel Neerav**, ☎ 02766/222127, ❹ mit anständigen Zimmern, von denen alle mit Bad und einige sogar mit AC ausgestattet sind.

Der Jain-Tempel von Taranga

Abseits der Touristenpfade liegt der **Tempelkomplex** von Taranga aus der Solanki-Ära, etwa 60 km nordöstlich von Mehsana. Er ist von Ahmedabad (3 1/2 Std.) und Mehsana (1 1/2 Std.) aus gut mit dem Bus zu erreichen. Die Busse halten bei Timba, von wo aus Sammeljeeps (Rs5) die restlichen 8 km nach Taranga zurücklegen. Die auf einem Hügel erbauten Heiligtümer üben eine ganz besondere Faszination aus und sind besser erhalten als vergleichbare berühmtere Stätten wie Mount Abu, Girnar oder Shatrunjaya. Pilger, Mönche und Nonnen versammeln sich hier rund ums Jahr, um Segnungen zu erhalten und zu beten. Der **Haupttempel** aus Sandstein ist Ajitanath gewidmet, dem zweiten von 24 *tirthankaras*. Touristische Einrichtungen gibt es hier kaum, doch in den *dharamshalas* der Tempelanlage kann man sehr preiswert zu Mittag essen.

Kutch

Im Norden und Osten liegen Sumpfebenen, im Süden und Westen der Golf von Kutch und das Arabische Meer – Kutch (auch Kuchchh oder Kachchha) ist eine abgelegene, von ihren Nachbarn Saurashtra und Sind nahezu abgeschnitte-

ne Provinz, deren eintönige Landschaft nur von den Farben der reich bestickten Trachten der Einheimischen aufgeheitert wird. Die Legenden der Kutchi treten in den Motiven ihrer Skulpturen zutage, und ihre Traditionen sind bis heute in Kunsthandwerk, Kleidung und Schmuckdesign erhalten geblieben. Nur wenige Touristen verirren sich hierher, diese aber sind ausnahmslos begeistert. Von der zentralen Stadt **Bhuj** kann man gut losziehen und zahllose Dörfer, alte Festungen, mittelalterliche Häfen und abgeschiedene Klöster erkunden. Das mittelalterliche Zentrum von Bhuj wurde von dem verheerenden Erdbeben 2001 schwer getroffen.

Die baumlosen Sümpfe im Norden und Osten, **Great and Little Ranns of Kutch**, stehen während eines heftigen Monsuns teilweise komplett unter Wasser und verwandeln die Provinz in eine Insel. In dieser Region leben die seltenen Esel, und dies ist der einzige Ort in Indien, an dem sich Flamingos erfolgreich. Im südlichsten Distrikt von Kutch, **Aiyar Patti**, gedeihen Baumwolle, Rizinuspflanzen, Sonnenblumen, Weizen und Erdnüsse. Nord-Kutch, oder **Banni**, präsentiert sich dagegen als Halbwüste mit trockenem Treibsand und aridem Grasland.

Geschichte

Funde aus dem 3. Jahrtausend v. Chr. im östlichen Kutch deuten darauf hin, dass Stämme aus dem Indus-Tal einst von Mohenjo Daro im heutigen Pakistan quer durch die Ranns nach Lothal im Osten Gujarats wanderten. Trotz seiner abgeschiedenen Lage waren auch in Kutch die Auswirkungen des buddhistischen Maurya-Reichs zu spüren. Später geriet das Gebiet unter die Kontrolle eines gräko-baktrischen Reiches und der mächtigen Guptas. Die arabische Invasion der Sind im Jahre 720 trieb Flüchtlinge in den Westen von Kutch, Stämme aus Rajputana und Gujarat überquerten seine östlichen Grenzen.

Im 8. Jh. fiel die Region unter die Herrschaft der Gujarati-Hauptstadt Anhilawada (das heutige Patan), und bis zum 10. Jh. hatten die Samma-Rajputen, später bekannt als Jadeja, Kutch von Westen her infiltriert und sich an die Macht gebracht. Ihre Dynastie herrschte bis 1948. Dann wurde Kutch Teil der Indischen Union, bewahrte jedoch eigene Bräuche, Gesetze und eine blühende Seefahrertradition, die ihren Ursprung im Handel mit Malabar, Mokka, Muscat und der afrikanischen Küste hatte.

Bhuj

Die schmalen Straßen und alten Basare innerhalb der Stadtmauern von Bhuj, im Herzen von Kutch gelegen, konnten sich ihren mittelalterlichen Charme bewahren wie keine andere Stadt in Gujarat – bis zum **Erdbeben** vom Januar 2001, bei dem hier über 20 000 Menschen ums Leben kamen und 1,2 Mio. Häuser zerstört wurden. Der Bereich unmittelbar hinter dem berühmten „Spiegelpalast" Aina wurde am schwersten getroffen und befindet sich bis heute im Wiederaufbau. Nach dem Erdbeben wurden ein neuer Flughafen, neue Bahnstrecken und eine Universität eröffnet und das Straßennetz ausgebaut. Das mehrere Millionen Dollar umfassende Projekt brachte der Region neue Arbeitsplätze und neue Firmen verlegten ihren Unternehmenssitz hierher. Die Einheimischen sehen die Veränderungen größtenteils positiv, obwohl der Prozess alles andere als reibungslos ablief. Zweifel bezüglich der Aufteilung von Spendengeldern verzögerten den Start des Wiederaufbaus und die Preise für Grundnahrungsmittel stiegen an. Die Arbeiten sind fast abgeschlossen und die Stadt scheint sich allmählich von der Tragödie erholt zu haben.

Bhuj wurde Mitte des 16. Jhs. von **Rao Khengarji**, einem Jadeja-Rajputen, zur Hauptstadt von Kutch erhoben. Seine Familie regierte die Stadt bis 1948 – mit Ausnahme einer kurzen Machtübernahme durch die Briten Anfang des 19. Jhs. Als die Staatsgewalt 1834 wieder an Maharao Desal überging, verbot dieser die Einfuhr von Sklaven aus Afrika und die Afrikaner fanden im Norden der Stadt eine neue Heimat. Mit Gründung der Stadt Gandhidham und des Hafens Kandla südöstlich der Hauptstadt verlagerte sich der wirtschaftliche Schwerpunkt und Bhuj konnte seine Traditionen abseits der Modernisierungen des 20. Jhs. bewahren. Im Osten der Stadt erhebt sich der **Bhujia Hill** mit einer zerfallenen Festung auf seiner Spitze. Die Gegend ist allerdings nicht für die Öffentlichkeit

zugänglich, da es sich um militärisches Sperrgebiet handelt. Der riesige **Hamirsar Tank**, auf dessen Insel ein kleiner Park zum Entspannen einlädt, befindet sich am Westrand von Bhuj.

Die Überreste der **Altstadt** von Bhuj bilden ein enges Gassenlabyrinth rund um den **Palastkomplex**, dessen dicke Mauern und schwere Tore die Paläste Aina und Prag beschützen. Der **Aina Mahal** wurde im 18. Jh. während der Herrschaft von Maharao Lakho erbaut und später zu einem Museum umgestaltet, das den Reichtum der königlichen Dynastie zur Schau stellte. Der Palast wurde beim Erdbeben 2001 schwer beschädigt, als sein Dach einstürzte. Glücklicherweise blieb der berühmte **Spiegelsaal** weitgehend intakt. Das Innere ist vollständig restauriert, an den Außenfassaden wird noch gearbeitet. ⊕ tgl. außer Sa 9–12 und 15–18 Uhr, Eintritt Rs10, Fotoerlaubnis Rs30, Video Rs100.

Der federführende Architekt, Ram Singh Malam, war ein indischer Seefahrer, der 17 Jahre lang in Europa studiert hatte, nachdem er als Schiffbrüchiger vor der afrikanischen Küste von holländischen Seeleuten gerettet worden war. Sein Meisterstück ist ein gefliester Raum im Herzen des Palastes, wo der Maharadscha beim entspannenden Plätschern einer genial ausgetüftelten Springbrunnenanlage Gedichte zu schreiben und Musik zu hören pflegte. Unter den königlichen Erbstücken, die hier bewundert werden können, befinden sich zwei originale Hogarth-Gemälde und ein Porträt von Katharina der Großen.

Der nahe gelegene **Prag Mahal**, der in den 1860er-Jahren errichtet wurde und die architektonischen Stilrichtungen der Moguln, Briten, Kutchi und Italiener vereint, wurde durch das Erdbeben ebenfalls in Mitleidenschaft gezogen und so kann derzeit nur die Haupthalle besichtigt werden. Der Palast war einer der Drehorte für den Erfolgsfilm *Lagaan*. Besucher werden nur in die Haupthalle vorgelassen, ⊕ Mo–Sa 9–12 und 15–18 Uhr, Eintritt Rs12, Fotokamera Rs30, Videokamera Rs100.

In der südwestlichen Ecke des Hamirsar Tank, steht der **Sharad Bagh-Palast**, der 1867 als Rückzugsort des letzten Maharao erbaut wurde. Die kleinen Gebäude sind fantasievoll aufgeteilt und beinhalten u. a. einen luxuriösen Salon vol-

Kutch ist bekannt für sein traditionelles Kunsthandwerk, vor allem Stickarbeiten, die von heimischen Volksgruppen gepflegt werden. Dazu zählen die hinduistischen Rabari und Ahir, die moslemischen Jat und Muthwa sowie Einwanderer aus Sind, darunter die Sodha Rajput und Meghwal Harijan. Traditionell besitzt jede dieser Gruppen ihre charakteristischen Stiche und Muster, wobei diese Unterschiede mit der Zeit allerdings immer geringer werden.

In den nördlichen Dörfern Dhordo, Khavda und Hodko findet man die letzten **Ledersticker**, die Taschen, Fächer, Zügel, Geldbeutel, Kissenbezüge und Spiegelrahmen mit Blumen-, Pfauen- und Fischmotiven verzieren. Dhordo hat sich darüber hinaus mit seinen **Holzschnitzereien** einen Namen gemacht, während Khavda einer der letzten Orte ist, wo die Druckmethode **Ajrakh** praktiziert wird. Der langwierige Prozess, bei dem Textilien mit natürlichen Pigmenten gefärbt werden, funktioniert ähnlich wie Batik. Nur dass man statt Wachs eine Mischung aus Kalk und Gummi aufträgt, um bestimmte Teile des Stoffs beim nächsten Färbegang auszusparen.

Die Frauen in Khavda widmen sich dem Bemalen von **Terrakotta**-Schalen. Nur noch wenige Handwerker in Nirona, ebenfalls im nördlichen Kutch, pflegen die Kunst der **Rogan**-Malerei. Aus handgepresstem Rizinusöl wird bunte Farbe hergestellt, mit der man anschließend einfache geometrische Muster auf Kissenbezüge, Bettwäsche und Vorhänge malt. Außerdem produzieren einige Handwerker in Biber äußerst kunstvolle und melodische **Glocken** aus Kupfer und Messing, früher von den Schäfern zur Kommunikation benutzt. Silberschmuck ist in Kutch weit verbreitet und Bestandteil der meisten traditionellen Kostüme, doch die seit eh und je in Bhuj beheimatete **Silbergravur** ist eine vom Aussterben bedrohte Kunstform. Die Fußkettchen, Ohrringe, Nasenringe, Armreifen und Ketten ähneln denen aus Rajasthan. Ein Großteil des Schmucks wird von den Ahir und Rabari hergestellt, die über beide Regionen verteilt leben. Zu den Hauptzentren der Silberkunst gehören Anjar, Bhuj, Mandvi und Mundra.

Kleidungsstücke aus Kutch zeichnen sich nicht nur durch ihre feinen Stickzierungen aus, sondern auch durch ihr verwegenes Design. Die verbreitetste Form des Stoffdrucks ist eine Knüpfbatik namens **Bandhani**, die zwar in den meisten Dörfern zur Anwendung kommt, sich aber auf Mandvi und Anjar konzentriert. Typisch für die Region ist beispielsweise die Technik *mushroo (ilacha)*. Das verwendete Garn besteht aus sorgfältig gefärbter Seide, die zu einem gestreiften Grundmuster verwoben wird. Darüber legt man auf die gleiche Weise ein so detailliertes Muster, dass es gestickt zu sein scheint.

Gujarat

ler Jagdtrophäen, Fotos und alter Uhren sowie einen Speisesaal, in dem Maharao Madansinjhis Sarg steht. Der attraktivste Teil des Palasts ist jedoch der liebevoll gepflegte Park. ⏲ tgl. außer Fr 9–12 und 15–18 Uhr; Eintritt Rs10, Fotoerlaubnis Rs20, Video Rs100.

Das **Kachchh Museum** an der Südostecke des Hamirsar Tank zeigt geografische, historische und kulturelle Ausstellungen über die Region, darunter auch interessante Funde aus Dholavira sowie Textilien und Kunsthandwerk aus Kutch. Unmittelbar südlich vom Hamirsar Tank, westlich der College Road, führt ein Pfad zu dem 250 Jahre alten, knochentrockenen **Ram-kund Tank**, der im Schatten hoher Bäume liegt. Er besteht aus hartem, grauem Stein und ist mit kunstvollen Bildern von Kali, Vishnu, Naga und Ganesha verziert. In den kleinen Wandnischen funkelten früher Öllampen in der Dunkelheit, während die Gläubigen zur Abendandacht zusammenkamen. Nahebei steht eine Gruppe von Sati-Steinen aus dem 16. Jh.

Das private **Folk Museum** in der Mandvi Road, 100 m westlich vom Collectors' Office, beherbergt schöne Keramiken, Stickarbeiten, Spiele und Wandbehänge aus Kutch. ⏲ tgl. außer Mo 10.30–13.15 und 14–17 Uhr, Eintritt Rs50, Fotoerlaubnis/Video Rs50.

Übernachtung

City Guest House, Langa St, nahe Shroff Bazar, ✆ 02832/221067. Ideal, wenn das Geld knapp ist. Es hat saubere Zimmer (z. T. mit Bad) ohne Schnickschnack um einen kleinen Hof und 24-Std.-Checkout ❶–❷

Garha Safari Lodge, 14 km nördlich von Bhuj mit Blick auf den Gorudra-Stausee, ✆ 079 /6579672, ✉ gbglad1@sancharnet.in. Eine gute Wahl für Gäste mit eigenem Fahrzeug. Das Camp hat weiße Betonhütten im Stil traditioneller Häuser. ❼

Ilark, Station Rd, ✆ 02832/258999, 🖥 www. hotelilark.com. In dem Hotel mit hypermoderner Außenverglasung in rot und schwarz sind die schicksten Zimmer der Stadt, alle mit Holzfußboden, breiten Betten und Großbildfernseher. Außerdem gibt es zwei gute Restaurants und einen Baum in der Lobby. ❻–❽

Oasis, New Station Rd, ✆ 02832/254303. Auch wenn es von außen dem Ilark gleicht, ist das Oasis etwas bescheidener. Die preiswerten Zimmer verfügen aber trotzdem über TV, Wasserkocher und entweder Ventilator oder AC, auch wenn einige wenig Licht von draußen bekommen. ❹–❻

Prince, Station Rd, ✆ 02832/220370, ✉ princad1 @sancharnet.in. Alteingesessenes Mittelklassehotel mit großen, etwas abgewohnten Zimmern, hilfsbereiten Angestellten, Geldwechsel und zwei Restaurants. ❹–❻

Essen

Entlang der Station Rd stehen Stände, an denen der regionale Lieblingsimbiss *dhabeli* (würzige Linsen und Erdnüsse in Brötchen) verkauft wird. Im **Hotel Prince**, wo auch Schanklizenzen ausgegeben werden, gibt es ein Weingeschäft.

Anando Foods, nahe Kachchh Museum. Hygienisches Fastfood-Lokal mit preiswerten, südindischen Snacks, chinesischen Nudelsuppen und gebratenem Reis sowie Eis. Hauptgerichte Rs30–70.

Green Hotel, unweit vom Shroff Bazaar. Nicht auffälliges, veg. Lokal, das bei den Einheimischen für seine sättigenden *thalis* (ab Rs55), *dosas,* Punjabi-Gerichte und eine Auswahl an

Gangaram, hinter dem Aina Mahal in der Altstadt, ✆ 02832/222948, ✉ hotelgangaram@ yahoo.com. Das äußerst beliebte Traveller-Hotel besitzt gemütliche Zimmer mit Bad und TV. Außerdem gibt es Internetzugang, ein gutes Restaurant und eine Dachterrasse. Der Betreiber Rajesh Jethi ist überaus zuvorkommend und hat jede Menge Informationen zu bieten. ❸–❹

mäßig guten Pizzas, Sandwiches und Burgern beliebt ist. Hauptgerichte Rs30–70.

Green Rock, ST Rd. Elegantes AC-Restaurant mit Fotos von Bollywood- und Cricketstars an den Wänden und einer Speisekarte mit Gemüse aus Nord- und Südindien, chinesischen und westlichen Gerichten. Hauptgerichte Rs65–100. *Thalis* Rs110.

Jesal und **Toral**, Hotel Prince. Im **Jesal** gibt es Fischstäbchen und Toast mit Bohnen, einige interessante nordindische Fischgerichte, sowie veg. und nicht veg. indisches und chinesisches Essen (Hauptgerichte Rs90–200). Das **Toral** bietet für Rs140 *thalis* bis zum Abwinken.

Nilam, Station Rd. Die aufmerksamen Mitarbeiter servieren ausgezeichnete veg. indische und chinesische Gerichte – besonders zu empfehlen: Zuckermais und *Green Pepper*-Masala. Ab 11 Uhr gibt es preiswertes Frühstück. Hauptgerichte Rs60–90

Vijay, am Shroff Bazaar. Der Inbegriff eines indischen Teesalons; hier sitzen einheimische Männer zusammen, trinken süßen Schaumtee aus winzigen Tässchen und diskutieren die aktuellen Themen des Tages.

Sonstiges
Bücher
Crossword, Buchhandlung in der Nähe des Busbahnhofs.

Fahrrad- und Motorradverleih
Hotel Gangaram und **City Guest House** vermieten Motorräder (Rs350–400 pro Tag),

Gujarat

von denen allerdings viele in schlechtem Zustand sind.
Santosh Cycle Centre, nahe dem Busbahnhof, verleiht Fahrräder für Rs25–50 pro Tag.

Geld
Die **State Bank of India** in der Hospital Rd und **ICICI** gegenüber wechseln Geld und Reiseschecks. Es gibt zahlreiche **Geldautomaten**.

Informationen
Da Bhuj keine offizielle Touristeninformation besitzt, wendet man sich am besten an den Informationsschalter vom **Aina Mahal**, ☎ 02832/291702, ✉ pkumar_94@yahoo.com. ⏱ tgl. außer Sa 9–12 und 15–18 Uhr. Der freundliche und gut informierte Pramod Jethi organisiert auch Kulturführungen. (3 Std., Rs500)

Internet
Western Cyber Café, nahe dem neuen Gemüsemarkt, bietet Internetzugang für Rs20 pro Std.

Kunsthandwerk
Bhuj ist einer der günstigsten Orte in Westindien zum Einkaufen von Kunsthandwerk. In der ganzen Stadt gibt es entsprechende Läden, besonders im Shroff Bazaar und in Vaniyawad (am alten Bahnhof 1 km nördlich der Stadt).
Das Sortiment des Kala Raksha-Outlet im **Hotel Ilark** besteht nur aus sozial verantwortlich hergestellte Waren, und im **Hotel Prince** werden Produkte von Kutch Mahila Vikas Sangathan verkauft, einer Organisation, die dafür einsteht, dass die Künstler für ihre Arbeit angemessen bezahlt werden.

Transport
Busse
Der **Busbahnhof** befindet sich in der ST Station Rd am Südrand der Altstadt. Es fahren staatl. Busse nach AHMEDABAD (8–9 Std.), RAJKOT (6–7 Std.) und JAMNAGAR (8 Std.) sowie in näher gelegene Städte wie MANDVI und MUNDRA. Spärlichere Verbindungen bestehen mit einigen Dörfern im Norden von Kutch.

Die privaten Busunternehmen konzentrieren sich in der Station Rd.
Patel Tours and Travels, 100 m westlich vom Bahnhof, ☎ 02832/657781, betreibt zwei Nachtbusse nach AHMEDABAD.
Ashapura Travels, gegenüber vom Busbahnhof, ☎ 02832/252491, fährt tgl. nach Barmer (Rajasthan), jeden zweiten Tag auch mit Anschluss nach Jaisalmer (Rs240). Ein anderer Bus der Gesellschaft fährt nach Ajmer (Anschluss nach Pushkar).
Jay Somnath, gegenüber vom Green Rock-Restaurant, ☎ 02832/221919, hat Busse nach RAIJKOT.

Eisenbahn
Der **Bahnhof** befindet sich 1,5 km nördlich des Aina Mahal. Nach Ahmedabad gelangt man am besten per Bahn: entweder man nimmt den Nagari Express Nr. 19116 (Abfahrt tgl. 22.15 Uhr, Ankunft 5.05 Uhr) oder den Hazrat Express Nr. 14312 (Abfahrt Mo, Do, Sa und So 12.30 Uhr, Ankunft 19.50 Uhr). Mehrere Züge fahren tgl. nach Gandhidham, doch für diese Strecke empfiehlt sich eher der Bus.

Flüge
Der **Flughafen** liegt 5 km nördlich der Stadt.
Jet Airways, ☎ 02832/253671, und **Kingfisher**, 🖥 www.flykingfisher.com, fliegen täglich nach Mumbai.

Dörfer rund um Bhuj

Bhuj eignet sich hervorragend als Ausgangspunkt für Besuche der entlegenen Kunsthandwerksdörfer. Die meisten Freiheiten bietet die Erkundung per **Taxi** oder **Motorrad** (Infos zum Verleih s. S. 604). Die öffentlichen Busse sind langsam und verkehren nicht allzu regelmäßig von Bhuj nach Nirona (6x tgl.), Dhordo (2x tgl.) und Khavda (3x tgl.). Tipps, welche Dörfer besucht werden sollen, gibt Pramod Jethi (s. o.). Er ist Herausgeber mehrerer nützlicher Reiseführer über Kutch (Rs100, erschienen in Englisch und Französisch) und organisiert Touren (Rs1300 mit dem Auto; Rs100 mit der Motor-

Rikscha) durch die Kunsthandwerksdörfer. Für viele der abgelegenen Dörfer wird ein **Permit** benötigt, das beim District Superintendent der Polizeidienststelle, fünf Minuten zu Fuß südöstlich des Hamirsar Tank (tgl. außer So 11–14 und 15–18 Uhr), kostenlos beantragt werden kann. Diese Prozedur dauert etwa 15 Minuten; benötigt werden Kopien von Ausweis und Visum sowie die Originale.

Mandvi und Mundra

Mandvi, 60 km südwestlich von Bhuj am Golf von Kutch gelegen, unterstützt die rückläufige Schiffsbauindustrie. Händler, Seeleute und später die Briten ließen sich an diesem blühenden Hafen nieder, aber nur wenige blieben. Zeugen dieser Zeit sind prächtige europäische Villen. Mandvi verzaubert seine Besucher mit Gelassenheit und Charme. Ein kleines Geschäft reiht sich ans andere, und die **Märkte** quellen über vor Silber- und Knüpfbatikprodukten. Auf seiner Südseite wird der Meeresarm von Treibsand blockiert, was einen langen **Strand** schuf, an dem man herrlich baden oder bei Ebbe Flamingos und andere Watvögel beobachten kann. Am Meeresufer werden *dhows* handgefertigt; 50 Männer arbeiten zwei Jahre lang an jedem der Schiffe, von denen die größten mindestens US$500 000 kosten. Auftraggeber sind wohlhabende Araber aus den Golfstaaten.

Der selten besuchte **Palast Vijay Vilas**, 8 km westlich der Stadt (nach 4 km links abbiegen), steht auf einem 2,5 km² großen Gelände und wurde in den 1940er-Jahren als Sommerresidenz für den Maharao von Kutch erbaut. Heute ist er ein beliebtes Filmset. Im Innern des sandweißen, mit einer Kuppel gekrönten Gebäudes zieren Jagdtrophäen die Wände und europäische Möbel füllen die hohen Räume. Eine breite Treppe führt zu den Frauengemächern im ersten Stock. Zum Anwesen gehört auch ein Privatstrand (Eintritt Rs50) mit königlichem Pavillon. ◔ tgl. 9–13 und 15–18 Uhr; Eintritt Rs35, Fotoerlaubnis Rs50, Video Rs200. Alle 30 Minuten verkehren **Busse** und etwas schnellere, aber auch vollgestopftere Sammeltaxis (etwa Rs35) zwischen Bhuj und Mandvi.

In den letzten Jahren hat sich Mundra, 44 km östlich von Mandvi, zu Indiens größtem Privathafen entwickelt. Es gibt nicht viel zu sehen, aber auf den Märkten wird regionales Kunsthandwerk angeboten. Am besten besucht man Mundra im Rahmen eines Tagesausflugs von Mandvi (Busse stdl., 1 1/2 Std.) oder von Bhuj (Busse stdl., 1 1/2 Std.).

Übernachtung und Essen

Rukmavati Guest House, am Ufer in einem ehemaligen Krankenhaus nahe Bridge Gate, ✆ 02834/223558, ✉ hotelrukmavati@gmail.com. Tolle Budgetunterkunft; alle Zimmer verfügen über Bad und TV, und die Rs25 extra für einen Balkon lohnen sich. Es gibt eine kleine Bibliothek, und der Besitzer geizt nicht mit Informationen über die Gegend. ❹

Hotel Sea View, ebenfalls am Ufer, in der Nähe vom Busbahnhof, ✆ 02834/224481. Die winzigen Zimmer haben zwar keinen Meerblick, dafür bieten die vorderen Aussicht auf die Schiffsbauer. ❹

The Beach at Mandvi Palace, an einem privaten Strandabschnitt vom Vijay Vilas Palace, ✆ 02834/295725. Zehn Luxuszelte mit AC, Bad und Veranda sowie ein ausgezeichnetes Restaurant. Leider stehen die Zelte ein bisschen zu dicht beieinander. ❽

Abgesehen vom **The Beach** hat **Zorba the Buddha**, KT Shah Rd, westlich des Busbahnhofs hinter einem alten Stadttor, das beste Essen, z. B. ausgezeichnete veg. *thalis*.

Saurashtra

Der größte Teil von Gujarat wird von Saurashtra (oder der **Kathiawar-Halbinsel**) eingenommen, das sich von den Bergen und Sümpfen des Nordens bis zum Arabischen Meer im Süden erstreckt, im Osten begrenzt durch den Golf von Cambay und im Westen durch den Golf von Kutch. Dies ist Gujarat in seiner vielfältigsten Form: Viehzüchter teilen sich das Land mit Industriellen, moderne Stadtzentren existieren neben traditionellen Basaren, und die Architektur wurde von Hindus, Jains, Buddhisten und Moslems geprägt. Saurashtra rühmt sich nicht nur der großartigsten Jain-Tempelstadt Indiens, der **Shatrunjaya** bei **Palitana**, sondern auch mehrerer Krishna-Tempel in **Dwarka** und **Somnath** sowie Ashokas Buddhistenhauptstadt **Junagadh**.

Gandhis Geburtsstätte in **Porbandar** kommt nach wie vor große Verehrung zuteil, und seinem Andenken widmet sich ein Museum in **Rajkot**, das einst sein Elternhaus war. Im **Gir-Nationalpark** leben noch Asiatische Löwen und im **Velavada-Nationalpark** nordöstlich von Bhavnagar tummelt sich die weltweit größte Herde von Hirschziegenantilopen. Wer Sonne, Meer und Bier genießen möchte, findet hierfür kaum einen besseren Ort als die ehemals portugiesische Insel **Diu**, unmittelbar vor der Südküste Saurashtras gelegen.

Rajkot

Die im 16. Jh. gegründete Stadt Rajkot wurde von den Jadeja-Rajputen regiert, bis sie sich nach der Unabhängigkeit mit der Union von Saurashtra vereinigte. Die Stadt avancierte zu einem erfolgreichen Industriezentrum mit starker Mittelschicht. Rajkot machte sich vor allem durch **Mahatma Gandhi** einen Namen. Außer seinem Familienhaus und einem Museum bietet die Stadt jedoch wenig, was Touristen anziehen würde. Dafür eignet sich Rajkot hervorragend als Ausgangspunkt für Ausflüge in die ehemaligen Fürstenstädte der Umgebung.

Orientierung

Im Zentrum von Rajkot liegt der viel befahrene Sanganwa Chowk, von dem sternförmig drei Hauptstraßen abgehen: die **Dhebar Road** gen Süden, vorbei am 100 m entfernten ST-Busbahnhof; die **Lakhajiraj Road** gen Osten, einmal quer durch die Altstadt; und die **Jawahar Road** gen Norden, vorbei an der Alfred High School (Mahatma Gandhis ehemalige Schule, die mittlerweile offiziell seinen Namen trägt, der aber noch wenig gebräuchlich ist), den Jubilee Gardens, der 2 km entfernten **Rajkot Junction Station** (wer mit dem Zug ankommt, sollte lieber hier aussteigen als an der City Station) und dem 4 km nordöstlich gelegenen **Flughafen**.

Sehenswürdigkeiten

Das attraktivste Viertel Rajkots ist die **Altstadt**, wo noch zahlreiche traditionelle Gujarat-Häuser mit Holzfassaden, Buntglasfenstern und durch komplizierte Schnitzarbeiten verzierten Fensterläden zu besichtigen sind. Gandhis Familie zog 1881 von Porbandar hierher: Sein Elternhaus **Kaba Gandhi no Delo** liegt versteckt zwischen schmalen Gassen in der Ghitaka Road, die rund 300 m östlich des Sanganwa Chowk von der Lakhajiraj Road abgeht (die Abzweigung ist durch ein leicht zu übersehendes blaues Schild gekennzeichnet). Zu sehen ist eine kleine Ausstellung mit Artefakten und Fotos. ☉ Mo–Sa 9–12 und 15–17.30 Uhr.

Die zweite große Touristenattraktion der Stadt ist das **Watson Museum** im Jubilee Bagh, das in einem Gebäude aus dem 19. Jh. residiert. Das Museum wurde nach Colonel Watson (britischer Politikunterhändler von 1886 bis 1893) benannt und zeigt ein buntes Sammelsurium an Ausstellungsstücken von 2000 v. Chr. bis zum 19. Jh., darunter Funde aus dem Indus-Tal, mittelalterliche Statuen und Manuskripte. ☉ 9–18 Uhr, So sowie jeden 2. und 4. Sa im Monat geschlossen, Eintritt Rs50.

Gujarat

Übernachtung

Da die billigsten **Hotels** in der Nähe des Busbahnhofs einiges zu wünschen übrig lassen, lohnen sich ein paar Euro mehr durchaus – zumindest entkommt man dann dem Lärm und Schmutz des Zentrums.

Bhabha Hotel, Panchnath Rd, nahe Jawahar Rd, südlich der Alfred High School, ☎ 0281/222 0861, ✉ 222 1384. Billighotel mit kleinen EZ, DZ und 4-Bett-Zimmern. Alle mit TV und Bad ausgestattet, die teureren Zimmer auch mit Badewanne und AC. 24-Std.-Checkout. ❷–❹

Galaxy, Jawahar Rd, 100 m nördlich des Sanganwa Chowk, im 3. Stock eines Einkaufszentrums (nur per Aufzug erreichbar), ☎ 0281/222 2905. Das Hotel besitzt geräumige AC-Zimmer in Creme- und Brauntönen mit TV; die Bäder könnten allerdings besser sein. ❹–❺

Imperial Palace Hotel, Dr Yagnik Rd, ☎ 0281/248 0000, 💻 www.theimperialpalace.biz. Rajkots nobelstes Hotel, das gerne von Cricketspielern und Bollywood-Stars besucht wird. Anspruchsvolle Zimmer, Pool, Fitnesscenter und ein ausgezeichnetes Restaurant. Das Hotel ist rollifreundlich– eine Seltenheit in Gujarat. Frühstück inkl. ❼

Jyoti, Kanak Rd, 200 m nördlich des Busbahnhofs, ☎ 0281/222 5472. Dank der freundlichen Leitung für eine Nacht noch die beste unter den gammeligen und winzigen Budgetunterkünften. ❶–❷

Kavery, Kanak Rd, ☎ 0281/223 9331, 🖥 www. hotelkavery.com. Businesshotel der Mittelklasse mit geräumigen Zimmern und hellem Holzmobiliar. Kostenlose Abholung vom Flughafen und WLAN. ❻

Silver Palace, Gondal Rd, ☎ 0281/248 0008. Das professionell gemanagte Hotel unter derselben Leitung wie das **Imperial Palace** hat kleine, aber gut geschnittene Zimmer mit Bad, Wasserkocher und *"keep fit in your room"*-Broschüren. ❻

Essen

Unbedingt Ausschau halten nach der regionalen *kathiawadi*-Variante der für Gujarat typischen *thalis* – mit Ingwer und Knoblauch. Rajkot ist auch wegen seiner auf Milchbasis produzierten Süßspeisen bekannt, z. B. *thabdi halwas* und mit Safran gewürzte *kesar pedas*.

Adingo, Limda Chowk, neben Hotel Harmony. Elegantes Lokal mit roten Tischen und Stühlen. Auf der Karte stehen Frühstück, Fast Food, indische und chinesische Gerichte; besonders zu empfehlen ist das *paneer tikka* (Rs45–100).

Bukhara, Hotel Kavery, Kanak Rd. Schickes Restaurant mit guten nord- und südindischen

Echt gastfreundlich

Lord's Banquet, Kasturba Rd. Das von Einheimischen hoch gelobte AC-Restaurant hat hervorragende nordindische Speisen (Rs80–150) und ausgezeichneten Service. Hier dürfen die Gäste die Schärfe ihrer Gerichte und sogar die Knusprigkeit ihrer *roti* selbst bestimmen. Für Snacks, Fast Food und Eis gibt es das **Temptations** unter gleicher Leitung im Nachbargebäude.

sowie chinesischen, mexikanischen und italienischen Gerichten (Hauptgerichte Rs50–150) und Gujarat-*thalis* zum Mittag.

Grand Regency, Hotel Grand Regency, an derDebar Rd gelegen. Empfehlenswertes internationales Hotelrestaurant. Die verglaste Küche ist eine Attraktion für sich und ermöglicht den Gästen bei der Zubereitung indischer Brote (z. B. *naan*) zuzusehen. Hauptgerichte Rs75–150.

Sonstiges

Geld

State Bank of Saurashtra, nördlich des Sanganwa Chowk – nach dem blauen ATM-Schild Ausschau halten, da der Name der Bank nur auf Gujarati angeschrieben ist.

Informationen

Die relativ überflüssige **Touristeninformation**, ☎ 0281/223 4507, liegt nördlich des Sanganwa Chowk hinter der State Bank of Saurashtra. ◷ Mo–Sa 10.30–13.30 und 14–18 Uhr, 2. und 4. Sa im Monat geschlossen

Internet

Buzz Cyber Café, gegenüber vom Lord's Banquet, Rs15 pro Std.

Post

Hauptpost, Sadar Rd, nahe Jawahar Rd, gegenüber den Jubilee Gardens.

Transport

Busse

Regelmäßig fahren staatliche Busse nach Jamnagar (2 Std.), Junagadh (2–2 1/2 Std.), Porbandar (5 Std.) und Veraval (5 Std.).

Eagle Travels, Ring Rd, gegenüber Adani Hyper Market, ☎ 0281/554444, unterhält komfortablere AC-Verbindungen nach AHMEDABAD, VADODARA und MUMBAI.

Jay Somnath, Gondal Rd, 50 m südlich vom Telegraph Office, ☎ 0281/243 3315, bietet Busse nach BHUJ (5–6 Std.).

Eisenbahn

Der Hauptbahnhof **Rajkot Junction** befindet sich 2 km außerhalb der Innenstadt.

Gujarat

Flüge
Der **Flughafen** liegt 4 km nordwestlich der Stadt. Jet Airways, gegenüber Lord's Banquet, ℘ 0281/247 9623, fliegt tgl. nach Mumbai.

Die Umgebung von Rajkot

Die Prinzen des Rajkot-Distrikts hinterließen ein reiches Erbe an prächtigen Villen, deren architektonische Stilrichtungen vom detailverliebten 17. Jh. bis hin zum Jugendstil reichen. Die meisten Busse zwischen Rajkot und Ahmedabad halten in **Sayla**, 87 km östlich, wo eine Kolonialvilla ins **Old Bell Guest House**, ℘ 02755/280017, ✉ saylaheritage@rediffmail.com, ❻–❼, mit großen AC-Zimmern und einem guten Restaurant umgewandelt worden ist. Auf dem Gelände gibt es ein Riesen-Schachbrett und einen alten Tennisplatz. In Sayla kann man verschiedenartiges Kunsthandwerk kaufen, darunter Perlen- und Webarbeiten. Die Stadt ist ein guter Ausgangspunkt für einen Abstecher ins nur gelegene **Wadhwan**, das für seine *bandhani*-Knüpfbatiken und Messingarbeiten bekannt ist.

Wankaner
Im prunkvollen **Palast Ranjit Vilas** (Besuchserlaubnis rechtzeitig anfordern unter ℘ 02828/220000) in Wankaner, 39 km nordöstlich von Rajkot, leben bis heute die Nachkommen der einstigen Herrscher über den alten Staat gleichen Namens. Das zwischen 1899 und 1914 erbaute Gebäude liegt inmitten der Ebenen von Saurashtra und ist schon von weitem zu sehen. Die außergewöhnliche, bogenförmige Fassade präsentiert sich als buntes Mischmasch architektonischer Stile, beeinflusst von den Moguln sowie von italienischer, maurischer und viktorianischer Gotik – mit Buntglasfenstern, Türmen mit Kuppeldächern und Kronleuchtern. **Unterkunft** in prächtigem Art-déco-Ambiente bietet die nahegelegene Sommerresidenz der Familie, das **Royal Oasis**, ℘ 02828/220000, ℡ 220002, mit geräumigen Zimmern, VP und Hallenbad. ❼

Gondal
Gondal, 39 km südlich von Rajkot, wird alle 30 Min. von Bussen angesteuert (1 Std. Fahr-

zeit). Die Nachkommen der Aristokratenfamilie haben den Gästeflügel ihres **Huzoor-Palasts** in das **Orchard Palace Hotel**, ℘ 02825/224550, ✉ hghgroup@yahoo.com, VP inkl. ❼–❽, umgewandelt. Die großen Zimmer mit hohen Decken, Himmelbetten und antiken Möbeln blicken auf Obsthaine. Gondal ist ein Zentrum für Perlenstickerei, Handweberei, Silberwaren, handgemachte Messingbehälter und ayurvedische Medizin. Gute Adressen zum **Einkaufen** sind der Markt in der Darbargadh Road und das Kaufhaus Udyog Bharati in der Nähe des Palasts.

Jamnagar

Nahe der Nordwestküste von Saurashtra birgt das hektische Jamnagar mehrere architektonische Überraschungen. Die im 16. Jh. am Ostufer des Ranmal Lake – in dessen Mitte sich das kreisrunde Lakhota-Fort erhebt – gegründete Stadt wurde Ende des 19. und Anfang des 20. Jhs. mehrere Jahre lang von **K. S. Ranjitsinhji** regiert, der für England Cricket spielte. Unter seiner Führung entstanden mehrere attraktive Gebäude, heute die Zeugen seiner erfolgreichen Regierungsperiode. Jamnagar hat sich außerdem für seine hervorragende *bandhani* (Knüpfbatik) einen Namen gemacht, die man überall auf den Märkten in der Umgebung von Darbargadh erstehen kann.

Ranjitsinhjis bemerkenswertester Bau ist **Willingdon Crescent**, dessen schwungvolle Fassade die breiten Straßen des Chelmsford Market und den alten Palast **Darbargadh** überblickt. Im Herzen der Stadt, nahe der Ranjit Road und südwestlich des Bedi Gate, steht die aus dem späten 19. Jh. stammende **Ratan Bai-Moschee**. Diese riesige, überwölbte Gebetshalle – deren Sandelholztüren mit Einlegearbeiten aus Perlmutt verziert sind – bildet einen scharfen Kontrast zu den beiden benachbarten, prächtigen **Jain-Tempeln**, die jeweils mit außergewöhnlichen **Wandmalereien** versehen sind. Der spektakulärere der beiden Tempel, **Shantinath Mandir**, besticht mit seinem Irrgarten aus bunt bemalten Säulen. Die große Kuppel über dem **Adinath Mandir** dagegen schmückt sich mit einem bunten, golddurchsetzten Mosaik, und beide Tempel werden über ihrem Eingangsportal durch ein Muster aus Spiegeln verschönert. Die Tempel bilden gleichzeitig den Eingang zum **Chandni Bazaar**, einem fast kreisrunden Marktviertel, das durch Mosaike, Balkone und detailverliebte Schnitzereien an den Türen aufgewertet wird.

Ranmal Lake und **Lakhota-Palace** westlich der Altstadt waren das Ergebnis einer Arbeitsbeschaffungsmaßnahme in den 1750er-Jahren, als der Staat Jamnagar von einer schlimmen Dürre heimgesucht wurde. Der Palast ist in beiden Richtungen über einen Damm mit dem Festland verbunden, aber nur von Norden aus zugänglich. Beim Betreten der Anlage kommt man an einer Wachstube vorbei, in der Musketen, Schwerter und Pulverkolben zur Schau gestellt werden. Das Museum im oberen Stockwerk zeigt eine mittelmäßige Ausstellung von Gemälden, Skulpturen, traditioneller Kunst und Münzen. ☉ 10.30–14 und 14.30–17.30 Uhr, Mi sowie jeden 2. und 4. Sa im Monat geschlossen, Eintritt Rs50.

Südlich des Sees erhebt sich das mächtige **Bhujia-Fort**, das beim Erdbeben von Jamnagar schwer beschädigt wurde und seitdem für Besucher geschlossen ist. Der **Tempel Bala Hanuman** am Rand der Altstadt ist Schauplatz von Gesängen („Shree Ram, Jay Ram, Jay Jay Ram"), die rund um die Uhr andauern und seit 1964 nicht mehr unterbrochen wurden, was dem Tempel eine Erwähnung im *Guinnessbuch der Rekorde* eingebracht hat.

Übernachtung

Passable Unterkünfte in Jamnagar sind dünn gesät. Die billigen Hotels im und um den New Super Market liegen unter dem gewohnten Standard.

Aram, Nand Niwas, Pandit Nehru Marg, ☎ 0288/255 1701, 🖥 www.hotelaram.com. Palastartiges weißes Gebäude – ehemaliges Zuhause eines Nachfahren der Herrscherfamilie – mit blauen Markisen, erinnert an ein britisches Strandhotel. Die großen, etwas verblichenen AC-Zimmer verströmen charmantes Raj-Flair und sind mit europäischen Antiquitäten eingerichtet. ❺

Ashiana, 3. Stock, New Super Market, ☎ 0288/ 255 9110. Für ein Budgethotel gibt es recht

Ausgezeichnetes Hotelrestaurant

7 Seas, Hotel President. Getreu dem nautischen Motto des Hotels hat das Restaurant eine bullaugenartige Tür und ist mit maritimen Gemälden verziert. Hier gibt es einige der besten nicht veg. Gerichte von Jamnagar. Das Curry mit gebackenem Lammfleisch ist absolut köstlich und die Ananas-Lassi darf man sich auf keinen Fall entgehen lassen.

geräumige Zimmer mit TV und Bad. Zur Auswahl stehen AC-Zimmer mit Teppichboden sowie schäbigere, die spartanisch ausgestattet sind. ❷–❹

Gayatri Guest House, Summer Club Rd, fünf Minuten zu Fuß südlich des Busbahnhofs, im 2. Stock gegenüber dem Rathi Hospital, ☎ 0288/256 4727. Bescheidene DZ, teilweise mit AC und TV, günstige EZ und 24-Std.-Checkout. ❸–❹

President, Teen Batti, ☎ 0288/255 7491, 🖥 www.hotelpresident.in. Das gut geführte Hotel hat einfache Zimmer mit Balkon und TV, Geldwechsel und ein gutes Restaurant. An der Rezeption lassen sich Ausflüge zum Vögelbeobachten, Segeltörns und Besuche des hiesigen Wasserschutzgebietes organisieren; kostenloser Flughafentransfer. ❸–❺

Punit, Pandit Nehru Marg, unmittelbar nordwestlich vom Teen Batti, ☎ 0288/255 9275, ✆ 255 0561. Beliebte Unterkunft mit kleiner, charmanter Dachterrasse. Luftige, türkis gestrichene Zimmer mit Teppichen und etwas altmodischer Einrichtung. ❸–❹

Essen

Fresh Point, in der Nähe vom Rathaus. Das bescheidene Lokal mit vielen einheimischen Stammgästen verwöhnt seine Gäste mit Punjab- und anderen nordindischen Gerichten (Rs30–70).

Kalpana, Teen Batti. Alterndes Dekor, aber durchaus verlockende vegetarische Snacks: Burger, *dosas*, Milchshakes und Eiscreme (Rs20–50).

Madras, Teen Batti. In dem beengten Speisesaal und dem etwas größeren AC-Raum werden großartige Punjabi-, südindische, Jain- und chinesische Gerichte aufgetragen, außerdem umwerfende veg. *jalfrezi* (Rs30–80).

Sonstiges

Kurse
Jamnagar's Ayurvedic University, 1 km nordwestlich vom Teen Batti, ☎ 0288/277 0103, 🖥 www.ayurveduniversity.com. Hier werden verschiedene Kurse, Massagen, Yoga und Schlammbäder angeboten.

Reisebüros
Savetime Travel, Bedi Gate Rd, ☎ 0288/255 3137, verkauft Flugtickets und erteilt Reiseinformationen.

Transport

Busse
Vom staatlichen **Busbahnhof** sind es nur 2 km zu Fuß oder per Rikscha gen Westen am Ranmal Lake vorbei zum Bedi Gate und New Super Market, dem inoffiziellen Stadtzentrum. Die Busse aus Rajkot fahren auf dem Weg zum Busbahnhof durch die Stadt, sodass die Möglichkeit besteht, sich am Bedi Gate absetzen zu lassen. Wer in Richtung Rajkot reisen möchte, kann den Bus vor dem Hotel President heranwinken. Staatliche Busse fahren regelmäßig nach RAJKOT (2 Std.), JUNAGADH (4 Std.), PORBANDAR (4 Std.) und DWARKA (3–4 Std.).

Einige **Privatbusse** fahren am Pancheshwar Tower nahe Teen Batti ab. **Patel Tours & Travels**, ☎ 0288/255 2419, bietet Verbindungen nach AHMEDABAD und BHUJ.

Eisenbahn
Vom **Hauptbahnhof** führt eine 6 km lange Fahrt Richtung Südosten in die Stadt, vorbei am großen Platz Teen Batti. Die meisten Züge halten auch am kleineren Bahnhof Gandhinagar, 2 km vom Zentrum entfernt.

Flüge
Der **Flughafen** liegt 8 km westlich vom Busbahnhof. **Indian Airlines**, Bhid Bhanjan Rd, ☎ 0288/255 0211, fliegt tgl. nach Mumbai.

Dwarka

Im äußersten Westen der Halbinsel bieten die fruchtbaren Weizen-, Erdnuss- und Baumwollfelder einen angenehmen Kontrast zu den dürren Ebenen des Inlands. Gemäß einer Hindu-Legende floh Krishna aus Mathura in diese Küstenregion und erkor Dwarka zu seiner Hauptstadt. So richtig erwacht Dwarka während der großen Hindufestivals zum Leben, von denen das Shivratri Mela (Feb/März) und Janmashtami (Aug/Sep) am ausgelassensten gefeiert wird. Der kunstvoll verzierte Turm des aus dem 16. Jh. stammenden **Dwarkadish-Tempels** ragt 50 m über die Stadt empor. Der Zutritt ist auch Nichthindus erlaubt, allerdings muss man zuvor unterschreiben, dass die Religion respektiert wird. ⏱ tgl. 7–12.30 und 17–21.30 Uhr.

Als Krishna mit dem Yadava-Clan nach Dwarka kam, machte er sich mit Prinzessin Rukmini auf und davon. Der kleine **Rukmini-Tempel** aus dem 12. Jh. liegt 1 km östlich der Stadt und ist architektonisch eindrucksvoller als der Dwarkadish-Tempel; all seine Wände werden von Elefanten, Blumen, Tänzern sowie Shiva in verschiedenen Erscheinungsformen geziert. Ein großartiger **Ausblick** über die Stadt und das dahinter liegende Meer bietet sich von der Spitze des Leuchtturms. ⏱ tgl. 17–18.30 Uhr, Eintritt Rs10.

Übernachtung und Essen

Die Übernachtungsmöglichkeiten in Dwarka sind preiswert.
Gurupreena, an der Zufahrtsstraße vom Highway zum Busbahnhof, ☎ 02892/235512. Saubere und komfortable Zimmer, die teureren mit AC. ❸–❹
Hotel Rajdhani, Hospital Rd, zwischen Busbahnhof und Tempel, ☎ 02892/234070. Einfache Zimmer mit TV und entweder AC oder Ventilator. ❹
Meera, an der Zufahrtsstraße, hat günstige veg. *thalis*.

Sonstiges

Internet
Shreeji Cybercafé, gegenüber dem Hotel Uttam, ☎ 02892/234692, Rs40 pro Std.

Gujarat

Touren

Dwarka Darshan, im Gemüsemarkt, ☎ 02892/234093, veranstaltet jeweils um 8 und 14 Uhr Touren zum unterirdischen Jyotrilingam im Nageshwar-Tempel, 16 km von Dwarka entfernt (Rs50).

Transport

Busse

Vom **Busbahnhof** an der Straße nach Okha bestehen regelmäßig Verbindungen nach AHMEDABAD (6x tgl., 11 Std.), JAMNAGAR (8x tgl., 3–4 Std.), JUNAGADH (3x tgl., 5–6 Std.), PORBANDAR (stdl., 3 Std.) und VERAVAL (stdl., 6 Std.).

Eisenbahn

Die Züge kommen am **Bahnhof** nördlich der Stadt an.

Porbandar

Porbandar, einst internationaler Hafen und Hauptstadt des Fürstentums, liegt zwischen Veraval und Dwarka. Bekannt ist die Stadt vor allem als Geburtsort von **Mahatma Gandhi**, sie wird aber auch eng mit der Legende von **Krishna** in Verbindung gebracht – früher hieß der Ort Sudampuri, nach einem von Krishnas Gefährten. Die Hauptstraße Porbandars, die **Mahatma Gandhi (MG) Road**, verläuft von einem Brunnen im Osten (nordöstlich davon liegt der **Bahnhof**) zu einem dreiflügligen **Tor** im Westen, ganz in der Nähe von Gandhis Geburtshaus. Auf dem großen **Main Square** wird die MG Road von der Arya Sumaj Road geschnitten, die im Norden zur Jubilee Bridge und im Süden zum **GPO** führt. Unmittelbar östlich davon liegt der **ST-Busbahnhof** (über die ST Road mit der MG Road verbunden) und im Süden Porbandars größter Strand.

Die Stadt bietet wenig Sehenswertes, abgesehen von **Gandhis Geburtshaus**, einer rührend einfachen Gedenkstätte zu Ehren der „Großen Seele". Im Innern des Gebäudes, im Westteil der Stadt, herrscht gähnende Leere – mit Ausnahme der Wände in den Lese- und Gebetszimmern der oberen Stockwerke, wo verblichene Spuren von Malereien zeugen. Kirti Mandir, eine in den 1950er-Jahren errichtete Gedenkstätte für den Mahatma und seine Ehefrau, beherbergt Fotografien und Artefakte aus dem deren Leben. ☉ 7.30–19.30 Uhr, Eintritt frei, die Führer erwarten jedoch eine Spende.

Die ehemaligen Maharadscha-Paläste befinden sich unweit des Chowpatty Sea Face. Der **Huzoor-Palast** wird noch von einer Familie mit aktuellem Wohnsitz in London genutzt, wenn sie sich auf Urlaub hier aufhält. Der **Palast Daria Rajmahal** unweit des Leuchtturms beherbergt heute ein College. Sehenswert ist auch der in der Nähe des Busbahnhofs gelegene Pavillon **Grishmabhawan** mit seinen Bögen, der im 18. Jh. für den Dichter und Maharadscha Sartanji erbaut wurde. Der See von Porbandar ist ein ausgewiesenes Vogelschutzgebiet, doch mehr **Flamingos** als hier bekommt man an den kleinen Flüssen entlang der Küste zu Gesicht, wo auch die Schiffsbauer ihrer Arbeit nachgehen. Jahr für Jahr tummeln sich über 1000 Walhaie an den Küsten nahe Porbandar und Veraval. Der **Wildlife Trust of India**, ☎ 011/2632 6025, 🖳 www.wti.org.in, organisiert Tauchgänge (allerdings ohne Ausrüstung) und Fahrten auf Forschungsbooten.

Übernachtung

Indraprasth, nahe ST Rd, ☎ 0286/224 2681, 🖳 www.hotelindraprasth.biz. Eine von mehreren anständigen, aber nicht gerade aufregenden Mittelklasseunterkünften in Porbandar. Einfache Zimmer in warmen Farbtönen mit TV und Bad; AC kostet extra. ❷–❹

Moon Palace, MG Rd, 100 m östlich vom Hauptplatz, ☎ 0286/224 1172, ✉ hmppbr@hotmail.com. Etwas düstere Zimmer, aber sauber, komfortabel und preiswert. Alle mit Bad / TV. ❷–❹

Silver Palace, Silver Complex, nahe MG Rd, ☎ 0286/225 2591. Gutes Hotel, makellose Zimmer

Erstklassig

Natraj, MG Rd, nahe dem Moon Palace, ☎ 0286/221 5658, 🖳 www.hotelnatrajp.com. Mit Abstand Porbandars bestes Hotel. Erfrischend kühle, minimalistisch eingerichtete Zimmer zum Schnäppchenpreis. Gutes Restaurant und Geldwechsel. ❸–❺

Gujarat

mit TV, Kühlschrank und allem möglichen Schnickschnack (z. B. Polsterstühle und kleine Tische). Am besten mehrere Zimmer zeigen lassen, da manche sehr grell gestrichen sind. ❸–❹

Essen

Obwohl Porbandar in Gujarat für seine Meeresfrüchte bekannt ist, sind diese recht schwer zu finden. Generell gibt es wenige Restaurants, die nicht zu einem Hotel gehören.

Moon Palace, MG Rd. Das sehr beliebte Hotelrestaurant serviert Gujarat-*thalis* für Rs50–85, Punjab-Gerichte und westliche Snacks. Öffnet zeitig zum Frühstück.

National, MG Rd. In dem moslemischen Restaurant bekommen die immer zufriedenen Gäste kleine, aber vorzügliche Fleischportionen oder veg. Essen (Rs30–90).

Natraj, Natraj Hotel. Im selben Stil und mit gleicher Effizienz geführt wie das Hotel. Moderner Speisesaal und vielseitiges Angebot indischer und chinesischer Gerichte sowie leckere Pizza und Pastagerichte – Letztere eine echte Seltenheit in Gujarat (Rs40–120).

Swagat, MG Rd, 250 m östlich des Main Square. Entspanntes, schummrig beleuchtetes Lokal mit guter, preiswerter Punjab- und Südindien-Küche (Rs30–85). Am Wochenende meist sehr voll.

Sonstiges

Geld

Die **Banken** in der MG Rd wechseln Bargeld und Reiseschecks.

Internet

Shiny the Cyber Hut, unter dem Indraprasth Hotel, bietet Internetzugang für Rs30 pro Std.

Reisebüros

Eagle Travels, ✆ 0286/221 2089, betreibt Busse, u. a. nach RAJKOT (5 Std.), AHMEDABAD (10 Std.) und JUNAGADH (3 Std.); es verkehren aber auch langsamere staatliche Busse.

Thankys Tours and Travels, MG Rd, nahe Dreamland Cinema, ✆ 0286/224 4344, Buchung von Taxis, nationalen Flügen und Fahrkarten für den Saurashtra Express Nr. 9216.

Transport

Eisenbahn

Der Saurashtra Express Nr. 19216 fährt tgl. um 21.05 Uhr ab, Ankunft in AHMEDABAD um 6 Uhr und in MUMBAI um 19.15 Uhr.

Flüge

Der **Flughafen** liegt 5 km außerhalb.
Jet Airways fliegt 5x wöchentl. nach MUMBAI (1 1/2 Std.).

Junagadh und Umgebung

Die Kleinstadt Junagadh (oder Junagarh) fasziniert bereits aus der Ferne mit ihrer Skyline aus Kuppeln und Minaretten. Die bunten Basare laden zu einem Streifzug ein, und die vielen buddhistischen Bauwerke, Hindutempel, Moscheen, gotischen Torbögen und Villen – ganz zu schweigen von den großartigen Jain-Tempeln auf dem **Mount Girnar** – machen Junagadh zu einer aufregenden Stadt.

Vom 4. Jh. v. Chr. bis zum Tod Ashokas (ca. 232 v. Chr.) war Junagadh die Hauptstadt von Gujarat und stand unter der Herrschaft der buddhistischen Mauryas. Die kurzen Regierungsperioden der Kshatrapas und der Guptas endeten, als die Stadt in die Hände der hinduistischen Chudasanas fiel. Sie mussten sich jedoch bald darauf den moslemischen Invasoren geschlagen geben, die bis zur Unabhängigkeit regierten. Unter dem Druck der gesamten Region wurde Junagadh nicht, wie ursprünglich geplant, Teil von Pakistan, sondern schloss sich der Indischen Union an.

Der heilige Mount Girnar 4 km außerhalb lässt das **Shivaratri Mela** (Feb/März) in Junagadh zu einem besonders großen Ereignis werden. Jedes Jahr kommen aus diesem Anlass Tausende in Safrangelb gekleidete Sadhus in die Stadt und kampieren in den Straßen. Neun Tage lang wird die Stadt beherrscht von Prozessionen, rituellen Klängen, Darstellungen bußfertiger, asketischer Praktiken, Feuerwerken, Volkstänzen, Bhawai-Theater und Chillum rauchenden Menschen. Mittlerweile nehmen jeden November bis zu 1 Million Menschen am Parikrama teil, einer 36 km langen, 5-tägigen Prozession um den

Gujarat

Fuß des Girnar und die umliegenden Hügel. Reisende, die ihren Aufenthalt auf eine dieser Feierlichkeiten legen, sollten ihre Unterkünfte weit im Voraus buchen.

Orientierung

Die recht kompakte Stadt konzentriert sich auf das quirlige Marktviertel rund um den **Chittakhana Chowk**. Richtung Nordwesten, in der Nähe des **Bahnhofs**, führen ruhige, breite Straßen an den majestätischen **Muqbara-Bauwerken** vorbei, während auf dem Circle Chowk und dem Janta Chowk im Südosten hektische Betriebsamkeit herrscht. Der Circle Chowk wird von einer wunderschönen, halbkreisförmigen Terrasse zwischen mächtigen gotischen Toren im viktorianischen Stil dominiert und der Janta Chowk von der **Durbar Hall** mit ihrem bescheidenen Museum. In südlicher Richtung verläuft die MG Road zum **Kalwa Chowk**.

Die Stadt

Auf einem von dicken Mauern umgebenen Hügel erhebt sich die imposante Festung **Uperkot**, der von Adlern, Silberreihern und Eichhörnchen bevölkert wird. Der Legende nach stammt die Festung aus der Zeit der Yadavas (Krishnas Clan), die von Mathura nach Dwarka flohen; Historiker sind jedoch der Meinung, dass sie 319 v. Chr. von Chandragupta Maurya erbaut wurde. 976 n. Chr. von moslemischen Eroberern wieder entdeckt und instand gesetzt, gewann die Festung erneut an verteidigungsstrategischer Bedeutung und widerstand in den darauffolgenden 800 Jahren 16 Belagerungen.

Den Eingang zur Zitadelle bilden drei beeindruckende Durchgänge, die während der moslemischen Besatzung in soliden Felsen gehauen wurden. Hier beginnt ein gepflasterter Weg, der sich zum Gipfel der Festungsanlage schlängelt, wo die verlassene **Jama Masjid** steht. Die beiden Furcht einflößenden Kanonen gegenüber der Moschee wurden 1530 benutzt, um die Festung von Diu gegen die Portugiesen zu verteidigen, und erst 1538 an dieser Stelle aufgebaut. ◷ tgl. 7.30–18.30 Uhr, jeden 2. und 4. Sa im Monat geschlossen, Eintritt Rs50.

Nördlich der Jama Masjid liegt ein Komplex kleiner Zellen, die sich um mehrere Höfe formieren und ebenfalls in den nackten Fels geschlagen wurden. Diese **Buddhistenhöhlen** entstanden im 3. oder 4. Jh. n. Chr. und lassen auf ihren Säulen im unteren Bereich noch immer Spuren von Figurinen und Blattmotiven erkennen; ◷ tgl. 8–18 Uhr; Eintritt Rs100. Ganz in der Nähe führen mehr als 170 Stufen hinunter zum **Adi Chadi Vav**, aus dem 15. Jh. Der eindrucksvollere **Navghan Kuva** aus dem 11. Jh., südöstlich der Festung, besitzt eine wunderschöne Treppe, die sich rund um den Brunnenschacht bis zum kaum beleuchteten Wasser mehr als 52 m tiefer windet. Ein großes Bassin in der Nähe fängt das Wasser aus den umliegenden Bergen auf, um die Stadt mit dem kostbaren Nass zu versorgen.

Am Fuße der Südwand von Uperkot liegen die **Babupyara-Höhlen**, zwischen 200 v. Chr. und 200 n. Chr. aus dem Fels geschlagen, die bis zur Zeit Ashokas von den Buddhisten und dann von den Jains benutzt wurden. Eintritt Rs100. Die schlichteren und jüngeren **Khapra-Kodia-Höhlen** nördlich von Uperkot sind in relativ gutem Zustand und über Treppen, Säulengänge und Passagen miteinander verbunden.

Westlich des Haupteingangs zur Festung, auf dem Janta Chowk, beherbergt der ehemalige Palast der Nawabs (moslemische Landbesitzer) heute u. a. das **Durbar Hall Museum**. In der Halle stehen silberne Stühle säuberlich aufgereiht um einen großen Teppich, wertvolle Silberuhren verbergen gammelige ausgestopfte Vögel und von der Decke hängen riesige, bunte Kronleuchter herab. ◷ 9–12.15 und 15–18 Uhr, Mi sowie jeden 2. und 4. Sa im Monat geschlossen, Eintritt Rs50.

Junagadhs bedeutendstes moslemisches Bauwerk ist die reich verzierte **Maqbara** in der MG Road gegenüber dem Gerichtshof. Die flachen, quadratischen Mausoleen – nicht zu vergleichen mit anderen Grabmälern in Gujarat – stammen aus dem 19. Jh. und wurden für moslemische Herrscher erbaut. Zahlreiche große, bauchige Kuppeln krönen die Gebäude. Das prächtigste Mausoleum ist eindeutig das von Mahabat Khan I. aus dem Jahre 1892; den Preis für Auffälligkeit jedoch erhält das aufwendig gestaltete Grabmal des Wesirs Sahib Baka-ud-din Bhar, das vier Jahre später entstand und an jeder Ecke von hohen Minaretten mit Wendeltreppen begrenzt wird.

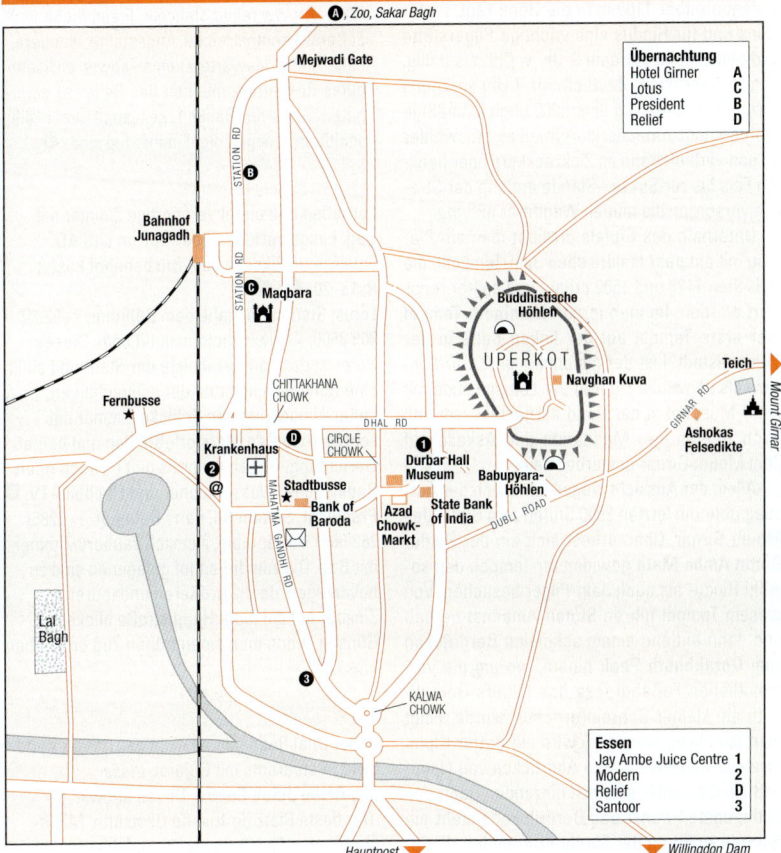

A, Zoo, Sakar Bagh

Mejwadi Gate

Übernachtung
Hotel Girner   A
Lotus   C
President   B
Relief   D

STATION RD

Bahnhof
Junagadh

Maqbara

Buddhistische
Höhlen

UPERKOT

Teich

Mount Girnar

CHITTAKHANA
CHOWK

D HAL RD

Navghan Kuva

GIRNAR RD

Ashokas
Felsedikte

Fernbusse

Krankenhaus

CIRCLE
CHOWK

Durbar Hall
Museum

Babupyara-
Höhlen

Stadtbusse

MAHAMA GANDHI RD

Bank of
Baroda

Azad
Chowk-
Markt

State Bank
of India

DUBLI ROAD

Lal
Bagh

KALWA
CHOWK

Essen
Jay Ambe Juice Centre   1
Modern   2
Relief   D
Santoor   3

Hauptpost

Willingdon Dam

Gujarat

Ashokas Felsedikte

2 km östlich der Stadt, an der Straße nach Girnar, erinnert eines der buddhistischen Felsedikte Ashokas an Junagadhs berühmtesten Monarchen. Das Edikt steht seit dem 3. Jh. v. Chr. an dieser Stelle, allerdings leidet seine Ausstrahlung heute unter der modernen Betonplattform und Überdachung. Die im Prakrit-Dialekt in den Granit gemeißelten Verse preisen die buddhistische Lehre und die Gleichberechtigung, und rufen die unterschiedlichen religiösen Sekten dazu auf, in Harmonie miteinander zu leben und die Kriege zu bereuen. Durch ihre Lage an der Pilgerroute zum heiligen Berg Girnar, besaßen Ashokas Felsedikte bleibenden Einfluss – selbst im 7. Jh. n. Chr. gab es in Junagadh noch 3000 Buddhisten und über 50 Klöster. Auf dem gleichen Felsen sind übrigens auch ein paar Sanskrit-Inschriften zu erkennen, die während der Herrschaft von König Rudraman (150 n. Chr.) und Skandagupta (455 n. Chr.) hinzugefügt wurden. ⏱ tgl. 8–13 und 14–18 Uhr, Eintritt Rs100.

Mount Girnar

Der erloschene Vulkan Mount Girnar (Anfahrt mit Motor-Riksha für Rs60), der 4 km östlich von Junagadh über 1100 m in die Höhe ragt, ist für Jains und für Hindus eine wichtige Pilgerstätte und galt bereits vor dem 3. Jh. v. Chr. als heilig. Es empfiehlt sich, deutlich vor 7 Uhr morgens loszulaufen. Der Weg über 5000 ungleichmäßige Stufen steigt zunächst durch Eukalyptuswälder an und verläuft dann im Zickzackkurs über nackten Fels bis zur Spitze – Stände entlang der Strecke versorgen die müden Wanderer mit *chai*.

Unterhalb des Gipfels erreicht man ein Plateau mit ein paar malerische Jain-Tempeln, die zwischen 1128 und 1500 erbaut und später renoviert wurden. Im marmornen **Neminath-Tempel** (der erste Tempel auf der linken Seite in der „Tempelstadt") ist der gleichnamige 22. *tirthankara* als schwarze Figur in der Lotusposition mit einer Muschel in der Hand dargestellt – er soll nach 700-jähriger Meditation und Askese auf dem Mount Girnar gestorben sein.

Allein der Aussicht wegen lohnt sich der Aufstieg über die letzten 2000 Stufen zum Gipfel des Mount Girnar. Oben erhebt sich ein der Hindu-Göttin **Amba Mata** gewidmeter Tempel, den sowohl Hindu- als auch Jain-Pilger besuchen. Von diesem Tempel führen Stufen zunächst bergab und dann entlang einem schmalen Bergrücken zum **Gorakhnath Peak** hinauf, wo um die vermeintlichen Fußabdrücke des Pilgers Gorakhnath ein kleiner Schrein errichtet wurde. Folgt man dem Weg weiter, so wird ein dritter Gipfel erreicht, diesmal mit den Abdrücken von Neminaths Füßen unter einem schützenden Dach. Am entlegensten Punkt des Bergrückens steht ein Schrein zu Ehren der Furcht erregenden Hindu-Göttin **Kali** (eine Erscheinung Durgas). Dies ist ein Lieblingsplatz der fast nackten **Aghora-Asketen**, die ihrer absoluten Abkehr von der Welt Ausdruck verleihen, indem sie ihre eigenen Begräbnisse inszenieren.

Übernachtung

Reisende, besonders Frauen, sollten die **Hotels** in der Gegend um den Kalwa Chowk meiden. **Hotel Girner**, außerhalb der Stadt, 2 km nördlich vom Busbahnhof, ☎ 0285/2621201. Wird (leidenschaftslos) von Gujarat Tourism

Relief, Dhal Rd, Chittakhana Chowk, ☎ 0285/262 0280, 🖥 www.reliefhotel.com. Freundliche und äußerst kenntnisreiche Angestellte, saubere, helle und preiswerte Zimmer sowie ein sehr gutes Restaurant machen das Relief zu einer guten Wahl für Backpacker, auch wenn die sanitären Anlagen nicht immer top sind. ❸

betrieben und bietet vernünftige Zimmer mit Bad. Einige verfügen über Balkon und AC. Eine Motor-Riksha vom Busbahnhof kostet Rs15–20. ❸ – ❹

Lotus, Station Rd, nahe dem Bahnhof, ☎ 0285/265 8500, 🖥 www.thelotushotel.com. Dieses Hotel ist das komfortabelste der Stadt und stellt eine Ruheoase inmitten der schmuddligen, lauten Umgebung dar. Schicke Zimmer mit schwarz-weißen Marmorfußböden und beiger Einrichtung. Gegen Aufpreis gibt es auch noch Badewanne, Wasserkocher und Flachbild-TV. ❺

President, Station Rd, nahe Bahnhof, ☎ 0285/262 5661. Akzeptable, ziemlich saubere Zimmer mit Bad. Die zum Innenhof gelegenen sind zu bevorzugen, da die größeren und teureren Zimmer auf die laute Hauptstraße blicken. Günstig, wenn man einen frühen Zug erwischen muss. ❹

Essen

In der Dhal Road gibt es nicht veg. *dhabas* und viele Restaurants mit Gujarat-*thalis*.

Jay Ambe Juice Centre, Diwan Chowk. Der beste Platz für frische Obstsäfte, Milchshakes und Eis. Besonders empfehlenswert: Getränke aus den *kesar*-(Safran) Mangos (um Rs25), für die Junagadh berühmt ist.

Modern, gegenüber vom Krankenhaus. AC-Speisesaal mit jeder Menge süß-saurer *thalis* (Rs80). Da es Touristen eher selten hierher verschlägt, könnten Ausländer beim Essen bestaunt werden.

Relief, Relief Hotel. Schickes Restaurant mit einer verlockenden Auswahl an moslemischen sowie Tandoori-Fleisch- und Fischgerichten, z. B. *murg malaj*-Kebab. Auch veg. Speisen (Hauptgerichte Rs55–95).

Santoor, MG Rd, nördlich des Kalwa Chowk. Köstliche, preiswerte südindische und Punjab-Gerichte (Rs20–60), sowie Shakes und Säfte aus regionalen Früchten.

Sonstiges

Geld
Die **State Bank of India**, gegenüber dem Durbar Hall Museum, wechselt Bargeld. Reiseschecks akzeptiert die nahe gelegene **Bank of Baroda** in der Nähe des Nahverkehrs-Busbahnhofs. Dort gibt es auch einen **Geldautomaten**.

Informationen
Die beste Informationsquelle über die Sehenswürdigkeiten und den Gir-Nationalpark sind die Angestellten des Relief-Hotels.

Internet
XS Cyber Café, nahe Busbahnhof, bietet Zugang für Rs15 pro Std.

Post
Hauptpost, 2 km südlich des Zentrums. Neben dem Nahverkehrs-Busbahnhof gibt es noch eine kleinere Filiale.

Nahverkehr

Allgemein übliches Transportmittel sind **Motor-Rikschas**, aber auch per Fahrrad lässt sich in und um Junagadh viel entdecken – mit ein bisschen Beinarbeit gelangt man sogar zum Mount Girnar. Ganz passable **Fahrräder** verleiht ein Laden unmittelbar westlich vom Chittakhana Chowk sowie das Relief Hotel.

Transport

Wer mit dem Bus oder Zug in Junagadh ankommt, befindet sich bereits in Laufweite zu allen Hotels.

Busse
Vom Langstrecken-Busbahnhof werden Ziele im ganzen Bundesstaat angesteuert, z. B. fahren stdl. Busse nach UNA und DIU (Direktverbindungen nach Diu um 7 Uhr; 6 Std.). **Mahasagar Travels**, unweit des Bahnhofs, ☎ 0285/262 6085, verkauft Tickets für Busse privater Gesellschaften, u. a. nach MUMBAI

(24 Std.). Eine Filiale befindet sich am Kalwa Chowk, ☎ 0285/262 1913.

Eisenbahn
Alle Züge nach Rajkot, Ahmedabad und zur Südküste halten in Junagadh. Es gibt auch tgl. Verbindungen nach Veraval, Sasan Gir und Delwada (Richtung Diu). Busse zu den letzteren beiden Zielen sind zwar schneller, aber weniger komfortabel.

Flüge
Regelmäßige Verbindungen nach MUMBAI (1x tgl., 2 1/4 Std.).

Veraval und Somnath

Der Fischerort **Veraval** liegt auf halber Strecke zwischen Porbandar und Diu. Die Stadt ist Ausgangspunkt für einen Besuch im 5 km östlich gelegenen Somnath, Heimat eines Tempels, der zu den zwölf *jyotrilingams* Shivas gehört. Seine Vishnu-Schreine und seine Verbindung mit Krishna – der zur Zeit des *Mahabharata* mit den Yadavas hier gelebt haben soll – machen den Ort außerdem zu einem bedeutenden Pilgerziel für die Vaishnaviten.

Somnath besteht aus nur wenigen Straßen und einem Busbahnhof, nicht einmal sein berühmter **Tempel** am Meer sieht besonders faszinierend aus – dafür ist die damit verbundene Geschichte umso interessanter. Der Legende nach soll die früher als **Prabhas Patan** bekannte Stätte dem Saft einer Pflanze namens Soma gewidmet gewesen sein, die bei Ritualen verwendet und im *Rigveda* wegen ihrer erleuchtenden Kräfte (und ihrer halluzinogenen Effekte) hoch geschätzt wurde. Auf Geheiß des Sonnengottes entstand der Tempel zunächst aus Gold, der Mondgott soll ihn ein zweites Mal in Silber erschaffen haben, Krishna ordnete seine Errichtung in Holz an und schließlich wurde das Gebäude von Bhima, dem stärksten der fünf Pandava-Brüder aus dem *Mahabharata*, in Stein erbaut.

Die erste verlässliche Aufzeichnung datiert den Tempel jedoch auf das 10. Jh., als er dank großzügiger Spenden von Gläubigen zu Reichtum gelangte. Unglücklicherweise kam dieser

Gujarat

Reichtum dem brutalen Bilderstürmer Mahmud von Ghazni zu Ohren, der das Heiligtum zerstörte und seine Reichtümer nach Afghanistan entführte. In den darauffolgenden sieben Jahrhunderten durchlebte das Bauwerk eine wechselvolle Zeit aus Wiederaufbau und Plünderung, lag nach dem letzten Raubzug von Aurangzeb jedoch 200 Jahre lang in Trümmern, bevor man 1950 mit dem jüngsten Wiederaufbau begann. Von seiner Originalstruktur ist heute leider nur wenig erhalten. Obwohl der Tempel im Stil der Solanki-Architektur entworfen wurde, besteht er aus hässlichem modernen Stein. Gottesdienste werden jeweils um 7, 12 und 19 Uhr abgehalten. (⊙ tgl. 6–21.30 Uhr, Fotografieren verboten)

Das **Architekturmuseum** nördlich des Tempels beherbergt Statuen, Türstürze, Teile der Deckensäulen, Friese und *toranas* aus dem 10. bis 12. Jh. ⊙ 8.30–12.15 und 14.30–18 Uhr, Mi sowie jeden 2. und 4. Sa im Monat geschlossen. Das **Museum von Somnath** gegenüber vom Busbahnhof ist mit haufenweise seetüchtigen Artefakten bestückt. ⊙ 10.30–17.30 Uhr, Mi sowie jeden 2. und 4. Sa im Monat geschlossen, Eintritt Rs50.

Vor dem Busbahnhof warten Tongas und Rikschas, um die Pilger zu den Tempelstätten östlich von Somnath zu bringen. Am bedeutendsten davon ist **Triveni Tirth** im Mündungsdelta der Flüsse Hiran, Saraswati und Kapil. Zuvor passiert die Straße den alten **Surya Mandir**, der aus der Solanki-Ära stammt, aber heute von einem neueren Tempel und nahe stehenden Betonhäusern fast erdrückt wird.

Übernachtung

Veraval

Veraval hat ein größeres Angebot an Unterkünften als Somnath, Gestank und Dreck der Stadt schrecken Touristen allerdings ab.
Hotel Kaveri, Akar Complex, ST Rd, ✆ 02876/220842, 🖥 www.hotelkaveri.com. Das beste Haus am Platz bietet saubere, helle und gut ausgestattete Zimmer (teils AC) mit TV und Bad. ❹–❺
Hotel Park, an der Zufahrtstraße von Junagadh, 1,5 km außerhalb der Stadt, ✆ 02876/242703. Ziemlich langweilig, aber die AC-Zimmer sind in Ordnung, und es gibt einen großen Pool.

Hotel Utsav, gegenüber dem Busbahnhof, ✆ 02876/22306. Nicht gerade sauber, aber eine Option, wenn man aufs Geld schauen muss. ❷–❹

Somnath

Shivam, in einer Seitenstraße unweit des Tempels, ✆ 02876/233086. Die beste Unterkunft vor Ort hat saubere und ordentlich ausgestattete Zimmer (teils AC). ❷–❹
Mayuram, südöstlich vom Busbahnhof mit einem Schild auf Gujarati, ✆ 02876/231286. Etwas bessere Preise als das Nandi. ❷–❸
Nandi, unweit des Architekturmuseums, ✆ 02786/231839. ❷–❹

Essen

Veraval

Das komfortable und klimatisierte **Sagar**, nahe dem Uhrenturm, bietet eine abwechslungsreiche vegetarische Speisekarte mit indischen und chinesischen Gerichten.
Wer nicht auf guten Fisch verzichten möchte, begibt sich zum **Park Hotel**.

Somnath

Bei der **Tempelstiftung** gibt es preiswerte veg. *thalis*.

Transport

Busse

Der **Busbahnhof** von Veraval, ✆ 02876/221666, liegt zehn Minuten Fußweg westlich der Stadt. Es bestehen gute Verbindungen nach Junagadh, Porbandar und Dwarka. Außerdem fahren Regionalbusse nach Diu, aber die Fahrzeuge sind langsam und die Straßen schlecht. Busse nach SASAN GIR fahren ab 8 Uhr alle 2 Std. los (Fahrtdauer 1 Std.). Die Busse nach Somnath (alle 15–30 Min.) halten ein paar hundert Meter östlich des Shiva-Tempels.

Eisenbahn

Die Züge aus JUNAGADH (2 Std.), RAJKOT (4 1/2 Std.) und AHMEDABAD (12 Std.) kommen am **Bahnhof**, ✆ 02876/220444, 1 km nördlich der Stadt an. Wer von Veraval aus eine lange

Zugreise antritt, erreicht sein Ziel am schnellsten mit Umsteigen in Rajkot. Der Zug nach SASAN GIR (2 Std.) fährt um 9.40 Uhr ab.

Gir-Nationalpark

Der **Asiatische Löwe** – durch die Jagd, die Abholzung der Wälder und die Wilderei im übrigen Indien bereits 1880 ausgerottet – kommt in freier Wildbahn nur noch auf rund 1150 km² des hügeligen Gir Forest vor. Allein im 260 km² großen **Gir-Nationalpark** leben um die 350 Löwen. Sie teilen sich das Gebiet mit Viehzüchtern vom Stamm der Maldhari. Viele Familien wurden inzwischen umgesiedelt – diejenigen, die nach wie vor innerhalb der Parkgrenzen leben, erhalten für jeden von den Löwen gerissenen Büffel Schadenersatz. Außerdem sind im Nationalpark etwa 200 **Leoparden** beheimatet. 2008 kam heraus, dass ein paar Touristen für grausame – und streng verbotene – *baitwalla*-Shows bezahlt hatten, bei denen Löwen angebundenes Vieh rissen. Wer etwas von so einer Show hört, sollte sofort die Parkverwaltung informieren.

Zur Rechten des Eingangs zum ummauerten Hauptquartier des Parks befindet sich ein übersichtliches **Orientation Centre**, ⊙ 9–18 Uhr. Ganz in der Nähe liegt eine **Krokodilaufzuchtstation**, ⊙ 9–18 Uhr. **Permits** werden im **Park Information Centre**, ⊙ Mitte Okt–Mitte Feb 6.30–10.30 und 15–17 Uhr, Mitte Feb–Mitte Juni 6.30–13 und 16–17.30 Uhr), ausgestellt, auf der anderen Straßenseite vom Orientation Centre. Der Eintritt für ein Auto mit bis zu sechs Passagieren beträgt unter der Woche Rs400. Am Wochenende und während Festivals steigen die Preise um 25 bzw. 35 %. Pro Fahrzeug ist eine obligatorische **Führungsgebühr** von Rs50 zu entrichten, und von jedem Besucher werden zusätzlich Rs250 für eine **Fotoerlaubnis** verlangt. Außerdem muss man für die 2 1/2- bis 3-stündige Tour am Orientation Centre einen Jeep mieten. Auch wenn manche Preise in Dollar ausgezeichnet sind, werden nur Rupien angenommen. Natürlich hat man nicht immer das Glück, einen Löwen zu erspähen, aber die Tiere scheinen sich von den Jeeps nicht stören zu lassen. Die besten Chancen bestehen im Sommer.

In **Dewaliya**, einem teilweise umzäunten Parkabschnitt mit der Bezeichnung „Gir Inter-

Der Asiatische Löwe

Der seltene Asiatische Löwe *(Panthera leo persica)* ist heller und zotteliger als sein verbreiteterer afrikanischer Cousin; außerdem hat er eine längere Schwanzquaste, markantere Fellbüschel am Beingelenk und eine größere Bauchfalte. Vermutlich kamen die Löwen von Persien nach Indien und waren zu Zeiten Buddhas im indischen Flachland weit verbreitet. Um 300 v. Chr. bemühte sich Kautilya, der Minister von Chandragupta Maurya, um ihren Schutz, indem er bestimmte Gebiete zu *abharaya aranyas* („Wälder frei von Angst") erklärte. Später verbot **Ashoka** auf seinen Felsedikten das Jagen der majestätischen Tiere.

Im 19. Jh. wurde der Löwe, Sinnbild der Macht, zum beliebtesten Jagdwild der indischen Herrscher und bereits 1913 – nicht lange nachdem der Nawab von Junagadh die Löwen zur geschützten Spezies erklärt hatte – gab es nur noch 20 Exemplare. 1969 ernannte man den Gir

Forest zum Reservat und sechs Jahre später zum Nationalpark – seitdem ist die Zahl der Löwen wieder auf über 360 gestiegen, obwohl die Art nach wie vor durch **Wilderer** sehr gefährdet ist, und auch illegale Baumfällarbeiten sind immer noch üblich. Durch den Park verlaufen drei große Straßen und eine Eisenbahnlinie. Vier Tempel ziehen jährlich rund 80 000 **Pilger** an – natürlich resultiert daraus Lärm und Verschmutzung. Außerdem kommt es immer häufiger vor, dass die Tiere die Parkgrenzen überschreiten und Mensch und Tier attackieren. Mittlerweile gibt es von Seiten der Regierung Pläne für ein zweites Reservat (außerhalb von Gujarat), das die Gefahr der Ausrottung der gesamten Gruppe durch Infektionskrankheiten ausschließen soll (eher aus politischen als aus Naturschutzgründen). Die Umsetzung ist allerdings noch nicht gesichert. Weitere Infos unter 🖳 www.asiatic-lion.org.

Gujarat

pretation Zone", bekommt man garantiert Löwen zu sehen: Der Bereich wird regelmäßig von in Sasan Gir abfahrenden Jeeps angesteuert (Rs200 hin und zurück). Das Zentrum vermittelt überraschenderweise einen recht guten Eindruck vom Leben der Löwen „in freier Wildbahn", denn auch hier müssen sie ihr Futter selbst erjagen – wenngleich die Hirsche nur wenig Platz zum Entkommen haben. ⏱ tgl. außer Mi 8–11 und 15–17 Uhr; Eintritt Rs75.

Übernachtung und Essen

Sasan Gir selbst ist eine von Abfall übersäte Hauptstraße mit *chai*-Ständen, Schleppern und hässlichen Betonblocks. Es ist zu beachten, dass die in der Hochsaison (Dez) gültigen Hotelpreise in der Nebensaison (Juni/Juli) um bis zu 70 % fallen können.

Eines der besseren unter den preiswerten Hotels ist das **Umang**, ✆ 02877/285728, ❹–❺. Es liegt in der Nähe der Unterkunft des Forest Department, der mittelmäßigen und überteuerten **Sinh Sadan Forest Lodge**. Sie hat helle, aber spartanische Zimmer, einige davon mit AC. Zur Lodge gehört auch ein Schlafsaal (Rs300). **Gir Birding Lodge**, am Bambaphor-Nationalparktor, ✆ 079/2630 2019, ✉ girbirdinglodge@gmail.com. Hat Zimmer im Hauptgebäude und in Cottages mit Holzmöbeln und Himmelbetten. Ein freundlicher Guide und Naturkenner unternimmt mit den Gästen Ausflüge zur Vogelbeobachtung. Gutes Restaurant. VP inkl. ❽ **Amidhara Resort**, südlich vom Park in Talala, ✆ 02877/285950, 🖥 www.amidhararesorts.com. Einfache, aber komfortable Zimmer, Pool und Restaurant. VP inkl. ❽

Rundum gut

Anil Farmhouse, an der Hauptstraße von Junagadh, rund 4 km von Sasan Gir entfernt, ✆ 02877/285590, 🖥 www.giranilfarmhouse.com. Das Farmhouse besticht durch eine wunderschöne Grünanlage und preiswerte Zimmer mit schwarz-weiß gefliesten Böden, Rattanmöbeln und Warmwasser. Es gibt auch ein paar billigere Zelte. Zum Haus gehören ein Pool und ein ausgezeichnetes Restaurant. ❹–❺

Transport

Zwischen Sasan Gir und JUNAGADH (1 1/2–2 1/2 Std.) sowie VERAVAL (1–2 Std.) bestehen Verbindungen mit **Bus** und **Bahn**. Wer nach DIU möchte, fährt zunächst mit dem Bus nach UNA und steigt dort um (2 1/4 Std.).

Diu

Vor der Südspitze von Saurashtra liegt die weniger als 12 km lange und nur 3 km breite Insel Diu, die bis 1961 der Kontrolle Portugals unterlag. Heute wird sie als Unionsmitglied zusammen mit Daman von Delhi aus regiert, und ihre entspannte Atmosphäre unterscheidet sie von jedem anderen Ort in Gujarat. Obwohl die Strände nicht so idyllisch sind wie in Goa, bleiben die meisten Besucher doch länger als ursprünglich geplant – sie vertreiben sich die Zeit in den Cafés, erkunden das Eiland per Rad oder machen Spaziergänge über die Klippen. Vielleicht hat die lockere Stimmung auch ein wenig damit zu tun, dass man überall auf der Insel Alkohol bekommt.

Dreh- und Angelpunkt des Eilands ist **Diu Town** im Osten; ein Labyrinth kleiner Gässchen mit hübschen portugiesischen Häusern bildet die **Altstadt** und über dem Golf von Cambay thront eine gebieterische **Festung**. An der Nordküste verläuft die Hauptstraße durch Salzbecken und Sumpfebenen, in denen Schwärme von Wasservögeln leben, darunter Flamingos, die zu Beginn des Frühlings hier eine Pause zur Nahrungsaufnahme einlegen. Die Route entlang der Südküste führt vorbei an Felsklippen und Stränden, von denen **Nagoa Beach** der beliebteste ist, und endet im äußersten Westen der Insel im Fischerdorf **Vanakbara**.

Geschichte

Die frühesten Aufzeichnungen über Diu stammen aus dem Jahre 1298, als die Insel von der Chudasana-Dynastie beherrscht wurde. Kurz danach fiel sie in die Hände der Moslems und wurde ab 1349 von **Mohammed bin Tughluq** regiert, der erfolgreich den Schiffsbau förderte. Diu blühte als Hafen und stand ab 1510 unter der Herrschaft des Ottomanen **Malik Ayaz**, dem es 1520 und erneut 1521 gelang, die Belagerung der

Veraval, Somnath   Una

Unterhaltung
Footloose Disco   D
Kohinoor Bar   D

GUJARAT
(SAURASHTRA)

Übernachtung
Ganga Sagar   A
Kohinoor   D
Radhika Beach Resort   B
Resort Hoka   C

Delwada, Una

Veraval, Somnath

Tad

GOGHLA

Turm zur
Vogelbeobachtung

Vogel-
reservat

Saline

s. Detailplan Diu Town S. 622

Naida-
Höhlen

VANAKBARA   Flughafen   Muschel-
                          museum

Fort
DIU TOWN

Gomtimata
Beach   Nagoa   Malala   Fudam
              Beach
                         Gangeshwar   Chakratirth
                                            Beach

A R A B I S C H E S   M E E R   Klippen   Sunset
                                               Point

Portugiesen abzuwehren. Diese waren sich jedoch der strategischen Position von Diu für den Handel mit Arabien und dem Persischen Golf bewusst und gaben nicht auf, zumal sie bereits in Daman Fuß gefasst hatten.

Unter **Nuno da Cunha** versuchten sie 1531 ein weiteres Mal vergeblich, die Insel zu erobern. 1535 wurde Sultan Bahadur von Gujarat ermordet, der sich für ein Friedensabkommen ausgesprochen hatte. Die Portugiesen übernahmen die Kontrolle und errichteten sofort eine Festung und eine starke Stadtmauer. Zwar lief der Handel unter den neuen Herrschern weiter, aber vielen Ortsansässigen widerstrebte es, Steuern an die Portugiesen zu zahlen. Sie unternahmen eine Reihe von Raubzügen auf portugiesische Schiffe, welche die Portugiesen ebenso abwehrten wie die Angriffe von Moguln und Arabern. Erst 1961 wurden sie mit Bomben von der indischen Regierung vertrieben, die Diu in ihr Territorium eingliederte.

Diu Town

Das kleine Diu Town wird im Osten von der Festung und im Westen von einer Mauer geschützt. Mitten in dem Labyrinth enger Gassen des **Old Portuguese District** liegt in der Makata Road eine der schönsten Villen der Insel, **Nagar Seth's**

Haveli. Von hier kann man zum **Fischmarkt** gegenüber der Moschee spazieren, wo der morgendliche Fang verkauft wird. Zwar verschwindet die christliche Bevölkerung – und deren alte Sprache – allmählich, doch sind ein paar ihrer **Kirchen** nach wie vor in Benutzung. Unter den hohen Decken und bemalten Säulen der **St Paul's Church** werden Messen auf Portugiesisch abgehalten, während die **St Thomas's Church** jetzt als Museum und Gasthaus (S. 621) fungiert (⏱ tgl. 8–21 Uhr) und die **St Francis of Assisi Church** teilweise vom örtlichen Krankenhaus belegt ist.

Dius **Festung**, die seit dem 16. Jh. der von drei Seiten heranrollenden Brandung trotzt, beheimatet inzwischen Vögel, Schakale und das Stadtgefängnis. Dank ihres breiten Burggrabens und ihrer Lage konnte sie sowohl Angriffen vom Land als auch vom Wasser widerstehen – nur den Luftangriff der indischen Regierung im Jahre 1961 hatte sie nichts zu entgegnen (man beachte das Loch über dem Kirchenaltar). Bei einem Streifzug durch die Anlage, die mehr oder weniger in den Händen der Natur liegt, stolpert man immer wieder über jahrhundertealte Kanonenkugeln und genießt einen wunderschönen Blick über das Meer und die Insel. Unmittelbar vor der Küste liegt das sonderbare, in Schiffsform konstruierte **Panikotha Fort**, das durch ei-

Gujarat

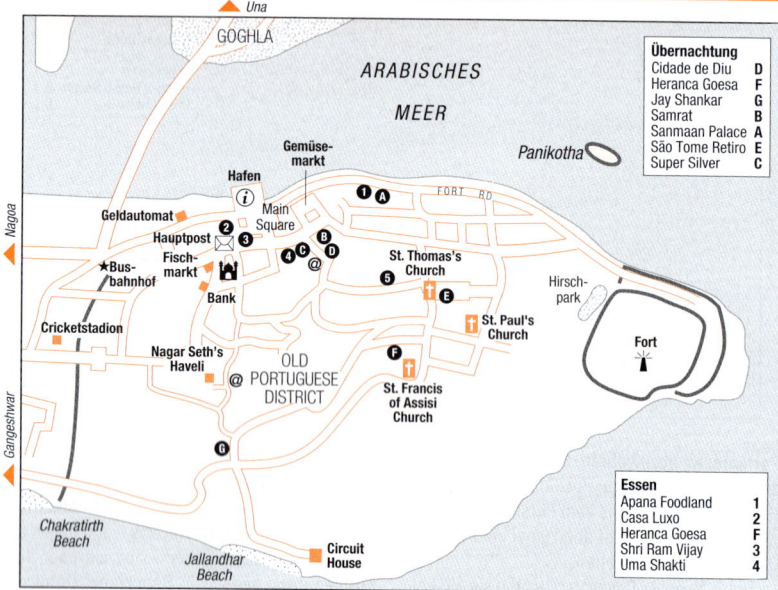

Una
GOGHLA

ARABISCHES

MEER

Panikotha

Gemüse-
markt

Hafen

Main
Square

Geldautomat

Hauptpost

Fisch-
markt

Bus-
bahnhof

Bank

St. Thomas's
Church

Hirsch-
park

Cricketstadion

Nagar Seth's
Haveli

OLD
PORTUGUESE
DISTRICT

St. Paul's
Church

Fort

St. Francis
of Assisi
Church

Chakratirth
Beach

Jallandhar
Beach

Circuit
House

Übernachtung	
Cidade de Diu	D
Heranca Goesa	F
Jay Shankar	G
Samrat	B
Sanmaan Palace	A
São Tome Retiro	E
Super Silver	C

Essen	
Apana Foodland	1
Casa Luxo	2
Heranca Goesa	F
Shri Ram Vijay	3
Uma Shakti	4

Gujarat

nen Tunnel mit dem Festland verbunden ist. Sie darf zwar nicht betreten werden, doch am Hafen kann man bei gutem Wetter ein Boot (Rs60) mieten, um die Festung von außen zu betrachten. ⏱ tgl. 8–18 Uhr.

Rund um die Insel

Klippen und natürliche Felsbecken dominieren die Südküste von Diu, nur ab und zu unterbrochen von einem Stück Strand. Unmittelbar südlich von Diu Town liegt der idyllische **Jallandhar Beach**, etwas weiter westlich, am Fuße eines Hügels und direkt vor den Stadtmauern, der größere **Chakratirth Beach**. Letzterer gilt in vielerlei Hinsicht als schönster Strand der Insel, zumal er meist menschenleer ist und man in Ruhe ein Bad nehmen kann, was besonders allein reisende Frauen zu schätzen wissen. Am nahen **Sunset Point** ist regelmäßig ein romantisches Spektakel zu sehen, wenn die Sonne wie eine goldene Scheibe in den Wellen versinkt. Der längste und

einzige erschlossene Strand von Diu, **Nagoa Beach**, 7 km westlich der Stadt, verfügt über mehrere Hotels; leider müssen sich Sonnenanbeter, das gilt insbesondere für Frauen, auf häufige Belästigungen einstellen. Busse fahren von Diu Town nach Nagoa, die Fahrzeiten ändern sich jedoch ständig und können beim Tourist Office erfragt werden. Wer ein eigenes Fahrzeug hat, sollte unbedingt auch dem stets einsamen **Gomtimata Beach** zwischen Nagoa und Vanakbara einen Besuch abstatten.

Ein Stückchen außerhalb der Stadt führt eine Abzweigung von der Nagoa Rd nach **Fudam**, einem hübschen Dorf mit blassgelb und taubengrau getünchten Häusern im portugiesischen Stil. Hier wurde eine Kirche zu einem Krankenhaus umgestaltet. Folgt man der Nagoa Road weiter gen Westen, so kommt kurz vor dem Flughafen das **Muschelmuseum** (Shell Museum) ins Blickfeld. Es beherbergt die persönliche, über einen Zeitraum von 42 Jahren zusammengetragene Sammlung von Captain Fulbari, der fast sein ganzes Leben auf den Weltmeeren verbrachte und von Stränden in allen Winkeln der Erde Muscheln mit nach Hause brachte. ⊙ tgl. 9–18 Uhr, Eintritt Rs10.

Übernachtung

Die nachfolgenden Preisangaben beziehen sich auf die Hochsaison. Zu besonderen Anlässen, vor allem Diwali und Holi, muss mit Erhöhungen gerechnet werden, während die Preise in der Nebensaison um bis zu 70 % sinken. An Festtagen geht es laut und raubeinig zu, was manche ausländischen Frauen erschrecken oder gar abschrecken könnte.

Diu Town

Cidade de Diu, nahe Collectorate Rd, ✆ 02875/254595, 🖥 www.cidadedediu.com. Von außen unheimlich kitschig: in pink, lila und weiß gehalten und nachts von blinkenden Neonlichtern erhellt. Zum Glück fallen die Zimmer deutlich geschmackvoller aus. Die billigeren sind etwas abgewohnt, aber die teureren sind komfortabel und mit Balkon, TV und Telefon ausgestattet. ❺–❻

Heranca Goesa, in der Nähe vom Diu Museum, ✆ 02875/253851. Eine sehr freundliche Familie aus Goa vermietet ein paar Zimmer in ihrem Wohnhaus. Alle sind makellos und mit Bad, auch wenn einige in Grellrosa gehalten sind. Die Zimmer ganz oben sind die besten. Außerdem gibt's tolle Verpflegung. ❶–❷

Jay Shankar, Jallandhar Beach, ✆ 02875/252424. Dank der niedrigen Preise und guten Lage in Strandnähe ein beliebter Traveller-Treff. Allerdings weisen die Zimmer deutliche Gebrauchsspuren auf. ❶–❷

Samrat, Collectorate Rd, ✆ 02875/252354, ✉ samrat_diu@yahoo.com.in. Gute Option für alle, die sich nicht an den chaotischen Farbtönen stören (alle Zimmer mit TV, AC und Bad, manche mit Balkon) – vor allem da die Preise hier verhandelbar sind. ❸–❺

Sanmaan Palace, Fort Rd, ✆ 02875/253031. Das wunderschöne Äußere der renovierten Kolonialvilla setzt sich leider nicht ganz bis in die Zimmer fort. Die vorderen sind luftig und verfügen über TV und AC, aber die Badezimmer

sind winzig. Bei den „Cottages" hinter dem Haus handelt es sich in Wirklichkeit um fast unzumutbare Bauwagen. ❹–❺

Super Silver, Super Silver Complex, ✆ 02875/252020, ✉ supersilverdiu@yahoo.com. Beliebt bei ausländischen Touristen. Sehr preiswerte Zimmer mit Bad und TV. Wer AC und mehr Platz haben möchte, legt einfach ein bisschen Geld drauf. Freundliche Mitarbeiter und eine gemütliche Dachterrasse. ❶–❸

Übrige Insel

Ganga Sagar, Nagoa Beach, ✆ 02875/252249. Das Ganga Sagar ist zwar ein bisschen zwielichtig, hat aber preiswerte gefliste Zimmer in fantastischer Strandlage. ❸–❹

Kohinoor, nahe Fudum, ✆ 02875/252209, 🖥 www.hotelkohinoordiu.com. Das mediterran angehauchte Resort besitzt gemütliche Zimmer mit Bad. Zur Anlage gehören ein Pool, ein Restaurant, eine Konditorei, eine Bar und die Disco **Footloose**. ❻

Radhika Beach Resort, Nagoa Beach, ✆ 02875/252553, 🖥 www.radhikaresort.com. Eine der besten Luxusunterkünfte von Diu. Von den großen, hübschen Zimmern mit Kühlschrank, TV und Badewanne hat man Ausblick auf den Pool oder die gepflegten Grünflächen. Im Restaurant/in der Bar gibt es ausgezeichnete Meeresfrüchte, z. B. Tandoori-Seebrasse. ❻–❼

Resort Hoka, nahe Nagoa Beach, ✆ 02875/253036, 🖥 www.resorthoka.com. Ansprechendes Hotel mit einladenden Zimmern. In den Aufenthaltsbereichen baumeln Hängematten, zudem gibt's einen kleinen Pool und ein Restaurant mit köstlichen Fischgerichten. ❺–❻

Übernachtung in heiligen Hallen

São Tome Retiro, St Thomas's Church, ✆ 02875/253137. Klassische Unterkunft mit einfachen Zimmern in einer stimmungsvollen alten portugiesischen Kirche. Ist alles belegt, kann man auf dem Dach übernachten (Rs100). Jeden zweiten Abend gibt es das legendäre *all-you-can-eat*-BBQ (Sep–April, Rs100), zu dem nicht nur Hotelgäste willkommen sind. ❶–❸

Gujarat

Essen und Unterhaltung

In gastronomischer Hinsicht haben die Portugiesen leider nicht viel mehr als den freien Alkoholausschank hinterlassen. Für den einen oder anderen Drink empfehlen sich die in den 1960ern steckengebliebene **Casa Luxo** und die modernere Bar des **Hotel Kohinoor**. Für ein Kingfisher muss man ungefähr Rs40–50 hinlegen. Der einzige Nachtclub von Diu befindet sich ebenfalls im Hotel Kohinoor: die **Footloose Disco**. Wer auf dem Markt appetitliche Meeresfrüchte entdeckt, kann sie in fast jedem der Restaurants zubereiten lassen.

Apana Foodland, Apana Hotel, Fort Rd. Belebte Gartenterrasse mit Meerblick. Ganztägig warme Küche mit köstlichen Tandoori-Spezialitäten, z. B. Hühnchen, Haifisch-*tikka* und gegrillter Hummer. (Hauptgerichte Rs45–250).

Heranca Goesa, nahe Diu Museum, ✆ 02875/253851. Gemütliches Lokal in einem Privathaus und eines der wenigen in Diu mit portugiesisch-goanischen Speisen. Die Meeresfrüchte sind ausgezeichnet, und wenn der *bebinca*-Pudding auf der Karte steht, sollte man zugreifen. Zum Frühstück braucht man keine Reservierung, aber abends sollte man einen Tisch bestellen. Mittags geschlossen. Hauptgerichte Rs150–200.

Uma Shakti, hinter dem Gemüsemarkt. Leckeres Frühstück mit Cornflakes, Toast oder Pancakes und deftigere indische oder chinesische Hauptmahlzeiten. Die luftige Dachterrasse mit Blick über Diu Town eignet sich hervorragend für einen Dämmerschoppen. Hauptgerichte Rs50–120.

Sonstiges

Fahrrad- und Motorradverleih

A–Z Tourist Centre, im Old Portuguese District, arrangiert Mietfahrzeuge und Mopeds (Rs150–170 pro Tag) sowie Fahrkarten für Bus und Bahn oder Flugtickets. An vielen Stellen werden Fahrräder verliehen (Rs20–30 pro Tag).

Geld

Die **State Bank of India** nahe Main Square, tauscht Geld. Dius einziger **Geldautomat** steht 250 m östlich vom Busbahnhof, es gibt allerdings schon Pläne für einen weiteren.

Urige Eisdiele

Shri Ram Vijay, nahe Main Square. Amerikanisches Kleinstadt-Feeling in einer Eisdiele mit selbstgemachter Eiscreme (Rs15–25 pro Kugel), Früchtebechern, Bananensplits und Shakes.

Informationen

Touristeninformation, am Hafen gegenüber dem Main Square, ✆ 02875/252653, 🖥 www.damandiutourism.com. Bietet nicht viel mehr als Kartenmaterial sowie Bus- und Zugfahrpläne. ◷ Mo–Sa 10–13 und 14–18 Uhr.

Internet

Zugang bieten u. a. das **A–Z Tourist Centre** im Old Portuguese District (Rs30 pro Std.) und das **Super Surfing** unterhalb vom Hotel Super Silver (Rs30 pro Std.).

Post

Hauptpost, auf der Westseite des Main Square, die Treppen hoch. ◷ Mo–Sa 8–12 und 14–17 Uhr.

Nahverkehr

Motor-Rikschas stehen in der ganzen Stadt zur Verfügung. Es gibt eine abendliche **Bootstour**, die während der Hauptsaison täglich um 19.30 Uhr beginnt (Rs110 inkl. Drink).

Transport

Normalerweise gelangt man von Goghla, einem kleinen Festland-Fischerdorf mit schlichten Hotels, über die neue Brücke direkt nach Diu Town. Wer aus dem Westen der Halbinsel anreist, nimmt möglicherweise die andere Brücke, die bei Tad auf die Insel trifft.

Busse

Der **Busbahnhof** befindet sich nahe der Brücke nach Goghla, keine zehn Minuten zu Fuß vom Zentrum. Von hier fahren staatliche Busse nach PORBANDAR, RAJKOT, JAMNAGAR, JUNAGADH, VADODARA und VERAVAL. Wer nach Palitana möchte, nimmt einen Bus nach Bhavnagar und steigt in Talaja um.

Privatunternehmen unterhalten Verbindungen mit komfortableren Bussen nach AHMEDABAD und MUMBAI.

Eisenbahn
Motor-Rikschas und Busse (alle 30 Min.) verbinden Diu Town mit dem nächstgelegenen Bahnhof in Delwada.

Flüge
Jet Airways, Büro am **Flughafen**, ℰ 02875/253542, fliegt 5x wöchentl. via PORBANDAR nach MUMBAI.

Bhavnagar

Die Hafenstadt Bhavnagar wurde 1723 vom Gohil-Rajputen Bhavsinghji gegründet, dessen Vorfahren im 13. Jh. aus Marwar (Rajasthan) nach Gujarat gekommen waren. Die Stadt ist ein wichtiges Handelszentrum mit Hauptexportware Baumwolle. Sie hat zwar wenig Sehenswürdigkeiten, aber einen faszinierenden Basar in der Altstadt, und es bietet sich an, vor der Weiterreise Richtung Südwesten zum Jain-Tempel von Palitana hier eine Nacht zu verbringen.

Bhavnagar ist Ausgangspunkt für die ebenso gigantische wie umstrittene, zurzeit florierende **Schiffabwrackanlage** in **Alang**. Das Betreten der Anlage, wo 20 000 Arbeiter beschäftigt sind, ist für Ausländer verboten, seitdem Greenpeace den Ort mit der roten Flagge für Umweltschmutzung, Giftmüll und gefährliche Arbeitsbedingungen gebrandmarkt hat. Bhavnagar hat eine Reihe berühmter Künstler und Schriftsteller hervorgebracht. Der bekannteste Sohn der Stadt ist der Poet Jhaverchand Meghani. Die Einheimischen behaupten außerdem, das grammatikalisch korrekteste Gujarati zu sprechen.

Hauptanziehungspunkt ist die Altstadt mit ihren quirligen Märkten, ihren kunstvoll geschnitzten Holzbalkonen und ihren säulengestützten Fassaden früherer Kaufmannshäuser. Der marmorne **Ganga Devi Mandir** beim Ganga Jalia Tank in der Stadtmitte besitzt eine große Kuppel und kunstvolles Gitterwerk an den Wänden, während der unspektakuläre **Takhteshwar-Tempel** auf einem Berg südlich des Zentrums

einen schönen Blick bis zum Golf von Cambay im Osten gewährt.

Südöstlich des Stadtzentrums, an der Straße zum Diamond Chowk, zeigt das **Gandhi Smriti Museum** alte Sepia-Fotos des Mahatma, der eine Zeitlang am hiesigen Shamaldas Arts College & Sir PP Science Institute studierte. Eine ihm gewidmete Gedenktafel steht im Vorhof des imposanten Gebäudes aus den 1880er-Jahren. ⊙ Mo–Sa 9–13 und 14–18 Uhr; 2. und 4. Sa im Monat geschl. Das **Baron Museum** eine Treppe tiefer zeigt planlos zusammengestellte buddhistische, hinduistische und Jain-Statuen, mittelalterliche Bronzen und Harappa-Keramik. ⊙ Mo–Sa 9–13 und 14–18 Uhr; 2. und 4. Sa im Monat geschlossen; Eintritt Rs50.

Bhavnagar besitzt ferner eine Vielzahl beeindruckender Gebäude – darunter das staatliche Krankenhaus –, mit denen die Maharadschas seinerzeit prominente Architekten wie Sir William Emerson beauftragten.

Übernachtung

Apollo, ST Station Rd, gegenüber dem Busbahnhof, ℰ 0278/251 5655. Relativ schäbige Billigzimmer und AC-Zimmer mit besserem Preis-Leistungs-Verhältnis. Alle mit TV und Bad. Frühstück inkl. ❹

Bluehill, gegenüber Pil Gardens, ℰ 0278/242 6951, ✉ hotelbluehill@yahoo.com. Die Zimmer sind geräumig mit AC, Badewanne, Kühlschrank und netter, separater Sitzecke. Die teureren bieten außerdem Blick auf die Störche in den Pil Gardens. ❹–❺

Mini, Station Rd, ℰ 0278/251 2915. Freundliches, aber sehr einfaches Hotel in Pinktönen. Die Zimmer mit Bad und TV haben eine Rundumerneuerung dringend nötig. Eine Ausweichmöglichkeit, falls das Vrindavan voll ist. ❷

Nilambagh Palace, ST Station Rd, ℰ 0278/242 4241, 🖥 www.gujarat-tourism.net. Bhavnagars luxuriösestes Hotel wurde 1859 von einem deutschen Architekten für den Kronprinzen erbaut. Es hat riesige Zimmer und ruhige Gärten, einen Pool und Tennisplätze. Der europäische Einfluss zeigt sich in Gestalt von Kronleuchtern und antiken Möbeln. ❼ In einem separaten Gebäude ist sich das weniger atmosphärische, aber preiswerte **Narayani Heritage Hotel** ❺.

Gujarat

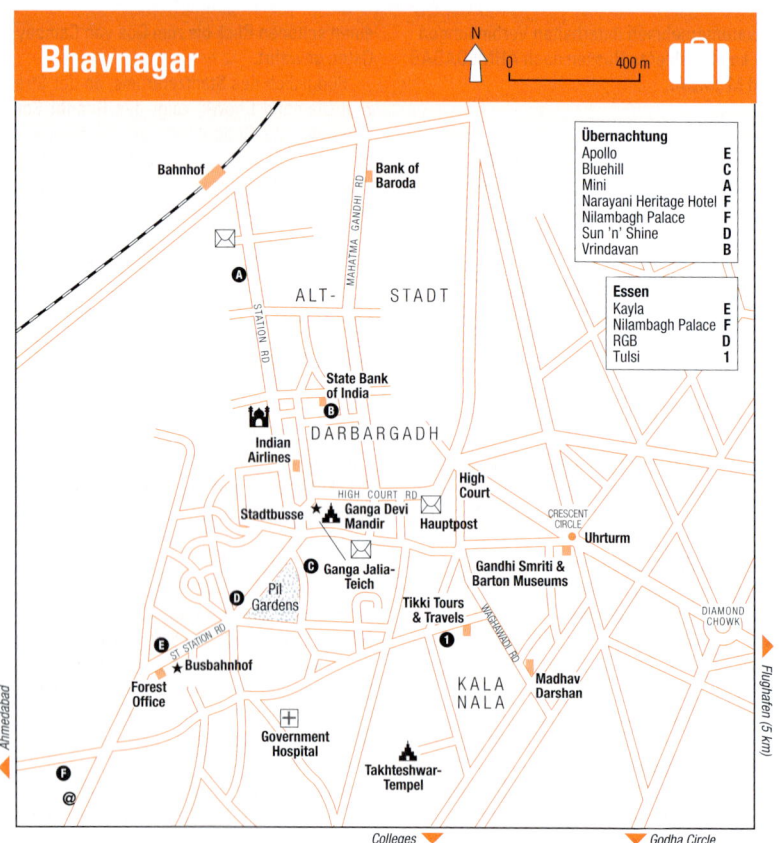

Bhavnagar

N
0 — 400 m

Ahmedabad — Gujarat — Flughafen (5 km)

Bahnhof

Bank of Baroda

MAHATMA GANDHI RD

STATION RD

ALT- STADT

State Bank of India

Indian Airlines

DARBARGADH

HIGH COURT RD

High Court

Stadtbusse ★ **Ganga Devi Mandir** **Hauptpost**

CRESCENT CIRCLE

Uhrturm

★ **Ganga Jalia-Teich**

Gandhi Smriti & Barton Museums

Pil Gardens

ST STATION RD

Tikki Tours & Travels

WAGHWADI RD

DIAMOND CHOWK

★ **Busbahnhof**

Forest Office

KALA NALA

Madhav Darshan

Government Hospital

Takhteshwar-Tempel

Colleges ▼ Godha Circle ▼

Übernachtung

Apollo	E
Bluehill	C
Mini	A
Narayani Heritage Hotel	F
Nilambagh Palace	F
Sun 'n' Shine	D
Vrindavan	B

Essen

Kayla	E
Nilambagh Palace	F
RGB	D
Tulsi	1

Vrindavan, Darbargadh, ☎ 0278/251 8928. Das verschachtelte Hotel macht zumindest von außen einen recht interessanten Eindruck. Seine abgewohnten Zimmer mit winzigem Bad und TV sind eine Spur besser als die im Mini. Wirklich einladend ist das Vrindavan aber nicht. ❷

Essen

Unbedingt probierenswerte einheimische Spezialitäten sind *ganthias*, *farsans* (beides salzige Snacks) und süße *pedas*.

Kayla, Apollo Hotel. Brandneues, in Orange gehaltenes Speiselokal. Teilweise mit Glaswänden zwischen den einzelnen Tischen und sehr interessanter Auswahl von nordindischen, Punjabi- und chinesischen Gerichten (Rs50–100).

RGB, Sun 'n' Shine Hotel. Ausgezeichnete veg. Speisen aus der Gujarati-, Jain- und chinesischen Küche. Besonders lecker sind die üppigen *paneer*-Gerichte. Als Dessert gibt's Eiscreme mit Topping. Die Mitarbeiter sind gut geschult und berücksichtigen gern individuelle Wünsche der Gäste bezüglich mehr oder weniger Schärfe im Essen. Hauptgerichte Rs70–110.

Tulsi, Kalanala Chowk. In dem ruhigen, legeren Restaurant stehen verlockende chinesische und indische veg. Gerichte wie *chana*-Masala

Nilambagh Palace, NIlambagh Palace Hotel. Hier gibt es ausgezeichnete und preiswerte Hühnchen-, Lamm-, Fisch- und Garnelenge- richte für ungefähr Rs60–200. Das absolute Highlight jedoch ist die wunderbare Atmosphä- re im herrschaftlichen Speisesaal und auf der Veranda, wo der Trubel der Stadt meilenweit entfernt zu sein scheint.

auf der Speisekarte. Aber Finger weg von der kleinen Auswahl an westlichen Gerichten, besonders den Ananas- und Gemüsemakkaroni. Hauptgerichte Rs50–75.

Sonstiges

Geld
Die **State Bank of Saurashtra** und die **Bank of India**, beide auf dem Amba Chowk in der Nähe vom Hotel Vrindavan, bieten Wechsel- service an.

Internet
Cyber Café, nahe Nimabagh Palace (Rs10 pro Std.).

Post
Hauptpost, neben dem Gerichtshof in der High Court Rd. Weitere Niederlassungen gibt es nahe der Station Rd, einen Block südlich des Bahnhofs, sowie gegenüber der Südwest- ecke des Ganga Jalia Tank.

Reisebüros
Flugtickets verkauft **Tikki Tours and Travels**, im Prithvi Complex, Kalanala, ✆ 0278/243 1477.

Transport

Busse
Der **ST-Busbahnhof** befindet sich in der ST Station Rd. Von hier aus fahren Busse nach Ahme- dabad, Mumbai, Bhuj, Rajkot, Junagadh, Veraval, Vadodara und Surat. Es bestehen auch einige Verbindungen nach DIU, die bequemste um 12 Uhr. Busse starten nach PALITANA (alle 30 Min., 1 1/4 Std.), aber pro Tag fahren nur ein paar Direktbusse nach VELAVADAR (1 Std.).

Busse privater Gesellschaften, z. B. von Tanna Travels am Crescent Circle (✆ 0278 /242 5218) und anderen in der Waghawadi Rd, fahren nach AHMEDABAD (4 Std.) und VADODARA (5 Std.).

Eisenbahn
Der **Bahnhof** liegt am oberen Ende der Station Rd. Es fahren mehrere Züge, die meisten allerdings mit Abfahrt oder Ankunft in den frühen Morgenstunden.

Flüge
Der **Flughafen** liegt 5 km südöstlich der Stadt. **Jet Airways**, ✆ 0278/243 3371, 🖥 www.jetairways.com, und **Kingfisher**, 🖥 www.flykingfisher.com, fliegen täglich nach MUMBAI.

Velavadar Blackbuck- Nationalpark

Außerhalb des winzigen Örtchens Velavadar, 65 km nördlich von Bhavnagar, beheimatet der 34 km² große **Blackbuck-Nationalpark** Indiens größte Population der indischen Hirschziegen- antilope. Vor der Unabhängigkeit lebten hier rund 8000 dieser Tiere. Durch Jagd und den Wegfall natürlicher Lebensräume waren es 1966 gerade noch 200 Exemplare. Inzwischen hat sich der Bestand erholt und zählt nun rund 3400 Antilopen.

Im Park leben außerdem der gefährdete In- dische Wolf, Nilgai-Antilopen, Schakalfüchse, Wildkatzen und der Indische Fuchs. Vogelliebha- ber kommen bei seltenen Arten wie dem Wüs- tenbraunkehlchen (Stoliczka's Bushchat) und Höhlenweihen auf ihre Kosten. Die Trockenheit der vergangenen Jahre zwang allerdings viele Höhlenweihen, sich eine neue Heimat zu su- chen. Folglich schrumpfte ihre Anzahl von 2515 im Jahr 2002 auf 979 im Jahr 2009.

🕐 Mitte Okt–Mitte Juni. Die Eintrittspreise betragen Rs250 p. P. zzgl. Rs250 pro Fahrzeug und Rs250 für eine Fotokamera. Zusätzlich ist man verpflichtet, einen Guide zu nehmen (Rs250 pro 4 Std.). Nur die wenigsten der Führer spre- chen Englisch.

Gujarat

Die Übernachtungsmöglichkeiten sind knapp. Im Park selbst gibt es nur vier einfache Zimmer im **Bahumaliya Multi-Storey Building**, Annexe F/10, direkt westlich vom Busbahnhof, ❸–❹. Hier kann man auch essen. Reservierungen nehmen das **Bhavnagar Forest Office** und die Parkverwaltung entgegen (s. Informationen).

Bhavnagar Forest Office, im Bahumaliya Multi-Storey Building, Annexe F/10, unmittelbar westlich vom Busbahnhof, ✆ 0278/242 6425, ◷ Mo–Fr 11–18 Uhr, 2. und 4. Sa im Monat geschlossen. Die Parkverwaltung ist auch direkt per Telefon unter ✆ 0278/288 0342 zu erreichen. Reservierungen sind dringend notwendig.

Vor Ort kann man keine Jeeps mieten, aber ein **Taxi** für einen Tagesausflug von BHAVNAGAR kostet um die Rs1000. Wer mit dem **Bus** kommt (2x tgl. ab Bhavnagar, 1 Std.), kann auf einen der Aussichtsürme in der Nähe des Eingangs klettern und den schönen Ausblick genießen, der sich nicht mit einer Tour durch den Park vergleichen lässt.

Shatrunjaya und Palitana

Für viele Besucher ist das Besteigen des heiligen Bergs **Shatrunjaya** (◷ tgl. 6.30–19.45 Uhr; Fotoerlaubnis Rs40) der Höhepunkt ihrer Saurashtra-Reise. Indiens wichtigste Jain-Pilgerstätte liegt vor den Toren der farblosen Stadt **Palitana**, 50 km südwestlich von Bhavnagar, und wird von über 900 Tempeln gekrönt. Dieser Berg soll ein Ableger des mächtigen Himalaya-Gebirges sein, wo der erste *tirthankara* der Jains, Adinath, und sein erster Jünger die Erleuchtung erfuhren. Aufzeichnungen beweisen, dass der Hügel bereits im 5. Jh. ein *tirtha* (Pilgerstätte der Jains) war, aber die existierenden Tempel gehen nur bis ins 16. Jh. zurück – der Rest wurde von den Moslems im 16. und 17. Jh. zerstört. Der Aufstieg über die breiten Treppen dauert etwa ein bis zwei Stunden. Wie bei allen Pilgerzentren dieser Art stehen jedoch für alle, die den Aufstieg nicht allein bewältigen können, *dholis* bereit – Sänften, die von vier Trägern geschultert werden. Schon beim Anstieg bieten sich überwältigende Ausblicke. Man sollte mindestens zwei weitere Stunden auf dem Berg einplanen, um wenigstens einen Bruchteil der Tempel zu sehen.

Palitana ist die bedeutendste Pilgerstäte der Jains.

Die einzelnen *tuks* (befestigte Umfriedungen eines Jain-Tempels oder -Schreins) sind nach den Kaufleuten benannt, die sie einst gründeten. Zusammen bilden sie eine fantastische Stadt, die sich über beide Gipfel erstreckt und von dicken Mauern umschlossen wird. Jeder Tuk umfasst mehrere große, mit schwarz-weiß kariertem Marmor gepflasterte Höfe und prächtig verzierte **Tempel**. Die Motive an den Wänden reichen von Heiligen über Vögel und andere Tiere bis hin zu Musikern, Tänzern und drallen Mädchen. Viele Tempel sind zwei oder sogar drei Stockwerke hoch und besitzen Balkone mit perfekt proportionierten Dächern.

Der größte Tempel ist Adinath geweiht und liegt im Khartaravasi-Tuk auf dem nördlichen Bergkamm. Er ist meistens voll von maskierten Svetambara-Nonnen und Mönchen, die an ihrer weißen Kleidung und ihren weißen Fliegenwedeln zu erkennen sind. Zum südlichen Bergkamm mit dem spektakulären Adishvara-Tempel gelangt man auf einem Weg, der am oberen Ende des Hauptpfades nach rechts abzweigt. An einem klaren Tag kann man vom Gipfel aus den Golf von Cambay im Süden, Bhavnagar im Norden und den Mount Girnar im Westen überblicken. Das **Museum** liegt 400 m vor den Treppen am Fuß des Hügels und zeigt eine Sammlung von Jain-Artefakten, die zwar nur auf Gujarati beschriftet, aber dennoch ausgesprochen sehenswert sind. ⊙ tgl. 11–15 und 16–18 Uhr, Eintritt Rs6.

Direkt am Shatrunjaya gibt es keine Übernachtungsmöglichkeiten, also muss man in Palitana absteigen – entwoder in einer der vielen Pilgerherbergen in der Altstadt (alle streng veg.) oder in einem der Hotels nahe dem Busbahnhof. Abgesehen von den Hotels bietet das schlichte, gut besuchte und sehr billige **Restaurant Jagruti** ausgezeichnete einheimische Kost und Snacks. Es befindet sich in einer schmalen Gasse neben dem Hotel Shavrak.

Hotel Sumeru, Station Rd, ✆ 02848/252327, zwischen Busbahnhof und Bahnhof. Etwas vergammelte aber akzeptable Zimmer (z. T. mit AC) und Dorm-Betten (Rs90). Checkout um 9 Uhr. Das dazugehörige Restaurant serviert *thalis* und überraschend leckere Pasta. ❷–❹

Hotel Shavrak, gegenüber vom Busbahnhof, ✆ 02848/252428. Angemessen große, saubere Zimmer mit 24-Std.-Checkout. Außerdem ein Männerschlafsaal (Rs100, Checkout um 9 Uhr). ❸–❹

Vijay Vilas Palace Hotel, in Adpur, 4 km vom Busbahnhof, ✆ 02848/282371. Eine gute Alternative für Reisende mit eigenem Fahrzeug (sonst kostet eine Motor-Riksccha-Fahrt rund Rs50). Das Gästehaus in einem umgebauten Palast im europäischen Stil Baujahr 1906 verfügt über Zimmer mit Himmelbetten, alten Kommoden und weiteren Sammelstücken aus dem frühen 20. Jh. ❼

Busse nach Palitana kommen aus BHAVNAGAR (stdl. 1–1 1/2 Std.), JUNAGADH (2x tgl., 6 Std.) und UNA (1x tgl. 5 Std.).
Motor-Rikschas (Rs30–40) und **Tongas** verkehren zwischen Palitana und Shatrunjaya (10 Min.).

Südost-Gujarat

Der selten besuchte Südosten Gujarats liegt zwischen Maharashtra und dem Arabischen Meer und bietet wenig, das zu einer Fahrtunterbrechung verleiten würde. Selbst Vadodara, die ehemalige Hauptstadt der Gaekwad-Rajputen, besticht allenfalls durch ihre Nähe zur alten moslemischen Stadt **Champaner** und zu den verfallenen Festungen und exotischen Jain- und Hindu-Tempeln auf dem **Pavagadh Hill**. Die Weidelandschaft weicht weiter südlich einem sumpfigen, malariaverseuchten Küstenstreifen, in dem Bananenplantagen, schimmernde Salzbecken und verschlammte Flüsse das Bild bestimmen. Die größte Stadt der Gegend ist **Surat**. Der einzig wirklich interessante Ort im äußersten Süden von Gujarat ist das ehemals portugiesische Hoheitsgebiet **Daman**, das allerdings mit Goa und Diu nicht mithalten kann.

Die Hauptverkehrsadern der Westküste, der NH-8 und die Western Railway verlaufen zwischen Ahmedabad und Mumbai fast parallel. Die Reise mit dem Zug ist in jedem Fall komfortab-

Gujarat

ler, besonders von Ahmedabad nach Vadodara, denn der einspurige Highway gehört zu den haarsträubendsten Straßen ganz Indiens.

Vadodara (Baroda)

Landwirtschaft prägt die Gegend zwischen Ahmedabad und Vadodara (oder Baroda). Die Stadt selbst jedoch lebt von der Industrie und präsentiert sich dementsprechend. Immerhin gibt es eine Altstadt mit schönen Havelis und traditionellen Basaren, einige grüne Oasen und 100 000 Studenten der MS University, die für eine jugendliche Atmosphäre sorgen. Vadodara dient als gute Basis für einen Ausflug zur Ruinenstadt **Champaner**. Wer während des **Navratri-Festivals** (Ende Sep/Anfang Okt) vor Ort weilt, kann sich ins Getümmel stürzen und Tausenden von farbenfroh gekleideten Frauen, Männern und Kindern dabei zusehen, wie sie bis in die frühen Morgenstunden tanzen.

Die Hauptattraktionen von Vadodara befinden sich im **Sayaji Bagh**, einem großen Park mit Museen, Planetarium, Zoo und historischer Spielzeugeisenbahn, dessen Haupteingang in der Tilak Road liegt. Das indo-sarazenische **Baroda Museum** in der University Road stellt Kunst und Textilien aus aller Welt, archäologische Funde aus Gujarat und Moguln-Miniaturen aus. ⊙ tgl. 10.30–17 Uhr, Eintritt Rs10.

Im Süden des Sayaji Bagh verläuft die Tilak Road gen Osten über den Fluss und passiert auf ihrem Weg in die Altstadt das **Kirti Mandir** (Mausoleum der Herrscher von Vadodara). Die Altstadt, deren Zentrum die MG Road ist, grenzt im Westen an das **Laheri Pura Gate** und den **Naya Mandir** („Neuer Tempel"), ein eindrucksvolles indo-sarazenisches Gebäude, das den Gerichtshof beherbergt. Am östlichen Ende der MG Road steht ein weiteres Tor, das **Pani Gate**, und ganz in der Nähe liegt der **Nazarbaug-Palast** aus dem späten 19. Jh. Den großen Platz an der MG Road schmückt das mächtige **Mandvi Gate**, das ursprünglich von den Moguln stammt, aber seither stark verändert wurde.

Im Westen der MG Road liegt, umgeben von prächtigen, bemalten Havelis, der künstliche **Sarsagar Tank**, auf dessen Insel in der Mitte

eine riesige, moderne Shiva-Statue thront. Ein weiteres sehenswertes Monument ist der **Laxmi Niwas** im Süden der Stadt, Vadodaras extravagantester Palast. Wer einen Rundgang durch die beeindruckende Durbar Hall, das Waffenlager und die von Palmen gesäumten Mosaik-Innenhöfe (⊙ Di–So 10.30–16 Uhr, Eintritt Rs100) machen möchte, begibt sich zum **Maharaja Fateh Singh Museum** auf dem Palastgelände. Das Museum selbst beherbergt eine Sammlung japanischer, chinesischer, indischer und europäischer Kunstgegenstände. ⊙ tgl. 10.30–17.30 Uhr, Eintritt Rs100.

Übernachtung

Die zahlreichen Mittelklassehotels von Vadodara sind häufig ausgebucht: also zeitig reservieren. Budgethotels gibt es nicht viele und bei den meisten besteht dringender Handlungsbedarf in Sachen Sanierung. Die meisten Unterkünfte liegen in Sayaji Gunj, dem Bereich südlich des Bahnhofs.

Apsara, Sayaji Gunj, ✆ 0265/222 5399. Vermutlich noch das beste unter den Billighotels – was nicht viel heißen will. Es hat altersschwache, aber gerade noch bewohnbare Zimmer mit Bad.

Kalyan, Sayaji Gunj, ✆ 0265/236 2211, 🖥 www.kalyanhotel.com. Sehr sauberes, vorbildlich geführtes Hotel mit schönen und gut ausgestatteten Zimmern. Kostenloser Internetzugang und 24-Std.-Checkout. Die Angestellten buchen auch Zug- oder Flugtickets. ❹–❺

Sapphire Regency, Sayaji Gunj, ✆ 0265/236 1130, 🖥 www.sapphireregency.com. Das auf Geschäftsleute ausgerichtete Hotel hat makellose Zimmer mit modernem Bad, Flach-

Supermodern

Ginger, Fatehgunj Camp Rd, 1 km nördlich vom Bahnhof, ✆ 0265/663 3333, 🖥 www.gingerhotels.com. Vadodaras Niederlassung der hypermodernen Hotelkette mit minimalistischen Zimmern, freundlichen Mitarbeitern und Extras wie Trinkwasserbehälter auf jedem Stockwerk sowie WLAN. Im Haus befinden sich auch ein Buffetrestaurant und eine Filiale von **Café Coffee Day**. Gute Online-Angebote. ❻

Gujarat

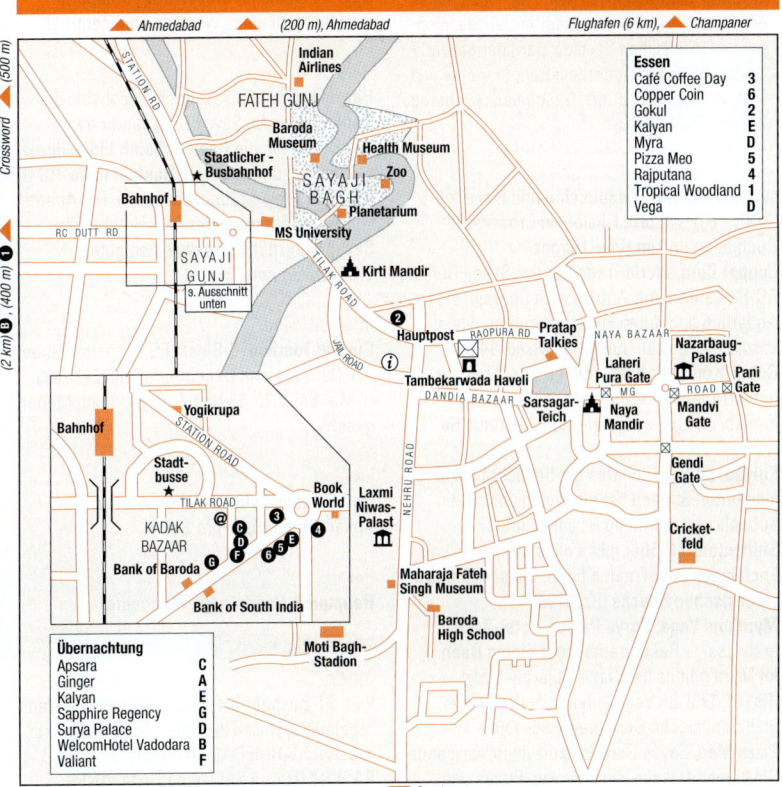

N   0   500 m

Ahmedabad   (200 m), Ahmedabad   Flughafen (6 km), Champaner

Crossword ◀ (500 m)

(2 km) ◀ ⓑ (400 m) ❶

STATION RD

FATEH GUNJ

Indian Airlines

Baroda Museum   Health Museum

Staatlicher - Busbahnhof

SAYAJI BAGH   Zoo

RC DUTT RD

Bahnhof   Planetarium

MS University

SAYAJI GUNJ

Kirti Mandir

3. Ausschnitt unten

TILAK ROAD

❷ Hauptpost   RAOPURA RD   Pratap Talkies   NAYA BAZAAR

ⓘ   Laheri Pura Gate   Nazarbaug-Palast   Pani Gate

Tambekarwada Haveli

DANDIA BAZAAR   Sarsagar-Teich   Naya Mandir   MG ROAD   Mandvi Gate

JAIL ROAD

Yogikrupa

STATION ROAD

Bahnhof

Stadt-busse

TILAK ROAD

Book World   Laxmi Niwas-Palast

@ ⓒⒹ❸ ❹
Ⓕ ❺❻Ⓔ
Ⓖ

KADAK BAZAAR

Bank of Baroda

Bank of South India

NEHRU ROAD

Maharaja Fateh Singh Museum

Baroda High School

Gendi Gate

Cricket-feld

Moti Bagh-Stadion

Essen	
Café Coffee Day	3
Copper Coin	6
Gokul	2
Kalyan	E
Myra	D
Pizza Meo	5
Rajputana	4
Tropical Woodland	1
Vega	D

Übernachtung	
Apsara	C
Ginger	A
Kalyan	E
Sapphire Regency	G
Surya Palace	D
WelcomHotel Vadodara	B
Valiant	F

Surat

bild-TV, weißen Ledersesseln und WLAN. 24-Std.-Checkout. Frühstück inkl. ❺–❻ **Surya Palace**, Sayaji Gunj, ✆ 0265/222 6000, 🖥 www.suryapalace.com. Die beste Wahl in dieser Ecke. Etwas veraltete, aber sehr gemütliche Zimmer, guter Service, Reisebüro vor Ort und kostenloser Flughafentransfer. Frühstück inkl. ❺–❻ **Valiant**, 7. OG, BBC Tower, Sayaji Gunj, ✆ 0265/236 3480. Ein gutes, wenn auch etwas unpersönliches Mittelklassehotel; alle Zimmer mit TV und sauberem Bad. 24-Std.-Checkout; Zugang über einen alten Fahrstuhl. ❹

WelcomHotel Vadodara, RC Dutt (Racecourse) Rd, ✆ 0265/233 0033, 🖥 www.itcwelcomgroup.in. Vadodaras einziges 5-Sternehotel besitzt todschicke Zimmer (ab Rs8000) mit großen Betten. Außerdem verfügt es über ein Qualitätsrestaurant, das sich auf die „North West Frontier"-Küche spezialisiert hat, Pool und Fitnesscenter. Gute Online-Angebote. ❾

Essen

Café Coffee Day, gegenüber der Sardar Patel Statue. Vadodaras Filiale dieser indischen Kette lockt ihre – vorwiegend jungen Besucher –

www.stefan-loose.de/indien

Vadodara (Baroda)   631

Tropical Woodland, 139 Windsor Plaza. Eines der Toprestaurants der Stadt mit ausgezeichneten südindischen Speisen, darunter ganze 17 *dosas*-Varianten. Außerdem Hauptgerichte und Milchshakes –Tipp: die Geschmacksrichtung *chikoo*. (Rs70–150).

mit *pukka* Kaffee, Cappuccino und Eiskaffee (Rs45 – 80). Weitere Filialen im Crossword-Buchladen und im Hotel Ginger.

Copper Coin, World Trade Centre, Sayaji Gunj. AC-Restaurant mit verblasstem Charme, einem Aquarium und guten Fleischgerichten wie köstlichem Butter-Hühnchen (Rs80–140).

Gokul, Koti Char Rasta. Kleine Snackbar mit hervorragenden südindischen Gerichten, *punjabi* und *gujarati thalis* und Eiscreme für wenig Geld (Rs25–60).

Kalyan, Sayaji Gunj. Das gut besuchte Lokal mit bunten Stühlen hat ein wenig von einem Schnellrestaurant und ist ein beliebter Studententreff. Hier gibt's alles Mögliche, von Enchiladas über Fondue bis zu indischen und chinesischen Snacks (Rs30–90).

Myra und **Vega**, Surya Palace Hotel. Zwei erstklassige Restaurants unter einem Dach. Im Myra gibt es herzhafte Gujarati-*thalis* (Rs110–175), im Vega schmackhafte Currys und chinesische Gerichte (Rs80–150).

Pizza Meo, Sayaji Guni. Wie die im Renaissance-Stil bemalte Decke, sind die veg. Pizzas und Pastagerichte (Rs105–185) dieses Italieners gut, aber eben nicht authentisch.

Rajputana, Sayaji Gunj. In dem bizarr mit von der Decke hängenden Ketten, Glocken, Puppen und unechten Holzbalken dekorierten Restaurant gibt es leckere nordindische und chinesische Gerichte sowie ein paar eigenartige Kreationen wie "Paneer Manchurian". Hauptgerichte Rs85–120.

Autovermietungen

Zuverlässig ist **Sweta Travels**, gegenüber dem Bahnhof, ☏ 0265/278 6917, wo man Fahrzeuge mit Fahrer mieten kann.

Bücher

Book World, Sayaji Gunj. Eine ausgezeichnete Buchhandlung ist **Crossword**, Annapurna Society in Alkapuri, westlich vom Zentrum.

Geld

Bargeld sowie Reiseschecks wechseln die **Bank of Baroda**, Sayaji Gunj, hinter dem Kadak Bazaar, die **Bank of South India**, direkt gegenüber, und die **State Bank of India**, RC Dutt Rd, nahe WelcomHotel Vadodara. Die Agentur von **Trade Wings**, hinter dem Hotel Amity, Sayaji Gunj, hat ebenfalls einen guten Wechselservice.

Informationen

Gujarat Tourism, C-Block, EG, Narmada Bhavan, Jail Rd, 2 km vom Bahnhof, ☏ 0265/242 7489. ☉ Mo–Sa 10.30–18 Uhr, 2. und 4. Sa im Monat geschl.

Internet

New Speedy Cyber Café, gegenüber dem Apsara Hotel (Rs15 pro Std.).

Post

Hauptpost, Raopura Rd, Stadtmitte.

Busse

Vom **ST-Busbahnhof** in der Station Rd fahren regelmäßig Busse in andere Städte Gujarats, z. B. nach AHMEDABAD (häufig; 2 1/2 Std.), RAJKOT (stdl., 8 Std.) und CHAMPANER (stdl., 1 1/2 Std.).

Es fahren regelmäßig Busse nach MUMBAI (14 Std.), aber nur wenige starten in Vadodara, so dass sie oft schon bei ihrer Ankunft in der Stadt voll sind – eine bessere Option ist daher der Zug. Entlang der Station Rd verkaufen diverse Schalter Fahrkarten für **Privatbusse** nach Mumbai, Rajasthan und Madhya Pradesh.

Eisenbahn

Im **Bahnhof** von Vadodara, ebenfalls in der Station Rd, ist meist die Hölle los (das Reservierungsbüro liegt im oberen Stockwerk). Diesem Stress kann man entgehen, indem man das Ticket für eine geringe Aufgebühr beim

Yogikrupa Travel Service, direkt gegenüber dem Bahnhof, ☎ 0265/279 4977, ⊕ tgl. 8.30–20.30 Uhr, kauft.

In Vadodara halten alle Züge, die auf der Hauptstrecke zwischen Delhi und Mumbai unterwegs sind. Der Shatabdi Express Nr. 12009 ist die beste Wahl, wenn es nach AHMEDABAD gehen soll (Abfahrt tgl. außer So 11.20 Uhr, Ankunft 13.10 Uhr); die schnellste Verbindung nach MUMBAI bietet der Shatabdi Express Nr. 12010 (Abfahrt tgl. außer So 16.17 Uhr, Ankunft 21.35 Uhr).

Flüge

Der **Flughafen**, 6 km nordöstlich des Zentrums, kann gut per Motor-Rikscha (Rs50) erreicht werden. Jet Airways und Indian Airlines fliegen tgl. nach DELHI, die Ersteren auch nach MUMBAI.

Das Büro von **Indian Airlines** liegt in Fateh Gunj, ☎ 0265/279 4747, das von **Jet Airways**, ☎ 0265/234 3441, gegenüber dem WelcomHotel Vadodara in der RC Dutt (Racecourse) Rd.

Pavagadh und Champaner

45 km nordöstlich von Vadodara erhebt sich der Pavagadh 820 m über die Ebene und überblickt die fast vergessene moslemische Stadt **Champaner** (⊕ tgl. 10–18 Uhr; Rs100), die inzwischen zum Weltkulturerbe erklärt wurde. Heute strahlt Champaner eine eigenartige, der modernen Welt entrückte Atmosphäre aus. Innerhalb der massiven Stadtmauern mit ihren von Inschriften verzierten Toren liegen mehrere Häuser, sehr schöne Moscheen, moslemische Grabmäler sowie einige neuere Jain-Pilgerherbergen. Champaners größte Moschee, die prächtige **Jama Masjid**, liegt außerhalb der Stadtmauern am Fuße des Pavagadh. Hohe Minarette überragen beide Seiten des Haupteingangs, und die Gebetshallen sind durch fast 200 Säulen unterteilt, die ein wunderschön gearbeitetes, aus mehreren Kuppeln bestehendes Dach tragen. Die Tickets gelten auch für den **Tempel Shahr-ki Matchi** innerhalb der Stadtmauern in der Nähe des Busbahnhofs.

Um von dort zum **Pavagadh** zu gelangen, nimmt man entweder einen Bus oder den an-

Zu Hause bei Maharadschas

Jambughoda Palace, 25 km außerhalb von Champaner, ☎ 02676/241258, 🖳 www.jambughoda.com. Deutlich schickere Option. Sehr individuelle Zimmer und hausgemachte Speisen mit Bioprodukten aus dem eigenen Garten. Der Familiensitz des ehemaligen Maharadscha überblickt das Jambughoda Wildlife Sanctuary, das vielen Vögeln Lebensraum bietet. ❺–❻

steigenden Pfad, der an der verfallenen Festung **Chauhan Rajput** vorbei zu einem Rastpunkt führt, wo man Snacks, Souvenirs und *chai* erhält. Von hier geht es mit der Drahtseilbahn (Rs87 hin und zurück) oder zu Fuß auf einem Pfad in Richtung Gipfel. Neben mehreren Jain-Tempeln steht hier auch ein Hindu-Tempel, der einem Mataji (weiblicher Sadhu) gewidmet ist und dessen Dach ein Schrein zu Ehren des moslemischen Heiligen Sadan Shah krönt. Der Ausblick mag die Hauptattraktion des Pavagadh sein, doch die interessanteste Sehenswürdigkeit dieser Gegend ist das nur noch als Ruine erhaltene **Fort** gegenüber vom Hauptbusbahnhof.

Im Jahr 1297 erkoren die Chauhan-Rajputen den Pavagadh zu ihrem Stützpunkt und wehrten drei Moslem-Angriffe ab, bevor sie die Festung 1484 an Mohammed Begada verloren. Alle Frauen und Kinder begingen *johar* (rituellen Selbstmord durch Selbstopferung), und die überlebenden Männer wurden ermordet, als sie sich der Konvertierung zum Islam widersetzten. Nach der Eroberung begann Begada mit dem Bau von Champaner, der 23 Jahre dauerte. Bis zum Tod von Bahadur Shah im Jahre 1536 fungierte die Stadt als politische Kapitale von Gujarat. Danach siedelte der Hof nach Ahmedabad um und der Niedergang von Champaner nahm seinen Lauf.

Von Vadodara fährt stündlich ein Bus nach Champaner (via Halol, 1 1/2 Std.). Außerdem gibt es mehrere tägliche Verbindungen von und nach Ahmedabad. **Hotel Champaner**, auf halbem Weg nach Pavagadh, ☎ 02676/245641, ❷–❸, etwas glanzloses Hotel mit Schlafsaal (Rs75) und passablen Zimmern mit großartigem Blick über die weiten Ebenen. Im dazugehörigen Restaurant bekommt man gute vegetarische *thalis*.

Gujarat

Daman

Erkundigt man sich bei Gujaratis nach Daman, so hört man zuerst, dass es dort Alkohol gibt. Als Mitglied des Union Territory ist die Stadt unabhängig von dem „trockenen" Staat, der sie umschließt, und rühmt sich liberaler Ausschankgesetze. Dies macht die Enklave zu einem beliebten Wochenendziel für ganze Busladungen männlicher Gujaratis, die sich hemmungslos betrinken. Unter der Woche geht es in der Stadt zwar wesentlich ruhiger zu, aber übermäßig hohe Erwartungen sollte man nicht haben. Die Atmosphäre lässt Assoziationen zu einer verschlafenen Grenzstadt aufkommen, und außer ein paar mittelmäßigen Stränden, ausgezeichnetem Seafood und einigen gut erhaltenen Kirchen, Häusern und Festungen im portugiesischen Stil wird hier kaum etwas geboten.

Durch seine Lage an der Mündung des **Damanganga**, der in der Sahyadri Range auf der Dekkan-Hochebene entspringt, war Daman ein einladendes Ziel für die Portugiesen, die die Stadt 1531 vom Sultan von Gujarats äthiopischem Regenten Siddu Bapita eroberten. Damans wirtschaftlicher Niedergang wurde durch die britische Besetzung von Sind in den 1830er-Jahren heraufbeschworen, welche den **Opiumhandel** zum Stillstand brachte. Trotzdem überlebte die Kolonialherrschaft bis 1961, als Nehru die Geduld verlor und seine Truppen nach Daman schickte, anstatt weiterhin auf eine friedliche Übergabe der Portugiesen zu warten.

Heute wird Daman als Union Territory von New Delhi aus regiert, ebenso wie die nahe gelegenen ehemals portugiesischen Kolonien Diu, Dadra und Nagar Haveli. Die Stadt Daman besteht aus zwei separaten Teilen. Nördlich des Damanganga liegt **Nani Daman** („Klein Daman"), wo sich die meisten Hotels, Restaurants, Bars und Märkte befinden; **Moti Daman** („Groß Daman"), das alte portugiesische Viertel, dessen barocke Kirchen und Latino-Villen von imposanten Festungsmauern umgeben sind, breitet sich südlich des Flusses aus.

Die Stadt

Das Leben im Stadtteil Nani Daman spielt sich größtenteils in der **Seaface Road** ab, die vom Markt in westlicher Richtung, vorbei an Hotels, schäbigen Bars und Liquor Stores bis zum Meer führt. Der **Strand** ist verschmutzt und lädt nicht zum Schwimmen oder Sonnenbaden ein . Die Gegend am **Flussufer** südlich des Zentrums wird von Fischerbooten und Märkten dominiert. Das ganze Geschehen lässt sich von den Befestigungsmauern des **St Jerome's Fort**, direkt hinter dem Kai, sehr gut beobachten. Die im 17. Jh. zum Schutz vor den Moguln errichtete Zitadelle umschließt einen kleinen *maidan*, eine katholische Kirche und einen portugiesischen Friedhof.

Die beeindruckenden Gebäude der Stadt liegen jenseits des Flusses im kolonialen **Moti Daman**, 2 km südlich der Seaface Rd. Innerhalb der stattlichen Mauern liegen elegante zweistöckige Villen mit geschwungenen Treppen, hölzernen Fensterläden, Veranden, bunt getünchten Fassaden und grünen Höfen. Zu den schönsten Bauwerken von Moti Daman gehören die **Kirchen**, darunter einige der ältesten und besterhaltenen christlichen Baudenkmäler Asiens. Am prächtigsten ist die 1603 erbaute **Kathedrale** nördlich des Hauptplatzes. Ihre gigantische Barockfassade öffnet sich zu einer erhabenen, überwölbten Halle. Auf der gegenüberliegenden Seite des Platzes erhebt sich die **Church of Our Lady of the Rosary**, die einige kunstvolle Holzarbeiten beherbergt.

Die **Main Road** verbindet die beiden im Jahre 1580 nach einer Mogul-Invasion errichteten **Stadttore** miteinander. In dem kleinen Cottage neben dem nördlichen Sea Gate lebte im 18. Jh. der portugiesische Poet Bocage. Am anderen Ende der Main Road liegt auf der Bastion mit Blick auf das Land Gate eine Zelle, in der die zum Tode Verurteilten zu Zeiten der Portugiesen ihre letzten Tage verbrachten.

Übernachtung

Fast alle Hotels von Daman liegen an oder nahe der Seaface Rd in Nani Daman. Die Resorts am Devka Beach sind generell teurer, was nicht unbedingt auf ihren Komfort, sondern eher auf ihre Lage zurückzuführen ist.

Gurukripa, Seaface Rd, ✆ 0260/225 504.
Das alteingesessene Hotel zeigt Ermüdungserscheinungen, ist aber immer noch sehr gut geführt und hat geräumige Zimmer mit Bad und

Gujarat

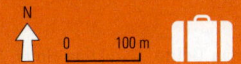

N
0   100 m

Devka

Geldautomat

SEAFACE   ROAD

1 **2**

A **B**

C **D**

KAVI KHABARDAR ROAD

ESTRADA 2 FEVEREIRO

Taxis

Überdachter Markt

Bus-bahnhof

FARMERS' MARKET

Reservierungs-schalter

i

World Wide Travels

Kirche

NANI DAMAN

St Jerome's Fort

Friedhof

Damanganga

Leuchtturm

RING ROAD

RUA MARTIM ALFONSO

RING ROAD

Tunnel-eingang

Sea Gate

Bocage's Cottage

Pergola Garden

Kreuz

Former Gate

MOTI DAMAN

MAN ROAD

Dominikaner-kloster

Sé-Kathedrale

Tunnel-eingänge

Gefängnis

Stadtverwaltung

Our Lady of the Rosary

Friedhof

Land Gate

Graben

Jampore

Vapi

Gujarat

Übernachtung	
Gurukripa	B
Marina	C
Sovereign	A
Sukh Sagar	D

Essen	
Daman Delite	B
Garden	2
Pithora	A
Samrat	1

AC, außerdem eine Dachterrasse und ein gutes Bar-Restaurant. Es werden auch Yogakurse angeboten. ❹–❺

Marina, Estrada 2 Fevereiro, ✆ 0260/225 4420. Langsam zerfallender und doch sehr stilvoller, portugiesischer Kolonialbau mit preiswerten AC-Zimmern und altmodischen Möbeln. Es lohnt sich, für die Deluxe-Variante etwas mehr Geld auszugeben. Auch das Restaurant ist nicht zu verachten. ❸–❹

Sovereign, Seaface Rd, ✆ 0260/225 0236. Nahe dem Gurukripa und unter derselben Leitung. Anständige AC-Zimmer mit kleinem Bad und TV. ❹–❺

Der leckerste Fisch

Daman Delite, Gurukripa Hotel. Die richtige Adresse für ein piekfeines Essen. Es stehen verschiedenste Meeresfrüchte auf der Karte. Highlights sind die Fischcurrys, und zum krönenden Abschluss kippt man einen gehaltvollen *feni* (Kokosschnaps) aus Goa. Hauptgerichte Rs70–250.

Sukh Sagar, Estrada 2 Fevereiro, ☎ 0260/ 225 5089. Das freundliche Hotel in einer ruhigen Straße hat gute, saubere Zimmer und ein preiswertes Restaurant. ❸

Essen und Unterhaltung

Viele „Bar-Restaurants" entlang der Seaface Rd sind nur dem Namen nach Restaurants und eher zu meiden.
Garden, Seaface Rd. Terrassenrestaurant mit Tandoori-Butterfisch und Hummer sowie veg. und nicht veg. Spezialitäten aus Goa zu vernünftigen Preisen (Rs40–200).
Samrat, Seaface Rd. Straßenrestaurant mit mehr als füllenden Gujarat-*thalis*, zu denen man *namkeens* (salzige Häppchen) serviert bekommt; außerdem verschiedene *dhals* und veg. Gerichte (Rs40–70); kein Alkohol.
Pithora, Souvereign Hotel. Veg. südindische Snacks, *thalis*, chinesisches Essen und kaltes Bier werden entweder drinnen serviert oder auf einem luftigen, nach dem Vorbild des dörflichen Gujarat gestalteten Balkon (Rs40–100).

Sonstiges
Informationen

Touristeninformation, südlich des Busbahnhofs, ☎ 02638/225 5104, 🖥 www.damandiutourism. com. ⏲ Mo–Fr 9.30–13.30 und 14–18 Uhr.

Internet

Speed Age, Kavi Khabardar Rd (Rs20 pro Std.).

Post

In Daman gibt es zwei **Postämter**: eines unmittelbar nördlich der Straßenbrücke über den Damanganga, das andere in der Main Rd von Moti Daman, schräg gegenüber der Gemeindeverwaltung.

Reisebüros

World Wide Travels, im Erdgeschoss des Hotel Maharaja, ☎ 02638/225 5734, ist die beste Adresse zum Buchen von Flügen und **Geld** und Travellerschecks wechseln, ⏲ tgl. 9–21 Uhr.

Transport
Busse

Damans **Busbahnhof** liegt am Ostrand von Nani Daman, bedient jedoch nur das 12 km entfernte VAPI (alle 30 Min.). Von dort bestehen zwar verschiedene Verbindungen in andere Städte, aber der Zug ist generell vorzuziehen.

Eisenbahn

Daman ist selbst nicht an das Schienennetz angeschlossen. Der nächste **Bahnhof** befindet sich im etwa 12 km weiter östlich gelegenen **Vapi**, das zu den am stärksten verschmutzten Städten der Welt zählt. Zugtickets sind dort am computerisierten Reservierungsschalter, gegenüber der Touristeninformation, erhältlich ⏲ tgl. außer Mi 9.30–13.30 und 16–21 Uhr. In Daman (Rs15) halten die Taxis an der Seaface Rd in der Nähe der meisten Hotels. Alternativ dazu kann man auch einen Bus nehmen (s. o.).

Gujarat

Mumbai

Stefan Loose Traveltipps

Gateway of India   Mumbais Wahrzeichen, der Ort für einen Abendspaziergang. S. 644

Chhatrapati Shivaji Museum   Eine erlesene Sammlung indischer Kunst von unschätzbarem Wert – von uralten Tempelskulpturen bis zu Rüstungen der Moguln. S. 646

Oval Maidan   Hier entkommt man dem Rummel der Stadt, kann Cricket spielen, gemütlich zu Mittag essen oder einfach nur relaxen. S. 647

Grabmal von Haji Ali   Donnerstagabends versammeln sich am Inselgrab des Sufi-Mystikers Haji Ali moslemische Gläubige, um der Qawwali-Musik zu lauschen. S. 651

CS (Victoria) Terminus   Das wunderbar exzentrische Bauwerk ist vielleicht der großartigste Bahnhof, den die Briten jemals gebaut haben. S. 648

Elephanta Island   Ein Boot bringt Besucher über den Hafen von Mumbai zu einem der schönsten, in den Fels gehauenen Shiva-Tempel. S. 653

15 **Bollywood-Blockbuster**   Die neueste Hindi-Megaproduktion in einem der gigantischen Art-déco-Kinos im Stadtzentrum zu sehen, ist ein Erlebnis der besonderen Art. S. 664

Mumbai

Malabar Point

Raj Bhavan

Leuchtturm

MILITARY CANTONMENT

R C Church

World Trade Centre

CUFFE PARADE

Afghan Memorial Church

Nariman Point

NCPA

Air India Building

Bushaltestelle (EAS Flughafenbus)

Brabourne-Stadion

MTDC

MARINE DRIVE (NETHAJI

Churchgate Station

Colaba Bus Depot

Oval Maidan

Cross Maidan

Sassoon Docks

MAHARISHI KARVE RD

KARAMVEER BHAORAO PATIL MARG

Oyster Rock

Fisherman's Shanty Town

COLABA

WELLINGTON CIRCLE

MAHATMA GANDHI RD

HUTATMA CHOWK

St. Thomas Cathedral

Regal Cinema

s. Detailplan Colaba S. 645

Uhren-turm

HORNIMAN CIRCLE

VS Bhavan

Prince of Wales Museum

APOLLO ST

Gateway of India

Jehangir Art Gallery

Hauptpost

Asiatic Library

Münz-anstalt

s. Detailplan Churchgate und Fort S. 656

Mandvi, Alibag

Fähre nach Elephanta

Übernachtung	
Oberoi	B
Taj President	A
Trident Nariman Point	B

Essen	
Badshah Juice, Snack Bar	2
Rajdhani	1

ARABISCHES MEER

Banganga-Teich
Walukeshwar-Tempel

Malabar Hill
PM (Hanging) Gardens
Türme des Schweigens
Breach Candy Hospital
Crossword Bookshop
Mahalakshmi-Tempel
Haji Ali-Mausoleum

Jain-Tempel
Kamla Nehru Park
Bulbunath Mandir-Tempel

Back Bay

Chowpatty Beach

Mani Bhavan (Mahatma Gandhi Museum)

Grant Rd Station
Opera House
Charni Road

Willingdon Golf Course
Mahalaxmi Racecourse

Mumbai Central (Bahnhof)
Busse ins Zentrum

Gymkhanas

Alfred Talkies
Red Light District
Maratha Mandir Cinema
Mahalaxmi Station

Wankhede-Stadion
Bombay Hospital
Metro Cinema (Busse nach Goa)
Mumba Devi-Tempel
Bhuleshwar Market
Mumbai Central (Busbahnhof)

Azad Maidan
Zaveri Bazaar
Chor Bazaar
Städtische Dhobi Ghats

Crawford Market
Jami Masjid
Minara Masjid
Byculla
Chinchpokli
Jijamata Udyaan (Victoria Gardens)

Chhatrapati Shivaji Terminus (Victoria Terminus)
Masjid Bunder
Sandhurst Road
BYCULLA
Dr Bhau Dadji Lad Museum

Dockyard Road
Reay Road

Flughäfen

Mumbai

Seit der Fertigstellung des Suez-Kanals 1869 ist Mumbai (früher Bombay) das Haupteingangstor zum indischen Subkontinent. Der Schriftsteller Aldous Huxley sagte einmal sinngemäß, dass keine der beiden Erdhalbkugeln eine entsetzlichere Stadt zu bieten habe. Viele Reisende betrachten ihren Aufenthalt in Mumbai als eine Erfahrung, bei der es eher um das nackte Überleben als ums Genießen geht. Doch als führende Wirtschafts-, Industrie- und Handelsmetropole des Landes und Quelle der verführerischsten Medienbilder ist die Hauptstadt von Maharashtra auch ein äußerst faszinierender Ort, in dem es sich durchaus umzusehen lohnt. Ob jemand diese Erfahrung auch genießen kann, hängt zum großen Teil davon ab, wie er mit der Hitze, der Feuchtigkeit, der Hektik, den Abgasen, den unglaublichen Menschenmassen und der erschreckenden Armut in der dynamischsten und am meisten „verwestlichten" Stadt Indiens zurechtkommt.

Der erste Eindruck von Mumbai wird oft von dem chronischen **Platzmangel** bestimmt, unter dem die Metropole leidet. Sie kauert auf einem schmalen, gekrümmten Landstreifen, der sich von der sumpfigen Küste ins Arabische Meer schiebt. Streng genommen handelt es sich um eine Insel, die mit dem Festland durch Brücken und schmale Dämme verbunden ist. In weniger als 500 Jahren hat sich Mumbai vom Eingeborenen-Fischerdorf zu einer Megalopolis mit über 16 Mio. Einwohnern entwickelt – und zu einem der weltweit größten städtischen Siedlungsgebiete. Ob man vom endlosen Strom der Pendler auf breiten Boulevards mitgeschwemmt oder in den von Menschen wimmelnden Basaren von Kulis und Handkarren ziehenden Leuten eingekreist wird – Mumbai scheint immer und überall aus allen Nähten zu platzen.

Die Ursache der Überbevölkerung und der damit verbundenen Armut liegt – auch wenn es paradox erscheinen mag – in der unglaublichen Fähigkeit dieser Stadt, **Reichtum** zu produzieren. Mumbai allein erwirtschaftet fast ein Drittel von Indiens Steuereinnahmen, in seinem Hafen wird die Hälfte des indischen Außenhandels abgewickelt, und die hiesige Filmindustrie ist die größte der Welt. Wohlstandssymbole finden sich allerorten: von der Phalanx von Bürohochhäusern

am Nariman Point („Maharashtras Manhattan") bis zu teuer gekleideten Teenagern, die in Colabas Szenediscos posieren.

Die Kehrseite der Erfolgsstory ist die hier herrschende, hinlänglich dokumentierte **Armut**. Tag für Tag strömen schätzungsweise 500 Wirtschaftsflüchtlinge aus dem Hinterland von Maharashtra nach Mumbai. Manche finden Arbeit und Obdach; die Mehrheit jedoch endet auf den ohnehin schon überfüllten Straßen oder lebt im Elend inmitten eines der größten Slums von ganz Asien, sammelt Lumpen oder bettelt an Verkehrsampeln die Autofahrer an, um zu überleben. Man darf die Probleme keineswegs herunterspielen, andererseits ist Mumbai längst nicht die Horrorstadt, von der manche Traveller berichten. Hat man erst einmal den Stress der Hotelsuche bewältigt, lässt sich dem irren Treiben und der turbulenten, kosmopolitischen Atmosphäre durchaus etwas abgewinnen.

Geschichte

Mumbai bestand ursprünglich aus sieben **Inseln**, die von kleinen Koli-Fischergemeinden bevölkert wurden. 1534 überließ Sultan Bahadur von Ahmedabad das Land den **Portugiesen**. 1661 gelangte es als Teil der Mitgift Katherinas von Braganza, der portugiesischen Infantin, die mit dem englischen König Charles II. den Bund der Ehe schloss, in die Hände der Engländer. Der geschützte Naturhafen und die strategisch günstige Handelsposition Bombays weckten das Interesse der im nahen Surat ansässigen **East India Company**. 1668 wurde eine Vereinbarung getroffen, und Charles überließ der Ostindien-Kompanie Mumbai für eine lächerliche Summe.

Das Leben der Engländer in Bombay war nicht leicht. Die Ruhr, Cholera und andere Krankheiten rafften viele der ersten Siedler dahin, und der Geistliche der Kolonie erklärte „zwei Monsunregen entsprechen der Dauer eines Menschenlebens". Trotzdem etablierte sich die Stadt als Hauptstadt der aufstrebenden East India Company und zog unterschiedlichste Siedler an, darunter Goaner, Kaufleute aus Gujarat, moslemische Weber und geschäftstüchtige **Parsen**. Die amerikanische Baumwollkrise nach dem Ende des Bürgerkrieges löste in der Stadt einen mächtigen Baumwollboom aus, der die Stadt zu

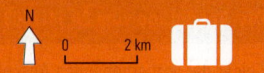

▲ *Vasai*

Vihar-See

Mulund

Jogeshwari

Powai Lake

Bhandup

Kanjurmarg

Andheri

Vikhroli

Vile Parle

Chhatrapati
Shivaji
International
Airport

*JUHU
BEACH*   JUHU

Inlands-
flughafen
Chhatrapati
Shivaji
(Santa Cruz)

Ghatkopar

Santa Cruz

Vidyavihar

*ARABISCHES
MEER*

Khar Road

Tilak
Nagar

Kurla (LTT)

Chembur

BANDRA   DHARAVI

Govandi

Bandra

Chunabhatti

Mankhurd

*Thane
Creek*

Basilica of Mt Mary

Sion

Rajiv Gandhi
Setu

Mahim

GTB Nagar

King's Circle

Matunga Road

Matunga

Dadar

Parel

Wadala Road

Elphinstone Road

Asiad-Busbahnhof

Currey
Road

Sewri

Lower Parel

Chinchpokli

Cotton Green

Mahalaxmi

Reay Road

Mumbai Central
(Bahnhof)

Byculla

Grant Road

Mumbai
Central
(Busbahnhof)

Dockyard Road

MALABAR HILL

Sandhurst Road

Charni Road

Masjid Bunder

Marine Lines

Churchgate

Chhatrapati Shivaji Terminus

Back Bay

Nariman Point   COLABA

Gateway of
India

*Elephanta
Island*

s. Detailplan Mumbai S. 638/639

▼ *Mandawa, Alibag*

Mumbai

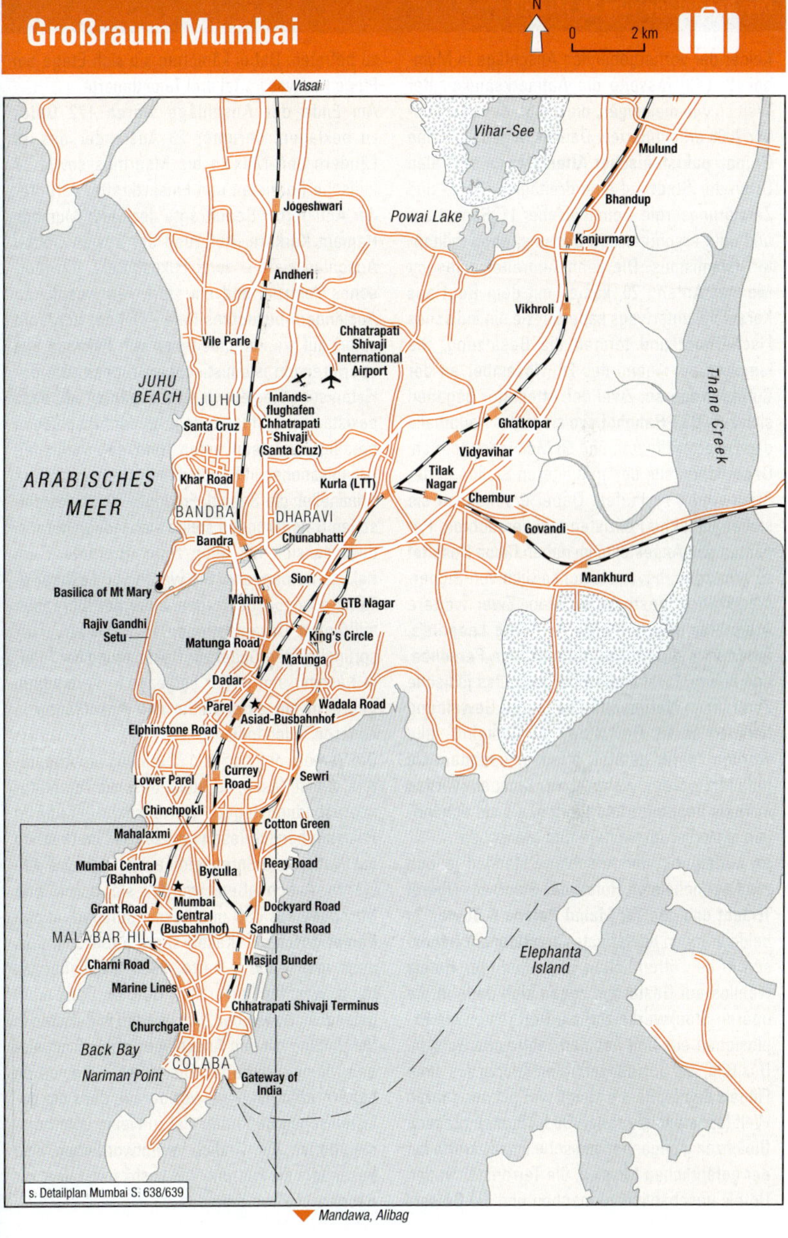

Keiner der vorhergehenden Anschläge in Mumbai (S. 643) fesselte die Aufmerksamkeit der Welt so wie diejenigen, die die Stadt im November 2008 erschütterten. Damals begab sich eine Gruppe **pakistanischer Attentäter** an zentralen Orten der Stadt auf eine dreitägige Mord- und Zerstörungsorgie – ein indischer 11. September und eine erschütternde Demonstration militanten Islamismus. Die zehn Angreifer, allesamt Männer Anfang 20, kamen mit dem Boot aus Karatschi, unterwegs kaperten sie ein indisches Fischerboot und töteten die Besatzung. Sie landeten am Abend des 26. November an der Cuffe Parade an. Zwei der Attentäter begaben sich zum **CST-Bahnhof**, wo sie in der Haupthalle das Feuer eröffneten und 58 Menschen töteten. Dann flohen sie, um an weiteren Stellen in der Stadt Amok zu laufen. Dabei erschossen sie sieben indische Polizisten und versuchten, Patienten und Angestellte im nahen **Cama Hospital** zu ermorden, bevor sie schließlich von Sicherheitskräften gestoppt wurden. Zwei weitere Attentäter begaben sich zum **Café Leopold's**, feuerten in die Menge, töteten zehn Personen, und flohen. Zwei andere brachten das jüdische Zentrum im **Nariman House** in ihre Gewalt und nahmen sechs Bewohner als Geiseln – alle wurden später getötet, offenbar nachdem sie gefoltert worden waren. Zwei Bomben wurden in **Taxis** deponiert und töteten, als sie schließlich explodierten, weitere fünf Menschen. Im Mittelpunkt der Anschläge standen jedoch zwei der nobelsten Hotels der Stadt, das **Oberoi Trident** und das **Taj Mahal Palace & Tower**. In beide drangen bewaffnete Attentäter ein, schossen in den öffentlichen Bereichen der Hotels wahllos auf Gäste und zogen sich dann in die oberen Stockwerke zurück. Dort lösten sie Explosionen aus und nahmen zahlreiche Geiseln. Das Bild, wie aus der zentralen Kuppel des alten Flügels des Taj Rauch steigt, war auf der ganzen Welt fast ständig auf den Bildschirmen präsent. Gleichzeitig begannen indische Einsatzkräfte mit der gefährlichen Mission, die Terroristen in den Hotels unschädlich zu machen und die Geiseln zu befreien. Dabei kämpften sie sich Etage um Etage vor, was im Taj drei Tage dauerte.

Am Ende der Anschläge waren 172 **Opfer** zu beklagen, darunter 28 Ausländer aus 16 Ländern von Mexiko bis Mauritius sowie 17 indische Polizisten und Einsatzkräfte, darunter der Anti-Terror-Beauftragte der Stadt Mumbai, Hemant Karkare. Aufgrund der ausgewählten Anschlagsziele – zwei Luxushotels, ein jüdisches Zentrum und ein stark von westlichen Ausländern besuchtes Café – fiel der Verdacht sofort auf die verschiedenen von Pakistan aus operierenden islamistischen Gruppen. Die pakistanische Regierung stritt zunächst ab, dass pakistanische Staatsbürger an den Anschlägen beteiligt gewesen seien, und gab radikalen Organisationen in Bangladesch sowie indischen Kriminellen die Schuld. Entgegen den pakistanischen Beteuerungen stellte sich jedoch heraus, dass es sich bei allen zehn Attentätern um Pakistaner handelte. Sie waren von **Lashkar-e-Taiba** ausgebildet worden, einer der führenden militanten Organisationen in Pakistan – ursprünglich gegründet zur Bekämpfung der Inder in Kashmir und in der Folgezeit in Verbindung gebracht mit einer Reihe von Anschlägen in anderen Teilen Indiens.

Die Verhöre des einzigen überlebenden Attentäters, Ajmal Kasab, ergaben, dass die Attentäter in Ausbildungslagern von Lashkar-e-Taiba in Pakistan handverlesen und speziell im Umgang mit Waffen und Sprengstoff ausgebildet worden waren. Anschließend wurden sie, durch eine Mischung aus LSD und Kokain befeuert, in den Kampf geschickt. Kasab sagte außerdem aus, dass man gehofft hatte, 5000 Menschen zu töten, was den Terroristen Gott sei Dank nicht gelang. Im November 2009 wurden in Pakistan in Verbindung mit den Anschlägen schließlich sieben Männer verhaftet. Die indische Regierung beharrt aber nach wie vor darauf, dass die pakistanischen Behörden viel zu wenig unternommen hätten, die wirklich Verantwortlichen, also besonders die Führung von Lashkar-e-Taiba, zur Rechenschaft zu ziehen.

einer bedeutenden Industrie- und Handelsstadt machte. Nach der Eröffnung des Suez-Kanals 1869 und dem Bau riesiger Hafendocks wurde Bombays Einfluss auf die europäischen Märkte noch verstärkt. Steinerne Zeugen dieser Epoche des Aufbruchs sind die aufsehenerregenden kolonialen neugotischen Stadtbauten, die in der Amtszeit des Gouverneurs **Sir Bartle Frere** von 1862 bis 1867 errichtet wurden.

Als wohlhabendste Stadt der Nation stand Bombay in der vordersten Front des Unabhängigkeitskampfes. Mahatma Gandhi benutzte hier drei Jahrzehnte lang ein Haus, inzwischen ein Museum, um den Widerstand zu organisieren. Passenderweise verabschiedete das erste britische Kolonie das Raj endgültig in Mumbai: Im Februar 1948 marschierte das letzte Kontingent britischer Truppen durch das Gateway of India ab. Nach der **Unabhängigkeit** entwickelte Mumbai sich zur kommerziellen Hauptstadt Indiens. Die Einwohnerzahl verzehnfachte sich und stieg auf über 16 Millionen. Die daraus resultierende Überbevölkerung hat auch zu den Spannungen zwischen den diversen Minderheiten beigetragen, und dazu kamen noch die terroristischen Anschläge von außerhalb. Davon, dass immer mehr Zuwanderer aus anderen Regionen des Landes in die Stadt strömten, und von der damit einhergehenden wachsenden Unzufriedenheit profitierte vor allem die rechtsextreme Maharashtria-Partei **Shiv Sena**. Sie wurde 1966 von Bal Thackeray, laut Eigenaussage ein Bewunderer Hitlers, gegründet. Nach der Zerstörung der Babri Masjid in Ayodhya (1992/93) wurden Tausende moslemische Bewohner von Bombay von Hindu-Banden getötet.

Im Gegenzug verloren im März 1993 bei zehn **Bombenexplosionen** 260 Menschen ihr Leben, und bedeutende Baudenkmäler wurden zerstört. Man ging von einer Beteiligung des moslemischen Paten Dawood Ibrahim und des pakistanischen Geheimdienstes aus. Sowohl Ibrahim als auch der Geheimdienst wurden mit nachfolgenden Gräueltaten in Verbindung gebracht. Dazu zählten die Bombenanschläge im August 2003, die 107 Besucher des Gateway of India das Leben kosteten, und die Anschläge im Juli 2006, bei denen durch zeitlich aufeinander abgestimmte Explosionen sieben vollbesetzte

Bombay oder Mumbai?

1996 wurde Bombay im Rahmen einer umfassender angelegten Politik der Stadtverwaltung unter Führung der rechtsgerichteten Maharashtra-Nationalisten-Partei Shiv Sena in Mumbai umbenannt. Die war Teil der Absicht, alle Örtlichkeiten, Straßen und Einrichtungen der Stadt, die eine Verbindung zur britischen Herrschaft in Indien aufwiesen, mit neuen Namen zu versehen.

Die Shiv Sena behauptete, dass der britische Name „Bombay" vom Marathi-Namen einer örtlichen Göttin stammte, der mundlosen „Maha-amba-aiee" (kurz „Mumba Devi", s. S. 650). Allerdings sind sich Historiker einig, dass die Portugiesen, die die Bucht „Bom Bahia" („Gute Bucht") nannten, als sie sie zum ersten Mal erblickten, für die Namensgebung des Ortes verantwortlich sind und der spätere britische Name nichts mit der hinduistischen Erdgöttin zu tun hat.

Die Namensänderung war anfänglich äußerst unpopulär, besonders bei der Mittel- und Oberschicht und den nicht aus Maharashtra stammenden Zuwanderern; sie blieben stur bei Bombay. Mehr als 15 Jahre später scheint „Mumbai" aber immer mehr an Boden zu gewinnen, besonders bei der jüngeren, computeraffinen Generation. Außerdem hat sich der Name mehr und mehr aus der Zwangsjacke seiner nationalistischen Wurzeln gelöst.

Mumbai

Pendlerzüge zerrissen wurden. Und schließlich die Anschläge vom 26. November 2008 (s. Kasten S. 642), denen 172 Personen zum Opfer fielen.

Trotz dieser Rückschläge hat Mumbai wie sonst keine andere Stadt in Indien von der wirtschaftlichen Liberalisierung profitiert. So verdrängten IT-, Finanz- und Gesundheitssektor sowie Back-Office-Dienstleistungen die seit Jahrzehnten stagnierende Textilindustrie. Ganze Vororte mussten neu gebaut werden, um die Ströme neuer Mittelklassearbeiter aufzunehmen; natürlich mit glänzenden Einkaufszentren und Autohändlern, damit sie ihr sauer Verdientes auch ausgeben konnten. Jedoch hat die Korruption in Politik und Wirtschaft Investitionen in sozial schwächeren Gebieten verhindert. Während in Bandra Luxusappartements für eine halbe Million Dollar und mehr gehandelt werden, hausen schätzungsweise 7 bis 8 Millionen Menschen (knapp die Hälfte aller Bewohner Mumbais) auf 6 % der Stadtfläche zusammengedrängt in Slums ohne Sanitäreinrichtungen.

Orientierung

Nirgendwo wird deutlicher spürbar, dass man in Mumbai angekommen ist, als am **Gateway of India**, dem ultimativen Wahrzeichen der Stadt. Nur fünf Gehminuten nördlich vom Anleger steht das **Prince of Wales Museum**, die nächste Hauptattraktion auf der Sightseeing-Liste. Dabei ist die extravagante Architektur genauso interessant wie die Kunstschätze im Innern. Das Museum liefert einen Vorgeschmack auf die Straßen der unmittelbaren Umgebung, wo man die architektonische Crème de la Crème von Bartle Freres Bombay bewundern kann, beispielsweise die Prachtbauten der Universität und den High Court mit den offenen Maidans auf der einen und den Boulevards von Fort auf der anderen Seite.

Warum die Gründerväter Bombay damals *Urbs Prima in Indis* nannten, zeigt der weiter nördlich gelegene Bahnhof **Chhatrapati Shivaji Terminus (CST)**, das absolute Prunkstück der indischen Raj-Architektur. Hinter dem CST liegen die überfüllten Basare und Moslemviertel von Zentral-Mumbai, am lebendigsten und buntesten um den **Crawford Market** und die **Mohammed Ali Road**. Wer dem Stadtgetümmel entkommen möchte, unternimmt zum Beispiel einen Abendspaziergang über den **Marine Drive** am westlichen Rand von Downtown oder eine Bootstour nach **Elephanta**, einer Insel in der Hafenbucht von Mumbai mit einem Höhlentempel.

Colaba

Ende des 17. Jhs. war Colaba wenig mehr als die letzte einer Reihe von steinigen Inseln, die sich zu dem am südlichsten Punkt von Mumbai stehenden Leuchtturm hin erstreckte. Heute sind die ursprünglichen Konturen des Landvorsprungs (dessen Name von den frühesten hiesigen Fischern, den **Koli**, abgeleitet wurde) unter

einer Masse baufälliger Kolonialwohnhäuser, Hotels, Bars, Restaurants und Kunsthandwerksgeschäften versteckt. Wer sich nur in dieser Gegend aufhält, bekommt ein sehr einseitiges Bild von Mumbai. Obwohl die das hauptsächliche Touristenenklave und ein angesagtes Ausgehviertel für die jungen Reichen der Stadt ist, hat sich Colaba das zwielichtige Flair jenes Hafenortes bewahrt, der er einmal war.

Gateway of India und das Taj-Hotel

Indiens eigener, honigfarbener Arc de Triomphe, errichtet zur Erinnerung an den Besuch von König George V. und Queen Mary 1911, wurde 1924 von dem Architekten George Wittet erbaut, auf dessen Reißbrett zahlreiche der nobelsten Bauwerke der Stadt entworfen wurden. Das Tor vereint einheimische Gujarat-Motive mit großem viktorianischem Pomp und war ursprünglich als feierlicher Landungspunkt für mit P&O-Dampfern ankommende Passagiere gedacht. Inzwischen sind die einzigen am Fuß der Steintreppe im Wasser schaukelnden Schiffe die Boote, die Touristen durch den Hafen zur Elephanta Island und zurückbringen.

Gleich hinter dem Gateway erhebt sich das betagte Hotel **Taj Mahal Palace & Tower** (S. 657), ein Wahrzeichen indischen Widerstandes gegen die kolonialen Unterdrücker. Sein Schirmherr, der parsische Industrielle J. N. Tata, soll das Taj als einen Akt der Rache in Auftrag gegeben haben, nachdem ihm der Zutritt zum damals besten Hotel der Stadt, dem „whites only"-Watson's verwehrt worden war. Sein zorniger Wunsch ging in Erfüllung: Das Watson's ist schon längst vom Erdboden verschwunden, aber das Taj thront noch immer majestätisch über dem Meeresufer und beherbergt Mumbais Jetset. Normalsterbliche dürfen hereinkommen, um ihr Geld in der Tea Lounge und in den Einkaufspassagen auszugeben oder einen Blick in die riesige, klimatisierte Lobby zu werfen (am Gang links des Hauptschalters gibt es übrigens eine höchst feudale Toilette).

Colaba Causeway und Sassoon Docks

Die Ende des 19. Jhs. dem Meer abgetrotzte Hauptdurchgangsstraße **Colaba Causeway** (ein Abschnitt der Shahid Bhagat Singh Marg) führt

Colaba

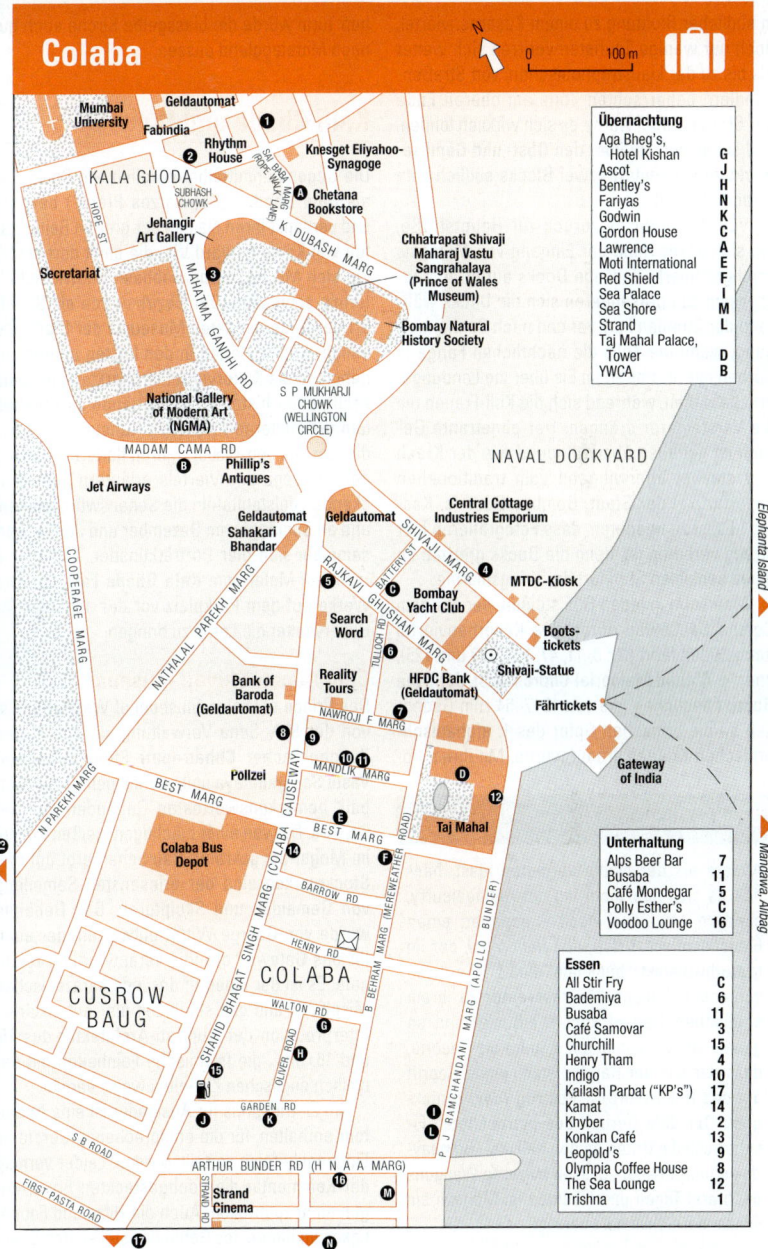

Kala Ghoda

Mumbai University
Geldautomat
Fabindia
Rhythm House
Knesget Eliyahoo-Synagoge
Chetana Bookstore
Jehangir Art Gallery
Secretariat
Chhatrapati Shivaji Maharaj Vastu Sangrahalaya (Prince of Wales Museum)
Bombay Natural History Society
National Gallery of Modern Art (NGMA)
S P MUKHARJI CHOWK (WELLINGTON CIRCLE)
HOPE ST.
SUBHASH CHOWK
MAHATMA GANDHI RD
K DUBASH MARG
SAI BABA MARG (ROPE WALK LANE)
MADAM CAMA RD

Jet Airways
Phillip's Antiques
NAVAL DOCKYARD

Geldautomat
Sahakari Bhandar
Geldautomat
Central Cottage Industries Emporium
SHIVAJI MARG
MTDC-Kiosk
RAJKAVI GHUSHAN MARG
BATERY ST.
Bombay Yacht Club
Search Word
TULLOCH RD
Boots-tickets
Shivaji-Statue
Fährtickets
Bank of Baroda (Geldautomat)
Reality Tours
HFDC Bank (Geldautomat)
NAWROJI F MARG
NATHALAL PAREKH MARG
COOPERAGE MARG
N PAREKH MARG
Pollzei
MANDLIK MARG
CAUSEWAY
Gateway of India
BEST MARG
Colaba Bus Depot
BEST MARG
(COLABA) CAUSEWAY
Taj Mahal
BARROW RD
B BEHRAM MARG
MERREWEATHER RD
HENRY RD
SHAHID BHAGAT SINGH MARG
OLIVER ROAD
WALTON RD
COLABA
CUSROW BAUG
GARDEN RD
S. B. ROAD
FIRST PASTA ROAD
ARTHUR BUNDER RD (H N A A MARG)
P J RAMCHANDANI MARG (APOLLO BUNDER)
STRAND
Strand Cinema

Elephanta Island
Mumbai
Mandawa, Alibag

Übernachtung

Aga Bheg's, Hotel Kishan	G
Ascot	J
Bentley's	H
Fariyas	N
Godwin	K
Gordon House	C
Lawrence	A
Moti International	E
Red Shield	F
Sea Palace	I
Sea Shore	M
Strand	L
Taj Mahal Palace, Tower	D
YWCA	B

Unterhaltung

Alps Beer Bar	7
Busaba	11
Café Mondegar	5
Polly Esther's	C
Voodoo Lounge	16

Essen

All Stir Fry	C
Bademiya	6
Busaba	11
Café Samovar	3
Churchill	15
Henry Tham	4
Indigo	10
Kailash Parbat ("KP's")	17
Kamat	14
Khyber	2
Konkan Café	13
Leopold's	9
Olympia Coffee House	8
The Sea Lounge	12
Trishna	1

0 — 100 m

in südlicher Richtung zu einem Kasernenviertel, doch nur wenige Touristen verirren sich weiter als bis zu der klaustrophobischen, von Straßenhändlern beherrschten Zone am oberen Ende der Straße. Dabei würde es sich wirklich lohnen, und sei es nur, um über den **Obst- und Gemüsemarkt** zu schlendern (zwei Blocks südlich vom Strand Cinema).

Von hier geht es zurück zur Hauptstraße, wo sich linker Hand der Eingang von Mumbais Fischgroßmarkt Sassoon Docks auftut. Am betriebsamsten präsentieren sich die Docks während der Stunden kurz vor und nach Sonnenaufgang, wenn die Kulis die nächtlichen Fänge in Körben mit zerstoßenem Eis über die Landungsbrücke ziehen, während sich die Koli-Frauen um die Versteigerer drängen. Der penetrante Geruch ist genauso überwältigend wie der Krach und stammt überwiegend vom traditionellen Exportartikel der Stadt, Bombay Duck (s. Kasten . Es ist zu beachten, dass Fotografieren hier streng verboten ist, denn die Docks grenzen an einen sensiblen Standort der Kriegsmarine.

Man kann in jeden Bus steigen, der auf dem Colaba Causeway durch das Kasernenviertel nach Süden fährt (Nr. 3, 11, 47, 103, 123 und 125), und die **Afghan Memorial Church of St. John the Baptist** besuchen, die von 1847–54 zum Gedenken an die britischen Opfer des 1. afghanischbritischen Krieges erbaut wurde. Mit ihrem ho-

Bombay Duck

Anders als der Name vermuten lässt, handelt es sich hier nicht um ein Geflügelcurry, sondern um einen Fisch – genauer: einen Eidechsenfisch *(Harpadon nehereus),* der im Marathi-Dialekt "bummalo" heißt. Wie diese schlangenähnliche Meereskreatur zu ihrem englischen Namen kam, weiß niemand so genau. Am plausibelsten scheint die Theorie, dass der aus der Raj-Ära stammende Begriff auf das Hindi-Wort für Postzug *(dak)* zurückgeht. Der üble Geruch des getrockneten Fisches soll die Briten an den Kalkutta–Bombay-*dak* erinnert haben, dessen hölzerne Waggons nach drei Tagen und Nächten im Monsun ein stinkender Schimmel überzog.

hen Turm würde die blassgelbe Kirche auch gut nach Mittelengland passen.

Kala Ghoda und Umgebung

Die Gegend unmittelbar nördlich von Colaba ist als **Kala Ghoda** ("Schwarzes Pferd") bekannt und verdankt ihren Namen der großen Reiterstatue von König Edward VII., die einst dort stand, wo sich MG Road und Subhash Chowk sichelförmig schneiden. Der Bezirk wurde als Standort des bedeutendsten Museums der Stadt und einiger Kunstgalerien in den letzten Jahren zunehmend als Kulturviertel vermarktet, um seine zahlreichen historischen Gebäude zu erhalten und die modernen visuellen Künste zu fördern, die hier seit den 1950er-Jahren florieren. Entlang der Fußwege des Viertels erläutern beeindruckende Edelstahltafeln die Sehenswürdigkeiten, und an Sonntagen im Dezember und Januar versammeln sich hier Porträtkünstler, Töpfer und *mehendi*-Maler zum **Kala Ghoda Fair**, um ihre Werke auf dem Parkplatz vor der Jehangir Art Gallery unter die Leute zu bringen.

Chhatrapati Shivaji Museum

Das Prince of Wales Museum of Western India, von der Shiv Sena-Verwaltung kürzlich in den Zungenbrecher **Chhatrapati Shivaji Maharaj Vastu Sangrahalaya** umbenannt, gehört zu Mumbais bemerkenswertesten Gebäuden aus der Raj-Ära. Der von einer mächtigen weißen Kuppel im Mogul-Stil gekrönte Bau beherbergt auf drei Stockwerken eine der erlesensten Sammlung von Gemälden und Skulpturen. Das Gebäude wurde von George Wittet entworfen, der auch für das Gateway of India verantwortlich zeichnete. Es ist der Inbegriff des indo-sarazenischen Mischstils und galt seinerzeit als "aufgeklärte" Interpretation der Gujarati-Architektur des 15. und 16. Jhs., die islamische Feinheiten mit der typisch englischen Ziegelbauweise vereint.

Im Eintrittspreis für Ausländer ist eine **Audiotour** enthalten, für die entsprechende Geräte im Eingangsbereich verteilt werden. Leider vermag der Kommentar die hochgesteckten Erwartungen nicht zu erfüllen. Auch die Hitze und Feuchtigkeit im Innern des Gebäudes stellen den Besucher auf eine harte Probe. Zur Erholung gibt es einen Tee- und Kaffee-Kiosk im Garten, der allerdings weniger zu empfehlen ist als das Café Samovar außerhalb des Geländes. Dabei ist darauf zu achten, dass die Eintrittskarte beim Verlassen des Museums im Eingangsbereich abgestempelt wird, damit man später wieder hineinkommt. Zur Zeit der Recherche waren verschiedene Abteilungen zwecks Renovierung geschlossen, sodass einzelne Ausstellungsstücke vielleicht an einem anderen Standort zu finden sind.

In der **Key Gallery**, der zentralen Halle im Erdgeschoss, ist eine kleine Auswahl der Museumsschätze ausgestellt, darunter mehrere 1909 von den Archäologen Henry Cosuens ausgegrabene, buddhistische Stuckfiguren aus dem 5. Jh. Im **Skulpturensaal** des Erdgeschosses sind weitere buddhistische Artefakte zu bestaunen, größtenteils aus der ehemaligen griechischen Kolonie Gandhara. Zu den bedeutenden Hindu-Skulpturen zählen ein aus dem 7. h. stammendes Chalukya-Basrelief, das den auf einer Lotusblüte sitzenden Brahma darstellt, und ein Torso von der Göttin Durga, die mit erhobenem Dreizack bereitsteht, den Büffel-Dämonen zu erledigen.

Die Hauptattraktion im ersten Stock ist die berühmte **Sammlung indischer Malerei**. Die kürzlich eröffnete **Karl & Meherbai Khandalavala Gallery** im renovierten Ostflügel dieses Stockwerks beherbergt feine mittelalterliche Miniaturgemälde neben Ghandara-Skulpturen von unschätzbarem Wert, einem herrlichen religiösen Wandbehang aus Nathdwara in Rajasthan, Chola-Bronzen und einigen der schönsten noch erhaltenen mittelalterlichen Gujarati-Holzschnitzarbeiten des Landes.

In der **House of Laxmi Gallery**, ebenfalls im Ostflügel, stehen indische Münzen im Mittelpunkt, während im zweiten Stock eine riesige **Sammlung orientalischer Keramiken und Glasobjekte** gezeigt wird. Unter den **Waffen** und Rüstungen in einer kleinen Seitengalerie ganz oben im Gebäude sind ein Kürass mit Helm und Jade-Dolch besonders sehenswert, die – wie man erst kürzlich herausfand – keinem Geringeren als dem Großmogul Akbar gehört haben. ⊙ tgl. außer Di 10.15–18 Uhr, Eintritt Rs300, Fotoerlaubnis Rs200, Video Rs1000 – Stative und Blitzlichter sind nicht erlaubt.

Kunstgalerien in Kala Ghoda

Praktisch auf demselben Gelände wie das Prince of Wales Museum, jedoch mit Eingang von weiter oben an der MG Rd, befindet sich die **Jehangir Art Gallery**, Mumbais älteste Galerie für zeitgenössische Kunst, bestehend aus fünf kleinen Ausstellungsräumen, die Kunst und Kunsthandwerk aus aller Welt gewidmet sind. Man weiß nie, was einen erwartet – die Ausstellungen dauern meistens nur eine Woche, und die Stücke sind oft käuflich zu erwerben. ⊙ tgl. 11–19 Uhr, Eintritt frei.

Auf der gegenüberliegenden Seite der MG Road steht mit Blick auf das Museum und den Mukharji Chowk die größere **National Gallery of Modern Art** (NGMA), 🖳 www.ngmaindia.gov. in. Die Galerie beherbergt auf drei Stockwerken eine Mischung aus dauerhaften und temporären Ausstellungen, anhand derer die Entwicklung der modernen indischen Kunst von ihren Anfängen in den 1950er-Jahren bis heute dokumentiert wird. Besonders die Installationen sind deutlich gewagter als die in der Jehangir-Galerie gegenüber. ⊙ Di–So 11–18 Uhr, Eintritt Rs150.

Rund um den Oval Maidan

Nordöstlich von Kala Ghoda erstreckt sich der luftige grüne **Oval Maidan**, wo fast täglich spontane Cricketspiele ausgetragen werden. Einige der bedeutendsten viktorianischen Gebäude Mumbais säumen den Ostrand des Maidan. Hier erhält man einen guten Eindruck davon, was der Reiseschriftsteller Robert Byron als das „architektonische Sodom" der Stadt beschrieb – „Indisches, Schweizer Chalet, französisches Château, Giottos Turm, der Dom zu Siena und der Petersdom finden sich alle zusammen in fast jedem einzelnen Gebäude". Etwas nördlich von hier steht der typisch pompöse **High Court** – der indische Staatsdiener G. W. Forrest beschrieb das Gerichtsgebäude 1903 als „einen gewaltigen Steinhaufen, dessen wichtigste Bauelemente aus Venedig herbeigeschafft wurden, doch die ganze Schönheit ging während der Überfahrt verloren."

Auf der anderen Seite der AS D'Mello Rd, gegenüber dem High Court, stehen zwei große Gebäude, die zur **Mumbai University** (eingeweiht 1857) gehören und in England von Sir Gilbert Scott entworfen wurden, dem Architekten des Londoner Bahnhofs St. Pancras. Die von dem parsischen Philanthropen Cowasjee „Readymoney" Jehangir gestiftete **Convocation Hall** ähnelt stark einer Kirche. Die **Bibliothek** wird gekrönt vom etwa 80 m hohen **Rajabhai-Uhrenturm**, der angeblich Giottos Campanile in Florenz nachempfunden ist. Früher spielte er Klänge wie *Rule Britannia* und *Home Sweet Home*.

Fort

Östlich des Oval Maidan erstreckt sich das Viertel Fort; hier befanden sich die erste britische Siedlung und die erste Festung – daher der Name. Das Geschäftszentrum von Süd-Mumbai ist eine hervorragende Gegend, um sich ziellos treiben zu lassen. Zwischen viktorianischen Gebäuden zwängen sich zahlreiche altmodische Cafés, Kaufhäuser und Straßenstände. Im Herz des Viertels liegt der weitläufige **Horniman Circle**, den der damalige Municipal Commissioner Charles Forjett 1860 als Zentrum des geplanten neuen Bombay an der Stelle des alten „Dorfangers" der Stadt anlegen ließ. Später diente der Platz als Baumwollmarkt und Exerzierplatz. Auf der Ostseite des Platzes steht an der Shahid Bhagat Singh Marg die beeindruckende **Town Hall**.

Das dorische Gebäude von 1833 wurde erbaut, um die gewaltige Sammlung der **Asiatic Society Library** aufzunehmen, die auch heute noch für die Öffentlichkeit zugänglich ist. Außer dass es jetzt Strom gibt, hat sich seit der Gründung der Institution nur wenig verändert. In den Leseräumen mit ihren schmiedeeisernen, halboffenen Bogenhallen und Bücherregalen aus Teakholz brüten Gelehrte über muffigen Bänden aus der Zeit der britischen Herrschaft. Unter den 10 000 seltenen und wertvollen Manuskripten, die hier aufbewahrt werden, ist eine Erstausgabe von Dantes *Göttlicher Komödie* aus dem 14. Jh., die rund 3 Millionen US-Dollar wert sein soll – die Society darf sich der Tatsache rühmen, dass sie sich geweigert hat, das Buch an Mussolini zu verkaufen. Besucher sind willkommen, sollten sich jedoch am Tisch des Leitenden Bibliothekars im Erdgeschoss ins Gästebuch eintragen. ① Mo–Sa 10–19 Uhr.

Die kleine, einfache **St. Thomas' Cathedral** westlich des Horniman Circle gilt als ältestes britisches Bauwerk Mumbais und verbindet den klassizistischen mit dem gotischen Stil. Nach dem Tod ihres Gründers, Gouverneur Aungier, wurde das Projekt aufgegeben. Vierzig Jahre lang standen die fünf Meter hohen Mauern unbeachtet, bis man sich in den 1720er-Jahren wieder dafür erwärmte. Am Weihnachtsabend des Jahres 1718 wurde die Kirche mit dem unumgänglichen „kanonenkugelsicheren Dach" schließlich eingeweiht. In jenen Tagen waren die Sitzreihen so eingeteilt, dass niemand vergaß, wo sein angestammter Platz war, und es gab sogar eine Abteilung für „niedere Frauen". Das weiß getünchte, mit Messing und Holz ausgestaltete Innere von St. Thomas sieht noch fast genauso aus wie im 18. Jh. Die Wände säumen Gedenktafeln für britische Gemeindemitglieder, von denen viele in jungen Jahren an Krankheiten oder im Kampf gestorben sind. ① tgl. 7–18 Uhr.

Chhatrapati Shivaji Terminus (Victoria Terminus)

Der nach dem Vorbild des Bahnhofs St. Pancras in London von F. W. Stevens als „Tempel des Fortschritts" entworfene **Victoria Terminus** ist das verrückteste Gebäude von Mumbai. Der Bahnhof wurde 1887 als größtes britisches Bauwerk in Indien fertig gestellt. Seine atemberaubende Ansammlung von Kuppeln, Türmen, korinthischen Säulen und Minaretten hat der Journalist James Cameron treffend als „viktorianisch-gotisch-sarazenisch-italienisch-orientalisch-St. Pancras-Barock"-Stil definiert. Gemäß der gegenwärtigen reindisierenden Umbenennung der Straßen und Gebäude der Stadt wurde diese Ikone britischer imperialer Architektur in **Chhatrapati Shivaji Terminus** umgetauft, im Gedenken an den berühmten Heerführer der Marathen. Der neue Name ist jedoch ein bisschen lang, daher heißt der Bahnhof bei den Einheimischen zumeist weiter kurz **VT**.

Nur wenige der rund zwei Millionen Fahrgäste, die hier täglich mit fast 1000 Zügen ankommen oder abfahren, beachten die Überfülle an Gebäudeschmuck. Ein „britischer" Löwe und ein indischer Tiger wachen am Eingang. Das Äußere zieren Skulpturen aus der Bombay Art

Mumbais Ausdehnung und die unpraktische Anlage der Stadt bescheren der arbeitenden Bevölkerung alle möglichen Unannehmlichkeiten – nicht zuletzt, weil sie Tag für Tag mehr als vier Stunden in öffentlichen Verkehrsmitteln stecken muss, die sich nur im Schneckentempo bewegen. Über eines jedoch müssen sich die Pendler keine Sorgen machen: darüber, wie sie an ein billiges, sättigendes und hausgemachtes Mittagessen kommen. In einer Stadt, die für alles *wallahs* hat, findet das Essen zu den Hungrigen. Dafür sorgen die Mitglieder des **Nutan Mumbai Tiffin Box Suppliers Charity Trust** (NMTSCT), allgemein unter dem liebevoll gemeinten Begriff *dabawallahs* bekannt. Jeden Tag bringen ungefähr 4500 bis 5000 *dabawallahs* frisch zubereitete Gerichte aus 175 000 bis 200 000 Vorstadtküchen in die Büros der Innenstadt. Jedes Lunchpaket wird in aller Frühe von einer liebenden Ehefrau oder Mutter zubereitet, während Ehemann oder Sohn die qualvolle Enge im Pendlerzug ertragen. Sie verteilt den Reis, *dhal*, *subzi*, Joghurt und *parathas* in zylindrische Aluminiumbehälter, steckt sie ineinander und verschließt das Essgeschirr mit einem ordentlichen kleinen Henkel. Diese einem schlanken Farbeimer nicht unähnliche *tiffin box* ist der Dreh- und Angelpunkt der gesamten Operation. Wenn am Vormittag der Bote kommt, kennzeichnet er den Deckel mit einem bestimmten Farbcode, der ihm sagt, für wen das Mittagessen bestimmt ist. Am Ende seiner Runde bringt er sämtliches Geschirr zum nächsten Bahnhof und händigt es den anderen *dabawallahs* zwecks Beförderung in die Stadt aus. Auf dem Weg von der heimischen Küche zum Empfänger wandert die *tiffin box* durch mindestens ein halbes Dutzend Hände, wird auf Köpfen balanciert, baumelt an Schulterstangen oder Fahrradlenkern und schaukelt in den bunt gestrichenen Handkarren, die sich halsbrecherisch ihren Weg durch den Mittagsverkehr bahnen. So gut wie nie geht eine Büchse verloren – das amerikanische Wirtschaftsmagazin Forbes beschied Mumbais *dabawallahs* eine nahezu 100 % Zuverlässigkeit, d. h. nur eine von sechs Millionen *tiffin boxes* geht verloren. In puncto Effizienz befinden sich die des Lesens und Schreibens unkundigen *dabawallahs* damit auf Augenhöhe mit Hightechunternehmen wie Motorola. Wer sie in Aktion sehen möchte, begibt sich am späten Morgen zum **Bahnhof CST** (VT) oder **Churchgate**, denn dann kommen die *tiffin boxes* im Stadtzentrum an. Das Geschehen begleitet ein Chor von „Iafka! Iafka!"(„schnell! schnell!")-Rufen, während die *dabawallahs* – zu erkennen an ihren weißen Nehru-Kappen und weiten Pyjamahosen – sich beeilen, das Mittagessen rechtzeitig zuzustellen.

Fast alle stammen aus einem kleinen Dorf bei Pune und sind miteinander verwandt. Sie kassieren von jedem Kunden Rs350–400, macht insgesamt rund Rs5000–6000 im Monat – kein schlechtes Einkommen für indische Verhältnisse. Der Preis ist einer der Gründe, dass sich dieses System noch immer gegen die starke Fastfood-Konkurrenz behaupten kann. Da ein *daba*-Mittagessen immer noch ein gutes Stück billiger ist, sparen die Werktätigen der Mittelschicht, die sich dieses Systems bedienen, wertvolle Rupien. Einer der führenden Geschäftsmänner, die sich intensiver für das *dabawallah*-Phänomen interessiert haben, ist Sir Richard Branson. Der Gründer des Virgin-Imperiums und Ballonfahrer hat einen *tiffin*-Austräger einen Tag lang auf seiner Runde begleitet. Wer es ihm gleichtun will, kann mit dem NMTSCT Kontakt aufnehmen: Einfach auf der Website ⌨ www.mydabbawala.com den Link „Day with a Dabbawala" anklicken.

Mumbai

School. Sie wurden von den indischen Schülern John Lockwood Kiplings hergestellt, dem Vater von Rudyard Kipling. Zu den Skulpturen zählen groteske mythische Wesen, Affen, Pflanzen und Medaillons berühmter Personen. Um die Kraft der Sonne zu mindern, wurde getöntes Buntglas verbaut, verziert mit Bildern von Lokomotiven und Elefanten. Über allem thront auf der gewaltigen Zentralkuppel eine weibliche Figur, die den „Fortschritt" verkörpert.

Crawford Market und Basare

Etwa 1 km nördlich des CST (VT) Bahnhofs, im verwirrenden Straßenlabyrinth jenseits der Lokmanya Tilak Road, liegt das zentrale Basarviertel von Mumbai. Mit seinem bunten Treiben bildet es einen faszinierenden Kontrast zu den breiten, westlich geprägten Straßen der Innenstadt. Der Tradition der Trennung nach Gilde, Kaste und Religion folgend, sind die meisten Straßen auf ein oder zwei Warenangebote spezialisiert. Wer sich verlaufen hat, fragt sich am besten bis zur **Mohammed Ali Road** durch, der verkehrsreichen, inzwischen mit einer gigantischen Überführung versehenen Durchgangsstraße, auf der man ein Taxi anhalten kann.

Der **Crawford (alias Mahatma Phule) Markt**, zehn Minuten zu Fuß vom CST nach Norden, ist eine alte Markthalle im britischen Stil, in der so ziemlich alle erdenklichen frischen Lebensmittel und Haustiere verkauft werden. Vor dem Betreten lohnt es sich, die Friese rings um die Außenfassade betrachten – eine viktorianische Darstellung rundlicher Bauern bei der Feldarbeit, entworfen 1865 von Rudyard Kiplings Vater Lockwood, damals Rektor der Bombay School of Art. Die Haupthalle ist in verschiedene Sektoren gegliedert: Einen Gang entlang gibt es nur Pyramiden aus glänzend poliertem Obst und Gemüse, in einem anderen Säcke voller Nüsse oder Ölkanister mit Kräutern und Gewürzen. Im hinteren Bereich des Marktes, der Großhandelsabteilung, geht es hektischer zu. Hier rennen unter viel Geschrei Kulis herum, die riesige Bastkörbe hochhalten (wenn sie Arbeit suchen) oder auf dem Kopf tragen (wenn sie welche gefunden haben).

Die von den Kuppeln und Minaretten der weißen **Jama Masjid** (oder „Freitagsmoschee", erbaut ca. 1800) überragten Straßen unmittelbar nördlich des Crawford Market und westlich der Mohammed Ali Road sind ein einziger Riesenbasar. Die nördlich von der Moschee abgehende **Memon Street** wird vom Schmuckmarkt **Zaveri Bazaar** eingenommen, auf dem die Bewohner Mumbais sich mit Brautausstattung und Hochzeitskleidung eindecken. Weiter nördlich erhebt sich der creme- und türkisfarbene Turm des **Tempels Mumba Devi** über einem Labyrinth verschlungener Gassen, eingerahmt von hohen,

mit hölzernen Balkonen verzierten Gebäuden. Der Tempel zählt zu den wichtigsten Zentren der Devi-Anhänger Indiens und wurde zu Beginn des 19. Jhs. erbaut, als die Göttin Mumba Devi der die Stadt vielleicht ihren heutigen Namen verdankt – dem Bau der CST (VT) Station weichen musste.

Marine Drive und Chowpatty Beach

Die Netaji Subhash Chandra Marg, besser bekannt als **Marine Drive**, ist Mumbais Meerespromenade, eine achtspurige Stadtautobahn mit einem breiten Spazierweg, die in den 1920er-Jahren auf aufgeschüttetem Land erbaut wurde. Chowpatty Beach am oberen Ende des Marine Drive ist eine Institution von Mumbai, die erst abends und am Samstag richtig zu Leben erwacht. Die Menschen strömen abends und an Wochenenden hierher – nicht zum Schwimmen (das Meer ist total verdreckt), sondern um herumzuschlendern, im Sand zu hocken, *kulif* und *bhelpuri* zu genießen, sich die Ohren säubern zu lassen und über die Bucht zu blicken, während die Kinder auf Ponys reiten oder auf einem rostigen Karussell fahren. Jedes Jahr im September findet hier zu Ehren des elefantenköpfigen Gottes Ganesha das Fest **Ganesha Chathurthi** statt, das wahre Menschenmassen anzieht.

Zehn Gehminuten nördlich vom mittleren Abschnitt des Chowpatty Beach gelangt man über die Pandita Ramabai Marg zum Haus **Mani Bhavan** in der 19 Laburnum Road, das zwischen 1917 und 1934 Gandhis Domizil in Bombay war. Das in einer schattigen, gutbürgerlichen Straße gelegene Haus ist heute eine Gedenkstätte für den Mahatma. Die Wände des mit liebevoll polierten Holzmöbeln ausgestatteten Inneren zieren Fotos historischer Begebenheiten und Gegenstände – besonders anrührend ist ein freundlicher Brief an Hitler mit der Bitte, den Weltfrieden zu wahren. ⊙ tgl. 9.30–18 Uhr, Eintritt frei, Spende möglich. Die Laburnum Road ist ein paar Straßen vom Konzertveranstaltungsort Bharatiya Vidya Bhavan an der KM Munshi Marg entfernt – wer per Taxi kommt, fragt am besten nach der nahe gelegenen Gamdevi Police Station.

Malabar Hill

Das Vorgebirge mit seinen grünen Flanken und atemberaubenden Wolkenkratzern, das den Chowpatty Beach im Norden von Back Bay umschließt, ist quasi schon seit der Gründung Mumbais das begehrteste Viertel der Stadt. Die Briten erkannten früh die Vorteile der frischen Brise und des weiten Blicks über das Meer. Sie errichteten Bungalows auf der Landspitze, die damals noch eine eigenständige Insel war. Der imposanteste Bau entstand in den 1820er-Jahren und dient heute als Amtssitz des Gouverneurs von Maharashtra, Raj Bhavan. Auch wenn keine der Sehenswürdigkeiten von Malabar zu den Top-Highlights in Mumbai zählt, bilden seine Hindu-Schreine und Kolonialzeitgebäude einen interessanten Kontrast zur Moderne ringsum.

Die wichtigste Straße des Bezirks ist die **Bal Gangadhar Kher Marg** (früher Ridge Road). Sie führt von Mumbais wichtigstem **Jain-Tempel** (s. Karte S. 638/639) bis zur Spitze der Landzunge. Dort erhebt sich der berühmte **Walkeshwar-**

Die Türme des Schweigens

Hoch oben auf dem Malabar Hill, verborgen hinter einer hohen Mauer und dichter Vegetation (und für Besucher strengstens tabu), stehen die sieben Türme des Schweigens, auf denen die immer kleiner werdende zoroastrische Gemeinde der Stadt (besser bekannt als Parsen) ihre Toten beisetzt. Die Verunreinigung der vier heiligen Elemente (Luft, Wasser, Erde und – am allerheiligsten – Feuer) sind der größte Verstoß gegen die elementaren Gebote des 2500 Jahre alten Parsenglaubens, der nach Indien gelangte, als die Anhänger des Zoroastrismus aus dem sassanidischen Persien flohen, um der arabischen Verfolgung im 17. Jh. zu entgehen. Deshalb werden die Verstorbenen hier nicht verbrannt oder vergraben, sondern auf nach oben hin offene, zylindrische Türme – die sogenannten *dokhmas* – gelegt, damit Geier und Witterung ihre Gebeine säubern. Diese werden anschließend in der Beinkammer im Turminneren beigesetzt.

Tempel, Mumbais ältestes noch erhaltenes hinduistisches Heiligtum. Dem *Ramayana* zufolge hat Rama hier einen Lingam aus Sand geformt, um Shiva zu verehren. Im Laufe der Jahrhunderte wurde daraus eines der wichtigsten Pilgerzentren Konkans. Der heutige Tempel wurde 1715 errichtet, nachdem die Portugiesen den Vorgängerbau zerstört hatten. Er ist weniger imposant als der **Banganga Tank** unterhalb davon, ein rechteckiger See, gesäumt von steinernen *ghats* und zahlreichen zerfallenen Schreinen.

Zentral-Mumbai: Mahalakshmi bis Byculla

Zentral-Mumbai, jenseits des Malabar Hill, besteht größtenteils aus Arbeitervierteln: ein gigantisches Mosaik aus baufälligen Mietshäusern, Märkten und Industrieruinen – Überbleibsel des viktorianischen Baumwollbooms. Um dem Kessel der Großstadt zu entfliehen, pilgern die Anwohner Richtung Westen zum Strand und beten im **Mahalakshmi-Tempel** (wenn sie Hindus sind) oder am Inselgrab **Haji Alis** (wenn sie dem Islam angehören). Beides sind lohnende Ausflugsziele ab Mumbai und lassen sich gut mit einem Besuch des kürzlich renovierten **Dr Bhau Dadji Lad Museum** in Byculla und einem Zwischenstopp an den **Dhobi Ghats** von Mahalakshmi kombinieren – einer der ungewöhnlicheren Attraktionen der Stadt.

Die Busse Nr. 83, 124 und 132 fahren von Colaba zum Grab von Haji Ali, einen Steinwurf vom Mahalakshmi-Tempel entfernt. Die Busse der Linien 124 und 153 fahren bis zu den Dhobi Ghats. Die nahe gelegene Mahalakshmi Station ist von Süd-Mumbai aus auch gut per Bahn zu erreichen.

Mahalakshmi-Tempel und Grabmal des Haji Ali

Zum Mahalakshmi-Tempel an der Bhulabhai Desai Road führt eine Gasse, die von Straßenständen mit eindrucksvollen Blumenopfern und Heiligenbildern gesäumt ist. Die Gaben für Mumbais Lieblings-*devi*, **Lakshmi**, die Göttin der Schönheit und des Reichtums – die beiden Dinge, wonach die ganze Stadt am eifrigsten strebt – türmen sich so hoch, dass die *pujaris* des Tempels mit

Beim Anflug auf den Airport Mumbai scheint das Fahrwerk der Flieger die Wellblechdächer des riesigen Slums – eines der größten Indiens – beinahe mitzureißen. In dem 2,2 km² großen Labyrinth aus heruntergekommenen Hütten und engen, stinkenden Gassen leben mehr als eine Million Menschen. Auf 15 000 Menschen kommt im Schnitt eine Toilette. Infektionskrankheiten wie Ruhr, Malaria und Hepatitis sind weit verbreitet – und Krankenhäuser gibt es nicht. Trotz alledem hat der britische *Observer* Dharavi als „eines der vorbildlichsten Wirtschaftsmodelle Asiens" beschrieben: Inmitten der baufälligen Hütten und offenen Abwasserkanäle verbergen sich geschätzte 15 000 **Minifabriken** mit etwa einer Viertelmillion Arbeitern und einem Jahresumsatz von einer Milliarde US-Dollar.

Die meisten dieser kleinen Unternehmen arbeiten in der **Abfallverwertung**: Jung und Alt sammeln die Abfallstoffe in der ganzen Stadt zusammen und transportieren sie in großen Bündeln zum Recyceln in die Slums. Hier werden Aluminiumdosen eingeschmolzen, Seifenreste von Schulen und Hotels in großen Behältern wiederverwertet, Lederwaren aufgearbeitet, alte Ölfässer restauriert und weggeworfene Plastikteile in neue Formen gegossen. Alleine im Plastiksektor sind etwa 10 000 Arbeiter beschäftigt. Die Monatseinkünfte liegen zwischen Rs3000–15 000 und damit über dem Landesdurchschnitt. Obwohl Dharavi keinerlei medizinische Einrichtungen hat, gibt es hier doch mehrere Banken und sogar Geldautomaten.

Als Indiens größter und bekanntester Slum hat Dharavi sich außerdem eine Nische in der Geschichte des indischen und internationalen Films erobert. Hier wurden viele der Aufnahmen für Mira Nairs bahnbrechendes Porträt der Stadt, *Salaam Bombay!*, gedreht, und das Gebiet diente ab den 1970er-Jahren außerdem zahlreichen Bollywood- und Tamil-Streifen als Kulisse. Den filmischen Höhepunkt erlebte Dharavi dann allerdings mit dem mehrmaligen Oscar-Preisträger *Slumdog Millionär* von Danny Boyle aus dem Jahr 2009. Der Slum lieferte zahlreiche **Drehorte** sowie einige der führenden Kinderdarsteller des Films – deren Mitwirkung entwickelte sich in der Folge allerdings zum Streitpunkt. Ein britisches Boulevardblatt behauptete (ohne Beweise vorzulegen), dass nach dem Welterfolg des Films der Vater der neunjährigen Darstellerin Rubina Ali seine Tochter einem Undercover-Reporter für 200 000 Pfund zum Kauf angeboten habe.

Trotz der internationalen Berühmtheit ist die Zukunft des Slums jedoch ungewiss. Die gesamte Gegend steht im Schatten eines geplanten 40-Milliarden-Dollar-Sanierungsprojekts. Das Ziel ist, die Slums komplett niederzureißen. Für die **Räumung** ihrer alten Domizile wurde den Bewohnern Dharavis pro Familie eine 21 m² große Wohnung in einem der neuen Hochhäuser zugesichert. Auch Schulen, Straßen, Krankenhäuser und andere Einrichtungen wurden ihnen versprochen. Dennoch ist der Entwurf für sie alles andere als überzeugend. Die Bewohner Dharavis sind der Ansicht, die Initiative sollte sich auf die Verbesserung der Lebensumstände in den Slums konzentrieren, anstatt in einen protzigen neuen Vorort zu investieren. Trotz der Proteste und langwieriger Verzögerungen durch die Bürokratie wurde Anfang 2010 ein neuer **Generalplan** für das Projekt verabschiedet – umrankt von Gerüchten, dass private Investoren in Erwartung baldiger Neuerschließung damit begonnen hätten, Tausende von Slumhütten aufzukaufen. Wann genau und wie die Pläne umgesetzt werden, ist jedoch nach wie vor offen.

Im Rahmen der von Reality Tours and Travels von Colaba aus angebotenen „Slum Tours" können sich Touristen selbst ein Bild von Dharavi machen. Die fesselnden **Führungen** kosten Rs400 (inkl. Anreise). Für Rs800 gibt es eine längere und komfortablere Tour im AC-Fahrzeug. Nähere Infos bei Krishna Pujari, ☎ 022/2283 3872 oder 9820/822253, auf 🖥 www.reality toursandtravel.com oder im Buchungsbüro der Firma abseits des Colaba Causeway (SBS Marg) im Akbar House, Nawroji Fardonji Marg, gegenüber dem Laxmi Vilas Hotel, s. Karte S. 645. Das Akbar House erreicht man durch eine Passage durch S. S. S. Corner neben dem New Apollo Restaurant; das Büro ist im 1. Stock, zu erreichen durch das Unique Business Service Centre. ⏱ Mo–Fr 10.15–20.35, Sa 10.15–15.45 Uhr.

deren Wiederverkauf ein profitables Geschäft betreiben.

Auf einer winzigen Insel in der Bucht unmittelbar nördlich des Mahalakshmi-Tempels steht das Mausoleum des moslemischen Heiligen und afghanischen Mystikers **Haji Ali Bukhari**. Das Grabmal ist durch einen schmalen, zementierten **Dammweg**, der nur zu Ebbe begehbar ist, mit dem Festland verbunden. Sofern nicht überflutet, wird er auf seiner gesamten Länge von Bettlern gesäumt, die Verse des Koran zitieren. Vor allem Donnerstag- und Freitagabends lohnt sich ein Besuch dennoch. Dann versammeln sich hier die Massen, um der Qawwali-Livemusik zu lauschen und den Sonnenuntergang zu beobachten. Nicht-Moslems sind willkommen, sollten jedoch angemessen gekleidet sein (Frauen mit Kopftuch). Zur Zeit der Recherche wurde der gesamte Komplex umfassend saniert, die Arbeiten sollten mittlerweile aber beendet sein.

Den traditionellen Ausklang für einen Ausflug zum Mausoleum bilden ein oder zwei Gläser Fruchtsaft im legendären Haji Ali Juice Centre, das sich gleich rechts am Beginn des Fahrdamms befindet. Die Gäste zwängen sich entweder in den winzigen Gastraum oder bestellen von ihrem Fahrzeug aus.

Mahalakshmi Dhobi Ghats

Irgendwie ist es schon etwas seltsam, extra einen Zwischenstopp einzulegen, nur um zu schauen, wie Mumbais Schmutzwäsche gewaschen wird. Dennoch sind die Dhobi Ghats nahe dem Vorortbahnhof von Mahalakshmi sehenswert genug, um auf der Fahrt durch die Stadt hier einen Halt zu machen. Jeden Morgen wird die Wäsche aus der ganzen Stadt hier gesammelt, in großen Betonbecken eingeweicht und von den Bewohnern des Viertels ausgewaschen. Ausländische Touristen fotografieren dieses typisch indische Spektakel von der Mahalakshmi-Straßenbrücke aus.

Am bequemsten gelangt man mit der S-Bahn von Churchgate nach Mahalakshmi. Vor dem Bahnhof geht's nach links über die Bahnschienen und immer der Straße nach, bis links unten die Ghats auftauchen (die Straßenhändler aus den nahen Slums weisen gern den Weg). Auch der Bus Nr. 124 aus Colaba kommt hier vorbei.

Dr Bhau Dadji Lad Museum

Weit draußen im postindustriellen Ödland von Byculla befindet sich das **Dr Bhau Dadji Lad Museum**. Bei seiner Eröffnung 1872 hieß es noch **Victoria and Albert Museum** und galt als „eines der größten Geschenke der Briten an Indien". Das elegante Bauwerk im palladianischen Stil inmitten eines klassischen botanischen Gartens (heute ein eher deprimierender Zoo) ist mittlerweile restauriert worden und erstrahlt nun wieder in altem Glanz. Die **Ausstellung** von Lithographien, Drucken, Dokumenten, Uniformen und Modellen zur Entstehung Bombays erfüllt nicht ganz die Erwartungen, die der aufwändige Gesamteindruck vermittelt. Im angrenzenden Garten thront der steinerne Dickhäuter, nach dem die Portugiesen Elephanta Island benannt haben, über einer Sammlung britischer Statuen, die während der Unabhängigkeit hier vor dem wütenden Mob in Sicherheit gebracht wurden. ⊙ tgl. außer Mi 10–17.30 Uhr, Eintritt Rs10.

Elephanta

Eine Stunde Fahrt von Colaba durch die Hafenbucht in nordöstlicher Richtung liegt die Insel Elephanta, die beste Möglichkeit, der überfüllten Stadt zu entfliehen – jedenfalls solange man das Wochenende meidet, wenn die lärmenden Tagesausflügler hier in Massen einfallen. Die einzigen Bewohner sind die einer kleinen Fischersiedlung, die ursprünglich **Gherapura** („Stadt der Ghara-Priester") hieß, jedoch im 16. Jh. von den Portugiesen nach dem steinernen Elefanten umbenannt wurde, den sie im Hafen fanden. Er steht heute vor dem Dr Bhau Dadji Lad Museum in Byculla. Die Hauptattraktion ist der einmalige **Höhlentempel**, dessen mächtige Skulptur eines Trimurti Shiva (dreigesichtigen Shiva) ein hervorragendes Beispiel hinduistischer Bildhauerkunst bildet.

Boote fahren jede halbe Stunde am Gateway of India ab (⊙ tgl. 9–14.30 Uhr, Rückfahrt 12–17 Uhr; zu buchen an den Kiosken in der Nähe des Gateway). Während des Monsuns können Fahrten bei schlechtem Wetter gestrichen werden. Wer mit einem Deluxe-Boot (Rs120 hin und zurück) anreist, erhält auf der Insel eine 30-

minütige Führung mit einem offiziellen Guide – auf der Insel angekommen, fragt man am Kartenverkaufsschalter der Höhlen nach dem Führer. Bei den **normalen Fähren** (Rs100 hin und zurück) ist keine Führung inbegriffen, und die Boote sind meistens sehr voll. Bei der Ankunft ist eine Touristensteuer von Rs5 zu entrichten.

Die Höhle

Elephantas beeindruckende Höhle (8. Jh.) umfasst eine Fläche von rund 5000 km². Über 100 Stufen, gesäumt von Souvenir- und Krambuden, führen den Hügel hinauf. Wer nicht zu Fuß hochgehen möchte, kann vom Bootsanleger mit einem kleinen Zug (Rs8 hin und zurück) hochfahren. Die wuchtigen, aus dem harten Felsen gehauenen Säulen im Inneren der Höhle erwecken den Anschein, einer bestimmten Anordnung zu folgen. Hinter dem Eingang rechts ist auf einer Tafel **Nataraj** abgebildet, Shiva als kosmischer Tänzer. Die Tafel wurde zwar angeblich von den Portugiesen als Zielscheibe missbraucht, ist jedoch noch sehr gut erhalten. Shivas Gesichtsausdruck ist entrückt, und mit einer seiner beiden linken Hände lüftet er den Schleier der Unwissenheit. Gegenüber befindet sich eine stark beschädigte Darstellung von Lakulisha, Shiva mit einem Knüppel *(lakula)*.

Jeder der vier Eingänge zum einfachen, viereckigen Haupt-**Schrein** wird von zwei *dvarpala*-Wächtern bewacht (nur die an der Rückseite sind gut erhalten geblieben), die den Rachen weit aufsperren. Der große Lingam im Innern ist von Münzen und glimmenden Räucherstäbchen umgeben, die Gläubige hinterlassen haben. Eine Tafel mit Blick auf die Nordwand des Schreins zeigt Shiva, wie er den Dämonen **Andhaka** durchbohrt. Auf der Platte hinter dem Schrein, an der Rückwand, ist die Hochzeit von **Shiva und Parvati** dargestellt, aber das zentrale Meisterstück der Höhle ist eine atemberaubende, 6 m hohe Büste von **Trimurti**, dem dreigesichtigen Shiva, dessen Silhouette den Indern fast so vertraut ist wie das Taj Mahal.

Von Höhle Nr. 1 führt ein Teerweg um die Nordseite des Hangs zu einer Reihe begonnener Ausgrabungen, die die Entstehung der Höhlen dokumentieren. Wer genug Ausdauer hat, sollte dem Trampelpfad folgen, der vom Ende des Teer-

wegs in etwa 15 Minuten bis zum Gipfel vom Elephanta Hill führt. Neben rostigen, portugiesischen Kanonen bietet er einen fantastischen Ausblick über Mumbais Hafen und die dahinterliegende Stadt. ⊙ Di–So 9.30–17 Uhr, Eintritt Rs250.

Übernachtung

Bei der Ankunft in Mumbai ein preiswertes Zimmer zu finden kann problematisch werden. Vor allem Budgetreisenden steht bei der Suche nach einer akzeptablen und erschwinglichen Bleibe eine schwere Zeit bevor. Die besten der relativ preiswerten Unterkünfte sind gegen Mittag normalerweise ausgebucht. Unter Umständen muss man also lange in glühender Hitze herumlaufen, um am Ende nur ein überteuertes Flohnest zu bekommen. Daher sollte man unbedingt gleich bei der Ankunft (besser noch einige Zeit vorher) telefonisch ein Bett reservieren. Die Kosten der besseren Hotels sind für indische Verhältnisse sehr hoch. Zusätzlich werden sie von der staatlichen Luxussteuer (derzeit 10 %) und den vom Hotel erhobenen Service Charges in die Höhe getrieben. Beide Zuschläge wurden bei unseren Preis-Codes berücksichtigt.

Colaba und Kala Ghoda

Das nur eine kurze Fahrt von den größten Geschäftszentren der Stadt, den Bahnhöfen und dem Tourist Office entfernte Colaba ist sehr praktisch zum Übernachten und die erste Anlaufstelle der meisten ausländischen Besucher. In den Straßen am Gateway of India wimmelt es von Unterkünften, und das Viertel bietet auch bessere Verpflegungs- und Unterhaltungsmöglichkeiten als die Nachbarbezirke. Die nachfolgend aufgeführten Hotels sind auf der Karte von Colaba (S. 645) verzeichnet, mit Ausnahme des Taj President, das auf der Karte auf S. 638/639 zu finden ist.

Untere Preisklasse

Aga Bheg's & Hotel Kishan, Erdgeschoss, 2. und 3. Stock, Shirin Manzil, Walton Rd, ✆ 022/2284 2227. Zwei von Moslems geführte Pensionen der unteren Preisklasse, auf verschiedenen Stockwerken im selben Gebäude. Die Zimmer (teils mit AC) sind etwas schäbig, aber akzeptabel, falls die anderen aufgeführten Unterkünfte voll sind. ❹–❺

Lawrence, 3rd Floor, 33 Sri Sai Baba Marg (Rope Walk Lane), ✆ 022/2284 3618 oder 6633 6107. Nahe der Jehangir Art Gallery, vielleicht die beste unter den preiswerten Unterkünften in Süd-Mumbai. 5 sehr gepflegte DZ (plus 2 EZ und 2 3-Bettzimmern) mit Ventilator und nicht sehr sauberem Du/WC auf der Etage. Frühstück inkl., Reservierung unerlässlich. ❸

Red Shield, Red Shield House, 30 Boram Behram (Mereweather) Rd, nahe Taj, ✆ 022/2284 1824, ✉ redshield@vsnl.net. Sehr einfache Etagenbetten (Rs225) in überfüllten, staubigen Schlafsälen (Schließfächer vorhanden), auch größere, preiswerte DZ (ohne/mit AC), zumeist mit Bad. Der Übernachtungspreis beinhaltet Frühstück und Mittagessen, serviert in der geselligen Kantine. Aufenthalt maximal eine Woche. ❹

Sea Shore, 4th Floor, 1/49 Kamal Mansion, Arthur Bunder Rd, ✆ 022/2287 4237. Eine der besten Budgetunterkünfte in Colaba. Die Zimmer mit Meeresblick und Fenster sind erheblich hübscher als die fensterlosen Räume zur Rückseite. Freundliches Management und sichere, kostenlose Gepäckaufbewahrung. Nur Gemeinschaftsbad. ❸–❹ Falls es belegt ist, kann man im selben Gebäude im etwas billigeren und ungepflegteren **India**, ✆ 022/2283 3769, ❸ nach einem freien Zimmer (nur mit Gemeinschaftsbad) fragen.

Mittlere Preisklasse

Ascot, 38 Garden Rd, ✆ 022/6638 5566, 🖥 www.ascothotel.com. Eines der ältesten und komfortabelsten Hotels in Mumbai,

Günstige Alternative in Süd-Mumbai

YWCA, 18 Madam Cama Rd, ✆ 022/2202 5053, ✉ ywcaic@mtnl.net.in. Gemütliche, sichere und ruhige Herberge für Frauen und Männer mit makellos sauberen Zimmern. Die Preise enthalten Frühstück und ein großzügiges Dinnerbuffet und sind für den Süden Mumbais sehr günstig. Reservierung erforderlich (per Geldanweisung). ❻–❼

runderneuert mit moderner Designer-Glas-und-Marmor-Ausstattung. Geräumige Zimmer. ❽–❾

Bentley's, 17 Oliver Rd, ✆ 022/2284 1474, 🖥 www.bentleyshotel.com. Zuverlässiger, alteingesessener Favorit in 5 verschiedenen Häusern aus der Kolonialzeit an begrünten Seitenstraßen. Die Zimmer (wahlweise mit AC für Rs300 extra) sind ruhig, sicher und geräumig, allerdings etwas verwohnt. Die Preise sind jedoch eindeutig zu hoch. ❻

Godwin, Jasmine Building, 41 Garden Rd, ✆ 022/2287 2050, 🖥 www.mumbainet.com/hotels/godwin. 3-Sterne-Hotel der Spitzenklasse. Zimmer nach internationalen Standards, mit großartigem Ausblick aus den oberen Stockwerken (bei der Buchung nach Zimmer 804, 805 oder 806 fragen). ❽

Moti International, 10 Best Marg, ✆ 022/2202 1654, ✉ hotelmotiinternational@yahoo.co.in. Ruhiges und freundliches Hotel in stimmungsvollem Gebäude aus der britischen Ära. Gemütliche und saubere Zimmer mit AC, Kühlschrank und TV. Gutes Preis-Leistungs-Verhältnis. ❻

Sea Palace, Kerawalla Chambers, 26 PJ Ramchandani Marg, ✆ 022/2284 1828, 🖥 www.seapalacehotel.net. Komfortables, frisch renoviertes Hotel an einem ruhigen Ende des Hafens. Alle Zimmer mit AC; die mit Meerblick sind teurer. Frühstück und Snacks auf der Sonnenterrasse erhältlich. ❼–❽

Strand, PJ Ramachandani Marg (Apollo Bunder), ✆ 022/2288 2222, 🖥 www.hotelstrand.com. Beliebtes und gut geführtes Uferhotel in toller Lage. Altmodische, aber gemütliche Zimmer, schöner Blick auf den Hafen von den teureren. Das Hotel Harbour View, ✆ 022/2282 1089, 🖥 www.viewhotelsinc.com, in den beiden obersten Geschossen desselben Gebäudes, ist sehr ähnlich. Beide ❼

Obere Preisklasse

Fariyas, 25, abseits der Arthur Bunder Rd, ✆ 022/6141 6141, 🖥 www.fariyas.com. Kompaktes Luxushotel mit allem erdenklichen Komfort eines 5-Sterne-Hotels inkl. Pool und Fitnesscenter sowie tollen Ausblicken von den teureren Zimmern. DZ ab etwa US$240. ❾

Churchgate und Fort

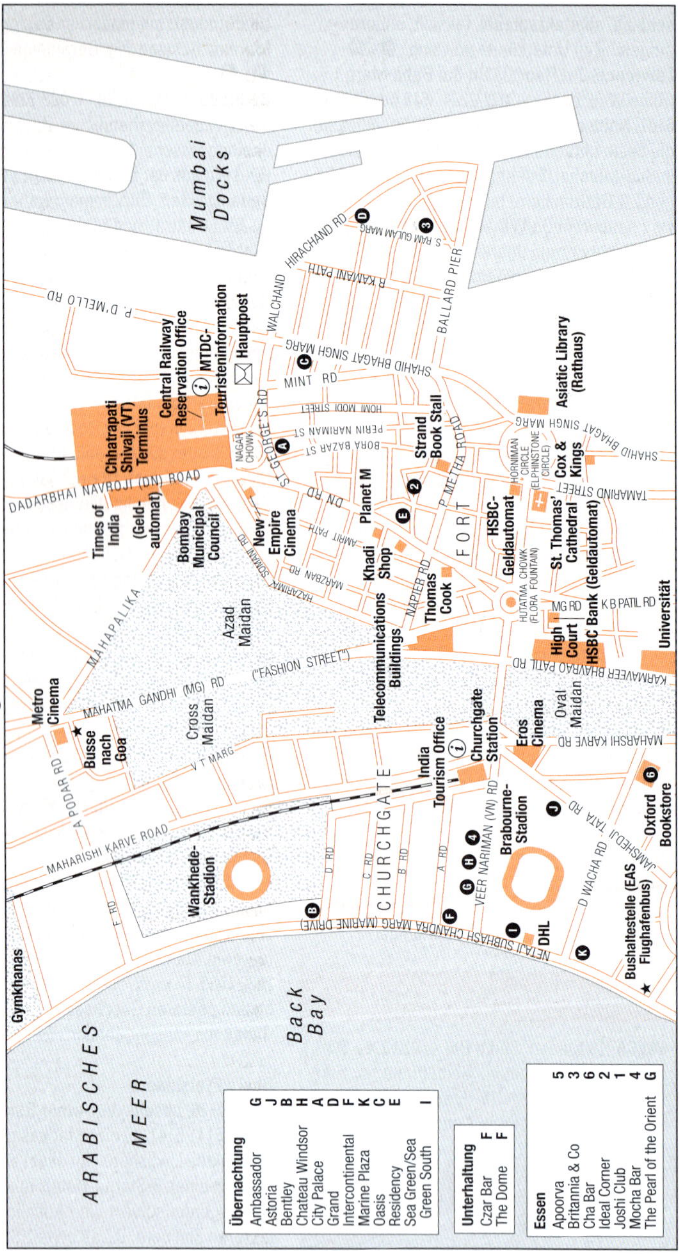
ARABISCHES MEER
Back Bay
Mumbai Docks
Gymkhanas
Wankhede-Stadion
Brabourne-Stadion
Oval Maidan
Cross Maidan
Azad Maidan
CHURCHGATE
FORT
Chhatrapati Shivaji (VT) Terminus
Central Railway Reservation Office
MTDC-Touristeninformation
Hauptpost
Times of India
(Geld-automat)
Bombay Municipal Council
New Empire Cinema
Metro Cinema
Busse nach Goa
Telecommunications Buildings
Khadi Shop
Planet M
Strand Book Stall
Thomas Cook
HSBC-Geldautomat
St. Thomas' Cathedral
Cox & Kings
Asiatic Library (Rathaus)
High Court
HSBC Bank (Geldautomat)
Universität
India Tourism Office
Churchgate Station
Eros Cinema
Oxford Bookstore
DHL
Bushaltestelle (EAS Flughafenbus)
MAHARISHI KARVE ROAD
MAHATMA GANDHI (MG) RD
("FASHION STREET")
DADARBHAI NAVROJI (DN) ROAD
MAHAPALIKA
NETAJI SUBHASH CHANDRA MARG (MARINE DRIVE)
VEER NARIMAN (VN) RD
KARMAVEER BHAURAO PATIL RD
MAHARSHI KARVE RD
JAMSHEDJI TATA RD
D WACHA RD
A PODAR RD
V T MARG
HAZARIMAL SOMANI RD
MARZBAN RD
AMRIT PATH
DN RD
P. METHA ROAD
NAPIER RD
BORA BAZAR ST
PERIN NARIMAN ST
HOMI MODI STREET
MINT RD
SHAHID BHAGAT SINGH MARG
WALCHAND HIRACHAND RD
R KAMANI PATH
S. RAM GULAM MARG
BALLARD PIER
P. D'MELLO RD
ST GEORGE'S RD
NAGAR CHOWK
HORNIMAN CIRCLE (ELPHINSTONE CIRCLE)
HUTATMA CHOWK (FLORA FOUNTAIN)
MG RD
K B PATIL RD
TAMARIND STREET
A RD
B RD
C RD
D RD
F RD
0
200 m
N

Übernachtung
- Ambassador G
- Astoria J
- Bentley B
- Chateau Windsor H
- City Palace A
- Grand D
- Intercontinental F
- Marine Plaza K
- Oasis C
- Residency E
- Sea Green/Sea Green South I

Unterhaltung
- Czar Bar F
- The Dome F

Essen
- Apoorva 5
- Britannia & Co 3
- Cha Bar 6
- Ideal Corner 2
- Joshi Club 1
- Mocha Bar 4
- The Pearl of the Orient G

Gordon House, 5 Battery St, ☏ 022/2289 4400, 🖳 www.ghhotel.com. Schickes Designer-Boutiquehotel hinter dem Kino Regal mit thematisch unterschiedlichen Stockwerken: „Scandinavian" (am wohnlichsten), „Mediterranean" und „Country"). DZ ab etwa US$360, am Wochenende günstiger. ❾

Taj Mahal Palace & Tower, PJ Ramchandani Marg, ☏ 022/6665 3366, 🖳 www.tajhotels.com. Das vielleicht berühmteste Hotel Indiens und Treffpunkt von Mumbais Schickeria vereint unter einem Dach 546 Luxuszimmer, Einkaufspassagen, einen riesigen Pool unter freiem Himmel sowie zahlreiche Bars und Restaurants. Das Hotel stand im Mittelpunkt der Terroranschläge vom November 2008; dabei gerieten die oberen Stockwerke des Palace nach Bombenexplosionen in Brand. Der Tower-Flügel wurde nur einen Monat nach den Anschlägen wieder eröffnet, auch der Palace ist inzwischen wieder offen. Preise ab etwa US$250 im Tower, der Palace ist sehr viel teurer. ❾

Taj President, 90 Cuffe Parade, ☏ 022/6665 0808, 🖳 www.tajhotels.com (s. Karte S. 638/639). Modernes, auf Geschäftsleute ausgerichtetes 5-Sterne-Hotel in einem 17-stöckigen Wolkenkratzer unmittelbar südlich von Colaba. Wesentlich preisgünstiger als das Schwesterhotel Taj Mahal Palace & Tower, allerdings auch mit weniger Stil und Atmosphäre. Großer Pool unter freiem Himmel und Fitness-Center mit Sauna. Preis ab etwa US$400. ❾

Marine Drive

Den schicken **Marine Drive** (offiziell Netaji Subhash Chandra Marg) am Westrand von Downtown säumen Nobelhotels, die sich das Privileg der Aussicht über die Back Bay und die Nähe zum Geschäftsviertel der Stadt teuer bezahlen lassen. Die nachstehend aufgeführten Hotels sind auf der Karte Churchgate und Fort (S. 656) eingezeichnet, mit Ausnahme des Trident Nariman Point (ehemals Hilton Towers) und des Oberoi, die auf der Karte S. 638/639 erscheinen.

Ambassador, VN Rd, ☏ 022/2204 1131, 🖳 www.ambassadorindia.com. Kürzlich renoviertes 4-Sterne-Hotel mit schicken (wenn auch gesichtslosen) modernen Zimmern und toller

Logieren wie in den 50ern

Chateau Windsor, 5th Floor, 86 Veer Nariman Rd, ☏ 022/6622 4455, 🖳 www.chateauwindsor.com. Zentral gelegenes und tadellos sauberes Hotel mit überaus höflichen Mitarbeitern. Unterschiedliche schön renovierte moderne Zimmer. Sehr beliebt, also lang im Voraus reservieren. ❼–❽

Lage in Seenähe und bei zahlreichen Cafés. Ein weiterer Pluspunkt ist das rotierende Restaurant Pearl of the Orient (S. 661). DZ ab etwa US$260. ❾

Astoria, Jamshedji Tata, ☏ 022/6654 1234, 🖳 www.astoriamumbai.com. Nobles Businesshotel in einem renovierten Jugendstil-Gebäude aus den 1930er-Jahren nahe dem Eros-Kino. Die Zimmer sind nicht so elegant wie es die Lobby vermuten lässt, bieten aber – so zentrumsnah – ein gutes Preis-Leistungs-Verhältnis. ❽–❾

Bentley, 3rd Floor, Krishna Mahal, D Rd, Ecke Marine Drive, nahe dem Cricketstadion, ☏ 022/2281 5244. Nicht zu verwechseln mit dem Bentley's in Colaba. Die mit Marmor ausgekleideten AC-Zimmer sind sauber und für ihren Preis recht komfortabel, die meisten haben jedoch nur Gemeinschaftsbäder. Preise ab Rs1650 inkl. Frühstück. ❺

Intercontinental, 135 Marine Drive, ☏ 022/3987 9999, 🖳 www.mumbai.intercontinental.com. Das ultraschicke Boutiquehotel zählt derzeit zu den stilvollsten modernen Hotels in ganz Indien. Die Zimmer haben Riesenfenster mit Meerblick und sind top ausgestattet (u. a. mit 42-Zoll-Plasma-TV und DVD-Player). Der Pool auf dem Dach sowie die Bars und Restaurants (darunter das Dome, S. 663) zählen zum Schicksten, was Mumbai derzeit zu bieten hat. Normalpreise ab etwa US$475, online jedoch oft nur halb so teuer. ❾

Marine Plaza, 29 Marine Drive, ☏ 022/2285 1212, 🖳 www.hotelmarineplaza.com. Nobles, aber kleines Luxushotel am Wasser mit den üblichen 5-Sterne-Einrichtungen und einem Foyeratrium im (Pseudo-)Art-déco-Stil sowie einem Pool mit Glasboden auf dem Dach. Zimmer ab etwa US$560. ❾

Mumbai

Oberoi, Nariman Point, ✆ 022/2232 5757, 🖥 www.oberoihotels.com. Das Oberoi war eines der Hauptziele bei den Anschlägen vom November 2008, hat aber mittlerweile wieder geöffnet. Das Hotel in Top-Lage an der Back Bay ist traditionell die beliebteste Adresse für Geschäftsreisende, lässt aber den altehrwürdigen Charakter des Taj Mahal Palace & Tower vermissen. Es bietet von seinem hoch aufragenden Turm jedoch tolle Ausblicke und verströmt insgesamt ein Flair überbordender Opulenz. ❾

Sea Green/Sea Green South, 145 Marine Drive, ✆ 022/6633 6525, 🖥 www.seagreenhotel.com, und 145-A Marine Drive, ✆ 022/6633 6535, 🖥 www.seagreensouth.com. Zwei gemeinschaftlich geführte und seit langem beliebte Uferhotels. Die Zimmer sind altmodisch und schon etwas abgenutzt, außerdem überteuert, dafür bieten sich von den Zimmern nach vorne raus wunderschöne Ausblicke auf die Bucht. ❼

Trident Nariman Point (ehemals Hilton Towers), Nariman Point, ✆ 022/6632 4343, 🖥 www.tridenthotels.com. Das neben dem Oberoi (s. o.) am Nariman Point gelegene Trident wurde bei den Anschlägen 2008 leicht beschädigt, aber schnell wieder eröffnet. Es ist derzeit das beste Businesshotel der Stadt, mit den üblichen 5-Sterne-Einrichtungen, darunter eine gigantische Lobby und Meerblick vom Pool. DZ ab ungefähr US$250. ❾

Umgebung des Chhatrapati Shivaji (Victoria) Terminus

Die Umgebung des Bahnhofs **CST** (VT) und des nahe gelegenen GPO ist zwar einigermaßen zentral, hat aber recht wenig zu bieten, lediglich ein paar ganz gute Mittelklasse-Unterkünfte und einige noblere Hotels. Im CST (VT) gibt es überdurchschnittlich ausgestattete **Retiring Rooms** ❺, die allerdings nicht vorausgebucht werden können. Die unten angegebenen Hotels sind auf der Karte Churchgate und Fort (S. 656) eingezeichnet.

City Palace, 121 City Terrace, ✆ 022/2261 5515, 🖥 www.hotelcitypalace.net. Großes, beliebtes Hotel direkt gegenüber dem Bahnhof. Die „Economy"-Zimmer sind winzig und fensterlos, aber absolut sauber und mit AC ausgestattet.

Residency, 26 Rustom Sidhwa Marg, abseits der DN Rd, ✆ 022/2262 5525, 🖥 www.residencyhotel.com. Ein tolles kleines Mittelklassehotel nahe den besten Einkaufsgegenden. Die Zimmer (unterschiedliche Preisklassen, aber alle mit Safe und WLAN) bieten ein unschlagbares Preis-Leistungs-Verhältnis. Besonders die einfachen „Standard"-Zimmer sind sehr günstig, müssen allerdings schon Wochen im Voraus gebucht werden. ❻

Von den größeren Deluxe-Zimmern in den oberen Stockwerken hat man eine schöne Aussicht. ❺–❻

Grand, 17 Shri SR Marg, Ballard Estate, ✆ 022/6658 0506, 🖥 www.grandhotelbombay.com. Charmantes 3-Sterne-Hotel aus der britischen Ära unweit der alten Docks, mit schön renovierten und gut ausgestatteten Zimmern zu günstigen Preisen. ❼–❽

Oasis, 276 Shahid Bhagat Singh Marg, ✆ 022/3022 7886, 🖥 www.hoteloasisindia.in. Sehr günstig an der CST-Station gelegen, bietet es das beste Preis-Leistungs-Verhältnis in dieser Gegend. Die Zimmer (einige mit AC) haben Bad und gute Betten, saubere Laken und TV. Die bessere Aussicht von den Deluxe-Zimmern im oberen Stock rechtfertigt den höheren Preis. ❺

Juhu und die Umgebung der Flughäfen

Die Hotels in der überfüllten Gegend um den internationalen Flughafen sind in erster Linie auf Transit- oder Geschäftsreisende ausgerichtet. Wer die 30-minütige Fahrt durch die Stadt nicht scheut und sich die hohen Übernachtungspreise leisten kann, sollte den am Meer gelegenen Vorort Juhu ansteuern, eine der nobelsten Adressen Mumbais.

Hyatt Regency, Airport Rd, Andheri (East), ✆ 022/6696 1234, 🖥 www.mumbai.regency.hyatt.com. Dieses superluxuriöse 5-Sterne-Hotel in unmittelbarer Flughafennähe berücksichtigt in Architektur und Design traditionelle hinduistische Konzepte. Das Ergebnis ist sehr eindrucksvoll und einen Touch stilvoller als bei der Konkurrenz, mit Fenstern vom Boden bis zur Decke, Rainshower-Duschen und dunklen Marmorböden. Preis ab etwa US$200. ❾

ISKCON Guesthouse, Juhu Church Rd., Juhu, ☎ 022/2620 6860, 🖳 www.iskconmumbai.com (im Menü links dem Link „Guest House" folgen). Eigenwilliges Hotel der International Society for Krishna Consciousness. Die Zimmer (teils mit AC) sind – angesichts der Preise – überraschend geräumig, es gelten allerdings gewisse Vorschriften (kein Alkohol, kein Fleisch und kein Koffein). 40 Tage Vorausbuchung empfehlenswert. ❻

JW Marriott, Juhu Tara Rd, Juhu, ☎ 022/6693 3000, 🖳 www.marriott.com. Luxuriöser 5-Sterne-Komplex mit 5 opulenten Restaurants, drei Pools (ein Salzwasserbecken), einem tollen Wellnessbereich und luxuriösen Zimmern mit Blick über die Hotelanlage zum Strand. Preis ab rund US$300. ❾

Lotus Suites, Andheri Kurla Rd, International Airport Zone, Andheri (East), ☎ 022/2827 0707, 🖳 www.lotussuites.com. Die umweltfreundliche Unterkunft bezeichnet sich selbst als „4-Sterne-Ökohotel zum 3-Sterne-Preis". Die verwendeten Baumaterialien sind umweltfreundlich, und in den Zimmern findet man Jute-Slipper und Wertstofftonnen. Sehr komfortable Zimmer für unter US$150 bei Online-Buchung. ❽

Midland, Jawaharlal Nehru Rd, Santa Cruz (East), ☎ 022/2611 0414, 🖳 www.hotelmidland. com. Zuverlässiges, gastfreundliches 2-Sterne-Hotel mit gut ausgestatteten Zimmern mit je 2 Einzelbetten. Preise ab Rs4400 inkl. Bustransfer und Frühstück. ❼

Orchid, 70-C Nehru Rd, Vile Parle (East), ☎ 022/2616 4040, 🖳 www.orchidhotel.com. Das preisgekrönte „5-Sterne-Ökohotel" wurde mit umweltfreundlichen oder recycelten Baustoffen unter Verwendung umweltschonender Farben und Lacke erbaut. Es werden alle Anstrengungen unternommen, um Ressourcen zu schonen, einschließlich Wasserwiederaufbereitungsanlage und eigener „Nullmüll-Politik". Zimmer ab ❽

Essen

In Mumbai gibt es zahllose interessante Esslokale. Im Süden der Stadt schöpfen Colabas Cafés, Bars und Restaurants nahezu alle gastronomischen Möglichkeiten aus. In Richtung Norden ist es zu Fuß oder mit dem Taxi nicht weit nach Kala Ghoda und Fort. Hier sind einige der besten Cafés und Restaurants Mumbais zu finden, z. B. die letzten traditionellen Parsen-Lokale, deren Speisekarte und teilweise auch die Einrichtung sich seit Generationen kaum verändert hat.

Es sei darauf hingewiesen, dass die teureren Restaurants Service-Gebühren erheben.

Colaba und Kala Ghoda

Sofern nicht anders vermerkt, sind die folgenden Lokale auf der Karte S. 645 zu finden.

All Stir Fry, Gordon House Hotel. Kühles modernes Restaurant für Wok-Gerichte, die sich der Gast selbst zusammenstellen kann. Frische vegetarische Zutaten, Fleisch, Fisch, Nudeln und Soßen werden vor den Augen der Gäste zubereitet. Satay und Dim Sum sind besonders zu empfehlen. Rs420 mit unbeschränktem Nachschlag.

Busaba, 4 Mandlik Marg, ☎ 022/2204 3779. Die kultivierte Bar mit Restaurant ist auf

Straßenessen

Mumbai ist für sein besonderes Straßenessen bekannt – besonders **bhelpuri**, eine typische Mumbai-Mischung aus Puffreis, gebratenen Bandnudeln, Kartoffeln, knusprigen *puri*-Stücken, Chilipaste, Tamarindenwasser, gehackten Zwiebeln und Koriander. Hygienischer und gleichermaßen weit verbreitet sind **pao bhaji**, ein rundes portugiesisches Brötchen, das auf einem Blechteller mit pikantem Gemüsecurry serviert wird, und **kanji vada**, herzhafte Donuts, die in fermentierte Senf-Chili-Sauce getaucht sind. Und wem das alles nicht zusagt, dem gefällt vielleicht eine Pause an einer der zahllosen Saftbars der Stadt. Ein probates Mittel gegen die Hitze ist ein Glas kühle Milch mit frischem Ananas, frischer Mango, Banane, *chikoo* (eine kleine braune Frucht, die wie eine süße Birne schmeckt) oder frischem Zimtapfel. Man muss nur darauf achten, dass kein Eis in den Milchshake gelangt – das kann nämlich aus nicht entkeimtem Wasser bestehen.

fernöstliche Küche spezialisiert, darunter thailändische, koreanische, burmesische, vietnamesische und tibetische Hauptgerichte mit exotischen Salaten (grüne Mango und Glasnudeln). Eine der Adressen, um sich sehen zu lassen, wenn man es sich nicht leisten kann, im Indigo nebenan zu essen. Hauptgerichte Rs350–550.

Café Samovar, Jehangir Art Gallery, MG Rd, ✆ 022/2284 8000. Sehr nettes, ruhiges, halboffenes Café mit Blick auf die Museumsgärten. Zur Auswahl stehen zahlreiche Gerichte à la carte, darunter Garnelencurry, *roti kebabs*, knackige Salate und *dhansak*, dazu köstlicher gekühlter Guavensaft oder Bier. ☉ Mo–Sa 11–19.30 Uhr.

Churchill, 103 Colaba Causeway. Winziges Parsi-Lokal mit einer Schwindel erregenden Auswahl an Speisen, darunter Salate, Pasta und Burger, größtenteils auf Fleischbasis und mit milder Sauce, einem Klecks Kartoffelpüree und gekochtem Gemüse serviert – ideal, wenn man von scharf gewürzten Gerichten die Nase voll hat. Kein Alkoholausschank, Hauptgerichte Rs210–275.

Henry Tham, Dhanraj Mahal, CST Rd, Apollo Bunder, Colaba, ✆ 022/2202 3186, 🖥 www.henrytham.com. Schickes Restaurant ganz in der Nähe des Gateway of India mit hervorragender moderner chinesischer Küche, darunter guten Dim Sum und Mittagstagesmenüs.

Indigo, 4 Mandlik Marg, ✆ 022/6636 8999, 🖥 www.foodinindigo.com. Eines der schicksten

Restaurants der Stadt und endlich mal eins, das den Hype rechtfertigt. Tolle internationale und moderne europäische Küche mit indischer Note (z. B. Kerala-Austern mit Safran-Ravioli). Hauptgerichte ab etwa RS600, ohne Reservierung läuft nichts.

Kailash Parbat („KP's"), 1 Pasta Lane, nahe dem Kino Strand. Sieht nicht viel versprechend aus, doch die *aloo parathas* zum Frühstück, die veg. Gerichte, scharfen Snacks und süßen Sachen (zum Mitnehmen) lohnen den Weg. KP´s ist eine Institution von Colaba – besonders berühmt sind seine *makai-ka* (Mais) *rotis*.

Kamat, Colaba Causeway, Ecke Barrow Rd. Freundliches kleines Lokal, serviert fraglos das beste südindische Frühstück im ganzen Viertel, dazu die übliche Palette an südindischen Snacks (*iddli, vada, sambar*), köstliche Frühlings-*dosas* und einige *thalis* für Rs60–150. Die beste Option in der Gegend für Budgettraveller mit Bärenhunger.

Khyber, gegenüber Jehangir Art Gallery, ✆ 022/2267 3227. Überreiche Ausgestaltung im Stil von Tausendundeiner Nacht und hervorragende nordwestindische Gerichte. Das Hühnchen-*tikka* ist legendär, aber auch die Tandoori-Gerichte und die Kebab-Platte sind vorzüglich. Hauptgerichte Rs240–425.

Konkan Café, Taj President Hotel, Cuffe Parade, ✆ 022/6665 0808. Der ideale Ort, um einmal richtig auf den Putz zu hauen. Das kultivierte 5-Sterne-Hotelrestaurant kredenzt feine regionale Gerichte aus Maharashtra, Goa, Karnataka und Kerala. Es besteht die Auswahl zwischen *thali*-Platten (Rs845–1045) und Speisen à la carte: Der Krebs in Butter, Pfeffer und Knoblauch ist zum Niederknien. Schlicht und ergreifend das köstlichste südindische Essen, das man jemals auf den Teller bekommt.

Leopold's, Colaba Causeway. Seit Jahrzehnten eine Institution in Mumbai und ein beliebter Treff für indienmüde Reisende aus dem Westen – trotz oder gerade wegen der Tatsache, dass das Café eines der Hauptziele der Anschläge vom November 2008 war (die Mitarbeiter zeigen Besuchern auf Wunsch die jetzt hinter Bildern versteckten Einschusslöcher). An kleinen Tischen verspeisen die Gäste überteuerte, größtenteils uninteressante Touristengerichte

---

Kebab auf der Motorhaube

Bademiya, hinter dem Taj Mahal Palace & Tower, Tulloch Rd. Der Kebab-*wallah* ist eine Institution in Colaba, bekannt für knusprige Grillhähnchen, Lamm und Fischsteaks sowie für veg. Alternativen, die in hauchdünne, kochend heiße *rotis* eingewickelt und auf Bänken am Straßenrand verzehrt werden. Am Wochenende kommen reiche Familien aus den Villenvierteln, um auf den Motorhauben ihrer Autos zu essen, da drinnen nur wenige Tische und Stühle zur Verfügung stehen.

Mumbai

verschiedener Landesküchen. Meist muss man auf einen freien Tisch warten; Hauptgerichte Rs150–300, Bier Rs200.

Olympia Coffee House, 1 Colaba Causeway. Iranisches Fin-de-Siècle-Café mit Marmortischplatten, holzgetäfelten Wänden, verrückten Spiegeln und einem Zwischengeschoss nur für Frauen. Kellner mit Peshwari-Käppi und im *salwar kameez* servieren köstliche Kebabs und exzellente Dips auf Quarkbasis. Zum Frühstück mit mutton masala fry – nichts für Cholesterinbewusste – ist es hier immer sehr voll. Stammgäste trinken dazu leuchtend orangefarbenen chai. Durch und durch Bombay und dazu auch noch preiswert. Hauptgerichte Rs60–100.

The Sea Lounge, Taj Mahal Palace & Tower, 1. Stock. Reizendes Lounge-Café im 1930er-Jahre-Stil vor der Kulisse von Gateway und Hafen. Gut für Kaffee und Kuchen (ab Rs600) und ein üppiges Frühstück (Rs1000). ⊙ tgl. 7–24 Uhr.

Trishna, 7 Sai Baba Marg (Ropewalk Lane), Kala Ghoda, ✆ 022/2261 4991. In dem schummrigen Mangalore-Restaurant speisten schon durchreisende und einheimische Berühmtheiten, vom griechischen Präsidenten bis zu Bollywood-Stars. Köstliche Fischkreationen in jeder erdenklichen Soße, darunter das Aushängeschild des Lokals, Krebs in Butter, Pfeffer und Knoblauch (Rs700–800), aber auch der mit grüner Masala gefüllte *pomfret* (Rs490) ist ausgezeichnet. Daneben gibt es auch billigere nordindische Klassiker (Rs200). Sehr klein, daher Reservierung empfohlen.

Churchgate und Fort

Die folgenden Lokale sind auf der Karte S. 656 verzeichnet.

Britannia & Co, Shri SR Marg, Ballard Estate. Das schrullige kleine Parsi-Restaurant ist ebenso berühmt für seine verschrobene altmodische Atmosphäre wie für seine iranische Vollwertkost. Die meisten Gäste bevorzugen das vorzügliche berry pulao (mit Hühnchen, Ziege oder Gemüse) mit köstlichen, sauren Trockenbeeren, die aus Teheran importiert werden (Rs200, aber als gigantische Portion). Zum Dessert empfiehlt sich der hausgemachte Karamellquark (caramel custard). Eines der

Authentisches Mangalore-Lokal

Apoorva, SA Brelvi Rd, ✆ 022/2287 0335. Beliebtes Mangalore-Restaurant, versteckt in einer vom Horniman Circle abzweigenden Seitenstraße (bei dem mit bunten Lämpchen dekorierten Baum). Die Küche ist absolut authentisch, das in würziger Sauce auf Kokosbasis gekochte Seafood ist jeden Tag fangfrisch. Tipp: die nicht zu überbietende Bombay Duck, *surmai* (Königsmakrele) in Kokosnusssaft oder das überragende Garnelen-*gassi*. Hauptgerichte Rs100–475. Alkoholausschank.

kulinarischen Erlebnisse der Stadt, die sich niemand entgehen lassen sollte. ⊙ 11.30–15.30 Uhr.

Cha Bar, Oxford Bookstore, 3 Dinsha Wacha Rd, Churchgate. Todschickes AC-Café im hinteren Bereich der besten Buchhandlung im Zentrum. Riesenauswahl an verschiedenen Teesorten, vom *kawa* aus Kashmir bis zum Buttertee aus Ladakh. Außerdem gibt es Kaffee, Sandwiches, Wraps und Kuchen.

Ideal Corner, 12 F/G Hornby View, Gunbow St, ✆ 022/2262 1930. Ein weiteres parsisches Café mit Kultstatus. Zu empfehlen sind die köstlichen Spezialitäten nach Hausmacherart: *kchchidi*-Garnelen, Lamm-*dhansak* oder Hühnchen-farcha sowie die legendäre Quarkspeise *lagan*. Hauptgericht ca. Rs50–75. ⊙ Mo–Sa 9–16.30 Uhr.

Mocha Bar, VN Rd. Kühles Terrassencafé, in dem ganze Schwärme von „Rich Kids" aus dem Süden der Stadt sich bei Kaffeespezialitäten, Tapas, Panini, Wraps und Crêpes in Pose werfen oder im Raucherbereich hinten an einer Schischa nuckeln – Zeitgeist à la Mumbai.

The Pearl of the Orient, Ambassador Hotel, Veer Nariman Road, ✆ 022/2229 1131. Rotierendes orientalisches Hotelrestaurant mit eher durchschnittlicher Küche (recht teuer bei etwa Rs1000 für 3 Gänge), aber der Blick auf die Stadt ist schon etwas Besonderes.

Crawford Market und Zentrale Basare

Die folgenden Lokale sind, soweit nicht anders vermerkt, auf der Karte S. 638/639 verzeichnet.

Mumbai

Badshah Juice and Snack Bar, gegenüber Crawford Market, Lokmanya Tilak Rd. Mumbais renommiertestes *falooda*-Lokal serviert auch köstliches **kulfi** (Eis) und eine Großauswahl frisch gepresster Obstsäfte. Der ideale Abschluss eines Marktbesuches, aber mit Wartezeit ist zu rechnen.

Joshi Club, 31-A Narottamwadi, Kalbadevi Rd, ℘ 022/2205 8089. Die exzentrische, auch als The Friends Union Joshi Club bekannte *thali*-Kantine serviert nach Aussage zahlreicher Fans die authentischsten und leckersten Gujarati-Marwari-Mahlzeiten der Stadt. Das Essen wird auf wenig verheißungsvollen Resopal-Tischen vor dem Hintergrund schmuddeliger Wände serviert. Für Rs95 gibt es unerschöpfliche Portionen mit 4 Gemüsesorten, *dhal* und bis zu 4 verschiedenen Broten, mit allen Beilagen und Bananen-Vanillepudding zum Dessert. Das Lokal ist nicht ganz leicht zu finden: Man läuft oder nimmt ein Taxi zum unteren Ende der Kalbadevi Rd (gegenüber dem Kino Metro, s. Karte S. 656), dann geht es in nördlicher Richtung über den Vardhaman Chowk und danach ca. 5 Min. die Kalbadevi Rd hinauf, bis zur Rechten unter einem Fenster im 1. Stock das Hinweisschild „Bhojanalaya" auftaucht.

Rajdhani, Sheikh Memon St. Sagenhafte Gujarati-thalis, bis man platzt. Sehr beengt und etwas teurer als gewöhnlich (Rs250; Rs299 für das Spezialmenü am Sonntagmittag), aber die Ausgabe wirklich wert. ☉ Sonntagabend geschlossen. Das Lokal liegt an der Straße, die zur Jama Masjid führt (vom Crawford Market kommend die Straße beim Eingang überqueren und hinter dem Lokmanya Tilak Marg Police Booth rechts abbiegen).

Unterhaltung

In Mumbai herrscht eine ungewöhnlich lockere Einstellung gegenüber dem Alkoholkonsum. Der Sprung in die Kneipe auf ein Bier wird weithin akzeptiert (zumindest für Männer), selbst schon zur Mittagszeit. Im Mittelpunkt der Traveller-Szene steht der Colaba Causeway, aber der Puls des städtischen Nachtlebens schlägt in Bandra und Juhu. Trotz der 2005 eingeführten **Sperrstunde** um 1.30 Uhr – nur Hotelclubs dürfen länger geöffnet haben – ist die Clubszene von Mumbai die beste Indiens. Ende der 1990er-Jahre begann der betuchte Jetset an den neuesten House-, Trance-, Fusion- und Funkklängen, die in Goa und im Westen Erfolge feierten, Gefallen zu finden, und es entstand eine coolere, aufgeschlossenere Szene. Die meisten Discos und Clubs kassieren an der Tür Eintritt pro Paar (ein Teil davon kann für Getränke eingelöst werden), denn theoretisch sind meistens nur Pärchen zugelassen. In der Praxis werden aber normalerweise gemischte Gruppen und „ordentlich" aussehende Singles nicht abgewiesen. Die Discos exklusiver Hotels stehen dagegen manchmal nur Hotelgästen und Clubmitgliedern offen.

Musik, Tanz und Theater

Mumbai ist ein kulturelles Zentrum ersten Ranges und zieht die begnadetsten Interpreten klassischer indischer Musik und Tanzkunst aus dem ganzen Land an. Zahlreiche Konzerte und Vorstellungen finden an folgenden Veranstaltungsorten statt: **Bharatiya Vidya Bhavan**, K M Munshi Marg, ℘ 022/2363 0224, Hauptquartier der internationalen (hinduistischen) Kulturorganisation; **National Centre for the Performing Arts** (NCPA), Nariman Point, 🖳 www.ncpamumbai.com.

Der führende Veranstaltungsort für zeitgenössischere Livemusik ist das Ende 2007 eröffnete **Blue Frog** in Nord-Mumbai, D/2 Mathuradas Mills Compound, NM Joshi Marg, Lower Parel, ℘ 022/4033 2300, 🖳 www.bluefrog.co.in. Die Bühne steht in einem riesigen alten Lagerhaus im ehemaligen Fabrikviertel Mumbais, und es treten renommierte indische und ausländische Musiker und DJs auf, die alles spielen, von Rock bis Hip-Hop.

Ein kleines, aber quicklebendiges Theater ist das **Prithvi Theatre**, Juhu Church Rd, ℘ 022/2614 9546, 🖳 www.prithvitheatre.org. Es bringt vor allem Inszenierungen auf Hindi, aber auch einige Stücke auf Englisch.

Bars und Kneipen

Alps Beer Bar, Nawroji Marg, Colaba, hinter dem Taj Mahal Palace & Tower (s. Karte S. 645). Etwas schäbige, aber ruhige Alternative zu den Warteschlangen und Besuchermassen im nahen Leopold's und Café Mondegar, mit dem billigsten Bier in Colaba sowie einem kleinen Angebot an Speisen wie Currys, Steaks und sizzlers.

Aurus Nichani House, Juhu Tara Rd, Juhu, ☏ 022/6710 6666, ⌨ www.dishhospitality.com. Cooler Laden am Strand mit funkiger Bar/Restaurant drinnen und einer netten Terrasse am Juhu Beach; dazu gibt's gute internationale Fusionsküche und eine umfangreiche Wein- und Cocktailkarte. Unter den Gästen finden sich zwar einige Sternchen und VIPs, aber der Einlass wird hier nicht so schnöselig gehandhabt wie in anderen Läden der Gegend.

Busaba, 4 Mandlik Marg, Colaba (s. Karte S. 645). Schicke, schummrig beleuchtete Bar unter dem eleganten Restaurant Busaba (S. 659) mit guter Auswahl an australischen, südafrikanischen und amerikanischen Weinen, außerdem Whisky, geniale Cocktails und Biere aus aller Welt.

Café Mondegar, Colaba Causeway (s. Karte S. 645). Import- und indische Biere vom Fass und aus der Flasche sowie köstliche, fruchtige Cocktails in einer kleinen Café-Bar. Die Atmosphäre ist sehr entspannt, die Musik tendiert zu Rockklassikern, das Publikum besteht aus einer Mischung von Westlern und Studenten. Die Wandmalereien eines berühmten Cartoonisten aus Goa verleihen dem Lokal einen zusätzlichen lebensfrohen Touch. Große Auswahl an durchschnittlichen indischen, chinesischen und europäischen Speisen. Wahrscheinlich muss man am Eingang Schlange stehen.

Czar Bar, Hotel InterContinental, 135 Marine Drive (s. Karte S. 656). Angesagte Wodka-Bar mit schickem, minimalistischen Dekor, raffinierter Beleuchtung und über 40 Wodka-Sorten im Regal (ab Rs400), dazu große Auswahl an anderen Spirituosen und Cocktails. Bis 23 Uhr Lounge-Musik, danach wird es lebhafter. Unter der Woche relativ ruhig, aber am Wochenende gut gefüllt. ◷ tgl. 17.30–1.30 Uhr.

Henry Tham, Dhanraj Mahal, CST Rd, Apollo Bunder, Colaba (s. Karte S. 645). Die kleine,

Der perfekte Sundowner

The Dome, Hotel InterContinental, 135 Marine Drive (s. Karte S. 656). Diese coole Dachterrassenbar ist ganz klar Süd-Mumbais beste Adresse für einen Sundowner. Um den namengebenden Rundbau herum stehen vornehme, weiße Sofas und kerzenbeleuchtete Tische, dahinter ein atemberaubender, erhöhter Pool. Die Aussicht über die Back Bay macht die astronomischen Getränkepreise wett. ◷ tgl. 17.30–1.30 Uhr.

aber fidele Bar unter dem hervorragenden chinesischen Restaurant (S. 660) ist derzeit der angesagteste Treffpunkt der Schönen von Süd-Mumbai. Exzellente Cocktails und einer der besten House-Soundtracks der gesamten Stadt.

Indigo, 4 Mandlik Rd, Colaba (s. Karte S. 645. Die coolste Bar in Colaba gehört zum angesagten gleichnamigen Restaurant (S. 660). Beliebt bei jungen Medienleuten und Möchtegern-Weinkennern. Unkonventionell nacktes Dekor.

Olive, 4 Union Park Rd, Pali Hill (zwischen Juhu und Bandra). Der angesagteste Promi-Treff der Bollywood-Stars. Wer Hrithik, Abhishek und Aishwarya, Preity und Shilpa treffen will, hat hier die besten Chancen, muss sich allerdings entsprechend herausputzen und eine dicke Brieftasche haben. Das Essen dient hier zwar mehr als Vorwand zum „Sehen-und-gesehen-werden", die mediterrane Küche ist aber sehr gut.

Vie Lounge, 102 Juhu Tara Rd, Juhu, ☏ 022/2660 3003, ⌨ www.vie.co.in. Strandbar im Ibiza-Stil am Juhu Beach mit eigenen und Gast-DJs und toller Cocktailkarte sowie einem ordentlichen Angebot an Seafood- und Cajun-Gerichten.

Wink, Taj President, 90 Cuffe Parade, ☏ 022/6665 0808, ⌨ www.tajhotels.com (s. Karte S. 638/639). Elegante Loungebar im Asienstil mit einer der besten Getränkekarten der Stadt, darunter eine tolle Auswahl an Spezialcocktails. Früh am Abend sehr schön für einen ruhigen

Mumbai

Bollywood, die Hindi-Filmhauptstadt

Die Heimat des Hindi-Blockbusters, des „all-India film", ist Mumbai, bekannt geworden als **Bollywood**. Mumbai-Besuchern bieten sich jede Menge Gelegenheiten, in den Genuss klassischer oder moderner Hindi-Filme zu kommen. Die Auswahl erleichtert der Kauf des Magazins *Bombay*, das Besprechungen und Terminangaben bringt. Wer sich spontan zum Kinobesuch entschließt, hält am besten nach dem größten Reklameschild Ausschau und reiht sich in die Warteschlange ein. Ein Sitzplatz in einem bequemen Kino mit AC kostet Rs120–200 – weniger, wenn man im vorderen Parkett sitzt (für Frauen nicht empfehlenswert).

Von den ungefähr 200 **Kinos** zeigt nur ungefähr ein Dutzend regelmäßig Filme in **englischer Sprache**. Die am zentralsten gelegenen und einladendsten Kinos sind die herrlichen Art-déco-Filmpaläste aus der Endzeit des Raj: das **Regal** in Colaba, das **Eros** gegenüber der Churchgate Station sowie das **Metro** an der Dhobi Talao Junction, das in ein hypermodernes Multiplexkino umgebaut wurde. Ein weiterer großer Kinokomplex ist das **Inox**, 🖳 www.inox movies.com, am Nariman Point bei den Express Towers; dieses moderne Kino wurde erst vor ein paar Jahren im alten Art-déco-Stil von Mumbai erbaut.

Drink; im Verlauf des Abends wird die Musik immer lauter, und später herrscht dann ausgeprägte Club-Atmosphäre.
Zenzi, 183 Waterfield Rd, Bandra West, ✆ 022/5643 0670, 🖳 www.zenzi-india.com. Schicke Bar mit Restaurant unter niederländischer Leitung im modernen balinesisch-thailändischen Stil mit Restaurant (edle panasiatische Küche), Bar, DJ-Lounge und luftiger Terrasse unter freiem Himmel. Vor 23 Uhr zumeist ruhig, später dann aber oft rappelvoll mit glamourösen Einheimischen.

Clubs

Enigma, JW Marriott Hotel, Juhu Tara Rd. Hier amüsieren sich Hindi-Filmstars und die hippen, jungen Millionäre Indiens. Es bietet die erotischsten Outfits, die neusten Dance-Tracks (darunter viele filmi-Hits), das tollste Ambiente und die höchsten Eintrittspreise (Rs800–Rs2500 für ein Paar je nach Abend).
Polly Esther's, Gordon House Hotel, Battery St, Colaba (s. Karte S. 645). Retro-Club mit buntem Dekor im Stil der 1970er- und 80er-Jahre. Die Kellner tragen verrückte Afro-Perücken. An

unterschiedlichen Abenden Livemusik, Hip-Hop, Bollywood und Retro. Eintritt Rs900–1200 pro Paar. ◷ Mi–So.

Squeeze, 5th Rd, Khar. Ein sehr treffender Name für Bandras flippigstes Nachtlokal. Es ist die ganze Woche rappelvoll, und am Wochenende platzt es fast aus den Nähten. Hier überwiegt der Hindi-Pop nicht so sehr wie andernorts. Eintritt um Rs1500 pro Paar.

Voodoo Lounge, Arthur Bunder Rd, Colaba (s. Karte S. 645). Samstags ab 9 Uhr dient diese verrufene, kleine Spelunke am Colaba Causeway als Location für Mumbais einzigen Gay-Club (den Rest der Woche wird hier nichts geboten). Nach westlichen Standards geht es hier eher verhalten zu, aber die Atmosphäre ist ungezwungen, und Schwule sowie Hetero-Männer und -Frauen sind gleichermaßen willkommen. Die meisten Gäste kommen um Kontakte zu knüpfen. Eintritt Rs300 p. P.

Wie überall in Indien ist man auch in Mumbai verrückt nach Cricket. Andere Zuschauer-sportarten haben – neben den Pferderennen in Mahalakshmi, die an Derby-Tagen sehr viele Besucher anziehen – kaum eine Chance. Alle Veranstaltungen werden auf den hinteren Seiten der Zeitungen Times of India und Time Out Mumbai angekündigt.

Cricket

Cricket ist in der Hauptstadt von Maharashtra ein ähnlich beliebter Zeitvertreib wie die Bollywood-Filme. Irgendwo läuft immer gerade ein Spiel, sei es eine improvisierte Spaßpartie am Chowpatty Beach oder ein offizielles Club-Match an den Gymkhanas entlang des Marine Drive. In Süd-Mumbai ist **Oval Maidan** der beste Ort, um – vor herrlicher Kulisse mit Kolonialbauten – einheimische Talente in Aktion zu erleben. Hier gibt es eine gewisse Rangordnung: Je weiter man sich vom Pfad durch das Zentrum des Parks entfernt, umso besser werden die Spiele.

An Orten wie diesem hat Mumbais Liebling, Sachin Tendulkar, seinen Sport erlernt. Der weltweit erfolgreichste Schlagmann (sowohl beim Mehrtages- als auch Eintages-Cricket)

lebt noch heute in der Stadt und spielt regelmäßig für seinen Erstligaclub im **Brabourne Stadium**, nahe dem Marine Drive. 1 km weiter nördlich, im 45 000 Zuschauer fassenden **Wankhede Stadium**, finden in aufgeheizter, rauer und für Gäste eher einschüchternder Atmosphäre die wichtigen internationalen Begegnungen statt.

Die indische Cricket-Saison läuft von Oktober bis Ende Februar. Tickets für die großen Spiele sind fast so schwer zu ergattern wie Sitzplätze in den Pendlerzügen. Teilweise gibt es für ausländische Besucher aber Quoten, durch die sie bei der **Mumbai Cricket Association**, 1. Stock des Wankhede, leichter an Karten kommen.

Pferderennen und Reiten

Die **Mahalakshmi-Rennbahn**, nahe dem Mahalakshmi Tempel nördlich von Malabar Hill, ist die Heimat des Royal Western India Turf Clubs – einem Überbleibsel aus britischen Zeiten – und einer der beliebtesten Treffpunkte der Oberschicht. Die Rennen finden zwischen November und März immer mittwochs und samstags statt. Große Veranstaltungen wie das **2000 Guineas** und das Derby locken bis zu 25 000 Schaulustige an. Für das öffentliche Gelände sind Tageskarten erhältlich. Die Logenplätze aus der Kolonialzeit mit üppigen Rasenflächen und dem exklusiven Restaurant Gallops sind den Mitgliedern vorbehalten. Rennpläne und Formulare finden sind im Sportteil der *Times of India* und auf der Website 🖳 www.rwitc.com. An den rennfreien Tagen dient die Rennbahn als Reitgelände. Eine zeitlich begrenzte Mitgliedschaft im **Amateur Riding Club of Mumbai**, einer weiteren Bastion der städti-schen Elite, berechtigt zu Reitstunden auf den Vollblütern des Clubs. Mehr Infos hierzu sowie eine Liste der anstehenden Polospiele sind unter 🖳 www.arcmumbai.com zu finden.

In Mumbai kann man toll einkaufen, seien es Souvenirs in letzter Minute oder Proviant und Ausrüstung für die lange, noch bevorstehende Reise. Vor allem der Kauf im Land produzierter Textilien und Exportüberschuss-Bekleidung

Mumbai

sowie von Kunsthandwerk aus allen noch so entlegenen Landesteilen lohnt sich. Mit Ausnahme der Shopping-Arkaden in den Luxushotels übersteigen die Preise überraschenderweise kaum die anderer indischer Städte. In größeren Geschäften gelten Festpreise, und oft werden Kreditkarten angenommen; ansonsten jedoch lässt sich, insbesondere bei Straßenhändlern, durch Handeln meist ein besserer Preis herausschlagen. Die zentralen Basare der Innenstadt sind allerdings mehr zum Schauen als zum Einkaufen. Neue Schmuckstücke aus Gold und Silber kauft man am besten im Zaveri Bazaar (Goldschmiedemarkt) gegenüber vom Crawford Market.

Bücher

Mumbai verfügt über eine gute Auswahl an englischsprachigen Buchhandlungen und Bücherständen.

Crossword Bookstore, Mohammed Bhai Mansion, Huges Rd, Kemp's Corner, 10 Fußminuten nördlich von Chowpatty Beach, ✆ 022/2384 2001. Mumbais größter Buchhändler in einem schicken neuen AC-Gebäude mit eigener Kaffeebar.

Nalanda, Ground Floor, Taj Mahal Palace & Tower. Große Auswahl an Bildbänden und Taschenbüchern, allerdings zu Höchstpreisen.

Oxford Bookstore, Apeejay House, 3 Dinsha Vacha Rd, Churchgate. Nicht ganz so groß wie Crossword, aber besser zu erreichen, wenn man in Downtown oder Colaba übernachtet; mit AC-Café: Cha Bar (s. S. 656).

Search Word, Shahid Bhagat Singh Marg (Colaba Causeway). Colabas bester Buchladen mit Regalen, randvoll mit Führern und indischer Belletristik. Schnäppchenpreise, denen nur noch der Strand Book Stall in Fort Konkurrenz machen kann.

Strand Book Stall, neben der Canara Bank, abseits der PM Rd, Fort. Preiswerteste Buchhandlung im Zentrum, jede Menge verbilligte Penguin-Bücher und indische Literatur.

Kleidung

In Mumbai wird ein Großteil der indischen Bekleidung hergestellt, überwiegend von der leichten, hellen „shirtings and suitings"-Art, der bevorzugten Kleidung unzähliger gleich gewandeter Büro-*wallahs*. Billige westliche Kleidung kauft man am allerbesten an der endlosen Reihe von Ständen auf dem Bürgersteig der MG Rd, zwischen Cross und Azad Maidan westlich des CST. Diese sogenannte **Fashion Street** ist auf abgelehnte und überzählige Export-Klamotten aus den großen Fabriken spezialisiert, darunter T-Shirts,

Lach-Yoga

Getreu dem Motto „Lachen ist die beste Medizin" haben der Mumbaier Arzt Madan Kataria und seine Frau Madhuri – auch bekannt als die „Kichergurus" – eine völlig neue Therapieform entwickelt: *hasya*-(Lach-)Yoga. Mittlerweile gibt es in Indien über 300 Lacher-Clubs und viele weitere auf der ganzen Welt. Rund 50 000 Menschen nehmen jedes Jahr am ersten Sonntag im Mai an Mumbais Feierlichkeiten zum Laughter Day teil. Weltweit sind es Zehntausende. Die 15-minütigen Unterrichtsstunden beginnen mit Atemübungen. Dann folgt ein „Ho ho ha ha"-Singsang, der übergeht in ein spontanes „herzliches Lachen" (beide Hände nach oben gestreckt, den Kopf nach hinten geneigt). Dann folgen „Milchshake-Lachen" (alle Teilnehmer

lachen und machen dazu eine Geste, als würden sie einen Milchshake trinken), „schwungvolles Lachen" (die Teilnehmer stehen im Kreis und machen „aaii-uu-iii-uuu") und schließlich das geradezu Angst einflößende „Löwenlachen" (mit herausgestreckter Zunge, weit aufgerissenen Augen und Händen, die zu Klauen geformt werden, wird aus dem Bauch heraus gelacht). Am Ende der Sitzung halten sich die Teilnehmer an den Händen und singen den Slogan „Wir sind die Laughter Club-Mitglieder ... JA!".

Die Clubtreffen finden an verschiedenen Orten der Stadt zwischen 6 und 7 Uhr statt, u. a. in den Colaba Woods an der Cuffe Parade und am Juhu Beach. Mehr Infos unter 🖳 www.laughter yoga.org.

Mumbai

Jeans, Sommerkleider und Sweatshirts. Baumwollbekleidung höherer Qualität (oft schicke, nachgemachte Designer-Ware) gibt es in Geschäften am **Colaba Causeway** und an der **Mandlik Marg** (hinter dem Taj Mahal Palace & Tower). Einen Besuch wert ist auch die Filiale der indischen Kette **Fabindia** in der MG Road in Kala Ghoda, die eine tolle und erschwingliche Auswahl an stilvollen modernen indischen Hemden, *kurtas, salwar kameezes* usw. bietet. Wer sich für traditionellere indische Kleidung interessiert, begibt sich zum **Khadi-Laden** (beschildert mit „Mumbai Khadi Gramodyog Sangh"), 286 Dr DN Marg, in der Nähe des Thomas Cook-Büros. Wie Whiteaway & Laidlaw stattete auch dieses unüberschaubare viktorianische Warenhaus die frisch angekommenen *burra-sahibs* mit Tropenhelmen, Khakishorts und Chinintabletten aus. Heutzutage türmen sich in den alten Holzregalen, Hemden- und Sockenschubladen Dutzende verschiedener, handgewebter Baumwoll- und Seidenstoffe, die vom laufenden Meter verkauft werden oder zu Westen, *kurtas* oder bedruckten *salwar kameezes* verarbeitet worden sind. Außerdem gibt es hier die üblichen weißen Nehru-Kappen, *dhotis, lunghis* im Madras-Karomuster und herrliche Saris aus Seidenbrokat.

Kunsthandwerk

Regional hergestelltes Kunstgewerbe wird in verschiedenen staatlichen Geschäften im **World Trade Centre**, unten an der Cuffe Parade, und entlang der **Sir PM Rd** in Fort angeboten. Die Qualität ist durchweg hoch – die Preise aber auch, wenn man nicht gerade den Ferienausverkauf erwischt. Gleiches gilt für das Kaufhaus **Central Cottage Industries Emporium**, 34 Shivaji Marg, nahe dem Gateway of India in Colaba. Aufgrund seiner Größe, zentralen Lage und des großen Angebots an mit Einlegearbeiten verzierten Möbeln, Holz- und Metallgegenständen, Miniaturgemälden und Schmuck, Spielwaren, Bekleidung und Textilien ist es der beste Ort für Souvenirs jeder Art. In der **Mereweather Road** (jetzt offiziell B Behram Marg), gleich hinter dem Taj Mahal Palace & Tower, wimmelt es von kaschmirischen Volkskunstläden mit überteuerten Gefäßen aus Pappmaché, Silberschmuck, wollenen Schals und Teppichen. Wer schlecht mit aufdringlichen Verkäufern umgehen kann, bleibt dieser Ecke besser fern.

Parfüm ist in Mumbai eine ausschließlich moslemische Domäne. Unten am Südende des Colaba Causeway, rings um die Arthur Bunder Rd, findet man viele Geschäfte mit Spiegelwänden und Regalen voller Kristallflaschen, gefüllt mit dickflüssigen, duftenden Ölen. **Räucherdüfte** werden an den umliegenden Bürgersteigen in Stäbchen, Kegeln und klebrigen Scheiben *(dhoop)* verhökert (darauf achten, dass die Schachteln voll sind und nicht schon die Hälfte fehlt). Großeinkäufe tätigt man günstiger im **Khadi-Laden** an der Dr DN Marg (s. o.). Dort werden ganze handgerollte Bündel Räucherstäbchen verkauft, außerdem gibt es eine Kunsthandwerksabteilung mit bedruckten Bettüberwürfen, Holzspielzeug, Sandelholzstatuen und Möbeln.

Musik

Die bekanntesten der zahlreichen guten Läden für Musikinstrumente in Mumbai befinden sich in der Nähe des Kinos Moti an der Sadar V Patel Rd im zentralen Basarviertel. **Haribhai Vishwanath**, **Ram Singh** und **RS Mayeka** sind 3 Geschäfte, die mit Sitars, Sarods, Tablas und Flöten handeln. Top Qualität mit Garantie verkauft Bhargava's Musik im Norden, 4/5 Imperial Plaza, 30th Rd in Bandra. Zum Kundenkreis gehören viele indische Topmusiker im Klassikbereich.

Rhythm House, Subhash Chowk, neben Jehangir Art Gallery. Eine gute Adresse für Kassetten und CDs mit einem Riesenangebot an klassischer, religiöser und populärer Musik aus ganz Indien, einer ordentlichen Auswahl an westlichen Rock-, Pop- und Jazztiteln und DVDs mit klassischen und zeitgenössischen Hindi-Filmen.

Planet M, 10 Fußminuten vom Rhythm House, an der DN Rd in Fort. Gutes Angebot an Musik-CDs und DVDs.

Sonstiges

Apotheken

Regal Pharmacy, gegenüber Gordon House Hotel in Colaba (s. S. 645), ⏱ rund um die Uhr.

Geld

Der nächste Ort zum Geldwechseln bei der Ankunft in Mumbai ist der rund um die Uhr geöffnete Schalter der **State Bank of India** im Chhatrapati Shivaji International Airport. Der Wechselkurs ist der allgemein übliche, doch für ein *encashment certificate* (Umtauschquittung) muss man manchmal bezahlen – dieses muss man u. U. vorzeigen, wenn man ein *tourist quota*-Eisenbahnticket (s. „Traveltipps von A bis Z" auf S. 77) oder einen Indrail-Pass (S. 78, Kasten) an Sonderschaltern in den Bahnhöfen Churchgate oder CST (VT) kaufen möchte.

In der ganzen Stadt gibt es Dutzende von **Geldautomaten** – die genauen Standorte sind auf den verschiedenen Karten im Buch eingezeichnet.

Alle großen staatlichen **Banken** in Downtown wechseln Fremdwährungen, ◷ Mo–Fr 10.30–14.30, Sa 10.30–12.30 Uhr; manche (wie die Bank of Baroda) bieten auch **Kreditkartenservice**.

Thomas Cooks große Filiale an der Dr DN Marg, ✆ 022/6160 3333, zwischen dem Khadi-Shop und Hutatma Chowk, nimmt auch Geldüberweisungen aus Übersee entgegen. ◷ Mo–Sa 9.30–19 Uhr.

Gepäckaufbewahrung

Eine Gepäckaufbewahrung gibt es im Bahnhof CST (VT). Alles, was hier abgegeben wird, auch Rucksäcke, muss mit einem Vorhängeschloss gesichert werden; Maximaldauer 1 Monat, Rs12 pro Tag.

Informationen

India Tourism, 123 M Karve Rd, gegenüber dem Ostausgang der Churchgate Station, ✆ 022/2207 4333 oder 4334, ✉ indiatourism@mtnl.net.in. Die ausgezeichnete Einrichtung ist die beste Informationsquelle in Mumbai. Die Angestellten sind außergewöhnlich hilfsbereit und vergeben zahlreiche kostenlose Broschüren und Karten. ◷ Mo–Fr 9–18, Sa 9–14 Uhr.

Maharashtra State Tourism Development Corporation (MTDC), Madam Cama Rd, ✆ 022/2284 5678, 🖳 www.maharashtratourism.gov.in, gegenüber dem LIC Building in Nariman Point, reserviert Zimmer in MTDC-Resorts und verkauft Tickets für Stadtrundfahrten. ◷ Mo–Sa 9.30–17.30 Uhr.

Das Mumbai-Stadtmagazin *Time Out* (🖳 www.timeoutmumbai.net) ist die beste Quelle für ausführliche **Veranstaltungshinweise** und liefert alle Details. Alternativen sind die „Metro"-Seite des *Indian Express* und die Rubrik „Bombay Times" in der *Times of India*. Alle diese Zeitungen sind an Straßenständen in Colaba und in der Innenstadt erhältlich.

Internet

Mumbai wartet mit überraschend wenigen Internetcafés auf. In Colaba gibt es in der Nawroji F Marg zwei enge, rund um die Uhr geöffnete Internetlokale (Rs40 pro Std.). WLAN für Leute mit eigenem Computer gibt es in vielen der besseren Hotels der Stadt und in den Filialen der Coffeeshop-Kette Barista, z. B. neben dem Regal Cinema in Colaba.

Konsulate

Die meisten Nachbarstaaten Indiens, darunter Bangladesch, Bhutan, Myanmar (Burma), Nepal und Pakistan, haben nur Konsulate in New Delhi und/oder Kolkata.

Deutschland, 10th Floor, Hoechst House, Nariman Point, 193 Backbay Reclamation, Mumbai 400 021, ✆ 022/2283 2422, ✆ 22025493, ✉ info@mumbai.diplo.de, 🖳 www.mumbai.diplo.de.

Österreich, 26 Maker Chambers VI, Nariman Point, Mumbai 400021, ✆ 022/2287 4758, ✉ tamara_valladares@jasubhai.com.

Schweiz, 102 Maker Chambers IV, 10th Floor, 222 Jamnalal Bajaj Marg, Nariman Point, Mumbai 400021, ✆ 022/228845-63 bis -65, ✆ 228845-66, ✉ vertretung@mum.rep.admin.ch, 🖳 www.eda.admin.ch/mumbai.

Kulturinstitute

Asiatic Society, Shahid Bhagat Singh Marg, Horniman Circle, Ballard Estate, ◷ Mo–Sa 10.30–19 Uhr.

Bombay Natural History Society, Hornbill House, neben dem Chhatrapati Shivaji Museum, 🖳 www.bnhs.org, genießt internationales Renommee für seine Erforschung der indischen

Tierwelt. Besucher können eine vorübergehende Mitgliedschaft erwerben, die den Zutritt zur Bibliothek, zur naturkundlichen Sammlung, manchmal auch zu Vorträgen und außerdem die Teilnahme an organisierten Wanderungen und Feldforschungsunternehmungen ermöglicht. ① Mo–Fr 9.30–17.30 Uhr.
British Council, A Wing, 1st Floor, Mittal Tower, Nariman Point. Britische Zeitungen und Magazine. ① Di–Sa 10–18 Uhr.
Max Mueller Bhavan (Goethe-Institut), K Dubash Marg, Kala Ghoda, Mumbai 400 001, ✆ 022/22027710, ✉ info@mumbai.goethe.org, 🖳 www.goethe.de/ins/mum/deindex.htm.

Medizinische Hilfe
Bombay Hospital, New Marine Lines, unmittelbar nördlich des staatlichen Tourismusbüros an der M Karve Rd, ✆ 022/2206 7676, 🖳 www.bombayhospital.com. Das Privatkrankenhaus ist das renommierteste Hospital im Zentrum der Stadt.
Breach Candy Hospital, Bhulabhai Desai Rd, in der Nähe des Schwimmbads, ✆ 022/2367 1888, 🖳 www.breachcandyhospital.org. Wird auch von ausländischen Botschaften empfohlen.

Polizei
Die Hauptwache in Colaba, ✆ 022/2285 6817, liegt an der Westseite des Colaba Causeway, in der Nähe der Kreuzung mit der Best Marg.

Post
Die **Hauptpost** liegt gleich um die Ecke vom Bahnhof CST (VT), abseits des Nagar Chowk, ① Mo–Sa 9–20, So 9–16 Uhr. Das Paketbüro befindet sich hinter dem Hauptgebäude im 1. Stock, ① 10–16.30 Uhr. Auf dem Bürgersteig draußen warten Paketpack-*wallahs* auf Kundschaft.
DHL, ✆ 022/2850 5050, hat 11 Büros in Mumbai; am günstigsten gelegen ist das 24 Std. geöffnete unter dem Sea Green Hotel am Südende des Marine Drive.

Reisebüros
Nachstehend einige bewährte Reisebüros für Buchungen nationaler und internationaler Flüge und privatgesellschaftlicher Überlandbusse.
Cox and Kings India, 16 Bank St, Fort, ✆ 1800/221235, 🖳 www.coxandkings.co.in;
Sita World, 11th Floor, Bajaj Bhavan, Nariman Point;
Thomas Cook, 324 Dr DN Rd, Fort, ✆ 022/6160 3333, 🖳 www.thomascook.co.in.

Touren
Verschiedene Veranstalter beim Gateway of India bieten **eintägige Stadtrundfahrten** per Bus (um Rs100 plus Eintrittsgelder), eine billige, jedoch sehr gehetzte Möglichkeit, die touristischen Highlights Mumbais an einem Tag abzuhaken. Eine einstündige **Abendtour** der MTDC in einem offenen Bus (Wochenende 19 und 20.15 Uhr; oberes Deck Rs120, unten Rs50) führt vorbei an den angeleuchteten Sehenswürdigkeiten der Stadt. Die Tour beginnt am MTDC-Kiosk nahe dem Gateway of India, wo man auch Tickets kaufen kann.
Eine entspanntere Alternative mit Schwerpunkt Architektur und Geschichte bieten die geführten Rundgänge der **Bombay Heritage Walks**, 🖳 www.bombayheritagewalks.com. Die zweistündigen Rundgänge (Rs1500 für bis 3 Pers., Rs500 für jede weitere Pers.) finden vor allem an den Wochenenden statt, manchmal können aber auch unter Woche abends Führungen arrangiert werden. Buchung erforderlich unter ✆ 022/2369 0992 oder ✉ info@bombayheritage walks.com.
Mumbai Magic, 🖳 www.mumbaimagic.com, hat verschiedene interessante Rundgänge und -fahrten zu unterschiedlichen Themen im Programm, von Kolonialarchitektur bis zum jüdischen Erbe der Stadt.
Reality Tours and Travels veranstaltet fesselnde Ausflüge in die riesigen Slum Dharavi (s. Kasten S. 669).

Nahverkehr
Während der Rushhour sind Staus nach wie vor die Regel. Auch mit dem Taxi oder Bus muss man sich dann auf lange Wartezeiten an den Kreuzungen gefasst machen. Die Stadtbahn ist schneller, doch selbst außerhalb der Stoßzeiten stellt die Fahrt einen Härtetest dar.

Mumbai

Busse

BEST, ☎ 022/2285 6262, ⌨ www.bestundertaking.com, unterhält ein undurchschaubares, aber komplexes Busnetz, das bis in die entlegensten Ecken der Stadt reicht. Die Strecken und Busnummern können auf der BEST-Internetseite nachgeschaut werden. Schwieriger ist es, die Nummern der Busse dann auf der Straße zu erkennen, denn die Zahlen sind auf Marathi angeschrieben (auf den Seiten allerdings in arabischen Ziffern). Wann immer möglich, sollte man einen „Limited"-Bus („Ltd") wählen, der seltener anhält, und um jeden Preis die Stoßzeiten meiden. Die Fahrkarte kauft man beim Busschaffner.

Stadtbahn

Mumbais Vorortzüge befördern jeden Tag rund 6,1 Mio. Pendler zwischen Downtown und den endlosen Vororten im Norden – landesweit 50 % aller Bahnfahrgäste (s. Kasten S. 671). Eine Bahnstrecke beginnt am CST (VT) und führt am Ostrand der Stadt entlang. Die andere führt von Churchgate über Mumbai Central und Dadar nach Santa Cruz und weiter. Die Züge fahren von 5–24 Uhr alle paar Minuten und halten an Dutzenden kleiner Stationen.

Praktisch die ganze Zeit über sind die Waggons voll bis unters Dach, und aus den offenen Türen hängen tollkühne Passagiere, die dem Gedränge drinnen entgehen wollen. Man sollte sich also mindestens 3 Stationen vor dem Ziel auf den Weg zum Ausgang machen. Am allerschlimmsten geht es während der Stoßzeiten zu (ca. 8.30–10 und 16–19 Uhr). Frauen sind ein kleines bisschen besser dran, für sie gibt es *ladies carriages*; nach den Trauben aus farbenfrohen Saris und *salwar kameezes* am Ende des Bahnsteigs Ausschau halten!

Taxis

Da Rikschas nur in den Vororten zugelassen sind, bewegt man sich am besten und schnellsten mit den massenhaft vorhandenen schwarz-gelben Taxis durch die Innenstadt. Theoretisch müssen alle mit Taxameter und einer aktuellen Preisliste (um die auf dem Taxameter angezeigte Kilometerzahl korrekt umzurechnen) versehen sein, doch in der Praxis, vor allem nachts oder frühmorgens, weigern sich viele Fahrer, sie zu benutzen. In dem Fall entweder ein anderes Taxi anhalten oder vorher einen Preis aushandeln. Als Faustregel gilt:

Wer in Mumbai Bus fährt, sollte die Stoßzeiten meiden.

ca. Rs10 pro Kilometer nach dem Grundpreis von rund Rs20, plus geringer Aufpreis für schweres Gepäck (Rs5–10 pro Stück). Die neueste Errungenschaft im hektischen Verkehrsgewühl ist das **Cool Cab**, ☎ 022/2216 4466, 🖥 www.city coolcab.in, ein blaues Taxi mit Klimaanlage und getönten Scheiben, das rund 40 % teurer ist.

Boote

Fährschiffe verlassen in regelmäßigen Abständen den Hafen von Mumbai. Sie verbinden die Stadt mit dem gegenüberliegenden Ufer und einigen der dazwischen liegenden Inseln. Die von Besuchern am meisten genutzte ist die Fähre nach **Elephanta**, Abfahrt am Gateway of India. Auch regelmäßige Boote nach Mandawa mit Busanschluss nach Alibag, dem Verkehrsknotenpunkt für die selten benutzte Küstenstrecke nach Süden, fahren hier ab.

Transport

Viele Besucher möchten Mumbai so schnell wie möglich den Rücken kehren. Glücklicherweise gibt es in der Stadt „superschnelle" Unternehmen, die eine (zumindest für indische Verhältnisse) rasche und mühelose Weiterreise ermöglichen. Alle namhaften internationalen und nationalen Fluggesellschaften besitzen hier Büros, die Eisenbahnbetriebe unterhalten spezielle Touristenschalter in den Haupt-Reservierungssälen und Dutzende Reisebüros und Busgesellschaften verkaufen Busfahrkarten. Nur wer mit dem Zug in Mumbai am Chatrapathi Shivaji Terminus (der ehemaligen Victoria Station) ankommt, muss sich nicht auf eine langwierige Fahrt ins Zentrum gefasst machen. Die nationalen und internationalen Flughäfen liegen dagegen weitab vom Schuss nördlich der Stadt und 90 Fahrminuten oder länger von den wichtigsten Hotelgegenden entfernt. Und auch vom Hauptbahnhof Mumbai Central odervom Busbahnhof steht dem Ankömmling eine anstrengende Fahrt quer durch die Stadt bevor.

Busse

Der wichtigste Abfahrtsort für Überlandbusse aus Mumbai ist der belebte **Mumbai Central Bus Stand** an der J Boman Behram Marg,

Die überfüllteste S-Bahn der Welt

Die S-Bahn Mumbais ist ganz offiziell die überfüllteste weltweit. Keine andere Linie befördert so viele Passagiere und zwängt sie so eng zusammen. Zu Stoßzeiten kann es durchaus vorkommen, dass in einem Zug mit 9 Waggons – der offiziell 1700 Plätze hat – bis zu 4700 Personen fahren, was die Mitarbeiter der Bahngesellschaft in typisch lockerer Mumbai-Manier gerne als „Super-dense Crush Load" bezeichnen. Dabei kommen auf einen Quadratmeter 14 bis 16 stehende Passagiere, von denen natürlich nicht alle auf dem Boden stehen können. Etwa 10 % baumeln waghalsig an den offenen Türen.

Der am stärksten ausgelastete Abschnitt, die 60 km zwischen dem Bahnhof Churchgate und Virar in Nord-Mumbai, wird pro Jahr von 900 Mio. Menschen genutzt – das ist weltweiter Rekord. Tödliche Unfälle sind hier nur allzu häufig: Durchschnittlich sterben im Jahr 3500 Menschen auf den Gleisen. Sie stürzen aus den Türen, werden von vorbeifahrenden Zügen erfasst oder bei der Fahrt auf dem Dach von Stromleitungen getötet.

gegenüber dem gleichnamigen Bahnhof. Staatliche Überlandbusse nutzen den Busbahnhof der Maharashtra State Road Transport Corporation (MSRTC) selbst, private Unternehmen halten am Straßenrand nahe dem Bahnhof Mumbai Central, 2 Fußminuten westlich, auf der anderen Straßenseite der belebten Dr AN Marg (Lamington Road). In die Innenstadt kommt man vom Mumbai Central entweder mit einem der Pendlerzüge – die, von der *mainline* aus, über eine Fußbrücke zu erreichen sind – oder mit einem der Taxis, die vor dem Bahnhof warten. Die Busgesellschaften der Bundesstaaten Maharashtra, Karnataka und Goa besitzen Schalter am Busbahnhof. ⏱ tgl. 8–20 Uhr.

Während die meisten MSRTC-Busse den Mumbai Central anfahren, kommen jene aus Pune (und Umgebung) am **ASIAD**-Busbahnhof (eher ein großer Parkplatz) beim Bahnhof Dadar an (s. S. 672).

Nur in den seltensten Fällen ist – sofern man die Wahl hat – eine Busfahrt der Bahn vorzuziehen. Es kann schwierig sein, zuverlässige Fahrplaninformationen zu erhalten, in normalen Bussen lässt sich kein Sitzplatz reservieren, und die meisten längeren Fahrten sind ziemlich unbequeme Übernachtreisen. Ausnahmen davon bilden z. B. die **Deluxe-Busse** von MSRTC nach Pune und Kolhapur; für einen geringen Aufpreis gibt es mehr Beinfreiheit, weniger Stopps und die Möglichkeit einer vorherigen Reservierung. Das einzige Problem ist, dass sie in der Regel am **ASIAD-Busbahnhof in Dadar** oder am neuen MSRTC-Busbahnhof in Thane (mit dem Auto oder Zug 30 bzw. 60 Min. nördlich vom Mumbai Central) abfahren.

Private Busunternehmen bedienen größtenteils dieselben Routen wie die staatlichen. In aller Regel sind sie schneller, komfortabler und problemloser zu reservieren. Allerdings fahren auch ihre Überlandbusse ausnahmslos abends ab. Tickets gibt es vom Bahnhof Mumbai Central an den Schaltern direkt an der belebten Dr Anadao Nair Marg. Sie befinden sich gegenüber dem Busbahnhof, jenseits der in Nordsüdrichtung verlaufenden Hauptstraße (s. Karte. S. 638/639). Zu beachten ist, dass die Fahrpreise zu den beliebten Touristenzielen während der Hauptsaison um bis zu 75 % angehoben werden.

Eisenbahn

Die Züge aus den meisten zentralen, südlichen und östlichen Regionen halten in Mumbai am **Chhatrapati Shivaji Terminus (CST)**, früher **Victoria Terminus (VT)**, dem Kopfbahnhof am Ende der Central Railway-Strecke. Von hier aus sind es 10 oder 15 Autominuten nach Colaba. Taxis warten an der belebten Haltestelle am Südausgang gegenüber der neuen Reservierungshalle. Man kann sie aber auch auf der Straße anhalten.

Mumbai Central, der Endbahnhof für Züge der Western Railway aus Nordindien, liegt eine halbe Autostunde von Colaba entfernt. Man kann entweder auf dem Vorplatz ein Taxi nehmen oder an der Hauptstraße eins heranwinken. Der Preis sollte bei etwa Rs200–250 liegen.

Manche Züge aus Südindien halten an weniger bekannten Bahnhöfen. Wer an der **Dadar Station**, weit nördlich in den Industrievororten, landet und sich kein Taxi leisten möchte, geht über die Straßenbrücke der Tilak Marg Richtung Western Railway und nimmt einen Vorortzug in die Stadt (das Ticket ist vorab an einem Schalter auf Gleis 1 zu lösen). Am Bahnhof **Kurla** (auch Lokmanya Tilak Terminus oder **LTT**) unmittelbar südlich des nationalen Flughafens laufen einige Züge aus Bengaluru und Kerala ein. Von dort ist der Vorortzug nach Churchgate die einzige vernünftige Alternative zum Taxi. Fahrgäste, die an einem der beiden letztgenannten Bahnhöfe ankommen, sollten sich erkundigen, ob dort in nächster Zeit ein Fernzug nach Churchgate oder zum CST (Victoria Terminus) anhält – die Fahrt in einem Fernzug ist wesentlich angenehmer als in einem der viel überfüllteren Vorortzüge oder im Bus.

Reisende sind am besten beraten, wenn sie ihre Reservierungen am effizienten **Tourist Counter** (Nr. 14) im 1. Stock der Buchungshalle von Western Railways neben dem Government of India Tourist Office in Churchgate vornehmen: ℘ 022/2209 7577, ⊙ Mo–Fr 8–20, Sa 8–14 Uhr. Dieser Schalter (ganz hinten am Ende der Reservierungshalle) hat auch Zugang zu den speziellen *tourist quotas*, die drei Monate im Voraus verfügbar sind, jedoch nicht online, sodass man persönlich erscheinen muss, sowie zu der besonderen Emergency Quota (Notfallquote).

Wenn die Touristenquote *closed*, also nicht verfügbar oder schon erfüllt ist, muss man wie alle anderen am normalen Schalter Schlange stehen. Die Tage vor großen nationalen Festen und Feiertagen (vor allem zu **Diwali**, wenn halb Indien auf den Beinen ist) gilt es um jeden Preis zu meiden. Wer dennoch reisen muss, wenn anscheinend keine Fahrkarten mehr zu haben sind, bekommt für ein Zusatzgebühr möglicherweise noch ein spezielles *tatkal*-Ticket (Einzelheiten s. „Traveltipps von A bis Z" auf S. 77). Das ist eine gute Alternative, wenn man mit der Konkan Railway auf der oft ausgebuchten Route nach Goa fahren möchte.

Wichtige Züge ab Mumbai

Ziel	Zug	Nummer	Von	Häufig-keit	Ab	Reise-dauer
Agra	Punjab Mail	12137	CST	tgl.	19.40 Uhr	22 Std.
Ahmedabad	Shatabdi Express	12009	MC	tgl.*	06.25 Uhr	6 3/4 Std.
Aurangabad	Tapovan Express	17617	CST	tgl.	06.10 Uhr	7 Std.
Bengaluru	Udyan Express	16529	CST	tgl.	08.05 Uhr	24 3/4 Std.
Bhopal	Punjab Mail	12137	CST	tgl.	19.40 Uhr	14 Std.
Chennai	Chennai Express	11041	CST	tgl.	14.00 Uhr	26 3/4 Std.
Delhi	Rajdhani Express	12951	MC	tgl.	16.40 Uhr	15 3/4 Std.
Goa (Margao)	Konkan–Kanya Express	10111	CST	tgl.	23.05 Uhr	11 3/4 Std.
	Jan Shatabdi	12051	CST	tgl.	05.10 Uhr	9 Std.
	Karwar Express	12133	CST	tgl.	22.15 Uhr	8 3/4 Std.
Hyderabad	Hussainsagar Express	12701	CST	tgl.	21.50 Uhr	14 1/4 Std.
Jaipur	Mumbai–Jaipur Express	12955	MC	tgl.	18.50 Uhr	18 Std.
Jodhpur	Ranakpur Express	14708	Bandra	tgl.	15.00 Uhr	18 3/4 Std.
Kochi (Cochin)	Netravati Expr. (via Kurla)	16345	LTT	tgl.	11.40 Uhr	26 1/2 Std.
Kolhapur	Sahyadri Express	11023	CST	tgl.	17.50 Uhr	12 1/4 Std.
Kolkata (Howarh)	Gitanjali Express	12859	CST	tgl.	06.00 Uhr	30 1/2 Std.
Lonavala	Udyan Express	16529	CST	tgl.	08.05 Uhr	2 1/2 Std.
Pune	Udyan Express	16529	CST	tgl.	08.05 Uhr	3 1/2 Std.
Thiruvananthapuem (Trivandrum)	Netravati Expr. (via Kurla)	16345	LTT	tgl.	11.40 Uhr	31 Std.
Varanasi	Muzaffarpur Express	11061	LTT	Mo, Mi, Fr, Sa	13.00 Uhr	25 Std
	Darbhanga Expr.	11065	LTT	Di, Do, So	13.00 Uhr	25 Std

* außer So

Der andere große Fahrkartenschalter für Touristen befindet sich im 1. Stock (Schalter 52) des klimatisierten Buchungsbüros von Central Railway beim **CST** (VT); ☉ Mo–Sa 8–20, So 8–14 Uhr, ☏ 022/2262 2859. Das Buchungsbüro befindet sich rechts (wenn man hineingeht) des Haupteingangs des Bahnhofs, gleich beim Vorplatz, an dem die Taxis halten. Hier werden auch Indrail-Pässe verkauft; theoretisch muss man eine Umtauschbescheinigung oder einen Geldautomaten-Beleg vorzeigen, aber das ist selten der Fall.

Tickets für die Konkan Railway gibt es in den Reservierungshallen in Churchgate oder am CST. Für weitere Informationen zu den Zugverbindungen nach Goa s. S. 675.

Flüge

Der 30 km nördlich vom Zentrum gelegene **Chhatrapati Shivaji International Airport**, ☏ 022/2681 3000, ⌨ www.csia.in, ist in zwei Terminals aufgeteilt, einen für Air-India-Flüge (Terminal 2C) und einen für ausländische Fluggesellschaften (Terminal 2B). Alle indischen Fluggesellschaften verfügen über Schalter am Haupteingang. In der Ankunftshalle gibt es einen 24 Std. geöffneten Wechselschalter und Geldautomaten der State Bank of India, Touristeninformationsschalter von India Tourism und der MTDC sowie Mietwagenkioske. Eine praktische, rund um die Uhr geöffnete Gepäckaufbewahrung befindet sich auf dem nahen Parkplatz. Im Terminal 2B gibt es auch einen **Reservierungsschalter von Indian Railways**. Das ist sehr praktisch für Besucher, deren nächstes Reiseziel schon feststeht, denn eine hier vorgenommene Reservierung kann lange Wartezeiten in den Buchungsbüros der Innenstadt ersparen; ☉ tgl. 8–13 und 14–20 Uhr. Wer mit einer der seltenen Maschinen ankommt, die nachmittags oder am frühen Abend landen – wenn die meisten Hotels schon belegt sind –, sollte am besten gleich am Hotelreservierungsschalter *(accommodation booking desk)* in der Ankunftshalle ein Zimmer buchen und bezahlen. Viele der teureren Hotels, insbesondere jene in Flughafennähe, schicken kostenlose Shuttlebusse zur Abholung ihrer Gäste. Ansonsten besorgen sich die meisten Fluggäste nach der Landung in der Ankunftshalle am Vorauszahlungsschalter einen Fahrschein für ein **Taxi**. Der Preis ist etwas höher als per Taxameter, aber auf diese Art wird man auf jeden Fall auf dem schnellsten Weg ans Ziel gebracht und erspart sich vielleicht das Feilschen. Eine Taxifahrt kostet Rs355 (AC Rs455) nach Colaba, Rs165 (AC Rs210) nach Juhu. Taxi-*wallahs* versuchen manchmal, den Fahrgast davon zu überzeugen, ein anderes als das angestrebte Hotel zu nehmen. Darauf sollte man sich nicht einlassen, denn ihre Kommission wird dem Gast auf den Zimmerpreis aufgeschlagen. Wer für die Ankunft ein Auto mit Fahrer buchen möchte, kann dies z. B. bei **RNK Travels**, ℡ 022/2437 1112, 🖥 www.rnk.com.

Inlandsflüge landen am nationalen Flughafen, der 26 km nördlich vom Zentrum und 2 km westlich vom internationalen Flughafen liegt. Offiziell gehört er zum internationalen Flughafen **Chhatrapati Shivaji**, wird aber gemeinhin auch mit seinem alten Namen **Santa Cruz** bezeichnet. Terminal 1A wird von Air India, Indian Airlines und Kingfisher genutzt, alle anderen Fluglinien nutzen Terminal 1B. Wer vom neuen Terminal 1C abfliegt, muss an einem Schalter in den beiden alten Terminals einchecken. Wer von hier aus direkt zum Weiterflug zum internationalen Flug-

Malariawarnung

Aufgrund der riesigen Slums und der stehenden Gewässer in der Umgebung der Flughäfen bergen sowohl der Chhatrapati Shivaji International Airport als auch die 4 km entfernte Chhatrapati Shivaji Domestic Airport ein erhebliches Malaria-Risiko. Ganze Wolken von Moskitos nehmen die Besucher vor den Terminals in Empfang. Es wird daher dringend geraten, sich vor Verlassen der Flughafengebäude mit einem wirksamen Insektenschutzmittel einzureiben.

hafen muss, nimmt den kostenlosen „fly-bus", der alle 15 Min. zwischen beiden verkehrt; Infos am Transferschalter in der Transitlounge. In der Ankunftshalle gibt es sowohl einen India Tourism- als auch einen MTDC-Schalter, beide bieten Informationen rund um die Uhr. In der Nähe des Ausgangs zu ebener Erde verstecken sich ein Geldwechsel- und ein Hotelbuchungsschalter. Der offizielle Taxi-Vorauszahlungsschalter in der Ankunftshalle berechnet für eine Fahrt nach Colaba ca. Rs400. Auf keinen Fall sollte man in eine der Motor-Rikschas steigen und sich dabei auch nicht von den Billigangeboten der Schlepper vor dem Terminal beirren lassen. Sie sind in der Innenstadt nicht zugelassen und übergeben ihre Fahrgäste daher am Rande des übel riechenden Mahim Creek, der südlichsten Grenze des ihnen zugestandenen Gebietes, an skrupellose Taxifahrer.

Nationale Fluggesellschaften
Air India, Air India Building, Nariman Point, ℡ 1800/227722;
Air India Express, Air India Building, Nariman Point, ℡ 022/2279 6330;
GoAir, ℡ 1800 222111;
Indian, Air India Building, Nariman Point, ℡ 1800/180 1407;
IndiGo Airlines, ℡ 099/1038 3838 oder 1800/180 3838;
Jet Airways, B1, Amarchand Mansion, Ground Floor, Madam Cama Rd, Colaba, ℡ 022/3989 3333;
Jet Lite, ℡ 1800/223020;
Kingfisher, 241/242, Ground Floor, Nirmal Building, Nariman Point, ℡ 022/6649 9393;
SpiceJet, ℡ 1800/180 3333.

Internationale Fluggesellschaften
Internetadressen s. S. 78.
Air France, 201/B Sarjan Plaza, 2nd Floor, 100 Dr Annie Besant Rd, Worli, ℡ 1800/110055;
Air India, Air India Building, Nariman Point, ℡ 022/2548 9999 oder 1800/227722;
British Airways, ℡ 08925/77470;
Cathay Pacific, 2 Brady Gladys Plaza (2nd Floor), 1/447 Senapati Bapat Marg, Lower Parel, ℡ 022/6657 2222;

Emirates, 3 Mittal Chambers, Ground Floor 228, Nariman Point, ✆ 022/4097 4097;
Gulf Air, Maker Chambers V, Ground Floor, Nariman Point, ✆ 1800/221122;
Jet Airways, B1, Amarchand Mansion, Ground Floor, Madam Cama Rd, Colaba, ✆ 022/3989 3333;
KLM, 201/B, Sarjan Plaza, 100 Dr Annie Besant Rd, Worli, ✆ 0124/272 0273;
Kuwait Airways, 902N Nariman Bhavan, 9th Floor, Nariman Point, ✆ 022 66555655;
Lufthansa, Express Towers, 4th Floor, Nariman Point, ✆ 022/6630 1940;
Qantas, 4th Floor, Rear Wing, Sunteck Centre, 37–40 Subhash Rd, Vile Parle (East), ✆ 022/2200 7440;
Qatar Airways, Bajaj Bhavan, Nariman Point, ✆ 022/4456 6000;
Singapore Airlines, Taj Mahal Palace & Tower, Apollo Bunder, Colaba, ✆ 022/2202 2747;
South African Airways, Podar House, 10 Marine Drive, ✆ 022/2284 2237;
Thai Airways, Mittal Tower A Wing, Ground Floor 2A, Nariman Point, ✆ 022/6637 3737.

Schiffe

Drei Gesellschaften – PNP, Maldar Catamarans und Ajanta – bieten Schiffsverbindungen vom **Gateway of India** nach Mandawa auf der anderen Seite der Hafenbucht von Mumbai. Von dort pendeln Busse zum nahen Alibag, dem Verkehrsknoten für Routen südwärts entlang der Konkan-Küste. Die Schiffe verkehren etwa stündlich und reichen von primitiven Barkassen (Rs65) bis zu komfortablen, klimatisierten Katamaranen (Rs110). Tickets löst man vorab bei den Schaltern der Gesellschaften PNP, Ajanta und Maldar auf der Nordseite der Shivaji Marg, nahe dem MTDC-Informationsschalter.

Transport nach Goa

Die 500 km zwischen Mumbai und Goa lassen sich am besten auf dem Luftweg zurücklegen. Oft sind die Flugpreise günstiger als die der Konkan Railway, die zweimal täglich fährt. Auch wer aufs Budget achtet, sollte sich gründlich überlegen, ob er die höllische Übernacht-Busfahrt wirklich auf sich nehmen will.

Transitreisen

Für Durchreisende, die in Mumbai lediglich in ein anderes Flugzeug umsteigen und sich die halbe Nacht um die Ohren schlagen müssen, dürfte es interessant sein, dass sich die 5-Sterne-Hotels Leela Kempinski und Royal Meridien beide nur eine kurze und kostenlose Busfahrt vom internationalen Flughafen entfernt am CST befinden. Ihre klimatisierten Restaurants, Cafés und Bars sind wesentlich angenehmer als die Abflughalle des schmuddeligen Flughafens – und auch die Toiletten sind um Klassen besser. Die Ruheräume des Inlandsflughafens stellen eine interessante Alternative dar, falls man zwischen zwei Flügen etwas schlafen will. Allerdings stehen sie meist nicht kurzfristig zur Verfügung. Auskünfte erteilen die Informationsschalter im internationalen und nationalen Flughafen.

Busse

Die Busfahrt Mumbai–Goa gehört zu den schlimmsten, die man in Indien unternehmen kann. In den Reisebüros wird Stein und Bein geschworen, dass sie 13 Stunden dauert, aber die geschundenen Fahrzeuge und der erbärmliche Straßenzustand auf der Küstenstrecke machen eine Fahrzeit von 18 Stunden wahrscheinlicher.

Der Preis für eine Busfahrkarte beginnt bei ca. Rs250 für einen verstellbaren Sitz in einem ramponierten Bus des staatlichen goanischen Unternehmens **Kadamba** oder der **MSRTC**. Tickets für diese Busse sind während der Reisesaison bei indischen Touristen äußerst gefragt, daher rechtzeitig am Busbahnhof Mumbai Central buchen. Es fahren auch einige **private Nachtbusse** nach Goa (ca. ein Dutzend tgl.). Für die Fahrt in einem einfachen Bus zahlt man ab etwa Rs250, für einen etwas nobleren Volvo mit AC und Schlafabteil (das man seltsamerweise gelegentlich mit anderen Fahrgästen teilen muss) sind es bis Rs1000. Fahrkarten sollte man mindestens einen Tag vorher bei einem renommierten Reisebüro oder direkt beim Busunternehmen kaufen. Der größte

Mumbai

Anbieter für Fahrten nach Goa ist Paulo Travels, Buchungen unter ☎ 0832/663 7777, 🖳 www.paulotravels.com.

Eisenbahn

Auf der Strecke der Konkan Railway fahren tgl. Expresszüge von Mumbai nach Goa. Allerdings sind die Tickets in den Reservierungshallen am CST und in Churchgate nicht immer kurzfristig verfügbar. Am besten bucht man schon von zu Hause aus **online** (s. S. 76) ein Ticket. Auf keinen Fall zu empfehlen ist die Fahrt in der „nicht reservierten" Klasse der Konkan-Züge, denn bis Ratnagiri (ungefähr auf der Hälfte der Strecke) herrscht qualvolle Enge. Es gibt eine Reihe praktischer Verbindungen – s. Kasten S. 673.

Flüge

Zwischen dem **nationalen Flughafen** von Mumbai und DABOLIM gibt es täglich rund 15 Flüge. Derzeit werden Flüge angeboten von Jet Airways, JetLite, Kingfisher, IndiGo, SpiceJet, Go Air, Indian Airlines und Air India

(Webadressen s. S. 78). Ein einfaches **Ticket** kostet ab etwa Rs2000; aktuelle Angebote finden sich auf 🖳 www.expedia.co.in und 🖳 www.travelocity.co.in sowie auf den Webseiten der Fluglinien selbst.

Um Diwali und Weihnachten/Neujahr herum ist die Nachfrage so groß, dass kurzfristig kaum noch ein Ticket zu bekommen ist. Zu normalen Zeiten findet sich dagegen fast immer ein Anbieter, mit dem man noch am gleichen Tag fliegen kann – allerdings nicht unbedingt besonders günstig.

Wer den Flug nicht gleich beim Kauf des Indien-Tickets zu Hause mitgebucht hat, sollte sich sofort nach der Ankunft bei den Fluggesellschaften nach einem freien Platz erkundigen. Tickets bekommt man an deren Schaltern am Flughafen, in ihren Büros im Zentrum, falls vorhanden (S. 674), bei jeder seriösen Reiseagentur in Mumbai (hier allerdings häufig zu schlechten Wechselkursen), telefonisch oder über das Internet (wobei die Billiganbieter häufig keine ausländischen Kredit- und Debitkarten akzeptieren).

Maharashtra

Stefan Loose Traveltipps

Nasik Das Pilgerzentrum und die Hauptstadt der aufkeimenden Weinindustrie
Indiens ist eine faszinierende Mischung
aus Tradition und Moderne. S. 680

16 **Höhlen von Ellora und
Ajanta** Atemberaubende
hinduistische, buddhistische und Jain-
Höhlen, die aus dem massiven Vulkangestein
gehauen wurden, und fantastische
Wandmalereien in einer abgelegenen
Schlucht. S. 691 und 697

Gandhi-Ashram, Sevagram Im letzten
Ashram, in dem Gandhi lebte, erfahren
Besucher etwas über das Leben und Werk
des bedeutenden Mannes. S. 706

Matheran Die zweistündige Fahrt mit
der Schmalspurbahn zu dieser urtypischen
britischen Hill Station gewährt fantastische
Panoramablicke über die Westghats. S. 708

Pune Das „Oxford des Ostens" besticht
durch eine faszinierende Altstadt, ein
fesselndes Museum und einige sehr gute
Restaurants. S. 713

Maharashtra ist der drittgrößte Bundesstaat Indiens und der mit den zweitmeisten ausländischen Besuchern. Sobald man die endlosen Betonwohnsilos, petrochemischen Anlagen und Sumpfgebiete der überfüllten Hafenstadt **Mumbai** hinter sich gelassen hat, taucht man in eine völlig neue, von ihrer eigenen Geschichte geprägten, Welt ein. Die größten Schätze Maharashtras sind zweifellos die einzigartigen Höhlentempel und -klöster. Die eindrucksvollsten von ihnen sind in der Nähe von **Aurangabad** zu finden. Die Stadt wurde nach dem Mogul-Herrscher Aurangzeb benannt. Hier steht das seiner Frau gewidmete Mausoleum **Bibi-ka-Maqbara**. Die Handelsstadt dient vielen Besuchern als Basis für Touren zu den buddhistischen Höhlen von **Ajanta** mit ihren fantastischen Wandmalereien und den eindrucksvollen monolithischen Tempeln von **Ellora**, wo der hinduistische **Kailash-Tempel** komplett aus dem Felsen gehauen wurde.

Obwohl Maharashtra in der Frühzeit eine herausragende Bedeutung als Zentrum des Buddhismus hatte, ist das Leben in dem Bundesstaat heute vorwiegend hinduistisch geprägt: 80 % der Bevölkerung sind Hindus. Hauptwallfahrtsort der Region ist mit seinen uralten Bezügen zum *Ramayana* schon seit langer Zeit **Nasik**, das mittlerweile auch eine Industriestadt ist. Nasik eignet sich gut zur Unterbrechung der Reise Richtung Aurangabad. Es ist einer der vier Orte, an denen die Kumbh Mela stattfindet, und in religiöser Hinsicht ist hier immer etwas los. Ganz in der Nähe befindet sich einer der wichtigsten Shiva-Schreine des Landes, der über einen steilen Weg vom Dorf **Trimbak** aus zu erreichen ist.

Östlich von Aurangabad erstreckt sich Maharashtra weitere 500 km über den Dekkan bis zum geografischen Zentrum des Subkontinents. **Nagpur** in der Nordostecke des Staates liegt inmitten eines Gebietes, das größtenteils von verschiedenen Stammesgruppen bewohnt wird. Von hier ist es nicht weit nach **Sevagram**, wo Mahatma Gandhi während seines Kampfes für die Unabhängigkeit Indiens sein Hauptquartier aufschlug.

Eines der charakteristischsten Merkmale der Landschaft sind die zahlreichen Festungen, die dem Schutz der Handelsrouten in diesem westlichen Grenzland zwischen Nord- und Südindien dienten. Nicht weit von der Küste ragen die Sahyadri Hills, die zur Gebirgskette der **Westghats** gehören, abrupt in den Himmel empor und bilden eine Abfolge von riesigen Stufen zwischen dem schmalen Küstenstreifen und dem Rand des Dekkan-Plateaus. Diese Berge eigneten sich mit ihren flachen Gipfeln bestens für den Bau von Festungen, in denen auch kleine Streitkräfte langwierigen Belagerungen großer Armeen widerstehen konnten. Heutige Besucher können solche windumtosten, befestigten Höhen bei **Pratapgadh** und – besonders spektakulär – **Daulatabad** erklimmen.

Im 19. Jh. dienten die Berge dann einem anderen Zweck. Als der Sommer den Briten in Bombay zu heiß wurde, suchten sie Zuflucht in den nahe gelegenen **Hill Stations**. Die beliebteste von ihnen, **Mahabaleshwar**, zieht heute Scharen von indischen Urlaubern an. **Matheran**, 108 km südöstlich von Mumbai und 800 m höher gelegen, bietet eine ganz besondere Attraktion: eine klapprige Schmalspurbahn, die sich auf gewundenen Gleisen den Berg hinauf schlängelt. Südlich von Matheran konzentrieren sich um den Urlaubsort **Lonavala** abermals eine Reihe großartiger aus dem Fels gehauener Höhlen. Der Ort eignet sich gut für eine Pause auf der Fahrt zur modernen, kosmopolitischen Stadt **Pune** – Heimat des international bekannten, vom New-Age-Guru Bhagwan Rajneesh gegründeten **Osho Ashram**. Pune verdankt seine Attraktivität vor allem seiner bezaubernden Altstadt und einer erblühenden Restaurant- und Kneipenszene, die sich immer mehr zu einer Konkurrenz für Mumbai entwickelt.

Im Westen nimmt Maharashtra rund 500 km der Konkan-Küste am Arabischen Meer ein. Dieser wenig besuchte palmengesäumte Küstenstreifen zwischen Gujarat und Goa wird von zahllosen Meeresarmen, Höhenzügen und Tälern durchbrochen und mit Festungen gespickt. Eine davon ist die außergewöhnliche Festung von **Murud-Janjira**, die einzige, die nie von den Moguln eingenommen wurde. Ein weiteres Highlight an der Küste ist der wichtigste Wallfahrtsort der Region, **Ganpatipule** mit meilenlangen, so gut wie verlassenen Palmenstränden. Erreicht man erst einmal Kolhapur, die größte Stadt im Süden

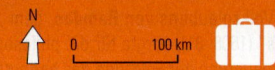

Ahmedabad   Indore   Bhopal

MADHYA PRADESH

Allahabad
Raipur, Kolkata

Surat   Ramtek
Bhusawal   Burhanpur   Nagpur
Dhulia   Jalgaon   Amraoti

GUJARAT   Akola   Wardha   Paunar
Fardapur   Sevagram
Daman   Manmad   Ajanta   NH-6
Sula   Ellora   Daulatabad
Trimbak   Nasik   Lonar   Chanda
Aurangabad   Jalna   NH-7
Paithan   Parbhani   Nanded
Thane   Kalyan   **MAHARASHTRA**
Mumbai   Matheran
Rewas   Lonavala   Ahmednagar   Nizamabad
Roha   Latur
Alibag   Pune
Murud Janjira   Barsi   NH-9
Pratapgadh
Mahabaleshwar   NH-9
Satara   Pandhapur   Sholapur
Ganpatipule   Gulbarga
Ratnagiri   Miraj   NH-4
Vijayadurg   Panhala   Bijapur
Kolhapur
KARNATAKA
Sindhudurg   NH-13
Savantwadi   Belgaum

Goa   Goa   Bengaluru

Maharashtras, berühmt für ihren Tempel und den Maharadscha-Palast aus der Zeit der britischen Herrschaft, ist Mumbai Welten entfernt.

Die **Maharashtra Tourism Development Corporation (MTDC)** betreibt im gesamten Bundesstaat eine Reihe von Hotels, oft in fantastischer Lage; die Qualität der Unterkünfte schwankt jedoch. Außerdem werden Übernachtungen in örtlichen B&Bs organisiert. Die besten MTDC-Resorts sind in diesem Kapitel aufgeführt und können in den Büros der MTDC oder unter www.maharashtratourism.gov.in gebucht werden.

Geschichte

Die Geschichtsschreibung dieser Region beginnt im 2. Jh. v. Chr. mit der Anlage der ersten buddhistischen Höhlen an friedlichen, landschaftlich reizvollen Orten. Sie hätten ohne den Wohlstand, den die Karawanenwege zwischen Nord- und Südindien der Region brachten, niemals geschaffen werden können. Die ersten Hindu-Herrscher der Region traten im 6. Jh. auf den Plan; sie hatten ihren Sitz in Badami im heutigen Karnataka. Bis zum 12. Jh. hatte der Hinduismus den Buddhismus im ganzen Land fast völlig verdrängt. Der Hinduismus in der Form des einfachen Volksglaubens von **Ramdas**, dem „Diener Ramas" (1608–81), sorgte für die philosophische Untermauerung der Feldzüge des bedeutendsten Kriegers von Maharashtra, **Shivaji** (1627–80).

Shivaji stellt auch heute noch eine wichtige Identifikationsfigur dar und im ganzen Staat wird ihm mit prominent positionierten Reiterstandbildern gehuldigt. Der stolze und unabhängige Marathen-Führer vereinte alle Kräfte der Region, um potenziellen Invasoren unüberwindliche Hindernisse in den Weg zu legen. Seine Guerrilla-Taktik war so effektiv, dass er sich sogar gegen die mächtigen Moguln behaupten konnte, die 1633 bereits Daulatabad erobert hatten. Bis zu seinem Tod im Jahre 1680 war es ihm gelungen, die **Marathen** in einem stabilen und sicheren Staat zu vereinen – finanziert durch die Beute seiner Raubzüge in so weit entfernten Gebieten wie Andhra Pradesh. Um die Marathen zu unterwerfen, verlegte der Mogul-Herrscher Aurangzeb seinen Hof und seine Hauptstadt nach Süden in den Dekkan, zuerst nach Bijapur (1686) und dann nach Golconda (1687). Doch es gelang ihm nicht, Shivajis Dynastie zu besiegen. Ende des 18. Jhs. waren schließlich beide Seiten so geschwächt, dass die Briten die vollständige Kontrolle über das Land an sich reißen konnten.

Maharashtra spielte eine entscheidende Rolle in der Entwicklung des Nationalbewusstseins. Eine Organisation namens Indian National Union, die ursprünglich in Pune zusammentrat, hielt 1885 in Bombay eine Versammlung ab, der man später den Namen **Indian National Congress** gab. Dieser lose Verbund von Regionalpolitikern aus dem ganzen Land sollte das Gesicht der indischen Politik verändern. Zunächst beschränkte sich seine Zielsetzung darauf, eine nationale Plattform zu schaffen, mit deren Hilfe der Status der Inder verbessert werden sollte. Die Loyalität den Briten gegenüber wurde noch nicht infrage gestellt. Langfristig wurde der Nationalkongress jedoch zu einem wichtigen Instrument im Kampf um die Unabhängigkeit, die 62 Jahre später erreicht wurde. Viele führende Mitglieder des Kongresses stammten aus Maharashtra.

Mit der **Unabhängigkeit** wurde die Bombay Presidency, zu der große Teile von Maharashtra gehörten, zum Staat Bombay. Der Bundesstaat Maharashtra wurde erst 1960 aus den Gebieten

des Staates, in denen Marathi gesprochen wurde, geschaffen. Seine **Fertigungsindustrie**, die in Mumbai und auch in Städten wie Nagpur, Nasik, Aurangabad, Sholapur und Kolhapur angesiedelt ist, trägt heute 15 % zu Indiens Gesamtproduktion bei. Textilien spielen schon lange eine große Rolle – während der Amerikanischen Bürgerkriegs wurde der Weltmarkt von hier mit Baumwolle versorgt. Aber darüber hinaus ist Maharashtra auch eine der wichtigsten Hightech-Industrieregionen, vor allem im Korridor Mumbai–Pune. Die Mehrheit der über 100 Mio. Einwohner von Maharashtra arbeitet jedoch in der **Landwirtschaft**. Die wichtigsten Anbauprodukte sind Zuckerrohr, Baumwolle, Kurkuma, Erdnüsse, Sonnenblumen, Tabak, Hülsenfrüchte, Weintrauben, Obst und Gemüse.

Nasik und Umgebung

Am Ende der wichtigsten Passstraße über die Westghats liegt die schnell wachsende Stadt Nasik (oder Nashik), ein interessanter Zwischenstopp auf dem Weg von oder nach Mumbai, 187 km südwestlich. Die Stadt ist einer der vier Orte, an dem die größte religiöse Versammlung der Welt stattfindet, die **Kumbh Mela** (S. 315) – das nächste Mal im Jahr 2015. Selbst außerhalb der Festzeiten ist an den *ghats* am Ufer des **Godavari** immer etwas los. Dem *Ramayana* zufolge lebten Rama (Vishnu in Menschengestalt), sein Bruder Lakshmana und seine Frau Sita nach ihrer Vertreibung aus Ayodhya in Nasik, und der Erzdämon Ravana entführte Sita von hier in einem Luftstreitwagen in sein Königreich Lanka im Süden. Diese Episoden bilden den Kern des pulsierenden Pilgerviertels, einer Enklave voller religiöser Experten, Bettler, Sadhus und Straßenhändler, die zeremonielle Gegenstände verkaufen.

Jedoch mangelt es Nasik überraschenderweise an historischen Bauwerken; selbst die berühmten Tempel am Fluss stammen erst aus der Zeit der Marathen im 18. Jh. Die einzigen echten Sehenswürdigkeiten sind die aus dem Fels geschlagenen Höhlen im nahen **Pandav Lena**. Diese 2000 Jahre alten Zellen, in der Blütezeit des Buddhismus auf dem Dekkan entstanden,

Mit seinen gemäßigten Wintern, seinen fruchtbaren Böden und seiner sanft gewellten Landschaft hat sich das trockene und staubige Hinterland von Nasik überraschenderweise als ideales Weinanbaugebiet herausgestellt. Inzwischen hat sich die Stadt fest als Zentrum der schnell expandierenden Weinindustrie Indiens etabliert. Der beste Weinproduzent, von Kennern aus Mumbai mit enthusiastisch gefeiert, ist **Sula Vineyards**, 14 km westlich von Nasik, 📞 0253/223 0575, 🖥 sulawines.com. Das ist ein schicker und professioneller Betrieb, der auch

45-minütige Führungen durch das Weingut anbietet (stdl. 11.30–17.30 Uhr, Rs150). Die Führungen enden mit einer großzügigen Probe von einem halben Dutzend Weinen – alle sehr trinkbar – auf der geselligen Tasting Terrace (🕐 bis 22, Fr und Sa bis 23 Uhr) mit Aussicht über ordentlich aufgereihte Weinstöcke bis zum schönen Gangapur-See. Wer möchte, kann auf dem Weingut in der luxuriösen Villa „Beyond" mit drei Schlafzimmern für Rs18 000–22 000 pro Nacht oder in normalen Gästezimmern ❽ übernachten.

erinnern an die Zeit, als Nasik als Hauptstadt der mächtigen **Satavahana**-Dynastie die wichtigen Handelswege zwischen der Ganges-Ebene und den Häfen im Westen kontrollierte.

Von Nasik bietet sich ein interessanter Tagesausflug zum als höchst glückverheißend geltenden Dorf **Trimbak** an. Dort führt ein steiler Weg zur **Brahmagiri**, der Quelle des Godavari. Der religiösen Bedeutung Nasiks zuwiderlaufend ist die etwas überraschende Tatsache, dass die Stadt im Zentrum des aufblühenden **Weinanbaugebiets** von Maharashtra (s. Kasten) liegt.

Die Stadt

Gut 1 km östlich des Busbahnhofs liegt am Flussufer der See **Ram Kund**, an dem immer so etwas wie Karnevalsstimmung herrscht. Der See ist der Hauptmagnet für religiös motivierte Besucher der Stadt, wenn er auch oft eher an ein überfülltes städtisches Freibad erinnert als an eine der ältesten heiligen Stätten Indiens. Zu den eher obskuren Eigenschaften des Sees soll seine Fähigkeit zählen, Knochen aufzulösen – daher heißt er auch **Astivilaya Tirth**, „Knocheneintauchsee".

Gegenüber vom Ram Kund führt eine Straße den Berg hinauf zur zweitwichtigsten heiligen Stätte der Stadt, dem **Kala Ram Mandir**. Zu den bekannten Episoden aus dem *Ramayana*, die hier spielen, zählt das Ereignis, das zu Sitas Entführung führte: Lakshmana schnitt Ravanas Schwester die Nase ab, nachdem sie versucht hatte, Rama zu verführen, indem sie die

Gestalt einer vollbusigen Prinzessin annahm. Sitas Höhle, d. h. **Gumpha**, eine winzige Grotte, die im *Ramayana* Parnakuti („kleinste Hütte") heißt, befindet sich in unmittelbarer Nähe des Platzes.

In dem unten am Platz gelegenen Kala Ram-Tempel befinden sich die ungewöhnlich pechschwarze Bildnisse der Gottheiten Rama, Sita und Lakshmana. Sie sind ausgesprochen beliebte Wallfahrtsziele, da der Zugang zu ihnen frei von allen Kastenbeschränkungen ist. Am besten kommt man bei Sonnenuntergang nach dem Abendgebet hierher. Dann versammelt sich im Hof eine zumeist aus Frauen bestehende Menge um einem traditionellen Geschichtenerzähler zuzuhören, der Episoden aus dem *Ramayana* und anderen Epen zum Besten gibt.

Ein 15-minütiger steiler Anstieg einen der Kegelberge an der Straße von Mumbai nach Agra hinauf führt 8 km südwestlich von Nasik zu den 24 Felsenheiligtümern von **Pandav Lena**, bekannt für ihre gut erhaltenen Pali-Inschriften und schönen alten Steinsculpturen. Höhle 18, die einzige *chaitya*-Halle, eine der ältesten Höhlen (aus dem 1. Jh. v. Chr.), weist eine auffallende Fassade auf, und die Außenwand von Höhle 3, das größte *vihara*, einige wunderbare Steinmetzarbeiten. 🕐 Sonnenauf- bis Sonnenuntergang, Eintritt Rs100. Ohne eigenes Fahrzeug gelangt man am einfachsten mit einer Motor-Riksha (um Rs100 pro Strecke) nach Pandav Lena. Die vielen Nahverkehrsbusse, die hier vorbeifahren, sind aber normalerweise nicht hemmungslos überfüllt.

Maharashtra

Die meisten Hotels in Nasik, die die Mumbai–Agra Road Richtung Pandav Lena säumen, sind auf Geschäftsreisende ausgerichtet. Günstigere Unterkünfte finden sich um den Old City Bus Stand.

Gateway, 7 km südwestlich vom Zentrum an der Mumbai–Agra Rd, ✆ 0253/660 4499, 🖳 www.thegatewayhotels.com. Die nobelste Unterkunft der Gegend befindet sich auf schön gestaltetem Gelände und verfügt über eine glänzende Marmorlobby im Pseudo-Marathen-Stil. Listenpreise ab etwa US$170. ❾

Padma, Sharanpur Rd, direkt gegenüber vom Old City Bus Stand, ✆ 0253/257 6837. Sicher und sauber, mit Restaurant und Bar. Alle Zimmer haben Bad und Warmwasser (6–9 Uhr). ❷–❸

Panchavati, 430 Chandak Vadi, ✆ 0253/257 2291, 🖳 www.panchavatihotels.com. Komplex mit 4 Häusern abseits der lauten MG Road gelegen, 15 Minuten Fußweg vom New City Bus Stand. Hier gibt es Zimmer für fast jedes Budget. Alle sind sehr sauber, mit Bad und gutem Preis-Leistungs-Verhältnis, obwohl die Räumlichkeiten insgesamt ein wenig abgenutzt und institutionell daherkommen. Am billigsten ist das Panchavati Guest House, ✆ 0253/257 8771, ❸ gefolgt von der gut geführten Mittelklasse-Unterkunft Panchavati Yatri, ✆ 0253/257 2290, ❺ dem etwas nobleren Hotel Panchavati, ✆ 0253/257 5771, ❺ und schließlich dem Panchavati Millionaire, ✆ 0253/231 2318, ❻ wo man für ein paar Hundert Rupien mehr eine Suite bekommt.

Rajmahal, Sharanpur Rd, ✆ 0253/258 0501, 🖳 hotelrajmahalnashik.com. Helle, gemütliche, moderne Zimmer (nach einem fragen, das nicht zur Hauptstraße hin liegt) in einem schicken neuen Gebäude gegenüber vom Old City Bus Stand. Nebenan gibt es ein veg. Restaurant. Sehr gutes Preis-Leistungs-Verhältnis. ❹

Die preisgünstigsten Mahlzeiten in Nasik gibt es in den traditionellen *thali*-Restaurants, wo man für weniger, als man für ein Bier bezahlen würde, sorgfältig zubereitete köstliche Gemüse-, Hülsenfrüchte- und Linsengerichte bekommt, oft mit regionalen Spezialitäten

wie *bajra* (Vollkornmehl-*rotis*) und *bakri* (warme Hafermehlkekse). Wegen der religiösen Bedeutung der Stadt sind Fleisch und Alkohol hier nicht so einfach zu haben wie anderswo in Maharashtra, doch die meisten größeren Hotels verfügen über Bars und Restaurants mit Alkoholausschank.

Annapurna, MG Rd. Die Bedienung ist nicht die freundlichste, aber die veg. Gerichte aus Südindien und dem Punjab zu scharf kalkulierten Preisen sind ausgezeichnet. Eine Spezialität sind *dosas*, z. B. die perfekt gewürzte und sehr sättigende Mysore *paneer masala dosa* (Rs55).

Pangat Thali, im Hotel Panchavati Yatri. Geschäftige Cafeteria mit Gujarati-*thalis*, wo die fleißigen, Turban tragenden Kellner den Teller schneller mit frischen veg. Leckereien nachfüllen, als die Gäste sie leeren können. *Thalis* mit unbegrenztem Nachschlag Rs90.

Suruchi, unter dem Basera Hotel, Shivaji Rd. Der billige, saubere und schnörkellose südindische Imbiss beim Old City Bus Stand hat auch billige Udipi-Snacks und kalte Getränke. Mittags gefüllt mit Büroangestellten.

Talk of the Town, Suyojit Chambers, Trimbak Rd, neben dem New City Bus Stand. Eins von wenigen edleren Restaurants im Zentrum von Nasik mit verschiedenen schicken Speisesälen, vom familienfreundlichen bis zum verrauchtmachomäßigen. Die nordindischen nicht veg. Gerichte (Hauptgerichte Rs130–230) sind von unterschiedlicher Qualität, das macht aber das umfassende Angebot an Bieren und Spirituosen wieder wett.

Geld

Die **State Bank of India**, zwischen den beiden im Zentrum gelegenen Busbahnhöfen an der Old Agra Road, hat einen Geldautomaten und wechselt Bargeld.

Informationen

Die hilfsbereite **MTDC-Touristeninformation**, T1, Golf Club, Old Agra Rd, ✆ 0253/257 0059, ist am einfachsten zu erreichen, indem man gegenüber vom New City Bus Stand durch den Park geht. ⊙ Mo–Sa 10–17.30 Uhr.

Internet

Matrix, an einer Gasse neben dem Restaurant Suruchi (Rs20 pro Std.).

Bits 'n' Bytes, um die Ecke vom Hotelkomplex Panchavati (Rs15 pro Std.).

Transport

Busse

Es gibt drei größere Busbahnhöfe. Busse aus Mumbai halten am **Mahamarga Bus Stand**, 10 Min. mit der Rikscha vom Zentrum; Busse aus Aurangabad und Pune halten am **New City Bus Stand** im Zentrum. Der **Old City Bus Stand** liegt etwa 500 m nördlich an der Old Agra Road (auch bekannt als Swami Vivekanand Road) und ist in erster Linie für Busse nach TRIMBAK interessant. Von beiden Busbahnhöfen sind mehrere günstige Hotels und Restaurants leicht zu Fuß zu erreichen.

MSRTC-Busse fahren alle 1–2 Std. nach AURANGABAD (4–4 1/2 Std.), stdl. nach MUMBAI (4 Std.) und jede halbe Stunde nach PUNE (4–5 Std.). Auf diesen Strecken verkehren auch private Busse.

Eisenbahn

Der nächstgelegene **Bahnhof** ist Nasik Road. Er liegt 8 km südöstlich des Zentrums. Von hier fahren Stadtbusse regelmäßig ins Zentrum, zudem herrscht kein Mangel an Sammeltaxis und Motor-Rikschas (Rs100).

Die praktischsten Verbindungen von Nasik Road nach AURANGABAD (3 1/4–4 Std.) sind der Tapovan Express Nr. 17617 (Abfahrt 9.50 Uhr) und der Jan Shatabdi Express Nr. 12071 (Abfahrt 17.10 Uhr). In die andere Richtung, nach MUMBAI (3 1/2–4 Std.), gibt es zahlreiche Verbindungen; am nützlichsten sind der Panchavati Express Nr. 12110 (Abfahrt 7 Uhr) und der Jan Shatabdi Express Nr. 12072 (Abfahrt 8.55 Uhr). Wer das Ticket für die Weiterfahrt nicht gleich bei der Ankunft in Nasik bucht, kann dies später im Buchungsbüro im Zentrum, beim HDFC House etwa 1 km westlich der beiden Busbahnhöfe, erledigen; ☉ Mo–Sa 8–20, So 8–14 Uhr. Weitere von Nasik direkt zu erreichende Ziele sind AGRA (3–5x tgl., 17–21 Std.), BHOPAL (6–12x tgl., 9–11 1/2 Std.), DELHI (3–4x tgl., 20 1/2–25 Std.),

Going doolally

In den Tagen der britischen Herrschaft wurden Soldaten, die unter den Belastungen des Militäralltags in Britisch-Indien zusammengebrochen waren, zur Erholung in eine psychiatrische Klinik in der kleinen Garnisonsstadt **Deolali** bei Nasik geschickt. Der Name des Orts wurde zu einem Synonym für Wahnsinn und Nervenzusammenbrüche – daher der englische Ausdruck „to go doolally".

JABALPUR (9–12x tgl., 11 1/2–15 Std.), JALGAON (häufig, 2 3/4–4 Std.) und NAGPUR (6–8x tgl., 9 1/2–11 1/2 Std.).

Flüge

Vom Flughafen **Gandhinagar**, etwa 5 km südöstlich der Stadt am Weg zum Bahnhof, fliegt Kingfisher 1x tgl. nach MUMBAI.

Trimbak

Im Schatten der Westghats, 28 km westlich von Nasik, liegt das Dorf Trimbak – wörtlich übersetzt aus dem Marathi bedeutet der Ortsname „dreiäugig"; „Der Dreiäugige" ist eine Bezeichnung für Shiva. Dies ist einer der Orte, an denen während des Kampfes zwischen Vishnus „Fahrzeug" Garuda und den Dämonen die vier berüchtigten Tropfen des unsterblich machenden *amrit*-Nektars aus dem *kumbh*-Gefäß auf die Erde fielen – der mythologische Ursprung der Kumbh Mela (S. 315). Den **Trimbakeshwar Mandir** in der Dorfmitte, einen der wichtigsten Shiva-Tempel Indiens, dürfen Nichthindus leider nicht besuchen. Der beeindruckende *shikhara* (Turm) aus dem 18. Jh. ist von den Sträßchen in der Umgebung des Tempels jedoch gut zu sehen.

Trimbak liegt nicht weit entfernt von der Quelle eines der längsten und heiligsten Flüsse Indiens, des **Godavari**. Die Quelle ist über einen uralten Pilgerpfad zu erreichen, der durch eine Spalte in einer eindrucksvollen Felswand führt. Der Hin- und Rückweg zur **Brahmagiri**, der Quelle des Godavari, dauert insgesamt zwischen zwei und drei Stunden. Der Weg ist recht an-

Maharashtra

strengend, besonders wenn es heiß ist, sodass man genügend Wasser mitnehmen sollte. Von seinem Beginn am Dorfrand ist der Pfad bis zur ersten Felsstufe geteert und gestuft; dort gibt es dann einige willkommene Teeständen sowie einen kleinen Weiler. Danach biegt man hinter der letzten Hüttengruppe nach links und folgt einem Trampelpfad durch den Wald bis zu den aus dem Gestein geschlagenen **Stufen** (20 Min.) oder geht geradeaus zu den drei Schreinen am Fuße der Klippe.

Der erste Schrein ist der Göttin Ganga gewidmet, der zweite – eine Höhle mit 108 *lingams* – Shankar (Shiva) und der dritte dem Weisen Gautama Rishi, der hier einst als Einsiedler lebte. Die Stufen führen 550 m oberhalb von Trimbak zu den Überresten des **Anjeri Fort**. Die Festung wurde im Verlauf der Zeit von den Truppen Shah Jahans und Aurangzebs angegriffen, bevor sie in die Hände von Shaha-ji Raj fiel, dem Vater des legendären Rebellenführers Shivaji. Die **Quelle** befindet sich 20 Gehminuten entfernt über den **Brahmagiri Hill** hinweg in ansonsten kaum bemerkenswerten Tempel Gaumukh („Kuhmaul"). Von seiner bescheidenen Quelle fließt der Godavari fast 1000 km weit Richtung Osten über den gesamten Dekkan bis zur Bucht von Bengalen.

Trimbak ist ein einfaches Ziel für einen Tagesausflug von Nasik. **Busse** fahren jede halbe Stunde vom Old City Bus Stand (45 Min.). Zurück geht's wieder mit dem Bus (bis ungefähr 20 Uhr) oder mit einem der **Sammeltaxis**, die vor dem Busbahnhof von Trimbak warten. Wenn das Taxi voll ist, ist der Fahrpreis für Bus und Taxi gleich.

Aurangabad

Oberflächlich betrachtet ist nachvollziehbar, warum viele Traveller Aurangabad lediglich als bequemen, aber nicht weiter interessanten Zwischenstopp auf dem Weg nach Ellora und Ajanta betrachten. Bei genauerem Hinsehen bietet die rund 1 Mio. Einwohner zählende Stadt jedoch einiges, um ihre architektonischen Mängel wettzumachen. Die am Stadtrand verstreuten Ruinen von Festungen, Toren, Kuppeln und Minaretten – darunter **Bibi-ka-Maqbara**, der gewaltigste Mogul-Gräbergarten im westlichen Indien – zeugen

von ihrer illustren hegemonialen Vergangenheit, und die Handvoll faszinierender **buddhistischer Felsenhöhlen** in den Flanken der sandgelben Tafelberge im Norden erinnert an eine noch frühere Ansiedlung.

Die Stadt wurde Anfang des 17. Jhs. von **Malik Ambar** gegründet. Der ehemalige abessinische Sklave brachte es bis zum obersten Minister des unabhängigen Moslem-Reichs der Nizam Shahi. Viele der Moscheen und Paläste, die er erbauen ließ, sind noch erhalten, wenn auch als Ruinen. Wirkliche Bedeutung erlangte der Ort jedoch erst gegen Ende des 17. Jhs., als **Aurangzeb** von Delhi hierher zog. Auf sein Geheiß wurden 1682 die imposanten Stadtmauern und Stadttore erbaut, um den beharrlichen Angriffen der Marathen zu widerstehen. Nach Aurangzebs Tod im Jahre 1707 wurde die Stadt zu seinen Ehren umbenannt. Den neuen Herrschern, den **Nizam von Hyderabad**, gelang es, die Marathen fast 250 Jahre abzuwehren, bis die Stadt 1956 schließlich mit Maharashtra vereint wurde.

Das moderne Aurangabad ist eines der wachstumsstärksten Wirtschafts- und Industriezentren von ganz Indien. Seine wichtigsten Erzeugnisse sind Autos, Softdrinks und Bier. Die Stadt wirkt mit ihren zahlreichen interessanten Geschäften, Restaurants und Bars in der Altstadt ausgesprochen dynamisch.

Orientierung

Die alte Stadt mit rechtwinkligem Straßennetz, die Malik Amber im frühen 17. Jh. anlegen ließ, bildet noch heute den Kern von Aurangabads großem Basar-Bezirk. Am einfachsten erreicht man sie vom südlich gelegenen **Gulmandi Square**, indem man einer der diversen Straßen voller farbenfroher Geschäfte und Verkaufsstände folgt. Es sind noch Teile von Aurangzebs Stadtmauern erhalten, eindrucksvoller präsentieren sich jedoch die **Stadttore**. Einige sind restauriert worden und erstrahlen wieder annähernd in alter Pracht.

Bibi-ka-Maqbara

Das eindrucksvollste islamische Monument in ganz Maharashtra litt stets unter dem Vergleich mit dem 40 Jahre zuvor erbauten Taj Mahal, von

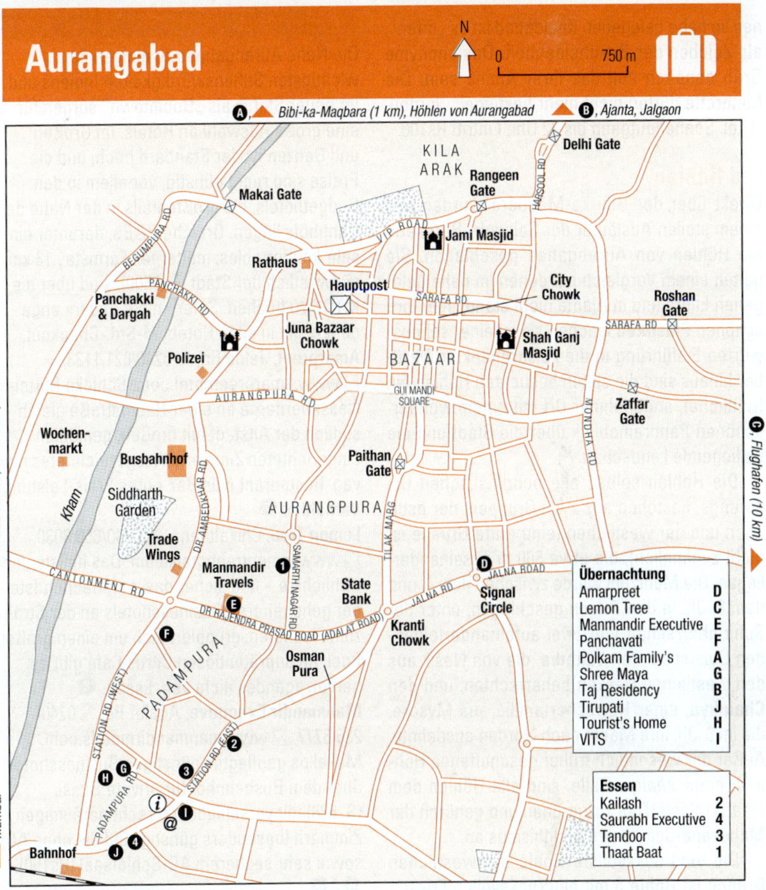

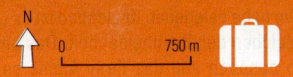

KILA ARAK
Delhi Gate
Makai Gate
Rangeen Gate
VIP ROAD
Jami Masjid
Rathaus
Hauptpost
City Chowk
Roshan Gate
SARAFA RD
Panchakki & Dargah
PANCHAKKI RD
BEGUMPURA RD
Juna Bazaar Chowk
Shah Ganj Masjid
SARAFA RD
Polizei
BAZAAR
GUI MANDI SQUARE
AURANGPURA RD
Zaffar Gate
WONDHE RD
Wochenmarkt
Paithan Gate
C ▲ Flughafen (10 km)
Busbahnhof
Siddharth Garden
AURANGPURA
Kham
Trade Wings
CANTONMENT RD
Manmandir Travels
SAMARTH NAGAR RD
1
State Bank
TILAK MARG
D
JALNA ROAD
Signal Circle
Übernachtung
DR AMBEDKAR RD
Mumbai
E
JALNA RD
Kranti Chowk
F
DR RAJENDRA PRASAD ROAD (ADALAT ROAD)
Osman Pura
PADAMPURA
H
G
3
STATION RD (WEST)
PADAMPURA RD
STATION RD WEST
i
@
J
Bahnhof
4

Daulatabad, Khudabad, Ellora ◀

Übernachtung	
Amarpreet	D
Lemon Tree	C
Manmandir Executive	E
Panchavati	F
Polkam Family's	A
Shree Maya	G
Taj Residency	B
Tirupati	J
Tourist's Home	H
VITS	I

Essen	
Kailash	2
Saurabh Executive	4
Tandoor	3
Thaat Baat	1

Maharashtra

dem es ganz offensichtlich eine Nachahmung ist. **Prinz Azam Shah** widmete das im Jahre 1678 fertiggestellte Mogul-Mausoleum mit Gartenanlage dem Gedenken an seine Mutter **Begum Rabi'a Daurani**, Aurangzebs Frau. Mangel an Geldmitteln behinderte das 25 Jahre dauernde Projekt, und das Endresultat wurde den hohen Erwartungen nicht gerecht. Durch die stumpfen Minarette und den plumpen Eingangsbogen wirkt die Bibi-ka-Maqbara im Vergleich zur eleganten Höhe und Symmetrie des Taj unproportioniert. Der Gesamteindruck wird nicht gerade besser durch die Tatsache, dass der Marmor

nach den ersten beiden Metern abrupt endet – angeblich eine Sparmaßnahme.

Eine riesige Tür mit Messingeinlagen führt in den typischen *charbagh* (Gartenkomplex). Sie ist mit persischer Kalligrafie verziert, die ihren Hersteller, das Jahr ihrer Fertigstellung und den Oberbaumeister nennt. Einer der beiden Eingänge zum eigentlichen Mausoleum führt auf den inneren Balkon, der andere durch eine weitere schöne Tür in die Gruft. Im Inneren umgibt eine achteckige Abtrennung aus kunstvollem weißem Marmor-Gitterwerk den Sockel mit dem Grab der Fürstin Rabi'a Daurani. Wie das ihres Ehemannnes im nahe gelegenen Khuldabad ist es „offen", als Zeichen der Bescheidenheit. Das anonyme Grab daneben soll das ihrer Amme sein. Die Minarette dürfen nicht mehr bestiegen werden. ⊙ tgl. Sonnenaufgang bis 22 Uhr, Eintritt Rs100.

Die Höhlen

Direkt über der Bibi-ka-Maqbara wurden aus einem steilen Ausläufer der Sahyadri-Bergkette die Höhlen von Aurangabad geschlagen. Sie halten einem Vergleich mit denen im nahe gelegenen Ellora und in Ajanta nicht stand, aber ihre schönen **Plastiken** machen sie zu einer sehenswerten Einführung in die Felsarchitektur. Darüber hinaus sind die selten besuchten Höhlen ein friedlicher, angenehmer Ort mit einem wunderschönen Panoramablick über die Stadt und die umliegende Landschaft.

Die Höhlen selbst, alle buddhistischen Ursprungs, bestehen aus zwei Gruppen: der östlichen und der westlichen (eine dritte Gruppe ist nicht zugänglich), die etwa 500 m auseinanderliegen. Die Mehrzahl wurde zwischen dem 4. und dem 8. Jh. in den Felsen geschlagen, unter der Schirmherrschaft von zwei aufeinanderfolgenden Dynastien: den **Vakatka**, die von Nasik aus den westlichen Dekkan beherrschten, und den **Chalukya**, einer Herrscherfamilie aus Mysore, die im 6. Jh. ihre Macht nach Norden ausdehnte. Außer der wesentlich früher geschaffenen Höhle 4, einer *chaitya*-Halle, sind alle Höhlen dem *vihara*-(Kloster)Typ zuzuordnen und gehören der Mahayana-Schule des Buddhismus an.

Die eindrucksvollste Höhle der westlichen Gruppe ist **Höhle 3** mit eindrucksvollen Friesen an den Säulen in der Hauptkammer. In Höhle 6 der östlichen Gruppe befinden sich einige fein gearbeitete Bodhisattvas. Höhepunkt jedoch sind die wundervollen Steinmetzarbeiten in **Höhle 7**, darunter ein paar kurvenreiche Darstellungen von Tara und links des Buddha im Heiligtum ein berühmter Fries mit einem Tänzer in klassischer Pose, begleitet von sechs Musikerinnen. ⊙ Sonnenauf- bis Sonnenuntergang, Eintritt Rs100.

Am besten kommt man mit einer Motor-Riksha zu den etwa 3,5 km vom Stadtzentrum entfernten Höhlen. Eine Rundtour inklusive Bibi-ka-Maqbara sollte etwa Rs200 kosten.

Die Nähe Aurangabads zu einigen der wichtigsten Sehenswürdigkeiten Indiens und ihr neuer Status als „Boomtown" sorgen für eine große Auswahl an Hotels. Im Großen und Ganzen ist der Standard hoch, und die Preise sind recht günstig, vor allem in den Budgethotels, die größtenteils in der Nähe des Bahnhofs liegen. Örtliche B&Bs, darunter ein sehr komfortables, modernes Farmstay 18 km südwestlich der Stadt (Rs5500), sind über die MTDC zu buchen. Sofern nicht anders angegeben, gilt in allen Hotels 24-Std.-Checkout.

Amarpreet, Jalna Rd, ✆ 0240/621 1133, ⌨ www.amarpreethotel.com. Schicke Mittelklasseherberge an einer Hauptstraße gleich südlich der Altstadt mit großen, gemütlich eingerichteten Zimmern. Ausgezeichnetes nicht veg. Restaurant plus Bar, gutes Preis-Leistungs-Verhältnis ❼

Lemon Tree, Chikalthana, ✆ 0240/660 3030, ⌨ www.lemontreehotels.com. Das hellste und fröhlichste – und sicher das wohlriechendste – der gehobeneren Businesshotels an der Straße zum Flughafen, gruppiert sich um einen großen Pool. Im unprätentiösen Citrus Café gibt es hervorragendes nicht veg. Essen. ❽

Manmandir Executive, Adalat Rd, ✆ 0240/236 5777, ⌨ www.manmandirmotels.com. Makellos gepflegtes günstiges Businesshotel über dem Busbahnhof für private Busse (S. 688) mit verschiedenen recht geräumigen Zimmern (besonders günstig sind die ohne AC) sowie sehr sauberem AC-Schlafsaal (Rs150). ❹–❻

Panchavati, in einer Seitenstraße der Station Rd West, ✆ 0240/232 8755, ⌨ www.hotelpanchavati.com. Ein paar Dutzend adrette, saubere Zimmer (alle mit Bad, einige mit AC) am Westrand des Stadtzentrums. Die beste Wahl in diesem Preissegment, mit sehr freundlichen Mitarbeitern. ❸–❹

Polkam Family's, Nipat Niranjan Nagar, New Pahadsingpura, ✆ 0240/240 0916. Das schönste B&B in Aurangabad: 3 heimelige Zimmer (2 mit Bad) im reizenden und ruhigen Haus einer moslemischen Familie am Stadtrand zwischen Bibi-ka-Maqbara und den Höhlen. Buchung direkt oder über die MTDC. ❹

Shree Maya, Bharuka Complex, Padampura Rd, in einer Seitenstraße der Station Rd West, ✆ 0240/233 3093. Freundliche und sehr beliebte Unterkunft mit großen, sauberen Zimmern (z. T. mit AC; alle mit Bad). Zum Haus gehören außerdem ein cooles AC-Restaurant und ein Internet-Terminal. ❷–❸

Taj Residency, Ajanta Rd, 4 km nördlich des Zentrums, ✆ 0240/661 3737, 🖥 www.tajhotels.com. Die luxuriöseste Unterkunft in Aurangabad ist eine von einer Kuppel gekrönte, gleißend weiße Hochzeitstorte. Die Zimmer (Listenpreis ab etwa US$160) sind geschmackvoll in dunklem Holz gehalten, alle mit Badewannen und Balkon oder Terrasse. Außerdem Spa, großer Pool und Krocket auf palmengesäumtem Rasen. ❾

Tirupati, Station Rd East, ✆ 0240/233 3814. Das bunteste, wenn auch nicht das billigste einer Reihe schicker neuer „executive lodgings" (mit und ohne AC) gegenüber vom Bahnhof. Die besseren, in Pastellfarben gehaltenen Zimmer verfügen über LCD-TVs. ❹–❺

Tourist's Home, Station Rd West, ✆ 0240/233 7212 oder 9326/262611. Die beste der Billigunterkünfte befindet sich auf einem ruhigen, weitläufigen Gelände und hat Zimmer für verschiedenste Ansprüche. Die schickesten (einige mit Balkon und AC) liegen im neueren Flügel weg von der Hauptstraße, während der alte Flügel mit seinen hohen Decken einfache Schlafsäle (Rs150) und die billigsten DZ der Stadt beherbergt. ❷–❹

VITS, Station Rd East, ✆ 0240/235 0701, 🖥 www.vitshotelaurangabad.com. Das ambitionierte Businesshotel ist die nobelste Unterkunft im Zentrum, mit eindrucksvollem Atrium und exklusiven Zimmern mit einem Hauch von Stil; außerdem Pool und WLAN. Gewöhnlich sind erhebliche Ermäßigungen erhältlich. Frühstück inkl. ❽

Essen

Aurangabad bietet zahllose Essmöglichkeiten. In den meisten Restaurants gibt es entweder strikt vegetarische Gujarati-Gerichte oder fleischlastigere nordindische Speisen. Wie im übrigen Maharashtra steht „nicht vegetarisch" in der Regel für Dämmerlicht, zugezogene Vorhänge und männliche Klientel – Ausnahmen sind unten aufgeführt –, während die vegetarischen Restaurants Familien anziehen. Das Alkoholtrinken bleibt gewöhnlich ausschließlich den Männern vorbehalten und findet in zahlreichen, speziell abgegrenzten Bars (oder „Permit Rooms") statt. Eine Ausnahme bilden die größeren, auf Touristen ausgerichteten Hotels und Restaurants.

Kailash, im Nandavan Hotel, Station Rd East. Preisgünstiges, bei einheimischen Arbeitern beliebtes rein veg. Café mit dem üblichen Angebot an schmackhaften südindischen und Punjabi-Spezialitäten. Hauptgerichte Rs50–60.

Saurabh Executive, Station Rd East, gegenüber vom MTDC-Büro. In dem sauberen Lokal werden hinter einer unscheinbaren schmalen Fassade einige der besten nicht veg. Gerichte in Aurangabad serviert. Zu den Highlights zählen der Tashtari-Teller mit einer köstlichen Zusammenstellung von Tandoori-Leckerbissen (Rs175) und einige sündhafte cremige Mughlai-Hauptgerichte (Tipp: *murgh makhani*). Für Leute mit Heimweh gibt's auch ein paar westliche Speisen. Hauptgerichte ab Rs80.

Tandoor, Shyam Chambers, Station Rd East. Der einladende Traveller-Favorit ist eines der etabliertesten nicht veg. Restaurants der Stadt. Spezialität des Hauses sind Tandoori-Huhn und Hammelspieße. Den ganz großen Hunger stillt die *sizzling tandoori platter* („brutzelnde Tandoori-Platte") für Rs495; die reicht notfalls auch für zwei Personen. Hauptgerichte Rs90–250.

Thaat Baat, unter dem Embassy Hotel, nahe Vivekanand College, Samarth Nagar Rd. Vergnügliches, familienfreundliches *thali*-Lokal mit festlicher Stimmung, in dem ganze Heerscharen schick gekleideter junger Kellner vor einer Kulisse aus Puppen, Gemälden und Kunstgewerbeartikeln aus Rajasthan köstliche rein veg. Leckereien verteilen. Viel Hunger mitbringen! *Thalis* mit unbegrenztem Nachschlag kosten Rs110.

Maharashtra

Geld

Eine gut funktionierende, private Wechselstube ist **Trade Wings**, Dr. Ambedkhar Rd,
⊙ tgl. 9–19 Uhr.
Ein **Geldautomat** der ICICI Bank befindet sich
gegenüber dem MTDC Holiday Resort an der
Station Rd East.

Informationen

Ein zu den Flugankunftszeiten geöffneter
Schalter am Flughafen gibt erste Informationen.
Detailliertere Auskünfte sind im **Tourist
Reception Centre** im MTDC-Komplex Holiday
Resort in der Station Rd East erhältlich; hier gibt
es Büros von **India Tourism**, ☎ 0240/233 1217,
⊙ Mo–Fr 8.30–18, Sa 8.30–13.30 Uhr, und der
MTDC, ☎ 0240/233 1513, ⊙ Mo–Fr plus 1. und
3. Sa im Monat 10–17.45 Uhr, im 1. Stock. Eine
super Informationsquelle ist **Chandrashekar
Jaiswal** vom MTDC-Büro.

Internet

Internetcafés gibt es gegenüber dem
MTDC Holiday Resort an der Station Rd East
(etwa Rs40 pro Std.).

Touren

Mehrere Unternehmen veranstalten tgl.
geführte Touren durch Aurangabad und die
Umgebung. Alle haben ähnliche Routen und
Abfahrtszeiten und sind ziemlich gehetzt.
Die **Ellora- und City-Touren** umfassen
normalerweise Bibi-ka-Maqbara, Panchakki,
die Daulatabad-Festung, Aurangzebs Grab in
Khuldabad und die Ellora-Höhlen (aber nicht
die von Aurangabad).
Die **Ajanta-Touren** führen nur zu den Höhlen –
eine ziemlich lange Hin- und Rückreise für einen
Tag. Wer mehr Zeit bei den Ajanta-Höhlen
verbringen möchte, kann in Fardapur (s. S. 702)
übernachten oder nach Jalgaon weiterfahren
(s. S. 703).
Classic Travel, ☎ 0240/233 7788, ✉ contact@
classicservices.in, im Erdgeschoss des MTDC
Holiday Resort, Station Rd East, ist der beste
Tourveranstalter (Ellora and City Rs230, Ajanta
Rs350). Die Firma setzt kleinere Fahrzeuge mit
mehr Komfort ein als die anderen Anbieter.

Die Sehenswürdigkeiten von Aurangabad
liegen zu weit auseinander, um sie zu Fuß
besichtigen zu können. Doch die Stadt ist voll
von Motor-Rikschas – längere Sightseeing-
Touren sind wesentlich billiger, wenn man sich
im Voraus auf einen Preis einigt (ab rund
Rs400 pro Tag).
Taxis kann man auf der Straße herbeiwinken,
ansonsten findet man am Bahnhof immer
welche.
Wagen mit Fahrer vermitteln Reisebüros wie
Classic Travel (s. o.); der Preis liegt bei etwa
Rs800–1000 (je nach Größe und Ausstattung
des Wagens) für einen 8-Std.-Tag. Fahrten über
die Stadtgrenzen hinaus werden gewöhnlich
nach Kilometern abgerechnet (üblich sind Rs10
pro Kilometer), und bei einer Übernachtung
kommt eine Gebühr von rund Rs350 hinzu.

Busse

Alle staatlichen (MSRTC-)Busse fahren vom
Central Bus Stand, 2,5 km nördlich des
Bahnhofs ab, darunter tgl. ein preiswerter
„Luxus"-Nachtbus nach MUMBAI. Für alle,
die ein bisschen mehr Komfort möchten, bieten
eine Reihe von Unternehmen AC-Busse zu den
meisten größeren Zielen an.
Wer seine Nerven schonen möchte, begibt
sich gleich zum ruhig und effizient geführten
Busunternehmen **Manmandir Travels**, Adalat
Rd, ☎ 0240/236 5748, das abendliche Luxus-
busse z. B. nach MUMBAI (Borivali), GOA,
INDORE, NAGPUR, HYDERABAD und
AHMEDABAD von einem eigenen privaten
Busbahnhof anbietet – ein großer Unterschied
zum üblichen Chaos.

Eisenbahn

Der Bahnhof befindet sich am südwestlichen
Rand des Stadtzentrums, nicht weit entfernt von
den meisten billigeren Hotels und etwa 2,5 km
entlang der Station Rd West vom Central Bus
Stand entfernt (Rs30). Es verkehren nur sehr
wenige Züge von und nach Aurangabad, denn
die Stadt liegt nicht an der Hauptgleisstrecke.
Von den 4 Zügen, die tgl. nach MUMBAI
(6 3/4–8 Std.) fahren und die alle in NASIK

ROAD (3–4 Std.) halten, ist der praktischste der oft ausgebuchte Devgiri Express Nr. 17058. Er fährt um 23.25 Uhr ab und erreicht am nächsten Morgen um 7.10 Uhr Mumbais Fernbahnhof CST (VT). Der Zug hat aber oft erhebliche Verspätung. Zuverlässiger sind gewöhnlich der Jan Shatabdi Express Nr. 17618, Nr 12072 Abfahrt tgl. 6 Uhr, Ankunft am CST um 12.45 Uhr, und der Tapovan Express Nr. 2072, Nr. 17618 der tgl. um 14.35 Uhr in Aurangabad abfährt und um 22.05 Uhr im CST einläuft. Nach HYDERABAD/SECUNDERABAD fahren tgl. 4–8 Züge (10–15 1/2 Std.); der praktischste davon ist der Ajanta Express Nr. 17063, Abfahrt um 22.45 Uhr. Einmal tgl. geht auch ein Zug nach DELHI.

Der nächstgelegene Bahnhof der Hauptgleisstrecke liegt in **Jalgaon**, 166 km nördlich. Von dort fahren erheblich mehr Züge zu viel mehr Zielorten.

Flüge

Aurangabads noch relativ neuer **Flughafen Chikal Thana** liegt 10 km östlich der Stadt. Nach MUMBAI fliegen 2x tgl. Jet Airways, ☏ 0240/244 1392, sowie 1x tgl. Air India, ☏ 0240/248 5421, und Kingfisher Airlines; der Air India-Flug geht weiter nach DELHI. JetLite, ☏ 0240/248 7076, fliegt 1x tgl. direkt nach Delhi.

Die Büros von **Air India** und **Jet Airways** befinden sich beide in der Jalna Road auf dem Weg zum Flughafen; **JetLite** und **Kingfisher** haben Schalter am Flughafen.

Vom und zum Flughafen gelangt man am einfachsten per **Taxi** (mit Taxameter, etwa Rs150 zur Station Rd East oder West). Gäste der besseren Unterkünfte werden normalerweise abgeholt.

Daulatabad

13 km nordwestlich von Aurangabad erhebt sich am Horizont eine der imposantesten Festungen Indiens, Daulatabad. Die eindrucksvolle Zitadelle krönt den Gipfel eines mächtigen Vulkankegels, dessen Seiten in 60 m hohe Granitwände verwandelt wurden. Allein für den Panorama-

blick vom Gipfel des Hügels lohnt es sich, hier auf dem Weg von oder nach Ellora eine Pause einzulegen. Die **Yadavas** schürften im 11. Jh. die zerklüfteten unteren Flanken des Berges – damals bekannt als **Deogiri**, „Berg der Götter" – ab, um den steilen Felssockel der Festung und den 15 m tiefen Graben zu schaffen. Die moslemische Besatzung von Deogiri begann 1327 mit der Ankunft von **Ghiyas-ud-Din Tughluq**.

Der Sultan fand die Festung ideal als Stützpunkt für Feldzüge nach Süden und ließ seinen kompletten Hof von Delhi hierher umsiedeln. Der 1100 km lange Marsch kostete Tausende von Menschenleben und erwies sich im Endeffekt als sinnlos. Die folgenden 17 Jahre waren von Dürre und Hungersnot geprägt, und der bedrängte Herrscher sah sich schließlich gezwungen, nach Delhi zurückzukehren. In der Folge fiel die Festung an eine Reihe unterschiedlicher Regimes, unter anderem 1633 an die **Moguln** unter Shah Jahan, bevor sie in der Mitte des 18. Jhs. schließlich von den **Marathen** übernommen wurde.

Die Festung

Die labyrinthartige Festung von Daulatabad erstreckt sich hinter einer Reihe von äußeren Verteidigungsmauern am Fuße der Berges um den gewaltigen, 1435 errichteten **Chand Minar**, den „Siegesturm". Die persischen blauen und türkisfarbenen Kacheln, die ihn einst in komplexen geometrischen Mustern bedeckten, sind verschwunden. Aber er bietet noch immer einen imposanten Anblick, so wie er sich aus den Ruinen der Stadt, die sich einst zu seinen Füßen ausbreitete, gen Himmel schwingt.

Die **Jama Masjid**, zurück am Hauptpfad, ist das älteste islamische Bauwerk von Daulatabad. Die Moschee wurde 1318 an der Stelle alter Hindu- und Jain-Tempel erbaut; die 106 Säulen der gut erhaltenen Moschee stammen noch von den ursprünglichen Tempeln. Heute fungiert die Moschee als Bharatmata-Tempel – sehr zum Leidwesen der hier ansässigen Moslems. Das große, von Steinen gesäumte „Elefanten"-Becken neben der Moschee war früher eine zentrale Komponente des extensiven Bewässerungssystems der Festung. Zwei riesige Terrakotta-Rohre leiteten das Wasser aus den Bergen in die legendären Obst- und Gemüsegärten von Deogiri.

Maharashtra

Vom Chand Minar führt der Fußweg durch weitere Basteien und Festungsmauern, bevor er den **Chini Mahal** erreicht, den „chinesischen Palast". Die eindrucksvolle Kanone **Mendha Tope** („mit einem Schafskopf verzierte Kanone") – ihr Name ist in Persisch auf ihr eingraviert – steht darüber auf einem untersetzten Steinturm. Eine Abfolge von makabren Fallen erwarteten den unaufmerksamen Eindringling von hier an auf dem Weg zur Zitadelle, z. B. ein Wassergraben voller Menschen fressender Krokodile (jetzt von einer Eisenbrücke überspannt) und ein Labyrinth aus engen Zickzackgängen, von denen der letzte mit einem Metalldeckel verschlossen war – er konnte erhitzt werden, um giftige Dämpfe zu erzeugen.

Vom letzten Tunnel führt ein ziemlich steiler Weg in zehn Minuten hinauf zu einem schönen achteckigen Pavillon. Der **Baradari** wurde von Shah Jahan bei seinen Besuchen in Daulatabad bewohnt. Der Ausblick vom Flachdach ist atemberaubend. Einen noch eindrucksvolleren Panoramablick bietet der Aussichtsposten auf dem Berggipfel. Hier findet man eine weitere alte Kanone. ⊙ tgl. 6–18 Uhr, Eintritt Rs100.

Zwar ist Daulatabad Teil der Touren von Aurangabad nach Ellora (S. 691), aber man hat mehr Zeit, die Festung zu genießen, wenn man in einem der jede halbe Stunde zwischen Aurangabad und den Höhlen pendelnden Busse hierher kommt. Von Daulatabad fährt man dann einfach mit einem anderen Bus oder mit einem Sammeltaxi weiter nach Khuldabad und Ellora. Die Haltestelle befindet sich gleich gegenüber vom Haupteingang zur Festung. Wer nicht mit einer geführten Tour hierher kommt, sollte möglichst früh da sein, da das Fort oft von Schulkindern „gestürmt" wird. Außerdem sollte man eine Taschenlampe mitnehmen, denn einige der Festungsgänge sind stockfinster und hoffnungslos verwirrend – was auch dafür spricht, vielleicht einen Führer zu engagieren (Rs600).

Khuldabad

Auf einem hohen Sattel, 22 km von Aurangabad und nur 4 km von Ellora entfernt, steht die alte, von Mauern umschlossene Stadt Khuldabad, auch bekannt als Rauza, die für ihre Kuppelgräber berühmt ist. Zu den moslemischen Berühmtheiten, die für würdig befunden wurden, auf diesem allerheiligsten Gräberfeld ihre letzte Ruhe zu finden (Khuldabad bedeutet „Himmlische Wohnstatt"), zählen Großmogul Aurangzeb (der die Festungsmauern aus Granit und sieben befestigten Tore errichten ließ), einige Nizams und nicht wenige der *chishti*-Gründungsväter der Stadt. Der letzte große Mogul liegt im berühmtesten *dargah* (Grabbau eines moslemischen Heiligen) der Stadt, dem **Dargah des Sayeed Zain-ud-Din**, auf halbem Weg zwischen Nord- und Südtor.

Das Grab selbst ist sehr bescheiden, die einzige Dekoration sind frische Blüten, die Besucher streuen. Auch ist es nicht in Stein eingemauert, sondern offen den Elementen ausgesetzt. Der fromme Herrscher bestand darauf, dass sein Grab nicht aus der königlichen Kasse bezahlt würde, sondern von dem Geld, das er in seinen letzten Lebensjahren mit dem Verkauf seiner handgesteppten weißen Kappen verdiente. Aurangzeb wählte diesen Ort vor allem deshalb als letzte Ruhestätte, weil nebenan das Grab von Sayeed Zain-ud-Din liegt. Das Mausoleum belegt einen Innenhof, der Aurangzebs Grab von dem seiner Frau und seines zweiten Sohnes, Azam Shah, trennt.

Hinter einer kleinen Tür verschlossen liegt im Mausoleum die am strengsten bewachte Reliquie von Khuldabad. Die **Robe des Propheten** Mohammed wird der Öffentlichkeit nur einmal im Jahr vorgestellt, am 12. Tag des islamischen Monats Rabi-ul-Awwal, dem Geburtstag des Propheten. Das Grab wird dann zum Mittelpunkt eines religiösen Festes, zu dem Gläubige aus ganz Indien herbeiströmen. ⊙ Sonnenaufgang bis 22 Uhr, Spende erwünscht.

Direkt gegenüber von Zain-ud-Dins Grab steht das **Dargah des Sayeed Burhan-ud-Din**, eines *chishti*-Missionars, der 1334 hier begraben wurde. Der Schrein soll Haare vom Barte des Propheten Mohammed enthalten, deren Zahl sich jedes Jahr, wenn sie gezählt werden, auf wundersame Weise vermehrt hat. ⊙ wie oben.

MSRTC-Busse von Aurangabad nach Ellora halten etwa alle 30 Minuten am kleinen Busbahnhof von Khuldabad, nur zehn Minuten

Fußweg von den Gräbern entfernt. Besucher sollten sich vorher gut mit Kleingeld eindecken, da erwartet wird, dass sie großzügig Trinkgelder verteilen.

16 | HIGHLIGHT

Ellora

Paläste werden zerfallen, Brücken einstürzen, und selbst der edelste Bau muss dem nagenden Zahn der Zeit weichen, während von Ellora ihre unzerstörbaren, uralten Häupter (…) heben, der Glanz vergangener Zeiten und Gegenstand der Bewunderung kommender Zeitalter.

Captain Seely, The Wonders of Ellora

Die meistbesuchte Sehenswürdigkeit von Maharashtra sind die Ellora-Höhlen, 29 km nordwestlich von Aurangabad. Sie haben zwar nicht die fantastische Lage ihrer älteren Verwandten in Ajanta, aber ihr unglaublicher bildhauerischer Reichtum gleicht dies mühelos aus. 34 buddhistische, hinduistische und Jain-Höhlen – die z. T. gleichzeitig in einer Art Wettbewerb geschaffen wurden – säumen den Fuß des 2 km langen Chamadiri-Steilhanges.

Die Hauptattraktion von Ellora ist der gigantische **Kailash-Tempel**, der aus einer riesigen Aushöhlung im Fels emporragt, ein gigantischer Brocken soliden Basalts, aus dem eine spektakuläre Ansammlung miteinander verbundener Säulengänge, Hallen, Emporen und heiliger Schreine geschaffen wurde. Der ursprüngliche Grund, warum dieser scheinbar so abgeschiedene Flecken zum Mittelpunkt religiöser und künstlerischer Aktivität wurde, war die belebte Karawanenroute zwischen den wohlhabenden Städten im Norden und den Häfen der Westküste, die hier vorbeiführte.

Die Profite aus dem lukrativen Fernhandel ermöglichten eine 500 Jahre andauernde, emsige Bautätigkeit. Der Höhlenbau begann etwa in der Hälfte des 6. Jhs. n. Chr., um dieselbe Zeit, als Ajanta, 100 km nordöstlich, verlassen wurde und die buddhistische Ära in Zentral-Indien im Niedergang begriffen war – gegen Ende des 7. Jh. begann der Hinduismus wieder an Boden zu gewinnen. Der Wiederaufstieg der Brahmanen wurde während der nächsten 300 Jahre unter den Chalukya- und Rashtrakuta-Königen gefördert – diese beiden mächtigen Dynastien waren für den größten Teil der Arbeiten in Ellora verantwortlich, darunter der aus dem 8. Jh. stammende Kailash-Tempel. Eine dritte und letzte Blüte erlebte die heilige Stätte gegen Ende des 1. Jahrtausends n. Chr., nachdem die regionalen Herrscher vom Shaivismus zur Digambara-Sekte des Jain-Glaubens übergewechselt waren. Eine kleine Ansammlung von unauffälligeren Höhlen nördlich der Hauptgruppe zeugt heute noch von dieser Zeit.

Im Gegensatz zum abgeschiedenen Ajanta entging Ellora dem moslemischen Bildersturm im 13. Jh. nicht. Die schlimmsten Ausschreitungen ereigneten sich während der Herrschaft von **Aurangzeb**, der die Zerstörung der „heidnischen Symbole" in Ellora befohlen hatte. Obwohl die Stätte immer noch die Narben dieser Zeit trägt, sind einige der besten bildhauerischen Werke intakt geblieben. Die Tatsache, dass sie aus solidem Felsen und außerhalb der Reichweite der Monsun-Regengüsse geschaffen wurden, hat die Höhlen in sehr gutem Zustand erhalten.

Alle Höhlen sind in grob chronologischer Abfolge nummeriert. Die Höhlen 1 bis 12, am Südende des Geländes, sind die ältesten: Sie stammen aus der buddhistischen Vajrayana-Ära (500–750 n. Chr.). Die hinduistischen Höhlen, Nummer 13 bis 29, stammen von 600 bis 870 n. Chr. und überschneiden sich zeitlich mit den späteren buddhistischen Höhlen. Weiter im Norden liegen die Jain-Höhlen – Nummer 30 bis 34 –,

Maharashtra

Eintrittsregelung

Das Betreten der Höhlen von Ellora, ☉ Mi–Mo Sonnenauf- bis -untergang, kostet Rs250. Achtung: Dienstags bleibt der Komplex geschlossen. Offizielle, mehrsprachige **Führer** stehen bereit, um Besucher durch die interessantesten Höhlen zu führen (Gruppen von bis zu 5 Pers. Rs600–750).

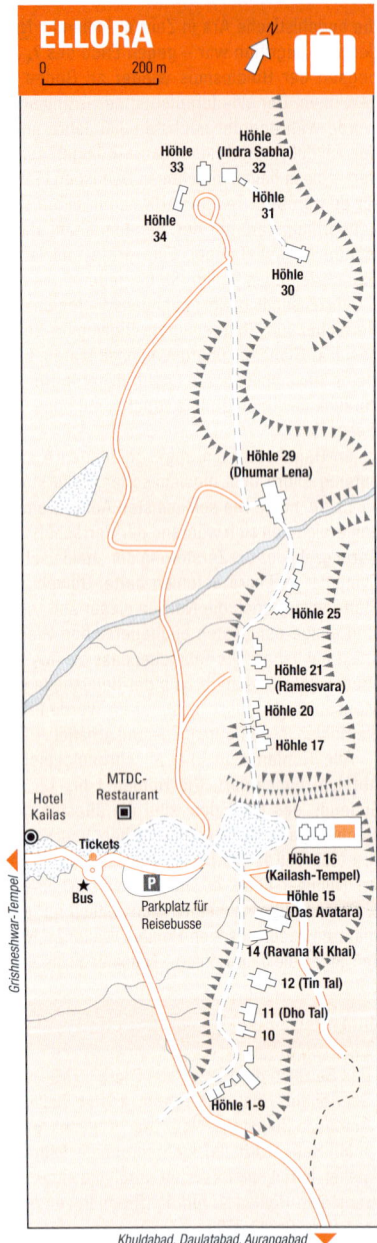

ELLORA

0 _____ 200 m

N

Höhle 33
Höhle (Indra Sabha) 32
Höhle 31
Höhle 34
Höhle 30
Höhle 29 (Dhumar Lena)
Höhle 25
Höhle 21 (Ramesvara)
Höhle 20
Höhle 17
MTDC-Restaurant
Hotel Kailas
Tickets
Bus
Parkplatz für Reisebusse
Höhle 16 (Kailash-Tempel)
Höhle 15 (Das Avatara)
14 (Ravana Ki Khai)
12 (Tin Tal)
11 (Dho Tal)
10
Höhle 1-9

Grishneshwar-Tempel

Khuldabad, Daulatabad, Aurangabad

Maharashtra

die zwischen 800 n. Chr. und dem späten 11. Jh. geschaffen wurden. Die meisten Höhleneingänge liegen hinter offenen Höfen und großen, von Säulen gestützten Veranden oder Portalen.

2012 soll bei den Höhlen ein neues Besucherzentrum eröffnet werden, das dann eine hervorragende Einführung in die Höhlenkunst bieten soll. Um die ältesten Höhlen zuerst zu sehen, sollte man gegenüber Höhle 16, dem großen Kailash-Tempel, rechts abbiegen und dem Hauptfußweg hinunter zu Höhle 1 folgen. Von hier aus arbeitet man sich langsam Richtung Norden vor und widersteht möglichst der Versuchung, in Höhle 16 reinzuschauen. Die hebt man sich am besten bis zum späten Nachmittag auf, wenn die Busreisegruppen fort sind und die langen Schatten der untergehenden Sonne die außergewöhnlichen Steinarbeiten zum Leben erwecken.

Die buddhistische Gruppe

Die buddhistischen Höhlen säumen die Seiten einer sanften Einbuchtung im Chamadiri-Steilhang. Außer Höhle 10 sind sie alle *viharas,* Klosterhallen, die die Mönche früher zum Studium, für die Meditation, die gemeinsame Andacht oder für so profane Dinge wie Essen und Schlafen nutzten. Größe und Ausstattung der Höhlen werden im Laufe der Zeit immer eindrucksvoller. Experten führen dies auf den Aufstieg des Hinduismus zurück und auf die Notwendigkeit, mit den Ehrfurcht einflößenden hinduistischen Tempeln mitzuhalten, die ganz in der Nähe in den Fels geschlagen wurden.

Höhlen 1 bis 9

Die erste interessante Höhle ist **Höhle 2**, in der zwölf massive Säulen mit eckigem Sockel die große zentrale Kammer stützen. Die Gänge säumen sitzende Buddhastatuen. Den Eingang zum Schrein flankieren zwei gigantische, mit Edelsteinen geschmückte *dvarpalas,* Wächterfiguren: links ein ungewöhnlich muskulöser Padmapani, der Bodhisattva der Barmherzigkeit, und rechts ein Maitreya, der Buddha des nächsten Weltzeitalters. Beide haben ihre Gefährtinnen bei sich. Im Allerheiligsten selbst sitzt ein stattlicher Buddha auf einem Löwenthron. Er wirkt stärker und entschlossener als seine freundlichen Vorgänger in Ajanta.

Den **Höhlen 3 und 4** fehlt die Kunstfertigkeit von Höhle 2; Höhle 4 besitzt jedoch noch einige schöne Kapitelle. **Höhle 5** ist das größte einstöckige *vihara* in Ellora. Seine riesige, 36 m lange, rechteckige Versammlungshalle wurde wahrscheinlich von den Mönchen als Refektorium benutzt; zwei Reihen von Bänken wurden aus dem Steinboden gemeißelt. Die Höhlen 6–9 wurden etwa um dieselbe Zeit, im 7. Jh., gegraben und sind durch eine einzige Tür und eine in den Fels geschlagene Treppe zu erreichen.

An den Wänden der Vorkammer am hinteren Ende der zentralen Halle von **Höhle 6** stehen zwei der berühmtesten und kunstvollsten Figuren von Ellora. **Tara**, die Gefährtin des Bodhisattva Avalokiteshvara, steht links. Auf der gegenüberliegenden Seite ist **Mahamayuri**, die buddhistische Göttin der Gelehrsamkeit, mit ihrem Emblem, dem Pfau, dargestellt, während ein fleißiger Student an seinem Schreibtisch darunter als gutes Vorbild dient. Von Höhle 6 führt eine kurze Treppe zur winzigen **Höhle 9** mit einem schönen Fries als Fassadenschmuck.

Höhlen 10, 11 und 12

Die Anfang des 8. Jhs. geschaffene **Höhle 10** ist eine der letzten und großartigsten der aus Fels geschlagenen *chaitya*-Hallen des Dekkan. Stufen führen von der linken Seite ihrer großen Veranda zu einem Balkon nach oben, wo eine dreiflügelige Tür – flankiert von himmlischen Nymphen und einem Fries mit Zwergen – zu einem Innenbalkon führt. In der langen, in einer Apsis endenden Halle – eventuell muss man darum bitten, dass sie aufgeschlossen wird – imitieren steinerne Rippen die Dachbalken in den früheren frei stehenden Holzbauten. Vor einem Votiv-Stupa, dem religiösen Mittelpunkt des Saals, sitzt ein schlanker Buddha auf einem Thron.

Höhle 11 ist immer noch als **Dho Tal**, zweistöckige Höhle, bekannt, obwohl 1876 der bis dahin verborgene Keller wiederentdeckt wurde. Das obere Stockwerk bildet eine lange, säulengestützte Versammlungshalle mit einem Buddha-Schrein und, an ihrer Rückwand, Bildnissen von Durga und Ganesha, dem elefantenköpfigen Sohn Shivas – ein Beweis, dass die Höhle nach dem Abzug der Buddhisten in einen Hindu-Tempel verwandelt wurde.

Nebenan steht mit **Höhle 12 – Tin Tal** („dreistöckig") – ein weiteres dreistöckiges *vihara*, das man über einen großen, offenen Hof betritt. Auch hier befinden sich die künstlerischen Höhepunkte im obersten Stockwerk. Die Wände des Schreinraums am Ende der Halle sind von fünf großen Bodhisattvas gesäumt; sieben Buddhas flankieren die beiden Seiten des Schreins – eine für jede frühere Inkarnation des Meisters.

Die hinduistische Gruppe

Die 17 hinduistischen Höhlen von Ellora liegen in der Mitte des Steilhangs, verteilt auf beide Seiten des majestätischen Kailash-Tempels. Sie wurden zu Beginn des brahmanischen Wiederaufstiegs im Dekkan geschaffen, während einer Zeit relativer Stabilität – wohl deshalb strahlen die Höhlentempel eine Lebendigkeit aus, die ihren zurückhaltenden buddhistischen Vorgängern fehlt.

Es gibt keine Reihen von Buddhas und Bodhisattvas mit schläfrigem Blick und gütigen Gesichtern mehr. Stattdessen schmücken riesige **Flachreliefs**, die dynamische Szenen aus den Hindu-Schriften darstellen, die Wände. Die meisten haben einen Bezug zu **Shiva**, dem Gott der Zerstörung und der Regeneration (der vorherrschenden Gottheit in allen hinduistischen Höhlen von Ellora), man trifft aber auch auf zahlreiche Bildnisse von Vishnu, dem Bewahrer, in seinen diversen Inkarnationen.

Es tauchen immer wieder die gleichen Szenen auf: Diese Wiederholungen boten den Künstlern von Ellora reichlich Gelegenheit, ihre Technik im Laufe der Jahre zu verfeinern, bis sie schließlich ihr großartigstes Werk schufen, den **Kailash-Tempel** (Höhle 16), der separat auf S. 694 beschrieben wird. Er ist zweifellos der Höhepunkt eines Besuchs in Ellora, aber man wird seine schönen Skulpturen umso mehr zu schätzen wissen, wenn man sich zunächst die früheren hinduistischen Höhlen ansieht. Für Besucher mit wenig Zeit: Nummer 14 und 15 sind die schönsten Höhlen.

Höhle 14

Die vom Anfang des 7. Jhs. stammende Höhle 14 zählt zu den letzten frühen Höhlen. Sie war ein buddhistisches *vihara,* bevor die Hindus sie als Tempel nutzten. Der Eingang zum Heiligtum

Maharashtra

wird von zwei beeindruckenden Flussgöttinnen bewacht, Ganga und Yamuna, während an der Umgangswand rechts hinten sieben **Sapta Matrikas**, vollbrüstige Fruchtbarkeitsgöttinnen, pausbäckige Babys auf ihrem Schoß wiegen. Shivas elefantenköpfiger Sohn Ganesha sitzt rechts von ihnen neben Kala und Kali, den Göttinnen des Todes. Fantastische Friese zieren die langen Seitenwände der Höhle.

Höhle 15

Wie ihre Nachbarhöhle begann auch die zweistöckige Höhle 15, zu der eine lange Treppe führt, ihr Dasein als buddhistisches *vihara*, wurde aber von den Hindus in Beschlag genommen und in einen Shiva-Schrein umgewandelt. Hinter der Natya Mandapa („Halle des Tanzes") in der Mitte des Hofes gelangt man ins obere Geschoss des Hauptbaus, wo einige der schönsten Arbeiten von Ellora zu finden sind. Der Name der Höhle, **Das Avatara**, leitet sich von der Reihe von Reliefs an der rechten Wand ab, auf der fünf von Vishnus zehn Inkarnationen *(avatars)* zu sehen sind.

Ein Relief in einer Nische rechts der Vorkammer zeigt Shiva aus einem Lingam auftauchend. Brahma und Vishnu stehen bescheiden und bittend vor der Erscheinung – ein Symbol für die damalige Überlegenheit des Shaivismus in der Region. Auf halber Höhe der (wenn man dem Schrein zugewandt steht) linken Wand der Kammer ist die eleganteste bildhauerische Leistung der Höhle zu sehen: Shiva als Nataraja in einer klassischen Tanzpose.

Höhlen 17 bis 29

Nur drei der hinduistischen Höhlen, die sich nördlich des Kailash-Tempels über die Berge erstrecken, lohnen einen genaueren Blick. **Höhle 21** – die **Ramesvara** – wurde gegen Ende des 6. Jhs. in den Felsen geschlagen: Man hält sie für die älteste hinduistische Höhle in Ellora. Sie enthält einige sehr gut ausgeführte Bildhauereien, darunter zwei schöne Flussgöttinnen zu beiden Seiten der Veranda, zwei wundervolle Türwächter und einige sinnlich wirkende Paare, *mithunas*, die sich über die Wände des Balkons verteilen. **Höhle 25**, ein Stück dahinter, enthält an der Außendecke des Hauptschreins ein faszinierendes Bildnis des Sonnengottes **Surya**,

der in seiner Kutsche auf die Morgendämmerung zurast.

Von hier aus führt der Pfad an zwei weiteren Höhlen vorbei und fällt dann über einen nackten Felshang steil ab zu einer kleinen Schlucht. Unter einem nur in der Regenzeit vorhandenen **Wasserfall** hindurch führt der Weg auf der anderen Seite wieder hinauf zu **Höhle 29**, der riesigen **Dhumar Lena**. Sie stammt aus dem späten 6. Jh. und hat einen ungewöhnlichen, kreuzförmigen Grundriss – ähnlich wie die Elephanta-Höhle im Hafen von Mumbai. Löwen bewachen ihre drei Treppen, während die Innenwände von riesigen Friesen bedeckt sind. Auf der rechten Seite des (südlichen) Eingangs zeigt eine Würfelspiel-Szene, wie Shiva Parvati neckt, indem er ihren Arm festhält, als sie gerade würfeln will. Links des Ausgangs spießt Shiva den Andhaka-Dämonen auf. Auf dem gegenüberliegenden Relief hindert er den vielarmigen Ravana daran, ihn und Parvati von der Spitze des Berges Kailash hinunterzustürzen (man beachte den frechen Zwerg, der seinen Hintern entblößt, um den bösartigen Dämon zu verspotten).

Der Kailash-Tempel (Höhle 16)

Höhle 16, der gigantische Kailash-Tempel, ist das Meisterwerk von Ellora. Hier ist das Wort „Höhle" nicht nur eine drastische Untertreibung, sondern eine komplette Fehlbezeichnung. Denn obwohl der Tempel wie die anderen Höhlen aus dem Fels gehauen wurde, erinnert er doch sehr stark an die früheren frei stehenden Bauwerke in Südindien. Der Monolith soll die Idee des Rashtrakuta-Herrschers **Krishna I.** (756–73) gewesen sein. Es brauchte aber 100 Jahre und vier Generationen von Königen, Architekten und Handwerkern, bis das Projekt vollendet war.

Seine Größe ist atemberaubend. Die Arbeiten begannen mit dem Ausheben von drei tiefen Gräben auf der Bergspitze. Pickel und Latten aus Holz wurden verwendet, die man mit Wasser tränkte und in Spalten steckte, um durch ihre Ausdehnung den Basalt zum Bröckeln zu bringen. Sobald auf diese Weise ein großer Brocken Fels freigelegt worden war, gingen die königlichen Bildhauer an die Arbeit. Man schätzt, dass etwa eine Viertelmillion Tonnen Bruchsteine aus dem Felsen geschlagen wurden – ohne die Mög-

Die Felsenhöhlen, die sich über die vulkanischen Berge des nordwestlichen Dekkan verteilen, zählen zu den außergewöhnlichsten religiösen Monumenten Asiens. Sie reichen von winzigen Klosterzellen bis hin zu kunstvoll gemeißelten Tempeln und beeindrucken vor allem deshalb so sehr, weil sie von Hand aus dem Felsen gemeißelt wurden. Ihre Ursprünge liegen im 3. Jh. v. Chr. Damals dienten sie offenbar als Unterschlupf für reisende buddhistische Mönche, die hier vor heftigem Monsunregen Schutz suchten. Sie wurden nach dem Vorbild älterer Holzbauten geschaffen und von Kaufleuten finanziert, für die der kastenlose neue Glauben eine attraktive Alternative zur alten, diskriminierenden Sozialstruktur bot. Ermutigt vom Beispiel des Maurya-Herrschers Ashoka wandten sich nach und nach auch die Machthaber der Region dem Buddhismus zu. Unter ihrer Schirmherrschaft wurden im 2. Jh. v. Chr. die ersten großen Höhlen-Klöster in **Karla**, **Bhaja** und **Ajanta** aus dem Fels gemeißelt.

Um diese Zeit war die strenge **Hinayana-Schule** des Buddhismus die vorherrschende Religion Indiens. Die Felsenhöhlen aus dieser Zeit sind größtenteils einfache „Andachtshallen", **chaityas** – lange, rechteckige Kammern mit einer Apsis, Tonnengewölben und zwei schmalen Säulengängen, die sich im hinteren Teil um einen monolithischen Stupa bogen. Als Symbole für die Erleuchtung Buddhas bildeten die Stupas den Mittelpunkt der Andacht und Meditation; während der gemeinschaftlichen Rituale wurden sie von den Mönchen umkreist. Im 4. Jh. n. Chr. verlor die Hinayana-Schule gegenüber der **Mahayana-Schule** an Einfluss. Deren Schwerpunkt lag auf einem ständig anwachsenden Pantheon von Bodhisatvas (barmherzigen Heiligen, die ihren Übergang ins Nirwana aufschoben, um der Menschheit zur Erleuchtung zu verhelfen), was eine Veränderung des architektonischen Stils mit sich brachte. Die chaityas wurden verdrängt von Klosterhallen, viharas, in denen die Mönche sowohl lebten

als auch den Göttern dienten, und das einst verbotene Buddha-Bildnis trat viel stärker in den Vordergrund.

Die Ikone nahm den Platz in der Apsis am Ende der Halle ein, wo früher der Stupa stand, und wurde mit den 32 Merkmalen Buddhas, den lakshanas, ausgestattet (inklusive den langen Ohrläppchen, der hervorstehenden Stirn, den kurzen Locken, der Robe und dem Glorienschein). Ihren Höhepunkt erreichte die Mahayana-Kunst gegen Ende der buddhistischen Ära. Die herrlichen **Wandgemälde** in Ajanta, die sich aus dem reichhaltigen Themen- und Bilderfundus uralter Schriften wie den Jatakas (Legenden über die früheren Inkarnationen Buddhas) bedienten, sollten möglicherweise den Enthusiasmus für den Glauben, der zu dieser Zeit in der Region bereits an Rückhalt verlor, wieder neu entflammen.

Die Versuche, ab dem 6. Jh. mit dem Wiederaufstieg des Hinduismus in Wettbewerb zu treten, führten schließlich zur Entwicklung einer anderen, eher esoterischen Bewegung. Die **Vajrayana („Blitzschlag")-Sekte** betonte die schöpferische Kraft der Weiblichkeit, shakti, mit geheimnisvollen, magischen Ritualen. Letztendlich erwiesen sich aber auch solche Veränderungen als machtlos gegen den wachsenden Reiz des Brahmanismus. **Ellora** ist das beste Beispiel für diesen Wandel. Während des 8. Jhs. wurden viele der alten viharas in hinduistische Tempel umgewandelt und enthielten nun glänzende shivalinga statt Stupas und Buddhas. Die hinduistische Höhlenarchitektur mit ihrer Vorliebe für Skulpturen aus der Mythologie gipfelte im fantastischen **Kailash-Tempel**, einem gigantischen Ebenbild der frei stehenden Tempelbauten, die bereits an die Stelle der Höhlentempel traten.

Es war der Hinduismus, der im Mittelalter der ganzen Wucht des islamischen Bildersturms im Dekkan ausgesetzt war, denn der Buddhismus war bereits lange vorher in die Sicherheit des Himalaya geflohen, wo er bis heute blüht.

Maharashtra

lichkeit, Fehler zu korrigieren. Der Tempel wurde als gigantische Nachbildung der Wohnstatt Shivas und Parvatis im Himalaya betrachtet, des pyramidenförmigen Bergs **Kailash**.

Heute ist die dicke Schicht aus weißem Kalkputz, die dem Tempel das Aussehen eines schneebedeckten Berges verlieh, bis auf ein paar Stellen abgeblättert; darunter ist die kunstvoll gemeißelte Oberfläche aus grau-braunem Stein sichtbar. An der Rückseite des Turms wurde diese Oberfläche durch jahrhundertelange Erosion gebleicht und abgeschliffen, so als würde das riesige Bauwerk in der sengenden Hitze des Dekkan allmählich dahinschmelzen.

Der **Haupteingang** des Tempels führt durch eine hohe steinerne Trennwand, die den Übergang vom profanen in den heiligen Bereich versinnbildlichen soll. Nachdem man zwischen den beiden Wache haltenden Flussgöttinnen Ganga und Yamuna hindurchgeschritten ist, gelangt man in einen engen Gang, der auf den Haupt-Vorhof führt. Hier zeigt ein Relief **Lakshmi**, die Göttin des Reichtums, wie sie von zwei Elefanten rituell gereinigt wird. Der Sitte nach müssen Pilger im Uhrzeigersinn um den Berg Kailash laufen, daher geht man von hier die Treppen nach links hinunter und überquert die vordere Seite des Hofs bis zur nächstgelegenen Ecke.

Von der Spitze der Betontreppe in der Ecke sind alle drei Hauptbereiche des Tempelkomplexes sichtbar. Oberhalb des Eingangs liegt zunächst der Schrein mit Shivas Reittier **Nandi**, dann folgt die Hauptversammlungshalle, Mandapa, auf deren Wänden immer noch Spuren des alten Putzes, der einst das ganze Gebäude bedeckte, zu sehen sind, und schließlich das Heiligtum selbst, das von dem 29 m hohen Pyramidenturm, *shikhara*, überragt wird (am besten von oben zu sehen). Alle drei Bauten stehen auf einer erhöhten Plattform, die von Dutzenden Lotus sammelnder Elefanten getragen wird. Der Tempel symbolisiert nicht nur den heiligen Berg Shivas, sondern zugleich auch einen gigantischen Wagen. Die Querschiffe, die aus den Seiten der Haupthalle hervortreten, sind die Räder, der Nandi-Schrein ist das Joch, und die zwei lebensgroßen, rüssellosen Elefanten im vorderen Hof (von moslemischen Plünderern beschädigt) sind die Zugtiere.

Die meisten Hauptattraktionen des Tempels sind auf seinen Seitenwänden zu finden, die von kraftvollen Plastiken bedeckt sind. Entlang der Treppe, die zur Nordseite des Mandapa führt, erzählt ein langes Relief Episoden aus dem Leben **Krishnas**. Dem Tempel weiter im Uhrzeigersinn folgend, gelangt man zu Reliefs, die größtenteils **Shiva** gewidmet sind. Auf der Südseite der Mandapa, in einer Wandnische, die aus dem vorstehenden Felsvorsprung gemeißelt wurde, befindet sich die herausragendste bildhauerische Arbeit des Komplexes. Das Relief zeigt, wie Shiva und Parvati vom vielköpfigen Dämon **Ravana** belästigt werden, der im Inneren des heiligen Bergs eingekerkert wurde und mit seinen vielen Armen die Mauern seines Gefängnisses schüttelt. Shiva stellt daraufhin seine Überlegenheit unter Beweis, indem er das Erdbeben mit einem Stups seines Zehs zum Abklingen bringt. Parvati beobachtet die Szene gelassen auf ihre Ellbogen gestützt, während eine ihrer Dienerinnen panisch die Flucht ergreift.

Von hier geht man an der südwestlichen Ecke des Hofs die Treppen hinauf zur **Opferhalle**, wo ein faszinierender Fries die sieben Muttergöttinnen, die **Sapta Matrikas**, und ihre dämonenhaften Gefährtinnen Kala und Kali (dargestellt auf einem Leichenberg) zeigt. Die von 16 Säulen gestützte Versammlungshalle liegt in einem trüben Zwielicht, das es den Gläubigen erleichtern soll, sich auf die Gegenwart der Gottheit im Inneren zu konzentrieren. Mit einer tragbaren Bogenlampe beleuchtet der *chowkidar* Fragmente von Malereien an der Decke, wo Shiva, der als Nataraja den Tanz des Todes vollführt, zu sehen ist.

Die Jain-Gruppe

Elloras kleine Gruppe von vier Jain-Höhlen liegt nördlich der Hauptgruppe. Man erreicht die Höhlen entweder in fünf Minuten zu Fuß über einen Weg von Höhle 29 aus oder direkt vom Kailash-Tempel über eine kurvige Asphaltstraße. Die zwischen dem späten 9. und im 10. Jh. geschaffenen Jain-Höhlen sind die letzten Kunstwerke von Ellora. Sie warten mit einigen schönen Bildhauereien und feinen Gemälden auf. Am interessantesten ist **Höhle 32**; die **Indra Sabha** („Indras Versammlungshalle") ist eine Miniaturversion des Kailash-Tempels.

Die untere ihrer beiden Ebenen ist schlicht und unvollständig, aber das obere Stockwerk, beschützt von großen *yaksha*- und *yakshi*-Figuren, die sich auf der Veranda gegenüberstehen, quillt über vor kunstvollen Steinmetzarbeiten. Besonders hervorzuheben sind die reich verzierten Säulen und die zwei *tirthankaras,* die den Eingang zum zentralen Schrein bewachen. Die nackte Figur des **Gomatesvara** auf der rechten Seite erfüllt im Wald ein Schweigegelübde. Er ist so tief in die Meditation versunken, dass Kletterpflanzen seine Beine hinauf gewachsen sind und Schlangen, Skorpione und andere Tiere um seine Füße krabbeln.

Grishneshwar Mandir

Der cremefarbene *shikhara* des Grishneshwar Mandir, der über dem kleinen Dorf westlich der Höhlen emporragt, kennzeichnet den Sitz einer der ältesten und heiligsten Gottheiten Indiens. Der Lingam im inneren Heiligtum des Tempels ist einer der zwölf **jyotrilinga** (Linga des Lichts), die vermutlich aus dem 2. Jh. v. Chr. stammen. Nicht-Hindus dürfen sich in die Schlange zum *darshan* einreihen, aber Männer müssen ihre Hemden ausziehen, bevor sie den Schrein selbst betreten dürfen.

Übernachtung und Essen

Hotel Kailas, direkt gegenüber den Höhlen, ✆ 02437/244543, 🖳 www.hotelkailas.com. Die kleine, ruhige Anlage besteht aus gepflegten Selbstversorger-Chalets mit Außensitzbereichen. Außerdem gibt es einige billigere Zimmer an der Straße und ein recht gutes Restaurant. ❹–❻
Das **MTDC-Restaurant** hat veg. und nicht veg. Essen zu moderaten Preisen sowie Bier; ◷ 9–17 Uhr. Besser ist das Essen allerdings im etwas teureren Restaurant des Hotel Kailas sowie an den Straßen-dhabas gegenüber vom Busbahnhof.

Transport

Die meisten Besucher benutzen AURANGABAD als Ausgangspunkt für Tagesausflüge zu den Höhlen, entweder mit den halbstündlichen MSRTC-Bussen oder im Rahmen einer geführten Tour. Diese Touren sind allerdings sehr gehetzt. Wer sich die Höhlen lieber in Ruhe ansehen und vielleicht auch noch nach Daulatabad hinauf will, sollte entweder in Ellora übernachten oder früh morgens in Aurangabad aufbrechen.
Für die Rückfahrt nach Aurangabad ist es oft einfacher, eines der Sammeltaxis zu nehmen, da diese häufiger verkehren als die Busse.

16 **HIGHLIGHT**

Ajanta

Die Felsenhöhlen von Ajanta wurden in die fast senkrechten Hänge einer hufeisenförmigen Schlucht gemeißelt. Vor weniger als zwei Jahrhunderten war dieser abgeschiedene Flecken Erde nur den hier ansässigen Angehörigen des Bhil-Volkes bekannt – die schattigen Eingänge zu den verlassenen Steinkammern lagen tief unter Schlingpflanzen und Dschungel vergraben. 1819 entdeckte ein kleiner Jagdtrupp der East India Company die Höhlen zufällig. Von einem jungen Späher zum Gipfel des steilen Felskliffs geführt, sahen die Jäger tief unter sich etwas aus dem dichten Blattwerk hervorstechen, was später als Fassade von Höhle 10 identifiziert wurde.

Die britischen Soldaten hatten einen der sensationellsten archäologischen Funde aller Zeiten gemacht. Weitere Erkundungen offenbarten insgesamt 28 säulengestützte Höhlen, gemeißelt aus dem schokoladenbraunen und grauen Basaltfelsen, die den Fluss Waghora säumen. Noch bemerkenswerter waren die einwandfrei erhaltenen Gemälde, die alle Oberflächen in ihrem Inneren bedecken. Denn zusätzlich zu den Stein-Buddhas und anderen Bildhauereien in ihrem Inneren sind die Höhlen von Ajanta mit Wandmalereien verziert – die Motive reichen von Schlachtfeldern bis zu Segelschiffen und Straßenszenen, von üppigen Wäldern voller wilder Tiere bis hin zu schneebedeckten Berggipfeln. Selbst wer mit den Erzählungen, die sie illustrieren, nicht so vertraut ist, wird unschwer erkennen, warum diese Gemälde als die schönste erhaltene „Kunstgalerie" aus einer frühen Hochkultur gelten.

Eintrittsregelung

Das Betreten der Höhlen von Ajanta, ⊙ Di–So 9–17.30 Uhr, kostet Rs250. Die Eintrittskarten sind am Haupteingang, eine 4 km lange Busfahrt von der Ajanta-T-Junction, zu erwerben. Achtung: Montags bleibt der Komplex geschlossen.

Trotz ihrer Abgeschiedenheit werden die Höhlen von Ajanta von außergewöhnlich vielen Menschen besucht. Wer diesen Ort in Ruhe erkunden will, sollte keinesfalls an einem Wochenende oder Feiertag hierher kommen, denn es erfordert überdurchschnittliche Fantasie, sich auszumalen, wie buddhistische Mönche hier einst zwischen den rohen Steinstufen wandelten, wenn gerade Hunderte lärmender Schulkinder und Massen an Urlaubern auf ihnen herumkraxeln. Zu den Maßnahmen, die die Auswirkungen des Besucheransturms minimieren sollen, zählt das Verbot des Fotografierens mit **Blitzlicht** – die Betrachtung der Gemälde wiederum wurde durch eine angemessene Beleuchtung erleichtert. Außerdem gilt eine strenge Begrenzung der Zahl der Besucher, die sich gleichzeitig in den interessantesten Höhlen aufhalten dürfen. Eine weiterer bedeutsamer Schritt in Richtung Eindämmung der ökologischen Folgen für das Gebiet war die Schaffung der Ajanta T-Junction.

Die **beste Zeit für einen Besuch** ist entweder während des Monsuns, wenn der Fluss anschwillt und die Schlucht vom Tosen der Wasserfälle widerhallt, oder während der kühleren Wintermonate zwischen Oktober und März. Während des restlichen Jahres kann die Sonne vom Dekkan, die erbarmungslos auf die nackten, nach Süden gewandten Felsen niederbrennt, eine Tour durch Ajanta zu einem wahren Härtetest machen. Wann auch immer man kommt, man sollte auf jeden Fall einen Hut, eine Sonnenbrille, eine Taschenlampe und ausreichend Trinkwasser mitbringen.

Geschichte

Ajanta war für die umherziehenden buddhistischen Mönche der Region der ideale Ort für die Gründung eines ihrer ersten festen Klöster: nahe genug an den großen Handelsrouten durch den Dekkan, um regelmäßig Almosen zu erhalten, und doch weit genug von der Zivilisation entfernt, um Ruhe und Frieden für Meditation und Gebete zu bieten. Spenden-Inschriften deuten darauf hin, dass die ersten Höhlen hier im 2. Jh. v. Chr. in den Fels geschlagen wurden.

In ihrer Glanzzeit beherbergten die Höhlen von Ajanta mehr als 200 Mönche sowie eine beträchtliche Anzahl von Malern, Bildhauern und Arbeitern, die damit beschäftigt waren, die Mönchszellen und Heiligtümer in die Felsen zu schlagen und zu verzieren. Irgendwann im 7. Jh. wurde die Stätte jedoch verlassen – ob wegen der wachsenden Beliebtheit der nahe gelegenen Höhlen von Ellora oder wegen des Wiederaufstiegs des Hinduismus, ist unbekannt. Bereits im 8. Jh. war der verlassene Komplex vergessen und wurde sogar von den moslemischen Bilderstürmern übersehen, die den anderen heiligen Stätten der Region während des Mittelalters solch verheerenden Schaden zufügten.

Die Höhlen

Vom Kartenschalter führt ein nicht zu übersehender Weg zu den großen Mahayana-*viharas*. Wer die Höhlen lieber in chronologischer Reihenfolge besichtigen will, muss dagegen mit der kleineren Hinayana-Gruppe von *chaitya*-Hallen weiter unten in der Flussbiegung beginnen (Höhlen 12, 10 und 9) und anschließend über Höhle 17 wieder nach oben kommen. Wer beim Erklimmen dieser Stufen Hilfe benötigt, findet vor den Ständen darunter Sänften-Träger, *dhooli-wallahs* (etwa Rs400); Gepäckträger (Rs100) tragen Taschen.

Offizielle **Touristenführer** bieten zweistündige Touren (Rs600) an, die beim Eintrittskartenschalter gebucht werden können. Sie bereichern den Besuch durch interessante Geschichten – allerdings hat man vielleicht das Bedürfnis, sich die Höhlen anschließend noch einmal in etwas ruhigerem Tempo anzusehen.

Höhle 1

Höhle 1 – hier gibt es immer eine Warteschlange – enthält einige der kunstvollsten und stilistisch am weitesten entwickelten Gemälde von Ajanta. Als die Arbeiten an der Höhle Ende des 5. Jhs. be-

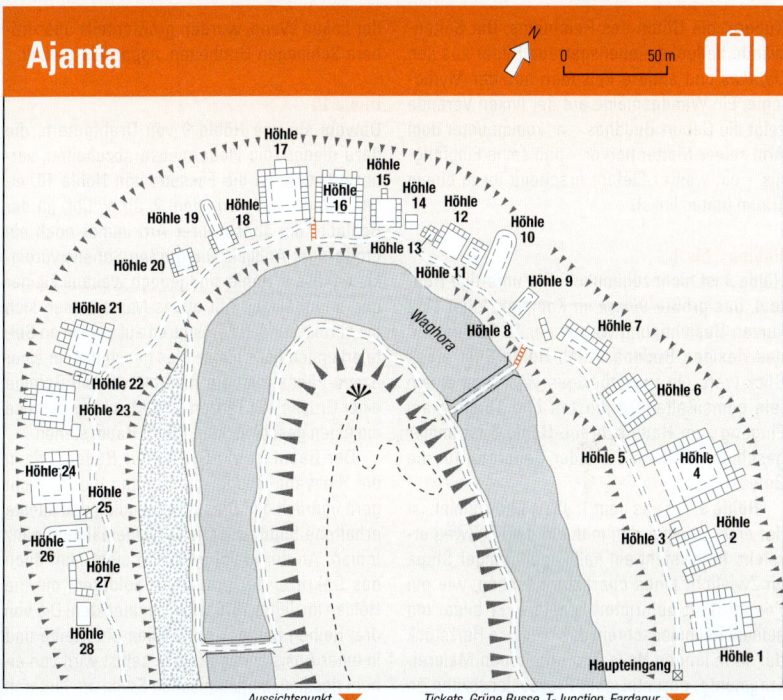

0 50 m

Höhle 17
Höhle 15
Höhle 16
Höhle 18
Höhle 19
Höhle 14
Höhle 12
Höhle 10
Höhle 20
Höhle 13
Höhle 11
Höhle 9
Höhle 21
Waghora
Höhle 8
Höhle 7
Höhle 22
Höhle 23
Höhle 6
Höhle 24
Höhle 5
Höhle 4
Höhle 25
Höhle 26
Höhle 3
Höhle 2
Höhle 27
Höhle 28
Haupteingang
Höhle 1

Aussichtspunkt ▼   Tickets, Grüne Busse, T-Junction, Fardapur ▼

gannen, dienten *viharas* den Mönchen nicht nur als Wohn- und Schlafbereiche, sondern auch als Stätten der Andacht. Wie in den meisten Mahayana-*viharas* bebildern die außergewöhnlichen Malereien auf Wänden und Decken Episoden aus den *Jatakas,* Geschichten über die Geburt und die früheren Leben Buddhas.

Links vom Eingang zum Hauptschrein steht ein weiteres Meisterwerk: **Padmapani**, „Der einen Lotus Haltende", eine Erscheinungsform von Avalokiteshvara, umgeben von einer Entourage aus Gefolgsleuten, göttlichen Musikanten, Liebhaberinnen, Affen und einem Pfau. Gegenüber, auf der rechten Seite des Eingangs, steht **Vajrapani**, der im Buddhismus die „wahre Wirklichkeit" verkörpert. Gemeinsam repräsentieren diese beiden Bodhisattvas den dualen Aspekt des Mahayana-Buddhismus: Barmherzigkeit und Weisheit.

Der wirkliche Mittelpunkt von Höhle 1 ist jedoch die große sitzende Buddha-Skulptur im Schrein – die schönste von Ajanta. Mit tragbaren Scheinwerfern demonstrieren die Touristenführer mit Vergnügen, wie sich der Ausdruck auf dem kunstvoll gemeißelten Gesicht Buddhas mit dem Lichteinfallswinkel verändert. Auf dem Weg nach draußen kann man einen Blick auf die vierte Säule links (wenn man Richtung Ausgang blickt) werfen: die Figuren der scheinbar vier einzelnen Gazellen teilen sich bei näherem Hinsehen alle denselben Kopf.

Höhle 2

Höhle 2, ein weiteres ausdrucksstarkes Mahayana-*vihara,* stammt aus dem 6. Jh. Komplizierte florale Muster, darunter Lotus- und Medaillon-Motive, zieren die Decke. Die reliefartigen Friese im kleinen Nebenschrein rechts von der Hauptkapelle konzentrieren sich auf eine Fruchtbarkeitsgöttin mit üppigen Rundungen, **Hariti**, die berüchtigte, kinderfressende Kannibalin, sowie

Kubera, die Göttin des Reichtums. Die Seitenwände bedecken lebensgetreue Bilder aus den *Jatakas* und andere Episoden aus der Mythologie. Ein Wandgemälde auf der linken Veranda zeigt die Geburt Buddhas – er kommt unter dem Arm seiner Mutter hervor – und seine Empfängnis – ein weißer Elefant erscheint ihr in einem Traum (unten links).

Höhlen 3 bis 9

Höhle 3 ist nicht zugänglich. Die unfertige **Höhle 4**, das größte *vihara* im Komplex, lohnt eine kurzen Besichtigung wegen der 28 Säulen und des riesigen Buddha. Auch **Höhle 6** ist einen Blick wert: ein zweistöckiges *vihara* mit einem fein gemeißelten Türpfosten und Türsturz am Eingang zum Hauptschrein. Höhle 8 ist immer geschlossen: In ihr steht der Generator für die Beleuchtung.

Höhle 9, die aus dem 1. Jh. v. Chr. stammt, ist der erste *chaitya*, den man auf dem Fußweg erreicht. In ihr steht ein halbkugelförmiger Stupa im Zwielicht eines charakteristischen, wie ein Peepal-Blatt geformten Fensters. Er bildet mit seinem Reliquienschrein das religiöse Herzstück der 14 m langen Halle. Die erhaltenen Malerei-Fragmente, darunter eine Prozessionsszene an der linken Wand, wurden größtenteils über frühere Schlangen-Gottheiten, *nagarajas*, gemalt.

Höhle 10

Obwohl sie wie Höhle 9 von Drahtgittern, die dazu dienen, die Fledermäuse abzuhalten, verunziert wird, ist die Fassade von Höhle 10, einer *chaitya*-Halle aus dem 2. Jh. v. Chr. (in der Schlucht die älteste ihrer Art) immer noch ein großartiger Anblick. Die großen Sehenswürdigkeiten dieser Höhle sind jedoch weitaus kleiner und unauffälliger. Mit etwas Mühe lassen sich die verblassenden Farbspuren auf der linken Seite erkennen (jetzt hinter Glas geschützt). In einer Szene nähert sich ein Raja mit seinem Gefolge einer Gruppe von Tänzern und Musikern, die rund um einen geschmückten Bodhi-Baum stehen.

Der Baum ist ein Symbol für Buddha, denn die Hinayana-Buddhisten stellten diesen nicht gern figürlich dar. Dies ist vermutlich das älteste erhaltene buddhistische Wandgemälde in ganz Indien. An der gleichen Wand sieht man auch das Gekritzel der britischen Soldaten, die die Höhlen im Jahre 1819 wiederentdeckten. Die von drei Reihen achteckiger Säulen unterteilte und in einer Apsis endende Halle selbst wird von einem riesigen, monolithischen Stupa am hinteren

---

Maharashtra

Die Technik der Höhlenmalerei

Die einfachen Malerei-Techniken, mit denen die Künstler von Ajanta die glanzvollen Farbkaleidoskope schufen, haben sich im Laufe der 800-jährigen Nutzungsdauer der Stätte, von 200 v. Chr. bis 650 n. Chr., wenig verändert. Zuerst wurden die rauen Felsoberflächen grundiert: mit einer dicken Paste aus Lehm, Kuhdung, Tierhaar und Pflanzenfasern. Danach folgte eine dünne Schicht aus glattem, weißem Kalk. Bevor dieser trocken war, skizzierten die Künstler die Umrisse ihrer Bilder mit rotem Zinnober in diese Schicht hinein und füllten die Vertiefungen mit einem Belag aus Grünerde.

Die **Farbpigmente** stammten alle aus natürlichen, wasserlöslichen Substanzen (Kaolin-Kalk für Weiß, Lampenruß für Schwarz, Glaukonit für Grün, Ocker für Gelb und importierter Lapislazuli für Blau); sie wurden mit Leim angedickt und erst aufgetragen, nachdem die Grundierung vollständig getrocknet war. Daher sind die Ajanta-Gemälde streng genommen keine Fresken (die stets auf feuchte Oberflächen aufgetragen werden), sondern **Tempera-Malereien**. Nachdem sie getrocknet waren, wurden die Wandmalereien in mühevoller Kleinarbeit mit einem glatten Stein poliert, um ihren natürlichen Glanz herauszuarbeiten.

Die einzigen **Lichtquellen** der Künstler waren Öllampen und das Sonnenlicht, das sie mit Hilfe von Metallspiegeln und Wasser (die äußeren Höfe wurden eigens für diesen Zweck überflutet) in die Höhlen leiteten. Umso bemerkenswerter war ihre außergewöhnliche Beherrschung von Linienführung, Perspektive und Schattierung, mit der sie den Malereien von Ajanta ihre charakteristische, unirdische Stimmung verliehen.

Ende dominiert. Wenn keine anderen Besucher da sind, kann man die fantastische Akustik des *chaitya* ausprobieren.

Höhlen 16 und 17

Die nächste interessante Höhle, **Höhle 16**, ist ein spektakuläres *vihara* aus dem 5. Jh. Sie birgt das berühmte Gemälde, das als **Sterbende Prinzessin** bekannt ist: relativ weit vorn an der linken Wand. Die Prinzessin war eigentlich eine Königin namens **Sundari**, und sie stirbt nicht, sondern fällt in Ohnmacht, nachdem sie die Nachricht erhalten hat, dass ihr Gatte, König Nanda (Buddhas Cousin), auf den Thron verzichten will, um Mönch zu werden. Die gegenüberliegende Wand zeigt Episoden aus Buddhas frühem Leben als Siddhartha.

Höhle 17 stammt aus der Zeit zwischen der Mitte des 5. und dem Anfang des 6. Jhs. In ihr befinden sich die besterhaltenen und abwechslungsreichsten Gemälde von Ajanta. Die Wartezeit, bis man die Höhle betreten darf, lässt sich mit dem Anschauen der Fresken auf der Veranda verkürzen. Über der Tür blicken acht sitzende Buddhas, darunter der zukünftige Buddha Maitreya, auf die Besucher hinunter. Auf der linken Seite teilt ein Prinzenpaar ein letztes Glas Wein, bevor die beiden ihre weltlichen Besitztümer an die Armen verteilen. An der linken Seite der Veranda sind Fragmente eines kunstvollen „Rad des Lebens" zu erkennen.

Im Inneren der Höhle werden die Wandmalereien von Illustrationen der *Jataka* dominiert, vor allem von solchen, in denen Buddha die Form eines Tieres annimmt, um bestimmte Tugenden zu illustrieren. Hier findet sich auch das exzellente und viel gepriesene Porträt einer sinnlichen, dunkelhäutigen Prinzessin, die sich selbst in einem Spiegel bewundert, während ihre Dienerinnen und eine Zwergin ihr zusehen. Die *chowkidars* demonstrieren den Besuchern, wie ihre Augen und ihr Schmuck vor dem dunklen Hintergrund wie Perlen schimmern, wenn der Fries von der Seite angeleuchtet wird.

Höhle 19

Die in der Blütezeit des Mahayana-Buddhismus Mitte des 5. Jhs. aus dem Felsen gemeißelte Höhle 19 ist ohne Zweifel die großartigste *chaitya*-Halle von Ajanta. Ihre **Fassade** ist reich verziert mit kunstvollen Bildhauereien. Im Inneren der Halle sind weniger die Fresken als die Reliefs um den oberen Teil der Säulen bemerkenswert. Noch interessanter ist der stehende Buddha hinten in der Halle, eine weitere Mahayana-Innovation. Auffällig ist auch die Entwicklung der gedrungeneren Stupas in den frühen *chaityas* (Höhlen 9 und 10) zu dieser länglicheren Version. Ihre Schirme werden von Engeln und einer Vase mit Götternektar gehalten und reichen bis unter das Deckengewölbe.

Höhlen 21 bis 26

Höhlen 21 bis 26 stammen aus dem 7. Jh. und sind damit rund 200 Jahre jünger als die anderen. Sie bilden eine separate Gruppe am hinteren Ende des Felsens. Außer der unvollendeten **Höhle 24**, deren grob gehauene Gräben und Säulen eine Ahnung davon vermittelt, wie die ursprünglichen Arbeiten vonstattengingen, lohnt nur noch **Höhle 26** eine nähere Betrachtung. Sie wurde in ähnlicher Form geplant wie Höhle 19, aber nie fertiggestellt. Doch die bildhauerischen Arbeiten zählen zu den beschwingtesten und sinnlichsten in Ajanta.

Das riesige Bild **Parinirvarna**, auf der linken Wand beim Eingang zur Höhle, das Siddhartha auf seinem Sterbebett zeigt, ist ein Quell der Ruhe. Am unteren Rand weinen die Trauernden, oben fliegen Engel und Musiker, um den Weisen zu begrüßen, als er ins Nirwana eingeht. Im Kontrast hierzu zeigt ein Fries namens **Maras Versuchung** (zwei Relieffelder weiter unten) Buddha unter einem Peepal-Baum sitzend, während sieben aufreizende Schwestern versuchen, ihn zu verführen. Ihr Vater, der teuflische Mara, beobachtet die Szene vom Rücken eines Elefanten in der oberen rechten Ecke. Die Finte zur Irreführung Buddhas schlägt natürlich fehl und zwingt den bösen Widersacher und seine Töchter schließlich zum Rückzug (unten rechts).

Der Aussichtspunkt

Der Aufstieg zum Aussichtspunkt, von dem aus die britische Jagdgesellschaft zum ersten Mal die Höhlen von Ajanta sah, lohnt sich unbedingt: Der Panoramablick über die Waghora-Schlucht und die umliegenden Wände aus nacktem Felsen ist atemberaubend. Vom Ende der eisernen Fußgängerbrücke unterhalb von Höhle 8 führen Stufen die andere Seite der Schlucht hinauf zu einem kleinen Unterstand mit Blechdach; hier ist schon die majestätische Schönheit der steilen Schlucht zu erkennen. Von hier geht es noch 20 Minuten steil hinauf zu dem klar sichtbaren Aussichtspunkt am Kamm des Berges.

Übernachtung und Essen

Da der erste Bus von der T-Junction zu den Höhlen erst um 9 Uhr fährt, bringt es kaum Vorteile, direkt vor Ort zu nächtigen. Es gibt hier jedoch einige recht gute Unterkünfte.

MTDC T-Junction Guest House, ✆ 02438/244230. In schöner Gartenanlage nicht weit vom Touristenkomplex und der Bushaltestelle von Ajanta. Das Gästehaus hat geräumige Zimmer auf zwei Ebenen mit Außensitzbereichen. Größter Nachteil: Außer den Imbissständen in der Nähe gibt es hier keine Essmöglichkeit. ❺

MTDC Holiday Resort, 1,5 km von der T-Junction im Dorf Fardapur, ✆ 02438/244230. Günstigere Unterkünfte in Chalets und einem Schlafsaal (Rs150). ❸–❹

Padmapani Park, ✆ 02438/244280, ✉ padmapanipark@yahoo.co.in. Die beste Budgetunterkunft bietet schlichte, aber saubere Zimmer mit Bad in einem bunten Gebäude am Dorfrand, 1 km weiter die Straße nach Jalgaon entlang. Wer bei der Ankunft von der Bushaltestelle aus anruft, wird sogar abgeholt. ❸–❹

MTDC-Restaurant, gleich vor dem Eingang zu den Höhlen. Die einzige Verpflegungsmöglichkeit in Ajanta selbst ist dieses wenig aufregende Lokal mit Punjabi-Gerichten und *thalis* mit und ohne Fleisch. ☉ bis 18 Uhr. Das gleichermaßen triste Restaurant im MTDC Holiday Resort in Fardapur hat genau die gleiche Speisekarte wie das Restaurant bei den Höhlen und steht auch Nichtgästen offen.

Padmapani Park. Beliebtes, freundliches rein veg. Restaurant – die weitaus beste Wahl, es sei denn, man möchte Bier zum Essen trinken.

Hotel Ajanta, zwischen Holiday Resort und Padmapani Park an der Hauptstraße. Der regionaltypische dhaba-Imbiss am Straßenrand hat köstliche Masala-Gerichte mit Huhn, Fisch und Hammel sowie warmes roti-Fladenbrot.

Transport

Wer kein eigenes Transportmittel hat, kommt nur mit dem **Bus** nach Ajanta. Alle Fahrzeuge, auch Taxis, müssen an der Abzweigung nach **Ajanta (Ajanta T-Junction)** haltmachen, 4 km vor den Höhlen an der Hauptstraße von Aurangabad nach Jalgaon. Hier gibt es einen Besucherkomplex mit Schnellrestaurants, Toiletten und Souvenirständen; außerdem soll bis 2012 ein neues Informationszentrum entstehen. Der Eintritt zu diesem Komplex kostet Rs7. Vom Besucherzentrum pendeln vermietlich umweltfreundliche grüne Busse regelmäßig zu den Höhlen (Rs7, mit AC Rs12). Alle MSRTC-Busse zwischen AURANGABAD, 108 km südwestlich, und dem nächsten Bahnhof in JALGAON, 58 km nördlich, halten auf Anfrage an der T-Junction. Wer mit einem frühen Bus kommt, kann die Höhlen besichtigen, einen Happen essen und dann in eine der beiden Richtungen weiterfahren. Alternativ kann man die Fahrt von und nach Aurangabad auch mit einer der gehetzten **Touren** (S. 688) zurücklegen; eine bessere Basis ist jedoch Jalgaon.

Lonar

Nur wenige Reisende fahren zum Krater von Lonar, aber wer es hierher schafft, findet einen faszinierenden stillen See vor, der seine Existenz einem Meteoriteneinschlag verdankt. In einer Hindu-Legende, die recht zutreffend annahm, dass es von einer Sternschnuppe gebildet wurde, trägt das gigantische Loch den Namen „Taratirth". Es entstand vor etwa 50 000 Jahren, als hier ein Felsbrocken aus dem Weltall einschlug. Als einziger **Meteoritenkrater** in Basaltgestein auf der ganzen Welt ist die Stätte nicht nur eine geologische Kuriosität, sondern generell für die Wissenschaft von großem Interesse. Die NASA hat hier wegen der Ähnlichkeit mit einigen Mond- und Marslandschaften umfassende Studien vorgenommen. Viele der Mysterien des Sees wie etwa die extreme Alkalinität des dicken, schwefelhaltigen Wassers sind jedoch immer noch ein Rätsel.

Vom Rand führen mehrere steile Pfade hinunter zum See; der Hauptweg beginnt etwa 500 m vom MTDC Holiday Resort und erreicht das Becken bei einem Shiva-Tempel aus dem 12. Jh. Eine komplette Umrundung des von Wald gesäumten Sees, an dem eine vielfältige Vogelwelt zu Hause ist, dauert rund drei Stunden. Unterwegs stößt man auf zahlreiche weitere anscheinend aufgegebene Shiva-Schreine. An einer Schlucht im Nordosthang des Kraters – hier führt auch ein Weg zurück hinauf – befindet sich eine faszinierende Gruppe von Tempeln mit einer Quelle, die vom Ganges herstammen soll. Zum Schluss lohnt sich noch ein Besuch im Chalukya-Tempel **Daitya Sudana** aus dem 10. Jh. im Dorf Lonar. Die Tempelmauern sind verschwenderisch mit detailreichen Steinskulpturen und -reliefs mythologischer Szenen verziert.

Am einfachsten kommt man mit dem **Taxi** von Aurangabad nach Lonar; ein Tagestrip kostet je nach Fahrzeug und Verhandlungsgeschick Rs1800–2500. Von Aurangabad (4 Std.) kommen außerdem morgens zwei **Busse** hierher; zurück fährt der letzte Bus gegen 16 Uhr. Die Busse halten in der Mitte des Dorfes Lonar, 2 km vom See entfernt. Wer mehr über den See erfahren möchte, nimmt sich am besten einen einheimischen **Guide**; empfohlen wird Gajanan Kharat, ✆ 07260/221428. Die einzige **Unterkunft** ist das gemütliche, aber etwas geisterhafte MTDC Holiday Resort direkt gegenüber vom Krater, ✆ 07260/221602, ❹, gebaut für einen Besucheransturm, der aber ausblieb. Das angeschlossene Restaurant besitzt eine herrliche Terrasse mit Seeblick.

Jalgaon

Jalgaon ist ein wichtiger Verkehrsknotenpunkt in den Streckennetzen von Central und Western Railway und liegt zudem an der Hauptstraße durch den Dekkan, dem NH-6. Der Ort dient als Marktzentrum für die Baumwoll- und Bananenbauern der Region und als wichtiger Stopp für Traveller auf dem Weg zu oder von den 58 km weiter südlich gelegenen Höhlen von Ajanta. Zwar bietet die Stadt selbst nichts Interessantes, Besucher sind jedoch oft gezwungen, hier zu übernachten, um früh morgens weiterreisen zu können.

Erstklassiges Budgethotel

Plaza Hotel, 2 Min. vom Bahnhof auf der linken Seite der Station Rd, ✆ 0257/222 7354, ✉ hotelplaza_jal@yahoo.com. Sehr schmucke und einladende Unterkunft mit verschiedenen, harmonisch eingerichteten EZ und DZ, alle makellos weiß, sehr preisgünstig und mit blitzsauberen gefliesten Badezimmern. Außerdem gibt es einen Schlafsaal mit AC (Rs150) und eine Suite (Rs900). Wer frühmorgens abreist, bekommt Tee aufs Zimmer serviert. ❸–❹

Übernachtung und Essen

Kewal, Station Rd, ✆ 0257/222 3949. Falls das Plaza Hotel voll ist; düster, aber einigermaßen sauber. ❹

Royal Palace, ✆ 0257/223 3888, 3 km hinter dem Busbahnhof. Mittelklassehotel mit großem Atrium; die Zimmer sind jedoch eher gesichtslos, dafür aber recht gut ausgestattet. ❺

Es gibt kein besseres Restaurant in der Stadt als das schnörkellose, aber freundliche **Hotel Arya**, 10 Fußminuten vom Bahnhof – am Ende der Station Road links abbiegen und dann am Uhrenturm wieder links. Sehr beliebt mittags wegen der frisch zubereiteten und herzhaften nordindischen veg. Spezialitäten. Unterwegs kommt man am großen **Arya Niwas** vorbei, das von denselben Leuten betrieben wird und eines der besten rein veg. *thali*-Lokale am Ort ist.

Nicht veg. Essen und Alkohol gibt's im respektablen, aber verrauchten **Bombay Hotel** neben dem Bahnhof. Wer den Abend nicht in Gesellschaft angetrunkener Handelsvertreter verbringen möchte, sollte recht früh hier sein.

Internet

Internetanschluss bietet das **Om Internet Café** für Rs20 pro Std. im 1. Stock des Einkaufszentrums Golani Market, nicht weit vom Kreisverkehr am Ende der Station Road.

Transport

Busse

Der geschäftige **MSRTC-Busbahnhof** liegt 1,5 km (Rs15 per Rikscha) vom Bahnhof entfernt.

Maharashtra

Nach AJANTA (1 Std.) kommt man am schnellsten mit einem der halbstündlichen Busse nach AURANGABAD (4 Std.), 160 km südlich, die alle an der Abzweigung nach Ajanta (T-Junction) halten.

Die MSRTC unterhält außerdem Tagesverbindungen nach MUMBAI (1x tgl., 11 Std.), NAGPUR (2x tgl., 10 Std.) und PUNE (5x tgl., 9–10 Std.). Besser sind auf diesen Routen jedoch die zahlreichen privaten **Nachtbusse**. Diese Busse sowie private Busse zu anderen Zielen kann man bei den Reisebüros an der Station Road buchen. Die angenehmste Verbindung nach Pune bietet zurzeit **Shree Durga Travels**, ℘ 0257/222 8124; in andere größere Städte wie Mumbai, Indore und Ahmedabad ist derzeit **Uncle Travels**, ℘ 0257/224 1294, am besten.

Eisenbahn

Jalgaon hat hervorragende Zugverbindungen, da es auf der Hauptstrecke zwischen Delhi, Kolkata und Mumbai liegt, sowie gute Verbindungen zu den meisten Städten nördlich auf der Central-Railway-Strecke.

Außerdem kommen zahlreiche Expresszüge auf dem Weg zum Netz der Southeastern Railway durch die Stadt, darunter mindestens 9 Züge tgl. nach NAGPUR (7–9 Std.), via Wardha Junction (für Sevagram; 5 1/2–6 1/2 Std.); am praktischsten ist der Sewagram Express Nr. 12139, Abfahrt von Jalgaon um 22 Uhr, Ankunft in Nagpur Junction um 6.10 Uhr. Auch nach MUMBAI (7–8 3/4 Std.) gibt es regelmäßige Verbindungen.

Außerdem fahren Züge nach AGRA (4–5x tgl., 14–17 1/2 Std.), BENGALURU (1x tgl., 24 Std.), BHOPAL (7x tgl., 7–8 3/4 Std.), CHENNAI (1x tgl., 23 Std.), DELHI (4x tgl., 18–21 3/4 Std.), GWALIOR (4–5x tgl., 12–15 1/2 Std.), PUNE (4x tgl., 8 1/2–10 1/4 Std.), VARANASI (10–12x tgl., 18 1/2–28 Std.).

Nagpur

Nagpur, Hauptstadt des „Landes der Orangen", steht im Zentrum der staatlichen Bemühungen, die abgeschiedene nordöstliche Ecke von Maharashtra als Industriestandort zu etablieren – die meisten Ausländer sind aus geschäftlichen Gründen in der Stadt. Die wenigen Reisenden, die hier einen Halt einlegen, sind auf dem Weg nach Madhya Pradesh oder zum Gandhi-Ashram in Sevagram, zwei Fahrstunden südwestlich. Der andere lohnenswerte Ausflug führt in anderthalb Busstunden Richtung Nordosten zum Bergtempelkomplex von Ramtek.

Das auffälligste Wahrzeichen in der Stadt ist das **Sitabuldi Fort** auf einem Sattel zwischen zwei Hügeln oberhalb des Bahnhofs; es ist jedoch für die Öffentlichkeit geschlossen. Nördlich und westlich der Festung gibt es im angenehm grünen Bezirk **Civil Lines** einige prächtige Gebäude aus britischer Zeit, als Nagpur Hauptstadt der riesigen Region der Zentralprovinzen war.

Übernachtung

Blue Moon, ℘ 0712/272 6061. Das am wenigsten heruntergekommene der billigeren Hotels, 5 Min. zu Fuß westlich vom Skylark. Die winzigen Bäder könnten allerdings eine Generalreinigung vertragen. ❹–❺

Tuli International, 1 km nordwestlich vom Bahnhof im ruhigen Bezirk Sadar, ℘ 0712/665 3555, 🖳 www.tuligroup.com. Das charmanteste der zahlreichen teureren Hotels für Geschäftsreisende, mit Kronleuchtern in der Lobby, Teppichen in den Fluren und plüschiger Einrichtung, was dem Hotel ein nettes altmodisches Flair verleiht. ❽

Skylark, 119 Central Ave, ℘ 0712/272 4654. Dies ist das beste einer Reihe von annehmbaren Budgethotels an der Central Avenue, rund 1 km östlich des Bahnhofs. Die angenehmsten Zimmer (mit AC) sind groß und sauber, die billigsten ein wenig schäbig und laut. Gutes Restaurant. ❹–❺

Essen

Naivedhyam, abseits des Jhowsi Rani Chowk in Sitabuldi mitten im Zentrum. Das schicke Restaurant ist eine Institution in Nagpur und bietet köstliches veg. Essen (Hauptgerichte Rs90–175). Im Hintergrund läuft Hindi-Hawaii-Musik.

The Grill. Gemütlicher, wenn auch verraucht und von Männern dominierter Speisesaal mit

Bar im Hotel Skylark. Gute veg. und nicht veg. Gerichte (Hauptgerichte Rs125–250), begleitet von Live-*ghazals*.

Shivraj, nicht weit vom Hotel Blue Moon. Leckere und billige südindische Snacks und *thalis*.

Sonstiges

Geld

Geld wechselt z. B. die **State Bank of India** am Kingsway beim Bahnhof.

Informationen

MTDC-Touristeninformation, West High Court Rd, Civil Lines, 2,5 km westlich vom Zentrum, ☏ 0712/253 3325. Nur nützlich für die Buchung von Unterkünften. ☉ tgl. 10–18 Uhr.
MP Tourism, 4. Stock, Lokmat Building, Wardha Rd, ☏ 0712/244 2378. Buchung von Unterkünften im Pench Tiger Reserve (S. 432), in Pachmarhi (S. 399) und im Kanha-Nationalpark (S. 427). ☉ Mo–Fr 11–17 Uhr, plus erster und letzter Sa im Monat.

Transport

Nagpur liegt ziemlich genau in der Mitte Indiens und verfügt so über gute Verkehrsverbindungen ins ganze Land – ansonsten liegt es aber ziemlich isoliert.

Busse

MSRTC-Busse halten am **staatlichen Busbahnhof**, 2 km südöstlich vom Bahnhof.
Außer nach RAMTEK und WARDHA fahren vom MSRTC-Busbahnhof Busse nach AURANGABAD (6x tgl., 12 Std.), INDORE (1x tgl., 11–12 Std.), JABALPUR (3x tgl., 7–8 Std.), JALGAON (2x tgl., 9 Std.) und PUNE (4x tgl., 16 Std.).

Eisenbahn

Der geschäftige **Bahnhof** von Nagpur liegt eine Rs20 teure Fahrt mit dem Motor-Rikscha entfernt vom wichtigsten Hotelviertel rund um die Central Avenue.
Die schnellste Verbindung nach MUMBAI (6–8x tgl.) ist der Nagpur Mumbai Duronto Nr. 12290, Abfahrt 20.25 Uhr (nur Mo, Mi und Fr Di, Do und So), Ankunft im CST (VT) um 7.50 Uhr;

alle anderen Verbindungen sind mindestens 2 Std. länger. Die meisten Züge nach WARDHA (für Sevagram; 11–13x tgl., 1–2 Std.) halten auch in JALGAON (9x tgl., 6 1/2–7 3/4 Std.).
Andere Ziele ab Nagpur sind: BHOPAL (8–17x tgl., 5 1/2–9 Std.), CHENNAI (3–6x tgl., 14 3/4–23 1/2 Std.), DELHI (10–13x tgl., 13 1/2–21 3/4 Std.), HYDERABAD (2–5x tgl., 8 1/4–11 1/4 Std.), INDORE (1–2x tgl., 10 1/2–12 Std.), JABALPUR (2–5x tgl., 8 1/4–10 Std.), KOLKATA (5–8x tgl., 17 1/2–22 3/4 Std.), NASIK (5–7x tgl., 9 1/2–11 Std.) und PUNE (2–3x tgl., 15–18 Std.).

Flüge

Der **Flughafen** befindet sich etwa 8 km südwestlich des Zentrums. Eine Motor-Rikscha sollte nicht mehr als Rs150 kosten.
Air India fliegt 2–3x tgl. von Nagpur nach MUMBAI; dieselbe Strecke bedienen 1x tgl. GoAir, IndiGo und Jet Airways und Kingfisher, weniger häufig JetLite.
Außerdem gibt es 1x tgl. (oder öfter) Flüge nach DELHI mit Air India, GoAir und IndiGo sowie nach KOLKATA mit Air India und IndiGo und nach BENGALURU mit Kingfisher und Air India (Air India fliegt weiter nach CHENNAI). Außerdem fliegt IndiGo 2x tgl. nach PUNE, Kingfisher 1x tgl. nach GOA und (über INDORE und PUNE) nach HYDERABAD.

Ramtek

Die malerische Ansammlung weiß getünchter Tempel und Schreine auf einem Hügel bei Ramtek, 40 km nordöstlich von Nagpur an der Hauptstraße nach Jabalpur (NH-7), ist eine dieser Erscheinungen, die sich dem Reisenden auf langen Fahrten durch Asien schon von Weitem offenbaren. Dem *Ramayana* zufolge legten Rama, Sita und Lakshmana auf ihrem Rückweg von Lanka auf diesem zerklüfteten, mit Gebüsch bewachsenen Hügel einen Aufenthalt ein. Obwohl aus diesen fernen Zeiten nur wenige Spuren überliefert sind, erfüllen die alten gepflasterten Pilgerwege, der heilige See, die verfallenen Schreine und die schönen Ausblicke über die

Maharashtra

endlose Ebene das aus der Ferne gegebene Versprechen vollends.

Busse aus Nagpur halten einige Kilometer vor dem **Ram Mandir** – dem Tempelkomplex – im Ort Ramtek. Vom Ortsrand führen Steintreppen steil den Berg hinauf. Wo heute der 1740 erbaute Tempel steht, gab es früher einen Tempel aus dem 5. Jh., von dem nur noch drei kleine Sandsteinschreine übrig sind. Gleich unterhalb des Tempelkomplexes befindet sich das runde **Kalidas Smarak**, ein modernes Denkmal für den großen Sanskrit-Dichter Kalidasa. Die Innenwände des Pavillons sind mit Bildtafeln geschmückt, die Szenen aus dem Leben und den Werken des Poeten zeigen. ☉ tgl. 8.30–20 Uhr, Eintritt Rs5.

Eine weitere heilige Stätte in Ramtek ist der **Ambala-See**, ein Badestaubecken am Grund einer Schlucht inmitten trockener brauner Hügel, zu erreichen über einen 1,5 km langen Pilgerweg. Hauptattraktion hier sind die Tempel und *ghats* an den schlammigen Ufern. Leute mit genügend Energie können den See auch noch **umrunden** und sich dabei die halb verfallenen Kenotaphe und von Unkraut überwucherten Schreine am ruhigeren Nord- und Westufer anschauen. Mit einer Motor-Rikscha (um Rs40) geht es zurück zum Busbahnhof.

Direktbusse nach Ramtek fahren jede halbe Stunde vom MSRTC-Busbahnhof von Nagpur. Wer nicht zu Fuß zum Tempel hochgehen möchte, kann sich vom Busbahnhof für etwa Rs100 am Ambala-See vorbei mit einer **Motor-Riksscha** hochfahren lassen. Das **Rajkamal Resort**, ☏ 07114/202761, ➍–➎, ein paar hundert Meter vom Tempel am Berg, bietet einige teure, aber akzeptable Zimmer sowie ein malerisch gelegenes Freiluft-Restaurant; das Essen ist aber leider nur mittelmäßig.

Sevagram

Sevagram, Gandhis Modell-„Village of Service", liegt tief in der stillen Landschaft Maharashtras, 9 km von der Eisenbahnstadt Wardha. Während des Monsuns von 1936 zog der Mahatma von seinem Ashram in Gujarat auf Einladung seines Freundes Seth Jamnalal Bajaj hierher. Direkt in der Mitte des Subkontinents und nicht weit vom Bahnnetz der Central Railway gelegen, bildete es ein ideales Hauptquartier für die gewaltfreie Nationalbewegung Satyagraha, da es abgeschieden und ruhig lag, aber gleichzeitig über die gute Verkehrsanbindung verfügte, die Gandhi für seine politischen Aktivitäten benötigte.

Heute ist die kleine Siedlung eine Mischung aus Museum und pulsierendem Zentrum für die Verbreitung von Gandhis Philosophie. Interessierte Besucher können ein paar Tage hier verbringen und bei der Feldarbeit helfen, an Diskussionen und Gebetstreffen teilnehmen (tgl. 5.45 und 18 Uhr; für die Gebetstreffen Insektenschutzmittel nicht vergessen) und die aussterbende Kunst des Handspinnens erlernen. Die älteren Bewohner des Ashrams sind echte Wissensquellen hinsichtlich der Worte ihres Gurus.

Hinter dem interessanten **Besucherzentrum** (☉ tgl. außer Di 10–18 Uhr) mit seinen Fotos und Dokumenten zu Gandhis Leben erreicht man den wunderbar friedvollen eigentlichen Hauptteil des Ashrams, der Eingang befindet sich ein paar Hundert Meter die Straße entlang. Die bescheidenen rustikalen **Hütten**, darunter die Hauptresidenz des Mahatma, sind exakt so erhalten, wie sie aussahen, als der große Mann und seine Anhänger hier in den letzten Jahren des Kampfes um die Unabhängigkeit lebten. ☉ tgl. 6–18 Uhr. In einem kleinen *khadi*-Laden werden handgesponnene Stoffe und andere hier hergestellte Produkte verkauft.

Übernachtung und Essen

Wer etwas mehr über Gandhi und seine Philosophie der Gewaltlosigkeit erfahren möchte, kann länger verweilen und im einfachen, aber sauberen **Rustam Bhavan Guest House** ➊ oder im Schlafsaal **Bajaj Bhavan** (Rs60) im Hauptteil der Anlage, ☏ 07152/284753, übernachten; jedoch wird erwartet, dass man jeden Tag ein paar Stunden Gemeinschaftsarbeit verrichtet. Ein wenig schäbigere Unterbringung in strohgedeckten Backsteinhütten bietet das **Yatri Niwas** des Ashrams, ☏ 9822/797520, gegenüber von der Hauptanlage; Zimmer ➊, Schlafsaal Rs40.
Einfache, billige und gesunde *thalis* und Snacks aus Maharashtra sind im **Organic Nutrition Centre** neben dem Besucherzentrum erhältlich.

Nahverkehrsbusse fahren jede halbe Stunde von WARDHA, 77 km südwestlich von Nagpur und an der Eisenbahn-Hauptstrecke gelegen, bis zur Kreuzung vor dem Kasturba Gandhi Hospital, von wo es noch 1 km bis zum Ashram ist. Eine **Motor-Riksha** vom Busbahnhof von Wardha nach Sevagram und zurück sollte nicht mehr als Rs200 kosten.

Vom **MSRTC-Busbahnhof** in Nagpur fahren regelmäßig Express-Busse nach Wardha (2 Std.).

Südlich von Mumbai: Die Konkan-Küste

Obwohl in letzter Zeit mehrere noble Resorts für wohlhabende Städter entstanden sind, ist die Küste südlich von Mumbai, die Konkan-Küste, immer noch relativ unverdorben. Leere Strände vor Kasuarinen und Arekapalmen sowie Kokosplantagen vor der Kulisse der fernen Ghats säumen die Küste, und in kleinen befestigten Orten wird einer besonderen Küstenkultur gehuldigt, mit einem eigenen Marathi-Dialekt und einer feurig scharfen Küche. Wegen der vielen Flüsse und Flussmündungen, die die Küste zerschneiden, war diese wenig erkundete Region bis vor einiger Zeit schwer zu bereisen. Dank der Konkan Railway, die zwischen Mumbai und Kerala über Goa an der Küste entlangführt, ist sie heute erheblich besser zugänglich.

Murud-Janjira

Der erste interessante Ort auf dem Weg Richtung Süden ist der kleine Hafen Murud-Janjira, 165 km südlich von Mumbai. Das traditionelle Handelszentrum befand sich einst im Besitz einer Dynastie ehemaliger abessinischer Sklaven, der Siddis. Es verfügt noch über zahlreiche schöne Holzhäuser, einige davon bunt angestrichen und mit Säulenveranden versehen. Am breiten, sanft abfallenden Strand kann man gefahrlos baden, jedoch ist die Küste weiter Richtung Süden einladender.

Fünf Kilometer südlich steht gleich vor der Küste das eindrucksvolle **Janjira Fort** aus dem 16. Jh., eine der wenigen Festungen, die die Marathen nicht einnehmen konnten. Heute ist es in majestätischem Verfall begriffen. Für die Region typische *hodka*-Boote (20 Min., Rs20) fahren von der Anlegestelle in Rajpuri (Rs50 mit der Motor-Riksha von Murud) hinaus zur Festung. Es ist eine nette Fahrt, jedoch haben die Boote Platz für 20 Personen und fahren erst ab, wenn sie voll sind, sodass man manchmal ein ganzes Boot chartern muss (Rs400). An der Festung hat man dann etwa eine Stunde Zeit für die Erkundung der mächtigen Mauern. Das Innere der Festung ist aber zum größten Teil verfallen.

Vor Murud, 2 km vom Strand entfernt, liegt das Kasa Fort von 1661 in offener See, kann aber nicht besichtigt werden, genauso wie der eindrucksvolle Palast des letzten *nawab* aus dem 19. Jh., der über dem Nordende der Bucht thront. Schöne Ausblicke auf die Küste und das Umland bieten sich von dem auf einem Hügel gelegenen **Dattatreya-Tempel** mit einem Turm im islamischen Stil. Der Tempel ist der dreiköpfigen Gottheit geweiht, die Brahma, Vishnu und Shiva in sich vereint.

Die besten Unterkünfte befinden sich an der Durbar Road.

Golden Swan Resort, direkt am Strand, 1 km nördlich des *chowk* am Ortsrand, ☎ 02144/274078, 🖳 www.goldenswan.com. Die komfortabelste Unterkunft am Ort hat schicke AC-Chalets sowie einfachere Zimmer ohne AC im ein paar Häuser weiter gelegenen kolonialen Beach House. Außerdem Fahrradverleih und Restaurant mit lokaler Malvani-Küche. ❼ – ❽

Mirage Holiday Homes, rund 500 m südlich, ☎ 9423/377004. Das schöne historische Gebäude besitzt Zimmer mit hohen Decken und mehr Flair als die Konkurrenz, jedoch keinen direkten Zugang zum Strand. ❹ – ❺

V. M. Dandekar's, gleich südlich des *chowk*, ☎ 9221/260260. Einfache Privatunterkunft an einem schmalen Stück Strand, mit Hausmacherkost. Nach dem Schild mit der Aufschrift „Rooms available here" Ausschau halten. ❹ Südlich des *chowk* herrscht kein Mangel an sauberen und preisgünstigen Esslokalen. Am besten ist **Patil's**, ein Spezialist für *thalis*,

Maharashtra

in einem schattigen Garten ein paar Schritte landeinwärts von der Durbar Road, zu Recht gerühmt für seinen knusprigen Fisch.

Sonstiges

Geld
Für den Aufenthalt muss man genügend **Bargeld** mitbringen – zur Zeit der Recherche gab es im Dorf keinen Geldautomaten, und die einzige Bank wechselte kein Geld.

Internet
Internetzugang bietet das **Fahim Internet Café**, 200 m östlich des *chowk* für Rs35 pro Std.

Post
An der parallel zum Meer verlaufenden Durbar Road gibt es ein winziges **Postamt**.

Transport

Busse
Die meisten direkten Busverbindungen von und nach MUMBAI Central dauern 6 Std. Es gibt auch zwei schnellere ASIAD-Busse (4 1/2 Std.), die im Voraus gebucht werden müssen. Die Busse halten an der Hauptstraße von Murud, der Durbar Road.

Schiffe
Der Murud nächstgelegene Bahnhof ist Roha, zwei Busstunden entfernt. Daher gelangen die meisten Reisenden nach wie vor nach Murud, indem sie zunächst mit einem der etwa stündlich verkehrenden Luftkissen-Katamarane oder regelmäßig fahrenden Fähren (1 Std.) vom Gateway of India in MUMBAI nach MANDAWA auf der Südseite der Hafenbucht (s. S. 196) von Mumbai fahren, wo sie in Shuttlebusse nach ALIBAG (45 Min.) umsteigen, wo man dann wiederum einen normalen staatlichen Bus nach Murud (2 Std.) nehmen kann.

Ganpatipule
Rund 215 km südlich von Murud-Janjira liegt Ganpatipule, ein winziges Dorf mit einem modernen **Ganapati-Tempel**. Diesem nähert man sich auf einem langen überdachten Weg. Der Tempel ist um ein Ganapati-*omnar* herum gebaut, ein auf natürliche Weise entstandenes – wenngleich kaum akkurates – Bildnis des Elefantengottes, das jedes Jahr Tausende von Pilgern anlockt. Weitaus eindrucksvoller ist der spektakuläre weiße **Sandstrand** von Ganpatipule, der sich beiderseits des Dorfes mehrere Kilometer weit erstreckt. Im Meer hier kann man im Allgemeinen gefahrlos baden, von Juni bis Oktober sollte man jedoch vorsichtig sein.

Übernachtung und Essen

MTDC Resort, mitten im Dorf, ☎ 02357/235248. Die Hotelanlage mit gepflegten Rasenflächen hat annehmbare Zimmer in netten zweistöckigen Villen einen Katzensprung vom Meer entfernt. Einige davon besitzen einen luftigen Balkon. Die Konkani-Hütten in einer schattigen Anlage am Strand 10 Min. zu Fuß weiter nördlich sind leider enttäuschend schlecht in Schuss. ❺–❼
Shreesagar, ☎ 02357/235145, ✉ hotel_shreesagar@hotmail.com. Günstigere Alternative 5 Min. Fußweg vom Strand an der Zufahrtsstraße, mit recht guten, einigermaßen sauberen DZ und veg. Restaurant. ❹–❺
Im beliebten Restaurant des MTDC Resort, dem **Tarang**, werden frische Malvani-Gerichte und kühles Bier serviert.

Transport

Ganpatipule erreicht man über (das ans staatliche und private Busnetz gut angebundene) RATNAGIRI an der Strecke der Konkan Railway; von dort absolvieren Nahverkehrsbusse (alle 30–60 Min., 1 1/2 Std.) die letzten 32 km. Oder man nimmt einen der direkten MSRTC-Busse von Mumbai, Pune oder Kolhapur. Busse halten gewöhnlich vor dem MTDC Resort. Während Festen werden Fahrgäste u. U. an der Hauptstraße am Ortsrand abgesetzt, ca. 1,5 km zu Fuß oder per Riksha vom Strand entfernt.

Matheran

Die urige ehemalige britische Hill Station Matheran, 108 km östlich von Mumbai, liegt in 800 m Höhe auf einem schmalen, in Nord-Süd-Richtung verlaufenden Berggrat der Sahyadri-Bergkette. Von einfallsreich benannten Aussichtspunkten am Rande nackter Felsen, die in tiefe

Schluchten abfallen, kann man weit über die dunstigen Ebenen schauen – an einem schönen Tag angeblich sogar bis nach Mumbai. Matheran selbst ist den größten Teil des Jahres über in dichten Nebel gehüllt. Einzigartig ist, dass Autos, Busse, Motorräder und Motor-Rikschas in der Stadt verboten sind. Dieser Umstand sowie die Anreise mit einer **Schmalspurbahn**, die durch die spektakuläre Landschaft bis zum Bergkamm hinauftuckert, verleihen der Stadt eine angenehm ruhige, zeitlose Atmosphäre.

Matheran (wörtlich „Mutter Wald") ist für die Bewohner Mumbais schon seit dem 19. Jh. ein beliebter Zufluchtsort vor der Hitze. Heutzutage finden nur noch wenige ausländische Touristen den Weg hier herauf, und diejenigen, die kommen, bleiben meist nur zwei oder drei Tage, um die Zeit bis zu einem Flug zu überbrücken oder den besonderen Charme der **Kolonialhotels** von Matheran zu genießen. Die Touristensaison dauert von Mitte September bis Mitte Juni (zu anderen Zeiten regnet es oder ist neblig); am meisten Betrieb herrscht um Diwali und Weihnachten, im April und Mai sowie praktisch an jedem Wochenende.

Es gibt hier oben eigentlich nichts anderes zu tun als zu entspannen, die Wälder zu Fuß oder auf dem Pferderücken zu durchstreifen und die frische Luft und schöne Aussicht zu genießen. Die Luftlinie zwischen dem Bahnhof in Neral und Matheran beträgt nur 6,5 km, aber der **Zug** windet sich auf nicht weniger als 21 km Gleisstrecke hier herauf, mit ganzen 281 Kurven, die zu den engsten Eisenbahnkurven der Welt gehören sollen. Die Zugfahrt ist ein echtes Vergnügen, vor allem, wenn man einen Fensterplatz ergattert. Wer sich keinen Platz in der ersten Klasse leisten kann, muss sich auf drangvolle Enge einstellen.

Übernachtung und Essen

Matheran hat zahlreiche Hotels, allerdings nur wenige billige. Am Wochenende sollte man auf jeden Fall vorausbuchen, außerdem verdoppeln sich dann die Preise fast. Und in den Hauptreisezeiten erklimmen sie fürwahr astronomische Höhen. Die unten angegebenen Preise gelten an Wochentagen zu normalen Zeiten. Die meisten Unterkünfte liegen in der Nähe des Bahnhofs

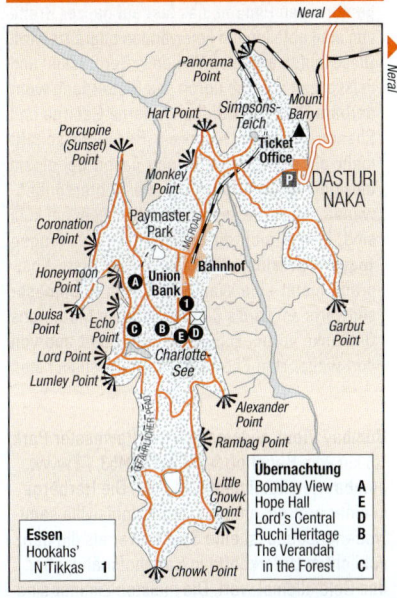

in der MG Road, teurere, familienorientiertere Unterkünfte an der Straße dahinter, der Kasturba Bhavan. Checkout-Zeit ist normalerweise um 10 oder 11 Uhr; während der Regenzeit haben viele Unterkünfte geschlossen.

Für allein reisende Männer kann sich die Zimmersuche ziemlich schwierig gestalten, da die Hoteliers der Stadt Männern ohne weibliche Begleitung fast durchgehend die Aufnahme verweigern. Der Grund: Es kamen zu viele Selbstmörder eigens aus Mumbai angereist, um sich hier oben das Leben zu nehmen. Am problematischsten sind die Unterkünfte am unteren Ende des Preisspektrums.

Praktisch alle Hotels bieten Voll- oder Halbpension zu akzeptablen Preisen, wer jedoch außerhalb des Hotels essen will oder sparen muss, ist mit den zahlreichen thali-Läden rund um den Bahnhof oder den leckeren Kebabs und *tikka*-Gerichten von **Hookahs'N'Tikkas**, ebenfalls in der MG Rd, gut bedient.

Matheran liegt auf einem langen, schmalen, bogenförmigen Plateau, das fast auf ganzer Breite von steil abfallenden Felswänden begrenzt wird. Diese laufen an vielen Stellen in Bergrücken und Felsspitzen aus, die durch das Blätterdach wunderbare **Panoramablicke** auf ferne Gebirge und Ebenen zulassen. Kaum ein Besucher schafft mehr als ein halbes Dutzend davon bei einem einzigen Ausflug, aber um die Wintersonnenwende, wenn die Temperaturen angenehm kühl sind, lassen sich die meisten in einer langen Tageswanderung abklappern. Eine erste Kostprobe bietet eine Wanderung vom Hauptbasar südwärts am Lord's Central Hotel an Matherans Ostflanke vorbei zum Alexander Point und von dort weiter zum Chowk Point – dem südlichsten Bergsporn. Das sollte hin und zurück nicht mehr als ein paar Stunden dauern.

Eine weitere schöne Wanderstrecke ist die alte Karrenpiste, die sich um den Westrand des Plateaus an einer Reihe malerischer Bungalows aus der britischen Ära vorbei bis zum Louisa, Coronation und Sunset (oder Porcupine) Point schlängelt – wie der Name andeutet, gilt letzterer Aussichtspunkt als ideal zur Betrachtung des Sonnenuntergangs. Exakte topografische Karten des Bergs und seiner vielen Wege sind praktisch nicht zu bekommen. Nur im Speisesaal des Lord's Central Hotel hängt noch ein wunderschönes altes Exemplar aus britischer Zeit aus; Wanderer dürfen gern vorbeischauen und sich orientieren.

Bombay View, südwestlich des Paymaster Park, 1,5 km vom Bahnhof, ☎ 02148/230453, 🖥 www.bombayviewhotelmatheran.com. Die Herberge in einer großen, umgebauten Kolonialvilla samt Nebengebäude ist eine Spur teurer als die ganz schlichten Unterkünfte in Bahnhofsnähe, aber das Geld allemal wert. Die meisten Zimmer sind geräumig, mit Außensitzbereichen und Aussicht auf Wald oder Garten, und die Mitarbeiter sind hilfsbereit. ❸–❹

The Verandah in the Forest, 2 km südwestlich vom Bahnhof, ☎ 02148/230296, 🖥 www.neemranahotels.com. Allein schon für diesen prachtvoll restaurierten Bungalow aus dem 19. Jh. lohnt sich ein Abstecher nach Matheran. Neben der stimmungsvollen Aufmachung und Möblierung im authentischen Stil der Zeit bezaubert vor allem die riesige, von dichtem Laub beschattete Westveranda – ein traumhaftes Fleckchen für ein Mittagessen (muss reserviert werden) oder den Nachmittagstee findet sich in ganz Indien nicht. Beim Essen muss man sich allerdings vor den diebischen Affen hüten. Die Zimmerpreise sind vertretbar und bleiben das ganze Jahr über recht konstant. ⏱ ganzjährig. ❼–❾

Hope Hall, MG Rd, gegenüber vom Lord's Central, ☎ 02148/230253. Geräumige, saubere Zimmer mit Bad – die besseren mit hohen Decken und Gemeinschaftsveranda – an einem abgeschiedenen Hof mit Badminton und Tischtennis am ruhigen Ende der Stadt. Unter der Woche einer der besten Deals in Matheran, am Wochenende bei vierfachem Preis jedoch viel zu teuer. ❷–❹

Lord's Central, MG Rd, ☎ 02148/230228, 🖥 www.matheran.com. Obwohl schon etwas mitgenommen, mit wackeligen Veranden, Weihnachtssternen, harten Betten und schwer verdaulichen, aber köstlichen Tagesmenüs, ist das aus britischer Zeit stammende, exzentrische Lord's eine der beliebtesten Institutionen in Matheran, nicht zuletzt dank der ehrfurchtslosen, in Anekdoten verliebten parsischen Betreiber. Vom Garten am Pool bieten sich spektakuläre Ausblicke. Nur mit VP (ab Rs1600–2300 pro Pers. und Nacht; 30 % Nachlass bei Aufenthalt ab 2 Nächten). ❼–❽

Ruchi Heritage, MG Rd, ☎ 02148/230072. Während die geschmacklose Fassade eine echte architektonische Sünde darstellt, birgt das Pseudo-Heritage-Hotel im Innern recht geräumige, moderne, saubere Zimmer in Flieder- und Pfirsichtönen – im Notfall durchaus zu gebrauchen. ❹

Maharashtra

Keine der Banken in Matheran wechselt ausländische Währungen, aber der **Geldautomat** der Union Bank etwas südlich des Bahnhofs nimmt ausländische Karten an.

Alle motorisierten Transportmittel, inkl. Sammeltaxis und Minibusse ab Neral (Rs50 p. P., Rs250 pro Wagen), halten am Taxistand neben dem MTDC Resort in Dasturi Naka, 2 km von Matheran. Von hier kann man einen Träger anheuern (Rs100–120) und zu Fuß gehen, sich auf eines der etwas zerbrechlich wirkenden Pferde setzen, die am Zügel geführt werden (Rs150–180) oder eine von Hand gezogene Rikscha nehmen (Rs250–300). Wer sein Gepäck selbst tragen kann, folgt einfach den Gleisen, die Matheran in der Mitte durchschneiden (die Straße ist viel kurviger). In jedem Fall ist bei Betreten der Stadt eine **Gebühr** (Rs25) zu zahlen, die für die gesamte Dauer des Aufenthalts gültig ist.

Der **Bahnhof** von Matheran liegt in der Ortsmitte an der MG Rd, die mehr oder weniger in Nord-Süd-Richtung verläuft.

Um Matheran per Zug zu erreichen, muss man zunächst nach **Neral Junction** (1 1/2–2 1/4 Std. ab Mumbai) fahren. Dieser Bahnhof wird regelmäßig von Vorortzügen aus MUMBAI (CST oder Dadar) Richtung KARJAT angefahren. Die einzigen beiden Schnellzüge, die tgl. in Neral halten, sind der Deccan Express Nr. 11007 (Abfahrt 7.10 Uhr) und der Koyna Express Nr. 11029 (Abfahrt 10.05 Uhr); mit ihnen spart man 45 Min. Fahrzeit gegenüber dem Vorortzug. Aus der anderen Richtung, aus PUNE (3 Std.), hält außer dem Sahyadri Express Nr. 11024 (Abfahrt 10.10 Uhr) kein Schnellzug in Neral. Allerdings halten zahlreiche Schnellzüge aus dieser Richtung in Karjat, von wo Vorortzüge zurück nach Neral verkehren.

Von Mitte Okt bis Mitte Juni zuckeln tgl. 4 Schmalspurzüge um 7.30, 8.50, 10.15 und 17.05 Uhr, am Wochenende zusätzlich um 12.15 Uhr von NERAL nach Matheran (1 3/4–2 Std.). Während des Monsuns hängt der Bahnverkehr vom Wetter ab.

Alle Schmalspurzüge warten auf die ankommenden Expresszüge; man muss sich also keine Sorgen machen, den Anschlusszug zu verpassen, wenn der Zug, mit dem man kommt, Verspätung hat. Für Fahrten am Wochenende sollte man schon einen Tag im Voraus einen Platz buchen.

Lonavala und die Höhlen von Karla und Bhaja

Vor nur 30 Jahren war die Stadt Lonavala, 110 km südöstlich von Mumbai und 62 km nordwestlich von Pune, noch ein ruhiger Zufluchtsort in den Sahyadri-Bergen. Seitdem ist sie jedoch rasant gewachsen und inzwischen nur noch als Stützpunkt für Ausflüge zu den fantastischen buddhistischen Höhlen von Karla und Bhaja interessant, von denen einige noch aus der Satavahana-Periode (2. Jh. v. Chr.) stammen. Die beiden Höhlenstätten gehören zu den kunstvollsten Beispielen der Felsarchitektur im nordwestlichen Dekkan. Sie können es an Größe zwar nicht mit Ajanta und Ellora aufnehmen, beherbergen aber einige besonders gut erhaltene Skulpturen.

Die beiden Stätten liegen etwa 6 km voneinander entfernt östlich von Lonavala und sind in Eigenregie per Bus oder Bahn gut an einem Tag anzuschauen, wenn man bereit ist, viel zu laufen (genug Wasser mitnehmen). Oder man mietet sich für die Tour eine **Motor-Riksccha** (ungefähr

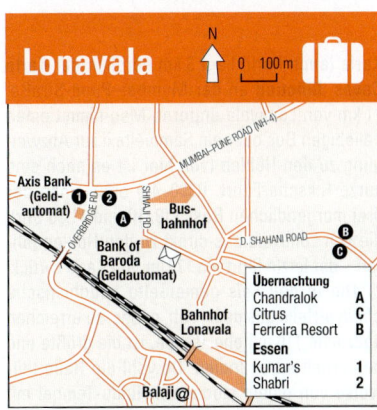

Lonavala

N 0 100 m

Axis Bank (Geld-automat) ❶ ❷ ❶ **Bus-bahnhof**

Bank of Baroda (Geldautomat)

Bahnhof Lonavala

D. SHAHANI ROAD Ⓑ Ⓒ

MUMBAI-PUNE ROAD (NH-4)

Übernachtung	
Chandralok	A
Citrus	C
Ferreira Resort	B

Essen	
Kumar's	1
Shabri	2

Balaji @

Maharashtra

Rs300–400) oder ein **Auto** (Rs600 für 4 Std.) – beide sind normalerweise am Bahnhof von Lonavala zu finden. Wer die Höhlen in Ruhe und Frieden genießen will, sollte die Wochenenden meiden, denn dann wird vor allem Karla von Horden lärmiger Tagesausflügler überschwemmt, die den dortigen Hindu-Schrein aufsuchen.

Bhaja

Die Höhlen von Bhaja liegen 2 km vom Bahnhof Malavli entfernt, der mit stündlich verkehrenden Passagierzügen von Lonavala (9 km weiter westlich) zu erreichen ist. Zu den Höhlen führt südlich vom Bahnhof eine Straße, die nach 1,5 km endet; danach geht es etwa 10 Minuten steil hinauf zu den Höhlen. Die Höhlen zählen zu den ältesten in ganz Indien: Sie stammen aus dem 2. bis frühen 1. Jh. v. Chr., der frühesten Phase des Buddhismus (Hinayana).

Man betritt den Komplex gegenüber dem *chaitya*, der einen Stupa beherbergt, aber keine Figuren; 27 schlichte, angeschrägte Säulen neigen sich in Nachahmung eines Holzgebäudes leicht nach innen. Die meisten anderen Höhlen sind schlichte Klosterhallen *(viharas)* mit angrenzenden Zellen; vor vielen befinden sich einfache Veranden. Weiter südlich liegt hinter einer mysteriösen dichten Ansammlung von Stupas die letzte Höhle, ein *vihara*, dessen Veranda mit fantastischen Kunstwerken verziert ist. Experten haben die dargestellten Figuren als die Hindugötter Surya und Indra identifiziert. ⏲ tgl. 9–17.30 Uhr, Eintritt Rs100.

Karla

Karla (auch Karli) liegt 3 km nördlich der **Karla Caves Junction** an der Mumbai–Pune-Straße, 11 km von Lonavala entfernt. Man nimmt einen beliebigen Bus oder ein Sammeltaxi zur Abzweigung zu den Höhlen (von hier ist es noch eine kurze Rikscha-Fahrt, Rs30–40) oder einen der drei morgendlichen Busse (9, 10 und 11.30 Uhr), die von Lonavala aus direkt zu den Höhlen fahren – der letzte fährt um 17 Uhr von Karla zurück.

Die in den Fels gemeißelte buddhistische *chaitya*-Halle aus dem 1. Jh. n. Chr., zu erreichen über eine 110 m hohe Treppe, ist die größte und besterhaltene in Indien. Obwohl die Halle teilweise von einem modernen Hindu-Tempel mit

einem Schrein für Ekviri verdeckt wird, ist ihre gigantische, 14 m hohe Fassade mit dem hufeisenförmigen Fenster immer noch sehr beeindruckend. Links vom Eingang steht ein *simhas stambha,* eine hohe Säule, auf der vier Löwen thronen.

In der Vorhalle der Höhle trennen Figurenreliefs mit sechs Paaren – vermutlich die reichen Mäzene der Halle – die drei Eingänge voneinander. Es ist schwer vorstellbar, dass diese Gestalten mit ihren ausdrucksvollen Gesichtern und sinnlichen Körpern vor rund 2000 Jahren gemeißelt wurden. Zwei Reihen achteckiger Säulen trennen das Innere in drei Teile. In der Mitte liegt ein breiter Gang und im hinteren Teil ein Stupa, den die Gläubigen umkreisten. Über dem kannelierten Kapitell jeder Säule kniet ein kunstvoll gemeißeltes Elefantenpaar mit jeweils zwei Reitern. Erstaunlicherweise sind sogar noch einige der Holzbalken, die die Bogendecke stützen, aus der Nutzungszeit der Halle erhalten. ⏲ tgl. 9–17 Uhr, Eintritt Rs100.

Übernachtung

Lonavalas Auswahl an Unterkünften ist begrenzt und bis auf wenige Ausnahmen für das Gebotene völlig überteuert. Das liegt vor allem daran, dass den größten Teil des Jahres die Nachfrage das Angebot bei Weitem übersteigt. Von Oktober bis März sinken die Preise, und an Werktagen ist mit Preisnachlässen von 20–30 % zu rechnen. Aber kaum jemand wird sich hier länger als nötig aufhalten wollen.

Chandralok, nicht weit vom Busbahnhof, Shivaji Rd, ✆ 02114/272294. Das gut geführte Mittelklassehotel (etwas abseits der Marktstraße) hat geräumige, luftige, moderne Zimmer mit und ohne AC. Dazu gibt es ein gutes *thali*-Restaurant im Erdgeschoss. ❺–❻

Citrus, D. Shahani Rd, 5 Min. mit der Rikscha von Busbahnhof und Bahnhof, ✆ 02114/279531, 🖥 www.citrushotels.com. Elegantes neues Businesshotel im Mumbai-Stil, etwas unpassend an einer ruhigen Seitenstraße gelegen. Zimmer mit Designer-Touch in Gebäuden an mit Kunstrasen bedecktem Hof voller Sofas mit weißen Kissen – recht ausgefallen, aber die Preise brauchen keinen

Vergleich mit denen anderer Unterkünfte in Lonavala zu scheuen. **❼**

Ferreira Resort, gegenüber vom Citrus Hotel, D. Shahani Rd, ☎ 02114/272689, ✉ iris19@ rediffmail.com. Auf nette Weise altmodisches Hotel in einer ruhigen Nebenstraße außerhalb des Zentrums. Die ruhigen, sauberen Zimmer, alle mit Bad, haben kleine Balkone mit Blick auf die Straße oder ein grünes Grundstück hinter dem Haus. **❺**

MTDC Karla Resort, 7 km östlich von Lonavala, 1,5 km westlich von Karla Junction, ☎ 02114/ 282230. Ruhige Unterkunft auf großem, schattigem Gelände ein paar hundert Meter vom Mumbai–Pune Highway mit verschiedenen preisgünstigen Zimmern und Suiten in Chalets und Cottages; außerdem kann man Kanus leihen und damit auf dem Fluss hinter dem Anwesen eine Paddeltour unternehmen. Checkout 9 Uhr. **❹ – ❺**

Essen

In einer unüberschaubaren Zahl von Geschäften gibt es die ortstypische Süßigkeit **chikki** – eine köstliche Mischung aus Nüssen, Kernen oder Kokosnuss in steinhartem Palmzucker. Viele Hotels in Lonavala bieten Vollpension. Frischer ist das Essen aber in verschiedenen Lokalen entlang der Hauptstraße, die den regen Durchgangsverkehr abfertigen.

Shabri, unter dem Ramkrishna Hotel, Mumbai– Pune Rd. Neben Kumar's ein weiteres Lieblingsrestaurant der betuchten Mumbaier. In dem geräumigen, gut besuchten Speisesaal kommt eine große Auswahl nord- und südindischer Gerichte nebst kaltem Bier auf die Tische. Die Straßenterrasse ist ein beliebter Frühstücksplatz.

Mogulküche vom Feinsten

Kumar's, Mumbai–Pune Rd. Das große, betriebsame Speiselokal ist am Wochenende immer rappelvoll. Hier locken nämlich hervorragende Mogul- und Tandoori-Spezialitäten wie das köstliche *murg handi* (entbeintes Huhn nach Mogulart) mit ofenwarmem *naan* zum Dippen. Und kühles Bier gibt's auch.

Sonstiges

Geld

Mehrere Banken im Ort verfügen über **Geldautomaten**.

Internet

An der Straße, die vom Bahnhof nach Süden führt, befindet sich das kleine Internetcafé **Balaji's** (Rs20 pro Std.), ⏰ 9–22 Uhr.

Transport

Der **Busbahnhof** von Lonavala liegt zentral gleich neben der alten Mumbai–Pune-Straße, aber der Zug ist die weitaus bessere Wahl. Lonavala liegt auf der Hauptbahnstrecke zwischen MUMBAI (3 Std.) und PUNE (1 Std.), und die meisten Expresszüge halten hier. Der **Bahnhof** liegt im Süden der Stadt, 10 Min. zu Fuß vom Busbahnhof.

Pune

Das wohlhabende Pune (manchmal noch anglisiert Poona genannt), die zweitgrößte Stadt Maharashtras, liegt in einer Höhe von 598 m in der Nähe der Westghats (hier bekannt als Sahyadri Hills) am Rande der Dekkan-Ebenen, die sich von hier in Richtung Osten erstrecken. Unter den Marathen des 16. Jhs. war Pune die Hauptstadt eines souveränen Staats, bis die Herrscher von der brahmanischen Peshwa-Dynastie verdrängt wurden. 1820 wählten die Briten den Ort wegen seines kühlen, trockenen Klimas zur zweiten Hauptstadt der Bombay Presidency.

Seit der Kolonialzeit hat sich Pune zu einer wichtigen Industriestadt entwickelt und gehört heute neben Hyderabad, Bengaluru und Chennai zu den wachstumsstärksten Wirtschaftszentren Südindiens. Der neue Wohlstand fällt überall ins Auge: von den riesigen Reklamewänden, die abgeschottete Wohnanlagen für Besserverdiener anpreisen, bis zu den Cappuccino-Bars, klimatisierten Einkaufszentren und hippen Modeboutiquen. Das total verwestlichte, von dichtem Verkehr geprägte Stadtzentrum ist ein Schock für alle, die Pune bisher nur mit Indiens notorisch relaxtem New-Age-Guru Bhagwan Rajneesh, alias Osho (1931–90), assoziierten.

Maharashtra

Der Ashram, den der spirituelle Lehrer 1974 im grünen Vorort Koregaon Park gründete, erregt mit seinen Aktivitäten heute viel weniger Aufmerksamkeit als zu Rajneeshs Lebzeiten, zieht aber immer noch Anhänger aus aller Welt an. Dies war auch einer der Gründe für den terroristischen Anschlag vom Februar 2010 auf die nahe German Bakery, den früheren Hippie-Treff in Koregaon Park, bei dem 17 Menschen starben und etwa 60 verletzt wurden – ein riesiger Schock für diese normalerweise friedliche kleine Enklave. Pune ist spirituell Interessierten auch bekannt als Sitz des illustren Yoga-Zentrums von Yogacharya B. K. S. Iyengar – eine viel ernstere und seriösere Institution als der Osho-Ashram, S. 28 und S. 716.

Orientierung

Das Zentrum von Pune grenzt im Norden an den Mula und im Westen an den Mutha – die beiden Flüsse vereinen sich im Nordwesten, an der Sangam-Brücke, zum Mutha-Mula. Die Haupteinkaufszone und die größte Konzentration von Restaurants und Hotels befindet sich in den Straßen südlich vom Bahnhof, besonders in der Connaught und, weiter südlich, der MG Road. Die Altstadt, Peshwa, im Westen zwischen dem befestigten **Shaniwarwada Palace** und dem faszinierenden **Raja Dinkar Kelkar Museum**, ist der bei Weitem interessantere Teil der Stadt. Alte hölzerne *wadas*, palastartige Stadthäuser, sind in diesen engen, belebten Straßen erhalten geblieben, und der runde viktorianische **Mahatma Phule Market** ist ein pulsierendes Zentrum.

Raja Dinkar Kelkar Museum

Dinkar Gangadhar Kelkar (1896–1990) war nicht nur ein berühmter Marathi-Poet, der unter dem Namen Adnyatwasi veröffentlichte, er verbrachte auch einen großen Teil seines Lebens damit, zu reisen und Kunst und Kunsthandwerk aus dem ganzen Land zusammenzutragen. 1975 spendete er seine Sammlung der Regierung von Maharashtra, um ein Museum zum Gedenken an seinen im Alter von 12 Jahren gestorbenen Sohn Raja einrichten zu lassen.

Das in einer riesigen Altstadtvilla untergebrachte Museum, 1378 Shukrawar Peth, ist ein wundervolles Potpourri mit schönen und interessanten Kunst- und Alltagsgegenständen,

Artikeln rund um *paan*, Musikinstrumenten, fantastischen Marathi- und Gujarati-Textilien und -Trachten, Puppen, Hausschreinen und Möbeln, Spielen aus Elfenbein und einem Modell des Shaniwarwada-Palastes. Von den 21 000 Stücken der gewaltigen Sammlung kann natürlich immer nur ein Bruchteil ausgestellt werden. ⊙ tgl. 9.30–18 Uhr, Eintritt Rs200.

Shaniwarwada Palace

Mitten im ältesten Teil der Stadt, 1 km nördlich des Kelkar Museum, stehen nach einem verheerenden Brand von 1828 vom Shaniwarwada Palace nur noch die beeindruckend hohen Mauern. Dies war von 1732 bis zur Einnahme durch die Briten die Hauptresidenz der Peshwas. Heute kann das Gebäude nur noch wenig Interesse erwecken, jedoch gibt es hier tgl. außer Di um 20 Uhr eine Sound-and-Light-Show auf English (Rs25). Der Zutritt erfolgt durch das Delhi Gate auf der Nordseite, eines von fünf Toren in der Umfassungsmauer; die riesigen Teakholztüren weisen gefährlich aussehende Spitzen zur Elefantenabwehr auf. Innerhalb der Mauern wächst jetzt nur noch Gras – das siebenstöckige Palastgebäude ist ganz verschwunden. ⊙ tgl. 8–18 Uhr, Eintritt Rs100.

Aga Khan Palace und Gandhi Memorial

Im Jahre 1942 wurden Mahatma Gandhi, seine Frau Kasturba und andere Schlüsselfiguren der Freiheitsbewegung im prächtigen Aga Khan Palace interniert. Er liegt in einem ruhigen Garten jenseits des Flusses Mula, 5 km nordöstlich vom Zentrum (Bus Nr. 157, Nr. 158 und Nr. 163). Der Aga Khan schenkte den Palast 1969 dem Staat, der ihn in ein kleines Gandhi-Museum verwandelte. Es zeigt beschriftete Fotos und einfache Räume, die unverändert geblieben sind, seit die Freiheitskämpfer hier lebten. Eine Gedenkstätte hinter dem Haus erinnert an Kasturba, die während ihrer Gefangenschaft starb. ⊙ tgl. 9–17.30 Uhr, Eintritt Rs100.

Tribal Museum

Das Tribal Research and Training Institute, welches das **Tribal Museum**, Koregaon Rd, 1,5 km östlich des Bahnhofs, ⌨ www.trti.mah.nic.in,

Maharashtra

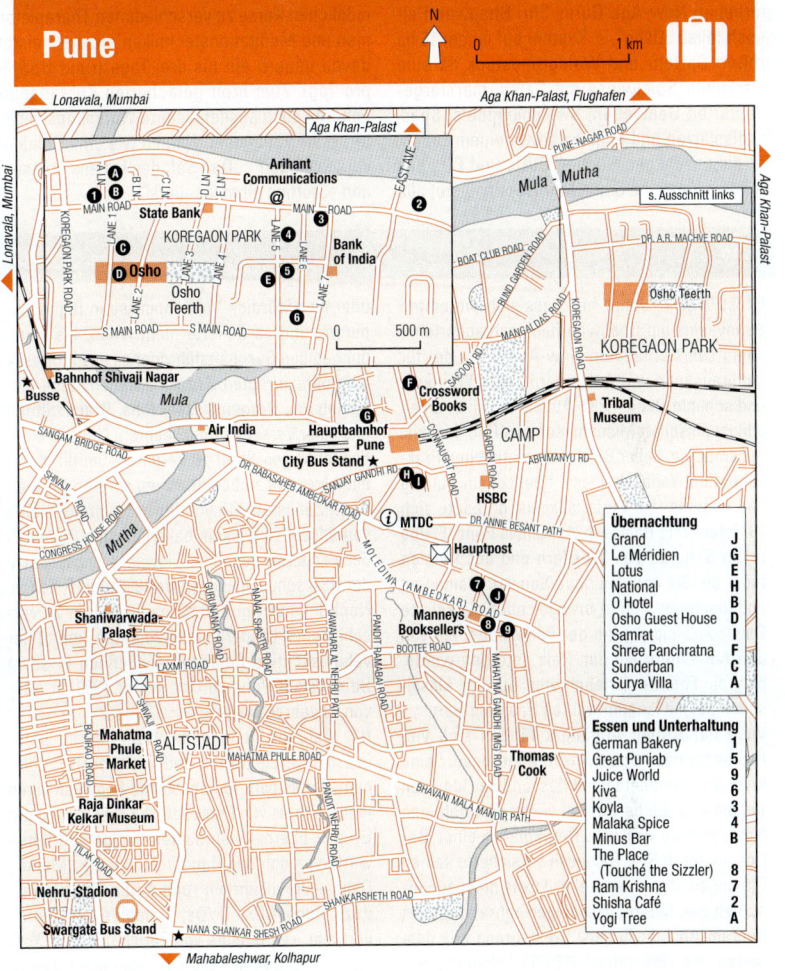

Lonavala, Mumbai — Aga Khan-Palast, Flughafen

Aga Khan-Palast

Mula - Mutha

s. Ausschnitt links

Arihant Communications

State Bank

KOREGAON PARK

Osho

Osho Teerth

Bank of India

0 — 500 m

EAST AVE.

Dr. A.R. MACHVE ROAD

Osho Teerth

KOREGAON PARK

Bahnhof Shivaji Nagar

Busse

Mula

Sangam Bridge Road

Air India

Hauptbahnhof Pune

City Bus Stand ★

Crossword Books

Tribal Museum

CAMP

Dr. Babasaheb Ambedkar Road

Sanjay Gandhi Road

HSBC

MTDC

Hauptpost

Manneys Booksellers

Shaniwarwada-Palast

Mahatma Phule Market

ALTSTADT

Raja Dinkar Kelkar Museum

Thomas Cook

Nehru-Stadion

Swargate Bus Stand

Nana Shankar Shesh Road

Mahabaleshwar, Kolhapur

Übernachtung

Grand	J
Le Méridien	G
Lotus	E
National	H
O Hotel	B
Osho Guest House	D
Samrat	I
Shree Panchratna	F
Sunderban	C
Surya Villa	A

Essen und Unterhaltung

German Bakery	1
Great Punjab	5
Juice World	9
Kiva	6
Koyla	3
Malaka Spice	4
Minus Bar	B
The Place (Touché the Sizzler)	8
Ram Krishna	7
Shisha Café	2
Yogi Tree	A

Maharashtra

betreibt, widmet sich dem Studium und Schutz der mehr als 40 Stammesgruppen in Maharashtra, die zusammen rund zehn Millionen Menschen zählen. Die Fotos, Ausstellungsgegenstände und die Dioramen draußen bilden eine hervorragende Einführung in diese recht unbekannte Welt. Höhepunkt sind jedoch die wundervollen Sammlungen von Tanzmasken und Warli-Gemälden. Wer an kulturell einfühlsamen

Führungen durch Stammesgebiete interessiert ist, kann sich an den Museumskurator wenden. ⏲ tgl. 10.30–17.30 Uhr, Eintritt Rs10.

Osho International Meditation Resort

Pune ist Sitz des berühmt-berüchtigten Osho International Meditation Resort, 17 Koregaon Park Rd, ✆ 020/2401 9999, 🖥 www.osho.com, 2 km nordöstlich des Bahnhofs. Der Ashram des verstorbenen New-Age-Gurus Shri Bhagwan Rajneesh (alias „Osho", s. Kasten) auf einem 16 ha großen Garten- und Waldgrundstück ist eine verträumte Spielwiese mit Cafés, marmorgepflasterten Gehwegen, Swimmingpools, Spas, Tennisplätzen und Kliniken sowie einem Laden, der die unzähligen Bücher, DVDs und CDs des Meisters vertreibt. Seine **Multiversity** bietet alle möglichen Kurse zu verschiedenen Therapieformen und Meditationstechniken an; die meisten davon dauern ein bis drei Tage (rund US$100 pro Tag). Zum breit gefächerten Kursangebot gehören auch ausgefallenere Workshops mit interessant klingenden Namen wie „Ins Gemälde verschwinden", „Den Saft des Lebens pressen" und „Sterben einmal anders".

Osho

Es ist über 40 Jahre her, dass sich die ersten Sannyasins um Bhagwan Rajneesh scharten – jenen selbsternannten New-Age-Guru, der für Zehntausende von Anhänger in aller Welt kurz und schlicht **Osho** heißt. Auf seine Lehre, einen philosophischen Mischmasch aus Buddhismus, Sufismus, sexueller Befreiung, tantrischem Praktiken, Zen, Yoga, Hypnose, tibetischem Pulsing und ungeniertem Materialismus, gründete sich 1974 der erste Rajneesh-Ashram in Pune. Er zog rasch Scharen von Westlern und auch einige Inder an. Sie nahmen neue Sanskrit-Namen an und kleideten sich in orange- oder dunkelrote Baumwollkleidung. An der Perlenkette, die von den Anhängern um den Hals getragen wurde, hing ein Foto des erleuchteten Guru im klassischen Stil mit langem weißen Haar und Bart.

Viele der frühen Anhänger fühlten sich von Rajneeshs neuartigem Ansatz angezogen. Seine Kritik am Christentum mit dessen fixer Idee von Schuld und Sünde traf bei vielen den richtigen Nerv, ebenso wie sein Propagieren einer Befreiung durch Sex. Rajneesh versicherte seinen Gläubigen, dass materieller Luxus nicht zu verachten sei. Innerhalb weniger Jahre sprossen Ashram-Ableger in ganz Westeuropa aus dem Boden. Bis 1980 gab es 200 000 Anhänger, verteilt auf 600 Meditationszentren in 80 Ländern.

Um sich vor Umweltverschmutzung, Atomkriegen und AIDS zu schützen, steckte die Organisation Geld in ein utopisches Projekt namens **Rajneeshpuram**, auf rund 260 km² Ackerland in Oregon, USA. Zu diesem Zeitpunkt begannen Boulevardzeitungen und Fernsehteams wirkliches Interesse an Rajneesh zu entwickeln, der mittlerweile Multimillionär geworden war. Eingeschleuste Informanten verbreiteten Geschichten über merkwürdige Vorkommnisse in Rajneeshpuram, und es dauerte nicht lange, bis seine umtriebigen Geschäftsführerinnen das Interesse der Polizei erregten. Anzeigen wegen Steuerhinterziehung, Drogenmissbrauchs, Brandstiftung und einer Verschwörung, mehrere Leute in einer benachbarten Stadt zu vergiften, um die Kommunalwahlen zu beeinflussen, sorgten für weiteren Zündstoff. Obwohl er behauptete, nichts von alldem zu wissen, bekannte sich Rajneesh des Verstoßes gegen die Einwanderungsgesetze der USA schuldig und wurde 1985 abgeschoben. Nach langwierigen Versuchen, sich in 21 verschiedenen Ländern niederzulassen, kehrte der valiumsüchtige Rajneesh schließlich in seine Heimatstadt Pune zurück, wo er 1990 im Alter von 59 Jahren starb.

Der Ashram litt in den 1990er-Jahren unter internen Streitigkeiten und finanziellen Problemen. Vor seinem Tod bestimmte Rajneesh einen inneren Kreis von Personen, die die Führung der Gruppe übernehmen sollten. Einige von ihnen warfen jedoch das Handtuch, und die „Marke" Osho – die alljährlich rund 4 Mio. Bücher und dazu noch CDs, DVDs, Gemälde und Fotos vertreibt – wird heute von Zürich und New York aus kontrolliert. In Pune kam aber lange Zeit zu wenig vom diesem Geld an, um die laufenden Kosten zu decken. Die Folge war ein Neustart mit Namensänderung (von Osho Commune International zu **Osho International Meditation Resort**). Auch das Leben im Ashram hat sich verändert: Während Besucher in den Hoch-Zeiten im Schnitt drei bis sechs Monate blieben, reisen die meisten heute nach höchstens zwei Wochen wieder ab, und nur noch wenige Anhänger leben ständig hier.

Maharashtra

Für die Öko-Oase gilt eine strikte Zugangsregelung. Nach den Anschlägen in Mumbai und in Pune selbst wurden die Sicherheitsmaßnahmen verschärft und die Führungen bis auf Weiteres ausgesetzt. Besucher, die an einem Kurs teilnehmen wollen, müssen sich mit ihrem Pass im Welcome Center (⏱ 9–12.30 und 14–15.30 Uhr) anmelden sowie einen HIV-Test machen lassen. Anmeldung, HIV-Test und der Tagespass für den ersten Tag kosten für Ausländer Rs1550; jeder weitere Tag schlägt mit Rs700 zu Buche.

Außerdem braucht man zwei Gewänder (dunkelrot für tagsüber, weiß für abends), die im Mini-Einkaufszentrum des Ashrams erhältlich sind. Wer auf dem Gelände selbst wohnen will, dem steht das schicke **Osho Guest House**, ☎ 020/6601 9900, ❽, mit seinen minimalistisch-eleganten Zen-Zimmern zur Verfügung. Die Unterkunft liegt allerdings genau über dem Hauptauditorium, was, wie der Ashram es so nett ausdrückt, „die Dynamische Meditation um 6 Uhr früh zu einem unwiderstehlichen Angebot machen kann".

Die wunderschöne **Gartenanlage** östlich des Osho-Hauptkomplexes heißt **Osho Teerth** und ist fürs allgemeine Publikum geöffnet. Der friedvolle Ort lädt zu Spaziergängen zwischen plätschernden Bächen, Bambushainen, alten Bäumen und kunstvoll verteilten Zen-Skulpturen ein. ⏱ tgl. 6–9 und 15–18 Uhr, Eintritt frei, das Fotografieren ist untersagt.

Übernachtung

Unterkünfte der oberen Preisklasse schießen in ganz Pune wie Pilze aus dem Boden, aber Budget- und Mittelklassehotels sind dünn gesät. Das erklärt, warum die Preise unangemessen hoch sind und freie Zimmer Seltenheitswert haben: Ohne Reservierung läuft kaum etwas. Infos zur Übernachtung im Osho International Meditation Resort s. o.

Grand, in der Nähe der Dr.-Ambedkar-Statue am Ende der MG Rd, ☎ 020/2636 0728. Das Hotel aus der Kolonialzeit hinter einem schummerig beleuchteten Biergarten ist vor einiger Zeit durch einen neuen Farbanstrich aufgefrischt worden. In den superbilligen, durch Holzwände abgetrennten EZ ohne Bad bei der Rezeption (Rs300) findet man sicher nicht viel Schlaf,

Ruhig und modern

Lotus, Plot No. 356, Lane No. 5, Koregaon Park, ☎ 020/2613 9701, 🖥 www.hotelsuryavilla.com. Das renovierte Schwesterhotel des Surya Villa in einem unscheinbaren lachsfarbenen Gebäude in ruhiger, grüner Umgebung hat das beste Preis-Leistungs-Verhältnis in Koregaon Park. Die hellen, sauberen, modernen Zimmer haben große Fenstern, bequeme Betten und gemütliche Balkone sowie kostenloses WLAN. Ein einfaches Frühstück (inkl.) wird aufs Zimmer gebracht. Ganz in der Nähe liegen die besten Restaurants des Viertels. ❻

aber die renovierten DZ mit hohen Decken im hinteren Nebengebäude sind in Ordnung. ❹

Le Méridien, RBM Rd, gleich nordwestlich des Bahnhofs, ☎ 020/6641 1111, 🖥 www.starwoodhotels.com. Obwohl es nicht mehr das größte Hotel in Pune ist, macht dieser riesige Marmortempel noch immer den Eindruck, das opulenteste und luxuriöseste zu sein. Es hat große, vornehme und luftige Zimmer mit dicken, honigfarbenen Teppichen und riesigen Betten. Die Dachgartenbar mit zweistöckigem Pool ist der genialste Ort der Stadt für einen abendlichen Drink. Offizielle Preise ab US$400. ❾

National, 14 Sassoon Rd, gegenüber vom Bahnhof, ☎ 020/2612 5054. Große, recht saubere Zimmer mit hohen Decken in weitläufigem, kargem und leicht verfallenem Kolonialhaus in überraschend ruhiger Lage etwas zurückversetzt von der Hauptstraße. Die kleineren, ruhigeren, billigeren Zimmer im Nebengebäude verfügen über eigene Außensitzbereiche. ❹

O Hotel, North Main Rd, ☎ 020/4001 1000, 🖥 www.ohotelsindia.com. Goa-Schick in Pune: von außen ein abweisendes sandsteinfarbenes Hochhaus, drinnen eine üppige Designer-Spielwiese mit mutigen Farben und Formen. Die Zimmer zeichnen sich durch eine Kombination aus geraden Linien und stylischen Details einerseits und warmen, gedämpften Farbtönen und natürlichen Materialien andererseits aus. Toller offener Wellnessbereich und spektakuläre Dachterrasse mit Pool und Bar. Listenpreise ab etwa US$280. ❾

Maharashtra

Samrat, 17 Wilson Garden, gegenüber vom Bahnhof, ✆ 020/2613 7964, ✉ thesamrathotel@ vsnl.com. Schicker Hochhausblock mit zentraler Klimaanlage und großen, blitzblanken Zimmern an Galerien zum Atrium. Das Ganze versteckt sich in einem Seitensträßchen nur einen Katzensprung vom Bahnhof entfernt, ist aber leicht aufzuspüren und bietet nach Pune-Maßstäben ein ausgezeichnetes Preis-Leistungs-Verhältnis. WLAN vorhanden, Frühstücksbuffet inkl. ❻–❼

Shree Panchratna, 7 Tadiwala Rd, ✆ 020/ 2605 9999, 🖳 www.hotelshreepanchratna.in. Nicht weiter aufregendes, aber gepflegtes und gut geführtes Businesshotel in einer ruhigen Seitenstraße in Bahnhofsnähe. Die Zimmer (alle mit AC) sind frisch und schlicht möbliert, mit WLAN, Schreibtisch und teilweise mit Balkon. ❼

Sunderban, 19 Koregaon Park, ✆ 020/2612 4949, 🖳 www.tghotels.com. Schönes Art-déco-Gebäude hinter gepflegter Rasenfläche direkt neben dem Osho-Ashram. Die Zimmer im Hauptgebäude mit viel Leder und Teak- und Mahagoniholz bieten ein besseres Preis-Leistungs-Verhältnis als die Zimmer im schicken modernen Gartengebäude (um US$180). April–Sep erhebliche Rabatte. Frühstück inkl. ❼–❾

Surya Villa, 294/1 Koregaon Park, ✆ 020/ 2612 4501, 🖳 www.hotelsuryavilla.com. Recht große, etwas spartanisch eingerichtete Zimmer auf 4 Etagen eines Vorort-Wohnblocks in der Nähe des Osho-Ashrams. Besonders beliebt bei ausländischen „Ashramiten" auf Dauerbesuch. ❺–❻

Essen und Unterhaltung

Punes kaufkräftige Nachwuchsgeneration wirft derzeit mit dem Geld nur so um sich, und Monat für Monat eröffnen neue, innovative Ess- und Trinkadressen, um sie um ihre Infotech-Gehälter zu erleichtern. Die größte Ansammlung findet sich im östlichen Teil von Koregaon Park. Für die nobleren Restaurants ist am Wochenende eine Tischreservierung zu empfehlen.

Cafés und Restaurants

German Bakery, 291 Koregaon Park. Die überaus beliebte Filiale der Kette in die Jahre gekommener Hippiecafés war Schauplatz des Terroranschlags von 2010 und sollte inzwischen in neuem Look wieder eröffnet worden sein, ohne den alten lagerhausähnlichen Charme gänzlich einzubüßen. Erhältlich sind leichte Mahlzeiten und sättigendes Gebäck und Brot. Das Publikum setzt sich aus gut betuchten Einheimischen und Osho-Jüngern in weinroten Roben zusammen.

Great Punjab, 5 Jewel Tower, Lane 5, Koregaon Park, ✆ 020/2614 5060. Eines der beliebtesten nordindischen Restaurants in Koregaon Park. Es hat großzügig bemessene Kebab-, Grill- und Tandoori-Gerichte und großes Angebot an Cocktails und Spirituosen in schicker, gedämpfter Umgebung. Fleischfreunde sollten den *karela kebab* probieren, einen Berg aus saftigem Tandoori-Huhn, gefüllt mit einer herzhaften Mischung aus Hackfleisch und Kräutern. Hauptgerichte Rs240–390.

Juice World, 2436/B East Street Camp. Frisch gepresste Obstsäfte (Rs25–80) und Shakes (unbedingt die superleckere Sorte mit Trockenfrüchten und *badam* probieren) sind das Markenzeichen dieses geschäftigen Studentenlokals gleich östlich des ganzen Endes von MG Rd. Außerdem gibt es hier heiße Snacks wie aloo paratha und den ganzen Nachmittag und Abend hindurch würziges *pao bhaji* nach Bombay-Art, das auf einer riesigen Thekengrillplatte vor sich hin schmurgelt.

Koyla, Mira Nagar Corner, North Main Rd, Koregaon Park. Das Restaurant mit dem extravagantesten Dekor von ganz Pune verblüfft mit spiegelglitzernden Wandbildern aus 1001 Nacht. Die Kellner in langen moslemischen *djellabas* und Fez tragen üppige, raffinierte Hyderabadi-Küche auf. Für 3 Gänge sind locker Rs750–900 zu veranschlagen.

Malaka Spice, Lane 5, Koregaon Park, ✆ 020/2615 6293. Alteingesessener Spezialist für südostasiatische Küche mit einigermaßen authentischen Pfannengerichten, Currys und Nudelgerichten (Rs195–260) in künstlerisch angehauchtem Ambiente. Mittags relaxt, abends intim, mit kerzen- und lichterkettenbeschienener Veranda und Gartenterrasse.

The Place (Touché the Sizzler), 7 Moledina Rd. Saftig Gegrilltes (Gemüse, Fisch, Schwein oder Rind) und zarte, saftige Steaks sind die Speziali-

Maharashtra

tät dieses beliebten, von Parsen betriebenen Restaurants im Stadtzentrum. Hauptgerichte Rs220–375.

Ram Krishna, 6 Moledina Rd. Kellner mit schwarzen Krawatten servieren unter der hohen Decke des Speisesaals veg. Nord- und Südindien-Küche der Spitzenklasse und ein paar fantastische Punjabi-Tandoori-Spezialitäten zu erstaunlich zivilen Preisen (die meisten Hauptgerichte für Rs65–110).

Yogi Tree, Hotel Surya Villa, 294/1 Koregaon Park. Im Stammlokal der gesundheitsbewussten Osho-Jünger gibt es reine, unter hygienischen Bedingungen hergestellte Fruchtsäfte, gegrillte Sandwiches, Tofu-Steaks (Rs165), köstliche koftas (Hackbällchen, Rs130–160) und extrem beliebten pfannengerührten pak choi (Rs165). Auch die Nachspeisen sind köstlich.

Bars

Kiva, Serenebay, Lane 6, Koregaon Park. Der 3 m hohe Totempfahl am Eingang weist auf das Ethnomotto dieser hippen Bar für die Jungen und Schönen von Pune hin. Drinnen besteht die Kulisse aus Gemälden von Ureinwohnern und Stammesmasken, viel Rattan und Kokosbast sowie einer in kühlem Blau beleuchteten Theke. Dazu gibt's lauten westlichen Pop, Knabbereien aus ganz Asien und die besten Cocktails der Stadt (Rs160–320). ◷ tgl. 19–23.30 Uhr.

Shisha Café, ABC Farms, Koregaon Park, ✆ 020/6520 0390. Eine der freundlichsten Kneipen der Stadt: eine riesige Gastro-Bar mit ausladendem Strohdach, viel Grün und persischen Teppichen. Auf der Speisekarte

Traumhaft

Minus Bar, O Hotel, Koregaon Park. Die hoch über der Stadt gelegene, mit Laternen beleuchtete Dachbar des O Hotels ist der traumhafteste Ort für einen Sonnenuntergangsdrink in Pune. Während man sich durch die innovative Cocktailkarte kämpft (zumeist Rs325–375), kann man sich auf tiefen Sofas oder Sitzsäcken fläzen oder die Füße in die sanft plätschernden seichten Pools tauchen und gleichzeitig die Aussicht genießen.

dominieren Kebabs und die persische Küche; die Musikberieselung besteht dagegen aus kubanischen Klängen und Bebop. Dazu werden Bier und Spirituosen kredenzt, und der Tabak der hookahs (Wasserpfeifen) schmeckt nach Erdbeere. Do abends meist Live-Jazz.

Sonstiges

Bücher

Manneys Booksellers, neben The Place (S. 718), Moledina Rd, und **Crossword**, auf der 1. Etage der Sohrab Hall (beim Hotel Shree Panchratna), sind die besten Buchläden im Zentrum der Stadt.

Geld

Thomas Cook, 13 Thacker House, ganz in der Nähe der General Thimmaya Road, ✆ 020/2634 6171, wechselt Fremdwährungen und löst Reiseschecks ein. ◷ Mo–Sa 9.30–18 Uhr.

Informationen

Reiseinfos gibt es beim **MTDC Tourist Office**, ✆ 020/2612 6867, im „I"-Block des Central Building der Stadtverwaltung (Eingang zwischen Ambedkar Chowk und Sadhu Vaswani Circle), ◷ Mo–Fr plus 1. und 3. Sa im Monat 10–17.45 Uhr.
Das MTDC Tourist Office betreibt außerdem einen **Informationsschalter** am Hauptbahnhof, gegenüber dem 1.-Klasse-Schalter, ◷ offiziell wie oben.

Internet

Internetzugänge werden vielerorts angeboten, z. B. im rund um die Uhr geöffneten Cybercafé auf der 1. Etage des Hauptbahnhofs (Rs30 pro Std.). Wer sich sowieso gerade in Korgaon Park herumtreibt, hält sich am besten an **Zorba Net Surfing** im Erdgeschoss des Hotels Surya Villa neben dem Yogi Tree Café oder an **Arihant Communication**, gegenüber dem Ende der Lane 5 an der North Main Road (beide verlangen Rs20 pro Std.).

Post

Die sehr effiziente **Hauptpost** (GPO) ist in der Sadhu Vasavani (Connaught) Rd.

Maharashtra

Transport

Als bedeutendes Wirtschaftszentrum verfügt Pune eigentlich über ausgezeichnete Verkehrsverbindungen zu vielen Orten und Städten im übrigen Südindien. Die Nachfrage nach Flügen, Zug- und Busplätzen übersteigt das Angebot jedoch bei Weitem, weshalb man die gewünschten Verbindungen möglichst weit im Voraus buchen sollte.

Busse

Es gibt drei größere Busbahnhöfe in Pune. Der **City Bus Stand** neben dem Hauptbahnhof ist zweigeteilt: Von einem Bereich verkehren Busse in die Stadt selbst (mit Beschilderung und Fahrplänen ausschließlich in Marathi); der Fernbusbereich ist für Busverbindungen nach Süden und Westen reserviert, z. B. nach GOA (4x tgl., 11 Std.), MAHABALESHWAR (stdl., 3 1/2–4 Std.) und KOLHAPUR (stdl., 5–6 Std.). ASIAD-Busse nach MUMBAI (via LONAVALA) fahren von hier zwischen 5.30 und 23.30 Uhr alle 15 Min. (3 1/4 Std.).

Vom **Swargate Bus Stand**, 5 km südlich in der Nähe vom Nehru-Stadion, fahren Busse nach Karnataka und (wie vom City-Busbahnhof) zu verschiedenen Orten im Süden und Westen.

Vom **Shivaji Nagar Bus Stand**, neben dem gleichnamigen Bahnhof, 3 km westlich des Zentrums, fahren Busse halbstündlich Richtung Norden z. B. nach AURANGABAD (4 1/2 Std.) und NASIK (3–4 Std.).

Um herauszufinden, von welchem Busbahnhof Busse zum gewünschten Ziel fahren, erkundigt man sich am besten beim Informationsschalter am City Bus Stand oder beim **MTDC-Schalter** im Hauptbahnhof.

Eisenbahn

Der **Hauptbahnhof** liegt im Stadtzentrum südlich des Flusses. Da Pune einer der letzten Stopps für rund 20 Langstreckenzüge nach Mumbai ist, sind die Zugverbindungen hervorragend. Viele dieser Züge fahren jedoch frühmorgens ab, und einige enden in Dadar oder (noch schlimmer) Kurla – also immer auf den Endbahnhof achten. Alle Zugverbindungen sollten so früh wie möglich beim neuen **Reservation Centre** neben dem Hauptbahnhof reserviert werden. ⏱ Mo–Sa 8–20, So 8–14 Uhr.

Flüge

Der **Lohagaon Airport** liegt 10 km nordöstlich des Zentrums. Für die je nach Verkehrsdichte 15- bis 30-minütige Fahrt zum Stadtzentrum stehen vorausbezahlte Busse („city drop" Rs150) und Taxis (ohne AC Rs250, mit AC Rs350) zur Auswahl.

Der Flughafen von Pune ist ein wichtiges innerindisches Drehkreuz. Es gibt tgl. eine Verbindung nach GOA mit Kingfisher (Abflug 12.25 Uhr). IndiGo, Kingfisher und SpiceJet fliegen jeweils 2x oder 3x tgl. nach DELHI; Air India, Jet Airways und JetLite bieten eine tgl. Verbindung. BENGALURU wird 1x oder 2x tgl. von Kingfisher und Jet Airways angeflogen, tgl. von IndiGo und SpiceJet und 6x wöchentl. von Air India; Jet Airways, Kingfisher und Air India (außer Sa) steuern auch HYDERABAD an. Kingfisher bietet 2x tgl. eine Verbindung nach CHENNAI, das außerdem tgl. von IndiGo, SpiceJet, Paramount Airways (außer Sa) und Jet Airways (via Bengaluru) angeflogen wird. Jet Airways fliegt 2x tgl. nach MUMBAI, 1x davon weiter nach INDORE, 1x weiter nach KOLKATA; INDORE

Empfohlene Zugverbindungen ab Pune

Zielort	Name	Abfahrt	Fahrzeit
Bengaluru	Udyan Express 16529	11.45 Uhr tgl.	21 Std.
Chennai	Chennai Express 12163	00.10 Uhr tgl.	19 1/2 Std.
Delhi	Jhelum Express 11077	17.20 Uhr tgl.	27 1/2 Std.
Goa	Goa Express 12780	16.30 Uhr tgl.	14 Std.
Hyderabad	Konark Express 11019	19.05 Uhr tgl.	12 3/4 Std.
Kolhapur	Sahyadri Express 11023	22.05 Uhr tgl.	8 Std.
Mumbai CST	Deccan Queen 12124	07.15 Uhr tgl.	3 1/4 Std.

wird direkt von Kingfisher angesteuert, das außerdem nach RAIPUR und NAGPUR via Hyderabad fliegt. IndiGo bietet als einzige Gesellschaft Direktflüge nach NAGPUR (1–2x tgl.) und AHMEDABAD (tgl. außer Sa).

Taxis

Nach MUMBAI fahren 24-Std.-Taxis verschiedener Agenturen vom Taxistand vor dem Hauptbahnhof. Sie verlangen Rs290 p. P., bringen ihre Passagiere allerdings nur bis Dadar. Am gleichen Platz sind auch teurere „cool cabs" mit Klimaanlage (Rs355 p. P.) zu finden.

Mahabaleshwar

Die ehemalige Hauptstadt der Bombay Presidency, Mahabaleshwar, 250 km südöstlich von Mumbai, ist zusammen mit Matheran die meistbesuchte Hill Station in Maharashtra und leicht von Pune (120 km nordöstlich) aus zu erreichen. Als höchster Punkt in den Westghats (1372 m) ist der Ort extremen Wetterbedingungen ausgesetzt. Der Juni bringt schwere Nebel sowie einen drastischen Temperaturrückgang, gefolgt von Überschwemmungen biblischen Ausmaßes: In den 100 Tagen bis Ende September fallen bis zu 7 m Regen. Touristen kommen daher gewöhnlich nur zwischen Oktober und Anfang Juni hierher. Im Hochsommer, von April bis Mai, ist der Ort (Eintritt Rs20) völlig überfüllt.

Abgesehen von seiner günstigen Lage auf halbem Weg zwischen Mumbai und Goa ist die Hauptattraktion das Netz beschilderter **Wanderwege** durch die Wälder. Sie führen zu Wasserfällen und diversen Aussichtspunkten, von denen man über die Berggipfel und hinunter auf die Ebenen blickt. Ein netter Spaziergang, bei dem man mitunter keiner Menschenseele begegnet, ist der 3 km lange **Tiger Path** durch Wald zum **Mumbai Point**. Der Pfad beginnt 1 km südwestlich des Busbahnhofs gegenüber dem Hotel Sathar, etwas südlich vom christlichen Friedhof. Der Panoramablick bei Sonnenuntergang kann atemberaubend sein.

Mit einer Gruppe kann man gut ein **Boot** auf dem **Venna Lake** mieten (Rs300–400 pro Std., 6–8 Pers.), 2,5 km nördlich der Stadt. Die Bootsfahrt

Luxusherberge mit Traumpanorama

Valley View Resort, Valley View Rd (zweigt von der Murray Peth Rd ab), ☎ 02168/260066, 🖥 www.valleyview-resort.com. Die sympathischste Nobelherberge von Mahabaleshwar ist diese moderne 80-Zimmer-Anlage nicht weit vom Zentrum auf einem grünen Gartengelände mit spektakulärer Aussicht. Zu ihren besonderen Annehmlichkeiten gehören ein schickes, rein vegetarisches (und alkoholfreies) Restaurant und ein großes beheiztes Hallenschwimmbecken. ❻–❼

ist allerdings nicht so geruhsam, wie man sich das vorstellt. Ansonsten besteht die Hauptbeschäftigung darin, die wuselige Fußgängerzone des Orts, den **Main Bazaar** (Dr. Sabne Road), mit seinen Läden, Spielhallen und Popcorn-Ständen entlangzubummeln und die in der Umgebung angebauten Erdbeeren und andere Früchte, für die die Stadt berühmt ist, zu probieren.

Übernachtung

Wie in vielen Hill Stations liegen die Übernachtungspreise in Mahabaleshwar trotz des großen Angebots an Hotels zu den Hauptbesuchszeiten deutlich über dem Durchschnitt. Die Preise sind sehr variabel, aber grob gesagt sind die Hauptzeiten April und besonders Mai. Dann verdoppeln oder verdreifachen sich die Preise in den günstigen Unterkünften genauso wie zu Diwali, Weihnachten und Neujahr – am besten meidet man den Ort zu diesen Zeiten. Die unten angegebenen Preise gelten für die Nebensaison, also quasi das restliche Jahr mit Ausnahme von langen Wochenenden („midseason"). Die billigsten Unterkünfte finden sich im Hauptbasar und der Parallelstraße Murray Peth, wo man, wenn nicht viel los ist (mit ein bisschen Handeln) Zimmer unter Rs400 bekommen kann. Während des Monsuns schließen einige Unterkünfte.

Blue Star, 114 Dr. Sabne Rd, ☎ 02168/260678. Besonders günstige Nebensaisonpreise für schlichte Zimmer mit Bad in zentraler Lage – allerdings mit entsprechend bescheidenem Unterbringungsstandard. ❷

Maharashtra

Deluxe, Dr. Sabne Rd, ☎ 02168/260095. Eine der besseren Budgetunterkünfte in der Stadt, über einem Textilgeschäft. Kleine, aber saubere und gemütliche Zimmer mit und ohne AC. ❹

Dina, 1 km nordöstlich des Busbahnhofs, ☎ 02168/260246, 🖥 www.themumbaimall.com/hoteldina. Das bezauberndste Heritage-Hotel der Stadt in einer 100 Jahre alten Villa samt Nebengebäude steht inmitten liebevoll gepflegter Blumenrabatten hoch über dem Venna-See. Am schönsten sind die geräumigen Zimmer im Haupthaus mit Himmelbetten und herrlichem Ausblick von der Veranda. Nur VP, Rs1800–3000 p. P. pro Tag. ❼

Dreamland, unterhalb des staatlichen Busbahnhofs, ☎ 02168/260228, 🖥 www.hoteldreamland.com. Großes, etabliertes Resorthotel mit großem Garten. Das Zimmerangebot reicht von einfachen „Cottages" bis zu AC-Apartments, die einen tollen Ausblick bieten. Im hübschen Gartencafé am Pool gibt's guten Kaffee und im Restaurant feine indische, europäische, mexikanische und chinesische Küche. ❻–❽

Mann Palace, Valley View Rd, abseits der Murray Peth Rd, 1 km südöstlich des Busbahnhofs, ☎ 02168/261778. Die freundliche, gut geführte Unterkunft in einem ziemlich heruntergekommenem Viertel nicht weit vom Main Bazaar hat große, saubere Zimmer. Unter der Woche ein guter Deal, bei längeren Aufenthalten gibt es sogar erhebliche Rabatte. ❺

MTDC Holiday Resort, 2 km südwestlich vom Zentrum, ☎ 02168/260318. Große Anlage mit breitem Angebot an Unterkünften (alle mit Freisitz), darunter nüchterne, aber preisgünstige „economy"-Zimmer, Standardzimmer mit hohen Decken und moderne Cottages für 4 Pers. Das Resort befindet sich in ruhiger Lage, 10 Minuten zu Fuß vom Mumbai Point. ❸–❻

Maharashtra

In Mahabaleshwar kann man gut essen. Abgesehen von den Hotelrestaurants ist das **Aman Restaurant** am östlichen Ende des Main Bazaar das beste Restaurant der Stadt; es hat saftige Kebabs und *tikkas*, köstliche Currys und riesige Portionen Biriyani (Rs60–100).

Tinklers-The Taste Bud, ein paar Häuser weiter, produziert gute südindische und andere Snacks.

Das originelle **Grapevine** am westlichen Ende der Masjid Road (parallel zum Main Bazaar) bietet neben einer guten Auswahl an Weinen, Bieren und Spirituosen ein nett zusammengewürfeltes, wenn auch teures Angebot an Speisen, von Parsen-Hausmannskost bis zu Fish 'n' Chips und Pasta mit hausgemachter Pesto, und im Hintergrund laufen Hits aus den 1980er-Jahren.

Geld
In Mahabaleshwar finden sich zahlreiche **Geldautomaten**.

Internet
Es gibt ein paar eher unzuverlässige **Internetläden** im Basar.

Motor-Rikschas sind in Mahabaleshwar verboten, aber **Taxis** warten am westlichen Ende des Basars auf Fahrgäste und verlangen für kurze Fahrten in der Stadt und in die nähere Umgebung pauschal Rs40. **Fahrräder** verleiht ein Stand beim Hotel Dreamland für Rs150 pro Tag.

Der zentrale **staatliche Busbahnhof** befindet sich am Nordwestende des Basars. Der einzige MSRTC-**Bus** nach Panaji in GOA fährt um 9 Uhr (12 Std.), aber beim Basar gibt es zahlreiche Gesellschaften, die Tickets für ihre privaten Nachtbusse verkaufen. Außerdem bestehen Verbindungen nach KOLHAPUR (5x tgl., 5 1/2 Std.), PUNE (alle 30–60 Min., 3 1/2 Std.) und RATNAGIRI (1x tgl., 6 Std.).

6x tgl. kommen MSRTC-Busse aus MUMBAI; am empfehlenswertesten ist der „semi-luxury"-Bus (7 Std.), der jeden Morgen um 6 Uhr vom Central Bus Stand in Mumbai abfährt.

Pratapgadh

Eine einstündige Busfahrt von Mahabaleshwar entfernt liegt die im 17. Jh. erbaute **Festung** Pratapgadh, die sich über die gesamte Länge eines hohen Bergkamms erstreckt und eine überwältigende Aussicht auf die Berge rundum bietet. 500 Stufen führen zu ihr hinauf. Geschichtlich wird sie mit dem Marathen-Führer Shivaji in Verbindung gebracht, der den Mogul-General Afzal Khan von Bijapur hierher lockte, um über einen Waffenstillstand zu verhandeln. Keiner von beiden schien sich an die Bedingung, unbewaffnet zu kommen, halten zu wollen. Khan versuchte, Shivaji zu erstechen, woraufhin dieser ihn mit dem schaurigen *wagnakh,* einer Art Handschuh aus eisernen Krallen, tötete.

Die Besucher von heute erwartet hier Afzal Khans Grab, ein Gedenkstein an Shivaji und ein schöner Blick über die umliegenden Berge. ⊙ tgl. Sonnenauf- bis Sonnenuntergang, Eintritt frei. Ein Taxi nach Pratapgadh und zurück kostet etwa Rs560. Außerdem fährt täglich um 9 Uhr ein staatlicher Bus vom Busbahnhof in Mahabaleshwar hierher; Rückfahrt ist um 12.30 Uhr.

Kolhapur

Kolhapur, am Ufer des Flusses Panchaganga, 225 km südlich von Pune, soll seit uralten Zeiten ein bedeutendes Zentrum des tantrischen Kults gewesen sein. Die Stadt entstand vermutlich rund um den **Mahalakshmi-Tempel,** der im Leben ihrer Bewohner immer noch eine wichtige Rolle spielt, obwohl es in der Region noch bis zu 250 weitere Heiligtümer geben soll. Mit über 500 000 Einwohnern ist Kolhapur zu einem bedeutenden Industriezentrum geworden, hat sich aber genug typischen Maharashtra-Charakter bewahrt, um einen Zwischenstopp zu rechtfertigen.

Der **Mahalakshmi-Tempel,** dessen cremefarbene Türme das Zentrum der Altstadt überragen, wurde vermutlich im 7. Jh. gegründet. Was heute von dem Gebäude zu sehen ist, stammt jedoch aus dem frühen 18. Jh. Die Frommen warten in langen Schlangen vor dem Osttor des Komplexes, um am Bildnis der Göttin Mahalakshmi unter dem größten der fünf Türme zu beten; wer möchte, kann sich ihnen anschließen.

Der **Rajwada** oder Old Palace am Platz gleich oberhalb des Mahalakshmi-Tempels wird bis heute von Mitgliedern der einstigen Herrscherfamilie Chhatrapati bewohnt. Besucher können die Eingangshalle besichtigen – der Weg führt unter einer säulengestützten Veranda hindurch. Allerdings ist sie gewöhnlich mit Gläubigen gefüllt, die zum hiesigen Bhawani-Tempel kommen.

Kolhapur ist als Zentrum für den traditionellen Ringkampf *kushti* berühmt. Wenn man hinter den Palasttoren rechts abbiegt und durch das niedrige Tor tritt, gelangt man auf einen Pfad, der an ein paar baufälligen Gebäuden vorbei zur *motibaug,* der **Ringkampfarena,** führt. Wer zwischen 6 und 9 oder zwischen 16 und 18 Uhr (außer Sa) hierher kommt, kann die Ringer beim Training beobachten. Die Hauptsaison ist zwischen Juni und September, aber viele sind auch zu anderen Zeiten aktiv. Wettkämpfe finden im nahen Ringkampfstadion **Khasbag Maidan** statt.

Der **New Palace** des Maharadschas, 2 km nördlich des Zentrums, wurde 1884 nach einem Feuer im Rajwada erbaut. Der von Major Mant – dem Gründungsvater der indo-sarazenischen Bauschule, in deren Stil ein Großteil der britischen Kolonialarchitektur entstanden ist – entworfene Bau kombiniert Jain- und Hindu-Elemente sowie lokale Einflüsse des Rajwada und bleibt dabei doch eindeutig viktorianisch – mit einem auffälligen Uhrenturm.

Der heutige Maharadscha lebt im ersten Stock, während das Erdgeschoss das **Shahaji Chhatrapati Museum** beherbergt. Es besteht aus rund einem Dutzend Sälen voller faszinierender Erinnerungsstücke, die vor allem die außerordentliche Blutgier des Chhatrapati-Klans demonstrieren. Neben der Sammlung von Porträts, Trachten, Stickereien, Reitausrüstung und alten Fotos aus britischer Zeit findet sich eine erstaunliche Ansammlung von Schwertern, Gewehren und Folterinstrumenten, eine Vitrine voller aus allerlei Tierteilen hergestellten Haushaltsgegenstände eines Jägers sowie im letzten Raum eine skandalöse Sammlung von ausgestopften bedrohten Tieren, darunter mehrere Tiger. Weniger makaber ist die spektakuläre, kirchenähnliche Durbar Hall mit schönen Schnitzereien und Mosaikboden. ⊙ tgl. 9.30–18 Uhr, Eintritt Rs30.

Übernachtung und Essen

Es gibt in Kolhapur ein ausreichendes Angebot an recht guten Unterkünften zu vernünftigen Preisen; die meisten liegen in der Station Rd

Maharashtra

Ausgezeichnete Wahl

Hotel Woodlands, 204 E Ward, Tarabai Park, ✆ 0231/265 0941, 🖥 www.hotelwoodland. net. Preisgünstige, einladende Unterkunft der oberen Preisklasse in ruhiger Vorortlage 2 km nördlich der Bahnhöfe. Geräumige, helle und gemütliche Zimmer mit AC und kostenloser Modem-Nutzung, tolles nicht veg. Garten- und Veranda-Restaurant und Bar. Frühstücksbuffet inkl. ❺–❻

und sind damit vom Busbahnhof aus leicht zu erreichen.

Maharaja, Station Rd, ✆ 0231/265 0829. Einfache Lodge direkt gegenüber vom Busbahnhof mit Dutzenden einfacher, sauberer Zimmer zu guten Preisen und einem veg. Restaurant. ❸

Shalini Palace, in Stadtrandlage am Ufer des Rankala-Sees, ✆ 0231/263 0401, ✉ hotel shalinipalace@rediffmail.com. Die ehemalige Sommerresidenz des Maharadschas hat zwar etwas vom früheren Glanz eingebüßt, ist aber nach wie vor die stimmungsvollste Unterkunft der Stadt. Die Einrichtung ist im ganzen Haus enttäuschend modern, jedoch haben sich die riesigen Suiten (Rs5000–6000) einige reizende historische Details erhalten. Auch wer hier nicht nächtigt, kann in der ehemaligen Durbar Hall speisen und auf dem weitläufigen üppig begrünten Gelände einen hübschen Spaziergang am See unternehmen. ❻–❼

Tourist, Station Rd, ✆ 0231/265 0421, 🖥 www. hoteltourist.co.in. Der beste Deal in einer Reihe einladender Mittelklassehotels ein paar Gehminuten östlich vom Busbahnhof. Schnörkellose, aber große und gepflegte Zimmer – am besten nach einem abseits des Verkehrs fragen. Veg. und nicht veg. Restaurant. Frühstück inkl. ❹–❺

Vrindavan Deluxe, Station Rd, ✆ 0231/266 4343. Neuere, vorwiegend auf Geschäftsreisende ausgerichtete Alternative zum Tourist, mit sehr sauberen gefliesten Zimmern und einem rein veg. Restaurant in schickem metallgrauem Gebäude. ❹–❺

Kolhapur ist in ganz Maharashtra für seine scharfe Küche bekannt. Abgesehen von den Hotels – hier ist das **Sunderban Restaurant** im Woodland am besten – hat das geschäftige Subraya, am oberen Ende des Station Square, recht gute nord- und südindische veg. Gerichte.

Sonstiges

Geld

An der Station Road und der Assembly Road gibt es zahlreiche Banken mit **Geldautomaten**.

Informationen

15 Min. zu Fuß vom Bahnhof entfernt (rechts abbiegen) liegt die hilfreiche **MTDC-Touristeninformation**, Assembly Rd (nach dem Collector's Office fragen), ✆ 0231/269 2935, ⊙ Mo–Fr plus 1. und 3. Sa im Monats 10–17 Uhr.

Internet

Eines der Internetcafés zwischen Bahnhof und Busbahnhof ist **SkyNet** (Rs15 pro Std.).

Transport

Busse

Mit dem **Bus** Richtung Norden: Alle 30 Min. fahren Busse nach PUNE (5–6 Std.) sowie mindestens 2x tgl. nach MAHABALESHWAR (5 1/2 Std.). Nach GOA fahren vormittags etwa stdl. Busse, weniger oft nach 13 Uhr.

Eisenbahn

Der **Bahnhof** liegt 400 m westlich des Busbahnhofs in der Station Rd, in der Nähe des Stadtzentrums.

Nach MUMBAI (11–13 Std.) fahren tgl. via Pune (7–8 Std.) der Mahalaxmi Express Nr. 11012 (Abfahrt 20.30 Uhr), der Koyna Express Nr. 11030 (7.55 Uhr) und der Sahyadri Express Nr. 11024 (22.50 Uhr). Richtung Süden ist der Rani Chennamma Express Nr. 16590 (Abfahrt 14.20 Uhr) die einzige tgl. Verbindung nach BENGALURU (17 1/2 Std.).

Flüge

Von Kolhapurs **Flughafen**, 8 km südöstlich vom Stadtzentrum, fliegt Kingfisher tgl. nach MUMBAI.

Maharashtra

Goa

Stefan Loose Traveltipps

Old Goa Glockentürme und Barockkirchen zeugen von der einstigen kolonialen Pracht der ehemaligen Hauptstadt Goas. S. 736

Night Market, Arpora Entspannter als der Flohmarkt von Anjuna, und auch die Waren sind von besserer Qualität. S. 750

Flohmarkt von Anjuna Goas berühmter Touristenbasar ist der beste Ort, um sich mit angesagten Partyklamotten und Reisemitbringseln einzudecken. S. 752

Liquid Sky, Aswem Der angesagteste Laden für typisch goanische Trance-Musik ist ein abgelegenes Café auf einem Hügel mit unverstelltem Meerblick. S. 763

Arambol Ein alternativer Urlaubsort mit exquisiten Stränden und einigen der besten Budgetrestaurants in ganz Asien. S. 764

Palácio do Deão, Quepem Auf der schattigen Gartenterrasse des extravaganten, liebevoll restaurierten Herrenhauses aus der Kolonialzeit in Süd-Goa wird Mittagessen serviert. S. 771

17 Palolem Romantischer als an diesem idyllischen, von Palmen gesäumten Strand im äußersten Süden können tropische Sonnenuntergänge kaum sein. S. 779

Schon seit Kolonialzeiten ist die ehemalige portugiesische Enklave Goa auf halber Höhe der indischen Südwestküste ein Ferienziel. Damals kamen aus ganz Indien britische Soldaten und Beamte hierher, um sich zu erholen; die Hauptattraktionen waren Kneipen und Bordelle. Heute sind es die wunderbaren goldenen, palmengesäumten Strände an der 1054 km langen Küste des Bundesstaates, die die Touristen anlocken – jeden Winter etwa zwei Millionen. Billige Flugverbindungen zum goanischen Flughafen Dabolim aus dem restlichen Indien haben in den letzten Jahren zu einem dramatischen Anstieg des innerindischen Tourismus geführt.

Der Chartermarkt, wo früher Briten und Skandinavier dominierten, wird mittlerweile zunehmend von ganzen Flugzeugladungen ausgebefreudiger Russen beherrscht. Zur Hochsaison entspricht Goa also bei Weitem nicht dem Bild der Ruheoase, das in den indischen Medien gern verbreitet wird. Aber trotz der zunehmend chaotischen Verhältnisse in den Badeorten lassen sich immer noch relativ stille, erholsame Fleckchen finden – zumindest wenn man bereit ist, ein bisschen weiter in abgelegenere Gebiete zu fahren.

Goa war das erste Standbein Portugals in Asien und diente über 450 Jahre lang als Dreh- und Angelpunkt des weitreichenden portugiesischen Handelsnetzes. Doch als das portugiesische Weltreich im 17. Jh. seinem Untergang entgegenging, sank auch der Glücksstern Goas. Durch eine Mauer von Bergen und Hunderte von Kilometern unwegsamer Schwemmlandebenen vom Rest Indiens abgeschnitten, blieb es vom übrigen Subkontinent restlos isoliert – bis 1961, als der frustrierte indische Premierminister Jawaharlal Nehru nach vergeblichen Versuchen, mit dem portugiesischen Diktator Salazar zu einer gütlichen Einigung zu kommen, seine Armee schickte.

Kurz nach der „Befreiung" (oder „Besetzung", wie viele Goaner es nach wie vor nennen) kamen die ersten **Hippies** auf der alten Überlandroute nach Goa. Sie betraten eine Welt, in der sich seit Jahrhunderten wenig verändert hatte. Portugiesisch war nach wie vor die Lingua franca der gebildeten Elite, und die Küstensiedlungen waren nichts weiter als Fischerdörfer

und Kokosplantagen. Begeistert stellten die „Aussteiger" fest, dass dies ein Ort war, wo man ausgelassen feiern konnte, ohne einen Kulturschock hervorzurufen. Also verbrachten die Traveller ihre Zeit mit Kiffen, erfreuten sich an den traumhaften Sonnenuntergängen über dem Arabischen Meer und veranstalteten in den Vollmondnächten wilde Partys.

Inzwischen hat der Bundesstaat große Mühe darauf verwendet, seinen Ruf als Zufluchtsort für Drogen konsumierende Aussteiger abzuschütteln, und die **Strände** erfreuen sich Jahr für Jahr wachsender Beliebtheit bei „normalen" Urlaubern. Ihr Erschließungsgrad ist ganz unterschiedlich und reicht von weitläufigen, luxuriösen Urlaubsanlagen nach westlichem Muster bis zu Stränden, an denen gerade mal ein paar aus Palmblättern geflochtene Hütten stehen.

Für welchen Strand Besucher sich entscheiden, hängt davon ab, was für eine Art Urlaub sie im Sinn haben. Besser ausgestattete Resorts wie **Calangute** und **Baga** im Norden sowie **Colva** und **Benaulim** im Süden bieten mehr Unterkünfte als andere Orte. Selbst wer nichts für touristische Zentren übrig hat, ist gut beraten, zuerst einen dieser Orte anzusteuern, da eine Übernachtungsmöglichkeit in weniger erschlossenen Orten nicht immer ganz einfach zu finden ist. **Anjuna**, **Vagator** und **Chapora** sind in erster Linie Partystrände. Die Unterkünfte sind hier in der Regel einfacher und nicht so leicht zu bekommen.

Die meisten Budgettraveller, die sich während einer Indienreise eine Erholungspause gönnen wollen, landen in **Palolem** ganz im Süden, wohin die Charterbusse noch nicht vorgedrungen sind. Aber man darf sich nicht täuschen – Palolem hat sich bereits zu einem größeren Urlaubsort entwickelt, der in der Hauptsaison von Tausenden Langzeitbesuchern bevölkert wird.

Wer es lieber etwas ruhiger mag, könnte das nur einen Landvorsprung von Palolem entfernte **Patnem** ansteuern, oder auch **Agonda**, weiter die Küste hinauf, wo es nur einige Hüttencamps und von Familien geführte Gästehäuser gibt. Der einzige Ort, an dem es noch eine erwähnenswerte Hippieszene gibt, ist **Arambol** ganz im Norden von Goa. Hier kann man sich zwischen den Strandaufenthalten verschiedensten Yoga-Stilen widmen und holistischen Therapien unterziehen.

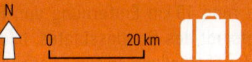

N

0   20 km

Mumbai (500 km)

MAHARASHTRA

KARNATAKA

Terekol
Kerim
Arambol
Mandrem
Aswem
Morjim
Chapora
Vagator
Anjuna
Baga
Calangute
Candolim
Fort Aguada
Miramar
Cabo Raj Bhavan
Dona Paula
Mormugao
Vasco da Gama
Dabolim Airport

Arondem / Tirakol

PERNEM
Pernem

Chapora
BICHOLIM

Siolim
BARDEZ
NH17
Mapusa
Porvorim
Reis Betim
Magos
Mandovi
PANJIM
TISWADI

Bhf. Tivim
(Thivim)
Bicholim

Naroa
Chorao
Island
Piedade
Divar
Island
Old Goa

Bhf.Karmali
(Carambolim)

Sanquelim

SATARI

Valpoi

Goa
Velha
Zuari
Pilar
Mardol
Tisk

PONDA
Khandepar
Ponda

BONDLA
SANCTUARY

Tamdi Surla

Molem

BHAGWAN
MAHAVEER
SANCTUARY

Hospet, Hampi

Hospet, Hampi

MORMUGAO

Bogmalo

Pequeno Island

São Jorge Island

ARABISCHES

MEER

Cansaulim
Majorda
Betalbatim
Colva
Benaulim
Varca

Lutolim

Rachol

Margao   SALCETE

NH17

Cavelossim
Mobor   Betul

Chandor

Quepem

Cuncolim

QUEPEM

Sanguem

SANGUEM

Colem   Dudhsagar
Falls

Zambaulim
Rivona

Dom Bosco

Mallikarjun

Cabo da
Rama

Agonda

Palolem

Galjibag

Chaudi
(Canacona)

CANACONA

COTIGAO
SANCTUARY

Talpona

SAHYADRI RANGE

KARNATAKA

Polem

Karwar, Gokarna, Jog Falls

Goa

In rund 10 km Entfernung von **Panjim**, der Hauptstadt des Bundesstaates, bilden die Ruinen der ehemaligen portugiesischen Hauptstadt **Old Goa** die größte Attraktion abseits der Küste – eine Ansammlung katholischer Kathedralen, Klöster und Kirchen, die Pilger aus ganz Indien anzieht. Ein beliebter Tagesausflug führt zum **Flohmarkt von Anjuna**, der jeden Mittwoch stattfindet und ein guter Ort zum Kauf von Souvenirs und Tanzklamotten ist. Weiter landeinwärts verstecken sich in der dicht bewaldeten Umgebung von **Ponda** zahlreiche Tempel, die von der besonderen goanischen Art der Hindu-Architektur zeugen. Im Distrikt Salcete mit dem wichtigsten Marktflecken **Margao** finden sich überall portugiesische Häuser, Kirchen und Priesterseminare. Wer sich für wilde Tiere begeistert, kann einen Abstecher zum ganz im Süden gelegenen Naturschutzgebiet **Cotigao** unternehmen.

Die beste **Reisezeit** für Goa ist der trockene, relativ kühle Winter zwischen Ende November und Mitte März. Zu anderen Zeiten ist es entweder zu heiß, oder die hohe Luftfeuchtigkeit, die Wolken und der Regen vermiesen allen die Laune. In der Hochsaison von Mitte Dezember bis Ende Januar ist das Wetter perfekt, die Temperaturen überschreiten dann selten 32 °C. Allerdings kann es in dieser Zeit viel Mühe kosten, ein Zimmer oder Haus zu finden – vor allem um Weihnachten und Neujahr herum, wenn die Preise sich verdoppeln oder gar verdreifachen.

Geschichte

Da Goa auf dem Landweg von jeher schwer zugänglich war, hat es in der indischen Geschichte keine tragende Rolle gespielt. Andererseits entwickelte sich Goa zur begehrten Beute rivalisierender Kolonialmächte, die an der Kontrolle

Reisen in Goa

Die weißen Maruti-**Sammeltaxis** stellen für die meisten ausländischen Touristen das wichtigste Transportmittel dar. An den Taxiständen sind auf Schildern oft feste Tarife angeben, diese gelten aber meist nur in der Hochsaison. Zu anderen Zeiten ist man besser beraten, wenn man den Fahrpreis vorher aushandelt.

Eine billigere Alternative ist das Mieten von **Fahrrädern**. Räder aus indischer Fertigung ohne Gangschaltung werden in allen Resorts für rund Rs100–150 pro Tag verliehen. Für längere Touren kann man sich auch **Motorräder** ausleihen. Auf einem Scooter oder Motorrad über die tropischen goanischen Nebenstraßen zu brausen, vermittelt ein echtes Gefühl von Freiheit, ist aber nicht ganz ungefährlich. In jeder Saison gibt es in Goa durchschnittlich einen Verkehrstoten pro Tag, nicht selten handelt es sich dabei um Touristen auf einem Motorrad. Daher sollte man unbedingt darauf achten, dass Beleuchtung und Bremsen intakt sind. Und nach Anbruch der Dunkelheit ist besondere Vorsicht geboten.

Für das Mieten und Fahren sämtlicher Kraftfahrzeuge braucht man offiziell einen **internationalen Führerschein**. Aber in der Praxis reicht ein normaler Führerschein aus, wenn man von

der Polizei angehalten und nach den Papieren gefragt wird. Alle Miet-Motorräder müssen mit einem besonderen, **gelb-schwarzen Kennzeichen** versehen sein. Diese Schilder schützen vor Belästigungen durch Goas notorisch korrupte Verkehrspolizisten.

Außerhalb von Ortschaften gilt auf Fernstraßen **Helmpflicht**, nicht jedoch auf Nebenstraßen. Die Mietpreise sind je nach Saison, Mietdauer und Fahrzeugart unterschiedlich. Die meisten Vermieter fordern eine Kaution und/oder Hinterlegung des Reisepasses. Das billigste Motorrad, eine einem Scooter ähnliche Honda Activa 100cc mit Automatikgetriebe, kostet etwa Rs200 pro Tag. Oder man entscheidet sich für eine stilvolle Enfield Bullet 350cc, obwohl sie schwer und nicht gerade wendig und mit einer Gebühr ab Rs350 pro Tag auch am kostspieligsten ist.

Benzin wird im ganzen Staat an Tankstellen („petrol pumps") verkauft. In kleineren Siedlungen wird es in Mineralwasserflaschen bei Gemischtwarenläden oder Zwischenhändlern verkauft. Letztere sollte man meiden, denn manche „strecken" das Benzin mit Kerosin oder Lösungsmitteln; die Folge sind Fehlzündungen und stinkende Abgaswolken.

der Meere und am lukrativen Gewürzhandel interessiert waren. Über tausend Jahre hatte Goa zum **Königreich von Kadamba** gehört, etwa bis 100 Jahre vor der Ankunft der Portugiesen. Dazwischen herrschten nacheinander die Vijayanagara-Dynastie aus Karnataka, die moslemischen Sultane aus Bahmani und Yusuf Adil Shah, der Gründer der Dynastie Bijapur. Den endgültigen Beginn der 451 Jahre währenden portugiesischen Herrschaft markierte dann die Einnahme der Festung von Panjim durch **Alfonso de Albuquerque** im Jahre 1510.

Die Bevölkerung Goas wuchs, und die Einwohnerzahl seiner prächtigen Hauptstadt (heute Old Goa) überstieg bald jene von Paris und London. Obwohl Ismail Adil Shah Goa 1570 zehn Monate lang belagerte und die Marathas unter Shivaji und späteren Anführern die Region beinahe erobert hätten, ging die größte Bedrohung von anderen europäischen Seemächten aus, allen voran Holland und Frankreich. In der Zwischenzeit gründete **Franz Xaver** 1542 eine **Jesuitenmission**, und in der Folge bekehrten Franziskanermissionare immer mehr Einheimische zum Christentum. Als bald darauf die **Inquisition** einsetzte, wurden Gesetze erlassen, die sämtliche Literatur der Zensur unterwarfen und jeden anderen als den katholischen Glauben verboten. Hindu-Tempel wurden zerstört, und konvertierte Hindus führten fortan portugiesische Namen wie da Silva, Correa oder de Sousa, die noch heute in der Region verbreitet sind.

Danach ging es mit der Kolonie, deren Handelsmonopol von den rivalisierenden Europäern gebrochen wurde, allmählich bergab, nicht zuletzt wegen der ungesunden, von Krankheiten geprägten Atmosphäre in der Hauptstadt. Trotz einer gewissen Liberalisierung (den Hindus wurde wieder erlaubt, ihren Glauben zu praktizieren, und die Inquisition wurde 1820 endgültig abgeschafft) erlebte Goa im 19. Jh. schwere Bevölkerungsunruhen. Während der britischen Besetzung zogen viele Goaner nach Bombay und in andere Orte Britisch-Indiens, um Arbeit zu finden.

Dass Goa sich nach der Unabhängigkeit Indiens von der portugiesischen Herrschaft befreien konnte, ist sowohl den Bemühungen der indischen Regierung, die ihre diplomatischen Beziehungen mit Portugal einfror, als auch der Arbeit von Freiheitskämpfern wie **Menezes Braganza** und **Dr. Cunha** zu verdanken. Nachdem bei einem „Befreiungsmarsch" 1955 mehrere Menschen zu Tode gekommen waren, wurde eine Blockade gegen den Staat verhängt. Als der Handel mit Bombay zum Erliegen gekommen und der Schienenweg abgeschnitten worden war, bemühte sich Goa um internationale Bündnisse, besonders mit Pakistan und Sri Lanka. Das führte zum Bau des Dabolim-Flughafens und dem Entschluss, die landwirtschaftlichen Erträge zu steigern.

1961 entsandte der indische Premierminister Jawaharlal Nehru schließlich Streitkräfte. Die einer Resolution der Vereinten Nationen zuwider handelnde **„Operation Vijay"** stieß nur auf symbolischen Widerstand, sodass die indische Armee Goa innerhalb von zwei Tagen eingenommen hatte. Danach wurde Goa (zusammen mit Portugals anderen beiden Enklaven, Daman und Diu) als autonomes **Unionsterritorium** ein Teil von Indien, allerdings mit einem Minimum an Einflussmöglichkeiten seitens Delhi.

Seit der Unabhängigkeit geht es Goa wirtschaftlich zusehends besser, vor allem dank der Gewinne aus Eisenerzexporten und der boomenden Tourismusindustrie. Themen wie Eigenstaatlichkeit, Status der Amtssprache Konkani und ständig steigende Einwanderungszahlen sorgen in Goa indes für chronische politische Instabilität. Ständig wechseln die Regierungen und Ministerpräsidenten, manchmal unterbrochen von Zeiten mit „President's Rule", wenn Goa direkt von Delhi aus regiert wird. Seit Beginn des 21. Jhs. werden neue Befürchtungen hinsichtlich der **Veränderungen** laut, die sich an der Küste Goas ereignen. Der plötzliche Zustrom von reichen Russen und indischen Immobilienhändlern aus Delhi und Mumbai hat bei den verschiedenen aufeinanderfolgenden Koalitionsregierungen Gegenmaßnahmen hervorgerufen.

Land, das Ausländern gehörte, wurde enteignet. Hunderte in Goa ansässiger Europäer verloren ihren Besitz und machten sich davon. Eine Reihe in der Presse groß ausgeschlachteter Übergriffe von Ausländern und auf Ausländer, vor allem der Mord an einem britischen Teenager im Jahr 2008, hat wenig dazu beigetragen, das Image Goas im Ausland zu verbessern. Und da die sich ständig verbessernden infrastrukturellen

Verbindungen zum übrigen Indien die Grenzen Goas durchlässiger machen, ist das Überleben des Bundesstaates als kulturell eigenständige Region heute mehr bedroht denn je.

Panjim und Zentral-Goa

Die **Umgebung von Panjim** sieht weniger Besucher als die Küstenresorts, obwohl ihre Reisfelder und bewaldeten Täler einige Attraktionen bereithalten, die einen ein- oder zweitägigen Ausflug vom Strand rechtfertigen. Nach **Old Goa** ist es nicht weit mit dem Bus. Weiter im Landesinneren beherbergen die bewaldeten unteren Hänge der Westghats, die von der Hauptstraße Panjim–Bengaluru (Bangalore) durchschnitten werden, die eindrucksvollen, nur per Geländewagen zu erreichenden **Dudhsagar-Wasserfälle**.

Panjim

An den Hängen eines saftig grünen, terrassierten Berghanges an der Mündung des Mandovi liegt **Panjim**, dessen Maharathi-Name **Panaji** („Land, das nicht überflutet wird") lautet. Jahrhunderte lang bestand Panjim aus nicht viel mehr als einem unbedeutenden Landungssteg und einem Zollhaus, von einem auf einem Hügel gelegenen Fort beschützt und von stehenden Sümpfen umgeben. Zur Hauptstadt wurde es erst 1843, nachdem der Hafen in Old Goa verschlammt war und sowohl die Herrscher als auch die verarmten Einwohner vor der Pest geflohen waren.

In Panjim herrscht weniger Verkehrschaos und Hektik als in den meisten anderen indischen Bundeshauptstädten. Sehenswürdigkeiten gibt es kaum, aber die Seitensträßchen des alten Viertels **Fontainhas** haben sich eine verblichene portugiesische Atmosphäre bewahrt – mit bunt getünchten Häusern und katholischen Kirchen.

Sehenswürdigkeiten

Der grüne, rechteckige Park gegenüber dem India Government Tourist Office, **Church Square** oder auch Municipal Gardens genannt, bildet das Zentrum von Panjim. Südöstlich des Parks erhebt sich das Wahrzeichen der Stadt, die schneeweiße Barockfassade der **Kirche Unserer Lieben Frau der Unbefleckten Empfängnis** (Church of Our Lady of the Immaculate Conception). Die Kirche am Ende eines Lateritweges wurde 1541 für die aus Lissabon eintreffenden Seeleute errichtet. Die erschöpften Matrosen taumelten vom Kai zur Kirche, um für die erfolgreiche Überfahrt zu danken, und fuhren anschließend zur Hauptstadt Old Goa weiter – wo die riesige Glocke herstammt, die im Glockenturm der Kirche zu sehen ist.

Von der Kirche verläuft die Rua José Falcao in nördlicher Richtung zum Fluss und trifft dort auf Panjims Hauptstraße, die **Avenida Dom Joao Castro** mit dem ältesten noch erhaltenen Gebäude der Stadt. Mit seinen schrägen Ziegeldächern, in Stein gemeißelten Wappen und hölzernen Veranden sieht das robuste **Secretariat** wie ein typischer Kolonialbau aus. Ursprünglich war es jedoch der Sommerpalast des moslemischen Herrschers Adil Shah, der Goa im 16. Jh. regierte. Später war es unter den Portugiesen zeitweilig die Residenz für die Gouverneure des portugiesischen Territoriums (die hier auf dem Weg von und nach Europa übernachteten), und danach residierte hier der Vizekönig. Heute sind hier Behördenbüros untergebracht. 100 m weiter östlich steht die eigentümliche Statue eines Mannes, der seine Hände über den Körper einer entrückten, liegenden Frau hält. Es handelt sich um **Abbé de Faria** (1755–1819), einen goanischen Priester, der nach Frankreich auswanderte, wo er einer der ersten professionellen Hypnotiseure wurde.

Unmittelbar hinter der Esplanade, 500 m westlich der Abbé-de-Faria-Statue, steht ein weiteres grandioses Zeugnis aus der Kolonialzeit, das **Menezes Braganza Institute**. Heute beherbergt es die städtische Zentralbibliothek, ◷ Mo–Fr 9.30–13.15 und 14–17.30 Uhr. Das klassizistische Gebäude wurde Anfang des 19. Jhs. im Zuge der städtischen Neugestaltung errichtet, die vom Marquis of Pombal und von Dom Manuel de Portugal e Castro initiiert worden war. Das Foyer am Eingang in der Malacca Road wird von Wandbildern aus blauen und gelben Keramikkacheln geziert, sogenannten *azulejos*, die Szenen aus dem Epos *Os Lusíades* von Luís Vaz de Camões darstellen.

Fontainhas

Fontainhas, Panjims ältestes und interessantestes Viertel, umfasst etwa ein Dutzend klassizistischer Häuserblocks, die sich am Ostrand der Stadt, unweit vom Busbahnhof, an den Hängen des grünen Altinho Hill hochziehen. Viele dieser Häuser haben ihren traditionellen ockerfarbenen, hellgelben, grünen oder blauen Anstrich behalten, ein Erbe aus portugiesischer Zeit, als jedes goanische Gebäude (mit Ausnahme der Kirchen, die weiß zu sein hatten) nach jedem Monsun farbig getüncht werden sollte. Während einige restauriert wurden, befinden sich die meisten in einem Zustand charismatischen Verfalls.

Im Zentrum von Fontainhas erhebt sich die **Kapelle von St. Sebastian**. Sie steht am Ende eines kleinen Platzes, auf dem die portugiesischsprachigen Einwohner von Fontainhas jedes Jahr Mitte November eine farbenfrohe *festa* zu Ehren ihres Schutzpatrons veranstalten. Das unheimliche Kruzifix in der Kapelle, das ursprünglich im Inquisitionspalast von Old Goa hing, wurde 1812 hierher gebracht. Ungewöhnlich ist, dass die Augen Christi geöffnet sind – angeblich um den von den Inquisitoren Verhörten Furcht einzuflößen.

In unmittelbarer Nähe des unteren Abschnittes des Platzes befindet sich eine kleine Werkstatt, in man dabei zuschauen kann, wie goanische *azulejos* auf traditionelle Weise hergestellt werden. Der Hauptverkaufsraum, **Velha Goa Galeria**, liegt zwei Straßen weiter neben dem Panjim Inn.

Übernachtung

Die Mehrzahl der indischen Goa-Besucher zieht eine Unterkunft in Panjim einem Resort an der Küste vor, was die große Zahl von **Hotels** und **Lodges** in der Innenstadt erklärt, besonders im moderneren westlichen Teil, wo der Lärmpegel sehr hoch ist. Ausländer übernachten hier vor allem, um etwas von der Atmosphäre des historischen Viertels Fontainhas zu schnuppern. Ein Zimmer zu finden gestaltet sich nur zu Dussehra (Sep/Okt), zum Fest zu Ehren des

Draußen alt, drinnen modern

Bharat Lodge, Sao Tome Rd, bei der Hauptpost, ☎ 0832/222 4862. Preisgünstiges Gästehaus im Herz des alten Viertels der Stadt in einem terrakottafarben getünchten, 150 Jahre alten Gebäude. Das Haus hat sich viele seiner alten Merkmale erhalten, ist innen aber umfassend modernisiert worden. Die Zimmer sind für den Preis groß, haben ruhige Ventilatoren und recht geräumige Bäder; am besten sind Nr. 106 und 102. ❹

heiligen Franz (24. Nov–3. Dez) und in der Hochsaison (Mitte Dez–Mitte Jan) schwierig; die nachfolgenden Preisangaben beziehen sich auf die Zeit von Oktober bis März (mit Ausnahme der oben genannten Zeiten, an denen sich die Preise verdoppeln oder verdreifachen können). Es ist zu beachten, dass die **Checkout-Zeiten** extrem variieren.

Afonso, St. Sebastian Chapel Square, Fontainhas, ☎ 0832/222 2359 oder 9764/300165. Das renovierte Haus aus der Kolonialzeit in einer malerischen Seitenstraße ist eine sichere Wahl, wenn man sich das Panjim Inn in derselben Straße nicht ganz leisten kann. Einwandfreie Zimmer mit Bad, freundliche Besitzer und eine Dachterrasse mit schöner Aussicht. Auch Einzelbelegung möglich. ❺

Casa Paradiso, Ghanekar Building, Rua Jose Falcao, ☎ 0832/222 6291, 🖥 www.casaparadisogoa.com. Dieses zentral gelegene Gästehaus ist die einzige Mittelklasseunterkunft außerhalb von Fontainhas, bei der es sich lohnt sie in Betracht zu ziehen. Die Lage an einer lauten Durchgangsstraße in der Nähe des Secretariat und des Church Square ist nicht gerade anheimelnd, und es gibt keinen Sitzbereich draußen, aber die Zimmer selbst sind tadellos und haben AC und glänzende Keramikböden. ❺

Panjim Inn / Panjim Pousada, E-212, Rua 31 de Janeiro, Fontainhas, ☎ 0832/243 5628, 🖥 www.panjiminn.com. Das vornehme, 300 Jahre alte Stadthaus ist heute ein gemütliches Heritage-Hotel mit historischen Möbeln, alten Fotos,

Goa

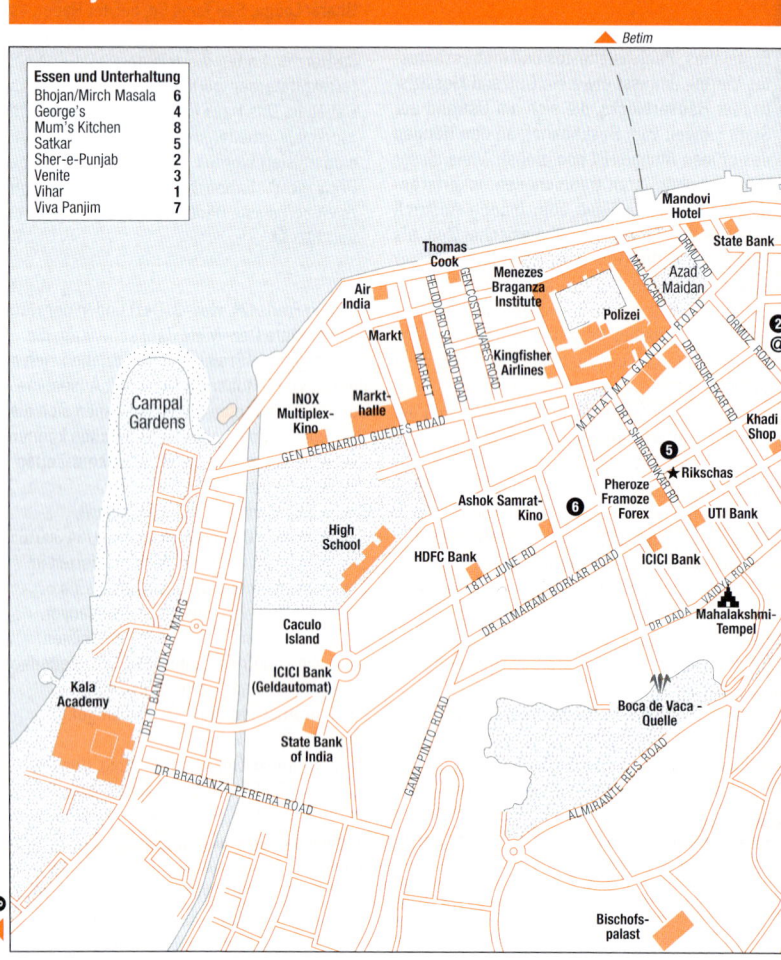

Essen und Unterhaltung

Bhojan/Mirch Masala	6
George's	4
Mum's Kitchen	8
Satkar	5
Sher-e-Punjab	2
Venite	3
Vihar	1
Viva Panjim	7

Balkonen und einer Veranda, auf der Speisen und Getränke serviert werden. Der dreistöckige Anbau mit Blick auf den Fluss ist im gleichen Stil gehalten, bietet aber eine bessere Aussicht. Die dazugehörige Panjim Pousada auf der gegenüberliegenden Straßenseite hat zwei hübsche Zimmer. Sie gehen nach hinten auf einen

gemeinsamen Holzbalkon mit Blick auf einen kleinen Patio hinaus. ⑥

Panjim People's, Rua 31 de Janeiro, Fontainhas, ℡ 0832/222 1122, ▯ www.panjiminn.com. Dieser Ableger des Panjim Inn liegt gegenüber dem Originalhaus in einer ehemaligen Schule und wirkt exklusiver als die anderen Gebäude.

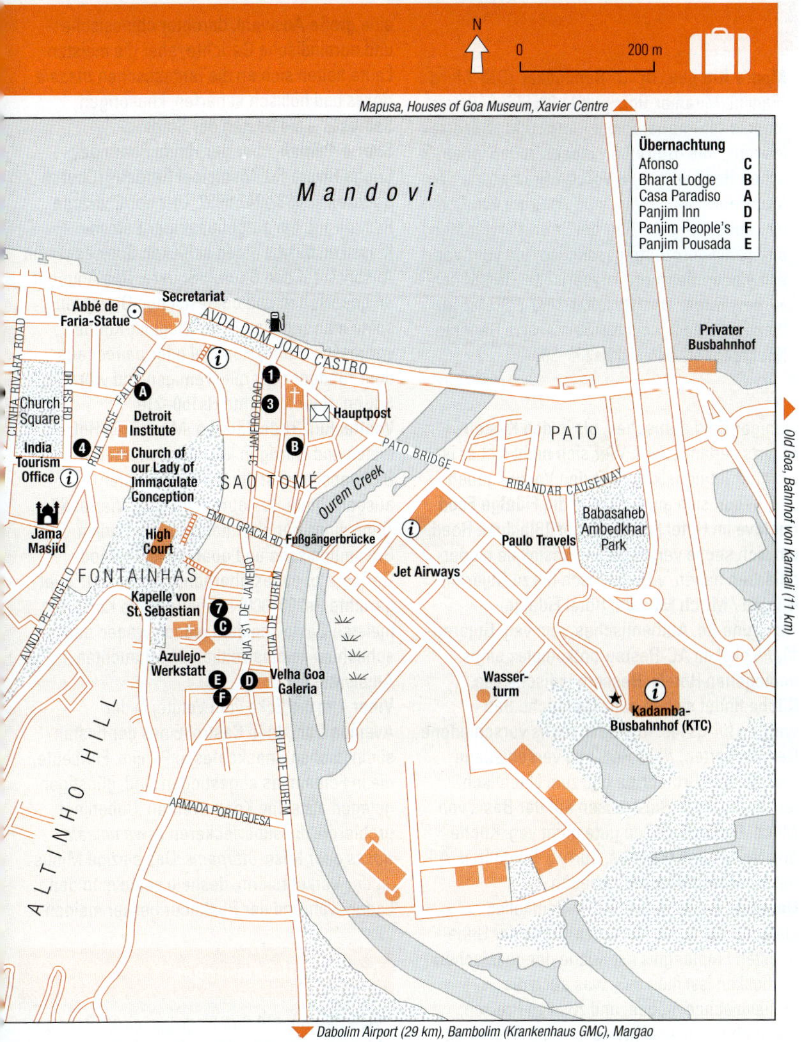

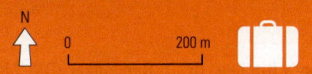

Mapusa, Houses of Goa Museum, Xavier Centre ▲

M a n d o v i

Übernachtung	
Afonso	C
Bharat Lodge	B
Casa Paradiso	A
Panjim Inn	D
Panjim People's	F
Panjim Pousada	E

Secretariat

Abbé de
Faria-Statue

AVDA DOM JOAO CASTRO

Privater
Busbahnhof

CUNHA RIVARA ROAD

DR ASTUDI

Church
Square

RUA JOSE FALCAD

31-JANEIRO ROAD

Detroit
Institute

Hauptpost

PATO

Old Goa, Bahnhof von Karmali (11 km)

India
Tourism
Office

Church of
our Lady of
Immaculate
Conception

SAO TOMÉ

PATO BRIDGE

RIBANDAR CAUSEWAY

Ourem Creek

Jama
Masjid

AVDA PE ANGELO

High
Court

EMILO GRACIA RD

Fußgängerbrücke

Babasaheb
Ambedkhar
Park

FONTAINHAS

RUA DE OUREM

RUA 31 DE JANEIRO

Jet Airways

Paulo Travels

Kapelle von
St. Sebastian

Azulejo-
Werkstatt

Velha Goa
Galeria

Wasser-
turm

ALTINHO HILL

RUA DE OUREM

★ Kadamba-
Busbahnhof (KTC)

Goa

ARMADA PORTUGUESA

▼ Dabolim Airport (29 km), Bambolim (Krankenhaus GMC), Margao

Die riesigen Zimmer sind mit antiken Rosen-
holzmöbeln, vergoldeten Blenden und
Vorhängen mit Spitzenbesatz sowie mit relativ
neuen Klimaanlagen und großen Fernseh-
geräten ausgestattet. Mitte der Saison beginnen
die Preise bei etwa Rs8000 (US$175) pro
Nacht. ❾

Essen

Auf die Massen von Touristen aus anderen
Teilen Indiens sowie auf die preisbewussteren
Einheimischen warten zahlreiche gute
Esslokale. Die meisten gehören zu einem Hotel,
aber es gibt auch genügend unabhängige
Lokale, die hochwertige Kost für sehr viel

Mum's Kitchen, Dr. D. Bandodkar (DB) Marg (Panjim–Miramar Rd), ☎ 9011 095557, 🖥 www.mumskitchengoa.com. Rony und Suzette Martins, die Betreiber dieses tollen goanischen Restaurants im Vorort Miramar, mit der Motor-Rikscha 10 Min. vom Zentrum von Panjim, haben in ganz Goa bei ihren Verwandten alte Familienrezepte gesammelt, um vom Verschwinden bedrohte kulinarische Traditionen zu bewahren. Das Resultat sind äußerst authentische und geschmacksintensive Gerichte. Hauptgerichte zumeist Rs250–300.

weniger Geld auftischen, als in den Küstenresorts verlangt wird. Wer sich nicht sicher ist, welcher Regionalküche er den Vorzug geben soll, begibt sich am besten in die **Fidalgo Food Enclave** im Hotel Fidalgo in der 18th June Road, wo sich sechs verschiedene Esslokale niedergelassen haben, von goanisch bis zu Gujarati.
Bhojan / Mirch Masala, Hotel Fidalgo, 18th June Rd. Authentisches, rein veg. Gujarati-*thali*-Lokal im AC-Restaurantkomplex eines gediegenen Hotels. Bessere indische veg. Küche findet sich in ganz Goa nicht. Satt werden für Rs140: fünf oder sechs verschiedene Gemüsesorten, *dhal*, Reis und verschiedene traditionelle Brotsorten und zum Nachtisch lecker duftende Süßspeisen auf der Basis von Milch. Gleichermaßen gute nicht veg. Küche aus Nordindien (Kebabs, Currys, Tandoori u. Ä.) hat das **Mirch Masala** nebenan.
George's, Emilio Gracia Rd. In dem tollen kleinen Café in der Nähe der Kirche der Unbefleckten Empfängnis mit Küche der goanischen Katholiken isst man das, was auch die Einheimischen mögen, und zwar zu Preisen, die auch für sie erschwinglich sind. Wer einen Platz an einem der dicht zusammenstehenden Tische unter einem Ventilator ergattert hat, kann sich an einer Calamari-Chili-Pfanne, Fischfilets im Hirsemantel oder einer der preisgünstigen Seafood-*thalis* gütlich tun. Hauptgerichte zumeist etwa Rs100.
Satkar, 18th June Rd. Gut besuchtes südindisches Snack- und Obstsaftlokal. Es hat

eine große Auswahl, darunter chinesische und nordindische Gerichte, aber die meisten Leute halten sich an die fantastischen *masala dosas* und höllisch scharfen, knusprigen Samosas – die besten der Stadt.
Sher-e-Punjab, über der Hindu Pharmacy, Cunha Rivara Rd, Municipal Gardens (Church Square), ☎ 0832/242 5657. Das nordindische Restaurant, ein aufgehübschter Panjim-Klassiker, besitzt einen schicken Speisesaal mit Ausblick auf den Church Square. Das Angebot an goanischen und chinesischen Gerichten sollte man zugunsten der Mughlai-Küche vergessen: Huhn, Hammel oder *paneer* aus dem Tandoor oder mit cremigen und würzigen Soßen. Hauptgerichte Rs150–210.
Venite, Rua 31 de Janeiro. Mit seinen Holzdielen und winzigen kerzenbeleuchteten Balkontischen ist dieses auf Touristen ausgerichtete Restaurant im alten Viertel São Tomé eines der charmantesten in Panjim. Gesamtindische und goanische Seafood-Gerichte zu etwas überhöhten Preisen (Hauptgerichte Rs200–300) bestimmen die Karte, die meisten Gäste kommen jedoch wegen des schlichten kolonialzeitlich angehauchten Ambientes.
Vihar. Um die Ecke vom Venite, in der Avenida Dom João Castro. Eines der besten südindischen Snackcafés in Panjim. Für Leute, die in Fontainhas abgestiegen sind, günstiger gelegen als seine Konkurrenten. Unbedingt probieren: die superleckeren *rawa masala dosas* oder Käse-*uttapams*. Das einzige Minus ist der Verkehrslärm, deshalb sollte man den Laden während der Rushhour besser meiden.

Viva Panjim, 178 Rua 31 de Janeiro, hinter der Mary Immaculate High School, Fontainhas. Hier gibt's traditionelle goanische Hausmannskost (*xacutis*, *vindaloo*, Garnelen-*balchão*, *cafreal*, *amotik* und köstlichen gegrillten Fisch), serviert von der charmanten Linda de Souza in einem malerischen Seitensträßchen aus der Kolonialzeit. Die beste Adresse fürs Abendessen, wenn man in Fontainhas nächtigt.

Es versteht sich von selbst, dass die goanische Küche nach 451 Jahren Kolonialherrschaft einen starken portugiesischen Einfluss aufweist.

Dabei spielen vor allem **Zutaten** wie der ansonsten in Indien unbekannte Palmessig, reichlich Kokosprodukte, Knoblauch, Tamarinden und scharfe einheimische Chilis eine Rolle. Goa ist die Heimat des berühmten **Vindaloo** (abgeleitet vom portugiesischen *vinho d'alho,* wörtlich übersetzt „Knoblauchwein"), ursprünglich ein extrascharfes und saures Schweinefleisch-curry, das inzwischen aber auch mit anderen Fleischsorten und Fisch zubereitet wird. Weitere Schweinefleisch-Spezialitäten sind *chouriço* (Paprikawurst), *sorpotel* (ein scharfes Curry aus eingelegter Schweineleber und -herz), *leitão* (Spanferkel) und *balchão* (Schweinefleisch in deftiger brauner Soße). Eine köstliche Alternative ist *xacuti* (Ziegenfleisch mit einer Soße aus Zitronensaft, Erdnüssen, Kokos, Chili und Gewürzen). Die Auswahl an **Seafood**, oft als duftende Masala zubereitet, ist ausgezeichnet (z. B. Muscheln, Krabben, Hummer und Riesengarnelen). **Fisch** kommt je nach Art in saftigen Currys, vom Grill oder aus dem **Tandoori-Lehmofen**. *Sanna* ist (wie sein südindisches Pendant *iddli*) ein Kuchen aus fermentiertem Reismehl, wird in Goa aber mit Palm-*toddi* zubereitet. Wer Süßes liebt, wird sich an *bebinca* erfreuen, einem reichhaltigen, köstlichen Eipudding mit Kokosnuss.

Was **alkoholische Getränke** betrifft, sind lokale Weine, Spirituosen und Bier in Goa billiger als irgendwo sonst in Indien, da die Steuerabgaben hier niedriger sind. Das berühmteste und am weitesten verbreitete **Bier** ist Kingfisher, das hier weniger nach Konservierungsstoff schmeckt als in anderen Landesteilen. Es gibt auch das teurere Fosters, das in Mumbai gebraut wird, aber nichts mit dem Original gemein hat. Goanischer **Portwein**, eine süßere und minderwertigere Variante des portugiesischen Getränks, ist allgegenwärtig und wird gekühlt in großen Weingläsern mit einer Scheibe Zitrone serviert. Lokale **Spirituosen** (Whisky, Brandy, Rum, Gin und Wodka) gibt es in einer Vielfalt von Marken für Rs30–50 pro Glas, erfahren jedoch starke Konkurrenz durch die lokale Spezialität *feni*, einem aus destillierter Cashewnuss oder dem Saft der Kokospalme gewonnenen Schnaps. Cashew-*feni* wird meistens nach der ersten Destillation getrunken, man findet ihn aber auch doppelt destilliert als Likör mit Ingwer- oder Kümmelgeschmack.

Sonstiges

Apotheken

Hindu Pharma, neben dem Tourismusbüro am Church Square, ☏ 0832/222 3176. Panjims beste Apotheke führt ayurvedische, homöopathische und allopathische Medikamente.

Bücher

Broadway Book Centre, 18th June Rd, gegenüber dem Gulf-Supermarkt. Bietet die beste Auswahl an Büchern über Goa, eine große Auswahl an Faksimile-Editionen und jede Menge Architektur- und Fotobände als Hardcover zu reduzierten Preisen.

Geld

Fast alle Banken der Stadt verfügen über **Geldautomaten**, an denen man mit Visa- oder MasterCard-Karten Geld abheben kann. Bargeld tauschen und Reiseschecks einlösen kann man am unbürokratischsten bei **Thomas Cook**, 8 Alcon Chambers, Dr. D. Bandodkar (DB) Marg, unweit des Büros von Air India/Indian Airlines, ☉ Mo–Sa 9–18, Okt–März auch So 10–17 Uhr.

Informationen

GTDC, in der Halle des Kadamba-Hauptbusbahnhofes, ☏ 0832/222 5620, ⌨ www.goa-tourism. com. Nützlich zum Checken von Bahn- und Busfahrplänen, aber nicht viel mehr. ☉ tgl. 9.30–13 und 14–17 Uhr.

India Tourism Office, Church Square, ☏ 0832/222 3412, ⌨ www.incredibleindia.org. Zuverlässigere Informationsquelle. ☉ Mo–Fr 9.30–18, Sa 9.30–13 Uhr.

Goa

Internet

Die meisten Hotels und Gästehäuser bieten Internetzugang für Gäste. **Cozy Nook Travels**, Nr. 6 Municipal Bldg, 18th June Rd, verfügt über eine schnelle DSL-Verbindung.

Kino

INOX, im Nordwesten der Stadt auf dem Gelände des alten Goa Medical College, Dr. D. Bandodkar (DB) Marg, ☎ 0832/242 0999, 🖳 www.inox movies.com. Panjims protziges Multiplex-Kino mit 1272 Sitzen zeigt alle neuen Hindi-Block-buster und einige Hollywood-Filme in Original-sprache. Der Lokalpresse oder der Inox-Website sind Einzelheiten zum Programm und zum Reservieren der Tickets zu entnehmen.

Medizinische Hilfe

Goa Medical College (GMC), 7 km südlich an der NH17 in Bambolim, ☎ 0832/245 8700-07. Das neue College ist das größte Krankenhaus des Bundesstaates und verfügt über eine rund um die Uhr geöffnete Apotheke. Mit einem normalen Taxi kommt man in der Regel wesent-lich schneller hin als mit einem Krankenwagen (☎ 102). Die Verhältnisse sind nach westlichem Standard finster.

Vintage Hospital, neben der Hauptfeuer-wache im Viertel St. Inez, ☎ 0832/564 4401-05. Für weniger schwerwiegende Fälle.

Musik und Tanz

Kala Academy, Dr. D. Bandodkar (DB) Marg, Campal, am äußersten westlichen Stadtrand, 🖳 www.kalaacademy.org. Regelmäßig werden in Panjims Schule der darstellenden Künste klassische Konzerte indischer Musik und Tanz-aufführungen geboten. Genaueres zu aktuellen Veranstaltungen ist den lokalen Zeitungen zu entnehmen.

Das beste Beförderungsmittel in Panjim sind **Motor-Rikschas**. Sie können an der Straße herangewunken oder an einem der Halteplätze in der ganzen Stadt bestiegen werden. Wer mit leichtem Gepäck reist, findet in den **Motorrad-Taxis** – in Goa „pilots" genannt – eine billigere und schnellere Alternative.

Busse

Fern- und Regionalbusse nutzen Panjims geschäftigen **Kadamba-Busbahnhof**, 1 km östlich des Zentrums im Viertel Pato. Zehn Gehminuten von hier (über den Ourem Creek nach Fontainhas) liegen mehrere Budget-hotels. Wer im moderneren Westteil der Stadt absteigen möchte, kann eine der Motor-Rikschas nehmen, die vor der Halle warten (Rs30–50).

Eisenbahn

In der Stadt selbst gibt es keinen Bahnhof. Der nächstgelegene der Konkan Railway befindet sich in **Karmali**, 11 km östlich von Panjim bei Old Goa. Von dort fahren staatliche Busse ins Zentrum von Panjim.

Flüge

Europäische Charter- und Inlandflüge landen auf dem **Dabolim Airport**, ☎ 0832/254 0788, 29 km südlich von Panjim am Rande von Vasco da Gama, Goas zweitgrößter Stadt. Taxis in die Stadt (45 Min., Rs550), die am Schalter im Vorhof reserviert und bezahlt werden, können von bis zu 4 Pers. geteilt werden.

Fluggesellschaften

Indian Airlines / Air India, Dempo House, Dr. D. Bandodkar Marg, ☎ 0832/242 8787 oder 223 7826,

Jet Airways / JetLite, Sesa Ghor, Pato Plaza, neben der GTDC Panjim Residency, Pato, ☎ 0832/243 8792,

Kingfisher Airlines, Shop G-4, 5–6 Glass Tower, Swami Vivekananda Rd, gegenüber Panjim Traffic Cell, ☎ 1800/209 3030.

Old Goa

Goas ehemalige Hauptstadt Goa Velha (Old-Goa), die einst mehrere Hunderttausend Ein-wohner zählte und Inbegriff von Pracht galt, wurde nach zahlreichen Malaria- und Cholera-Epidemien, die die Stadt seit dem 17. Jh. heimsuchten, nahezu völlig aufgegeben. Trotz Unesco-Welterbestatus braucht man schon einiges an Fantasie, um sich die Hauptstadt in ihrem einstigen Glanz vorzustellen. Das Gewirr aus verschlungenen Straßen, Plazas und ockerfarbenen Villen ist verschwunden, übrig geblieben sind allein einige cremefarbene Kirchen und Klöster. Das bedeutendste der erhaltenen Monumente ist das Grab des heiligen **Franz Xaver**, jenes legendären Missionars aus dem 16. Jh., dessen sterbliche Überreste in der **Basilika Bom Jesus** aufbewahrt werden.

Busse fahren alle Viertelstunde vom Kadamba-Busbahnhof in Panjim nach Old Goa, die Fahrt dauert nur 30 Minuten. Alternativ dazu kann man auch eine Motor-Rikscha (Rs120) oder ein Miet-Taxi (Rs300–400) nehmen. In Old Goa gibt es kein empfehlenswertes Restaurant. Wer einen Imbiss essen oder Kaffee trinken möchte, geht am besten ein paar Kilometer auf der Straße nach Panjim zurück bis zum Lifestylegeschäft **Casa de Goa**. Es ist in einem wunderschönen *palácio* aus dem späten 16. Jh. untergebracht und hat ein ausgezeichnetes Café.

Viceroy's Archway und Kirche St. Cajetan

Wer die Stadt im 17. Jh. besuchte, durchschritt nach dem Verlassen des Bootes an der Anlegestelle im Norden zunächst den **Triumphbogen der Vizekönige** (Viceroy's Archway), der 1597 zum Gedenken an Vasco da Gamas Ankunft in Indien errichtet wurde. Er besteht aus dem gleichen porösen roten Laterit, aus dem nahezu alle alten Häuser in Old-Goa gebaut wurden. Auf dem Triumphbogen ist eine Figur mit einer Bibel in der Hand zu sehen, deren einer Fuß auf der gebeugten Figur eines „Eingeborenen" ruht. Die dem Fluss zugewandte Granitfassade zeigt eine Statue von da Gama.

Auf dem Weg kurz hinter dem Portal erreicht man die **Kathedrale St. Cajetan** (1651) mit ihrer charakteristischen Kuppel. Mönche des Theatiner-Ordens erbauten sie nach dem Vorbild des Petersdoms in Rom. Das Äußere ist zwar korinthisch, doch sind in der Verzierung der Kirche auch einige nichteuropäische Einflüsse zu entdecken, z. B. weist das Schnitzwerk der Kanzel ein Cashew-Muster auf. Unter der Kirche ist eine Krypta versteckt, die einst die Bleisärge mit den einbalsamierten Leichnamen der por-

tugiesischen Gouverneure beherbergte, bevor sie nach Lissabon verschifft wurden. Die letzten drei waren dreißig Jahre vergessen worden und wurden erst 1992 kurz vor dem Staatsbesuch des damaligen portugiesischen Präsidenten weggeschafft.

Sé Catedral (Kathedrale der hl. Katharina)

Es war der portugiesische Vizekönig Redondo (1561–64), der die südwestlich der St.-Cajetan-Kathedrale gelegene Sé oder Kathedrale der hl. Katharina in Auftrag gab. Sein Anliegen war eine „prächtige Kirche, würdig dem Wohlstand, der Macht und dem Ruhm der Portugiesen, die die Meere vom Atlantik bis zum Pazifik beherrschen". Die Kathedrale ist größer als jede Kirche Portugals, obwohl das Bauvorhaben anfangs angesichts vieler Schwierigkeiten gefährdet war, nicht zuletzt aufgrund fehlender Mittel und Portugals zeitweiligem Verlust der Unabhängigkeit an Spanien. So vergingen 80 Jahre, bis die Kirche schließlich 1640 eingeweiht werden konnte.

Das Äußere ist im toskanischen Stil gestaltet. Der einzige erhaltene Turm beherbergt die **Goldene Glocke**, die im 17. Jh. in Cuncolim (Süd-Goa) gegossen wurde. Während der Inquisition kündigte ihr Geläut den Beginn der grausigen Autodafés an, die auf dem Platz vor der Kirche abgehalten wurden. Dabei wurden der Ketzerei Verdächtige öffentlich gefoltert und auf dem Scheiterhaufen verbrannt. Die Ausmaße und Details des in korinthischem Stil gehaltenen Inneren sind überwältigend. Nicht weniger als fünfzehn **Altäre** finden sich ringsum an den Wänden, unter anderem einer zu Ehren Unserer Lieben Frauen der Hoffnung und einer für Unsere Liebe Frau der Bedrängnis.

Ein Altar der heiligen Anna enthält die sterblichen Überreste der **Seligen Märtyrer von Cuncolim**, denen es nicht gelang, den Mogulkaiser Akbar zu bekehren, und die dabei ermordet wurden. In einer Kapelle wird das **Wundertätige Kreuz** aufbewahrt, das in dem Ruf steht, Kranke heilen zu können. Am reich verzierten, vergoldeten **Hauptaltar** sind auf Paneelen Episoden aus dem Leben der heiligen Katharina von Alexandria (gest. 307 n. Chr.) dargestellt.

Goa

Kirche des hl. Franz von Assisi und Archäologisches Museum

Südwestlich der Kathedrale liegen der nur noch als Ruine erhaltene **Palast der Inquisition**, in dem bis 1774 die Inquisition Angst und Schrecken verbreitete, und im Westen das **Kloster des hl. Franz von Assisi**, von Franziskanermönchen 1517 erbaut und Mitte des 18. Jhs. restauriert. Heute beherbergt es das **Archäologische Museum**, dessen Mittelpunkt eine Galerie mit Porträts der portugiesischen Vizekönige bildet, die von lokalen Künstlern unter italienischer Anleitung angefertigt wurden. Weitere Ausstellungsstücke sind Münzen, christliche Holzskulpturen und – unten im Kreuzgang – Hinduskulpturen aus vorportugiesischer Zeit. ☉ tgl. außer Fr 10–18 Uhr, Eintritt Rs5.

Nebenan sind in der **Kirche des hl. Franz von Assisi** (1521) dekorative Fresken, in den Boden eingelassene Grabsteine für Adlige und Gemälde auf Holz zu sehen, die das Leben des heiligen Franz von Assisi darstellen.

Basilika Bom Jesus

Die 1605 erbaute Kirche des Bom Jesus (des „Guten Jesus"), nahe dem Kloster des heiligen Franz, ist hauptsächlich für das **Grab des heiligen Franz Xaver** berühmt. 1946 wurde sie die erste indische Kirche, die den Status einer „Minor Basilica" zugesprochen bekam. Die dreistöckige Renaissancefassade im Westen weist korinthische, dorische, ionische und Kompositstile auf. Der Weg ins Innere führt unter dem von Säulen gestützten Chor hindurch. An der nörd-

Der heilige Franz Xaver

Franz Xaver, der „Apostel Indiens", wurde 1506 im ehemaligen Königreich Navarra, heute ein Teil Spaniens, geboren. Als den portugiesischen König Dom João III. (1521–57) Berichte über Korruption und Ausschweifungen unter den Portugiesen in Goa erreichten, wurde Franz Xaver, der gerade sein Theologiestudium an der Pariser Universität abgeschlossen hatte, 1541 von den Jesuiten beauftragt, in der Kolonie die Moral seiner Untertanen wieder herzustellen. Kaum war der junge Priester nach einjähriger Fahrt in Goa angelangt, nahm er ein ehrgeiziges Projekt in ganz Südindien in Angriff. Er gründete zahlreiche Kirchen, bekehrte angeblich 30 000 Menschen und soll Wunder wie die Wiedererweckung von Toten und die Heilung von Kranken durch eine Berührung mit seinem Rosenkranz vollbracht haben. In der Folge dehnte er seine Missionierungsversuche auf Sri Lanka, Malakka (Malaysia), China und Japan aus, wo er jedoch weniger erfolgreich war.

Als Xaver Goa zum letzten Mal verließ, wollte er in China das Evangelium verkünden. Noch an Bord des Schiffes bekam er jedoch die Ruhr und starb auf der Insel Shangchuan (San Chuan, Sancian) vor der chinesischen Küste, wo er auch beerdigt wurde. Als eine Gruppe von Christen aus Malakka von seinem Tod erfuhr, exhumierte sie seinen Leichnam, der in dem mit Kalk (womit die Zersetzung beschleunigt werden sollte) gefüllten Grab bestens erhalten war … Der Tote wurde in Malakka erneut beigesetzt und später nach Old-Goa verlegt, wo er seitdem in der Basílica do Bom Jesus ruht. Wirklichen Frieden hat der unverwüstliche Leichnam des heiligen Franz Xaver jedoch nie gefunden. Im Laufe der Zeit haben Reliquienjäger und neugierige Geistliche Teile seiner sterblichen Überreste entfernt: 1614 wurde der rechte Arm an den Papst in Rom geschickt (wo er angeblich seinen Namen „eigenhändig" auf Papier schrieb), eine Hand ging nach Japan und Teile seiner Eingeweide nach Südostasien. Eine portugiesische Frau, Dona Isabel de Caron, biss dem Leichnam 1534 sogar einen kleinen Zeh ab; dabei soll so viel Blut aus ihrem Mund gespritzt sein, dass es eine Spur bis zu ihrem Haus hinterließ, die sie verriet.

Alle zehn Jahre wird der Körper des Heiligen in einer dreistündigen Zeremonie von der Basílica do Bom Jesus zur Sé-Kathedrale getragen, wo Besucher an ihm vorbeidefilieren, ihn berühren und fotografieren. Anlässlich der letzten „Ausstellung" 2004/2005 strömten über 250 000 Pilger zur rituellen Betrachtung des Leichnams – heutzutage eine verschrumpelte und eher unansehnliche Erscheinung.

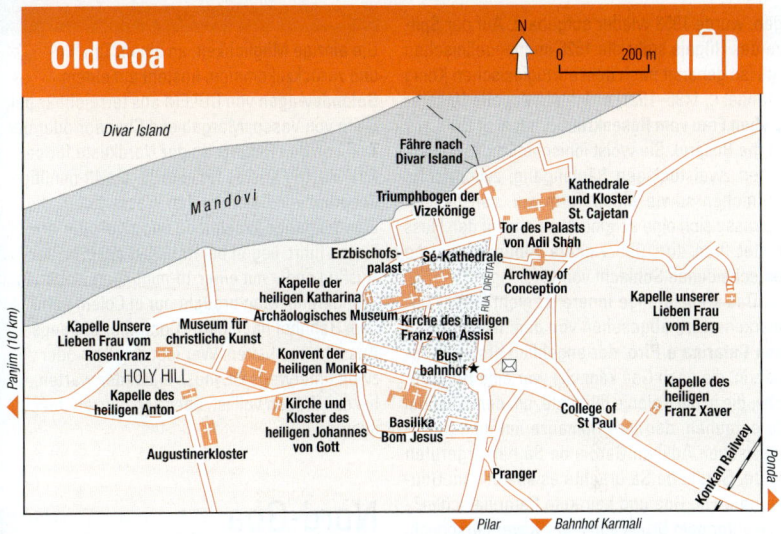

N
0   200 m

Divar Island

Mandovi

Panjim (10 km)

Fähre nach
Divar Island

Triumphbogen der
Vizekönige

Kathedrale
und Kloster
St. Cajetan

Tor des Palasts
von Adil Shah

Erzbischofs-
palast

Sé-Kathedrale

Archway of
Conception

Kapelle der
heiligen Katharina

Kapelle unserer
Lieben Frau
vom Berg

Archäologisches Museum

Kirche des heiligen
Franz von Assisi

Kapelle Unsere
Lieben Frau vom
Rosenkranz

Museum für
christliche Kunst

HOLY HILL

Konvent der
heiligen Monika

Bus-
bahnhof ★

Kapelle des
heiligen Anton

Kapelle des
heiligen
Franz Xaver

Kirche und
Kloster des
heiligen Johannes
von Gott

Basilika
Bom Jesus

College of
St Paul

Konkan Railway

Ponda

Augustinerkloster

Pranger

▼ Pilar   ▼ Bahnhof Karmali

lichen Wand, im Mittelschiff, befindet sich ein Ehrenmal in vergoldeter Bronze für **Dom Jeronimo Mascaranhas**, den Hauptmann von Cochin und Stifter der Kirche.

Der verschwenderisch mit Gold verzierte Hochaltar zeigt das Jesuskind unter dem Schutz des heiligen Ignatius von Loyola, dem Gründer des Jesuitenordens; zu beiden Seiten befinden sich Nebenaltäre zu Ehren Unserer Lieben Frau der Hoffnung und des heiligen Michael. Im südlichen Querschiff ist die reich mit gewundenen, vergoldeten Säulen und blumigen Schnitzereien ausgeschmückte **Kapelle mit dem Grab des heiligen Franz Xaver** zu sehen. Die 1696 aus Marmor und Jaspis angefertigte Kapelle war das Geschenk eines Medici, Cosimo III., Großherzog der Toskana.

Auf der mittleren Stufe befinden sich Paneele mit Szenen aus dem Leben des Heiligen, ein verzierter, gewölbter Reliquienschrein aus Silber enthält seine sterblichen Überreste. Um seinen Festtag, den 3. Dezember herum, begeben sich für eine Woche Zehntausende christliche und hinduistische Pilger in die Warteschlange zum *darshan* (rituelle Betrachtung) an den Sarg, bevor sie auf dem Platz vor der Kapelle einer Messe unter freiem Himmel beiwohnen.

Holy Hill

Eine Reihe weiterer bedeutender religiöser Bauten und ein Museum stehen gegenüber der Bom Jesus auf dem Holy Hill. Der **Konvent der hl. Monika**, 1627 errichtet, war seinerzeit das einzige Kloster in Goa und das größte in Asien. Hier lebten ungefähr hundert Nonnen, die „Töchter der Heiligen Monika". Daneben bot das Kloster Frauen, deren Männer vorübergehend in andere Teile des Reiches geschickt wurden, Unterkunft. Da die Nonnen sich der Öffentlichkeit nicht zeigen sollten, verfolgten sie die Messe von der Chorempore der benachbarten **Kirche** aus. Im Innern erhebt sich über der Statue der heiligen Monika beim Altar ein **Wundertätiges Kreuz**.

Neben der Kirche steht das **Museum für christliche Kunst**. Zu den Exponaten zählen Prozessionskreuze, Elfenbeinornamente, Priesterroben aus Damastseide und einige fein gearbeitete Holzikonen aus dem 16. und 17. Jh., darunter eine ungewöhnliche Statue von Johannes dem Täufer, der nach Art des Hindu-Gottes Shiva in ein Tigerfell gehüllt ist. ◷ tgl. 9.30–17 Uhr, Eintritt Rs15.

Das nahe gelegene **Kloster des hl. Johannes von Gott**, 1685 von dem Hospitaliterorden des heiligen Johannes gegründet, um Kranke zu versor-

Goa

gen, wurde 1953 wieder aufgebaut. Auf der Spitze des Hügels steht die 1526 im manuelinischen Stil (so genannt nach dem portugiesischen König Manuel I., 1495–1521) errichtete **Kapelle Unserer Lieben Frau vom Rosenkranz** (Chapel of Our Lady of the Rosary). Sie weist ionische Stuckarbeiten, einen zweistöckigen Säulengang, zylindrische Türmchen sowie einen Turm auf, von dessen Terrasse sich eine schöne Aussicht auf den Fluss bietet. Von dort überwachte Albuquerque die entscheidende Schlacht von 1510.

Das kreuzförmige Innere ist nicht weiter bemerkenswert, abgesehen von dem **Marmorgrab von Catarina a Piró**, der angeblich ersten Europäerin, die nach Goa kam. Sie war eine Bürgerliche, die in die Kolonie flüchtete, um dem Skandal zu entgehen, den ihre Romanze mit dem portugiesischen Adligen Garcia de Sá hervorgerufen hatte. Garcia de Sá brachte es später zum Gouverneur von Goa und heiratete Catarina schließlich unter dem Druck von Franz Xaver persönlich, allerdings nur *in articulo mortis* – als sie auf dem Sterbebett lag. Ihr kunstvoll geschnitztes Grab, eingelassen in die Wand hinter dem Hochaltar, schmücken erlesene Verzierungen im Gujarati-Stil, die möglicherweise aus dem portugiesischen Handelsposten Diu stammen.

Dudhsagar-Wasserfälle

Die insgesamt 600 m hohen Wasserfälle von Dudhsagar an der Grenze zu Karnataka zählen zu den größten Wasserfällen Indiens. Ihr Anblick ist spektakulär genug, um einen ständigen Besucherstrom von der Küste in die schroffen Westghats zu locken. Der Konkani-Name für die Wasserfälle, der wörtlich übersetzt „Milchmeer" heißt, rührt von den Schaumwolken her, die sich unten bilden, wenn der Wasserstand am höchsten ist.

Dudhsagar liegt in einer großartigen Landschaft am Rand eines tiefen, halbkreisförmigen Tals, das von tropischem Urwald bedeckt wird, und ist nur zu Fuß oder im Geländewagen erreichbar. Die beste **Reisezeit** für Dudhsagar ist nach dem Monsun, zwischen Ende Oktober und Mitte Dezember, wenn der Wasserstand am höchsten ist. Die Fälle führen aber noch bis in den April hinein Wasser.

Die einzige Möglichkeit, an einem Tag hin- und zurückzukommen, besteht mit einem **Geländewagen** von COLEM aus (erreichbar per Bahn von Vasco, Margao und Chandor oder per **Taxi** von den Resorts an der Nordküste für ca. Rs1750). Die Kosten für eine 30- bis 40-minütige **Jeeptour** von Colem zu den Wasserfällen, die über holperige Waldpfade und zwei oder drei Furten führt, liegen bei Rs1000–1250 p. P.; der Ausflug endet mit einer 10-minütigen, schönen Wanderung. Man braucht nur in Colem nahe dem Bahnhof nach dem „Controller of Jeeps" Ausschau zu halten. Wer jedoch allein oder zu zweit unterwegs ist, muss entweder warten, bis der Wagen voll ist, oder den ganzen Jeep mieten.

Nord-Goa

Die Bebauung in Nord-Goa konzentriert sich hauptsächlich auf den 7 km langen, weißen Sandstreifen, der sich vom Fuß des **Fort Aguada**, das östlich von Panjim über die Halbinsel thront, bis zum Flüsschen Braga im Norden zieht. Mit den Ferienorten **Candolim**, **Calangute** und **Baga** ist diese Region Goas Pauschaltouristenhochburg, die von den meisten Individualreisenden gemieden wird. Seit der Ankunft des Massentourismus in den 1980er-Jahren hat sich die alternative Szene immer weiter nach Norden verlagert, weg von den Sonnenliegen nach **Anjuna**, Vagator – mit Stränden, die zu den schönsten der Region zählen – und **Chapora**, ein Fischerdorf am Fluss.

Noch weiter nördlich liegt **Arambol**, das sich bislang einer größeren Bebauung entziehen konnte, trotz Fertigstellung der neuen Brücke über den Chapora. Der zusätzliche Verkehr hat in erster Linie die unauffälligen Urlaubsorte **Aswem** und **Mandrem** unmittelbar südlich von Arambol zum Ziel. Die Marktstadt **Mapusa** ist der Hauptverkehrsknotenpunkt der Region. Es bestehen Busverbindungen in die meisten Urlaubsorte an der Küste. Wer mit dem Zug der Konkan Railway ankommt, steigt am Bahnhof in **Tivim** (Thivim) aus, 12 km östlich von Mapusa. Von dort geht es dann mit dem Bus oder Taxi weiter.

Goa

Mapusa

Mapusa (ausgesprochen *Mapsa)* ist die Hauptstadt des *taluka* Bardez. Eine staubige Ansammlung heruntergekommener, größtenteils moderner Gebäude gruppiert sich um einen belebten zentralen Platz. Die Stadt ist nicht besonders interessant, wenn man einmal von dem lebendigen **Markt** am Freitagvormittag absieht. Der Markt von Anjuna eignet sich vielleicht besser für Souvenirs, aber der in Mapusa ist wesentlich authentischer. Zu den lokalen Spezialitäten gehören würzige goanische Würstchen *(chouriço),* *toddi* (fermentierter Palmensaft) und große grüne Kochbananen aus dem benachbarten Moira.

Übernachtung und Essen

Der Konkan Kanya Express Nr. KR0111 der Konkan Railway kommt um 9.30 Uhr in Tivim an, sodass genug Zeit bleibt, sich in den Urlaubsorten westlich von Mapusa eine Unterkunft zu suchen. **FR Xavier**, im Municipal Market. Authentische goanische Speisen auf die Schnelle gibt es nirgendwo besser als in diesem Café, das bereits seit der portugiesischen Ära besteht.
Ruchira, im Hotel Satyaheera an der Nordseite des Hauptplatzes. Hier bekommt man Standardgerichte aus den Küchen vieler verschiedener Länder und kaltes Bier.

Transport

Busse
Der **Kadamba-Busbahnhof** befindet sich 5 Min. zu Fuß westlich des zentralen Platzes und wird auch von den staatlichen Bussen aus Panjim genutzt.

Eisenbahn
Der Mapusa am nächsten gelegene Bahnhof befindet sich in **Tivim**, 12 km östlich im Nachbardistrikt Bicholim. Dort stehen im Normalfall Busse nach Mapusa bereit.

Motorradtaxis und Taxis
Motorradtaxis warten am Hauptplatz, um leicht beladene Shopper und Traveller für Rs50–65 in die Küstenresorts zu befördern. **Taxis** verlangen wesentlich mehr (um Rs150), aber man kann sich die Kosten mit bis zu 5 Pers. teilen.

Candolim und Fort Aguada

Candolim wird vom Pauschaltourismus beherrscht und kaum von Backpackern angesteuert, bietet sich jedoch mit seinen vielen netten Unterkünften in ruhigen Nebensträßchen gut als erstes Reiseziel in Goa an. An der mitten durch den Ort verlaufenden Hauptstraße gibt es einige Banken und Geschäfte, in denen man sich gut mit allem Notwendigen versorgen kann, bevor man sich weiter auf Tour begibt. Außerdem locken ein paar tolle Restaurants und Kneipen, zumeist frequentiert von trinkfreudigen Briten mittleren Alters und jungen Russen.

Unmittelbar südlich thront auf einer abgeflachten, felsigen Landzunge am Ende des Strands das **Fort Aguada**, die einzige echte Sehenswürdigkeit der Gegend. Es wurde 1612 gebaut, um den Küstenbereich nördlich der Mandovi-Mündung vor holländischen und marathischen Überfällen zu schützen. Die Festung umschließt einige natürliche Quellen, die den in Goa anlegenden Schiffen das erste Trinkwasser nach der langen Seereise von Lissabon lieferten. Die Ruinen des Forts sind über eine Straße zu erreichen: Von Candolim folgt man zunächst der Hauptstraße Richtung Süden, geht an der Abzweigung zum Fort Aguada Beach Resort vorbei und noch rund 1 km weiter, bevor eine kleine Straße nach rechts bergauf zu einem kleinen Parkplatz abzweigt. Heutzutage dient der größte Teil der Anlage als Gefängnis und ist Besuchern daher nicht zugänglich.

Dennoch lohnt das Fort einen Besuch, wenigstens um die wunderbare Aussicht von der Spitze des Hügels zu genießen. Hier blickt seit 1864 ein vierstöckiger portugiesischer **Leuchtturm**, der älteste seiner Art in Asien, über das weite Meer, den Sand und die Palmen. An der nördlichen Flanke der Festung ragt ein Schutzwall aus rotbraunem Laterit ins Meer hinaus. Dies ist das Ende des **Sinquerim Beach**, der 2009 von einer Reihe mehrerer besonders schwerer Monsunstürme fast vollständig weggespült wurde. Der Strand gehörte zu den ersten Orten in Goa, die für den exklusiveren Tourismus ausgewählt wurden.

Die zu den teuersten Hotels Indiens zählenden Fort Aguada-Resorts der Taj Group be-

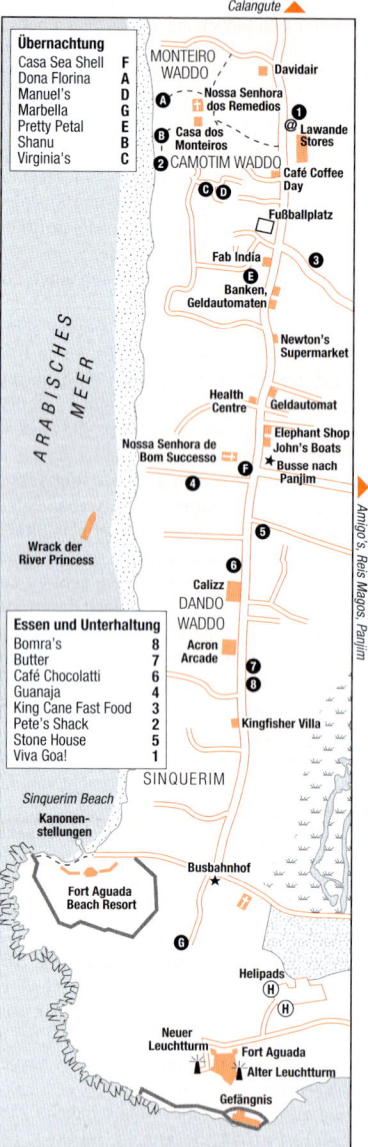

Candolim und Fort Aguada

0 — 200 m

Calangute

Übernachtung

Casa Sea Shell	F
Dona Florina	A
Manuel's	D
Marbella	G
Pretty Petal	E
Shanu	B
Virginia's	C

MONTEIRO WADDO

Davidair

Nossa Senhora dos Remedios

@ Lawande Stores

Casa dos Monteiros

CAMOTIM WADDO

Café Coffee Day

Fußballplatz

Fab India

Banken, Geldautomaten

Newton's Supermarket

A R A B I S C H E S   M E E R

Health Centre

Geldautomat

Elephant Shop John's Boats

Busse nach Panjim

Nossa Senhora de Bom Successo

Wrack der River Princess

Calizz

DANDO WADDO

Acron Arcade

Amigo's, Reis Magos, Panjim

Essen und Unterhaltung

Bomra's	8
Butter	7
Café Chocolatti	6
Guanaja	4
King Cane Fast Food	3
Pete's Shack	2
Stone House	5
Viva Goa!	1

Kingfisher Villa

SINQUERIM

Sinquerim Beach

Kanonen-stellungen

Busbahnhof

Fort Aguada Beach Resort

Helipads

Neuer Leuchtturm

Fort Aguada

Alter Leuchtturm

Gefängnis

herrschen von den unteren Hängen der steilen Halbinsel aus den Strand. Vor der Küste liegt auch nach mehr als zehn Jahren, als sie bei einem Monsunsturm auf Grund lief, die **MV River Princess**. Es sind mehrere Versuche unternommen worden, das Wrack wieder frei zu bekommen und wegzuschleppen, aber ohne Erfolg. Jedes Jahr sinkt die *River Princess* tiefer in den Sand – ein skurriler Anblick so nah am indischen Vorzeigestrand.

In den Palmenhainen um Candolim herum liegen eine Reihe wunderschöner alter Villen und ein paar typische goanische Häuser versteckt. Einige der schönsten sind Bestandteil des Volkskunde- und Architekturmuseums **Calizz** in der südlichen Dorfhälfte. Über mehrere Hektar verteilen sich fünf liebevoll restaurierte Gebäude unterschiedlicher typisch goanischer Baustile. Sowohl christliche als auch hinduistische Bauten stehen hier. Von bescheidenen Lehmhütten aus vorkolonialer Zeit bis zu einem verschwenderischen portugiesischen *palácio* samt dazugehöriger Kapelle ist alles zu bewundern. Im Inneren der Häuser sind erlesene Möbel, religiöse Statuen und interessante Gegenstände des täglichen Gebrauchs zu sehen. Im Eintrittspreis ist eine 45-minütige Führung inbegriffen. ◷ tgl. 10–19 Uhr, Eintritt Rs300; ▭ www.calizz.com.

Übernachtung

Candolim ist fest in den Händen der Pauschalreiseveranstalter, deshalb sind die Unterkünfte während der ganzen Saison eher teuer. Andererseits kann man hier, wenn wenig los ist, echte Schnäppchen finden.

Casa Sea Shell, Fort Aguada Rd, nahe Bom Successo, ✆ 0832/247 9879. Alteingesessenes ehemaliges Pauschaltouristenhotel nahe der Kreuzung mit der Straße nach Nerul. Es hat Standardzimmer ohne AC und größere, neuere und besser ausgestattete Zimmer mit Flachbild-TV und AC. In beiden Gebäuden, die sich in einem schattigen Palmengarten gegenüberstehen, sind die Zimmer groß für den Preis, gepflegt und gut gelüftet. Ein weiterer Pluspunkt ist der saubere kleine Pool. ④–⑤

Manuel's, Camotim Waddo, ✆ 0832/248 9729. Kleines, von einer Familie betriebenes Gäste-

Goa

haus, seit Jahren hier etabliert. Es ist einladend, günstig und sauber, jedoch von anderen Gebäuden etwas eingezwängt. Alle Zimmer haben Ventilator und Du/WC. ❸

Marbella, Sinquerim, ☎ 0832/247 9551, 🖥 www.marbellagoa.com. Individuell gestaltete Suiten und geräumige Zimmer (ab Rs3000) in einem wunderbaren Haus im traditionell goanischen Herrenhaus-Baustil, bewacht von einem riesigen Mangobaum. Dekor und Einrichtung sind himmlisch, besonders im „Penthouse" (Rs5500) im obersten Stock. Sehr romantisch und die Extra-Ausgabe auf jeden Fall wert. ❼–❽

Pretty Petal, Camotim Waddo, ☎ 0832/248 9184, 🖥 www.prettypetalsgoa.com. Sehr große, moderne Zimmer, alle mit Kühlschrank, guten Matratzen und Balkon, sowie gemütliche Gemeinschaftsbereiche mit Marmorfußboden und Blick auf den Rasen. Am schönsten, wenn auch kostspieliger, ist das Apartment unter dem Dach, mit Fenstern zu allen vier Seiten hin und einem geräumigen Balkon. ❹–❺

Shanu, Escrivao Waddo, ☎ 832-248 9899. Geräumige, gut eingerichtete Zimmer mit kleinem Balkon direkt an den Dünen, einige mit ungehindertem Blick aufs Meer. Tipp: Zimmer 120 (ansonsten 118, 111, 110 oder 107). Frühstück wird auf dem Zimmer serviert. ❹

Virginia's, Camotim Waddo, ☎ 0832/6451069, 9923640584. Die freundliche Budgetunterkunft hat bessere Betten und Möbel als die Konkurrenz, dazu Schließfächer in den Zimmern mit Bad und bequeme Stühle zum Entspannen. Tolles Preis-Leistungs-Verhältnis. ❸

Yoga-Terrasse mit Meerblick

Dona Florina, an der Straße nach Monteiro, Escrivao Waddo, ☎ 0832/248 9051, 🖥 www.donaflorina.co.in. Dieses herrlich gelegene, große Gästehaus mit Strandblick befindet sich im abgeschiedensten Teil des Dorfes. Die luftige Dachterrasse mit Bodenfliesen eignet sich hervorragend für Yoga-Übungen. Wegen des idyllischen Meerblicks ist es die paar Euro mehr durchaus wert. Keine Zufahrt für Autos. ❹

Essen

Candolims zahlreiche Strandcafés sind etwas eleganter als die üblichen Seafood-Hütten – mit Topfpflanzen, Hightech-Anlagen und entsprechenden Preisen. Die Preise sinken, je weiter man sich vom Taj-Komplex entfernt. Das Einzige, was einem Club nahekommt, ist **Butter**, 242 Souza Waddo im Süden des Dorfes Richtung Sinquerim (an der Straße weist ein großes Saxophon den Weg). Hier schlürfen gut situierte Leute über 30 aus Mumbai und Delhi über Weihnachten und Neujahr die teuren Cocktails. Wer den Besitzer nicht persönlich kennt, muss mit Rs1000 Eintrittsgebühr rechnen.

Café Chocolatti, nahe Calizz. Der in Großbritannien aufgewachsene Eigentümer dieses freundlichen Cafés in Süd-Candolim, Nazneen, hat ein Mekka für Schokoholics geschaffen. Bei einer perfekten Tasse frisch gemahlenen Kaffees im Garten können Gäste in Trüffelpralinen nach belgischer Art schwelgen – gefüllt mit Chili, Mokka und Orange – oder italienisches Gebäck mit Mandelgeschmack knuspern.

Guanaja, River Princess Lane. Das Schokoparadies in einer urigen Holzhütte hat Schokoladensorten, die es zum Teil anderswo nicht gibt. Viele enthalten typisch goanische Zutaten wie Mango, Chili, Kokum und Kokosnuss. Außerdem werden hier frische Croissants, Kekse und Herzhafteres gebacken – nur der Kaffee könnte besser sein.

King Cane Fast Food, Bosio Hospital Rd, nahe Fußballplatz und Markthalle. Toller kleiner goanischer Imbisswagen am Straßenrand beim Markt, geführt vom Ehepaar Salvador und Maria Barretto. Beliebt ist das scharfe Rindfleisch-Chili, das wie ein Hamburger in einem Brötchen verpackt wird. Echt umwerfend ist aber das *sorpotel* (eine würzige Mischung aus Schweinefleisch, Innereien, Blut, *toddi*-Essig und Gewürzen). Das Gericht wird über vier Tage hinweg täglich 10 Min. gekocht, damit sich die Aromen voll entfalten können.

Pete's Shack, Sequeira Waddo. Eine Strandhütte, die Erwähnung verdient, weil dort immer professionell gearbeitet wird und tolle, gesunde Salate (Rs85–225) mit gutem Olivenöl, Mozzarella und Balsamico-Essig auf den Tisch kommen. Das Gemüse ist durchweg frisch

Goa

Verstecktes Juwel

Bomra's, Souza Waddo, CHOGM (Fort Aguada) Rd, ☎ 9822/149633 oder 9822/106236. Entspanntes Lokal auf einer spärlich beleuchteten, mit Kies bestreuten Terrasse am Straßenrand. Von außen würde man niemals vermuten, dass es sich um eines der gastronomischen Highlights von Goa handelt, aber das Essen – moderne burmesische und Kachin-Küche – ist superb. Tipp: Spinat-Wraps in duftender Tahinisoße als Vorspeise, dann Rindfleisch in Erdnusscurry oder Schnapper mit Zitronengras, Tofu und Nudeln. Außerdem gibt's fantastische Mojitos und zum Nachtisch eine köstliche Ingwer-*crème brûlée*.

und wird sorgfältig in gechlortem Wasser gewaschen, kann also unbedenklich verzehrt werden. Dasselbe gilt für die Seafood-*sizzler* und Tandoori-Hauptspeisen. Als Dessert empfiehlt sich die Schokoladenmousse oder ein kühler Minz-Lassi.

Stone House, CHOGM (Fort Aguada) Rd. Blues-Fan Chris D'Souza betreibt dieses lebhafte, schummrige Restaurant mit Bar vor einem herrlichen goanischen Laterithaus. Die beliebtesten Gerichte sind erlesene Stücke Rindfleisch und Kingfish mit leckeren Ofenkartoffeln. Blues-Fans sollten allein schon wegen der CD-Sammlung hierher kommen. Hauptgerichte meist unter Rs250.

Viva Goa!, CHOGM (Fort Aguada) Rd. Saftige goanische Gerichte ohne Schnickschnack mit frischen Zutaten vom Markt: gebratene Muscheln, Barramundi *(chonok),* Zitronenfisch *(modso)* und gebratene Haifischsteaks in Chili-Paste oder mit Hirse *(rawa).* Gegessen wird auf einer Terrasse an der Straße. Touristen sind willkommen, aber hauptsächlich verkehren hier Einheimische – die Preise sind auf deren Finanzkraft zugeschnitten.

Geld

An der Hauptstraße (s. Karte S. 742) befinden sich mehrere **Geldautomaten**, und es gibt viele private Geldwechsler, doch die Kurse sind wahrscheinlich nicht so gut wie in Calangute.

Nahverkehr

Im Gegensatz zu den allgegenwärtigen **Taxis** sind **Mietmotorräder** während der Saison oft rar. Interessenten müssen dann ihr Glück in Calangute versuchen, z. B. bei **Gabriel's** (s. Karte S. 742). Die nächste Tankstelle liegt 5 km östlich an der Hauptstraße nach Panjim, nicht weit hinter Nerul.

Transport

Busse von und nach PANJIM halten ca. alle 10 Min. am Busbahnhof gegenüber der Casa Sea Shell im Zentrum von Candolim. Ein paar fahren nach Süden bis zur Haltestelle beim Fort Aguada Beach Resort; man kann die Busse auch überall an der Hauptstraße nach Calangute heranwinken.

Calangute

Das 45 Busminuten auf der Küstenstraße von Panjim entfernte Calangute war in portugiesischen Zeiten der Ort, an dem die besser betuchten Goaner im Mai und Juni ihre jährliche *mudança* („Luftveränderung") verbrachten, wenn die Hitze vor dem Monsun das Leben in den Städten unerträglich machte. Calangute ist zwar nach wie vor der belebteste Urlaubsort Goas. Es hat jedoch absolut nichts mehr mit dem Calangute gemein, in dem an der Promenade einst Musiker mit Strohhüten die elegant gekleideten, flanierenden Urlauber mit portugiesischen *fados* und Konkani-*dulpods* beglückten.

Die schlecht entwickelte Infrastruktur des Ortes ist den Massen von Pauschaltouristen und der steigenden Zahl indischer Besucher (für die Calangute *das* goanische Strandresort ist) nicht gewachsen. Besonders die Gegend um den Markt mit ihren vierstöckigen Bauten und dem chaotischen Verkehr sieht heute aus wie viele andere hastig zusammengeschusterte Siedlungen in Indien, vor denen viele Traveller eigentlich mal hierher geflüchtet sind.

Mit anderen Worten: Dies ist kein Ort zum Verweilen mehr. Trotzdem kommen die meisten Reisenden früher oder später hier durch, sei es um Geld zu wechseln oder um etwas dringend Benötigtes einzukaufen. Der einzige andere

Grund, sich dem Chaos auszusetzen, ist das Essen, denn in Calangute gibt es einige der besten **Restaurants** von ganz Goa.

Übernachtung

Trotz der chaotischen Zustände kommen jedes Jahr viele Budgettraveller nach Calangute und übernachten in kleinen Familiengästehäusern im Fischerviertel, wo es noch bemerkenswert beschaulich zugeht.

Camizala, 5-33B Maddo Waddo, ✆ 9689/156449. Hübsches, luftiges kleines Hotel mit nur 4 Zimmern, Gemeinschaftsveranden und Meerblick. Sehr ruhige Ecke und nah beim Strand. Angesichts der Lage erstaunlich billig. ❸

CoCo Banana, 1195 Umta Waddo, in der Gasse hinter dem Restaurant Meena Lobo, ✆ 0832/227 6478 oder 227 9068, 🖥 www.cocobananagoa.com. Sehr komfortable, große Chalets, alle mit Bad, Moskitonetzen, extra langen Matratzen und Balkonen, rings um einen Garten, aber ohne AC. Die Anlage wird von dem goanisch-schweizerischen Paar Walter und Marina Lobo geleitet, die schon seit fast 20 Jahren in Goa leben. ❺–❻

Indian Kitchen, hinter der Church of Our Lady of Piety, ✆ 0832/227 7555. Poppig dekoriertes Gästehaus mit ausgefallenen Mosaikfliesen, hell gemusterten Wänden und Laternen. Alle Zimmer haben Bad, Kühlschrank und Stereoanlage. Und es gibt sogar einen kleinen Pool. ❹

Essen

Seit das Restaurant Souza Lobo in den 1930er-Jahren am Strand eröffnete, um für das leibliche Wohl goanischer Tagesausflügler zu sorgen, kommen die Leute ebenso gern zum Essen nach Calangute wie für einen Spaziergang am Strand. Selbst wer in anderen Küstenorten übernachtet, wird sich der kulinarischen Anziehungskraft der Stadt nur schwer entziehen können.

A Reverie, Gauro Waddo, nahe Goan Heritage Resort, ✆ 9823/174927, 9326/114661. Erstklassiges Feinschmeckerlokal im Südteil von Calangute. Was das Gastronomie *und* das Ambiente angeht, ist es das extravaganteste Restaurant Goas. Preislich ist es aber sehr moderat (rund Rs1000 p. P., plus Getränke); Reservierung empfohlen.

Gabriel's, Gauro Waddo, ✆ 0832/227 9486, ✉ gabrielsguesthouse@gmail.com. Das einladende Gästehaus, ganz nah beim Strand, auf halbem Weg zwischen Calangute und Candolim, wird von einer sehr gastfreundlichen, hilfsbereiten Familie geführt. Geboten werden große Zimmer mit neuen Klimaanlagen, abschließbaren Stahlschränken und ordentlichen Matratzen; die nach hinten raus haben einen Balkon mit Aussicht auf die Dünen. ❹

Florentine's, 4 km östlich der St. Alex's Church in Saligao, neben dem Ayurvedic Natural Health Centre. Das Florentine's ist auf jeden Fall die Fahrt, um Florence D'Costas legendäres Hühnchengericht *cafreal* zu probieren, das nach einem sorgsam gehüteten Familienrezept zubereitet wird und Einheimische wie Touristen aus ganz Nord-Goa anlockt. Ein schlichtes Restaurant mit moderaten Preisen. Es gibt nur Hühnchen, etwas Seafood und veg. Snacks.

Infantaria Pastelaria, Baga Rd, neben der St. John's Chapel. Das Terrassencafé an der Straße ist besonders um die Frühstückszeit sehr gut besucht, denn dann gibt es Croissants, frisch gebackene Apfeltaschen und traditionelle goanische Süßigkeiten (u. a. *dodol* und haus-

Sublime, 1/9-A Grande Morod, Saligao, 5 km landeinwärts vom Markt von Calangute, ✆ 9822/484051. Der indisch-amerikanische Küchenchef Salim (oder Chris) hat sich mit seinen stilvollen Gerichten, die von Kellnern in *lunghis* mit Goldborten serviert werden, eine eingeschworene Fangemeinde erkocht. Zu den beliebtesten Hauptgerichten zählen das Balsam-Beefsteak auf Feta-Gratin und mit Macadamia-Nüssen in der Pfanne gebratene Fischfilets mit Süßkartoffel-Ahornsirup-Püree. Als Vorspeise ist der Tintenfisch im Ingwerteigmantel kaum zu toppen. Drei Gänge schlagen mit etwa Rs600–800 zu Buche, plus Getränke. Unbedingt reservieren.

Goa

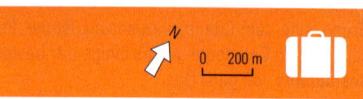

0   200 m

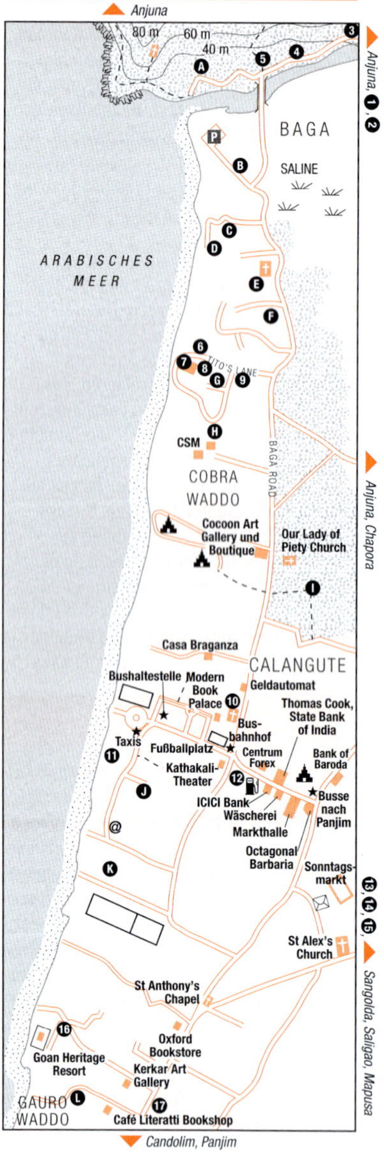

Übernachtung		Essen und Unterhaltung	
Alidia (Alirio & Lidia)	E	A Reverie	16
Andrade (Rita)	H	Baba Rhum	2
Angelina	G	Casa Tito's	1
Camizala	K	Fiesta	6
Cavala	B	Florentine's	15
CoCo Banana	J	Infantaria Pastelaria	10
Divine	A	J&A's	3
Gabriel's	C	Kamaki	9
Indian Kitchen	I	Le Poisson Rouge	5
Larissa	C	Lila Café	4
Villa Emmanuel	D	Lloyd's	17
Villa Fatima	F	Mambo's	7
		Plantain Leaf	12
		Souza Lobo	11
		Sublime	14
		Tito's	8
		West End Club	13

gemachte *bebinca*). Besonders köstlich sind die mit Garnelen und veg. Leckereien gefüllten Teigtaschen, mit denen sich die Einheimischen hier eindecken.

Lloyd's, South Calangute, nahe dem Abzweig zur Kerkar Art Gallery. In diesem unauffälligen kleinen Straßenlokal, das bis 4 Uhr morgens oder auch länger geöffnet hat, entspannen sich die Gastronomen der Stadt und die Zugezogenen aus Delhi nach der Arbeit. Wer die Steaks vom Holzkohlegrill und das scharfe Grillhuhn probiert hat, weiß warum. Auch die goanischen Spezialitäten sind toll – *chouriço*-Chilipfanne, Schweinefleisch-*sorpotel* und superscharfes Hai-*amotik* – und werden jeden Tag von der Mutter des Betreibers frisch auf den Teller gebracht. Das alles zu Preisen für Einheimische, und dazu ein kühles Bier.

Plantain Leaf, beim Markt. Das beste Udipi-Restaurant außerhalb von Panjim, wenn nicht gar in ganz Goa, bietet die übliche Auswahl an leckeren *dosas* und anderen würzigen Snacks in einem sauberen, kühlen, marmornen Speiseraum, und im Hintergrund dudelt *filmi*-Musik. Tipp: *iddli-vada*-Frühstück, *masala dosas* oder die billigen, sättigenden *thalis*.

Souza Lobo, am Strand. Eine Institution in Calangute, auch wenn das auf Gingham-Tischdecken von zahlreichen herumflitzenden Kellnern servierte Essen nicht immer das ist, was es einmal war. Spezialitäten des Hauses sind gefüllte Krebse, Baby-Kingfish und Crêpe Souza. Die meisten Hauptgerichte kosten Rs195–300.

In Calangute ist für einen Urlaubsort dieser Größe abends überraschend wenig los. Der einzig erwähnenswerte Laden ist der **West End Club** (2–3x wöchentl. 21–16.30 Uhr; ☏ 0832/ 324 6727) auf einem Hügel im Mollem Bhat Valley, 4 km landeinwärts in Sangolda. Mit einer von Dschungel umgebenen Tanzfläche, einem Dachpool und Chillout-Bereichen ist dies einer der wenigen echten Tanzclubs in Goa. Der Eintritt liegt zumeist bei Rs500–600, gespielt wird vorwiegend Trance, und das Publikum besteht zumeist aus Russen in den Zwanzigern. In der Hochsaison kann es hier voll werden, aber südlich von Vagator ist ansonsten keine ernst zu nehmende Alternative zu finden. In Gauro Waddo am südlichen Stadtrand von Calangute veranstaltet die **Kerkar Art Gallery**, ☏ 0832/227 6017, 🖥 www.subodhkerkar. com, jeden Di um 18.45–20.30 Uhr im kerzenbeleuchteten Garten hinter dem Haus Vorführungen aus den Bereichen **klassische Musik und Tanz** bei Weihrauchduft und Kerzenlicht (Eintritt Rs350). Die kleinen Aufführungen werden von Studenten und Lehrern der Kala Academy in Panjim dargeboten; zu Beginn gibt es jeweils eine kurze Einführung. Die Eintrittskarten kauft man im Voraus oder am Abend für Rs300.

Thomas Cook hat eine Filiale auf dem Hauptgelände des Markts, in der Geld gewechselt wird, ⏱ Mo–Sa 9.30–18 Uhr. Dort befindet sich auch eine effiziente **ICICI Bank** mit einem 24-Std.-Geldautomaten. Zu den privaten Geldwechslern in der gleichen Straße zählt z. B. **Wall Street Finances** – gegenüber der Tankstelle und im Shoppingkomplex am Strand – wo Bargeld und Reisechecks zu den üblichen Bankkursen getauscht werden, ⏱ Mo–Sa 9.30–18 Uhr. Die **Bank of Baroda**, unmittelbar nördlich vom Markt an der Straße nach Anjuna, erlaubt Barabhebungen mit Visa-Karte, wobei eine Kommission von 1 % des Wechselbetrages

und Rs125 für den erforderlichen Kontrollanruf einbehalten werden. ⏱ Mo–Fr 9.30–14.15, Sa 9.30–12, So 9.30–14 Uhr.

Busse aus Mapusa und Panjim kommen am kleinen **Busbahnhof** und Marktplatz im Zentrum von Calangute an. Einige fahren weiter bis Baga und halten noch einmal an der Kreuzung hinter dem Busbahnhof.

Baga

Baga, 10 km westlich von Mapusa, ist im Grunde die Fortsetzung von Calangute. Der einzige Unterschied zwischen dem im Windschatten einer felsigen, bewaldeten Landzunge gelegenen Baga am nördlichsten Strandabschnitt und dem mittleren Abschnitt um Calangute ist der, dass die hiesige Landschaft ein wenig abwechslungsreicher und schöner ist. Vor der Kulisse eines felsigen, grünen Landstrichs fließt ein gezeitenabhängiger Fluss nördlich des Dorfs ins Meer, vorbei an einem Streifen weichen weißen Sandes, auf dem bunte Fischerboote liegen.

Seit dem Einsetzen des Pauschaltourismus wurde Baga schneller erschlossen als jeder andere Ort im Bundesstaat. Heute gleicht es mit seinen überwiegend jungen Pauschaltouristen eher einem kleinen Ferienort an der Costa Brava als dem goanischen Fischerdorf, das es Anfang der 1990er-Jahre noch war. Doch wer einen Bogen um die Touristenfallen und lautstarken Kneipen macht, wird feststellen, dass Baga seinen Nachbarn einiges voraus hat. Hier gibt es eine Reihe hervorragender **Restaurants** und ein aufregenderes **Nachtleben** als in allen anderen Orten Goas, wenn nicht sogar ganz Indiens.

In Baga ist es schwieriger als in Calangute, eine Unterkunft auf gut Glück vor Ort zu organisieren, da Reiseveranstalter die meisten Hotels unter sich aufgeteilt haben. Selbst Zimmer in kleineren Gästehäusern sind oft schon vor Beginn der Saison ausgebucht. Die meisten familienbetriebenen Unterkünfte liegen am nördlichen Ende des Strandes,

Goa

Alidia (Alirio & Lidia), Baga Rd, Saunta Waddo, ☎ 0832/227 6835, ✉ alidia@rediffmail. com. Das in die Dünen gebettete kompakte Resorthotel ist weniger als 1 Min. vom Strand entfernt. Es besitzt 3 Zimmerkategorien, wird effizient geführt, ist stilvoll eingerichtet (mit Holzböden und traditionellen Muschelfenstern im neueren Gebäude) und liegt inmitten üppigster Vegetation. Dazu kommt noch ein schöner kleiner halbrunder Pool. Fürs Gebotene sehr preisgünstig. ❺–❻

wo die Nächte wesentlich ruhiger geworden sind, seit Tito's, der größte Club Goas, schalldicht gemacht wurde.

Andrade (Rita), unmittelbar südlich von Tito's Lane, Saunta Waddo, ☎ 0832/227 9087. Saubere, einfach eingerichtete Zimmer, einige davon zum Meer hin, in zwei modernen Wohnhaus-Anbauten. Die etwas teureren nach hinten raus sind schöner, aber ohne Aussicht. Freundliche Betreiber; nicht weit vom belebtesten Strandabschnitt entfernt. ❸–❹

Angelina, Saunta Waddo, ☎ 0832/227 9145, ✉ angelinabeachresort@rediffmail.com. Geräumige, ordentliche Zimmer mit großen Kachelbädern und großem Balkon, manche mit AC. Das Ganze liegt günstig inmitten der Action in der Nähe der Tito's Lane. Die besten Zimmer sind im Obergeschoss des neuesten der drei Blocks, auf Wunsch mit AC. Unschlagbar preisgünstig für diese Ecke. ❸–❹

Larissa, Saunta Waddo, ☎ 9823/269242. Dieses orangerote Gebäude ist wahrscheinlich vom Weltall aus zu sehen – zum Glück sind die Zimmer in etwas gedämpfteren Farben gehalten. Für den Preis sind sie riesig, dazu makellos sauber und modern und haben Kühlschrank und große, dicke Matratzen. Auch die Lage ist toll, auf einer Düne mit Blick aufs Dorf, gleich hinter dem Strand, nur einen Katzensprung von den Strandbuden entfernt. ❹

Cavala, Baga Rd, ☎ 0832/227 7587 oder 227 6090, 🖳 www.cavala.com. Modernes Hotel mit einem von Bananenpflanzen umsäumten Pool auf der anderen Straßenseite. Geräumige 2-Bettzimmer mit Balkonen sowohl nach vorn als auch nach hinten. Die Bandbreite reicht von schlichten Zimmern ohne AC bis zu luxuriösen Suiten, und trotz der Lage an der Straße sind die Zimmer ruhig. ❺–❽

Divine, nahe Nani's & Rani's, nördlich des Flusses, ☎ 0832/227 9546, 🖳 www.indivine home.com. Unter Leitung eines gast- und tierfreundlichen Paares. Die Zimmer sind eher klein, aber tadellos sauber und z. T. mit Du/WC. Reizende Dachterrasse mit Liegen und Sonnenschirmen. ❺

Villa Emmanuel, Calypso Hotel, Saunta Waddo, ☎ 0832/227 5667 oder 9923/653514. Näher beim Strand als in diesem zweistöckigen Gebäude kann man nicht übernachten. Die Betten sind für den Preis etwas einfach, aber von den meisten Zimmern bietet sich ein unverstellter Ausblick aufs Meer. ❹–❺

Villa Fatima, Baga Rd, ☎ 0832/227 7418, 🖳 www.villafatima.com. Das alteingesessene Backpacker-Gästehaus hat 32 Zimmer mit Bad an einer geselligen Gartenterrasse und mit nettem großem Pool hinterm Haus. Vernünftige, je nach Zimmer unterschiedliche Preise. ❹

Nirgendwo in Goa gibt es eine so gute Auswahl an Qualitätsrestaurants wie in Baga. Die Gastronomen – darunter immer mehr Zuwanderer aus Europa und der Oberschicht von Mumbai – konkurrieren mit raffiniertesten Speisekarten und den romantischsten, stilvollsten Gärten und Terrassen um die zahlungskräftige Kundschaft. Das alles hat so gut wie nichts mehr mit der behelfsmäßigen Strandhüttenkultur zu tun, die hier noch vor rund einem Jahren vorherrschte.

Baba Rhum, Arpora, ☎ 98220/78759. Die coole französische Bäckerei und Konditorei liegt versteckt in der Ausländerenklave Arpora abseits der Touristenpfade, ist den Weg aber wert wegen der tollen Croissants, Baguettes, *pains au raisins,* Obstsalate und Säfte sowie

Goa

wegen des perfekten Café au lait. Serviert wird an schweren Holztischen und im Hintergrund laufen ansteckende Weltmusik-Grooves. An der Hauptstraße von Calangute nach Anjuna links ausgeschildert. ☺ So geschl.

Fiesta, Tito's Lane, ✆ 0832/227 9894, 🖥 www. fiestagoa.com. Das am üppigsten eingerichtete Restaurant von Baga thront in bester Lage auf einer lang gestreckten Düne mit Meerblick. Gespeist wird auf der Veranda eines Hauses aus den 30er-Jahren. Die modernen Mittelmeergerichte sind ebenso geschmackvoll wie das Dekor. Tipp: Vorspeise Rindfleischcarpaccio und danach Lasagne, Risotto oder eine üppig belegte Holzofenpizza (Rs250). Die meisten Vorspeisen und Hauptgerichte kosten Rs300–400. Reservierung empfohlen.

J&A's, Baga Creek, ✆ 0832/227 5274 oder 9823/ 139488, 🖥 www.italyingoa.com. Authentisches italienisches Essen (sogar der Parmesankäse, die sonnengetrockneten Tomaten und das Olivenöl sind importiert), serviert im herrlichen, kerzenbeleuchteten Garten eines alten Fischerhäuschens. Innovative Auswahl an Salaten und Antipasti, als Hauptgerichte hervorragende Pasta, Holzofenpizza und zarte Steaks (mit Rosmarinkartoffeln). Die Spezialität des Hauses, die Seafood-Lasagne, ist allerdings schwer zu übertreffen. Tipp zum Dessert: das im Mund zerlaufende, heiße Schokoladen-Soufflé. Bei drei Gängen ist mit

---

Normannisch-goanische Mischung

Le Poisson Rouge, Baga Creek, ✆ 0832/ 324 5800 oder 9823/859276. Der neueste Stern am kulinarischen Himmel Nord-Goas befindet sich in einem schattigen Palmengarten und wird von hübschen Teelichten beleuchtet. Der aus der Normandie stammende Koch Gregory Bazire verarbeitet die regionalen Zutaten mit französischer Verve, und die Resultate sind großartig. Empfehlenswert: golden gebratener Tintenfisch aus Chapora mit Basilikum-Hummus und einer grünen Coulis, gefolgt von duftiger Seebrasse in Anis-Buttersoße oder einem Spargelrisotto. Hauptgerichte kosten zumeist etwa Rs500. Reservierung empfohlen.

mindestens Rs1000 p. P. zu rechnen – ohne Getränke.

Lila Café, Baga Creek. Gemütliche Bäckerei mit Snackbar, betrieben von einem deutschen Pärchen, das hier seit Jahrzehnten ansässig ist. Hervorragende selbstgebackenen Brote, Kuchen und ausgefallener Mittagstisch mit Spinat à la crème, Auberginenpâté und geräuchertem Wasserbüffelschinken. ☺ 8–20 Uhr.

Unterhaltung

Dass Bagas Nachtleben in ganz Indien einen legendären Ruf genießt, hat die Stadt im Wesentlichen dem Club Tito's zu verdanken. Angelockt durch TV-Bilder von spärlichen Tanzklamotten und einer bombastischen Sound- und Lichtanlage finden sich Abend für Abend mehrere Hundert Partylustige auf der langen, schmalen Terrasse ein, um zu trinken, zu tanzen oder Leute zu beobachten. Die meisten sind Männer aus anderen indischen Bundesstaaten, die nach Goa kommen, um den moralischen Fesseln des Lebens zu Hause zu entfliehen. Besonders von Frauen aus dem Westen wird die Atmosphäre bisweilen als unangenehm aufgeladen empfunden. Allerdings scheint der Club nach kürzlicher Renovierung und Erhöhung der Eintrittspreise die Ära der vom Kingfisher-Bier begünstigten Raufereien hinter sich gelassen zu haben. Außerdem machen jedes Jahr neue Bars und Clubs auf und bieten zunehmend anspruchsvollere Alternativen. Wer im übrigen Indien gereist ist und dann in das Nachtleben von Baga stürzt, kann schnell eine Art Kulturschock erleiden. Weitere Infos über das Nachtleben in der Region finden sich in den Beschreibungen von Calangute (S. 744) und Anjuna (S. 750).

Bars und Clubs

Casa Tito's, Arpora, gegenüber von Ingo's Night Market. Schicke italienische Lounge in einem alten Haus aus der portugiesischen Ära mit traditionellen Möbeln, DJs, Cocktails und Gourmetküche. Perfekt zum Ausspannen nach einem Bummel über den Flohmarkt.

Kamaki, Tito's Lane, Saunta Waddo. Sport auf Großbildschirmen und eine hypermoderne

Goa

Karaoke-Anlage machen den Reiz dieser klimatisierten, von Engländern dominierten Bar aus. Manchmal werden Rs200 Eintritt verlangt.

Mambo's, Tito's Lane, Saunta Waddo. Große Kneipe, teils unter freiem Himmel, mit Holzeinrichtung und einem großen, kreisrunden Tresen. Während der Saison ist der Schuppen an den meisten Abenden rappelvoll mit einem gemischten Publikum, obwohl die Getränkepreise weit über dem Durchschnitt liegen und nach 23 Uhr, bzw. wenn es Live-Unterhaltung gibt, Rs400 *cover charge* kassiert werden. „Ladies Night" am Mi heißt: Eintritt und Getränke für Frauen kostenlos. Auch hier ist Karaoke der große Renner.

Tito's, Tito's Lane, Saunta Waddo, 🖥 www. titosgoa.com. Indiens berühmteste Disco bietet die ganze Saison über auch immer wieder Cabaret, Modenschauen und Gast-DJs. Bis 23 Uhr wird Lounge gespielt, danach Hip-Hop, House, Salsa und Trance. Am Anschlagbrett ist abzulesen, wann Oldie- und andere Themenabende stattfinden. Eintritt für Männer Rs700, inkl. Drinks, für Frauen frei (ebenfalls kostenlose Getränke), um Weihnachten bis zu Rs1500 je nach Programm. ⏰ Nov–Dez 20 Uhr bis spät, außerhalb der Saison 20–23 Uhr. Di und Sa ist am meisten los.

Anjuna

Bis vor ein paar Jahren war Anjuna, der erste größere Küstenort nördlich von Baga, die letzte Bastion der schicken Alternativen in Goa. Hier fanden jede Saison die berühmten Vollmondpartys statt, und hier mietete das „Beautiful Set" für sechs Monate am Stück hübsche Häuser mit roten Ziegeldächern, mischte Trance-Musik, stellte ausgefallene Dance-Klamotten her, bemalte die Palmen mit Leuchtfarben und brutzelte monatelang in der Sonne am Strand. Ein kleiner Rest modisch gekleideter Hippies fortgeschrittenen Alters lässt sich immer noch blicken, aber dank des Verstärker-Verbots (S. 759) und des überwältigenden Erfolgs des Flohmarktes, der für Massenandrang sorgt, ist Anjuna komplett aus der Mode gekommen.

Das hat bewirkt, dass der Ort nun wieder fast so aussieht wie damals, bevor die Partyszene in großen Horden einfiel: verstreute alte portugiesische Häuser und weiß getünchte Kirchen vor einem langen, goldenen Sandstrand. Allerdings sprechen zwei Dinge gegen den Ort: Das eine ist die anhaltend drogengetränkte Atmosphäre mit einem außergewöhnlichen Ausmaß an Drogenmissbrauch, sowohl unter den Besuchern als auch unter den Einheimischen. Das Dorf leidet

Flohmärkte am Samstagabend

Eine der wenigen echten Aufwertungen, die Nord-Goas Urlaubsküste in jüngerer Vergangenheit erfahren hat, ist der **Saturday Night Bazaar**, der landeinwärts in **Arpora** auf halber Strecke zwischen Baga und Anjuna stattfindet. Der vom deutschen Einwanderer Ingo ins Leben gerufene Markt zeichnet sich durch effiziente Organisation und seinen Sinn für Spaß aus, der dem Flohmarkt in Anjuna inzwischen größtenteils abhanden gekommen ist. Außerdem laden die milden Abendtemperaturen und die hübsche Beleuchtung viel eher zum entspannten Stöbern ein als die brütende Mittagshitze am Strand von Anjuna.

Obwohl dieser Flohmarkt wesentlich kommerzieller ist als sein Pendant in Anjuna, bezeichnen viele Goa-Kenner ihn als authentischer. Zahlreiche Stände werden von Ausländern gemietet, die hier u. a. imitierte indische Pop-Kunst, alte Fotos, Klamotten für Trance-Partys, handpolierte Kokosschalenkunst und Demos von Techno-DJs anbieten. Abgerundet wird das Ganze durch eine köstliche Auswahl ethnischer Speisen und einer Bühne, auf der von 19 Uhr bis Mitternacht Livemusik geboten wird. Der Eintritt ist frei.

In die gleiche Kerbe versucht ein rivalisierender Markt namens **Mackie's** zu schlagen, der ein Stück weiter Richtung Baga am Fluss eröffnet hat. Der von ausländischen Designern und Standbesitzern gemiedene Markt ist nicht ganz so gut besucht wie sein Nachbar, aber so langsam holt er auf, dank besserer Live-Unterhaltung und zunehmend mehr ausländischen Verkäufern.

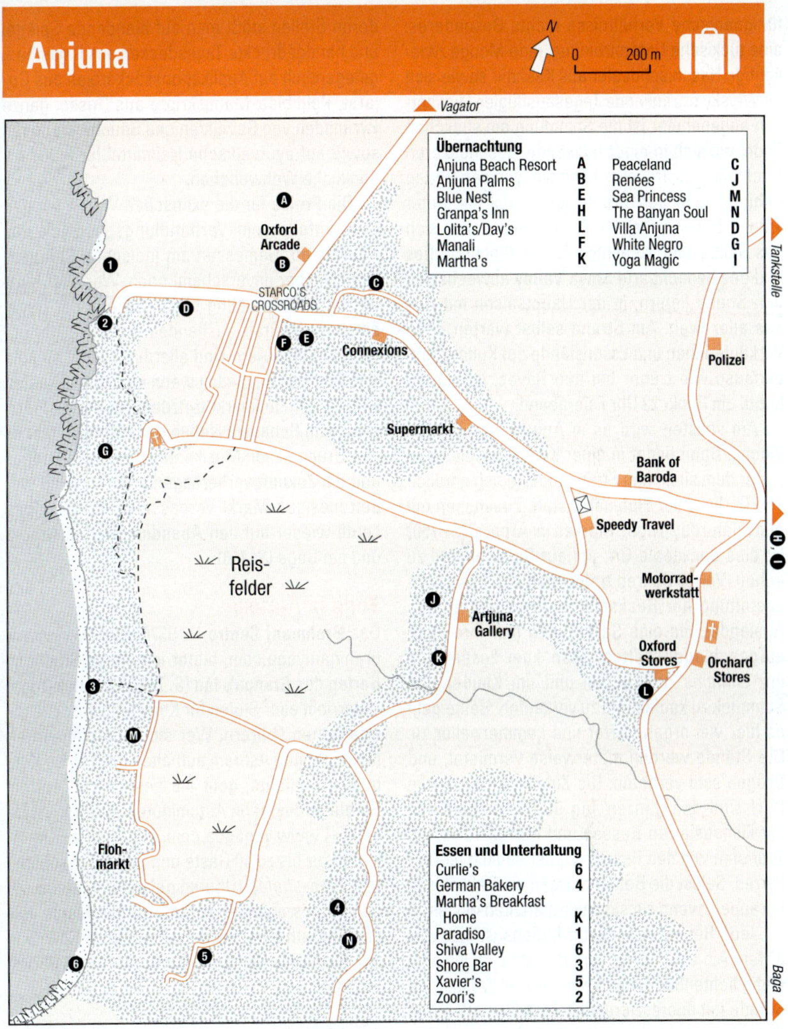

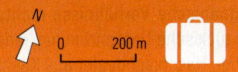

N   0   200 m

▲ Vagator

Übernachtung

Anjuna Beach Resort	A	Peaceland	C
Anjuna Palms	B	Renées	J
Blue Nest	E	Sea Princess	M
Granpa's Inn	H	The Banyan Soul	N
Lolita's/Day's	L	Villa Anjuna	D
Manali	F	White Negro	G
Martha's	K	Yoga Magic	I

❶

Oxford
Arcade

Ⓑ

Ⓐ

❷

Ⓓ

STARCO'S
CROSSROADS

Ⓒ

Ⓕ Ⓔ

Connexions

Ⓖ

Polizei

Supermarkt

Bank of
Baroda

Speedy Travel

Reis-
felder

Motorrad-
werkstatt

Ⓙ

Artjuna
Gallery

Ⓚ

Oxford
Stores

Orchard
Stores

Ⓛ

❸

Ⓜ

Floh-
markt

Essen und Unterhaltung

Curlie's	6
German Bakery	4
Martha's Breakfast Home	K
Paradiso	1
Shiva Valley	6
Shore Bar	3
Xavier's	5
Zoori's	2

❹

Ⓝ

❺

❻

Goa

Tankstelle ▶

H ◀

Baga ▶

unter einem Überfluss an zweifelhaften Typen. Wie heruntergekommen die Szene um die Strandhütten von Anjuna ist, zeigte sich im Februar 2008, als ein britischer Teenager vergewaltigt und ermordet wurde. Der zweite Nachteil des Dorfes ist der berühmte **Flohmarkt**. Jeden Mittwoch überschwemmen Touristen und Händler von anderen Urlaubsorten an der Küste den Strand und die Oli-

venhaine am Südende des Strands. Dann sehen sich die meisten in Anjuna residierenden Urlauber veranlasst, für den Tag ins benachbarte Vagator auszuweichen.

Strand und Flohmarkt

Das Nordende des Strandes von Anjuna, direkt unterhalb der Stelle, an der die Busse halten, ist für goanische Verhältnisse nichts Besonderes: eine tückische Unterströmung, jede Menge zwielichtige Haschischdealer aus Kashmir sowie sich im Whisky ertränkende Tagesausflügler. Wesentlich angenehmer ist die Stimmung am südlichen Ende, wo sich in einer hübschen, geschützteren Bucht jüngere Traveller tummeln. Von den Hütten dahinter wird der Strand permanent mit lauter Trance-Musik beschallt. Abends entwickelt sich das Ganze dann zu echten Partys, wobei **Curlies** und das benachbarte **Shiva Valley** abwechselnd den Sound liefern, in der Hauptsaison mit DJs aus aller Welt. Am Strand selbst warten *chai*-Verkäuferinnen und Essenstände auf Kundschaft, genauso wie früher bei den Raves, jedoch ist heute um Punkt 22 Uhr Feierabend.

Am vollsten wird es in Anjuna immer mittwochs. Dann findet in einer Kokosnussplantage hinter dem südlichen Strandende, gleich nördlich von Curlie's, der **Flohmarkt** statt. Zusammen mit dem Saturday Night Market in Arpora (S. 750) ist dies der ideale Ort, um auf Souvenirjagd zu gehen. Vor 25 Jahren trafen sich bei dieser Veranstaltung nur Rucksacktouristen und andere Ausländer, die eine Saison lang hier ihre Zelte aufgeschlagen hatten. Man kam zusammen, um *chillums* zu rauchen und um Kleider und Schmuck zu kaufen und zu verkaufen. Heute geht es hier viel organisierter und kommerzieller zu. Die Stände werden meterweise vermietet, und Drogen sind verboten. Die Zufahrtsstraßen zum Dorf sind den ganzen Tag über brechend voll mit klimatisierten Bussen und Maruti-Taxis, die Touristen von den Resorts weiter südlich hierher karren. Selbst die Bettler müssen ein Bakschisch berappen, wenn sie sich hier aufhalten wollen.

Jede Region oder Kultur Indiens ist hier vertreten. Am einen Ende versammeln sich die sich stetig lichtenden Reihen alternativer Westler um Stände mit fluoreszierenden Partyklamotten und Designerbademode, und im Mittelpunkt der Anlage wachen tibetische Schmuckverkäufer über ordentlich aufgereihte Türkisarmreifen und allerlei Schnickschnack aus dem Himalaya. Am auffälligsten von allen sind die Lamani-Frauen aus Karnataka. Sie sind von Kopf bis Fuß in traditionelle Kleider gehüllt und verkaufen fein gewebte, bunte Stoffe, die sie in alles Mögliche – von Jacken bis zu Geldgürteln – verwandeln. An anderen Stellen stößt man auf blendende Spiegel und handgedruckte Tagesdecken aus Rajasthan, gelegentlich auf Applikationsstickereien aus Gujarat, Palmblatt-Manuskripte aus Orissa, ganze Pyramiden von Gewürzen und Räucherstäbchen sowie auf ayurvedische Heilmittel für jedes erdenkliche Wehwehchen.

Die **Preise** für die exotischen Waren hängen größtenteils vom Verhandlungsgeschick des Käufers ab. Gemessen am indischen Standard sind sie aber unverschämt hoch. Wer aber hartnäckig und vorsichtig bleibt, kann in der Regel einen fairen Preis aushandeln – die Westler unter den Verkäufern sind allerdings nicht so aufs Handeln erpicht. Selbst wenn man nichts kaufen will, ist der Flohmarkt trotzdem ein nettes Plätzchen zum Schauen. Neben den Händlern gibt es hier Gruppen von Musikanten, bettelnde Sadhus und die Zukunft vorhersagende Stiere. Und wer den hiesigen Markt verpasst, findet dieselben Leute wieder auf den **Abendmärkten** in Arpora und bei Baga (S. 750).

Yoga in Anjuna

Das **Brahmani Centre**, ✆ 9370/568639, 🖳 www.brahmaniyoga.com, bietet in seinem Studio im Garten des **Granpa's Inn** (S. 754) Ashtanga-Yoga-Unterricht aller Stufen für Kurzentschlossene mit erfahrenen Lehrern. Wer sich allerdings in einem richtigen Ashram aufhalten oder einen Kurs belegen möchte, geht am besten ins Zentrum **Purple Valley**, zehn Autominuten weiter in Assagao, 🖳 www.yogagoa.com. Dort gibt es Unterkünfte für bis zu 40 Gäste und eines der schönsten Yoga-*shalas* (Übungsgelände) Indiens. Zu den herausragenden Lehrern zählen Manju Jois und Sharath Rangaswamy, der älteste Sohn und der Enkel des illustren Ashtanga-Gurus Shri K. Pattabhi Jois.

Übernachtung

Nach jahrelanger Bettenknappheit haben Besucher in Anjuna jetzt die Qual der Wahl, vor allem die, die nicht jeden Cent zweimal umdrehen müssen.

Untere Preisklasse

Anjuna Palms, De Mello Waddo, ✆ 0832/227 3268 oder 9822/686817, 🖳 www. www.hotel.

Goa

de/de/anjuna/hotels. Das kleine Budgetgästehaus hinter einem alten portugiesischen Haus
neben der Oxford Arcade verströmt mehr Flair
als die meisten anderen Unterkünfte. Es gibt
zwei Arten von Zimmern: größere mit AC
und hohen Decken und abgenutztere ohne
eigenes Bad. Alle liegen zu einem Gartenhof
hin. Nur 5 Min. Fußweg zum Strand.
❷–❸

Blue Nest, Soronto Waddo, ☎ 9763/063379.
Jospahs und Cecilias fünf altmodische Zimmer
liegen in der Nähe der Dorfstraße, was aber
kaum auffällt. Sie sind schön gestrichen, groß
für den Preis und haben gute dicke Matratzen
sowie hübsche kleine Veranden mit Wald-
blick. **❸**

Lolita's / Day's, hinter Oxford Stores, ☎ 9822/
461615. Eine Handvoll einfacher, großer Zimmer
mit Spitzziegeldach sowie Du/WC, geführt vom
leutseligen Darryl Days. Das teurere Zimmer
verfügt über AC, Kühlschrank und TV. Trotz der
Nähe zur Straße ruhig und mit Dachterrasse
zum Entspannen. Zu buchen über Joel's Mini
Store auf der anderen Straßenseite. **❹**

Manali, südlich der Kreuzung bei Starco's,
☎ 0832/227 4421. Anjunas begehrtestes Budgetgästehaus bietet einfache Zimmer mit Gemeinschaftsbad und Ventilator, die auf einen Hof
hinausgehen. Schließfach, Geldwechsel,
Bibliothek, Internet und geselliges Terrassenrestaurant. Gutes Preis-Leistungs-Verhältnis,
unbedingt frühzeitig buchen. **❷–❸**

Martha's, 907 Montero Waddo, ☎ 0832/227 4194,
✉ mpd8650@hotmail.com. 11 tadellos saubere
Zimmer mit Bad und zwei nette Häuser,
geführt von einer gastfreundlichen Familie.

Gemütlich und günstig

Peaceland, Soronto Waddo, ☎ 0832/227 3700
oder 9822/685255. Ein charmantes einheimi-
sches Paar mit freundlicher Unterstützung
zweier Hunde bietet hier einfache Zimmer mit
Bad in zwei Blocks (Rs400–500). Hohe Decken,
Moskitonetze, Rucksackablagen, Hängematten, Kleiderständer und weitere gemütliche Details machen diese Unterkunft zur mit Abstand
besten in ihrer Preisklasse. **❸**

Zur Ausstattung gehören Kochgelegenheiten,
Ventilatoren und fließend Warmwasser aus
Solarenergie. **❹**

Renées, Monteiro Waddo, ☎ 0832/227 3405.
Kleines einladendes Gästehaus-Juwel inmitten
üppiger Vegetation, geführt von einer Familie.
Nur ein halbes Dutzend Zimmer, zumeist überraschend geräumig, mit Balkonen zum Garten
raus, einige mit einfacher Kochnische und
Kühlschrank. Etwas teurer als die Konkurrenz,
den Mehrpreis aber wert. **❹–❺**

Mittlere und obere Preisklasse

Anjuna Beach Resort, De Mello Waddo, ☎ 0832/
227 4499, ✉ fabjoe@sancharnet.com.
32 geräumige, komfortable Zimmer mit Balkon,
Kühlschrank, Bad und Warmwasser durch
Solaranlage (die im oberen Stockwerk sind die
besten) in zwei Betonbauten rings um einen
Pool. Daneben ein Apartment-Block für
Langzeitgäste. Beide Varianten bieten ein sehr
gutes Preis-Leistungs-Verhältnis, jedoch zeigt
der Komplex Abnutzungserscheinungen. **❺–❻**

Sea Princess, Haus Nr. 649 Goenkar Waddo,
Dando, ☎ 9890/449090. Einfaches Gästehaus in
erstklassiger Lage in der Mitte des Strandes in
Nachbarschaft der Shore Bar. Große Zimmer
mit Bad und ordentlichen Sanitäranlagen, aber
nicht ganz so gut in Schuss und voller Moskitos.
Das Beste an dieser Unterkunft ist ihre Lage
mitten in den Dünen. **❺**

The Banyan Soul, Temp, ☎ 9820/707283, 🖥 www.
thebanyansoul.com. Designerschick am ruhigen
südöstlichen Rand des Dorfes nahe der German
Bakery. Die Zimmer im Schatten eines alten
Banyan-Baumes sind schön eingerichtet – wenn
auch klein für den Preis – und haben alle einen
eigenen gut abgeschirmten Sitzbereich draußen.
Einige Reisende finden die Unterkunft überteuert
und beengt, andere hingegen mögen das Gefühl
der Abgeschieden-heit. **❻–❼**

Villa Anjuna, in Strandnähe, ☎ 0832/227 3443,
🖥 www.anjunavilla.com. Modernes, gut
funktionierendes Resorthotel nahe am Strand
an der Hauptstraße des Ortes. Recht großer
Pool und Jacuzzi. Beliebt bei Club-Gängern,
denn es liegt nur einen Katzensprung vom
Paradiso entfernt; es ist also nachts manchmal
etwas lauter. **❻–❼**

Goa

Granpa's Inn, Gaun Waddo, ☎ 0832/227 3270, 🖥 www.granpasinn.com. Das ehemalige Bougainvillea befindet sich in einem reizenden, 200 Jahre alten Haus mit üppigen Gärten, Pool und schattiger Frühstücksterrasse. Zur Wahl stehen Zimmer in drei verschiedenen Kategorien, alle mit Bad: Standardzimmer ohne AC, Suiten im Haupthaus und Suiten am Pool. Yoga-Angebote und Billardtisch. Sehr beliebt, also lange im Voraus buchen. ➏–➐

White Negro, 719 Praia de St Anthony, südlich des Städtchens, nahe St. Anthony's Chapel, ☎ 0832/227 3326, ✉ dsouzawhitenegro@ rediffmail.com. Zwölf tadellos saubere Chalets mit Meeresbrise, eigenem Bad, gefliesten Fußböden, Schließfächern und Moskitonetzen. Ruhig, gut geführt und gesundes Preis-Leistungs-Verhältnis. ➎

Yoga Magic, ☎ 0832/652 3796 oder 9370/ 565717, 🖥 www.yogamagic.net. Innovatives „Canvas Ecotel", das am Rande von Anjuna umweltfreundlichen Luxus in rajasthanischen Jägerzelten bietet. Sie sind mit bedruckten Baumwollstoffen ausgekleidet und mit Kissen, Seidendrapierungen und Solar-Halogenlampen möbliert. Als Toiletten dienen geruchsneutrale Kompostklos. ⏱ Mitte Nov–Mai. ➐

Essen

Gemäß den Vorlieben seiner „alternativen" Besucher finden sich in Anjuna zahlreiche qualitätsbewusste Cafés und Restaurants, von denen viele gesunde, vegetarische Speisen und Säfte anbieten. Heimwehkranke gehen zu **Orchard Stores** im Norden des Städtchens, denn dort gibt es ein breites Angebot an teuren importierten Lebensmitteln.

Martha's Breakfast Home, Martha's Guesthouse, 907 Montero Waddo. Abgeschiedener, sehr freundlicher Frühstücksgarten mit frischem indischen Kaffee, Crêpes sowie gesunden Säften und Obstsalaten mit Sahne. Die Spezialität des Hauses: Waffeln mit echtem Ahornsirup, die einem auf der Zunge zergehen.

Shore Bar, auf halber Strecke zum Strand runter. Fantastisches Angebot an Speisen von Salaten mit gebackenem *paneer* bis zu traditionellen goanischen Fischgerichten, dazu einige Fusionsgerichte wie Calamari-Wraps. Gute Stimmung, besonders zum Sonnenuntergang – die Musik ist allerdings ziemlich laut.

Xavier's South Anjuna. Das in einem Palmenwald landeinwärts vom Flohmarktgelände gelegene Xavier's bildet seit Jahrzehnten den Mittelpunkt der alternativen Szene in South Anjuna. Die meisten Gäste lassen sich von Seafood, Kebabs, Tikka- und Tandoori-Gerichten anlocken, aber es gibt auch köstliche chinesische und italienische Speisen, Bio-Salate und schmackhafte hausgemachte Pickles. Links an der Marktgasse ausgeschildert.

Zoori's, am nördlichen Strandende neben dem Paradiso. Cooles Café-Restaurant unter israelischer Leitung in perfekter Location auf den Klippen – einer der schönsten Plätze Goas, um den Sonnenuntergang zu genießen. Allerdings ist der Ausblick besser als das Essen. ⏱ tgl. 10–24 Uhr.

Das Original

German Bakery, South Anjuna, an der Straße zur Nirvana Hermitage, 🖥 www.germanbakery.org. Dies ist die einzige echte, nämlich die Originalausgabe des vielfach kopierten Vollwert-Cafés/Restaurants, versteckt in einem schattigen Garten in der Südhälfte des Dorfs – der ultimative Traveller-Treff in Goa. Unter alten, mit tibetischen Gebetsfahnen und Pipli-Laternen geschmückten Bäumen können Gäste von einer sich stets wandelnden Karte Raritäten wie Buchweizen-Porridge, Kombucha-Tee und Weizengras ordern. Für die weniger Gesundheitsbewussten gibt es ein umfassendes Angebot an italienischen, indischen, tibetischen und Seafood-Gerichten, dazu natürlich den berühmten Kuchen und Kaffee. In der Hauptsaison wird außerdem oft Livemusik, Tanz und Artistik geboten, und es gibt WLAN.

Goa

Anjuna ist heute zwar nicht mehr der Rave-Ort alter Zeiten, aber in der Umgebung wird zumindest noch eine große **Party** veranstaltet: in der Zeit um Weihnachten und Neujahr bei Vollmond. Die übrige Saison hindurch müssen sich Technofans mit dem ziemlich schäbigen, keineswegs ausgefallenen **Paradiso** begnügen. Es liegt oberhalb des äußersten nördlichen Strandendes von Anjuna und verkörpert das neue, weniger glamouröse Gesicht von Goa Trance. Das Lokal hat eine Tanzfläche, umgeben von Statuen hinduistischer Götter und tantrischen Symbolen. Gast-DJs legen Trance für ein überwiegend indisches und russisches Publikum auf. Das Paradiso hat keine festen Öffnungszeiten, öffnet aber an den meisten Tagen gegen 22 Uhr und macht erst im Morgengrauen zu; Eintritt Rs300–700, je nach Abend. Am anderen Ende von Anjuna bilden **Curlie's** und **Shiva Valley** (S. 752) den Mittelpunkt einer Mini-Rave-Szene. Hier gibt es ein großes, gemischtes Publikum aus Indern und westlichen Touristen, die sich hier vom Sonnenuntergang bis 22 Uhr zusammenfinden. Ganz eindeutig wurde mit der örtlichen Polizei ein Deal ausgehandelt: in und bei den Cafés werden offen *chillums* und Joints geraucht, in den Gassen und Gässchen dahinter sind Verhaftungen aber an der Tagesordnung. Vorsicht: Es gehen zahllose Gerüchte über echte und falsche Polizisten um, die von Touristen, die mit Drogen erwischt werden, Bestechungen in Form von Geld oder sexuellen Handlungen erpressen. Der Tod einer 15-jährigen Britin, die 2008 vergewaltigt und ermordet wurde, zeigt, wie gefährlich die Drogenszene hier sein kann.

Geld

Manali Guesthouse (S. 753) und **Oxford Stores** wechseln Geld (zu schlechten Kursen). Bei der **Bank of Baroda** an der Straße nach Mapusa bekommt man mit einer Visa-Karte Bargeld, aber ausländische Währungen kann man nicht eintauschen.

Internet

Das **Manali Guesthouse** verlangt für seine Breitband-Verbindung Rs40 pro Std.

Post

Das **Postamt** an der Straße nach Mapusa hat einen zuverlässigen *poste-restante*-Schalter.

Busse aus Mapusa und Panjim halten an **verschiedenen Haltestellen** entlang der durch den oberen Teil des Ortes führenden Asphaltstraße, die an der Hauptkreuzung nach Norden Richtung Chapora abzweigt. Wer ein Zimmer sucht, sollte hier aussteigen, denn von dort ist es nicht mehr weit zu den meisten Gästehäusern. An der Kreuzung befinden sich einige kleine Läden und ein Motorradtaxistand, außerdem bildet sie de facto das Ortszentrum und dient als Busbahnhof.

Vagator

Nur ein paar Kilometer Felsen und trockenes Grasland trennen Anjuna von den südlichen Ausläufern von Vagator. Dieser sich um ein Gewirr aus verwinkelten Gassen ausbreitende, noch wenig erschlossene Urlaubsort lockt vorwiegend israelische und südeuropäische Strandfreunde an, die jedes Jahr wiederkommen. Der von dem roten Schutzwall des Chapora-Forts beherrschte, breite weiße Sandstrand – bekannt als **Big Vagator** – ist ohne Frage schön. Doch wer hofft, hier in aller Ruhe baden und am Strand faulenzen zu können, hat sich geschnitten, denn Vagator ist ein Hauptziel für ganze Busladungen einheimischer Touristen. Eine bessere Idee ist es, den Strand im Süden anzusteuern, auch wenn er immer noch eine ordentliche Portion Tagesausflügler anzieht.

Der hiesige, von einer steilen Mauer aus bröckeligem, palmenbestandenen Laterit begrenzte **Ozran** (oder **Little Vagator**) **Beach** ist eigentlich eine Aneinanderreihung von Buchten. Um sie zu erreichen, muss man vom Busparkplatz, oberhalb des Big Vagator 10 Minuten zu Fuß gehen, oder man fährt zum Ende des Weges, der von der Hauptstraße zwischen Chapora und Anjuna (Richtung Nine Bar), abzweigt; von dort führen Fußwege steil nach unten zu einem weiten Streifen ebenmäßigen weißen Sandes (nach den

Goa

Vagator und Chapora

N

0   200 m

Übernachtung

Bethany Inn	F
Boon's Ark	G
Casa de Olga	A
Dolrina	D
Jackie's Daynite	I
Jolly Jolly Lester	E
Shettor Villa	B
Vista Mare	H
Yellow House	C

Essen und Unterhaltung

Bean Me Up	6
China Town	3
Hilltop	7
Sai Ganesh	2
La Cantine	1
Nine Bar	4
Thalassa (Mariketty's)	5

Chapora Harbour

Anleger für
Fischerboote

Chapora Fort

Chapora River

Big Vagator Beach

Moslemische Gräber

Wäscherei

Banyan-Baum

Bushaltestelle

V. A. Kamat's

Narayan Books

Siddeshwar-Tempel

CHAPORA

C

Bus-Parkplatz

Parkplatz

@

VAGATOR BEACH ROAD

CHIVAR WADDO

Middle Vagator Beach

VAGATOR

Busse nach Mapusa

St. Anthony's

Get Well (Apotheke)

Little (Ozran) Vagator Beach

Goa

Siolim (6 km)

Tankstelle

Mapusa (9 km)

Tankstelle

Anjuna (3,1 km)

Mopeds und Fahrrädern Ausschau halten, die oben auf der Klippe abgestellt sind).

Am schönsten ist die lange von Italienern dominierte südlichste Bucht – der sogenannte Spaghetti Beach – mit einer Reihe großer, etablierter Strandkneipen, an deren Ende ein aus den Felsen gemeißeltes, gelassen gen Himmel blickendes Gesicht das auffälligste Wahrzeichen bildet. Was dieser Strand sonst noch zu bieten hat, sind Racquetball-Spieler, Trance-Sound aus fetten Anlagen und eine ziemlich große Herde umherstreifender Kühe.

Übernachtung

Die Unterkünfte in Vagator beschränken sich auf zwei teure Resorthotels, von Familien geführte Budgetgästehäuser und Dutzende kleiner Privathäuser, die für längere Zeiträume vermietet werden. Da in Vagator Wasserknappheit herrscht, tut man den Einheimischen einen großen Gefallen, wenn man sparsam damit umgeht. Zwischen Weihnachten und Neujahr verdoppeln sich die Preise

Bethany Inn, direkt südlich der Hauptstraße, ✆ 0832/227 3731, 🖥 www.bethanyinn.com. 11 saubere Zimmer mit Minibar-Kühlschrank, Balkon und Bad (Rs800), plus 4 weitere mit AC in einem neuen Block, die über Flachbildschirm-TVs, größere Balkone und geräumigere Bäder verfügen (Rs1800). ❹–❺

Boon's Ark, nahe Bethany Inn, ✆ 9822/175620, 🖥 www.boonsark.com. Die gradlinige, saubere von einer Familie geführte Unterkunft hat moderne Zimmer mit sehr guten Betten, Steinregalen, Kühlschränken und netten kleinen Veranden, die auf einen gepflegten Garten hinausgehen. Die Betreiber Peter und Jessie Mungu bieten Zimmerservice, Geldwechsel und Fahrradverleih. ❹

Dolrina, Vagator Beach Rd, ✆ 0832/227 3382, 9822/980447. Vagators größtes und beliebtestes Budgetgästehaus wird von einem freundlichen einheimischen Paar betrieben und hat Zimmer mit oder ohne Bad, größere Familienzimmer, ein geselliges Gartencafé, Einzelschließfächer und Platz auf dem Dach. Einzelbelegung möglich, Frühstück gibt es im hübschen Garten. ❷–❸

Jolly Jolly Lester, Vagator Beach Rd, ✆ 0832/ 227 3620, 9822/488536, 🖥 www.hoteljollygoa.

Prima Deal

Jackie's Daynite, Beach Rd, ✆ 0832/227 4330, 9822/133789. Insgesamt die beste Budgetunterkunft im Dorf, in perfekter Lage in der Nähe der Nine Bar und des Hilltop. Jackie De Souza führt schon seit mehr als 30 Jahren hier ein Café und einen Laden und hat vor einiger Zeit hinten noch Zimmer angebaut. Diese Zimmer sind sauber und super preisgünstig, jedoch oft voll, sodass sich eine Vorausbuchung lohnt. ❸–❹

com. 11 angenehme DZ mit gekachelten Bädern, Schließfächern und frischen Handtüchern. Die Anlage umgibt ein schattiges Wäldchen, und die Eigentümer Lazarus und Remy achten sehr darauf, dass keine wilden Affen in den schönen Hotelgarten kommen. Einzelbelegung möglich, kleines Restaurant. ❹

Vista Mare, auf den Klippen am Ozran Beach, ✆ 9822/120980. Die hübschen, geräumigen Zimmer hinter einem einigermaßen ruhigen Restaurant haben große Doppelbetten und Bäder, Tische mit Marmorplatten und riesige Veranden. Tolle Lage und gutes Preis-Leistungs-Verhältnis. ❺

Yellow House, Big Vagator, ✆ 9822/125869. Henriquita Moniz und Sohn Jubert haben dieses Gästehaus hinter dem Big Vagator Beach vor einiger Zeit renoviert; nach weit über 20 Jahren sieht es jetzt besser aus als je zuvor. Es ist friedlich und abgeschieden, trotz der Nähe zum Strand. Die Zimmer sind ordentlich und angenehm eingerichtet, manche verfügen über einen Sitzbereich im Freien. ❹

Essen und Unterhaltung

Dank der Urlauberszene gibt es in Vagator jede Menge Restaurants und dazu die üblichen Hütten am Strand. Mit Ausnahme des Bean Me Up und des Thalassa sind sie allerdings wenig innovativ, jedoch immer noch um einiges besser als die Spelunken am Basar von Chapora. Der angesagte Treffpunkt für einen Sundowner ist die **Nine Bar** auf den Klippen oberhalb des Ozran Beach, wo fette Trance-Sounds zum Sonnenuntergang Publikum anlocken, besonders mittwochs nach dem Flohmarkt. Der

Goa

Eintritt ist frei, aber die Getränke sind teuer, und Fotografieren ist streng verboten. Ab dem späten Nachmittag wandern die Gäste zwischen der Nine Bar und dem nahen **Hilltop** hin und her. Letzteres liegt in einem Kokospalmenhain und hat eine nette runde Tanzfläche und eine dicke Anlage. Die Stämme der Palmen sind mit Leuchtfarben gestrichen, die Arena säumen Teefrauen mit flackernden Kerosinlampen und frisch gebackenen Knabbereien, ausländische DJs toben sich auf der Bühne aus, und freitagabends gibt es einen bunten Markt, auf dem ortsansässige Wessis alle möglichen selbstgemachten Sachen feilbieten. Eintritt Rs150.
Bean Me Up, in der Nähe der Tankstelle. Das einzige von Amerikanern geleitete Tofu-Restaurant Indiens ist das Nonplusultra, wenn es um gesunde Gourmet-Küche geht. Salate zum Selbstzusammenstellen, Obstsäfte, verschiedene Tofu-, Tempeh- und Seitan-Kombos mit cremigen Soßen, außerdem Pizza aus einem echten Holzofen. Zu den Hauptgerichten (etwa Rs180–250) gibt es gedünsteten Spinat, frisches Vollkornbrot und gründlich gewaschenes Grünzeug.
China Town, Chapora Crossroads, neben Bethany Inn. Das kleine Restaurant unmittelbar südlich des Hauptgeschehens ist seit Ewigkeiten eine beliebte Anlaufstelle für weniger betuchte Gäste. Leckeres Seafood, eine große Auswahl an chinesischen Gerichten und alles, wonach es die meisten Goa-Traveller gelüstet.

Tolle griechische Küche

Thalassa (Mariketty's), auf den Klippen am Ozran Beach, ☎ 9850/033537. Die aus Korfu stammende Mariketty verkaufte zunächst an einem Mini-Imbiss im Chapora Bazaar Souvlaki und Fleischspieße und konnte dann dank ihres Erfolgs diese Taverne aufmachen. Das Thalassa hat sich inzwischen als eines der besten Restaurants in Goa etabliert. Schnörkellos und freundlich wird hier ehrliche, schmackhafte authentische griechische Küche serviert; im Hintergrund wiegen sich die Palmen im Wind und rauscht der Ozean. Hauptgerichte kosten etwa Rs250–300, drei Gänge rund Rs650 plus Getränke.

Bethany Inn, am Nordrand des Ortes, hat eine Lizenz zum Geldwechseln (Cash und Reiseschecks) und ein effizientes Reisebüro im Erdgeschoss.

Busse aus Panjim und Mapusa (9 km weiter östlich) kommen etwa alle 15 Min. an der Kreuzung im äußersten Nordosten von Vagator an, nicht weit von der Abzweigung der Straße Richtung Chapora. Von hier läuft man ca. 1 km über den Hügel zum Strand.

Chapora

Das im Schatten einer portugiesischen Festung auf der Vagator gegenüberliegenden, nördlichen Seite der Landzunge gelegene Chapora ist der wichtigste Fischereihafen Nord-Goas. Ankerplatz und Werft unterhalb der Zitadelle mit ihren braunen Mauern bilden das Rückgrat des Erwerbslebens im Dorf, aber daneben gibt es schon lange eine Szene mit trink- und rauchfreudigen Hippies, die sich um die Cafés und Kneipen an der Hauptstraße konzentriert. Bei Sonnenuntergang kann man die Szene in voller Pracht erleben, wenn unter dem Banyan-Baum Bananenlassis geschlürft und *chillums* geraucht werden – unverändert seit Jahrzehnten. Vor ein paar Jahren übernahmen russische Mafia-Typen kurzzeitig die Szene und verdrängten die „Freaks"; diese sind jedoch inzwischen wie wandernde Schildkröten zahlreich an ihren alten Nistplatz zurückgekehrt, ungeachtet der neuerlichen Veränderungen in Goa. Wer dem allem nichts abgewinnen kann, sollte sich besser ans benachbarte Vagator halten.

Chaporas Wahrzeichen ist das ehrwürdige alte **Fort**, das am leichtesten von der Vagator-Seite aus zu erreichen ist. Bei Ebbe kann man auch unten um die Landzunge herumwandern, am Ankerplatz und den dahinter liegenden, abgeschiedenen kleinen Buchten vorbei bis nach Big Vagator, wo man den Berg hinaufklettern kann. Die rote Laterit-Bastion auf der Felsenklippe wurde 1617 von den Portugiesen an der Stelle eines früheren moslemischen Baus errichtet (daher auch der Ortsname, der sich von *Shah-*

Goa

Das Aus für Goas Partyszene

Viele Leute reisen nach Goa in der Erwartung, jede Nacht eine Strandparty zu besuchen, und sind enttäuscht, wenn sie feststellen müssen, dass die einzigen Orte zum Tanzen Mainstream-Clubs sind, denen sie zuhause wohl keinen zweiten Blick gönnen würden. Aber mit den tollen Beachpartys von einst, als Zehntausende Nachtschwärmer unter bunt bemalten Palmen zu wummernden Bässen aus gewaltigen Soundsystems abtanzten, ist es definitiv vorbei – was in erster Linie dem Einschreiten der Lokalbehörden zu verdanken ist.

Die ersten großen Partys in Goas Küstendörfern fanden in den 1960er-Jahren statt, als die ersten Hippies nach Calangute und Baga strömten. Zum Erstaunen der Einheimischen war die liebste Beschäftigung dieser Möchtegern-Sadhus, in Vollmondnächten zu lauter Rockmusik im *chillum*-Rauch nackt am Strand herumzuhüpfen. Zunächst schenkten die Dörfler diesen bizarren Zusammenkünften keine große Beachtung, aber mit jeder Saison etablierte sich die Szene mehr, und Ende der 1970er-Jahre hatten sich insbesondere die **Weihnachts- und Silvesterpartys** zu riesigen Veranstaltungen gemausert, die Tausende ausländischer Besucher anzogen.

Ende der 1980er-Jahre wurde die Partyszene jedoch von Grund auf umgekrempelt, als Acid House und Techno Einzug hielten. Die Rock- und Dub-Reggae-Szene wich der Rave-Kultur, und damit begann der Vormarsch von Ecstasy als der maßgeblichen Tanzdroge. Die Feten wurden zunehmend von jungen Pauschaltouristen bestritten, die zur Saison in Massen anrückten. Bald hatte Goa einen ganz eigenen psychedelischen Musikstil hervorgebracht, den **Goa Trance**. Musiker wie Goa Gill, Juno Reactor und Hallucinogen kultivierten diese Musikrichtung. Die goldene Ära von Goa Trance und Goas Partyszene brach Anfang der 1990er-Jahre an, als an sehr schönen Locations um Anjuna und Vagator zwei- bis dreimal wöchentlich große Raves veranstaltet wurden. Ein paar Jahre lang drückten die lokalen Behörden beide Augen zu, bis sie urplötzlich den Stecker zogen.

Im Vorfeld der Feiern zur Jahrtausendwende wurde ein **Verstärkeranlagenverbot** zwischen 22 und 7 Uhr erlassen. Mehr als zehn Jahre später ist das Verbot immer noch in Kraft, und die Rave-Szene ist praktisch völlig verschwunden, abgesehen von ein paar etablierten legalen Clubs – allen voran die **Nine Bar** und das **Hilltop** in Vagator und das **Paradiso** und **Curlie's** in Anjuna. Hin und wieder entgeht eine unter strenger Geheimhaltung abgehaltene House-Party dem wachsamen Auge der Polizei (besonders oben in **Aswem** im oder beim Liquid Sky), aber wer in der Hoffnung nach Goa reist, eine Art Ibiza am Arabischen Meer vorzufinden, muss sich auf eine herbe Enttäuschung gefasst machen.

---

pura ableitet, „Stadt des Schahs"). Im 19. Jh. wurde das Fort aufgegeben, sodass heute nur noch Ruinen erhalten sind. Die **Aussicht** von den unkrautüberwucherten Wällen über die Küste ist aber nach wie vor einzigartig.

Einen Besuch lohnt auch der geschäftige kleine **Anlegeplatz für Fischerboote**, wo man abends in der Regel köstlichen, fangfrischen Tintenfisch direkt von den Booten kaufen kann.

Übernachtung

Casa de Olga, nahe der Fischerbootsanlegestelle, ☏ 0832/227 4355, 9822/157145. Bei Weitem die einladendste (eigentlich die einzige einladende) Unterkunft in Chapora. Das makellose, rot und weiß gestrichene kleine Gästehaus wird mit viel Hingabe von einem jungen Paar – Edmund und Elifa – geführt. Die schönsten Zimmer sind die fünf im neuen Block hinten. Sie haben alle ein Bad und große Balkone. ❸

Shettor Villa, an der Westseite der Haupt-straße, ☏ 0832/227 3766, 9822/158154. Billig und schlicht. Ein halbes Dutzend der Zimmer liegt rund um einen Hinterhof, sie haben Ventilator und Bad. Die anderen 18 haben Gemeinschaftsduschen. ❷

Goa

Die beiden Häuser sind auf der Karte S. 756 eingezeichnet.

Die beiden Häuser sind auf der Karte S. 756 eingezeichnet.

Essen

Das beliebteste Restaurant von Chapora ist zu Recht **La Cantine**, draußen an der Straße, die zur Anlegestelle der Fischerboote führt. In dieser einfachen Hütte am Straßenrand gibt es gesunde Hausmannskost – Kichererbsen- und Kürbissuppe, Rote-Beete-Tatar, *pasta al forno* und Zucchini-Quiche. Ansonsten warten auch viele preiswerte kleine Cafés und Restaurants an der Hauptstraße auf Kundschaft. Das **Sai Ganesh Café** nicht weit vom Banyan-Baum ist der Dreh- und Angelpunkt der Traveller-Szene; hier lassen die in Chapora ansässigen Westler bei Obstsäften und Milchshakes die Welt an sich vorbeiziehen.

Alle aufgeführten Lokale sind auf der Karte S. 756 eingezeichnet.

Morjim

Vom Fort Chapora aus gesehen präsentiert sich Morjim als spektakulärer, leerer Sandstrand, der sich von einer von der Brandung gepeitschten Landzunge an der Flussmündung nach Norden erstreckt. Wegen seiner relativen Abgeschiedenheit war das hinduistisch-christliche Dorf am Strand zu Beginn des neuen Jahrtausends das Ziel der ersten russischen Touristen in Goa. Heute ist der vor anderen ausländischen Strände „Mojimograd" genannte Ferienort eine rein russische Enklave: Hotels, Gästehäuser und Ferienvillen werden von Moskauer Mafiosi kontrolliert oder gehören ihnen sogar. In den letzten Jahren sind in der indischen Presse jede Menge Sensationsstorys über die hiesige Edelprostitution und den Drogenhandel erschienen.

Obwohl diesen Berichten ein wahrer Kern zugrunde liegt, sind die meisten der sonnenhungrigen jungen Leute, die in Morjim auf Scootern herum düsen, ganz gewöhnliche, gesetzestreue Urlauber. Jedoch ist die Atmosphäre in den Gästehäusern und Restaurants oft alles andere als anheimelnd, und für die meisten Reisenden aus dem Westen ist ein Aufenthalt in Morjim eine unerfreuliche und dazu noch sehr

teure Angelegenheit – sie ziehen daher die kulturell gemischteren Orte Aswem und Mandrem weiter nördlich vor.

Der spektakuläre Strand von Morjim ist aber auf jeden Fall einen Spaziergang wert, besonders am frühen Morgen, wenn Fischer riesige Handnetze aus der Brandung ziehen. Die Landzunge am südlichen Ende, gegenüber vom Chapora Fort, ist ein beliebter Vogelbeobachtungsplatz. Weder die hier heimischen Vögel noch die Dorfbewohner, die jeden Morgen ihre Därme in die Brandung entleeren, scheinen sich von den bizarren Fitnessübungen abschrecken zu lassen, denen sich manche Russen vor dem Frühstück widmen.

Übernachtung und Essen

Wegen der raubeinigen Stimmung sind die Hotels und Gästehäuser direkt hinter dem Strand, in den Dünen und an der Strandstraße am besten zu meiden. Am Rand von Morjim gibt es jedoch ein paar sehr schöne Unterkünfte. **Jardin d'Ulysse**, am Flussufer am Südrand des Dorfs, ✆ 9822/581928, ✉ ulyssemorjim@gmail.com. Die charmante, goanisch-französisch geführte Unterkunft hat fünf „Cottages" mit Ziegeldach, ockerfarben getünchten Wänden und Kochnischen. Im Garten vorm Haus serviert man in einem kleinen Restaurant vorwiegend französischen und britischen Reisenden verschiedenste Gerichte wie Steaks, köstliche Lasagne, tibetische *momos* und Salate. ❹

Transport

Ein halbes Dutzend **Busse** pro Tag kommt an Morjim auf dem Weg nach PANJIM vorbei, erste um 7 Uhr. In entgegengesetzter Richtung fährt um 17 Uhr ein Direktbus aus Panjim ab. Daneben bestehen häufige Verbindungen nach Mapusa über Siolim. Die Busse halten an der Hauptstraße, fünf Gehminuten vom Strand entfernt in Vithaldas Waddo.

Aswem

Aswem, die nächste Siedlung nördlich von Morjim, ist kaum als Dorf und schon gar nicht als Ferienort zu bezeichnen. Die Durchsetzung der Vorgaben der Coastal Protection Zone (CPZ)

Wenn in Morjim Anfang November die Nacht hindurch eine starke, beständige Brise landeinwärts weht, ist das der Schildkrötenwind, wie ihn die Einheimischen nennen. Denn ein solches Wetter kündigt gewöhnlich die Ankunft der seltensten Migranten Goas an, der **Oliv-Bastardschildkröten** (*Lepidochelys olivacea*). Seit Menschengedenken ist die löffelförmige Landspitze mit weichem weißem Sand bei **Temb**, dem südlichen Ende des Morjim Beach, Nistplatz dieser schönen Meerestiere. Jeden Winter tauchen in der Nacht Weibchen aus der Brandung auf und kriechen mit Hilfe ihrer Flossen zum Rand der Dünen, um ihr jährliches Gelege von 105–115 Eiern abzulegen. Gut zwei Monate später befreien sich die Schlüpflinge aus den Eiern und klettern blinzelnd über ihre Geschwister hinunter zum Wasser; auf dieser gefährlichen Strecke lassen sie sich vom Licht des Mondes leiten.

Darüber, wie diese geheimnisvollen Kreaturen den Rest ihres langen Lebens verbringen (Schildkröten werden oft über 100 Jahre alt), ist nur wenig bekannt. Man nimmt aber an, dass die Weibchen zur Eiablage an genau den Strand zurückkehren, an dem sie geboren wurden. Es wurde nachgewiesen, dass einige Schildkröten dazu eine 4500 km lange Strecke zurücklegen. Einst gab es im gesamten Pazifik, Atlantik und Indischen Ozean massenhaft Oliv-Bastardschildkröten, aber heute sind sie **vom Aussterben bedroht**. Neben den traditionellen Feinden wie Krähen, Fischadlern, Seemöwen und Bussarden, die die Schlüpflinge auf ihrem Weg zum Wasser abfangen, sehen sich die Neugeborenen und ihre Eltern in vielerlei Hinsicht der Bedrohung durch Menschen ausgesetzt.

In Morjim, wie in fast ganz Asien, gelten die **Eier** traditionell als Delikatesse, und die Dorfbewohner sammeln sie und verkaufen sie auf dem Markt in Mapusa. Viele Schildkröten – weltweit vielleicht 35 000 – werden unbeabsichtigt von Fischern getötet, weil sie in den feinen Krabbennetzen hängen bleiben oder sich vom Tintenfischköder, mit dem Thunfisch gefangen wird, anlocken lassen. Herumschwimmender Müll, den die Schildkröten für Quallen halten, hat in den vergangenen zwei Jahrzehnten ebenfalls zur Dezimierung der Bestände geführt. Tödlich sind auch die Teerklumpen von ins Meer ausgelaufenem Öl, die den Verdauungstrakt der Tiere verstopfen und die Nahrungsaufnahme behindern. Eine weitere Gefahr stellt die Zunahme des Tourismus dar: Elektrisches Licht am Strand verwirrt die Schlüpflinge auf ihrem Weg zum Wasser, und der durch die sonnenbadenden Touristen festgetretene Sand schädigt die Nester, sodass sich die Neugeborenen zu gegebener Zeit nicht freikämpfen können.

Zur Stärkung der Bestände werden Dorfbewohner inzwischen vom Goa Forest Department beschäftigt, um die Ankunft der Weibchen im November abzupassen und, nachdem die Eier gelegt sind, die Nester bis zum Schlüpfen des Nachwuchses zu bewachen. Die **Wächter** kampieren dann unter Palmblattdächern am Strand, und die Nester sind eingezäunt und mit Schildern gekennzeichnet. Bisher haben sich die Schutzmaßnahmen der Behörden aber als wenig effektiv erwiesen. Nach einem anfänglichen Ansteigen der Zahl von Schildkrötenbabys sind die Ergebnisse der letzten Zeit eher durchwachsen, was das Forest Department auf die steigenden Touristenzahlen zurückführt.

Die **nistenden Schildkröten zu beobachten** ist ein unvergessliches Erlebnis, obwohl dazu ein gewisses Maß an Geduld und auch Glück erforderlich ist. Niemand weiß sicher, wann ein Schildkröten-Weibchen auftaucht, aber wenn zur richtigen Zeit ein starker Schildkrötenwind weht, stehen die Chancen nicht schlecht. Sehr viel besser vorhersehbar ist das Erscheinen der Schlüpflinge, die genau 54 Tage nach der Eiablage schlüpfen. Die Wächter, die auf die Nester aufpassen, wissen Bescheid, wann das der Fall sein wird.

Goa

seitens der Kommunalverwaltung hat verhindert, dass hinter dem Strand gebaut wurde, sodass es hier nur wenige feste Häuser gibt. Jedoch sind in jüngster Vergangenheit einige provisorische Hüttencamps und Bretterbuden im Kokospalmenhain hinter dem Strand entstanden, und im Dezember und Januar ist es in Aswem inzwischen recht voll.

Das Publikum ist hier allerdings erheblich angenehmer als um die Landspitze Richtung Süden herum. Die Gäste sind zumeist umwelt- und gesundheitsbewusste Paare aus Nordeuropa in den Dreißigern und Vierzigern, oft mit Kleinkindern im Gepäck. Dazu gibt's noch ein paar altgediente Goa-Westler, die sich aus Anjuna und Morjim verabschiedet haben, weil sie sich dort nicht mehr wohlfühlen. Neben der russischen Invasion verdankt sich die plötzliche Popularität von Aswem vor allem der Tatsache, dass hier vor ein paar Jahren ein völlig unpassend wirkendes schickes Strandrestaurant, La Plage, die Pforten öffnete, ins Leben gerufen von drei französischen Gastronomen aus Baga.

Übernachtung

Die hier aufgeführten Unterkünfte waren bei unserem letzten Besuch die einzigen, die sich irgendwie hervorhoben und ein annehmbares Preis-Leistungs-Verhältnis boten. Die übrigen Camps waren entweder zu beengt und/oder absurd teuer.

Leela Cottages, nahe La Plage, ☏ 9823/400055, ▭ www.goaleela.com. Schicke, unterschiedlich große und teure AC-Designerbungalows auf einem geschlossenen Gelände unter Palmen nur einen Katzensprung vom Strand, jedoch weit genug von den Restaurants entfernt, um friedlich und ruhig zu sein. Die Einrichtung Cottages sind mit Antiquitäten aus allen Ecken Indiens ausgestattet. ❼ – ❽

Yoga Gypsies, ☏ 0832/645 3077 oder 9326/130115. Diese Unterkunft unterhalb des Ajoba-Tempels nördlich vom La Plage ist vielleicht die schönste an diesem Abschnitt der Küste. Sie besteht aus 5 großen achteckigen, clever aufgeteilten Cottages aus dunklem Mangoholz mit umlaufender Veranda, natürlicher Lüftung, guten Betten und unaufdringlicher Einrichtung.

Tolles Boutiquehotel

Yab Yum, ☏ 0832/224 7712, ▭ www.yabyum resorts.com. Eine Anlage mit wunderschönen, kuppelförmigen Bauten aus Palmwedeln, Mangobaumholz und Lavagestein mit Zementfußboden und -wänden. Die großen, stylisch möblierten Zimmer verfügen über Betten auf Podesten und bequeme Matratzen, Glitzerkugeln, Papierlaternen und Musselinvorhänge. So viel Stil hat natürlich seinen Preis (DZ Rs4800, Suite Rs5500). ❺

Außerdem gibt es einen Yoga-Bereich und eine hübsche Lounge. ❼

Essen

Change Your Mind, gleich nördlich vom La Plage. Hier wird erstklassiges Essen – vor allem nordindisches – aufgetischt, das obendrein noch sehr erschwinglich ist. Einen Besuch lohnt auch das **Pink Orange** ganz in der Nähe. Seine Strandterrasse ist jeden Abend voll mit Leuten, die sich eines der zahlreichen Fusionsgerichte einverleiben.

The Place, Liquid Sky (S. 763), auf dem Hügel oberhalb vom Aswem Beach. The Place nimmt sich ein bisschen ernster als die meisten anderen Restaurants der Gegend. Hier werkeln in einer offenen Küche in echte Küchenmontur gewandete Köche. Bulgarische, russische und sibirische Spezialitäten sowie Schwein und Kalb dominieren auf der Speisekarte, jedoch

Erfrischend anders

La Plage, Aswem Beach, ☏ 9850/258543. Sich im Wind wiegende Palmen und bauschige weiße Musselinstoffe bilden die Kulisse für französisch-mediterrane kulinarische Hochgenüsse wie kalte Spargelsuppe, Minze-Lassis, marokkanische Salate, frische Erdbeeren mit Sahne sowie üppige Seafood- und andere Gerichte vom Holzkohlegrill, die von Nepalis in schwarzen *lunghis* serviert werden. Übrigens: die Bloody Marys mit Koriander und Senfkörnern sind göttlich.

gibt es auch zahlreiche veg. Gerichte. Immer wieder gut ist der Backfisch in Knoblauchbutter und Weißwein mit Pastinaken. Hauptgerichte zumeist etwa Rs250.

Unterhaltung

Das La Plage ist nicht der einzige Laden im Goa-Schick, der sich in Aswem niedergelassen hat. Hier ist derzeit auch das **Liquid Sky Collective** zu Hause, ein innovatives, vom belgischen DJ Axailes, 🖳 www.myspace.com/axailes, ins Leben gerufenes Electro-Party-Unternehmen. Mit der genialen Tanzfläche, dem schalldichten Innenbereich (für die Zeit nach 22 Uhr) und toller Musik hat sich der Club als coolster in ganz Goa etabliert. Manchmal organisieren die Betreiber in Zusammenarbeit mit Arambol Experience, 🖳 www.myspace.com/arambolexperience, ausgezeichnete „historische" Bootspartys auf dem Mandovi. Das **Shanti** unten am Strand verströmt ebenfalls eine gute Tanzstimmung; hier legen DJs aus aller Welt auf.

Transport

Gelegentlich halten Busse aus Panjim und Mapusa an der ruhigen Hauptstraße, die landeinwärts parallel zum Strand verläuft. Von dort sind es fünf Minuten zu Fuß durch die Reisfelder bis zu den Kneipen und Hüttencamps am Strand. Mit Ausnahme der Cafés gibt es hier keinerlei Einrichtungen. Fast alle Gäste mieten sich anderswo ein Moped, um nach Aswem zu fahren. Die nächsten Geschäfte (und Internetzugang) befinden sich in Morjim – ein halbstündiger Fußmarsch Richtung Süden.

Mandrem

Vom Bach am Rand von Aswem erstreckt sich ein herrlicher, größtenteils menschenleerer Strand Richtung Arambol – der letzte unerschlossene Küstenabschnitt in Nord-Goa. Ob Mandrem auf Dauer der steigenden Flut von Touristen standhalten kann, wird sich zeigen, doch bislang hat auf jeden Fall die Natur noch die Oberhand. Am ruhigsten Strandabschnitt legen Oliv-Bastardschildkröten ihre Eier ab. Mit

großer Wahrscheinlichkeit bekommt man hier auch die weißbäuchigen Fischadler zu Gesicht, die in den Kasuarinen nisten. Dies ist ihre letzte Bastion in Nord-Goa.

Die meisten Unterkünfte im Dorf liegen versteckt landeinwärts in **Junasa Waddo**; hier bietet eine Handvoll von Gästehäusern und Hotels einer gemischten Klientel von Ruhe und Frieden liebenden Reisenden Unterkunft. Ein paar kleine Läden, Internetcafés und Reisebüros sind auch vorhanden. Für den halbstündigen Fußweg nach **Madlamaz-Mandrem**, der Einkaufsmeile des Dorfs, mietet man am besten einen Motorroller. **Parsekar Stores** in Madlamaz-Mandrem führt ein umfassendes Sortiment von Lebensmitteln und Waren für den Touristgeschmack, darunter Müsli, Olivenöl, Nilgiri-Käse und natürliche Kosmetika.

Übernachtung

Dunes, ✆ 0832/224 7219 oder 224 7071, 🖳 www.dunesgoa.com. Riesiges „Feriendorf" aus gelben Palmhütten mit je zwei Einzelbetten. Die Hütten liegen eine Spur zu dicht nebeneinander und stören mit ihrer hellen Beleuchtung die abendliche Strandatmosphäre, doch insgesamt handelt es sich um eine effizient geführte Unterkunft, die in der Hochsaison schnell ausgebucht ist. Auch teurere Zimmer mit Bad erhältlich. ❸–❺

Mandala, ✆ 9657/898021, 🖳 www.themandalagoa.com. Exquisit gemalte Wandbilder schmücken die Gebäude des Mandala, eines „Zurück zur Natur"-Boutique-Resorthotels etwas flussaufwärts vom Ashiyana Retreat Centre; hier wird die Natur mittels der Kunst gefeiert. Gäste können zwischen dem modern ausgestatteten Haupthaus und einem der zweistöckigen Designerzelte mit Patio und Seeblick wählen. Die Hotelanlage liegt nicht weit vom Strand, aber es gibt keine direkte Zugangsstraße. ❼

Villa River Cat, 🖳 www.villarivercat.com, ✆ 0822/224 7928 oder 9890/157060. Schrulliges Hotel am Fluss, durch Dünen vom Strand abgeschirmt, mit auffälliger Hippie-Einrichtung. Alle 16 Zimmer wurden individuell gestaltet, u. a. mit Mosaiken, Muscheln, religiösen Skulpturen und Hängematten. Einige haben Balkone, außerdem laden eine tolle Dach-

Goa

terrasse und ein Garten zum Chillen ein. Der äußerst tierliebe Besitzer Rinoo Seghal hält sich eine ganze Menagerie aus Hunden und Katzen. Künstler und Musiker bekommen 10 % Rabatt. **⑤–⑦**

Arambol (Harmal)

Das 32 km nordwestlich von Mapusa gelegene Arambol ist der größte Küstenort im hohen Norden Goas und der wichtigste Ferienort der Gegend. Das Dorf, traditionell eine Hochburg von Hardcore-Hippies, zieht heute eine bunte Mischung von Travellern an, von denen die meisten die gesamte Saison hier in Gästezimmern, Hüttencamps und kleinen Häuschen hinter dem wunderbaren weißen Strand verbringen. Hedonistische, gut betuchte junge Russen sind in weitaus größerer Zahl anzutreffen als die älteren, alternativeren, spiritueller gesinnten Gäste aus Nordeuropa, die lange die Hauptbesuchergruppe in Arambol ausmachten. Aber die beiden Gruppen existieren harmonisch nebeneinander, und die Gesamtstimmung ist hier eher aufgeschlossen und positiv.

Es gibt viel Livemusik am Abend, zahlreiche relaxte Esslokale und Kneipen und mehr als genug Gelegenheiten, neue Yoga-Übungen zu lernen. Auch das Strandleben ist eher entspannt – außer am Wochenende, wenn trinkfreudige Tagesausflügler in Massen in ihren Geländewagen aus dem nahen Maharashtra einfallen. Die kurvige Hauptstraße von Arambol säumen Bekleidungsstände, Reisebüros, Internetcafés und Souvenirläden. Die von den britischen Reisenden „Glastonbury Street" genannte Straße zieht sich hinunter zum mit hölzernen Auslegerbooten gespickten Hauptstrand, einem der malerischsten in Südindien. Der beste Ausblick bietet sich vom Kreuz und kleinen **Parasurama-Schrein** auf dem Hügel im Norden (s. Karte S. 765), besonders schön bei Sonnenuntergang. Nach Einbruch der Dunkelheit, wenn die Feuerjongleure und *bhajan*-Sänger nach Hause gegangen sind, beleuchten die Kerzen und Lichterketten der Essenshütten den Strand auf zauberhafte Weise.

Der Strand eignet sich tagsüber gut zum Schwimmen, ist aber bei Weitem nicht so ma-

lerisch wie der Nachbarstrand **Paliem** bzw. „**Lakeside" Beach** auf der anderen Seite der Landzunge, der über einen Pfad Richtung Norden zu erreichen ist. Hinter einer Reihe von felsigen Buchten öffnet sich der Weg zu einem breiten Streifen aus weichem, weißem Sand vor steilen Klippen. Dahinter dehnt sich ein kleiner **Süßwassersee** über das Tal bis zu einem dichten Dschungel aus. Am Ufer des Gewässers sammelt sich schwefelhaltiger Schlamm, der, wenn man sich damit einreibt, im getrockneten Zustand eine butterfarbige Hülle ergibt.

Wer dem Pfad weiter um den See herum folgt, gelangt zum berühmten **Banyan-Baum** von Paliem, einem echten Riesenexemplar mit mehr als 50 m Umfang – seit Jahren ein beliebter Kifferplatz. Wanderer können über die Felsen (die beste Parasailing-Stelle von Arambol) weiter Richtung Norden zum **Kerim Beach** gehen, wo meistens nicht viel los ist.

Übernachtung

Die Übernachtungspreise sind in Arambol dank der Popularität, die das Dorf bei den gut betuchten jungen Russen genießt, stark gestiegen. Das Aussehen und die Ausstattung der Unterkünfte ist jedoch nach wie vor auf Budgettraveller zugeschnitten: Einfache Gästehäuser unter goanischer Leitung und von Ausländern inspirierter Hippie-Schick dominieren gegenüber den normalen Hotels.

Luftig und hell

Surf Club, Girkar Waddo, ✆ 9850/554006, ✉ contactus@surfclubgoa.com. Das britische Paar Phil und Maggie vermietet einige der schönsten Zimmer mittlerer Preisklasse in Nord-Goa, in toller Lage am Südende des Arambol Beach. Die Zimmer haben hohe Decken und bequeme Betten, sind luftig und hell und außerdem gemütlich eingerichtet. Von den Zimmern im Obergeschoss hat man wunderschöne Ausblicke aufs Meer, und es weht eine angenehme Brise. Allerdings darf hier abends keine Ruhe erwartet werden, ist im Erdgeschoss einer der beliebtesten Livemusikläden von Arambol untergebracht ist. **④–⑤**

Arun Huts, beim Narayan-Tempel, ℡ 9850/
096468, 🖳 www.arunhuts.arambolbeach.info.
Von der Kosmetikerin Mala Singh geleitetes
uriges kleines Hüttencamp mitten im Dorf,
nur 60 m vom Meer. Es besteht aus zwei Reihen
schön gestrichener Holzhütten mit ordentlichen
Matratzen, Du/WC und Ventilator. Die gesamte
Anlage ist voller Bananenstauden, Palmen und
blühenden Pflanzen und besonders am Abend
sehr stimmungsvoll. Gutes Preis-Leistungs-
Verhältnis. ❸

Atman, Girkar Waddo, ℡ 9881/311643, 🖳 www.
atmangoa.com. Die hübschen Baumhütten aus
Bambus und Holz an der Südseite des Strands
sind mit Kokosmatten, bunten Saristoffen,
Leucht-Wandbehängen dekoriert und auf den
geräumigen Sitzbereichen im Freien liegen
Kissen. Die freundlichen italienisch-indischen
Eigentümer betreiben auch ein Yoga-Zentrum
und eine Boutique sowie ein beliebtes
Restaurant. ❺

Ave Maria, House Nr. 22, Modlo Waddo,
℡ 0832/224 2974. Arambols größtes Gästehaus
besitzt gepflegte Zimmer mit oder ohne Bad
und ein gemütliches Dachrestaurant in einem
dreistöckigen, modernen Gebäude. ❷

Famafa, Khalcha Waddo, ℡ 0832/229 2516,
🖳 www.travelingoa.com/famafa. Großer, nichts-
sagender Betonklotz in unmittelbarer Nähe des
Hauptpfads zum Strand. Beliebt vor allem bei
Israelis und dementsprechend laut, liegt sehr
nah am Strand und bietet ein tolles Preis-
Leistungs-Verhältnis. Keine Vorausbuchung
möglich. Checkout 9 Uhr; wer ein Zimmer haben
möchte, sollte also früh da sein,. ❷–❸

God's Gift, House Nr. 411, Girkar Waddo,
℡ 0832/224 2391, 9923/427570. Recht große
Zimmer in dreistöckigen lila Gebäuden, einige
mit Wohnzimmer und Küche. Nicht so gut wie
Ivon's (die meisten Balkone sind winzig), aber
der Preis ist in Ordnung. ❹

Ivon's, Girkar Waddo, ℡ 0832/224 2672 oder
9822/127398. Die beste Wahl unter den hiesigen
Budgetunterkünften. Ivon´s hat makellos
saubere, geflieste Zimmer – alle besitzen ein
Bad und einen geräumigen Balkon mit Blick
auf die Dünen oder die gepflegte Anlage. ❸

Om Ganesh Cottages, in der Bucht zwischen
Ort und Lakeside Beach, ℡ 0832/229 7614.

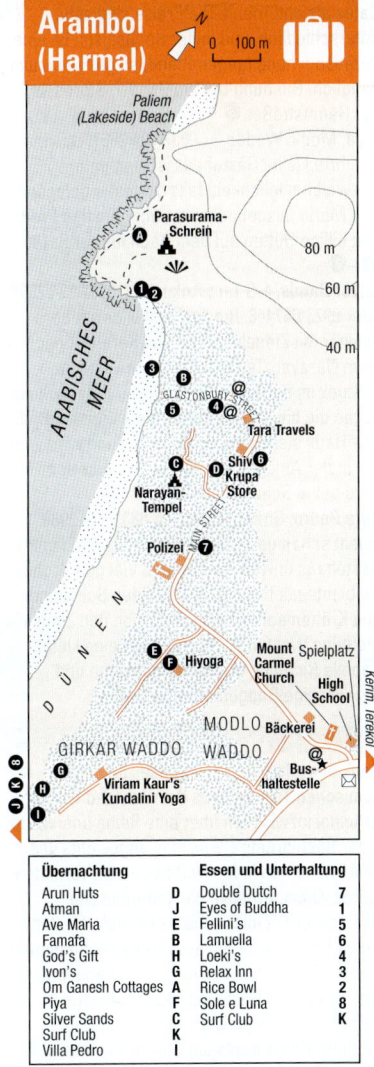

Arambol (Harmal)

0   100 m

Übernachtung		Essen und Unterhaltung	
Arun Huts	D	Double Dutch	7
Atman	J	Eyes of Buddha	1
Ave Maria	E	Fellini's	5
Famafa	B	Lamuella	6
God's Gift	H	Loeki's	4
Ivon's	G	Relax Inn	3
Om Ganesh Cottages	A	Rice Bowl	2
Piya	F	Sole e Luna	8
Silver Sands	C	Surf Club	K
Surf Club	K		
Villa Pedro	I		

Das hübscheste unter den „Cottages" an den
Klippen unmittelbar südlich vom Lakeside
Beach. Der Blick aufs Meer von den Veranden
ist vorzüglich, aber einige empfinden die
israelische Kifferszene in den umliegenden

Cafés als abtörnend. Die Preise sind sehr unterschiedlich, und in der Hochsaison ist eine Vorausbuchung (gegen Pfand) so gut wie unumgänglich. Buchung bei Om Ganesh Stores an der Hauptstraße. ❺

Piya, Modlo Waddo, ☎ 0832/224 2661. Das gut geführte kleine Gästehaus ist eine gute Ausweichmöglichkeit, falls das nahe gelegene Ave Maria ausgebucht ist. Sehr günstige Preise und billige Hütten auf dem Dach für nur Rs100. ❶–❷

Silver Sands, 4-S Tara Ankush, ☎ 0832 224 2648 oder 9923/667448. Riesige, makellos saubere Zimmer mit Ziegeldächern und Keramikböden beim Narayan-Tempel. Die besten sind im 1. Stock im neuesten Gebäude; im Erdgeschoss liegen die billigeren Zimmer ohne eigenes Bad. Das Haus steht nahe beim Strand und wird von der in der Anlage wohnenden Betreiberfamilie Lavu gut in Schuss gehalten. ❷–❸

Villa Pedro, Girkar Waddo, ☎ 0832/224 2989. Leicht schäbiges, aber einladendes 10-Zimmer-Gästehaus unweit vom Strand. Viel goanisches Ambiente mit herumschnüffelnden Schweinen und Krähen auf den Balkonen; von den Zimmern Richtung Westen blickt man über eine kleine Kapelle Richtung Strand. Angenehme und zuverlässige Budgetunterkunft. ❷

Essen

Dank des jährlichen Zuwachses an gastronomischen Talenten aus dem Ausland verfügt Arambol inzwischen über eine Reihe unerwartet guter **Restaurants** – was man angesichts des im Allgemeinen faden Äußeren kaum vermuten würde. Die alternative westeuropäische Klientel vor Ort interessiert sich mehr für den Geschmack als für ein ausgefallenes Ambiente, und die Preise sind der Kundschaft angepasst. Die russischen Gäste mit besser gefüllter Reisekasse zieht es eher zu den edleren Seafood-Restaurants am Strand, wo man sich seinen Fisch aus dem gekühlten Tagesfang aussuchen kann, der dann direkt im Freien gegrillt wird. Das Essen kann hier sehr teuer sein; am besten erkundigt man sich also vor dem Bestellen nach dem Preis. Wer finanziell auf dem Tiefpunkt angelangt ist, sollte sich an die „Reistellerhütten" im unteren Teil des Ortes

halten. Beliebt ist **Sai Deep**; hier werden große Obstsalate sowie *thalis* serviert, und es gibt ein gutes Traveller-Frühstück mit Pancakes, Eiern und Quark.

Eyes of Buddha, am Nordende des Strandes. Beliebter Traveller-Treff in perfekter Lage mit Blick auf den Hauptstrand. Berühmt vor allem für den riesigen Obstsalat und das Frühstück mit Quark sowie die Mittagssalate, aber abends gibt es auch tolle nordindische Gerichte, darunter saftige *paneer*- und Hühnchen-Kebabs mit heißem *naan*.

Fellini's, „Glastonbury Street". Italienisches Lokal mit köstlicher Holzofenpizza (Rs100–175); außerdem gibt's authentische Pasta und Gnocchi mit einer Auswahl aus über 20 Soßen. Während der Saison herrscht hier ein wahnsinniger Betrieb – also früh kommen, wenn man flott bedient werden möchte.

Relax Inn, Nordende des Strands. Spitzenmäßiges, fangfrisches Seafood und unglaublich authentische Pasta (hier verkehren sogar noch mehr Expat-Italiener als bei Fellini's). Preiswert, aber mit etwas Wartezeit ist zu rechnen, da alles frisch zubereitet wird.

Rice Bowl, Nordende des Strands. Das beste chinesische Essen in Arambol, dazu eine perfekte Aussicht auf den Strand und ein Billardtisch (Rs100 pro Std.). Von verlässlicher Qualität sind auf jeden Fall die köstlichen Nudelgerichte, genauso wie die japanischen und die tibetischen Spezialitäten. Hauptgerichte kosten zumeist Rs150–200.

Alternativer Mittelpunkt

Double Dutch, etwa in der Mitte der Hauptstraße auf der rechten Seite (nach dem gelben Schild Ausschau halten). Das entspannte Café unter einem Palmendach mitten im Ort ist Dreh- und Angelpunkt der Alternativszene von Arambol. Es ist berühmt für seinen im Munde zergehenden Apfelkuchen, kredenzt aber auch verführerische Butterkekse, Torten, gesunde Salate und aufwendige Hauptgerichte (ab Rs175), z. B. frisches Büffelsteak und den stets beliebten „Mixed Stuff" (gefüllte Pilze und Pfefferschoten mit Sesam-Pesto).

Goa

Lamuella, Main St. In dem genialen kleinen Straßencafé werden die Gäste tagsüber mit gesundem Frühstück, Toasties, Hummus-Tellern und sättigenden Salaten verwöhnt, dazu gibt´s Säfte und Kräutertees. Nach Sonnenuntergang gibt es erlesene Gerichte von der Abendkarte mit z. B. Schokoladenfondant-Eiscreme als Nachtisch. Hauptgerichte zumeist um Rs250.

Sole e Luna, Südende des Strands. Echte italienische Hausmannskost – Pasta mit Pesto, Pizza und Aufläufe – in der buntesten und am schrillsten dekorierten Bude von Arambol, serviert an tiefen und hohen Tischen. Außerdem gibt es Hängematten und einen Chillout-Bereich mit Kokosmatten. Dies ist auch eine schöne Strandbasis für tagsüber, da es recht weit entfernt vom Hauptbereich weiter nördlich ist.

Surf Club, Südende des Strands. Die meisten Gäste kommen wegen der Musik hierher, aber die Küche des Surf Club produziert auch gutes Essen. Umwerfend sind der tahitianische rohe Thunfisch, die Cashew- und Kichererbsen-Kroketten mit Thai-Gewürzen und die köstliche Hühnerbrust in Sahnesoße. Hauptgerichte kosten zumeist um Rs200.

Das „Nachtleben" von Arambol spielt sich in erster Linie in den Café-Restaurants und in der einen oder anderen Bar mit **Livemusik** ab. Am So und Do finden abends bei **Loeki's**, in der Nähe des Strands, Jamsessions und Konzerte statt. Die Qualität hängt natürlich davon ab, wer gerade hereinschneit, aber im Laufe der letzten Jahre hat es schon ein paar denkwürdige *impromptu gigs* gegeben. Im Surf Club, weiter unten am Strand, spielen Bands und manchmal legen DJs auf.

Überall in Arambol werden auf Zetteln an Palmen und Pinbrettern in Cafés unzählige Aktivitäten angeboten, von Drachensurfen bis Reiki. Einen guten Überblick über das aktuelle Angebot verschaffen das Schwarze Brett im Lamuella und die „Bullshit Info"-Ecke im Double Dutch. Hier findet man E-Mailadressen und Informationen von so gut wie jedem, der etwas veranstaltet, u. a. Infos über den vom Double Dutch veranstalteten *dokra*-Bronzeguss-Workshop, der jedes Jahr im Januar stattfindet. Abenteuerlustige können sich beim **Paragliding** von den Klippen über dem Lakeside Beach stürzen. Die Veranstalter sind ein deutsches und ein britisches Unternehmen, die seit über zehn Jahren zwischen Goa und Manali pendeln. Im Preis für den Flug sind die Ausrüstung und eine ausführliche Einweisung enthalten. Infos gibt's bei **Arambol Hammocks** in der Nähe des Restaurants Rice Bowl am Nordende des Strands (s. Karte S. 765).

In jeder Reisesaison bietet eine ganze Armee von Veranstaltern ganzheitlicher Therapiemethoden ihre Dienste und Kurse an. Der Iyengar-Yogalehrer **Sharat**, 🖳 www.hiyoga centre.com, hält in seinem Studio in Modlo Waddo 5-tägige Kurse ab. Interessierte sollten sich zwischen 13 und 15 Uhr im Yogazentrum anmelden; vom Gästehaus Piya (s. Karte S. 765) den Schildern mit der Aufschrift „HIYC" folgen. Beliebt sind auch die Kundalini-Yogakurse von **Viriam Kaur**, die in einem schattigen Dachgarten in Girkar Waddo (s. Karte S. 765) stattfinden. Termine und Kontaktdetails sind ihrer Website, 🖳 www.organickarma.co.uk, zu entnehmen.

Es gibt keine Geldautomaten, aber mehrere Möglichkeiten, **Geld** zu wechseln und sich auf Debit- und Kreditkarten Geld auszahlen zu lassen: z. B. bei **Delight**, auf der Ostseite der Hauptstraße, und **Tara Travel**, direkt gegenüber, wo man auch Flüge rückbestätigen lassen und Flugtickets kaufen kann.

Die **Post** befindet sich auf der Ostseite des Dorfes hinter der großen Kirche.

Ein **Taxi** vom Flughafen in **Dabolim** nach Arambol kostet Rs1200, die 30-minütige Fahrt

Goa

vom nächsten Bahnhof in TIVIM (Thivim) Rs350. **Busse** von und nach PANJIM (via Mapusa) halten bis 12 Uhr mittags alle halbe Stunde, danach alle 90 Min. an der kleinen **Bushalte-stelle** an der Hauptstraße. Schnellere, private **Minibusse** aus Panjim kommen tgl. gegenüber den *chai*-Ständen am Strandende des Dorfes an.

Terekol

Die winzige Enklave Terekol an der äußersten Nordspitze Goas erreicht man per Autofähre (alle 30 Min., 5 Min.) vom Anleger Querim aus (42 km von Panjim). Wenn Ebbe herrscht und der Fähr-betrieb ruht, gibt es 5 km weiter Richtung Meer noch eine Fähre, oder man stellt das Fahrzeug ab und lässt sich von einem Bootsmann übersetzen (der Preis ist Verhandlungssache). Vor der Kulis-se einer verrotteten Eisenerzfabrik beherrscht das alte **Fort** von Norden her die Flussmündung. Das ockerfarbene Bauwerk mit Schutzwällen und Türmen erinnert an ähnliche Bauten an der portugiesischen Küste und wurde Anfang des 18. Jhs. von den Marathas erbaut, aber schon bald danach von den Portugiesen übernommen. Heute dient es als dezentes Luxushotel (s. u.).

Übernachtung und Essen

The Fort Tiracol, ✆ 0832/227 6793 oder 02366/227631, ⌨ www.nilaya.com/tiracol.htm. Sieben Zimmer in traditionellem Ocker und Weiß mit schwarzen Fußböden und rustikaler Einrichtung aus Holz und Schmiedeeisen. Preise ab heftigen US$250 / Nacht. Nichtgäste sind im Restaurant mit stilvoller Lounge-Bar willkommen, wo es authentische Goa-Küche gibt. Ein wahrer Genuss ist der Ausblick auf einen der schönsten Küstenabschnitte Südindiens. ➒

Süd-Goa

Im Süden des Bundesstaates liegen einige der schönsten **Strände** der Region, üppige Kokos-plantagen und grüne Hügel mit hübschen Dör-fern. Den idealen Einstieg in die Region ermög-licht **Benaulim**, 6 km westlich von **Margao**, der

zweitgrößten Stadt Goas. Benaulim ist das am besten auf Individualreisende eingestellte Re-sort der Gegend und liegt genau in der Mitte ei-nes schneeweißen, 25 km langen Sandstreifens. Unternehmen aus Mumbai errichten hier zwar immer mehr Ferienwohnungen, doch es gibt noch zahlreiche gute und preiswerte Übernach-tungsmöglichkeiten. Der Nachbarort **Colva** de-generierte dagegen in den letzten zehn Jahren zu einem wenig einladenden Pauschalurlauber-ziel ohne erkennbaren Reiz, um das man auch wegen der riesigen Zahl von Tagesausflüglern am besten einen Bogen macht.

Da sich der Pauschaltourismus an diesem Küstenstreifen immer weiter ausbreitet, streben viele Budgettraveller inzwischen nach **Palolem**, zwei Autostunden auf der Hauptverkehrsstraße von Margao nach Süden, obwohl der Ort relativ schwierig zu erreichen ist. Der dortige Strand, vor einer Kulisse aus bewaldeten Hügeln, ist spektakulär. In der Hochsaison ist aber auch Pa-lolem inzwischen schon recht überlaufen. Ruhi-ger ist es in **Agonda**, ein Stück weiter die Küste hinauf, oder in **Patnem** südlich von Palolem. Für Tagesausflüge bieten sich die portugiesischen Herrenhäuser in **Chandor** und **Quepem** an. Ganz im Süden Goas ermöglicht besteht im **Cotigao Wildlife Sanctuary** die einmalige Chance, Ur-wald und die dort lebenden Tiere zu sehen.

Margao (Madgaon) und Umgebung

Margao, die Hauptstadt des florierenden *ta-luka* Salcete, ist Goas zweitgrößte Stadt. Auf Zugfahrplänen und einigen Landkarten ist sie mit dem offiziellen Regierungsnamen Madgaon verzeichnet. Wer mit der Konkan Railway in Goa ankommt, muss hier vor der Weiterfahrt höchst-wahrscheinlich einen Zwischenstopp einlegen. Die von Reisfeldern und Bananenhainen umge-bene Stadt ist seit jeher ein wichtiger Agrarhan-delsmarkt und war einst auch ein religiöses Zen-trum mit Dutzenden wohlhabender Tempel und *dharamshalas;* die meisten wurden jedoch zer-stört, als die Portugiesen das Gebiet im 17. Jh. ihren *Novas Conquistas* („Neue Eroberungen") einverleibten.

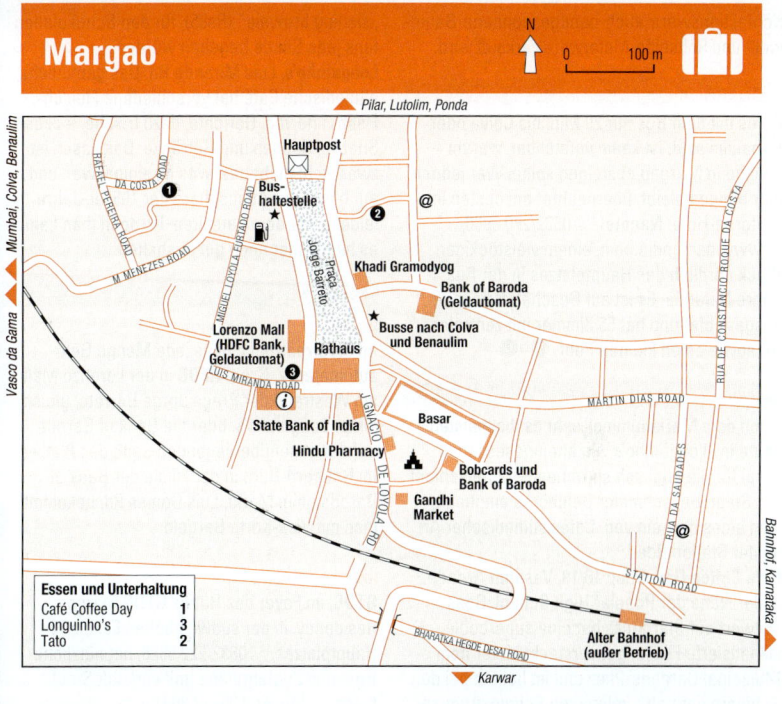

Pilar, Lutolim, Ponda

Hauptpost

Mumbai, Colva, Benaulim

RAFAEL FERERA ROAD

DA COSTA ROAD   ❶

Bus-
haltestelle   ❷   @

M. MENEZES ROAD

Vasco da Gama

Praça Jorge Barreto

Khadi Gramodyog

Bank of Baroda
(Geldautomat)

Lorenzo Mall
(HDFC Bank,
Geldautomat)   Rathaus   ❸

Busse nach Colva
und Benaulim

LUIS MIRANDA ROAD

RUA DE CONSTANCIO ROQUE DA COSTA

MARTIN DIAS ROAD

State Bank of India   Basar

Hindu Pharmacy

Bobcards und
Bank of Baroda

Gandhi
Market

IGNACIO DE LOYOLA RD

RUA DA SAUDADES

@

STATION ROAD

Bahnhof, Karnataka

Essen und Unterhaltung

Café Coffee Day	1
Longuinho's	3
Tato	2

BHARATKA HEGDE DESAI ROAD

Alter Bahnhof
(außer Betrieb)

Karwar

Heute gibt es hier immer noch mehr katholische Kirchen als hinduistische Schreine. Aber in Margao herrscht eine ausgesprochen kosmopolitische Atmosphäre, die vor allem den vielen Wanderarbeitern aus den Nachbarstaaten Karnataka und Maharashtra zu verdanken ist. Die **Church of the Holy Spirit** am Largo de Igreja-Platz ist das Wahrzeichen der malerischen kolonialen Enklave Margaos. Die 1675 von Portugiesen erbaute Kirche zählt zu den schönsten Beispielen spätbarocker Architektur in Goa. Das Innere wird von einem riesigen, vergoldeten Retabel beherrscht, das der Jungfrau Maria gewidmet ist.

Unmittelbar nordöstlich der Kirche steht mit Blick auf die Ponda Street einer der großartigsten *palacios* aus dem 18. Jh., **Sa Banzam Ghor** („Haus der Sieben Giebel"). Von den ursprünglich sieben Dächern sind nur noch drei erhalten, aber auch so ist das Bauwerk mit seiner kunstvoll verzierten Fassade und den riesigen Austernschalenfenstern ein beeindruckender Anblick.

Weitere Beispiele für Goas wunderbare traditionelle Kolonialarchitektur finden sich weiter landeinwärts in Dörfern wie **Loutolim**, **Racaim** und **Rachol** mit zahlreichen alten, im Verfall befindlichen portugiesischen Häusern, die größtenteils leer stehen, denn die traditionellen Erbschaftsgesetze der Region bewirken, dass sich die alten Familienhäuser im geteilten Besitz von mehreren Dutzend Nachkommen befinden, von denen zumeist keiner den Willen oder die Mittel zur Instandhaltung aufbringt.

Ein weiterer Grund nach Margao zu kommen ist der **Markt**. Auf dem Basar mit einem labyrinthartigen, überdachten Bereich im Zentrum gibt es alles Mögliche zu kaufen. Wenn die Luft hier zu stickig wird, kann man auf die Straßen in der Umgebung des Marktes ausweichen, von denen eine ganz im Zeichen von Textil- und Schneidergeschäften steht. Einen Besuch lohnt auch der kleine staatliche Laden **Khadi Gramodyog** am Hauptplatz, wo neben traditioneller indischer

Goa

Konfektionsware auch handgesponnene Baumwoll- und Rohseide-Meterware verkauft wird.

Übernachtung

Da es mit dem Bus nur 20 Min. bis Colva oder Benaulim sind, ist kaum vorstellbar, warum jemand in Margao absteigen sollte. Wer jedoch hier hängen bleibt, übernachtet am besten im 3-Sterne-Hotel **Nanutel**, ☏ 0832/270 0900, 🖥 www.nanuindia.com, einem vielstöckigen Block nördlich des Hauptplatzes in der Rua Padre Miranda. Es ist auf Geschäftsreisende ausgerichtet und hat 55 Zimmer mit zentraler AC sowie einen kleinen Pool. ❺–❻

Essen

Nach dem Marktbummel zieht es die meisten Leute ins Longuinho's, ein alteingesessenes Lokal für die Englisch sprechende Mittelschicht der Stadt. Bei schmaler Geldbörse empfiehlt sich eines der rein veg. Cafés südindischer Art an der Station Road.

Café Coffee Day, Shop 18/19, Vasanth Arcade, in der Nähe der Popular High School. Goas Antwort auf Starbucks hat eine supercoole, klimatisierte Filiale, gut versteckt hinter dem Municipal Gardens-Platz und ist beliebt bei den Schülern der nahe gelegenen Schule. Abgesehen vom perfekten Latte gibt es gut gewürzte Leckerbissen (wie Minipizzas und Salatwraps) und, ganz besonders hervorzuheben, ein

Köstliches auf zwei Etagen

Tato, versteckt in einer Gasse, die an der Ostseite der Praça Jorge Barreto abzweigt. In dem hellsten und besten südindischen Café der Stadt werden die bekannten warmen Snacks (darunter besonders leckere Samosas zur Frühstückszeit und ab mittags *masala dosas*) aufgetischt. Auch wenn es im Erdgeschoss ein bisschen beengt ist, lohnt sich die Suche nach diesem Lokal. Wer ein Hauptgericht zu sich nehmen möchte, geht die Treppe hoch in den klimatisierten Speisesaal, wo köstliche *thalis* (für Rs45) und verschiedene nordindische Gerichte angeboten werden, außerdem alle Udipi-Snacks, die es im Erdgeschoss gibt.

„sizzling brownie" (Rs85), für den Schokoladenfans jede Sünde begehen würden.

Longuinho's, Luis Miranda Rd. Das gemütliche, altmodische Café hat verschiedene Fleisch-, Fisch- und veg. Gerichte, dazu frische, leckere Snacks, Kuchen und Getränke. Das Essen ist zwar nicht mehr das, was es einmal war, und auch die Goa-Atmosphäre der 1950er-Jahre leidet unter dem Satelliten-TV, doch man kann es hier immer noch gut aushalten.

Sonstiges

Geld

Im Stadtzentrum gibt es jede Menge Geldautomaten, z. B. bei **HFDC** in der Lorenzo Mall am Westrand der Praça Jorge Barreto, gleich hinter Longuinho's, oder die Bank of Baroda auf der gegenüberliegenden Seite des Platzes. Im **Bobcard**-Büro in der Filiale der Bank of Baroda beim Markt, Luis Gomes Rd, bekommt man mit Visa-Karte Bargeld.

Informationen

GTDC, im Foyer des Hotels GTDC Margao Residency, in der südwestlichen Ecke des Hauptplatzes, ☏ 0832/222 5528, hat nützliche Bus- und Zugfahrpläne und verkauft Stadtpläne. ⏰ Mo–Fr 9.30–17.30 Uhr.

Kino

Osia Multiplex, im Norden der Stadt nahe dem Kadamba-Busbahnhof, ☏ 0832/270 1717. Das größte Kino Süd-Goas zeigt neue Hollywood- und Bollywood-Blockbuster. Eintrittskarten kosten Rs80–120.

Medizinische Hilfe

Die größten Krankenhäuser der Stadt sind **Hospicio**, Rua De Miranda, ☏ 0832/270 5664 oder 270 5754, und **Apollo Victor Hospital**, im Vorort Malbhat, ☏ 0832/272 8888 oder 272 6272.

Post

Die **Hauptpost** liegt im Norden des Stadtparks.

Transport

Busse

Regionale Privatbusse nach Colva und Benaulim fahren vor dem Kamat Hotel an der Ostseite des

Hauptplatzes von Margao ab. Wer mit staatlichen Fernbussen unterwegs ist, kann entweder hier aussteigen oder am **Kadamba-Hauptbusbahnhof**, 3 km weiter nördlich am Stadtrand. Letzterer ist auch Abfahrtsstelle der Busse nach Mangalore über Chaudi und Gokarna sowie nach Panjim und Nord-Goa. Die Luxusbusse von Paulo Travels von undnach Hampi fahren an einer Haltestelle neben dem Nanutel Hotel ab, rund 2 km südlich des Kadamba-Busbahnhofs in der Padre Miranda Road.

Eisenbahn

Margaos großer **Bahnhof** liegt 3 km südlich des Zentrums. Das Reservierungsbüro, ☎ 0832/271 2940, ⊙ Mo–Sa 8–16.30, So 8–14 Uhr, verteilt sich auf das Erdgeschoss und den 1. Stock. Fahrkarten nach Mumbai sind sehr begehrt – deshalb so lange wie möglich im Voraus reservieren. Wer den 4x wöchentl. verkehrenden Zug nach HOSPET (und weiter nach Hampi) nimmt, sollte früh kommen, um lange Warteschlangen zu vermeiden. Einige der wichtigsten Züge mit Aufenthalt in Margao kommen zu nachtschlafender Zeit hier an, es gibt aber einen Informationsschalter, ☎ 0832/271 2790, ⊙ 24 Std., und einen rund um die Uhr geöffneten Motor-Rikscha-Stand mit Vorauszahlungssystem vor dem Eingang.

Chandor und Quepem

13 km östlich von Margao liegt das verschlafene Dorf Chandor, ein verstreutes Häufchen baufälliger Villen und Bauernhäuser inmitten schattiger Alleen. Hauptgrund für einen Besuch ist das prächtige **Braganza-Perreira/Menezes-Braganza House**, ☎ 0832/278 4227 oder 9822/160009, das als prachtvollstes koloniales Herrenhaus in Goa gilt. Das Haus an dem staubigen Dorfplatz wurde im 16. Jh. im Auftrag der wohlhabenden Braganza-Familie gebaut. Seine riesige, zweistöckige Fassade weist beiderseits des Eingangs 28 Fenster auf. Braganza de Perreira, der Urgroßvater des jetzigen Besitzers, war der letzte Ritter des Königs von Portugal. Später war Menezes Braganza (1879–1938), ein berühmter Journalist und Freiheitskämpfer, einer der wenigen goanischen

Aristokraten, die sich aktiv der portugiesischen Herrschaft widersetzten.

Die Familie war gezwungen, Chandor 1950 zu verlassen, kehrte aber 1962 zurück und fand ihr Haus erstaunlicherweise unberührt vor. Die luftigen, gekachelten Innenräume beider Flügel beherbergen einen wahren Schatz an **Antiquitäten**. Das Haus ist in zwei separate Flügel unterteilt, die sich im Besitz zweier unterschiedlicher Zweige der alten Familie befinden. Beide sind für die Öffentlichkeit zugänglich. Man betritt das Haus durch den Haupteingang, geht die Treppe hinauf und klopft an eine der Türen. Wer sich für Möbel und vor allem für seltenes chinesisches Porzellan begeistert, kommt im Menezes-Braganza-Flügel (der rechte Flügel, wenn man vor dem Gebäude steht) voll auf seine Kosten.

Im Braganza-Perreria-Flügel beherbergt eine schmuckvolle Kapelle den mit Diamanten verzierten Zehennagel des heiligen Franz Xaver, der im Tresorraum einer örtlichen Bank entdeckt wurde. Das herausragende Merkmal des Hauses ist jedoch sein überwältigender Ballsaal, der **Große Salon**. Dessen größter Stolz sind zwei hochlehnige Stühle, die der portugiesische König Dom Luis der Familie Braganza-Perrerias schenkte. ⊙ tgl. außer in den Ferien, keine festen Öffnungszeiten, in der Regel 10–12 und 15–18 Uhr, erwartete Spende mindestens Rs100 p. P.

Ein weiteres tolles koloniales Herrenhaus steht in **Quepem**, eine halbe Autostunde südöstlich von Margao am Rand des goanischen Eisenerzgürtels. 1787 ließ sich ein höher gestellter portugiesischer Geistlicher, **José Paulo de Almeida**, ein Landhaus im Ort erbauen. Der **Palácio do Deão**, ⌨ www.palaciododeao.com, entwickelte sich zu einem der grandiosesten Anwesen der Kolonie und diente später den Vizekönigen der Kolonie als Rückzugsort. Das Haus wurde vor einiger Zeit von einem Paar aus Goa in seine ursprüngliche Pracht zurückversetzt; dafür durchstöberten die beiden auf der Suche nach Originalplänen Bibliotheken in Lissabon. Was man heute sieht, ist also eine möglichst getreue Annäherung daran, wie das Haus zu Zeiten von José Paulo aussah.

Die faszinierende kostenlose **Führung** (tgl. außer Fr 10–18 Uhr; ☎ 0832/266 4029) dauert eine halbe Stunde und endet auf der hübschen

Terrasse an der Rückseite des Hauses mit Blick auf den Fluss. Wer hier ein fantastisches und üppiges indisch-portugiesisches Mittagessen (Rs450) genießen möchte, muss dies im Voraus bestellen.

Colva

Colva war schon lange vor der Unabhängigkeit in der heißen Jahreszeit ein Zufluchtsort der reichen Mittelklasse von Margao. Es ist der älteste und größte – aber am wenigsten anziehende – Urlaubsort in Süd-Goa. Einige Viertel *(waddos)* mit ihren Villen im Kolonialstil und baufälligen Fischerhütten sind recht nett, doch der trostlose Strand präsentiert sich als öde Ansammlung von Hotelbauten aus Beton, Souvenirständen und von Fliegen umschwirrten Snackbars um einen kahlen Kreisverkehr. Die Müllhaufen in dem stinkenden Graben hinter dem Strand und der üble Geruch von trocknendem Fisch, der vom nahe gelegenen Dorf herüberweht, tragen nicht eben zur Verbesserung der Atmosphäre bei. Das nur fünf Autominuten weiter südlich gelegene Benaulim bietet eine wesentlich bessere Auswahl an Unterkünften und ist insgesamt sauberer.

Benaulim

Das vorwiegend katholische Fischerdorf Benaulim liegt genau auf halber Höhe des Colva Beach inmitten von Palmenhainen und Reisfeldern, 7 km westlich von Margao. Noch vor 20 Jahren verirrte sich kaum ein Tourist in dieses Dorf. Heute jedoch kommen gut situierte Urlauber aus den indischen Großstädten scharenweise hierher und logieren in den riesigen Ferienanlagen und Apartmentkomplexen, die am Ortsrand aus dem Boden schießen. Den größten Teil der ausländischen Besucher stellen trinkfreudige britische Rentner und europäische Paare in den Dreißigern, die sich eine Auszeit von ihrer Indienreise gönnen.

Als Folge der wachsenden Beliebtheit ist dem Ort einiges von seinem altmodischen Charme abhanden gekommen. Goa-Besucher, die nicht gerade um Diwali oder Weihnachten

herum kommen, werden sich aber in Benaulim immer noch wohl fühlen und entspannen können. Das Seafood ist köstlich, die Preise für Unterkünfte und Motorradverleih liegen deutlich unter denen in anderen Orten Goas. Die Strände sind atemberaubend, insbesondere bei Sonnenuntergang, wenn der strahlend weiße Sand und die schäumende Brandung mit ihrem changierenden Farbenspiel einen geradezu magischen Effekt erzeugen.

Der fast bis nach Cabo da Rama am Horizont reichende Strand wird von der größten und farbenprächtigsten Flotte von Auslegerbooten gesäumt, die in Goa zu finden ist; in der Tageshitze spenden sie wohltuenden Schatten. Fliegende Händler, Masseure und Obstverkäufer tauchen in nervend kurzen Abständen auf, aber gewöhnlich kann man ihnen entfliehen, indem man ein Fahrrad leiht und bei Ebbe auf dem harten Sand Richtung Süden fährt.

An diesem Küstenabschnitt sind konventionelle Sehenswürdigkeiten rar. Eine Ausnahme bildet das tolle ethnografische Museum am östlichen Rand von Benaulim, **Goa Chitra**, ✆ 0832/657 0877, ⌨ www.goachitra.com. Vor der Kulisse eines funktionierenden Biobauernhofs gibt es hier eine umfassende Sammlung alter landwirtschaftlicher Werkzeuge und andere Gegenstände zu sehen, von riesigen Kochtöpfen und kirchlichen Gewändern bis zu Blasinstrumenten und Zuckerrohrpressen. Mit dem Museum soll eine Wertschätzung des ländlich geprägten Lebensstils der Region vermittelt werden – eine Welt traditioneller Kenntnisse und Fertigkeiten, die heute in schnellem Verschwinden begriffen ist.

Anfahrt zum Museum mit dem Fahrrad oder Motorrad von der Kreuzung Maria Hall Richtung Osten (Margao) und nach 1 1/2 km bei einer Gabelung links; bei der T-Kreuzung dann scharf rechts, und das Museum liegt nach 500 m auf der rechten Seite. ◷ Di–So 9.15–18 Uhr, letzte Führung 15.15 Uhr, Eintritt Rs300.

Übernachtung

Abgesehen von den unansehnlichen Ferienwohnanlagen und 5-Sterne-Hotels, die aus den Feldern rings ums Dorf aufragen, sind die meisten Unterkünfte in Benaulim kleine

Benaulim

N

0 — 100 m

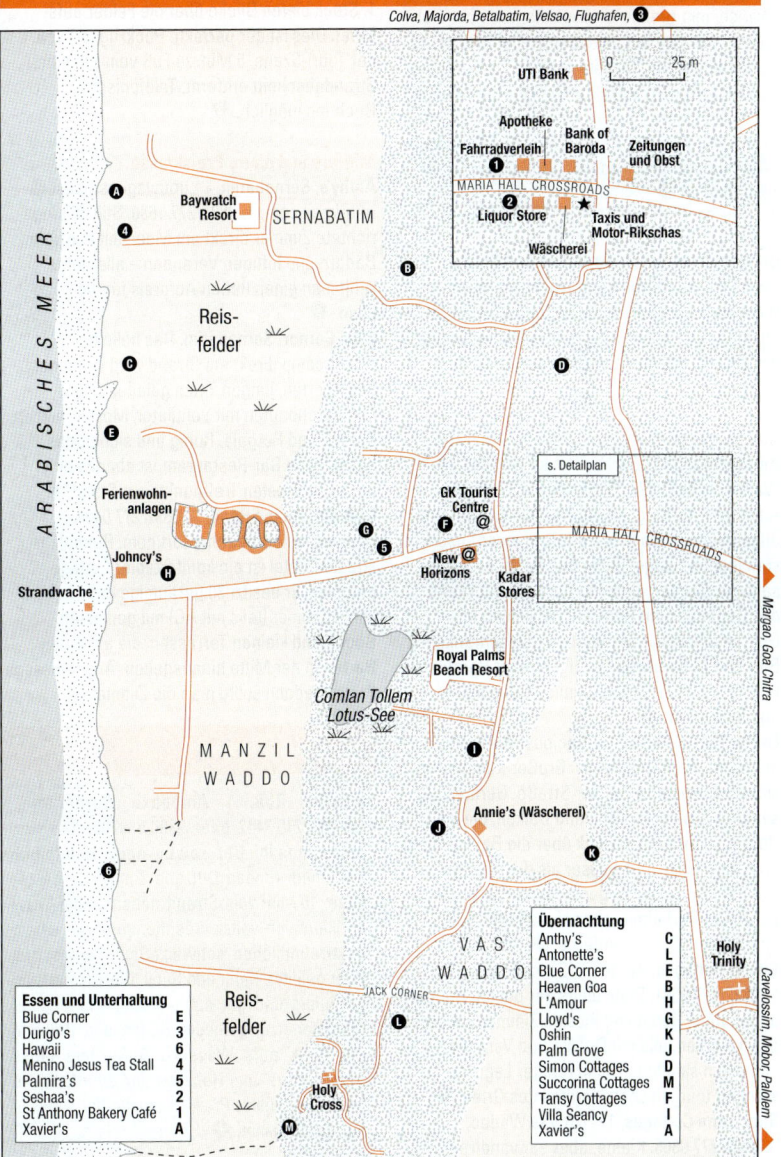

Colva, Majorda, Betalbatim, Velsao, Flughafen, ❸

UTI Bank

0 — 25 m

Apotheke
Fahrradverleih **Bank of Baroda** **Zeitungen und Obst**
❶

MARIA HALL CROSSROADS

❷ ★
Liquor Store **Taxis und Motor-Rikschas**
Wäscherei

Ⓐ
Baywatch Resort
SERNABATIM
❹

Ⓑ

ARABISCHES MEER

Reis-felder

Ⓒ

Ⓓ

Ⓔ

s. Detailplan

Ferienwohn-anlagen

GK Tourist Centre @
Ⓖ Ⓕ
❺
MARIA HALL CROSSROADS

Johncy's
New Horizons @
Kadar Stores
Ⓗ

Strandwache

Margao, Goa Chitra

Goa

Royal Palms Beach Resort

Comlan Tollem Lotus-See

MANZIL WADDO

Ⓘ

Annie's (Wäscherei)
Ⓙ
Ⓚ

Ⓖ

VAS WADDO

Übernachtung

Anthy's	C
Antonette's	L
Blue Corner	E
Heaven Goa	B
L'Amour	H
Lloyd's	G
Oshin	K
Palm Grove	J
Simon Cottages	D
Succorina Cottages	M
Tansy Cottages	F
Villa Seancy	I
Xavier's	A

Holy Trinity

Cavelossim, Mobor, Palolem

JACK CORNER

Reis-felder

Essen und Unterhaltung

Blue Corner	E
Durigo's	3
Hawaii	6
Menino Jesus Tea Stall	4
Palmira's	5
Seshaa's	2
St Anthony Bakery Café	1
Xavier's	A

Ⓛ

Holy Cross

Ⓜ

Gelb und gut

Lloyd's, 1554/A Vas Waddo, ☏ 0832/277 1492. Mit seinem grellen gelben Anstrich hebt sich dieser Neubau auf der Strandseite des Dorfes eindeutig hervor. Die Zimmer sind für den Preis wirklich groß, haben hohe Decken, gute Betten und Ventilatoren sowie Moskitogitter vor den Fenstern. Für längere Aufenthalte gibt's oben Apartments verschiedener Größe. Zimmer ❸, Apartments ❺

Budgetgästehäuser, die sich in den Gassen rund 1 km vom Strand entfernt konzentrieren. Die meisten sind preisgünstig und freundlich und haben saubere, aber spartanische Zimmer; der einzige wesentliche Unterschied ist ihre Lage.

Untere Preisklasse

Antonette's, Jack Corner, House Nr. 1695 Vas Waddo, ☏ 0832/277 0358 oder 9922/312984. An einer Kreuzung, an der sich die Fischer und Jugendlichen des Orts treffen, in einer ansonsten jedoch ruhigen Ecke des Dorfs. Einfache, saubere Zimmer, die besten an der Rückseite des Gebäudes mit Blick auf die Felder. Im Obergeschosskorridor stehen Kühlschränke mit Bier und Mineralwasser. Eigentümer Geraldo Rodrigues ist außergewöhnlich freundlich und hilfsbereit. ❶

Oshin, Mazil Waddo, ✉ inaciooshin@rediff mail.com, ☏ 0832/277 0069. Großer Komplex, in sicherem Abstand von der Straße. Geräumige, saubere Zimmer mit Bad und Balkon, die im Obergeschoss einen Blick über die Baumkronen erlauben. Einen Tick besser als die meisten Unterkünfte dieser Gegend; prima Preis-Leistungs-Verhältnis, aber einen guten Fußmarsch vom Strand entfernt. ❸–❹

Simon Cottages, Ambeaxir Sernabatim, ☏ 0832/277 0581. Stets eines der besten Budgetangebote in Benaulim: Riesige Zimmer auf drei Stockwerken, alle mit Du/WC und Veranda, um einen sandigen Hof in ruhiger Lage im weniger touristischen Nordteil des Ortes. ❷

Succorina Cottages, 1711/A Vas Waddo, ☏ 0832/277 0365. Kleine, aber einwandfreie

Zimmer in einem pinkfarbenen Haus mit lässiger Innendeko, 1 km südlich der Kreuzung im Fischerdorf. Die geräumigen Veranden im 1. Stock bieten Blicke über die Felder aufs Meer. Dies ist der perfekte Rückzugsort von der Touri-Szene, 5 Min. zu Fuß vom ruhigsten Strandabschnitt entfernt. Telefonische Buchung möglich. ❷

Mittlere und obere Preisklasse

Anthy's, Sernabatim, ✉ anthysguesthouse@ rediffmail.com, ☏ 0832/277 1680. Stilvoll eingerichtete Zimmer direkt am Meer, mit winzigen Bädern und luftigen Veranden – allerdings zahlt man einen hohen Aufpreis für die Lage. ❺

Blue Corner, Sernabatim. Das beliebte Hüttencamp direkt am Strand wird von einem engagierten, jungen Team geleitet. Große Palmstrohbauten mit Ventilator, Moskitonetzen, Du/WC und Pergola. Ruhig und sicher; das hauseigene Bar-Restaurant ist abends einer der begehrtesten Treffpunkte am Stand. ❹

L'Amour, Beach Road, ☏ 0832/277 0404, 🖥 www.lamourbeachresort.com. Benaulims ältestes Hotel ist ein komfortabler Cottage-Komplex. Er besitzt 30 geräumige und kühle Zimmer (teils mit AC) mit gefliesten Böden und kleinen Terrassen, die auf einen Garten in der Mitte hinausgehen. Angemessene Preise, jedoch sollte man die Zimmer im

Der Himmel in Goa

Heaven Goa, 1 Ambeaxir Sernabatim, ☏ 0832/275 8442 oder 9890/698202, 🖥 www. heavengoa.in. Der relativ neue Hotelblock mit einem runden Dutzend Zimmer in bester Lage, 10 Min. vom Strand neben einem Wasserlilienteich voller Frösche, wird von einem gastfreundlichen schweizerisch-keralischen Paar geleitet, Karin und Sunil. Die Zimmer sind geräumig und gut ausgestattet (Holzregale, Moskitonetze, geflieste Böden und Balkone mit Blick aufs Wasser). Außerdem gibt's frische Pizza vom Holzofen und ayurvedische Massagen. Tolles Preis-Leistungs-Verhältnis in diesem Segment. ❹

Xavier's, Sernabatim, ☎ 0832/277 1489, ✉ jovek@sanchar.net. Gepflegte, große Zimmer rings um einen hübschen Garten, praktisch direkt am Strand, aber auch in Spaziernähe zum Dorf. Alle Zimmer mit eigener Terrasse und Gartenstühlen. Die indischen Betreiber, die hier schon seit Jahrzehnten wohnen, sind ausgesprochen gastfreundlich. Eine friedvolle, gut geführte und perfekt gelegene Unterkunft. ❺

ersten Stock des Haupthauses meiden, weil es dort unerträglich heiß wird. ❸–❺
Palm Grove, Tamdi-Mati, 149 Vas Waddo, ☎ 0832/277 0059, 🖥 www.palmgrovegoa.com. Abgeschiedenes Hotel in schöner Grünanlage mit drei Zimmerkategorien, teils mit AC. Das neueste Gebäude ist sehr luxuriös. Hilfsbereite Mitarbeiter. Eine Fahrradfahrt vom Strand entfernt, aber sehr angenehm. ❺–❻
Tansy Cottages, Beach Road, ☎ 0832/ 277 0574, ✉ tansycottages@yahoo.com. Keine tolle Lage und abschreckend grüner Anstrich, aber die Zimmer zählen zu den hübschesten dieser Preislage in Benaulim. Sie sind groß, mit gefliesten Böden und guten Bädern. ❹
Villa Seancy, Vas Waddo, ☎ 0832/227 0496 oder 9822/108453. Eine gute Wahl für Leute, die vielleicht länger bleiben wollen. Gastgeberin Percy Rodrigues vermietet ein halbes Dutzend moderne Apartments mit Kochnischen, großen Schlafzimmern und Balkonen, nicht weit von der Dorfmitte – die schönsten Ferienwohnungen liegen in den oberen Stockwerken. Sehr preisgünstig. ❹

Essen und Unterhaltung

Benaulims Nähe zum Markt von Margao sorgt zusammen mit der Fischergemeinde dafür, dass seine Restaurants das saftigste und preiswerteste Seafood in Goa servieren. Die größten und beliebtesten Hütten stehen am Strand, wo **Johncy's** den größten Zulauf hat. Besseres Essen zu günstigeren Preisen findet man ein Stück weiter den Strand hinunter. Die dort befindlichen Restaurants scheinen aber jährlich ihre Köche zu wechseln, sodass man sich beim

Vorbeigehen am besten anhand der Anzahl der Gäste orientiert, wo das Beste fürs Geld zu bekommen ist. Ein Langzeitfavorit ist **Domnick's**, dessen geselliger Besitzer an einem Tag in der Woche Lagerfeuerpartys mit Livemusik veranstaltet (traditionell donnerstags). Der Laden ist aber nicht billig. **Pedro's** am Strand ist preislich etwas günstiger und veranstaltet auch Gigs (meistens am Samstagabend).

Blue Corner, Sernabatim. Das tolle kleine Strandlokal ist spezialisiert auf Seafood und authentische chinesische Küche. Besonders zu empfehlen ist das „Super Special Steak". Das aufsehenerregende Speiseangebot umfasst auch leckere italienische Gerichte, *sizzlers* und für Vegetarier sehr guten mit Käse überbackenen Blumenkohl. Die meisten Hauptgerichte kosten Rs150–250.

Durigo's, Sernabatim, 2 km nördlich der Kreuzung Maria Hall am Rand von Colva. Das Lieblingsrestaurant der Einheimischen serviert traditionelles goanisches Seafood von einer Art, die in einfachen Strandhütten nur selten zu finden ist. Tipp: saftige Muscheln, Zitronenfisch *(modso)* oder Barramundi *(chonok),* mariniert in würzig-saurer *rechead*-Soße und mit Hirse in der Pfanne gebraten. Einige empfinden die Atmosphäre als etwas zu ruppig (die Bedienung ist jedoch immer höflich), aber man kann es ja auch so machen wie die Besserverdienenden aus dem Ort und sich etwas zum Mitnehmen bestellen.

Hawaii, am Südende des Strands. Nadia und Vinod aus Himachal Pradesh führen diese Hütte seit fast einem Jahrzehnt und haben sich eine sehr loyale Kundschaft erobert. Die kommt zumeist wegen der italienischen Gerichte,

Erste Adresse am Morgen

Palmira's, Beach Rd, ☎ 0832/277 1309. Hier gibt es Benaulims bestes Frühstück: wundervoll cremiger Frischkäse, üppige Obstsalate mit Kokos, echter Espresso, frisch gebackenes warmes Brot *(bajri)* und die Morgenzeitung. Für ein leichtes Mittagessen bietet sich ein köstlicher Krabbentoast oder eine Tomaten- oder Ingwer-Möhren-Suppe an.

Goa

die mit hausgemachter Pasta, frischen Kräutern, Olivenöl und Parmesankäse zubereitet werden. Gut sind auch die Garnelen-Lasagne und der Mojito mit frischer Minze. Auf Kinder warten tagsüber extragroße Backgammon-Spiele und ein Spielplatz. Hauptgerichte Rs120–160.

Menino Jesus Tea Stall, Sernabatim. Wer wissen möchte, wie die Strandhütten vor 30 Jahren aussahen, sollte sich diesen Tee-stand anschauen. Hier stärken sich die heimischen Rikscha-Fahrer mit würzigem Fisch-curry und Reis, heißen, in Hirse gebackenen Makrelen und *pao bhaji* für nur Rs50. Völlig schnörkellos, aber das Essen ist köstlich, und der Ausblick aufs Meer perfekt.

Seshaa's / St. Anthony Bakery Café, Kreuzung Maria Hall. Eine hiesige Institution. Das düstere und ziemlich beengte Café, das überwiegend von einheimischen jungen Männern bevorzugt wird, ist eine hervorragende Adresse für *pukka, channa bhaji* und köstlich-lockere veg. oder Rindfleisch-Teigtaschen. Die **St. Anthony Bakery** auf der anderen Straßenseite ist genauso begehrt (besonders morgens) und verkauft die gleichen Regionalsnacks, wird aber weniger von Männern dominiert – und die Pasteten kommen direkt aus dem Ofen auf den Tisch.

Xavier's, Sernabatim. Maria, die Mutter des Betreibers Jovek, herrscht über die Küche dieses luftigen Restaurants am Strand und sorgt dafür, dass die goanischen Gerichte wie Garnelen-*vindaloo,* Fisch-*caldin* und die grandiose *chouriço*-Chili-Pfanne von erst-klassiger Qualität sind. Zu den weniger scharfen Alternativen zählt ein besonders köstlicher Zitronenreis. Die Restaurantterrasse liegt nicht weit entfernt von der Meeresbrandung an einem der ruhigsten Strandabschnitte und ist besonders abends sehr romantisch.

Sonstiges

Fahrrad- und Motorradverleih

Ein **Fahrrad** zu mieten kostet rund Rs100 am Tag. Schilder mit Angeboten für **Leihmotorräder** finden sich in der zum Meer hinunterführenden Gasse. Die Preise entsprechen dem Durch-schnitt und werden bei längerer Mietdauer im Verhältnis günstiger. Wer nach Süden weiter-fahren möchte, sollte wissen, dass Motorräder

hier billiger vermietet werden (und meistens in besserem Zustand sind) als in Palolem. **Benzin** wird literweise an einem Tisch an der Straße Richtung Royal Palms Beach Resort verkauft, doch es ist meistens mit Lösungsmitteln versetzt und stinkt fürchterlich. Junge Männer aus dem Dorf bieten an, den Motorradtank in Margao aufzufüllen, stecken aber die Hälfte des Geldes in die eigene Tasche. Wer im Besitz eines gültigen Führerscheins ist, sollte das lieber selbst erledigen (die größte Tankstelle von Margao befindet sich an der Westseite der Praça Jorge Barreto, s. Karte S. 773).

Geld

Bank of Baroda, Maria Hall, besitzt einen (launischen) Geldautomaten; der bei der UTI um die Ecke ist etwas verlässlicher. Bargeld und Reiseschecks wechseln **G.K. Tourist Centre**, an der Kreuzung im Zentrum, und **New Horizons**, schräg gegenüber. Es kann sich lohnen, die Kurse der beiden zu vergleichen.

Internet

G.K. Tourist Centre (Rs40 pro Std.) und **New Horizons** haben eine Breitband-Verbindung (Rs40 pro Std.).

Wäschereien

Annie's, gegenüber vom Palm Grove, hat einen billigen Wäscheservice mit Rückgabe am selben Tag.

Transport

Busse aus MARGAO und COLVA fahren etwa alle 15 Min. durch Benaulim und halten an der Kreuzung Maria Hall. Um die betriebsame Kreuzung herum liegen zwei gut ausgestattete Gemischtwarenläden, ein paar Café-Bars, eine Bank, eine Apotheke, eine Wäscherei sowie der **Taxi- und Motor-Rikschastand**, von dem man zum 1,5 km westlich gelegenen Strand kommt.

Agonda

Das 10 km nordwestlich von Chaudi gelegene Agonda ist eine angenehme Überraschung nach all dem Chaos, das anderswo in Goa herrscht.

Die Unterkünfte in diesem vorwiegend katholischen Fischerdorf sind kleine, familienbetriebene Gästehäuser und Hüttencamps, die Restaurantszene ist recht einfach, und die Besucher sind entspannt und gesundheitsbewusst. Hier gibt es zwar keinen verträumten Palmenhain als Strandkulisse, aber seit dem großen Tsunami scheint der Strand seine tückische Unterströmung eingebüßt zu haben, und der Sand ist hier so sauber wie sonstwo in Goa. Außerdem sind die umliegenden Hügel und Wälder traumhaft schön.

In der Zukunft könnte es Agonda genauso ergehen wie Palolem – einige Betreiber von großen Hüttencamps haben sich hier schon Land gesichert. Aber derzeit steht das Dorf noch ganz oben auf der Liste für Reisende, die ein ruhiges Plätzchen mit genügend Einrichtungen und viel authentischem Flair für einen entspannten Urlaub suchen.

Übernachtung

Die Preise sind hier genauso hoch wie in Palolem und Patnem, fallen jedoch dramatisch, wenn nicht so viel los ist. Nur wenige Unterkünfte nehmen Reservierungen an, sodass man sich wahrscheinlich vor Ort etwas Passendes suchen oder von einem Café aus anrufen muss – das Handynetz ist in dieser Gegend allerdings recht lückenhaft.

Chattai, Doval Kazan, ☏ 9423/812287, 🖥 www.chattai.co.in. Eine der schickeren Unterkünfte in Agonda mit rund einem Dutzend Hütten in ausreichendem Abstand voneinander, die auch im Regenwald am Amazonas nicht fehl am Platz wirken würden. Sie befinden sich hinter einem kleinen Barbereich direkt am Strand und sind geräumiger als gewöhnlich, mit steilen Jutedächern, gut gelüfteten Bädern, ordentlichen Matratzen und Moskitonetzen. ❺

Chris-Joana, bei der Kirche, ☏ 0832/264 7306 oder 9421/155814, ✉ belu_miranda5@yahoo.in. Schickes neues Haus an der Straße gleich südlich der St. Anne's Church. Die preisgünstigen Zimmer sind sauber, hell und luftig und haben gute Betten. Von den Zimmern nach hinten raus blickt man über die Dächer und den Bach auf Kokosplantagen; in den Zimmern nach vorn wird es nachmittags recht warm. ❸

Dersy's, an der Straße am Südende des Strandes, ☏ 0832/264 7503. Sehr saubere und gemütliche Zimmer mit gefliestem Fußboden und geräumigem Bad. Die im 1. Stock (Frontseite) teilen sich eine Gemeinschaftsveranda mit Meerblick und -brise. Wenn man im Bett liegt, kann man die nur 100 m entfernte Brandung krachen hören. Zum Haus gehören auch zwei Reihen (ziemlich überteuerter) Strandhütten auf der gegenüberliegenden Straßenseite. ❷

Jardim A Mar, Doval Kazan, ☏ 9420/820470, 🖥 www.jardim-a-mar.com. Das professionell deutsch-indisch geführte „Palmengartenresort" besitzt preisgünstige Zimmer und teurere Strandhütten, die schön mit Decken aus Rajasthan eingerichtet sind. Es steht auf einem sandigen Gelände, nur einen Katzensprung von der Brandung entfernt und wird effizienter geführt als ein Großteil der Konkurrenz. ❺

Mahnamahnas, Vall Waddo, ☏ 9421/152158, 🖥 www.agondabeach.com. Preisgünstige doppelstöckige Sperrholzhütten mit Ziegeldächern und großen Bädern im Erdgeschoss, dazu große Balkone mit Hängematten und freiem Ausblick aufs Meer. In deutschem Besitz, Buchung übers Internet möglich. ❹

Maria Paulo, unmittelbar nördlich von Dersy's Richtung Kirche, ☏ 0832/264 7606, 🖥 www.mariapauloagonda.com. Sechs große, kühle Zimmer mit Marmorfußboden in einem pinkfarbenen modernen Gebäude an der Straße – nach dem Rettungsring mit der Aufschrift „Welcome Aboard" Ausschau halten. Alle Zimmer haben gute Betten und Moskitonetze, die teureren eine große Veranda. Das Maria Paulo ist größer und etwas anonymer als die anderen Gästehäuser im Ort, was einigen

Ayurveda am Strand

Bioveda, Doval Kazan, ☏ 9422/388982, 🖥 www.bioveda.in. Luxuriöse Hütten mit Bad am Strand, schön angelegt, kühl und gemütlich, ausgestattet mit guten Betten. Die freundlichen britisch-keralischen Betreiber führen hier außerdem ein tolles kleines Ayurveda-Zentrum, in dem ausgebildete Mitarbeiter echte Ayurveda-Massagen verabreicht. ❺

Goa

Besuchern ganz gelegen kommen dürfte.
❸ – **❹**

Palm Beach Lifestyle Resort, hinter Dersy's, 📞 0832/264 7783 oder 9422/450380, 🖥 www.palmbeachgoa.com. Schlichte, aber sehr nette Chalets auf Terrassen in einer Kokospalmen-plantage. Alle Häuschen haben schöne Holz-fußböden, bequeme Matratzen und Meerblick von erhöhten Terrassen aus. Das Preis-Leistungs-Verhältnis ist erheblich besser als bei vergleichbaren Unterkünften am Strand. **❹**

Essen und Unterhaltung

Die Restaurants in Agonda dienen nicht nur als Restaurant, sondern auch als Location zum Chillen. Die meisten sind mit bequemen Rohr-stühlen, Laternen und Lounge-Bereichen mit Kissen ausgestattet und befinden sich am oder nicht weit vom Strand – die einzige Ausnahme ist das hervorragende Restaurant Greek Place.

Arabian Nights, beim Jardim A Mar. Hier findet jeden Abend ein beliebtes BBQ mit frischem Seafood und köstlichen Steaks (ab Rs250) statt. Zur Krönung des Ganzen gibt's am Ende ein Stück der berühmten *banoffee pie* des Restaurants.

Cuba, Strandcafé in gutem Abstand zu den Häusern des Dorfes mit bis spät geöffneter Bar – die inoffizielle Party-Location von Agonda.

Dunhill's Goyam & Goyam, südlich der Kirche. Gehört denselben Betreibern wie das Dropadi in Palolem (S. 781) und das Goyam in Patnem (S. 784) und bietet den gleichen tollen Service und eine große Auswahl an fantastischem nordindischem Essen und frischem Fisch. Hauptgerichte kosten zumeist um Rs150.

Greek Place, gegenüber der St. Anne's Church. Dies ist ein authentisches griechisches Café auf einer abgeschiedenen Straßenterrasse in der Mitte von Agonda. Hier gibt´s köstliches Souvlaki (Rs100–140) und Bauernsalat mit echtem Feta (Rs180), dazu läuft Rembetiko-Musik. Die Besitzer Kosmas und Maria machen dieses freundliche Lokal zu einem echten Stück Griechenland.

Jardim A Mar, Doval Kazan. Ein Café-Restaurant, das alle Wünsche erfüllt. Es liegt direkt am Strand, ist schattig (unter Palmen und Fallschirmseide aus Ladakh), hat bequeme Korbstühle, Hängematten und Seidenkissen auf Lounge-Matten. Tolles Frühstück mit frischen Obstsäften, richtigem Kaffee, gegrillten Baguettes und – die Spezialität des Hauses – Reispudding; außerdem gibt es ein günstiges Ganztagesmenü.

Madhus, am nördlichen Strandabschnitt. Das seit Jahren beste Tandoori-Lokal am Strand ist gleichermaßen toll für frischen Fisch als auch für indische Gerichte. Es ist preisgünstig und immer voll, also früh da sein. Die meisten Hauptgerichte kosten nur Rs100.

Sonstiges

Geld und Reisebüro

In der **True Value Travel Agency**, ein paar Hundert Meter nördlich der Kirche, und bei **Shri Kaushik**, gegenüber der Bäckerei, ebenfalls gleich nördlich der Kirche, kann man mit Debit- und Kreditkarten **Bargeld** bekommen. Die nächsten Geldautomaten sind in Chaudi, 10 km südöstlich. Im Reisebüro gibt es auch Zug-, Bus- und Flugtickets

Internet

Die **True Value Travel Agency** hat Breitband-Internetzugang.

Transport

Zwischen Agonda und dem nächsten Markt-flecken, CHAUDI, verkehren tgl. 4 **Busse** (ab Chaudi um 8.30, 9.00, 15.30 und 16.30 Uhr), und 2 Busse fahren von und nach MARGAO (ab Agonda um 6.15 und 14.30 Uhr). Die meisten Busse halten an der Kreuzung an der Haupt-straße nach Palolem, 1 km östlich; für die Fahrt ins Dorf findet man problemlos eine **Rikscha**. Ein paar Busse fahren auch direkt bis zur Kirche in der Dorfmitte in der Nähe des mittleren Strandabschnitts. Von hier führt eine geteerte Gasse nach links (Richtung Süden) zu den meisten Hotels und Gästehäusern. Ein weiteres geteertes Sträßchen führt nach Norden, wird bald zu einer Staubpiste und verläuft hinter einer Reihe von Hüttencamps vorbei bis zu einer kleinen Fußgängerbrücke über den Fluss am Ende des Strands.

Goa

Palolem

Es gibt keinen anderen Strand auf dem indischen Subkontinent, der so sehr dem typischen Bild eines paradiesischen Sandstrandes entspricht wie der von Palolem, 35 km südlich von Margao. Die von wogenden Kokospalmen gesäumte Bucht beschreibt einen nahezu perfekten Halbmond aus goldenem Sand und zieht sich von einer Ansammlung riesiger Felsblöcke nach Norden bis zu den Sahyadri Hills, die hier inmitten dichten Waldes ins Meer auslaufen. Palolem ist heute allerdings definitiv ein verlorenes Paradies. Mittlerweile ist es der beliebteste Urlaubsort in Goa und wird ab Ende November von Dauergästen sowie von Tagesausflüglern aus Karnataka und weiter weg überflutet. In der Hochsaison sind die Besuchermassen echt überwältigend. Dann tummeln sich buchstäblich Tausende Urlauber am Strand, der auf seiner gesamten Länge von Hütten und Camps im thailändischen Stil gesäumt ist.

Palolem auf Hochtouren ist ein Ort, in dem man sich auf den ersten Blick verliebt oder den man so schnell wie möglich wieder verlassen möchte. Wer sich in der letzteren Kategorie wiederfindet, kann auf den kleineren, weniger überlaufenen **Patnem Beach** etwas weiter südlich auf der anderen Seite der Landzunge ausweichen, wo die Hütten nicht so aufdringlich und der Strand nicht so übervölkert ist.

Übernachtung

Dank der strikten Umsetzung des Bauverbots für neue Betonklötze in Palolem durch die Gemeindeverwaltung (vor einigen Jahren wurden sogar alle Ferienanlagen ohne Vorwarnung mit Raupen niedergewalzt) bestehen die meisten Übernachtungsmöglichkeiten aus einfachen Palmblatthütten oder „Baumhäusern". Außer den hier aufgeführten etwas schickeren Unterkünften besteht kaum ein Unterschied zwischen den Hüttencamps: Am besten bucht man sich einfach in einem ein, das einem gefällt, und erkundet dann von dort aus den Strand.

Cozy Nook, am nördlichen Strandabschnitt, in Inselnähe, ☎ 0832/264 3550, 🖥 www.cozynook

goa.com. Eine der attraktivsten Anlagen in Palolem mit 25 Bambushütten (7 Gemeinschaftstoiletten, aber gute Matratzen, Moskitonetze, Schließfächer und Ventilatoren), mit der Lagune auf der einen und dem Strand auf der anderen Seite – eine unschlagbare Lage, wodurch sich die überdurchschnittlich hohen Preise erklären. **❻**

Konggo, Ourem, ☎ 9422/059217 oder 9764/267511. Das Konggo wird von dem freundlichen Paar Claire und Dominic Pinko geführt und bietet derzeit die interessantesten Hütten in Palolem, genial um Klippen und Felsen herum gebaut in einem schönen tropischen Garten voller Vögel und Schmetterlinge, direkt hinter dem Südende des Strands. Die größeren Hütten (Rs1500) sind riesig und verfügen über lange, tiefe Terrassen und jede Menge Platz für Yoga-Übungen und man kann dort sogar selber kochen. Und die Badezimmer haben ordentliche sanitäre Einrichtungen. Angesichts der tollen Lage ist der Preis sehr günstig. **❹–❺**

Neptune Point, South Palolem, ☎ 9822/584968 oder 9764/686555, 🖥 www.neptunepoint.com. Das Neptune okkupiert eine tolle Stelle auf der felsigen Landzunge zwischen Palolem und Patnem, und die Hütten, die sich unter riesigen Kokospalmen den Hang hinaufziehen, nutzen den spektakulären Ausblick bestens aus. Für

---

Gastfreundliche Geschwister

Ordo Sounsar. Am nördlichen Ende vom Palolem-Strand, auf der anderen Seite der Furt (nach der wackeligen Fußgängerbrücke, wenn man auf die Insel zugeht, rechts, Ausschau halten), ☎ 9822/488769 oder 9422/639497, 🖥 www.ordosounsar.com. Das von dem gastfreundlichen Bruder-Schwester-Team Serafin und Shelly geleitete Hüttencamp ist das idyllischste und freundlichste in Palolem. Es liegt versteckt an der stillen Seite des Flusses, zu erreichen über die hölzerne Fußgängerbrücke. Die Hütten sind großzügig geschnitten, einladend möbliert und haben tolle Veranden und lustige Strohdächer. Zur Anlage gehört ein hervorragendes Restaurant. **❹–❺**

Der Strand von Palolem – goldener Sand, wogende Kokospalmen und unzählige Hütten.

heutige Standards sind sie sehr einfach, aber doch recht gemütlich, und auf drei Seiten vom Meer umgeben zu sein ist natürlich ein echter Pluspunkt. Der einzige Nachteil sind das Disco-Event Silent Noise und die Filmabende (S. 782), die an zwei Abenden der Woche auf dem Gelände stattfinden und jede Menge Publikum anziehen. ④–⑤

Oceanic, Tembi Waddo, ☎ 0832/264 3059, 🖥 www.hotel-oceanic.com. Nach 10 Min. Fußweg landeinwärts vom Strand oder über die Nebenstraße nach Chaudi zu erreichen. Geschmackvoll eingerichtete, kühle Zimmer mit Marmorböden, Moskitonetzen, Tagesdecken und Nachttischlampen. Außerdem gibt es einen Pool auf einer baumgesäumten Terrasse hinter dem Haus und ein gutes Restaurant. ⑦

Sevas, am südlichsten Strandende auf dem Hügel zwischen Palolem und Colom, ☎ 0832/ 264 3977 oder 9422/065437, 🖥 www.sevas palolemgoa.com. Die schönen Cabañas haben traditionelle Reisstrohdächer, Fußböden aus Lehm und Dung, hygienische Plumpsklos und Eimer als Waschgelegenheiten. Es werden Massagen und Yogaunterricht angeboten,

und in dem freundlichen Restaurant auf dem Gelände gibt es sehr gute *thalis* für Rs125–150. ③–④

The Village, Haus 196, in der Nähe der Government High School, ☎ 0832/264 5767 oder 9960/487627, 🖥 www.villageguesthouse goa.com. Dieses britisch geführte Boutique-Gästehaus am Rand von Palolem 10 Min. Fußweg vom Strand ist die komfortabelste und stilvollste Unterkunft der Gegend. Die großen AC-Zimmer verfügen über Himmelbetten, bunte Seidenbettdecken und WLAN sowie riesige Designer-Bäder. Der schattige Garten hinterm Haus dient als Frühstücksbereich, und abends kann man auf der Veranda etwas trinken. ⑦

Wavelet, im Ort Palolem, ☎ 0832/264 3451, 🖥 www.waveletbeachresort.com. Geflieste Zimmer in einem modernen, dreistöckigen Block in der Nähe der Gasse, die von der größten Kreuzung im Städtchen zum nördlichen Strandende abzweigt. Nicht unbedingt die Art Architektur, die das natürliche Flair des Ortes aufwertet, aber komfortable und sichere Unterkunft abseits des Strandrummels. Gutes Preis-Leistungs-Verhältnis. ③

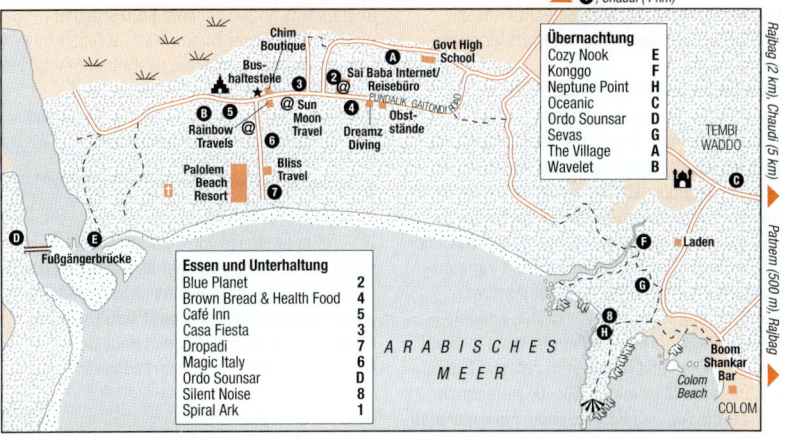

N

0 — 200 m

1, Chaudi (4 km)

Rajbag (2 km), Chaudi (5 km)

Patnem (500 m), Rajbag

Übernachtung

Cozy Nook	E
Konggo	F
Neptune Point	H
Oceanic	C
Ordo Sounsar	D
Sevas	G
The Village	A
Wavelet	B

Chim Boutique
Bushaltestelle
Sai Baba Internet/Reisebüro
Govt High School
Sun Moon Travel
Rainbow Travels
Dreamz Diving
Obststände
Palolem Beach Resort
Bliss Travel
PUNDALIK GAITONDI RD
TEMBI WADDO
Fußgängerbrücke
Laden

Essen und Unterhaltung

Blue Planet	2
Brown Bread & Health Food	4
Café Inn	5
Casa Fiesta	3
Dropadi	7
Magic Italy	6
Ordo Sounsar	D
Silent Noise	8
Spiral Ark	1

ARABISCHES MEER

Boom Shankar Bar
Colom Beach
COLOM

Essen

Palolems **Restaurants** reflektieren die kosmopolitische Zusammensetzung ihrer Gäste. Jahr für Jahr öffnen neue, innovative und immer stilvollere Lokale, die zumeist von Ausländern geführt werden. Wer mit einem knappen Budget auskommen muss, findet zwei von Einheimischen betriebene billige, freundliche *tea shops* an der parallel zum Strand verlaufenden Straße. Im Sai Kripa gibt es ein sättigendes *pao bhaji*-Frühstück, frische Brötchen, Omeletts und *chai* zu Spottpreisen. Das Calcutta Restaurant bietet morgens heiße *parathas* und *chapattis,* mittags Reisgerichte.

Blue Planet, etwas abseits der Pundalik Gaitondi Rd, 🖳 www.blueplanet-café.com. Bio-Café mit veg. und veganischen Gerichten nicht weit von der Hauptstraße. Hier werden gesunde und köstliche Gerichte wie Spinatlasagne mit Babymais, sonnengetrockneten Tomaten, gebratenem Gemüse und grünem Salat aufgetischt, außerdem eine tolle Auswahl an Säften, Kräutertees und Milchersatzgetränken.

Brown Bread & Health Food, Pundalik Gaintondi Rd. Nicht gerade der fesselndste Name, aber das Frühstück in diesem sauberen, netten Café

ist reichhaltig und köstlich. Die Croissants kommen direkt aus dem Backofen und die Ananas-Pfannkuchen locken zahlreiche Fans aus Nah und Fern an.

Café Inn, Pundalik Gaitondi Rd. Hier gibt's mit Abstand den besten Kaffee in Palolem, gebrüht mit einer echten italienischen Kaffeemaschine von zwei Israelis. Zur Frühstückszeit ist der Laden immer voll, außerdem lockt eine kleine, vielseitige Karte mit größeren Gerichten. ⏰ tgl. 10–23 Uhr.

Casa Fiesta, Pundalik Gaitondi Rd. Beliebtes Lokal an der Hauptstraße mit gemischter Speisekarte aus aller Welt: Hummus, griechischer Salat, Holzofenpizza, mexikanische Spezialitäten und Fisch-*pollichatu*. Die Hauptgerichte (meist

Spitzenküche am Strand

Dropadi, am Strand. Das Restaurant profitiert von seiner Spitzenlage und dem besten indischen Chefkoch Palolems, zu dessen Spezialitäten cremige Mughlai-Gerichte und Tandoori-Fisch gehören. Die meisten Hauptspeisen kosten Rs150–400.

Goa

unter Rs200) werden mit köstlichen Röst-
kartoffeln serviert.

Magic Italy, Beach Rd, am geschäftigen Zugang
zum Strand. Das beste italienische Restaurant
in Süd-Goa serviert hausgemachte Ravioli
und Tagliatelle sowie leckere Holzofenpizza
(Rs150–250).

Ordo Sounsar, am nördlichsten Strandende
von Palolem (Wegbeschreibung s. unter
„Übernachtung"). Da die meisten Lokale heutzutage tiefgefrorenen statt frisch gefangenen
Fisch zubereiten, ist dieses schlichte Restaurant
auf einer Terrasse im gleichnamigen Hüttencamp etwas Besonderes. Seine Spezialität sind
goanisches Seafood der Saison und Vegetarisches: mit grünem Chili gefüllter *pomfret*,
Papayacurry in Kokosmilch, grüne-Bohnen-
xacuti, Weißkohl mit Limonendressing – alles
aus erlesenen und frischesten Zutaten. Für ein
2-Gänge-Menü ist mit Rs300–400 zu rechnen.

Spiral Ark, Agonda Rd. Reizender Feinkostladen
mit Tischen der auf der Terrasse eines alten
portugiesischen Hauses, wo gesunde Säfte,
Salate, Suppen, selbst gebackenes Brot, Kuchen
und Bio-*thalis* serviert werden. 10 Min. Fahrt vom
Strand, aber es lohnt sich; nach dem Essen kann
man sich noch in dem tollen Laden umsehen.

Unterhaltung

Wie überall in Goa wird strikt auf die Einhaltung
des Verbots von verstärkter Musik nach 22 Uhr
geachtet – ein Laden hat jedoch einen Weg
gefunden, das Problem zu umgehen. Im
Neptune's Point am Südende der Bucht
veranstaltet das Kollektiv von **Silent Noise** jeden
Samstag (21–4 Uhr, Eintritt Rs400)
Kopfhörerpartys. Die Tänzer haben auf drei
Kanälen die Wahl aus verschiedenen House-,
Electro- und Big-Beats-Mixen, die mit
Bildschirm-, Licht- und Lasershows
synchronisiert sind, und dazu kommt noch der
traumhafte Ausblick auf den schönsten Strand
Indiens. Infos über das Programm und Beispiele
der verschiedenen Musikmixe bietet 🖥 www.
silentnoise.in.

Zusätzlich werden an gleicher Stätte jeden
Mittwoch **Filme** gezeigt, zu denen man sich
einen Mojito von der Bar des Neptune's Point
genehmigen kann. Ein echtes Kneipenerlebnis

bietet das **Cuba** an der Hauptstraße mit großem
Billardtisch, Großbild-TV mit Fußball-
übertragungen und einem umfassenden
Angebot an Cocktails. In einigen Bar-
Restaurants finden beliebte **Konzerte** und
Abende mit offener Bühne statt, darunter im
Laguna Vista in Colom, wo es freitagabends
indisch-französische Fusionsmusik gibt.
Ansonsten verbringen die meisten Besucher
ihre Abende in den Cafés am Strand.

Sonstiges

Apotheken

Die größte Apotheke von Palolem liegt 1 km
außerhalb des Dorfes an der Straße nach Chaudi,
rechts hinter der Abzweigung nach Agonda. Sie
ist sonntags geschlossen, aber außerhalb der
Öffnungszeiten kann man beim Haus des
Apothekers gleich hinter dem Laden klingeln.

Geld

Mehrere Agenturen in Palolem besitzen eine
Geldwechsellizenz; **LKP Forex** im Palolem
Beach Resort (Karte S. 781) bietet gute Kurse.
Sai Baba International, Sun Moon Travel und
Rainbow Travels an der Hauptstraße tätigen
alle Bargeldauszahlungen auf Visa- und Master-
Card-Kreditkarten. Der nächste **Geldautomat** für
Visa- und MasterCard-Auszahlungen ist in
Chaudi.

Internet

Bliss Travel, links beim Hauptzugang zum
Strand, verlangt Rs40 pro Std. für den
schnellsten Breitbandzugang im Dorf. Warm
anziehen – die Klimaanlage macht den Laden
zum Kühlschrank.

Medizinische Hilfe

Dr. Sandheep, im privaten Dhavalikar Hospital,
📞 0832/264 3147, 2 km außerhalb von Palolem
in Devabag an der Straße nach Agonda, kurz
vor dem Laden Spiral Ark.

Segeln

Goa Sailing, 📞 9850/458865, 🖥 www.goasailing.
com, verfügt über drei 15-Fuß-Prindle-
Katamarane, die ausgeliehen werden können,
um abgelegene Strände der Umgebung zu

Goa

erkunden. Eine Stunde Rs1250, halber Tag Rs3000, ganzer Tag Rs4000.

Tauchen

Dreamz Diving, im Sea Shells Guest House, Pundalik Gaitondi Rd, ✆ 9326/113466, 🖥 www.dreamzdiving.com, bietet geführte Tauchgänge an Stellen mit sehr viel klarerem Wasser als um Palolem herum.

Telefon

Bliss Travel (s. o. unter „Internet") ist einer der wenigen verbleibenden IST/STD-Läden in Palolem mit einer zuverlässigen Verbindung.

Wandern

Goa Jungle Adventures, 🖥 www.goajungle.free.fr, bietet geführte Wanderungen zu natürlichen Badestellen ab Rs1500–1800 für einen halben Tag inkl. Ausrüstung.

Transport

Busse

Es verkehren regelmäßig Direktbusse zwischen MARGAO und Palolem; sie halten am Ende des Weges, der von der Hauptstraße zum Strand führt. Busverbindungen bestehen außerdem zwischen Margao und KARWAR (in Karnataka) über den 2 km südöstlich gelegenen Marktflecken Chaudi (alle 30 Min., 2 Std.). Der letzte Bus von Palolem nach Chaudi/Margao fährt um 16.30 Uhr ab – Abfahrtszeiten von Einheimischen bestätigen lassen, da sie sich von Saison zu Saison ändern.

Eisenbahn

Chaudi besitzt den Palolem am nächsten gelegenen **Bahnhof**. Er liegt etwas nördlich der Ortsmitte. Die Fahrt von hier zum Strand kostet Rs75–100 per Motor-Rikscha und Rs150–200 per Taxi.

Südlich von Palolem: Colom, Patnem und Rajbag

Über den Bach und den felsigen Vorsprung, der die südliche Grenze des Strandes von Palolem bildet, erreicht man **Colom**, ein Hindu-Fischer-dorf, das sich über mehrere felsige Buchten verteilt. Dutzende Zimmer für Langzeitgäste, Palmhütten und Privathäuser liegen versteckt zwischen den Palmenhainen und an der malerischen Landspitze, die sich Richtung Meer erstreckt. Hier empfiehlt es sich, mit der Suche nach einer Unterkunft zu beginnen – die jungen Männer im Ort wissen, wo etwas frei ist. Die meisten Zimmer hier sind allerdings sehr einfach.

Ein Streifen von Camps und Hütten säumt **Patnem**, den nächsten Strand weiter südlich. Der Strand zieht sich über etwa 1 km bis zu einem steilen Felsvorsprung. Er ist breit, bietet wenig Schatten und fällt bei bestimmten Gezeitenphasen recht steil ab, wenngleich die Unterströmung hier nur selten gefährlich wird. Auf der Landzunge zwischen Patnem und Colom bietet das **Harmonic Healing & Eco Retreat Centre**, ✆ 9822/512814, 🖥 www.harmonicingoa.com, Heilung für Körper und Seele. In üppiger Vegetation und mit Ausblicken auf den Strand findet hier täglich Yoga-, Pilates- und Thai-Massage-Unterricht statt, dazu Unterricht in Bollywood-Tanz und klassischem indischem Gesang (Rs250 ohne Voranmeldung).

Bei Ebbe kann man von Patnem aus um die steilwandige Landspitze herumwandern zum Nachbarstrand **Rajbag**, einen weiteren kilometerlangen Streifen aus weißem Sand. Bedauerlicherweise war es mit der Abgeschiedenheit abrupt vorbei, als hier ein riesiges 5-Sterne-Hotel errichtet wurde – sehr zum Ärger der Einheimischen, die sich vier Jahre lang erfolglos gegen das Projekt gewehrt hatten.

Es ist sogar möglich, von Rajbag noch weiter nach Süden vorzudringen, indem man den Talpona-Fluss mit einer von Hand gepaddelten Fähre überquert, die meistens vom gegenüberliegenden Ufer angefordert werden muss (es empfiehlt sich, im Voraus einen Festpreis für die Hin- und Rückfahrt auszuhandeln). Auf der anderen Seite führt ein kurzer Fußmarsch zum **Talpona Beach**, der von niedrigen Dünen und Palmen gesäumt wird. Wer möchte, kann die Landspitze am Ende des Strandes überqueren und kommt nach **Galjibag**: eine abgeschiedene Bucht mit weißem Sandstrand und ein geschützter Eiablegeplatz für **Oliv-Bastardschildkröten**. Aufgrund der starken Unterströmung ist das Schwimmen hier allerdings zu gefährlich.

Goa

Übernachtung

Die Übernachtungsszene ist relaxter als in Palolem. Die Preise sind in etwa gleich, aber es ist hier leichter, ein Zimmer zu finden, und die Stimmung am Strand ist erheblich entspannter.

Boom Shankar, Colom, ℰ 0832/264 4035. Einfach eingerichtete, aber saubere Zimmer mit Bad am Südrand des Dorfs, mit viel Platz zum Abhängen und schönem Ausblick auf die Bucht. Die Mitarbeiter helfen auch gern bei der Suche nach längerfristiger Unterkunft in den Häusern in der Nähe. ❷–❸

Goyam, Patnem, ℰ 9822/685138 oder 9890/ 877844, 🖳 www.goyam.net. Luxuriöse, doppelstöckige, in Pastellfarben angestrichene Holzbungalows, teilweise im Schatten von Kasuarinabäumen, ansprechend eingerichtet und mit Badezimmern, Moskitonetzen und

Balkonen mit Meerblick und Schaukelstühlen. Die Cottages ganz vorne sind die Toplagen im Dorf. ❼

Home, Patnem, ℰ 0832/264 3916, 🖳 www. homeispatnem.com. Das schicke kleine Gästehaus unter schweizerisch-britischer Leitung hat mit Stoffen, Kokosmatten und Lampenschirmen hübsch eingerichtete, jedoch recht teure Zimmer mit Bad in einem Anbau. ❺–❻

Namaste, Patnem, ℰ 9850/477189. Bewährtes und sehr begehrtes Budgettraveller-Camp unter Leitung des liebenswürdigen Satay. Die Preise liegen bei Rs700–1500, je nach Größe und Ausstattung der Hütte, Jahreszeit und Entfernung vom Strand; alle mit Du/WC. ❹–❺

Papaya's, Patnem, ℰ 9923/079447, 🖳 www. papayasgoa.com. Eine reizende grüne Oase mit Wasserrecycling zur Bewässerung der Pflanzen. Die Ökohütten haben luftige kleine

Weiterreise von Goa

Zu bestimmten Zeiten im Jahr schwanken die Ticketpreise für **Flüge** von Goa erheblich, am höchsten sind die jedoch um Weihnachten und Neujahr. Am einfachsten bucht man Flugtickets online. Fahrkarten für alle **Züge** der Konkan Railway sind ebenfalls am leichtesten im Internet zu buchen. Die Buchungsseite von Indian Railways, 🖳 www.irctc.co.in, ist nicht ganz so klar aufgebaut wie die von 🖳 www.cleartrip.com; bei Letzterer zahlt man jedoch zusätzlich zum Ticketpreis eine Buchungsgebühr von Rs100. Ansonsten kann man sich aber auch in die Schlangen im hektischen Reservierungsbüro von KRC im 1. Stock des Kadamba-Busbahnhofs in Panjim einreihen (☉ Mo–Sa 8–20, So 8–14 Uhr) oder diejenigen im Hauptbüro von KRC im Bahnhof von Margao, ℰ 0834/271 2780, ☉ Mo–Sa 8–16.30, So 8–14 Uhr. Es ist ratsam, früh zu reservieren. Fahrkarten für **Busse** der goanischen Transportgesellschaft Kadamba können in den Büros im Busbahnhof von Panjim oder Mapusa reserviert werden, ☉ tgl. 9–11 und 14–17 Uhr. Private Busgesellschaften verkaufen Fahrscheine über Reiseagenturen beim Busbahnhof von Panjim und in Mapusa südlich des Hauptplatzes.

Nach Mumbai

Rund zwei Dutzend Maschinen verlassen tgl. Goas Flughafen Dabolim. Die günstigsten **Flüge** kosten Rs1000 oder sogar noch weniger, wenn man weit im Voraus bei einem der Billigflieger bucht – SpiceJet, IndiGo, Go Air, JetLite oder Kingfisher Airlines (Webadressen S. 78); zu Silvester kosten normale Flüge dann vielleicht Rs30 000. Flüge mit Air India oder Jet Airways sind etwas teurer als die der Billigfluglinien und kosten gewöhnlich etwa US$100 pro Strecke. Täglich fahren 4 bis 5 Züge der **Konkan Railway** nach Mumbai. Der günstigste ist der Nachtzug Konkan Kanya Express Nr. 10112. Er fährt um 16.45 Uhr in Margao (S. 768) (oder Karmali, nahe Old Goa, 11 km westlich von Panjim, um 17.18 Uhr) ab und erreicht den Bahnhof Mumbai CST (auch „Victoria Terminus" oder „VT") am nächsten Morgen um 5.50 Uhr. Der andere Schnellzug von Goa nach Mumbai (CST) ist der Mandovi Express Nr. 10104, Abfahrt in Margao um 8.30 Uhr (oder Karmali um 9.10 Uhr), Ankunft 21.40 Uhr am gleichen Tag.
Schließlich verkehrt noch eine Flotte von Nachtbussen auf der 500 km langen Strecke

Freisitze, den Strom erzeugen Sonnen-kollektoren. **❺–❻**

Tree Shanti, Colom, ☎ 0832/264 4460, 9923/795290. Kleines Gästehaus, betrieben von den temperamentvollen Schwestern Gita und Sarita Komarpunt. Es hat 5 gemütliche, ziegelgedeckte Cottages und 4 geräumige Zimmer, alle mit großem Bad, in einem schattigen Garten umgeben von Wald. Eine nette Unterkunft mit einer freundlichen Atmosphäre, die sich deutlich von der in den Hüttencamps von Palolem unterscheidet. **❻–❼**

Essen

Die meisten Reisenden verbringen jeden Tag ein paar Stunden in einem oder mehreren der Cafés in Colom oder hinter dem Strand von Patnem. Hier ein paar besonders empfehlenswerte Lokale.

Bocado de Cardinales, Colom. Das kleine Lokal unter Palmen hat himmlische Tapas, tolle Fischgerichte und süchtig machende Cocktails. Vorsicht beim Alkoholgenuss – hier gibt es auch eine sehr verlockende Kleidungs- und Stoffboutique.

Boom Shankar, Colom. Tolles Angebot an Speisen, darunter die begehrten Mozzarella-Tomaten-Salate. Die Terrasse nach hinten raus mit Blick auf die Bucht ist das perfekte Plätzchen für einen Drink zum Sonnenuntergang.

Bora Dista Café, Harmonic Healing Centre. Entspanntes Café auf den Felsen oberhalb des Strands mit den besten Ausblicken weit und breit sowie gesundem Essen und einigen anderen Leckereien; es ist allerdings nur bis 16.30 Uhr geöffnet.

Goyam, am nördlichen Strandende. Schickes Strandrestaurant, ein Ableger des beliebten

von Goa nach Mumbai – eine furchtbare 14- bis 18-Stunden-Tortur, die man sich ersparen sollte. Hauptanbieter auf dieser Route ist Paulo Travels. Zum Fuhrpark gehören ganz einfache Busse für Rs350 und bequemere Volvotransporter mit AC und Schlafkojen für Rs700. Tickets gibt es im Büro von Paulo Travels vor dem Kadamba-Busbahnhof in Panjim, ☎ 0832/222 3736, 🖥 www.paulotravels.com. Das PT-Hauptbüro in Süd-Goa befindet sich im Hotel Nanutel gegenüber dem Club Harmonia in Margao, ☎ 0834/272 1516. Informationen zu Abfahrtszeiten und Preisen s. Website.

Nach Hampi

Die stressfreiste und preiswerteste Reise von Goa nach Hospet bietet die 4x wöchentl. verkehrende **Eisenbahn**. Der Vasco-Howrah Express (Nr. 8048) fährt jeden Di, Do, Fr und So um 8.15 Uhr, Ankunft gut 6 Std. später. Die Preise reichen von Rs200 in der sehr einfachen, überfüllten 2. Klasse bis zu Rs675 für einen Platz im klimatisierten 2.-Klasse-Abteil, der komfortabelsten Variante. Tickets gibt es am Tag der Fahrt am Abfahrtsbahnhof. Man sollte spätestens um 7.30 Uhr in Margao sein, um sich in das Getümmel vor den Schaltern zu stürzen.

Die Reise mit dem **Bus** ist nicht billiger als mit dem Zug (Schlafwagenklasse), aber anstrengender. Zwei oder drei klapprige Busse fahren jeden Morgen an Panjims Kadamba-Busbahnhof (Plattform Nr. 9) nach Hospet ab, der letzte um 10.30 Uhr. Passagiere sollten sich auf eine unbequeme Fahrt gefasst machen. Sie dürfte nicht länger als 9 bis 10 Std. dauern, doch Verspätungen und Pannen sind leider an der Tagesordnung.

Nach Gokarna, Jog Falls, Mangalore und Süd-Karnataka

Am schnellsten und angenehmsten ist die Reise von Goa an der Küste entlang nach Gokarna mit der **Konkan Railway**. Der Madgaon–Mangalore Passenger (KR1 DN) verlässt Margao um 14.25 Uhr und passiert unterwegs um 15.05 Uhr Chaudi, bevor er um 16.20 Uhr in Gokarna Road, dem Bahnhof von Gokarna, einfährt. Fahrkarten müssen nicht im Voraus gekauft werden, sondern sind 30 Min. vor Abfahrt am Fahrkartenschalter erhältlich.

Goa

Relaxtes Camp

Parvati, Patnem, ☏ 9822/189913, 🖥 www.
parvatihuts.in. Um einiges besser als das
durchschnittliche Hüttencamp, mit geräumigen, runden Bambushütten, jede mit einem
recht großzügigen Bad, westlicher Toilette
und Dusche, Schließfach und Moskitonetz.
Das Parvati ist fraglos der beste Deal in dieser
Preisklasse. Es befindet sich in einem schattigen Garten mit jeder Menge Hibiskuspflanzen
und ist relaxter als die meisten Camps in der
Nachbarschaft. ④ – ⑤

Dropadi in Palolem. Tolles Seafood im gehaltvollen nordindischen Stil: Die Aushängeschilder
sind Krabben-*makhini* und Tandoori-Seebarsch
(Rs350–400).

Home, in der Strandmitte. Im schönsten
Strandcafé von Patnem bekommt man *meze,*
frische Salate (ab etwa Rs150), Espresso, frisch
gebackenes Brot und wunderbare Desserts
(u. a. *banoffee pie*, warme Apfeltorte mit
frischer Sahne oder Schoko-Walnuss-Kuchen).
Besonders nett zum Frühstücken: Auf den
Palmen zwitschern die Spatzen und im Hintergrund läuft Chopin.

UTI (United Tastes of India), etwas abseits
des Strands. Südindische *dosas* und *iddlis,*
komplett mit *chatni* und würziger *sambar,* sind
die Spezialitäten im UTI, aber es gibt auch
großzügige Portionen traditioneller nordindischer Speisen, darunter köstliches *palak
paneer* und veg. *makanwalla*, das sich die
Gäste mit luftigem *naan* und *chapattis*
einverleiben.

Transport

Busse nach Palolem und Margao halten in
regelmäßigen Abständen an der parallel zum
Strand verlaufenden Straße.

Cotigao Wildlife Sanctuary

Das Cotigao Wildlife Sanctuary, 10 km südöstlich von Chaudi, wurde 1969 eingerichtet, um
ein abgeschiedenes Waldgebiet an der Grenze
von Goa und Karnataka zu schützen. Das 86 km²
Mischwald umfassende Schutzgebiet wird
zwar Baumliebhabern gefallen, viele Tiere sind
jedoch nicht zu sehen. Die Tiger und Leoparden sind längst ausgerottet, und die Gazellen,
Lippenbären, Stachelschweine, Panther und
Hyänen, die angeblich in den Wäldern hausen,
kommen nur selten zum Vorschein. Dafür stehen
die Chancen nicht schlecht, mindestens zwei
Affenarten, ein paar Wildschweine, vielleicht
einen Gaur (urzeitlich aussehender indischer
Bison) und viele exotische Vögel zu Gesicht zu
bekommen.

Den friedlichen, landschaftlich schönen
Park, der sich für einen angenehmen Tagesausflug vom 12 km nordwestlich gelegenen Palolem
anbietet, besucht man am besten zwischen Oktober und März. Alle auf dem NH-17 via Chaudi
Richtung Süden nach Karwar fahrenden Busse lassen Passagiere in einer Entfernung von
2 km zum Parkeingang aussteigen. Um aber die
weit im Innern liegenden Gebiete zu erkunden,
braucht man ein eigenes Transportmittel. Die
Ranger in dem kleinen **Interpretative Centre** an
den Haupttoren, wo auch der Eintritt entrichtet
wird (Rs5 p. P., plus Rs100 pro Auto, Rs50 pro
Motorrad, Rs50 für die Fotoerlaubnis) zeigen
Besuchern, wie sie zu dem 25 m hohen Beob-
achtungsposten in einer Baumkrone gelangen.

Von dort blickt man auf ein **Wasserloch**, das
zum Sonnenauf- und -untergang einige Tiere
anlockt. Wer möchte, kann hier in einem ziemlich einfachen kleinen Zimmer auf dem Gelände
hinter den Haupttoren übernachten (Rs250 pro
Nacht). Verpflegung und Getränke sind vielleicht
auf Vorbestellung erhältlich, und im nächstgelegenen Dorf 2 km innerhalb des Parks gibt es
einen Laden.

Kolkata und Westbengalen

Stefan Loose Traveltipps

Victoria Memorial   Das Symbol des britischen Empire in Kolkata weist eine ungewöhnliche Mischung architektonischer Stile auf. S. 798

Sundarbans   Die endlosen Mangrovenwälder bieten einer Fülle von Wildtieren Lebensraum, darunter dem majestätischen Bengaltiger. S. 819

Shantiniketan   In der ruhigen Universitätsstadt ist noch der Geist ihres Gründers Rabindranath Tagore zu spüren. S. 823

Toy Train   Diese viktorianische Dampfeisenbahn schnauft aus der feucht-heißen Ebene hinauf in die Teeplantagen an den steilen Hängen von Darjeeling. S. 842

Darjeeling   Die reizvolle, mit einer traumhaften Aussicht gesegnete Hill Station im Himalaya ist das Anbaugebiet eines weltberühmten Spitzentees. S. 831

Kalimpong   Das Gartenbauzentrum des Nordostens lockt mit ruhigen Spazierwegen, Orchideengärtnereien und farbenfrohen Märkten. S. 842

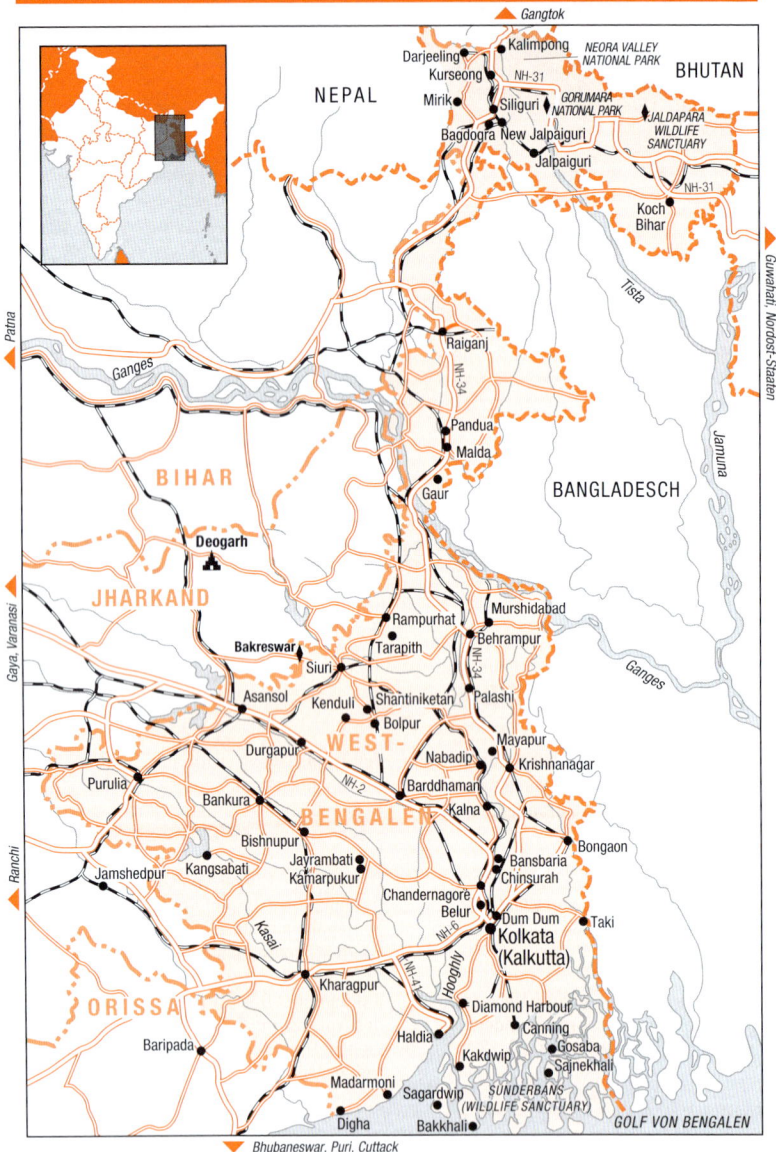

KOLKATA UND WESTBENGALEN

N
0   50 km

Gangtok

Kalimpong
NEORA VALLEY
NATIONAL PARK

BHUTAN

Darjeeling
Kurseong
Mirik

NEPAL

Siliguri   NH-31
GORUMARA
NATIONAL PARK

JALDAPARA
WILDLIFE
SANCTUARY

Bagdogra   New Jalpaiguri
Jalpaiguri

NH-31

Koch
Bihar

Guwahati, Nordost-Staaten

Tista

Patna

Ganges

Raiganj

NH-34

Pandua

Malda

BANGLADESCH

Gaur

Jamuna

BIHAR

Deogarh

JHARKAND

Murshidabad

Ganges

Rampurhat
Behrampur
Bakreswar
Tarapith
Siuri
NH-34

Asansol
Kenduli
Shantiniketan
Palashi

WEST-
Bolpur

Durgapur
Nabadip
Mayapur

Krishnanagar
Purulia
Barddhaman
NH-2
Bankura
Kalna

BENGALEN
Bishnupur
Jayrambati
Bansbaria
Bongaon
Kamarpukur
Chinsurah

Jamshedpur
Kangsabati
Chandernagore
Belur
Taki

Kasai
Dum Dum
Kolkata
(Kalkutta)

Kharagpur
NH-6
Hooghly

NH-41

ORISSA
Diamond Harbour
Canning
Baripada
Haldia
Kakdwip
Gosaba
Sajnekhali
Madarmoni
Sagardwip
SUNDERBANS
(WILDLIFE SANCTUARY)
Digha
Bakkhali

GOLF VON BENGALEN

Bhubaneswar, Puri, Cuttack

Kolkata und Westbengalen

Der einzige indische Bundesstaat, der sich von den Höhen des Himalaya bis hinunter zum Meer erstreckt, ist Westbengalen. Er wird nur von wenigen Reisenden ausführlich erkundet. Vielleicht liegt es am schlechten Ruf seiner Hauptstadt **Kolkata** (besser bekannt unter dem alten Namen **Kalkutta**), die eigentlich eine kultivierte und freundliche Stadt ist, aber ein Image als Brutstätte von Armut und Chaos besitzt. Bengalen bietet eine außergewöhnliche Mischung aus Natur und Kultur: von dem landschaftlich spektakulären **Darjeeling** mit Blick auf die höchsten Gipfel der Welt bis hin zu den weiten Mangrovensümpfen der **Sundarbans**, durch die Bengaltiger streifen. Der mächtige Ganges durchzieht auf seinem Weg von Bihar nach Bangladesch den schmalen Mittelstreifen des Bundesstaates, wo der Stausee **Farrakha Barrage** die südwärts fließenden Wasserwege kontrolliert, darunter den Fluss Hooghly, die Lebensader Kolkatas.

Auf dem Höhepunkt der britischen Kolonialherrschaft im 19. und frühen 20. Jh. erlebte Bengalen eine kulturelle und wirtschaftliche Blütezeit. Es entwickelte sich eine einzigartige Mischung aus West und Ost. Die **bengalische Renaissance** brachte Denker, Schriftsteller und Künstler hervor wie Bankim Chandra Chatterjee und Rabindranath Tagore. Ihr Wirken ist auch 100 Jahre später noch in der bengalischen Gesellschaft zu spüren.

Seit einiger Zeit weist eine von nepalischer Seite geführte Separatistenbewegung auf die krassen kulturellen Unterschiede innerhalb Bengalens hin. Das Ziel der Gurkha ist die Gründung eines autonomen Gurkhalandes im Raum von Darjeeling. Obwohl die hinduistischen Nepali seit dem 19. Jh. durch Migration Richtung Osten die einheimischen Stammesgruppen aus dem Norden größtenteils verdrängt haben, ist der lamaistische tibetische Buddhismus hier weiterhin stark verbreitet. Im Südwesten allerdings sind noch Stammesgruppen wie die Santhal und Munda anzutreffen. Umherziehende **Baul-Musiker**, die am häufigsten nahe Tagores Universität in **Shantiniketan** zu vernehmen sind, halten die regionalen Liedgut- und Tanz-Traditionen lebendig. Tangores besondere Musikform Rabindra Sangeet ist eine populäre Verschmelzung diverser Einflüsse aus Volksmusik und Klassik. Weitere Besonderheiten Bengalens sind die reich verzierten **Terrakotta-Tempel** sowie die Seidenproduktion, die sich um die letzte unabhängige Hauptstadt **Murshidabad** konzentriert.

Bengalens eigene Form des Hinduismus dreht sich um die **Muttergöttin**, die in der Gestalt der Furcht erregenden Kali oder Durga, der gütigen Saraswati oder der Göttin des Reichtums, Lakshmi, in Erscheinung tritt. Die mysteriöseste Göttin ist Tara. In ihrer Gestalt kommen die mittelalterlichen Verbindungen zum Buddhismus zum Ausdruck. Ihr Tempel in Tarapith ist das landesweit größte Zentrum des Tantrismus.

Geschichte

Bengalen war im 3. Jh. v. Chr. Teil des Maurya-Reiches. Es gewann erst unter den Gupta im 4. Jh. n. Chr. eine eigene Bedeutung. Nach einer kurzen Herrschaftsepoche der hoch kultivierten Sena, die von **Gaur** aus regierten, geriet Bengalen Ende des 12. Jhs. unter die moslemische Herrschaft des ersten Sultans von Delhi, Qutbud-din-Aibak. **Sher Shah Suri**, der Mitte des 16. Jhs. für kurze Zeit den Moguln die Macht entriss, baute die Infrastruktur aus und ließ die „Grand Trunk Road" errichten, die Bengalen mit der Nordwestprovinz an der Grenze zu Afghanistan verbindet. 1574, vor der Ankunft der Europäer im 18. Jh., eroberte **Akbar der Große** das Territorium zurück.

Die Portugiesen, die als Erste einen Handelsposten am Fluss Hooghly einrichteten, erhielten alsbald Gesellschaft von den Briten, Holländern, Franzosen und anderen Seenationen. Die Fremdmächte rivalisierten untereinander. Schließlich setzten sich die **Briten** durch; ihr letzter ernsthafter Gegner war der junge Siraj-ud-Daula, dem das Herrschaftsgebiet von Murshidabad unterstand. Dessen Angriff auf die britische Gemeinschaft von Kalkutta gipfelte 1756 im berüchtigten **Black-Hole-Zwischenfall** (S. 799), bei dem britische Gefangene erstickten. Die Vergeltung erfolgte ein Jahr später in Form einer britischen Armee aus Madras unter Führung von **Robert Clive**. Siraj-ud-Daulas Niederlage in der **Schlacht von Plassey** markierte den Beginn der britischen Herrschaft über den gesamten indischen Subkontinent. Bengalen wurde zum Hauptstützpunkt der britischen Ostindienkompa-

Kolkata und Westbengalen

nie, deren lukratives Handelsimperium erst 1858 der Kontrolle durch die Krone unterstellt wurde.

Bis 1905 gehörten Orissa und Bihar zu Bengalen. Doch der britische Außenminister Lord Curzon teilte das Gebiet in der Mitte, so dass auf der einen Seite die neuen Verwaltungsgebiete Ostbengalen und Assam, auf der anderen Seite Orissa, Bihar und Westbengalen entstanden. Diese Maßnahme rief große Verbitterung hervor, und die so bewirkte Spaltung zwischen Hindus und Moslems gehörte zu den direkten Ursachen für die zweite Teilung 1947, als Ostbengalen zu Ostpakistan wurde. Anfang der 1970er-Jahre führte ein Krieg zwischen Indien und Pakistan zur Gründung des unabhängigen Staates **Bangladesch**. Nahezu 10 Mio. Menschen flüchteten nach Westbengalen. Mit dem Verlust seiner Provinzen und der Verlagerung der Hauptstadtfunktion von Kalkutta nach Delhi im Jahr 1911 schrieb sich Bengalens Geschichte des 20. Jhs. überwiegend als Chronik des Niedergangs.

Die politische Landschaft des Bundesstaats wurde über lange Zeit von – bisweilen gewalttätigen – Auseinandersetzungen zwischen der **Kongresspartei** und den großen linksgerichteten Parteien, der **CPI(M)** (Marxist Communist Party of India) und den marxistisch-leninistischen **Naxaliten** (Communist Party of India, ML), dominiert. Letztere zettelte in den 1960er- und 70er-Jahren eine blutige Revolution an, die aber zum Scheitern verurteilt war.

Gestützt von einer starken Basis unter der ländlichen Bevölkerung trug die CPI(M) schließ-

lich unter dem schillernden Jyoti Basu (gest. 2010) einen Wahlsieg davon und vermochte so dem weltweiten Zusammenbruch des Kommunismus zu trotzen. In den letzten Jahren schwand der Einfluss der CPI(M) jedoch zusehends, besonders in den Grenzgebieten. Dort verlangen immer mehr Ethnien die Unabhängigkeit von Bengalen. Doch im wirtschaftlich aufstrebenden, dank reichlich fließender Auslandsgelder boomenden Kolkata ist heutzutage von dem ganzen Politdebakel nichts mehr zu spüren.

Kolkata und Umgebung

Kolkata besitzt als eines der vier großen urbanen Zentren Indiens in den Augen seiner stolzen Bewohner mindestens ebenso viel Charme, Abwechslung und Reiz wie die anderen Metropolen des Landes. Die Parade-Hauptstadt des britischen Raj war einst die größte koloniale Stadt des Orients. Die Nachfahren der Glücksritter, die im 18. und 19. Jh. aus der gesamten Welt eintrafen, um von ihrem Handelsboom zu profitieren, treten noch heute in der kosmopolitischen Stadtbevölkerung in Erscheinung. In jüngster Zeit hat der bengalische Nationalismus zur Umbenennung von Kalkutta in Kolkata geführt – dieser offizielle neue Name gibt die bengalische Aussprache wieder, muss sich allerdings international noch durchsetzen.

Seit Indiens Unabhängigkeit wurde die städtische Infrastruktur wiederholt nach inneren Unruhen und Aufständen durch Masseneinwanderung besitzloser **Flüchtlinge** bis an die Grenzen belastet. Die daraus resultierenden Missstände und auch die Arbeit von Mutter Teresa, die die weltweite Aufmerksamkeit auf die Opfer richtete, haben Kolkata den Ruf eines Armenhauses beschert, den die Stadtbewohner selbst nicht für gerechtfertigt halten. Sie führen an, dass die Stadt trotz eines ständigen Zustroms von Flüchtlingen geringere Probleme habe als Mumbai oder andere Großstädte der Welt.

Überall in Kolkata entstehen neue Einkaufszentren, Restaurants und Trabantenstädte. Die Kehrseite sind eine sehr hohe Luftverschmutzung und der zunehmende Verkehr, dem mehr

Eine Warnung

In den Grenzgebieten zu Jharkhand und Orissa im äußersten Westen Westbengalens kommt es zurzeit immer wieder zu Unruhen, die durch maoistische Gruppen geschürt werden. Davon betroffen sind Teile der Distrikte Purulia, West Midnapur und Bankura. Unterstützung erfahren die Aufständischen von einigen Volksstämmen; die Triebfedern sind Armut und Hunger. Weder die indische Zentral- noch die Landesregierung haben hier viel zu sagen, und oft wird von Kämpfen zwischen Aufständischen und Sicherheitskräften berichtet.

Menschen zum Opfer fallen als irgendwo sonst in Indien.

Die **Stadtkultur** wird besonders von der bengalischen Bevölkerung bestimmt. Stolz auf ihr Künstlererbe, betrachtet sie sich als Indiens Intelligenz. Es gibt zahlreiche **Kunstgalerien** und bedeutende klassische Musikfestivals, eine äußerst lebendige bengalischsprachige Theaterszene und eine Kinotradition, die durch den großen Filmemacher Satyajit Ray zu Weltruhm gelangte.

Das angenehmste **Klima** herrscht in der kurzen Winterzeit (Nov–Feb), wenn die tägliche Höchsttemperatur bei 27 °C liegt und die Märkte mit Gemüse und Blumen beladen sind. Vor Einbruch der Monsunzeit lastet die Hitze schwer auf der Stadt. Ende Juni bescheren einsetzende Regenfälle die ersehnte Linderung, doch ihre schweren Fluten verwandeln gleichzeitig die Straßen in Morast. Nach einer kurzen Hitzeperiode nach dem Monsun sind Oktober und November recht angenehme Monate. Dann steigt auch das größte Fest der Stadt: **Durga Puja**.

Geschichte

Als der Brite **Job Charnock** 1690 das Hauptquartier der **Ostindienkompanie** in **Sutanuti** am Ostufer des Hooghly gründete, war das Flussufer bereits von den Handelsniederlassungen anderer europäischer Länder gesäumt. Wenige Jahre später wurde Sutanuti mit zwei weiteren Dörfern zur Stadt **Kalkutta** umgewandelt, ein Name, der sich wahrscheinlich von *kalikutir* herleitet: „Haus bzw. Tempel der Kali" – eine Anspielung auf den Tempel in **Kalighat**.

Der Erfolg im Handel brachte ehrgeizige Entwicklungspläne mit sich: 1715 handelte eine Delegation am Mogulhof in Delhi weitere Handelsrechte und zu beiden Seiten des Hooghly ein je 15 km langes Uferterritorium aus. Dem Black-Hole-Zwischenfall (S. 799) folgte 1758 die Schlacht von Plassey, die die Briten zu Herrschern über Bengalen machte. Nachdem das Parlament in London 1773 das Handelsmonopol der Gesellschaft anerkannt hatte, verlegte diese Bengalens Hauptstadt von Murshidabad nach Kalkutta. Die Stadt war fortan Umschlagplatz vieler Handelssparten, zu denen auch der lukrative **Opiumexport** nach China gehörte.

Die Ostindienkompanie schaffte zunächst britische Junggesellen ins Land und machte sie zu Beamten. Diese sogenannten *writers* („Schreiber") wurden im **Writers' Building** untergebracht. Viele heirateten indische Frauen, und so entstand eine neue eurasische Gesellschaftsschicht, die man als **„Anglo-Indians"** bezeichnete.

Nachdem das Monopol der Ostindienkompanie gebrochen war, trugen Kaufleute und Abenteurer – darunter Parsen, Juden aus Bagdad, Afghanen und Inder aus anderen Landesteilen – zur Entstehung eines Schmelztiegels bei. Der folgende wirtschaftliche Aufschwung hielt mehrere Jahrzehnte an und führte zur Errichtung prächtiger Bauwerke wie Court House, Government House und St Paul's Cathedral, die Kalkutta im 19. Jh. den Namen **Stadt der Paläste** eintrugen. Doch das unangenehm feuchte Klima, die modrigen Salzsümpfe und die schäbigen Hütten, die rund um die Metropole aus dem Boden schossen, sorgten für unhygienische Verhältnisse und waren eine Quelle der Armut und Krankheit.

Kalkuttas Bedeutung als internationaler Hafen schwand mit der Eröffnung des Suezkanals 1869, der den Aufstieg Bombays und das Ende des Opiumhandels in Kalkutta zur Folge hatte. 1911 fand die glorreiche Zeit ihr Ende, als Indiens Hauptstadt nach Delhi verlegt wurde.

Orientierung

Kolkatas verwitternde Gebäude und die chaotischen Straßen schüchtern auf den ersten Blick ein. Mit etwas Zeit und Geduld aber verwandelt sich die Metropole in ein faszinierendes Konglomerat aus Stilen und Einflüssen.

Der von der imposanten, freitragenden Howrah-Brücke überspannte **Hooghly** spielt im Alltag der Stadt keine große Rolle. Das Herzstück bildet vielmehr der **Maidan**, der Stadtbewohner aller Schichten zum Müßiggang und Sport, zu Ausstellungen und politischen Versammlungen anlockt. Am Südende der riesigen Rasenfläche steht das **Victoria Memorial** aus weißem Marmor, und nicht weit entfernt erheben sich die gotischen Türme der St Paul's Cathedral. Dicht neben dem geschäftigen New Market laden die umfangreichen Sammlungen des **Indischen Museums** zum Besuch ein.

Kolkata

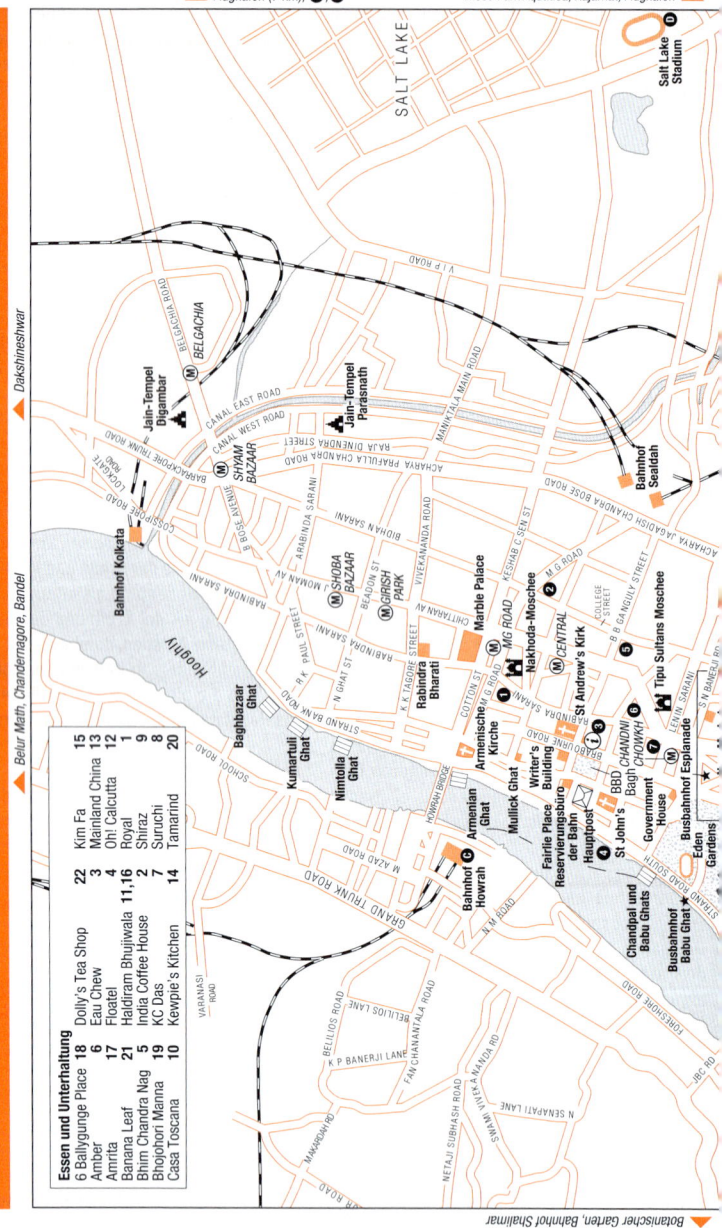

Essen und Unterhaltung

Ballygunge Place	18	Dolly's Tea Shop	22
Amber	6	Eau Chew	3
Amrita	17	Floatel	4
Banana Leaf		Haldiram Bhujiwala	11,16
Bhim Chandra Nag	5	India Coffee House	2
Bhojohori Manna	19	KC Das	7
Casa Toscana	10	Kewpie's Kitchen	14
Kim Fa	15
Mainland China	13
Ohl Calcutta	12
Royal	1
Shiraz	9
Suruchi	8
Tamarind	20

Flughafen (7 km), Ⓐ, Ⓑ

Nicco Park Aquatica, Rajarhat, Flughafen

Salt Lake Stadium Ⓓ

Dakshineshwar

Belur Math, Chandernagore, Bandel

Botanischer Garten, Bahnhof Shalimar

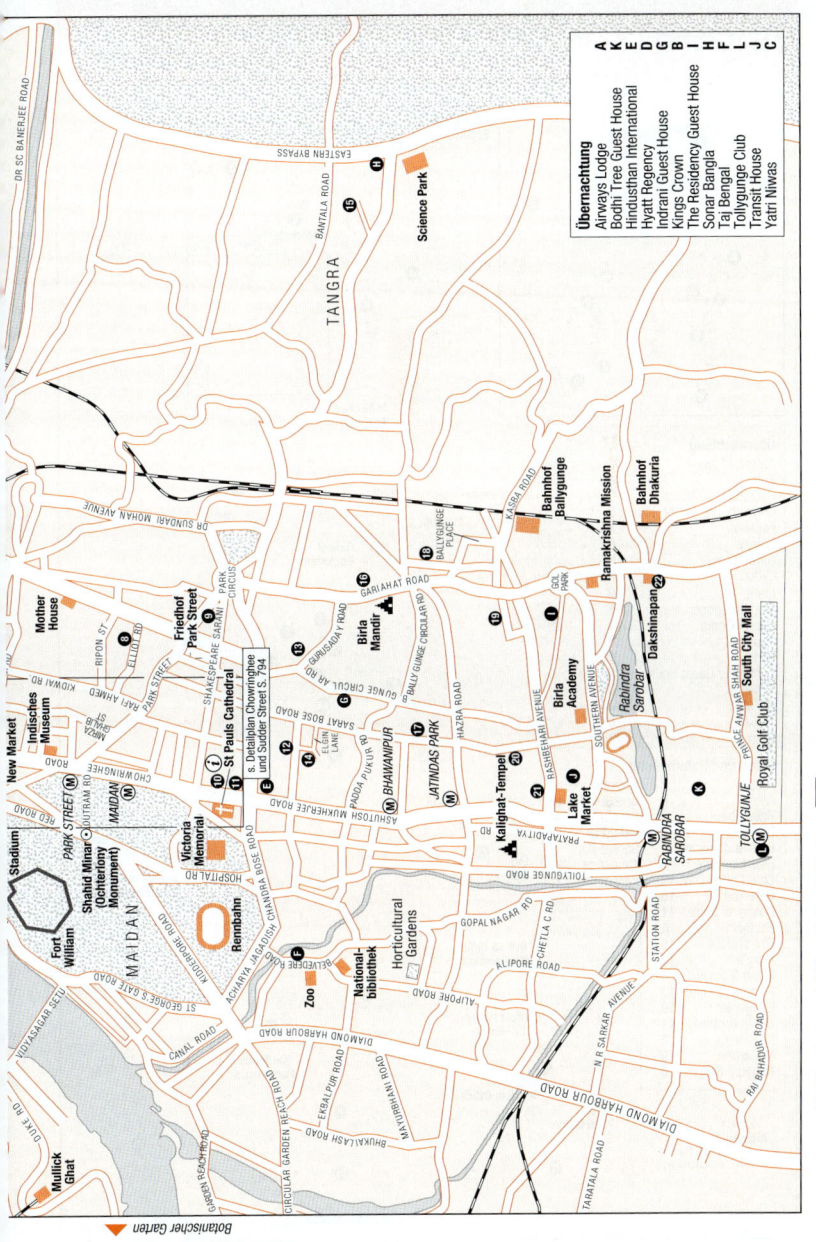

Übernachtung

Airways Lodge	A
Bodhi Tree Guest House	K
Hindusthan International	E
Hyatt Regency	D
Indrani Guest House	G
Kings Crown	B
The Residency Guest House	I
Sonar Bangla	H
Taj Bengal	F
Tollygunge Club	L
Transit House	J
Yatri Niwas	C

Science Park

TANGRA

EASTERN BYPASS

BANTALA ROAD

DR SC BANERJEE ROAD

DR SUNDARI MOHAN AVENUE

Bahnhof Ballygunge
Ramakrishna Mission
Bahnhof Dhakuria
KASBA ROAD
BALLYGUNGE PLACE
GARIAHAT ROAD
GOL PARK
Dakshinapan
South City Mall
Rabindra Sarobar

Friedhof Park Street
Mother House
CIRCUS
PARK STREET
SHAKESPEARE SARANI
Birla Mandir
GURUSADAY RD
Birla Academy
BALLYGUNGE CIRCULAR ROAD
Rabindra Sarobar
Royal Golf Club

Indisches Museum
New Market
RIPON ST
ELLIOT RD
KIDWAI RD
RAFI AHMED
MIRZA GHALIB ST
PARK STREET
RAWDON ST
St Pauls Cathedral
s. Detailplan Chowringhee und Sudder Street S. 794
ELGIN LANE
SARAT BOSE ROAD
GUNGE CIRCULAR AR RD
HAZRA ROAD
Birla Academy
SOUTHERN AVENUE
BASHREEHARI AVENUE
TOLLYGUNJE
RABINDRA SAROBAR
PRINCE ANWAR SHAH ROAD

Stadium
PARK STREET
MAIDAN
CHOWRINGHEE
RED ROAD
OUTRAM RD
Victoria Memorial
Shahid Minar (Ochterlony Monument)
Rembahn
BHAWANIPUR
JATINDAS PARK
Kalighat-Tempel
PADDA PUKUR RD
ASHUTOSH MUKHERJEE ROAD
Lake Market
PRATAPADITYA RD

Fort William
MAIDAN
ST GEORGE'S GATE ROAD
KIDDERPORE ROAD
Zoo
National-bibliothek
BELVEDERE ROAD
Horticultural Gardens
GOPAL NAGAR RD
CHETLA RD
ALIPORE ROAD
DIAMOND HARBOUR ROAD
TOLLYGUNJE ROAD
STATION ROAD

Mullick Ghat
VIDYASAGAR SETU
DUFE RD
CANAL ROAD
GARDEN REACH RD
ST GEORGE'S GATE ROAD
ACHARYA JAGADISH CHANDRA BOSE ROAD
CIRCULAR GARDEN REACH ROAD
HOSPITAL RD
BHUXALASH ROAD
EKBALPUR ROAD
MAYURBHANJ ROAD
DIAMOND HARBOUR ROAD
N R SARKAR AVENUE
RAJ BAHADUR ROAD
TARATALA ROAD

Botanischer Garten

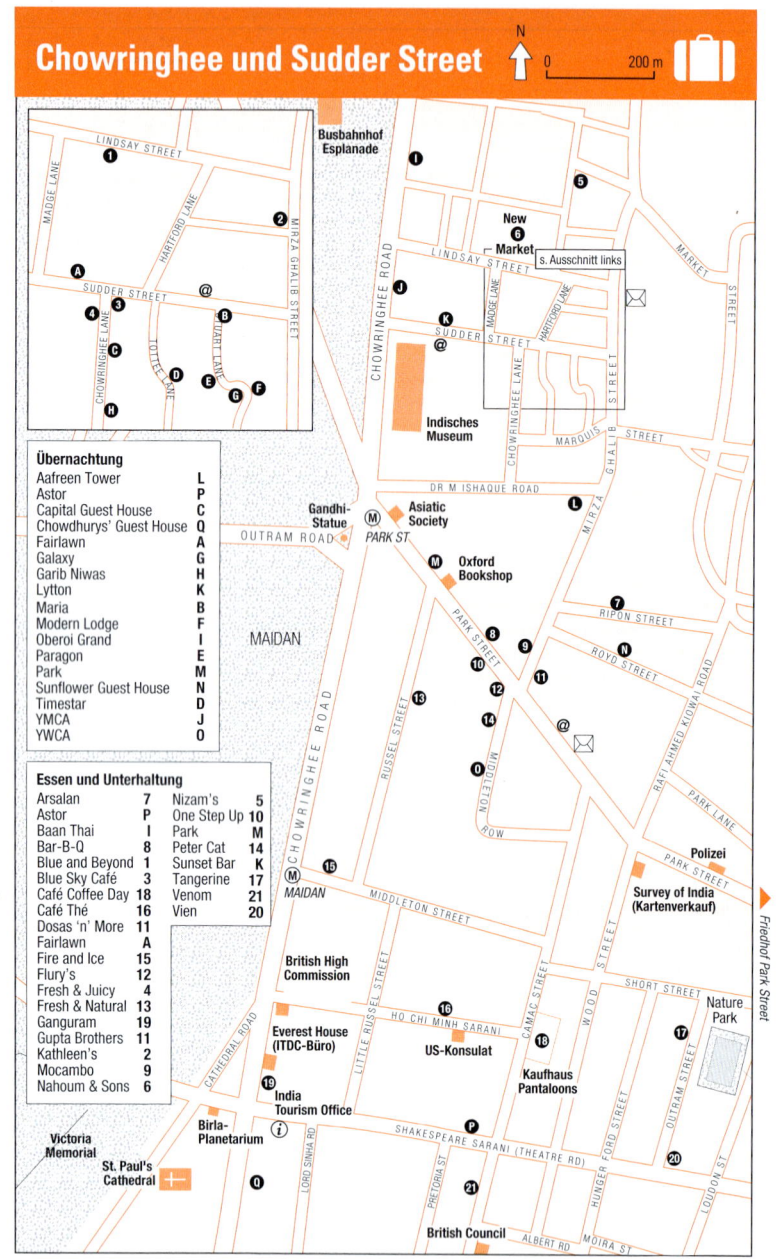

Chowringhee und Sudder Street

N ↑ 0 _____ 200 m

Busbahnhof Esplanade

New Market 6

LINDSAY STREET

s. Ausschnitt links

SUDDER STREET

Indisches Museum

Gandhi-Statue
OUTRAM ROAD

Asiatic Society
PARK ST.

Oxford Bookshop

MAIDAN

DR M ISHAQUE ROAD

RIPON STREET

ROYD STREET

PARK STREET

RUSSEL STREET

MIDDLETON ROW

CHOWRINGHEE ROAD

Polizei

PARK STREET

Survey of India (Kartenverkauf)

MAIDAN

MIDDLETON STREET

SHORT STREET

Nature Park

British High Commission

HO CHI MINH SARANI

Everest House (ITDC-Büro)

US-Konsulat

Kaufhaus Pantaloons

India Tourism Office

SHAKESPEARE SARANI (THEATRE RD)

Victoria Memorial

St. Paul's Cathedral

Birla-Planetarium

LORD SINHA RD

PRETORIA ST.

CAMAC STREET

WOOD STREET

HUNGERFORD STREET

OUTRUM STREET

LOUDON ST.

ALBERT RD

MOIRA ST.

British Council

Friedhof Park Street

Übernachtung

Aafreen Tower	L
Astor	P
Capital Guest House	C
Chowdhurys' Guest House	Q
Fairlawn	A
Galaxy	G
Garib Niwas	H
Lytton	K
Maria	B
Modern Lodge	F
Oberoi Grand	I
Paragon	E
Park	M
Sunflower Guest House	N
Timestar	D
YMCA	J
YWCA	O

Essen und Unterhaltung

Arsalan	7	Nizam's	5
Astor	P	One Step Up	10
Baan Thai	I	Park	M
Bar-B-Q	8	Peter Cat	14
Blue and Beyond	1	Sunset Bar	K
Blue Sky Café	3	Tangerine	17
Café Coffee Day	18	Venom	21
Café Thé	16	Vien	20
Dosas 'n' More	11		
Fairlawn	A		
Fire and Ice	15		
Flury's	12		
Fresh & Juicy	4		
Fresh & Natural	13		
Ganguram	19		
Gupta Brothers	11		
Kathleen's	2		
Mocambo	9		
Nahoum & Sons	6		

Kolkata und Westbengalen

Weiter nördlich erinnert das Stadtviertel um **BBD Bagh** mit den massiven Mauern des 1780 für die „Schreiber" (Sekretäre) der East India Company erbauten **Writers' Building**, der **St Andrew's Kirk** und dem gewaltigen Säulenbau der **Hauptpost** an die Blütezeit der Ostindienkompanie. Ein Stück weiter steht am Rand des hektischen, labyrinthartigen Marktes **Barabazaar** die **Armenische Kirche**. Ein dichter besiedeltes Viertel weiter südlich beherbergt den berühmten Tempel **Kalighat**. Jenseits des Flusses, südlich vom fantastischen **Bahnhof Howrah**, erstreckt sich der friedliche **Botanische Garten**.

Maidan, New Market und Park Street

Der Maidan (auf Deutsch „Feld" oder „Wiese") erstreckt sich von Esplanade im Norden bis zur Rennbahn im Süden und wird im Osten begrenzt von der **Chowringhee Road** sowie im Westen von der Strand Rd am Flussufer. Er ist eine der größten städtischen Parkanlagen der Welt. Das weite offene Gelände bildet einen scharfen Kontrast zu den chaotischen Straßen ringsherum und bietet mehreren Sportclubs Raum für ihre Aktivitäten. Die Ursprünge des Parks gehen auf das Jahr 1758 zurück, als in Flussnähe das Fort William entstand, das heutige Truppenhauptquartier des Eastern Command. Um freie Schusslinie für seine Geschütze zu schaffen, ließ das britische Offizier und Gouverneur von Bengalen, Robert Clive, damals ein ausgedehntes Waldgebiet roden. Heute treiben dort allmorgendlich zahlreiche Stadtbürger Frühsport, am späten Nachmittag finden sich Freizeitsportler zu spontanen Cricket- und Fußballspielen oder zu *kabadi*-Wettbewerben (S. 74) zusammen.

Esplanade, New Market und Chowringhee

Die 46 m hohe Säule **Shahid Minar** (Märtyrerdenkmal) überragt am Esplanade genannten, nordöstlichen Teil des Maidan die Straßenbahn- und Bushaltestellen. Sie wurde 1828 errichtet, um an David Ochterlony zu erinnern, der die Truppen der Ostindienkompanie im Nepalischen Krieg 1814–16 zum Sieg geführt hatte.

Namenswirrwarr

Offiziell sind die meisten der alten britischen **Straßennamen** schon vor Jahren geändert worden. Aber alte Gewohnheiten lassen sich schwer ablegen und einige der ursprünglichen Namen werden nach wie vor gleichberechtigt neben den neuen benutzt. Ganz vorn dabei steht die Chowringhee oder Jawaharlal Nehru Road (nach wie vor Chowringhee genannt). Weitere wichtige Namensänderungen sind die für BBD Bagh (immer noch oft als Dalhousie Square oder kurz „Dalhousie" bezeichnet), Mirza Ghalib Street (Free School St), Dr Mohammed Ishaque Road (Kyd St), Muzaffar Ahmed Street (Ripon St), Rafi Ahmed Kidwai Street (Wellesley St), Ho Chi Minh Sarani (Harrington St), AJC Bose Road (Lower Circular Rd), Shakespeare Sarani (Theatre Rd), Rabindranath Tagore Street (Camac St), Lenin Sarani (Dharamtala) und Rabindra Sarani (Chitpore Rd).

An der Ostseite der Esplanade befindet sich die einst elegante und heute von Straßenhändlern und Einkäufern wimmelnde **Chowringhee Road** mit ihren Villen und Palästen. Heute erinnert nur noch das viktorianische **Grand Hotel** mit seinem Palmenhof, der etwas von Singapurs berühmtem Raffles hat, nach endlosen Renovierungen und Besitzerwechseln ein klein wenig an die Kolonialzeit.

Östlich des nördlichen Abschnitts der Chowringhee Road liegt der **New Market**. Sein Inneres hat sich seit seiner Eröffnung im Jahre 1874 kaum verändert und versprüht noch den Charme der alten Welt. Unter seinem gotischen Uhrturm aus roten Ziegeln bietet der Markt eine breite Auswahl an Haushaltsgegenständen, Stoffen, Kleidung, Schmuck, allerhand Nippes, Bücher, aber auch Fleisch, Obst und Gemüse. Bei **Chamba Lama** gibt es tibetische Souvenirs, Silberschmuck, Bronzen und einigen Antiquitäten zu kaufen. Im Geschäft **Symphony** kann man sich mit indischer Musik (Klassik und Pop) eindecken und im **Sujata's** mit einigen der Seidenstoffe, für die der Laden berühmt ist. Die renommierte jüdi-

Die meisten Hindu-Feste in Kolkata finden zu Ehren einer von mehreren Manifestationen der Muttergöttin **Shakti** statt. Kolkatas Schutzgöttin, die schwarze Göttin **Kali**, ist eine Erscheinungsform von **Durga**, der Gefährtin Shivas. Kali wird üblicherweise vierarmig dargestellt, wie sie mit vor Schreck weit herausgestreckter Zunge auf dem mit dem Gesicht nach unten liegenden Shiva steht, nachdem sie den Dämonen Raktavija getötet hat. Eine andere Darstellungsform ist z. B. die gruselige Camunda (zertrümmertes Haupt), in der Kali ihren abgeschlagenen Kopf in den Händen hält und ihr eigenes Blut trinkt.

Das überschwenglichste Fest von Kolkata ist die zweiwöchige **Durga Puja** (Sep/Okt). Zum Zeichen ihrer immensen Kraft wird **Durga** mit zehn Armen gezeigt, wie sie den Dämonen Mahisasura erschlägt, der die Gestalt eines Büffels angenommen und die Götter herausgefordert hat. Durga sitzt auf einem Löwen oder wird von einem begleitet.

In Vorbereitung auf die Feierlichkeiten stellen Künstler im Stadtbezirk Kumartuli (s. S. 801) aus Stroh, Pappmaschee und Ton große weibliche Figuren her. Die üppigen Göttinnenstatuen werden angekleidet und geschmückt und dann in einer lautstarken Prozession zu aufwendig verzierten Festzelten geführt, den sogenannten *pandals*. Tagelang blockieren die mit Geldspenden von Geschäftsleuten und Privatpersonen errichteten *pandals*, wo indische Popmusik aus Lautsprechern dröhnt, nun viele kleinere Straßen. Nach der *puja* bringt man die Figuren zum Fluss zur zeremoniellen Waschung. Das farbenfrohe Geschehen lässt sich am besten bei einer der von den Tourist Offices in Westbengalen (s. S. 813) angebotenen Bootsfahrten betrachten. Bei den Tourismusbüros kann man sich auch für Sightseeing-Bustouren anmelden, auf deren Programm u. a. *pandals* stehen.

Die größeren Feste:

- **Jaidev Mela** (Anfang Jan) Das Fest zum Gedenken an Joydeb, den hoch verehrten Autor der *Gita Govinda*, wird in der Nähe von Shantiniketan im Dorf Kendubilwa, auch Kenduli genannt, abgehalten. Es ist eine tolle Gelegenheit, um Baul-Bänkelsänger ganz in ihrem Element zu erleben.

- **Ganga Sagar Mela** (Mitte Jan) Zur Wintersonnenwende Makar Sankranti kommen Hunderttausende Hindu-Pilger und Sadhus aus ganz Indien durch Kolkata. Sie sind auf der Hin- bzw. Rückreise zum/vom dreitägigen

sche Bäckerei und Konditorei **Nahoum & Sons** versorgt ihre unverbrüchlich treue Kundschaft mit Brötchen, Gebäck und Kuchen. Weiter oben am Gang stehen Gewürzstände mit Trockenobst, gesalzenem Bandel-Hüttenkäse (geräuchert und ungeräuchert) und *amshat*, getrockneten Mangowürfeln. Die Abteilungen für Obst und Gemüse, Geflügel, Fisch und Fleisch ganz in der Nähe verraten sich schon durch ihre Gerüche. Jeder Kunde, der auch nur einen Anflug von Zögerlichkeit erkennen lässt, sieht sich sofort von hilfsbereiten Kulis auf der Suche nach einer kleinen Provision umringt.

Indisches Museum

An der Kreuzung von Chowringhee Road und Sudder Street steht das Indische Museum. Das 1814 gegründete Museum ist das älteste und größte des Landes. Unter den Tausenden von Besuchern sind immer wieder Einheimische anzutreffen, die es *jadu ghar* („Haus der Magie") nennen.

Prunkstück des Museums ist eine Sammlung von **Skulpturen**, in deren Mittelpunkt ein großartiges **Löwenkapitell** aus Sandstein aus dem 3. Jh. v. Chr. steht. Eine Abteilung beherbergt die Überreste des buddhistischen Stupas aus **Bharhut** in Madhya Pradesh aus dem 2. Jh. v. Chr. Die Steinmetzarbeiten zeigen menschliche und tierische Gestalten und Szenen aus den Jataka-Erzählungen über Buddhas Leben und Lehre. Eine weitere große Sammlung präsentiert buddhistische Schieferskulpturen aus der Region Gandhara, die auf das 1.–3. Jh. zurückgehen. Zu den weiteren Exponaten gehören Steinskulpturen aus **Khajuraho**, Bronzearbeiten aus Pala

Fest in Sagardwip, 150 km südlich von Kolkata. Der Ort liegt an der Mündung des Ganges ins Meer.

- **Dover Lane Music Festival** (Jan/Feb) Das einwöchige Festival südlich von Kolkata zieht viele der besten Musiker des Landes an.
- **Saraswati Puja** (Jan/Feb) Populäres und wichtiges Fest zu Ehren der Göttin des Lernens, das überall in Bengalen gefeiert wird.
- **Chinese New Year** (Jan/Feb) Im Mittelpunkt der einwöchigen Festlichkeiten mit Drachentänzen, Feuerwerk und gutem Essen stehen Chinatown und der Vorort Tangra.
- **Muharram** (das genaue Datum hängt vom Mondkalender ab, s. 🖥 www.when-is.com. Moslemische Shiiten begehen den Jahrestag des Märtyrertodes von Hussein mit strengen Bußübungen, darunter Prozessionen mit Geißelungen.
- **Durga Puja** (Sep/Okt) Das am Winteranfang gefeierte Durga Puja (anderswo Dussehra genannt) ist das bengalische Äquivalent für Weihnachten. Seinen Höhepunkt erreicht es am Mahadashami, dem 10. Tag, wenn Götterstatuen zur rituellen Waschung im Fluss untergetaucht werden.

- **Lakshmi Puja** (Okt/Nov) Wird fünf Tage nach Mahadashami bei Vollmond zu Ehren der Göttin des Wohlstands abgehalten.
- **Id ul Fitr** (das genaue Datum hängt vom Mondkalender ab, s. 🖥 www.when-is.com. Ein fröhliches Fest, das vom Neumond angekündigt wird und das Ende des Fastenmonats Ramadan bedeutet. Die Menschen ziehen neue Kleidung an und gönnen sich ein üppiges Festmahl in den Restaurants und an den Essensständen rund um den Park Circus.
- **Diwali** und **Kali Puja** (Okt/Nov) Zwei Wochen nach Lakshmi Puja wird in einer mondlosen Nacht Kali Puja abgehalten, bei dem Ziegen geopfert werden müssen. Es überschneidet sich mit dem Lichterfest Diwali.
- **Weihnachten** (25. Dez) Die Park Street und der New Market sind mit Weihnachtsgirlanden und dem obligatorischen Christbaum geschmückt. Überall gibt es Plum-Pudding zu kaufen, und zur Mitternachtsmesse strömen die Massen herbei.
- **Poush Mela** (Ende Dez) Zu dem *mela,* das um Weihnachten herum in Shantiniketan stattfindet, kommen zahlreiche Bauls nach Kolkata. Diese wandernden Bänkelsänger sind immer ein Riesenpublikumserfolg.

sowie Kupferarbeiten, Steinzeitwerkzeuge und Terrakotta-Figuren aus anderen Fundstätten.

Neben einer vorzüglichen Gemäldeausstellung tibetischer *thangkas* besitzt das Museum auch Gemälde im Kalighat-Pat-Stil sowie Bilder der **Company School**, einer Gruppe indischer Künstler des 19. Jhs., die mit westlichen Themen und Techniken für europäische Mäzene tätig waren. Außerdem wird eine stattliche Ansammlung von Fossilien und ausgestopften Tieren präsentiert, die ihrem Aussehen zufolge längst eine ehrbare Bestattung verdient hätten. ⏱ Di–So 10–16.30 Uhr, Eintritt Rs150.

Park Street

Beim Indischen Museum um die Ecke befindet sich in der Park Street 1 die **Asiatic Society**. Die 1784 von Orientalisten um Sir William Jones

gegründete Gesellschaft besitzt rund 150 000 Bücher und 60 000 Manuskripte, die zum Teil bis auf das 7. Jh. zurückgehen. Ein **Lesesaal** steht der Öffentlichkeit zur Verfügung, ⏱ Mo–Fr 10–20, Sa 10–17 Uhr, Eintritt frei. In einer **Galerie** sind Kunstwerke und Antiquitäten ausgestellt, darunter Gemälde von Rubens und Reynolds, eine umfangreiche Münzsammlung und eines der Felsedikte von Kaiser Ashoka.

Rund 2 km weiter östlich liegt an der Park Street ein alter **Friedhof**, der zu den eindringlichsten Erinnerungen an die koloniale Vergangenheit gehört. Die 1767 geschaffene Begräbnisstätte ist die älteste ihrer Art in Kolkata. Viele berühmte Persönlichkeiten aus der Raj-Ära haben dort unter Pyramiden, Obelisken, Pavillons, Urnengräbern und Grabsteinen ihre letzte Ruhe gefunden.

Victoria Memorial und Calcutta Gallery

Das auffällige **Victoria Memorial** (🖥 www. victoriamemorial-cal.org) aus weißem Marmor am südlichen Ende des Maidan ist mit seinen formal gestalteten Gärten und Wasserläufen nach wie vor Kolkatas Stolz. Andere Kolonialbauten und Statuen im Stadtgebiet wurden umbenannt oder abgerissen, doch Queen Victorias Popularität scheint ungebrochen; alle Versuche, den Namen des „VM" zu ändern, blieben fruchtlos.

Dieses außergewöhnliche, von Sir William Emerson entworfene Gebäude mit romanischen Statuen über dem Eingang, mogulischen Eckkuppeln und eleganten hohen Kolonnaden an den Seiten wurde von dem britischen Außenminister Lord Curzon geplant, um dem Empire zur Zeit seiner höchsten Blüte ein Denkmal zu setzen. Als es 1921, 20 Jahre nach Victorias Tod, fertiggestellt wurde, hatte sich die Raj-Hauptstadt nach Delhi verlagert. Flankiert von zwei dekorativen Becken starrt melancholisch eine Statue der Königin Victoria von einem Sockel, der mit Bronzepaneelen und Friesen verziert ist, über den Maidan. Das mit Makrana-Marmor aus Rajasthan verkleidete Gebäude selbst wird von einer Kuppel gekrönt, in deren Zentrum eine drehbare, 5 m hohe Victory-Bronzefigur steht.

Der zum Maidan hin gelegene Haupteingang führt in einen großen Innenraum unterhalb der Kuppel, wo in 25 Sälen Erinnerungen an den britischen Imperialismus ausgestellt sind. ⏰ Di–So 10–17 Uhr, jeden 2. Sa im Monat geschlossen, Eintritt Rs150.

Die angeschlossene **Calcutta Gallery** ist auf jeden Fall sehenswert. Anhand von Gemälden, Dokumenten und alten Fotografien vermittelt sie einen faszinierenden Einblick in Kolkatas Geschichte, das damalige Leben der Städter und den Unabhängigkeitskampf. Die abendliche **Sound and Light Show** auf dem Gelände, stellt dasselbe Thema dar, ⏰ Okt–Feb Di–So 19.15 Uhr, März–Juni 19.45 Uhr, Rs20.

Wenn die Tore der **Parkanlagen** geschlossen werden, wandelt sich das Bild rund um den Maidan: Eine ansehnliche Menschenmenge versammelt sich dann draußen, um die frische Brise am Fluss zu genießen, Imbisse an Straßenständen zu kaufen oder eine Fahrt im offenen Wagen *(ikka)* zu unternehmen. ⏰ tgl. 5.30–19 Uhr, Rs4.

St Paul's Cathedral und Umgebung

Nicht weit vom Victoria Memorial und Birla-Planetarium entfernt steht die gotische **St Paul's Cathedral**, 1847 unter Major W. N. Forbes errichtet. Das Eisenträgerdach mit den Maßen 75 x 24 m war damals das weltweit längste seiner Art. Zur besseren Belüftung erstrecken sich die Spitzbogenfenster bis auf Fußleistenniveau, und an den Decken hängen große Ventilatoren. Unter vielen gut erhaltenen Erinnerungsstücken und Gedenktafeln an verstorbene Imperialisten ragt das Buntglasfenster heraus, das Sir Edward Burne-Jones 1880 zu Ehren des britischen Generalgouverneurs Lord Mayo entwarf. Die ursprüngliche Kirchturmspitze wurde 1897 durch ein Erdbeben zerstört, nach einem weiteren Erdbeben 1934 wurde sie dem Bell Harry Tower der Kathedrale von Canterbury nachgestaltet. ⏰ tgl. 9–12 und 15–18 Uhr.

Südlich der Kathedrale präsentiert die **Academy of Fine Arts** in der Cathedral Road zeitgenössische bengalische Kunst. Neben Wanderausstellungen bietet sie Dauerausstellungen zu Werken von Künstlern wie Jamini Roy und Rabindranath Tagore. ⏰ tgl. 15–20 Uhr, Eintritt Rs5. Ein Café und schöne Grünanlagen tragen zum Ambiente bei. Der große Vortragssaal Rabindra Sadan hat regelmäßig klassische indische Musik auf dem Programm. Nebenan befindet sich das von dem berühmten Filmemacher Kolkatas, Satyajit Ray, gegründete Filmzentrum **Nandan** (s. S. 810).

Kolkatas Zentrum

Das wirtschaftliche und administrative Zentrum Kolkatas und Westbengalens ist **BBD Bagh**, das eingefleischte Einheimische noch immer **Dalhousie Square** nennen. Der neue offizielle Name erinnert in feinsinnig bürokratischer Rhetorik an drei Revolutionäre, die nach einem Mordversuch an dem Generalgouverneur Lord Dalhousie gehängt wurden.

Zeitgenössische Kunst hat in Bengalen schon lange Tradition. Als Nebenprodukt des wirtschaftlichen Aufschwungs werden Kunstgegenstände immer öfter auch als geeignete Spekulationsobjekte/Geldanlagen betrachtet. Daher haben überall in der Stadt Galerien eröffnet, die zum Teil hervorragende Kunstobjekte feilbieten. Einen Ausstellungskalender findet man im *Cal Calling*. Abgesehen von der Academy of Fine Arts und dem Ashutosh Museum lohnen auch die nachstehend gelisteten Galerien unbedingt einen Besuch.

Aakriti Art Gallery, 1st Floor, Orbit Enclave, 12/3A, Picasso Bithi, Hungerford St, ✆ 033/2289 3027, 🖥 www.aakritiartgallery.com. Die stilvoll angelegte moderne indische Kunstgalerie mit Museumsshop stellt Werke berühmter Künstler aus. ◔ Mo–Sa 12–19 Uhr, Eintritt frei.

Bengal Gallery, Rabindranath Tagore Centre, 9A Ho Chi Minh Sarani, ✆ 033/2287 2680, 🖥 www.tagorecentreiccr.org. Das staatliche Kulturhaus zeigt manchmal Kunst- und Kunsthandwerksausstellungen. ◔ Mo–Sa 10–19 Uhr, Eintritt frei.

Birla Academy of Art and Culture, 108 Southern Ave, ✆ 033/2466 2843, 🖥 www.birlaart.com. Widmet sich alter und neuer Kunst und veranstaltet regelmäßig Ausstellungen zeitgenössischer indischer Kunstschaffender. ◔ Di–So 16–19 Uhr, Eintritt Rs5.

CIMA (Centre of International Modern Art), 2nd Floor, Sunny Towers, 43 Ashutosh Chowdhury Ave, ✆ 033/2474 8717, 🖥 www.cimaartindia.com. In der renommierten Galerie in Ballygunge sind Arbeiten junger indischer Künstler zu sehen. ◔ Di–So 14–20 Uhr, Eintritt frei.

Galerie 88, 28-B Shakespeare Sarani, ✆ 033/2247 2274, 🖥 www.galerie88.in. Eine private Galerie mit modernen indischen Gemälden sowie Sonderausstellungen; auch ein paar große Namen aus der Kunstszene sind vertreten. Außerdem wird Künstlerbedarf verkauft. ◔ Mo–Sa 10–19 Uhr, Eintritt frei.

Das 1868 an der Stelle des einstigen Fort William errichtete **GPO** (Hauptpostamt) im Westen des Platzes verbirgt angeblich hinter seinen Mauern das berüchtigte **Black Hole** von Kalkutta. In einer heißen Juninacht des Jahres 1756 pferchten Siraj-ud-Daulas Schergen 146 englische Gefangene in eine kleine Kammer, die nur durch winzige Fensterschlitze belüftet wurde. Am nächsten Morgen waren die meisten erstickt. Die Wachen hatten die sich abzeichnende Tragödie offensichtlich nicht erkannt, und Siraj-ud-Daula war bestürzt, als ihn die Nachricht erreichte.

Jenseits der Zentrale von Eastern Railways in der Netaji Subhash Rd befindet sich das Herz von Kolkatas **Geschäftsviertel**: die Calcutta Stock Exchange an der Ecke von Lyon's Range, die hier in den 1830er-Jahren als ein Treffen von Händlern unter einem Neem-Baum begann. Im Labyrinth der Bauwerke sind zahlreiche koloniale Handelsgesellschaften ansässig, unter ihnen einige mit schottischem Namen.

Über dieses Viertel verteilen sich mehrere britische **Kirchen** aus dem 18. und 19. Jh. Die interessanteste, **St John's**, steht unmittelbar südlich der Hauptpost. Das 1787 errichtete Bauwerk beherbergt Gedenktafeln an britische Einwohner ein Abendmahl-Gemälde von Johann Zoffany, auf dem prominente Bürger der Stadt als Apostel dargestellt sind. ◔ tgl. 8–17 Uhr, Rs10. Auf dem ältesten Friedhof der Stadt befindet sich auch das Grab von **Job Charnock**, dem Gründer Kalkuttas.

Das Gebiet südlich des BBD Bagh wird vom **Government House** dominiert. Das nicht öffentlich zugängliche Gebäude überschaut den Norden des Maidan und die breite Prachtstraße Red Rd, die einst als Fluglandebahn fungierte. Bis 1911 diente das Gebäude den britischen Generalgouverneuren und Vizekönigen als Residenz, heute ist es unter dem Namen **Raj Bhavan** die offizielle Adresse des Gouverneurs von Bengalen. Ein Stückchen weiter westlich steht gegenüber dem **Assembly House** für Westbengalens gesetzgebende Versammlung die säulenbestandene **Town Hall**, in der das **Kolkata Panorama** untergebracht ist. Das Museum erzählt mithilfe einer gut integrierten Multimediapräsentation

Kolkata und Westbengalen

die Geschichte der Stadt – der Schwerpunkt liegt auf dem Unabhängigkeitskampf. Besucher werden in Gruppen durch die Ausstellung geführt. ☉ Di–So 11–18 Uhr, Eintritt Rs15. Direkt gegenüber befindet sich der Sportkomplex **Eden Gardens** mit dem weltberühmten Cricketplatz (offizieller Name: Ranji Stadium).

Kolkatas Norden

Das planlos wirkende Gebiet im Norden war lange Zeit eher ein „einheimischer" Stadtteil, denn dort errichteten die reichen bengalischen Familien im 19. Jh. ihre kleinen Paläste *(raj baris)*, von denen sich viele heute in einem fortgeschrittenen, aber faszinierenden Zustand des Verfalls befinden.

Das nördlich vom BBD Bagh gelegene Gebiet **Barabazaar** war die Heimat vieler Händlergemeinden, von denen die Portugiesen die ersten waren. Die kleinen hektischen Straßen südlich der MG Rd sind von Geschäften und Ständen gesäumt. Im äußersten Nordwesten von Barabazaar steht in der Nähe der Howrah-Brücke Kolkatas älteste Kirche, die **Armenian Church of Our Lady of Nazareth**, ☉ So 9–23 Uhr. Sie wurde 1724 von dem persischen Armenier Cavond

gestiftet und entstand an der Stätte eines armenischen Friedhofs, dessen ältester Grabstein auf das Jahr 1630 zurückgeht. Die armenische Gemeinschaft übte bereits vor der Ankunft der Briten großen Einfluss am Hof von Bengalen aus und spielte auch eine wichtige Rolle in der Frühgeschichte der Ostindienkompanie. Später verhalf sie der lukrativen Jute-Industrie auf die Beine, und in der Stadt gibt es immer noch eine kleine armenische Gemeinde.

Östlich von Barabazaar ragen an der Rabindra Sarani (früher: Chitpore Rd) die stolzen Minarette der großen roten **Nakhoda-Moschee** in die Höhe. Sie ist die große Jama Masjid („Freitagsmoschee") der Stadt und wurde 1942 nach dem Vorbild von Akbars Grab in Sikandra bei Agra fertiggestellt. Ihre vier Stockwerke bieten 10 000 Gläubigen Platz. Rund um die Moschee werden auf dem traditionellen moslemischen Markt religiöse Gegenstände, Kleidung und Süßigkeiten wie *firni* (aus Reis) angeboten.

Bis vor relativ kurzer Zeit gab es im chaotischen Straßengewirr südlich der Rabindra Sarani eine lebendige **Chinatown** mit Restaurants, Opiumhöhlen und anderen zwielichtigen Angeboten. Einige wenige chinesische Familien leben noch heute rund um Chhatawala Gully, wo frühmorgens auf einem Straßenmarkt (☉ tgl.

Die Howrah-Brücke

Rabindra Setu lautet der offizielle – aber wenig gebräuchliche – neue Name für eines von Kolkatas berühmtesten Markenzeichen, die 97 m hohe und 705 m lange Howrah-Brücke, 🖥 www. howrahbridgekolkata.gov.in. Sie überwindet den Fluss in einer einzigen Spanne und ist damit die drittlängste Auslegerbrücke der Welt. Sie wurde 1943 während des Zweiten Weltkriegs gebaut, um den alliierten Truppen Zugang zur burmesischen Front zu verschaffen und ersetzte eine ältere Pontonbrücke. Mit unzähligen Trägern, war sie die erste Brücke, die mit Hilfe von Nietverbindungen errichtet wurde. Noch heute wird sie von mehreren Millionen Pendlern überquert, und trotz der Beseitigung der Straßenbahngleise sind ihre acht Spuren ständig mit Fahrzeugen verstopft. In den 80er-Jahren war sie in einem

so erbärmlichen Zustand, dass angeblich ein Mann, der sein liegen gebliebenes Fahrzeug schob, durch ein Loch gefallen und auf ewig verschwunden sein soll. Man sollte sich aber nicht abschrecken lassen: In den letzten Jahren wurden umfangreiche Ausbesserungsarbeiten durchgeführt, und das Erlebnis, sich im Strom der Fußgänger treiben zu lassen, hinterlässt einen nachhaltigen Eindruck.

Vidyasagar Setu, die zweite Brücke über den Hooghly, trägt nun 3 km weiter südlich zur Entspannung der Verkehrslage bei. Ihre Bauzeit betrug 22 Jahre. Sie ist eine riesige Mautbrücke, unter der Schiffe hindurchfahren können. Im Jahr 2006 machte die inkompetente Mautstelle einen Verlust von über US$7 Mio., was die Privatisierung zur Folge hatte.

6–7 Uhr) hausgemachte Wurst, Nudeln und Jasmintee angeboten werden. In dem fesselnden Buch *The Palm Leaf Fan and Other Stories* hat Kwai-Yun Li sehr einfühlsam das Schicksal der Chinesengemeinde von Kolkata festgehalten.

Nördlich der MG Rd an der winzigen Muktaram Babu Street, einer Seitenstraße der Chittaranjan Avenue, präsentiert der **Marble Palace** (Marmorpalast) seine Kostbarkeiten. Kostenlose Karten für die Teilnahme an einer der Führungen durch die außergewöhnliche Sammlung bieten die Touristenbüros an BBD Bagh oder in der Shakespeare Sarani (S. 813). In den Sälen finden sich Statuen, europäische Antiquitäten, Ming-Vasen sowie Gemälde von Rubens und Gainsborough beherbergen. ⊙ 10–16 Uhr, Mo und Do geschlossen, Eintritt frei, fotografieren verboten.

Nördlich des Marble Palace erstreckt sich Kolkatas größter Rotlichtbezirk **Sonagachi** mit seinen labyrinthartigen Gassen.

Ein kurzer Spaziergang führt vom Marble Palace nordostwärts zur Dwarkanath Tagore Lane. Hier befindet sich der kleine Campus von Rabindranath Tagores geisteswissenschaftlicher **Universität Rabindra Bharati** mit dem Haus, in dem er geboren wurde und auch starb. Das heutige **Rabindra Bharati Museum**, auch als Tagore House bekannt, ist ein schönes *raj bari*-Beispiel aus dem 19. Jh. und besitzt viele von Tagores Gemälden. ⊙ Di–So 10–16.30 Uhr, Eintritt Rs50.

In der Nähe, im Centenary Building knapp innerhalb vom College Street-Gateway in der Calcutta University, findet man auch das **Ashutosh Museum of Indian Art**. Hier dreht sich alles um bengalische Kunst: von Skulpturen der Pala-Dynastie aus dem 8. Jh. bis hin zu bemalten Schriftrollen und modernen Werken. Nur wenige Besucher finden den Weg hierher und es ist gut möglich, dass man das Museum – abgesehen von ein paar Wächtern – ganz für sich allein hat. ⊙ Mo–Fr 11–16.30 Uhr, Eintritt Rs10.

Der Straße weiter folgend, gelangt man zum **India Coffee House**, das nach wie vor als Treffpunkt der Intellektuellenszene gilt. In Nord-Kalkutta gibt es zwei wichtige Jain-Tempel; der **Parasnath**, 2 km nordöstlich der College St in Manicktolla, ist eine kitschige Hommage an den zehnten *tirthankara*. Der **Sitalnath** glänzt mit

neoklassischen Statuen in einem Wassergarten und einem Innenraum mit Marmor-Dekor, Silber und Kronleuchtern. Der **Digambar-Tempel** in Belgachia ist relativ schlicht gehalten.

Der Hooghly

Bevor der Hooghly, ein Nebenfluss des Ganges, infolge Verschlammung für große Schiffe unpassierbar wurde, war Kolkata ein geschäftiger Hafen. Anders als in Varanasi haben die *ghats* am Ostufer keine heilige Bedeutung. Sie dienen nur als Anlegestellen und Plätze für rituelle Waschungen. Rund 1,5 km nördlich der Howrah-Brücke ist **Nimtolla Ghat**, eine der wichtigsten Verbrennungsstätten der Stadt, vor öffentlichen Blicken abgeschirmt. Weiter nördlich sind die Gassen hinter **Kumartuli Ghat** die Heimat von Kunsthandwerkern, die für wichtige Feste benötigte Statuen von Gottheiten herstellen. Vor allem an den Tagen vor großen Festen wie Durga Puja ist **Kumartuli** ein faszinierendes Zentrum der Betriebsamkeit. Weiter nördlich gelangt man zur **Baghbazaar Ghat**, wo überladene Frachtkähne Stroh für Kumartulis Brennöfen abladen. Baghbazaar, der Gartenmarkt, befindet sich an der Stätte des ehemaligen **Sutanuti**. Die stolzen, jedoch verfallenden Prachtbauten erinnern an den längst verblichenen Lebensstil der bengalischen Oberschicht *bhadra log*.

Südlich der Howrah-Brücke, hinter dem belebten Blumenmarkt von **Mullick Ghat**, herrscht an der großen **Armenian Ghat** bei Morgengrauen der meiste Betrieb. Zu dieser Stunde treiben zahlreiche traditionelle Turner und Ringer, Anhänger des Affengottes Hanuman, ihren Frühsport. Auf dem Weg nach Süden führt die durch die Schienen der Circular Railway vom Fluss getrennte Strand Road an einigen Lagerhäusern, dem **Millennium Park** und Fairly Place vorbei zu weiteren *ghats*. An der **Chandpal Ghat** fahren in kurzen Abständen (7.30–20 Uhr) Fähren ab, eine bequeme Alternative zur Howrah Bridge. An der **Babu Ghat**, zu erkennen an der zerbröckelnden Kolonnade, sind frühmorgens *pujari* (Priester) und kräftige Masseure bei zeremoniellen Waschungen zugegen. In der Nähe liegt der ebenso schmuddelige wie betriebsame Busbahnhof Ba-

Kolkata und Westbengalen

bu Ghat, einer der Knotenpunkte für Überlandverbindungen. Weiter südlich, Richtung **Princep Ghat**, zwischen Fort William und dem Fluss, wird aus der Strand Road eine schattige Promenade, die eine angenehme Flaniermeile für den Spätnachmittag abgibt. Hier findet man ein Café und Essensstände, und von einem kleinen Anleger in der Nähe des Café Scoops fahren Ausflugsboote ab (ca. Rs150 pro Std.).

Botanischer Garten

Der Botanische Garten in Shibpur liegt 10 km südlich des Bahnhofs Howrah am Westufer des Hooghly. Das große Gelände ist besonders im Winter und Frühling reizvoll. Beste Besuchszeit sind die frühen Morgenstunden, wenn es noch angenehm kühl ist. Berühmteste Sehenswürdigkeit ist der **weltweit größte Banyan-Baum**, der 24,5 m hoch ist und den erstaunlichen Umfang von 420 m aufweist. Sehenswert sind auch das Orchideenhaus, das Herbarium und die Farnhäuser. Am Fluss lädt ein Weg zum Spaziergang ein. ☉ tgl. 5.30–17 Uhr, Rs50.

Man erreicht den Garten in einer ermüdenden Fahrt von der Esplanade mit dem Bus Nr. C6. Von der Park Street fährt die Nr. T9 ab, von Dharamtala (via Howrah) sind es die Minibusse Nr. 6. Ein Taxi von der zentralen Sudder Street kostet für eine Strecke rund Rs150.

Kolkatas Süden

Kolkata und Westbengalen

Südlich von Maidan und Park St erstrecken sich Kolkatas **Vorstädte**, zu denen Alipore und Ballygunge gehören – beide in bequemer Distanz zum Zentrum. Die Verbindungsstraße nach Süden beginnt mit der Chowringhee Rd und verläuft südlich von Esplanade via **Kalighat** nach **Tollygunge** entlang der U-Bahn-Linie. Sie endet in der Nähe des vornehmen Tollygunge Club, dem Wohnsitz eines Indigo-Kaufmanns, der heute von makellosen Golfflächen und Reitpfaden umgeben ist (s. S. 806). Nordöstlich davon führt die Straße hinter einer weiß gekachelten, 1835 von Nachkommen Tipu Sultans gebauten Moschee zu den Parkanlagen von **Rabindra-Sarobar**. Sie werden auch einfach die „Seen" genannt und sind beliebt für Abendspaziergänge.

Alipore

Rund 3 km südwestlich der Park Street führen elegante Tore mit Dreifachbögen direkt südlich vom beliebten **Zoo** (☉ tgl. außer Di 9–17 Uhr, Eintritt Rs10) und Aquarium zur früheren Residenz des Gouverneurleutnants von Bengalen, **Belvedere**. Heute ist hier die **Nationalbibliothek** untergebracht. ☉ Mo–Fr 9–20, Sa und So 9.30–18 Uhr, Eintritt frei.

Kalighat

Kolkatas wichtigster Tempel Kalighat (ca. 5 km südlich der Park Street) ist über die Ashutosh Mukherjee Road, eine Verlängerung der Chowringhee Rd, zu erreichen. Er steht im Herzen eines bunt gemischten, von Leben erfüllten Viertels aus Wohngebieten und Basaren. Die Zufahrtswege zum Tempel werden von Bettlern gesäumt, die auf Almosen von Pilgern hoffen, und auf den Hauptstraßen und Brücken bieten Prostituierte in einer erschreckend trostlosen Umgebung ihre Dienste an. Der typisch bengalische Tempel selbst wurde 1809 aus Ziegel und Mörtel errichtet und ist mit seiner gebogenen

Kalighat-Malerei

Zu Beginn des 19. Jhs. erlebte Kalighat seine goldenen Jahre und zog Pilger, Kaufleute und Künstler aus allen Ecken Indiens an. Unter ihnen waren auch **Rollbildermaler** aus anderen Teilen von Bengalen – sie prägten den unverkennbaren Stil, der heute unter der Bezeichnung **Kalighat pat** bekannt ist. Unter Einbeziehung westlicher Kunsttechniken, z. B. der Verwendung von Papier und Aquarellfarben anstelle von Temperafarben, bewegten sie sich von religiösen Themen weg und hin zu zeitgenössischen. Um 1850 hatte Kalighat *pat* eine dynamische neue Richtung eingeschlagen: satirische Darstellungen der Mittelschicht, ähnlich den heutigen Politcartoons. Diese scharfsinnigen Zeitzeugnisse, prallvoll mit Szenen aus dem Alltagsgeschehen, findet man in Galerien und Museen in aller Welt, außerdem im Indian Museum (S. 796) sowie in der Birla Academy und im Ashutosh Museum in Kolkata.

Dachform der schwarzen **Göttin Kali**, einer Erscheinungsform der Shakti, geweiht.

Der Legende zufolge geriet Shiva nach dem Tod seiner Frau Sati in Raserei und begann mit ihrem toten Leib zu tanzen, so dass die gesamte Welt erbebte. Die Götter unternahmen mehrere Versuche, ihn zu bändigen, bis schließlich Vishnu seinen Sonnendiskus schleuderte und den toten Körper in 51 Teile zerstückelte. Jeder Ort, an dem eines dieser Teile zu Boden fiel, wurde zu *pitha*, einer Pilgerstätte für Anbeter des weiblichen Prinzips der Göttlichkeit – Shakti. Der Tempel Kalighat kennzeichnet den Ort, an dem ihr kleiner Zeh zu Boden fiel.

Der Tempel ist jederzeit geöffnet und stets gut besucht. Oft versuchen nach Bakschisch gierende Priester ausländische Besucher nach unten ins Kellergeschoss zu schieben, wo sie ein monolithisches Bildnis der Furcht erregenden Göttin mit den großen Augen und der blutigen Zunge anschauen können.

Im Hof hinter der Hauptversammlungshalle werden der Göttin zu bestimmten Anlässen wie Kali Puja Ziegen geopfert. Früher wurden dort angeblich sogar Menschenopfer dargebracht, um die Fruchtbarkeitsgöttin günstig zu stimmen. Im Norden des Tempelgeländes beten Frauen mit Kinderwunsch vor einem Lingam, und ringsum sorgen Läden für das Wohl der Pilger. In der Nähe, in der Nordwestecke der Anlage, befindet sich Mutter Teresas Hort **Nirmal Hriday** für Arme und Sterbende.

Übernachtung

Wenn Ausländer in Kolkata eintreffen, mutmaßen Taxifahrer sofort, dass ihr Ziel die Sudder Street nahe New Market ist. Diese aufregende Gegend mit einer Mischung aus Travellern, Geschäftsleuten und Bangladeschern auf Durchreise bietet zahlreiche kleinere Budget- und Mittelklassehotels und liegt sehr zentral. Die meisten Hotels in der **Sudder Street** gehören der unteren und mittleren Preisklasse an, wobei letztere oft überteuert sind und kein gutes Preis-Leistungs-Verhältnis bieten. Wer ein wenig mehr Luxus möchte, wird sich wohl woanders umschauen müssen. Wer einen Nachtflug gebucht hat, ist mit den einfachen *retiring rooms* am **Flughafen** ganz gut bedient

(s. S. 84). Für **Bahnreisende** eignet sich bei später Ankunft das **Yatri Niwas** in der South Station von Howrah, ☎ 033/2660 1742. Dorm Rs100, Zimmer Rs350, mit AC Rs550. Sowohl am Hauptbahnhof als auch in der South Station gibt es *foodhalls,* in denen man hervorragend essen kann.

Alle nachstehend aufgeführten Unterkünfte sind auf der Karte „Chowringhee und Sudder Street" verzeichnet (S. 794).

Sudder Street, New Market, Esplanade und Umgebung

Aafreen Tower, 9A Kyd St, ☎ 033/2229 3280. Ein gut geführtes Businesshotel mit einem gläsernen, an der Außenwand mit Spinnweben überzogenen Außenlift. Die Zimmer sind sauber und weisen ein extrem gutes Preis-Leistungs-Verhältnis auf, besonders die mit AC. ❸–❹

Capital Guest House, 11-B Chowringhee Lane, ☎ 033/2252 0598. Einfache, aber zweckmäßige Zimmer (teils AC) mit Warmwasser aus Eimern in einem großen Innenhof abseits des Rummels der Sudder St. ❷–❹

Fairlawn, 13-A Sudder St, ☎ 033/2252 1510, 🖳 www.fairlawnhotel.com. In dem berühmten, altmodischen und bis unters Dach mit Erinnerungsstücken vollgestopften Hotel in Familienbesitz herrscht ein charmant nostalgisches, exzentrisches Raj-Flair. Allerdings ist der Mangel an modernen Annehmlichkeiten nicht jedermanns Sache. Wer eine andere Bleibe bevorzugt, kann aber trotzdem auf einen Drink in der abends viel besuchten Bar im Garten vorbeikommen. ❻

Galaxy, 3 Stuart Lane, ☎ 033/2252 4565. Kleines Hotel mit nur 4 sauberen Zimmern (Warmwasser, aber kein AC) und fairen Preisen. ❷

Garib Niwas, 9 Chowringhee Lane, ☎ 033/2217 5452. An der Rückseite des ansonsten schlichten Hotels mit kleinen, sauberen Zimmern versteckt sich ein ungewöhnlicher Anbau. Dort befinden sich im Obergeschoss makellose, in knalligem Dunkelblau oder Dunkelrot gehaltene Zimmer mit Bad. ❸–❺

Lytton, 14 Sudder St, ☎ 033/2249 1872, 🖳 www.lyttonhotelindia.com. Das altbewährte Hotel besitzt zwar wenig Eigencharakter, ist aber wahrscheinlich das beste und eindeutig das

Kolkatas berühmteste Bürgerin, die am 19. Oktober 2003 von Papst Johannes Paul II. selig gesprochene Mutter Teresa (1910–97), wurde mit dem Namen Agnes Gonxha Bojaxhiu als Tochter albanischer Eltern geboren und wuchs in Skopje/Mazedonien auf. Nachdem sie sich dem irischen Orden Sisters of Loreto angeschlossen hatte, wurde sie als Lehrerin nach Darjeeling geschickt. Hier leistete sie im Mai 1931 ihr Gelübde und wurde Teresa. Bei ihrer Arbeit an der St Mary's School in Kolkata wurde sie der erschreckenden Armut um sich herum gewahr, und so legte sie 1948 mit Erlaubnis aus Rom ihr Nonnengewand ab, um sich fortan mit dem einfachen weißen Sari mit blauer Bordüre zu kleiden. Es wurde die Uniform der **Missionare der Barmherzigkeit**.

Die größte Berühmtheit unter Mutter Teresas zahlreichen Heimen und Kliniken erlangte Nirmal Hriday, 251 Kalighat Rd, ein Hospiz für Mittellose. Örtlichem Widerstand zum Trotz wählte Mutter Teresa Kolkatas wichtigstes hinduistisches Zentrum Kalighat zum Sitz dieser Einrichtung, weil sie wusste, dass sich viele Arme dorthin begeben, um in der Nähe einer heiligen *tirtha* (Furt) zu sterben. Ihr frommer und geradliniger Einsatz für die Armen trug ihr internationale Anerkennung ein, und 1979 erhielt sie für ihre Arbeit den Friedensnobelpreis. Später handelte sie sich wegen ihrer rigorosen Ablehnung der Abtreibung auch Kritik ein. Später wurde ihr auch vorgeworfen, Fortschritte der Medizin zu ignorieren, um die Seelen der Sterbenden und Verelendeten vor äußerer Einmischung zu retten. Die Kritik an ihrer Person aber erscheint im Licht ihrer ungeheuren Verdienste für die Menschlichkeit unangebracht.

Wer sich für die Arbeit der Missionaries of Charity interessiert, wendet sich an die Adresse Mother House, nahe Sealdah Station in 54-A AJC Bose Rd, ✆ 033/2249 7115 (Do geschl.) wo es auch ein kleines Museum gibt. Gelegentlich werden Freiwillige, die hier arbeiten möchten, zwar abgewiesen, doch es werden Workshops als kurze Einführung in die Arbeit der Missionare veranstaltet (Mo, Mi und Fr 15–17 Uhr). In der Nähe befindet sich das Waisenhaus Shishu Bhavan, 78 AJC Bose Rd.

komfortabelste in der Sudder St. Kühlschrank, Satelliten-TV und AC sind Standard in allen Zimmern, außerdem gibt es u. a. eine Bar und zwei gute Restaurants. **❽**

Maria, 5/1 Sudder St, ✆ 033/2252 0860. Altes, verblichenes Gebäude mit hohen Decken und großen Zimmern (z. T. mit Bad), oft ausgebucht. Schlafsaal (Rs80), zuverlässiges Internetcafé und gemütliche Terrasse. **❷**

Modern Lodge, 1 Stuart Lane, ✆ 0332242 5960. Beengtes, trotz mürrischem – teils sogar unverschämtem – Personal schon seit den 1960ern bei Rucksacktouristen beliebtes Hotel mit netter Dachterrasse. Die besseren Zimmer (manche mit Bad) befinden sich im Obergeschoss. **❷**

Oberoi Grand, 15 Chowringhee Rd, ✆ 033/2249 2323, 🖳 www.oberoihotels.com. Von Grund auf renoviertes Haus mit viktorianischer Fassade aus dem Jahr 1938. Eine lokale Institution mit zuvorkommendem Service und komplett renovierten Zimmern in einem Stilmix aus Tradition und Moderne. Swimming Pool, thailändische und indische Restaurants; sehr strenge Sicherheitsmaßnahmen. Zimmer ab US$400. **❾**

Paragon, 2 Stuart Lane, ✆ 033/2252 2445. Beliebte und sehr travellerfreundliche Unterkunft mit dunklen und etwas schmuddeligen Zimmern im Erdgeschoss. Bessere liegen rund um den belebten Dachgarten, sie sind allerdings recht klein. Manche Zimmer haben Bad, außerdem gibt es zwei Dorms (Rs110). **❷**

Timestar, 2 Tottee Lane, ✆ 033/2252 8028. Große Zimmer in alter Villa mit Ventilatoren und Warmwasser aus dem Eimer, manche auch mit TV. **❷**

YMCA, 25 Chowringhee Rd, ✆ 033/2249 2192. In der Nähe des Indian Museum. Eleganter, aber mitgenommener holzgerahmter Eingang; im Obergeschoss geräumige Zimmer mit hohen Decken. Die Zimmer mit AC bieten mehr Gegenwert fürs Geld. *Morning tea* und Frühstück sind

Kolkata und Westbengalen

im Preis enthalten. Wer eine zeitlich begrenzte Mitgliedschaft erwirbt (Rs50 pro Woche), darf auch den Billardtisch und die Tischtennisplatte benutzen. **⑤**

Park Street, Chowringhee und Umgebung

Alle nachstehend aufgeführten Unterkünfte sind auf der Karte „Chowringhee und Sudder Street" verzeichnet (S. 794).

Astor, 15 Shakespeare Sarani, ☎ 033/2282 9950, 🖥 www.astorkolkata.com. Komfortables altes Gartenhotel, das sich einiges vom Charme des alten Kalkutta bewahrt hat. Komfortable, modernisierte Zimmer mit Satelliten-TV, Kühlschrank und AC, außerdem Disco und ausgezeichnete Restaurants (s. S. 808). **⑧**

Choudhurys' Guest House, 55 Chowringhee Rd, ☎ 033/2281 1817. Beliebt bei Geschäftsleuten und Dauergästen. Altmodische Zimmer mit hohen Decken und einigen Annehmlichkeiten. Ruhige Lage nahe dem Maidan. Zeitig reservieren. **⑤–⑥**

Park, 17 Park St, ☎ 033/2249 9000, 🖥 www.theparkhotels.com. Modernes 5-Sterne-Boutiquehotel in einer kosmopolitischen Straße. Sämtliche Annehmlichkeiten, z. B. Swimming Pool, Fitnessclub und später Check-out. Drei sehr gute Restaurants, darunter ein beliebter Club und eine Bar mit Livemusik. Luxuriös und stylisch. US$225. **⑨**

Sunflower Guest House, 7 Royd St, ☎ 033/2229 9401. Großer gepflegter Altbau unter Verwaltung einer der ältesten *rajbari*-Familien der Stadt. Ulkiger Aufzug. Die meisten der super-

Bezauberndes Boutiquehotel

Bodhi Tree Guest House, 48/44 Swiss Park, ☎ 033/2424 6534, 🖥 bodhitree-cal.spaces.live.com. Das wunderschöne kleine, farbenfroh und geschmackvoll eingerichtete Boutique-Guesthouse liegt von den Seen aus gesehen jenseits der Bahngleise und unweit vom U-Bahnhof Rabindra Saravar. Jedes Zimmer ist nach einem bestimmten Motto gestaltet, z. B. das aus Adobeziegeln erbaute Cottage „Yoga-cara" im Garten. Die Preise richten sich nach der Aufenthaltsdauer. **⑤–⑦**

Home away from home

Indrani Guest House, 3B Lovelock St, ☎ 033/2486 6712. Komfortables Familienhotel mit Frühstück und auf Wunsch hausgemachten Mahlzeiten in einem Wohngebiet abseits der Ballygunge Circular Rd. Sehr begrenzte Zimmerzahl und überaus beliebt bei Langzeitgästen, deshalb frühzeitig buchen. **⑤**

sauberen Zimmer mit Bad liegen auf den oberen drei Stockwerken; die Penthouse-Zimmer haben einen tollen Ausblick. Außerdem gibt es ein geräumiges Foyer und einen kleinen Dachgarten, wo auf Wunsch Essen serviert wird. **④**

YWCA, 1 Middleton Row, ☎ 033/2229 7033. Sichere Unterkunft für Frauen und besonders gut für einen längeren Aufenthalt. Sauberes, zentral gelegenes Hostel mit passablen Zimmern unweit der Park St, hübscher Hof mit Tennisplatz. Frühstück inbegriffen. **②–④**

Kolkatas Süden

Alle nachstehend aufgeführten Unterkünfte sind auf der Karte „Kolkata" verzeichnet (S. 792/793).

Hindusthan International, 235/1 AJC Bose Rd, ☎ 033/4001 8000, 🖥 www.hindusthan.com. Renoviertes, aber einfaches und etwas überteuertes Businesshotel in günstiger Lage. Komfortable, konservativ eingerichtete Zimmer. Reisebüro, Restaurants, Disco, Fitnesscenter und Freibad. Zimmer ab US$200. **⑨**

The Residency Guest House, 50/1C Purna Das Rd, ☎ 033/2466 9382. Das in Gehweite von den Seen und Gariahat in einem Wohnbezirk am Rand des Gol Park gelegene Haus hat einwandfreie Zimmer mit AC und gefliesten Böden. Der Service ist freundlich; das Frühstück (im Preis inkl.) wird eine Tür weiter im edlen Schwesterhotel, dem Restaurant on the First Floor, eingenommen. **⑤–⑥**

Transit House, 11-A Raja Basanta Roy Rd, ☎ 033/2466 2700, ✉ transit1@vsnl.net. Exzellentes, gemütliches Gästehaus, das für Frauen als sicher gilt. Geräumige Zimmer. Abseits des Zentrums, jedoch in der Nähe interessanter Märkte und der Seen und nicht weit von der Metro. **⑤**

Kolkata und Westbengalen

Exklusive Herberge

Tollygunge Club, 120 Deshapran Sasmal Rd, ☎ 033/2473 2316, 🖥 www.tollygungeclub. org, am südlichen Ende der U-Bahn-Linie. Dieser exklusive Club bietet eine Auswahl an modernen, aber gesichtslosen Cottages und Zimmern. Der Preis schließt die vorübergehende Mitgliedschaft ein, inkl. Nutzungsberechtigung für den 18-Loch-Golfplatz, die Reit-, Schwimm-, Tennis- Squash-Möglichkeiten und Ayurveda-Behandlungen. Die Bar Wills Shamiana im Garten ist ein tolles Plätzchen für einen Sundowner und zum Beobachten von herumstreunenden Schakalen. Lange im Voraus reservieren. ❼

Andere Stadtviertel

Alle nachstehend aufgeführten Unterkünfte sind auf der Karte „Kolkata" verzeichnet (S. 792/793).

Airways Lodge, No. 2 Airport Gate, Kolkata Airport, ☎ 033/2512 7280. Preiswerte Unterkunft in Flughafennähe mit einfachen, aber sauberen Zimmern. Bequem bei frühem Abflug und später Ankunft. ❷–❹

Hyatt Regency, JA-1 Sector 3, Salt Lake City, ☎ 033/2335 1234, Reservierungen ☎ 1600 228001, 🖥 www.kolkata.regency.hyatt.com. Luxushotel am Eastern Bypass auf dem Weg zum Flughafen, aber auch in günstiger Lage zur Stadt. Eindrucksvoller Bau mit weitläufigen Foyers, Restaurants, palmengesäumtem Swimming Pool und sämtlichem Komfort. Zimmer ab US$260. ❾

Kings Crown, Nazrul Islam Avenue (VIP Rd), nahe Flughafen, ☎ 033/2573 1712. An der Straße nach Ultadunga. Gute Auswahl an Zimmern, vom einfachen EZ bis zum komfortablen AC-Zimmer, außerdem gutes Restaurant und Bar. Sehr günstig bei frühem Abflug und später Ankunft. ❺–❻

Sonar Bangla, Eastern Bypass, ☎ 033/2345 4545, 🖥 www.itcwelcomgroup.in. Betriebsames Hotel, dessen Beliebtheit vor allem auf seiner lockeren, gastfreundlichen Atmosphäre und der günstigen Lage zwischen Stadt und Flughafen basiert. Ausgezeichnetes Angebot

an Restaurants, Bars und Discos. Mit sämtlichem Komfort und Service, den man von einem 5-Sterne-Hotel erwartet. Zimmer ab US$215. ❾

Taj Bengal, 24-B Belvedere Rd, Alipore, ☎ 033/2223 3939, 🖥 www.tajhotels.com. Opulentes Paradehotel, das bengalische Elemente mit dem Prunk der Taj-Kette zu verschmelzen sucht. Ausgezeichnete Restaurants (darunter ein chinesisches und eine indisches), Swimming Pool und Disco. Zimmer ab US$200. ❾

Essen

Obwohl Kolkatas Einwohner gerne essen gehen, beschränkte sich die traditionelle bengalische Küche noch bis vor Kurzem auf den heimischen Herd. Inzwischen gibt es jedoch einige ausgezeichnete Restaurants, die diese wunderbare, auf Fisch basierende Küche pflegen. Die beliebtesten Gerichte entstammen aber der chinesischen Küche und werden entsprechend dem lokalen Geschmack gewürzt und zubereitet. In dieser Hinsicht hat Kolkata eine reiche Tradition und sogar eine eigene **Chinatown** in Tangra an der Straße zum Flughafen (dort schließen die Restaurants aber schon gegen 22 Uhr). Gute südindische und moslemische Küche bieten Lokale wie das Shiraz; die vom Restaurant Nizam's erfundene *kathi roll* hat sich als integraler Bestandteil der Kolkata-Küche etabliert.

So langsam kommt auch das Kaffeetrinken in Mode: Es gibt das **Baristas** am Humayun Place und mehrere Ableger von **Café Coffee Day**, darunter einen im Kaufhaus Pantaloons an der Camac Street. Erlesenen Tee bekommt man in der **Cha Bar** im Oxford Bookshop und bei **Dolly's** (S. 809). Zahlreiche Patisserien und Konditoreien wie **Kookie Jar** und **Kathleen** geben sich redliche Mühe, mit der Nachfrage nach Gebäck Schritt zu halten. In der Filiale von **Fresh and Natural** in der Russel Street wird Eiscreme in köstlichen Geschmacksrichtungen produziert, z. B. sagenhaftes Zimtapfeleis.

Die Restaurants und Cafés in der Umgebung der **Sudder Street** versorgen vor allem westliche Reisende, die in den Hotels der Umgebung wohnen. *Chai*-Stände und Snack-Buden an der Straße bieten eine appetitliche Alternative. In der betriebsamen Umgebung des **New Market** findet sich auch ein moslemisches Viertel mit guten Restaurants, die überwiegend Fleischgerichte servieren.

New Market und Sudder Street

Alle nachfolgend aufgeführten Lokale sind auf der Karte „Chowringhee und Sudder Street" verzeichnet (S. 794).

Arsalan, 119A Ripon St, ☎ 033/6569 9579. Großes, neues Restaurant mit guter Auswahl chinesischer u. a. Speisen. Berühmt ist es für seine Mogul-Küche mit Kebabs und exzellenten Biriyanis (rund Rs300).

Baan Thai, Oberoi Grand Hotel, 15 Chowringhee Rd, ☎ 033/2249 2323. Hier muss man zwar tief in die Tasche greifen – Rs1600 und aufwärts p. P. –, bekommt dafür aber die bei Weitem beste Thai-Küche der Stadt. Auf der Karte stehen z. B. *poo krapaw* (gefüllte Krabben) und Klassiker wie rotes Curry.

Blue and Beyond, 9th Floor, Hotel Lindsay, 8-A Lindsay St. Dachrestaurant und Bar mit fantastischer Aussicht über New Market und die umliegende Stadt, vor allem bei Dämmerung. Es gibt gute indische und günstige chinesische Gerichte wie Fischfilet in Chili-Weinsoße (Rs150) sowie Frühstück und Buffets.

Blue Sky Café, Sudder St, an einer Ecke inmitten der Szene. Treffpunkt der Budgetreisenden mit allen beliebten Speiseangeboten. Sauber, gut geführt und beliebter Treffpunkt zum Informationsaustausch. Ab Rs30.

Fresh & Juicy, 2/7 Sudder St. Dieses kleine Café bietet nicht nur Fruchtiges, sondern auch abwechslungsreiche Menüs, Snacks und chinesisches *haka*. Eine Mahlzeit ist für etwa Rs80 zu haben.

Nahoum & Sons, F-20, New Market. Sagenhafte jüdische Bäckerei und Konditorei, deren Angebot köstliche Obstkuchen, Cashew-Makronen, Hühnerpasteten und Bagels mit Rahmkäse umfasst. Die Preise für ein Gebäckstück beginnen ungefähr bei Rs40.

Nizam's, 22–25 Hogg Market, nördlich hinter New Market. Das Original-Restaurant hat die legendäre *kathi roll* erfunden; Schischkebab in *paratha* (indisches Weißbrot). Heute ist von dem Mythos nicht mehr viel übrig, auf einen Snack für rund Rs60 vorbeizuschauen lohnt sich aber doch.

Umgebung Park Street

Alle nachfolgend aufgeführten Lokale sind auf der Karte „Chowringhee und Sudder Street" verzeichnet (S. 794).

Sweetshops

Eine Spezialität von Bengalen sind Süßigkeiten auf der Grundlage von Milch, z. B. die kleinen, knusprigen *sandesh*. Weiße *rosogulla*, braune (gebackene) *pantuas* und schwarze *kalojam*, allesamt in Sirup eingelegt, gibt es zwar überall in Nordindien, aber die aus Kolkata schmecken einfach unübertrefflich. Weitere Köstlichkeiten sind *lal doi* – leckerer warmer, roter Joghurt mit Rohrzucker – oder weißer *mishti doi*, Joghurt mit weißem Zucker. Nachmittags gibt es in den Sweetshops knackige Snacks wie knusprig gebackene salzige Teigplätzchen namens *nimki* (wörtlich „salzig"), *shingara*, eine köstliche bengalische Form von Samosa, und *dalpuri*, ein *paratha*-ähnliches Brot aus gemahlenen Linsen.

Amrita, 16-A Sarat Bose Rd. Hat erstklassigen *mishti doi*.

Bhim Chandra Nag, Surya Sen St, unweit der College St. Der beste von diversen guten Süßwarenläden in der Ecke.

Ganguram, 46-C Chowringhee Rd. Der ehemals legendäre Sweetshop in der Nähe des Victoria Memorial hat Ableger in fast allen Stadtvierteln; Tipp: *mishti doi* und *sandesh*.

KC Das, 11 Esplanade East, Ecke 57-A Ripon St. Im berühmtesten Süßwarengeschäft der Stadt muss man unbedingt den *rosogolla* probieren.

Sen Mahasay, 171-H Rashbehari Ave. Neben dem Gariahat Market gelegen, bekannt für seine *sandesh*, besitzt noch andere Filialen überall in der Stadt.

Vien, 34-B Shakespeare Sarani. Der kleine, beliebte Süßwarenladen hat neben anderen Leckereien ebenfalls hervorragende *sandesh*.

Kolkata und Westbengalen

Astor, 15 Shakespeare Sarani, ☎ 033/2242 9950. Zu dem Nobelhotel gehören eine Bar und mehrere Restaurants, unter anderem das internationale Serai und das Banyan Tree mit bengalischer Küche. Beste Empfehlung aber ist das Kebab-e-Que im Garten, das vorzügliche *tandoori*-Gerichte hat, zum Beispiel leckeres *moti kebab* (Pilze und *paneer*). Ein komplettes Abendessen kostet ungefähr Rs600.

Bar-B-Q, 43 Park St. Alteingesessener und beständiger Favorit mit chinesischer und viel gepriesener *tandoori*-Küche. Angenehmes Ambiente mit AC und Bar im Untergeschoss. Als Mittagsspecial gibt es persische Delikatessen wie *chelo*-Kebabs auf Reis. Hauptgerichte um Rs300.

Café Thé, 9A Ho Chi Minh Sarani. Das moderne Bistro in einem Messezentrum hat ein breites Angebot an Teespezialitäten, darunter Eistee. Dazu gibt's Snacks, Sandwiches, Lasagne, indische und chinesische Speisen. Am besten zum Mittagessen oder am frühen Abend hingehen und mit rund Rs180 rechnen.

Fire and Ice, Kanak Building, 41 Chowringhee Rd, ☎ 033/2288 4073. Trendige Bistro-Bar mit kostenlosem WLAN. Auf der Karte stehen authentische italienische Gerichte, Pizzas und *al fiumé* (frische Flusskrebse in Olivenöl); ein Menü mit allem Drum und Dran kostet rund Rs700. Abends oft ausgebucht.

Flury's, 18 Park St, Ecke Middleton Row. Eine der bekanntesten Adressen Kolkatas ist die legendäre schweizerische Teestube und Patisserie. Die ehemals lockere Atmosphäre wurde vollständig wegrenoviert. Trotzdem lohnt sich der Besuch, denn Flury's hat tolles Frühstück, Kuchen, *patties patties*, selbstgemachte Schokoladen und schweizerische Konditoreiwaren – auch köstliche Rumkugeln.

Gupta Brothers, 42-A Park Mansions, Mirza Ghalib St. Ausgezeichnete, saubere und preiswerte vegetarische Snackbar mit Kuchentheke und gutes Rajasthani-Restaurant im Obergeschoss. Sehr lecker: *tandoori bharwan aloo*. Im Dosas 'n' More, ein Haus weiter, erwartet die Gäste in Wirklichkeit nicht viel mehr als *dosas*, das aber in zahlreichen Variationen ab Rs35.

Mocambo, 25-B Park St, Ecke Mirza Ghalib St. Eine absolute Institution mit guter Küche und gemischter Speisekarte, die von *chicken kiev* (Rs200) bis Pizza reicht. Edel, aber ungezwungen.

Oh! Calcutta, 4th Floor, Forum, Elgin Rd. Elegantes Ketten-Restaurant mit Betonung auf bengalischen Fischgerichten – unbedingt probieren: *dab chingri* (Garnelen in Kokosnussmilch). Innovative Küche in entspannter Atmosphäre. Inkl. Getränke Rs1200.

One Step Up, 18-A Park St. Helles neues Bistro mit großer Auswahl an Sandwiches und leichten Mahlzeiten bis zu *tandoori* und Gebäck. Zum Mittagessen besonders beliebt, aber auch für einen frühabendlichen Drink ideal. Ab Rs80.

Park, 17 Park St, ☎ 033/2249 3121. Dieses Luxushotel gilt als eine der besten kulinarischen Adressen der Stadt. Das Zen, ein Terence Conran-Restaurant, serviert Gerichte aus Thailand, China, Japan und Indonesien, das Saffron ist auf indische Küche spezialisiert, und auch die rund um die Uhr geöffnete Coffeebar Atrium hat eine gute Speisekarte. Ein Abendessen ist ungefähr ab Rs600 zu haben.

Tangerine, 2/1 Outram St, ☎ 033/2281 5450. Dank der Fenster im 1. Stock kann man hier die tolle, parknahe Lage optimal genießen. Die bunt gemischte Speisekarte steckt voller Überraschungen wie Singapore-Nudeln, *meen moilly* (Fischcurry aus Kerala) und gegrillter Hummer. Für ein Mittagessen muss man ab Rs300 rechnen.

Umgebung Chandni Chowk

Alle nachfolgend aufgeführten Lokale sind auf der Karte „Kolkata" verzeichnet (S. 792/793).

Amber, 11 Waterloo St, ☎ 033/2248 6520. Eine echte Institution Kolkatas, deren Beliebtheit nicht nachlässt. Hier gibt es legendäre *mughlai*- und *tandoori*-Gerichte; Hauptgerichte kosten ab Rs140. Etwas dunkle, vornehme Atmosphäre auf drei Stockwerken, eine Bar im Untergeschoss.

Eau Chew, P32 Mission Row Extension, Ganesh Chandra Ave, ☎ 09830/141857. Dieses legendäre Familienrestaurant über einer Tankstelle erinnert an die Blütezeit von Chinatown und serviert authentisches chinesisches Essen. Der langsam gegarte Eintopf ist besonders lecker, muss aber im Voraus bestellt werden. Gerichte kosten ab Rs120.

India Coffee House, 15 Bankim Chatterjee St (in unmittelbarer Nähe der College St). Café mit Atmosphäre und langer Geschichte mitten im Herzen des Universitätsviertels, in dem sich Studenten und Intellektuelle treffen. Eignet sich prima für einen Imbiss (ab Rs40) und eine Verschnaufpause vom Bücherstöbern in der College Street.

Umgebung AJC Bose Road

Alle nachfolgend aufgeführten Lokale sind auf der Karte „Kolkata" verzeichnet (S. 792/793).

Shiraz, 56 Park St. Eines der namhaftesten Mughlai-Restaurants von Kolkata und besonders berühmt für sein *mutton biriyani* (Rs100), *champ* und *rumali roti*. Das Ambiente macht nicht viel her, aber das Lokal eignet sich sehr gut zum Mittagessen nach einem Besuch des nahe gelegenen Park Street-Friedhofs. Für Vegetarier ist allerdings nicht viel dabei.

Suruchi, 89 Elliot Rd. Betrieben von der All Bengal Women's Union, 🖳 www.abwu.org., einem Wohlfahrtsverein für ehemalige Prostituierte und deren Kinder. Großartige Adresse, um einfache bengalische Küche zu kosten. Ungezwungene Atmosphäre, niedrige Preise und trotz der wenig einladenden Lage zum Mittagessen sehr zu empfehlen. Ab Rs60; abends sowie Sa und So geschl.

Kolkatas Süden

Alle nachfolgend aufgeführten Lokale sind auf der Karte „Kolkata" verzeichnet (S. 792/793).

6 Ballygunge Place, Ballygunge Place, ✆ 033/2460 3922. Eines der beliebten Bengali-Restaurants der neuen Generation;

Bengalische Köstlichkeiten

Kewpie's Kitchen, 2 Elgin Lane, ✆ 033/2475 9880. Privathaus mit angegliedertem Restaurant. Üppige bengalische Spezialitäten: *lucci* sowie Fisch- und Krabbengerichte wie *malai chingri* (Krabben in Sahne) und *dab-er-chingri* (Krabben in grüner Kokosnusssoße). Ab Rs220. Mo geschlossen.

Preiswerte südindische Leckerbissen

Banana Leaf, 73 Rashbehari Ave, Lake Market. Äußerst beliebtes Restaurant mit schlichtem Dekor und effizientem Service. Hier gibt es mit die besten südindischen Speisen der Stadt. Die *dosas* und der *lemon rice* sind köstlich, aber auch ein ganzes „meal" inklusive Cashewnuss-*uttapam* kostet nur Rs90.

geschmackvolle Einrichtung und traditionelles Ambiente. Tipp: Reis und *shuktoni* (eine bittere Gemüseart) zur Vorspeise, *bhekti paturi* (Fisch in Bananenblatt) als Hauptgang und *mishti doi* (süßer Joghurt) zum Dessert. Mittagessen gibt's ab Rs300.

Bhojohori Manna, 18/1A Hindustan Rd, ✆ 033/2466 3941. Beliebte bengalische Kette mit vorwiegend lokalen Speisen. Es sind aber auch Einflüsse anderer Landesteile erkennbar, z. B. gibt es *tandoori* wie gegrilltes *masala bhekti*. Man muss mit Wartezeiten rechnen. In der Ekdalia Rd gibt es eine (kleinere) Filiale. Das Einzigartige am Bhojohori ist, dass Hausfrauen aus der Nachbarschaft das Kochen besorgen.

Dolly's Tea Shop, Dakshinapan Shopping Centre, Dhakuria. Ein kleines, aber unheimlich nettes Teelokal, das diesen freudlosen Betonkomplex erhellt. Es ist mit Rattanmöbeln eingerichtet, strahlt Gemütlichkeit aus und hat eine große Teeauswahl und Snacks, darunter Sandwiches und Kuchen.

Tamarind, 177 Sarat Bose Rd, ✆ 033/6454 8011. Geschmackvolles Dekor und eine überwiegend südindische Speisekarte mit Einsprengseln anderer Regionalküchen. Am besten hält man sich an die südindischen Sachen, z. B. *pomfret masala* mit *aapam* (Reispfannkuchen). Mit ungefähr Rs600 rechnen.

Übrige Bezirke

Alle nachfolgend aufgeführten Lokale sind auf der Karte von Kolkata verzeichnet (S. 792/793).

Casa Toscana, 56 Chowringhee Rd, ✆ 033/ 4003 4358. Einladendes Lokal mit Tischen im Patio, authentisch italienischem Ambiente und einer umfangreichen Speisekarte. Die sämigen Sahnesoßen sind gehaltvoll, die Pizzas

Kolkata und Westbengalen

sättigend und die Minestrone kann sich sehen lassen, aber die eigentlichen Highlights sind das Seafood und die Spinatsuppe. Obendrein gibt's eine ansehnliche Weinkarte. Ca. Rs800 p. P.

Haldiram Bhujiwala, 58 Chowringhee Rd. Snackbar, Konditorei und Café. Vegetarische Selbstbedienungskette mit guter, aber wenig origineller Küche: Samosas, *thalis* (ab Rs75) und *dosas*, sowie Eiscreme. Weitere Filialen gibt es u. a. in der Middleton Row und in einem mehrstöckigen Supermarkt in der Gariahat Rd in Ballygunge.

Kim Fa, 47 South Tangra Rd, ℘ 033/2329 2895. Eines der besten China-Restaurants in Tangra. Tipp: Thailändische Suppen, Garnelen mit Chili (scharf!); ab Rs120. Falls es zu voll ist, bietet Lily's Kitchen in derselben Straße eine Alternative.

Mainland China, 3-A Gurusaday Rd, ℘ 033/2287 2206. Schickes chinesisches Restaurant mit gutem Service und ausgezeichnetem Seafood. Gilt weithin als das beste der Stadt, obwohl die Speisen z. T. etwas verkocht sind. Mit rund Rs800 p. P. ist zu rechnen.

Royal, nahe Nakhoda Masjid, Rabindra Sarani. Bei einem Abstecher in diese Gegend ist das legendäre moslemische Restaurant ein Muss. Serviert werden Speisen wie *biriyani* (Rs60) oder aromatisch gewürztes Hähnchen- oder Ziegenfilet mit *rumali roti* (dünnem „Taschentuchbrot").

Unterhaltung

Neben den nachfolgend aufgeführten Adressen sind die großen Hotels gute Anlaufpunkte für einen Drink; einige verfügen auch über **Discos**.
Alle genannten Lokale sind, sofern nicht anders angegeben, auf der Karte S. 794 verzeichnet.

Bars und Clubs

Bar-B-Q, 43 Park St. Unterhalb des gleichnamigen Restaurants, eine der stilvolleren Bars dieser Gegend mit hervorragendem Essen.

Blue and Beyond, 9th Floor, Hotel Lindsay, 8-A Lindsay St. In der Abenddämmerung ist diese Terrasse über dem betriebsamen New Market,

aber außer Hörweite davon, der ideale Ort für einen Drink.

Fairlawn, 13-A Sudder St. Dieser verwinkelte Biergarten inmitten von herrlichen Grünanlagen ist wunderbar für einen abendlichen Drink.

Floatel, 9/10 Kolkata Jetty, Strand Rd. In der noblen, klimatisierten Anchor Bar knapp über dem Wasserspiegel lassen sich wunderbar die von Menschen wimmelnden vorbeiziehenden Fähren betrachten. Auf dem breiten Sonnendeck des Bar-Restaurants oben dagegen kann man die Flussbrise genießen, aber manchmal ist es für Privatveranstaltungen reserviert (s. Karte S. 792/793).

Park Hotel, 17 Park St. Das Park Hotel hat jede Menge Bars und Discos. Im Tantra, dem nach wie vor gefragtesten Nachtclub der Stadt, wird unter der Woche ab 19 Uhr und am Wochenende ab 16 Uhr gefeiert. Im schummrigen Someplace Else spielen Coverbands westliche sowie indische Titel, im Aqua am Pool legt abends ein DJ auf. Und die in einer gewagten Verbindung aus Aluminium und Backstein gehaltene Cocktailbar Roxy hat eine besonders respektable Weinkarte.

Peter Cat, 18-A Park St. Das elegante, einladende Restaurant genießt einen guten Ruf sowohl für seine Getränke- als auch für seine Speisenauswahl, darunter das hochgelobte *chelo*-Kebab.

Sunset Bar, Lytton Hotel, Sudder St. Freundlich und gemütlich, beliebter Travellertreffpunkt.

Venom, Fort Knox, 6 Camac St. Angesagter Partytreff mit Lounge-Bar und Tanzfläche. Der DJ legt alles Mögliche von Bhangra bis Hip-Hop auf.

Kinos

An der Chowringhee nahe Esplanade und New Market zeigen Kinos mehrmals tgl. englischsprachige Filme. Alle sind klimatisiert, und manche – wie das **Lighthouse** am Humayan Place – sind schöne Beispiele für Art déco. Andere Adressen: **Inox**, ein modernes Multiplex im Forum, Elgin Rd; **Elite**, S. N. Banerjee Rd; **Chaplin**, Chowringhee Place. Das **Nandan** hinter Rabindra Sadan, AJC Bose Rd, ℘ 033/2223 1210, das führende Kino der

Stadt, hat auch eine Bibliothek, ein Archiv und drei Vorführräume.

Musik und Tanz

Manchmal gibt es in Kolkatas Bars und Restaurants westliche Livemusik, und die lebendige Kunstszene ist für ihre eigene Musik bekannt. Nirgendwo im Land soll das Publikum so anspruchsvoll sein wie hier. Konzertsaison ist im Winter und Frühling. Ende Jan/Anfang Feb findet im Süden Kolkatas das große, einwöchige **Dover Lane Music Festival** statt, bei dem die besten Musiker des Landes auftreten. Weitere beliebte Veranstaltungsorte für ein- und mehrtägige Veranstaltungen sind **Rabindra Sadan**, an der Kreuzung zwischen AJC Bose Rd und Cathedral Rd sowie **Kala Bhavan** in der Theatre Rd (Shakespeare Sarani). Eines der führenden Musikinstitute ist die **Sangeet Research Academy** in Tollygunge, ✆ 033/2471 3395, ▢ www.itcsra.org, die Langzeitkurse in verschiedenen Musikrichtungen erteilt und mittwochs kostenlose Abendkonzerte anbietet.

Einkaufen

Verglichen mit Delhi hat Kolkata wenige touristische Einkaufsmöglichkeiten. Dennoch gibt es viele bunte Märkte, von denen vor allem der ausgedehnte **New Market** (S. 795) und lokale Institutionen wie der **Barabazaar** im Norden (S. 800) Erwähnung verdienen. Moderne **Einkaufszentren** für Bücher, Kleidung, Lederwaren und Schmuck sind über die gesamte Stadt verteilt. Zu ihnen gehören **Forum**, 10/3 Elgin Rd, **Emami Shoppers City**, Lord Sinha Rd, und die sehr begehrte **South City Mall** mit mehreren guten Restaurants in der Prince Anwar Shah Road in South Kolkata.

Zum typisch bengalischen Kunsthandwerk gehören **Metallarbeiten** *(dokra)* aus dem Gebiet um Shantiniketan im Nordwesten der Stadt – im Wachsausschmelzverfahren hergestellte Objekte wie Tiergestalten oder Vögel. Fast zum Klischee geworden sind langhalsige und spitzohrige **Terrakotta-Pferde** aller Größen aus Bankura. **Kantha-Stoffe** tragen ein feines lineares Stickmuster mit dekorativen Formen. Bengalen besitzt einige gute Zentren für Baumwoll- und Seidenweberei, in denen

legendäre **Saris** entstehen, z. B. im Baluchari-Stil aus Murshidabad.

Bücher

Die einen Monat andauernde **Kolkata Book Fair**, die im Jan/Feb auf dem Milan Mela-Gelände beim EM Bypass stattfindet, ist landesweit eine der größten ihrer Art und bietet beste Möglichkeiten, interessante Schnäppchen zu entdecken. Die Geschäfte und Straßenstände in der **College Street** sind gute Adressen zum Stöbern, wobei einem zwischen Stapeln von wissenschaftlichen Werken und Computerhandbüchern auch schon mal ein seltenes Juwel in die Hände fallen kann.

Crossword, 8 Elgin Rd. Große, moderne Buchhandlung auf zwei Stockwerken mit guter Auswahl an Belletristik, Bildbänden und Reiseführern. Musikabteilung und Café.

Earthcare Books, 10 Middleton St. Diese bescheidene kleine Buchhandlung in einem Hinterhof ist auf Bücher zum Thema Umweltschutz spezialisiert und hat bereits selbst einige Titel veröffentlicht.

Starmark, Emami Shoppers City, 3 Lord Sinha Rd. Moderner, sehr gut bestückter Buchladen in einem gut besuchten Einkaufszentrum.

Oxford Book & Stationery, 17 Park St. Anspruchsvolle AC-Buchhandlung inkl. kleiner Musikabteilung und dem Cha Bar Café im oberen Stock. Cooles Ambiente, aber beschränktes Angebot.

Seagull, 31-A SP Mukherjee Rd, ✆ 033/2476 5869, ▢ www.seagullindia.com. Nette, kleine Buchhandlung in Besitz einer interessanten und kreativen Verlegerfamilie. Das Recherchezentrum eine Straße weiter beherbergt eine Bibliothek und bietet Sonderausstellungen und Veranstaltungen.

Emporia (Kaufhäuser)

Staatliche „Emporia", von denen viele im großen Einkaufskomplex **Dakhsinapan** südlich der Dhakuria-Brücke nahe Gol Park und den Seen ansässig sind, führen eine gute Auswahl an kunsthandwerklichen Artikeln. Sie haben (etwas erhöhte) Festpreise und sind gute Ausgangspunkte, wenn man sich ein Bild über Angebot und Preise verschaffen möchte.

Assam, 8 Russel St. Teil des Assam House, führt Kunsthandwerk und Textilien aus Assam im Angebot, auch Seide.

Central Cottage Industries, 7 Chowringhee Rd, Esplanade. Teil der nationalen Kette, verkauft Kunsthandwerk, Schmuck, Silber und Stoffe aus ganz Indien, wenngleich das Angebot etwas nachlässt.

Kamala, 1st Floor, Rabindranath Tagore Centre, 9A Ho Chi Minh Sarani. In dem vom Crafts Council of India betriebenen Geschäft gibt es eine kleine, kostspielige Auswahl traditioneller und Fusions-Kunsthandwerksgegenstände aus allen Teilen Indiens.

Nagaland, 13 Shakespeare Sarani. Gute Auswahl an Naga-Schals mit roten Bändern sowie weißen und blauen Streifen auf schwarzem Grund. Die Motive sind ein Hinweis auf den jeweiligen Stamm.

Sasha, 27 Mirza Ghalib St. Die Frauenselbsthilfegruppe verfügt über eine gute Sammlung an Kunsthandwerksobjekten und Textilien einschließlich *kantha*.

Musikinstrumente

Kolkata ist berühmt für seine Sitar- und Sarod-Hersteller. Gute Instrumente sind kaum unter Rs8000 zu haben, für Topqualität zahlt man noch deutlich mehr.

Manoj Kumar Sardar & Bros., 8A Lalbazaar St, gegenüber Lalbazaar Police Station, ✆ 033/ 2237 5835, 🖳 www.monojkrsardar.com. Ashok Sardar baut sehr gute Sitars und Sarods auf Bestellung und verschickt sie auf Wunsch auch. Außerdem hat er ein paar Instrumente zum Sofortverkauf vorrätig.

Die Läden um die **Sudder Street** sind eher auf westliche Instrumente spezialisiert. Die hier angebotenen traditionellen Instrumente sind durchweg von minderer Qualität und teilweise nicht einmal stimmbar. An der **Rabindra Sarani** (Chitpore Rd) konzentrieren sich Geschäfte von sehr unterschiedlicher Qualität. Viele von ihnen beliefern Hochzeitsbands.

Kolkata bringt mehr Tabla-Spieler als jede andere Stadt hervor. Tabla-Hersteller sind an der Kalighat-Brücke und in der **Keshab Sen St** (Nebenstraße der College St) zu finden.

Stoffe und Kleidung

In Kolkata kleidet man sich eher konservativ. Es werden jedoch viele Stoffe angeboten, und die entsprechenden Händler können einen generell auch auf sehr gute und sehr billige **Schneider** verweisen (auch in der Mirza Ghalib und New Market). Maßgefertigte Schuhe sind in den noch verbliebenen chinesischen Schuhgeschäften rund um die Chittaranjan Avenue erhältlich.

Anokhi, 2nd Floor, Forum, 10/3 Elgin Rd. Die bekannte Kette verkauft schicke handbedruckte Baumwollstoffe.

Balaram Saha, 14/6 Gariahat Rd. Tangail-, Baluchari- und Kantha-Saris aus Bengalen.

Fabindia, 234/3-A AJC Bose Rd. Diese trendige Boutique-Kette bietet eine gute Auswahl handbedruckter *kurtas* und *salwar kameez* sowie Shirts, Stoffe und Einrichtungsgegenstände. Es werden natürliche Färbemittel verwendet, die nur kalt und farbsortiert gewaschen werden dürfen. Eine weitere Filiale findet sich in 16 Hindusthan Park, nahe Gariahat.

Ritu's, 46-A Rafi Ahmed Kidwai Rd. Die edle *salwar kameez*-Boutique wurde von einer inzwischen international berühmten Designerin eingerichtet, die in diesem Laden ihre erste Kollektion entwarf.

Die Sportbegeisterung ist groß in Kolkata. **Fußball**spiele – vor allem die zwischen den beiden führenden Teams Mohan Bagan und East Bengal – und Cricket-Testspiele ziehen massenhaft Zuschauer an. Es gibt zwei große Stadien: das **Ranji** in Eden Gardens und das **Salt Lake** am östlichen Stadtrand.

Der **Maidan**, wo der Calcutta Bowling Club und der Ladies Golf Club beheimatet sind, ist ein begehrtes Pflaster für spontane Cricket- und Fußballspiele. Außerdem finden hier im Winter und Frühjahr regelmäßig Pferderennen des Calcutta Turf Club statt. Im Winter spielen oft auch Teams der Militärstreitkräfte auf dem Gelände in der Mitte des Rennplatzes **Polo**. Auf dem Maidan sind hin und wieder Leute zu sehen, die **Kabadi** spielen, eine Art Fangspiel, das zwei Mannschaften auf einem Feld von der Größe eines Badmintonplatzes austragen.

Gegen eine Tagesgebühr von Rs500 dürfen auch Nichtgäste den **Swimming Pool** des Hindusthan International Hotel, 235-1 AJC Bose Rd, ✆ 033/2247 2394, benutzen.
Der elitäre Royal Calcutta Golf Club ist nach dem St Andrews in Schottland der zweitälteste **Golfplatz** der Welt. Direkt gegenüber, auf der anderen Straßenseite, liegt der hervorragend ausgestattete Tollygunge Club, wo man (die richtigen Beziehungen vorausgesetzt) vielleicht den Pool und die **Tennisplätze** benutzen kann.

Sonstiges

Apotheken
Angel, 151 Park St, ⊙ 24 Std.;
Dey's Medical Stores, 6 Lindsay St und 20-A Nelly Sengupta Sarani;
Dhanwantary Clinic, 65 Diamond Harbour Rd, ⊙ 24 Std.;
Welmed, 4–1 Sambhunath Pandit St, ⊙ Mo und Di 24 Std.

Autovermietungen
Autoriders, 10-A Ho Chi Min Sarani, ✆ 033/2282 3561;
Avis, Oberoi Grand Hotel, 15 Chowringhee Rd, ✆ 033/2217 0147;
Wentz, ✆ 033/3293 4634, am Flughafen ✆ 033/3958 7217.

Bibliotheken
Asiatic Society Library, 1 Park St; **British Council Library**, 16 Camac St (für eine monatliche Gebühr Buchausleihe, Katalogzugriff und preiswerte Internetnutzung); **National Library**, 1 Belvedere Rd; **Ramakrishna Mission Library**, Gol Park; **University of Kalkutta Library**, College Square.
Seagull Arts and Media Resource Centre, 36-CSP Mukherjee Rd, unweit der Polizeistation Bhowanipur. Kleine, aber nette und organisierte Bibliothek mit AC.

Flussfahrten
Dampferfahrten auf dem Hooghly, in den Sundarbans und Murshidabad (Okt–April) veranstalten **Vivada Cruises**, ✆ 033/2463 1990, 🖥 www.vivadacruises.com, und die luxuriösere

Assam Bengal Navigation Company, ✆ 0361/260 2223, 🖥 www.assambengal navigation.com.

Geld
Am Flughafen unterhält die **State Bank of India** (SBI) einen 24-Std.-Schalter, wo man Geld wechseln kann. Auch **Thomas Cook** ist im internationalen Terminal vertreten.
Es gibt zahlreiche private **Wechselstuben** in der Gegend von Sudder St, New Market und Park Street; manche haben sehr gute Wechselkurse. Zu den Banken im Zentrum, die Geld wechseln, gehören **SBI**, 38B Chowringhee Rd und 1 Strand Rd, **Standard Chartered Bank**, 41 Chowringhee Rd, und **Citibank**, 43 Chowringhee Rd. Fremdwährungen wechseln außerdem **Thomas Cook**, Chitrakoot Building, 230 AJC Bose Rd, ✆ 033/2247 5378, und **American Express**, 21 Old Court House St, in der Nähe des westbengalischen Touristenbüros, ✆ 033/2248 6283. Die **Geldautomaten** der meisten Banken wie SBI und Axis sowie HSBC, 3-A Shakespeare Sarani, HDFC, BBD Bagh East, und ICICI, 24-B Camac St, akzeptieren MasterCard, Visa, Cirrus und Maestro.

Informationen und Touren
India Tourism, 4 Shakespeare Sarani, etwa auf halber Höhe der Chowringhee Rd, ✆ 033/2282 5813 oder 2282 7731, ✉ indtour610@ dataone.in. Die ausgezeichnete, freundliche Einrichtung ist die beste Informationsquelle über Kolkata, Westbengalen und entferntere Ziele und hilft auch mit Besichtigungsempfehlungen und Tourbuchungen weiter. ⊙ Mo–Fr 9–18 Uhr, Sa 9–13 Uhr.
Government of West Bengal Tourist Bureau, 3/2 BBD Bagh East, nahe Writers' Building, ✆ 033/4401 2048, 🖥 www.westbengaltourism. gov.in, organisiert Stadtrundfahrten und Rundreisen durch Westbengalen, stellt die erforderlichen Genehmigungen für die Sundarbans aus und bucht Touren und Unterkünfte dort. ⊙ Mo–Sa 10.30–16.30 Uhr.
Die **Touristeninformationsschalter** in den beiden Terminals am Flughafen und im Bahnhof Howrah sowie Sealdah offerieren ähnliche Dienste.

Englischsprachige **Zeitungen** wie *Statesman*, *Telegraph* und *Hindusthan Standard* sind die wichtigsten Informationsquellen über aktuelle Ereignisse. Ausgezeichnete Hinweise und allgemeine Informationen über Kolkata bietet das monatlich erscheinende **Magazin** *Cal Calling* (Rs45). Ebenfalls nützlich ist die kostenlose Broschüre *Explocity Kolkata*, ⌨ www.kolkata.explocity.com, die in manchen teureren Hotels ausliegt.

Zahlreiche private Anbieter veranstalten Stadtbesichtigungen. Die Stadtrundgänge von **Help Tourism**, ✆ 033/2455 0917, ⌨ www.helptourism.com, bieten hervorragende Einblicke in das historische Herz der Stadt (4–5 Std., Rs600). Die von **Calcutta Walks**, ✆ 9830/184030, ⌨ www.traveleastindia.com, sind ausgezeichnet organisiert, aber teuer und kosten ab Rs1250. Calcutta Walks bietet auch Flussfahrten an, ebenso wie **Vivada Cruises**, ✆ 033/2463 1990, ⌨ www.vivadacruises.com. Wer die Stadt lieber in Eigenregie erkunden möchte, kann sich den Stadtführer *A Jaywalker's Guide to Calcutta* von Soumitra Das kaufen, der in Buchhandlungen wie Oxford erhältlich ist.

Nützliche Reiseinformationen halten insbesondere die Büros der nordöstlichen Bundesstaaten und das der Andamanen und Nikobaren bereit (Details über Permits s. S. 838):
Andamanen und Nikobaren, 2nd Floor, DP-7, Sector 5, ✆ 033/2356 7629;
Arunachal Pradesh, Block CE, 109 Sector 1, Salt Lake, ✆ 033/2321 3627;
Assam, 8 Russel St, ✆ 033/2229 5094;
Manipur, 26 Rowland Rd, ✆ 033/2475 8075;
Meghalaya, 120 Shantipally, EM Bypass, ✆ 033/2441 1932;
Mizoram, 24 Old Ballygunge Rd, ✆ 033/2461 5887;
Nagaland, 11 Shakespeare Sarani, ✆ 033/2282 5247;
Orissa, 41 und 55 Lenin Sarani, ✆ 033/2249 3653;
Sikkim, 4/1 Middleton St, ✆ 033/2281 5328;
Tripura, 1 Pretoria St, ✆ 033/2282 5703.
Eine weitere nützliche Touristeninformation ist das Büro des **Darjeeling Gurkha Hill Council**, India Tourism, 4 Shakespeare Sarani, ✆ 033/2282 1715.

Internet

Internetzugang (ab Rs15 pro Std.) ist überall in der Stadt leicht zu finden. Zu den zahlreichen Anbietern um die Sudder St gehört das **Hotel Maria**. Mit Abstand am freundlichsten ist aber **Gomukh**, 7 Sudder St, hinten im Hof. Gleich daneben gibt es einen Souvenirladen und ein Café – Besucher müssen die Schuhe ausziehen. **Sify iWays** gehört zu einer zuverlässigen Kette mit vielen Filialen in der Stadt, z. B. in der 57A und 59B Park St sowie im New Empire Building nahe New Market.

Konsulate

Bangladesch, 9 Circus Ave (Sheikh Mujib Sarani, ✆ 033/2247 5208;
Deutschland, 1 Hastings Park Rd, Alipore, ✆ 033/2479 1141;
Myanmar, 57K Ballygunge Circular Rd, ✆ 033/2485 1658;
Nepal, 1 National Library Ave, Alipore, ✆ 033/2479 1224;
Österreich, Industry House, 12th Floor, 10 Camac St, ✆ 033/2283 5660
Schweiz, c/o Titagarh Wagons Ltd., 113 Park St, ✆ 033/2229 5542
Singapur, 8 AJC Bose Rd, ✆ 033/2247 4990;
Sri Lanka, Nicco House, 2 Hare St, ✆ 033/2281 5354;
Thailand, 18-B Mandeville Gardens, ✆ 033/2440 7836.

Medizinische Hilfe

Die billigen staatlichen Krankenhäuser haben in der Regel ein schlechtes Management. Private Institute sind zwar teurer, doch wesentlich besser. Im Falle einer schwerwiegenden Krankheit ist es ratsam, sich mit dem Konsulat des Heimatlandes in Verbindung zu setzen. Gute Privatkliniken sind z. B.: **Belle Vue**, 9 Dr. U.N. Loudon St, ✆ 033/2287 2321;
Ruby General, EM Bypass, Kasba, ✆ 033/2442 0291;
Woodlands Nursing Home, 8/5 Alipore Rd, ✆ 033/2456 7075-89;
Krankenwagen, ✆ 102;
Dhanwantary Clinic, ✆ 033/2449 3734;
St Johns Ambulance Brigade, ✆ 033/2248 5277;
Bellevue Clinic, ✆ 033/2247 2321.

Permits und Visa

Foreigners' Registration Office, 237-A AJC Bose Rd, ☎ 033/2247 3301.

Polizei

☎ 100. Zentrale in der Lal Bazaar St, BBD Bagh, ☎ 033/2241 3230. Eine weitere Station befindet sich in der Park St, ☎ 033/2226 8321.

Post

Das **GPO** (Hauptpostamt) im Westen des BBD Bagh hat einen Poste-restante-Schalter und eine Philatelie-Abteilung. Bequemer zur Sudder St liegt das Postamt am New Market, Mirza Ghalib St. Für Paketversand eignet sich am besten das große und freundliche Postamt an der Park St, wo unternehmerische Privat-personen die gesamte Abwicklung gegen verhandelbare Preise erledigen. Schnelleren Service bieten mehrere **DHL**-Filialen, u. a. in 6 Kedia Villa, Marquis St, ☎ 033/2217 1675.

Reisebüros

Thomas Cook, Chitrakoot Building, 2nd Floor, 230 AJC Bose Rd, ☎ 033/2247 5378, bieten Rundreisen, internationale Flüge und Geldwechsel an.

Nationale und internationale Flüge vermitteln zahlreiche Reisebüros in der Umgebung der Sudder St. **Chocks-Off**, 1 Cockburn Lane, nahe Royd St, ☎ 033/2246 8780, ✉ chocks@cal3.vsnl.net.in, ist sehr zuverlässig und effizient.

Warren Travels, 31 Chowringhee Rd, ☎ 033/2226 6612, kümmert sich um Flüge, Hotelbuchungen und Gruppenreisen.

Tourveranstalter

Help Tourism, ☎ 033/2455 0917, 🖳 www.help tourism.com, bietet diverse Touren, z. B. in die Sundarbans und zur Wildtierbeobachtung in Nordbengalen.

Himalayan Footprints, ☎ 9830/033896. Informative und flexible Wildbeobachtungs-touren, Naturwanderungen und Touren zu den Sundarbans sowie nach Sikkim und Darjeeling.

Kali Travel Home, ☎ 033/2248 7980, 🖳 www. traveleastindia.com. Der flexible Anbieter veranstaltet Touren durch Bengalen sowie Kochkurse und vermittelt Farmstays.

Die **Metro** (Indiens erste U-Bahn) stellt ein rasches, sauberes und funktionierendes Mittel der Fortbewegung bereit. Auch der Fluss ist ins Transportsystem integriert. Dreh- und Angelpunkt der **Fähren** sind die *ghats* in der Nähe der Eden Gardens. Um dem Straßen-verkehr zu entgehen, kann man mit einer der regelmäßigen **Fähren** von Chandpal Ghat nach Howrah Station übersetzen (Rs4), die zu den Stoßzeiten allerdings auch reichlich überfüllt sind. In allen öffentlichen Verkehrsmitteln (vor allem in überfüllten Bussen) ist Vorsicht vor **Taschendieben** geboten.

Busse

Kolkata besitzt ein ausgedehntes und kompliziertes Busnetz (Fahrplaninformationen unter 🖳 www.calcuttaweb.com). Verkehrs-zeiten sind zwischen 5 und 23 Uhr. Die Busse sind oft überfüllt und ein Tummelplatz von Taschendieben.

Nützliche Buslinien sind **Nr. 8** von Howrah via Esplanade nach Gariahat; **Nr. S17** von Chetla bei Kalighat via Esplanade nach Dakshineshwar und **Nr. 5** und **Nr. 6** via Howrah und dem Gebiet Esplanade-Chowringhee mit Stopp am Indischen Museum am oberen Ende der Sudder Street. **Nr. C6** verkehrt via Chowringhee, obere Park Street und über die zweite Hooghly-Brücke (Vidyasagar Setu) zum Botanischen Garten; in der anderen Richtung (nach Norden) fährt der Bus zur College Street.

Busse mit vorangestelltem **S** bezeichnen spezielle Expresslinien, die geringfügig teurer als Normalbusse sind. Als eine der 6 Executive-Buslinien (Green Line) fährt **Nr. GL1** von Esplanade zum Flughafen.

Die **Whiteliners**, weiße AC-Busse, verkehren zwischen Tollygunge (via Gariahat) und Flughafen.

Daneben bedienen rücksichtslos rasende private braun-gelbe **Minibusse** je nach Bedarf eingerichtete Routen – die Ziele prangen meist in Bengali und Englisch an den Fahrzeugseiten. Das Ein- und Aussteigen ist gefährlich und es kommt oft zu Unfällen, da die wenigsten zum Halten an den Straßenrand fahren.

Kolkata und Westbengalen

Metro

Trotz einiger Alterserscheinungen ist die 1984 eingeweihte Metro russischer Bauart bis heute mindestens so gut, wie die Stadtbewohner mit Stolz behaupten – mit im Minutentakt pünktlich verkehrenden Zügen. **Fahrzeiten:** Mo–Sa 7–21.45, So 15–21.45 Uhr. Die Fahrtkosten sind niedrig und beginnen bei Rs4. Die gesamte Fahrt von Dum Dum unweit des Flughafens nach Kavi Nazrul Islam (Garia) im Süden kostet nur Rs8. Eine Ost-West-Linie ist geplant. Aktuelle Informationen über den Stand der Arbeiten gibt es auf ⌨ www.kolmetro.com.

Straßenbahn

Kolkatas schwerfällige Straßenbahn, ⌨ www.calcuttatramways.com, seit der Inbetriebnahme 1873 bis auf die eine oder andere Neulackierung kaum verändert, wurde teilweise stillgelegt. Aber bestimmte Strecken werden noch bedient und man ließ ein „neues" Modell mit hohen Glasfenstern eingeführt. Weibliche Reisende schätzen vor allem zur Stoßzeit die *women-only*-Waggons.

Praktische Linien sind z. B. **Nr. 29** von BBD Bagh nach Tollygunge über den Maidan, Hazra Mor und Kalighat, und **Nr. 1** von der Esplanade zur College Street.

Taxis

Kolkatas schwarz-gelbe Taxis sind in der Regel sehr preiswert, besonders bei längeren Strecken wie zwischen Flughafen und Innenstadt (rund Rs250 für 20 km). Manche Fahrer lehnen kurze Fahrten oder Fahrten in bestimmte Gegenden ab. Zwischen 22 und 6 Uhr wird ein 25 %-iger Nachtaufschlag erhoben; zwei Gepäckstücke sind frei, für jedes weitere und für die Verstauung im Kofferraum wird zusätzlich kassiert.

Die meisten Taxis haben funktionierende **Taxameter**. Sie benutzen diese in Verbindung mit einer **Umrechnungstabelle**, die sie mit sich führen müssen. Die aktuellen Tabellen stehen in *Cal Calling*. An einigen Bahnhöfen und am Flughafen stehen **vorausbezahlte Taxis** bereit.

Die Fahrzeuge mehrerer **privater Taxibetriebe** stehen am Flughafen, an den Bahnhöfen und

vor den großen Hotels. Sie sind sicherer und bequemer, haben AC und vorgedruckte Quittungen. Zu ihnen gehören **Kolkata Cabs**, ☎ 4433 3222, **Mega Cab**, ☎ 4141 4141, und **Blue Arrow**, ☎ 13658 oder ☎ 9239/244416.

Rikschas

Obwohl sie eigentlich verboten werden sollten, gibt es in Kolkata immer noch von Menschen gezogene Rikschas. Sie stehen jedoch nur in den zentralen Stadtgebieten zur Verfügung, besonders rund um New Market, wo einige Rikschamänner ihr mageres Einkommen als Schlepper und Zuhälter aufbessern. Die Rikschas sind vor allem im Monsun lukrativ, wenn Straßen hüfthoch überschwemmt sind und die Rikschamänner eine angemessene Geldsumme für ihre Anstrengungen fordern können. Die meisten Rikschamänner sind obdachlose Bihari, die ein kurzes und hartes Leben führen. Man sollte um realistische Preise feilschen, aber am Ende ein kleines Bakschisch geben.

Transport

Busse

Wer die 560 km lange Nachtfahrt nach SILIGURI (4x tgl., 12 Std.) – Umsteigestation nach Darjeeling und Sikkim – wagen will, ist mit dem Royal Cruiser Service, Abfahrt 18.30 Uhr am Esplanade Bus Stand, knapp 500 m nördlich der Sudder St (12 Std., Rs900 im AC-Bus), am besten beraten. Weitere Busse fahren von hier z. B. nach BEHRAMPUR (Richtung MURSHIDABAD), BISHNUPUR, MALDA und RAMPURHAT (Richtung TARAPITH), nach BASANTI, zu den SUNDARBANS (die meisten frühmorgens) sowie zu Zielorten im Süden wie DIAMOND HARBOUR und noch weiter.

Fernbusse von Süden nutzen den **Busbahnhof Babu Ghat** in der Nähe von Fort William am Ostufer des Flusses. Die meisten anderen, z. B. die aus DARJEELING, laufen den **Esplanade Bus Stand** (s. o.) an. Am Babu Ghat befinden sich die Schalter von Orissa Roadways, ☎ 9433/143428, und West Bengal State Transport, ☎ 033/241 6388. Busse fahren von dort nach BHUBANESWAR (4x tgl., 8–10 Std.) und PURI (4x tgl., 12 Std.) in Orissa.

Eisenbahn

Kolkata hat drei große Bahnhöfe und einer vierter ist im Bau. Züge werden oft umgesetzt, daher sollte man sich doppelt und dreifach versichern, dass der Zug, den man nehmen will, wirklich vom angegebenen Bahnhof abfährt. Leider ist kein einziger Bahnhof ans U-Bahn-Netz angeschlossen.

Howrah – Ankunftsort der meisten wichtigen Züge von Süden und Westen – befindet sich einige Kilometer westlich des Zentrums am anderen Hooghly-Ufer. Um von hier aus in die Innenstadt zu kommen, muss der Verkehr die Howrah Bridge passieren – eine hervorragende Einführung ins städtische Verkehrschaos, besonders in der Stoßzeit, die am späten Vormittag beginnt. Die Schlepper und Taxifahrer draußen sollte man meiden: Es gibt einen Vorauszahlungs-Taxistand, an dem man ein Ticket für Rs65–100 zur Sudder Street und Park Street im Zentrum lösen kann.

Minibusse und **Busse** von Howrah bedienen Ziele in der ganzen Stadt. Sie sind aber in der Regel sehr voll. Eine gute Alternative ist die **Fähre** (Rs4). Der Beschilderung vom Bahnhofstor folgen, über den Hooghly übersetzen zur Babu Ghat oder der benachbarten Chandpal Ghat in der Nähe der BBD Bagh, von wo man mit einem Taxi mit Taxameter oder einem Bus weiterfahren kann.

Die schmucke **Kolkata Station** (oder Terminus, auch „Chitpur Station" genannt) liegt 1 km von der U-Bahnstation Shyambazar entfernt. Von dort sind es nur sieben Haltestellen Richtung Süden bis zur Park Street (wo sich die Sudder St-Hotels befinden). Es gibt keine vorausbezahlten Transportmittel in die Stadt, aber einen Taxistand sowie Motor-Rikschas zum U-Bahnhof Shyambazar.

Vom **Shalimar**, dem neuesten Bahnhof, der 5 km südlich von Howrah erbaut wird, fahren bislang nur eine Handvoll Züge ab. Der Bahnhof ist das Drehkreuz von Southern Railways.

Der Bahnhof **Sealdah**, auf dessen Parkplatz es einen Schalter für **vorausbezahlte Taxis** gibt, liegt am Ostrand der Innenstadt. Früher war er die Hauptanlaufstelle der Züge aus dem Norden. Er wird nach und nach zu einem Regionalbahnhof herabgestuft.

Fahrplaninfos gibt es unter ☏ 033/2230 3545/54 oder ☏ 033/2230 3535. In den ans Computernetz angeschlossenen *booking offices* an allen vier Bahnhöfen, ⏰ Mo–Sa 10–13 und 13.30–17, So und feiertags 10–14 Uhr, und überall in der Stadt lassen sich ganz einfach **Bahnfahrkarten** für die Weiterfahrt von Kolkata reservieren: **Eastern and South Eastern Railways**, Alexandra Court, 61 Chowringhee Rd, Rabindra Sadan; **Computerized Booking Office**, 3 Koilaghat St; New Koilaghat, 14 Strand Rd (Öffnungszeiten wie oben). Man kann aber auch online (s. S. 76) oder in einem Reisebüro buchen. Das Touristenbüro im 1. Stock des Büros von **Eastern Railways** im Nordwesten von BBD Bagh, 6 Fairlie Place, ☏ 033/2222 4206, verkauft Touristenquoten-Bahntickets (Öffnungszeiten wie oben). Wer in Rupien bezahlt, muss eine **Umtauschquittung** vorlegen (Bankbeleg oder Geldautomatenauszug), um einen Schlafwagenplatz reservieren zu können. Für die meisten Züge können Reservierungen bis zu 60 Tage im Voraus getätigt werden. Allgemeine **Reservierungsauskünfte** gibt es unter ☏ 033/2230 3496, 1331 oder 135.

Flüge

Kolkatas 20 km nördlich des Zentrums gelegener Flughafen ist in einen nationalen und einen internationalen Bereich unterteilt. Der offizielle Name lautet „Netaji Subhash Bose International Airport", doch verbreiteter ist die alte Bezeichnung **Dum Dum**. Der trostlose **International Terminal** wird zurzeit einer langwierigen Modernisierung unterzogen, bietet Geldwechselschalter (24 Std.), einen Schalter von Thomas Cook, einen **Vorauszahlungs-Taxistand** und eine Touristeninformation von India Tourism. Der 500 m südlich gelegene moderne **Domestic Terminal** ist besser ausgerüstet: Hier gibt es u. a. Buchungsschalter für Unterkünfte und Eisenbahn-Reservierung.

Der Flughafen besitzt auch **Retiring Rooms** (Rs700 mit AC, Rs225 ohne AC, außerdem ein Dorm), buchbar im Büro des Airport Manager entweder im internationalen Terminal (gegenüber befindet sich ein Gepäckaufbewahrungsschalter) oder im Inlandsterminal.

Informationen über Fluggesellschaften und Flüge vom Kolkata Airport unter ✆ 033/2511 8787 oder 2511 9721, Flughafenauskunft vom Band ✆ 033/2511 9272: allgemeine Auskünfte ✆ 1400, Ankunft ✆ 1402, Abflug ✆ 1403.

Die Inlandsflugverbindungen von Kolkata aus sind hervorragend, die internationalen dagegen begrenzt. Es gibt Direktflüge nach Bangkok, Singapore, Myanmar, Bangladesh, Kathmandu und Bhutan. Air India, Jet Airways, Emirates und Lufthansa fliegen – mit Umsteigen – nach Europa. Kontaktdaten von Fluggesellschaften s. u. Aktuelle Flug- (und Bahnfahr-)pläne stehen in *Graphiti*, der Wochenbeilage von *The Telegraph*.

Transport vom Flughafen

Ein **Pre-paid Taxi** zur Sudder Street im Zentrum kostet rund Rs260. Als Alternative bietet sich eine Fahrt mit dem Shuttle-Bus oder Taxi (ca. Rs70) zur **Metro**-Station Dum Dum (5 km) an, anschließend geht es weiter mit der U-Bahn in die Stadt; die Sudder Street ist nur einen kurzen Fußmarsch von der Station Park Street entfernt. Dabei ist zu beachten, dass keine sperrigen Gegenstände (Fahrräder, Sportausrüstung etc.) mit in die U-Bahn genommen werden können.

Internationale Fluggesellschaften

Bangladesh Biman, 55B Mirza Ghalib St, ✆ 033/2227 6001;
British Airways, ✆ 9831/377470 oder ✆ 033/2511 8424;
Druk Air, 51 Tivoli Court, 1A Ballygunge Circular Rd, ✆ 033/2280 5376;
Emirates Airlines, Trinity Towers, 83 Topsia Rd (South), ✆ 1800/233 2030;
GMG Airlines, 20H, Park St, ✆ 033/3028 3030;
Gulf Air, Chitrakoot Building, 230A AJC Bose Rd, ✆ 033/2283 7996;
KLM, Jeevan Deep, 1 Middleton St, ✆ 033/2283 0151;
Lufthansa, T2 8A Millennium City, IT Park, Salt Lake, ✆ 4002/42000 oder ✆ 033/2511 2266;
Singapore Airlines, DN62, Unit 9A Millennium City, IT Park, Salt Lake, ✆ 033/2367 5422;
Thai Airways International, 8th Floor, Crescent Tower, 229 AJC Bose Rd, ✆ 033/2280 1630;
United Airlines BD, Saberwal House, 55B Mirza Ghalib St, ✆ 033/4001 7235.

Nationale Fluggesellschaften

Air Deccan, ✆ 9831/677008;
Indian (Air India/Air India Express), 39 Chittaranjan Ave, ✆ 1407 oder 033/2211 0730, ⊕ 24 Std., ebenso wie der dazugehörige Touristenschalter;
Indigo, ✆ 09910/383838;
Jet Airways, 18-D Park St, ✆ 033/3984 0000; Flughafenauskunft ✆ 033/2511 9894;
Jet Lite, ✆ 1800/223020;
Kingfisher Airlines, ✆ 01800/209 3030;
Spicejet, ✆ 1800/180 3333.

Von Kolkata nach Bangladesch

Kolkata ist das Eingangstor nach Bangladesch. Das benötigte Visum erteilt das **Konsulat von Bangladesch**, 9 Circus Ave, ✆ 033/2247 5208 App. 207 für die Visa-Abteilung, ⊕ Mo–Fr 9–17 Uhr. Visa werden noch am gleichen Tag ausgestellt, wenn der Reisepass vor 10 Uhr vorgelegt wird.
Bangladesch ist per Bahn, auf dem Straßenweg und mehrmals täglich mit dem Flugzeug von Kolkata nach Dhaka zu erreichen.
Der einzige **Direktzug** nach DHAKA, der Moitri Express (Mi und Sa 7.10 Uhr; Tickets beim Foreign Tourist Bureau, Fairlie Place, s. o.), fährt an der Kolkata Station ab. Ohne Visum gibt's aber keine Fahrkarte.
Ein **Direktbus** fährt vom Salt Lake International Karunamoyee Terminal, ✆ 033/2359 8448, Taxifahrt vom Zentrum Rs140) nach Dhaka (Mo–Sa 6.30 Uhr, 12 Std.; Rs1000). Auch hier gibt es eine Fahrkarte nur mit Visum.
Mehrere Reisebüros in der Umgebung von Sudder St und Marquis St verkaufen Tickets für Privatbusse nach Dhaka. Abfahrt ist am Esplanade Bus Stand, und an der Grenze muss man umsteigen.

Von Kolkata auf die Andamanen

Flüge
Air India und Jet Lite fliegen tgl. nach PORT BLAIR.

Schiffe
Ein Schiffsticket (3–4 Abfahrten pro Monat) muss über die **Shipping Corporation of India**, 13 Strand Rd, ✆ 033/2248 2354, gebucht werden.

Kolkata und Westbengalen

Die Reise dauert 3–5 Tage, also ordentlich Lese- und anderes Futter mitbringen (die Verpflegung lässt zu wünschen übrig). Bei der Ankunft werden kostenlose 30-Tage-**Permits** ausgestellt.

Die Umgebung von Kolkata

Dakshineshwar und Belur Math

Am Rande Kolkatas, 20 km nördlich von Esplanade, steht am Ostufer des Hooghly der bekannte Tempel **Dakshineshwar** im Schatten der Bally-Brücke. Das 1855 errichtete Bauwerk ist ein Produkt der bengalischen Renaissance, das zu einer Zeit eingeweiht wurde, als immer mehr Hindus der Mittelschicht ihren Glauben in Frage stellten. Den Tempel zieren typisch bengalische Motive wie das geschwungene Dach nach Art einheimischer Dorfhütten, neun *chhatris* und Kuppeldächer, die an Bienenwaben erinnern. Der Mystiker und einflussreiche religiöse Philosoph Ramakrishna war hier einst in Amt und Würden; in seinem ehemaligen Zimmer neben dem Hauptportal sind einige Stücke aus seiner persönlichen Habe zu sehen.

Von Dakshineshwar gelangt man über die Brücke zum 3 km südlich am Westufer des Hooghly gelegenen, ruhigen 16 ha großen Campus von **Belur Math**, ⌨ www.belurmath.org. 1938 von Ramakrishnas Schüler Swami Vivekananda gegründet und nach seinem Tod fertiggestellt, birgt das Kloster Tempel und Museen, der Mission gewidmet sind. Es vereint in sich Elemente aus verschiedenen Weltreligionen. Das Portal ist von der frühen buddhistischen Skulptur inspiriert, die Fenster weisen deutliche Bezüge zur islamischen Architektur auf und der Grundriss basiert auf dem christlichen Kreuz. ⌚ April–Sep 6–11 und 14–19 Uhr; Okt–März 6.30–11 und 15.30–18 Uhr, Eintritt frei. **Züge** aus Kolkata fahren vom Bahnhof Sealdah nach Bally Bridge bei Dakshineshwar und von Howrah nach Belur Math.

Nabadip und Mayapur

Zu Tausenden strömen Pilger in die Kleinstadt **Nabadip** (oder Nawadip) am Westufer des Hooghly, rund 100 km nördlich von Kolkata. Im 11. Jh., unter der Sen-Dynastie, war Nabadip die Hauptstadt von Bengalen und Wohnsitz des Hindu-Weisen Sri Chaitanya (1486–1533). In den Tempeln der Stadt drängen sich die Gläubigen beim *kirtan*-Singen (von einem Instrument begleitetes Mantra-Rezitieren). Ein 50 km langer *padakrama,* d. h. Pilgerfußweg, verbindet die verschiedenen Vaishnava-Stätten, die sich über neun Inseln verteilen. Auch wenn Nabadip eine Vaishnava-Stadt ist – ihr stimmungsvollster Tempel ist der **Kali Bari** in Poramatolla. Er schmiegt sich in die Kerben des Stammes von einem der mächtigsten Banyanbäume, die man wahrscheinlich je zu Gesicht bekommt; ringsherum stehen Marktstände. Gegenüber vom Boral Ghat (Fähre Rs5) befindet sich am anderen Flussufer das von der Hare Krishna-Gemeinde ISKCON geleitete Vaishnava-Zentrum **Mayapur**. Am Wochenende wimmelt es in dem labyrinthartigen Tempel und auf der gepflegten Parkanlage von Menschen.

Vom Howrah fahren Züge nach Nabadip, 2,5 km vom großen Boral Ghat (Rs25 per Fahrradrikscha) entfernt. Die Angestellten des ISKCON-Zentrums in Kolkata organisieren u. a. auch Fahrgelegenheiten und erledigen Reservierungen für Gästehäuser und *dharamshalas* im Mayapur-Komplex (✆ 033/2287 3757, ⌨ mayapur.com, ❶–❸).

Südlich von Kolkata: die Sundarbans

Südlich von Kolkata bis zur Küste säumt der Hooghly die Sundarbans, eine der größten Deltaregionen der Welt. Es handelt sich um ein 10 000 km^2 großes Gebiet aus Mangroven und bewaldeten kleinen Inseln, die von Schwemmsand aus dem Himalaya gebildet wurden. Die Region wurde zum Unesco-Welterbe erklärt, um die zahlreichen wilden Tiere dieser Region zu schützen, darunter Salzwasserkrokodile, Gangesdelphine, Otter und die größte Tigerpopulation der Welt. Näher bei der Stadt befindet sich der ehemalige Kolonialhafen **Diamond Harbour**, ein beliebtes Wochenendausflugsziel am Ostufer des Hooghly. Er liegt an der Strecke nach **Sagardwip**, einer heiligen Insel an der Stelle, wo der Ganges ins Meer mündet.

Sajnekhali und Sundarbans-Tigerreservat

Die mit Mangroven bedeckten Inseln der **Sundarbans** („schöner Wald") liegen im Delta des Ganges, das sich von der Mündung des Hooghly bis nach Bangladesch erstreckt. Sie sind die Heimat des **Bengal-** oder **Königstigers**, der sich erstaunlich gut an seine feuchte Umgebung angepasst hat. Er schwimmt von Insel zu Insel und legt dabei Entfernungen von bis zu 40 km pro Tag zurück.

Etwa 500 000 Menschen teilen sich das zerbrechliche Ökosystem mit den Großkatzen. Ungeachtet ihrer offiziellen Religion huldigen sie alle Banbibi, der Göttin des Waldes, und ihrem moslemischen Gemahl Dakshin Rai, Oberherrscher über die Sunderbans.

Praktische Tipps zum Park

Ausländer benötigen für eine Reise in die Sundarbans ein (kostenloses) **Permit**, das von Tourveranstaltern besorgt wird. Wer die Gegend auf eigene Faust besuchen möchte, muss sich vorab einen Erlaubnisschein beim **Government of West Bengal Tourist Bureau in Kolkata** holen. Erforderlich ist außerdem die Reservierung einer Unterkunft im Hauptcamp des Sundarbans Tiger Reserve (Eintritt Rs15) in Sajnekhali, das durch einen Drahtzaun vom Dschungel abgetrennt ist.

Die **Sajnekhali Tourist Lodge**, ☎ 03219/236560 ➍, ist eine große, verwinkelte, auf Pfählen stehende Unterkunft. Die Verpflegung ist im Preis enthalten. Zur Lodge gehört auch ein Dorm (Rs220). Auf dem nahe gelegenen Gelände des Tigerschutzprogramms „Projekt Tiger" gibt es einen Schrein für Banbibi, einen Beobachtungsturm und einen Minizoo zur Nachzucht von Schildkröten und Krokodilen. Weil manchmal Tiger über den Zaun springen, sind Streifzüge nach Einbruch der Dunkelheit nicht anzuraten. Weitere Sundarban-Beobachtungstürme stehen z. B. in Dobanki, wo ein „Skywalk" über die Mangroven führt, und in Netidhopani, das in der Nähe eines 400 Jahre alten Tempels liegt.

Der **Transport innerhalb des Reservats** findet ausnahmslos auf dem Wasserweg statt. Der Bootsverleih (ab Rs700 je nach Reiseroute) liegt in den Händen der Boatman Association, die Angestellten der Lodge sind bei der Ausleihe behilflich. Es muss ein Führer des „Project Tiger" engagiert (Rs300) und Eintritt bezahlt werden (Rs130, Videoerlaubnis Rs300). Die lauten Dieselmotoren verscheuchen die Tiere, aber bei abgeschaltetem Motor herrscht eine traumhafte Stille.

Beste **Reisezeit** für die Sundarbans sind Winter und Frühling. Da die Anreise von Kolkata auf eigene Faust sehr mühsam ist, sollte man in Erwägung ziehen, sich einer All-inclusive-**Pauschaltour** anzuschließen, die beim West Bengal Tourist Centre, ☎ 033/2248 5917, Sep–März, gebucht werden kann. Die zwei- oder dreitägigen Touren mit Übernachtung auf einem Boot oder in der Tourist Lodge gibt es ab Rs2300. Die Boote sind oft sehr voll und die Geräuschkulisse entsprechend groß, was die Wahrscheinlichkeit von Tiersichtungen reduziert. **Maßgeschneiderte Touren** (3-Tages-Tour ab Rs14 000), die von privaten Veranstaltern wie Kali Travel Home oder Neil Law von Himalayan Footprints (S. 815) mit eigenem Camp und Boot angeboten werden, gehen dagegen friedlicher und gemächlicher vonstatten.

Auf Moglis Spuren

Help Tourism (s. S. 828) hat mit dem **Sundarbans Jungle Camp** auf Bali Island am Rand des Reservats seine eigene Unterkunft. Sie besteht aus strohgedeckten Cottages, die traditionelle Architektur mit moderner Ausstattung kombinieren. In einem einzigartigen Rehabilitations- und Selbsthilfeprojekt beschäftigt das Camp einheimische Dorfbewohner – viele von ihnen ehemalige Wilderer – als Führer. Die Preise (ab Rs5000 für eine dreitägige Tour) sind gepfeffert, doch die Gelegenheit, tief in den Wald vorzudringen und einmalige Einblicke in die Kultur zu gewinnen, lohnen die Ausgabe.

Help Tourism (S. 820) hat ebenfalls ein eigenes Boot und Resort, das **Sunderbans Jungle Camp** ❽ auf Bali Island am Rand des Reservats. Die Angestellten des Camps sind Dorfbewohner aus der Umgebung, manche von ihnen ehemalige Wilderer – ein außergewöhnliches Rehabilitationsprojekt. Das **Sunderban Tiger Camp**, ✆ 033/3293 5749, 🖳 sunderbantigercamp.com ❼, mit AC-Cottages nahe Gosaba ist beliebt bei Teilnehmern der WBTC-Touren aus Kolkata. Während der Saison veranstaltet **Vivada Cruises**, ✆ 033/2463 1990, 🖳 www.vivada cruises.com, Luxusbootsfahrten in die Sundarbans. Die **Assam Bengal Navigation Company**, ✆ 0361/260 2223, 🖳 www.assam bengalnavigation.com, hat Luxusfahrten ab US$195 pro Tag im Angebot. Eine Alternative ist ein eigenes Mietboot, zu chartern in Gosaba Ghat (Godhkali) (s. unten).

Transport

Die Reise mit öffentlichen Verkehrsmitteln in die Sundarbans gestaltet sich kompliziert, egal ob per **Bahn** oder per **Bus**. Ganz wichtig ist gutes Timing, denn bei Eintritt der Dunkelheit wird der Zugang zum Wald gesperrt. Vorortzüge fahren von Sealdah nach Canning, von dort aus geht eine Fähre zum Doc Ghat – eine Sammel-Motor-Riksha nach Basanti nehmen. Eine andere Möglichkeit wäre, einen Bus vom Babu Ghat in Kolkata nach **Basanti** (6x tgl., 3 Std.) zu nehmen. Zu empfehlen ist die frühe Verbindung um 6.45 Uhr. Von Basanti nimmt man ein Auto nach **Gosaba Ghat** (Godhkali), dann die Fähre nach Gosaba Bazaar, wo man Ausschau nach einer Fahrrad-Riksha halten oder den Preis für eine Autofahrt nach Pakhirala (6 km) aushandeln muss. Von hier setzt eine Fähre nach Sajnekhali (um 7 und 18 Uhr) über. Ansonsten kann man auch in Godhkali oder Dayapur in der Nähe von Gosaba ein Boot chartern.

Am Ufer des Hooghly entlang zum Meer

Bei **Diamond Harbour**, 50 km südlich von Kolkata, mündet der Hooghly in den Golf von Bengalen. Der Hafen an dieser Stelle wurde früher von

Rabindranath Tagore

Der große bengalische Dichter Rabindranath Tagore (1861–1941) hat Generationen von Künstlern, Dichtern und Musikern inspiriert. Er entwickelte frühes Interesse am Theater und kleidete seine Gedichte in Musik – Rabindra Sangeet ist heute einer der populärsten Musiktraditionen Bengalens. Tagore, der im Westen durch den Maler William Rothenstein und den Dichter W. B. Yeats bekannt wurde, publizierte seine Gedichtsammlung *Gitanjali* erstmals 1912 in einer englischen Übersetzung und erhielt im folgenden Jahr den Literatur-Nobelpreis. Obwohl er bevorzugt in Bengalisch schrieb und Autoren ermutigte, Werke in anderen indischen Sprachen zu verfassen, beherrschte er die englische Prosa ebenso meisterhaft. Erst im Alter von 70 Jahren offenbarte sich auch sein Talent als Künstler und Maler, das sich aus Kritzeleien an den Rändern seiner Manuskripte entwickelte. Tagore inspirierte viele Künstler, darunter den Maler Nandalal Bose und später den Filmemacher Satyajit Ray, der mehrere Filme auf der Grundlage von Tagores Werken drehte.

der Ostindienkompanie genutzt, und die Ruinen einer Festung gehen angeblich auf die Zeit portugiesischer Piraten zurück. Ende Januar findet hier alljährlich das Kulturfest **Ganga Utsav** mit Theater- und Tanzvorstellungen statt, für das im Magazin *Cal Calling* geworben wird. Die Fahrt von Kolkata nach Diamond Harbour per Bus oder Bahn vom Bahnhof Sealdah ist ein beliebter Tagesausflug für die Bewohner der Stadt, die mit Vorliebe die Ausflugsdampfer bevölkern. Es ist aber auch möglich, in einem Hotel, z. B. der **Diamond Harbour Tourist Lodge** ❷–❹ (Zimmer teils mit AC) zu übernachten; Buchung im Tourist Office, ✆ 033/2248 8271.

Sehr viel mehr Luxus und einen fantastischen Eindruck vom Gangesdelta bietet das **Ffort** im nahe gelegenen Raichak, ✆ 033/2280 0043, 🖳 www.ffort.com ❽. Es verfügt über ein Wellness-Spa, erlesene Küche und ausgedehnte Grünanlagen.

Der Ort **Sagardwip** an der Mündung des Hooghly ist per Fähre vom Harwood Point nahe

Diamond Harbour aus zu erreichen und wird von Hindus verehrt, weil dort der Ganges ins Meer fließt. Der Zusammenfluss wird durch den **Tempel Kapil Muni** in Ehren gehalten. Er steht auf einer Insel, die häufig von besonders heftigen Tropenstürmen über dem Golf von Bengalen heimgesucht wird und langsam im Meer versinkt. Anlässlich des Festes Makar Sankranti (Mitte Januar) während des **Sagar Mela** strömen Hunderttausende Pilger aus ganz Indien auf die Insel und versammeln sich zum Baden im Wasser. Einige kleine Hotels, Ashrams und *dharamshalas* bieten einfache Unterkunft, während das **Larika Sagar Vihar**, ☎ 03210/240266 ❷–❸, mit etwas mehr Komfort aufwarten kann.

Vom Babu Ghat in Kolkata fahren während des *mela* Direktbusse nach Harwood Point. Ansonsten lässt sich die Insel auch mit der Vorortbahn von Namkhana aus erreichen. Der ruhige, mit Kasuarinen bestandene Strand von Bakkhali ist von dort auch leicht zugänglich. Ist man erst einmal in Sagardwip angekommen, sind es von der Fähranlegestelle bis zum Tempel noch 32 km per Bus oder Taxi.

Zentralbengalen

Zentralbengalen hat nur wenig Sehenswertes zu bieten, aber das an der Stätte des Ashrams von Rabindranath Tagores Vater entstandene **Shantiniketan** ist ein Ort des Friedens und ein Muss für jeden, der an bengalischer Musik, Kunst und Kultur interessiert ist.

Zu den anderen Höhepunkten der Region gehören die Paläste von **Murshidabad**, Bengalens letzter unabhängiger Dynastie. Wegen der maoistischen Unruhen entlang der Grenze zu Jharkhand und Orissa ist es inzwischen zu gefährlich, den Südwesten von Bengalen zu bereisen.

Bishnupur

Bishnupur, ein verschlafenes Städtchen 150 km nordwestlich von Kolkata, ist ein renommiertes Bengali-Sprachlernzentrum. Seine Berühmtheit verdankt es jedoch seinen exquisiten **Terrakot-**ta-**Tempeln**. Bishnupur war die Hauptstadt der Malla-Rajas, unter deren Schirmherrschaft es sich zu einer der größten Musikschulen Indiens entwickelte. Die moslemische Kultur Bengalens hat Bishnupur kaum beeinflusst, und so wurzelt die hiesige Tempelbautradition in der schlichten Form einer Wohnhütte. In Tempelarchitektur umgesetzt bedeutet das, dass die Gotteshäuser aus Lehmziegeln erbaut wurden (da Stein nur selten erhältlich war) und man sie mit einer kunstvoll geschnitzten Terrakottafassade versah, auf der oft Szenen aus dem Ramayana dargestellt sind. So vereinigen die Tempel schlichte Formen mit lebhafter Oberflächengestaltung.

Im weiten Umkreis von Bishnupur verstreut liegen mehrere Tempel, ⏰ tgl. 9–17 Uhr, Eintritt jeweils Rs100. Im **Raas Mancha**, 1587 von Bir Hambir in einem einzigartigen pyramidalen Stil erbaut, werden während des jährlichen Raas-Festes die Bildnisse von Krishna und Radha ausgestellt. Der gut erhaltene **Shyamarai** in der Nähe, Baujahr 1643, ist ein besonders erlesenes Beispiel von Terracotta-Kunst, der kleinere **Jorbangla** dagegen weist filigrane Details auf. Der aus dem 10. Jh. stammende **Mrinmoyee-Tempel** macht von außen nicht viel her, umschließt jedoch die glückverheißenden *nababriksha*: neun Bäume, die so zusammengewachsen sind, dass sie wie ein einziger Baum aussehen. Im Norden der Stadt steht der 1694 erbaute **Madan Mohan**. Er ist einer der größten Tempel, hat in der Mitte einen von einer Kuppel gekrönten Turm und ist mit Szenen aus dem Leben von Krishna verziert.

Unterkünfte in der Innenstadt sind z. B. die weitläufige Tourist Lodge, ☎ 03244/252013 ❷–❹, Reservierungen unter ☎ 033/2248 5168, in der auch Mahlzeiten zu haben sind, oder die Udayan Lodge, College Rd, ☎ 03244/252278 ❸–❹, mit ihrem hübschen Garten. Aber die beste Unterkunft von allen ist die ländliche Idylle Basudha ❷, eine Biofarm plus Naturschutzzentrum und wissenschaftlicher Untersuchungsanstalt in einem aus Adobeziegeln erbauten Bauernhaus, 22 km von Bishnupur, Reservierung unter ☎ 9434/062891 oder über Kali Travel Home, ☎ 033/2248 7980, 🖥 www.traveleastindia.com, s. S. 815.

Zwei **Expresszüge** (Nr. 2883 und Nr. 2827) pro Tag verbinden Bishnupur mit der Howrah Station in Kolkata.

Shantiniketan

Das nur 136 km nordwestlich gelegene und dennoch eine ganze Welt von Kolkatas Lärm und Schmutz entfernte Shantiniketan ist ein Ort der Ruhe und des Friedens – trotz des schnellen Wachstums und des Vordringens in das Stammesgebiet der Santhal. Die 1921 von **Rabindranath Tagore** an der Stätte des Ashrams seines Vaters gegründete Siedlung und ihre geisteswissenschaftliche Universität **Vishwa Bharati** wurden mit dem Anspruch errichtet, das Beste der bengalischen Kultur zu fördern. Gegen Ende der bengalischen Renaissance hatten Tagores Visionen und sein ungeheures Talent eine eigene Lebensart und Kunst hervorgebracht, wovon die Universität bis zum heutigen Tage zehrt.

Die Universität um den von Tagore entworfenen Gebäudekomplex **Uttarayan** harmoniert gut mit ihrer Umwelt, obwohl der Ort in jüngster Zeit gewachsen ist, weil sich hier viele Städter aus Kolkata niedergelassen oder Ferienhäuser gebaut haben.

Das **Kala-Bhavan-Archiv** zeigt bengalische Skulpturen und Malereien des 20. Jhs., darunter Werke von Abanendranath und Gaganendranath Tagore, Nandalal Bose und Rabindranath Tagore, sowie eine Sammlung chinesischer und japanischer Kunst. ⏰ tgl. außer Di 10–17 Uhr, Eintritt frei (mit Sondergenehmigung durch den Fakultätsleiter).

Das auch als Rabindra Bhavan Museum bekannte **Vichitra Museum** stellt Tagores Leben und Werk mit einer Sammlung seiner Gemälde, Manuskripte und persönlichen Gegenstände dar. ⏰ tgl. 10.30–13 und 14–16.30 Uhr, Di nur vormittags, Mi geschlossen, Eintritt Rs5.

Ethno-Cottages

Chhuti, 241 Charu Palli, Jamboni, ✆ 03463/252692, 🖥 www.chhutiresort.com. Komfortable und hübsche Cottages (teils AC) im Ethno-Look mit Restaurant. Die reizende Anlage ist nach wie vor die einladendste Unterkunft von Shantiniketan. Kreditkarten werden gegen eine Gebühr von 2 % akzeptiert. ❹–❺

Die berühmten **Bauls**, die Wander-Troubadoure von Bengalen, die sich einer ganz besonderen Form der Volksmusik verschrieben haben, treten beim informellen *shanibarer haat* (Samstagsmarkt, ⏰ 15–17 Uhr) auf. Er wird unter den Bäumen am Kanal von Shriniketan abgehalten. Auch zum großen **Poush Mela**, das jedes Jahr zwischen dem 22. und 25. Dezember stattfindet, kommen immer viele Bauls.

Übernachtung

Im Umkreis von Shantiniketan gibt es eine annehmbare Auswahl an Unterkünften, mehrere davon an der lärmenden Hauptstraße nach Bolpur, und einige ansprechendere Hotels in der Umgebung des Universitätsgeländes.
Bolpur Lodge, Bolpur, ✆ 03463/252662. Große, alteingesessene und gastfreundliche Lodge abseits des täglichen Rummels der Hauptstraße mit einem netten Innenhof. Große und schlichte Zimmer mit gutem Preis-Leistungs-Verhältnis und ordentliches Restaurant. ❷
Bonpulak, Shyambati, ✆ 03463/261193. Drei angenehm luftige Zimmer in einem freundlichen Familienbetrieb mit kleinem buntem Garten; Essen nach Vorbestellung. ❸
Hotel Shantiniketan, Bhubandanga, ✆ 03463/254434. Helles, in Pink gehaltenes Hotel mit hübschem Garten in einer ruhigen Gasse. Die billigeren Zimmer bieten ein besseres Preis-Leistungs-Verhältnis, Warmwasser gibt es aber nur aus Eimern. ❸–❹
Shantiniketan Tourist Lodge, Bolpur Tourist Lodge Rd, ✆ 03463/252699. Große, staatlich geführte Unterkunft mit einigen AC-Zimmern, günstigen Cottages, einem hübschen Garten und Restaurant. ❸–❻

Essen

Einige der besseren Restaurants bieten eine internationale Speisekarte, haben ihre Stärke aber in einheimischer Küche mit Betonung auf Fisch. Die **Straßencafés** auf dem Marktplatz in Ratanpalli sind vor allem abends ein beliebter Studententreff.
Das bezaubernde kleine Gartencafé **Alcha** in Ratanpalli dient gleichzeitig als Buchladen, Bibliothek (Kaution Rs200), Galerie und als kleine, aber sehr gute Boutique für Kleidung

und Einrichtungsgegenstände; außerdem ist ein schöner Ort zum Frühstücken. ⏱ tgl. 7.30–10 und 16–20 Uhr.

Das **Ghare Baire** im Gitanjali-Komplex in der Siuri Rd zählt mit seiner exklusiven Bengali-Küche zu den elegantesten Lokalen der Stadt.

Nahverkehr

Im Nahverkehr sind vor allem **Fahrrad-Rikschas** unterwegs, am besten lässt sich Shantiniketan aber mit einem **Fahrrad** erkunden, das entweder im Hotel oder in einem der Fahrradläden an der Hauptstraße geliehen werden kann.

Transport

Busse

Der **Haupt-Busbahnhof** befindet sich in Jamboni, 2 km westlich Richtung Surul.

Eisenbahn

3 km südlich von Shantiniketan liegt **Bolpur**, der nächste **Bahnhof** an der Hauptstrecke zwischen Kolkata und Darjeeling. Dort halten Züge aus Burddhaman (auch Burdwan). Der beste Zug von KOLKATA ist der Shantiniketan Express Nr. 12337, der Howrah um 10.10 Uhr verlässt, um 12.25 Uhr in Bolpur endet und eine halbe Stunde später wieder nach Howrah abfährt. In den Waggons der 2. Klasse musizieren gelegentlich Baul-Sänger.
Bester der täglich verkehrenden Expresszüge von Shantiniketan nach DARJEELING ist der Darjeeling Mail Nr. 12343, der spät nachts (0.34 Uhr) in Bolpur hält und am nächsten Morgen um 8 Uhr in New Jalpaiguri (NJP) eintrifft. Der beste Zug tagsüber ist der Kanchenjunga Express Nr. 15657 um 9.30 Uhr mit Ankunft in NJP um 18.15 Uhr, was für gewöhnlich eine Übernachtung im Gebiet von Siliguri mit sich bringt.
Reservierungen können am entsprechenden Schalter unweit der Post vorgenommen werden, ⏱ Mo–Sa 10–15 Uhr. Die dort verfügbaren **Quoten** sind sehr gering. Am Bahnhof Bolpur gibt es jedoch einen Reservierungsschalter mit Computeranschluss an das landesweite Netz und somit mehr Auswahl.

Tarapith

Tarapith, eines der bedeutendsten Zentren des **tantrischen Hinduismus**, liegt 50 km nördlich von Shantiniketan und lässt sich leicht im Rahmen eines Tagesausflugs besuchen. Der Tempel und das Einäscherungsgelände in einem Hain an dem von Schreinen gesäumten Fluss sind beliebte Aufenthaltsorte tantrischer Sadhus, bei deren Ritualen nicht selten Totenköpfe und Totenasche hinzugezogen werden. Der Tempel inmitten eines von Menschen wimmelnden Hofes ist Shakti in Form der mysteriösen und gefürchteten Göttin Tara geweiht. Die Göttin tritt dort mit silbernem Gesicht und großen Augen in Erscheinung.

Übernachtung und Essen

Tarapith hat mehrere Hotels:
Amantran, ✆ 03461/253133. Das luxuriöseste Haus am Ort. Es liegt 3 km vom Tempel an der Rampurhat Road entfernt, hat gut belüftete Zimmer, einen manikürten Garten, verschiedene kleine Cottages, manche davon mit AC, und ein gutes Restaurant. ❺–❻
Bengal Lodge, ✆ 9775/164636, nicht weit vom Fluss und nur 50 m von den Tempeleingängen entfernt. Besitzt viel Flair und preiswerte Zimmer, manche mit AC, sowie ein gut besuchtes Rrestaurant. ❷–❹
Sathi, ✆ 03461/253287. Das freundliche Hotel hat große Zimmer mit Bad, einige davon mit AC. ❷–❹
Sonar Bangla, ✆ 03461-253827. Bietet etwas mehr Komfort und besitzt ein ausgezeichnetes Restaurant. ❸–❺

Transport

Die 10 km lange Strecke zwischen Tarapith und RAMPURHAT wird von Bussen, Sammel-Motor-Rikscha-Taxis (Rs30) und normalen Taxis bedient.
Der Ganadevta Express Nr. 3017 von KOLKATA (6.05 Uhr ab Howrah) ist eine von mehreren günstigen **Bahnverbindungen**. Er verkehrt via Bolpur Shantiniketan (8.52 Uhr) zum 8 km nördlich von Tarapith gelegenen Bahnhof RAMPURHAT (Ankunft 10.20 Uhr). Der Rampurhat Express Nr. 2348 fährt über

Shantiniketan zurück. Tickets müssen unbedingt im Voraus gekauft werden, denn schon lange vor Abfahrt des Zuges herrscht auf dem Bahnhof und den Fußgängerbrücken totales Chaos.

Kendubilwa

Kendubilwa, auch Kenduli genannt, liegt am Ufer eines breiten, seichten Flusses 42 km von Shantiniketan. Es ist der Geburtsort von **Jaidev**, dem Autor der *Gita Govinda,* und die spirituelle Heimat der Bauls. Jedes Jahr Mitte Januar überschwemmen während des **Jaidev Mela** ganze Menschenmassen den kleinen Terrakotta-Tempel von Kendubilwa. Tausende Pilger, Yogis und Sadhus versammeln sich dann zwischen den Banyanbäumen, um die ganze Nacht über den Bauls zu lauschen. Im Laufe der Jahre hat sich das *mela* zu einem größeren Volksfest mit zahlreichen Buden und Rummelplatzattraktionen ausgewachsen. Während des *mela* fahren Sonderbusse von Bolpur (2 Std.) nach Kendubilwa.

Murshidabad

219 km nördlich von Kolkata, nahe der Handelsstadt **Behrampur**, liegt in sattgrüner Landschaft die historische Stadt Murshidabad mit einigen der letzten großen Zeugnisse Bengalens vor Ankunft der Briten. An den Ufern des Flusses Hooghly erinnern mehrere melancholische Bauwerke aus dem 18. Jh. an die Tage der letzten unabhängigen Hauptstadt Bengalens. Die im 18. Jh. vom Nawab **Murshid Quli Khan** gegründete Stadt verkam rasch, nachdem die Streitkräfte des Siraj-ud-Daula 1757 die Schlacht von Plassey gegen Robert Clive und seine britische Armee verloren hatten, denn die Briten kontrollierten Bengalen fortan von Kalkutta aus. Bekannt ist der Ort noch für seine Heimindustrien, allen voran für die Seidenweberei.

Murshidabads faszinierende kulturelle Mischung zeigt sich in der Architektur: vom romanischen Nawab-Palast **Hazarduari**, den General Duncan Macleod von den Bengal Engineers entwarf, bis hin zur **Katra-Moschee**, die Murshid Quli Khan im Stil der Moschee von Mekka errichten ließ. Der große U-förmige See **Moti Jheel** („Perlensee") schmiegt sich um die trostlosen Ruinen von Begum Ghasetis Palast, in dem Siraj-ud-Daula vor seiner Niederlage regierte. Weiter südlich liegt am anderen Flussufer **Khushbagh** („Garten der Freude"). Hier befinden sich unter den Gräbern vieler Nawab auch diejenigen von Alivardi Khan und Siraj-ud-Daula.

Übernachtung und Essen

Das Angebot an **Unterkünften** ist in Murshidabad begrenzt. Einladend ist das Hotel Manjusha, ☎ 03482/270321 ❷–❹, in der Nähe des Hazarduari, das Zimmer mit Balkon und einen bunten Blumengarten direkt am Fluss zu bieten hat. Das leicht per Motor-Rikscha (Rs10) oder Bus zu erreichende, 12 km entfernte **Behrampur** am verkehrsreichen Nord-Süd-Highway besitzt mehr Hotels. Das 3 km vom Zentrum an der Straße in Panchanantatala gelegene **Samrat**, ☎ 03482/251147 ❷–❺, ist günstig für den Abstecher nach Murshidabad. Es bietet Zimmer unterschiedlicher Kategorien, vom einfachen Doppelzimmer bis zu AC-Zimmern mit Teppichen, ein klimatisiertes Restaurant mit Bar und einen schönen Garten.

Transport

Zu den in Behrampur haltenden **Zügen** aus Kolkata (Bahnhof Sealdah, 4–6 Std.) gehört der Lalgola Passenger, der auch in Murshidabad hält; bessere Bahnverbindungen gibt es ab Azimganj, 20 km bzw. Rs700 per Taxi entfernt. Von Behrampur fahren zahlreiche Busse zum Busbahnhof Esplanade in KOLKATA (5–6 Std.) und nach MALDA (3 1/2 Std.).

Malda und Umgebung

Die große Handelsstadt **Malda**, 340 km nördlich von Kolkata, ist für ihre Mangos berühmt. Besonders schön ist die Stadt nicht, sie eignet sich aber prima als Sprungbrett für Abstecher zu den historischen Stätten **Gaur** und **Pandua**, beides ehemalige Hauptstädte von Bengalen. Malda liegt an der Haupteisenbahnlinie zwischen Kolkata und Nordbengalen und hat gute Bahnverbindungen, z. B. mit dem Kanchenjunga Express

Nr. 5657/5658. Entlang der Station Road findet sich eine ordentliche Auswahl an **Unterkünften** und Restaurants. An der Schnellstraße NH-34 dagegen steht das Purbanchal, ✆ 03512/266183 ❷–❹. Es bietet mehr Komfort als die Hotels an der Station Road, hat einige Zimmer mit AC, eines der besten Restaurants der Stadt und eine schummrige Bar. Ein Taxi sowohl nach Gaur als auch nach Pandua kostet jeweils Rs1500 für den ganzen Tag.

Gaur

Inmitten saftig grüner Reisfelder, 16 km südlich von Malda, liegt **Gaur**. Im 7. Jh. war sie die Hauptstadt von König Sasanka, anschließend gehörte sie erst den buddhistischen Palas, dann den Senas, den letzten Hindu-Königen von Bengalen. Zu Beginn des 13. Jhs. wurden diese von den Moslems gewaltsam vertrieben. 1537 eroberte und plünderte Sher Shah Suri die Stadt, und 1575 raffte die Pest dann auch noch die wenigen Überlebenden dahin.

Jahrhundertelang lag Gaur unter Sand und Schlick begraben, bis endlich Ausgrabungen die gewaltigen Ausmaße einer Stadt enthüllten, die zu ihrer Blütezeit über 1 Mio. Einwohner vorweisen konnte. Jüngste Funde förderten z. B. einen gewaltigen, aus Ziegeln erbauten **Palast** zutage, der über eine Kanalisation und eine Münzpräge verfügte. Ein *ghat*, an dem Ketten zum Befestigen von Bootsankern angebracht sind, lässt vermuten, dass der Ganges früher einmal am Palast vorbeifloss. Auf dem Gelände von Gaur befinden sich auch riesige Wasserbecken wie der 1,5 km lange **Sagar Dighi** von 1126. Durch das imposante, aus roten Ziegeln erbaute Tor **Dakhil Darwaza**, das 1425 während der moslemischen Herrschaft entstand, geht es zum **Fort** in der Südostecke, wo eine kolossale Mauer die Ruinen des alten Palastes umgibt. In der Nähe steht die **Qadam Rasul-Moschee**, die 1531 erbaut wurde, um einem Stein mit dem Fußabdruck des Propheten einen würdigen Rahmen zu geben. Ebenfalls nicht weit entfernt liegt das aus dem 17. Jh. stammende Grabmal von Fateh Khan, einem der Generäle Aurangzebs; die Bauweise des Mausoleums erinnert an eine Bengali-Hütte. Weitere ausgegrabene Bauwerke sind u. a. die elegante **Tantipara**-Moschee mit ihren filigranen Terrakotta-Verzierungen, die Lattan oder **Bemalte Moschee**, in der noch ein paar Überreste der emaillierten Ziegel erhalten sind, denen sie ihren Namen verdankt, und die massive **Bara Sona Masjid**, die „Herrliche Goldene Moschee", nordöstlich der Festung.

Pandua

Die prächtige **Adina Masjid** von **Pandua**, 18 km nördlich von Malda, wurde um 1370 erbaut und war damals die größte Moschee des Subkontinents. Heute liegt sie in Trümmern, doch selbst diese verraten noch den Ursprung vieler der verwendeten Baumaterialien – so dienten z. B. geschnitzte Basaltsockel aus früheren Hindu-Tempeln als Stütze für die 88 aus Ziegeln erbauten Bögen und 378 identischen kleinen Kuppeln. Der Grundriss der Moschee orientiert sich an der prächtigen Moschee von Damaskus aus dem 8. Jh. Weitere sehenswerte Baudenkmäler sind das **Eklakhi-Mausoleum** – eines der ersten quadratischen Ziegelgräber in Bengalen – mit einem geschnitzten Ganesha am Eingangstor, und die **Qutb Shahi Masjid** oder „Goldene Moschee", die zu Ehren des Heiligen Nur Qutb-ul-Alam erbaut wurde; die Überreste seines Schreines liegen ganz in der Nähe.

Der Norden von Westbengalen

Der Norden Westbengalens, wo sich die Berge des Himalaya aus der flachen Schwemmlandebene Richtung Nepal, Sikkim und Bhutan erheben, hat unvergessliche Bergpanoramen und eine berühmte Hill Station zu bieten. Die meisten Besucher reisen so rasch wie möglich über **Siliguri** weiter nach **Darjeeling**, **Kalimpong** und in den Gebirgskleinstaat Sikkim. Wer Zeit hat, sollte sich unbedingt die östlich von Siliguri gelegenen, sub-himalayischen Dooars mit ihren Teeplantagen und Wäldern anschauen. Dort findet sich auch der **Jaldapara Wildlife Sanctuary**, in dem Panzernashörner, Büffel und Wildschweine leben.

Oft legen die von der Gurkha-Bewegung ausgerufenen Streiks das Leben in den Bergen von Darjeeling lahm, darunter auch den Verkehr auf den wenigen Zufahrtstraßen. Touristen dürfen das Gebiet dann normalerweise trotzdem verlassen, müssen dafür einem Taxifahrer aber höchstwahrscheinlich Unsummen bezahlen. Wer die Region besuchen möchte, sollte vorher die Zeitungen studieren und sich im Hotel nach dem aktuellen Stand der Dinge erkundigen. Eine gute Informationsquelle ist auch 🖥 www.darjeelingtimes.

Siliguri und New Jalpaiguri

Westbengalens zweitgrößte Stadt, Siliguri, ist ein wichtiges und stetig wachsendes Wirtschaftszentrum. Bedeutend sind seine Teeauktionen. Die Stadt dient als Eingangstor nach Darjeeling, Kalimpong, Sikkim und Bhutan. Zusammen mit seinem Hauptbahnhof New Jalpaiguri – kurz NJP – und dem Flughafen in **Bagdogra** bildet es ein Schienen- und Luftdrehkreuz zwischen Kolkata, Delhi und den Bergen. Die nahe Grenze zu Nepal in **Kakarbitta** ist nun für Touristen geöffnet, aber die Busreise von dort nach Kathmandu ist anstrengend.

Die meisten Touristen lassen Siliguri links liegen, die Reiseverbindungen können allerdings eine Übernachtung erforderlich machen. Abgesehen von lebendigen Basaren wie dem **Bidhan Market** gibt es wenig Interessantes zu sehen. Eine kleine tibetische Enklave (rund 2 km vom Zentrum an der Sevoke Road) beherbergt den imposanten **Tashi Gomang Stupa**, ⏲ tgl. 5–12 und 13–17 Uhr.

Übernachtung

Viele der Billighotels nahe dem Busbahnhof – insbesondere das Delhi und das Shere-e-Punjab – genießen einen zweifelhaften Ruf in Bezug auf die Behandlung ihrer weiblichen Gäste.
Apsara, 18 Patel Rd, Pradhan Nagar, in einer Gasse parallel zur Hauptstraße, gegenüber dem Busbahnhof Tenzing Norgay, ✆ 0353/251 4252. Freundliches Budgethotel in günstiger Lage zu den Bahnhöfen und öffentlichen Einrichtungen. Einfache, saubere Zimmer mit Bad. ❷–❸

Holydon, NJP Station Rd, ✆ 0353/269 1335. Einladendes und preiswertes Hotel, das beste in Bahnhofsnähe. Einige AC-Zimmer, Restaurant und Bar, die abends sehr gut besucht ist. ❷–❹
Manila, Pradhan Nagar, ✆ 0353/251 9342. Sauberes, modernes Hotel nahe Taxistand und Bushaltestelle. Zuvorkommender Service, komfortable Zimmer, Geldwechsel (Geldautomat eine Tür weiter) und ein gutes Restaurant. Falls ausgebucht, ist das ähnliche Heritage nebenan eine Alternative. ❸–❹
Marinas, Naxalbari Rd, Bagdogra, ✆ 0353/ 255 1371. Ein sehr hübsches Hotel mit Garten in günstiger Lage sowohl zum Flughafen (kostenlose Transfers) als auch zur Grenze mit Nepal bei Kakarbitta. Die Zimmer haben alle ein Bad und sind ihr Geld wert. Außerdem gibt es ein Restaurant, eine Bar und einen Glenary Coffeeshop. ❸–❻
Nirvana, 18 Patel Rd, Pradhan Nagar, ✆ 9832/ 014001. Direkt hinter dem Restaurant Khana Khazana. Der günstig gelegene vielstöckige Block ist ein wenig komfortabler als das Apsara daneben. Die kleinen Zimmer besitzen Teppichboden und Bad. ❸
Saluja, Hill Cart Rd, ✆ 0353/243 1684. Zentral gelegenes Hotel für jedes Budget; einfache Zimmer mit Gemeinschaftsbad, aber auch komfortable DZ und das ausgezeichnete Restaurant Parivar. Noch mehr Komfort bietet das benachbarte Schwesterunternehmen Saluja Residency. ❷–❺
Sinclairs, Pradhan Nagar, ✆ 0353/251 7674, 🖥 www.sinclairshotels.com. Gehobenes, älteres Hotel das seine anhaltende Beliebtheit u. a. der guten Lage an der Straße nach Darjeeling verdankt. Komfortable, große, modernisierte Zimmer inkl. Frühstück, gutes Restaurant, Garten und Pool (nur im Sommer nutzbar). ❼
Vinayak, Hill Cart Rd, ✆ 0353/243 1130. Gutes, verlässliches Mittelklassehotel im Zentrum nahe Taxistand. Ordentliche (teils AC-) Zimmer. Restaurant im Untergeschoss mit guter indischer Küche. ❸–❻

Essen

Die besten Restaurants befinden sich in Hotels wie dem Vinayak und Saluja an der Hill Cart Road. Beide haben gute chinesische und

Kolkata und Westbengalen

indische Küche. An der Pradham Nagar, gegenüber vom Bahnhof, bietet das ausgezeichnete Café **Khana Khazana** vielfältige Gerichte von *dosas* bis zu Pizzas.
Das einfache, aber legendäre **Kalpana Pice** im Bidhan Market wartet mit bengalischer Küche auf. Und das **Kalpataru Pice Hotel**, Rani Tanki More, Sevoke Rd, und ist berühmt für seine Fischgerichte.

Sonstiges

Geld
Das Delhi Hotel gegenüber vom Busbahnhof in der Hill Cart Rd hat einen Geldwechselschalter. Ansonsten bietet sich die **State Bank of India**, Mangaldeep Building, Hill Cart Rd, an. Es gibt mehrere **Geldautomaten**, u. a. gegenüber dem Manila Hotel in der Hill Cart Road und in der Umgebung der Sevoke More.

Informationen
Government of West Bengal Tourist Office, gegenüber dem Busbahnhof in der Pradhan Nagar, ℘ 0353/251 1979. Reserviert Zimmer in Touristen-Lodges, z. B. im Jaldapara Wildlife Sanctuary. ☉ Mo–Fr 10.30–16, Sa 10.30–13 Uhr.
An der NJP-Station und am Flughafen gibt es ebenfalls Touristeninformationen.
Gegenüber dem Busbahnhof bietet das **Sikkim Tourist Information Centre**, SNT Colony, ℘ 0353/251 2646, im selben Bereich wie Sikkim Nationalized Transport, Informationen und **Permits für Sikkim** (s. S. 838). ☉ Mo–Sa 10–16 Uhr.

Post
Die Hauptpost liegt in der Kacheri Rd, mit einer Filiale nahe dem Central Railway Booking Office und einer nahe dem Busbahnhof.

Touren
Help Tourism, First Floor, Malati Bhavan, 143 Hill Cart Rd, ℘ 0353/253 5892, 🖳 www.helptourism. com. Siliguris bester privater Veranstalter organisiert Touren mit Wildtierbeobachtung und Übernachtung in dörflichen Homestays und Gästehäusern sowie Trekking-, Adventure- und andere Touren abseits der Pfade.

Nahverkehr

In Siliguri kämpfen sich **Motor-** und **Fahrrad-Rikschas** (Rs45 bzw. Rs90) durch den häufig verstopften Marktbereich zwischen dem Bahnhof New Jalpaiguri und Siliguri. Während **Sammel-Vikrams** (Auto-Taxis) p. P. Rs30 berechnen, nehmen Taxifahrer Rs300. Für Kurz- und Langstrecken mit Motor-Rikschas und **Taxis** empfiehlt sich der Vorauszahlungsschalter vor dem Hauptbahnhof.

Transport

Busse, Jeeps und Taxis
Die meisten Busse nutzen den **Busbahnhof Tenzing Norgay** in der Hill Cart Rd, Ecke Pradhan Nagar, ganz in der Nähe der meisten Hotels und der Taxistände nach Darjeeling. Über Nacht fahrende „Luxus"-**Busse** nach KOLKATA (mit AC Rs900, 12 Std.) wie der Rocket Bus und Royal Cruiser sind billiger als der Zug und haben den Vorteil, dass man in Esplanade in der Nähe der zentralen Sudder Street aussteigen kann. Die Straßen sind allerdings in einem desolaten Zustand, sodass man sich auf viel Rüttelei gefasst machen muss.
Standardbusse fahren von Siliguri nach Kolkata, Patna und Guwahati, doch der Zug ist die weitaus bequemere Alternative. Nach CHALSA und MADARIHAT gibt es regelmäßige Verbindungen mit Anschluss in die Tierschutzgebiete.

Eisenbahn
Alle wichtigen Züge, die überwiegend in Guwahati enden oder starten, bedienen nicht den Bahnhof von Siliguri, sondern die 4 km östlich gelegenen Bahnhof **New Jalpaiguri** (NJP). Reservierungen können im Bahnhof NJP oder im Central Railway Booking Office, Bidhan Rd, nahe dem Kanchenjunga-Stadion in Siliguri getroffen werden, ☉ tgl. 8–16 Uhr.
Der beste Zug nach KOLKATA (Bahnhof Sealdah) ist der Darjeeling Mail Nr. 12344 Std. Der günstigste Zug nach DELHI (25 1/2 Std.) ist der Rajdhani Express Nr. 12423, der auch in PATNA hält, wo Anschluss nach Gaya und Bodhgaya besteht. Der Rajdhani Nr. 12435 (Mo und Fr) hält in VARANASI, während man an den übrigen Tagen den Rajdhani Nr. 12423 nehmen und in Mughal Sarai umsteigen muss.

Kolkata und Westbengalen

Die Schmalspurbahn Darjeeling Himalayan Railway wurde 1881 als Erweiterung der North Bengal State Railway fertiggestellt und klettert von **New Jalpaiguri** via **Siliguri** über ein 88 km langes Gleis hinauf nach **Darjeeling**. Der Toy Train (wie die Bahn liebevoll genannt wird) gehört seit 1999 zum **Welterbe der Unesco** und folgt weitgehend der Hill Cart Road. Der Zug überquert die Straße mehrfach und teilt sie sich anderswo mit dem übrigen Verkehr. Als Verkehrsmittel ist der Toy Train eigentlich überflüssig geworden. Sein Überleben verdankt er seiner historischen Bedeutung und Anziehungskraft auf Touristen. Heute ziehen meistens Dieselloks die Waggons auf der ganzen Strecke von Siliguri bis Darjeeling. Wer wild entschlossen ist, mit einer der niedlichen alten blauen Dampfloks zu fahren, von denen manche über 100 Jahre alt sind, sollte sich nach den Zügen erkundigen, die in Kurseong eingesetzt werden.

Bei entsprechender Wetterlage bieten die 1.-Klasse-Waggons mit ihren großen Panoramafenstern tolle Ausblicke während der siebenstündigen Fahrt aus der Ebene in die Berge. Die 2. Klasse ist oft überfüllt. Am höchsten Punkt bei Jorebungalow nahe **Ghoom** (2438 m), 7 km vor Darjeeling, eröffnet sich plötzlich das atemberaubende Panorama der Kanchenjunga-Kette. Kurz hinter Ghoom befährt der Zug die **Batasia-Schlaufe**, die spektakulärste der drei Schlaufen auf dieser Strecke. Eine andere Methode, rasch an Höhe zu gewinnen, sind die **Wendestationen**, an denen die Gleise einen Z-förmigen Verlauf nehmen.

Die Züge fahren in Siliguri um 9 Uhr ab und erreichen Darjeeling gegen 15 Uhr (2. Klasse Rs42, 1. Klasse Rs247).

Manche Reisende empfinden die entsetzlich langsame, klaustrophobische Fahrt als Härtetest, besonders im Anschluss an eine Übernachtfahrt von Kolkata nach Siliguri. Als Alternative bietet sich eine Fahrt mit der von einer Dampflokomotive gezogenen Bahn von Kurseong aus an oder eine kurze Fahrt mit dem Toy Train von Darjeeling ins 7 km entfernte Ghoom, wo man einige Klöster besuchen kann. Zurück nach Darjeeling geht es dann entweder zu Fuß oder per Taxi, Bus oder Zug.

Weitere **Informationen** über den Toy Train gibt es bei der Darjeeling Himalayan Railway Society, 🖥 www.dhrs.org, oder in Indien beim Direktor der Gesellschaft im Elysia Building, nahe Himali School, Kurseong 734203, ✆ 0354/200 5734, 🖥 www.dhr.in.

Wer DARJEELING auf dem Schienenweg erreichen will, ist auf die Schmalspurbahn (Toy Train) angewiesen (Abfahrt in Siliguri 9 Uhr, Ankunft in Darjeeling 15 Uhr, 2. Klasse Rs47, 1. Klasse Rs242).

Flüge

Der 12 km westlich von Siliguri gelegene Flughafen **Bagdogra** bietet Flüge mit **Indian Airlines**, **Jet Airways**, **Kingfisher** und der Billiglinie **Air Deccan** nach DELHI, KOLKATA und GUWAHATI. **Druk Air**, 🖥 www.drukair.com.bt, fliegt nach BANGKOK (Di und Sa) und PARO in Bhutan (Mi und So). Demnächst soll es auch Direktflüge von Bagdogra nach KATHMANDU geben. Taxis, die am Vorauszahlungsschalter gebucht werden können, fahren nach Siliguri (Rs295), Darjeeling (Rs1185), Kalimpong (Rs1045) und Gangtok (Rs1505). Günstigere Preise lassen sich an der Haltestelle draußen vor den Gates bei zurückfahrenden Taxis aushandeln. Von Bagdogra startet – wetterabhängig – tgl. um 13.30 Uhr ein **Helikopter** nach GANGTOK (Rs2200) in Sikkim (s. S. 867). Maximal zulässige Gepäcklast ist 10 kg.

Fluggesellschaften

Jet Airways, im Hotel Vinayak, Hill Cart Rd, ✆ 0353/243 1495.

Tourist Service Agency (TSA), Pradhan Nagar, gegenüber vom Busbahnhof, ✆ 0353/251 0872. Einziger Anbieter in Siliguri für die Hubschrauberflüge nach Gangtok.

Tickets gibt es bei **Heat Flexi Holidays**, 34 Bidyasagar Rd, Khalpara, ✆ 0353/250 4631, oder **Travel & Rental**, Sevoke More, ✆ 0353/253 8749.

Kolkata und Westbengalen

Weiterreise ins Himalaya-Gebiet

Nach Darjeeling und Kalimpong

Darjeeling erreicht man am bequemsten per **Sammeljeep** mit Abfahrt am NJP-Bahnhof, Sevoke More und Tenzing Norgay-Busbahnhof in Siliguri. Dort haben die Jeep-Transportunternehmen eigene Ticketschalter mit festgelegten Preisen. **Taxis** nach Darjeeling fahren ab, sobald sie voll sind, benötigen 3–5 Std. und kosten Rs100 p. P. Für etwas mehr Komfort bucht man am besten zwei Frontsitze oder gleich ein ganzes Taxi (bei rückkehrenden Taxis sind oft Preisverhandlungen möglich). Weitere Optionen sind z. B. der **Toy Train** (Abfahrt in Siliguri um 9 Uhr, Ankunft in DARJEELING gegen 15 Uhr; 2. Klasse Rs47, 1. Klasse Rs242) (s. S. 842), oder ein **Bus** vom Tenzing Norgay-Busbahnhof.

Sammeltaxis nach KALIMPONG (Rs90) fahren vom Panitanki More auf der anderen Seite der Brücke ab, Busse nach KALIMPONG dagegen in der Umgebung des Bus Terminal.

Nach Sikkim

Reguläre **Busse** und **Sammeljeeps** nach GANGTOK (Rs120) fahren in der Umgebung des Busbahnhofs in Pradhan Nagar ab.

Sikkim Nationalized Transport, gegenüber dem Busbahnhof, ☏ 0353-251 1496, ⏲ tgl. 6–16 Uhr, fährt nach Gangtok (Abfahrt 9.30 und 11.30, 12.30 und 13.30 Uhr, Rs110) und in andere Orte in Sikkim. **Permits** für Sikkim (S. 838) bekommt man nebenan bei Sikkim Tourism. Dort findet man auch Sammeljeeps; ein reservierter Platz in einem Jeep kostet Rs1220.

Nach Kathmandu

Um Kathmandu in **Nepal** zu erreichen, muss man nach Panitanki fahren, dem Grenzübergang (⏲ 24 Std.) auf der indischen Seite. Dort geht es per Fahrrad-Rikscha (Rs30) auf die nepalische Seite zum Ort Kakarbitta (⏲ 7–19 Uhr). Sammeltaxis (Rs70), reguläre Busse vom Busbahnhof oder auf der Straße davor (ab Rs20) und Taxis (Rs600) fahren nach Panitanki, wo ein Visum für Nepal gegen US$30 in bar ausgestellt wird. Der Vorteil eines Stopps in Kakarbitta ist, dass hier eine größere Auswahl an **Bussen** für die Weiterfahrt nach Kathmandu (17 Std.)

besteht. Wer lieber luxuriöser reist, gönnt sich bei Buddha Air oder Yet Airlines einen **Flug** von Bhadrapur (25 km und eine 45-minütige Taxifahrt von Kakarbitta entfernt) nach Kathmandu; Buchungen bei Reisebüros in Siliguri oder direkt in Kakarbitta.

Jaldapara und Gorumara

Abgesehen von den Darjeeling Hills liegt der Großteil von Nordbengalen weit abseits der touristischen Trampelpfade. Nur wenige Traveller verlassen die Route Darjeeling–Sikkim–Nepal. Der wahrscheinlich beste Grund, dies doch zu tun, ist ein Abstecher zu einem der verschiedenen **Tierschutzgebiete** in den **Dooars** an den Südausläufern des Himalaya.

Das größte davon, das 124 km östlich von Siliguri gelegene **Jaldapara Wildlife Sanctuary**, wurde 1943 gegründet, um Wildtiere vor den Einflüssen des Teeanbaus zu schützen. Vor der Kulisse bewaldeter Gebirgsausläufer erstreckt sich am mit Elefantengras bewachsenen Flussufer des Torsa das 216 km² große Parkareal. Es gewährt 50 Panzernashörnern, wilden Elefanten sowie Sambar und Schweinshirschen Zuflucht. Besonders reizvoll ist die Parkerkundung in der Abenddämmerung auf dem Elefantenrücken (Rs300). Geöffnet ist der Park von Oktober bis Mai. Ein paar Busse und Bahnen fahren von Siliguri nach **Madarihat**, 7 km vom Reservat und 1 km vom Parkeingang entfernt. Von dort gibt es auch Taxis nach **Hollong** im Herzen des Schutzgebiets (Rs150).

Unterkunft und Verpflegung bieten **Jaldapara Tourist Lodge** in Madarihat, ☏ 03563/262230 ➌–➎, oder die **Hollong Forest Lodge**, ☏ 03563/262228 ➎. Beide müssen vorab in den westbengalischen Touristenbüros in Siliguri, Darjeeling oder Kolkata gebucht werden. Am Parkeingang sind Rs100 Eintritt zu entrichten.

Leichter zu erreichen sind die 80 km östlich von Siliguri gelegenen Zwillingsparks **Gorumara National Park** und **Chapramari Wildlife Sanctuary**, ⏲ Okt–Mai, mit ähnlicher Fauna. Die Zufahrt zu den Parks (Rs80) erfolgt per Jeep und lässt sich am Eingangstor **Lataguri** arrangieren. Für die **Unterkunft** stehen Forest Rest Houses ➌ zur

Verfügung, die über den Forest Officer gebucht werden müssen, ✆ 03561/220017. Weitere Alternativen sind z. B. das einladende Silver Ridge Resort, ✆ 9932 904028 ❺, in der Nähe der Lataguri-Gates. Busse fahren regelmäßig von der nahe gelegenen Ortschaft Chalsa nach Siliguri sowie nach Lataguri. Bessere Bahnverbindungen nach Siliguri gibt es von der angrenzenden **New Mal Junction**.

Darjeeling

Darjeeling (von: *Dorje Ling*, „Ort des Donnerkeils"), eine viktorianische Hill Station und bedeutendes Teeanbau-Zentrum, erstreckt sich fast 600 km nördlich von Kolkata über einen 2200 m hohen Rücken des Himalaya. Größte Attraktion sind die überwältigenden Ausblicke auf die Berge. Der Kanchenjunga (der dritthöchste Berg der Welt) und viele schneebedeckte Gipfel beherrschen in nördlicher Richtung den Horizont. Die bereits während der Raj-Ära errichtete Infrastruktur wird der ständig wachsenden Einwohnerzahl allerdings nicht mehr gerecht. Es herrscht akuter Mangel an Wasser und Strom, und auf den hoffnungslos unzureichenden Straßen geht es chaotisch zu. Dennoch ist Darjeeling noch immer eine farbenfrohe, kosmopolitische und lebendige Stadt mit guten Möglichkeiten zum Einkaufen und Essengehen, zahlreichen Wanderwegen durch die umliegenden Hügel, touristischen Attraktionen wie dem Toy Train und vielen florierenden bunten Buddhistenklöstern.

Darjeeling-Tee

Die Briten erschlossen Darjeeling zunächst als leicht zu erreichende Hill Station, wo sie Erholung von der Hitze des Tieflands fanden. Dann erkannten sie nach ihren Erfolgen in Assam rasch, wie geeignet dieses Gebiet für den **Teeanbau** war. Die Teeindustrie floriert nach wie vor in Darjeeling, wo zahlreiche berühmte chinesische Sorten gedeihen, darunter China Jat, China Hybrid und Hybrid Assam. Durch mehrere Faktoren, zu denen die Höhenlage und der nur sporadische Regenfall zählen, sind die Erträge relativ gering: nur rund 3 % der indischen Produktion. Dennoch gehören Darjeelings schwarze Teesorten zu den besten der Welt. Nebenbei bemerkt gehören sie auch zu den teuersten; bei Auktionen erzielen bestimmte Sorten mehr als Rs18 000/kg.

Sorten wie Flowery Orange Pekoe (FOP) oder Broken Orange Pekoe (BOP) werden nach Qualität und Länge der Blätter definiert. Der Produktionsprozess umfasst Welken, Zermürben, Fermentieren und Trocknen der Pflanzen. Ausführliche Auskunft über die Teeproduktion erteilt das **Happy Valley Tea Estate** hinter dem Botanischen Garten. ⏰ Do–Sa 8–12 und 13–16.30 Uhr, So 8–12 Uhr, Eintritt frei. Das Gelände liegt eine halbe Stunde zu Fuß vom Stadtzentrum entfernt – von der Hill Cart Rd beim District Magistrate's Office einfach den Schildern folgen. Wer **Tee kaufen** möchte, sollte es bei den Händlern am Chowrasta versuchen. Das House of Tea an der Mall und Tea Cosy an der Rink Mall lassen einen vor dem Kauf probieren – wobei die Auswahl bei letzterem stark von der Saison abhängig ist. Die besten Preise und gute Erklärungen zu den jeweiligen Teesorten bekommt man bei **Radhika & Son**, im Labyrinth des Chowk Bazaar, nahe Laxmi Bhandar. Derartige Geschäfte handeln gewöhnlich mit unvermischten Teesorten, die – nach Qualitätsprüfung – direkt von den Plantagen angekauft werden. Die üblichen Kilokosten für einen guten Tee mittlerer Qualität betragen Rs600–700. Einen Eindruck vom luxuriösen Leben eines Teemanagers vermittelt die Übernachtung im **Glenburn**, an der Kalimpon Rd, ✆ 033/2288 5630, 🖵 www.glenburnteaestate. com ❾ (ab US$180 all inclusive, einschließlich Transport). Wer eine weniger exklusive Teeplantagenunterkunft kennen lernen möchte, wählt eines der rustikalen Homestays von Makaibari, ✆ 9733/004577, 🖵 makaibari.com, unterhalb von Kurseong, ❹–❺.

Kolkata und Westbengalen

Darjeeling

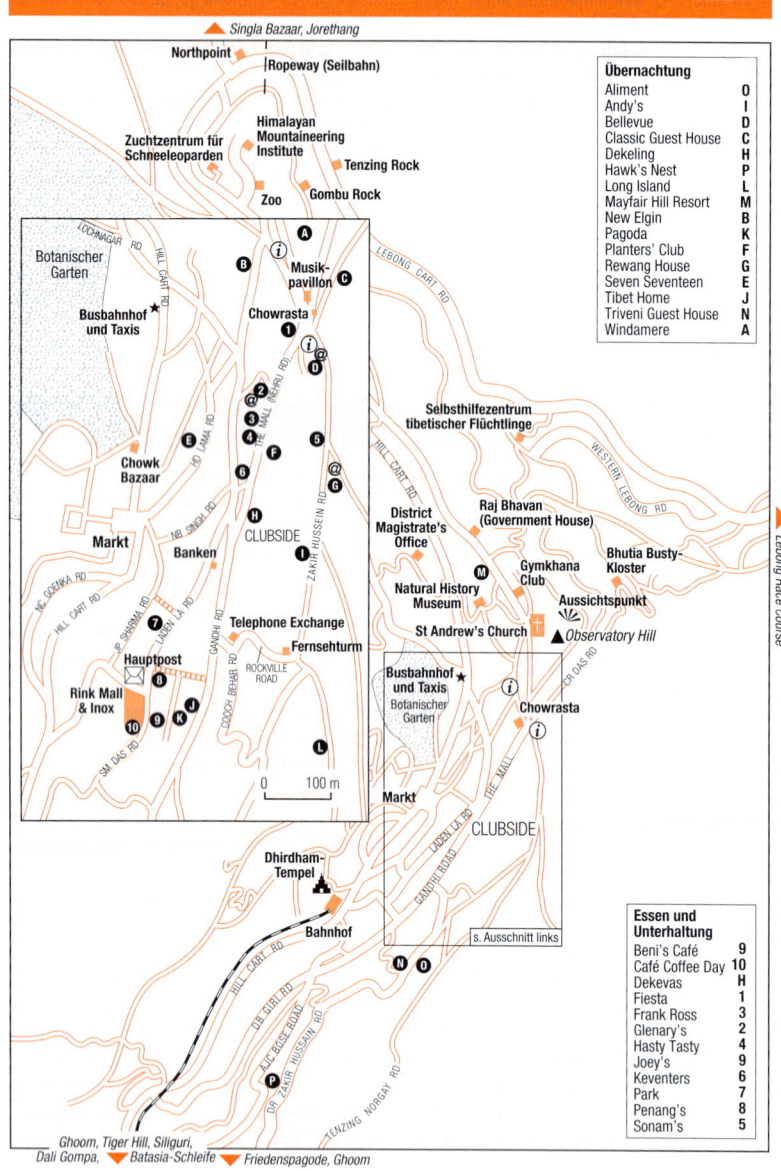

Singla Bazaar, Jorethang

Northpoint

Ropeway (Seilbahn)

Himalayan
Mountaineering
Institute

Zuchtzentrum für
Schneeleoparden

Tenzing Rock

Zoo

Gombu Rock

Übernachtung

Aliment	O
Andy's	I
Bellevue	D
Classic Guest House	C
Dekeling	H
Hawk's Nest	P
Long Island	L
Mayfair Hill Resort	M
New Elgin	B
Pagoda	K
Planters' Club	F
Rewang House	G
Seven Seventeen	E
Tibet Home	J
Triveni Guest House	N
Windamere	A

LOCHNAGAR RD

Botanischer
Garten

HILL CART RD

LEBONG CART RD

WESTERN LEBONG RD

Busbahnhof
und Taxis

A

i

B

Musik-
pavillon

C

Chowrasta

1

i @ D

RD CAMA RD

THE MALL NEHRU RD

2

3

E

4

F

5

Chowk
Bazaar

6

Selbsthilfezentrum
tibetischer Flüchtlinge

HILL CART RD

Markt

ZAKIR HUSSEIN RD

@ G

District
Magistrate's
Office

Raj Bhavan
(Government House)

Bhutia Busty-
Kloster

H

Banken

CLUBSIDE

NIL SINGH RD

I

M

Gymkhana
Club

Natural History
Museum

Aussichtspunkt

St Andrew's Church

Observatory Hill

Telephone Exchange

GANDHI RD

DR DAS RD

Fernsehturm

Busbahnhof
und Taxis

i

Chowrasta

i

HILL CART RD

NIC GODKHA RD

JP SHARMA RD

LADEN LA RD

COOCH BEHAR RD

Hauptpost

8

ROCKVILLE
ROAD

Botanischer
Garten

THE MALL

Rink Mall
& Inox

10

9

J

K

Markt

LADEN LA RD

CLUBSIDE

SM DAS RD

L

GANDHI ROAD

0   100 m

s. Ausschnitt links

Dhirdham-
Tempel

Bahnhof

HILL CART RD

DB GIRI RD

N

O

JC BOSE ROAD

DR ZAKIR HUSSAIN RD

TENZING NORGAY RD

Ghoom, Tiger Hill, Siliguri,
Dali Gompa,   Batasia-Schleife   Friedenspagode, Ghoom

**Essen und
Unterhaltung**

Beni's Café	9
Café Coffee Day	10
Dekevas	H
Fiesta	1
Frank Ross	3
Glenary's	2
Hasty Tasty	4
Joey's	9
Keventers	6
Park	7
Penang's	8
Sonam's	5

Lebong Race Course

Kolkata und Westbengalen

Die beste **Reisezeit** (auch fürs Trekking nach Sandakphu, um den Mount Everest zu sehen) liegt zwischen Monsun und Winter (Ende Sep–Ende Nov) bzw. Frühling (Mitte Feb–Mai).

Bis ins 19. Jh. gehörte Darjeeling zu **Sikkim**, doch 1817 wurde Sikkim nach einem verlustreichen Krieg gegen Nepal gezwungen, die Stadt den Briten als Kurort abzutreten – als Lohn dafür, dass diese den Frieden für Sikkim ausgehandelt hatten. Rasch entwickelte sich Darjeeling zur beliebtesten britischen **Hill Station**, besonders nachdem 1839 die Hill Cart Rd als Verbindung nach Siliguri fertiggestellt war. Als wenige Jahre später der **Tee** eingeführt wurde, folgten alsbald ein Zustrom von nepalischen Einwanderern und die nahezu vollständige Zurückdrängung der Wälder, die zuvor die Berge bedeckt hatten. Die wachsende wirtschaftliche Bedeutung der Stadt veranlasste die Briten, Sikkim 1861 einen Vertrag aufzuzwingen, durch den Darjeeling und Kalimpong annektiert wurden. Anfang des 20. Jhs. wuchs Darjeelings Ruf als einer der bezauberndsten und abgelegensten Vorposten des britischen Empire. In der Folge entwickelte sich die Stadt zu einem Bergsteigerzentrum und spielte eine Schlüsselrolle bei der Besteigung der höchsten Gipfel des Himalaya.

Nach der Unabhängigkeit kam die Region zu Westbengalen und damit unter Kolkatas Verwaltung. Doch die Rufe nach Autonomie wurden lauter und gipfelten in der **Gurkhaland-Bewegung** der 80er-Jahre unter Führung der Gurkha National Liberation Front (GNLF). Danach begann eine gewalttätige Kampagne, die erst ein Jahrzehnt später endete. Als sie endlich an der Macht waren, lehnten sich die GNLF-Politiker bequem zurück und legten die Hände in den Schoß. Das führte zu Unzufriedenheit in der Bevölkerung und schließlich zu ihrer Entmachtung durch die **Gorhka Jana Mukti Morcha (GJMM)** im Jahr 2007.

Der Sieg der GJMM hat den Bestrebungen nach einem autonomen Gurkhaland Auftrieb gegeben und zu folgenschweren Streiks geführt, die Westbengalens Oberherrschaft in der Region schwächen sollen. Obwohl die Bevölkerung der westbengalischen Regierung kritisch gegenübersteht, unterstützt längst nicht jeder Einheimische die GJMM.

Die Stadt

Herzstück des viktorianischen Darjeeling ist die ausgedehnte, verkehrsfreie Promenade **Chowrasta** mit einer Musiktribüne hoch über dem Basar an der Hill Cart Road. Zu den vier Straßen, die sich hier treffen, gehört **The Mall** (auch als Nehru Road bekannt). Sie führt vom Chowrasta zur Clubside, wo der renommierte **Planter's Club** zu Hause ist. Die ehrwürdige Institution, 1868 gegründet und auch unter dem Namen **Darjeeling Club** bekannt, war das Zentrum von Darjeelings gehobenen Kreisen. Heute sind Besucher in den Räumlichkeiten mit verblichener Eleganz gern gesehen. Gegen eine geringe Gebühr können sie die zeitweilige Mitgliedschaft erwerben und Einrichtungen wie Bar oder Billardraum benutzen.

Die Straße, die nahe dem Musikpavillon im Norden des Chowrasta von der Mall nach rechts abzweigt, führt zum **Aussichtspunkt** mit Blick auf das Kanchenjunga-Massiv und auf nahezu den gesamten Staat Sikkim. Von den Treppen des Windamere Hotels steigt der Weg durch einen mit Pinien übersäten Hang hinauf zum Gipfel des **Observatory Hill**, einem weiteren Aussichtspunkt und Stätte des Klosters Bhutia Busty. Der mit buddhistischen Gebetsfahnen gesäumte Schrein auf dem Hügel ist der zornigen buddhistischen Gottheit Mahakala geweiht, die von den Hindus als Shiva verehrt wird, und vereint verschiedenste Stilrichtungen. Das malerische Bhutia Busty Kloster, 1 km unterhalb des Chowrasta, ist über die steile CR Das Rd erreichbar.

Eine andere Institution des Raj, der **Gymkhana Club**, ☎ 0354/225 4342, steht in der Nähe des Observatory Hill. Hier sind auch Tagesgäste willkommen, um Billard oder Tennis zu spielen, und man kann sogar Rollschuh laufen (Tagesmitgliedschaft Rs50 plus normale Spielgebühren). Ferner gibt es eine kleine Bibliothek und eine Bar.

Unterhalb des Clubs präsentiert das kleine, wenig besuchte **Natural History Museum** eine große Schmetterlingssammlung, ausgestopfte Säugetiere und Vögel sowie den Nachbau eines natürlichen Lebensraums mit Sound-Effekten. ◷ tgl. außer Do 10–16.30 Uhr, Rs5. Ein Stück vom Chowrasta entfernt und tief unterhalb des Government House befindet sich das 1959 gegründete **Selbsthilfezentrum Tibetischer Flücht-**

Adventures Unlimited, 142 Dr Zakir Hussein Rd, ☎ 9933 070013, 🖥 www.adventuresunlimited. in. Gautam veranstaltet sowohl Motorrad- als auch Mountainbiketouren und verleiht auch Zweiräder (Motorräder ab Rs1200, Mountainbikes ab Rs450 pro Tag), aber nur gegen Kaution. Außerdem organisiert er Paddeltouren auf dem Teesta.

Himalayan Travels, 18 Gandhi Rd, ☎ 0354/ 225 6956 oder 9434/209847. Die erfahrene, bewährte Organisation wird vom zuvorkommenden K.K. Gurung geleitet und ist eine der ersten, die in der Stadt aufgemacht haben. Im Programm stehen Touren und Treks durch Darjeeling, Sikkim und Bhutan.

Himalayan Mountaineering Institute (HMI), ☎ 0354/225 4087, 🖥 www.himalayanmountaineeringinstitute.com. Die Touren für Anfänger und Fortgeschrittene dauern 28 Tage (US$650) und werden mit militärischem Drill durchgezogen. Ausgangspunkt aller Touren ist das institutseigene Basislager Chaurikhang am Fuß des Rathong-Gletschers in Sikkim. Der lohnenswertere Kurs für Fortgeschrittene erfordert einiges an Bergsteiger-Erfahrung. Beide Kurse können von Personen im Alter zwischen 17 und 40 Jahren belegt werden.

Pineridge Travels, Nehru Road, Chowrasta, ☎ 0354/225 3912. Spezialisiert auf In- und Aus-landsflüge, u. a. ab Kakarbitta/Bhadrapur nach Kathmandu und nach Bangkok.

Sandakphu Sikkim Tours & Trek, Hotel Long Island, 11/A/2 Dr Zakir Hussein Rd, ☎ 09434/4674-43, -20, Chowrasta, ☎ 09733/044986. Gute lokale Agentur für den Sandakphu-Trek; Eigentümer Pritam spendet einen Teil der Einnahmen an die Child Welfare Society.

Tenzing Norgay Adventures, D. B. Giri Rd, ☎ 0354/ 225 3058, 🖥 www.tensing-norgay.com. Effizient arbeitende internationale Organisation unter Leitung von Tenzing Norgays berühmtem Sohn Jamling – sehr zu empfehlen für Trekking und Bergsteigen.

Trek-Mate, Singalila Arcade, Nehru Rd, ☎ 0354/225 6611 oder 9832/083241, ✉ chagpori@satyam.net.in. Sehr hilfsbereite, von Tsewang Trogawa geführte Agentur, die Trekkingtouren nach Sandakphu und West-Sikkim organisiert, Führer, Träger und Verpflegung bereitstellt sowie Schlafsäcke und Daunenjacken verleiht. Zum Angebot gehören auch Tages-Treks und Übernachtungen nahe Tukdah.

Xplore Himalaya, Hotel Seven Seas, Clubside, ☎ 9775/493432. Micky blickt auf eine langjährige Erfahrung im Tourismusgeschäft zurück und veranstaltet gute Treks nach Sandakphu und Kalimpong sowie Wandertouren für Teilnehmer mit besonderen Interessen.

linge. Dort leben 700 tibetische Flüchtlinge, die Teppiche und tibetische Kunstgegenstände herstellen. Besucher können ihnen dabei zuschauen.

1 km weiter nördlich Richtung Gebirge liegt vor dem gotischen **St Joseph's College** der gepflegte **Zoo**, der unbedingt einen Besuch wert ist. Das nicht für die Öffentlichkeit zugängliche Zuchtzentrum für Schneeleoparden wurde 1986 gegründet und ist weltweit das einzige, das diese gefährdete Art erfolgreich gezüchtet hat. Das Project Panda hat mehrere Exemplare des Kleinen Panda hervorgebracht. ☉ tgl. außer Do 8.30–16 Uhr, Eintritt Rs100 inkl. HMI-Ticket.

Das vom Zoo und mit derselben Eintrittskarte zugängliche **Himalayan Mountaineering Institu-te (HMI)** (s. Kasten) zählt zu den bedeutendsten Bergsteiger-Ausbildungszentren Indiens. Erster Direktor war der verstorbene Sherpa **Tenzing Norgay**, der Sir Edmund Hillary bei dessen erfolgreicher Erstbesteigung des Mount Everest begleitete. Er lebte und starb in Darjeeling und wurde auf dem Institutsgelände beigesetzt.

Im Herzen des schönen, begrünten Komplexes widmet sich das **HMI Museum** der Geschichte des Bergsteigens. Zu sehen sind alte und neue Ausrüstungsgegenstände, eine Relief-Landkarte des Himalaya und eine Sammlung von Trachten der Bergvölker. ☉ tgl. außer Do 9–16.30 Uhr.

Das in einem Anbau untergebrachte **Everest Museum** erzählt die Geschichte der Besteigungen des höchsten Bergs der Welt, von Mallory und Irvines Expedition 1924 über Tenzings und Hillarys Triumph 1953 bis zum Rekordaufstieg von Kaji Sherpa 1998 (20 Std. 24 Min.).

Vom Busbahnhof im Basar windet sich die Lochnagar Rd hinab zum **Botanischen Garten**. Hier wachsen Pinien, Weiden und Ahorn und gut zu begehende Zickzackwege führen zu den etwas ramponierten Treibhäusern mit Farnen und Orchideen.

Bemerkenswert ist nicht zuletzt der mit Stufendach versehene **Dhirdham-Tempel** unterhalb des Bahnhofs, der nach dem Vorbild des berühmten Shiva-Tempels Pashupatinath in Kathmandu errichtet wurde.

Verlässt man die Stadt über die AJC Bose Rd, gelangt man zum diskret versteckten buddhistischen **Tempel Nipponjan Myohoji**, der meistens als Peace Pagoda bezeichnet wird und spektakuläre Ausblicke über das Tal auf den Kanchenjunga bietet. ⏱ tgl. 4.30–19 Uhr, Gebetsstunde um 4.30 und 16.30 Uhr.

Übernachtung

In Darjeeling gibt es über 300 Hotels, was erheblich zur Belastung der ohnehin überbeanspruchten Infrastruktur beiträgt. Überall gilt es vor der Einquartierung auf die **Wasserversorgung** zu achten. Viele preiswerte Unterkünfte stellen nur Wasser im Eimer bereit und erheben Gebühren, wenn es heiß sein soll. In der Nebensaison (Ende Juni–Sep und Ende Nov–April) sind **Preisnachlässe** bis zu 50 % üblich.

Aliment, 40 Dr. Zakir Hussein Rd, ✆ 0354/ 225 5068. Unter Rucksackreisenden beliebter Treffpunkt, freundliches Management und Internetzugang. Schlichte Zimmer, die teureren mit TV. Das Restaurant im Obergeschoss mit seinem bunt gemischten Angebot, das von Pancakes über tibetisches Essen bis zu nepalischen *thalis* reicht, ist das beste Esslokal der Gegend. ❷–❸

Andy's, 102 Dr. Zakir Hussein Rd, ✆ 0354/ 225 3125. Die von einem Rentnerpaar geführte, sichere Unterkunft ist das empfehlenswerteste Gästehaus am Grat. Makellos saubere Zimmer und herrliche Aussicht Richtung Kalimpong und Bhutan, aber kein Restaurant. ❸

Bellevue, The Mall, ✆ 0354/225 4075. Dominiert oberhalb des Touristenbüros den Chowrasta. Weniger mondän als früher, hat aber große, holzvertäfelte Zimmer mit Kamin. Der Service ist so lala und Mahlzeiten müssen lang im Voraus bestellt werden, aber in der Nähe gibt es jede Menge Restaurants. ❹–❺

Classic Guest House, CR Das Rd, ✆ 0354/225 7025. Hat 5 saubere, gemütliche und geräumige Zimmer mit Veranda und fantastischem Ausblick. Günstige Lage wenige Minuten unterhalb Chowrasta mit herrlichem Ausblick. ❺

Long Island, 11/A/2 Dr. Zakir Hussein Rd, ✆ 0354/225 2043. Hinter dem Telecom-Turm auf der anderen Seite der Schlucht versteckt liegt dieses freundliche Haus mit einigen der besten Budgetzimmern am Grat, die meisten mit Gemeinschaftsbad und Warmwasser aus Eimern. Das familienbetriebene *kimchi*-Café serviert authentische koreanische Speisen, sofern die erforderlichen Zutaten zu haben sind, und es gibt einen guten Trekking-Service. ❶–❸

Mayfair Hill Resort, unterhalb des Government House, The Mall, ✆ 0354/225 6376, ✉ darjeeling @mayfairhotels.com. Einstiger Sommersitz eines Maharadschas, betont luxuriös mit zusätzlichen Bungalows und bester Einrichtung

Tibetische Gastlichkeit

Dekeling, 51 Gandhi Rd, ✆ 0354/225 4159, 🖥 www.elginhotels.com. Oberhalb des populären Restaurant Dekevas in bester zentraler Lage. Das über eine Treppe erreichbare Haus verfügt über den unschätzbaren Luxus von fließendem Warmwasser. Manche Zimmer besitzen eine wunderbare Aussicht und die holzgetäfelten im Obergeschoss sind richtig kuschlig. Die tibetischen Besitzer sind unheimlich hilfsbereit und es brennt ein einladendes Holzfeuer. Außerhalb der Saison gibt's Rabatt. Den Eigentümern vom Dekeling gehört auch die 10 Min. Fußweg entfernte Villa **Hawk's Nest**. Dort erwarten die Gäste vier luxuriöse Suiten mit Kamin und Verpflegung mit solider Hausmannskost. ❹–❼ inkl. Restaurants, Spa und gepflegten Gärten. Vom Gartenrestaurant eröffnen sich faszinierende Ausblicke. Frühstück und Abendessen inkl. Zimmer ab US$190. ❾

Pagoda, 1 Upper Beechwood Rd, ✆ 0354/ 225 3498. Ruhige, zentrale Unterkunft nahe der Laden La Road und dem Postamt. Sehr preiswerte Budgetzimmer, eine Lounge mit Kamin und kostenloses Warmwasser aus Eimern. ❶–❷

Planters' Club, auch Darjeeling Club, The Mall, ✆ 0354/225 4348. Eines der Wahrzeichen Darjeelings mit altmodischen Zimmern, Kohlefeuer (Rs100), Billardsaal, Bar, Restaurant und Bibliothek. Übernachtungsgäste müssen eine zeitweilige Mitgliedschaft (Rs50) erwerben, Tagesgäste können die Einrichtungen für Rs100 nutzen. ❺–❻

Rewang House, Dr Zakir Hussein Rd, ✆ 9474/ 030016. Schlichte Studentenzimmer in einem wunderschönen Wohnhaus mit fließend Warmwasser; Frühstück und Abendessen im Preis inbegriffen. Der Eigentümer leitet ein pädagogisches Wohlfahrtsprojekt und freut sich über freiwillige Helfer. ❷

Seven Seventeen, H. D. Lama Rd, ✆ 0354/225 5099. Großes, gut geführtes Hotel mit luftigen Zimmern oberhalb vom Basar (kein Ausblick auf die Berge). Geldwechsel möglich, Kreditkarten werden nur für Zimmer ohne Preisnachlass akzeptiert; das billigere Nebengebäude liegt ein Stück weiter an derselben Straße. ❺–❻

Tibet Home Manjushree Centre, 12 Gandhi Rd, ✆ 0345/225 6714. Gemeinnütziges Kulturzentrum mit großen Zimmern unterschiedlicher Qualität; von einfachen, fensterlosen DZ mit Gemeinschaftsbad im Kellergeschoss bis zu gut

Der Geist Darjeelings

New Elgin, 32 H. D. Lama Rd, ✆ 0354/225 4114, 🖥 www.elginhotels.com. Stolz und vornehm, sehr gepflegt, altmodisch-formale Atmosphäre, die den Geist von Darjeeling einfängt, und gute Einrichtungen. Preise inkl. Vollpension und dem besten Tee-Service der Stadt. Zimmer ab US$135. ❾

Windamere, Observatory Hill, ✆ 0354/225 4041, 🖥 www.windamerehotel.com. Darjeelings berühmtestes Hotel, das schon viele reiche und berühmte Gäste beherbergte. Gepflegte Bungalows mit Erinnerungsstücken aus der Raj-Epoche sowie ein moderner Flügel mit komfortablen Suiten und ein bisschen weniger Flair. Teuer, doch zumindest einen Besuch wert für eine Tasse Tee auf dem Rasen oder für eins der gelegentlichen Konzerte. Zimmer ab US$180. ❾

ausgestatteten Zimmern mit Bad und Warmwasser. ❸–❹

Triveni Guest House, 85/1 Dr Zakir Hussein Rd, ✆ 9932/673511. Das schlichte, freundliche Gästehaus ist geräumiger und ein wenig billiger als das Aliment gegenüber, aber nicht ganz so begehrt. Neben Warmwasser aus dem Eimer (Rs10) gibt es ein Dorm (Rs80) und ein Restaurant. Hübsche Aussicht vom Sonnendeck. ❶–❷

Essen

In Darjeeling gibt's Esslokale wie Sand am Meer. Die auf Touristen ausgerichteten konzentrieren sich in der Oberstadt. Dort besteht die Wahl unter zahlreichen Cafés wie dem **Fiesta** auf der Chowrasta, dem **Café Coffee Day** im Rink Plaza und dem **Frank Ross** auf der Mall; das winzige **Sonam's** in der Dr Zakir Hussein Road ist ein beliebter Travellertreff und **Beni's Café** gegenüber vom Rink Plaza berühmt für seine Samosas. Hotels wie Windamere und New Elgin haben Multikulti-Küchen – das New Elgin auch einen vorzüglichen Nachmittagstee. In Budgethotels, z. B. im **Aliment**, gibt's Traveller-Essen.

Dekevas, 51 Gandhi Rd. Das bei Reisenden wie Einheimischen gleichermaßen beliebte Nichtraucherrestaurant mit hübscher tibetischer Einrichtung bietet die übliche gemischte Auswahl, dazu viele tibetische Gerichte und ein sehr gutes Frühstück.

Glenary's, The Mall. Das renommierteste Restaurant in Darjeeling serviert leckere *sizzlers* und die besten *tandoori*-Gerichte der Stadt.

Hervorragendes Café und Patisserie mit Internetbereich. **The Buzz** im Untergeschoss ist eine Bar im amerikanischen Stil mit Poolbillard, Burgern und Pizza.

Hasty Tasty, The Mall. Das indische Fast Food in diesem Selbstbedienungsrestaurant ist sehr beliebt bei indischen Feriengästen. Leckere Käse-*dosas* und vorzügliche vegetarische *thalis*. Die Bedienung ist aber alles andere als *hasty*. Im **Frank Ross** gleich daneben, wo südindisch gekocht wird, ist es ruhiger und der Service flotter.

Joey's, gegenüber vom Rink Plaza. Der kleine, gemütliche Pub ist sowohl bei Einheimischen als auch Besuchern ein beliebter Treffpunkt. Der große Renner ist nicht unbedingt das Essen, sondern vielmehr das Bier und das Ambiente.

Keventers, Clubside. Allseits bekanntes Café, dessen Angebot Toast-Sandwiches und Frühstück mit Eiern, Speck und Schinken umfasst. Die Terrasse oberhalb der Kreuzung eignet sich prima, um das Treiben auf der Straße zu beobachten. Die Bedienung lässt allerdings zu wünschen übrig. Ein Delikatessengeschäft im Erdgeschoss verkauft Käse, Schinken und Würstchen.

Park, 41 Laden La Rd. Gilt weithin als Darjeelings bestes Lokal, wenn es um nordindische und *tandoori*-Küche in luxuriösem Ambiente geht. Außerdem hat es eine Bar und ganz ordentliche Thai-Gerichte; besonders lecker (zur Papayaerntezeit) ist der Papayasalat.

Penang's, gegenüber vom GPO, oberhalb der Laden La Rd. Billige und recht schäbige Kombination aus Bar und Café, aber beliebt für vorzügliche *momo* und *thukpa* sowie sagenhaftes Chilihühnchen.

Sonstiges

Apotheken

Frank Ross & Co, The Mall. Es gibt auch mehrere Apotheken rund ums Sadar Hospital oberhalb vom Busbahnhof.

Autovermietungen

Darjeeling Transport Corporation, Laden La Rd, ✆ 0354/225 2074, gehört zu den alteingesessenen Geschäften, doch es gibt noch viele andere Anbieter rund um Clubside.

Bücher

Oxford Books & Stationery, Chowrasta. Exzellente Auswahl an Romanen und Bildbänden; auch Buchversand.

Einkaufen

Kuriositäten und **Antiquitäten** kauft man am besten auf der Chowrasta, z. B. bei Habib Malik oder Jolly Arts. **Trekking-Ausrüstung** bieten Outdoorgeschäfte im Sinalila Market und in The Mall sowie der Ausrüster Rope, NB Singh Rd. **Kunst** und **Handwerk**, insbesondere Teppiche, gibt es bei Hayden Hall in der Laden La Rd und im Tibetan Refugee Centre. Life & Leaf, The Mall, ist ein Fair-Trade-Shop mit Kunstgewerbeartikeln und Lebensmitteln, z. B. **Tee**.

Geld

In der Laden La Rd gibt es mehrere **Geldautomaten**. Die **State Bank of India**, Laden La Rd, wechselt Bargeld und Reiseschecks, Gleiches gilt für die **HDFC** in der Rink Mall, ein Stückchen weiter die Straße runter. Private Wechselstuben mit Lizenz sind eine Alternative, erheben jedoch etwas höhere Gebühren als die Banken. Zu ihnen gehören die Hotels **Mohit** und **Seven Seventeen**, beide in der HD Lama Rd. Geldauszahlungen auf Kreditkarten gibt es bei **Poddar's**, 8 Laden La Rd nahe GPO.

Informationen

Tourist Bureau, 1 The Mall, am Chowrasta oberhalb vom Indian Airlines-Büro, ✆ 0354 /225 5351. ◷ Mo–Fr 10–16.30 Uhr, und neben Sikkim Tourism, ✆ 0354/225 7248.
DGHC Tourism, Hauptbüro bei Silver Fir, Bhanu Sarani, 100 m nördlich des Chowrasta, ✆ 0345/225 4879, hat ausgezeichnete Informationen über Touren, Wanderungen, Trekking-Hütten, Transportmöglichkeiten und Rafting auf dem Teesta-Fluss (ab Rs450). Die DGHC-Schalter in Clubside und am Bahnhof sind nicht besonders nützlich. ◷ tgl. 9–13 und 14–17 Uhr.

Internet

Die zentralsten und praktischsten unter den zahlreichen **Internetcafés** befinden sich im Glenary's und Hotel Bellevue (beide Rs30/Std.).

Die Verbindung ist langsam, deshalb sind in den meisten keine Skype-Telefonate möglich.

Kinos
Cinema Inox, Rink Mall, ✆ 0354/225 7183. Ein modernes neues Multiplex-Kino mit drei Vorführräumen und dem Neuesten aus Bollywood und Hollywood. Je nach Film kann die Musik so laut werden, dass man die Gehörgänge am besten mit Ohrstöpseln schützt.

Medizinische Hilfe
Planters' Hospital, Planter's Club, The Mall, ✆ 0354/225 4327; **Mariam Nursing Home**, The Mall, ✆ 0354/225 4327; **Tibetan Medical &**

Astro Institute, Hotel Seven Seventeen, 26 H. D. Lama Rd, ✆ 0354/225 4735 (gehört zur medizinischen Organisation des Dalai Lama, Men-Tsee-Khang, und hat sowohl eine Klinik als auch eine gut bestückte Krankenhausapotheke); **Women's Clinic**, unter dem Hotel Springburn, 70 Gandhi Rd; ◷ Mo–Sa 13.30–17 Uhr, So 10–13 Uhr.

Permits für Sikkim
Ausländer, die nach Sikkim weiterreisen wollen, benötigen ein Permit. Es handelt sich zwar um eine einfache Formalität, ist aber mit Lauferei verbunden.
Bei Fahrten nach Gangtok bekommt man am Grenzübergang **Rangpo** (aber nicht am Grenz-

---

Singalila-Treks: der Maneybhanjang–Phalut-Trail

Das **Singalila-Gebirge** erhebt sich in der Nähe von Darjeeling und erstreckt sich bis zum Gipfel des Kanchenjunga. In Sikkim wurden zwar einige längere Wanderstrecken geöffnet, doch leider bestehen bislang noch keine Pläne, sie mit tiefer gelegenen Himalayaregionen und den dortigen Ortschaften **Sandakphu** (3636 m) und **Phalut** (3600 m) im Bezirk Darjeeling zu verbinden.
Von Darjeeling aus leicht zu erreichen sind die letzten Abschnitte des Maneybhanjang–Phalut-Trails, von denen aus sich fantastische Ausblicke ins Hochgebirge eröffnen. Hier lassen sich Expeditionen mit wenig Gepäck unternehmen, denn unterwegs gibt es Wanderhütten und Verpflegung in einfachen Buden. Mehrere Anbieter (s. S. 834) arrangieren Träger ab Rs250 pro Tag sowie **Führer** ab Rs350 (ein Englisch sprechender kostet rund Rs700), wenn man ein All-inclusive-Paket bucht (ab Rs1200 pro Tag). Trek-Mate in Darjeeling sowie andere Anbieter verleihen **Ausrüstung** (Schlafsack Rs30 pro Tag plus Rs1500 Kaution). Die **besten Zeiten** zum Wandern sind nach dem Monsun (Okt und Nov) und im Frühling (Feb–Mai). Von Ende April bis in den Mai hinein wird es heiß, aber diese Jahreszeit ist sensationell, weil dann nämlich die Rhododendronbäume blühen.
Als Startpunkt der Wanderung wählen die meisten Trekker die Kleinstadt **Maneybhanjang**,

27 km von Darjeeling entfernt; die atemberaubendsten Ausblicke bieten sich auf dem Abschnitt zwischen **Sandakphu** und **Phalut**, wenn man den Weg in nördlicher Richtung begeht. Das Forestry Department erhebt für das Betreten des **Singalila National Park** eine Gebühr (Rs150, Kameras Rs50), und ein Guide ist Pflicht. Lokale Führer (Rs300–Rs500) und Träger sind billiger, aber Erfahrungsberichten zufolge ist auf sie nicht immer Verlass (Alkoholkonsum und schlechte Ausbildung) – die von den Veranstaltern in Darjeeling ausgesuchten Führer sind professioneller. Ausländer müssen sich bei der Polizei in Maneybhanjang registrieren lassen und und immer wieder bei Grenzsoldaten entlang der Strecke ihre Papiere vorzeigen. Wer schon frühmorgens mit dem Taxi von Darjeeling nach Maneybhanjang fährt, kann noch am gleichen Tag losmarschieren; andernfalls kann man z. B. im spartanischen Kanchenjunga ❶ übernachten.

Die meistbegangene Route:
■ **Tag 1**
Vom wahrscheinlichen Ausgangspunkt in Maneybhanjang aus geht es am ersten Tag gleich steil hoch nach **Meghma** und anschließend – weniger anstrengend – bis zur Hütte ❶ in **Tonglu** (3070 m). Eine Alternativstrecke führt unter Umgehung von Tonglu nach Tumling, wo

---

übergang Naya Bazaar nach West-Sikkim) eine 15-Tage-Erlaubnis, die in Sikkim verlängert werden kann (s. S. 866).

Wer das Permit bereits in Darjeeling beantragt, kann die haarsträubende 27 km lange Straße nach Jorethang nehmen und über Naya Bazaar direkt nach West-Sikkim einreisen.

Bei Drucklegung dieses Buchs sollte das Chowrasta-Büro von Sikkim Tourism gerade anfangen, Permits auszustellen. Wer dort keines bekommt, holt sich das Antragsformular für das Permit beim **District Magistrate's Office** in der Hill Cart Rd nahe dem Kloster Loreto, ⏰ Mo–Fr 10–16 Uhr, lässt es im **Foreigners' Registration Office** in der Laden La Rd, ⏰ tgl. 10–18 Uhr,

abstempeln und geht dann zurück ins DM Office, um noch den letzten benötigten Stempel abzuholen.

Post
GPO (Hauptpostamt), Laden La Rd, ⏰ Mo–Fr 9–17, Sa 9–12 Uhr.

Tibetische Studien
Manjushree Centre of Tibetan Culture, 12 Gandhi Rd, ☎ 0354/225 6714, 🖥 www. manjushree-culture.org. Gegründet 1988 zur Pflege und Förderung tibetischer Kultur. Bietet Teilzeitkurse (Mo–Sa 16–18 Uhr) sowie 3-, 6- oder 9-monatige Intensivkurse. Außerdem

es Unterkünfte wie das Shikara ❷ gibt, aber die meisten kräftigen Wanderer sollten es bis Gairibas oder Kalipokhari schaffen, das zwei Unterkünfte hat, darunter das Sherpa ❷.

■ Tag 2
Von Tonglu führt die Strecke weiter nach **Kalipokhari** und **Bikhebhanjang**. Dann steigt der Trail steil an bis **Sandakphu** (3636 m). Dort stehen eine Wanderhütte ❶ und Unterkünfte wie das freundliche Sherpa Chalet ❷ zur Verfügung.

■ Tag 3
Hinter Sandakphu wird der Horizont weiter und der Weg folgt dem Bergkamm bis nach **Sabarkum**. Hier warten weder Unterkunft noch Verpflegung, aber nur 30 Min. nach rechts den Berg hinab steht die Wanderhütte ❶ von **Molley**.

■ Tag 4
Jetzt geht es wieder zurück nach Sabarkum und auf dem Gebirgspass weiter bis **Phalut** (3600 m), wo es eine Wanderhütte ❷ gibt. Hier oben ist die Aussicht besonders faszinierend.

■ Tag 5
Heute tun sich mehrere Möglichkeiten auf: entweder wieder zurück nach Sandakphu oder von Phalut auf dem Trail weiter nach **Gorkhey**,

das über eine Wanderhütte ❶ und die Shanti Lodge ❶–❸ verfügt, oder noch weiter bis **Ramam** (2560 m), Sitz des einladenden Sherpa Hotels ❶ und diverser anderer Lodges. Eine Alternative wäre der Abstieg von Sabarkum zum malerischen, an einem Fluss gelegenen Dörfchen Sirikhola, wo man in der Goparma Lodge ❷ nächtigen kann.

■ Tag 6
Am letzten Tag geht's nach **Rimbik** (2286 m); aber Vorsicht: Die Route ist schlecht markiert, deshalb sollte man sich vor dem Losgehen den Weg von Einheimischen genau beschreiben lassen. In Rimbik gibt es das gemütliche Sherpa ❷, dessen Mitarbeiter beim Besorgen von Busfahrkarten nach Darjeeling behilflich sind. Eine weitere Unterkunft ist z. B. das Sherpa Tenzing ❶ mit Gemeinschaftsbädern, Warmwassereimern und gutem Essen.

Von Rimbik verkehren Busse und Jeeps (6–7 und 12–13 Uhr) nach Darjeeling. Man kann aber auch mit einem Taxi oder zu Fuß die idyllische Karmi Farm in der Nähe von Bijanbari mit Blick aufs Flusstal des Ramam und West-Sikkim aufsuchen, 🖥 www.karmifarm.com. Reservierung nur per E-Mail: ✉ karmifarm@yahoo.co.uk ❸. Wer die Route in ungekehrter Richtung begehen möchte, kann dies wunderbar von der Farm aus tun.

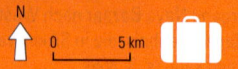

N

0   5 km

Legship, Pemayangtse

SIKKIM

Phalut (3600 m)

Sabarkum (3536 m)

Gorkhey

Molley

Ramam (2560 m)

Ramam

Simikhola

Naya Bazaar

Jorethang

Sandakphu (3636 m)

Rimbik (2286 m)

Lodoma (1089 m)

Singla Bazaar

Kalipokhari (3108 m)

Rangit

Gangtok

SINGALILA-NATIONALPARK

WESTBENGALEN

Gairibas (2621 m)

Jaubari (Nepal)

Tonglu (3070 m)

Bijanbari (762 m)

Lebong

Darjeeling (2134 m)

Meghma (2900 m)

Little Rangit

Kalimpong

NEPAL

Maneybhanjang (2134 m)

Sukhiapokhari

Ghoom (2247 m)

Tiger Hill (2590 m)

Mirik

Siliguri, Kurseong

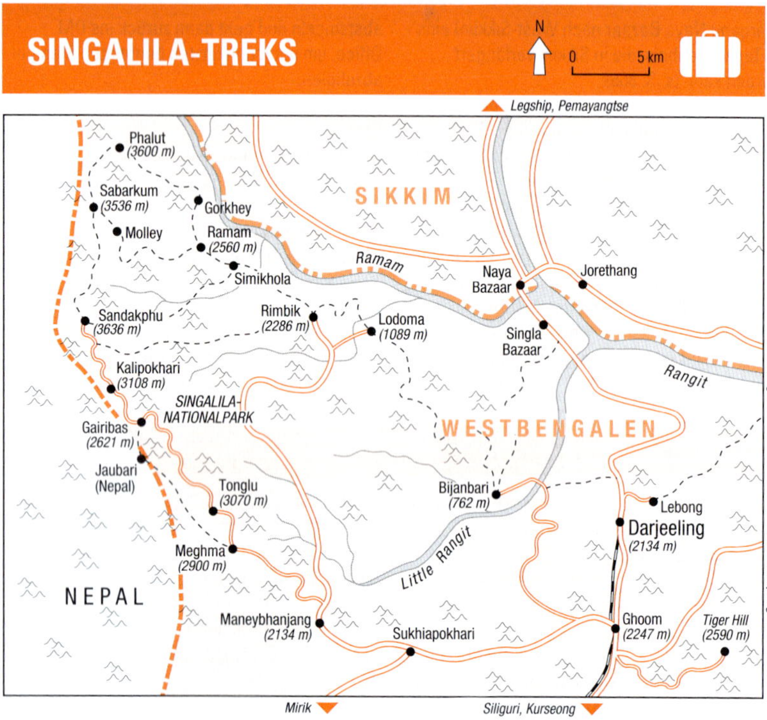

gibt es Seminare, Vorträge, Videoshows und Ausstellungen.

Das **Changpori Medical Institute** in Takdha (Richtung Teesta) bietet ausgezeichnete Kurse in tibetischer Medizin an; im Manjushree anfragen.

Transport

Nahezu alle Besucher aus der Ebene treffen entweder mit dem Toy Train oder mit Sammel-taxi oder Bus via Siliguri ein. Jeeps und Busse halten an der **Bushaltestelle** im tieferen Teil der Stadt, von wo es bergauf zu dem Viertel mit den meisten Unterkünften geht. Die meisten Taxis und manche Jeeps bringen ihre Fahrgäste zur **Clubside** an der **Mall** (offiziell Nehru Road). Am Busbahnhof und am Basar stehen auch Gepäckträger (ab Rs60) zur Verfügung, doch manche arbeiten als Schlepper für Hotels, wo sie Provision kassieren. Darjeeling lässt sich

gut zu Fuß erkunden. Viele Bereiche (auch The Mall und Chowrasta) sind ohnehin Fußgängerzonen.

Busse, Minibusse und Sammeltaxis

Es verkehren Busse und Minibusse (ab Rs50) vom Busbahnhof nahe Chowk Bazaar nach SILIGURI. Sammeltaxis und Jeeps berechnen für dieselbe Strecke Rs100. Langstreckenbusse nach KATHMANDU starten in der Grenzstadt **Kakarbitta** in Nepal (s. S. 827). Morgens verkehren regelmäßig Jeeps nach GANGTOK, SILIGURI, MIRIK, KALIMPONG und JORETHANG (Weiterreise nach West-Sikkim; Rs100). Dies ist ganz klar die bequemste Art zu reisen, vor allem wenn man sich zwei Vordersitze reserviert. Nach Möglichkeit am Jeep-Stand neben der Bushaltestelle im Voraus buchen. Die einzelnen Strecken werden von unterschiedlichen Betreibern bedient, teils auch von mehreren. Nach GANGTOK (4 1/2 Std., Rs130) gibt es zwischen 7 und 14 Uhr häufige Verbindungen.

Eisenbahn

Der **Toy Train** fährt um 9.15 Uhr nach SILIGURI und NEW JALPAIGURI, sofern das Wetter mitspielt und keine Erdrutsche die Fahrt verhindern. Die Fahrt dauert allerdings gemächliche 7–8 Std.

Zugreservierungen (🕐 tgl. 8–14 Uhr) für die Weiterfahrt von NJP können einige Tage vorab in Darjeelings Bahnhof getroffen werden, wo begrenzte Touristenquoten für die Züge nach Delhi, Kolkata, Bengaluru (Bangalore), Cochin und Thiruvananthapuram zur Verfügung stehen. Wer keine Fahrkarte mehr bekommt, wendet sich am besten an **Gupta Tours & Travel**, 5 Chachan Mansion, unweit des Bahnhofs, ✆ 0354/225 4616, wo gegen Gebühr manchmal auch dann noch Tickets zu bekommen sind, wenn die Quoten angeblich ausgeschöpft sind.

Flüge

Der nächste Flughafen ist der von **Bagdogra**, 100 km südlich (S. 829). Für die Taxifahrt dorthin muss man reichlich Zeit einkalkulieren. Tickets von **Jet Airways** verkaufen **Clubside Tours and Travels**, J. P. Sharma Rd, ✆ 0354/225 4646, und **Pineridge Travels**, Nehru Rd, Chowrasta, ✆ 0354/225 3912; bei Letzteren gibt's auch Druk Air-Flugtickets nach Bangkok. Beide vermitteln auch Flugtickets mehrerer Gesellschaften von **Bhadrapur** in Nepal nach KATHMANDU (s. S. 830). **Air India** unterhält ein Büro an The Mall nahe Chowrasta, ✆ 0354/225 4230.

Die Umgebung von Darjeeling

Ein Besuch von Darjeeling ist nicht komplett ohne die Teilnahme am frühmorgendlichen Massenansturm auf den **Tiger Hill** zum gemeinschaftlichen Bewundern des Sonnenaufgangs. Das lässt sich prima mit einem Besuch des alten Klosters **Ghoom** und der riesigen Klosteranlage **Sonada** an der Hill Cart Road Richtung Siliguri verbinden.

Tiger Hill

Ab 4 Uhr morgens fahren Tag für Tag mit Touristen voll gepackte Jeeps und Taxis von der Agentur Clubside in Darjeeling über Ghoom zum Tiger Hill, einem beliebten Aussichtspunkt. Bei Sonnenaufgang bietet der wundervolle Ort auf 2585 m Höhe am östlichen Rand der **Singalila Range** einen Rundblick: Im Süden erstrecken sich die dunstigen Ebenen an der Grenze zu Bangladesch, im Westen lugt die Spitze des Mount Everest über die Singalila-Kette, im Norden türmt sich der Kanchenjunga über Sikkim auf, und im Nordosten zieht sich der Himalaya nach Bhutan und Assam hinein. Wenn die Sonne aus der Ebene aufsteigt, taucht sie einen Gipfel nach dem anderen in ihr Licht, bevor die Berge vom Tagesdunst verschleiert werden.

Auf dem Höhepunkt der Hauptsaison verlassen bei gutem Wetter täglich bis zu 150 Jeeps Darjeeling und befördern über 2000 Menschen zum Aussichtspunkt. Mehrere Veranstalter in der Umgebung von Clubside vermitteln Jeep-Touren mit kurzen Stopps in Ghoom, beim Gurkha War Memorial (Rs5) und am Batasia Loop (Rs800 pro Fahrzeug bzw. ca. Rs80 pro Platz, in der Nebensaison günstiger).

Der **Aussichtsturm** hinter Glasscheiben bietet einen wärmeren, aber oft überfüllten Ort zum Beobachten des Sonnenaufgangs. Der Eintrittspreis beträgt Rs40 (inkl. Kaffee) für die oberste „Super Deluxe"-Etage, Rs30 für das Stockwerk darunter und Rs20 für die Aussichtsplattform plus Rs10 für den Transport. Die einfache Besteigung des Hügels kostet Rs5. Wer sich fit fühlt, kann vom Tiger Hill zu Fuß zurücklaufen und unterwegs die *gompas* in Ghoom besichtigen.

Ghoom

Das oft in Wolken gehüllte Ghoom (2438 m) mit seinem winzigen Basar am Rande des Jorebangla besitzt mehrere interessante Klöster. Das bedeutendste ist das **Yiga Choling** abseits der Hauptstraße über dem Sterling Resort.

Vom Bahnhof führt der ausgeschilderte Weg 200 m zurück Richtung Darjeeling bis zu einer Abzweigung nach links und dann rund 500 m durch einen Marktbereich. Das 1850 von dem berühmten Astrologen Sharap Gyatso errichtete Kloster besteht aus einer Tempelhalle und

Im nur 7 km vor Darjeeling gelegenen Ghoom erklimmt der **Toy Train** (S. 842) seine größte Höhe. In der Saison starten täglich um 10.15 und 13.20 Uhr zwei dampfbetriebene Touristenzüge (hin und zurück Rs265) von Darjeeling nach Ghoom, mit gerade einmal 15 Min. Aufenthalt – nicht genug für eine Besichtigung der Klöster. Danach geht es mit einem weiteren kurzen Zwischenstopp am Batasia Loop (Ausblicke auf den Himalaya) zurück nach Darjeeling.

Der reguläre Dieselzug mit Abfahrt um 9.15 Uhr in Darjeeling über Ghoom nach Siliguri ist billiger (1. Klasse Rs116, 2. Klasse Rs25). Nach individuellen Besichtigungen kann man bei dieser Variante alternative Transportmittel zurück nach Darjeeling nehmen oder gemütlich über die Straße zurückspazieren und unterwegs die herrlichen Aussichten genießen sowie die **Friedenspagode** im Wald oberhalb der Dali Gompa besuchen.

einigen Wohnhäusern. In der Gebetshalle steht eine große Statue von Maitreya, dem Buddha des künftigen Weltzeitalters, dessen bronzenes Gesicht außerordentlich kunstfertig gestaltet ist.

Kalimpong und Umgebung

Auf den ersten Blick wirkt die 50 km östlich von Darjeeling gelegene, ruhige Hill Station Kalimpong schäbig. Doch sie hat einiges zu bieten: einen farbenprächtigen Markt, außerordentliche Orchideen und andere Blumen, großartige Ausblicke auf den Kanchenjunga, mehrere Klöster und zahlreiche Möglichkeiten für Wanderungen in die umliegenden Berge, die noch heute die Heimat der **Lepcha** sind. Wie Darjeeling gehörte auch Kalimpong früher zu Sikkim und später zu Bhutan. Im Gegensatz zu Darjeeling war Kalimpong aber niemals eine Teestadt oder ein Urlaubsort, sondern immer ein Handelszentrum an der belebten Route nach Tibet. Aufgrund ihrer Lage war die Stadt nach den chinesisch-indischen Konflikten der frühen 1960er-Jahre mehrere Jahrzehnte lang für Touristen gesperrt.

Die Stadt

Kalimpong erstreckt sich über einen Bergkamm, der den **Marktbezirk Tenth Mile** umschließt. Hier gibt es zwar nicht so viele Souvenirläden und Touristenkaufhäuser wie in Darjeeling, aber dennoch zahlreiche Geschäfte, die buddhistische Kunsthandwerksobjekte und religiöse Mitbringsel verkaufen und Großeinkäufer aus ganz Indien anlocken. Besonders stark vertreten sind Seidenbrokatstoffe, für Mönche hergestellter tibetischer Weihrauch, und Silberschüsseln. Die **Touristenläden** Kaziratna Shakya und Himalayan Handicrafts in der Rishi Road haben eine gute Auswahl, während sich die größeren Geschäfte um die RC Mintri Road konzentrieren. Mittwochs und samstags wird Tenth Mile äußerst lebendig, denn aus der gesamten Umgebung strömen dann Dorfbewohner zu den beiden wichtigsten Wochenmärkten. In der **Gangjong Paper Factory** am Fuß der Treppe zur Printam Road können Besucher den Herstellungsprozess verfolgen, ☉ Mo–Sa 9–16.30 Uhr. **Himalayan Handmade Paper** im Panlook Compound nahe Thirpai in der KD Pradhan Road ist leichter zugänglich und hat ebenfalls einen Direktverkauf.

Im Südwesten überragt der **Rinkingpong Hill** (auch als **Durpin Dara** bekannt) die Stadt. Die Armeepräsenz ist zwar unübersehbar, dennoch ist der 4 km lange Weg von der Innenstadt hinauf ein schöner Spaziergang. Am höchsten Punkt steht das Kloster **Zong Dog Palri Phodrang Gompa**, auch als Durpin („Teleskop") bezeichnet. Es wurde 1957 nach dem Vorbild von Guru Rinpoches mythischem Palast des „Reinen Königreichs" errichtet, um drei in den 1940er-Jahren aus Tibet hergebrachte Kupferstatuen zu beherbergen. Trotz der Funkmasten und des Militärlagers nebenan ist das Klosterdach ein hervorragender Ort, um den Sonnenaufgang und die Mönchsgesänge unterhalb zu genießen. Besucher sind während der Gebete willkommen, sollten sich aber hinsetzen und nicht stören.

An den Waldsträßchen, die den Rinkingpong Hill hinauf führen, verbergen sich einige interessante alte Herrenhäuser. Das **Morgan House** wurde für einen Jutehändler erbaut und dient heute als Touristenunterkunft. Beim Tee auf dem Rasen kann man die Atmosphäre der damaligen Zeit und zugleich eine herrliche Aussicht genie-

Das Kloster Zong Dog Palri Phodrang Gompa thront auf einem Hügel über Kalimpong.

ßen. Ein Stück weiter, etwa 2 km oberhalb der Stadt, steht die **St Teresa's Church**. 1929 von einem Schweizer Missionar erbaut, weist sie deutliche Einflüsse buddhistischer Klosterarchitektur auf und erinnert an ein bhutanisches *gompa*. Innen wie außen finden sich kunstvolle Schnitzereien. Besonders sehenswert sind die Türen mit den acht heiligen Symbolen des Buddhismus.

Ein Spaziergang in westliche Richtung aus der Stadt führt in einer halben Stunde auf den Berg Deolo mit der **Thirpai Choling Gompa**, einem 1892 gegründeten und kürzlich renovierten Kloster einer Gelugpa-Splittergruppe, in dem ein Bildnis der umstrittenen Gottheit Dorje Shugden zu sehen ist, die vom Dalai Lama verbannt wurde. Unterhalb und näher an der Stadt befinden sich die Meditationshallen des kleinen bhutanischen Klosters **Thongsa Gompa** aus dem Jahr 1692. Sie sind mit wunderschönen Wandgemälden verziert.

Der Gipfel des **Deolo Hill** (1704 m) ist ein beliebter Picknickplatz mit einer DGHC Tourist Lodge und Restaurant. Der herrliche Ausblick reicht vom diesigen Tal des Teesta bis über die Gipfel des Kanchenjunga, das Grenzgebirge und die Pässe Nathula und Jelepla hinaus bis nach Tibet. ⏱ tgl. 9–18 Uhr, Eintritt Rs5.

Kalimpong ist für seine **Gartenbaukultur** – vor allem Orchideen, Kakteen, Amaryllis Palmen und Farne – berühmt. Rund 50 Gewächshäuser wie Sri Ganesh Mani Pradhan (in der Twelfth Mile), Nurseryman's Haven (im Holumba Haven Hotel; s. S. 844) und Pineview in der Atisha Road (Rs5) haben sich auf exotische Kakteenarten spezialisiert. Zwar blühen die Pflanzen in Kalimpong ganzjährig, doch die beste Zeit für blühende Orchideen ist von Mitte April bis Mitte Mai. In diesen Wochen findet meist ein Blumenfest statt.

Die Umgebung von Kalimpong

Das kleine Dorf **Lava**, 35 km von Kalimpong entfernt am alten Handelsweg nach Bhutan gelegen und mit Sammeltaxi-Jeep zu erreichen, ist ein idealer Ausgangspunkt zur Erkundung des **Neura-Nationalparks** mit seinen Orchideen, Vögeln und Säugetieren. Lava liegt auch günstig zum **Rachela Pass** (3152 m) an der Grenze zwischen Sikkim und Bhutan. Von hier hat man schöne Ausblicke auf die Chola-Gebirgskette mit dem Chomalhari (7314 m), Bhutans heiligem Berg an der Grenze zu Tibet.

In Lava gibt es viele einfache Unterkünfte, darunter die Hütten des **Forest Rest House**, für das Buchungen beim **Forest Department**, abseits der

„Dorf-Tourismus" und Homestays

Der kommerziell organisierte sogenannte **Village Tourism** gewinnt zunehmend an Beliebtheit. Er bietet die Möglichkeit, sowohl die bäuerliche Landschaft als auch die Kultur auf dem Lande näher kennenzulernen. Zu den größeren Anbietern auf diesem Gebiet zählen Gurudongma und Holumba (s. S. 846) in Kalimpong, Help Tourism (s. S. 820) in Siliguri und Himalayan Footprints in Gangtok (s. S. 873). **Gurudongma's Farm House** ❽ ist ein rustikales, aber luxuriöses Gehöft auf dem wunderschönen Samthar Plateau, 80 km von Kalimpong entfernt. Ein weiteres Homestay ist **Tinchuley Village House**, ✆ 03542/262236 ❺, 28 km von Kalimpong in der Nähe von Takdah, eine Tee- und Kardamomplantage am Waldrand. Jenseits der Grenze in Sikkim, 35 km von Kalimpong, befindet sich das **Turuk Village House**, ✆ 9434/022580 ❼–❽, eine elegante Villa auf einer idyllischen Plantage aus dem späten 19. Jh.

Rinkingpong Rd, ✆ 03552/255780, 🖥 www.wbfdc.com, in Kalimpong getroffen werden können.

Leicht begehbare Pfade führen westlich von Lava Richtung **Budhabare**, einer Marktstadt im Tal des Flusses Git, in dem Lepcha-, Gurkha- und Bhutia-Dörfer liegen. Der Weg verläuft durch Wald weiter nach **Kafer**, wo eine alte Touristenlodge steht; große Zimmer ❹ und ein Schlafsaal (Rs100). Der Sonnenaufgang von nahen **Lolegaon** aus ist legendär und es gibt einen fantastischen, unter dem Blätterdach des Heritage Forest entlangführenden Weg. Von Kalimpong führt eine holprige Straße hierher. Wer fit ist, nimmt den Fußpfad, der den Relli River nahe vom Dorf überquert und in einem Bogen wieder nach Kalimpong verläuft.

Übernachtung

Kalimpongs akuter Wassermangel beeinflusst die Wahl der Unterkunft; nur wenige Hotels der unteren Preisklasse haben fließendes Wasser. Die meisten Budgethotels befinden sich in der Tenth Mile und rund um den Motor Stand.
Cloud 9, Rinkingpong Rd, ✆ 03552/259554. Hotel mit herrlicher Aussicht von den 5 geräumigen, sauberen und gut belüfteten Zimmern über einem Restaurant plus Bar. Wird lebendig, wenn der Besitzer Binodh die Gitarre auspackt und Beatles-Songs spielt. ❺

Crown Lodge, unterhalb des Motor Stand, ✆ 03552/255846. Beliebte Unterkunft in guter Zentrumslage; ideal bei frühen Abfahrtszeiten. Funktionale, saubere Zimmer, fließend Warmwasser und gutes Restaurant. ❷–❸

Deki Lodge, Tirpai Rd, 10 Min. zu Fuß vom Motor Stand, ✆ 03552/255095. Sauberes und sehr gastfreundliches, von Tibetern geführtes Hotel. Große Auswahl, von Budgetzimmern mit Warmwasser aus Eimern bis zum komfortablen DZ mit fließend Warmwasser im neuen Flügel nach hinten raus. Internetzugang. ❷–❺

Gompus, Damber Chowk, ✆ 03552/2558181. Legendäres Hotel mitten im Stadtzentrum, das von Grund auf renoviert und in ein schniekes Businesshotel verwandelt wurde. Es hat große Zimmer mit TV und modernen Sanitäranlagen auf drei Stockwerken über einem beliebten Bar-Restaurant. ❺

Himalayan, Upper Cart Rd, ✆ 03552/255248, 🖥 www.himalayanhotel.com. Hotel mit historischem Bezug, vielen tibetischen Erinnerungsstücken und einem wunderschönen Garten auf einem unberührten Fleckchen oberhalb der Stadt. Die modernen Cottages sind luxuriös, aber das Flair des alten Hauses fehlt. ❻

Sherpa Lodge, Ongden Rd, ✆ 9800/861462. Günstige zentrale Lage, 8 gute Budgetzimmer, davon 3 mit Bad. Außerdem eine hübsche Frühstücksterrasse. ❷

Orchideentraum

Holumba Haven, 8.5 Mile, in der Nähe der Feuerwache, ✆ 03552/256936, 🖥 www.holumba.com. Wunderschön eingerichtete Cottages in einer Orchideen-Gärtnerei mit einer ganzen Menagerie von Vögeln. Manche Cottages haben sogar eine Kochgelegenheit, aber auf Wunsch gibt es auch hausgemachte Mahlzeiten, die von den auskunftsfreudigen und extrem gastfreundlichen Besitzern liebevoll zubereitet werden. ❹–❺

Silver Oaks, Ringkingpong Rd, ☎ 03552/255296, 🖥 www.elginhotels.com. Eine der vornehmsten Adressen der Stadt in zentraler Lage. Geräumige, konservativ-luxuriöse Zimmer und ein gutes Restaurant. Übernachtungspreise ab Rs5400. ❽

Essen

Einer der Vorzüge von Kalimpong ist die Bandbreite an unterschiedlichen Küchen, die von *momos* und *thukpa* bis Pizzas, Coffeeshops und vegetarischen Restaurants im Basar reicht. In Nobelhotels wie dem Silver Oaks wird edel gespeist und das Teeservice kommt auf dem Silbertablett daher. Es gibt auch mehrere nette Kneipen, z. B. **Cloud 9**, wo man sich auf ein Bier und ein Schwätzchen treffen kann.

3C's, Main Rd. Ein beliebtes Bistro mit Snackbar, Coffeeshop und Backtheke. Toll zu Frühstück und Mittagessen; sehr lecker sind beispielsweise *rumali roti* und *paneer tikka*.

Cakes-r-us und Pizza, SBG Rd, in der Nähe vom DGHC Tourist Office. Auf der einen Seite der Halle liegt die freundliche Patisserie und auf der anderen das Restaurant Pizza, wo es Pizza und indisches Essen gibt, auch zum Mitnehmen.

China Garden, Lall Gali, nahe Motor Stand. Eines der seltenen Überbleibsel der ehemals blühenden Chinesengemeinde ist dieses kleine, bei Einheimischen sehr beliebte Restaurant, wo es authentische chinesische Kost zu erschwinglichen Preisen gibt.

Gompus, Damber Chowk. Die Speisekarte des namhaften, populären Bar-Restaurants mitten in der Stadt hat einiges zu bieten. Am allerberühmtesten ist das Lokal jedoch für *momos* und *thukpa*. Eine super Location für ein großes Glas kaltes Bier.

Kalash, Main Rd. Weil das Schild auf Hindi geschrieben ist, muss mancher Gast vielleicht nachfragen, ob er oder sie auch wirklich an der richtigen Adresse ist. Aber die Suche lohnt sich, denn in dem vegetarischen Restaurant wird köstliche Biokost zu unglaublich günstigen Preisen aufgetischt; ein *thali* kostet nur Rs55.

King Thai, im Ma Supermarket in der Nähe der Polizeiwache. In dem begehrten Bar-Restaurant sind die Gerichte eher indisch und chinesisch

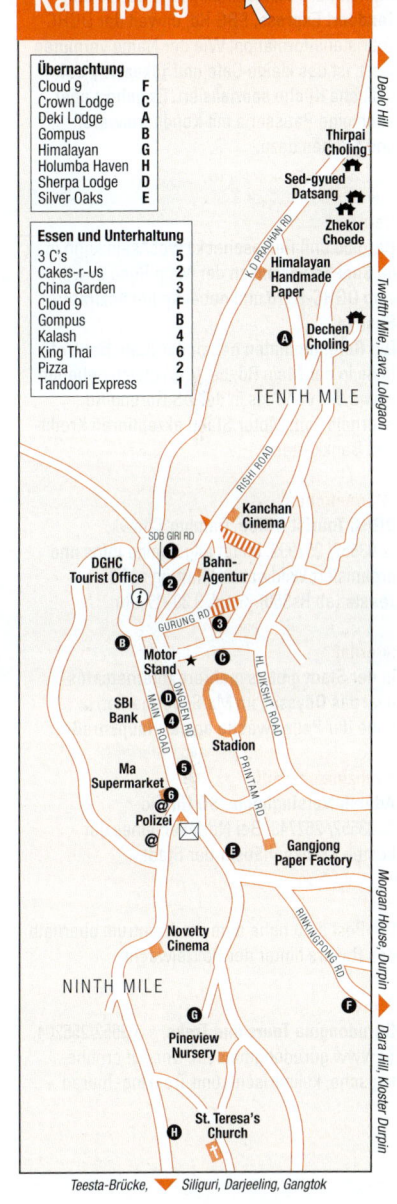

Kalimpong

Übernachtung	
Cloud 9	F
Crown Lodge	C
Deki Lodge	A
Gompus	B
Himalayan	G
Holumba Haven	H
Sherpa Lodge	D
Silver Oaks	E

Essen und Unterhaltung	
3 C's	5
Cakes-r-Us	2
China Garden	3
Cloud 9	F
Gompus	B
Kalash	4
King Thai	6
Pizza	2
Tandoori Express	1

als (wie man denken möchte) thailändisch. Manchmal treten einheimische Bands auf. **Tandoori Express**, SBG Rd, unweit der DGHC-Touristeninformation. Wie der Name vermuten lässt, ist das kleine Café und Takeaway auf indische Küche spezialisiert. Es gehört aber auch eine Patisserie mit Konditoreiwaren und Kuchen dazu.

Sonstiges

Geld

Bargeld und Reiseschecks wechseln kann man im **Soni Emporium** an der Main Road unweit vom DGHC-Büro und nebenan bei **Kaziratna Shakya**.
Die **Geldautomaten** neben der State Bank of India in der Main Rd, bei ICICI gleich nebenan sowie der von Axis in der DS Gurung Rd oberhalb vom Motor Stand akzeptieren Kredit- und Bankkarten.

Informationen

DGHC Tourist Office, Damber Chowk, ☎ 03552/ 257992, bietet allgemeine Infos und organisiert Wildwasser-Rafting auf dem Teesta (ab Rs350). ⏰ tgl. 9.30–17 Uhr.

Internet

In der Stadt gibt es mehrere Internetcafés, u. a. das **Odyssey** im Ma Supermarket, nahe der Polizeiwache an der Hauptstraße.

Medizinische Hilfe

Adarsh Nursinghome, SD Giri Rd, ☎ 03552/ 257743. Bei Notfällen eines der besten Krankenhäuser der Stadt.

Post

Die Post liegt nahe dem Stadtzentrum oberhalb des Basars hinter der Polizeiwache.

Touren

Gurudongma Tours und Treks, ☎ 03552/255204, 🖵 www.gurudongma.com. Der auf ornithologische, kulinarische und Trekking-Touren spezialisierte Veranstalter betreibt ein eigenes Farmhaus auf der Samthar-Hochebene.
Himalayan Eagle, ☎ 9635/156911. Der Touranbieter unter schwedischer Leitung veranstaltet von Sep–Juni in der Nähe von Deolo Tandem-Fallschirmflüge – nichts für schwache Nerven! Das Schwesterunternehmen, 🖵 www.himalayanbiketours.se, organisiert Motorradausflüge in der Region, die in Euros bezahlt werden müssen.
Holumba, ☎ 03552/256936, organisiert Dorfbesuche und Individualtouren, darunter Ausflüge ins Neora Valley.
Mondo Challenge, ☎ 03552/260026, 🖵 www.kalimpongvillagetour.wordpress.com. Ein pädagogisches Hilfsprojekt, das gern Freiwillige beschäftigt; führt ebenfalls ein- oder zweitägige Ausflüge in Dörfer durch.

Transport

Kalimpong ist nur über die Straße zu erreichen und wird regelmäßig von Bussen, Taxis und Jeeps aus Darjeeling, Siliguri und Gangtok bedient. Die meisten Verkehrsmittel halten am **Motor Stand** im Bereich des Zentralmarktes. Jeeps und Busse fahren vom Motor Stand nach DARJEELING (2 1/2–4 Std., Rs80), SILIGURI (2 1/2 Std., Rs90) und GANGTOK (3 Std., Rs90). Verwirrenderweise ist für jede Strecke ein anderes Kollektiv mit eigenem Fahrkartenbüro zuständig. Weitere Destinationen sind z. B. NJP, LAVA, KAKARBITTA, PELLING und GHEZING. Bei der Abreise aus Kalimpong ist zu beachten, dass die letzten zuverlässigen Busse in den frühen Nachmittagsstunden zurückfahren.
Himalayan Travels, an der Ecke, ☎ 9434/166498, vermitteln reservierte Taxis, und das **Motor Transport Syndicate**, ☎ 9932/766064, hat Fahrzeuge nach Darjeeling (7–15 Uhr). **Dynamic Solutions** im Jopa Complex an der Main Road, ☎ 03552/257874, kann sämtliche Flugtickets besorgen. **Zugtickets** verkauft eine Bahnagentur in der Rishi Rd, ⏰ tgl. 10–16 Uhr, die aber nur über eine geringe Quote für NJP verfügt.

Kolkata und Westbengalen

Bihar und Jharkhand

Stefan Loose Traveltipps

Sonepur Mela Einmal im Jahr findet in Sonepur ein großes Fest mit Viehmarkt statt. S. 854

Mahabodhi-Tempel, Bodhgaya Im Mittelpunkt steht ein Ableger des Baums, unter dem Buddha Erleuchtung fand. S. 856

Rajgir Die buddhistische Pilgerstadt bietet neben vielen Heiligtümern auch eines der außergewöhnlichsten Hotels der Region. S. 861

Nalanda Am Standort einer 1500 Jahre alten Universität aus den Zeiten, als der Buddhismus Indien noch beherrschte, sind die Überreste alter Stupas und Klöster zu bewundern. S. 861

Bihar erstreckt sich zwischen Uttar Pradesh und Westbengalen über die östliche Gangesebene; Jharkhand im Süden, auf dem hügeligen Chotanagpur-Plateau nördlich von Orissa gelegen, wurde erst im Jahr 2000 auf Betreiben seines größten Volksstammes von Bihar abgetrennt. Beide Bundesstaaten leiden unter Armut, einer mangelhaften Infrastruktur, gewalttätigen

Jharkhand

Nach jahrelangen Unruhen in der Bevölkerung (größtenteils Adivasi) wurde Jharkhand im Jahr 2000 aus dem Bundesstaat Bihar herausgelöst. Die Region erwirtschaftet fast 40 % aller Mineralien Indiens, leidet aber auch unter extremer Armut, Gesetzlosigkeit und den Aktivitäten der Naxaliten (maoistische Guerillakämpfer). Touristen verschlägt es eher selten hierher. Die Hauptattraktion sind die wunderschönen *sal*-Wälder des **Palamau-Nationalparks**, die leider unter einer mehrjährigen Trockenheit gelitten haben. Sie sind auch Teil des Project Tiger (s. S. 93). Tiger lassen sich hier mittlerweile eher selten blicken; dafür ist die Wahrscheinlichkeit, Elefanten, Antilopen und Wildschweine zu erspähen, umso höher. Der Park hat das ganze Jahr über geöffnet, die beste Zeit für Besuche ist aber zwischen Oktober und April. Im Staat verteilt liegen noch weitere Naturschutzgebiete und Parks, darunter der **Hazaribagh Nationalpark** im Norden. In dieser Gegend und rund um den **Parasnath-Tempel** sind allerdings Banditen und Naxaliten sehr aktiv. Es ist also ratsam, vor der Reise die Sicherheitslage zu prüfen. Außerdem sollte man nirgendwo im Staat nachts unterwegs sein. Wer bei ruhiger Gesamtlage den Palamau National Park besuchen will, sollte das von der Hauptstadt **Ranchi** aus tun. Gute Adressen sind Ashok Travels im Ranchi Ashok, ✆ 0651/248 0759, und Suhana Travels in der Station Rd, ✆ 0651/329 3808. Die beste Unterkunft in Ranchi ist das stimmungsvolle BNR Hotel im Raj-Stil in der Station Rd, ✆ 0651/246 1481, ✉ chanakyabnrranchi@hotmail.com ❻. In Palamau kann man in staatlichen Van Vihar beim Parkeingang übernachten, ✆ 06567/226513, Schlafsaal Rs100. ❷ – ❹

Kasten-Konflikten, Korruption und allgemeiner Gesetzlosigkeit.

Obgleich Ausländer von dem Banditentum und dem Guerillakrieg meist nicht betroffen sind, sind schon Touristen und buddhistische Pilger ausgeraubt worden, und kaum ein Besucher hält sich lange in Bihar auf. Was eigentlich schade ist, denn die abgelegene Region hat durchaus einige lohnende Attraktionen zu bieten. Bevor man Bihar bereist, sollte man sich jedoch beim Auswärtigen Amt und in der örtlichen Presse über die Sicherheitslage informieren. Gute Dienste leisten auch die Websites ⌨ www.patnadaily.com und ⌨ www.bihartimes.com, allerdings tendieren die zuständigen Behörden dazu, die Sicherheitsrisiken herunterzuspielen. Meiden sollte man die Gegend auf jeden Fall, wenn Wahlen vor der Tür stehen und die Gemüter besonders erhitzt sind.

Patna

Bihars Hauptstadt Patna stammt aus dem 6. Jh. v. Chr. Heute kann man Patnas einstigen Glanz als Zentrum der Magadha- und Maurya-Reiche nur noch erahnen. Die ausgedehnte Metropole erstreckt sich über ca. 15 km am Südufer des Ganges. Ihre Gestalt hat sich seit der Verlegung der Hauptstadt des Magadha-Reiches durch Ajatasatru (491–459 v. Chr.) von Rajgir hierher kaum verändert.

Der erste Maurya-Herrscher **Chandragupta** ließ sich 321 v. Chr. im damals **Pataliputra** genannten Patna nieder und verschob die Grenzen seines Reiches bis zum Indus. Sein Enkel **Ashoka** (274–237 v. Chr.), einer der größten indischen Herrscher, konnte seine Macht über noch größere Gebiete ausbauen. Später erlebte die Stadt noch zweimal einen Aufschwung. Der erste Gupta-Herrscher, ebenfalls mit Namen **Chandra Gupta**, machte Patna Anfang des 4. Jh. n. Chr. zu seiner Hauptstadt, und im 16. Jh. wurde es unter dem afghanischen Herrscher **Sher Shah Suri** (1540–45) wiederaufgebaut Im März findet das alljährliche **Pataliputra Mahotsava Festival** statt. Über Tage hinweg wird die Stadtgeschichte bei Musik, Tanz und öffentlichen Veranstaltungen lebendig.

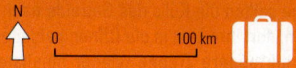

BIHAR UND JHARKHAND

N
0
100 km
Kathmandu
NEPAL
Gorakhpur
Birganj
Raxaul
Gandak
Motihari
Janakpur
Sitamarhi
Jaynagar
Jitwarpur
Madhubani
Kesariya
Chakia
Muzaffarpur
Siliguri
Kishanganj
BANGLADESCH
UTTAR PRADESH
Vaishali
BIHAR
Varanasi
Sonepur
Ganges
NH-28
NH-31
Muner
Buxar
Patna
Munger
NH-30
Bihar Sharif
Son
Nalanda
Bhagalpur
Rajgir
Pawapuri
Rajmahal
Varanasi
Sasaram
Gaya
Nawada
Mahakala-Höhlen
Bodhgaya
NH-31
Simaltala
Rikhia
Kodarma
Jasidih
Deoghar
NH-2
Dumka
Tilaiya
Daltonganj
HAZARIBAGH-NATIONALPARK
Hazaribagh
Madhuban
Masanjor
Parasnath (1033 m)
Konar
Betla
NH33
Dhanbad
PALAMAU-NATIONALPARK
Sindri
Netarhat
NH-45
WEST BENGAL
Ranchi
NH-23
CHHATTISGARH
Hundru Falls
NH-55
Gumia
JHARKHAND
Kolkata
Jamshedpur
ORISSA

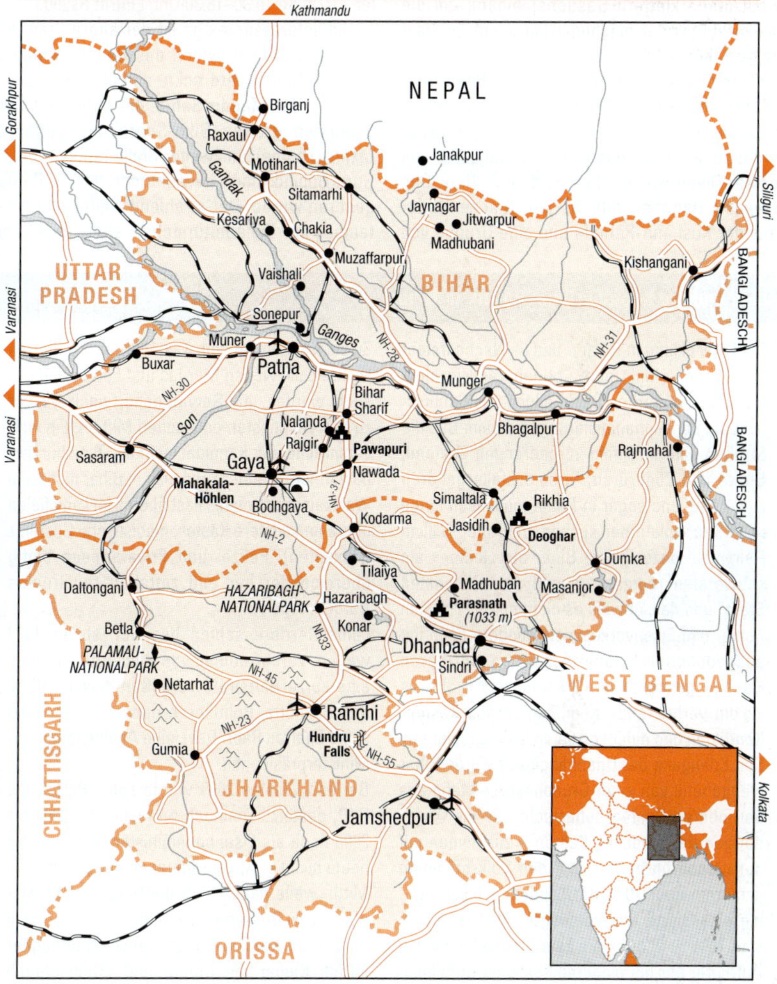

Patnas bemerkenswertestes Bauwerk ist der **Golghar** (auch das „runde Haus" genannt), ein riesiger Getreidespeicher aus der Kolonialzeit, der 1786 erbaut wurde, um eine Wiederholung der schrecklichen Hungersnot von 1770 zu vermeiden. Glücklicherweise ist der Speicher nie zum Einsatz gekommen. Geschmückt mit zwei Treppenkonstruktionen, die sich spiralförmig bis zum höchsten Punkt schlängeln, überblickt er den Fluss und den Gandhi Maidan. Auf der einen

Treppe sollten die Kulis das Getreide nach oben tragen, dort ihre Last in die Öffnung abladen und über die andere Treppe wieder hinabsteigen. Heutzutage klettern Besucher hinauf, um die Aussicht über den mächtigen Fluss und die Stadt zu genießen.

Das etwas heruntergekommene **Patna Museum** in der Buddha Marg zeigt eine erlesene Skulpturensammlung. Das berühmteste Exponat ist eine *yakshi* aus poliertem Sandstein mit einem Fliegenwedel, die aus dem 3. Jh. v. Chr. stammt. Daneben gibt es jainistische Bilder aus der Kushana-Periode und eine Gruppe von Bodhisattvas aus Gandhara (im nordwestlichen Pakistan) zu sehen. Es lohnt sich nicht, den Aufschlag von Rs500 für die Buddha-Statue zu zahlen. ⊙ Di–So 10.30–16.30 Uhr, Eintritt Rs250.

Am interessantesten ist der ältere Stadtteil von Patna, 10 km östlich des Gandhi Maidan. Von hier führen verdreckte und überfüllte Gassen zum **Har Mandir Sahib**, der unter den vier heiligsten großen Sikh-Schreinen, genannt *takhts* (Throne), an zweiter Stelle rangiert. Er ist Guru Gobind Singh geweiht, der 1660 in Patna geboren wurde. Der strahlend weiße Marmortempel mit Zwiebeltürmchen steht in einem

Lalu und die Kastenkriege: Politik in Bihar

Die Entwicklung in Bihar – und im Nachbarstaat Jharkhand – hinkt dem übrigen Land in allen Bereichen hinterher. Beide bilden das Schlusslicht bei der Alphabetisierung und beim BIP, die Straßen sind in einem verheerenden Zustand, Busse und Züge uralt, Stromausfälle gehören zum Alltag und sogar in Patna muss man lange nach Straßenlaternen suchen. Der Autor William Dalrymple bezeichnete Bihar als „Indiens am schwersten regierbaren und anarchischsten Staat" und das, obwohl es nicht nur mit riesigen Kohle- und Eisenvorkommen, sondern auch mit ausgedehnten landwirtschaftlich nutzbaren Flächen gesegnet ist. Ursache des Problems ist die verheerende Kombination aus **Kasten-Konflikten** und einer korrupten Landesregierung. Seit Erlangung der Unabhängigkeit wurde Bihar weitgehend von einer Grundbesitzer-Mafia aus den oberen Kasten beherrscht, die die Angehörigen der niederen Kasten – zusammen mit den „Unberührbaren" und den Volksstämmen immerhin über 70 % der Landesbevölkerung – marginalisierte und demütigte. All das schien sich 1991 zu ändern, als **Lalu Prasad Yadav**, ein Aufrührer aus der niederen Kaste der Büffelmelker, die „rückständigen Kasten", Moslems und Unberührbaren unter dem Banner der sozialen Gerechtigkeit vereinte und die Wahlen mit überwältigender Mehrheit gewann. Kaum an der Macht, stellte sich Lalu jedoch als mindestens genauso schlimm heraus wie seine Vorgänger.

Zu seinem Kabinett von Kastenbrüdern gehörten Männer, die wegen Mordes und Entführung gesucht wurden, und **Gewalt** gehört nach wie vor zu den wichtigsten politischen Mitteln. Ein vielversprechender Kandidat meinte: „Ohne hundert bewaffnete Männer kann man in Bihar nicht zum Wahlkampf antreten." Fast überall im Land fielen obere und niedere Kasten, maoistische Guerillas (Naxaliten), Polizei und Privatarmeen blutig übereinander her und zettelten regelrechte Bürgerkriege an.

Lalus Karriere schien beendet, als er 1997 wegen Veruntreuung von Milliarden Rupien eine kurze Haftstrafe verbüßen musste. Doch der gewiefte Politiker ernannte kurzerhand seine Ehefrau Rabri Devi, eine Analphabetin, zur Ministerpräsidentin.

Bei den Wahlen 2005 wurde Lalus Partei, die RJD, gestürzt. Dennoch war Lalu von 2004 bis 2009 noch als Eisenbahnminister tätig, und bis heute bleibt er Abgeordneter im Parlament.

Mittlerweile haben sich die Dinge auf Staatsebene zum Besseren gewendet. 2005 übernahm eine neue Koalition unter Lalus Hauptgegner **Nitish Kumar** die Macht, die offensichtlich weniger von der organisierten Kriminalität beherrscht wird. Seitdem kehren allmählich auch die Investoren zurück. Ob diese sichtbare Verbesserung andauert, wird sich noch herausstellen, aber zumindest herrscht unter der Bevölkerung nun ein vorsichtiger Optimismus.

Bihar und Jharkhand

weitläufigen Innenhof abseits der Hauptstraße. Besucher können sich im Innenhof umsehen und hineingehen, um den religiösen Klängen zu lauschen, die hier meist ertönen. Vor dem Betreten die Schuhe ausziehen und den Kopf bedecken – kostenlose Schließfächer für Schuhe gibt es am Rande des Innenhofs. Gemeinschafts-Motor-Rikschas kosten etwa Rs10 vom Gandhi Maidan.

In Gulzarbagh steht im ehemaligen **Old Opium Warehouse** der East India Company eine Druckerpresse der Regierung.

Auf halbem Weg zwischen Har Mandir Sahib und Gandhi Maidan erhebt sich die **Saif Khan-Moschee** („Moschee aus Stein"), die von Parwez Shah, dem Sohn des mächtigen Mogulkaisers Jahangir erbaut wurde.

Übernachtung

Akash, nahe Fraser Rd, kein funktionierendes Telefon. Eines der besten Billighotels der Stadt mit kleinen, sauberen Zimmern. Sollte es belegt sein, kann man sein Glück nebenan im New Amar versuchen. ❶

Chanakya, Beer Chand Patel Path, ☎ 0612/222 3141, 🖥 www.hotelchanakyapatna. in. Großes Hotel mit geschmackvollen Zimmern in Beige und Apricot; alle mit Bad. Es gibt auch eine schicke Bar, Geldwechsel und zwei Toprestaurants mit indischer und chinesischer oder afghanischer und Mogul-Küche. ❽

Garden Court Club, Patna Super Market, Fraser Rd, ☎ 0612/320 2279, 🖥 www.gardencourtclub. com. Kleines Hotel in einem Einkaufszentrum, das über einen alten Aufzug erreichbar ist. Nette, saubere Zimmer und TV. Allein das tolle Terrassenrestaurant rechtfertigt einen Aufenthalt. ❸–❺

Kautilya Vihar Tourist Bungalow, Beer Chand Patel Path, ☎ 0612/222 5411, ✉ bstdc@sancharnet.in. Weitläufiges Hotel der Bihar State Tourism Development Corp. Helle, aber etwas überteuerte DZ, günstiger Schlafsaal (Rs100) und gemütliches Dachrestaurant. ❸–❺

Maurya Patna, Fraser Rd, South Gandhi Maidan, ☎ 0612/220 3040, 🖥 www.maurya.com. 5-Sterne-Hotel mit etwas unpersönlichem Service, aber sehr luxuriösen Zimmern mit Bad, die in unterschiedlichsten Stilrichtungen –

Sicherheitshinweis

In Patna ist die Kriminalitätsrate höher als in allen anderen Städten Indiens, und es wird dringend davon abgeraten, nach Einbruch der Dunkelheit ohne Begleitung in der Stadt umherzulaufen.

kolonial bis orientalisch – eingerichtet sind. Pool (Rs490 für Tagesgäste) und ausgezeichnete Restaurants. Die teureren Zimmer kosten $207. ❽–❾

President, nahe Fraser Rd, ☎ 0612/220 9203. ✉ hotelpresidentpatna@yahoo.com. Trotz der Einrichtung aus den 1970er-Jahren eine gute Wahl. Etwas spießige, aber saubere Zimmer mit bunten Tagesdecken. Das Management gibt gerne Fahrplan- und andere Auskünfte. ❹–❺

Windsor, Exhibition Rd, ☎ 0612/221 3250, 🖥 www.hotelwindsorpatna.com. Gut geführtes Mittelklassehotel mit modernen Zimmern und Bad. Ausgezeichnetes Restaurant (s. u.). ❺–❻

Essen

In der Fraser Rd gibt es einige gute Restaurants, von denen die meisten abends als Bar dienen (dann sind nur noch Männer dort). Das schummrige **Bansi Vihar** ist ein kleines, bei Einheimischen beliebtes Lokal mit südindischen Snacks und 20 dosas-Variationen (Rs32–75). Ebenfalls an der Fraser Rd findet sich das **Gandhi's**, ein elegantes, supersauberes vegetarisches Restaurant (Hauptgerichte Rs65–130), in dem paneer butter masala und galub jamun serviert wird. Dann gibt es noch eine Reihe guter Hotel-Restaurants wie das **Bellpepper** im Hotel Windsor mit ausgezeichneten tandoori-Gerichten (nicht veg. Hauptgerichte Rs90–230), das **Takshila** im Hotel Chanakya mit afghanischer und Mogul-Küche (nicht veg. Hauptgerichte Rs130–375) und das märchenhafte Terrassenrestaurant im Garden Court Club (nicht veg. Hauptgerichte Rs80–160). In der Stadt verkaufen Straßenhändler eine Spezialität aus Bihar, littis – würzige Kichererbsen im Teigmantel.

Bihar und Jharkhand

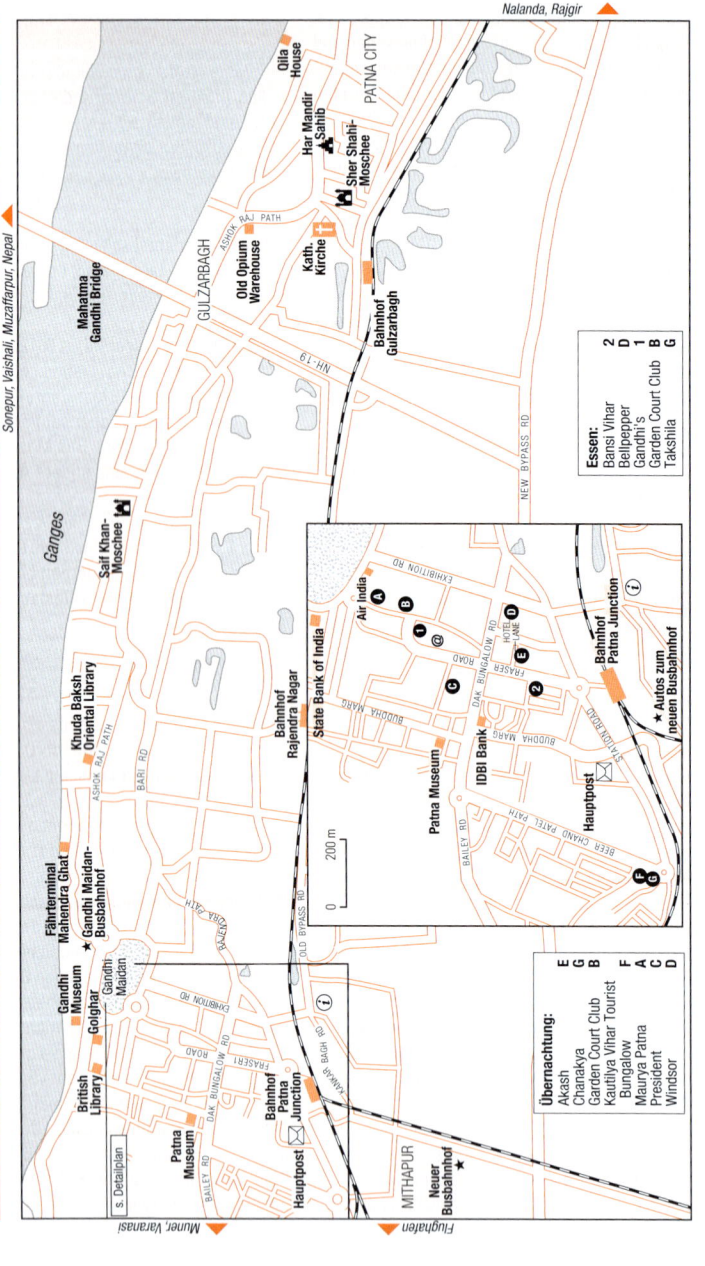

Nalanda, Rajgir

PATNA CITY

Qila House

Har Mandir Sahib

Sher Shahi-Moschee

GULZARBAGH

Old Opium Warehouse

Kath. Kirche

ASHOK RAJ PATH

Bahnhof Gulzarbagh

NH-19

NEW BYPASS RD

Sonepur, Vaishali, Muzaffarpur, Nepal

Mahatma Gandhi Bridge

N

0   500 m

Ganges

Saif Khan-Moschee

Khuda Baksh Oriental Library

ASHOK RAJ PATH

BARI RD

Bahnhof Rajendra Nagar

Essen:
Bans Vihar	2
Bellpepper	D
Gandhi's	1
Garden Court Club	B
Takshila	G

Air India

State Bank of India

EXHIBITION RD

FRASER ROAD

HOTEL LANE

DAK BUNGALOW RD

BUDDHA MARG

BUDDHA MARG

Patna Museum

IDBI Bank

BAILEY RD

BEER CHAND PATEL PATH

Hauptpost

Bahnhof Patna Junction

★ Autos zum neuen Busbahnhof

STATION RD

0   200 m

Übernachtung:
Akash	E
Chanakya	G
Garden Court Club	B
Kautilya Vihar Tourist Bungalow	F
Maurya Patna	A
President	C
Windsor	D

Muner, Varanasi

Flughafen

Fährterminal Mahendra Ghat

Gandhi Maidan-Busbahnhof

Gandhi Museum

Golghar

★ Gandhi Maidan

British Library

DOBSON RD

FRASERI RD

BAILEY RD

DAK BUNGALOW ROAD

OLD BYPASS RD

KANKAR BAGH RD

Bahnhof Patna Junction

Patna Museum

Hauptpost

MITHAPUR

Neuer Busbahnhof

★

s. Detailplan

Geld

In der **State Bank of India** auf dem West Gandhi Maidan kann man Geld wechseln, während Geldautomaten über die ganze Stadt verteilt sind.

Informationen

Die **Bihar State Tourism Development Corporation** befindet sich im Kautilya Vihar Tourist Bungalow ✆ 0612/222 5411, 🖳 http://bstdc.bih.nic.in. ⏰ Mo–Sa 10.30–17.30 Uhr. Einen weiteren Infostand gibt es in Patna Junction, ✆ 0612/220 5755, ⏰ tgl. 8–20 Uhr, er hat aber oft geschlossen.

Das **India Tourim Office** am Sudama Place, Kankar Bagh Rd, ✆ 0612/234 5776, vermittelt Fremdenführer, ⏰ Mo–Fr 9.30–18 Uhr.

Internet

Internetzugang bieten das **Broadband Internet Café** (Rs15 pro Std.) im 2. Stock des Jagat Trade Centre, Fraser Rd und das **Internetcafé** im Hotel Windsor (Rs25 pro Std.).

Post

Das **Hauptpostamt** (GPO) befindet sich in der Buddha Marg.

Reisebüros

Zuverlässige Reisebüros sind:
Ashok Travel & Tours, Hotel Pataliputra Ashok, ✆ 0612/250 4238.
Thomas Cook, Maurya Patna, ✆ 0612/222 1699. Thomas Cook und Bihar Tourism arrangieren **Mietwagen**, allerdings lehnen viele Fahrer es aus Angst vor Banditen ab, in die entlegeneren Gegenden zu fahren.

Busse

Der **Neue Busbahnhof** in **Mithapur** liegt 2 km südlich vom Bahnhof Patna Junction. Staatliche Busse nutzen den **Ghandi Maidan-Busbahnhof**, nördlich der Fraser Rd und Ghandi Maidan. Sammeltaxis verbinden die beiden Busbahnhöfe.

Private Reiseunternehmen verkaufen Fahrkarten nach KATHMANDU inkl. Ticket für den Bus über die Grenze. Es ist allerdings oft einfacher – und ratsamer –, auf eigene Faust nach Raxaul (s. S. 855) zu fahren, von dort die Grenze zu überqueren und sich dann auf nepalesischer Seite einen Bus für die Weiterfahrt zu suchen. Busse nach RAXAUL fahren vom chaotischen Neuen Busbahnhof in Mithapur ab (4x tgl., 8 Std.), mit Ausnahme eines Nachtbusses, der am Gandhi Maidan-Busbahnhof startet. Die Busse zu den meisten anderen Reisezielen fahren vom Neuen Busbahnhof ab, wo es weder Infoschalter noch Fahrplan gibt. Bei der Suche nach dem richtigen Bus ist man daher auf die Schlepper angewiesen.

Wer nach NALANDA und RAJGIR (stdl., 4 Std.) fahren will, muss gelegentlich in Bihar Sharif umsteigen. Für alle Ziele gilt aus Sicherheitsgründen, dass man nur tagsüber reisen sollte.

Die **Bihar State Tourism Corporation** betreibt täglich zwei Busse nach RANCHI (20 und 21 Uhr) und BODHGAYA (7 und 14 Uhr), die am **Kautilya Vihar Tourist Bungalow** abfahren.

Eisenbahn

Die wichtigsten Züge halten am Eisenbahnknotenpunkt **Patna Junction** im Westen der Stadt, dem Hauptbahnhof der Region. Für Ausländer gibt es einen Reservierungsschalter (Nr. 7) im oberen Stock des Fahrkartenbüros.

Der beste Zug nach KOLKATA (Howrah) ist der Janshatabdi Express Nr. 12024 (Mo–Sa 5.45 Uhr, Ankunft 13.25 Uhr); über Nacht verkehrt der Vibhuti Express Nr. 12334 (tgl. 22.35 Uhr, Ankunft 7.55 Uhr). Der Northeast Express Nr. 12506 fährt tgl. um 22.20 Uhr nach JALPAIGURI (Ankunft 8.20 Uhr, Weiterfahrt nach Darjeeling) und GUWAHATI (Ankunft 16.40 Uhr). In die andere Richtung nach VARANASI ist der Shramjeevi Express Nr. 12391 (tgl. 10.06, Ankunft 15.01 Uhr) eine gute Wahl.

Nach NEW DELHI fahren u. a. der Rajdhani Express Nr. 12309 (tgl. 19.25 Uhr, Ankunft 7.35 Uhr) und der Sampark Kranti Express Nr. 12393 (tgl. 18 Uhr, Ankunft 8.35 Uhr). Der Rajendra Nagar Nr. 12142 fährt täglich um 11.10 Uhr nach MUMBAI, Ankunft am nächsten

Bihar und Jharkhand

Tag um 15.30 Uhr. Nach GAYA (7x tgl., 2–3 Std.) geht's am schnellsten mit dem Janshatabdi Nr. 12365 (6.15 Uhr, Ankunft 8.15 Uhr), der weiter nach RANCHI (Ankunft 13.55 Uhr) fährt. Nur 1x wöchentlich fährt ein ziemlich unbequemer Zug von Patna direkt nach PURI, und in Gaya kommen die Züge nicht passend zum Purshottam Express Nr. 12802 (tgl. 13.35 Uhr, Ankunft Puri 5.20 Uhr) an. Man nimmt also entweder einen frühen Bus nach Gaya oder am Mo, Mi, Do oder Sa den Intercity Express Nr. 13243 (17.30 Uhr, Ankunft Gaya 20.15 Uhr). Dann erwischt man auch den Puri Express Nr. 12816, der nur an diesen Tagen in Gaya abfährt (21.05 Uhr, Ankunft am nächsten Tag um 12.25 Uhr).

Flüge

Der **Patna Airport** liegt 5 km westlich der Stadt und ist per Taxi (Rs150–200) oder Motor-Rikscha (Rs100) erreichbar. Die Büros von **Air India** und **Indian Airlines** liegen am South Gandhi Maidan, ✆ 0612/222 2554.

Die Umgebung von Patna

Patna eignet sich hervorragend als Ausgangspunkt für Touren nach Nalanda und Rajgir sowie Vaishali im Norden, aber auch in der näheren Umgebung gibt es Interessantes zu sehen. Der sagenhafte *dargah* 1 km westlich von **Muner** ist die Hauptattraktion: Dieses imposante, aber verwahrloste Mausoleum des Sufi-Heiligen Yahia Muneri aus rotem Sandstein überblickt einen See, der 27 km westlich von Patna an der vielbefahrenen Straße nach Varanasi liegt und von Muner aus gut mit dem Bus zu erreichen ist. Das Heiligtum selbst, das 1605 von Ibrahim Khan, dem Herrscher von Gujarat unter Jahangir, erbaut wurde, steht oben auf einem kleinen Hügel. Die wunderschönen Gärten unterhalb des Mausoleums werden von den engagierten Sufi-Verwaltern liebevoll gepflegt. Alljährlich um den Februar lockt ein dreitägiges *urs* (Fest) zu Ehren des Heiligen viele Pilger von überall her an, darunter auch *qawwals*, die Sufi-Sänger aus Delhi und Ajmer. Wer nach Muner kommt, sollte wissen, dass die Stadt für ihre **Süßigkei**ten berühmt ist, insbesondere die aus Linsen gemachten *ladoos*. Wer zwischen Anfang November und Anfang Dezember in der Gegend von Patna ist, darf auf keinen Fall das **Sonepur Mela** verpassen – den riesigen, einen Monat andauernden **Viehmarkt** auf der anderen Seite der großen Mahatma Gandhi Bridge, 25 km nördlich von Patna am Zusammenfluss von Gandak und Ganges. Hier werden Rinder, Elefanten, Kamele, Sittiche und andere Tiere zum Verkauf angeboten. Der Markt ist auch Treffpunkt für Sadhus und Pilger, die das Geschäftliche mit einem Bad im Ganges verbinden. Zu den Feierlichkeiten gehören Lieder und Tanzaufführungen sowie ein großer Jahrmarkt mit Ständen und einem Zirkus.

Die Touristenbüros in Bihar organisieren Touren und unterhalten während des Mela ein **Touristendorf ❶ – ❹** in Sonepur.

Vaishali

55 km nördlich von Patna, inmitten von Reisfeldern, liegt das stille Dorf Vaishali, in dem Buddha seine letzte Predigt gehalten hat.

Benannt nach König Visala, der im Ramayana erwähnt wird, soll Vaishali einigen Historikern zufolge außerdem der erste Stadtstaat der Welt gewesen sein, in dem eine demokratische, republikanische Regierungsform praktiziert wurde. Nachdem Prinz Gautama seine Familie verlassen und der Welt entsagt hatte, studierte er hier, bevor er schließlich die Lehren seiner Meister ablehnte und seinen eigenen Weg zur Erleuchtung fand. Dreimal kam er noch nach Vaishali – beim letzten Besuch 483 v. Chr. verkündete er seine endgültige Erlösung, *Mahaparinirvana,* und seinen Abschied von der Welt. Hundert Jahre später wurden in Vaishali das zweite buddhistische Konzil abgehalten und zwei Stupas errichtet.

Ein kleines **Archäologisches Museum** vermittelt einen kurzen Einblick in die alte Welt des Buddhismus, ⏱ tgl. außer Fr 10–17 Uhr, Rs2. Neben dem **Coronation Tank** (Abhishekh Pushkarni) führt ein kurzer Weg zu den Überresten eines Stupas, in dem angeblich die Asche Buddhas in einer silbernen Urne gefunden wurde.

2 km weiter nördlich bei den Ruinen von **Kolhua** steht die gut erhaltene, über 18 m hohe

Ashoka-Säule aus poliertem rotem Sandstein. Sie wurde aus dem Maurya-Kaiser Ashoka (273–232 v. Chr.) errichtet, um des Ortes, an dem Buddha seine letzte Predigt hielt, zu gedenken. Auf der Säule thront ein auf einer umgekehrten Lotusblüte sitzender Löwe, dessen Blick gen Norden Richtung Kushinagar, Buddhas Sterbeort, gewendet ist. In den Feldern 1 km östlich von Kolhua haben Jainas der Svetambara-Sekte einen Schrein errichtet. Sie glauben, dass der Gründer der Jain-Religion, **Mahavira**, im Jahre 599 v. Chr. in Vaishali geboren wurde.

Reisebüros in Patna bieten organisierte Touren nach Vaishali an. Man kann aber auch den Bus vom Gandhi Maidan-Busbahnhof nach Sonepur oder Hajipur nehmen und dann in ein Taxi oder in einen anderen Bus umsteigen. In Vaishali gibt es keine **Unterkünfte** (die meisten Reisenden machen nur Tagesausflüge von Patna), aber in Hajipur befinden sich ein paar sehr einfache Hotels.

Die Straße nach Nepal

Der Grenzübergang nach Nepal befindet sich bei **Raxaul**, einer unspektakulären Stadt, in der es von Moskitos nur so wimmelt. Deshalb empfiehlt sich eine Übernachtung in Birganj hinter der nepalesischen Grenze. Muss man dennoch in Raxaul bleiben, ist das zweckmäßige **Kaveri Hotel** in der Main Rd, ☎ 06255-221 148, noch das kleinste Übel. ❶

An der Hauptstraße gibt es ein Café beim Kino, das Kebab mit *muri* (Puffreis) als hiesige Delikatesse im Angebot hat.

Die Grenze zwischen Raxaul und der nepalesischen Stadt **Birganj**, 5 km weiter nördlich (Rs50 per Motor-Rikscha), ist für Ausländer rund um die Uhr geöffnet, stellt aber nur zwischen 5.30 und 20 Uhr Visa aus (US$30 in bar, zwei Passfotos; am Grenzübergang zahlen). Früh- und Nachtbusse fahren von Birganj nach Kathmandu (8–12 Std.) und Pokhara (10–12 Std.). Minibusse sind schneller, aber auch teurer – wenn möglich sollte man einen Platz im Voraus buchen. Die Wechselstube in Raxaul tauscht nur indische in nepalesische Rupien, aber in Birganj kann man Reiseschecks und US-Dollar wechseln.

Gaya

Gaya, 100 km südlich von Patna, ist ein Durchgangsort auf dem Weg zum 13 km entfernten Bodhgaya. In Gaya gibt es keine wirklichen Touristenattraktionen, aber viele Hindus kommen hierher, um ihre Eltern ein Jahr nach deren Tod zu ehren. Zu diesem Zweck opfern sie im gewaltigen **Vishnupad-Tempel** (kein Zutritt für Nicht-Hindus) kleine Reisbällchen *(pinda)*. Viele Pilger baden auch in den *ghats* am Flussufer. 1 km südöstlich des Vishnupad-Tempels liegt der **Brahmajuni Hill**, wo Buddha seine Feuerpredigt gehalten haben soll.

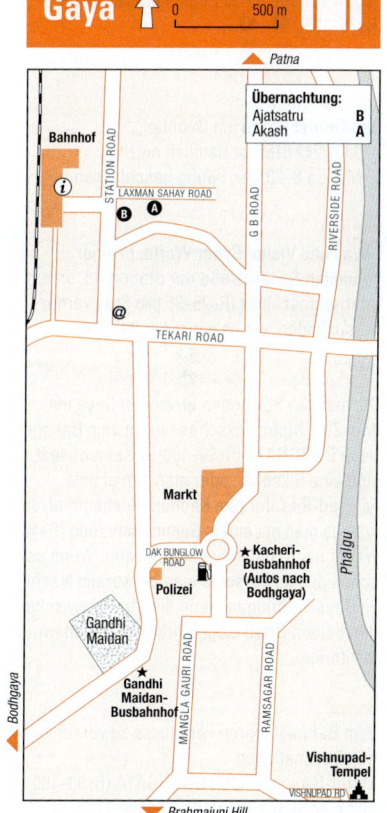

Die meisten Hotels in Gaya stehen an der Station Rd in Bahnhofsnähe.

Ajitsatru, Station Rd, ℘ 0631/243 4584, ℘ 243 4202. Die einfacheren Zimmer sind verdreckt und haben Plumpsklos, die AC-Zimmer sind nur wenig besser. Wirklich gut ist hier nur das Restaurant (nicht veg. Hauptgerichte Rs40–110). ❷–❹

Akash, Laxman Sahay Rd, ℘ 0631/222 2205. Ganz in der Nähe des Ajatsatru gelegen, aber eine etwas bessere Wahl. Einfache, saubere Zimmer mit Plumpsklos und warmem Wasser in einem Eimer auf Nachfrage (Rs10). ❶

Die *Retiring Rooms* im Bahnhof sind sauber und z. T. mit AC ausgestattet, werden aber nur gegen Vorlage eines Zugtickets vermietet (Rs75–125). ❶–❸

Informationen

Das **Tourist Office** am Bahnhof, ℘ 0361/242 0155 ist ziemlich nutzlos. ☉ Mo–Sa 8–20 Uhr, häufig geschlossen.

Internet

I-Way und **Vishal Cyber World**, in einer schmalen Seitenstraße der Station Rd, bieten Internetanschluss (Rs25–35 pro Std., vorher herausfinden, wo es günstiger ist).

Die meisten Reisenden erreichen Gaya mit dem Zug. Motor-Rikschas fahren vom Bahnhof nach BODGHAYA (Rs90–100; außer man teilt sich eine Rikscha), oder man nimmt eine Fahrrad-Rikscha zum Kacheri-Busbahnhof, von wo aus man mit einem Sammelfahrzeug (Rs10) weiter nach Bodhgaya fahren kann. Wenn es schon dunkel ist, sollte man besser die Nacht in Gaya verbringen, denn die Straße zwischen den beiden Orten ist gefährliches Banditenterritorium.

Busse

Vom Bahnhof fahren Fernbusse zu verschiedenen Destinationen.

Motor-Rikschas nach BODHGAYA (Rs90–100; teilt man sich eine, wird es billiger) fahren vor dem Bahnhof und Sammelfahrzeuge (Rs10) vom weiter südlich gelegenen **Kacheri-Busbahnhof** ab.

Eisenbahn

Gaya ist ein wichtiger Eisenbahnknotenpunkt mit vielen guten Verbindungen nach Kolkata, Varanasi und New Delhi.

Flüge

Gayas Internationaler **Flughafen**, ℘ 0631/221 0129, befindet sich 12 km westlich von Bodhgaya. Diese können für Rs70–80 mit einer Motor-Rikscha zurückgelegt werden.

Bodhgaya

Die bedeutendste buddhistische Pilgerstätte weltweit, Bodhgaya, liegt 13 km südlich von Gaya. Herzstück dieser herrlich verschlafenen Stadt ist der **Mahabodhi-Tempel**, wo Buddha einst Erleuchtung fand. Der Tempel stammt aus dem 7. Jh. und florierte bis ins 16. Jh. Dann fiel er in die Hände von Hindu-Priestern, die später beteuerten, nichts von seinem Ursprung gewusst zu haben. Anfang des 19. Jhs. kam Bodhgayas Bedeutung dank britischer Archäologen wieder ans Licht und wurde in der Folge von Buddhisten aus Übersee um Klöster, Tempel und Schreine erweitert.

Von November bis Februar ist Bodhgaya Gastgeber für eine lebhafte Gemeinschaft von Exiltibetern, darunter häufig sogar der Dalai Lama selbst, sowie für Scharen von Tibetfreunden aus aller Welt. Es gibt Meditationskurse (s. Kasten) und große Klöster von Orten wie Darjeeling lassen ihre Schüler an Zeremonien und Vorlesungen teilnehmen. Von Mitte März bis Mitte Oktober wird es hier drückend heiß und dann kehrt wieder Ruhe ein.

Der Mahabodhi-Tempel ist auch den Hindus, die in Buddha eine Reinkarnation Vishnus sehen, heilig und trotz massiver Proteste der buddhistischen Welt dominieren sie das für den Tempel zuständige Verwaltungskomitee. Der Konflikt wird durch die gegensätzliche Art der Verehrung zusätzlich angeheizt: Die Buddhisten praktizieren ihren Glauben eher nach innen gerichtet, während die Hindus zu öffentlichen und lautstarken Zeremonien neigen.

Der Mahabodhi-Tempel und der Bodhi-Baum

Die elegante, 55 m hohe Turmspitze des Mahabodhi-Tempels ist vom gesamten Umland aus sichtbar. Innerhalb des Tempelkomplexes, auf dem überall kleine Stupas und Heiligtümer verstreut stehen, befindet sich der **Haupttempel** aus Backstein, umgeben von einer steinernen Einfriedung aus dem 2. Jh. v. Chr.

Anders als die meisten Tempel Indiens strahlt diese Unesco-Weltkulturerbestätte eine friedliche und ruhige Atmosphäre aus. Im 19. Jh. weitgehend restauriert, soll er angeblich eine Kopie des Baus aus dem 7. Jh. sein, der wiederum an der Stelle stand, wo sich das ursprüngliche Heiligtum von Ashoka aus dem 3. Jh. v. Chr. befand. In einem Raum im Inneren des Tempels wird eine große vergoldete Buddhastatue aufbewahrt, während sich oben ein Balkon und eine kleine einfache Meditationskammer befinden.

Am Eingang sammeln sich Fremdenführer, die Rs100 pro Stunde verlangen. Die Anlage darf mit Schuhen betreten werden, vor dem Tempel müssen sie allerdings ausgezogen werden. ⊙ tgl. 4–21 Uhr; Fotoerlaubnis Rs20, Video Rs500.

Hinter dem Tempel in westlicher Richtung wächst der große **Bodhi-Baum**, der sowohl Gelehrte als auch Meditierende anzieht. Er ist allerdings nur ein Ableger des Baums, unter dem Buddha die Erleuchtung fand. Um die Zerstörung des Originals ranken sich zahlreiche Legenden. Als Ashoka seine Tochter Sanghamitra als Abgesandte des Buddhismus nach Sri Lanka schickte, brachte die einen Schössling mit und pflanzte ihn in Anuradhapura ein. Später wurde einer seiner Ableger zurückgebracht und wieder hier angepflanzt. Pilger binden bunte Fäden an seine Zweige.

Ein Sandsteinsockel neben dem Baum wird für den **Vajrasana** (auch „Donnerblitz-Sitz") gehalten, auf dem Buddha nach Osten gewandt gesessen haben soll.

Der kleine weiße **Animesh Lochana-Tempel** rechts am Eingang zum Komplex befindet sich

---

Meditationskurse in Bodhgaya

Besonders in der winterlichen Hochsaison werden Meditationskurse in Mahayana (Großes Fahrzeug) und Hinayana (auch Theravada) angeboten. Hinweistafeln in den Cafés beachten und beim Root Institute oder dem burmesischen Kloster nachfragen.

Das **Root Institute for Wisdom Culture**, ✆ 0631/220 0714, 🖥 www.rootinstitute.com, ist ein wahrer Zufluchtsort – ein halbklösterliches Dharma-Zentrum, 2 km westlich des Haupttempels, mit gepflegten Gärten, einem Schreinraum, einer Bibliothek und Unterkünften. Es organisiert von Okt–März Kurse, die der Mahayana-Tradition folgen. Ein zehntägiger Kurs inkl. Unterkunft und Verpflegung kostet gewöhnlich Rs7300 und sollte möglichst frühzeitig gebucht werden. Das Institut ist stets auf der Suche nach Freiwilligen (für mindestens 3 Monate) zur Übernahme allgemeiner Aufgaben und als Aushilfen in der Schule und den Kliniken.

Das **Dhamma Bodhi International Meditation Centre**, ✆ 0631/220 0437, 🖥 www.bodhi.dhamma. org, ist ein Vipassana-Zentrum, das sich wenige Kilometer außerhalb der Stadt in der Nähe der Magadha University an der Dobi Rd befindet. Es organisiert das ganze Jahr regelmäßig Kurse.

Das **International Meditation Centre**, ✆ 0631/220 0707, wenige hundert Meter hinter dem chinesischen Tempel, gibt ebenfalls Vipassana-Kurse für Anfänger und Fortgeschrittene. Spenden sind willkommen, denn es gibt keine festen Gebühren.

Ein weiteres Veranstaltungszentrum ist das **Burmesische Vihar**. Obwohl es gegenwärtig keine Meditationskurse anbietet, stellt man hier nützliche Informationen bereit und an Projekten für freiwillige soziale Arbeit beteiligt. **Insight Meditation**, 🖥 www.bodhgayaretreats.org, veranstaltet im Thai-Kloster sieben- bis zehntägige Vipassana-Kurse mit westlichen Lehrern.

Bihar und Jharkhand

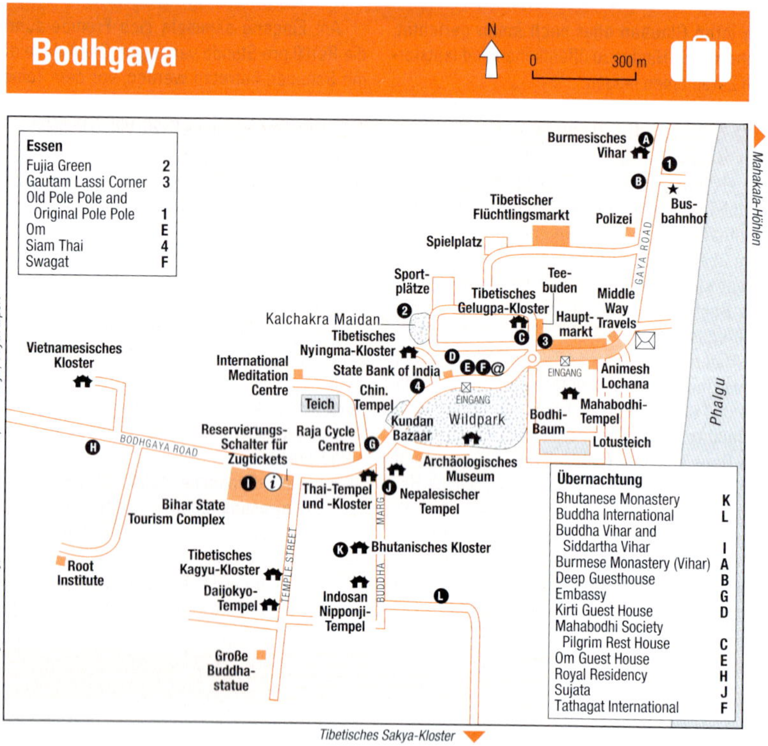

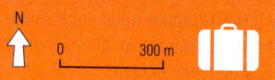

Essen

Fujia Green	2
Gautam Lassi Corner	3
Old Pole Pole and Original Pole Pole	1
Om	E
Siam Thai	4
Swagat	F

Burmesisches Vihar **A**
B
Polizei
Bus-bahnhof ★
Tibetischer Flüchtlingsmarkt
Spielplatz
Mahakala-Höhlen ▶

Gaya, Gaya Airport ◀

Vietnamesisches Kloster
International Meditation Centre
Kalchakra Maidan
Sport-plätze
Tee-buden
Tibetisches Gelugpa-Kloster
Middle Way Travels
Tibetisches Nyingma-Kloster
State Bank of India
Chin. Tempel
Teich
D **E** **F** @
Haupt-markt **3**
Animesh Lochana
Reservierungs-Schalter für Zugtickets
Raja Cycle Centre **G**
Kundan Bazaar
Wildpark
EINGANG
Bodhi-Baum
Mahabodhi-Tempel
Lotusteich

BODHGAYA ROAD **H**

Magadha University, Dhamma Bodhi Centre, ◀

Bihar State Tourism Complex **I** **i**
Thai-Tempel und -Kloster **J**
Nepalesischer Tempel
Archäologisches Museum

Root Institute
Tibetisches Kagyu-Kloster
Daijokyo-Tempel
K Bhutanisches Kloster
Indosan Nipponji-Tempel
L

TEMPLE STREET
BUDDHA MARG

Große Buddha-statue

Phalgu ▶

Übernachtung

Bhutanese Monastery	**K**
Buddha International	**L**
Buddha Vihar and Siddartha Vihar	**I**
Burmese Monastery (Vihar)	**A**
Deep Guesthouse	**B**
Embassy	**G**
Kirti Guest House	**D**
Mahabodhi Society Pilgrim Rest House	**C**
Om Guest House	**E**
Royal Residency	**H**
Sujata	**J**
Tathagat International	**F**

Tibetisches Sakya-Kloster ▼

---

genau dort, wo Buddha stand, als er den Bodhi-Baum voller Dankbarkeit anschaute. Unzählige reich verzierte Stupas aus der Pala-Periode (7.–12. Jh. n. Chr.) verteilen sich über das Gelände und nahe dem Tempelkomplex im Süden liegt ein rechteckiger Lotus-Teich, in dem Buddha gebadet haben soll.

Tempel und Klöster

Die modernen Klöster und Tempel rund um den Mahabodhi-Tempel sind von 7–12 und von 14–18 Uhr geöffnet. Einige sind ganz schlicht, andere – wie der **Thai-Tempel** mit seinem charakteristischen Dach – richtiggehende Kunstwerke. Das tibetische **Gelugpa-Kloster** *(gompa)* befindet sich innerhalb des tibetischen Viertels nordwestlich des großen Heiligtums. Zum Komplex gehören ein zentraler Gebetssaal, eine große Gebetsmühle und Wohnhäuser. Das größere

der beiden übrigen tibetischen Klöster weiter westlich gehört der **Kagyu-Schule**. Sein weitläufiger Hauptgebetssaal ist mit schönen, modernen Wandmalereien, Buddha-Bildern und einem großen Dharma Chakra (Rad des Gesetzes) geschmückt. Die anderen beiden bedeutendsten tibetischen Schulen sind hier ebenfalls durch Klöster vertreten – es gibt ein neues **Nyingma-Kloster** neben dem chinesischen Tempel sowie ein kleines **Sakya Gompa** nahe dem Hotel Buddha International.

Neben dem tibetischen Kagyu-Kloster steht der **Daijokyo-Tempel** aus Beton, der einige Elemente eines traditionellen japanischen Tempels erkennen lässt und der Nichiren-Schule gehört. Der **Indosan Nipponji-Tempel** gegenüber mit seinem eleganten, schlichten Dach bewahrt in seiner Haupthalle ein wunderschönes Bildnis von Buddha auf. Nebenan zeigt das sehr schö-

Bihar und Jharkhand

ne **Bhutanische Kloster** feine Wandmalereien und Mandalas an der Decke. In einem herrlich gestalteten Garten am Ende der Straße steht die imposante, 25 m hohe, im japanischen Stil gehaltene **Buddhastatue**, die 1989 vom Dalai Lama enthüllt wurde.

Das **Archäologische Museum** von Bodhgaya, westlich des Mahabodhi-Tempelkomplexes, zeigt eine Sammlung in dieser Gegend entdeckter Skulpturen und Bronzestatuen von buddhistischen und Hindu-Gottheiten aus dem 9. Jh. ⏱ tgl. 8–17 Uhr, Eintritt Rs5.

Übernachtung

Außerhalb der Pilgersaison (Nov–Feb) sind in den meisten Hotels Preisnachlässe von bis zu 50 % möglich. Touristen sind fast in allen den Klöstern angeschlossenen Gästehäusern willkommen, doch erwartet man von ihnen, dass sie die Regeln genauso befolgen wie die Pilger. Das bedeutet vor allem Verzicht auf Rauchen, Alkohol und Sex. Die unten angegebenen Preiskategorien beziehen sich auf angemessene Spenden.

Klöster und Tempel

Bhutanese Monastery, Buddha Marg, ✆ 0631/220 0710. Altes Gästehaus neben dem Kloster mit viel Charakter; EZ und Familienzimmer, einige mit Bad und Heißwasser. ❶

Burmese Monastery (Vihar), Gaya Rd, ✆ 0631/220 0721. Die Zimmer sind eng und spartanisch, aber billig. Es gibt keinen Ventilator und eine Armada blutgieriger Insekten, die eine Herausforderung für jedwede buddhistische Gelassenheit darstellen. Gepflegter Garten. ❶–❷

Mahabodhi Society Pilgrim Rest House (Sri Lankan Guest House), Bodhgaya Rd, ✆ 0631/220 0742, ✉ mbsi_1891@yahoo.com. Beliebt bei Pilgern und oft ausgebucht. Schlafsaal (Rs50) und einige Zimmer; Kantine mit recht gutem vegetarischem Essen. ❶

Hotels

Buddha International, nahe Indosan Nipponji-Tempel, ✆ 0631/220 0506, ✉ ask2pavitra@gmail.com. Eindrucksvolles Marmor-Foyer mit einer etwas schrägen Mini-Tropfstein-Decke. Geräumige Zimmer mit Bad und Balkon.

Deutlich günstigere Preise in der Nebensaison. ❺–❻

Buddha Vihar und **Siddartha Vihar**, Bihar State Tourism Complex, ✆ 0631/220 0445. Ersteres hat 3- bis 10-Bett-Schlafsäle (Rs75–150), Letzteres günstige DZ mit Bad. Gleichbleibende Preise in der Hauptsaison. ❸–❹

AP* Deep Guesthouse, Gaya Rd. nahe Burmesisches Vihar, ✆ 0631/220 0463. Eine der besten Billigunterkünfte in Bodhgaya. Herzlicher Empfang und gesellige Atmosphäre; kleine, aber sehr saubere Zimmer, z. T. mit Bad. Auch die Gemeinschaftsbäder sind einwandfrei, und es gibt rund um die Uhr heißes Wasser. ❶–❷

Embassy, Bodhgaya Rd, ✆ 0631/220 0799, 🖥 www.hotelembassybodhgaya.com. Bewährtes Mittelklassehotel mit simplen Zimmern mit Marmorfußböden und glänzendem Bad. ❹

Kirti Guest House, nahe Kalchakra Maidan, ✆ 0631/2200744, ✉ kirtihouse744@yahoo.com. Das ruhige Gästehaus unter Leitung des tibetischen Klosters ist über eine kurze Brücke erreichbar. Etwas überteuerte, holzverkleidete DZ mit grünen Teppichen und preiswertere 3-Bett-Zimmer. ❹–❺

OM Guest House, Bodhgaya Rd, ✆ 9934-057498. Nichts für Klaustrophobiker und ohne den Gemeinschaftssinn anderer örtlicher Unterkünfte. Die Zimmer sind jedoch tadellos – alle mit Bad und hellgelben Wänden. ❷–❹

Sujata, Buddha Marg, ✆ 0631/220 0481, 🖥 www.sujatahotel.com. Schlichte AC-Zimmer (Rs4620) mit tollem Bad (inkl. Badewanne), Balkon und goldbestickten Tagesdecken. ❼–❽

Tathagat International, Bodhgaya Rd, ✆ 0631/220 0106, 🖥 www.hoteltathagatbodhgaya.net. Auffälliges, weiß getünchtes Gebäude

Zen meets India

Royal Residency, Domuhan Rd (Bodhgaya Rd), ✆ 0631/220 1156, 🖥 www.theroyalresidency.net. Tadellose, aber teure Zimmer mit Bad (Rs4950), eleganten Holzfußböden und -möbeln, cremefarbenen Wänden und puristischer Einrichtung. Ein japanisches Gemeinschaftsbad und das ausgezeichnete Amarapali-Restaurant machen den Aufenthalt perfekt. ❽

Bihar und Jharkhand

gegenüber vom Wildpark. Etwas enge, aber komfortable Zimmer mit kleinen Sofas, karierten Vorhängen und Balkon. Die Rezeption übernimmt die Buchung von Zug- und Flugtickets.

Essen

Nirgends in Bihar gibt es ein breiteres Angebot an Restaurants und Lokalen als in Bodhgaya, wo Besucher aus aller Welt verpflegt werden wollen. Von November bis Februar eröffnen überall in der Stadt tibetische Zeltrestaurants. Die besten findet man, indem man sich einfach den Massen anschließt.

Fujia Green, Kalchakra Maidan. Sehr beliebter Tibetertreff: eine Mischung aus Hütte und Zelt mit weihnachtlich anmutender Dekoration und einer großen Auswahl an unterschiedlichen *momos* und herzhaften Nudelsuppen (Rs15–85).

Gautam Lassi Corner, gegenüber vom Eingang zum Mahabodhi-Tempel. Stets bevölkertes Lokal, das erfrischende Lassis (ganz besonders lecker mit Ananasgeschmack), frischgepresste Säfte und Instant-Kaffee verkauft (Rs12–25).

Old Pole Pole und **Original Pole Pole**, gegenüber vom Burmesischen Vihar. Die beiden benachbarten Zeltrestaurants servieren ähnliche, auf Traveller ausgerichtete Speisen, und streiten darüber, wer von ihnen zuerst da war. Beide bieten ausgiebiges Frühstück, Bananen-Pfannkuchen und Zimtgebäck (Rs20–70).

OM, Bodhgaya Rd. Ein Dauerbrenner unter Backpackern. Das Angebot reicht von *dosas*, Schokokeksen und Apfelkuchen (Rs20–85) über preiswerte *thalis* bis hin zum Frühstücksmenü (Rs50). Große Portionen, kleine Preise.

Swagat, Hotel Tathagat International. Der Speisesaal ist etwas schummrig, aber die Karte bietet verlockende, vegetarische Gerichte,

Essen wie in Thailand

Siam Thai, Bodhgaya Rd. Nettes Restaurant mit Thai-Gerichten wie *red chicken curry* oder Riesengarnelen in einer Suppe aus gelben Bohnen (Fleischgerichte Rs130–160, Garnelen Rs150–400). Wer nicht gerne scharf isst, sollte das bei der Bestellung unbedingt sagen.

Chicken-Burger, nordindische Spezialitäten wie *keema* (Hammelfleisch) und internationale Klassiker wie Hähnchen-*kiew* (nicht veg. Hauptgerichte Rs110–170).

Sonstiges
Fahrradverleih

Gut ist das **Raja Cycle Centre** neben dem Embassy Hotel.

Geld

Die **State Bank of India** hat eine Wechselstube und einen Geldautomaten, ◷ Mo–Fr 10.30–16, Sa 10.30–13.30 Uhr. Weitere Geldautomaten gibt es im Westen entlang der Bodhgaya Rd. **NL Forex**, Kundun Bazar, und **Middle Way Travels** (s. u.), wechseln ebenfalls Reiseschecks und Bargeld, aber es lohnt sich, vorher die Konditionen zu vergleichen.

Informationen

Das **Tourist Office** im Bihar State Tourism Corporation Complex, ☎ 0631/220 0672 ist nicht sonderlich hilfreich. Nebenan gibt es aber einen computerisierten **Reservierungsschalter** für Zugtickets. ◷ Mo–Sa 10–17 Uhr.

Internet

Lotus Gems and Travel, nahe dem Hotel Tathagat International, ist eines von vielen Internetcafés; Internetzugang für Rs30 pro Std.

Reisebüros

Middle Way Travels, nahe dem Eingang zum Mahabodhi-Tempel, ☎ 0631/220 0648, ✉ middleway_2006@yahoo.com, arrangiert lokale Ausflüge und Mietfahrzeuge sowie Zug-, Bus- und Flugtickets. Vorsicht vor Trittbrettfahrer-Unternehmen, die ähnlich aussehen! Das Personal der **Sri Lankan Mahabodhi Society**, nordwestlich vom Mahabodhi-Tempel, ☎ 0631/220 0742, ✉ mbsi_1891@yahoo.com, hilft bei der Suche nach einer Unterkunft und dem passenden Meditationskurs.

Transport

Die meisten Fernbusse fahren ab Gaya. Vom Bihar State Tourism Corporation Complex starten jedoch tgl. zwei Direktbusse nach

PATNA (7 und 14 Uhr). Am Kalchakra Maidan gibt es mehrere Privatunternehmen mit Destinationen wie Ranchi, Raxaul, Varanasi und Siliguri (vor allem in der Hauptsaison).

Rajgir

80 km nordöstlich von Bodhgaya schmiegt sich die kleine Marktstadt Rajgir an die Hügel, die zum Schauplatz der Meditationen und Predigten von Buddha und Mahavira, dem Begründer des Jainaglaubens, wurden. Hier in der Hauptstadt des Königreiches Magadha vor Pataliputra (Patna) trat König Bimbisara zum Buddhismus über. Die Stadt wird wegen ihrer **heißen Quellen** – die allerdings unangenehm überfüllt sein können – auch als Kurort geschätzt.

In einem Park steht ein japanisches Heiligtum an der Stelle, wo einst als Wohnort für Buddha ein Kloster errichtet wurde, das **Venuvana Vihara**, und auf dem **Griddhakuta** („Geier-Gipfel"), 3 km vom Stadtkern entfernt, predigte Buddha seinen Anhängern. Die riesige, von den Japanern erbaute, moderne **Peace Pagoda** (Friedenspagode) dominiert den Ratnagiri Hill und ist mit einem klapprigen Sessellift erreichbar (tgl. 8.15–13 und 14–17 Uhr, letzter Ticketverkauf 16.30 Uhr, Rs30). Griddhakuta liegt auf halbem Weg den Berg hinunter, daher geht man vielleicht lieber zu Fuß von hier ins Tal, als wieder zum Sessellift hochzuklettern. Es lohnt sich, auf diesen Hügeln nach den 26 **Jain-Schreinen** Ausschau zu halten, die auf einem schwierigen Treck zu erreichen sind, der fast ausschließlich von Anhängern des Jainismus unternommen wird. Auf einem angrenzenden Hügel, in der **Saptaparni-Höhle**, kam das erste buddhistische Konzil zusammen, das die Lehren Buddhas nach seinem Tode aufzeichnete.

Übernachtung

Siddharth, Kund Market, 1 km südlich vom Busbahnhof, ✆ 06112/255 616. Einladende Unterkunft. Komfortable Zimmer mit Teppichböden und sauberen Bädern. ❹–❻
Gautam Vihar, 300 m vom Busbahnhof an der Straße nach Nalanda, ✆ 06112/255 273. Betrieben vom staatlichen Fremdenverkehrs-

Japanische Eleganz

Indo Hokke, 4 km westlich vom Busbahnhof, ✆ 06112/255 245, 🖳 www.theroyalresidency. net. Hier verschmelzen japanische und indische Architekturstile. Die Zimmer (Rs7313) sind japanisch oder westlich eingerichtet, es gibt ein japanisches Gemeinschaftsbad und das ausgezeichnete Lotus Restaurant (indische und chinesische Hauptgerichte Rs75–120, japanische Gerichte Rs150–400). ❾

amt. Geräumige Zimmer mit malerischer Veranda, annehmbarer Schlafsaal (Rs75) und Gartenrestaurant von schwankender Qualität. Vor dem Hotel serviert das Green Restaurant auf seiner relaxten Terrasse günstige indische und chinesische Speisen (nicht veg. Hauptgerichte Rs40–85). ❷–❹

Transport

Von Rajgir verkehren **Busse** nach GAYA, NALANDA und manchmal auch PATNA; Letztere z. T. mit Umsteigen im 25 km entfernten Bihar Sharif. 3x tgl. fahren Züge von PATNA hierher, einer davon kommt aus Delhi. Rajgir kann auch auf einer langen und ermüdenden Tagestour von Patna oder Bodhgaya aus besucht werden, in der auch Nalanda enthalten ist.

Nalanda

Im 5. Jh. n. Chr. von den Guptas gegründet, war die große klösterliche **Buddhistische Universität** von Nalanda Lehranstalt für Tausende internationaler Studenten und Dozenten. Ihre Blütezeit dauerte so lange, bis sie im 12. Jh. von dem afghanischen Eindringling Bhaktiar Khilji geplündert wurde.

Zum Lehrangebot gehörten Philosophie, Logik, Theologie, Grammatik, Astronomie, Mathematik und Medizin. Die Ausbildung war kostenlos und wurde durch Einnahmen aus den umliegenden Dörfern und Wohltäter wie dem König von Sumatra aus dem 8. Jh. unterstützt.

Bei Ausgrabungen im Ort sind neun Stadien unterschiedlicher Besiedlung entdeckt worden,

Bihar und Jharkhand

die bis in das 6. Jh. v. Chr. und somit in die Zeit Buddhas und Mahaviras zurückreichen. Ein Großteil besteht heute aus Ruinen, doch die Ordnung und der Maßstab der Überreste liefern den Beweis für die erstaunliche Stärke der buddhistischen Zivilisation in ihrer Blütezeit. Überall liegen die Überreste von Stupas, Tempeln und elf Klöstern verstreut, deren dicke Mauern noch immer intakt sind. ⊙ tgl. 9–17.30 Uhr oder bis Sonnenuntergang; Rs100.

Heute gehört Nalanda zur modernen buddhistischen Pilger-Rundreise, doch jeder Tourist wird den Rundgang durch die ausgedehnte Anlage oder den Aufstieg auf den riesigen, 31 m hohen **Stupa** mit seiner eindrucksvollen Aussicht genießen. Am Ticketschalter erhältliche Informationsbroschüren machen die zahlreichen Führer vor Ort überflüssig. An der kleinen Freiluft-Bar auf dem Gelände bekommt man Tee, Kaffee und Softdrinks.

Das **Nalanda Museum** zeigt Antiquitäten, die hier und in Rajgir gefunden wurden, darunter buddhistische und hinduistische Bronzestatuen sowie einige unversehrte Buddhastatuen; ⊙ tgl. außer Fr 9–17 Uhr, Eintritt Rs5.

Nava Nalanda Mahavihara, das Pali-Institut für weiterführende Forschungsarbeiten, beherbergt viele seltene buddhistische Manuskripte und widmet sich dem Studium und der Erforschung der Pali-Literatur und des Buddhismus.

Busse verkehren regelmäßig zwischen Rajgir und Bihar Sharif (35 km nordöstlich; Umsteigemöglichkeit nach Patna). Sie halten an der Abzweigung nach Nalanda, von wo aus verschiedene Beförderungsmittel für die restlichen 2 km bis zu den Toren der Ausgrabungsstätte zur Verfügung stehen. Der Bahnhof, an dem dreimal täglich Züge zwischen Rajgir und Patna verkehren, liegt 2 km in die andere Richtung. In Nalanda gibt es keine Hotels, aber die **Tourist Cafeteria** am Eingang der Ausgrabungsstätte serviert gutes vegetarisches und nicht vegetarisches Essen.

Östlich von Nalanda

In **Pawapuri**, 18 km östlich von Nalanda, soll Mahavira, der Begründer des Jainismus, die Erleuchtung erlangt haben. Nach seinem Tod um 500 v. Chr. wurde sein Leichnam hier verbrannt. Der Ort der Feuerbestattung ist heute eine bedeutende Pilgerstätte. Anziehungspunkt für die Gläubigen ist der weiße Marmortempel **Jalamandir** in der Mitte eines Lotosteichs. Von Bihar Sharif fahren Busse nach Pawapuri.

Weitere 80 km östlich von Pawapuri, in **Munger**, leitet Swami Niranjananda Saraswati die **Bihar School of Yoga**, ✆ 06344/222430, 🖳 www.yogamag.net, die weltweit erste anerkannte Yoga-Universität. Die englischsprachigen Seminare im Ashram dauern von Oktober bis Januar, es sind aber auch kürzere Aufenthalte möglich. Von Bihar Sharif kommt man mit dem Bus hierher oder kann sich vom Ashram die Anreise organisieren lassen. In Rikhia in Jharkhand gibt es ein verwandtes **Yoga-Zentrum**.

Sikkim

Stefan Loose Traveltipps

Chaam In vielen Klöstern wird der geheimnisvolle und farbenprächtige Maskentanz der Lamas meist anlässlich des Erntefestes Losung (Anfang Dez) aufgeführt. S. 868, S. 877 und S. 878

Rumtek Eines der meistverehrten Klöster von Sikkim und die Heimat der Schwarzhutschule. Im Februar findet hier ein spektakuläres Festival statt. S. 876

Der Berg Maenam Eine Tagestour führt durch einen uralten Wald bis zum Gipfel. Mit etwas Glück kann man Kleine Pandas (Katzenbären) beobachten. S. 878

Pemayangtse Das wunderschöne Kloster aus dem 17. Jh. thront auf einem hohen Bergkamm mit Blick auf Darjeeling. S. 881

Tashiding Der Klosterkomplex auf einem kegelförmigen Berg bietet märchenhafte Aussichten. S. 885

Yumthang Eine Wanderung durch dieses märchenhafte, mit Rhododendronbüschen bewachsene Tal vor der Kulisse hoch aufragender eisbedeckter Berggipfel ist unvergesslich. S. 887

Der wunderschöne kleine Bundesstaat Sikkim liegt unmittelbar südlich von Tibet zwischen Nepal im Westen sowie Bhutan im Osten. Obwohl er nur 65 x 115 km groß ist, umschließt er eine Vielfalt an Landschaften – von heißen, nur 300 m über dem Meeresspiegel gelegenen Tälern bis zu hoch aufragenden, schneebedeckten Bergen wie dem 8586 m hohen **Kanchenjunga** (von den Einheimischen Kanchendzonga genannt), dem dritthöchsten Gipfel der Welt. Ein noch sehr begrenztes, aber ständig wachsendes Netzwerk kurvenreicher Straßen führt in die zerklüftete Wildnis des Himalayas.

Jahrhundertelang war Sikkim ein isoliertes und unabhängiges buddhistisches Königreich. Der Krieg mit China Anfang der 1960er-Jahre führte jedoch dazu, dass die indische Regierung diese Region als einen strategisch wichtigen Korridor zwischen Tibet und Bangladesch ansah und sie daher 1975 annektierte. Diese erzwungene Eingliederung sorgte in Sikkim für dramatische Umwälzungen. Heute ist Sikkim ein eigenständiger indischer Bundesstaat und wird vornehmlich von Hindus bewohnt. Rund 75 % der Bevölkerung sind **nepalesische Gurungs**, während die **Lepchas**, die einstigen Herrscher, weniger als 20 % stellen. Es gibt nur noch wenige **Bhutias**, Einwohner tibetischer Abstammung, und **Limbus**, wahrscheinlich ebenfalls tibetischer Herkunft, die dem Staat seinen Namen – *sukh-im* („glückliche Heimat") – gaben. Nepali ist die Lingua franca und Nepalesen dominieren im gesellschaftlichen wie im politischen Leben. Trotzdem halten die Bewohner von Sikkim hartnäckig an ihrer Freiheit und ihrem Wohlstand fest und lassen sich nicht von der nepalesischen Autonomiebewegung der Gurkha im benachbarten Darjeeling anstecken, deren Protestaktionen gelegentlich die Zugangsstraßen nach Sikkim blockieren.

Obwohl bei Immobilien und Geschäften immer Sikkimesen Haupteigner sein müssen, waren es die Jointventures mit indischen (nichtsikkimesischen) Geldgebern sowie die Subventionen für einheimische Produkte, die zu Wohlstand führten. Triebfedern waren nicht zuletzt Sikkims Sonderstatus innerhalb der Indischen Union und die Wiedereröffnung der lukrativen Handelsroute entlang seiner Grenze mit **Tibet** bei **Nathu La**.

Historisch, kulturell und spirituell ist Sikkim am stärksten mit Tibet verbunden. Für Besucher stehen daher neben Trekking die vielen Klöster im Mittelpunkt des Interesses. Es gibt über 200 Klöster, von denen die meisten der uralten **Nyingmapa-Schule** zuzuordnen sind. **Pemayangtse** in West-Sikkim ist das historisch Bedeutsamste. Das heiligste Nyingmapa-Kloster ist **Tashiding**, das 1717 erbaut wurde, von Gebetsfahnen und *chorten* umgeben ist und zu den schneebedeckten Gipfeln hinüberblickt. Doch das wahrscheinlich wohlhabendste Kloster von Sikkim ist **Rumtek**, der Sitz des **Gyalwa Karmapa**, des Oberhauptes der **Karma Kagyu-Schule**.

Nicht nur die Klöster und die überwältigende landschaftliche Schönheit locken Besucher nach Sikkim, sondern auch die Wandermöglichkeiten. In der kosmopolitischen Hauptstadt **Gangtok** warten zahlreiche Trekkingveranstalter auf Kundschaft, die für die erforderlichen Genehmigungen ihre Dollars zückt.

Die gigantischen Bergwände und bewaldeten Hänge, von denen reißende Flüsse wie der **Teesta** und der **Rangit** herabstürzen, sind der Traum eines jeden Botanikers. An niederen Hängen wachsen **Orchideen** im Überfluss, der Waldboden ist von Kardamom bedeckt und überall gibt es Apfelplantagen, Orangenhaine und terrassenförmige Reisfelder (die Tibeter nannten das Gebiet **Denzong**, „Reis-Land"). In höheren Lagen finden sich riesige, von Flechten überwucherte und in Monsunnebel gehüllte Waldgebiete. In den noch höheren Lagen, in Richtung des Hochlands von Tibet, weichen die Wälder aus Lärchen und Zwergrhododendren allmählich blumenübersäten Wiesen. Die Wälder von Sikkim werden von einer reichen Fauna bevölkert, darunter extrem scheue Schneeleoparden, Tahr (Wildziegen aus dem Hochland von Tibet), *bharal* (Blauschafe) und das Wahrzeichen von Sikkim, der gefährdete Kleine Panda *(Ailurus fulgens)*.

Die **beste Zeit für einen Besuch** Sikkims liegt zwischen Mitte März und Juni: Am schönsten sind die Monate März, April und Mai, wenn die Rhododendren und Orchideen blühen – die Temperaturen können dann allerdings besonders in den Tälern hoch sein. Vorher, wenn noch

N

0   20 km

CHINA
(AUTONOME
REGION TIBET)

▲ Kangchengyao
(6889 m)

▲ Pauhunri
(7125 m)

Gurudogmar

Fluted Peak
(6084 m)

Chopta
Valley

Thangu

Chombu
(6362 m)

Yumesamdong
(Zero Point)

Nepal Peak
(6910 m)

Yumthang
(3645 m)

Green Lake
(4850 m)

H O C H H I M A L A Y A

Kanchenjunga
(8586 m)

Tangchung
Khang
(6010 m)

▲ Lama Wangden
(5868 m)

Zemu-Gletscher

Lachen
(2977 m)

Lachung
(2734 m)

Lachung

Simvo
(6812 m)

Siniolchu
(6887 m)

Kyeshong La
(3790 m)

DZONGU

NEPAL

KANCHENJUNGA-
NATIONALPARK

Teesta

Kabru
(7338 m)

Talung-Gletscher

Tolung

Chungthang
(1579 m)

CHINA
(AUTONOME
REGION TIBET)

Kokthang
(6147 m)

Goecha La
(4940 m)

Pandim
(6691 m)

Jopuno
(5935 m)

Singhik

Nathu La
(4328 m)

Zemanthang (4453 m)

Narsing
(5825 m)

Tosar Lake

Chaurikhang

Samiti Lake

Mangan

Kangla
(5200 m)

Dzongri La
(4400 m)

Thansing
(3930 m)

S I K K I M

Serathang

Lampokhari
Lake

Dzongri
(4030 m)

Rangit

Labrang

Danfeybhir
Tar (4400 m)

Tsokha

Bakhim

Phodong

Phensang

Tsomgo
Lake
(3767 m)

Khecheopalri
Lake

Yoksum
(1780 m)

Lingdum

Chewabhanjang
(3170 m)

Pelling

Ralang

Rumtek

Gangtok

Assam Lingzey

Uttarey
(1695 m)

Gyalshing

Tashiding

Pemayangtse

Maenam
(3235 m)

Ranipool

Legship   Kewzing

Ravangla

NH-31A

Varshey
(3030 m)

Dentam

Rinchenpong

Tendong
(2757 m)

Singtam

Aritar

Hilley

Samdruptse

Rangpo

Phalut

Soreng

Naya
Bazaar

Namchi

Teesta

BHUTAN

Sombare

Daramdin

Jorethang

Melli
Bazaar

Darjeeling

Teesta Bazaar

Kalimpong

W E S T

B E N G A L

Schnee liegt, ist das Trekking im Hochgebirge
zu schwierig. Während der Monsunzeit von Ende Juni bis Anfang September werden manche
Straßen und alle Flüsse unpassierbar. Die Pflanzen allerdings entwickeln, von dem unaufhörlichen Regen genährt, gegen Ende August noch-
mals ihre volle Blütenpracht. Im Oktober, wenn

die Orchideen erneut blühen, und im November
herrscht das klarste Wetter des Jahres. Das
farbenprächtige Erntefest Losung findet Anfang
Dezember statt. Kurz darauf wird es (besonders
in den höheren Lagen) bitterkalt.

Sikkim leidet an den Auswirkungen der globalen Erderwärmung. Schnell schmelzende

Sikkim

Gletscher und unberechenbare Klimaschwankungen führen zu heftigen Regenfällen, die das ohnehin unzureichende Straßennetz zum Erliegen bringen.

Geschichte

Niemand weiß genau, wann oder wie die **Lepchas** – bzw. die Rong, wie sie sich selbst nennen – nach Sikkim gekommen sind, doch ihre Wurzeln können bis zu den Nagas an der indisch-burmesischen Grenze zurückverfolgt werden. Der **Buddhismus**, der im 13. Jh. aus Tibet herüberkam, nahm vier Jahrhunderte später seine charakteristische sikkimische Form an: Drei tibetische Mönche des alten Nyingmapa-Ordens, die über die Machtübernahme der reformistischen Gelugpas verdrossen waren, zogen nach Süden und trafen sich in Yoksum. Nachdem sie das Orakel befragt hatten, schickten sie nach einem gewissen Phuntsog Namgyal in Gangtok, den sie 1642 zum ersten **Chogyal** („Gerechten König") von Denzong krönten. Als weltliches und religiöses Oberhaupt von Sikkim wurde dieser bald von Tibet anerkannt und setzte drastische Reformen in Gang. Sein Herrschaftsgebiet ging weit über die Grenzen des heutigen Sikkim

Genehmigungen und Einschränkungen

Zwar müssen sich Ausländer für den Aufenthalt in Sikkim eine Genehmigung besorgen, ein **Inner Line Permit (ILP)**, doch das ist eine reine – wenn auch lästige – Formalität. In Indien stellen die unten aufgeführten Büros ein Permit aus. Indienreisende können die Genehmigung auch im Voraus zusammen mit dem Visum für Indien beantragen, aber Reisebüros außerhalb Indiens kassieren dafür eine unverschämt hohe Gebühr, während die Permits für Sikkim in Indien **kostenlos** sind. Außer bei den unten genannten Behörden sind sie auch an Ort und Stelle in Rangpo an der **Grenze zu Sikkim** erhältlich. Dies soll künftig auch in Melli möglich sein. Dort besorgt man sich dann im Tourist Office ein Antragsformular und lässt es auf der anderen Straßenseite bei der Polizei registrieren. Wer sein Permit in Indien beantragt, benötigt zwei Passfotos und Fotokopien von Reisepass und Visum.

Das Permit gilt zunächst zwei Wochen ab Einreise nach Sikkim, für gewöhnlich kann man die Genehmigung um weitere zwei Wochen verlängern (künftig soll es zunächst 30 Tage und bei Verlängerung weitere 30 Tage gelten) – das Maximum sind 60 Tage. **Verlängerungen** bekommt man beim Foreigners' Regional Registration Office, Kazi Rd, Gangtok, ✆ 03592-223041, aber auch bei der Polizei in den Distrikthauptstädten Mangan, Gyalshing und Namchi.

Wie für Gangtok und Umgebung gilt das ILP auch für ganz Süd-Sikkim und die meisten Gebiete in West- und Ost-Sikkim, abgesehen von den Hochgebirgstreks. Heikle Grenzgebiete wie der Tsomgo Lake (auch als Changu oder Tsangu bekannt) in Ost-Sikkim, weite Teile Nord-Sikkims (außer Mangan und seiner näheren Umgebung) und alle Treks im Hochgebirge (einschließlich Singalila Ridge und Dzongri) erfordern ein zusätzliches **Protected Area Permit (PAP)** (s. Kasten S. 871). Ausländer dürfen diese Gebiete nur in Gruppen von mindestens zwei Personen und in Begleitung mit dem Vertreter einer anerkannten Reiseagentur, die sich auch um die Permits kümmert, besuchen. Einige Gebiete, z. B. Nathu La in Ost-Sikkim an der Grenze zu Tibet und Gurudongma Lake in Nord-Sikkim, bleiben für Ausländer komplett gesperrt.

Behörden in Indien, die Permits ausstellen:
Die **Einwanderungsbehörde** an den vier Haupteinreiseflughäfen – Delhi, Mumbai, Kolkata, Chennai.
Foreigners Regional Registration Offices in Delhi, Mumbai, Kolkata und Chennai wie auch in Darjeeling (Näheres s. S. 831).
Sikkim House, 12-14 Panchsheel Marg, Chanakyapuri, New Delhi, ✆ 011/2611 5346.
Sikkim Tourist Centre, SNTC Bus Stand, Hill Cart Rd, Siliguri, ✆ 0354/251 2646.
Sikkim Tourist Information Centre, Sikkim House, 4/1 Middleton St, Kolkata, ✆ 033-2281 7905.

Sikkim

hinaus, auch Kalimpong in Westbengalen und Teile des westlichen Bhutan gehörten dazu.

Mit den Jahrhunderten verlor das Land Gebiete an Bhutan, Nepal und an die **Briten**. Zunächst musste es 1817 Darjeeling an die East India Company abtreten, und 1861 wurde das gesamte Königreich zum Protektorat der Briten erklärt. **Tibet**, das Sikkim als Vasallenstaat betrachtete, erhob Einspruch und marschierte 1886 in das Gebiet ein. Den Briten gelang es jedoch, ihre Kontrolle über Sikkim wieder zu festigen, indem sie 1888 eine Truppe nach Lhasa entsandten. Durch den Import von Arbeitskräften aus Nepal für die Teeplantagen von Sikkim, Darjeeling und Kalimpong gelang es ihnen, den starken tibetischen Einfluss zu schwächen und die ethnische Zusammensetzung der Region zu verändern, sodass die neuen Zuwanderer der einheimischen Bevölkerung zahlenmäßig bald überlegen waren.

Tashi Namgyal, der Reformer und ausgesprochen spirituelle elfte Chogyal, kämpfte seit der Unabhängigkeit Indiens bis zu seinem Tod im Jahre 1962 gegen die Auflösung seines Königreiches. Offiziell war Sikkim ein indisches Protektorat, und seine Rolle wurde im Zuge des chinesischen Truppenaufmarsches entlang der nördlichen Grenzen, der Anfang der 60er-Jahre in einer Invasion gipfelte, immer entscheidender. Namgyals Sohn, **Palden Thondup**, der letzte Chogyal, heiratete eine Amerikanerin namens Hope Cook, doch deren Reformen als Gyalmo (Königin) erwiesen sich als unpopulär und wurden auch für die indische Regierung zum Ärgernis. Schließlich beugte sich der Chogyal den Forderungen der nepalesischen Mehrheit, und so wurde Sikkim 1975 nach einem Volksentscheid mit der überwältigenden Zustimmung von 97 % der Stimmberechtigten von Indien annektiert. Der Chogyal blieb bis zu seinem Tod im Jahre 1981 die Galionsfigur von Sikkim.

Der Bundesstaat wird von der indischen Regierung nach wie vor mit großer Vorsicht behandelt, einerseits wegen des Unmuts in der unzufriedenen sikkimischen Minderheit, und andererseits – das ist der Hauptgrund – weil Sikkim nach wie vor ein Zankapfel zwischen Indien und China ist. Heute wird die sikkimische Regierung von der **Sikkim Democratic Front** gebildet.

Gangtok und Umgebung

An einem Hang im Südosten von Sikkim, an der einst belebten Handelsroute nach Tibet, liegt Gangtok (1870 m), die farbenfrohe Hauptstadt des Staates. Zwar ist das moderne Gangtok ein Spiegelbild der jüngsten Veränderungen in der sikkimischen Kultur und Politik, doch sein wahrer Reiz für Besucher besteht in seiner buddhistischen Vergangenheit. Das zeigt sich nicht nur in der Sammlung des **Institute of Tibetology**, sondern auch in dem bezaubernden **Enchey-Kloster** und dem eindrucksvollen **Rumtek-Kloster**, das 24 km westlich der Stadt liegt. Der von den Chogyals zwischen 1894 und 1975 genutzte **Palast** liegt heute im Sperrgebiet. Er wird von dem neuen Regime besetzt und nicht als Teil des sikkimischen Erbes anerkannt. **Orchideen**, der Stolz von Sikkim, werden an verschiedenen Orten in und um Gangtok gezüchtet. Sie lassen sich im Flower Show Complex in der Nähe der Kolonialvilla **White Hall** bewundern.

Gangtok

Das Zentrum von Gangtok – was übersetzt „Bergspitze" bedeutet – konzentriert sich unmittelbar unterhalb des Palastes. Der größte Teil der Stadt selbst blickt nach Westen. Im Unterschied zu Darjeeling ist Gangtok zwar nicht für seine Ausblicke auf schneebedeckte Gipfel berühmt, aber ganz verzichten muss man auch hier nicht darauf. An verschiedenen Stellen eröffnet sich der Blick auf die Berge, z. B. am 5 km nördlich der Stadt gelegenen **Tashi Viewpoint**, am eindrucksvollsten bei Sonnenaufgang.

Die besten Einkaufsgegenden der Stadt sind der **Main Market**, der sich etwa 1 km entlang der Fußgängerzone MG Marg erstreckt, und der **Kanchenjunga Shopping Complex**, wo einheimische Erzeugnisse wie getrockneter Fisch, Yakkäse *(churpi)* und Hefe für das hiesige Bier *(tomba)* angeboten werden. In dem großen, vom **Government Institute of Cottage Industries** geführten Komplex am National Highway nördlich des Zentrums können Besucher dabei zusehen, wie Sikkimer Teppiche, handgewebte Stoffe, *thangka*-Malereien und Holzobjekte fertigen; die

Sikkim

Kunstwerke kann man zu Festpreisen erwerben. Läden in der MG Marg und an der Paljor Stadium Road bieten Schmuck aus Türkisen und Korallen sowie religiöse Objekte wie rituelle Silbergefäße und Rosenkränze an.

Am oberen Ende der Stadt, gleich unterhalb eines gewaltigen Fernsehturms, der 3 km vom Stadtzentrum entfernt liegt und über verschiedene Straßen zu erreichen ist (die malerischste führt an der Westseite des Bergrückens entlang), liegt das **Enchey-Kloster**, ein kleines zweistöckiges *gompa* des Nyingmapa-Ordens mit gut hundert Mönchen. Es wurde Mitte des 19. Jhs. an einer Stelle erbaut, die vor Druptob Karpo gesegnet worden war. Besucher sind gern gesehen, am besten kommt man zwischen 7 und 8 Uhr morgens, wenn es im Kloster geschäftig zugeht und das Licht gut ist. Es wurde vom Chogyal im traditionellen tibetischen Stil errichtet. Seine wunderschön bemalte Veranda zeigt Wandgemälde von Schutzgottheiten und dem Rad des Gesetzes. Während des Losung-Fests Anfang Dezember findet in Enchey ein *chaam* (Maskentanz der Lamas) zur Vertreibung böser Geister statt.

Der Weg von Enchey bergab führt am **Flower Show Complex** am nördlichen Ende der Ridge Road in der Nähe der White Hall vorbei, wo ein großes und gut gepflegtes Gewächshaus eine umfangreiche Sammlung von Orchideen und anderen Pflanzen des Himalaya zeigt. Der Komplex, in dessen Laden man Samen, Pflanzen und Blumenzwiebeln kaufen kann, war früher im März und April Schauplatz des International Flower Festivals, das manchmal auch in Saramsa bei Ranipul, 14 km von Gangtok entfernt, stattfindet. ⏰ tgl. 10–17 Uhr, Eintritt Rs10.

Obwohl die Wachposten Besuchern ohne Genehmigung den Zutritt zum **Royal Palace** verwehren können, kommt man gelegentlich ohne Kamera in die etwas abseits gelegene **Tsuklakhang** mit ihrem gelben Dach und den beeindruckenden Wandmalereien, buddhistischen Bildern sowie der riesigen Manuskriptsammlung. Auch hier gibt es Ende Dezember einen Lama-Tanz *(kagyat),* dann sind die Haupttore für alle geöffnet. Von Zeit zu Zeit findet der *kagyat* nicht hier, sondern in Pemayangtse statt (S. 881).

Hinter der Tsuklakhang schlängelt sich die Straße abwärts zu dem kleinen **Deer Park**, ⏰ tgl.

10–16 Uhr, Eintritt frei, und weiter nach Deorali, über den National Highway 3 km vom Zentrum entfernt. Hier befinden sich in einem Waldgebiet das Museum und die Bibliothek des **Namgyal Institute of Tibetology**. Es werden eine beeindruckende Sammlung von Büchern und seltenen Manuskripten sowie religiöse und Kunstobjekte, z. B. erlesene *thangka* (Rollbilder) sowie ein Fotoarchiv gezeigt, ⏰ Mo–Sa 10–16 Uhr, jeden 2. Sa im Monat geschl., Eintritt Rs10.

Ein paar hundert Meter hinter dem Institut auf der Bergkuppe wird ein großes, belebtes Kloster von einem imposanten, weiß getünchten *chorten* dominiert, dem **Do-Drul Chorten**, einem der wichtigsten von ganz Sikkim. Oben auf dem *chorten* glänzt ein vergoldeter Turm, dessen Stufen die dreizehn Stufen zum Nirvana darstellen. Die Symbole von Sonne und Mond am oberen Ende stehen für die Einheit der Gegensätze und die Elemente Äther und Luft. Die 108 Gebetsmühlen, die ihn umgeben – jede mit dem Gebet *Om mani padme hum* („Juwel im Lotus") –, werden von den Gläubigen bei ihrer Umkreisung des Stupa im Uhrzeigersinn gedreht. Die nahe gelegene Gebetshalle hinter der großen Klosteranlage beherbergt ein großes Abbild des **Guru Rinpoche** (Padmasambhava), der im 8. Jh. n. Chr. auf Geheiß von König Trisong Detsen den Buddhismus nach Tibet brachte. Auf seinen Reisen durch Sikkim versteckte er kostbare Texte in Höhlen, die später von den *tertons* („Entdecker") gefunden wurden. Merkwürdigerweise ragt der obere Teil der Statue in die Decke hinein. Deshalb sagt man, sie wachse langsam.

Übernachtung

Die Hotels von Gangtok sind in der Hochsaison – etwa von April bis Juni und von September bis November – teuer, zu anderen Zeiten gibt es jedoch Preisnachlässe. Zimmer mit Aussicht sind immer teurer als ohne. Doch je mehr die Stadt wächst, desto größer wird auch die Auswahl an Unterkünften. So entstehen entlang des NH-31A in Deorali und Tadong gute Hotels.

Zentrum von Gangtok

Cherry Guest House, Rai Cottage Complex, Church Rd, ✆ 03592/205431 oder 0932/351925. Einen kurzen Spaziergang von MG Rd und

Gangtok

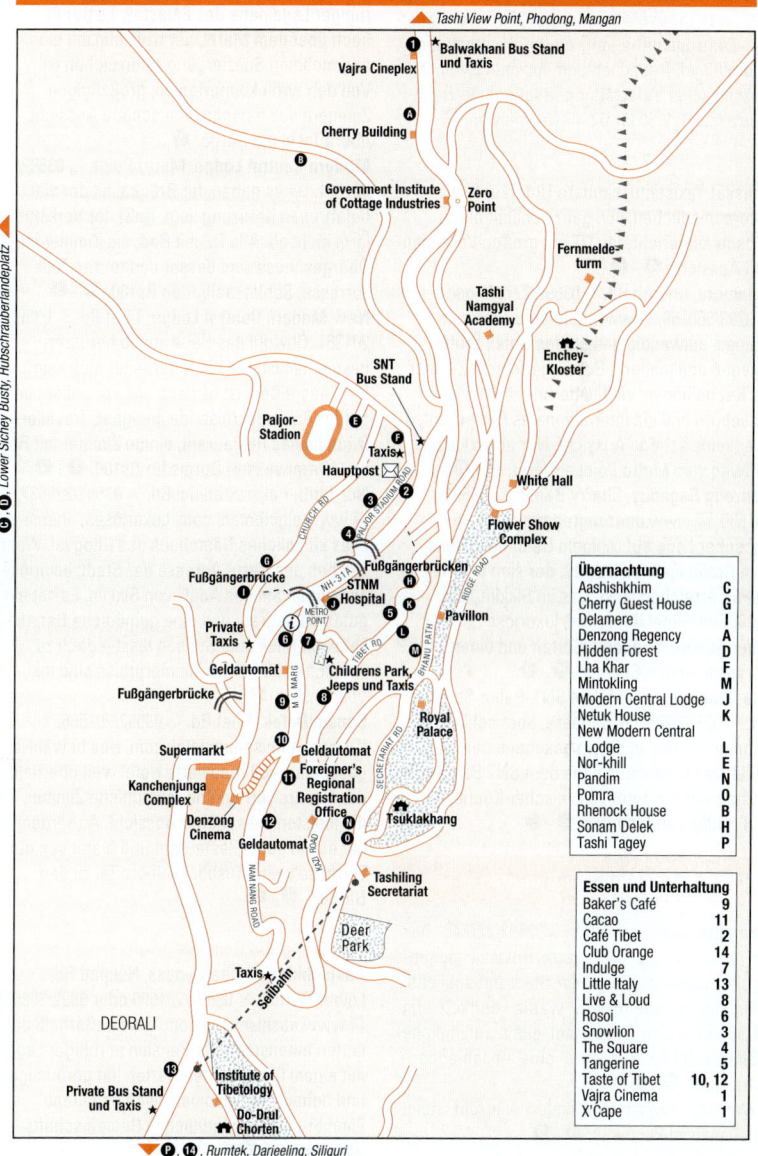

N
0   250 m

Tashi View Point, Phodong, Mangan

Balwakhani Bus Stand und Taxis
Vajra Cineplex

A
Cherry Building
B

Government Institute of Cottage Industries

Zero Point

Fernmelde-turm

Tashi Namgyal Academy

Enchey-Kloster

SNT Bus Stand

Paljor-Stadion
E
F
Taxis
Hauptpost

White Hall

C
3
2

Flower Show Complex

Fußgängerbrücke
6
Fußgängerbrücken
H
STNM Hospital
I
Private Taxis
G
i
7
5
K
Pavillon

Geldautomat
M
Childrens Park, Jeeps und Taxis
8
Fußgängerbrücke
9
4

Royal Palace

Supermarkt
10
Geldautomat
Kanchenjunga Complex
11
Foreigner's Regional Registration Office
Denzong Cinema
12
Geldautomat
N
Tsuklakhang

Tashiling Secretariat

Deer Park

Taxis
DEORALI

Seilbahn

13
Institute of Tibetology
Private Bus Stand und Taxis
Do-Drul Chorten

P, 14, Rumtek, Darjeeling, Siliguri

Side labels:
Tsomgo Lake, Himalayan Zoological Park, Hanuman Tok, Nathu La
G, D, Lower Sichey Busty, Hubschrauberlandeplatz

Sikkim

Übernachtung

Aashishkhim	C
Cherry Guest House	G
Delamere	I
Denzong Regency	A
Hidden Forest	D
Lha Khar	F
Mintokling	M
Modern Central Lodge	J
Netuk House	K
New Modern Central Lodge	L
Nor-khill	E
Pandim	N
Pomra	O
Rhenock House	B
Sonam Delek	H
Tashi Tagey	P

Essen und Unterhaltung

Baker's Café	9
Cacao	11
Café Tibet	2
Club Orange	14
Indulge	7
Little Italy	13
Live & Loud	8
Rosoi	6
Snowlion	3
The Square	4
Tangerine	5
Taste of Tibet	10, 12
Vajra Cinema	1
X'Cape	1

Netuk House, Tibet Rd, ✆ 03592/226778, ✉ netukhouse@gmail.com. Familienhaus in Zentrumsnähe mit einem komfortablen Hotelflügel, freundlich und stimmungsvoll, mit sikkimischer Ausstattung, angenehme Dachterrasse. Rs4150 für DZ mit Vollpension. ❻

Bansilal-Taxistand; saubere Unterkunft mit unterschiedlichen, von ganz schlicht bis zu hübsch eingerichteten DZ mit großen Veranden und Aussicht. ❹–❻
Delamere, Church Rd, ✆ 03592/227646 oder ✆ 9233/500158, 🖥 www.hoteldelamere.com. Kleines, aufwendig gestaltetes Hotel, zentral gelegen und modern. Gut eingerichtete Zimmer mit Kachelböden; vielfältige Angebote wie ein Reisebüro und ein internationales Restaurant, aber keine schöne Aussicht. Nur einen kurzen Fußweg vom Metro Point entfernt. ❺–❻
Denzong Regency, Cherry Banks, ✆ 03592/ 201565, 🖥 www.denzongregency.com. In hübscher Lage auf ruhigem Gelände abseits vom Getümmel des Basars, der sich aber leicht zu Fuß erreichen lässt. Das im Sikkim-Stil gehaltene Hotel hat große, luxuriöse Zimmer (eher Suiten), bequeme Betten und einen hervorragenden Service. ❽–❾
Lha Khar, gegenüber dem SNT, Paljor Stadium Rd, ✆ 03592/225708. Saubere, aber schlichte Zimmer mit Bad in einem bescheidenen, gut geführten Gästehaus nahe dem SNT Bus Stand, Restaurant mit guter sikkimischer Küche, z. B. *thukpa* und *momos*. ❷–❸

Über den Dächern von Gangtok

Pandim, Secretariat Rd, ✆ 03592/227540. Das einladende und preiswerte Hotel in gigantischer Lage hoch über der Stadt hat schlichte Zimmer (manche ein wenig dunkel). Im Dachterrassen-Restaurant gibt's vorzügliche Sikkim-Küche und dazu eine unschlagbare Aussicht. ❸–❹
Wer sich etwas mehr Komfort wünscht, steigt nebenan im **Pomra** ab. ❹–❺.

Mintokling, Bhanu Path (Tashiling Rd), ✆ 03592 /228553, 🖥 www.mintokling.com. Sikkimisches Gästehaus mit einem herrlichen Garten, in ruhiger Lage nahe des Palastes. Es thront hoch über dem Markt, der trotzdem mit einem angenehmen Spaziergang zu erreichen ist. Von den zwölf komfortablen, großzügigen Zimmern aus hat man eine schöne Aussicht übers Tal in die Berge. ❺
Modern Central Lodge, Metro Point, ✆ 03592/ 221081. Da es neben der Brücke mit der viel befahrenen Kreuzung liegt, reißt der Verkehrslärm nicht ab. Alle DZ mit Bad; die Zimmer im Obergeschoss sind besser und teurer. Tolle Terrasse, Schlafsaalbetten Rs100. ❶–❸
New Modern Central Lodge, Tibet Rd, ✆ 03592/ 201361. Obwohl das Haus etwas heruntergekommen ist und die Mitarbeiter sich kein Bein ausreißen, ist es nach wie vor beliebt und gut für Rucksackreisende geeignet. Travellerfreundliches Restaurant, einige Zimmer mit Bad und Warmwasser; Dorms für Rs100. ❶–❷
Nor-khill, Paljor Stadium Rd, ✆ 03592/225637, 🖥 www.elginhotels.com. Luxuriöses, ehemaliges königliches Gästehaus des Chogyal. Wahrzeichen und beste Adresse der Stadt; luxuriöse Zimmer im Stil des Adels von Sikkim. Es hat ein gutes Restaurant und eine gemütliche Bar; die Lage mit Blick aufs Stadion lässt jedoch zu wünschen übrig. Die Zimmerpreise sind inkl. Vollpension. ❾
Sonam Delek, Tibet Rd, ✆ 03592/202566, 🖥 www.hotelsonamdelek.com. Das bewährte, geschmackvoll renovierte Hotel weit oberhalb des Basars verfügt über gemütliche Zimmer, die meisten mit schöner Aussicht. Außerdem hat es ein gutes Restaurant und bietet von der Terrasse weite Ausblicke übers Tal zu den Bergen. ❹–❻

Umgebung von Gangtok
Aashishkhim, Indira Bypass, Helipad Rd, Lower Burtuk, ✆ 03592/284500 oder 9932/308551, 🖥 www.aashishkhim.com, 2 km außerhalb der lauten Innenstadt. Die Pension in ruhiger Lage mit einem üppig grünen Garten hat geräumige und behagliche, minimalistisch gehaltene Zimmer und ein gemütliches Gemeinschaftswohnzimmer. ❺

Sikkim

Trotz der fantastischen Möglichkeiten ist Hochgebirgstrekking in Sikkim noch immer eingeschränkt und teuer. Das liegt zum Teil an dem strikten Permit-System und daran, dass Ausländer die Leistungen der in Gangtok ansässigen Veranstalter in US-Dollar bezahlen müssen.

Trekking-Genehmigungen (Protected Area Permits) für das Hochgebirge sind ausschließlich in den Büros von Sikkim Tourism in Gangtok und Delhi erhältlich. Trekking- und Reiseveranstalter in Gangtok (S. 873, Touren) können die notwendigen Vorkehrungen treffen. Vor dem Aufbruch sollte man die Papiere unbedingt aufmerksam durchsehen, denn schon der kleinste Fehler kann später zu Problemen führen. Trekking-Gruppen setzen sich aus mindestens zwei Personen zusammen; die Veranstalter berechnen abhängig von der Route und der Teilnehmerzahl einen offiziellen Tagessatz von US$40–150 p. P.

Zurzeit werden vor allem zwei **Hochgebirgstreks** angeboten: die Route Dzongri–Goecha La (und die Variante ab Uttarey) und jene durch die Singalila-Gebirgskette. Die Hauptlast der Trekking-Industrie im Staat trägt momentan noch Dzongri, und der Druck auf die Umwelt wird langsam deutlich spürbar. Eine angenehme Alternative sind die weniger extremen Treks durch die Rhododendronwälder um Varshey, für die man nur eine lokale Genehmigung für geschützte Wälder braucht. Man sollte aber in bewaldeten Gebieten niemals allein wandern, da hier Schwarzbären leben.

Die **Ecotourism and Conservation Society of Sikkim** (ECOSS), State Archives Annexe, Zero Point, Gangtok, ☏ 03592-228211, 🖳 www.sikkiminfo.net/ecoss, ist eine unabhängige Organisation mit dem Ziel, den Tourismus zu fördern, während gleichzeitig Umwelt und traditionelle Kultur geschützt werden.

Für die meisten Gipfel sind zwar spezielle **Bergsteiger-Permits** sowie eine Genehmigung der Indian Mountaineering Foundation in Delhi erforderlich, doch die Regierung von Sikkim vergibt über entsprechende Veranstalter in Gangtok Permits für den **Frey's Peak** (5830 m) nahe Chaurikhang in der Singalila Ridge, für den **Thingchenkang** (6010 m) und den **Jopuno** (5935 m) in West-Sikkim sowie für den **Lama Wangden** (5868 m) und den **Brumkhangse** (5635 m) in Nord-Sikkim.

Zu den eigentlichen Reisekosten kommen Gebühren ab US$350 je nach Gruppengröße. Empfehlenswerte Agenturen in Gangtok sind z. B. Namgyal und Yak & Yeti (s. S. 874).

Rhenock House, Jeewan Theeng Marg, Development Area, ☏ 03592/204883 oder 9832/096281. Das ruhige, moderne Hotel liegt 1,5 km nördlich vom Metro Point. Es hat gut ausgestattete, saubere Zimmer, einen guten Service, ein Restaurant und eine kleine Bar.

Hidden Forest, Lower Sichey Busty, ☏ 03592/205197, 🖳 www.hiddenforestretreat.com. Es ist nur eine 2 km lange Taxifahrt vom SNT-Busbahnhof und vom Paljor Stadium bis zu dieser idyllischen, ruhigen Oase mit Biokost und liebevoll eingerichteten Cottages auf dem Gelände einer Familie, die eine Orchideen- und Azaleen-Gärtnerei betreibt. Extrem gutes Preis-Leistungs-Verhältnis. ➎

Vom Garten reicht der Blick hinüber nach Gangtok. ➏–➐

Tashi Tagey, NH-31A, nahe der State Bank of India, Tadong, ☏ 03592/231631, 🖳 www.tashitagey.com. Kleines und freundliches tibetisches Familienhotel, 4 km vom Zentrum. Sauber und gemütlich mit einem bei Einheimischen beliebten, guten Restaurant, das über eine Schanklizenz verfügt; 15-minütiger, steiler Aufstieg zum Do-Drul Chorten; das Taxi ins Zentrum von Gangtok kostet nur Rs12. ➍–➎

The Shire, Tshugshing House, Arithang Rd, ☏ 03592/202217 oder ☏ 09832/075920. In Zentrumsnähe und doch in einer anderen Welt, mit kleinem Garten und Zimmern in einem modernen Chalet hinter dem Wohnhaus; schlichte, geräumige Zimmer, gute Sikkim-Küche; zu Fuß sind es 15 Min. steil hinauf zum Zentrum, aber man kann sich ein Taxi rufen lassen. ➍–➎

Sikkim

Das beste Essen wird oft in den Hotelrestaurants serviert, es gibt aber auch mehrere Fastfood-Restaurants und Patisserien. In den meisten Restaurants bekommt man auch **Alkohol**. „Ausländische" alkoholische Getränke wie Weinbrand oder Bier sind erschwinglich. *Tomba* (s. Kasten) gibt es eher in den weniger vornehmen Lokalen, bessere Qualität bieten die teureren Hotels. Bei Vollmond legen die Sikkimer übrigens ein paar alkoholfreie Tage ein.

Baker's Café, MG Marg. Moderne Konditorei nicht weit vom Tourist Office; verlockende Auswahl an Kuchen, Pizza, Filterkaffee und Fruchtsäften; Filiale in der Nähe vom Private Bus Stand.

Cacao, MG Marg. Das hübsche, moderne Konditorei-Café hat Kuchen, Sandwiches, Burger, Pizza und köstlichen Kaffee. Die Tische auf der Terrasse mit Aussicht auf die Promenade sind ein tolles Plätzchen zum Leutegucken oder Freunde Treffen.

Café Tibet, NH-31A, hinter dem Krankenhaus, gehört zum Hotel Tibet. In dem quirligen, bei Studenten beliebten Café gibt es Pizza und Burger, Croissants, Kuchen und Eis.

So schmeckt Sikkim

Die Küche von Sikkim vereint nepalesische, tibetische und indische Einflüsse. Unverzichtbarer Bestandteil ist Reis und auch *dhal* steht fast überall auf dem Küchenzettel. Der traditionelle Fleischeintopf *gyakho* dagegen kommt nur bei besonderen Anlässen auf den Tisch. Spezielle Sikkim-Delikatessen sind z. B. mit Chilis zubereitete *ningro* (geschnittene Farnwedel), *shisnu* (Brennesseln), *phing* (Glasnudeln) und *churpi* (Hüttenkäse aus Yakmilch). Unbedingt mal probieren: *tomba*, ein traditionelles Getränk, das zum großen Teil aus fermentierter Hirse und ein paar Reiskörnern besteht. Es wird in einer Holz- oder Bambusschale gereicht und durch ein Bambusröhrchen geschlürft. Lässt man das Gebräu, das langsam mit heißem Wasser aufgegossen wird, ein paar Minuten ruhen, entsteht ein angenehm warmes, milchiges Bier – herrlich an kalten Abenden.

Sikkim

Asiatische Küche vom Feinsten

Snowlion, Hotel Tibet, Paljor Stadium Rd, ☎ 03592/222523 oder 223468. Immer noch das beste Restaurant in Gangtok. Das erstklassige tibetische und indische Speisenangebot samt den verschiedenen sikkimischen und japanischen Gerichten ist nach örtlichen Maßstäben teuer (ab Rs700 für ein Essen), aber wärmstens zu empfehlen.

Club Orange, Orange Village Resort, Ranipool, NH-31A. Die große, gut bestückte Bar und die Disco mit Tanzflächen auf unterschiedlichen Ebenen sind Tummelplatz einer Yuppie-Klientel, die vor allem am Wochenende gern von Gangtok aus hierher düst. Eintritt Rs500.

Indulge, Children's Park. Das schicke, neue Lokal im oberen Stock ist der angesagteste Treff im Zentrum. Trotz Schummerbeleuchtung, Nirvana-Postern und Bar-Atmosphäre ist das Essen erstaunlich gut; geboten wird indische, chinesische und regionale Küche.

Little Italy, Deorali, neben der Tankstelle im Obergeschoss; beliebte Bar mit Restaurant, wo man gutes italienisches Essen, vor allem Pizza, bekommt. Gelegentlich Livemusik.

Live & Loud, Tibet Rd. Mondäne Bar mit Restaurant mit breiten Sofas und Livemusik. Besonders am Wochenende, wenn Bands aus Fern und Nah auftreten, steppt hier der Bär.

Rosoi, MG Marg, beim Tourist Office. Das seit langem beliebte Lokal im Zentrum wurde inzwischen als vegetarisches Restaurant mit verschiedenen Küchenstilen neu eröffnet; am besten sind die indischen Gerichte; keine Bar.

The Square, Paljor Stadium Rd, neben dem Hotel Mount Jopuno. Schmuckes Café-Bistro mit kleiner, aber erlesener Speisekarte: europäische, nepalesische und gute Thai-Gerichte; Bar und tolle Aussicht.

Taste of Tibet, Hotel Bayul, MG Marg. Das Café ist besonders bei Anwohnern beliebt, denn seine Küchencrew produziert gute, herzhafte Regionalkost zu erschwinglichen Preisen: *momos*, *thukpa* und (unverzichtbar) *chow mein*. Ein zweites Café liegt ein Stückchen weiter südlich von hier, ebenfalls in der MG Marg.

Tangerine, Chumbi Residency Hotel, Tibet Rd.
Vornehmes und doch bezahlbares Restaurant
mit indischer, chinesischer und Sikkim-Küche,
z. B. verlockendes *churpi ningro* (Käse mit Farn).
Die Loungebar daneben ist gut für einen
gemütlichen Drink.

X'Cape, Vajra Cineplex, Balwakhani. Die beliebte
Disco in dem relativ zentral gelegenen Kino-
komplex verliert in letzter Zeit manchen
Stammgast an neuere, angesagtere Adressen.
☉ Mi–So 19–24 Uhr, Eintritt Rs400.

Sonstiges

Geld

Die **Axis Bank** hat mehrere unterschiedliche
Geldautomaten, die Visa, MasterCard und
Maestro akzeptieren. Sie befinden sich entlang
der MG Marg und an vielen anderen Orten der
Stadt, z. B. direkt neben Sikkim Tourism. Die
State Bank of India (SBI) in der Nähe vom
Tourist Office und Metro Point wechselt fast
alle ausländischen Währungen und Reiseschecks; bei manchen Reiseveranstaltern ist
der Kurs vielleicht ein wenig günstiger. Wer
ins Landesinnere weiterreist, sollte bedenken,
dass außerhalb der Hauptstadt Wechselstellen
und Geldautomaten Seltenheitswert besitzen.

Informationen

Das **Tourist Information Centre** von Sikkim
Tourism in der MG Marg, ✆ 03592/203960,
🖳 www.sikkimtournet.com, stellt Landkarten
zur Verfügung und berät bei der Organisation
von Reisen. Sikkim Tourism verkauft auch Tickets
für seine spektakulären **Helikopterflüge**. Sie
werden nach Anfrage gestartet und kosten ab
Rs7590 für 15 Min. Flug oder per Charter für den
ganzen Hubschrauber Rs1200 pro Minute. Ziele
sind u. a. West-Sikkim, Yumthang, Gangtok und,
der umwerfendste Trip von allen, der Zemu-
Gletscher am Kanchenjunga (90 Min.). Auf den
meisten Flügen sind keine Kameras erlaubt.
☉ Mitte März bis Anfang Juni und Mitte Sep bis
Nov tgl. 9–19 Uhr; Mitte Juni bis Mitte Sep und
Dez bis Feb Mo–Sa 10–16 Uhr.

Internet

Abgesehen von den Hotels mit Internetzugang
gibt es in Gangtok mehrere Internetcafés mit
Preisen von etwa Rs30 pro Std., z. B. das
Web Centre, NH-31A, nicht weit vom Café Tibet,
und das **New Light** in der Tibet Rd.

Kinos

Das **X'Cape** im Vajra Cineplex, Balwakhani,
ist ein modernes Kino. Das **Denzong** im Lall
Market dagegen hat schon viele Jahre auf dem
Buckel – beide zeigen eine bunte Mischung
aus Bolly- und Hollywoodfilmen.

Medizinische Hilfe

Das **STN Memorial Hospital**, NH-31A,
Ecke Paljor Stadium Rd, hat einen 24-Stunden-
Notdienst und Krankenwagen, ✆ 03592/222944.

Post

Das **Hauptpostamt** liegt in der Paljor Stadium Rd.

Touren

Sämtliche **Hochgebirgstreks** in Sikkim sind
nur in Gruppen erlaubt und werden von
folgenden Agenturen oder Reiseveranstaltern
in Gangtok arrangiert, die sich auch um die
nötigen Permits kümmern. Die Preise variieren
ein wenig, je nach Veranstalter, Route und
Gruppengröße. Eine Trekkingtour im Hochgebirge kostet bei etablierten Anbietern US$40–
150 p. P. und Tag. Treks in niederen Regionen
kosten ab US$35. Es gibt auch billigere
Angebote; aber man muss darauf achten,
ob das nicht zu Lasten der Qualität geht.

Adarsh Tours & Travels, 17 Tse-ka Complex,
in der Nähe vom Private Taxi Stand, NH-31A,
✆ 03592/205053. Ein zuverlässiger, preiswerter
Veranstalter für jede Art von Transport, Treks
sowie Motorradtouren.

Blue Sky Tours & Travels, Tourism Building,
MG Marg, ✆ 9832/370680. Sehr hilfreich,
spezialisiert auf Jeeptouren durch Nord-Sikkim.
Die Ski-Pauschalangebote sind allerdings nicht
zu empfehlen.

Galaxy Tours & Treks, Metro Point, NH-31A,
✆ 9832/014328. Die ambitionierte Agentur unter
Leitung von Norgay aus Lachung in Nord-
Sikkim ist ein Spezialist für Abenteuerreisen
und Jeepsafaris.

Himalayan Footprints, Pineli Cottage, Upper
Syari, ✆ 09832/091078, 🖳 www.abouthimalayas.

Sikkim

com. Eines der wenigen Reisebüros unter der Leitung einer Frau. Ausgezeichnete Wahl für naturkundliche Wanderungen, Treks abseits der Hauptrouten und Village-Homestays mit einem weit verzweigten Netzwerk in ganz Nordostindien.

Khangri Tours & Treks, Tibet Rd, ✆ 03592/226050, 🖥 www.khangri.com. Der Inhaber Tsering Dorjee, ein erfahrener Trekkingführer und eifriger Amateurbotaniker, arrangiert Klostertouren mit kulturellem Schwerpunkt sowie Treks in ganz Sikkim. Er hat Routen wie den Soft Trek zum Tosar Lake erschlossen. Empfehlenswert.

Namgyal Treks & Tours, Tibet Rd, ✆ 03592/203701 oder 09434/033122, 🖥 www.namgyaltreks.net. Namgyal Sherpa ist ein kompetenter Veranstalter von Treks und Expeditionen in große Höhen und obendrein ein Nepal-Experte.

Sikkim Adventure, 6th Mile, Tadong, ✆ 03592/251250, ✉ sikkimorchid@hotmail.com. Sailesh Pradhan ist ein sehr kompetenter Botaniker und Spezialist für Touren mit Schwerpunkt auf der reichen Flora Sikkims.

Sikkim Tours & Travels, Church Rd, ✆ 03592/202188, 🖥 www.sikkimtours.com. Der Inhaber Lukendra ist äußerst hilfsbereiter und erfahrener Spezialist für Natur-Touren, Fotografieren, Vogelbeobachtung, Homestays und Treks.

Tashila Tours and Travels, unterhalb TNSS School Hall, ✆ 03592/229842, 🖥 www.tashila.com. Erfahrener Veranstalter mit Trekking-, Mountainbike- und Rafting-Angebote, Angeltouren und Exkursionen zu Klöstern.

Yak & Yeti, Zero Point, NH-31A, ✆ 09233/522344, 🖥 www.yaknyeti.com. Erfahrener, zuverlässiger und gut ausgerüsteter Spezialist für Bergexpeditionen, der auch Treks anbietet.

Nahverkehr

Die **Seilbahn** (🕐 tgl. 8–18 Uhr) hat Haltestellen an der Secretariat Rd, in Nam Nang und Deorali und bietet eine fantastische Aussicht über die Südstadt, ist aber für lokale Verhältnisse relativ teuer (hin und zurück Rs60, keine einfachen Tickets) und für die meisten Unterkünfte auch nicht gerade günstig gelegen. Fahrplanmäßig sollte die Bahn alle 12 Min. verkehren, meist wartet man aber, bis sie voll ist.

Die zahlreichen lokalen **Sammeltaxis** sind das übliche Transportmittel auf der Hauptstraße; eine Fahrt vom Zentrum in den Vorort Deorali kostet Rs8 pro Person. Nach 21 Uhr sind Sammeltaxis nur noch selten unterwegs.

Private Taxis findet man an Halteplätzen in der Nähe von SNT-Busbahnhof, am Private Bus Stand Deorali, am Supermarkt, am Children's Park zwischen MG Marg und Tibet Road sowie am Private Stand. Alle Taxis haben eine Preisliste aushängen.

Transport

Die meistbefahrene Strecke in Sikkim ist die Straße von Gangtok nach Siliguri in West-bengalen, wo sich der nächstgelegene Flughafen (Bagdogra) und ein Bahnhof befinden (s. S. 827). Wegen der Gurkha-Aktionen im benachbarten Darjeeling District ist die Route manchmal gesperrt. Aber die Behörden versuchen sie offenzuhalten, vor allem für Notfälle und die Beförderung von Touristen. Gangtok liegt nicht direkt an einer Eisenbahn-strecke, aber ein neuer Schienenstrang nach Melli ist im Bau. Die meisten Reisenden kommen per **Jeep** von **Siliguri** in West-Bengalen (4 1/2 Std., s. S. 827) her, dem derzeitigen Transportzentrum für den Kopfbahnhof von **New Jalpaiguri** (NJP) und den Flughafen **Bagdogra**. Sammeljeeps fahren auch nach **Darjeeling** und **Kalimpong**. Ein **Helikopter** verbindet in Zusammenarbeit mit Sikkim Tourism DC (✆ 03592/203960) den Flughafen Bagdogra mit Gangtok (Rs2200). Es sind aber nur 10 kg Gepäck erlaubt, bald soll jedoch ein größerer Hubschrauber angeschafft werden.

In **Pakyong**, 32 km südöstlich von Gangtok, wird ein Flughafen gebaut, auf dem kleine Passagiermaschinen landen können. Er soll Anfang 2012 den Betrieb aufnehmen.

Busse

Die Busse der staatlichen Gesellschaft **Sikkim Nationalized Transport (SNT)** halten am **SNT Bus Stand** in der Paljor Stadium Rd, aber Fahrgäste können auch schon am Metro Point in der MG Marg aussteigen, der näher am Tourist Office und den meisten Hotels liegt. Die anderen Busse halten am **Private Bus**

Stand am National Highway (NH-31A) unterhalb der Deorali, 2 km südlich des Zentrums. Wer wild entschlossen ist, sich einer Busfahrt auszusetzen, hat die Wahl zwischen SNT (Sikkim Nationalized Transport) und ein paar privaten Busunternehmen. Es bestehen Busverbindungen nach KALIMPONG, DARJEELING und SILIGURI in Westbengalen sowie JORETHANG in Süd-Sikkim.

Jeeps

Sammeltaxis und -jeeps aus Kalimpong, Darjeeling, Siliguri, NJP und Bagdogra halten in Gangtok: die Jeeps und Taxis aus Ost-, West- und Süd-Sikkim am **Private Stand** in der Nähe vom National Highway gleich unterhalb der MG Marg und nicht weit vom Metro Point; die Taxis und Jeeps aus Nord-Sikkim in **Balwakhani**, 1,5 km nördlich der Innenstadt in der Nähe der Vajra Cinema Hall. Sammeljeeps sind wegen der schlechten Straßen in Sikkim das meistgenutzte und beste Transportmittel. Die Jeeps nach SIILIGURI (5–6 Std., Rs120), NEW JALPAIGURI (NJP, Rs125), KALIMPONG (3–4 Std., Rs95) und DARJEELING (5–6 Std., Rs125) fahren vom Private Bus Stand am NH-31A unterhalb von Deorali ab.

Jeeps und Taxis zu anderen Zielorten innerhalb Sikkims – z. B. nach Gyalshing (4–5 Std., Rs130), Pelling (5–6 Std., Rs150), Jorethang (3–4 Std., Rs98) und Rumtek (1 Std., Rs30) fahren am Private Stand an der NH-31A in der Nähe vom Metro Point ab, Jeeps nach Nord-Sikkim am Balwakhani/Vajra. Für diese Verbindungen gibt es einen Fahrplan und **Vorausbuchungen** sind erforderlich (am Schalter am Taxistand). Alle Taxis und Jeeps haben eine Preisliste.

Eisenbahn

Gangtok liegt nicht an einer Eisenbahnstrecke; die meisten Reisenden kommen mit dem Jeep aus SILIGURI in Westbengalen (S. 827), dem Verkehrszentrum für den Endpunkt der Bahnstrecke in NEW JALPAIGURI.

Zugreservierungen von New Jalpaiguri sind beim SNT-Busbahnhof in der Paljor Stadium Rd, ✆ 03592/222016, möglich, doch das Reservie-

rungskontingent für Gangtok ist völlig unzureichend, weshalb man besser in Siliguri bucht. ☺ Mo–Sa 8–14, So 8–11 Uhr.

Flüge

Der nächste Flughafen ist in Bagdogra, in der Nähe von Siliguri. Flüge von Bagdogra können entweder bei **Josse & Josse**, MG Marg, ✆ 03592/224682, die auch Vertreter für Jet Airways sind, oder bei **Silk Route Tours and Travels** im 1. Stock der Green Hotels, MG Marg, ✆ 03592/223354, gebucht werden. Letztere verkaufen außerdem Tickets für die verschiedenen Fluggesellschaften, die von Biratnagar (2 Std. von Siliguri) im östlichen Nepal nach Kathmandu fliegen.

Sikkim Tourism Development Corporation, neben der Touristeninformation, ✆ 03592/203960, verkauft Tickets für die **Hubschrauberflüge**, die tgl. um 11 Uhr (wenn das Wetter es zulässt) für Rs2200 p. P. zum Flughafen Bagdogra starten, wo Anschluss an die Indian Airlines- und Jet-Flüge besteht.

Die Umgebung von Gangtok

In der Nähe von Gangtok gibt es drei beliebte Aussichtspunkte mit Blick auf die **Kanchenjunga-Gebirgskette**. Am einfachsten erreichbar ist **Ganesh Tok**, ein steiler Aufstieg (1 1/2 Std.) vom Fernsehturm und Enchey-Kloster. Ein kleines Ganesha-Heiligtum sowie die Aussicht auf Gangtok und die Berge belohnen jene, die die Kletterei auf sich genommen haben. Am **Hanuman Tok** (2300 m), 7 km außerhalb der Stadt an der Straße zum Tsomgo Lake, befindet sich ein Hanuman-Tempel und der Platz, auf dem die Mitglieder der königlichen Familie eingeäschert werden. Hier stehen *chorten,* in denen die Reliquien der Verstorbenen aufbewahrt werden. An der Straße nach Phodong bietet der **Tashi View Point**, 6 km hinter Gangtok, Ausblicke auf die Ostseite des Kanchenjunga sowie auf die verschneite Pyramide des Siniolchu (6888 m), die der Bergsteiger-Pionier Eric Shipton bestieg und als eine der schönsten der Erde rühmte.

Tsomgo Lake, 35 km nordöstlich von Gangtok und nur 20 km vor der tibetischen Grenze am

Sikkim

Nathu La, ist ein sehr schöner Ort auf 3750 m Höhe, der bei indischen Besuchern sehr beliebt ist. Sowohl Ausländer als auch Inder benötigen ein über einen Reiseveranstalter (s. S. 873) organisiertes Permit. Unterwegs kann man das **Kyongnosla Alpine Sanctuary** (3350 m) besuchen, wo zwischen Mai und August wilde Blumen in Hülle und Fülle blühen und wo Zugvögel auf ihrer jährlichen Reise von Sibirien nach Indien eine Atempause einlegen.

Rumtek

Von Gangtok aus fährt man 24 km auf der Straße in Richtung Südwesten, bis man das große *gompa* Rumtek erreicht, den Hauptsitz der **Karma Kagyu-Schule**, auch **Schwarzhutschule** genannt. Die Schule wurde im 12. Jh. von Gyalwa Karmapa Dusun Khyenpa (1110–1193) in Zentral-Tibet in der Nähe von Lhasa gegründet, wo sie bis zur chinesischen Invasion in Tibet im Jahre 1959 ihr zentrales Kloster hatte. Der **16. Karmapa**, Rangjung Rigpe Dorje, flüchtete aus Tibet nach Sikkim, wo man ihn einlud, im alten *gompa* von Rumtek zu bleiben. Innerhalb weniger Jahre hatte der Karmapa damit begonnen, auf vom sikkimischen König Chogyal Tashi Namgyal gestiftetem Land in Rumtek ein neues Kloster zu bauen, das sein neuer Wohnsitz werden sollte. Als eine der großen tibetischen Persönlichkeiten des 20. Jhs. hatte der 16. Karmapa großen Einfluss auf die Verbreitung des tibetischen Buddhismus im Westen. Er errichtete über 200 Karma Kagyu-Zentren. Als er 1981 starb, hinterließ er ein wohlhabendes Kloster von internationalem Ruf, der jedoch unter den heftigen Streitigkeiten um seine Nachfolge gelitten hat.

Das neue Rumtek-Kloster, das angesichts möglicher Überfälle verfeindeter Gruppen heute bewacht wird, ist ein großer Komplex mit einem Haupttempel, einem goldenen Stupa und dem Karma Shri Nalanda Institute, einigen kleineren Schreinen und einem Gästehaus außerhalb des Klosterhofs. Ausländer müssen am **Checkpoint** beim Basar den Pass vorlegen und ihre Daten eintragen lassen. Der **Haupttempel**, dessen Fassade reich verziert ist und bunt bemalt ist, hölzernes Gitterwerk aufweist, überblickt den weitläufigen Innenhof. Rote Säulen stützen das hohe Dach der **Gebetshalle**, deren Wände mit Wandmalereien und *thangka* geschmückt sind. Besucher können an den täglichen Ritualen teilnehmen, wenn die Gesänge der Mönche

Das Kloster Rumtek ist der Hauptsitz der Schwarzhutschule des tibetischen Buddhismus.

Sikkim

erklingen. Eine Kammer neben der Halle, die für Tantra-Rituale genutzt wird, ist mit Gold auf schwarzem Hintergrund bemalt und stellt zornige Schutzgottheiten dar, ☉ tgl. 6–17 Uhr, Eintritt Rs5, Fotografieren nicht gestattet.

Während Losar, dem tibetischen Neujahr (im Februar), finden im großen Innenhof spektakuläre *chaam*-Tanzvorstellungen statt, in denen Schwarzhüte zeremonielle Tänze aufführen, begleitet von Horn-, Trommel- und Beckenklängen.

Das **Karma Shri Nalanda Institute of Buddhist Studies** hinter dem Haupttempel, das 1984 im traditionellen tibetischen Stil erbaut wurde, ist das prunkvollste aller Gebäude von Rumtek. Die Asche des 16. Karmapa wird in einem vergoldeten, 4 m hohen *chorten* aufbewahrt, der mit Türkisen und Korallen besetzt ist und sich in der Halle des **Goldenen Stupa** gegenüber dem Institut befindet. 4 km hinter dem neuen Kloster und dem Dorf Rumtek führt ein mit Blumen und Gebetsfahnen geschmückter Weg zum schlichten **alten Gompa von Rumtek**, das 1740 gegründet wurde. Das Bauwerk zwischen unbewohnten Nebengebäuden im traditionellen sikkimischen Gebirgsstil mit hölzernen Gitterfenstern strahlt im Gegensatz zum Hauptkomplex eine wunderbare Ruhe aus. Hinter den Statuen in der großen Gebetshalle auf der rechten Seite gibt es einen kleinen Schreinraum, der Mahakala, dem Beschützer der Karma Kagyu-Schule, geweiht ist. Aufgrund seiner starken Wirkung ist das Bild stets verschleiert.

Die angenehmste Route nach Rumtek ist die Strecke über das imposante, neue **Kloster von Lingdum**. Es wurde 1998 fertig gestellt und liegt, bequem per Taxi zu erreichen, 14 km (Rs30) vom Zentrum Gangtoks entfernt. Die Oase des Friedens inmitten tiefer Wälder ist ein großartiges Beispiel moderner Klosterbaukunst mit einer großen Terrasse und einem weiten Hof.

Übernachtung und Essen

Es gibt nur wenige billige Übernachtungsmöglichkeiten in Rumtek, aber die wachsende Zahl von Resorts der oberen Preisklasse bieten eine ruhigere Alternative zum lautstarken Getümmel von Gangtok.

Bamboo Resort, 1 km vor den Klostertoren, ☎ 03592/252516 oder 9232/513090, ⌨ www.bambooresort.com. Das Boutiquehotel ist eine Kombination aus Schweizer Schick und gediegener Sikkim-Eleganz vor einer Waldkulisse mit Ausblick auf Gangtok und Nathu La in der Ferne. Kräutergarten, Kräuterbad, Bibliothek, Meditationsraum und Mountainbikes für Ausflüge in die Landschaft ringsum. Jedes Gästezimmer ist in einer anderen Farbe gehalten. Frühstück und Abendessen sind im Preis enthalten. ❼–❽

Sangay, in der Nähe der Klostertore, ☎ 03592/252238. Das Sangay wurde zu einer modernen Unterkunft mit Zementwänden umgebaut; einige der DZ haben ein eigenes Bad. Lokale Speisen – *momos* und *thukpa* – sind erhältlich. ❷–❸

Sun-Gay, ☎ 03592/252221. Das freundliche Gästehaus zwischen dem Kontrollposten und den Parktoren ist mit Abstand die beste Budget-Unterkunft. Es bietet geräumige, saubere Zimmer, gute Hausmannskost, eine große Terrasse und einen Garten. Ein grimmiger Wachhund passt auf, dass sich keine ungebetenen Gäste einschleichen. ❷

Teen Taley Eco Garden Resort, Lower Sajong, ☎ 03592/252256, ⌨ www.sikkimresort.com. Die große, rund 2 km von Rumtek entfernte Hotelanlage mit einer kleinen Farm richtet sich an Familien. Es gibt begleitete Wanderungen, einen Mountainbikeverleih, Reitponys und Selbstbedienung im Bio-Gemüsegarten. Die Cottages, *deluxe*-Zimmer und Suiten sind in einem Mix aus traditioneller und moderner Architektur gehalten. ❻–❼

Zurmang Tara Hotel, Lingdum, ☎ 9933/008818. Die vom Lingdum-Kloster betriebene Unterkunft mit schlichten Zimmern und einem Restaurant ist die einzige Übernachtungsmöglichkeit in dieser Ecke und eignet sich prima als stiller Rückzugsort. ❸–❹

Nudeln und *chai* bekommt man in den Teashops in der Nähe des Klostertors und des Basars.

Transport

Rumtek lässt sich gut als Tagesausflug von Gangtok besuchen. Wenn man nicht mit dem eigenen Fahrzeug anreist, nimmt man am besten eines der **Sammeljeeps**, die in GANGTOK beim Private Taxi Stand nahe Zero Point abfahren, sobald sie voll sind (Rs30 p. P., abends Rs50). Auf Anfrage auch in Gegenrichtung möglich!

Sikkim

Phodong und Labrang

Die Straße zum Kloster **Phodong**, 38 km nördlich von Gangtok an der Straße nach Mangan, führt an Kabi Lunchok vorbei. Das hübsche bewaldete Fleckchen mit einigen spektakulären Wasserfällen war Schauplatz eines wichtigen Vertragsschlusses zwischen den Lepchas und den Bhutias. Das bescheidene Kloster steht auf einem Bergvorsprung, 1 km oberhalb der Hauptstraße, und eröffnet märchenhafte Aussichten. Es besteht aus einem schlichten, quadratischen Haupttempel, mehreren Nebengebäuden und Wohnhäusern. Zu Beginn des 18. Jhs. erbaut, war dies die herausragendste Kagyu-Klosteranlage von Sikkim – bis zur Entstehung von Rumtek in den 60er-Jahren. Auch hier werden alljährlich im Dezember farbenprächtige Lama-Tänze aufgeführt, ähnlich den *chaam* von Rumtek. Auf einer holprigen Straße erreicht man nach 4 km ein weiteres renoviertes altes Kloster, das ungewöhnliche, achteckige **Labrang**. Zahlreiche *chorten* zwischen diesen beiden Klöstern markieren die Ruinen von **Tumlong**, das fast das gesamte 19. Jh. hindurch die Hauptstadt von Sikkim war. Im kleinen Marktflecken **Phodong**, 3 km weiter an der Hauptstraße, gibt es ein paar Unterkünfte und Cafés.

Süd- und West-Sikkim

Süd-Sikkim lassen die meisten Reisenden auf ihrem Weg zu höher gelegenen Trekkingpfaden und den majestätischen *gompas* von West-Sikkim einfach links liegen. Dabei ist es mit seinen Wäldern voller Orchideen und seltener Tiere sehr reizvoll. Wahrzeichen der Region ist der faszinierende bewaldete **Maenam**, der drohend über der Stadt **Ravangla** emporragt. Der für seine außergewöhnliche Flora sowie die atemberaubende Aussicht vom Gipfel berühmte Berg lädt zu einer anspruchsvollen Tagestour ein. Weniger anstrengend, aber genauso lohnend ist beispielsweise die wunderbare Dschungelwanderung auf den nicht ganz so hohen **Tendong** oder der Aufstieg zur gigantischen, hoch über der Distrikthauptstadt **Namchi** thronenden Statue **Samdruptse** – dieses machtvolle Symbol des modernen Sikkim ist sogar noch von Darjeeling aus zu sehen.

Ravangla

Die verschlafene Marktstadt Ravangla (auch Ravang oder Rabang) liegt über einen hohen Bergsattel verstreut, 65 km westlich von Gangtok und 52 km östlich von Pelling. Sie gilt als bequemer Zwischenstopp auf dem Weg nach West-Sikkim, vor allem für jene, die einen der letzten verbliebenen **Rhododendronwälder** im südlichen Zentral-Sikkim durchwandern wollen. Das fantastische **Maenam Sanctuary** an dem gigantischen Berg, der sich über der Stadt auftürmt, ist bislang noch ein Traum für jeden Botaniker. Die Stadt selbst hat eine größere tibetische Siedlung mit einem Zentrum für Handarbeiten und einem Geschäft im Kheunpheling Carpet Centre im Flüchtlingslager oberhalb der Stadt.

Ravangla besitzt eine große tibtische Gemeinde; im Flüchtlingslager im Süden der Stadt steht das **Kheunpheling Carpet Centre**, ein Kunstgewerbezentrum mit Verkauf. Nördlich vom Basar führt eine Treppe zu einem Shakyamuni und Guru Rinpoche gewidmeten, neuen **Nyingmapa-Kloster** hoch. Statuen der mächtigen Beschützer stehen in einer gepflegten Anlage neben dem alten *gompa*. Hier findet alljährlich Ende August das dreitägige Fest **Pang Lhabsol** zu Ehren von Kanchenjunga statt. Tausende Sikkimesen kommen dann hierher, um den traditionellen Sportwettkämpfen und dem Kriegstanz **Pangtoed Chaam** beizuwohnen. Er ist insofern einzigartig, als dass die Masken tragenden Tänzer keine Mönche, sondern *zigtempas* (Laien) sind.

Der Maenam

Der Gipfel des **Maenam** mit seiner kleinen Kapelle für Guru Rinpoche (Padmasambhava) erhebt sich bis auf eine Höhe von 3235 m. Der steile, rund 10 km lange und 1000 m hohe Aufstieg vom Basar hat es in sich, bietet aber, sofern das Wetter mitspielt, unübertreffliche Aussichten auf den schroffen Gipfel des Narsing (5825 m). Die als Tagestrip zu schaffende **Besteigung des Maenam** (2 1/2–4 Std.) beginnt mit Stufen, die

Wer eine nähere Vorstellung vom Landleben in Sikkim bekommen möchte, sollte mal ein **Homestay** ausprobieren. So ein Besuch mit Übernachtung bei einer „ganz normalen Familie" erlaubt interessante Einblicke in den Alltag der Menschen. Im idyllischen, von Terrassenfeldern umgebenen *busti* (Dorf) **Kewzing** betreibt Chewang Rinchen Bonpo das Bon Farm House, ✆ 9735/900165, 🖥 www.sikkimresorts. com, Rs1600 inkl. Verpflegung. Es hat hübsch eingerichtete holzvertäfelte Zimmer mit Bad und Gemeinschaftsveranda, zwei Cottages sind im Bau. Chewang ist Vogelkundler und organisiert *nature walks* und Wanderungen. Die Gemeinde repräsentiert eine spannende Mischung aus animistischer und Nyingmapa-Religion. Deutlich

wird das am besten an dem kleinen, aber sehr gastfreundlichen *gompa* **Bon** an der Straße nach Ravangla oberhalb von Kewzing, einem der wenigen präbuddhistischen Klöster. Bitte beachten: Das Kloster muss gegen den Uhrzeigersinn umrundet werden. Das Dorf befindet sich am Rand des verträumten Marktstädtchens Kewzing, das 8 km östlich von Ravangla liegt. Außer in Kewzing gibt es auch Homestays in **Yuksam** (Ansprechpartner: Mr. Pema Bhutia, ✆ 9832/452527), **Pastenga** in Ost-Sikkim (Ansprechpartner: Mr. Huna Rai, ✆ 9832/033679) und **Dzongu** (Ansprechpartner: Dr. N.T. Lepcha, ✆ 9434/179160). Nähere Auskünfte auf der Website 🖥 sikkimtournet.com/WebForms/General/villagetourism.aspx.

vom Basar zu dem *gompa* hoch führen, bevor sie sich von der Straße entfernen und durch das Schutzgebiet ansteigen. Mit etwas Glück sind unterwegs sogar Vierbeiner zu erspähen, vielleicht ein scheuer Kleiner Panda oder Schwarzbär, und auf jeden Fall viele verschiedene Vögel. Wer den Sonnenaufgang vom Gipfel aus goutieren möchte, sollte einen warmen Schlafsack, Essen und Getränke mitnehmen. Oben gibt es nämlich nur einen verfallenen Unterstand, weiter nichts. Die Route durch den Wald ist keineswegs einfach zu finden (vor allem beim Abstieg, wenn eine falsche Abzweigung den Wanderer auf die andere Seite des Berges führt), daher ist ein ortskundiger Führer (Rs300) zu empfehlen. Guides werden in den Hotels der Stadt vermittelt, stehen aber auch 1 km oberhalb der Stadt am Tor, wo man den Eintritt in das Schutzgebiet (Rs25) bezahlt.

Übernachtung und Essen

In und um Ravangla besteht eine vernünftige Auswahl an Übernachtungsmöglichkeiten, viele davon an der Straße Kewzing–Legship. **10Zing**, am Taxistand, ✆ 03595/260705. Das zentral gelegene, freundliche Hotel an der Hauptkreuzung bietet schlichte, kleine Zimmer über einem bei Anwohnern beliebten Restaurant mit Bar. ❷

Annexe at Mount Narsing Village Resort, 3 km außerhalb an der Straße nach Kewzing, ✆ 03595/260558, ✉ yuksom@gmail.com. Die idyllische Herberge in märchenhafter Lage auf einem Plateau mit weitem Ausblick liegt einen steilen 20-minütigen Fußmarsch (oder eine abenteuerliche Jeep-Fahrt) von der Straße entfernt. Behagliche Chalets, zum Teil aus Materialien der Region, umgeben die Haupt-Lodge, in der es einen Kamin und ein Restaurant gibt. ❹–❼

Reegyal, Taxi Stand, gegenüber vom 10Zing, ✆ 03595/260221. Das von einem Bengalen geleitete Hotel hat ein ordentliches Restaurant, aber Warmwasser nur aus dem Eimer. ❸–❹

Zumthang, an der Straße nach Kewzing, ✆ 03595/260870, ✉ zumthang@yahoo.com. Die Zimmer in dem gastfreundlichen Familienunternehmen am Rand von Ravangla sind geräumig und sauber, manche mit Balkon. Karma organisiert auf Wunsch Aufenthalte in buddhistischen Retreats, Betätigungsmöglichkeiten für freiwillige Helfer und Homestays. ❸–❺

Die meisten Hotels haben eigene Restaurants; doch die besten *momos* der Stadt bekommt man sowohl im **Florida Café** als auch im **Karma Café**, die sich an der Marktstraße gegenüber liegen.

Sikkim

Jeeps fahren von der Haltestelle an der Kreuzung in Richtung des südlichen Endes des Marktes nach GANGTOK (Rs80) und NAMCHI (Rs40) via DAMTHANG (Rs20) sowie nach Legship und Ghezing. Nur wenige Taxis fahren direkt nach PELLING (Rs80), sodass man meist in Gyalshing umsteigen muss. Man darf sich nicht darauf verlassen, dass nachmittags noch etwas fährt. **Busse** nach GYALSHING fahren gegen 11 Uhr und nach GANGTOK gegen 9 Uhr. Außerdem fahren zwei Busse nach Namchi (9 und 13 Uhr). Der kürzeste Weg nach Darjeeling führt über Namchi, wo man gegebenenfalls in einen Jeep oder Bus nach Jorethang umsteigt. Von dort gelangt man dann nach Darjeeling.

Jorethang

Geschäftige Marktstadt und wichtiger Verkehrsknotenpunkt: Jorethang liegt ganz im Süden des Staates, nur durch den River Rangit von Singla Bazaar in Westbengalen getrennt. Knapp 30 km trennen Jorethang von Darjeeling, das man im Süden – hoch über den Teeplantagen – gerade noch mit bloßem Auge ausmachen kann. Der Ort eignet sich prima als Versorgungsstopp und hat ein paar nette Budget-Hotels für den Fall, dass man den Anschluss verpasst und über Nacht bleiben muss. Das **Namgyal**, ✆ 03595/276852 ❸, neben der Brücke und nahe der Station der SNT-Busse nach Darjeeling, hat ordentliche DZ mit fließend Warmwasser und ein Restaurant. Gutes chinesisches und indisches Essen bekommt man im **Walk-In** an der Street No. 2, das auch als Bar sehr beliebt ist.

Von Jorethang gibt es gute Busverbindungen ins übrige Sikkim und einen Direktbus nach Siliguri (tgl. 8 Uhr). Busse fahren auch nach Gangtok (tgl. 7.30 Uhr), Pelling (15 Uhr) und Namchi (8.30 Uhr). Sammeljeeps wagen die ungemein steile, 25 km lange Tour nach Darjeeling (2 Std., Rs100) und fahren auch regelmäßig nach Legship (1 Std., hier umsteigen Richtung Pelling, Ravangla, Yoksum und Tashiding) sowie Namchi (1 Std., Rs25). Die Verbindungen nach Gyalshing und Varshey sind spärlicher. Regelmäßig fahren

auch Jeeps nach Gangtok (4–5 Std., Rs98) und Siliguri (4–5 Std., Rs100). Nur wenige Jeeps verlassen Jorethang später als 13 Uhr.

Gyalshing und Legship

Die wuselige Marktstadt **Gyalshing** (manchmal Geyzing geschrieben und auch so ausgesprochen), 110 km westlich von Gangtok, ist das administrative Zentrum und der Verkehrsknotenpunkt von West-Sikkim. Hier kann man seine Vorräte auffüllen und **Permits** verlängern. Die Genehmigungen verlängert der Superintendent of Police (☉ Mo–Sa 10–16 Uhr) in **Tikjuk**, auf halber Strecke zwischen Gyalshing und Pelling. Für den Fall, dass alle Anschlusstransportmittel schon das Weite gesucht haben, gibt es rund um den Hauptplatz im Zentrum von Gyalshing ein paar einfache **Hotels** und das komfortablere **Attri**, ✆ 03595/250602 ❸. Das **Denkhang**, ein paar Meter vom Markt an der Straße nach Tashigang, ist eines der besseren Restaurants von Gyalshing und auf Regionalküche spezialisiert.

Sammeljeeps fahren nach Gangtok (4–5 Std., Rs120) und Siliguri (Rs125; Tickets im Voraus am Schalter in der Nähe des Spielplatzes kaufen, ✆ 03595/250121. Regelmäßige Verbindungen gibt es auch nach Legship und Jorethang (2–3 Std., Umsteigen nach Darjeeling). Taxis und Jeeps nach Pelling (30 Min., Rs20) und zu anderen regionalen Zielen fahren vom Hauptplatz ab. Nur die Jeeps nach Pelling verkehren bis Sonnenuntergang, alle anderen sind spätestens bis Mittag abgefahren. Die Fahrt mit Omnis ist meistens billiger, denn diese bewältigen die steile Abkürzung nach Pelling, die Jeeps nicht nehmen dürfen. Ein SNT-**Bus** nach Gangtok fährt um 8 Uhr ab, nach Siliguri ebenfalls um 8 Uhr, und zwar via Jorethang, von wo es bessere Anschlussverbindungen und Jeeps nach Darjeeling gibt.

Das Zugangstor nach West-Sikkim ist **Legship** im tiefen, von einem Damm umgebenen Rangit Valley. Es liegt knapp 100 km westlich von Gangtok und 14 km südlich von Gyalshing. Legship ist ein wichtiger regionaler Verkehrsknotenpunkt. Reisende müssen hier mit ein, zwei Stunden Wartezeit bis zur Weiterfahrt rechnen. Abgesehen von einem Tempel am jenseitigen

Sikkim

Flussufer und verdreckten Thermalquellen ein Stück weiter die Straße lang hat der Ort aber nicht viel zu bieten. An der Straßenkreuzung steht das **Trishna** mit ein paar Gästezimmern und einem Restaurant, ☎ 03595/250887 ❸. Jeeps und Busse verbinden Legship mit Gangtok, Ravangla, Yoksum (via Tashiding) und Pelling, außerdem bestehen regelmäßig Verkehrsverbindungen nach Gyalshing und Jorethang.

Pemayangtse

Am Ende eines Gebirgskamms, der parallel zu dem von Darjeeling verläuft (und von dort sichtbar ist), thront das eindrucksvolle Kloster Pemayangtse. 118 km von Gangtok und nur 2 km von Pelling entfernt, schwebt es hoch über dem Fluss Rangit. Von Gyalshing fährt man zum Kloster 9 km auf der Hauptstraße, oder man nimmt die steile, 4 km lange Abkürzung durch die Wälder, vorbei an einer Reihe von *chorten* und den uninteressanten Ruinen von Rabdantse, der zweiten Hauptstadt von Sikkim.

Das **Kloster** Pemayangtse, auch „Perfect Sublime Lotus" (etwa „vollkommener erhabener Lotus") genannt, wurde im 17. Jh. von Lhatsun Chempo, einem der drei Lamas von Yoksum und Schutzheiligen von Sikkim, gegründet und im Jahre 1705 erweitert. Es ist heute eines der bedeutendsten *gompa* in Sikkim und gehört zum Nyingmapa-Orden. Der weite Ausblick und die Wälder ringsum schaffen eine wunderbar meditative Atmosphäre. Im Vergleich zu den Nebengebäuden in seinem Umkreis mit ihren raffinierten Holzschnitzereien an den Balken, Gitterfenstern und Türen wirkt das große *gompa* selbst eher bescheiden. Der Bau mit seinen drei Etagen umschließt eine große Halle mit Bildern von Guru Rinpoche und Lhatsun Chenpo sowie erlesenen *thangka* und Wandgemälden. Ganz oben stellt eine herrliche Holzskulptur, die von dem ehemaligen Abt von Pemayangtse, Dungzin Rinpoche, geschnitzt und bemalt wurde, Sang Thok Palri dar, den himmlischen Aufenthaltsort von Guru Rinpoche. Für die außergewöhnlich detailgenaue Darstellung der Dämonen, Tiere, Vögel, Buddhas und Bodhisattvas, *chorten* und fliegenden Drachen brauchte er fünf Jahre.

Alljährlich zum Neujahrsfest Losar im Feb/März wird hier ein Guru Drogma *chaam* aufgeführt, der Besucher aus ganz Sikkim anzieht. Höhepunkt ist die Verhüllung des Klosters mit einem riesigen Thangka. ☉ tgl. 7–17 Uhr, Eintritt Rs20.

1980 richtete das Kloster die **Denjong Padma Choeling Academy** für mittellose Kinder und Waisen ein. Gegenwärtig wohnen hier etwa 300 Kinder, die mit Kleidung, Essen und Bildung versorgt werden. Großzügige Spenden haben den weiteren Aufbau und Projekte wie die Molkerei mit Yaks und Dris in der Nähe von Dzongri, ermöglicht. Ehrenamtliche Lehrer, die sich für mindestens zwei Monate verpflichten, sind willkommen. Sie erhalten die Gelegenheit zum Studium von Meditation und Buddhismus. Näheres bei Sonam Yongda, Pemayangtse Gompa, West Sikkim 737113, ☎ 03595/250760, oder 250141, der hin und wieder auch **Meditationskurse** organisiert.

Pelling und Umgebung

Der ruhige und relativ junge, aber schnell wachsende Ort Pelling, der 2085 m über dem Meeresspiegel und nur 2 km hinter Pemayangtse liegt, blickt nordwärts auf die Gletscher und Gipfel des Kanchenjunga. Hoch über den bewaldeten Bergen überblickt man die gesamte Route von Yoksum über den Dzongri La zum Rathong-Gletscher. Glücklicherweise geht durch den Bauboom nicht der ganze stille Zauber von Pelling verloren: Hotelterrassen bieten die Möglichkeit, den dritthöchsten Gipfel der Erde voller Ehrfurcht zu bestaunen, und leichte Wanderungen erschließen das reizvolle Hinterland. Einen Basar gibt es nicht, aber immerhin ein paar Geschäfte.

Über die Straße, die in der Nähe des Hubschrauberlandeplatzes in den Steilhang über Pelling gesprengt wurde, führt ein schöner, 4 km langer Spaziergang zum kleinen, aber hoch angesehenen Nyingmapa-Kloster **Sanga Choling**. Es ist eines der ältesten *gompas* in Sikkim und auch hier handelt es sich um einen Entwurf von Lhatsun Chenpo. Das bei einem Brand zerstörte Kloster wurde 1948 wieder aufgebaut und beherbergt noch einige der ursprünglichen Tonstatuen, darunter einen wunderschönen Samantha

Sikkim

Bhadra. Direkt über dem *gompa* soll als Touristenattraktion ein Riesenstandbild von Chenrazee aufgestellt werden. Dann könnte es mit der himmlischen Ruhe hier ein Ende haben.

Ein Pfad führt am Kloster vorbei und durch Orchideenwälder den Hang hinauf. Weiter passiert er einen riesigen, hohlen Baum und führt dann zu dem heiligen Felsen **Thikchuyangtse**, der auch als Rani Dunga bekannt ist (9 km).

In Pelling beginnt ein landschaftlich schöner **Trek** durch niedrigere Regionen zum Khecheopalri Lake, nach Tashiding und Yoksum. Von Yoksum und Tashiding fahren Jeeps nach Legship, von wo aus man nach Gyalshing und schließlich wieder nach Pelling gelangen kann. Wer wenig Zeit hat, kann sich an Reiseveranstalter wie Simvo Tour and Travels, ✆ 03595/258549, in Upper Pelling, oder Father Jeep Service, ✆ 03595/258219, wenden. Sie organisieren Jeep-Tagesfahrten zum Preis von ungefähr Rs2200 für 6–8 Teilnehmer. Auch das Hotel Garuda (s. „Übernachtung") hat ein kleines Reisebüro, wo Trekking und Touren organisiert werden und Informationen erhältlich sind.

Übernachtung

Die **Hotels** von Pelling, deren Preise in der Saison (März–Mai und Sep–Nov) sprunghaft steigen, liegen am 2 km langen Straßenabschnitt zwischen Upper, Middle und Lower Pelling. Während die Hotels am „Bengali Boulevard" von Lower Pelling mehr auf indische Besucher ausgerichtet sind, haben die Unterkünfte in Upper Pelling die bessere Aussicht.

Dubdi, nicht weit vom Hubschrauberlandeplatz, ✆ 03595/258349. Dieses kleine Hotel in ruhiger Lage über der Stadt und an der Pforte zum Norbu Ghang ist billiger als sein Nachbar Norbu Ghang und hat sehr angenehme, große und saubere Zimmer, teils mit schöner Aussicht. ➍–➎

The Elgin, Mount Pandim, unterhalb des Pemayangtse-Klosters, ✆ 03595/250756, 🖥 www.elginhotels.com. Das ehemalige Regierungshotel wurde im eleganten Darjeeling-Stil renoviert und zur luxuriösesten Adresse in West-Sikkim gemacht. Jedes Zimmer bietet Ausblick auf die Schneegipfel, das ausgezeichnete Restaurant serviert Spezialitäten verschiedener Regionen

Zimmer mit Aussicht

Garuda, an der Kreuzung, ✆ 03595/258319. Das Garuda ist ein beliebter Travellertreffpunkt mit Internetzugang und Reisebüro. In dem gut geführten Familienhotel gibt's eine ganze Reihe unterschiedlicher EZ, DZ und Schlafsäle (Rs100) und außerhalb der Saison 40 % Preisnachlass. Sehr nützlich sind die Gästebücher mit aktuellen Trekkinginformationen. Im hauseigenen Restaurant bekommt man leckeres Essen, darunter ein mehrgängiges sikkimesisches Tagesgericht, Bier und im Winter *tomba* (s. S. 872). ➊–➌

und die ruhige, ursprüngliche Lage macht das Hotel zu einer erstklassigen Basis für die Erkundung der Region. ➒

Kabur, 200 m vor der Kreuzung, ✆ 03595/258504. Freundliche Unterkunft mit Internetzugang und einem hilfreichen Reise- und Trekking-Veranstalter. DZ mit Teppichboden, Warmwasser, im Winter mit Heizung. Große Dachterrasse mit Liegestühlen und herrlicher Aussicht. Das Restaurant mit Zugang zur Terrasse hat eine gute Auswahl verschiedener Gerichte, darunter auch Spezialitäten von Sikkim. Sehr gutes Preis-Leistungs-Verhältnis. ➋

Ladakh, Upper Pelling, ✆ 9733/210355. Eine vom Aussterben bedrohte Spezies in Pelling: Ein traditionelles, rustikales Haus im typischen Sikkim-Stil. Es hat 6 Zimmer und einen Schlafsaal (Rs50), wo meistens Fahrer übernachten. Die Gemeinschaftsbäder mit Hocktoiletten befinden sich außerhalb vom Haus. Primitiver geht's kaum, aber die Lage ist günstig. ➊

Norbu Ghang Resort, in der Nähe des Hubschrauberlandeplatzes, ✆ 03595/258272, 🖥 www.norbughangresort.com. Effizientes Hotel der oberen Preislage mit komfortablen Cottages in einer geschniegelten Gartenanlage; die Einrichtung kombiniert Lokalkolorit mit modernem Komfort und jede der Hütten hoch über der Stadt hat eine Veranda mit schönem Ausblick. ➐

Phamrong, Upper Pelling, ✆ 03595/258218, ✉ mailphamrong@yahoo.com. Das altbewährte Hotel an der Kreuzung hat eine Reihe unter-

Sikkim

schiedlicher gemütlicher, sauberer Zimmer, Warmwasser und zuvorkommende Mitarbeiter. Im einladenden Restaurant wird sikkimesisch, indisch und chinesisch gekocht, und von einigen der teureren Zimmer bietet sich eine herrliche Aussicht. Internetzugang zum E-Mail-Checken; Frühstück inkl. ❺

Essen

Die meisten **Restaurants** findet man in Hotels. Da die bengalischen Einflüsse hier sehr stark sind findet man hier eher *dhal bhat* als traditionelle Sikkim-Küche. In Upper Pelling gibt es mehrere Cafés, in einigen bekommt man südindisches Essen. Eines der besten Bar-Restaurants ist das **Taatopaani** im Hotel Chiminda in Middle Pelling, das neben verschiedenen Drinks, Mocktails und Cocktails auch preiswertes *thali* (Rs125) zu bieten hat. In der **Lotus Bakery** nahe Pemayangtse werden Croissants, Brote und Kuchen verkauft, der Erlös geht an ein Kinderhilfsprojekt. Die bevorzugten Travellerrestaurants sind die im **Hotel Garuda** und **Kabur**. Pelling ist ein guter Ort, um ein *tomba* (warmes Hirsebier) zu probieren; am besten schmeckt es in den von Sikkimesen geführten Hotels wie dem **Phamrong** oder Garuda.

Sonstiges

Geld

In der Nähe der Post gibt es einen **Geldautomaten** der State Bank of India, aber keine offizielle Möglichkeit zum Geldwechsel.

Informationen

Das **Tourist Information Centre** nicht weit vom Hubschrauberlandeplatz (🕐 tgl. 10–16 Uhr) ist gut für allgemeine Infos, ebenso die Website 🖳 www.gopelling.com.

Internet

Das **Internetcafé** (Rs30 pro Std.) im Tourist Information Centre ist während der Öffnungszeiten zugänglich. Eine Alternative ist das **Paylink Cyberzone** in Upper Pelling.

Post

Es gibt ein **Postamt** in Upper Pelling oberhalb der Straßenkreuzung

Touren

Trekkinginfos stehen in den Gästebüchern vom Hotel Garuda. Ein zuverlässiger Trekking- und Reiseveranstalter ist **Himalayan Heritage**, 📞 09733/076469, in Upper Pelling.

Transport

Sammeljeeps verkehren regelmäßig von der Kreuzung in Upper Pelling: nach GYALSHING (6–16 Uhr), 2x tgl. nach GANGTOK über Ravangla (7 und 12 Uhr; Rs150), 1x tgl. nach SILIGURI (7 Uhr; Rs150). Ein **Bus** (Rs120) fährt um die gleiche Zeit via Jorethang nach Siliguri (Reservierung bei SNT im Hotel Pelling, Lower Pelling, 📞 03595/250707).
Die Straße von Pelling über Rimbi nach Yoksum ist schlecht und erfordert viel Zeit. Es gibt keine fahrplanmäßigen Verbindungen, aber **Jeeps** fahren von Gyalshing und Legship nach Tashiding und Yoksum.
Father Travels unterhält eine direkte Jeepverbindung nach GANGTOK, Abfahrt um 12.30 Uhr. Direkt-Jeeps nach DARJEELING lassen sich über Simvo organisieren (Rs2000). Sikkim Tourism will demnächst einen **Hubschrauber** einsetzen, der jeden Montag nach Bagdogra (S. 874) und zurück fliegen soll, einfache Strecke Rs2200.

Khecheopalri Lake

Der Khecheopalri Lake liegt 33 km nordwestlich von Pelling in 2000 m Höhe und ist von dichten Wäldern umgeben. Der auch als „Wishing Lake" (Zaubersee) bekannte See ist den Lepchas heilig. Der Legende nach wird das Laub, das auf die Oberfläche des Sees fällt, von einem Vogel aufgesammelt und so die Reinheit des Wassers erhalten.

Von der Straße von Pelling nach Yoksum führt eine Abzweigung („Zero Point") nach 11 km nach Khecheopalri, eine nur selten von Jeeps befahrene Strecke, sofern die Erdrutsche es überhaupt zulassen. Wenn man von Pelling zum Khecheopalri wandern möchte, bietet sich eine Abkürzung an, die erst abwärts in das Flusstal, dann steil bergan bis zur Straße Pelling–Yoksum und schließlich zum See hoch führt (5 Std. einplanen).

Sikkim

Das **Khangchendzonga Conservation Committee** (KCC), eine auf kommunaler Ebene aktive NGO mit Sitz in Yoksum, wurde 1996 mit Hilfe des Sikkim Biodiversity and Ecotourism Project ins Leben gerufen. Sein Ziel besteht in der Förderung des Umweltbewusstseins bei Einheimischen und Besuchern. Schwerpunkt der Arbeit des KCC ist es, die Auswirkungen des Tourismus auf den Kanchenjunga-Nationalpark gering zu halten. Zu seinen Methoden gehören Baumpflanzungen, die Mitwirkung der Einheimischen bei der Planung von Ökotourismusprojekten und die Organisation von Säuberungsaktionen. Andere Aufgaben des KCC sind die Sauberhaltung der Wege, die Veröffentlichung von Broschüren zur Schaffung eines Umweltbewusstseins, die Schulung von Arbeitskräften wie Trägern und Führern in der Ökotourismusbranche und der Aufbau von Selbsthilfegruppen. Weitere **Informationen** zum KCC gibt es bei dessem Koordinator Pema Chewang Bhutia im Visitors Information Centre, Gompa Road, Yoksum, ✆ 03595/241211 oder 9832/452527, 🖳 www.sikkimkcc.netfirms.com/kcc/. Dort befindet sich auch ein **Biodiversity Centre.** Wer eine Begleitung beim Wandern in niedrigen Höhen braucht, kann hier für Rs300 pro Tag einen Guide anheuern.

Man kann auch bis nach Yoksum (18 km, 4–5 Std.), weitergehen. Der Weg dorthin ist 18 km lang und nimmt etwa vier Stunden in Anspruch. Allerdings sollte man sich im Hotel Garuda in Pelling mit Verpflegung, Informationen und einer Landkarte eindecken.

Das **Kloster** Khecheopalri, 2 km vor dem See auf dem Bergkamm, bietet schöne Ausblicke auf den Mount Pandim (6691 m). In den Bergen liegen mehrere heilige Höhlen verstreut. **Führer** für einen Besuch dieser Höhlen und für Treks nach Yoksum warten bei der Wanderhütte, ✆ 09733-076995 ❶, einer der wenigen Übernachtungsmöglichkeiten von Khecheopalri, 300 m vor dem Dorf. Die **Unterkunft** ist freundlich, aber bescheiden und bietet Gästen einfache Speisen. Hier bekommt man nützliche Informationen über die Umgebung. In den **Teashops** am Parkplatz gibt es *chai* und einfaches Essen.

Yoksum

Das verschlafene und weit verstreute Dörfchen Yoksum am Ende der Straße und an einen großen Felsplateau am Eingang zur Rathong Chu-Schlucht, 40 km nördlich von Pemayangtse gelegen, hat einen besonderen Platz in der sikkimischen Geschichte. Hier kamen aus verschiedenen Richtungen über den Himalaya im Jahre 1642 drei Lamas zusammen, um das erste religiöse Oberhaupt von Sikkim, Chogyal Phuntsog Namgyal, zu inthronisieren. Einer der drei, Lhatsun Chenpo, soll im **Norbugang Chorten** von Yoksum Opfergaben vergraben haben. Der große weiße Stupa wurde mit Steinen und Erde aus verschiedenen Gegenden von Sikkim erbaut und steht in einem Park in der Nähe (1 km). Dort befindet sich auch der schlichte steinerne Thron des ersten Chogyal. Der gewaltige Fußabdruck in einer Felsplatte vor dem Thron stammt von einem der Lamas. Der nahe gelegene **Kathok Lake** am Nordrand der Stadt hatte früher ebenfalls eine zeremonielle Bedeutung. Heute ist von dem See leider nur noch ein schlammiger Tümpel übrig.

Hoch über Yoksum wehen Gebetsfahnen vor dem **Kloster Dubdi**. Es wurde 1701 erbaut und ist eines der ältesten in Sikkim. Der Spaziergang zum Kloster führt am Basar vorbei hoch zum Krankenhaus im Norden von Yoksum. Hier endet die Straße und geht in einen Pfad über, der sich an Wasserrädern und einem kleinen Fluss vorbeiwindet und durch den Wald ansteigt, bis er das *gompa* in spektakulärer Lage erreicht. Da das Kloster oft geschlossen hat, ist es ratsam, im Basar oder beim KCC-Büro (s. o.) nachzufragen, bevor man sich auf den Weg macht. Über dem Basar steht das kleine, neue *gompa* **Kathol Wodsal Ling**. Seine Statue des Guru Rinpoche bringt etwas Farbe ins Geschehen. In der Umgebung von Yoksum

Sikkim

verstreut liegen noch mehrere andere Schreine und *gompas*, darunter auch ein paar neue.

Die größte Bedeutung hat das Dorf heute als Ausgangspunkt des achttägigen **Dzongri Trail**, der durch riesige Waldgebiete führt und traumhafte Blicke auf den Kanchenjunga gewährt. Der Trek darf nur im Rahmen einer Gruppenwanderung unternommen werden, die von anerkannten Reiseveranstaltern organisiert wird. Besucher sind in Yoksum willkommen, doch um sich von hier aus noch weiter vorzuwagen, braucht man die Erlaubnis für den Dzongri-Trek.

Die Polizei ist sehr wachsam, also stehen die Chancen für einen heimlichen Hochgebirgstrek schlecht. Doch solange man nicht mit einem großen Rucksack herumläuft, wird sie einem eine Tagestour auf dem Hauptweg zum Parekh Chu und dessen Zusammenfluss mit dem Rathong Chu – eine Rundwanderung von 28 km – wohl nicht verwehren. Dabei bekommt man zwar nicht den Hohen Himalaya zu Gesicht, doch wandert man durch wunderschöne Waldlandschaften.

Übernachtung und Essen

Fast alles von Interesse liegt um den kleinen Markt herum. Die Mitarbeiter des KCC (s. Kasten S. 884) im **Visitors Information Centre** im Oberdorf, ✆ 9832/452527, vermitteln mehrere **Homestays** in Yoksum.
Pemalingpa Cottage, am Eingang zum Tashi Gang, ✆ 9733/029409. Eine gastfreundliche Familie betreibt diese kleine Pension. Wer in dem traditionellen Wohnhaus mit einfachen Holzzimmern und Außen-Hock-Klos absteigt, erhält einen kleinen Einblick ins Dorfleben. ❶
Pemathang, am Weg zum Markt, ✆ 03595/241221. Das Gästehaus hat saubere, großzügige Zimmer mit Bad und ein malerisches Gärtchen. Gleich daneben befinden sich ein Trekkingshop und ein Reisebüro. ❸
Tashi Gang, ✆ 03593/241202. Direkt oberhalb vom Basar steht das älteste der Mittelklassehotels von Yoksum. Es wurde von Grund auf geschmackvoll renoviert und besitzt auch ein passables Restaurant. ❺–❻
Wild Orchid, am Markt, ✆ 03595/241212. Das zentral gelegene, rustikale Haus im traditionellen Stil hat schlichte Budgetzimmer mit Gemeinschaftsbad. ❶

Yangri Gang, neben dem Pemathang, ✆ 03595/241217. Wurde vor einiger Zeit komplett saniert. Die DZ im Erdgeschoss haben eine eigene Toilette, aber Gemeinschaftsdusche – die im Obergeschoss sind luxuriöser, aber auch teurer. Im Haus befinden sich ein Dorm für Rs60, ein Reiseveranstalter und ein gutes Restaurant. ❶–❹
Yuksam Residency, am Markt, ✆ 03593/241277. Das noble Hotel weist für ein Bergdorf eine Spur zu viel Marmor auf. Durchs ganze Haus zieht sich das Thema Buddhismus; die kostspieligeren Zimmer sind mit gemütlicher Holztäfelung versehen. ❻–❼
Neben den Hotelrestaurants kann man nur in den Cafés entlang der Hauptstraße essen (z. B. im **Guptas** oder im freundlichen **Yak**); sie bieten Snacks und einfache Speisen.
Internetzugang findet man im **Community Information Centre** oberhalb vom Basar für Rs50 pro Std.

Transport

Es gibt keine Busse von/nach Yoksum selbst. **Jeeps** fahren ab ungefähr 6.30 Uhr nach GYALSHING (Rs70) via TASHIDING (Rs40), PELLING (Rs60) und GANGTOK (Rs140) via Ravangla; allerdings wird es schwierig, nach 13 Uhr noch ein Sammeltransportfahrzeug zu bekommen.

Tashiding

Das wunderschöne *gompa* von Tashiding, das heiligste von ganz Sikkim, thront auf einem kegelförmigen Berg, 19 km südöstlich von Yoksum, hoch oben über dem Zusammenfluss von Rangit und Rathong. Es wurde 1717 erbaut, nachdem man einen Regenbogen gesehen hatte, der den Ort mit dem Kanchenjunga verband. Inzwischen wurde zwar eine neue Straße durch den Wald bis zum Kloster gebaut, doch der Aufstieg lohnt sich immer noch. Ein gut markierter Weg führt von der Hauptstraße, in der Nähe einer eindrucksvollen *mani*-Mauer (mit einer silbernen Inschrift des Mantra *Om mani padme hum)* an rustikalen Häusern und Feldern vorbei steil aufwärts. Das letzte Stück ist mit Fahnen markiert.

Sikkim

Der große Komplex besteht aus einer bunten Mischung von Gebäuden, *chorten*, mehreren Kapellen und dem bescheidenen Haupttempel. Am Ende des Tempelkomplexes befindet sich eine stattliche Reihe von *chorten* mit Reliquien der Chogyals und Lamas von Sikkim.

Am 15. Tag des ersten Monats des tibetischen Kalenders kommen Anhänger aus ganz Sikkim in Tashiding zusammen, um das **Nying-mapa Bhumchu-Fest** zu begehen. Hierbei werden die Pilger mit heiligem Wasser aus einer uralten Schale gesegnet, die der Legende nach niemals austrocknet. Orakel befragen den Wasserstand nach der Zukunft.

Rund 2 km unterhalb des *gompa* liegt der winzige **Senik Bazaar** von Tashiding, bekannt als Senik Basar. Zu den **Übernachtungsmöglichkeiten** zählen das freundliche, aber sehr schlichte Blue Bird (kein Telefon) ❶, mit einem Restaurant, das einfache Kost anbietet, und das größere und etwas teurere Mount Siniolchu Guesthouse, ✆ 03595/243211 ❶, weiter oben am Berg, das über schlichte DZ mit Gemeinschaftsbad verfügt. Die Dhakkar Tashiding Lodge, ✆ 03595/243249, ❶, zwischen dem Markt und dem Tor, ist komfortabler, hat aber auch nur Zimmer ohne Bad.

Ein bis zwei nach Fahrplan fahrende **Jeeps** (7–9 Uhr) und ein paar unregelmäßig verkehrende Jeeps verbinden Tashiding mit Yoksum (Rs30), Legship (Rs20) und Gyalshing (Rs50); um 12 Uhr fährt einer nach Gangtok (Rs130). Der letzte fahrplanmäßige Sammeljeep fährt um 9 Uhr.

Eine Alternative ist die **Wanderung** nach Legship auf den Wegen durch die Wälder und entlang der Hauptstraße, für die man etwa 2 1/2 Std. braucht.

Nord-Sikkim

Die meisten Gegenden des spektakulären Nord-Sikkim sind schwer zugänglich. Besucher benötigen spezielle Permits und manche Grenzgebiete sind ganz gesperrt. Ein holpriges Sträßchen führt vom Teesta-Tal in die Berge und gabelt sich bei Chungthang. Der eine Abzweig führt Richtung Nordwesten nach Lachen und noch ein Stück weiter. Der andere geht Richtung Nordwesten nach Lachung, ins wunderschöne Tal von Yumthang und zum Zero Point auf dem Hochplateau.

Gruppen mit einem **Protected Area Permit** (S. 866) können Richtung Norden bis nach **Thangu** hinter **Lachung** am Rand der Hochebene reisen. Ein Besuch des faszinierenden Sees bei Gurudongma, in der Nähe der Quelle des Teesta auf dem tibetischen Plateau, ist indischen Staatsbürgern vorbehalten. Nördlich von Mangan sind Ausländer nur noch in Gruppen von zwei oder mehr Personen zugelassen. Die **Jeepsafaris** werden nur einschließlich Transport und Übernachtung angeboten, wobei allein der Reiseveranstalter die Fahrzeuge und Unterkünfte auswählt. Im Allgemeinen sind die **Permits** für Nord-Sikkim nur 5 Tage gültig, plus weitere 7 Tage fürs Trekking; verlängerbar ist das Permit beim Superintendent of Police in Mangan. In der Monsunzeit werden jedes Jahr bei Erdrutschen Straßenstücke weggerissen, was die Fahrt noch zermürbender macht – auf dem Höhepunkt der Reisezeit quälen sich rund 500 Jeeps über die miserablen Straßen von Gangtok her und wieder zurück.

Mangan und Umgebung

Die Straße nördlich von Gangtok führt an Phodong vorbei nach **Mangan**, der Distrikthauptstadt Nord-Sikkims, hoch über dem Teesta-Tal. Mangan ist der Ausgangspunkt für einige gute **Treks**, darunter der **Tosar Lake Trail**, eine sehr lohnende und selten in Angriff genommene achttägige Gebirgstour durch Bambus-, Silberfichten- und Rhododendron-Wälder zum Tosar Lake, einem smaragdgrünen See in einem malerischen Bergtal auf 4500 m Höhe. Guides und Permits arrangiert Khangri Treks & Tours in Gangtok, ✆ 03592/226050.

Mangan selbst bietet wenig Interessantes außer einem betriebsamen kleinen Basar, ein paar Hotels und den District Headquarters, 2 km oberhalb des Ortes. Wer sich nicht schon in Gangtok ein Permit besorgt hat, bekommt hier relativ unbürokratisch eins. Im Umkreis des Basars gibt es einige wenige **Unterkünfte** und **Esslokale**. Das

Sikkim

Mount View beispielsweise, ☎ 03592/234 473, ❸, hat kleine Zimmer mit Bad und ein brauchbares Restaurant plus Bar. Auf der anderen Straßenseite und am anderen Ende der Preisskala liegt das Tamarind, ☎ 03592/234297, ❻–❽. Es besticht durch sein Marmorfoyer, ein ausgezeichnetes vegetarisches Restaurant, Internetzugang und geräumige, makellose Zimmern mit modernen Sanitäranlagen. Hier kann sogar mit Kreditkarte bezahlt werden.

Nach einer haarsträubenden Talfahrt erreicht man das malerische **Namprikdang**, ein Anglerparadies am Teesta. Vom Dorf **Singhik**, 4 km nördlich von Mangan, bieten sich besonders in der Frühe faszinierende Aussichten auf die gewaltige Ostwand des Kanchenjunga. Singhik ist ein ruhiger Ort, um sich ein, zwei Tage zu entspannen, besonders im netten Friendship Guest House, ☎ 03592/234278, ❸, einem Cottage an der Hauptstraße.

Das nordwestlich von Mangan in Richtung Kanchenjunga abzweigende wunderbare, aber genehmigungspflichtige **Dzongu-Tal** – Mutterland der Lepcha – sieht nur wenige Besucher. Mitten im Tal bewahrt das alte *gompa* **Tholung** die uralten Schätze der Chogyals. Diese dürfen nur alle drei Jahre besichtigt werden; die nächste Ausstellung ist im Januar 2012. In der Gegend gibt es ein paar **Homestays**. Diese können bei Reisebüros wie Sikkim und Khangri in Gangtok (s. S. 874) reserviert werden, wo auch die Permits (s. S. 866) besorgt werden müssen. Bei einer fünftägigen **Trekkingtour**, die in Lingza beginnt und durch Tholung, Thizon und über den Kyeshong La (3790 m) führt, lassen sich wunderbar die Wälder und Wiesen dieser unberührten Region erkunden.

Lachung und Umgebung

Weitere 40 km nördlich von Mangan, in einem tiefen Tal, das nur wenig Sonnenlicht abbekommt, liegt **Chungthang**. Es ist eine recht finstere Siedlung mit einem Wasserkraftwerk am Zusammenfluss von Teesta und Lachung. Dahinter gabelt sich die Straße. Nach rechts steigt sie rasch bis zu der Ansammlung kleiner Siedlungen namens **Lachung** an, zum „großen Pass", nur

15 km westlich von Tibet. Jenseits des Flusses, gegenüber der größten Siedlung, liegt ein zweistöckiges *gompa*, das im tibetischen Stil erbaute **Lachung-Kloster**, das dem Nyingmapa-Orden gehört. Das Kloster ist vor allem wegen seiner faszinierenden Wandmalereien sehenswert.

Den Bhotia, den Einwohnern von Lachung und Lachen, ist ein einzigartiges Sozialsystem namens Dzumsa zu eigen. Es handelt sich um eine Art Ältestenrat, der alles bestimmt, von Weiderechten bis zu Gesetz und öffentlicher Ordnung. Die **Unterkünfte** hier müssen zusammen mit Vollverpflegung und Transport bei einem Reiseveranstalter wie Blue Sky, Galaxy oder Khangri in Gangtok (s. S. 874) gebucht werden. Zur Auswahl steht z. B. Le Coxy, ein großes, gemütliches aus Holz erbautes Hotel im Herzen der Siedlung. Tashis freundliches Season House, ☎ 9434/449042, Reservierung über Khangri in Gangtok, ❹, liegt dagegen in Shingringten, 2 km oberhalb des Dorfes. Es erlaubt spektakuläre Ausblicke übers Tal, hat unterschiedliche Zimmer und einen warmen Küchenherd. Das von majestätischen Felsen überragte, noch recht neue Yarlam, ☎ 9434/330033, 🖥 www.yarlamresort. com, ❽ versprüht Luxusfeeling. Die Zimmer mit Heizung sind so groß, dass sie fast als Suiten durchgehen könnten. Dazu gibt es geräumige Lobbys, und demnächst müsste auch ein beheizter Outdoor-Swimmingpool zur Verfügung stehen.

Nach Norden verläuft die Straße an Yakweiden vorbei ins **Shingba Rhododendron Sanctuary**, dem Beginn des Yumthang-Tals. Der Ort **Yumthang** (3645 m) liegt 25 km nördlich von Lachung; beiderseits des Tals ragen drohende Felsen und bis zu 6000 m hohe eisbedeckte Gipfel empor. In dem malerischen bewaldeten Tal gibt es heiße, etwas verwahrloste, schwefelhaltige Quellen, aber keine Übernachtungsmöglichkeit.

Ein malerischer, extra angelegter 10 km langer **Wanderpfad** führt am Talboden zurück zum Eingang des Schutzgebietes – angesichts der schwindelnden Höhe und der möglichen Akklimatisierungsprobleme sollte man ihn besser hinunter als hinauf begehen. Hinter Yumthang klettert die Straße weiterhin durchs Tal bis zum Hochplateau **Yumesamdong** oder **Zero Point** (das Ende der Straße) auf stolzen 4770 m.

Sikkim

Lachen und Umgebung

Die andere Straße von Chungthang führt nach 26 km in den Ort **Lachen** und nach weiteren 36 km nach **Thangu**, empfindlich nah an der Grenze zu Tibet und der nördlichste Punkt Sikkims, den Touristen besuchen dürfen. Dies ist die Route zum majestätischen heiligen **Gurudongma Lake**. In diesem See, den Guru Rinpoche gesegnet haben soll, entspringt der Fluss Teesta. Von Thangu aus lässt sich eine bequeme Tageswanderung (5 km je Strecke) ins pittoreske **Chopta Valley** (4400 m) unternehmen, für die kein gesondertes Trekking-Permit erforderlich ist.

In der Umgebung von Lachen und Thangu gibt es mehrere **Hotels**, darunter das mondäne Apple Orchard, ✆ 03592/204649 oder 9434/062514, ❽, eine der bezauberndsten Lodges in Nord-Sikkim. Seine herrlichen Zimmer mit Parkettfußboden wurden geschmackvoll unter Einbeziehung regionaltypischer Architektur gestaltet.

Inzwischen sind einige **Hochgebirgstreks** in dieser abgeschiedenen Region für Gruppenwanderungen offen, darunter der anspruchsvolle Trek von Lachen zum **Green Lake** (4850 m), für den etwa neun Tage eingeplant werden müssen (hin und zurück) und der überwältigende Blicke über den Zemu-Gletscher auf den Mount Siniolchu (6887 m) und die gigantische Ostwand des Kanchenjunga erlaubt. Das Ganze muss jedoch weit im Voraus organsiert werden. **Trekking-Permits** für den Norden (s. Kasten S. 866) besorgen Sikkim Tourism in Delhi oder einer der Anbieter in Gangtok. Die Formalitäten dauern mindestens drei Monate.

Der Nordosten

Stefan Loose Traveltipps

18 **Kaziranga-Nationalpark, Assam**
Bei einem Elefantenritt in der Morgendämmerung kann man dem seltenen Panzernashorn begegnen. S. 901

Majuli Island, Assam Auf der vielleicht
größten Flussinsel der Welt stehen
faszinierende hinduistische Klöster. S. 903

Khasi-Gebirge, Meghalaya In diesem
malerischen Bundesstaat laden beeindruckende Höhlen, spektakuläre Wasserfälle
und faszinierende Wurzelbrücken zur
Erkundung ein. S. 910

Kloster Tawang, Arunachal Pradesh
Das eindrucksvolle tibetisch-buddhistische
Kloster thront in absoluter Abgeschieden-
heit auf einem hohen Bergkamm. S. 914

**Namdapha-Nationalpark, Arunachal
Pradesh** Der wunderschöne Nationalpark
liegt in einer atemberaubenden Umgebung
mit prähistorischen Bäumen, ursprünglicher Vegetation und einigen scheuen
Großkatzen. S. 916

Kohima, Nagaland Die stolze Hauptstadt
von Nagaland beherbergt ein faszinierendes Museum über das Leben der Naga
und eine ergreifende Gedenkstätte zum
Zweiten Weltkrieg. S. 917

Die am wenigsten erforschte und sicher schönste Region Indiens, der Nordosten, ist mit dem Rest des Landes durch einen schmalen Landstreifen zwischen Bhutan und Bangladesch verbunden. Bis in jüngere Zeit war dieser Landstrich noch völlig von der Außenwelt abgeschnitten. Der indische Bundesstaat Arunachal Pradesh liegt an der hoch sensiblen Grenze zum chinesisch besetzten Tibet, aber auch – gemeinsam mit Nagaland, Manipur und Mizoram – an der 1600 km langen Grenze zu Myanmar.

Seit Erlangung der Unabhängigkeit wird die Region immer wieder von Unruhen heimgesucht. Ethnische Gruppen kämpfen nicht nur gegeneinander, sondern auch für ihre Autonomie. Für zusätzlichen Zündstoff sorgen der gewaltige Zustrom von Flüchtlingen aus Bangladesch im letzten Jahrzehnt und die Umsiedelung der ursprünglich ansässigen Bewohner. In den letzten Jahren hat sich die Lage etwas entspannt, doch Tripura und Manipur können nach wie vor nicht als sichere Reiseziele empfohlen werden, und für vier der sieben Bundesstaaten sind noch immer die als *Restricted* bzw. *Protected Area Permits* bezeichneten Genehmigungen erforderlich (S. 898/899, Kasten). Touristen sind allerdings nicht das Ziel von Gewalt. Die außergewöhnliche Vielfalt an Volksgruppen und spektakulären Landschaften macht einen Abstecher in diese Region zu einer lohnenden Angelegenheit.

Als einer der feuchtesten Monsungürtel der Erde bietet der Landstrich zudem eine erstaunlich vielfältige Flora und Fauna, die Schätzungen zufolge 50 % aller in Indien vorkommenden Arten umfasst.

Bis in die 60er-Jahre hinein bestand der Landesteil aus nur zwei Staaten: der North East Frontier Agency, heute Arunachal Pradesh, und Assam. Auf Druck der Separatisten wurde die Region in sieben Staaten geteilt, „die sieben Schwestern". Das Territorium von **Assam** umfasst heute nur noch das flache, tief liegende Flusstal des Brahmaputra. Die Hauptstadt *Guwahati* beherbergt zwei der bedeutendsten alten Tempel Indiens und ist das Tor zum Nordosten. Und die Begegnung mit einem Panzernashorn im großartigen **Kaziranga-Nationalpark** zählt zu den absoluten Highlights einer Tour in den Nordosten.

Die anderen sechs Bundesstaaten erstrecken sich über die umliegenden Berge und unterscheiden sich von der Landschaft, dem Klima und den Menschen her deutlich vom restlichen Indien. Der Staat **Meghalaya** mit seinen wunderschönen Seen birgt die regenreichsten Orte der Erde, Cherrapunjee und Mawsynram. Seine Hauptstadt **Shillong** hat sich die koloniale Atmosphäre aus ihrer Zeit als Sommerhauptstadt Ostindiens noch teilweise bewahrt. Das majestätische **Arunachal Pradesh**, einer der abgelegensten Bundesstaaten Indiens, ist Heimat einer faszinierenden Palette unterschiedlicher Völker, von denen viele aus Tibet stammen. Ganz im Westen steht das von beeindruckenden Bergen umgebene buddhistische Kloster Tawang, während die nordöstliche Ecke des Staates von der abgeschiedenen Wildnis des **Namdapha-Nationalparks** eingenommen wird. Die saftig grünen Berge von **Nagaland** im Süden sind die Heimat von 14 sich klar voneinander unterscheidenden ethnischen Gruppen.

Mizoram in den Lushai-Bergen ist vorwiegend von Christen bewohnt und seine Analphabetenquote ist eine der niedrigsten von ganz Indien.

Manipur und **Tripura** galten bei Drucklegung noch als unsichere Reiseziele und wurden daher für diese Ausgabe nicht aktualisiert (s. S. 924, Kasten). Touristen sind zwar nicht direkt von Gewalt betroffen, doch in beiden Staaten kommt es nach wie vor zu Stammeskonflikten mit Entführungen, Überfällen, Brandstiftung und Mord. Die Bewohner von Manipur stehen den Nachbarn in Myanmar in ethnischer Hinsicht näher als den Indern aus dem Westen. **Tripura** grenzt auf drei Seiten an Bangladesch, von dem es bei der Teilung 1947 abgeschnitten wurde.

Die beste **Reisezeit** für den Nordosten liegt zwischen November und April, wobei es zum Dezember hin in den Bergregionen extrem kalt werden kann. Von Mai bis Ende September ist mit schweren Regenfällen zu rechnen. Für die Reise von Westbengalen nach Guwahati, Shillong und Kaziranga braucht man zwei Wochen. Dagegen wären drei Wochen nötig, um die wichtigsten Sehenswürdigkeiten von Assam und Meghalaya zu besuchen. Ein Monat ist anzusetzen, wenn man die beiden wunderschönen und abgelegenen Bundesstaaten Arunachal Pradesh

Der Nordosten

0   100 km

N

www.stefan-loose.de/indien

Der Nordosten

und Nagaland bereisen möchte. Für alle genannten Staaten zusammen (einschließlich Mizoram) braucht man erheblich länger.

Reisen durch den Nordosten

Ein Großteil der Region (insbesondere Nagaland) ist zwar am besten mit der Hilfe von Reiseveranstaltern (S. 898/899) zu bereisen, aber es wird immer einfacher – und ist überaus lohnend –, den Nordosten auf eigene Faust zu bereisen, auch wenn dazu ein beträchtliches Maß an Zeit, Energie und Ausdauer vonnöten ist. Individualreisende müssen sich auf bürokratische Hürden, Sprachbarrieren, lange Fahrten auf furchtbaren Straßen, äußerst schlichte Unterkünfte und (außer in Assam) extreme Temperaturen gefasst machen. Es ist ratsam, zumindest für einen Teil der Reise einen **Jeep mit Fahrer** zu mieten und bei den öffentlichen Verkehrsmitteln auf Tata **Sumos** zurückzugreifen, die als Sammeltaxis fungieren und meist erheblich schneller als die Busse sind. Wer im Winter reist, braucht einen Schlafsack und Thermokleidung, da die meisten Unterkünfte nicht ausreichend beheizt sind.

Aus Furcht vor Banditen wird nur selten nachts gefahren. Da die Region trotz ihrer Lage weit im Osten in derselben Zeitzone liegt wie das übrige Indien, geht die Sonne hier früh auf- und unter. Viele Geschäfte schließen daher schon um 18 Uhr. Da es außerhalb von Guwahati nur sehr wenige Möglichkeiten zum **Geldwechsel** gibt, sollte man immer ausreichend Bargeld bei sich haben.

In der gesamten Region kommt es regelmäßig zu *bandhs* (Streiks), von denen Geschäfte, Restaurants und öffentliche Verkehrsmittel betroffen sind. Während einer dreiwöchigen Tour ist damit zu rechnen, dass man dadurch zwei oder drei Tage verliert.

Assam

Assam wird vom mächtigen Strom **Brahmaputra** beherrscht. Das riesige, saftig grüne Flusstal liegt zwischen dem Vorgebirge des Himalayas im Norden und den Bergen und Hochebenen von Meghalaya im Süden. Der reizvolle Staat ist eine

der wenigen Ölregionen Indiens und produziert außerdem rund 60 % des indischen Tees. Doch der **Teeanbau** ist nicht mehr so profitabel wie früher, und für die Adivasis (Angehörige verschiedener indigener Gruppen, die von den Briten aus Zentralindien als Plantagenarbeiter ins Land gebracht wurden) hat sich seit der Kolonialzeit deprimierend wenig geändert. Die soziale Ausgrenzung ist auch einer der Hauptgründe für die Instabilität Assams. 1985 nahm die **United Liberation Front of Asom (ULFA)**, eine separatistische Gruppierung, die von der indischen Regierung zur Terrororganisation erklärt wurde, den bewaffneten Unabhängigkeitskampf auf. Anfang der 1990er-Jahre entfachte der assamesische Nationalismus den Widerstand der Bodo, Cachar und anderer ethnischer Minderheiten. Trotz fortdauernder Bombenanschläge, *bandhs* und interner Machtkämpfe hat sich die Situation verbessert, und bisher waren Touristen nie die Zielscheibe von Gewalttakten.

Guwahati, die lebendige Hauptstadt von Assam, beherbergt einen der bedeutendsten Kali-Tempel Indiens, den **Kamakhya**, und fungiert als Knotenpunkt der gesamten Region. Von der Stadt aus leicht zu erreichen ist der herrliche Nationalpark **Kaziranga**, der für seine Panzernashörner berühmt ist. Etwas weiter liegt mitten im Brahmaputra das faszinierende Eiland **Majuli**, Heimat einzigartiger Hindu-Klöster. Unterwegs sollte man auch die Augen offen halten nach *bhut jolokia*, der schärfsten Chili-Pflanze der Welt; sie stammt aus Assam.

Guwahati

Guwahati oder Gauhati, die Hauptstadt von Assam, erstreckt sich am Ufer des **Brahmaputra**, dessen sandiges Flussbett so breit ist, dass das gegenüberliegende Ufer oft gar nicht zu sehen ist. Die Stadt ist dicht besiedelt und dreckig, dient aber als wichtigstes Sprungbrett für die Region, sodass sehr viele Touristen hier wenigstens ein bis zwei Nächte verbringen.

Das belebte Marktviertel in der Innenstadt steht in starkem Kontrast zu den ländlichen Vororten am Flussufer nordöstlich des Zentrums und den dahinter aufragenden Bergen. Hauptattraktion sind die Tempel **Kamakhya**, **Navagraha** und **Umananda**. Nordwestlich von Guwahati liegen das berühmte Seidendorf **Sualkachi**, die Pilgerstätte **Hajo** und der wunderschöne **Manas-Nationalpark**.

Die Stadt

Die betriebsamen Märkte **Paltan Bazaar**, **Pan Bazaar** und **Fancy Bazaar**, die Haupteinkaufsbezirke von Guwahati, findet man allesamt im Zentrum zu beiden Seiten der Eisenbahnstrecke. Die älteren Wohngebiete liegen nördlich der Gleise. Assamesische Seide, Nashörner aus Holz und anderes Kunsthandwerk wird in verschiedenen Läden in der GNB Road angeboten. Mit einem Bummel am Ufer des Brahmaputra lässt sich eine Auszeit vom Trubel der Stadt nehmen.

Das Hauptgeschäft von Assam ist Tee, und Touristen können mit Genehmigung des Senior Managers, ℡ 0361/233 1845, das **Assam Tea Auction Centre** im Vorort Dispur besuchen. (Ö) Di 9.30–13 und 14.30–18 Uhr.

Assams **State Museum** in der GNB Road präsentiert Stammestrachten und religiöse Skulpturen. ◷ tgl. außer Mo 10–16.15 Uhr, Eintritt Rs10, Fotoerlaubnis Rs10, Videoerlaubnis Rs250.

Srimanta Sankaradeva Kalakshetra ist ein Kulturzentrum in der Shillong Road im Bezirk Panjabari, das sich aus einem Museum, einer Kunstgalerie, einem Theater und einem Vishnuiten-Tempel zusammensetzt.

Der Shiva-Tempel **Umananda** steht auf Peacock Island mitten im Brahmaputra. Seine Lage am oberen Ende einer steilen Treppe ist eigentlich spektakulärer als der Tempel selbst, auch wenn man dort mit etwas Glück einige seltene Goldlangurenaffen zu Gesicht bekommt. Von Kachari und Umananda Ghat legen regelmäßig Fähren ab.

Auf dem alles beherrschenden Nilachal-Berg, 8 km westlich des Zentrums und mit Blick auf den Fluss, thront der bedeutende Kali-Tempel **Kamakhya**. Er ist mit seinem bienenstockförmigen *shikhara* ein gutes Beispiel für den unverwechselbaren assamesischen Architekturstil. Das Tantra-Zentrum markiert den Ort aus der hinduistischen Mythologie, wo Satis *yoni* (weibliches Geschlechtsteil) gelandet sein soll, als ihr Leichnam in 51 Teilen auf die Erde fiel.

Kamakhya ist einer der drei bedeutendsten tantrischen Tempel Indiens. Ein kurzer Fußmarsch bergauf führt zu einem kleineren Tempel mit wunderschönem Blick auf Stadt und Fluss.

Östlich des Stadtzentrums steht auf einem anderen Berg der stimmungsvolle **Navagraha-Tempel** – der „Tempel der neun Planeten". Die uralte Stätte der Astrologie und Astronomie besitzt eine herrliche Akustik. Unter einer roten Kuppel wird der zentrale Lingam von weiteren acht umringt. Sie stellen die Planeten dar.

Übernachtung

Guwahati lockt mit einem guten Angebot an Übernachtungsmöglichkeiten in allen Preislagen, jedoch empfiehlt es sich, im Voraus zu buchen.

Dynasty, SS Rd, Fancy Bazaar, ℡ 0361/251 6021, ▭ www.hoteldynastyindia.com. Der imposante Eingang mit Palmen, Wasserspiel und luxuriöser Lobby weckt Erwartungen, welche die schicken, aber überteuerten Zimmer mit Bad nicht ganz erfüllen; gute Bar, ausgezeichnetes Tandoori-Restaurant und Fitnesscenter. ❻–❽

Ginger, VIP Rd, hinter der Tennis Association of Assam, 3 km südlich des Flusses Bharalu, ℡ 0361/233 6333, ▭ www.gingerhotels.com. Cooler Ableger der eleganten Tata Group mit preisgünstigen, minimalistisch eingerichteten Zimmern mit Bad, dazu WLAN, Fitnesscenter und modischem Schnickschnack wie Selbsteinchecken. Jedoch ungünstige Lage. ❺–❻

Kiranshree Portico, nahe GS Rd, Paltan Bazaar, ℡ 0361/273 5300, ▭ www.kiranshreeportico. com. Professionell geführtes Hotel der Oberklasse mit coolen, modernen Zimmern mit Bad sowie Minibar, Tee- und Kaffeezubereitung,

Erste Wahl für Backpacker

Sundarban Guest House, ME Rd, Paltan Bazaar, ℡ 0361/273 0722, ✉ kuljitbaruah_sgh@ rediffmail.com. Die beste Backpacker-Unterkunft von Guwahati hat preiswerte, zumeist rosafarbene Zimmer mit TV. Die Flure sind mit Topfpflanzen, gerahmten Fotos und religiösen Plakaten dekoriert. ❸–❹

Der Nordosten

Guwahati

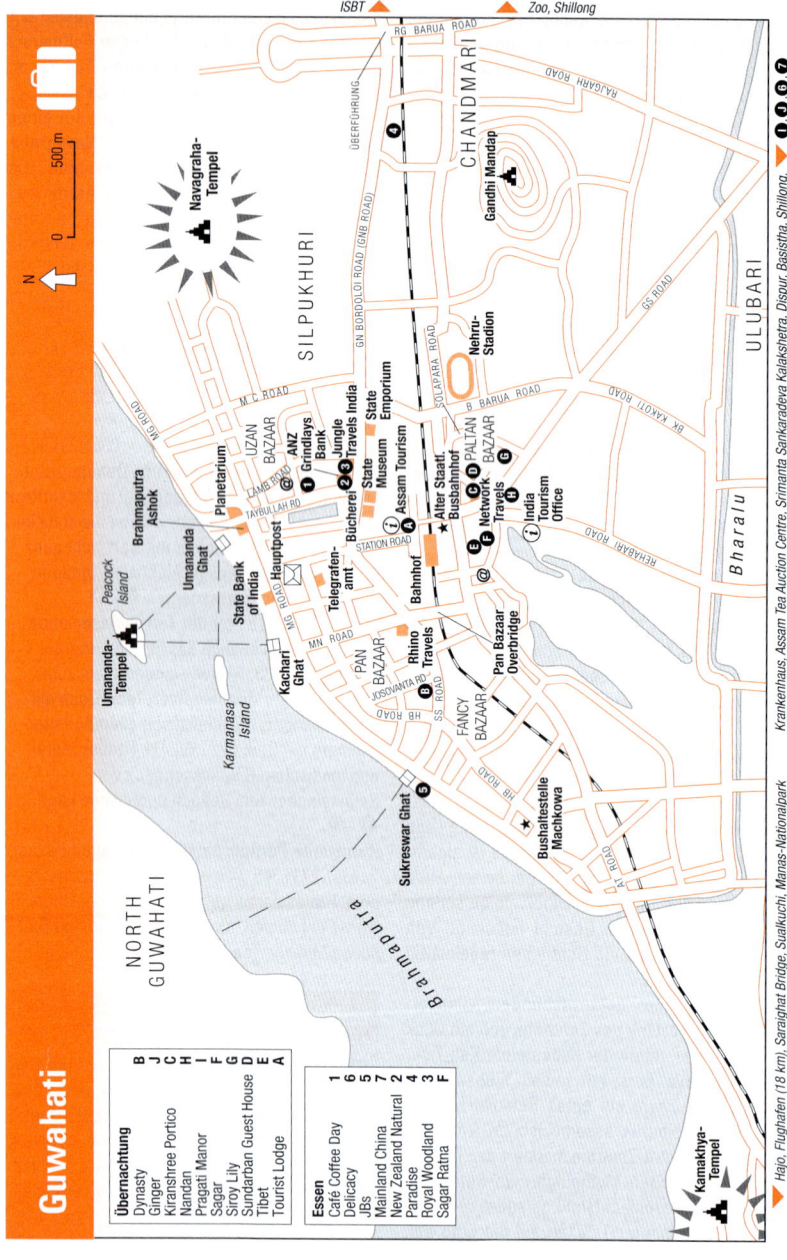

Übernachtung

Dynasty	B
Ginger	J
Kiranshree Portico	C
Nandan	H
Pragati Manor	I
Sagar	F
Siroy Lily	G
Sundarban Guest House	D
Tibet	E
Tourist Lodge	A

Essen

Café Coffee Day	1
Delicacy	6
JBs	5
Mainland China	7
New Zealand Natural	2
Paradise	4
Royal Woodland	3
Sagar Ratna	F

ISBT

Zoo, Shillong

RG BARUA ROAD

CHANDMARI

ÜBERFÜHRUNG

RAJGARH ROAD

Gandhi Mandap

Navagraha-Tempel

SILPUKHURI

GN BORDOLOI ROAD (GNB ROAD)

GS ROAD

ULUBARI

M C ROAD

UZAN BAZAR

ANZ Grindlays Bank

State Travels India

State Emporium

Nehru-Stadion

SOLAPARA ROAD

Brahmaputra Ashok

Planetarium

CAMB ROAD

TAYBULLAH RD

Bücherei

State Museum

Assam Tourism

Jungle Travels

PALTAN BAZAR

B BARUA ROAD

BK KAKOTI ROAD

Alter Staatl. Busbahnhof

Network Travels

India Tourism Office

REHABARI ROAD

Umananda Ghat

Hauptpost

STATION ROAD

State Bank of India

Telegrafen-amt

Bahnhof

Peacock Island

Umananda-Tempel

Kachari Ghat

MN ROAD

PAN BAZAR

JOSOVANTA RD

Rhino Travels

Pan Bazaar Overbridge

FANCY BAZAAR

SS ROAD

Karmanasa Island

Sukreswar Ghat

Bushaltestelle Machkowa

HB ROAD

AT ROAD

Bharalu

REHABARI ROAD

NORTH GUWAHATI

Brahmaputra

N

0   500 m

Kamakhya-Tempel

Hajo, Flughafen (18 km), Saraighat Bridge, Sualkuchi, Manas-Nationalpark

Krankenhaus, Assam Tea Auction Centre, Srimanta Sankaradeva Kalakshetra, Dispur, Basistha, Shillong,

Flachbildfernsehern und schicken Bädern; außerdem Fitnesscenter, Bar, Coffeeshop und gutes Restaurant. **➐ – ➑**

Nandan, GS Rd, Paltan Bazaar, ✆ 0361/254 0855, 🖥 www.hotelnandan.com. Hotel der gehobenen Mittelklasse, blitzsaubere Zimmer mit Bad, WLAN, hilfreiches Personal und ein mexikanisches Restaurant. **➏**

Pragati Manor, GS Rd, 1 km südlich des Bharalu River, ✆ 0361/234 1261, 🖥 www.pragatimanor. com. Eines der besten unter den teureren Hotels, wenngleich etwas weit außerhalb des Zentrums. Hinter der glänzenden Goldfassade liegen noble Zimmer mit Bad, roten Lampen und Bildern der Ureinwohner. Gutes Restaurant, rund um die Uhr geöffneter Coffeeshop und Bar. **➏ – ➐**

Sagar, MD Shah Rd, Paltan Bazaar, ✆ 0361/273 7500, 🖥 www.hotelsagarguwahati.com. Perfekt für Leute mit Sinn für Ordnung: kleine, spartanisch ausgestattete Zimmer mit sehr sauberen Bädern, Flachbild-TV, Telefon und sonst nicht viel mehr. **➍ – ➎**

Siroy Lily, Solapara Rd, Paltan Bazaar, ✆ 0361/ 260 8492, 🖥 www.hotelsiroylily.com. Solide, aber wenig spektakuläre Unterkunft mit Zimmern mit Bad, einige davon etwas mitgenommen, sowie mit TV und Schreibtisch. Gutes Manipuri-Restaurant, inkl. Frühstück. **➍ – ➎**

Tibet, AT Rd, Paltan Bazaar, ✆ 9864 023296, ✉ hoteltibet@redimail.com. Eine der besten der Billigunterkünfte an der alten Busstation; recht saubere Zimmer, allerdings etwas laut. **➋ – ➌**

Tourist Lodge, Station Rd, ✆ 0361/254 4475. Das grün-weiße Hotel von Assam Tourism hat schon bessere Tage gesehen, aber die Zimmer mit Bad und TV und entweder Ventilator oder AC sind preisgünstig – solange man sich nicht an der abblätternden Farbe stört. Billiges Restaurant plus Bar. **➌ – ➍**

Essen

Die meisten Hotels der mittleren und oberen Preisklasse haben gute **Restaurants**. **Kaffee** und Backwaren bieten die Filialen der Kette **Café Coffee Day**, Taybullah Rd und GS Rd, 200 m südlich des Bharalu. **New Zealand Natural**,

Delikatessen des Nordostens

Delicacy, GS Rd, 2 km südlich vom Bharalu River. Trotz der eher bescheidenen Lage unter einer Überführung ist das Delicacy *das* Restaurant für die authentische Küche des Nordostens: Ente, Taube, Schweinefleisch, Huhn oder Süßwasserfisch in riesigen Portionen, serviert mit ungewöhnlichen Beilagen wie Bananenblättern, Sesam oder Bambussprossen (Rs80–120).

gegenüber vom State Museum, GNB Rd, serviert **Eiscreme**, Joghurteis und Smoothies.

JBs, MG Rd, nahe dem Hauptfähranleger mit Blick auf den Brahmaputra. Im ersten Stock gibt es ein angenehmes, klimatisiertes Restaurant mit guten vegetarischen Gerichten aus Nordindien (Rs75–120); besonders gut sind das cremige *paneer makhani* und *paneer do-pyaza*. Unten befindet sich eine Snackbar und Bäckerei. Weitere Filiale in der GS Road, gut 1 km südlich des Bharalu.

Mainland China, Dona Planet Mall, GS Rd, 700 m südlich des Bharalu River. Guwahatis elegantestes Restaurant könnte sich auch im Zentrum von Mumbai sehen lassen. Exquisite und entsprechend teure chinesische Küche (Rs90–470) – u. a. *dim sum* und tolles Seafood – vollendet serviert in vornehmer Atmosphäre. Als Dessert empfehlen sich die Dattel-Wan-Tans.

Paradise, GNB Rd, 1 km östlich vom State Museum. Unprätentiöses, schummrig beleuchtetes Lokal, dessen Speisekarte auf den Papiersets steht. Gut für traditionelle assamesische *thalis* (veg. Rs90, nicht-veg. Rs100). Neben neun herzhaften Speisen umfassen die *thalis* auch oft *payash*, einen süßen Reispudding. Es gibt auch Bier (Rs100–130).

Royal Woodland, GNB Rd, nahe dem State Museum. Bescheidenes südindisches Lokal im 1. Stock mit preisgünstigen *dosas* – besonders zu empfehlen ist *rawa mysore masala dosa* –, *vadas* und *uttappams* (Rs30–80) sowie schmackhaftem Assam-*thali*.

Sagar Ratna, Hotel Sagar. Das klimatisierte vegetarische Restaurant im 1. Stock mit pfirsichfarbener Farbgestaltung, Milchglas und engagierter Bedienung bietet 22 Arten *dosas*, nordindische Hauptgerichte (Rs85–225) und ein verlockendes Angebot an Eisbechern.

Apotheken

Life Pharmacy, GS Rd, gleich südlich der B Barua Rd, beim Hotel Nandan, ⏱ 8–22.30 Uhr.
An der GS Rd gibt es beim Hotel Nandan noch weitere Apotheken.

Bücher

Mehrere Buchläden befinden sich am Pan Bazaar, darunter **Western Book Depot**, Josovanta Rd, nahe HB Rd;
Modern Book Depot, HB Rd nahe MN Rd;
Vintage Bookshop, MN Rd.

Geld

ANZ Grindlays, GNB Rd, und die **State Bank of India**, MG Rd, lösen Reiseschecks ein und wechseln Fremdwährungen. Thomas Cook, ☎ 0361/222 9932, ist in der GS Road, 3 km südlich des Bharalu. Geldautomaten sind über die ganze Stadt verteilt.

Informationen

Assam Tourism, Station Rd, ☎ 0361/254 7102, 🖥 www.assamtourism.org, ist eine gute Infostelle (⏱ tgl. außer So und 2. und 4. Sa im Monat: Nov–Feb 10–16.15, März–Okt 10–17 Uhr). Nebenan vermittelt ein Büro, ☎ 0361/213 0556, Mietwagen, Flüge und Exkursionen nach Kaziranga (2 Tage, 1 Nacht Rs2850) und Manas (2 Tage, 1 Nacht Rs3000) sowie eine Stadttour (Rs300).
India Tourism, Rehabari Road, Paltan Bazaar, ☎ 0361/234 1603, ⏱ Mo–Fr 9.30–17 Uhr.

Internet

I-Way, Lamb Rd (Rs25 pro Std.), und **Pace Travels**, Paltan Bazaar (Rs20 pro Std.).

Medizinische Hilfe

Down Town Hospital, ☎ 0361/233 6906.
Guwahati Medical College Hospital, ☎ 0361/252 8417.

Polizei

Notruf ☎ 100, oder HB Rd, ☎ 0361/254 0138.

Post

ARB Rd, gleich um die Ecke von der State Bank of India.

Reisebüros

Jungle Travels India (s. Kasten S. 899). Bucht Flüge, beschafft Permits und organisiert Touren.
Network Travels, Paltan Bazaar, ☎ 0361/260 5335, 🖥 www.networktravelsindia. net. Vermittelt Touren, Permits und Flugtickets und ist eines der größten privaten Busunternehmen der Region.
Rhino Travels, MN Rd, Pan Bazaar, ☎ 0361/ 254 0666. Bietet verschiedene Touren an, u. a. Safaris im Manas-Nationalpark.

Kreuzfahrten auf dem Brahmaputra

Wer ausreichend Zeit und Geld hat, kann mit der **Assam Bengal Navigation Company** eine Sightseeing-Kreuzfahrt auf dem Brahmaputra unternehmen; Reservierungen direkt unter ☎ 0361/260 2223, 🖥 www.assambengal navigation.com, oder über Jungle Travels India (s. Kasten S. 899).

Busse

Der neue **Inter State Bus Terminus (ISBT)** liegt unpraktisch am NH-37, 9 km östlich der Stadt. Von hier fahren staatliche Busse zu Zielen in der ganzen Region ab.
Jenseits des Bahnhofs beginnt der hektische Paltan Bazaar, von wo aus die meisten Busse der **privaten Gesellschaften**, die hier auch ihre Schalter haben, starten. Privatbusse sind komfortabler, praktischer und meist schneller.

Staatliche Busse nach:
DIBRUGARH (8–10x tgl., 10 Std.),
JORHAT (stdl., 7 Std.),
KAZIRANGA (stdl., 5 Std.),
SILCHAR (4–5x tgl., 12 Std.),
SILIGURI (5–7x tgl., 12 Std.),
TEZPUR (1–2x stdl., 4–5 Std.).

Der Nordosten

Eisenbahn

Der Bahnhof liegt im Stadtzentrum. Es gibt mehrere Verbindungen von Guwahati nach DELHI; die schnellste davon ist der Rajdhani Express Nr. 12423 (Di, Mi, Do, Sa, So 7.05 Uhr, 27 Std.). Nach JORHAT bietet der Shatabdi Express Nr. 12067 (tgl. außer So 6.30 Uhr, 6 3/4 Std.) die schnellste Verbindung; er hält auch in LUMDING (2 3/4 Std.) und DIMAPUR (4 1/4 Std.). Der Kamrup Express Nr. 15959 (tgl. 16 Uhr, 13 1/4 Std.) fährt nach DIBRUGARH. Nach KOLKATA (Howrah) ist der Kamrup Express Nr. 15960 (tgl. 7.35 Uhr, 22 1/4 Std.) zu empfehlen.

Flüge

Vom **Lok-Priya-Flughafen**, 18 km südwestlich des Zentrums, gehen regelmäßig Flüge nach Agartala, AIZAWL, Bagdogra, Delhi, DIBRUGARH, Imphal, JORHAT, Kolkata, LILABARI, MUMBAI und SILCHAR. Ein Taxi zum Flughafen kostet etwa Rs350 (45 Min.). Minibusse (Rs100) fahren, sobald sie voll sind, vor dem Hotel Mahalaxmi neben dem Hotel Nandan an der GS Rd ab. **Helikopter** von **Pawan Hans**, ✆ 0361/241 6720, fliegen von Guwahati nach Naharlagun (bei Itanagar), Shillong, Tawang und Tura.

Fluggesellschaften in Guwahati

Air India/Indian Airlines, GS Rd, Ganeshguri Charili, nahe Assam Assembly, Dispur, ✆ 0361/226 4420;
Jet Airways, Taybullah Rd, beim Café Coffee Day, ✆ 0361/263 3252.

Sammeltaxis und Sumos

Sammeltaxis und Sumos nach SHILLONG (3 1/2 Std.) und zu anderen Zielen fahren, wenn sie voll sind, vom alten Busbahnhof gegenüber vom Hotel Tibet im Paltan Bazaar.

Die Umgebung von Guwahati

In jedem Haus im Dorf **Sualkuchi**, 36 km von Guwahati, wird goldene *muga*-**Seide** produziert, die nach der satten Bernsteinfarbe der Seidenraupen benannt ist, die es nur in Assam gibt. Die Seide ist hier billiger als in Guwahati – man kann sie direkt bei den Dorfbewohnern kaufen. **Hajo**, 2 km nördlich, ist ein Wallfahrtsort für Hindus, Buddhisten und Moslems und lohnt wegen seiner Ansammlung verschiedenster Tempel einen Besuch, darunter der hinduistische **Hayagriba-Madhava Mandir**. Die Moslems glauben, dass ein viermaliger Besuch der hiesigen **Poa Mecca-Moschee** eine Wallfahrt nach Mekka ersetzt.

Der **Manas-Nationalpark**, 80 km westlich von Guwahati an der Grenze zu Bhutan, steht seit 1992 auf der Unesco-Liste der gefährdeten Welterbestätten. Die Zahl großer Säugetiere im Park ist durch Unruhen, Wilderer und Personalmangel stark gesunken und Elefanten und Tiger lassen sich hier nur noch äußerst selten blicken. Wegen seiner vielfältigen natürlichen Schönheit lohnt der Park trotzdem einen Abstecher: Wasserbüffel grasen auf ausgedehnten Sand- und Grasflächen und den Fluss Manas säumen *sal*-Wälder. Außerdem sind kürzlich mehrere Nashörner von Kaziranga hierher umgesiedelt worden und weitere sollen folgen. Es gibt auch Pläne, den Park zu vergrößern und neue Hotels zu bauen. ◷ Okt–März, Eintritt Rs250, Fahrzeug Rs200, Fotoerlaubnis Rs500. Der Mothunguri Forest Bungalow am Fluss verfügt über drei stimmungsvolle **Zimmer** (❸), zu buchen über den Field Director, ✆ 03666/260289. Komfortabler ist die Bansbari Lodge etwas außerhalb des Parks, ✆ 0361/260 2223, 🖥 www.assambengal navigation.com, ❺. Zum Park gelangt man nur mit einem eigenen gemieteten Transportmittel oder im Rahmen einer organisierten Tour.

Tezpur

Tezpur, 174 km nordöstlich von Guwahati, ist eine geschäftige kleine Stadt am Nordufer des Brahmaputra. Ihren Namen („voller Blut") verdankt sie einer mythischen Schlacht zwischen Vishnu und Shiva. Wer auf dem Weg nach Arunachal Pradesh ist, muss hier vielleicht eine Nacht verbringen.

Der Park **Chitralekha Udyan** mit einem See in der Mitte (Paddelboote Rs40/15 Min.) eignet sich gut zum Herumbummeln, besonders am frühen Abend, wenn die Wege mit Lichterketten beleuchtet sind. Im Ort ist der Park noch unter dem Namen Cole Park bekannt, nach seinem Begründer, dem britischen stellvertretenden Commissioner. ⏱ tgl. 9–20 Uhr, Eintritt Rs10. Der Hauptmarkt der Stadt, **Chowk Bazaar**, befindet sich an der MC Road; ein Stückchen nördlich liegt der **Mahabhairav Siva-Tempel** aus dem 9. Jh. Vom **Agnigarh Hill** am Fluss, 1 km östlich,

bieten sich schöne Ausblicke. ⏱ tgl. 8–19.30 Uhr, Eintritt Rs10.

Übernachtung

Tezpur verfügt über zahlreiche Hotels, von denen viele ein sehr gutes Preis-Leistungs-Verhältnis bieten.

Einreise, Genehmigungen und Reiseveranstalter

Die Region öffnet sich zwar langsam für den Tourismus, trotzdem können sich die Vorschriften je nach aktuellem Sicherheitsstand ändern. Vor der Reise sollte man daher bei der indischen Botschaft Erkundigungen einholen.

Für **Assam**, **Meghalaya** und **Tripura** gibt es derzeit keinerlei Einschränkungen. Für den Besuch von **Manipur, Mizoram, Nagaland und Arunachal Pradesh** benötigen Ausländer Genehmigungen für Sperrgebiete, sogenannte Restricted bzw. Protected Area Permits. Zur Zeit der Recherche warnte das Auswärtige Amt vor Reisen nach Manipur, das britische Außenministerium rät auch von Reisen nach Tripura ab. Arunachal Pradesh ist der einzige Bundesstaat, der für die Ausstellung einer Genehmigung eine Gebühr erhebt (US$50), allerdings verlangt Manipur eine „Förderabgabe" von Rs1500. Genehmigungen für Arunachal Pradesh sind 30 Tage gültig, diejenigen für die anderen Staaten 10 Tage. In bestimmten Fällen ist eine Verlängerung möglich – am besten fragt man schon bei der Antragstellung danach oder erkundigt sich vor Ort bei einem Reiseveranstalter. Die Genehmigungen für Nagaland und Arunachal Pradesh gelten ab einem festgelegten Datum, die für Mizoram ab Einreise in den Bundesstaat. Nagaland und Mizoram dürfen offiziell nur in **Gruppen** von mindestens vier Personen bereist werden; für Nagaland werden bisweilen auch Genehmigungen an verheiratete Paare ausgestellt. Die Behörden von Mizoram sind flexibler und erteilen oft sogar Einzelreisenden ein Permit. In Arunachal Pradesh muss man offiziell mindestens zu zweit reisen, jedoch können **Einzelreisende**, die den Antrag über einen Veranstalter stellen, ebenfalls ein Permit bekommen, wenn sie die volle Gebühr für zwei Personen (US$100)

bezahlen. Von den Genehmigungen sollte man einen Stapel Kopien mitnehmen, da man z. B. an der Grenze und in Hotels Kopien abgeben muss. Bei der Einreise nach Arunachal Pradesh oder Mizoram muss man den Grenzposten unter Umständen glaubhaft versichern (egal, was man wirklich vorhat), dass sich die anderen – frei erfundenen – Personen auf dem Permit „verspätet" haben und man sich am Zielort mit ihnen bei einem örtlichen Guide treffen würde. Nagaland ist jedoch erheblich strenger, sodass Einzelreisende oder Reisende ohne Führer nicht in den Staat hineingelassen werden; im Endeffekt muss man Nagaland also mit einer Reisegruppe besuchen. Wer in einem der sieben Teilstaaten mit einem Veranstalter reist, muss pro Person und Tag mit mindestens US$50 rechnen.

Einzelreisende sollten sich die Genehmigungen bei den Foreigners' Registration Offices (oder beim Superintendent of Police) in den Hauptstädten bestätigen lassen.

Die Genehmigungen werden beim Grenzübertritt nicht mit einem Datumsstempel versehen. In dem Fall, dass man bei seiner Reise einen Bundesstaat mehrmals betritt und wieder verlässt, kann es demnach zu Kontroversen kommen, ob eine erneute Einreise rechtens ist oder nicht. Permits gelten für den gesamten ausgestellten Zeitraum – egal wie oft man einen Staat betritt und wieder verlässt –, doch in der Praxis wird man möglicherweise mit Grenzbeamten konfrontiert, die Bakschisch verlangen. In einem solchen Fall sollte man versuchen, standhaft zu bleiben.

Genehmigungen (Permits)

Für Mizoram, Nagaland und Arunachal Pradesh erhält man am schnellsten und einfachsten eine Genehmigung, wenn man sich mehrere Wochen

Der Nordosten

Centre Point, Main Rd, gegenüber der Polizei, 📞 03712/232359, ✉ hotelcentrepoint.tezpur@ gmail.com. Dieses Hotel für Geschäftsreisende bietet günstige, eher funktionelle als schöne Zimmer mit Bad. Die Korridore sind mit Bänken, Pflanzen und Kunst aufgelockert. Der Service lässt mitunter zu wünschen übrig. ❸–❺

Luit, abseits Ranu Singh Rd, 100 m nördlich vom Busbahnhof, 📞 03712/222083, ✉ hotel@ rediffmail.com. Die günstigen Zimmer im Nebengebäude des altehrwürdigen Luit sind die besten Unterkünfte für Backpacker am Ort. Außerdem gibt es noch komfortablere (und teurere) Mittelklassezimmer mit Korbmöbeln,

im Voraus an einen Reiseveranstalter wendet. Es wird eine geringe Bearbeitungsgebühr fällig (und manchmal auch ein paar Rupien, um den bürokratischen Prozess zu beschleunigen), aber die Veranstalter helfen auch dabei, eine Gruppe zusammenzustellen. Alternativ kann man einen Antrag bei der Ausländerabteilung (Foreigners' Division) des Ministry of Home Affairs, Lok Nayak Bhavan, Khan Market, New Delhi, stellen oder beim Foreigners' Regional Registration Office, AJC Bose Road, Kolkata. Jedoch sind die von diesen Behörden erteilten Genehmigungen oft auf bestimmte Gebiete in den einzelnen Staaten begrenzt, was nicht unbedingt den eigenen Reiseplänen entspricht. Für das Einholen der Genehmigungen sollte man etwa eine Woche einplanen. Genehmigungen erteilen auch die indischen Botschaften im Ausland. Da sie jedoch zunächst grünes Licht aus Delhi einholen müssen, sollte man den Antrag mindestens zwei Monate im Voraus stellen.

Regierungsbehörden der Bundesstaaten
Arunachal Pradesh: Arunachal Bhavan, Kautilya Marg, Chanakyapuri, Delhi, 📞 011/2301 3915; Block CE-109, Sector 1, Salt Lake, Kolkata, 📞 033-2334 1243.

Manipur: Manipur Bhavan, 2 Sardar Patel Marg, Chanakyapuri, Delhi, 📞 011/2687 3311; Manipur Bhavan, 26 Rowland Rd, Kolkata, 📞 033-2475 8075.

Mizoram: Mizoram Bhavan, Circular Rd (hinter der Botschaft von Sri Lanka), Chanakyapuri, Delhi, 📞 011/2301 0595; Mizoram House, 24 Old Ballygunge Rd, Kolkata, 📞 033/2475 7034.

Nagaland: 29 Aurangzeb Rd, Delhi, 📞 011/301 2296; Nagaland House, 12 Shakespeare Sarani, Kolkata, 📞 033/2242 5269.

Reiseveranstalter
Cultural Pursuits, Hotel Alpine Continental, Thana Rd, Shillong, Meghalaya, 📞 9436/303978, 🖥 www.culturalpursuits.com. Das freundliche, erfahrene und bestens informierte kanadische Unternehmen veranstaltet Reisen in der gesamten Region, darunter auch maßgeschneiderte Exkursionen für Budget-Traveller.

Gurudongma Tours & Treks, Gurudongma Lodge, Kalimpong, Westbengalen, 📞 03552/ 255204, 🖥 www.gurudongma.com. Das hochprofessionelle Team arrangiert Jeep-, Trekking- und Mountainbike-Touren, Besuche bei indigenen Stämmen und Touren zur Wildtierbeobachtung in Assam, Meghalaya, Nagaland und Arunachal Pradesh. Spezialität dieses Veranstalters ist die Vogelbeobachtung, 🖥 www.allindiabirding.com.

Jungle Travels India, GNB Road, Silpukhuri, Guwahati, Assam, 📞 0361/266 0890, 🖥 www. jungletravelsindia.com. Organisiert anspruchsvolle Gruppen- und maßgeschneiderte Individualreisen, darunter Luxuskreuzfahrten.

Purvi Discovery, Jalannagar, Dibrugarh, Assam, 📞 0373/230 1120, 🖥 www.purviweb. com. Veranstaltet mit seinen ausgezeichneten Guides maßgeschneiderte Touren mit den Schwerpunkten Wildtiere, Angeln, Golf, Reiten, Kriegsdenkmäler, Volksstämme und Teeplantagen in der Umgebung von Dibrugarh und im gesamten Nordosten.

Travel The Unknown, 52/1 Friends Rd, Croydon, London, Großbritannien, 📞 0845/ 053 0352, 🖥 www.traveltheunknown.com. Verlässliches und gut geführtes britisches Unternehmen, das Reisen zu eher unüblichen Zielen organisiert. Die Touren führen in die gesamte Region, darunter nach Tawang, Kaziranga und Cherrapunjee.

Der Nordosten

Schick und modern

KF, Mission Charali, 4 km nördlich vom Bus-bahnhof, ✆ 03712/237825, ✉ skfood@gmail.com. Das KF ist eine Überraschung: saubere, moderne Zimmer mit schicken Bädern, moderner Kunst, Flachbild-TVs und Tee- und Kaffee-kochern – dies ist eines der stilvollsten Hotels in Assam. Außerdem tolles Restaurant. ❺–❻

TV und viel Platz. Zimmer im Nebengebäude ❷, Mittelklassezimmer ❹–❺
Tourist Lodge, KP Agarwalla Rd, ✆ 03712/221016. Obwohl sie schon bessere Tage gesehen hat, ist die Tourist Lodge immer noch eine akzeptable Budget-Unterkunft für den Fall, dass das Luit voll ist. Die einfachen Zimmer sind ruhig und ziemlich sauber. ❷
Wild Mahseer, 30 km nördlich von Tezpur, ✆ 03714/234354, 🖳 www.oldassam.com. Vier luxuriöse Bungalows aus der Kolonialzeit auf der Teeplantage Addabari. Vollpension und Aktivitäten sind inbegriffen: Die Gäste können nicht nur die Ruhe genießen, sondern auch angeln, Rad fahren und wandern. ❽

Essen

Tezpur verfügt über eine Handvoll Restaurants. Das Restaurant des **KF** wirkt kühl und modern und bietet eine gute Karte mit vegetarischen und Hühnchen-Burgern, Pizzas und indischen und chinesischen Klassikern, darunter einige köstliche Garnelen-Currys (Rs90–165). Außerdem gibt's eine Eisdiele, einen Kuchen-laden und eine Bar.
Chinese Villa, 2. Stock des Baliram-Komplexes, Ecke NB und NC Road, 300 m nordöstlich vom Busbahnhof. Große Fenster, Buntglas und rote Lampions. Es gibt auch eine indische Karte, aber die chinesischen Gerichte (Rs70–130) wie gegrilltes Lammfleisch sind besser.
Veggie Foods, unter Chinese Villa. Informelles, günstiges Lokal für *dosas* und *thalis* (Rs15–35).

Sonstiges
Geld
Keine der Banken tauscht Bargeld, aber es gibt zahlreiche **Geldautomaten**.

Informationen
Tourist Office, ✆ 03712/221016, in der Tourist Lodge, KP Agarwalla Rd, 🕘 tgl. außer So und 2. und 4. Sa des Monats 10–17 Uhr.

Internet
Dhungana Cyber Café, im Anjana Complex, NB Rd, 100 m nördlich des Restaurants Chinese Villa (Rs20 pro Std.).

Post
Hauptpost, Head Post Office Rd, parallel zur Hauptstraße.

Transport

Der **Busbahnhof** von Tezpur, Kabarkhana (KK) Rd, ist 500 m nördlich des Tourist Office. Die KK Road ist von **Sumo**-Ständen gesäumt; es gibt tgl. Verbindungen nach BOMDILA (5–6 Std.), DIRANG (7–8 Std.) und TAWANG (14–18 Std.) in Arunachal Pradesh.
Staatliche Busse fahren nach GUWAHATI (1–2x stdl., 4–5 Std.), JORHAT (stdl., 4 Std.), KAZIRANGA (stdl., 2 Std.) und ITANAGAR (1–2x tgl., 5 Std.).
Vom **Flughafen** gibt es Verbindungen nach KOLKATA und SILCHAR.

Nameri-Nationalpark

35 km nördlich von Tezpur, aber nur mit dem Taxi zu erreichen, liegt der 200 km^2 große Nameri-Nationalpark am Fluss Bharali, ein nettes, ruhi-ges Gebiet zum Angeln, Raften, zur Vogelbeob-achtung und für geführte Wanderungen. Hier sind mehr als 300 Vogelarten zu Hause, darunter die seltene Malaienente sowie Fischadler und Nashornvögel. Auch Wild bekommt man zu Gesicht, Tiger und Elefanten dagegen nur sehr selten. 🕘 Nov–März, Eintritt Rs250. Guides, An-geln, Wanderungen und Rafting-Trips können im schönen **Eco Camp**, ✆ 9435/250052, ✉ name riecocamp@gmail.com, 3 km vom Park entfernt, arrangiert werden. In stimmungsvollem Ambien-te gibt es hier von Reetdächern geschützte Zelte mit Bad (❺), einen Schlafsaal (Rs100 plus Rs60 für eine Pflichtmitgliedschaft) und ein Restaurant. Ansonsten kann man auch in Bhalukpong (S. 912)

10 km vom Parkeingang entfernt übernachten. Gurudongma Tours & Treks (S. 899) und Wild Grass in Kaziranga (S. 902) organisieren Touren zur Vogelbeobachtung im Nameri-Nationalpark.

18 **HIGHLIGHT**

Kaziranga-Nationalpark

Am Südufer des Brahmaputra, 217 km östlich von Guwahati, bedeckt der als Weltkulturerbe ausgewiesene Kaziranga-Nationalpark vor dem Hintergrund der Karbi-Anglong-Berge ein riesiges Gebiet über eine Fläche von 430 km^2. Seine Bäche, seichten Seen und die semi-immergrünen, bewaldeten Berge gehen in Sumpfland und Tiefebenen über, die mit hohem Elefantengras bewachsen sind.

Ein Besuch des Parks ist ein Erlebnis, denn hier begegnet man Elefanten, Rotwild, wilden Büffeln und dem berühmten **Panzernashorn**, der Hauptattraktion des Parks. Die besten Chancen, Nashörner zu sehen – offiziell gibt es etwa 2000 –, hat man vom Rücken eines Elefanten früh an einem Wintermorgen. Ein weiterer Besuchermagnet sind die **Tiger**, die aber äußerst schwer aufzuspüren sind, trotz eines amtlichen Berichtes aus dem Jahre 2010, dem zufolge Kaziranga über die höchste Tigerdichte aller Parks weltweit besitzt, nämlich 32 pro km^2. Mit Jeeps gelangt man tiefer in das Schutzgebiet als mit Elefanten, aber längst nicht so nahe an die Rhinos und Tiger heran. Doch schon die Fahrt durch die zwischen offener Savanne und dichtem Dschungel wechselnden Landschaften des Parks ist ein großartiges Erlebnis.

Kaziranga ist von November bis Anfang April geöffnet. Am Sonntag sollte man den Park meiden, denn dann tummeln sich dort lautstarke Gruppen indischer Touristen. Während des Monsuns zwischen Juni und September tritt der Brahmaputra über seine Ufer, überschwemmt das tief liegende Grasland und drängt damit die Tiere in höher gelegene Abschnitte des Parks. Bei den Safaris sollte man auf jeden Fall Vorsicht walten lassen. Unfälle sind zwar sehr selten, kommen aber doch vor, zuletzt im April 2009, als ein Besucher aus den Niederlanden von einem wilden Elefanten zu Tode getrampelt wurde.

Noch immer ist der Park durch unerlaubte Landnutzung und vor allem durch Wilderer bedroht. 2009 wurden mindestens 14 Nashörner getötet. Die Parkverwaltung hat zu wenig Personal, um die Rhinos zu schützen, deren Horn astronomische Summen einbringt. Immerhin wurde der Park 2006 im Rahmen des Project Tiger zum Tigerschutzgebiet erklärt, was ihn finanziell gestärkt hat. Im Januar 2010 wurden zur Bekämpfung der Wilderer sogar Soldaten abkommandiert; ob das aber ausreicht, um wirklich etwas zu ändern, bleibt abzuwarten.

Ein Besuch in Kaziranga ist teuer: Eintritt Rs250, Fahrzeug Rs250, plus Extragebühren für Fotoapparate (Rs500) und Camcorder (Rs1000).

Übernachtung und Essen

Die vier staatlichen Lodges liegen alle im Touristenkomplex, in dem es auch Restaurants, Snackbars und eine Post gibt (Bonoshree und Kunjaban werden über Bonani gebucht): **Aranya**, ☎ 03776/262429, 🖷 262677. Die komfortabelste Lodge mit sauberen, aber sterilen Zimmern mit Bad und Balkon oder Veranda, einem passablen Restaurant und einer Bar. ❹ **Bonani**, ☎ 03776/262423. Kolonial angehauchtes Ambiente, große, verwohnte Zimmer, einige mit AC, merkwürdigerweise mit Tierschädeln dekoriert. ❹ **Bonoshree**, hat etwas betagte, aber akzeptable DZ. ❷ **Kunjaban** ist die einfachste Unterkunft mit Dorm-Betten (Rs50–100 plus Rs50 für Bettzeug). Ebenfalls im Touristenkomplex befindet sich das von Network Travels geführte **Jupuri Ghar**, ☎ 9435/196377, ✉ jupuri@gmail.com, mit schönen Zimmern mit Bad in strohgedeckten Cottages mit Veranda und geschmackvoller Einrichtung, freundlichem Personal und gutem Restaurant. ❺ Außerhalb des Touristenkomplexes existieren zwei gute Alternativen: **Bon Habi Jungle Resort**, abseits der Hauptstraße NH-37, 1 km vom Parkeingang, ☎ 03776/262675, 🖳 www.bonhabiresort.com. Große Cottages am Waldrand mit Lehnstühlen und Balkon. ❺

Der Nordosten

Wild Grass, am Fuß der Karbi-Berge, 4 km östlich von Kohora, 1,5 km abseits der Straße, ☎ 03776/262085, 🖥 www.oldassam.com. Umweltfreundliches Resort; Zimmer mit Bad und Holzböden im gemütlichen Kolonialstil und einige Häuschen in einem üppigen Garten mit Pool und 200 Pflanzenarten. ❹–❺
Wild Grass und Bon Habi vermitteln Touren zu den Mising- und Karbi-Dörfern in der Umgebung.

Sonstiges

Informationen
Tourist Office, ☎ 03776/262423, in der Bonani Lodge (s. 911).

Touren
Jeeps kann man im Parkbüro in Kohora mieten (Rs600–1500) oder vom Hotel arrangieren lassen. Ein **Elefantenritt** kostet Rs750.

Transport
Nach Kaziranga fahren stdl. **Busse** von TEZPUR (2 Std.), JORHAT (1 1/2 Std.) und GUWAHATI (5 Std.), außerdem weniger häufig Busse nach DIBRUGARH (5–7x tgl., 6 Std.). Staatliche und private Busse halten alle in **Kohora**, dem Haupteingangstor am NH-37 (AT Rd), und zwar bei Network Travels.

Silchar

Die unscheinbare Stadt Silchar ist der Hauptverkehrsknotenpunkt des südlichen Assam, das vom Norden durch die Cachar Hills getrennt ist. Dies ist auch das Tor nach Tripura, Mizoram und Manipur. In den Cachar Hills sind militante Separatisten aktiv, sodass man sich vor der Fahrt nach Silchar über die Sicherheitslage informieren sollte.

Übernachtung
Kanishka, in Narsingtola, ☎ 03842/246764. Helle, geräumige Zimmer mit Bad. ❹

Transport
Busse und Jeeps
Der **staatliche Busbahnhof** ist in der Nähe des Devdoot Cinema. Die meisten **Privatbus-**

und **Sumo-Unternehmen** bieten ebenfalls Verbindungen von hier, und zwar nach AGARTALA (11 Std.), AIZAWL (12 Std.), GUWAHATI (12 Std.) und SHILLONG (10 Std.). Die Straße nach Imphal ist wegen ihres schlechten Zustands und der vielen Armeekontrollpunkte nicht zu empfehlen.

Eisenbahn
Der Bahnhof liegt 3 km außerhalb, doch es gibt nur wenige Verbindungen.

Flüge
Der Flughafen von Silchar liegt 13 km außerhalb, mit Flugverbindungen nach AGARTALA, GUWAHATI, IMPHAL und KOLKATA.

Nord-Assam

Rund 310 km flussaufwärts liegt nordöstlich von Guwahati die Stadt **Jorhat** mit einem Flughafen und Straßenverbindungen nach Kaziranga, Nagaland und in den Norden von Arunachal Pradesh. In ihrer Umgebung findet man die einzigartige Vishnuiten-Kultur auf **Majuli**, der angeblich größten Flussinsel der Welt, und **Sibsagar**, die ehemalige Hauptstadt der Ahom. Noch weiter nördlich liegt **Dibrugarh**, das sich zunehmend als Sprungbrett für das nördliche Nagaland und das östliche Arunachal Pradesh etabliert. Der **Nationalpark Dibru-Saikhowa** lohnt wegen seiner vielfältigen Vogelwelt einen Abstecher. Zu den Attraktionen der Stadt **Digboi** zählen ein interessantes Ölmuseum und eine Kriegsgedenkstätte.

Jorhat
Die über gute Eisenbahnverbindungen verfügende Stadt Jorhat ist zwar nicht sehr interessant, aber ein guter Ausgangspunkt für eine Erkundung von Majuli, Kaziranga und Sibsagar. Im Februar veranstaltet der Jorhat Gymkhana Club, ☎ 0376/231 1303, Pferderennen und Polowettkämpfe.

Das bescheidene **Museum** (⏰ Di–So 10–16.30 Uhr) im Postgraduate Training College hat eine mäßig interessante Sammlung örtlicher Handarbeiten. Es soll eventuell in ein neues Gebäude in der Nähe umziehen.

Hotel Heritage, Solicitor Rd, bei der Busstation, ☎ 0376/232 7393. Recht schönes Hotel mit preisgünstigen, großzügigen Zimmern mit Marmorfußböden, TV und kleinen, aber tadellosen Badezimmern. ❸–❹

Burra Sahib's Bungalow, 25 km südwestlich von Jorhat. Die friedliche Teepflanzervilla auf der Sangsua-Teeplantage mit einer Veranda und komfortablen, geräumigen Zimmern befindet sich unter derselben Leitung wie das Thengal Manor (Kontakt s. dort). Gäste können den nahen Golfplatz nutzen, Krocket spielen, angeln und die Teeplantage besichtigen. ❼

Thengal Manor, 15 km südlich von Jorhat, ☎ 011/4603 5500, 🖥 www.welcomheritage hotels.com. Entzückende Unterkunft im Kolonialstil im ehemaligen Feriendomizil der örtlichen Barooah-Familie. Das Haus mit einer imposanten Säulenfassade bietet fünf Zimmer mit Kamin, Himmelbetten und antiken Möbeln. Die Qualität des Essens schwankt. ❼

Tourist Lodge, ☎ 0376/232 1579. Ruhige Lage und sehr saubere Zimmer mit Fliesenböden, kleinen Balkonen (aber ohne Aussicht) und Bad. Moskitos können hier zur Plage werden, aber die Betten haben ein Moskitonetz. ❸

Das Angebot an Speiselokalen in Jorhat ist sehr übersichtlich. Das **Heritage** ist das beste der Hotelrestaurants an der Solicitor Rd. Besonders köstlich sind *chicken tikka butter masala* und der gebratene Pomfret-Fisch (Rs50– 180). **Naffy**, an der AT Rd, 100 m westlich der Busstation, ist recht farbenfroh (oder grell) in Gelb und Orange gehalten und serviert gute und günstige chinesische und nordindische Gerichte (Rs30–130).

Geld

State Bank of India, AT Rd, gleich östlich der Busstation hat einen Geldautomaten und wechselt Reiseschecks.

Informationen

Tourist Office, Tourist Lodge, MG Road, ☎ 0376/ 232 1579. ⏱ Mo–Sa 10–17 Uhr, 2. und 4. Sa im Monat geschl. Von der Busstation die AT Rd nach Osten und dann die dritte Straße rechts.

Internet

Computer Link Cyber Café, AT Rd, 100 m westlich der Busstation, bietet Internetzugang (Rs20 pro Std.).

Busse

Der staatliche **Busbahnhof** befindet sich an der AT Road, einen halben Block nördlich der Büros der privaten Busgesellschaften. Es verkehren stdl. Busse nach DIBRUGARH (4 Std.), GUWAHATI (7 Std.), KAZIRANGA (1 1/2 Std.) und TEZPUR (1 1/2 Std.), außerdem gibt es häufige Verbindungen nach SIBSAGAR (1 1/2 Std.) und mehrmals tgl. Busse nach DIMAPUR (5 Std.).

Eisenbahn

Der **Bahnhof** liegt 3 km südöstlich vom Busbahnhof. Der Shatabdi Express Nr. 12068 fährt tgl. außer So um 13.55 Uhr nach Guwahati (6 3/4 Std.).

Flüge

Der **Flughafen** befindet sich 5 km außerhalb der Stadt; es gibt wöchentliche Verbindungen nach GUWAHATI und KOLKATA. Indian Airlines und Jet Airways haben ihr Büro im Hotel Paradise gleich neben dem Hotel Heritage.

Majuli

Das beliebteste Ausflugsziel von Jorhat ist die Weltkulturerbestätte Majuli, die oft als größte Flussinsel der Welt bezeichnet wird; jedoch sind angesichts der Erosionen der letzten Jahre Zweifel daran angebracht.

Dennoch ist die Insel ein faszinierender Ort, vor allem wegen ihrer einzigartigen Vishnuiten-Klöster *(sattras)*, und ein lohnendes Ziel für Vogelfreunde.

Auf Majuli gibt es 22 *sattras*. Sie sind Tempel, Kloster, Schule und Kunstzentrum zugleich und bestehen aus einer Gebetshalle *(namghar)*, Wohnquartieren für die Mönche und *ghats* für rituelle Bäder.

Der Nordosten

An einem Tag lassen sich die *sattras* **Natun Kamalabari** und das 1,5 km weiter gelegene **Uttar Kamalabari** besichtigen. Die Mönche servieren den Gästen Tee und gestatten ihnen manchmal, Gebetstreffen beizuwohnen. 4 km weiter westlich, in **Auniati**, beherbergt ein weiteres *sattra* Relikte aus dem Königreich der Ahom und eine interessante Sammlung assamesischen Kunsthandwerks. Das 4 km östlich von Auniati gelegene **Bengenati** ist Anfang des 17. Jhs. erbaut worden. **Shamaguri**, 6 km hinter Bengenati, ist für seine Ton- und Bambusmasken berühmt. Zu den weiteren sehenswerten *sattras* gehören **Bongaori**, 8 km hinter Shamaguri, und **Dakhinpat**, 5 km weiter südlich.

Übernachtung

Natun Kamalabari Guesthouse, ☏ 03775/273302, ist eine schäbige, aber passable Alternative zum Maison de Ananda mit recht sauberen, aber nüchternen Zimmern. ❷

Transport

Die **Fähre** nach Majuli legt 2x tgl. (10.30 und 15 Uhr, 2 1/2 Std., Rs15) vom Hafen **Nimatighat** ab, der von Jorhat mit einem Bus oder Taxi (Rs300, 1 Std.) erreichbar ist. Da die Fahrpläne nur rund eine Stunde Aufenthalt auf der Insel zulassen, lohnt sich ein Tagesausflug kaum. Man kann auch ein eigenes Boot chartern (hin und zurück ca. Rs4500–5000, Kontakt und Infos über Mönch Dulal Saikia, ☏ 03775/273037), aber man hat definitiv mehr von der Insel, wenn man dort übernachtet.

Bambus-Träume

La Maison de Ananda, ☏ 03775/274768. „Das Haus der Freude", erbaut von einem französischen Architekten-Ehepaar, ist die beste Unterkunft: zauberhafte, traditionelle Bambus-Bungalows auf Pfählen inmitten friedvoller Gärten. Bettbezüge, Leintücher und Vorhänge wurden von örtlichen Webern gefertigt, die Küche liefert regionale Speisen wie geräuchertes Schweinefleisch – und der örtliche Führer (und Dichter) Danny Gam sorgt dafür, dass alles glatt läuft. ❷

Die Transportmöglichkeiten auf der relativ kleinen Insel beschränken sich auf gelegentliche Busse, die das Dorf **Kamalabari** (5–6x tgl., 5 km) und danach die „Inselhauptstadt" **Garamur** ansteuern. Darüber hinaus verkehren ein paar Taxis und Motor-Rikschas. Wer viel Zeit hat, dem sei eine Wander- oder Fahrradtour empfohlen – Fahrräder können in einer der Lodges geliehen werden.

Es fahren zwei Fähren täglich (7.15 und 14 Uhr, 2 1/2 Std.) zurück nach Nimatighat. Um die Insel zu verlassen, kann man auch den Weg nach Norden einschlagen und eine der beiden Fähren von Luhitghat, 3 km nördlich von Garamur, nach Khabalughat am Norduferde nehmen, von wo aus Busse nach North Lakhimpur verkehren. Von dort geht es mit dem Bus weiter nach Itanagar oder Tezpur oder mit dem Zug nach Guwahati. Dafür braucht man aber ein dickes Zeitpolster. Es gibt derzeit Pläne, die Fähren häufiger verkehren zu lassen und eine Brücke zwischen Majuli und dem Festland zu bauen.

Sibsagar und Umgebung

Die einstige Hauptstadt der Ahom und eine der ältesten Städte von Assam ist Sibsagar, 60 km nordöstlich von Jorhat. Diese Ansammlung von Monumenten aus sechs Jahrhunderten Ahom-Herrschaft ist für die assamesische Kultur bis heute von großer Bedeutung.

Im Herzen des Komplexes befindet sich ein riesiges, 1734 erbautes Wasserbecken. An dessen Südufer erhebt sich der gewaltige, 32 m hohe **Shivadol**. Der höchste Shiva-Tempel Indiens wird von zwei kleineren Tempeln flankiert, die Durga und Vishnu geweiht sind.

Knapp 4 km westlich des Stadtzentrums befinden sich der königliche Pavillon **Rang Ghar** und die Ruinen des Palastes **Talatal Ghar**.

Übernachtung und Essen

Sibsagar lässt sich am besten im Rahmen eines Tagesausflugs besichtigen, doch es gibt auch Übernachtungsmöglichkeiten.
Kareng, Temple Rd, ☏ 03772/222713. Die beste Backpacker-Unterkunft mit annehmbaren, wenn auch spartanisch eingerichteten Zimmern. ❷–❸
Shiva Palace, AT Rd, 200 m vom Busbahnhof, ☏ 03772/225184, ✉ hotel_shiva_palace@

Der Nordosten

rediffmail.com, fraglos das komfortabelste Hotel der Stadt mit sparsam möblierten Zimmern mit Bad und riesigen Marmorflächen (mit und ohne AC). Zum Haus gehört das Restaurant **Sky Chef**, dessen umfangreiche Karte hauptsächlich nordindische Küche umfasst; z. B. saftige Kebabs und ganz exzellentes *paratha* mit Mohnsamen (Rs60–150). Das angeschlossene **Fahrenheit** ist eine traumhafte Retrobar im Stil der 80er-Jahre voller Chrom und schwarzem Leder, in der man sich beim Cocktail wie in einem Duran-Duran-Video vorkommt. ❹–❺

Dibrugarh und Umgebung

Die staubige Stadt Dibrugarh liegt 443 km nördlich von Guwahati im Herzen eines Teeanbaugebiets und ist von neun Golfplätzen umgeben. Die Stadt selbst hat kaum Sehenswertes zu bieten, ist jedoch ein guter Ausgangspunkt für Touren in den Osten und Norden von Arunachal Pradesh sowie ins nördliche Nagaland.

In Dibrugarh kann man sich außerdem gut über die Herstellung von **Tee** informieren. Purvi Discovery (S. 899) veranstaltet Touren durch eine Teeplantage.

(S. 899)

Übernachtung und Essen

Chang Bungalows, auf einer Teeplantage 5 km vom Bahnhof; Buchung über Purvi Discovery. Die beiden ruhigen, 150 Jahre alten Bungalows sind die beste Übernachtungsmöglichkeit in Dibrugarh und Umgebung. Sie wurden von britischen Teepflanzern zum Schutz gegen Überschwemmungen und wilde Tiere auf Stelzen errichtet, haben polierte Holzfußböden, elegante Möbel und bieten ausgezeichneten Service. ❽

Indsurya, RKB Path, ☎ 0373/232 6322, 🖥 www.hotelindsurya.com. Kühle, großzügige Zimmer mit TV und Telefon. ❹–❺

Mona Lisa, Mancotta Rd, ☎ 0373/232 0416, ✉ paneijonki@sancharnet.in. Große Zimmer, netter Innenhof und Bar. ❹

H2O, im 1. Stock der Amrit Mansion, RNC Path. Das Trend-Restaurant mit Bar serviert chinesische, thailändische, indische und assamesische Gerichte (Rs50–120).

Autovermietungen

Autos mit Fahrer bietet **Purvi Discovery** (s. S. 899).

(s. S. 899)

Geld

Die **State Bank of India**, im zentralen Geschäftsviertel Thanka Charali, wechselt Reiseschecks.

Busse

Die Busbahnhöfe liegen im Zentrum der Stadt: der staatliche in Chowkidinghee und der private unweit davon in der Phool Bagan.

Busse nach:
DIGBOI (6–8x tgl., 4 Std.)
GUWAHATI (8–10x tgl., 10 Std.)
JORHAT (stdl., 4 Std.)
KAZIRANGA (5–7x tgl., 6 Std.).

Eisenbahn

Der Bahnhof liegt etwa 1 km südlich der Busbahnhöfe. Der Kamrup Express Nr. 15960 fährt nach GUWAHATI (tgl. 18.25 Uhr, 13 1/4 Std.).

Schiffe

Täglich verkehrt eine Fähre nach OIRAMGHAT, in der Nähe von Pasighat (Abfahrt 9 Uhr, 7–8 Std., Rs67 p. P., ab Rs2500 pro Jeep). Die Abfahrtszeiten ändern sich jedoch häufig, also vorher nachfragen! Man sollte mindestens eine Stunde vor Abfahrt am Hafen sein, um sich einen Platz zu sichern.

Flüge

Vom 16 km außerhalb der Stadt gelegenen **Flughafen** starten Flüge nach Guwahati, Kolkata und LILABARI.

Dibru-Saikhowa-Nationalpark

Rund 60 km nördlich von Dibrugarh liegt der Nationalpark Dibru-Saikhowa, der sich wegen seiner vielfältigen Vogelwelt und seiner Wildpferde großer Beliebtheit erfreut.

Informationen beim Range Officer unter ☎ 0374/233 7569.

Der Nordosten

Der Park kann in einem Tagesausflug von Dibrugarh besucht werden, doch es gibt auch einen Campingplatz, ✆ 0374/233 7666, ❶, und einige weitere Übernachtungsmöglichkeiten:

Inspection Bungalow, in Guijan, ✆ 0374/233 7569. ❷

Purvi Discovery (S. 899) hat einen einfachen Bungalow in Guijan, der manchmal auch Individualreisenden angeboten wird.

Es bestehen gute Zugverbindungen vom **Bahnhof New Tinsukia**, 10 km südlich vom Eingangstor des Parks in Guijan.

Meghalaya

Meghalaya zählt zu den kleinsten Staaten Indiens und erstreckt sich über die Ebene und die sanft ansteigenden Berge zwischen Assam und Bangladesch. Seine Bewohner sind vorwiegend Christen und gehören den drei großen ethnischen Gruppen Khasi, Jaintia und Garo an. Die Analphabetenquote im Staat ist gering, und der Unterricht wird in englischer Sprache abgehalten.

Meghalaya, das „Land der Regenwolken", ist zu großen Teilen von üppigen Wäldern bedeckt, in denen wunderschöne Orchideen blühen. Die „blauen Berge" bekommen die Großteil der schweren Monsunwinde aus dem Golf von Bengalen ab und gehören zu den regenreichsten Gebieten der Erde. Im Umland der Hauptstadt **Shillong** gibt es gewaltige Wasserfälle, die spektakulärsten donnern um **Cherrapunjee** herab. Die Berge von Meghalaya erreichen knapp 2000 m Höhe. Dadurch herrscht hier das ganze Jahr über ein angenehmes Klima. Die **Jaintia-Berge** bieten gute Möglichkeiten zum Wandern und zur Besichtigung von Höhlen, doch es gibt auch historische Sehenswürdigkeiten, wie **Nartiang** in der Nähe von **Jowai**, wo eine beeindruckende Sammlung von Monolithen zu bestaunen ist.

Am 21. Januar 1972, nach 18-jährigem Kampf um die Unabhängigkeit von Assam, wurde Meghalaya zum selbstständigen Staat erklärt. Die aus dem Untergrund operierende Rebellenbewegung HNLC ruft trotzdem regelmäßig zu *bandhs* auf und fordert die Unabhängigkeit von Indien.

Shillong

Die sanften Hügel und Pinienwälder von Shillong haben die Briten veranlasst, diese Region als „Schottland des Ostens" zu bezeichnen. Insbesondere gilt dies für die fantastischen **Barapani** (oder Umiam) **Lake** am Stadtrand und den Anblick der einheimischen Khasi-Frauen, die in Gingan und Tartan-Schals gehüllt sind. In einer Höhe von 1500 m wurde Shillong zu einer beliebten Hill Station für die Briten. Sie errichteten es über einer 1000 Jahre alten Khasi-Siedlung und machten es 1874 zur Hauptstadt des damaligen Assam. Leider hat die Stadt viel von ihrem Zauber verloren und die umliegenden Berge leiden unter drastischem Kahlschlag. Der Zustrom neuer Siedler aus den Ebenen geht mit einer erheblichen Belastung der natürlichen Ressourcen einher, was sich besonders in Wassermangel äußert. Der ursprüngliche viktorianische Stil der Stadt ist hingegen noch weithin erkennbar.

Das Leben in Shillong dreht sich um den herrlichen **Ward Lake**, ◷ Mo–Sa 8–17.30 Uhr, Eintritt Rs5, Fotoerlaubnis Rs10. Im angrenzenden European Ward mit seinen Gartenanlagen und Kiefernwäldern befindet sich u. a. das Government House, die offizielle Residenz des Gouverneurs. Die Atmosphäre steht hier im krassen Gegensatz zu den engen, von Händlern dicht gesäumten Straßen des **Police Bazaar** oder des weiter westlich gelegenen **Bara Bazaar**, wo täglich außer sonntags der älteste Markt von Meghalaya, **Iewduh**, stattfindet. Das schäbige **State Museum** von Meghalaya in Lachumiere (◷ Mo–Sa 10–17 Uhr, 2. und 4. Sa im Monat geschl., Eintritt Rs5, Fotoerlaubnis Rs15) dokumentiert die regionalen Bräuche, doch wesentlich interessanter ist das **Don Bosco Museum**. Es bietet einen faszinierenden Einblick in die Welt der regionalen Stammesgruppen. Man findet das Museum, wenn man vom Hotel Polo Towers dem Fluss 1,5 km nach Westen folgt bis man die Schilder entdeckt, die den Weg hinauf zum Museum weisen. ◷ Winter:

N   0 —————— 500 m

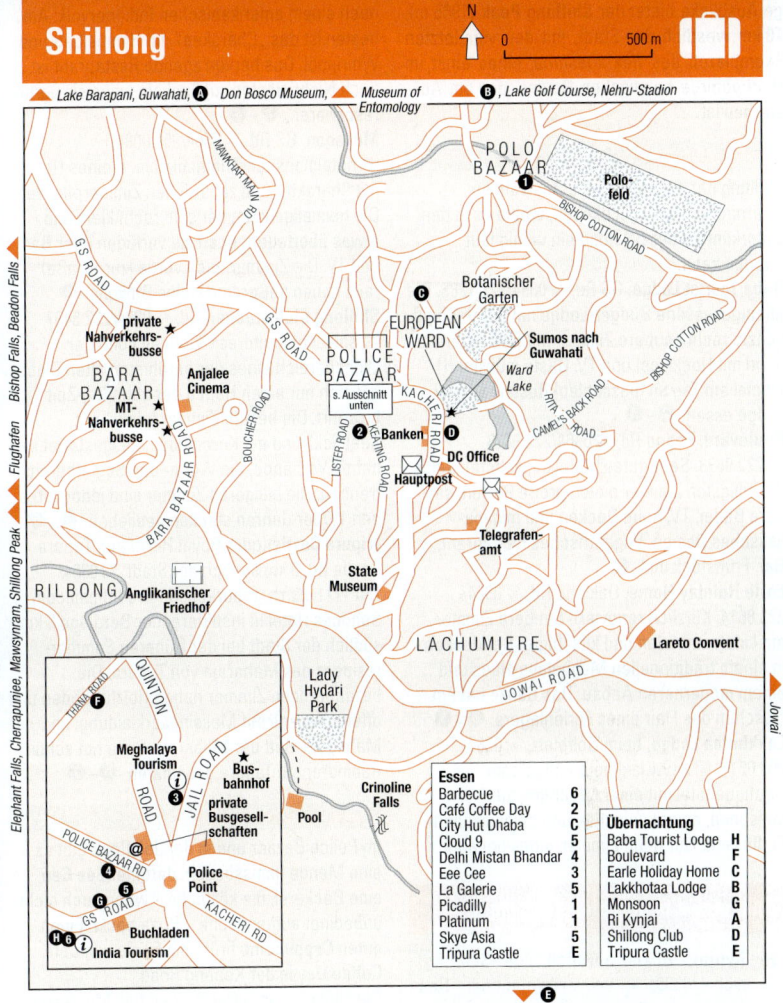

▲ Lake Barapani, Guwahati, Ⓐ ▲ Don Bosco Museum, ▲ Museum of Entomology ▲ Ⓑ, Lake Golf Course, Nehru-Stadion

POLO BAZAAR
Ⓐ Polo-feld

Botanischer Garten

Ⓒ EUROPEAN WARD

POLICE BAZAAR

Sumos nach Guwahati

Ward Lake

s. Ausschnitt unten

private Nahverkehrs-busse

BARA BAZAAR

Anjalee Cinema

MT-Nahverkehrs-busse

Ⓓ ❷ Banken

DC Office

Hauptpost

Telegrafen-amt

State Museum

RILBONG Anglikanischer Friedhof

LACHUMIERE

Lareto Convent

Lady Hydari Park

Crinoline Falls

Pool

Meghalaya Tourism

Ⓕ

❸ ⓘ

Bus-bahnhof

private Busgesell-schaften

Ⓐ   ⑤

Ⓖ

Police Point

ⓗ Ⓗ ⓘ Buchladen India Tourism

Essen

Barbecue	6
Café Coffee Day	C
City Hut Dhaba	C
Cloud 9	5
Delhi Mistan Bhandar	4
Eee Cee	3
La Galerie	5
Picadilly	1
Platinum	1
Skye Asia	5
Tripura Castle	E

Übernachtung

Baba Tourist Lodge	H
Boulevard	F
Earle Holiday Home	C
Lakkhotaa Lodge	B
Monsoon	G
Ri Kynjai	A
Shillong Club	D
Tripura Castle	E

Mo–Sa 9.30–17.30, So 13.30–17.30 Uhr; Sommer: Mo–Sa 9.30–16.30, So 13.30–16.30 Uhr, obligatorische einstündige Führung Rs150.

Das **Museum of Entomology** (Schmetterlingsmuseum) befindet sich 2 km nordwestlich von Police Bazaar. ⏰ Mo–Fr 11–16 Uhr, Eintritt Rs25.

Überall in Shillong gibt es kleine Stände, an denen man Wetten auf *siat khnam* abschließen kann. Bei diesem einheimischen **Sport** schießen Khasi-Männer Pfeile auf eine Zielscheibe und die Zuschauer wetten auf die insgesamt erzielten Punkte. Beginn ist täglich um etwa 15.30 Uhr gegenüber vom Nehru-Stadion.

Ein wenig Erholung von der Stadt bietet **Tripura Castle**, von wo ein kurzer Anstieg in die Kiefernwälder der Berge hinaufführt. Großarti-

Der Nordosten

ge Ausblicke bietet der **Shillong Peak** (1965 m), 10 km westlich der Stadt, mit den vier letzten Exemplaren des *Ilex khasiana*, eines einst im Hochgebirge heimischen Baums, der am Aussterben ist.

Übernachtung

Shillong hat eine recht gute Auswahl an Übernachtungsmöglichkeiten, wobei es in den Unterkünften der GS Road ein wenig laut werden kann.

Baba Tourist Lodge, GS Rd, ✆ 0364/221 1285. Die alteingesessene Budget-Lodge hat unterschiedlichste recht saubere Zimmer mit Bad (überwiegend mit Hockklos) und TV. Gäste müssen (!) einmal am Tag im (passablen) Restaurant der Lodge essen. ❷–❸

Boulevard, Thana Rd, ✆ 0364/222 9823, ✆ 222 9823. Sehr gutes Mittelklassehotel: Selbst die billigsten Zimmer bieten große Betten, saubere Bäder, TV, hohe Decken und minimalistisches Design. Vegetarisches Restaurant, Bar, Frühstück inkl. ❺

Earle Holiday Home, Oakland Rd, ✆ 0364/222 8614. Kürzlich renoviert: Saubere Zimmer mit Linoleumböden und kitschigen Bettdecken in einem traditionellen Meghalaya-Haus und einem moderneren Anbau. Das Ganze hat ein bisschen das Flair eines Ferienlagers. ❸–❺

Lakkhotaa Lodge, beim Golfplatz, ✆ 0364/259 0516, 🖥 www.lakkhotaalodge.com. Boutiquehotel mit einer Mischung aus indischen, amerikanischen und chinesischen Einflüssen. Nur neun Zimmer, jedes benannt

Bungalows in paradiesischer Lage

Ri Kynjai, 20 km nördlich von Shillong, ✆ 9862 420300, 🖥 www.rikynjai.com. Das beste Hotel der Region in spektakulärer Lage in einem großen Waldgebiet am Umiam-See bietet luxuriöse Zimmer und atemberaubende auf Pfählen gebaute Cottages. Unter den traditionellen Dächern in der Form umgekehrter Boote gibt es u. a. Kamine und Whirlpools. Das exzellente Restaurant serviert die Küche des Nordostens; außerdem gibt es einen Wellnessbereich. ❽

nach einem amerikanischen Indianervolk: Am besten ist das „Cherokee" mit Himmelbett und Whirlpool. Das hervorragende Restaurant ist auch Nicht-Gästen zugänglich, wenn sie vorher reservieren. ❼–❽

Monsoon, GS Rd, ✆ 0364/250 0084, ✉ hotelmonsoon@hotmail.com. Kleines Hotel mit Charakter und zahlreichen Zimmerpflanzen. Die heimeligen Zimmer sind recht klein und etwas überteuert, doch sie verfügen über Bad und TV. Die Zimmer nach vorne (zur Straße) raus haben außerdem kleine Balkone. ❹

Shillong Club, Kacheri Rd, ✆ 0364/222 5497, ✉ shillongclubltdresi@hotmail.com. Der Wohnbereich eines der berühmten alten Clubs hat sich nur einen Hauch der alten Raj-Zeit bewahrt. Die besten Zimmer (einige mit Seeblick) sind mit Korbmöbeln ausgestattet und haben Vorhänge, die Wohn- und Schlafbereich trennen. Die billigeren Zimmer sind jedoch in den 1970er-Jahren stecken geblieben. ❺–❻

Tripura Castle (oder Royal Heritage), Tripura Castle Rd, 3 km südlich der Stadt, ✆ 0364/250 1111, ✉ rh_tripuracastle@rediffmail.com. Schönes Hotel in inspirierender Berglage 3 km südlich der Stadt bei der früheren Sommerresidenz des Maharaja von Tripura. Die bezaubernden Zimmer haben Holzfußböden und offene Kamine mit Messingverkleidung; im Mahagoni-Bett der Maharaja-Suite hat schon Rabindranath Tagore geschlafen. ❻–❼

Essen und Unterhaltung

Im Police Bazaar und in der Jail Road gibt es eine Menge Imbissbuden, darunter **Eee Cee**, eine Bäckerei, die köstliche – wenn auch nicht unbedingt authentische – Pizza backt. Einen guten **Cappuccino** brüht die Filiale von Café Coffee Day in der Keating Road.

Die kleine, aber äußerst lebendige Musikszene Shillongs hat der Stadt den Spitznamen „**Rock City**" eingebracht. Wer ein Konzert besuchen möchte, sollte nach Plakaten Ausschau halten oder es in einer der **Bars** versuchen, z. B. in Cloud 9 neben dem Skye Asia oder im Platinum im Hotel Polo Towers beim Polofeld. Das Hotel Polo Towers wartet außerdem mit einem kitschigen pseudobritischen Pub auf, dem Piccadilly.

Der Nordosten

Barbecue, GS Rd, eine kurze Treppe hinunter und dann hinter dem Aquarium. Authentisches und sehr beliebtes Chinarestaurant mit Papierlampen und fernöstlicher Dekoration. Ausgezeichnete Huhn-, Schweinefleisch- und Seafood-Gerichte (Rs80–160), wenn auch mit teilweise abschreckenden Namen.

City Hut Dhaba, Earle Holiday Home. In einem hüttenartigen Speisesaal mit einem extravaganten Wasserspiel kann man hier aus einer Speisekarte mit über 300 Gerichten (Rs55–140) wählen – darunter interessante Kreationen wie scharfe Enten-*chatpata*. Warm anziehen, denn abends kann es empfindlich kühl werden.

Delhi Mistan Bhandar Police Bazaar Rd. Der beliebte und gut besuchte Treff bietet eine klassische Auswahl an indischem Frühstück, Snacks und Süßigkeiten (Rs5–40). Es gibt keine Karte und das Personal spricht wenig Englisch, sodass man auf das zeigen muss, was man möchte.

La Galerie, Hotel Centre Point, Police Bazaar. Schlichte Kantine für einen schnellen Imbiss (Rs30–80).

Skye Asia, 5. Stock, Hotel Centre Point, Police Bazaar. Panasiatische Küche (Hauptgerichte Rs120–180) mit gut zubereiteten Thai-Suppen und -*satays*, koreanischem Grillhuhn und japanischem *te Panyaki*.

Tripura Castle, Tripura Castle Hotel, ℡ 0364/250 1111. Gute Adresse für ein gemütliches Essen in angenehmer Atmosphäre. Abends Reservierung erforderlich; Khasi-Gerichte (Rs120–300) müssen vorbestellt werden. Der Service lässt teilweise zu wünschen übrig.

Sonstiges
Bücher
KA Ibadasuk Books Agency, GS Rd, verkauft Bücher und Landkarten.

Geld
State Bank of India, Kacheri Rd, bietet Geldwechselservice. **Geldautomaten** gibt es in der ganzen Stadt.

Informationen
Meghalaya Tourism, Jail Rd, gegenüber der Busstation, ℡ 0364/222 6220, 💻 www.meghalayatourism.org. Arrangiert einen guten Tagesausflug nach Cherrapunjee (8–16.30 Uhr, ab Rs200) und eine Stadtrundfahrt (8.30–14.30 Uhr, ab Rs150). ⏰ tgl. 7–18 Uhr.
India Tourism, GS Rd, ℡ 0364/222 5632), ⏰ Mo–Fr 9.30–17.30, Sa 9.30–14 Uhr.

Internet
Internetanbieter sind etwas dünn gesät; z. B. **S.I.D.S Cyber**, im 1. Stock des Einkaufszentrums am Ende der Police Bazaar Road (Rs20 pro Std.).

Post
Die Hauptpost liegt an der Kacheri Rd.

Touren
Das sehr empfehlenswerte Unternehmen **Cultural Pursuits** (s. Kasten S. 899) vermittelt Homestays in Khasi-Dörfern, Trekking-Touren und Gruppenreisen, darunter auch Touren zu den religiösen Festen Garo Wangala und Khasi Nongkrem Dance im Oktober. Es betreibt außerdem die Ökolodge **MaplePine**, ℡ 9436/303978, ✉ mp@culturalpursuits.com, ❷–❹, 25 km südlich von Shillong beim Mawphland Sacred Forest, einem tollen Wanderrevier. Wer die eindrucksvollen **Höhlen** von Meghalaya erkunden möchte, setze sich mit der **Meghalaya Adventurers Association** am Mission Compound in der Nähe des Synod Complex in Verbindung, ℡ 0364/254 5621.

Transport
Busse und Jeeps
Staatliche Busse fahren vom Busbahnhof an der Jail Road nach GUWAHATI (stdl., 4 Std.) – aber die **Sumos** und Sammeltaxis von der Kacheri Road dorthin sind schneller (3 1/2 Std.). **Private Busgesellschaften** verkehren im gesamten Nordosten, die Tickets bekommt man bei deren Vertretungen rings um die Kacheri Road. Reisende nach AIZAWL (1–2x tgl., 18 Std.) fahren besser erst nach SILCHAR (2–3x tgl., 10 Std.) und dann weiter mit dem Jeep. Der **Grenzübergang nach Bangladesch** in DAWKI, südöstlich von Cherrapunjee, wird ab

Der Nordosten

Bara Bazaar von ein paar privaten Bussen (4–5 Std.) und einer ganzen Flotte von Tata Sumos angefahren, die auch CHERRAPUNJEE (2 Std.) und MAWSYNRAM (3 Std.) ansteuern.

Flüge

Shillong (alias Umroi) **Airport** liegt 34 km westlich der Stadt. Es gibt Flüge mit Indian Airlines nach Jorhat und Kolkata. Wegen des Wetters kommt es aber oft zu Verspätungen. Wenn es Flüge gibt, bietet Meghalaya Tourism einen Bus zum Flughafen (Rs100). **Hubschrauber,** ℡ 0364/222 3129, fliegen nach Guwahati und Tura. Buchungen telefonisch oder an der Busstation.

Cherrapunjee

Die 56 km südlich von Shillong im Khasi-Gebirge gelegene Stadt Cherrapunjee gelangte als regenreichster Ort der Erde zu Ruhm: Die höchste Niederschlagsmenge, die jemals an einem einzigen Tag verzeichnet wurde, nämlich 1040 mm, fiel hier im Jahr 1876 zu Boden. Das nahe gelegene Mawsynram ist insgesamt jedoch noch nasser: Die durchschnittliche jährliche Niederschlagsmenge liegt hier bei sagenhaften 11870 mm. Die zahlreichen Wasserfälle in der

---

Wanderstützpunkt vom Feinsten

Die beste Adresse für Übernachtung und Essen ist das eine kurze Taxifahrt entfernte (Rs250–300) atemberaubend gelegene **Cherrapunjee Holiday Resort,** ℡ 9436/115925, 🖳 www.cherrapunjee.com. Es steht am Rand der östlichen Khasi-Berge mit ausgezeichneten Ausblicken auf die Ebenen von Bangladesch und hat sechs gemütliche Zimmer mit Bad, einen 5-Bett-Schlafsaal (Rs450 p. P.) und mehrere Zelte (Rs500 pro Zelt). Von hier aus lassen sich auch einige faszinierende, 150 Jahre alte Brücken aus lebenden Wurzeln, frische Quellen, Wasserfälle, Höhlen und Khasi-Dörfer besichtigen. Oder man kann an Höhlen-, Canyoning-, und Angeltouren und Exkursionen zur Vogelbeobachtung teilnehmen. ❺

Umgebung sind besonders in der schwülheißen Monsunzeit beeindruckend, wenn die sintflutartigen Regenfälle in die Ebenen von Bangladesch herabstürzen. In den letzten Jahren haben die Niederschlagsmengen jedoch abgenommen – wahrscheinlich als Folge des Klimawandels – und es gab sogar Wassermangel.

Cherrapunjee erstreckt sich über mehrere Kilometer. Alle acht Tage findet hier ein **Markt** statt, auf dem Stammesschmuck und orangefarbener Honig aus einheimischer Produktion angeboten werden. Die Sehenswürdigkeiten der Umgebung – der **Wasserfall Noh Kalikai**, der **Bangladesch-Aussichtspunkt** sowie das Dorf und die Höhle von Mawsmai – liegen alle im Umkreis weniger Kilometer von Cherrapunjee in alle Himmelsrichtungen verstreut. Sie lassen sich gut im Rahmen einer **Tagestour** mit Meghalaya Tourism besichtigen (S. 909). Ein Taxi für einen Tag kostet Rs1200–1600.

In **Mawphlang** mit seinem alten, heiligen Wäldchen beginnt eine Tageswanderung nach Cherrapunjee über den David Scott Trail. Einer der Anbieter ist Impulse Inc, NGO Network, Lachumiere, Shillong, ℡ 0364/250 0587.

Dawki

Dawki, 96 km südöstlich von Shillong, ist der wichtigste Grenzort zwischen Meghalaya und Bangladesch und wartet mit wunderbaren Ausblicken auf. Auf der anderen Seite der Grenze liegt **Tamabil**, zweieinhalb Stunden von Sylhet. In Meghalaya gibt es kein bangladeschisches Visabüro, sodass man sich sein Visum für Bangladesch vorher besorgen muss; in Kolkata gibt es ein Konsulat. Wer von Bangladesch aus in Dawki ankommt: Die letzten Busse und Sumos nach Shillong fahren um etwa 11 Uhr. Ein Taxi kostet Rs1300–1600.

Jowai und Nartiang

Im Marktflecken **Jowai**, 64 km nordöstlich von Shillong in den **Jaintia Hills**, findet jedes Jahr im Juli das Tanzfestival Behdienkhlam statt. Etwa 12 km nördlich des Orts, in **Nartiang**, befinden sich die Überreste des Sommerpalastes der Jaintia-Könige sowie eine eindrucksvolle Ansammlung von Monolithen und Menhiren. Ein Taxi von Jowai kostet ca. Rs400. In der gesamten Gegend gibt es Höhlen – Cultural Pursuits in Shillong arrangiert Besichtigungen und Wanderungen dorthin (S. 899). Von Shillong fahren tgl. Busse nach Jowai (4 Std.), oder man nimmt ein Taxi (2 1/2 Std.).

Arunachal Pradesh

Arunachal Pradesh, „das Land der Gipfel in der Morgenröte", gehört zu den letzten verbliebenen unberührten Landstrichen Indiens. Es ist mit einem Reichtum faszinierender Kulturen und Völker gesegnet, die in diesem Lebensraum aus Gletscherzone, Hochgebirgswiesen und subtropischem Regenwald heimisch sind. Außerdem gedeihen hier 500 Orchideenarten.

Die Staatshauptstadt **Itanagar** liegt nördlich des Brahmaputra, gegenüber von Jorhat. Im entlegenen Westen des Bundesstaats klettert die Straße von **Bhalukpong** an der assamesischen Grenze nach **Tawang** stetig über zerklüftete Berge und an Flüssen vorbei durch Urwald, bevor sie auf halber Strecke den spektakulären **Sela Pass** (4300 m) erreicht. An der Strecke liegen die buddhistischen Städte **Bomdila**, **Rupa** und **Dirang**. Ganz in Nordosten von Arunachal beherbergt der **Namdapha-Nationalpark** Nebelparder und Schneeleoparden. In der Nähe liegt **Parasuramkund**, eine der bedeutendsten und am schwierigsten zugänglichen Hindu-Pilgerstätten.

Trotz der Schönheit des Landes wird von Reisen nach Arunachal Pradesh abgeraten. Das liegt an den extrem sensiblen Grenzen zum chinesisch besetzten Tibet im Norden und zu Myanmar im Osten. 1962 fielen die Chinesen in Arunachal Pradesh ein und drangen über 300 km bis nach Tezpur in Assam vor – ein Feldzug, den Indien nicht vergessen hat. Seitdem herrscht in der Gegend hohe Militärpräsenz. Besucher brauchen eine Genehmigung (S. 898), um in den Bundesstaat einzureisen. Die meisten Orte sind nur per Jeep erreichbar.

Volksgruppen in Arunachal Pradesh

Arunachal Pradesh ist die Heimat einer beeindruckenden Vielfalt von 26 größeren Volksgruppen, und jede unterscheidet sich hinsichtlich Kultur, Dialekt, Trachten, Sozialstruktur und Traditionen gründlich von den anderen. Bei vielen ist die Polygamie noch sehr verbreitet, ebenso wie die Mischung aus Hinduismus, Buddhismus und Animismus. Zu den wichtigsten Gruppen zählen die Wanchos, Noctes, Tangsas, Singphos, Khamptis, Mishmis, Mijis, Galos, Padams, Miwongs, Membas, Tagins und Puroiks. Allerdings sind die Traditionen durch moderne Einflüsse überall am Verblassen – insbesondere bei der jüngeren Generation, die zunehmend westliche Kleidung trägt, Bollywoodfilme schaut und chinesisch isst.

Zwischen Dezember und März ist es in den meisten Bergstädten des Bundesstaates extrem kalt und die Unterkünfte sind nicht entsprechend ausgerüstet. Ein wintertauglicher Schlafsack gehört ins Gepäck, eine Wärmflasche ist ebenfalls anzuraten, ebenso wie eine Taschenlampe wegen der häufigen Stromausfälle.

Itanagar

Knapp 400 km nordöstlich von Guwahati entfernt liegt Itanagar, die Hauptstadt von Arunachal Pradesh. Für Besucher gibt es hier wenig Sehenswertes, doch da die Stadt Hauptverkehrsknotenpunkt der Region ist, verbringen hier viele Traveller eine Nacht.

Das **Jawaharlal Nehru State Museum**, zehn Fußminuten vom Zero Point, informiert über Feste, Tänze, Behausungen und Lebensstil der hiesigen Volksgruppen und zeigt eine beeindruckende ethnographische Sammlung mit Holzschnitzereien, Musikinstrumenten, fantasievollem Schmuck und esoterischen Objekten, wie Penisbedeckungen aus Bambusrohr. ☉ So–Do 9.30–16 Uhr, Eintritt Rs75, Fotoerlaubnis Rs20.

Das staatliche Kaufhaus **Sales Emporium**, oberhalb von Zero Point, verkauft interessante Kunsthandwerksobjekte.

Der Nordosten

10 km außerhalb liegt der **Gyakar Sinyi** (Ganga-See, Eintritt Rs5, Fotoerlaubnis Rs10). Der dichte Dschungel an seinen Ufern liefert einen Vorgeschmack auf die wunderschönen Landschaften des Bundesstaates. Gute Ausblicke eröffnen sich von dem kleinen, auf dem Weg zum Museum gelegenen **tibetisch-buddhistischen Tempel**.

Ein nicht durchgehend geöffnetes **Touristenbüro**, ℡ 0360/221 4745, 🖥 www.arunachaltourism.com, befindet sich hinter dem Akash Deep Complex im Ganga Market. **Internet** bietet das Ocean Cyber Café, 300 m bergab vom Zero Point (Rs20 pro Std.).

Übernachtung und Essen

Arun Subansiri, unmittelbar unterhalb von Zero Point, ℡ 0360/221 2806, 📠 229 0097. Ein besseres Hotel mit kühler Marmoreinrichtung, riesigen Zimmern mit verlässlicher Warmwasserversorgung und TV. ❺–❻

Blue Pine, APST Rd, Ganga Market, ℡ 0360/221 1118. Hier gibt es schlichte, annehmbare Zimmer mit TV und mit und ohne Bad (nur Hockklos) sowie einen Schlafsaal (Rs100). ❷–❹

Moomsie, ℡ 0360/229 0971. In Rosa- und Pfirsichtönen gehaltene Zimmer mit TV, Korbmöbeln und sauberen Bädern. ❹–❺

Die **Restaurants** im Arun Subansiri, Moomsie und Blue Pine servieren die übliche Mischung aus indischem und chinesischem Essen (Hauptgerichte Rs40–140) sowie einige interessante Gerichte aus dem Nordosten. Ansonsten gibt es noch die **Food Plaza** beim Eingang zum Akash Deep-Komplex; hier gibt es *momos* (Klöße), gebratenen Reis und Nudeln (Rs30–80).

Transport

Busse und Jeeps

Staatliche und private Busse verbinden Itanagar mit GUWAHATI (10–11 Std.) und Orten im ganzen Staat. Sumos sind allerdings wesentlich schneller. Ziele sind z. B. ALONG (10 Std.), BOMDILA (7–8 Std.), HAPOLI (5 Std.) und PASIGHAT (6–7 Std.). Tickets gibt es bei Büros am Ganga Market.

Eisenbahn

Die Züge von Guwahati fahren nur bis Harmuti, 33 km weiter östlich in Assam.

Flüge

Der nächstgelegene Flughafen befindet sich 67 km entfernt in **Lilabari** bei North Lakhimpur in Assam.

Helikopter, ℡ 0360/224 3262, nach GUWAHATI, HAPOLI (Ziro) und zu anderen Zielen starten vom 10 km entfernten Naharlagun.

West-Arunachal

Die abgeschiedenen Berge und Täler von West-Arunachal an der Grenze zu Bhutan und Tibet säumen einige der abgelegensten Gletscher und Gipfel des Himalaya. Die meisten der über 6000 m hohen Berge – außer dem **Gori Chen** (6488 m) und dem **Nyegi Kangsang** (7047 m) – sind völlig unbekannt. Die einsame Straße in die Region führt von **Bhalukpong** an der Grenze zu Assam nach **Tawang** und endet hoch in den Bergen bei einem der größten Klöster Asiens. Auf der spektakulären Fahrt kommt man durch den Marktflecken **Bomdila** mit seinen drei tibetischen Klöstern und durch **Dirang**, eine Festungsstadt zwei Fahrstunden weiter das Tal hinauf. Westlich der Straße nach Tawang liegt das malerische **Rupa** mit seinem bunten tibetisch-buddhistischen Kloster **Chillipam**, von dessen Tempel sich atemberaubende Ausblicke bieten, und den faszinierenden buddhistischen Siedlungen **Tenzingang** und **Kalaktang**. Hinter Tawang erstreckt sich nah an der Grenze zu Tibet das Seengebiet **Bangachangsa**.

Bhalukpong

Bei Bhalukpong tritt der **Kameng**-Fluss aus einem tief bewaldeten Tal. Alle öffentlichen Verkehrsmittel von Tezpur, 56 km entfernt, nach Bomdila stoppen hier zur Erledigung der Grenzformalitäten. **Übernachten** kann man z. B. in der friedvollen Bhalukpong Tourist Lodge, ℡ 03872/234037, ❸–❹, kurz vor der Grenze in Assam. Die großen, sauberen Cottages bieten Aussicht auf den Fluss und die umliegenden Berge. Die Lodge

Der Nordosten

kann Rafting- und Angeltrips arrangieren – der Kameng ist berühmt für den kämpferischen *mahseer*-Fisch. Das Hotel Solu, ✆ 03782/234955, ❹, im oberen Teil von Bhalukpong, 1 km vom Grenztor, bietet helle, geräumige Zimmer mit Bad und TV. Von **Tipi**, 7 km nördlich von Bhalukpong, windet sich die schmale Straße durch dichten, schönen Bergwald ins 100 km entfernte Bomdila.

Bomdila

Bomdila ist ein freundliches Städtchen im Westen von Arunachal, das auf 2500 m Höhe auf einem Felsvorsprung des Thagla-Gebirgskamms liegt. Das Gebirge trennt die Regenwälder im Süden von den subalpinen Tälern im Norden. Es gibt einige **tibetisch-buddhistischen Klöster**: Das größte, ein Gelugpa-*gompa* (tibetisches Kloster) hoch oberhalb der Stadt, wurde 1997 vom Dalai Lama eingeweiht. Das ältere *gompa* weiter unterhalb beherbergt eine blaue Statue des Medizin-Buddhas.

Wenige Kilometer hinter Bomdila kommen die schneebedeckten Gipfel des Gori Chen (6488 m) und des Kangto (7042 m) zum Vorschein.

Übernachtung

Die meisten Budget-Hotels von Bomdila liegen an der Hauptstraße.

Doe Gu Khil, ✆ 03782/223232. Das saubere und einladende Gästehaus auf dem Gelände des größten Klosters ist die beste Unterkunft am Ort. ❹

Passang, ✆ 03782/222627. Beste Wahl der Unterkünfte an der Hauptstraße, mit einfachen, saubereren Zimmern mit Bad. ❶–❷

Tourist Lodge, von der Hauptstraße 1 km den Hang hinauf, nahe dem Stadion, ✆ 03782/222049. Eine Klasse besser als die anderen Hotels, mit großen, aber verwohnten Zimmern um einen Teich herum; die Heizungen sind den Aufpreis von Rs100 absolut wert. ❸

Essen

China Town, an der Hauptstraße 100 m südlich von Himalayan Holidays, ist ein freundliches Lokal mit guten Nudeln, Suppen und gebratenem Huhn und Schweinefleisch (Rs30–60).

Himalaya, 150 m unterhalb des China Town. Winziges Lokal, sodass man das Gefühl hat, bei jemandem zu Hause zu essen. Es serviert *thukpas* (dicke Nudelbrühe), *momos* (Klöße) und Bratfisch (Rs20–50).

Sonstiges

Informationen

Tourist Office, in der Tourist Lodge, ✆ 03782/222049.

Touren und Internet

Himalayan Holidays, an der Hauptstraße, ✆ 03782/222017, organisiert lokale **Sightseeing-Touren** und Treks in die Region. Außerdem bietet das Reisebüro **Internetzugang** (Rs40 pro Std.).

Transport

Nur zwei Möglichkeiten führen aus Bomdila heraus: weiter aufwärts in Richtung Tawang oder zurück bergab nach Bhalukpong.

Staatliche Busse fahren von der Haltestelle im unteren Stadtteil nach TEZPUR (1–2x tgl., 7–8 Std.).

Die etwas schnelleren **Privatbusse** halten vor Himalayan Holidays, doch das beste und bequemste Transportmittel sind hier Tata **Sumos**. Es gibt tägliche Verbindungen früh am Morgen über Rupa nach Tezpur sowie nach TAWANG; Tickets vorher reservieren.

Rupa und Umgebung

Die malerische Siedlung **Rupa**, 17 km südlich von Bomdila, wartet mit einem schönen tibetischen Kloster und einer bunten *lhakang* (Kapelle) am Fluss ein Stückchen weiter das Tal hinauf auf. Etwa 14 km hinter Rupa liegt **Chillipam** mit einem friedvollen Kloster und einem beeindruckenden neuen Tempel mit atemberaubender Aussicht. Nach weiteren 40 km erreicht man die einflussreiche tibetische Flüchtlingssiedlung **Tenzingang**. Das Gelugpa-Kloster hier beherbergt fast 400 Mönche und ist eines von nur zwei tantrischen Gelugpa-Zentren in Indien. Weitere 15 km hinter Tenzingang befindet sich am Ende der Straße die Siedlung **Kalaktang**, dessen kleines Kloster mit einigen ungewöhnlichen Skulpturen überrascht.

Der Nordosten

Dirang und Umgebung

Anderthalb Stunden hinter Bomdila thront über einem engen Tal die alte Festungsstadt **Dirang** (1690 m). Obwohl die alte **Festung** fast nur noch aus Ruinen besteht, lohnt sich ein Besuch, genauso wie beim 500 Jahre alten Kloster oberhalb des Ortes. Das neue Dirang liegt 5 km weiter das Tal hinauf, hier gibt es ein interessantes modernes **Kloster** (kleine Spende erbeten) der Roten Sekte, der ältesten Schule des tibetischen Buddhismus. Im etwa 8 km entfernten **Sangti-Tal** überwintern Schwarzhalskraniche, das Tal ist ein beliebtes Vogelbeobachtungsrevier.

Die beste **Unterkunft** ist das schöne Pemaling, ℡ 03780/242615, ⌨ www.welcomheritage hotels.com, ❻, auf halber Strecke zwischen dem alten und dem neuen Dirang, mit gemütlichen Zimmern mit Bad und Blümchendekor sowie einem Restaurant mit wunderbarer Aussicht. Hier werden auch Wanderungen in der Umgebung und Vogelbeobachtungstouren organisiert. Die benachbarte Tourist Lodge, ℡ 03780/242157, ❹, ist eine billigere Alternative mit einfachen Zimmern, aber gleichermaßen tollen Ausblicken.

Die Straße von Dirang nach **Tawang** (Fahrzeit 10–16 Std.) ist wahrhaft spektakulär, mit Bergwäldern, Wasserfällen und Seen, grasenden Yaks und verschlafenen Dörfern mit Holzhäusern. An der Straße liegen außerdem mehrere Armeestützpunkte sowie ein Denkmal für die Gefallenen der chinesischen Invasion 1962. Über eine Serie von atemberaubenden Spitzkehren erklimmt die Straße den 4300 m hohen **Sela-Pass**, wo man im winzigen Tenzing Restaurant vor einem *bakari* (Holzofen) einen Tee trinken kann.

Die meisten Busse und Sumos halten 13 km hinter dem Sela-Pass am **Jaswant Singh Memorial**. Widersprüchliche Geschichten ranken sich um dieses Denkmal; die meisten besagen, dass dieser Soldat die vorrückende chinesische Armee 1962 ganz allein mehrere Tage aufhielt, bevor er gefangen genommen und getötet wurde.

Tawang

Rund 180 km von Bomdila entfernt liegt das eindrucksvolle buddhistische Kloster Tawang, das größte Indiens. Das Kloster dominiert das Land der Monpa. In etwa 3500 m Höhe steht es umgeben von Bergen, die fast das ganze Jahr über mit Schnee bedeckt sind. Tawang *ist* nicht nur das Ende der Welt – man fühlt sich auch so. Da es hier meistens sehr kalt ist, gehört warme Kleidung ins Gepäck.

Das **Kloster Tawang** (⏰ tgl. Sonnenauf- bis Sonnenuntergang; Fotoapparat Rs20, Video Rs100) liegt ein paar Kilometer hinter der Stadt. Erbaut wurde es im 17. Jh., als diese Gegend noch zu Großtibet gehörte. Es ist die Geburtsstätte des sechsten Dalai Lama. Der farbenfrohe Komplex mit Festungscharakter liegt ein paar Kilometer außerhalb, wird von ca. 500 Mönchen bewohnt und ist für seine Manuskriptsammlung und seine tibetische *thangka*-Kunst berühmt. Dort gibt es ein kleines **Museum** (Eintritt Rs20) mit buddhistischen Ziergegenständen und Reliquien. Der große Schreinraum ist reich verziert und beherbergt mehrere Statuen, darunter eine ausnehmend schöne 1000-armige Chenresig-Figur (auch Avalokitesvara genannt). Wenn man Glück hat, laden einen die Mönche zu gesalzenem Tee mit Yakbutter ein. Sehr zum Verdruss der chinesischen Regierung besuchte der gegenwärtige Dalai Lama Ende 2009 das Kloster. Er war bereits 1959 nach seiner Flucht aus Tibet in Tawang vorbeigekommen.

Vom Haupttor aus sind zwei **Nonnenklöster** *(ani gompas)* sichtbar, die sich in der Ferne an die Steilhänge klammern. Erreichbar sind sie entweder in ein paar Stunden Fußmarsch oder mit dem Auto über eine Straße, die durch militärisches Sperrgebiet führt und daher genehmigungspflichtig ist. Zur Zeit der Recherche wurde zwischen Tawang und den *ani gompas* eine 5 km lange Seilbahn gebaut.

Tawang ist eine freundliche Stadt, in der das ganze Jahr über **Feste** gefeiert werden. Jeden Januar findet das dreitägige *torgya* statt, um böse Geister und Naturkatastrophen fern zu halten. Das einwöchige *losar* (tibetisches Neujahrsfest) wird im Februar oder Anfang März mit Tänzen und Festlichkeiten begangen.

Hinter Tawang und sehr nah an der Grenze zu Tibet liegt das Seengebiet **Bangachangsa**. Mit seinen unberührten Hochgebirgsseen, den winzigen *gompas* und den Höhlen, die mit Guru Rinpoche in Verbindung gebracht werden, ist der Ort sowohl tibetischen Buddhisten als auch den Sikhs heilig – Guru Nanak besuchte die Region zweimal, daher der kleine *gurudwara* (Sikh-Tempel).

Es gibt keine öffentlichen Verkehrsmittel hierher, aber anspruchsvolle Trekking-Touren können über das Hotel Pemaling in Dirang oder im Touristenbüro in Bomdila gebucht werden.

Übernachtung

Gorichen, an der Haupt-Marktstraße, ☏ 03794/ 224151. Gute Alternative zum Tawang Inn mit großen, holzverkleideten DZ, unzuverlässiger Elektroheizung und angenehm großen Betten. ❹

Shangri La, nahe der Busstation, ☏ 03794/ 222275. Hält nicht, was der Name verspricht, ist aber eine passable Unterkunft für Leute mit kleiner Reisekasse: spartanische, aber saubere Zimmer mit Bad, im Winter sehr kalt. ❶–❷

Tawang Inn, in einem rosa Gebäude 400 m südwestlich der Haupt-Marktstraße, ☏ 03794/ 224096. Das beste Hotel bietet komfortable Zimmer mit Bad; die im obersten Stock haben eine herrliche Aussicht. ❹–❺

Tourist Lodge, von der Haupt-Marktstraße 300 m den Berg hinauf, ☏ 03794/222359, ✉ 222567. Etwas marode Unterkunft mit qualitativ sehr unterschiedlichen Zimmern; am besten schaut man sich erst einmal einige an. ❶–❹

Essen

Das **Tawang Inn** und das **Gorichen** besitzen passable Restaurants. Das **Dragon**, an der Haupt-Marktstraße, serviert hinter seiner Rauchglas-Fassade wohl mit das beste chinesische Essen in Tawang (Rs40–70). Schräg gegen-über bringt das **Hotel Snowland** ordentliche chinesische, indische und tibetische Gerichte auf den Tisch (Rs20–50). Geschäfte und Restaurants schließen meist gegen 18 Uhr.

Sonstiges

Informationen

Die **Tourist Lodge** hat ein kleines Tourist Office, aber **Himalayan Holidays**, ☏ 03794/223151, gegenüber vom Hotel Gorichen, ist die bessere Infoquelle.

Internet

Das **Manyul Cyber Café**, an der Haupt-Marktstraße, bietet Internetzugang (Rs50 pro Std.).

Transport

Die einfache Fahrt mit dem **Taxi** zum Kloster kostet ca. Rs50. Am besten bittet man den Fahrer jedoch zu warten, denn sonst könnte es schwierig sein, ein Taxi für die Rückfahrt zu finden.

Sumos und **Busse** verkehren tgl. von Tawang nach Bomdila, Dirang und Tezpur. Tickets kann man im Voraus bei den entsprechenden Vertretungen in der Nähe des Busbahnhofs kaufen.

Täglich außer sonntags fliegen **Hubschrauber**, ☏ 0361/284 0300, von Lumla, 27 km westlich von Tawang, nach Guwahati.

Zentral-Arunachal

Die Stadt **Hapoli** in Zentral-Arunachal ist nicht allzu interessant, ist jedoch umgeben von Kiefernwäldern und einigen interessanten **Apatani-Dörfern**. Hinter Hapoli bieten die Siedlungen **Along** und **Pasighat** gute Wandermöglichkeiten.

Hapoli

Der Bergort Hapoli (ehemals Ziro), 1780 m über dem Meeresspiegel, liegt 150 km nördlich von Itanagar entfernt. Die ehemals von den Briten als Sommerresidenz genutzte Stadt hat nicht viel zu bieten, doch auf dem Markt herrscht ein geschäftiges Treiben. In mehreren Dörfern der Umgebung, die teilweise auch zu Fuß erreichbar sind, trifft man noch auf Apatani-Männer mit beeindruckenden Gesichtstätowierungen und Frauen mit Nasenschmuck aus Bambus. Nach **Old Ziro** führt ein landschaftlich schöner, 7 km langer Weg vom Zentrum in Hapoli aus. Dorthin gelangt man auch mit den halbstündlich verkehrenden Bussen. Übernachten lässt es sich in Hapoli im Hotel Blue Pine, ☏ 03788/225223 ❷–❹, in Pai Gate, 2 km außerhalb des Zentrums, das einfache Zimmer mit und ohne Bad sowie auch ein gutes Restaurant hat. Komfortabler ist die saubere und einladende Village Tourist Lodge,

☎ 9436/223233, ❹. Die NGO Future Generations vermittelt Guides und betreibt im nahen Dorf Siiro **Privatunterkünfte**, ☎ 03788/225808 oder 03788/225809, ✉ arunachal@future.org ❷–❸. In Ngunu Ziro hat die Organisation außerdem einen Kunstgewerbeladen.

Sumo-Jeeps fahren nach Along, Daporijo, Itanagar und Pasighat. Peak Tour and Travels, ☎ 03788/225221, organisiert Touren in der Umgebung.

Along und Pasighat

Im Norden und Osten bieten Along und Pasighat, die jeweiligen Distrikt-Hauptverwaltungen von West und East Siang, Trekking- und Angel-Touren an. In der Nähe von Along gibt es einige Adi-Dörfer, während die Bevölkerung in der Umgebung von Pasighat, der ältesten Stadt in Arunachal Pradesh, vorwiegend aus Mishmi besteht.

Zimmer bietet in Along das Hotel Holiday Cottage, Hospital Hill, ☎ 03783/222463 ❷–❹, eine beliebte Unterkunft mit komfortablen DZ. In Pasighat gibt es das zentral gelegene Oman Hotel, ☎ 0360/222 4464 ❷–❹, mit schlichten, sauberen Zimmer mit Bad und Warmwasser aus Eimern.

Beide Städte erreicht man von Itanagar aus auf dem NH-52 (7 Std. nach Along, 9 Std. nach Pasighat). Die Fahrt geht über **North Lakhimpur**. Von Itanagar und Hapoli verkehren Sumos; mit einem eigenen Fahrzeug ist die Fahrt aber erheblich einfacher, schneller und bequemer.

Eine halbe Taxistunde von Pasighat entfernt liegt **Oiramghat**, wo täglich eine Fähre nach Dibrugarh (S. 905) ablegt.

Ost-Arunachal

Der Nordosten

Im östlichen Arunachal werden die abgelegenen Flusstäler des Dibang und des Lohit von den Stämmen der Mishmi, Singpho und Khampti bewohnt. Die Landschaft geht von schneebedeckten Pässen in subtropische Wälder am Brahmaputra über. Zu den Highlights vor Ort zählen das hinduistische Pilgerzentrum **Parasuramkund**, eine Festung aus dem 12. Jh. in **Bhismaknagar** und der **Namdapha-Nationalpark**.

Parasuramkund und Bhismaknagar

Die heilige Hindu-Stätte **Parasuramkund** am Ufer des Lohit findet in der Chronik *Kalika Purana* als der Ort Erwähnung, an dem Parasuram sich von seinem Muttermord reinwusch. Zu Makar Sankranti (Mitte Januar), dem günstigsten Tag im Jahr, um sich von allem negativen Karma reinzuwaschen, nehmen Tausende Pilger die beschwerliche Reise hierher auf sich. Die nächstgelegene Stadt ist **Tezu** (20 km südwestlich), wo man auch Unterkünfte findet, darunter das schlichte Osen, ☎ 03804/222776 ❷–❸.

In **Bhismaknagar**, nordwestlich von Tezu, stehen die Ruinen einer Bergfestung aus dem 12. Jh., die von dem aus der Mongolei stammenden Volk der **Chutiya** erbaut worden sein soll. Sie gelten als die älteste archäologische Stätte in Arunachal Pradesh. Die am nächsten gelegene größere Stadt ist das rund 25 km entfernte **Roing**, wo man im Circuit House, ☎ 03803/222679 ❸, oder 3 km außerhalb im Sally Lake Guest House, ☎ 03803/223061 ❸, übernachten kann.

Namdapha-Nationalpark

Der fantastische, abgelegene Namdapha-Nationalpark nahe der Grenze zu Myanmar ist einzigartig wegen seiner enormen Höhenunterschiede (200–4500 m) und bildet einen Lebensraum für Tiger, Nebelparder, Schneeleoparden, Elefanten, Kleine Pandas (Katzenbären), Hirsche und den gefährdeten Hulock-Gibbon. Allerdings sind die Chancen gering, bei einem Kurzbesuch Großwild zu sehen. Aufgrund der langwierigen und unbequemen Anreise ist es ratsam, den Park mit einem Reiseveranstalter zu besuchen, z. B. mit Purvi Discovery, Gurudongma Tours & Treks oder Jungle Travels India (s. S. 899). ⏱ Okt–April, Eintritt Rs50, Jeep Rs100, Fotoerlaubnis für normale Kamera Rs75, mit Teleobjektiv Rs400, Videoerlaubnis Rs750.

Die Parkverwaltung hat ihren Sitz in **Miao**, ☎ 03807/222249, und erledigt auch die Buchung einer Übernachtung im Forest Rest House ❸ im Hauptcamp Deban, wo man einen herrlichen Blick auf das Tal genießt. Die beiden Zimmer im obersten Stockwerk sind am besten. Außerdem gibt es rustikale Hütten ❷ und einen heruntergekommenen Schlafsaal (Rs60). Besser ist das

Eco-Tourist Guest House, ☎ 9436/228763 ❹, betrieben von einer örtlichen NGO, mit vier gemütlichen Zimmern. In allen Lodges werden einfache Mahlzeiten angeboten.

Es besteht die Möglichkeit, an einem mehrtägigen geführten Elefanten-Trek mit Camping im Park teilzunehmen (Kontakt über den Field Director in Miao).

Busse von und nach Miao kommen durch **Margherita**, 64 km südwestlich, und **Tinsukia**, 40 km südwestlich in Assam, wo es einen Bahnhof mit Verbindungen nach Guwahati gibt. **Dibrugarh** liegt noch 47 km hinter Tinsukia.

Nagaland

An der Grenze zu Myanmar, südlich von Arunachal Pradesh und östlich von Assam, liegt Nagaland – das äußerste Ende des Subkontinents. Die Berge und Täler der von den ausgesprochen unabhängigen Naga bewohnten Region wurden erst im Jahr 2000 für den Tourismus geöffnet.

Nagaland zählt für viele zu den schönsten Bundesstaaten Indiens. Die Naga waren einst als aggressive Kopfjäger gefürchtet (S. 918, Kasten). Heute besteht die Bevölkerung des Bundesstaats zu 90 % aus Christen.

Als die **Briten** Mitte des 19. Jhs. das benachbarte Assam erreichten, ließen sie anfangs die kriegerischen Stämme in Nagaland tunlichst in Ruhe. Nach fortwährenden Angriffen der Naga auf assamesische Dörfer jedoch versuchten die Briten die Stämme in ihre Berge zurückzudrängen. Die Angami-Krieger – ein Naga-Stamm – siegten zweimal über die Briten, bis sie sich schließlich 1879 endgültig geschlagen geben mussten und ein Waffenstillstand geschlossen wurde. Die Naga verhielten sich den Briten gegenüber loyal und kämpften gemeinsam mit ihnen im Zweiten Weltkrieg gegen die japanischen Invasoren. Mit der **Unabhängigkeit** Indiens wurde ihr Stammesland jedoch geteilt, und der größere Part fiel an Burma. Gandhi bat die Naga um ihren Verbleib in der neu gegründeten Indischen Union für zehn Jahre und versprach, dass sie danach ihr Schicksal selbst bestimmen könnten.

Mehr als sechzig Jahre später kämpfen die Naga noch immer für eine Heimat. Obwohl ein offizieller Waffenstillstand in Kraft ist, geht die Gewalt in Nagaland weiter: Ende 2004 wurden bei einem Bombenanschlag in Dimapur, dem verheerendsten Anschlag der letzten Jahre, 70 Menschen getötet.

Der Besuch in einem Naga-Dorf vermittelt faszinierende Einblicke in eine Lebensweise, wie sie wohl nicht mehr lange existieren wird. Die meisten Reiseveranstalter bieten derartige Touren an, doch einige Naga haben keine Lust mehr, ihre Häuser für Touristen zur Schau zu stellen. Wer die Dörfer dennoch besucht, sollte vielleicht ein kleines Geschenk mitbringen und sich vergewissern, dass der Guide den entsprechenden Dialekt beherrscht. Außerdem ist es keine schlechte Idee, dem Häuptling (oder *angh*) eine Geldspende für das Dorf anzubieten.

In der Umgebung der Hauptstadt **Kohima** gibt es einige traditionelle Angami-Dörfer, wie **Khonoma**. Von **Mon** aus lassen sich diverse Konyak-Dörfer besichtigen, darunter **Shangnyu**. Der Stamm der Ao lebt in **Mokokchung, Tuensang** ist die Heimat von sechs verschiedenen Stämmen. Der Bundesstaat eignet sich außerdem ideal zum Wandern und Mountainbiken. Gurudongma Tours & Treks (S. 899) arrangiert Touren.

Eine gute Zeit für einen Besuch in Nagaland ist die erste Woche im Dezember: Dann findet das **Hornbill Festival** statt, 🖥 www.hornbillfestival.com, mit Kunst, Tanz, Musik und Sport der Naga. Für den Besuch von Nagaland ist ein Permit erforderlich (s. Kasten S. 898).

Kohima und Umgebung

Kohima, Hauptstadt von Nagaland, wurde im 19. Jh. von den Briten neben dem gleichnamigen alten Angami-Dorf angelegt. Traditionelle Naga-Dörfer liegen in der unmittelbaren Umgebung, darunter das 20 km entfernte **Khonoma** sowie **Jakhema** und **Kigwema**.

Kohima stellt einen Pass dar, der im Zweiten Weltkrieg eine strategisch wichtige Rolle spielte. Der Highway von Imphal nach Dimapur – die Strecke, auf der die Japaner bis zum indischen

Der Nordosten

Tiefland vorzudringen hofften – überquert den Bergrücken am Soldatenfriedhof aus dem Zweiten Weltkrieg, entworfen von Edwin Lutyens, in friedlicher Lage mit Blick auf die Stadt. Der Ort ist eine ergreifende Gedenkstätte für die 10 000 Soldaten, die 1944 in der dreimonatigen Schlacht von Kohima ums Leben kamen.

Auf dem Weg vom Zentrum Richtung State Museum steht die **Kathedrale** mit dem größten Holzkruzifix Indiens.

Das faszinierende **State Museum** in der Bayavu Hill Colony, gute 20 Minuten zu Fuß vom Zentrum, beherbergt eine ausgezeichnete Sammlung mit Schmuck, Trachten, Speeren und Kunsthandwerk der Naga. ⊙ Di–So 10–16 Uhr, Eintritt Rs5.

Die große **Angami-Siedlung Kohima** überschaut von einem hohen Berg aus das moderne Kohima. Sie wurde größtenteils modernisiert, von den traditionellen Bauten mit Schrägdach

Die Naga

Naga-Krieger waren lange Zeit gefürchtet und respektiert – die **Kopfjäger** sind noch immer in lebendiger Erinnerung. Sie sind außerdem erfahrene Bauern, die 20 verschiedene Arten von Reis anbauen.

Die Naga unterscheiden zwischen der Seele und dem Geist. Die menschliche Seele wohnt im Nacken, im Kopf der Geist, der über große Macht verfügt und Glück bringt. Die Häupter der Feinde und der gefallenen Kameraden wurden einst gesammelt und zu jenen der Vorfahren gelegt. Einige Stämme schmückten ihre Gesichter mit tätowierten gewundenen Hörnern als Zeichen ihrer Kopfjagderfolge. Die Köpfe wurden in dem Haus des Dorfes aufbewahrt, in dem sich die Männer versammelten *(morung)*. Fantastische Tierschnitzereien, Elefantenköpfe und Stoßzähne gehörten ebenfalls zur Ausstattung – Beispiele dafür sieht man noch in vielen Dörfern.

Obwohl jeder Stamm einen eigenen Dialekt pflegt, ist aus den verschiedenen lokalen Sprachen und dem Assamesischen eine Mischform entstanden: die gemeinsame Sprache **Nagamesisch**.

gibt es nur noch wenige, doch das enge Labyrinth von Gassen verleiht dem Dorf ein typisches Naga-Ambiente. Getreidekörbe vor den Häusern und Tröge, in denen Reisbier hergestellt wird, gehören zu den charakteristischen Merkmalen.

Übernachtung

Fira, in der Nähe vom Japfu, ✆ 0370/224 0940. Annehmbare, etwas altmodische Zimmer und Restaurant. ❸

Japfu, am PR Hill am oberen Stadtrand, ✆ 0370/224 0211, ✉ hoteljapfu@yahoo.co.in. Zweifellos das Vorzeigehotel im Ort. Geräumige, saubere Zimmer mit Bad und Heizlüftern, freundliches Personal und ordentliches Restaurant. ❺

Pine, am Phool Bari, ✆ 0370/224 3129. Passable DZ mit Bad. ❸

Essen

Die Diät der Naga besteht hauptsächlich aus Reis, gekochtem Gemüse und viel Fleisch, das mit Ingwer oder Chili zubereitet wird. Naga-Küche wird in den Hotels **Bamboo Shoot** und **Sema** serviert.

Die meisten Restaurants schließen gegen 18 Uhr, nur das **Japfu** hat länger geöffnet.

Informationen

Das **Tourist Office**, ✆ 0370/224 3124, 🖥 www.tourismnagaland.com, befindet sich unterhalb des Hotels Japfu. ⊙ Mo–Fr 10–16 Uhr.

Transport

Busse

Von Kohima führen Straßen in westlicher Richtung zum nächsten Bahnhof und Flughafen in **Dimapur**, Richtung Norden nach Mokokchung und in südlicher Richtung nach Imphal. Von Mokokchung kommt man weiter nach Jorhat in Upper Assam.

Die meisten Privatbusse von Imphal fahren nach Dimapur durch und halten nicht im Zentrum – man muss den Fahrer bitten, dass er einen am Hotel Japfu aussteigen lässt. Staatliche Busse fahren bis zur Haltestelle im Zentrum.

Staatliche und private **Busse** fahren in alle Richtungen. Tickets für Privatbusse gibt es bei den Reisebüros in der Innenstadt und am Phool Bari. Die staatlichen Busse nach

Der Nordosten

DIMAPUR fahren etwa alle 30 Min., außerdem gibt es tgl. Verbindungen nach Mokokchung und Imphal.

Jeeps
Vom 200 m oberhalb des Busbahnhofs gelegenen Taxistand fahren regelmäßig Sumo-Jeeps nach DIMAPUR.

Khonoma und Tuophema

In Khonoma, 20 km nordwestlich von Kohima, haben die Angami-Krieger 1879 ihren letzten Kampf gegen die Briten ausgetragen. Herrliche Reisterrassen umgeben das Dorf. Sie sind von einem komplizierten Wasserrohrsystem aus Bambus durchzogen.

Hinter dem Dorf liegt das malerische, mit Wasserfällen und wunderbaren Aussichtspunkten gesegnete Dzoukou-Tal, das zu dem Schutzgebiet **Khonoma Nature Conservation and Tragopan Sanctuary** gehört. Von Kohima fahren mehrere staatliche und private Busse nach Khonoma – außerdem gibt es einmal am Tag einen Bus von Dimapur –, am besten ist jedoch ein Taxi.

41 km nördlich von Kohima, an der Strecke nach Mokokchung, liegt das authentische Angami-Dorf **Tuophema**; das Tourist Village daneben mit einem kleinen Museum haben die Einheimischen erbaut. Vor Ort kann man sich geführten Wanderungen in die Umgebung anschließen.

Als Unterkünfte stehen komfortable Naga-Hütten mit heißen Duschen bereit, ✆ 0370/227 0786, 🖥 www.touristvillage.biz, ➍–➎.

Es bestehen regelmäßig **Busverbindungen** nach Kohima (1 1/2 Std.) und Dimapur (2 Std.), für einen Tagesausflug ist aber auch hier das Taxi vorzuziehen.

Dimapur

Das lärmende und verschmutzte Dimapur, 74 km nordwestlich von Kohima, dient vor allem als Tor zum Bundesstaat.

Am Stadtrand stehen am Flussufer die **Ka-chari-Ruinen**, Fruchtbarkeitssymbole aus den Tagen des Kachari-Königreichs.

Übernachtung

Saramati, ✆ 03862/234761, ✉ hotels aramati@yahoo.co.in. Das Schwesterhotel des Japfu in Kohima ist die beste Unterkunft in der Stadt und verfügt auch über ein Restaurant. ➎

Tourist Lodge, am Nagaland-Busbahnhof, ✆ 03862/226355. Billiger, mit sauberen, wenn auch gesichtslosen Zimmern. ➌

Transport

Busse und Jeeps
Staatliche und private Busse fahren vom **Busbahnhof Nagaland** nach KOHIMA (3 Std.) ab. In der Hauptstraße am Busbahnhof halten Sumo-Jeeps mit Ziel Kohima. Private Busse nach Guwahati, Jorhat und Itanagar fahren vom **Assam Bus Stand** an der Golaghat Road jenseits der Gleise.

Eisenbahn
Dimapur ist der einzige Bahnhof in Nagaland. Es fahren Züge nach Dibrugarh, Simaluguri (in Richtung Sibsagar) und Tinsukia in Assam. Die beste Verbindung nach GUWAHATI ist der Shatabdi Express Nr. 12068 (tgl. außer So, Abfahrt 16.15 Uhr, 4 1/2 Std.).

Flüge
Der Flughafen von Dimapur liegt 6 km außerhalb der Stadt.

Mon und Umgebung

Im äußersten Nordosten von Nagaland, 200 km südlich von Dibrugarh in Assam, liegt Mon, die Regionalhauptstadt des Konyak-Stammes. Hauptattraktion ist ihre günstige Lage als Ausgangspunkt für Besichtigungen der umliegenden Dörfer. Hie und da sieht man noch ältere Konyaks mit aufwendigen Gesichtstätowierungen und Ohrringen aus Ziegenhorn. Sennunger Imsong aus Mokokchung (s. S. 920) ist ein zuverlässiger Guide, der Touristen auf Tagesausflüge begleitet.

Ein typisches Dorf ist **Shangnyu**, 23 holprige Straßenkilometer von Mon entfernt. Ein kleines Museum beherbergt eine beeindruckende

Der Nordosten

Fruchtbarkeitsskulptur aus Holz. Vor dem Museum steht eine riesige Holztrommel, wie sie die Dorfbewohner bei Festen und zum Austausch von Nachrichten verwendeten.

Zu besichtigen ist auch eine Reihe unheimlicher, hoher Steine, auf denen die Dorfbewohner einst ihre Kopftrophäen präsentierten. Das Haus des freundlichen *angh* ist mit zahlreichen Hörnern und Tierschädeln gefüllt, die seinen Status verdeutlichen.

Das Mountain View, an der lauten Hauptstraße, ✆ 03869/221730, ✉ phejin@yahoo.com ➍, bietet große, saubere Zimmer.

Nach Mon fahren **Busse** aus Dibrugarh (mind. 7 Std.) über Sibsagar in Assam, doch es empfiehlt sich die Fahrt mit einem Reiseveranstalter. Ende März bzw. Anfang April wird in der Region das **Frühlingsfest** gefeiert.

Mokokchung und Umgebung

Südwestlich von Mon und 160 km (5 Std. mit dem Jeep) nördlich von Kohima liegt Mokokchung, eine pulsierende Stadt in den Bergen.

Mokokchung eignet sich gut als Basis für Abstecher in die umliegenden Ao-Dörfer, darunter das 17 km entfernte **Longkhum**, wo es ein kleines Museum und ein Guesthouse gibt. Der Guide Sennunger Imsong bietet Tagesausflüge an, unter anderem nach Tuensang. Seine Tante Apokla vermietet ein nettes Doppelzimmer mit Bad (Mahlzeiten inkl.) im Tongpok Abode, ihrem Haus im Dilong Ward von Mokokchung, ✆ 0369/222 7030, ✉ imsong2003@rediffmail. com. ➌

115 km südöstlich von Mokokchung liegt die Stadt **Tuensang** im Zentrum einer Region, die von sechs verschiedenen Stämmen bewohnt wird, den Phom, Khiamniungan, Chang, Yimchunger und Sangtam.

Von Tuensang führt eine zweitägige Fahrt nach **Thanamir**, Ausgangspunkt für eine atemberaubende, zweitägige Trekking-Tour über Dörfer verschiedener Stämme zum **Mount Saramati**, dem höchsten Gipfel in Nagaland (3826 m) in der Grenzregion zu Burma. Unterwegs gibt es einfache Übernachtungsmöglichkeiten in **Kiphere** (Kontakt über die Familie Imsong).

80 km südlich von Mokokchung liegt **Wokha**, ein günstiger Zwischenstopp am NH-61 auf dem Weg nach Kohima. Gurudongma Tours & Treks (S. 899) veranstaltet Kulturreisen und Mountainbike-Touren in der Region.

Mizoram

Schlägt man von Assam die südliche Richtung ein, gelangt man nach Mizoram – „das Land der Hochländer", wo eine kurvenreiche Bergstraße in die mit Bambuswäldern überzogenen Berge führt. Mizoram ist eine sanfte, ländliche Region und die **Mizo** sind gastfreundliche Menschen, die nur selten mit Touristen in Kontakt kommen. Überall stehen weiß getünchte christliche Kirchen in der Landschaft, ein Bild, das den Besucher eher an Mittelamerika erinnert als an einen indischen Bundesstaat zwischen Myanmar und Bangladesch.

Die Mizo, die aus den Chin-Bergen in Myanmar kamen und auch Lushai heißen, überfielen bis ins späte 19. Jh. hinein regelmäßig die Teeplantagen des Assam Valley. Erst 1924 konnte die britische Verwaltung wenigstens den Anschein einer Kontrolle erwecken. Sie öffneten die Region für Missionare, die die Mehrheit der Bevölkerung zum Christentum bekehrten.

Aizawl, die Hauptstadt von Mizoram, erstreckt sich an unvorstellbar steilen Hängen. Im Herzen des Staates bewohnen traditionelle Mizo-Gemeinden die Gebirgskämme. Jedes Dorf wird von dem Haus seines Oberhauptes und dem *zawlbuk* (Heim für Junggesellen) dominiert. Die Mizo sind ein egalitäres Volk ohne Klassenunterschiede und Geschlechterdiskriminierung. Es ist Brauch, dass niemandem aufgrund seines Geschlechts oder seiner Klasse Nachteile entstehen dürfen, und die Mizo sind sehr stolz auf ihren uralten *tlawmgaihna*-Brauch, ein Ehrenkodex der Gastfreundschaft. Die Alphabetisierungsrate liegt bei 95 % und viele sprechen sowohl Mizo als auch Englisch. Sie sind zudem kulturell stärker vom christlichen Westen beeinflusst als durch das übrige Indien.

Für die Einreise ist eine Genehmigung erforderlich (S. 898).

Aizawl

Eine der abgelegensten Landeshauptstädte Indiens ist Aizawl. Die Stadt verteilt sich in 1250 m Höhe weitläufig über die Steilhänge eines Gebirgskamms. Obwohl man rundherum auf Hügel und nicht auf schneebedeckte Gipfel blickt, vermittelt die Stadt doch den Eindruck einer Hill Station im Himalaya. Monumente oder Tempel sucht man mehr oder weniger vergebens, die Märkte sind sehenswert. Die Einrichtungen haben Sonntags geschlossen, wenn hier fast jeder in die Kirche geht. Die ländliche Umgebung von Aizawl ist leicht per Bus oder zu Fuß erreichbar.

Zarkawt ist das zentrale Innenstadtviertel. Die Hauptattraktion in Aizawl ist der **Bara Bazaar** („Großer Basar"), auf dem alle möglichen Waren angeboten werden, von Mizo-Musik bis zu maßgefertigten Schuhen. ◷ tgl. außer So 6–15 Uhr.

Eine kleine Sammlung von traditioneller Mizo-Kleidung zeigt das **Mizoram State Museum** am MacDonald Hill. ◷ Mo–Fr 9–17, Sa 9–13 Uhr, Eintritt Rs5.

Es gibt viele Aussichtspunkte mit unglaublichen Panoramablicken; zu den schönsten zählen die Blicke vom **Chaltlang Hill**, weit oberhalb von Chandmari im Norden, und vom Theological College, hoch über dem enormen Spalt an der Straße nach Aizawl.

Die **Durtlang-Berge**, unmittelbar nördlich von Aizawl, und **Luangmual**, 7 km westlich, eignen sich gut für nette Spaziergänge – beide können im Rahmen einer Tagestour erreicht werden. Die Busse nach Luangmual fahren vor dem Salvation Army Temple ab.

Übernachtung

Aizawl verfügt über ein gutes Angebot an Budget- und Mittelklassehotels, aber Hotels der gehobenen Klasse machen sich rar.

Ahimsa, Zarkawt, ✆ 0389/234 1133. Eines der besseren Hotels von Aizawl mit passablem Restaurant, zentral gelegen, komfortable Zimmer mit Bad, Blick über die Dächer. ❸–❹

Berawtlang Tourist Complex, Zemabawk, 6 km außerhalb, ✆ 0389/235 2067. Rustikale Cottages auf einem Hügel in ländlicher Umgebung mit herrlicher Aussicht; sehr gutes Restaurant. ❷–❸

David's Clover, Zarkawt, ✆ 0389/230 5736. Solides Mittelklassehotel mit komfortablen Zimmern mit Bad und TV, Kühlschrank und WLAN. ❺

Ritz, Bara Bazaar, nahe Machhunga Point, ✆ 0389/231 0409, 🖳 www.ritzaizawl.com.

Bambus, Ratten und Revolution

Die beiden wichtigsten Bambusarten in Mizoram blühen alle 48 bis 50 Jahre und ziehen dann Massen von Ratten an, deren Fruchtbarkeitsrate sich vervierfacht. Die Ratten wiederum fressen die Ernte und verursachen so Hungersnöte. Als dies im Jahr 1959 zum ersten Mal passierte, war die Regierung darauf überhaupt nicht vorbereitet. Daraufhin gründete der Ratsangestellte **Laldenga** die **Mizo Famine Front (MFF)**. Die ursprünglich zur Bekämpfung der Hungersnot gegründete Organisation wandelte sich zur **Mizo National Front (MNF)**, einer Guerillagruppe, die für die Unabhängigkeit kämpfte. Die rüde Antwort der Regierung, die 1967 die Bewohner von Mizoram in bewachte Dörfer mit Ausgangssperre verfrachtete, bescherte der MNF nur weiterer Zulauf. Jedoch war die dann erfolgende Unabhängigkeit Bangladeschs ein schwerer Schlag für die MNF, die auf die Unterstützung durch Pakistan angewiesen war. Gemäßigte Vertreter beider Seiten schafften es dann, die MNF an den Verhandlungstisch zu bringen. Das Ergebnis: Für ein Ende des Aufstandes wurde 1986 ein eigener Staat in Aussicht gestellt. Heute ist Mizoram die friedlichste der „sieben Schwestern". 2007 blühte allerdings wieder der Bambus, die Rattenpopulationen wuchsen und die Ernten wurden vernichtet. Obwohl die Behörden dieses Mal etwas besser vorbereitet waren, reagierte die Zentralregierung in Delhi nur mit Verzögerung und viele Menschen litten große Not.

Der Nordosten

Gutes, bei Geschäftsleuten beliebtes Hotel;
freundliches Personal, Zimmer meist mit
Bad und TV, empfehlenswertes Restaurant.
❸–❺

Essen

Einige einfache Restaurants in der Gegend
von Bara Bazaar servieren traditionelle
Mizo-Gerichte, die meist mild gewürzt sind.
Blue Berry, im Hotel Ritz. Gutes Restaurant mit
einer breiten Auswahl an Fisch- und Garnelen-
gerichten. Hauptgerichte Rs75–265.
David's Kitchen, im David's Clover Hotel. Das
beste Restaurant der Stadt serviert indische
und chinesische Gerichte, z. B. saftiges
rogan josh mit Hammelfleisch. Hauptgerichte
Rs75–265.

Sonstiges

Geld
Die **State Bank of India**, beim First AR Ground,
hat einen Wechselschalter und einen Geld
automaten.

Informationen
Die **Touristeninformation** ist im Chandmari-
Viertel, ✆ 0389/231 2475, ⏰ Mo–Fr 9–17 Uhr.

Transport

Die einzig empfehlenswerte Route aus
Mizoram heraus führt nach **Silchar**, das 180 km
weiter nördlich in Assam liegt. Die besten
Verkehrsmittel nach Silchar (4–6 Std.) sind
die **Jeeps**. Es gibt mehrere Vertretungen in
Zarkawt.

Busse
Auch private Busgesellschaften in Zarkawt
bieten Verbindungen nach Silchar.
Nach SHILLONG und GUWAHATI fahren
sowohl Sumos als auch private Busse (jeweils
14–18 Std.).

Flüge
Vom Flughafen, 35 km westlich, gehen
Flüge nach Guwahati, Imphal und Kolkata.
Ein Taxi zum Flughafen kostet rund
Rs500.

Manipur

Manipur erstreckt sich entlang der Grenze zu
Myanmar über eine weite Ebene, die von dem
südlich seiner Hauptstadt **Imphal** gelegenen
Seensystem bewässert wird. In dieser fast vergessenen Region sind die **Meithi** zu Hause. In
der Abgeschiedenheit haben sie ihre eigene,
faszinierende Version des Hinduismus entwickelt. Manipur erinnert von der Atmosphäre
eher an Südostasien als an Indien, und viele Einheimische sprechen weder Englisch noch Hindi.

Obwohl in der Gegend um Imphal heute kaum
ein Baum zu sehen ist, sind die entlegenen Berge noch immer bewaldet und bieten exotischen
Vögeln und Tieren ein Zuhause, z. B. dem Fle-
ckenlinsang, der Fasanenart Blyth-Tragopan
und dem Nebelparder sowie einer ungemeinen
Orchideenvielfalt. Der einzigartige **Loktak Lake**
ist der natürliche Lebensraum des Manipur-
Leierhirsches.

Die **Geschichte** von Manipur kann bis zur
Gründung der Stadt Imphal im 1. Jh. v. Chr.
zurückverfolgt werden. Nach langen Phasen
unabhängiger und stabiler Regierung fiel es
1826 an Indien, bevor es 1891 unter britische
Kontrolle geriet. Während des Zweiten Welt-
krieges besetzten die Japaner einen Großteil
von Manipur, 250 000 britische und indische
Soldaten waren während der Belagerung drei
Monate lang in Imphal eingeschlossen und hätten ohne die Luftbrücke der Royal Air Force von
Agartala aus sicher nicht überlebt. Als die japanischen Truppen den Befehl zur Beendigung
der Imphal-Offensive erhielten, bedeutete dies
auch das Ende ihres Eroberungszuges in Indien.
1972 wurde Manipur selbstständiger indischer
Bundesstaat.

Seither erschüttern den Staat immer wieder
Wellen von Gewalt, wenn es um den Kampf für
mehr Selbstbestimmung und Konflikte zwischen
Kuki und Naga geht. **Unruhen** sind an der Tagesordnung; 2009 forderte dieser Kampf fast 400
Todesopfer. Zur Zeit der Recherche riet das Auswärtige Amt von Reisen in die Region ab, abgesehen von notwendigen Reisen nach Imphal (nur
per Luft). Die folgenden Abschnitte wurden daher
für die vorliegende Ausgabe nicht aktualisiert.

Der Nordosten

Touristen sollten sich zuvor über die aktuelle Sicherheitslage informieren und sich bei einer Reise auf keinen Fall zu weit von der Hauptstadt entfernen. Anforderungen für Genehmigungen s. S. 898.

Imphal und Umgebung

Von fernen Hügeln umringt, liegt Imphal, die Hauptstadt von Manipur, auf einem Plateau in 785 m Höhe. Spektakuläres sollte man hier nicht erwarten. Das Zentrum von Imphal liegt einge- zwängt zwischen der Prachtstraße Kanglapat und dem trägen Fluss Nambu. Dominiert wird es von einem **Polofeld**. Einer Legende zufolge ist das Manipuri-Spiel *sagol kangjei* der Ursprung des modernen Polospiels. Das Ehrenmal **Sha- heed Minar** erinnert an den Meithei-Aufstand gegen die britischen Besatzer im Jahr 1891. Gleich südöstlich liegt das **State Museum**; ⊙ tgl. außer Mo 10–16.15 Uhr, Eintritt Rs2.

Entlang der Kangchup Road im Herzen von Imphal findet jeden Tag der **Khwairamband- Markt** statt. Über 3000 Meithei-Frauen bieten hier ihre Waren feil. Damit ist dieser Markt der größte seiner Art in ganz Asien.

Südlich des alten Palastkomplexes ist zwi- schen den Palmen die goldene Kuppel des **Shri Govindjee** zu sehen.

Langthabal, das 8 km südlich von Imphal an der Straße nach Myanmar auf einem kleinen Hü- gel thront, überblickt die University of Manipur und lockt Besucher mit einer Palastruine, Tem- peln und Zeremoniebauten an. Das **Khongham- pat Orchidarium**, 12 km nördlich von Imphal am NH-39, zeigt über 100 Orchideenarten.

Übernachtung und Essen

Imphal hat einige recht gute **Hotels**, darunter: ITDC Imphal, North AOC, Dimapur Rd, ✆ 0385/ 222 0459, ❸–❹; Anand Continental, Khoyathong Rd, ✆ 0385/222 3422, ❸–❹; Nirmala, MG Avenue, ✆ 0385/222 9014, ❸–❺; und White Palace, MG Avenue, ✆ 0385/ 222 05999, ❶–❸. Das beste **Restaurant** ist das Host im Anand Continental. Bars gibt es nicht .

Sonstiges

Geld
Die **State Bank of India**, MG Ave., wechselt Geld.

Genehmigungen
Reisende können sich Genehmigungen beim **Foreigners' Registration Office**, nahe der Hauptpost an der Secretariat Road, bestätigen lassen.

Informationen
Das **staatliche Tourismusbüro** hat seinen Sitz im Hotel Imphal nördlich des Palastes an der großen Dimapur Rd, ✆ 0385/222 0802. ⊙ April–Sep Mo–Sa 9.30–17, Okt–März 9.30– 16.30 Uhr, 2. Sa im Monat geschl. Das Büro von **India Tourism** ist in der Jail Rd, ✆ 0385/222 1131, ⊙ Mo–Sa 9.30–17.30 Uhr.

Post
Die Hauptpost ist in der Secretariat Rd.

Transport

Busse
Staatliche Busse halten neben dem Polofeld, private Busse vor ihren jeweiligen Vertretungen, von denen die meisten in der MG Avenue, 200 m nördlich des Khwairamband Bazaar, zu finden sind.

Die Busverbindung nach GUWAHATI ist gut, die rund 580 km lange Fahrt dauert etwa 12 Std. Mehrere private Busgesellschaften fahren von der MG Avenue in der Nähe der State Bank of India ab und halten zusätzlich an der DM Rd vor dem Hotel Tampha. Der NH-39 verbindet Imphal mit Kohima in Nagaland und führt weiter nach Dimapur, dem 215 km entfernten nächst- gelegenen Bahnhof. Auf dieser Strecke ist eine Genehmigung für Nagaland erforderlich. Tägliche Busse nach DIMAPUR (6 Std.) fahren um 6 Uhr ab und halten unterwegs in Kohima. Die 200 km lange Fahrt nach SILCHAR (14 Std.) ist ein Alptraum; das Flugzeug ist unbedingt vorzuziehen.

Flüge
Vom Flughafen von Imphal, 6 km südlich der Stadt, gibt es Flüge nach Aizawl, Agatala, Delhi, Guwahati, Kolkata und Silchar.

Der Nordosten

Loktak Lake

Südlich von Imphal lebt am Loktak Lake eine einzigartige Gemeinschaft von Fischern auf großen schwimmenden Inseln aus verfilzter Vegetation. Unter den Tierarten, die auf den Inseln leben, ist der Manipur-Leierhirsch. Der See gehört größtenteils zum **Keibul Lamjao-Nationalpark**. Auf **Sendra Island**, 48 km von Imphal entfernt, bietet der Tourist Bungalow, ✆ 0385/222 0802, ❶, einen guten Ausblick.

Tripura

Die grünen Berge und Täler von Tripura grenzen auf drei Seiten an Bangladesch. Seit 1949 gehört es zu Indien und ist eng mit dem Schicksal von Bengalen verbunden.

Die Teilung und die Gründung Ostpakistans (heute Bangladesch) 1948, der nachfolgende Krieg, die Hungersnöte und die Militärregime trieben Millionen Bangladescher zur Flucht nach Tripura. Dort sind sie heute der einheimischen Bevölkerung zahlenmäßig weit überlegen, was für viel Unmut sorgt.

Agartala, die Hauptstadt des Staates, ist eine Stadt mit gelassener Stimmung. Sie besitzt einen Palast und einige Tempel. Von hier aus lassen sich einfache Tagestouren nach **Udaipur** und zum märchenhaften Wasserpalais von **Neermahal** unternehmen. In wenigen Schutzge-

---

Sicherheit in Tripura

Zwar hat sich Tripura dem Fremdenverkehr geöffnet, doch stellen Unruhen und **ethnische Konflikte** weiterhin ein ernstes Problem dar, insbesondere im Norden des Staates. Zur Zeit der Recherche galt Tripura als **unsicher**, das britische Auswärtige Amt riet von Reisen in den Bundesstaat ab. Die Informationen in diesem Abschnitt wurden daher für diese Ausgabe nicht aktualisiert. Wer die Region zu besuchen beabsichtigt, sollte sich vor der Abreise unbedingt über die aktuelle Sicherheitslage informieren.

---

bieten wie Gumti, Rowa, Trishna und Sepahijala versucht man, die letzten Wälder von Tripura zu erhalten.

Agartala und Umgebung

Agartala, die Hauptstadt von Tripura, ist ein ruhiges Verwaltungszentrum. Ihre Hauptattraktion ist der strahlend weiße **Ujjayanta-Palast**, der 1901 fertig gestellt wurde. Inmitten eines formal gestalteten Parks mit künstlich angelegten Seen nimmt dieser riesige Komplex eine Fläche von gut 3 km² ein. Hier hat heute die State Legislative Assembly ihren Sitz. Auf Wunsch bekommt man eventuell einen Besucherpass für diesen Gebäudeteil. Einer der vielen öffentlich zugänglichen Tempel in der Nähe ist der **Jagannath-Tempel** mit seinem orangefarbenen Turm. Er erhebt sich jenseits der Straße über einem achteckigen Sockel.

Die meisten Einrichtungen sowie die Basare, Bushaltestellen und Behörden von Agartala konzentrieren sich im Zentrum, unmittelbar südlich des Palastes. Gegenüber der Hauptpost zeigt das **State Museum** ethnographische und archäologische Exponate. ⏰ Mo–Sa 10–17 Uhr. Das **Tribal Cultural Research Institute and Museum** in Supari Bagan liegt gut versteckt in einer Seitenstraße des Krishna Nagar-Distrikts in der Nähe des Jagannath-Tempels. ⏰ Mo–Sa 11–13 Uhr.

27 km südlich von Agartala liegt an dem großen See **Kamala Sagar** ein kleiner, bedeutender Kali-Tempel. Vor seinem aus dem 12. Jh. stammenden Sandsteinabbild von Mahishasuramardini, einer Erscheinungsform von Durga, befindet sich ein Lingam. Busse zum See fahren vom Busbahnhof Battala in Agartala ab (5x tgl., 1 Std.).

An der Straße nach **Udaipur**, 35 km südlich von Agartala, erstreckt sich das Naturschutzgebiet **Sepahijala** mit See, Zoo und botanischem Garten. Hier sind der Hulock-Gibbon und der Goldlangur heimisch. Im schönen **Abasarika Bungalow** gibt es komfortable Zimmer im Dschungelambiente, die im Voraus beim Forestry Office, Agartala, 2 km die Airport Road hinauf auf der linken Seite, ✆ 0381/222 2224, gebucht werden können; ❶. Sämtliche Busse nach Udaipur kommen am Park-Eingang vorbei.

Agartala

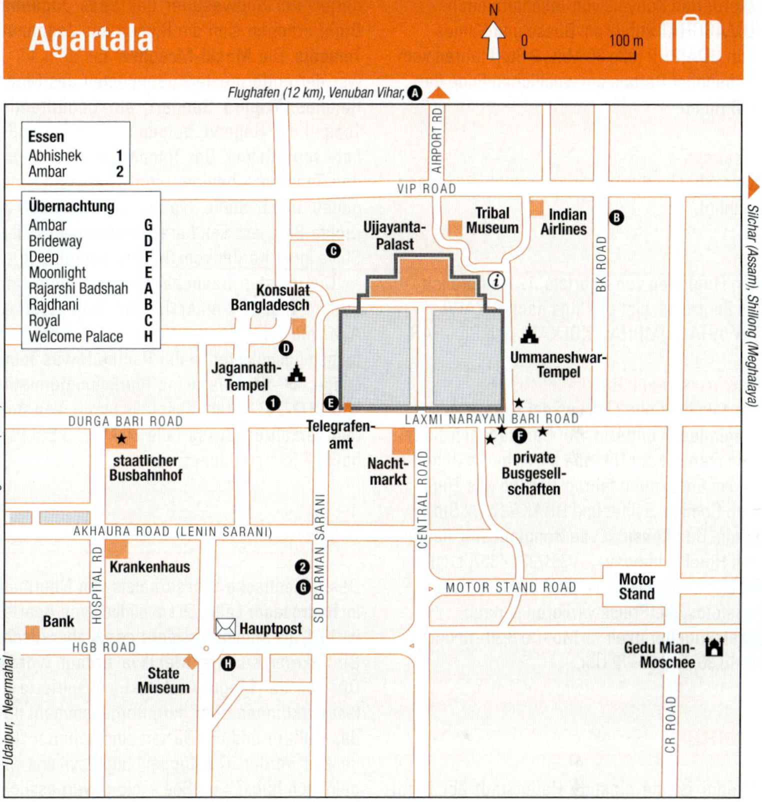

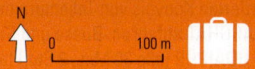

N 0 — 100 m

Flughafen (12 km), Venuban Vihar, **A**

Essen
Abhishek	1
Ambar	2

Übernachtung
Ambar	G
Brideway	D
Deep	F
Moonlight	E
Rajarshi Badshah	A
Rajdhani	B
Royal	C
Welcome Palace	H

Silchar (Assam), Shillong (Meghalaya)

Bangladesch (2 km)

AIRPORT RD

VIP ROAD

Tribal Museum
Indian Airlines **B**

Ujjayanta-Palast **C**

BK ROAD

i

Konsulat Bangladesch

Jagannath-Tempel **D**

Ummaneshwar-Tempel

E Telegrafen-amt

LAXMI NARAYAN BARI ROAD

F

DURGA BARI ROAD

staatlicher Busbahnhof

Nacht-markt

private Busgesell-schaften

CENTRAL ROAD

SD BARMAN SARANI

AKHAURA ROAD (LENIN SARANI)

HOSPITAL RD

Krankenhaus

2
G

MOTOR STAND ROAD

Motor Stand

Bank

Hauptpost

HGB ROAD

State Museum

H

Gedu Mian-Moschee

CR ROAD

Busbahnhof Battala, Udaipur, Neermahal

Übernachtung und Essen

Agartala hat ein gutes Angebot an **Hotels**, darunter:
Welcome Palace, HGB Rd, ☎ 0381/238 4940, **5**.
Ambar, SD Barman Sarani, ☎ 0381/222 3587, **2**
und **Rajdhani**, BK Rd, ☎ 0381/222 3387,
2–**5**.

Die Auswahl an **Restaurants** ist kleiner. Einen Versuch wert sind das Abhishek, Durga Bari Rd, und das Ambar, neben dem gleichnamigen Hotel.

Sonstiges

Geld
Es gibt mehrere Geldautomaten.

Informationen

Das örtliche **Touristenbüro**, ☎ 0381/222 5930, findet man in dem Flügel des Palastes.
⊙ Mo–Sa 10–17, So 15–17 Uhr.

Transport

Busse
Die **staatlichen Busse** fahren vom staatlichen Busbahnhof an der Durga Bari, Ecke Hospital Rd, im zermürbenden Stop-and-Go-Konvoi nach Silchar, Shillong und Guwahati.
Private Busse fahren von der LN Bari Rd ab, 100 m östlich vom Palast.
Von Agartala müssen alle Busse nach Norden 3x tgl. (um 6, 8 und 11.30 Uhr) in von der Armee

Der Nordosten

eskortierten Konvois von Teliamura nach KUMARGHAT abfahren. Busse und Sumos nach UDAIPUR (alle 30 Min., 2 Std.) fahren vom Busbahnhof Battala am westlichen Ende der HGB Rd ab.

Eisenbahn
Kumarghat ist für Agartala der nächstgelegene Bahnhof.

Flüge
Vom **Flughafen** von Agartala, 12 km nördlich des Zentrums, gibt es Flüge nach AIZAWL, GUWAHATI, IMPHAL, KOLKATA und SILCHAR.

Weiterreise nach Bangladesch
Agartala liegt nur 2 km von der **Grenze zu Bangladesch** entfernt. Auf Bangladesch-Seite kann man mit der Rikscha bis Akhaura Junction in 4 km Entfernung fahren, von wo aus Züge nach Comilla, Sylhet und DHAKA (2 1/2 Std.) gehen. Das **Konsulat von Bangladesch**, neben dem Hotel Brideway, ✆ 0381/222 4807, stellt an Ort und Stelle Visa aus. Man braucht zwei Passfotos, die Preise variieren je nach Staatsangehörigkeit. ⏲ Mo–Do 8.30–13 und 14–16.30, Fr 8.30–12 Uhr.

Udaipur

Udaipur ist die einstige Hauptstadt der Manikya und hat sich eine altertümliche Atmosphäre bewahrt, die man in der Metropole Agartala vergeblich sucht. Nachdem sich die Manikya erfolgreich gegen die moslemischen Herrscher Bengalens gewehrt hatten, unterwarfen sie sich schließlich den Moguln, herrschten aber weiter über ihr Reich, bis es unter britische Herrschaft

geriet. Am Südwestufer des Sees **Jagannath Dighi** erheben sich die Ruinen des **Jagannath-Tempels**. Die **Mogul-Moschee** aus dem 17. Jh. war der entfernteste Außenposten des Mogul-Reiches. **Tripura Sundari**, der bedeutendste Tempel der Gegend, befindet sich 5 km außerhalb von Udaipur. Der Tempel gehört zu den 51 den Tantrikern heiligen *shakti pithas*. Er steht genau an der Stelle, wo der Legende nach das rechte Bein von Sati herabgefallen sein soll, als Shiva ihren Körper vom Scheiterhaufen trug.

Die meisten Besucher kommen nach Udaipur im Rahmen einer langen Tagestour von Agartala aus, doch es gibt auch Übernachtungsmöglichkeiten in der Pantha Niwas Tourist Lodge, ❶–❷. Eine kleine **Touristeninformation**, ✆ 0381/222432, steht ebenfalls bereit. Von Agartala verkehren **Busse** (alle 30 Min., 2 Std.) und häufige Sammel-**Jeeps**.

Neermahal

Das romantische Wasserpalais von Neermahal im **Rudrasagar Lake**, 55 km südlich von Agartala, ist 1930 als Sommerresidenz des Maharadschas Bir Bikram Kishore Manikya erbaut worden. Der von der Mogul-Architektur inspirierte Palast wirkt innen eher heruntergekommen, doch das Äußere und die Gärten sind schön instand gesetzt worden. Die Kuppeln und Pavillons spiegeln sich hübsch im See – ein unvergesslicher Anblick. ⏲ tgl. 9–18 Uhr.

Der See liegt 1 km von der Stadt Melaghar entfernt, von wo aus **Busse** nach Agartala (alle 30 Min., 2 Std.) und Udaipur (alle 30 Min., 1/2 Std.) verkehren. Übernachten kann man in der Sagarmahal Tourist Lodge, ✆ 0381/264418, ❸, die auch über ein Restaurant verfügt.

Anhang

Sprachführer

In Indien werden nicht weniger als 22 verfassungsmäßig anerkannte Hauptsprachen gesprochen. Daneben gibt es noch zahlreiche Sprachen kleinerer Bevölkerungsgruppen und über tausend Dialekte. Als Indien nach der Unabhängigkeit neu strukturiert wurde, zog man die Bundesstaatsgrenzen größtenteils nach linguistischen Regionen. Angesichts der Tatsache, dass man sich so gut wie überall im Land auf Englisch verständigen kann, besteht für Reisende keine zwingende Notwendigkeit, das im Norden vorherrschende Hindi zu erlernen, doch wer ein paar Worte auf Hindi – bzw. in Goa auf Konkani, der dortigen Amtssprache – parat hat, trägt an diesem Wissen nicht schwer und wird davon nur profitieren.

Nützliche Wörter und Sätze auf Hindi

Grußformeln

Gruß *namaste* (mit in Brusthöhe zusammengepressten Handflächen wie zum Gebet gesprochen – nicht gegenüber Moslems)
Hallo *namaskar* (nicht gegenüber Moslems)
Gruß *as salaam alaykum* (gegenüber einem Moslem)
Antwort *alaykum as salaam*
Auf Wiedersehen *Namaste*
Bis später *phir mileynge*
Auf Wiedersehen (zu einem Moslem) *khudaa haafiz* (Gott segne dich)
Wie geht es Ihnen? (förmlich) *Aap kaise hai?*
Wie geht es dir? (vertraut) *Kya hal hai?*
Bruder (informell; keine Anrede für ältere Männer) *bhaaii*
Schwester (informell; keine Anrede für ältere Frauen) *diidi*
Herr *sahib*
Herr *hazur* (nur für Moslems)

Grundwortschatz

ja *haa oder ji haa*
nein *nahi oder ji nahi*
in Ordnung/gut *acha oder tiik hai*
ich *mai*
Sie *aap* (formal, üblich)
du *tum* (sehr familiär; auch zu Kindern)
und/mehr *aur*
wie? *kaise?*
wie viel? *kitna?*
danke/bitte *dhanyavad/shukriya* (formell; Inder sagen bei alltäglichen Handlungen, z. B. wenn sie etwas kaufen, normalerweise nicht danke. Es gibt keine direkte Entsprechung für das deutsche „bitte", das auf „danke" folgt).
gut *acha*
sehr gut *bahut acha*
schlecht *buraa*
groß *barra*
klein *chhota*
heiß *garam*
kalt *thanda*
scharf *mirchi*
sauber *saaf*
schmutzig *gandaa*
offen *khulaa*
teuer *mehngaa*
bitte komm! *aiiye*
geh! *jao*
verschwinde! *bhaago*
genug *bas*

Einfache Sätze

Mein Name ist …
Mera naam … hai.
Wie heißen Sie? (förmlich)
Aapka naam kya hai?
Wie heißt du? (vertraut oder zu Kindern)
Tumhara naam kya hai?
Ich komme aus …
Mai … se hu.
Wir kommen aus …
Hum … se hai.
Woher kommen Sie?
Aap kaha se aate hai?
Ich verstehe.
Samaj gayaa.
Ich verstehe nicht.
Samaj nahin aayaa.
Ich weiß nicht.
Maluum nahi.
Ich spreche kein Hindi.
Mai Hindi nahi bol sakta hu.

Bitte sprechen Sie langsam.
Dhiire boliye.
Entschuldigung.
Ma´af kiijiye.
Ist das in Ordnung?
Tiik hai?
Wie viel?
Kitna paisa?
Was kostet das?
Yeh kitne ka hai?
Das brauche ich nicht
Nahi chai´iya (wörtlich: „wird nicht gebraucht"); nützliche Redewendung, wenn sich Schlepper nicht abschütteln lassen wollen.
Haben Sie ...?
... hai?
Mir/uns gefällt es.
Acha lugta hai.
Wie geht´s?
Kya haal hai?
Es geht mir gut.
Tiik hai.
Was sind Sie von Beruf?
Kya kam karte hai?
Haben Sie Brüder oder Schwestern?
Bhaai behan hai?

Transport
Wo ist ...?
... kaha hai?
Ich möchte nach ...
Mai ... jaana chaata hu.
Wo ist das?
Kaha hai?
Wie weit?
Kitna duur?
Welcher Bus fährt nach Agra?
Agra ki bas kaha hai?
Wann fährt der Zug ab?
Gaarii kab jayegi?
Halt!
Ruko!
Warte!
Thehero!

Übernachtung
Ich brauche ein Zimmer.
Mujhe kamra chai´eeya.

Wie viel kostet das Zimmer?
Kamra kitne ka hai?
Ich bleibe für eine Nacht.
Mai ek raat ke liiye theheroonga.

Gesundheit
Ich habe Kopfschmerzen.
Sir me dard hai.
Ich habe Magenschmerzen.
Mere pate me dard hai.
Hier tut es weh.
Dard yaha hai.
Wo ist die Arztpraxis?
Daktar ka clinic kaha hai?
Wo ist das Krankenhaus?
Haspital kaha hai?
Wo ist die Apotheke?
Dawaaii khana kaha hai?

Medizin	*dawaaii*
krank	*bimar*
Schmerz	*dard*
Magen	*pate*
Auge	*aank*
Nase	*naak*
Ohr	*kaan*
Rücken	*piith*
Fuß	*paao*

Zahlen
0	*shunya*
1	*ek*
2	*do*
3	*tiin*
4	*char*
5	*paanch*
6	*che*
7	*saat*
8	*aath*
9	*nau*
10	*das*
11	*gyaarah*
12	*baarah*
13	*terah*
14	*chaudah*
15	*pandrah*
16	*solah*
17	*satrah*
18	*athaarah*

19	*unniis*
20	*biis*
30	*tiis*
40	*chaaliis*
50	*pachaas*
60	*saath*
70	*sattar*
80	*assii*
90	*nabbe*
100	*ek sau*
1000	*ek hazaar*
100 000	*ek lakh*
10 Millionen	*ek crore*

Zeitangaben

heute	*aaj*
morgen/gestern	*kal*
Tag	*din*
Nachmittag	*dopahar*
Abend	*shaam*
Nacht	*raat*
Woche	*haftaah*
Monat	*mahiinaa*
Jahr	*saal*
Montag	*somvaar*
Dienstag	*mangalvaar*
Mittwoch	*budhvaar*
Donnerstag	*viirvaar*
Freitag	*shukravaar*
Samstag	*shanivaar*
Sonntag	*ravivaar*

Kulinarisches Glossar

Allgemeines

khaana	*Essen*
chawaal	*Reis*
chamach	*Löffel*
chhoori	*Messer*
kanta	*Gabel*
plate	*Teller*
chini	*Zucker*
chini nahi	*bitte ohne Zucker (z. B. im Tee)*
jaggery	*Rohzucker*
namak	*Salz*
mirch	*Pfeffer*
mirchi	*scharf (Chili)*

mirchi kam	*weniger scharf*
garam	*heiß*
thanda	*kalt*

dahi Joghurt
dhal Linsencurry, manchmal auf eine Art Eintopf reduziert; traditionell eine Beilage zu allen indischen Gerichten
garam masala pikante Gewürzmischung
ghee geklärte Butter; oft anstelle von Öl zum Kochen benutzt oder um dem Essen Geschmack zu verleihen
gravy jede Art von Currysauce; hat nichts mit dem engl. *gravy* zu tun
jeera Kumin
lal mirch roter Pfeffer
masala Allgemeinbegriff für eine Gewürzmischung oder etwas Würziges
methi Ingwer
paan verdauungsförderndes Mittel; S. 52
paneer unfermentierter Käse
sabji jede Gemüseart

Getränke

bhang lassi mit *bhang* (Cannabis) versetzter *lassi*
botal vaala paani Mineralwasser
chai Tee
doodh Milch
falooda traditionelles Mogul-Dessert, normalerweise aus Milch, Eiscreme, Nüssen und Zucker hergestellt
kaapi oder kaafi Kaffee
lassi Joghurtgetränk, entweder ohne Zusatz oder mit Salz oder Obst verfeinert
pani Wasser
peenay ka pani Trinkwasser (kein Mineralwasser)

Fleisch und Fisch

chingri	*Garnelen*
gosht	*Fleisch, meist Lamm*
keema	*Hackfleisch*
macchi	*Fisch*
murg	*Huhn*

Gemüse und Obst

aam	*Mango*
alu	*Kartoffeln*

baingan	Auberginen
bhindi	Okraschoten
chana	Kichererbsen
gaajar	Karotte
gobi	Blumenkohl
kaddoo	Kürbis
kela	Banane
palak	Spinat
piaz	Zwiebeln
sabji	Gemüse (wörtlich: „Grünzeug")
santaraa	Orange
seb	Apfel
sag	Spinat
tamatar	Tomate

Gerichte und Zubereitungsarten

alu baingan Kartoffeln und Auberginen; meistens mild bis mittelscharf

alu gobi Kartoffeln und Blumenkohl; meistens mild

alu methi Kartoffeln mit Kari-Blättern; normalerweise mittelscharf

alu muttar Kartoffeln- und Erbsencurry; meistens mild

baingan bharta Püree aus gebackenen Auberginen, mit Zwiebeln gemischt

bhindi bhaji gebratene Okraschoten; mild gewürzt

bhuna gebratenes, anschließend angedicktes Curry; mittelscharf

biriyani Reis mit Safran oder Kurkuma, ganzen Gewürzen, Fleisch (manchmal auch Gemüse) und oft einem hart gekochten Ei

chana masala gewürzte Kichererbsen, normalerweise mittelscharf

cutlet Hacksteak – oft Hackfleisch oder klein gehacktes Gemüse, das in Form eines flachen Kuchens gebraten wird

dhal gosht mit Linsen gekochtes Fleisch; meistens scharf

dhal makhani in Sahne gekochte Linsen

dhansak Currysauce aus eingedickten Linsen; normalerweise mittelscharf

dopiaza Zwiebelsauce; mittelscharf

dum in einer Kasserole gedämpft; das am weitesten verbreitete Gericht ist *dum aloo* mit Kartoffeln

jalfrezi Gericht, das mit Tomaten und grünen Chilis gekocht wird; mittelscharf

karahi gusseiserner Wok und Fleischgerichte, die darin zubereitet werden; mittelscharf

karhi *dhal*-ähnliches Gericht aus Joghurt und Kichererbsenmehl; beliebt im Norden, insbesondere im Punjab und in Gujarat

kofta Gemüse- oder Hackfleischbällchen in einer Currysoße

korma milde Sauce, mit Sauerrahm (oder Sahne) zubereitet

malai kofta Gemüsebällchen (Lotuswurzel-bällchen) in einer sämigen Sahnesoße; normalerweise eher mild

momo tibetische Knödel mit Gemüse- oder Fleischfüllung

mughlai masala milde, sahnige Sauce nach Mogul-Art

mulligatawny klassische anglo-indische Gemüsesuppe, mittelscharf

murg makhani in Butter gebratenes Hühnchen

muttar paneer Curry aus *paneer* und Erbsen

palak paneer *paneer* und Spinat

pathia angedicktes Curry mit Limonensaft; scharf

pomfret ein in Mumbai und Kolkata (Kalkutta) beliebter Plattfisch

pongal würziger Reis und *dhal*

pulau Reis, sanft gewürzt und vorgebacken

raita gekühlter Joghurt, verfeinert mit milden Gewürzen, manchmal auch noch mit kleinen Gurken- und Tomatenstücken; wird normaler-weise als Beilage zu einem Hauptgericht gereicht

rasam würzige, südindische Suppe

rogan josh Lamm-Curry, ein klassisches Mughlai-Gericht; mittelscharf

sambar Linsen- und Gemüse-Curry mit Asafoetida und Tamarinde; eine Beilage zu *dosas, iddlis* und *vadas*

shahi paneer „königliches" *paneer*; etwas luxuriösere Version eines gewöhnlichen *paneer*-Currys, manchmal zusätzlich mit Obst und Nüssen

seekh kebab an einem Spieß gegrilltes Lammhackfleisch

shami kebab kleine Hacksteaks aus Lammfleisch

sizzler Fleisch, Fisch oder Gemüse, serviert auf Metalltellern in heißem Öl *brutzelnd* – daher der Name

tarka dhal Linsen mit einer *masala* aus Knoblauch, Zwiebeln und Gewürzen

thali Kombination von vegetarischen Gerichten, Chutneys, Pickles, Reis und Brot, alles auf einem Tablett serviert

vindaloo goanisches Fleisch- (mit Essig gewürzt), manchmal auch Fisch-Curry, ursprünglich aus Schweinefleisch; sehr scharf

Brote und Pfannkuchen

appam* südindischer Reispfannkuchen mit Löchern, in der Mitte weich, wird im Wok gebacken; eine Spezialität der Malabar-Küste von Kerala

bhatura weiches Weißbrot, wird traditionell zu *chana* gereicht; weit verbreitet in Delhi

chapatti ungesäuertes Brot aus Vollkornmehl

dosa* knuspriger, südindischer Reispfannkuchen, kann verschieden zubereitet werden, am bekanntesten ist *masala dosa*, d. h. ein mit herzhaftem Kartoffelcurry gefüllter *dosa*

iddli* gedämpfter südindischer Reiskuchen, gewöhnlich mit *sambar* serviert

kaathi gefülltes Fladenbrot

kachori kleine, dicke Küchlein aus salzigem, frittiertem Brotteig

loochi *puri* aus Weizenmehl; Spezialität von Bengalen

Mughlai paratha *paratha* mit Ei

naan „aufgeblähtes", fladenartiges Weißbrot, mit Joghurt zubereitet und im Tandoor gebacken

papad oder poppadum knuspriges, dünnes Knäckebrot aus Kichererbsenmehl

paratha oder parantha Vollkornbrot, zu dünnen Scheiben gerollt und auf dem Blech gebraten; schmeckt ein bisschen wie ein zäher Pfannkuchen, manchmal auch mit Fleisch oder Gemüse gefüllt

puri knuspriges, frittiertes Vollkornbrot

roti ungenauer Begriff; oft lediglich ein anderer Name für *chapatti,* obgleich es dicker und zäher sein und im Tandoor gebacken werden sollte

uttapam* dicker, südindischer Reispfannkuchen, oft mit Zwiebeln gebacken

Snacks *(chaat),* Süßigkeiten und Nachspeisen

barfi oder burfi traditionelle, aus Milch hergestellte Süßigkeit

bhaji oder bhajia in einer Panade aus Kichererbsenteig gebackene Gemüsesticks, als Hauptgericht oder an Straßenständen als Snack serviert

bhel puri eine Mischung aus Puffreis, Kartoffeln und knusprigen *puri* mit Tamarindensauce; eine Mumbai-Spezialität, inzwischen aber landesweit beliebt

gulab jamun eine klassische indische Süßigkeit: in Sirup getauchte gebackene Teigbällchen

halwa traditionelle Süßigkeit aus Linsen, Nüssen und Obst, wird in einer großen Backform gebacken und dann in kleine Vierecke geschnitten

jalebi frittierte Weizenmehlkringel mit Zuckersirup

raj kachori knuspriges *puri*, normalerweise mit Kichererbsen gefüllt und mit Rahm und Sauce übergossen

kheer leckerer Reispudding nach Mogul-Art

kulfi indische Eiscreme, oft mit Pistaziengeschmack

ladoo (oder ladu) Süßspeise aus kleinen Grießbällchen

pakora in einer Panade aus Kichererbsenteig gebackene Gemüsestücke; gern gekaufter Straßensnack

rasgulla mit Rosenwasser verfeinerte Rahmkäsebällchen; beliebtes Dessert

samosa mit Gemüse und Kartoffeln (und manchmal Fleisch) gefüllte dreieckige, frittierte Teigtaschen

vada* auch als *vadai, vade, wadi* etc. bekannt, ein frittierter Linsenkuchen in der Form eines Doughnuts (mit einem Loch in der Mitte)

vada pao* *vada* mit Chutney in einem Brötchen

**südindische Bezeichnung; alle anderen Namen sind entweder Hindi-Wörter oder stammen aus der nordindischen Küche.

Konkani

Grundwortschatz

ja	*hoee*
nein	*na*
Hallo	*paypadta*
bitte	*upkar kor*
danke	*dio borem korunc*
Entschuldigung	*Upkar korkhi*

Auf Wiedersehen
  Miochay
Wie viel?
  Kitlay?
Wie viel kostet das?
  Kitlay poisha lakthele?
Ich möchte es nicht.
  Mhaka naka tem.
Ich verstehe nicht.
  Mhaka kay samzona na.
Wo ist …?
  Khoy aasa?

Strand	*prayia*
Straße	*rosto*
Kaffee	*kaafi*
Tee	*chai*
Milch	*dudh*
Zucker	*shakhar*
ohne Zucker	*shakhar naka*
Reis	*tandul*

Wasser	*oodak*
Kokosnuss	*nal*

Zahlen

1	*ek*
2	*dohn*
3	*teen*
4	*char*
5	*paanch*
6	*soh*
7	*saht*
8	*ahrt*
9	*nou*
10	*dha*
20	*vees*
30	*tees*
40	*cha-ees*
50	*po-nas*
100	*chem-bor*
1000	*ek-azaar*
100 000	*laakh*

Wochentage

Montag	*somvaar*
Dienstag	*mangalvaar*
Mittwoch	*budhvaar*
Donnerstag	*viirvaar*
Freitag	*shukravaar*
Samstag	*shanivaar*
Sonntag	*ravivaar*

Glossar

A

Aarti abendliche Tempel-Puja mit Lichtern

Adivasi offizielle Bezeichnung für Stammesangehörige

Ahimsa Gewaltlosigkeit

Amrita der Nektar der Unsterblichkeit

Anda wörtlich „Ei": Kuppelaufbau eines Stupa

Angrez Sammelbegriff für Menschen aus dem Westen

Apsara himmlische Nymphe

Arak aus Reis oder Kokosnuss gewonnenes alkoholisches Getränk

Asana yogische Sitzhaltung; eine kleine Matte, die beim Gebet und zur Meditation benutzt wird

Ashram spirituelles Lehrzentrum, Ort der religiösen Praxis

Asura Dämon

Atman Seele

Avatar Reinkarnation Vishnus auf der Erde, in Menschen- oder Tiergestalt

Ayah Kinderfrau

Ayurveda altindische Medizin, die Kräuter, Minerale und Massagen anwendet, Näheres s. S. 63

B

Baba respektvoller Name für einen Sadhu oder einen alten Mann

Bagh Garten, Park

Baithak Empfangsraum in einem Privathaus

Baksheesh Trinkgeld, Spende; manchmal auch „erwartetes" Bestechungsgeld

Bandh Generalstreik

Bandhani Knüpfbatik

Baniya Geschäftseigentümer, Händler

Banyan großer Feigenbaum, dient traditionell als Treffpunkt oder Schattenspender für Unterricht und Meditation

Baniyan Baumwollweste

Baoli oder Baori Stufenbrunnen

Bastee oder Bustee Slumgegend

Bazaar Geschäftsviertel der Stadt; Markt

Beedi aus einem Tabakblatt gerollte Zigarette, der „Glimmstengel des armen Mannes"

Begum Mosleminnen der Oberschicht

Betel Blatt, das im *paan* mit der Nuss der Areka-Palme gekaut wird: bezieht sich im weiteren Sinne auch auf die Nuss

Bhajan Gesang zur Ehre Gottes

Bhakti religiöse Hingabe, die in einer persönlichen oder emotionalen Beziehung zu einer Gottheit zum Ausdruck kommt

Bhang Marihuana-Blatt, wird oft in *lassi* aufgelöst getrunken

Bharat mata wörtlich: „Mutter Indien"; eine Repräsentation von Indien in Person einer Muttergöttin

Bharat Hindi-Bezeichnung für Indien

Bhavan oder Bhawan Gebäude, Haus, Palast oder Residenz

Bhotia tibetischstämmiges Volk im Himalaya

Bhumi Erde

Bindu Samen; der rote Punkt (auch Bindi), den Frauen zur Zierde auf der Stirn tragen

Bodhi Erleuchtung

Bodhi-Baum oder Bo-Baum Pipal-Baum (Ficus religiosa), steht in Zusammenhang mit Buddhas Erleuchtung

Bodhisattva ein erleuchtetes Wesen (im Buddhismus)

Burj Turm oder Bastion

Burqa ein den ganzen Körper verhüllender Umhang, den orthodoxe Mosleminnen tragen

Burra-Sahib Kolonialbeamter, Chef oder wichtige Person

C

Cantonment Bezirk einer Stadt, in dem sich die Militärkasernen befinden

Cella Kammer, beherbergt oft die Statue einer Gottheit

Chaat Snack

Chaddar wörtlich: Laken, kann auch in der Bedeutung „Schal, Umschlagtuch" vorkommen

Chaitya buddhistischer Tempel oder Stupa

Chakra Scheibe; Zentrum spiritueller Kraft; Energiepunkt im Körper; Rad, das oft den Kreislauf von Tod und Wiedergeburt darstellt

Chandan Sandelholzpaste

Chandra Mond

Chang Ladakh-Bier aus fermentierter Hirse, Weizen oder Reis

Chappal Sandalen

Charas Haschisch

Charbagh Garten, der im Mogulstil in Viertelsegmente unterteilt ist

Charpoi traditionelles indisches Bett: mit Stoffgurten bespannter Holzrahmen

Chhatri Grab; Tempelpavillon mit Kuppel

Chillum zylindrische Pfeife aus Ton oder Holz zum Rauchen von *charas* oder *ganja*

Chishti ein Sufi-Orden in Nordindien

Choli kurze, eng anliegende Bluse, die unter einem Sari getragen wird

Chor Räuber, Bandit

Chorten tibet. für Stupa

Chowgan Grünfläche im Zentrum eines Ortes oder Dorfes

Chowk öffentlicher Platz, Kreuzung oder Hof

Chowki Polizeiwache

Chowkidar Wächter/Hausmeister

Coolie (Kuli) Gepäck-/Lastenträger, Arbeiter

Crore zehn Millionen

D

Dabba Lunchbox

Dacoit Bandit

Dalit „unterdrückt", „ausgestoßen". Ein Begriff, der von den sogenannten „Unberührbaren" zur Beschreibung ihrer gesellschaftlichen Stellung bevorzugt wird.

Dargah Sufi-Schrein

Darshan das Anschauen einer Gottheit oder eines Heiligen; religiöse Unterweisung erhalten

Darwaza Eingang, Tür

Dawan Diener

Deva Gott

Devadasi Tempeltänzerin

Devi Göttin

Devta Gottheit

Dhaba Halle mit Ständen, an denen lokale Speisen zubereitet und verzehrt werden

Dham wichtige religiöse Stätte oder theologisches Seminar

Dharamshala Pilgerherberge

Dharma religiöses und soziales Pflichtgefühl (Hinduismus); das Gesetz der Natur, Lehre, Wahrheit (Buddhismus)

Dhobi Wäscher

Dhoti weißes, knöchellanges, von Männern getragenes Kleidungsstück, um die Taille gebunden und durch die Beine hoch gezogen

Dhurrie Wolldecke

Digambara wörtlich „luft-gekleidet": eine Jain-Sekte, bekannt für die Sitte ihrer Mönche, nackt herumzulaufen, was allerdings nicht mehr verbreitet ist

Dikpala Wächter der vier Himmelsrichtungen

Diwan oder Dewan oberster Minister

Diwan-i-Am öffentliche Audienzhalle

Diwan-i-Khas private Audienzhalle

Dravidisch der südlichen Kultur angehörend; normalerweise bezieht sich das Wort vor allem auf die Sprachfamilie jener indigenen Völker Indiens, die nach Süden abgedrängt wurden

Du-Khang Haupttempel in einem *gompa*

Dukka Teich und Brunnen im Hof einer Moschee

Dupatta Schleier, der von hinduistischen und moslemischen Frauen zusammen mit der *salwar kamise* getragen wird

Durbar Gerichtsgebäude; Audienzsaal; Regierungstreffen

Dvarpala Wächterstatue am Eingang zu einem Heiligtum

Dzo domestiziertes Nutztier; Kreuzung von Yak und Hausrind

F

Fakir moslemischer Bettelasket

Feni Goanisches alkoholisches Getränk, das aus der Cashewfrucht oder aus Kokospalm-schößlingen abgezapftem Saft gewonnen wird.

G

Gada Keule, eine der Waffen Vishnus

Gadi Thron

Gandharvas Indras himmlische Musiker

Ganj Gegend, Viertel

Ganja Marihuanazigarette

Garbha Griha Tempelheiligtum, wörtlich „Mutterschoß"

Garh Festung

Gari Fahrzeug oder Wagen

Ghat Berg, Anlegestelle oder Treppenanlage, die zum Wasser führt

Ghazal melancholisches Urdu-Lied

Ghee geklärte Butter

Godown Lagerhaus

Go-Khang Schutzgöttern geweihter Tempel eines *gompa*

Gompa buddhistisches Kloster Tibets oder Ladakhs

Goncha knöchellanges Wollkleid der Frauen aus Ladakh

Gopi junges, Kühe hütendes Mädchen, taucht als Krishnas Spielgefährtin und Liebhaberin in der Volksmythologie auf

Gopura Turm als Eingang zu einem Tempel, in Südindien weit verbreitet

Gumbad Kuppel einer Moschee oder einer Grabstätte

Guru Religions-, Musik-, Tanz-, Astrologie- etc. Lehrer

Gurudwara Gebetshaus der Sikh

H

Haj die Pilgerfahrt eines Moslems nach Mekka

Hajji ein Moslem, der die haj unternimmt bzw. unternommen hat

Hammam Dampfbad im persischen Stil

Harijan „Kinder Gottes", von Gandhi eingeführter Name für die „Unberührbaren".

Hartal Streik

Haveli kunstvoll verziertes Haus

Hijra Eunuch oder Transvestit

Hill Station Von den Briten als Sommerfrische eingerichteter Ort in den Bergen

Hinayana wörtlich „Kleines Fahrzeug": der Name, der der ursprünglichen buddhistischen Schule von späteren Sekten gegeben wurde

Hookah Wasserpfeife, mit der man starken Tabak oder Marihuana raucht.

Howdah wuchtiger Elefantensattel, manchmal aus reinem Silber und oft von einem Baldachin überdacht

I

Idgah Gebiet im Westen der Stadt, das während des islamischen Festes Id-ul-Zuha für Gebete reserviert ist.

Imam islamischer Führer oder Lehrer

Imambara Grab eines shiitischen Heiligen

Indo-sarazenisch überladene Architektur der Raj-Zeit, die islamische, hinduistische, Jain- und westliche Elemente kombiniert

Ishwara Gott

Iwan der Haupt- (oft zentrale) Bogen in einer Moschee

J

Jagirdar Landbesitzer

Jali durchbrochenes Steingitter

Jama oder Jami Freitag; wie in Jama Masjid, d. h. „Freitagsmoschee"

Janapadas kleine Republiken und Fürstentümer; wörtlich: „Clan-Territorium"

Jangha Figurenszene an Tempelwand

Jarokha kleiner Balkon, oft mit einem Fenstersitz

Jat großes nordindisches Volk, besonders zahlenstark im östlichen Rajasthan in der Umgebung von Bharatpur vertreten

Jataka Volkserzählungen über Leben und Lehre Buddhas

Jati Geburtsgruppe (*jata* = „geboren"), Unterkaste, bestimmt durch Familie und Beruf

Jawan Soldat

Jhuta durch Lippen besudelt: Essen oder Trinken, das durch Berührung verunreinigt ist.

-ji Suffix, das zum Zeichen des Respekts an einen Namen angehängt wird

Jihad arab. „Anstrengung", auch „Kampf", bezeichnet das Streben danach, sich den Gesetzen des Islam gemäß zu verhalten; auch militärischer Einsatz für den Islam

Johar alte Praxis der Selbstopferung von Frauen in Kriegszeiten, um nicht in die Hände des Feindes zu fallen

Jyotirlinga die zwölf „großen Linga", die durch ihre Verbindung mit Shiva heilig sind

K

Kailasa oder Kailash Berg in West-Tibet: Shivas Aufenthaltsort und in der Mythologie Ursprung des Ganges und Brahmaputra, der Weltenberg im Zentrum des Universums, Meru

Kalam Malereischule

Kalasha Tempelbekrönung in Form einer steinernen Vase

Kama Befriedigung

Kangyu Lang Bibliotheksgebäude in einem Gompa, Aufbewahrungsort heiliger tibetischer Schriften

Karma die Summe aller guten und schlechten Taten, die den Status der Wiedergeburt bestimmt

Kaste der mit der Geburt erworbene soziale Status

Katcha das Gegenteil von *pukka*; unannehmbar

Kavad verzierte Schachtel, die sich in einen kleinen tragbaren Schrein verwandeln lässt

Kenotaph leeres Grab zum Gedenken an einen Toten

Khadi handgesponnene Baumwolle; Gandhis Symbol der indischen Selbstgenügsamkeit

Khan moslemischer Ehrentitel

Khejri kleiner Baum, gedeiht in der Wüste Thar in Rajasthan

Kirtan das Singen von Hymnen

Kot Fort

Kothi Residenz

Kotla Zitadelle

Kotwali Polizeidienststelle

Kshatrya Kaste der Krieger und Herrscher

Kumkum rotes Zeichen auf der Stirn einer Hindu-Frau (Witwen sollen es nicht tragen)

Kund Teich, See, Wasserreservoir

Kurta langes Männerhemd, das über weiten *pajamas* getragen wird

L

Lakh 100 000

Lama tibetischer buddhistischer Mönch und Lehrer

Lathi schwerer Stock, dient zum Aufstützen oder als Waffe

Lingam Phallussymbol in heiligen Stätten, das den Gott Shiva repräsentiert

Loka Reich oder Welt, z. B. *devaloka*, Götterreich

Lunghi männliches Kleidungsstück; ein langer Wickelrock, der in der Taille festgemacht wird und bis zu den Knöcheln reicht

M

Madrasa islamische Schule

Maha- Präfix mit der Bedeutung „groß"

Mahadeva wörtlich „Großer Gott", ein gebräuchlicher Beiname Shivas

Mahal Palast; herrschaftliches Haus

Mahant im Hinduismus ein hochrangiger Pandit, d. h. (Religions-)Gelehrter; im Sikhismus der Vorsteher eines Gurudwara (Gebetshauses)

Maharadscha (Maharana, Maharawal) Prinz; insbesondere einer, der regiert

Maharani die Frau eines Maharadscha oder die Frau, die den Rang eines Maharadscha bekleidet

Mahatma große Seele

Mahayana „Großes Fahrzeug": buddhistische Schule, die sich in ganz Südostasien verbreitet hat.

Mahout Elefantenhalter oder -führer

Maidan großes offenes Gelände, Grünanlage

Makara Krokodil-ähnliches Tier auf Tempeltüren, symbolisiert den Ganges; auch das Reittier Varunas, des vedischen Meeresgottes

Mala Halskette, Blumengewinde oder Rosenkranz

Mandala religiöses Diagramm

Mandapa Halle, oft mit vielen Säulen, die verschiedenen Zwecken dient: z. B. für Hochzeitszeremonien oder Tanzdarbietungen

Mandi Markt

Mandir Tempel

Mani-Stein Stein, in den Tibeter buddhistische Gebetsformeln einritzen

Mantra Gebetsformel; dient, wenn ununterbrochen wiederholt, auch als Meditationshilfe

Marg Straße

Masjid Moschee

Mataji bedeutet „Mutter". Wird auch als höfliche Anrede für eine ältere Frau oder einen weiblichen Sadhu gebraucht

Math oder Mutt Hindu- oder Jain-Kloster

Mayur Pfau

Medhi Terrasse

Mela Fest

Memsahib respektvolle Anrede für europäische Frauen

Mendi Henna

Mihrab Nische in der Wand einer Moschee, die die Gebetsrichtung (nach Mekka) anzeigt. In Indien befindet sich der *mihrab* in der Westwand.

Mimbar Kanzel in einer Moschee, von der aus die Freitagspredigt gehalten wird

Mithuna sexuelle Vereinigung oder Liebespärchen in der hinduistischen und buddhistischen Bildkunst

Moksha glückseliger Zustand der Befreiung vom Wiedergeburtszyklus, den Hindus und Jains anstreben

Mridangam zweifellige Fasstrommel; „König des Rhythmus und Königin der Melodie" genannt

Mudra Geste, die in vedischen Ritualen sowie in Kunst und Tanz von Hinduismus, Buddhismus und Jainismus ausgeführt wird; im Buddhismus symbolisieren die *mudras* bestimmte Aspekte Buddhas und seiner Lehre

Muezzin islamischer Gebetsrufer

Mullah islamischer Lehrer und Gelehrter

N

Nadi Fluss

Naga mythische Schlange; auch: Einwohner aus Nagaland

Natak Theaterstück

Nautch nordindischer Tanzstil

Nawab moslemischer Landbesitzer oder Prinz

Nirvana oder Nibbana die buddhistische Entsprechung von *moksha*

O

Om (auch Aum) Symbol, das den Ursprung aller Dinge bezeichnet, die höchste göttliche Essenz, wird von Hindus und Buddhisten in der Meditation gebraucht

P

Paan Betelnuss, Kalk, Kalzium und Anis, in ein Blatt gewickelt und zur Verdauungsförderung gekaut; leichtes Suchtmittel (s. S. 52)

Padma Lotus; ein anderer Name für die Göttin Lakshmi

Paise 100 Paisa entsprechen einer Rupie

Pali die Ursprache der frühen buddhistischen Schriften

Panchayat Dorfrat

Parikrama rituelles Umschreiten eines Tempels, Schreins oder Berges

Parse Anhänger des Zoroastrismus

Pind Trauerfeier am 13. Tag nach dem Tod eines Elternteils

Pir moslemischer Heiliger

Pradakshina Patha Prozessionsweg um ein Denkmal oder Heiligtum

Pranayama Kontrolle des Atems, in der Meditation angewandt

Prasad Essen, das in Tempelheiligtümern gesegnet und unter die Gläubigen verteilt wird

Prayag Glück verheißendes Zusammenfließen zweier oder mehrerer Flüsse

Puja Andacht, Ritual der Götterverehrung, Opfergabe im Tempel

Pujari Priester

Pukka reif, erwachsen, fest und stabil, auch: korrekt, recht, wie es sich gehört

Punkah handbetriebener Deckenventilator aus der Raj-Ära, wurde von einem „punkah-wallah" bedient

Punya religiöses Verdienst

Purnima Vollmond

Q

Qabr moslemisches Grab

Qawwali fromme Lieder, unter Sufis verbreitet

Qibla Mauer in einer Moschee, die nach Mekka hin zeigt

Qila Festung

R

Raag oder Raga Folge von Noten, die die Grundlage einer Melodie bildet

Raj Herrschaft; Monarchie; besonders die Zeit der britischen Kolonialherrschaft 1857–1947

Raja Herrscher, Fürst

Rajputen Adlige, die früher einen Großteil Nord- und Westindiens beherrschten

Rakshasa Dämon (Dämonin: *rakshasi*)

Rangoli geometrisches Muster aus Reispulver, das vor Häusern und Tempeln ausgelegt wird

Rani Königin oder Prinzessin der Rajputen

Rawal Oberpriester (Hinduismus)

Rinpoche wörtlich: „Kostbarer", tibetischer Ehrentitel für einen buddhistischen Lama, der als Reinkarnation eines früheren Lehrers betrachtet wird

Rishi „Seher"; philosophischer Weiser oder Dichter

Rudraksha Perlen, die benutzt werden, um Shiva-Gebetskränze herzustellen

Rumal (besticktes) Taschentuch

S

Sadar in der Bedeutung von „hauptsächlich, am größten/wichtigsten"; z. B. Sadar Bazaar

Sadhak ein Mensch, der sich der Spiritualität verschrieben hat, um mit Gott eins zu werden

Sadhu hinduistischer Heiliger ohne Kasten- oder Familienbindungen

Sagar See

Sahib respektvoller Titel für Männer; allgemeine Anrede für männliche Europäer

Salwar kamise langes Oberteil und weite, knöchellange Hosen, von Inderinnen getragen

Sambar asiatische Hirschart

Samadhi letzte Stufe der Erleuchtung; Todes- oder Begräbnisstätte eines Heiligen

Samsara Kreislauf von Tod und Wiedergeburt

Sanadarsanan besondere Zeit für *darshan*, das Erblicken der Welt der Götter

Sangam heiliger Zusammenfluss zweier oder mehrerer Flüsse; Akademie

Sangeet Musik

Sannyasi besitzloser, heimatloser Asket (Hinduismus)

Sarai Raststätte für Karawanen und Reisende auf den Handelsrouten durch Asien

Sati eine Frau, die in Nachahmung von Shivas Frau ihr Leben auf dem Scheiterhaufen ihres verstorbenen Mannes opfert. Nicht mehr üblich und offiziell verboten.

Satsang Unterweisung durch einen religiösen Führer

Satyagraha Gandhis Kampagne für gewaltlosen Protest, wörtlich „die Wahrheit begreifen"

Scheduled Castes offizielle Bezeichnung für „Unberührbare"

Sepoy ein indischer Soldat in europäischen Diensten

Seth Händler oder Geschäftsmann

Seva freiwilliger Dienst in einem Tempel oder einer Gemeinde

Shaikh moslemischer heiliger Mann

Shaiva ein Hindu, der Shiva als obersten Gott betrachtet

Shankha Muschel, Symbol Vishnus

Shastra Abhandlung

Sheesh mahal „Glaspalast"; normalerweise ein kleiner Raum oder eine kleine Wohnung, die mit Spiegelmosaiken ausgekleidet sind

Shikar Jagd

Shikhara Turm oder Spitze nordindischer Tempel

Shishya Schüler

Shloka Zeile aus einem Sanskrit-Text

Shri oder Sri respektvolles Präfix; ein anderer Name für Lakshmi

Shudra die niedrigste der vier *varna*; Diener

Singh oder Singha Löwe

Sitout Veranda

Soma Medizinpflanze mit halluzinogenen Eigenschaften, die früher bei vedischen und zoroastrischen Ritualen zum Einsatz kam

Stambha Pfeiler oder Fahnenstange

Sthala eine Stätte, die als heilig gilt, da sie mit legendären Ereignissen in Zusammenhang steht

Stupa großer, runder Hügel, der Buddhas Gegenwart repräsentiert und oft Reliquien Buddhas oder eines buddhistischen Heiligen bewahrt

Sulabh öffentliche Toilette

Surma schwarzer Kajalstift, auch *kohl*

Surya Sonne oder Sonnengott

Sutra (sutta) Verse in Sanskrit- und Palitexten (wörtlich „Leitfaden").

Svetambara „weiß gekleidet", Jain-Sekte, die im Gegensatz zu den Digambara (S. 935) Nacktheit ablehnt und Nonnen zulässt

Swami Meister; Titel für einen heiligen Mann

Swaraj „self rule"; Synonym für die Unab- hängigkeit, von Gandhi eingeführter Begriff

T

Tala rhythmischer Zyklus in der klassischen Musik; in der Bildhauerei bedeutet ein *tala* eine Gesichtslänge

Tandoor Lehmofen

Tank Teich; im Tempel wird er für rituelle Waschungen benutzt

Tanpura Saiteninstrument, das den Oberton hervorbringt, der für die klassische Musik Indiens typisch ist

Tempo dreirädriges Taxi

Thakur Landbesitzer

Thali Kombination vegetarischer Gerichte, Chutneys, Eingelegtes, Reis und Brot, vor allem in Südindien als eine Mahlzeit serviert; der Metallteller, auf dem ein Gericht dargereicht wird

Thangka tibetisches religiöses Rollbild

Theravada „Doktrin der Älteren": die ursprüngliche Bezeichnung des frühen Buddhismus, der noch heute in Sri Lanka und Thailand verbreitet ist

Thug Mitglied eines nordindischen Bundes professioneller Räuber und Mörder

Tiffin Carrier Blechbehälter zum Transport von Mahlzeiten, eine Art Henkelmann

Tilak roter Punkt, während der Andacht auf die Stirn geschmiert

Tirtha Flussüberquerung, die unter Hinduisten als heilig gilt, auch der Übergang von der Erde in den Himmel; eine Pilgerstätte der Jain

Tirthankara „Furtbereiter": einer der 24 erleuchteten, vergöttlichten Jain-Lehrer

Tola das Gewicht einer Silberrupie: 180 Gran, etwa 11,6 g

Tonga zweirädriger Pferdewagen

Topi Kappe

Torana Eingang; frei stehendes Tor aus zwei Säulen, die durch einen fein gearbeiteten Bogen miteinander verbunden sind

Trimurti die hinduistische Trinität (Brahma, Vishnu, Shiva)

Trishula Shivas Dreizack

Tuk befestigte Umfriedung eines Jain-Schreins oder Tempels

Tulku Reinkarnation eines tibetisch-buddhistischen Lehrers

U

Urs Fest zu Ehren eines moslemischen Heiligen

V

Vahana das „Fahrzeug" (Reittier) einer Gottheit: der Stier Nandi ist Shivas *vahana*

Vaishya Angehöriger der Händler- und Kaufmannskaste

Varna wörtlich „Farbe"; eine der vier hierarchischen Gesellschaftskategorien: Brahmanen, Kshatryas, Vaishyas und Shudras

Vav Stufenbrunnen, in Gujarat üblich

Veden die heilige Schriften des frühen Hinduismus

Vedika Geländer um einen Stupa

Vihara buddhistisches oder Jain-Kloster

Vimana Turm über einem Tempelheiligtum

Vina oder Veena Langhalslaute mit sieben Saiten

W

Waddo südindische Bezeichnung für ein Stadtviertel innerhalb eines Distrikts

-wallah Suffix, das auf einen Beruf hinweist, z. B. Rikscha-wallah

Wazir ranghöchster Minister des Königs

Y

Yagna vedisches Opferritual

Yaksha prä-vedische Gestalt aus dem Volksglauben, die mit Fruchtbarkeit assoziiert wird und später in die Hindu-Ikonographie übernommen wurde

Yakshi weiblicher *yaksha*

Yali mythischer Löwe

Yantra kosmologisches Piktogramm oder Modell, das in einer Sternwarte steht

Yatra Wallfahrt

Yatri Pilger

Yogi Sadhu oder Priester mit magischen Kräften, die er durch Yoga erworben hat (weibl.: *yogini*)

Yoni Symbol des weiblichen Geschlechtsorgans, findet sich um den unteren Teil eines Lingam in Tempelschreinen

Yuga die vier Weltzeitalter: das gegenwärtige, *kali-yuga*, ist das letzte des Zyklus, ein „schwarzes Zeitalter" der Degeneration und des spirituellen Niedergangs

Z

Zamindar Landbesitzer

Zenana Frauenabteilung; für Frauen abgegrenzter Bereich in einer Moschee bzw. im Haus

Bücher

Im Folgenden findet sich lediglich eine Auswahl jener Werke, die sich bei der Vorbereitung dieses Reiseführers als besonders nützlich oder unterhaltsam erwiesen haben. Die meisten sind in Deutschland, der Schweiz und Österreich, die englischen oft auch in Indien erhältlich, wo sie in der Regel erheblich billiger sind. Aufgeführt sind auch Bücher, die nicht mehr verlegt werden, aber immer noch empfehlenswert sind. Sie sind eventuell in der Bibliothek oder übers Internet zu finden. Mit * gekennzeichnete Titel sind besondere Empfehlungen der Autoren.

Belletristik

Aravind Adiga, *Der weiße Tiger* (C.H. Beck, 2008). Der überwiegend in Delhi spielende Debütroman ist eine köstlich finstere Satire aufs „New" India. Er handelt von der Beziehung zwischen einem reichen Herrn und dessen perfektem, aber mörderisch ehrgeizigem Diener.

Mulk Raj Anand, *Der Unberührbare* (Unionsverlag, 2003). Der erstmalig 1935 erschienene Roman vermittelt einen Einblick in das schreckliche Leben eines unberührbaren Straßenfegers.

Anita Desai, *Fasting, Feasting* (Rupa, 2000). Der Roman einer der führenden indischen Schriftstellerinnen beschreibt eindringlich die Frustration einer sensiblen jungen Frau, die in der muffigen Atmosphäre ihres Elternhauses „gefangen" ist, während ihr verhätschelter Bruder zum Studium nach Amerika geschickt wird. In deutscher Sprache von A. Desai erhältlich sind z. B. *Reise ins Licht* (Limes, 1999): In der Hoffnung, die Erleuchtung zu finden, geht ein junger, zivilisationsmüder Italiener mit seiner deutschen Frau nach Indien und gerät dort in einem Ashram vollkommen in den Bann der mysteriösen „Mutter". In *Der Hüter der wahren Freundschaft* (Goldmann, 1994) bricht ein indischer College-Lehrer aus dem Kleinstadtleben und seiner unglücklichen Ehe aus und zieht in der Hoffnung auf eine Karriere als Dichter nach Delhi. *Berg im Feuer* (Goldmann, 1994) ist ein psychologisch fein gesponnener Roman über drei indische Frauen in unterschiedlichen Lebensphasen.

Kiran Desai, *Erbin des verlorenen Landes* (Bvt Berliner Taschenbuch Verlag, 2007). Warmherzig, weise und wunderschön erzählte Familiengeschichte, die in den 1980er-Jahren in Indien und den USA spielt, hauptsächlich aber in der Nähe von Kalimpong vor dem Hintergrund des nepalesischen Aufstands.

Chitra Banerjee Divakaruni, *Die Prinzessin im Schlangenpalast* (Diana Verlag, 2000). Fesselnde Geschichte zweier Freundinnen in Kolkata, ihrem Lieben und Leiden im Konflikt zwischen Tradition und Moderne. Die Autorin lebt mittlerweile in den USA und thematisiert in anderen Werken das Leben dortiger indischer Migranten.

Leslie Forbes, *Bombay Ice* (Ullstein, 2000) Ein fesselnder Krimi. Bombay kurz vor dem Einsetzen des Monsuns: Die Journalistin Roz Bengal versucht inmitten der Intrigen der glitzernden Filmwelt und der brutalen Realität sich prostituierender Transvestiten ein Familiengeheimnis zu lüften.

E. M. Forster, *Auf der Suche nach Indien* (Fischer Tb, 2009). Der hoch gelobte Roman Forsters, eine leidenschaftliche Kolonialismuskritik, spielt im Indien der 1920er-Jahre, zeichnet ein einfühlsames Porträt der indischen Mittelklasse und deckt kulturelle Missverständnisse auf.

Rudyard Kipling, *Kim* (dtv, 1999). Obwohl stellenweise so kolonialistisch, dass es fast weh tut, spricht aus jeder Zeile dieser Geschichte eines weißen Waisenjungen (die Vorlage für *Das Dschungelbuch*) Kiplings Liebe zu Indien. Weitere maßgebliche Werke des Autors zu Indien sind: *Drei Soldaten* und *In Schwarz und Weiß*. Erschienen in: Rudyard Kipling, Gesammelte Werke, Paul List Verlag, München, Band 2.

Kamala Markandaya, *Nektar in einem Sieb* (Unionsverlag, 2009). Die südindische Autorin behandelt anhand der Geschichte einer indischen Bäuerin die Konflikte des Landes zwischen Tradition und Moderne. Um die Landflucht eines Jungen, der in der Großstadt gegen Hunger und Armut kämpfen muss, geht es in *Eine Handvoll Reis* (Unionsverlag, 1999).

Gita Mehta, *Die Maharani* (Suhrkamp, 2006). Leicht lesbare Unterhaltung und Vermittlung interessanten wie fundierten Hintergrundwissens. Eine wohl behütete, traditionell erzogene indische Prinzessin wird Anfang des 20. Jhs.

von ihrem Vater aus politischen Erwägungen mit einem sehr westlich orientierten Maharadscha verheiratet.

*Rohinton Mistry, *Das Gleichgewicht der Welt* (Fischer, 2002). Zwei Freunde versuchen, ihrem niedrigkastigen Leben auf dem Lande in die Glitzerwelt der Großstadt (einem fiktionalisierten Mumbai) zu entkommen. Mistrys *So eine lange Reise. Ein Indien-Roman* (Fischer, 1998) ist die hoch gelobte Schilderung des Kampfes eines Parsen aus Mumbai, angesichts von Verrat und Enttäuschungen seine persönliche Integrität zu wahren.

*V. S. Naipaul, *Indien. Land des Aufruhrs* (List, 2007). Dieser düstere politische Reisebericht, recherchiert und geschrieben während und kurz nach dem Ausnahmezustand, brachte Naipaul, einem Trinidad-Inder, den Ruf eines der strengsten Kritiker Indiens ein. Zwei Jahrzehnte später kehrte er zurück, um zu sehen, was passiert war, seit seine Eltern das Land verlassen hatten. Das Ergebnis, *Land der Finsternis. Fremde Heimat Indien* (List, 2001), ist insgesamt ein freundlicheres und abgerundeteres Porträt – ein hervorragend zusammengestelltes Mosaik individueller Lebensgeschichten aus verschiedenen Gegenden des Subkontinents. Eines der besten Bücher, die je über Indien geschrieben wurden.

Dieter Riemenschneider (Hrsg.), *Shiva tanzt. Das Indien-Lesebuch* (Unionsverlag, 2002). Eine Sammlung von Texten indischer Autoren und Autorinnen zu den verschiedensten Themenbereichen. Ein guter Einstieg.

Salman Rushdie, *Mitternachtskinder* (Rowohlt, 2005). Diese Geschichte eines Mannes, dessen Geburtsstunde mit der Ausrufung der Unabhängigkeit zusammenfällt und dessen Leben das des modernen Indiens widerspiegelt, brachte Rushdie den Booker Prize und die Feindschaft Indira Gandhis ein, die das Buch auf den Index setzen ließ. *Des Mauren letzter Seufzer* (Knaur) spielt in Kerala und Mumbai. Rushdie legt hier auf typisch finstere Art die Widersprüche der Hauptstadt Maharashtras bloß, womit er sich vom Shiv Sena-Führer Bal Thackeray eine Verleumdungsklage einfing.

*Vikram Seth, *Eine gute Partie* (Heyne Tb, 1999). Ein umfangreicher, zahlreiche Schlüsselthemen umfassender Schmöker, spielt kurz nach der Un-

abhängigkeit; mit seinen wunderbaren Persönlichkeitsbeschreibungen und der überzeugenden Darstellung jener Zeit eine hervorragende Lektüre für lange Bahnfahrten.

Khushwant Singh, *Delhi* (Dölling & Galitz, 1999). Ein erschöpfter Delhi-*wallah* und sein *hijra*-Liebhaber stellen Betrachtungen über den Charakter historischer Persönlichkeiten in richtungsweisenden Momenten der Geschichte Delhis an. Ein weiteres Werk Singhs ist z. B. *Der Zug nach Pakistan* (Insel, 2008). Beklemmend realistisches Porträt vom Leben in einem Dorf an der Grenze zwischen Indien und Pakistan im Sommer 1947.

William Sutcliffe, *Meine Freundin, der Guru und ich* (Knaur, 1999). Witziger Bericht eines jungen Briten über die Backpackerszene in Indien.

Tarun J. Tejpal, *The Alchemy of Desire* (Harper Perennial, 2007). Im Mittelpunkt der überwiegend im Himalaya spielenden Geschichte stehen zwei Verliebte und ihre leidenschaftliche sexuelle Beziehung.

Shashi Tharoor, *Der große Roman Indiens* (Suhrkamp, 1998). Mit Witz und Verstand geschriebene, messerscharf beobachtete, respektlose Parodie der Geschichte des Subkontinents im 20. Jh. Ebenfalls mit viel Witz erzählt der Autor in *Bollywood* (Suhrkamp 2007) die Geschichte eines talentfreien, aber ungemein populären Schauspielers, der in die Politik geht und dort abstürzt.

Geschichte und Gesellschaft

The Wonder That Was India, Arthur L. Basham (1954). Eine veritable Enzyklopädie von einem der führenden Historiker Indiens.

*Hundert Söhne sollst du haben. Frauenleben in Indien, Elizabeth Bumiller (Gutenberg, 1992). Anhand Dutzender persönlicher Begegnungen schildert die aus den USA stammende Autorin die Lebensumstände indischer Frauen.

Um Mitternacht die Freiheit, Larry Collins u. Dominique Lapierre (Rowohlt, 1985). Spannend und sehr anschaulich geschriebene Geschichte des indischen Unabhängigkeitskampfes.

*The Last Mughal, William Dalrymple (Bloomsbury Publishing, 2009). Eine meisterhafte Beschreibung der Rolle Delhis im Aufstand von

1857. Unter Verwendung von Urdu- und englischen Quellen erzählt Dalrymple, wie sich die Ereignisse für die Aufständischen, die Briten, den Mogulhof und vor allem die Bewohner von Delhi darstellten.

*White Mughals, William Dalrymple (Flamingo, 2003). Das faszinierende Buch handelt von James Achilles Kirkpatrick, einem Briten, der eine Großnichte des Nizam-Premierministers von Hyderabad heiratete.

Neun Leben. Unterwegs ins Herz Indiens, William Dalrymple (Berlin Verlag, 2011). Dalrymple lässt neun sehr unterschiedliche Menschen von ihrem Leben erzählen. So entsteht ein spannender Querschnitt durch die heutige indische Gesellschaft mit ihren zahlreichen Facetten.

Indien. Geschichte des Subkontinents von der Induskultur bis zum Beginn der englischen Herrschaft, Ainslie T. Embree u. Friedrich Wilhelm (Fischer Verlag, 2005). Eine solide Einführung auf Deutsch aus der Reihe Fischer Weltgeschichte.

Das Leben des Mahatma Gandhi, Louis Fischer (Büchergilde Gutenberg, 1953). Der erfahrene amerikanische Journalist kannte Gandhi persönlich, und sein Buch ist eine gelungene Darstellung des Mahatma als Mensch, Politiker und Propagandist.

Liberty or Death, Patrick French (Penguin, 2011). Darstellung der letzten Jahre des britischen Raj (und ein vernichtendes Urteil über die Rolle Großbritanniens).

*Eine Autobiographie oder Die Geschichte meiner Experimente mit der Wahrheit, M. K. Gandhi (Hinder & Deelmann, 1995). Gandhis faszinierender Lebensbericht erzählt u. a. von den spirituellen und moralischen Fragen, die ihn beschäftigten, und von seinem allmählichen Vordringen ins Machtzentrum der indischen Politik.

Die Großmoguln. Glanz und Größe mohammedanischer Fürsten in Indien, Bamber Gascoigne (Prisma Verlag, 1987). Interessante, spannende Biografie der ersten sechs Mogulherrscher.

Auf Gandhis Spuren. Soziale Bewegungen und ökologische Tradition in Indien, Rainer Hörig (Beck, 1995). Das schmale Buch enthält mehr, als der Titel ahnen lässt: Zwar geht es in erster Linie um Bürgerinitiativen gegen Waldrodung, Großstaudämme u. Ä., aber der Ethnologe und

Indologe beschäftigt sich z. B. auch mit dem Deutschlandbild der Inder und dem Sinn der deutschen Entwicklungshilfe.

The Honourable Company: A History of the English East India Company, John Keay (Harper Collins, 1993). Eine ausgewogene Darstellung der Ostindienkompanie und ihrer zwiespältigen Rolle in der Geschichte des Subkontinents.

*India: A History, John Keay (Harper Collins, 2000). Das derzeit beste Geschichtsbuch. Keay gelingt eine klare, unparteiische und gut lesbare Darstellung von 5000 Jahren indischer Geschichte.

India Discovered, John Keay (Harper Collins, 2001). Dieses spannende Buch erzählt, wie eine Gruppe von Indologen aus der Raj-Ära die Geheimnisse von Monumenten wie Sanchi, Ajanta und den Ashoka-Edikten lüftet, wobei die Biografien dieser Männer bisweilen ebenso faszinierend sind wie die Geschichte ihrer Forschungsobjekte.

Into India, John Keay (University of Michigan Press, 1999). Als umfassende Einführung zu Indien wird dieses (1973 verfasste und 1999 neu aufgelegte) Buch immer wieder von Kennern der Materie empfohlen. Nach Regionen unterteilt, legt der Autor ein breites Mosaik der indischen Geschichte und Kultur vor, das er durch anschauliche persönliche Beobachtungen zusammenfügt.

Geschichte Indiens. Von der Induskultur bis heute, Hermann Kulke u. Dietmar Rothermund (Beck, 2010). Eines der wenigen umfassenden Geschichtswerke über Indien, das auch den Süden in angemessener Länge behandelt. Von Rothermund ist auch eine Analyse des modernen Indiens erschienen: *Indien – Aufstieg einer asiatischen Weltmacht* (Beck, 2008).

Fünf nach zwölf in Bhopal, Dominique Lapierre u. Javier Moro (Europa Verlag, 2004). Die ultimative Darstellung der schlimmsten Industriekatastrophe der Menschheitsgeschichte mit Porträts von Opfern, Helden und Tätern. Ein faszinierendes Stück Enthüllungsjournalismus.

An Indian Attachment, Sarah Lloyd (Elan Press, 2008). Das Leben in einem Punjabi-Dorf aus der Sicht einer jungen Frau aus dem Westen. Die Grundlage des ehrlichen und aufschlussreichen

Buchs bildet ihre Beziehung zu einem opium-süchtigen Sikh.

*In Spite of the Gods, Edward Luce (Little, Brown Book Group, 2007). Der derzeit fachkundigste Bericht zum Stand der Nation auf dem Buchmarkt, voll ernüchternder Statistiken und Fakten, die mit zahlreichen gängigen Mythen über das Land aufräumen.

Bombay – Maximum City, Suketu Mehta (Suhrkamp, 2006). Von der Literaturkritik gefeiertes, faszinierendes Porträt der größten Stadt Indiens. Das Buch ist eine Mischung aus Erinnerungen und Reisebericht, verwoben mit scharfsinnigen Bemerkungen zur Geschichte, den Gesellschaftsschichten und den Bewohnern von Mumbai.

Heilige Kühe und Computerchips. Indische Gegensätze, Stefan Klein (Picus, 1999). Der Autor, langjähriger Asien-Korrespondent der Süddeutschen Zeitung, schreibt fesselnde Reportagen und Porträts über Indiens VIPs, das Schicksal der Parsen oder auch die Lage Surats nach der Lungenpest im Jahr 1994.

The Argumentative Indian, Amartya Sen (Picador, 2006). Eine provozierende, scharfsinnig geschriebene Sammlung von Essays zur Identität, Religion, Geschichte und Philosophie Indiens und – besonders interessant – dazu, was es bedeutet, Inder zu sein; zusammengestellt von dem Nobelpreisträger und Ökonomen Sen.

Der Sadhu an der Teufelswand, Ilija Trojanow (Sierra, National Geographic, 2008). Reportagen über alle möglichen Facetten des modernen Indiens, von Protestbewegungen bis zur Cricketleidenschaft, erstmals erschienen in der Frankfurter Rundschau und anderen Zeitungen und für diesen Band überarbeitet.

No Full Stops in India, Mark Tully (Penguin, 1992). Der ehemalige BBC-Korrespondent liefert eine detaillierte Beschreibung des modernen Indiens. Seine späteren Bücher, *India in Slow Motion* und *India's Unending Journey*, beschäftigen sich mit einer ähnlich vielfältigen Themenauswahl, von Hindu-Extremismus bis zur Kinderarbeit.

Reiseberichte

Unter Nomaden, Robyn Davidson (Rowohlt, 1997). Spannender Bericht über Davidsons lange und mühevolle Reise durch Rajasthan und Gujarat in Gesellschaft von Angehörigen des nomadischen Kamelzüchtervolkes der Rabari. Verschafft einen einmaligen Einblick in eine Lebensweise, die inzwischen fast verschwunden ist.

Cobra Road, Trevor Fishlock (John Murray, 2000). Der Reisebericht des ehemaligen *Times*-Korrespondenten Fishlock aus dem Jahr 1999 ist ein Allround-Klassiker über Indien.

Regen-Raga. Eine Reise mit dem Monsun, Alexander Frater (dtv, 1997). Fraters Spritztour in der Regenzeit, die Westküste entlang und nach Shillong, führte ihn durch ein Indien der Schlammpfützen und grauen Wolken: eine eindringliche Beschreibung des Landes, wie es kaum ein Besucher zu sehen bekommt, und inzwischen eine Art Klassiker.

Bollywood Boy, Justine Hardy (John Murray, 2003). In einer frechen Reise durch Bombay erlebt die Autorin ein schrilles Ensemble aus abgetakelten Filmstars, Prostituierten aus der Grant Road und bemerkenswerten Stammgästen in ihrem Schönheitssalon.

Namaste Ananda. Indien mal anders, Lars Platzek (Verlag Neue Literatur, 2009). Ungeschminkter Erlebnisbericht eines Leipzigers, der mehrfach nach Indien reiste.

*Der Zauberlehrling von Kalkutta, Tahir Shah (Droemer/Knaur, 2004). Eine Reise durch die kuriose Unterwelt des okkulten Indien. Singh, der als Schüler eines Zauberers unterwegs ist, trifft Henker, Skeletthändler, Sadhus und Scharlatane.

*Auch Elefanten weinen, Mark Shand (Frederking und Thaler, 1999). Spannender, humorvoller Bericht über einen mehr als 900 km langen Elefantenritt von Konarak in Orissa nach Bihar in Begleitung eines ständig betrunkenen Mahout.

Nanda Devi: Exploration and Ascent, Eric Shipton u. H. W. Tilman (Mountaineers Books, 2000). Zwei Klassiker der Bergsteiger-Literatur in einem Band. Erzählt wird von den berühmten

Himalaya-Expeditionen 1934 und 1936, bei denen ein Weg über die Rishi Gorge auf den höchsten Berg Britisch-Indiens gefunden wurde. Besonders Shiptons Buch ist ein Meisterwerk des Genres – wunderschön geschrieben und absolut fesselnd von Anfang bis Ende.

Reisen zu den Reichtümern Indiens. Abenteuerliche Jahre beim Großmogul 1641–1667, Jean Baptiste Tavernier (Edition Erdmann, 1984). Tavernier beschreibt seine abenteuerlichen Erlebnisse im Indien der moslemischen Blütezeit, u. a. in Goa.

Kunst, Architektur und Religion

Indian Art, Roy Craven (Thames & Hudson, 1997). Umfassende allgemeine Einführung in die indische Kunst, von Siegeln der Harappa bis zu Miniaturmalereien der Moguln.

Moderne Traditionen: Zeitgenössische Architektur in Indien, Klaus-Peter Gast (Birkhäuser, 2007). Nicht ganz billiges Buch eines Architekten und Bauhistorikers über die indische Baukunst seit der Unabhängigkeit.

Traditions of Indian Classical Dance, Mohan Khokar (Humanities Press, 1985). Dieses großzügig bebilderte Buch zeigt die religiösen und sozialen Ursprünge des indischen Tanzes auf, mit Abschnitten zu regionalen Traditionen. Tolle Einführung ins Thema.

Der Hindu-Tempel. Baukunst einer Weltreligion, George Michell (DuMont, 1991). Vorstellung hinduistischer Tempel, ihrer Bedeutung und architektonischen Entwicklung. Der ideale Einstieg.

Die indische Götterwelt – Gestalt, Ausdruck und Sinnbild, Eckard Schleberger (Eugen Diederichs, 1997). Ein Handbuch der hinduistischen Ikonographie (im Lexikonformat), das die vielen Gottheiten des Hindu-Pantheons, ihre Aspekte, Attribute und Biografien, ihre Körperhaltungen, Gesten, Kleider, Schmuckstücke und Tragtiere vorstellt; mit 246 Abbildungen.

*Benares – Stadt des Lichts, Diana L. Eck (Insel, 2006). Ausführliche Beschreibung der religiösen Bedeutung von Varanasi; eine gute Einführung in die hinduistische Kosmologie.

Mahabharata, Roland Beer (Hrsg., Kiepenheuer 1982). Das große Epos Indiens aus dem 2. Jh. v. Chr., die Geschichte vom Kampf der Pandavas gegen die Kauravas; stark komprimierte, deutsche Prosagestaltung der Haupthandlung, übersetzt aus dem Sanskrit von Alois Essigmann.

Indische Geisteswelt, Helmuth von Glasenapp (Emil Vollmer Verlag). Eine umfangreiche Auswahl indischer Texte von den Veden bis Gandhi in deutscher Übersetzung; ein ursprünglich zweibändiges Werk (1958) des Tübinger Indologen v. Glasenapp (1891–1963) als Sonderausgabe in einem Band: Bd. 1) Glaube und Weisheit der Hindus, Bd. 2) Weltliche Dichtung, Wissenschaft und Staatskunst.

*Sadhus: Holy Men of India, Dolf Hartsuiker (Thames & Hudson Ltd., 1993). Eindringliche Farbfotos und erklärende Texte beleuchten die mysteriöse Welt der indischen Asketen.

Meeting God, Stephen P. Huyler (Yale University Press, 2002). Einzigartiger Überblick über die Glaubensvorstellungen und Praktiken des modernen Hinduismus. Erstklassige Fotografien.

Die indischen Göttinnen. Weibliche Gottheiten im Hinduismus, David Kinsley (Insel, 1999). Umfasst Porträts der wichtigsten Göttinnen und bietet eine Einführung in die indische Mythologie, da weibliche Gottheiten laut Kinsley in keiner anderen Religion eine so große Rolle spielen wie im Hinduismus.

Autobiographie eines Yogi: Das Lebenszeugnis eines großen indischen Meisters, der zum Mittler zwischen westlicher und östlicher Religiosität wurde, Paramahansa Yogananda (Self-Realization Fellowship, 1998). Der humorvolle, optimistisch stimmende Bericht eines der international einflussreichsten hinduistischen Gurus über religiöses Erwachen und spirituelle Entwicklung.

Philosophie und Religion Indiens, Heinrich Zimmer (Suhrkamp, 2001). Standardwerk des bedeutendsten deutschen Indologen (1890–1943) überhaupt, das eine wissenschaftlich fundierte Grundlage zum Thema bietet.

Reisemedizin zum Nachschlagen

Aids

Die schnelle Zunahme von HIV/Aids-Fällen *(acquired immune deficiency syndrome)* ist erst seit kurzem von der indischen Regierung als nationales Problem erkannt worden. Die zögerliche Haltung liegt teilweise daran, dass die Krankheit mit Sex in Verbindung gebracht wird, einem Thema, das in Indien traditionell tabu ist. Bisher sind es nur Nichtregierungs- und ausländische Organisationen, wie z. B. die WHO, die Informations- und Präventionskampagnen gestartet haben. Eigentlich müsste längst bekannt sein, dass ungeschützter Geschlechtsverkehr mit Zufallsbekanntschaften ein unverantwortliches und lebensgefährliches Spiel ist – man sollte im Falle eines Falles Kondome dabeihaben (am besten von zu Hause, da die indischen weniger zuverlässig sind; außerdem muss man bedenken, dass die Hitze die Haltbarkeitsdauer der Kondome beeinflussen kann) und auf deren Gebrauch bestehen.

Wer in Indien eine Injektion oder Bluttransfusion braucht, sollte sich nach Möglichkeit vergewissern, dass neue, sterile Spritzen benutzt werden, oder eigene mitbringen; das Blut sollte besser von Freiwilligen als von kommerziellen Spenderunternehmen kommen. Wer sich beim Herrenfrisör rasieren lässt, sollte darauf achten, dass eine saubere Klinge benutzt wird. Auch auf Piercing, Akupunktur und Tätowierungen sollte man verzichten, sofern nicht sicher ist, dass das eingesetzte Gerät steril ist.

Bisse

Wanzenbisse sind sehr unangenehm; ein Hinweis darauf sind zerquetschte Exemplare im Umkreis billiger Hotelbetten. Eine von Wanzen befallene Matratze kann man den ganzen Tag in der heißen Sonne liegen lassen, um das Ungeziefer loszuwerden, aber oft hausen die Wanzen auch im Bettrahmen oder sogar in Wänden und Böden. Andere berüchtigte Quälgeister sind **Sandfliegen**, deren Bisse unerträglich jucken

können. **Läuse** sind ebenfalls unangenehm, aber medizinische Seife und Shampoo (vorzugsweise von zu Hause) vertreibt sie meistens. Bisse sollte man nicht kratzen, da das zu Infektionen führen kann, manchmal mit so gefährlichen Folgen wie einer Blutvergiftung oder einem Geschwür. **Zecken- und Lausbisse** können Typhus übertragen, der sich durch Fieber, Muskel- und Kopfschmerzen sowie später rote Augen und masernähnlichen Ausschlag bemerkbar macht. Wer glaubt, darunter zu leiden, sollte sich behandeln lassen.

Die meisten **Schlangen** sind harmlos. Um überhaupt ein Exemplar zu Gesicht zu bekommen, muss man schon suchen – wenn man schwer auftritt, verschwinden sie meist. Die weit verbreitete Angst steht in keinem Verhältnis zur realen Gefahr, denn Giftschlangen greifen nur dann an, wenn sie attackiert werden. Gefährlich ist evtl. die Zeit nach Sonnenuntergang zwischen 18 und 20 Uhr, vor allem bei Regen. Einige Schlangen töten durch ein Blutgift, in diesem Fall benötigt man sofort ein Serum; andere töten durch ein Nervengift, dann ist außerdem eine künstliche Beatmung wichtig. **Skorpionstiche** sind in dieser Region generell nicht tödlich.

Blutegel, die sich in Dschungelgebieten an einem festsaugen, sollte man mit Salz oder der Glut einer Zigarette entfernen – nicht versuchen, sie herauszuziehen!

Cholera

Cholera wird auf demselben Weg verbreitet wie Hepatitis A und Typhus. Die Symptome sind plötzlicher, wässeriger Durchfall mit Krämpfen und ein allgemeines Schwächegefühl. Diese Krankheit kommt in Indien sehr selten vor und wenn, dann nur in einem eng begrenzten Gebiet. Es gibt zwar einen Cholera-Impfstoff, aber 100%-igen Schutz bietet er nicht.

Dengue-Fieber

Diese Viruskrankheit tritt überall in Asien auf und wird durch die *Aedes aegypti*-Mücke übertragen, die an ihren schwarz-weiß gebänderten

Beinen zu erkennen ist. Sie sticht während des ganzen Tages. Nach der Inkubationszeit von bis zu einer Woche kommt es zu plötzlichen Fieberanfällen, Kopf- und Muskelschmerzen. Nach 3–5 Tagen kann sich ein Hautausschlag über den ganzen Körper verbreiten. Bei Stufe 1 klingen die Krankheitssymptome nach 1–2 Wochen ab.

Ein zweiter Anfall (Stufe 2) kann zu Komplikationen (inneren und äußeren Blutungen) führen. Wie bei der Malaria sind ein Moskitonetz und der Schutz vor Mückenstichen der beste Weg der Vorsorge. Es gibt keine Impfung oder spezielle Behandlung. Schmerztabletten, Fieber senkende Mittel und kalte Wadenwickel lindern die Symptome. Ein einfacher Test kann Dengue-Fieber verifizieren: 5 Minuten den Oberarm abbinden, öffnen und in der Armbeuge nachsehen – falls rote Flecken erscheinen, ist es zu 90 % Dengue-Fieber.

Durchfallerkrankungen

Durchfall ist das häufigste Leiden unter Touristen. Ist er nur leicht und kommen keine weiteren Symptome hinzu, handelt es sich vermutlich lediglich um eine Reaktion des Magens auf ungewohntes Essen. Wird er von Krämpfen und Erbrechen begleitet, kann das ein Hinweis auf eine Lebensmittelvergiftung sein. In beiden Fällen verschwindet der Durchfall wahrscheinlich nach 24–48 Stunden auch ohne Behandlung. Derweil ist es wichtig, dass man verlorene Flüssigkeit und Salze ersetzt, deshalb sollte man eine Elektrolytlösung trinken (in Indien Electrolyte genannt). Ist sie nicht zu bekommen, sollte man einen halben Teelöffel Salz und acht Teelöffel Zucker in einem Liter Wasser auflösen.

Zur Not, z. B. vor langen Fahrten, kann auf *Imodium*, das die Darmtätigkeit ruhig legt, zurückgegriffen werden (aber nur in geringen Dosen, da die Ausscheidung von Krankheitserregern verzögert wird). Zudem hilft eine Bananen- oder Reis-und-Tee-Diät, *kitchri* (ein einfaches *dhal*- und Reisgericht) und Cola in Maßen, denn Letztere enthält Zucker, Spurenelemente, Elektrolyte und ersetzt das verloren gegangene Wasser. Generell sollte man viel trinken und die Zufuhr von Salz nicht vergessen.

Wenn der Durchfall Blut oder Schleim enthält und Symptome wie faulig riechendes Aufstoßen und Blähungen hinzu kommen, kann es sich auch um eine bakterielle oder Amöben-**Ruhr** oder um Lambliasis handeln. Bei Verdacht auf eine dieser Krankheiten und bei länger andauernden Durchfällen unbedingt einen Arzt aufsuchen!

Nicht vergessen darf man, dass Malaria- und andere Tabletten sowie die Pille bei Durchfall weitgehend ihre Wirksamkeit einbüßen.

Häufiger als Durchfälle sind **Verstopfungen**, die man einfach durch eine große Portion geschälter Früchte (z. B. Ananas) verhindert.

Erkältungen

Erkältungen kommen in den Tropen häufiger vor als man denkt. Schuld sind vor allem Ventilatoren und Klimaanlagen, die krasse Temperaturwechsel und zu viel Zugluft bescheren. Nass geschwitzt in klimatisierte Räume zu flüchten, ist nicht ratsam, wenn man nicht etwas zum Wechseln oder Überziehen dabeihat.

Gelbsucht

Hepatitis A ist nicht die schlimmste Krankheit, die man sich in Indien einfangen kann, aber da sehr viele Touristen davon betroffen sind, ist eine Impfung ratsam. Hepatitis A wird durch infizierte Lebensmittel, Wasser oder Speichel übertragen, kann monatelange Erschöpfung, Fieber und Durchfall zur Folge haben – und Leberschäden hervorrufen. Die *Havrix*-Impfung hat sich als sehr wirksam erwiesen (auch als Kombi-Impfung *Twinrix* für Hepatitis A und B erhältlich); sie ist zwar teuer, hält aber bis zu zehn Jahre vor. Der Schutz durch Gammaglobulin, das traditionelle Serum für Hepatitis-Antikörper, hält nicht lange an, weshalb man die Injektion möglichst kurz vor Reisebeginn bekommen sollte: Je länger die geplante Reise, desto höher sollte die Dosis sein. Während in Indien die meisten Menschen nach einer harmlosen Hepatitis A-Infektion im Kindesalter gegen diese Krankheit immun sind, trifft dieses nur auf ein Drittel aller Europäer zu. Ob die Impfung notwendig ist, zeigt ein Antikörpertest.

Die schwere Lebererkrankung **Hepatitis B** wird vor allem durch sexuellen Kontakt und durch Blut (ungenügend sterilisierte Injektionsnadeln, Bluttransfusionen, Tätowierung, Akupunktur) übertragen. Eine rechtzeitige vorbeugende Impfung, z. B. mit *Gen H-B-Vax,* ist sehr zu empfehlen.

Geschlechtskrankheiten

Gonorrhoe und die gefährlichere **Syphilis** sind in Asien weit verbreitete Infektionskrankheiten, vor allem bei Prostituierten. Dass der Verkehr mit Prostituierten ohne Kondom ein großes Risiko darstellt, muss mittlerweile nicht mehr betont werden.

Bei den ersten Anzeichen einer Erkrankung (Ausfluss / Geschwüre) unbedingt ein Krankenhaus zum Anlegen einer Kultur und zur Blutentnahme aufsuchen.

Giardiasis Lambliasis

Giardia lamblia ist eine Protozoenart, die schwere Durchfälle, Übelkeit und allgemeine körperliche Schwäche verursacht, jedoch kein Blut im Stuhl oder Fieber. Giardiasis Lambliasis ist weltweit verbreitet, besonders in Regionen mit mangelhaften Hygienebedingungen. Die Symptome ähneln der einer Amöben-Ruhr, doch bestehen einige wichtige Unterschiede: Glücklicherweise greift Giardiasis weder die Leber noch andere Organe an, aber sie bleibt im Darm und verursacht daher auf lange Sicht schleichende Krankheiten. Mit Antibiotika oder Papayakernen ist diesem Tierchen nicht beizukommen. Hier helfen nur Amöben abtötende Medikamente wie *Flagyl* und *Fasigyn,* die schon nach einmaliger Behandlungsdosis wirksam sein können. Allerdings darf während der Einnahme auf keinen Fall Alkohol getrunken werden.

Wer sich nicht kurieren lässt, kann durchaus nach einer Weile wieder einigermaßen fit sein und sich gesund fühlen, aber die Krankheit wird immer wieder ausbrechen und die Lebensfreude erheblich beeinträchtigen.

Hauterkrankungen

Bereits vom Schwitzen kann man sich unangenehm juckende Hautpilze holen. Gegen zu starkes Schwitzen hilft Körperpuder, der angenehm kühlt und in Apotheken oder Supermärkten erhältlich ist. Für andere Erkrankungen sind häufig Kopf-, Kleider-, Filzläuse, Flöhe, Milben oder Wanzen verantwortlich. Die beste Vorbeugung ist eine ausreichende Hygiene – möglichst 2x täglich den Körper waschen und so häufig es geht die Wäsche wechseln. Zudem hilft gegen Hautpilze Baumwollwäsche, gegen Kopfläuse *Organoderm,* oder, wenn man wieder in Deutschland ist, *Nyda.*

Höhenkrankheit

Tatsache ist, dass fast jeder in über 4000 m Höhe leichte Symptome von **akuter Höhenkrankheit** (AMS) entwickelt. Ernste Fälle sind jedoch selten, und die einfachste Behandlung, der sofortige Abstieg, bringt nahezu immer unverzügliche Heilung.

Die akute Höhenkrankheit entsteht dadurch, dass in großen Höhen weniger Sauerstoff vorhanden und der Luftdruck niedriger ist, was den Organismus auf unterschiedliche Weise belasten kann. Die **Symptome** sind bei jedem anders und treten unabhängig von der individuellen Kondition auf. Zu den milderen Beschwerden gehören Kopfschmerzen, Schwindelgefühl, Schlaflosigkeit, Übelkeit, Appetitlosigkeit und Kurzatmigkeit. Ernstere Krankheitszeichen sind z. B. Orientierungsverlust, Schwindel und schaumiger, rosafarbener Auswurf.

Die meisten Menschen können sich an große Höhen anpassen, doch der Prozess braucht Zeit und muss schrittweise erfolgen. Die goldene Regel lautet: **Nicht zu schnell aufsteigen!** Über 3000 m sollte der tägliche Höhengewinn nicht mehr als 500 m betragen.

Die allgemeinen Symptome der AMS lassen sich mit Acetazolamidum (Markenbezeichnung **Diamox**) behandeln, doch dieses Medikament ist wenig ratsam, denn durch die Einnahme werden die Frühsignale einer wirklich ernsten Erkrankung verschleiert – die Folgen können fatal sein.

Empfehlenswerter ist es, einen oder zwei Ruhetage einzulegen, kohlenhydratreiche Kost zu sich zu nehmen, viel Wasser zu trinken (am besten 3 Liter pro Tag), gegen Kopfschmerzen Paracetamol oder Aspirin einzunehmen und den Rückweg anzutreten, falls die Symptome andauern oder sich verschlimmern. Wer direkt in einen Hochgebirgsort wie Leh fliegt, sollte seinem Körper unbedingt Zeit für die Anpassung gönnen, d. h. mindestens drei Tage lang unnötige Anstrengung vermeiden. Weitere Gesundheitstipps für den Aufenthalt im Hochgebirge sind: Alkohol meiden, keine Schlaftabletten einnehmen und ein Sonnenschutzmittel mit hohem UV-Filter verwenden.

Kinderlähmung (Polio)

Selbst in Europa treten immer noch Epidemien auf. Wer während der letzten 10 Jahre die Schluckimpfungen versäumt hat, sollte sich vom Hausarzt den Schluckimpfstoff verschreiben lassen.

Klimatische Belastungen

Sonne und Hitze können Touristen unerwartet zu schaffen machen, vor allem im tropischen Süden. Viele bekommen **Hitzepickel**, bevor sie sich akklimatisiert haben. Dabei handelt es sich um eine juckende Infektion der Schweißdrüsen, die durch exzessives Schwitzen verursacht wird. Eine kalte Dusche, *Prickly Heat Powder* oder Zinkoxidpuder (wird in Indien verkauft) oder Körperpuder und lockere Baumwollkleidung helfen.

Dehydrierung ist ein weiteres Gesundheitsrisiko, deshalb sollte man unbedingt genug Flüssigkeit (mit Elektrolytlösung) trinken, vor allem, wenn einem heiß ist und/oder man sich schlapp fühlt. Ein Gefahrenzeichen ist unregelmäßiges Wasserlassen (z. B. nur einmal am Tag), aber auch dunkler Urin könnte bedeuten, dass der Körper mehr Flüssigkeit braucht (könnte allerdings auch ein Hinweis auf Hepatitis sein).

Die **Sonne** kann einen Sonnenbrand oder -stich verursachen. Ein Sonnenschutzmittel mit hohem Lichtfaktor ist unerlässlich, vor allem in der ersten Zeit. Ein Sonnenhut ist ebenfalls

zu empfehlen, insbesondere wenn man viel herumläuft.

Eine Überhitzung des Körpers kann zu einem tödlichen **Hitzschlag** führen. Anzeichen sind eine sehr hohe Körpertemperatur ohne Fiebergefühl, begleitet von Kopfschmerzen und Desorientierung. Ein erster Schritt zur Besserung besteht darin, die Körpertemperatur zu senken (z. B. durch eine lauwarme Dusche) und sich in einem klimatisierten Zimmer auszuruhen. Außerdem sollte man viel Flüssigkeit zu sich nehmen und einen Arzt aufsuchen, wenn sich der Zustand nach 24 Std. nicht gebessert hat.

Malaria

Malaria ist eine der häufigsten tödlichen Krankheiten des Subkontinents. Daher muss vor der Reise unbedingt ein Arzt konsultiert werden, der entscheidet, ob es notwendig ist, auf der Reise Anti-Malaria-Medikamente einzunehmen. Die Mücke *Anopheles*, die den Malariaerreger *Plasmodium falciparum* übertragen kann, kommt in vielen Teilen Indiens vor, besonders im Nordosten. In den Hochregionen des Himalaya gibt es sie allerdings nicht (eine nützliche Malaria-Karte Indiens findet sich unter 🖥 www.fitfor travel.scot.nhs.uk/destinations/asia-(east)/india/india-malaria-map.aspx. Malaria hat eine **Inkubationszeit** von ein paar Tagen bis zu mehreren Wochen. Man kann also noch lange, nachdem man gestochen wurde, daran erkranken. Deshalb ist es wichtig, die Tabletten auch nach der Rückkehr weiter einzunehmen.

Über die geeignete **Malariaprophylaxe** gehen die Meinungen weit auseinander. Auf jeden Fall sollte man sich vor der Reise von Experten darüber beraten lassen, welche Art der Vorbeugung für einen am besten ist. Alarmierend ist, dass die Resistenz der Erreger gegen bekannte Malariamittel zunimmt – keines der folgenden bietet 100%-igen Schutz, deshalb ist es nach wie vor wichtig, Mückenstiche zu vermeiden. Chloroquin- und Proguanil-resistente Malariaerreger sind insbesondere in Assam und im Nordosten verbreitet; Wer dorthin reist, sollte daher lieber Malarone, Doxycyclin oder Mefloquin nehmen.

Am gängigsten ist eine Kombination aus Chloroquin – wöchentlich eingenommen – und einer täglichen Dosis Proguanil (Paludrine). Mit dieser Prophylaxe muss man eine Woche vor der Reise in ein Malariagebiet beginnen und nach der Reise noch vier Wochen fortfahren. Chloroquin ist in Indien leicht zu bekommen – im Gegensatz zu Proguanil (also einen Vorrat davon mitnehmen). Mefloquin (Lariam) ist ein neueres und stärkeres Mittel. Zur Prophylaxe braucht man nur eine Tablette pro Woche einzunehmen; man beginnt zwei Wochen vor der Reise ins Malariagebiet und endet vier Wochen nach der Rückkehr. Mefloquin ist ein sehr wirksames Antimalariamittel, das allerdings wegen seiner starken Nebenwirkungen nicht unumstritten ist.

Wer sich für Doxycyclin entscheidet, nimmt ab einem Tag vor der Reise und bis vier Wochen danach eine Tablette täglich. Dieser Wirkstoff ist jedoch für Kinder unter zehn Jahren nicht geeignet und kann bei Frauen Scheidenpilze hervorrufen. Doxycyclin beeinträchtigt außerdem die Wirkung der Pille und führt zu Lichtempfindlichkeit, weshalb es für Strandurlauber weniger gut geeignet ist (Sonnenbrandgefahr). Malarone (eine Kombination aus Atovaquon und Proguanil) ist das neueste Mittel auf dem Markt. Der Vorteil ist, dass man es erst einnehmen muss, wenn man in ein Malariagebiet fährt, und es schon eine Woche nach der Rückkehr wieder absetzen kann. Es ist zwar teuer, kommt aber für kürzere Reisen letztendlich günstiger. In Deutschland ist es ohnehin nur für eine Reise von maximal 28 Tagen zugelassen.

Die Mücke sticht während der Nacht, also zwischen Abenddämmerung und Sonnenaufgang. Am Abend schützen helle Kleidung (lange Hosen, langärmlige Hemden, engmaschige Socken) und ein **Mückenschutzmittel**, das auf die Haut aufgetragen wird. Ein sehr wirksames indisches Mittel ist das überall erhältliche *Odomos,* das einen angenehmen Zitronengeruch hat. Die meisten Touristen bringen jedoch eines von zu Hause mit. Eine gute Alternative für Leute mit empfindlicher Haut sind Bänder, die man an Hand- und Fußgelenken anbringt; sie sind genauso wirksam wie ein Spray.

Hinweis

Manche der Krankheiten und Parasiten, die man sich in Indien einfangen kann, zeigen sich nicht unbedingt sofort. Wer innerhalb eines Jahres nach Rückkehr erkrankt, sollte dem behandelnden Arzt von dem Indienaufenthalt und dem Zeitpunkt der Reise berichten.

Man sollte möglichst unter einem **Moskitonetz** schlafen oder elektrische Pyrethoid-Verdampfer einsetzen. Bei niedrigen Temperaturen in klimatisierten Räumen sind die Mücken zwar weniger aktiv, aber keineswegs ungefährlich. Notfalls hilft auch eine Räucherspirale, ein **Coil**, das Risiko zu verringern. Coils sind grüne Spiralen, die wie Räucherstäbchen abbrennen und für ca. 8 Stunden die Luft verpesten. Oft werden sie abends in offenen Restaurants unter die Tische gestellt, um die herumschwirrenden Moskitos zu vertreiben. (Es gibt allerdings gesundheitliche Bedenken, wenn Coils in schlecht durchlüfteten Räumen eingesetzt werden, und Asthmakranke sollten sie gänzlich meiden).

Wer aus Indien zurückkehrt und an einer nicht geklärten fieberhaften Erkrankung leidet, auch wenn es sich nur um leichtes Fieber und Kopfschmerzen handelt und die Symptome erst Monate nach der Rückkehr auftreten, sollte dem Arzt unbedingt über den Tropenaufenthalt berichten und auf einen Bluttest bestehen. Die ersten Symptome einer Malaria können denen eines banalen grippalen Infektes ähneln und werden häufig verkannt, was schon nach wenigen Tagen das Leben bedrohen kann.

Meningitis

Die meisten Mediziner empfehlen eine Impfung gegen Meningitis (Hirnhautentzündung). Sie wird als Tröpfcheninfektion (z. B. durch Husten und Niesen) durch Meningokokken-Bakterien übertragen und greift die Hirnhaut an. Meningitis kann tödlich sein; Symptome sind Fieber, starke Kopfschmerzen, ein steifer Hals und ein Ausschlag auf Bauch und Rücken.

Pilzinfektionen

Frauen leiden im tropischen Klima häufiger unter Pilzinfektionen. Vor der Reise sollten sie sich daher entsprechende Medikamente verschreiben lassen. Eine Creme oder Kapseln sind besser als Zäpfchen, die bei der Hitze schmelzen.

Tollwut

Da Tollwut in Indien häufig vorkommt, ist es ratsam, um Hunde und Affen einen Bogen zu machen und nicht mit Tieren zu spielen, auch wenn sie noch so süß aussehen. Ein Biss, ein Kratzer, selbst der Speichel eines infizierten Tieres kann die Krankheit verbreiten. Die Stelle sofort mit Seife oder Waschmittel vorsichtig waschen und möglichst mit Alkohol oder Jod desinfizieren. Und dann unverzüglich ins nächste Krankenhaus fahren, wo man sich eine Anti-Tollwutspritze abholt – Tollwut ist tödlich. Es gibt zwar eine Impfung, aber sie ist sehr teuer und nur maximal 3 Monate wirksam. Sie ist jedoch empfehlenswert, wenn man vorhat, in ländlichen Regionen zu arbeiten.

Typhus / Paratyphus

Typhus, der durch infiziertes Essen oder Wasser übertragen wird, ist zwar in Indien verbreitet, tritt aber außerhalb der Monsunzeit selten auf. Typische Symptome: über 7 Tage hohes Fieber einhergehend mit einem eher langsamen Puls und Benommenheit. Empfehlenswert ist die gut verträgliche Schluckimpfung mit *Typhoral L* für alle Reisende. Drei Jahre lang schützt eine Injektion des neuen Typhus-Impfstoffs *Typhim VI*, dann muss er wieder aufgefrischt werden.

Wundinfektionen

Unter unhygienischen Bedingungen können sich schon aufgekratzte Moskitostiche zu beträchtlichen Infektionen entwickeln, wenn sie unbehandelt bleiben. Wichtig ist, dass jede noch so kleine Wunde sauber gehalten, desinfiziert und evtl. mit Pflaster geschützt wird. Antibiotika-Salben unterstützen den Heilprozess. Wer mit nesselnden Quallen in Kontakt gekommen ist, sollte ein Antihistaminicum oder Cortisonsalbe auftragen (als Erste-Hilfe-Maßnahme hilft Essig) und sofort einen Arzt aufsuchen.

Wundstarrkrampf (Tetanus)

Wundstarrkrampf-Erreger findet man überall auf der Erde. Verletzungen kann man nie ausschließen, und wer evtl. noch keine Tetanusimpfung hatte, sollte sich unbedingt zwei Impfungen im 4-Wochen-Abstand geben lassen, die nach einem Jahr aufgefrischt werden müssen. Danach genügt eine Impfung alle 10 Jahre. Am besten ist die Impfung mit dem Tetanus-Diphterie-(Td-)Impfstoff für Personen über 5 Jahre, um gleichzeitig einen Schutz vor Diphterie zu erhalten.

Wurmerkrankungen

Winzige oder größere Exemplare, die überall lauern können, setzen sich an den verschiedensten Körperstellen bzw. -organen fest und sind oft erst Wochen nach der Rückkehr festzustellen. Die meisten sind harmlos und durch eine einmalige Wurmkur zu vernichten, andere sind gefährlich, z. B. Hakenwürmer. Sie bahnen sich den Weg durch die Fußsohlen, deshalb sollte man auf feuchten Böden unbedingt Sandalen tragen.

Nach einer Reise in abgelegene Gebiete ist es empfehlenswert, den Stuhl auf Würmer untersuchen zu lassen. Notwendig ist das, wenn man über längere Zeiträume auch nur leichte Durchfälle hat.

Index

Notizen

Notizen

Notizen

Bildnachweis

Umschlag

mauritius images/Rene Mattes: Titelfoto; Haveli in Mandawa, Rajasthan

Getty Images/The Image Bank/Peter Adams: Umschlagklappe vorn; Chhatrapati Shivaji Terminus, Mumbai

Getty Images/Robert Harding World Imagery: Umschlagklappe hinten; Reisfelder nahe Rishikesh, Uttarkhand

Farbteil

Rough Guide: S. 2/3, S. 5 (2)
laif/hemis: S. 4
laif/RAPHO: S. 6
laif/Celentano: S. 7
LOOK/age fotostock: S. 8
laif/hemis: S. 9
laif/hemis: S. 10 (oben)
mauritius images/age: S. 10 (Mitte)
laif/Jean-Baptiste Rabouan/hemis.fr/l: S. 10 (unten)
LOOK/age fotostock: S. 11 (oben)
laif/hemis: S. 11 (unten)
Renate Loose: S. 12 und 13
laif/Bernd Jonkmanns: S. 14
laif/Kirchner: S. 15 (oben)
mauritius images/imagebroker/ Peter Giovannini: S. 15 (unten)
dpa/Ann & Steve Toon: S. 16

Schwarz-Weiß

Alamy/Rough Guide/Pep Roig: S. 447, 515
Hans Joachim Aubert: S. 39 (oben), 512, 600, 628
Sabine Bösz: S. 29
corbis/Rough Guide/Destinations: S. 548
corbis/Rough Guide/Jacques Ducoin: S. 39 (unten)

corbis/Rough Guide/Macduff Everton: S. 787
corbis/Rough Guide/Jon Hicks: S. 281
corbis/Rough Guide/Nazima Kowall: S. 876
corbis/Rough Guide/Jean-Baptiste Rabouan: S.583
corbis/Rough Guide/Jose Fuste Raga: S. 381
corbis/Rough Guide/David Samuel Robbins: S. 505
corbis/Rough Guide/Raminder Pal Singh: S. 567
corbis/Rough Guide/Frédéric Soltan: S. 339, 677
Getty Images/Rough Guide/Robert Nickelsberg: S. 847
Getty Images/Rough Guide/James Warwick: S. 889
Indisches Fremdenverkehrsamt: S. 43, 664
Fred Krüger: S. 843, 863
picture-alliance/DuMont Bildarchiv/ Gernot Huber S. 725, 927
picture-alliance/DuMont Bildarchiv/ Jörg Modrow: S. 25, 91
Andreas Pröve: S. 26, 41 (oben), 670
Siegfried Reetz: S. 127, 142, 169, 292, 323, 415
Rough Guide/Tim Draper: S. 49
Rough Guide: S. 41 (unten), 138, 189, 218, 239, 248, 287, 637, 790

Impressum

Indien Der Norden
Stefan Loose Travel Handbücher
3., vollständig überarbeitete Auflage **2012**
© DuMont Reiseverlag, Ostfildern

Alle Rechte vorbehalten – insbesondere die der Vervielfältigung und Verbreitung in gedruckter
Form sowie die zur elektronischen Speicherung in Datenbanken und zum Verfügbarmachen für
die Öffentlichkeit zum individuellen Abruf, zur Wiedergabe auf dem Bildschirm und zum Ausdruck
beim Nutzer (Online-Nutzung), auch vorab und auszugsweise.

Die in diesem Buch enthaltenen Angaben wurden von den Autoren nach bestem Wissen erstellt
und vom Lektorat im Verlag mit großer Sorgfalt auf ihre Richtigkeit überprüft. Trotzdem sind, wie
der Verlag nach dem Produkthaftungsrecht betonen muss, inhaltliche und sachliche Fehler nicht
vollständig auszuschließen.
Deshalb erfolgen alle Angaben ohne Garantie des Verlags oder der Autoren. Der Verlag und die
Autoren übernehmen keinerlei Verantwortung und Haftung für inhaltliche und sachliche Fehler.
Alle Landkarten und Stadtpläne in diesem Buch sind von den Autoren erstellt worden und werden
ständig überarbeitet.

Das Buch basiert auf der englischsprachigen Originalausgabe
India von David Abram, Nick Edwards, Mike Ford,
Daniel Jacobs, Shafik Meghji, Devdan Sen und Gavin Thomas
ISBN 978-1-84836-563-6
© Rough Guides Ltd, 80 Strand, London, WC2R ORL, UK

Gesamtredaktion und -herstellung
Bintang Buchservice GmbH
Zossener Str. 55/2, 10961 Berlin
www.bintang-berlin.de
Übersetzung: Christina Kagerer, Silvia Mayer, Gunter Mühl
Redaktion: Jan Haas, Silvia Mayer, Katja Rasmus, Jessika Zollickhofer
Karten: Katharina Grimm, Anja Krapat, Klaus Schindler
Grafisches Konzept: Groschwitz, Hamburg
Layout und Herstellung: Gritta Deutschmann, Anja Linda Dicke, Stefan Müssigbrodt
Farbseitengestaltung: Anja Linda Dicke
Umschlaggestaltung: Anja Linda Dicke, Anja Krapat

Printed in China

Kartenverzeichnis